Polish–English/English–Polish Dictionary

AMERICAN ENGLISH EDITION

Polish–English/English–Polish Dictionary

AMERICAN ENGLISH EDITION

JACEK FISIAK
ARLETA ADAMSKA-SAŁACIAK
MICHAŁ JANKOWSKI
RENATA SZCZEPANIAK

Hippocrene Books, Inc.
New York

For information, address:
Hippocrene Books, Inc.
171 Madison Avenue
New York, NY 10016
www.hippocrenebooks.com

Library of Congress Cataloging-in-Publication Data

Fisiak, Jacek.
Polish–English, English–Polish dictionary / Jacek Fisiak ... [et al.].—
American English ed.
p. cm.
ISBN-13: 978-0-7818-1237-5 (pbk. : alk. paper)
ISBN-10: 0-7818-1237-2
1. Polish language—Dictionaries—English. 2. English language—
Dictionaries—Polish. I. Title.

PG6640.F57 2009
491.8'5321—dc22 2008050174

Printed in the United States of America.

Contents

Przedmowa

Dwutomowy słownik polsko-angielski Fundacji Kościuszkowskiej wydany w latach 1959/61 byl olbrzymim sukcesem kulturalnym i wydawniczym. Nowy słownik wydany przez Fundację w 2003 (3 tys. stron, 150 tys. haseł) jest pierwszym słownikiem prawdziwie polsko-amerykańskim.

Jednotomowa wersja skrócona tego słownika, którą obecnie wydaje firma Hippocrene, zawiera przeszło 600 stron i 30 tys. haseł. Specjalnie polecamy przewodnik (strona 581) dla Polaków, którzy mieszkają w Ameryce lub pragną zwiedzić, studiować lub osiedlić się w Stanach.

Pierwsza jednotomowa edycja sławnego słownika Fundacji Kościuszkowskiej jest również idealnym towarzyszem dla Amerykanów podróżujących do Polski.

Publisher's Preface

For many years, the two-volume Polish–English dictionary published by the Kosciuszko Foundation in 1959–1961 was the most authoritative and bestselling Polish dictionary in America. In 2003, a completely Americanized edition of the dictionary (over 3,000 pages and 400,000 entries) became the first dictionary to serve the needs of hundreds of thousands of Poles who live in America.

This one-volume abridged edition published by Hippocrene Books (over 600 pages and 30,000 entries) includes a guide for Polish speakers who wish to visit, study, or settle in America (see page 581). Attractively priced, this handy dictionary will be an ideal companion for Americans traveling to Poland.

Editors' Preface

The present dictionary is based on *The New Kosciuszko Foundation Dictionary* (*English–Polish, Polish–English*), edited by Jacek Fisiak, Arleta Adamska-Sałaciak, Piotr Gąsiorowski, and Michał Jankowski, and published by the Kosciuszko Foundation (New York, 2003). It contains over 30,000 entries as well as a large number of idioms and phrases. The dictionary is preceded by information on how to use each section, grammatical and phonetic details, as well as lists of numerals.

The dictionary is aimed at both English and Polish speakers, hence the use of both Polish and English in the parts preceding the dictionary.

At various stages of the preparation of the dictionary editorial work was also done by Professor Piotr Gąsiorowski and Dr. Anna Dziemianko. We deeply appreciate their assistance. The editors are also grateful to the publisher for patience and understanding throughout the editorial process.

We hope that the dictionary will serve generations of learners both in the United States and outside.

The Editors

Introduction

You are holding in your hands an invaluable tool for tourists, students, and professionals from Poland who are seeking a quick turn of the phrase in American English or looking for the right word in Polish.

Since 1959, the Kosciuszko Foundation dictionary has set the standard for translators and scholars looking to accurately transcribe the complexities and differences between Polish and English. This new abridged edition makes it easier for Poles on the go to carry that tool in one volume.

The writer George Bernard Shaw remarked that England and America are two countries separated by a common language. That rift is even wider among non-native speakers who learn English in other parts of the world. As an American of Polish descent, I am often struck by the linguistic anomalies of native Polish speakers who learned English in their own country, and of those who learned it in Great Britain, Australia, or Canada. This dictionary has a distinctly American accent, while at the same time identifying the irregularities among English-speaking countries. I will often reach for this dictionary as I try to understand the differences between the language of my birth and the native tongue of my parents.

Literal translations do not always make sense, and the context of a sentence, or even connotations of a single word that is almost the same in both languages can mean all the difference in the world. For example the direct translation of the word "pathetic" from English into Polish is "*patetyczny*". While the English form of this word evokes pity, the Polish version of this word calls up a sense of loftiness that is high-spirited. And the word "*kosmopolityczny*" in Polish can sometimes be pejorative, suggesting a lack of respect for one's own culture, whereas in American English, "cosmopolitan" suggests a freedom from provincialism, and belonging to the world.

English has become the most important international language in the world, and it is important for Poles to learn it as they seek to compete in business, science, education, and in everyday life in a world where barriers and borders are collapsing by the day. This dictionary will help to unlock the secrets of the linguistic variations between Polish and English for those who are just looking for a quick translation, as well as those who view language as a never-ending journey of learning and poetry.

As you begin your exploration in search of the right word, and flip through the pages of this volume, I wish you a fruitful search and happy hunting!

Alex Storozynski
President and Executive Director of
The Kosciuszko Foundation

Skróty / Abbreviations

Polish	Abbreviation	English
przymiotnik	*a.*	adjective
skrót	*abbr.*	abbreviation
administracyjny	*admin.*	administrative
przysłówek	*adv.*	adverb
akustyka	*akust.*	acoustics
anatomia	*anat.*	anatomy
antropologia	*antrop.*	anthropology
archeologia	*archeol.*	archeology
rodzajnik	*art.*	article
astrologia	*astrol.*	astrology
astronomia	*astron.*	astronomy
przydawka	*attr.*	attribute
bibliotekarstwo	*bibl.*	library
Biblia	*Bibl.*	Bible
biochemia	*biochem.*	biochemistry
biologia	*biol.*	biology
botanika	*bot.*	botany
brytyjskie	*Br.*	British
budownictwo	*bud.*	architecture
chemia	*chem.*	chemistry
chirurgia	*chir.*	surgery
Chrześcijaństwo	*chrześc.*	Christianity
stopień wyższy	*comp.*	comparative
spójnik	*conj.*	conjunction
policzalny	*count*	countable
często	*cz.*	often
czasem	*czas*	sometimes
celownik	*Dat.*	dative
odmiana	*decl.*	declension
określony	*def.*	definite
stomatologia	*dent.*	dentistry
gwarowe	*dial.*	dialectal
zdrobnienie	*dimin.*	diminutive
dosłowne	*dosł.*	literal
dotyczy	*dot.*	pertains to
drukarstwo	*druk.*	printing
dziecinne	*dziec.*	nursery
dziennikarstwo	*dzienn.*	journalism
ekologia	*ekol.*	environment
ekonomia	*ekon.*	economy
elektronika, elektrotechnika	*el.*	electronics, electricity
emfatyczne	*emf.*	emphatic
entomologia	*ent.*	entomology

Polish	**Abbreviation**	**English**
eufemistyczne	*euf.*	euphemistic
żeński	*f.*	feminine
filozofia	*fil.*	philosophy
finanse	*fin.*	finance
fizyka	*fiz.*	physics
fizjologia	*fizj.*	physiology
fonetyka	*fon.*	phonetics
formalne	*form.*	formal
fotografia	*fot.*	photography
dopełniacz	*Gen.*	genitive
geografia	*geogr.*	geography
geologia	*geol.*	geology
geometria	*geom.*	geometry
głównie	*gł.*	mainly
górnictwo	*górn.*	mining
gramatyka	*gram.*	grammar
handel	*handl.*	commerce
historia	*hist.*	history
hydrologia	*hydrol.*	hydrology
ichtiologia	*icht.*	ichthyology
nieodmienny	*indecl.*	indeclinable
nieokreślony	*indef.*	indefinite
narzędnik	*Ins.*	instrumental
wykrzyknik	*int.*	interjection
czasownik niedokonany	*ipf.*	imperfective verb
ironiczne	*iron.*	ironic
jak wyżej	*j.w.*	ditto, as above
jeździectwo	*jeźdz.*	horse-riding
językoznawstwo	*jęz.*	linguistics
kartografia	*kartogr.*	cartography
kolejnictwo	*kol.*	railroads
komputery	*komp.*	computers
kościół	*kośc.*	church
kulinarne	*kulin.*	culinary
kynologia	*kynol.*	cynology
lub	*l.*	or
liczba mnoga	*l.mn.*	plural
leśnictwo	*leśn.*	forestry
miejscownik	*Loc.*	locative
logika	*log.*	logic
lotnictwo	*lotn.*	aviation
męski	*m.*	masculine
między innymi	*m.in.*	among others
rzeczownik męski ożywiony	*ma*	masculine animate noun
malarstwo	*mal.*	painting
matematyka	*mat.*	mathematics
mechanika	*mech.*	mechanics
medycyna	*med.*	medicine

Polish	Abbreviation	English
metalurgia	*metal.*	metallurgy
meteorologia	*meteor.*	meteorology
rzeczownik męski nieożywiony	*mi*	masculine inanimate noun
mineralogia	*min.*	mineralogy
mitologia	*mit.*	mythology
motoryzacja	*mot.*	automobiles
rodzaj męski osobowy	*mp*	masculine personal noun
muzyka	*muz.*	music
myślistwo	*myśl.*	hunting
rzeczownik	*n.*†	noun
rzeczownik nijaki	*n.*‡	neuter noun
przeczenie	*neg.*	negative
nieosobowy	*nieos.*	impersonal
mianownik	*Nom.*	nominative
niepoliczalny	*noncount*	uncountable
na przykład	*np.*	for example
liczebnik	*num.*	numeral
się	*o.s.*	oneself
obelżywe	*obelż.*	abusive
obsceniczne	*obsc.*	obscene
ogrodnictwo	*ogr.*	gardening
około	*ok.*	approx.
onomatopeiczne	*onomat.*	onomatopoeic
optyka	*opt.*	optics
ornitologia	*orn.*	ornithology
osoba	*os.*	person
parlament	*parl.*	parliament
imiesłów	*part.*	participle
patologia	*pat.*	pathology
pejoratywne	*pej.*	pejorative
czasownik dokonany	*pf.*	perfective verb
liczba mnoga	*pl.*	plural
poetyckie	*poet.*	poetic
pogardliwe	*pog.*	contemptuous
polityka	*polit.*	politics
porównaj	*por.*	compare
potoczne	*pot.*	colloquial
imiesłów bierny	*pp.*	past participle
prawo	*prawn.*	law
orzecznik	*pred.*	predicate
prefiks	*pref.*	prefix
przyimek	*prep.*	preposition
czas przeszły	*pret.*	preterite
zaimek	*pron.*	pronoun
przenośne	*przen.*	metaphorical

† In the English–Polish part.
‡ In the Polish–English part.

Polish	Abbreviation	English
przestarzałe	*przest.*	obsolete
psychologia	*psych.*	psychology
pytające	*pyt.*	interrogative
religia	*rel.*	religion
rolnictwo	*roln.*	agriculture
rybołówstwo, wędkarstwo	*ryb.*	fishing, angling
rzymskokatolicki	*rz.-kat.*	Roman Catholic
rzadki/rzadko	*rzad.*	rare(ly)
ktoś	*sb*	somebody
Szkocja	*Scot.*	Scotland
liczba pojedyncza	*sing.*	singular
slang	*sl.*	slang
socjologia	*socjol.*	sociology
statystyka	*stat.*	statistics
coś	*sth*	something
stopień najwyższy	*sup.*	superlative
szkoła	*szkoln.*	school
także	*t.*	also
techniczne	*techn.*	technical
telekomunikacja	*tel.*	telecommunications
telewizja	*telew.*	television
teoria literatury	*teor.*	theory of literature
tkaniny, tkactwo	*tk.*	fabrics, weaving
ujemne	*uj.*	pejorative
uniwersytet	*uniw.*	university
amerykańskie	*US*	American
czasownik	*v.*	verb
wołacz	*Voc.*	vocative
weterynaria	*wet.*	veterinary medicine
wojskowość	*wojsk.*	military
wulgarne	*wulg.*	vulgar
zobacz	*zob.*	see
zoologia	*zool.*	zoology
zwykle	*zw.*	usually
zwłaszcza	*zwł.*	especially
żartobliwe	*żart.*	jocular
żegluga	*żegl.*	sailing

Using the Polish–English Part of the Dictionary

Entries

Entries in the Polish–English part of the dictionary consist of the headword, a part of speech indicator, one or more stylistic indicators, one or more English equivalents with semantic indicators (given in parentheses), and any related phrases and/or idioms etc., e.g.,

alergia *f.* allergy; **mieć na coś alergię** be allergic to sth.

Sometimes the endings of essential grammatical forms of the headword (or, occasionally, the full forms) are listed after the grammatical indicator, e.g.,

admirał *mp pl.* **-owie** admiral.

It goes without saying that not all the elements listed above appear in each entry.

Headwords

The headword is the first element of a dictionary entry—the word you look up. Headwords are arranged alphabetically and are printed in **bold type**, e.g., **alergia** and **admirał** above.

Abbreviations, acronyms and proper names are all treated as headwords and listed alphabetically.

Stylistic indicators

Stylistic indicators appear in the entry after grammatical indicators. They serve to distinguish those meanings and uses of words which depart from the neutral style, e.g., *arch.* = archaic, *sl.* = slang or *pot.* = colloquial.

Phrases and idioms

Phrases and idioms are listed in various places in the entry.

Grammatical Information in the Polish–English Dictionary

Grammatical information appears after the part of speech indicator and refers to the whole entry, i.e., all the senses as in **akta** *pl. Gen.pl.* **akt**. Inflections limited to one sense only may be placed in the middle of the entry.

Nouns

Only irregular forms have been listed in dictionary entries, e.g., vowel alternations as in **stół** *mi* **-o-** or irregular endings, e.g., **afisz** *mi Gen.* **-a**; *Gen.pl.* **-ów/-y**. Regular forms can be found in tables included in the guide to Polish grammar.

Adjectives

Adjectives are given in the form of the nominative singular masculine. Irregular comparative forms are provided after the headword and the grammatical indicators, as in **wysoki** *a.* **wyższy**.

Verbs

A large number of Polish verbs occur in aspectual pairs. In this dictionary, if the perfective and imperfective forms of a verb are not separated by another entry word, they appear in one entry in alphabetical order. If another entry word separates the verb forms, only one form usually heads a full entry and the other heads a cross reference to the first, again in alphabetical order. Occasionally, both forms head full entries, one or both of which may include cross references to the specific senses in the other.

Reflexive verbs are always given as separate entries, not as subentries of their non-reflexive counterpart.

Polish Pronunciation

Vowels

Vowels are inherently short in Polish, unlike in English where some vowels are long (e.g., *heat*) and some are short (e.g., *hit*). However, when stressed, Polish vowels tend to be longer.

Polish has two nasal vowels, [õ] (usually spelled *ą* as in *kląć*) and [ẽ] (usually spelled *ę* as in *kęs*). In informal speech *ą* is pronounced as [õ] before [s z ʃ ʒ ɕ ʑ f v x], as in *wąs*, *brązowy*, *ukąszenie*, *wiążesz*, *siąść*, *wąziutki*, *wziąwszy*, *wąwóz*, *wąchać*. The letter *ą* is pronounced [on] before [t d ts dz ʧ], as in *kąt*, *mądry*, *chcąc*, *żądza*, *mączka*. Before [k g] *ą* is pronounced [oŋ], as in *mąka* and *ciągi*. In words like *stąpać* and *rąbać*, [õ] changes into [om] before [p b].

In informal speech *ę* is pronounced [ẽ] before [s z ʃ ʒ ɕ ʑ x], as in *mięso*, *więzy*, *węszyć*, *węże*, *gęś*, *więźba*, *węch*. The letter *ę* is pronounced [en] before [t d ts dz ʧ], as in *pręt*, *będę*, *ręce*, *nędza*, *męczyć*. Before [k g], [ẽ] changes into [eŋ] as in *ręka*, *węgorz*. Before [p b], *ę* is pronounced [em] as in *kępa*, *bęben*. In word-final position *ę* is pronounced [e], as in *robię*.

There are no diphthongs in Polish. Two consecutive vowels belong to two different syllables.

Consonants

Polish has both palatal and palatalized consonants. The sound [ɲ], as in *skroń* is a palatal consonant. 'Hard' consonants [b p g k d t v f s z m l x] have palatalized ('soft') counterparts, which in spelling are marked by the 'softening' vowel letter *i*, as in *bieda, piasek, Giewont, kielich, diadem, tiara, wiać, fiasko, siano, ziemia, mienie, liana, hierarchia*. The palatalized consonants are articulated approximately like their 'hard' counterparts with simultaneous [j].

In Polish there are ten pairs of voiced and voiceless consonants:

voiced:	b	d	g	v	z	ʒ	ʑ	dz	dʒ	dʑ
voiceless:	p	t	k	f	s	ʃ	ɕ	ts	tʃ	tɕ

In the word-final position voiced consonants change into voiceless, e.g., *Gen.pl. wód* [vut] (cf. *Nom.sg. woda* [voda]).

A voiced consonant before a voiceless one becomes voiceless, e.g., *wódka* [vutka] vs. *wóda* [vuda].

The Polish consonants [p t k] are unaspirated before stressed vowels, that is, they are pronounced without a slight puff of air characteristic of English, as in *pop, tak, koń*.

The pronunciation of vowels

Symbol	Spelling	Polish example	English approximation/explanation
[i]	i	kit	Keats
[ɪ]	y	byt	bit
[e]	e	netto	net
[a]	a	mat	pronounced like the beginning of the diphthong in 'my' [mai]
[o]	o	kot	taught (*but shorter*)
[u]	u, ó	but, lód	boot, loot (*but shorter*)
[ẽ]	ę	kęs	*see above under* ***Vowels***
[õ]	ą	wąż	*see above under* ***Vowels***

The pronunciation of consonants

Symbol	Spelling	Polish example	English approximation /explanation
[b]	b	byt	bit
[b′]	bi	biały	*see above under* ***Consonants***
[p]	p, b	pył, łeb	pill, hip
[p′]	pi	piana	*see above under* ***Consonants***
[d]	d	daj	die
[d′]	di	diakon	*see above under* ***Consonants***
[t]	t, d	ten, nad	ten, art

Symbol	Spelling	Polish example	English approximation /explanation
[t′]	ti	tiara	*see above under **Consonants***
[g]	g	gaj	gay
[g′]	gi	Giewont	*see above under **Consonants***
[k]	k, g	kat, Bug	cat, Luke
[k′]	ki	kieł	*see above under **Consonants***
[v]	w	wół	veal
[v′]	wi	wiek	*see above under **Consonants***
[f]	f, w	fala, chlew	fall, puff
[f′]	fi	fiasko	*see above under **Consonants***
[s]	s, z	set, bez	set
[z]	z	za	zealot
[ʃ]	sz, ż, rz	szata, aż, malarz	shake
[ʒ]	ż, rz	żaba, rzeka	measure
[ɕ]	si, ś, ź	siano, śmiech, więź	pronounced 'softer' than [ʃ] in *she*
[ʑ]	zi, ź	zioło, bluźnić	pronounced 'softer' than [ʒ] in *measure*
[ts]	c, dz	cena, widz	tsetse
[dz]	dz	dzwon	adze
[tʃ]	cz, dż	czek, brydż	check, catch
[dʒ]	dż	dżem	gem
[tɕ]	ci, ć, dź	cień, pić, śledź	pronounced 'softer' than [tʃ] in *cheap*
[dʑ]	dzi, dź	dzięki, wiedźma	pronounced 'softer' than [dʒ] in *jam*
[r]	r	rak, chór	rolled 'r'
[l]	l	las	like
[l′]	li	lipa	leap
[m]	m	maj	mine
[m′]	mi	mieć	mean
[n]	n	nad	north
[ɲ]	ni, ń	nie, cień	'soft' [n]
[w]	ł	łup	wood
[j]	j	jak	yet
[x]	h, ch	hołd, cham	hard
[x′]	hi, chi	hipis, chimera	*see above under **Consonants***

A Short Guide to Polish Grammar

Nouns

Gender

A Polish noun has one of three genders: masculine, feminine, or neuter. In most cases the gender of a noun can be determined by its ending in the nominative singular:

- masculine: a consonant (e.g. **człowiek** 'man', **dom** 'house', **wilk** 'wolf')
- feminine: **-a**, **-i** (e.g. **kobieta** 'woman', **pani** 'Mrs')
- neuter: **-o**, **-e**, **-ę**, **-um** (e.g. **dziecko** 'child', **zdanie** 'sentence', **cielę** 'calf', **muzeum** 'museum')

Exceptions to this rule include masculine nouns ending in **-a** (e.g. **artysta** 'artist') or **-o** (e.g. **dziadzio** 'grandpa'), as well as feminine nouns ending in a consonant (e.g. **noc** 'night', **twarz** 'face', **sól** 'salt', **złość** 'anger').

The gender of a particular noun is significant since it determines, among other things, the ending of a qualifying adjective:

duży dom 'a large house'
duża suma 'a large amount'
duże krzesło 'a large chair'

Declension

There are seven cases (nominative, genitive, dative, accusative, instrumental, locative and vocative) and two numbers (singular and plural) in the declension of Polish nouns. Since most endings are quite regular for each gender, they are not shown in this dictionary.

Irregular forms are given in smaller print before the gender information or, when limited to a specific sense of the word, inside the entry:

kot *ma Dat.sg.* **-u**...

The following tables show regular noun endings for each gender.

Masculine

Case	*Singular*		*Plural*	
	*ma**	*mi*	*mp*	*others*
Nom.	*always shown in noun entry*		**-i, -y, -owie**	**-y, -i**
Gen.	**-a**	**-u**	**-ów**	
Dat.	**-owi**		**-om**	
Acc.	= *Gen.sg.*	= *Nom.sg.*	= *Gen.pl.*	= *Nom.pl.*
Ins.	**-em**		**-ami**	
Loc.	**-ie, -u**		**-ach**	
Voc.	= *Loc.sg.*		= *Nom.pl.*	

*Masculine animate nouns (*ma*) are those designating living persons or animals, masculine inanimate nouns (*mi*) those representing objects, plants and abstract ideas. Masculine personal nouns (*mp*) are those representing male human beings.

Feminine

Case	*Singular*		*Plural*	
	Nom.sg. in **-a**	*Nom.sg. in a consonant*	*Nom.sg.* in **-a**	*Nom.sg. in a consonant*
Nom.	*always shown in noun entry*		**-y, -i**	
Gen.	**-y, -i**		*no ending*	*= Gen.sg.*
Dat.	**-ie, -i**		**-om**	
Acc.	**-ę**	*no ending*	*= Nom.pl.*	
Ins.	**-ą**		**-ami**	
Loc.	*= Dat.sg.*		**-ach**	
Voc.	**-o**	*= Gen.sg.*	*= Nom.pl.*	

Neuter

Case	*Singular*	*Plural*
Nom.	*always shown in noun entry*	**-a**
Gen.	**-a**	*no ending*
Dat.	**-u**	**-om**
Acc.	*= Nom.sg.*	*= Nom.pl.*
Ins.	**-em**	**-ami**
Loc.	**-u**	**-ach**
Voc.	*= Nom.sg.*	*= Nom.pl.*

Adjectives

Adjectives are declined according to the following pattern:

Case	*Singular*			*Plural*
	m.	*n.*	*f.*	
Nom.	**-i, -y**	**-e**	**-a**	**-e** (*mp* **-i, -y**)
Gen.	**-ego**		**-ej**	**-ich, -ych**
Dat.	**-emu**		**-ej**	**-im, -ym**
Acc.	*mi = Nom.sg.* *ma = Gen.sg.*	**-e**	**-ą**	*= Nom.pl.* (*mp = Gen.pl.*)
Ins.	**-im, -ym**		**-ą**	**-imi, -ymi**
Loc.	*= Ins.sg.*		**-ej**	**-ich, -ych**
Voc.	*= Nom.sg.*			*= Nom.pl.*

Verbs

Aspect

The majority of Polish verbs have two aspects, the imperfective for conveying the frequency of an action or describing a process, and the perfective for emphasis on a single action or a result. The perfective can only be used in the past and future, while the imperfective can also be used in the present tense.

Aspectual pairs can be differentiated either by the presence of a prefix in the perfective aspect, e.g., *pf.* **zrobić** 'do' (*ipf.* **robić**), by the presence of an infix in the imperfective aspect, e.g., *ipf.* **pokazywać** 'show' (*pf.* **pokazać**), or by a change in conjugation, e.g., *ipf.* **zaczynać** 'begin' (*pf.* **zacząć**).

It should be noted, though, that some aspectual pairs do not follow this pattern, for instance those that derive from different roots, e.g., **brać** 'take' (*pf.* **wziąć**). There are also a number of verbs which exist in one aspect only, e.g., **pracować** 'work' (imperfective only), and some verbs which incorporate the two aspects in one form, e.g., **abdykować** 'abdicate'.

Aspect also determines the use of the imperative mood, where, generally speaking, the perfective aspect is used in positive commands, while the imperfective is used in prohibitions, with the imperative form preceded by **nie**.

Conjugation

A Polish verb is conjugated according to one of four conjugation patterns. These are best described by the 1st and 2nd person singular present tense endings, which are always shown in verb entries in the dictionary (with the exception of 3rd-person-only verbs).

Conjugation	*1st p. sg.*	*2nd p. sg.*
I	**-ę**	**-esz**
II	**-ę**	**-isz/-ysz**
III	**-am**	**-asz**
IV	**-em**	**-esz**

The following tables show regular verb endings:

Present or Future

		Plural	
Person	*Singular*	**Conjugations I and II**	**Conjugations III and IV**
1st	*shown in verb entry*	= *3rd p. sg.* + **-my**	
2nd	*shown in verb entry*	= *3rd p. sg.* + **-cie**	
3rd	= *2nd p. sg.* (*without* **-sz**)	= *1st p. sg.* (*without* **-ę**) + **-ą**	= *1st p. sg.* (*without* **-m**) + **-ją**

Imperative (2nd person)

Group	*Singular*	*Plural*
-ę, -esz	= *2nd p. sg. non-past* (*without* **-esz**)	= *sg.* + **-cie**
-ę, -isz	= *2nd p. sg. non-past* (*without* **-isz**)	= *sg.* + **-cie**
-ę, -ysz	= *2nd p. sg. non-past* (*without* **-ysz**)	= *sg.* + **-cie**
-am, -asz, -em, -esz	= *3rd p. sg. non-past* (*without* **-ą**)	= *sg.* + **-cie**

Past

Infinitive	*3rd p. sg.*			*3rd p. pl.*	
	m.	*f.*	*n.*	*mp*	*others*
-ać	**-ał**	**-ała**	**-ało**	**-ali**	**-ały**
-eć	**-ał**	**-ała**	**-ało**	**-eli**	**-ały**
-ić	**-ił**	**-iła**	**-iło**	**-ili**	**-iły**
-yć	**-ył**	**-yła**	**-yło**	**-yli**	**-yły**
-uć	**-uł**	**-uła**	**-uło**	**-uli**	**-uły**
-ąć	**-ął**	**-ęła**	**-ęło**	**-ęli**	**-ęły**
others	*always shown in verb entries*				

The 1st and 2nd person forms are formed by the addition of the following endings to the respective 3rd person forms:

Person	*Singular*		*Plural*
	m.	*f.*	
1st	**-em**	**-m**	**-śmy**
2nd	**-eś**	**-ś**	**-ście**

Tables of Polish Irregular Forms

Pronouns

Table 1: Personal pronouns, singular

Nom.	**ja**	**ty**	**on**	**ona**	**ono**
Gen.	**mnie**	**ciebie, cię**	**jego, niego, go**	**jej**	**niej**
Dat.	**mnie, mi**	**tobie, ci**	**jemu, niemu, mu**	**jej, niej**	**jemu, niemu, mu**
Acc.	**mnie**	**ciebie, cię**	**jego, niego, go**	**ją, nią**	**je**
Ins.	**mną**	**tobą**	**nim**	**nią**	**nim**
Loc.	**mnie**	**tobie**	**nim**	**niej**	**nim**

Table 2: Personal pronouns, plural

Nom.	**my**	**wy**	**oni**	**one**
Gen.	**nas**	**was**	**ich, nich**	**ich, nich**
Dat.	**nam**	**wam**	**im, nim**	**im, nim**
Acc.	**nas**	**was**	**ich, nich**	**je, nie**
Ins.	**nami**	**wami**	**nimi**	**nimi**
Loc.	**nas**	**was**	**nich**	**nich**

Table 3: Reflexive pronouns

Nom.	–
Gen.	**siebie, się**
Dat.	**sobie**
Acc.	**siebie, się**
Ins.	**sobą**
Loc.	**sobie**

Table 4: Interrogative/relative personal pronouns

Nom.	**kto**	**co**
Gen.	**kogo**	**czego**
Dat.	**komu**	**czemu**
Acc.	**kogo**	**co**
Ins.	**kim**	**czym**
Loc.	**kim**	**czym**

(NB. Similarly with **nikt, nic, ktokolwiek, cokolwiek**, etc.)

Table 5: Pronominal numerals

Nom.	**ile**
Gen.	**ilu**
Dat.	**ilu**
Acc.	**ile, ilu**
Ins.	**iloma**
Loc.	**ilu**

(NB. Similarly with **wiele, niewiele, parę, kilka**, etc.)

Table 6: Possessive interrogative pronouns

	m.	*f.*	*n.*	*pl. (mp)*	*pl. (others)*
Nom.	**czyj**	**czyja**	**czyje**	**czyi**	**czyje**
Gen.	**czyjego**	**czyjej**	**czyjego**	**czyich**	**czyich**
Dat.	**czyjemu**	**czyjej**	**czyjemu**	**czyim**	**czyim**
Acc.	**czyj, czyjego**	**czyją**	**czyje**	**czyich**	**czyje**
Ins.	**czyim**	**czyją**	**czyim**	**czyimi**	**czyimi**
Loc.	**czyim**	**czyją**	**czyim**	**czyich**	**czyich**

(NB. Similarly with **niczyj, czyjś**)

Table 7: Possessive pronouns, singular

	m.	*f.*	*n.*	*pl. (mp)*	*pl. (others)*
Nom.	**mój**	**moja**	**moje**	**moi**	**moje**
Gen.	**mojego**	**mojej**	**mojego**	**moich**	**moich**
Dat.	**mojemu**	**mojej**	**mojemu**	**moim**	**moim**
Acc.	**mój, mojego**	**moją**	**moje**	**moich**	**moje**
Ins.	**moim**	**moją**	**moim**	**moim**	**moim**
Loc.	**moim**	**mojej**	**moim**	**moich**	**moich**

(NB. **twój** and the reflexive possessive pronoun **swój** are declined like **mój**)

Table 8: Possessive pronouns, plural

	m.	*f.*	*n.*	*pl. (mp)*	*pl. (others)*
Nom.	**nasz**	**nasza**	**nasze**	**nasi**	**nasze**
Gen.	**naszego**	**naszej**	**naszego**	**naszych**	**naszych**
Dat.	**naszemu**	**naszej**	**naszemu**	**naszym**	**naszym**
Acc.	**nasz, naszego**	**naszą**	**nasze**	**naszych**	**nasze**
Ins.	**naszym**	**naszą**	**naszym**	**naszymi**	**naszymi**
Loc.	**naszym**	**naszej**	**naszym**	**naszych**	**naszych**

(NB. **wasz** declines like **nasz**. The possessive forms **jego**, **jej**, **ich** are invariable)

Table 9: Demonstrative pronouns

	m.	*f.*	*n.*	*pl. (mp)*	*pl. (others)*
Nom.	**ten**	**ta**	**to**	**ci**	**te**
Gen.	**tego**	**tej**	**tego**	**tych**	**tych**
Dat.	**temu**	**tej**	**temu**	**tym**	**tym**
Acc.	**ten, tego**	**tę**	**to**	**tych**	**te**
Ins.	**tym**	**tą**	**tym**	**tymi**	**tymi**
Loc.	**tym**	**tej**	**tym**	**tych**	**tych**

(NB. Similarly with **tamten**, **tamta**, **tamto**, etc.)

Table 10: Demonstrative pronouns implying distance

	m.	*f.*	*n.*	*pl. (mp)*	*pl. (others)*
Nom.	**ów**	**owa**	**owo**	**owi**	**owe**
Gen.	**owego**	**owej**	**owego**	**owych**	**owych**
Dat.	**owemu**	**owej**	**owemu**	**owym**	**owym**
Acc.	**ów** (*ma* **owego**)	**ową**	**owo**	**owych**	**owe**
Ins.	**owym**	**ową**	**owym**	**owymi**	**owymi**
Loc.	**owym**	**owej**	**owym**	**owych**	**owych**

Table 11: Indefinite pronouns

Nom.	**ktoś**	**coś**
Gen.	**kogoś**	**czegoś**
Dat.	**komuś**	**czemuś**
Acc.	**kogoś**	**czegoś**
Ins.	**kimś**	**czymś**
Loc.	**kimś**	**czymś**

Cardinal Numbers

Table 12: Jeden

	m.	*f.*	*n.*	*pl. (mp)*	*pl. (others)*
Nom.	**jeden**	**jedna**	**jedno**	**jedni**	**jedne**
Gen.	**jednego**	**jednej**	**jednego**	**jednych**	**jednych**
Dat.	**jednemu**	**jednej**	**jednemu**	**jednym**	**jednym**
Acc.	**jeden** (*ma* **jednego**)	**jedną**	**jedno**	**jednych**	**jedne**
Ins.	**jednym**	**jedną**	**jednym**	**jednymi**	**jednymi**
Loc.	**jednym**	**jednej**	**jednym**	**jednych**	**jednych**

(NB. Similarly with **niejeden**)

Table 13a: Dwa

	mp	*n., other m.*	*f.*
Nom.	**dwaj**	**dwa**	**dwie**
Gen.	**dwóch**	**dwóch, dwu**	**dwóch, dwu**
Dat.	**dwóm, dwom, dwu**	**dwóm, dwom, dwu**	**dwóm, dwom, dwu**
Acc.	**dwóch**	**dwa**	**dwie**
Instr.	**dwoma**	**dwoma**	**dwoma, dwiema**
Loc.	**dwóch, dwu**	**dwóch, dwu**	**dwóch, dwu**

(NB. Similarly with **obydwa**, etc.)

Table 13b: Oba

	mp	*n., other m.*	*f.*
Nom.	**obaj**	**oba**	**obie**
Gen.	**obu**	**obu**	**obu**
Dat.	**obu**	**obu**	**obu**
Acc.	**obu**	**oba**	**obie**
Ins.	**oboma, obu**	**oboma, obu**	**oboma, obiema, obu**
Loc.	**obu**	**obu**	**obu**

Table 14: Trzy

	mp	*others*
Nom.	**trzej**	**trzy**
Gen.	**trzech**	**trzech**
Dat.	**trzem**	**trzem**
Acc.	**trzech**	**trzy**
Ins.	**trzema**	**trzema**
Loc.	**trzech**	**trzech**

(NB. Similarly with **cztery**, **czterej**)

Table 15: Pięć

	mp	*others*
Nom.	**pięciu**	**pięć**
Gen.	**pięciu**	**pięciu**
Dat.	**pięciu**	**pięciu**
Acc.	**pięciu**	**pięć**
Ins.	**pięcioma**	**pięcioma**
Loc.	**pięciu**	**pięciu**

(NB. Similarly with **sześć**, **siedem**, **osiem**, **dziewięć**)

Table 16: Dziesięć

	mp	*others*
Nom.	**dziesięciu**	**dziesięć**
Gen.	**dziesięciu**	**dziesięciu**
Dat.	**dziesięciu**	**dziesięciu**
Acc.	**dziesięciu**	**dziesięć**
Ins.	**dziesięcioma**	**dziesięcioma**
Loc.	**dziesięciu**	**dziesięciu**

(NB. Similarly with **pięćdziesiąt**, **sześćdziesiąt**, **siedemdziesiąt**, **osiemdziesiąt**, **dziewięćdziesiąt**)

Table 17: Jedenaście

	mp	*others*
Nom.	**jedenastu**	**jedenaście**
Gen.	**jedenastu**	**jedenastu**
Dat.	**jedenastu**	**jedenastu**
Acc.	**jedenastu**	**jedenaście**
Ins.	**jedenastoma**	**jedenastoma**
Loc.	**jedenastu**	**jedenastu**

(NB. Similarly with **dwanaście**, **trzynaście**, **czternaście**, **piętnaście**, **szesnaście**, **siedemnaście**, **osiemnaście**, **dziewiętnaście**, **dwieście** [**dwustu**])

Table 18: Dwadzieścia

	mp	*others*
Nom.	**dwudziestu**	**dwadzieścia**
Gen.	**dwudziestu**	**dwudziestu**
Dat.	**dwudziestu**	**dwudziestu**
Acc.	**dwudziestu**	**dwadzieścia**
Ins.	**dwudziestoma**	**dwudziestoma**
Loc.	**dwudziestu**	**dwudziestu**

(NB. Similarly with **trzydzieści, czterdzieści, sto, trzysta, czterysta**)

Table 19: Pięćset

	mp	*others*
Nom.	**pięciuset**	**pięćset**
Gen.	**pięciuset**	**pięciuset**
Dat.	**pięciuset**	**pięciuset**
Acc.	**pięciuset**	**pięćset**
Ins.	**pięciuset**	**pięciuset**
Loc.	**pięciuset**	**pięciuset**

(NB. Similarly with **sześćset, siedemset, osiemset, dziewięćset**)

Collective Numerals

Table 20: Dwoje

Nom.	**dwoje**
Gen.	**dwojga**
Dat.	**dwojgu**
Acc.	**dwoje**
Ins.	**dwojgiem**
Loc.	**dwojgu**

(NB. Similarly with **troje**, **oboje**, **obydwoje**)

Table 21: Czworo

Nom.	**czworo**
Gen.	**czworga**
Dat.	**czworgu**
Acc.	**czworo**
Ins.	**czworgiem**
Loc.	**czworgu**

(NB. Similarly with **kilkoro, pięcioro**)

Jak Korzystać z Angielsko–Polskiej Części Słownika

Struktura hasła

Hasło w słowniku Angielsko–Polskim składa się z wyrazu hasłowego, zapisu wymowy w transkrypcji fonetycznej, informacji gramatycznej, kwalifikatora stylistycznego, jednego lub większej liczby znaczeń wraz z kwalifikatorami semantycznymi, zwrotów (fraz) i idiomów. Nie wszystkie te elementy muszą występować w każdym haśle.

Wyrazy hasłowe

Wyrazy hasłowe są uporządkowane alfabetycznie i wyróżnione drukiem półgrubym. Mogą one być częścią wyrazu złożonego lub frazy.

Wymowa

W części angielsko-polskiej po angielskim wyrazie hasłowym podana jest wymowa w transkrypcji fonetycznej. Jeśli w miejscu wyrazu hasłowego znajduje się zestawienie lub fraza składająca się z dwóch lub więcej wyrazów, ich wymowy należy szukać tam, gdzie występują jako wyrazy hasłowe. Np. w przypadku **dance hall** wymowy należy szukać odpowiednio przy każdym z wyrazów. Lista symboli fonetycznych znajduje się na s. 20–21.

Informacja gramatyczna

Każde hasło zawiera kwalifikatory gramatyczne, tj. informacje dotyczące przynależności wyrazu hasłowego do części mowy (np. n. = rzeczownik, v. = czasownik itd.), liczby rzeczownika itd. Kwalifikatory gramatyczne mogą występować również przed polskim odpowiednikiem znaczeniowym.

Kwalifikatory stylistyczne

Kwalifikatory stylistyczne znajdują się w haśle po kwalifikatorach gramatycznych i służą do wyróżnienia tych znaczeń i użyć wyrazów, które odbiegają od stylu neutralnego. Są to np. arch. = archaiczne, sl. = slang, pot. = potoczne itd.

Zwroty i idiomy

Zwroty i idiomy zamieszczone są w różnych miejscach wewnątrz hasła.

Pisownia

Podstawową pisownią używaną w słowniku jest pisownia amerykańska.

Skróty i nazwy własne

Akronimy i inne skróty oraz nazwy własne potraktowane są w słowniku jako wyrazy hasłowe i występują w porządku alfabetycznym.

Użycie znaku ~ (tyldy)

Znak ~ (tylda) zastępuje cały wyraz hasłowy w zwrocie, np. **there is a ~ of sth happening** zamiast **there is a danger of sth happening** w haśle **danger** lub **go/sell like hot ~s** zamiast **go/sell like hot cakes** w haśle **cake**. Zapis **the Ten C~s** w haśle **commandment** oznacza, że w zwrocie „dziesięć przykazań" wyraz commandment piszemy z dużej litery.

Rodzaj rzeczowników w polskich odpowiednikach

W odpowiednikach polskich męskie i żeńskie formy rzeczowników podawane są w sposób skrócony, np. aktor/ka, mieszkan-iec/ka, zamiast pełnych aktor/aktorka, mieszkaniec/mieszkanka.

Odsyłacze

Odsyłacz jest używany tam, gdzie chcemy uniknąć powtarzania tłumaczeń tego samego zwrotu zamieszczonego częściej niż raz, np. w haśle **same** *n.* mamy w punkcie **2.** zwrot **by the ~ token** *zob.* **token** *n.* Pod **token** *n.* **3.** znajdujemy zwrot **by the same ~** i tłumaczenie „z tych samych powodów". Znak '=' stosowany jest wtedy, gdy hasła mają to samo znaczenie, np. **tee shirt** *n.* = **T-shirt**.

Informacja gramatyczna w części angielsko-polskiej

Rzeczowniki

Formy nieregularne rzeczowników podane są zaraz za kwalifikatorem gramatycznym, np. **child** [tʃaɪld] *n. pl.* **children** ['tʃɪldrən] lub **leaf** [liːf] *n. pl.* **leaves** [liːvz].

Czasowniki

Formy czasu przeszłego i imiesłowu czasu przeszłego czasowników regularnych tworzone przez dodanie końcówki **-d** lub **-ed** zostały pominięte w słowniku. Dotyczy to również form, w których po dodaniu **-ed** podwaja się w pisowni ostatnią spółgłoskę, np. **bob** (→ **bobbed).**

Nieregularne formy czasowników zostały podane w formie czasu przeszłego (*pret.*) i imiesłowu czasu przeszłego (*pp.*), np. **drink** [drɪŋk] *v.* **drank, drunk** czy **catch** [kætʃ] *v. pret. i pp.* **caught** lub **cast** [kæst] *v. pret. i pp.* **cast**.

Przymiotniki i przysłówki

W słowniku podano jedynie nieregularne formy stopniowania przymiotników i przysłówków, np. **good** [gʊd] *a.* **better**, **best** i **well** [wel] *adv.* **better**, **best**. Nie dotyczy to przymiotników zakończonych na **-y**, np. **funny**, w których **y** zamienia się na **i** przy dodaniu końcówki stopnia wyższego (**funn-i-er**) i najwyższego (**funn-i-est**), które uznano za regularne.

Wymowa angielska

Samogłoski i dyftongi

Symbol fonetyczny	*Przykład angielski*	*Przybliżony odpowiednik polski lub opis*
[iː]	pea, beat	długie „i”
[ɪ]	it, did	samogłoska podobna do polskiego „y”
[e]	red, egg	bez, rzecz
[æ]	hat, mad	bardzo otwarte „e”
[ɑː]	pot, far	mam, danie
[ʌ]	but, come	agregat, nadęty
[ɔː]	law, dog	długie „o”
[ʊ]	put, hood	krótkie „u” z neutralnymi wargami
[uː]	too, rude	długie „u” z zaokrąglonymi wargami
[ə]	about, comma	samogłoska centralna nieakcentowana
[ɝː]	bird, hurt	długa samogłoska centralna wymawiana jednocześnie z retrofleksyjnym (artykułowanym z podwiniętym końcem języka ku górze) „r”
[eɪ]	eight, rate	hej, lejce
[aɪ]	ice, knight	raj, bajka
[aʊ]	how, out	aut, stał
[ɔɪ]	boy, ointment	boja, wojna
[oʊ]	boat, oak	ołtarz, Mołdawia

Spółgłoski

[p]	pike, apart	palec, pokój
[b]	bake, back	byk, barka
[t]	take, tea	tam, materac
[d]	day, deal	dom, bieda
[k]	key, cake	kat, mak
[g]	grow, ago	gonić, laguna
[f]	foot, after	fala, afera
[v]	veal, voice	waga, owoc

[θ]	thin, thing	wymawia się jak „s" z językiem między zębami
[ð]	this, weather	wymawia się jak „z" z językiem między zębami
[s]	sit, city	sam, bas
[z]	zoo, zebra	zebra, zły
[ʃ]	shoe, assure	szewc, szkoła
[ʒ]	vision, genre	żuk, ważny
[tʃ]	cheese, bitch	czyj, rzecz
[dʒ]	gin, Jack	dżem, drożdże
[l]	leak, alike	lek, belka
[m]	man, ham	matka, sam
[n]	nice, man	noga, len
[ŋ]	sing, bang	bank w wymowie bez „k"
[r]	read, hard	retrofleksyjne „r" wymawiane z językiem podwiniętym ku górze
[w]	wood, wet	ława, biały
[j]	yes, young	jest, jutro
[h]	how, hill	słabsze polskie "ch"

Akcent

[']	akcent główny	letter ['letər]
[ˌ]	akcent poboczny	anecdote ['ænɪkˌdoʊt]

Angielskie czasowniki nieregularne

Bezokolicznik (*Infinitive*)	**Czas przeszły** (*Preterite*)	**Imiesłów bierny** (*Past participle*)
arise	arose	arisen
awake	awoke/awakened	awoken
be	was/were	been
bear	bore	born/borne
beat	beat	beaten/beat
become	became	become
befall	befell	befallen
begin	began	begun
behold	beheld	beheld
bend	bent	bent
beset	beset	beset

Bezokolicznik (*Infinitive*)	**Czas przeszły** (*Preterite*)	**Imiesłów bierny** (*Past participle*)
bet	bet/betted	bet/betted
bid (*cards*)	bid	bid
bid (*say*)	bade	bidden
bind	bound	bound
bite	bit	bitten
bleed	bled	bled
blow	blew	blown
break	broke	broken
breed	bred	bred
bring	brought	brought
broadcast	broadcast	broadcast
build	built	built
burn	burnt/burned	burnt/burned
burst	burst	burst
bust	busted/bust	busted/bust
buy	bought	bought
can	could	–
cast	cast	cast
catch	caught	caught
choose	chose	chosen
cling	clung	clung
come	came	come
cost	cost	cost
creep	crept	crept
cut	cut	cut
deal	dealt	dealt
dig	dug	dug
dive	dove	dived
do	did	done
draw	drew	drawn
dream	dreamt/dreamed	dreamt/dreamed
drink	drank	drunk
drive	drove	driven
dwell	dwelt/dwelled	dwelt/dwelled
eat	ate	eaten

Bezokolicznik (*Infinitive*)	**Czas przeszły** (*Preterite*)	**Imiesłów bierny** (*Past participle*)
fall	fell	fallen
feed	fed	fed
feel	felt	felt
fight	fought	fought
find	found	found
fit	fit	fit
fit	fit/fitted	fit/fitted
flee	fled	fled
fling	flung	flung
fly	flew	flown
forbid	forbade	forbidden
forecast	forecast	forecast
forget	forgot	forgotten
forgive	forgave	forgiven
forsake	forsook	forsaken
freeze	froze	frozen
get	got	gotten/got
give	gave	given
go	went	gone
grind	ground	ground
grow	grew	grown
hang (*something*)	hung	hung
have	had	had
hear	heard	heard
hide	hid	hidden
hit	hit	hit
hold	held	held
hurt	hurt	hurt
keep	kept	kept
kneel	knelt/kneeled	knelt/kneeled
knit	knit/knitted	knit/knitted
know	knew	known
lay	laid	laid
lead	led	led

Bezokolicznik (*Infinitive*)	**Czas przeszły** (*Preterite*)	**Imiesłów bierny** (*Past participle*)
lean	leaned/leant	leaned/leant
leap	leapt/leaped	leapt/leaped
learn	learned/learnt	learned/learnt
leave	left	left
lend	lent	lent
let	let	let
lie	lay	lain
light	lit/lighted	lit/lighted
lose	lost	lost
make	made	made
may	might	–
mean	meant	meant
meet	met	met
mistake	mistook	mistaken
mow	mowed	mowed/mown
must	(had to)	(had to)
partake	partook	partaken
pay	paid	paid
plead	pled/pleaded	pled/pleaded
pre-set	pre-set	pre-set
proofread	proofread	proofread
prove	proved	proven/proved
put	put	put
quit	quit/quitted	quit/quitted
read	read [red]	read [red]
rid	rid	rid
ride	rode	ridden
ring	rang	rung
rise	rose	risen
run	ran	run
saw	sawed	sawed/sawn
say	said	said
see	saw	seen

Bezokolicznik (*Infinitive*)	**Czas przeszły** (*Preterite*)	**Imiesłów bierny** (*Past participle*)
seek	sought	sought
sell	sold	sold
send	sent	sent
set	set	set
sew	sewed	sewn/sewed
shake	shook	shaken
shall	should	–
shear	sheared	shorn/sheared
shed	shed	shed
shine	shined/shone	shined/shone
shit	shit/shat	shit/shat
shoot	shot	shot
show	showed	shown/showed
shrink	shrank/shrunk	shrunk
shut	shut	shut
sing	sang	sung
sit	sat	sat
slay	slew	slain
sleep	slept	slept
slide	slid	slid
sling	slung	slung
slit	slit	slit
smell	smelled/smelt	smelled/smelt
sow	sowed	sown/sowed
speak	spoke	spoken
speed	sped/speeded	sped/speeded
spell	spelled/spelt	spelled/spelt
spend	spent	spent
spill	spilt/spilled	spilt/spilled
spin	spun	spun
spit	spit/spat	spit/spat
split	split	split
spoil	spoiled/spoilt	spoiled/spoilt
spread	spread	spread
spring	sprang/sprung	sprung
stand	stood	stood
steal	stole	stolen
stick	stuck	stuck

Bezokolicznik (*Infinitive*)	**Czas przeszły** (*Preterite*)	**Imiesłów bierny** (*Past participle*)
sting	stung	stung
stink	stank/stunk	stunk
strew	strewed	strewn/strewed
stride	strode	stridden
strike	struck	struck/stricken
string	strung	strung
strive	strove/strived	striven/strived
swear	swore	sworn
sweep	swept	swept
swell	swelled	swollen/swelled
swim	swam	swum
swing	swung	swung
take	took	taken
teach	taught	taught
tear	tore	torn
tell	told	told
think	thought	thought
throw	threw	thrown
thrust	thrust	thrust
tread	trod	trodden/trod
wake	woke/waked	woken/waked
wear	wore	worn
weave	wove	woven
wed	wed/wedded	wed/wedded
weep	wept	wept
wet	wet/wetted	wet/wetted
win	won	won
wind	wound	wound
withdraw	withdrew	withdrawn
wring	wrung	wrung
write	wrote	written

Liczby

Liczebniki główne		Cardinal numbers
jeden	**1**	one
dwa	**2**	two
trzy	**3**	three
cztery	**4**	four
pięć	**5**	five
sześć	**6**	six
siedem	**7**	seven
osiem	**8**	eight
dziewięć	**9**	nine
dziesięć	**10**	ten
jedenaście	**11**	eleven
dwanaście	**12**	twelve
trzynaście	**13**	thirteen
czternaście	**14**	fourteen
piętnaście	**15**	fifteen
szesnaście	**16**	sixteen
siedemnaście	**17**	seventeen
osiemnaście	**18**	eighteen
dziewiętnaście	**19**	nineteen
dwadzieścia	**20**	twenty
dwadzieścia jeden	**21**	twenty-one
dwadzieścia dwa	**22**	twenty-two
trzydzieści	**30**	thirty
czterdzieści	**40**	forty
pięćdziesiąt	**50**	fifty
sześćdziesiąt	**60**	sixty
siedemdziesiąt	**70**	seventy
osiemdziesiąt	**80**	eighty
dziewięćdziesiąt	**90**	ninety
sto	**100**	one hundred
sto jeden	**101**	one hundred and one
dwieście	**200**	two hundred
trzysta	**300**	three hundred
czterysta	**400**	four hundred
pięćset	**500**	five hundred
tysiąc	**1,000**	one thousand
milion	**1,000,000**	one million
miliard	**1,000,000,000**	one billion

Liczebniki zbiorowe		**Collective numerals**
dwoje	**2**	two
troje	**3**	three
czworo	**4**	four
pięcioro	**5**	five
sześcioro	**6**	six
siedmioro	**7**	seven
ośmioro	**8**	eight
dziewięcioro	**9**	nine

Liczebniki porządkowe	**Ordinal numbers**	
pierwszy	1st	first
drugi	2nd	second
trzeci	3rd	third
czwarty	4th	fourth
piąty	5th	fifth
szósty	6th	sixth
siódmy	7th	seventh
ósmy	8th	eighth
dziewiąty	9th	ninth
dziesiąty	10th	tenth
jedenasty	11th	eleventh
dwunasty	12th	twelfth
trzynasty	13th	thirteenth
czternasty	14th	fourteenth
piętnasty	15th	fifteenth
szesnasty	16th	sixteenth
siedemnasty	17th	seventeenth
osiemnasty	18th	eighteenth
dziewiętnasty	19th	nineteenth
dwudziesty	20th	twentieth
dwudziesty pierwszy	21st	twenty-first
trzydziesty	30th	thirtieth
czterdziesty	40th	fortieth
pięćdziesiąty	50th	fiftieth
sześćdziesiąty	60th	sixtieth
siedemdziesiąty	70th	seventieth
osiemdziesiąty	80th	eightieth
dziewięćdziesiąty	90th	ninetieth

Liczebniki porządkowe	**Ordinal numbers**	
setny	100th	one hundredth
sto pierwszy	101st	one hundred-and-first
tysięczny	1,000th	one thousandth
milionowy	1,000,000th	one millionth
miliardowy	1,000,000,000th	one billionth

Liczebniki ułamkowe		**Fractions**	
pół, połowa, jedna druga	½	one-half	½
jedna trzecia	⅓	one-third	⅓
ćwierć, jedna czwarta	¼	one quarter, one-fourth	¼
jedna piąta	⅕	one-fifth	⅕
trzy czwarte	¾	three-quarters	¾
dwie trzecie	⅔	two-thirds	⅔
półtora, jeden i pół	1½	one and a half	1½
pięć dziesiątych, zero przecinek pięć	0,5	zero point five	0.5
trzy przecinek cztery	3,4	three point four	3.4
sześć przecinek osiemdziesiąt dziewięć	6,89	six point eight nine	6.89
dziesięć procent	10%	ten percent	10%
sto procent	100%	one hundred percent	100%

POLISH–ENGLISH

A

a[1] *n. indecl.* **od a do z** from A to Z.

a[2] *conj.* **1.** and; **Bogiem a prawdą** truth to tell; **ja lubię ciebie, a ty mnie** I like you and you like me; **krzyknąłem, a on usłyszał i odwrócił się** I shouted, and he heard me and turned back; **ludzie a zwierzęta** humans and/versus animals; **statek poszedł na dno, a cała załoga wraz z nim** the ship foundered, and the whole crew with her; **przyjdź, a sam się przekonasz** come and you'll see for yourself. **2.** (*wyraża kontrast lub porównanie*) while, whereas, when; **ja pracuję, a on się bawi** I work while/whereas/and he plays; **wyjechała, a (przecież) powinna była zostać** she left when she should have stayed. **3.** (*ale*) but; **raz a dobrze** once for all; **zrób raczej mniej, a dokładniej** you'd better do less but more accurately. **4. a nie** (and) not; **pójdziemy do lekarza dzisiaj, a nie jutro** we'll see the doctor today, (and) not tomorrow. **5. między/pomiędzy... a...** between... and... **6.** (*w wyliczeniach*) **a to..., a to...** now... now... **7.** (*w pytaniach*) **a ty?** and you? how about you? what about you? **nie znam go, a ty?** I don't know him, do you? **8.** (*łączy wyrazy powtórzone dla wyrażenia nacisku*) **nic a nic** nothing at all; **wcale a wcale** not at all. **9.** (*łączy zaimki wskazujące, powtórzone dla wyrażenia nieokreśloności*) **nazywał się tak a tak** he was called so and so; **w tym a tym miejscu** at such and such a place. **10.** (*w połączeniach z przysłówkami i spójnikami*) **a co dopiero...** let alone..., not to mention...; **a jednak** and yet; **a już na pewno nie...** least of all...; **a mimo to** still, nevertheless, none the less; **a raczej** or rather; **a więc** (and) so, therefore; **a zwłaszcza** and in particular.

a[3] *part.* **a bo ja wiem?** how (the hell) should I know? **a cóż to takiego?** hey, what's that supposed to be? **a jak sądzisz?** what do *you* think? **a masz!** that's for you! **a nie mówiłem?** didn't I tell you? **a niech tam!** what the heck! **a niech to!** shoot!, drat it! **a to ci niespodzianka!** surprise, surprise! **a to cudownie!** that's great! **a to dopiero!** well, well, well! **a to łajdak!** what a scoundrel! **a widzisz?** see? (I was right); **a żeby cię!** damn you!

a[4] *int.* ah!, oh!, wow!, well! **a fe!** shame (on you)! **a kuku!** peekaboo! **a sio!** *pot.* go away!

abażur *mi Gen.* **-u/-a** lampshade.

ABC, abc *n. indecl.* (*podstawy*) the ABCs (*czegoś* of sth); **ABC dobrego wychowania** *przen.* the ABCs of good manners.

abecadło *n. Gen.* **-deł** alphabet.

abonament *mi* subscription (*na coś* to sth); **abonament telewizyjny** service fee; **abonament telefoniczny** standing charges.

abonent *mp*, **abonentka** *f.* subscriber; **rozmowa na koszt abonenta** collect call.

aborcja *f.* abortion.

absencja *f.* absence.

absolutnie *adv.* absolutely, perfectly, completely, totally; **absolutnie (nie)** (*stanowczy zakaz*) absolutely not, it's out of the question; **ktoś absolutnie mi nieznany** a person perfectly unknown to me, a total stranger.

absolutny *a.* absolute, complete, total, utter; **absolutna bzdura** utter nonsense; **absolutna większość** absolute majority; **absolutny rekord** absolute record; **mieć absolutną rację** be absolutely right; **mieć absolutne zaufanie do kogoś** trust sb absolutely; **monarchia/władza absolutna** absolute monarchy/power; **słuch absolutny** absolute pitch; **zero absolutne** absolute zero.

absolwent *mp* graduate, alumnus.

absorbować *ipf.* absorb; **absorbujące zajęcie** absorbing occupation; **praca całkowicie mnie absorbowała** I was completely absorbed in my work, my work absorbed me completely.

abstrahować *ipf.* disregard, ignore (*od czegoś* sth); **abstrahując od czegoś** aside/apart from sth.

abstrakcyjny *a.* abstract.

abstynent *mp*, **abstynentka** *f.* abstainer, teetotaler.

absurd *mi* absurdity; (*nonsens, bzdura*) nonsense, rubbish; **doprowadzić do absurdu** reduce (sth) to absurdity; **to absurd!** that's absurd!, (it's) nonsense!

absurdalny *a.* absurd.

aby *conj. form.* (in order) to, so that; **aby nie...** lest..., not to..., in order to avoid...; **jemy, aby żyć** we eat (in order) to live; **mówił bardzo cicho, aby go nikt nie usłyszał** he spoke in a very soft voice so that nobody would hear him/lest anybody (should) hear him/in order not to be heard; **niemożliwe, aby tam był** it's impossible for him to be there; **powiedz jej, aby przyszła** tell her to come here; **zatrzymał się, aby znów po chwili jechać** he stopped only to move on a moment later. — *part.* **czy aby Kasia poszła spać** has Kate really gone to bed? **czy to aby prawda** is it really true?

ach *int.* oh!, wow! **ach, jak się cieszę!** oh, I'm so glad! **ach, co za niespodzianka!** wow, what a surprise! — *mi* **achy i ochy** ah's and oh's.

aczkolwiek *conj.* (al)though, albeit; **był żywy, aczkolwiek ranny** he was alive, although/albeit injured.

adaptacja *f.* adaptation.

adapter *mi* record player.

adaptować *ipf., pf.* adapt; **adaptować budynek na szpital** adapt a building for a hospital; **adaptować powieść na utwór sceniczny/na film** adapt a novel for the stage/for a movie.

adekwatny *a.* adequate, sufficient (*do czegoś* to/for sth); (*proporcjonalny, współmierny*) commensurate (*do czegoś* with sth).

adidas *mi pot.* sneaker.

adiutant *mp*, **adiutantka** *f.* aide-de-camp, ADC.
administracja *f.* administration; (*zarząd*) management; **administracja Busha** the Bush administration; **pracownik/urzędnik administracji** administrative worker/officer.
administracyjny *a.* administrative.
administrator *mp*, **administratorka** *f.* administrator, manager.
administrować *ipf.* administer, manage.
admirał *mp pl.* **-owie** admiral.
adnotacja *f.* note, annotation; **opatrywać adnotacjami** annotate.
adopcja *f.* adoption; **oddać dziecko do adopcji** give a child up for adoption.
adoptować *ipf., pf.* adopt; **dziecko adoptowane** adopted child, adoptee.
adorować *ipf.* adore, worship.
adres *mi* address; **adres elektroniczny** e-mail address; **adres internetowy** URL (*uniform resource locator*); **adres stały/tymczasowy** permanent/temporary address; **adres zwrotny** return address; **słowa/uwagi (kierowane) pod czyimś adresem** words/remarks addressed to sb.
adresat *mp*, **adresatka** *f.* addressee; (*odbiorca wypowiedzi*) recipient; (*zbiorowo*) audience.
adresować *ipf.* address; **list adresowany do mamy** a letter for Mother; **wykład adresowany do studentów matematyki** lecture for students of mathematics.
adwent *mi* Advent.
adwokat *mp* **1.** attorney, lawyer, counselor. **2.** (*rzecznik, obrońca*) advocate, champion; **adwokat słusznej sprawy** advocate of a just cause; **odgrywać rolę adwokata diabła** play devil's advocate.
aerobik *mi* aerobics.
aerodynamiczny *a.* aerodynamic; **tunel aerodynamiczny** wind tunnel.
aerozol *mi* aerosol.
afera *f.* scandal, affair; *pot.* (*publiczna sensacja*) fuss, mess, hullabaloo; **ale afera!** what a fuss! **zrobić aferę** kick up/make a fuss (*z czegoś* about sth).
aferzysta *mp*, **aferzystka** *f.* swindler.
Afganistan *mi* Afghanistan.
afisz *mi Gen.* **-a**; *Gen.pl.* **-ów/-y** poster, bill; **nie schodzić z afisza** be on; **zdjąć coś z afisza** take sth off the bill.
Afryka *f.* Africa.
Afrykanin *mp pl.* **-anie** *Gen.* **-ów**, **Afrykanka** *f.*, **Afrykańczyk** *mp* African.
afrykański *a.* African.
agencja *f.* agents, agency, office; **agencja handlowa** commercial agents; **agencja nieruchomości** real estate agency; **agencja prasowa** news agency; **agencja towarzyska** escort service.
agent *mp*, **agentka** *f.* agent, representative; (*szpieg*) spy; **agent policyjny** police agent; **agent ubezpieczeniowy** insurance agent; **podwójny agent** double agent/spy.
agitacja *f.* agitation, campaigning; **agitacja wyborcza** election campaigning, electioneering.
agitować *ipf.* campaign, canvass, proselytize, agitate (*za czymś* for sth, *na rzecz czegoś* on behalf of sth).
agonia *f.* agony, dying, death throes; **być w agonii** be dying.
agrafka *f.* safety pin.
agresja *f.* aggression; **agresja fizyczna** physical violence; **agresja słowna** verbal abuse.
agrest *mi* gooseberry.
agresywny *a.* aggressive; (*w polityce*) militant, belligerent.
aha *int.* aha; (*potwierdzenie zrozumienia*) I see, yeah, yup; **aha! nareszcie cię przyłapałem!** aha! I've caught you at last!
AIDS *abbr., n. Gen., Acc.* **AIDS-a** AIDS.
ajencja *f.* franchise; **brać coś w ajencję** obtain/be granted a franchise on sth.
akacja *f.* **1.** acacia, wattle. **2.** (*grochodrzew, robinia*) locust.
akademia *f.* **1.** (*uczelnia wyższa*) academy, school; **akademia ekonomiczna/muzyczna** School of Economics/Music; **akademia sztuk pięknych** Art School, Academy of Art; **akademia medyczna** Medical School; **akademia wojskowa** Military Academy. **2.** (*gremium złożone z uczonych lub artystów*) academia. **3.** (*uroczystość*) celebration (*dla uczczenia czegoś* to mark sth).
akademicki *a.* **1.** (*dotyczący uczelni l. studentów*) academic, university; **dom akademicki** dormitory, residence hall; **nauczyciel akademicki** university teacher; **rok akademicki** academic year. **2.** (*oderwany od rzeczywistości*) academic.
akademik *mp pl.* **-cy** (*członek akademii*) academic. — *mi Gen.* **-a**; *pl.* **-i** *pot.* (*dom studencki*) dorm.
akapit *mi* **1.** (*wcięcie pierwszego wiersza tekstu*) indent(ation). **2.** (*wydzielony fragment tekstu*) paragraph.
akcent *mi* **1.** stress, accent; (*nacisk*) emphasis; (*kłaść na coś akcent*) stress/emphasize sth; **mieć cudzoziemski akcent** have a foreign accent; **mówić z akcentem** *pot.* speak with an accent. **2.** (*zabarwienie emocjonalne wypowiedzi*) tone, note.
akcentować *ipf.* stress, accent; (*uwydatniać w wypowiedzi*) emphasize, accentuate.
akceptacja *f.* approval, acceptance.
akceptować *ipf.* accept; (*aprobować*) approve (*kogoś/coś* of sb/sth).
akcesoria *pl. Gen.* **-ów** accessories.
akcja *f.* **1.** action, campaign, operation, (cooperative/organised) effort; **akcja ratunkowa** rescue operation; **akcja zbrojna** military action; **kino akcji** action movies; **podjąć akcję** start/initiate a campaign; **przystąpić do akcji** join a campaign. **2.** (*fabuła*) story, plot. **3.** *ekon.* share; **kurs akcji** stock/share price.
akcjonariusz *mp*, **akcjonariuszka** *f.* shareholder.
akcyjny *a.* **kapitał akcyjny** capital stock; **spółka akcyjna** public corporation.
aklimatyzacja *f.* acclimatization; *przen.* getting accustomed (*do czegoś* to sth).
akompaniament *mi* accompaniment.
akompaniator *mp*, **akompaniatorka** *f.* accompanist.
akompaniować *ipf.* accompany, back (*komuś* sb) (*na czymś* on sth).
akord *mi* **1.** *muz.* chord. **2.** *ekon.* job work; **pracować na akord** work by the job, do piecework.
akordeon *mi* accordion.
akr *mi Gen.* **-a** acre.
akredytacja *f.* accreditation.
akredytowany *a.* accredited (*przy kimś/czymś* to sb/sth).
akrobata *mp*, **akrobatka** *f.* acrobat.
akrobatyka *f.* acrobatics.
aksamit *mi* velvet.

aksamitny *a.* velvet; **aksamitny głos** velvety/silky voice.
akt *mi* **1.** act, deed; (*ceremonia*) ceremony; **akt agresji/desperacji** act of aggression/desperation; **akt płciowy** sexual act/intercourse; **akt stworzenia** act of creation. **2.** *teatr* act. **3.** *sztuka* (*wyobrażenie nagiego ciała*) nude. **4.** (*dokument*) certificate, deed, act, contract; **akt darowizny** deed of gift/donation; **akt oskarżenia** indictment; **akt prawny** legal act; **akt ślubu/urodzenia/zgonu** marriage/birth/death certificate.
akta *pl. Gen.pl.* **akt** files, records; **dołączyć do akt** file in, add to the files; **wpisać do akt** enter into the records.
aktor *mp*, **aktorka** *f.* actor; (*tylko o kobiecie*) actress; **aktor filmowy** movie actor; **aktor komediowy** comedian.
aktówka *f.* folder, portfolio.
aktualizować *ipf.* update, bring up to date.
aktualnie *adv.* currently, at present, at the moment.
aktualny *a.* current, timely; (*niedawny*) recent; (*nadal ważny*) open, good; **aktualne wyniki badań** recent research findings; **aktualny temat** subject of current interest; **zaproszenie jest (wciąż) aktualne** the invitation is (still) open.
aktywista *mp*, **aktywistka** *f.* activist.
aktywność *f.* activity, activeness; (*pracowitość w nauce*) diligence; **wykazywać się aktywnością** show diligence.
aktywny *a.* active, busy; (*o uczniu*) diligent; **aktywny zawodowo** professionally active.
akumulator *mi Gen.* **-a** (rechargeable) battery, accumulator; **akumulator samochodowy** car battery; **naładowany/rozładowany akumulator** charged/discharged battery.
akurat *adv.* **1.** (*dokładnie*) (only) just, exactly; (*właśnie w danym czasie*) at that (very) moment, (just) then; **akurat tyle, ile potrzeba** just enough; **dlaczego akurat tego dnia?** why on that particular day? **tak się akurat składa, że...** it just so happens that... **2.** (*zaprzeczenie*) fat chance!, like hell!, my foot! **3.** (*niedowierzanie, sprzeciw*) of all...; **czemu akurat ona?** why she/her of all people? **dlaczego akurat tutaj?** why here of all places?
akustyczny *a.* acoustic, sound; **fale akustyczne** sound waves; **gitara akustyczne** acoustic guitar.
akwarela *f.* watercolor.
akwarium *n. indecl. in sing. pl.* **-ria** *Gen.* **-riów** aquarium, fish tank.
alarm *mi* alarm, alert; **alarm bojowy/powodziowy/pożarowy** battle/flood/fire alert; **alarm ćwiczebny** drill; **alarm przeciwwłamaniowy/samochodowy** burglar/car alarm; **bić na alarm** *przen.* raise a clamor (*przeciwko komuś/czemuś* against sb/sth) (*w sprawie czegoś* about sth); **fałszywy alarm** false alarm; **ogłosić alarm** sound/raise an alarm; **odwołać alarm** give/sound the all clear.
alarmować *ipf.* **1.** alert. **2.** (*wywoływać niepokój*) cause alarm (*wśród...* among...).
alarmowy *a.* alarm; **sygnał/system alarmowy** alarm signal/system.
Alaska *f.* Alaska; **na Alasce** in Alaska.
Albania *f.* Albania.
albo *conj.* or; **albo... albo...** either... or...; **albo jeden, albo drugi** either one or the other; **kup sok pomarańczowy albo wiśniowy** buy orange juice or cherry juice; **może być albo jeden, albo drugi** either (one) will do; **teraz albo nigdy** it's now or never; **wyjadę albo wieczorem, albo w nocy** I'll either leave in the evening or at night.
album *mi* **1.** (*na zdjęcia, znaczki*) album; **album rodzinny** family (photo) album. **2.** (*bogato ilustrowana książka*) art book, illustrated book.
ale *conj.* but; **ale jednak** and yet; **może się mylę, ale...** correct me if I'm wrong, but... — *part.* **1.** what!, how! **ale był wściekły!** was he (ever) mad! **ale jestem głupi!** how stupid of me! **ale pomysł!** what an idea! **ale zabawa!** what fun! **2. ale, ale** *pot.* hold on, wait a minute; **ale gdzież tam!** of course not! — *n. indecl.* (*wada, wątpliwość*) weak point, flaw; **każde rozwiązanie ma swoje ale** every solution has its flaws; **zawsze są jakieś ale** there are always ifs and buts.
aleja *f. Gen.* **-ei** *Gen.pl.* **-ej/-ei** *często w liczbie mnogiej* (*szeroka ulica*) avenue, boulevard; (*w parku, ogrodzie*) lane, path.
alergia *f.* allergy; **mieć na coś alergię** be allergic to sth.
alergiczny *a.* allergic.
ależ *part.* but, why; **ależ oczywiście** why, certainly! (*zaproszenie, zachęta*) be my guest; by all means. — *int.* why; **ależ to niedopuszczalne!** why, that's unacceptable! **ależ skąd!** of course not!
alfabet *mi* alphabet; **alfabet Morse'a** Morse code.
alfabetyczny *a.* alphabetic(al); **lista alfabetyczna** alphabetical list; **porządek/układ alfabetyczny** alphabetical order/arrangement; **pismo alfabetyczne** alphabetic writing (system).
algebra *f.* algebra.
Algieria *f.* Algeria.
alibi *n. indecl.* alibi; **mieć alibi** have an alibi.
alimenty *pl. Gen.* **-ów** alimony.
alkohol *mi Gen.pl.* **-i/-ów** alcohol; (*napój wyskokowy*) liquor; **być pod wpływem alkoholu** be under the influence of alcohol.
alkoholiczka *f.*, **alkoholik** *mp* alcoholic; **anonimowi alkoholicy** Alcoholics Anonymous.
alkoholizm *mi* alcohol abuse, alcoholism; *pot.* drinking problem.
alpejski *a.* **1.** (*dotyczący Alp*) Alpine; (*wysokogórski*) alpine. **2. fiołek alpejski** cyclamen.
alpinista *mp*, **alpinistka** *f.* alpinist, mountaineer, mountain climber.
alpinizm *mi* alpine/mountain climbing, mountaineering.
Alpy *pl. Gen.* **Alp** the Alps.
alt *mi Gen.* **-u** (*głos*) alto (voice). — *mp Gen.* **-a**; *pl.* **-y** (*śpiewak, śpiewaczka*) alto (singer).
altana *f.* bower, arbor.
alternator *mi Gen.* **-a** alternator.
alternatywa *f.* alternative, choice; *pot.* (*jedna z możliwości*) option; **stanąć przed alternatywą** face an alternative.
alternatywny *a.* alternative.
altówka *f.* viola.
aluminiowy *a.* aluminum.
aluminium *n. sing. indecl.* aluminum.
aluzja *f.* allusion, hint; **czynić/robić aluzje do czegoś** allude to sth; make an allusion to sth; hint at sth.
amator *mp*, **amatorka** *f.* amateur, layman, dilettante, dabbler; (*miłośnik*) fan, lover.
amatorski *a.* amateur, amateurish; **po amatorsku** amateurishly; **teatr/chór/wyścig amatorski** amateur theatre/choir/race.

ambasada *f.* embassy.
ambasador *mp* ambassador.
ambicja *f.* ambition; (*honor, duma*) dignity, pride, self-esteem, self-respect; **podsycać czyjeś ambicje** stir/spur/whet/fan sb's ambition; **urazić czyjąś ambicję** hurt/injure sb's pride.
ambitny *a.* ambitious.
ambona *f.* pulpit.
ambulatorium *n. sing. indecl. pl.* **-ria** *Gen.* **-riów** outpatients' clinic.
ameba *f.* ameba.
amen *int., n. indecl.* amen; **jak amen w pacierzu** (as) sure as death (and taxes); **na amen** for good.
Ameryka *f.* America; **Ameryka Łacińska** Latin America; **Ameryka Północna/Południowa/Środkowa** North/South/Central America.
Amerykanin *mp pl.* **-anie** *Gen.* **-anów** American.
amerykanka *f.* **1.** (*kanapa*) sofa bed. **2.** *sport* catch wrestling; **wolna amerykanka** *przen.* catch-as-catch-can.
Amerykanka *f.* American (woman).
amerykański *a.* American.
ametyst *mi* amethyst.
amfiteatr *mi* amphitheater.
amnestia *f.* amnesty; **ogłosić amnestię** declare amnesty.
amoniak *mi* ammonia.
amortyzator *mi Gen.* **-a** shock absorber.
amplituda *f.* amplitude.
amputacja *f.* amputation.
amputować *ipf., pf.* amputate.
amunicja *f.* ammunition; **amunicja artyleryjska/myśliwska** artillery/hunting ammunition; **ślepa amunicja** blank/dummy ammunition, blanks.
anachroniczny *a.* anachronistic; (*przestarzały*) outdated, outmoded, old-fashioned, dated.
analfabeta *mp*, **analfabetka** *f.* illiterate.
analfabetyzm *mi* illiteracy.
analityczny *a.* analytic(al).
analiza *f.* analysis; **analiza matematyczna** calculus; **poddać analizie** analyze; **przeprowadzić analizę** carry out/make an analysis; **wnikliwa analiza** thorough/in-depth analysis.
analizować *ipf.* analyze.
analogia *f.* **1.** analogy; **przez analogię** by analogy (*do czegoś* to sth). **2.** (*odpowiednik*) analogous case, parallel.
analogiczny *a.* analogous, parallel, corresponding; **analogiczny okres roku ubiegłego** the corresponding period of last year.
ananas *mi* pineapple. — *mp pl.* **-y** *pot.* (*gagatek*) scamp.
anarchia *f.* anarchy; **pogrążyć się w anarchii** sink into anarchy.
anarchista *mp*, **anarchistka** *f.* anarchist.
anarchistyczny *a.* anarchist.
anatomia *f.* anatomy.
anatomiczny *a.* anatomic(al); **budowa anatomiczna człowieka** human anatomy.
andrzejki *pl.* (*tradycja polska*) St. Andrew's Eve (party).
anegdota *f.* anecdote.
anegdotyczny *a.* anecdotal.
anemia *f.* anemia.
anemiczny *a.* anemic; *przen.* (*wątły*) weak, limpid; **anemiczna cera** pale complexion.
angażować *ipf.* **1.** (*zatrudniać*) employ, hire. **2.** (*wikłać, wciągać*) engage, involve (*kogoś w coś* sb in sth).
angażować się *ipf.* (*dać się pochłonąć*) become involved (*w coś* in sth).
Angielka *f.* Englishwoman.
angielski *a.* English; **język angielski** English, the English language; **ziele angielskie** *kulin.* pimento, allspice.
angielszczyzna *f.* English, the English language.
angina *f.* strep throat.
Anglia *f.* England; **Nowa Anglia** New England.
Anglik *mp* Englishman.
anglikański *a.* Anglican; **Kościół Anglikański** the Church of England.
ani *conj.* (*łączy części zdania w zdaniu zaprzeczonym lub zdania zaprzeczone*) **ani... ani...** (*bez wyrazu przeczącego*) neither... nor...; (*po wyrazie przeczącym*) either... or...; **ani be, ani me** *pot.* not a single word; **ani mnie to ziębi, ani parzy** *pot.* I don't care, it leaves me cold; **ani widu, ani słychu** not a trace. — *part.* (*wzmocniona partykuła przecząca*) (*bez wyrazu przeczącego*) not a; (*z wyrazem przeczącym*) a; **ani ani** in no circumstances; **ani chybi** *pot.* for sure, most certainly, without fail; **ani cienia dowodu** not a shred of evidence; **ani cienia nadziei/zainteresowania** not a glimmer of hope/interest; **ani mi to w głowie** I won't even think about it; **ani mi się śni** never in my life; **ani mowy (nie ma) o tym** this is out of the question; **ani mru mru/ani słowa** not a word; **ani na jotę** not one iota/jot/whit; **ani pisnąć** keep one's mouth shut; **ani rusz bez czegoś** we can't/won't do without sth; **ani się spostrzeże(sz)/obejrzy(sz)** in no time; **to ani się umywa do...** it isn't anywhere near as good as...; **ani trochę/ani za grosz** not a bit; **ani w ząb nie rozumiem** I don't understand at all; **ani żywej duszy/żywego ducha** not a soul.
animowany *a.* animated; **film animowany** (animated) cartoon.
anioł *mp Loc., Voc.* **-ele**; *pl.* **-owie/-y** *lit./przest.* **-eli** angel; **anioł stróż** guardian angel; **spać jak anioł** sleep like a baby; **to anioł nie człowiek** he is a saint.
ankieta *f.* **1.** questionnaire; **ankieta personalna** personal data form. **2.** (*zbieranie informacji*) poll, survey.
anonim *mi Gen.* **-u** *Nom.pl.* **-y** anonymous letter. — *mp Gen.* **-a** *Nom.pl.* **-owie** anonym, anonymous person.
anonimowy *a.* anonymous.
Antarktyda *f.* Antarctica.
Antarktyka *f.* the Antarctic.
antena *f.* aerial, antenna; **antena satelitarna** satellite dish; **na antenie** on the air; **wejść na antenę** go on the air.
antropolog *mp pl.* **-dzy/-owie** anthropologist.
antropologia *f.* anthropology.
antybiotyk *mi* antibiotic.
antyczny *a.* **1.** (*dotyczący starożytności*) ancient. **2.** (*zabytkowy*) antique.
antyk *mi* **1.** (*zabytek, staroć*) antique. **2.** (*świat starożytny*) antiquity.
antykoncepcja *f.* contraception.
antykoncepcyjny *a.* **(środek) antykoncepcyjny** contraceptive.
antykwariat *mi* **1.** (*księgarnia ze starymi książkami*) second-hand bookstore, antiquarian bookstore. **2.** (*sklep z antykami*) antique shop.

antylopa *f.* antelope.
antypatyczny *a.* antipathetic(al).
antysemita *mp*, **antysemitka** *f.* anti-Semite.
antysemityzm *mi* anti-Semitism.
anulować *ipf., pf.* (*małżeństwo, umowę*) annul; (*czek, plany*) cancel; (*przepis prawny*) defeat, (make) void.
anyż *mi Gen.pl.* **-ów, anyżek** *mi* **-żk-** aniseed.
aorta *f.* aorta.
aparat *mi* appliance, device, apparatus, machine, set; **aparat fotograficzny** camera; **aparat ortodontyczny** braces; **aparat państwowy/partyjny** state/party apparatus; **aparat radiowy** radio (set); **aparat słuchowy** hearing aid; **aparat telefoniczny** telephone; **aparat telewizyjny** television/TV set; **aparat tlenowy** oxygen mask.
aparatura *f.* equipment, apparatus.
apartament *mi* (*luksusowe mieszkanie*) luxury apartment; (*w hotelu*) suite.
apatia *f.* apathy, indifference; (*otępienie*) listlessness, dullness; **popaść w apatię** become indifferent/apathetic.
apatyczny *a.* (*obojętny*) apathetic, indifferent; (*otępiały*) listless, dull.
apel *mi Gen.pl.* **-i/-ów 1.** (*zbiórka*) assembly, roll; (*żołnierzy, więźniów*) roll call; **apel poległych** reading of the roll of the dead; **apel szkolny** school assembly; **stanąć do apelu** fall in (for roll call). **2.** (*wezwanie*) appeal (*do kogoś/czegoś* to sb/sth, *o coś* for sth); **zwrócić się z apelem o coś do społeczeństwa** make a public appeal/plea for sth.
apelacja *f.* appeal; **odrzucić apelację** turn down an appeal; **prawo apelacji** right of appeal; **wnieść apelację** appeal, launch an appeal.
apelować *ipf.* **1.** (*nawoływać, wzywać, prosić*) appeal, make a plea (*do kogoś/czegoś* to sb/sth, *o coś* for sth). **2.** *prawn.* appeal (*od czegoś* for sth).
Apeniny *pl. Gen.* **-n** the Apennines.
apetyczny *a.* appetizing, mouth-watering.
apetyt *mi* **1.** (*chęć do jedzenia*) appetite, hunger (*na coś* for sth); **jeść z apetytem** eat heartily/with relish; **popsuć, odebrać komuś apetyt** spoil sb's appetite; **wilczy apetyt** voracious appetite; **zaostrzyć komuś apetyt** whet sb's appetite. **2.** (*chęć spożycia określonej potrawy*) taste (*na coś* for sth); (*chętka*) eye, craving, hankering (*na kogoś/coś* for sb/sth).
aplikować *ipf.* **1.** (*stosować, podawać*) apply. **2.** *prawn.* train, intern.
apolityczny *a.* apolitical; (*nie dotyczący polityki*) nonpolitical.
apostoł *mp pl.* **-owie** apostle.
apostrof *mi* apostrophe.
aprobata *f.* approval, endorsement, go-ahead; **spotkać się z aprobatą** to meet with approval; **uzyskać czyjąś aprobatę** win sb's approval; **wyrazić swoją aprobatę** to give one's approval.
aprobować *ipf.* endorse, approve (of).
aprowizacja *f.* (*zaopatrzenie, wyżywienie*) supplying/providing food.
apteczka *f.* (*szafka na lekarstwa*) medicine cabinet/chest; (*zestaw pierwszej pomocy*) first-aid kit.
apteka *f.* pharmacy, drug store.
aptekarz *mp* pharmacist, druggist.
Arab *mp pl.* **-owie** Arab.
arab *ma* (*koń arabski*) Arab(ian).
Arabia *f. geogr.* Arabia; **Arabia Saudyjska** Saudi Arabia.
Arabka *f.* Arab woman.
arabski *a.* **1.** Arab; (*o języku, piśmie*) Arabic. **2.** (*w nazwach geograficznych*) Arabian; **cyfry arabskie** Arabic numerals; **guma arabska** gum arabic; **koń arabski** Arabian (horse), Arab; **kraje arabskie** Arab countries; **Półwysep Arabski** the Arabian Peninsula.
aranżacja *f.* arrangement.
aranżować *ipf.* arrange, organize, plan.
arbiter *mp* **-tr-**; *pl.* **-rzy/-owie** (*autorytet*) arbiter; (*osoba rozstrzygająca spory*) arbitrator, mediator; *sport* (*sędzia główny w futbolu, boksie itd.*) referee; (*w tenisie, baseballu, krykiecie*) umpire.
arbitralny *a.* arbitrary.
arbuz *mi Gen.* **-a** watermelon.
archaiczny *a.* archaic.
archaizm *mi* archaism.
archeolog *mp pl.* **-dzy/-owie** archeologist.
archeologia *f.* archeology.
archeologiczny *a.* archeological; **stanowisko/znalezisko archeologiczne** archeological site/find.
archipelag *mi* archipelago.
architekt *mp* architect; **architekt wnętrz** interior designer.
architektoniczny *a.* architectural.
architektura *f.* architecture; **architektura wnętrz** interior design.
archiwalny *a.* archival.
archiwum *n. indecl. in sing. pl.* **-wa** *Gen.* **-wów 1.** (*zbiór dokumentów*) archive; **archiwum filmowe** film archive. **2.** (*instytucja*) archives.
arcybiskup *mp* archbishop.
arcydzieło *n.* masterpiece; **małe arcydzieło** little gem.
areał *mi* acreage, land area.
arena *f.* ring; *hist., przen.* arena; **wchodzić, wkraczać na arenę** enter the scene.
areszt *mi* (*zatrzymanie przez policję*) arrest, custody, detention; (*miejsce uwięzienia*) jail, prison; **areszt domowy** house arrest; **być w areszcie** be in jail, be incarcerated, be locked up; **nałożyć areszt na kogoś** place sb under arrest.
aresztować *ipf., pf.* (*zatrzymać*) arrest, take into custody; (*zamknąć w areszcie*) jail, lock up, put in jail.
aresztowanie *n.* (*zatrzymanie*) arrest, custody, detention; (*uwięzienie*) confinement, imprisonment; **nakaz aresztowania** arrest warrant.
Argentyna *f.* Argentina.
argument *mi* argument; **argument przetargowy** trump card; **niezbity argument** irrefutable argument.
argumentować *ipf.* argue, reason (*za czymś* for sth/in favour of sth) (*przeciwko czemuś* against sth).
aria *f.* aria.
arktyczny *a.* Arctic.
Arktyka *f.* the Arctic.
arkusz *mi* sheet; **arkusz kalkulacyjny** spreadsheet.
armata *f.* cannon, gun; **wytoczyć (ciężkie) armaty** *przen.* bring out the big guns.
armia *f.* army; (*część sił zbrojnych*) force; *przen.* (*tłum, gromada*) host.
arogancja *f.* arrogance.
arogancki *a.* arrogant.
aromat *mi* **1.** aroma, fragrance. **2.** (*dodatek zapachowy*) flavoring.
aromatyczny *a.* aromatic, fragrant.
arteria *f.* (*t. trasa komunikacyjna*) artery; **arteria przelotowa** thoroughfare; **główna arteria** major artery/highway/road.

artretyzm *mi* arthritis.
artykuł *mi* **1.** article; (*w słowniku, encyklopedii*) entry; **artykuł wstępny** editorial. **2.** (*produkt, wyrób, towar*) article, commodity, item; **artykuły spożywcze** groceries; **artykuły gospodarstwa domowego** housewares.
artyleria *f.* artillery, ordnance; **artyleria przeciwlotnicza** antiaircraft artillery.
artysta *mp*, **artystka** *f.* artist; **artysta ludowy** folk artist.
artystyczny *a.* artistic; **artystyczny nieład** creative mess; **nagroda artystyczna** art prize, prize in arts; **rzemiosło artystyczne** arts and crafts.
arystokracja *f.* aristocracy, nobility, peerage; *przen.* (*elita*) elite, élite; **arystokracja umysłowa** intellectual elite.
arystokrata *mp*, **arystokratka** *f.* aristocrat, noble; (*o mężczyźnie*) nobleman, peer; (*o kobiecie*) noblewoman, peeress.
arystokratyczny *a.* aristocratic, upper-class.
arytmetyczny *a.* arithmetic, arithmetical; **działanie arytmetyczne** arithmetic operation; **średnia arytmetyczna** arithmetic mean.
arytmetyka *f.* arithmetic.
as *mi Gen.* **-a** ace; **as trefl/karo/kier/pik** ace of clubs/diamonds/hearts/spades; **mieć asa w rękawie** have an ace up one's sleeve; **wyciągnąć asa z rękawa** pull an ace out of one's sleeve. — *mp pl.* **-y** (*mistrz, znakomitość*) ace; **as lotnictwa** ace (pilot); **as piłkarski** ace footballer.
asceta *mp*, **ascetka** *f.* ascetic.
asekuracja *f.* security/safety measure, safeguard; (*we wspinaczce*) belaying; (*ubezpieczenie*) insurance.
asekurować *ipf.* protect, safeguard, secure.
aseptyczny *a.* aseptic; **opatrunek aseptyczny** aseptic dressing.
asfalt *mi* asphalt.
asortyment *mi* assortment, range, line; **szeroki asortyment** wide choice/selection/range.
aspekt *mi* aspect, facet, angle; **rozpatrywać coś w różnych aspektach** view sth from different sides/angles.
aspiryna *f.* aspirin; **wziąć/zażyć aspirynę** take an aspirin.
aspołeczny *a.* asocial.
astma *f.* asthma.
astrolog *mp pl.* **-dzy/-owie** astrologer, astrologist.
astrologia *f.* astrology.
astronauta *mp*, **astronautka** *f.* astronaut; (*tylko o mężczyźnie*) spaceman.
astronom *mp pl.* **-owie** astronomer.
astronomia *f.* astronomy.
astronomiczny *a.* astronomical; *przen.* (*ogromny*) exorbitant, immense; **obserwatorium astronomiczne** astronomical observatory; **astronomiczne ceny** astronomical/exorbitant prices.
asygnować *ipf.* **1.** (*przeznaczać, przydzielać*) allot, appropriate. **2.** (*wystawiać, podpisywać np. czek*) issue, make out, write out.
asymetria *f.* asymmetry.
asymetryczny *a.* asymmetrical.
asymilacja *f.* assimilation.
asymilować (się) *ipf.* assimilate.
asystent *mp*, **asystentka** *f.* assistant, helper.
asystować *ipf.* + *Dat.* (*towarzyszyć*) accompany; (*pomagać, współdziałać, współpracować*) assist (*przy czymś* at sth).
atak *mi* **1.** (*t. krytyka, napad choroby*) attack; *wojsk.* raid, assault; (*gwałtowna napaść*) onslaught; (*choroby*) fit, bout; **atak bombowy/lotniczy** bomb/air raid; **atak gorączki** fit of fever; **atak serca** heart attack; **atak wichury** onslaught of a gale; **ataki prasy/mediów** press/media attacks; **być celem głównego ataku** come under a major attack; **być przedmiotem ataków z czyjejś strony** come under attack from sb; **do ataku!** attack! **dostać ataku nerwowego** throw a fit; **dostać ataku szału** go berserk, be seized with a fit/bout of rage; **najskuteczniejszą obroną jest atak** attack is the best form of defense; **odeprzeć atak** fend off/ward off/repel an attack; **przypuścić atak** make/launch an attack. **2.** *sport* (*zawodnicy grający w ofensywie*) forwards; **być/grać w ataku** be a forward.
atakować *ipf.* attack; **atakować rekord** go for the record.
ateista *mp*, **ateistka** *f.* atheist.
ateistyczny *a.* atheistic.
ateizm *mi* atheism.
Ateny *pl. Gen.* **-n** Athens.
atest *mi* certificate.
atlantycki *a.* Atlantic; **Ocean Atlantycki** the Atlantic (Ocean).
Atlantyk *mi* the Atlantic.
atlas *mi* atlas; **atlas geograficzny/historyczny** geographical/historical atlas; **atlas grzybów/ptaków** mushroom/bird atlas.
atleta *mp* (*siłacz*) strongman; *sport* (*zapaśnik*) wrestler; (*ciężarowiec*) weightlifter; (*kulturysta*) bodybuilder.
atletyka *f.* athletics; **lekka atletyka** track and field sports.
atmosfera *f.* atmosphere; (*powietrze ziemskie*) the air; (*nastrój*) climate, mood; **atmosfera podejrzliwości** climate of suspicion; **napięta atmosfera** tense atmosphere; **w miłej/sympatycznej atmosferze** in a nice atmosphere.
atom *mi* atom.
atomowy *a.* atomic; (*dotyczący reakcji jądrowych*) nuclear; **bomba atomowa** atomic/atom/nuclear bomb, A-bomb; **broń atomowa** nuclear/atomic weapons; **elektrownia atomowa** nuclear power plant; **energia atomowa** nuclear energy/power.
atrakcja *f.* attraction; **atrakcje turystyczne** sights, tourist attractions; **główna atrakcja** highlight, the main feature.
atrakcyjny *a.* attractive.
atrament *mi* ink.
atramentowy *a.* ink; **drukarka atramentowa** inkjet printer; **plama od atramentu** ink stain.
atrapa *f.* dummy.
atrybut *mi* attribute.
atut *mi* trump; *przen.* (*szansa, mocna strona*) trump card; **mieć atuty w ręce** have trumps in one's hand; **wykorzystać swój atut** play one's trump.
audiencja *f.* audience; **udzielić audiencji** give/grant an audience.
audycja *f.* broadcast, program.
aukcja *f.* auction, public sale; **aukcja dzieł sztuki** art auction; **aukcja na cele dobroczynne** charity auction.
aula *f. Gen.pl.* **-i** (assembly) hall, auditorium.
aura *f.* **1.** (*pogoda*) weather; **sprzyjająca aura** favorable weather conditions. **2.** *przen.* (*nastrój, atmosfera*) aura, atmosphere; **w aurze tajemniczości** in an aura of mystery.

Australia *f.* Australia.
Australijczyk *mp*, **Australijka** *f.* Australian.
australijski *a.* Australian.
Austria *f.* Austria.
austriacki *a.* Austrian.
Austriaczka *f.*, **Austriak** *mp* Austrian.
aut *mi* out (of bounds); **posłać piłkę na aut** hit the ball out of bounds; **rzut z autu** throw-in.
autentyczny *a.* authentic, genuine; *pot.* (*prawdziwy*) real, true.
autentyk *mi* original, authentic/genuine object.
auto *n.* auto, car.
autoalarm *mi* car alarm.
autobiografia *f.* autobiography.
autobus *mi* (motor)bus; (*dalekobieżny*) coach; **autobus miejski** (local) bus; **autobus piętrowy** double-decker (bus); **autobus szkolny** school bus; **autobus turystyczny** (package-tour) coach, sightseeing bus; **pojechać autobusem** take a bus/coach (*do...* to...); **podróżować autobusem** ride a bus/coach; **wsiąść do autobusu** board a bus/coach, get on a bus/coach.
autobusowy *a.* bus, coach; **dworzec autobusowy** coach station, bus station; **przystanek autobusowy** bus stop; **komunikacja autobusowa** bus transport.
autograf *mi* autograph; **łowca autografów** autograph hunter.
autokar *mi* coach.
automat *mi* **1.** machine, automaton; (*robot*) robot; **automat do (sprzedaży) papierosów/napojów/przekąsek** cigarette/drink/snack (vending) machine; (*automat telefoniczny*) pay phone, public telephone. **2.** (*pistolet maszynowy*) automatic (gun/rifle).
automatyczny *a.* automatic; **automatyczna sekretarka** answering machine; **automatyczna skrzynia biegów** automatic transmission/gears; **broń automatyczna** automatic weapon.
automatyzacja *f.* automation.
automatyzować *ipf.* automate.
automyjnia *f. Gen.pl.* **-i** car wash.
autonomia *f.*, **autonomiczność** *f.* autonomy.
autonomiczny *a.* autonomous.
autoportret *mi* self-portrait.
autor *mp*, **autorka** *f.* author; (*zawodowy pisarz*) writer; **słowo od autora** (author's) preface.
autorski *a.* author's; **honorarium autorskie** royalty; **prawa autorskie** copyright.
autorstwo *n.* authorship.
autorytet *mi* authority, prestige, esteem; **cieszyć się wielkim autorytetem** enjoy great prestige; **zdobyć autorytet** gain/achieve prestige, acquire authority; **powołać się na czyjś autorytet** defer to sb/to sb's authority. — *mp pl.* **-y** (*ekspert, znawca*) authority (*w dziedzinie czegoś* on sth).
autoryzowany *a.* authorized.
autostop *mi* hitch-hiking; **podróżować autostopem** hitch-hike.
autostopowicz *mp Gen.pl.* **-ów**, **autostopowiczka** *f.* hitch-hiker; **zabierać autostopowiczów** take/pick up hitch-hikers.
autostrada *f.* freeway, expressway.
awangarda *f.* avant-garde, vanguard; **kroczyć w awangardzie** be in the forefront/vanguard.
awans *mi pl.* **-e/-y** (*kariera, promocja*) promotion, advancement; **awans społeczny** social advancement; **dać komuś awans** promote sb; **przedstawić kogoś do awansu** put sb in for promotion, recommend sb for promotion; **starać się o awans** strive for promotion; **uzyskać awans** get a promotion, get promoted.
awansować *ipf., pf.* **1.** (*przesunąć na wyższe stanowisko*) promote (*z... na...* from... to...). **2.** (*objąć wyższe stanowisko*) be promoted. **3. awansować do finału/do kolejnej rundy** *sport* advance to the finals/to the next round.
awantura *f.* **1.** fuss, argument, commotion, brawl, broil (*z kimś* with sb) (*o coś* about/over sth); **o co ta cała awantura?** what's all the fuss? **robić/wszczynać awanturę** kick up a fuss; **zrobić komuś awanturę** give sb a hard time (*o coś* over sth). **2.** (*przygoda*) adventure; **wplątać się w awanturę** meet an adventure.
awaria *f.* breakdown, failure; **awaria prądu** blackout, power cut; **awaria silnika** engine failure; **awaria systemu** *komp.* system crash; **spowodować awarię czegoś** break sth down; **usunąć awarię** repair a failure.
awaryjny *a.* emergency, stand-by; **światła awaryjne** *mot.* hazard lights; **wyjście awaryjne** emergency exit.
awersja *f.* aversion, dislike; **budzić w kimś awersję** repel sb; **czuć/mieć awersję** have/take an aversion (*do kogoś/czegoś* to sb/sth).
awista *a. indecl.* **konto awista** checking account, current account.
awizo *n. Gen.pl.* **-ów** advice (note), notice, notification.
awokado *n. indecl.* avocado.
azbest *mi* asbestos.
Azja *f.* Asia; **Azja Mniejsza** Asia Minor.
Azjata *mp*, **Azjatka** *f.* Asian.
azjatycki *a.* Asian, Asiatic.
azot *mi* nitrogen.
azyl *mi Gen.pl.* **-ów** asylum; *przen.* (*zacisze, schronienie*) refuge, haven, harbor; **azyl polityczny** political asylum; **prawo azylu** right to asylum; **prosić o azyl** ask for asylum; **szukać/udzielać azylu** seek/grant asylum; **znaleźć (zaciszny) azyl** find refuge.
azymut *mi* azimuth, bearing; **kierować się na azymut** plot/set one's course; **wyznaczać azymut** take a bearing (*czegoś* on sth).
aż *conj.* till, until; **poczekaj, aż przyjdę** wait till I come. — *part.* (*uwydatnia znaczenie innych wyrazów lub zwrotów*) as far as, as many as, as much as; till, until; all the way; **aż do granicy** as far as the border, all the way to the border; **aż do końca** until the end, to the bitter end; **aż do ostatniej chwili** until the very last moment; **aż strach pomyśleć** one shudders to think; **pracować od świtu aż do nocy** work all day long, work from dawn till dusk; **przywieźć coś aż z Los Angeles** bring sth all the way from Los Angeles; **wypić aż pięć piw** drink as many as five beers.
ażeby *conj.* (*żeby, aby*) in order to, so that. — *part.* (*oby, niech*) may, let; **ażeby go diabli wzięli** may he go to hell.

B

baba *f.* **1.** *pot., pog. l. żart.* woman; **stara baba** old woman/bag. **2.** *przen.* (*tchórzliwy mężczyzna*) old woman; **zachowywać się jak baba** act like an old woman.

babcia *f. Voc.* **-u**; *Gen.pl.* **-ć 1.** grandmother, grandmom, grandma, granny. **2.** (*staruszka*) old woman.

babka *f.* **1.** (*matka ojca lub matki*) grandmother. **2.** (*ciasto*) type of sponge cake. **3. babka z piasku** sand pie. **4.** *pot.* (*o starszej kobiecie*) old woman. **5.** *pot.* (*o młodej, atrakcyjnej kobiecie*) babe, chick.

bacznie *adv.* (*z uwagą*) attentively; (*dokładnie*) carefully, closely.

baczność *f.* **1. stać na baczność** stand at attention; **baczność!** *wojsk.* attention! **2. mieć się na baczności** be on one's guard (*przed kimś/czymś* against sb/sth).

bać się *ipf.* **boję boisz**; **bój 1.** be afraid/frightened (*kogoś/czegoś* of sb/sth). **2.** (*niepokoić się*) fear, be afraid (*o kogoś/coś* for sb/sth).

badacz *mp*, **badaczka** *f.* investigator, researcher.

badać *ipf.* **1.** (*analizować, studiować*) investigate, examine, research. **2.** *med.* examine; **badać czyjś puls/ciśnienie krwi** take sb's pulse/blood pressure.

badać się *ipf.* be examined, have a checkup.

badanie *n.* **1.** (*analiza, prace badawcze*) research, examination, scrutiny. **2.** *med.* examination, checkup, test; **badanie krwi/moczu** blood/urine test.

badawczy *a.* **1.** research; **prace badawcze** research; **instytut badawczy** research institute. **2.** (*przenikliwy, uważny*) analytical.

badminton *mi Gen. & Acc.* **-a** badminton.

bagaż *mi Gen.pl.* **-y/-ów** baggage; **przechowalnia bagażu** left baggage; **bagaż podręczny** hand baggage.

bagażnik *mi Gen.* **-a 1.** *mot.* trunk. **2.** (*półka bagażowa*) baggage rack; (*na dachu pojazdu*) roof rack.

bagażowy *a.* baggage; **kwit bagażowy** baggage check. — *mp decl. like a.* porter.

bagnet *mi* bayonet.

bagno *n. Gen.pl.* **-gien 1.** bog, marsh, morass, swamp. **2.** *przen. uj.* quagmire.

bajka *f.* **1.** fairytale. **2.** *lit.* fable. **3.** *pot.* (*bzdura, wymysł*) cock-and-bull story, fiction.

bak *mi Gen.* **-u** (*zbiornik paliwa*) (fuel) tank.

bakalie *pl. Gen.* **-ii** mixed dried fruit and nuts.

bakłażan *mi Gen.* **-a/-u** eggplant, aubergine.

bakteria *f. Gen.* **-ii** bacterium.

bakteriobójczy *a.* bactericidal; **środek bakteriobójczy** bactericide.

bal *mi Gen.* **-u**; *Gen.pl.* **-ów** (*zabawa taneczna*) ball; **bal karnawałowy/maskowy** carnival/masked ball; **bal maturalny** high-school prom.

balansować *ipf.* balance, keep one's balance; **balansować na linie** *t. przen.* walk a tightrope.

balast *mi t. przen.* ballast.

baleron *mi* ham sausage.

balet *mi* ballet.

baletmistrz *mp* ballet master.

baletnica *f.* ballet dancer.

balkon *mi* **1.** *bud.* balcony. **2.** *teatr, kino* the circle.

ballada *f.* ballad.

balon *mi* balloon.

balonik *mi Gen.* **-a** (*zabawka*) balloon.

balsam *mi* balm, balsam.

balustrada *f.* balustrade.

bałagan *mi* mess, disorder.

bałaganić *ipf.* make a mess.

Bałkany *pl. Gen.* **-ów** the Balkans.

bałtycki *a.* Baltic; **Morze Bałtyckie** the Baltic (Sea).

Bałtyk *mi* the Baltic (Sea).

bałwan *mi Gen.* **-a** (*ze śniegu*) snowman. — *mp Gen.* **-a**; *pl.* **-y** (*głupiec*) moron. — *mi Gen.* **-a** *l.* **-u** (*fala*) roller.

bambus *mi Gen.* **-u** *l.* **-a** bamboo.

banan *mi Gen.* **-a** *l.* **-u** banana.

banda *f.* (*grupa ludzi*) band, gang.

bandaż *mi Gen.* **-a** *l.* **-u** bandage; **bandaż elastyczny** elastic bandage.

bandażować *ipf.* bandage.

bandyta *mp* bandit, gangster.

bank *mi* **1.** bank; **mieć konto w banku** have an account with a bank; **Bank Światowy** World Bank; **masz to jak w banku** *pot.* you can bank on it. **2. bank danych** *komp.* data bank. **3. bank krwi/narządów** blood/organ bank.

bankier *mp* banker.

bankiet *mi* banquet; **wydać bankiet** give/hold a banquet.

banknot *mi* banknote.

bankomat *mi* ATM, cash machine.

bankructwo *n.* bankruptcy; **doprowadzić kogoś do bankructwa** bankrupt sb.

bankrut *mp* bankrupt.

bankrutować *ipf.* go bankrupt.

bańka *f. Dat.* **-c- 1.** (*pojemnik*) can; (*szklana*) flagon. **2.** *med.* cupping glass. **3.** (*pęcherzyk*) bubble; **bańki mydlane** soap bubbles.

bar *mi* **1.** bar; **bar mleczny** restaurant serving cheap meals, milk bar; **bar samoobsługowy** self-service bar. **2.** (*bufet*) cafeteria; **siedzieć przy barze** sit at the bar.

barak *mi* barrack.

baran *ma* **1.** ram. **2.** *astrol.* **Baran** Aries, the Ram. — *mp pl.* **-y** *pot., obelż., przen.* (*głupek*) idiot, dimwit.

baranina *f.* mutton.

barbarzyńca *mp* barbarian.

barbarzyński *a.* **1.** (*prymitywny, prostacki*) barbarous. **2.** (*okrutny*) barbaric.

bardziej *adv.* more; **bardziej niż** more than; **tym bardziej** the more so, especially as; **tym bardziej, że...** the more so because...; **coraz bardziej** more and more.

bardzo *adv.* (*z przymiotnikiem, przysłówkiem*) very; **bardzo duży** very big; **bardzo dobrze/źle** very well/badly; (*z imiesłowem*) greatly, deeply; **bardzo zadowolony** greatly pleased; **bardzo wzruszony** deeply moved; (*z czasownikiem*) very much, a lot; **bardzo pomagać** help very much/a lot; **bardzo za kimś tęsknić** miss sb very much; **bardzo dobrze** very well; **nie bardzo** not much/really/quite; **nie bardzo mógł** he hardly could; **jak bardzo** how much; **tak bardzo** so/that much; **za bardzo** too much; **nie za bardzo** *pot.* not really.

barek *mi* **-rk-** (*bufet, miejsce na alkohole*) drinks/liquor cabinet.

bariera *f.* barrier; **bariera ochronna** crash bar; **bariera językowa/społeczna** language/social barrier.

bark *mi* shoulder; **spoczywać na czyichś barkach** rest on sb's shoulders.
barka *f.* barge.
barman *mp* bartender, barkeeper, barman.
barmanka *f.* barmaid, barkeeper.
barok *mi* baroque.
barokowy *a.* baroque.
barometr *mi* barometer.
barszcz *mi Gen.pl.* **-ów** *l.* **-y barszcz czerwony** beetroot soup; **barszcz ukraiński** borsch; **tani jak barszcz** dirt-cheap.
barwa *f.* **1.** color. **2.** (*sztandar, godło*) colors; **barwy klubowe/narodowe** team/national colors. **3. barwa głosu** timbre.
barwić *ipf.* dye.
barwnik *mi Gen.* **-a** dye; **barwnik spożywczy** food coloring dye.
barwny *a.* **1.** (*różnobarwny*) colorful. **2.** (*nie tylko biały i czarny*) color.
barykada *f.* barricade.
barykadować *ipf.* barricade.
barykadować się *ipf.* barricade oneself (*przed kimś/czymś* from sb/sth).
bas *mi Gen.* **-u** (*głos, dźwięk*) bass. — *mp Gen.* **-a**; *pl.* **-y** (*śpiewak*) bass.
basen *mi* **1.** (*pływalnia*) swimming pool. **2.** *geogr., geol.* basin; **basen Morza Bałtyckiego** the Baltic Sea basin.
basista *mp* bassist.
baskijski *a.* Basque.
basowy *a.* bass.
baszta *f.* donjon, keep, tower.
baśń *f. pl.* **-ie** *l.* **-i** fairy-tale.
bat *mi Gen.* **-a** whip; **okładać batem** whip.
batalion *mi Gen.* **-u** *wojsk.* battalion.
bateria *f. Gen.* **-ii** battery; **bateria słoneczna** solar battery.
bateryjka *f. pot.* battery.
baton *mi Gen.* **-u** *l.* **-a, batonik** *mi Gen.* **-a** (candy) bar; **baton czekoladowy** chocolate bar.
bawełna *f.* cotton; **suknia/bluzka z bawełny** cotton dress/blouse.
bawełniany *a.* cotton; **bawełniana bielizna** cotton underwear.
bawić *ipf.* **1.** (*zajmować, umilać czas*) entertain. **2.** (*ciekawić, zachwycać*) amuse; **to mnie już nie bawi** it isn't funny anymore. **3.** *lit.* (*bywać*) stay (*u kogoś* at sb's).
bawić się *ipf.* **1.** play (*w coś* (at) sth) (*z kimś* with sb); **bawić się lalkami/piłką** play with dolls/a ball; **bawić się w piratów/w chowanego** play pirates/hide-and-seek. **2.** (*uczestniczyć w zabawie towarzyskiej*) **dobrze się bawić** have a good time; have fun; enjoy o.s. **3.** (*doświadczać uciechy l. rozrywki*) have fun.
baza *f.* **1.** (*podstawa, fundament*) base, basis, foundation; **na bazie czegoś** on the basis of sth. **2. baza danych** *komp.* database. **3.** *wojsk.* base; **baza morska/lotnicza** naval/air base.
bazar *mi* bazaar, market.
bazylia *f. Gen.* **-ii** basil.
bażant *ma* pheasant.
bąbel *mi* **-bl-**; *Gen.* **-a 1.** (*na wodzie*) bubble. **2.** *med.* blister.
bąbelek *mi* **-lk-**; *Gen.* **-a** bubble; **woda z bąbelkami** carbonated water.
bądź[1] *ipf. zob.* **być**.
bądź[2] *conj.* (*lub*) or; **bądź (to)..., bądź (to)...** either... or...
bądź[3] *part.* (*-kolwiek*) **co/kto/gdzie/jaki bądź** anything/anybody/anywhere/any; **bądź co bądź** after all.
bąk *ma* (*giez*) horsefly. — *mi Gen., Acc.* **-a** (*zabawka*) (peg) top, hummingtop; **puszczać/nakręcać bąka** spin a top. — *mp pl.* **-i** *żart.* (*o małym dziecku*) tot.
bąkać *ipf.*, **bąknąć** *pf.* **-ij 1.** (*mówić niewyraźnie*) mutter, mumble. **2.** (*napomykać o czymś*) hint, remark.
bdb *abbr. indecl. szkoln.* (*ocena bardzo dobra*) A; **dostać, otrzymać bdb** get (an) A (*z czegoś* in sth, *za coś* for sth).
beczka *f.* **1.** barrel, cask, keg; **beczka wina** cask of wine; **piwo z beczki** beer on draft; **beczka kapusty** barrel of cabbage. **2.** *przen.* **zacząć z innej beczki** change the subject.
befsztyk *mi Gen.* **-a -u** (beef)steak.
bekać *ipf. pot.* belch, burp.
bekon *mi* bacon; **jajka na bekonie** bacon and eggs.
bela *f. Gen.pl.* **-l** *l.* **-li 1.** (*zwój papieru lub tkaniny*) bale. **2.** (*duża, drewniana belka*) beam, log; **pijany jak bela** *pot.* dead drunk.
beletrystyka *f.* fiction.
Belg *mp pl.* **-owie** Belgian.
Belgia *f. Gen.* **-ii** Belgium.
Belgijka *f. zob.* **Belg**.
belgijski *a.* Belgian.
Belgrad *mi* Belgrade.
belka *f.* **1.** beam. **2.** *pot.* (*naszywka na mundurze*) bar.
Beneluks *mi* Benelux.
benzyna *f.* gas(oline).
benzynowy *a.* gas(oline); **stacja benzynowa** gas/filling station.
berek *mi tylko sing.* **-rk-**; *Acc. & Gen.* **-a** tag; **bawić się w berka** play tag.
beret *mi* beret, cloth cap.
Bermudy *pl. Gen.* **-ów** Bermuda, the Bermudas.
bestia *f. Gen.* **-ii 1.** (*drapieżne zwierzę*) beast. **2.** *przen.* brute.
bestialski *a.* bestial, brutal, savage.
bestseller *mi Gen.* **-u** *l.* **-a** bestseller.
beton *mi pl.* **-y** concrete.
bez[1] *prep. + Gen.* without; **bez końca** endlessly; **bez ładu i składu** without rhyme or reason; **bez perspektyw** dead-end; **bez przerwy** continuously, without a break; **bez różnicy** no difference; **bez wyjątku** bar none, without exception; **bez żadnych ale** no buts; **bez wątpienia** undoubtedly.
bez[2] *mi* **bz-** lilac; **czarny bez** elder.
bezalkoholowy *a.* alcohol-free; **napoje bezalkoholowe** soft drinks; **bezalkoholowe piwo** non-alcoholic beer; **tonik bezalkoholowy** (*w kosmetyce*) alcohol-free lotion.
bezbarwny *a.* **1.** colorless. **2.** *przen.* colorless, dull; (*o twarzy*) (*blady*) pallid; (*o twarzy, uśmiechu*) (*bez wyrazu*) blank, expressionless.
bezbłędny *a.* **1.** correct, faultless. **2.** *pot.* (*wspaniały*) perfect.
bezbolesny *a.* painless.
bezbronny *a.* **1.** (*bezradny*) defenseless, helpless. **2.** (*bez broni*) unarmed.
bezcelowy *a.* aimless, pointless.
bezcenny *a.* priceless.
bezcłowy *a.* duty-free; **strefa bezcłowa** duty-free zone.
bezczelność *f.* insolence, cheek.

bezczelny *a.* insolent, cheeky.
bezczynny *a.* idle, inactive.
bezdomny *a., mp* homeless.
bezduszny *a.* heartless.
bezdzietny *a.* childless.
bezdźwięczny *a.* **1.** (*cichy*) noiseless. **2.** *jęz.* voiceless.
bezimienny *a.* (*o osobie*) nameless, anonymous; (*o dziele, uczynku*) anonymous.
bezinteresowny *a.* disinterested.
bezkarnie *adv.* with impunity; **uszło mu to bezkarnie** he got away with it.
bezkofeinowy *a.* caffeine-free, decaffeinated.
bezkompromisowy *a.* uncompromising.
bezkonkurencyjny *a.* unbeatable.
bezkrytyczny *a.* uncritical.
bezlitosny *a.* merciless, pitiless.
bezludny *a.* uninhabited; **bezludna wyspa** desert island.
bezładny *a.* disordered, disorderly, chaotic.
bezmięsny *a.* meat-free, vegetarian.
bezmyślny *a.* **1.** (*niemądry*) thoughtless, reckless. **2.** (*automatyczny*) mindless.
beznadziejny *a.* hopeless.
bezokolicznik *mi Gen.* **-a** infinitive.
bezołowiowy *a.* lead-free.
bezowocny *a.* fruitless.
bezpański *a.* (*o zwierzęciu*) stray.
bezpartyjny *a. polit.* nonparty, independent.
bezpieczeństwo *n.* safety, security; **bezpieczeństwo publiczne** public order; **bezpieczeństwo i higiena pracy** health and safety at work.
bezpiecznik *mi Gen.* **-a 1.** *el.* fuse. **2.** *broń* safety catch.
bezpieczny *a.* **1.** (*niezagrożony*) safe, secure. **2.** (*niezagrażający*) safe.
bezpłatnie *adv.* free (of charge).
bezpłatny *a.* **1.** (*darmowy*) free (of charge). **2.** (*nieopłacany*) unpaid, gratuitous.
bezpłodność *f. pat.* infertility, sterility.
bezpłodny *a.* **1.** *med.* infertile, sterile. **2.** *przen.* fruitless, futile.
bezpodstawny *a.* groundless, unfounded.
bezpośredni *a.* **1.** direct, straightforward. **2.** (*o człowieku*) direct, candid.
bezpośrednio *adv.* directly.
bezprawie *n.* lawlessness.
bezprawny *a.* unlawful.
bezprecedensowy *a.* unprecedented.
bezprzewodowy *a.* cordless.
bezradny *a.* helpless.
bezrobocie *n.* unemployment; **być na bezrobociu** *pot.* live on the dole.
bezrobotny *a.* unemployed, jobless. — *mp* unemployed/jobless person.
bezruch *mi* stillness.
bezsenność *f.* insomnia, sleeplessness.
bezsenny *a.* sleepless.
bezsens *mi* **1.** (*absurd*) absurdity, nonsense. **2.** (*bezcelowość*) senselessness.
bezsensowny *a.* **1.** (*niemający sensu*) meaningless. **2.** (*absurdalny*) absurd, nonsensical. **3.** (*bezcelowy*) pointless, senseless.
bezsilny *a.* powerless, helpless.
bezstronny *a.* impartial, unbiased.
beztroska *f.* **1.** (*brak kłopotów*) carefreeness. **2.** (*niefrasobliwość*) carelessness.
beztroski *a.* **1.** (*bez trosk*) carefree. **2.** (*niefrasobliwy*) unconcerned, careless.
bezustanny *a.* continuous, incessant.
bezużyteczny *a.* useless.
bezwartościowy *a.* valueless.
bezwładny *a.* **1.** listless, inert. **2.** (*niemogący się poruszać*) paralyzed.
bezwstydny *a. uj.* shameless, brazen; (*o człowieku*) brazen-faced.
bezwzględnie *adv.* **1.** (*stanowczo*) absolutely. **2.** (*surowo*) ruthlessly. **3.** (*bezwarunkowo*) regardless(ly), unconditionally.
bezwzględny *a.* **1.** (*niezmienny, niezależny*) absolute; **wartości bezwzględne** absolute values. **2.** (*surowy, nieprzejednany*) ruthless. **3.** (*całkowity, bezwarunkowy*) final, unconditional.
bezzwłocznie *adv.* immediately, with no delay, at once.
beżowy *a.* beige.
bęben *mi* **-bn-**; *Gen.* **-a** *muz.* drum.
bębenek *mi* **-nk-**; *Gen.* **-a 1.** (small) drum. **2.** *anat.* (*błona bębenkowa*) eardrum.
bębnić *ipf.* **-ij** drum; (*stukać*) tap, rap; **bębnić palcami po stole** drum one's fingers on the table.
będę, będzie *itd. ipf. zob.* **być**.
bękart *mp pl.* **-y 1.** (*o nieślubnym dziecku*) bastard. **2.** *obelż.* (*o niegrzecznym dziecku*) brat.
białaczka *f.* leukemia.
białko *n. Gen.pl.* **-łek 1.** (*część jajka*) white of an egg. **2.** (*część oka*) white of an eye. **3.** *biochem.* protein.
Białorusin *mp*, **Białorusinka** *f.* Belarusian.
białoruski *a.* Belarusian.
Białoruś *f.* Belarus.
biały *a.* **bielszy 1.** white; **do białego rana** till the break of day; **w biały dzień** in broad daylight. **2.** (*czysty*) clean, blank. **3. biała broń** hand weapon. — *mp* (*o człowieku zaliczanym do rasy białej*) white, Caucasian.
biatlon *mi* biathlon.
biblia, Biblia *f. Gen.* **-ii** the Bible.
bibliografia *f. Gen.* **-ii** bibliography.
biblioteczka *f.* (*mebel*) bookcase.
biblioteka *f.* **1.** (*instytucja*) library. **2.** (*księgozbiór*) library, book collection. **3.** (*mebel*) bookcase.
bibliotekarka *f.*, **bibliotekarz** *mp* librarian.
bicie *n.* **1.** (*o sercu, mechanizmie*) beating, beat, pulse; **bicie serca** heartbeat. **2.** (*o dzwonach, zegarach*) beating, ringing, peal. **3. bicie rekordu** beating/breaking a record.
bicz *mi Gen.pl.* **-y/-ów** whip; **bicze wodne** hydromassage.
bić *ipf.* **biję, bijesz 1.** (*uderzać, aby sprawić ból*) beat (*w coś* sth, *po czymś* on/about sth); **bić kogoś po twarzy/łapach** beat sb about the face/on the hands. **2.** (*uderzać, łomotać*) to bang; **bić brawo** clap loudly; **bić na alarm** sound/raise the alarm; **bić pokłony** bow and scrape. **3.** (*o sercu, pulsie*) beat. **4.** (*o dzwonach*) beat, peal; (*o zegarze*) strike. **5.** (*o liczniku*) clock up, run. **6.** (*wydobywać się, tryskać*) spring. **7.** (*zwyciężać, pokonywać*) to beat. **8. bić rekord** break a record. **9.** (*zabijać*) kill, slaughter. **10.** (*tłoczyć, drukować*) coin, mint.
bić się *ipf.* fight.
biec *ipf.* = **biegnąć**.
bieda *f.* **1.** poverty; **klepać, cierpieć biedę** live from hand to mouth. **2.** (*nieszczęście, kłopot*) trouble, problem; **pół biedy** (only) half the problem; **od biedy** with difficulty.

biedak *mp pl.* **-cy/-ki 1.** (*ubogi mężczyzna*) poor man. **2.** (*ze współczuciem o mężczyźnie*) poor devil/fellow.
biedny *a.* **1.** (*ubogi*) poor. **2.** (*nieszczęśliwy*) poor, unlucky. — *mp* poor person.
biedronka *f.* ladybug.
bieg *mi* **1.** run, running; **biegiem** at a run; running. **2.** *sport* (running) race, run; **bieg krótkodystansowy** sprint; **bieg przez płotki** hurdle race; **bieg przełajowy** cross-country race. **3.** (*prąd rzeczny*) current; **z biegiem rzeki** downstream. **4.** (*trasa*) course; **dolny/górny bieg rzeki** the lower/upper course of a river. **5.** (*dzianie się*) **bieg historii** the course of history; **z biegiem czasu** with the passing of time; **nadać czemuś bieg** set sth in motion. **6.** *mot., techn.* gear; **zmieniać biegi** change gear; **pierwszy/wsteczny bieg** the first/reverse gear; **skrzynia biegów** gearbox.
biegacz *mp Gen.pl.* **-y/-ów** runner.
biegać *ipf.* run; **biegać po sklepach** run round the shops; **biegać za czymś** chase sth up.
biegle *adv.* fluently.
biegłość *f.* fluency.
biegły *a.* fluent (*w czymś* in/at sth). — *mp* (*specjalista*) expert.
biegnąć *ipf.* **biegnę -niesz**; **-nij**; **biegł 1.** run. **2.** (*spieszyć się*) speed (on/along), hasten. **3.** (*o czasie*) pass.
biegun *mi Gen.* **-a 1.** *geogr.* pole; **biegun północny/południowy** the North/South Pole. **2.** (*wygięta płoza*) rocker; **fotel/koń na biegunach** rocking chair/horse.
biegunka *f.* diarrhea.
biel *f.* (*biały kolor*) white; **w bieli** in white.
bielizna *f.* **1.** (*odzież*) underwear. **2.** (*pościelowa*) linen.
biernie *adv.* passively.
biernik *mi Gen.* **-a** accusative.
bierny *a.* **1.** passive. **2.** *gram.* passive; **strona bierna** passive (voice).
bierz *itd. ipf. zob.* **brać**.
bieżąco *adv.* **być z czymś na bieżąco** be up to date with sth; **robić coś na bieżąco** do sth in the normal course.
bieżący *a.* **1.** (*teraźniejszy*) current, present, this; **rok bieżący** the current year. **2.** (*płynący*) running; **bieżąca woda** running water.
bigos *mi* bigos (*Polish dish of stewed sauerkraut and meat*).
bijatyka *f.* fight, brawl, squabble.
bilans *mi pl.* **-e** balance; **bilans finansowy** financial balance; **bilans płatniczy** balance of payments; **bilans ujemny/dodatni** negative/positive balance.
bilard *mi* billiards.
bilet *mi* **1.** ticket; **bilet powrotny** return ticket; **bilet w jedną stronę** one-way ticket. **2.** *przest.* (*wizytówka*) visiting card.
bileter *mp* usher.
bileterka *f.* usher(ette).
biletowy *a.* ticket; **kasa biletowa** ticket office; (*w kinie l. teatrze*) box office.
bilion *mi Gen.* **-a** trillion.
bilon *mi* (small) change.
bimber *mi* **-br-** *pot.* moonshine.
biochemiczny *a.* biochemical.
biodro *n. Gen.pl.* **-der** hip.
biografia *f. Gen.* **-ii** biography.
biolog *mp pl.* **-dzy/-owie** biologist.
biologia *f. Gen.* **-ii** biology.
biologiczny *a.* biological; **nauki biologiczne** biological sciences.
biorę *itd. ipf. zob.* **brać**.
biosfera *f.* biosphere; **biosfera Ziemi** the Earth's biosphere.
bis *mi* encore; **śpiewać na bis** sing an encore. — *int.* encore!, play it again!
biskup *mp* bishop; **konferencja biskupów** episcopal conference; **biskup polowy** army bishop.
bisować *ipf.* play/sing an encore.
bistro *n.* bistro.
biszkopt *mi* **1.** *Gen.* **-u** (*ciasto*) sponge cake. **2.** *Gen.* **-a** (*herbatnik*) biscuit.
bit *mi komp.* bit.
bitki *pl. kulin.* cutlets.
bitwa *f. Gen.pl.* **bitew/bitw 1.** (*starcie wojsk*) battle; **pole bitwy** battlefield; **stoczyć bitwę** fight a battle. **2.** *pot.* (*awantura*) fight.
bity *a.* **1.** beaten; **droga bita** beaten track. **2.** (*cały, pełny*) **bita godzina/mila** full hour/mile; **bitych pięćdziesiąt stron** fifty whole pages.
biuletyn *mi* bulletin.
biurko *n.* desk.
biuro *n.* (*urząd*) office, bureau; (*instytucja usługowa*) agency, bureau; **biuro obsługi klientów** customer service department; **biuro podróży/pośrednictwa pracy** travel/employment agency.
biurokracja *f.* bureaucracy.
biurokrata *mp*, **biurokratka** *f.* bureaucrat.
biurokratyczny *a.* bureaucratic.
biurowiec *mi* **-wc-**; *Gen.* **-a** office block.
biust *mi* **1.** (*popiersie*) bust. **2.** (*piersi*) breasts.
biustonosz *mi Gen.* **-a** bra.
biwak *mi* bivouac, camp.
biznes *mi* business.
biznesmen *mp* businessman.
bizon *ma* buffalo.
biżuteria *f. Gen.* **-ii** jewelry.
blacha *f.* **1.** (*materiał*) sheet; (*gruba*) plate. **2.** (*do pieczenia*) baking sheet/tray.
blady *a.* **bledszy 1.** pale, pallid; **blady jak ściana** (as) pale as a sheet. **2.** (*nieintensywny*) weak, pale; **blade światło** weak/pale light.
blankiet *mi* form.
blask *mi* light, shine, glare; **blask słońca** sunlight, sunshine; **blask księżyca** moonlight, moonshine.
blat *mi* table top, desktop.
blednąć *ipf.* **-ij**; **bladł/blednął, bladła/bledła, bledli** pale; grow/turn pale.
blefować *ipf.* bluff (*w czym* at sth).
bliski *a.* **bliższy 1.** (*nieodległy; podobny, zbliżony*) close (*czegoś* to sth); near (*czegoś* sth/to sth); **bliski płaczu/śmierci** close to tears/death; **bliska odległość** short distance; **bliskie spotkanie** close encounter. **2.** (*blisko spokrewniony*) close, near; **bliski krewny** close/near relative. **3.** (*mający się wkrótce zdarzyć*) near, approaching, imminent; **w najbliższej przyszłości** in the nearest future; **bliskie niebezpieczeństwo** imminent danger. **4.** (*drogi, serdeczny*) close, dear; **ona jest mi bardzo bliska** she's very dear to me; **bliska przyjaźń** close/intimate friendship; **moi najbliżsi** *żart.* my nearest and dearest. — *mp* (*bliski krewny*) close/near relative.
blisko *adv.* **bliżej 1.** (*niedaleko*) close (*czegoś* to sth); near(by); **mam blisko do szkoły** I live close to school. **2.** (*tuż obok, w sąsiedztwie*) next door, in the vicinity. **3. z bliska** from close range. **4.** (*w bliskiej przyszłości*) not long, close; **jest blisko do**

Wielkanocy it's not long to Easter; **Wielkanoc jest już blisko** Easter's approaching. **5.** (*o pokrewieństwie l. przyjaźni*) closely; **blisko spokrewniony** closely related (*z kimś/czymś* to sb/sth); **oni są ze sobą bardzo blisko** they're very close friends. **6.** (*prawie, niemal*) almost, nearly.

bliskość *f.* **1.** (*mała odległość*) nearness, closeness; *form.* proximity. **2.** (*serdeczność*) closeness, intimacy.

blizna *f.* scar.

bliźni *mp* **1.** fellow human being. **2.** *zwł. rel.* neighbor.

bliźniaczka *f.* twin sister.

bliźniak *mp pl.* **-ki/-cy** twin. — *mi Gen.* **-a**; *pl.* **-i** *bud.* semi-detached house.

bliźnię *n.* **-ęci-** *pl.* **-ęt-**; *Gen.* **-ąt 1.** twin. **2.** *astrol.* **Bliźnięta** Gemini.

bliżej *adv. zob.* **blisko**.

bliższy *a. zob.* **bliski**.

blok *mi* **1.** (*bryła*) block; **blok skalny** rock fragment. **2.** *bud.* block; **blok mieszkalny** apartment house. **3.** (*do rysunków l. pisania*) pad, block. **4.** *polit.* bloc. **5.** *fizj., psych., sport* block. **6.** *mech.* block, pulley.

blokada *f.* **1.** blockade; **blokada policyjna/wojskowa** police/military blockade; **blokada dróg** road block. **2.** *mot., techn.* lock. **3.** *mot.* (*zabezpieczenie*) immobilizer; **blokada kierownicy** steering-wheel lock. **4.** *mot.* (*unieruchomienie*) **blokada kół** wheel clamp.

blokować *ipf.* **1.** (*tarasować*) block (up); **blokować drogę** block a road. **2.** (*obejmować blokadą*) blockage.

blond *a. indecl.* blond.

blondyn *mp* blond.

blondynka *f.* blonde.

bluszcz *mi Gen.pl.* **-y/-ów** ivy.

bluza *f.* tunic, shirt; **bluza harcerska/robocza** scout/work shirt.

bluzka *f.* blouse, tunic, top.

bluźnierstwo *n.* blasphemy.

błagać *ipf.* beg (*sb*) (*o coś* for sth); **błagam!** please!

błahy *a.* trivial, trifling; **z błahej przyczyny** for no reason.

błazen *mp* **-zn-** *Loc. & Voc.* **-źnie** *pl.* **-zny/-źni 1.** clown. **2.** (*głupiec*) fool. **3.** *hist.* jester.

błąd *mi* **-ę-** mistake, error; **popełnić błąd** make a mistake, commit an error; **błąd ortograficzny** spelling mistake/error; **błąd w obliczeniach** miscalculation; **błąd maszynowy** typo, mistyping; **być w błędzie** be mistaken, be in error; **wprowadzić kogoś w błąd** mislead sb.

błądzić *ipf.* **1.** (*gubić drogę*) lose one's way. **2.** (*chodzić bez celu*) wander, roam. **3.** *lit.* (*mylić się*) go astray, err.

błędny *a.* **1.** (*nieprawdziwy*) untrue, false; (*niepoprawny*) wrong, incorrect, erroneous; **błędne obliczenia** miscalculation; **błędne założenie** false assumption; **błędne rozumowanie** incorrect reasoning; **błędne koło** *log.* vicious circle. **2.** (*nieprzytomny, obłąkany*) blind, wild; **błędny wzrok** blind look.

błękitny *a.* blue.

błogi *a.* blissful, blessed; **błogi nastrój** blissful mood, bliss; **błogi spokój** blessed peace/calm.

błogosławić *ipf.* bless; **niech ci Bóg błogosławi!** God bless you!

błogosławieństwo *n.* blessing.

błona *f.* **1.** *anat.* membrane; **błona śluzowa** mucous membrane; **błona dziewicza** hymen. **2.** (*cienka warstwa*) film. **3.** *fot.* film.

błoto *n.* **1.** mud. **2.** *przen.* **wyrzucać pieniądze w błoto** throw one's money away; **obrzucać kogoś błotem** throw/fling mud at sb.

błysk *mi* flash, flicker.

błyskawica *f.* lightning.

błyskawicznie *adv.* like lightning, instantly, immediately.

błyskawiczny *a.* (*szybki*) instant; **zamek błyskawiczny** zip; **zupa błyskawiczna** instant soup.

błyskotliwy *a.* brilliant; **błyskotliwy umysł/pomysł** brilliant mind/idea.

błyskowy *a. fot.* flash; **lampa błyskowa** flash bulb.

błyszczący *a.* shining, glittering, glossy.

błyszczeć *ipf.* **-ę -ysz** shine, glitter, glisten.

bm. *abbr.* (*bieżącego miesiąca*) of the current month; this month.

bo *conj.* **1.** (*ponieważ*) because, for. **2.** (*w przeciwnym razie*) or.

boazeria *f. Gen.* **-ii** wood paneling.

bobra *itd. ma zob.* **bóbr**.

bobslej *mi Gen.* **-a/-u**; *Gen.pl.* **-ów/-ei** *sport* bobsled.

bochenek *mi* **-nk-**; *Gen.* **-a** loaf.

bocian *ma* stork.

boczek *mi* **-czk-** bacon; **jajka na boczku** bacon and eggs.

boczny *a.* **1.** side; **boczne wejście** side entrance; **boczny tor** siding. **2.** *przen.* **chodzić bocznymi drogami** take the backroads.

bodziec *mi* **-dźc-**; *Gen.* **-a 1.** (*czynnik*) stimulus; **bodziec wzrokowy** visual stimulus; **bodziec-reakcja** stimulus and response. **2.** (*zachęta*) stimulus, incentive; **dostarczać komuś bodźców (do działania)** give sb incentives (to work), spur sb on.

boga *itd. mp zob.* **bóg**.

bogacić się *ipf.* get rich(er) (*czyimś kosztem* off sb) (*na czymś* from sth).

bogactwo *n.* **1.** (*majątek*) wealth, fortune, riches. **2.** *zw. pl.* (*zasób*) resource; **bogactwa naturalne** natural resources. **3.** (*obfitość, rozmaitość*) richness, wealth, abundance.

bogacz *mp* rich man.

bogaty *a.* **1.** (*zamożny*) rich, wealthy, well-off, well-to-do. **2.** (*zasobny*) rich; abounding (*w coś* in sth). — *mp decl. like a.* (*bogacz*) rich man; *pl.* the rich.

bogini *f.* goddess.

bohater *mp pl.* **-owie/-rzy 1.** hero. **2.** (*w literaturze, filmie*) **główny bohater** the hero, the chief character.

bohaterka *f.* heroine.

bohaterski *a.* heroic; **bohaterska śmierć** heroic/hero's death.

bohaterstwo *n.* heroism.

boisko *n. sport* playing field.

boja *f. Gen. sing. & pl.* **boi** buoy.

bojaźliwy *a.* timorous, timid, anxious.

boję *itd. ipf. zob.* **bać się**.

bojkot *mi* boycott.

bojkotować *ipf.* boycott.

bojownik *mp pl.* **-cy** warrior, fighter; **bojownicy o wolność** freedom fighters.

bojowy *a.* **1.** (*wojenny*) military, combat; **akcja bojowa** military action, combat; **oddziały/siły bojowe** combat troops/forces; **szyk bojowy** military formation; **chrzest bojowy** *przen.* baptism of fire; **organizacja bojowa** militia, paramilitary organisation. **2.** (*bezkompromisowy*) militant, combative.

bok *mi* side; **wziąć się pod boki** stand with arms akimbo; **coś jest pod bokiem** sth is under one's nose;

mieć kogoś u boku have sb at/by one's side; **odłożyć coś na bok** put sth to one side; *przen.* (*odłożyć na później, zaoszczędzić, zignorować*) put sth aside; **na bok!** out of the way!, stand aside! **dorabiać sobie na boku** earn on the side.

boks *mi Gen.* **-u** *tylko sing. sport* boxing.

bokser *mp sport* boxer. — *ma pl.* **-ry** (*pies*) boxer.

bolec *mi* **-lc-**; *Gen.* **-a** pin; (*z gwintem*) bolt.

boleć[1] *ipf.* **-i 1.** hurt; (*tępo, nieustannie*) ache; **boli mnie głowa** my head aches; **wszystko mnie boli** I hurt/ache all over; **co cię boli?** where does it hurt? **2.** (*o bólu psychicznym*) hurt, pain; **boli mnie twoja niesprawiedliwość** I am hurt/pained by your unfairness.

boleć[2] *ipf.* (*smucić się*) mourn, deplore (*nad kimś/ czymś* sb/sth).

bolesny *a.* **-śniejszy 1.** (*sprawiający ból*) painful; **bolesne skaleczenie** painful injury. **2.** (*bolący*) sore, aching; **bolesne miejsce** sore spot. **3.** (*przykry*) painful, hurtful, sad; **bolesne wspomnienia** painful memories; **bolesne słowa** hurtful words.

bomba *f.* **1.** (*broń*) bomb; **bomba atomowa** atom/ nuclear bomb; **bomba zegarowa** time bomb; **bomba-pułapka** booby trap. **2.** (*sensacyjna wiadomość*) sensation; **(dla mnie) bomba!** that's awesome!

bombardować *ipf.* **1.** bomb. **2.** *przen.* **bombardować kogoś pytaniami** bombard sb with questions.

bombka *f.* **bombka choinkowa** glass ball ornament.

bombonierka *f.* box of chocolates.

bombowiec *mi* **-wc-**; *Gen.* **-a** bomber.

bombowy *a.* **1.** (*dotyczący bomb*) bombing; **nalot bombowy** bombing raid. **2.** *pot.* (*efektowny*) awesome, sensational, cool; **bombowa fryzura** cool hairstyle.

bon *mi* (*kupon, talon*) coupon, voucher; **bon towarowy** gift certificate.

bonifikata *f.* (*rabat*) discount; (*od producenta*) rebate.

borowik *mi Gen.* **-a** bolete, boletus.

borówka *f.* blueberry, whortleberry; **borówka brusznica** cowberry, mountain cranberry; **borówka czernica** bilberry, European blueberry.

borsuk *ma* badger.

bosak[1] *mi Gen.* **-a** *żegl.* boat hook.

bosak[2] *adv.* **na bosaka** barefoot.

boski *a.* **1.** (*dotyczący Boga*) God's/of God; (*dotyczący jakiegokolwiek boga*) divine; **na litość boską!** for God's/heaven's sake! **2.** *pot.* (*wspaniały*) super (super), terrific, divine.

bosman *mp* boatswain.

boso *adv.* barefoot; **chodzić boso** go barefoot.

bosy *a.* barefoot; **bose nogi** bare feet.

Bośnia *f.* Bosnia.

bośniacki *a.* Bosnian.

botaniczny *a.* botanical.

botanika *f.* botany.

bowiem *conj. lit.* for, as, since, because.

boże *mp zob.* **bóg**.

boży *a. rel.* God's, of God, divine; **słowo boże** the word of God; **Boże Narodzenie** Christmas; **Boże Ciało** Corpus Christi.

bóbr *ma* **-o-** beaver.

bóg *mp* **-o-**; *Dat.* **-u** *Voc.* **-że**; *pl.* **-owie Bóg** *rel.* God; **Pan Bóg** the Lord (God); **Bóg wszechmogący** almighty God; **na Boga!** for God's/heaven's sake!, good heavens! **dzięki/chwała Bogu** thank God; **o, Boże!** oh, my God!, goodness gracious!

bój *mi* **-o-** combat, battle, fight; **ciężki bój** heavy combat; **krwawy bój** carnage.

bójka *f.* fight, brawl, squabble.

ból *mi Gen.pl.* **-ów 1.** (*fizyczny*) pain, ache; **ostry ból** sharp/acute pain; **ból zęba** toothache; **ból gardła** sore throat; **ból żołądka** stomach-ache; **ból głowy** headache; **cierpieć na bóle w stawach** suffer from aching joints. **2.** (*psychiczny*) suffering, pain; **z bólem serca** with a heavy heart.

bóstwo *n.* (*bożek*) deity, god; **wyglądać jak bóstwo** *przen.* look divine.

br. *abbr.* (*bieżącego roku*) this year, of the current year.

brać *ipf.* **biorę bierzesz 1.** take, pick up; **brać kogoś za rękę** take sb by the hand; **brać kogoś w ramiona** take sb in one's arms; **biorę cię za słowo** I'll take you at your word. **2.** (*zabierać z sobą*) take (out); **brać psa na spacer** take the dog for a walk. **3.** (*przyjmować na siebie*) take (on), assume, accept; **brać na siebie odpowiedzialność** take/assume responsibility (*za kogoś/coś* for sb/sth). **4.** (*podejmować*) take up, accept; **brać pracę w supermarkecie** take up a job in a supermarket. **5.** (*przyjmować, dostawać*) take, receive, get; **brać łapówki** take bribes; **ile bierzesz miesięcznie?** how much do you get a month? **6. brać przykład z kogoś/czegoś** take sb/sth as an example. **7. brać kąpiel/prysznic** take a bath/a shower. **8.** (*uważać*) take; **brać coś dosłownie/poważnie** take sth literally/seriously; **brać coś do siebie** take sth personally; **za kogo mnie bierzesz?** what do you take me for? **9.** (*o rybie*) bite. **10. brać udział** take part, participate (*w czymś* in sth). **11. brać ślub** get married. **12. brać coś pod uwagę** take sth into consideration.

brajl *mi Gen. & Acc.* **-a** braille.

brak *mi* **1.** (*niedostatek*) lack, shortage; **zupełny brak czasu** total shortage/lack of time. **2.** (*niedociągnięcie, luka*) deficiency, gap. **3.** *handl.* defective product. — *v.* (*nieodmienny predykatyw*) **brak mi słów** I don't know what to say, I'm at a loss for words; **będzie mi ciebie brak** I'll miss you.

brakować *ipf.* **1.** (*nie wystarczać*) not be enough, not suffice, run short; **niewiele brakowało** that was a close call/shave; **brakuje ropy** oil is in short supply; **brakuje mi pieniędzy** I'm short of money; **brakuje mi słów** I can't find the words, words fail me. **2.** (*z zaprzeczeniem*) (*nie brak*) **nie brakowało nam pieniędzy** we had enough money. **3. brakuje mi ciebie** I miss you.

brama *f.* gate(way).

bramka *f.* **1.** gate. **2.** (*w piłce nożnej*) goal; **strzelić bramkę** score a goal.

bramkarz *mp* **1.** (*w piłce nożnej*) goalkeeper. **2.** (*pilnujący wejścia*) bouncer.

bransoleta *f.*, **bransoletka** *f.* bracelet.

branża *f.* (branch of) industry, (line of) business.

brat *mp Dat.* **-u**; *pl.* **-cia** *Gen.* **-ci** *Ins.* **-ćmi 1.** brother; **brat przyrodni** stepbrother, half-brother. **2.** (*zakonnik*) monk, friar.

bratanek *mp* **-nk-**; *pl.* **-owie/-i** nephew.

bratanica *f.* niece.

bratek *mi* **-tk-**; *Gen.* **-a**; *pl.* **-i** *ogr.* pansy.

braterski *a.* fraternal, brotherly.

braterstwo *n. Loc.* **-ie** brotherhood, fellowship; **braterstwo broni** brotherhood in arms.

bratowa *f. Gen.* **-ej** brother's wife, sister-in-law.
brawo *n.* applause; (*z okrzykami*) cheers; **bić komuś brawo** applaud/cheer sb. — *int.* bravo!
brawura *f.* **1.** (*werwa*) bravura. **2.** (*ryzykanctwo*) bravado.
Brazylia *f. Gen.* **-ii** Brazil.
brazylijski *a.* Brazilian.
brąz *mi* **1.** (*metal.*) bronze. **2.** (*kolor*) brown.
brązowy *a.* **1.** (*z brązu*) bronze; **brązowy medal** bronze medal. **2.** (*koloru brązu*) brown.
bredzić *ipf.* **1.** (*majaczyć*) rave. **2.** (*mówić głupstwa*) talk nonsense/gibberish.
breloczek *mi* **-czk-**; *Gen.* **-a** (*wisiorek*) pendant; (*do kluczy*) key ring.
brew *f.* **-rwi-** (eye)brow.
broda *f. Gen.pl.* **bród 1.** (*podbródek*) chin. **2.** (*zarost*) beard; **zapuścić brodę** grow a beard.
brodaty *a.* bearded.
brodawka *f.* **1.** (*część sutka*) nipple. **2.** *pat.* wart.
brodzić *ipf.* wade (*w czymś* in sth, *przez coś* across sth).
brodzik *mi Gen.* **-a** wading pool.
brokuły *pl. Gen.* **-ów** broccoli.
brona *f. roln.* harrow.
bronić *ipf.* **1.** + *Gen.* defend (*sb l. sth*) (*przed czymś/kimś* against sb/sth). **2.** + *Gen./Acc.* (*strzec, chronić*) protect, shield; **bronić przed niebezpieczeństwem** protect from/against harm; **bronić swoich interesów** protect/look after one's interests. **3.** + *Gen.* (*odpierać zarzuty wobec*) defend; **bronić swojego stanowiska** defend one's position, stick to one's guns; **bronić swoich praw** stand up for one's rights; **bronić doktoratu** defend one's dissertation. **4.** (*zabraniać*) forbid (*komuś robienia czegoś* sb doing sth/to do sth).
bronić się *ipf.* defend o.s.
broń *f.* weapon; (*zbiorowo*) weapons, arms; **złożyć broń** lay down (one's) arms; **naładować broń** load a gun; **broń biała** hand weapons; **broń palna** firearm(s); **broń masowej zagłady** weapon of mass destruction; **broń biologiczna/jądrowa** biological/nuclear weapon; **zawieszenie broni** armistice, truce; **bez broni** unarmed.
broszka *f.* brooch.
broszura *f.*, **broszurka** *f.* brochure, pamphlet.
browar *mi* brewery.
bród *mi* **-o- 1.** ford; **przejść rzekę w bród** ford a river. **2. w bród** (*pod dostatkiem*) galore, in abundance; **mamy jedzenia w bród** we have food galore.
brud *mi* dirt, filth.
brudas *mp pl.* **-y** slob.
brudno *adv.* dirty, filthy; **ale tu brudno!** how filthy! **pisać na brudno** write a rough draft.
brudnopis *mi* first/rough draft.
brudny *a.* dirty, filthy; **brudna robota** messy work.
brudzić *ipf.* get (*sth*) dirty, soil.
brudzić się *ipf.* get dirty/soiled.
bruk *mi* **1.** (stone) pavement. **2.** *przen.* **znaleźć się na bruku** (*stracić dach nad głową*) find o.s. on the street.
brukowiec *mi* **-wc-**; *Gen.* **-a** *uj.* tabloid.
Bruksela *f.* Brussels.
brukselka *f.* Brussels sprout.
brulion *mi* (*zeszyt*) notebook.
brunatny *a.* brown; **węgiel brunatny** brown coal, lignite; **niedźwiedź brunatny** brown bear.
brunet *mp* dark-haired man.
brunetka *f.* brunette.
brutalny *a.* brutal.
brutto *a. indecl.* gross; **waga/zysk brutto** gross weight/profit.
brydż *mi Gen. & Acc.* **-a** bridge.
brygada *f.* **1.** (*ekipa*) crew. **2.** *wojsk.* brigade.
brylant *mi* **1.** diamond. **2.** *przen.* gem.
bryła *f.* **1.** lump, clump; **bryła ziemi** clod/clump of earth. **2.** *fiz.* solid body. **3.** *mat.* solid figure.
brytfanna *f.* (baking) pan.
Brytyjczyk *mp*, **Brytyjka** *f.* Briton, Britisher; **Brytyjczycy** the British.
brytyjski *a.* British.
brzask *mi* dawn, daybreak.
brzeg *mi* **1.** (*rzeki*) (river)bank; (*morza*) coast, seashore; (*plaża*) beach; **brzeg jeziora** lakeshore; **na brzeg** ashore, to the shore; **na brzegu** on the bank/shore. **2.** *Gen.* **-u** *rzad.* **-a** (*kraniec, krawędź*) edge, brim, rim; **brzeg stołu** the edge of a table; **brzeg kapelusza** the brim of a hat; **pełny po brzegi** full to the brim.
brzęczeć *ipf.* **-ę, -ysz** clang, clank, clatter, tinkle; (*o kluczach, monetach*) jingle; (*o szkle*) clink; (*o owadach*) buzz, hum; (*o strunach*) twang.
brzęk *mi* clank; **brzęk kluczy/monet** the jingle of keys/change; **brzęk tłuczonego szkła** the tinkle of broken glass; **brzęk pszczół** the buzzing of bees.
brzmieć *ipf.* **-ię -isz, -ij 1.** sound, be heard; (*o dzwonach, echu*) ring. **2. jak brzmi rozkaz?** what is the order?
brzmienie *n.* **1.** sound, voice, tone; **brzmienie organów** the sound of the organ. **2.** (*znaczenie, zawartość*) content; **brzmienie dokumentu/umowy** the letter of the document/agreement.
brzoskwinia *f.* peach.
brzoza *f. Gen.pl.* **-óz** birch(-tree).
brzuch *mi Gen.* **-a** stomach, belly.
brzydki *a.* **-dszy 1.** (*nieładny*) ugly; **brzydka pogoda** bad weather. **2.** (*nieprzyzwoity*) dirty, bad; **brzydkie wyrazy** dirty/bad words.
brzydko *adv.* **-dziej 1.** (*nieładnie*) **brzydko pisać** have ugly handwriting; **dzisiaj jest brzydko** the weather is terrible today. **2.** (*źle*) badly; **brzydko się zachowałeś** you behaved badly. **3.** (*nieprzyzwoicie*) **mówić brzydko** talk dirty.
brzytwa *f. Gen.pl.* **-tew** razor; **ostry jak brzytwa** (as) sharp as a razor.
bubel *mi* **-bl-**; *Gen.* **-a** *pot.* **-bla** trash.
buda *f.* **1. psia buda** doghouse, kennel. **2.** (*stragan*) booth, stand, stall. **3.** *szkoln., pot.* school.
Budapeszt *mi* Budapest.
budka *f.* **1.** (*dla ptaków*) shelter. **2.** (*pomieszczenie*) booth; **budka telefoniczna** telephone booth; **budka suflera** prompter's box. **3.** (*kiosk*) stand; **budka z gazetami** newsstand.
budowa *f. Gen.pl.* **-dów 1.** (*czynność*) building, construction; **pracować przy budowie domu** work building a house. **2.** (*o miejscu*) construction site; **pracować na budowie** work on a construction site. **3.** (*struktura*) structure; **budowa wyrazu** word structure; **być atletycznej budowy** have an athletic build.
budować *ipf.* **1.** (*wznosić*) build; **budować dom/most** build a house/bridge. **2.** (*konstruować*) build, construct.
budować się *ipf.* **1.** (*wznosić się*) be built. **2.** (*stawiać swój dom*) be (in the course of) building one's house.

budowla *f. Gen.pl.* **-i** structure; (*budynek*) building, edifice.
budownictwo *n.* construction (industry), building trade; **budownictwo mieszkaniowe/przemysłowe** housing/industrial construction.
budynek *mi* **-nk-** building; **budynek mieszkalny** living quarters; **wysoki budynek** high-rise building.
budyń *mi Gen.pl.* **-i/-ów** pudding.
budzenie *n.* waking up; **budzenie telefoniczne** wake-up call.
budzić *ipf.* **1.** (*ze snu*) wake (up), waken. **2.** (*o uczuciach*) invoke, evoke; (*ciekawość, namiętność, podejrzenia*) arouse; (*zaufanie, strach*) inspire.
budzik *mi Gen.* **-a** alarm (clock).
budżet *mi* budget.
bufet *mi* **1.** (*lokal gastronomiczny*) snack bar. **2.** (*kontuar*) counter. **3.** (*stół z przekąskami*) buffet.
bujać *ipf.* **1.** (*latać*) soar, glide; **bujać w obłokach** *przen.* have one's head in the clouds. **2.** (*huśtać*) rock. **3.** *pot.* (*kłamać*) tell fibs; **nie bujaj!** don't tell fibs! no kidding!
bujać się *ipf.* (*huśtać się*) rock.
bujny *a.* lush, luxuriant; **bujna trawa** lush grass; **bujne włosy** luxuriant hair; **bujna wyobraźnia** vivid imagination.
buk *mi Gen.* **-a/-u** beech.
Bukareszt *mi* Bucharest.
bukiet *mi* bouquet; **bukiet z jarzyn** mixed vegetables.
buldog *ma* bulldog.
buldożer *mi Gen.* **-a** bulldozer.
bulion *mi* bouillon.
bulwar *mi* **1.** (*ulica*) boulevard. **2.** (*nabrzeże*) embankment; (*nad morzem*) breakwater.
Bułgar *mp* Bulgarian.
Bułgaria *f. Gen.* **-ii** Bulgaria.
Bułgarka *f. zob.* **Bułgar**.
bułgarski *a.* Bulgarian.
bułka *f.* roll, bun; **bułka paryska** French roll; **bułka tarta** breadcrumbs; **bułka z masłem** *przen.* (*łatwizna*) piece of cake.
bumerang *mi Gen.* **-u/-a** boomerang.
bunkier *mi* **-kr-**; *Gen.* **-a** bunker.
bunt *mi* rebellion, revolt.
buntować *ipf.* incite to rebel, stir up (*przeciw komuś/czemuś* against sb/sth).
buntować się *ipf.* rebel, revolt (*przeciw komuś/czemuś* against sb/sth).
buntownik *mp* rebel.
burak *mi Gen.* **-a** beet; **burak ćwikłowy** (red)beet; **burak cukrowy** sugar beet.
burdel *mi* **1.** *pot.* (*dom publiczny*) brothel. **2.** *pot.* (*bałagan*) mess, pigsty.
burmistrz *mp pl.* **-owie/-e** mayor.
bursztyn *mi* amber.
burta *f.* (*łodzi, statku*) board, side; **człowiek za burtą!** man overboard!
burza *f.* **1.** storm; **burza śnieżna/gradowa/piaskowa** snowstorm/hailstorm/sandstorm; **rozpętała się burza** a storm broke out. **2.** *przen.* storm, burst; **burza oklasków** burst of applause; **burza mózgów** brainstorm.
burzliwy *a.* **1.** stormy; **burzliwa pogoda** stormy weather; **burzliwe morze** rough sea. **2.** *przen.* stormy; **burzliwe czasy** turbulent times; **burzliwa młodość** wild youth; **burzliwa dyskusja** boisterous discussion; **burzliwa miłość** tempestuous love.
burzyć *ipf.* **1.** (*niszczyć*) demolish, destroy; (*budynek*) tear down; (*plany*) upset; (*spokój*) shatter. **2.** (*wichrzyć*) stir up; (*włosy*) ruffle.
burzyć się *ipf.* **1.** (*falować*) surge, churn. **2.** (*denerwować się*) seethe (with anger). **3.** (*buntować się*) rebel, revolt.
burżuazja *f.* bourgeoisie.
busz *mi* the bush.
but *mi Gen.* **-a** shoe; (*wysoki*) boot; **buty na wysokich obcasach** high-heeled shoes/boots.
butelka *f.* bottle.
butla *f. Gen.pl.* **-i** (*na gaz*) cylinder, tank, container.
buzia *f. Gen.pl.* **-i/buź** *emf.* **1.** (*usta*) mouth. **2.** (*twarz*) face.
by *part.* **bym byś byśmy byście kiedy by można was odwiedzić?** when could we visit you? **ty byś tego nie powiedział** you wouldn't say that. — *conj.* (in order) to; **poszedł do banku, by podjąć pieniądze** he went to the bank to get some money.
być[1] *ipf.* **jestem jesteś są**; **będę będziesz będą**; **bądź** **1.** be; (*istnieć*) exist, be there; **w ogrodzie były róże** there were roses in the garden; **ile ich jest?** how many of them are there? **być w kinie/na wycieczce/w Warszawie** be at the theater/on a trip/in Warsaw; **co dzisiaj będzie na obiad?** what's for supper today? **być na studiach** be at college; **jest mi głupio** I feel stupid; **to jest do niczego** it's no good; **być górą** be on top. **2.** (*część orzeczenia imiennego*) **jestem studentem** I am a student; **bądź zdrów!** get well! **3.** (*w zdaniach bezosobowych*) (*zdarzać się*) **jest piękny dzień** it's a beautiful day; **było to dość dawno** it was/happened quite a long time ago; **był do ciebie telefon** you had a call; **było już późno** it was getting late; **co będzie ze mną?** what will happen to me? **być może** maybe, perhaps; **co będzie, to będzie** come what may; **co ci jest?** what's wrong/the matter with you? **tak jest!** exactly!, precisely! **to jest** (*czyli*) that is.
być[2] *ipf. czasownik posiłkowy* **1.** *tylko* **będę będziesz itd.** (*w formach czasu przyszłego*) will (be); **będę pamiętał o tym** I'll remember that. **2.** (*w formach strony biernej*) **jesteś obserwowany** you are being watched.
bydło *n.* cattle.
byk *ma* **1.** bull; **wziąć byka za rogi** take the bull by the horns. **2.** *astrol.* **Byk** Taurus. **3.** *pot.* (*błąd*) mistake; (*ortograficzny*) spelling error.
byle *conj.* **1.** (*oznaczający cel, skutek*) (in order) to; **robić byle zbyć** do sth just to get it done. **2.** (*oznaczający warunek*) as long as, provided; **mów prędko, byle prawdę** make it quick, as long as you tell the truth; **byle nie to** anything but that. — *part.* (just) any; **byle gdzie** anywhere; **śmiać się z byle czego** laugh at anything; **robić coś byle jak** do sth any old way; **to jest nie byle kto** that's not just anybody; **wszędzie byle nie tutaj** anywhere but here; **byle jaki** crummy.
były *ipf. zob.* **być**. — *a.* former, ex-; **były prezydent** former president, ex-president. — *mp* (*były mąż l. partner*) ex.
bynajmniej *adv.* not at all, by no means, anything but; **bynajmniej nie** not in the least; **nie było to bynajmniej przyjemne** it was anything but pleasant.
bystry *a.* **1.** (*prędki*) swift; **bystry nurt** swift current. **2.** (*o człowieku*) bright, smart, clever. **3.** (*o inteligencji, umyśle*) sharp, keen, quick; **bystry umysł** keen mind.

4. (*o zmyśle wzroku i słuchu*) keen, sharp; **bystry wzrok** keen sense of sight.
byt *mi* **1.** (*istnienie*) existence; **racja bytu** raison-d'être. **2.** (*warunki życia*) living conditions; **zapewnić komuś byt** provide for sb. **3.** *fil.* being.
bywać *ipf.* **1.** (*być często gdzieś/w jakimś stanie*) be (often/usually/sometimes), tend to be; **bywałem smutny** I was often sad. **2.** (*odwiedzać*) **bywać (na przyjęciach, imprezach)** go places; **bywam między ludźmi** I spend a lot of time with people; **bywał w świecie** he went out a lot.
bzdura *f.* **1.** *pot.* (*nonsens*) bull(shit)/b.s. **2.** *pot.* (*drobiazg*) trifle.
bzu *itd. mi zob.* **bez**[2].

C

C *abbr. fiz.* (*Celsjusza*) C, Celsius, centigrade.
ca *abbr.* (*circa*) c., ca., circa.
cal *mi Gen.* **-a 1.** inch. **2.** *przen.* **(dżentelmen) w każdym calu** every inch (a gentleman).
cal. *abbr.* (*kaloria*) cal., calorie.
całkiem *adv.* **1.** (*całkowicie*) entirely. **2.** (*dość, zupełnie*) quite, pretty.
całkowicie *adv.* entirely, completely; **całkowicie się z tobą nie zgadzam** I totally disagree with you.
całkowity *a.* entire, complete, total; **liczba całkowita** integer.
cało *adv.* safely; **wyjść cało z opresji** go/get off scot-free.
całodobowy *a.* twenty-four-hour, 24h.
całodzienny *a.* daylong, all-day; **całodzienne wyżywienie** full board.
całonocny *a.* night-long, all-night; **całonocne czuwanie** night vigil.
całoroczny *a.* year-long, annual, yearly.
całość *f.* (*wszystko*) whole; **w całości** (*zupełnie*) entirely, completely; (*traktowany jako całość*) as a whole.
całować *ipf.* kiss.
całować się *ipf.* kiss (*z kimś* sb).
całus *mi Gen.* **-a** *pot.* kiss.
cały *a.* all, whole; **cały dzień** all day (long); **cały czas** all the time; **całe życie** one's whole life, all one's life; **jestem cały mokry** I'm all wet; **cała prawda** the whole truth; **całymi godzinami** for hours; **iść na całego** go all the way, go (the) whole way/hog.
camping *mi* campground, campsite, camping site.
car *mp pl.* **-owie** czar, tsar, tzar.
cdn. *abbr.* (*ciąg dalszy nastąpi*) to be continued.
cebula *f.* onion.
cebulka *f. bot.* bulb; **cebulki tulipanów** tulip bulbs; **cebulka włosa** root.
cecha *f.* feature, trait; **typowa cecha** characteristic (feature); **to jest cecha rodzinna** it runs in the family.
cechować *ipf.* (*charakteryzować*) characterize, be a feature of (*sb l. sth*).
cechować się *ipf.* be characterized/marked by sth.
cedzić *ipf.* **1.** strain; **odcedzić makaron** strain the water from pasta. **2.** (*wymawiać powoli*) **cedzić słowa** drawl (out) one's words.
cegła *f. Gen.pl.* **-gieł** brick; **dom z cegły** brick house.
Cejlon *mi* Ceylon (*Sri Lanka*).
cel *mi Gen.pl.* **-ów 1.** (*punkt, do którego się zmierza*) aim, goal, purpose; **dojść do celu** reach an aim/a goal; **cel podróży** destination; **błąkać się bez celu** wander, roam; **w celu** in order to; **w tym celu** to this end; **w jakim celu?** what for? what's the purpose of this? **bez celu** aimlessly; **celem** in order to; **stawiać sobie jakiś cel** aim to do sth, aim for sth. **2.** (*to, do czego się mierzy*) target; **trafić do/chybić celu** hit/miss the target; **brać kogoś/coś na cel** aim at sb/sth.
cela *f.* cell.
celibat *mi* celibacy.
celnik *mp* customs officer.
celny[1] *a.* **1.** (*o strzale*) accurate, well-aimed. **2.** (*trafny*) relevant.
celny[2] *a.* (*o cle*) customs; **opłata/odprawa celna** customs duty/clearance; **urząd celny** customs.
celować[1] *ipf.* aim, take aim; **celować w głowę** aim at the/sb's head.
celować[2] *ipf. lit.* excel; **celować w sporcie** excel at sports.
celownik *mi Gen.* **-a 1.** *gram.* dative. **2.** *broń* sight(s). **3.** *fot.* viewfinder.
celowo *adv.* deliberately, intentionally, on purpose.
celowość *f.* (*przydatność*) usefulness, purposefulness.
celowy *a.* purposeful, intentional.
Celsjusz *mp* Celsius.
celtycki *a.* Celtic.
celujący *a.* excellent, exceptional; **celujący uczeń** exceptional pupil/student; **ocena celująca** A +, excellent (grade).
cement *mi* cement.
cena *f.* price; **cena detaliczna/hurtowa** retail/wholesale price; **cena brutto/netto** gross/net price; **za wszelką cenę** at all/any cost, at any price; **podwyżka cen** price increase/rise; **obniżka cen** price cut/reduction; **ceny idą w górę** prices are rising/going up; **ceny spadają** prices are falling/going down; **za żadną cenę** not for all the world.
cenić *ipf.* (*szanować*) value, respect, have a high regard for (*sb/sth*); **cenić sobie kogoś/coś** think highly of sb/sth; **nisko kogoś/coś cenić** not think much of sb/sth.
cenić się *ipf.* (*o swojej wartości*) keep one's self-respect; **on wysoko się ceni** he thinks highly of himself.
cennik *mi Gen.* **-a** price list.
cenny *a.* valuable, precious.
cent *mi Acc. & Gen.* **-a** (*moneta*) cent, penny; **nie mieć ani centa** be broke, be penniless.
centrala *f. Gen.pl.* **-i/-l 1.** headquarters, head office. **2. centrala (telefoniczna)** (telephone) exchange, switchboard.
centralizacja *f.* centralization.
centralizować *ipf.* centralize.
centralny *a.* **1.** central; **centralne ogrzewanie** central heating. **2.** (*główny*) central, main; **władze centralne** state/central authorities.

centrum *n. indecl. in sing. pl.* **-ra** *Gen.* **-rów** center; **centrum miasta** city/town center, downtown; **centrum handlowe** mall, shopping center; **być w centrum uwagi** be the center of attention.
centymetr *mi Gen.* **-a** centimeter.
cenzura *f.* censorship.
cenzurować *ipf.* censor.
cera *f. no plural* (*twarzy*) complexion; **blada/śniada cera** pale/dark complexion.
ceramiczny *a.* ceramic.
ceramika *f.* pottery, ware, ceramics.
ceremonia *f. Gen.* **-ii** ceremony; **ceremonia chrztu/koronacji** baptism/coronation (ceremony); **ceremonia ślubna/pogrzebowa** wedding/funeral ceremony; **mistrz ceremonii** master of ceremonies.
cerować *ipf.* darn.
certyfikat *mi* certificate.
cesarski *a.* **1.** emperor's, imperial; **pałac cesarski** imperial palace. **2.** *chir.* **cesarskie cięcie** Cesarean (section).
cesarstwo *n.* empire.
cesarz *mp pl.* **-e/-owie** emperor.
cham *mp pl.* **-y** *obelż.* boor.
chamski *a. obelż.* boorish; **po chamsku** like a boor, in a boorish manner, unmannerly.
chamstwo *n. obelż.* (*prostactwo*) boorishness.
chaos *mi* chaos; **mieć chaos w głowie** be perplexed/bewildered.
chaotyczny *a.* chaotic, disorderly; **chaotyczne myśli** woolly thoughts.
charakter *mi* **1.** (*osobowość*) character, personality; **mieć charakter** be a person of character. **2.** (*cecha przedmiotu l. zjawiska*) character, nature; **w charakterze...** in the capacity of..., acting as...; **charakter pisma** handwriting. **3.** *lit.* character; **czarny charakter** villain, bad guy.
charakterystyczny *a.* characteristic (*dla kogoś/czegoś* of sb/sth).
charakterystyka *f.* profile, description.
charakteryzacja *f.* makeup; **charakteryzacja teatralna/filmowa** movie/theater makeup.
charakteryzator *mp*, **charakteryzatorka** *f.* makeup artist.
charakteryzować *ipf.* **1.** (*opisywać*) characterize, describe. **2.** (*cechować*) characterize. **3.** *teatr* make (*sb*) up.
charakteryzować się *ipf.* **1.** (*cechować się*) be characterized by. **2.** *teatr* make (o.s.) up.
chart *ma* greyhound.
charytatywny *a.* charitable; **działalność/organizacja charytatywna** charity; **przeznaczyć pieniądze na cele charytatywne** give money to charity.
charyzmatyczny *a.* charismatic.
chata *f.* **1.** (*na wsi*) cabin, hut. **2.** *pot.* (*mieszkanie*) home, place.
chcieć *ipf.* **chcę chcesz, chciej 1.** want; **chcieć coś zrobić** want to do sth; **chciałbym, żeby on przyszedł** I wish he came; **chce mi się spać/jeść/pić** I'm sleepy/hungry/thirsty; **chce mi się śmiać/płakać** I feel like laughing/crying; **czego chcesz ode mnie?!** what do you want from me?! **(czy) chcesz, czy nie chcesz** whether you like it or not; **jeśli chcesz, to...** if you want...; **sam tego chciał** he asked for it; **chciałbym** I would like to; **chcąc nie chcąc** willy-nilly; **jak sobie chcesz** as you wish; **co chcesz przez to powiedzieć?** what do you mean (by that)? **chciałbyś tego spróbować?** would you like to try that? **chciałbym się czegoś napić** I would like something to drink. **2.** (*o rzeczach*) will/would not + verb; **drzwi nie chcą się otworzyć** the door won't open.
chciwość *f.* greed.
chciwy *a.* greedy (*na coś* for sth).
chemia *f. Gen.* **-ii 1.** (*dziedzina wiedzy*) chemistry. **2.** *szkoln.* chemistry class. **3.** *pot.* (*produkty chemiczne*) chemicals. **4.** *pot. med.* chemotherapy.
chemiczny *a.* chemical; **skład chemiczny** (chemical) composition; **środek/związek chemiczny** chemical agent/compound; **pralnia chemiczna** dry-cleaner's.
chemik *mp* **1.** (*naukowiec*) chemist. **2.** *pot.* (*nauczyciel*) chemistry teacher.
chemikalia *pl. Gen.* **-ów** chemicals.
chęć *f.* (*pragnienie*) desire; (*życzenie*) wish; **chęć do pracy/życia** will to work/live; **chęć na lody/tańce** fancy for ice-cream/dancing; **okazywać chęć** express desire; **mieć chęć porozmawiać** feel like talking; **mieć dobre chęci** have good intentions; **z chęcią to zrobię** I'll be happy to do it.
chętnie *adv.* willingly, eagerly.
chętny *a.* willing; **chętny uczeń** eager pupil; **chętny do pomocy** willing to help.
Chile *n. indecl.* Chile.
Chinka *f.* Chinese.
Chiny *pl. Gen.* **-n** China.
Chińczyk *mp* Chinese.
chiński *a.* Chinese; **chińska porcelana** eggshell china; **mur chiński** the Great Wall of China.
chipsy *pl. Gen.* **-ów** chips.
chirurg *mp pl.* **-dzy/-owie** surgeon.
chirurgia *f. Gen.* **-ii 1.** surgery; **chirurgia kosmetyczna/urazowa** cosmetic/casualty surgery. **2.** (*oddział szpitala*) surgical ward/department.
chirurgiczny *a.* surgical; **oddział chirurgiczny** surgical ward/department; **zabieg chirurgiczny** surgery, surgical operation.
chlapać *ipf.* **-pię -piesz** splash.
chlapać się *ipf.* **-pię -piesz** splash (*w czymś* in sth).
chleb *mi Gen.* **-a** bread; **bochenek chleba** loaf of bread; **chleb z masłem** bread and butter; **zarabiać na kawałek chleba** earn one's daily bread.
chlebak *mi Gen.* **-a** haversack.
chlew *mi* pigsty, pigpen.
chluba *f.* (*duma*) pride; (*chwała*) glory; (*zaszczyt*) credit; **przynosić komuś chlubę** do sb credit.
chłodnia *f. Gen.pl.* **-i** (*pomieszczenie*) cold store; (*mebel*) refrigerator.
chłodnica *f.* radiator.
chłodno *adv.* coolly; **dzisiaj jest chłodno** it's cold today.
chłodny *a.* cool; **chłodny dzień** cold day; **chłodny wiatr** chilling wind; **chłodne powitanie** cold/cool welcome.
chłodziarka *f.* refrigerator.
chłodzić *ipf.* **-odź/-ódź** cool, chill; **wiatr chłodzi** the wind is chilling; **lodówka źle chłodzi** the fridge is not working properly; **napoje chłodzące** cold drinks.
chłodzić się *ipf.* **-odź/-ódź** (*o ludziach*) refresh oneself; (*o napojach, potrawach*) cool.
chłonąć *ipf.* absorb; **gąbka chłonie wodę** a sponge absorbs water; **chłonąć wiedzę** absorb knowledge.
chłonny *a.* **1.** (*wchłaniający ciecz*) absorptive. **2.** **węzły chłonne** *anat.* lymph glands/nodes. **3.** (*łatwo przyswajający*) receptive; **chłonny umysł** receptive mind.

chłop *mp Dat.* **-u 1.** (*rolnik*) peasant. **2.** *pl.* **-y** *pot.* (*mężczyzna*) fellow, chap; **swój chłop** good guy, homeboy.
chłopak *mp pl.* **-cy/-i 1.** boy. **2.** *pot.* (*sympatia*) boyfriend.
chłopczyk *mp pl.* **-i** *emf.* little boy.
chłopiec *mp* **-pc-** *Dat.* **-u** *Voc.* **-cze**; *pl.* **-y 1.** boy. **2.** *zob.* **chłopak 2. 3.** (*pomocnik*) boy; **chłopiec na posyłki** errand boy.
chłopięcy *a.* boyish; **chłopięcy wdzięk** boyish charm; **chór chłopięcy** boys' choir; **ubranie chłopięce** boy's wear.
chłopski *a.* peasant's; **chata/partia chłopska** peasant cabin/party; **chłopski rozum** common sense.
chłód *mi* **-o- 1.** (*zimno*) cold, chill; **przejmujący chłód** biting cold; **rześki chłód** brisk chill; **jesienne chłody** autumn chill. **2.** (*brak życzliwości*) coldness.
chmiel *mi* hop.
chmura *f.* **1.** cloud; **słońce wyjrzało zza chmur** the sun shone through the clouds; **oberwanie chmury** cloudburst. **2.** *przen.* **chodzić z głową w chmurach** have one's head in the clouds; **drapacz chmur** *bud.* skyscraper, highrise (building).
chmurzyć *ipf. przen.* **chmurzyć czoło** frown, knit one's brow.
chmurzyć się *ipf.* cloud over.
chociaż *conj.* although, (even) though; **został dłużej w pracy, chociaż nie musiał** he stayed longer at work, although he didn't have to. — *adv.* at least; **chociaż raz jesteś zadowolony** at least for once you're satisfied.
chociażby *conj., adv.* = **choćby**.
choć *conj., part.* = **chociaż**.
choćby *conj., part.* even if. — *adv.* at least, even if.
chodak *mi Gen.* **-a** clog.
chodnik *mi Gen.* **-a 1.** (*na ulicy*) sidewalk. **2.** (*na podłodze*) (strip of) carpet, runner.
chodzić *ipf.* **1.** (*stawiać kroki*) walk, go (around/about); **chodzić na spacery** go for walks; **chodzić ulicami** walk (along) the streets; **chodźmy coś zjeść** let's go for a meal. **2.** (*robić coś regularnie*) **chodzić po zakupy/na grzyby** go shopping/mushroom-picking. **3.** *przen.* **co ci chodzi po głowie?** what's on your mind? **Adam chodzi z Ewą** Adam is going out with Ewa; **chodzić własnymi drogami** follow one's own path. **4.** (*bywać gdzieś regularnie*) go to, attend; **chodzić do szkoły/pracy** go to school/work; **chodzić na zebrania** attend meetings. **5. o co chodzi?** what's the matter/problem?, what's up? **chodzi o to, że...** the point/issue is that...; **o co ci chodzi?** what's your point/problem?, what do you mean? **jeśli o mnie chodzi, to...** as far as I'm concerned...; **rozumiem, o co ci chodzi** I see what you mean; **jeśli chodzi o...** as regards... **6.** (*funkcjonować*) work, run; **mój zegarek nie chodzi** my watch has stopped working/running.
choinka *f.* **1.** (*drzewo iglaste*) evergreen tree. **2.** (*na Boże Narodzenie*) Christmas tree.
cholera *f.* **1.** *pat.* cholera. **2.** *pot.* (*w przekleństwach*) hell!, damn! **po cholerę?** what the hell for? **idź do cholery!** go to hell!
cholerny *a. pot.* damned; **cholerny hałas** hell of a racket; **cholerny głupiec** damned fool.
cholesterol *mi* cholesterol.
chomik *ma* hamster.
chorągiew *f.* **-gwi-**; *pl.* **-e** flag, banner, standard; **biało-czerwona chorągiew** white and red flag.
chorąży *mp wojsk.* chief warrant officer; **młodszy chorąży** warrant officer.
choreografia *f. Gen.* **-ii** choreography.
choroba *f. Gen.pl.* **-rób** disease, illness, sickness; **ciężka choroba** serious illness; **choroba przewlekła** chronic illness; **choroba nieuleczalna/śmiertelna** incurable/fatal disease; **choroba zakaźna** infectious/contagious disease; **choroba psychiczna** mental illness; **choroba morska/lokomocyjna** sea/motion sickness.
chorobowe *n. Gen.* **-ego** *pot.* sick leave; **być na chorobowym** be on sick leave, be off sick.
chorować *ipf.* be sick/ill (*na coś* with sth); suffer from a disease; **chorować na grypę** be sick with the flu.
chorowity *a.* sickly.
Chorwacja *f.* Croatia.
chorwacki *a.* Croatian.
Chorwat *mp*, **Chorwatka** *f.* Croat(ian).
chory *a.* sick, ill; (*o części ciała*) bad; (*o bolącej części ciała*) sore, hurt; **ciężko chory** seriously ill; **on jest chory na serce** he has a bad heart.
chować *ipf.* **1.** (*umieszczać, wkładać*) put (*sth*) (away), stow (*sth*) (away); **chować ubrania w szafie** stow clothes into a wardrobe. **2.** (*ukrywać*) hide (*sth l. sb*) away; conceal (*sth*) (*przed kimś* from sb). **3.** (*grzebać*) bury. **4.** (*zachowywać*) *lit.* keep, retain, cherish; **chować pamięć o kimś/czymś** cherish the memory of sb/sth.
chować się *ipf.* (*ukrywać się*) hide (away) (*przed kimś/czymś* from sb/sth).
chód *mi* **-o- 1.** gait, walk. **2.** *sport* racewalking. **3. być na chodzie** *pot.* be in working order.
chór *mi* choir, chorus; **chór męski/żeński/mieszany** men's/women's/mixed choir; **śpiewać chórem** sing in chorus.
chórek *mi* **-rk-** small choir, singing group.
chrabąszcz *ma* cockchafer, May bug.
chrapać *ipf.* **-ię -iesz** snore; **chrapać przez sen** snore in one's sleep.
chromosom *mi* chromosome.
chroniczny *a.* chronic; *pat.* recurrent, relapsing.
chronić *ipf.* protect (*sb l. sth*) (*przed kimś* from sb) (*przed czymś* from/against sth).
chronić się *ipf.* (*znajdować schronienie*) find protection (*przed czymś* against sth); take/find shelter (*przed czymś* from sth); **chronić się przed deszczem** take shelter from the rain.
chronologia *f. Gen.* **-ii** chronology.
chronologiczny *a.* chronological.
chropowaty *a.* **1.** (*o powierzchni*) rough. **2.** (*o dźwięku*) harsh.
chrupiący *a.* crunchy, crisp.
chrupki *a.* crisp(y); **pieczywo chrupkie** crisp bread.
chrust *mi* dry twigs/sticks.
Chrystus *mp Voc.* **Chryste/Chrystusie** Christ; **Jezus Chrystus** Jesus Christ.
chryzantema *f.* chrysanthemum.
chrzan *mi* horseradish.
chrząkać *ipf.*, **chrząknąć** *pf.* **-ij 1.** (*o człowieku*) clear one's throat. **2.** (*o świni*) grunt.
chrząszcz *ma Gen.pl.* **-y/-ów** beetle.
chrzcić *ipf.* **-czę -cisz, -ij 1.** baptize. **2.** *przen.* (*nadawać nazwę*) christen, name.

chrzciny *pl. Gen.* **-n** (*ceremonia*) baptism; (*przyjęcie z okazji chrztu*) baptism party.
chrzest *mi* **chrzt- 1.** baptism. **2.** *przen.* (*oddanie do użytku*) christening.
chrzestna *f. Gen.* **-ej** *pot.* godmother.
chrzestny *a.* baptismal; **imię chrzestne** baptismal name; **matka chrzestna** godmother; **ojciec chrzestny** *t. przen. (szef mafijny)* godfather.
chrześcijanin *mp pl.* **-anie** *Gen.* **-an**, **chrześcijanka** *f.* Christian.
chrześcijański *a.* Christian.
chrześcijaństwo *n.* Christianity.
chrześniaczka *f. pot.* goddaughter.
chrześniak *mp pot.* godson.
chudnąć *ipf.* **-ij**, **-dł** lose weight, get thinner.
chudy *a.* **1.** (*szczupły*) thin, lean; *uj.* skinny, scrawny. **2.** (*nietłusty*) (*gł. o mięsie*) lean; (*mleko, twaróg*) low-fat.
chuligan *mp pl.* **-i/-y** hoodlum, hooligan.
chusta *f.* shawl, scarf.
chusteczka *f.* handkerchief; **chusteczka higieniczna** tissue.
chustka *f.* scarf; **chustka do nosa** handkerchief.
chwalić *ipf.* praise; **chwalić sobie coś** be satisfied with sth.
chwalić się *ipf.* brag, boast (*czymś* of sth); **nie ma się czym chwalić** it's nothing to be proud of.
chwała *f.* (*sława*) glory; **chwała Bogu!** thank God/goodness! **okryty chwałą** covered/bathed in glory.
chwast *mi Gen.* **-u** weed.
chwiać *ipf.* + *Ins.* **-eję -ejesz** shake, rock.
chwiać się *ipf.* **-eję, -ejesz** shake, rock, wobble; **chwiać się na nogach** stagger; **ząb mi się chwieje** I have a loose/wobbly tooth.
chwila *f.* moment, instant; *pot.* second, minute; **co chwila** every now and then; **lada chwila** any time/moment; **na chwilę** for a moment/minute; **przed chwilą** a moment/minute ago; **po chwili** a moment later; **w ostatniej chwili** at the last moment/second; **nie w tej chwili** not just now; **za chwilę** in a moment/second, shortly.
chwileczka, **chwilka** *f.* moment, second; **chwileczkę** wait a second/minute.
chwilowo *adv.* temporarily, for the time being.
chwilowy *a.* momentary, temporary.
chwycić *pf. zob.* **chwytać**.
chwyt *mi* **1.** grip, hold. **2.** (*manewr*) trick.
chwytać *ipf.* **1.** (*łapać*) catch, seize (*sb l. sth*) (*za coś* by sth); **chwytać kogoś za rękę** take hold of sb's hand. **2.** (*rozumieć*) get, grasp; **chwytać coś w lot** grasp sth at once. **3.** *zw. pf.* **pomysł chwycił** the idea caught on.
chwytać się *ipf.* **1.** (*łapać się*) seize, grasp, grab (hold of) (*za coś* sth). **2.** (*złapać się wzajemnie*) seize/grab hold of one another; **chwycić się za ręce** take hold of each other's hand, join hands.
chyba *conj.* **chyba że** (*o ile nie...*) unless; except if/when. — *part.* probably; **chyba tak/nie** I guess so/not; **chyba żartujesz** you must be kidding; **chyba go znasz** you probably know him.
chybiać *ipf.*, **chybić** *pf.* **1.** miss; **chybić celu** *t. przen.* miss the mark/target. **2. na chybił trafił** at random, randomly.
chylić *ipf. lit.* **chylić głowę** bow/incline one's head; **chylić czoło przed kimś** take one's hat off to sb.
chylić się *ipf.* **1. słońce chyli się ku zachodowi** the sun is sinking in the west. **2. chylić się ku końcowi** approach/near the end; **chylić się ku upadkowi** decline, be on the decline.
chytry *a.* **1.** (*przebiegły*) cunning, sly; **chytry jak lis** (as) sly as a fox. **2.** *pot.* (*skąpy*) mean, cheap, stingy. **3.** *żart.* (*sprytnie pomyślany*) clever, ingenious.
ci[1] *pron. zob.* **ten**.
ci[2] *pron. zob.* **ty**.
ciało *n. Loc.* **ciele 1.** body; **Boże Ciało** Corpus Christi. **2.** (*zwłoki*) (dead) body, corpse. **3.** *chem., fiz., anat.* body; **ciało ciekłe/gazowe/stałe** fluid/gaseous/solid body. **4. ciało niebieskie** celestial/heavenly body.
ciarki *pl. Gen.* **-rek (na widok tego) ciarki mnie przechodzą** it gives me the creeps, it makes my flesh creep/crawl, it sends a shiver down my spine.
ciasno *adv.* **-śniej 1.** tight(ly). **2.** *przen.* narrowly.
ciasny *a.* **-śniejszy 1.** tight; (*pokój*) small. **2.** (*wąski*) narrow, tight. **3.** *przen.* (*ograniczony*) narrow.
ciastkarnia *f. Gen.pl.* **-i/-ń** pastry shop, patisserie.
ciastko *n.* cake, pastry, cookie.
ciasto *n. Loc.* **cieście 1.** (*masa*) dough, batter. **2.** (*wypiek*) cake.
ciąć tnę tniesz, **tnij** *ipf.* **1.** cut; **ciąć na kawałki** cut into pieces; **ciąć coś nożyczkami/nożem** cut sth with scissors/with a knife. **2.** (*o owadach*) bite, sting.
ciąć się *ipf. pot.* (*dokonywać samookaleczenia*) cut o.s. (up).
ciąg *mi* **1.** (*rzeczy następujące jedna po drugiej*) sequence, train; **ciąg myśli** train of thought; **jednym ciągiem** without a break, at a stretch, continuously. **2.** *mat.* sequence. **3.** (*rząd, szereg, pasmo*) line, row, belt; **ciąg sklepów** row of stores. **4. w ciągu godziny** in/within an hour; **w ciągu dnia** during the day; **dalszy ciąg** continuation; **ciąg dalszy nastąpi** to be continued; **robić coś w dalszym ciągu** continue/keep doing sth. **5.** (*trasa, układ dróg*) route. **6.** (*ruch cieczy l. gazu*) flow; **ciąg powietrza** draft.
ciągle *adv.* always, all the time; (*bez przerwy*) continuously; (*nieustannie*) constantly, continually, endlessly.
ciągłość *f.* continuity.
ciągły *a.* **1.** (*stały, bezustanny*) constant, continual, endless. **2.** (*nieprzerwany*) continuous, uninterrupted. **3.** *mat., fiz.* continuous.
ciągnąć *ipf.* **-ij 1.** (*wlec*) pull (along), drag (along); **ciągnąć kogoś/coś ze sobą** drag sb/sth (along) with o.s. **2.** (*szarpać*) pull (*za coś* (at) sth). **3.** (*kontynuować*) continue, go on (*coś* with sth). **4.** (*losy*) draw. **5.** (*pociągać, wabić*) attract; **coś mnie ciągnie do tych ludzi** I'm attracted to those people. **6.** (*przemieszczać się*) move (on/along); **pochód ciągnął ulicą** the procession moved down the street.
ciągnąć się *ipf.* **1. ciągnąć się za kimś/czymś** (*wlec się z tyłu*) trail along behind sb/sth, drag behind sb/sth. **2.** (*rozciągać się*) stretch, extend; (*o linii*) run. **3.** (*dłużyć się*) creep by/past.
ciągnik *mi Gen.* **-a** tractor.
ciąża *f.* pregnancy; **być w ciąży** be pregnant.
ciążyć *ipf.* (*wywierać ciężar, t. przen.*) weigh, lie heavy (*na czymś* on/upon sth); **ciążyć komuś** weigh (heavily) on sb.
cichnąć *ipf.* **-ij**; **cichł/cichnął, cichła cichli 1.** (*o głosach*) (*zanikać*) die down, grow quiet. **2.** (*ustępować, uspokajać się*) subside, die down, calm down.

cicho *adv.* silently, quietly; **cicho, sza!** shh, hush! **siedzieć cicho** sit quietly, be quiet; **cicho bądź!** be quiet!
cichy *a.* **1.** low, quiet; **po cichu** quietly. **2.** (*skromny, nieśmiały*) meek, shy. **3.** (*zakulisowy, nieoficjalny*) quiet, discreet; **ciche porozumienie** tacit agreement/understanding.
ciebie *pron. zob.* **ty**.
ciec *ipf.* **-knę -kniesz**; **-kł/-knął, -kła -kli 1.** flow; (*sączyć się*) trickle; (*o łzach l. krwi*) run, stream; (*kroplami*) drip. **2.** (*być nieszczelnym*) leak.
ciecz *f. pl.* **-e** liquid.
ciekaw *a. indecl. pred. zob.* **ciekawy** 1.
ciekawić *ipf.* interest, arouse (*sb's*) curiosity.
ciekawostka *f.* **1.** (*rzecz ciekawa*) curiosity. **2.** (*nowinka*) interesting piece of news.
ciekawość *f.* curiosity; **rozbudzić/zaspokoić czyjąś ciekawość** arouse/satisfy sb's curiosity.
ciekawski *a. pot.* prying, over-curious.
ciekawy *a.* **1.** (*zainteresowany*) curious (*czegoś* about sth); interested (*czegoś* in sth). **2.** (*interesujący*) interesting.
ciekły *a.* liquid.
cieknąć *ipf.* **-kł/-knął, -kła -kli** *zob.* **ciec**.
cielesny *a.* **-śni 1.** bodily, physical; (*o karze*) corporal. **2.** (*seksualny*) carnal, sexual.
cielę *n.* **-lęci-**; *pl.* **-lęt-** *Gen.* **-ąt 1.** calf. **2.** *pot.* (*oferma*) ninny.
cielęcina *f.* veal.
ciemię *n.* **ciemieni-**; *pl.* **-on-** *anat.* crown (of the head); **on jest nie w ciemię bity** *pot.* he's no fool.
ciemku *adv.* **po ciemku** in the dark.
ciemnieć *ipf.* darken.
ciemno *adv.* **1.** dark(ly); **robi się ciemno** it's getting dark. **2. w ciemno** blind(ly); **randka w ciemno** blind date.
ciemność *f.* darkness; **w ciemności** in the dark.
ciemny *a.* **1.** dark, dim; **ciemny chleb** brown bread; **ciemny pokój** dim room. **2.** (*podejrzany*) shady. **3.** (*zacofany*) (*np. o okresie w historii*) dark; (*o ludziach*) ignorant; (*głupi*) dumb.
cieniować *ipf.* **1.** *sztuka* shade. **2.** (*modelować fryzurę*) layer.
cienki *a.* **-ńszy** thin.
cienko *adv.* **-niej** thin(ly); **cienko krajać** slice thin.
cienkopis *mi* fine-tip felt pen.
cień *mi Gen.* **-a**; *Gen.pl.* **-i/-ów 1.** (*ciemny ślad oświetlonej rzeczy*) shadow; **rzucać cień** cast/throw a shadow. **2.** (*miejsce*) shade; **schować się w cień** find shelter in the shade. **3. cień do powiek** eye shadow.
cieplarnia *f. Gen.pl.* **-i/-ń** greenhouse, hothouse.
cieplny *a.* thermal; **energia/izolacja cieplna** thermal energy/insulation.
ciepło[1] *n. Gen.pl.* **-peł 1.** warmth. **2.** *fiz.* heat.
ciepło[2] *adv.* **1.** warmly; **robi się ciepło** it is getting warm; **było mi ciepło** I was warm. **2.** *przen.* (*serdecznie*) warmly. **3.** (*o chronieniu się przed zimnem*) warmly; **ubierać się ciepło** wear warm clothes.
ciepły *a.* warm; **ciepłe kraje** southern/warm climes.
cierń *mi Gen.* **-a**; *Gen.pl.* **-i/-ów** thorn.
cierpieć *ipf.* **-ę -isz 1.** (*doznawać bólu*) suffer. **2.** (*chorować na coś*) suffer, be in pain; **cierpieć na bezsenność** suffer from insomnia. **3.** (*zawsze z przeczeniem*) (*nienawidzić*) hate, detest, suffer; **nie cierpię głupców** I hate fools, I do not suffer fools.
cierpienie *n.* suffering; **znosić cierpienia** suffer, be in pain.
cierpki *a.* **1.** (*o smaku*) tart. **2.** *przen.* tart, acrid.
cierpliwie *adv.* patiently.
cierpliwość *f.* patience; **uzbroić się w cierpliwość** summon up one's patience.
cierpliwy *a.* patient.
cierpnąć *ipf.* **-ij**; **-pł/-pnął, -pła -pli** (*o kończynach*) become/grow numb.
cieszyć *ipf.* make glad, gladden, delight.
cieszyć się *ipf.* be pleased, be delighted (*z czegoś* with sth); be glad, be happy (*z czegoś* about sth); **cieszyć się na coś** look forward to sth; **cieszyć się czymś** enjoy sth.
cieśla *mp Gen.pl.* **-i/-ów** carpenter.
cieśnina *f.* strait.
cię *pron. zob.* **ty**.
ciężar *mi* **1.** (*waga*) weight. **2.** *fiz.* mass, weight. **3.** (*obciążenie, bagaż*) load, burden, weight; **uginać się pod ciężarem** be overburdened; **podnoszenie ciężarów** weightlifting. **4.** *przen.* (*brzemię*) burden; **być dla kogoś ciężarem** be a burden on/to sb.
ciężarna *a.* pregnant. — *f. Gen.* **-ej** pregnant woman.
ciężarowy *a.* **samochód ciężarowy** truck.
ciężarówka *f. mot.* truck.
ciężki *a.* **-ższy 1.** heavy; **przemysł ciężki** heavy industry; **waga ciężka** heavyweight. **2.** *przen.* (*trudny*) heavy, hard; **ciężkie życie** hard life; **ciężki kawałek chleba** hard-earned money. **3.** (*o zmartwieniu, chorobie, stanie*) serious; **ciężka operacja** major operation.
ciężko *adv.* **-żej 1.** (*z obciążeniem*) heavily; **komuś jest ciężko** (*ktoś niesie coś ciężkiego*) sb is carrying a heavy load; (*ktoś ma problemy*) sb is having a hard time. **2.** (*z trudem*) with difficulty. **3.** (*bardzo*) severely, badly; **ciężko uszkodzony** badly damaged. **4.** (*niekorzystnie, niełatwo*) hard. **5.** *med.* seriously; **ciężko chory** seriously ill.
ciężkość *f. fiz.* gravity, weight; **siła ciężkości** gravity; **środek ciężkości** center of gravity.
ciocia *f. Voc.* **-u** aunt(ie).
cios *mi* blow; **jednym ciosem** at one go; **cios poniżej pasa** low blow.
ciotka *f.* aunt.
cis *mi Gen.* **-u/-a** *bot.* yew.
ciskać *ipf.* (*rzucać*) fling, hurl, cast; **ciskać obelgi na kogoś** hurl abuse at sb.
ciskać się *ipf.* fling o.s.
cisnąć[1] *ipf.* **cisnę, ciśniesz**; **-ij 1.** (*naciskać*) press, push. **2.** (*o ubraniu*) (*uwierać*) pinch.
cisnąć[2] *pf.* **cisnę, ciśniesz**; **-ij** *zob.* **ciskać**.
cisnąć się *ipf.* (*wokół czegoś*) swarm around; (*do czegoś, gdzieś*) push one's way.
cisza *f.* silence; **cisza nocna** curfew; **cisza jak makiem zasiał** dead/stony silence. — *int.* silence!, quiet!, hush!
ciszej *adv. zob.* **cicho**.
ciśnienie *n.* **1.** pressure. **2.** *med.* **ciśnienie krwi** blood pressure.
ciuciubabka *f.* **grać w ciuciubabkę** play blindman's buff.
ciułać *ipf.* save, put aside (for the rainy day).
ciupa *f. pot.* (*więzienie*) clink, can; **siedzieć w ciupie** do/serve time.
cło *n. Gen.pl.* **ceł** duty; **obłożyć coś cłem** impose a duty on sth; **zwolnić coś z cła** exempt sth from duty.

cm *abbr.* cm (*centimeter*).
cmentarz *mi Gen.* **-a 1.** cemetery, graveyard. **2.** (*dziedziniec kościelny*) churchyard.
cnota *f. Gen.pl.* **cnót 1.** *fil.* virtue; **wzór cnoty** paragon of virtue. **2.** *lit.* (*zaleta*) virtue. **3.** *lit.* (*dziewictwo*) virginity.
cnotliwy *a.* **1.** (*moralny*) virtuous. **2.** (*skromny, wstydliwy*) virtuous, chaste.
c.o. *abbr. pot.* (*centralne ogrzewanie*) central heating.
co *pron. Gen.* **czego** *Dat.* **czemu** *Ins. & Loc.* **czym 1.** (*zastępuje rzeczowniki*) what; **rób, co chcesz** do what you want; **czego chcesz?** what do you want? **co to będzie?** (*co się stanie?*) what'll happen? **po co?** what for? **byle co** anything; **co to, to nie** I won't have that; **jeszcze czego!** anything else?, what('s) next? **bądź co bądź** anyway; **w czym rzecz?** what's the matter?; **w razie czego** (just) in case. **2.** (*jako zaimek względny, głównie w pytaniach i zdaniach złożonych*) **co tchu** at full/top speed, in all haste; **tyle, co kot napłakał** next to nothing. — *conj.* (*rozpoczyna zdanie podrzędne*) which. — *part.* **1.** (*wyraża powtarzalność*) every; **co krok** every step; **co godzina/co chwila/co miesiąc** every hour/every moment/every month; **co prawda** admittedly; **na co dzień** every day. **2.** (*wzmacnia przysłówki*) what, still; **co gorsza** what's worse, worse still; **co więcej** what's more.
codziennie *adv.* every day, daily.
codzienny *a.* everyday, daily; **artykuły codziennego użytku** necessities.
cofać *ipf.*, **cofnąć** *pf.* **-ij 1.** back (up), reverse, move/pull/draw back; **cofać zegarek** put back the clock/watch. **2.** (*wstrzymać, unieważnić*) withdraw, cancel, revoke.
cofać się *ipf.* **1.** back (up), move back; **cofać się myślą do czegoś** go back to sth. **2.** *przen.* (*ustępować, wycofywać się*) recede, retire; **cofać się w rozwoju** regress. **3. nie cofać się przed niczym** stop at nothing, go to any length(s).
cokolwiek *pron. co- decl. zob. co, -kolwiek indecl.* **1.** (*zastępuje rzeczowniki*) anything. **2.** (*wprowadza zdanie podrzędne*) whatever; **cokolwiek się stanie, na pewno nie wyjadę** whatever happens, I will not leave.
cokół *mi* **-o-** *bud.* pedestal.
consensus *mi* consensus.
coraz *part.* **coraz szybszy** faster and faster; **coraz lepiej** better and better.
coroczny *a.* yearly, annual.
corrida *f. zob.* **korrida**.
coś *pron. co- decl. zob. co, -ś indecl.* (*zastępuje rzeczownik*) (*w zdaniach twierdzących*) something; (*w zdaniach przeczących*) anything; **coś innego** something else; **coś do jedzenia** something to eat; **coś do pisania** something to write with; **coś podobnego!** incredible! **coś ci powiem** I'll tell you what.
cotygodniowy *a.* weekly.
córka *f.* daughter.
cóż *pron. Gen.* **czegoż/czegóż** *Dat.* **czemuż** *Ins. & Loc.* **czymże 1.** (*wyraża pytanie*) what; **cóż dopiero** let alone, not to mention; **ale cóż** but. **2.** (*w funkcji względnej*) what; **cóż to za kolega** what kind of friend is he.
cuchnąć *ipf.* **-ij** stink; **cuchnie mu z ust** he has bad breath.
cucić *ipf.* revive (*sb*).
cud *mi pl.* **-a** (*zjawisko nadnaturalne, t. rel.*) miracle; *przen.* (*zdumiewające zjawisko, rzecz, osoba*) wonder, marvel, miracle; **czynić cuda** work/perform miracles; *przen.* work marvels, do/work wonders; **cud natury** wonder of nature; **cud gospodarczy** economic miracle; **to cud, że...** it's a miracle that...
cudownie *adv.* **1.** (*cudem*) miraculously. **2.** (*przepięknie, wspaniale*) gorgeously; **wyglądała cudownie** she looked gorgeous.
cudowny *a.* **1.** (*nadprzyrodzony*) miraculous; **cudowne uzdrowienie** miraculous healing. **2.** (*przepiękny, wspaniały*) gorgeous.
cudzołóstwo *n.* adultery.
cudzoziemiec *mp* **-mc-**; *Voc.* **-cze**; *pl.* **-y**, **cudzoziemka** *f.* foreigner, alien.
cudzoziemski *a.* foreign, alien.
cudzy *a.* (*dotyczący l. należący do kogoś innego*) someone else's, somebody else's; (*dotyczący l. należący do innych ludzi*) other people's, others'; **wtrącać się w cudze sprawy** meddle/interfere in other people's affairs.
cudzysłów *mi* **-o-** (*znak interpunkcyjny*) quotation mark; (*para znaków*) quotes; **w cudzysłowie** in quotes.
cukier *mi* **-kr-** sugar; **cukier puder/waniliowy** powdered/vanilla sugar; **cukier w kostkach** lump sugar.
cukierek *mi* **-rk-**; *Gen.* **-a** candy.
cukiernia *f. Gen.pl.* **-i/-ń** (*wytwórnia słodyczy*) confectionary; (*sklep*) confectioner's store, candy store.
cukinia *f. Gen.* **-ii** zucchini.
cukrownia *f. Gen.pl.* **-i** sugar factory.
cukrowy *a.* sugar; **burak cukrowy** sugar beet; **trzcina cukrowa** sugar cane.
cukrzyca *f.* diabetes; **chory na cukrzycę** diabetic.
cuma *f. żegl.* mooring (line).
cumować *ipf.* moor (*sth*) (*do czegoś* to sth).
cwaniak *mp pl.* **-cy/-i** *pot.* wiseacre, smart alec.
cwany *a.* **-ńszy** smart, clever.
cyfra *f.* (*znak liczby*) figure, digit, numeral; *pot.* (*liczba*) number, figure.
Cygan *mp pl.* **-nie** Gypsy.
Cyganka *f.* Romany woman/girl; *zob.* **Cygan**.
cygaro *n.* cigar.
cykl *mi Gen.pl.* **-i/-ów 1.** (*powtarzający się proces*) cycle; **cykl rozwojowy** life cycle. **2.** (*seria spotkań, imprez, programów*) series.
cykliczny *a.* **1.** (*okresowy*) cyclic(al). **2.** (*seryjny*) serial.
cyklon *mi* cyclone.
cylinder *mi* **-dr-**; *Gen.* **-a 1.** *techn., mot.* cylinder. **2.** (*kapelusz*) top hat.
cymbał *mp pl.* **-y** *pot.* (*głupiec*) moron, blockhead.
cymbałki *pl. Gen.* **-ów** glockenspiel.
cyna *f.* tin.
cynamon *mi* cinnamon.
cyniczny *a.* cynical.
cynik *mp* cynic.
cynizm *mi* cynicism.
cynk *mi chem.* zinc.
cynkowany *a.* zinc-plated.
Cypr *mi* Cyprus.
Cypryjczyk *mp*, **Cypryjka** *f.* Cypriot.
cypryjski *a.* Cypriot.
cyrk *mi* circus.
cyrkowiec *mp* **-wc-** circus performer/artist.
cyrkowy *a.* circus.
cysterna *f.* **1.** (*zbiornik*) cistern, tank. **2.** (*pojazd*) tank truck, tanker.

cytadela *f. Gen.pl.* **-i/-l** citadel.
cytat *mi* quotation, quote, citation.
cytować *ipf.* quote, cite.
cytrus *mi Gen.* **-a** citrus.
cytrusowy *a.* citrus.
cytryna *f.* lemon.
cytrynowy *a.* **1.** lemon. **2.** *chem.* citric; **kwas cytrynowy** citric acid.
cywil *mp Gen.pl.* **-ów 1.** (*osoba*) civilian. **2.** *pot.* (*życie cywilne*) **iść do cywila** leave the service; **w cywilu** (*w stroju cywilnym*) in plain clothes.
cywilizacja *f.* civilization.
cywilizowany *a.* civilized.
cywilny *a.* **1.** civilian; **ludność cywilna** the civilians; **po cywilnemu** in plain clothes. **2.** *prawn.* civil; **stan cywilny** marital status; **ślub cywilny** civil marriage; **urząd stanu cywilnego** registrar's office.
cz. *abbr.* (*część*) part.
czad *mi* (*duszący dym*) smother; *pot.* (*tlenek węgla*) carbon monoxide.
czajniczek *mi* **-czk-**; *Gen.* **-a** teapot.
czajnik *mi Gen.* **-a** kettle.
czapka *f.* cap, hat; **czapka z daszkiem** peaked cap; **czapka baseballowa** baseball cap.
czar *mi* **1.** (*zaklęcie*) spell; *pl.* (*magia*) magic. **2.** *przen.* (*wdzięk, urok*) charm.
czarno-biały *a.* black and white.
Czarnogóra *f.* Montenegro.
czarnoksiężnik *mp* sorcerer.
czarnoskóry *a.* black; **czarnoskóry Amerykanin** African American, Black American.
czarny *a.* **1.** (*o kolorze*) black; **czarna kawa** black coffee; **czarny jak smoła** pitch-black. **2.** (*brudny*) dirty, sooty. **3.** *przen.* **czarny charakter** villain; **czarny humor** black humor; **czarna magia** black magic; **czarna rozpacz** black despair; **czarna owca** black sheep; **malować kogoś/coś w czarnych barwach** paint sb/sth black. **4. czarna skrzynka** *lotn.* black box.
czarodziej *mp Gen.pl.* **-ei/-ów** wizard; (*czarnoksiężnik*) sorcerer.
czarodziejski *a.* magic.
czarować *ipf.* **1.** (*uprawiać czary*) practice magic. **2.** (*zachwycać, oczarowywać*) charm, enchant. **3.** *pot.* **czarować kogoś** (*oszukiwać, nabierać*) take sb in, dupe sb.
czarownica *f.* witch; **polowanie na czarownice** *przen.* witch hunt.
czarownik *mp* medicine man, shaman.
czarterowy *a.* charter; **lot czarterowy** charter flight.
czarujący *a.* charming, enchanting.
czas *mi Ins.pl.* **-ami**; *in idiomatic expressions* **-y 1.** time; **czas mija** time passes/goes by; **spędzać czas** spend one's time (*na czymś* on sth) (*na robieniu czegoś* doing sth); **strata czasu** waste of time; **zyskać na czasie** gain time. **2.** (*odcinek czasu*) period; **czas pracy** working hours; **czas wolny** leisure time; **przez cały czas** all the time. **3.** *zw. pl.* (*epoka, okres*) times, period, days, years; **ciężkie czasy** hard times; **w obecnych czasach** in our times, nowadays. **4.** (*właściwa pora*) (the right) time (*na coś* for sth); **najwyższy czas** high time; **od czasu do czasu** from time to time; **zdążyć na czas** be in time (*na coś* for sth) (*żeby coś zrobić* to do sth); **przed czasem** ahead of time; **o czasie** on time; **w swoim czasie** in due time; **czas na mnie** I'd better go, time to go. **5.** *fiz., astron.* time; **czas letni/zimowy** summer/winter time. **6.** *gram.* tense.
czasami *adv.* = **czasem** 1.
czasem *adv.* **1.** (*niekiedy*) sometimes. **2.** (*przypadkiem*) by any chance; **nie masz czasem trochę kawy?** do you by any chance have some coffee?
czasochłonny *a.* time-consuming.
czasopismo *n.* periodical; journal, magazine.
czasownik *mi Gen.* **-a** *gram.* verb.
czasowy *a.* **1.** (*dotyczący czasu*) temporal; **strefa czasowa** time zone. **2.** (*chwilowy*) temporary.
czaszka *f.* skull; **trupia czaszka** (*symbol śmierci*) death's head.
cząstka *f.* **1.** (*kawałek*) fragment, particle. **2.** *fiz.* molecule.
czcić *ipf.* **czczę czcisz**, **-ij 1.** (*otaczać czcią*) worship. **2.** (*świętować*) celebrate.
czcigodny *a.* honorable; venerable.
czcionka *f. druk., komp.* font; (*zestaw znaków danego kroju*) typeface.
czczo *adv.* **na czczo** with an empty stomach.
czczy *a.* **1. na czczy żołądek** with an empty stomach. **2.** *uj.* (*jałowy, próżny*) idle, empty.
Czech *mp* Czech.
Czechosłowacja *f. geogr., hist.* Czechoslovakia.
Czechy *pl. Gen.* **Czech** the Czech republic; *hist.* Bohemia.
czego[1] *pron. zob.* **co**.
czego[2] *int. pot.* **czego?** what?, what do you want?
czegoś *pron. zob.* **coś**.
czek *mi* check.
czekać *ipf.* **1.** wait (*na kogoś/coś* for sb/sth); await (*na kogoś/coś* sb/sth); **proszę czekać** (*w rozmowie telefonicznej*) please hang on. **2.** (*być przeznaczonym dla kogoś*) lie ahead; **kto wie, co nas czeka** who knows what lies ahead. **3. czekaj (no)!** just you wait!
czekanie *n.* waiting.
czekolada *f.* chocolate; **tabliczka czekolady** a bar of chocolate.
czekoladka *f.* chocolate.
czekoladowy *a.* chocolate.
czele *n.* **na czele** *t. przen.* in/at the forefront; **stać na czele czegoś** be the head of sth, head sth.
czemu[1] *pron. zob.* **co**.
czemu[2] *adv.* (*dlaczego*) why, what for, how come.
czepek *mi* **-pk-**; *Gen.* **-a 1.** bonnet. **2. czepek kąpielowy** bathing cap.
czereśnia *f. Gen.pl.* **-i** sweet cherry.
czerpać *ipf.* **-pię -piesz 1.** (*wodę*) draw (*sth*) (*skądś* from sth). **2.** *przen.* derive (*sth*) (*skądś* from sth); **czerpać zadowolenie z pracy** derive pleasure from work.
czerwiec *mi* **-wc-**; *Gen.* **-a** June.
czerwień *f. pl.* **-nie** (*kolor*) red.
czerwony *a.* **czerwieńszy 1.** red; **Czerwony Krzyż** the Red Cross. **2. czerwona porzeczka** redcurrant. **3. krwinki czerwone** red bloodcells. **4.** *pog.* (*komunistyczny*) Red.
czesać *ipf.* **-szę -szesz** comb, do.
czesać się *ipf.* comb one's hair; (*układać sobie fryzurę*) do one's hair.
czeski *a.* **Republika Czeska** the Czech Republic.
czesne *n. Gen.* **-ego** *szkoln., uniw.* (tuition) fee.
Czeszka *f. zob.* **Czech**.
cześć[1] *f.* **czci-** *Gen.* **czci 1.** (*hołd*) honor, homage; **ku czyjejś czci/na czyjąś cześć** in honor of sb, in sb's

honor; **oddawać komuś/czemuś cześć** pay homage to sb/sth. **2.** (*godność*) honor, dignity.
cześć² *int.* **1.** (*powitanie*) hi, hello. **2.** (*pożegnanie*) see you, bye(-bye).
często *adv.* often, frequently; **jak często?** how often? **niezbyt często** not too often.
częstotliwość *f.* frequency.
częstować *ipf.* treat (*kogoś czymś* sb to sth); offer (*kogoś czymś* sth to sb).
częstować się *ipf.* help o.s. (*czymś* to sth); **częstuj się!** help yourself!
częsty *a.* **-szy** frequent; common; **coraz częściej** increasingly.
częściowo *adv.* partly.
częściowy *a.* partial.
część *f.* **1.** part; **części mowy** *jęz.* parts of speech; **część garderoby** article/piece of clothing; **część składowa** component, constituent; **w części/po części** partly; **nieodłączna część czegoś** part and parcel of sth; **być nieodłączną częścią czegoś** be inherent in/to sth; **stanowić część czegoś** form a part of sth. **2.** (*element maszyny*) part, unit; **części zapasowe/zamienne** spare parts.
czkawka *f.* hiccup(s), hiccough.
człon *mi Gen.* **-a/-u** **1.** (*element, część*) part, element. **2.** *techn., mech.* module, member. **3.** *jęz.* clause.
członek *mp* **-nk-**; *pl.* **-owie** (*towarzystwa, partii*) member. — *mi* **-nk-**; *pl.* **-i** *anat.* limb; **członek męski** penis.
członkostwo *n.* membership.
człowieczeństwo *n.* humanity.
człowiek *mp Voc.* **-u/-cze**; *pl.* **ludzie** *Gen.* **ludzi** *Ins.* **ludźmi** **1.** *antrop.* human being. **2.** (*osoba*) person, individual; **swój człowiek** friend, my/our man; **szary człowiek** the man in the street; **zwykły człowiek** everyman; **człowiek interesu** businessman; **człowiek sukcesu** achiever; **prawa człowieka** human rights. **3.** *pot.* (*ja, każdy, ktokolwiek*) one, you; **nie dadzą człowiekowi spokoju** they won't let a fellow be.
czołg *mi* tank.
czołgać się *ipf.* **1.** crawl. **2.** *pot.* grovel (*przed kimś* to/before sb).
czoło *n. Gen.pl.* **czół** **1.** forehead; **marszczyć czoło** frown; **puknij się w czoło!** you must be out of your mind! **stawić komuś/czemuś czoło** face sb/sth. **2.** (*przednia część*) head, front; **na czele** at the head/lead; **stać na czele czegoś** manage/control/head sth.
czołowy *a.* **1.** (*na przedzie*) front; **zderzenie czołowe** head-on crash/collision. **2.** (*wybitny*) leading, main.
czołówka *f.* **1.** (*przód*) lead, forefront; **być/znaleźć się w czołówce** be in the lead. **2.** *przen.* **ścisła czołówka** leading edge. **3.** *dzienn.* front-page story. **4.** *film* titles, credits.
czosnek *mi* **-nk-** garlic; **ząbek czosnku** clove of garlic.
czterdziestka *f.* forty; **komuś stuknęła czterdziestka** sb has turned forty.
czterdziestoletni *a.* **1.** (*trwający 40 lat*) forty-year, forty years'. **2.** (*mający 40 lat*) forty-year-old.
czterdziesty *a.* fortieth; **lata czterdzieste** the forties.
czterdzieści *num.* **-st-** *Ins.* **-oma/-u** forty.
czterej *num. zob.* **cztery**.
czternasty *a.* fourteenth.
czternaście *num.* **-st-** *Ins.* **-oma/-u** fourteen.
czteroosobowy *a.* **1.** (*pokój, namiot*) four-person. **2.** (*zespół, rodzina*) of four persons.
czterosuwowy *a. techn.* four-stroke.
cztery *num.* **czterej/czterech**; *Gen., Loc.* **-ech** *Dat.* **-em** *Ins.* **-ema** **1.** four; **cztery strony świata** cardinal points; **wyraz na cztery litery** four-letter word; **w cztery oczy** in private. **2.** *szkoln., uniw.* good, B.
czterysta *num. Ins.* **-oma/-u** four hundred.
czubek *mi* **-bk-**; *Gen.* **-a** **1.** (*najwyższa część*) top; **po czubek** to the top; **czubek głowy** crown of the head. **2.** (*wystająca część*) point, tip; **czubek palca** fingertip. — *mp* **-bk-**; *pl.* **-i** *pot., pog.* (*wariat*) nut.
czucie *n.* feeling, sense.
czuć *ipf.* **1.** feel. **2.** (*zapach*) smell; **czuć sympatię/odrazę do kogoś** have a liking/dislike for sb. **3.** (*domyślać się*) get a feeling; **czuć coś przez skórę** scent sth, feel sth coming.
czuć się *ipf.* feel; **dobrze/źle się czuć** feel well/unwell; **czuć się na siłach** feel up to sth; **czuj się jak u siebie w domu** make yourself at home.
czujnik *mi Gen.* **-a** sensor.
czujność *f.* vigilance; **obudzić czyjąś czujność** put sb on guard; **uśpić czyjąś czujność** throw sb off guard.
czujny *a.* vigilant, watchful; **mieć czujny sen** sleep lightly.
czule *adv.* tenderly; **gruchać czule** bill and coo.
czułość *f.* **1.** (*serdeczność*) tenderness, fondness, affection; **z czułością** tenderly. **2.** *techn.* sensitivity; **czułość filmu** *fot.* speed.
czuły *a.* **-lszy** **1.** (*serdeczny*) tender, affectionate. **2.** (*wrażliwy*) sensitive; **czuły punkt/miejsce** sore point/spot. **3.** *techn.* sensitive.
czuwać *ipf.* **1.** (*być czujnym*) be on the alert; watch over (*nad kimś/czymś* sb/sth); (*o strażnikach*) keep watch. **2.** (*nie spać*) keep vigil.
czuwanie *n.* **1.** (*pilnowanie*) watch. **2.** (*trwanie bez snu*) vigil; **nocne czuwanie** night watch.
czwartek *mi* **-tk-** Thursday; **tłusty czwartek** the Thursday before Ash Wednesday; **Wielki Czwartek** *rel., kość.* Maundy Thursday.
czwarty *a.* fourth; **jedna czwarta** one-fourth.
czworaczki *pl. Gen.* **-ów** quadruplets.
czworaki *a.* fourfold; (*w czterech rodzajach*) in four kinds/types.
czworo *num. decl. like n.* **-rg-** four.
czworokąt *mi Gen.* **-a** *geom., mat.* tetragon, quadrilateral, quadrangle.
czworokątny *a.* tetragonal, quadrangular.
czwórka *f.* **1.** (*cyfra 4*) four. **2.** *pot.* (*tramwaj, dom nr 4*) four. **3.** (*cztery osoby*) foursome, group of four. **4.** *szkoln., uniw.* good, B.
czy¹ *part.* (*w pytaniach*) **czy pada śnieg?** is it snowing? **czy znasz ten film?** do you know this movie? **czy byłeś kiedyś w Anglii?** have you ever been to England? **czy mogę już iść?** can I go now? **czy ja wiem?** I don't know.
czy² *conj.* **1.** (*wprowadza zdanie podrzędne*) if, whether; **zapytaj, czy przyjdzie** ask him if he's coming. **2.** (*łączy części współrzędne*) or; **kawa czy herbata?** coffee or tea? **prędzej czy później** sooner or later; **tak czy inaczej** one way or another.
czyhać *ipf.* **1.** (*czaić się*) lurk waiting (*na kogoś/coś* for sb/sth). **2.** *przen.* lurk; **tam czyha niebezpieczeństwo** danger lurks there.
czyj *a. Ins., Loc.* **czyim**; *pl.* **czyje, czyi** *Gen., Loc.* **czyich** *Dat.* **czyim** *Ins.* **czyimi** whose; **czyje to dziecko?** whose child is it?
czyjś *a. czyj- decl. like a., -kolwiek indecl.* somebody's, someone's.

czyli *part.* that is, i.e.
czym *pron. zob.* **co**.
czymś *pron. zob.* **coś**.
czyn *mi* deed, act; **człowiek czynu** man of action; **wprowadzać coś w czyn** put sth into practice.
czynić *ipf.* **1.** (*wykonywać*) do; **dobrze/źle czynić** do good/evil; **czynić cuda** work miracles. **2.** (*zachowywać się*) behave, act; **czynić czemuś zadość** satisfy sth.
czynienie *n.* **mieć z czymś/kimś do czynienia** deal with sth/sb.
czynnie *adv.* actively.
czynnik *mi Gen.* **-a** factor; **rozkładać na czynniki pierwsze** *przen.* dissect, put to pieces.
czynność *f.* **1.** (*praca, obowiązki*) work, activity; **czynność prawna** legal act; **zawiesić kogoś w czynnościach** suspend sb (from their duties). **2.** (*funkcjonowanie*) function, activity, action.
czynny *a.* **1.** (*działający*) working, active; **czynne prawo wyborcze** franchise. **2.** (*aktywny, energiczny*) active, energetic. **3.** (*funkcjonujący, otwarty*) open, working. **4.** *jęz.* active; **strona czynna czasownika** active voice.
czynsz *mi Gen.pl.* **-y/-ów** rent.
czystka *f.* purge; **czystki etniczne** ethnic cleansing.
czysto *adv.* **1.** (*bez brudu*) clean. **2.** (*przejrzyście*) clear(ly). **3.** (*dźwięcznie*) clear(ly), in tune. **4.** (*bez domieszek, wpływów*) purely; **mówić czysto po polsku** speak perfect Polish.
czystopis *mi* clean/fair copy.
czystość *f.* **1.** (*brak brudu*) cleanness, cleanliness. **2.** (*przezroczystość*) clarity, transparency. **3.** (*dźwięczność*) clearness. **4.** (*brak domieszek, wpływów*) purity; **czystość etniczna** ethnic purity.
czysty *a.* **-szy/-ściejszy 1.** (*niezabrudzony*) clean. **2.** (*przejrzysty*) clear, transparent; **czyste niebo** clear sky. **3.** (*dźwięczny*) clear, in tune. **4.** (*bez zniekształceń i wpływów*) pure; **czystej krwi** pure-blood; **czysty przypadek** sheer/pure coincidence. **5.** (*szlachetny*) **czyste sumienie** clear conscience; **czysta walka** clean/fair fight. **6.** (*niewinny*) clean, chaste. **7.** **czysty zysk** net profit.
czyszczący *a.* cleaning.
czyścić *ipf.* **-szczę -ścisz** clean; **czyścić chemicznie** dry-clean; **czyścić szczotką** brush.
czyściec *mi* **-ścc-**; *Gen.* **-a** *no plural rel.* purgatory.
czytać *ipf.* read (*o kimś/czymś* about sb/sth).
czytanie *n.* reading.
czytelnia *f. Gen.pl.* **-i/-ń** reading room.
czytelnik *mp* reader.
czytelny *a.* (*wyraźny*) legible.
czyż *part.* = **czy**.
czyżby *part.* **czyżby to zgubił?** could he have lost that? **czyżby?** really?
ćma *f. Gen.pl.* **ciem** moth.
ćwiartka *f.* quarter.
ćwiczenie *n.* **1.** (*czynność*) exercise, practice; **ćwiczenia gimnastyczne** gymnastic exercise; **ćwiczenia wojskowe** military training. **2.** *szkoln.* exercise. **3.** *uniw.* **ćwiczenia** classes.
ćwiczyć *ipf.* **1.** (*kształcić, doskonalić*) train (*w czymś* in sth). **2.** (*uczyć się, powtarzać*) practice. **3.** (*gimnastykować się*) exercise.
ćwiczyć się *ipf.* practice (*w czymś* sth).
ćwierć *f.* quarter.
ćwierćfinał *mi* quarterfinal.
ćwierćnuta *f. muz.* quarter note.
ćwierkać *ipf.*, **ćwierknąć** *pf.* **-ij** chirp.

D

dach *mi* roof.
dachówka *f.* (roofing) tile; **dach kryty dachówką** tiled roof.
dać *pf.* **dadzą 1.** give; **dać coś komuś** give sth to sb, give sb sth. **2.** (*umożliwić*) **dać zgodę na coś** agree to sth, give consent to sth; **dać do wyboru** offer a choice; **dać okazję do czegoś** create an opportunity for sth. **3.** (*zapewnić*) **dać komuś wykształcenie/utrzymanie** educate/feed sb; **dać komuś pracę** employ sb. **4.** (*pozwolić*) let; **daj, ja to zrobię** let me do it; **nie dał mi dojść do głosu** I couldn't get a word in edgeways. **5.** (*zlecić*) **dać komputer do naprawy** get one's computer fixed; **dać ogłoszenie** place an ad. **6.** (*w zwrotach*) **dać komuś do zrozumienia, że...** make it clear to sb (that)...; **dać komuś w twarz** slap sb's face; **dać słowo** give one's word; **dać komuś święty spokój** leave sb alone; **dać czemuś radę** manage sth; **dać komuś radę** take sb on; **dać z siebie wszystko** do/give one's best; **dać za wygraną** give up; **dać komuś znać** let sb know; **to nic nie da** that's no good.
dać się *pf. tylko 3 os. sing./nieos.* (*być realnym*) **tego nie da się zrobić** it can't be done; **ile się da** as much as possible; **na/o ile się da** as far as possible.
dal *f. pl.* **-e** distance; **skok w dal** long jump; **w dali** in the distance; **z dala** from far away, from afar.
dalej *adv.* **1.** *zob.* **daleko**; (*w przestrzeni*) farther, further; (*w czasie*) further; **i tak dalej** and so on; **i co dalej?** what now? **2.** (*z czasownikiem*) on; **czytać/mówić/jechać dalej** read/talk/drive on.
daleki *a.* **-lszy 1.** (*odległy*) distant; (*w przestrzeni*) faraway; **dalekie kraje** faraway lands; **Daleki Wschód** the Far East; **z daleka** from far away, from afar. **2.** (*o podróży*) long, long-distance. **3.** (*o związku l. pokrewieństwie*) distant; **daleki znajomy/krewny** distant acquaintance/relative.
daleko *adv.* **-lej** far (away); **ktoś wyjechał daleko** sb is far away; **posunąć się za daleko** go too far; **jak daleko (jest) stąd do...?** how far (is it) to...?
dalekosiężny *a.* (*o zmianach*) far-reaching, sweeping; (*o planach*) long-range.
dalekowidz *mp pl.* **-e** *Gen.* **-ów** farsighted person; **być dalekowidzem** be farsighted.
dalekowzroczny *a. t. przen.* farsighted.
dalszy *a.* **1.** *zob.* **daleki**. **2.** (*późniejszy*) later; (*przyszły*) future; **dopełnienie dalsze** *jęz.* indirect object; **ciąg dalszy nastąpi** to be continued; **w dalszym ciągu** still.

daltonista *mp*, **daltonistka** *f.* color-blind person; **być daltonistą** be color-blind.
dama *f.* **1.** lady; **pierwsza dama** *polit.* First Lady. **2.** *karty* queen.
Damaszek *mi* **-szk-** Damascus.
damski *a.* ladies', lady's; **damskie towarzystwo** female company.
dane *pl. Gen.* **-ych** data; **dane osobowe/statystyczne** personal/statistical data; **ochrona danych (osobowych)** (personal) data protection.
Dania *f. Gen.* **-ii** Denmark.
danie *n. pl.* **-a** *kulin.* course; dish; **drugie danie** main course; **posiłek z trzech dań** three-course meal.
dany *a.* given; **danego dnia** on a given day; **w danym momencie** at a given moment.
dar *mi* (*podarunek, talent*) gift.
daremnie *adv. lit.* in vain.
daremny *a. gł. lit.* futile; **daremne wysiłki** futile attempts/efforts.
darł *ipf. zob.* **drzeć.**
darmo *adv.* **1. (za) darmo** for free, free of charge. **2. na darmo** *lit.* in vain; **trudno i darmo** tough luck.
darmowy *a.* free (of charge).
darować *ipf., pf.* **1.** (*dać*) give; **darować komuś wolność** give/grant sb freedom. **2.** (*oszczędzić*) (*wysiłki*) spare; **darować komuś życie** spare sb's life; **daruj sobie!** save yourself the trouble! **3.** (*przebaczyć*) (*karę, dług*) remit; (*winę, grzechy*) forgive.
darowizna *f.* gift, donation; **akt darowizny** *prawn.* deed of gift.
darzyć *ipf.* **darzyć kogoś szacunkiem/miłością** have respect/love for sb; **darzyć kogoś zaufaniem** have trust in sb.
data *f.* date.
datować *ipf.* date.
datować się *ipf.* **datować się z...** (*wieku, okresu*) date from...; **datować się od...** (*dnia, momentu*) date back to...
dawać *ipf.* **daję dajesz dawaj** *zob.* **dać.**
dawca *mp Gen.pl.* **-ów** donor.
dawka *f.* (*leku*) dose, dosage; **dawka zalecana** recommended dosage; **dawka śmiertelna** lethal/fatal dose.
dawkowanie *n.* dosage.
dawniej *adv. zob.* **dawno**; formerly; **tak jak dawniej** like it (once) used to be.
dawno *adv.* **dawno temu** a long time ago; **dawno, dawno temu** *lit.* once upon a time.
dawny *a.* **1.** (*były*) former, past. **2.** (*starożytny*) ancient. **3. dawne dzieje** old times; **od dawna** for a long time.
dąb *mi* **-ę-** oak; **chłop jak dąb** *pot.* hunky guy.
dążyć *ipf.* **dążyć do czegoś** pursue sth, aim at sth.
dB *abbr. fiz., techn.* (*decybel*) dB (*decibel*).
db *abbr. szkoln.* (*ocena dobra*) B (*school grade*).
dbać *ipf.* **dbać o kogoś/coś/siebie** take care of sb/sth/o.s.; **nie dbać o coś** (*traktować obojętnie*) not care about sth.
dbały *a. lit.* (*staranny*) diligent, conscientious; (*uważny*) careful (*o coś* of sth); (*troskliwy*) caring, attentive.
debata *f.* debate (*na temat czegoś* on/over/about sth).
debil *mp Gen.pl.* **-i/-ów, debilka** *f. obelż.* moron.
debiut *mi* debut.
debiutować *ipf.* make one's debut.
dech *mi tylko sing.* **tch-** (*oddech*) breath; **dech mi zaparło** it took my breath away; **zapierający dech (w piersiach)** breathtaking; **bez tchu** out of breath; **z zapartym tchem** with bated breath.
decydować *ipf.* **1.** (*postanawiać*) decide (*o czymś* about sth). **2.** (*warunkować*) determine sth.
decydujący *a.* decisive, deciding; **decydujący głos** deciding vote.
decymetr *mi Gen.* **-a** decimeter (*10 centimeters, about 3.94 inches*).
decyzja *f.* decision; **decyzja należy do kogoś** it's up to sb to decide; **podjąć decyzję** make/take a decision.
dedykacja *f.* (*autora*) inscription, dedication.
dedykować *ipf., pf.* dedicate; **dedykować coś komuś** dedicate sth to sb.
defekt *mi* defect; *techn.* failure, malfunction.
defensywa *f.* **1.** defensive; **w defensywie** on the defensive. **2.** *sport* defense.
deficyt *mi* (*finansów*) deficit; (*towarów*) shortage; **deficyt budżetowy/handlowy** budget/trade deficit.
definicja *f.* definition; **z definicji** by definition.
definitywny *a.* (*ostateczny*) final; (*zdecydowany*) definite.
deformować *ipf.* deform.
deformować się *ipf.* become distorted, get out of shape.
defraudacja *f.* embezzlement.
degeneracja *f.* **1.** (*moralna*) corruption, depravity, degeneracy. **2.** *biol., pat.* degeneration. **3.** *fiz.* degeneration, degeneracy.
degradacja *f.* **1.** *geol., chem., fiz.* degradation. **2.** *gł. wojsk.* demotion. **3.** *socjol.* (*wartości*) degradation, corruption.
degradować *ipf.* **1.** (*dymisjonować*) demote. **2.** (*deprecjonować*) degrade.
degustować *ipf.* taste.
deka *indecl. pot.* (*także* **deko**) *abbr. of* **dekagram**; ten grams (*0.358 oz*); **dziesięć deka szynki** quarter pound of ham.
dekada *f.* **1.** (*dziesięć dni*) ten days; **w pierwszej/drugiej/trzeciej dekadzie stycznia** in early/mid/late January. **2.** (*dziesięć lat*) decade.
dekagram *mi Gen.* **-a** decagram (*10 grams*).
deklamować *ipf.* recite.
deklaracja *f.* **1.** (*oświadczenie*) declaration, statement; (*zobowiązanie*) pledge; **złożyć deklarację** issue/make a declaration/statement. **2.** (*formularz*) form; **deklaracja celna** customs declaration; **deklaracja podatkowa** tax form/return.
deklarować *ipf.* **1.** (*oświadczać*) declare, proclaim (*że...* that...). **2.** (*obiecywać*) pledge.
deklarować się *ipf.* declare (*za czymś/przeciw czemuś* for/against sth).
deklinacja *f. jęz.* declension.
deklinować *ipf. jęz.* decline.
dekoder *mi Gen.* **-a** decoder.
dekolt *mi* **1.** (*krój przy szyi*) neck(line); **suknia z dekoltem** low-cut dress. **2.** (*odsłonięte piersi*) cleavage.
dekoracja *f.* **1.** decoration; **świąteczne dekoracje** Christmas decorations. **2.** *film, teatr* scene, set; **zmiana dekoracji** change of scene.
dekoracyjny *a.* decorative, ornamental.
dekorować *ipf.* decorate.
dekret *mi* decree; **ogłaszać/wydawać dekret** issue a decree.
delegacja *f.* **1.** (*reprezentacja oficjalna*) delegation. **2.** (*wyjazd służbowy*) business trip. **3.** (*dokument*) expense report.

delegalizować *ipf.* delegalize, ban.
delegat *mp*, **delegatka** *f.* delegate.
delegować *ipf.* delegate.
delektować się *ipf.* + *Dat.* relish, savor (*sth*).
delfin *ma pl.* **-y** *Acc.* **-ów** *zool.* dolphin. — *mi Gen.* & *Acc.* **-a** *sport* (*styl pływacki*) butterfly (stroke).
delikatesy *pl. Gen.* **-ów** (*sklep*) deli(catessen).
delikatnie *adv.* delicately, gently; (*przekonywać*) softly.
delikatny *a.* **1.** (*nieagresywny*) delicate; (*o dotknięciu, powiewie, oświetleniu, traktowaniu*) gentle, soft; (*o zapachu, smaku*) mild. **2.** (*o talerzu, urządzeniu*) fragile. **3.** (*drażliwy, trudny*) delicate, sensitive.
demagog *mp pl.* **-dzy/-owie** *uj.* demagogue.
demagogia *f. Gen.* **-ii** demagoguery, demagogy.
demaskować *ipf.* expose, unmask.
demaskować się *ipf.* throw off the mask.
demobilizacja *f.* demobilization.
demobilizować *ipf. wojsk.* demobilize.
demograficzny *a.* demographic; **wyż demograficzny** baby boom.
demokracja *f.* democracy.
demokrata *mp*, **demokratka** *f.* democrat.
demokratyczny *a.* democratic.
demolować *ipf.* vandalize.
demonstracja *f.* demonstration; **demonstracja siły** display of force; **urządzić demonstrację** hold/stage a demonstration.
demonstrować *ipf.* **1.** (*manifestować*) demonstrate (*przeciw komuś/czemuś* against sb/sth, *na rzecz czegoś* in support/in favour of sth). **2.** (*wyrażać uczucia, postawy*) manifest, display. **3.** (*pokazywać*) demonstrate, show (*sth*).
demontować *ipf.* (*t. przen.*) dismantle; (*urządzenie*) disassemble, take apart.
demoralizować *ipf.* corrupt, deprave.
denaturat *mi* denaturated alcohol.
denerwować *ipf.* **1.** (*gniewać*) annoy. **2.** (*martwić*) make anxious/nervous.
denerwować się *ipf.* be anxious (*czymś* about sth).
denerwujący *a.* annoying, exasperating.
dentysta *mp*, **dentystka** *f.* dentist.
dentystyczny *a.* dental; **gabinet dentystyczny** dental surgery; *pot.* the dentist's.
departament *mi* **1.** (*dział ministerstwa*) division, office. **2.** (*w USA*) (*ministerstwo*) ministry; **Departament Obrony/Stanu** Department of Defense/State.
depesza *f.* **1.** (*telegraficzna*) telegram; (*radiowa, telefoniczna*) cable. **2.** *dzienn.* dispatch.
deportować *ipf.* deport.
depresja *f.* depression.
deptać *ipf.* **-czę -czesz, -cz** tread (*po czymś* on sth); **nie deptać trawników!** keep off the grass!
dermatologia *f. Gen.* **-ii** dermatology.
desant *mi wojsk.* **1.** (*zrzut*) airdrop; parachute operation. **2.** (*lądowanie*) landing.
deseń *mi Gen.* **-u/-a** *Gen.pl.* **-i/-ów** pattern; design.
deser *mi* dessert, pudding; **na deser** for dessert.
deska *f.* **1.** plank; board; **deska do krojenia/do prasowania** cutting/ironing board; **deska surfingowa** surfboard. **2.** *pot.* (*narta*) ski.
deskorolka *f.* skateboard.
despota *mp*, **despotka** *f.* despot.
destabilizować *ipf.* destabilize.
destrukcyjny *a.* destructive.
destylować *ipf.* distill; **woda destylowana** distilled water.
deszcz *mi Gen.pl.* **-ów** rain, shower; **deszcz ze śniegiem** sleet; **pada deszcz** it's raining.
deszczowy *a.* rainy; **pora deszczowa** rainy season.
detal *mi Gen.pl.* **-i/-ów** **1.** (*szczegół*) detail. **2.** *noncount ekon., handl.* retail trade.
detaliczny *a. ekon., handl.* retail.
detektyw *mp* detective; **prywatny detektyw** private detective/investigator.
detektywistyczny *a.* (*o filmie, powieści*) detective.
determinacja *f.* determination.
determinować *ipf.* determine.
dewaluacja *f.* devaluation.
dewastować *ipf.* vandalize.
dewiza *f.* (*maksyma, motto*) motto, maxim.
dezaprobata *f.* disapproval.
dezercja *f.* desertion.
dezerter *mp*, **dezerterka** *f.* deserter.
dezodorant *mi* deodorant.
dezorganizować *ipf.* disorganize.
dezorientować *ipf.* disorient, confuse.
dezynfekcja *f.* disinfection.
dezynfekować *ipf.* disinfect.
dezynfekujący *a.* disinfectant.
dębu *itd. mi zob.* **dąb**.
dętka *f.* **1.** (*w oponie*) (inner) tube. **2.** (*w piłce*) bladder.
dęty *a. muz.* wind; **instrumenty dęte** wind instruments; **orkiestra dęta** brass band.
diabelski *a.* devilish; **diabelski młyn** Ferris wheel.
diabeł *mp* **-bł-**; *Dat.* **-u** *Voc.* **-e** *pl.* **-y/-i** **1.** devil. **2.** **co/kto/dlaczego u diabła?** what/who/why the devil? **do diabła!** dammit! **do diabła z czymś** to hell with sth; **idź do diabła!** go to hell! **rzucić w diabły** dump, ditch.
diagnoza *f.* diagnosis; **stawiać diagnozę** diagnose.
dialekt *mi* dialect.
dialog *mi* dialog(ue).
diament *mi* diamond.
dieta[1] *f.* diet; **być na diecie** be on a diet.
dieta[2] *f.* **1.** (*pieniądze przeznaczone na utrzymanie na delegacji*) per-diem (allowance). **2.** (*wynagrodzenie*) stipend; **diety poselskie** remuneration/stipend received by members of parliament.
dietetyczny *a.* (*o potrawie*) dietetic; (*o błędzie, wymaganiach*) dietary.
dinozaur *ma* dinosaur.
disco *n. indecl.* (*muzyka l. klub*) disco; **muzyka disco** disco music.
dla *prep.* + *Gen.* **1.** for; **dla mnie/ciebie/ich** for me/you/them; **dla zysku** for gain; **dla twojego dobra** for your own good; **dla zasady** on principle; **zrobić coś dla kogoś** do sth for sb. **2.** (*tłumaczone przez użycie rzeczownika jako przydawki*) **domek dla lalek** doll house. **3.** (*tłumaczone przez złożenie*) **klatka dla ptaków** birdcage. **4.** to; **być miłym dla kogoś** be nice to sb. **5.** (*tłumaczone przez użycie końcówki dzierżawczej*) -s', -'s; **książka dla dzieci** children's book.
dlaczego *adv., conj.* why; **dlaczego nie?** why not?
dlatego *adv., conj.* (*więc*) so, therefore; **padał deszcz, dlatego wziąłem parasol** it was raining, so I took an umbrella; (*z tego powodu*) that's why, for this reason; **dlatego, że...** because...; **dlatego, żeby...** (in order) to...
dł. *abbr.* l. (*length*).

dłoń *f. pl.* **-e** *Ins.* **-niami/-ńmi 1.** palm. **2.** (*ręka*) hand; **uścisnąć sobie dłonie** shake hands. **3. jak na dłoni** clear as day; **pomocna dłoń** helping hand.

dłubać *ipf.* **-ę, -esz 1.** (*grzebać*) pick; **dłubać w nosie/zębach** pick one's nose/teeth. **2.** (*drążyć*) **dłubać w czymś** hollow sth out. **3.** *pot. zwł. żart.* (*majstrować*) tinker (*przy czymś* with sth).

dług *mi* debt; **mieć wobec kogoś dług** be indebted to sb; **wpaść w długi** run/get into debt.

długi *a.* **-ższy 1.** long; **długi na trzy metry** three meters long; **spódnica długa do kostek** ankle-length skirt. **2. przez dłuższy czas** for a prolonged period (of time); **od dłuższego czasu** for quite a while (now); **na dłuższą metę** in the long run.

długo *adv.* long, for a long time; **jak długo?** how long? **na długo** for a long time; **tak długo, jak...** (for) as/so long as...

długopis *mi* pen, ballpoint (pen).

długość *f.* **1.** length; **to ma 5 metrów długości** it is 5 meters long; **na długość** (*wzdłuż*) lengthwise; **tej samej długości** of equal/the same length; **długość geograficzna** longitude. **2.** (*w czasie*) length, duration; **długość życia** life span; **średnia długość życia** life expectancy.

długotrwały *a.* long-lasting.

długowieczność *f.* longevity.

dłuto *n.* chisel.

dłużej *adv. zob.* **długo**; longer; **dłużej nie wytrzymam** I can't stand it any longer/more; **tak dłużej być nie może** it cannot go on.

dłużnik *mp*, **dłużniczka** *f.* debtor; **być czyimś dłużnikiem** be in sb's debt, be indebted to sb.

dłużny *a.* **być komuś coś dłużnym** owe sb sth, owe sth to sb, be indebted to sb.

dłuższy *a. zob.* **długi**; longer (*od czegoś* than sth); **od dłuższego czasu** for a long time (now).

dm *abbr.* dm (*decimeter*).

dmuchać *ipf.* **1.** blow. **2. dmuchać na zimne** play it safe, be extra careful.

dnia *itd. mi zob.* **dzień**.

dniówka *f.* **1.** (*dzień pracy*) workday. **2.** (*wynagrodzenie*) daily wage.

dno *n. Gen.pl.* **den** (*naczynia, morza, doliny*) bottom; (*morza, rzeki, jaskini, doliny*) floor; (*jeziora, rzeki, morza, doliny*) bed; **wypić coś do dna** drink sth up; **bez dna** bottomless; **do dna!** bottoms up! **stoczyć się na (samo) dno** reach rock-bottom/the bottom; **odbić się od dna** bounce back.

do *prep. + Gen.* **1.** (*dla wyrażenia kierunku*) to; **iść/jechać do szkoły** go to school; **jechać do Warszawy** go to Warsaw. **2.** (*dla wyrażenia górnej granicy*) (up) to; **od dwóch do pięciu** from two to five; **grzywna do 100 dolarów** a fine of up to 100 dollars. **3.** (*dla wyrażenia przeznaczenia*) for; **do czego to jest?** what is it for? **4. deska do prasowania** ironing board. **5. coś do jedzenia/picia** something to eat/drink. **6.** (*dla wyrażenia umieszczenia czegoś w czymś*) in, into; **wrzucić list do skrzynki** put the letter in/into the mailbox. **7.** (*dla wyrażenia limitu czasu*) until, till; by; **do tej pory** until now; **musisz to zrobić do wtorku** you must do it by Tuesday; **zostać do wtorku** stay until Tuesday. **8.** (*w zwrotach*) **do jutra** see you tomorrow; **do zobaczenia/widzenia** good bye, see you; **do diabła!** *pot.* damn (it)! **być do niczego** be no good, be useless; **raz do roku** once a year.

doba *f. Gen.pl.* **dób 1.** twenty-four hours; *pot.* day; **cztery razy na dobę** four times a day; **przez trzy doby** (for) three days; **przez całą dobę** round the clock, 24 hours a day. **2.** (*okres, epoka*) days, age; **w dobie Internetu** in the days of the Internet.

dobiegać *ipf.* **1.** (*doganiać*) catch up (*do kogoś/czegoś* with sb/sth). **2.** (*o drodze*) run, lead. **3.** (*o dźwięku*) come. **4. dobiegać końca** come/draw to an end; **dobiega pierwsza** it's almost one.

dobierać *ipf.* (*dopasować*) pick, select; **dobierać coś do czegoś** match sth (up) with/to sth.

dobierać się *ipf.* **1.** *pot.* (*dorwać się*) get one's hands (*do czegoś/kogoś* on sth/sb). **2.** (*dopasować się*) **dobierać się w pary** pair up (with sb).

dobór *mi* **-o-** selection.

dobranoc *int., n.* good night; **pocałować kogoś na dobranoc** kiss sb goodnight; **bajka na dobranoc** bed-time story.

dobro *n. Loc.* **-u/-rze 1.** good, welfare; **dobro i zło** good and evil; **dobro dziecka/publiczne** child/public welfare. **2.** *fil., psych.* right; **odróżniać dobro od zła** know right from wrong.

dobrobyt *mi* prosperity, well-being.

dobroczynność *f.* charity.

dobroczynny *a.* **1.** (*zbawienny*) beneficial. **2.** (*charytatywny*) charitable, charity; **cele dobroczynne** charity.

dobroczyńca *mp Gen.pl.* **-ów** benefactor.

dobroć *f.* kindness, goodness.

dobroduszny *a.* good-natured, kind-hearted.

dobrowolnie *adv.* voluntarily.

dobrowolny *a.* voluntary; (*o pracy*) volunteer.

dobry *a.* **lepszy 1.** good; (*uprzejmy*) good, kind (*dla kogoś* to sb). **2. bądź tak dobry i...** be so good/kind and...; **dzień dobry!** good morning! **wszystkiego dobrego!** all the best! **być dobrej myśli** hope for the best; **w dobrych rękach** in safe hands; **dobra wola** goodwill; **dobre imię** good name, reputability; **na dobrą sprawę** come to think of it, in fact; **na dobre i na złe** for better or (for) worse; **stare dobre czasy** good old days. — *mi szkoln.* (*ocena*) B; **bardzo dobry** A.

dobrze *int.* all right!, fine!, OK! — *adv.* **lepiej** well; **dobrze komuś życzyć** wish sb well; **dobrze mu tak!** (it) serves him right! **dobrze się uczyć** be a good student; **dobrze wyglądać** look good; **dobrze znany** well-known; **coś komuś dobrze robi** sth does sb good; **jeśli wszystko dobrze pójdzie** if all/everything goes well; **ktoś ma się dobrze** sb is (doing) well.

doceniać *ipf.*, **docenić** *pf.* appreciate; **nie doceniać kogoś/czegoś** underestimate sb/sth.

dochodowy *a.* **1.** (*opłacalny*) profitable, profit-making. **2.** (*dotyczący dochodów*) income; **podatek dochodowy** income tax.

dochodzenie *n.* (*śledztwo*) investigation, inquiry.

dochodzić *ipf.* **1.** (*docierać*) arrive; **dochodzić do kogoś/gdzieś** reach sb/sth; **czy doszedł do ciebie mój list?** did you get my letter? **2.** (*osiągać*) reach; **dochodzi północ/ósma** it's almost midnight/eight. **3.** (*uzyskiwać*) **dochodzić do porozumienia** come to an agreement; **dochodzić do siebie** (*odzyskiwać siły*) get over it; (*odzyskiwać przytomność*) come round/to. **4.** *nieos.* **doszło do czegoś** there was sth, sth happened; **jak do tego doszło?** how did it happen? **5.** (*dociekać*) seek, search for; **dochodzić prawdy** search for the truth. **6.** (*walczyć o*) fight for; **dochodzić swoich praw** fight for one's rights.

dochować *pf.*, **dochowywać** *ipf. form.* keep, be true to (*sth*); **dochować tajemnicy/przysięgi** keep a secret/an oath; **dochować zobowiązań** fulfill one's obligations.
dochować się *pf.*, **dochowywać się** *ipf. form.* (*dzieci*) be a happy father/mother of.
dochód *mi* **-o-** income; (*zwł. podmiotu gospodarczego*) revenue; **dochód netto/brutto** net/gross income; **stały dochód** permanent/regular income.
docierać *ipf.* **1.** (*dochodzić*) arrive; **docierać gdzieś/do czegoś** reach sth; **dotrzeć na miejsce** arrive at/reach one's destination. **2. docierać do kogoś** (*o wiadomości*) get through to sb; (*o uwadze*) sink in.
dociskać *ipf.*, **docisnąć** *pf.* **-ij 1.** (*śrubę*) tighten. **2.** (*zaciskać*) clamp. **3.** (*domykać*) **docisnąć drzwi/okno** close the door/window firmly.
doczekać *pf.* (*dotrwać*) wait (*czegoś* until/till sth); (*dożyć*) live (*czegoś* until/till sth); **doczekać późnego wieku** live to an old age.
doczekać się *pf.* wait (*czegoś* until/till sth); **nie doczekać się czegoś** (*listu, wdzięczności*) never get/receive sth; **nie móc się czegoś doczekać** can't wait for sth/to do sth.
dodać *pf. zob.* **dodawać**. — *v. indecl. mat.* (*plus*) and, plus; **dwa dodać dwa równa się cztery** two and/plus two is/makes four.
dodatek *mi* **-tk- 1.** addition; supplement. **2.** (*do wynagrodzenia*) allowance, bonus, premium; **dodatek mieszkaniowy/rodzinny** housing/family allowance. **3.** *dzienn.* supplement. **4. na dodatek** in addition, what's more; **z dodatkiem czegoś** with sth (added).
dodatkowo *adv.* additionally; (*płacić*) extra.
dodatkowy *a.* additional, extra.
dodatni *a.* positive; **dodatnie temperatury** above-freezing temperatures.
dodawać *ipf.* **-ję, -jesz 1.** add. **2. dodać komuś wdzięku** lend grace to sb; **dodać komuś otuchy** lift/raise sb's spirits. **3.** (*dopowiedzieć*) add (*że...* that...). **4.** *mat.* add.
dodawanie *n.* addition.
dodzwonić się *pf.* get through (*do kogoś/czegoś* to sb/sth).
dogadać *pf.*, **dogadywać** *ipf. pot.* (*dogryźć, przygadać*) gibe/jibe (*komuś* at sb).
dogadać się *pf.*, **dogadywać się** *ipf.* **1.** (*rozumieć się*) get along/on (*z kimś* with sb). **2.** *pot.* (*osiągnąć porozumienie*) reach an agreement (*z kimś* with sb). **3.** (*w obcym języku*) make o.s. understood.
doganiać *ipf.* catch up (*kogoś/coś* with sb/sth).
dogłębny *a.* (*gruntowny, wnikliwy*) in-depth.
dogmat *mi* dogma.
dogodny *a. form.* **1.** (*wygodny*) convenient. **2.** (*korzystny*) favorable.
dogrywka *f. sport* play-off, runoff; (*bezpośrednio po nierozstrzygniętej grze*) overtime; (*w piłce nożnej*) extra time.
doić *ipf.* **doję, doisz**; **dój** milk.
dojazd *mi Loc.* **-eździe 1.** (*dostęp*) access, approach (*do czegoś* to sth). **2.** (*droga*) access/approach road; (*do domu*) drive(way).
dojeżdżać *ipf.*, **dojechać** *pf.* **1.** (*regularnie*) commute; **dojeżdżać do szkoły/pracy** commute to school/work. **2.** (*zbliżać się*) approach (*do czegoś* sth).
dojrzałość *f.* maturity; **dojrzałość płciowa** puberty; **świadectwo dojrzałości** *w Polsce* certificate of secondary education; *US* high school diploma.
dojrzały *a.* **-lszy** mature; (*o owocu, winie*) ripe.
dojrzeć[1] *pf.* **-ę, -ysz**; **-yj** (*zobaczyć*) spot.
dojrzeć[2] *pf.* **-eję, -ejesz, -yj** *zob.* **dojrzewać**.
dojrzewać *ipf.* mature; (*o owocu*) ripen; (*o organizmie, pomyśle*) grow, develop; (*o winie, serze*) age.
dojrzewanie *n.* maturation; **dojrzewanie (płciowe)** puberty.
dojść *pf.* **dojdę, dojdziesz**; **doszedł, doszła, doszli** (*dotrzeć*) reach (*gdzieś* a place) arrive (*gdzieś* in/at a place); *zob. t.* **dochodzić**.
dokańczać *ipf.*, **dokończyć** *pf.* finish (off).
dokąd *adv., pron. indecl.* **1. dokąd?** where (to)? **dokąd idziesz?** where are you going (to)? **2. nie wiem, dokąd iść** I don't know where to go. **3.** (*gdziekolwiek*) anywhere, wherever; **pójdę, dokąd będzie trzeba** I'll go anywhere I have to.
dokładać *ipf.*, **dołożyć** *pf.* add.
dokładka *f.* seconds, second helping.
dokładnie *adv.* **1.** exactly; precisely; **dokładnie ten sam** the very same. **2.** (*starannie*) thoroughly. **3. dokładnie o piątej** at five (o'clock) sharp.
dokładność *f.* accuracy, precision.
dokładny *a.* **1.** (*precyzyjny*) accurate, precise, exact. **2.** (*staranny*) meticulous, thorough. **3.** (*szczegółowy*) detailed.
dokoła[1] *adv.* (*naokoło*) around; **(wszędzie) dokoła** (all) around.
dokoła[2] *prep.* + *Gen.* (*wokół*) (a)round (*czegoś* sth).
dokonać (się) *pf. zob.* **dokonywać (się)**.
dokonany *a. gram., jęz.* perfective; **czasownik dokonany** perfective verb.
dokonywać *ipf.*, **dokonać** *pf.* **-nuję -nujesz -nuj** (*osiągać*) achieve, accomplish (*czegoś* sth); **dokonać odkrycia** make a discovery; **dokonywać cudów** work wonders.
dokonywać się *ipf.*, **dokonać się** *pf. gł. form.* take place.
dokończenie *n.* conclusion.
dokończyć *pf. zob.* **dokańczać**.
dokształcać się *ipf.*, **dokształcić się** *pf.* acquire new skills, supplement one's education.
doktor *mp* **1.** *pl.* **-rzy** *pot.* (*lekarz*) physician, doctor. **2.** *pl.* **-rzy/-owie** *uniw.* doctor, Ph.D.
doktorat *mi* **1.** (*stopień*) Ph.D. (degree), doctorate. **2.** (*rozprawa*) Ph.D. dissertation/thesis.
doktorski *a. uniw.* Ph.D., doctoral; **rozprawa doktorska** Ph.D./doctoral dissertation/thesis.
dokuczać *ipf.* (*dolegać*) bother, ail, give trouble; (*mocno boleć*) be killing; (*czynić przytyki*) tease; **komuś dokucza zimno/głód** sb is suffering cold/hunger.
dokuczliwy *a.* (*o dolegliwości*) troublesome; (*o gorączce, kaszlu*) bad; (*o bólu*) nagging; (*o człowieku, komarze*) annoying, bothersome; (*o wietrze, deszczu*) vicious.
dokument *mi* **1.** document. **2. dokumenty** (*dowód tożsamości*) ID, identification.
dokumentalny *a.* **film dokumentalny** documentary.
dola *f.* **1.** *lit.* fate, lot. **2.** *pot.* (*udział w zysku*) share.
dolać *pf. zob.* **dolewać**.
dolar *mi Gen.* **-a** dollar.
dolegać *ipf.* bother, ail (*komuś* sb) give trouble; **co panu/pani dolega?** what seems to be the problem/trouble? **nic mu nie dolega** there's nothing wrong with him.

dolegliwość *f.* ailment; *pl.* **dolegliwości** trouble; **dolegliwości żołądkowe/sercowe** stomach/heart trouble.

dolewać *ipf.* **1.** pour; **dolewać coś do czegoś** pour/add sth in/into/on/onto sth; **dolewać oliwy do ognia** *przen.* fuel the fire/flames. **2.** (*nalewać nową porcję*) refill; **dolewać komuś kawy** refill sb's coffee.

dolina *f.* valley.

dolny *a.* **1.** (*spodni*) bottom; **dolna półka** bottom shelf. **2.** (*niższy z dwóch*) lower; **dolna granica** lower limit. **3.** *anat.* lower; **dolna szczęka/warga** lower jaw/lip.

dołączać *ipf.*, **dołączyć** *pf.* **1.** attach, enclose (*coś do listu/paczki/e-maila* sth to a letter/package/an e-mail). **2.** (*przystępować*) join.

dołączać się *ipf.*, **dołączyć się** *pf.* join (*do kogoś/czegoś* sb/sth).

dołu *itd. mi zob.* **dół**.

dom *mi Loc. & Voc.* **-u 1.** (*mieszkanie, rodzina*) home; **w domu** at home; **być w domu** be (at) home, be in; **być poza domem** (*chwilowo*) be out; (*na dłużej*) be away (from home); **iść do domu** go home. **2.** (*budynek*) house. **3.** (*gospodarstwo domowe*) household. **4. czuć się jak u siebie w domu** be/feel at home; **czuj się jak u siebie w domu** make yourself at home; **odprowadzać kogoś do domu** walk sb home. **5. dom akademicki** dormitory; **dom dziecka** orphanage; **dom kultury** community center; **dom opieki** nursing home; **dom poprawczy** reformatory; **dom publiczny** brothel.

domagać się *ipf.* **domagać się czegoś od kogoś** demand sth from sb.

domek *mi* **-mk-** (*nieduży dom*) (small) house; **domek letniskowy** cabin, cottage; **domek dla lalek** doll house.

domino *n.* (*gra*) domino.

dominować *ipf.* **1.** (*górować*) dominate (*nad kimś/czymś* over sb/sth). **2.** (*cieszyć się popularnością*) prevail, predominate.

dominujący *a.* **1.** (*górujący*) dominant. **2.** (*najpopularniejszy*) prevailing, predominant.

domniemany *a.* alleged.

domownik *mp* member of a household; **domownicy** household.

domowy *a.* **1.** (*dotyczący mieszkania*) domestic. **2.** (*dotyczący rodziny*) family. **3. domowej roboty** homemade; **gospodarstwo domowe** household; **gospodyni domowa** homemaker; **pomoc domowa** (domestic) help; **strój domowy** house clothes; **wojna domowa** civil war; **praca domowa** *szkoln.* homework; **zwierzęta domowe** pets, domestic animals.

domysł *mi* guess; conjecture; **domysły** guesswork, speculation.

domyślać się *ipf.*, **domyślić się** *pf.* **domyślać się czegoś** guess (at) sth, figure sth out.

doniczka *f.* flowerpot.

doniesienie *n.* (*informacja*) report (*o czymś* of/on sth).

doniosłość *f.* significance, importance.

doniosły *a.* **-ślejszy** momentous, significant; **odgrywać w czymś doniosłą rolę** to play a significant part in sth.

donos *mi* (*na piśmie*) incriminating letter; **złożyć na kogoś donos** inform on sb.

donosiciel *mp* informer, informant.

donosić *ipf.* **-niósł, -niosła, -nieśli 1.** (*dostarczać*) supply, bring (*more*). **2.** (*informować*) report. **3.** (*denuncjować*) inform (*na kogoś* on sb).

donośny *a.* (*o głosie*) resonant; (*o dźwięku, rozmowie*) loud.

dookoła *adv.* (a)round; **spojrzeć dookoła** look (a)round. — *prep.* + *Gen.* (a)round; **dookoła domu** around the house.

dopełniacz *mi Gen.* **-a** *gram.* genitive.

dopełnienie *n. gram.* complement; **dopełnienie bliższe/dalsze** direct/indirect object.

dopiero *part.* only; **wrócę dopiero po północy** I won't be back until after midnight; **dopiero co** just now, a moment ago; **dopiero teraz/niedawno** only now/recently; **przyjechałem dopiero wczoraj wieczorem** I only got here last night, I got here just last night; **to dopiero druga** it's only two o'clock.

dopilnować *pf.* (*zrobienia czegoś*) attend to, see to (*czegoś* sth); **dopilnować sprawy** see to things.

doping *mi* **1.** (*zachęta*) encouragement; **doping publiczności** cheering. **2.** (*farmakologiczny*) doping; use of illegal stimulants/steroids (*in sport*).

dopisek *mi* **-sk-** (*na marginesie*) gloss, note; (*postscriptum*) postscript.

dopisywać *ipf.* **1.** (*uzupełniać*) annotate (*coś do czegoś* sth with sth); **dopisać kilka słów do listu** add a few words to the letter. **2. zdrowie mu dopisuje** he is in good health; **jeśli pogoda dopisze** weather permitting; **pogoda nie dopisała** the weather was bad; **pamięć mu już nie dopisuje** his memory is beginning to fail.

dopłacać *ipf.*, **dopłacić** *pf.* pay extra (*do czegoś* for sth).

dopłata *f.* surcharge (*do czegoś* on sth); extra charge (*do czegoś* for sth).

dopływ *mi* **1.** (*gazu, prądu, wody*) supply; (*informacji, krwi*) flow; **przerwa w dopływie prądu** power cut. **2.** (*rzeki*) tributary.

dopływać *ipf.* **-am, -asz** (*np. o statku*) reach (*do czegoś* sth); **dopłynąć do portu** reach the harbor/port.

dopóki *conj.* as/so long as; **dopóki nie** until; **dopóki..., dopóty...** as/so long as; **poczekamy dopóki nie wróci** we'll wait until he comes.

doprawdy *part.* really; truly; **To dobry chłopak. - Doprawdy?** He's a good boy. - Is he, now/really?

doprawiać *ipf.*, **doprawić** *pf.* (*przyprawami*) spice, season; (*dla uzyskania konkretnego smaku*) flavor.

doprawiać się *ipf.*, **doprawić się** *pf. pot.* (*przeziębić się*) catch a (bad) cold.

doprowadzać *ipf.*, **doprowadzić** *pf.* **1.** (*przyprowadzać*) take, lead. **2.** (*pod eskortą*) escort sb. **3.** (*powodować coś*) lead (*(kogoś) do czegoś* (sb) to sth); (*o czymś*) result (*do czegoś* in sth); **doprowadzać kogoś do rozpaczy** drive sb to despair; **doprowadzić kogoś do szaleństwa** drive sb crazy/mad. **4.** (*dostarczać*) connect (up) (*do czegoś coś* sth to sth); **doprowadzić gaz/wodę do budynku** connect the building to the gas/water main. **5.** (*osiągać cel*) bring (*coś do* sth to); **doprowadzić coś do końca** bring sth to an end.

doprowadzać się *ipf.*, **doprowadzić się** *pf.* work o.s. (up) (*do czegoś* into sth); **doprowadzić się do ruiny** ruin o.s.

dopuszczać *ipf.*, **dopuścić** *pf.* **1.** (*dawać przystęp*) admit, allow, permit (*coś* sth); **dopuszczać możliwość** allow for the possibility. **2.** (*zezwalać*) allow, permit; **nie dopuszczać do rozmów** prevent negotiations; **nie można do tego dopuścić** this cannot be allowed/tolerated; **dopuścić do głosu** let sb speak.

dopuszczać się *ipf.*, **dopuścić się** *pf.* commit, perpetrate; **dopuścić się przestępstwa** commit a criminal offence.
dopuszczalny *a.* permissible, allowable; **dopuszczalna prędkość** *mot.* speed limit.
dorabiać *ipf.* **1.** (*zarabiać dodatkowe pieniądze*) earn money on the side; (*zwł. na czarno*) moonlight; **dorabiać czymś** do sth as a sideline. **2. dorobić klucz** make a copy of a key.
doradca *mp* advisor, counselor.
doradzać *ipf.*, **doradzić** *pf.* advise (*na temat* on).
dorastać *ipf.* (*o dziecku*) grow up.
doraźny *a.* (*najbliższy, natychmiastowy*) immediate; (*krótkoterminowy*) short-term; (*w sytuacji zagrożenia*) emergency; *prawn.* summary; **doraźne korzyści** immediate profits; **udzielić pomocy doraźnej** give emergency first aid.
doręczać *ipf.* deliver.
doręczyciel *mp* mailman, postman, mail carrier.
doręczycielka *f.* mailwoman, postwoman, mail carrier.
dorobek *mi* **-bk- 1.** (*majątek*) property. **2.** *przen.* (*osiągnięcia*) achievements, accomplishments; **dorobek artystyczny/naukowy** artistic/scientific achievements.
doroczny *a.* annual, yearly.
dorodny *a.* robust, sturdy; (*o owocu*) lush.
dorosły *a.* **-ślejszy** adult; **dorosły chłopak** grown boy. — *mp* adult, grown, grown-up.
dorsz *ma Gen.pl.* **-y/-ów** cod.
dorzucać *ipf.*, **dorzucić** *pf.* **1.** (*dosięgać rzutem*) throw far enough. **2.** (*uzupełniać*) add; **dorzucić węgla do pieca** add some coal to the stove. **3.** *pot.* (*dodać*) throw in.
dorzucać się *ipf.* (*do zbiórki*) chip in.
dosadny *a.* **1.** (*skrótowy i celny*) pithy; **2.** (*bez ogródek*) blunt. **3.** (*wulgarny*) crude.
dosiadać *ipf.*, **dosiąść** *pf.* **-siądę, -siądziesz -siądź -siadł** (*konia*) mount.
dosiadać się *ipf.*, **dosiąść się** *pf.* join (*somebody seated*); **dosiąść się do czyjegoś stolika** join a company at a table.
dosięgać *ipf.*, **dosięgnąć** *pf.* **-ij** reach (*coś* sth); get (*coś* at sth).
doskonale *adv.* perfectly; (*rozumieć, widzieć, wiedzieć t.*) perfectly well; **doskonale!** excellent!, perfect!
doskonalić *ipf.* **1.** (*nadawać ostateczny szlif*) perfect. **2.** (*ulepszać*) improve, better.
doskonalić się *ipf.* improve o.s.; **doskonalić się w czymś** perfect one's skills at/in sth.
doskonały *a.* **-lszy 1.** (*idealny*) perfect, ideal; **zbrodnia doskonała** the perfect crime. **2.** (*wspaniały*) splendid, excellent, superb; *pot.* great; **doskonały wokalista** a superb vocalist.
dosłownie *adv.* literally; (*słowo w słowo*) verbatim, word for word.
dosłowny *a.* (*o interpretacji, znaczeniu*) literal; (*o cytacie*) verbatim, word for word.
dosłyszeć *pf.* **-ę, -ysz** hear (*with difficulty*); **przepraszam, nie dosłyszałem** sorry, I didn't catch what you said.
dostać (się) *pf. zob.* **dostawać (się)**.
dostarczać *ipf.* supply, provide (*coś komuś* sb with sth/sth to sb).
dostateczny *a.* sufficient, adequate. — *mi szkoln.* satisfactory, C.
dostatek *mi* **-tk-** affluence, prosperity; **pod dostatkiem** in abundance.
dostawa *f.* supply, provision; *handl.* delivery.
dostawać *ipf.* **-aję, -ajesz; -waj 1.** (*otrzymywać*) get. **2.** (*o dolegliwościach*) get; **dostać gorączki** get a fever; **dostać kataru** catch a cold; **dostać mdłości** feel sick. **3.** (*o uderzeniu*) get, receive; **dostawać lanie** get/take a licking. **4.** (*sięgać*) reach.
dostawać się *ipf.* **1.** (*docierać gdzieś*) get (*do* to); **dostać się do Warszawy pociągiem** get to Warsaw by train; **dostać się do niewoli** be taken captive; **dostać się na studia** be admitted to a university *l.* college; **dostać się na medycynę** get into medical school. **2. przestępca dostał się w ręce policji** the criminal is now in the hands of the police; **twój list do mnie dostał się do rąk matki** your letter to me came into my mother's hands.
dostawca *mp* supplier.
dostawczy *a.* **samochód dostawczy** delivery van.
dostawiać *ipf.*, **dostawić** *pf.* **1.** (*mebel*) put (*an extra bed/chair in a room*). **2.** (*dostarczać*) deliver.
dostawiać się *ipf. pot.* make a pass (*do kogoś* at sb).
dostęp *mi* access (*do czegoś* to sth); **uzyskać dostęp** gain/get/win access.
dostępny *a.* (*o miejscu*) accessible, approachable; (*o człowieku*) approachable; (*w sprzedaży/zasięgu*) available; **dostępny dla publiczności** open to the public; **łatwo dostępny** freely accessible/available.
dostojny *a.* (*pełen godności*) dignified; (*szacowny*) distinguished; **dostojny gość** distinguished guest.
dostosować *pf.*, **dostosowywać** *ipf.* adapt (*coś do czegoś* sth to sth); adjust (*coś do czegoś* sth to sth).
dostosować się *pf.*, **dostosowywać się** *ipf.* (*do sytuacji, warunków*) adapt (o.s.), adjust (o.s.) (*do czegoś* to sth); (*do poleceń, reguł*) conform (*do czegoś* to sth).
dostrzec *pf.* **-gę -żesz -gł, dostrzegać** *ipf.* notice, spot (*coś* sth); perceive (*coś* sth).
dosyć *adv.* **1.** (*w sam raz*) enough; **czy już dosyć?** will it be enough? **mieć czegoś/kogoś dosyć** have had enough of sth/sb; **mieć czegoś serdecznie dosyć** be sick and tired of sth, be fed up with sth. **2.** (*w pewnym stopniu*) quite, fairly; **ona dosyć dobrze mówi po angielsku** she speaks English fairly/quite well. — *int.* **dosyć tego!** enough is enough!, that's enough!
dościgać *ipf.*, **doścignąć** *pf.* **-ij** *przen.* (*dorównać*) equal, rival.
dość *adv. zob.* **dosyć**.
doświadczać *ipf.* experience; (*czegoś złego*) be afflicted (*czegoś* with sth); suffer (*czegoś* sth).
doświadczalny *a.* experimental; **królik doświadczalny** *przen.* guinea pig.
doświadczenie *n.* **1.** (*życiowe*) experience; **bez doświadczenia** inexperienced; **wiedzieć coś z doświadczenia** know sth by/from experience; **zdobyć życiowe doświadczenie** acquire life experience. **2.** (*naukowe*) experiment; **przeprowadzać doświadczenia** carry out experiments.
doświadczony *a.* experienced (*w zakresie czegoś* at/in sth).
doświadczyć *pf. zob.* **doświadczać**.
dotacja *f.* subsidy (*dla kogoś/czegoś* to sb/sth); (*na konkretny cel*) grant.
dotarł *itd. pf. zob.* **dotrzeć**.
dotąd *adv.* **1.** (*potąd*) so/this far/high, up to here. **2.** (*dotychczas*) so far, up to now. — *part.* long enough;

dotąd pisał, aż skończył rozdział he kept on writing until he finished the chapter.
dotknąć (się) *pf. zob.* **dotykać (się)**.
dotknięcie *n.* touch.
dotować *ipf.* subsidize.
dotrzeć *pf.* **-ę -esz -yj -tarł** *zob.* **docierać**.
dotrzymać *pf.*, **dotrzymywać** *ipf.* (*spełnić przyrzeczenie*) keep; abide (*czegoś* by sth); **dotrzymać obietnicy/słowa** keep one's promise/word, abide by one's promise/word; **dotrzymać przyrzeczenia/tajemnicy** keep a vow/secret; **dotrzymać warunków/terminów** keep to the conditions/deadlines; **dotrzymywać komuś kroku** keep pace with sb, keep up with sb; **dotrzymać komuś towarzystwa** keep sb company.
dotychczas *adv.* (*jak dotąd*) so far, thus far; till/until now.
dotychczasowy *a.* (*były, poprzedni*) former, previous; **jego dotychczasowe osiągnięcia** his achievements so far; **ich dotychczasowy dom** their previous/old house.
dotyczyć *ipf.* concern (*czegoś/kogoś* sth/sb); (*mieć zastosowanie, wpływać*) affect (*czegoś/kogoś* sth/sb); apply (*czegoś/kogoś* to sth/sb); **to mnie nie dotyczy** it does not concern me.
dotyk *mi* touch; **gładki w dotyku** smooth to the touch; **zmysł dotyku** sense of touch.
dotykać *ipf.* **1.** touch (*czegoś czymś* sth with sth); (*ręką t.*) feel (*czegoś* sth); **dotknąć drażliwego tematu** touch (up)on a sensitive subject. **2.** (*urazić*) hurt, upset.
dotykać się *ipf.* be touching, touch; **niczego się nie dotknę** I won't lift/raise a finger.
doustny *a.* oral.
dowcip *mi* **1.** (*żart*) joke; **nie zrozumiał dowcipu** the joke was lost on him; **opowiedzieć dowcip** tell a joke. **2.** (*poczucie humoru*) wit; **cięty dowcip** keen/quick/sharp wit.
dowcipny *a.* witty.
dowiadywać się *ipf.*, **dowiedzieć się** *pf.* **1.** (*słyszeć*) find out (*o czymś* about sth); learn (*o czymś* of/about sth). **2.** *tylko ipf.* (*zasięgać informacji*) inquire (*o coś* about sth) (*o kogoś* after sb).
dowodzić *ipf.* **-ódź 1.** (*przekonywać*) argue (*że...* that...). **2.** (*dawać dowody czegoś*) prove; **to niczego nie dowodzi** this doesn't prove anything. **3.** *tylko ipf.* (*przewodzić komuś*) command (*czymś* sth); be in command (*czymś* of sth).
dowolnie *adv.* (*bez uzasadnienia*) arbitrarily; (*przypadkowo*) randomly, at random.
dowolny *a.* (*nieuzasadniony*) arbitrary; (*przypadkowy*) random; (*wolny*) free; **przekład dowolny** free translation.
dowód *mi* **-o- 1.** (*okoliczność potwierdzająca*) proof, evidence; **czy masz na to dowody?** can you prove it? **2.** (*przejaw*) token; **w dowód wdzięczności** as a token of gratitude. **3.** (*zaświadczenie*) receipt; **dowód osobisty/tożsamości** (*w formie karty*) identity card, ID; **dowód sprzedaży** sales slip, receipt; **dowód wpłaty** voucher, receipt.
dowódca *mp wojsk.* commanding officer, commander; **naczelny dowódca** commander-in-chief.
dowództwo *n.* command; **naczelne dowództwo** high/supreme command; **pod czyimś dowództwem** under sb's command.
doza *f. Gen.pl.* **dóz** amount (*czegoś* of sth); measure, degree (*czegoś* of sth); **z dużą dozą prawdopodobieństwa** in all probability.
doznać *pf.*, **doznawać -aję -ajesz -waj** *ipf.* sustain, suffer; experience; **doznawać cierpień** face sufferings; **doznać zawodu** feel disappointment.
dozorca *mp* **1.** janitor, caretaker. **2.** (*więzienny*) warder.
dozorować *ipf.* oversee, supervise.
dozór *mi* **-o-** (*pilnowanie*) supervision; (*obserwacja*) surveillance; (*sprawdzanie*) inspection; **dozór policyjny** police supervision; **dozór sądowy** probation.
dozwolony *a.* allowed, permitted; (*prawnie*) lawful; **film dozwolony dla dorosłych** X-rated film.
dożywocie *n. prawn.* life imprisonment.
dożywotni *a.* life, lifelong.
dół *mi* **-o- 1.** (*zagłębienie*) hole (*in the ground*). **2.** *techn., bud. etc.* pit. **3.** (*dolna część*) bottom; **na dole** at the bottom; (*w domu*) downstairs; **na dół** down (*czegoś* sth); **w dół** down; (*z górki*) downhill; **w dół rzeki** downstream; **z dołu** (*np. o patrzeniu*) from below; **w górę i w dół** up and down.
dr *abbr.* Dr., dr. (*doctor*).
drabina *f.* ladder; **drabina malarska** stepladder; **wchodzić po drabinie** climb the ladder.
dramat *mi* **1.** *teatr* drama. **2.** (*nieszczęście*) tragedy.
dramatopisarz *mp*, **dramatopisarka** *f.* playwright, dramatist.
dramaturg *mp pl.* **-dzy/-owie** playwright, dramatist.
dramatyczny *a.* **1.** *teatr, muz.* dramatic. **2.** (*wstrząsający*) startling; dramatic; **dramatyczna sytuacja** critical situation.
dramatyzować *ipf.* overdramatize.
drań *mp Gen.pl.* **-i/-ów** *pot.* scumbag, scoundrel; **ty draniu!** you bastard!
drapać *ipf.* **-pię -piesz 1.** (*paznokciami*) scratch; (*ostrym narzędziem*) scrape. **2.** *tylko ipf.* (*podrażniać*) irritate; **ten sweter mnie drapie** the sweater is itchy.
drapać się *ipf.* scratch (o.s.); **drapać się po plecach/głowie** scratch one's back/head.
drapieżnik *ma Acc.pl.* **-ów** predator.
drapieżny *a.* predatory; **ptak drapieżny** bird of prey.
drażliwy *a.* **1.** (*np. o kwestii, temacie*) touchy, sensitive. **2.** (*przeczulony*) touchy.
drażnić *ipf.* **-ij 1.** (*podrażniać*) irritate. **2.** (*denerwować*) irritate, irk; get on one's nerves.
drażnić się *ipf.* tease (*z kimś* sb).
drąg *mi Gen.* **-a** pole.
drążek *mi* **-żk-** *Gen.* **-a** (*pręt*) stick, rod; **drążek sterowy** control stick, joystick.
drążyć *ipf.* **1.** (*otwór*) drill, bore. **2.** (*analizować, dociekać*) probe (*coś* (into) sth).
dres *mi* tracksuit.
dreszcz *mi* shiver, shudder; **mieć dreszcze** shiver, be shivering.
dreszczowiec *mi* **-wc-** *Gen.* **-a** thriller.
drewniany *a.* wooden; **instrumenty drewniane** woodwind instruments.
drewno *n. Gen.pl.* **-wien 1.** (*surowiec*) wood, timber. **2.** (*polano*) piece of wood, log.
dręczyć *ipf.* torment; **dręczy mnie sumienie** I have a guilty conscience, I feel pangs of conscience.
dręczyć się *ipf.* **1.** (*siebie*) be tormented, be plagued. **2.** (*nawzajem*) torment one another.
drętwieć *ipf.* **-eję -ejesz** (*o człowieku*) stiffen; (*np. o kończynach*) go/grow numb.
drętwy *a.* numb; **drętwe palce** numb fingers; **drętwe przemówienie** dry speech.
drgać *ipf.* **1.** (*o strunie*) vibrate. **2.** (*drżeć*) tremble; **drgająca powieka** twitching eyelid. **3.** (*o świetle*) flicker.

drganie *n.* **1.** (*drżenie*) trembling; **drganie powieki** twitch. **2.** *fiz.* vibration, oscillation.
drgawki *pl. Gen.* **-wek** convulsions; **dostać drgawek** go into convulsions.
drgnąć *pf.* **-ij** *zob.* **drgać**.
drink *mi Gen.* **-a** drink; **pójść na drinka** go for a drink.
drobiazg *mi* **1.** (*bibelot*) knick-knack, trinket. **2.** (*błahostka*) trifle.
drobiazgowy *a.* detailed; meticulous, particular; **drobiazgowa analiza** detailed analysis; **on jest niezwykle drobiazgowy** he is very meticulous.
drobiowy *a.* poultry; (*z kurczaka*) chicken.
drobne *pl. Gen.* **-ych** (small) change.
drobnomieszczański *a.* lower middle class, petit-bourgeois.
drobnomieszczaństwo *n.* (*warstwa społeczna*) lower middle class.
drobnostka *f.* (*nic ważnego*) trifle; **to doprawdy drobnostka** it's really nothing.
drobny *a.* (*mały*) slight, tiny; **drobny druk** small print; **rozbić coś na drobne kawałki** break sth into pieces; **drobne kłopoty** minor/petty problems; **ogłoszenia drobne** classified ads; **drobne pieniądze** (small) change; **drobna kasza** fine groats; **drobna sylwetka** fragile figure.
droga[1] *f. Gen.pl.* **dróg 1.** (*trakt*) road; **główna/boczna droga** main/side road; **swoją drogą nie masz racji** while we are at it, you're wrong; **być na rozstajnych drogach** be at the crossroads. **2.** (*szlak*) route, way, track; **drogą morską/powietrzną/lądową** by sea/air/land; **drogi oddechowe** respiratory tract; **Droga Mleczna** Milky Way; **pójść niewłaściwą drogą** go the wrong way, take the wrong path. **3.** (*trasa*) way; **zmyliłem drogę** I lost my way; **czy może pani wskazać mi drogę do muzeum?** can you show me the way to the museum, please? **stawać komuś na drodze** stand in sb's way/path. **4.** (*podróż*) journey, travel, voyage; **droga powrotna** return journey; **ruszyć w drogę** depart, set off/out; **Droga Krzyżowa** *rz.-kat.* the Way of the Cross; **w drodze do domu** on the way home; **szerokiej drogi!** have a safe journey/trip! **w drogę!** let's go!, move! **z drogi!** get out of my way! **5.** (*metoda działania*) way; **chodzić własnymi drogami** follow one's own path; **sprowadzać kogoś na złą drogę** lead sb astray.
droga[2] *f. Gen.* **-giej** dear, love, honey.
drogeria *f. Gen.* **-ii** drugstore.
drogi *a.* **-ższy 1.** (*kosztowny*) expensive; **drogie kamienie** precious stones. **2.** (*kochany*) dear; **droga Ewo!** dear Eve! — *mp* dear, love, honey; **mój drogi** my dear.
drogo *adv.* **-żej 1.** *dosł.* expensively; **to dla mnie za drogo** it is too expensive for me. **2.** *przen.* dearly; **drogo za to zapłacisz!** you will pay dearly for this!
drogocenny *a.* precious, valuable.
drogowskaz *mi t. przen.* signpost.
drogowy *a.* road; **prace drogowe** road works; **znak drogowy** road sign; **kodeks drogowy** rules of the road, highway code; **pirat drogowy** road hog; **policja drogowa** highway patrol, traffic police.
drops *mi Gen.* **-a** drop, lozenge.
drożdże *pl. Gen.* **-y** (*do pieczenia*) yeast.
drożdżowy *a.* (*zaprawiony drożdżami*) leavened; **ciasto drożdżowe** leavened dough.
drożdżówka *f.* sweet roll, bun.
drożeć *ipf.* **-eję -ejesz** go up (in price).
droższy *a. zob.* **drogi**.
drób *mi tylko sing.* **-obi-** poultry.
drugi *a.* **1.** second; **dziś mamy drugiego maja** today is May the second, today is the second of May; **druga klasa** (*w pociągu*) second class; (*w szkole*) second grade; **drugie śniadanie** lunch; **minęła godzina druga** it is past two (o'clock); **co drugi dzień** every second/other day; **na drugi dzień** on the next/following day; **numer drugi** number two; **po pierwsze..., po drugie...** first(ly)..., second(ly)...; **pierwszy..., drugi...** the former..., the latter...; **drugie danie** second/main course. **2.** (*jeden z dwóch*) other; **co drugi** every other; **na drugi raz** next time. **3.** (*inny*) another; **wiadomości z drugiej ręki** second-hand news. **4.** (*przeciwny*) other; **druga strona medalu** the other side of the coin; **z drugiej strony...** on the other hand...
drugorzędny *a.* minor, secondary, second-rate; **drugorzędna rola** supporting/minor part.
druh *mp pl.* **-owie/-y** (*harcerz*) (boy) scout.
druhna *f. Gen.pl.* **-hen 1.** (*harcerka*) (girl) scout. **2.** (*na ślubie*) bridesmaid.
druk *mi* **1.** (*drukowanie*) printing; **książka została oddana do druku** book is in press; **książka ukazała się drukiem** book was published/printed. **2.** (*technika drukowania*) printing technique; **tłusty druk** bold type, boldface; **druk pochyły** italics, italic type. **3.** (*blankiet*) form; (*wydawnictwa*) printed matter.
drukarka *f.* printer; **drukarka atramentowa/laserowa** ink-jet/laser printer.
drukarnia *f. Gen.pl.* **-i/-ń** printing house.
drukarz *mp* printer.
drukować *ipf.* **1.** (*powielać*) print. **2.** (*publikować*) publish.
drukować się *ipf.* be in print/printing.
drukowany *a.* printed; **pisać drukowanymi literami** print.
drut *mi* **1.** wire; **drut kolczasty** barbed wire; **drut wysokiego napięcia** high voltage wire. **2.** (*do robótek*) knitting needle; **robić sweter na drutach** knit a sweater.
drużyna *f.* **1.** (*zespół ludzi*) team, squad; **drużyna piłkarska** football team; **drużyna harcerska** scouting troop. **2.** *wojsk.* squad.
drwal *mp Gen.* **-i/-ów** woodcutter, lumberjack.
drwić *ipf.* **-ij** deride, sneer, jeer, mock; **drwić z prostaka** deride a simpleton; **drwiąca mina** smirk; **drwiący uśmiech** derisive smile.
dryfować *ipf.* drift.
drzazga *f. Gen.pl.* **-zg/-zeg** splinter, sliver.
drzeć *ipf.* **drę drzesz**; **-yj darł** (*na kawałki*) tear, rip.
drzeć się *ipf.* **1.** (*być rozdzieranym*) tear, rip. **2.** (*niszczyć się*) wear out; **buty mi się już drą** my shoes are already worn out. **3.** *pot.* (*wrzeszczeć*) yell, bawl; **nie drzyj się tak!** shut up, will you?
drzemać *ipf.* **-mię -miesz 1.** nap, doze. **2.** *przen.* lurk, lie/be dormant.
drzemka *f.* nap; **uciąć sobie drzemkę** have/take a nap.
drzewny *a.* wood; **węgiel drzewny** charcoal.
drzewo *n.* **1.** (*roślina*) tree; **drzewa liściaste/iglaste** deciduous/coniferous trees; **drzewo genealogiczne** family/genealogical tree. **2.** (*drewno*) wood, timber; **drzewo na opał** firewood.

drzwi *pl. Gen.* **-i** door; **drzwi wejściowe/kuchenne** front/back door; **drzwi obrotowe/rozsuwane** revolving/sliding door; **wyrzucić kogoś za drzwi** throw sb out; **za zamkniętymi drzwiami** behind closed doors; **chodzić od drzwi do drzwi** go door-to-door; **za drzwi!** out!

drżeć *ipf.* **-ę -ysz -yj 1.** tremble, shake, shiver; (*gwałtownie*) shudder; **drżeć z zimna** tremble with cold. **2.** (*bać się*) fear, shudder, tremble.

dubbing *mi film* dub.

dubler *mp*, **dublerka** *f. teatr, film* understudy, double.

duch *ma* **1.** (*wnętrze człowieka*) spirit, soul; **w duchu** inwardly; **młody duchem** young at heart. **2.** *fil., rel.* soul, spirit, ghost; **wyzionąć ducha** give up the ghost; **Duch Święty** *rel.* the Holy Spirit/Ghost. **3.** (*zjawa*) ghost. **4.** (*zapał*) spirit; **podnieść kogoś na duchu** cheer sb up.

duchowieństwo *n.* clergy.

duchowny *a. rel.* clerical; **seminarium duchowne** seminary. — *mp* minister, clergyman.

duchowy *a.* spiritual; **odczuwać więź duchową z kimś** commune with sb.

dudnić *ipf.* **-ij** rumble.

duet *mi muz.* duet, duo.

duma *f.* **1.** (*godność osobista*) pride, self-respect; **urażona duma** hurt pride. **2.** (*chluba*) pride, boast; **czyjaś duma** sb's pride and joy.

dumny *a.* **1.** (*pełen godności*) proud; **jestem dumny z mojego syna** I am proud of my son. **2.** (*zarozumiały*) proud, conceited, vain.

Dunaj *mi* the Danube.

Dunka *f.*, **Duńczyk** *mp* Dane.

duński *a.* Danish.

dupa *f. wulg.* **1.** (*pośladki*) butt, ass; **do dupy** crappy/shitty; **rusz dupę** move your ass; **pocałuj mnie w dupę** kiss my ass; **nie truj mi dupy** get off my ass. **2.** (*kobieta*) piece of ass, chick. **3.** (*oferma*) asshole.

duplikat *mi* copy, duplicate.

dur[1] *mi pat.* typhus; **dur brzuszny** typhoid fever.

dur[2] *a. indecl.* major; **tonacja C-dur** C major (key).

dureń *mp* **-rni-** *Gen.pl.* **-ów/-i** *pot.* fool, idiot.

dusiciel *mp* **1.** *rzad.* (*człowiek*) strangler. **2.** *zool.* constrictor.

dusić *ipf.* **-ę -isz 1.** (*za gardło*) choke, strangle. **2.** (*drażnić drogi oddechowe*) choke, suffocate; **duszący dym** suffocating smoke. **3.** (*cisnąć*) squeeze; (*płacz, śmiech*) suppress. **4.** (*gotować*) stew, simmer.

dusić się *ipf.* **-ę -isz 1.** (*oddychać z trudem*) choke, suffocate. **2.** *kulin.* stew, simmer.

dusza *f.* soul; **bratnia dusza** kindred spirit; **jest mi ciężko/lekko na duszy** I have a heavy/light heart; **w głębi duszy wierzę, że...** deep in my heart I believe that...; **dusza człowiek** good soul.

duszno *adv.* stifling, suffocating; **jest mi duszno** I can't breathe; **w jej mieszkaniu było duszno** her apartment was stuffy.

duszność *f.* shortness of breath, breathlessness; **napady duszności** attacks of breathlessness.

duszny *a.* **1.** (*pomieszczenie*) stuffy. **2.** (*odurzający*) sickly (sweet).

duszony *a.* stewed.

dużo *adv.* **więcej** (*wiele*) a lot, many/much; **dużo czasu** a lot of time; **dużo wcześniej** much earlier; **za dużo** too many/much.

duży *a.* **-zi większy** (*wielki*) big, large; **duży mróz** hard/heavy/severe frost; **duży palec** (*u ręki*) thumb; (*u nogi*) big toe; **duża litera** capital letter.

dwa *num.* **dwaj/dwóch/dwu** *Gen. & Loc.* **dwóch/dwu** *Dat.* **dwom/dwu/dwóm** *Ins.* **dwoma/dwu**; **dwie** *Gen. & Loc.* **dwóch/dwu** *Dat.* **dwom/dwu/dwóm** *Ins.* **dwoma/dwiema** (*liczba 2*) two; **dwa psy/krzesła** two dogs/chairs; **dwa razy** twice; **dwa razy dziennie** twice a day; **mój syn ma dwa lata** my son is two; **co dwa tygodnie/lata** every other week/year; **wygrać dwa do zera** win two-nil.

dwadzieścia *num.* **dwudziest-** *Ins.* **-oma/-u** twenty.

dwaj *num. zob.* **dwa**.

dwanaście *num.* **dwunast-** *Ins.* **-oma/-u** (*liczba 12*) twelve.

dwie *num. zob.* **dwa**.

dwieście *num.* **dwust-** *Ins.* **-oma/-u** two hundred.

dwojaczki *pl. Gen.* **-ów** twins.

dwojaki *a.* twofold.

dwoje *num. decl. like n.* **-jg-** two, pair; **jedno z dwojga** one or the other; **we dwoje** (just) the two of us/you/them.

dworzec *mi* **-rc-** *Gen.* **-a** station; **dworzec kolejowy/autobusowy** train/bus station; **dworzec lotniczy** airport.

dwóch *num. zob.* **dwa**.

dwójka *f.* **1.** (*cyfra 2*) two. **2.** (*para*) pair; **ustawcie się dwójkami** pair up.

dwór *mi* **-o- 1.** (*obszerny dom*) manor (house), mansion; **dwór szlachecki** estate manor. **2.** (*miejsce pod gołym niebem*) outside, outdoors; **bawić się na dworze** play outside/outdoors; **czy mogę wyjść na dwór?** can I go outside? **3.** (*siedziba władcy*) court; **dwór królewski** royal court.

dwucyfrowy *a.* two-digit.

dwudniowy *a.* (*trwający dwa dni*) two-day.

dwudziestka *f.* **1.** (*liczba 20*) twenty. **2. jestem po dwudziestce** I'm in my twenties. **3.** *pot.* (*dwudziestolatka*) twenty-year-old woman.

dwudziestolecie *n. Gen.pl.* **-i 1.** (*20 lat*) twenty years. **2.** (*rocznica*) twentieth anniversary.

dwudziestoletni *a.* twenty-year-old; **dwudziestoletni chłopak** twenty-year-old boy.

dwudziestowieczny *a.* twentieth-century.

dwudziesty *a.* twentieth; **lata dwudzieste** the twenties.

dwugodzinny *a.* two-hour(-long).

dwujęzyczny *a.* bilingual.

dwukierunkowy *a.* two-way; **ulica dwukierunkowa** two-way street.

dwukropek *mi* **-pk-** *Gen.* **-a** colon.

dwukrotnie *adv.* twice; **dwukrotnie zwiększyć dochody** double one's income.

dwukrotny *a.* two-time; (*o wzroście*) twofold.

dwuletni *a.* **1.** (*trwający dwa lata*) two-year. **2.** (*w wieku dwóch lat*) two-year-old.

dwulicowy *a.* duplicitous, two-faced.

dwunastka *f.* (*liczba 12*) twelve.

dwunastnica *f. anat.* duodenum.

dwunasty *a.* twelfth; **dwunasty wiek** twelfth century; **urodziłem się dwunastego maja** I was born (on) May the twelfth, I was born (on) the twelfth of May.

dwuosobowy *a.* two-person; **pokój dwuosobowy** double (room).

dwupasmowy *a.* **droga dwupasmowa** two-lane road.

dwupiętrowy *a.* two-story.

dwupokojowy *a.* two-room.

dwupoziomowy *a.* bi-level; **mieszkanie dwupoziomowe** split-level apartment.

dwusetny *a.* two-hundredth; **rok tysiąc dwusetny** the year twelve hundred.
dwustronny *a.* **1.** (*wzajemny*) bilateral; **umowa/korzyść dwustronna** bilateral agreement/benefit. **2.** (*o dwu stronach*) double-sided, two-sided.
dwutlenek *mi* **-nk-** *chem.* dioxide; **dwutlenek węgla** carbon dioxide.
dwutygodnik *mi Gen.* **-a** biweekly.
dwuwiersz *mi Gen.* **-a** couplet.
dwuwymiarowy *a.* two-dimensional.
dwuznaczność *f.* ambiguity.
dwuznaczny *a.* ambiguous, equivocal; **dwuznaczna odpowiedź** ambiguous answer.
dydaktyczny *a.* didactic; **pracownik dydaktyczny** member of the teaching staff.
dydaktyka *f.* didactics, teaching.
dyftong *mi* diphthong.
dygnitarz *mp* dignitary.
dygotać *ipf.* **-czę -czesz**; **-cz** tremble, quiver, shiver; **dygotać z zimna** shiver with cold.
dygresja *f.* digression.
dykcja *f.* diction.
dykta *f.* plywood.
dyktafon *mi* dictaphone.
dyktando *n.* dictation.
dyktator *mp* dictator.
dyktatura *f.* dictatorship.
dyktować *ipf.* dictate (*sth*) (*komuś* to sb).
dylemat *mi* dilemma.
dym *mi* smoke; **kłęby/chmury dymu** puffs/clouds of smoke; **pójść z dymem** go up in smoke.
dymisja *f.* resignation, dismissal; **podać się do dymisji** resign.
dynamiczny *a.* dynamic, lively, rapid; **dynamiczny rozwój** dynamic/lively development; **dynamiczny wzrost** dynamic/rapid increase.
dynamo *n.* dynamo.
dynastia *f. Gen.* **-ii** dynasty.
dynia *f.* pumpkin.
dyplom *mi* diploma; **dyplom magisterski/doktorski** master's/doctoral diploma.
dyplomacja *f.* diplomacy.
dyplomata *mp* diplomat.
dyplomatyczny *a.* diplomatic.
dyplomowany *a.* qualified, trained, certified.
dyr. *abbr.* (*dyrektor*) head.
dyrekcja *f.* management; **dyrekcja przedsiębiorstwa** company management; **pod dyrekcją...** *muz.* conducted by...
dyrektor *mp pl.* **-rzy/-owie 1.** (*szef*) director, manager. **2.** *szkoln.* headperson; (*tylko o mężczyźnie*) headmaster.
dyrygent *mp*, **dyrygentka** *f.* conductor.
dyrygować *ipf.* + *Dat. muz.* conduct.
dyscyplina *f.* discipline.
dysk *mi* **1.** *anat., kształt* disk. **2.** *sport* discus. **3.** *komp.* disk; **twardy dysk** hard disk; **stacja dysków** disk drive.
dyskietka *f.* floppy disk, diskette.
dyskoteka *f.* disco(theque).
dyskrecja *f.* discretion.
dyskredytować *ipf.* discredit.
dyskredytować się *ipf.* discredit o.s.
dyskretny *a.* discreet; **dyskretny urok/makijaż** discreet charm/makeup; **dyskretne ziewnięcie** discreet yawn.
dyskryminacja *f.* discrimination; **dyskryminacja rasowa** racial discrimination; **dyskryminacja kobiet** discrimination against women.
dyskryminować *ipf.* discriminate.
dyskusja *f.* discussion; **burzliwa dyskusja** heated discussion; **to nie podlega dyskusji** it is indisputable.
dyskusyjny *a.* **1.** (*dotyczący dyskusji*) discussion; **klub dyskusyjny** debating society. **2.** (*sporny*) debatable, controversial.
dyskutować *ipf.* discuss, debate; **dyskutować nad/o czymś** discuss sth.
dyskwalifikacja *f.* disqualification.
dyskwalifikować *ipf.* disqualify.
dysponować *ipf.* (*zarządzać*) administer; **dysponować czasem** have time (to spare); **dysponować gotówką** have ready cash.
dyspozycja *f.* (*polecenie*) order, instruction; **wydawać dyspozycje** give orders/instructions; **jestem do pani dyspozycji** I'm at your disposal; **mieć coś do swojej dyspozycji** have sth at one's disposal.
dysproporcja *f.* disproportion.
dystans *mi pl.* **-e/-y** distance; **trzymać kogoś na dystans** keep sb at a distance; **zachowywać dystans** keep o.s. at a distance; **nabrać dystansu do kogoś/czegoś** distance o.s. from sb/sth.
dystrybucja *f.* distribution.
dysydent *mp* (*opozycjonista*) dissident.
dyszeć *ipf.* **-ę -ysz** pant; (*o chorym*) wheeze; **ciężko dyszeć** breathe hard.
dywan *mi* carpet.
dywanowy *a.* carpet; **wykładzina dywanowa** fitted carpet.
dywersja *f.* sabotage.
dywizja *f. wojsk.* division; **generał dywizji** major general.
dyżur *mi* duty hours; **pełnić dyżur** be on call; **ostry dyżur** *med.* emergency service.
dyżurny *a.* on duty; **lekarz/oficer dyżurny** doctor/officer on duty. — *mp* person on duty; *szkoln.* monitor; **dyżurny ruchu** *kol.* traffic controller.
dyżurować *ipf.* be on duty.
dzban *mi Gen.* **-a** pitcher, jug.
dzbanek *mi* **-nk-** *Gen.* **-a** pitcher, jug; **dzbanek do kawy** coffee pot; **dzbanek do mleka** milk jug/pitcher.
dziać się *ipf.* **dzieje się** happen, occur, take place; **co się dzieje?** what's going on/happening? **co się z tobą dzieje?** what's the matter with you?
dziad *mp Voc.* **-dzie** *pl.* **-y 1.** (*żebrak*) beggar. **2.** (*starzec*) old man. **3.** *pog.* (*mężczyzna*) guy. **4.** *Voc.* **-dzie** *pl.* **-owie** (*ojciec matki/ojca*) grandfather.
dziadek *mp* **-dk-** *pl.* **-owie 1.** grandfather, granddad, grandpa. **2.** (*starzec*) old man. — *mi* **-dk-** *Gen.* **-a** *pl.* **-i** (*do orzechów*) nutcracker.
dział *mi* **1.** (*dziedzina*) branch. **2.** (*czasopisma*) section. **3.** (*instytucji*) department.
działacz *mp* activist; **działacz związkowy** trade unionist.
działać *ipf.* **1.** (*robić coś*) act; **działać na własną rękę** *pot.* act on one's own. **2.** (*wywierać wpływ*) have an effect, influence; **zastrzyk zaraz zacznie działać** injection will work soon; **działasz mi na nerwy** you're getting on my nerves. **3.** (*o urządzeniach*) work, operate; **telefon nie działa** phone doesn't work, phone is out of order.

działalność *f.* (*działanie*) activity; **prowadzić działalność gospodarczą** run a business; **działalność artystyczna** artistic work.
działanie *n.* **1.** (*akcja*) action; (*funkcjonowanie*) operation, working; (*oddziaływanie*) effect; **mieć swobodę działania** be free to act; **działanie w dobrej/złej wierze** acting in good/bad faith. **2.** *mat.* operation.
działka *f.* **1.** (*parcela*) lot, property; **działka budowlana** building lot. **2.** (*ogródek*) (garden) plot.
działo *n.* cannon, gun; **działo przeciwpancerne/przeciwlotnicze** anti-tank/anti-aircraft gun.
działowy *a.* (*dzielący*) separating, dividing; **ścianka działowa** partition (wall).
dziąsło *n. Gen.pl.* **-seł** gum.
dziczeć *ipf.* run wild.
dziczyzna *f.* game.
dzieci *pl. zob.* **dziecko**.
dzieciak *mp pl.* **-i** kid.
dziecięcy *a.* children's.
dziecinny *a.* **1.** (*właściwy dziecku*) childlike; **pokój dziecinny** nursery; **wózek dziecinny** baby carriage. **2.** (*infantylny*) childish, infantile.
dzieciństwo *n.* childhood.
dziecko *n. pl.* **-eci** *Gen.* **-eci** *Ins.* **-ećmi** child; **dzieci** children; **cudowne dziecko** child prodigy; **od dziecka** since childhood; **dziecko przyszło na świat** child was born; **dom dziecka** orphanage.
dziedzic *mp* **1.** (*spadkobierca*) heir, inheritor; (*następca*) heir, successor. **2.** (*właściciel ziemski*) landlord, landowner.
dziedzictwo *n.* (*spuścizna*) heritage, inheritance; **dziedzictwo narodowe** national heritage.
dziedziczenie *n.* inheritance.
dziedziczność *f.* **1.** *biol.* heredity. **2.** (*tronu, urzędu*) succession.
dziedziczny *a.* hereditary; **cecha dziedziczna** inherited/hereditary trait.
dziedziczyć *ipf.* inherit.
dziedzina *f.* (*wiedzy, nauki*) discipline, domain; (*działalności*) field.
dziedziniec *mi* **-ńc-** *Gen.* **-a** (court)yard.
dziekan *mp uniw.* dean.
dziekanat *mi uniw.* dean's office.
dzielenie *n. mat.* division; **wykonać dzielenie** divide.
dzielić *ipf.* **1.** (*dokonywać podziału*) divide. **2.** (*rozdzielać*) distribute, share out. **3.** *t. przen.* (*rozgraniczać*) separate; (*różnić*) differ; **dzielą nas poglądy polityczne** we have different political views. **4.** (*korzystać wspólnie*) share. **5.** *mat.* divide.
dzielić się *ipf.* **1.** (*być dzielonym*) be divided. **2.** (*dawać część czegoś*) share; **dzielić się jedzeniem** share food. **3.** *mat.* be divided; **czy dziesięć dzieli się przez dwa?** is ten divisible by two?
dzielnica *f.* **1.** (*część miasta*) district, quarter. **2.** *geogr., hist.* province, region.
dzielny *a.* **1.** (*odważny*) brave, courageous. **2.** (*zaradny*) resourceful.
dzieło *n.* **1.** (*praca*) work; **brać się do dzieła** get/set to work. **2.** (*efekt pracy*) result. **3.** (*utwór*) work, composition; **dzieło sztuki** work of art.
dzienniczek *mi* **-czk-** *Gen.* **-a 1.** diary. **2.** *szkoln.* pupil/student book, report card.
dziennie *adv.* daily; **cztery razy dziennie** four times a day.
dziennik *mi Gen.* **-a 1.** (*gazeta*) daily. **2.** (*wiadomości*) (daily) news. **3.** (*w szkole, w biurze*) register. **4.** (*pamiętnik*) diary.
dziennikarka *f.* journalist.
dziennikarstwo *n.* journalism.
dziennikarz *mp* journalist; **dziennikarz radiowy/sportowy** radio/sports reporter.
dzienny *a.* **1.** (*od wschodu do zachodu słońca*) day's; **światło dzienne** daylight; **zwierzęta dzienne** diurnal animals; **wyjść na światło dzienne** come to light. **2.** (*całodobowy*) daily, day's; **porządek dzienny** agenda; **być na porządku dziennym** be common.
dzień *mi* **dni-** *Gen.* **-a** *pl.* **-e/dni 1.** day; **dzień dobry** (*przed południem*) good morning; (*po południu*) good afternoon; **dzień wolny** day off; **dzień powszedni/świąteczny** weekday/holiday; **w biały dzień** in broad daylight; **cały dzień** all day (long), the whole day; **dniem i nocą** day and night. **2.** (*doba*) day and night; **dzień w dzień** day in, day out; **do dnia dzisiejszego** until now; **temat dnia** headline; **co dzień** every day. **3.** (*wyznaczony termin*) date; **dzień urodzin** birthday; **lada dzień** any day, any time now.
dzierżawa *f.* lease; **wziąć coś w dzierżawę** lease sth.
dzierżawić *ipf.* (*wziąć w dzierżawę*) lease, rent; (*oddać w dzierżawę*) lease, let.
dziesiątka *f.* (*liczba 10*) ten; **trafić w dziesiątkę** *t. przen.* hit the bull's eye.
dziesiąty *a.* tenth; **minęła już godzina dziesiąta** it's already past ten; **jedna dziesiąta** one-tenth.
dziesięciolecie *n.* **1.** (*10 lat*) decade. **2.** (*rocznica*) tenth anniversary, decennial.
dziesięcioletni *a.* ten-year, ten years; **dziesięcioletni chłopiec** ten-year-old boy.
dziesięć *num. Ins.* **-oma/-u** ten; **mieć dziesięć lat** be ten (years old); **za dziesięć pierwsza** ten to one; **pracować za dziesięciu** work hard.
dziewczęcy *a.* girlish.
dziewczyna *f.* **1.** (*młoda kobieta*) young woman. **2.** *pot.* (*sympatia*) girlfriend.
dziewczynka *f.* girl.
dziewiątka *f.* (*liczba 9*) nine.
dziewiąty *a.* ninth; **rok tysiąc dziewięćset dziewięćdziesiąty dziewiąty** the year nineteen hundred ninety nine; **minęła właśnie godzina dziewiąta** clock has just struck nine.
dziewica *f.* virgin.
dziewiczy *a.* **1.** virgin; **błona dziewicza** hymen; **dziewiczy rejs** maiden voyage. **2.** (*pierwotny*) intact, primeval.
dziewięcioletni *a.* **1.** (*trwający 9 lat*) nine-year, nine years'. **2.** (*w wieku 9 lat*) nine-year-old.
dziewięć *num. Ins.* **-oma/-u** (*liczba 9*) nine; **ni w pięć, ni w dziewięć** without rhyme or reason.
dziewięćdziesiąt *num.* **-ęci-** *Ins.* **-oma/-u** (*liczba 90*) ninety.
dziewięćdziesiąty *a.* ninetieth; **rok tysiąc dziewięćset dziewięćdziesiąty** the year nineteen hundred ninety.
dziewięćset *num.* **-ciuset** (*liczba 900*) nine hundred.
dziewiętnasty *a.* nineteenth; **minęła właśnie godzina dziewiętnasta** clock has just struck seven p.m.
dziewiętnaście *num.* **-st-** *Ins.* **-oma/-u** nineteen.
dzięcioł *ma* woodpecker.
dzięki *pl. tylko w Nom. i Acc. lit.* thanks; **serdeczne dzięki** thanks a lot; **dzięki Bogu** thank God. — *prep.* **dzięki komuś/czemuś** thanks to sb/sth.
dziękować *ipf.* thank; **dziękuję ci za wszystko** thank you for everything; **dziękuję bardzo** thank you very much; **nie ma za co dziękować** don't mention it, not at all, you're welcome; **nie, dziękuję** no, thanks.
dzik *ma* wild boar/pig.

dziki *a.* **1.** wild; **Dziki Zachód** Wild West; **dzikie plemię** savage tribe. **2.** (*okrutny*) fierce, ferocious. **3.** (*nieokrzesany*) uncouth, crude. **4.** (*nielegalny*) wildcat, illegal; **dziki lokator** squatter. — *mp* savage, barbarian.
dziób *mi* **-o-** *Gen.* **-a 1.** (*ptaka*) beak, bill. **2.** *przen., żart.* (*usta*) mouth; **zamknij dziób** shut your trap, shut up. **3.** *Gen.* **-u/-a** *żegl.* bow; *lotn.* nose.
dzisiaj *adv. zob.* **dziś**.
dzisiejszy *a.* **1.** today's; **dzisiejszego wieczoru** tonight; **w dniu dzisiejszym** today; **do dnia dzisiejszego** to the present day, until now. **2.** (*współczesny*) present-day, contemporary; **w dzisiejszych czasach** nowadays, these days.
dziś *adv.* **1.** today; **od dziś** from now on; **na dziś** as of today. **2.** (*współcześnie, obecnie*) nowadays, presently; **po dziś dzień** till now, up to this day.
dziura *f.* **1.** (*otwór*) hole; (*w zębie*) cavity; **szukać dziury w całym** pick holes in sth. **2.** *pog.* (*mała miejscowość*) shithole.
dziurawić *ipf.* perforate, make holes.
dziurawy *a.* (*o bucie, ubraniu*) with holes, full of holes; (*o naczyniu, dachu*) leaky; (*o zębie*) decayed.
dziurka *f.* (little) hole; **dziurka od klucza** keyhole; **mam tego po dziurki w nosie** I'm fed up with it.
dziurkacz *mi Gen.* **-a** punch.
dziurkować *ipf.* perforate, punch.
dziwaczny *a.* bizarre, queer; **dziwaczny strój** bizarre clothes; **dziwaczny wygląd** eccentric look.
dziwak *mp* weirdo, freak.
dziwić *ipf.* surprise.
dziwić się *ipf.* be surprised; **nie ma się co dziwić** no wonder.
dziwka *f. wulg.* whore.
dziwny *a.* strange, odd, weird; **dziwnym trafem** strangely enough; **nic dziwnego, że...** no wonder that....
dzwon *mi* **1.** bell; **bicie dzwonów** toll, bell ringing; **dzwony weselne** wedding bells. **2. dzwony** (*spodnie*) bell-bottoms.
dzwonek *mi* **-nk-** *Gen.* **-a 1.** (*sygnalizator*) bell; **dzwonek u drzwi** door bell; **nacisnąć dzwonek** ring a bell. **2.** (*brzmienie*) ring, bell; **dzwonek na lekcję** the bell. **3.** *bot.* bellflower.
dzwonić *ipf.* **1.** (*bić w dzwon*) ring a bell. **2.** (*wywoływać dźwięk*) ring; (*kluczami*) jangle, clink; (*szklankami*) clink; (*dzwoneczkami*) tinkle. **3.** *pot.* (*telefonować*) phone, ring up, call (*do kogoś* sb).
dźwięczeć *ipf.* **-ę -ysz** ring, sound.
dźwięczny *a.* sonorous, resonant; **spółgłoska dźwięczna** voiced consonant.
dźwięk *mi* sound; **dźwięk dzwonka** ring; **nieartykułowane dźwięki** inarticulate sounds; **barwa dźwięku** timbre; **bariera dźwięku** sound barrier.
dźwiękoszczelny *a.* soundproof.
dźwiękowy *a.* sound; **karta dźwiękowa** *komp.* sound/music card; **ścieżka dźwiękowa** soundtrack.
dźwig *mi* **1.** (*maszyna*) crane. **2.** (*winda*) elevator.
dźwigać *ipf.* **1.** (*podnosić*) lift. **2.** *tylko ipf.* (*nosić*) carry; **dźwigać walizkę** carry a suitcase.
dźwigać się *ipf.* raise/lift o.s. up.
dźwignia *f. Gen.* **-i 1.** lever; **dźwignia zmiany biegów** gear lever. **2.** *przen.* mainspring; **reklama jest dźwignią handlu** advertising drives trade.
dżdżysty *a.* drizzly.
dżem *mi* jam.
dżentelmen *mp* gentleman.
dżentelmeński *a.* gentlemanly; **dżentelmeńska umowa** gentleman's/gentlemen's agreement.
dżokej *mp Gen.pl.* **-ów/-ei** jockey.
dżoker *mp zob.* **joker**.
dżudo *n. indecl.* judo.
dżungla *f. Gen.pl.* **-i** jungle.

E

echo *n.* **1.** echo; **budzić echo** produce/cause an echo; **powtarzać coś jak echo** echo sth. **2.** *przen.* (*wrażenie*) **odbijać się (szerokim) echem** have (far-reaching) repercussions, echo (far and wide); **pozostać bez echa** meet with no response, make no impression. **3.** *przen.* (*wieść, pogłoska*) word, news; **echa ostatnich wydarzeń** news about recent events. **4.** *przen.* (*wspomnienie*) memory, memories; **echo dni minionych** memory of days gone by.
edukacja *f.* education; **edukacja domowa** home schooling; **odebrać staranną edukację** receive a good education.
edycja *f.* **1.** (*wydanie, powtórka*) edition. **2.** (*redagowanie dokumentu elektronicznego*) editing.
edytor[1] *mp pl.* **-rzy 1.** (*osoba przygotowujący dzieło do druku*) editor. **2.** (*wydawca*) publisher.
edytor[2] *mi pl.* **-ry** (*program do obróbki tekstu*) editor; **edytor tekstu** word processor.
efekt *mi* effect, result; (*wrażenie*) impression; **czekać na efekt** wait to see the results; **efekt cieplarniany** greenhouse effect; **efekt komiczny** comic effect; **efekt końcowy** end result; **efekt uboczny** side effect; **efekty dźwiękowe** sound effects; **efekty specjalne** special effects; **osiągać dobre efekty** achieve good results; **wywołać efekt** produce an effect.
efektowny *a.* impressive, spectacular.
efektywny *a.* **1.** (*skuteczny, wydajny*) effective, efficient; **efektywna praca** efficient work; **efektywny kosztowo** cost-effective. **2.** (*rzeczywisty*) actual, real; **efektywna wartość** real value.
egalitarny *a.* egalitarian.
Egipcjanin *mp*, **Egipcjanka** *f.* Egyptian.
egipski *a.* Egyptian.
Egipt *mi* Egypt.
egocentryczny *a.* egocentric, self-centered.
egocentryk *mp* egocentric (person).
egoista *mp*, **egoistka** *f.* egoist, selfish person.
egoistyczny *a.* egoistic, selfish; **postawa egoistyczna** selfish attitude; **działać z pobudek egoistycznych** act out of selfishness.
egoizm *mi* egoism, selfishness.
egzaltowany *a.* **1.** (*przesadny w wyrażeniu uczuć*) affected, emotional. **2.** (*przewrażliwiony*) highly sensitive, oversensitive.
egzamin *mi* exam(ination); **dostać czwórkę z egzaminu** get a B on an exam; **egzamin dojrzałości** finals,

secondary school final examinations; **egzamin końcowy** final examination; **egzamin magisterski** *uniw.* M.A./M.Sc., etc. examination; **egzamin pisemny/ustny** written/oral examination; **egzamin poprawkowy** retake examination; **egzaminy wstępne** entrance exams/examinations; **egzamin z angielskiego/matematyki** examination in English/math; **nie zdać egzaminu** fail an examination; **oblać egzamin** *pot.* flunk an exam; **oblać kogoś na egzaminie** *pot.* fail sb, flunk sb; **przystąpić do egzaminu** take an examination; **zaliczyć komuś egzamin** *pot.* pass sb; **zdać egzamin** pass an examination.

egzaminacyjny *a.* examination; **komisja egzaminacyjna** examination committee/board; **sesja egzaminacyjna** examination session.

egzaminować *ipf.* **1.** (*poddawać egzaminowi*) test; **egzaminować kogoś z biologii** give sb an examination in biology. **2.** (*badać*) examine, inspect.

egzekucja *f.* **1.** (*wykonanie kary*) execution; **egzekucja publiczna** public execution; **masowa egzekucja** mass execution; **wykonać na kimś egzekucję** execute sb. **2.** (*ściąganie należności*) enforcement.

egzekucyjny *a.* **1.** (*o ściąganiu należności*) enforcement, executory; **postępowanie egzekucyjne** enforcement proceedings. **2. pluton egzekucyjny** firing squad.

egzema *f.* eczema.

egzemplarz *mi Gen.* **-a 1.** item, piece; (*książki, czasopisma*) copy; **w dwóch egzemplarzach** in two copies, in duplicate. **2.** (*okaz*) specimen.

egzotyczny *a.* exotic; **egzotyczne wakacje** exotic vacation; **egzotyczna uroda** rare beauty; **rośliny egzotyczna** exotic plants.

egzystencja *f.* existence, being, living; **dobre warunki egzystencji** good living conditions.

egzystować *ipf.* **1.** (*żyć w ubóstwie*) subsist; **ledwo egzystować** barely make both ends meet. **2.** (*istnieć*) exist.

EKG *abbr.* ECG, EKG (*electrocardiogram*).

ekierka *f.* set square.

ekipa *f.* crew, team; **ekipa alpinistów** mountaineering expedition; **ekipa ratownicza** rescue party; **ekipa telewizyjna** television crew; **skompletować ekipę** assemble a team, form a party.

ekler *mi* **1.** *Gen.* **-a/-u** *pot.* (*zamek błyskawiczny*) zipper. **2.** *Gen.* **-a** (*ciastko*) éclair.

ekolog *mp pl.* **-dzy/-owie 1.** (*naukowiec*) ecologist. **2.** *pot.* (*obrońca przyrody*) environmentalist, green.

ekologia *f.* ecology.

ekologiczny *a.* ecological, environmental; (*przyjazny dla środowiska*) environment-friendly, green; **ruch ekologiczny** environmental movement; **świadomość ekologiczna** environmental awareness.

ekonomia *f.* **1.** (*nauka*) economics. **2.** (*oszczędność*) economy.

ekonomiczny *a.* **1.** (*gospodarczy*) economic; **kryzys/rozwój ekonomiczny** economic crisis/growth; **studia ekonomiczne** economics. **2.** (*oszczędny*) economical, efficient; **ekonomiczne ogrzewanie** high-efficiency heating; **ekonomiczny samochód** economical automobile.

ekonomista *mp*, **ekonomistka** *f.* economist.

ekran *mi* **1.** screen; (*monitor*) display; **ekran komputera** computer screen/display; **ekran telewizyjny** television screen; **gwiazdy ekranu** movie stars, stars of the silver screen; **wchodzić na ekrany** (*o filmie*) be released. **2.** (*osłona*) shield, (protective) screen.

ekranizacja *f.* screen adaptation; **dokonać ekranizacji książki** adapt a book for the screen.

ekscentryczka *f.* eccentric.

ekscentryczny *a.* eccentric.

ekscentryk *mp zob.* **ekscentryczka**.

ekscytować *ipf.* excite.

ekscytujący *a.* exciting, thrilling.

ekshibicjonista *mp*, **ekshibicjonistka** *f.* exhibitionist.

ekskluzywny *a.* exclusive.

ekslibris *mi* ex libris, bookplate.

eksmisja *f.* eviction; **nakaz eksmisji** eviction notice.

eksmitować *ipf.* evict.

ekspansja *f.* expansion; **ekspansja gospodarcza** economic expansion.

ekspansywny *a.* expansive.

ekspedient *mp*, **ekspedientka** *f.* sales assistant, shop assistant.

ekspedycja *f.* **1.** expedition; **ekspedycja naukowa** scientific expedition. **2.** (*wysyłanie*) forwarding, dispatch, shipping.

ekspert *mp* expert, specialist (*od czegoś* in sth).

ekspertyza *f.* assessment, evaluation, expert analysis.

eksperyment *mi* experiment, test; **przeprowadzić eksperyment** carry out an experiment.

eksperymentalny *a.* experimental.

eksperymentować *ipf.* experiment; **eksperymentować na zwierzętach** conduct tests on animals.

eksploatacja *f.* exploitation.

eksploatować *ipf.* exploit.

eksplodować *ipf.* explode.

eksplozja *f.* explosion; outburst; **eksplozja demograficzna** population explosion; **eksplozja gazu** gas explosion; **spowodować eksplozję** cause an explosion; **eksplozja gniewu** *przen.* outburst of anger.

eksponat *mi* exhibit.

eksponować *ipf.* exhibit, display.

eksport *mi* export(ation); **eksport węgla** coal exports; **produkować na eksport** produce for export.

eksporter *mp* exporter.

eksportować *ipf.* export.

ekspozytura *f.* branch, local office.

ekspresja *f.* expression.

ekspresowy *a.* express; **list ekspresowy** special delivery letter, express letter; **pociąg ekspresowy** express train; **ekspresowe czyszczenie garderoby** express laundry service; **zrobić coś w ekspresowym tempie** do sth at lightning speed.

ekstaza *a.* ecstasy; **wpaść w ekstazę** go into ecstasies.

ekstra *a. indecl.* **1.** (*dodatkowy*) extra, additional; **ekstra wydatki** extra expenses. **2.** *pot.* (*wspaniały*) great, cool; **ekstra książka** great book. — *adv.* **1.** (*dodatkowo*) extra; **zapłacić komuś ekstra** pay sb extra; **zrobić coś ekstra** do sth extra. **2.** (*wspaniale*) great, cool, super; **wyglądasz ekstra!** you look great!

ekstradycja *a.* extradition.

ekstrakt *mi* extract, essence.

ekstrawagancki *a.* eccentric.

ekstrawertyczka *f.*, **ekstrawertyk** *mp* extrovert, extravert.

ekstremalny *a.* extreme; **sporty ekstremalne** extreme sports.

ekstremista *mp*, **ekstremistka** *f.* extremist.

ekwipunek *mi* equipment, gear.

ekwiwalent *mi* equivalent.
elastyczny *a.* elastic, flexible; *przen.* versatile; **bandaż elastyczny** stretch bandage.
elegancja *f.* elegance; (*o sposobie bycia*) refinement, sophistication.
elegancki *a.* elegant; (*o ubraniu*) fine; (*o kształcie*) graceful; (*o mieszkaniu, meblach*) posh; (*o mężczyźnie*) debonair.
elegant *mp* man of fashion; *żart.* dude, dandy.
elegantka *f.* woman of fashion.
elekt *mp* elect; **prezydent elekt** the President elect.
elektorat *mi* electorate.
elektrociepłownia *f.* combined heat and power plant, CHP plant.
elektroda *f.* electrode.
elektrokardiogram *mi* electrocardiogram (*ECG*).
elektrolit *mi* electrolyte.
elektroluks *mi* vacuum cleaner.
elektromagnetyczny *a.* electromagnetic.
elektroniczny *a.* electronic; **muzyka elektroniczna** electronic music; **poczta elektroniczna** e-mail.
elektronik *mp* electronics engineer.
elektronika *f.* electronics.
elektrotechniczny *a.* electrotechnical.
elektrownia *f. Gen.pl.* **-i** power plant/station; **elektrownia atomowa** nuclear power plant.
elektryczność *f.* electricity.
elektryczny *a.* electric(al); **krzesło elektryczne** electric chair; **kuchenka elektryczna** electric range; **obwód elektryczny** electric circuit; **opór elektryczny** electrical resistance.
elektryk *mp* **1.** (*inżynier*) electrical engineer. **2.** (*monter*) electrician.
elektryzować *ipf. t. przen.* electrify.
element *mi* element, component, part; **element przestępczy/radykalny** (*grupa ludzi o negatywnych cechach*) criminal/radical element; **element składowy** component part.
elementarny *a.* elementary, fundamental, basic; **cząstka elementarna** elementary particle.
elementarz *mi Gen.* **-a** reading primer.
elewacja *f.* facade.
eliksir *mi* elixir.
eliminacja *f.* elimination; *sport* qualifying round, trial.
eliminować *ipf.* eliminate.
elipsa *f.* ellipse.
elita *f.* elite; **elita intelektualna** intellectual elite; **elita towarzyska** high society.
elitarny *a.* elite, elitist; **elitarna dzielnica** elite neighborhood; **sztuka elitarna** elitist art.
elokwentny *a.* eloquent, well-spoken.
emalia *f.* enamel.
emancypacja *f.* emancipation, liberation.
embargo *n.* embargo; **nałożyć/znieść embargo** impose/lift an embargo (*na coś* on sth).
emblemat *mi* emblem, logo.
embrion *mi* embryo.
embrionalny *mi* embryonic.
emeryt *mp* pensioner, retired person.
emerytalny *a.* retirement, pension; **wiek emerytalny** retirement age; **otwarty fundusz emerytalny** public retirement fund.
emerytka *f. zob.* **emeryt.**
emerytowany *a.* retired.
emerytura *f.* retirement; (*uposażenie emeryta*) pension; **być na emeryturze** be retired; **pobierać emeryturę** receive a pension; **przejść na wcześniejszą emeryturę** take early retirement.
emigracja *f.* **1.** (*zjawisko*) emigration. **2.** (*ludzie*) emigrants.
emigracyjny *a.* emigration, emigrant; **rząd emigracyjny** government in exile.
emigrant *mp*, **emigrantka** *f.* emigrant.
emigrować *ipf., pf.* emigrate.
emisja *f.* **1.** *ekon.* (*pieniędzy, papierów wartościowych*) issue. **2.** (*audycji, programu*) broadcasting, airing. **3.** (*promieniowania, ciepła, zanieczyszczeń*) emission; **emisja głosu** voice production.
emitować *ipf.* **1.** *ekon.* issue. **2.** *radio, tel.* broadcast, air; *fiz.* emit, discharge.
emocja *f.* emotion, feeling.
emocjonalny *a.* emotional.
emocjonować *ipf.* excite, thrill.
emocjonujący *a.* exciting.
empiryczny *a.* empirical.
emulsja *f.* emulsion; *pot.* (*farba emulsyjna*) emulsion paint; **emulsja do opalania** suntan lotion.
encyklopedia *f.* encyclopedia.
energetyczny *a.* power, energy; **kryzys energetyczny** energy crisis; **przemysł energetyczny** power industry.
energetyka *f.* power engineering, power industry.
energia *f.* energy, vigor; *techn.* power; **dostawy energii** power supply; **energia elektryczna** power, electricity; **poświęcać czemuś swoją energię** devote one's energy to sth; **tryskający energią** bursting with energy, vigorous.
energiczny *a.* energetic, vigorous.
enigmatyczny *a.* enigmatic.
entuzjasta *mp*, **entuzjastka** *f.* enthusiast; (*zwolennik*) fan.
entuzjastyczny *a.* enthusiastic.
entuzjazm *mi* enthusiasm; **bez entuzjazmu** halfheartedly; **z entuzjazmem** enthusiastically.
enzym *mi* enzyme.
epicki *a.* epic.
epidemia *f.* epidemic; (*powszechne występowanie*) *przen.* epidemic spread.
epilepsja *f.* epilepsy.
epilog *mi* epilogue.
episkopat *mi* episcopate.
epitet *mi* epithet; *pot.* (*obelga*) insult; **obrzucić kogoś epitetami** call sb names.
epizod *mi* episode; (*drobna rola w filmie*) bit part.
epoka *f.* epoch, period; *geol., archeol.* age; **epoka lodowcowa** the Ice Age; **epoka żelaza** the Iron Age.
epokowy *a.* epoch-making.
era *f.* era, period; **naszej ery** C.E. (*of the common era*); A.D. (*anno domini*); **przed naszą erą** B.C.E. (*before the common era*); B.C. (*before Christ*).
erekcja *f.* erection.
erotoman *mp*, **erotomanka** *f.* erotomaniac.
erotyczny *a.* erotic, sensual.
erozja *f.* erosion.
errata *f.* errata.
erudycja *f.* erudition.
esej *mi* essay.
esencja *f.* essence; (*herbaciana*) strong tea brew.
eskalacja *f.* escalation.
eskapada *f.* escapade.
Eskimos *mp*, **Eskimoska** *f.* Eskimo, Inuit.

eskorta *f.* escort; **pod eskortą** under escort.
eskortować *ipf.* escort.
esteta *mp*, **estetka** *f.* esthete.
estetyczny *a.* esthetic, beautiful.
estetyka *f.* esthetics.
Estonia *f.* Estonia.
Estonka *f.*, **Estończyk** *mp* Estonian.
estoński *a.* Estonian.
estrada *f.* stage, bandstand; **wrócić na estradę** *przen.* make a comeback.
etap *mi* stage; **etapami** by stages; **na tym etapie** at this stage.
etat *mi* full-time job, post; **być na etacie** be a full-time employee; **praca na pół etatu** part-time job.
etatowy *a.* full-time.
eter *mi* ether; **na falach eteru** on the radio.
Etiopia *f.* Ethiopia.
etiuda *f.* **1.** *muz.* étude. **2.** (*ćwiczenie*) study, exercise.
etniczny *a.* ethnic.
etui *n. indecl.* case.
etyczny *a.* ethical.
etyka *f.* (*nauka o moralności*) ethics; (*moralność*) ethic; **etyka zawodowa** professional ethic.
etykieta *f.* **1.** (*savoir-vivre*) etiquette. **2.** (*oznakowanie*) label; **przykleić komuś/czemuś etykietę** label sb/sth.
etylina *f.* premium gasoline.
etymologia *f.* etymology.
eufemizm *mi* euphemism.
euforia *f.* excitement, euphoria.
eukaliptus *mi Gen.* **-a** eucalyptus.
Europa *f.* Europe.
Europejczyk *mp*, **Europejka** *f.* European.
europejski *a.* European.
eutanazja *f.* euthanasia.
ewakuacja *f.* evacuation.
ewakuacyjny *a.* **droga ewakuacyjna** escape route.
ewakuować *ipf.* evacuate; **ewakuować ludzi z budynku** evacuate a building.
Ewangelia *f.* the Gospel; **głosić Ewangelię** preach the Gospel.
ewangelicki *a.* Evangelical.
ewentualnie[1] *adv.* (*ostatecznie, w razie czego*) if need be.
ewentualnie[2] *conj.* (*albo, lub*) or (alternatively).
ewentualność *f.* eventuality, possibility.
ewentualny *a.* possible.
ewidencja *f.* record, files; **ewidencja ludności** census.
ewidentnie *adv.* evidently, obviously.
ewidentny *a.* evident, obvious, clear.
ewolucja *f.* **1.** evolution; (*rozwój*) development. **2.** (*ruch, akrobacja*) acrobatics; (*powietrzna*) aerobatics.
ewolucyjny *a.* evolutionary.

F

fabryczny *a.* factory; **znak fabryczny** trademark.
fabryka *f.* factory, plant.
fabularny *a.* fictional; **film fabularny** feature film.
fabuła *f.* plot.
facet *mp* guy, dude, fellow.
fach *mi* profession, calling.
fachowiec *mp* **-wc-** **1.** (*specjalista*) expert, specialist, professional. **2.** (*rzemieślnik*) repairman.
fachowy *a.* expert, professional; (*pracownik*) skilled; **fachowa wiedza** expertise.
fair *adv.* fair, by the rules; **grać fair** play fair; **to nie fair** it isn't fair.
fajerwerk *mi Gen.* **-a** firework; *pl.* (*pokaz sztucznych ogni*) fireworks.
fajka *f.* pipe; **fajka pokoju** pipe of peace; **palić fajkę** smoke a pipe; **pykać z fajki** puff on a pipe.
fajnie, fajno *adv. pot.* great, cool.
fajny *a. pot.* great, cool.
fajrant *mi pot.* closing time.
faks *mi* fax.
faksować *ipf.* fax.
fakt *mi* fact; **fakt dokonany** accomplished fact; **fakt faktem** true enough; **fakty mówią same za siebie** the facts speak for themselves; **liczyć się z faktami** face the facts; **literatura faktu** non-fiction; **nagie fakty** bare facts; **niepodważalne fakty** hard facts; **nie uprzedzajmy faktów** don't let us anticipate events; **niezbity fakt** inescapable fact; **oparty na faktach** based on facts; **po fakcie** after the event; **pogodzić się z faktem, że...** accept the fact that...; **przed faktem** before the event; **to fakt, że...** it's a fact that...; **trzymać się faktów** stick to the facts; **zgodny z faktami** factually correct; **zwrócić uwagę na fakt, że...** point out that...
faktura *f.* **1.** *handl.* invoice. **2.** (*cecha powierzchni*) texture.
faktycznie *adv.* actually, in fact.
faktyczny *a.* actual.
fala *f.* wave; **fala chłodów** cold wave; **fala dźwiękowa/elektromagnetyczna** sound/electromagnetic wave; **fala protestów** wave of protest; **fala przestępczości** crime wave; **fala uderzeniowa** shock wave; **fala upałów** heatwave; **fale długie/średnie/krótkie** (*radio*) long/medium/short waves; **fale ultrakrótkie** ultra-high frequency waves, UHF.
falbanka *f.* frill.
falisty *a.* **1.** (*pofałdowany*) corrugated; **blacha falista** corrugated iron. **2.** (*ukształtowanie terenu*) rolling, hilly.
falochron *mi* breakwater.
falować *ipf.* wave, roll, heave.
falstart *mi* false start; *przen.* failure; **popełnić falstart** jump the gun.
falsyfikat *mi* fake, forgery.
fałda *f.* fold; (*zmarszczka*) crease.
fałsz *mi Gen.pl.* **-ów** falsehood.
fałszerstwo *n.* forgery, counterfeit.
fałszerz *mp* forger.
fałszować *ipf.* **1.** (*podrabiać*) forge, fake, counterfeit; **fałszować rachunki** *pot.* cook the books. **2.** (*nieczysto śpiewać/grać*) sing/play out of tune.

fałszywie *adv.* **1.** (*niezgodnie z prawdą*) falsely; **fałszywie coś zrozumieć** misunderstand sth. **2.** (*nieszczerze*) insincerely. **3.** (*nieczysto, zniekształcając melodię*) out of tune.
fałszywy *a.* (*nieprawdziwy, kłamliwy, błędny*) false; (*obłudny, pozorny*) insincere; (*podrobiony*) fake, forged, counterfeit; **fałszywa skromność** false modesty; **fałszywy alarm** false alarm; **fałszywy przyjaciel** false friend; **fałszywy wniosek** wrong conclusion; **przedstawiać coś w fałszywym świetle** give false colors to sth; **składać fałszywe zeznania** give false evidence.
fan *mp* fan.
fanatyczka *f.* fanatic.
fanatyczny *a.* fanatical.
fanatyk *mp zob.* **fanatyczka**.
fanka *f. zob.* **fan**.
fanklub *mi* fan club.
fantastyczny *a.* fantastic, fabulous; (*nierealny, urojony*) fanciful; **powieść fantastyczna** fantasy novel.
fantastyka *f.* fantasy; **fantastyka naukowa** science fiction, sci-fi, SF.
fantazja *f.* fantasy, imagination, fancy; **bez fantazji** (*nudny, bezbarwny*) unimaginative; **dawać się ponosić fantazji** let o.s. be carried away; **mieć fantazję** be imaginative; **puszczać wodze fantazji** give free rein to one's imagination.
faraon *mp* pharaoh.
farba *f.* paint, color; **farba akwarelowa** watercolor; **farba drukarska** printing ink; **farba olejna** oil paint; **puścić farbę** *przen.* blow the whistle.
farbować *ipf.* **1.** dye, color; **farbować włosy** dye one's hair; **farbowany lis** *przen.* turncoat. **2.** (*o tkaninie*) stain.
farma *f.* farm.
farmaceutyczny *a.* pharmaceutical.
farmakologiczny *a.* pharmacological.
farmer *mp*, **farmerka** *f.* farmer.
farsa *f.* farce; (*głupstwo, niedorzeczność*) travesty.
farsz *mi* stuffing.
fartuch *mi Gen.* **-a** apron.
fartuszek *mi Gen.* **-szka** apron; (*dziecięcy*) pinafore.
fasada *f.* facade, front.
fascynacja *f.* fascination.
fascynować *ipf.* fascinate.
fascynujący *a.* fascinating.
fasola, fasolka *f.* bean; (*jako potrawa*) beans; **fasolka po bretońsku** baked beans; **fasola szparagowa** string bean.
fason *mi* cut, fashion; **robić coś z fasonem** do sth with aplomb; **trzymać fason** keep up one's spirit.
faszysta *mp*, **faszystka** *f.* fascist.
faszystowski *a.* fascist.
faszyzm *mi* fascism.
fatalny *a.* unlucky, wretched, awful; (*zgubny w skutkach*) fatal, disastrous.
fatamorgana *f.* mirage.
fatyga *f.* trouble; **szkoda fatygi** it's a waste of energy; **za fatygę** for one's pains.
fatygować *ipf.* bother, trouble.
faul *mi Gen.* **-a**; *Gen.pl.* **-i/-ów** foul.
faulować *ipf.* foul.
fauna *f.* fauna, animal life.
faworyt *mp*, **faworytka** *f.* favorite.
faworyzować *ipf.* favor.
fax *zob.* **faks**.
faza *f.* phase; (*etap*) stage; **fazy Księżyca** the phases of the moon.
federacja *f.* federation.
federalny *a.* federal; **Republika Federalna Niemiec** the Federal Republic of Germany.
feler *mi pot.* flaw, defect.
felieton *mi* column.
felietonista *mp*, **felietonistka** *f.* columnist.
feministka *f.* feminist.
feministyczny *a.* feminist.
feminizm *mi* feminism.
fenomenalny *a.* phenomenal.
feralny *a.* unlucky.
ferie *pl. Gen.* **-ii** vacation, break; **ferie zimowe** winter break.
ferma *f.* farm; **ferma kurza** poultry farm.
fermentacja *f.* fermentation.
fermentować *ipf.* ferment.
festiwal *mi Gen.pl.* **-i/-ów** festival.
festyn *mi* fest.
fetor *mi* stench.
fetysz *mi Gen.* **-a**; *Gen.pl.* **-y/-ów** fetish.
feudalizm *mi* feudalism.
feudalny *a.* feudal.
fiasko *n.* fiasco.
figa *f.* **1.** (*owoc, drzewo*) fig. **2.** *żart.* (*znak odmowy*) **a figę!** forget it! **dostać figę (z makiem)** get nothing.
figiel *mi Gen.* **-gla** *Gen.pl.* **-ów/-i** prank; **o mały figiel** by a hair's breadth; **płatać figle** play tricks/pranks (*komuś* on sb).
figura *f.* **1.** figure; (*rzeźba, statua*) statue; **mieć ładną figurę** have a fine figure. **2.** (*w szachach*) piece. **3.** *pot.* (*osobistość*) personage; **ważna figura** VIP.
figurka *f.* (*posążek*) figurine.
figurować *ipf.* figure (*w czymś* in sth).
figurowy *a.* **łyżwiarstwo figurowe** figure skating.
fikcja *f.* fiction.
fikcyjny *a.* fictional, fictitious.
fikus *mi Gen.* **-a** (*roślina ozdobna*) ficus, rubber plant; (*drzewo*) fig-tree.
Filadelfia *f.* Philadelphia.
filantrop *mp* philanthropist.
filar *mi Gen.* **-u/-a** pillar; **filar społeczeństwa** *przen.* pillar of the community.
filatelista *mp*, **filatelistka** *f.* stamp collector, philatelist.
filc *mi* felt.
filet *mi* filet.
filharmonia *f.* philharmonic.
filia *f.* branch.
filigranowy *a.* (*drobny, misterny*) fine, delicate, dainty; **filigranowe szkło** filigree glass.
Filipiny *pl. Gen.* **-n** the Philippines.
filiżanka *f.* cup; (*jako miara pojemności*) cupful; **filiżanka do herbaty** teacup; **filiżanka do kawy** coffee cup.
film *mi* movie, motion picture; (*t. w znaczeniu „błona światłoczuła"*) film; **film barwny/kolorowy** color film; **film czarno-biały** black and white film; **film dokumentalny** documentary; **film fabularny** feature film; **film kostiumowy** costume drama; **film krótkometrażowy** short film; **film niemy** silent film; **film rysunkowy** (animated) cartoon; **muzyka do filmu** movie music, soundtrack; **nakręcić film** make/

shoot a film, film; **urwał się komuś film** *pot.* sb blacked out.
filmować *ipf.* (*scenę, ujęcie*) shoot; (*filmować książkę*) make a book into a motion picture, film a book.
filmowy *a.* (*kino*) movie, film, cinematic; **aktor filmowy** movie actor; **gwiazda filmowa** movie star; **kamera filmowa** movie camera; **materiał filmowy** footage; **taśma filmowa** film.
filologia *f.* philology; (*jednostka organizacyjna uczelni*) language department; **filologia angielska/francuska** English/French studies.
filozof *mp pl.* **-owie** philosopher.
filozofia *f.* philosophy; **to żadna filozofia** *pot.* there's nothing to it.
filozoficzny *a.* philosophical; **kamień filozoficzny** philosopher's stone.
filtr *mi Gen.* **-u/-a** filter.
filtrować *ipf.* filter.
Fin *mp pl.* **-owie** Finn.
finalista *mp*, **finalistka** *f.* finalist.
finalizować *ipf.* **1.** (*ostatecznie załatwiać*) finalize, settle. **2.** (*kończyć*) close, conclude.
finał *mi* **1.** finish, ending. **2.** (*w sporcie*) finals.
finałowy *a.* final.
finanse *pl. Gen.* **-ów** finance, finances; **Ministerstwo Finansów** (*w Polsce*) the Ministry of Finance.
finansista *mp*, **finansistka** *f.* financier.
finansować *ipf.* finance, fund.
finansowy *a.* financial, fiscal; **polityka finansowa** fiscal politics; **sytuacja finansowa** financial situation; **trudności finansowe** financial/money problems.
finisz *mi Gen.pl.* **-ów/-y** finish.
finiszować *ipf.* make a dash (for the finish).
finka *f.* (*nóż*) sheath knife.
Finka *f. zob.* **Fin**.
Finlandia *f.* Finland.
fiński *a.* Finnish.
fiolet *mi* purple.
fioletowy *a.* purple, violet.
fiołek *mi Gen.* **-łka** violet; **fiołek alpejski** cyclamen.
firana, firanka *f.* sheer curtain; (*z siatki*) lace/net curtain.
firma *f.* **1.** company; (*duża*) corporation, enterprise; (*mała*) business, firm; **firma adwokacka** law firm; **firma budowlana** construction company; **firma macierzysta** parent company. **2.** *przen.* (*ustalona reputacja*) name.
firmować *v.* endorse.
firmowy *a.* company; **danie firmowe** house specialty; **papier firmowy** letterhead; **znak firmowy** trademark, logo.
fizjologia *f.* physiology.
fizjologiczny *a.* physiological; **procesy fizjologiczne** bodily functions.
fizyczny *a.* **1.** physical; **mapa fizyczna** physical map; **sprawność fizyczna** physical fitness; **wychowanie fizyczne** physical education. **2. praca fizyczna** manual labor; **pracownik fizyczny** manual laborer.
fizyk *mp* physicist; (*nauczyciel*) physics teacher.
fizyka *f.* physics.
flaga *f.* flag; **flaga państwowa** state flag, the colors; **wywiesić/zatknąć flagę** fly/hoist the flag.
flak *mi Gen.* **-a** (*osłonka wędliny*) casing, skin; (*jelito*) gut; (*coś zwiotczałego*) rag.
flaki *pl. Gen.* **-ów 1.** (*wnętrzności*) guts, entrails. **2.** (*potrawa*) tripe; **nudny jak flaki z olejem** (as) dull as ditchwater.
flamaster *mi Gen.* **-tra** marker, marker/felt-tip pen.
flanela *f.* flannel.
flanelowy *a.* flannel.
flaszka *f.* bottle.
flądra *f. Gen.pl.* **-der 1.** (*ryba*) flatfish, flounder, fluke. **2.** *pog.* (*osoba niechlujna*) slob.
flegma *f. t. przen.* phlegm.
flegmatyczny *a.* phlegmatic.
flesz *mi Gen.* **-a**; *Gen.pl.* **-ów/-y** flash(light).
flet *mi* flute; **flet prosty** recorder.
flirt *mi* flirtation.
flirtować *ipf.* flirt.
flora *f.* flora, plant life.
Floryda *f.* Florida; **na Florydzie** in Florida.
flota *f.* fleet.
fluor *mi* fluorine.
fobia *f.* phobia.
foka *f.* seal.
folder *mi Gen.* **-u/-a** brochure, folder.
folia *f.* film, plastic wrap; (*z metalu*) foil.
folklor *mi* folklore.
fonetyka *f.* phonetics.
fonia *f.* sound.
fontanna *f.* fountain.
foremka *f.* mold; (*do ciasteczek*) cookie cutter.
foremny *a.* regular, well-shaped; **wielokąt foremny** regular polygon.
forma *f.* **1.** (*postać, kształt*) form, shape; (*w sporcie*) form, condition; **być w dobrej formie** be in good form/shape; **forma gramatyczna** grammatical form; **mieć/przybierać formę czegoś** have/take the form of sth; **nadać czemuś formę** shape sth, give shape to sth; **nie w formie** out of condition, off form; **stracić formę** lose form; **utrzymywać dobrą formę** keep fit; **w formie czegoś** in the form of sth. **2.** (*szablon*) pattern, model; **forma odlewnicza** mold; **forma piekarska** baking tin.
formalnie *adv.* **1.** formally; (*urzędowo*) officially. **2.** *pot.* (*naprawdę*) literally, positively; **formalnie padam z nóg** I'm literally dead on my feet.
formalność *f.* formality.
formalny *a.* **1.** formal; (*urzędowy*) official. **2.** *pot.* (*prawdziwy, dosłowny*) literal; **formalna klęska** literal disaster.
format *mi* format; **polityk wielkiego formatu** *przen.* politician of great caliber.
formatować *ipf.* format.
formować *ipf.* shape, form, fashion; (*odlewać w formie*) mold.
formularz *mi Gen.* **-a** form, blank; **wypełnić formularz** fill out a form.
formuła *f.* formula; **formuła przysięgi** the words of an oath; **formuła chemiczna/matematyczna** chemical/mathematical formula.
formułować *ipf.* formulate.
forsa *f. pot.* dough, cabbage; **gruba forsa** big bucks; **nie jestem przy forsie** I am not in the chips; **robić forsę** make money.
forteca *f.* fortress; **zdobyć fortecę** take a fortress.
fortepian *mi* grand (piano).
fortuna *f.* (*t. szczęście, powodzenie*) fortune; **fortuna kołem się toczy** fortune is fickle; **kaprys fortuny** the luck of the draw; **zbić fortunę** make a fortune.

fosa *f.* moat.
fosfor *mi* phosphorus.
fotel *mi Gen.* **-a**; *Gen.pl.* **-i/-ów** armchair; **fotel bujany** rocking-chair; **fotel klubowy** club chair.
fotoamator *mp*, **fotoamatorka** *f.* amateur photographer.
fotograf *mp pl.* **-owie** photographer.
fotografia *f. Gen.* **-ii 1.** (*zdjęcie*) photo(graph), picture. **2.** (*technika robienia zdjęć*) photography; **fotografia lotnicza** aerial photography.
fotograficzny *a.* photographic; **aparat fotograficzny** camera; **błona fotograficzna** film; **odbitka fotograficzna** print; **pamięć fotograficzna** *przen.* photographic memory.
fotografować *ipf.* photograph, take a photo.
fotokomórka *f.* photocell, photoelectric cell; **drzwi na fotokomórkę** light-controlled door.
fotomontaż *mi* **1.** (*zdjęcie zmontowane*) trick photograph. **2.** (*technika montowania zdjęć*) photomontage; *pot.* photoshopping.
fotoreportaż *mi* photo essay.
fotoreporter *mp*, **fotoreporterka** *f.* press photographer, news photographer, photojournalist.
fotos *mi* (film) still.
frachtowiec *mi Gen.* **-wca** freighter.
fragment *mi* fragment, piece; (*urywek*) excerpt, extract.
fragmentaryczny *a.* fragmentary.
frajda *f. pot.* fun; **ale frajda!** what a fun! **robić coś dla frajdy** do sth for kicks; **mieć z czegoś frajdę** get a bang out of sth.
frajer *mp* **1.** *pot.* sucker; **zrobić z kogoś frajera** take sb in. **2.** *pot.* **za frajer** (*darmo*) (for) free, as a freebie.
frak *mi Gen.* **-a** tail coat, tails.
frakcja *f.* fraction, faction.
framuga *f.* frame.
Francja *f.* France.
francuski *a.* French; **ciasto francuskie** puff pastry; **klucz francuski** monkey wrench, adjustable spanner. — *mi* (*język*) French.
Francuz *mp* Frenchman.
Francuzka *f.* Frenchwoman.
frank *mi Gen.* **-a** (*jednostka monetarna*) franc.
frapujący *a.* intriguing.
fraszka *f.* **1.** (*drobiazg*) trifle. **2.** (*utwór literacki*) epigram.
fraza *f.* phrase.
frazes *mi* platitude, cliché.
frekwencja *f.* attendance.
fresk *mi* fresco.
frezja *f.* freesia.
frędzel *mi Gen.* **-dzla** fringe.
front *mi* **1.** (*przód*) front, face, fore part; (*budynku*) facade; **front atmosferyczny** front, frontal system; **mieszkać od frontu** live in the front part of the house. **2.** *wojsk.* the front; **linia frontu** front line; **na wszystkich frontach** on all fronts; **zabezpieczyć się na wszystkich frontach** *przen.* cover all the bases; **zmienić front** *przen.* change front, do about-face.
frontowy *a.* frontal.
froterować *ipf.* polish.
frotowy *a.*, **frotte** *a. indecl.* terry; **ręcznik frotowy** terry towel.
frustracja *f.* frustration.
frustrować *ipf.* frustrate; (*doprowadzać do szału*) exasperate, infuriate.
fruwać *ipf.* fly.
frytka *f. zw. pl.* French fry.
frywolny *a.* frivolous.
fryzjer *mp* hairdresser; **fryzjer męski** barber; (*zakład*) barbershop, the hairdresser's.
fryzjerka *f.* hairdresser.
fryzjerski *a.* hairdresser's; **salon fryzjerski** hair salon.
fryzura *f.* haircut, hairstyle.
fujarka *f.* pipe.
fundacja *f.* foundation.
fundament *mi* foundation, groundwork; **kłaść fundamenty pod coś** lay the foundations for sth.
fundamentalny *a.* fundamental.
fundować *ipf.* **1.** (*dokonywać darowizny*) endow. **2.** **fundować komuś coś** (*pokrywać koszty*) treat sb to sth; **ja funduję** it's on me.
fundusz *mi Gen.pl.* **-y/-ów** fund; **fundusz inwestycyjny** investment fund; **fundusz płac** wages budget; **gromadzić fundusze** raise funds (*na coś* for sth).
funkcja *f.* (*t. w matematyce*) function; (*stanowisko*) position; **funkcja wyszukiwania** (*np. na stronach internetowych*) search function, search facility; **spełniać funkcję czegoś** act as sth, serve the function of sth; **x jest funkcją y** *mat.* x is a function of y.
funkcjonalny *a.* functional.
funkcjonować *ipf.* function.
funt *mi Gen.* **-a** (*jednostka monetarna, jednostka wagi*) pound; **niewart funta kłaków** *pot.* not worth a crumpet.
furgonetka *f.* van; **furgonetka policyjna** patrol/police wagon.
furia *f. Gen.* **-ii** fury, rage; **napad furii** a fit of rage; **wpaść w furię** fly into a rage; **w (ślepej) furii** in a (blind) fury; **wściekły jak furia** furious.
furora *f.* furor; **zrobić furorę** make a hit (*u kogoś* with sb).
furtka *f.* gate.
fusy *pl. Gen.* **-ów** dregs; **wróżyć z fusów** read tea leaves.
futbol *mi* football; (*piłka nożna*) association football, soccer; **futbol amerykański** American football.
futerał *mi* holder, case, box.
futro *n. Gen.pl.* **-ter** (*skóra zwierzęcia futerkowego*) fur; (*sierść*) (coat of) hair; (*płaszcz*) fur coat; **futro letnie/zimowe** (*zwierzęcia*) summer/winter coat; **futro z norek** mink coat; **sztuczne futro** artificial fur.
futryna *f.* doorframe.
futrzany *a.* fur.

G

gabinet *mi* **1.** (*miejsce urzędowania*) office; (*pomieszczenie do pracy umysłowej*) study (room); **gabinet dentystyczny/lekarski** dentist's/doctor's office. **2.** (*pomieszczenie wystawowe*) chamber; **gabinet figur woskowych** waxwork gallery; **gabinet grozy** chamber of horror; **gabinet osobliwości** curiosity room, chamber of curiosities. **3.** *polit.* (*rząd*) cabinet.

gablota *f.* showcase, display cabinet.

gacie *pl. Gen.* **-i** *pot.* (*majtki, szorty*) underpants, shorts; (*długie kalesony*) drawers, long johns; *żart.* (*spodnie*) pantaloons.

gad *ma* reptile.

gadać *ipf. pot.* talk, speak, chat, chatter; **gadać od rzeczy** talk nonsense; **gada, co mu ślina na język przyniesie** he says the first thing that comes into his head; **gadaj zdrów!** whatever you say! **co tu dużo gadać** (there's) no need for words; **szkoda gadać** don't even ask, there's nothing to say.

gadatliwy *a.* talkative.

gaduła *f., mp decl. like f. Gen.pl.* **-ł/-ów** *pot. żart.* chatterbox, windbag, tattler.

gaj *mi* grove, thicket.

gajowy *mp* gamekeeper.

gala *f.* gala; (*strój*) gala dress; **w pełnej gali** in full dress, in gala.

galaktyka *f.* galaxy; **(nasza) Galaktyka** the Galaxy, the Milky Way.

galanteria *f.* **1.** (*grzeczność*) gallantry. **2.** (*wyroby ozdobne*) accessories, fancy goods; **galanteria skórzana** leather accessories.

galaretka *f.* jelly; (*deser*) Jell-O ®, jello.

galeria *f.* **1.** gallery; **galeria sztuki** art gallery. **2.** *teatr* the gallery, the gods; **na galerii** in the gallery, in the gods.

galon *mi* **1.** (*jednostka objętości*) gallon. **2.** (*butla*) flask.

galop *mi* gallop; **galopem** *przen.* at a gallop, at full speed; **jechać galopem** ride at a (full) gallop; gallop; **wziąć kogoś do galopu** crack the whip at sb, discipline sb.

galopować *ipf.* gallop.

galowy *a.* gala; **mundur galowy** gala uniform; **przedstawienie galowe** gala performance.

gałązka *f.* twig, branch; **gałązka oliwna** *przen.* olive branch.

gałąź *f.* **-ęzi-** *Nom.pl.* **-e** *Ins.pl.* **-źmi/-ziami** branch; (*odgałęzienie*) branching; **boczna gałąź** side branch.

gałka *f.* knob; **gałka muszkatołowa** nutmeg; **gałka oczna** eyeball.

gama *f.* **1.** scale; (*gama C-dur/c-moll*) the scale of C major/C minor; **ćwiczyć gamy** practice scales. **2.** (*zakres, skala*) gamut, range; **pełna gama wrażeń** the full gamut of impressions.

ganek *mi* porch, veranda(h).

gang *mi* gang; *pot.* mob.

gangrena *f.* gangrene.

gangster *mp* gangster, mobster.

ganić *ipf.* rebuke, reprove, reproach.

gap *mp* **-pi-** *pl.* **-e** *zw. pl. pot.* gawker, onlooker.

gapa *f., mp decl. like f. pot.* **1.** (*osoba nierozgarnięta*) dunce, dope, ninny; (*marzyciel*) daydreamer. **2. podróżować na gapę** steal a ride (*czymś* on sth); dodge the fare; (*statkiem l. samolotem*) stow away.

gapić się *ipf. pot.* gape, stare (*na kogoś/coś* at sb/sth).

garaż *mi Gen.pl.* **-y/-ów** garage.

garb *mi* hump; (*wypukłość, wybój*) bump.

garbarnia *f. Gen.pl.* **-i/-ń** tannery.

garbaty *a.* (*o człowieku*) **1.** humpbacked, hunchbacked. **2.** (*uwypuklony*) arched; **garbaty nos** aquiline nose. — *mp* humpback, hunchback.

garbić się *ipf.* hunch (up), slouch.

garbować *ipf.* tan; **garbować komuś skórę** *pot.* tan sb's hide.

garbus *mp pl.* **-y/-i** *pog.* = **garbaty**.

garderoba *f. Gen.pl.* **-ób 1.** (*szafa na odzież l. jej zawartość*) wardrobe. **2.** (*ubranie*) clothes. **3.** (*szatnia*) cloakroom.

gardło *n. Gen.pl.* **-eł 1.** throat; **chwycić kogoś za gardło** grab sb by the throat; **czuć ucisk w gardle** have a lump in one's throat; **mieć nóż na gardle** *przen.* have a knife at one's throat; **obolałe gardło** sore throat; **skoczyć komuś do gardła** be at sb's throat; **stanąć komuś (kością) w gardle** *przen.* stick in sb's craw; **śmiać się na całe gardło** laugh out loud; **wydzierać się na całe gardło** yell at the top of one's voice; **zdzierać (sobie) gardło** *pot.* strain one's voice. **2.** (*wąskie przejście*) neck; **wąskie gardło** *przen.* bottleneck.

gardzić *ipf.* + *Ins.* despise, scorn, disdain; treat (*sb/sth*) with contempt.

garncarstwo *n.* pottery.

garncarz *mp* potter.

garnek *mi Gen.* **-nka** pot, pan; **gliniany garnek** clay pot; **nie mieć co do garnka włożyć** face starvation; **przyganiał kocioł garnkowi** (it's a case of) the pot calling the kettle black; **zaglądać w cudze garnki** *pot.* poke one's nose into other people's affairs.

garnitur *mi* **1.** (*ubiór*) suit. **2.** (*zestaw, komplet*) set.

garnizon *mi* garrison.

garsonka *f.* (*ubranie*) skirt suit.

garstka *f.* (*niewiele, mała grupa*) handful, just a few; **garstka zwolenników** handful of supporters.

garść *f. pl.* **-e/-i 1.** (*zawartość dłoni*) handful, fistful; (*dłoń*) hand; **lepszy wróbel w garści niż gołąb na dachu** a bird in the hand is worth two in the bush; **mieć kogoś w garści** *pot.* have got sb; **pełnymi garściami** *przen.* with both hands. **2.** *przen.* (*niewielka ilość l. grupa*) handful, a few; **garść szczegółów** a few details.

gasić *ipf.* **1.** (*ogień*) put out, extinguish; *przen.* (*kłaść kres, tłumić*) quench, snuff out; **gasić pragnienie** slake/quench one's thirst. **2.** (*wyłączać*) turn off, switch off.

gasnąć *ipf.* **-snę śniesz, -śnij gasł/gasnął gasła gaśli 1.** (*przestawać się palić*) go out, be extinguished; **silnik zgasł** the engine's died. **2.** (*ciemnieć, tracić blask*) fade. **3.** (*marnieć, ginąć*) be dying (out); *euf.* (*umierać*) expire; **gasnąć w oczach** be wasted.

gastronomia *f.* gastronomy.

gaśnica *f.* (fire) extinguisher.

gatunek *mi* **1.** (*rodzaj*) type, kind; **gatunek literacki** literary genre. **2.** *biol.* species. **3.** (*jakość*) quality; **kawa w najlepszym gatunku** finest quality coffee; **pierwszy gatunek** top quality; **pośledni gatunek** low quality.

gawędzić *ipf.* chat, talk, converse.
gawron *ma* rook.
gaz *mi* **1.** gas; **gaz bojowy** war gas; **gaz łzawiący** tear gas; **gaz rozweselający** laughing gas; **gaz ziemny** natural gas; **gazy spalinowe** *mot.* exhaust fumes; **gotować na gazie** cook on gas. **2.** *pot.* (*energia, rozpęd*) **gazu!** step on it! **jechać pełnym gazem** go flat out. **3. na gazie/pod gazem** *pot.* (*podpity*) tipsy, under the influence.
gaza *f.* gauze.
gazela *f. Gen.pl.* **-l/-i** gazelle.
gazeta *f.* (news)paper; **gazeta poranna/popołudniowa** morning/evening paper; **gazeta brukowa** tabloid.
gazetka *f.* **1.** news-sheet. **2.** (*ulotka*) pamphlet.
gazociąg *mi* gas pipe.
gazomierz *mi Gen.* **-a** gas meter.
gazowany *a.* **woda gazowana** carbonated water.
gazownia *f.* gasworks.
gazowy *a.* gaseous; **butla gazowa** gas bottle; **komora gazowa** gas chamber; **maska gazowa** gas mask; **piecyk/palnik gazowy** gas oven/burner.
gaźnik *mi* carburetor.
gaża *f. Gen.pl.* **gaż/-y** salary, pay.
gąbka *f.* sponge; **mieć umysł chłonny jak gąbka** have a brain like a sponge; **wyciskać kogoś jak gąbkę** *przen.* squeeze sb dry.
gąsienica *f. t. techn.* caterpillar.
gąszcz *mi Gen.pl.* **-ów/-y** (*krzaków, roślinności*) thicket; (*plątanina*) tangle.
gbur *mp pl.* **-y** *obelż.* boor, oaf.
gdakać *ipf.* **-czę -czesz/-kam -kasz -cz/-kaj 1.** (*o kurze*) cluck. **2.** *pog.* (*zbyt dużo mówić*) yack, jabber.
gderać *ipf.* grouch, grumble.
gdy *conj.* **1.** (*wprowadza zdanie okolicznikowe czasu*) when; as soon as; **obudziłem się, gdy było już jasno** I awoke when it became light; **teraz, gdy już wszyscy jesteśmy razem** now that we're all together; **zadzwonię do ciebie, gdy tylko będę mógł** I'll call you as soon as I can. **2.** (*jeżeli*) if; **gdy chcesz oglądać program satelitarny, musisz przełączyć kanał** if you want to watch something on satellite, you'll have to change the channel.
gdyby *conj.* **1.** (*wprowadza zdanie warunkowe*) if; **gdyby to planował, powiedziałby nam** if he was/were planning it, he'd tell us; **gdybym tam był wczoraj...** if I'd been there yesterday... **2.** (*w zdaniach życzących*) **och, gdybyś teraz była ze mną** if only you were with me now. **3. jak gdyby** as if, as though.
gdyż *conj.* as, because.
gdzie *adv., pron. indecl.* **1.** (*zaimek pytajny i względny*) where; **gdzie twój samochód?** where's your car? **zaparkuję tam, gdzie znajdę wolne miejsce** I'll park where I find a space. **2. gdzie jak gdzie** of all places, never mind other places. **3.** *pot.* (*dokąd*) where; **gdzie idziesz?** where are you going? **4. byle gdzie/gdzie bądź** anywhere, any place; **połóż to byle gdzie** put it anywhere. **5.** (*także* **gdzie tylko**) (*wszędzie, gdzie...*) wherever; **gdzie spojrzysz, wszędzie dookoła widać drzewa** wherever you look there are trees all about. **6.** *przest. l. pot. w pytaniach* = **gdzieś; nie widzieliście gdzie mojego pióra?** haven't you seen my pen somewhere? — *part.* (*wyraża rezygnację*) **gdzie mi (tam) równać się z tobą** how can I compete with you; **gdzie tam! ciągle nic nie wiem** sure enough, I still don't know anything.
gdziekolwiek *adv.* wherever.
gdzieniegdzie *adv.* here and there, in some places.
gdzieś *adv.* **1.** somewhere, some place; **gdzieś słyszałem już o tym** I heard about it somewhere; **mam cię gdzieś!** *pot.* up yours! **2.** (*dokądś*) somewhere. **3.** *pot.* (*także* **gdzieś tak**) (*wyraża przybliżenie*) (somewhere) about/around; **w domu będę gdzieś o czwartej** I'll be home around four.
gehenna *f.* torment; **przejść gehennę** suffer agonies.
gej *mp* gay.
gejzer *mi Gen.* **-a** geyser.
gen *mi* gene.
genealogia *f.* (*historia rodu*) genealogy, pedigree; (*początek, pochodzenie*) origin.
genealogiczny *a.* genealogical; **drzewo genealogiczne** family tree.
generacja *f.* generation.
generalizacja *f.* generalization.
generalizować *ipf.* generalize.
generalnie *adv.* generally, in general; (*całkowicie*) wholly, entirely.
generalny *a.* general; **generalne wnioski** general conclusions; **próba generalna** dress rehearsal; **sztab generalny** general staff.
generał *mp pl.* **-owie** general; **generał brygady** brigadier general.
generator *mi Gen.* **-a** generator.
generować *ipf.* generate; (*wytwarzać*) produce.
genetyczny *a.* genetic; (*dziedzicznie przekazywany*) genetically transmitted; **inżynieria genetyczna** genetic engineering; **kod genetyczny** genetic code.
genetyka *f.* genetics.
Genewa *f.* Geneva.
geneza *f.* genesis, origin.
genialny *a.* brilliant; (*mistrzowski*) masterly.
genitalia *pl. Gen.* **-ów** genitals.
geniusz *mp Gen.* **-a** *Gen.pl.* **-y/-ów** (*człowiek nieprzeciętnie zdolny*) genius. — *mi Gen.* **-u** (*genialność*) genius.
geodezja *f.* surveying.
geograf *mp pl.* **-owie** geographer; *pot.* (*nauczyciel geografii*) geography teacher.
geografia *f.* geography.
geograficzny *a.* geographic(al); **długość/szerokość geograficzna** (geographic) longitude/latitude; **położenie geograficzne** geographical position/location; **północ geograficzna** true north; **współrzędne geograficzne** geographic coordinates.
geolog *mp pl.* **-dzy/-owie** geologist.
geologia *f.* geology.
geologiczny *a.* geologic(al).
geometria *f.* geometry; **geometria euklidesowa** Euclidean geometry.
geometryczny *a.* geometric(al); **figura geometryczna** geometric figure; **postęp geometryczny** geometric progression/series.
gepard *ma* cheetah.
geranium *n. sing. indecl.* geranium, crane's-bill.
gerbera *f.* gerbera.
germanista *mp* Germanist.
germanistyka *f.* German studies.
germański *a.* Germanic.
gest *mi* gesture, motion; **gest dobrej woli** goodwill gesture; **mieć szeroki gest** be generous, be free

with money; **pusty/teatralny gest** empty/theatrical gesture.

gestia *f.* **w czyjejś gestii** in sb's hands, within sb's competence.

gestykulować *ipf.* gesticulate.

getto *n. Loc.* **-tcie** ghetto.

gęba *f. Gen.pl.* **gąb 1.** *pot.* (*usta*) trap, yap; **być mocnym w gębie** be all talk, have a big mouth; **iść/lecieć z gębą** run one's mouth; **mieć niewyparzoną gębę** have a foul mouth; **na gębę** at sb's word; **nie mam co do gęby włożyć** I don't have a bite to eat; **trzymać gębę na kłódkę** keep one's mouth/trap shut; **zamknąć komuś gębę** shut sb up, keep sb quiet; **zapomnieć języka w gębie** be at a loss for words, be tongue-tied. **2.** *pot. przen.* (*ktoś na czyimś utrzymaniu*) mouth to feed. **3.** *pot.* (*twarz*) mug; **całą gębą** (*co się zowie*) in every sense of the word, if there ever was one; **dać komuś po gębie** punch sb in the face.

gęsi *a.* goose; **gęsia skórka** goose bumps, gooseflesh; **iść gęsiego** walk (in) Indian/single file.

gęstnieć *ipf.* (*stawać się gęstym*) thicken, get thick; (*o lesie, zaroślach, mgle*) get/become dense; (*o śniegu, deszczu*) get heavy.

gęsto *adv.* **1.** densely, thickly, heavily. **2.** (*często*) frequently; **często gęsto** again and again.

gęstość *f.* density; (*mgły*) denseness; (*syropu, śmietany*) thickness.

gęsty *a.* **gęstszy/gęściejszy** (*o lesie, mgle, tłumie*) dense; (*o włosach, zupie, sosie, dymie*) thick; (*o brodzie*) bushy; (*o trawniku, zaroślach*) lush; (*o śniegu, deszczu, strzelaninie*) heavy; (*o siatce, sitku*) fine; (*o betonie, ziemi*) compact; (*o drzewie, krzewie*) leafy; (*o druku*) close; **gęsty grzebień** fine-toothed comb.

gęś *f.* goose; **niech cię gęś kopnie!** oh brother! **rządzić się jak szara gęś** act as if one owned the place; **rozmawiać jak gęś z prosięciem** talk at cross-purposes.

giąć *ipf.* **gnę gniesz gnij** bend, curve; **giąć się w pokłonach** bow and scrape (*przed kimś* to sb).

Gibraltar *mi* Gibraltar.

giełda *f.* exchange, market; **giełda papierów wartościowych** stock exchange; **giełda samochodowa** car auction.

giętki *a.* flexible, pliant, elastic.

giętkość *f.* flexibility, elasticity.

gigant *mp pl.* **-ci** giant. — *mi Gen.* **-a** *pl.* **-y** giant, monster; **slalom gigant** giant slalom.

gigantyczny *a.* gigantic, giant, enormous.

gilotyna *f.* (*do egzekucji*) guillotine; *techn.* cutter.

gimnastyczka *f.* gymnast.

gimnastyczny *a.* gymnastic; (*o obuwiu, stroju*) gym; **ćwiczenia gimnastyczne** exercises, physical training; **sala gimnastyczna** gym(nasium).

gimnastyk *mp zob.* **gimnastyczka**.

gimnastyka *f.* gymnastics.

gimnastykować (się) *ipf.* exercise.

ginąć *ipf.* **1.** (*przestawać istnieć*) die, perish; (*o gatunku, rodzie*) die out; **ginąć z głodu** die of starvation, starve to death. **2.** (*znikać*) disappear, vanish. **3.** (*gubić się*) get lost; **zginęły mi rękawiczki** I lost my gloves.

ginekolog *mp pl.* **-dzy/-owie** gynecologist.

ginekologiczny *a.* gynecologic(al).

gips *mi* **1.** (*minerał*) gypsum; (*murarski, sztukatorski*) plaster; **odlew z gipsu** plaster cast. **2.** (*opatrunek*) (plaster) cast.

gipsować *ipf.* plaster.

gitara *f.* guitar; **gitara basowa/elektryczna** bass/electric guitar; **grać na gitarze** play the guitar; **zawracać komuś gitarę** *przen.* bug sb.

gitarzysta *mp*, **gitarzystka** *f.* guitar player, guitarist.

gleba *f.* soil, earth, ground.

gliceryna *f.* glycerin, glicerine.

glin *mi* aluminum.

glina *f.* clay; **ulepiony z tej samej gliny** cut from the same cloth. — *mp, f. decl. like f. pot.* (*policjant/ka*) cop.

gliniany *a.* clay; (*garnek, dzbanek*) earthenware; (*podłoga*) earthen.

gliniarz *mp pot.* (*policjant*) cop.

glob *mi* globe.

globalny *a.* total, overall; (*ogólnoświatowy*) global; **globalne ocieplenie** global warming.

globus *mi Gen.* **-a** globe.

glon *mi* alga; (*wodorost morski*) seaweed.

glukoza *f.* glucose.

glutaminian *mi* glutamate.

gł. *abbr.* (*głównie*) mainly.

gładki *a.* **-dszy 1.** smooth; (*równy*) even. **2.** (*bez deseniu*) plain; (*ładnie wykończony*) polished; (*uprzejmy, ugrzeczniony*) suave.

gładko *adv.* **-dziej** (*bez nierówności*) smoothly, evenly; **gładko ogolony** clean-shaven; **wszystko poszło gładko** it all went smoothly/without a hitch.

gładzić *ipf.* **1.** (*głaskać*) stroke; (*zwierzę, zwł. psa*) pet. **2.** (*wyrównywać*) smooth, even; (*beton*) level; (*metal*) file; (*drewno*) plane.

głaskać *ipf.* **-szczę/-skam -szczesz/-skasz**; **-szcz/-skaj** stroke.

głaz *mi* boulder, rock; **głaz narzutowy** erratic (boulder); **mieć serce jak głaz** have a heart of flint; **milczeć jak głaz** be as silent as a tomb; **twardy jak głaz** stone-hard.

głąb[1] *mi Gen.* **-a** (*np. kapusty*) heart. — *mp pl.* **-y** *Acc.* **-y/-ów** *obelż.* (*głupiec*) moron.

głąb[2] *f.* **-ębi- 1.** = **głębia**. **2. w głąb czegoś** deep into sth.

głębia *f. Gen.pl.* **-i 1.** (*miejsce głębokie*) depth; (*morza, oceanu*) depths; **uczuć, barw** intensity; **myśli** profoundness, profundity. **2.** (*wnętrze, oddalona część*) interior, heart; **w głębi** (*w tle*) in the background; **w głębi duszy/serca** deep in one's soul/heart, deep down; **w głębi kraju** in the interior; **wzruszyć się czymś do głębi** be taken by sth; **z głębi serca** from the bottom of one's heart.

głęboki *a.* **-bszy** *t. przen.* **1.** deep; (*dogłębny*) profound, intense; **głęboki głos** deep voice; **głęboki oddech** deep breath; **głęboki talerz** soup plate; **głęboki ukłon** low bow. **2.** (*daleki*) remote, distant, far-away; **głęboka prowincja** remote province. **3. głęboka noc/zima** dead of night/winter.

głęboko *adv.* **-biej** deep(ly), profoundly; **głęboko podzielone** deeply divided; **głęboko osadzony** deep-set; **głęboko zakorzeniony** deep-rooted; **odetchnąć głęboko** take a deep breath; **spać głęboko** sleep soundly.

głębokość *f.* depth.

głodny *a.* hungry; **głodny jak wilk** hungry enough to eat a horse.

głodować *ipf.* starve, go hungry; (*celowo*) starve o.s.

głodówka *f.* starvation; (*lecznicza*) hunger cure; (*forma strajku*) hunger strike.

głos *mi* **1.** voice; (*instrumentu*) sound; (*ptaka*) call; **głos krytyki** voice of criticism; **głos sprzeciwu** dissenting voice; **głos sumienia** the voice of one's consciousness; **iść za głosem serca** let one's heart rule one's head, follow the call of one's heart; **mieć dobry głos** have a great voice; **na cały głos** at the top of one's voice; **na głos** aloud, (out) loud; **podnosić głos** raise one's voice; **stracić głos** lose one's voice. **2.** *muz.* part; **utwór na cztery głosy** four-part piece. **3.** (*prawo przemawiania wobec zgromadzenia*) permission to speak; **dojść do głosu** get a chance to speak; **mieć głos** have the floor; **zabrać głos** speak out (*w sprawie czegoś* on the matter of sth). **4.** (*opinia wyrażona w głosowaniu*) vote; **oddać swój głos** cast one's vote; **zwyciężyć dużą liczbą głosów** win by a large number of votes.

głosić *ipf.* **-szę -sisz** propagate; (*ewangelię, zasady*) preach; **głosić czyjąś chwałę** sound sb's praises; **głosić kazanie** deliver a sermon; **jak głosi wieść...** rumor has it that..., it is rumored that...

głoska *f.* sound.

głosować *ipf.* vote, cast a vote (*na kogoś/za czymś* for sb/sth) (*przeciw komuś/czemuś* against sb/sth); *pot.* (*opowiadać się za czymś*) vote in favor (*za czymś* of sth); cast one's vote (*za czymś* for sth); **iść głosować** go to the polls.

głosowanie *n.* voting, vote; **głosowanie jawne/tajne** open/secret ballot; **poddawać coś pod głosowanie** put sth to a vote, have/take a vote on sth.

głośnik *mi Gen.* **-a** speaker; (*uliczny*) loudspeaker.

głośno *adv.* (*donośnie*) loud(ly); (*na głos*) aloud; (*otwarcie*) openly; **głośno myśleć** think out loud; **głośno o czymś rozmawiać** talk about sth openly; **jest o nim głośno** he is talked about a lot, he is famous.

głośność *a.* volume, loudness.

głośny *a.* loud; (*sławny*) well-known, famous; **stać się głośnym** become famous/popular.

głowa *f. Gen.pl.* **głów** head; (*rozum*) mind, brains; **bić kogoś na głowę** be more than a match for sb; **ból głowy** headache; **chować głowę w piasek** bury/hide one's head in the sand; **co dwie głowy, to nie jedna** two heads are better than one; **domagać się czyjejś głowy** call for sb's head; **głowa do góry!** cheer up! **głowa mi pęka** I've got a splitting headache; **głowa państwa** head of state; **głowę daję/dam sobie głowę uciąć, że...** I'd bet my life that...; **kręcić głową** shake one's head; **łamać sobie głowę nad czymś** rack one's brains over sth; **kręci mi się w głowie** my head is spinning/reeling; **mam pustkę w głowie** my mind is a blank; **masz nie po kolei w głowie** I don't think you have all your marbles; **mieć coś na głowie** (*martwić się*) have sth to worry about; **mieć coś z głowy** have sth off one's mind; **mieć dach nad głową** have a roof over one's head; **mieć głowę do interesów** have a good head for business; **mieć głowę na karku** have a good head on one's shoulders; **mieć olej w głowie** have one's head screwed on right; **moja w tym głowa, żeby...** I'll make sure that...; **na głowę** (*na jedną osobę*) per head; **niech cię o to głowa nie boli** never (you) mind; **od przybytku głowa nie boli** there is never too much of a good thing; **od stóp do głów** from head to foot; **przychodzić komuś do głowy** occur to sb, spring to sb's mind; **ruszyć głową** (*pomyśleć*) use one's head; **skinąć głową** nod one's head; **spokojna głowa!** stay cool! **stawać na głowie, żeby coś robić** stand on one's head/bend over backwards to do sth; **to się nie mieści w głowie** it staggers the mind/imagination; **tracić głowę** lose one's head; **uderzać komuś do głowy** go to sb's head; **wszystko stoi na głowie** everything has been turned upside down; **wybij to sobie z głowy** get that idea out of your head; **wylecieć komuś z głowy** slip one's mind; **zawracać komuś głowę czymś** pester/bug sb about sth; **zawracać sobie głowę czymś** worry/bother o.s. about sth; **zawracanie głowy!** nonsense! **zawrócić komuś w głowie** cast a spell on sb; **z gołą/odkrytą głową** bare-headed; **zmyć komuś głowę** rake sb over the coals.

głowica *f. techn.* head; (*pocisku*) warhead.

głód *mi* **-o-** hunger; (*brak żywności*) famine, starvation; **być na głodzie** (*narkotykowym*) *sl.* be strung out; **głód wiedzy** hunger for knowledge; **klęska głodu** famine; **morzyć kogoś głodem** starve sb; **przymierać głodem** be starving; **zaspokoić pierwszy głód** take the edge off one's appetite.

głóg *mi* **-o-** hawthorn.

główka *f.* **1.** (*kapusty, t. zaokrąglone zakończenie czegoś*) head; **główka szpilki** pinhead; **główka zapałki** match head; **trupia główka** skull and crossbones; **główka pracuje!** see, I'm not that stupid! **2.** (*odbicie piłki głową*) header.

głównie *adv.* (*przeważnie*) mainly, mostly, for the most part; (*przede wszystkim*) primarily, principally, chiefly.

główny *a.* main, primary, principal; (*rola w teatrze, filmie*) lead; (*stanowisko*) head, chief; **dworzec główny** central station; **główna wygrana** first/grand prize; **główny akcent** primary stress; **główny cel** primary target; **główny podejrzany** prime suspect; **kwatera główna** headquarters; **liczebnik główny** cardinal numeral; **zdanie główne** main clause.

głuchoniemy *a.* deaf-mute, deaf and dumb. — *mp* deaf-mute (man).

głuchy *a.* **1.** (*t. obojętny, nieczuły*) deaf; **głuchy jak pień** stone deaf; **głuchy na czyjeś prośby** deaf to sb's pleas; **głuchy telefon** dead call. **2.** (*o dźwięku: stłumiony*) dull, hollow, muffled. **3.** *przen.* (*daleki, zapadły*) remote, back; **głucha prowincja** back country. — *mp* deaf man.

głupi *a.* **1.** stupid, dumb, foolish, silly; **głupia gęś** silly cow; **głupi jak but** dumb as a rail; **nie bądź głupi** don't be a fool; **z głupia frant** playing dumb. **2.** *pot.* (*nieważny*) trivial, silly. **3.** *pot.* (*kłopotliwy*) awkward. — *mp pog.* idiot, dumbass; **głupich nie sieją, sami się rodzą** fools grow/folly grows without watering; **głupiego robota** fool's errand; **nadzieja jest matką głupich** it's just a fool's hope; **nie ma głupich!** nobody's that stupid! **nie udawaj głupiego** don't play dumb.

głupiec *mp* **-pc-** *Voc.* **-cze** *pl.* **-y** idiot, fool.

głupota *f.* **1.** (*bezmyślność*) stupidity, foolishness. **2.** *pot.* (*niedorzeczność*) nonsense; *sl.* bullshit, crap.

głupstwo *n.* **1.** (*niedorzeczność, bzdura*) foolishness, nonsense, poppycock; **robić głupstwo** do sth foolish/stupid; **palnąć głupstwo** put one's foot in it/one's mouth. **2.** (*drobnostka*) trifle, triviality; **to głupstwo!** it's no big deal.

gmach *mi* edifice, building; **gmach sądowy** courthouse.

gmatwać *ipf.* complicate, muddy.

gmina *f.* (*w Stanach Zjednoczonych*) **1.** township; (*w Nowym Yorku, w Wielkiej Brytanii*) borough; (*w Europie*) commune. **2. Izba Gmin** *polit.* the House of Commons.

gnać *ipf.* **1.** (*biec*) speed ahead, barrel ahead; **gnać co tchu** hotfoot it; **gnać na oślep** barrel ahead blindly. **2.** (*popędzać*) drive.

gnębić *ipf.* **1.** (*prześladować*) oppress, torment. **2.** (*martwić*) trouble, worry.

gniady *a.* bay.

gniazdko *n.* **1.** *zob.* **gniazdo**. **2.** (*elektryczne*) socket; (*w ścianie*) (electrical) outlet.

gniazdo *n. Loc.* **-eździe 1.** nest; **bocianie gniazdo** *żegl.* crow's nest; **gniazdo rodzinne** family nest; **zły to ptak, co własne gniazdo kala** it's an ill bird that fouls its own nest. **2.** (*elektryczne*) socket; (*do telefonu, słuchawki itp.*) jack.

gnić *ipf.* **-ję -jesz -ij** rot, decay, decompose; (*o ranie*) fester; **gnić w więzieniu** *pot.* rot in prison.

gnieść *ipf.* **-otę -eciesz -ótł -otła -etli 1.** (*zgniatać*) crush, squeeze; (*ciasto*) knead; (*ziemniaki*) mash. **2.** (*miąć*) crumple. **3.** (*uwierać*) pinch.

gnieść się *ipf.* (*tłoczyć się*) **1.** be crowded, be squeezed together. **2.** (*miąć się*) crease.

gniew *mi* anger; *lit.* wrath; **wybuch gniewu** fit of anger; **tłumić w sobie gniew** hold back one's anger; **wpaść w gniew** fall into a fit of anger; **wprawić kogoś w gniew** make sb furious.

gniewać *ipf.* anger, make (*sb*) angry.

gniewać się *ipf.* be angry/mad (*na kogoś* at/with sb) (*z powodu czegoś* about sth).

gniewny *a.* angry.

gnój *mi* **-o-** *Gen.* **-u 1.** manure, dung. **2.** *przen.* (*bałagan, brud*) mess, muck. — *mp Gen.* **-o-**, **-a** *Gen. pl.* **-ów/gnoi** *wulg.* (*człowiek wzbudzający pogardę*) shithead.

gnuśny *a.* shiftless, sluggish.

go *pron. zob.* **on** , **ono**.

gobelin *mi* tapestry.

godło *n. Gen.pl.* **-eł** emblem, badge; **godło państwowe** national emblem.

godność *f.* **1.** dignity, self-respect; **godność osobista** self-respect, dignity; **poniżej godności** below the level of dignity. **2.** (*stanowisko*) post, office; (*tytuł*) title; **piastować godność...** hold a post of... **3.** (*nazwisko*) *przest., tylko w pytaniach* **(jak) pańska godność?** what is your name, please?

godny *a. w funkcji orzecznika rodzaju męskiego także indecl.* **godzien 1.** worthy (*czegoś* of sth); **być godnym nagrody/wyróżnienia** deserve a prize/distinction; **godny podziwu** admirable, commendable; **godny pożałowania** pitiful; **godny ubolewania** regrettable, unfortunate; **godny uwagi** remarkable, noteworthy; **godny zobaczenia/obejrzenia** worth seeing/watching; **godzien pochwały** praiseworthy; **godzien zaufania** trustworthy. **2.** (*przyzwoity, stosowny*) decent, adequate. **3.** (*dumny, dostojny*) proud, stately.

godz. *abbr.* (*godzina*) hr (*hour*).

godzić *ipf.* **gódź 1.** reconcile (*coś z czymś* sth with sth); **godzić pracę z nauką** reconcile work and study; **godzić przeciwieństwa** reconcile two opposites. **2.** (*zagrażać*) **godzić na czyjeś życie** threaten sb's life; **godzić w czyjś honor** insult/affront sb.

godzić się *ipf.* **1.** (*jednać się*) be/become reconciled (*z kimś* with sb). **2.** (*zgadzać się*) agree (*na coś* to sth) (*z czymś* with sth); **godzić się na ciężkie warunki** accept difficult conditions; **godzić się z czymś** come to terms with sth; **godzić się z losem** be resigned to one's fate. **3.** (*pasować, łączyć się*) agree, mesh, be compatible (*z czymś* with sth); match (*z czymś* sth). **4.** *lit.* **godzi się (aby...)** (*wypada, należy*) it is suitable/proper/fit (that...); **to się nie godzi** it is unseemly, it is not proper.

godzien *a. indecl. zob.* **godny**.

godzina *f.* (*jednostka czasu*) hour; (*aktualny czas*) time; **bita godzina** solid/full hour; **chować coś na czarną godzinę** save sth for/against a rainy day; **co godzinę** every hour; **godzina odjazdu/przyjazdu** departure/arrival time; **godzina policyjna** curfew; **godzina szczytu** peak/rush hour; **godziny nadliczbowe** overtime; **godziny otwarcia** opening hours; **godziny pracy** working hours; (*firmy, przedsiębiorstwa*) business hours; (*godziny urzędowania/przyjęć*) office hours; **już późna godzina** it is already late; **która godzina?** what's the time?, what time is it? **...mil/kilometrów na godzinę** ...miles/kilometers per hour; **o której godzinie?** (at) what time? **pół godziny** half an hour; **wybiła twoja (ostatnia) godzina** your time has come, your number is up; **z godziny na godzinę** hour by hour.

godzinny *a.* an hour's, hour-long.

godziwy *a.* decent, adequate.

gofr *mi Gen.* **-a** waffle.

goić się *ipf.* **goi** heal.

gol *mi Gen.* **-a** *Gen.pl.* **-i/-ów** goal; **gol samobójczy** own goal; **zdobyć/strzelić gola** score a goal.

golarka *f.* shaver, electric razor.

golas *mp pl.* **-y** *pot.* nude, naked person; **na golasa** in the nude.

golenie *n.* shaving; **krem do golenia** shaving cream; **maszynka do golenia** razor; **woda po goleniu** aftershave.

goleń *f. pl.* **-e** shin.

golf[1] *mi Gen.* **-a** *sport* golf.

golf[2] *mi Gen.* **-a/-u** (*sweter, kołnierz*) turtleneck.

golić (się) *ipf.* **gol/gól** shave.

golonka *f.* knuckle of pork.

gołąb *ma* **-ębi-** pigeon, dove; **gołąb pocztowy** carrier pigeon; **lepszy wróbel w garści niż gołąb na dachu** a bird in the hand is worth two in the bush.

gołoledź *f.* glaze, glazed frost.

goły *a.* **1.** bare; (*nagi, rozebrany*) naked, nude; (*o drzewie: bezlistny*) leafless; **robić coś gołymi rękami** do sth with one's bare hands; **z gołą głową** bareheaded; **gołym okiem** with the naked eye; **pod gołym niebem** in the open air; **spać na gołej ziemi** sleep on the bare ground; **gołe fakty** the bare facts; **goła prawda** the naked truth. **2.** *pot.* (*biedny*) poor, penniless. — *mp* (*golas*) naked person, nude.

gong *mi* gong, chime.

gonić *ipf.* **1.** chase, hunt (down); run (*za kimś/czymś* after sb/sth); **gonić resztkami sił** be on one's last legs, be at the end of one's tether/rope; **gonić za sensacją/sławą** seek sensation/fame. **2.** (*spieszyć się, gnać*) hurry; **gonić po świecie** roam around the world. **3.** (*popędzać*) drive, urge; **gonić kogoś do nauki/pracy** make sb study/work hard.

gonić się *ipf.* chase each other; (*grać w berka*) play tag.

goniec *mp Voc.* **-ńcze**; *pl.* **-ńcy** office boy, messenger. — *mi Gen.* **-ńca** *pl.* **-e** (*figura szachowa*) bishop.

gorąco *adv.* **-ęcej 1.** hot; **gorąco mi** I'm hot; **jest gorąco** it's hot; **na gorąco** immediately, directly, on the spot; (*o daniu*) served hot; **wiadomości na gorąco** live news. **2.** (*serdecznie, szczerze*) warmly, heartily; **gorąco pragnąć** wish badly/eagerly; **gorąco się o coś modlić** pray fervently for sth. **3.** (*niebezpiecznie*) **było gorąco** it was hot work. — *n.* (*upał*) heat.

gorący *a.* **-ętszy 1.** hot; **gorąca krew** *przen.* hot blood; **gorąca linia** (*telefoniczna*) hot line, hotline; **kuć żelazo, póki gorące** strike while the iron is hot; **on jest w gorącej wodzie kąpany** he's a hothead; **złapać kogoś na gorącym uczynku** catch sb red-handed/in the act. **2.** (*serdeczny, namiętny*) warm, hearty; (*pełen emocji*) heated; **gorąca dyskusja** heated discussion; **gorące brawa** warm applause. **3.** (*trudny, niebezpieczny*) **gorący czas** hectic/dangerous time.

gorączka *f.* **1.** fever; *pot.* temperature; **gorączka złota** gold rush; **mieć gorączkę** have a fever, run a temperature; **dostać białej gorączki** *pot.* fly into a rage. **2.** (*niepokój*) excitement.

gorączkowy *a.* feverish; (*nerwowy, pospieszny*) frantic, hectic.

gorczyca *f.* mustard.

gorliwy *a.* zealous, ardent, fervent.

gorset *mi* **1.** (*bielizna*) corset. **2.** *przen.* (*coś, co krępuje aktywność*) straitjacket; **gorset gipsowy** plaster jacket.

gorszy *a. zob.* **zły**.

gorszyć *ipf.* shock, scandalize; (*demoralizować*) deprave, corrupt.

gorycz *f.* (*t. przen.*) bitterness; bitter taste; **czara goryczy** cup of sorrow.

goryl *ma Gen.pl.* **-i/-ów** gorilla. — *mp Gen.pl.* **-i/-ów** *pot.* (*ochroniarz*) bodyguard.

gorzej *adv. zob.* **źle**.

gorzki *a.* bitter; (*o zapachu*) acrid, pungent; **gorzka herbata/kawa** unsweetened tea/coffee; **gorzkie słowa** harsh/sharp words; **gorzki żal** bitter regret; **przełknąć gorzką pigułkę** *przen.* swallow a bitter pill.

gorzknieć *ipf.* **1.** grow bitter. **2.** (*o człowieku*) grow/become embittered.

gospoda *f. Gen.pl.* **-pód** inn, public house.

gospodarczy *a.* (*związany z ekonomią*) economic; (*przemysłowy*) industrial; (*gospodarski, domowy*) home, household.

gospodarka *f.* **1.** economy; (*zarządzanie*) management, administration; **gospodarka rynkowa** market economy. **2.** (*gospodarstwo rolne*) farm.

gospodarny *a.* thrifty, frugal.

gospodarski *a.* farm(ing), household; **zwierzęta gospodarskie** livestock.

gospodarstwo *n.* **1.** (*rolne, hodowlane*) farm, farmstead; **gospodarstwo mięsne/rybne** livestock/fish farm. **2.** (*domowe*) household, house; **artykuły/sprzęt gospodarstwa domowego** household appliances; **zajmować się gospodarstwem domowym** keep a house.

gospodarz *mp* (*osoba przyjmująca gości*) host; (*rolnik, chłop*) farmer, peasant; (*właściciel domu*) landlord; (*zarządca*) manager, administrator; **gospodarz domu** (*dozorca*) janitor.

gospodyni *f.* (*pani domu*) hostess; (*rolniczka, chłopka*) farmer, peasant, village woman; (*właścicielka domu*) landlady; (*pomoc domowa*) housekeeper.

gosposia *f. Voc.* **-u** *Gen.pl.* **-ś/-i** housekeeper.

gościć *ipf.* **goszczę gościsz 1.** (*przyjmować*) host, entertain; (*np. o hotelu*) house, accommodate. **2.** (*być podejmowanym*) stay (*u kogoś* at sb's place).

gościnnie *adv.* **1.** (*okazując gościnność*) hospitably. **2.** (*przejazdem*) temporarily, as a visitor; **wykładać gościnnie** be a visiting/guest lecturer.

gościnność *f.* hospitality.

gościnny *a.* **1.** (*otwarty, przyjazny*) hospitable, friendly. **2.** (*dla gości, do wynajęcia, wyjazdowy*) guest; **gościnne występy** guest performance/appearance; **pokoje gościnne** guest rooms.

gość *mp* **pl., -mi 1.** guest, visitor; **być stałym gościem** be a regular guest; **goście hotelowi** hotel guests; **gość w dom, Bóg w dom** my home is your home; **gość weselny** wedding guest; **nieproszony/niespodziewany gość** unwelcome/unexpected guest. **2.** *pot.* (*facet*) guy, dude; **równy gość** cool guy.

gotować *ipf.* cook; (*w wodzie*) boil; **gotować na parze** steam.

gotować się *ipf.* cook; (*o wodzie*) boil.

gotowany *a.* cooked; (*ugotowany w wodzie*) boiled.

gotowość *f.* **1.** readiness, preparedness; **być w gotowości** be ready, be on standby. **2.** (*chęć, zamiar*) willingness; **gotowość do pomocy** willingness to help.

gotowy *a.* **1.** (*przygotowany*) ready; (*ukończony*) finished; (*o wyrobach*) ready-made; (*o ubraniach*) ready-to-wear, off the peg; **być gotowym na wszystko** be ready for anything; **gotowe!** ready!, done! **jesteś gotów/gotowa?** are you ready? **kupić coś gotowego** buy/get sth ready-made. **2.** (*chętny, skory*) willing, eager; **zawsze gotów pomagać innym** always ready/willing to help other people.

gotów *a. indecl.* (*tylko jako orzecznik*) *zob.* **gotowy**.

gotówka *f.* cash; **płacić gotówką** pay cash.

gotycki *a.* Gothic.

gotyk *mi* Gothic style.

goździk *mi Gen.* **-a 1.** (*kwiat*) carnation, pink. **2.** (*przyprawa*) clove.

góra *f.* **1.** mountain, hill; (*w nazwach geograficznych*) mount; **góra lodowa** iceberg; **góra z górą się nie zejdzie...** it's a small world; **jechać w góry** go to the mountains. **2.** (*stos*) heap, pile; **obiecywać komuś złote góry** promise sb the moon/the earth. **3.** (*górna część*) top, upper part, head; (*domu*) upstairs; **do góry/ku górze/w górę** up; **do góry nogami** upside down; **głowa do góry!** cheer up!, chin up! **iść w górę** (*wspinać się*) go uphill; (*o ludziach*) advance, make a career; (*o cenach, wskazaniach urządzeń pomiarowych itp.*) go up, rise; **na górze/na górę** (*na piętrze/na piętro*) upstairs; **od góry do dołu** from top to bottom; **ręce do góry!** hands up!, stick'em up! **traktować kogoś z góry** patronize sb; **u góry** (*na górze czegoś*) at the top; **w górę rzeki** upriver, upstream; **z górą** (*ponad*) over, more than; **z góry** (*z wyprzedzeniem*) in advance. **4.** *pot.* (*kierownictwo, władza*) the authorities, the management; **polecenie z góry** order/directive from the management.

góral *mp* highlander, mountaineer. — *mi Gen.* **-a** *pot.* (*rower górski*) mountain bike, MTB.

góralski *a.* highlander.

górka *f.* (*pagórek*) hill(ock); **iść pod górkę** go uphill; **biec z górki na pazurki** go headlong down the hill; **mieć pod górkę** *pot.* have a difficult time; **teraz mamy już z górki** *żart.* it's all downhill from here, now comes the easy part.

górnictwo *n.* mining; **górnictwo naftowe/węglowe** oil/coal mining.
górniczy *a.* mining, miner's.
górnik *mp* miner.
górny *a.* upper, top; **kończyny górne** upper limbs; **górna granica** upper limit; **górne światło** overhead light; **górna piłka** *sport* high ball.
górować *ipf.* (*przewyższać*) tower (*nad kimś/czymś* over sb/sth); dominate (*nad kimś/czymś* sb/sth); *przen.* excel, surpass (*nad kimś* sb).
górski *a.* mountain.
górzysty *a.* **-szy** mountainous, hilly.
gówniarz *mp wulg.* punk, little shit, squirt.
gówno *n. Gen.pl.* **-wien** *wulg.* shit, crap; *przen.* (*błahostka*) shitty/crappy (little) thing; (*ktoś lub coś godne pogardy*) piece of shit/crap; **gówno cię to obchodzi** it's none of your fucking business.
gr *abbr.* = **grosz**.
gra *f. Gen.pl.* **gier** game, play; **dom/salon gry** gambling house, gaming house; **gra hazardowa** gamble; **gra kolorów/świateł** play of colors/lights; **gra komputerowa/planszowa** computer/board game; **gra na giełdzie** speculation; **gra (nie) jest warta świeczki** the game is (not) worth the candle; **gra o władzę** fight for power; **gra słów** *jęz.* pun, play on words, wordplay; **gra w kotka i myszkę** double dealing, mutual deception; **gra w otwarte karty** *przen.* square deal; **gry zespołowe** team sports; **reguły gry** rules of the game; **to nie wchodzi w grę** this is out of the question; **ukartowana gra** sham, fixed game. — *f. tylko sing.* **1.** (*sztuka aktorska*) acting. **2.** (*udawanie*) act, sham. **3.** (*na instrumencie muzycznym*) play, performance. **4. gra na nerwach** getting on sb's nerves.
grabarz *mp* gravedigger.
grabić *ipf.* **1.** (*wyrównywać grabiami*) rake. **2.** (*kraść*) plunder, loot.
grabie *pl. Gen.* **-i** rake.
grabież *f. pl.* **-e** plunder, pillage.
gracja *f.* grace.
gracz *mp* player.
grać *ipf.* (*uczestniczyć w grze, wykonywać utwór, występować na scenie*) play; (*uprawiać hazard*) gamble; (*o aktorze*) act; (*o instrumencie*) sound; (*o wykonawcy*) perform; **co grają w kinie?** what's playing at the movies? **grać główną rolę** play the main/leading part; **grać koncert** play a concerto; **grać na czyichś uczuciach/słabościach** take advantage of sb's feelings/weaknesses; **grać na fortepianie/skrzypcach** play the piano/violin; **grać na giełdzie/loterii** play the stock exchange/lottery; **grać na zwłokę** play for time; **grać w karty** play cards; **grać w koszykówkę/piłkę nożną** play basketball/soccer; **szafa grająca** jukebox; **grać komuś na nerwach** get on sb's nerves.
grad *mi* hail; **grad kul/pocisków** hail of bullets; **grad pytań** hail/volley/shower of questions.
graficzny *a.* graphic, graphical.
grafik[1] *mp Gen.* **-a** *pl.* **-cy** (*artysta*) graphic artist.
grafik[2] *mi Gen.* **-u** *pl.* **-i** (*diagram, plan*) diagram, chart.
grafika *f.* (*dziedzina*) graphic art; (*dzieło sztuki*) graphic.
grafit *mi* **1.** (*rysik ołówka*) lead. **2.** (*minerał*) graphite.
gram *mi Gen.* **-a** gram.
gramatyczny *a.* grammatical.
gramatyka *f.* grammar; **gramatyka języka polskiego/angielskiego** (*podręcznik*) Polish/English grammar.
gramofon *mi* record player, gramophone.
granat[1] *mi* (*owoc, roślina*) pomegranate.
granat[2] *mi wojsk.* grenade.
granat[3] *mi* (*minerał*) garnet.
granat[4] *mi* (*kolor*) navy blue.
granatowy *a.* navy blue.
granica *f.* **1.** (*linia wyznaczająca obszar*) border, boundary, frontier; **granica państwa** state border; **wyjechać za granicę** go abroad, leave the country; **zamknąć granice** close the borders. **2.** (*ograniczenie, kres*) limit; (*w liczbie mnogiej*) bounds, confines; **czynić coś w granicach swoich możliwości** do one's best, do all one can; **nie mieć granic** be boundless; **w granicach rozsądku/normy** within reason/the norm; **wszystko ma swoje granice** there's a limit to everything.
graniczny *a.* **1.** (*dotyczący granicy państwa*) border; **kontrola/straż/strefa graniczna** border check/patrol/zone; **przejście graniczne** border checkpoint. **2.** (*ostateczny, skrajny*) terminal, final; **wartość graniczna** limit.
graniczyć *ipf.* **1.** (*sąsiadować, stykać się*) border (*z czymś* on sth). **2.** (*upodabniać się*) verge (*do czegoś* on sth).
granit *mi* granite.
granulowany *a.* granulated.
grat *mi Gen.* **-a** piece of junk.
gratis *adv.* free (of charge).
gratulacje *f.* congratulations; **złożyć komuś gratulacje z okazji czegoś** congratulate sb on sth.
gratulować *ipf.* congratulate (*komuś czegoś* sb on sth).
grawerować *ipf.* engrave (*coś na czymś* sth on sth) (*w czymś* in sth).
grawitacja *f.* gravitation, gravity.
grdyka *f.* Adam's apple.
Grecja *f.* Greece.
grecki *a.* Greek.
Greczynka *f.* Greek.
grejpfrut *mi Gen.* **-a** grapefruit.
Grek *mp zob.* **Greczynka**.
grek *mp pot.* **udawać greka** play dumb, play the fool.
Grenlandia *f. Gen.* **-ii** Greenland.
grill *mi Gen.* **-a**; *Gen.pl.* **-i/-ów** grill, barbecue; **pieczony na grillu** grilled.
grobie *itd. mi zob.* **grób**.
grobowiec *mi* **-wc-** *Gen.* **-a** tomb, sepulcher; **rodzinny grobowiec** family vault.
grobowy *a.* grave, tomb, sepulchral; **kamień grobowy** gravestone, tombstone, headstone; **do grobowej deski** till death do us part, forever; **grobowa cisza** dead silence; **grobowa mina** gloomy face, grave expression.
groch *mi* pea(s); **rzucać grochem o ścianę** *przen.* waste one's breath; **groch z kapustą** *przen.* mishmash, hodgepodge.
grochówka *f.* pea soup.
grom *mi lit.* thunder; **grom z jasnego nieba** bolt from the blue; **jak rażony gromem** thunderstruck; **od groma** *pot.* plenty/loads (*czegoś* of sth); **rzucać gromy na kogoś/coś** curse sb/sth, swear at sb/sth.
gromada *f.* **1.** (*grupa, zgromadzenie*) group, crowd, bunch. **2.** (*jednostka w systematyce zoologicznej*) class.

gromadzić *ipf.* **1.** (*skupiać w grupę*) gather; (*przyciągać*) attract. **2.** (*zbierać, kumulować*) accumulate.
gromki *a.* booming.
grono *n.* **1.** (*grupa, zespół*) team, group; **grono nauczycielskie/pedagogiczne** teaching staff; **w gronie rodzinnym** in the family circle. **2.** (*kiść*) bunch, cluster.
grosz *mi Gen.* **-a** (*w Polsce*) grosz; (*jakakolwiek drobna moneta*) penny, cent; (*zbiorowo: pieniądze*) money; **co do grosza** not a penny less, not a penny more; to the last penny; **kawał grosza** a good bit of money; **kupić coś za ostatni grosz** spend one's last dime on sth; **kupić coś za psi grosz** buy sth dirt-cheap, pay peanuts for sth; **liczyć się z groszem** count every penny twice; **nie mieć (złamanego) grosza (przy duszy)** be penniless; **nie mieć za grosz rozumu/wstydu** not have an ounce of reason/shame; **niewart złamanego grosza** not worth a plugged/wooden nickel; **wtrącić swoje trzy grosze** *pot.* put in one's two cents' worth; **zarabiać grosze** earn very little.
groszek *mi* **-szk-** *Gen.* **-u/-a** pea(s); **groszek konserwowy** canned peas; **groszek pachnący** (*roślina*) sweet pea.
grota *f.* cave, grotto.
groteskowy *a.* grotesque.
groza *f.* **1.** (*niebezpieczeństwo*) peril, danger. **2.** (*przerażenie, strach*) fear, awe, horror; **film/powieść grozy** horror (movie/novel).
grozić *ipf.* **-żę -zisz groź/gróź 1.** threaten, menace; **grozić komuś palcem** wag one's finger at sb. **2.** (*zagrażać*) be imminent; **grozi nam epidemia** we are threatened with an epidemic, an epidemic is imminent; **wielorybom grozi wymarcie** whales are endangered.
groźba *f. Gen.pl.* **gróźb 1.** (*pogróżka*) threat, menace; **groźba użycia siły** threat to use force; **pod groźbą czegoś** under threat of sth. **2.** (*zagrożenie, niebezpieczeństwo*) danger, peril.
groźny *a.* dangerous, menacing; **groźna choroba** serious illness; **groźne spojrzenie** menacing look; **groźny człowiek** dangerous person; **groźny przeciwnik** formidable opponent.
grób *mi* **-o-** grave, tomb; **być jedną nogą w grobie/stać nad grobem** be at death's door, have (got) one foot in the grave; **ciemno jak w grobie** pitch dark; **grób rodzinny** family grave; **kopać sobie/komuś grób** be digging one's own/sb's grave; **milczeć jak grób** be (as) silent as the grave; **modlić się nad grobem** prey at a grave; **przewracać się w grobie** turn over in one's grave; **składać kwiaty na czyimś grobie** lay flowers at sb's grave; **spocząć w grobie** rest/lie in one's grave; **wpędzać kogoś do grobu** send sb to an early grave; **zabrać tajemnicę do grobu** carry a secret to the grave; **złożyć ciało do grobu** lay/put sb in their grave; **zza grobu** from the other/next world.
grubas *mp* fatso.
grubo *adv.* **1.** thickly; (*z grubsza*) roughly; (*niskim głosem*) in a low/deep voice; **grubo ciosany** rough-hewn; **wyglądać grubo** look fat. **2.** *pot.* (*znacznie*) **grubo się pomylić** be gravely mistaken; **grubo więcej** much more.
gruboskórny *a.* inconsiderate, indelicate.
grubość *f.* **1.** thickness; **mieć 30 centymetrów grubości** be 30 centimeters thick. **2.** (*otyłość, tęgość*) stoutness, fattiness.
grubszy *a. zob.* **gruby**.
gruby *a.* **1.** thick; (*tęgi, otyły*) fat, obese, stout; (*o głosie*) low, deep; **gruby jak beczka** as round as a barrel; **gruby zwierz** big game; **jelito grube** large intestine; **szyte grubymi nićmi** *przen.* self-evident, flagrant; **z grubsza** roughly. **2.** *pot.* (*znaczny, duży, ważny*) serious, important, big; **grube pieniądze** big money; **gruby błąd** serious/grave mistake; **gruba ryba** big fish, big shot, bigwig.
gruchotać *ipf.* **-czę/-ocę -czesz/-cesz 1.** (*miażdżyć, łamać*) crush, break. **2.** (*turkotać, grzechotać*) rattle.
gruczoł *mi* gland.
grudka *f.* lump.
grudzień *mi* **-dni-** *Gen.* **-a** December.
grunt *mi pl.* **-y/-a 1.** (*gleba, rola*) soil, earth; (*teren*) land, ground; **grunty orne** arable land; **mieć grunt pod nogami** be on firm ground; **przygotować grunt pod coś** *przen.* prepare ground for sth; **spotkać się na neutralnym gruncie** meet on neutral ground; **trafić na podatny grunt** find favorable conditions. **2.** (*dno*) bottom; **do gruntu** thoroughly; **nie mieć gruntu/stracić grunt pod nogami** be beyond/out of one's depth. **3. grunt to...** the most important thing is..., what matters is..., what counts is...; **w gruncie rzeczy** in fact.
gruntowny *a.* thorough, in-depth.
grupa *f.* group; **zespół muzyczny** band; **grupa drzew** clump/cluster of trees; **grupa krwi** blood group.
grupka *f.* small group, bunch.
grupować *ipf.* group; (*klasyfikować*) classify, categorize.
grupowy *a.* group, joint, collective; **zdjęcie grupowe** group photo.
grusza *f.* pear tree.
gruszka *f.* **1.** pear; **nie zasypiać gruszek w popiele** seize an opportunity/occasion; **ni z gruszki, ni z pietruszki** all of a sudden, out of the blue; **obiecywać komuś gruszki na wierzbie** promise sb the moon/earth. **2.** (*przedmiot w kształcie gruszki*) bulb.
gruz *mi* rubble, debris.
Gruzin *mp*, **Gruzinka** *f.* Georgian.
gruziński *a.* Georgian.
Gruzja *f.* Georgia.
gruźlica *f.* tuberculosis, TB, tb.
gryka *f.* buckwheat.
grymas *mi* grimace, face; **robić grymasy** make faces.
grymasić *ipf.* **-szę -sisz** be fussy, be choosy (*o coś* about sth).
grymaśny *a.* fussy, finicky, choosy; (*kapryśny*) capricious.
grypa *f.* influenza; *pot.* flu.
gryzący *a.* (*piekący, ostry*) acrid, pungent; **gryzący dym** acrid smoke/fumes.
gryzoń *ma* rodent.
gryźć *ipf.* **-zę -ziesz -zł -źli 1.** bite; (*np. kość*) gnaw; (*przeżuwać*) chew, munch. **2.** (*żądlić*) sting. **3.** (*o dymie: drażnić oczy*) sting; (*o tkaninie*) scratch; **co cię gryzie?** *przen.* what's eating you?, what's wrong (with you)?
grzać *ipf.* **-eję -ejesz 1.** (*ogrzewać*) warm (up), heat; **ani mnie to ziębi, ani grzeje** *pot.* I couldn't care less, I don't give a damn. **2.** (*dawać ciepło*) emit heat, give off heat. **3.** *pot.* (*mknąć*) speed, rush.
grzałka *f.* (water) heater.
grzanka *f.* toast.
grządka *f.* (flower)bed.

grząski *a.* boggy; **na grząskim gruncie** *przen.* on shaky ground.

grzbiet *mi* back, spine; **nie mieć co na grzbiet włożyć** not have a stitch of clothing (to cover o.s.); **grzbiet dłoni/książki** the back of the hand/of a book; **grzbiet górski** (mountain) ridge.

grzebać *ipf.* **-bię -biesz 1.** (*rozgarniać*) rummage, search (*w czymś* through sth); (*o ptakach*) scratch the ground; (*w ognisku*) poke. **2.** *pot.* (*majstrować*) fiddle, tamper (*przy czymś* with sth). **3.** (*składać do grobu*) bury.

grzebień *mi Gen.* **-a** comb; (*ptaka, jaszczurki*) crest; **grzebień fali** comb/crest of a wave.

grzech *mi* sin; **ciężki grzech** cardinal sin; **odpokutować za grzechy** atone for one's sins; **za jakie grzechy?** what have I done?, what for?

grzechotka *f.* rattle.

grzechotnik *ma* rattlesnake.

grzeczność *f.* politeness, courtesy; **wyświadczyć komuś grzeczność** do sb a favor; **z grzeczności** out of courtesy.

grzeczny *a.* (*uprzejmy*) polite, kind, courteous; (*posłuszny*) obedient; (*o dzieciach*) well-behaved.

grzejnik *mi Gen.* **-a** radiator, heater.

grzesznica *mp*, **grzesznik** *mp* sinner.

grzeszny *a.* sinful; **grzeszne myśli** sinful/dirty/filthy thoughts.

grzeszyć *ipf.* sin, commit sins; **kto śpi, nie grzeszy** you're innocent when you dream; **on nie grzeszy punktualnością** no one would accuse him of being punctual.

grzęznąć *ipf.* **-znę -źniesz -ij -ązł -ęzła -ęźli** (*zapadać się*) get stuck, sink (*w czymś* in sth); **grzęznąć w długach** be up to one's ears in debt.

grzmieć *ipf.* **-ę -isz -ij 1.** thunder; **grzmi** it's thundering. **2.** (*głośno mówić, ryczeć*) roar, blare (out).

grzmot *mi* (*odgłos pioruna*) (clap of) thunder; *pot.* (*hałas*) roar, boom.

grzyb *mi Gen.* **-a** fungus, mushroom; (*pleśń*) mold; **dwa grzyby w barszcz** (*co za dużo, to niezdrowo*) too much of a good thing; **grzyb atomowy** mushroom cloud; **po kiego grzyba?** *pot.* what's the point?, what for? **wyrastać jak grzyby po deszczu** spring up like weeds, mushroom.

grzybica *f.* mycosis; **grzybica stóp** athlete's foot.

grzybowy *a.* mushroom.

grzywa *f.* mane; **grzywa fali** the crest/comb of a wave.

grzywka *f.* fringe, bang(s).

grzywna *f. Gen.pl.* **-wien** fine; **wymierzyć komuś grzywnę w wysokości 100 dolarów** impose a fine of 100 dollars on sb, fine sb 100 dollars.

gubernator *mp* governor.

gubić *ipf.* lose; **gubić drogę** lose one's/the way; **gubić oczko** (*przy robieniu na drutach*) drop a stitch; **gubić myśl/wątek** lose the thread, lose sb's train of thought, get side-tracked; **gubić rytm** lose the rhythm/beat.

gulasz *mi Gen.pl.* **-ów/-y** goulash.

guma *f.* **1.** rubber; (*np. do majtek*) elastic, rubber band; **guma arabska** gum arabic; **guma do żucia** chewing gum. **2.** *pot.* (*dętka, opona*) tire; **złapać gumę** have a flat tire.

gumiak *mi Gen.* **-a** (*kalosz*) rubber boot; (*w liczbie mnogiej*) galoshes.

gumka *f.* **1.** (*do ścierania*) eraser, rubber. **2.** (*np. do majtek*) elastic, rubber band.

gumowy *a.* rubber.

gust *mi pl.* **-y/-a** taste; (*upodobanie*) liking, fancy; **coś w tym guście** *pot.* sth of that sort; **o gustach się nie dyskutuje** there's no accounting for taste; **przypadł jej do gustu** she took a fancy to him; **rzecz gustu** a matter of taste; **w dobrym guście** in good taste, tasteful; **w złym guście** in bad/poor taste; **to nie jest w moim guście** it is not to my liking/in my line.

gustować *ipf.* fancy, like, have a liking for (*w kimś/ czymś* sb/sth).

gustowny *a.* tasteful.

guz *mi Gen.* **-a 1.** bump; (*wypukłość*) protuberance; **nabić sobie guza** bump one's head; **szukać guza** ask/look for trouble. **2.** (*nowotwór*) tumor. **3.** (*ozdoba*) boss.

guzik *mi Gen.* **-a 1.** button; **nacisnąć guzik** push/press a button; **zapięty na ostatni guzik** set (to go), in trim. **2.** *pot.* (*klapa, nic*) zilch, flop; **guzik z tego będzie** nothing will come out of it, it's going to be a flop; **guzik cię to obchodzi** it's none of your business.

gwałcić *ipf.* **1.** (*popełniać gwałt*) rape. **2.** (*naruszać*) violate, break, infringe, transgress.

gwałt *mi* **1.** (*zgwałcenie*) rape. **2.** (*przemoc*) violence. **3.** (*przymus*) coercion, (brute) force; *pot.* (*gorączkowa aktywność*) tumult, frenzy; **gwałtu, rety!** help! **robić coś na gwałt** do sth frantically.

gwałtowny *a.* **1.** (*porywczy*) impetuous, impulsive, violent. **2.** (*energiczny*) intense. **3.** (*szybki, zaskakujący*) sudden, rapid; **gwałtowna śmierć** sudden death.

gwar *mi* din, hubbub; **gwar wielkomiejski** the hustle (and bustle) of the big city.

gwara *f.* (local) dialect.

gwarancja *f.* (*pewność*) guarantee; (*poręczenie, zobowiązanie*) guaranty, warranty; **nie ma gwarancji, że...** there's no guarantee (that)...

gwarancyjny *a.* guarantee; **naprawa gwarancyjna** repair under guarantee.

gwarantować *ipf.* guarantee, ensure.

gwardia *f. Gen.* **-ii** guard; **gwardia honorowa** guard of honor.

gwiazda *f. Dat. & Loc.* **gwieździe 1.** star; **gwiazda pięcioramienna** pentagram; **spadająca gwiazda** shooting star; **światło gwiazd** starlight; **typ spod ciemnej gwiazdy** lowlife; **urodzić się pod szczęśliwą gwiazdą** be born under a lucky star; **zobaczyć wszystkie gwiazdy** see stars before one's eyes. **2.** (*wybitna osoba*) star, celebrity; **gwiazda pierwszej wielkości** star of the first magnitude.

gwiazdka *f.* **1.** little star; (*znak graficzny*) asterisk; (*dystynkcja wojskowa*) star, pip; **chcieć gwiazdki z nieba** want the stars in the sky; **gwiazdka śniegowa** snowflake. **2.** (*początkująca artystka*) starlet. **3.** (*figura, kształt*) star. **4.** (*wigilia i Boże Narodzenie*) Christmastide, Christmas, Xmas; **dostać coś na gwiazdkę** get sth for Christmas.

gwiazdor *mp* star, celebrity.

gwiazdozbiór *mi* **-o-** constellation.

gwiaździsty *a.* **1.** (*rozgwieżdżony*) starry; (*podobny do gwiazdy*) stellar, starlike. **2.** (*ozdobiony gwiazdami*) star-spangled; **Gwiaździsty Sztandar** (*flaga USA*) the Star-Spangled Banner.

gwint *mi* **1.** thread; **gwint lewy/prawy** left-hand/right-hand thread. **2. jasny gwint!** *pot.* holy cow!

gwizd *mi* whistle.
gwizdać *ipf.* **-żdżę -żdżesz** whistle (*na kogoś/coś* for sb/sth); **gwizdać (sobie) na kogoś/coś** *przen.* not give/care a hoot about sb/sth.
gwizdek *mi* **-dk-** *Gen.* **-a** (*instrument l. dźwięk*) whistle; **pracować na pół gwizdka** work at half steam.
gwóźdź *mi* **-o-** *Gen.* **-a** *Ins.pl.* **-ami/-mi** nail; **gwóźdź do czyjejś trumny** *przen.* a nail in sb's coffin; **gwóźdź programu/wieczoru** *pot.* the main attraction of the show/evening; **wbijać gwóźdź w coś** drive a nail into sth; **zbijać coś gwoździami** nail sth together.

H

h *abbr.* = **godzina**.
ha[1] *int.* **1. ha! ha!** *onomat.* (*śmiech*) ha-ha, haw-haw. **2.** (*wyraża zdziwienie, podziw*) ha, hah.
ha[2] *abbr.* = **hektar**.
habilitowany *a.* **doktor habilitowany** postdoctoral degree (*in Poland*), DLitt, DSc.
habit *mi* habit, frock; **przywdziać habit** take the habit/frock.
haczyk *mi Gen.* **-a 1.** hook, crook; (*wędkarski*) fishhook; **mieć na kogoś haczyk** *pot., przen.* have something on sb; **połknąć haczyk** *t. przen.* swallow/take the hook, bite. **2.** (*kruczek, trudność*) catch, snag. **3.** (*znaczek*) check. **4.** (*pogrzebacz*) poker.
haft *mi* embroidery, fancywork.
haftować *ipf.* embroider.
Haga *f.* the Hague.
Haiti *n. indecl.* Haiti.
hak *mi Gen.* **-a** hook; **mieć na kogoś haka** *pot., przen.* have something on sb; **kilometr z hakiem** *pot.* a kilometer plus.
hala *f.* hall; **hala dworcowa** station hall; **hala montażowa** assembly room; **hala przylotów/odlotów** arrivals/departures lounge; **hala sportowa** sports hall; **hala targowa** covered market.
halka *f.* petticoat.
hall *mi* = **hol**[1].
halo *int.* **1.** *tel.* (*przy odbieraniu telefonu*) hello, yes; **halo, (słucham,) kto mówi?** yes, who is it/this? **2.** (*zawołanie*) hello. — *n. indecl. pot.* **wielkie (mi) halo** (*wielka rzecz, sprawa*) big deal; **robić z czegoś wielkie halo** make a big deal out of sth, make a (big) fuss about sth.
halowy *a. sport* indoor; **halowy rekord świata** indoor world record.
halucynacja *f.* hallucination.
hałas *mi* noise, racket; (*zamieszanie*) fuss, commotion; **bez hałasu** quietly; (*skrycie*) slyly, on the sly; **hałas uliczny** street noise; **narobić hałasu** make a fuss, kick up a fuss (*wokół czegoś* about sth); **wiele hałasu o nic** much ado about nothing.
hałasować *ipf.* make (a) noise, make a racket; **przestań hałasować!** keep it down!
hałaśliwy *a.* noisy; (*o śmiechu, krzyku*) raucous, boisterous.
hamak *mi Gen.* **-a** hammock.
hamburger *mi Gen.* **-a** (ham)burger, patty; **hamburger drobiowy/wołowy/rybny** chicken/beef/fish burger; **hamburger wegetariański** veggieburger, soyburger.
hamować *ipf.* **1.** (*redukować prędkość pojazdu*) brake. **2.** (*spowalniać, powstrzymywać*) slow down, restrain, inhibit, impede; **hamować łzy** hold back one's tears; **hamować swój zapał** curb/contain one's enthusiasm.
hamować się *ipf.* hold back, restrain o.s. (*przed czymś* from sth); **hamuj się!** behave!, whoa!, steady!
hamulcowy *a.* brake; **płyn hamulcowy** brake fluid; **układ hamulcowy** brakes.
hamulec *mi Gen.* **-lca 1.** *mot.* brake; **hamulec bezpieczeństwa** emergency brake; **hamulec ręczny** handbrake. **2.** *przen.* (*czynnik utrudniający*) check, bridle (*dla czegoś* on sth); *psych.* hang-up, inhibition, repression; **mieć hamulce** be inhibited; **on nie ma żadnych hamulców** he will stop at nothing.
handel *mi* **-dl-**; *Gen.pl.* **-ów/-i** trade (*czymś* in sth); trading; (*na dużą skalę*) commerce; (*nielegalny*) trafficking; **handel bronią/narkotykami** drugs/arms trafficking; **handel detaliczny** retail (trade), retailing; **handel hurtowy** wholesale (trade), wholesaling; **handel krajowy/wewnętrzny/zagraniczny** domestic/internal/foreign trade; **handel morski** sea trade; **handel wymienny** barter; **handel żywym towarem** slave trade.
handlarz *mp* dealer, trader; **handlarz narkotyków** (drug) dealer; **handlarz samochodami/antykami** car/antique dealer; **handlarz (uliczny)** (street) vendor.
handlować *ipf.* trade, deal (*czymś* in sth); (*nielegalnie*) traffic (*czymś* in sth).
handlowiec[1] *mp pl.* **-wcy** trader, dealer.
handlowiec[2] *mi pl.* **-wce** (*statek handlowy*) trader (ship).
handlowy *a.* trade, commercial; **bank handlowy** merchant bank; **centrum handlowe** shopping center; **korzyści handlowe** trade profits; **nazwa handlowa** trade name; **prawo handlowe** commercial law; **statek handlowy** merchant ship; **szkoła handlowa** business school/college; **tajemnica handlowa** trade secret; **znak handlowy (zastrzeżony)** (registered) trademark.
hangar *mi* hangar.
haniebny *a.* shameful, disgraceful, dishonorable, ignoble.
hańba *f.* disgrace, dishonor, shame, ignominy; **wstyd i hańba!** what a shame! **okryć kogoś/coś hańbą** bring disgrace/dishonor on sb/sth.
hańbić *ipf.* disgrace, bring disgrace on (*sb*); **żadna praca nie hańbi** any job's better than none.
harcerka *f.* scout, Girl Scout.
harcerstwo *n.* scouting, the scouts; **być w harcerstwie** be a scout, be in the scouts; **Związek Harcerstwa Polskiego** the Polish Scouting Association.
harcerz *mp* **1.** scout, Boy Scout. **2.** *iron.* (*idealista*) boy scout, eagle scout.
hardy *a.* haughty, proud.

harem *mi* harem.
harfa *f.* harp.
harmonia *f. Gen.* **-ii 1.** (*ład*) harmony; **żyć w harmonii** live in harmony. **2.** (*współbrzmienie*) harmony, consonance. **3.** (*instrument*) accordion, squeeze-box; (*mała*) concertina.
harmonijka *f.* (*także* **harmonijka ustna**) **1.** (reed) harmonica, mouth organ. **2. składać (się) w harmonijkę** accordion-fold.
harmonijny *a.* harmonious.
harmonizować *ipf.* harmonize; (*współgrać, pasować*) go together, mesh, accord (*z czymś* with sth).
harować *ipf. pot.* slave (away), work hard; **harować dzień i noc** work day and night; **harować jak wół** work like a dog/mule.
harpun *mi Gen.* **-a** harpoon, lance.
hart *mi* fortitude, moral fiber; **hart ducha/woli** stout heart.
hartować *ipf.* harden, temper, toughen; **hartować ciało** harden one's body; **hartować rośliny na mróz** harden plants to the cold.
hasło *n. Gen.pl.* **-seł 1.** (*rozpoznawcze*) password; **podawać hasło** give the password; **wpisać hasło** enter the password. **2.** (*często powtarzany zwrot*) slogan, watchword; (*modne wyrażenie*) buzzword; **hasło bojowe** battle cry; **hasło reklamowe** catchphrase, sound bite; **pod hasłem/hasłami czegoś** under the banner of sth. **3.** (*w słowniku, encyklopedii*) entry.
haszysz *mi* cannabis, hashish.
haust *mi* (*płynu*) gulp, swig; (*powietrza*) gasp; **wypić coś (jednym) haustem** drink sth at a gulp/at one gulp.
Hawaje *pl. Gen.* **-ów** Hawaii; **na Hawajach** in Hawaii.
hawajski *a.* Hawaiian; **gitara hawajska** steel/ Hawaiian guitar.
Hawana *f.* Havana.
hazard *mi* **1.** (*gra*) gambling. **2.** (*ryzyko*) gamble.
hazardzista *mp*, **hazardzistka** *f.* gambler.
heban *mi* ebony; **czarny jak heban** (as) black as coal, pitch-black.
hebel *mi Gen.* **-bla** plane.
heblować *ipf.* plane.
hebrajski *a.* Hebrew.
hejnał *mi* bugle-call.
hektar *mi Gen.* **-a** hectare.
helikopter *mi Gen.* **-a** helicopter; *pot.* chopper.
hełm *mi* helmet.
hemoroidy *pl. Gen.* **-ów** hemorrhoids, piles.
herb *mi* coat of arms.
herbaciarnia *f. Gen.pl.* **-i/-ń** teahouse.
herbata *f.* tea; **herbata chińska/indyjska** China/ Indian tea; **herbata czarna/zielona** black/green tea; **herbata mrożona** ice(d) tea; **herbata ziołowa** herb(al) tea.
herbatnik *mi Gen.* **-a** butter cookie.
heretyczka *f.*, **heretyk** *mp* heretic.
herezja *f.* heresy.
hermetyczny *a.* airtight, hermetic.
heroiczny *a.* heroic.
heroina *f.* heroin.
heroizm *mi* heroism.
hetman *mi pl.* **-y** (*figura szachowa*) queen. — *mp pl.* **-i/-owie** *hist.* general.
hiacynt *mi Gen.* **-a/-u** hyacinth.
hiena *f. zool.* hyena; *przen.* (*człowiek żerujący na cudzym nieszczęściu*) vulture; **hiena cmentarna** grave robber.
hierarchia *f.* hierarchy.
hieroglif *mi* hieroglyph(ic).
hi-fi *abbr. techn.* hi-fi; **sprzęt hi-fi** hi-fi equipment.
higiena *f.* hygiene; **bezpieczeństwo i higiena pracy** work safety, industrial hygiene; **higiena jamy ustnej** dental/oral hygiene; **higiena osobista** personal hygiene.
higieniczny *a.* hygienic; **chusteczka higieniczna** (facial) tissue.
Himalaje *pl. Gen.* **-ów** the Himalayas.
Hindus *mp*, **Hinduska** *f.* (*mieszkaniec Indii*) Indian; **hindus/ka** (*wyznawca hinduizmu*) Hindu.
hinduski *a.* (*indyjski*) Indian; (*dotyczący hinduizmu*) Hindu.
hipis *mp*, **hipiska** hippie.
hipnotyzować *ipf.* hypnotize.
hipnoza *f.* hypnosis, hypnotism.
hipochondryk *mp* hypochondriac.
hipokryta *mp*, **hipokrytka** *f.* hypocrite.
hipokryzja *f.* hypocrisy.
hipopotam *ma* hippopotamus; *pot.* hippo.
hipoteczny *a.* **dług hipoteczny** mortgage; **księga hipoteczna** mortgage register.
hipoteka *f.* mortgage; (*księga wieczysta*) mortgage register.
hipotetyczny *a.* hypothetic(al), conjectural.
hipoteza *f.* hypothesis, conjecture; **udowodnić/obalić hipotezę** prove/refute a hypothesis; **wysuwać hipotezę** hypothesize, put forward a hypothesis.
histeria *f. Gen.* **-ii** hysteria; **atak/napad histerii** hysterics; **wpadać w histerię** have hysterics; **zbiorowa histeria** mass hysteria.
histeryczny *a.* hysterical.
histeryzować *ipf.* become hysterical, be in hysterics; *pot.* have a fit; (*wpadać w panikę*) panic.
historia *f. Gen.* **-ii 1.** history; **historia choroby** case history; **historia starożytna/współczesna** ancient/ modern history; **Nuzeum Historii Naturalnej** Natural History Museum; **przejść do historii** (*także* **zapisać się w historii**) make history, go down in history (*jako ktoś/coś* as sb/sth). **2.** (*opowieść, bajka*) tale; (*wydarzenie, opowiadanie*) story; **historia czyjegoś życia** sb's life story; **ładna historia!** a pretty/fine kettle of fish! **niestworzona historia** tall tale; **wiecznie ta sama historia** it's the same old story.
historyczny *a.* **1.** (*dotyczący historii*) historical. **2.** (*doniosły*) historic.
historyjka *f.* (little) story; (*wątpliwa opowieść*) cock-and-bull story; **historyjka obrazkowa** (comic) strip; **nie opowiadaj mi historyjek** don't tell me stories.
historyk *mp* historian; (*nauczyciel historii*) history teacher.
Hiszpan *mp pl.* **-nie** Spaniard.
Hiszpania *f.* Spain.
Hiszpanka *f. zob.* **Hiszpan**; Spanish woman.
hiszpański *a.* Spanish.
hit *mi* (*przebój*) hit.
hitlerowski *a.* Nazi.
hobbista *mp*, **hobbistka** *f.* hobbyist.
hobby *n. indecl.* hobby, pastime.
hodować *ipf.* raise, breed, rear; (*dla przyjemności*) keep; (*rośliny*) grow, cultivate.

hodowca *mp* breeder; **hodowca bydła/owiec/drobiu** cattle/sheep/poultry farmer; **hodowca rybek akwariowych** aquarist.
hodowla *f.* farming, breeding; **hodowla bakteryjna** bacterial culture.
hojny *a.* generous, liberal; **dawać hojną ręką** give with an open hand.
hokej *mi Gen.* **-a** hockey; **hokej na trawie** field/grass hockey.
hol[1] *mi* (*pomieszczenie*) hall, hallway; (*w hotelu, teatrze, klubie*) lounge.
hol[2] *mi* (*do ciągnięcia*) tow; **ciągnąć coś na holu** tow sth.
Holandia *f.* the Netherlands, Holland.
holding *mi* holding company.
Holender *mp* **-dr-** Dutchman, Netherlander.
Holenderka *f.* Dutchwoman.
holenderski *a.* Dutch.
holować *ipf.* tow.
hołd *mi* tribute; **składać komuś hołd** pay/do homage to sb.
hołota *f. pog.* the mob, trash, scum, rabble, riffraff.
homar *ma* lobster.
homeopatyczny *a.* homeopathic.
homogenizowany *a.* homogenized; **serek homogenizowany** cream cheese.
homoseksualista *mp*, **homoseksualistka** *f.* homosexual, gay; (*tylko o kobiecie*) lesbian.
honor *mi* honor, self-respect; **daję słowo honoru** upon my word of honor, I give you my word; **punkt/sprawa honoru** point/matter of honor; **unieść się honorem** take offense; **wyjść z honorem** save one's face.
honorarium *n. sing. indecl. Gen.pl.* **-iów** fee, honorarium; **honorarium autorskie** royalty.
honorować *ipf.* honor, recognize; (*o czeku, karcie kredytowej*) accept.
honorowy *a.* (*o człowieku*) honorable; (*o długu, warunkach, tytule*) honorary; (*bez wynagrodzenia, dobrowolny*) voluntary; **gość honorowy** guest of honor; **kompania honorowa** guard of honor; **runda honorowa** victory lap, lap of honor; **sąd honorowy** court of honor.
hormon *mi* hormone; **burza hormonów** *pot.* raging hormones.
horoskop *mi* horoscope; **stawiać komuś horoskop** cast sb's horoscope.
horror *mi* (*film grozy*) horror movie; (*groźna sytuacja*) nightmare.
horyzont *mi* horizon; **mieć szerokie horyzonty** have wide horizons; **na horyzoncie** on the horizon.
hot-dog *mi Gen.* **-a** hot dog.
hotel *mi* hotel; **wymeldować się z hotelu** book out, check out.
hotelowy *a.* hotel.
hrabia *mp Gen.* **-ego/-i** *Dat.* **-emu/-i** *Acc.* **-ego/-ę** *Ins.* **-ą** *Loc.* **-i/-im** *Voc.* **-o** *pl.* **-owie** *Gen.* **-ów** count; (*w Wielkiej Brytanii*) earl.
hrabina *f.* countess.
huczeć *ipf.* **-ę -ysz** rumble; (*o grzmocie*) peal, roll; (*o grzmocie, wystrzale*) boom; (*o morzu*) roar; **huczeć od plotek** buzz with rumors.
huk *mi* **1.** boom, bang; (*grzmotu*) clap, peal, roll; (*wystrzału, wybuchu*) report, crack. **2.** *pot.* (*zamieszanie*) fuss; **narobić (masę) huku** make a lot of fuss (*wokół czegoś* about/over sth). **3.** *pot.* (*zatrzęsienie, bardzo dużo*) scads, lots.
hulajnoga *f. Gen.pl.* **-nóg** scooter.
humanista *mp*, **humanistka** *f.* **1.** (*naukowiec*) scholar in humanities. **2.** (*renesansowy*) humanist.
humanistyczny *a.* humanistic; **nauki humanistyczne** humanities; **przedmioty humanistyczne** arts; **wydział humanistyczny** faculty of arts.
humanitarny *a.* humane, humanitarian; **pomoc humanitarna** humanitarian aid.
humor *mi* **1.** (*usposobienie, nastrój*) temper, mood; **być w dobrym/złym humorze** be in a good/bad mood. **2.** (*komizm*) humor; **bez humoru** humorlessly; **czarny humor** black humor; **poczucie humoru** sense of humor; **z humorem** humorously.
hura *int.* hurray!, hooray!, hurrah! **hip-hip, hura!** hip hip, hurray!
huragan *mi* hurricane; *pot.* (*silny wiatr*) gale; **pędzić jak huragan** run/go like the wind; **huragan oklasków** rapturous applause.
hurt *mi* wholesale (trade); *pot.* (*duża ilość*) bulk, mass.
hurtownia *f.* wholesale store/discount.
hurtowy *a.* wholesale.
huśtać *ipf.* + *Ins.* swing, rock.
huśtać się *ipf.* swing, rock (o.s.).
huśtawka *f.* (*wisząca*) swing; (*pozioma*) seesaw; *przen.* (*ciągłe zmiany*) swings; **huśtawka nastrojów/cen** mood/price swings.
huta *f.* (*stali*) steelworks, steel mill/plant; **huta aluminium/cynku** aluminum/zinc works; **huta szkła** glassworks.
hutnictwo *n.* metallurgical industry; (*stali*) steel industry.
hutniczy *a.* metallurgical.
hutnik *mp* steelworker.
hydrant *mi* hydrant; *pot.* (*wąż gumowy*) water hose.
hydrauliczny *a.* hydraulic.
hydraulik *mp* plumber.
hydroelektrownia *f.* hydroelectric power plant.
hymn *mi* hymn, anthem; **hymn kościelny** church hymn; **hymn państwowy** national anthem; **hymn pochwalny** hymn of praise.

I

i *conj., part.* **1.** and; **dwa i dwa to razem cztery** two and two make four; **idź i przynieś mi kawy** go and fetch me some coffee; **jeden i ten sam** one and the same; **mówią, i nie bez powodu, że on wygra ten wyścig** they say, and with good reason, that he'll win the race; **nóż i widelec** knife and fork; **przekręciłem kluczyk i silnik ruszył** I turned the key and the engine started; **usiądź i słuchaj** sit down and listen. **2. i..., i...** both... and...; **lubię i psy, i koty** I like both cats and dogs. **3. jak i...** as well as...; **(zarówno)..., jak i...** both... and...; **to dotyczy zarówno ciebie, jak i mnie** it concerns both you and me, it concerns you as well as me. **4.** (*również, nawet*) **i ja tak potrafię** I can do it too; **i specjalista może nie mieć racji** even an expert can be wrong. **5.** (*łączy zaimki wskazujące, powtórzone dla wyrażenia nieokreśloności*) **w tym i tym miejscu** at such and such a place. **6.** (*w utartych zwrotach*) **i co teraz?** so? well? **i tak nie zrozumiesz** you won't understand anyway; **nie pójdziesz i już!** you are not to go, and I mean it! **no i co z tego?** so what?

iberyjski *a.* Iberian.

ich *pron. zob.* **on.**

ichtiologia *n.* ichthyology.

idea *f. Gen.* **-ei** *pl.* **-ee** *Gen.* **-ei** idea, notion, concept.

idealista *mp*, **idealistka** *f.* idealist.

idealistyczny *a.* idealistic.

idealizm *mi* idealism; (*marzycielstwo*) daydreaming.

idealnie *adv.* ideally, perfectly. — *int. pot.* excellent!, super!

idealny *a.* perfect, ideal; **idealny ład** perfect order; **mąż idealny** perfect husband; **w przypadku idealnym** in the ideal case.

ideał *mi* ideal; **daleki/bliski ideału** far from/close to the ideal.

identyczny *a.* identical (*z kimś/czymś* with sb/sth); **mamy identyczne upodobania** we have the same preferences.

identyfikować *ipf.* identify (*kogoś/coś z kimś/czymś* sb/sth with sb/sth) (*kogoś jako...* sb as...); (*rozpoznawać*) recognize.

ideologia *f.* ideology.

ideologiczny *a.* ideological.

idę *itd. ipf. zob.* **iść.**

idiom *mi* idiom.

idiota *mp*, **idiotka** *f.* idiot, moron, fool.

idiotyczny *a.* idiotic, moronic, foolish.

idiotyzm *mi* **1.** (*głupota*) idiocy, foolishness. **2.** (*bzdura*) rubbish, nonsense.

idol *mp* idol.

idylla *f.* idyll.

idziesz *itd. ipf. zob.* **iść.**

iglasty *a.* coniferous.

igliwie *n.* bed/litter of needles.

igloo *n. indecl.* igloo.

igła *f. Gen.pl.* **igieł** needle; **igła do zastrzyków** hypodermic needle; **igła w stogu siana** a needle in a haystack; **nawlekać igłę** thread a needle; **robić z igły widły** make a mountain out of a molehill; **ucho igły** the eye of a needle.

ignorancja *f.* ignorance.

ignorancki *a.* ignorant.

ignorować *ipf.* ignore; **oni ignorują się nawzajem** they ignore each other.

igrać *ipf.* **1.** trifle, play (*z kimś/czymś* with sb/sth); **igrać z ogniem** play with fire. **2.** (*drgać, pojawiać się i znikać*) flicker; **na jej twarzy igrał uśmiech** a smile flickered on her face.

igrzyska *pl. Gen.* **-sk** games; **igrzyska olimpijskie** the Olympic Games, the Olympics, the Games.

ikona *f. t. komp.* icon; **kliknąć na ikonę/na ikonie** click an icon.

ikra *f.* **1.** roe, fish eggs. **2.** *pot.* (*energia, odwaga*) guts; **z ikrą** with (plenty of) guts.

iks *mi Gen.* **-a** (*litera lub wartość niewiadoma*) X, x; **nogi w iks** knock-knees; **od iks czasu** for some time; **robić coś iks razy** do sth umpteen times.

ile *pron. Nom., Acc.* + *mp* **ilu/ile**; *Gen.* + *count* **ilu** *Gen.* + *noncount* **ile**; *Dat., Loc.* **ilu**; *Ins.* **iloma/ilu** **1.** *zaimek pytajny l. względny* how many (*count*); how much (*noncount*); **ile masz lat?** how old are you? **ile masz pieniędzy?** how much money do you have? **ilu ludzi widziałeś?** how many people did you see? **pokaż, ile przeczytałeś** show me how much you have read. **2.** (*w wykrzyknikach*) **ile śniegu!** what a lot of snow! **3. ile tylko można/ile się da** as much as possible. **4. po ile** (*w pytaniach o cenę*) how much; **po ile te pomarańcze?** how much are these oranges? **5. na ile** (*do jakiego stopnia*) to what extent, how far; **na ile mogę mu ufać?** how far can I trust him? **nie wiem, na ile to prawda** I don't know to what extent it's true. **6. tyle, ile...** as much as...; as many as...; **jesz dwa razy tyle, ile ja** you eat twice as much as I do; **mam tyle lat, co ty** I'm as old as you are. **7. o tyle, o ile.../na tyle, na ile...** in so far as...; insofar as...; inasmuch as...; to the extent that... **8. o tyle o ile** *pot.* so-so; not very much. **9.** (*wyraża uściślenie*) **nie tyle..., ile...** not so much... as...; **jestem nie tyle śpiący, ile zmęczony** I'm not so much sleepy as tired. **10. ile razy...** every time..., whenever...; **ile razy do ciebie dzwonię, zawsze jesteś zajęty** every time I call you you are busy. **11.** (*w funkcji spójnika*) **o ile..., (to)...** provided that..., if...; **o ile..., (o tyle)...** while..., whereas...; **o ile chcą, (to) niech przyjdą jutro** let them come tomorrow if they want to; **o ile ja nie znoszę kawy, o tyle moja żona ją uwielbia** while I hate coffee, my wife loves it.

ilekroć *pron. form.* whenever; **ilekroć to czytam, tylekroć się śmieję** I laugh whenever I read it, I laugh every time I read it; **ilekroć się spotykamy, nigdy mnie nie poznajesz** you never recognize me when we meet.

ileś *pron. decl. like* **ile-** + **-ś** *indecl.* any number of (*count*); any amount/quantity of (*noncount*); **zadali ileś tam pytań** they asked a number of questions.

iloczyn *mi* product.

iloraz *mi* quotient; **iloraz inteligencji** intelligence quotient, IQ.

ilość *f.* amount, quantity; (*liczba*) number; **śladowe ilości** trace amounts.

ilu *pron. zob.* **ile.**

ilustracja *f.* illustration, picture.

ilustrować *ipf.* illustrate.

ilustrowany *a.* illustrated, pictorial.

iluś *pron. zob.* **ileś**.
iluzja *f.* illusion; **nie mieć iluzji** have no illusions (*co do kogoś/czegoś* about sb/sth).
iluzjonista *mp*, **iluzjonistka** *f.* magician, illusionist, conjurer, conjuror.
ił *mi* loam, clay.
im[1] *conj.* **im..., tym...** the... the....; **im prędzej, tym lepiej** the sooner the better; **im lepiej ich znam, tym bardziej ich lubię** the better I know them the more I like them.
im[2] *pron. zob.* **on**.
im. *abbr.* (*imienia*) **Międzynarodowy Konkurs Pianistyczny im. Fryderyka Chopina** the International Frederick Chopin Piano Competition.
imadło *n. Gen.pl.* **-deł** vise.
imbecyl *mp pl.* **-e** *Gen.* **-i/-ów** imbecile, idiot.
imbir *mi* ginger.
imbryczek *mi Gen.* **-czka**, **imbryk** *mi Gen.* **-a** tea-pot.
imieniny *pl. Gen.* **-n** name day, patron saint's day; (*przyjęcie*) name-day party.
imienniczka *f.*, **imiennik** *mp* namesake.
imiesłów *mi* **-o-** *gram.* participle; **imiesłów czynny/bierny** active/passive participle; **imiesłów czasu przeszłego** past participle.
imię *n.* **imieni-** *pl.* **imiona 1.** name; (*w odróżnieniu od nazwiska*) first name, given name; **imię chrzestne** Christian name; **imię zdrobniałe** pet name; **być z kimś po imieniu** be on first-name terms with sb; **mam na imię Robert** my name is Robert; **nadać komuś/czemuś imię** name sb/sth; **znana jest pod imieniem Anna** she goes by the name Anna; **zwracać się do kogoś po imieniu** call sb by his/her first name. **2.** (*w utartych zwrotach*) **nazywać rzeczy po imieniu** call a spade a spade; **szargać czyjeś dobre imię** drag sb's name through the mud; **w imię kogoś/czegoś** in the name of sb/sth; **w czyimś imieniu** on behalf of sb, on sb's behalf.
imigracja *f.* **1.** immigration. **2.** (*ludność napływowa*) immigrants.
imigrant *mp*, **imigrantka** *f.* immigrant.
imitacja *f.* imitation; **imitacja srebra** imitation silver; **nędzna/tania imitacja** poor/cheap imitation.
imitować *ipf.* imitate.
immunitet *mi* immunity; **zrezygnować z immunitetu** waive one's immunity.
impas *mi* **1.** (*sytuacja bez wyjścia*) deadlock, impasse. **2.** *karty* finesse.
imperator *mp pl.* **-rzy/-owie** emperor.
imperialistyczny *a.* imperialist.
imperializm *mi* imperialism.
imperialny *a.* imperial.
imperium *n. sing. indecl. pl.* **-ia** *Gen.* **-iów** empire.
impertynencki *a.* impertinent.
impertynent *mp*, **impertynentka** *f.* impertinent.
impet *mi* impetus, momentum; (*wstrząs, efekt uderzenia*) shock; **nabierać impetu** gain momentum; **osłabić impet** absorb/reduce the shock; **otworzyć z impetem drzwi** fling the door open.
implikacja *f.* implication; (*skutek, następstwo*) consequence.
imponować *ipf.* impress (*komuś* sb, *czymś* with sth); make an impression (*komuś* on sb).
imponujący *a.* impressive.
import *mi* import.
importer *mp* importer.
importować *ipf.* import.
importowany *a.* imported; **towary importowane** import goods.
impotencja *f.* impotence.
impotent *mp* impotent man.
impregnowany *a.* impregnated; (*wodoodporny*) waterproof.
impresjonista *mp*, **impresjonistka** *f.* impressionist.
impresjonizm *mi* impressionism.
impreza *f.* show; (*wydarzenie*) event; (*spotkanie towarzyskie*) party.
improwizacja *f.* improvisation.
improwizować *ipf.* improvise.
improwizowany *a.* improvised.
impuls *mi* impulse; (*bodziec*) stimulus; **działać pod wpływem impulsu** act on (an) impulse; act on the spur of the moment.
impulsywny *a.* impulsive; (*odruchowy*) instinctive.
inaczej *adv.* **1.** (*odmiennie*) differently, in a different way; **tak czy inaczej** anyhow, anyway. **2.** (*w przeciwnym razie*) otherwise. **3.** (*czyli*) or; **bo inaczej...** (*pogróżka*) or else...; **jakżeby inaczej!** how else!
inauguracja *f.* inauguration.
inauguracyjny *a.* inaugural; **mowa inauguracyjna** inaugural speech.
inaugurować *ipf.* inaugurate.
in blanco *adv.* in blank; **czek in blanco** blank check.
incognito *adv.* incognito, anonymously. — *n. indecl.* incognito; **zachować incognito** remain incognito.
incydent *mi* incident.
indeks *mi* **1.** index. **2.** (*studencki*) credit book.
Indianin *mp pl.* **-anie** *Gen.* **-an**, **Indianka** *f.* Native American, Amerindian, (American) Indian.
indiański *a.* Native American, Amerindian, Indian.
Indie *pl. Gen.* **-ii** India; **Indie Zachodnie** the West Indies.
indoktrynacja *f.* indoctrination.
indoktrynować *ipf.* indoctrinate.
Indonezja *f.* Indonesia.
indonezyjski *a.* Indonesian.
indukcyjny *a.* **1.** *log.* inductive. **2.** *fiz., techn.* induction; **cewka indukcyjna** induction coil.
indyjski *a.* Indian; **Półwysep Indyjski** the Indian Subcontinent.
indyk *ma* turkey.
indywidualista *mp*, **indywidualistka** *f.* individualist.
indywidualność *f.* individuality.
indywidualny *a.* individual; **budownictwo indywidualne** independent building; **gospodarstwo indywidualne** family farm; **odpowiedzialność indywidualna** individual responsibility.
indziej *adv.* **gdzie indziej** somewhere else; **kiedy indziej** some other time; **nigdzie indziej** nowhere else.
infantylny *a.* infantile, childish.
infekcja *f.* infection.
inflacja *f.* inflation; **galopująca/pełzająca/ukryta inflacja** runaway/creeping/hidden inflation; **stopa inflacji** inflation rate.
informacja *f.* **1.** *t. komp.* information; (*wiadomość*) piece of news; **informacja genetyczna** genetic information; **informacja naukowa** scientific information; **udzielać informacji** provide information; **zbierać informacje** collect information; **źródło informacji** source of information. **2.** (*punkt informacyjny*) information desk, help desk.

informacyjny *a.* **agencja informacyjna** news agency; **biuletyn informacyjny** news bulletin; **broszura informacyjna** factsheet; **punkt informacyjny** information desk.
informator[1] *mi Gen.* **-a**; *pl.* **-ry** guide, guidebook.
informator[2] *mp pl.* **-rzy 1.** (*źródło informacji*) informant. **2.** (*policyjny, więzienny*) informer.
informatorka *f. zob.* **informator**[2].
informatyczka *f.*, **informatyk** *mp* computer expert.
informatyka *f.* computer/information science.
informować *ipf.* inform, notify (*kogoś o czymś* sb of/about sth).
infrastruktura *f.* infrastructure.
ingerencja *f.* interference.
ingerować *ipf.* interfere (*w coś* in sth).
inhalacja *f.* inhalation.
inicjał *mi* initial.
inicjator *mp*, **inicjatorka** *f.* initiator.
inicjatywa *f.* initiative; **inicjatywa ustawodawcza** legislative initiative; **przejąć inicjatywę** take the initiative; **wykazywać inicjatywę** show initiative.
inicjować *ipf.* initiate, start, launch.
inkasent *mp*, **inkasentka** *f.* meter reader.
inkasować *ipf.* **1.** (*należności*) collect. **2. inkasować ciosy** *boks* take blows.
inklinacje *pl.* inclinations, predilections.
inkubator *mi Gen.* **-a** incubator.
innowacja *f.* innovation.
inny *a.* another, other, different; **inny od kogoś/czegoś** different from sb/sth; **innym razem** some other time, another time; **innymi słowy** in other words, to put it another way; **być innego zdania** take a different view, be of a different opinion; **coś innego** something else; **ktoś inny** someone/somebody else; **między innymi** among others, among other things; **nie było innej rady/innego wyjścia** there was no other way; **nic innego** nothing else; **nikt inny** no one/nobody else; **wszystko inne** everything else; **w taki czy inny sposób** one way or another.
inscenizacja *f.* performance, staging.
inscenizować *ipf.* stage, perform.
inspekcja *f.* inspection, audit.
inspektor *mp pl.* **-rzy/-owie** inspector, supervisor; (*stopień w policji*) police inspector.
inspiracja *f.* inspiration; **czerpać z czegoś inspirację** draw inspiration from sth.
inspirować *ipf.* inspire, stimulate (*kogoś do czegoś* sb to sth, *do zrobienia czegoś* to do sth).
instalacja *f.* installation, system.
instalator *mp*, **instalatorka** *f.* installer, fitter.
instalować *ipf.* **1.** *techn.* (*montować*) install, fix. **2.** (*urządzać, lokować*) put in, place.
instancja *f.* instance; **sąd pierwszej instancji** court of first instance.
instant *a. indecl.* instant; **kawa/herbata instant** instant coffee/tea.
instrukcja *f.* instruction, direction; (*polecenie*) command; **instrukcja obsługi** user's guide/manual.
instruktaż *mi* briefing, instruction, training.
instruktor *mp*, **instruktorka** *f.* **1.** instructor. **2.** *sport* trainer, coach.
instrument *mi* instrument; (*narzędzie, przyrząd*) tool, device, appliance; **instrumenty dęte/strunowe** wind/stringed instruments.
instrumentalista *mp*, **instrumentalistka** *f.* instrumentalist.
instrumentalny *a. t. muz.* instrumental.
instruować *ipf.* instruct.
instynkt *mi* instinct; **instynkt macierzyński** maternal instinct; **instynkt samozachowawczy** self-preservation instinct; **najgorsze/najniższe instynkty** the worst/lowest instincts.
instynktowny *a.* instinctive.
instytucja *f.* institution, organization, establishment.
instytut *mi* institute; *uniw. t.* school, department.
insulina *f.* insulin.
insygnia *pl. Gen.* **-iów** insignia; **insygnia królewskie** royal insignia, regalia.
insynuacja *f.* insinuation, innuendo.
insynuować *ipf.* insinuate (*że ktoś coś zrobił* that sb did sth); impute (*coś komuś* sth to sb).
integracja *f.* integration.
integralny *a.* integral.
integrować *ipf.* integrate, consolidate.
intelekt *mi* intellect.
intelektualista *mp*, **intelektualistka** *f.* intellectual.
intelektualny *a.* intellectual.
inteligencja *f.* **1.** intelligence; (*rozum, umysł*) intellect; **iloraz inteligencji** intelligence quotient, IQ; **sztuczna inteligencja** *komp.* artificial intelligence, AI; **test na inteligencję** IQ test/intelligence test. **2.** *socjol.* (*pracownicy umysłowi*) intelligentsia.
inteligentny *a.* intelligent; (*bystry, pojętny*) shrewd, clever, smart, bright.
intencja *f.* intention, intent; **mieć dobre/złe intencje** have good/bad intentions, mean well/ill; **w dobrych/złych zamiarach** with good/malicious intent.
intensyfikować *ipf.* intensify.
intensywny *a.* (*nasilony, wyraźny*) **1.** intense. **2.** (*o kursie, uprawie*) intensive; (*o kolorze*) deep; (*o opadach*) heavy; **intensywna opieka medyczna** intensive care.
interes *mi* **1.** business, affair, matter; **chodzić koło swoich interesów** go about one's business; **człowiek interesu** businessman; (*kobieta*) businesswoman; (*niezależnie od płci*) businessperson; **mieć do kogoś interes** have a little business (to discuss) with sb; **mieszać się do czyichś interesów** meddle with sb's affairs; **to nie twój interes** it's none of your business, it's no business of yours; **otworzyć własny interes** open up a business, start a business; **podejrzany interes** *pot.* funny business; **robić interesy** do business. **2.** (*zysk, korzyść*) interest; **mieć w czymś (swój) ukryty interes** have an axe to grind in sth, have a vested interest in sth; **sprzeczność interesów** clash of interests, conflict of interest(s); **w czyimś interesie** in sb's (best) interest(s); **w interesie publicznym/państwa** in the public/national interest. **3.** (*transakcja*) deal, bargain; **dobić interesu** strike/make a bargain; **dobry interes** good bargain; **uczciwy/nieczysty interes** *pot.* square/shady deal.
interesant *mp*, **interesantka** *f.* inquirer; (*klient*) customer, client.
interesować *ipf.* interest; **to mnie interesuje** I am interested in it.
interesująco *adv.* interestingly.
interesujący *a.* interesting, absorbing.
internat *mi* dormitory; *pot.* dorm; **szkoła z internatem** boarding school.
internista *mp*, **internistka** *f.* internist.
internować *ipf.* intern.

interpretacja *f.* interpretation; (*wytłumaczenie*) explanation.
interpretować *ipf.* interpret.
interpunkcja *f.* punctuation.
interwencja *f.* intervention, interference.
interweniować *ipf.* **1.** intervene; (*wstawiać się*) intercede (*u kogoś* with sb, *za kimś* for sb/on sb's behalf). **2.** (*mieszać się*) interfere.
intonacja *f.* intonation.
intratny *a.* lucrative, profitable.
introligator *mp*, **introligatorka** *f.* bookbinder.
introwertyczka *mp*, **introwertyk** *f.* introvert.
intruz *mp* intruder, trespasser.
intryga *f.* scheme, intrigue, conspiracy; (*t. fabuła filmu lub utworu literackiego*) plot.
intrygować *ipf.* **1.** (*zaciekawiać*) intrigue, puzzle. **2.** (*knuć, spiskować*) plot, scheme (*przeciw komuś/czemuś* against sb/sth).
intuicja *f.* intuition.
intymny *a.* intimate; (*osobisty*) private.
inwalida *mp*, **inwalidka** *f.* invalid, disabled/handicapped person.
inwalidzki *a.* invalid's; **renta inwalidzka** disability pension; **wózek inwalidzki** wheelchair.
inwazja *f.* invasion; **dokonywać inwazji czegoś/na coś** invade sth.
inwencja *f.* inventiveness, creativity.
inwentarz *mi Gen.* **-a 1.** (*mienie*) stock. **2.** (*wykaz mienia*) inventory. **3.** *hodowla* livestock, breeding stock.
inwestor *mp*, **inwestorka** *f.* investor.
inwestować *ipf.* invest (*w coś* in sth).
inwestycja *f.* investment; **dobra/rozsądna inwestycja** good/sound investment.
inwestycyjny *a.* investment, capital; **fundusz inwestycyjny** investment fund.
inż. *abbr.* = **inżynier**.
inżynier *mp pl.* **-owie/-rzy** engineer.
inżynieria *f.* engineering; **inżynieria budowlana** construction engineering; **inżynieria genetyczna** genetic engineering.
iracki *a.* Iraqi.
Irak *mi* Iraq.
Irakijczyk *mp*, **Irakijka** *f.* Iraqi.
Iran *mi* Iran.
Irańczyk *mp*, **Iranka** *f.* Iranian.
irański *a.* Iranian.
Irlandczyk *mp* Irishman.
Irlandia *f.* Ireland; **Irlandia Północna** Northern Ireland.
Irlandka *f.* Irishwoman.
irlandzki *a.* Irish.
ironia *f.* irony, sarcasm; **jak na ironię** ironically; **ironia losu** ironic twist (of fate).
ironiczny *a.* ironic(al).
irracjonalny *a.* irrational.
irygacja *f.* irrigation.
irys *mi Gen. & Acc.* **-a 1.** (*kwiat*) iris. **2.** (*cukierek*) toffee.
irytować *ipf.* irritate, annoy.
irytujący *a.* irritating, provoking, annoying.
iskra *f. Gen.pl.* **iskier** spark; (*rozbłysk*) flicker, sparkle; **krzesać iskry** strike sparks; **iskra entuzjazmu** spark of enthusiasm; **iskra nadziei** flicker of hope.
islam *mi* Islam.
islamski *a.* Islamic, Muslim.
Islandczyk *mp* Icelander.
Islandia *f.* Iceland.
islandzki *a.* Icelandic.
Istambuł *mi* Istanbul.
istnieć *ipf.* exist, be.
istniejący *a.* existent, existing, extant; (*po rzeczowniku*) in existence.
istota *f.* **1.** (*sens, sedno*) essence, core, gist; **istota rzeczy/sprawy** the heart of the matter; **pojąć istotę problemu** get the point; **w istocie** as a matter of fact, in fact. **2.** (*stworzenie*) creature, being; **istota nadprzyrodzona/ludzka** supernatural/human being; **istota pozaziemska** extraterrestrial (being), ET; alien (from outer space).
istotnie *adv.* **1.** (*naprawdę, rzeczywiście*) indeed, really, in fact. **2.** (*znacząco*) significantly, considerably.
istotny *a.* **1.** (*ważny*) crucial, important, vital; (*znaczny*) significant, considerable. **2.** (*rzeczywisty, prawdziwy*) real, actual.
iść *ipf.* **idę idziesz idź; szedł szła szli 1.** (*poruszać się*) go, move; (*pieszo*) walk, stride; **idziemy?** shall we go? **idź dalej** go on/ahead, move on, keep walking; **iść drogą** walk/go down the road, follow the road; **iść na czele czegoś** head sth, lead sth; **iść parami/dwójkami** go in pairs/in twos; **iść pieszo/piechotą** go on foot, walk (it), foot it; **iść za kimś/czymś** go after sb/sth, follow sb/sth; **patrz, jak idziesz!** look where you go! **2.** (*udawać się w jakieś miejsce, wychodzić z zamiarem zrobienia czegoś*) **iść do domu** go home; **iść do kina** go to the movies; **iść do łóżka** go to bed; **iść do nieba/piekła** go to heaven/hell; **iść do szpitala** go/be taken to hospital; **iść do szkoły/pracy/kościoła** go to school/work/church; **iść do więzienia** go to prison/jail; **iść na dno** founder, sink, go to the bottom; **iść na lunch** go (out) for lunch; **iść na miasto** go into town; **iść na narty/łyżwy** go skiing/skating; **iść na przyjęcie** go to a party; **iść na ryby/polowanie** go fishing/hunting; **iść na spacer/przechadzkę** go for a walk/stroll; **iść na zakupy** go shopping; **iść popływać** go for a swim; **iść spać** go to sleep. **3.** (*odchodzić*) go away; **idź sobie!/idź precz!/idź stąd!** go away! *pot.* get lost! **idź do diabła!** *emf.* go to hell!, go to the devil! **4.** (*rozpoczynać coś*) **iść na urlop/przepustkę** go on leave/furlough; **iść na emeryturę** retire. **5.** (*wstępować do jakiejś instytucji*) **iść do college'u** go to college; **iść na medycynę** take up medicine; **iść do wojska** join the army, enlist. **6.** (*przemijać*) **iść w niepamięć** be forgotten; **iść w zapomnienie** fall/sink into oblivion. **7. iść za czymś** (*naśladować, słuchać*) follow sth; **iść za czyimś przykładem** follow sb's example/lead; **iść za czyjąś radą** follow sb's advice; **iść za głosem serca** listen to one's heart; **iść za głosem sumienia/rozsądku** listen to the voice of conscience/reason; **iść za najnowszą modą** follow the latest fashion. **8.** (*ciągnąć się, prowadzić*) run, stretch, lead; **ścieżka idzie pod górę** the path runs uphill. **9.** (*zbliżać się*) come, approach; **idą trudne czasy** hard times are coming; **idzie deszcz** it's going to rain; **idzie lato** the summer is approaching. **10.** (*wykazywać tendencję*) **iść w dół** go down, drop, fall, decrease; **iść w górę** go up, rise, soar, increase; **idzie ku lepszemu** things are looking up. **11.** (*o sprawach: toczyć się, posuwać się*) **idzie jak po grudzie** it's tough/hard going; **interesy idą dobrze** the business is doing well; **jak (ci) idzie?** how

are you doing? **nie idzie mi** I'm stuck (*z czymś* with sth). **12.** (*sprzedawać się*) **iść jak ciepłe bułeczki** go/sell like hot cakes; **iść pod młotek** come/go under the hammer. **13.** (*brzmieć*) **jak ta piosenka idzie?** how does the song go? **14.** (*chodzić o coś*) **idzie o to, że...** what I mean is that...; the problem is that...; **idzie o twój honor** your honor is at stake; **tu idzie o życie** it's a matter of life and death. **15.** (*w różnych wyrażeniach idiomatycznych*) **iść na całego** go the whole hog; **iść na kompromis** make a compromise (*z kimś* with sb); **iść na łatwiznę** take the easy way out; **iść na noże/udry** be at daggers drawn (*z kimś* with sb); **iść na układy** pact (*z kimś* with sb); **iść (z kimś) o zakład** bet (sb).

itd. *abbr.* (= *i tak dalej*) etc., et cetera (*and so on*); **itd., itp.** *pot.* and so on, and so forth.

itp. *abbr.* (= *i tym podobne*) etc., and the like, or similar.

izba *f.* (*pomieszczenie*) **1.** room; **izba chorych** infirmary; **izba dziecka** children's shelter; **izba porodowa** delivery room; **izba przyjęć** admission/reception room; **izba wytrzeźwień** detoxification center. **2.** (*instytucja*) chamber; **izba handlowa** chamber of commerce; **izba rozrachunkowa** clearing-house. **3.** *polit.* (*organ państwowy*) house; **Izba Reprezentantów** the House of Representatives; **Izba Lordów/Gmin** the House of Lords/Commons.

izolacja *f.* **1.** (*oddzielenie*) isolation, separation (*od czegoś* from sth). **2.** (*odizolowanie się*) seclusion; **w izolacji** in seclusion, incommunicado. **3.** *techn., el.* insulation; **izolacja cieplna/elektryczna** thermal/electric insulation.

izolatka *f.* (*w szpitalu*) isolation ward; (*w więzieniu*) solitary confinement.

izolator *mi Gen.* **-a** *el.* insulator, non-conductor.

izolować *ipf.* **1.** isolate, separate (*od kogoś/czegoś* from sb/sth). **2.** *techn., el.* insulate.

Izrael *mi Gen.* **-a** Israel.

Izraelczyk *mp*, **Izraelka** *f.* Israeli.

izraelski *a.* Israeli.

iż *conj. lit.* = **że**; **sądzę, że to prawda, iż on żyje** I believe that it is true that he is alive.

J

ja *pron., n. Gen., Loc.* **mnie** *Dat.* **mnie/mi** *Acc.* **mnie** *Ins.* **mną** I, me; **a ja?/a co ze mną?** what about me? **czyjeś drugie ja** sb's other/second self; **jak ja** like me; **ja sam/we własnej osobie** I myself; **ja też** me too, same here; **to (tylko) ja** it's (just/only) me.

jabłecznik *mi Gen.* **-a** (*ciasto*) apple pie; (*napój*) cider.

jabłko *n.* apple; **jabłko Adama** Adam's apple; **jabłko niezgody** bone of contention; **niedaleko pada jabłko od jabłoni** like father like son; **zbić kogoś na kwaśne jabłko** beat sb to a jelly.

jabłoń *f. pl.* **-nie** apple tree.

jacht *mi* yacht, sailboat.

jachtklub *mi* yacht/sailing club.

jad *mi* venom, poison; **jad kiełbasiany** botulin; **ziać/pluć jadem** *przen.* spout/spew venom.

jadać *ipf.* eat (from time to time); **jadać na mieście** dine out.

jadalnia *f. Gen.pl.* **-ni/-ń** dining room.

jadalny *a.* **1.** edible; *pot.* (*dość smaczny*) eatable; **grzyby jadalne** edible mushrooms. **2.** (*w którym się je*) dining; **pokój jadalny** dining room.

jadę *itd. ipf. zob.* **jechać**.

jadł *itd. ipf. zob.* **jeść**.

jadłospis *mi* menu.

jadowity *a.* venomous, poisonous.

jagnię *n.* **-nięci-** *pl.* **-nięt-** *Gen.* **-ąt** lamb; **potulny jak jagnię** as meek as a lamb.

jagoda *f. Gen.pl.* **-ód** berry; **czarna jagoda** blueberry, huckleberry.

jajecznica *f.* scrambled eggs; **jajecznica na boczku** bacon and eggs.

jajko *n.* egg; **jajka na boczku** bacon and eggs; **jajka sadzone** fried eggs; **jajko na miękko/twardo** soft-boiled/hard-boiled egg; **jajko wielkanocne** Easter egg; **kura znosząca złote jajka** the goose that lays the golden egg; **obchodzić się z kimś jak z jajkiem** handle/treat sb with kid gloves.

jajnik *mi Gen.* **-a** ovary.

jajo *n.* **1.** (*zwł. w sensie zoologicznym*) = **jajko**; **jajo ptasie/ptaka** bird/bird's egg; **jajo węża** snake's egg; **wysiadywać jaja** brood; **znosić jaja** lay eggs. **2.** (*żeńska komórka rozrodcza*) ovum. **3.** *pot., obsc.* (*jądro, w liczbie mnogiej t. kpiny, żarty*) ball; **robić coś dla jaj** do sth for kicks.

jajowaty *a.* egg-shaped, oval.

jak *adv., conj.* **1.** (*w pytaniach, zdaniach podrzędnych, wykrzyknieniach*) how; **jak daleko/długo?** how far/long? **jak dawno?** how long ago? **jak mu tam?** what's his name? **jak ona wygląda?** what does she look like? **jak się czujesz?** how are you feeling; **jak to?** how so?, how do you mean? **jak cicho!** how quiet! **jest akurat takie, jak lubisz** it's just the way you like it; **nie wiem, jak wam podziękować** I don't know how I can (ever) thank you; **wiem, jak to działa** I know how this works. **2.** (*w pytaniach o instrukcje*) how do I/we..., how do you..., how does one...; **jak dojść do dworca?** how do I get to the station? **jak po niemiecku powiedzieć "dziękuję"?** how do you say "thank you" in German? **3.** (*kiedy, w chwili gdy*) when; **dam ci znać, jak ona zadzwoni** I'll let you know when she calls; **jak tylko...** as soon as..., directly... **4.** (*jeśli*) if; **jak nie** if not, unless; **jak nie przestaniesz, (to)...** if you don't stop..., unless you stop...; **kto, jak nie on?** who, if not him? **jak nie teraz, to kiedy?** if not now, when? **5. jak długo...** (*dopóki*) as long as...; **jak żyję, nie widziałem czegoś takiego** I've never seen anything like it in (all) my life. **6.** (*przy porównaniach*) as, for; **brzydki jak noc** as ugly as sin; **czuć się jak u siebie w domu** feel at home; **jak Boga kocham!** I swear to God!, honest to God! **jak jeden mąż** as one (man), with one accord; **jak po maśle** smoothly; **mieć serce jak głaz** have a heart of stone; **nie ma jak w domu** (there's) no place like home; home sweet home; **niezłe, jak na niego** not bad for him; **tak jak zawsze** (same) as usual. **7. (tak daleko) jak** as far as; **jak okiem sięgnąć** as far as the eye can see. **8.** (*z przymiotnikiem lub przysłówkiem w stopniu najwyższym*) as... as possible; **jak najprędzej** as soon as possible; **jak najwięcej czasu/pieniędzy** as much time/money as possible; **jak najwięcej ludzi/książek** as many people/books as possible. **9. jak gdyby** as if, as though, like. **10. jak i/również** as well as; and also. **11. byle jak** crudely, any old way; (*słabo, źle*) badly, poorly.

jakby *conj., adv.* **1.** (*także* **tak jakby**) (*jak gdyby*) as if, as though, like; **jakby nigdy nic** as if nothing happened; **skakał, jakby zwariował** he was jumping like (he was) crazy. **2.** (*w rodzaju*) sort of, kind of; **czuła się jakby dziwnie** she felt sort/kind of funny; **to było coś jakby rurka** it was sort of (like) a pipe/something like a pipe. **3.** (*jeżeliby*) if; **jakby ktoś przyszedł/dzwonił...** if anybody comes/calls...

jaki *a., conj.* **1.** (*tożsamość, t. w zdaniach podrzędnych*) what, which; **jaka książka?** what book? **jakim prawem?** by what right? **po jakie licho...?** why the hell...? **po jakiemu on mówi?** what language is he speaking? **wiesz, na jakiej półkuli leży Australia?** do you know which hemisphere Australia is in? **2.** (*cechy, t. w zdaniach podrzędnych*) what... like; **jaka jest pogoda?** what's the weather like? **jaki on jest?** what's he like? **jaki pan, taki kram** like master, like man; **nie wiem, jaki jest ten film** I don't know what this movie is like. **3.** (*w wykrzyknieniach*) (*z rzeczownikiem policzalnym w liczbie pojedynczej*) what a; (*z rzeczownikiem niepoliczalnym/policzalnym w liczbie mnogiej*) what; (*z przymiotnikiem*) how; **jaka ładna pogoda!** what nice weather! **jaki miły piesek!** what a nice doggie! **jaka ona jest miła!** how nice she is! **4.** (*wyraża lekceważenie*) **jaki tam z niego specjalista** some expert!, he's not much of an expert. **5. byle jaki** (*kiepski*) poor, crummy; (*dowolny*) any; **jaki taki** so-so; **nie byle jaki...** not just your ordinary..., some...

jakikolwiek *a., pron.* **jaki-** *decl. like a.* **-kolwiek** *indecl.* any, a; **potrzebny mi jest jakikolwiek samochód** I need any/a car; **może być jakikolwiek** any (one) will do.

jakiś *a.* (*dowolny, nieważne jaki*) (*w zdaniach twierdzących*) some, a; (*w zdaniach pytających*) any; **tam jest jakaś tabliczka** there's some/a sign over there; **masz jakiś pomysł?** do you have any ideas? **jakiś tam** some.

jakkolwiek *adv.* (*obojętnie jak*) no matter how, however; **jakkolwiek głupie to się może wydawać** however stupid that may seem, stupid as it may seem; **jakkolwiek to zrobisz, będzie zadowolona** no matter how you do it, she'll be happy. — *conj.* (*chociaż, mimo że*) although; **jakkolwiek zrobiliśmy wszystko, co mogliśmy...** although we did everything in our power...

jako *conj.* **1.** (*jak*) as; **jako młoda dziewczyna** as a young girl; **mówię do ciebie jako twój ojciec** I am speaking to you as your father. **2. jako tako** (*przeciętnie*) so-so; **jako że** (*ponieważ*) since, as.

jakoby *conj.* **1.** (*że ponoć*) **mówiono, jakoby zamierzał wyjechać** they said he was about to leave. **2.** (*rzekomo, podobno*) supposedly, allegedly; **rzeczy, które jakoby miały się zdarzyć** things that supposedly happened.

jakoś *adv.* (*w jakiś sposób*) somehow (or other); **jakoś nie umiałam się z nim dogadać** somehow we didn't get along; **jakoś sobie poradzimy** we'll manage it somehow; **jakoś tak** something like this.

jakościowy *a.* qualitative.

jakość *f.* quality; **wysokiej/niskiej jakości** high/low-quality.

jakże *adv., int. emf.* how(ever); **jakże się cieszę, że cię widzę!** how happy I am to see you! **jakże to?** how so? **a jakże!** of course!, certainly!, by all means!

jałmużna *f.* alms, charity; (*datek*) handout; **wyciągać rękę po jałmużnę** hold out one's hand.

jałowiec *mi* **-wc-** *Gen.* **-a** juniper.

jałowy *a.* (*bezpłodny, sterylny*) sterile; (*bezproduktywny*) idle.

jałówka *f.* heifer.

jama *f.* (*dół, dziura*) pit, hole; (*nora*) burrow; (*pieczara*) cave, cavern; *anat.* cavity; **jama ustna/nosowa** oral/nasal cavity.

jamnik *ma* dachshund.

Japonia *f. Gen.* **-ii** Japan.

Japonka *f.*, **Japończyk** *mp* Japanese.

japoński *a.* Japanese.

jard *mi Gen.* **-a** yard.

jarmark *mi* fair.

jarmuż *mi* kale.

jarosz *mp*, **jaroszka** *f. Gen.pl.* **-ów/-y** vegetarian.

jarski *a.* vegetarian.

jarzeniówka *f.* glow lamp; (*świetlówka*) fluorescent tube.

jarzębina *f.* rowan (tree), mountain ash.

jarzmo *n. Gen.pl.* **-rzm/-rzem** yoke; **zrzucić jarzmo (niewolnictwa)** *przen.* cast/throw off the yoke (of slavery).

jarzyna *f.* vegetable.

jarzynowy *a.* vegetable.

jasiek *mi* **-śk-** *Gen.* **-a 1.** (*poduszeczka*) throw pillow, cushion. **2.** (*duża fasola*) butter bean.

jaskier *mi* **-kr-** *Gen.* **-u/-a** buttercup.

jaskinia *f.* cave; **jaskinia lwa** *przen.* lion's den.

jaskiniowiec *mp* **-wc-**; *Voc.* **-cze/-cu**; *pl.* **-y** caveman, troglodyte.

jaskółka *f.* swallow; **jedna jaskółka wiosny nie czyni** one swallow does not make a summer.

jaskrawo *adv.* brightly; (*ostro, wyraziście*) clearly, glaringly.

jaskrawy *a.* (*jasny, wyraźny*) bright, glaring; (*pstry*) garish; (*rażący*) flagrant.

jasno *adv.* **jaśniej** (*widno*) brightly; (*zrozumiale, wyraźnie*) clearly; **wyrażać się jasno** make o.s. clear.

jasnowidz *mp*, **jasnowidzka** *f.* clairvoyant, psychic.

jasny *a.* **jaśniejszy 1.** (*świecący, oświetlony*) bright; (*jaskrawy*) brilliant; (*o kolorze, odcieniu*) light; (*o włosach*) fair; **jak grom z jasnego nieba** like a bolt from/out of the blue; **jasna przyszłość** *przen.* bright future. **2.** (*zrozumiały, wyraźny, prosty*) clear; **jasna sprawa!** sure (thing)! **jasne jak słońce** clear as daylight; **jasne piwo** light beer, lager; **jasny dowód** clear evidence; **rzecz jasna,...** of course,... **3. do jasnej cholery!** (*także* **jasny gwint!**) *pot.* holy cow!

jastrząb *ma* **-ębi-** hawk.

jaszczurka *f.* lizard.

jaśmin *mi* jasmine.

jaw *mi* **wyjść na jaw** come to light, surface; **wyciągnąć coś na jaw** bring sth to light, expose sth.

jawa *f.* reality; **na jawie** for real; **sen na jawie** waking dream; **śnić na jawie** daydream.

jawność *f.* openness.

jawny *a.* **1.** (*nie utajniony*) open; **jawne głosowanie** open vote. **2.** (*widoczny, nieskrywany*) explicit, undisguised. **3.** (*o kłamstwie*) barefaced, brazen.
jazda[1] *f. Dat., Loc.* **jeździe 1.** (*samochodem jako pasażer, autobusem, rowerem, pociągiem*) ride; (*samochodem jako kierowca*) drive; **jazda konna** horse(back) riding; **jazda na wrotkach/nartach/łyżwach** skating/skiing/ice-skating; **jazda próbna** test drive, road test; **nauka jazdy** driving instruction; **prawo jazdy** driver's license; **rozkład jazdy** timetable, schedule. **2.** (*droga, podróż*) trip, journey. **3.** (*konnica*) cavalry.
jazda[2] *int. pot., zwł. pog.* get out!, get lost! **jazda (mi) stąd!** get the hell out of here!
jazz *mi muz.* (*także* **dżez**) jazz.
jazzowy *a.* jazz; **zespół jazzowy** jazz band.
ją *pron. zob.* **ona**.
jądro *n. Gen.pl.* **-der 1.** *anat.* testicle. **2.** (*ziarno, pestka*) kernel. **3.** (*środek, sedno*) core, heart; (*komety, galaktyki, atomu, komórki*) nucleus; **jądro Ziemi** Earth's core.
jądrowy *a.* nuclear; **broń jądrowa** nuclear arms/weapons; **energia/fizyka jądrowa** nuclear energy/physics; **elektrownia jądrowa** nuclear power plant.
jąkać się *ipf.* stutter, stammer.
je[1] *pron. zob.* **ona** , **ono**.
je[2] *ipf. zob.* **jeść**.
jechać *ipf.* **jadę, jedziesz 1.** (*udawać się*) go; (*samochodem jako kierowca*) drive; (*rowerem, konno, pojazdem jako pasażer*) ride; **jechać konno** go on horseback, ride; **jechać pociągiem/autobusem** take the train/bus, go by train/bus; **jechać rowerem** cycle, bike (*do...* to...). **2.** (*przemieszczać się*) (*o osobie, pojeździe*) go (on/along), travel; (*o pojeździe*) move; **jechać autobusem/pociągiem** ride in a bus/on a train; **jechać na gapę** *pot.* beat one's way; (*na statku itp.*) stow away; **jechać na jednym wózku** *przen.* be in the same boat; **jechać na koniu/konno** ride a horse; **jechać na nartach** ski.
jeden *num. decl. like a. tylko w liczbie pojedynczej* **-dn-** (*1*) one, a, single; **(bilet) w jedną stronę** one-way (ticket); **jeden na jednego** one on one; **jedna osoba** one person; **jednym słowem** in a word, in sum; **jednym tchem** in the same breath; **słuchać jednym uchem** listen with half an ear; **za jednym zamachem** at a/one blow, at one go, all in one go; **z jednej strony..., (ale) z drugiej strony...** on (the) one hand..., (but) on the other (hand)... — *a.* **-dn- 1.** (*jakiś, pewien*) a, some, one; **(taki) jeden gość** some guy. **2.** (*wspólny, łączny*) one, shared, common. **3.** (*taki sam*) same; *zob.* **jedno**. — *mp decl. like a.* **-dn-** (*ktoś*) one, someone; **co jeden, to lepszy** *iron.* any one (of them) is as bad as the other, they're all alike; **jeden do drugiego** to each other, to one another, one to another; **jeden za wszystkich, wszyscy za jednego** all for one and one for all; **jeden z wielu** one of many; **wy, jeden z drugim** *pog.* both of you. — *mi decl. like a.* **-dn-** *pot.* (*kieliszek alkoholu*) shot; **wstąpić na jednego** stop in for a drink; **wypić po jednym** have a shot (each).
jedenasty *a.* eleventh.
jedenaście *num.* **-st-** *Ins.* **-oma/-u** eleven.
jednać *ipf.* (*godzić*) reconcile; **jednać sobie kogoś** win sb over.
jednak *conj.* **1.** (*mimo to*) however, still, nevertheless; **a jednak** anyway, still, all/just the same, (and) yet; **nie był jednak zupełnie pewien** he wasn't, however, quite sure; **a jednak to zrobił** he did it anyway/all the same; still, he did it. **2.** (*także* **ale jednak**) but (still), though, yet; **był kolorowy, jednak nie do przesady** it was colorful, but not too colorful. **3.** (*okazuje się, że*) it turns out (that); **jednak jest za duży** it turns out that it's too big, it turns out to be too big. **4. a jednak!** (*a widzisz?*) see?, didn't I tell you?
jednakowo *adv.* **1.** (*tak samo*) alike; **myśleć/wyglądać jednakowo** think/look alike. **2.** (*(po) równo*) equally.
jednakowy *a.* equal, identical, the same.
jedno *n. Gen.* **-ego 1.** (*coś, pewna rzecz*) one (thing); (*to samo*) the same; **jedno i to samo** one and the same (thing); **jedno jest pewne** one thing is for sure; this much is certain; **jedno z dwojga** one or the other; **na jedno wychodzi** it amounts to the same, no difference; **wszystko jedno kto/co/jak** no matter who/what/how; **wszystko mi jedno** it's all the same (to me); who cares? **2.** (*jedność, całość*) oneness, unity; **łączyć w jedno** unite.
jednobarwny *a.* monochrome, monochromatic.
jednoczesny *a.* simultaneous.
jednocześnie *adv.* simultaneously, at the same time.
jednoczyć *ipf.* (*łączyć*) unite (*kogoś/coś z kimś/czymś* sb/sth with sb/sth, *wokół czegoś* for sth).
jednodniowy *a.* one-day; (*mający jeden dzień*) one-day-old; (*krótkotrwały, przelotny*) ephemeral.
jednogłośnie *adv. zwł. polit.* unanimously.
jednogłośny *a.* unanimous.
jednokierunkowy *a.* one-way, unidirectional.
jednokrotny *a.* single, one-time, single-time.
jednolity *a.* uniform.
jednomyślnie *adv.* unanimously.
jednomyślny *a.* unanimous.
jednoosobowy *a.* **1.** (*o kierownictwie, odpowiedzialności*) single-person, one-person. **2.** (*o pokoju, bilecie, kajaku*) single.
jednopiętrowy *a.* (*dwukondygnacyjny*) two-storied.
jednopokojowy *a.* one-room, single-room; **mieszkanie jednopokojowe** studio (apartment), efficiency apartment.
jednorazowy *a.* (*jednokrotny*) single, one-time, one-off; (*także* **jednorazowego użytku**) disposable.
jednorodny *a.* homogeneous, uniform.
jednorodzinny *a.* single-family; **dom jednorodzinny** detached house.
jednorzędowy *a.* **1.** single-row. **2.** *krawiectwo* single-breasted; **marynarka jednorzędowa** single-breasted jacket.
jednosilnikowy *a.* single-engine.
jednostajność *f.* monotony; (*równomierność*) uniformity.
jednostajny *a.* **1.** *gł. uj.* monotonous. **2.** (*równomierny*) uniform; **ruch jednostajny** uniform motion.
jednostka *f.* **1.** unit; **jednostka badawcza** research unit; **jednostka miary/masy** unit of measure/mass; **jednostka monetarna** currency unit; **jednostka wojskowa** military unit. **2.** (*osoba*) individual. **3.** (*także* **jednostka pływająca**) vessel.
jednostkowy *a.* **1.** (*sporadyczny*) isolated; (*pojedynczy*) individual. **2.** (*liczony na jednostkę*) unit; **cena jednostkowa** unit price.
jednostronny *a.* **1.** (*dotyczący jednej strony*) unilateral; **jednostronna deklaracja** unilateral declaration. **2.** (*stronniczy*) one-sided. **3.** (*dotyczący*

jednej powierzchni) single-sided; **kopia jednostronna** single-sided copy. **4.** (*jednokierunkowy*) unidirectional.

jedność *f.* unity; **jedność akcji/czasu/miejsca** unity of action/time/place; **stawać się jednością** become one; **w jedności siła** united we stand, divided we fall.

jednotygodniowy *a.* one-week, one-week-long; (*mający jeden tydzień*) one-week-old.

jednoznaczny *a.* (*o sformułowaniu, prawie*) explicit, unambiguous; (*o rozróżnieniu*) clear-cut.

jedwab *mi* **-bi-** *Gen.pl.* **-i/-ów** silk; **sztuczny jedwab** rayon, artificial silk.

jedwabisty *a.* silky, silken.

jedwabnik *ma* silkworm.

jedwabny *a.* silk, silken; (*gładki, delikatny*) silky.

jedynaczka *f.*, **jedynak** *mp* only child.

jedynie *adv.* (*wyłącznie*) only, solely; (*zaledwie*) merely; **mogę jedynie próbować** I can only try; **jedynie ty możesz mnie uratować** only you can save me, you alone can save me.

jedynka *f.* **1.** (*1, coś o numerze jeden*) (number) one. **2.** *szkoln.* F (*failing grade*); **dostać jedynkę** get an F. **3.** *dent.* front tooth. **4.** *mot.* (*pierwszy bieg*) first (gear); **jechać na jedynce** drive in first; **wrzucić jedynkę** put it in first. **5.** *pot.* (*pokój jednoosobowy*) single room. **6.** *sport* (*kajak, sanie itp. dla jednego zawodnika*) single.

jedyny *a.* only, one; **jeden jedyny** *emf.* one and only; **jedyny w swoim rodzaju** one of a kind, unique. — *mp decl. like a.* (*ukochany*) sweetheart.

jedzenie *n.* **1.** (*pokarm*) food; **jedzenie i picie** food and drink. **2.** (*konsumpcja*) eating; **coś do jedzenia** something to eat; **apetyt rośnie w miarę jedzenia** the more you get the more you want.

jeep *mi Acc., Gen.* **jeepa** (*także* **dżip**) jeep; *pot.* (*samochód terenowy*) all-purpose automobile.

jego *pron. zob.* **on** , **ono**.

jej *pron. zob.* **ona**.

jej[1] *int.* **o jej!** gee!

jej[2] *pron. zob.* **ona**.

jeleń *ma* **1.** deer; (*samiec*) stag, hart. **2.** *pot.* (*człowiek nabrany*) dupe; (*frajer, naiwniak*) sap, fall guy, sucker; **zrobić z kogoś jelenia** put one over on sb.

jelito *n.* intestine, bowel; *pot.* gut; **jelito cienkie** small intestine; **jelito grube** colon, large intestine/bowel.

jem etc. *ipf. zob.* **jeść**.

jemioła *f.* mistletoe.

jemu *pron. zob.* **on**.

jen *mi Gen.* **-a** (*japońska jednostka monetarna*) yen.

jeniec *mp* **-ńc-** *pl.* **-y** captive, prisoner; **jeniec wojenny** prisoner of war, POW.

jeniecki *a.* prisoner-of-war, POW; **obóz jeniecki** POW camp.

Jerozolima *f.* Jerusalem.

jesienny *a.* autumnal; fall, autumn; **jesienne zrównanie dnia z nocą** autumnal equinox, autumnal point.

jesień *f. pl.* **-e** fall; autumn; **jesienią** (*także* **na jesieni**) in the fall, in (the) autumn; **jesień życia** the autumn of one's life; **złota jesień** Indian summer.

jesion *mi* ash.

jest *itd. ipf. zob.* **być**.

jeszcze *part.* **1.** yet; (*wciąż, nadal*) still; **był już niemłody, ale jeszcze w pełni sił** he wasn't young, but still going strong; **jeszcze cię dopadnę** I'll get you yet; **jeszcze do niedawna** until recently; **jeszcze jeden** yet another; **jeszcze nie** not yet; **jeszcze nie skończyłem książki** I haven't finished the book yet; **jeszcze nie teraz** not now; **jeszcze nigdy (dotąd)** never yet, never before; **jeszcze zaczekaj** hold on, wait a minute; **nie odchodź jeszcze** don't go yet. **2.** (*ponownie*) more, again; **jeszcze jeden** one more, another one; **jeszcze raz** one more time, once again; **jeszcze się zobaczymy** we'll meet again; **jeszcze trochę herbaty?** (would you like some) more tea? **muszę poczekać jeszcze kilka dni** I have to wait a few more days. **3.** (*nawet*) even; **jest jeszcze lepsze niż wczoraj** it's even better than yesterday; **poznaliśmy się jeszcze przed studiami** we met even before college. **4.** (*poza tym*) else; **kto/co jeszcze?** who/what else? **5.** *emf.* **jeszcze czego!** like hell I will! **jeszcze jak!** and how! I'd love to! I sure do/will (*etc.*); **jeszcze śmiesz pytać!** how dare you ask!

jeść *ipf.* **jem jesz jedzą, jedz, jadł jedli** eat; **daj mi jeść!** give me something to eat! **jeść komuś z ręki** *przen.* eat out of sb's hand; **jeść na mieście** eat out; **jeść obiad** dine; **jeść za dwóch** eat like a horse.

jeśli *conj.* if; **jeśli nie** unless; **jeśli mnie pamięć nie myli** if my memory serves me; **jeśli można** if I may, if that's OK (with you); **jeśli nie będzie padać** unless it rains, if it doesn't rain; **jeśli pani pozwoli** if you don't mind; **jeśli wcześniej skończę pracę, zadzwonię do ciebie** if I finish work earlier, I'll call you; **któż, jeśli nie on?** if not him, who?

jeśliby *conj.* if (+ *would/should*); **jeślibym wcześniej skończył pracę, zadzwonię do ciebie** if I should finish work earlier, I'll call you; **jeśliby pan poczekał, zobaczę co się da zrobić** if you (will/would) wait, I'll see what I can do.

jezdnia *f. Gen.pl.* **-i** road(way), street.

jezioro *n.* lake; **Wielkie Jeziora** *US* the Great Lakes.

Jezus *mp Voc.* **Jezu/Jezusie** *rel.* Jesus; **Jezus Chrystus** Jesus Christ. — *int.* **Jezus Maria!** Jesus Christ!

jeździć *ipf.* **jeżdżę jeździsz 1.** (*podróżować*) travel; **jeździć za granicę** travel abroad. **2.** (*kierować pojazdem*) drive; **jeździć samochodem** drive (a car); **jeździć konno** ride (a horse); **jeździć na motocyklu** ride a motorbike/motorcycle; **jeździć na rowerze** ride a bicycle/bike, cycle; **jeździć na wrotkach** rollerskate. **3.** (*kursować*) run; **o tej porze tramwaje już nie jeżdżą** streetcars don't run at this time of night. **4.** *pot.* (*ślizgać się, sunąć*) slide; (*wodzić*) run (*czymś* sth, *po czymś* along/down sth); **przejechał ręką po jej plecach** he ran his hand down her back.

jeździec *mp* **-dźc-** *Voc.* **-cze/-cu** *pl.* **-y** rider, horseman.

jeździectwo *n.* horseback riding, horsemanship.

jeż *ma* **1.** *zool.* hedgehog. **2.** (*fryzura*) crew cut, flat top; **strzyc się na jeża** wear a crew cut.

jeżeli *conj.* = **jeśli**.

jeżyć *ipf.* bristle; **jeżyć komuś włosy** *przen.* make sb's hair stand on end, make sb's hair curl.

jeżyna *f.* blackberry; (*krzew*) bramble.

jęczeć *ipf.* **-ę -ysz** moan, groan; **jęczeć z bólu** groan in pain, moan with pain; **jęczał, że...** he moaned that...

jęczmień *mi Gen.* **-a** barley.

jędrny *a.* (*o ciele*) firm; (*o języku, stylu*) powerful, robust; (*o owocu*) full.

jędza *f.* bitch, shrew, vixen, scold.

jęk *mi* moan, groan; **jęk bólu** groan/moan of pain; **jęk rozpaczy/zawodu** groan of despair/disappointment; **wydać jęk** let out a groan/moan, give a moan.

język *mi Gen.* **-a 1.** (*narząd*) tongue; **dostać się na języki** become the talk of the town/village; **język ją świerzbi** she's bursting to say it; **łamać sobie język (na czymś)** twist one's tongue (around sth); **mieć coś na końcu języka** have sth on the tip of one's tongue; **mieć długi język** not be able to keep a secret; **mieć ostry język** have a sharp tongue; **mówić, co ślina na język przyniesie** blabber; **pociągnąć kogoś za język** tap sb for information; **pokazać komuś język** stick/put one's tongue out at sb; **trzymaj język za zębami!** hold your tongue! **ugryźć się w język** *dosł. l. przen.* bite one's tongue; **zapomnieć języka w gębie** lose one's tongue; **złe języki** (*plotkarze, potwarcy*) evil tongues. **2.** (*forma porozumiewania się, sposób mówienia*) language; *lit.* tongue; (*mowa*) speech; **język angielski** English, the English language; **język literacki/potoczny** literary/colloquial language; **język mówiony** spoken language, speech; **język obcy** foreign language; **język ojczysty** native language/tongue, mother tongue; **język pisany** written language; **język programowania** programming language; **kaleczyć język francuski** speak broken French; **nauczanie języków obcych** foreign language teaching, FLT; **władać dobrze językiem niemieckim** have a good command of the German language; **znajdować z kimś wspólny język** find a common interest with sb. **3. zasięgnąć języka** ask around. **4.** (*coś w kształcie języka*) (*w bucie*) tongue; **język spustowy** *wojsk.* trigger; **języki ognia** tongues of fire.

językowy *a.* (*o barierze, laboratorium, sprawnościach*) language; (*o poprawności, pożyczkach, rozwoju*) linguistic; *anat.* lingual; **zdolności językowe** gift/talent/knack for languages.

językoznawstwo *n.* linguistics.

jod *mi* iodine.

jodełka *f.* (*wzór tkaniny*) herringbone (pattern).

jodła *f. Gen.pl.* **-deł** fir(-tree).

jodyna *f.* (tincture of) iodine.

joga *f.* yoga.

jogging *mi* jogging.

jogurt *mi* yog(h)urt.

joker, dżoker *mp karty* wildcard.

jon *mi chem., fiz.* ion.

Jordania *f. Gen.* **-ii** Jordan.

Jowisz *mp* Jupiter.

jubilat *mp*, **jubilatka** *f.* one celebrating his/her birthday/anniversary; **para jubilatów** the anniversary couple.

jubiler *mp* jeweler; **u jubilera** at the jeweler's (store).

jubilerski *a.* jeweler's.

jubileusz *mi Gen.pl.* **-y/-ów** jubilee; **srebrny/złoty/brylantowy jubileusz** silver/golden/diamond jubilee; **obchodzić jubileusz** celebrate a jubilee.

Jugosławia *f. Gen.* **-ii** Yugoslavia.

junior *mp*, **juniorka** *f.* junior.

jupiter *mi Gen.* **-a** *film* sun lamp.

juror *mp*, **jurorka** *f.* juror, member of the jury.

jury *n. indecl.* jury.

jurysdykcja *f.* jurisdiction.

jutro *n.* tomorrow; **od jutra** as of tomorrow; (starting) from tomorrow; **marzyć o lepszym jutrze** dream of a better tomorrow. — *adv.* tomorrow; **do zobaczenia jutro** (I'll) see you tomorrow; **jeśli nie dziś, to jutro** (either) today or tomorrow.

jutrzejszy *a.* tomorrow's.

już *adv., part.* **1.** already; **jak już mówiłem** as I have already said; **już idziesz?** are you leaving already? **już jestem spóźniony** I'm late already. **2.** yet (*w pytaniach ogólnych*); **czy już jadłeś?** have you eaten yet? **3. już nie** not any more. **4.** (*wyraża zakończenie, emfazę*) **to już koniec** it's all over; **już po mnie** I've had it, I'm done; **nie i już!** the answer is no!, no means no! **już ja cię nauczę!** I'll teach you a lesson! **już cię nie ma!** out you go! **już idę!** I'm just coming! **już miałem powiedzieć...** I was just about to say...; **tego już za wiele!** that's the last straw!

K

kabanos *mi Gen.* **-a** thin dried smoked pork sausage.

kabaret *mi* cabaret.

kabel *mi* **-bl-** *Gen.* **-a** cable.

kabina *f.* (*kolejki linowej, pasażerska*) cabin; (*kierowcy*) driver's cab; (*pilota*) cockpit; (*prysznicowa*) shower cubicle; (*telefoniczna*) (tele)phone booth, call box.

kabriolet *mi* convertible.

kac *mi Gen.* **-a** hangover.

kaczka *f.* duck; **kaczka dziennikarska** canard.

kaczor *ma* drake.

kadencja *f.* **1.** term of office, tenure. **2.** *muz.* cadence.

kadet *mp* cadet.

kadłub *mi Gen.* **-a** (*statku*) hull; (*samolotu*) fuselage.

kadr *mi* frame.

kadra *f.* **1.** personnel, staff; **dział kadr** personnel/human resources department. **2. kadra narodowa** national team.

kafelek *mi* **-lk-** *Gen.* **-a** tile.

kaftan *mi Gen.* **-a 1.** (*roboczy*) smock; **kaftan bezpieczeństwa** straitjacket. **2.** (*arabski*) caftan.

kaganiec *mi* **-ńc-** *Gen.* **-a** (*np. dla psa*) muzzle.

Kair *mi* Cairo.

kajak *mi Gen.* **-a** canoe, kayak.

kajakarstwo *n.* canoeing.

kajdanki *pl. Gen.* **-ów** handcuffs.

kajdany *pl. Gen.* **-n** shackles, irons; **zakuć kogoś w kajdany** clap sb in irons.

kajuta *f.* cabin.

kakao *n. indecl.* cocoa.

kakaowy *a.* cocoa.

kaktus *mi Gen.* **-a** cactus.

kalafior *mi* cauliflower.

kalarepa *f.* kohlrabi.

kalectwo *n.* physical disability, handicap; **spowodować u kogoś kalectwo** cripple/incapacitate sb; **kalectwo życiowe** languor.

kaleczyć *ipf.* cut; **kaleczyć język francuski** murder the French language.

kaleczyć się *ipf.* cut o.s., hurt o.s.

kaleka *mp, f. decl. like f. pl.* **-i/-cy** *Gen.* **-k/-ów** cripple, invalid; **kaleka życiowa/życiowy** born loser.

kaleki *a.* crippled, disabled.
kalendarz *mi Gen.* **-a** calendar.
kalendarzyk *mi Gen.* **-a** calendar.
kalesony *pl. Gen.* **-ów** *pot.* long johns.
kaliber *mi* **-br-** caliber; **człowiek wielkiego kalibru** a high caliber man; **dużego/małego kalibru** large/small caliber.
Kalifornia *f. Gen.* **-ii** California.
kaligrafia *f. Gen.* **-ii** calligraphy.
kalka *f. Gen.pl.* **kalk 1.** (*do pisania na maszynie*) carbon paper. **2.** (*przezroczysta*) tracing paper.
kalkomania *f. Gen.* **-ii** decal(comania).
kalkulacja *f.* calculation.
kalkulator *mi* calculator.
kaloria *f. Gen.* **-ii** calorie, calory.
kaloryczny *a.* caloric, calorific.
kaloryfer *mi Gen.* **-a** radiator, heater.
kalosze *pl. Gen.* **-y** wellingtons; (*nakładane na buty*) galoshes; **to inna para kaloszy** that's a different story/cup of tea.
kał *mi* excrement; *med.* feces; **oddawać kał** defecate.
kałuża *f.* puddle.
kameleon *ma* chameleon.
kamera *f.* camera; **kamera wideo** camcorder.
kameralny *a.* **1.** cozy, intimate. **2.** *muz.* chamber.
kamerzysta *mp* cameraman.
kamienica *f.* tenement (house).
kamieniołom *mi* quarry.
kamienisty *a.* stony, rocky; **kamienista plaża** shingle beach.
kamienny *a.* **1.** stony; **węgiel kamienny** hard/bituminous coal; **kamienna twarz** impassive face; **kamienne serce** heart of stone. **2.** (*o śnie*) deep.
kamień *mi Gen.* **-a 1.** stone, rock; **kamień do zapalniczek** flint; **kamień nagrobny** gravestone; **kamień węgielny** cornerstone; **epoka kamienia łupanego** Stone Age; **przepaść jak kamień w wodę** disappear into thin air; **spadł mi kamień z serca** that's a load/weight off my mind. **2.** (*w jubilerstwie*) (gem)stone. **3.** (*w czajniku*) scale. **4.** *med.* **kamień nerkowy** renal calculus; **kamień żółciowy** gallstone; **kamień nazębny** tartar.
kamizelka *f.* vest; **kamizelka ratunkowa** life-jacket; **kamizelka kuloodporna** bulletproof jacket.
kampania *f. Gen.* **-ii** campaign; **prowadzić kampanię na rzecz kogoś/czegoś/przeciwko komuś/czemuś** campaign for/against sb/sth.
kamuflaż *mi* camouflage.
kamyk *mi Gen.* **-a** pebble, shingle.
Kanada *f.* Canada.
Kanadyjczyk *mp*, **Kanadyjka** Canadian.
kanadyjka *f. sport* Canadian canoe.
Kanadyjka *f. zob.* **Kanadyjczyk**.
kanadyjski *a.* Canadian.
kanalia *f. Gen.* **-ii** rascal.
kanalizacja *f.* sewage system.
kanalizacyjny *a.* sewerage.
kanał *mi* **1.** (*rów*) ditch. **2.** (*ściek*) drain, sewer. **3.** (*do żeglugi*) canal. **4.** (*cieśnina*) channel; **kanał La Manche** the English Channel. **5.** (*przewód*) duct, conduit. **6. kanał radiofoniczny/telewizyjny** broadcasting/television channel. **7.** *mot.* pit.
kanapa *f.* sofa, couch.
kanapka *f.* sandwich.
kanarek *ma* **-rk-** canary.
kancelaria *f. Gen.* **-ii** (*prawna*) law firm; **kancelaria notarialna** notary's office.
kanclerz *mp* chancellor.
kandydat *mp* (*na urząd*) candidate; (*do pracy, na studia*) applicant.
kandydatura *f.* candidacy, candidature; **wysuwać czyjąś kandydaturę** nominate sb.
kandydować *ipf.* be a candidate, run (*do czegoś* for sth).
kangur *ma* kangaroo.
kanibal *mp* cannibal.
kanibalizm *mi* cannibalism.
kanion *mi* canyon.
kanister *mi* **-tr-**; *Gen.* **-a** jerrycan.
kanon *mi* canon.
kanonizować *ipf.* canonize.
kant *mi* **1.** (*krawędź*) edge; (*spodni*) crease. **2.** (*oszustwo*) swindle.
kantor *mp pl.* **-owie/-rzy kantor wymiany walut** exchange office, currency exchange.
kapać *ipf.* **-ę -esz** drip (*z czegoś* from sth); trickle; (*o świecy*) gutter.
kapela *f. Gen.pl.* **-i/-l 1.** (*zespół ludowy*) folk group. **2.** *pot.* (*zespół młodzieżowy*) band.
kapelan *mp pl.* **-i** chaplain.
kapelusz *mi Gen.* **-a 1.** (*na głowie*) hat. **2.** (*grzyba*) (mushroom) cap.
kapitalista *mp*, **kapitalistka** *f.* capitalist.
kapitalistyczny *a.* capitalist.
kapitalizm *mi* capitalism.
kapitalny *a.* **1.** (*istotny*) cardinal, fundamental; **kapitalny remont** (*maszyny*) major overhaul; (*domu*) extensive redecoration. **2.** (*znakomity*) brilliant, splendid.
kapitał *mi* capital; (*przy naliczaniu odsetek*) principal; **kapitał obcy/obrotowy/zakładowy** debt/working/initial capital; **kapitał własny** equity; **lokata kapitału** capital investment.
kapitan *mp pl.* **-owie** captain.
kapitulacja *f.* capitulation, surrender (*przed kimś/czymś* to sb/sth).
kapitulować *ipf.* **1.** capitulate, surrender (*przed kimś* to sb). **2.** (*dawać za wygraną*) give up.
kaplica *f.* chapel; **Kaplica Sykstyńska** the Sistine Chapel.
kapliczka *f.* chapel; **kapliczka przydrożna** wayside shrine.
kapłan *mp* priest.
kapłaństwo *n.* priesthood.
kapnąć *pf.* **-ij** *zob.* **kapać**.
kapnąć się *pf. pot.* (*zorientować się*) figure out (*że...* that...).
kapować *ipf.* **1.** *pot.* (*rozumieć*) twig; **on jeszcze nie kapuje** he hasn't twigged yet; **kapujesz?** are you with me? **2.** *pot.* (*donosić*) squeal (*komuś na kogoś* on sb to sb).
kapral *mp* corporal.
kaprys *mi* **1.** (*zachcianka*) caprice, whim, fancy. **2.** *przen.* (*odmiana*) quirk, twist; **kaprysy pogody** vagaries of weather.
kaprysić *ipf.* **-szę -sisz** (*miewać kaprysy*) be capricious; (*grymasić*) fuss.
kapryśny *a.* (*o zmiennym usposobieniu*) capricious; (*grymaśny*) fussy.
kapsel *mi* **-sl-** *Gen.* **-a** crown cap.
kapsułka *f.* capsule.

kaptur *mi Gen.* **-a** hood; **kurtka z kapturem** hooded jacket.
kapusta *f.* cabbage; **kapusta kiszona/kwaszona** sauerkraut; **kapusta włoska** savoy; **kapusta pekińska/czerwona** Chinese/red cabbage.
kapuś *mp Gen.pl.* **-ów** snitch.
kapuśniak *mi Gen.* **-a 1.** (*zupa*) cabbage soup. **2.** (*deszcz*) drizzle.
kara *f.* punishment (*za coś* for (doing) sth); *prawn., sport* penalty (*za coś* for (doing) sth); **kara dożywocia** life sentence; **kara śmierci** capital punishment, death penalty; **kara więzienia** imprisonment; **odbyć karę** (*więzienia*) serve one's sentence.
karabin *mi Gen.* **-u/-a** rifle; **karabin automatyczny** automatic rifle.
karać *ipf.* **-ę -esz** punish (*kogoś za coś* sb for (doing) sth); *prawn., sport* penalize.
karafka *f.* decanter.
karaibski *a.* Caribbean; **Morze Karaibskie** Caribbean Sea, the Caribbean.
karalny *a.* punishable, penal.
karaluch *ma* cockroach.
karany *mp* person with a criminal record, convict. — *a.* punishable (*czymś* by sth).
karat *mi Gen.* **-a 1.** (*jednostka masy*) carat. **2.** (*miara zawartości*) karat.
karate *n. indecl.* karate.
karawan *mi* hearse.
karawana *f.* caravan.
karb *mi* (*nacięcie*) notch; **kłaść/złożyć coś na karb czegoś** put sth down to sth.
karcący *a.* reproachful.
karcić *ipf.* rebuke, scold.
karczoch *mi Gen.* **-a** artichoke.
karczować *ipf.* grub (out).
kardiochirurg *mp pl.* **-dzy/-owie** cardiac surgeon.
kardiogram *mi* cardiogram.
kardiolog *mp pl.* **-dzy/-owie** cardiologist.
kardynalny *a.* cardinal; **kardynalny błąd** cardinal error.
kardynał *mp pl.* **-owie** cardinal.
kareta *f.* **1.** carriage. **2.** *karty* four of a kind.
karetka *f.* **karetka pogotowia** ambulance.
kariera *f.* career; **zrobić karierę** make a career.
karierowicz *mp Gen.pl.* **-ów** careerist.
kark *mi* nape (of the neck); **pędzić na złamanie karku** run/rush headlong; **mieć głowę na karku** have one's head screwed on.
karkołomny *a.* breakneck, reckless.
karkówka *a.* (*wieprzowa*) shoulder; (*wołowa*) chuck.
karłowaty *a.* dwarf.
karma *f.* fodder, feed.
karmić *ipf.* **1.** feed. **2.** (*butelką*) bottle-feed. **3.** (*łyżeczką*) spoon-feed. **4.** (*piersią*) breast-feed.
karmić się *ipf.* feed on.
karnacja *f.* complexion; **jasna/śniada karnacja** pale/dark complexion.
karnawał *mi* carnival.
karnet *mi* (*abonament*) subscription card; (*bloczek biletów*) book of tickets.
karność *f.* discipline.
karny *a.* criminal, penal; **rzut karny** *sport* penalty kick.
karo *n. indecl. karty* diamonds.
karoseria *f. Gen.* **-ii** body (*of a car*).
karp *ma* **-pi-** carp.
Karpaty *pl. Gen.* **-ów** the Carpathian Mountains, the Carpathians.
karta *f.* **1.** (*papieru*) sheet (of paper); **karta pocztowa** postcard; **karta wstępu/wejścia** pass, admission ticket. **2.** (*w książce*) page, leaf. **3.** (*menu*) menu. **4.** *karty* (playing) card. **5.** *komp.* **karta dźwiękowa/graficzna** sound/graphic card. **6.** *fin.* **karta kredytowa** credit card.
kartka *f.* **1.** (*papieru*) sheet (of paper), piece of paper; **kartka pocztowa** postcard; **żółta/czerwona kartka** *sport* yellow/red card; **dostać żółtą kartkę** *sport* be booked; **dostać czerwoną kartkę** *sport* be sent off. **2.** (*w książce*) page, leaf.
kartkować *ipf.* flick through.
kartofel *mi* **-fl-**; *Gen.* **-a** potato.
karton *mi* **1.** (*pudło*) carton, cardboard box. **2.** (*tektura*) cardboard.
kartoteka *f.* (*zbiór fiszek*) card index; (*zbiór danych*) files.
karuzela *f.* carousel, merry-go-round.
karygodny *a.* scandalous, reprehensible.
karykatura *f.* caricature.
karzeł *mp* **-rł-**; *pl.* **-y** dwarf.
kasa *f.* **1. kasa pancerna** strongbox, safe; **kasa fiskalna** cash register. **2.** (*czyjś fundusz*) treasury. **3.** (*w sklepie*) cash desk; (*w supermarkecie*) check-out; **kasa biletowa** (*na dworcu*) ticket office; (*w kinie, teatrze*) box office. **4.** *pot.* (*gotówka*) cash.
kaseta *f.* cassette, tape.
kasetka *f.* (*pojemnik*) case, box.
kasetowy *a.* cassette; **magnetofon kasetowy** cassette player.
kasjer *mp*, **kasjerka** *f.* **1.** (*w banku*) teller, cashier. **2.** (*na dworcu*) booking clerk. **3.** (*w sklepie*) cashier. **4.** (*w supermarkecie*) checker.
kask *mi* (crash) helmet.
kaskada *f.* cascade.
kaskader *mp* stuntman.
kasować *ipf.* **1.** (*bilet*) punch. **2.** (*nagranie*) erase; (*plik, dane*) delete.
kasownik *mi Gen.* **-a** (*do biletów*) ticket puncher.
kasowy *a.* **1.** (*obroty, wpływy*) cash. **2. kasowy film** box-office success/hit.
kastrować *ipf.* castrate.
kasyno *n.* **1.** casino. **2.** (*wojskowe*) mess (hall).
kasza *f.* (*produkt*) groats; (*potrawa*) porridge; **kasza jaglana** millet; **kasza jęczmienna** pearl barley; **kasza gryczana** buckwheat; **kasza manna** semolina.
kaszanka *f. kulin.* blood sausage, blood/black pudding.
kaszel *mi* **-szl-** *Gen.pl.* **-i/-ów** cough.
kaszka *f. kulin.* porridge; **kaszka manna** semolina.
kaszleć *ipf.* **-ę -esz, -l/-aj, kaszlnąć** *pf.* **-ij** cough.
kasztan *mi Gen.* **-a 1.** chestnut. **2.** *pot.* = **kasztanowiec**.
kasztanowiec *mi* **-wc-** *Gen.* **-a** horse chestnut.
kat *mp Dat.* **-u/-owi** *pl.* **kaci/-y** executioner.
kataklizm *mi* disaster, calamity.
katalizator *mi Gen.* **-a 1.** *chem.* catalyst. **2.** *mot.* catalytic converter.
katalog *mi* catalog.
katalogować *ipf.* catalog.
katar *mi Gen.* **-u** *pl.* **-y, -y** *pot.* runny nose; **katar sienny** hay fever; **mam katar** my nose is running.
katastrofa *f.* catastrophe, disaster; **katastrofa lotnicza** plane crash; **katastrofa kolejowa** railway accident.
katastrofalny *a.* catastrophic, disastrous.

katecheta, katechetka *f. mp* catechist.
katechizm *mi* catechism.
katedra *f.* **1.** (*pulpit*) desk. **2.** *uniw.* (*jednostka organizacyjna*) department; (*stanowisko*) chair. **3.** *rel.* cathedral.
kategoria *f. Gen.* **-ii** category.
kategoryczny *a.* (*o żądaniu, tonie*) emphatic; (*o zaprzeczeniu*) categorical.
katolicki *a.* Catholic; **Kościół katolicki** the Roman Catholic Church.
katolicyzm *mi* Catholicism.
katoliczka *f.*, **katolik** *mp* Catholic.
katować *ipf.* torture, torment.
kaucja *f.* deposit; *prawn.* bail; **zwolnić kogoś za kaucją** release sb on bail.
kawa *f.* coffee; **biała/czarna kawa** white/black coffee; **kawa mielona/rozpuszczalna** ground/instant coffee; **kawa po turecku** coffee Turkish style; **kawa z ekspresu** filter coffee; **kawa zbożowa** ersatz coffee.
kawaler *mp pl.* **-owie l. -rzy 1.** (*nieżonaty mężczyzna*) bachelor; **stary kawaler** confirmed bachelor. **2.** (*młodzieniec*) young man. **3.** (*orderu*) knight.
kawaleria *f. Gen.* **-ii** cavalry.
kawalerka *f.* studio (apartment), efficiency apartment.
kawalerski *a.* (*o stanie*) unmarried; **wieczór kawalerski** stag party/night.
kawalerzysta *mp* cavalryman, trooper.
kawał *mi* **1.** *Gen.* **-a** (*duży kawałek*) hunch; (*chleba, sera*) chunk. **2.** *Gen.* **-u** (*dowcip*) joke; **opowiedzieć kawał** tell a joke. **3.** *Gen.* **-u** (*figiel*) practical joke, trick; **zrobić komuś kawał** play a joke/trick on sb.
kawałek *mi* **-łk-** *Gen.* **-a 1.** (*część*) bit, piece; (*zwł. mięsa*) slice. **2.** *pot.* (*utwór muzyczny*) piece.
kawiarnia *f. Gen.pl.* **-i/-ń** café.
kawior *mi* caviar.
kawka *f. orn.* jackdaw.
kawowy *a.* coffee.
kazać *ipf.* **każę każesz kazać komuś coś zrobić** tell sb to do sth; **kazać komuś czekać** keep sb waiting.
kazanie *n.* **1.** *rel.* sermon; **wygłaszać kazanie** preach. **2.** *przen.* (*pouczenie*) talking-to.
każdorazowo *adv.* each/every time.
każdy *a.* every; (*poszczególny, z osobna*) each; **każdego dnia/roku** every day/year; **o każdej porze** anytime; **pod każdym względem** in every respect; **w każdym razie** in any case. — *mp* (*każdy człowiek*) everybody; **każdy z każdym** *sport* round robin.
kącik *mi Gen.* **-a 1.** (*róg pokoju*) corner, nook. **2.** (*lokum*) place of one's own. **3.** (*rubryka w gazecie*) column.
kąpać *ipf.* **-ę -esz** bathe; **w gorącej wodzie kąpany** hot-blooded.
kąpać się *ipf.* **1.** (*myć się*) bathe. **2.** (*pływać*) swim.
kąpiel *f. pl.* **-e 1.** bath; **wziąć kąpiel** take a bath. **2.** (*pływanie*) swim, bath.
kąpielisko *n.* **1.** (*plaża*) bathing beach; (*basen*) swimming pool. **2.** (*miejscowość*) seaside resort.
kąpielowy *a.* **kostium/czepek kąpielowy** bathing suit/cap; **ręcznik kąpielowy** bath towel.
kąpielówki *pl. Gen.* **-wek** (swimming) trunks.
kąsek *mi* **-sk-**; *Gen.* **-a** bite, morsel.
kąśliwy *a.* biting, cutting.
kąt *mi Gen.* **-a 1.** corner. **2.** *geom.* angle; **kąt ostry/prosty/rozwarty** acute/right/obtuse angle. **3.** (*lokum*) *pot.* place; **mieć własny kąt** have a place of one's own.
kciuk *mi Gen.* **-a** thumb.
keczup *mi* ketchup.
kefir *mi* kefir.
kelner *mp* waiter.
kelnerka *f.* waitress.
kemping *mi* campsite.
kempingowy *a.* camping; **domek kempingowy** cabin, cottage; **przyczepa kempingowa** trailer, mobile home.
Kenia *f. Gen.* **-ii** Kenya.
kędzierzawy *a.* curly.
kępa *f.* clump.
kęs *mi Gen.* **-a** bite, morsel.
kg *abbr.* kg (*kilogram*).
khaki *a. indecl.* khaki.
kibic *mp* supporter, fan.
kibicować *ipf.* support (*komuś/czemuś* sb/sth).
kichać *ipf.* sneeze.
kicz *mi Gen.pl.* **-ów** kitsch.
kiedy *adv.* when; **kiedy indziej** some other time; **kiedy tylko** as soon as; **od/do/na kiedy?** since/till/by when? **rzadko kiedy** hardly ever.
kiedykolwiek *adv.* **1.** whenever, (at) any time. **2.** (*w pytaniach*) ever; **czy kiedykolwiek z nim rozmawiałaś?** have you ever talked to him?
kiedyś *adv.* (*w przeszłości*) once; (*w przyszłości*) one/some day.
kielich *mi Gen.* **-a 1.** (*naczynie*) goblet; (*mszalny*) chalice. **2.** (*kwiatu*) calyx.
kieliszek *mi* **-szk-**; *Gen.* **-a** (*naczynie*) glass; **kieliszek do jajek** eggcup.
kieł *mi* **kł-**; *Gen.* **kła** (*u człowieka*) canine (tooth), eye tooth; (*u zwierzęcia*) fang; (*u dzika, morsa, słonia*) tusk.
kiełbasa *f.* sausage.
kiełek *mi* **-łk-**; *Gen.* **-a** germ, sprout; **kiełki pszenicy** wheat germ.
kiełkować *ipf.* **1.** (*o nasionach*) sprout. **2.** (*o pomysłach*) germinate.
kiepski *a.* lousy.
kier *mi Gen.* **-a** heart(s).
kiermasz *mi Gen.pl.* **-ów** fair.
kierować *ipf.* **1.** (*wysyłać w jakimś kierunku*) direct; (*do lekarza, do rozpatrzenia*) send, refer; (*broń, wysiłki*) aim; (*skargę*) file. **2.** (*samochodem*) drive; (*samolotem*) fly.
kierować się *ipf.* **1.** (*iść w określonym kierunku*) go towards, make for. **2.** (*rozsądkiem, uczuciem*) follow.
kierowca *mp* driver; (*osobisty*) chauffeur.
kierownica *f.* **1.** (steering) wheel; **za kierownicą** at the wheel. **2.** (*roweru, motoru*) handlebars.
kierownictwo *n.* **1.** (*zarządzanie/zarząd*) management. **2.** (*przywództwo*) leadership.
kierowniczka *f.* manager(ess).
kierowniczy *a.* (*o stanowisku*) managerial, executive; **układ kierowniczy (ze wspomaganiem)** *mot.* (power) steering system.
kierownik *mp* manager.
kierunek *mi* **-nk- 1.** (*drogi, marszu*) direction; **iść w jakimś kierunku** go/make towards sth, make for sth; **kierunek studiów** major; **w kierunku Warszawy** towards Warsaw; **w przeciwnym kierunku** in the other/opposite direction. **2.** *sztuka* trend. **3. pracować pod czyimś kierunkiem** work under sb's guidance.
kierunkowskaz *mi* turn signal.
kierunkowy *a.* **numer kierunkowy** area code.

kieszeń *f. pl.* **-e** pocket; **kieszeń magnetofonu** cassette compartment; **znać coś jak własną kieszeń** know sth inside out.
kieszonkowiec *mp* **-wc-**; *pl.* **-y** pickpocket.
kieszonkowy *a.* pocket.
kij *mi Gen.* **-a**; *Gen.pl.* **-ów** stick; **kij baseballowy** (baseball) bat; **kij bilardowy** cue; **kij hokejowy** hockey stick; **kij golfowy** (golf) club.
kijek *mi* **-jk-**; *Gen.* **-a** stick; **kijek narciarski** ski stick/pole.
kilka *num. Ins.* **-oma/-u** a few, some, several; **kilka dni temu** the other day.
kilkadziesiąt *num.* **kilkudziesięci-**; *Ins.* **-oma/-u** a few dozen.
kilkakrotnie *adv.* several times, on several occasions.
kilkakrotny *a.* multiple.
kilkanaście *num.* **kilkunast-**; *Ins.* **-oma/-u** a dozen or so.
kilkaset *num.* **kilkuset** a few hundred.
kilkoro *num. decl. like n.* **-rg-** *zob.* **kilka**.
kilkuletni *a.* a few years', of several years; **kilkuletni chłopiec** small boy.
kilo *n. indecl.* kilo.
kilof *mi Gen.* **-a** pick(ax).
kilogram *mi Gen.* **-a** kilogram; **trzy złote za kilogram** three zloty a kilogram.
kilometr *mi Gen.* **-a** kilometer.
kilowy *a.* one-kilo.
kiła *f.* syphilis.
kim *pron. zob.* **kto**.
kimono *n.* (*strój*) kimono.
kimś *pron. zob.* **ktoś**.
kinematografia *f. Gen.* **-ii** **1.** (*produkcja*) filmmaking. **2.** (*technika*) cinematography.
kineskop *mi techn.* picture tube.
kinkiet *mi* wall light/lamp.
kino *n.* the movies, cinema; **co grają w kinie?** what's on/playing at the movies? **iść do kina** go to the movies.
kiosk *mi* kiosk, stand.
kioskarka *f.*, **kioskarz** *mp* newsdealer, newsagent.
kipieć *ipf.* **-ię -isz** **1.** (*przelewać się*) boil (over). **2.** **kipieć ze złości** boil with anger.
kisić *ipf.* **-szę -sisz** pickle.
kisić się *ipf.* **1.** (*kwasić się*) pickle. **2.** *pot.* (*np. w domu*) rot away at home.
kisiel *mi Gen.pl.* **-i/-ów** fruit-flavored starch jelly.
kiszony *a.* pickled; **kiszona kapusta** sauerkraut.
kiść *f. pl.* **-e** (*grono*) bunch.
kit *mi* putty; **kit pszczeli** propolis; **do kitu!** *pot.* this sucks!
kitka *f.* (*fryzura*) ponytail.
kiwać *ipf.* **1.** wag, swing; **kiwać głową** nod; **nie kiwnąć palcem** not lift/raise a finger. **2.** *pot.* (*oszukiwać*) double-cross.
kiwać się *ipf.* (*człowiek, głowa*) swing; (*mebel*) be rickety.
kiwi *n. indecl.* kiwi (fruit).
klacz *f.* mare.
klakson *mi* horn.
klamerka *f.* **1.** (*sprzączka*) clasp. **2.** (*do wieszania ubrań*) clothespin.
klamka *f.* (*podłużna*) handle; (*okrągła*) knob.
klamra *f. Gen.pl.* **-mer** **1.** (*sprzączka*) buckle, clasp. **2.** (*nawias*) curly bracket. **3.** *techn.* clamp.
klan *mi* clan.
klapa *f.* **1.** cover; (*ciężarówki*) tailgate. **2.** (*marynarki*) lapel. **3.** *techn.* valve; **klapa bezpieczeństwa** safety/escape valve. **4.** *pot.* (*fiasko*) flop, washout.
klapki *pl.* (*obuwie*) flip-flops.
klaps *mi Gen.* **-a** smack; **dać komuś klapsa** smack sb.
klarnet *mi* clarinet.
klasa *f.* **1.** class; (*rocznik*) grade; **przejść do następnej klasy** be promoted to the next grade; **zdolna/miła klasa** talented/nice students. **2.** (*sala szkolna*) classroom. **3.** *sport* division, league.
klaskać *ipf.* **-szczę -szczesz/-am -asz**; **-szcz/-aj**, **klasnąć** *pf.* **-snę -śniesz**, **-ij** clap, applaud; **klaskać w ręce/dłonie** clap one's hands.
klasówka *f.* test, quiz.
klasycyzm *mi* classicism.
klasyczny *a.* **1.** (*antyczny, tradycyjny*) classical; **filologia klasyczna** Classics. **2.** (*typowy*) classic; **klasyczny przykład** classic/typical example.
klasyfikacja *f.* classification, categorization.
klasyfikować *ipf.* classify, categorize.
klasyk *mp* classic; **klasyk jazzu** jazz classic.
klasztor *mi* (*męski*) monastery; (*żeński*) convent.
klatka *f.* **1.** (*dla zwierząt*) cage; **klatka piersiowa** chest; **klatka schodowa** staircase. **2.** *pot.* (*filmu*) frame.
klawesyn *mi* harpsichord.
klawiatura *f.* keyboard.
klawisz *mi Gen.* **-a**; *Gen.pl.* **-y/-ów** **1.** (*w klawiaturze*) key. **2.** *sl.* (*w więzieniu*) screw.
kląć *ipf.* **klnę klniesz**, **klnij**; **klął klęła** swear, curse.
klątwa *f.* excommunication, curse; **rzucić na kogoś klątwę** put a curse on sb.
kleić *ipf.* **-ję -isz** glue (together).
kleić się *ipf.* **1.** (*lepić się*) stick; **kleją mi się powieki** my eyelids are drooping; **rozmowa się nie klei** the conversation is heavy-going. **2.** *pot.* (*łączyć się w logiczną całość*) make sense.
klej *mi Gen.pl.* **-ów** glue; **klej biurowy** library paste.
klejnot *mi* gem, jewel.
klekotać *ipf.* **-czę -czesz/-cę -cesz**; **-cz** clatter.
kleks *mi Gen.* **-a** blot.
klepać *ipf.* **-ię -iesz** **1.** (*uderzać*) pat, tap; **klepać kogoś po ramieniu** pat sb on the shoulder. **2.** (*paplać*) chatter, prattle.
klepka *f.* (*podłogowa*) floorboard; **brak mu piątej klepki** he has a screw loose.
klepsydra *f.* **1.** (*zegar*) hourglass. **2.** (*nekrolog*) obituary notice.
kler *mi* clergy.
kleszcz *ma* tick.
kleszcze *pl. Gen.* **-y** tongs, pliers; *med.* forceps.
klęczeć *ipf.* **-ę -ysz** kneel.
klękać *ipf.* kneel down.
klęska *f. Gen.pl.* **-sk** **1.** (*porażka*) defeat; **ponieść klęskę** suffer defeat. **2.** (*katastrofa*) disaster; **klęska głodu/suszy** disastrous famine/drought.
klient *mp*, **klientka** *f.* client, customer; **stały klient** regular customer.
klika *f. pog.* clique.
klimakterium *n. sing. indecl.* menopause.
klimat *mi* climate; **klimat umiarkowany/śródziemnomorski/zwrotnikowy** moderate/Mediterranean/subtropical climate.
klimatyzacja *f.* air-conditioning.
klimatyzowany *a.* air-conditioned.

klin *mi Gen.* **-a 1.** (*przedmiot l. kształt*) wedge. **2.** (*podkładany pod koło*) chock. **3.** (*trójkąt tkaniny*) gore; **spódnica w kliny** gored skirt. **4.** (*w rajstopach*) gusset.
klinika *f.* clinic.
klips *mi Gen.* **-a** ear clip.
klisza *f. fot.* film.
kloc *mi Gen.* **-a** block.
klocek *mi* **-ck-**; *Gen.* **-a 1.** (*do zabawy*) (building-) block, brick. **2.** *techn.* **klocek hamulcowy** brake shoe/block.
klomb *mi* flower bed.
klon[1] *mi bot.* maple.
klon[2] *mi Gen.* **-u**; *pl.* **-y** *biol.* clone.
klops *mi Gen.* **-a/-u 1.** (*klopsik*) meat ball; (*pieczeń*) meat loaf. **2.** *pot.* (*klapa*) dead end.
klosz *mi Gen.* **-a**; *Gen.pl.* **-y/-ów** (*lampy*) lamp shade. — *mi Gen.* **-u**; *Gen.pl.* **-y/-ów** (*sukni*) flare.
klub *mi* club, association; **klub poselski/piłkarski/ młodzieżowy** parliamentary/soccer/youth club; **wstąpić/zapisać się do klubu** join a club.
klucz *mi Gen.* **-a 1.** key; **zamknąć coś na klucz** lock sth. **2.** (*ptaków*) wedge. **3.** *muz.* clef. **4.** *techn.* wrench; **klucz francuski** monkey wrench.
kluczowy *a.* key, crucial.
kluczyć *ipf.* weave/wind (one's way) (*wśród czegoś/ przez coś* through sth).
kluska *f. kulin.* (*okrągła*) dumpling; *pl.* (*lane, krajane, kładzione*) noodles.
kładka *f.* footbridge.
kłamać *ipf.* **-ię -iesz** lie, tell lies.
kłamca *mp* liar.
kłamczuch *mp pl.* **-y**, **kłamczucha** *f. pot.* liar.
kłamliwy *a.* **1.** (*skłonny do kłamstwa*) deceitful. **2.** (*fałszywy*) false.
kłamstwo *n.* lie.
kłaniać się *ipf.* bow (*komuś/czemuś* to sb/sth, *przed kimś/czymś* before sb/sth).
kłaść *ipf.* **kładę kładziesz**; **kładł 1.** lay; **kłaść kogoś spać/do łóżka** put sb to bed; **kłaść kafelki/zaprawę** lay tiles/mortar. **2.** *przen.* **kłaść coś na karb czegoś** put sth down to sth.
kłaść się *ipf.* **1.** lie down. **2.** (*iść spać*) go to bed. **3.** (*rozpościerać się*) spread.
kłąb *mi* **-ę- 1.** (*plątanina*) tangle. **2.** (*obłok*) cloud.
kłębek *mi* **-bk-**; *Gen.* **-a** ball; **kłębek nerwów** bundle of nerves.
kłoda *f. Gen.pl.* **kłód** log; **rzucać komuś kłody pod nogi** *przen.* put a spoke in sb's wheel.
kłopot *mi* problem, trouble; **mieć kłopoty** be in trouble.
kłopotliwy *a.* (*sprawiający kłopot*) troublesome; (*niezręczny*) awkward, embarrassing.
kłos *mi Gen.* **-a** ear, spike.
kłócić się *ipf.* (*spierać się*) quarrel, argue.
kłódka *f.* padlock.
kłótliwy *a.* quarrelsome, belligerent.
kłótnia *f. Gen.pl.* **-i** quarrel, argument, row.
kłuć *ipf.* **kłuję kłujesz/kolę kolesz**; **kłuj/kol 1.** pierce, stab. **2.** (*o owadach*) bite; (*żądlić*) sting.
kłujący *a.* **1.** (*ciernisty*) prickly. **2.** (*ból*) stabbing.
kłus *mi Gen.* **-a** trot.
kłusować[1] *ipf.* (*biec kłusem*) trot (along).
kłusować[2] *ipf.* (*polować*) poach.
kłusownictwo *n.* poaching.
kłusownik *mp* poacher.
km *abbr.* km (*kilometer*).
kminek *mi* **-nk-** caraway (seed).
knebel *mi* **-bl-**; *Gen.* **-a** gag.
kneblować *ipf.* gag.
knedel *mi* **-dl-** *Gen.* **-a** dumpling.
knot *mi Gen.* **-a** wick.
knuć *ipf.* plot, connive.
koala *f. Gen.pl.* **-i** koala (bear).
koalicja *f.* coalition.
kobiecy *a.* (*o wyglądzie, cechach charakteru, chodzie*) feminine; (*o elektoracie, narządach*) female; (*o literaturze, chorobach, modzie*) women's.
kobieta *f.* woman; *zwł. form.* female; *pot.* (*dziewczyna, żona*) lady.
kobra *f.* cobra.
koc *mi Gen.pl.* **-ów** blanket.
kochać *ipf.* love.
kochanek *mp*, **kochanka** *f.* **-nk-** *pl.* **-owie** lover.
kochany *a.* dear. — *mp* love.
kociak *ma* **1.** (*kotek*) kitty, puss. **2.** *pot.* (*dziewczyna*) chick.
kocioł *mi* **-tł-** *Gen.* **-a 1.** *techn.* boiler. **2.** (*duży garnek*) (big) kettle/pot. **3.** *pot.* (*zamieszanie*) hurly-burly.
koczować *ipf. pot.* (*mieszkać w złych warunkach*) camp; (*oczekiwać*) be stuck.
kod *mi* code; **kod (pocztowy)** postal code; *US* zip code; **kod kreskowy** bar code.
kodeks *mi t. prawn.* code; **kodeks cywilny/karny/ handlowy** civil/penal/commercial code; **kodeks drogowy** rules of the road.
kofeina *f.* caffeine; **kawa bez kofeiny** decaffeinated (coffee).
kogo *pron. Gen. & Acc. of* **kto**; who; *form.* whom; **dla kogo to jest?** who is this for? **kogo widziałaś/spotkałaś itd.?** who did you see/meet etc.? **ktoś, kogo spotkałam** somebody (that/who/whom) I've met.
kogoś *pron. Gen. & Acc. of* **ktoś**; somebody, someone; (*w pytaniach*) anybody, anyone.
kogut *ma* **1.** rooster, cock. **2.** *pot.* (flashing) roof-top sign (*on a police car etc.*).
koić *ipf.* **kój** (*ból, cierpienie*) relieve; (*nerwy*) calm.
koja *f. Gen.* **koi** berth.
kojarzyć *ipf.* **1.** associate (*coś z czymś* sth with sth). **2.** (*swatać*) match (*kogoś z kimś* sb with sb).
kojarzyć się *ipf.* **nic mi się z tym nie kojarzy** it doesn't ring a bell.
kok *mi Gen.* **-u** bun.
kokaina *f.* cocaine.
kokarda *f.* bow.
kokos *mi Gen.* **-u/-a** coconut.
kokosowy *a.* **1.** coconut; **wiórki kokosowe** desiccated coconut. **2.** **kokosowy interes** *pot.* gold mine.
koks *mi* coke.
koktajl *mi* **1.** (*napój*) cocktail; (*mleczny*) (milk) shake. **2.** (*przyjęcie*) cocktail party.
kolaboracja *f.* collaboration (*with an enemy*).
kolaborant *mp*, **kolaborantka** *f.* collaborator.
kolacja *f.* (*późna*) supper; (*wczesna, z wielu dań*) dinner; **zaprosić kogoś na kolację** ask sb to dinner; (*do swojego domu*) have sb over to dinner.
kolano *n.* (*nogi*) knee; **trawa sięgająca do kolan/ po kolana** knee-high grass; **spódnica sięgająca do kolan/po kolana** knee-length skirt; **w śniegu po kolana** knee-deep in snow, up to one's knees in snow; **u kogoś na kolanach** in/on sb's lap; **zrobić coś na kolanie** *pot., przen.* dash sth off.

kolarstwo *n.* cycling.
kolarz *mp* cyclist.
kolba *f.* **1.** (*kukurydzy*) cob. **2.** (*karabinu*) butt; (*pistoletu*) grip.
kolczasty *a.* thorny, prickly; **drut kolczasty** barbed wire.
kolczyk *mi Gen.* **-a** earring.
kolec *mi* **-lc-** *Gen.* **-a** *bot.* thorn, spike; *zool.* spine.
kolega *mp* friend, buddy; **kolega z klasy** classmate; **kolega ze szkoły** schoolmate; **kolega z pracy** colleague.
kolegium *n. sing. indecl. pl.* **-gia** *Gen.* **-giów 1. kolegium nauczycielskie** teacher (training) college. **2.** (*sąd*) court (*for minor civil offenses*); **kolegium sędziowskie** jury. **3.** (*rada*) board; **kolegium redakcyjne** editorial board.
koleina *f.* rut.
kolej *f. Gen.* **-ei 1.** (*system transportu*) railroad; (*pociąg*) train; **jechać koleją** take the train, go/travel by rail. **2.** (*instytucja*) rail. **3.** (*kolejność*) turn; **po kolei** in turn, by turns; **czyjaś kolej** sb's turn.
kolejarz *mp* railroader.
kolejka *f.* **1.** (*pociąg*) train; **kolejka dojazdowa/podmiejska** commuter train; **kolejka górska** (*w wesołym miasteczku*) roller coaster; **kolejka linowa** cable railway. **2.** (*zabawka*) model railroad. **3.** (*oczekujących*) line.
kolejno *adv.* in turn, by turns.
kolejność *f.* order, sequence; **poza kolejnością** without any waiting.
kolejny *a.* (*następny*) next; (*następujący*) consecutive; (*jeszcze jeden*) another.
kolejowy *a.* (*o linii*) railroad; (*o bilecie, połączeniu*) train; (*o transporcie*) rail; **dworzec kolejowy** train station; **przejazd kolejowy** grade/level crossing.
kolekcja *f.* collection.
kolekcjoner *mp*, **kolekcjonerka** *f.* collector.
kolekcjonować *ipf.* collect.
koleżanka *f.* friend; **koleżanka z klasy** classmate; **koleżanka szkolna** schoolmate; **koleżanka z pracy** colleague.
koleżeński *a.* friendly; **sąd koleżeński** peer court.
kolęda *f.* **1.** (*pieśń*) (Christmas) carol. **2.** (*chodzenie po domach*) wassail. **3.** (*wizyta księdza*) Christmas call (*by a priest*).
koliber *ma* **-br-** hummingbird.
kolidować *ipf.* **kolidować z czymś** clash with sth; **kolidować z prawem** be against the law.
kolizja *f.* (*zderzenie*) collision.
kolonia *f. Gen.* **-ii 1.** colony. **2.** (*także pl.* **kolonie**) (*dla dzieci*) camp.
Kolonia *f. Gen.* **-ii** Cologne.
kolonializm *mi* colonialism.
kolonialny *a.* colonial; (*o polityce*) colonialist.
koloński *a.* **woda kolońska** (eau de) cologne.
kolor *mi* **1.** color; **jakiego koloru jest...?/jaki kolor ma...?** what color is...? **w jaskrawych/żywych/spokojnych/stonowanych kolorach** in garish/vivid/soft/subdued colors. **2.** *karty* suit.
Kolorado *f. indecl.* Colorado.
kolorować *ipf.* (*barwić*) color; (*rysunek*) color in.
kolorowy *a.* **1.** (*nie czarno-biały*) color. **2.** (*wielobarwny*) colorful. **3.** (*o ludziach*) *cz. obelż.* colored. **4. kolorowy ołówek** crayon; **metale kolorowe** nonferrous metals.
koloryzować *ipf.* (*przesadzać*) exaggerate; (*fakty, opowieść*) embellish.
kolos *mi Gen.* **-a** giant.
kolosalny *a.* colossal.
Kolumbia *f. Gen.* **-ii** Colombia.
kolumna *f.* **1.** column. **2.** (*także* **kolumna głośnikowa**) speaker (box).
kołdra *f. Gen.pl.* **-der** quilt, duvet.
kołek *mi* **-łk-** *Gen.* **-a** (*do wbijania, t. do ubrań, namiotu*) peg; (*bolec*) pin; (*gwintowany*) stud.
kołnierz *mi Gen.* **-a** collar.
kołnierzyk *mi Gen.* **-a** (small) collar.
koło[1] *n. Gen.pl.* **kół 1.** (*krąg*) circle; ring. **2.** (*pojazdu, maszyny*) wheel; **koło zębate** cog (wheel). **3.** (*w zwrotach*) **błędne koło** vicious circle; **koło ratunkowe** life buoy; **wkoło** (*ciągle*) all the time; (*dokoła*) round (in circles).
koło[2] *prep.* + *Gen.* **1.** (*w pobliżu*) **koło czegoś** by/near sth. **2.** (*w przybliżeniu*) around, about.
kołowrotek *mi* **-tk-** *Gen.* **-a 1.** *tk.* spinning wheel. **2.** *ryb.* reel.
kołowy *a.* **1.** (*o kształcie koła*) circular; **wykres kołowy** piechart. **2. pojazd kołowy** wheeled vehicle; **ruch kołowy** road/vehicular traffic.
kołysać *ipf.* **-ę -esz 1.** (*drzewami*) sway, swing. **2.** (*dziecko, wózek*) rock. **3.** (*o statku*) roll.
kołysać się *ipf.* **-ę -esz** (*o drzewie*) sway; *żegl., lotn.* (*na boki*) roll; (*w fotelu*) rock.
kołysanka *f.* lullaby.
kołyska *f.* cradle.
komandos *mp* commando.
komar *ma* mosquito.
kombajn *mi* (combine) harvester.
kombatant *mp*, **kombatantka** *f.* (war) veteran.
kombi *n. indecl. mot.* (station) wagon.
kombinacja *f.* **1.** combination. **2.** *pot.* (*oszustwo*) scam.
kombinerki *pl. Gen.* **-rek** *techn.* lineman's pliers.
kombinezon *mi* (*roboczy*) overalls; (*ogrodniczki*) dungarees; (*dziecięcy*) rompers; **kombinezon kosmiczny/narciarski** space/ski suit.
kombinować *ipf.* **1.** *pot.* wheel and deal; **on/ona coś kombinuje** he/she is up to something. **2.** *pot.* (*majstrować*) tinker, meddle (*przy/w czymś* with sth).
komedia *f. Gen.* **-ii 1.** *film, teatr* comedy. **2.** (*udawanie*) game. **3.** (*absurdalna sytuacja*) farce.
komenda *f.* **1.** command; **(jak) na komendę** (right) on cue; **pod czyjąś komendą** under sb's command. **2.** (*siedziba dowodzenia*) headquarters; **komenda policji** police department.
komendant *mp*, **komendantka** *f. wojsk.* commanding officer; (*straży pożarnej*) fire chief.
komentarz *mi Gen.* **-a 1.** (*objaśnienie*) commentary. **2.** (*uwaga*) comment.
komentator *mp*, **komentatorka** *f.* commentator.
komentować *ipf.* **1.** (*objaśniać*) commentate (*coś* on sth). **2.** (*robić uwagi*) comment (*coś* on sth).
komercyjny *a.* commercial.
kometa *f.* comet.
kometka *f. sport* badminton.
komfort *mi* comfort.
komfortowy *a.* (*wygodny*) comfortable; (*luksusowy*) luxury.
komiczny *a.* **1.** (*zabawny*) comical. **2.** (*komediowy*) comic.

komik *mp* (*aktor*) comic/comedy actor; (*satyryk*) comedian.
komiks *mi* (comic) strip; (*książeczka*) comic book.
komin *mi Gen.* **-a** chimney; (*na statku, lokomotywie*) funnel; (*wolno stojący, fabryczny*) (smoke)stack.
kominek *mi* **-nk-** *Gen.* **-a** fire(place); **przy kominku** at/by the fireside; **napalić w kominku** light the fire.
kominiarz *mp* chimney sweep.
komis *mi* **1.** (*sklep*) consignment store. **2.** *pot.* (*egzamin komisyjny*) final resit/retake.
komisariat *mi* **komisariat policji** police station.
komisarz *mp* (*w policji*) chief of police, police commissioner.
komisja *f.* committee, board, commission; **komisja egzaminacyjna** examination board; **zasiadać w komisji** serve on a committee.
komitet *mi* committee, board; **komitet organizacyjny** planning committee; **komitet redakcyjny** editorial board; **komitet rodzicielski** *szkoln.* PTA, Parent Teacher Association.
komoda *f.* chest of drawers.
komora *f. Gen.pl.* **-mór 1.** chamber; **komora chłodnicza** cold room; **komora gazowa** gas chamber. **2.** *anat.* **komora serca** ventricle.
komórka *f.* **1.** *biol.* cell; **szare komórki** gray matter. **2.** *tel.* cell/mobile phone. **3.** (*schowek*) closet. **4.** (*jednostka organizacyjna*) unit.
komórkowy *a.* cellular; **telefon komórkowy** cell/mobile phone.
kompaktowy *a.* compact; **odtwarzacz kompaktowy** compact disc player, CD player; **płyta kompaktowa** compact disc, CD.
kompania *f. Gen.* **-ii** company; **kompania honorowa** honor guard, guard of honor.
kompas *mi* compass.
kompensować *ipf.* compensate (*coś* for sth).
kompensować się *ipf.* balance out.
kompetencja *f.* **1.** (*fachowość*) competence; **brak kompetencji** incompetence. **2.** *pl.* **kompetencje** authority, power; **coś należy do czyichś kompetencji** sth falls within sb's authority; **przekroczyć swoje kompetencje** overstep one's authority.
kompetentny *a.* (*fachowy*) competent.
kompleks *mi* **1.** complex. **2.** *pl.* **kompleksy** (*poczucie niższości*) inferiority complex; **mieć kompleksy (w stosunku do kogoś)** feel inferior (to sb).
komplement *mi* compliment; **powiedzieć komuś komplement** compliment sb (*na temat czegoś* on sth).
komplet *mi* **1.** (*zestaw*) set; (*ubrania*) suit. **2.** *kino, teatr* full house; *lotn.* full flight; **mieć komplet** be booked up.
kompletnie *adv.* completely.
kompletny *a.* complete, total; **kompletna porażka** utter failure.
komplikacja *f.* complication.
komplikować *ipf.* complicate; **komplikować sobie/komuś życie** make life difficult for o.s./sb.
komplikować się *ipf.* get complicated.
komponować *ipf.* compose, write.
kompot *mi* stewed fruit; **wpaść jak śliwka w kompot** be cooked.
kompozycja *f.* composition.
kompozytor *mp*, **kompozytorka** *f.* composer.
kompres *mi* compress.
kompromis *mi* compromise; **iść na kompromis** compromise.
kompromisowy *a.* compromise.
kompromitacja *f.* embarrassment, discredit.
kompromitować *ipf.* (*zawstydzić*) embarrass; (*dyskredytować*) discredit.
kompromitować się *ipf.* disgrace o.s.
komputer *mi Gen.* **-a** computer; **komputer osobisty/stacjonarny** personal/desktop computer; **pisać/przepisywać coś na komputerze** type sth (up) on a computer; **umieć obsługiwać komputer** be computer literate; **wpisywać/wprowadzać do komputera** key in.
komputerowiec *mp* **-wc-** *pl.* **-y** *pot.* computer expert.
komputerowy *a.* computer; **tomografia komputerowa** CAT scan.
komputeryzacja *f.* computerization.
komu *pron. Dat. of* **kto**; (to) who; *form.* whom; **komu to dałaś?** who did you give it to?
komunalny *a.* municipal; **budownictwo/mieszkania komunalne** public housing.
komunia *f. Gen.* **-ii** communion; **Pierwsza Komunia (Święta)** First (Holy) Communion.
komunikacja *f.* **1.** (*transport*) transportation; **komunikacja miejska** city transit (system); **komunikacja publiczna** public transportation. **2.** (*porozumienie*) communication.
komunikat *mi* announcement; *polit.* communiqué; **komunikat prasowy** press release.
komunikatywny *a.* articulate.
komunikować się *ipf.* (*porozumiewać się*) communicate; (*być w kontakcie*) stay/be in touch (*z kimś* with sb).
komunista *mp*, **komunistka** *f.* communist.
komunistyczny *a.* communist.
komunizm *mi* communism.
komuś *pron. Dat. of* **ktoś**; (to) somebody, (to) someone; (*komukolwiek*) (to) anybody; **dać coś komuś** give sth to somebody, give somebody sth.
konać *ipf.* be dying.
konar *mi Gen.* **-a/-u** bough, limb.
koncentracja *f.* concentration.
koncentracyjny *a.* **obóz koncentracyjny** concentration camp.
koncentrat *mi* concentrate; **koncentrat pomidorowy** tomato paste/purée.
koncentrować *ipf.* concentrate.
koncentrować się *ipf.* concentrate (*na czymś* on sth).
koncepcja *f.* **1.** (*pomysł*) idea. **2.** (*pojęcie*) conception, concept.
koncert *mi* **1.** (*występ*) concert. **2.** (*utwór*) concerto.
koncertować *ipf.* perform, give concerts.
koncertowy *a.* **1.** (*dot. koncertu*) concert. **2.** *pot.* (*znakomity*) smashing, beautiful.
koncesja *f.* license.
koncesjonowany *a.* licensed.
kondensator *mi Gen.* **-a 1.** *el.* capacitor. **2.** (*skraplacz*) condenser.
kondolencje *pl. Gen.* **-i** condolences; sympathy; **składać (komuś) kondolencje** offer one's condolences/sympathy (to sb).
konduktor *mp* conductor, ticket inspector.
kondycja *f.* (*forma, sytuacja*) shape, condition; **w dobrej/złej kondycji** in good/bad shape, in/out of condition; (*dobra sprawność*) fitness; **kondycja finansowa** financial standing.

koneksje *pl. Gen.* **-i** connections.
koneser *mp*, **koneserka** *f.* connoisseur.
konewka *f.* watering can/pot.
konfekcja *f.* off-the-rack/ready-to-wear clothes/clothing; **konfekcja damska/męska** womenswear/menswear.
konferencja *f.* conference; **konferencja naukowa/prasowa** scientific/press conference.
konfesjonał *mi* confessional.
konfetti *n. indecl.* confetti.
konfiguracja *f.* configuration; *komp.* setup.
konfiskata *f.* confiscation.
konfiskować *ipf.* confiscate.
konfitura *f.* preserve.
konflikt *mi* conflict; **konflikt pokoleń** generation gap; **konflikt serologiczny** blood group incompatibility; **konflikt zbrojny** armed conflict; **wejść w konflikt z prawem** infringe (up)on the law.
konformista *mp* conformist.
konformizm *mi* conformism.
konfrontacja *f.* **1.** (*konflikt*) confrontation. **2.** (*porównanie*) comparison.
konfrontować *ipf.* **1.** (*porównywać*) compare (*kogoś/coś z kimś/czymś* sb/sth with sb/sth). **2.** (*zeznania, świadków*) confront.
kongres *mi* congress; **Kongres Stanów Zjednoczonych** United States Congress.
koniak *mi* brandy; (*francuski*) cognac.
koniczyna *f.* **1.** clover. **2.** (*symbol Irlandii*) shamrock.
koniec *mi* **-ńc-** *Gen.* **-a 1.** (*kres*) end. **2.** (*czubek*) tip. **3.** (*w zwrotach*) **bez końca** endlessly; **do (samego) końca** until the (very) end; **ktoś ma coś na końcu języka** sth is on the tip of sb's tongue; **na tym koniec** that's it; **nie koniec na tym** that's not all; **od końca** in reverse order; **to jest na końcu świata** it is at the back of beyond; **w końcu** finally, at last; **wiązać koniec z końcem** make (both) ends meet.
koniecznie *adv.* necessarily, absolutely.
konieczność *f.* necessity; **jeśli zajdzie konieczność** if necessary.
konieczny *a.* necessary.
konik *ma* **1.** *szachy* knight, horse. **2.** (*hobby*) hobby; **konik polny** grasshopper. — *mp pl.* **-i** *pot.* (*spekulant*) ticket tout.
koniuszek *mi* **-szk-** *Gen.* **-a** tip.
konkret *mi* fact; **przejść do konkretów** get down to business.
konkretny *a.* **1.** (*jasny*) clear, concrete. **2.** (*określony*) specific. **3.** (*o osobie*) businesslike. **4.** (*porządny*) substantial; **zjeść coś konkretnego** have a substantial meal.
konkurencja *f.* **1.** competition. **2.** *sport* event.
konkurencyjny *a.* **1.** (*atrakcyjny*) competitive. **2.** (*rywalizujący*) rival.
konkurent *mp*, **konkurentka** *f.* competitor, rival.
konkurować *ipf.* compete (*z kimś/czymś* with/against sb/sth) (*o kogoś/coś* for sb/sth).
konkurs *mi* **1.** (*turniej*) competition, contest; **stawać do konkursu** enter a contest/competition; **uczestnik/czka konkursu** contestant. **2.** *prawn.* invitation for tenders/ offers.
konno *adv.* on horseback.
konsekwencja *f.* **1.** (*systematyczność*) consistency. **2.** (*następstwo*) consequence (*czegoś* of sth).
konsekwentny *a.* consistent.
konserwa *mi* canned food/goods.
konserwacja *f.* (*maszyn, dróg*) maintenance; (*zabytków*) conservation; (*żywności*) preservation.
konserwator *mp* restorer, conservator.
konserwatysta *mp* conservative.
konserwatywny *a.* conservative.
konserwatyzm *mi* conservatism.
konserwować *ipf.* **1.** (*odnawiać*) restore. **2.** (*remontować*) maintain. **3.** (*wekować*) preserve.
konserwowy *a.* (*o mięsie, rybach*) canned; (*o ogórkach*) pickled.
konsolidować *ipf.* consolidate.
konsolidować się *ipf.* consolidate (*w coś* into sth).
konspiracja *f.* **1.** (*spiskowanie*) conspiracy. **2.** (*organizacja*) underground.
konsternacja *f.* consternation, dismay.
konstrukcja *f.* **1.** (*struktura*) construction, structure. **2.** (*budowanie*) construction.
konstruktor *mp* (*architekt*) designer; (*wykonawca*) constructor.
konstruktywny *a.* constructive.
konstruować *ipf.* construct, build (*z czegoś* of sth).
konstytucja *f.* constitution.
konsul *mp pl.* **-owie** *Gen.* **-ów** consul.
konsulat *mi* consulate.
konsultacja *f.* **1.** consultation; **konsultacje indywidualne** *uniw.* tutorial. **2.** (*badanie lekarskie*) (medical) examination.
konsultant *mp* consultant.
konsultingowy *a.* consulting; **firma konsultingowa** consultancy.
konsultować *ipf.* consult (*z kimś* with sb).
konsument *mp* consumer; **ochrona/rzecznik praw konsumenta** consumer protection/advocate.
konsumować *ipf.* consume.
konsumpcja *f.* consumption.
konsystencja *f.* consistency.
kontakt *mi* **1.** (*styczność*) contact; **kontakty** (*znajomości*) connections; **być w kontakcie** keep in touch (*z kimś/czymś* with sb/sth). **2.** (*gniazdko wtykowe*) socket; **włączać do kontaktu** plug in. **3.** *pot.* (*włącznik*) switch.
kontaktować *ipf.* **1.** (*uzyskiwać łączność*) put in touch (*z kimś/czymś* with sb/sth). **2.** (*stykać*) contact, touch.
kontaktować się *ipf.* be in touch (*z kimś/czymś* with sb/sth).
kontaktowy *a.* **1. szkła kontaktowe** contact lenses. **2.** *pot.* (*towarzyski*) sociable.
kontekst *mi* context.
kontemplacja *f.* contemplation.
kontemplować *ipf.* contemplate.
kontener *mi Gen.* **-a** container.
konto *n.* account; **konto bieżące** checking account; **konto e-mailowe** e-mail account; **mieć konto w banku** have an account at/with a bank; **otwierać/zakładać konto** open an account; **wpłacić pieniądze na konto** pay/put money into an account.
kontra[1] *prep.* + *Nom.* (*przeciw*) versus.
kontra[2] *f.* **1.** (*sprzeciw*) retort. **2.** *sport* counterattack.
kontrabas *mi* acoustic bass, double bass.
kontrahent *mp* contracting party.
kontrakt *mi* contract; **zawrzeć/podpisać kontrakt** enter into/sign a contract (*z kimś* with sb).
kontrast *mi* contrast; **uderzający kontrast** striking contrast.
kontratak *mi* counterattack.
kontratakować *ipf.* counterattack.

kontrofensywa *f.* counteroffensive.
kontrola *f. Gen.pl.* **-i** control, check, checkup; **kontrola celna** customs; **kontrola osobista** strip search; **kontrola wyrywkowa** spot check; **mieć nad czymś kontrolę** have control over sth; **podlegać kontroli** be subject to control; **wymykać się spod kontroli** get out of control.
kontroler *mp pl.* **-rzy** inspector; **kontroler biletów** ticket inspector.
kontrolny *a.* control; **badania kontrolne** *med.* medical checkup; **eksperyment kontrolny** control experiment; **jazda kontrolna** test drive; **lampka kontrolna** pilot lamp; **odcinek kontrolny** (*czeku, biletu*) counterfoil, stub; **organ kontrolny** supervisory body.
kontrolować *ipf.* control, check, inspect; **kontrolować bilety** inspect tickets.
kontrolować się *ipf.* (*pilnować się*) control o.s.; (*nawzajem*) control each other/one another.
kontrowersja *f.* controversy.
kontrowersyjny *a.* controversial.
kontrwywiad *mi* counterintelligence, counterespionage.
kontuzja *f.* injury.
kontuzjowany *a.* injured.
kontynent *mi* continent.
kontynuacja *f.* continuation.
kontynuator *mp* continuator.
kontynuować *ipf.* continue, keep (on), go on.
konwalia *f. Gen.* **-ii** lily of the valley.
konwencja *f.* convention.
konwencjonalny *a.* conventional.
konwersacja *f.* **1.** conversation. **2.** *szkoln.* speaking class.
konwój *mi* **-o-** *Gen.pl.* **-ów** convoy.
konwulsje *pl. Gen.* **-i** convulsions.
koń *ma Ins.pl.* **-mi** horse; **dosiadać konia** mount a horse; **jeździć na koniu** ride a horse; **koń by się uśmiał** it's so funny I forgot to laugh; **koń mechaniczny** horsepower; **robić kogoś w konia** pull a fast one on sb; **zdrowy jak koń** as fit as a fiddle; **zjadłbym konia z kopytami** I could eat a horse; **żołnierz/policjant na koniu** mounted soldier/policeman. — *mi Gen.* **-a** *Ins.pl.* **-mi koń na biegunach** rocking horse.
końcowy *a.* final, closing; **efekt końcowy** end result; **egzaminy końcowe** finals.
końcówka *f.* **1.** (*resztka*) remnant, end; (*np. cygara, ołówka*) stub. **2.** (*na końcu przewodu*) terminal. **3.** *jęz.* ending.
kończyć *ipf.* finish, end; **kończyć obiad/książkę** finish one's dinner/book; **kończyć na czymś** stop at sth; **skończyć pracę** finish work; **skończyć szkołę średnią/studia** graduate from secondary school/university.
kończyć się *ipf.* **1.** (*dobiegać końca*) end. **2.** (*wyczerpywać się*) run out; **kończą nam się pieniądze** we're running out of money.
kończyna *f.* limb, extremity; **kończyna dolna/górna** lower/upper extremity; **kończyna przednia** foreleg; **kończyna tylna** hind leg.
kooperacja *f.* cooperation.
koordynacja *f.* coordination.
koordynować *ipf.* coordinate.
kopać *ipf.* **-ę -esz 1.** (*nogą*) kick. **2.** (*ryć, wykopywać*) dig, excavate. **3.** *pot.* (*o prądzie*) zap, bite.
kopalnia *f. Gen.pl.* **-i/-ń** mine; **kopalnia wiedzy** mine of information.
koparka *f.* excavator.
Kopenhaga *f.* Copenhagen.
koper *mi* **-pr-** dill; **koper włoski** fennel.
koperek *mi* **-rk-** dill.
koperta *f.* **1.** (*na list*) envelope. **2.** (*zegarka*) watchcase.
kopia *f. Gen.* **-ii** (*duplikat*) copy; (*dzieła sztuki, obrazu*) reproduction; (*rzeźby*) replica; *komp.* backup (copy).
kopiować *ipf.* copy.
kopnąć *pf.* **-ij** *zob.* **kopać**.
kopulacja *f.* copulation.
kopulować *ipf.* copulate.
kopuła *f.* dome, cupola.
kopyto *n.* hoof; **ruszyć z kopyta** light out, tear off.
kora *f.* bark.
koral *ma Gen.* **-a** *Gen.pl.* **-i/-ów** (*koralowiec*) coral. — *mi Gen.* **-a** *Gen.pl.* **-i/-ów** (*zwykle pl.*) (*naszyjnik*) (necklace of) beads.
koralowy *a.* **1.** coral; **rafa koralowa** coral reef; **Wielka Rafa Koralowa** the Great Barrier Reef. **2.** (*kolor*) coral-red.
Koran *mi* Koran.
korba *f.* crank, winch.
korbowy *a.* (*związany z korbą*) crank; (*napędzany korbą*) cranked.
korcić *ipf.* **korci mnie, żeby to zrobić** I am itching to do it.
kordon *mi* cordon; **otoczyć kordonem** cordon off.
Korea *f. Gen.* **-ei** Korea; **Korea Południowa/Północna** South/North Korea.
Koreanka *f.*, **Koreańczyk** *mp* Korean.
koreański *a.* Korean.
korek *mi* **-rk-** *Gen.* **-a 1.** cork. **2.** *pot.* (*zator*) jam. **3.** *pot.* (*bezpiecznik*) fuse. **4.** *pot.* (*zatyczka*) plug.
korekta *f.* **1.** correction. **2.** *druk.* proofreading.
korelacja *f.* correlation.
korepetycje *pl. Gen.* **-i** private lessons; **udzielać korepetycji** give private lessons.
korespondencja *f.* **1.** (*pisanie listów*) correspondence. **2.** (*listy*) mail, letters. **3.** (*reportaż*) report.
korespondent *mp* correspondent.
korespondować *ipf.* correspond (*z kimś* with sb).
korkociąg *mi* corkscrew.
kornik *ma* bark beetle.
korniszon *mi Gen.* **-a** gherkin.
Kornwalia *f. Gen.* **-ii** Cornwall.
korodować *ipf.* corrode.
korona *f.* **1.** crown; **korona ci z głowy nie spadnie** *iron.* it won't tarnish your reputation; **korona cierniowa** crown of thorns. **2.** (*waluta*) (*w Danii i Norwegii*) krone; (*w Szwecji*) krona.
koronacja *f.* coronation.
koronka *f.* **1.** (*tkanina*) lace. **2.** *rel.* chaplet. **3.** *dent.* crown.
koronny *a.* **1.** (*dot. monarchii*) royal, crown. **2.** (*najważniejszy*) key, major; **świadek koronny** key witness.
koronować *ipf.* crown.
koronować się *ipf.* **koronować się na króla** be crowned king.
korozja *f.* corrosion.
korporacja *f.* **1.** *ekon.* corporation, company. **2.** (*stowarzyszenie*) corporation, society.
korpus *mi* **1.** (*tułów*) trunk, torso. **2.** *wojsk., polit.* corps. **3.** *jęz.* corpus.
korrida *f.* bullfight, corrida.

kort *mi* (tennis) court; **kort trawiasty/ziemny** grass/clay court.
korupcja *f.* corruption.
korygować *ipf.* correct.
korytarz *mi Gen.* **-a** corridor, hall; **korytarz powietrzny** air corridor.
koryto *n.* **1.** (*żłób*) trough. **2. koryto rzeki** river bed.
korzeń *mi Gen.* **-a 1.** root; **zapuścić korzenie** take root; **wyrwać coś z korzeniami** uproot sth. **2.** (*przyprawy*) spice.
korzystać *ipf.* use (*z czegoś* sth); (*z sytuacji*) take advantage (*z czegoś* of sth); **korzystać ze swoich praw** exercise one's rights.
korzystny *a.* **1.** (*opłacalny*) profitable, lucrative. **2.** (*pożyteczny, sprzyjający*) beneficial, favorable, advantageous.
korzyść *f.* (*pożytek*) advantage, benefit; (*zysk*) profit; **czerpać korzyści z czegoś** benefit from sth; **na czyjąś korzyść** in sb's favor; **zmienić się na korzyść** change for the better.
kos *ma* blackbird.
kosa *f.* scythe; **trafiła kosa na kamień** diamond cut diamond.
kosiarka *f.* **kosiarka do trawy** lawn mower.
kosić *ipf.* **koszę, kosisz** mow; **kosić trawnik** mow the lawn; **kosić trawę** cut the grass.
kosmetyczka *f.* **1.** (*kobieta*) beautician. **2.** (*torebka*) vanity case/bag/box.
kosmetyczny *a.* cosmetic; **chusteczki kosmetyczne** (soft) tissues; **gabinet kosmetyczny** beauty parlor; **chirurgia kosmetyczna** cosmetic surgery.
kosmetyk *mi* cosmetic.
kosmiczny *a.* cosmic; **prom kosmiczny** space shuttle; **pył kosmiczny** cosmic dust; **przestrzeń kosmiczna** (outer) space; **sonda/stacja kosmiczna** space probe/station; **statek kosmiczny** spacecraft.
kosmita *mp*, **kosmitka** *f.* alien.
kosmonauta *mp*, **kosmonautka** *f.* astronaut; (*w byłym ZSRR*) cosmonaut.
kosmopolita *mp* cosmopolitan.
kosmopolityczny *a.* cosmopolitan.
kosmos *mi* **1.** (*wszechświat*) universe, cosmos. **2.** (*przestrzeń pozaziemska*) outer space.
kostium *mi* **1.** (*garsonka*) (woman's) suit. **2.** (*przebranie, strój*) costume; **strój kąpielowy** bathing suit.
kostka *f.* **1.** (*kość*) bone. **2.** (*u nogi*) ankle. **3.** (*u ręki*) knuckle. **4.** (*o kształcie sześcianu*) cube; **cukier w kostkach** lump sugar; **kostka brukowa** sett; **kostka do gry** dice.
kostnica *f.* morgue.
kosz *mi Gen.* **-a**; *Gen.pl.* **-y/-ów 1.** basket; **kosz na śmieci** garbage can; **dostać kosza** be rejected, be given a rebuff. **2.** (*celny strzał w koszykówce*) basket, field goal. **3.** *pot.* (*koszykówka*) basketball.
koszary *pl. Gen.* **-r** barracks.
koszerny *a.* kosher.
koszmar *mi* nightmare.
koszmarny *a.* scary, nightmarish; **koszmarne warunki** terrible conditions.
koszt *mi pl.* **-y/-a** (*wydatek, cena*) cost, price, expense; **koszty eksploatacji/własne** operating/prime costs; **koszty utrzymania** cost of living; **kosztem kogoś/czegoś** at the cost/expense of sb/sth; **bez względu na koszty** at all costs, at any price; **na koszt firmy** on the house; **na własny koszt** at one's own expense.
kosztorys *mi* cost estimate.
kosztować *ipf.* **1.** (*stanowić koszt*) cost; **coś dużo kosztuje** sth costs a lot, sth is expensive; **coś mało kosztuje** sth is cheap; **ile to kosztuje?** how much is it?, how much does it cost? **drogo go to kosztowało** it cost him a lot. **2.** (*degustować*) try, taste.
kosztowności *pl. Gen.* **-i** valuables.
kosztowny *a.* expensive, costly.
koszula *f.* shirt; **koszula nocna** nightgown, nightdress.
koszulka *f.* (*podkoszulek*) T-shirt; **żółta koszulka** *kolarstwo* yellow jersey.
koszyk *mi Gen.* **-a** basket.
koszykarz *mp* basketball player.
koszykówka *f.* basketball.
kościelny *a.* church; **święto kościelne** church holiday, holy day; **ślub kościelny** church/white wedding. — *mp* sexton, sacristan.
kościotrup *mi Gen.* **-a** skeleton.
kościół *mi* **-o-**; *Gen.* **-a** *Loc.* **-ele 1.** (*świątynia*) church; **kościół parafialny/garnizonowy** parish/garrison church; **chodzić do kościoła** go to church. **2.** (*wierni*) Church, Christendom. **3.** (*wyznanie chrześcijańskie*) Church.
kość *f. Ins.pl.* **-mi 1.** bone; **być przy kości** be plump; **dać komuś w kość** give sb a hard time; **kość niezgody** bone of contention; **kość słoniowa** ivory; **skóra i kości** bag of bones; **rozejść się po kościach** come to nothing; **zmarznąć na kość** be chilled to the bone. **2.** (*kostka do gry*) die; **kości zostały rzucone** the die is cast.
kot *ma Dat.* **-u 1.** cat; **kupować kota w worku** buy a pig in a poke; **mieć kota na jakimś punkcie** be crazy about sth. **2.** (*pierwszoklasista, student pierwszego roku*) freshman.
kotara *f.* curtain.
kotek *ma* **-tk-** (*mały kot*) kitten, pussy(cat). — *mp* **-tk-**; *lm* **-i** (*o kochanej osobie*) honey, sweetie.
kotlet *mi Gen.* **-a** (*z kością*) chop; (*bez kości*) fillet; **kotlet drobiowy** poultry fillet/cutlet; **kotlet mielony** hamburger; **kotlet schabowy** pork chop.
kotlina *f.* valley.
kotwica *f.* anchor; **rzucić kotwicę** drop/cast anchor; **podnieść kotwicę** raise/weigh anchor.
kowadło *n. Gen.pl.* **-eł** anvil; **być/znaleźć się między młotem a kowadłem** be/find o.s. between a rock and a hard place.
kowal *mp* (black)smith.
kowboj *mp Gen.pl.* **-ów** cowboy.
koza *f. Gen.pl.* **kóz 1.** goat; *pot.* (*samica kozy*) she-goat; **raz kozie śmierć** come what may! **2.** *pot.* (*więzienie*) jug, can.
kozaczki *pl. Gen.* **-ów** winter boots.
kozak *mi Gen.* **-a** *pl.* **-i 1.** (*obuwie*) winter boot. **2.** (*grzyb*) birch bolete, shaggy boletus.
kozi *a.* goat; **zapędzić kogoś w kozi róg** drive/force sb into a (tight) corner.
kozica *f.* chamois.
kozioł *ma* **-zł-** *zool.* billy goat; **kozioł ofiarny** scapegoat. — *mi* **-zł-** *Gen.* **-a 1.** *sport* (*skrzynia*) horse, buck; **skakać przez kozła** vault the horse. **2.** *sport* (*odbicie piłki*) bounce.
koziołek *ma* **-łk-** *zool.* kid. — *mi* **-łk-** *Gen.* **-a** *pot.* (*fikołek*) somersault.
koziołkować *ipf.* tumble.
Koziorożec *mi* **-żc-** *Gen.* **-a** Capricorn; **zwrotnik Koziorożca** tropic of Capricorn.

kozłować *ipf.* dribble.
kożuch *mi Gen.* **-a 1.** (*ubranie*) sheepskin coat. **2.** (*na mleku, farbie*) skin.
kółko *n.* **1.** (*małe koło*) circlet, ringlet. **2.** (*element w kształcie koła*) ring, wheel; (*mebla*) castor; **meble na kółkach** rollaway furniture. **3.** (*grupa*) circle; **kółko zainteresowań** interest group. **4.** *pot.* (*kierownica*) wheel; **siedzieć za kółkiem** be at the wheel; **w kółko** (*chodzić, biegać*) round and round, in circles; (*wciąż*) over and over (again), again and again.
kpić *ipf.* **-ij** mock (*z kogoś/czegoś* sb/sth).
kpina *f.* derision, mockery; **to są kpiny!** this is ridiculous!
kpt. *abbr.* Capt (*Captain*).
kra *f. Gen.pl.* **kier** (ice) floe.
krab *ma* crab.
kraciasty *a.* checked, checkered.
kradzież *f. pl.* **-e** theft; **drobna kradzież** petty theft; **kradzież w sklepie** shoplifting; **kradzież z włamaniem** burglary.
kraina *f.* **1.** (*kraj*) country, land. **2.** (*region, ekosystem*) region.
kraj *mi Gen.pl.* **-ów 1.** (*państwo*) country; **egzotyczne/ciepłe kraje** exotic/hot countries. **2.** (*ojczyzna*) homeland.
krajać *ipf.* **-ę -esz** (*ciąć*) cut; (*na plastry l. kromki*) slice; (*w kostkę*) cube, dice.
krajobraz *mi* landscape, scenery.
krajowy *a.* domestic, home, national; **przemysł/rynek krajowy** domestic industry/market; **sprzedaż krajowa** home sales; **średnia krajowa** national average.
krakać *ipf.* **-czę, -czesz 1.** (*o ptakach*) caw, croak. **2.** *przen.* (*przepowiadać klęskę*) croak.
krakers *mi Gen.* **-a** cracker.
Kraków *mi* **-o-** *Gen.* **-a** Cracow.
kraksa *f.* crash.
kran *mi* (*kurek*) faucet.
kraniec *mi* **-ńc-** *Gen.* **-a** end, limit, extreme; **kraniec miasta** city limits, outskirts; **kraniec świata** world's end, ends of the earth.
krasnoludek *mp* **-dk-** *pl.* **-i** dwarf, brownie.
kraść *ipf.* **-dnę -dniesz**, **-ij**, **-dł** steal (*coś komuś* sth from sb).
krata *f.* **1.** (*w ścianie, ogrodzeniu*) grating; (*w oknie, w więzieniu*) bars; **za kratami** *pot.* behind bars. **2.** (*wzór*) check(er); **szkocka krata** tartan.
krater *mi* crater.
kratka *f.* **1. kratka wentylacyjna** air grating; **siedzieć za kratkami** *pot.* be behind bars. **2.** (*wzór*) check(er). **3.** (*czworokąt*) square; (*w formularzu*) box; **papier w kratkę** squared paper; **w kratkę** (*np. pracować*) irregularly.
kraul *mi Gen.* **-a** crawl.
krawat *mi Gen.* **-a/-u** tie.
krawcowa *f. Gen.* **-ej** dressmaker.
krawędź *f. pl.* **-e** edge; (*naczynia*) brink.
krawężnik *mi Gen.* **-a** curb.
krawiec *mp* **-wc-** *pl.* **-y** (*męski*) tailor; (*damski*) dressmaker.
krawiectwo *n.* (*zwł. męskie*) tailoring; (*zwł. damskie*) dressmaking.
krąg *mi* **-ę- 1.** (*okrąg*) circle. **2.** (*koło, krążek*) ring. **3.** (*grupa ludzi*) circle. **4.** (*zakres*) domain; **krąg kulturowy** culture.
krążek *mi* **-żk-** *Gen.* **-a 1.** (*kółko, plasterek*) disk. **2.** (*w hokeju*) puck.
krążenie *n.* circulation; **krążenie krwi** blood circulation; **niewydolność krążenia** circulatory failure.
krążownik *mi Gen.* **-a** cruiser.
krążyć *ipf.* **1.** (*o samolocie, ptakach*) circle; (*wokół własnej osi*) rotate; (*po orbicie*) orbit. **2.** *fizj.* circulate. **3.** (*o przedmiocie*) be passed around.
kreacja *f.* **1.** (*strój*) outfit; **kreacja wieczorowa** party dress. **2.** (*tworzenie*) creation.
kreda *f.* chalk.
kredens *mi* cupboard.
kredka *f.* **1.** (*ołówek*) colored pencil, crayon. **2. kredka świecowa** wax crayon; **kredka do oczu** eyeliner.
kredyt *mi* credit, loan; **kredyt hipoteczny** mortgage; **kredyt mieszkaniowy** home loan; **zaciągnąć/dostać/spłacić kredyt** take up/get/repay (one's) credit.
krem *mi* cream; **ciastko z kremem** cream slice; **krem do golenia/rąk/twarzy** shaving/hand/face cream; **krem nawilżający/ochronny** moisturizing/barrier cream.
kremacja *f.* cremation; **poddać kremacji** cremate.
krematorium *n. sing. indecl. pl.* **-ria** *Gen.* **-riów** crematory.
kremowy *a.* cream(y).
kreować *ipf.* **1.** (*tworzyć*) create. **2.** (*o aktorze*) perform the role of.
kres *mi* limit, end; **być u kresu sił** be completely exhausted; **położyć czemuś kres** put an end to sth.
kreska *f.* **1.** (*linia*) line; (*łącznik*) hyphen; (*myślnik*) dash; **o z kreską** o acute. **2.** (*na skali*) mark.
kreskówka *f. film* (animated) cartoon.
kreślarz *mp Gen.pl.* **-y/-ów** draftsman.
kreślić *ipf.* **1.** (*rysować, projektować*) draft. **2.** (*przekreślać, usuwać*) cross out.
kret *ma* mole.
Kreta *f.* Crete.
kretyn *mp pl.* **-i/-y** *pot.* moron, blockhead.
krew *f.* **krwi-** blood; **czystej/pełnej krwi** thoroughbred, full blood; **do krwi** till first blood; **mieć coś we krwi** have sth in one's blood; **mrożący krew w żyłach** bloodcurdling; **pobrać krew** draw blood; **zachować/stracić zimną krew** keep/lose one's cool; **z krwi i kości** true, to the core; **z zimną krwią** in cold blood.
krewetka *f.* shrimp, prawn.
krewna *f. Gen.* **-ej** relative.
krewny *mp* relative.
kręcić *ipf.* **1.** (*obracać*) turn, spin; **kręcić głową** shake one's head; **kręcić na coś nosem** turn up one's nose at sth; **kręcony fotel** swivel chair. **2.** (*włosy*) curl. **3.** (*ucierać*) mix. **4.** *pot.* (*kłamać*) blur the facts. **5.** *pot.* (*filmować*) shoot, film.
kręcić się *ipf.* **1.** (*obracać się dookoła*) twirl, spin; **komuś kręci się w głowie** sb is dizzy/giddy. **2. coś się kręci wokół czegoś** sth centers/hinges on sth. **3.** (*wałęsać się*) wander, roam. **4.** *pot.* (*wiercić się*) fidget. **5.** *pot.* (*interesować się*) busy oneself (*wokół kogoś/czegoś* with sb/sth). **6.** (*o włosach*) curl, be curly.
kręcony *a.* (*o włosach*) curly.
kręg *mi anat.* vertebra.
kręgiel *mi* **-gl-** *Gen.* **-a** (bowling) pin.
kręgielnia *f. Gen.pl.* **-i/-ń** bowling alley.
kręgosłup *mi Gen.* **-a** backbone, spine; **skrzywienie kręgosłupa** curvature of the spine.
kręgowiec *ma* **-wc-** vertebrate.

krępować *ipf.* **1.** (*ograniczać, utrudniać*) constrain, hamper. **2.** (*peszyć*) embarrass.
krępować się *ipf.* be embarrassed; **proszę się nie krępować** make yourself at home.
krępujący *a.* embarrassing, awkward.
krępy *a.* stocky.
kręty *a.* winding.
krnąbrny *a.* defiant.
krochmal *mi* starch.
krochmalić *ipf.* starch.
krocze *n.* crotch.
kroczyć *ipf.* (*dumnie*) strut; (*regularnymi krokami*) pace.
kroić *ipf.* **krój 1.** (*ciąć*) cut; (*w plastry, na kromki*) slice; **kroić coś na kawałki** cut sth to pieces; **kroić w kostkę** cube, dice. **2.** (*np. sukienkę*) tailor.
krok *mi* step; **ani kroku dalej!** freeze! **być o krok od** be one step away from; **co krok** at every step; **dotrzymywać komuś kroku** keep pace with sb; **dwa kroki stąd** within a stone's throw of here; **krok po kroku** step by step; **podjąć konieczne/pilne kroki** take necessary/urgent steps.
krokodyl *ma Gen.pl.* **-i/-ów** crocodile.
krokus *mi Gen.* **-a** crocus.
kromka *f.* slice.
kronika *f.* **1.** chronicle; **kronika towarzyska** society/gossip column. **2.** *film* newsreel.
kropelka *f.* **1.** (*mała kropla*) droplet. **2.** (*mała ilość*) drop.
kropić *ipf.* **1.** (*zwilżać*) sprinkle. **2.** (*o deszczu*) spit.
kropka *f.* **1.** (*znak interpunkcyjny*) period; **trzy kropki** ellipsis; **postawić kropkę nad i** *przen.* spell it out. **2. spódnica w kropki** dotted skirt. **3. znaleźć się w kropce** be put on the spot.
kropla *f. Gen.pl.* **-i/-pel** drop; **kropla w morzu** *przen.* a drop in the bucket/ocean; **podobni jak dwie krople wody** as/like peas in a pod.
kroplomierz *mi Gen.* **-a** dropper.
kroplówka *f.* drip feed; **kroplówka dożylna** intravenous drip, (an) IV; **stosować kroplówkę** drip-feed.
krosta *f.* pimple.
krowa *f. Gen.pl.* **krów** cow; **choroba szalonych krów** mad cow disease.
krój *mi* **-o-** *Gen.pl.* **-ów 1.** cut. **2.** (*krojenie ubrań*) cutting; **kurs kroju i szycia** sewing course.
król *mp pl.* **-owie** *Gen.* **-ów** (*władca*) king; **Trzej Królowie** the Magi, Three Wise Men; **Święto Trzech Króli** Epiphany. — *mi Gen.* **-a** *pl.* **-e** *Gen.* **-i** *karty, szachy* king.
królestwo *n. Loc.* **-e 1.** (*monarchia*) kingdom; **królestwo niebieskie/Boże** kingdom of heaven/God. **2.** (*dziedzina, domena*) realm.
królewicz *mp Gen.pl.* **-ów** prince.
królewna *f. Gen.pl.* **-wien** princess; **Królewna Śnieżka** Snow White; **Śpiąca Królewna** Sleeping Beauty.
królewski *a.* royal; **Wasza Królewska Mość** Your Royal Highness, Your Majesty.
królik *ma* rabbit; **królik doświadczalny** guinea pig.
królowa *f. Gen.* **-ej** queen.
królować *ipf.* **1.** (*panować*) reign, rule. **2.** (*dominować*) *przen.* prevail.
krótki *a.* **-tszy 1.** (*niedługi*) short; **krótkie włosy** short hair; **krótki wzrok** short-sightedness. **2.** (*krótkotrwały*) brief; **krótki termin** (*data oddania czegoś*) tight deadline; **na krótką metę** *przen.* in the short term/run; **w krótkim czasie** in a short time.
krótko *adv.* **-cej 1.** (*o małej długości*) short; **krótko ostrzyżony** close-cropped; **krótko kogoś trzymać** *przen.* to keep a tight rein on sb. **2.** (*przez krótki czas*) shortly. **3. krótko mówiąc** briefly put.
krótkofalowy *a.* **1.** (*krótkotrwały*) short-term. **2.** *fiz.* short-wave.
krótkofalówka *f. pot.* short-wave radio/transmitter.
krótkometrażowy *a.* **film krótkometrażowy** short (subject).
krótkoterminowy *a.* short-term.
krótkotrwały *a.* short-lived.
krótkowidz *mp* **być krótkowidzem** be short-sighted/near-sighted.
krótkowzroczność *f.* short-sightedness, near-sightedness.
krótkowzroczny *a. pat. l. przen.* shortsighted.
krtań *f. pl.* **-e** larynx; **zapalenie krtani** laryngitis.
kruchy *a.* **1.** (*łamliwy*) brittle, fragile; (*chrupiący*) crispy, crunchy; **kruche ciasto** shortcake; **kruche mięso** tender meat. **2.** *przen.* (*słaby, wątły*) frail.
krucyfiks *mi* crucifix.
kruczek *mi* **-czk-** *Gen.* **-a** (*sztuczka prawna*) loophole.
kruk *ma* raven; **biały kruk** *przen.* rarity.
krupier *mp* croupier.
krupnik *mi* barley gruel.
kruszyć *ipf.* crumble, pulverize, break up.
kruszyć się *ipf.* crumble, fall apart, fall to pieces.
krwawić *ipf.* bleed.
krwawienie *n.* bleeding; (*krwotok*) hemorrhage.
krwawy *a.* (*z krwią*) bloody; (*krwawiący*) bleeding.
krwi *itd. f. zob.* **krew**.
krwiak *mi Gen.* **-a** hematoma, blood tumor.
krwinka *f. fizj.* blood cell; **biała/czerwona krwinka** white/red blood cell, leukocyte/erythrocyte.
krwiobieg *mi* blood circulation.
krwiodawca *mp*, **krwiodawczyni** *f.* blood donor.
krwiodawstwo *n.* blood donation.
krwionośny *a.* circulatory; **naczynia krwionośne** blood vessels; **układ krwionośny** circulatory system.
krwiożerczy *a.* bloodthirsty.
krwisty *a.* **1.** (*krwawy*) bloody. **2.** *kulin.* undone, rare.
krwotok *mi* hemorrhage.
kryć *ipf.* **-ję -jesz 1.** (*chować*) hide. **2.** (*skrywać, zasłaniać*) cover (up), conceal. **3.** (*winnego*) cover up for (*sb*). **4.** (*powlekać*) coat (*sth*) (over) (*czymś* with sth). **5.** *sport* mark, cover. **6.** (*zawierać w sobie*) contain.
kryć się *ipf.* hide (*przed kimś/czymś* from sb/sth); **kryć się z czymś** conceal sth.
kryjówka *f.* hideaway, hiding-place.
krykiet *mi Gen.* **-a** cricket.
Krym *mi* the Crimea.
kryminalista *mp*, **kryminalistka** *f.* **1.** (*przestępca*) criminal. **2.** (*prawnik*) criminal lawyer.
kryminalny *a.* criminal; **film kryminalny** crime movie.
kryminał *mi* **1.** (*więzienie*) prison. **2.** (*utwór kryminalny*) whodunit.
krypta *f.* crypt.
kryptonim *mi* (*pseudonim*) codename; (*oznaczenie, hasło*) codeword.
krystaliczny *a.* **1.** *fiz., chem.* crystalline. **2.** *przen.* (*czysty*) crystal clear.
kryształ *mi* crystal; **kryształ górski** rock crystal.
kryształowy *a.* **1.** (*zrobiony z kryształu*) crystal. **2.** (*czysty*) crystal clear.
kryterium *n. sing. indecl. pl.* **-ria** *Gen.* **-riów** criterion.
kryty *a.* covered; (*zadaszony*) roofed.

krytyczny *a.* **1.** critical; **punkt krytyczny** critical point; **sytuacja krytyczna** critical situation, crisis. **2.** (*rozstrzygający*) crucial, decisive.
krytyk *mp* critic.
krytyka *f.* **1.** criticism. **2.** (*ogół krytyków*) the critics. **3.** (*tekst krytyczny*) critique, review.
krytykować *ipf.* criticize.
kryzys *mi* **1.** crisis. **2. kryzys gospodarczy/wieku średniego** economic/midlife crisis.
kryzysowy *a.* crisis.
krzak *mi Gen.* **-a/-u 1.** (*krzew*) bush, shrub. **2.** *pl.* (*zarośla*) thicket, bushes, shrubbery.
krzem *mi* silicon.
krzemień *mi Gen.* **-nia** flint(stone).
krzemowy *a.* silicon.
krzepki *a.* vigorous, robust, stout.
krzepnąć *ipf.* **-ij, -pł/-pnął, -pła -pli** harden, set, fix; *form.* solidify.
krzesło *n. Gen.pl.* **-eł** chair; **krzesło obrotowe/elektryczne** swivel/electric chair.
krzew *mi* shrub, bush.
krzyczeć *ipf.* **-ę -ysz** shout (*na/do kogoś* at/to sb).
krzyk *mi* **1.** shout. **2.** (*awantura, zamieszanie*) fuss, ado; **narobić krzyku** make/kick up a fuss (*o coś* about/over sth).
krzykliwy *a.* **1.** (*hałaśliwy*) loud. **2.** (*jaskrawy*) gaudy.
krzyknąć *pf.* **-ij** *zob.* **krzyczeć.**
krzywda *f.* harm, wrong; **wyrządzić komuś krzywdę** do sb wrong; **nie stanie ci się żadna krzywda** you'll suffer no wrong.
krzywdzić *ipf.* wrong, misuse, do (*sb*) wrong.
krzywica *f.* rickets.
krzywić *ipf.* bend; (*twarz, usta*) twist, contort.
krzywić się *ipf.* (*robić miny*) make/pull faces, grimace; *wyrażać niezadowolenie* frown (*na kogoś/coś* at sb/sth).
krzywo *adv.* **1.** *zob.* **krzywy. 2. patrzeć krzywo na kogoś/coś** frown at sb/sth.
krzywoprzysięstwo *n.* perjury.
krzywy *a.* (*koślawy, wygięty*) crooked, bent; (*powykrzywiany*) contorted, twisted; (*zniekształcony*) distorted; **krzywe zwierciadło** fairground mirror.
krzyż *mi Gen.* **-a 1.** cross; (*symbol chrześcijaństwa*) the Cross; **Czerwony Krzyż** the Red Cross; **dźwigać swój krzyż** bear one's cross; **jak z krzyża zdjęty** like death warmed up; **Krzyż Walecznych/Zasługi** the Cross of Valor/Merit. **2. na krzyż** criss-cross, crosswise; **uczynić znak krzyża** make a cross. **3.** *anat.* lower back.
krzyżować *ipf.* **1.** (*układać na krzyż*) cross. **2.** (*przybijać do krzyża*) crucify. **3.** *przen.* **krzyżować czyjeś plany** thwart sb's plans.
krzyżować się *ipf.* cross, intersect.
krzyżówka *f.* **1.** crossword (puzzle); **rozwiązywać krzyżówki** do/solve crosswords. **2.** *biol.* hybrid, cross. **3.** *pot.* (*skrzyżowanie*) crossroads.
krzyżyk *mi Gen.* **-a 1.** (*mały krzyż*) (small) cross; **haftować krzyżykami** cross-stitch. **2.** *muz.* sharp.
ks. *abbr.* **1.** (*ksiądz*) Rev., Revd. (*Reverend*). **2.** (*książę*) Prince, Duke.
ksero *n. indecl.* **1.** (*kserokopiarka*) photocopier. **2.** (*kserokopia*) photocopy.
kserokopia *f. Gen.* **-ii** photocopy, xeroxed copy.
kserokopiarka *f.* photocopier, xerox.
kserować *ipf.* photocopy, xerox.
ksiądz *mp* **-ę-** *Dat.* **-u** *Voc.* **-że** *pl.* **-ża** *Gen.* **-ży** *Ins.* **-żmi** priest.
książeczka *f.* booklet; **książeczki dla dzieci** children's books; **książeczka do nabożeństwa** prayer-book; **książeczka czekowa** checkbook.
książę *mp decl. like n.* **księci-** *pl.* **książęt-** *Gen.* **-ąt** (*zwł. członek rodziny królewskiej*) prince; (*z nadania*) duke; **książę małżonek** prince consort.
książka *f.* book; **książka kucharska** recipe book, cookbook; **książka telefoniczna** phone directory.
książkowy *a.* **1.** (*wydawniczy*) book. **2.** (*literacki*) bookish; **styl książkowy** bookish style. **3. mól książkowy** bookworm.
księga *f. Gen.pl.* **-ąg** book, volume, tome; **ciężka księga** hefty volume; **księgi wieczyste** real-estate register.
księgarnia *f. Gen.pl.* **-ni/-ń** bookstore.
księgowa *f. decl. like a. zob.* **księgowy.**
księgować *ipf. fin.* keep the books, do the accounts.
księgowość *f.* (*dział przedsiębiorstwa*) bookkeeping/accounting department.
księgowy[1] *a.* accounting, bookkeeping; **wartość księgowa** book value.
księgowy[2] *mp* accountant, bookkeeper.
księgozbiór *mi* **-zbior-** book collection, library; **księgozbiór podręczny** reference library.
księstwo *n.* duchy.
księżna *f. Gen.* **-y/-ej** *Acc.* **-ę/-ą** *Dat. & Loc.* **-ie/-ej** *Voc.* **-o** *pl. decl. like a.* duchess.
księżniczka *f.* princess.
księżyc *mi Gen.* **-a** moon; (*także* **Księżyc**) (*satelita Ziemi*) the Moon; **wyprawa na Księżyc** lunar mission; **księżyc w pełni/nowiu** full/new moon.
ksylofon *mi* xylophone.
kształcić *ipf.* teach, train (*na kogoś* as sb).
kształcić się *ipf.* study, learn (*w czymś* sth); train (*na kogoś* as sb).
kształt *mi* shape, form; **przybierać realne kształty** take shape.
kształtować *ipf.* shape, mold.
kształtować się *ipf.* **1.** (*formować się*) take shape. **2.** *form.* (*osiągać wartość*) run (*na poziomie...* at a level of...).
kto *pron. Gen. & Acc.* **kogo** *Dat.* **komu** *Ins. & Loc.* **kim 1.** who; (*po przyimkach*) whom; **kto tam?** who's there? **kto wie...** who knows...; **do kogo piszesz?** who are you writing (to)? *form.* to whom are you writing? **2.** (*ktoś, ktokolwiek*) **kto inny** somebody else; **jest tam kto?** is anybody there?
ktokolwiek *pron. kto- decl. zob. kto, -kolwiek indecl.* (*zaimek względny*) **1.** whoever; whomever; **ktokolwiek to powiedział, kłamał** whoever said it was lying. **2.** (*wszystko jedno kto*) anybody, anyone.
ktoś *pron. kto- decl. zob. kto, -ś indecl.* somebody, someone; (*w pytaniach*) anybody, anyone; **czy jest ktoś w domu?** is there anybody/anyone home? **ktoś wypił moją kawę** someone drank my coffee; **on myśli, że jest kimś** he thinks he's somebody.
którędy *adv.* which way.
który *pron.* **1.** (*wyraża pytanie*) which; **o której godzinie?** (at) what time? **który to?** which one is it? **którego dzisiaj mamy?** what's the date today? **2.** (*rozpoczyna zdanie podrzędne*) (*dot. osoby*) who, whom; (*dot. rzeczy*) which; (*w zdaniu definiującym*) that; **dziewczyna, którą spotkałem** the girl (whom/

who/that) I met; **książka, którą czytam** the book (which/that) I'm reading.

którykolwiek *pron. który- decl. like a., -kolwiek indecl.* any; (*z dwóch*) either.

któryś *a. który- decl. like a., -ś indecl.* one; **któregoś dnia** one day; **któryś z nich** one of them.

ku *prep. + Dat.* (*w stronę*) **1.** toward. **2.** (*dla*) **ku pamięci...** to commemorate...; **ku przestrodze** as a cautionary example; **ku mojemu wielkiemu zaskoczeniu** to my great surprise.

Kuba *f.* Cuba.

Kubanka *f.*, **Kubańczyk** *mp* Cuban.

kubański *a.* Cuban.

kubek *mi* **-bk-** *Gen.* **-a** mug.

kubeł *mi* **-bł-** *Gen.* **-a** bucket, pail.

kucharka *f.* cook.

kucharski *a.* culinary; **książka kucharska** cookbook, recipe book.

kucharz *mp* cook; (*szef kuchni*) chef.

kuchenka *f.* cooker; **kuchenka elektryczna/gazowa** electric/gas cooker; **kuchenka mikrofalowa** microwave oven.

kuchenny *a.* kitchen, cooking; **sprzęty kuchenne** kitchenware.

kuchnia *f. Gen.pl.* **-i/-chen 1.** (*miejsce*) kitchen; **ślepa kuchnia** windowless kitchen. **2.** (*sztuka kulinarna*) cuisine.

kucyk *ma* pony. — *mi Gen.* **-a** pony tail.

kuć *ipf.* **1.** (*metal*) forge, hammer. **2.** *pot.* (*uczyć się*) cram, plod.

kudłaty *a.* hairy, shaggy.

kufel *mi* **-fl-** *Gen.* **-a** (*naczynie*) beer glass; (*porcja piwa*) pint.

kukiełka *f.* puppet.

kukułka *f.* cuckoo; **zegar z kukułką** cuckoo clock.

kukurydza *f.* corn.

kukurydziany *a.* corn.

kula[1] *f.* **1.** ball, sphere; **kula śniegowa** snowball; **kula ziemska** globe. **2.** *sport* **pchnięcie kulą** shot put. **3.** (*pocisk*) bullet.

kula[2] *f.* **kule** a pair of crutches; **chodzić o kulach** go (about) on crutches.

kulawy *a.* lame; **pies z kulawą nogą** *pot.* not a living soul.

kuleć *ipf.* limp.

kulig *mi* sleigh ride.

kulinarny *a.* culinary; **przepis kulinarny** recipe.

kulisty *a.* spherical, round.

kulisy *pl. Gen.* **-s 1.** *teatr* wings. **2.** *pot.* (*nieznane okoliczności*) the inside story; **za kulisami** behind the scenes/closed doors.

kulka *f.* **1.** (*mała kula*) ball, pellet. **2.** *pot.* (*pocisk*) bullet.

kulminacyjny *a.* **punkt kulminacyjny** culminating point, climax.

kult *mi* cult, worship.

kultura *f.* **1.** culture; **kultura ludowa/fizyczna** folk/physical culture; **kultura osobista** sophistication; **dom kultury** community/arts center. **2.** (*maniery*) manners; **brak kultury** bad manners.

kulturalny *a.* **1.** (*dot. kultury*) cultural. **2.** (*taktowny*) polite. **3.** (*wyrafinowany*) cultured, sophisticated.

kulturowy *a.* cultural.

kulturysta *mp*, **kulturystka** *f.* bodybuilder.

kulturystyka *f.* bodybuilding.

kultywować *ipf.* cultivate.

kumpel *mp* **-pl-** *Gen.pl.* **-i/-ów** *pot.* buddy, mate, pal.

kumulować *ipf.* accumulate.

kundel *ma* **-dl-** *Gen.pl.* **-i/-ów** mongrel.

kunszt *mi* **1.** (*artyzm*) artistry. **2.** (*rzemiosło*) craft.

kupa *f.* **1.** *pot.* (*sterta*) loads of sth, pile, heap; **trzymać się kupy** stick together. **2.** *pot.* (*odchody*) turd; **zrobić kupę** poop, crap.

kupić *pf. zob.* **kupować.**

kupiec *mp* **-pc-** *Voc.* **-u/-cze** *pl.* **-y 1.** (*nabywca*) buyer. **2.** (*handlowiec*) merchant.

kupno *n.* purchase.

kupon *mi* **1.** (*w grze*) coupon. **2.** (*biletu*) counterfoil. **3.** (*talon, asygnata*) voucher.

kupować *ipf.* buy, purchase (*u kogoś* at sb's) (*od kogoś* from sb) (*za coś* for sth).

kupujący *mp* (*nabywca*) buyer, purchaser; (*klient*) customer, client.

kura *f.* hen; **kura domowa** *pot. przen.* housewife.

kuracja *f.* treatment, therapy.

kuratorium *n. sing. indecl. pl.* **-ria** *Gen.* **-riów** board of education.

kurcz *mi Gen.pl.* **-ów/-y** cramp.

kurczak *ma* chicken; **kurczak z rożna** spitroasted chicken.

kurczę *n.* **-ęci-** *pl.* **-ęt-** *Gen.* **-ąt** (*kurczak*) chicken. — *int. pot.* damn.

kurczyć się *ipf.* **1.** (*o tkaninie, zapasach*) shrink. **2.** (*o metalu, mięśniu*) contract.

kurek *mi* **-rk-** *Gen.* **-a** faucet; **zakręcić kurek** turn the faucet off.

kurier *mp pl.* **-rzy** courier, messenger.

kurnik *mi Gen.* **-a** chicken coop, henhouse.

kurort *mi* health resort, spa.

kurować *ipf.* treat, heal.

kurować się *ipf.* undergo treatment.

kurs *mi* **1.** (*przejazd*) ride. **2.** (*kierunek*) course; **zboczyć z kursu** go off (the) course. **3.** (*cena*) rate; **kurs dolara/walutowy** dollar/foreign exchange rate; **kurs złota** price of gold. **4.** *uniw.* course.

kursować *ipf.* run.

kursywa *f.* italics.

kurtka *f.* jacket.

kurtyna *f.* curtain; **podnosić/opuścić kurtynę** raise/drop the curtain.

kurwa *f. Gen.pl.* **kurw/kurew** *wulg.* **1.** (*prostytutka*) whore. **2.** (*przekleństwo*) fuck.

kurz *mi Gen.pl.* **-ów** dust.

kurzyć *ipf.* **1.** (*pylić*) raise dust. **2.** *pot.* (*palić papierosa*) smoke, puff.

kurzyć się *ipf.* (*o kurzu*) be raised; **kurzyło się za samochodem** car raised a cloud of dust.

kusić *ipf.* **kuszę, kusisz** tempt; **kusić los** take unnecessary risk(s).

kustosz *mp Gen.pl.* **-y/-ów** curator.

kusza *f. hist.* crossbow.

kuszetka *f.* (*wagon*) sleeping car; (*miejsce do spania*) couchette, berth.

kuter *mi* **-tr-** fishing boat.

kuwejcki *a.* Kuwaiti.

Kuwejt *mi* Kuwait.

kuzyn *mp*, **kuzynka** *f.* cousin.

kuźnia *f. Gen.pl.* **-i** forge, smithy.

kwadrans *mi pl.* **-e** quarter; **kwadrans po siódmej** quarter past seven; **za kwadrans czwarta** quarter to four.

kwadrat *mi* square; **podnieść do kwadratu** square.

kwadratowy *a.* square; **pierwiastek/nawias kwadratowy** square root/brackets.
kwalifikacje *pl. Gen.pl.* **-i** qualifications; **zdobyć kwalifikacje** acquire/gain qualifications.
kwalifikować *ipf.* **1.** (*zaliczać*) classify (*kogoś/coś do czegoś* sb/sth as sth). **2.** (*upoważniać*) qualify (*kogoś do czegoś* sb for sth).
kwalifikować się *ipf.* (*nadawać się*) qualify (*na kogoś* to be sb/as sb); (*o rzeczy*) lend itself (*do czegoś* to sth).
kwarantanna *f. Gen.pl.* **-nn** quarantine; **poddać kwarantannie** put/hold in quarantine.
kwarc *mi* quartz.
kwartalnik *mi Gen.* **-a** quarterly.
kwartalny *a.* quarterly.
kwartał *mi* quarter.
kwartet *mi* quartet.
kwas *mi* acid.
kwaszony *a.* pickled, sour; **kwaszone ogórki** pickled cucumbers; **kapusta kwaszona** sauerkraut.
kwaśnieć *ipf.* turn sour.
kwaśny *a.* sour, acid; **kwaśne mleko** sour milk; **kwaśne deszcze** acid rains; **kwaśna mina** wry mouth, long face/nose.
kwatera *f.* lodgings, accommodation; **wolne kwatery** rooms for rent; **kwatera główna** headquarters.
kwaterować *ipf.* **1.** quarter. **2.** *wojsk.* be quartered.
kwestia *f. Gen.* **-ii 1.** (*problem*) issue, matter, question. **2. to tylko kwestia czasu** it's only a matter/a question of time; **w tej kwestii** in this regard; **kwestia sporna** bone of contention. **3.** *teatr, film* line.
kwestionariusz *mi Gen.* **-a** questionnaire.
kwestionować *ipf.* call into question, challenge.
kwiaciarnia *f. Gen.pl.* **-i/-ń** florist's.
kwiat *mi Loc. & Voc.* **kwiecie 1.** (*roślina ozdobna*) flower, plant; **kwiaty cięte/doniczkowe** cut/pot flowers. **2.** (*część rośliny*) flower, blossom. **3.** *przen.* (*najlepsza część*) **kwiat młodzieży** the flower of youth; **w kwiecie wieku** in the prime/pink of life.
kwiecień *mi* **-tni-** *Gen.* **-a** *Gen.pl.* **-i** April.
kwietnik *mi Gen.* **-a 1.** (*klomb*) flower bed. **2.** (*na doniczki*) flower-pot stand.
kwintet *mi* quintet.
kwit *mi* (*pokwitowanie*) receipt, voucher; (*paragon*) chit, slip.
kwitnący *a.* thriving, flourishing.
kwitnąć *ipf.* **-tnął/-tł -tła 1.** (*o roślinach*) blossom, bloom. **2.** (*rozwijać się*) flourish, thrive.
kwitować *ipf.* confirm, acknowledge; **kwitować odbiór czegoś** acknowledge receipt of sth.
kwiz *mi* quiz.
kwota *f.* amount, sum; **należna kwota** amount due.

L

l *abbr.* (*litr*) l, l. (*liter*).
labirynt *mi* labyrinth, maze.
laboratorium *n. sing. indecl. pl.* **-ria** *Gen.* **-riów** lab(oratory).
lać *ipf.* **leję lejesz 1.** pour; **lać łzy** shed tears. **2.** *pot.* (*bić*) pound, hammer. **3.** (*o deszczu*) pour (down).
lada[1] *f.* (*kontuar*) counter; **spod lady** under the counter.
lada[2] *part.* (*z jednostkami czasu*) any; **lada moment** any moment/time.
laik *mp* layman.
lak *mi* sealing wax.
lakier *mi* varnish, lacquer; **lakier do paznokci** (finger)nail polish; **lakier do włosów** hair spray.
lakierować *ipf.* varnish, lacquer; (*paznokcie, samochód*) paint.
lakmusowy *a.* **papierek lakmusowy** litmus/test paper.
lakoniczny *a.* laconic.
lalka *f.* **1.** doll. **2.** (*kukiełka*) puppet.
lama *f. pl.* **-y** *zool.* llama.
lament *mi* lament.
lamentować *ipf.* lament, mourn (*nad kimś/czymś* sb/sth).
laminować *ipf.* laminate.
lamówka *f.* trim.
lampa *f.* lamp; *el.* (*w radiu, telewizorze*) tube; **lampa błyskowa** flash (lamp); **lampa jarzeniowa** neon lamp; **lampa stojąca** floor lamp.
lampart *ma* leopard.
lampka *f.* **1.** (*mała lampa*) lamp; **lampka nocna** bedside lamp. **2.** (*kieliszek*) glass.
lamus *mi Gen.* **-a odłożyć coś do lamusa** junk sth, discard sth.
landrynka *f.* fruit drop.
lanie *n.* (*bicie*) beating, thrashing; (*jako kara dla dziecka*) spanking; **dostać lanie** get a spanking.
lapidarny *a.* concise, terse, curt.
laptop *mi* laptop (computer).
larwa *f.* larva.
laryngolog *mp* laryngologist.
las *mi Loc.* **lesie** forest, wood(s); **las iglasty/liściasty** coniferous/deciduous forest; **las rąk/sztandarów** sea of hands/flags.
lasek *mi* **-sk-** grove (of trees).
laser *mi* laser.
laska *f.* **1.** (*kij do podpierania*) walking stick, cane; **chodzić o lasce** walk with (the help of) a cane. **2.** *pot.* (*o dziewczynie*) chick.
lasso *n.* lasso.
lata *pl. Gen.* **lat** years; **lata dziewięćdziesiąte** the nineties, the 90s; **sto lat!** many happy returns! **od wielu lat** for (many) years; **ile masz lat?** how old are you? **mieć/liczyć sobie dwadzieścia lat** be twenty years old; *por. t.* **rok**.
latać *ipf.* **1.** fly. **2.** *pot.* (*udawać się gdzieś pospiesznie*) run.
latarka *f.* flashlight.
latarnia *f. Gen.pl.* **-i/-ń** lantern, lamp; **latarnia uliczna** street lamp; **latarnia morska** lighthouse.
latawiec *mi* **-wc-** *Gen.* **-a** *pl.* **-e** kite.
lato *n. Loc.* **lecie** summer; **latem/w lecie** in the summer.
latynoamerykański *a.* Latin-American.
Latynos *mp* Latino; *US* Hispanic (American).
laureat *mp*, **laureatka** *f.* laureate, prizewinner.
laurka *f.* hand-made greetings card.

laurowy *a.* (*liść*) bay; (*wieniec*) laurel.
lawa *f.* lava.
lawenda *f.* lavender.
lawina *f.* **1.** avalanche. **2.** *przen.* avalanche, cornucopia.
lawirować *ipf.* zigzag, slalom (*między czymś* between sth); *przen.* maneuver, tack (about/around).
ląd *mi* land; **stały ląd** continent, mainland.
lądować *ipf.* land.
lądowanie *n.* landing; *lotn. t.* touchdown; **lądowanie awaryjne** emergency landing.
lądowy *a.* land, ground; (*żyjący na lądzie*) land, terrestrial; **droga lądowa** land route; **siły lądowe** *wojsk.* ground forces.
lec *pf.* **legnę -niesz, -nij, legł** *lit.* **1.** (*położyć się*) lie down. **2.** (*zginąć*) fall.
lecie *n. zob.* **lato.**
lecieć *ipf.* **-cę -cisz 1.** fly. **2.** (*pędzić*) run. **3.** (*płynąć, spływać*) run, flow. **4.** (*upływać*) fly by/past; **lata lecą** years fly by. **5.** (*powodzić się*) **jak (ci) leci?** how's it going?, how are things? **6.** (*spadać, upadać*) fall, drop. **7.** (*o filmie, programie itp.*) be on; **co leci w kinie dziś wieczorem?** what's on at the movies tonight?
lecz *conj. form.* but.
leczenie *n.* treatment (*kogoś* of sb, *czegoś* for sth); **leczenie chirurgiczne/farmakologiczne** surgical/ drug treatment; **leczenie pooperacyjne** aftercare.
lecznica *f.* (*klinika*) clinic; **lecznica dla zwierząt** animal/veterinary clinic.
lecznictwo *n.* medical care.
leczniczy *a.* medicinal; therapeutic, curative, medical; **zabieg leczniczy** medical/curative treatment.
leczyć *ipf.* (*pacjenta l. chorobę*) treat; (*uzdrawiać, t. przen.*) cure, heal.
ledwie, ledwo *conj.* as soon as, the moment (that); **ledwie przyłożył głowę do poduszki, już spał** he fell asleep as soon as his head touched the pillow; **ledwo odłożyłem słuchawkę, telefon znów zadzwonił** no sooner had I hung up than the phone rang again. — *adv.* (*zaledwie, prawie nie*) barely, scarcely, (only) just; **ledwie żywy** barely alive.
legalizacja *f.* legalization.
legalizować *ipf.* legalize.
legalny *a.* legal, lawful.
legenda *f.* legend.
legendarny *a.* legendary.
legginsy *pl. Gen.* **-ów** leggings.
legion *mi* legion.
legitymacja *f.* (*organizacji, klubu*) membership card; (*dowód tożsamości*) ID, identity card.
legitymować *ipf.* (*sprawdzać dokumenty*) check sb's documents/identification.
lej *mi Gen.* **-a** *Gen.pl.* **-ów** (*zagłębienie*) crater; **lej po pocisku** shell crater.
lejce *pl. Gen.* **-ów** reins.
lejek *mi* **-jk-** *Gen.* **-a** funnel.
lek *mi* medicine, medication, drug (*na coś/przeciwko czemuś* against sth); **lek uspokajający** tranquilizer; **lek przeciwbólowy** pain-killing drug.
lek. *abbr.* (*lekarz*) **lek. med.** (*lekarz medycyny*) M.D.
lekarka *f. zob.* **lekarz.**
lekarski *a.* doctor's, medical; **gabinet lekarski** doctor's office; **badanie lekarskie** medical check/examination; **zalecenia lekarskie** doctor's orders.
lekarstwo *n.* **1.** drug, medicine, medication. **2.** *przen.* cure, remedy (*na coś* for sth).
lekarz *mp* physician, doctor; **lekarz ogólny** general practitioner, G.P.; **lekarz rodzinny** family doctor.
lekceważący *a.* disrespectful, disparaging; **lekceważąca uwaga** scornful/disparaging remark.
lekceważyć *ipf.* scorn, ignore, disregard; **lekceważyć swoje obowiązki** neglect one's duties; **lekceważyć niebezpieczeństwo** ignore danger.
lekcja *f.* **1.** lesson; (*z grupą uczniów*) class; **lekcja angielskiego/matematyki** English/math class. **2.** *pl.* (*praca domowa*) homework; **odrabiać lekcje** do one's homework.
lekki *a.* **lżejszy 1.** light; **lekki jak piórko** (as) light as a feather; **lekki posiłek** light meal. **2.** (*nieznaczny, nienasilony*) faint, light, slight; **lekki zapach** faint smell; **lekki ból głowy** slight headache. **3.** (*łatwy, znośny*) easy, light; **lekka praca** easy work.
lekko *adv.* **lżej 1.** light(ly); **ubierać się lekko** dress lightly. **2.** (*zwinnie, nieociężale*) lightly, nimbly. **3.** (*delikatnie, nieznacznie, trochę*) lightly, slightly, gently; **lekko ranny/uszkodzony** slightly injured/ damaged. **4.** (*łatwo*) easily.
lekkoatleta *mp*, **lekkoatletka** *f.* (track and field) athlete.
lekkoatletyka *f.* track and field (sports), athletics.
lekkomyślnie *adv.* rashly, recklessly.
lekkomyślność *f.* rashness, recklessness.
lekkomyślny *a.* rash, reckless.
leksykon *mi* lexicon.
lektor *mp* **1.** (*prelegent*) lecturer. **2.** *uniw.* instructor, teacher.
lektura *f.* reading; **lektura obowiązkowa** required reading; **lista lektur** reading list.
lemoniada *f.* lemonade.
len *mi* **ln- 1.** (*t. włókno*) flax. **2.** (*płótno lniane*) linen.
lenistwo *n.* laziness.
leniwy *a.* lazy, indolent.
leń *mp Gen.pl.* **-ni/-niów** idler, sluggard.
lepić *ipf.* **1.** (*łączyć klejem*) glue, paste (up). **2.** (*formować*) make, form, shape; **lepić bałwana** make a snowman.
lepiej *adv.* **1.** better; **coraz lepiej** better and better; **im prędzej, tym lepiej** the sooner the better; **lepiej późno, niż wcale** better late than never; *por.* **dobrze. 2.** (*wyraża radę l. postanowienie podyktowane rozsądkiem*) had better; **lepiej nic nie ruszaj** you'd better not touch anything.
lepki *a.* sticky.
lepsze *n. decl. like a.* the better; **na lepsze/ku lepszemu** for the better.
lepszy *a.* better, superior; **kto pierwszy, ten lepszy** first come, first served; *por.* **dobry.**
lesbijka *f.* lesbian.
lesie *mi zob.* **las.**
leszcz *ma Gen.pl.* **-y/-ów** *icht.* bream.
leśniczówka *f.* ranger's station.
leśniczy *mp* forest ranger, forester.
leśnik *mp* forest officer.
leśny *a.* forest, woodland; (*mieszkający w lesie*) forest-dwelling.
letni *a.* **1.** (*właściwy latu*) summer; **czas letni** daylight time. **2.** (*ciepławy*) lukewarm, tepid.
letniskowy *a.* summer-resort.
lew *ma* **lw-** *Dat.* **lwu 1.** lion. **2.** *astrol.* **Lew** Leo.
lewica *f. polit.* the left, left wing.

lewicowy *a.* left-wing, leftist.
lewo *adv.* **na lewo/w lewo** left; **na prawo i lewo** right and left; **na lewo** *pot.* (*nielegalnie*) under the table, on the q.t.
leworęczny *a.* left-handed. — *mp* left-hander, lefty.
lewostronny *a.* left-hand; **ruch lewostronny** left-hand traffic/driving.
lewy *a.* **1.** left, left-hand; **lewy pas** *mot.* fast lane; **po lewej stronie** on the left, on the left-hand side. **2.** (*wewnętrzny*) inside. **3.** *pot.* (*fałszywy*) phony, fake.
leźć *ipf.* **lezę leziesz, lazł leźli 1.** *pot.* (*wlec się*) trudge, plod along. **2.** *pot.* **patrz, gdzie leziesz!** look where you're going!
leżak *mi Gen.* **-a** beach chair.
leżąco *adv.* **na leżąco** lying down.
leżeć *ipf.* **-ę -ysz 1.** lie; **leżeć w szpitalu** stay in the hospital. **2.** (*znajdować się*) lie; **Warszawa leży nad Wisłą** Warsaw lies on the Vistula; **to nie leży w moim interesie** it is not in my interest. **3.** (*rozpościerać się, pokrywać*) spread; **leży jak ulał** fits like a glove.
lęk *mi* fear, anxiety; **lęk wysokości** fear of heights.
lękliwy *a.* apprehensive.
lgnąć *ipf.* **-ij 1.** (*przylepiać się*) cling. **2.** (*garnąć się*) be attracted (*do kogoś/czegoś* to sb/sth).
libacja *f.* drinking spree.
Liban *mi* Lebanon.
libański *a.* Lebanese.
liberalizm *mi* liberalism.
liberalny *a.* liberal.
Libia *f. Gen.* **-ii** Libya.
libijski *a.* Libyan.
licealista *mp*, **licealistka** *f.* high school student.
licealny *a.* high school.
licencja *f.* license.
liceum *n. sing. indecl. pl.* **-ea** *Gen.* **-eów** high school.
licho *n. pot.* (*coś złego*) deuce, dickens; **do licha (ciężkiego)!** hang it! **po kiego licha...** why on earth...; **licho nie śpi** better be safe.
lichy *a.* (*kiepski, niewiele wart*) shoddy, poor; (*ubranie*) flimsy.
licytacja *f.* (*przetarg*) tender, auction.
licytować *ipf.* (*dokonywać licytacji*) auction, bid.
liczba *f.* **1.** number; **liczba dziesiętna/porządkowa** decimal/ordinal number; **liczba parzysta/nieparzysta** even/odd number. **2.** *jęz.* **liczba pojedyncza/mnoga** singular/plural (number).
liczbowy *a.* numerical.
liczebnik *mi Gen.* **-a** numeral.
liczebny *a.* numerical; **mieć przewagę liczebną nad kimś** outnumber sb.
licznie *adv.* in large numbers.
licznik *mi Gen.* **-a 1.** (*urządzenie*) meter. **2.** *mat.* numerator.
liczny *a.* numerous.
liczyć *ipf.* **1.** (*sumować*) count. **2.** (*rachować*) calculate. **3.** (*wynosić*) amount to, total; **zespół liczy 4 muzyków** the band numbers 4 musicians. **4. liczyć na kogoś/coś** count on sb/sth.
lider *mp* leader.
liga *f.* league.
likier *mi* liqueur.
likwidacja *f.* **1.** (*zniesienie*) abolition. **2.** *prawn.* liquidation.
likwidować *ipf.* **1.** (*usuwać*) liquidate, wind up. **2.** *pot.* (*uśmiercać*) eliminate, liquidate.
lilia *f. Gen.* **-ii** lily.
liliowy *a.* (*lila*) lilac.
limfatyczny *a.* lymphatic; **węzły limfatyczne** lymph nodes/glands.
limit *mi* limit; **limit czasu** time limit.
limitować *ipf.* limit, restrict.
limuzyna *f.* limousine.
lina *f.* rope; **lina holownicza** tow-rope; **przeciąganie liny** tug-of-war.
lincz *mi Gen.pl.* **-ów** lynch.
linczować *ipf.* lynch.
linia *f. Gen.* **-ii 1.** line; **w linii prostej** in a straight line, as the crow flies; **linia brzegowa** coastline; **papier w linie** lined paper. **2.** (*szereg, rząd*) row, rank. **3.** (*trasa*) route. **4.** (*kontur*) contour; **dbać o linię** watch one's weight.
linijka *f.* **1.** (*liniał*) ruler. **2.** (*wiersz w tekście*) line.
linka *f.* cord.
linowy *a.* rope, cable; **kolejka linowa** cable railway.
lipiec *mi* **-pc-** *Gen.* **-a** July.
liryczny *a.* lyrical.
lis *ma* fox; **chytry jak lis** (as) cunning/sly as a fox.
list *mi* letter; **list lotniczy** airmail letter; **list polecający** letter of recommendation; **list polecony** certified letter; **list zwykły** surface-mail letter.
lista *f.* list; **lista obecności** roll; **lista płac** payroll; **lista przebojów** the charts.
listonosz *mp Gen.pl.* **-y/-ów** letter carrier, mailman.
listopad *mi Gen.* **-a** November.
listownie *adv.* by mail.
listowny *a.* written.
listowy *a.* letter; **papier listowy** writing paper; **skrzynka listowa** mailbox.
listwa *f. Gen.pl.* **-ew** strip of wood, slat, batten.
liściasty *a.* **drzewo liściaste** deciduous tree.
liść *mi Gen.* **-a** *Ins.pl.* **-mi** leaf.
litera *f.* letter; **duża litera** capital/uppercase letter; **mała litera** small/lowercase letter; **litery drukowane** printed letters.
literacki *a.* literary.
literatura *f.* literature; **literatura faktu** factual literature; **literatura piękna** belles-lettres.
literować *ipf.* spell; **czy mógłby pan przeliterować swoje nazwisko?** could you spell your name, please?
litewski *a.* Lithuanian.
litość *f.* (*łaska*) mercy; (*współczucie*) compassion; **na litość boską!** for goodness' sake!
litować się *ipf.* have mercy (*nad kimś/czymś* on sb/sth).
litr *mi Gen.* **-a** liter.
Litwa *f.* Lithuania.
Litwin *mp* Lithuanian.
lizać *ipf.* lick; **palce lizać!** yummy!
lizak *mi Gen.* **-a** lollipop, lollypop.
Lizbona *f.* Lisbon.
liznąć *pf.* **-ij 1.** *zob.* **lizać**. **2.** *pot.* (*poznać coś powierzchownie*) get a smattering of sth.
lm. *abbr. jęz.* (*liczba mnoga*) pl. (*plural*).
loch *mi* dungeon.
locie *mi zob.* **lot**.
lodowaty *a.* **1.** (*zimny*) ice-cold, icy. **2.** *pot.* (*oziębły*) icy, frigid.
lodowiec *mi* **-wc-** *Gen.* **-a** glacier.
lodowisko *n.* (ice/skating) rink.
lodowy *a.* ice; **góra lodowa** iceberg.
lodówka *f.* refrigerator, fridge.
lodu *itd. mi zob.* **lód**.

lody *pl. Gen.* **-ów** ice cream; *por.* **lód**.
logiczny *a.* **1.** (*dotyczący logiki*) logical. **2.** (*sensowny*) sound, sensible.
logika *f.* logic.
lojalność *f.* loyalty.
lojalny *a.* loyal.
LOK *abbr.* (*Liga Obrony Kraju*) National Defense League.
lok *mi Gen.* **-a** lock, curl.
lokal *mi Gen.pl.* **-i/-ów 1.** (*pomieszczenie*) premises; **lokal mieszkalny** apartment; **lokal wyborczy** polls. **2.** (*restauracja*) restaurant; **lokal nocny** night club.
lokalny *a.* local.
lokata *f.* **1.** *ekon.* investment; **lokata bankowa** deposit; **lokata kapitału** capital investment. **2.** (*miejsce w klasyfikacji*) position, place, rank.
lokator *mp* occupant, resident.
lokomocja *f.* **środek lokomocji** means of transportation.
lokomotywa *f.* locomotive, engine.
lokować *ipf.* **1.** (*umieszczać*) place, put; (*kwaterować*) house, accommodate. **2.** *ekon.* invest.
Londyn *mi* London.
lord *mp pl.* **-owie** lord; **Izba Lordów** *parl.* House of Lords.
lornetka *f.* binoculars, field glasses.
los *mi* **1.** (*dola*) lot, fortune; **koleje losu** vicissitudes, ups and downs; **zły los** bad fortune. **2.** (*przeznaczenie*) fate, destiny; **ironia losu** irony of fate; **masz ci los!** too bad! **3.** (*bilet loteryjny*) (lottery) ticket; **ciągnąć losy** draw lots.
losować *ipf.* **1.** draw. **2.** (*ciągnąć losy*) draw lots.
losowanie *n.* drawing.
losowy *a.* **1.** (*związany z wydarzeniami życia*) of fate/lot; **wypadek losowy** act of God. **2.** (*związany z przypadkowością*) random, chance.
lot *mi* flight; **lot czarterowy/rejsowy** charter/scheduled flight; **widok z lotu ptaka** bird's eye view.
loteria *f. Gen.* **-ii** lottery.
lotnictwo *n.* aviation; **lotnictwo wojskowe** air force.
lotniczy *a.* air; **linie lotnicze** airline, air carrier; **port lotniczy** airport.
lotnik *mp* pilot, aviator.
lotnisko *n.* airport.
lotniskowiec *mi* **-wc-** *Gen.* **-a** aircraft carrier.
lotny *a.* **1.** *chem., fiz.* volatile, gaseous. **2.** (*ruchliwy*) mobile; **lotny piasek** quicksand. **3.** (*inteligentny*) clever, sharp.
loża *f. Gen.pl.* **lóż** (*wyodrębnione miejsce*) box, gallery; **loża honorowa** VIP box.
lód *mi* **-o- 1.** ice; **zimny jak lód** as cold as ice; **mieć forsy jak lodu** have money to burn; **przełamać pierwsze lody** break the ice; **zostać na lodzie** be left out in the cold. **2.** (*porcja lodów*) ice cream; *por.* **lody**.
lp. *abbr. jęz.* (*liczba pojedyncza*) sing. (*singular*); (*liczba porządkowa*) (item) no. (*(item) number*).
lśniący *a.* glittering, glistening.
lśnić *ipf.* **-ij** glitter, glisten.
lub *conj.* or; **lub też** or else.
lubiany *a.* popular.
lubić *ipf.* like (*kogoś* sb); (*mieć w czymś upodobanie*) like, enjoy (*coś* sth); be fond (*coś* of sth); be keen (*coś* on sth); **(nie) lubić coś/czegoś robić** (not) enjoy doing sth, (not) like doing/to do sth, (not) be fond of doing sth.
lud *mi* **1.** (*grupa społeczna*) commonalty, people. **2.** (*plemię, wspólnota*) people.
ludność *f.* population.
ludobójstwo *n.* genocide.
ludowy *a.* **1.** (*dotyczący ludu*) people's; **partia ludowa** peasant party. **2.** (*wiejski*) folk, country; **muzyka ludowa** folk music.
ludzie *pl. Gen.* **-i** *Ins.* **-mi** people; **ludzie pracy** working people; **przy ludziach** in public; *por.* **człowiek**.
ludzki *a.* **1.** (*mający związek z człowiekiem*) human; **istota ludzka** human being. **2.** (*humanitarny*) humane.
ludzkość *f.* humankind, mankind.
Luizjana *f.* Louisiana.
luka *f.* gap; **luka prawna/w prawie** legal loophole.
lukier *mi* **-kr-** icing.
Luksemburg *mi Gen.* **-a** Luxembourg.
luksus *mi* luxury.
luksusowy *a.* luxury, luxurious.
lunapark *mi* amusement park.
lunatyk *mp*, **lunatyczka** *f.* sleepwalker.
luneta *f.* telescope.
lupa *f.* magnifying glass.
lusterko *n.* mirror; **lusterko boczne/wsteczne** *mot.* outside/rearview mirror.
lustro *n. Gen.pl.* **-er** mirror.
lutować *ipf.* solder.
lutownica *f.* soldering iron.
luty *mi* February.
luz *mi* **1.** (*wolne miejsce*) (free) room; *pot.* (*wolny czas*) (free) time. **2.** *pot.* (*swoboda zachowania*) ease; **(być) na luzie** (be) laid back.
luźny *a.* **1.** (*nieobcisły*) loose(-fitting). **2.** (*niezwarty*) loose; **luźne kartki** loose pages; **luźna zabudowa** scattered buildings. **3.** (*o linie*) slack. **4.** (*swobodny*) casual; **luźna uwaga** casual remark.
Lwów *mi* **-o-** *Gen.* **-a** Lvov, Lviv.
lżej *adv. zob.* **lekko**.
lżejszy *a. zob.* **lekki**.
Łaba *f.* the Elbe.
łabędź *ma* swan.
łacina *f.* Latin.
łaciński *a.* Latin.
ład *mi* order; **zaprowadzić ład w czymś** order sth.
ładnie *adv.* **1.** nicely, lovely; **ładnie ci w tym swetrze** this sweater suits you well. **2.** (*o pogodzie*) nice, fine, lovely; **jest ładnie** it's nice/lovely outside.
ładny *a.* pretty; (*o pogodzie, dniu*) nice, fine, lovely.
ładować *ipf.* (*broń, paczki*) load; (*akumulator*) charge.
ładowność *f.* load capacity.
ładunek *mi* **-nk- 1.** (*towary*) load, cargo. **2.** (*materiał wybuchowy*) blast, charge; (*bomba*) bomb. **3.** *el.* electric charge.
łagodnie *adv.* **1.** (*dobrotliwie*) softly, kindly. **2.** (*delikatnie*) gently, tenderly.
łagodny *a.* **1.** (*dobrotliwy*) gentle, good-natured. **2.** (*o karze*) mild, lenient.
łagodzący *a.* **okoliczności łagodzące** extenuating/mitigating circumstances.
łagodzić *ipf.* **-odź/-ódź 1.** (*zażegnywać*) soothe, ease. **2.** (*karę*) mitigate, moderate. **3.** (*ból, cierpienie*) alleviate.
łajdak *mp pl.* **-i/-cy** scoundrel, scumbag.
łakomstwo *n.* gourmandism, greediness.
łakomy *a.* **1.** gourmand. **2.** (*zachłanny*) greedy (*na coś* for sth).

łamać *ipf.* **-ę -esz 1.** break. **2.** (*opór, przeszkody*) (*przezwyciężać*) break (down), overcome. **3.** (*naruszać*) break, violate; (*obietnicę*) break, go back on; **łamać prawo** break the law.
łamany *a.* broken; **łamana angielszczyzna** broken English; **7 łamane przez 26** seven stroke twenty six.
łamigłówka *f.* puzzle.
łańcuch *mi Gen.* **-a 1.** chain; (*ozdoba choinkowa*) Christmas tree chain. **2.** (*ciąg*) chain, sequence; **łańcuch górski** mountain range/chain.
łańcuchowy *a.* chain; **pies łańcuchowy** watchdog; **reakcja łańcuchowa** chain reaction.
łańcuszek *mi* **-szk-** *Gen.* **-a** (*mały łańcuch*) chain.
łapa *f.* **1.** (*noga zwierzęcia*) paw, forefoot. **2.** *pot. żart.* (*ręka ludzka*) paw; **dawać komuś w łapę** grease/oil sb's palm/hand; **precz z łapami!** hands off!
łapać *ipf.* **-ę -esz 1.** catch; **łapać oddech** catch one's breath; **łapać kogoś na gorącym uczynku** catch sb red-handed. **2.** (*o uczuciach, bólu*) catch, seize; **kurcz mnie złapał** I was seized with a cramp; **łapać grypę** catch a cold.
łapczywie *adv.* greedily.
łapka *f.* **1.** (*mała łapa*) paw. **2. łapka na myszy** mousetrap.
łapówka *f. pot.* bribe; **dawać łapówkę** bribe sb.
łaska *f.* favor, grace; **bez łaski!** *pot.* I can do without it! **z łaski swojej** if you please; **być na łasce kogoś/czegoś** be at the mercy of sb/sth; **robić coś z łaski** *pot.* do sth grudgingly/reluctantly.
łaskawy *a.* favorable; **bądź łaskaw mi pomóc** be so kind and help me.
łaskotać *ipf.* **-czę -czesz**, **-cz** tickle.
łata *f.* **1.** patch. **2.** (*u zwierząt*) spot; **brązowy pies w białe łaty** white-spotted brown dog.
łatać *ipf.* patch.
łatka *f. zob.* **łata**.
łatwizna *f.* **1. iść na łatwiznę** cut corners, follow the line of least resistance. **2.** (*łatwa rzecz*) piece of cake.
łatwo *adv.* easily, effortlessly.
łatwopalny *a.* (in)flammable.
łatwość *f.* ease; **z łatwością** easily, with ease.
łatwowierny *a.* gullible, credulous.
łatwy *a.* easy, simple; **łatwy w obsłudze** (*maszyna*) easy to use; *komp.* user-friendly.
ława *f.* **1.** bench; **ława przysięgłych** *prawn.* jury; **ława oskarżonych** *prawn.* dock. **2.** (*stolik*) coffee table.
ławka *f.* bench; (*w kościele*) pew; **ławka rezerwowych** *sport* (substitute) bench.
łazić *ipf. pot.* walk.
łazienka *f.* bathroom.
łaźnia *f. Gen.pl.* **-i** baths.
łącznie *adv.* all in, including; **pisać coś łącznie** spell/write sth as one word.
łącznik[1] *mp pl.* **-cy** *wojsk.* messenger.
łącznik[2] *mi Gen.* **-a** *pl.* **-i** (*znak graficzny*) hyphen.
łączność *f.* **1.** (*kontakt*) contact; (*wspólnota*) unity; **nawiązać łączność z kimś/czymś** make contact with sb/sth. **2.** (*dział komunikacji*) (tele)communications.
łączyć *ipf.* **1.** (*spajać*) join, unite; (*drogę, linię*) connect, join; **łączyć w sobie różne cechy** combine various characteristics. **2.** (*umożliwiać rozmowę telefoniczną*) connect, put through; **łączę z dyrektorem!** I'm putting you through to the director! **3.** (*mieszać*) mix, blend; **łączę pozdrowienia** (*w liście*) (with) kind/best regards.
łąka *f.* meadow.
łeb *mi* **łb-** *Gen.* **-a** *Dat.* **-u 1.** (*głowa zwierzęcia*) head; **kocie łby** cobblestones. **2.** *pot.* (*głowa ludzka*) pate; **łeb w łeb** neck and neck; **na łeb, na szyję** headfirst.
łebek, łepek *mi* **-bk-** *Gen.* **-a 1. od łebka** per head/person, each. **2.** (*zakończenie szpilki itp.*) head.
łez *f. zob.* **łza**.
łkać *ipf.* sob.
łobuz *mp pl.* **-y/-i 1.** (*urwis*) urchin. **2.** (*łajdak*) scoundrel.
łodyga *f.* stalk, stem.
łokieć *mi* **-kci-** *Gen.* **-a** elbow; **rozpychać się łokciami (w tłumie)** elbow one's way (through the crowd).
łopata *f.* (*do przerzucania*) shovel; (*do kopania*) spade.
łopatka *f.* **1.** (*mała łopata*) scoop; (*w kuchni*) spatula. **2.** *anat.* shoulder blade.
łopotać *ipf.* **-cze/-ce** flap, flutter.
łosoś *ma* salmon.
łoś *ma* moose.
łotewski *a.* Latvian.
łotr *mp pl.* **-ry/-rzy** scoundrel.
Łotwa *f.* Latvia.
Łotysz *mp Gen.pl.* **-y/-ów** Latvian.
łowca *mp* hunter.
łowić *ipf.* **łów** hunt, catch; **łowić ryby** fish.
łowiectwo *n.* hunting.
łożysko *n.* **1.** *anat.* placenta. **2.** *techn.* bearing.
łódka *f.* boat.
łódź *f.* **-o-** *pl.* **-e** boat; **łódź motorowa** motorboat; **łódź podwodna** submarine; **łódź żaglowa** sailboat.
łóżeczko *n.* crib.
łóżko *n.* bed; **łóżko piętrowe** bunk bed; **być przykutym do łóżka** be bedridden.
łuk *mi* **1.** (*krzywizna*) curve, arc, arch; **obejść łukiem** circumvent, bypass. **2.** (*broń*) bow. **3.** *bud.* arch.
łuna *f.* (after)glow.
łup *mi* booty, loot.
łupać *ipf.* **-ę -esz łupać orzechy** crack nuts.
łupież *mi* dandruff.
łupina *f.* (*skórka owocu*) peel, skin; (*twarda*) shell.
łuska *f.* **1.** *zool.* scale. **2.** *bot.* (*okrywa*) shell, husk.
łuskać *ipf.* husk, shell.
łut *mi* **łut szczęścia** a stroke of luck.
łydka *f.* calf.
łyk *mi* gulp, swallow.
łykać *ipf.*, **łyknąć** *pf.* swallow.
łysieć *ipf.* go/grow bald.
łysiejący *a.* balding.
łysina *f.* bald patch/spot.
łysy *a.* bald; **łysy jak kolano** as bald as a coot; **łysa opona** *pot.* worn tire.
łyżeczka *f.* **1.** teaspoon. **2.** (*zawartość łyżeczki*) teaspoonful.
łyżka *f.* **1.** spoon; **łyżka wazowa** ladle; **łyżka do butów** shoehorn. **2.** (*zawartość łyżki*) spoonful.
łyżwa *f. Gen.pl.* **-ew** ice skate; **jeździć na łyżwach** ice-skate.
łyżwiarka *f. zob.* **łyżwiarz**.
łyżwiarstwo *n.* ice-skating.
łyżwiarz *mp* ice skater.
łza *f. Gen.pl.* **łez** tear; **być czystym jak łza** be as clear as crystal; **doprowadzać kogoś do łez** bring sb to tears; **ronić łzy** shed tears.
łzawiący *a.* **gaz łzawiący** tear gas.
łzawić *ipf.* tear, water; **oczy mi łzawią** my eyes are running.

M

ma *ipf. zob.* **mieć**.
macać *ipf.* **1.** feel, finger. **2.** (*obmacywać*) paw.
Macedonia *f. Gen.* **-ii** Macedonia.
macedoński *a.* Macedonian.
machać *ipf.* (*ręką, chusteczką*) wave; (*nogami*) swing; (*ogonem*) wag; (*skrzydłami*) flap; (*szablą, mieczem*) brandish.
machinacje *pl.* machinations.
macica *f.* uterus.
macie[1] *ipf. zob.* **mieć**.
macie[2] *f. zob.* **mata**.
macierzyński *a.* maternity, maternal, motherly; **urlop macierzyński** maternity leave.
macierzyństwo *n.* maternity, motherhood; **świadome macierzyństwo** birth control.
maciora *f.* sow.
macka *f.* palpus; (*ośmiornicy*) tentacle.
macocha *f.* stepmother.
maczać *ipf.* dip, toss (*w czymś* in sth); **maczać w czymś palce** have a hand in sth.
maczuga *f.* **1.** bludgeon, club. **2.** *sport* Indian club.
mać *f. pl.* **-e** *przest.* mother; **psia mać!** *wulg.* dammit! **kurwa mać** *wulg.* fuck!
Madonna *f. sztuka* the Madonna.
Madryt *mi* Madrid.
mafia *f. Gen.* **-ii** mafia, the mob; (*sycylijska*) the Mafia.
magazyn *mi* **1.** (*budynek*) warehouse. **2.** (*pomieszczenie*) stockroom. **3.** (*czasopismo, audycja*) magazine; **magazyn informacyjny** news bulletin.
magazynek *mi* **-nk-**; *Gen.* **-a/-u** *wojsk.* cartridge clip, magazine.
magazynier *mp* storeman.
magazynować *ipf.* **1.** store. **2.** (*zbierać*) stockpile.
magia *f. Gen.* **-ii** magic; **biała/czarna magia** white/black magic; **to dla mnie czarna magia** this is all Greek to me.
magiczny *a.* magic; **magiczna różdżka** magic wand; **magiczne sztuczki/zaklęcie** magic tricks/spell.
magik *mp* conjurer, magician.
magister *mp* **-tr-**; *pl.* **-owie** master; (*nauk ekonomicznych/humanistycznych/ścisłych i przyrodniczych*) Master of Business and Administration/Arts/Science, MBA/MA/MS.
magisterski *a.* master's; **praca magisterska** Master's thesis.
magnat *mp* magnate; **magnat prasowy** press baron/tycoon.
magnes *mi* magnet.
magnetofon *mi* tape/cassette recorder.
magnetofonowy *a.* **taśma magnetofonowa** audiotape; **nagranie magnetofonowe** tape recording.
magnetowid *mi* video cassette recorder, VCR.
magnetyczny *a.* magnetic; **karta magnetyczna** magnetic/swipe card; **pole magnetyczne** magnetic field.
magnetyzm *mi* magnetism.
magnez *mi* magnesium.
magnolia *f. Gen.* **-ii** magnolia.
mahometański *a.* Mahometan.
mahoń *mi Gen.pl.* **-i/-ów** mahogany.
maj *mi Gen.* **-a**; *Gen.pl.* **-ów** May.
majaczyć *ipf.* **1.** loom. **2.** (*np. w gorączce*) be delirious.
mają *ipf. zob.* **mieć**.
majątek *mi* **-tk- 1.** property. **2.** fortune, wealth; *prawn.* estate; **majątek narodowy** national wealth; **majątek obrotowy/trwały** current/fixed assets; **zarobić (na czymś) majątek** make a fortune (on sth); **roztrwonić cały majątek** squander a fortune.
majątkowy *a.* material; **poręczenie majątkowe** bail; **wspólnota majątkowa** communalism.
majeranek *mi* **-nk-** marjoram.
majestat *mi* majesty; **obraza majestatu** lese-majesty; **w majestacie prawa** in the name of the law.
majestatyczny *a.* majestic, stately.
majętny *a.* wealthy, affluent.
majonez *mi* mayonnaise.
major[1] *mp pl.* **-owie/-rzy** major.
major[2] *a. indecl. muz.* major.
majówka *f.* picnic.
majster *mp* **-tr-**; *pl.* **-owie/-rzy** master; **majsterklepka** (*w sensie negatywnym*) tinker; (*w sensie pozytywnym*) handyman.
majsterkować *ipf.* do (some) DIY.
majsterkowicz *mp Gen.pl.* **-ów** do-it-yourselfer, DIY-man.
majstrować *ipf.* tinker, tamper, fiddle (*przy czymś* with sth).
majtki *pl. Gen.* **-ek** (*długie*) drawers; (*krótkie*) briefs; (*damskie, dziecięce*) panties; **robić w majtki (ze strachu)** be scared out of one's wits.
mak *mi* poppy; **było cicho jak makiem zasiał** you could hear a pin drop; **cisza jak makiem zasiał** deathly hush; **dobrać się w korcu maku** take to each other right off the bat; **figę z makiem!** nothing doing!
makabryczny *a.* (*o widoku, zdarzeniu*) grisly, gruesome; (*o temacie, szczegółach*) morbid.
makaron *mi* pasta; (*nitki*) spaghetti; (*paski*) noodles; (*rurki*) macaroni; **zupa z makaronem** noodle soup.
makieta *f.* **1.** model; (*rzeźby*) maquette; (*maszyny*) mock-up; *wojsk.* decoy. **2.** *film* mock-up.
makijaż *mi Gen.pl.* **-y/-ów** makeup; **robić (sobie) makijaż** make up.
makler *mp* broker.
maklerski *a.* broker's.
makowiec *mi* **-wc-**; *Gen.* **-a** poppyseed cake.
makrela *f. Gen.pl.* **-i/-l** mackerel.
maksimum *n. indecl. in sing. pl.* **-ma** *Gen.* **-mów** maximum.
maksymalny *a.* maximum; **maksymalna ilość punktów** full marks; **z maksymalną prędkością** at full speed.
makulatura *f.* **1.** scrap/waste paper; **punkt skupu makulatury** paper recycling center. **2.** (*podrzędna literatura*) pulp fiction.
malaria *f. Gen.* **-ii** malaria.
malarka *f.* (woman) painter.
malarski *a.* (*o przyborach, technice*) painting.
malarstwo *n.* painting; **malarstwo olejne/rodzajowe/sztalugowe** oil/genre/easel painting.
malarz *mp* painter; **malarz pokojowy** decorator.
malec *mp* **-lc-** kid; (*uczący się chodzić*) toddler.
maleć *ipf.* (*o natężeniu, rozmiarze, ważności*) diminish; (*o ilości, rozmiarze, sile*) decrease.
maleństwo *n.* little one.

malina *f.* raspberry; **wpuścić kogoś w maliny** lead sb up/down the garden path; **dziewczyna jak malina** comely girl.
malkontent *mp* malcontent.
malować *ipf.* **1.** paint; (*remontować*) decorate; **świeżo malowane** wet paint; **nie taki diabeł straszny jak go malują** devils are not so black as they are painted. **2.** (*robić makijaż*) make up; **malować usta** put on lipstick; **malowana lala** *przen.* bimbo.
malować się *ipf.* (*robić sobie makijaż*) make up.
malowniczy *a.* picturesque, scenic.
Malta *f.* Malta.
maltretować *ipf.* maltreat, ill-treat; abuse (physically); *pot.* (*dziecko, żonę*) batter.
maluch *mp* (*małe dziecko*) little one, kiddie/kiddy; (*uczący się chodzić*) toddler.
malwa *f.* mallow.
malwersacja *f.* embezzlement.
mało *adv.* **mniej 1.** not much, little (*noncount*); not many, few (*count*); **jeszcze ci mało?** had enough yet? **mało brakowało** it was a close call; **mało tego** that's not all; **o mało co** very nearly; **ni mniej ni więcej tylko...** nothing less than...; **co najmniej** at least. **2.** (*rzadko*) hardly; **mało kiedy/kto** hardly ever/anyone.
małolitrażowy *a.* compact.
małomówny *a.* taciturn, reticent.
Małopolska *f.* Małopolska, Little Poland.
małostkowy *a.* petty, small-minded.
małpa *f.* **1.** monkey; *t. pot.* ape. **2.** (*naśladowca*) copycat.
małpować *ipf.* copycat.
mały *a.* **mniejszy** small, little; **mały palec** little finger; **Mały Wóz** Little Dipper; **małymi literami** in lowercase; **mieć coś w małym palcu** have sth at one's fingertips; **o mały włos** just barely; **od małego** since childhood; **małe piwo** *przen.* piece of cake.
małż *ma Gen.pl.* **-y/-ów** mussel, clam.
małżeński *a.* matrimonial, marital, married; **para małżeńska** married couple; **pożycie małżeńskie** married life; **problemy małżeńskie** matrimonial troubles; **przysięga małżeńska** marital vows; **związek małżeński** marriage.
małżeństwo *n.* **1.** matrimony, wedlock; **kojarzyć/unieważnić małżeństwo** match/annul a marriage; **małżeństwo z rozsądku** marriage of convenience; **zawrzeć małżeństwo** get married. **2.** *Loc.* **-u** (*małżonkowie*) husband and wife.
małżonek *mp* **-nk-** *pl.* **-owie** (*mąż*) husband, spouse.
małżonka *f.* (*żona*) wife, spouse.
małżowina *f.* (*uszna*) auricle; (*nosowa*) turbinate.
mam[1] *ipf. zob.* **mieć.**
mam[2] *f. zob.* **mama.**
mama *f.* mam, mom; **nie ma jak u mamy** home sweet home, east west home is best.
maminsynek *mp* **-nk-** *pl.* **-owie/-i** mama's boy.
mamrotać *ipf.* **-czę/-cę -czesz/-cesz, -cz** mutter, murmur.
mamusia *f. Voc.* **-u** mammy, mam.
mamut *ma* mammoth.
mamy[1] *ipf. zob.* **mieć.**
mamy[2] *f. zob.* **mama.**
mandarynka *f.* tangerine, mandarin.
mandat *mi* **1.** (*pełnomocnictwo*) mandate. **2.** (*w parlamencie*) seat; **sprawować mandat** carry out a mandate; **stracić mandat (w parlamencie)** lose one's seat (in Parliament). **3.** (*wezwanie do zapłacenia kary*) ticket; (*kara*) fine.
mandolina *f.* mandolin.
manekin *mi Gen.* **-a** (*krawiecki*) dummy; (*sklepowy*) mannequin.
manewr *mi* maneuver.
manewrować *ipf.* maneuver; (*poruszać*) steer.
mania *f. Gen.* **-ii** mania (*czegoś* for sth); **mania wielkości** megalomania.
maniaczka *f.*, **maniak** *mp* maniac.
maniera *f.* manner, style.
manifest *mi* manifesto.
manifestacja *f.* **1.** (*wiec*) demonstration. **2.** (*uzewnętrznienie*) manifestation.
manifestować *ipf.* **1.** (*demonstrować*) demonstrate (*przeciw czemuś* against sth). **2.** (*uzewnętrzniać*) manifest.
manikiur *mi* manicure.
manipulacja *f.* manipulation.
manipulować *ipf.* manipulate.
mankament *mi* shortcoming, drawback.
mankiet *mi* cuff; **spinki do mankietów** cuff links.
manko *n.* cash shortage, deficit.
manna *f.* cream of wheat; **manna z nieba** manna from heaven.
manometr *mi* manometer, pressure gauge.
manualny *a.* manual.
mańkut *mp pl.* **-ci/-y** lefty, south paw.
mapa *f.* map, chart; **mapa administracyjna/fizyczna/samochodowa** administrative/physical/road map; **mapa pogody** weather chart.
maraton *mi* marathon; **maraton filmowy/kabaretowy** movie/cabaret marathon.
maratonka *f.*, **maratończyk** *mp sport* marathon runner.
marcepan *mi Gen.* **-a** marzipan.
marchew *f.* **-chwi-** *pl.* **-e** carrot.
margaryna *f.* margarine.
margines *mi* **1.** margin; **margines błędu** margin of error; **tak na marginesie,...** by the way,...; **uwaga na marginesie** side note; **zrobić uwagę na marginesie** mention sth in passing. **2.** (*półświatek*) underworld; **margines społeczny** the dregs of society.
marginesowy *a.* marginal.
marihuana *f.* (*narkotyk*) marijuana, marihuana.
marionetka *f.* **1.** marionette, puppet. **2.** (*figurant*) figurehead.
marka[1] *f.* **1.** trade mark. **2.** (*gatunek*) brand. **3.** (*uznanie*) name. **4.** (*samochodu*) make.
marka[2] *f.* (*waluta*) mark; (*fińska*) markka.
marketing *mi* marketing.
markiza *f.* **1.** (*tytuł*) marchioness. **2.** (*daszek*) awning/marquee. **3.** (*ciastko*) cream-filled cookie.
markowy *a.* trade-mark, brand-name, quality.
marksizm *mi* Marxism.
marmolada *f.* jam; (*z cytrusów*) marmalade.
marmur *mi* marble.
marmurowy *a.* marble; *lit.* marmoreal.
marnieć *ipf.* deteriorate; (*o roślinach*) wilt, wither; (*mizernieć*) waste away; **marnieć w oczach** go downhill.
marnotrawić *ipf.* waste, squander.
marnotrawny *a.* prodigal; **syn marnotrawny** prodigal son.
marnotrawstwo *n.* prodigality, waste.

marnować *ipf.* waste, fritter away; (*o pieniądzach*) squander, dissipate; **marnować czas** waste time; **marnować sobie życie** waste one's life.

marnować się *ipf.* **1.** (*zaniedbywać się*) languish, waste away; **marnujesz się w tej pracy** you're above this sort of work. **2.** (*psuć się*) deteriorate, go to waste.

marny *a.* **1.** (*kiepski*) lousy, flimsy; **czeka kogoś marny koniec** sb's in for a sticky end. **2.** *lit.* (*tylko we frazach*) (*bezcelowy*) vain, futile; **marne nadzieje** vain expectations; **pójść na marne** go down the drain; **wyrzucać pieniądze na marne** squander money.

Maroko *n.* Morocco.

Mars *mi Gen.* **-a** Mars.

marsz *mi Gen.* **-u** *muz.* **-a** *Gen.pl.* **-ów** march; **kiszki mi marsza grają** *żart.* I'm starving; **marsz do domu/do szkoły** off you go home/to school; **marsz protestacyjny** protest march; **marsz weselny/żałobny** wedding/funeral march; **naprzód marsz!** forward, march!

marszałek *mp* **-łk-** *pl.* **-owie 1.** marshal. **2.** *parl.* speaker, president; **Marszałek Sejmu/Senatu** Speaker of the Sejm/Senate; *US* President of the Senate.

marszczyć *ipf.* **1.** (*materiał*) gather. **2.** (*robić zmarszczki*) wrinkle; **marszczyć brwi** knit one's brow; **marszczyć czoło** frown.

marszczyć się *ipf.* (*fałdować się*) crease, wrinkle; (*o tafli wody*) ripple; (*o tkaninie, papierze*) cockle.

martwić *ipf.* worry; (*niepokoić*) upset, trouble.

martwić się *ipf.* worry (*o kogoś/coś* about sb/sth); **nie martw się** don't worry; **później będziemy się o to martwić** we'll cross that bridge when we come to it.

martwy *a.* dead; **martwa cisza** dead calm; **martwa natura** still life; **martwy poród** stillbirth; **coś utknęło w martwym punkcie** sth has come to a standstill; **martwy sezon** low season; **martwy wzrok/język** dead look/language; **Morze Martwe** the Dead Sea; **powstać z martwych** rise from the dead.

marudny *a.* **1.** grouchy, whining. **2.** (*o dziecku*) fretful.

marudzić *ipf.* grouch, whine.

marynarka *f.* **1.** jacket; **marynarka jednorzędowa/dwurzędowa** single/double-breasted jacket. **2.** (*flota*) marine, navy; **marynarka handlowa** merchant marine; **marynarka wojenna** navy.

marynarz *mp* seaman, sailor; **zostać marynarzem** go to sea.

marynować *ipf.* (*o mięsie, rybie*) marinate; (*o warzywach*) pickle.

marynowany *a.* pickled.

marzec *mi* **-rc-** *Gen.* **-a** March; **w marcu jak w garncu** March comes in like a lion, and goes out like a lamb.

marzenie *n.* dream; **marzenie/sen na jawie** daydreaming; **marzenie ściętej głowy** pie in the sky; **pożegnać się z marzeniami** kiss one's dreams goodbye; **szczyt marzeń** climax of one's dreams.

marznąć *ipf.* **-nij, -zł/-znął -zła -zli** freeze.

marzyciel *mp* daydreamer.

marzycielski *a.* dreamy.

marzyć *ipf.* **1.** dream (*o kimś/czymś* about sb/sth); **nie ma co o tym marzyć** in your dreams! **2.** (*fantazjować*) daydream.

marzyć się *ipf.* occupy one's thoughts; **marzy mi się nowy samochód** I can't stop dreaming about a new car.

marża *f.* margin; **marża hurtowa/detaliczna** wholesale/retail margin.

masa *f.* **1.** mass; **masa atomowa/cząsteczkowa/molowa** atomic/molecular/molar mass; **masa perłowa** mother-of-pearl; **masa plastyczna** plastic. **2.** (*mnóstwo; ogół ludzi*) masses; **masa pieniędzy** a mint; **kosztować masę pieniędzy** cost a bundle; **ciemna masa** meatball; **masy robotnicze** the working classes. **3.** *prawn.* estate; **masa spadkowa** inheritance.

masakra *f.* massacre; (*w bitwie*) carnage.

masakrować *ipf.* massacre.

masaż *mi Gen.pl.* **-y/-ów** massage.

masażysta *mp* masseur.

masażystka *f.* masseuse.

maseczka *f.* **1.** (*maska*) mask. **2.** (*kosmetyczna*) face pack.

maselniczka *f.* butter dish.

maska *f.* **1.** mask; **maska chirurgiczna/przeciwgazowa/do nurkowania** surgical/gas/diving mask; **pod maską przyjaźni** under the guise of friendship; **zdzierać z kogoś maskę** unmask sb; **zrzucić maskę** take off one's mask. **2.** (*pokrywa silnika*) hood.

maskarada *f.* masquerade.

maskotka *f.* **1.** (*talizman*) mascot. **2.** (*zabawka*) soft toy.

maskować *ipf.* hide, suppress; *wojsk.* camouflage.

maskować się *ipf.* **1.** (*konspirować się*) camouflage. **2.** (*ukrywać się*) dissemble.

maskowy *a.* mask; **bal maskowy** masked ball, masque.

masło *n. Gen.pl.* **maseł** butter; **masło kakaowe/orzechowe/roślinne** cocoa/peanut/vegetable butter; **coś idzie jak po maśle** it's plain sailing; **to bułka z masłem** it's a piece of cake; **masło maślane** tautology; **smarować masłem** butter.

masochista *mp* masochist.

masochizm *mi* masochism.

masować *ipf.* massage.

masować się *ipf.* massage.

masowy *a.* **1.** mass; **broń masowej zagłady** weapons of mass destruction; **środki masowego przekazu** mass media. **2.** (*dla ogółu*) popular; **kultura masowa** pop culture.

mass media *pl. Gen.* **-ów** mass media.

masturbacja *f.* masturbation.

masywny *a.* **1.** bulky. **2.** (*muskularny*) hefty.

masz *ipf. zob.* **mieć**.

maszerować *ipf.* march.

maszt *mi* **1.** (*słup*) pole; **maszt antenowy** aerial mast; **maszt flagowy** flagpole; **opuścić flagę do połowy masztu** half-mast a flag; **wciągnąć flagę na maszt** hoist a flag. **2.** *żegl.* mast.

maszyna *f. techn.* machine; **budowa maszyn** mechanical engineering; **maszyna do pisania** typewriter; **maszyna do szycia** sewing machine; **maszyna parowa** steam engine.

maszynista *mp* driver; (*elektrowozu*) motorman.

maszynistka *f.* **1.** typist. **2.** *zob.* **maszynista**.

maszynka *f.* **1.** machine; **maszynka do golenia** (*elektryczna*) electric razor; (*zwykła*) safety razor; **maszynka do strzyżenia** hair trimmer. **2.** (*kuchenka*) cooker.

maszynopis *mi* typescript.

maszynowy *a.* machine; **karabin/pistolet maszynowy** machine gun; **papier/błąd maszynowy** typing paper/error; **park maszynowy** plant and machinery.

maść[1] *f.* ointment; **maść gojąca** salve.
maść[2] *f.* (*barwa sierści*) color.
maślanka *f.* buttermilk.
mat[1] *mi Gen.* **-a** *tylko sing. szachy* checkmate; **dostać mata** be checkmated; **dać komuś mata** checkmate sb.
mat[2] *mi Gen.* **-u** *tylko sing.* matte.
mata *f.* mat.
matczyny *a.* motherly; **trzymać się matczynej spódnicy** be tied to one's mother's apron strings.
matematyczny *a.* mathematic; **analiza matematyczna** calculus; **formuła matematyczna** mathematic formula; **tablica matematyczna** calculator.
matematyk *mp* **1.** (*naukowiec*) mathematician. **2.** (*nauczyciel*) mathematics/math teacher.
matematyka *f.* mathematics; **mieć głowę do matematyki** have a good head for figures.
materac *mi Gen.* **-a** *Gen.pl.* **-y/-ów** mattress; **dmuchany materac** air mattress.
materia *f. Gen.* **-ii** matter; **materia międzygwiezdna/międzyplanetarna** interstellar/interplanetary matter; **przemiana materii** metabolism; **w tej materii** on this point.
materialista *mp*, **materialistka** *f.* materialist.
materializm *mi* materialism.
materialny *a.* material; **pomoc/korzyść materialna** material help/gain; **od strony materialnej** on the financial side.
materiał *mi* material; **materiały biurowe** office supplies; **materiały budowlane** building materials; **materiał dowodowy** body of evidence; **materiał wybuchowy** explosive.
matka *f.* **1.** mother; **Dzień Matki** Mother's Day; **Matka Boska/Boża** Heavenly Mother, Mother of Jesus; **matka chrzestna** godmother; **mieć coś po matce** take after one's mother; **rodzona matka** natural mother. **2.** (*u pszczół, mrówek*) queen.
matowieć *ipf.* become matt.
matowy *a.* **1.** matt; **matowa cera** dull complexion. **2.** (*o szkle*) frosted.
matryca *f.* matrix.
matrymonialny *a.* matrimonial; **biuro matrymonialne** marriage bureau; **ogłoszenie matrymonialne** singles ad.
matura *f.* high school finals.
maturalny *a.* graduation; **bal maturalny** graduation ball; **świadectwo maturalne** high school diploma.
maturzysta *mp*, **maturzystka** *f.* high school graduate.
mauzoleum *n. sing. indecl. pl.* **-ea** *Gen.* **-eów** mausoleum.
mazać *ipf.* **mażę mażesz 1.** (*gryzmolić*) scrawl. **2.** (*ścierać*) wipe.
mazać się *ipf.* **1.** (*rozcierać się*) become smudged. **2.** (*płakać*) blubber.
mazak *mi Gen.* **-a** felt tip pen.
Mazury *pl. Gen.* **-r** Masuria.
mączka *f.* flour.
mądrala *mp. f. decl. like f. Gen.pl.* **-i/-ów** smart aleck.
mądrość *f.* **1.** wisdom; **mądrość książkowa** book learning; **mądrość życiowa** the wisdom of experience; **zęby mądrości** wisdom teeth; **Księga Mądrości** Wisdom of Solomon. **2.** *zw. pl.* (*powiedzenie*) wise saying; **ludowe mądrości** folk wisdom.
mądry *a.* **1.** wise; **nie bądź taki mądry!** don't be such a smart aleck! **2.** (*sprytny*) smart; **mądry pies** smart dog. **3.** (*trudny*) tough; **to dla mnie za mądre** it's too tough for me.
mądrzeć *ipf.* become wiser.
mąka *f.* flour; **mąka pszenna/żytnia/kartoflana/tortowa** wheat/rye/potato/cake flour; **z tej maki chleba nie będzie** nothing will come of this.
mąż *mp* **-ę-** *pl.* **-owie 1.** husband; **wyjść za mąż** get married; **nazywać się po mężu** take one's husband's name. **2.** *lit.* (*mężczyzna*) man; **mąż zaufania** intermediary; **mąż stanu** statesman.
mdleć *ipf.* faint.
mdlić *ipf.* make sick; **mdli mnie** I feel sick.
mdłości *pl. Gen.* **-i** nausea; **dostawać mdłości** feel sick.
mdły *a.* **1.** nauseating. **2.** (*o świetle*) faint. **3.** (*o jedzeniu, utworze*) bland.
mebel *mi* **-bl-** *Gen.* **-a** a piece of furniture; **meble** (*pl.*) furniture.
meblować *ipf.* furnish.
mecenas *mp pl.* **-i/-owie 1.** (*sztuki*) patron. **2.** (*adwokat l. radca prawny*) counselor.
mech *mi* **mch-** moss.
mechaniczny *a.* mechanical; **koń mechaniczny** horsepower; **pojazd mechaniczny** motor vehicle.
mechanik *mp* mechanic; **inżynier mechanik** mechanical engineer; **mechanik samochodowy** car mechanic.
mechanizm *mi* mechanism.
mecz *mi Gen.pl.* **-ów** match, game; **mecz piłkarski/towarzyski** football/friendly match; **mecz (pół)finałowy** (semi)final.
meczet *mi* mosque.
medal *mi* medal; **być na medal** be top notch; **odwrotna strona medalu** the other side of the coin; **otrzymać medal za coś** be awarded a medal for sth; **złoty/srebrny/brązowy medal** gold/silver/bronze medal.
medalista *mp*, **medalistka** *f.* medalist; **złoty/srebrny/brązowy medalista** gold/silver/bronze medalist.
media *pl. Gen.* **-ów** mass media.
mediator *mp pl.* **-rzy/-owie** mediator.
Mediolan *mi* Milan.
meduza *f.* jelly fish.
medycyna *f.* medicine; **medycyna pracy/sądowa/ludowa** industrial/forensic/folk medicine.
medyczny *a.* medical; **akademia medyczna** medical school.
medytacja *f.* meditation.
medytować *ipf.* meditate (*nad/o kimś/czymś* on sb/sth).
megabajt *mi Gen.* **-a** megabyte.
megafon *mi* (*pojedynczy głośnik*) megaphone; (*zespół głośników*) public address (PA) system.
megaloman *mp*, **megalomanka** *f.* megalomaniac.
megalomania *f. Gen.* **-ii** megalomania.
Meksyk *mi* Mexico.
meksykański *a.* Mexican.
melancholia *f. Gen.* **-ii** melancholy; **czarna melancholia** black bile.
melancholijny *a.* melancholy.
meldować *ipf.* **1.** (*zgłaszać*) report (*sth*) (*komuś* to sb). **2.** (*rejestrować*) register.
meldować się *ipf.* **1.** (*zgłaszać się*) report (*u kogoś* to sb). **2.** (*rejestrować się*) register. **3.** (*zjawiać się*) show one's face.
meldunek *mi* **-nk- 1.** (*zgłoszenie*) report, dispatch; **złożyć meldunek** submit a report. **2.** (*zameldowanie*) registration.

melioracja *f.* land improvement/melioration; **melioracja wodna** drainage.
melodia *f. Gen.* **-ii** tune, melody.
melodramat *mi* melodrama.
melodyjny *a.* melodic, melodious.
meloman *mp*, **melomanka** *f.* music lover.
melon *mi Gen.* **-a** melon.
melonik *mi Gen.* **-a** bowler (hat).
membrana *f. techn.* diaphragm, membrane.
menedżer *mp pl.* **-owie** manager.
mennica *f.* mint.
menopauza *f.* menopause.
menstruacja *f.* menstruation.
mentalność *f.* mentality.
menu *n. indecl.* menu.
menuet *mi Gen. & Acc.* **-a** minuet.
merytoryczny *a.* pertaining to the content; **uwaga merytoryczna** remark about the content; **oceniać coś pod względem merytorycznym** judge sth on its (own) merits.
mesa *f. żegl.* mess.
meszek *mi* **-szk-** down, fluff.
meta *f.* **1.** finish; **być pierwszym/drugim/ostatnim na mecie** come in first/second/last. **2.** *przen.* **na krótką/dalszą metę** in the short/long run.
metabolizm *mi* metabolism.
metafora *f.* metaphor.
metal *mi* metal; **metale ciężkie/lekkie** heavy/light metals; **metale kolorowe** non-ferrous metals; **metale nieszlachetne/szlachetne** common/precious metals.
metaliczny *a.* metallic.
metalowy *a.* metal.
metalurgia *f. Gen.* **-ii** metallurgy.
metamorfoza *f.* metamorphosis.
meteor *mi* meteor; **deszcz meteorów** meteor shower.
meteorolog *mp pl.* **-dzy/-owie** meteorologist.
meteorologia *f. Gen.* **-ii** meteorology.
meteorologiczny *a.* meteorological; **prognoza meteorologiczna** weather forecast.
meteoryt *mi* meteorite.
metka *f.* label, tag.
metkownica *f.* labeler.
metoda *f.* method (*czegoś* of sth); **metodą prób i błędów** by trial and error.
metodologia *f. Gen.* **-ii** methodology.
metodyczny *a.* methodical.
metodyka *f.* methodology.
metr *mi Gen.* **-a** meter; **metr bieżący** running meter; **metr kwadratowy/sześcienny** square/cubic meter; **metr krawiecki** tapeline.
metro *n.* subway.
metropolia *f. Gen.* **-ii** metropolis.
metryczny *a.* metric.
metryka *f.* certificate; **metryka chrztu/ślubu/śmierci/urodzenia** certificate of baptism/ marriage/ death/birth.
mewa *f.* sea-gull.
męczarnia *f. Gen.pl.* **-i** torment.
męczący *a.* wearisome, tedious, tiresome.
męczennik *mp* martyr (*za coś* for sth).
męczeństwo *n.* martyrdom.
męczyć *ipf.* **1.** (*torturować*) torture. **2.** (*pozbawiać sił*) exhaust. **3.** (*denerwować*) annoy. **4.** (*naprzykrzać się*) pester.
męczyć się *ipf.* **1.** (*cierpieć*) suffer. **2.** (*tracić siły*) become exhausted. **3.** (*trudzić się*) drudge.
mędrzec *mp* **-drc-** *pl.* **-y** sage.
męka *f. Gen.pl.* **mąk 1.** suffering. **2.** (*tortury*) torture.
męski *a.* **1.** (*będący mężczyzną*) male, masculine; (*cechujący mężczyznę*) manly, virile; (*przeznaczony dla mężczyzn*) man's, men's, for men; **po męsku** like a man. **2.** *gram.* masculine.
męskoosobowy *a. gram.* masculine-personal, virile.
męskość *f.* manhood, virility, masculinity.
męstwo *n.* manliness, courage.
mętnieć *ipf.* become turbid.
mętny *a.* **1.** (*nieprzejrzysty*) turbid. **2.** (*niejasny*) dubious, vague.
mężatka *f.* married woman.
mężczyzna *mp Gen.pl.* **-n** man; male; **rozmawiać jak mężczyzna z mężczyzną** talk man-to-man.
mężny *a.* brave, courageous.
mglisty *a.* **1.** foggy, hazy, misty. **2.** (*niejasny*) obscure, vague.
mgła *f. Gen.pl.* **mgieł** fog, haze, mist; **widzieć jak przez mgłę** see dimly.
mgnienie *n.* blink, wink; **w mgnieniu oka** in the twinkling of an eye.
mgr *abbr. zob.* **magister**.
miał *itd. ipf. zob.* **mieć**.
mianować *ipf., pf.* designate (*kogoś na stanowisko* sb as sth).
mianowicie *adv.* namely, to be precise, that is.
mianownik *mi Gen.* **-a 1.** nominative. **2.** *mat.* denominator; **wspólny mianownik** common denominator.
miara *f. Dat. & Loc.* **mierze 1.** measure; **brać miarę** take measure; **system miar i wag** system of weights and measures; **ubranie na miarę** clothes made to measure. **2.** (*umiar*) moderation; **ponad miarę** to excess. **3.** (*w utartych wyrażeniach*) **w miarę jak...** as...; **apetyt rośnie w miarę jedzenia** the more you get, the more you want; **w miarę** moderately; **ze wszech miar** by all means; **żadną miarą** by no means.
miarodajny *a.* reliable.
miarowy *a.* regular, steady.
miasteczko *n.* (little) town; **wesołe miasteczko** amusement park.
miasto *n. Loc.* **mieście 1.** town, city; **miasto stołeczne** capital city; **miasto-państwo** city-state. **2.** (*centrum*) town; **stare miasto** the old town; **pojechać do miasta** go downtown.
miauczeć *ipf.* **-ę -ysz** miaow.
miazga *f.* pulp; **rozgnieść coś na miazgę** reduce sth to a pulp; **zetrzeć kogoś na miazgę** beat sb to a mummy.
miażdżący *a.* crushing.
miażdżyca *f.* sclerosis.
miażdżyć *ipf.* crush.
miąższ *mi* flesh, pulp.
miecz *mi Gen.* **-a** *Gen.pl.* **-y/-ów** sword; **dobyć miecza** draw the sword.
mieć *ipf.* **mam masz, miej 1.** (*oznacza posiadanie, cechę, władzę*) have (got); **czy masz samochód?** do you have a car? have you got a car? **mieć coś na sobie** have sth on; **mieć dużo do zrobienia** have a lot to do; **mieć niebieskie oczy** have blue eyes. **2.** (*w utartych zwrotach*) **co masz na myśli?** what do you mean? **mieć coś komuś za złe** hold sth against sb; **mieć coś w nosie** not give a hoot about sth; **mieć coś z głowy** be rid of sth; **mieć fioła** be crazy; **mieć głos** have the floor; **mam już dość** I've had enough;

mieć kogoś/coś na oku keep an eye on sb/sth; **mieć kogoś/czegoś po dziurki w nosie** be fed up with sb/sth; **mieć szczęście/pecha** be lucky/unlucky; **mieć z kimś/czymś do czynienia** deal with sb/sth; **nie mieć grosza przy duszy** be broke. **3.** (*choroby, dolegliwości*) **mieć kaszel** have a cough; **mieć katar** have a running nose. **4.** (*w wykrzyknikach*) **masz!** (*proszę!*) here you are! **a masz!** take this! **5.** (*dane osobiste, wymiary itp.*) **ile masz lat?** how old are you? **mam na imię Tomasz** my name is Thomas; **mam metr osiemdziesiąt wzrostu** I am one hundred and eighty centimeters tall; **ona ma siedemnaście lat** she's seventeen years old. **6. mieć miejsce** happen, take place. **7.** (*z przeczeniem i zaimkiem*) **nie mieć co jeść** have nothing to eat; **nie mieć nic do stracenia** have nothing to lose. **8.** (*z przeczeniem w trzeciej osobie czasu teraźniejszego: oznacza brak l. nieistnienie*) **jej tu nie ma** she isn't here; **nie ma co płakać** there's no need to cry; **nie ma sprawy** no problem. **9.** (*wyraża powinność*) be (supposed) to; **co mam teraz zrobić?** what am I supposed to do now? **mam wyjechać o czwartej** I am to leave at four. **10.** (*wyraża niespełnione oczekiwania*) **miałem zostać inżynierem** I was to have been an engineer. **11.** (*wyraża przypuszczenie*) **miałbym żałować tego?** should I regret it?

mieć się *ipf.* **1.** be; **jak się masz?** how are you; **on ostatnio ma się nie najlepiej** he hasn't been well lately. **2.** (*uważać się*) **za kogo ty się masz?** who do you think you are? **3.** (*w utartych wyrażeniach*) **mieć się na baczności przed kimś/czymś** beware of sb/sth; **ma się rozumieć** sure, of course.

miednica *f.* **1.** basin, bowl. **2.** *anat.* pelvis.

miedź *f.* copper.

miejsce *n.* **1.** place, point, spot; **miejsce pracy/zamieszkania** place of work/residence; **miejsce do zabawy** playground; **miejsce przeznaczenia** destination; **miejsce widokowe** beauty spot; **na miejsca!** ready! **na twoim miejscu...** in your place...; **nie mogę sobie znaleźć miejsca** I can't find a place for myself; **odłóż to na miejsce** put it back; **ustąpić komuś miejsca** yield a place to sb; **zająć pierwsze/drugie/ostatnie miejsce** come first/second/last. **2.** *przen.* (*o aktywności*) **dreptać w miejscu** make no progress; **ruszyć z miejsca** move ahead. **3. na miejscu** (*natychmiast*) on the spot. **4. z miejsca** straight away; **zachowanie nie na miejscu** improper behavior. **5.** (*fragment przestrzeni*) space, room.

miejscownik *mi Gen.* **-a** locative.

miejscowość *f.* place; **miejscowość wypoczynkowa** holiday resort.

miejscowy *a.* local.

miejscówka *f.* reserved seat ticket.

miejski *a.* town, city, urban; **komunikacja/rada miejska** city transport/council.

mielić *ipf.* **-ę -esz** *zob.* **mleć.**

mielizna *f.* shoal, shallow; **osiąść na mieliźnie** run aground.

mielone *n. Gen.* **-ego** ground meat.

mielony *mi* (*kotlet*) meatball.

mienie *n.* property, possessions, estate.

miernik *mi Gen.* **-a 1.** measure, gauge, meter. **2.** (*kryterium*) standard, criterion.

mierny *a.* mediocre, poor, admissible.

mierzyć *ipf.* **1.** measure. **2.** *przen.* **mierzyć kogoś wzrokiem** eye sb. **3.** (*przymierzać*) try (*sth*) on.

mierzyć się *ipf.* **1.** check one's height. **2. mierzyć się z czymś** cope with sth.

miesiąc *mi Gen.* **-a** *Gen.pl.* **-ęcy** month; **co miesiąc** every month; **miodowy miesiąc** honeymoon; **w tym/ubiegłym/przyszłym miesiącu** this/last/next month; **za miesiąc** in a month.

miesiączka *f.* menstruation, period.

miesięcznik *mi Gen.* **-a** monthly.

miesięczny *a.* monthly; **pensja miesięczna** salary.

mieszać *ipf.* **1.** stir; (*łączyć ze sobą*) mix, blend; **mieszać kogoś z błotem** cast a slur on sb. **2.** (*wciągać*) involve (*kogoś w coś* sb in sth). **3.** (*nie rozróżniać, peszyć*) confuse.

mieszać się *ipf.* **1.** (*łączyć się w całość*) mix, blend. **2.** (*wtrącać się do czegoś*) interfere, butt in; **nie chcę się w to mieszać** I don't want to be a part of it; **nie mieszaj się w nie swoje sprawy** don't poke your nose into somebody else's business. **3.** (*być mylonym*) be taken for somebody else. **4.** (*peszyć się*) be confused.

mieszanina *f.* mix(ture).

mieszanka *f.* mix, mixture; **mieszanka owocowa/ziołowa/warzywna** fruit/herb/vegetable mix; **mieszanka czekoladowa** assorted chocolates.

mieszany *a.* mixed; **las/chór mieszany** mixed forest/choir; **małżeństwo mieszane** intermarriage.

mieszczański *a.* middle-class.

mieszkać *ipf.* live; **mieszkać na wsi/w mieście** live in the country/town; **mieszkać przy/na ulicy Traugutta** live in Traugutta street; **mieszkać w hotelu** stay at a hotel; **mieszkać w Londynie/w Polsce/za granicą** live in London/in Poland/abroad.

mieszkalny *a.* residential.

mieszkanie *n.* apartment; **ciepłe/zimne mieszkanie** warm/cold apartment; **mieszkanie samodzielne/prywatne/służbowe** self-contained/private/company apartment; **przestronne/ciasne mieszkanie** roomy/small apartment; **urządzić/odnowić/sprzątnąć mieszkanie** decorate/redecorate/clean up one's apartment; **wynająć komuś/wynająć od kogoś mieszkanie** let/rent an apartment.

mieszkaniec *mp* **-ńc-** *pl.* **-y** resident.

mieścić *ipf.* **-szczę -ścisz** (*o naczyniu*) hold; (*o sali, samochodzie*) seat.

mieścić się *ipf.* (*znajdować się*) be located; (*znajdować dość miejsca*) fit; **to się w głowie nie mieści!** the mind boggles!

mieście *n. zob.* **miasto.**

mięczak *ma zool.* mollusk, mollusc. — *mp pl.* **-i** *pog.* wimp.

między *prep.* + *Ins.* **1.** between; **czytać coś między wierszami** read between the lines; **między domami** between the houses; **między młotem a kowadłem** between the devil and the deep blue sea; **między nami mówiąc** between you and me; **między pierwszą a drugą po południu** between 1 and 2 p.m.; **między sobą** between ourselves/yourselves/themselves; **wybierać między dobrem a złem** choose between the good and the bad. **2.** (*wśród*) among; **między innymi** among other things.

międzylądowanie *n.* stopover.

międzymiastowa *f. Gen.* **-ej** long-distance call.

międzymiastowy *a. tel.* long-distance.

międzynarodowy *a.* international.

międzypaństwowy *a.* international.

miękki *a.* **-kcy, -kszy** soft; (*mięso*) tender; **miękki dywan** thick carpet; **miękkie meble** upholstered

furniture; **mieć miękkie serce** be soft-hearted; **jestem dla ciebie za miękki** I am too soft/lenient/ easy on you.
miękko *adv.* **-kcej** softly, gently; **jajko na miękko** soft-boiled egg.
mięsień *mi* **-śni-** *Gen.* **-a** muscle; **mięsień gładki** smooth muscle; **mięsień sercowy** cardiac/heart muscle; **skurcz mięśnia** muscular contraction.
mięsny *a.* meat; **sklep mięsny** butcher's; **danie mięsne** meat dish; **konserwa mięsna** canned meat.
mięso *n.* meat; **mięso baranie/jagnięce/wołowe/cielęce/wieprzowe** mutton/lamb/beef/veal/pork; **białe mięso** white meat; **miękkie/twarde mięso** tender/ tough meat; **przypieczone mięso** well-done meat; **smażone/gotowane/duszone/pieczone/wędzone mięso** fried/boiled/stewed/roasted/smoked meat.
mięta *f.* mint; **mięta pieprzowa** peppermint; **czuć do kogoś miętę** have a crush on sb.
miętowy *a.* mint.
mig *mi* sign; **na migi** by signs; **w mig** in no time.
migać *ipf.* **1.** flash. **2.** (*używać języka migowego*) sign.
migać się *ipf. pot.* shirk; **migać się od pracy/obowiązków** shirk one's work/duty.
migawka *f.* **1.** shutter. **2.** flash.
migdał *mi* almond; **gorzki/słodki migdał** bitter/ sweet almond; **marzyć o niebieskich migdałach** daydream.
migdałek *mi* **-łk-** *Gen.* **-a** *anat.* tonsil; **zapalenie migdałków** tonsillitis.
migotać *ipf.* **-czę/-cę -czesz/-cesz, -cz 1.** (*o świetle na wodzie*) shimmer. **2.** (*o świecy, lampie, gwiazdach*) flicker.
migowy *a.* **1.** sign; **język migowy** sign language. **2.** (*w sygnalizacji świetlnej*) flashing.
migrena *f.* migraine.
mijać *ipf.* pass; **kara cię nie minie** you won't get away with this; **minęła godzina trzecia** it is past three; **minęła mnie okazja do spotkania się z nimi** I missed the chance to meet them; **przeziębienie minęło** cold is gone.
mijać się *ipf.* **minąć się 1.** (*przechodzić obok siebie*) pass (each other/one another). **2.** (*nie spotkać się*) miss each other; **to mija się z celem** it's pointless; **mijać się z prawdą** depart from the truth.
mijanie *n.* passage; **światła mijania** low beams.
Mikołaj *mp Gen.pl.* **-ów** Nicholas; **Święty Mikołaj** Santa Claus; *Br.* Father Christmas.
mikrobiologia *f. Gen.* **-ii** microbiology.
mikrobus *mi* van.
mikrofalowy *a.* microwave.
mikrofalówka *f.* **1.** *tel.* microwave transmitter. **2.** (*kuchenka*) microwave oven.
mikrofilm *mi* microfilm.
mikrofon *mi* microphone.
mikrokomputer *mi Gen.* **-a** microcomputer.
mikroprocesor *mi Gen.* **-a** microprocessor.
mikroskop *mi* microscope.
mikroskopijny *a.* **1.** microscopic. **2.** (*bardzo mały*) tiny.
mikser *mi Gen.* **-a** *pl.* **-ry 1.** blender, mixer. **2.** (*osoba serwująca drinki*) barkeeper.
mila *f.* mile; **mila lądowa/morska** statute/nautical mile.
milczący *a.* (*małomówny*) silent, tacit.
milczeć *ipf.* **-ę -ysz** be silent, remain silent; **milczeć jak grób** be silent as the grave.
milczenie *n.* silence; **pominąć coś milczeniem** pass over sth (in silence); **przerwać milczenie** break the silence.
mile *adv.* **1.** (*życzliwie*) nicely, warmly; **coś byłoby mile widziane** sth would not come/go amiss; **jesteś tu mile widziany** you are welcome here; **mile wspominać coś/kogoś** remember sth/sb fondly. **2.** (*przyjemnie*) pleasantly; **być mile zaskoczonym czymś** be pleasantly surprised by sth.
miliard *mi Gen.* **-a** billion.
miligram *mi Gen.* **-a** milligram.
milimetr *mi Gen.* **-a** millimeter; **co do milimetra** to a hair.
milion *mi Gen.* **-a** million.
milioner *mp*, **milionerka** *f.* millionaire.
militarny *a.* military.
milknąć *ipf.* **-ij, -kł/-knął -kła -kli 1.** become silent. **2.** (*nagle*) stop; (*o muzyce, śmiechu*) fade (away); (*o hałasie*) die down.
milowy *a.* mile; **zrobić milowy krok** make a great stride (*ku czemuś* toward sth).
miło *adv.* pleasantly, nicely; **miło mi pana poznać** nice to meet you; **miło cię widzieć** (it's) good to see you; **miło, że przyszedłeś** it was nice of you to come; **to bardzo miło z twojej strony** it's very kind/ nice of you.
miłosierny *a.* merciful; **Boże Miłosierny!** God Almighty! (*w stosunku do winnego*) clement.
miłosny *a.* love; (*o przygodzie*) romantic.
miłość *f.* love (*do kogoś/czegoś* for sb/sth); **miłość braterska/ojcowska/małżeńska** brotherly/paternal/ marital love; **nieszczęśliwa/pierwsza/platoniczna/ szczenięca miłość** unrequited/first/platonic/puppy love; **miłość od pierwszego wejrzenia** love at first sight; **na miłość boską!** for God's sake! **uprawiać miłość** make love.
miłośnik *mp* lover; *pot.* buff.
miły *a.* **1.** nice; (*np. o chłodzie, człowieku*) pleasant; (*o wspomnieniach*) fond; (*o tonie głosu*) kindly; (*o odmianie*) refreshing; **bądź tak miły i...** would you be so kind and/as to...; **do miłego zobaczenia!** till we meet again! **2.** (*kochany*) dear.
mimika *f.* facial expressions.
mimo *prep.* + *Gen.* in spite (*czegoś* of sth) despite (*czegoś* sth); **mimo woli** unwittingly; **mimo to** still, even so. — *conj.* although, though; **mimo że** (even) though.
mimochodem *adv.* by the way, in passing.
mimowolnie *adv.* unwittingly, unintentionally.
mimowolny *a.* unwitting, unintentional.
m.in. *abbr.* (*między innymi*) among other things.
min. *abbr.* **1.** min. (*minimum*). **2.** min. (*minute*).
mina[1] *f.* (facial) expression; *przen.* face; **grobowa mina** long face; **mina mu zrzedła** his face fell; **nadrabiać miną** put on a brave face; **robić dobrą minę do złej gry** make the best of a bad job; **robić miny** make/pull faces.
mina[2] *f. wojsk.* mine; **mina lądowa/morska/przeciwpiechotna** land/floating/antipersonnel mine; **mina-pułapka** booby trap.
minąć *pf. zob.* **mijać**.
mineralny *a.* mineral.
minerał *mi* mineral.
mini *n. indecl.* mini; **nosić mini** wear a mini.
miniatura *f.* miniature; **w miniaturze** in miniature.
miniaturowy *a.* miniature.

minimalnie *adv.* marginally, minimally; (*np. przegrać*) by a hair's breadth, narrowly.
minimalny *a.* (*najmniejszy z możliwych*) minimum, least possible; (*bardzo niewielki*) negligible, minimal; (*o różnicy*) hairbreadth; **płaca minimalna** minimum wage.
minimum *n. sing. indecl. Gen.* **-ma** *Gen.* **-mów** minimum; **minimum socjalne** subsistence level; **ograniczać do minimum** reduce to a minimum. — *adv.* minimum, at least; **minimum 4 godziny** four hours (at the) minimum.
miniony *a.* (*era, stulecie*) bygone, past; (*rok, miesiąc, tydzień*) past, last; **w minionym tygodniu** last week.
minispódniczka *f.* miniskirt.
minister *mp* **-tr-** *pl.* **-owie** minister; *US* Secretary; **minister bez teki** minister without portfolio; **minister finansów** finance minister; **minister obrony narodowej** defense minister; *US* Defense Secretary; **minister skarbu** treasury minister; *US* Treasury Secretary; **minister spraw wewnętrznych** minister of the interior; **minister spraw zagranicznych** minister of foreign affairs; *US* Secretary of State; **minister sprawiedliwości** minister of justice; *US* Attorney General; **Rada Ministrów** council of ministers; *US* the Administration.
ministerstwo *n.* ministry, department.
minować *ipf.* mine.
minus *mi Gen.* **-a** minus; **czwórka minus** *szkoln.* B–; **minus dwa stopnie Celsjusza** minus 2 degrees centigrade; **plus minus** more or less. — *mi Gen.* **-u** (*wada*) drawback.
minusowy *a.* negative; (*o temperaturze*) sub-zero, below-zero.
minuta *f.* (*jednostka czasu*) minute; **co do minuty** to the minute, dead on time; **minuta ciszy** minute of silent tribute; **z minuty na minutę** minute by minute; **za parę minut** in a few minutes.
miodowy *a.* honey; **miodowy miesiąc** honeymoon.
miotacz *mi Gen.* **-a** *wojsk.* thrower; **miotacz ognia** flamethrower. — *mp sport* thrower; (*kuli*) shot putter.
miotać *ipf.* **1.** (*ciskać*) hurl, fling. **2.** (*kołysać*) rock, toss.
miotać się *ipf.* (*np. we śnie*) toss and turn; (*np. po pokoju*) jiggle about.
miotła *f. Gen.pl.* **-eł** broom.
miód *mi* **-o-** honey; **miód pszczeli/akacjowy/lipowy/wielokwiatowy** bee/acacia/linden/wildflower honey; **sztuczny miód** ersatz honey.
miseczka *f.* (small) bowl; (*t. w biustonoszu*) cup.
misja *f.* (*zadanie*) mission; **misja pokojowa** peacekeeping mission.
misjonarz *mp* missionary, missioner.
miska *f.* bowl; **miska olejowa** oil sump.
miss *f. indecl.* Miss.
mistrz *mp pl.* **-owie** *Gen.* **-ów 1.** master, adept; **być mistrzem w czymś** be adept at sth; **mistrz ceremonii** master of ceremonies; **mistrz kamieniarski/piekarski** master stonemason/baker; **mistrz nad mistrze** past master. **2.** *sport* champion; **mistrz świata/Europy** world/European champion; **aktualny mistrz** reigning champion.
mistrzostwo *n.* **1.** mastery. **2.** *sport* championship; **mistrzostwa świata w lekkiej atletyce** world track-and-field championship(s).
mistrzowski *a.* **1.** masterly; **mistrzowskie wykonanie** masterly performance; **po mistrzowsku** excellently. **2.** *rzemiosło* master's; **dyplom/egzamin mistrzowski** master craftsman's certificate/examination; *sport* champion; **tytuł mistrzowski** championship.
mistyczny *a.* mystic.
mistyfikacja *f.* hoax.
miś *ma Gen.pl.* **-ów** bear; (*zabawka*) teddy bear.
mit *mi rel. t. przen.* myth; **rozwiać mit** dispel a myth.
mitologia *f. Gen.* **-ii** mythology; **mitologia rzymska** Roman mythology.
mityczny *a.* mythical.
mizeria *f. Gen.* **-ii** cucumber salad.
mizerny *a.* **1.** (*o twarzy, dziecku*) wan, sickly. **2.** (*nędzny*) poor.
mjr *abbr.* Maj. (*Major*).
mknąć *ipf.* **-ij** speed, scurry.
mlaskać *ipf.* **-am/-szczę -asz/-szczesz, -aj/-szcz** (*przy jedzeniu*) smack.
mld *abbr. zob.* **miliard.**
mleczarnia *f. Gen.pl.* **-i/-ń** dairy.
mleczarz *mp* **1.** (*roznosiciel mleka*) milkman. **2.** (*osoba zajmująca się mleczarstwem*) dairyman.
mleczny *a.* milk; **bar mleczny** milk bar; **gruczoły mleczne** mammary glands; **zęby mleczne** milk teeth; **Droga Mleczna** Milky Way.
mleć *ipf.* **mielę mielisz, mełł mełli** mill; (*kawę*) grind; (*mięso*) mince; **kawa mielona** ground coffee.
mleko *n.* milk; **mleko chude/pełne/półtłuste** skimmed/whole/semi-skimmed milk; **zsiadłe/skondensowane mleko** curdled/condensed milk; **mleko w proszku** dry/instant milk; **mleko kokosowe** coconut milk.
mln *abbr. zob.* **milion.**
młode *n. Gen.* **-ego** young, offspring.
młodociany *a.* youthful, adolescent, juvenile; **młodociany przestępca** juvenile delinquent. — *mp zwł. prawn.* minor.
młodość *f.* youth, adolescence; **błędy młodości** misspent youth.
młodszy *mp* younger; **młodszy rangą/stopniem** junior.
młody *a.* **1.** young, youthful; **młoda para** newly married couple, newlyweds; **panna młoda** bride; **pan młody** (bride)groom; **państwo młodzi** bride and groom; **za młodu** in one's young years. **2.** (*świeży*) new, fresh; **młode ziemniaki** new potatoes; **młode wino** young wine.
młodzieniec *mp* **-ńc-** *pl.* **-y** youth, lad.
młodzieńczy *a.* youthful, adolescent, juvenile; **wiek młodzieńczy** adolescence.
młodzież *f.* young people, youth; **młodzież szkolna** schoolchildren; **trudna młodzież** troubled youth.
młodzieżowy *a.* youth.
młot *mi Gen.* **-a** hammer; **młot pneumatyczny** pneumatic drill; **rzut młotem** hammer throw; **serce waliło mi młotem** I had my heart in my mouth.
młotek *mi* **1.** (*narzędzie*) hammer; (*drewniany*) mallet; **pójść pod młotek** come/go under the hammer. **2.** *pot.* moron, idiot.
młócić *ipf.* **1.** thresh. **2.** *pot.* (*powtarzać coś*) harp (up)on.
młyn *mi Gen.* **-a 1.** mill; **młyn wodny** water mill. **2.** *przen.* (*wir spraw*) stir.
młynarz *mp* miller.
młynek *mi* **-nk-** *Gen.* **-a** mill, grinder; **młynek do kawy/pieprzu** coffee/pepper mill.
mną *pron. zob.* **ja.**

mnich *mp pl.* **-si** monk.
mnie *pron. zob.* **ja**.
mniej *adv.* (*wody, pieniędzy*) less; (*ludzi, krzeseł*) fewer; **coraz mniej** less and less; fewer and fewer; **mniej więcej** more or less; **nie mniej** no less than, no fewer than; *zob.* **mało**.
mniejszość *f.* minority; **być w mniejszości** be in the minority; **mniejszość etniczna/narodowa** ethnic/ national minority; **znak mniejszości** less-than sign.
mniejszy *a.* less; **Azja Mniejsza** Asia Minor; **mniejsza o to** never mind; *zob.* **mały**.
mniemać *ipf.* suppose.
mniemanie *n.* judgment, opinion; **mieć wysokie mniemanie o kimś/o sobie** think highly of sb/of o.s.
mnogi *a.* numerous, multiple; **liczba mnoga** plural.
mnożenie *n.* multiplication; **tabliczka mnożenia** multiplication table.
mnożyć *ipf.* **mnóż** multiply.
mnożyć się *ipf.* **mnóż** multiply.
mnóstwo *n.* a lot of, multitude, plenty; **on mnóstwo zarabia** he earns a (whole) lot; **mamy mnóstwo czasu** we have plenty of time.
mobilizacja *f.* **1.** *wojsk.* mobilization. **2.** (*gotowość*) readiness.
mobilizować *ipf.* **1.** *wojsk.* mobilize. **2.** (*pobudzać do działania*) muster up.
mobilizować się *ipf.* (*zbierać się w sobie*) pull o.s. together; (*organizować się*) get o.s. organized.
mobilny *a.* mobile.
moc *f. pl.* **-e 1.** (*siła*) power, strength; **moc produkcyjna** capacity; **to nie jest w mojej mocy** it's beyond my powers; **z całej mocy** with all one's might; **zrobiłem wszystko, co było w mojej mocy** I did my utmost/(very) best. **2.** *zwł. prawn.* (*ważność*) effective force; **na mocy prawa** by the law; **nabrać mocy (prawnej)** become legally binding. **3.** (*stężenie*) concentration. **4.** (*mnóstwo*) plenty. **5.** *fiz.* power; **moc elektryczna** electric power.
mocarstwo *n.* power; **wielkie mocarstwo** world power.
mocno *adv.* (*trzymać, przyklejać*) fast, firmly; (*uderzać, kopać, naciskać*) hard; (*zakręcać, nakładać*) tightly; (*kochać, tęsknić*) very much; (*spać*) sound, fast; **mocno spał** he was sound/fast asleep; **mocno padało** it rained hard/heavily; **mocno zbudowany** sturdy; **najmocniej dziękuję** thank you very much; **najmocniej przepraszam** I am terribly sorry.
mocny *a.* (*ramię, cios, światło, argument*) strong, powerful; **mocna strona** strong point; **mocne słowa** bold/strong words; (*uścisk*) firm, tight; (*silnik*) powerful; (*sen*) sound, deep; (*buty, ubranie*) heavy-duty.
mocować *ipf.* fix, mount.
mocować się *ipf.* **1.** (*walczyć*) wrestle (*z kimś* with sb). **2.** (*zmagać się*) struggle.
mocz *mi* urine; **oddawać mocz** urinate.
moczyć *ipf.* **1.** wet. **2.** (*trzymać w płynie*) soak.
moczyć się *ipf.* **1.** soak. **2.** (*oddawać bezwiednie mocz*) wet o.s.
moda *f. Gen.pl.* **mód** fashion; **coś jest w modzie** sth is in vogue/fashion; **coś wyszło z mody** sth has gone out of fashion; **ostatni krzyk mody** the latest craze/fashion.
model *mi Gen.* **-u** *Gen.pl.* **-i 1.** (*makieta, wzór*) model. **2.** (*typ*) make, brand. — *mp Gen.* **-a** *Gen.pl.* **-i/-ów** (*osoba pozująca*) model.
modelarstwo *n.* model making.
modelka *f.* (fashion) model.
modelować *ipf.* mould, model; (*włosy*) do, set.
modem *mi* modem.
modernizacja *f.* modernization.
modernizować (się) *ipf.* modernize.
modlić się *ipf.* **módl** say one's prayers, pray (*o coś* for sth) (*za kogoś* for sb).
modlitwa *f.* prayer.
modny *a.* fashionable.
modrzew *mi* **-wi-** *Gen.* **-a** larch.
modulacja *f.* modulation.
modulować *ipf.* modulate.
modyfikacja *f.* modification.
modyfikować *ipf.* modify, qualify.
modyfikować się *ipf.* modify.
mogę *itd. ipf. zob.* **móc**.
mogiła *f.* grave, tomb.
moi *itd. a. zob.* **mój**.
moja, moje *itd. a. zob.* **mój**.
Mojżesz *mp* Moses.
mokasyn *mi Gen.* **-u/-a** moccasin.
moknąć *ipf.* **-ij, moknął/mókł mokła mokli** get wet, soak.
mokradła *pl. Gen.pl.* **-eł** swamp.
mokro *adv.* wetly; **jest mokro** it is wet.
mokry *a.* wet.
molekularny *a.* molecular.
molestować *ipf.* **1.** harass, abuse. **2.** (*naprzykrzać się*) pester.
moll *a. indecl.* minor; **tonacja a-moll** A-minor (key).
molo *n.* pier, jetty.
molowy[1] *a. chem.* molar.
molowy[2] *a. muz.* minor; **tonacja/skala molowa** minor key/scale.
Mołdawia *f. Gen.* **-ii** Moldova.
moment *mi* moment, instant; **lada moment** (at) any moment; **moment przełomowy** turning point; **od tego momentu** from this moment on; **na/przez moment** for a while/moment; **w momencie gdy** while; **w tym momencie** (*teraz*) at the moment; (*wtedy*) at that moment.
momentalnie *adv.* instantly.
momentalny *a.* immediate; (*o odpowiedzi, odruchu, reakcji*) instantaneous.
MON *abbr.* (*Ministerstwo Obrony Narodowej*) Ministry of Defense.
Monachium *n. indecl.* Munich.
Monako *n.* Monaco; **mieszkaniec/mieszkanka Monako** Monegasque.
monarcha *mp pl.* **-owie** monarch, sovereign.
monarchia *f. Gen.* **-ii** monarchy.
moneta *f.* coin; **brać coś za dobrą monetę** take sth at face value; **brzęcząca moneta** cash; **automat na monety** coin machine.
monetarny *a.* monetary.
Mongolia *f. Gen.* **-ii** Mongolia.
monit *mi* reminder.
monitor *mi Gen.* **-a 1.** *telew.* monitor, display screen. **2.** *komp.* visual display unit, VDU, display, screen; **monitor ciekłokrystaliczny** liquid crystal display, LCD; **monitor z klawiaturą** visual display terminal, VDT. **3.** (*czasopismo urzędowe*) official journal.
monitować *ipf.* **monitować kogoś** send sb a reminder.
mono *a. indecl.* mono.
monofoniczny *a.* mono(phonic).

monogamiczny *a.* monogamous.
monografia *f. Gen.* **-ii** monograph.
monogram *mi* monogram; **ozdabiać coś monogramem** monogram sth; **z monogramem** (*o rzeczy*) personalized.
monolog *mi* monolog(ue).
monopol *mi* monopoly (*na coś* on/of/over sth).
monopolizować *ipf.* monopolize.
monopolowy *a.* monopoly; **sklep monopolowy** package/liquor store.
monotonia *f. Gen.* **-ii** (*życia, stylu*) monotony; (*w głosie*) flatness; **przerwać monotonię** break the monotony.
monotonny *a.* monotonous, humdrum.
monstrualny *a.* monstrous.
monstrum *n. sing. indecl. pl.* **-ra** *Gen.* **-rów** monster, monstrosity.
monsun *mi* monsoon.
montaż *mi Gen.pl.* **-y/-ów** **1.** (*składanie*) assembly; (*instalacja*) installation, fitting. **2.** *film* editing.
monter *mp techn.* (*osoba składająca coś z elementów*) assembler; (*wykonawca instalacji*) fitter.
montować *ipf.* **1.** (*składać*) assemble; (*instalować*) install, fit. **2.** *film* edit.
monumentalny *a.* monumental.
moralizatorski *a.* moralistic.
moralizować *ipf.* moralize.
moralność *f.* morals, morality; **obraza moralności** indecency; **poczucie moralności** moral sense.
moralny *a.* moral; **normy/wsparcie moralne** moral standards/support; **upadek moralny** moral decay.
morał *mi* moral; **prawić komuś morały** preach at/to sb.
morda *f.* **1.** muzzle. **2.** *wulg.* (*człowieka*) mug; **zamknij/stul mordę!** shut your face/trap! **dać komuś w mordę** punch sb in the face; **dostać w mordę** get beaten up; **trzymać kogoś za mordę** boss sb.
morderca *mp* murderer, killer; (*na tle politycznym*) assassin; **najemny/seryjny/zawodowy morderca** hired/serial/contract killer.
morderczy *a.* (*o broni, instynkcie, spojrzeniu*) murderous; (*o ciosie*) crippling; (*wyczerpujący*) killing.
morderstwo *n. por.* **zabójstwo**; murder, killing; (*na tle politycznym*) assassination; (*na zlecenie*) hit; **popełnić morderstwo** commit murder.
mordować *ipf.* murder, kill; (*z powodów politycznych*) assassinate.
mordować się *ipf.* **1.** kill each other/one another. **2.** (*męczyć się*) struggle (*z czymś* with sth).
morela *f. Gen.pl.* **-i/-l** **1.** (*roślina*) apricot (tree). **2.** (*owoc*) apricot.
morfina *f.* morphine.
mormon *mp* Mormon.
mors[1] *ma* walrus.
mors[2] *mi Gen.* **-a** *pot.* (*alfabet Morse'a*) Morse code.
morski *a.* sea; (*o nawigacji*) nautical; (*o bitwie, szkole, siłach*) naval; (*o potędze, handlu, klimacie, muzeum*) maritime; (*o roślinach, ssakach, ubezpieczeniu*) marine; **choroba morska** seasickness; **drogą morską** by sea; **piechota morska** marines; *US* Marine Corps; **podróż morska** sea voyage; **port morski** seaport; **szlak morski** seaway; **świnka morska** guinea pig; **woda morska** brine.
morze *n. Gen.pl.* **mórz** sea; **morzem** by sea; **na morzu** on the sea; (*służyć, pracować*) at sea; **nad morzem** by the sea; (*o wakacjach*) at the seaside; **nad poziomem morza** above sea level; **kropla w morzu** a drop in the ocean; **jechać nad morze** go to the seaside; **owoce morza** seafood.
mosiądz *mi Gen.pl.* **-ów** brass.
Moskwa *f.* Moscow.
most *mi* bridge; **most wiszący** suspension bridge; **most zwodzony** drawbridge; **walić prosto z mostu** mouth off; **spalić za sobą mosty** burn one's bridges/boats (behind one); **coś jest komuś potrzebne jak dziura w moście** sb needs sth like a hole in the head.
mostek *mi* **-tk-** **1.** (small) bridge. **2.** *anat.* sternum, breastbone.
motel *mi* motel.
motocykl *mi Gen.* **-a** *Gen.pl.* **-i/-ów** motorcycle.
motocyklista *mp*, **motocyklistka** *f.* motorcyclist, motorcycle rider.
motor *mi* **1.** (*silnik*) motor, engine; **być motorem czegoś** *przen.* be the driving force behind sth. **2.** *pot.* (*motocykl*) motorbike.
motorniczy *mp* motorman.
motorower *mi* moped.
motorówka *f.* motorboat.
motoryzacyjny *a.* automotive, motor; **sklep motoryzacyjny** automobile accessory shop.
motto *n. Dat. & Loc.* **motcie** motto.
motyl *ma* butterfly.
motyw *mi* **1.** motive; **główne/ukryte motywy** main/ulterior motives; **motyw działania** driving force. **2.** (*muz., lit., zdobniczy*) motif; **motyw przewodni** leitmotiv.
motywacja *f.* **1.** motivation; **mieć (silną) motywację** be (highly) motivated. **2.** (*uzasadnienie*) justification.
motywować *ipf.* **1.** motivate (*kogoś do czegoś* sb to do sth). **2.** (*uzasadniać*) justify.
mowa *f.* **1.** speech; **część mowy** part of speech; **mowa ciała** body language; **mowy nie ma!** no way! **nie było mowy o czymś** there was no mention of sth; **osoba o której mowa** the person in question; **o wilku mowa** speak of the devil; **odebrało mu mowę** he was left speechless; **wygłosić mowę** make/give/deliver a speech. **2.** (*język*) language, tongue; **mowa ojczysta** mother tongue; **mowa potoczna** colloquial speech.
mozaika *f.* mosaic.
mozolny *a.* (*o pracy, zadaniu*) laborious, strenuous; (*o podróży*) arduous.
moździerz *mi Gen.* **-a** mortar.
może *part.* **1.** *3 os. sing. zob.* **móc**. **2.** maybe, perhaps; **być może, że...** it is possible that...; **(być) może przyjdę** I may come; **może się mylę, ale...** correct me if I'm wrong but...; **nie może być!** that's impossible! **3.** (*wyraża zachętę, prośbę*) how/what about...?, would you like/mind...? **(a) może byśmy (tak) poszli do kina?** why don't we go to the movies? **(a) może napilibyśmy się kawy?** how about some coffee? **może trochę więcej szczegółów?** could you be a bit more specific?
możesz *itd. ipf. zob.* **móc**.
możliwie *adv.* **1.** possibly, if possible; **możliwie najlepszy** the best possible; **możliwie najszybciej** as soon as possible, asap. **2.** (*znośnie*) tolerably.
możliwość *f.* **1.** (*prawdopodobieństwo*) possibility, chance; **możliwość wygranej** chance of winning; **w miarę możliwości** if (at all) possible. **2.** (*zdolność*)

ability, capability; **możliwości finansowe** financial means; **w granicach czyichś możliwości** within sb's power; **znać swoje możliwości** know one's limits. **3.** (*sposobność*) chance, opportunity; **miałem możliwość rozmawiać z nim** I had a chance/an opportunity to talk to him.

możliwy *a.* **1.** possible, likely; (*do wyobrażenia*) conceivable; (*do przyjęcia*) acceptable; **na tyle, na ile (to) możliwe** as far as possible; **jak to możliwe?** how come? **możliwe, że zadzwonią jutro** they may give us a ring tomorrow; **możliwe, że spóźnili się na pociąg** they may have missed the train. **2.** (*znośny*) passable, so-so.

można *v.* it is possible to..., one (you etc.) can/may...; **czy można?** may I?, do you mind? **czy można zapalić?** do you mind if I smoke? **można już iść** you (we etc.) may/can go now; **można się było tego spodziewać** little wonder; **można tam dojść piechotą** it is within walking distance; **jak można być tak nieostrożnym?** (*wyraz oburzenia*) how can you be so careless?

możność *f.* **1.** (*możliwość, zdolność*) possibility. **2.** (*sposobność*) opportunity, chance.

móc *ipf.* **mogę możesz, mógł mogła mogli 1.** (*być w stanie*) can (*coś zrobić* do sth); be able (*coś zrobić* to do sth); **będzie mógł wam pomóc** he will be able to help you; **jeśli tylko możesz** if you possibly can; **nie móc czegoś zrobić** be unable to do sth; **staram się jak mogę** I'm doing my best. **2.** (*być uprawnionym, mieć pozwolenie*) be permitted/allowed (*coś zrobić* to do sth); can (*coś zrobić* do sth); **możesz iść do domu** you can go home. **3.** (*dla wyrażenia przypuszczenia, prośby, pretensji*) can, may; **to mógł być ktoś inny** it could have been someone else; **to nie może być ona** it couldn't be her; **jeśli mogę** if I may; **mogę prosić o otwarcie okna?** would you mind opening the window? **w czym mogę pomóc?** (how) can I help you? **jak mogłeś (mi to zrobić)?** how could you (do this to me)? **mogła przynajmniej zadzwonić** she could/might at least have called.

mój *a.* **moj-/m-** *Ins. & Loc.* **moim/mym** *pl.* **moi** *Gen., Acc. & Loc.* **moich/mych** *Dat.* **moim/mym** *Ins.* **moimi/mymi** (*z rzeczownikiem, który precyzuje*) my; **to są moje książki** these are my books; (*z rzeczownikiem, który nie precyzuje*) of mine; **pewien mój znajomy** a friend of mine; (*bez rzeczownika*) mine; **te książki są moje** these books are mine.

mól *ma* **-o-** moth; **mól odzieżowy** clothes moth; **mól książkowy** *przen.* bookworm.

mówca *mp*, **mówczyni** *f. Gen.pl.* **-ń** speaker.

mówić *ipf.* **1.** say (*coś komuś* sth to sb) (*że...* that...); **mówi się, że...** they say that...; **co mówiłeś?** what did you say? tell (*coś komuś* sb sth/sth to sb) (*komuś o kimś/czymś* sb about/of sb/sth) (*komuś, że...* sb that...); **mówić prawdę/kłamstwa** tell the truth/lies; (*rozmawiać, opowiadać*) speak, talk (*z kimś* with/to sb, *o kimś/czymś* about/of sb/sth) (*do kogoś* to sb); **mów za siebie!** speak for yourself! **2.** (*posługiwać się językiem*) speak; **mówić dobrze po japońsku** speak good Japanese; **mówić kiepsko po angielsku** speak English badly. **3.** (*sugerować*) ring a bell; **czy to ci coś mówi?** does it ring a bell? **4.** (*zwracać się do kogoś*) **mów mi Ed** call me Ed. **5.** (*w komentarzach*) **krótko mówiąc** in brief; **nawiasem mówiąc** by the way; **nie mówiąc (już) o kimś/czymś** not to mention sb/sth.

mózg *mi* **1.** brain; **wstrząs mózgu** concussion (of the brain). **2.** *przen.* mastermind; **mózg operacji** the brains behind the operation.

mroczny *a.* dark.

mrok *mi* darkness; (*zmierzch*) dusk.

mrowienie *n.* (*ciarki*) chill.

mrowisko *n.* anthill.

mrozić *ipf.* **-żę -zisz** chill; (*o lodówce*) freeze; *zob.* **mrożony.**

mroźny *a.* frosty.

mrożący *a.* **mrożący krew w żyłach** blood-curdling.

mrożonki *pl. Gen.* **-ek** frozen food.

mrożony *a.* frozen; (*przechowywany w zamrażarce*) deep-frozen; (*o herbacie, kawie*) iced.

mrówka *f.* **1.** ant. **2. mrówki** (*mrowienie*) tingling, tingle.

mróz *mi* **-o-** frost; **siarczysty/trzaskający mróz** hard/heavy frost; **20 stopni mrozu** 20 degrees of frost, 20 degrees below zero Centigrade, −20°C.

mruczeć *ipf.* **-ę -ysz 1.** hum; (*o kocie, zadowolonej osobie*) purr. **2. mruczeć (pod nosem)** (*mówić cicho*) mutter.

mrugać *ipf.*, **mrugnąć** *pf.* **-ij 1.** (*o oku*) blink; **mrugać (okiem)** wink (*do kogoś* at sb). **2.** (*o gwiazdach, świetle*) twinkle, wink.

mrużyć *ipf.* **mrużyć oczy** squint (one's eyes).

mrzonka *f.* daydream.

MSW *abbr.* (*Ministerstwo Spraw Wewnętrznych*) Ministry of Internal Affairs.

MSZ *abbr.* (*Ministerstwo Spraw Zagranicznych*) Ministry of Foreign Affairs.

msza *f.* (church) service; mass; **chodzić na mszę** go to Mass; **odprawiać mszę** celebrate Mass.

mścić *ipf.* **mszczę mścisz, -ij** revenge (*kogoś/coś* sb/sth).

mścić się *ipf.* revenge o.s. (*na kimś* on sb, *za coś* for sth).

mściwy *a.* revengeful, vindictive.

mu *pron. zob.* **on.**

mucha *f.* **1.** fly. **2.** (*krawat*) bow tie; **pod muchą** wearing a bow tie.

muchomor, muchomór *mi* **-mor-** *Gen.* **-a** *pot.* toadstool; **muchomor sromotnikowy** death cap.

Mulat *mp*, **Mulatka** *f. obelż.* mulatto.

multimilioner *mp*, **multimilionerka** *f.* multimillionaire.

muł[1] *mi Gen.* **-u** (*szlam*) mud, sludge.

muł[2] *ma Gen.* **-a** *zool.* mule.

mumia *f. Gen.* **-ii** mummy.

mundur *mi* uniform; **mundur wojskowy/policyjny** military/police uniform; **mundur galowy/polowy** dress/service uniform.

mundurek *mi* **-rk-** *Gen.* **-a** (school) uniform.

municypalny *a.* municipal.

mur *mi* **1.** wall. **2.** *przen.* **przyparty do muru** hard-pressed; **przypierać kogoś do muru** pin sb down; **walić głową w mur** bang one's head against a brick wall.

murarz *mp* bricklayer.

murować *ipf.* build (in bricks/stone); lay bricks.

murowany *a.* brick, stone.

Murzyn *mp* Black (person/man).

Murzynka *f.* Black woman.

murzyński *a.* Black.

musical *mi Gen.pl.* **-i/-ów** musical (comedy).

musieć *ipf.* **muszę musisz 1.** have (got) to, must; **muszę iść do dentysty** (*wewnętrzny przymus*) I must go to the dentist; (*zewnętrzny przymus*) I have to go to the dentist; **musiałem tam iść** (*wewnętrzny lub zewnętrzny przymus*) I had to go there; **to się musiało stać** it was bound to happen. **2.** (*prawdopodobieństwo*) **on musi być starszy od ciebie** he must be older than you; **musiałem się pomylić** I must have made a mistake.

muskularny *a.* muscular, brawny.

musujący *a.* sparkling, fizzy, effervescent.

muszę *itd. ipf. zob.* **musieć.**

muszka *f.* **1.** (small) fly; **muszka owocowa** fruit/vinegar fly. **2.** (*krawat*) bow tie. **3. trzymać kogoś na muszce** hold sb at gunpoint.

muszkatołowy *a.* muscat; **gałka muszkatołowa** nutmeg.

muszla *f. Gen.pl.* **-i** shell; **muszla koncertowa/klozetowa** concert/toilet bowl.

musztarda *f.* mustard.

musztra *f.* drill.

mutacja *f.* **1.** (*głosu*) cracking/breaking of sb's voice. **2.** (*zmiana*) change, alteration.

mutant *ma* mutant.

muza *f.* muse, inspiration.

muzeum *n. sing. indecl. pl.* **-ea** *Gen.* **-eów** museum.

muzułmanin *mp pl.* **-anie** *Gen.* **-anów** Muslim.

muzułmański *a.* Muslim.

muzyczny *a.* musical; **szkoła muzyczna** music school; **utwór muzyczny** piece of music.

muzyk *mp* musician.

muzyka *f.* music; **muzyka kameralna/ludowa/klasyczna/rozrywkowa** chamber/folk/classical/pop music; (*ścieżka dźwiękowa*) soundtrack.

muzykalny *a.* musical.

my *pron. Gen., Acc. & Loc.* **nas** *Dat.* **nam** *Ins.* **nami** we; **to my** it's us.

mycie *n.* washing; **mycie naczyń** washing up.

myć *ipf.* **-ję -jesz** (*ręce, twarz, talerz*) wash; (*okna, podłogę*) clean; (*zęby*) brush, clean.

myć się *ipf.* wash.

mydelniczka *f.* soap dish.

mydliny *pl. Gen.* **-n** suds.

mydło *n. Gen.pl.* **-eł** soap.

myjnia *f. Gen.pl.* **-i** (*samochodowa*) car wash.

mylić *ipf.* **1.** confuse, mix up. **2.** (*wprowadzać w błąd*) mislead; **pozory mylą** appearances are misleading; **jeśli pamięć mnie nie myli** if I remember it right.

mylić się *ipf.* **1.** make mistakes/errors. **2.** (*być w błędzie*) be wrong; **grubo się mylisz** you are entirely wrong.

mylny *a.* mistaken, erroneous; **mylny pogląd** misconception.

mysz *f.* mouse.

myszkować *ipf.* ferret.

myśl *f.* thought, idea; **być dobrej myśli** to think positive; **być pochłoniętym myślami** be absorbed in thought; **czarne myśli** gloomy thoughts; **kogo/co masz na myśli?** who(m)/what do you mean? **myśl przewodnia** central idea; **pogodzić się z myślą, że...** reconcile o.s. to the thought of...; **przyszło mi na myśl, że...** it occurred to me that...

myślący *a.* intelligent.

myśleć *ipf.* **-ę -isz 1.** think; **co o tym myślisz/sądzisz?** what do you think about it? **myśleć o niebieskich migdałach** daydream; **myślę, że tak/nie** I think so/I don't think so; **niewiele myśląc** not thinking much; **o czym myślisz?** what are you thinking about? **zawsze mówi to, co myśli** he always speaks his mind. **2.** (*zamierzać, troszczyć się*) think of; **myślę o wycieczce do Hiszpanii w lipcu** I am thinking of going on a trip to Spain in July; **on myśli tylko o sobie** he thinks of nobody but himself.

myślenie *n.* thinking; **to daje do myślenia** it gives one food for thought.

myśliciel *mp* thinker.

myśliwiec *mi* **-wc-, -a** fighter (plane).

myśliwski *a.* hunting; **pies myśliwski** hunting dog; **samolot myśliwski** fighter (plane).

myśliwy *mp* hunter.

myślnik *mi Gen.* **-a** hyphen, dash.

mżawka *f.* drizzle.

mżyć *ipf.* drizzle; **mży** it's drizzling.

N

na *prep.* + *Loc.* **1.** (*miejsce*) on, at, in (*często nie tłumaczony jako przyimek*); **na deszczu** (out) in the rain; **na górze/na dole** up/down; **na początku/końcu czegoś** at the beginning/end of sth; **na stole** on the table. **2.** (*podczas*) at, during, on; **na wakacjach** on vacation; **na zebraniu/koncercie** at a meeting/concert. **3.** (*precyzowanie rzeczownika*) **buty na wysokich obcasach** high-heeled shoes. **4.** (*kierunek l. cel*) to, toward(s), (up)on (*często nie tłumaczony jako przyimek*); **na górę/na dół** up/down; (*po schodach*) upstairs/downstairs; **na pocztę/dworzec kolejowy** to the post office/railroad station. **5.** (*okres*) for; **na chwilę/miesiąc** for a moment/month; **na zawsze** forever. **6.** (*wyznaczony czas*) **(dokładnie) na czas** (right) on time; **na jutro** for tomorrow; **na piątą** at five. **7.** (*przeznaczenie*) **skrzynka na listy** mailbox. **8.** (*sposób*) with, by; **kupować na sztuki** buy by the piece; **walczyć na miecze** fight with swords. **9.** (*miara*) **raz na rok** once a year. **10.** (*przyczyna, bodziec*) (up)on, at, to; **na czyjąś prośbę/czyjś rozkaz** on/at sb's request/order; **na wieść o wypadku** upon the news of the accident; **na żądanie** on demand. **11.** (*podział*) in(to); **drzeć coś na kawałki** tear sth (in)to pieces; **dzielić/składać coś na pół** divide/fold sth in half. **12.** (*cel*) to, for, into; **iść na przyjęcie/zebranie** go to a party/meeting; **iść na spacer** go for a walk. **13.** (*w równoważnikach zdań*) **na pomoc!** help! **na zdrowie!** cheers! (*odpowiedź na kichnięcie*) bless you! **14.** (*relacje przestrzenne*) (*naprzeciw*) opposite; **na wprost** straight on/ahead; **na zachód/lewo** to the west/left (*od czegoś* of sth); **na zewnątrz (czegoś)** outside (sth). **15.** (*w utartych zwrotach*) **na przykład** for example/instance; **na zakończenie** finally; **wszystko na nic/na próżno** (it's) all for nothing, (it's) all in vain.

nabiał *mi sing.* dairy produce and eggs.

nabić *pf.* **-biję -bijesz 1.** *zob.* **nabijać. 2. nabić sobie/komuś guza** get/give sb a bump (on the head).

nabierać *ipf.* **1.** (*zagarniać, czerpać*) scoop up; (*łyżką*) spoon up; **nabierać na widelec** fork; **nabierać tchu** breathe in. **2.** (*uzyskiwać*) gain; **nabierać przekonania/pewności** grow convinced/certain; **nabierać sił/rozumu** gain strength/wisdom. **3.** *pot.* (*oszukiwać*) take (sb) in, trick.
nabierać się *ipf.* be fooled.
nabijać *ipf.* **1.** (*napychać*) cram, stuff; (*napełniać*) fill (*czymś* with sth); (*broń*) load; **nabijać kogoś w butelkę** make a fool of sb. **2.** (*ozdabiać, wysadzać*) stud (*czymś* with sth).
nabijać się *ipf.* **nabijać się z kogoś/czegoś** *pot. uj.* jeer/mock (at) sb/sth.
nabity *a.* **1.** *pot.* (*przepełniony*) crammed, stuffed (*kimś/czymś* with sb/sth); (*zatłoczony*) overcrowded. **2.** (*o broni*) loaded; (*krępy*) stout.
nabożeństwo *n.* liturgy, (church) service; **książeczka do nabożeństwa** prayer book; **odprawiać nabożeństwo** conduct a service.
nabój *mi* **-o-**; *Gen.pl.* **-oi/-ojów** round (of ammunition), cartridge; **ostry/ślepy nabój** live/dummy round.
nabrzeże *n. Gen.pl.* **-y** wharf, berth, jetty; **cumować coś do nabrzeża** dock sth.
nabyć *pf.* **-będę -będziesz, -bądź** *zob.* **nabywać.**
nabytek *mi* **-tk-** acquisition; (*zakup*) purchase.
nabyty *a.* **1.** acquired; **nabyty zespół zaniku odporności** *(AIDS)* acquired immune deficiency syndrome. **2.** *form.* (*kupiony*) purchased.
nabywać *ipf.* **-am -asz 1.** *form.* (*kupować*) purchase. **2.** (*uzyskiwać*) acquire.
nabywca *mp form.* purchaser, buyer.
nachalny *a.* pushy, pestering.
nachodzić *ipf.* intrude (up)on sb; *przen.* (*o uczuciach, nastrojach*) come over sb.
nachodzić się *pf.* walk one's legs off (*za czymś* looking for sth).
nachylać się *ipf.* bend down; (*t. o powierzchni*) incline, tilt.
nachylenie *n.* tilt, slant; (*dachu*) pitch.
naciągać *ipf.* **1.** (*naprężać*) stretch; (*rozciągać niebezpiecznie*) strain, stretch to the limit; **naciągać mięsień** strain/pull a muscle; **naciągać przepisy** *przen.* stretch the regulations. **2.** (*zakładać*) pull on. **3.** (*pokrowiec, koc*) draw up (*na coś* over sth). **4.** *pot.* **naciągać kogoś na coś** (*wyłudzać*) wheedle/coax sth out of sb. **5.** (*o herbacie, ziołach*) brew, infuse.
naciągać się *ipf.* stretch.
nacierać[1] *ipf.* (*trzeć*) rub.
nacierać[2] *ipf.* (*atakować*) charge (*na kogoś/coś* at sb/sth).
nacierać się *ipf.* rub (o.s.) down (*czymś* with sth).
nacięcie *n.* (*wgłębienie*) notch, nick; *zwł. chir.* incision.
nacinać *ipf.* cut; (*karbować*) notch, nick; *chir.* incise.
nacisk *mi* **1.** pressure; **pod naciskiem** under pressure (*kogoś/czegoś* from sb/sth); **ulegać naciskowi** yield to pressure; **wywierać na kogoś nacisk** put pressure on sb (*żeby coś zrobił* to do sth). **2.** (*akcent*) stress, emphasis; **kłaść nacisk na coś** emphasize/stress sth.
naciskać *ipf.*, **nacisnąć -śnij** *pf.* press (*na kogoś* sb, *w sprawie czegoś* for sth); (*pedał, przycisk itp.*) push, press (down/in).
nacjonalista *mp*, **nacjonalistka** *f.* nationalist.
nacjonalistyczny *a.* nationalist.
nacjonalizacja *f.* nationalization.
nacjonalizm *mi* nationalism.
nacjonalizować *ipf.* nationalize.
naczelnik *mp* head, manager; **naczelnik poczty** postmaster; **naczelnik policji** chief of police; **naczelnik więzienia** prison governor.
naczelny *a.* chief; **dyrektor/redaktor naczelny** chief executive/editor.
naczepa *f.* semitrailer.
naczynie *n.* **1.** dish; **naczynia (kuchenne)** the dishes; **zmywać naczynia** wash up. **2.** *anat.* (*t. bot.*) vessel; **naczynie krwionośne** blood vessel; **naczynie wieńcowe** coronary artery.
nać *f.* tops, leaves.
nad *prep.* + *Ins.* **1.** (*ponad*) above, over; **nad głową** overhead. **2.** (*blisko*) **nad (samą) granicą** at the (very) border; **mieszkać nad morzem** live on/at the coast; **dzień nad morzem** a day at/on the coast; **nad ranem** in the early morning; **nad rzeką/jeziorem** by the river/lake. — *prep.* + *Acc.* **1.** (*cel w przestrzeni*) over, above; **nad głowę** above one's head. **2.** (*w pobliże*) **nad jezioro/morze/rzekę** to the lake/sea/river. **3.** *lit.* (*porównanie lub wybór*) than, above; **nade wszystko** above all.
nadajnik *mi* **-a** transmitter.
nadal *adv.* still; **grać/mówić/żyć nadal** play/talk/live on.
nadaremnie, nadaremno *adv.* in vain.
nadawać *ipf.* **-daję -dajesz, -dawaj 1.** (*wysyłać*) send; (*list, przesyłkę*) post. **2.** (*przyznawać*) grant (*coś komuś* sth to sb/sb sth); (*nazwę, formę, znaczenie*) give. **3.** (*cechę*) **nadawać bieg** initiate, launch (*sth*). **4.** *tel.* transmit; (*audycję*) broadcast; (*o stacji radiowej l. telewizyjnej*) be on the air; *pot.* (*mówić szybko*) chatter (on/away) (*o czymś* about sth).
nadawać się *ipf.* be suitable, be fit (*do czegoś* for sth); **ona nadaje się na żonę** she'll make a good wife.
nadawca *mp* sender.
nadąsany *a.* sulky.
nadążać *ipf.*, **nadążyć** *pf.* keep up (*za kimś/czymś* with sb/sth); **nie nadążać (za kimś/czymś)** fall/lag behind (sb/sth); **nie nadążać (za czymś)** (*nie rozumieć*) not follow (sth).
nadchodzący *a.* **1.** approaching; (*o burzy*) gathering. **2.** (*form. mający nastąpić*) forthcoming. **3.** (*o miesiącu, roku*) coming, next.
nadchodzić *ipf.* **1.** (*zbliżać się, t. przen.*) approach. **2.** (*o burzy, zmroku*) gather. **3.** (*o wiadomości, liście*) arrive. **4.** (*następować*) follow; (*o porze roku, okresie*) draw near; (*o nocy, zimie, mrozie*) draw on.
nadciągać *ipf.*, **nadciągnąć** *pf.* **-ij 1.** approach; (*o wojsku*) march in. **2.** (*o burzy, zmroku*) gather; (*o czymś nieprzyjemnym*) draw on.
nadciśnienie *n.* hypertension, high blood pressure.
naddźwiękowy *a.* supersonic.
nade *prep.* = **nad**; **nade wszystko** above all.
nadejście *n.* coming, arrival, advent.
nadejść *pf.* **-jdę -jdziesz, nadszedł** *zob.* **nadchodzić.**
nadesłać *pf.* **-ślę -ślesz, -ślij** *zob.* **nadsyłać.**
nadganiać *ipf.* catch up (*z czymś* on sth).
nadgarstek *mi* **-tk-, -a** wrist.
nadgodzina *f. zw. pl.* overtime; **pracować w nadgodzinach** work overtime, be on overtime.
nadgorliwy *a. uj.* overeager.
nadjeżdżać *ipf.* (*konno*) come riding; (*o pojeździe/ludziach w pojeździe*) come; (*o pociągu*) (*wjeżdżać na stację*) draw in.

nadkładać *ipf.* **nadkładać drogi** take a roundabout way.
nadlatywać *ipf.*, **nadlecieć** *pf.* (*o ptaku*) come flying; (*o samolocie*) arrive.
nadleśniczy *mp decl. like a. Ins.pl.* **-owie** forest inspector/manager.
nadliczbowy *a.* additional; **godziny nadliczbowe** overtime.
nadludzki *a.* superhuman.
nadmiar *mi* excess, surplus.
nadmieniać *ipf.*, **nadmienić** *pf.* mention.
nadmiernie *adv.* excessively.
nadmierny *a.* (*wysiłek*) undue; (*cena*) exorbitant; (*wzruszenie, wzrost*) excessive.
nadmorski *a.* seaside.
nadmuchać *pf.*, **nadmuchiwać** *ipf.* inflate, blow out, fill (*czymś* with sth).
nadmuchiwany *a.* inflatable.
nadobowiązkowy *a.* optional.
nadpłata *f.* excess payment.
nadprodukcja *f.* overproduction.
nadprzyrodzony *a.* supernatural.
nadrabiać *ipf.*, **nadrobić** *pf.* (*czas*) make up for; **nadrabiać zaległości** reduce a backlog.
nadruk *mi* **1.** (*drukowany napis*) printed inscription. **2.** (*barwny wzór*) printed design.
nadrzędny *a.* (*instytucja, stanowisko*) superior; (*wartość, racja*) imperative, overriding; **zdanie nadrzędne** *gram.* main clause.
nadsłuchiwać *ipf.* listen out (*czegoś* for sth).
nadsyłać *ipf.* send in.
nadto *adv.* **aż nadto** more than enough.
nadużycie *n.* **1.** abuse. **2.** (*malwersacja*) misuse of funds.
nadużyć *pf.*, **nadużywać** *ipf.* **1.** (*używać nieumiarkowanie*) overuse. **2.** (*wykorzystywać niewłaściwie*) abuse, misuse.
nadwaga *f.* overweight; **mieć nadwagę** be overweight; **nadwaga bagażu** excess luggage.
nadwerężać *ipf.*, **nadwerężyć** *pf. lit.* weaken; (*zdrowie*) undermine; (*siły, fundusze*) tax.
nadwozie *n. Gen.pl.* **-i** bodywork.
nadwrażliwość *f.* over-sensitivity.
nadwrażliwy *a.* over-sensitive.
nadwyżka *f.* surplus.
nadzieja *f. Gen. & Gen.pl.* **-ei** hope; **mieć nadzieję** hope (*na coś* for sth); **dawać/robić komuś nadzieje** raise/build up sb's hopes (*czegoś* of sth); **mam nadzieję, że...** I hope that...; **stracić (wszelką) nadzieję** lose heart; **w nadziei, że...** hoping that...; **żyć nadzieją** live in hope(s).
nadzienie *n.* stuffing, filling.
nadziewać *ipf.* **1.** (*czymś*) stuff. **2.** (*na coś*) stick.
nadziewać się *ipf.* (*na coś*) stick o.s. (*na coś* on sth).
nadzorca *mp* supervisor.
nadzorczy *a.* supervisory; **rada nadzorcza** board of supervisors.
nadzorować *ipf.* supervise.
nadzór *mi* **-o-** supervision; **nadzór policyjny** (police) surveillance; **nadzór techniczny** engineering supervision; **być pod nadzorem** be under surveillance.
nadzwyczajny *a.* **1.** (*nieprzeciętny*) extraordinary. **2.** (*specjalny*) special, extra; **nadzwyczajne środki ostrożności** extra precautions; **wydanie nadzwyczajne** special issue.
nafta *f.* **1.** kerosene. **2.** *pot.* (*ropa naftowa*) oil.
naftowy *a.* oil, petroleum; **ropa naftowa** (crude) oil, petroleum.
nagana *f.* reprimand; **dostać naganę** receive a reprimand; **udzielić komuś nagany** reprimand sb.
naganny *a.* reprehensible.
nagi *a.* **1.** nude, naked. **2.** *pot.* (*bez upiększeń*) plain; **naga prawda** the naked truth.
naginać *ipf.* bend, stretch; **naginać fakty** stretch the facts; **naginać przepisy** bend the rules.
naginać się *ipf.* adjust (*do kogoś/czegoś* to sb/sth).
naglący *a.* urgent, pressing.
nagle *adv.* suddenly; **co nagle, to po diable** haste makes waste; **umrzeć nagle** die unexpectedly.
naglić *ipf.* press (*kogoś do czegoś* sb to do sth); **czas nagli** time is pressing.
nagłówek *mi* **-wk-** heading; (*w gazecie*) headline.
nagły *a.* **1.** sudden. **2.** (*naglący*) urgent; **w nagłym przypadku** in case of emergency.
nagminny *a.* common.
nago *adv.* naked, nude.
nagonka *f.* campaign; **prowadzić nagonkę na kogoś/przeciwko komuś** carry on a campaign against sb.
nagość *f.* nudity, nakedness.
nagradzać *ipf.* **1.** award. **2.** (*rekompensować*) reward.
nagranie *n.* recording.
nagrobek *mi* **-bk-**, **-a** gravestone, tombstone.
nagroda *f.* **1.** prize, award; **Nagroda Nobla** the Nobel Prize; **nagroda pocieszenia** consolation prize. **2.** (*zapłata za zasługi*) reward.
nagrodzić *pf. zob.* **nagradzać**.
nagromadzić *pf.* collect; (*o zapasach*) stock-pile.
nagromadzić się *pf.* **1.** accumulate. **2.** *pot.* (*zebrać się w gromadę*) gather.
nagrywać *ipf.* record; (*na taśmę*) tape.
nagrzewać *ipf.* heat, warm.
nagrzewać się *ipf.* heat up, warm up.
naiwność *f.* **1.** gullibility. **2.** naivety.
naiwny *a.* **1.** gullible. **2.** naive.
najazd *mi Loc.* **najeździe** (*na dużą skalę*) invasion; (*na małą skalę*) raid.
nająć (się) *pf. zob.* **najmować (się)**.
najbardziej *adv. sup.* most (of all), best; **jak najbardziej!** *pot.* sure!, you bet! *zob.* **bardzo**.
najbliższy *a. sup.* **1.** (the) next; **przy najbliższej okazji** (at) the first chance possible; **w najbliższym czasie** in the (very) near future. **2.** (*zażyły*) closest; **najbliższa rodzina** immediate family; *zob.* **bliski**.
najdalej *adv.* **1.** *sup.* farthest, furthest; *zob.* **daleko**. **2.** (*o terminie*) at the latest.
najedzony *a.* full.
najemca *mp* tenant.
najemnik *mp* hired hand.
najeść się *pf.* eat one's fill, have enough to eat.
najeźdźca *mp* invader.
najeżdżać *ipf.* **1.** run into (*na kogoś/coś* sb/sth). **2.** (*napadać*) attack, invade.
najgorszy *a. sup.* the worst; **w najgorszym przypadku** in the worst case; *zob.* **zły**.
najgorzej *adv. sup.* (the) worst (of all); **nie najgorzej** not (too) bad/badly; *zob.* **źle**.
najlepiej *adv. sup.* (the) best (of all); **nie najlepiej** not (too) good/well; *zob.* **dobrze**.
najlepszy *a. sup.* best, greatest; **w najlepszym razie** at (the) best.

najmniej *adv. sup.* (the) least, the fewest; **jak najmniej** as little/few as possible; *zob.* **mało**. — *adv.* (*przynajmniej*) (the) least; **co najmniej** at (the very) least.
najmniejszy *a. sup.* (the) smallest, (the) least; **w najmniejszym stopniu** least of all; *zob.* **mały**.
najmować *ipf.* (*lokal*) rent, lease; (*ludzi*) hire (*do czegoś* to do sth).
najmować się *ipf.* be hired (*do czegoś* to do sth); **najmować się do pracy** take work/a job.
najnowszy *a. sup.* (the) latest/newest.
najpierw *adv.* first (of all), in the first place.
najpóźniej *adv. sup.* at the (very) latest.
najstarszy *a. sup.* oldest; (*o synu, siostrze*) eldest; *zob.* **stary**.
najwięcej *adv. sup.* (the) most, most of all; *zob.* **dużo, wiele**.
najwyżej *adv.* **1.** *sup. zob.* **wysoko**. **2.** (the) highest. **3.** (*nie więcej*) at (the very) most. **4.** *pot.* (*w najgorszym razie*) at worst.
najwyższy *a. sup.* **1.** (the) highest; (*człowiek*) (the) tallest. **2.** (*najważniejszy*) supreme; **Sąd Najwyższy** the Supreme Court; **stopień najwyższy** *jęz.* superlative; **najwyższy czas (coś zrobić)** high time (to do sth).
nakarmić *pf.* **-ię -isz** feed.
nakaz *mi* order; (*rozporządzanie*) warrant; **nakaz aresztowania/rewizji** arrest/search warrant; **znak nakazu** *mot.* regulatory sign.
nakazywać *ipf.* order (*komuś coś robić* sb to so sth); (*o sytuacji*) require, demand.
nakleić *pf.*, **naklejać** *ipf.* stick (up), paste (up) (*na czymś* on sth); **nakleić znaczek na kopercie** stamp an envelope.
naklejka *f.* label; (*nalepka*) sticker.
nakład *mi* print run.
nakładać *ipf.* **1.** put (*coś na coś* sth on sth); (*jedzenie*) serve; **nakładać sobie czegoś** help o.s. to sth. **2.** (*ubierać*) put on. **3.** (*obarczać*) impose; (*karę*) inflict.
nakładać się *ipf.* overlap.
nakłuć *pf.*, **nakłuwać** *ipf.* (*przekłuwać*) prick (holes), perforate, pierce.
nakręcać *ipf.*, **nakręcić** *pf.* **1.** wind (up); **nakręcać film** shoot a movie. **2.** *tylko pf. pot.* (*kłamać*) cheat.
nakręcać *ipf.*, **nakręcić** *pf.* **1.** (*wprawiać w ruch, kręcąc*) wind (up); **nakręcać numer** dial/pick a number; **nakręcać film** shoot a movie. **2.** (*nawijać*) wind, reel (*coś na coś* sth on sth).
nakrętka *f.* **1.** nut. **2.** (*pokrywka z gwintem*) (screw-on) cap.
nakrycie *n.* **1.** (*zastawa stołowa*) (place/table) setting; **podać dwa dodatkowe nakrycia** set two more places. **2.** (*okrycie*) covering; **nakrycie głowy** headgear; **nakrycie łóżka** bedspread.
nakryć *pf.*, **nakrywać** *ipf.* **-yję -yjesz, -yj 1.** cover; **nakrywać (stół)** set/lay the table. **2.** *pot.* (*przyłapać*) nail (*kogoś na czymś* sb doing sth).
nakryć się *pf.*, **nakrywać się** *ipf.* cover oneself.
nalać *pf.* **-leję -lejesz 1.** *zob.* **nalewać**; **nalej sobie drinka** pour yourself a drink. **2.** (*rozlać niechcący*) spill (*coś na coś* sth all over sth).
nalegać *ipf.* insist (*na coś* (up)on sth, *żeby ktoś coś zrobił* on sb's doing sth).
nalepiać *ipf.*, **nalepić** *pf.* stick, glue (*na coś/do czegoś* on(to) sth).
nalepka *f.* label, sticker.
naleśnik *mi Gen.* **-a** pancake, crepe.
nalewać *ipf.* pour (*do czegoś* into sth).
należeć *ipf.* **-ę -ysz 1.** belong (*do kogoś/czegoś* to sb/sth). **2.** (*stanowić obowiązek*) **to nie należy do moich obowiązków** that's not my job/my responsibility. **3.** *tylko bezosobowo* (*trzeba, powinno się*) **jak (się) należy** properly; **należałoby podkreślić, że...** it should be emphasized that...
należeć się *ipf. impers.* be owed/due (*komuś* to sb); **ile się panu należy (ode mnie)?** how much do I owe you? **należy mu się awans** he's due for promotion; **należy mu się nagroda/kara** he deserves a prize/to be punished.
należność *f.* amount/balance due; **uregulować należności za coś** pay the amount/balance due for sth.
należny *a.* (*należyty*) due; **z należytym szacunkiem** with due respect; (*do zapłaty*) owed.
nalot *mi* **1.** (*powłoka*) coating; (*kurzu, rdzy, pleśni*) layer. **2.** *wojsk.* air raid (*na kogoś, coś* on sb, sth).
nałogowiec *mp* **-wc-** *Voc.* **-wcze/-wcu** addict.
nałogowy *a.* compulsive; **wywołujący uzależnienie** addictive.
nałożyć (się) *pf. zob.* **nakładać (się)**.
nałóg *mi* **-o-** addiction (*używania czegoś* to sth); **nałóg alkoholowy** alcohol addiction; **wpaść w nałóg** become addicted; **zwalczyć nałóg** overcome one's addiction.
nam *pron. zob.* **my**.
namacalny *a.* tangible, concrete.
namawiać *ipf.* persuade (*kogoś do zrobienia czegoś* sb to do sth).
namawiać się *ipf.* **1.** (*zachęcać się wzajemnie*) encourage one another. **2.** *pot.* (*uzgadniać plany*) decide beforehand.
nami *pron. zob.* **my**.
namiastka *f.* substitute, surrogate.
namiętność *f.* passion (*do czegoś* for sth).
namiętny *a.* (*zmysłowy*) passionate; (*zapalony*) ardent.
namiot *mi* tent; **rozbić namiot** put up a tent; **spać pod namiotem** sleep in a tent.
namiotowy *a.* **płótno namiotowe** tent cloth; **pole namiotowe** campground.
namowa *f. Gen.pl.* **-ów** insistence; **za czyjąś namową** at sb's insistence.
namówić (się) *pf. zob.* **namawiać (się)**.
namysł *mi* thought, reflection; **bez (chwili) namysłu** without a (moment's) thought; **czas do namysłu** time to think about sth/to think sth over; **po namyśle** on second thought; **z namysłem** deliberately.
namyślać się *ipf.*, **namyślić się** *pf.* reflect (*nad czymś* (up)on sth); think deeply (*nad czymś* about sth).
naoczny *a.* **1. naoczne świadectwo** first-hand testimony; **naoczny świadek** eye witness. **2.** (*dokonywany za pomocą wzroku*) visual.
naokoło *prep.* + *Gen.* (all) around. — *adv.* **1.** (*dookoła*) all around; **naokoło ciągnął się las** woods extended all around. **2.** (*okrężną drogą*) **iść/jechać naokoło** take a roundabout route. **3.** (*emf. ciągle, w kółko*) again and again.
napad *mi* **1.** attack, assault; **napad rabunkowy** robbery, mugging; **napad zbrojny** armed assault/robbery. **2.** (*atak choroby*) fit; **napad kaszlu** fit of coughing; **w napadzie wściekłości/szału** in a fit of rage/fury.
napadać *ipf.* **1.** attack, assault; (*by okraść*) rob, mug (*(na) kogoś/coś* sb/sth). **2.** (*o uczuciu*) come over

(*sb*). — *pf. impers.* **napadało (dużo) deszczu/śniegu** there has been a heavy rainfall/snowfall.

naparstek *mi* **-tk-** *Gen.* **-a** thimble.

napastliwy *a.* aggressive, fierce.

napastnik *mp* **1.** (*agresor*) aggressor; (*najeźdźca*) invader. **2.** *sport* attack player.

napaść[1] *f.* = **napad** 1; **być obiektem napaści** be assaulted, come under attack.

napaść[2] *pf.* **-padnę -padniesz, -padnij, -padł** *zob.* **napadać.**

napełniać *ipf.*, **napełnić** *pf.* fill (up) (*czymś* with sth); (*naczynie*) refill.

napełniać się *ipf.* fill up, be filled (*czymś* with sth).

napęd *mi* **1.** drive; **napęd dyskietki/dysku twardego** diskette/hard-disk drive; **napęd na przednie/tylne koła** front-wheel/rear-wheel drive. **2.** (*siła napędzająca*) driving force.

napić się *pf.* **-piję -pijesz, -pij** have a drink; **napijesz się kawy?** would you like some coffee?

napięcie *n.* **1.** (*naprężenie, zdenerwowanie*) tension; (*denerwująca niepewność*) suspense, anxiousness; **oczekiwać w napięciu** wait anxiously; **trzymać w napięciu** keep in suspense. **2.** *el.* voltage, current; **pod napięciem** live current.

napięty *a.* **1.** (*naprężony*) tense. **2.** (*natężony*) intense; (*uwaga*) rapt. **3.** (*wymagający wysiłku*) demanding; (*termin*) tight.

napinać *ipf.* tighten; (*tkaninę*) stretch; **napinać mięśnie** flex/tense one's muscles.

napinać się *ipf.* (*naprężać się*) tighten (up).

napis *mi* inscription; **napisy** *film* subtitles.

napisać *pf.* **-szę -szesz** *zob.* **pisać.**

napiwek *mi* **-wk-** tip; **dać komuś napiwek** tip sb.

napłynąć *pf. zob.* **napływać.**

napływ *mi* **1.** inflow, influx. **2.** (*uczuć, doznań*) surge.

napływać *ipf.* **1.** flow in; (*o krwi*) rush; (*o łzach*) well up (*do oczu* in one's eyes). **2.** *przen.* (*przybywać*) flock in.

napomknąć *pf.*, **napomykać** *ipf.* mention (*o kimś/czymś* sb/sth).

napotykać *ipf.* encounter; (*ludzi*) meet, run into; *pot.* bump into; (*opór*) meet with; (*trudności, przeszkody*) come across.

napój *mi* **-o-**; *Gen.pl.* **-jów** *l.* **-i** drink; *form.* beverage; **napój bezalkoholowy/chłodzący/alkoholowy** soft/cool/hard drink.

naprawa *f.* repair; **być w naprawie** be under repair; **naprawa gwarancyjna** warranty service; **nie do naprawy** (damaged) beyond repair.

naprawdę *adv.* **1.** really; **naprawdę piękny dzień** a really fine day. **2.** (*prawdę mówiąc*) actually, to tell the truth. **3.** (*w rzeczy samej*) indeed; **naprawdę?** oh, really? **to naprawdę dziwne** that is indeed strange.

naprawiać *ipf.*, **naprawić** *pf.* **1.** repair, fix. **2.** (*usuwać skutki*) **naprawiać błędy/pomyłki** correct one's errors/mistakes; **naprawiać szkody** make amends, make up for damage.

naprędce *adv.* hastily; **naprędce sklecony** improvised, makeshift.

naprowadzać *ipf.*, **naprowadzić** *pf.* **1.** (*nakierowywać*) direct, lead; (*lunetę, lufę*) aim (*na coś* at sth). **2.** *wojsk. nawigacja* home, guide; **urządzenia naprowadzające** homing devices.

naprzeciw *adv.* (*po przeciwnej stronie*) opposite; (*po drugiej stronie ulicy*) across the street; **mieszkać naprzeciw** live across the street/opposite. — *prep.* **1.** + *Dat.* **wyjść naprzeciw komuś** go out to meet sb (halfway). **2.** + *Gen.* (*po przeciwnej stronie*) opposite; **mieszkać naprzeciw szkoły** live across from the school, live opposite the school.

naprzód *adv.* **1.** forward, ahead; **naprzód!** forward! **iść naprzód** advance; **wielki krok/skok naprzód** a giant step/leap forward. **2.** (*z wyprzedzeniem*) in advance; **kupić sobie bilety pięć dni naprzód** get one's tickets five days in advance.

napuszony *a.* **-eni** pompous, haughty; (*mowa*) bombastic.

narada *f.* council; **narada wojenna** *t. przen.* council of war; **toczyć/wieść z kimś narady** consult with sb.

naradzać się *ipf.*, **naradzić się** *pf.* **naradzać się z kimś nad czymś/w sprawie czegoś** consult sb about sth.

naraz *adv.* **1.** suddenly, unexpectedly. **2.** (*jednocześnie*) at the same time; **po dwa naraz** two at a time.

narazić *pf.*, **narażać** *ipf.* put (*sb/sth*) at risk; **narażać życie** risk one's life (*dla kogoś/czegoś* for sb/sth).

narazić się *pf.*, **narażać się** *ipf.* **1.** expose o.s. (*na coś* to sth). **2. narazić się komuś/czemuś** fall foul of sb/sth.

narciarski *a.* ski; **kijek/kombinezon narciarski** ski pole/suit; **skocznia narciarska** jumping hill.

narciarstwo *n.* skiing; **narciarstwo alpejskie/zjazdowe/klasyczne** Alpine/downhill/cross-country skiing; **uprawiać narciarstwo** ski.

narciarz *mp* skier.

narcyz *mi Gen.* **-a** narcissus. — *mp* (*człowiek*) narcissist.

nareszcie *adv.* at last, finally; *int.* **nareszcie (jesteś)!** there you are!

narkoman *mp* drug addict.

narkomania *f. Gen.* **-ii** drug addiction/abuse.

narkotyk *mi* drug; *med.* narcotic; **handel/handlarz narkotykami** drug trade/dealer.

narkoza *f.* (*zabieg*) general anesthesia; (*sen*) narcosis; **pod narkozą** under a general anesthetic.

narobić *pf.* **-rób** + *Gen.* make, bring about; **coś ty narobił (najlepszego)!** look what you've done! **narobić hałasu/krzyku** *t. przen.* make a lot of noise (*o coś* about/over sth); **narobić komuś wstydu** embarrass sb.

narobić się *pf.* **1.** *pot. napracować się* work hard (*nad czymś* at/over sth). **2. ale się narobiło!** (*pot.*) what a pretty kettle of fish!

narodowość *f.* nationality; **być narodowości polskiej** be of Polish nationality.

narodowy *a.* national; **dzień żałoby narodowej** day of national mourning; **hymn narodowy** national anthem.

narodzenie *n.* birth; **Boże Narodzenie** Christmas.

narodzić się *pf.* (*przyjść na świat*) be born; *lit.* (*powstać*) arise.

narodziny *pl. Gen.* **-n** birth; *form.* (*pojawienie się*) emergence; **narodziny nowej epoki** the beginning of a new epoch.

narośl *f. pl.* **-e** growth.

narożnik *mi Gen.* **-a** (*róg pokoju, ulicy itp.*) corner.

naród *mi* **-o-** nation; **Narody Zjednoczone** the United Nations, UN.

narrator *mp*, **narratorka** *f.* narrator.

narta *f. często pl.* ski; **narty biegowe/turystyczne/zjazdowe** cross-country/tourist/Alpine skis; **jeździć na nartach** ski.

naruszać *ipf.*, **naruszyć** *pf.* (*dyscyplinę, reguły, postanowienia*) violate; (*granicę, terytorium*) encroach on; (*równowagę*) disturb; **naruszać prawo** break/infringe the law.
narwany *a. pot.* reckless, hotheaded.
narybek *mi* **-bk- 1.** (*młode ryby*) fry. **2.** *pot.* (*nowicjusze*) novices.
narysować *pf. zob.* **rysować** 1.
narząd *mi* organ.
narzeczona *f. Gen.* **-ej** fiancée.
narzeczony *mp pl.* **-eni** fiancé; *pl.* the betrothed (couple).
narzekać *ipf.* complain, grumble (*na kogoś/coś* about sb/sth).
narzędnik *mi Gen.* **-a** *gram.* instrumental.
narzędzie *n. Gen.pl.* **-i** tool; (*przyrząd*) device; (*środek*) means.
narzucać *ipf.*, **narzucić** *pf.* **1. narzucać coś na siebie** fling/throw sth on, slip into sth. **2.** (*wymuszać*) impose, force (*coś komuś* sth (up)on sb); **narzucać ograniczenia** impose limitations/constraints (*na coś* (up)on sth); **narzucać (ostre) tempo** force the pace; **narzucać warunki** dictate conditions/terms (*komuś* to sb).
narzucać się *ipf.*, **narzucić się** *pf.* impose o.s. (*komuś* (up)on sb).
narzuta *f.* bedspread.
nas *pron.* us; *zob.* **my**.
nasenny *a.* soporific; **proszki/pigułki nasenne** sleeping pills.
nasi *a. zob.* **nasz**. — *mp pl.* **-szy-** *Gen.* **-ch** *pot.* our boys/folks; **górą nasi!** hurray for our boys!
nasiąkać *ipf.* **1.** soak (up), absorb. **2.** (*przechodzić czymś*) become permeated.
nasienie *n. pl.* **-on- 1.** seed. **2.** (*sperma*) sperm.
nasłoneczniony *a.* sunlit, sunny.
nasłuchiwać *ipf.* listen (out) for (*kogoś/czegoś* sb/sth).
nastać *pf.* **-anę -aniesz, -ań, nastawać** *ipf.* **-aję -ajesz, -awaj 1.** (*następować*) come, follow; (*o pogodzie, porze roku, dnia*) set in, come. **2.** *pot.* (*obejmować funkcję*) take over. **3.** (*nalegać*) insist (*na coś* on sth).
nastawiać *ipf.*, **nastawić** *pf.* **1.** direct, turn; **nastawić kołnierz** put up/raise one's collar. **2.** (*stawiać na płycie kuchenki*) put; **nastawiać wodę na herbatę** put the kettle on. **3.** (*regulować*) set; **nastawiać budzik na szóstą** set the alarm-clock for six o'clock; **nastawiać płytę** put on/play a record; **nastawiać radio na jakąś stację** tune in to a station. **4.** (*usposabiać*) dispose (*do kogoś/czegoś* to(wards) sb/sth); **nastawiać kogoś życzliwie/wrogo do kogoś** dispose sb well/ill to/towards sb. **5.** *med.* (*złamaną kość*) set; (*zwichnięty staw*) reduce.
nastawiać się *ipf.*, **nastawić się** *pf.* expect (*na coś* sth); prepare (*do czegoś* for sth).
nastawienie *n.* attitude (*do/wobec kogoś/czegoś* to(wards) sb/sth).
nastąpić *pf. zob.* **następować**.
następca *mp* successor; (*dziedzic*) heir; **następca tronu** heir to the throne.
następnie *adv.* then, next.
następny *a.* next, following.
następować *ipf.* **1.** follow (*po czymś* sth); **ciąg dalszy nastąpi** to be continued; **powiedział, co następuje...** he said as follows... **2.** (*zdarzać się*) happen, take place.
następstwo *n.* **1.** (*konsekwencja*) result, consequence; **być następstwem czegoś** result from sth; **w następstwie czegoś** as a result of sth. **2.** (*kolejność*) sequence; **następstwo czasów** *jęz.* sequence of tenses. **3. następstwo tronu** succession to the throne.
następujący *a.* following; **następujący po sobie** successive.
nastolatek *mp* **-tk-**; *pl.* **-i** teenager, adolescent.
nastrojowy *a.* romantic.
nastrój *mi* **-o- 1.** mood; **być w dobrym/złym nastroju** be in a good/bad mood; **(nie) być w nastroju do czegoś** (not) be in the mood for sth. **2.** (*atmosfera*) atmosphere.
nasturcja *f.* nasturtium.
nasunąć *pf.*, **nasuwać** *ipf.* **1.** (*naciągnąć*) pull; **nasunąć czapkę na oczy** pull one's cap over one's eyes. **2.** (*podsunąć*) suggest (*coś komuś na myśl* sth to sb).
nasunąć się *pf.*, **nasuwać się** *ipf.* arise; (*o myśli*) come to mind.
nasyp *mi* embankment.
nasz *a.* (*z rzeczownikiem*) our; (*samodzielnie*) ours; **nasz przyjaciel** our friend; **te książki są nasze** these books are ours; **po naszemu** *pot.* as we do it.
naszyjnik *mi Gen.* **-a** necklace.
naszywka *f.* badge.
naśladować *ipf.* **1.** (*wzorować się*) emulate; **naśladować kogoś** follow in sb's footsteps. **2.** (*imitować*) imitate.
naśladowca *mp* imitator.
naświetlać *ipf.* **1.** *med., techn.* insolate; expose to light. **2.** (*sprawę*) throw light on.
natarcie *n.* offensive, attack.
natarczywy *a.* (*nachalny*) insistent, importunate; (*prośba, ból*) persistent.
natchnąć *pf.* inspire (*kogoś do czegoś* sb to do sth, *kogoś czymś* sb with sth).
natchnienie *n.* inspiration.
natchniony *a.* **-eni** inspired.
natężać *ipf.* (*potęgować*) intensify.
natężać się *ipf.* (*wzmagać się*) intensify; (*o konfliktach*) escalate.
natężenie *n.* intensity; **natężenie dźwięku** volume; **natężenie hałasu** noise level; **natężenie prądu/pola** *fiz.* current/field intensity/strength; **natężenie ruchu** traffic congestion/volume/density.
natka *f.* tops; **natka pietruszki** parsley.
natknąć się *pf.* encounter, come across (*na kogoś/coś* sb/sth).
natłok *mi* **natłok myśli** teeming thoughts.
natomiast *conj.* whereas, while.
natrafiać *ipf.*, **natrafić** *pf.* come across, encounter (*na kogoś/coś* sb/sth).
natrętny *a.* obtrusive; (*myśl*) obsessive; (*prośba*) persistent; (*mucha*) troublesome.
natrysk *mi* shower.
natrzeć (się) *pf. zob.* **nacierać (się)**.
natura *f.* nature; **być bojaźliwym z natury** be a coward by nature; **martwa natura** *mal.* still life; **na łonie natury** in the open; **natura ludzka** human nature; **problem natury technicznej** a problem of a technical nature; **to nie leży w mojej naturze** it's not in my nature; **wbrew naturze** against nature.
naturalnie *adv.* **1.** naturally. **2.** (*oczywiście*) of course.

naturalny *a.* natural; **bogactwa naturalne** natural resources; **jest rzeczą naturalną, że...** it's (only) natural to/that...; **potrzeba naturalna** (*oddanie moczu/kału*) call of nature; **przyrost naturalny** population growth rate; **umrzeć śmiercią naturalną** die of natural causes.
naturysta *mp* nudist.
natychmiast *adv.* immediately, at once.
natychmiastowy *a.* immediate.
nauczać *ipf.* teach, preach; *por.* **nauczyć**, **uczyć**.
nauczka *f.* lesson; **dać komuś nauczkę** teach sb a lesson; **dostać nauczkę** learn a lesson; **masz nauczkę!** it serves you right!
nauczyciel *mp*, **nauczycielka** *f.* teacher.
nauczycielski *a.* teacher's, teachers'; **kolegium nauczycielskie** teacher training college.
nauczyć *pf.* teach; **nauczyć kogoś rozumu** teach sb a lesson; *por.* **nauczać**, **uczyć**.
nauczyć się *pf.* learn.
nauka *f.* **1.** science; **nauki humanistyczne** the humanities; **nauki przyrodnicze/społeczne** natural/social science; **nauki ścisłe** exact science. **2.** (*uczenie się*) study; **nauka jazdy** (*kurs*) driving lessons.
naukowiec *mp* **-wc-**; *pl.* **-y** scientist, scholar.
naukowy *a.* **1.** scientific, scholarly; **badania naukowe** research; **pracownik/ośrodek naukowy** research worker/centre. **2. pomoce naukowe** teaching aids.
naumyślnie *adv.* deliberately, on purpose.
nawa *f.* **nawa boczna** aisle; **nawa główna** nave.
nawadniać *ipf.* irrigate, water.
nawalać *ipf.* **1.** *pot.* (*o czymś*) conk (out). **2.** *pot.* (*o kimś*) blow it.
nawał *mi* (*pracy, zajęć*) mountains, spate; (*myśli*) rush.
nawet *adv.* even; **nawet o tym nie wspominaj!** don't (you) even mention it!
nawias *mi* **1.** parenthesis; **nawiasem mówiąc** by the way; **otworzyć/zamknąć nawias** open/close the parenthesis; **wziąć w nawias** parenthesize. **2.** *mat.* bracket; **nawias klamrowy/kwadratowy/okrągły** curly/square/round bracket.
nawiązać *pf.* **-żę -żesz**, **nawiązywać** *ipf.* **1.** (*rozpoczynać*) establish; (*korespondencję, rozmowy*) enter into. **2.** (*odnosić się*) refer (*do czegoś* to sth); **nawiązując do...** with reference to...
nawiedzony *a.* **-eni nawiedzone miejsce** (*przez duchy*) haunted place. — *mp pl.* **-eni** (*fanatyk*) crank.
nawierzchnia *f. Gen.pl.* **-i** pavement; **Uwaga! Śliska nawierzchnia!** Caution! Slippery road!
nawieźć *pf.* **-wiozę -wieziesz**, **-wiózł -wieźli** *zob.* **nawozić**.
nawigacja *f.* navigation.
nawijać *ipf.* **1.** (*zwijać*) reel, coil. **2.** *pot.* (*mówić dużo*) prate.
nawijać się *ipf.* **1.** (*zwijać się*) reel, coil. **2. co tylko mi się nawinie** whatever I lay my hands on.
nawilżać *ipf.*, **nawilżyć** *pf.* moisten; (*powietrze*) humidify.
nawinąć (się) *pf. zob.* **nawijać (się)**.
nawlec *pf.* **-wlekę/-wlokę, -wleczesz**; **-wlókł/-wlekł, -wlekli**, **nawlekać** *ipf.* (*igłę*) thread; (*korale*) string.
nawoływać *ipf.* urge (*kogoś do (zrobienia) czegoś* sb to (do) sth).
nawozić *ipf.* **-żę -zisz**; **-woź/-wóź** fertilize.
nawóz *mi* **-o-** fertilizer; **nawóz naturalny** manure.
nawracać *ipf.*, **nawrócić** *pf.* **1.** (*zawracać*) turn back. **2.** convert (*kogoś na coś* sb to sth).
nawracać się *ipf.*, **nawrócić się** *pf.* convert (*na coś* to sth).
nawyk *mi* habit; **mieć nawyk spania po obiedzie** have a habit of sleeping after dinner; **wejść komuś w nawyk** become sb's habit; **wyrobić sobie nawyk** get into a habit; **zerwać z nawykiem** kick a habit; **zły nawyk** bad habit.
nawzajem[1] *adv.* each other, one another.
nawzajem[2] *int.* the same to you; **dziękuję, nawzajem** thank you, same to you.
nazajutrz *adv. lit.* the next/following day.
nazbyt *adv.* too, excessively.
nazista *mp* Nazi.
nazistowski *a.* Nazi.
nazwa *f.* name; **błędna nazwa** misnomer; **nadawać czemuś nazwę** name sth; **nazwa firmowa/handlowa/potoczna/zastrzeżona** brand/trade/customary/registered trade name; **nosić nazwę X** be named X; **występować/być znanym pod nazwą** appear/be known as.
nazwać (się) *pf. zob.* **nazywać (się)**.
nazwisko *n.* surname, (last/family) name; **ktoś o nazwisku...** sb by the name of...; **nazwisko panieńskie/rodowe** maiden/family name; **znać kogoś z nazwiska** know sb by name.
nazywać *ipf.* call, name; **nazywać rzeczy po imieniu** call a spade a spade.
nazywać się *ipf.* be called; **jak się pani nazywa?** what is your name, please? **jak się to nazywa?** what is it called?
n.e. *abbr.* (*naszej ery*) C.E.; A.D./AD.
Neapol *mi* Naples.
negatyw *mi* negative.
negatywny *a.* negative.
negocjacje *pl. Gen.* **-i** negotiations; **prowadzić/zerwać negocjacje** conduct/break off negotiations.
negocjować *ipf.* negotiate.
negować *ipf.* (*zaprzeczać*) deny; (*nie uznawać*) negate.
nekrolog *mi* obituary.
nektarynka *f.* nectarine.
neo- *pref.* neo-.
neofaszysta *mp* neofascist.
neogotycki *a.* neo-Gothic.
neoklasyczny *a.* neoclassical.
neon *mi* **1.** *chem.* neon. **2.** *pot.* (*lampa*) neon light; (*napis*) neon (sign).
neonówka *f.* neon light.
nepotyzm *mi* nepotism.
nerka *f.* kidney.
nerw *mi* nerve.
nerwica *f.* neurosis.
nerwoból *mi Gen.pl.* **-ów/-i** neuralgia.
nerwowość *f.* **1.** nervousness. **2.** (*gorączkowość*) feverishness.
nerwowy *a.* **1.** nervous; **komórka nerwowa** neuron; **układ/system nerwowy** nervous system. **2.** (*niespokojny*) anxious; (*sen, ruchy*) restless. **3.** (*drażliwy*) irritable.
nerwus *mp pl.* **-y** *pot.* edgy person.
netto *a. indecl.* net.
neurochirurg *mp* neurosurgeon.
neurolog *mp* neurologist.
neutralizować *ipf.* neutralize.
neutralizować się *ipf.* neutralize.

neutralność *f.* **1.** neutrality. **2.** (*bezstronność*) impartiality.
neutralny *a.* **1.** neutral; **spotkać się na neutralnym gruncie** meet on neutral ground; **strefa neutralna** neutral zone. **2.** (*bezstronny*) impartial.
newralgiczny *a. przen.* troublesome; **punkt/rejon newralgiczny** trouble spot/area.
nęcący *a.* tempting, seductive.
nęcić *ipf.* (*kusić*) entice, tempt.
nędza *f.* extreme poverty, indigence; **obraz nędzy i rozpaczy** a pitiful/sorry sight.
nędzarz *mp* pauper, beggar.
nędzny *a.* **1.** miserable; (*wygląd*) shabby. **2.** (*zabiedzony*) frail; (*dziecko, szkapa*) emaciated. **3.** (*lichy*) wretched; (*hotel, posiłek*) mean. **4.** (*niewystarczający*) paltry; (*zarobek, zbiory*) measly.
nękać *ipf.* plague, haunt.
ni *conj.* nor; **ni...ni...** neither...nor...; **ni mniej, ni więcej** no less than; **ni pies, ni wydra** neither fish nor flesh; **ni stąd, ni zowąd** out of the blue; **ni w pięć, ni w dziewięć** without any sense whatsoever; *por.* **ani**.
niania *f.* nanny.
nią *pron. zob.* **ona**.
niby *adv.* supposedly, allegedly; as if, as though; **niby przypadkiem** as if by chance; **poszedł niby do pracy** he supposedly went to work.
nic *pron. Gen.* **niczego** *Dat.* **niczemu** *Loc. & Ins.* **niczym 1.** nothing; (*z innym wyrazem przeczącym*) anything; **być do niczego** be good for nothing; **mieć kogoś/coś za nic** not think much of sb/sth; **nic a nic** not a thing; **nic ci do tego!** mind your own business! **nic dziwnego/podobnego!** no wonder/way! **nic mi nie jest** I'm alright/O.K.; **nic nie szkodzi** never mind; **nic takiego** nothing really; **nic tu po nas** we won't help here; **niczego sobie** *pot.* not bad (at all); **to nic, że przegraliśmy** never mind that we lost. **2.** (*wcale*) not at all; **jakby/jak gdyby (nigdy) nic** as if nothing happened; **na nic się (nie) zdać** be useless; **wszystko na nic** (all) for nothing; **za nic (w świecie)** not for anything (in the world).
nicpoń *mp Gen.pl.* **-i/-ów** (a) good-for-nothing.
niczyj *a. Loc. & Ins.* **-yim**; *pl.* **-yje, -yi** *Gen. & Loc.* **-yich** *Dat.* **-yim** *Acc.* **-yje, -yich** *Ins.* **-yimi** nobody's, no-one's.
nić *f. Ins.pl.* **-mi** thread; **szyte grubymi nićmi** perfectly obvious; **nici z tego** *pot.* nothing will come of it.
nie *part.* **1.** not; **nie całkiem** not quite; **nie do wytrzymania** past endurance; **nie koniec na tym** but that's not all; **nie ma co dłużej czekać** there's no point in waiting any longer; **nie ma go tutaj** he is not here; **nie martw się!** don't worry! **nie na rękę (komuś)** not convenient (for sb); **nie uda ci się!** you won't make it! **nie warto** it's not worth it. **2.** (*zaprzeczenie*) no; **Idziesz? - Nie.** Are you coming? - No, I'm not.; **co to, to nie** no way.
nie- *pref.* (*z przymiotnikami, przysłówkami, rzeczownikami*) un-, in-, im-, ir-, il-; (*z rzeczownikami*) non-.
nieaktualny *a.* (*bilet*) invalid; (*informacja*) out-of-date; (*paszport, prawo jazdy*) expired; (*oferta*) unavailable.
nieapetyczny *a.* unappetizing.
nieartykułowany *a.* inarticulate.
niebagatelny *a.* considerable.
niebawem *adv. lit.* soon, shortly.
niebezpieczeństwo *n.* **1.** (*zagrożenie*) danger; **być w niebezpieczeństwie** be in danger; **stanowić niebezpieczeństwo dla kogoś/czegoś** constitute/be a danger to sb/sth; **śmiertelne niebezpieczeństwo** mortal/deadly danger. **2.** (*ryzyko*) risk, hazard; **niebezpieczeństwo wybuchu/utraty życia** explosion/life hazard.
niebezpieczny *a.* **1.** (*sytuacja, bandyta*) dangerous; (*ładunek, substancja*) hazardous; **niebezpieczny dla otoczenia** posing a threat to society. **2.** (*ryzykowny*) risky.
niebieski *a.* **1.** blue; **śnić o niebieskich migdałach** daydream. **2.** (*związany z niebem*) heavenly; **ciała niebieskie** heavenly bodies; **Królestwo Niebieskie** the Kingdom of Heaven.
niebiosa *pl. Gen.* **-os** *Loc.* **-osach/-esiech** *poet.* heaven(s); **wychwalać kogoś/coś pod niebiosa** praise/laud sb/sth to the skies.
niebo *n.* **1.** (*firmament*) sky; **jak grom z jasnego nieba** like a bolt out of/from the blue; **na niebie** in the sky; **o (całe) niebo lepszy** far better; **pod gołym niebem** in the open air; **spać pod gołym niebem** sleep rough; **z nieba mi spadłeś!** you're a godsend! **2.** *rel.* heaven; **to woła o pomstę do nieba** it cries to heaven; **wielkie nieba!** good heavens! **niebo w gębie!** *pot.* delicious!
nieboszczyk *mp pl.* **-cy/-ki** the deceased.
niebrzydki *a.* (*dość ładny*) rather pretty.
niebywale *adv.* unusually.
niebywały *a.* (most) unusual.
niecały *a.* less than; **niecały rok** less than a year; **mieć niecałe 18 lat** be just under 18.
niecelny *a.* wide.
niecelowy *a.* futile.
niecenzuralny *a.* obscene, indecent.
niech *adv.* **a niech to!** what a nuisance! **niech będzie pochwalony (Jezus Chrystus)** praised be Jesus Christ; **niech ci będzie** all right; **niech pomyślę** let me think/see; **niech się dzieje co chce** come what may; **niech wejdą** let them come in; **niech żyje (król)!** long live (the King)!
niechcący *a.* accidentally.
niechcenie *n.* **od niechcenia** (*z łatwością*) easily, without effort; (*przypadkiem*) by accident, accidentally; (*niedbale*) casually, negligently.
niechęć *f.* **1.** (*brak ochoty*) reluctance (*do zrobienia czegoś* to do sth). **2.** (*antypatia*) dislike (*do kogoś/czegoś* of/for sb/sth); **okazywać komuś niechęć** show a dislike for sb; **żywić niechęć do kogoś/czegoś** dislike sb/sth.
niechętnie *adv.* reluctantly.
niechętny *a.* (*opieszały*) reluctant (*do zrobienia czegoś* to do sth).
niechluj *mp pot.* sloven.
niechlujny *a.* slovenly.
niechybny *a.* certain.
nieciekawy *a.* **1.** (*nieinteresujący*) uninteresting. **2.** (*niezainteresowany*) uninterested. **3.** *pot.* (*nieprzyjemny*) shady.
niecierpliwić *ipf.* make impatient.
niecierpliwić się *ipf.* grow/get impatient.
niecierpliwość *f.* impatience; **z niecierpliwością** impatiently.
niecierpliwy *a.* impatient.
nieco *adv.* somewhat; **małe co nieco** a little something.
niecodzienny *a.* uncommon.

nieczuły *a.* **1.** (*niewrażliwy*) insensitive (*na coś* to sth). **2.** (*odporny*) impervious (*na coś* to sth).
nieczynny *a.* (*nie działający*) inactive; (*telefon, winda*) out of order; (*biuro*) closed.
nieczysty *a.* **1.** (*brudny*) dirty. **2.** (*nieuczciwy*) dishonest. **3.** (*nieprzyzwoity*) impure; **(mieć) nieczyste sumienie** (have) guilty conscience. **4.** (*dźwięk, śpiew*) out of tune.
nieczytelny *a.* **1.** (*pismo*) illegible. **2.** (*niezrozumiały*) unclear.
niedaleki *a.* **1.** (*bliski*) nearby; **z niedaleka** from not far away. **2.** (*mający wkrótce nastąpić*) near.
niedaleko *adv.* **1.** (*w pobliżu*) near. **2.** (*niezadługo*) soon.
niedawno *adv.* recently.
niedawny *a.* recent; **do/od niedawna** until/since recently.
niedbalstwo *n.* negligence, neglect.
niedbały *a.* **1.** (*nierzetelny*) negligent. **2.** (*niechlujny*) sloppy; (*gest*) offhand.
niedelikatny *a.* tactless, rude.
niedługo *adv.* **1.** (*krótko*) a little while. **2.** (*wkrótce*) soon.
niedobór *mi* **-o- 1.** (*niedostatek*) (*witamin*) deficiency; (*żywności*) shortage, scarcity; (*pieniędzy, siły roboczej*) shortage. **2.** (*deficyt*) deficit.
niedobrany *a.* (*ubiór, meble*) ill-matched; (*małżeństwo*) mismatched.
niedobry *a.* **1.** bad. **2.** (*nieodpowiedni*) improper; (*rozmiar, ubranie*) unsuitable.
niedobrze *adv.* **1.** (*nie tak jak trzeba*) wrong(ly); **mieć niedobrze w głowie** have a screw loose. **2.** (*niezdrowo*) unwell; **niedobrze mi** I feel sick. **3.** (*niepomyślnie*) badly; **to się niedobrze skończy** it's going to end badly.
niedochodowy *a.* **1.** (*nierentowny*) unprofitable. **2.** (*nie nastawiony na dochód*) non-profit.
niedociągnięcie *f.* shortcoming.
niedogodność *f.* inconvenience.
niedogodny *a.* inconvenient.
niedojrzałość *f.* immaturity.
niedojrzały *a.* (*nie będący w pełni rozwoju*) immature; (*owoc, zboże*) unripe, green; (*ser*) unripe, immature; (*wino*) immature, green.
niedokładność *f.* **1.** carelessness. **2.** inaccuracy.
niedokładny *a.* **1.** sloppy; (*człowiek*) careless. **2.** (*ogólnikowy*) inaccurate.
niedokonany *a. jęz.* imperfective.
niedokończony *a.* incomplete.
niedokrwistość *f.* anemia.
niedola *f. lit.* misery.
niedołężny *a.* infirm.
niedomagać *ipf.* **1.** (*podupadać na zdrowiu*) languish. **2.** (*być chorym*) be ailing; **on niedomaga na serce** he has a heart condition.
niedopałek *mi* **-łk-**; *Gen.* **-a** (cigarette) butt/stub.
niedopatrzenie *n.* oversight.
niedopieczony *a.* underdone, rare.
niedopowiedzenie *n.* understatement.
niedopuszczalny *a.* unacceptable.
niedorozwinięty *a.* (*człowiek*) retarded, mentally handicapped/deficient.
niedorozwój *mi* **-o- 1.** (*psychiczny*) mental deficiency. **2.** (*organu*) underdevelopment.
niedoskonałość *f.* imperfection, flaw.
niedosłyszeć *ipf.* **-ę -ysz** be hard of hearing.
niedostateczny *a.* **1.** (*niewystarczający*) insufficient. **2.** (*niezadowalający*) unsatisfactory. — *mi szkoln.* fail, unsatisfactory/failing grade.
niedostatek *mi* **-tk-** *przest.* (*brak*) shortage, scarcity.
niedostępny *a.* **1.** (*o miejscu*) inaccessible. **2.** (*o ludziach*) aloof. **3.** (*nieosiągalny*) unattainable; **nieprzystępna cena** prohibitive price.
niedosyt *mi* want; **mieć niedosyt czegoś** be wanting in sth.
niedoświadczony *a.* **-eni** inexperienced.
niedowaga *f.* underweight.
niedowidzieć *ipf.* **-dzę -isz** have poor vision; **on niedowidzi** his sight is failing.
niedowierzanie *n.* disbelief; **z niedowierzaniem** in disbelief.
niedożywienie *n.* malnutrition.
niedożywiony *a.* **-eni** malnourished.
niedrogi *a.* inexpensive, cheap.
niedużo *adv.* not much, not many.
nieduży *a.* **-zi 1.** rather small. **2.** (*niewysoki*) rather short.
niedwuznaczny *a.* unambiguous.
niedyskretny *a.* indiscreet.
niedziela *f.* Sunday; **Wielka Niedziela** Easter Sunday; **Niedziela Palmowa** Palm Sunday.
niedźwiedź *ma* bear.
nieefektowny *a.* unattractive.
nieekonomiczny *a.* uneconomical.
nieelegancki *a.* **1.** (*niegustowny*) inelegant. **2.** (*niekulturalny*) impolite.
nieestetyczny *a.* unsightly.
niefachowy *a.* incompetent, amateurish.
nieforemny *a.* irregular.
nieformalny *a.* informal; **załatwić coś drogą nieformalną** take care of sth going through the back door.
niefortunny *a.* unfortunate.
niefrasobliwy *a.* light-hearted.
niegazowany *a.* still, noncarbonated.
niegłupi *a.* **1.** quite clever. **2.** *pot.* (*niezły*) not bad.
niegodny *a.* unworthy (*czegoś* of sth).
niegodziwy *a. lit.* vile.
niegospodarny *a.* uneconomical, wasteful.
niegościnny *a.* inhospitable.
niegroźny *a.* **1.** (*np. pies*) not dangerous. **2.** (*np. choroba*) not serious.
niegrzeczny *a.* **1.** impolite, rude. **2.** (*o dziecku*) naughty. **3.** (*nieuprzejmy*) unkind.
niegustowny *a.* tasteless.
niehigieniczny *a.* unhygienic.
nieistotny *a.* **1.** unimportant. **2.** (*nie powiązany*) irrelevant.
niej *pron. zob.* **ona**.
niejadalny *a.* **1.** (*niezdatny do jedzenia*) inedible. **2.** (*niesmaczny*) uneatable.
niejaki *a. lit.* a certain; **niejaki Nowak** a (certain) Mr. Nowak.
niejasność *f.* ambiguity, vagueness.
niejasny *a.* (*nieprecyzyjny*) unclear, vague; (*przeczucie*) indefinite.
niejeden *a.* **-dn-** many a; **niejeden raz** many a time. — *mp* **-dn-**; *Gen.* **-ego** many a man.
niejednokrotnie *adv.* more than once, many a time.
niejednorodny *a.* heterogeneous.
niejednoznaczny *a.* ambiguous.
niekiedy *adv.* now and then.
niekoleżeński *a.* unfriendly.

niekompatybilny *a. komp.* incompatible.
niekompetencja *f.* incompetence.
niekompetentny *a.* incompetent.
niekompletny *a.* incomplete.
niekoniecznie *adv. pot.* not necessarily.
niekonsekwentny *a.* inconsistent.
niekorzystny *a.* **1.** (*nie dający korzyści*) unprofitable. **2.** (*niepomyślny*) unfavorable. **3.** (*niepochlebny*) disadvantageous.
niekorzyść *f.* disadvantage; **na czyjąś niekorzyść** to sb's disadvantage.
niekrępujący *a.* (*o pokoju*) private.
niektórzy *pl. Gen.* **-rych** some (people).
niekulturalny *a.* uncivil.
nielegalny *a.* illegal.
nieletni *mp* juvenile; *prawn.* minor; **przestępczość nieletnich** juvenile delinquency/crime.
nieliczny *a.* sparse.
nielogiczny *a.* illogical.
nielojalny *a.* disloyal.
nieludzki *a.* **1.** (*okrutny*) inhuman(e). **2.** (*nadludzki*) superhuman.
nieład *mi* disarray; **w nieładzie** in disarray.
niełaście *adv.* **1. on niełaście pisze** his handwriting is ugly; **ona niełaście się porusza** her movements are clumsy. **2.** (*postępować*) unfairly.
niełady *a.* **1.** ugly. **2.** (*np. postępek*) unfair.
niełaska *f.* disgrace; **popaść w niełaskę** fall into disgrace.
niełatwy *a.* not easy, quite difficult.
niemal *adv.* almost, nearly.
niemało *adv.* quite a lot (*kogoś/czegoś* of sb/sth).
niemądry *a.* unwise.
Niemcy *pl. Gen.* **-miec** *Loc.* **-czech** Germany; **Republika Federalna Niemiec** Federal Republic of Germany.
Niemiec *mp* **-mc-**; *pl.* **-y** German.
niemiecki *a.* German; **Niemiecka Republika Demokratyczna** German Democratic Republic.
niemile, niemiło *adv.* unpleasantly; **niemile widziany** unwelcome.
niemiłosierny *a.* **1.** (*bezlitosny*) merciless. **2.** (*uciążliwy*) awful.
niemiły *a.* **1.** (*przykry*) unpleasant. **2.** (*niesympatyczny*) unkind (*dla kogoś* to sb).
Niemka *f.* German (woman).
niemniej *conj.* still, however; **niemniej jednak** nevertheless; **tym niemniej** even so.
niemodny *a.* unfashionable, out-of-date.
niemoralny *a.* immoral.
niemowa *mp. f. decl. like f. Gen.pl.* **-mów/-mowów** mute.
niemowlę *n.* **niemowlęci-**; *pl.* **-ęt-** *Gen.* **-ąt** baby.
niemożliwy *a.* impossible.
niemożność *f.* impossibility.
niemy *a.* **1.** (*człowiek*) mute, dumb. **2.** (*bez fonii*) silent. **3.** (*nie wyrażony słowami*) tacit.
nienagannie *adv.* impeccably.
nienaganny *a.* impeccable.
nienaruszalny *a.* (*granice*) unalterable; (*prawa*) inalienable.
nienaturalny *a.* unnatural, artificial.
nienaumyślnie *adv.* unintentionally.
nienawidzić *ipf.* hate, detest.
nienawistny *a.* **1.** (*znienawidzony*) odious. **2.** (*pełen nienawiści*) hateful.
nienawiść *f.* hatred, hate (*do kogoś/czegoś* for/towards sb/sth).
nienormalny *a.* **1.** (*niezgodny z normą*) abnormal. **2.** (*niezgodny z oczekiwanym rezultatem*) anomalous. **3.** (*chory psychicznie*) insane.
nieobcy *a.* familiar.
nieobecność *f.* absence; **pod czyjąś nieobecność** in sb's absence.
nieobecny *a.* absent. — *mp* absentee.
nieobliczalny *a.* **1.** (*nieprzewidywalny*) unpredictable. **2.** (*nie dający się policzyć*) incalculable.
nieoceniony *a.* invaluable.
nieoczekiwanie *adv.* unexpectedly.
nieoczekiwany *a.* unexpected.
nieodłączny *a.* (*przyjaciel*) inseparable; (*cecha*) inherent; **coś jest nieodłączną częścią czegoś** sth is part and parcel of sth.
nieodmienny *a.* **1.** invariable. **2.** *jęz.* uninflected.
nieodpłatnie *adv.* free of charge.
nieodpłatny *a.* free.
nieodpowiedni *a.* inappropriate, unsuitable.
nieodpowiedzialny *a.* irresponsible.
nieodwołalnie *adv.* irrevocably.
nieodwołalny *a.* irrevocable.
nieodwracalny *a.* (*decyzja*) irreversible; (*szkody*) irreparable.
nieodzowny *a.* indispensable.
nieoficjalnie *adv.* unofficially.
nieoficjalny *a.* unofficial.
nieograniczony *a.* **1.** (*np. wolność*) unrestricted. **2.** (*np. czas*) unlimited.
nieokreślony *a.* **1.** (*niejasny*) vague; (*kolor, wiek*) indeterminate. **2.** (*nieograniczony*) indefinite; **umowa o pracę na czas nieokreślony** permanent employment contract.
nieokrzesany *a.* coarse.
nieomal *adv.* = **niemal**.
nieomylny *a.* infallible.
nieopatrzny *a.* reckless.
nieopisany *a.* indescribable.
nieopłacalny *a.* unprofitable.
nieosiągalny *a.* **1.** (*cel, ideał*) unattainable. **2.** (*nie do kupienia*) unobtainable.
nieostrożność *f.* carelessness.
nieostrożny *a.* careless.
nieostry *a.* **1.** (*tępy*) blunt. **2.** (*rozmazany*) out of focus. **3.** (*nieprecyzyjny*) vague.
niepalący *a.* non-smoking. — *mp* non-smoker.
nieparzysty *a.* odd.
niepełnoletni *a.* minor, under-age.
niepełnosprawny *a.* disabled, handicapped.
niepełny *a.* **1.** not full. **2.** (*niekompletny*) incomplete.
niepewność *f.* uncertainty; **niepewność jutra** uncertain future; **trzymać kogoś w niepewności** keep sb in suspense.
niepewny *a.* **1.** (*nie całkiem bezpieczny*) unsafe; (*pogoda*) treacherous. **2.** (*nie budzący zaufania*) unreliable, doubtful. **3.** (*nie mający pewności*) uncertain; **być niepewnym jutra** be uncertain of one's future. **4.** (*niezdecydowany*) hesitant; (*krok*) unsteady. **5.** (*pozbawiony pewności siebie*) insecure; **wydawał się bardzo niepewny siebie** he seemed very insecure.
niepochlebny *a.* unfavorable.
niepoczytalny *a.* insane.
niepodległość *f.* independence.
niepodległy *a.* independent.

niepodobny *a.* unlike (*do kogoś/czegoś* sb/sth).
niepodważalny *a.* (*np. argument*) irrefutable; (*np. autorytet*) unquestionable.
niepodzielnie *adv.* absolutely.
niepogoda *f.* bad weather.
niepohamowany *a.* uncontrollable.
niepojęty *a.* inconceivable.
niepokoić *ipf.* **-ję -isz**; **-ój 1.** (*wzbudzać obawę*) worry. **2.** (*nękać*) bother.
niepokoić się *ipf.* worry (*o kogoś/coś* about sb/sth) (*czymś* about sth).
niepokojący *a.* alarming.
niepokonany *a.* invincible.
niepokój *mi* **-o-**; *Gen.pl.* **-ów/-oi 1.** (*obawa*) anxiety (*o kogoś/coś* about/over/for sb/sth); **nie ma powodów do niepokoju** there is no reason for concern. **2.** (*brak spokoju*) turmoil; **w kraju panuje niepokój** the country is in turmoil.
niepomyślny *a.* bad; (*próba*) unsuccessful; (*warunki*) unfavorable.
niepoprawny *a.* incorrect, wrong.
niepopularny *a.* unpopular.
nieporadny *a.* incompetent.
nieporęczny *a.* unwieldy.
nieporozumienie *n.* misunderstanding.
nieporządek *mi* **-dk-** disorder.
nieporządny *a.* untidy.
nieposłuszeństwo *n.* disobedience.
niepostrzeżenie *adv.* **wyjść niepostrzeżenie** leave unnoticed.
niepotrzebnie *adv.* unnecessarily.
niepotrzebny *a.* unnecessary.
niepoważny *a.* silly.
niepowodzenie *n.* failure; **doznać niepowodzenia** fail.
niepowtarzalny *a.* unique.
niepoznaka *f.* **dla niepoznaki** to distract (sb's) attention; **zmieniony do niepoznaki** changed beyond/past all recognition.
niepozorny *a.* inconspicuous.
niepraktyczny *a.* impractical.
nieprawda *f.* untruth; **mówić nieprawdę** tell lies; **to nieprawda!** that's not true! — *part.* **to jest śliczne, nieprawda?** it's lovely, isn't it?
nieprawdopodobny *a.* improbable.
nieprawdziwy *a.* **1.** (*niezgodny z prawdą*) untrue. **2.** (*nierzeczywisty*) unreal. **3.** (*sztuczny*) false, artificial.
nieprawidłowy *a.* **1.** (*niepoprawny*) incorrect. **2.** (*niezgodny z przepisami*) against the rules.
nieprecyzyjny *a.* imprecise.
nieprędko *adv.* not soon.
nieproporcjonalny *a.* disproportionate (*do czegoś* to sth).
nieproszony *a.* **-eni** unwelcome.
nieprzechodni *a.* **1.** (*o pokoju*) not connecting. **2.** *jęz.* intransitive.
nieprzeciętny *a.* outstanding.
nieprzejednany *a.* implacable.
nieprzejezdny *a.* (*z powodu robót*) closed; (*z powodu złych warunków*) impassable.
nieprzekonujący *a.* unconvincing.
nieprzemakalny *a.* (*o odzieży*) rainproof; (*o opakowaniu*) waterproof; **płaszcz nieprzemakalny** raincoat.
nieprzepisowy *a.* (*zagranie*) foul; (*zachowanie*) non-conforming.
nieprzerwany *a.* continuous.
nieprzewidziany *a.* unforeseen.
nieprzezroczysty *a.* opaque.
nieprzychylny *a.* **1.** (*nieżyczliwy*) unfriendly. **2.** (*decyzja*) unfavorable; (*o pogodzie*) adverse.
nieprzydatny *a.* useless.
nieprzyjaciel *mp pl. Gen. & Acc.* **-ół** *Dat.* **-ołom** *Ins.* **-ółmi** *Loc.* **-ołach** enemy.
nieprzyjacielski *a.* enemy.
nieprzyjazny *a.* **1.** (*wrogi*) unfriendly. **2.** (*klimat, okolica*) inhospitable.
nieprzyjemnie *adv.* unpleasantly.
nieprzyjemność *f. zw. pl.* trouble; **mieć nieprzyjemności** be in trouble; **narazić kogoś na nieprzyjemności** put sb in trouble.
nieprzyjemny *a.* unpleasant.
nieprzypadkowo *adv.* not accidentally.
nieprzytomny *a.* unconscious; **nieprzytomny wzrok** vacant stare; **nieprzytomny ze strachu** scared stiff.
nieprzyzwoity *a.* obscene; (*język*) filthy; (*dowcip*) dirty.
niepunktualny *a.* unpunctual.
nierad *adv.* **rad nierad** willy-nilly.
nierasowy *a.* non-pedigree; (*koń*) non-thoroughbred.
nieraz *adv.* **1.** (*wielokrotnie*) many times. **2.** (*czasami*) sometimes.
nierdzewny *a.* rustproof; **stal nierdzewna** stainless steel.
nierealny *a.* **1.** unreal. **2.** (*niewykonalny*) unfeasible.
nieregularny *a.* irregular.
nierentowny *a.* unprofitable.
nierozerwalnie *adv.* inseparably.
nierozpuszczalny *a.* insoluble.
nieroztropny *a.* imprudent.
nierozważny *a.* reckless.
nierób *mp* **-o-**; *pl.* **-y** *pot.* loafer.
nieróbstwo *n.* idleness.
nierównomierny *a.* (*podział*) unequal; (*puls*) irregular.
nierówność *f.* **1.** inequality. **2.** (*jezdni, chodnika*) bumpiness.
nierówny *a.* **1.** uneven; (*teren*) hilly; (*droga*) bumpy; (*oddech*) irregular. **2.** (*zróżnicowany*) varied.
nieruchomość *f.* real estate.
nieruchomy *a.* motionless, still.
nierzadko *adv.* not infrequently.
nierząd *mi* prostitution.
niesamowity *a.* **1.** (*budzący lęk*) uncanny. **2.** (*nadzwyczajny*) amazing.
niesiesz *itd. ipf. zob.* **nieść.**
nieskazitelny *a.* flawless.
nieskomplikowany *a.* uncomplicated.
nieskończenie *adv.* infinitely, endlessly.
nieskończony *a.* infinite, endless.
nieskromny *a.* immodest.
nieskuteczny *a.* ineffective.
niesłowny *a.* unreliable.
niesłusznie *adv.* unfairly.
niesłuszny *a.* **1.** unfair. **2.** (*bez podstaw*) groundless.
niesłychany *a.* unheard of; **to niesłychane!** that's incredible!
niesmaczny *a.* tasteless; (*żart*) sick.
niesmak *mi* disgust; **czuć niesmak** be disgusted; **wzbudzać niesmak** be disgusting.
niesolidny *a.* unreliable.
niespecjalny *a.* so-so.

niespełna *part.* less than.
niespodzianka *f.* surprise; **zrobić komuś niespodziankę** surprise sb.
niespodziewany *a.* unexpected.
niespokojny *a.* uneasy, restless; (*morze, dzielnica*) rough; (*czasy*) turbulent; **być niespokojnym o kogoś/coś** be anxious about sb/sth.
niespójny *a.* incoherent.
niesprawiedliwość *f.* injustice.
niesprawiedliwy *a.* unfair, unjust.
niesprawny *a.* **1.** (*zepsuty*) out of order. **2.** (*np. o kończynie*) disabled.
niesprzyjający *a.* unfavorable; (*okoliczność, pogoda*) adverse.
niestabilny *a.* unstable.
niestały *a.* changeable.
niestaranny *a.* careless.
niestety *adv.* unfortunately.
niestosowny *a.* inappropriate.
niestrawność *f.* indigestion.
niestrawny *a.* indigestible.
niestrudzony *a.* **-eni** tireless.
niesubordynacja *f.* insubordination.
niesumienny *a.* unreliable.
nieswojo *adv.* **czuć się nieswojo** feel uncomfortable/ uneasy.
nieswój *a.* **-o-**; *Ins. & Loc.* **-oim**; *pl.* **-oje -oi** *Gen. & Loc.* **-oich** *Dat.* **-oim** *Acc.* **-oje -oich** *Ins.* **-oimi** uneasy.
niesymetryczny *a.* asymmetrical.
niesympatyczny *a.* unpleasant.
niesystematyczny *a.* unsystematic.
nieszczególnie *adv.* not particularly well, so-so.
nieszczelność *f.* leak.
nieszczelny *a.* leaky; (*drzwi, okna*) drafty.
nieszczerość *f.* insincerity.
nieszczery *a.* insincere.
nieszczęście *n.* bad luck, misfortune; (*tragedia*) disaster; **na nieszczęście** unfortunately; **nieszczęścia chodzą parami** it never rains but it pours.
nieszczęśliwy *a.* **1.** (*miłość, człowiek*) unhappy. **2.** (*pomysł, zbieg okoliczności*) unfortunate; **nieszczęśliwy wypadek** unfortunate accident, mishap.
nieszczęśnik *mp* poor soul.
nieszkodliwy *a.* harmless; **nieszkodliwy dla środowiska** environment-friendly.
nieścisły *a.* inexact, imprecise.
nieść *ipf.* **niosę niesiesz; niósł niosła nieśli 1.** (*iść z czymś, zanosić*) carry, take. **2.** (*przynosić*) bring; **gdzie cię znowu niesie?!** where are you going now?! **nieść komuś radość/pociechę/pomoc** bring sb joy/ consolation/help. **3.** (*jaja*) lay. **4. wieść niesie, że...** it is rumored that...
nieść się *ipf.* **1.** (*rozprzestrzeniać się*) spread. **2.** (*składać jaja*) lay eggs.
nieślubny *a.* illegitimate.
nieśmiały *a.* shy, timid.
nieśmiertelny *a.* immortal.
nieświadomy *a.* **1.** (*nie uświadamiający sobie*) unaware (*czegoś* of sth). **2.** (*bez świadomości*) unconscious.
nieświeży *a.* **1.** (*o żywności, zapachu*) bad; (*o chlebie*) stale; (*o maśle*) rancid. **2.** (*o odzieży*) dirty.
nietakt *mi* faux pas, gaffe; **popełnić nietakt** make a blunder.
nietaktowny *a.* tactless.
nietknięty *a.* **1.** (*nienaruszony*) intact; (*nie raniony*) unharmed. **2.** (*śniadanie, praca*) untouched.
nietolerancja *f.* intolerance (*dla/wobec kogoś/czegoś* of sb/sth).
nietolerancyjny *a.* intolerant (*dla/wobec kogoś/czegoś* of sb/sth).
nietoperz *ma* bat.
nietowarzyski *a.* unsociable.
nietrudny *a.* not difficult.
nietrwały *a.* impermanent; (*o uczuciach*) fleeting; (*o żywności*) perishable; (*o kolorze*) fast-fading.
nietrzeźwość *f.* intoxication.
nietrzeźwy *a.* intoxicated, drunk; **być w stanie nietrzeźwym** be in a state of intoxication/drunkenness; **prowadzenie pojazdu w stanie nietrzeźwym** drunk driving, driving under the influence.
nietutejszy *a.* foreign; (*produkt*) non-domestic; **jestem nietutejszy** I am a stranger here.
nietykalność *f.* inviolability; **nietykalność osobista** personal immunity.
nietykalny *a.* inviolable; (*o osobie*) untouchable.
nietypowy *a.* atypical; (*np. rozmiar*) non-standard.
nieuchronny *a.* inevitable.
nieuchwytny *a.* elusive; **być nieuchwytnym dla kogoś** be unattainable for sb.
nieuctwo *n.* ignorance.
nieuczciwość *f.* dishonesty.
nieuczciwy *a.* dishonest.
nieudany *a.* unsuccessful.
nieudolność *f.* awkwardness.
nieudolny *a.* awkward.
nieufność *f.* distrust (*do/wobec/w stosunku do kogoś/ czegoś* of sb/sth); **wotum nieufności** vote of no confidence.
nieufny *a.* distrustful (*do/wobec/w stosunku do kogoś/ czegoś* of sb/sth).
nieugięty *a.* relentless.
nieuleczalnie *adv.* incurably.
nieuleczalny *a.* incurable.
nieumiarkowany *a.* immoderate; (*apetyt, optymizm*) intemperate.
nieumiejętność *f.* inability.
nieumyślny *a.* unintentional.
nieunikniony *a.* unavoidable.
nieuprzejmy *a.* impolite.
nieurodzaj *mi* crop failure; **był nieurodzaj na gruszki** the pear crop failed.
nieustannie *adv.* continuously.
nieustanny *a.* continuous.
nieustępliwy *a.* persistent.
nieustraszony *a.* **-eni** fearless.
nieuwaga *f.* inattention; **chwila nieuwagi** an unguarded moment.
nieuważny *a.* inattentive, absent-minded.
nieuzasadniony *a.* groundless.
nieużytki *pl. Gen.* **-ów** wastelands.
niewart *a. tylko pred.* unworthy (*kogoś/czegoś* of sb/ sth); **to gra niewarta świeczki** it's not worth it.
nieważkość *f.* weightlessness.
nieważny *a.* **1.** unimportant, insignificant. **2.** (*nieprawomocny*) invalid.
niewątpliwie *adv.* undoubtedly.
niewątpliwy *a.* unquestionable.
niewdzięczność *f.* ingratitude.
niewdzięczny *a.* **1.** (*człowiek*) ungrateful. **2.** (*zajęcie*) unrewarding.

niewiadoma *f.* unknown.
niewiadomy *a.* unknown.
niewiara *f. Dat. Loc.* **-erze** disbelief (*w kogoś/coś* in sb/sth).
niewiarygodny *a.* **1.** (*świadek, relacja*) unreliable. **2.** (*niesamowity*) incredible.
niewidoczny *a.* invisible.
niewidomy *mp* a blind person.
niewidzialny *a.* invisible.
niewiedza *f.* ignorance.
niewiele *num. Ins.* **-oma/-u** (*przy rzeczowniku policzalnym*) few, not many; (*przy rzeczowniku niepoliczalnym, czasowniku, przymiotniku*) little, not much. — *adv.* (*mało*) little, not much; **niewiele myśląc** not thinking much.
niewielki *a.* **1.** not big, not large. **2.** (*niewiele znaczący*) insignificant.
niewielu *num. zob.* **niewiele**.
niewierność *f.* **1.** infidelity, unfaithfulness. **2.** (*nielojalność*) disloyalty.
niewierny *a.* **1.** unfaithful. **2.** (*nielojalny*) disloyal. **3.** **niewierny Tomasz** doubting Thomas.
niewierzący *a.* non-believing. — *mp* non-believer.
niewiniątko *n.* innocent; **udawać niewiniątko** play innocent.
niewinność *f.* innocence.
niewinny *a.* **1.** innocent. **2.** (*błahy*) trifling.
niewłaściwie *adv.* **1.** (*błędnie*) wrongly. **2.** (*niestosownie*) inappropriately.
niewłaściwy *a.* **1.** (*nieprawidłowy*) wrong. **2.** (*niestosowny*) improper, inappropriate.
niewola *f.* captivity; **dostać się/wziąć kogoś do niewoli** be taken/take sb captive.
niewolnictwo *n.* slavery.
niewolnik *mp* slave (*czegoś* to sth).
niewrażliwy *a.* insensitive, insensible (*na coś* to sth).
niewybaczalny *a.* unforgivable.
niewybredny *a.* **1.** (*niekapryśny*) not fastidious. **2.** (*niewymagający*) undemanding.
niewyczerpany *a.* inexhaustible.
niewydolność *f.* failure; **niewydolność krążenia/nerek** circulatory/renal failure.
niewygodny *a.* **1.** uncomfortable. **2.** (*niepożądany*) inconvenient (*dla kogoś* to sb).
niewygoda *f. Gen.pl.* **-ód 1.** (*brak wygody*) discomfort. **2.** (*niedogodność*) inconvenience, trouble; **znosić niewygody** suffer hardships.
niewykluczony *a.* conceivable.
niewykonalny *a.* unfeasible.
niewykwalifikowany *a.* unskilled, unqualified.
niewypał *mi* **1.** (*niewybuch*) unexploded shell. **2.** (*coś nieudanego*) wash-out.
niewypłacalność *f.* insolvency.
niewypłacalny *a.* insolvent.
niewyraźny *a.* **1.** indistinct; (*cień, dźwięk*) faint; (*zarys, wypowiedź*) vague. **2.** (*nieswój*) unwell. **3.** (*podejrzany*) suspicious.
niewysoki *a.* **1.** (*człowiek*) not (very) tall. **2.** (*zarobek, cena*) not (very) high; (*jakość, poziom*) (quite) low.
niewystarczający *a.* insufficient.
niewyszukany *a.* simple.
niewytłumaczalny *a.* inexplicable.
niewzruszony *a.* **-eni** inflexible.
niezadowolenie *n.* dissatisfaction (*z kogoś/czegoś* with sb/sth).
niezadowolony *a.* **-eni** dissatisfied (*z kogoś/czegoś* with sb/sth).
niezależnie *adv.* **1.** (*samodzielnie*) independently. **2.** (*bez względu na coś*) irrespective, regardless (*od kogoś/czegoś* of sb/sth).
niezależność *f.* independence (*od kogoś/czegoś* from sb/sth).
niezależny *a.* independent (*od kogoś/czegoś* of sb/sth); **niezależny materialnie** financially independent; **mowa niezależna** *jęz.* direct speech.
niezamężna *f. Gen.* **-ej** single/unmarried woman.
niezapominajka *f.* forget-me-not.
niezapomniany *a.* unforgettable.
niezaprzeczalny *a.* undeniable, undisputed.
niezaradny *a.* resourceless.
niezasłużony *a.* undeserved.
niezastąpiony *a.* **-eni** irreplaceable.
niezauważalny *a.* (*niedostrzegalny*) imperceptible; (*nie zwracający uwagi*) inconspicuous.
niezawisły *a.* independent.
niezawodny *a.* reliable; (*środek*) unfailing.
niezbędny *a.* indispensable.
niezbity *a.* irrefutable.
niezbyt *adv.* not very/too; **niezbyt ciekawy** not very interesting; **niezbyt gorąco** not too hot.
niezdarny *a.* **1.** clumsy; (*pracownik*) inept. **2.** (*źle wykonany*) botched.
niezdatny *a.* unfit (*do czegoś* for sth).
niezdecydowany *a.* hesitant, irresolute.
niezdolny *a.* incapable (*do czegoś* of sth).
niezdrowy *a.* unhealthy.
niezdyscyplinowany *a.* undisciplined.
niezgoda *f.* disagreement; **być w niezgodzie z czymś** be in conflict/at variance with sth; **być/żyć z kimś w niezgodzie** be at loggerheads with sb; **kość niezgody** bone of contention.
niezgodność *f.* **1.** inconsistency; **niezgodność czegoś z czymś** discrepancy/disagreement between sth and sth. **2.** (*charakterów*) incompatibility.
niezgodny *a.* **1.** (*małżeństwo*) quarrelsome. **2.** (*sprzeczny*) inconsistent (*z czymś* with sth). **3.** (*rozbieżny*) incompatible.
niezgrabny *a.* **1.** (*niezręczny*) clumsy, awkward. **2.** (*nieforemny*) unshapely.
niezliczony *a.* **-eni** countless.
niezłomny *a.* steadfast, unwavering.
niezły *a.* pretty good, not bad.
niezmienny *a.* invariable.
niezmierny *a.* extreme, immense.
niezmordowany *a.* unfatigued.
nieznaczny *a.* insignificant.
nieznajomość *f.* ignorance (*czegoś* of sth).
nieznajomy *a.* unknown. — *mp* stranger.
nieznany *a.* unknown.
nieznośny *a.* unbearable.
niezręczność *f.* **1.** clumsiness, awkwardness. **2.** (*niezręczne słowa*) blunder.
niezręczny *a.* **1.** clumsy, awkward. **2.** (*sytuacja*) embarrassing.
niezrozumiały *a.* incomprehensible.
niezrównany *a.* unmatched, unequalled.
niezupełnie *adv.* not quite.
niezwłocznie *adv.* immediately.
niezwyciężony *a.* **-eni** invincible.
niezwykle *adv.* **1.** (*niecodziennie*) unusually. **2.** (*bardzo*) extremely.

niezwykły *a.* unusual.
nieźle *adv.* pretty/fairly well.
nieżonaty *mp* single/unmarried man, bachelor.
nieżyciowy *a.* **1.** (*niezaradny*) unrealistic. **2.** (*niepraktyczny*) unworkable.
nieżyczliwy *a.* unfriendly.
nieżywotny *a.* inanimate.
nieżywy *a.* dead.
nigdy *adv.* never; (*w przeczeniach*) ever; **jak gdyby nigdy nic** as if nothing had happened; **nigdy więcej/w życiu** never again/in my life.
nigdzie *adv.* nowhere; (*w przeczeniach i pytaniach*) anywhere; **nigdzie indziej** nowhere else.
Nigeria *f. Gen.* **-ii** Nigeria.
nigeryjski *a.* Nigerian.
nijaki *a.* mediocre; **rodzaj nijaki** *jęz.* neuter.
Nikaragua *f. Gen.* **-ui** Nicaragua.
nikczemny *a.* mean.
niklowany *a.* nickel-plated.
nikły *a.* (*zarys, światło*) faint; (*szansa, nadzieja*) slender.
niknąć *ipf.* **-ij**; **-nął/-kł** **1.** vanish. **2.** (*zanikać*) fade away. **3.** *lit.* **niknąć w oczach** sink fast.
nikotyna *f.* nicotine.
nikt *pron. Gen. & Acc.* **nikogo** *Dat.* **nikomu** *Ins. & Loc.* **nikim** nobody, no one; (*w przeczeniach i pytaniach*) anybody, anyone; **nikt inny** nobody else; **nikt z nas** none of us.
nim[1] *pron.* (*on*) him; (*ono*) it; *por.* **on** , **ono**.
nim[2] *conj.* before; *por.* **zanim**.
nimfomanka *f.* nymphomaniac.
nimi *pron.* them; *por.* **one** , **oni**.
niosę *itd. ipf. zob.* **nieść**.
niski *a.* low; (*człowiek*) short.
nisko *adv.* low; **nisko kogoś cenić** not think much of sb; **upaść nisko** be debased.
niszczeć *ipf.* **-eje** decay.
niszczyć *ipf.* destroy.
niszczyć się *ipf.* deteriorate, get spoiled.
nit *mi* rivet.
nitka *f.* thread; **nitka dentystyczna** dental floss; **przemoknięty do suchej nitki** dripping/soaking wet.
nitować *ipf.* rivet.
niweczyć *ipf.* (*plany*) thwart; (*nadzieje*) dash.
nizina *f.* lowland.
nizinny *a.* lowland; (*region*) low-lying.
niż[1] *conj.* than; **(nie) więcej niż** (no) more than.
niż[2] *mi Gen.pl.* **-ów** low; **niż baryczny** barometric low; **niż demograficzny** drop in the birth rate.
niżej *adv.* lower, below; **niżej podpisany** the undersigned; **niżej wymieniony** mentioned below; *por.* **nisko**.
niższy *a.* lower; (*człowiek*) shorter; *por.* **niski**.
no *part.* **1.** *pot.* (*w trybie rozkazującym*) o.k., alright; **no dalej/już!** go/come on! **2.** *pot.* (*=tak*) o.k., yeah, sure. **3.** *pot.* (*=co?*) what?, yes? — *int.* **1.** (*wyraża pogróżkę*) now; **no, no, tylko nie tak ostro** now, now, not so hard. **2.** (*wyraża podziw, zdumienie*) well; **no, no, no!** well, well! **no pewnie!** you bet! **no proszę!** there you go!
nobilitacja *f.* ennoblement.
noc *f. pl.* **-e** night; **nocą/w nocy** at night; **Paryż nocą** Paris by night; **w nocy z czwartku na piątek** the night from Thursday to Friday.
nocleg *mi* a place to spend the night.
nocnik *mi Gen.* **-a** chamber pot; (*dla dzieci*) potty.
nocny *a.* night; (*zwierzę*) nocturnal.
nocować *ipf.* **1.** (*spędzać noc*) stay for the night. **2.** (*dawać komuś nocleg*) put sb up.
noga *f. Gen.pl.* **nóg** **1.** leg; **być (od rana) na nogach** to be on one's feet (all day); **dać nogę** *pot.* make tracks; **do góry nogami** upside down; **na jednej nodze** (*szybko*) on the double; **nie czuję nóg** my legs are failing me. **2.** (*stopa*) foot.
nogawka *f.* (pant) leg.
nokautować *ipf.* knock out.
nomenklatura *f.* nomenclature.
nominacja *f.* **1.** (*na stanowisko*) appointment; **dostać nominację na ministra** be appointed minister. **2.** (*do nagrody*) nomination (*do czegoś* for sth).
nominalnie *adv.* nominally.
nominalny *a.* nominal; **wartość nominalna** face value.
nominał *mi* denomination.
nominować *ipf.* (*na stanowisko*) appoint; (*do nagrody*) nominate.
nonkonformista *mp* nonconformist.
nonsens *mi* nonsense.
nonsensowny *a.* nonsensical.
nonszalancja *f.* nonchalance.
nonszalancki *a.* nonchalant.
nora *f.* (*królika, lisa*) burrow; (*myszy*) hole.
nordycki *a.* Nordic.
norka *f. zool.* mink.
norma *f.* norm, standard.
normalizacja *f.* **1.** (*standaryzacja*) standardization. **2.** (*uporządkowanie*) normalization.
normalnie *adv.* normally.
normalny *a.* **1.** normal, usual; (*godziny pracy*) regular; (*bilet*) full fare. **2.** (*zdrowy psychicznie*) normal, sane.
normować się *ipf.* normalize.
Norweg *mp pl.* **-owie/-dzy** Norwegian.
Norwegia *f. Gen.* **-ii** Norway.
norweski *a.* Norwegian.
Norweżka *f.* Norwegian.
nos *mi Gen.* **-a** nose; **kręcić nosem (na coś)** turn one's nose up (at sth); **mieć kogoś/czegoś po dziurki w nosie** be sick and tired of sb/sth; **mieć kogoś/coś w nosie** not care less about sb/sth; **pilnować własnego nosa** mind one's own business; **pod nosem** (*blisko*) (right) under one's nose; (*niewyraźnie*) (*powiedzieć coś*) under one's breath; **wodzić kogoś za nos** play with sb; **wtykać/wściubiać nos w coś** stick/poke one's nose into sth; **zadzierać nosa** go around with one's nose (up) in the air; **zwiesić nos na kwintę** hang one's head down.
nosić *ipf.* **-szę -sisz** **1.** (*dźwigać*) carry. **2.** (*ubierać się w coś*) wear; **nosić żałobę** wear black. **3.** (*mieć coś jako cechę*) bear, have; **nosić brodę/wąsy/długie włosy** have/wear a beard/mustache/long hair; **nosić nazwisko/tytuł** bear a name/title.
nosorożec *ma* **-żc-** rhinoceros.
nosowy *a.* nasal.
nostalgia *f. Gen.* **-ii** nostalgia.
nostalgiczny *a.* nostalgic.
nosze *pl. Gen.* **-y** stretcher.
nośność *f.* carrying capacity; (*statku*) deadweight; (*mostu*) load capacity.
notarialny *a.* notarial; **akt notarialny** notarial deed; **biuro notarialne** notary public's office.
notariusz *mp pl.* **-e/-owie** *Gen.* **-y/-ów** notary public.
notatka *f.* note; **robić notatki** take notes.

notatnik *mi Gen.* **-a** notebook.
notebook *mi Gen.* **-a** laptop, notebook computer.
notes *mi* notebook.
notoryczny *a.* **1.** (*niepoprawny*) notorious. **2.** (*powtarzający się*) habitual.
notować *ipf.* **1.** (*robić notatki*) write down. **2.** (*rejestrować*) keep a record (*coś* of sth).
nowator *mp* innovator.
nowatorski *a.* innovative.
Nowa Zelandia *f. Gen.* **-ii** New Zealand.
nowela *f.* short story.
nowicjusz *mp Gen.pl.* **-y/-ów, nowicjuszka** *f.* novice; **być nowicjuszem w czymś** be a novice at sth.
nowina *f.* (*wieść*) (piece of) news; **Dobra Nowina** (*ewangelia*) the Good News.
nowobogacki *a.* nouveau riche.
nowoczesność *f.* modernity.
nowoczesny *a.* modern.
noworoczny *a.* New Year's.
noworodek *mp* **-dk-** newborn.
nowość *f.* novelty; **nowości wydawnicze** new releases.
nowotwór *mi* **-o-** tumor; **nowotwór niezłośliwy/złośliwy** benign/malicious tumor.
nowożeńcy *pl. Gen.* **-ów** newlyweds.
nowy *a.* new; **jak nowy** as good as new; **od nowa, na nowo** from the beginning, over again; **zupełnie nowy** brand-new.
Nowy Jork *mi* (*miasto*) New York (City); (*stan*) New York (State).
nozdrze *n. Gen.pl.* **-y** nostril.
nożny *a.* **hamulec nożny** footbrake; **piłka nożna** soccer.
nożyce *pl. Gen.* **-c** shears; **nożyce ogrodnicze** pruning shears.
nożyczki *pl. Gen.* **-czek** scissors.
nóż *mi* **-o-**; *Gen.* **-a 1.** knife; **nóż chirurgiczny** scalpel; **iść na noże** be at daggers drawn (*z kimś* with sb); **mieć nóż na gardle** be in a tight spot/corner. **2.** (*ostrze maszyny*) blade.
nóżka *f.* **1. nóżka kurczaka** drumstick. **2.** (*kieliszka, grzyba*) stem.
np. *abbr.* (*na przykład*) e.g. (*for example*).
nr *abbr.* (*numer*) no. (*number*).
nucić *ipf.* hum.
nuda *f.* boredom; **umierać z nudów** be bored stiff/to death.
nudności *pl. Gen.* **-i** nausea.
nudny *a.* boring, dull.
nudysta *mp* nudist.
nudziarz *mp* bore.
nudzić *ipf.* bore.
nudzić się *ipf.* be bored.
numer *mi* **1.** number; **numer kierunkowy** area code; **numer rejestracyjny** (*w dowodzie*) registration number; (*na tablicach*) license plate number. **2.** (*rozmiar*) size. **3.** *pot.* trick; **wykręcić jakiś numer** play a trick.
numeracja *f.* numbering.
numerek *mi* **-rk-**; *Gen.* **-a** number.
numerować *ipf.* number.
nurek *mp* **-rk-**; *pl.* **-owie** diver. — *mi* **-rk-**; *pl.* **-i** dive.
nurkować *ipf.* dive.
nurt *mi* **1.** (*rzeki*) current. **2.** (*tendencja*) trend.
nurtować *ipf.* bother.
nuta *f.* note.
nużący *a.* tiring.
nużyć *ipf.* tire.
nygus *mp pl.* **-y** *pot.* loafer, lazybones.
nylonowy *a.* nylon.

O

o *int.* **1.** (*wyraża zdziwienie*) oh; **o rety!** oh boy! **2.** + *Acc./Loc.* (*cel myślenia, mówienia, pytania*) about; **mówić/myśleć o kimś/czymś** talk/think about sb/sth; **pytać o kogoś/coś** ask about sb/sth. **3.** + *Acc.* (*obiekt, na który skierowana jest czynność*) against, on; **opierać się o kogoś/coś** lean against sb/sth; **potykać się o coś** stumble on sth. **4.** + *Acc.* (*różnica wielkości*) by; **większy o metr** one meter longer, longer by one meter. **5.** + *Loc.* (*termin*) at; **o godzinie szóstej/północy/świcie** at six (o'clock)/midnight/dawn. **6.** + *Loc.* (*określone cechy*) with, of; **człowiek o dużych wymaganiach** person of high expectations; **człowiek o silnych nerwach** man with strong nerves.
oaza *f.* oasis; **oaza ciszy/spokoju** oasis of calm.
ob. *abbr. zob.* **obywatel**.
oba *num. Ins.* **-oma/-u** both.
obaj *num. Ins.* **oboma/obu** both.
obalać *ipf.*, **obalić** *pf.* **1.** (*odsuwać od władzy*) overthrow. **2.** (*oddalać, odpierać*) refute; **obalić wyrok** reverse a sentence; **obalić zarzut** rebut a charge.
obawa *f.* anxiety; concern (*o kogoś/coś* for sb/sth); fear (*przed kimś/czymś* of sb/sth); **bez obawy** don't worry; **robić coś w obawie przed czymś** do sth for fear of sth; **żyć w obawie** live in fear of.
obawiać się *ipf.* fear, dread (*kogoś/czegoś* sb/sth); **obawiać się, że** be afraid that; **obawiam się, że tak/nie** I'm afraid so/not.
obcas *mi Gen.* **-a** heel; **buty na wysokich obcasach** high-heeled shoes.
obcążki *pl. Gen.* **-ów** (pair of) pliers.
obcęgi *pl. Gen.* **-ów** (pair of) pincers.
obchodzić *ipf.* **1.** (*chodzić wokół*) walk round; **obchodzić przepisy/prawo** circumvent the regulations/law; **obchodzić zakaz** evade a ban. **2.** (*interesować*) interest, concern; **to mnie nie obchodzi** I don't care; **co cię to obchodzi!** it's none of your business! **3.** (*świętować*) celebrate.
obchodzić się *ipf.* treat sb/sth; handle (*z czymś* sth); do (*bez kogoś/czegoś* without sb/sth); **obejdzie się!** thanks a lot.
obchód *mi* **-o-** round.
obciąć (się) *pf. zob.* **obcinać (się)**.
obciążać *ipf.* burden; (*nakładać obowiązki*) burden sb with duties; **obciążyć kogoś kosztami** charge expenses to sb; **obciążyć kogoś odpowiedzialnością** hold sb responsible; **obciążyć kogoś winą za coś** blame sb for sth; **obciążyć kogoś zarzutami** lay charges on sb.

obciążenie *n.* **1.** burden, load. **2.** (*praca do wykonania*) workload; **nadmierne obciążenie** overload. **3.** (*finansowe*) strain on sb's finances.
obciążyć *pf. zob.* **obciążać.**
obcierać *ipf.* **1.** (*wycierać*) wipe. **2.** (*skaleczyć*) graze. **3.** (*o butach*) pinch.
obcinać *ipf.* cut off, trim; **obcinać wypłatę** deduct from the salary.
obcinać się *ipf. pot.* have one's hair cut.
obcisły *a.* tight-fitting.
obco *adv.* strange(ly); **czuć się obco** feel like a stranger.
obcojęzyczny *a.* foreign language.
obcokrajowiec *mp* **-wc-** *Voc.* **-cze/-u** *pl.* **-y** foreigner.
obcować *ipf.* (*przebywać*) mix, associate (*z kimś/czymś* with sb/sth); **obcować z naturą** commune with nature.
obcy *a.* **1.** strange, foreign; **ciało obce** foreign body; **obce wpływy** outside influence; **uprzejmość jest mu obca** kindness is foreign to him; **zupełnie obcy człowiek** perfect stranger. **2.** (*cudzy*) sb else's. — *mp* stranger, foreigner.
obdzierać *ipf.* strip (*z czegoś* of sth); **obdzierać zwierzę ze skóry** skin an animal; **obdzierać kogoś ze skóry** (*policzyć za drogo*) rip sb off.
obecnie *adv.* **1.** now, at present, currently. **2.** (*w dzisiejszych czasach*) nowadays, these days.
obecność *f.* presence; **lista obecności** roll; **obecność na zajęciach** attendance; **sprawdzać obecność** call the roll.
obecny *a.* **1.** (*będący gdzieś*) present. **2.** (*teraźniejszy*) current, present; **w obecnej chwili** at present.
obejmować *ipf.* **-ę -esz, -ij 1.** (*ramionami*) embrace, hug. **2.** (*przejmować*) take over. **3.** (*rozprzestrzeniać się*) spread. **4.** (*rozumieć*) comprehend. **5.** (*zawierać*) include; **cena obejmuje wszystkie koszty** all costs included.
obejrzeć (się) *pf. zob.* **oglądać (się).**
obejść (się) *pf. zob.* **obchodzić (się).**
obelga *f.* insult.
obezwładniać *ipf.* overpower, overwhelm.
obezwładniający *a.* overwhelming; **obezwładniający strach** paralysing fear.
obficie *adv.* profusely; **padać obficie** rain heavily.
obfitość *f.* abundance, profusion.
obfitować *ipf.* abound (*w coś* in/with sth).
obfity *a.* abundant, profuse, heavy.
obgadać *pf.*, **obgadywać** *ipf.* **1.** *pot.* (*obmawiać*) backbite. **2.** *pot.* (*omówić*) talk over.
obgryzać *ipf.*, **obgryźć** *pf.* **-zę -ziesz, -zł -źli** bite; **obgryzać paznokcie** bite one's nails; (*o człowieku*) pick; (*o psie*) gnaw at.
obiad *mi Loc.* **-edzie** dinner; lunch; **jeść/wydać obiad** have/give dinner/lunch.
obiadowy *a.* lunch, dinner; **pora obiadowa** lunchtime.
obie *num. Ins.* **-ema/-u/-oma** both.
obiecanka *f.* empty promise; **obiecanki cacanki, a głupiemu radość** promises, promises!
obiecujący *a.* promising.
obiecywać *ipf.* promise (*coś komuś* sth to sb/sb sth); **obiecywać coś sobie** promise o.s.; **obiecywać złote góry** promise the moon.
obieg *mi* **1.** circulation; **być w/wyjść z obiegu** be in/get out of circulation; **obieg pieniądza/krwi** currency/blood circulation. **2.** (*ruch dokoła czegoś*) rotation.
obiegać *ipf.*, **obiegnąć** *pf.* **obiegnę obiegniesz, obiegnij, obiegł 1.** (*okrążać*) run around. **2.** (*po orbicie*) circle. **3.** (*o plotkach*) spread.
obiegowy *a.* (*powszechny*) common, general; **waluta obiegowa** legal tender.
obiekcja *f. Gen.pl.* **-i** objection.
obiekt *mi* **1.** object. **2.** (*budynek*) building; **obiekty sportowe** sports facilities; **obiekty użyteczności publicznej** public buildings; **obiekty wojskowe** military installations.
obiektyw *mi* lens.
obiektywizm *mi* objectivity.
obiektywny *a.* impartial, objective; **obiektywny sąd** objective judgement; **obiektywny sprawozdawca** impartial commentator.
obierać *ipf.* **1. obierać owoce/warzywa** peel fruits/vegetables. **2.** (*wybierać*) choose.
obietnica *f.* promise; **dotrzymać obietnicy** keep a promise; **złożyć/złamać obietnicę** make/break a promise.
obieżyświat *mp pl.* **-y** globetrotter.
obijać *ipf.* **1.** (*o kubku, garnku*) chip; (*o owocach*) bruise. **2.** (*o meblach*) (*obciągać*) upholster.
obijać się *ipf.* **1.** (*uderzając, uszkodzić się*) chip. **2.** (*o owocach*) get bruised; **obiło mi się o uszy** I heard that... **3.** *tylko ipf.* (*próżnować*) loaf about.
objadać *ipf.* sponge (*kogoś* on sb).
objadać się *ipf.* stuff o.s.
objaśniać *ipf.*, **objaśnić** *pf.* explain.
objaśnienie *n.* explanation.
objaw *mi* symptom.
objawiać *ipf.*, **objawić** *pf.* display, manifest.
objawiać się *ipf.*, **objawić się** *pf.* manifest itself.
objawienie *n.* revelation.
objazd *mi Loc.* **-eździe 1.** (*droga okrężna*) diversion. **2.** (*tymczasowa droga*) detour. **3.** (*objeżdżanie*) tour.
objazdowy *a.* **droga objazdowa/okrężna** detour; **trasa objazdowa** tour.
objąć *pf.* **obejmę obejmiesz, obejmij** *zob.* **obejmować.**
objeżdżać *ipf.*, **objeździć** *pf.* **-jeżdżę -jeździsz, -jeźdź 1.** go around; **objeżdżać miasto** bypass the city. **2.** (*odwiedzać*) tour, visit; **objechać cały kraj** tour the whole country; **objechać całą rodzinę** visit the whole family.
objęcie *n.* **1.** embrace; **rzucić się w czyjeś objęcia** fall into sb's arms; **wziąć kogoś w objęcia** clasp sb in one's arms. **2.** (*stanowiska, władzy*) assumption.
objętość *f.* volume.
oblatywać *ipf.* **1.** (*testować samolot*) test-fly; (*latać dokoła*) fly around; **strach go obleciał** he got cold feet. **2.** *pot.* visit, go/run round; **oblecę jeszcze paru znajomych** I'll just pop into a couple of places; **oblecieć sklepy** shop around.
oblegać *ipf.*, **oblegnąć** *pf.* **-nij, -ł/-nął -ła -li 1.** *wojsk.* besiege. **2.** (*obstąpić*) mob.
oblewać *ipf.* **1.** pour, splash; **zimny pot mnie oblewał** I was bathed in cold sweat. **2.** (*pokrywać*) coat; **oblany czekoladą** chocolate-coated. **3.** *pot.* (*uczcić*) celebrate; **trzeba to oblać** we have to drink to it. **4.** *pot.* (*nie zdać*) fail, flunk. **5.** *pot.* (*nie zaliczyć komuś*) fail sb, flunk sb.
oblężenie *n.* siege.
oblężony *a.* **-eni** the besieged.

obliczać *ipf.* **1.** calculate, compute. **2.** (*planować, szacować*) estimate.
oblicze *n. Gen.pl.* **-y** face; **nadać czemuś nowe oblicze** put a new face to sth; **ujawnić swoje prawdziwe oblicze** show one's true colors; **(równy) w obliczu prawa** (equal) before the law; **w obliczu śmierci** at death's door; **znaleźć się w obliczu klęski** face defeat.
obliczenie *n.* calculation, computation; (*szacunkowe*) estimate.
obliczeniowy *a.* calculative, computational.
obligacja *f.* bond; **obligacja skarbowa/oszczędnościowa** treasury/savings bond.
oblizać *pf.* **-żę -żesz, -zał, oblizywać** *ipf.* lick.
oblodzony *a.* icy.
obluzowany *a.* loosened.
obluzowywać *ipf.*, **obluzować** *pf.* loosen (up).
obluzowywać się *ipf.*, **obluzować się** *pf.* come loose.
obładować *pf.*, **obładowywać** *ipf.* burden, load, pack.
obława *f.* **1.** *myśl.* hunt. **2.** manhunt; **obława na przestępcę** hunt for a criminal; **obława policyjna** raid.
obłąkany *a.* mad, insane.
obłęd *mi* **1.** paranoia. **2.** madness; **dostać/oprowadzić kogoś do obłędu** go/drive sb mad.
obłędny *a.* mad, insane.
obłok *mi* cloud; **bujać w obłokach** have one's head in the clouds; **obłok/tuman kurzu** cloud of dust.
obłożnie *adv.* **człowiek obłożnie chory** bedridden person.
obłuda *f.* cant, hypocrisy.
obłudnik *mp* canter.
obłudny *a.* canting.
obły *a.* **1.** (*walcowaty*) cylindrical. **2.** (*jajowaty*) oval.
obmacywać *ipf.* (*dotykać lubieżnie*) paw, grope.
obmawiać *ipf.* backbite.
obmyślać *ipf.*, **obmyślić** *pf.* devise.
obmywać *ipf.*, **obmyć** *pf.* wash.
obmywać się *ipf.*, **obmyć się** *pf.* have a wash (*w czymś* in sth).
obnażać *ipf.*, **obnażyć** *pf.* **1.** strip. **2.** (*odsłaniać*) expose. **3.** (*demaskować*) unmask.
obnażać się *ipf.*, **obnażyć się** *pf.* expose o.s., strip.
obniżać *ipf.* **1.** lower; **obniżać głos/poprzeczkę** lower one's voice/requirements. **2.** (*zmniejszać*) reduce; **obniżać ceny** reduce prices; **obniżyć ocenę** mark sb down (*za coś* for sth).
obniżać się *ipf.* **1.** drop, lower. **2.** (*zmniejszać się*) decrease, diminish.
obniżka *f.* reduction, cut; **obniżka cen** price cut; **obniżka kosztów** cost reduction.
obojczyk *mi Gen.* **-a** collarbone.
oboje *num. decl. like n.* **-jg-** both.
obojętnie *adv.* **1.** indifferently. **2.** (*bez znaczenia*) no matter; **obojętnie kiedy/kto/gdzie** no matter when/who/where.
obojętnieć *ipf.* grow indifferent.
obojętność *f.* indifference.
obojętny *a.* indifferent; **na coś** to sth; **to mi jest obojętne** it's all the same to me.
obok[1] *prep.* + *Gen.* by, near, close to; (*oprócz*) beside.
obok[2] *adv.* close by, nearby, beside.
obolały *a.* sore, aching.
obopólny *a.* mutual.
obora *f. Gen.pl.* **obór** (cow) shed/barn.
obowiązek *mi* **-zk-** obligation, duty; **codzienne obowiązki** the daily round; **obowiązek moralny/obywatelski** moral/civic duty; **poczuwam się do obowiązku, by...** I feel it is my duty to...; **spełnić swój obowiązek** do one's duty; **zaniedbywać obowiązki** neglect one's duties.
obowiązkowo *adv.* **1.** obligatorily. **2.** *pot.* (*koniecznie*) absolutely.
obowiązkowy *a.* **1.** obligatory, compulsory; **obowiązkowa służba wojskowa** compulsory military service. **2.** (*sumienny*) conscientious, dutiful.
obowiązujący *a.* (*o prawie, umowie*) binding, in force, valid; **mieć moc obowiązującą** be (legally) binding.
obowiązywać *ipf.* (*być obowiązkiem*) be compulsory; (*stosować się do*) apply to, hold good for; (*mieć moc prawną*) be in force, be valid.
obozowisko *n.* campground.
obój *mi* **-o-** *Gen.pl.* **oboi/-ów** oboe.
obóz *mi* **-o-** camp; **obóz harcerski/językowy** scout/language camp; **obóz koncentracyjny/dla uchodźców** concentration/refugee camp.
obrabiać *ipf.* **1.** process. **2.** (*obdziergać, podszywać*) hem. **3.** *pot.* (*okradać*) do; **obrobić bank** do a bank.
obrabiarka *f.* machine tool.
obrabować *pf.*, **obrabowywać** *ipf.* rob (*kogoś z czegoś* sb of sth).
obracać *ipf.* **1.** turn; **obrócić na bok** turn to the side; **obracać pieniędzmi** conduct financial/business transactions; **obracać w tańcu** whirl/spin sb. **2.** (*przemieniać*) turn into; **obrócić coś wniwecz** shatter; **obracać coś w żart** turn sth into a joke.
obracać się *ipf.* **1.** turn, revolve, rotate; **obracać się na drugi bok** roll over; **obracać się przeciwko komuś** turn against sb; **Ziemia obraca się wokół własnej osi** the earth rotates on its axis. **2.** (*przebywać*) mix (*wśród kogoś* with sb).
obradować *ipf.* debate (*nad czymś* sth).
obrady *pl. Gen.* **-d** proceedings, session; **porządek obrad** agenda; **otworzyć/przerwać/zakończyć obrady** open/adjourn/close the proceedings; **przewodniczyć obradom** chair a session.
obraz *mi* **1.** (*malowidło*) painting, picture. **2.** (*całość spraw, widok na ekranie*) picture; **obraz epoki** picture of an epoch; **ogólny obraz sytuacji** the big picture; **obraz telewizyjny** television picture. **3.** (*wizerunek*) image; **obrazy z przeszłości** images of the past; **obraz nędzy i rozpaczy** sorry/pitiful sight; **żywy obraz kogoś** living/spitting image of sb.
obraza *f.* **1.** insult, offense; **bez obrazy** no offense; **obraza majestatu** lese majesty; **obraza moralności** indecency; **obraza sądu** contempt of court. **2.** (*obrażenie się*) resentment, grudge.
obrazek *mi* **-zk-** *Gen.* **-a** **1.** small picture; **święte obrazki** pictures of the saints. **2.** (*scenka*) picture.
obrazkowy *a.* pictorial.
obrazowy *a.* vivid, pictorial, graphic; **obrazowy opis** vivid/graphic account.
obraźliwy *a.* **1.** (*obrażający*) offensive, insulting. **2.** (*obrażalski*) touchy.
obrażać *ipf.* offend, insult; **obrazić kogoś do żywego** cut sb to the quick.
obrażać się *ipf.* take offence (*na kogoś/coś* at sb/sth).
obrażenie *n.* **1.** insult, offense. **2.** (*rana*) injury; **odnieść obrażenia** suffer injuries.
obrażony *a.* **-eni** offended, insulted (*na kogoś/coś* at sb/sth).
obrączka *f.* ring; **obrączka ślubna** wedding ring/band.

obręb *mi* **1.** (*teren*) premises, area; **w obrębie zakładu/szkoły** on the company/school premises. **2.** (*dziedzina*) sphere, area; **to jest w obrębie moich zainteresowań** it is an area of interest to me. **3.** (*granica*) limit; **w obrębie czegoś** within the limits of sth.
obręcz *f. pl.* **-e** hoop.
obrobić *pf.* **-ób** *zob.* **obrabiać.**
obrobić się *pf.* (*uwinąć się*) get everything done.
obrodzić *pf.* **1.** yield a rich crop. **2.** *przen.* be in plenty.
obrona *f.* **1.** defense; **nie mieć nic na swoją obronę** have nothing in one's defense; **obrona cywilna/przeciwlotnicza** civil/air defense; **obrona pracy doktorskiej** defense of one's doctoral thesis; **obrona własna** self-defense; **obrona z urzędu** public defense; **stanąć w obronie kogoś/czegoś** stand up for sb/sth. **2.** *prawn.* the defense.
obronić *pf.* **1.** defend (*przed kimś/czymś* against sb/sth). **2.** *sport* (*strzał na bramkę*) save.
obronić się *pf.* defend o.s. (*przed kimś/czymś* against sb/sth).
obronny *a.* defensive; **pies obronny** guard dog; **mury obronne** ramparts.
obrońca *mp*, **obrończyni** *f.* **1.** defender; **obrońca z urzędu** public defender. **2.** (*zwolennik*) advocate.
obrotny *a.* go-ahead, resourceful.
obrotomierz *mi Gen.* **-a** tachometer, rev counter.
obrotowy *a.* **1.** (*wirowy*) rotary. **2.** (*obracający się*) revolving; **drzwi obrotowe** revolving door; **krzesło obrotowe** swivel chair. **3.** *ekon.* sales, turnover; **kapitał obrotowy** working capital; **środki obrotowe** circulating/current/floating/short term assets.
obroża *f. Gen.pl.* **-y** collar.
obróbka *f.* (*przetwarzanie*) processing; (*nadawanie kształtu*) working, machining; (*chemiczna*) treatment.
obrócić *pf. zob.* **obracać.**
obrót *mi* **-o- 1.** turn; *astron., mech.* revolution; **brać kogoś w obroty** work sb; **obrót spraw** the state of affairs; **przybrać zły/nowy obrót** go adrift/take a new turn; **pracować na pełnych obrotach** be in full swing; **życie na pełnych obrotach** life in the fast lane. **2.** *ekon.* sales, turnover; **obrót detaliczny** retail sales.
obrus *mi Gen.* **-u/-a** tablecloth.
obrządek *mi* **-dk- 1.** ritual. **2.** *rel.* rite; **obrządek łaciński/wschodni** the Latin/Greek rite. **3.** *pot.* (*oporządzanie*) farm chores.
obrzeże *n. Gen.pl.* **-y** fringe; **obrzeża miasta** outskirts.
obrzęd *mi* ceremony.
obrzędowy *a.* ritual.
obrzęk *mi* swelling.
obrzmienie *n.* swelling.
obrzucać *ipf.*, **obrzucić** *pf.* **1.** hurl, throw; **obrzucić kogoś kwiatami/błotem** throw/hurl flowers/mud at sb; **obrzucić kogoś wyzwiskami** call sb names. **2.** (*obszywać*) overcast.
obrzydliwość *f.* (*obrzydzenie*) disgust.
obrzydliwy *a.* disgusting, revolting.
obrzydzać *ipf.* make repugnant; **obrzydzić sobie kogoś/coś** become disgusted with sb/sth.
obrzydzenie *n.* disgust; **napełniać/napawać obrzydzeniem** fill with disgust.
obsada *f.* **1.** (*obsadzenie*) appointment, assignment. **2.** (*załoga*) crew. **3.** (*personel*) staff. **4.** (*w filmie*) cast.
obsadzać *ipf.*, **obsadzić** *pf.* **1.** (*roślinami*) plant out. **2.** (*angażować*) appoint; **osadzać aktora w roli** cast an actor as; **obsadzić stanowisko** appoint sb to a post.
obsceniczny *a.* obscene.
obserwacja *f.* observation; **pacjent poddany obserwacji** a patient under observation; (*np. policyjna*) surveillance.
obserwacyjny *a.* observational; **punkt obserwacyjny** vantage point.
obserwator *mp pl.* **-rzy/-owie** observer.
obserwatorium *n. sing. indecl. pl.* **-ria** *Gen.* **-riów** observatory.
obserwować *ipf.* **1.** observe. **2.** (*śledzić coś*) watch. **3.** (*nadzorować*) monitor.
obserwować się *ipf.* **1.** (*patrzeć na siebie nawzajem*) observe/watch each other/one another. **2.** (*przyglądać się samemu sobie*) observe/watch o.s.
obsesja *f.* obsession (*na punkcie kogoś/czegoś* with/about sb/sth); **mieć obsesję na punkcie kogoś/czegoś** be obsessed/obsessive about sb/sth.
obskurny *a.* shabby.
obsługa *f.* **1.** service, attendance; **obsługa klientów** customer service; **obsługa techniczna** maintenance. **2.** (*personel*) staff.
obsługiwać *ipf.* **1.** serve. **2.** (*kogoś w sklepie*) attend to. **3.** (*kogoś w restauracji*) wait (up)on. **4.** (*maszynę*) operate.
obsługiwać się *ipf.* help o.s.
obstawa *f.* (body)guards.
obstawiać *ipf.*, **obstawić** *pf.* **1.** (*otaczać*) surround. **2.** (*w hazardzie*) bet on. **3.** (*ochraniać*) guard.
obstawiać się *ipf.*, **obstawić się** *pf.* (*otaczać się*) surround o.s.
obstrukcja *f.* **1.** obstruction. **2.** *med.* constipation.
obstrzał *mi* fire; **być pod obstrzałem** be under fire.
obszar *mi* area; (*terytorium*) territory.
obszarpany *a.* ragged, tattered.
obszerny *a.* **1.** large, spacious. **2.** (*szczegółowy*) detailed.
obtarcie *n.* (*rana*) sore; **otarcie naskórka** graze.
obudowa *f. Gen.pl.* **-ów** housing, casing.
obudzić *pf.* wake (up), awake.
obudzić się *pf.* wake (up), awake; **obudzić się z ręką w nocniku** have/get a rude awakening.
oburącz *adv.* with both hands.
oburzać *ipf.*, **oburzyć** *pf.* shock, appall.
oburzać się *ipf.*, **oburzyć się** *pf.* be/feel indignant (*na kogoś/coś* with sb/at sth).
oburzający *a.* outrageous.
oburzenie *n.* indignation, outrage.
oburzony *a.* **-eni** indignant, outraged.
obustronny *a.* **1.** two-sided. **2.** (*wzajemny*) mutual.
obuwie *n.* footwear.
obuwniczy *a.* shoe.
obwiązać *pf.* **-żę -żesz, obwiązywać** *ipf.* (*owijać*) tie; wrap around.
obwiązać się *pf.*, **obwiązywać się** *ipf.* (*zawijać się*) wrap (*sth around one's head, shoulders, etc.*).
obwieszczać *ipf.* announce.
obwieszczenie *n.* announcement.
obwiniać *ipf.*, **obwinić** *pf.* blame (*kogoś o coś* sb for sth); (*oskarżyć*) accuse (*kogoś o coś* sb of sth).
obwisły *a.* drooping.
obwodnica *f.* beltway, bypass.
obwodowy *a.* district; **obwodowa komisja wyborcza** (district) polling station.

obwoluta *f.* dust cover.
obwoźny *a.* **handel obwoźny** door-to-door/house-to-house sales.
obwód *mi* **-o- 1.** (*wielokąta*) periphery; (*okręgu*) circumference; (*elektryczny*) circuit. **2.** (*teren*) district.
obwódka *f.* border.
oby *part.* **oby tak było** I wish it were so; **obyś był szczęśliwy** may you be happy.
obycie *n.* **1.** familiarity (*z czymś* with sth). **2.** (*ogłada*) manners.
obyczaj *mi Gen.pl.* **-ów 1.** custom. **2.** (*nawyk*) habit.
obyczajowość *f.* **1.** customs, tradition. **2.** (*moralność*) morals.
obyczajowy *a.* **1. film obyczajowy** film drama; **powieść obyczajowa** novel of manners. **2.** (*dotyczący prowadzenia się*) moral.
obydwa *num. Gen. & Loc.* **-óch/-u** *Dat.* **-om/-u/-óm** *Ins.* **-oma/-u** both.
obydwaj *num. Gen. & Loc.* **-óch/-u** *Dat.* **-om/-u/-óm** *Ins.* **-oma/-u** both.
obydwie *num. Gen. & Loc.* **-óch/-u** *Dat.* **-om/-u/-óm** *Ins.* **-ema/-oma** both.
obydwoje *num. decl. like n.* **-jg-** both.
obyty *a.* **1.** well-mannered; **człowiek obyty w świecie** person who has been around. **2.** familiar (*z czymś* with sth).
obywatel *mp*, **obywatelka** *f.* citizen; **honorowy obywatel** honorary citizen; **szary obywatel** the man in the street.
obywatelski *a.* (*prawo*) civil; (*obowiązek*) civic.
obywatelstwo *n.* citizenship; **obywatelstwo polskie** Polish citizenship; **nadać/uzyskać obywatelstwo** grant/acquire citizenship.
obżarstwo *n.* gluttony.
ocalać *ipf.* save, rescue (*przed kimś/czymś* from sb/sth).
ocaleć *pf.* survive (*z czegoś* sth).
ocean *mi* ocean; **Ocean Atlantycki/Spokojny** the Atlantic/the Pacific (Ocean).
Oceania *f. Gen.* **-ii** Oceania.
ocena *f.* **1.** (*opinia, sąd*) opinion, assessment. **2.** (*stopień*) grade, mark; **ocena niedostateczna/pozytywna** fail/pass.
oceniać *ipf.*, **ocenić** *pf.* **1.** (*opiniować*) judge, assess. **2.** (*szacować*) estimate; *szkoln., uniw.* grade, mark.
ocet *mi* **oct-** vinegar.
ochlapywać *ipf.*, **ochlapać** *pf.* splash, spatter.
ochlapywać się *ipf.*, **ochlapać się** *pf.* spatter o.s.
ochładzać *ipf.*, **ochłodzić** *pf.* cool; chill.
ochładzać się *ipf.*, **ochłodzić się** *pf.* cool (down); **ochładza się** it's getting colder.
ochłoda *f.* refreshment; **lody dla ochłody** ice cream for refreshment.
ochłodzenie *n.* **1.** cooling. **2.** cold(er) weather.
ochłonąć *pf.* **1.** cool down, recover (*z czegoś* from sth). **2.** (*ostygnąć*) cool off.
ochota *f.* (*gotowość*) willingness, readiness; (*zapał*) eagerness; **czy masz ochotę na coś?** would you like sth? **mieć ochotę na coś** feel like sth; **pracować z ochotą** work eagerly.
ochotniczy *a.* voluntary, volunteer.
ochotnik *mp* volunteer; **zgłosić się na ochotnika** volunteer.
ochraniacz *mi Gen.* **-a** *Gen.pl.* **-y/-ów** protective pad; **ochraniacz na kolana** knee pad.
ochraniać *ipf.* protect, guard (*przed czymś/od czegoś* from sth).
ochraniać się *ipf.* protect o.s., guard o.s. (*przed czymś/od czegoś* from sth).
ochrona *f.* **1.** protection, preservation, conservation; **gatunek pod ochroną** protected species; **ochrona danych osobowych** personal data protection; **ochrona przyrody** nature preservation/conservation. **2.** (*straż*) guard, security.
ochroniarz *mp pot.* bodyguard.
ochronny *a.* protective; **odzież ochronna** protective clothing; **znak ochronny** *handl.* trademark; **szczepienia ochronne** prophylactic/preventive vaccination.
ociemniały *a.* blind; **ociemniali** the blind.
ocieplać *ipf.* **1.** (*docieplać*) insulate. **2.** (*ogrzewać*) warm.
ocieplać się *ipf.* get warm(er).
ocieplenie *n.* **1.** (*izolacja*) insulation. **2.** (*ogrzanie*) warming up. **3.** (*o pogodzie*) warmer weather; **globalne ocieplenie** global warming; **po południu nastąpi ocieplenie** it will be warmer in the afternoon.
ocierać *ipf.* **1.** (*wycierać*) wipe. **2.** (*kaleczyć*) graze.
ocierać się *ipf.* brush/rub against; **ocierać się o prawdę** come close to the truth.
ociężały *a.* heavy.
ocknąć *pf.* **-ij 1.** wake (up), awake. **2.** (*z zadumy*) rouse.
ocknąć się *pf.* **1.** wake (up), awake (*z czegoś* from sth). **2.** (*oprzytomnieć*) rouse o.s. (*z czegoś* from sth).
ocucać *ipf.*, **ocucić** *pf.* revive, bring around.
ocucać się *pf.* come around.
oczarowywać *ipf.* charm, enchant; cast a spell on.
oczekiwać *ipf.* **1.** wait (*na kogoś/coś* for sb/sth). **2.** (*spodziewać się*) expect (*czegoś od kogoś* sth from sb).
oczekiwanie *n.* **1.** waiting. **2.** (*nadzieja*) expectation; **spełniać czyjeś oczekiwania** meet sb's expectations.
oczerniać *ipf.*, **oczernić** *pf.* **-ń/-nij** defame.
oczerniać się *ipf.*, **oczernić się** *pf.* defame each other.
oczko *n. Gen.pl.* **oczek 1.** eye; **być oczkiem w głowie** be the apple of sb's eye; **puścić do kogoś oczko** wink at sb. **2.** (*w pierścionku*) stone. **3.** *tk.* stitch; **zgubić oczko** drop a stitch; **oczko w rajtuzach** run; **komuś poleciało oczko** (*w rajstopach*) sb's tights ran. **4.** (*stawek*) small pond; **oczko wodne** water hole. **5.** *tylko sing. karty* blackjack.
oczodół *mi* **-o-** eye socket.
oczy *itd. n. zob.* **oko**.
oczyszczać *ipf.* **1.** clean, cleanse (*coś z kogoś/czegoś* sth off sb/sth). **2.** (*uniewinniać*) clear (*z czegoś* of sth).
oczyszczać się *ipf.* **1.** get cleaned (*z czegoś* of sth). **2.** (*zrehabilitować się*) be cleared (*of guilt/charges*).
oczyszczalnia *f. Gen.pl.* **-i oczyszczalnia ścieków** sewage treatment plant.
oczytany *a.* well-read.
oczywisty *a.* obvious, evident.
oczywiście *adv.* obviously. — *part.* (*no pewnie!*) of course!
od *prep.* + *Gen.* **1.** (*o kierunku*) from; **od wschodu** from the east. **2.** (*o czasie trwania*) for; **od pięciu lat** for five years. **3.** (*o punkcie początkowym*) from, since; **od a do zet** from A to Z; **od dziecka** since childhood; **od rana do wieczora** all day long. **4.** (*o*

punkcie wyjściowym) (away) from; **500 kilometrów od Nowego Jorku** 500 kilometers away from New York. **5.** (*o pochodzeniu, dolnej granicy*) from; **list od mojej dziewczyny** a letter from my girlfriend; **od czterech do pięciu minut** from four to five minutes. **6.** (*o przyczynie*) with, from; **czoło mokre od potu** forehead damp with sweat. **7.** (*o przeznaczeniu*) for; **dziurka od klucza** keyhole. **8.** (*o specjalizacji*) **fachowiec od komputerów** computer technician. **9.** (*przy porównaniach*) than; **lepszy od kogoś** better than sb. **10.** (*o odejściu od czegoś*) from, to; **odstępstwo od reguły** exception to the rule; **zwolnienie od opłat** exemption from charges. **11.** (*o czynniku*) by; **praca płatna od godziny** work paid by the hour.

odbarwiać *ipf.*, **odbarwić** *pf.* discolor.

odbarwiać się *ipf.*, **odbarwić się** *pf.* discolor.

odbezpieczać *ipf.*, **odbezpieczyć** *pf.* unlock.

odbicie *n.* **1.** reflection. **2.** (*powielenie*) copying. **3.** (*skręcenie*) turning. **4.** *tenis* return. **5.** *koszykówka* bounce. **6.** *pot.* (*uwiedzenie*) stealing. **7.** *przen.* (*przedstawienie*) representation. **8.** (*obraz*) image. **9.** (*ciosu*) parry. **10.** (*więźniów*) freeing.

odbiegać *ipf.*, **odbiec, odbiegnąć** *pf.* **-gnę -gniesz, -gnij, -gł -gli 1.** run off/away. **2. odbiegać od tematu** stray (away)/depart from the subject. **3.** (*różnić się*) differ; **różnić się od czegoś** differ from sth.

odbierać *ipf.* **1.** take away, steal; **odebrać komuś żonę** steal sb's wife; **odebrać sobie/komuś życie** take one's own/sb's life. **2.** (*odzyskiwać*) get back. **3.** (*zabierać z powrotem*) collect, pick up (*od kogoś* from sb); **odbierać dzieci z przedszkola** pick the children up from the kindergarten. **4.** (*otrzymać, przyjmować*) receive, get, pick up; **odbierać listy** pick up sb's letters; **odebrać poród** deliver a baby; **odbierać telefon** pick up/answer the phone, answer a call; **odebrać wiadomość** get a message; **odbierać życzenia** receive wishes/greetings. **5.** (*pozbawiać uprawnień*) revoke; **odbierać prawo jazdy** revoke a driver's license. **6. odbierać na tej samej fali** *pot.* be on the same wavelength.

odbijać *ipf.* **1.** reflect; **odbić piłkę** return/bounce a ball; **odbijać głos** echo; **odbijać światło** reflect light. **2.** (*powielać*) copy. **3.** (*odpierać*) ward off; **odbijać cios** parry a blow. **4.** (*o statku*) set sail. **5.** (*skręcać*) turn; **odbijać w prawo** turn right. **6.** (*uwalniać*) free. **7.** (*w tańcu*) cut in on. **8.** *pot.* (*uwodzić np. cudzą żonę*) steal. **9. odbić na kimś swój gniew** vent one's anger on sb.

odbijać się *ipf.* **1.** be reflected; **odbijać się głośnym echem** reverberate. **2.** (*skakać*) take off; **odbić się od dna** bounce back. **3.** (*przejawiać się*) manifest o.s. **4.** *przen.* leave a mark. **5.** (*bekać*) belch.

odbiorca *mi* (*informacji, przesyłki*) recipient, addressee; (*produktu*) consumer, user; (*sztuki, programu itp.*) audience.

odbiornik *mi Gen.pl.* **-a** receiver; **odbiornik radiowy** radio; **odbiornik telewizyjny** TV set.

odbiór *mi* **-o- 1.** receipt; **pokwitować odbiór czegoś** sign for sth. **2.** reception; **bez odbioru** over and out; **książka została odebrana życzliwie** book met with a favorable reception.

odbitka *f.* copy; **odbitka fotograficzna** print.

odblask *mi* reflex.

odblaskowy *a.* **1.** reflective; **światełka odblaskowe** reflectors. **2.** (*kolor*) fluorescent.

odblokować *pf.*, **odblokowywać** *ipf.* (*udrażniać*) clear, free, unblock.

odbudowa *f. tylko sing.* **1.** rebuilding, reconstruction. **2.** *przen.* restoration.

odbudować *pf.*, **odbudowywać** *ipf.* **1.** *bud.* reconstruct, rebuild. **2.** *przen.* (*przywracać*) restore.

odbudować się *pf.*, **odbudowywać się** *ipf. bud.* be reconstructed, be rebuilt.

odbyt *mi* anus.

odbytnica *f.* rectum.

odbywać *ipf.* serve; hold; make; have; **odbywać karę** serve a sentence; **odbyć naradę** hold a conference; **odbyć podróż** make a journey; **odbyć rozmowę** have a conversation.

odbywać się *ipf.* take place.

odcedzać *ipf.*, **odcedzić** *pf.* strain.

odchody *pl. Gen.* **-ów** excrement.

odchodzić *ipf.* **1.** go away, leave; **odchodzić z kwitkiem** go away empty-handed; **odchodzić bez słowa** leave without a word; **odejść na emeryturę** retire (from work); **odejść od żony** leave one's wife; **odejść z pracy na własną prośbę** resign from one's job, leave/quit one's job. **2. odchodzić od tematu** depart/stray (away) from the subject. **3.** (*odjechać*) depart, leave; **pociąg odchodzi z toru przy peronie pierwszym** the train departs from platform one. **4.** (*umierać*) pass away. **5.** (*mijać, np. o bólu*) wear off. **6.** (*odpadać*) come off. **7.** (*oddzielać się*) come apart.

odchudzać się *ipf.* diet, be on a diet.

odchudzanie *n.* dieting.

odchylenie *n.* **1.** (*rozsunięcie*) pulling/drawing apart. **2.** (*odgięcie*) bending. **3.** (*nieprawidłowość*) deviation.

odciąć *pf.* **odetnę odetniesz, odetnij, odciął** *zob.* **odcinać.**

odciągać *ipf.*, **odciągnąć** *pf.* **-ij 1.** pull away (*od czegoś* from sth); **odciągać czyjąś uwagę** divert sb's attention. **2.** (*odsysać*) suck.

odcień *mi Gen.* **-a 1.** (*zabarwienie*) hue, shade. **2.** (*subtelna różnica*) shade, tinge.

odcięty *a.* cut (off); **odcięty od świata** cut off from the world.

odcinać *ipf.* cut, cut off.

odcinać się *ipf.* (*zdystansować się*) dissociate o.s. (*od kogoś/czegoś* from sb/sth).

odcinek *mi* **-nk-** *Gen.* **-a 1.** segment, section. **2.** (*kwit*) stub; (*czeku, przekazu*) counterfoil. **3.** (*drogi, rzeki*) stretch; **odcinek serialu** episode; **powieść w odcinkach** serial.

odcisk *mi* **1.** imprint, trace; **odciski palców** fingerprints. **2.** (*nagniotek*) corn.

odciskać *ipf.*, **odcisnąć** *pf.* **-ij 1.** impress (*w/na czymś* in/on sth); **odcisnąć piętno** set a mark. **2.** (*wyciskać*) squeeze out.

odciskać się *ipf.*, **odcisnąć się** *pf.* leave a trace (*na czymś* on sth).

odczepiać *ipf.*, **odczepić** *pf.* detach (*od czegoś* from sth).

odczepiać się *ipf.* (*odłączać się*) disengage; **odczep się (ode mnie)!** *pot.* leave me alone!, get lost!

odczucie *n.* feeling; **w moim odczuciu...** my own feeling is...

odczuwać *ipf.* experience, feel; **odczuwać niepokój** be/feel anxious (*w związku z czymś* about sth); **odczuwać potrzebę zrobienia czegoś** feel the need to do sth; **dać komuś coś odczuć** bring sth home to sb.

odczynnik *mi Gen.* **-a** reagent.
odczyt *mi* **1.** talk, lecture. **2.** (*odczytanie wyniku, zapisu*) reading.
odczytywać *ipf.* **1.** read out; **odczytywać listę obecności** call the roll. **2.** (*sprawdzić stan, zapis*) take the readings.
oddać *pf.* **-dzą** *zob.* **oddawać.**
oddalać *ipf.* **1.** avert; **oddalać niebezpieczeństwo** avert/stave off a danger. **2.** *prawn.* dismiss; **oddalać powództwo** dismiss a petition/suit.
oddalać się *ipf.* **1.** (*odchodzić*) go/walk away, leave. **2.** *przen* grow away (*od kogoś/czegoś* from sb/sth). **3.** (*rozluźniać kontakty*) drift apart.
oddalony *a.* **-eni** remote, distant.
oddany *a.* (*przywiązany*) committed, devoted; (*o przyjacielu*) affectionate, true-blue; (*o zwolenniku idei*) staunch, ardent.
oddawać *ipf.* **-aję -ajesz 1.** give back, return; **oddawać długi** pay back debts. **2.** (*przekazywać, powierzać*) check; **oddawać na przechowanie** deposit; **oddać walizkę do przechowalni** check one's luggage at the checkroom; **oddawać coś w czyjeś ręce** surrender sth to sb; **oddać głos** cast a vote; **oddawać hołd** pay tribute; **oddawać komuś głos** give the floor to sb; **oddawać komuś serce** give one's heart to sb; **oddać komuś sprawiedliwość** do justice to sb; **oddać krew** give/donate blood; **oddać życie za kogoś** lay down one's life for sb. **3.** (*wyprawiać*) send; **oddać chorego do szpitala** send an ill person to hospital. **4.** (*wyrażać*) render; **oddać coś w jakiś sposób** render sth as.
oddawać się *ipf.* **1. oddawać się do czyjejś dyspozycji** put o.s. at sb's disposal; **oddawać się w ręce policji** turn o.s. in. **2.** (*poświęcać się*) indulge, devote o.s. (*czemuś* to sth). **3.** (*o kobiecie*) give o.s. away.
oddech *mi* **1.** breath; **brak oddechu** breathlessness; **nieświeży oddech** bad breath; **wstrzymać oddech** hold one's breath. **2.** rest; **chwila oddechu** break.
oddychać *ipf.* breathe; **ciężko oddychać** gasp; **odetchnąć z ulgą** sigh with relief.
oddychanie *n.* breathing, respiration; **sztuczne oddychanie** resuscitation.
oddział *mi* **1.** *wojsk.* unit; (*policyjny*) squad. **2.** (*filia, wydział*) branch, agency; division, department. **3.** *med.* ward, unit; **oddział intensywnej opieki** intensive care unit.
oddziaływać -uję/-am -ujesz/-asz, -uj/-aj *ipf.* act, impinge (*na kogoś/coś* on sb/sth); (*wzajemnie na siebie*) interact.
oddziaływanie *n.* interaction; *form.* impingement.
oddzielać *ipf.*, **oddzielić** *pf.* **1.** separate (*od kogoś/czegoś* from sb/sth). **2.** (*odrywać, odłączać*) cut off, detach (*od czegoś* from sth). **3.** (*rozłączać*) set apart.
oddzielać się *ipf.*, **oddzielić się** *pf.* **1.** separate o.s. (*od czegoś* from sth). **2.** (*odizolowywać się*) isolate o.s. (*od kogoś/czegoś* from sb/sth).
oddzielny *a.* separate.
oddzwaniać *ipf.*, **oddzwonić** *pf.* call back.
oddźwięk *mi* response.
ode *prep. zob.* **od.**
odebrać *pf.* **odbiorę, odbierzesz** *zob.* **odbierać.**
odechcieć się *pf.* **-chce, -chciało, odechciewać się** *ipf.* lose all liking for sth, no longer feel like doing sth.
odejmować *ipf.* **1.** deduct, subtract; **odejmować sobie od ust** scrimp and save. **2. jak ręką odjął** as if by magic.
odejmowanie *n.* subtraction, deduction.
odejście *n.* **1.** departure. **2.** *przen.* (*porzucenie*) breakaway; (*od tematu*) digression; **odejście na emeryturę** retirement. **3.** (*zwolnienie się z pracy*) quitting one's job. **4.** (*śmierć*) passing.
odejść *pf.* **odejdę odejdziesz, odszedł, odeszła, odeszli** *zob.* **odchodzić.**
oderwać *pf.* **-ę -esz, -ij** *zob.* **odrywać.**
oderwany *a.* separate; **oderwany od rzeczywistości** unreal; **oderwany od tematu** irrelevant.
odetchnąć *pf.* **-ij 1.** *zob.* **oddychać. 2.** have/take a break.
odezwa *f.* proclamation.
odezwać się *pf.* **-ę -esz, -ij** *zob.* **odzywać się.**
odfrunąć *pf.*, **odfruwać** *ipf.* fly away.
odgadnąć *pf.* **-ij, -dł/-dnął -dła -dli, odgadywać** *ipf.* **1.** make out, guess. **2.** (*przewidywać*) predict.
odgałęzienie *n.* branch, offshoot.
odganiać *ipf.* drive away (*od kogoś/czegoś* from sb/sth).
odgiąć *pf.* **odegnę odegniesz, odegnij, odgiął, odginać** *ipf.* straighten.
odgłos *mi* **1.** sound; **odgłos kroków** footstep; **odgłos walki** sound of fighting. **2.** (*odzew*) echo.
odgradzać *ipf.* fence off, separate (*od kogoś/czegoś* from sb/sth).
odgradzać się *ipf.* separate o.s. (*od kogoś/czegoś* from sb/sth).
odgrywać *ipf.* **-am -asz 1.** play; **odegrać ważną rolę** play a vital part. **2.** (*w przedstawieniu*) act; **odgrywać rolę** act a role.
odgrywać się *ipf.* have one's revenge (*na kimś* on sb) (*za coś* for sth).
odgryzać *ipf.*, **odgryźć** *pf.* **-zę -ziesz, -zł -źli** bite off.
odgryzać się *ipf.*, **odgryźć się** *pf. pot.* (*kontratakować*) strike back; (*w rozmowie*) retort.
odgrzewać *ipf.* **1.** warm over. **2.** *przen.* (*temat*) rehash.
odhaczać *ipf.*, **odhaczyć** *pf.* (*zaznaczać*) tick off, check off.
odjazd *mi Loc.* **-eździe** departure.
odjeżdżać *ipf.* depart, leave; (*o pojeździe*) pull out.
odkazić *pf.*, **odkażać** *ipf.* disinfect; **środki odkażające** disinfectants.
odkąd *adv.* **1.** (*od kiedy*) since. **2.** (*od jakiego miejsca*) where... from. **3.** (*od kiedy?*) since when?
odkleić *pf.*, **odklejać** *ipf.* unstick.
odkleić się *pf.*, **odklejać się** *ipf.* come unstuck (*od kogoś/czegoś* off sb/sth).
odkładać *ipf.* **1. odkładać na bok** put away/aside; **odłożyć coś na miejsce** put sth back; **odłożyć słuchawkę** hang up (the phone). **2.** (*odwlekać*) put off, postpone; **odkładać na później/na jutro** put sth off till later/tomorrow. **3.** (*oszczędzać*) save, put aside; **odkładać na samochód** put aside/save for a car.
odkładać się *ipf.* accumulate.
odkopywać *ipf.* dig up, unearth.
odkroić *pf.* **-ój, odkrajać** *pf.* **-ę -esz, odkrawać** *ipf.* cut off; (*plaster szynki*) carve.
odkręcać *ipf.*, **odkręcić** *pf.* open; **odkręcić butelkę** open a bottle; (*śrubę*) unscrew; (*słoik*) twist off; (*kran, kurek, wodę, gaz*) turn on.
odkręcać się *ipf.*, **odkręcić się** *pf.* **1.** (*odłączać się*) come off. **2.** (*otwierać się*) open.
odkrycie *n.* (*wynalazek*) invention; (*odnalezienie*) discovery.

odkryty *a.* **1.** invented; discovered. **2.** open; **odkryty samochód** convertible; **odkryty teren** open area.
odkrywać *ipf.* **1.** uncover; **odkrywać karty** put/lay one's cards on the table. **2.** discover; invent. **3.** (*uświadomić sobie*) realize.
odkrywca *mp* discoverer, explorer; inventor.
odkrywczy *a.* **1.** revealing. **2.** (*badawczy*) exploratory.
odkurzacz *mi Gen.* **-a** vacuum cleaner.
odkurzać *ipf.*, **odkurzyć** *pf.* dust; (*odkurzaczem*) vacuum.
odlatywać *ipf.*, **odlecieć** *pf.* **-ę -isz 1.** (*o ptaku*) fly away/off; (*o samolocie*) take off; **odlecieć do ciepłych krajów** fly south for the winter; **odlatywać do Warszawy** take a plane to Warsaw. **2.** (*odpadać*) fall off.
odległość *f.* **1.** (*w przestrzeni*) distance; **na odległość ramienia** at arm's length; **robić coś na odległość** do sth from a (long) distance. **2.** (*w czasie*) remoteness.
odległy *a.* distant, remote; **odległa przeszłość/przyszłość** distant past/future.
odlepiać *ipf.*, **odlepić** *pf.* unstick.
odlepiać się *ipf.*, **odlepić się** *pf.* come unstuck.
odlewać *ipf.* **1.** (*wylewać*) pour out. **2.** (*formować*) cast; **odlać dzwon/monety** cast a bell/coins.
odlewać się *ipf. pot., wulg.* (*oddać mocz*) piss.
odleżyna *f.* bedsore.
odliczać *ipf.*, **odliczyć** *pf.* **1.** (*umniejszać*) deduct. **2.** (*liczyć*) count; **kolejno odlicz!** count off!
odlot *mi* **1.** departure. **2.** *pot.* (*odurzenie*) trip.
odludek *mp* **-dk-** *pl.* **-i** recluse.
odludny *a.* lonely, secluded; **odludny teren** secluded area.
odludzie *n. Gen.pl.* **-i** middle of nowhere; **na odludziu** off the beaten track.
odłam *mi* **1.** (*kawał*) block. **2.** (*ugrupowanie*) faction; *sztuka* trend.
odłamać (się) *pf. zob.* **odłamywać (się)**.
odłamek *mi* **-mk-** *Gen.* **-a 1.** splinter. **2.** *wojsk.* shrapnel.
odłamywać *ipf.* break off.
odłamywać się *ipf.* break off.
odłączać *ipf.*, **odłączyć** *pf.* disconnect, separate (*od kogoś/czegoś* from sb/sth).
odłączać się *ipf.*, **odłączyć się** *pf.* break away (*od kogoś/czegoś* from sb/sth).
odmarzać *ipf.*, **odmarznąć** *pf.* **-ij, -zł/-znął -zła** defrost, thaw.
odmawiać *ipf.* **1.** refuse, decline; **odmówić pomocy** refuse help; **odmówić posłuszeństwa** defy; **odmawiać sobie czegoś** deny o.s. sth. **2.** (*zmówić*) say; **odmawiać pacierz/modlitwę/różaniec** say one's prayer/rosary.
odmiana *f.* **1.** change; **dla odmiany** for a change. **2.** *biol.* variety. **3.** *jęz.* inflection.
odmieniać *ipf.*, **odmienić** *pf.* **1.** change. **2.** *jęz.* inflect.
odmieniać się *ipf.*, **odmienić się** *pf.* **1.** change. **2.** *jęz.* inflect.
odmienny *a.* **1.** different, dissimilar. **2.** *jęz.* inflected.
odmierzać *ipf.*, **odmierzyć** *pf.* measure; (*wydzielać*) measure out; **odmierzać takt** beat time.
odmładzać *ipf.* **1.** (*nadawać młodszy wygląd*) make (sb) look younger. **2.** (*czynić młodszym*) rejuvenate. **3.** (*np. załogę*) bring new blood into.
odmładzać się *ipf.* rejuvenate.
odmładzający *a.* rejuvenating.
odmowa *f. Gen.pl.* **-ów** refusal; **odmowa (składania) zeznań** refusal to testify; **spotkać się z odmową** meet with a refusal.
odmownie *adv.* negatively.
odmowny *a.* negative.
odmrażać *ipf.*, **odmrozić** *pf.* **-óź/-oź 1.** (*uszkodzić ciało*) get frostbitten; **odmroziłem sobie ręce/uszy** my hands/ears are frostbitten. **2.** (*usuwać skutki mrozu*) defrost, de-ice.
odmrożenie *n.* (*uszkodzenie ciała*) frostbite; **odmrożenie rąk/nóg** chilblain; **odmrożenia pierwszego/drugiego stopnia** first/second degree frostbite.
odnajdować *ipf.* find; **odnajdować zgubę/spokój** find sth lost/peace.
odnajdować się *ipf.* **1.** (*wrócić*) come back, turn up. **2.** (*odszukać się*) find each other/one another. **3.** (*znaleźć się*) be found.
odnawiać *ipf.* **1.** renovate, refurbish. **2.** (*przywracać*) renew.
odnawiać się *ipf.* (*odradzać się*) revive.
odniesienie *n.* reference; **punkt/układ odniesienia** point/frame of reference; **w odniesieniu do czegoś** with reference to.
odnoga *f. Gen.pl.* **-óg** (*rzeki*) arm; *bot.* offshoot.
odnosić *ipf.* **1.** take back; **odnosić książki do biblioteki** take books back to the library. **2.** (*osiągać*) achieve; **odnosić sukcesy** achieve success, succeed. **3.** suffer, sustain; **odnieść obrażenia** sustain injuries.
odnosić się *ipf.* **1.** (*traktować*) treat (*do kogoś/czegoś* sb/sth). **2.** (*mieć związek*) relate (*do czegoś* to sth).
odnośnie *adv.* in relation (*do kogoś/czegoś* to sb/sth).
odnotować *pf.*, **odnotowywać** *ipf.* **1.** (*zapisywać*) write down, take down. **2.** (*zarejestrować, zapamiętywać*) notice, take heed of; **odnotować w pamięci** remember.
odnowa *f. tylko sing.* **1.** regeneration; **odnowa biologiczna** biological regeneration. **2.** (*remont*) renovation; **odnowa zabytków** restoration.
odosobnienie *n.* isolation; (*miejsce*) solitude; **miejsce odosobnienia** *prawn.* penitentiary.
odosobniony *a.* **1.** secluded. **2.** (*rzadki*) exceptional; isolated.
odór *mi* **-o-** stench, stink.
odpadać *ipf.* **1.** (*odrywać się*) come off; **odpadło mi trochę obowiązków** I was relieved of some duties/responsibilities. **2.** (*rezygnować, być wyeliminowanym*) drop out; **odpaść z konkursu** be eliminated from a contest; **ktoś/coś odpada** sb/sth is out (of the question).
odpadki *pl. Gen.* **-ów** (*przemysłowe*) waste; (*domowe*) garbage, refuse.
odpady *pl.* waste (material), scrap; **odpady promieniotwórcze** radioactive waste.
odpakować *pf.*, **odpakowywać** *ipf.* open, unwrap.
odparzać *ipf.* chafe.
odparzenie *n.* **1.** chafing. **2.** (*miejsce*) chafe, chafed spot/area.
odpędzać *ipf.*, **odpędzić** *pf.* chase away, repel; **odpędzić (od siebie) złe myśli** chase away bad thoughts; (*zmuszać do cofnięcia się*) drive back, force back.
odpinać *ipf.* (*guziki*) undo, unbutton; (*zamek*) unzip, unfasten; (*pas, szelki*) unbuckle, take off; (*broszkę, spinkę*) unclasp.
odpinać się *ipf.* get undone.
odpis *mi* **1.** copy; **odpis uwierzytelniony** certified (true) copy. **2.** *ekon.* write-off; **odpis podatkowy** tax deduction.

odpisać *pf.* **-ę -esz, odpisywać** *ipf.* **1.** (*pisemnie odpowiedzieć*) answer, write back. **2.** (*przepisać*) copy, make a copy of; **odpisywać** (*ściągać*) copy.
odplamiacz *mi Gen.* **-a** stain remover.
odpłatnie *adv.* for a payment/fee.
odpłatny *a.* paid.
odpływ *mi* **1.** outflow. **2.** (*ubytek*) loss; **odpływ fachowców/gotówki** brain/cash drain. **3.** (*otwór, ujście*) outlet. **4.** *geogr.* ebb (tide), low tide; **strefa przypływów i odpływów** high and low tide area.
odpływać *ipf.* **-am -asz 1.** swim away; sail away (*od kogoś/czegoś* from sb/sth); (*o przedmiotach*) float away. **2.** (*o cieczach*) flow away.
odpoczynek *mi* **-nk-** rest, relaxation; **zasłużony/wieczny odpoczynek** well-earned/eternal rest.
odpoczywać *ipf.* rest, have/take a rest.
odporność *f.* resistance, immunity; **odporność na choroby** resistance to diseases; **wysoka/niska odporność** high/low resistance.
odporny *a.* resistant (*na coś* to sth); immune; *bot.* tolerant; **odporny na ból** resistant to pain.
odpowiadać *ipf.* **1.** answer, reply; **odpowiadać listownie/ustnie/pisemnie** answer in a letter/orally/in writing. **2.** (*reagować na uwagi*) respond; **odpowiadać na apel/wezwanie** respond to an appeal/a call. **3.** *szkoln.* give a report, be quizzed; **odpowiadać z matematyki** be quizzed on math, give math. **4.** (*ponosić odpowiedzialność*) be responsible (*za coś* for sth); **odpowiadać za uczniów** be responsible for one's students; (*ponosić karę*) be held responsible (*za coś* for sth); **odpowiadać przed sądem** be brought to trial; **odpowiadać za morderstwo** be held responsible for murder. **5.** (*pasować*) suit; **to mi odpowiada** it suits me (fine). **6.** (*być zgodnym z czymś*) correspond; **odpowiadać rzeczywistości** correspond with the facts.
odpowiedni *a.* appropriate, suitable, adequate, right; **odpowiednia chwila/pora** opportune moment; **odpowiedni człowiek** the right person; **odpowiednie słowa** right/adequate words.
odpowiednik *mi Gen.* **-a** equivalent, counterpart.
odpowiedzialność *f.* responsibility, liability; **odpowiedzialność cywilna/karna** civil/criminal liability; **pociągnąć kogoś do odpowiedzialności za coś** bring/call sb to account for sth; **ponosić odpowiedzialność za coś** bear responsibility for sth; **spółka z ograniczoną odpowiedzialnością** limited liability company; **uchylać się od odpowiedzialności** shirk responsibility.
odpowiedzialny *a.* **1.** (*rzetelny*) reliable, trustworthy. **2.** (*niełatwy, znaczący*) responsible, challenging, difficult.
odpowiedź *f.* **1.** (*na pytanie*) answer, reply; **odpowiedź na pytanie/list** answer to a question/letter; **pisemna/ustna odpowiedź** written/oral answer; **w odpowiedzi na Pański list** in reply to your letter; **zostawić coś bez odpowiedzi** leave sth unanswered. **2.** (*na lekcjach*) report; **wziąć kogoś do odpowiedzi** quiz sb. **3.** (*reakcja*) response; **w odpowiedzi na strajki** in response to strikes.
odprawa *f.* **1.** (*narada*) briefing. **2.** (*wynagrodzenie*) severance pay; **odprawa emerytalna** retirement bonus; **odprawa pośmiertna** bereavement (pay). **3.** (*pasażerów*) clearance; **odprawa celna** customs clearance.
odprawiać *ipf.*, **odprawić** *pf.* **1.** send away, dismiss; **odprawić kogoś z kwitkiem** send sb away/back empty-handed. **2.** (*wysyłać*) dispatch. **3.** (*wykonywać*) carry out; **odprawić modły** say prayers; **odprawiać nabożeństwo** conduct a service.
odprężać *ipf.* relax, unwind.
odprężać się *ipf.* relax, unwind.
odprężenie *n.* relaxation; *polit.* detente.
odprowadzać *ipf.*, **odprowadzić** *pf.* **1.** see off, escort, accompany; **odprowadzać dziewczynę do domu** see/walk one's girlfriend home; **odprowadzić na dworzec** see sb to the station. **2.** (*usuwać*) pipe; **odprowadzać ścieki** discharge sewage.
odprysk *mi* piece; (*szkła, kamienia, tynku, węgla*) splinter, chip; (*farby*) flake.
odpust *mi* **1.** *kość.* (*uroczystość*) church fete/fair. **2.** *rel.* indulgence; **udzielić odpustu** grant indulgence; **uzyskać odpust** receive indulgence.
odpuszczać *ipf.* **1.** forgive; **odpuszczać komuś grzechy** absolve sb from sins. **2.** *pot.* (*rezygnować*) let go; **odpuścić sobie** let go.
odpychać *ipf.* **1.** push back/away. **2.** (*powodować niechęć*) repel (*od kogoś/czegoś* from sb/sth); **odpychać swoim zachowaniem/wyglądem** repel with one's behavior/appearance.
odpychać się *ipf.* push back.
Odra *f.* the Oder (River).
odra *f.* measles.
odrabiać *ipf.* **1.** do; **odrabiać lekcje** do homework; **odrobić zaległości w pracy** catch up on one's work. **2.** (*zrekompensować, odpracować*) make up for; **odrabiać nieobecności** make up for one's absences.
odraczać *ipf.* postpone, put off, defer, adjourn; **odroczyć na miesiąc** postpone/put off for a month; **odroczyć rozprawę** adjourn a trial; **odraczać termin płatności** defer payment.
odradzać *ipf.*, **odradzić** *pf.* dissuade; **odradzać komuś coś** advise sb against sth.
odradzać *ipf.*, **odrodzić** *pf.* **-odź/-ódź** (*regenerować*) revitalize, bring back to life; revive.
odradzać się *ipf.*, **odrodzić się** *pf.* revive, be restored to life, come back to life.
odraza *f.* disgust; **czuć do kogoś/czegoś odrazę** feel disgust at/with sb/sth; **wzbudzać w kimś odrazę** fill sb with disgust.
odrażający *a.* disgusting, repugnant.
odreagować *pf.*, **odreagowywać** *ipf.* get over, recover from stress.
odreagować się *pf.*, **odreagowywać się** *ipf.* recover from stress.
odrębność *f.* autonomy, distinction.
odrębny *a.* **1.** separate. **2.** autonomous. **3.** different.
odręcznie *adv.* (*narysowany*) freehand; (*napisany*) in longhand.
odręczny *a.* **1.** (*rysunek*) freehand; (*tekst*) handwritten; **odręczny list** handwritten letter, letter written in longhand. **2.** (*natychmiastowy*) instant.
odrętwiały *a.* **1.** numb. **2.** *przen.* (*zobojętniały*) torpid, indifferent.
odrętwienie *n.* **1.** numbness. **2.** *przen.* (*apatia*) stupor, indifference.
odrobina *f.* bit; **odrobina szczęścia** a bit of luck; **odrobinę** a little (bit).
odrodzenie *n.* **1.** rebirth, revival; **Święto Odrodzenia Polski** Poland's Independence Day. **2.** *hist.* the Renaissance.

odróżniać *ipf.*, **odróżnić** *pf.* **-ij** distinguish, differentiate; **nie odróżniać kolorów** be color-blind; **odróżniać złe od dobrego** distinguish the bad from the good.

odróżniać się *ipf.*, **odróżnić się** *pf.* be different, be distinct (*od kogoś/czegoś* from sb/sth).

odróżnienie *n.* distinction; **w odróżnieniu od kogoś/czegoś** as opposed to sb/sth.

odruch *mi* **1.** reflex; **odruch bezwarunkowy/warunkowy** unconditioned/conditioned reflex. **2.** (*reakcja*) reaction; **ludzkie odruchy** normal reactions.

odruchowy *a.* **1.** reflex(ive). **2.** (*nieumyślny*) involuntary, spontaneous.

odrywać *ipf.* **1.** tear off, rip off; **nie móc oderwać od kogoś/czegoś oczu** have one's eyes riveted on sb/sth. **2.** (*przeszkadzać*) distract, draw away (*od czegoś* from sth).

odrywać się *ipf.* **1.** (*odpaść*) come off. **2.** (*odłączać się*) break away (*od czegoś* from sth); **samolot oderwał się od ziemi** plane took off. **3.** (*przerywać*) take a break; **nie mogę się od tego oderwać** I can't tear away from it.

odrzucać *ipf.*, **odrzucić** *pf.* **1.** (*odsuwać*) throw aside; **coś odrzuca kogoś od kogoś/czegoś** sth puts sb off sb/sth. **2.** (*rzucać z powrotem*) throw back. **3.** (*usuwać*) throw away. **4.** (*odtrącać, kwestionować*) reject, turn down.

odrzutowiec *mi* **-wc-** *Gen.* **-a** jet.

odrzutowy *a.* jet; **silnik/samolot odrzutowy** jet engine/plane.

odsetek *mi* **-tk-** *Gen.* **-a 1.** *t. ekon.* (*procent*) percentage, proportion; **znaczny odsetek pracowników** significant percentage/proportion of workers. **2.** (*procent, zysk, kara pieniężna*) interest.

odsiadywać *ipf.* (*karę w więzieniu*) serve/do time (*za coś* for sth).

odsiecz *f. pl.* **-e** relief; **przyjść z odsieczą** to relieve; **ruszyć z odsieczą** hasten to the relief.

odskakiwać *ipf.* **1.** spring (*od kogoś/czegoś* away from sb/sth). **2.** (*o piłce*) bounce, rebound. **3.** (*o zamknięciu*) spring back.

odskocznia *f. Gen.pl.* **-i 1.** springboard. **2.** (*wypoczynek*) refuge; **odskocznia od obowiązków/pracy** refuge from duties/work.

odsłaniać *ipf.* **1.** (*ramiona*) expose, bare; (*pomnik, tablicę*) unveil. **2.** (*zasłonę*) draw. **3.** (*ujawniać*) reveal.

odsłona *f.* (*w teatrze*) scene.

odsprzedać *pf.*, **odsprzedawać** *ipf.* **-aję -ajesz** resell.

odstający *a.* protruding; **odstające uszy** protruding ears.

odstawać *ipf.* **-aję -ajesz, -waj 1.** protrude. **2.** (*różnić się*) stand out.

odstawiać *ipf.*, **odstawić** *pf.* **1.** (*meble, szafę*) move (*od czegoś* away from sth). **2.** (*odłożyć*) set aside. **3.** (*skończyć robić, brać*) **odstawić dziecko od piersi** wean a baby; **odstawić narkotyki/wódkę** come off drugs/vodka. **4.** (*odprowadzić*) take; **odstawić samochód do warsztatu** take one's car to a garage. **5.** *pot.* **odstawić na boczny tor** put on the shelf. **6.** *pot.* **odstawić numer** pull a fast one. **7.** *pot.* **odstawiać fuchę** botch a job.

odstęp *mi* (*w przestrzeni/czasie*) interval, space.

odstępować *ipf.* **1.** move away; **nie odstępować kogoś ani na krok** dog sb's footsteps. **2.** (*zrezygnować*) give up; **odstępować komuś swoje miejsce** give up one's seat to sb; (*wycofać się*) withdraw (*od czegoś* from sth).

odstępstwo *n.* departure (*od czegoś* from sth); **odstępstwo od normy** aberration; **odstępstwo od reguł** violation of the rules.

odstraszać *ipf.* **1.** scare off. **2.** (*np. komary*) repel.

odstraszający *a.* deterrent; **środek odstraszający owady** insect repellent.

odsyłacz *mi Gen.* **-a 1.** reference. **2.** (*do innego hasła*) cross-reference.

odsyłać *ipf.* **1.** send back. **2.** (*kierować dokądś*) refer (*do kogoś/czegoś* to sb/sth); **odsyłać z kwitkiem** send back empty-handed. **3.** (*w tekście*) cross-refer.

odszkodowanie *n.* damages, compensation; **przyznać komuś odszkodowanie** award/grant sb damages; **ubiegać się o odszkodowanie** claim/seek compensation.

odszukać *pf.*, **odszukiwać** *ipf.* find.

odszyfrować *pf.*, **odszyfrowywać** *ipf.* **1.** (*odczytać szyfr*) decode, decrypt. **2.** (*odgadnąć*) decipher.

odśrodkowy *a. fiz.* centrifugal.

odświeżać *ipf.*, **odświeżyć** *pf.* **1.** (*mieszkanie, łazienkę*) redecorate. **2.** (*przywracać świeżość*) refresh; **odświeżająca kąpiel/prysznic** refreshing bath/shower.

odświeżać się *ipf.*, **odświeżyć się** *pf.* freshen up, refresh (o.s.).

odświętny *a.* festive, holiday; **odświętny nastrój** holiday/festive mood; **odświętny strój** one's (Sunday) best.

odtąd *adv.* **1.** (*od tego miejsca*) (starting) from here/this point. **2.** (*od tamtego czasu*) since then; **odtąd żyli długo i szczęśliwie** and they lived happily ever after. **3.** (*od obecnej chwili*) from now on.

odtrącać *ipf.*, **odtrącić** *pf.* **1.** (*odsuwać*) shove away. **2.** (*nie przyjmować*) reject.

odtrutka *f.* antidote (*na coś* to sth).

odtwarzacz *mi Gen.* **-a** player; **odtwarzacz przenośny** personal stereo.

odtwarzać *ipf.*, **odtworzyć** *pf.* **-órz 1.** (*skórę, nabłonek*) regenerate. **2.** (*rekonstruować*) reconstruct; (*domy, obrazy*) restore. **3. odtwarzać rolę** perform a role. **4.** (*nagranie*) play (back).

odtwarzanie *n.* (*tkanek*) regeneration; (*budynku, obrazu*) reconstruction; (*dźwięku, obrazu*) playing, playback.

odtwórca *mp* performer; **odtwórca głównej roli** lead actor.

odurzać *ipf.* **1.** drug, intoxicate. **2.** (*otumaniać*) stupefy, overpower.

odurzać się *ipf.* take; **odurzać się chemikaliami/narkotykami** abuse solvents/drugs.

odurzający *a.* intoxicating, overpowering; **środki odurzające** intoxicants.

odwaga *f.* (*męstwo*) courage, bravery; **odwaga cywilna** moral courage; **stracić odwagę** lose heart; **zebrać się na odwagę** muster (up)/summon up the courage.

odważać *ipf.* weigh out.

odważnik *mi Gen.* **-a** weight.

odważny *a.* courageous, brave; (*o krytyce*) unflinching.

odważyć się *pf.* find courage; **odważyć się zaprzeczyć** dare to deny.

odwdzięczać się *ipf.*, **odwdzięczyć się** *pf.* return a favor, repay (*komuś za coś* sb for sth).

odwet *mi* retaliation, revenge; **wziąć na kimś odwet** take revenge on sb.
odwiązać *pf.* **-żę -żesz, odwiązywać** *ipf.* untie, undo; **odwiązać buty** unlace shoes.
odwiązać się *pf.*, **odwiązywać się** *ipf.* come untied, come undone.
odwieczny *a.* (*zamek*) ancient; (*prawda*) eternal; (*problem*) perennial.
odwiedzać *ipf.*, **odwiedzić** *pf.* **1.** visit, call on. **2.** (*muzea, teatry, wystawy*) go to.
odwiedziny *pl. Gen.* **-n** visit, call; **być w odwiedzinach u kogoś** be on a visit to sb; **przyjść w odwiedziny do kogoś** pay sb a visit.
odwieść *pf. zob.* **odwodzić.**
odwieźć *pf. zob.* **odwozić.**
odwijać *ipf.* **1.** (*z papieru*) unwrap. **2.** (*o sznurku, niciach*) unreel, unwind. **3.** (*o rękawach*) unroll.
odwilż *f. pl.* **-e** thaw.
odwinąć *pf. zob.* **odwijać.**
odwodnienie *n. med.* dehydration.
odwodzić *ipf.* **-ódź** (*powstrzymywać kogoś przed czymś*) discourage/dissuade (*kogoś od zrobienia czegoś* sb from doing sth).
odwołać (się) *pf. zob.* **odwoływać (się).**
odwołanie *n.* **1.** (*zarządzenia*) cancellation. **2.** (*dymisja*) dismissal. **3.** *prawn.* (*od wyroku*) appeal; **aż do odwołania** until further notice.
odwoływać *ipf.* **1.** (*dymisjonować*) dismiss. **2.** (*wykład, lot*) cancel; (*słowo, obietnicę*) withdraw, retract.
odwoływać się *ipf.* **1.** appeal; **odwołać się do sądu/** appeal to the court; **odwołać się od decyzji** appeal from/against a decision. **2.** (*przywoływać autorytet*) refer (*do kogoś/czegoś* to sb/sth).
odwozić *ipf.* (*zawozić*) **1.** take, drive. **2.** (*z powrotem*) take back, drive back.
odwracać *ipf.* **1.** (*o głowie*) turn (away); (*kartkach*) turn; **odwrócić wzrok** avert one's eyes/gaze. **2.** (*o ubraniu*) turn inside out. **3. odwracać czyjąś uwagę od czegoś** divert sb's attention from sth; **odwrócić nieszczęście** avert a disaster.
odwracać się *ipf.* **1.** (*obracać się*) turn round; (*tyłem*) turn away; (*na bok*) turn to one's side. **2.** (*zerwać z kimś*) turn one's back (*od kogoś* on sb); turn away (*od kogoś* from sb). **3. szczęście się ode mnie odwróciło** luck has deserted me.
odwrotnie *adv.* the other way around; **odwrotnie proporcjonalny** *mat.* inversely proportional; **włożyłaś bluzkę odwrotnie** (*na lewą stronę*) you've put the blouse on inside out; (*tyłem do przodu*) you've put the blouse on backwards.
odwrotność *f.* the opposite, the reverse; *mat.* inverse.
odwrotny *a.* opposite, reverse; **odnieść odwrotny skutek** backfire; **odwrotna strona medalu** the other side of the coin; **w odwrotnej kolejności** in reverse order.
odwrócić (się) *pf. zob.* **odwracać (się).**
odwrót *mi* **-o- 1.** *wojsk.* retreat, withdrawal. **2.** *przen.* turn (*od czegoś* (away) from sth). **3.** (*przeciwna strona*) reverse; **na odwrocie** on the reverse; **na odwrocie kartki** overleaf; **na odwrót** (*wprost przeciwnie*) the other way round.
odwzajemniać *ipf.*, **odwzajemnić** *pf.* **-ij** (*uczucia*) reciprocate, requite; (*uśmiech*) return.
odwzajemniać się *ipf.*, **odwzajemnić się** *pf.* = **odwdzięczać się.**
odziedziczyć *pf.* inherit (*coś po kimś* sth from sb).
odzież *f.* clothes, clothing; **odzież codzienna/swobodna** casual wear/clothes; **odzież ochronna** protective clothing.
odznaczać *ipf.* award; (*medalem*) decorate (*kogoś za coś* sb for sth).
odznaczać się *ipf.* **1.** be characterized (*czymś* by sth). **2.** (*uwidaczniać się*) stand out.
odznaczenie *n.* decoration, distinction.
odznaka *f.* **1.** distinction, decoration. **2.** (*znak przynależności*) badge.
odzwierciedlać *ipf.* reflect, mirror.
odzwyczaić *pf.*, **odzwyczajać** *ipf.* disaccustom (*kogoś od czegoś* sb to sth).
odzwyczaić się *pf.*, **odzwyczajać się** *ipf.* break/lose a habit; disaccustom oneself (*od czegoś* to sth).
odzyskać *pf.*, **odzyskiwać** *ipf.* recover, win/get back, regain; **odzyskać mowę** find one's tongue; **odzyskać panowanie nad sobą** regain/recover one's composure; **odzyskać przytomność** regain consciousness, come round/to.
odzywać się *ipf.* **-am -asz 1.** (*mówić*) speak; (*o uczuciach*) awake. **2.** (*rozlegać się*) sound.
odżałować *pf.* **1.** (*o stracie*) get over. **2.** (*o pieniądzach*) part with.
odżywczy *a.* nourishing, nutritional; **krem odżywczy** nourishing cream; **wartość odżywcza** nutritional value.
odżywiać *ipf.* nourish, feed.
odżywiać się *ipf.* (*o człowieku*) eat; **odżywiać się prawidłowo** eat right; (*o zwierzęciu*) feed.
odżywianie *n.* nutrition, nourishment.
odżywka *f.* (*dla dzieci*) formula; (*dla sportowców*) supplement; **odżywka do włosów** hair-conditioner.
ofensywa *f.* offense.
oferować *ipf.* offer.
oferta *f.* offer, proposal.
ofiara *f. Dat. & Loc.* **-erze 1.** (*datek*) contribution, donation. **2.** (*poświęcenie czegoś*) sacrifice. **3.** (*poszkodowany*) casualty, victim; **ofiara śmiertelna** fatality; **padać ofiarą czegoś** fall victim to sth. **4.** *pog.* (*niezdara*) loser.
ofiarność *f.* (*oddanie*) dedication, devotion.
ofiarny *a.* **1.** (*pełen poświęcenia*) dedicated, devoted. **2.** (*o zwierzęciu, stosie, ołtarzu*) sacrificial; **kozioł ofiarny** scapegoat.
ofiarodawca *mp*, **ofiarodawczyni** *f.* donor.
ofiarować *pf.*, **ofiarowywać** *ipf.* present (*komuś coś* sb with sth); give, offer; (*o datkach*) donate.
ofiarować się *pf.*, **ofiarowywać się** *ipf.* offer, volunteer.
oficer *mp pl.* **-owie** (commissioned) officer.
oficjalny *a.* **1.** official, formal; **oficjalny przedstawiciel** accredited representative. **2.** (*nie spoufalający się*) reserved.
oficyna *f.* **1.** (*dobudówka*) annex. **2.** (*wydawnictwo*) publishing house.
ogarnąć *pf.* **-ij, ogarniać** *ipf.* **1.** (*widzieć, rozumieć całość*) comprehend; **ogarniać kogoś/coś spojrzeniem** take sb/sth in; **trudno to ogarnąć umysłem** it's difficult to grasp, it's mind-boggling. **2. ogarnęła mnie panika** I was panic-stricken, panic gripped me. **3.** (*otaczać kogoś, coś*) surround, encompass; **ogarnęły nas kompletne ciemności** we were left in total darkness.
ogarnąć się *pf.* **-ij, ogarniać się** *ipf.* spruce up, freshen up; **muszę się trochę ogarnąć przed obiadem** I have to spruce up a bit before dinner.

ogień *mi* **ogni-** *Gen.* **-a 1.** fire; **dolać oliwy do ognia** add fuel to the flames; **na wolnym ogniu** *kulin.* on a low heat; **przerwać ogień!** *wojsk.* cease fire; **stać w ogniu** be in flames; **sztuczne ognie** fireworks; **ugasić ogień** put out a fire; **podłożyć ogień pod coś** set sth on fire; **zimne ognie** sparklers. **2.** (*zapalniczki, zapałki*) light; **masz ogień?** do you have a light?
ogier *ma* stallion.
oglądać *ipf.* (*o filmie, telewizji*) watch; (*o obrazie, książce*) look at; (*o zabytkach, mieście*) see.
oglądać się *ipf.* **1.** (*przyglądać się sobie*) look at o.s. **2.** (*do tyłu*) look back; (*na boki*) look around; **oglądać się za kobietami, mężczyznami** have a roving/wandering eye.
ogłaszać *ipf.* announce; (*dekret, odezwę*) publish, issue; (*niepodległość, stan wyjątkowy*) declare; **ogłaszać wyrok** pronounce sentence.
ogłaszać się *ipf.* advertise.
ogłosić *pf. zob.* **ogłaszać.**
ogłoszenie *n.* announcement; (*niepodległości, zawieszenia broni*) declaration; (*pisemne*) notice; (*matrymonialne, reklamowe*) ad(vertisement); **ogłoszenia drobne** classified ads.
ogłuszać *ipf.* **1.** deafen. **2.** (*pozbawiać przytomności*) knock out.
ognioodporny *a.* fire-resistant.
ogniotrwały *a.* fireproof.
ognisko *n.* **1.** fire; (*duże*) bonfire; **ognisko domowe** home; **rozpalić ognisko** make/light a fire. **2.** center; (*artystyczne*) group, circle. **3.** *pat., polit.* focus.
ogniwo *n.* **1.** link. **2.** (*organizacji, bateria*) cell.
ogolić *pf.* **-ol/-ól** shave.
ogolić się *pf.* shave.
ogon *mi Gen.* **-a** tail; **koński ogon** (*fryzura*) ponytail.
ogonek *mi* **-nk-** *Gen.* **-a 1.** tail; **mysi ogonek** (*fryzura*) pigtail. **2.** (*owocu, kwiatu*) stem; (*grzyba, liścia*) stalk; (*szypułka*) hull. **3.** (*liter ą, ę*) hook. **4.** *pot.* (*kolejka*) line.
ogólnie *adv.* generally; **ogólnie biorąc** on the whole; **ogólnie mówiąc** broadly/generally speaking.
ogólnik *mi Gen.* **-a** generality, truism; (*o frazesie*) cliché.
ogólnikowy *a.* general, broad, vague.
ogólnokrajowy *a.* countrywide, nationwide.
ogólnokształcący *a.* general education; **liceum ogólnokształcące** high school.
ogólnonarodowy *a.* national, nationwide.
ogólność *f.* generality.
ogólny *a.* **1.** general, universal; (*o dobrach*) common; **lekarz ogólny** general practitioner, GP; **wiedza/nazwa/zasada ogólna** general knowledge/term/rule. **2.** (*łączny*) total, global.
ogół *mi* **1.** totality, generality. **2.** (*społeczeństwo*) the general public; **dobro ogółu** the common good; **na ogół** on the whole; **w ogóle** (*w sumie*) in sum; **co to w ogóle znaczy?** what's that supposed to mean? **w ogóle** (*wcale*) (not) at all; **nie mam w ogóle żadnych planów** I have no plans at all.
ogórek *mi* **-rk-** *Gen.* **-a** cucumber; (*kiszony*) dill pickle; (*konserwowy*) pickle.
ogradzać *ipf.* **1.** (*płotem*) fence in; (*murem*) wall in; (*żywopłotem*) hedge. **2.** (*być ogrodzeniem*) surround.
ograniczać *ipf.* **1.** delimit, border; (*swobodę, zakres*) restrict. **2.** (*redukować*) limit, reduce; (*picie, wydatki*) cut down (*coś* on sth); **ograniczać coś do minimum** keep/reduce sth to the minimum.
ograniczać się *ipf.* **1.** (*zakres działań*) restrict o.s. (*do czegoś* to sth). **2.** (*o obowiązkach*) be confined (*do czegoś* to sth). **3.** (*oszczędzać*) cut down on spending.
ograniczenie *n.* **1.** limitation, restriction; **ograniczenie prędkości/czasowe** speed/time limit; **bez ograniczeń** freely. **2.** narrow-mindedness; **ograniczenie umysłowe** mental deficiency.
ograniczony *a.* **-eni 1.** limited, restricted; **ograniczona odpowiedzialność** limited liability. **2.** narrow-minded.
ograniczyć (się) *pf. zob.* **ograniczać (się).**
ogrodnictwo *n.* horticulture, gardening.
ogrodnik *mp* gardener.
ogrodowy *a.* garden.
ogrodzenie *n.* fence; (*murowane*) wall.
ogromnie *adv.* enormously, immensely.
ogromny *a.* **1.** (*o majątku, długu, drzewie*) huge, enormous; (*o jeziorze, wiedzy, liczbach*) huge, vast. **2.** (*silny, intensywny*) (*o bólu, radości*) intense; (*o smutku*) deep; (*o sukcesie, trudnościach*) huge, great.
ogród *mi* **-o-** garden; **ogród botaniczny/zoologiczny** botanical/zoological garden; **rajski ogród** *Bibl.* the Garden of Eden; **uprawiać ogród** garden.
ogródek *mi* **-dk-** *Gen.* **-a** garden; (*działkowy*) allotment; (*latem przed kawiarnią*) open-air café; **ogródek piwny** beer garden.
ogrywać *ipf.* **-am -asz 1.** win money from sb. **2.** (*pokonać*) beat.
ogryzek *mi* **-zk-** *Gen.* **-a 1.** (*jabłka*) core. **2.** *przen.* (*ołówka*) stub.
ogrzać *pf.*, **ogrzewać** *ipf.* heat.
ogrzać się *pf.*, **ogrzewać się** *ipf.* **1.** (*odczuć ciepło*) warm o.s. **2.** (*stawać się ciepłym*) get warm.
ogrzewanie *n.* heating.
ohydny *a.* hideous; (*zachowanie*) vile, atrocious; (*pogoda*) wretched; (*kolor, zapach*) horrible.
ojciec *mp* **ojc-** *Dat.* **-u** *Voc.* **ojcze** *pl.* **-owie 1.** father; (*przodek*) ancestor, forefather; **Bóg Ojciec** God the Father; **jaki ojciec, taki syn** like father, like son; **ojciec chrzestny** godfather; **Ojciec Święty** Holy Father; **przybrany ojciec** foster/nursing father. **2.** (*założyciel*) founding father.
ojczym *mp pl.* **-owie** stepfather.
ojczysty *a.* native, mother; **język ojczysty** native language, mother tongue.
ojczyzna *f.* **1.** homeland, fatherland, motherland. **2.** *przen.* home.
ok. *abbr.* (*około*) approx.
okamgnienie *n.* twinkling (of an eye), twink; **w okamgnieniu** in the twinkling of an eye.
okap *mi* **1.** (*na zewnątrz*) eaves. **2.** (*w kuchni*) ventilation hood.
okaz *mi* **1.** (*egzemplarz*) specimen. **2.** (*na wystawie*) exhibit, showpiece; **rzadki okaz** collector's item. **3.** (*ideał*) picture; **okaz zdrowia** a picture of health.
okazały *a.* grand, magnificent, splendid; (*o człowieku*) big, portly.
okazja *f.* **1.** (*sposobność*) opportunity, chance; **a przy okazji...** and by the way,...; **dobra okazja** bargain; **korzystać z okazji** take an opportunity/the chance; **znakomita/zmarnowana okazja** golden/missed opportunity. **2.** (*uroczystość*) occasion; **serdeczne życzenia z okazji...** many happy returns on the occasion of... **3.** *pot.* free ride; **łapać okazję** hitch/thumb a lift/ride.
okazyjny *a.* (*o kupnie, sprzedaży*) bargain.

okazywać *ipf.* **1.** (*bilet, legitymację*) show, present. **2.** (*uzewnętrzniać*) show, demonstrate, evince; **okazać komuś czułość** show sb one's affection; **okazywać komuś pomoc** provide help/assistance to sb; **okazywać komuś szacunek** show respect for/to sb.

okazywać się *ipf.* turn out, prove; **jak się okazało** as it turned out; **okazuje się że...** it appears that...; **powieść okazała się arcydziełem** the novel turned out/proved to be a masterpiece; **to się jeszcze okaże** it remains to be seen.

okienko *n.* **1.** (*na poczcie, w banku*) counter; **przy okienku** (*np. płacić*) at the counter; (*w dachu*) skylight. **2.** *szkoln.* gap.

oklaski *pl. Gen.* **-ów** applause, plaudits; **nagrodzić kogoś/coś oklaskami** give sb/sth an ovation/a hand; **wywołać burzę oklasków** bring the house down; **zbierać oklaski** meet with applause.

oklaskiwać *ipf.* applaud (*kogoś/coś* sb/sth).

okład *mi med.* compress, pack; **gorący okład** stupe; **zimny okład** cold pack.

okładać *ipf.* **1.** (*okrywać, owijać*) cover (up), wrap. **2.** *pot.* (*bić*) batter; (*pałką*) club; (*pięściami*) pummel.

okładać się *ipf.* surround o.s.; **okładać się książkami/notatkami** bury o.s. in one's books/notes.

okładka *f.* cover; (*płyty gramofonowej*) jacket, sleeve.

okłamać *pf.* **-ę -esz, okłamywać** *ipf.* lie, tell a lie (*kogoś* to sb); deceive (*kogoś* sb); **okłamywać siebie samego** deceive o.s., delude o.s.

okłamać się *pf.*, **okłamywać się** *ipf.* **1.** (*siebie wzajemnie*) tell lies to each other, lie to each other, deceive each other. **2.** (*samego siebie*) deceive o.s., delude o.s.

okno *n. Gen.pl.* **okien** window; **okno wystawowe/witrażowe** shop/leaded window; **włazić drzwiami i oknami** *pot.* come in streams.

oko *n. pl.* **ocz-** *Nom.* **-y** *Gen.* **-u** *Ins.* **-ami/-yma** **1.** (*narząd wzroku*) eye; **bystre oko** sharp/keen eye; **cieszyć oko** please the eye; **gołym okiem** with the naked eye; **jak okiem sięgnąć** as far as the eye can see; **klapki na oczach** blinders; **kłamać w żywe oczy** lie through one's teeth; **mieć oczy wokół głowy** have eyes at the back of one's head; **mydlić komuś oczy** throw dust in sb's eyes; **na moich oczach** before/under my eyes; **na pierwszy rzut oka** at first glance; **na piękne oczy** on trust; **nie spuszczaj oka z dzieci** keep your eye on the children; **oczy mi się kleją** I have heavy eyes/eyelids; **piwne/brązowe/niebieskie oczy** hazel/brown/blue eyes; **pod okiem instruktora** under the supervision of the instructor; **podbite oko** black eye; **powiedzieć komuś prawdę w oczy** tell sb the truth to sb's face; **przejrzeć na oczy** take the blinds off; **przymykać na coś oczy** turn a blind eye to sth; **rzucić na coś okiem** have/take a look/glance at sth; **rzucać się w oczy** stick out a mile; **rzut oka na coś** glimpse at sth; **spojrzeć komuś w oczy** look sb in the eye; **spojrzeć prawdzie w oczy** face the truth; **stanąć z kimś oko w oko** stand face to face with sb; **w cztery oczy** in private; **w mgnieniu oka** in a twinkling; **widzieć coś gołym okiem/na własne oczy** see sth with the naked eye/with one's own eyes; **wpaść komuś w oko** catch sb's fancy/eye; **zejdź mi z oczu!** get out of my sight! **2.** *pl.* **oka** *Gen.* **ok** (*coś jak oko*) eye; **oko cyklonu** bull's eye. **3.** (*w sieci*) mesh.

okolica *f.* **1.** surroundings, neighborhood, vicinity; **najbliższa okolica** immediate surroundings; **w okolicy czegoś** in the vicinity/neighborhood of sth. **2.** (*obszar, miejsce w organizmie*) region, area.

okolicznik *mi Gen.* **-a** adverbial.

okoliczność *f.* circumstance, occasion; **smutna/radosna okoliczność** sad/happy occasion; **okoliczności łagodzące/obciążające** mitigating/aggravating circumstances; **okoliczności wypadku** the circumstances of the accident; **zbieg okoliczności** coincidence; **w tych okolicznościach** under/in those circumstances.

okoliczny *a.* surrounding, neighboring; (*miejscowy*) local.

około *prep.* + *Gen.* about, around, approximately.

okradać *ipf.* rob (*kogoś z czegoś* sb of sth).

okrąg *mi* **-ę-** circle.

okrągły *a.* **1.** circular. **2.** (*pulchny*) chubby, plump; (*o kształtach*) rotund.

okrążać *ipf.* **1.** circle. **2.** (*otaczać*) surround. **3.** *wojsk.* envelop.

okrążenie *n.* **1.** circuit; *sport* lap. **2.** *wojsk.* envelopment.

okres *mi* **1.** period, season; **okres przechowywania** (*produktu*) shelf life; **okres lodowcowy** glacial period; **okres ochronny** fence/closed season; **okres urzędowania** incumbency. **2.** *szkoln.* semester, term. **3.** (*menstruacja*) period.

okresowy *a.* **1.** (*powtarzający się*) recurring. **2.** (*tymczasowy*) temporary. **3.** *chem.* periodic; **układ okresowy pierwiastków** periodic table/system.

określać *ipf.* define, determine; (*wartość*) assess.

określenie *n.* **1.** designation; **określenie pieszczotliwe** term of endearment. **2.** *jęz.* attribute.

określony *a.* definite, specific.

okręcać *ipf.* twist, wrap (*sth around sb/sth*).

okręcać się *ipf.* **1.** (*obracać się*) swivel, swirl. **2.** (*owijać się*) twist, wrap.

okręg *mi* region, area, district; **okręg wyborczy** constituency.

okręgowy *a.* district, regional; **okręgowa komisja wyborcza** district electoral committee.

okręt *mi* ship; *pot.* sail; *wojsk.* vessel; **okręt podwodny** submarine.

okrężny *a.* circular; (*o drodze*) indirect.

okropność *f.* hideousness, atrocity.

okropny *a.* horrible, terrible, awful; (*warunki*) miserable; (*zapach, przyzwyczajenie*) nasty.

okruchy *pl. Gen.* **-ów** crumbs, scrubs, pieces.

okrucieństwo *n.* **1.** cruelty. **2.** (*czyny*) atrocities.

okrutny *a.* cruel, ruthless.

okrycie *n.* **1.** (*ubranie*) coat. **2.** (*przykrycie*) cover.

okrywać *ipf.* cover; **okryć kogoś hańbą** cover sb with shame.

okrywać się *ipf.* cover o.s. up; **okryć się żałobą** mourn.

okrzyk *mi* cry, exclamation.

Oksford *mi* Oxford.

oktawa *f.* octave.

okulary *pl. Gen.* **-ów** (eye)glasses, spectacles; (*przeciwsłoneczne*) sunglasses.

okuleć *pf.* go lame.

okulista *mp*, **okulistka** *f.* oculist, ophthalmologist.

okultyzm *mi* occultism.

okup *mi* ransom.

okupacja *f.* occupation.

okupować *ipf.* occupy.

olbrzym *mp pl.* **-i/-y** giant.

olbrzymi *a.* enormous, giant; (*wiedza, koszty*) vast; (*sukces*) huge; (*wzrost*) spectacular.
olej *mi Gen.pl.* **-ei/-ów** oil; **olej napędowy** fuel/diesel oil; **olej rycynowy** castor oil; **mieć olej w głowie** *żart.* have quick wits.
olejek *mi* **-jk-** oil; **olejek do opalania** suntan oil; **olejek różany** attar of roses.
olejny *a.* oil; **farba olejna** oil paint; **obraz olejny** oil painting.
olejowy *a.* oil.
olimpiada *f.* **1.** Olympic Games. **2.** *szkoln.* contest.
olimpijski *a.* Olympic.
oliwa *f.* **1.** oil; **dolać oliwy do ognia** add fuel to the flames; **oliwa z oliwek** olive oil. **2.** (*olej mineralny*) mineral oil.
oliwić *ipf.* oil.
oliwka *f.* **1.** (*drzewo*) olive tree. **2.** (*owoc*) olive.
oliwkowy *a.* olive.
olśniewać *ipf.* dazzle.
ołowiany *a.* **1.** lead; **ołowiany żołnierzyk** tin soldier. **2.** *przen.* (*ciężki*) leaden.
ołów *mi* **-owi-** lead.
ołówek *mi* **-wk-** *Gen.* **-a** pencil; **ołówek automatyczny** propelling/automatic pencil; **ołówek do brwi** eyebrow pencil.
ołtarz *mi Gen.* **-a** altar; **ołtarz główny/boczny** high/side altar.
omal *adv.* almost, nearly; **omal nie zemdlała** she almost fainted.
omawiać *ipf.* discuss, talk over.
omdlenie *n.* fainting.
omdlewać *ipf.* faint.
omen *mi* omen, portent; **nomen omen** aptly named.
omijać *ipf.*, **ominąć** *pf.* **1.** go around; pass; walk/go/drive past; **omijać przepisy** evade regulations; **omijać trudności** avoid difficulties. **2.** (*pominąć*) pass over; **ominął mnie awans** I was passed over for promotion.
omijać się *ipf.* (*unikać się*) avoid each other.
omlet *mi* omelet.
omyłka *f.* error, mistake.
omyłkowo *adv.* by mistake, mistakenly.
on *pron. Gen. & Acc.* **jego/go/niego** *Dat.* **jemu/mu/niemu** *Ins. & Loc.* **nim** *pl.* **oni, one** *Gen.* **ich/nich** *Dat.* **im/nim** *Acc.* **ich/nich, je** *Ins.* **nimi** *Loc.* **nich** he; him; it; **patrzcie go!** look at him!
ona *pron. Gen. & Dat.* **jej/niej** *Acc.* **ją** *Ins.* **nią** *Loc.* **niej** *pl.* **one** *Gen.* **ich/nich** *Dat.* **im/nim** *Acc.* **je/nie** *Ins.* **nimi** *Loc.* **nich** she; her; it; **patrzcie ją!** look at her!
onanizm *mi* masturbation.
one *pron. zob.* **on/ona/ono**.
oni *pron. zob.* **on**.
oniemieć *pf.* be (left) speechless.
onieśmielać *ipf.* embarrass.
onkologia *f. Gen.* **-ii** oncology.
ono *prep. Gen.* **jego/go/niego** *Dat.* **jemu/mu/niemu** *Acc.* **je/nie** *Ins. & Loc.* **nim** *pl.* **one** *Gen.* **ich/nich** *Dat.* **im/nim** *Acc.* **je/nie** *Ins.* **nimi** *Loc.* **nich** it.
ONZ *abbr.* (*Organizacja Narodów Zjednoczonych*) UN.
opactwo *n.* abbey.
opad *mi* precipitation; **opady deszczu** rainfall; **opad promieniotwórczy/radioaktywny** fallout; **opady przelotne** occasional precipitation.
opadać *ipf.* **1.** fall, drop; (*o wodzie, emocjach*) subside; **ręce opadają** it's hopeless; **opadać z sił** lose one's strength. **2.** *form.* (*nękać*) beset; **opadły ją wątpliwości** she was beset with doubts.
opak *adv.* **na opak** wrong, the other way round; **zrozumieć na opak** get hold of the wrong end of the stick.
opakowanie *n.* packaging; **opakowane jednorazowe** disposable packaging.
opalać *ipf.* **1.** (*ogrzewać*) heat (*czymś* with sth). **2.** (*ciało*) sunbathe.
opalać się *ipf.* get a (sun)tan.
opalenizna *f.* (sun)tan.
opalić (się) *pf. zob.* **opalać (się)**.
opalony *a.* **-eni** (sun)tanned.
opał *mi* fuel.
opamiętać się *pf.* come to one's senses, bring o.s. to reason.
opanować *pf.*, **opanowywać** *ipf.* **1.** (*miasto*) capture. **2.** (*zapanować nad czymś*) bring under control. **3.** (*ogarniać*) overcome; **opanował go żal** he was overcome with grief. **4.** (*zdobywać wiedzę*) master, learn.
opanować się *pf.*, **opanowywać się** *ipf.* contain o.s., calm down.
opanowany *a.* **1.** (*twierdza*) captured; (*pożar*) contained; (*strach*) overcome. **2.** (*spokojny*) composed, cool.
oparcie *n.* **1.** (*podpórka, wsparcie*) support. **2.** (*krzesła, kanapy*) back(rest); (*na głowę*) headrest. **3.** basis; **w oparciu o coś** on the basis of sth.
oparzenie *n.* burn, scald(ing); **oparzenie słoneczne** sunburn.
oparzyć *pf.* burn; (*wrzątkiem, parą*) scald.
oparzyć się *pf.* get burned; **oparzyć się w rękę** burn one's hand.
opaska *f.* band; (*na oko*) patch; (*na rękę*) armband; (*do włosów*) hairband; **opaska uciskowa/żałobna** pressure/mourning band.
opatentować *pf.* patent.
opatrunek *mi* **-nk-** dressing; **opatrunek jałowy/uciskowy** aseptic/pressure dressing.
opatrywać *ipf.* **1.** (*ranę*) dress, bandage. **2.** (*wyposażyć*) provide with; **opatrzyć dokument pieczęcią/podpisem** affix a seal/signature to a document.
opcja *f.* option.
opera *f.* **1.** opera; **opera komiczna/tragiczna** comic/grand opera; **pójść na operę** go to the opera. **2.** (*gmach*) opera (house).
operacja *f.* **1.** operation, surgery; **operacja plastyczna** plastic surgery. **2.** (*czynności*) operation, transaction; **operacje finansowe/handlowe** financial/business operations.
operator *mp pl.* **-rzy** **1.** *film* cameraman. **2.** *techn.* operator; **operator telefonii komórkowej** mobile phone company.
operetka *f.* operetta.
operować *ipf.* **1.** operate; **operować chorego** operate on a patient. **2.** + *Ins.* (*posługiwać się*) use, manipulate.
opieka *f.* **1.** care, protection; **opieka lekarska/zdrowotna/rodzicielska** medical/health/parental care; **jest pod opieką babci** he is in his grandmother's care; **opieka społeczna** social welfare. **2.** *prawn.* custody; **opieka prawna** legal custody.
opiekacz *mi Gen.* **-a** toaster.

opiekować się *ipf.* take care (*kimś/czymś* of sb/sth); look after (*kimś/czymś* sb/sth).
opiekun *mp pl.* **-owie, opiekunka** *f.* carer; **opiekun prawny** guardian; **opiekunka do dzieci** babysitter.
opiekuńczy *a.* caring, protective; **państwo opiekuńcze** welfare state.
opierać *ipf.* **1.** lean (*o coś* against sth); rest (*na czymś* on sth). **2.** (*brać za podstawę*) base; **opierać coś na czymś** base sth on sth; **film oparty na powieści** movie based on a novel.
opierać się *ipf.* **1.** lean (*o coś* against sth). **2.** (*brać za podstawę*) base (*na czymś* on/upon sth); **opierać się na wynikach badań** be based on research results. **3.** (*polegać*) rely (*na kimś/czymś* on sb/sth). **4.** (*stawiać opór*) resist; **nie mogę oprzeć się wrażeniu, że...** I can't resist the impression that...
opinia *f. Gen.* **-ii 1.** opinion, view; **opinia publiczna** public opinion; **podzielam twoją opinię** I share your views; **przychylna opinia** positive opinion. **2.** (*reputacja*) reputation. **3.** (*przełożonego*) reference.
opiniować *ipf.* express an opinion (*coś* on sth).
opis *mi* description; (*relacja*) account; **opis techniczny** specification.
opisać *pf.* **-ę -esz, opisywać** *ipf.* describe, characterize; **tego nie da się opisać** it defies description.
opłacać *ipf.* (*należność*) *przen.* (*ponosić konsekwencje*) pay (*za coś czymś* for sth with sth).
opłacać się *ipf.* pay; **nie opłaca się tego robić** it's not worth doing; **to się nie opłaca** it's not worth the trouble.
opłacalny *a.* profitable.
opłacić (się) *pf. zob.* **opłacać (się)**.
opłakiwać *ipf.* lament, bemoan.
opłata *f.* payment, charge, fee; (*za naukę*) tuition; (*za przejazd*) fare; **opłata celna/skarbowa** customs/ stamp duty; **opłata drogowa** toll; **za niewielką opłatą** for a small fee; **zalegać z opłatą** be in arrears.
opłatek *mi* **-tk-** *Gen.* **-a** wafer; **dzielić się opłatkiem** share the wafer.
opodal *adv.* nearby. — *prep.* + *Gen.* near; **nie opodal dworca** near to a railway station.
opona *f.* tire; **opona bezdętkowa/zimowa** tubeless/ snow tire; **zapalenie opon mózgowych** meningitis.
oponent *mp*, **oponentka** *f.* opponent, adversary.
opornik *mi Gen.* **-a** resistor.
oporność *f.* **1.** (*nieustępliwość*) stubbornness, obduracy. **2.** *el., med.* resistance (*na coś* to sth).
oporny *a.* **1.** (*nieustępliwy*) stubborn, obdurate; (*o koniu, urządzeniu*) balky. **2.** (*nie poddający się wpływom*) resisting, unyielding.
oportunista *mp* opportunist.
opowiadać *ipf.* tell, relate; **długo by opowiadać** it's a long story; **opowiadać bzdury/dowcipy** talk nonsense/jokes.
opowiadać się *ipf.* opt (*za/przy kimś/czymś* for sb/sth); subscribe (*za/przy kimś/czymś* to sb/sth).
opowiadanie *n.* story; *teor. lit.* short story.
opowiedzieć (się) *pf. zob.* **opowiadać (się)**.
opowieść *f.* tale, story.
opozycja *f.* opposition; **opozycja parlamentarna** the opposition.
opozycyjny *a.* opposing, resisting; **partia opozycyjna** opposition party.
opór *mi* **-o- 1.** resistance, opposition; **iść po linii najmniejszego oporu** take the easy way out; **ruch oporu** resistance movement; **stawiać komuś/czemuś opór** resist/oppose sb/sth. **2.** (*wahanie*) reservation; **mam opory w stosunku do tego projektu** I have my reservations about this project.
opóźniać *ipf.*, **opóźnić** *pf.* **-ij** delay, postpone, put off; (*postęp*) retard.
opóźniać się *ipf.*, **opóźnić się** *pf.* **-ij** be late/delayed, lag behind.
opóźnienie *n.* delay; **nasz pociąg ma opóźnienie** our train is delayed.
opóźniony *a.* **-eni** delayed, late; **opóźniony w rozwoju** retarded.
opracowanie *n.* **1.** preparation. **2.** (*naukowe*) study; (*zarys*) survey.
opracowywać *ipf.* prepare; (*książkę*) compile.
oprawa *f.* **1.** (*książki*) binding. **2.** (*obramowanie*) frame; **oprawa muzyczna** musical setting.
oprawiać *ipf.*, **oprawić** *pf.* **1.** (*książkę*) bind. **2.** (*w ramkę*) frame. **3.** (*upolowane zwierzę*) dress.
opresja *f.* trouble, plight; **znaleźć się w opresji** be in trouble.
oprogramowanie *n.* software.
oprowadzać *ipf.*, **oprowadzić** *pf.* show (*sb*) around.
oprócz *prep.* + *Gen.* **1.** aside from, besides, apart from. **2.** (*z wyjątkiem*) except (for); (*po przeczeniach*) besides, but; **nic jeszcze nie piłem oprócz porannej kawy** I haven't had anything but my morning coffee so far; **oprócz niego nikogo więcej tam nie było** there was nobody else there except/besides him.
opróżniać *ipf.*, **opróżnić** *pf.* **-ij** empty; (*wagon, ciężarówkę itp.*) unload; (*mieszkanie*) vacate.
opróżniać się *ipf.*, **opróżnić się** *pf.* **-ij** empty, become empty.
opryskiwać *ipf.* **1.** sprinkle. **2.** *ogr., leśn.* spray.
opryskliwy *a.* grumpy, crabby; **opryskliwy człowiek** a grump, a crab; **opryskliwa odpowiedź** curt reply.
oprzeć (się) *pf. zob.* **opierać (się)**.
optimum *n. sing. indecl. pl.* **-ima** *Gen.* **-imów** optimum.
optyczny *a.* optical; **złudzenie optyczne** optical illusion.
optyk *mp* **1.** (*fizyk*) opticist. **2.** (*rzemieślnik*) optician.
optyka *f.* optics.
optymalizować *ipf.* optimize.
optymalny *a.* optimal, optimum.
optymista *mp*, **optymistka** *f.* optimist.
optymistyczny *a.* optimistic, hopeful.
optymizm *mi* optimism.
opuchlizna *f.* swelling.
opuchnięty *a.* swollen.
opustoszały *a.* deserted; (*pusty*) empty.
opustoszeć *pf.* become deserted, empty.
opuszczać *ipf.* **1.** (*obniżać*) lower; **opuszczać szybę w samochodzie** roll/wind a window down; **opuścić 5 złotych na kilogramie** lower/reduce the price by 5 zlotys per kilo. **2.** (*porzucać, zostawiać*) leave, abandon; **opuścić szkołę** (*ukończyć naukę*) leave school, graduate; (*przerwać naukę*) drop out of school; **siły go opuściły** he lost his strength; **nie opuszczać kogoś** stand by sb. **3.** (*pomijać coś*) skip; **opuszczać lekcje** cut/miss/skip classes; **opuszczać strony** skip pages.
opuszczać się *ipf.* **1.** lower; (*zjeżdżać*) go down. **2.** (*tracić samodyscyplinę*) slacken, neglect sth; **opuszczać się w nauce** neglect one's studies, slack off.
opuszczony *a.* **-eni 1.** (*obniżony*) lowered. **2.** (*pozostawiony*) abandoned. **3.** (*o cenach*) reduced. **4.** (*osamotniony*) lonely. **5.** (*zaniedbany*) neglected.

orać *ipf.* plow.
orangutan *ma* orangutan(g).
oranżada *f.* orangeade.
orator *mp* orator.
oraz *conj.* and, as well as.
orbita *f.* orbit; **umieścić na orbicie** launch/put into orbit.
orchidea *f. Gen.* **-ei** *pl.* **-ee** orchid.
order *mi* decoration, medal.
ordynacja *f.* regulations; **ordynacja wyborcza** electoral regulations/law.
ordynarny *a.* vulgar, rude, crude; **ordynarne słowa** vulgar language.
ordynator *mp*, **ordynatorka** *f.* head of a hospital department/ward.
organ *mi* **1.** organ; **organ mowy/wzroku** organ of speech/sight. **2.** *pl.* **-y/-a** (*administracyjny*) organ, authority; **organ administracyjny/sądowy** organ of administration/law; **organ ścigania** law enforcement authority.
organiczny *a.* organic.
organista *mp*, **organistka** *f.* organist.
organizacja *f.* organization.
organizator *mp*, **organizatorka** *f.* organizer.
organizm *mi* organism; **mieć silny organizm** have a strong constitution.
organizować *ipf.* **1.** organize; (*komitet, spółkę itp.*) set up, establish; (*spotkanie*) arrange. **2.** (*wprowadzić ład*) arrange.
organizować się *ipf.* organize.
orgazm *mi* orgasm, climax.
orgia *f. Gen.* **-ii** orgy.
orientacja *f.* **1.** orientation; **zmysł orientacji** sense of direction; **tracić orientację** lose one's bearings. **2.** (*ogólna wiedza*) grasp, knowledge. **3.** (*skłonność*) leaning, tendency; **orientacja seksualna** sexual preferences.
orientacyjny *a.* **1.** approximate, rough. **2.** (*ułatwiający orientację*) reference.
orientalny *a.* oriental.
orientować *ipf.* inform, brief.
orientować się *ipf.* **1.** (*w terenie*) orient o.s., get one's bearings. **2.** (*mieć rozeznanie*) have a good grasp (*w czymś* of sth); **o ile się orientuję** as far as I know.
orkiestra *f.* orchestra, band; **orkiestra dęta** brass band; **orkiestra kameralna/symfoniczna** chamber/symphony orchestra.
ormiański *a.* Armenian.
ornament *mi* ornament, embellishment.
orszak *mi* (*świta*) retinue; (*procesja*) procession; **orszak weselny/żałobny** wedding/funeral procession.
ortodoksyjny *a.* orthodox.
ortografia *f. Gen.* **-ii 1.** (*zbiór zasad*) orthography. **2.** (*pisanie*) spelling.
ortograficzny *a.* spelling; **błąd ortograficzny** spelling mistake, misspelling.
oryginalny *a.* **1.** (*autentyczny*) genuine, original. **2.** (*tworzący samodzielnie*) original. **3.** (*niezwykły*) unique.
oryginał *mi Gen.* **-u** original; **oryginał świadectwa** original certificate. — *mp Gen.* **-a** *pl.* **-y** eccentric.
orzech *mi Gen.* **-a** nut; **orzech kokosowy/laskowy/włoski/ziemny** coconut/hazelnut/walnut/peanut; **twardy orzech do zgryzienia** hard/tough nut to crack.
orzechowy *a.* nut; **czekolada orzechowa** nut chocolate; **kolor orzechowy** nut-brown color.
orzeczenie *n.* **1.** (*opinia*) opinion; **orzeczenie lekarskie** medical certificate. **2.** *gram.* predicate. **3.** *prawn.* ruling; (*wyrok*) sentence.
orzekać *ipf.* **1.** (*stwierdzić*) decide, state. **2.** *prawn.* rule, adjudicate; **orzec o winie** (*uznać winnym*) adjudge sb guilty.
orzeł *ma* **orł- 1.** eagle. **2.** *przen.* high-flier; **orzeł czy reszka?** heads or tails?
orzeszek *mi* **-szk-** *Gen.* **-a** nutlet; **orzeszek ziemny** peanut.
orzeźwiać *ipf.* refresh.
orzeźwiać się *ipf.* refresh o.s.
osa *f.* wasp; **cięty jak osa** waspish.
osada *f.* settlement.
osadnik *mp pl.* **-cy** settler.
osamotniony *a.* **-eni** lonely; forlorn.
osąd *mi* judgment.
oset *mi* **ost-** thistle.
osiadać *ipf.* **1.** (*osiedlać się*) settle. **2.** (*pokrywać coś*) cover. **3.** (*osuwać się*) sink, subside; **osiąść na mieliźnie** run aground.
osiadły *a.* **1.** settled. **2.** *zool.* resident, sedentary.
osiągać *ipf.* **1.** attain, achieve, gain; **osiągać cel** achieve one's aim/goal, reach one's goal; **osiągać wysoką cenę** fetch/command a high price. **2.** (*szczyt górski*) reach.
osiągalny *a.* attainable.
osiągnięcie *n.* achievement.
osiedlać *ipf.* settle.
osiedlać się *ipf.* settle.
osiedle *n. Gen.pl.* **-i** development; **osiedle mieszkaniowe** housing development.
osiem *num.* **ośmi-** *Ins.* **-oma/-u** eight.
osiemdziesiąt *num.* **-ęci-** *Ins.* **-oma/-u** eighty.
osiemdziesiąty *a.* eightieth; **lata osiemdziesiąte** the eighties, the 80s.
osiemnasty *a.* eighteenth.
osiemnaście *num.* **-st-** *Ins.* **-oma/-u** eighteen.
osiemset *num. osiem- decl. like num., -set indecl.* eight hundred.
osioł *ma* **osł- 1.** ass, donkey; **uparty jak osioł** as obstinate/stubborn as a mule. **2.** *przen.* (*głupiec*) ass.
oskarżać *ipf.* **1.** accuse (*kogoś o coś* sb of sth). **2.** *zwł. prawn.* charge, indict; **oskarżać kogoś przed sądem o coś** charge sb with sth, indict sb for sth.
oskarżać się *ipf.* **1.** accuse o.s. **2.** accuse each other.
oskarżenie *n.* accusation, charge; **akt oskarżenia** indictment; **wnieść oskarżenie przeciw komuś** bring a charge against sb, press charges against sb.
oskarżona *f. Gen.* **-ej**, **oskarżony** *mp* (the) defendant, (the) accused.
oskarżyciel *mp*, **oskarżycielka** *f. prawn.* prosecutor.
oskarżyć *pf. zob.* **oskarżać**.
osłabiać *ipf.*, **osłabić** *pf.* **1.** (*zmniejszać intensywność*) reduce, lessen. **2.** (*czynić mniej sprawnym, słabszym*) weaken, enfeeble. **3.** (*złagodzić*) soften, cushion.
osłabienie *n.* **1.** (*zmniejszenie*) reduction. **2.** (*utrata sił*) weakness.
osłabiony *a.* **-eni** weak.
osładzać *ipf. t. przen.* sweeten.
osłaniać *ipf.*, **osłonić** *pf.* **1.** (*okrywać, chronić*) protect. **2.** *pot.* (*kryć*) cover up (*kogoś* for sb).
osłona *f.* (*okrycie*) cover; (*ochronna*) guard; (*zabezpieczenie*) protection; **pod osłoną nocy** under cover of darkness.

osłupieć *pf.* be bewildered.
osłupienie *n.* bewilderment; **wprawić kogoś w osłupienie** bewilder sb.
osoba *f. Gen.pl.* **osób 1.** person, individual; **osoba fizyczna** natural person; **osoba postronna** outsider; **osoba prawna** legal entity; **osoba prywatna** private person; **bez osób trzecich** without third parties. **2.** *jęz.* person. **3.** (*postać dramatu*) persona.
osobistość *f.* personage, celebrity.
osobisty *a.* (*prywatny*) personal, private; **dowód osobisty** identity card, ID card; **rzeczy osobiste** personal belongings.
osobiście *adv.* personally, in person.
osobliwy *a.* odd, peculiar.
osobnik *ma pl.* **-i** *biol.* specimen. — *mp pl.* **-cy** *uj.* character, individual.
osobno *adv.* separately, individually, apart.
osobny *a.* separate, individual.
osobowość *f.* personality; **osobowość prawna** legal personality; **nadanie/uzyskanie osobowości prawnej** incorporation; **posiadający osobowość prawną** (*o firmie, spółce*) incorporated; **silna osobowość** strong/assertive personality.
osobowy *a.* personal; (*o samochodzie*) passenger; **pociąg osobowy** slow train; (*o dziale*) human resources, personnel; **ochrona danych osobowych** personal data protection.
osolić *pf.* **-ól** salt.
ospa *f.* smallpox; **czarna ospa** black smallpox; **ospa wietrzna** chickenpox.
ostatecznie *adv.* **1.** (*definitywnie*) ultimately. **2.** (*w końcu*) finally, in the end, at last, eventually.
ostateczność *f.* extremity, extreme; **doprowadzić kogoś do ostateczności** drive sb to extremes/the limit; **posuwać się do ostateczności** go to great/any lengths; **w ostateczności** as a last resort.
ostateczny *a.* (*definitywny*) ultimate, decisive, conclusive; (*końcowy*) final; **ostateczny rezultat** final/net/end result, upshot; **sąd ostateczny** *Bibl.* Last Judgment/Doom.
ostatni *a.* (*końcowy*) last, final; (*z dwu wymienionych*) the latter; **dopiąć na ostatni guzik** stitch sth up; **mieć ostatnie słowo** have the final say (in sth); **ostatni grosz** bottom dollar; **ostatni krzyk mody** the latest fad/thing/trend/craze; **ostatnia deska ratunku** last resort; **ostatnia poprawka** finishing stroke; **ostatnia prosta** home stretch; **Ostatnia Wieczerza** *Bibl.* the Last/Lord's Supper; **ostatnie namaszczenie** last rites; **ostatnie życzenie** dying wish/request; **ostatnim razem** last time; **po raz ostatni** for the last time; **w ostatnim momencie** in the nick of time; **z ostatniej chwili** (late-)breaking; **zapięte na ostatni guzik** in perfect trim.
ostatnio *adv.* lately, recently.
ostro *adv.* **1.** sharply; **ostro wziąć się do roboty** go roundly to work; **ostro zareagować** put one's foot down; **potraktować kogoś ostro** be sharp with sb. **2.** (*mocno*) severely; **dać komuś ostro popalić** *pot.* give sb hell. **3.** (*energicznie*) briskly; (*hamować*) rapidly, suddenly.
ostrość *f.* **1.** sharpness; (*konturów, obrazu*) definition; **nastawić ostrość czegoś** bring sth into focus; (*zbocza*) steepness. **2.** (*wrażliwość*) keenness; (*słuchu, wzroku*) acuity; (*smaku, zapachu*) acridity, pungency. **3.** (*surowość*) stringency; (*klimatu*) severity.
ostrożnie *adv.* carefully, cautiously; (*w poleceniu*) watch/look out! **Ostrożnie!** (*napis na paczce*) Handle with care!
ostrożność *f.* caution; **zachować/zalecać ostrożność** exercise/urge caution; **zachować środki ostrożności** take precautions.
ostrożny *a.* careful, cautious; (*o słowach*) guarded.
ostry *a.* **1.** sharp; (*o żarcie, języku*) caustic; **ostry jak brzytwa** sharp as a razor; **ostry język/pióro** sharp tongue/style. **2.** (*kłujący, szorstki*) rough, crude; **kąt ostry** acute angle. **3.** (*surowy*) (*o szefie, nauczycielu*) strict, demanding; (*o słowach, krytyce*) harsh. **4.** (*trudny*) (*o zakręcie, podejściu*) tight, sharp. **5.** (*intensywny*) (*o przyprawie, potrawie*) hot, spicy; (*o zapachu, smaku*) pungent; (*o świetle*) dazzling; (*o kolorach*) vivid; (*o bólu*) acute, piercing; (*o słuchu, wzroku*) acute, keen; (*o mrozie*) severe, hard; (*o wietrze, chłodzie*) sharp, cutting; (*o współzawodnictwie*) stiff. **6. ostry dyżur** emergency; **ostre pogotowie** constant readiness.
ostrze *n. Gen.pl.* **-y** blade; (*szpic*) spike; (*strzały*) arrowhead; **stawiać sprawę na ostrzu noża** bring sth/matters to a head.
ostrzec *pf.*, **ostrzegać** *ipf.* warn (*kogoś przed czymś/zrobieniem czegoś* sb against (doing) sth); (*przed niebezpieczeństwem*) alert (*kogoś przed czymś* sb to sth).
ostrzegawczy *a.* warning; **strajk ostrzegawczy** token strike; **sygnał/znak ostrzegawczy** warning sign.
ostrzeżenie *n.* warning; (*nagłe*) wake-up call; **bez ostrzeżenia** without notice.
ostrzyć *ipf.* sharpen.
ostudzać *ipf.*, **ostudzić** *pf.* **1.** cool down. **2.** (*uspokajać*) quieten, appease; **ostudzić czyjś zapał** damp down/dampen sb's spirit/enthusiasm.
osuszać *ipf.*, **osuszyć** *pf.* **1.** dry; (*odwadniać*) drain. **2.** (*wycierać*) dry away.
osuszać się *ipf.*, **osuszyć się** *pf.* dry one's clothes.
oswajać *ipf.*, **oswoić** *pf.* **-ój 1.** (*zapoznawać*) acquaint (*kogoś z czymś* sb with sth). **2.** (*o zwierzętach*) domesticate, tame.
oswajać się *ipf.*, **oswoić się** *pf.* **1.** (*przyzwyczajać się*) grow/get accustomed, get used (*z czymś* to sth); get acquainted (*z czymś* with sth). **2.** (*o zwierzętach*) become tamed/domesticated.
oswobadzać *ipf.*, **oswobodzić** *pf.* **-odź/-ódź 1.** (*wyzwalać*) free, liberate; *wojsk.* relieve. **2.** (*uwalniać od konieczności*) relieve (*kogoś z czegoś* sb of sth).
oswobadzać się *ipf.*, **oswobodzić się** *pf.* free o.s.
oswojony *n.* **-eni** familiar, acquainted (*z czymś* with sth); (*o psie, kocie*) domesticated, tame.
oszacować *pf.* estimate, appraise.
oszaleć *pf.* go mad/crazy/nuts; **Adam oszalał na punkcie Ewy** Adam has gone crazy over Eve.
oszczep *mi* javelin; **rzut oszczepem** javelin throw.
oszczerstwo *n.* slander; **rzucać na kogoś oszczerstwa** cast aspersions on sb.
oszczędnościowy *a.* economical, saving; **rachunek oszczędnościowy** savings account.
oszczędność *f.* **1.** frugality, thriftiness. **2.** (*racjonalne zużywanie czegoś*) economy, saving.
oszczędny *a.* **1.** thrifty, frugal. **2.** (*racjonalny w używaniu czegoś*) economical, sparing; **przesadnie oszczędny** stingy. 3. (*niekosztowny*) low-cost.
oszczędzać *ipf.*, **oszczędzić** *pf.* **1.** save up, set/put aside; **oszczędzać na czarną godzinę** save for a rainy day; **oszczędzać na jedzeniu** economize on

food. **2.** (*bólu, szczegółów*) spare, save; **oszczędzać komuś kłopotu/bólu** save sb trouble/pain.
oszczędzać się *ipf.* **1.** (*dbać o zdrowie*) take care of o.s. **2.** (*mieć wzgląd na siebie*) spare o.s..
oszroniony *a.* frosted.
oszukiwać *ipf.* **1.** cheat, swindle; **oszukał mnie na dziesięć dolarów** he swindled me out of $10. **2.** (*dla żartu*) trick, pull sb's leg.
oszukiwać się *ipf.* kid o.s., delude o.s.
oszust *mp*, **oszustka** *f.* swindler, crook, con.
oszustwo *n.* trickery; **oszustwo finansowe** swindle; **oszustwo podatkowe** tax fraud.
oś *f. pl.* **-e 1.** axis; **oś współrzędnych** *mat.* coordinate axis; **oś symetrii** *geom.* symmetry axis. **2.** (*koła*) axle. **3.** *techn.* pivot.
ość *f.* fishbone; **z ośćmi** (*o rybie*) unboned.
oślep *adv.* blindly; **na oślep** blindfold, headlong; (*o strzale*) hit-or-miss; (*o pytaniu, strzale*) wild.
oślepiać *ipf.* dazzle, blind.
oślepiający *a.* dazzling.
ośmielać *ipf.*, **ośmielić** *pf.* encourage (*kogoś* sb).
ośmielać się *ipf.*, **ośmielić się** *pf.* **1.** dare (*coś zrobić* (to) do sth). **2.** (*nabierać odwagi*) pluck up/muster (up) courage.
ośmieszać *ipf.*, **ośmieszyć** *pf.* ridicule, deride (*kogoś* sb) make fun/a mockery/a fool (*kogoś* of sb).
ośmieszać się *ipf.*, **ośmieszyć się** *pf.* make a fool of o.s.
ośmioletni *a.* eight-year-old.
ośmiornica *f.* octopus.
ośmioro *num. decl. like n.* **-rg-** eight.
ośrodek *mi* **-dk-** *Gen.* **-a** center; (*wypoczynkowy*) resort; **ośrodek wczasowy** holiday center/resort; **ośrodek zdrowia** clinic.
oświadczać *ipf.* declare, state; (*ogłaszać*) announce.
oświadczać się *ipf.* propose (*komuś* to sb); *pot.* pop the question.
oświadczenie *n.* (*t. majątkowe, podatkowe*) declaration; (*ogłoszenie*) announcement; **oficjalne oświadczenie** official statement; **oświadczenie prasowe** press release.
oświadczyny *pl. Gen.* **-n** proposal (of marriage).
oświata *f.* education; school system.
oświecać *ipf.* enlighten (*kogoś co do czegoś* sb on sth); **oświeciło go** it dawned on him.
oświecenie *n. hist.* Enlightenment.
oświetlać *ipf.* light; illuminate.
oświetlenie *n.* lighting; illumination.
Oświęcim *mi* **-mi-** *Gen.* **-a** Auschwitz.
otaczać *ipf.* **1.** surround (*coś czymś* sth by/with sth); (*ogradzać*) enclose (*coś czymś* sth by sth). **2.** (*okazywać*) lavish (*czymś kogoś* sth (up)on sb); **otaczać kogoś miłością/opieką** lavish affection/attention on sb.
otaczać się *ipf.* surround o.s. (*kimś/czymś* with sb/sth).
otaczyć (się) *pf. zob.* **otaczać (się)**.
otchłań *f. pl.* **-e** chasm; *przen., t. piekielna* abyss; **otchłań wód** the depths (of the ocean).
otępienie *n.* **1.** listlessness, torpidity. **2.** *psych.* dementia; **otępienie starcze** senile dementia.
oto *part.* here (is/are); **oto on/ona (we własnej osobie)** here he/she is (as large as life); **ten/te oto** this/these... here.
otoczenie *n.* **1.** surroundings; **bezpośrednie otoczenie** immediate surroundings. **2.** (*środowisko*) environment; **zmiana otoczenia** change of scene.
otóż *part.* **1.** (*oto*) here is/are. **2. otóż to!** exactly!, that's it!
otręby *pl. Gen.* **-ów** bran.
otruć *pf.* poison.
otruć się *pf.* poison o.s.
otrzymać *pf.*, **otrzymywać** *ipf.* receive; (*pozwolenie, szlachectwo itp.*) obtain, be granted; (*tytuł*) be conferred; (*pensję, zasiłek*) draw; (*nagrodę, odszkodowanie, odznaczenie, stypendium naukowe*) be awarded.
otucha *f.* courage; **dodać komuś otuchy** lift/raise sb's spirits; **nabrać otuchy** take heart.
otulać *ipf.*, **otulić** *pf.* wrap (*kogoś/coś czymś* sth around/about sb/sth).
otulać się *ipf.*, **otulić się** *pf.* wrap o.s. (*czymś* in sth).
otwarcie[1] *n.* **1.** opening. **2. godziny otwarcia** opening hours.
otwarcie[2] *adv.* (*wprost*) openly.
otwartość *f.* openness.
otwarty *a.* **1.** open; **grać z kimś w otwarte karty** *przen.* be open with sb; **mieć oczy szeroko otwarte** *przen.* keep one's eyes (wide) open; **zostaw drzwi otwarte** leave the door open; **drzwi pozostawiono otwarte na oścież** the door was left wide open; **na otwartym powietrzu** outdoors; **złamanie otwarte** *med.* open/penetrating fracture. **2.** *przen.* (*o człowieku*) **być otwartym na coś** be open to sth.
otwieracz *mi Gen.* **-a** opener; **otwieracz do butelek/puszek** bottle/can opener.
otwierać *ipf.* **1.** open. **2.** (*w rozkazach*) open up; **otwierać, policja!** open up, this is the police! **3.** (*coś zamkniętego na klucz/zamek*) unlock.
otwierać się *ipf.* open (up); **okno otwiera się do wewnątrz** window opens in(wards).
otwór *mi* **-o- 1.** opening; **otwór gębowy** *zool.* mouth opening; **stać otworem** be open; *przen.* stand open. **2.** *techn.* hole; **otwór wentylacyjny** ventilation hole.
otyłość *f.* obesity.
otyły *a.* obese.
owa *a.* that.
owacja *f.* applause, ovation; **owacja na stojąco** standing ovation.
owad *ma* insect.
owadobójczy *a.* **środek owadobójczy** insecticide.
owalny *a.* oval.
owca *f. Gen.pl.* **owiec** sheep; **czarna owca** *przen.* black sheep.
owczarek *ma* **-rk-** sheepdog, shepherd (dog); **owczarek niemiecki/podhalański** German/Polish shepherd; **owczarek szkocki** collie.
owies *mi* **ows-** *Gen.* **-a 1.** oat. **2.** (*ziarno*) oats.
owijać *ipf.*, **owinąć** *pf.* wrap (up) (*w coś* in sth); **nie owijał niczego w bawełnę** *pot.* he didn't beat around/about the bush; **owinąć kogoś dookoła palca** *przen.* wrap sb around one's little finger.
owijać się *ipf.*, **owinąć się** *pf.* wind (*wokół czegoś* around sth).
owłosiony *a.* hairy.
owo *a.* that; **to i owo** this and that.
owoc *mi* fruit; **owoce cytrusowe/kandyzowane/pestkowe** citrus/candied/stone fruit; **owoce morza** seafood; **przynosić owoce** *przen.* bear fruit; **zakazany owoc** forbidden fruit.
owocny *a.* fruitful; (*o spotkaniu, pracy*) successful, effective.
owocowy *a.* (*np. o drzewie, sałatce, soku, winie*) fruit; (*o posmaku, zapachu*) fruity.
owrzodzenie *n.* ulceration.

owsianka *f.* cereal, oatmeal.
owszem *part.* indeed.
owulacja *f.* ovulation.
ozdabiać *ipf.* adorn, embellish (*czymś* with sth).
ozdoba *f. Gen.pl.* **-ób** ornament, decoration; **dla ozdoby** for ornament; **ozdoby świąteczne** Christmas decorations.
ozdobny *a.* decorative, ornamental.
oziębiać *ipf.* cool (down).
oziębiać się *ipf.* cool (down); (*do normalnej temperatury*) cool off.
oziębienie *n.* cooling; **oziębienie klimatu** climate cooling.
oziębłość *f.* **1.** (*obojętność*) coldness. **2.** *pat.* (sexual) frigidity.
oziębły *a.* (*wrogi*) chilly; *pat.* (sexually) frigid.
oznaczać *ipf.* **1.** *tylko ipf.* mean; *form.* denote; **co oznacza ten napis?** what does this inscription mean? **2.** (*zaznaczać*) mark.
oznaczony *a.* marked; (*o czasie, terminie*) appointed.
oznajmiać *ipf.*, **oznajmić** *pf.* **-ij** *lit.* announce; declare.
oznajmujący *a. gram.* indicative; **tryb oznajmujący** indicative mood; **zdanie oznajmujące** statement.
oznaka *f.* sign; **oznaka godności/władzy** badge of office/authority; **oznaki życia** signs of life; (*choroby*) symptom; **oznaki zatrucia** poisoning symptoms.
ozon *mi* ozone.
ozonowy *a.* **dziura/warstwa ozonowa** ozone hole/layer.
ożyć *pf.* **-ję -jesz, ożywać** *ipf.* **-am -asz** come alive.
ożywczy *a.* invigorating; (*o deszczu, powietrzu*) bracing.
ożywiać *ipf.*, **ożywić** *pf.* **1.** revive. **2.** (*pobudzać, urozmaicać*) enliven.
ożywiać się *ipf.*, **ożywić się** *pf.* come to life; liven up.
ożywiony *a.* **-eni** (*o ruchu, handlu, rozmowie*) lively, animated; (*o materii, przyrodzie*) animate, living.
ósemka *f.* **1.** eight; (*coś, np. tramwaj, o numerze osiem*) the eight. **2.** *muz.* eighth note.
ósmy *a.* eighth; **godzina ósma** eight o'clock; **jedna ósma** one eighth. — *mi* (*ósmy dzień miesiąca*) the eighth.
ów *a.* **ow- 1.** *lit.* (*właśnie ten*) this very. **2.** (*inny*) some other. **3.** *pot.* **ni to ni owo** neither fish nor fowl; **ni z tego ni z owego** out of the blue; **ten i ów** some.
ówczesny *a.* the then.

P

p. *abbr.* **1.** (*pan*) Mr. (*mister*). **2.** (*pani*) Mrs. (*missis*).
pacha *f.* armpit.
pachnieć *ipf.* **-nę -niesz, -nij** smell, scent; **pachnieć ładnie/brzydko** smell nice/bad; **pachnieć różami** smell of roses.
pachwina *f.* groin.
pacierz *mi Gen.* **-a** prayer; **zmówić pacierz** say one's prayers.
pacjent *mp*, **pacjentka** *f.* patient.
Pacyfik *mi* the Pacific (Ocean).
pacyfikacja *f.* pacification.
pacyfista *mp* pacifist.
pacyfistyczny *a.* pacifistic.
paczka *f.* **1.** (*pakunek*) package. **2.** (*na poczcie*) parcel. **3.** (*opakowanie*) packet, package; (*papierosów*) pack.
padać *ipf.* **1.** (*przewracać się*) fall, drop; **padać na kolana** fall on one's knees; **padam z nóg** I'm dead tired, I'm on my last legs; **padać komuś w ramiona** fall into sb's arms. **2.** die violently; **padać ofiarą czegoś** fall victim/prey to sth; **padać trupem** fall dead. **3.** (*spadać*) fall, drop; **pada** (*deszcz*) it's raining; (*śnieg*) it's snowing; **podejrzenie pada na ciebie** you're under suspicion. **4.** (*trafiać na coś*) fall; **pada rozkaz** order is given; **pada strzał** shot is fired.
pager *mi Gen.* **-a** pager.
pagórek *mi* **-rk-** *Gen.* **-a** hill(ock), knoll.
pajac *mp* **1.** (*błazen*) clown. **2.** *pog.* buffoon. — *ma* (*zabawka*) puppet.
pająk *ma* spider.
pajęczyna *f.* cobweb, spiderweb.
Pakistan *mi* Pakistan.
Pakistanka *f.*, **Pakistańczyk** *mp* Pakistani.
pakistański *a.* Pakistani.
pakować *ipf.* **1.** (*układać*) pack; (*zawijać*) wrap (up). **2.** *pot.* (*upychać*) cram, stuff.
pakować się *ipf.* **1.** (*swoje rzeczy*) pack up, pack one's things. **2.** *pot.* (*wchodzić niepotrzebnie*) barge, push one's way.
pakt *mi* pact; **pakt o nieagresji** non-aggression pact.
pakunek *mi* **-nk-** pack(age).
pal *mi Gen.* **-a** *Gen.pl.* **-i/-ów** post, pale, stake.
palacz *mp* **1.** (*w kotłowni*) stoker. **2.** (*nałogowiec*) smoker, nicotine addict.
palący *a.* **1.** (*pilny*) urgent. **2.** (*gorący*) hot, scorching; **palące słońce** blazing sun. **3.** (*papierosy*) smoking. — *mp* smoker; **przedział dla niepalących** non-smoking compartment.
palec *mi* **-lc-** *Gen.* **-a 1.** (*u ręki*) finger; **pokazywać coś palcem** point a finger at sth; **liczyć na palcach** tick sth off on one's fingers; **kiwnąć na kogoś palcem** beckon sb; **sam jak palec** all alone; **mieć coś w małym palcu** know sth inside out; **nie kiwnąć palcem** not lift/raise a finger. **2.** (*u nogi*) toe; **chodzić na palcach** walk on tiptoe, tiptoe.
palenie *n.* **1.** burning; **palenie tytoniu** smoking; **palenie śmieci** incineration. **2.** (*uczucie pieczenia*) burning; **palenie w żołądku** heartburn.
Palestyna *f.* Palestine.
Palestynka *f.*, **Palestyńczyk** *mp* Palestinian.
palestyński *a.* Palestinian.
paleta *f.* (*malarza*) (painter's) palette.
palić *ipf.* **1.** (*rozniecać ogień*) build/light a fire. **2.** (*ogrzewać*) heat. **3.** (*oświetlać*) light. **4.** (*niszczyć ogniem*) burn (down). **5.** (*papierosa, fajkę*) smoke. **6.** (*o samochodzie, silniku*) consume, use up. **7.** (*parzyć, piec*) burn; (*o słońcu*) scorch, burn. **8.** (*o bólu*) burn, sting.
palić się *ipf.* **1.** (*spalać się*) burn, be on fire; **ogień się pali** fire is lighted, there is a fire in the stove; **pali się!** fire! **nie pali się** *przen.* there's no hurry/rush. **2.**

(*świecić*) be alight, shed light; **światło się pali** light is on.
paliwo *n.* fuel; *mot.* gas(oline); **stacja paliw** gas/filling station.
palma *f.* palm.
palmowy *a.* palm(y); **Niedziela Palmowa** Palm Sunday.
palnik *mi Gen.* **-a** burner.
palny *a.* combustible, flammable; **broń palna** firearms.
palto *n.* (over)coat.
paluszek *mi* **-szk-** *Gen.* **-a 1.** *emf.* (*palec*) finger. **2.** *kulin.* **słone paluszki** salt sticks; **paluszki rybne** fish sticks.
pałac *mi* palace.
pałeczka *f.* **1.** (*kijek*) stick; (*dyrygencka*) baton; (*do gry na bębnie itp.*) drumstick. **2.** (*do jedzenia*) chopstick.
pałka *f.* (*kij*) club, bat; **pałka policyjna** billy (club), truncheon.
pamiątka *f.* **1.** (*przedmiot*) souvenir; (*po kimś*) keepsake; **sklep z pamiątkami** souvenir shop. **2.** (*symbol, znak*) token, memento; **na pamiątkę czegoś** in token of sth.
pamięć *f.* **1.** memory; **mieć dobrą/krótką pamięć** have a good/short memory; **zanik pamięci** amnesia, memory loss, loss of memory; **uczyć się na pamięć** learn by heart, memorize; **znać coś na pamięć** know sth (off) by heart; **wytężać pamięć** rack one's brains. **2.** (*wspomnienie*) memory, remembrance; **świętej pamięci** late; **ku czyjejś pamięci** in memory/remembrance of sb; **uczcić pamięć** commemorate.
pamiętać *ipf.* remember (*(żeby) coś zrobić* to do sth); **dobrze/wyraźnie pamiętać** remember well/clearly; **prawie nie pamiętać** scarcely remember; **pamiętać o czymś** bear sth in mind; **o ile pamiętam** if I remember correctly, if my memory serves me right; **należy pamiętać, że...** (*przy wprowadzaniu nowej myśli*) now, we have to remember that...
pamiętnik *mi Gen.* **-a 1.** (*dziennik*) diary, journal. **2.** *teor. lit.* memoirs.
PAN *abbr.* (*Polska Akademia Nauk*) Polish Academy of Sciences.
pan *mp Dat. & Loc.* **-u** *pl.* **-owie 1.** (*mężczyzna*) gentleman; (*przy bezpośrednim zwracaniu się*) you. **2.** (*władca*) lord; **najjaśniejszy pan** His Highness; **być panem sytuacji** be the master of the situation. **3. Pan Bóg** God; **nasz Pan** Our Lord. **4.** *szkoln.* (*nauczyciel*) master; **pan od polskiego** Polish teacher. **5.** (*gospodarz*) master; **pan domu** master of the house. **6. pan Kowalski** Mr Kowalski; **pan profesor Kowalski** Professor Kowalski; **proszę pana,...** sir...; **czym mogę panu służyć?** (how) can I help you, sir? **panie prezydencie** Mr President! **pan młody** the bridegroom.
panamski *a.* Panamanian; **Kanał Panamski** the Panama Canal.
pancerny *a.* armored; **kasa pancerna** safe-deposit; **szyba pancerna** armor glass; **wojska pancerne** armored troops.
pancerz *mi Gen.* **-a 1.** armor. **2.** (*u zwierząt*) crust, armor, shield.
pani *f. Acc.* **-ą 1.** (*kobieta*) lady. **2. najjaśniejsza pani** My Lady, Her Ladyship; **pani domu** lady of the house; **łaskawa pani!** my dear lady! **3.** *szkoln.* (*nauczycielka*) mistress; **pani od polskiego** Polish teacher. **4. pani Kowalska** Ms. Kowalska; **pani profesor** Professor; **proszę pani,...** madam/ma'am,...; **proszę pani!** (*do nauczycielki*) miss! **czym mogę pani służyć?** (how) can I help you, madam? **czy to pani samochód?** it that your car, madam?
panicznie *adv.* **bać się panicznie (kogoś/czegoś)** be terrified (of sb/sth).
paniczny *a.* (*o lęku*) deadly; **rzucić się do panicznej ucieczki** flee in panic.
panieński *a.* girlish, maiden; **nazwisko panieńskie** maiden name.
panierowany *a.* (*w tartej bułce*) breaded; (*w cieście*) battered.
panika *f.* panic; **szerzyć panikę** spread panic; **wpaść w panikę** start to panic.
panikować *ipf.* panic (*z powodu czegoś* about sth); **nie panikuj!** don't panic!
panna *f. Gen.pl.* **-nien 1.** (*kobieta niezamężna*) miss, maiden; **panna młoda** bride; **stara panna** old maid, spinster. **2.** (*forma grzecznościowa; wychodzi z użycia*) Miss; **panna Nowakówna** Miss Nowak. **3.** *astrol.* **Panna** Virgin, Virgo.
panorama *f.* (*widok*) panorama.
panoramiczny *a.* panoramic; (*o obrazie*) cycloramic; **film panoramiczny** widescreen movie.
panować *ipf.* **1.** (*rządzić*) rule, reign. **2.** (*kontrolować*) control (*coś* sth); **panować nad sytuacją** have the situation in hand; **panować nad sobą** be in control, exercise self-control. **3.** (*o poglądzie*) persist, prevail.
panowanie *n.* domination, prevalence; (*króla*) rule, reign; **pod czyimś panowaniem** under sb's rule; **stracić panowanie nad sobą** lose one's temper.
panterka *f. pot.* (*kurtka*) camouflage jacket.
pantofel -fl- *mi Gen.* **-a** (*but*) shoe; (*bez napiętka*) mule; (*ranny*) slipper.
pantomima *f.* pantomime.
panujący *a.* predominant, ruling, prevailing; **panujące poglądy** prevailing views; **rodzina panująca** ruling family/house.
pański *a.* **1.** (*właściwy panu - mężczyźnie*) your, yours; **czy to pański długopis?** is that your pen, sir? **2.** (*arystokratyczny*) lordly; (*o manierach*) lordlike. **3.** (*Boży*) Lord's; **Modlitwa Pańska** the Lord's Prayer, Our Father.
państwo *n. Dat. & Loc.* **-wie** (*kraj*) state, nation; **państwo demokratyczne** democracy, democratic state; **państwo opiekuńcze** welfare state. — *n. Dat. & Loc.* **-u 1.** (*pan i pani*) Mr. and Mrs.; **państwo Kowalscy** Mr. and Mrs. Kowalski, the Kowalskis; **czy to państwa samochód?** is that your car? **szanowni państwo!** Ladies and Gentlemen! **państwo młodzi** newlyweds, the bride and groom. **2.** (*forma grzecznościowa używana wobec bliżej nieznanych osób*) you.
państwowy *a.* national, state, public; (*o sektorze*) state-owned, public; **hymn państwowy** national anthem; **urzędnik państwowy** public/civil servant.
papa *f.* (*do krycia dachu*) asphalt roofing, roofing paper.
papeteria *f. Gen.* **-ii** stationery.
papier *mi* **1.** paper; **papier firmowy** letterhead; **papier toaletowy** toilet paper; **mam to na papierze** I have it in black-and-white. **2.** *pot.* (*dokument*) document; **składać papiery na studia** send an application to college; **papiery wartościowe** *ekon.* securities.
papierek *mi* **-rk-** *Gen.* **-a** (*skrawek papieru*) piece of paper.

papierniczy *a.* paper; **sklep papierniczy** stationer's.
papieros *mi Gen. & Acc.* **-a** cigarette; **zapalić papierosa** smoke a cigarette.
papierowy *a.* paper; **książka w papierowej okładce** paperback; **ręcznik papierowy** kitchen roll.
papież *mp* pope, pontiff.
papirus *mi* papyrus.
papka *f.* (*masa*) mash, mush; (*jako pokarm*) pap.
paproć *f. pl.* **-e** fern.
papryka *f.* **1.** (*roślina*) pepper. **2.** (*warzywo*) (*przyprawa*) (*słodka*) paprika; (*ostra*) pepper; **czerwona/zielona papryka** red/green pepper.
papuga *f.* **1.** parrot. **2.** *pot., przen.* parrot, copycat.
papugować *ipf. pot.* parrot.
papużka *f.* small parrot; **papużka falista** budgerigar.
para[1] *f.* (*skroplony gaz*) steam, vapor; **gotować na parze** steam; **pracować pełną parą** work at full speed.
para[2] *f.* **1.** (*dwa przedmioty*) pair; **nie do pary** odd; **para spodni/rękawiczek** pair of trousers/gloves. **2.** (*dwie osoby*) couple; **iść parami** go in pairs/twos; **młoda para** bride and groom.
parada *f.* **1.** (*widowisko*) parade, show; **masz głowę nie od parady** your head is screwed on the right way. **2.** (*defilada*) parade, review of troops.
paradoks *mi* paradox, contradiction.
paradoksalny *a.* paradoxical.
paradować *ipf. pot.* parade.
parafia *f. Gen.* **-ii** parish.
parafialny *a.* parish.
parafianin *mp pl.* **-anie** *Gen.* **-an**, **parafianka** *f.* parishioner.
parafina *f.* paraffin.
parafraza *f.* paraphrase.
parafrazować *ipf.* paraphrase.
paragon *mi* receipt.
paragraf *mi* **1.** (*przepis*) article, section. **2.** (*akapit, znak*) paragraph.
Paragwaj *mi* Paraguay.
paralityczka *f.*, **paralityk** *mp* paralytic.
paraliż *mi* paralysis.
paraliżować *ipf.* paralyze.
parametr *mi* parameter.
parapet *mi* sill; **parapet okienny** windowsill.
parapsychologia *f. Gen.* **-ii** parapsychology.
parasol *mi Gen.* **-a** (*przeciwdeszczowy*) umbrella; (*przeciwsłoneczny*) parasol, sunshade.
parawan *mi* screen.
parcela *f. Gen.pl.* **-i/-l** lot, property.
parcie *n.* (*napór*) pressure.
parę *num. Ins.* **-oma/-u** a few, several; **parę dni temu** a few days ago; **od paru godzin** for a few hours; **parę osób** a few people; **mam parę groszy** I've got a little money.
park *mi* park; **park narodowy** national park; **park rozrywki** amusement park.
parkiet *mi* **1.** (*posadzka*) parquet. **2.** (*do tańca*) dance floor.
parking *mi* parking lot.
parkometr *mi* parking meter.
parkować *ipf.* park.
parkowanie *n.* parking; **parkowanie zabronione** (*napis*) no parking.
parlament *mi* parliament; **zasiadać w parlamencie** be a member of parliament; **rozwiązać parlament** dissolve parliament.
parlamentarny *a.* parliamentary.
parno *adv.* **jest parno** it's sultry.
parny *a.* sultry.
parodia *f. Gen.* **-ii** parody, travesty; **parodia sprawiedliwości** travesty of justice.
parodiować *ipf.* parody.
parodniowy *a.* a few days'.
paroletni *a.* a few years'; a few-year old; **paroletni samochód** a few-year old car; **paroletni pobyt za granicą** a few years' residence abroad.
parować[1] *ipf.* (*zamieniać się w gaz*) evaporate.
parować[2] *ipf.* (*w szermierce/boksie*) parry, ward off.
parowiec *mi* **-wc-** *Gen.* **-a** steamer, steamship.
parowy *a.* steam; **statek parowy** steamship.
parówka *f.* (*kiełbasa*) hot dog, frankfurter.
parskać *ipf.*, **parsknąć** *pf.* **-ij** snort; **parskać śmiechem** burst out laughing.
parszywy *a.* **1.** (*pokryty parchami*) mangy. **2.** *pot.* (*podły*) lousy, rotten; **parszywy nastrój/pogoda** lousy mood/weather.
parter *mi* **1.** (*pierwsza kondygnacja*) first floor. **2.** (*w kinie, teatrze*) stalls.
parterowy *a.* **1.** (*o budynku*) one-story; **dom parterowy** one-story house. **2.** (*znajdujący się na parterze*) first floor. **3.** (*o miejscach*) orchestra; **loże parterowe** orchestra boxes.
partia *f. Gen.* **-ii 1.** *polit.* party. **2.** (*część*) part, portion; (*seria produktów*) lot, batch. **3.** (*część gry*) game, round; **partia szachów** game of chess. **4.** (*do zaśpiewania, zagrania*) part; **partia solowa** solo part. **5.** *przest.* (*kandydat do małżeństwa*) match.
partner *mp*, **partnerka** *f.* partner.
partnerski *a.* based on partnership.
partnerstwo *n.* partnership.
party *n. indecl.* party.
partyjny *a.* party; **działacz partyjny** party activist.
partykuła *f. gram.* particle.
partytura *f.* **1.** *muz.* score. **2.** *teatr* script.
partyzant *mp* guer(r)illa.
Paryż *mi Gen.* **-a** Paris.
parzyć *ipf.* **1.** (*o czymś gorącym*) burn, scorch; (*o cieczy*) scald. **2.** (*podrażnić*) (*np. o pokrzywie*) sting, prick. **3.** (*zalewać wrzątkiem*) scald, blanch. **4.** (*zaparzać*) brew.
parzyć się[1] *ipf.* (*zaparzać się*) brew.
parzyć się[2] *ipf. myśl.* mate.
parzysty *a.* even.
pas *mi Gen.* **-a 1.** (*przy ubraniu*) belt; **pas ratunkowy** life belt; **brać nogi za pas** show a clean pair of heels; **zaciskać pasa** tighten one's belt. **2.** (*materiału, skóry*) strip, belt, band; **pas bezpieczeństwa** seat/safety belt. **3.** (*powierzchnia*) strip, zone; **pas graniczny** border zone; **pas ruchu** lane; **pas startowy** runway; **pas zieleni** green belt; **pasy dla pieszych** pedestrian crossing; **w pasy** striped. **4.** (*talia*) waist; **rozebrać się do pasa** undress from the waist up.
pasaż *mi* (*przejście*) passageway; **pasaż handlowy** shopping arcade.
pasażer *mp pl.* **-owie**, **pasażerka** *f.* passenger.
pasażerski *a.* passenger.
pasek *mi* **-sk-** *Gen.* **-a 1.** (*przy ubraniu*) belt. **2.** (*materiału, skóry*) strap, belt, band; **pasek do zegarka** watch strap. **3.** (*deseń na ubraniu*) stripe; **koszulka w paski** striped T-shirt.
pasiasty *a.* striped.
pasieka *f.* apiary.

pasierb *mp pl.* **-owie/-y** stepson.
pasierbica *f.* stepdaughter.
pasja *f.* **1.** passion; **lubić coś pasjami** love sth, be crazy about sth. **2.** (*furia*) rage, fury; **wpadać w pasję** fly into a fury/rage; **doprowadzasz mnie do pasji!** you're driving me mad!
pasjans *mi Gen.* **-a/-u** *Acc.* **-a** *pl.* **-e/-y** solitaire.
pasjonować *ipf.* fascinate.
pasjonować się *ipf.* be keen on, be into (*czymś* sth).
pasjonujący *a.* fascinating, exciting.
paskudny *a.* (*brzydki*) ugly; (*nieznośny*) nasty.
pasmanteria *f. Gen.* **-ii** haberdashery.
pasmo *n. Loc.* **pasmie/paśmie** *Gen.pl.* **pasm/pasem** **1.** (*radiowe, telewizyjne*) band. **2.** (*przędzy, włosów*) strand. **3.** (*powierzchnia*) strip; **pasmo górskie** mountain range; **pasmo lądu** strip of land; **pasmo jezdni** lane. **4.** *przen.* (*ciąg*) series, streak; **pasmo zwycięstw** winning streak.
pasować *ipf.* **1.** (*dobrze leżeć*) fit; **ta sukienka nie pasuje na ciebie, jest za ciasna** this dress does not fit you, it's too tight. **2.** (*harmonizować*) match, go together, suit; **kapelusz nie pasuje do płaszcza** the hat does not match the coat.
pasożyt *ma* parasite.
pasta *f.* paste; (*do szorowania*) polish; (*do jedzenia*) spread; **pasta do butów** shoe polish; **pasta do zębów** toothpaste.
pastelowy *a.* pastel.
pasterz *mp* shepherd.
pastor *mp pl.* **-rzy/-owie** parson, pastor.
pastować *ipf.* polish; (*woskiem*) wax.
pastwisko *n.* pasture, grazing land.
pastylka *f.* (*do połknięcia*) pill, tablet; (*do ssania*) lozenge, pastille.
pasywny *a.* passive.
pasza *f. pl.* **-e** fodder.
paszcza *f.* (*u zwierząt*) mouth.
paszport *mi* passport.
paszportowy *a.* passport; **kontrola paszportowa** passport control.
pasztecik *mi Gen.* **-a** **1.** (*pasztet*) small pâté. **2.** (*do zup*) patty, pasty.
pasztet *mi* pâté.
paść[1] *pf.* **padnę padniesz**, **padnij**, **padł** *zob.* **padać**.
paść[2] *ipf.* **pasę pasiesz**, **pasł** **1.** (*wypasać*) graze, pasture. **2.** (*zwierzęta*) (*tuczyć*) fatten.
paść się *ipf.* (*wypasać się*) graze, pasture.
pat *mi Gen.* **-a** (*sytuacja bez wyjścia*) stalemate, deadlock.
patelnia *f. Gen.pl.* **-i** frying pan.
patent *mi* patent.
patentowy *a.* patent; **Urząd Patentowy** Patent and Trademark Office.
patetyczny *a.* pompous, bombastic.
patologiczny *a.* pathological.
patriota *mp*, **patriotka** *f.* patriot.
patriotyczny *a.* patriotic.
patriotyzm *mi* patriotism.
patrol *mi* patrol; **patrol policji** police patrol; **nocny patrol** night patrol.
patrolować *ipf.* patrol.
patron *mp Gen.* **-a** *pl.* **-owie/-i** **1.** (*protektor*) patron. **2.** *rel.* patron saint.
patronat *mi* patronage; **pod patronatem** under the auspices.
patrzeć *ipf.* **-ę -ysz** **1.** (*spoglądać*) look; **patrzeć komuś na ręce** keep a watchful eye on sb; **komuś dobrze/źle z oczu patrzy** sb has kind/mean eyes. **2.** (*mieć pogląd na coś*) view; **patrzeć na coś optymistycznie/trzeźwo** view sth with optimism/objectivity. **3.** **patrzeć (na kogoś) z góry** look down on (sb); **patrzeć na coś przez palce** turn a blind eye to sth.
patyk *mi Gen.* **-a** stick.
pauza *f.* **1.** (*przerwa*) pause, interval. **2.** *szkoln.* break. **3.** (*w interpunkcji*) dash. **4.** *muz.* rest.
paw *ma* **-wi-** peacock; **dumny jak paw** as proud as a peacock.
pawian *ma* baboon.
pawilon *mi* (*budowla*) pavilion; **pawilon handlowy** shopping center.
paznokieć *mi* **-kci-** *Gen.* **-a** nail; **paznokieć u ręki/nogi** fingernail/toenail.
pazur *mi Gen.* **-a** claw.
październik *mi Gen.* **-a** October.
pączek *mi* **-czk-** *Gen.* **-a** **1.** (*zawiązek*) bud. **2.** (*ciastko*) donut.
pączkować *ipf.* bud.
pąk *mi Gen.* **-a** bud.
pchać *ipf.* **1.** (*przesuwać*) push, shove; **pchać** (*napis na drzwiach*) push. **2.** (*wpychać*) stuff, cram.
pchać się *ipf.* **1.** (*tłoczyć się*) crowd. **2.** (*przepychać się*) push one's way.
pchli *a.* flea's; **pchli targ** flea market.
pchła *f. Gen.pl.* **pcheł** flea.
pchnąć *pf.* **-ij** **1.** *zob.* **pchać**. **2.** (*ugodzić*) stab; **pchnąć sztyletem** stab with a dagger.
pchnąć się *pf.* **1.** *zob.* **pchać się**. **2.** (*zadać sobie pchnięcie*) stab o.s.
pchnięcie *n.* push, thrust, shove; **pchnięcie kulą** *sport* shot put.
pech *mi Gen.* **-a** bad luck; **mieć pecha** be unlucky.
pechowiec *mp* **-wc-** *pl.* **-y** unlucky person.
pechowy *a.* unlucky, unfortunate.
pedagog *mp pl.* **-dzy/-owie** **1.** (*nauczyciel*) teacher. **2.** (*wychowawca*) educator.
pedagogika *f.* pedagogy.
pedał *mi Gen.* **-u** (*dźwignia*) pedal, foot-lever. — *mp Gen.* **-a** *pl.* **-y** *pot. pog.* (*homoseksualista*) fag(got).
pedałować *ipf.* pedal.
pedantyczny *a.* pedantic.
pediatra *mp* pediatrician.
pedicure, **pedikiur** *mi* pedicure.
pejoratywny *a.* pejorative.
pejzaż *mi* landscape.
Pekin *mi* Beijing, Peking.
pekińczyk *mp pl.* **-cy**, **pekinka** *f.* Pekingese, Pekinese. — *ma pl.* **-i** *kynol.* Pekingese, Pekinese; *pot.* peke.
peleryna *f.* **1.** (*płaszcz*) cloak. **2.** (*część płaszcza*) cape.
pelikan *ma* pelican.
pełen *a. indecl. zob.* **pełny**.
pełnia *f.* **1.** (*księżyca*) full moon. **2.** (*obfitość*) fullness; (*szczyt*) peak; **pełnia lata** full summer, height of summer; **pełnia sezonu** peak season; **pełnia szczęścia** complete happiness; **zasługiwać na coś w pełni** fully deserve sth; **w pełni się z tobą zgadzam** I agree with you entirely.
pełnić *ipf.* **-ij/-ń** perform, fulfill; **pełnić obowiązki** fulfill/perform one's duties; **pełnić służbę** be on duty; **pełniący obowiązki (kierownika)** acting (manager).

pełno *adv.* **1.** (*po brzegi*) to the brim; **mam pełno wody w butach** my boots are full of water. **2. pełno wody/ludzi** plenty of water/people; **w pociągu było pełno (ludzi)** the train was full/crowded.

pełnoletni *a.* of age.

pełnometrażowy *a.* **film pełnometrażowy** feature film.

pełnomocnictwo *n.* **1.** (*prawo*) power of attorney, proxy. **2.** (*dokument, zaświadczenie*) letter of attorney/authority.

pełnomocnik *mp* attorney, holder of a proxy; (*zwł. dyplomata*) plenipotentiary; **przez pełnomocnika** by proxy.

pełnopłatny *a.* full-price, full-pay.

pełnoprawny *a.* rightful, with full rights.

pełnotłusty *a.* full, full-cream.

pełnoziarnisty *a.* wholemeal, whole wheat.

pełny *a.* **1.** (*wypełniony czymś*) full (*czegoś* of sth); filled with sth (*czegoś* with sth); **pełen etat** full-time employment; **mieć pełne ręce roboty** have one's hands full. **2.** (*przepełniony czymś*) brimming, teeming (*czymś* with sth); **oczy pełne łez** eyes brimming with tears. **3.** (*obfitujący w coś*) full (*czegoś* of sth); **droga pełna zakrętów** road full of bends. **4.** (*zupełny, absolutny*) complete, total, absolute; **pełne szczęście** complete happiness; **pełne morze** high seas; **odetchnąć pełną piersią** breathe deeply. **5.** (*zupełny, doskonały*) full, high; **pełną parą/na pełnych obrotach** at full blast. **6.** (*kompletny*) complete, unabridged; **pełne mleko** full-cream milk.

pełzać *ipf.* **1.** (*o płazach, gadach, owadach*) creep. **2.** (*o ssakach*) crawl.

penetrować *ipf.* penetrate.

penicylina *f.* penicillin.

penis *mi Gen.* **-a** penis.

pens *mi Gen.* **-a** penny; **pięć pensów** five pence.

pensja *f.* (*miesięczna dla pracowników umysłowych*) salary; (*godzinna, dzienna, tygodniowa dla pracowników fizycznych*) wage.

pensjonat *mi* boarding house.

perfekcja *f.* perfection.

perfekcjonista *mp* perfectionist.

perfekcyjny *a.* perfect.

perfumować *ipf.* perfume.

perfumować się *ipf.* perfume o.s., spray o.s. with perfume.

perfumy *pl. Gen.* **-um** perfume.

periodyk *mi* periodical.

perkusista *mp* drummer.

perkusja *f.* percussion; *pot.* drums.

perła *f. Gen.pl.* **pereł 1.** pearl. **2.** *przen.* gem, jewel, pearl.

perłowy *a.* pearly; **masa/macica perłowa** mother-of-pearl.

peron *mi* platform.

perski *a.* Persian; **Zatoka Perska** the Persian Gulf.

personalny *a.* personal; **dane personalne** personal data; **dział personalny** personnel department, human resources/HR department.

personel *mi* personnel, staff; **tylko dla personelu** (*napis na drzwiach*) staff/employees only.

perspektywa *f.* **1.** *sztuka* perspective. **2.** (*panorama*) perspective, vista, prospect. **3.** *przen.* (*widoki na coś*) prospect, vista, view; **perspektywa zrobienia czegoś** prospect of doing sth; **praca bez perspektyw** dead-end job. **4. z perspektywy czasu** in retrospect.

perswadować *ipf.* persuade (*komuś coś* sb to do sth).

pertraktacje *pl. Gen.* **-i** negotiations.

pertraktować *ipf.* negotiate.

Peru *mi indecl.* Peru.

peruka *f.* wig.

perwersja *f.* perversion.

perwersyjny *a.* perverse.

peryferie *pl. Gen.* **-ii** (*część zewnętrzna*) periphery; (*obrzeża miasta*) outskirts, suburbs.

peryferyjny *a.* **1.** (*zewnętrzny*) peripheral. **2.** (*znajdujący się na peryferiach*) suburban. **3.** (*marginalny*) peripheral, incidental, marginal.

perypetie *pl. Gen.* **-ii** (*trudności*) trials and tribulations.

peryskop *mi* periscope.

pestka *f.* **1.** (*jabłka, pomarańczy*) pip; (*wiśni, śliwki, brzoskwini*) stone, pit; (*dyni, słonecznika*) seed. **2.** *pot.* **to pestka!** it's a piece of cake!, it's a cinch!

pesymista *mp* pessimist.

pesymistyczny *a.* pessimistic.

pesymizm *mi* pessimism.

peszyć *ipf.* abash, disconcert, confound; **peszyć kogoś** put sb off their stride.

peszyć się *ipf.* get abashed; **łatwo się peszyć** be easily disconcerted.

petarda *f.* (*rodzaj fajerwerku*) petard, firecracker, squib.

petent *mp* applicant, inquirer.

petrochemiczny *a.* petrochemical.

petycja *f.* petition.

pewien[1], **pewna, pewne** *a.* a/an, one, certain; **pewien pan** a man; **pewien mój znajomy** a friend of mine; **pewnego dnia** (*w przyszłości*) one/some day; **pewnego razu** (*kiedyś*) once; (*w bajkach*) once upon a time; **w pewnym sensie** in a sense; **w pewnym stopniu** to some extent, to a certain extent; **w pewnym wieku** at a certain age; **przez pewien czas** for some time.

pewien[2] *a. por.* **pewny**.

pewnie *adv.* (*zdecydowanie*) confidently; **czuć się pewnie** be confident, feel sure of o.s. — *part.* (*prawdopodobnie*) probably; **ty pewnie jesteś Tom** you must be Tom; **pewnie, że...** surely,...; **(no) pewnie!** you bet!

pewnik *mi Gen.* **-a** (*oczywistość*) certainty; **brać coś za pewnik** take sth for granted.

pewno *part.* (*prawdopodobnie*) probably; (*pewnie*) surely; **pewno chce ci się pić** you must be thirsty; **na pewno** sure.

pewność *f.* **1.** (*przekonanie*) certainty, confidence; **z całą pewnością** undoubtedly; **nabrałem pewności, że...** I'm now absolutely sure that...; **dla pewności** to be on the safe side, just in case; **pewność siebie** self-confidence; **z pewnością** for certain. **2.** (*zdecydowanie*) sureness, firmness, steadiness. **3.** (*prawdziwość*) reliability.

pewny *a.* **1.** (*niechybny*) sure, certain. **2.** (*godny zaufania*) sure, dependable, reliable. **3.** (*niewątpliwy*) sure, certain, reliable; **pewna informacja** reliable information; **to pewne, że...** it's a sure thing that... **4.** (*niezawodny*) sure, certain. **5.** (*przekonany o czymś*) confident, sure, certain; **nie jestem pewien** I'm not sure; **jesteś zbyt pewny siebie** you're overconfident. **6.** (*bezpieczny*) secure, safe.

pęczek *mi* **-czk-** *Gen.* **-a** bunch.

pęcznieć *ipf.* bloat, swell.

pęd *mi* **1.** (*bieg*) dash, rush; **pęd pociągu** rush of a train. **2.** (*potrzeba wewnętrzna*) **pęd do czegoś** drive for sth. **3.** *bot.* shoot, sprout.
pędzel *mi* **-dzl-** *Gen.* **-a** brush; **pędzel do golenia** shaving brush.
pędzić *ipf.* **1.** (*szybko się poruszać*) rush, speed; **pędzić co sił** go full-speed. **2.** (*poganiać*) drive; **pędzić bydło** drive cattle.
pęk *mi* (*wiązka*) bunch; **pęk kluczy/kwiatów** bunch of keys/flowers.
pękać *ipf.* (*o szybie, lodzie*) crack; (*o sznurku, strunie, strąkach*) burst; (*o tkaninie*) rip; **uszy mi pękają od tego hałasu** this noise is ear-splitting; **głowa mi pęka** I've got a splitting headache; **pękać ze śmiechu** laugh one's head off; **pękać w szwach** burst/split at the seams.
pępek *mi* **-pk-** *Gen.* **-a** navel; *pot.* bellybutton.
pętla *f. Gen.pl.* **-i 1.** (*ze sznura*) noose, loop. **2.** (*miejsce, w którym zawracają tramwaje, autobusy*) loop; (*przystanek końcowy*) terminus.
piać *ipf.* **pieję piejesz** (*o kogucie*) crow.
piana *f.* foam, froth; (*z mydła*) lather.
pianino *n.* (upright) piano.
pianista *mp*, **pianistka** *f.* pianist, piano player.
pianka *f.* **1.** (*mleka*) froth, foam; (*piwa*) head, foam, froth. **2.** (*w kosmetyce*) foam, mousse; **pianka do golenia** shaving foam; **pianka do włosów** styling mousse.
piasek *mi* **-sk-** sand; **lotne piaski** shifting sands.
piaskowiec *mi* **-wc-** *Gen.* **-a** sandstone.
piaskownica *f.* sandbox.
piaskowy *a.* **1.** (*z piaskiem*) sand(y); **burza piaskowa** sandstorm. **2.** (*o kolorze*) sandy.
piaszczysty *a.* sandy.
piątek *mi* **-tk-** Friday; **Wielki Piątek** Good Friday.
piątka *f.* **1.** (*cyfra*) five. **2.** *szkoln.* (*ocena*) A.
piąty *a.* fifth.
picie *n.* **1.** (*czynność*) drinking; **zdatny do picia** fit to drink, fit for drinking. **2.** *pot.* (*napój*) drink.
pić *ipf.* **piję pijesz** drink; **pić nałogowo** be addicted to alcohol.
piec[1] *mi Gen.* **-a** *Gen.pl.* **-ów 1.** (*do ogrzewania, w kuchni*) stove. **2.** *techn.* furnace, kiln, oven.
piec[2] *ipf.* **-kę -czesz, -kł 1.** (*chleb, ciasto*) bake; (*mięso*) roast. **2.** (*parzyć*) burn, smart; **słońce dziś strasznie piecze** it's a real burner today. **3.** (*sprawiać ból*) burn, smart, sting; **oczy mnie pieką** my eyes are smarting/stinging/burning.
piec się *ipf.* (*o chlebie, cieście*) be baking; (*o mięsie*) be roasting.
piechota *f. wojsk.* infantry; **piechota morska** Marine Corps, Marines; **piechotą/na piechotę** on foot; **to tylko dziesięć minut piechotą** it's just a ten-minute walk, it's just ten minutes on foot.
piecyk *mi Gen.* **-a 1.** *pot.* (*piekarnik*) oven. **2.** (*do ogrzewania*) heater.
pieczara *f.* cave, cavern.
pieczarka *f.* mushroom; **pieczarka polna** meadow mushroom.
pieczątka *f.* **1.** (*przyrząd*) (rubber) stamp. **2.** (*znak*) stamp.
pieczeń *f. pl.* **-e** roast; **pieczeń wołowa** roast beef.
pieczęć *f. pl.* **-e 1.** (*lakowa*) seal; (*gumowa*) (rubber) stamp. **2.** (*odcisk, znak*) stamp.
pieczętować *ipf.* seal, stamp.
pieczywo *n.* bread.
piegi *pl. Gen.* **-ów** freckles.
piegowaty *a.* freckled.
piekarnia *f. Gen.pl.* **-i/-ń** (*wytwórnia, sklep*) bakery; (*sklep*) baker's.
piekarnik *mi Gen.* **-a** oven.
piekarz *mp* baker.
piekący *a.* **1.** (*gorący*) scorching, searing. **2.** (*o bólu, zazdrości*) smarting.
piekielny *a.* **1.** *lit.* (*z piekła*) hellish, infernal. **2.** (*intensywny*) awful, dreadful; **piekielny ból** excruciating pain; **piekielny hałas** a hell of a noise.
piekło *n. Gen.pl.* **-kieł** hell; **z piekła rodem** fiendish; **robić komuś piekło** give sb hell; **istne piekło** sheer/pure hell.
pielęgnacja *f.* care; (*chorych*) nursing; (*roślin*) nurturing; (*zwierząt*) tending; **pielęgnacja włosów** hair care; **krem do pielęgnacji twarzy/rąk** face/hand cream.
pielęgniarka *f.* nurse.
pielęgniarstwo *n.* nursing.
pielęgniarz *mp* (male) nurse.
pielęgnować *ipf.* (*chorych*) nurse, tend; (*przyjaźń, język, tradycje*) cultivate; (*rośliny*) look after, cultivate.
pielgrzym *mp* pilgrim.
pielgrzymka *f.* pilgrimage.
pielucha, pieluszka *f.* diaper.
pieniądz *mi Gen.pl.* **-ędzy** *Ins.pl.* **-ędzmi** money; **drobne pieniądze** small change; **jest krucho z pieniędzmi** money is tight; **kosztować masę pieniędzy** cost a bundle; **mieć dużo pieniędzy** have a lot of money; **robić pieniądze** make money; **nie mam przy sobie pieniędzy** I have no money on me.
pień *mi* **pni-** *Gen.* **-a 1.** (*żywego drzewa*) trunk. **2.** (*po ścięciu drzewa*) stump, stub.
pieprz *mi* pepper; **pieprz mielony** ground pepper; **suchy jak pieprz/wiór** as dry as a bone, bone-dry.
pieprzyć *ipf.* **1.** (*dodawać pieprzu*) pepper. **2.** *pot.* (*mówić głupoty*) talk bullshit.
pieprzyć się *ipf. wulg.* **1.** (*odbywać stosunek*) have a screw (*z kimś* with sb). **2.** (*nie udawać się*) go freaking wrong.
piernik *mi Gen.* **-a** gingerbread.
pierogi *pl. Gen.* **-ów** pi(e)rogi; **pierogi z mięsem** meat pi(e)rogi; **leniwe pierogi** dumplings made from flour, cottage cheese and eggs; **ruskie pierogi** pierogi with potato and cottage cheese filling.
piersiowy *a.* pectoral; **klatka piersiowa** ribcage, chest.
pierś *f.* **1.** chest, breast; **zapierać komuś dech w piersiach** take one's breath away. **2.** (*u kobiety*) breast; **karmić piersią** breast-feed. 3. (*mięso*) breast.
pierścień *mi Gen.* **-a** ring.
pierścionek *mi* **-nk-** *Gen.* **-a** ring; **pierścionek zaręczynowy** engagement ring.
pierwiastek *mi* **-tk-** *Gen.* **-a 1.** *chem.* element; **pierwiastek promieniotwórczy** radioactive element; **układ okresowy pierwiastków** periodic table. **2.** *mat.* root; **pierwiastek kwadratowy/sześcienny z dwóch** square/cube root of two.
pierwotnie *adv. lit.* originally.
pierwotny *a.* **1.** (*dawny*) primordial, primeval, primal; **las pierwotny** primeval forest. **2.** (*prymitywny*) primitive; **człowiek pierwotny** primitive man. **3.** (*początkowy*) initial, original.

pierwowzór *mi* **-o- 1.** (*prototyp*) prototype. **2.** (*oryginał*) original.
pierwszeństwo *n.* **1.** priority, precedence; **mieć pierwszeństwo przed kimś/czymś** take precedence over sb/sth, have priority over sb/sth. **2.** (*w przepisach drogowych*) right of way.
pierwszoplanowy *a.* **1.** (*bardzo ważny*) crucial, vital. **2.** (*odgrywający główną rolę*) leading; **pierwszoplanowa rola** leading role.
pierwszorzędny *a.* splendid, first-rate; **pierwszorzędna jakość** top quality.
pierwszy *a.* **1.** first; **pierwsze piętro** second floor; **pierwszy września** the first of September; **pierwsza wojna światowa** World War One, the First World War; **pierwsza pomoc** first aid; **pierwsze śniadanie** breakfast; **Pierwsza Dama** *polit.* First Lady; **na pierwszy rzut oka** at first glance, on the face of it; **w pierwszej chwili** at first, in the first moment; **po pierwsze** firstly, first of all, first and foremost. **2.** (*zasadniczy, główny*) main, chief, primary; **pierwszy plan** *film* foreground; **artykuły pierwszej potrzeby** necessities. **3.** (*najlepszy*) top, finest, first-rate; **wagon pierwszej klasy** first-class car.
pierze *n.* feathers.
pierzyna *f.* eiderdown.
pies *ma* **ps-** *Dat.* **-u** dog; **wierny jak pies** as faithful as a dog; **pogoda pod psem** wretched weather; **wieszać na kimś psy** run sb down, slander sb; **zejść na psy** go to the dogs.
pieszczota *f.* caress.
pieszczotliwy *a.* tender, gentle.
pieszo *adv.* **iść pieszo** go on foot, walk.
pieszy *a.* **1.** (*idący piechotą*) pedestrian; **pieszy turysta** hiker, backpacker; **piesza wycieczka** hike. **2.** (*do chodzenia, nie jeżdżenia*) foot, pedestrian. — *mp* pedestrian; **przejście dla pieszych** pedestrian crossing.
pieścić *ipf.* **-szczę -ścisz** fondle, caress, cuddle.
pieścić się *ipf.* pet, caress.
pieśń *f.* song.
pietruszka *f.* parsley.
pięciobój *mi* **-o-** *Gen.pl.* **-ów** pentathlon.
pięciodniowy *a.* **1.** (*trwający pięć dni*) five-day. **2.** (*mający pięć dni*) five-day-old.
pięciokąt *mi Gen.* **-a** pentagon.
pięciokrotny *a.* five-times.
pięcioletni *a.* **1.** (*trwający pięć lat*) five-year. **2.** (*w wieku pięciu lat*) five-year-old.
pięciolinia *f. Gen.* **-ii** *muz.* staff, stave.
pięcioraczki *pl. Gen.* **-ów** quintuplets.
pięcioro *num. decl. like n.* **-rg-** five.
pięć *num. Ins.* **-oma/-u 1.** (*liczba 5*) five; **za pięć dwunasta** at five to twelve. **2.** *szkoln., uniw.* (*ocena bdb*) A.
pięćdziesiąt *num.* **-ęci-** *Ins.* **-oma/-u** fifty.
pięćdziesiąty *a.* fiftieth; **lata pięćdziesiąte** the fifties.
pięćset *num. pięć- decl. like num., -set indecl.* five hundred.
pięknie *adv.* beautifully; **wyglądać pięknie** look beautiful; **pięknie dziękuję** thanks a lot.
pięknieć *ipf.* grow pretty, become more and more beautiful.
piękno *n.* beauty.
piękność *f.* beauty; **salon piękności** beauty parlor.
piękny *a.* beautiful; **piękna pogoda** nice/fine weather; **literatura piękna** belles-lettres; **sztuki piękne** fine arts; **płeć piękna** the fair sex.
pięściarstwo *n.* boxing.
pięść *f. pl.* **-i/-e** fist; **walka na pięści** fistfight; **zacisnąć pięści** clench one's fists.
pięta *f.* heel; **pięta achillesowa/Achillesa** Achilles' heel; **nie dorastać komuś do pięt** be no match for sb.
piętnasty *a.* fifteenth; **godzina piętnasta** three p.m.
piętnaście *num.* **-st-** *Ins.* **-oma/-u** fifteen.
piętro *n. Gen.pl.* **-er** (*kondygnacja*) story, floor; **pierwsze piętro** second floor.
piętrowy *a.* storied; **pięciopiętrowy dom** five-story house; **autobus piętrowy** double-decker.
piętrzyć *ipf.* pile up; **piętrzyć wodę** dam up, bank up; **piętrzyć trudności** pile up difficulties.
piętrzyć się *ipf.* (*nawarstwiać się*) accumulate, pile up.
pigułka *f.* pill; **pigułka antykoncepcyjna** contraception pill, the pill.
pijak *mp pl.* **-cy/-i** drunkard, boozer.
pijany *a.* drunk; **po pijanemu** under the influence (of alcohol); **jazda po pijanemu** drunk driving.
pijaństwo *n.* **1.** (*opilstwo*) alcoholism, alcohol addiction. **2.** (*libacja*) boozing, binge, drinking spree.
pijawka *f.* leech.
pik *mi Gen.* **-a** *karty* spade; **as pik** ace of spades.
pikantny *a.* **1.** (*o potrawie*) (*ostry*) hot, spicy. **2.** (*nieprzyzwoity*) spicy, bawdy.
piknik *mi* picnic.
pilnik *mi Gen.* **-a** file; **pilnik do paznokci** nail file.
pilnować *ipf.* **1.** (*strzec*) watch, keep an eye on, take care of; **pilnować dzieci** watch over/look after the kids; **pilnować studentów na egzaminie** supervise students during an exam; **pilnuj swego nosa!** mind your own business! **2.** (*przestrzegać*) maintain, obey.
pilnować się *ipf.* (*uważać na siebie*) take care of o.s., look after o.s.; (*kontrolować się*) watch o.s.
pilny *a.* **1.** (*niezwłoczny*) urgent, pressing. **2.** (*pracowity*) diligent, industrious, hard-working.
pilot *mp pl.* **-ci 1.** *lotn.* pilot. **2.** (*osoba zajmująca się wycieczką*) (tourist) guide. — *mi Gen.* **-a** *pl.* **-y** *el.* (*do telewizora, radia*) remote control.
pilotować *ipf.* **1.** *lotn., żegl.* pilot. **2.** (*wycieczkę*) guide.
piła *f.* saw.
piłka[1] *f.* ball; **piłka nożna/ręczna/siatkowa** soccer /handball/volleyball.
piłka[2] *f. techn.* saw.
piłkarski *a.* (*dotyczący piłki nożnej*) soccer; (*dotyczący piłki ręcznej/siatkowej/koszykówki itp.*) handball/volleyball/basketball etc.
piłkarz *mp* (*gracz w piłkę nożną*) soccer player.
piłować *ipf.* **1.** (*przecinać*) saw. **2.** (*wygładzać*) file.
pinezka *f.* thumbtack.
ping-pong *mi Gen.* **-a** ping-pong.
pingwin *ma* penguin.
pionek *mi* **-nk-** *Gen.* **-a** (*w grze planszowej*) pawn; (*w warcabach*) checker.
pionier *mp* pioneer.
pionowo *adv.* **1.** vertically. **2.** (*w krzyżówce*) down.
pionowy *a.* vertical, perpendicular; (*o postawie*) upright.
piorun *mi Gen.* **-a/-u** thunder(bolt); **burza z piorunami** thunderstorm.
piosenka *f.* song.
piosenkarka *f.*, **piosenkarz** *mp* singer.
piórko *n.* feather; **lekki jak piórko** as light as a feather.
piórnik *mi Gen.* **-a** pencil case.

pióro *n.* **1.** *orn.* feather. **2.** (*do pisania*) pen; **wieczne pióro** fountain pen. **3.** *techn.* (*wiosła, wycieraczki*) blade.

pióropusz *mi Gen.* **-a 1.** plume. **2.** (*pióropusz na hełmie*) crest.

piracki *a.* pirate; **pirackie nagranie** bootleg/pirated recording.

piramida *f.* pyramid.

pirat *mp* **1.** pirate. **2.** (*komputerowy*) cracker, hacker; **pirat drogowy** speeder.

Pireneje *pl. Gen.* **-ów** the Pyrenees.

pisać *ipf.* **piszę piszesz** write; **pisać na maszynie** type; **długopis nie chce pisać** pen won't write, pen doesn't want to write.

pisać się *ipf.* **1.** *pot.* (*opowiadać się za czymś, zgadzać się*) **nie piszę się na to** I am out, count me out. **2. jak to się pisze?** how do you spell it?

pisak *mi Gen.* **-a** felt-tip (pen).

pisarka *f. zob.* **pisarz**.

pisarstwo *n.* writing.

pisarz *mp* writer.

pisemnie *adv.* in writing.

pisemny *a.* written; **egzamin pisemny** written exam(ination).

pisk *mi* (*dzieci, myszy*) squeak, squeal; (*opon, hamulców*) screech.

pisklę *n.* **-lęci-** *pl.* **-lęt-** *Gen.* **-ąt** nestling.

pismo *n.* **1.** writing; (*alfabet*) alphabet; **pismo drukowane** print; **pismo czytelne** legible handwriting; **na piśmie** in writing. **2.** (*charakter pisma*) handwriting; **ładny charakter pisma** good handwriting. **3.** (*tekst pisany*) letter, note, document; **pismo urzędowe** official letter; **Pismo Święte** the Holy Bible, the Scriptures. **4.** (*czasopismo*) magazine.

pisownia *f. Gen.pl.* **-i** spelling, orthography.

pistolet *mi* gun, pistol; **pistolet maszynowy** machine gun.

pisuar *mi* urinal.

piszczeć *ipf.* **-ę -ysz 1.** (*o człowieku, zwierzętach*) squeal, squeak. **2.** (*o kole, drzwiach*) screech, squeak.

piśmienny *a.* **1.** (*o materiałach*) stationery. **2.** (*o człowieku*) literate.

pitny *a.* **woda pitna** drinking/drinkable water; **miód pitny** mead.

piwiarnia *f. Gen.pl.* **-i/-ń** pub, beer house.

piwnica *f.* cellar, basement.

piwny *a.* beer; **piwne oczy** hazel eyes.

piwo *n.* **1.** (*napój*) beer; **piwo jasne** lager; **piwo ciemne** brown/dark ale. **2.** (*porcja piwa*) pint.

pizza *f.* pizza.

pizzeria *f. Gen.* **-ii** pizzeria, pizza parlor.

piżama *f.* pajamas.

piżmo *n.* musk.

PKP *abbr.* (*Polskie Koleje Państwowe*) Polish National Railways.

PKS *abbr.* (*Państwowa Komunikacja Samochodowa*) National Coach Transport Company.

pkt *abbr.* (*punkt*) pt. (*point*).

pl. *abbr.* (*plac*) sq. (*square*).

plac *mi Gen.pl.* **-ów** square; **plac budowy** building site; **plac zabaw** playground.

placek *mi* **-ck-** *Gen.* **-a 1.** (*ciasto*) cake, tart, pie; **placek ze śliwkami** plum cake. **2.** (*z mąki i ziemniaków*) potato pancake.

placówka *f.* **1.** (*przedstawicielstwo*) post; **placówka dyplomatyczna** diplomatic agency/post. **2.** (*instytucja*) institution, establishment; **placówka naukowa/kulturalna** research/cultural institution.

plaga *f.* plague.

plagiat *mi* plagiarism.

plakat *mi* poster.

plakietka *f.* (*identyfikator*) badge, name tag.

plama *f.* stain, blot.

plamić *ipf.* **1.** (*brudzić*) stain. **2.** (*hańbić*) stain, tarnish, sully.

plamić się *ipf.* **1.** (*brudzić się*) soil. **2.** (*zniesławiać się*) tarnish (one's reputation).

plamka *f.* spot.

plan *mi* **1.** (*zamiar*) intention; (*działania*) scheme; **mieć w planie** plan; **według planu/zgodnie z planem** according to plan, as planned. **2.** (*rozkład zajęć, czynności*) schedule, timetable; **plan podróży** itinerary. **3.** (*zarys*) blueprint, design; (*wypracowania, wykładu*) outline. **4.** (*rysunek*) plan, map; **plan miasta** street map. **5. pierwszy/drugi plan** foreground/background. **6.** *film* (*poza studiem*) location; (*w studiu*) set; **na planie filmowym** on location.

planeta *f.* planet.

planetarium *n. sing. indecl. pl.* **-ria** *Gen.* **-riów** planetarium.

planetarny *a.* planetary.

planować *ipf.* (*układać plany*) plan, draft, scheme.

plantacja *f.* plantation.

plastelina *f.* modeling clay.

plaster, plasterek *mi* **-tr-** *Gen.* **-a 1.** (*wędliny, cytryny*) slice. **2.** (*opatrunek*) Band-Aid, adhesive bandage.

plastik *mi* = **plastyk**[2].

plastikowy *a.* plastic.

plastyczny *a.* **1.** (*o opisie, opowiadaniu*) vivid, graphic. **2.** *sztuka* plastic. **3.** (*o chirurgii, operacji*) plastic.

plastyk[1] *mp sztuka* artist.

plastyk[2] *mi* plastic.

plastyka *f.* **1.** (*sztuki piękne*) fine arts. **2.** *szkoln.* art(s), art classes.

platforma *f.* **1.** (*kolejowa, do przewozu towarów*) railway truck, lorry. **2.** (*pomost w wagonie osobowym*) platform. **3.** (*płaszczyzna*) plane; **platforma wiertnicza** drilling rig/platform.

platyna *f.* platinum.

playback *mi* playback; **śpiewać z playbacku** lip-sync.

plazma *f.* plasm(a).

plaża *f.* beach.

plażowy *a.* beach.

plątać *ipf.* **-czę -czesz 1.** (*włosy, nici*) tangle (up). **2.** *pot.* (*mylić*) mix up, confuse.

plątać się *ipf.* **1.** (*o włosach, niciach*) tangle, become entangled. **2.** (*mylić się*) mix up, confuse; **nogi mu się plączą** he falters. **3.** (*kręcić się niepotrzebnie*) hang around.

plebania *f. Gen.* **-ii** parsonage, presbytery.

plecak *mi Gen.* **-a** rucksack, backpack.

plecy *pl. Gen.* **-ów** back; **mieć plecy** *pot.* have friends in high places, know the right people; **robić coś za czyimiś plecami** do sth behind sb's back.

plemienny *a.* tribal.

plemię *n.* **-mieni-** *pl.* **-mion-** tribe.

plemnik *mi Gen.* **-a** sperm (cell).

plenum *n. sing. indecl. pl.* **-na** *Gen.* **-nów** plenum, general assembly.

pleść *ipf.* **plotę pleciesz, plótł plotła pletli 1.** (*splatać*) braid, plait. **2.** *pot.* (*mówić bez sensu*) blabber.

pleśnieć *ipf.* mold, get/grow moldy.
plik *mi* **1.** (*dokumentów, banknotów*) wad, bundle. **2.** *komp.* file.
plomba *f.* **1.** (*zabezpieczenie*) seal. **2.** *dent.* filling.
plombować *ipf.* **1.** (*zakładać zabezpieczenie*) seal. **2.** *dent.* fill.
plon *mi* **1.** (*z pola, ogrodu*) crop, yield. **2.** *przen.* fruit.
plotka *f.* gossip, rumor.
plotkować *ipf.* gossip.
pluć *ipf.* spit.
pluralizm *mi* pluralism.
plus *mi Gen.* **-a 1.** *mat.* plus (sign); **plus minus** more or less; **jest plus dwa stopnie** it's (plus) two degrees; **dostałem trójkę z plusem** I got a C plus. **2.** *Gen.* **-u** (*zaleta*) plus (point), advantage; **plusy i minusy życia w mieście** pros and cons of city life.
pluskać *ipf.* **-am -asz** splash.
pluskać się *ipf.* (*kąpać się*) splash, dabble.
pluskwa *f. Gen.pl.* **-kiew 1.** *ent.* bedbug. **2.** *pot.* (*urządzenie podsłuchowe*) bug.
pluszowy *a.* plush; **pluszowy miś** teddy bear.
Pluton *mi Gen.* **-a** *astron., mit.* Pluto.
pluton[1] *mi wojsk.* platoon.
pluton[2] *mi chem.* plutonium.
płaca *f.* pay; (*godzinowa, dzienna, tygodniowa*) wage; (*miesięczna*) salary.
płachta *f.* (*materiału*) cloth; (*papieru*) sheet.
płacić *ipf.* pay; **płacić gotówką/czekiem/kartą kredytową** pay in cash/by check/by credit card.
płacz *mi Gen.pl.* **-ów** cry; **wybuchnąć płaczem** burst into tears.
płaczliwy *a.* (*o dziecku*) weepy, tearful; (*o głosie*) tearful.
płakać *ipf.* **-czę -czesz** cry (*nad czymś/z jakiegoś powodu* over/about sth); weep; **płakać z bólu/ze złości** cry with pain/anger; **płakać z radości** cry for joy.
płaski *a.* flat; **płaski jak stół** flat as a pancake/board; **płaski talerz** dinner plate.
płaskorzeźba *f.* bas-relief.
płaszcz *mi Gen.* **-a** (over)coat; **płaszcz przeciwdeszczowy** raincoat.
płaszczyzna *f.* **1.** plane, level. **2.** *geom.* plane.
płat *mi Gen.* **-u/-a 1.** (*materiału*) piece. **2.** (*kawał czegoś*) piece, slice. **3.** *anat.* lobe.
płatek *mi* **-tk-** *Gen.* **-a 1.** (*kwiatu*) petal. **2. płatki kukurydziane** cornflakes; **płatki owsiane** oatmeal.
płatniczy *a.* **bilans płatniczy** balance of payments; **karta płatnicza** debit card; **środek płatniczy** legal tender.
płatnik *mp* payer; **płatnik podatków** taxpayer.
płatność *f.* payment.
płatny *a.* paid; **dobrze/nisko płatny** well/low paid; **urlop płatny** paid leave; **płatne gotówką/z góry** paid in cash/in advance.
płaz *ma Gen.* **-a** amphibian.
płciowy *a.* sexual; **choroba przenoszona drogą płciową** sexually transmitted disease; **stosunek płciowy** (sexual) intercourse, coitus; **popęd płciowy** sex drive.
płd. *abbr.* **1.** (*południowy*) s. (*southern*). **2.** (*południe*) S. (*south*).
płeć *f.* **płci-** (*biologiczna*) sex; (*kulturowa*) gender.
płetwa *f.* **1.** (*ryby*) fin. **2.** (*do nurkowania*) flipper.
płetwonurek *mp* **-rk-** *pl.* **-owie** (scuba) diver.
płk *abbr.* (*pułkownik*) Col. (*Colonel*).
płn. *abbr.* **1.** (*północny*) n. (*northern*). **2.** (*północ*) N. (*north*).
płodność *f.* fertility, fecundity; *przen.* productivity.
płodny *a.* **1.** fertile, fecund. **2.** *przen.* productive; (*o pisarzu, umyśle*) prolific.
płodzić *ipf.* (*zapładniać*) beget, breed.
płomień *mi Gen.* **-a** flame, blaze; **stanąć w płomieniach** burst into flames.
płomyk *mi Gen.* **-a 1.** (little) flame. **2.** *przen.* **płomyk nadziei** flicker of hope.
płonąć *ipf.* **1.** (*palić się*) burn, blaze. **2.** (*uczuciem*) burn, flame (*czymś* with sth).
płoszyć *ipf.* scare away/off, frighten away/off.
płoszyć się *ipf.* **1.** (*wpadać w popłoch*) get scared. **2.** (*uciekać*) flee, take flight.
płot *mi* fence.
płotek *mi* **-tk-** *Gen.* **-a 1.** (*niski płot*) (low) fence. **2.** *sport* hurdle; **bieg przez płotki** hurdles.
płowieć *ipf.* (*blaknąć*) fade, lose color; (*o włosach*) bleach.
płód *mi* **-o-** fetus.
płótno *n. Gen.pl.* **-cien 1.** *tk.* linen, cloth; (*żaglowe, namiotowe*) canvas. **2.** (*obraz*) canvas.
płuco *n.* lung; **zapalenie płuc** pneumonia.
pług *mi Gen.* **-a** plow.
płukać *ipf.* **-czę -czesz** (*warzywa, naczynia, usta*) rinse; **płukać gardło** gargle.
Płw. *abbr.* (*półwysep*) Pen. (*Peninsula*).
płyn *mi* liquid, fluid; (*kosmetyczny, leczniczy*) wash; **mydło w płynie** liquid soap; **płyn hamulcowy** brake fluid; **płyn do naczyń** washing-up liquid; **płyn do kąpieli** bubble bath; **płyn po goleniu** aftershave lotion.
płynąć *ipf.* **1.** (*o płynie, prądzie*) flow; **czas/życie płynie** time/life goes by. **2.** (*w wodzie*) swim; (*statkiem, jachtem*) sail; (*łodzią*) row.
płynnie *adv.* (*mówić, czytać*) fluently; (*poruszać się*) smoothly.
płynność *f.* **1.** (*substancji*) fluidity, liquidity. **2.** (*ruchów*) smoothness. **3.** (*wymowy*) fluency.
płynny *a.* **1.** (*ciekły*) liquid. **2.** (*o poruszaniu się*) smooth. **3.** (*o wymowie, czytaniu*) fluent.
płyta *f.* **1.** panel, plate, board; (*pilśniowa, korkowa*) board; (*kamienna, drewniana, metalowa*) slab; **płyta nagrobkowa** tombstone; **wielka płyta** *bud.* large panel. **2.** (*do słuchania*) record; **płyta kompaktowa** compact disk.
płytka *f.* plate; (*ceramiczna*) tile.
płytki *a.* **-tszy 1.** (*niegłęboki*) shallow; **płytki sen** light sleep; **płytki talerz** dinner plate. **2.** (*powierzchowny*) shallow, superficial.
pływaczka *f. zob.* **pływak**[1].
pływać *ipf.* (*o ludziach, rybach*) swim; (*łódką*) row; (*jachtem, statkiem*) sail; (*o korku, oliwie*) float; **dobrze pływać** be a good swimmer.
pływak[1] *mp pl.* **-cy** (*człowiek*) swimmer.
pływak[2] *mi Gen.* **-a**; *pl.* **-i** (*spławik*) float, bobber.
pływalnia *f. Gen.pl.* **-i** swimming pool.
pływanie *n.* swimming.
p.n.e., pne. *abbr.* (*przed naszą erą*) B.C., BC (*before Christ*).
pneumatyczny *a.* pneumatic; **młot pneumatyczny** pneumatic drill.
PO *abbr. szkoln.* (*przysposobienie obronne*) civil defense course.

po *prep.* + *Loc.* **1.** (*czas*) after; **dziesięć po trzeciej** ten after three; **już po wszystkim** it's all over now; **po chwili** after a while, a moment later. **2.** (*kolejność*) after; **jeden po drugim** one after another. **3.** (*pochodzenie*) from, of; **butelka po winie** (empty) wine bottle. **4.** (*na podstawie*) by; **rozpoznać kogoś po akcencie** recognize/tell sb by his/her accent. **5.** (*dziedziczenie*) after, from; **dostała imię po babce** she was named after her grandmother; **spadek po wujku** inheritance from one's uncle. **6.** (*hierarchia*) after, next to; **pierwszy po Bogu** next to God. **7.** (*przestrzeń, powierzchnia*) in, around, on, over, along; **po drugiej stronie** on the other side; **po korytarzu** in/along the corridor; **po kraju/mieście** around the country/city; **po lesie/górach** in the forest/mountains; **po niebie** in the sky. **8.** (*rozciągłość w przestrzeni*) around, round; **przesiadywać po kawiarniach** sit around in cafes. **9.** (*rozciągłość w czasie*) to, till, until; **ślęczeć po nocach** sit up late. **10.** (*systematyczność*) by; **po trochu** bit by bit; little by little. **11.** + *Acc.* (*zasięg*) (up) to; **stać w wodzie po kolana** stand knee-deep in water. **12.** + *Acc.* (*cel*) for; **przyjść po poradę** come for advice; **dzwonić po lekarza** call a doctor; **po co?** what for? **13.** + *Acc.* (*określona, powtarzająca się ilość, liczba*) a, per; **po trzy złote za kilogram** three zloty a kilo; **po pięć sztuk w paczce** five items per pack. **14.** + *Acc.* (*wyliczanie*) **po pierwsze** firstly; **po drugie** secondly. **15.** + *Dat.* (*sposób*) in; **po angielsku/polsku** in English/Polish; **po cichu** silently; **po koleżeńsku** in a friendly manner/way; **po pijanemu** when drunk; **po prostu** just like that.

pobić *pf.* **-biję -bijesz 1.** (*zwyciężyć*) defeat, beat; **pobić rekord** break the record. **2.** (*zbić kogoś dotkliwie*) beat up; *por.* **bić.**

pobić się *pf.* have a fight; *por.* **bić się.**

pobiec *pf.* **-biegnę -biegniesz** run; *por.* **biec.**

pobierać *ipf.* **1.** *form.* (*wynagrodzenie, narzędzia*) collect. **2.** (*próbkę*) take. **3.** (*czerpać*) take (in); (*tlen z powietrza*) take up.

pobierać się *ipf.* get married.

pobieżnie *adv.* cursorily; **pobieżnie rzucić na coś okiem** have a cursory look at sth.

pobieżny *a.* cursory.

pobliski *a.* nearby.

pobliże *n.* *Gen.pl.* **-y w pobliżu** nearby; **w pobliżu szkoły** in the vicinity of the school.

pobłażać *ipf.* be lenient (*komuś* with/towards sb).

pobocze *n.* *Gen.pl.* **-y** shoulder; **zjechać na pobocze** pull over.

poborowy *a.* (*o wieku*) conscriptable; **komisja poborowa** draft board. — *mp* conscript; draftee.

pobory *pl.* *Gen.* **-ów** salary; wages.

pobożność *f.* piety.

pobożny *a.* pious, devout; **pobożne życzenie** wishful thinking.

pobór *mi* **-o- 1.** *wojsk.* conscription; draft. **2.** (*mocy, energii, gazu*) consumption. **3.** (*należności*) collection.

pobrać (się) *pf.* *por.* **pobierać (się).**

pobudka *f.* **1.** (*sygnał*) reveille; **pobudka!** wake up! **2.** (*motyw działania*) impulse, motive.

pobudliwy *a.* excitable.

pobudzać *ipf.*, **pobudzić** *pf.* stimulate; (*ciekawość, apetyt*) whet.

pobyt *mi* stay, sojourn; **miejsce pobytu** place of residence.

pocałować *pf.* kiss; *por.* **całować.**

pocałować się *pf.* kiss each other.

pocałunek *mi* **-nk-** kiss.

pochlebiać *ipf.*, **pochlebić** *pf.* flatter.

pochlebstwo *n.* flattery.

pochłaniać *ipf.*, **pochłonąć** *pf.* **1.** absorb; **on jest całkowicie pochłonięty pracą** he is completely immersed/absorbed/engrossed in his work. **2.** (*zjadać dużo*) devour; **pochłaniam ostatnio masę książek** *przen.* I've been devouring stacks of books recently.

pochmurno *adv.* cloudy, overcast; **było pochmurno** it was cloudy/overcast, the sky was cloudy/overcast.

pochmurny *a.* **1.** (*o dniu, niebie*) overcast, cloudy. **2.** (*posępny*) gloomy.

pochodnia *f.* *Gen.pl.* **-i** torch.

pochodzenie *n.* origin, descent; **jestem Irlandczykiem z pochodzenia** I am of Irish descent.

pochodzić *ipf.* (*wywodzić się*) originate, descend; **pochodzę z Polski** I come from Poland.

pochopny *a.* rash, hasty.

pochować *pf.* **-am -asz 1.** (*ukryć*) hide. **2.** (*umieścić*) put. **3.** (*pogrzebać*) bury; *por.* **chować.**

pochować się *pf.* (*ukryć się*) hide; *por.* **chować się.**

pochód *mi* **-o-** march, parade.

pochwa *f.* *Gen.pl.* **pochew 1.** (*futerał*) case, sheath. **2.** *anat.* vagina.

pochwalać *ipf.* approve (*coś* of sth).

pochwalić *pf.* praise, commend.

pochwalić się *pf.* boast (*czymś* of sth).

pochwała *f.* praise.

pochylać *ipf.*, **pochylić** *pf.* incline; (*ciało*) bend; (*słup, drzewo*) tip, tilt; **pochylać głowę przed kimś/czymś** bow down before sb/sth.

pochylać się *ipf.*, **pochylić się** *pf.* (*o człowieku, drzewie*) bend down; **pochylać się nad kimś/czymś** lean over sb/sth.

pochyły *a.* (*o piśmie*) slanting; (*o drzewie*) leaning; (*o powierzchni*) sloping.

pociąć *pf.* **potnę potniesz**, **potnij** cut up; *por.* **ciąć.**

pociąg *mi* **1.** (*pojazd*) train; **pociąg osobowy/pospieszny/ekspresowy** slow/fast/express train; **jechać pociągiem** go by train; **spóźnić się na pociąg** miss one's/the train. **2.** (*skłonność*) penchant, liking (*do czegoś* for sth); **mieć pociąg do kobiet** be attracted to women, be a womanizer.

pociągać *ipf.*, **pociągnąć** *pf.* **1.** (*szarpać*) pull (*za coś* at sth); **pociągać nosem** (*wąchać*) sniff. **2.** (*spowodować*) cause, bring about. **3.** *tylko ipf.* (*zaciekawiać*) appeal (*kogoś* to sb); **to mnie pociąga** it appeals to me.

pociągowy *a.* (*ciągnący*) pulling; **zwierzę pociągowe** beast of burden.

pocić się *ipf.* sweat, perspire.

pociecha *f.* **1.** (*ukojenie*) comfort, consolation, solace. **2.** *pot.* (*dziecko*) kid.

pocierać *ipf.* rub.

pocieszać *ipf.* comfort, cheer up.

pocieszać się *ipf.* console o.s.

pocisk *mi* missile; (*strzelecki*) shell.

początek *mi* **-tk-** beginning, start; **od początku** from the start/beginning; **z początku** at first, at the start; **z początkiem czegoś** at the beginning of sth; **dać początek czemuś** give rise to sth.

początkowo *adv.* at first, initially.

początkowy *a.* initial.
początkujący *a.* novice. — *mp* beginner; **kurs dla początkujących** beginner's course.
począwszy *adv.* (*w przeszłości*) as early as; (*w przyszłości*) as of/from, starting.
poczciwy *a.* kind-hearted.
poczekać *pf.* wait (*for a while*); **poczekaj, niech się zastanowię** hang/hold on, let me think; *por.* **czekać**.
poczekalnia *f. Gen.pl.* **-i** waiting-room.
poczekanie *adv.* **na poczekaniu** (*zaraz*) right off, right away; (*naprawić*) while you wait.
poczęstować *pf.* treat (*kogoś czymś* sb to sth).
poczęstować się *pf.* help o.s. (*czymś* to sth).
poczęstunek *mi* **-nk-** food and drinks.
poczta *f.* **1.** (*instytucja*) post office; **poczta lotnicza** air mail; **wysłać coś pocztą** mail sth, send sth by post; **poczta elektroniczna** electronic mail, e-mail. **2.** (*listy, przesyłki*) mail.
pocztowy *a.* postal; **kartka pocztowa** postcard; **skrzynka pocztowa** mailbox; **urząd pocztowy** post office; **znaczek pocztowy** postage stamp.
pocztówka *f.* postcard.
poczucie *n.* sense, feeling; **poczucie bezpieczeństwa/humoru** sense of security/humor.
poczuć *pf.* **1.** (*odczuć*) feel; (*zapach*) smell. **2.** (*uświadomić sobie*) realize; *por.* **czuć**.
poczuć się *pf.* feel; **poczuć się dobrze/źle** feel well/unwell; *por.* **czuć się**.
poczytalny *a.* of sound mind.
poczytny *a.* widely-read.
pod *prep.* + *Ins.* **1.** (*poniżej*) under; **pod stołem** under the table; **pod ziemią** underground; **pod spodem** below, underneath. **2.** (*tuż przy czymś*) by; **pod ścianą** by the wall; **pod drzwiami** at the door; **dom pod Londynem** a house near London; **pod ręką** at hand. **3.** (*pod nadzorem, opieką*) under, in; **pod kontrolą** under control; **pod czyimś kierunkiem** under sb's supervision. **4.** (*dla wyrażenia sankcji*) under; **pod groźbą czegoś** under threat of sth; **pod przymusem** under pressure; **pod wpływem czegoś** under the influence of sth. **5.** (*w zwrotach wyrażających nazwy*) **kościół pod wezwaniem św. Tomasza** St. Thomas's Church, the Church of St. Thomas; **powieść pod tytułem...** novel entitled...; **piszę pod pseudonimem Kulis** I write under the pen name of Kulis. **6.** + *Acc.* (*w zwrotach wyrażających kierunek*) under; **pod stół** under the table; **pod prąd/wiatr** against the stream/wind; **pod górę** uphill; **wpaść pod samochód** be hit by a car, be run over by a car. **7.** + *Acc.* (*w zwrotach wyrażających czas, okoliczności*) at, in; **pod koniec lipca** at the end of July; **pod wieczór** in the evening, towards (the) evening; **mężczyzna pod pięćdziesiątkę** a man approaching/nearing fifty.
podać *pf.* **-dzą 1.** (*wręczać*) give, hand; **podać piłkę** *sport* (*w tenisie, siatkówce*) serve; (*w piłce nożnej*) pass the ball; **podać komuś rękę** shake hands with sb; **podawać do stołu** wait on table, wait tables; **podawać komuś pomocną dłoń** give a helping hand to sb. **2.** (*ogłaszać, zawiadamiać*) announce; **gazety podają, że...** newspapers say that...
podać się *pf.* profess o.s. (*za kogoś* as/to be sb); pose (*za kogoś* as sb); **podać się do dymisji** hand in one's resignation.
podanie *n.* **1.** (*prośba urzędowa*) application. **2.** *sport* pass.
podarować *pf.* **1.** (*dać w prezencie*) give; **podarować coś w komuś** give sth to sb as a present. **2.** (*zrezygnować z należnego sobie świadczenia*) give up; **podarować coś komuś** (*wybaczyć*) forgive sb sth; *por.* **darować**.
podarty *a.* torn, tattered.
podarunek *mi* **-nk-** gift, present.
podatek *mi* **-tk-** tax; **podatek dochodowy** income tax; **podatek od wartości dodanej** value added tax; **ściągać podatki** collect taxes.
podatkowy *a.* tax; **system podatkowy** tax system; **ulga podatkowa** tax relief; **przepisy podatkowe** tax regulations.
podatnik *mp* taxpayer.
podatność *f.* (*na choroby*) susceptibility; (*na idee, wpływ*) receptivity (*na coś* to sth).
podatny *a.* (*na choroby*) susceptible; (*na idee, wpływ*) receptive (*na coś* to sth).
podawać (się) *ipf.* **-aję -ajesz, -awaj** *zob.* **podać (się)**.
podążać *ipf.*, **podążyć** *pf. lit.* be on one's way (*dokądś* somewhere); **podążać za kimś** follow sb.
podbić *pf.*, **podbijać** *ipf.* **1.** (*brać w posiadanie*) conquer; **podbić kraj** conquer a country; **podbić czyjeś serce** *przen.* win/capture sb's heart. **2.** (*uderzać coś od spodu*) knock up; **podbić piłkę** toss the ball; **podbijać cenę** push/run up the price.
podbój *mi* **-o-** *Gen.pl.* **-ów** conquest.
podburzać *ipf.*, **podburzyć** *pf.* instigate.
podburzać się *ipf.*, **podburzyć się** *pf.* instigate one another.
podchodzić *ipf.* **1.** (*posuwać się w jakimś kierunku*) approach (*do czegoś* sth); come up (*do czegoś* to sth). **2.** (*zbliżać się ukradkiem*) steal up (*do kogoś/czegoś* to sb/sth).
podchorąży *mp* cadet.
podchwytliwy *a.* **podchwytliwe pytanie** trick question.
podciągać *ipf.*, **podciągnąć** *pf.* **-ij 1.** (*wciągać*) pull up; **podciągnąć spodnie/rajstopy** pull up the pants/tights. **2.** (*udoskonalać*) improve; **podciągnąć dyscyplinę** raise discipline.
podciągać się *ipf.*, **podciągnąć się** *pf.* **1.** (*unosić się*) pull o.s. up. **2.** (*wciągać siebie nawzajem*) pull one another up. **3.** *pot.* **podciągnąć się z fizyki** improve in physics.
podczas *prep.* + *Gen.* during; **podczas gdy/kiedy** (*kiedy*) when, while; (*natomiast*) whereas.
poddać *pf.* **-aję -ajesz, -awaj 1.** (*oddawać kogoś/coś pod obce panowanie*) surrender. **2.** (*wystawiać na działanie czegoś*) expose; **poddawać coś pod dyskusję/rozwagę** submit sth to discussion/for consideration; **poddawać coś krytyce** subject sth to criticism. **3.** (*podsuwać*) suggest.
poddać się *ipf.* **-aję -ajesz, -awaj 1.** (*rezygnować z walki*) surrender, give in (*komuś* to sb). **2. poddawać się leczeniu/operacji** undergo treatment/operation.
poddany *mp* subject.
poddasze *n. Gen.pl.* **-y** loft, attic, garret.
poddawać (się) *ipf. zob.* **poddać (się)**.
podejmować *ipf.* **1.** (*pobierać*) withdraw; **podjąć pieniądze z konta** withdraw money from one's account. **2. podjąć pracę** take up/accept a job; **podjąć decyzję** make a decision. **3.** (*powracać do czegoś*) return, go back (*coś* to sth); **podjąć temat** take up a topic. **4.** (*gościć kogoś*) receive; **podjąć kogoś obiadem** have sb over for dinner.

podejmować się *pf.* (*zobowiązywać się*) make a commitment (*to do sth*), undertake (*sth/to do sth*).
podejrzany[1] *a.* suspicious.
podejrzany[2] *mp zwł. prawn.* suspect.
podejrzenie *n.* suspicion; **nabierać podejrzeń** become suspicious.
podejrzewać *ipf.* suspect; **podejrzewać kogoś o coś** suspect sb of sth.
podejrzewać się *ipf.* suspect each other/one another.
podejrzliwy *a.* suspicious, mistrustful, distrustful.
podejście *n.* **1.** (*pod górę*) climb. **2.** (*nastawienie*) attitude (*do kogoś/czegoś* to(wards) sb/sth) approach (*do kogoś/czegoś* to sb/sth).
podekscytowany *a.* excited.
podenerwowany *a.* nervous.
poderwać *ipf. pot.* (*dziewczynę, chłopaka*) pick up.
poderwać się *ipf.* (*wstawać nagle*) spring, jump to one's feet.
podeszły *a.* **w podeszłym wieku** advanced in years, of advanced years/age; **osoby w podeszłym wieku** the aged.
podeszwa *f. Gen.pl.* **-ew** sole.
podglądać *ipf.* spy on.
podgłówek *mi* **-wk-** *Gen.* **-a** bolster.
podgrzewać *ipf.* heat; (*obiad*) heat up.
podgrzewać się *ipf.* heat (up).
podium *n. sing. indecl. pl.* **-dia** *Gen.* **-diów** podium.
podjazd *mi* driveway.
podjąć (się) *pf.* **podejmę podejmiesz, podejmij** *zob.* **podejmować (się)**.
podjechać *pf.*, **podjeżdżać** *ipf.* drive up to, draw up to; (*pod górę*) go uphill.
podkład *mi* **1.** (*podłoże*) base, foundation, groundwork; **podkład pod farbę** undercoat; **podkład muzyczny** incidental music. **2.** (*kosmetyk*) foundation (cream).
podkładać *ipf.* (*podsuwać*) put under; **podłożyć bombę** plant a bomb; **podłożyć ogień pod coś** set fire to sth.
podkładka *f.* rest, support; **podkładka pod talerz** mat; **podkładka pod kieliszek/szklankę/kufel** coaster.
podkoszulek *mi* **-lk-** *Gen.* **-a**, **podkoszulka** *f.* undershirt.
podkowa *f. Gen.pl.* **-ków** horseshoe.
podkradać *ipf.*, **podkraść** *pf.* **-dnę -dniesz, -dnij, -dł** pilfer, steal.
podkradać się *ipf.*, **podkraść się** *pf.* creep up (on).
podkreślać *ipf.* **1.** (*rysować linię pod czymś*) underline, underscore. **2.** (*akcentować, uwydatniać*) emphasize, stress.
podlegać *ipf.* be subordinate; **podlegać prawu** be subject to the law, come under the law; **podlegać wpływom czegoś** be influenced by sth.
podległy *a.* subject, subordinate; **podległy komuś/czemuś** subordinate to sb/sth.
podlewać *ipf.* water.
podłączać *ipf.*, **podłączyć** *pf. pot.* hook up.
podłączać się *ipf.*, **podłączyć się** *pf. pot.* (*do instalacji*) hook up, get hooked up.
podłoga *f. Gen.pl.* **-óg** floor.
podłoże *n. Gen.pl.* **-y 1.** (*podkład*) basis, groundwork. **2.** (*grunt, ziemia*) ground, soil.
podłużny *a.* **1.** (*wydłużony*) elongated. **2.** (*ciągnący się wzdłuż*) longitudinal.
podły *a.* **1.** (*niegodziwy*) mean. **2.** *pot.* (*kiepski*) lousy.
podmiejski *a.* suburban.
podmiot *mi* **1.** *jęz., fil.* subject. **2.** *prawn.* entity.
podmokły *a.* boggy, marshy.
podmuch *mi* gust.
podniebienie *n.* palate.
podniecać *ipf.* **1.** (*pobudzać zmysły*) excite, thrill. **2.** (*wyobraźnię, ambicję, apetyt*) stimulate. **3.** (*pobudzać seksualnie*) excite, arouse.
podniecać się *ipf.* **1.** (*ożywiać się*) get excited. **2.** (*pobudzać się seksualnie*) become excited/aroused.
podniecający *a.* exciting, stimulating.
podniecenie *n.* excitement; (*seksualne*) arousal.
podniecić (się) *pf. zob.* **podniecać (się)**.
podniecony *a.* **-eni** excited; (*seksualnie*) aroused, excited.
podnieść *pf.* **-niosę -niesiesz, -niósł -niosła -nieśli 1.** raise, lift; **podnieść głos** raise one's voice; **podnieść oczy/wzrok** raise one's eyes; **podnieść kwestię** bring up/raise an issue. **2.** (*coś, co upadło*) pick up; **podnieść kogoś na duchu** cheer sb up, lift/raise sb's spirits; **podnieść słuchawkę** pick up the receiver. **3.** (*wzniecać*) raise; **podnieść alarm** raise the alarm. **4.** (*wzmagać, poprawiać*) increase, raise; **podnieść komuś pensję** raise sb's pay; **podnieść wydajność** improve efficiency; **podnieść sprzedaż** increase sales.
podnieść się *ipf.* **1.** (*z pozycji siedzącej lub leżącej*) stand up, get up, rise. **2.** (*wzmagać się, nasilać się*) rise, increase.
podniosły *a.* lofty, elevated; (*o uroczystości, momencie*) solemn.
podnosić (się) *ipf.* **-szę -sisz** *zob.* **podnieść (się)**.
podnośnik *mi Gen.* **-a** *techn.* jack, lift.
podnóże *n. Gen.pl.* **-y u podnóża góry** at the foot of the mountain.
podnóżek *mi* **-żk-** *Gen.* **-a** footstool, footrest.
podobać się *ipf.* be to sb's liking; **podoba mi się ten pomysł** I like this idea, this idea appeals to me; **ona mi się podoba** I like her.
podobieństwo *n.* similarity; (*wyglądu*) resemblance, likeness.
podobnie *adv.* (*w podobny sposób*) similarly, alike; (*równie*) as; **podobnie jak...** like..., similarly to...
podobno *part.* supposedly, allegedly, reportedly.
podobny *a.* **1.** (*przypominający kogoś/coś*) similar (*do kogoś/czegoś* to sb/sth); **podobna do ojca** similar to her father, like her father. **2.** (*jak wspomniany*) like, alike, similar; **i tym podobne** and the like.
podołać *pf.* + *Dat.* cope (*with sth*); manage (*sth*); be up (*to sth*).
podopieczny *mp* ward, protégé; (*domu opieki*) resident.
podpalać *ipf.* kindle, set fire to (*sth*); set (*sth/sb*) on fire.
podpalać się *ipf.* set o.s. on fire.
podpaska *f.* (sanitary) napkin, sanitary pad.
podpatrywać *ipf.*, **podpatrzyć** *pf.* peep (*kogoś/coś* at sb/sth); spy (*kogoś/coś* on sb/sth).
podpierać *ipf.* support, hold up, underpin.
podpierać się *ipf.* **podpierać się pod boki** hold one's arms akimbo.
podpis *mi* **1.** signature; **złożyć podpis pod dokumentem** put a signature to a document. **2.** (*pod rysunkiem, fotografią itp.*) legend, caption. **3. podpisy** (*w telewizji*) subtitles.
podpisać *pf.*, **podpisywać** *ipf.* sign (*coś* sth); **podpisać umowę** sign an agreement.

podpisać się *pf.*, **podpisywać się** *ipf.* sign one's name.
podpora *f. Gen.pl.* **-ór** support, prop, buttress; **podpora rodziny** *przen.* support, mainstay.
podporucznik *mp* second lieutenant; (*marynarki wojennej*) ensign.
podporządkować *pf.*, **podporządkowywać** *ipf.* subordinate, subjugate.
podporządkować się *pf.*, **podporządkowywać się** *ipf.* submit, conform (*komuś/czemuś* to sb/sth).
podpowiadać *ipf.*, **podpowiedzieć** *pf.* **-wiem -wiesz, -wiedz** prompt (*komuś coś* sb with sth).
podpórka *f.* support, prop.
podpułkownik *mp* lieutenant colonel.
podrabiać *ipf.* counterfeit, forge.
podrabiany *a.* fake, forged.
podrażniać *ipf.*, **podrażnić** *pf.* irritate.
podręcznik *mi Gen.* **-a** manual, textbook.
podręczny *a.* handy; (*o biblioteczce*) reference; **apteczka podręczna** first aid kit; **bagaż podręczny** carry-on, hand luggage.
podrobić *pf. zob.* **podrabiać**.
podrobiony *a.* (*o paszporcie, prawie jazdy*) fake(d), forged; (*o podpisie*) false, falsified, forged; (*o pieniądzach*) counterfeit, dud.
podróż *f. pl.* **-e** trip, journey, travel, voyage; (*morska*) voyage; (*powietrzna, lądowa*) journey; **podróż poślubna/służbowa** honeymoon/business trip; **szczęśliwej podróży!** have a nice journey/trip! **biuro podróży** travel agency/bureau; **wyjechać w podróż** go on a trip.
podróżnik *mp pl.* **-cy** traveler.
podróżny[1] *a.* (*o torbie, ubraniu*) travel, traveling; **duża torba podróżna** carry-all, hold-all.
podróżny[2] *mp* traveler, passenger.
podróżować *ipf.* travel; **podróżować samochodem/pociągiem/samolotem** travel by car/train/plane.
podrywać (się) *ipf.* **-am -asz** *zob.* **poderwać (się)**.
podrzędny *a.* **1.** (*kiepski*) second rate, secondary. **2.** *jęz.* **zdanie podrzędne** subordinate clause.
podrzucać *ipf.*, **podrzucić** *pf.* **1.** (*w górę*) throw up, fling up. **2.** (*narkotyki, fałszywe dowody*) plant (*coś komuś* sth on sb). **3.** *pot.* (*dostarczać (przy okazji)*) deliver, drop off somewhere; **mogę cię podrzucić** I can give you a lift/a ride.
podskakiwać *ipf.* jump up, hop; **podskakiwać z radości** jump for joy.
podsłuch *mi* **1.** (*podsłuchiwanie*) eavesdropping; **być na podsłuchu** be bugged. **2.** *techn.* (*aparatura*) wire, tap.
podsłuchać *pf.*, **podsłuchiwać** *ipf.* overhear (*by accident*); eavesdrop (*on purpose*) (*kogoś/coś* on sb/sth).
podstawa *f.* **1.** (*fundament*) base, basis, foundation. **2.** (*główne założenie*) principle, basis, foundation; (*egzystencji, rozwoju*) basis; (*wykształcenia, wiedzy*) basics; **nie bez podstaw** not without reason; **bez żadnych podstaw** groundlessly; **leżeć u podstaw** underlie; **na podstawie czegoś** on the basis of sth.
podstawowy *a.* **1.** basic, fundamental; (*o wykształceniu*) elementary, primary; (*o produkcie, surowcu*) staple; (*o założeniach, zasadach*) underlying; (*o składniku*) vital, essential. **2. szkoła podstawowa** elementary school.
podstęp *mi* trick; **podstępem** under false pretenses, by subterfuge.
podstępny *a.* deceitful; (*o grze, zamiarach*) insidious; (*o konstrukcji, urządzeniu*) tricky.
podsumować *ipf. zob.* **podsumowywać**.
podsumowywać *n.* summary, synopsis.
podsumowywać *ipf.* **1.** (*dodawać liczby*) add up, sum. **2.** (*dyskusję, wyniki*) sum up, summarize; **podsumowując** to sum up.
podsunąć *pf.*, **podsuwać** *ipf.* (*sugerować, proponować*) suggest, set forth, put forward.
podszewka *f.* lining.
podszywać *ipf.* **-am -asz** (*o odzieży*) line (*czymś* with sth).
podszywać się *ipf.* pretend (*pod kogoś/coś* to be sb/sth); impersonate (*pod kogoś* sb).
podświadomość *f.* subconsciousness, the subconscious.
podświadomy *a.* subconscious, subliminal; (*o odruchu*) intuitive.
podtrzymywać *ipf.* **1.** (*nie pozwalać osunąć się*) support. **2.** (*starać się, by coś nie skończyło się*) keep up, maintain; **podtrzymywać tradycję** preserve/uphold a tradition. **3.** (*dodawać otuchy*) support, buoy up; **podtrzymywać kogoś na duchu** keep sb's spirits up; raise/lift sb's spirits. **4.** (*obstawać przy swoim*) maintain, stick to; (*słowo, opinię*) stand by.
podtrzymywać się *ipf.* (*chronić samego siebie przed upadkiem*) support o.s.; (*chronić się wzajemnie*) support each other, lean against each other.
podupadać *ipf.*, **podupaść** *pf.* **-dnę -dniesz, -dnij, -dł** (*marnieć*) deteriorate, decline, fall into decay/decline; (*finansowo*) go downhill.
poduszka *f.* pillow; **poduszka powietrzna** *mot.* airbag; **lektura do poduszki** bedside reading.
podwajać *ipf.* double.
podwajać się *ipf.* double, duplicate.
podważać *ipf.*, **podważyć** *pf.* **1.** (*unosić*) lever up. **2.** (*kwestionować*) question; (*opinię*) challenge; (*autorytet*) impair; **podważać słuszność czegoś** question the validity of sth.
podwieczorek *mi* **-rk-** *Gen.* **-u/-a** tea.
podwijać *ipf.*, **podwinąć** *pf.* (*rękawy, spodnie*) turn up, roll up.
podwładny[1] *a.* subordinate.
podwładny[2] *mp* subordinate; **być czyimś podwładnym** be sb's inferior.
podwodny *a.* underwater; (*o łodzi, okręcie*) submarine.
podwozić *ipf.* **-wożę -wozisz, -woź/-wóź** give sb a lift/ride.
podwójnie *adv.* double, doubly; **płacić podwójnie** pay double; **sprawdzić podwójnie** double-check.
podwójny *a.* **1.** double; (*o znaczeniu*) dual, ambiguous; **podwójne zabezpieczenie** countercheck; **podwójne obywatelstwo** dual citizenship; **podwójne szyby** double glazing; **za podwójną cenę** at twice the price. **2.** (*wzmożony*) twofold, redoubled.
podwórko *n.* court(yard); (*za domem*) backyard.
podwórze *n. Gen.pl.* **-y** yard; (*gospodarskie*) farmyard.
podwyżka *f.* raise, increase; (*cen, kosztów*) rise; **podwyżka pensji** raise, increase.
podwyższać *ipf.*, **podwyższyć** *pf.* **1.** (*podnosić*) raise. **2.** (*zwiększać*) increase; **podwyższać czynsz/wymagania** raise the rent/one's demands; (*kwalifikacje*) improve, raise.
podwyższać się *ipf.*, **podwyższyć się** *pf.* **1.** (*stawać się wyższym*) rise, go up. **2.** (*zwiększać się*) increase; (*o cenach*) go up; (*o temperaturze*) heighten; (*o standardzie*) improve.
podział *mi* **1.** (*rozdzielenie*) division; (*spadku, dóbr*) distribution; **podział pracy** division of labor; **podział**

władzy separation of powers. **2.** (*klasyfikacja*) classification. **3.** *biol.* fission.

podziałka *f.* scale.

podzielić *pf.* **1.** divide (*coś na części* sth into parts); **podzielić na grupy** divide (up) into groups; **podzielić na pół** cut/break in two; **zdania są podzielone** opinions vary/differ. **2.** (*poklasyfikować*) classify, categorize. **3.** *mat.* divide (*coś przez coś* sth by sth); *por.* **dzielić**.

podzielić się *pf.* **podzielić się nagrodą/pieniędzmi/żywnością** divide (out/up) the reward/money/food; **podzieliliśmy się obowiązkami/pracą** we divided the responsibilities/work between us; *por.* **dzielić się**.

podziemie *n. Gen.pl.* **-i 1.** (*pod budynkiem, ulicą*) basement. **2.** (*organizacja konspiracyjna*) the underground; **zejść do podziemia** *przen.* go underground.

podziemny *a.* **1.** underground; **przejście podziemne** underpass. **2.** (*konspiracyjny*) underground, secret; (*o organizacji*) undercover.

podziękować *pf.* thank (*komuś za coś* sb for sth); *por.* **dziękować**.

podziękowanie *n.* thanks; **wyrazić podziękowanie** extend thanks.

podziw *mi* admiration; **godny podziwu** admirable, praiseworthy; **z podziwem** admiringly, with awe.

podziwiać *ipf.* admire (*kogoś za coś* sb for sth).

podzwrotnikowy *a.* subtropical; **strefa podzwrotnikowa** subtropics.

poemat *mi* poem.

poeta *mp* poet; **poeta narodowy** poet laureate.

poetycki *a.* poetic.

poezja *f.* poetry.

pofałdowany *a.* undulate; (*o terenie*) uneven, rugged.

poganiać *ipf.* (*popędzać*) urge on, rush; (*krowy, owce*) whip on.

poganin *mp pl.* **-anie** *Gen.* **-an**, **poganka** *f.* pagan, heathen.

pogański *a.* pagan, heathen.

pogarda *f.* contempt, disdain, scorn; **z pogardą** contemptuously, disdainfully; **godny pogardy** contemptible, despicable.

pogardliwy *a.* contemptuous, scornful.

pogardzać *ipf.* despise, scorn (*kimś* sb); hold (sb) in contempt; (*radą, niebezpieczeństwem*) disregard.

pogardzenie *n.* contempt, disrespect, disdain; **to jest nie do pogardzenia** it's not to be despised/sneezed at; it's worthwhile.

pogarszać *ipf.* worsen, make sth worse.

pogarszać się *ipf.* worsen, get/grow worse, deteriorate; (*o standardzie*) decline, go downhill.

pogląd *mi* opinion, view, outlook; **pogląd na świat** outlook upon life; **pogląd na coś** attitude towards sth; **narzucać komuś swoje poglądy** inflict one's views on sb; **panujące poglądy** tide of opinion.

pogłębiać *ipf.*, **pogłębić** *pf.* deepen.

pogłębiać się *ipf.*, **pogłębić się** *pf.* **1.** deepen. **2.** *przen.* intensify.

pogłoska *f.* rumor; **krąży pogłoska jakoby...** it is rumored/whispered that...

pognieść *pf.* **-gniotę -gnieciesz**, **-gniótł -gniotła -gnietli** crumple, wrinkle, crease; *por.* **gnieść**.

pognieść się *pf.* get crumpled/wrinkled/creased; *por.* **gnieść się**.

pogoda *f.* **1.** weather; (*słoneczna*) sunny weather; **z powodu złej pogody** due to bad weather; **jeśli będzie ładna pogoda** weather permitting. **2. pogoda ducha** optimism, cheerfulness.

pogodny *a.* **1.** (*o dniu, ranku*) sunny, bright. **2.** (*szczęśliwy, radosny*) cheerful.

pogodzić *pf.* **-godzę -godzisz**, **-gódź** reconcile; *por.* **godzić**.

pogodzić się *pf.* **1.** reconcile, make it up (*z kimś* with sb). **2.** (*przestać się buntować przeciwko czemuś*) accept (*sth*); *por.* **godzić się**.

pogoń *f. pl.* **-e 1.** (*pościg*) chase, pursuit. **2. w pogoni za prawdą udałem się do...** in my quest for truth I went to...

pogotowie *n.* **1.** (*stan gotowości*) readiness, alert; **być w stałym pogotowiu** be on the alert. **2.** (*gazowe, energetyczne*) service, brigade; **pogotowie ratunkowe** emergency service; **karetka pogotowia** ambulance.

pogranicze *n. Gen.pl.* **-y** borderland, frontier; **być na pograniczu czegoś** fringe upon sth.

pogrom *mi lit.* crushing defeat, rout; (*ludności żydowskiej*) pogrom.

pogróżka *f.* threat; **list z pogróżkami** threatening letter.

pogryźć *pf.* **-zę -ziesz**, **-zł -źli 1.** (*skaleczyć zębami*) bite. **2.** (*rozdrobnić zębami*) chew; *zob.* **gryźć**.

pogryźć się *pf.* (*o psach*) bite each other/one another; *zob.* **gryźć się**.

pogrzeb *mi* funeral.

pogrzebacz *mi Gen.* **-a** poker.

pogrzebowy *a.* funeral; **kondukt pogrzebowy** funeral procession/cortege; **zakład pogrzebowy** funeral parlor.

pogwałcać *ipf.* violate (*coś* sth).

pogwałcenie *n.* (*np. prawa*) infraction, violation.

poić *ipf.* **poję poisz**, **pój 1.** (*wodą*) water. **2.** *pot.* (*alkoholem*) ply (*czymś* with sth).

poinformowany *a.* informed; **dobrze/źle poinformowany** well-/ill-informed.

pointa *f.* punch line.

pojawiać się *ipf.*, **pojawić się** *pf.* appear; (*na spotkaniu, przyjęciu*) turn up; (*wyłaniać się*) emerge; (*np. o trudnościach*) arise.

pojazd *mi* vehicle; **pojazd jednośladowy** 2-wheeled vehicle; **pojazd kosmiczny** spacecraft.

pojąć *pf. lit.* comprehend, grasp; **nie mogę tego pojąć** I can't make sense of it; **nic z tego nie pojmuję** I can't make anything of it.

pojednanie *n.* reconciliation.

pojednać *pf.* conciliate, reconcile.

pojednawczy *a.* conciliatory.

pojednywać *ipf. zob.* **pojednać**.

pojedynczy *a.* single, individual; **pojedyncze łóżko** single bed; **pojedyncze słowa** individual words; **liczba pojedyncza** the singular (number).

pojedynek *mi* **-nk-** duel.

pojedynka *f.* **1. w pojedynkę** on one's own, single-handed, alone, by o.s. **2.** (*pokój jednoosobowy*) (*w hotelu*) single room; (*w więzieniu*) solitary confinement cell.

pojemnik *mi Gen.* **-a** container, receptacle; **pojemnik na śmieci** trash/garbage can.

pojemność *f.* capacity; **pojemność pamięci** *komp.* storage capacity.

pojemny *a.* voluminous, capacious.

pojęcie *n.* **1.** concept. **2.** (*wiedza, orientacja*) notion, idea; **nie mieć o czymś bladego/zielonego pojęcia**

not have the faintest/vaguest idea of sth; **mieć o czymś ogólne pojęcie** have a general idea of sth.
pojętny *a.* clever.
pojmować *ipf. zob.* **pojąć**.
pojutrze *adv.* the day after tomorrow.
pokarm *mi* **1.** (*pożywienie*) food; (*dla zwierząt*) feed, fodder. **2.** (*mleko matki*) milk.
pokarmowy *a.* **przewód pokarmowy** alimentary canal/tract, digestive tract; **zatrucie pokarmowe** food poisoning.
pokaz *mi* demonstration, show; **pokaz lotniczy/mody** air/fashion show; **pokaz sztucznych ogni** fireworks; **wystawiać coś na pokaz** exhibit sth; **zrobić coś na pokaz** do sth for show.
pokazać *pf.*, **pokazywać** *ipf.* **-żę -żesz** show; **pokazać klasę** show class; **pokazać, na co kogoś stać** show/prove one's mettle; **pokazać swoje prawdziwe oblicze** show one's true colors.
pokazać się *pf.*, **pokazywać się** *ipf.* (*być widocznym, pojawiać się*) show up, turn up; (*np. na spotkaniu, przyjęciu*) put in/make an appearance.
pokaźny *a.* **1.** (*znaczny*) substantial, considerable, sizeable; **pokaźny majątek** considerable fortune. **2.** (*okazały*) splendid, magnificent; **pokaźny dom** splendid house.
poklepać *pf.* **-pię -piesz**, **poklepywać** *ipf.* (*uderzać dłonią*) pat, clap; **poklepać kogoś po plecach/ramieniu** give sb a pat/clap on the back/shoulder.
poklepać się *pf.*, **poklepywać się** *ipf.* (*uderzać siebie dłonią*) pat o.s., tap o.s.; **poklepać się po brzuchu** pat/tap o.s. on the stomach.
pokład *mi* **1.** *żegl., lotn.* deck; **na pokładzie (statku/samolotu)** on board (a ship/plane). **2.** (*zalegająca warstwa*) layer. **3.** *górn., geol.* bed, stratum.
pokłócić *pf.* bring to a quarrel; *zob.* **kłócić się**.
pokłócić się *pf.* quarrel (*z kimś o coś* with sb about/over sth); *zob.* **kłócić się**.
pokochać *pf.* fall in love (*kogoś* with sb); come to love (*coś* sth).
pokochać się *pf.* start to love each other/one another, fall in love with each other.
pokojowy *a.* **1.** (*niewrogi*) peaceful, peace; **pokojowe zamiary** peaceful intentions; **traktat pokojowy** peace treaty. **2.** (*dotyczący pomieszczenia*) room; **malarz pokojowy** house painter; **temperatura pokojowa** room temperature.
pokojówka *f.* chambermaid.
pokolenie *n.* generation; **konflikt/różnica pokoleń** generation gap; **przekazywać coś z pokolenia na pokolenie** pass/hand sth down.
pokonywać *ipf.* **1.** (*zwyciężać*) (*wroga*) defeat; (*rywali*) beat. **2.** (*opanowywać*) overcome; **pokonać przeszkodę** overcome an obstacle; **pokonać odległość** cover a distance.
pokora *f.* humility.
pokorny *a.* humble.
pokój[1] *mi* **-o-** *Gen.pl.* **-ów/-oi** (*czas bez wojny*) peace.
pokój[2] *mi* **-o-** *Gen.pl.* **-ów/-oi** (*pomieszczenie*) room; **pokój jednoosobowy/dwuosobowy** single/double room; **pokój dzienny/stołowy** living/dining room.
pokraczny *a.* grotesque, bizarre.
pokrewieństwo *n.* **1.** (*więzy krwi*) kinship, kindred. **2.** (*podobieństwo*) affinity.
pokrewny *a.* related, similar; **pokrewna/bratnia dusza** kindred spirit; **pokrewne gatunki** allied species; **pokrewne języki** cognate languages.
pokrętny *a.* twisted.
pokroić *pf.* **-krój** (*na kawałki*) cut up; (*w kostkę*) dice; (*na plasterki*) slice; *por.* **kroić**.
pokrowiec *mi* **-wc-** *Gen.* **-a** cover.
pokrycie *n.* **1.** cover(ing); **pokrycie dachu** roofing. **2.** *ekon.* cover(age); **czek bez pokrycia** dishonored/dud check; **słowa bez pokrycia** empty words.
pokrywa *f.* **1.** (*wieko*) lid. **2.** (*warstwa*) cover; **pokrywa śnieżna** snow cover, layer of snow.
pokrywka *f.* lid.
pokrzepiać *ipf.*, **pokrzepić** *pf.* **1.** (*wzmacniać*) sustain. **2.** (*orzeźwić*) refresh; **pokrzepić kogoś na duchu** lift/raise sb's spirits.
pokrzepiać się *ipf.*, **pokrzepić się** *pf.* have a refreshment.
pokusa *f.* temptation.
pokuta *f.* penance; **odprawiać pokutę** do penance.
pokwitowanie *n.* receipt.
Polak *mp* Pole; **jestem Polakiem** I'm Polish.
polana *f.* clearing.
polarny *a.* polar; **noc polarna** polar night; **zorza polarna** aurora; **Gwiazda Polarna** North Star, pole star.
pole *n. Gen.pl.* **pól** **1.** field; **pole bitwy** battlefield; **pole namiotowe** campground; **pole magnetyczne** magnetic field; **pole widzenia** field of vision. **2.** *geom.* area; **pole powierzchni** surface area. **3.** *sport* field, area; **pole golfowe** golf course; **pole karne** penalty area.
polecać *ipf.* **1.** (*dawać pod opiekę*) entrust. **2.** (*rekomendować, zachwalać*) recommend; **polecać coś komuś** recommend sth to sb. **3.** (*nakazywać*) order, command (*komuś coś zrobić* sb to do sth).
polecać się *ipf.* **polecam się na przyszłość** I hope to be of service in the future.
polecający *a.* **list polecający** letter of recommendation.
polecenie *n.* **1.** (*nakaz*) command, order. **2.** (*rekomendacja*) recommendation; **godny polecenia** recommendable.
polecić *pf. zob.* **polecać**.
polecony *a.* **-eni** recommended; **list polecony** certified/registered letter.
polegać *ipf.* **1.** (*liczyć na kogoś*) rely, depend (*na kimś/czymś* on sb/sth). **2.** (*zasadzać się na czymś*) consist (*na czymś* in sth); **na czym to polega?** what does it consist in?
poległy[1] *a.* killed, fallen.
poległy[2] *mp* the fallen, the killed.
polemika *f.* polemics.
polepszać *ipf.* improve.
polepszać się *ipf.* improve; **polepsza mu się** he's getting better.
polepszenie *n.* improvement.
polepszyć (się) *pf. zob.* **polepszać (się)**.
polerować *ipf.* polish.
polewać *ipf.* pour; **polewać coś wodą** pour water on/over sth.
polewać się *ipf.* **polewać się wodą** pour water (*siebie samego* on oneself, *siebie nawzajem* on each other/one another).
polędwica *f.* (*część tuszy*) loin; *kulin.* sirloin.
policja *f.* police; **komisariat policji** police station; **iść na policję** report to the police, go to the police station.
policjant *mp* policeman, (police) officer.
policjantka *f.* policewoman, (police) officer.

policyjny *a.* police; **godzina policyjna** curfew; **kartoteka policyjna** police files; **radiowóz policyjny** police/patrol car.
policzalny *a.* countable.
policzek *mi* **-czk-** *Gen.* **-a 1.** (*część twarzy*) cheek. **2.** (*uderzenie w policzek*) slap on the face; **wymierzyć komuś policzek** slap sb on the face.
policzkować *ipf.* slap in the face.
poliglota *mp* polyglot.
poligon *mi* military training ground.
poligrafia *f. Gen.* **-ii** printing, typography.
polisa *f.* **polisa ubezpieczeniowa** insurance policy.
politechnika *f.* polytechnic.
politologia *f. Gen.* **-ii** political science.
politowanie *n.* disdain; **godny politowania** pitiable.
polityczny *a.* political; **poglądy polityczne** political views; **poprawność polityczna** political correctness, PC; **scena polityczna** political scene.
polityk *mp* politician.
polityka *f.* politics; (*strategia działania*) policy; **polityka gospodarcza/socjalna** economic/social policy; **polityka wewnętrzna/zagraniczna** domestic/foreign policy.
Polka *f. zob.* **Polak.**
polka *f. muz.* polka.
polo[1] *n. indecl. sport* polo.
polo[2] *n. indecl.* (*koszulka*) polo shirt.
polonez *mi Gen. & Acc.* **-a** *muz.* polonaise.
Polonia *f. Gen.* **-ii** Polish community (*abroad*); **Polonia Amerykańska** Polish Americans.
polonistyka *f.* **1.** (*nauka*) Polish studies. **2.** (*wydział*) Polish department, school of Polish.
polować *ipf.* hunt (*na coś* for sth).
polowanie *n.* (*łowy*) hunting, hunt; **pójść na polowanie** go hunting.
polowy *a.* **1. prace polowe** field works. **2. kuchnia polowa** soup kitchen; **łóżko polowe** camp bed.
Polska *f.* Poland.
polski *a.* Polish; **język polski** Polish, the Polish language; **po polsku** in Polish; **mówić po polsku** speak Polish; **Rzeczpospolita Polska** Republic of Poland (*1989-now*).
polubić *pf.* get to like, take a liking to.
polubić się *pf.* get to like each other/one another.
połączenie *n.* **1.** (*złącze*) connection, joint. **2.** (*zespół elementów*) combination. **3.** (*łączność*) connection; **połączenie telefoniczne** phone connection. **4.** (*komunikacja*) connection, link.
połączyć *pf.* **1.** (*zespolić*) connect, link. **2.** (*rozmowę telefoniczną*) put through (*z kimś* to sb).
połączyć się *pf.* **1.** (*zespolić się*) connect, become linked. **2.** (*dodzwonić się*) get through (*z kimś* to sb).
połknąć *pf.* **-ij** *zob.* **połykać.**
połowa *f. Gen.pl.* **-łów 1.** half; **do połowy pusty** half-empty; **o połowę więcej** half as much again; **o połowę mniej** half as much; **po połowie** fifty-fifty; **przeciąć na połowę** cut in half, halve. **2.** (*środek*) middle; **w połowie drogi** halfway, midway.
położenie *n.* **1.** (*miejsce, pozycja*) location, position; **położenie geograficzne** geographical position. **2.** (*sytuacja, warunki*) situation, position; **ciężkie/korzystne położenie** difficult/favorable position.
położnictwo *n.* obstetrics.
położna *f. Gen.* **-ej** midwife.
położniczy *a.* obstetric; **oddział położniczy** maternity ward.
położony *a.* located, situated; **pałac położony jest w parku** the palace is situated in a park.
położyć *pf.* **-łóż 1.** put, lay; **położyć nacisk na coś** lay/place emphasis on sth. **2.** (*ułożyć*) lay. **3. położyć kogoś na łopatki** *t. przen.* floor sb.
położyć się *pf.* (*ułożyć się*) lie down; (*iść spać*) go to bed.
połów *mi* **-o- 1.** (*łowienie*) fishing. **2.** (*to, co złowiono*) catch.
połówka *f.* half.
południe *n.* **1.** (*środek dnia*) noon, midday; **przed południem** before noon, in the morning; **po południu** in the afternoon; **w samo południe** at noon/midday (sharp). **2.** (*strona świata*) south; **Radom leży na południe od Warszawy** Radom is located south of Warsaw. **3.** (*kraje południowe*) the South.
południk *mi Gen.* **-a** meridian; **południk zerowy** prime/zero meridian; *pot.* Greenwich meridian.
południowo-wschodni *a.* south-east(ern).
południowo-zachodni *a.* south-west(ern).
południowy *a.* **1.** (*około godziny 12*) noon, midday; **przerwa południowa** midday break. **2.** (*charakterystyczny dla południa*) south(ern); southerly; **półkula południowa** southern hemisphere; **południowy wschód/zachód** southeast/southwest.
połykać *ipf.* swallow; (*gwałtownie*) gulp (down); *pot.* (*książki*) devour.
pomadka *f.* (*do ust*) lipstick.
pomagać *ipf.* help; **pomagać komuś w czymś** help sb with sth; **w czym mogę pomóc?** how can I help you? **to lekarstwo mi nie pomaga** this medicine isn't working.
pomału *adv.* slowly.
pomarańcza *f. Gen.pl.* **-cz/-y** orange.
pomarańczowy *a.* orange.
pomarszczony *a.* **-eni** wrinkled, creased; **pomarszczona twarz** wrinkled/creased face.
pomiar *mi* measurement.
pomidor *mi Gen.* **-a** tomato.
pomidorowy *a.* tomato.
pomieszczenie *n.* room.
pomiędzy *prep.* + *Ins.* **1.** (*między jednym a drugim*) between. **2.** (*w jakimś okresie*) between; **pomiędzy godziną pierwszą a trzecią** between one and three. **3.** (*wśród*) among; **pomiędzy drzewami** among trees. **4.** + *Acc.* (*pośród*) among; **premię rozdzielono pomiędzy pracowników** bonus was distributed among the employees. **5.** *por.* **między.**
pomijać *ipf.* **1.** (*opuszczać*) omit. **2.** (*nie uwzględniać*) pass over; **pominąwszy fakt, że...** except the fact that...
pomimo *prep.* + *Gen.* **1.** in spite of, despite; **pomimo to** all the same, nevertheless; **pomimo że...** even though, despite the fact that... **2.** *por.* **mimo.**
pomniejszać *ipf.*, **pomniejszyć** *pf.* diminish, lessen; *przen.* diminish, belittle.
pomniejszać się *ipf.*, **pomniejszyć się** *pf.* diminish, decrease.
pomnik *mi Gen.* **-a** monument.
pomoc *f. pl.* **-e 1.** help, assistance, aid; **pomoc drogowa** emergency road service; **pomoc humanitarna** humanitarian aid; **pomoc lekarska** medical assistance/help; **pierwsza pomoc** first aid; **na pomoc!** help! **przychodzić komuś z pomocą** come to sb's aid/rescue, help sb; **przy pomocy** with the help/aid

of; **za pomocą/przy pomocy tego klucza** by means of this key. **2. pomoc domowa** domestic (help).
pomocniczy *a.* auxiliary.
pomocnik *mp* helper.
pomoczyć *pf.* wet.
pomoczyć się *pf.* **1.** (*stać się mokrym*) get wet. **2.** (*być w wodzie przez jakiś czas*) soak.
Pomorze *n.* Pomerania.
pomóc *pf.* **-mogę -możesz, -móż, -mógł -mogła -mogli** *zob.* **pomagać.**
pomówienie *n.* (*ustne*) slander; (*pisemne*) libel.
pompa¹ *f. techn.* pump.
pompa² *f.* (*wystawność*) pomp; **z pompą** in grand style.
pompka *f.* **1.** (*do roweru*) (bicycle) pump. **2.** *sport* push-up.
pompon *mi Gen.* **-a/-u** pompom, bobble.
pompować *ipf.* (*ciecz, gaz*) pump (up); (*materac*) inflate.
pomścić *pf.* **-mszczę -mścisz, -mścij** avenge (*kogoś/coś* sb/sth).
pomścić się *pf.* avenge o.s.
pomylona *f. Gen.* **-ej, pomylony** *mp pot.* lunatic; looney, loony.
pomyłka *f.* **1.** mistake; **przez pomyłkę** by mistake. **2.** *tel.* wrong number.
pomysł *mi* idea.
pomysłowy *a.* ingenious, inventive.
pomyśleć *pf.* **-ę -isz 1.** think; **niech no tylko pomyślę** let me think. **2.** (*zatroszczyć się*) think (*o kimś/czymś* of sb/sth).
pomyślność *f.* well-being.
pomyślny *a.* favorable, auspicious.
ponad *prep.* **1.** (*na oznaczenie miejsca*) + *Ins.* above, over. **2.** + *Acc.* (*na oznaczenie kierunku*) over. **3.** + *Acc.* (*więcej niż*) above, over, more than; **ponad wszystko** above all.
ponaddźwiękowy *a.* supersonic.
ponadto *part.* furthermore, moreover.
ponaglać *ipf.* hurry, rush (*kogoś* sb); **ponaglać kogoś, żeby coś zrobił** press sb to do sth.
ponawiać *ipf.* (*wznawiać*) renew; (*powtarzać*) repeat; **ponowić prośbę** repeat a request.
ponawiać się *ipf.* repeat.
ponętny *a.* tempting, alluring.
poniedziałek *mi* **-łk-** Monday.
ponieważ *conj.* because, since.
poniewierać *ipf.* **poniewierać kimś** treat sb badly.
poniewierać się *ipf.* **1.** (*tułać się*) knock about/around. **2.** (*o rzeczach*) lie about/around.
poniżać *ipf.* humiliate.
poniżać się *ipf.* humiliate o.s., humble o.s.
poniżej *prep.* + *Gen.* (*niżej*) below, beneath, under; **poniżej wszelkiej krytyki** beneath criticism. — *adv.* (*dalej w tekście*) below; **poniżej przedstawione dane** data presented below.
poniżenie *n.* humiliation.
poniższy *a.* mentioned below.
ponosić *ipf.* **-szę -sisz 1.** (*doświadczać*) suffer; **ponosić karę** suffer punishment; **ponosić odpowiedzialność za coś** be responsible for sth; **ponosić ryzyko** assume/take risk. **2.** (*zostać obarczonym*) bear; **ponosić koszty** bear costs.
ponownie *adv.* again.
ponowny *a.* renewed, repeated.
ponton *mi* pontoon.
ponury *a.* (*o osobie, wiadomości*) gloomy; (*o wyglądzie*) bleak; (*o miejscu*) bleak, dreary; (*o myślach*) gloomy, dismal.
pończocha *f.* stocking.
pop¹ *mp pl.* **-i** *rel.* pope.
pop² *mi tylko sing.* pop (art).
popadać *ipf.* (*pogrążać się w czymś*) fall; **popadać w nędzę/ruinę** fall into poverty/ruin; **popadać w długi** fall/get into debt; **popadać w konflikt z prawem** violate the law.
poparcie *n.* support, backing; **udzielić komuś poparcia** give sb support, support sb.
poparzenie *n.* burn.
poparzyć *pf.* burn; (*o wrzątku, parze*) scald.
poparzyć się *pf.* burn o.s.; be scalded.
popełniać *ipf.*, **popełnić** *pf.* **-łnij/-łń** (*zrobić coś złego*) commit; make; **popełniać błąd** make a mistake; **popełnić przestępstwo** commit/perpetrate a crime; **popełnić samobójstwo** commit suicide.
popęd *mi* drive, urge; **popęd płciowy** sexual drive.
popędzać *ipf.*, **popędzić** *pf.* hurry, rush (*do czegoś* to do sth).
popielaty *a.* gray.
popielcowy *a.* **środa popielcowa** Ash Wednesday.
Popielec *mi* **-lc-** *Gen.* **-a** Ash Wednesday.
popielniczka *f.* ashtray.
popierać *ipf.* support, back up; **popierać wniosek** second a motion.
popierać się *ipf.* support each other/one another.
popiersie *n. Gen.pl.* **-i** bust.
popiół *mi* **-o-** *Loc.* **-ele** ash.
popisowy *a.* spectacular.
popisywać się *ipf.* show off.
popojutrze *adv.* in three days' time.
popołudnie *n. Gen.pl.* **-i** afternoon.
poprawa *f.* improvement; **nieznaczna/odczuwalna poprawa** small/significant improvement.
poprawczy *a.* **dom/zakład poprawczy** reformatory.
poprawiać *ipf.*, **poprawić** *pf.* **1.** (*doprowadzać do ładu*) tidy up; put straight, put in order; **poprawiać krawat** adjust one's tie. **2.** (*ulepszać*) better (*coś* sth); improve (*coś* (up)on sth). **3.** (*usuwać błędy*) correct.
poprawiać się *ipf.*, **poprawić się** *pf.* **1.** (*korygować swoją wypowiedź*) correct o.s. **2.** (*stawać się lepszym*) improve; **poprawić się z matematyki** improve at math.
poprawka *f.* (*modyfikacja*) correction; (*wniosku, dokumentu*) amendment; (*dostosowanie*) adjustment.
poprawkowy *a.* **egzamin poprawkowy** retake/repeat examination.
poprawnie *adv.* correctly.
poprawność *f.* correctness; **poprawność polityczna** political correctness, PC.
poprawny *a.* **1.** (*prawidłowy*) correct. **2.** (*odpowiedni*) (*o stroju, manierach*) proper.
poprosić *pf.* **1.** (*zwrócić się z prośbą*) ask (*kogoś o coś* sb for sth/sb to do sth); **poprosić kogoś o rękę** propose to sb. **2.** (*zaprosić*) invite; **poprosić kogoś do tańca** ask sb to dance. **3.** (*wezwać*) call; **czy mogę poprosić Adama do telefonu?** may I speak with Adam, please?
poprzeczka *f.* **1.** *sport* **przeskoczyć poprzeczkę** clear the crossbar; **strącić poprzeczkę** miss/dislodge the bar. **2.** (*listwa, belka*) crossbar, crossbeam; **podnieść/obniżyć poprzeczkę** *przen.* raise/lower standards.
poprzeczny *a.* cross(wise).

poprzedni *a.* previous, preceding; (*np. właściciel, mąż*) former.
poprzedniczka *f.*, **poprzednik** *mp* predecessor.
poprzednio *adv.* previously, before.
poprzedzać *ipf.* precede.
poprzedzający *a.* preceding.
poprzek *adv.* **w poprzek** across, crosswise.
poprzez *pron.* + *Acc.* **1.** (*przestrzeń, przeszkoda*) through. **2.** (*sposób*) by, through, thanks to; **osiągnąć sukces poprzez intensywną pracę** achieve success thanks to hard work.
popsuć *pf.* break.
popsuć się *pf.* **1.** (*o maszynie, urządzeniu*) break down; (*o jedzeniu*) go bad. **2.** (*pogorszyć się*) deteriorate, get worse; **pogoda się popsuła** weather got worse.
popularnonaukowy *a.* popular science.
popularność *f.* popularity.
popularny *a.* popular; **muzyka popularna/pop** popular/pop music.
popularyzować *ipf.* popularize.
popularyzować się *ipf.* become popular.
popuszczać *ipf.*, **popuścić** *pf.* **-szczę -ścisz 1.** (*rozluźniać*) loosen. **2.** (*darować komuś*) let off; **nie popuszczę ci** I won't let you get away with it.
popychać *ipf.* **1.** (*przesuwać*) push, shove. **2.** (*skłaniać*) push (*kogoś do czegoś* sb into sth).
popychać się *ipf.* push each other/one another.
por[1] *mi Gen.* **-a** *bot.* leek.
por[2] *mi Gen.* **-u/-a** (*w skórze*) pore.
por. *abbr.* **1.** (*porównaj*) cf. (*compare*). **2.** (*porucznik*) Lt., Lieut. (*lieutenant*).
pora *f. Gen.pl.* **pór** time; **do tej pory** until now, so far; **najwyższa pora** (high) time; **nie w porę** inopportunely, untimely; **o każdej porze dnia i nocy** at any time; **od tej pory** from now on; **pora roku** season; **w samą porę** just in time.
porabiać *ipf.* **co porabiasz?** what are you up to (these days)?
porada *f.* advice; **porada lekarska/prawna** medical/legal advice.
poradnia *f. Gen.pl.* **-i poradnia lekarska** outpatient clinic.
poradnik *mi Gen.* **-a** guide, handbook.
poradzić *pf.* **1.** (*doradzić*) advise. **2.** (*podołać czemuś*) cope, manage; **poradzić sobie z czymś** manage sth; *zob.* **radzić**.
poradzić się *pf.* consult (*kogoś* sb); *zob.* **radzić się**.
poranny *a.* morning; **gazeta/gimnastyka poranna** morning paper/exercise.
porazić *pf.* **-żę -zisz**, **porażać** *ipf.* **1.** (*sparaliżować*) paralyze; **porażony prądem** suffering from electric shock. **2.** (*oślepić*) dazzle; **porażony blaskiem reflektora** dazzled by the lights.
porażenie *n.* **1.** shock, stroke; **porażenie prądem** electric shock; **porażenie słoneczne** sunstroke. **2.** *pat.* paralysis.
porażka *f.* **1.** (*klęska*) defeat. **2.** (*niepowodzenie*) failure.
porcelana *f.* porcelain, china.
porcelanowy *a.* china, porcelain; **serwis porcelanowy** set of china.
porcja *f.* portion, helping.
poręcz *f. pl.* **-e 1.** (*przy schodach*) handrail. **2.** (*balustrada*) banister. **3.** (*przy fotelu*) arm.
poręczać *ipf. prawn.* guarantee; **poręczać za kogoś/coś** vouch for sb/sth.
poręczny *a.* convenient; (*o bagażu, narzędziu*) handy.
porno *n. indecl. pot.* porn. — *a. indecl. pot.* porn; **film porno** porn film.
pornografia *f. Gen.* **-ii** pornography.
pornograficzny *a.* pornographic.
porodowy *a.* **bóle porodowe** labor pains.
poronić *pf. pat.* miscarry, have a miscarriage.
poronienie *n.* miscarriage.
porost *mi* **1.** (*wzrost*) growth. **2.** *bot.* lichen.
porowaty *a.* porous.
porozmawiać *pf.* have a talk, have a word (*z kimś* with sb); **czy mogę z panem porozmawiać?** can I have a word with you?
porozumienie *n.* (*jednomyślność*) agreement; **w porozumieniu z kimś/czymś** in consultation with sb/sth.
porozumieć się *pf.*, **porozumiewać się** *ipf.* **1.** (*komunikować się*) communicate (*z kimś* with sb). **2.** (*dogadywać się*) reach an agreement.
poród *mi* **-o-** childbirth, delivery, labor.
porównanie *n.* comparison; **w porównaniu z nim/do niego** in comparison with him/to him; **dla porównania** for comparison.
porównać *pf.*, **porównywać** *ipf.* **-nuję -nujesz** compare (*kogoś/coś z kimś/czymś* sb/sth with/to sb/sth).
porównać się *ipf.* compare o.s. (*z kimś/czymś* with/to sb/sth).
porównywalny *a.* comparable (*z kimś/czymś l. do kogoś/czegoś* with sb/sth *l.* to sb/sth).
port *mi* port; harbor; **port lotniczy** airport.
portfel *mi Gen.* **-a** *Gen.pl.* **-i/-ów 1.** (*na pieniądze*) wallet, billfold. **2.** (*pakiet*) portfolio.
portier *mp* porter.
portiernia *f. Gen.pl.* **-i/-ń** (porter's) lodge.
portmonetka *f.* purse.
portret *mi* portrait.
portretować *ipf.* portray.
portretować się *ipf.* have one's portrait painted.
Portugalczyk *mp*, **Portugalka** *f.* Portuguese.
Portugalia *f. Gen.* **-ii** Portugal.
Portugalka *f. zob.* **Portugalczyk**.
portugalski *a.* Portuguese.
porucznik *mp* first lieutenant.
poruszać *ipf.*, **poruszyć** *pf.* **1.** (*czymś*) move. **2.** (*jakąś kwestię*) bring up. **3.** (*wzruszać*) move, touch.
poruszać się *ipf.* **1.** (*przemieszczać się*) move. **2. poruszył się przez sen** he stirred in his sleep.
poruszenie *n.* agitation.
poruszony *a.* **-eni** agitated, moved.
porwanie *n.* kidnapping, abduction.
porywacz *mp*, **porywaczka** *f.* kidnapper; (*samolotu*) hijacker.
porywać *ipf.* **1.** (*uprowadzać*) kidnap; (*o samolocie*) hijack. **2.** (*o wietrze*) sweep away.
porywać się *ipf.* (*atakować kogoś*) fall (*na kogoś* on sb); **porwać się na czyjeś życie** make an attempt on sb's life.
porywczy *a.* impetuous, impulsive.
porywisty *a.* (*wiatr*) gusty.
porządek *mi* **-dk- 1.** order; **przywołać kogoś do porządku** call sb to order; **utrzymywać porządek** keep order; **zrobić z czymś porządek** put sth in order; **to nie w porządku** it's not fair; **jesteś w porządku** you're OK; **w porządku!** all right! **2.** (*plan*) **porządek obrad** agenda.

porządkować *ipf.* (*sprzątać*) clean up; (*układać*) tidy up, put in order.
porządkowy *a.* (*kolejny*) serial; **liczebnik porządkowy** ordinal number.
porządny *a.* **1.** (*o wyglądzie*) neat. **2.** (*przyzwoity*) decent. **3.** *pot.* (*potężny*) strong, sound; **porządny mróz** strong frost; **porządny obiad** hearty dinner.
porzeczka *f.* currant; **czarna porzeczka** blackcurrant.
porzucać *ipf.*, **porzucić** *pf.* **1.** (*opuszczać*) abandon, leave. **2.** (*zarzucać, zaniedbywać*) quit; **porzucić pracę** quit work; *por.* **rzucić**.
posada *f.* (*stałe zajęcie*) post, position; **wolna posada** vacancy.
posadzić *pf.* **1.** (*roślinę*) plant. **2.** (*kogoś*) seat, place.
posadzka *f.* floor.
posądzać *ipf.* suspect (*kogoś o coś* sb of sth).
posądzać się *ipf.* suspect each other.
posąg *mi* statue.
poselski *a.* deputy's, parliamentary.
poseł *mp* **-sł-** *pl.* **-owie 1.** (*deputowany*) deputy. **2.** (*dyplomata*) envoy.
posesja *f.* estate, property.
posępny *a.* (*o człowieku, nastroju*) gloomy; (*o okolicy, krajobrazie*) bleak.
posiadacz *mp*, **posiadaczka** *f.* possessor.
posiadać *ipf.* possess, own; **posiadać rozległą wiedzę** have a vast knowledge.
posiadać się *ipf.* **nie posiadać się (z radości/gniewu)** be beside o.s. (with joy/rage).
posiadanie *n.* possession, ownership; **być w posiadaniu czegoś** be in possession of sth.
posiadłość *f.* estate, property.
posiąść *pf.* **-siądę -siądziesz, -siadł** (*przyswoić sobie*) master; **posiąść znajomość języka obcego** master a foreign language.
posiedzenie *n.* session, meeting, sitting; **posiedzenie rządu** government/cabinet meeting; **za jednym posiedzeniem** at one sitting.
posiłek *mi* **-łk-** meal.
posiłkowy *a.* auxiliary; **słowo posiłkowe** auxiliary verb.
posłanie[1] *n. lit.* **1.** (*nauka*) message. **2.** (*zadanie*) mission.
posłanie[2] *n.* (*miejsce do spania*) bed.
posłaniec *mp* **-ńc-** *pl.* **-y** messenger.
posłanka *f.* woman deputy.
posługiwać się *ipf.* use (*czymś* sth); **posługiwać się językiem obcym** speak a foreign language.
posłuszeństwo *n.* obedience; **nogi odmawiają mi posłuszeństwa** my feet are killing me.
posłusznie *adv.* obediently.
posłuszny *a.* obedient; **posłuszny woli ojca/prawu** obedient to his father's will/the law.
posmarować *pf.* (*coś jakąś substancją*) smear; spread; **posmarować chleb masłem** butter one's bread; **posmarować chleb dżemem** spread jam on one's bread; **posmarować palec maścią** apply ointment to one's finger.
posmarować się *pf.* put on; **posmarować się kremem** put cream on.
posmutnieć *pf.* become sad.
posolić *pf.* **-sól** salt, sprinkle with salt.
pospieszny *a. zob.* **pośpieszny**.
pospolity *a.* **1.** (*powszechny, częsty*) common; **rzeczownik pospolity** common noun. **2.** (*zwyczajny, banalny*) ordinary, common.
posprzątać *pf.* **1.** (*sprzątnąć*) clean (up). **2.** (*uporządkować*) tidy up, clear (up).
posprzeczać się *pf.* quarrel, fall out (*z kimś* with sb) (*z powodu czegoś* over sth); have a fight.
posrebrzany *a.* silver-plated.
post *mi* fast; **Wielki Post** Lent.
postać *f. pl.* **-i/-e 1.** (*kształt, wygląd*) shape, form; **pod postacią czegoś** in the form of sth. **2.** (*sylwetka, figura*) figure. **3.** (*osobowość, osobistość*) personality, figure. **4.** (*bohater utworu literackiego, filmu*) character, protagonist.
postanawiać *ipf.*, **postanowić** *pf.* **postanawiać o czymś** decide on/about sth; **postanowić coś zrobić** decide to do sth/on doing sth.
postanowienie *n.* (*decyzja*) decision; (*zamiar*) resolution; *prawn.* ruling.
postarać się *pf.* **1.** (*zwiększyć starania*) try, do one's best. **2.** (*dostać, kupić coś, pokonując trudności*) **postarać się o coś** (manage to) obtain sth.
postawa *f.* **1.** (*pozycja, układ ciała*) posture, stance, bearing, position; **wada postawy** faulty posture; **postawa stojąca/siedząca** standing/sitting position. **2.** (*poza*) pose, position. **3.** (*nastawienie, opinia*) attitude, stance; **nastawienie do kogoś/czegoś** attitude to(wards) sb/sth.
posterunek *mi* **-nk- 1.** post. **2.** (*siedziba jednostki policji*) police station.
postęp *mi* progress, advance, development; **postęp cywilizacyjny/naukowy** civilization/scientific progress; **iść z postępem** keep up/move with the times; **robić postępy** make progress.
postępować *ipf.* **1.** (*o pracy*) proceed, progress. **2.** (*o chorobie*) develop, progress. **3.** (*zachowywać się*) act, behave.
postępowanie *n.* **1.** (*zachowanie*) conduct, behavior; **zasady/normy postępowania** code/rules of conduct. **2.** *prawn.* (legal) proceeding(s); **wszcząć postępowanie** institute/initiate proceedings.
postępowy *a.* (*nowoczesny*) progressive.
postkomunistyczny *a.* postcommunist.
postojowy *a.* parking, stopping; **karta postojowa** parking permit/disk.
postój *mi* **-o-** *Gen.pl.* **-ów/-oi 1.** (*przerwa w podróży*) stopover. **2.** (*miejsce postoju*) stop; **postój taksówek** cabstand; **zakaz postoju** no waiting.
postrzec *pf.* **-strzegę -strzeżesz**, **-strzegł, postrzegać** *ipf.* perceive.
postrzelony *a.* **-eni 1.** (*zraniony*) shot, wounded (*with a shot*). **2.** *pot.* (*narwany*) madcap.
postulat *mi* postulate, demand.
postulować *ipf.* postulate.
posunąć *pf.* move, shift; **posunąć pracę naprzód** move the job forward.
posunąć się *pf.* **1.** (*przemieszczać się naprzód*) move along/forward. **2.** (*robić postępy*) advance, progress; make progress. **3. posuwać się za daleko** go too far, carry/take things too far; **posuwać się do ostateczności** go to extremes; **nie posunąć się do czegoś** stop short of (doing) sth.
posunięcie *n.* move.
posuwać (się) *ipf. zob.* **posunąć (się)**.
posyłać *ipf.* **1.** send; **posyłać kogoś po kogoś/coś** send sb for sb/sth; **posyłać kogoś w jakimś celu** send sb to do sth; **posyłać kogoś dokądś** send sb somewhere. **2.** (*pocztą*) send, mail, post; **posyłać komuś**

list/paczkę send sb a letter/parcel; **posłać komuś całusa** blow sb a kiss.

posypać *pf.* **-pię -piesz, posypywać** *ipf.* sprinkle, dredge (*coś czymś* sth with sth); **posypać ciasto cukrem** sprinkle a cake with sugar.

posypać się *pf.* (*o pytaniach, listach, prośbach, groźbach*) pour in; (*o oklaskach*) ring out; (*o tynku, liściach itp.*) fall.

poszczególny *a.* individual, particular, respective.

poszedł *itd. pf. zob.* **pójść**.

poszerzać *ipf.*, **poszerzyć** *pf.* (*drogę, repertuar*) widen, broaden; (*ubranie*) let out.

poszerzać się *ipf.*, **poszerzyć się** *pf.* widen, broaden, become/grow wider.

poszkodowany[1] *a. zwł. prawn.* injured, wronged; **być poszkodowanym przez los/w wypadku** be wronged by fate/be injured in an accident.

poszkodowany[2] *mp* sufferer, victim; *prawn.* injured party.

poszukać *pf.* **poszukać kogoś/czegoś** look for sb/sth; *por.* **szukać**.

poszukiwać *ipf.* **poszukiwać kogoś/czegoś** search for sb/sth.

poszukiwanie *n.* (*szczęścia, prawdy*) quest (*czegoś* for sth); (*zaginionej osoby, pracy*) search (*czegoś* for sth); (*zbiega, pracy*) hunt; (*złota*) digging; **prowadzić poszukiwanie** conduct/make a search; **w poszukiwaniu czegoś** in search/quest of sth.

poszukiwany *a.* **1.** (*mający popyt, ceniony*) sought-after. **2.** (*ścigany*) wanted.

poszwa *f. Gen.pl.* **poszew** (*na kołdrę*) quilt cover; (*na poduszkę*) pillowcase.

poszycie *n.* **1.** (*dachu*) roofing. **2.** (*statku, samolotu*) plating, sheathing. **3.** (*runo*) undergrowth.

pościć *ipf.* **poszczę, pościsz** fast.

pościel *f. pl.* **-e** bedding, bedclothes.

pościelowy *a.* **bielizna pościelowa** bed linen.

pościg *mi* (*pogoń*) chase; *t. przen.* pursuit; **ruszyć w pościg** set off in pursuit; **w pościgu za czymś** in pursuit of sth.

pośladek *mi* **-dk-** *Gen.* **-a** buttock.

poślizg *mi* **1.** skid; **wpaść w poślizg** go into a skid. **2.** *pot.* (*opóźnienie*) delay.

poślizgnąć się *pf.* **-ij** slip (*na czymś* on sth).

poślubiać *ipf.*, **poślubić** *pf. lit.* wed.

poślubny *a.* **noc poślubna** wedding night; **podróż poślubna** honeymoon.

pośmiertny *a.* posthumous.

pośpiech *mi* haste, hurry; **robić coś w pośpiechu** do sth in haste/a hurry, do sth hurriedly.

pośpieszny *a.* **1.** hurried, hasty. **2. pociąg pośpieszny** fast train. **3.** (*pobieżny, niedbały*) perfunctory, cursory.

pośpieszyć *pf.* (*udać się*) go, rush (*dokądś* somewhere); **pośpieszyć na ratunek** go to the rescue.

pośredni *a.* intermediary, intermediate; **mieć na coś pośredni wpływ** have an indirect influence on sth, influence sth indirectly; **pośredni związek** indirect connection.

pośrednictwo *n.* **1.** (*mediacja*) mediation. **2.** (*w interesach*) agency; **biuro pośrednictwa pracy** job/employment center.

pośredniczyć *pf.* **1.** (*prowadzić mediacje*) mediate. **2.** (*w interesach*) act as an agent, provide/offer agency services.

pośrednik *mp* **1.** (*mediator*) mediator. **2.** (*w interesach*) agent.

pośrodku *adv.* + *Gen.* in the middle of (*czegoś* sth).

pośród *pron.* + *Gen.* among(st), in the midst of.

poświadczać *ipf.* authenticate, certify.

poświadczenie *n.* authentication, certification.

poświęcać *ipf.* **1.** (*składać w ofierze*) sacrifice (*coś komuś* sth to sb); (*spotkanie, wykład*) devote (*coś komuś/czemuś* sth to sb/sth); (*dedykować*) dedicate (*coś komuś* sth to sb); **poświęcić czas/wysiłki na coś** spend time/effort on sth; **poświęcać więcej uwagi czemuś** devote more attention to sth. **2.** *rel.* consecrate.

poświęcać się *ipf.* **1. poświęcać się dla kogoś** make sacrifices for sb. **2.** (*zająć się czymś wyłącznie*) devote o.s., dedicate o.s. (*czemuś* to sth).

pot *mi* sweat, perspiration; **pracować w pocie czoła** sweat blood; **zlany potem** dripping with/in sweat.

pot. *abbr.* (*potocznie*) coll. (*colloquially*).

potajemnie *adv.* secretly, in secret.

potajemny *a. lit.* secret.

potem *adv.* after, afterwards, then, next, later; **w chwilę potem** before long; **na potem** for later.

potencjalny *a.* potential; (*o kliencie*) prospective.

potencjał *mi* potential.

potęga *f.* **1.** power, force; **rosnąć w potęgę** gain power. **2.** (*mocarstwo*) power, superpower. **3.** *mat.* power; **podnieść trzy do potęgi czwartej** raise three to the fourth power.

potęgować *ipf.* **1.** (*wzmagać*) intensify; (*wrażenie*) enhance. **2.** *mat.* raise to a power.

potęgować się *ipf.* intensify, strengthen; (*o odczuciu, emocjach*) heighten.

potępiać *ipf.*, **potępić** *pf.* **potępiać kogoś za coś** condemn sb for sth.

potężny *a.* **1.** (*okazały*) huge. **2.** (*wpływowy, bardzo silny*) powerful; **potężny cios** knock-down.

potocznie *adv.* colloquially, informally.

potoczny *a.* (*o nazwie, rozmowie, sprawach*) colloquial, conversational.

potok *mi* **1.** (*strumień*) stream. **2.** (*duża ilość cieczy*) flow; (*wyzwisk, pytań*) volley; *przen.* torrent; **wylewać potoki łez** gush with tears; **potok słów** flow/flood of words.

potomek *mp* **-mk-** *pl.* **-owie** descendant.

potomstwo *n.* offspring.

potop *mi* **1.** *rel.* the Flood, the Deluge. **2.** *dosł., przen.* deluge, flood.

potrafić *pf., ipf.* (*być w stanie coś zrobić*) can, be able; **pokaż, co potrafisz** show us what you can do; **najlepiej, jak potrafię** to the best of my ability.

potrajać *ipf.* triple, treble.

potrajać się *ipf.* triple, treble.

potrawa *f.* dish; **spis potraw** menu.

potrącać *ipf.* **1.** (*niechcący uderzać*) jostle, jog. **2.** (*pieszego*) hit. **3.** (*odliczać sumę*) deduct.

potrącać się *ipf.* jog, jostle.

potrójny *a.* triple, threefold.

potrwać *pf.* last, take; **to nie potrwa długo** it won't take long.

potrząsać *ipf.*, **potrząsnąć** *pf.* **-ij** shake.

potrzeba[1] *f.* **1.** (*niezbędność*) need; **nie ma potrzeby, aby...** there's no need to...; **jeśli zajdzie potrzeba, to...** if a need arises then...; **nagła potrzeba** emergency; **bez potrzeby** needlessly, unnecessarily. **2.** *pl.*

(*rzeczy, bez których trudno się obejść*) needs; **artykuły pierwszej potrzeby** necessities. **3. w potrzebie** in need.

potrzeba[2] *v. indecl.* need; **potrzeba mi pieniędzy** I need money; **czego ci potrzeba?** what do you need?

potrzebny *a.* needed, necessary; **potrzebny jest mi spokój** I need peace/quiet; **nie być komuś potrzebnym** be of no use to sb.

potrzebować *ipf.* need, want; **bardzo potrzebować czegoś** be badly off for sth.

potwierdzać *ipf.* confirm; **potwierdzać odbiór czegoś** acknowledge (receipt of) sth.

potwierdzać się *ipf.* be confirmed.

potwierdzenie *n.* confirmation; **potwierdzenie odbioru** notice of receipt.

potworny *a.* monstrous.

potwór *mp* **-o-** *pl.* **-y** monster.

potykać się *ipf.* **1.** trip, stumble (*o coś* over sth). **2.** (*popełniać błąd*) slip.

pouczać *ipf.* **1.** (*informować, tłumaczyć*) instruct. **2.** (*upominać*) admonish. **3.** (*prawić kazania*) patronize.

poufały *a.* familiar, confidential; **zbyt poufały** overfamiliar.

poufny *a.* confidential; **ściśle poufne** strictly confidential.

pow. *abbr.* (*powierzchnia*) area.

powaga *f.* **1.** seriousness; **zachować powagę** keep a straight face. **2.** (*prestiż, t. ważność*) authority; (*sytuacji*) gravity; (*chwili*) seriousness, importance.

poważać *ipf.* esteem; **poważać kogoś** hold sb in (high) esteem, respect sb.

poważać się *ipf.* (*szanować się*) respect each other/one another.

poważanie *n.* esteem, respect; **z poważaniem** truly/faithfully yours; **darzyć kogoś poważaniem** respect sb, hold sb in high esteem/repute.

poważnie *adv.* **1.** (*na serio*) seriously, in earnest; **poważnie?** *pot.* are you serious? **całkiem na poważnie** in deadly earnest; **brać coś na poważnie** take sth seriously. **2.** (*w sposób znaczący*) considerably, seriously; **poważnie chory** seriously ill.

poważny *a.* **1.** serious, grave, solemn; (*o chorobie, problemach*) serious; **muzyka poważna** classical music; **poważny wiek** respectable old age. **2.** (*o organizacji, uczonym*) respectable. **3.** (*istotny*) important.

powiadamiać *ipf.*, **powiadomić** *pf. lit.* inform (*kogoś o czymś* sb about/of sth); notify (*kogoś o czymś* sb of sth).

powiat *mi* (*okręg administracyjny*) district.

powiązania *pl. Gen.* **-ń** relations.

powiązany *a.* related, interrelated; **minister jest powiązany z tą sprawą** minister is involved in this affair.

powidła *pl. Gen.* **-eł** plum jam.

powiedzenie *n.* **1. mieć coś do powiedzenia** (*chcieć coś wyjaśnić*) have sth to say; (*liczyć się*) have a say/voice in sth. **2.** (*aforyzm*) saying.

powiedzieć *pf.* **-wiem -wiesz -wiedzą, -wiedz** (*wyrazić coś słowami*) say, tell; **co chcesz przez to powiedzieć?** what do you mean by that? **co ty powiesz!?** you don't say!, no kidding! **co powiesz na...** how about...; **jak to powiedzieć** how shall I put it; **powiedzieć jasno, że...** make it plain that...; **powiedzieć ostatnie słowo** say the last word; **szczerze powiedziawszy** frankly speaking; **tak mi się tylko powiedziało** I didn't mean it; **wystarczy powiedzieć, że...** suffice it to say that...; **że tak powiem** so to say, if I may say so.

powieka *f.* (eye)lid.

powielać *ipf.*, **powielić** *pf.* copy, duplicate.

powierzać *ipf.* **1.** (*zlecić*) entrust; **powierzać coś komuś** entrust sb with sth; **powierzać komuś stanowisko** appoint sb to a post. **2.** (*tajemnicę*) confide.

powierzać się *ipf.* put o.s. into sb's hands.

powierzchnia *f. Gen.pl.* **-i 1.** surface; **nad powierzchnią ziemi/morza** above ground/sea level. **2.** (*obszar, przestrzeń*) area; **powierzchnia kraju** area of a country. **3.** *geom.* area, plane.

powierzchowny *a.* superficial.

powierzyć (się) *pf. zob.* **powierzać (się)**.

powiesić *pf.* **-szę -sisz 1.** (*zawiesić*) hang up. **2.** (*uśmiercić*) hang.

powiesić się *pf.* hang o.s.

powieściopisarz *mp* novelist.

powieść[1] *f.* novel; **powieść autobiograficzna/historyczna** autobiographical/historical novel; **powieść kryminalna** whodunit.

powieść[2] *pf.* **-wiodę -wiedziesz, -wiódł -wiodła -wiedli** (*przesunąć czymś po powierzchni czegoś*) sweep, run; **powieść spojrzeniem po czymś** sweep one's eyes over sth.

powieść się *pf.* succeed, become successful; **chyba nam się tym razem powiedzie** we might succeed this time; **powiodło mi się** I made it.

powietrze *n.* air, atmosphere; **na wolnym powietrzu** outdoors, in the open air; **unosić się w powietrzu** float; **w powietrzu** in midair; **wysadzić w powietrze** blow up; **wypuszczać powietrze** exhale; **zaczerpnąć świeżego powietrza** take a breath of fresh air.

powietrzny *a.* aerial, air, airy; **poduszka powietrzna** *mot.* airbag; **obrona powietrzna** *wojsk.* air defense; **trąba powietrzna** whirlwind, twister.

powiew *mi* breath, puff.

powiewać *ipf.* **1.** (*dmuchać*) (*o wietrze*) blow. **2.** (*łopotać*) fly.

powiększać *ipf.* (*obszar, teren*) expand; (*ilość, dostawy, deficyt*) increase; (*organizację, zespół*) enlarge; (*obraz*) magnify.

powiększać się *ipf.* (*o zasobach*) increase; (*o obszarze*) expand; (*o grupie*) grow.

powiększający *a.* **szkło powiększające** magnifying glass.

powiększenie *n.* **1.** enlargement, increase, extension, growth. **2.** *fot.* enlargement, blow-up.

powiększyć (się) *pf. zob.* **powiększać (się)**.

powinien, powinna, powinno *v.* should, ought to; **powinien zadzwonić do matki** he should call his mother; **nie powinnaś jej krytykować** you shouldn't criticize her; **powinien zaraz przyjechać** he ought to be here in a moment; **woda powinna już się zagotować** the water should have boiled by now; **to powinno zadziałać** this should work.

powitać *pf.* greet, welcome.

powitalny *a.* welcoming.

powitanie *n.* greeting, welcome.

powlec *pf.*, **powlekać** *ipf.* **1.** (*pomalować*) coat (*czymś* with sth). **2.** (*pościel*) put on fresh bed linen.

powłoka *f.* (*np. farby*) coat; (*błona*) film.

powodować *ipf.* cause, bring about.

powodować się *ipf.* (*kierować się*) be driven, be motivated (*czymś* by sth).

powodzenie *n.* **1.** (*przedsięwzięcia*) success; **robić coś z powodzeniem/bez powodzenia** do sth successfully/unsuccessfully. **2.** (*szczęście*) luck, fortune; **życzę powodzenia!** good luck! **3.** (*popularność*) popularity.
powodzić się *ipf.* thrive, prosper; **dobrze/źle mu się powodzi** (*ma się dobrze*) he's doing well/badly; (*finansowo*) he's well/badly off.
powojenny *a.* postwar.
powoli *adv.* slowly; **powoli!** easy!
powolny *a.* slow.
powołanie *n.* **1.** (*wewnętrzny nakaz*) calling; vocation; **nauczyciel z powołania** a teacher by vocation, a born teacher. **2.** (*wezwanie do odbycia służby wojskowej*) call-up.
powoływać *ipf.* **1.** (*wybrać*) appoint; **powołać do wojska** call up. **2. powołać do życia** bring/call into being.
powoływać się *ipf.* (*odwoływać się do czegoś*) refer (*na coś* to sth); (*na przepis, precedens*) invoke (*na coś* sth); **powoływać się na kogoś** make reference to sb.
powód *mi* **-o-** *Gen.* **-u** *pl.* **-y** (*przyczyna*) cause (*czegoś* of sth); reason (*czegoś* for sth); **nieobecny z powodu choroby** absent due to illness. — *mp* **-o-** *Gen.* **-a** *pl.* **-owie** *prawn.* plaintiff.
powódź *f.* **-o-** *pl.* **-e** flood.
powracać *ipf.* return, come back (*skądś* from sth).
powrotny *a.* return; **bilet powrotny** round-trip ticket; **w drodze powrotnej** on the way back.
powrót *mi* **-o-** return, comeback; **tam i z powrotem** (*o bilecie*) return, round-trip; **powrót do zdrowia** recovery; **z powrotem** (*znów*) again.
powstanie *n.* (*zbrojne*) uprising, insurrection.
powstawać *ipf.* **-aję -ajesz, -waj 1.** (*być tworzonym*) come into being; (*o trudnościach, problemach*) arise, emerge. **2.** (*unosić się*) rise; **powstać z miejsca** rise from one's seat.
powstrzymać *pf.*, **powstrzymywać** *ipf.* (*zatrzymać*) stop; (*kogoś*) restrain; (*śmiech*) restrain, hold back; (*uczucie, pragnienie, chęć*) repress; **powstrzymywać płacz** restrain/hold back one's tears; **powstrzymać upływ krwi** stanch blood.
powstrzymać się *pf.*, **powstrzymywać się** *ipf.* (*odmówić sobie*) abstain (*od czegoś* from sth); (*pohamować się*) refrain (*od czegoś* from sth); **powstrzymywać się od śmiechu/od płaczu** restrain/hold back one's laughter/tears.
powszechnie *adv.* commonly, generally, popularly; **powszechnie wiadomo, że...** it is common knowledge that...
powszechny *a.* (*ogólny*) common, general; (*publiczny*) popular, public.
powszedni *a.* (*zwykły*) commonplace; (*codzienny*) daily; **dzień powszedni** weekday; **czyjś dzień powszedni** one's daily round.
powtarzać *ipf.* repeat; (*oblany egzamin*) retake, resit; (*rozgrywkę, sekwencję*) replay; **powtórzyć gramatykę** revise grammar.
powtarzać się *ipf.* **1.** (*być powtarzanym*) recur. **2.** (*mówić ciągle to samo*) repeat o.s.
powtórka *f.* **1.** *pot.* (*opanowanego materiału*) review, revision. **2.** *pot.* (*programu, wyścigu*) rerun; (*ponowne odtworzenie części nagrania*) action replay.
powtórnie *a.* again.
powtórny *a.* second.
powtórzenie *n.* **1.** repetition. **2.** *szkoln.* revision. **3.** (*programu*) rerun.
powtórzyć (się) *pf.* *zob.* **powtarzać (się)**.
powyżej *adv.* **1.** (*wyżej/więcej niż*) above, over; **powyżej trzech lat** over three years. **2.** (*w tekście*) above.
powyższy *a.* above, foregoing, preceding.
powziąć *pf.* **-wezmę -weźmiesz, -weźmij, -wziął powziąć decyzję** reach/take a decision; **powziąć postanowienie** make a resolution; *por.* **podejmować.**
poza[1] *f.* *Gen.pl.* **póz 1.** (*układ postaci*) posture, pose. **2.** (*maniera*) pose, affectation.
poza[2] *prep.* + *Acc.* **1.** (*kierunek*) beyond, out of, outside; **poza horyzont** beyond the horizon. **2.** + *Ins.* (*miejsce*) outside, out of; **być poza domem** be out; **poza kolejnością** out of turn; **poza sezonem** off-season, out of season. **3.** + *Ins.* (*poszerzenie*) except (for), in addition to; **ocaleli wszyscy poza kapitanem** everybody survived except for the captain; **poza tym** besides.
pozbawiać *ipf.*, **pozbawić** *pf.* deprive (*kogoś czegoś* sb of sth); **pozbawić kogoś życia** take sb's life.
pozbawiać się *ipf.*, **pozbawić się** *pf.* deprive o.s. (*czegoś* of sth); (*odmówić sobie*) deny o.s. (*czegoś* sth).
pozbawiony *a.* **-eni** devoid (*czegoś* of sth).
pozbierać *pf.* gather, collect (*coś* sth).
pozbierać się *pf.* *pot.* (*dojść do siebie*) get o.s. together, pick up the pieces.
pozbyć się *pf.* **-będę -będziesz, -bądź, pozbywać się** *ipf.* **-am -asz** get rid (*czegoś* of sth).
pozdrawiać *ipf.*, **pozdrowić** *pf.* **-ów 1.** greet. **2. pozdrów ode mnie siostrę** remember me to your sister, give my regards to your sister.
pozdrawiać się *ipf.*, **pozdrowić się** *pf.* **1.** (*przy powitaniu*) exchange greetings. **2.** (*przekazywać sobie wyrazy szacunku*) exchange regards/respects.
pozdrowienie *n.* **1.** (*przy powitaniu*) greeting. **2.** (*wyrazy szacunku*) regards, respects.
poziom *mi* **1.** (*wysokość*) level. **2.** (*moralny, umysłowy*) standard; **być na wysokim/niskim poziomie** be up to/below the mark.
poziomica *f.* **1.** *techn.* spirit level. **2.** *geogr.* contour (line).
poziomka *f.* wild strawberry.
poziomo *adv.* horizontally.
poziomy *a.* horizontal.
pozłacany *a.* gilt, gilded, gold plated.
poznać (się) *pf.* *zob.* **poznawać (się)**.
poznanie *n.* **1.** (*zapoznanie się*) acquaintance; **zmienił się nie do poznania** he has changed beyond recognition. **2.** (*psych.*) cognition.
poznawać *ipf.* **-aję -ajesz, -waj 1.** (*zawrzeć znajomość*) meet; **miło mi panią poznać** nice to meet you. **2.** (*przedstawić kogoś komuś*) introduce (*kogoś z kimś* sb to sb). **3.** (*zdobywać wiedzę*) acquaint o.s. (*coś* with sth). **4.** (*doznawać czegoś*) experience. **5.** (*identyfikować*) recognize.
poznawać się *ipf.* **1.** (*zawierać znajomość*) meet, get to know (*z kimś* sb). **2.** (*być sobie przedstawionym*) meet (*z kimś* sb); be introduced (*z kimś* to sb). **3.** (*wiedzieć o sobie coraz więcej*) become closely acquainted (*z kimś* with sb). **4.** (*doceniać, oceniać*) appreciate (*na czymś* sth).
pozornie *adv.* seemingly.
pozorny *a.* apparent, seeming.

pozostać *pf.* *zob.* **pozostawać**.
pozostałość *f.* remnant, relic.
pozostały *a.* **1.** (*reszta*) remaining. **2.** (*inny*) the other.
pozostawać *ipf.* **-aję -ajesz, -waj 1.** (*zostawać*) stay, remain; **pozostać w tyle** lag behind. **2.** (*tkwić w jakichś warunkach*) remain, continue to be; **pozostawać przy życiu** stay alive; **pozostawać na wolności** be at large; **pozostawać w ukryciu** remain in hiding; **pozostawać niezauważonym** go/pass unnoticed.
pozostawiać *ipf.*, **pozostawić** *pf.* leave; **pozostawił żonę z małym dzieckiem** he left his wife and a small child; **to nie pozostawia wątpliwości** it leaves no room for doubt; **pozostawili go w spokoju** they left him alone; **nie pozostawiać komuś wyboru** leave sb with no choice/option.
pozostawiać *pf.* leave (behind).
pozować *ipf.* model; **pozować do zdjęcia** pose for a photograph.
pozór *mi* **-o-** pretense; false appearance; **zachowywać pozory** keep up appearances; **z pozoru** on the surface; **pod pozorem** under (the) pretence of sth; **pod żadnym pozorem** on no account; **wbrew pozorom** contrary to/against (all) appearances.
pozwalać *ipf.* allow, permit; **pozwalać komuś na coś** allow sb to do sth; **pozwoliłem sobie go to zapytać** I took the liberty to ask him about it; **nie możemy sobie pozwolić na nowy samochód** we can't afford (to buy) a new car.
pozwolenie *n.* permission; (*zwł. pisemne*) permit; **bez pozwolenia** unauthorized.
pozwolić *pf.* **-ól** *zob.* **pozwalać**.
pozycja *f.* **1.** *t. przen.* position, location; **być na straconej pozycji** have the odds against o.s.; **wyrobić sobie pozycję** make one's mark. **2.** (*na liście*) point, item. **3.** (*w społeczeństwie*) status.
pozyskać *pf.*, **pozyskiwać** *ipf.* gain, procure; (*fundusze*) leverage; (*pomoc, wsparcie*) enlist; **pozyskiwać czyjeś poparcie dla czegoś** *polit.* drum up sb's support for sth.
pozytywizm *mi* positivism.
pozytywnie *adv.* positively, favorably.
pozytywny *a.* positive.
pożar *mi* fire.
pożarny *a.* fire; **straż pożarna** (*instytucja*) fire department; (*drużyna strażacka*) fire brigade.
pożądać *ipf.* **1.** (*fizycznie*) lust (*kogoś* after/for sb). **2.** (*duchowo*) covet (*czegoś* sth).
pożądany *a.* (*o gościu*) welcome; (*o skutku, działaniu*) desirable.
pożegnać *pf.* say goodbye (*kogoś* to sb).
pożegnać się *pf.* (*powiedzieć "do widzenia"*) say goodbye (*z kimś* to sb); (*rozstać się*) part (*z kimś* from sb).
pożegnalny *a.* farewell; **przyjęcie pożegnalne** farewell/going-away party.
pożegnanie *n.* **1.** (*słowa*) goodbye. **2.** (*moment*) farewell.
pożerać *ipf.* *t. przen.* devour.
pożyczać *ipf.* **1.** (*dać*) lend (*komuś coś* sth to sb). **2.** (*brać*) borrow (*coś od kogoś* sth from sb).
pożyczka *f.* loan; **spłacać pożyczkę** pay off a loan; **zaciągnąć pożyczkę w...** take out/get a loan from...
pożyteczny *a.* useful.
pożytek *mi* **-tk-** benefit, advantage; **mieć z czegoś pożytek** benefit from sth.
pożywienie *n.* food.
pójść *pf.* **pójdę pójdziesz, poszedł poszła poszli** go; **pójść do kina/na spacer** go for a walk/to the movies; **pójść na studia** go to college; **pójść do łóżka** go to bed/sleep; **pójść do więzienia** go to prison/jail; **pójść na emeryturę** retire; **pójść w czyjeś ślady** follow in sb's footsteps; **pójść w górę** go up; **pójść za czyjąś radą** follow sb's advice; *por.* **iść**.
póki *conj.* as long as, while; **póki nie** until; **póki co** for the time being; **póki czas** before it's too late; **póki nie wrócę** until I come back.
pół *num. indecl.* half; **trzy i pół metra** three and a half meters; **podzielić coś na pół** divide sth into two, halve sth; **zawrócić w pół drogi** turn back half-way; **jest pół do drugiej** it's half past one, it's one thirty.
półciężarówka *f.* light truck, pickup.
półfinał *mi* semi-final.
półgodzinny *a.* half an hour.
półka *f.* (*przy ścianie*) shelf; (*na książki*) bookshelf; (*na bagaż*) rack.
półksiężyc *mi Gen.* **-a** crescent.
półkula *f.* hemisphere.
półmetek *mi* **-tk-** *Gen.* **-a** halfway point.
półmisek *mi* **-sk-** *Gen.* **-a** platter, dish.
półmrok *mi* twilight.
północ *f.* **1.** (*pora*) midnight. **2.** (*strona świata*) north; **jechać na północ** go northwards; **mieszkać na północy kraju** live in the north of the country. **3.** (*region świata*) the North.
północno-wschodni *a.* north-east(ern).
północno-zachodni *a.* north-west(ern).
północny *a.* (*klimat, półkula*) northern; (*wiatr, kierunek*) northerly; **północny wschód** north-east; **północny zachód** north-west; **Ameryka Północna** North America; **Irlandia Północna** Northern Ireland.
półnuta *f.* half-note.
półokrąg *mi* **-ę-** semicircle.
półpiętro *n. Gen.pl.* **-er** landing.
półprodukt *mi* semi-finished article.
półton *mi* **1.** *muz.* semitone. **2.** (*odcień*) undertint, undertone.
półtora, półtorej *num. indecl.* one and a half; **półtora litra** one and a half liters; **półtorej godziny** an hour and a half, one and a half hours.
półwysep *mi* **-sp-** peninsula.
później *adv.* later; **prędzej czy później** sooner or later; **trzy dni później** three days later; *por.* **późno**.
późniejszy *a.* subsequent, later; (*o żądaniach*) further.
późno *adv.* late; **robi się późno** it's getting late; **do późna** till late; **siedzieć do późna** stay up late, sit up.
późny *a.* late.
prababka *f.* great-grandmother.
praca *f.* **1.** work; labor; **praca naukowa** research; **praca zawodowa/zespołowa** professional/team work; **syzyfowa praca** a never-ending job. **2.** (*utwór, dzieło*) work, production; **praca dyplomowa** diploma thesis; **praca licencjacka/magisterska** (*z zakresu nauk humanistycznych*) BA/MA thesis; (*z zakresu nauk ścisłych*) BS/MS thesis; **praca doktorska** doctoral/PhD dissertation. **3.** (*etat*) job, post; **umowa o pracę** contract of employment; **dostać/stracić pracę** get/lose a job. **4.** *pot.* (*miejsce zatrudnienia*) workplace; **w pracy** at work; **iść do/wrócić z pracy** go to/come back from work.
pracochłonny *a.* laborious.
pracodawca *mp* employer.

pracować *ipf.* **1.** work; **pracować zawodowo (jako...)** work professionally (as a(n)...); **pracować naukowo** do research; **pracować na kawałek chleba** work for a living, earn one's living. **2.** (*być zatrudnionym*) work, be employed; **pracować w fabryce/w szkole** work in a factory/school; **pracuję jako nauczyciel** I work as a teacher. **3.** (*funkcjonować*) work, function; **serce pracuje prawidłowo** the heart works/functions properly.

pracowitość *f.* diligence.

pracowity *a.* (*pilny*) hard-working, diligent; (*wypełniony pracą*) arduous.

pracownia *f. Gen.pl.* **-i 1.** (*artysty*) studio, atelier. **2.** (*naukowca*) laboratory. **3.** (*warsztat*) workshop.

pracownik *mp* worker, employee; **pracownik fizyczny/umysłowy** blue/white collar worker.

prać *ipf.* **piorę pierzesz** wash, do the laundry; **prać chemicznie** dry-clean.

prać się *ipf.* (*być pranym*) wash.

pradziadek *mp* **-dk-** *pl.* **-owie** great grandfather.

Praga *f.* Prague.

pragmatyczny *a.* pragmatic.

pragnąć *ipf.* **-ij** (*życzyć sobie*) desire, want; (*pożądać*) lust for; **pragnąć coś zrobić** wish to do sth; **pragnę wyrazić swą wdzięczność** I wish/would like to express my gratitude.

pragnienie *n.* **1.** (*chęć picia*) thirst; **mieć pragnienie** be thirsty. **2.** (*chęć osiągnięcia czegoś*) desire.

praktycznie *adv.* practically, in practice; **praktycznie rzecz biorąc** to all intents and purposes.

praktyczny *a.* practical.

praktyka *f.* **1.** (*doświadczenie*) experience, practice. **2.** (*szkolenie, staż*) training period; (*u rzemieślnika*) apprenticeship; **praktyki szkolne** teacher training placement. **3.** (*wykonywanie zawodu*) practice; **praktyka lekarska** medical practice.

praktykant *mp* trainee; (*u rzemieślnika*) apprentice; (*w szkole*) student/practice teacher.

praktykować *ipf.* **1.** (*szkolić się*) be in training; (*u rzemieślnika*) be an apprentice. **2.** (*wykonywać zawód*) practice, pursue (*a profession*).

pralka *f.* washing machine.

pralnia *f. Gen.pl.* **-i 1.** (*w domu*) laundry. **2.** (*zakład usługowy*) laundrette, laundromat; **pralnia chemiczna** dry-cleaner's.

pranie *n.* **1.** (*czynność*) washing, laundering. **2.** (*bielizna*) laundry, washing.

prasa *f.* **1.** (*maszyna*) press; **prasa drukarska** printing press. **2.** (*czasopisma*) press, papers; **przedstawiciele prasy** the Press.

prasować *ipf.* **1.** (*wyciskać pod prasą*) press. **2.** (*odzież*) iron, press.

prasowy *a.* press; **agencja prasowa** press/news agency; **rzecznik prasowy** spokesperson.

prawda *f.* truth; **(to) prawda** it's true; **jest ciepło, prawda?** it's warm, isn't it? **lubisz go, prawda?** you like him, don't you? **czy to prawda?** is that true? **co prawda** as a matter of fact; **prawdę mówiąc** to tell the truth; **zgodny z prawdą** truthful.

prawdomówny *a.* truthful.

prawdopodobieństwo *n.* probability, likelihood.

prawdopodobnie *adv.* probably; **prawdopodobnie przyjedzie w poniedziałek** he/she is likely to come on Monday.

prawdopodobny *a.* **1.** (*bliski prawdy*) probable. **2.** (*możliwy*) probable, likely; **to jest mało prawdopodobne** it is very unlikely.

prawdziwy *a.* real; (*o skórze, perle*) genuine; (*o opowieści*) true, truthful; (*o miłości*) true; (*o zdarzeniu*) authentic; (*o dokumencie*) original.

prawica *f. polit.* the Right, right wing.

prawicowy *a. polit.* right-wing, rightist.

prawidłowy *a.* (*należyty*) proper; (*poprawny*) correct; (*normalny*) normal.

prawie *adv.* almost, nearly; **prawie jej nie znam** I hardly know her; **prawie skończyłem** I'm almost done, I've almost finished; **prawie nic** next to nothing; **prawie nigdy** hardly ever; **prawie nikt** scarcely anybody.

prawniczy *a.* (*zawód, wykształcenie*) legal; (*studia*) law.

prawnik *mp* lawyer.

prawnuczka *f.* granddaughter.

prawnuk *mp pl.* **-owie/-i** grandson.

prawny *a.* (*radca, porada, moc, kodeks*) legal; (*akt*) legislative; (*właściciel*) lawful, rightful; **osoba prawna** legal person; **radca prawny** attorney.

prawo[1] *n.* **1.** (*ogół przepisów*) law; **prawo autorskie** copyright; **prawo cywilne/karne** civil/criminal law; **prawo wyborcze** suffrage, right to vote. **2.** (*przepis*) law, rule, regulation; **naruszać literę prawa** violate the law; **wyjęty spod prawa** outlawed; **łamać prawo** break/violate the law. **3.** (*nauka prawa*) law; **wydział prawa** law faculty, faculty of law. **4.** (*uprawnienie*) right; **prawa człowieka** human rights; **prawo jazdy** driver's license; **jakim prawem?** by what right? **5.** (*prawidłowość, zasada*) law, principle.

prawo[2] *adv.* right; **na prawo** (*po prawej stronie*) on/to the right; **w prawo** to the right.

prawodawca *mp* (*osoba*) legislator; (*organ*) legislative body.

prawodawstwo *n.* legislation.

prawomocny *a.* (legally) valid; **wyrok prawomocny** final and binding sentence.

praworęczny *a.* right-handed.

praworządność *f.* law and order.

praworządny *a.* (*postępujący zgodnie z prawem*) law-abiding; (*zgodny z prawem*) legal.

prawosławie *n.* the Orthodox Church.

prawosławny *a.* Orthodox.

prawy *a.* **1.** right; **po prawej stronie/z prawej strony** on the right-hand side; **w prawą stronę** to the right. **2.** (*wierzchni*) right-side; **prać coś prawą stroną do wewnątrz** wash sth inside out. **3.** *emf.* (*uczciwy*) honest, righteous.

prącie *n. Gen.pl.* **-i** penis.

prąd *mi* **1.** (*nurt*) current. **2.** *przen.* stream; **iść pod prąd/z prądem** go against/with the stream. **3.** (*gazu, powietrza*) current, flow, stream; **prądy powietrzne** air currents. **4.** (*w sztuce, literaturze*) current, trend. **5.** *el.* (electric) current; (*elektryczność*) electricity; **prąd stały/zmienny** direct/alternating current.

prądnica *f.* (current) generator.

prążkowany *a.* striped, lined.

precedens *mi* precedent; **bez precedensu** unprecedented, without precedent.

precyzja *f.* precision, accuracy.

precyzować *ipf.* specify.

precyzować się *ipf.* become specified.

precyzyjny *a.* **1.** (*ruch, definicja*) precise, exact. **2.** *pot.* (*narzędzia, instrumenty*) precision.

precz *adv.* away; **idź precz!** go away! **precz z łapami!** *pot.* keep your hands off!

predyspozycja *f.* predisposition.
prefabrykat *mi* prefabricated element/unit.
preferować *ipf. lit.* prefer, favor.
prehistoryczny *a.* prehistoric(al).
preludium *n. sing. indecl. pl.* **-dia** *Gen.* **-diów** prelude.
premia *f. Gen.* **-ii 1.** (*część pensji*) bonus, premium. **2.** (*nagroda*) reward, prize.
premier *mp* prime minister, premier; **urząd premiera** premiership.
premiera *f.* (*spektaklu, filmu*) premiere, première.
prenumerata *f.* subscription (*czegoś* to sth).
prenumerować *ipf.* subscribe (*coś* to sth).
preria *f. Gen.* **-ii** prairie.
presja *f.* pressure; **pod presją (kogoś)** under pressure (from sb).
prestiż *mi* prestige.
pretekst *mi* pretext; **pod fałszywym pretekstem** on/under false pretenses; **pod pretekstem czegoś** on/under the pretext of sth; **pod pretekstem, że...** on the plea that...
pretendować *ipf.* aspire (*do czegoś* to sth); **pretendować do urzędu** run for an office.
pretensja *f.* **1.** (*roszczenie*) claim (*do czegoś* to sth); **rościć (sobie) pretensje do czegoś** lay claim to sth. **2.** (*żal*) resentment (*do kogoś o coś* against/towards sb at/of/over sth); **mieć pretensje do kogoś** have a grievance against sb, have/hold a grudge against sb.
pretensjonalny *a.* pretentious, affected.
prezent *mi* gift, present; **prezent urodzinowy** birthday gift/present.
prezentacja *f.* **1.** (*przedstawienie kogoś*) introduction. **2.** (*pokaz*) presentation, demonstration.
prezenter *mp radio, TV* announcer; (*zwł. wiadomości*) newscaster.
prezentować *ipf.* **1.** (*pokazywać, demonstrować*) show (*coś komuś* sth to sb); present (*coś komuś* sth to sb). **2.** (*przedstawiać*) introduce (*kogoś komuś* sb to sb).
prezentować się *ipf.* (*wyglądać*) look (*usu. attractively*); **dobrze się prezentować** look presentable.
prezerwatywa *f.* condom.
prezes *mp* president; chair(person); (*o kobiecie*) chairwoman; **Prezes Rady Ministrów** Prime Minister.
prezydent *mp* **1.** (*państwa*) president; **były prezydent** former president, ex-president; **prezydent elekt** president-elect. **2.** (*miasta*) mayor.
prezydium *n. sing. indecl. pl.* **-dia** *Gen.* **-diów** presidium; **Prezydium Rządu** Cabinet.
prędki *a.* **-dszy 1.** (*szybki*) fast, quick. **2.** (*natychmiastowy*) quick, immediate.
prędko *adv.* **prędzej 1.** (*szybko*) quickly, fast; **prędko!** quick(ly)! **nie tak prędko!** not so fast!, hold on! **2.** (*zaraz*) soon, shortly; **im prędzej, tym lepiej** the sooner the better; **prędzej czy później** sooner or later.
prędkość *f.* (*pojazdu*) speed; *fiz.* velocity; **ograniczenie prędkości** speed limit; **jechać z nadmierną prędkością** speed, exceed the speed limit; **jechać (z prędkością) 60km na godzinę** drive (at) 60km an hour; **z dużą/maksymalną prędkością** at high/full speed.
prędzej *adv. zob.* **prędko**.
prężny *a.* **1.** (*np. o kroku*) resilient, springy. **2.** *przen.* resilient, buoyant.
prężyć *ipf.* (*ramiona, grzbiet*) flex.
prężyć się *ipf.* (*napinać mięśnie*) flex one's muscles.
prima aprilis *n. indecl.* April Fool's Day.
priorytet *mi lit.* priority; **wysoki/najwyższy priorytet** high/top priority.
PRL *abbr. hist.* (*Polska Rzeczpospolita Ludowa*) the Polish People's Republic.
pro *prep.* **1.** *z przymiotnikami* pro-; **profrancuski** pro-French; **prokomunistyczny** pro-communist; **pro i kontra** pros and cons. **2.** (*w wyrażeniach pochodzenia łacińskiego*) pro; **pro forma** pro forma; **faktura proforma** *fin.* pro-forma invoice.
problem *mi* (*trudność*) problem, difficulty; (*zagadnienie*) problem, matter, issue; **bez problemu** without any problem; **nie ma problemu** *pot.* no problem; **robić z czegoś problem** make an issue out of sth; **jedyny problem w tym, że...** the only thing is...; **stanowić problem** pose a problem/difficulty; **to jego problem** that's his problem; **w czym problem?** what's the problem? **w tym cały problem!** that's the whole point! **przysporzyć komuś problemów** cause sb trouble; **mieć problemy z sercem** have a heart condition.
problematyczny *a.* (*budzący wątpliwości*) questionable, problematic.
problematyka *f.* issues, problems; **problematyka społeczna/polityczna** social/political issues.
proboszcz *mp pl.* **-owie** *Gen.* **-ów** *rz.-kat.* parish priest, curate; (*w kościele anglikańskim, protestanckim*) rector, parson.
proc. *abbr. procent* p.c., pct. (*percent*).
procedura *f.* **1.** procedure. **2.** *prawn.* procedure, proceedings; **procedura arbitrażowa** arbitration procedure; **procedura sądowa** court proceedings.
procent *mi* **1.** (*odsetek*) percent; percentage (*czegoś* of sth); **obniżyć się/spaść o 20 procent** fall/drop by 20 percent; **pewien/duży procent** certain/high percentage. **2.** (*odsetki*) interest.
procentować *ipf.* bear/yield interest, pay dividends; *przen.* pay (dividends).
procentowy *a.* **punkt procentowy** basis point; **stopa procentowa** interest rate.
proces *mi* **1.** process. **2.** *prawn.* (law)suit, process, trial; **proces cywilny/karny** civil/criminal lawsuit; **wytaczać komuś proces** bring/file a suit against sb.
procesja *f.* procession.
proch *mi* **1.** (*strzelniczy*) gunpowder. **2. prochy** *lit.* (*szczątki ludzkie*) remains, ashes. **3. prochy** (*narkotyki*) dope; **być na prochach** be on dope/drugs.
producent *mp* **1.** (*wytwórca*) manufacturer, producer, maker; **producent samochodów** car manufacturer, carmaker. **2. producent filmowy** movie/film producer.
produkcja *f.* **1.** (*proces*) production, manufacture, making; **produkcja masowa** mass production. **2.** (*produkty*) production, output, manufacture. **3.** *film* production.
produkcyjny *a.* production, manufacturing; **linia produkcyjna** production line; **hala produkcyjna** workshop.
produkować *ipf.* **1.** (*wytwarzać*) produce, manufacture, make; **produkować masowo** mass-produce. **2.** (*wydzielać*) produce, generate.
produkt *mi* product; **produkt uboczny** by-product; **asortyment produktów** product range; **produkty rolne/mleczarskie** farm/dairy produce; **produkty spożywcze** foodstuffs.

produktywny *a.* productive.
prof. *abbr.* (*profesor*) Prof. (*professor*).
profesjonalista *mp* professional.
profesjonalnie *a.* professionally.
profesjonalny *a.* professional.
profesor *mp pl.* **-owie/-rzy** professor; **emerytowany profesor** professor emeritus; **profesor prawa** professor of law.
profil *mi Gen.pl.* **-ów/-i** **1.** (*twarzy*) profile. **2.** (*kontur*) outline, contour. **3.** (*zakres, charakterystyka*) profile, characteristics.
profilaktyczny *a.* preventive; *zwł. med.* prophylactic.
profilaktyka *f. med.* prevention, prophylaxis.
prognoza *f.* forecast; **prognoza pogody** weather forecast.
program *mi* **1.** program; **program wyborczy** manifesto; **program ubezpieczeń społecznych** social security scheme; **program inwestycyjny** investment program. **2.** (*plan zamierzonych czynności*) agenda, schedule, plan; **program spotkania** agenda. **3.** *radio, telew.* program, broadcast, show; (*kanał telewizyjny*) channel, station; (*opis, zestawienie audycji*) TV/ channel guide. **4.** *szkoln., uniw.* curriculum, syllabus. **5.** *komp.* program.
programista *mp komp.* (computer) programmer.
programować *ipf.* **1.** (*planować*) program; plan, schedule. **2.** *komp.* program.
projekcja *f.* projection.
projekt *mi* **1.** (*plan działania*) project. **2.** (*szkic, schemat*) design, scheme; **projekt badawczy/inwestycyjny** research/investment project. **3.** *prawn.* draft; **projekt ustawy** bill.
projektant *mp*, **projektantka** *f.* designer; **projektant mody/wnętrz** fashion/interior designer.
projektor *mi Gen.* **-a** projector; **projektor kinowy/filmowy** film projector.
projektować *ipf.* design.
prokurator *mp* prosecuting attorney, public prosecutor; **prokurator generalny** general prosecuting attorney, public prosecutor general.
prokuratura *f.* public prosecution service.
proletariat *mi* proletariat.
prolog *mi* prologue.
prolongować *ipf., pf.* (*przedłużać*) extend, prolong; (*odraczać*) *fin.* prolong.
prom *mi* ferry; **prom kosmiczny** spaceshuttle.
promienieć *ipf.* radiate (*czymś* sth); **promienieć radością** be bright with joy.
promieniotwórczy *a.* radioactive; **odpady promieniotwórcze** radioactive waste.
promieniować *ipf.* radiate; **promieniowała z niego energia** he radiated energy.
promieniowanie *n.* radiation; **promieniowanie cieplne** heat/thermal radiation.
promień *mi Gen.* **-a** **1.** (*światło*) ray; **promień słońca** ray of sunshine/sunlight, sunbeam. **2.** *fiz.* ray, beam. **3.** *geom.* radius; **w promieniu 50 km** within 50 kilometers.
promil *mi Gen.* **-a** **mieć dwa promile alkoholu we krwi** have a BAC of 0.20 per cent (*BAC = blood-alcohol concentration*).
promocja *f.* promotion.
promować *ipf.* **1.** promote. **2.** (*pracę dyplomową*) supervise.
propaganda *f.* propaganda (*przeciw komuś/czemuś* against sb/sth) (*na rzecz kogoś/czegoś* for sb/sth).
propagować *ipf.* propagate, disseminate.
proponować *ipf.* **1.** (*działanie, rozwiązanie, kandydata*) suggest, propose (*komuś coś* sth to sb). **2.** (*poczęstować, oferować*) offer (*coś komuś* sth to sb/ sb sth).
proporcja *f.* proportion (*czegoś do czegoś* of sth to sth).
proporcjonalnie *adv.* in proportion (*do czegoś* to/with sth); **wprost/odwrotnie proporcjonalnie do czegoś** in direct/inverse proportion to sth.
proporcjonalny *a.* **1.** (*harmonijny*) well-proportioned. **2.** *mat.* proportional; **wprost/odwrotnie proporcjonalny** directly/inversely proportional (*do czegoś* to sth).
propozycja *f.* (*pomysł*) suggestion, proposal; (*oferta*) offer.
prorok *mp* prophet.
prosić *ipf.* **-szę -sisz** ask (*kogoś o coś* sb for sth/sth of sb) (*kogoś, by coś zrobił* sb to do sth); **prosić kogoś o przysługę** ask sb a favor, ask a favor of sb; **prosić kogoś o rękę** propose to sb; **czy mogę prosić o uwagę?** may/could I have your attention? **czy mogę prosić Piotra?** (*do telefonu*) could I speak to Peter, please? **proszę pana/pani** sir/madam; **proszę pani,...** (*do nauczycielki*) please miss,...; **proszę państwa** ladies and gentlemen; **proszę (bardzo)** (*odpowiedź na "dziękuję"*) not at all, you're welcome, don't mention it; (*podając coś*) here you are; (*wyrażając zgodę*) please do, go ahead; (*przepuszczając kogoś w drzwiach*) after you; **proszę!** (*wejść*) come in! **następny, proszę!** next please! **proszę?** (*nalegając na powtórzenie*) pardon?, excuse me? **proszę za mną** follow me, please.
prosić się *ipf.* (*błagać*) beg (*o coś* for sth); **sam się o to prosił** he asked for it.
prospekt *mi* prospectus, brochure.
prosperować *ipf.* flourish, prosper; **dobrze/źle prosperować** do well/badly.
prostaczka *f.*, **prostak** *mp pl.* **-cy** *l.* **-i** boor, churl; **prostak ze wsi** country bumpkin, hick.
prosto *adv.* **1.** (*na wprost*) straight (ahead). **2.** (*pionowo*) upright, straight. **3.** (*jasno*) clearly. **4.** (*bezpośrednio*) straight.
prostokąt *mi Gen.* **-a** rectangle.
prostokątny *a.* rectangular.
prostopadły *a.* perpendicular (*do czegoś* to sth).
prostota *f.* simplicity.
prostować *ipf.* (*czynić równym*) straighten; (*błąd*) rectify.
prostować się *ipf.* straighten up.
prostu *adv. zob.* **po prostu**.
prosty *a.* **-szy** **1.** (*o włosach, drodze*) straight; *geom.* (*o kącie*) right; (*o postawie, pozycji*) erect, upright. **2.** (*zwykły, przeciętny*) simple, common. **3.** (*nieskomplikowany*) simple.
prostytucja *f.* prostitution.
prostytutka *f.* prostitute.
proszek *mi* **-szk-** powder; **proszek do pieczenia/prania** baking/washing powder; **mleko w proszku** powdered milk.
prośba *f. Gen.pl.* **próśb** request; **na czyjąś prośbę** at sb's request; **zwracać się do kogoś z prośbą o coś** approach sb about/for sth; **mam do ciebie prośbę** could I ask you a favor?, I have a favor to ask of you.
protekcja *f.* favoritism.

protekcjonalny *a.* patronizing, condescending.
protest *mi* protest (*przeciw komuś/czemuś* against sb/sth).
protestancki *a.* Protestant.
protestant *mp*, **protestantka** *f.* Protestant.
protestować *ipf.* protest (*przeciwko czemuś* against/about sth).
proteza *f.* (*ortopedyczna*) artificial limb; (*zębowa*) dentures.
protokołować, **protokółować** *ipf.* (*zebranie*) minute, keep the minutes; (*rozprawę sądową*) record.
protokół *mi* **-o- 1.** (*zebrania*) minutes; (*rozprawy sądowej*) record. **2.** (*akt urzędowy*) report; **protokół dyplomatyczny** diplomatic protocol.
prototyp *mi* prototype.
prowadząca *f. Gen.* **-ej**, **prowadzący** *mp* (*prezenter/ka*) host.
prowadzenie *n.* **1.** lead(ing); (*samochodu*) driving; (*interesu*) running; **prowadzenie w stanie nietrzeźwym** driving while intoxicated; **zdecydowane prowadzenie** comfortable lead; **być na prowadzeniu** be in the lead; **objąć prowadzenie** take the lead. **2.** (*także* **prowadzenie się**) (*sposób postępowania*) conduct; **złe prowadzenie się** misconduct.
prowadzić *ipf.* **1.** (*o drodze, korytarzu, drzwiach*) lead (*wzdłuż/przez/do czegoś* along/through/to sth). **2.** (*określony styl życia*) live, lead. **3.** (*wywoływać coś*) lead, contribute (*do czegoś* to sth). **4.** (*pojazd*) drive; (*samolot*) fly. **5.** (*nadzorować coś, kierować czymś*) conduct, run; **prowadzić dom/firmę** run house/business; **prowadzić zebranie/spotkanie** preside over/chair a meeting; **prowadzić zajęcia** *szkoln.* tutor (*z czegoś* in sth). **6. prowadzić badania nad czymś** research sth; **prowadzić korespondencję z kimś** carry on correspondence with sb; **prowadzić rozmowę** hold a conversation. **7.** (*być na czele*) lead, be in the lead; **prowadzić dwoma punktami** *sport* lead by two points.
prowadzić się *ipf.* (*postępować*) conduct o.s.; **dobrze/źle się prowadzić** conduct o.s. well/badly.
prowiant *mi* provisions.
prowincja *f.* **1.** (*jednostka administracyjna, kościelna*) province. **2.** (*region na uboczu*) the provinces.
prowincjonalny *a.* provincial.
prowizoryczny *a.* provisional, makeshift.
prowokacja *f.* provocation.
prowokować *ipf.* (*osobę, działanie*) provoke; (*kłótnie, konflikty, wspomnienia*) stir up; (*dyskusję*) bring on/about.
proza *f. teor. lit.* prose; **pisany prozą** in prose.
prozaiczny *a.* **1.** *teor. lit.* prose, prosaic. **2.** (*banalny*) mundane; (*o zajęciu*) banal, commonplace.
próba *f.* **1.** (*sprawdzenie*) test, trial; **robić coś na próbę** do sth on a trial basis, do sth as an experiment; **robić coś metodą prób i błędów** do sth by (the process of) trial and error. **2.** (*podjęty wysiłek*) attempt (*czegoś* at sth); **podjąć próbę czegoś** make an attempt at sth. **3.** (*sprawdzian*) test, tryout. **4.** (*przedstawienia*) rehearsal; **próba generalna** dress rehearsal.
próbka *f.* (*do badania*) sample, test piece; (*pisma*) specimen.
próbny *a.* (*o locie*) test; **okres próbny** probation, trial period; **zdjęcia próbne** screen test.
próbować *ipf.* **1.** (*kosztować czegoś*) try, taste. **2.** (*sprawdzać, testować*) try, test. **3.** (*starać się coś zrobić*) try, attempt (*coś zrobić* to do sth); **próbować swoich sił w czymś** try one's hand at sth.
próchnieć *ipf.* (*o drewnie*) rot; (*o zębach*) decay.
prócz *prep.* + *Gen.* **1.** (*uzupełnienie*) apart from, besides. **2.** (*wyjątek*) except (for).
próg *mi* **-o-** (*przy drzwiach*) threshold; **próg bólu** pain threshold; **już od progu** right from the door; **u progu wojny** at the brink of war; **u progu śmierci** at death's door.
prószyć *ipf.* (*o śniegu, popiele*) sift; **śnieg zaczął prószyć** snow began to sift down.
próżnia *f.* **1.** (*pustka*) void, emptiness; **nasze argumenty padają w próżnię** our arguments fall on deaf ears. **2.** *fiz.* vacuum.
próżno *adv.* vainly, in vain; **na próżno** in vain, to no avail.
próżnować *ipf.* idle, be idle; laze about/around.
próżny *a.* **1.** (*pusty*) void, empty. **2.** (*zarozumiały*) vain. **3.** (*niepotrzebny*) (*o wysiłkach*) futile.
pruć *ipf.* **1.** (*rzecz z dzianiny*) unravel; (*rzecz uszytą, szwy*) unpick. **2.** *pot.* (*jechać*) tear along, rip.
pruderia *f. Gen.* **-ii** prudery.
pruderyjny *a.* prudish.
prymas *mp pl.* **-owie/-i** primate.
prymitywny *a.* primitive.
pryskać *ipf.*, **prysnąć** *pf.* **-snę -śniesz**, **-ij 1.** (*wodą*) spray (*czymś* with sth). **2.** (*o błocie, tłuszczu*) splatter. **3.** (*znikać*) vanish.
pryszcz *mi Gen.* **-a** (*wyprysk*) spot, pimple.
prysznic *mi Gen.* **-a** shower; **wziąć prysznic** have/take a shower.
prywatnie *adv.* in private, privately.
prywatny *a.* private, personal; (*o ocenach, odczuciach*) personal, intimate; **adres prywatny** home address; **własność prywatna** private/personal property; **życie prywatne** private life.
prywatyzacja *f.* privatization.
prywatyzować *ipf.* privatize.
prywatyzować się *ipf.* privatize.
prząść *ipf.* **przędę przędziesz**, **przędź/prządź**, **-ądł -ędła -ędli** spin.
przebaczać *ipf.* forgive (*komuś coś* sb sth).
przebaczenie *n.* forgiveness.
przebiec, **przebiegnąć** *pf.* **-biegnę -biegniesz**, **-biegnij**, **-biegł** *zob.* **przebiegać**.
przebieg *mi* **1.** (*tok*) course. **2.** (*trasa*) route. **3.** *mot.* mileage.
przebiegać *ipf.* **1.** run; **przebiec pięć kilometrów** run five kilometers. **2.** (*ciągnąć się*) (*o drodze*) stretch, run. **3.** (*odbywać się*) go, proceed; **przebiegać zgodnie z planem** go/run according to plan.
przebiegłość *f.* cunning; (*charakteru*) guile.
przebiegły *a.* (*o człowieku*) cunning; (*o uśmiechu, minie*) sly, cunning; (*o planie*) tricky, crafty.
przebierać *ipf.* **1.** (*zmieniać ubranie*) change (*kogoś* sb's clothes); **przebierać kogoś za kogoś/coś** disguise sb as sb/sth. **2.** (*sortować*) (*owoce*) sort out; (*ziarno*) sift. **3.** (*poruszać*) tap; **przebierać palcami** tap one's fingers; **przebierać nogami** hop from one leg to the other. **4.** *pot.* (*grymasić*) be fussy, be fastidious.
przebierać się *ipf.* (*zmieniać ubranie*) change, get changed (*w coś* into sth); **przebrać się za kogoś/coś** dress up as sb/sth, disguise o.s. as sb/sth.
przebieralnia *f. Gen.pl.* **-i** dressing room.

przebijać *ipf.* **1.** (*deskę, skórę*) pierce; (*oponę*) puncture; (*kogoś nożem*) stab. **2.** (*prześwitywać*) show, be visible.

przebijać się *ipf.* **1.** (*przedzierać się*) break, fight one's way (*przez coś* through sth); **przebić się przez tłum** fight/elbow one's way through the crowd; **przebić się przez oddziały wroga** fight one's way through enemy troops. **2.** (*prześwitywać*) show through, shine through.

przebłysk *mi* gleam, glimmer; **przebłysk geniuszu** stroke of genius; **przebłysk słońca** sunburst; **przebłysk świadomości** lucid interval.

przebojowy *a.* **1.** (*o człowieku*) go-ahead. **2.** (*o piosence*) hit.

przebój *mi* **-o-** *Gen.pl.* **-ów** (*muzyczny*) hit; (*kinowy*) blockbuster; **lista przebojów** (*spis utworów*) the charts; (*program*) hit parade.

przebrać (się) *pf. zob.* **przebierać (się)**.

przebranie *n.* disguise; **w przebraniu** in disguise.

przebudowa *f.* (*np. mieszkania na strych*) conversion (*na coś* into sth); (*np. ulicy*) rebuilding.

przebudować *pf.*, **przebudowywać** *ipf.* **1.** *bud.* (*np. mieszkanie na strych*) convert (*coś na coś* sth into sth); (*wyremontować*) rebuild. **2.** (*ulepszyć, zreformować*) (*system, państwo*) revamp, shake-up.

przebywać *ipf.* **-am -asz 1.** (*być gdzieś*) stay; **przebywać poza domem** be out; **przebywać z kimś** spend time with sb; **przebywać w szpitalu/więzieniu** be in prison/hospital; **przebywać za granicą** stay abroad. **2.** (*dystans, przestrzeń*) traverse, travel (*a distance*). **3.** (*trudny okres, chorobę*) go through, suffer.

przecedzać *ipf.*, **przecedzić** *pf.* (*przez sito*) strain.

przecena *f.* discount, reduction in prices.

przeceniać *ipf.*, **przecenić** *pf.* **1.** (*obniżać cenę*) reduce (*the price of sth*). **2.** (*czyjeś zdolności, znaczenie czegoś*) overestimate.

przeceniony *a.* discounted.

przechadzać się *ipf.* stroll, saunter.

przechodni *a.* **1.** (*pokój*) connecting. **2.** *gram.* transitive.

przechodzić *ipf.* **1.** (*przebyć idąc*) go, walk; **przechodzić przez granicę/ulicę** cross the border/street; **przechodzić przez most** go/walk across the bridge. **2.** (*zostać przekazanym*) be passed, be handed down; **przechodzić z rąk do rąk** be passed from hand to hand. **3.** (*mijać*) pass. **4.** (*doświadczać*) experience, go through; (*szkolenie, operację*) undergo. **5.** (*zmieniać stanowisko pracy*) change over (*z czegoś na coś* from sth to sth); **przejść na chrześcijaństwo** convert to Christianity; **przejść na emeryturę** retire; **przejść do następnej klasy** get/be promoted; **przejść na wegetarianizm** turn vegetarian; **przejść (z kimś) na ty** come to first name terms with sb. **6.** (*przekształcać się*) turn, develop (*w coś* into sth). **7.** (*zostać przyjętym, przegłosowanym*) be passed; **wniosek przeszedł** the motion was passed.

przechodzień *mp* **-dni-** passer-by.

przechowalnia *f. Gen.pl.* **-i** storage (room); **przechowalnia bagażu** checkroom.

przechowywać *ipf.* **1.** (*magazynować*) store; **przechowywać w chłodnym/suchym miejscu** store in a cool/dry place, keep cool/dry. **2.** (*chronić przed zapomnieniem*) preserve, retain.

przechwalać się *ipf.* brag (*czymś* of/about sth).

przechwycić *pf.*, **przechwytywać** *ipf.* **1.** (*przejąć*) (*posłańca*) seize; (*przesyłkę*) intercept. **2.** *lotn., wojsk.* intercept. **3.** *piłka nożna* (*podanie*) cut out, intercept.

przechylać *ipf.*, **przechylić** *pf.* tilt; **przechylić szalę na czyjąś korzyść** tip the balance/scales in favor of sb.

przechylać się *ipf.*, **przechylić się** *pf.* tilt; (*o osobie*) lean over; **szala zwycięstwa przechyla się na naszą stronę** the victory inclines to our side.

przechytrzać *ipf.*, **przechytrzyć** *pf.* outwit, outsmart (*kogoś* sb).

przeciąć (się) *pf. zob.* **przecinać (się)**.

przeciąg *mi* **1.** (*prąd powietrza*) draft. **2. w przeciągu trzech miesięcy** in/within three months.

przeciągać *ipf.* **1.** (*przewlekać*) (*nić*) thread; (*sznur, linę*) pull through. **2.** (*ciągnąć, przesuwać*) drag; **przeciągać kogoś na swoją stronę** win sb over/round, bring sb over to one's side; **przeciągać linę** play tug of war. **3.** (*przedłużać*) protract, prolong.

przeciągać się *ipf.* **1.** (*w czasie*) run over time, drag on/out. **2.** (*rozciągać kończyny*) stretch (o.s.).

przeciążać *ipf.* (*obciążać*) overburden, overload (*kogoś czymś* sb with sth); **przeciążać kogoś pracą** overtask/overburden sb with work.

przeciążenie *n.* **1.** *techn.* overload. **2.** *lotn.* gravity load, G-load.

przeciekać *ipf.* **1.** (*przepuszczać*) leak. **2.** *przen.* (*o informacji, tajemnicy*) leak (out).

przecierać *ipf.* **1.** (*przesuwać po powierzchni*) wipe. **2.** (*przez sito*) sieve, rice.

przecierać się *ipf.* (*dziurawić się*) wear through.

przecież *adv.* after all; (*przeciwstawiając*) but, yet; **przecież już ci mówiłem** I told you already, didn't I? **wydaje się, że to niemożliwe, a przecież to prawda** it seems impossible but/yet it's true; **ale przecież** but then again, but; **przecież go nie znam** but I don't know him.

przeciętnie *adv.* (*wynosić, zarabiać*) on (the) average.

przeciętny *a.* (*o pensji, człowieku*) average; (*o zdolnościach*) mediocre.

przecinać *ipf.* **1.** (*rozdzielić coś*) cut. **2.** (*przerywać, kończyć*) cut short, break off; **przecinać kłótnię/dyskusję** cut a quarrel/discussion short; **przecinać ciszę** break the silence.

przecinać się *ipf.* (*o liniach, ulicach*) intersect, cross.

przecinek *mi* **-nk-** *Gen.* **-a 1.** (*w interpunkcji*) comma. **2.** (*w ułamku dziesiętnym*) point.

przeciskać *ipf.*, **przecisnąć** *pf.* **-cisnę -ciśniesz, -ciśnij** squeeze, press, force (*coś przez coś* sth through sth).

przeciskać się *ipf.*, **przecisnąć się** *pf.* squeeze/push through.

przeciw *prep.* + *Dat.* against; **być przeciw czemuś** be against sth, object to sth; **argumenty za i przeciw** pros and cons, for and against; **mieć coś przeciwko komuś/czemuś** mind sb/sth, have sth against sb/sth; **jeśli nie masz nic przeciw temu** if it's/that's all right with you, if you don't mind.

przeciwbólowy *a.* analgesic; **środek przeciwbólowy** painkiller, analgesic.

przeciwdeszczowy *a.* rainproof; **płaszcz przeciwdeszczowy** raincoat.

przeciwdziałać *ipf.* counteract.

przeciwieństwo *n.* **1.** (*sprzeczność*) contrast; **w przeciwieństwie do...** as opposed to..., in contrast to..., unlike... **2.** (*coś odwrotnego*) opposite, contradiction.

przeciwko *prep. + Dat.* **1.** *zob.* **przeciw. 2. nadjeżdżający z przeciwka** oncoming, coming from the opposite direction.
przeciwległy *a.* opposite.
przeciwlotniczy *a.* **działo przeciwlotnicze** antiaircraft gun; **schron przeciwlotniczy** air-raid shelter.
przeciwnie *adv.* **1.** (*na odwrót*) conversely, contrary; **wprost przeciwnie** on the contrary, just/quite the opposite; **przeciwnie do czegoś** contrary to sth, in opposition to sth. **2.** (*w odwrotnym kierunku*) reversely, in the opposite direction.
przeciwnik *mp* **1.** (*nieprzyjaciel*) enemy, adversary. **2.** (*oponent*) opponent. **3.** *sport* rival, opponent.
przeciwny *a.* **1.** (*przeciwległy*) opposite; **w przeciwną stronę** in the opposite direction. **2.** (*sprzeczny*) contrary, opposite; **jestem przeciwnego zdania** I hold a different opinion; **w przeciwnym razie** or else, otherwise. **3. być czemuś przeciwnym** oppose sth, be against sth.
przeciwpożarowy *a.* fire.
przeciwsłoneczny *a.* **okulary przeciwsłoneczne** sunglasses, dark glasses.
przeciwstawiać *ipf.*, **przeciwstawić** *pf.* **przeciwstawić coś czemuś** contrast sth with sth.
przeciwstawiać się *ipf.*, **przeciwstawić się** *pf.* **przeciwstawiać się komuś** stand up to sb, oppose sb; **przeciwstawiać się czemuś** oppose sth.
przeczący *a.* (*o zdaniu, odpowiedzi*) negative; (*o goście*) contradicting, refusing, denying.
przeczenie *n.* **1.** negation. **2.** *gram.* negative.
przecznica *f.* **pierwsza przecznica** the first street across; **trzy przecznice stąd** three blocks from here.
przeczucie *n.* feeling, hunch, intuition; **złe przeczucie** foreboding.
przeczuwać *ipf.* sense, have an inkling of.
przeczyć *ipf.* contradict, negate, deny (*czemuś* sth); **przeczyć samemu sobie** contradict o.s.
przeczytać *pf.* read; *por.* **czytać.**
przeć *ipf.* **prę przesz, przyj, parł 1.** (*wywierać nacisk*) push, force, press. **2. przeć do czegoś** push for sth; **przeć naprzód** press on. **3.** *med.* push.
przed *prep.* **1.** + *Ins.* (*miejsce*) in front of; **przed kimś/czymś** in front of sb/sth; **przed domem** in front of the house. **2.** (*moment*) before; **przed południem** before midday, in the morning, a.m.; **przed końcem miesiąca** by the end of the month; **przed świętami** before holidays; **przed czasem** ahead of time, in good time. **3.** (*okres*) ago, before; **przed dwoma miesiącami** two months ago; **przed laty** years ago; **na długo przed czymś** long before. **4.** (*obrona*) against, from; **uciekał przed policją** he was fleeing from the police; **chronić kogoś przed czymś** protect sb against sth, keep sb from sth. **5.** (*w obecności*) to, before; **wyżaliła się przed przyjaciółką** she complained to her (girl)friend. **6.** (*kolejność*) before, above; **przede wszystkim** first of all, first and foremost, above all; **daleko przed kimś** way ahead of sb; **mam to jeszcze przed sobą** (*w przyszłości*) it's still ahead of me. **7.** (*szacunek*) to, before; **chylić głowę przed autorytetem** bow one's head to/before sb; **być odpowiedzialnym przed kimś** answer to sb. **8.** + *Acc.* (*kierunek*) before; **wyjść przed dom** go out; **patrzyć przed siebie** look straight ahead.
przedawkować *pf.* overdose (*coś* on sth).
przeddzień *mi* **-dedni-** *Gen.* **-a w przededniu** on the eve of, the day before; **w przededniu wojny** on/at the brink of war.
przede *prep. zob.* **przed.**
przedimek *mi* **-mk-** *Gen.* **-a** *gram.* article; **przedimek określony/nieokreślony** definite/indefinite article.
przedkładać *ipf.* **1.** (*przedstawiać coś komuś*) submit, put forward (*coś komuś* sth to sb); (*argumenty, racje*) present. **2.** (*woleć*) prefer (*coś nad coś* sth to sth).
przedłużacz *mi Gen.* **-a** (*przewód*) extension cord.
przedłużać *ipf.* **1.** (*spodnie, sukienkę*) lengthen, let down. **2.** (*w czasie*) extend, prolong; **przedłużać paszport** extend/renew one's passport.
przedłużać się *ipf.* (*w czasie*) stretch on, drag out.
przedłużenie *n.* (*okresu*) prolongation; (*drogi*) extension; (*umowy*) renewal.
przedmieście *n.* suburb; **przedmieścia** suburbs, suburbia.
przedmiot *mi* **1.** object. **2.** (*temat*) (*dyskusji, badań*) topic, subject. **3.** *szkoln., uniw.* subject; course.
przedmowa *f. Gen.pl.* **-ów** preface, foreword.
przedmówca *mp* preceding speaker.
przedni *a.* **1.** (*na przodzie*) front. **2.** *lit.* (*wyśmienity*) exquisite, outstanding.
przedostatni *a.* next to the last, penultimate.
przedostawać się *ipf.* **-aję -ajesz, -awaj 1. przedostawać się gdzieś** find one's way somewhere. **2.** (*przenikać*) penetrate, get through.
przedpłata *f.* prepayment, advance payment, down payment.
przedpokój *mi* **-o-** *Gen.pl.* **-oi/-ów** hall.
przedpołudnie *n. Gen.pl.* **-i** morning.
przedramię *n.* **-mieni-** *pl.* **-mion-** forearm.
przedruk *mi* reprint.
przedrzeźniać *ipf.* mimic, mock.
przedsiębiorca *mp* entrepreneur; **przedsiębiorca budowlany** building contractor; **przedsiębiorca pogrzebowy** funeral director, undertaker.
przedsiębiorczość *f.* (*cecha*) enterprise; (*działalność gospodarcza*) entrepreneurship.
przedsiębiorczy *a.* enterprising.
przedsiębiorstwo *n.* company, enterprise.
przedsiębrać *ipf.* **-biorę, -bierzesz, przedsięwziąć** *pf.* **-wezmę -weźmiesz, -weźmij, -wziął -wzięła -wzięli** undertake.
przedsięwzięcie *n.* undertaking, enterprise; (*zwł. ryzykowne*) venture.
przedsionek *mi* **-nk-** *Gen.* **-a 1.** (*w domu*) vestibule, entrance hall. **2.** (*serca*) atrium.
przedstawiać *ipf.* **1.** (*z imienia i nazwiska*) introduce, present; **pani pozwoli, że przedstawię pani pana Adama Kowalskiego** let me introduce to you Mr. Adam Kowalski. **2.** (*na scenie*) present. **3.** (*przedkładać*) put forward, present; **przedstawić wniosek** put forward/present a motion.
przedstawiać się *ipf.* (*z imienia i nazwiska*) introduce o.s.
przedstawiciel *mp*, **przedstawicielka** *f.* **1.** representative, agent. **2.** *prawn.* attorney; proxy.
przedstawicielstwo *n.* **1.** (*pełnomocnictwo*) power of attorney. **2.** (*biuro, placówka*) agency, branch; **przedstawicielstwo handlowe** sales/branch office. **3.** (*placówka dyplomatyczna*) diplomatic post/agency.
przedstawienie *n. teatr* show, performance.
przedszkolak *mp pl.* **-i/-cy** kindergarten pupil, preschooler.
przedszkole *n. Gen.pl.* **-i** kindergarten.
przedtem *adv.* (*wcześniej*) earlier, before; (*dawniej*) formerly, before.

przedwczesny *a.* premature.
przedwczoraj *adv.* the day before yesterday.
przedwojenny *a.* prewar.
przedyskutować *pf.*, **przedyskutowywać** *ipf.* discuss, talk over.
przedział *mi* **1.** (*w wagonie*) compartment. **2. przedział cenowy** price range/bracket. **3.** (*czasu*) period.
przedzie *mi zob.* **przód**.
przedzielać *ipf.*, **przedzielić** *pf.* (*podzielić*) divide.
przedzierać *ipf.* tear.
przedzierać się *ipf.* **1.** (*przedziurawić się*) tear. **2.** (*przedostawać się z trudem*) struggle through; **słońce przedziera się przez chmury** the sun is breaking through the clouds.
przedziwny *a.* bizarre.
przedzwaniać *ipf.*, **przedzwonić** *pf. pot.* give a ring, ring (up); **kiedy będę wiedziała, przedzwonię do ciebie** when I know I'll be calling you.
przeforsować *pf.*, **przeforsowywać** *ipf.* (*pomysł, kandydaturę*) push, press.
przeforsować się *pf.*, **przeforsowywać się** *ipf.* strain o.s.
przeganiać *ipf.* **1.** (*wyganiać, przepędzać*) chase away. **2.** (*być szybszym*) outrun.
przegapiać *ipf.*, **przegapić** *pf. pot.* miss, overlook.
przegląd *mi* (*kontrola*) inspection; (*literatury*) survey; **przegląd prasy** press review; **przegląd techniczny** service; **przegląd wiadomości/wydarzeń** news roundup.
przeglądać *ipf.* look through, browse.
przeglądać się *ipf.* (*w lustrze*) examine o.s. in the mirror.
przegłosować *pf.*, **przegłosowywać** *ipf.* (*przyjąć w głosowaniu*) vote; **przegłosować ustawę** vote a bill into law.
przegonić *pf. zob.* **przeganiać**.
przegotować *pf.*, **przegotowywać** *ipf.* (*ciecz*) boil.
przegotować się *pf.*, **przegotowywać się** *ipf.* **1.** (*zawrzeć*) boil. **2.** (*stracić smak*) be boiled for too long.
przegrana *f. Gen.* **-ej 1.** (*stracona kwota*) loss. **2.** (*klęska*) defeat.
przegrany *a.* **1.** (*o osobie*) defeated. **2.** (*o sprawie, pozycji*) lost.
przegroda *f. Gen.pl.* **-ód** (*to, co dzieli*) separation, division; (*przepierzenie*) partition.
przegródka *f.* compartment.
przegrywać *ipf.* **-am -asz 1.** (*w grze*) lose. **2.** (*doznawać porażki*) be defeated, lose. **3.** (*kopiować*) copy.
przegrzewać *ipf.* overheat.
przegrzewać się *ipf.* overheat.
przegub *mi* **1.** *anat.* wrist. **2.** *techn.* joint.
przegubowy *a.* articulated.
przeholować *pf.*, **przeholowywać** *ipf. pot.* (*przesadzać*) go too far, go over the top.
przeistaczać *ipf. lit.* transform.
przeistaczać się *ipf.* transform o.s.
przejawiać *ipf.*, **przejawić** *pf.* display, show.
przejazd *mi* **1.** (*jazda*) ride; (*samochodem*) drive. **2. być gdzieś przejazdem** be passing through a place. **3.** (*kolejowy*) grade crossing.
przejażdżka *f.* ride; (*samochodem*) drive.
przejąć *pf.* **1.** (*brać, odbierać*) take over; **przejąć władzę** take over the power. **2.** (*chwytać*) (*posłańca*) seize; (*przesyłkę*) intercept. **3.** (*przyswajać sobie*) adopt.
przejąć się *ipf.* (*zaniepokoić się*) be concerned; **nie przejmuj się** don't worry.
przejechać *pf.* **-jadę -jedziesz 1.** *zob.* **przejeżdżać**. **2.** (*np. pieszego*) run over.
przejechać się *pf.* go for a ride.
przejezdny *a.* **1.** (*o gościach, turystach*) passing. **2.** (*o drodze*) passable.
przejeżdżać *ipf.* **1.** (*przebyć*) travel over, cover; **przejechać pięć kilometrów** cover five kilometers. **2.** (*przekraczać*) cross; **przejechać przez granicę** cross the border. **3.** (*mijać*) pass; **przejechać przystanek/stację** miss one's stop/station.
przejęty *a.* excited.
przejęzyczenie *n.* slip of the tongue.
przejmować (się) *ipf. zob.* **przejąć (się)**.
przejmujący *a.* (*przenikliwy*) piercing; (*wzruszający*) moving.
przejrzeć *pf.* **-ę -ysz, -yj 1.** *zob.* **przeglądać**. **2.** (*rozpoznać zamiary*) see through; **przejrzałem cię** I've seen you through.
przejrzeć się *pf. zob.* **przeglądać się**.
przejrzysty *a.* (*przezroczysty*) transparent.
przejście *n.* **1.** (*droga, ścieżka*) passage; **przejście graniczne** border crossing; **przejście podziemne** underpass; **przejście dla pieszych** pedestrian crossing; **przejścia nie ma!** no entry! **2.** (*przykre przeżycie*) trial, ordeal.
przejściowy *a.* **1.** (*tymczasowy*) temporary, transitory. **2.** (*pośredni*) transitional.
przejść *pf.* **-jdę -jdziesz, -szedł -szła -szli** *zob.* **przechodzić**.
przejść się *pf.* go for a walk.
przekaz *mi* **1. przekaz pocztowy** money/postal order. **2.** (*sposób, proces przekazywania*) transmission; **środki (masowego) przekazu** mass media.
przekazać *pf.* **-żę -żesz**, **przekazywać** *ipf.* **1.** (*powierzać*) hand over, transfer; **przekazywać majątek w spadku** bequeath; **przekazywać pieniądze** transfer/send money; **przekazywać pieniądze na jakiś cel** donate money for sth; **przekazywać władzę/urząd** hand over power/office. **2.** (*informować*) (*polecenie, wiadomość*) pass on. **3.** (*o narządach, urządzeniach*) (*sygnał, bodziec*) transmit; **przekazać pieniądze na konto bankowe** transfer money to a bank account.
przekaźnik *mi Gen.* **-a 1.** *el.* relay. **2.** *radio, telew.* transmitter.
przekąska *f.* snack.
przekleństwo *n.* **1.** (*wyraz obelżywy*) swearword. **2.** *lit.* (*klątwa*) curse.
przeklęty *a.* (god)damn, damned.
przeklinać *ipf.* **1.** (*używać przekleństw*) swear, curse. **2.** (*rzucać klątwę*) curse.
przekład *mi* translation; **przekład z angielskiego na polski** translation from English into Polish.
przekładać *ipf.* **1.** (*z miejsca na miejsce*) rearrange. **2.** (*wkładać coś między warstwy czegoś innego*) sandwich. **3.** (*zmieniać termin*) reschedule. **4.** (*z jednego języka na drugi*) translate.
przekłuć *pf.*, **przekłuwać** *ipf.* (*przedziurawić*) puncture; (*zrobić otwór na kolczyk*) pierce.
przekonać (się) *pf. zob.* **przekonywać (się)**.
przekonanie *n.* (*przeświadczenie*) conviction; (*wiara*) belief; **przekonania polityczne/religijne** political/religious beliefs; **nabrać przekonania, że...** become convinced that...; **bez przekonania** halfheartedly.
przekonany *a.* convinced.

przekonujący *a.* convincing.
przekonywać *ipf.* **-uję -ujesz, -uj** convince (*kogoś o czymś* sb of sth).
przekonywać się *ipf.* become convinced.
przekora *f.* perversity, contrariness.
przekorny *a.* perverse, contrary.
przekór *mi* **na przekór komuś/czemuś** in defiance of sb/sth.
przekraczać *ipf.* **1.** (*granicę*) cross. **2.** (*limit, wiek*) exceed. **3.** (*prawo, zasady*) breach; transgress.
przekrawać *ipf.* cut (in half).
przekreślać *ipf.*, **przekreślić** *pf.* **1.** (*tekst*) cross out. **2.** (*uznać za niebyłe*) write off.
przekręcać *ipf.*, **przekręcić** *pf.* **1.** turn. **2.** (*przeinaczać*) twist, distort.
przekręcać się *ipf.*, **przekręcić się** *pf.* **1.** (*obracać się*) turn. **2.** (*przekrzywić się*) twist.
przekroczenie *n.* **1.** (*granicy, drogi*) crossing; **przekroczenie salda** overdraft. **2.** *prawn.* infringement; **przekroczenie prędkości** speeding.
przekroić *pf.* **-oję -oisz, -ój** *zob.* **przekrawać**.
przekrój *mi* **-o-** *Gen.pl.* **-ów/-oi** section.
przekrzywiać *ipf.*, **przekrzywić** *pf.* tilt.
przekrzywiać się *ipf.*, **przekrzywić się** *pf.* tilt.
przekształcać *ipf.*, **przekształcić** *pf.* transform, convert.
przekształcać się *ipf.*, **przekształcić się** *pf.* evolve (*w coś* into sth).
przekupstwo *n.* bribery, corruption.
przelatywać *ipf.*, **przelecieć** *pf.* **-cę -cisz 1.** fly (*koło czegoś* by/past sth) (*nad czymś* over sth). **2.** (*szybko poruszać się*) speed (*koło czegoś* by/past/along sth). **3.** (*o czasie*) fly. **4.** (*o wodzie, piasku*) seep, go through.
przelatywać się *ipf.*, **przelecieć się** *pf.* *pot.* (*pójść*) walk briskly.
przelew *mi* **1. przelew krwi** bloodshed. **2.** *fin.* transfer, remittance.
przelewać *ipf.* **1.** pour; **przelać krew** spill blood. **2.** *fin.* transfer, remit.
przelewać się *ipf.* overflow.
przeliczać *ipf.* count, calculate; (*np. walutę*) convert.
przeliczać się *zob.* **przeliczyć się**.
przelicznik *mi Gen.* **-a** conversion/exchange rate.
przeliczyć *pf. zob.* **przeliczać**.
przeliczyć się *pf.* miscalculate.
przelot *mi* (*samolotu*) flight; **być gdzieś przelotem** be passing through a place, be somewhere on a short visit.
przelotny *a.* (*krótkotrwały*) fleeting; **przelotne opady** occasional showers.
przeludnienie *n.* overpopulation.
przeludniony *a.* overpopulated.
przeładowany *a. pot.* (*o samochodzie, pociągu itd.*) overloaded.
przeładunek *mi* **-nk-** reloading.
przełaj *mi Gen.pl.* **-ów** *sport* cross-country; **iść na przełaj** take a shortcut.
przełamać *pf.* **-mię -miesz, przełamywać** *ipf.* **1.** (*na części*) break; **przełamać pierwsze lody** break the ice. **2.** (*przezwyciężać*) overcome.
przełamać się *pf.*, **przełamywać się** *ipf.* **1.** (*na części*) break. **2.** (*podzielić się*) share; **przełamać się opłatkiem** share the wafer. **3.** (*zwalczyć niechęć*) overcome one's reluctance; (*zwalczyć obawy*) conquer one's fears.
przełączać *ipf.* switch (over), change.
przełącznik *mi Gen.* **-a** switch.
przełączyć *pf. zob.* **przełączać**.
przełęcz *f. pl.* **-e** pass.
przełomowy *a.* (*doniosły*) crucial, critical; (*znaczący*) breakthrough; **przełomowy moment** turning point, breakthrough.
przełożony *mp* superior.
przełożyć *pf. zob.* **przekładać**.
przełykać *ipf.* swallow.
przemakać *ipf.* **1.** (*zmoknąć*) get soaked/drenched. **2.** (*przemiękać*) let water through; **kurtka zupełnie mi przemokła** my jacket is completely soaked.
przemarzać *ipf.*, **przemarznąć** *pf.* **-ij** freeze.
przemarznięty *a.* frozen.
przemawiać *ipf.* **1.** (*wygłaszać mowę*) give/make/deliver a speech (*do kogoś* to sb). **2.** (*mówić do kogoś*) appeal; **przemówić komuś do rozsądku** reason with sb; **niestety, to do mnie nie przemawia** unfortunately, it doesn't appeal to me.
przemęczać *ipf.* (*pracą*) strain, overexert.
przemęczać się *ipf.* overexert; **nie przemęczaj się** take it easy.
przemęczenie *n.* exhaustion, overfatigue, overexertion.
przemęczony *a.* **-eni** exhausted, fatigued.
przemiana *f.* transformation, change; **przemiana materii** metabolism.
przemieniać *ipf.*, **przemienić** *pf.* transform, change.
przemieniać się *ipf.*, **przemienić się** *pf.* transform, change (*w coś* into sth).
przemieszczać *ipf.*, **przemieścić** *pf.* move.
przemieszczać się *ipf.*, **przemieścić się** *pf.* move.
przemijać *ipf.* (*o czasie, życiu*) go by, pass; (*o urodzie*) fade; *por.* **mijać**.
przemilczać *ipf.*, **przemilczeć** *pf.* **-ę -ysz** (*zataić*) pass over (in silence).
przemoc *f.* violence; **przemoc w rodzinie** domestic violence; **przemocą** by force.
przemoknięty *a.* soaked (through), soaking wet.
przemowa *f. Gen.pl.* **-ów** speech.
przemówić *pf.* **1.** *zob.* **przemawiać**. **2.** (*zacząć znów mówić*) speak.
przemówienie *n.* speech.
przemycać *ipf.*, **przemycić** *pf.* smuggle.
przemysł *mi* industry; **przemysł ciężki/lekki** heavy/light industry; **przemysł samochodowy/spożywczy/włókienniczy** automotive/food/textile industry.
przemysłowiec *mp* **-wc-** *pl.* **-y** industrialist.
przemysłowy *a.* industrial.
przemyślany *a.* (*o planie*) well thought-out.
przemyśleć *pf.* **-ę -isz, przemyśliwać** *ipf.* **-am -asz** (*rozważyć*) think over, consider; **przemyśliwać nad czymś** reflect on sth, muse on/about sth.
przemyślny *a.* clever.
przemyt *mi* **1.** (*czynność*) smuggling. **2.** (*towary*) contraband.
przemytniczka *f.*, **przemytnik** *mp* smuggler.
przemywać *ipf.* bathe (*coś czymś* sth with sth).
przen. *abbr.* (*w przenośni*) fig. (*figuratively*).
przenieść (się) *pf. zob.* **przenosić (się)**.
przenikać *ipf.* **1.** (*przedostawać się*) penetrate. **2.** (*przepełniać*) pervade, permeate.
przenikać się *ipf.* (*mieszać się*) intermingle.
przenikliwy *a.* **1.** (*dotkliwy*) harsh; (*o zimnie, bólu*) penetrating. **2.** (*o dźwiękach*) piercing. **3.** (*wnikliwy, bystry*) astute.
przenocować *pf.* put up (*u kogoś* with sb); **przenocować kogoś** put sb up for the night.

przenosić *ipf.* **-szę -sisz** (*z miejsca na miejsce*) move; (*rękami*) carry; (*chorobę*) transmit.
przenosić się *pf.* **1.** (*przeprowadzać się*) move. **2.** (*rozszerzać się*) spread.
przenośnia *f. Gen.pl.* **-i** metaphor; **w przenośni** figuratively.
przenośny *a.* **1.** (*dający się przenosić*) portable. **2.** (*metaforyczny*) figurative, metaphorical.
przeobrazić *pf.* **-żę -zisz**, **przeobrażać** *ipf.* metamorphose, transform.
przeobrazić się *pf.*, **przeobrażać się** *ipf.* transform; *zool.* metamorphose.
przeoczenie *n.* oversight.
przeoczyć *pf.* overlook.
przepadać *ipf.* **1.** (*gubić się*) disappear, vanish. **2.** (*o okazji, majątku*) be lost. **3.** *tylko ipf.* be fond (*za kimś/czymś* of sb/sth).
przepalać *ipf.*, **przepalić** *pf.* (*o ogniu, kwasie*) burn through.
przepalać się *ipf.*, **przepalić się** *pf.* (*o żarówce, bezpieczniku*) blow.
przepaść[1] *f. pl.* **-i/-e 1.** precipice. **2.** (*między ludźmi, kulturami*) chasm, gulf.
przepaść[2] *pf.* **-padnę -padniesz, -padnij, -padł** *zob.* **przepadać.**
przepchać *pf.* **1.** (*przeczyszczać*) unclog. **2.** (*przesuwać*) push (through).
przepchać się *ipf.* push one's way (*przez coś* through sth).
przepełniony *a.* (*o autobusie, sali*) overcrowded.
przepędzać *ipf.*, **przepędzić** *pf.* **1.** (*wyganiać*) chase away/out. **2.** (*bydło*) drive.
przepiękny *a.* beautiful, gorgeous.
przepis *mi* **1.** *kulin.* recipe. **2.** (*reguła*) rule, regulation; **przepisy drogowe/bezpieczeństwa** traffic/safety regulations.
przepisać *pf.* **1.** (*kopiować*) copy. **2.** (*lekarstwo*) prescribe.
przepisowy *a.* (*zgodny z regulaminem*) regulation.
przepisywać *ipf. zob.* **przepisać.**
przepłacać *ipf.*, **przepłacić** *pf.* (*za dużo zapłacić*) (*z powodu wygórowanej ceny*) be overcharged; (*przez pomyłkę*) overpay.
przepłukać *pf.* **-czę -czesz**, **przepłukiwać** *ipf.* rinse.
przepływ *mi* flow.
przepłynąć *pf.*, **przepływać** *ipf.* **1.** (*o cieczy, rzece, kapitale*) flow. **2.** (*o osobie, rybie*) swim (*przez coś* through sth). **3.** (*o statku, łodzi*) sail past.
przepoławiać *ipf.*, **przepołowić** *pf.* **-ów** halve.
przepoławiać się *ipf.*, **przepołowić się** *pf.* break in two.
przepowiadać *ipf.* (*przewidywać*) foretell, predict; (*pogodę*) forecast.
przepowiednia *f. Gen.pl.* **-i** prediction.
przepowiedzieć *pf. zob.* **przepowiadać.**
przepracowany *a.* overworked.
przepracować *pf.*, **przepracowywać** *ipf.* (*pracować jakiś czas*) serve, work; **przepracowałem tu 40 lat życia** I have served/worked 40 years of my life here.
przepracować się *pf.*, **przepracowywać się** *ipf.* work too hard, overwork o.s.
przepraszać *ipf.*, **przeprosić** *pf.* **1.** (*wyrażać winę*) apologize (*kogoś za coś* to sb for sth). **2. przepraszam!** (*w zwrotach grzecznościowych: przeciskając się, zwracając uwagę, wtrącając się*) excuse me; **przepraszam, która godzina?** excuse me, what's the time? **3. przepraszam!** (*w zwrotach grzecznościowych: gdy zrobiliśmy coś złego*) (I'm) sorry; **najmocniej przepraszam** I'm really (very) sorry; **przepraszam za spóźnienie** I'm sorry I'm late; **przepraszam, że przeszkadzam** sorry to interrupt.
przepraszać się *ipf.*, **przeprosić się** *pf.* bury the hatchet (*z kimś* with sb).
przeprawiać *ipf.*, **przeprawić** *pf.* **1.** (*przez rzekę, jezioro, morze*) ferry (*kogoś przez coś* sb through sth). **2.** (*przez granicę, góry, las*) take (*kogoś przez coś* sb through sth).
przeprawiać się *ipf.*, **przeprawić się** *pf.* cross (*przez coś* sth).
przeprosiny *pl. Gen.* **-n** apology.
przeprowadzać *ipf.*, **przeprowadzić** *pf.* **1.** (*realizować*) carry out; (*eksperyment, ankietę, śledztwo*) conduct; (*operację, testy*) perform; (*badania, doświadczenia*) do. **2. przeprowadzać kogoś przez ulicę** help sb across the street.
przeprowadzać się *ipf.*, **przeprowadzić się** *pf.* move.
przeprowadzka *f.* move.
przepustka *f.* **1.** furlough, pass. **2.** *przen.* pass (*do czegoś* to sth).
przepuszczać *ipf.*, **przepuścić** *pf.* **-puszczę -puścisz 1.** (*pozwalać przejść, przejechać*) let through, let pass; (*wpuścić*) let in; **przepuszczać kogoś przodem** let sb go first. **2.** *pot.* (*trwonić*) blow (*coś* sth). **3. przepuścić okazję** miss an opportunity.
przepychać (się) *ipf. zob.* **przepchać (się).**
przerabiać *ipf.* **1.** *szkoln.* (*materiał*) cover, do. **2.** (*wprowadzać przeróbki*) remodel. **3.** (*na coś innego*) convert (*na coś* into sth). **4.** (*przetwarzać*) process.
przerastać *ipf.* **1.** (*prześcigać*) surpass; **to przerasta moje możliwości** it's beyond my capabilities. **2.** (*stawać się wyższym*) overgrow; **przerastać kogoś o głowę** stand a head taller than sb.
przerażać *ipf.* terrify, horrify.
przerażać się *ipf.* be terrified.
przerażający *a.* terrifying.
przerażenie *n.* terror; **napawać kogoś przerażeniem** fill sb with terror.
przerażony *a.* **-eni** terrified (*czymś* by sth).
przerobić *pf. zob.* **przerabiać.**
przerost *mi* **1.** (*nadmiar*) excess; **przerost ambicji** excessive ambition. **2.** (*nadmierny rozrost*) overgrowth.
przeróbka *f.* **1.** (*np. odzieży*) alteration. **2.** (*np. strychu na mieszkanie*) conversion (*czegoś na coś* of sth into sth).
przeróżny *a. emf.* various, multifarious.
przerwa *f.* **1.** (*w jakiejś czynności*) break; **przerwa obiadowa** lunch break. **2.** (*zakłócenie*) interruption. **3.** *szkoln.* break. **4.** (*w meczu*) half-time. **5.** *kino, teatr* intermission. **6.** (*luka*) gap; **bez przerwy** (*coś robić*) continually, nonstop; **z przerwami** on and off.
przerwać *pf.*, **przerywać** *ipf.* **-am -asz 1.** (*rozrywać*) break. **2.** (*przystawać*) pause. **3. przerywać ciążę** have an abortion. **4.** (*czynność, rozmowę, transmisję*) interrupt; **przerywać komuś** interrupt sb; **przerwać komuś w pół słowa** cut sb short. **5.** (*rozłączać*) disconnect.
przerwać się *pf.*, **przerywać się** *ipf.* break.
przerywany *a.* interrupted; **przerywany sen** broken sleep; **linia przerywana** dashed line.
przerzedzać *ipf.*, **przerzedzić** *pf.* **1.** (*las, uprawę*) thin out. **2.** (*populację, pokolenie*) decimate.

przerzedzać się *ipf.*, **przerzedzić się** *pf.* (*o lesie, mgle*) thin (out); (*o włosach*) thin.
przerzucać *ipf.*, **przerzucić** *pf.* **1.** (*odwracać*) (*kartkę*) flip over. **2.** (*przeglądać*) (*książkę, gazetę*) flip through. **3.** (*przewiesić*) throw over. **4.** (*przenosić*) (*odpowiedzialność*) shift.
przerzucać się *ipf.*, **przerzucić się** *pf.* **1.** (*zmieniać zainteresowanie, zajęcie*) switch over (*z czegoś na coś* from sth to sth). **2.** (*rozprzestrzeniać się*) spread.
przerzut *mi* **1.** *pat.* metastasis. **2.** (*pracowników, towarów*) transfer; *wojsk.* (*sił*) redeployment.
przesada *f.* exaggeration; **bez przesady!** come, come!, steady on! **to (już) (lekka) przesada!** this is stretching it (a bit)!
przesadnie *adv.* excessively.
przesadny *a.* excessive, exaggerated.
przesadzać *ipf.*, **przesadzić** *pf.* **1.** (*koloryzować*) exaggerate. **2. przesadzać z czymś** overdo sth, carry sth too far. **3.** (*siedzącego*) move (*sb to another seat*). **4.** (*rośliny*) transplant.
przesąd *mi* **1.** (*zabobon*) superstition. **2.** (*uprzedzenie*) prejudice.
przesądny *a.* superstitious.
przesądzać *ipf.*, **przesądzić** *pf.* (*decydować*) determine (*o czymś* sth); **przesądzić sprawę** settle an issue.
przesiadać się *ipf.*, **przesiąść się** *pf.* **1.** (*na inne siedzenie*) move. **2.** (*zmieniać środek lokomocji*) change.
przesiadka *f.* change, transfer; **połączenie bez przesiadki** direct connection.
przesiąkać *ipf.*, **przesiąknąć** *pf.* **-ij 1.** (*nasycić się wilgocią*) soak (through) (*czymś* with sth). **2.** (*obcą kulturą, ideologią*) absorb (*czymś* sth).
przesiedlać *ipf.*, **przesiedlić** *pf.* displace.
przesiedlać się *ipf.*, **przesiedlić się** *pf.* (*emigrować*) emigrate; (*przeprowadzać się*) move.
przesilenie *n.* **1.** (*moment zwrotny*) turning point. **2.** *pat.* crisis. **3.** *astron.* solstice.
przeskakiwać *ipf.*, **przeskoczyć** *pf.* **1.** (*skakać przez*) jump over. **2.** (*opuszczać*) skip. **3.** (*z tematu na temat*) jump.
przesłać *pf.* **-ślę -ślesz, -ślij** *zob.* **przesyłać.**
przesłanie *n.* message.
przesłanka *f.* **1.** (*czynnik*) factor. **2.** *log.* premise.
przesłona *f.* **1.** *fot.* aperture. **2.** (*zasłona*) screen.
przesłuchać *pf.* **1.** (*podejrzanego*) interrogate; (*świadka*) examine. **2.** (*kandydata*) interview; (*do roli, zespołu*) audition. **3.** (*taśmę, płytę*) listen to.
przesłuchanie *n.* **1.** *prawn.* (*podejrzanego*) interrogation; (*świadka*) examination. **2.** (*przed komisją*) hearing. **3.** (*kandydata*) interview; (*do roli, zespołu*) audition.
przesłuchiwać *ipf. zob.* **przesłuchać.**
przestać *pf.* **-aję -ajesz, -waj** stop (*coś robić* doing sth); **przestań!** stop it!
przestarzały *a.* obsolete.
przestawać *ipf. zob.* **przestać.**
przestawiać *ipf.*, **przestawić** *pf.* **1.** (*przesuwać*) move. **2.** (*zmieniać kolejność*) reorder.
przestawiać się *ipf.*, **przestawić się** *pf.* (*np. na inną działalność*) change over (*na coś* to sth).
przestępca *mi*, **przestępczyni** *f.* criminal.
przestępczość *f.* crime.
przestępczy *a.* criminal.
przestępny *a.* **rok przestępny** leap year.
przestępstwo *n.* crime; **popełnić przestępstwo** commit a crime.
przestrach *mi* fright.
przestraszony *a.* **-eni** frightened, scared.
przestraszyć się *pf.* get scared (*czegoś* of sth).
przestroga *f. Gen.pl.* **-óg** warning.
przestronny *a.* spacious.
przestrzec *pf.* **-strzegę -strzeżesz, -strzegł, przestrzegać** *ipf.* **1.** (*napominać*) warn, caution. **2.** *tylko ipf.* (*reguł, przepisów*) obey (*czegoś* sth) abide (*czegoś* by sth); (*obyczaju*) observe (*czegoś* sth).
przestrzeń *f. pl.* **-e 1.** space; **przestrzeń kosmiczna** (outer) space. **2.** (*połać*) expanse. **3.** (*zakres*) space, distance; **na przestrzeni...** (*pewnego okresu*) over a span of..., in/within/during the space of...
przesuwać *ipf.*, **przesunąć** *pf.* **1.** move, shift. **2.** (*np. spotkanie*) reschedule.
przesuwać się *ipf.*, **przesunąć się** *pf.* move, shift.
przesyłać *ipf.* **1.** send; (*pocztą*) mail. **2.** (*energię, fale*) transmit.
przesyłka *f.* mailing; (*towarów*) shipment; **przesyłka polecona** registered mail.
przeszczep *mi* (*organu*) transplant; **przeszczep kostny/skórny** bone/skin graft.
przeszczepiać *ipf.*, **przeszczepić** *pf.* transplant.
przeszkadzać *ipf.* (*rozpraszać*) distract, disturb (*komuś* sb); (*przerywać*) interrupt (*komuś* sb).
przeszkoda *f. Gen.pl.* **-ód** obstacle, hindrance, impediment; **przebiegać bez przeszkód** go unimpeded; **coś stoi na przeszkodzie czegoś** sth is in the way of sth.
przeszkodzić *pf. zob.* **przeszkadzać.**
przeszkolenie *n.* training.
przeszło *adv.* over, more than.
przeszłość *f.* (the) past.
przeszły *a.* past.
przeszukać *pf.*, **przeszukiwać** *ipf.* search.
przeszyć *pf.* **-szyję -szyjesz, -szyj, przeszywać** *ipf.* **-am -asz 1.** (*przebić, przeniknąć*) pierce; **kula przeszyła mu ramię na wylot** the bullet went clean through his arm. **2.** (*przefastrygować*) tack.
prześcieradło *n. Gen.pl.* **-eł** sheet.
prześcigać *ipf.*, **prześcignąć** *pf.* **1.** (*wyprzedzać*) overtake. **2.** (*przewyższać*) outdo.
prześcigać się *ipf.* **prześcigać się w komplementach/uprzejmościach** exchange compliments/courtesies.
prześladować *ipf.* **1.** (*dyskryminować*) persecute. **2.** (*narzucać się*) pester. **3.** (*o chorobach, nieszczęściach*) plague.
prześladowca *mp* persecutor.
prześliczny *a.* beautiful, gorgeous.
prześwietlać *ipf.*, **prześwietlić** *pf.* **1.** (*promieniami rentgenowskimi*) X-ray. **2.** *fot.* overexpose.
prześwietlać się *ipf.*, **prześwietlić się** *pf.* **1.** (*promieniami rentgenowskimi*) get/have an X-ray. **2.** *fot.* be/get overexposed.
prześwietlenie *n.* X-ray (examination).
przetaczać *ipf.*, **przetoczyć** *pf.* **1. przetaczać komuś krew** give sb a blood transfusion. **2.** (*przesuwać*) roll.
przetaczać się *ipf.*, **przetoczyć się** *pf.* roll (by).
przetłumaczyć *pf.* translate; **przetłumaczyć coś z niemieckiego na japoński** translate sth from German into Japanese.
przetrwać *pf.* survive.
przetrząsać *ipf.*, **przetrząsnąć** *pf.* **-nę -niesz, -nij** (*kieszenie, szuflady*) rummage (through).

przetrzeć (się) *pf. zob.* **przecierać (się)**.
przetrzymać *pf.*, **przetrzymywać** *ipf.* **1.** (*trzymać za długo*) keep overtime, hoard. **2.** (*więzić*) detain, hold; (*jako zakładnika*) hold hostage. **3.** (*przechowywać*) retain. **4.** (*przetrwać*) endure, last out.
przetwarzać *ipf.* process.
przetwory *pl. Gen.* **-ów** (*dżemy, zaprawy*) preserves.
przetworzyć *pf. zob.* **przetwarzać**.
przetwórnia *f. Gen.pl.* **-i** processing plant.
przewaga *f.* (*górowanie*) advantage; (*wyższość*) superiority; (*liczebna*) majority; **mieć nad kimś przewagę** hold an advantage/edge over sb.
przeważać *ipf.* (*rozstrzygać*) prevail; (*dominować*) dominate, predominate; **przeważa pogląd, że...** a belief prevails that...
przeważający *a.* prevailing, dominant.
przeważnie *adv.* predominantly, mostly.
przeważyć *pf. zob.* **przeważać**.
przewidujący *a.* far-sighted.
przewidywać *ipf.* **1.** (*zapowiadać*) predict; (*oczekiwać*) anticipate. **2.** (*prognozować*) forecast.
przewidywalny *a.* predictable.
przewidywanie *n.* **1.** (*oczekiwanie*) anticipation; **zgodnie z (czyimiś) przewidywaniami** as (sb) anticipated. **2.** (*zapowiedź*) prediction. **3.** (*prognoza*) forecast.
przewidzenie *n.* **jak było do przewidzenia** predictably; **to było do przewidzenia** you could see it coming.
przewidzieć *pf. zob.* **przewidywać**.
przewietrzać *ipf.*, **przewietrzyć** *pf.* (*pomieszczenie, rzeczy, glebę*) air.
przewietrzać się *ipf.*, **przewietrzyć się** *pf.* **1.** (*o rzeczach*) air. **2.** (*na spacerze*) get some fresh air.
przewiew *mi* draft.
przewiewny *a.* **1.** (*o pomieszczeniu*) airy. **2.** (*o ubraniu*) loose-fitting.
przewieźć *pf.* **-wiozę -wieziesz**, **-wiózł -wiozła -wieźli** *zob.* **przewozić**.
przewijać *ipf.*, **przewinąć** *pf.* **1.** (*taśmę, film*) (*do tyłu*) rewind; (*do przodu*) fast-forward. **2.** (*dziecko*) change.
przewijać się *ipf.*, **przewinąć się** *pf.* **1.** (*o taśmie*) (*do tyłu*) rewind; (*do przodu*) fast-forward. **2.** (*o wątku, elemencie*) run (*przez coś* through sth).
przewinienie *n.* (*występek*) offense; *prawn., t. sport* violation.
przewlekły *a.* chronic.
przewodni *a.* leading; **motyw przewodni** leitmotif.
przewodnicząca *f. Gen.* **-ej**, **przewodniczący** *mp* chair, president.
przewodniczyć *ipf.* preside (*czemuś* over sth); chair (*czemuś* sth).
przewodnik *mp pl.* **-cy 1.** (*wycieczki*) (tour) guide. **2.** *przen.* (*doradca*) guide. — *mi Gen.* **-a** *pl.* **-i 1.** (*książka*) guidebook. **2.** *fiz.* conductor.
przewodzić *ipf.* **-odź 1.** (*kierować*) lead, conduct (*komuś/czemuś* sb/sth). **2.** *el., fiz.* conduct.
przewozić *ipf.* **-żę, -zisz, -oź/-óź** transport.
przewoźnik *mp* carrier.
przewód *mi* **-o- 1.** *techn.* line, conduit; (*kabel*) wire, lead, cable; (*rura*) pipe; **przewód sieciowy** power cord. **2.** *anat.* duct, canal; **przewód pokarmowy** alimentary canal.
przewóz *mi* **-o-** transport; *zwł. handl.* carriage, haulage.
przewracać *ipf.* **1.** (*wywracać*) overturn; (*uderzeniem*) knock over. **2.** (*obracać*) (*kartkę*) turn over.
przewracać się *ipf.* **1.** (*wywrócić się*) overturn; (*upadać*) fall; **przewrócić się do góry nogami** turn upside down. **2.** (*np. na drugi bok*) turn over.
przewrażliwiony *a.* **-eni** oversensitive, touchy.
przewrócić *pf. zob.* **przewracać**.
przewrót *mi* **-o- 1.** (*przełom*) revolution. **2.** *polit.* coup (d'état). **3.** *gimnastyka* somersault.
przewyższać *ipf.*, **przewyższyć** *pf.* **1.** (*być większym*) exceed. **2.** (*dominować*) surpass. **3.** (*być wyższym*) be taller (*kogoś* than sb).
przez *prep.* + *Acc.* **1.** (*poprzez*) (*śnieg, okno, bramę*) through. **2.** (*w poprzek*) (*ulicy, rzeki*) across. **3.** (*podróżować*) through, via; **lot przez Berlin** flight via Berlin. **4.** (*przy pomocy, za pomocą*) through, over; **przez Internet** through/over the Internet; **przez telefon/radio** over the phone/radio. **5.** (*nad*) (*przeskoczyć*) over; **przeskoczyć przez coś** jump/leap over sth. **6.** (*w ciągu*) for, during, over; **przez minutę/tydzień/miesiąc** for a minute/week/month; **przez weekend** during/over the weekend. **7. przez kogoś** (*z powodu*) because of sb. **8.** (*sprawca*) by; **napisany przez Kowalskiego** written by Kowalski. **9.** (*w działaniach arytmetycznych*) by; **podziel to przez dwa** divide it by two. **10. przez przypadek** by accident; **co przez to rozumiesz?** what do you mean by this? **to się pisze przez u** it's spelled with a "u".
przeze *prep. zob.* **przez**.
przeziębiać się *ipf.*, **przeziębić się** *pf.* catch/get a cold.
przeziębienie *n.* cold.
przeziębiony *a.* **-eni być przeziębionym** have a cold.
przeznaczać *ipf.* **1.** (*fundusze*) allocate (*na coś* for sth); (*czas*) put aside (*na coś* for sth). **2.** (*planować*) intend (*coś dla kogoś/na coś* sth for sb/sth).
przeznaczenie *n.* (*los*) destiny.
przeznaczony *a.* **-eni 1.** (*skierowany*) meant; **te słowa przeznaczone są dla ciebie** these words are meant for you. **2.** (*przez los*) destined; **oni są sobie przeznaczeni** they are destined for each other.
przeznaczyć *pf. zob.* **przeznaczać**.
przezorność *f.* **1.** (*ostrożność*) caution. **2.** (*przewidywanie*) foresight.
przezorny *a.* **1.** (*ostrożny*) cautious. **2.** (*rozsądny*) wise.
przezrocze *n. Gen.pl.* **-y** slide.
przezroczysty *a.* **-szy** (*przepuszczający światło*) transparent; (*przejrzysty*) see-through.
przezwisko *n.* nickname.
przezwyciężać *ipf.*, **przezwyciężyć** *pf.* overcome.
przezwyciężać się *ipf.*, **przezwyciężyć się** *pf.* control o.s., contain o.s.
przezywać *ipf.* **-am -asz 1.** (*nadać przydomek*) nickname. **2.** (*ubliżać*) call *sb* names.
przezywać się *ipf.* (*ubliżać sobie wzajemnie*) call each other names.
przeżegnać się *pf. kośc.* cross o.s.
przeżycie *n.* experience.
przeżyć *pf.* **-żyję -żyjesz, -żyj**, **przeżywać** *ipf.* **-am -asz 1.** (*przejść*) go (*coś* through sth). **2.** (*przetrwać*) survive. **3.** (*żyć przez jakiś czas*) live. **4.** (*doświadczać*) experience. **5.** (*żyć dłużej niż*) outlive (*kogoś* sb).
przeżyć się *pf.*, **przeżywać się** *ipf.* go/fall out of fashion, become outdated.

przodek *mp* **-dk-** *Gen.* **-a** ancestor.
przodować *ipf.* lead the way (*w czymś* in/at sth).
przód *mi* **-o-** front; **do przodu** forward; **na przodzie** at/in the front; **patrz do przodu** look ahead.
przy *prep.* + *Loc.* **1.** (*w pobliżu*) by, near; **przy ulicy X** on X street; **przy biurku/stole** at the desk/table; **ramię przy ramieniu** side by side. **2.** (*podczas*) at; **przy śniadaniu/pracy** at breakfast/work. **3.** (*w obecności*) in front, in the presence (*kimś/czymś* of sb/sth). **4.** (*z towarzyszeniem*) with; **przy muzyce** with music playing.
przybić *pf.* **-biję -bijesz, -bij 1.** *zob.* **przybijać. 2.** (*zmartwić*) depress, upset.
przybiec *pf.* **-biegnę -biegniesz, -biegnij, -biegł, przybiegać** *ipf.* come running.
przybierać *ipf.* **1.** (*o wodzie, rzece*) rise; **przybrać na wadze** put on weight. **2.** (*przyjmować*) (*nazwisko, postawę*) assume, adopt; (*pozę*) put on.
przybijać *ipf.* **1.** (*gwóźdź, kołek*) drive in, hammer in; (*coś gwoździami*) nail. **2. przybić do portu** reach port.
przybliżać *ipf.* **1.** (*skracać odległość*) bring/move closer (*do kogoś/czegoś* to sb/sth). **2.** (*spotkanie, zwycięstwo*) bring nearer. **3.** (*o lunecie*) magnify.
przybliżać się *ipf.* move/get closer (*do kogoś/czegoś* to sth/sb).
przybliżenie *n. mat.* approximation; **w przybliżeniu** approximately.
przybliżony *a.* approximate.
przybliżyć (się) *pf. zob.* **przybliżać (się).**
przybory *pl.* (*narzędzia*) implements; **przybory do pisania** writing implements/materials; **przybory toaletowe** toilet articles.
przybrać *pf. zob.* **przybierać.**
przybrany *a.* **1.** (*o rodzicach*) adoptive. **2.** (*o nazwisku, pseudonimie*) assumed.
przybycie *n.* arrival.
przybyć *pf.* **1.** *form.* (*przyjeżdżać*) arrive. **2.** (*rosnąć*) increase, gain; **przybyło mi 5 kilogramów** I gained 5 kilograms; **przybyło nam pracy** we have more work now.
przybysz *mp Gen.pl.* **-ów** newcomer.
przybywać *ipf. zob.* **przybyć.**
przychodnia *f. Gen.pl.* **-i** outpatient clinic; **przychodnia rejonowa** (community) health center.
przychodzić *ipf.* **1.** (*o osobie*) come; (*o liście, pociągu, myśli*) arrive, come; **przyjść po kogoś** pick sb up; **przyjść do pracy/szkoły** come to work/school; **przyszła noc** night fell; **co ci przyszło do głowy?** where did you get that idea?, what came into your head? **2.** (*nastąpić, wyniknąć*) come (*z czegoś* of sth); **co z tego przyjdzie?** what good will come of that? **3.** (*w zwrotach*) **przyjść do siebie** come to; **przyjść na świat** be born; **przyjść komuś z pomocą** come to sb's aid.
przychód *mi* **-o-** income.
przychylny *a.* favorable.
przyciąć *pf.* **1.** (*skracać*) (*np. włosy*) clip, trim. **2.** (*przygniatać*) catch; **przyciąć sobie palec** catch one's finger.
przyciągać *ipf.* **1.** (*przysuwać*) pull in. **2.** (*wabić*) attract.
przyciągać się *ipf. astron., fiz.* attract each other.
przyciąganie *n.* attraction.
przyciągnąć (się) *pf. zob.* **przyciągać (się).**
przycinać *ipf. zob.* **przyciąć.**
przycisk *mi* **1.** button. **2.** (*obciążnik*) weight; **przycisk do papieru** paper weight.
przyciskać *ipf.*, **przycisnąć** *pf.* **-snę -śniesz, -śnij** press.
przyciskać się *ipf.*, **przycisnąć się** *pf.* cling (*do czegoś* to sth).
przyciszać *ipf.*, **przyciszyć** *pf.* turn down.
przyczepa *f.* trailer; (*motocyklowa*) sidecar; **przyczepa kempingowa** trailer.
przyczepiać *ipf.*, **przyczepić** *pf.* attach (*coś do czegoś* sth to sth).
przyczepiać się *ipf.*, **przyczepić się** *pf.* **1.** (*przywrzeć, przylgnąć*) stick (*do czegoś* to sth). **2.** *pot.* (*mieć nieuzasadnione pretensje*) pick (*do kogoś/czegoś* at sb/sth). **3.** (*narzucić swoją obecność*) tag along (*do kogoś* with sb).
przyczyna *f.* reason (*czegoś* for sth); cause (*czegoś* of/for sth); **przyczyna, dla której...** the reason why.../for which...; **bez przyczyny** for no reason; **z tej przyczyny** for that reason; **nie bez przyczyny** not without reason.
przyczyniać się *ipf.*, **przyczynić się** *pf.* contribute (*do czegoś* to sth).
przydać (się) *pf. zob.* **przydawać (się).**
przydatność *f.* usefulness; **data przydatności do spożycia** best-before date.
przydatny *a.* useful, helpful.
przydawać *ipf.* **-aję -ajesz, -awaj** *form.* lend; **przydawać komuś powagi/czemuś wiarygodności** lend authority to sb/credence to sth.
przydawać się *ipf.* come in useful/handy; **to na nic się nie przyda** this is useless.
przydech *mi fon.* aspiration.
przydrożny *a.* roadside.
przydział *mi* **1.** (*zadań*) assignment, allocation; (*osoby do grupy*) placement, assignment. **2.** (*działka*) allowance, share.
przydzielać *ipf.*, **przydzielić** *pf.* **1.** (*przyznawać*) assign, allocate. **2.** (*kierować*) assign, place.
przygadać *pf.*, **przygadywać** *ipf.* **1.** (*docinać*) gibe, sneer (*komuś* at sb). **2.** (*poderwać*) chat up.
przygarnąć *pf.* **-ij, przygarniać** *ipf.* **1.** (*przytulić*) clasp; **przygarnąć kogoś do serca** *l.* **do piersi** clasp sb in one's arms. **2.** (*dać schronienie*) take in, take under one's roof.
przyglądać się *ipf.* watch, observe (*komuś/czemuś* sb/sth).
przygnębiać *ipf.*, **przygnębić** *pf.* depress.
przygnębiający *a.* depressing.
przygnębienie *n.* depression.
przygnębiony *a.* **-eni** depressed.
przygniatać *ipf.* **1.** (*przyciskać*) crush. **2.** (*obciążać*) weigh down.
przygniatający *a.* (*o uczuciu, ciszy, większości*) overwhelming.
przygoda *f. Gen.pl.* **-ód** adventure.
przygodny *a.* casual.
przygodowy *a.* adventure.
przygotować *pf.* prepare; **przygotowywać kogoś na coś/do czegoś** prepare sb for sth.
przygotować się *pf.* prepare (o.s.), get (o.s.) ready (*do czegoś* for sth); **przygotowywać się do egzaminu** study for an exam.
przygotowanie *n.* preparation.
przygotowany *a.* prepared (*do czegoś* for sth).
przygotowywać (się) *ipf. zob.* **przygotować (się).**

przyimek *mi* **-mk-** *Gen.* **-a** preposition.
przyjaciel *mp Gen.pl. & Acc.pl.* **-ół** *Dat.* **-ołom** *Ins.* **-ółmi** *Loc.* **-ołach** friend.
przyjacielski *a.* friendly.
przyjaciółka *f.* (girl)friend.
przyjazd *mi Loc.* **-eździe** arrival; **planowy przyjazd pociągu o godzinie...** the train is due at...
przyjazny *a.* friendly; **przyjazny dla środowiska/użytkownika** environment-/user-friendly.
przyjaźnić się *ipf.* **-ij/-ń** be friends (*z kimś* with sb).
przyjaźnie *adv.* in a friendly manner, amicably.
przyjaźń *f. pl.* **-e** friendship; **nawiązywać przyjaźń (z kimś)** strike up a friendship (with sb).
przyjąć (się) *pf. zob.* **przyjmować (się)**.
przyjechać *pf.* **-jadę -jedziesz** *zob.* **przyjeżdżać**.
przyjemnie *adv.* nicely, pleasantly; **jak tu przyjemnie!** it is so nice here! **byłoby mi bardzo przyjemnie** I'd be delighted.
przyjemność *f.* pleasure; **z przyjemnością** with pleasure; my pleasure; **cała przyjemność po mojej stronie** the pleasure is all mine; **z kim mam przyjemność?** with whom do I have the pleasure?
przyjemny *a.* pleasant; **przyjemny dla oka/ucha** pleasing to the eye/ear.
przyjeżdżać *ipf.* arrive, come (over); **przyjechać samochodem/pociągiem** come by car/train.
przyjęcie *n.* **1.** (*spotkanie towarzyskie*) reception. **2.** (*do szpitala; kandydata*) admission; (*pomysłu, wniosku*) adoption; (*prezentu*) acceptance; (*do pracy*) hiring; **godziny przyjęć** office hours.
przyjmować *ipf.* **1.** accept; (*lekarstwo*) take; (*nazwisko, nazwę*) assume; (*dostawę*) receive; (*postawę, rezolucję, wniosek*) adopt; (*sakrament, chrzest*) receive; (*obywatelstwo*) assume. **2.** (*przygarniać kogoś*) take in; (*uchodźców, uciekinierów*) (*o kraju*) admit. **3.** (*angażować, wcielać kogoś*) (*do pracy*) engage, employ; (*do szkoły, do szpitala*) admit. **4.** (*gości*) receive. **5.** (*interesantów, pacjentów*) see. **6.** (*reagować*) receive, take; **dobrze coś przyjmować** take sth well. **7.** (*zakładać, że...*) assume.
przyjmować się *ipf.* **1.** (*o roślinach*) take root. **2.** (*o modzie, zwyczajach, nazwie*) catch on.
przyjrzeć się *pf.* **-ę -ysz, -yj** *zob.* **przyglądać się**.
przyjść *pf.* **przyjdę przyjdziesz, przyszedł przyszła przyszli** *zob.* **przychodzić**.
przykazanie *n. rel.* commandment.
przykleić *pf.* **-eję -eisz, -ej, przyklejać** *ipf.* stick; (*klejem*) glue; (*taśmą*) tape; **przykleić komuś jakąś etykietkę** *przen.* label sb as sth; **przykleić znaczek (na list)** put/stick a stamp on (a letter).
przykleić się *pf.*, **przyklejać się** *ipf.* **1.** (*przylgnąć*) stick, get stuck. **2.** *pot.* (*narzucić komuś swoją obecność*) tag along (*do kogoś* with sb).
przykład *mi* example; **brać z kogoś przykład** follow sb's example; **dawać dobry/zły przykład** set a good/bad example; **na przykład** for example, for instance; **dla przykładu** as an example, by way of example.
przykładać *ipf.* put (*coś do czegoś* sth against sth); **przykładać (dużą) wagę do czegoś** attach (a lot of) importance to sth.
przykładać się *ipf.* (*starać się*) apply o.s. (*do czegoś* to sth); do one's best.
przykładowo *adv. pot.* = **na przykład**.
przykładowy *a.* hypothetical.
przykręcać *ipf.*, **przykręcić** *pf.* (*śrubę, żarówkę*) screw in; (*półkę, osłonę*) screw.
przykro *adv.* **jest mi przykro, że...** I'm sorry that...
przykrość *f.* **1.** (*uczucie*) distress; **sprawiłeś mi wielką przykrość** you made me very sad. **2.** (*to, co wywołuje to uczucie*) unpleasantness; trouble.
przykry *a.* unpleasant; **przykry widok** (*zasmucający*) sorry sight; (*godny pożałowania*) pitiful sight; **być przykrym wobec kogoś** be nasty to sb.
przykryć *pf.*, **przykrywać** *ipf.* cover (up) (*czymś* with sth).
przykryć się *pf.*, **przykrywać się** *ipf.* cover o.s. (up) (*czymś* with sth).
przykrywka *f.* **1.** lid. **2.** *przen.* cover-up.
przylatywać *ipf.* **1.** (*o ptakach, owadach*) fly in. **2.** (*o samolotach*) arrive. **3.** (*przybywać samolotem*) fly in. **4.** *pot.* (*przybiec*) come running.
przylądek *mi* **-dk-** *Gen.* **-a** cape.
przylegać *ipf.* **1.** (*opinać, przywierać*) stick (*do czegoś* to sth). **2.** (*sąsiadować*) (*o pokoju*) adjoin (*do czegoś* sth); (*o polu, łące*) border (*do czegoś* on sth).
przylegający *a.* **1.** (*o ubraniu*) close-fitting. **2.** (*sąsiadujący*) adjacent (*do czegoś* to sth); (*o pokoju*) adjoining (*do czegoś* sth).
przyległy *a.* adjacent (*do czegoś* to sth); adjoining (*do czegoś* sth).
przylepiać *ipf.*, **przylepić** *pf.* stick; (*klejem*) glue; (*taśmą*) tape.
przylot *mi* arrival.
przyłapać *pf.* **-pię -piesz**, **przyłapywać** *ipf.* catch (*kogoś na czymś* sb doing sth).
przyłapać się *pf.*, **przyłapywać się** *ipf.* catch o.s. (*na czymś* doing sth).
przyłączać *ipf.*, **przyłączyć** *pf.* **1.** attach (*coś do czegoś* sth to sth). **2.** (*budynek, urządzenie*) wire; (*komputer*) link.
przyłączać się *ipf.*, **przyłączyć się** *pf.* join (in).
przyłożyć (się) *pf.* **-łożę -łożysz, -łóż** *zob.* **przykładać (się)**.
przymiarka *f.* (*u krawca*) fitting.
przymierać *ipf.* **przymierać głodem** starve.
przymierzać *ipf.* try on.
przymierzać się *ipf.* get ready (*do czegoś* for sth).
przymierzalnia *f. Gen.pl.* **-i** fitting room.
przymiotnik *mi Gen.* **-a** adjective.
przymknąć *pf.* **1.** (*zamykać niecałkowicie*) leave/set ajar. **2.** *pot.* (*aresztować*) pinch.
przymknąć się *pf.* **1.** (*o drzwiach, oknie*) shut, close. **2.** (*o człowieku*) shut up.
przymocować *pf.*, **przymocowywać** *ipf.* fix, fasten (*coś do czegoś* sth to sth).
przymrużenie *n.* **powiedzieć coś z przymrużeniem oka** say sth with tongue in cheek; **traktować coś z przymrużeniem oka** take sth with a pinch of salt.
przymusowy *a.* compulsory; (*o lądowaniu, pracy*) forced.
przymuszać *ipf.* force (*kogoś do czegoś* sb to do sth).
przymuszać się *ipf.* force o.s. (*do czegoś* to do sth).
przymykać (się) *ipf. zob.* **przymknąć (się)**.
przynaglać *ipf.*, **przynaglić** *pf.* **-lę -lisz, -lij** rush (*kogoś do czegoś* sb to do sth).
przynajmniej *adv.* at least.
przynależność *f.* affiliation; (*do partii, organizacji*) membership.
przynęta *f.* bait.
przynieść *pf.* **-niosę -niesiesz, -niósł -niosła -nieśli, przynosić** *ipf.* **-noszę -nosisz 1.** bring; **co cię tu**

przyniosło? what brought you here? **2.** (*spowodować*) bring (about).
przypadać *ipf.* (*dostać się komuś*) fall to; (*o nagrodzie, spadku*) go to; **ten wielki zaszczyt przypadł mi w udziale** this great honor falls to my lot; **to przypada na niedzielę/maj** it falls on Sunday/in May.
przypadek *mi* **1.** (*zdarzenie*) coincidence, chance; **przez przypadek** by accident/chance; **w przypadku** in case of; in the event of. **2.** *med.* case. **3.** *Gen.* **-a** *gram.* case.
przypadkowo *adv.* by chance/accident; accidentally.
przypadkowy *a.* (*niezamierzony*) accidental; (*o próbce, ułożeniu*) random; (*o znajomości, spotkaniu*) chance.
przypalać *ipf.*, **przypalić** *pf.* (*palić z wierzchu*) singe; (*o mięsie, mleku*) burn.
przypalać się *ipf.*, **przypalić się** *pf.* (*na słońcu*) sunburn.
przypaść *pf. zob.* **przypadać**.
przypiekać *ipf.*, **przypiec** *pf.* **1.** (*przyrumieniać*) brown. **2.** (*o słońcu*) beat down.
przypiekać się *ipf.*, **przypiec się** *pf.* **1.** (*przyrumieniać się*) brown. **2.** *pot.* (*na słońcu*) suntan.
przypinać *ipf.*, **przypiąć** *pf.* (*pasami*) strap; (*broszkę*) pin.
przypinać się *ipf.*, **przypiąć się** *pf. pot.* cling (*do czegoś* to sth).
przypis *mi* (*na dole strony*) footnote; (*na końcu tekstu*) endnote.
przypłynąć *pf. zob.* **przypływać**.
przypływ *mi* **1.** (*wezbranie*) surge. **2.** (*oceanu*) high tide.
przypływać *ipf.* **-am -asz** (*o statku*) arrive, come in; (*o pływaku*) swim up.
przypominać *ipf.*, **przypomnieć** *pf.* **-nę -nisz**, **-nij 1.** remind (*komuś o czymś* sb about sth) (*komuś kogoś/coś* sb of sb/sth); **przypominać sobie (o kimś/czymś)** recall sb/sth; **przypominać komuś, żeby coś zrobił** remind sb to do sth. **2.** *tylko ipf.* (*być podobnym do kogoś, czegoś*) resemble (*kogoś/coś* sb/sth); **przypominać coś** (*wyglądem*) look like sth.
przypominać się *ipf.*, **przypomnieć się** *pf.* **teraz wszystko mi się przypomina** it's all coming back to me now; **przypomniało mi się, że...** I remembered that...
przyprawa *f.* (*ziołowa*) seasoning; (*korzenna*) spice; (*np. sól, musztarda*) condiment.
przyprawiać *ipf.*, **przyprawić** *pf.* **1.** *kulin.* season. **2.** **przyprawiać kogoś o mdłości/zawroty głowy** make sb sick/dizzy; **przyprawiać kogoś o zawał serca** give sb a heart attack.
przyprowadzać *ipf.*, **przyprowadzić** *pf.* bring; **przyprowadzić kogoś ze sobą (na przyjęcie)** bring/take sb along (to a party); **przyprowadź go ze sobą!** bring him around!
przypuszczać *ipf.* (*mniemać, zakładać*) assume; (*snuć domysły*) suppose; (*zakładać*) presume; **przypuszczam, że tak** I suppose/believe so.
przypuszczający *a.* **tryb przypuszczający** conditional mood.
przypuszczalny *a.* presumable.
przypuszczenie *n.* assumption, presumption.
przyroda *f.* nature; **dzika przyroda** wildlife; **ochrona przyrody** wildlife/environmental protection; **na łonie przyrody** in the open.
przyrodni *a.* step-, half; **przyrodni brat** stepbrother, half brother.
przyrodniczy *a.* (*film*) nature; (*nauki*) natural.
przyrost *mi* increase, growth; **przyrost naturalny** population growth (rate); **przyrost wagi** weight gain.
przyrostek *mi* **-tk-** *Gen.* **-a** suffix.
przyrównać *pf.*, **przyrównywać** *ipf.* (*porównać*) compare; (*znajdować podobieństwo*) liken, equate (*kogoś/coś do kogoś/czegoś* sb/sth to sb/sth).
przyrównać się *pf.*, **przyrównywać się** *ipf.* (*porównać*) compare o.s.; (*znajdować podobieństwo*) liken o.s., equate o.s. (*do kogoś/czegoś* to sb/sth).
przyrząd *mi* device, instrument, apparatus; **przyrządy nawigacyjne** navigational aids; **przyrząd pomiarowy** measuring instrument.
przyrządzać *ipf.*, **przyrządzić** *pf.* prepare (*a meal, drink, etc.*).
przyrzec *pf.* **-rzeknę -rzekniesz**, **-rzeknij**, **-rzekł** *zob.* **przyrzekać**.
przyrzeczenie *n.* promise; **dotrzymać przyrzeczenia** keep a promise.
przyrzekać *ipf.* promise, make a promise.
przysiąc *pf.* **-sięgnę -sięgniesz**, **-sięgnij**, **-siągł -sięgła -sięgli** *zob.* **przysięgać**.
przysięga *f.* oath, vow; **przysięga małżeńska** marriage/marital vows; **przysięga na wierność** oath of allegiance; **składać przysięgę** take/swear an oath; **pod przysięgą** under oath.
przysięgać *ipf.* swear; (*złożyć przysięgę*) take an oath; (*zobowiązać się*) pledge; **przysięgać wierność** swear allegiance (*komuś/czemuś* to sb/sth).
przysięgły *a.* (*zaprzysiężony*) sworn; **tłumacz przysięgły** (*słowa mówionego*) sworn/certified interpreter; (*słowa pisanego*) sworn/certified translator. — *mp prawn.* juror.
przysłać *pf.* **-ślę -ślesz**, **-ślij**, **-słał** send.
przysłaniać *ipf.* obscure, shade.
przysłona *f. fot.* diaphragm, lens stop, aperture (stop).
przysłonić *pf. zob.* **przysłaniać**.
przysłowie *n. Gen.pl.* **-łów** proverb.
przysłówek *mi* **-wk-** *Gen.* **-a** adverb.
przysłuchiwać się *ipf.* listen (*to sth attentively*).
przysługa *f.* favor; **prosić kogoś o przysługę** ask sb a favor, ask a favor of sb; **wyświadczyć komuś przysługę** do sb a favor.
przysługiwać *ipf.* **przysługuje mu urlop** he is entitled to a leave; **nie przysługuje jej do tego prawo** she doesn't have the right to do it, she's not entitled to do it.
przysmak *mi* delicacy.
przyspieszać *ipf.* **1.** (*zwiększać szybkość*) accelerate, speed up; (*np. o samochodzie*) pick up/gather speed. **2.** (*skracać czas oczekiwania na coś*) advance.
przyspieszenie *n.* acceleration.
przyspieszony *a.* accelerated; **przyspieszony puls** frequent/rapid pulse; **autobus przyspieszony** limited (bus).
przyspieszyć *pf. zob.* **przyspieszać**.
przystanek *mi* **-nk-** stop; **przystanek autobusowy/tramwajowy** bus/streetcar stop; **wysiąść na drugim przystanku** get off at/on the second stop.
przystać *pf. zob.* **przystawać**[1].
przystanąć *pf. zob.* **przystawać**[2].
przystań *f. pl.* **-e 1.** *żegl.* (inland) port, harbor. **2.** *przen.* haven.
przystawać[1] *ipf.* **-aję -ajesz**, **-awaj** (*zgadzać się*) accede, consent; **przystać na czyjeś warunki** accede to sb's terms.

przystawać² *ipf.* **-nę -niesz, -nął -nęła -nęli** (*zatrzymywać się*) stop (*for a while*).
przystawiać *ipf.*, **przystawić** *pf.* **1.** (*przysunąć*) move over. **2.** (*przyłożyć*) put against.
przystawiać się *ipf. pot.* (*podrywać*) make a pass (*do kogoś* at sb).
przystawka *f. kulin.* starter, hors d'oeuvre, appetizer; **na przystawkę** for starters.
przystąpić *pf.* (*rozpoczynać*) begin, start; **przystąpić do działania** swing into action; **przystąpmy do rzeczy** let's get down to business, let's come to the point.
przystępny *a.* (*np. styl, język*) accessible; (*osoba*) approachable; (*cena*) affordable.
przystępować *ipf. zob.* **przystąpić**.
przystojny *a.* handsome, good-looking.
przystosować *pf.* adapt, adjust (*coś do czegoś* sth to sth).
przystosować się *pf.* adapt, adjust; **przystosować się do nowych warunków pracy** adapt to new working conditions.
przystosowanie *n.* **1.** *biol.* adaptation. **2.** *psych.* adjustment.
przystosowywać (się) *ipf. zob.* **przystosować (się)**.
przysunąć *pf.*, **przysuwać** *ipf.* push, move (*sth nearer to sth*); **przysunąć sobie krzesło** draw up a chair.
przysunąć się *pf.*, **przysuwać się** *ipf.* move closer, come closer.
przysyłać *ipf. zob.* **przysłać**.
przyszłość *f.* future; **w niedalekiej przyszłości** in the near(est)/immediate/foreseeable future; **przyszłość pokaże** the time will tell; **w przyszłości** in the future; **robić plany na przyszłość** look/think ahead; **widoki na przyszłość** prospects, lookouts (*for the future*).
przyszły *a.* future, next; **przyszłe pokolenia** future generations; **w przyszłym roku** next year; **przyszły lekarz** doctor-to-be; **czas przyszły** the future tense.
przyszywać *ipf.* **-am -asz** stitch, sew (*coś do czegoś* sth on(to) sth).
przyśpieszać *ipf. zob.* **przyspieszać**.
przytaczać *ipf.*, **przytoczyć** *pf.* **1.** (*cytować*) quote, cite. **2.** (*wyliczać*) mention, enumerate.
przytakiwać *ipf.*, **przytaknąć** *pf.* **-ij** assent (*komuś* with sb) (*czemuś* to sth).
przytomność *f.* consciousness; **odzyskać przytomność** regain consciousness, come to/around; **stracić przytomność** lose consciousness, pass out.
przytomny *a.* **1.** (*świadomy*) conscious. **2.** (*rozsądny*) sensible, sober, astute.
przytrzymać *pf.*, **przytrzymywać** *ipf.* **1.** (*nie pozwolić się ruszyć*) hold down, keep down; **przytrzymywało go dwóch silnych mężczyzn** he was held down by two strong men. **2.** (*nie pozwolić odejść*) detain, delay; **chciał już iść do domu, ale go przytrzymano** he wanted to go home but he was detained. **3.** (*nie pozwolić upaść*) hold back; **możesz mi przytrzymać drabinę?** could you hold the ladder for me, please? **4.** (*potrzymać*) hold (*for a while*); **przytrzymać kogoś za rękę** hold sb's hand for a while.
przytrzymać się *pf.*, **przytrzymywać się** *ipf.* hold on (*czegoś* to sth).
przytulać *ipf.*, **przytulić** *pf.* hug, cuddle; **przytulić kogoś** give sb a hug/cuddle.
przytulać się *ipf.*, **przytulić się** *pf.* cuddle up, snuggle up (*do siebie* together).
przytulnie *adv.* **przytulnie tu u ciebie** it's very cozy here.
przytulny *a.* cozy, snug.
przytwierdzać *ipf.*, **przytwierdzić** *pf.* (*przymocować*) attach, fix (*coś do czegoś* sth to sth).
przytyć *pf.* **-tyję -tyjesz, -tyj** put on weight.
przywiązanie *n.* attachment, devotion (*do kogoś/czegoś* to sb/sth).
przywiązany *a.* (*do drzewa, do płotu*) tied; (*do rodziców, do przyjaciela*) attached.
przywiązać *pf.*, **przywiązywać** *ipf.* tie (*kogoś/coś do kogoś/czegoś* sb/sth to sb/sth); **przywiązywać wielką wagę/wielkie znaczenie do czegoś** attach great importance/significance to sth.
przywiązać się *pf.*, **przywiązywać się** *ipf.* **1.** (*przymocowywać się*) tie o.s. **2.** (*uczuciowo*) become (emotionally) attached.
przywidzenie *n.* illusion; **mieć przywidzenia** see things.
przywieść *ipf. zob.* **przywodzić**.
przywieźć *ipf.* bring (over); **przywieźć kogoś/coś ze sobą** bring sb/sth along.
przywierać *ipf.*, **przywrzeć** *pf.* **1.** (*przylegać*) cling. **2.** (*do garnka*) stick.
przywilej *mi Gen.pl.* **-ów** privilege.
przywitać *pf.* greet, welcome; *por.* **witać**.
przywitać się *pf.* exchange greetings, greet each other/one another; *por.* **witać (się)**.
przywłaszczać *ipf.*, **przywłaszczyć** *pf.* appropriate.
przywozić *ipf.* **-wożę -wozisz, -wóź** *zob.* **przywieźć**.
przywołać *pf.*, **przywoływać** *ipf.* **1.** (*zawołać*) call; **przywołać kogoś gestem/skinieniem** beckon sb; (*np. psa, żeby kogoś zostawił*) call off; **przywołać kogoś do porządku** call sb to order, whip sb into line, bring sb to heel; (*zwłaszcza dzieci*) read sb the riot act. **2.** (*przypomnieć sobie*) recall; **przywołać wspomnienia z dzieciństwa** recall (some memories of) one's childhood.
przywozić *ipf.*, **przywieźć** *pf.* **-wożę -wozisz, -wóź** bring (over); **przywieźć kogoś/coś ze sobą** bring sb/sth along.
przywódca *mp* leader.
przywóz *mi* **-o-** (*przywiezienie*) delivery; (*import*) import.
przywracać *ipf.* restore (*kogoś/coś do* sb/sth to); **przywracać komuś życie** bring sb back to life; **przywracać porządek** restore order; **przywracać równowagę** redress the balance.
przywykły *a.* accustomed (*do (robienia) czegoś* to (doing) sth).
przyziemny *a.* down-to-earth, earthbound, mundane; **przyziemne plany** down-to-earth plans; **przyziemne myśli** earthbound thoughts.
przyznać *pf.*, **przyznawać** *ipf.* **-znaję -znajesz, -znawaj** **1.** (*zgodzić się*) admit, acknowledge; **przyznać komuś rację** admit that sb is right; **przyznać, że...** acknowledge/concede that...; **muszę przyznać, że...** I have to confess/admit that...; **trzeba przyznać, że...** admittedly... **2.** (*udzielić, wydać*) award, grant (*komuś coś* sb sth); (*tytuł naukowy*) confer (*komuś* upon sb); (*przydzielić*) allocate; **przyznać komuś odszkodowanie** award/grant sb a compensation; **przyznać komuś nagrodę/premię** award sb a prize/bonus; **przyznać komuś prawo stałego pobytu** grant sb the right of permanent residence; **przyznać komuś stypendium** grant sb a scholarship.

przyznać się *pf.*, **przyznawać się** *ipf.* confess, own up to (*do czegoś* to sth); admit; **przyznawać się do autorstwa czegoś** (*o mężczyźnie*) father sth; (*o kobiecie*) mother sth; **przyznać się do błędu** recognize one's error, own to a mistake; **przyznać się do bycia homoseksualistą** come out (of the closet); **przyznać się do czegoś** come clean about sth; (*np. do zamachu, zabójstwa*) claim responsibility for sth; **przyznać się do morderstwa** confess to murder; **przyznać się do porażki** admit/acknowledge/concede defeat, haul down the flag/colors; **przyznać się do winy** confess one's guilt; **(nie) przyznać się do winy** *prawn.* plead (not) guilty; **muszę się do czegoś przyznać** I have sth to confess.

przyzwoitość *f.* decency; **dla przyzwoitości** for decency's sake, for the sake of appearances; **zwykła przyzwoitość wymaga, żeby...** it's common decency to...

przyzwoity *a.* decent, proper; **przyzwoity człowiek** decent/nice man; **przyzwoite zachowanie** proper behavior; **przyzwoity zarobek** decent pay.

przyzwyczaić *pf.* **-czaję -czaisz, -czaj, przyzwyczajać** *ipf.* accustom; *form.* habituate (*kogoś do (robienia) czegoś* sb to (doing) sth).

przyzwyczaić się *pf.*, **przyzwyczajać się** *ipf.* get used, get accustomed, accustom o.s. (*do kogoś/czegoś l. do (robienia) czegoś* to sb/sth *l.* to (doing) sth); (*nabrać przyzwyczajenia*) fall into the habit (*do robienia czegoś* of doing sth); **do wszystkiego można się przyzwyczaić** one can get used to anything, you'll get used to it.

przyzwyczajenie *n.* habit; **mieć przyzwyczajenie robienia czegoś** be in the habit of doing sth; **z przyzwyczajenia** out of habit.

przyzwyczajony *a.* **-eni** used, accustomed (*do (robienia) czegoś* to (doing) sth).

PS, P.S. *abbr.* (*postscriptum*) P.S., p.s. (*postscript*).

psa *itd. ma zob.* **pies**.

pseudonim *mi* pseudonym; **pseudonim artystyczny/literacki** stage/pen name.

psocić *ipf.* play pranks (*komuś* on sb).

pstrąg *ma* trout.

psuć *ipf.* **1.** (*uszkadzać*) break, damage. **2.** (*pogarszać, mącić*) spoil; **psuć komuś humor** damp sb's spirits; **psuć zabawę** spoil/kill the fun; **psuć widok** spoil the view. **3.** (*rozpieszczać*) spoil.

psuć się *ipf.* **1.** (*uszkadzać się*) break down. **2.** (*gnić*) (*o jedzeniu*) go bad; (*o zębach*) decay. **3.** (*ulegać pogorszeniu*) deteriorate, worsen; **słuch/wzrok mi się psuje** my hearing/sight is going.

psychiatra *mp* psychiatrist.

psychiatria *f. Gen.* **-ii** psychiatry.

psychiatryczny *a.* psychiatric(al); **szpital psychiatryczny** psychiatric/mental hospital; **zakład psychiatryczny** mental asylum/institution.

psychicznie *adv.* mentally; **chory psychicznie** mentally ill; (*pacjent*) mental patient.

psychiczny *a.* mental, psychic; **choroba psychiczna** mental illness/disease; **uraz psychiczny** psychical/mental trauma; **zaburzenia psychiczne** mental disorders; **załamanie psychiczne** mental breakdown.

psychoanalityk *mp* psychoanalyst.

psycholog *mp pl.* **-dzy/-owie** psychologist.

psychologia *f. Gen.* **-ii** psychology.

psychologiczny *a.* psychological.

psychopata *mp* psychopath.

psychoterapia *f. Gen.* **-ii** psychotherapy.

pszczoła *f. Gen.pl.* **-ół** bee.

pszenica *f.* wheat.

pszenny *a.* wheat; **chleb pszenny** wheat bread.

pt. *abbr.* **1.** (*piątek*) Fri. (*Friday*). **2.** (*pod tytułem*) entitled.

ptak *ma* bird; **ptak drapieżny** bird of prey; **ptak hodowlany** domestic fowl; **rajskie ptaki** birds of paradise; **z lotu ptaka** from above; **widok z lotu ptaka** bird's eye view.

ptaszek *ma* **-szk- 1.** (*mały ptak*) birdie. **2.** *pot.* (*graficzny znak aprobaty*) check.

publicysta *mp* publicist, journalist.

publicystyka *f.* (political commentary) journalism.

publicznie *adv.* publicly, in public; **pokazywać się publicznie** appear in public, show o.s., be in the public eye.

publiczność *f.* audience.

publiczny *a.* public; **dom publiczny** brothel; **w interesie publicznym** in the public interest; **w miejscu publicznym** in public; **badanie opinii publicznej** (public) opinion poll; **być osobą publiczną** be a public figure, be in the public eye; **naruszenie porządku publicznego** breach of the peace; **wystawić coś na widok publiczny** put sth on public display.

publikacja *f.* publication.

publikować *ipf.* (*wydać drukiem*) publish; (*podać do wiadomości*) release.

puch *mi* **1.** (*u ptaków, na twarzy, na roślinach*) down. **2.** (*meszek*) fluff.

puchar *mi* **1.** (*kielich*) chalice, goblet. **2.** (*nagroda; t. zawody*) cup; **Puchar Świata** the World Cup.

puchnąć *ipf.* **-nę -niesz, -nij, puchł/puchnął puchła puchli** (*nabrzmiewać*) swell; **głowa mi puchnie od tego hałasu!** this noise is ear-splitting!

puchowy *a.* **kołdra puchowa** eiderdown; **kurtka puchowa** down jacket.

pucować *ipf. pot.* (*dokładnie czyścić*) rub (*sth clean*); (*polerować*) polish, shine.

pudełko *n. Gen.pl.* **-ek** box; **pudełko od zapałek** matchbox; **pudełko czekoladek** box of chocolates.

puder *mi* **-dr-** powder; (*do twarzy*) face powder; **cukier puder** caster sugar.

puderniczka *f.* (powder) compact.

pudło[1] *n. Gen.pl.* **pudeł 1.** (*opakowanie*) (large) box. **2.** *pot.* (*więzienie*) stir, jug.

pudło[2] *n. pot.* (*chybiony strzał*) miss.

pudrować *ipf.* powder.

pudrować się *ipf.* powder (*usu. one's face*).

puenta *f.* punch line.

pukać *ipf.*, **puknąć** *pf.* knock; **pukać do drzwi** knock at/on (sb's) door.

pukać się *ipf.* (*tylko w zwrocie*) **puknij się w czoło/w głowę!** you must be nuts!

pula *f.* **1.** (*stawka*) pool. **2.** (*ilość czegoś*) amount, supply; **pula nagród** prizes (*available in a competition*).

pulower *mi* pullover.

pulpit *mi* (*na nuty*) music stand; (*biurka*) desk top; *kośc.* (*t. wykładowcy*) lectern; **pulpit sterowniczy** control panel.

puls *mi* pulse.

pulsować *ipf.* (*o naczyniach krwionośnych*) pulsate, throb; (*o sercu*) beat, throb; *przen.* pulsate.

pułapka *f.* trap; **pułapka na myszy** mousetrap; **zastawiać na kogoś pułapkę** set a trap for sb.

pułkownik *mp* colonel.

puma *f.* puma.

punkt *mi* **1.** point; **martwy punkt** standstill, deadlock, stalemate; **utknąć w martwym punkcie** end in (a) stalemate; **punkt odniesienia** point of reference; **punkt wyjścia** starting point; **punkt zwrotny** turning point; **czuły punkt** sore point. **2.** (*miejsce*) shop, outlet; **punkt skupu butelek** bottle return; **punkt usługowy** service shop. **3.** (*stanowisko*) point; **punkt informacyjny** information desk; **punkt obserwacyjny** vantage point; **punkt orientacyjny** landmark; **punkt widzenia** point of view, viewpoint. **4.** (*paragraf*) item; **punkt programu** item on/of the agenda; **punkt po punkcie** item by item. **5.** (*kwestia*) point, matter, issue; **punkt honoru** point of honor; **punkt sporny** moot point, thorny issue; **punkt zapalny** flash point; **punkt kulminacyjny** climax.

punktacja *f.* **1.** (*zasady*) scoring rules; *szkoln.* grading scale. **2.** (*suma*) score.

punktualnie *adv.* punctually, on time; **punktualnie o piątej** at five (o'clock) sharp.

punktualność *f.* punctuality.

punktualny *a.* punctual.

purée *n. indecl.* purée; **purée ziemniaczane** mashed potatoes.

purpurowy *a.* purple.

purytanin *mp pl.* **-anie** *Gen.* **-an** *rel.* Puritan; *przen.* puritan.

pustelnik *mp* hermit; *przen.* recluse.

pustka *f.* (*puste miejsce*) void; (*bycie pustym*) emptiness; **mam pustkę w głowie** my mind is a blank; **ulice świeciły pustkami** the streets were deserted.

pustkowie *n. Gen.pl.* **-i** void, desolation.

pusto *adv.* **na ulicy było pusto** the street was deserted; **w mieszkaniu/pokoju było pusto** the apartment/room was empty.

pustoszeć *ipf.* empty, become deserted.

pusty *a.* **1.** empty; (*bezludny, opustoszały*) void, waste. **2.** (*bezmyślny*) light-minded; **pusty śmiech** vacuous laughter. **3.** (*czczy, próżny*) empty, vain; **pusta gadanina** empty/idle talk.

pustynia *f.* desert.

puszcza *f.* primeval forest.

puszczać *ipf.*, **puścić** *pf.* **1.** (*nie trzymać*) let go (*coś* of sth); **mróz puszcza** the frost is letting up. **2.** (*pozwalać na ruch*) let (*sb/sth go*); **puszczać latawiec** fly a kite; **puszczać wodę** turn the water on; **nie puszczać kogoś na imprezę/do kina** not let sb go to a party/the movies. **3.** (*uruchomić*) run (*a machine, etc.*); (*piosenkę, płytę*) play (*a song, record*); **puścić coś w ruch** set sth in motion, set sth going. **4.** (*pozwalać odejść*) let go; **puszczać kogoś wolno** set/let sb free; **puszczać kogoś przodem** let sb go first. **5.** (*wydalać z siebie*) (*np. sok*) give off, ooze; (*o praniu - kolory*) bleed. **6.** (*ustępować pod naporem*) give way; (*o nerwach*) crack. **7.** (*o brudzie, plamie*) come off.

puszczać się *ipf.*, **puścić się** *pf.* **1.** start (*moving, running, etc.*), set off/out; **puszczać się biegiem** break into a run. **2.** *pot.* sleep around.

puszka *f.* can; **puszka groszku/piwa** can of peas/beer; **otwieracz do puszek** can opener.

puszysty *a.* **-szy** (*o włosach, cieście*) fluffy; *euf.* (*o osobie*) well-padded.

pycha *f.* pride. — *int.* sth great; **to jest pycha!** this is yummy!

pył *mi* dust.

pyłek *mi* **-łk-** **1.** (*drobina*) speck; **pyłek kurzu** speck of dust. **2.** *bot.* pollen.

pysk *mi Gen.* **-a** **1.** (*u zwierząt*) muzzle, snout. **2.** *pot.* (*twarz*) trap; **dać komuś w pysk** punch sb in the face; **być mocnym w pysku** have the gift of the gab; **mieć niewyparzony pysk** not to mince one's words; **wyrzucić kogoś na zbity pysk** kick sb out; **stul pysk!** shut your trap/mouth!, shut up! **daj pyska!** give us a kiss!

pyszny *a.* **1.** (*dumny*) proud. **2.** (*smakowity*) delicious. **3.** (*wspaniały*) excellent.

pytać *ipf.* **1.** ask; **pytać o drogę** ask sb the way, ask for directions; **pytać o godzinę** ask sb (for) the time; **pytać o kogoś** ask after sb. **2.** (*egzaminować*) **pytać kogoś z angielskiego** give sb an oral in English.

pytać się *ipf. zob.* **pytać** 1.

pytający *a.* questioning, interrogative; **pytające spojrzenie** questioning look; **zdanie pytające** interrogative sentence.

pytajnik *mi Gen.* **-a** question mark.

pytanie *n.* question; **podchwytliwe pytanie** tricky question; **zadać komuś podchwytliwe pytanie** lead sb on; **zadać pytanie** ask a question; **odpowiedzieć na pytanie** answer a question; **zrobić coś bez pytania** do sth without permission.

Q

Quebec *mi* Québec.

quiz *mi* quiz, kwiz.

R

r. *abbr.* (*rok*) y. (*year*).
rabin *mp* rabbi.
rabować *ipf.* rob, steal.
rabunek *mi* **-nk-** robbery.
rabunkowy *a.* **napad rabunkowy** holdup.
rachunek *mi* **-nk- 1.** (*obliczanie*) calculation; **rachunek prawdopodobieństwa** probability theory/calculus. **2.** (*konto*) account; **rachunek bieżący/oszczędnościowy** current/savings account; **na mój rachunek** it's my treat. **3.** (*należność do zapłacenia*) bill, check.
rachunkowość *f.* **1.** (*księgowość*) accountancy. **2.** (*dział instytucji*) accounting (department).
racja *f.* **1.** (*słuszność*) right; **mieć rację** be right; **udowodnić, że ktoś nie miał racji** prove sb wrong. **2.** (*argument*) reason, argument. **3.** *lit.* (*powód*) reason; **racja bytu** raison d'être; **z jakiej racji?** by what right? **z racji czegoś** on account of sth. **4.** (*porcja*) ration.
racjonalizacja *f.* **1.** (*usprawnienie*) improvement, streamlining. **2.** *psych.* rationalization.
racjonalnie *adv.* sensibly.
racjonalny *a.* **1.** (*przemyślany*) reasonable, sensible. **2.** (*oparty na rozumie*) rational.
raczej *adv.* **1.** (*właściwie*) rather. **2.** (*lepiej, prędzej*) rather, sooner; **raczej umrę, niż się poddam** I'd rather/sooner die than give up.
raczyć *ipf.* **1.** *lit.* (*częstować*) treat (*kogoś czymś* sb to sth). **2.** *iron.* **nie raczył nawet zadzwonić** he didn't even bother to call.
raczyć się *ipf.* *żart.* (*jeść*) treat o.s. (*czymś* to sth).
rad *a.* *tylko Nom.* **1.** *lit.* (*zadowolony*) glad, happy; **rad jestem, że...** I'm happy to... **2.** *lit.* (*chętny, przychylny*) glad; **rad bym ją poznać** I would be glad to meet her; **rad nierad** willy-nilly.
rada *f.* **1.** (piece of) advice; **nie ma rady** there's nothing we can do; **nie da rady** *pot.* it's no go; **jest na to rada** there's a way; **dawać sobie radę z czymś** manage sth. **2.** (*grupa ludzi*) council; **rada miejska** city council; **rada nadzorcza** supervisory board; **Rada Europy** Council of Europe.
radar *mi* radar.
radca *mp* counselor; **radca prawny** attorney, lawyer.
radio *n.* *Loc.* **-u** radio; **w radiu** on the radio; **słuchać radia** listen to the radio.
radioaktywność *f.* radioactivity.
radioaktywny *a.* radioactive.
radiologia *f.* *Gen.* **-ii** radiology.
radiomagnetofon *mi* radio cassette recorder.
radioodbiornik *mi* *Gen.* **-a** radio.
radiosłuchacz *mp* *Gen.pl.* **-y/-ów** (radio) listener.
radiostacja *f.* (*stacja nadawcza*) radio station.
radiotelefon *mi* radiotelephone.
radiowóz *mi* **-o-** patrol car.
radiowy *a.* radio, broadcasting; **transmisja radiowa** broadcast.
radny *mp* councilor.
radosny *a.* joyful, cheerful.
radość *f.* happiness, joy; **sprawić komuś radość** make sb happy; **z radością** with pleasure.
radować *ipf.* *lit.* delight, gladden.
radować się *ipf.* *lit.* rejoice (*czymś/z czegoś* at/in sth).
radykalny *a.* radical, dramatic.
radzić *ipf.* **1.** advise, give advice; **nie radzę ci tego robić** I wouldn't do that. **2.** (*omawiać*) debate (*nad czymś* sth). **3. radzić sobie (z kimś/czymś)** handle (sb/sth).
radzić się *ipf.* **radzić się kogoś** seek sb's advice.
radziecki *a.* Soviet; **Związek Radziecki** the Soviet Union.
rafa *f.* reef.
rafineria *f.* *Gen.* **-ii** refinery.
raj *mi* paradise; **czuć się jak w raju** be in heaven.
rajd *mi* (*samochodowy*) rally.
rajski *a.* **1. rajski ptak** bird of paradise. **2.** (*taki jak w raju*) heavenly, blissful.
rajstopy *pl.* *Gen.* **-p** pantyhose, tights.
rak *ma* **1.** *zool.* crayfish. **2.** *astrol.* **Rak** Cancer, the Crab. **3.** (*nowotwór*) cancer.
rakieta *f.* **1.** (*pojazd*) rocket. **2.** (*pocisk*) rocket, missile. **3.** *sport* racket, racquet.
rakietka *f.* *sport* racket.
rakotwórczy *a.* carcinogenic.
rama *f.* frame.
ramiączko *n.* (*taśma podtrzymująca stanik itp.*) shoulder strap.
ramię *n.* **ramieni-** *pl.* **-on- 1.** (*bark*) arm, shoulder; **ramię w ramię** arm in arm; **wzruszyć ramionami** shrug one's shoulders. **2.** (*kończyna górna*) arm; **przyjąć kogoś z otwartymi ramionami** give sb a warm welcome; **wziąć kogoś w ramiona** take sb in one's arms. **3.** (*odnoga*) branch.
ramka *f.* **1.** *zob.* **rama**. **2.** (*prostokąt w tekście*) box.
rampa *f.* **1.** (*miejsce do przeładunku*) loading platform. **2.** *teatr* footlights.
rana *f.* wound, injury; **opatrzyć ranę** dress a wound.
randka *f.* date; **randka w ciemno** blind date; **chodzić na randki z kimś** go out with sb, date sb.
ranga *f.* **1.** (*stopień służbowy*) rank. **2.** *lit.* (*znaczenie*) importance; **sprawa najwyższej rangi** a matter of (the) utmost importance.
ranić *ipf.* wound, injure, hurt; **ranić czyjeś uczucia** hurt sb's feelings; *por.* **zranić**.
ranking *mi* ranking.
ranny[1] *a.* wounded, injured, hurt; **ciężko ranny** badly/seriously wounded. — *mp* casualty.
ranny[2] *a.* (*występujący rano*) morning; **ranna rosa** morning dew.
rano *n.* (*poranek*) morning; **z rana** in the morning; **od rana do wieczora** from morning till night. — *adv.* (*wcześnie*) in the morning; **jutro rano** tomorrow morning.
raport *mi* report.
raptem *adv.* **1.** (*nagle*) suddenly, all of a sudden. **2.** *pot.* (*zaledwie*) barely, hardly; **znamy się raptem parę dni** we hardly know each other.
raptowny *a.* sudden, abrupt.
rasa *f.* **1.** race. **2.** (*grupa osobników jednego gatunku*) breed.
rasista *mp* racist.
rasistowski *a.* racist.
rasizm *mi* racism.
rasowy *a.* **1.** (*dotyczący rasy ludzkiej*) racial; **dyskryminacja rasowa** racial discrimination. **2.** (*odnoszący się do zwierzęcia czystej krwi*) pedigree.
rata *f.* installment; **kupować coś na raty** buy sth on the installment plan.

ratalny *a.* instal(l)ment; **sprzedaż ratalna** installment plan.
ratować *ipf.* save, rescue; (*nieprzytomnego*) resuscitate; **ratować komuś życie** save sb's life; **ratować sytuację** save the day.
ratować się *ipf.* save o.s., rescue o.s., save one's life.
ratowniczy *a.* rescue; **akcja/ekipa ratownicza** rescue operation/party.
ratownik *mp* (*na plaży*) lifeguard; (*górski itp.*) rescuer.
ratunek *mi* **-nk- 1.** (*pomoc*) help; **ratunku!** help! **2.** (*wybawienie*) salvation, rescue.
ratunkowy *a.* rescue; **akcja/ekipa ratunkowa** rescue operation/party; **koło ratunkowe** life buoy; **pogotowie ratunkowe** ambulance service.
ratusz *mi Gen.* **-a** town hall.
raz *mi* **1.** (*sytuacja, okoliczność*) time; **innym razem** some other time; **pewnego razu** once; **tym razem** this time; **na razie** (*tymczasem*) for the time being; **na razie!** *pot.* see you! **w każdym razie** in any case, at any rate; **w najlepszym razie** at best; **w przeciwnym razie** otherwise, or else; **w takim razie** so, well then, in that case; **w żadnym razie** no way, by no means; **w razie czego** just in case. **2.** (*wielokrotność*) time; **(jeden) raz** once; **dwa razy** twice; **raz na jakiś czas** from time to time; **raz na miesiąc/rok** once a month/year, monthly/annually; **jeszcze raz** once again, once more; **na raz** at once; **za każdym razem** every time, each time, whenever.
razem *adv.* (*wspólnie*) together; **razem z kimś/czymś** together with sb/sth.
razić *ipf.* **rażę razisz 1.** (*sprawiać przykre wrażenie*) offend (*czymś* with sth). **2.** (*oślepiać*) dazzle.
razowiec *mi* **-wc-** *Gen.* **-a** *pot.* wholewheat bread.
raźnie, raźno *adv.* **1.** (*żwawo*) briskly, jauntily. **2.** (*bezpiecznie*) safe; **poczuć się raźniej** feel safer.
rażący *a.* **1.** (*o świetle*) (*oślepiający*) dazzling; (*jaskrawy*) glaring. **2.** (*wyraźny, bezsporny*) glaring, gross; **rażąca niesprawiedliwość** flagrant/glaring injustice; **rażący błąd** gross/glaring error; **rażące zachowanie** gross/crass behavior.
rąbać *ipf.* **-bię -biesz 1.** (*rozłupywać*) chop, hew. **2.** *pot.* (*uderzać*) hit, whack.
rączka *f.* **1.** (*mała ręka*) (tiny) hand; **złota rączka** handyman. **2.** (*uchwyt*) handle.
rdza *f.* rust.
rdzeń *mi Gen.* **-a 1.** (*rdzeń kręgowy*) spinal cord. **2.** *przen.* (*sedno*) core, heart. **3.** *jęz.* root, stem.
rdzewieć *ipf.* rust.
reagować *ipf.* **1.** react, respond (*na coś* to sth). **2.** *chem.* react (*z czymś* with sth).
reakcja *f.* **1.** reaction, response (*na coś* to sth); **instynktowna reakcja** gut reaction. **2.** *biol., chem.* reaction.
reaktor *mi Gen.* **-a** reactor.
reaktywować *ipf. lit.* reactivate.
realia *pl. Gen.* **-ów** (*rzeczy realnie istniejące*) reality.
realista *mp* realist.
realistyczny *a.* realistic.
realizacja *f.* **1.** (*marzeń, celów*) realization; (*planu*) execution. **2.** *ekon.* cashing.
realizm *mi* realism.
realizować *ipf.* **1.** realize; **realizować swoje cele** realize one's objectives; **realizować swoje marzenia** make one's dreams come true; **realizować plan** execute a plan; **realizować film** produce a movie. **2.** *ekon.* cash; **realizować czek** cash a check.
realizować się *ipf.* **1.** (*być urzeczywistnianym*) come true. **2.** *pot.* (*spełniać się w jakiejś roli*) fulfill o.s.
realny *a.* **1.** real; **płaca realna** real pay. **2.** (*osiągalny, wykonalny*) feasible, viable.
reanimacja *f.* resuscitation.
reanimować *ipf.* resuscitate.
recenzent *mp* reviewer.
recenzja *f.* review.
recenzować *ipf.* review.
recepcja *f.* (*w hotelu*) reception/front desk.
recepcjonista *mp*, **recepcjonistka** *f.* receptionist, (desk) clerk.
recepta *f.* **1.** prescription; **bez recepty** nonprescription, over-the-counter. **2.** (*sprawdzony przepis*) recipe.
recesja *f.* recession.
recital *mi* recital.
recydywista *mp* recidivist.
recykling *mi* recycling.
recytować *ipf.* recite.
redagować *ipf.* **1.** (*opracowywać tekst*) edit, draw up. **2.** (*kierować redakcją pisma, książki*) edit.
redakcja *f.* **1.** (*redagowanie*) editing; **pod redakcją** edited by. **2.** (*zespół redaktorski*) editorial staff. **3.** (*lokal redakcyjny*) editor's office.
redakcyjny *a.* editorial.
redaktor *mp* **1.** editor; **redaktor naczelny** editor-in-chief. **2.** (*osoba prowadząca program informacyjny*) newscaster.
redukcja *f.* **1.** reduction. **2.** (*zwalnianie z pracy*) layoff, job cuts; **redukcja wydatków** cutback in spending.
redukować *ipf.* **1.** reduce; **redukować koszty** cut/reduce costs. **2.** (*ograniczać zatrudnienie*) lay off.
referat *mi* (*pisemne opracowanie*) paper, report; **wygłaszać referat** deliver a paper.
referencje *pl. Gen.* **-i** references.
referendum *n. sing. indecl. pl.* **-da** *Gen.* **-dów** referendum.
referować *ipf.* report (*coś* on sth).
refleks *mi* **1.** reflex; **mieć dobry/spóźniony refleks** have good/slow reflexes. **2.** (*odbicie*) reflection.
refleksja *f.* reflection.
reflektor *mi Gen.* **-a** (*lampa*) lamp, light; **reflektor samochodowy/punktowy** headlight/spotlight.
reforma *f.* reform.
reformacja *f. hist.* the Reformation.
reformator *mp* reformer.
reformatorski *a.* reformatory, reformative.
reformować *ipf.* reform.
refren *mi* refrain, chorus.
refundacja *f.* reimbursement, refund.
regał *mi* bookshelf.
regaty *pl. Gen.* **-t** regatta.
regeneracja *f.* **1.** *biol.* regeneration. **2.** (*powrót do sił*) recovery, recuperation.
regenerować *ipf.* regenerate.
regenerować się *ipf.* regenerate.
region *mi* region.
regionalny *a.* regional, local.
reglamentacja *f.* rationing.
regulacja *f.* **1.** (*normowanie*) control; **regulacja należności/rachunków** settlement of one's dues/bills; **regulacja urodzin** birth control. **2.** (*nastawianie przyrządu*) tuning, adjustment.
regulamin *mi* regulations; **zgodny z regulaminem** statutory, by the rulebook.

regularnie *adv.* regularly.
regularność *f.* regularity.
regularny *a.* regular; **regularne rysy** regular features; **prowadzić regularny tryb życia** keep regular hours; **w regularnych odstępach** at regular intervals.
regulator *mi Gen.* **-a** regulator; **na cały regulator** *pot.* at full blast.
regulować *ipf.* **1.** (*normować*) regulate, control; **regulować rachunek** settle a bill; **regulować ruch** control traffic. **2.** (*nastawiać przyrząd*) regulate, adjust.
reguła *f.* rule, principle; **z reguły** as a rule; **trzymać się reguł** stick to the rules; **złamać reguły** break the rules.
rehabilitacja *f.* rehabilitation.
rehabilitować *ipf.* rehabilitate.
rehabilitować się *ipf.* rehabilitate o.s.
reinkarnacja *f.* reincarnation.
rej *mi* **wodzić rej** call the tune.
rejestr *mi* register.
rejestracja *f.* **1.** (*rejestrowanie*) registration. **2.** (*miejsce w przychodni, szpitalu*) reception. **3.** *pot.* (*tablica rejestracyjna*) (license) plate.
rejestracyjny *a.* registration; **dowód rejestracyjny** registration; **numer rejestracyjny** registration number.
rejestrować *ipf.* **1.** (*wprowadzać do rejestru*) register. **2.** (*utrwalać*) record.
rejestrować się *ipf.* register.
rejon *mi* (*obszar*) district, region; (*okolica*) area.
rejs *mi* (*statkiem*) voyage; (*samolotem*) flight; **rejs turystyczny** cruise.
rekin *ma* shark.
reklama *f.* **1.** (*reklamowanie*) advertising. **2.** (*ogłoszenie w mediach*) (*w gazetach, czasopismach*) advertisement; (*w telewizji, radiu*) commercial. **3.** (*rozgłos*) publicity. **4.** *pot.* (*tablica reklamowa*) billboard.
reklamacja *f.* complaint.
reklamować *ipf.* **1.** (*zachwalać poprzez reklamę*) advertise. **2.** (*składać reklamację*) make a complaint, complain (*coś* about sth).
reklamówka *f.* **1.** *pot.* (*film reklamowy*) infomercial (video). **2.** *pot.* (*torba foliowa*) plastic bag.
rekompensata *f.* compensation.
rekompensować *ipf.* compensate; **rekompensować komuś straty** compensate sb for their loss(es).
rekonstrukcja *f.* reconstruction.
rekonstruować *ipf.* reconstruct.
rekord *mi* record; **rekord świata/kraju** world/national record; **pobić/ustanowić rekord** break/set a record.
rekordowy *a.* record(-breaking).
rekordzista *mp*, **rekordzistka** *f.* record holder.
rekreacja *f.* recreation.
rekreacyjny *a.* recreational.
rekrut *mp* recruit.
rekrutacja *f.* **1.** (*pobór do wojska*) draft. **2.** (*przyjmowanie do szkół lub do pracy*) enrollment, recruitment.
rektor *mp* (*zwierzchnik uczelni*) president.
rekwirować *ipf.* requisition; (*zwł. w czasie wojny*) commandeer.
rekwizyt *mi teatr* prop.
relacja *f.* **1.** account, report (*z czegoś* of sth); **zdawać relację z czegoś** report sth, give an account of sth. **2.** (*zależność*) relation.
relacjonować *ipf.* report (*coś* on sth); relate (*coś* sth); (*w telewizji*) provide coverage (*coś* of sth); **relacjonować na żywo** provide live coverage of sth.
relaks *mi* relaxation.
relaksować się *ipf.* relax.
religia *f. Gen.* **-ii** religion; **lekcje religii** religious instruction.
religijny *a.* religious.
relikt *mi* relic.
remanent *mi handl.* stocktaking.
reminiscencja *f. sztuka* reminiscence.
remis *mi* draw.
remisować *ipf.* draw.
remont *mi* (*domu, mieszkania*) redecoration, refurbishment; (*ulicy*) repair; (*samochodu, maszyny*) overhaul.
remontować *ipf.* (*dom, mieszkanie*) redecorate, refurbish; (*maszynę, statek*) repair; (*samochód*) overhaul.
rencista *mp*, **rencistka** *f.* pensioner.
renesans *mi* **1.** *hist., sztuka* the Renaissance. **2.** (*odrodzenie*) renaissance, revival.
renesansowy *a.* Renaissance.
renifer *ma* reindeer.
renoma *f.* reputation; **cieszyć się dobrą renomą** hold a good reputation.
renomowany *a.* reputable.
renowacja *f.* renovation.
renta *f.* pension; **renta inwalidzka** disability pension; **być na rencie** draw a pension.
rentgen *mi Gen.* **-a 1.** *pot.* (*aparat rentgenowski*) X-ray apparatus. **2.** *pot.* (*prześwietlenie*) X-ray examination.
rentgenowski *a.* X-ray.
reorganizacja *f.* reorganization.
reorganizować *ipf.* reorganize.
reperkusje *pl. lit.* repercussions.
reperować *ipf.* repair.
repertuar *mi* repertoire.
replika *f.* **1.** (*odpowiedź*) reply. **2.** *sztuka* replica.
reportaż *mi* report.
reporter *mp*, **reporterka** *f.* reporter.
represja *f.* reprisal; **paść ofiarą represji** be victimized; **stosować represje wobec kogoś** victimize sb.
represjonować *ipf.* victimize.
represyjny *a.* repressive.
reprezentacja *f.* representation; **reprezentacja narodowa** *sport* national team.
reprezentacyjny *a.* **1.** (*służący reprezentacji*) representative; **fundusz reprezentacyjny** entertainment fund. **2.** (*okazały, wytworny*) presentable; **reprezentacyjna dzielnica** elegant district.
reprezentant *mp*, **reprezentantka** *f.* representative; **Izba Reprezentantów** *parl.* House of Representatives.
reprezentatywny *a.* representative (*dla czegoś* of sth).
reprezentować *ipf.* represent.
reprodukcja *f.* reproduction.
reprywatyzacja *f.* reprivatization.
reprywatyzować *ipf.* reprivatize.
republika *f.* republic; **Republika Czeska** the Czech Republic.
republikański *a.* republican.
reputacja *f.* reputation.
resetować *ipf. komp.* reset.
resocjalizacja *f.* rehabilitation.
resort *mi* department.
respekt *mi* respect; **budzić (czyjś) respekt** win the respect of sb; **czuć respekt przed kimś** be awed by sb.

respektować *ipf. lit.* respect.
restauracja[1] *f.* restaurant.
restauracja[2] *f.* (*renowacja zabytków, przywrócenie dynastii*) restoration.
restauracyjny *a.* restaurant; **wagon restauracyjny** dining/restaurant car.
restaurować *ipf.* restore.
restrykcja *f.* restriction.
reszka *f.* heads; **orzeł czy reszka** heads or tails?
reszta *f.* **1.** rest, remainder. **2.** (*pieniądze*) change; **reszty nie trzeba!** keep the change!
resztka *f.* remainder; **resztki posiłku** leftovers.
retoryczny *a.* rhetorical.
retro *a. indecl.* retro.
retusz *mi Gen.pl.* **-ów/-y** retouch, touch-up.
reumatyzm *mi* rheumatism.
rewaloryzacja *f.* **1.** *ekon.* (*przywrócenie wartości zarobkom itp.*) indexation. **2.** *ekon.* (*podniesienie kursu waluty*) revaluation.
rewanż *mi Gen.pl.* **-ów 1.** (*odwzajemnienie się*) return; **dać komuś coś w rewanżu** give sb sth in return. **2.** *sport* (*powtórny mecz itp.*) return match.
rewanżować się *ipf.* repay (*komuś* sb, *czymś* with sth, *za coś* for sth).
rewelacja *f.* sensation.
rewelacyjny *a.* sensational.
rewers *mi* **1.** (*monety, medalu*) reverse. **2.** (*pokwitowanie*) receipt. **3.** (*formularz biblioteczny*) call slip.
rewia *f. Gen.* **-ii 1.** (*widowisko*) revue. **2.** (*pokaz*) show; **rewia mody** *t. przen.* fashion show.
rewidować *ipf.* **1.** (*przeprowadzać rewizję*) search; (*przeszukiwać dłońmi po ciele*) frisk. **2.** *lit.* (*zmieniać*) (*poglądy*) revise. **3.** *fin.* audit.
rewizja *f.* **1.** (*przeszukanie*) search. **2.** (*zmiana, modyfikacja*) review. **3.** (*ksiąg rachunkowych*) audit. **4.** *prawn.* review; **wnieść rewizję od wyroku** appeal against a verdict.
rewolucja *f.* revolution.
rewolucjonizować *ipf.* revolutionize.
rewolucyjny *a.* revolutionary.
rewolwer *mi* revolver.
rezerwa *f.* reserve; **rezerwy walutowe** currency reserves; **odnosić się do kogoś/czegoś z rezerwą** treat sb/sth with reserve.
rezerwacja *f.* reservation.
rezerwat *mi* **1.** (*obszar krajobrazowy*) reserve. **2.** (*obszar dla ludności autochtonicznej*) reservation.
rezerwować *ipf.* reserve.
rezerwowy *a.* **1.** reserve. **2. gracz rezerwowy** *sport* reserve player.
rezolucja *f.* resolution.
rezultat *mi* result, outcome; **w rezultacie** as a result (*czegoś* of sth).
rezydencja *f.* residence.
rezygnacja *f.* resignation.
rezygnować *ipf.* **1.** resign (*z czegoś* from sth). **2.** (*dawać za wygraną*) give up.
reżyser *mp*, **reżyserka** *f.* director.
reżyseria *f. Gen.* **-ii** direction; **w reżyserii...** directed by...
reżyserować *ipf.* direct.
ręcznie *adv.* manually, by hand; **napisany ręcznie** handwritten; **prany ręcznie** washed by hand.
ręcznik *mi Gen.* **-a** towel.
ręczny *a.* manual, hand; **ręcznej roboty** hand-made; **piłka ręczna** *sport* handball; **robótki ręczne** (*szycie*) needlework; **hamulec ręczny** emergency brake.
ręczyć *ipf.* (*gwarantować*) vouch (*za kogoś/coś* for sb/sth); **nie ręczę za siebie** I'm not sure I can control myself.
ręka *f. Loc.* **ręce/ręku** *pl.* **ręce** *Gen.* **rąk** *Ins.* **-ami/-oma** (*dłoń*) hand; (*wewnętrzna część dłoni*) palm; *pot.* (*kończyna górna*) arm; **iść komuś na rękę** be accommodating with sb; **mieć dwie lewe ręce** be all thumbs; **mieć pełne ręce roboty** have one's hands full; **na własną rękę** on one's own; **po lewej/prawej ręce** on the left-/right-hand side; **pod ręką** (close/near) at hand; **prosić kogoś o rękę** propose to sb; **ręce przy sobie!** (keep your) hands off! **siedzieć z założonymi rękami** sit on one's hands; **to jest mi (nie) na rękę** this is (in)convenient for me; **trzymać się za ręce** hold hands; **wziąć coś w swoje ręce** take sth into one's hands; **(wiadomość) z pierwszej/drugiej ręki** first-/second-hand (news).
rękaw *mi Gen.* **-a** sleeve; **bez rękawów** sleeveless; **z krótkim rękawem** short-sleeved.
rękawica *f.* glove; (*z jednym palcem*) mitten; **rękawica bokserska** boxing glove.
rękawiczka *f.* glove; (*z jednym palcem*) mitten.
rękojeść *f.* (*noża, łopaty*) handle; (*pistoletu*) grip; (*miecza*) hilt.
rękopis *mi* manuscript.
RFN *abbr.* FRG (*Federal Republic of Germany*).
Rh *abbr. med.* Rh; **Rh plus/minus** Rh positive/negative.
ring *mi* ring.
r-k *abbr.* a/c (*account*).
r.m. *abbr.* m., masc. (*masculine*).
r.nij. *abbr.* n., neut. (*neuter*).
robak *ma* worm.
robić *ipf.* **rób 1.** (*wytwarzać, przyrządzać*) make (*coś z czegoś* sth from sth, sth (out) of sth); (*krok, spacer, notatki, zdjęcie*) take; **robić pieniądze** make money. **2.** (*czynić*) make, do; **robić swoje** do one's job; **robić na kimś wrażenie** impress sb; **robić (sobie) makijaż** make up; **robić (sobie) przerwę** take a break; **robić zakupy** do the shopping. **3.** (*powodować*) (*zamieszanie, hałas, problemy*) make, cause; **robić komuś konkurencję** compete with sb; **robić trudności** raise difficulties; **robić z czegoś problem** make an issue out of sth; **robić komuś krzywdę** harm sb, wrong sb; **robić z siebie głupka** make a fool of o.s. **4.** (*postępować, działać*) do, act; **to ci dobrze zrobi** it will do you good.
robić się *ipf.* **rób** (*przeobrażać się, stawać się*) grow, become, turn, go; **robi się ciemno/zimno** it's getting dark/cold; **robi mi się niedobrze** I'm beginning to feel sick; **już się robi!** I (we etc.) will get right down to it!
robocizna *f.* (*praca*) labor; (*koszt*) cost of labor.
roboczy *a.* **1.** working, labor; **dzień roboczy** (*nieświąteczny*) weekday; **siła robocza** workforce, labor force. **2.** (*przygotowawczy, wstępny*) working, tentative.
robot *mi Gen.* **-a** robot.
robota *f. Gen.pl.* **-ót** work, job; **dobra robota!** well done!, good job! **robota papierkowa** paperwork; **domowej roboty** homemade; **zabrać się do roboty** get down to business.
robotnica *f.* **1.** (*kobieta*) woman-worker. **2. mrówka/pszczoła robotnica** worker ant/bee.
robotniczy *a.* workmen's, working; **klasa robotnicza** working class.

robotnik *mp* worker, workman; **robotnik (nie)wykwalifikowany** (un)skilled worker.
rockowy *a.* rock.
rocznica *f.* anniversary; **rocznica ślubu** wedding anniversary.
rocznik *mi Gen.* **-a 1.** (*wydawnictwo wychodzące raz na rok*) annual; **rocznik statystyczny** statistical yearbook. **2.** (*pokolenie*) generation; *szkoln.* class. **3.** (*wina, samochodu*) vintage.
roczny *a.* **1.** (*trwający jeden rok*) year-long. **2.** (*mający jeden rok*) one-year-old.
rodaczka *f.* compatriot, fellow countrywoman.
rodak *mp* compatriot, fellow countryman.
rodowity *a.* native.
rodowód *mi* **-o- 1.** (*dzieła, wyrazu, rodziny*) origin, descent. **2.** (*genealogia*) genealogy, pedigree; **pies/kot z rodowodem** pedigree dog/cat.
rodzaj *mi Gen.pl.* **-ów/-ai 1.** (*gatunek, typ*) kind, type; **rodzaj ludzki** humankind; **tego rodzaju** of this kind; **coś w tym rodzaju** something of that sort. **2.** *jęz.* (*gramatyczny*) gender. **3.** *biol.* genus. **4.** *film, sztuka, teor. lit.* genre.
rodzajnik *mi Gen.* **-a** *jęz.* article; **rodzajnik (nie)określony** (in)definite article.
rodzeństwo *n.* siblings, brothers and sisters; **czy masz jakieś rodzeństwo?** do you have any brothers or sisters?
rodzic *mp Gen.pl.* **-ów** parent; **rodzice chrzestni** godparents; **rodzice przybrani** stepparents; **rodzice zastępczy** foster parents.
rodzicielski *a.* parental.
rodzić *ipf.* **1.** (*wydawać potomstwo*) give birth (*kogoś* to sb); *med.* be in labor. **2.** (*o ziemi*) bear. **3.** (*dawać początek*) give rise (*coś* to sth).
rodzić się *ipf.* **1.** (*przychodzić na świat*) be born. **2.** (*powstawać*) be born, arise.
rodzimy *a.* native; **rodzimy użytkownik języka** native speaker; **język rodzimy** mother tongue.
rodzina *f.* family; **najbliższa rodzina** (one's) immediate family; **rodzina zastępcza** foster family; **zakładać rodzinę** start a family.
rodzinny *a.* family; **dom rodzinny** (one's) home; **kraj rodzinny** native land; **sprawy rodzinne** family matters.
rodzony *a.* **-eni mój rodzony brat** my own brother.
rodzynek *mi* **-nk-** *Gen.* **-a** raisin.
rogacz *ma* (*dorosły jeleń*) stag. — *mp pot. żart.* (*zdradzony mąż*) cuckold.
rogal *mi Gen.* **-a** *Gen.pl.* **-i/-ów** crescent roll.
rogalik *mi Gen.* **-a** crescent roll; (*z ciasta francuskiego*) croissant.
rogatka *f.* **1.** (*brama*) tollgate. **2.** (*szlaban*) barrier.
rok *mi pl.* **lata** *Gen.* **lat** year; **co rok(u)** every year, annually; **raz do roku** once a year; **przez okrągły rok** all the year round; **rok temu** a year ago; **w lutym/kwietniu zeszłego/przyszłego roku** last/next February/April; **w piętnastym roku życia** at fifteen (years old); **rok akademicki/szkolny/kalendarzowy** academic/school/calendar year; **Nowy Rok** New Year; *por.* **lata**.
rokować *ipf.* **1.** (*negocjować*) negotiate (*o coś* for sth). **2.** *lit.* (*stanowić zapowiedź*) augur.
rokowanie *n.* prognosis.
rola *f. Gen.pl.* **ról 1.** (*postać*) role, part; **rola drugoplanowa/główna** supporting/leading role; **w rolach głównych** (*napis*) starring. **2.** (*udział, znaczenie*) role; **to nie gra roli** it doesn't matter.
rolada *f.* **1.** (*wędlina*) roulade. **2.** (*ciasto*) jelly roll.
rolnictwo *n.* agriculture.
rolniczy *a.* (*kraj, wystawa, produkt*) agricultural; (*spółdzielnia*) farming.
rolnik *mp* farmer.
rolny *a.* agricultural; **gospodarka rolna** farming; **gospodarstwo rolne** farm.
romans *mi pl.* **-e 1.** *muz., teor. lit.* romance. **2.** (*książka, film*) love story. **3.** (*miłostka*) (love) affair.
romantyczny *a.* **1.** (*dotyczący romantyzmu*) Romantic. **2.** (*poetyczny, marzycielski*) romantic.
romantyk *mp* **1.** (*przedstawiciel romantyzmu*) Romantic. **2.** (*marzyciel*) romantic.
romantyzm *mi* romanticism.
romański *a.* **1.** (*dotyczący starożytnego Rzymu*) Roman. **2.** (*język*) Romance. **3.** *sztuka* Romanesque.
rondel *mi* **-dl-** *Gen.* **-a** saucepan.
rondo[1] *n.* **1.** (*część kapelusza*) brim. **2.** *muz.* roundel.
rondo[2] (*plac*) traffic circle.
ropa *f.* **1.** *pat.* pus. **2.** *pot.* (*paliwo*) fuel oil; **ropa naftowa** *chem.* crude oil, petroleum.
ropucha *f.* toad.
rosa *f.* dew.
Rosja *f.* Russia.
Rosjanin *mp pl.* **-anie** *Gen.* **-an**, **Rosjanka** *f.* Russian.
rosnąć *ipf.* **rosnę rośniesz**, **rośnij**, **rósł rosła rośli 1.** (*o organizmach*) grow. **2.** (*być wychowywanym*) grow up. **3.** (*zwiększać się*) rise, grow; (*o cenach*) rise, climb.
rosołowy *a.* **kostka rosołowa** bouillon cube.
rosół *mi* **-o-** broth, consommé.
rosyjski *a.* Russian. — *mi* (*język*) Russian.
roszczenie *n. prawn.* claim; **roszczenia płacowe** wage/pay claims; **zaspokoić roszczenie** settle a claim.
roślina *f.* plant; **roślina doniczkowa** houseplant.
roślinność *f.* vegetation.
roślinny *a.* vegetable.
rotacja *f.* rotation.
rowek *mi* **-wk-** *Gen.* **-a** groove.
rower *mi* bicycle; *pot.* bike; **rower górski/treningowy** mountain/exercise bike; **jechać rowerem** ride (on) a bike, cycle; **jazda na rowerze** cycling.
rowerzysta *mp*, **rowerzystka** *f.* cyclist.
rozbawiać *ipf.* amuse, entertain.
rozbawiać się *ipf.* cheer up, liven up.
rozbić *pf.* **1.** (*tłuc, rozłupywać na części*) break. **2.** (*roztrzaskiwać, niszczyć*) crush; **rozbić samochód** smash a car. **3.** (*uszkadzać, ranić*) bruise. **4.** (*rodzinę, zespół, nadzieje*) break up; **rozbite małżeństwo** broken marriage. **5. rozbijać namiot** pitch a tent.
rozbić się *pf.* **1.** (*ulegać rozbiciu*) break; (*o samochodzie, falach, dzbanku*) smash; (*o samolocie*) crash. **2. rozbijać się samochodem po mieście** cruise around town.
rozbiegać się *ipf.* **1.** (*o ludziach*) disperse. **2.** (*o drogach*) diverge.
rozbierać *ipf.* **1.** (*zdejmować z kogoś ubranie*) undress. **2.** (*rozkładać*) take apart, disassemble. **3.** (*burzyć*) pull down.
rozbierać się *ipf.* undress, take off one's clothes.
rozbieżność *f.* discrepancy.
rozbieżny *a.* discrepant.
rozbijać (się) *ipf. zob.* **rozbić (się)**.

rozbiórka *f.* (*burzenie budynku*) demolition; **dokonywać rozbiórki** pull down.
rozbity *a.* (*talerz, rodzina, dom*) broken; (*o samochodzie*) smashed; (*o nosie*) bruised.
rozbrajać *ipf.* **1.** disarm. **2. rozbroić minę, itd.** defuse a mine.
rozbrajać się *ipf.* (*demilitaryzować się*) disarm.
rozbrajający *a.* (*o uśmiechu, szczerości*) disarming.
rozbroić (się) *pf. zob.* **rozbrajać (się).**
rozbrojenie *n.* disarmament.
rozbudowa *f.* **1.** (*dobudowywanie*) extension. **2.** (*rozwój*) development.
rozbudować *pf.*, **rozbudowywać** *ipf.* **1.** (*powiększać, budując*) extend (*coś* sth). **2.** (*rozwijać*) develop.
rozbudować się *pf.*, **rozbudowywać się** *ipf.* extend, expand, grow.
rozbudzać *ipf.*, **rozbudzić** *pf.* **1.** (*budzić*) wake (sb) up, arouse. **2.** (*zainteresowanie, emocje*) awake, arouse; **rozbudzać czyjeś nadzieje** build up sb's hopes.
rozbudzać się *ipf.* **1.** wake up, awake. **2.** (*o uczuciach*) awake, flare up.
rozchodzić się *ipf.* **1.** (*o tłumie*) disperse, scatter; (*o parze ludzi*) (*rozstawać się*) split; (*rozwodzić się*) divorce. **2.** (*o dźwięku, świetle, wiadomościach itp.*) travel, spread. **3.** (*o drogach*) diverge; (*iść w różnych kierunkach*) split up.
rozchorować się *pf.*, **rozchorowywać się** *ipf.* fall ill.
rozciąć *pf.* **rozetnę rozetniesz, rozetnij** *zob.* **rozcinać.**
rozciągać *ipf.* **1.** (*sprężynę, mięśnie*) stretch. **2.** (*rozpościerać*) spread; (*władzę, wpływy*) extend.
rozciągać się *ipf.* **1.** (*wydłużać się*) stretch. **2.** (*obejmować zasięgiem*) spread (*na jakiejś przestrzeni* over an area); (*o władzy, kontroli*) extend. **3.** (*o obszarze, rzece*) extend.
rozcieńczać *ipf.* dilute (*coś czymś* sth with sth); thin; (*napój*) water down.
rozcinać *ipf.* cut.
rozczarować (się) *pf. zob.* **rozczarowywać (się).**
rozczarowanie *n.* disappointment.
rozczarowany *a.* disappointed (*kimś/czymś* with/by sb/sth).
rozczarowywać *ipf.* disappoint, disillusion.
rozczarowywać się *ipf.* become disappointed/disillusioned (*co do kogoś/czegoś* with sb/sth).
rozdarcie *n.* (*uszkodzenie*) tear, rip.
rozdawać *ipf.* **-aję -ajesz, -awaj** distribute, hand out/around, give out; (*zwł. pieniądze, jedzenie*) dole (out); **rozdawać na lewo i prawo** ladle/dish out.
rozdrabniać *ipf.* (*chleb*) crumble; (*majątek*) break up.
rozdrabniać się *ipf. pot.* (*rozpraszać swoje myśli*) get sidetracked/distracted.
rozdrażniać *ipf.*, **rozdrażnić** *pf.* **-ij** irritate, annoy.
rozdrażniony *a.* **-eni** irritated, annoyed (*z powodu czegoś* about/at/with/by sth).
rozdrobnić (się) *pf. zob.* **rozdrabniać (się).**
rozdwajać *ipf.*, **rozdwoić** *pf.* divide into two, split.
rozdwajać się *ipf.* fork, split.
rozdwojenie *n.* **rozdwojenie jaźni** split personality.
rozdział *mi* **1.** (*część książki, przen. t. życia*) chapter; (*w podręczniku*) unit. **2.** (*rozgraniczanie*) separation; **rozdział państwa od kościoła** separation of church and state.
rozdzielać *ipf.*, **rozdzielić** *pf.* **1.** (*dzielić na części*) divide. **2.** (*rozdawać, dzieląc*) distribute. **3.** (*oddzielać, rozłączać*) separate.
rozdzielać się *ipf.*, **rozdzielić się** *pf.* **1.** (*dzielić się na części, grupy*) split up, divide. **2.** (*rozgałęziać się*) fork, branch.
rozdzielczy *a.* **deska rozdzielcza** dashboard; **tablica rozdzielcza** control panel.
rozdzierać *ipf.*, **rozedrzeć** *pf.* tear (apart).
rozdzierać się *ipf.*, **rozedrzeć się** *pf.* tear, rip.
rozebrać (się) *pf. zob.* **rozbierać (się).**
rozegrać *pf.* play; **rozgrywać partię szachów** play a game of chess.
rozegrać się *pf.* (*dziać się*) take place, happen.
rozepchać *pf.* jostle.
rozepchać się *pf.* jostle; **rozpychać się łokciami** push one's way.
rozerwać *pf.* (*rozedrzeć*) tear apart; (*opakowanie*) tear open; (*tamę*) burst.
rozerwać się *pf.* **1.** (*rozedrzeć się*) tear, get torn. **2.** (*zabawić się*) entertain o.s., have fun.
rozejm *mi* armistice; *t. przen.* truce.
rozejrzeć się *pf.* **1.** (*wokół siebie*) look around. **2.** (*szukać*) look (*za kimś/czymś* for sb/sth).
roześmiać się *pf.* **-śmieję -śmiejesz, -śmiali/-śmieli** laugh (*z czegoś* at sth).
rozganiać *ipf.* disperse.
rozglądać się *ipf. zob.* **rozejrzeć się.**
rozgłaszać *ipf.* make sth public; **rozgłaszać, że...** spread the word that...; **nie rozgłaszaj tego** keep it private.
rozgłos *mi* publicity; **unikający rozgłosu** low profile.
rozgłosić *pf. zob.* **rozgłaszać.**
rozgniatać *ipf.*, **rozgnieść** *pf.* **-gniotę -gnieciesz, -gniótł -gniotła -gnietli** (*np. nogą*) crush; (*w moździerzu*) grind, pound; (*owoce*) squash; (*ziemniaki*) mash.
rozgniewać *pf.* make sb angry, anger (*kogoś czymś* sb with sth).
rozgniewać się *pf.* get angry (*na kogoś/coś* with sb/sth).
rozgonić *pf. zob.* **rozganiać.**
rozgorączkowany *a.* (*podniecony, ożywiony*) feverish, frantic (*czymś* with sth).
rozgoryczenie *n.* bitterness.
rozgoryczony *a.* **-eni** embittered (*czymś* by sth).
rozgościć się *pf.* **-szczę -ścisz** make o.s. comfortable; **proszę się rozgościć!** make yourself at home!
rozgotowany *a.* overcooked.
rozgraniczać *ipf.*, **rozgraniczyć** *pf.* (*rozróżniać*) tell the difference (*między czymś a czymś* between sth and sth).
rozgraniczenie *n.* boundary; **dokonać rozgraniczenia między czymś a czymś** draw a line between sth and sth.
rozgrywać (się) *ipf. zob.* **rozegrać (się).**
rozgrywka *f. sport* game; **rozgrywki finałowe** finals.
rozgrzać *pf.* (*ogrzewać*) heat up, warm up; (*piekarnik*) heat.
rozgrzać się *pf.* **1.** (*o człowieku*) warm o.s. **2.** (*o piecu, dachu*) heat up; (*o silniku*) warm up. **3.** *sport* warm up.
rozgrzany *a.* hot.
rozgrzeszać *ipf.*, **rozgrzeszyć** *pf.* (*darować winy*) absolve (*kogoś z czegoś* sb from sth).
rozgrzeszać się *ipf.*, **rozgrzeszyć się** *pf.* (*uwalniać się od skrupułów*) excuse o.s.
rozgrzeszenie *n. rz.-kat.* absolution; **udzielać komuś rozgrzeszenia** give/grant sb absolution.
rozgrzewać (się) *ipf. zob.* **rozgrzać (się).**

rozgrzewka *f. sport* warm-up.

rozjaśniać *ipf.*, **rozjaśnić** *pf.* **-ij 1.** (*oświetlać*) illuminate, light up. **2.** (*uczynić jaśniejszym*) lighten, brighten; **rozjaśnić sobie włosy** bleach one's hair.

rozjaśniać się *ipf.*, **rozjaśnić się** *pf.* **1. zaczyna się rozjaśniać** (*o porze dnia*) it's getting light. **2.** (*przejaśniać się*) (*o niebie*) clear up.

rozjazd *mi* junction.

rozjechać *pf.* **-jadę -jedziesz** run over (*kogoś/coś* sb/sth).

rozkaz *mi* order; **wydać/wykonać rozkaz** give/obey an order; **być na czyjeś rozkazy** be at sb's command.

rozkazujący *a.* (*o tonie głosu*) imperative; **tryb rozkazujący** *gram.* imperative mood.

rozkazywać *ipf.*, **rozkazać** *pf.* order; **rozkazać komuś, żeby coś zrobił** order sb to do sth.

rozkład *mi* **1.** (*plan, porządek*) schedule, timetable; **rozkład jazdy** timetable, schedule. **2.** (*mieszkania, miasta*) layout. **3.** (*gnicie*) decomposition, decay. **4.** (*upadek, zniszczenie*) corruption; (*państwa*) disintegration; **rozkład małżeństwa** marriage breakdown.

rozkładać *ipf.* **1.** (*rozpościerać*) spread, lay out; (*obrus, palce*) spread; (*łóżko, gazetę, parasol*) unfold. **2.** (*pracę, koszty*) distribute, divide. **3.** (*demontować*) take apart.

rozkładać się *ipf.* **1.** (*kłaść się*) sprawl, lie down. **2.** (*gnić*) decompose, decay, rot.

rozkosz *f.* delight, bliss; **z rozkoszą** with delight/ pleasure.

rozkoszny *a.* delightful.

rozkręcać *ipf.*, **rozkręcić** *pf.* **1.** (*rozprostowywać*) untwist, unwind. **2.** (*demontować*) take to pieces. **3.** *pot.* **rozkręcić interes** start up a business.

rozkręcać się *ipf.*, **rozkręcić się** *pf. pot.* (*o interesie*) get going, start running at a profit; **zabawa rozkręciła się na dobre** the party was in full swing.

rozkrok *mi* straddle; **stanąć w rozkroku** straddle, stand astride.

rozkwit *mi* (*rozwój*) heyday, prime; **w pełni rozkwitu** in its prime.

rozkwitać *ipf.*, **rozkwitnąć** *pf.* **-tnij, -tł/-tnął -tła 1.** (*zakwitać*) bloom, blossom. **2.** (*rozwijać się*) flourish.

rozlać *pf.* **1.** (*powodować rozlanie cieczy*) spill. **2.** (*wlewać do wielu naczyń*) pour.

rozlać się *pf.* spill.

rozlegać się *ipf.* ring out, reverberate; **rozległo się pukanie do drzwi** there was a knock on/at the door.

rozległy *a.* **1.** (*obszerny*) wide, broad. **2.** (*mający szeroki zakres*) extensive.

rozlew *mi* **rozlew krwi** bloodshed.

rozlewać (się) *ipf. zob.* **rozlać (się)**.

rozliczać *ipf.* balance, clear; **rozliczać kogoś** clear accounts with sb; **rozliczać coś** present an account of sth; **rozliczać z czegoś** account for sth.

rozliczać się *ipf.* settle, square up (*z kimś* with sb); account (*z czegoś* for sth).

rozliczny *a. lit.* manifold, multifarious.

rozliczyć (się) *pf. zob.* **rozliczać (się)**.

rozluźniać *ipf.*, **rozluźnić** *pf.* **1.** (*czynić luźniejszym*) loosen. **2.** (*mięśnie*) relax.

rozluźniać się *ipf.*, **rozluźnić się** *pf.* **1.** (*stawać się luźnym*) loosen. **2.** (*odprężać się psychicznie*) relax, loosen up.

rozładować *pf.*, **rozładowywać** *ipf.* **1.** (*pojemnik, pojazd*) unload; **rozładować broń** unload a firearm. **2.** *fiz.* discharge. **3.** (*łagodzić*) relieve; **rozładować napięcie** relieve the tension.

rozładować się *pf.*, **rozładowywać się** *ipf.* **1.** *fiz.* discharge; **akumulator się rozładował** the battery went dead. **2.** *przen.* be defused; **napięcie szybko się rozładowało** the tension was defused quickly.

rozładunek *mi* **-nk-** unloading.

rozłączać *ipf.* (*kable, elementy*) disconnect; (*bijących się, rodzeństwo*) separate.

rozłączać się *ipf.* (*o kablach, elementach*) disconnect; (*o rozmowie telefonicznej*) disconnect, be cut off; **proszę się nie rozłączać!** please don't hang up!, please hold on!

rozłąka *f.* separation.

rozłożyć (się) *pf. zob.* **rozkładać (się)**.

rozmach *mi* **1.** (*impet*) force, momentum; **brać rozmach** take a swing. **2.** (*dynamika, śmiałość*) momentum; **nabierać rozmachu** gather momentum.

rozmaitość *f.* variety.

rozmaity *a.* (*różny*) various, different; (*zróżnicowany*) varied, diverse.

rozmawiać *ipf.* talk, speak (*z kimś* with sb, *o czymś* about sth); **rozmawiać przez telefon** be/talk on the phone; **nie rozmawiać ze sobą** (*gniewać się na siebie*) not be on speaking terms.

rozmiar *mi* **1.** (*wielkość*) size. **2.** (*zakres*) extent.

rozmieniać *ipf.*, **rozmienić** *pf.* change; **czy możesz mi rozmienić sto złotych?** can you break a 100 zloty bill for me?

rozmieniać się *ipf.*, **rozmienić się** *pf.* **rozmieniać się na drobne** focus on many unimportant things.

rozmieszczać *ipf.* (*umieścić*) put, place; (*np. oddziały*) deploy.

rozmiękczać *ipf.*, **rozmiękczyć** *pf.* soften.

rozmnażać *ipf.* reproduce.

rozmnażać się *ipf.* **1.** *biol.* reproduce. **2.** (*zwiększać się liczebnie*) multiply.

rozmnażanie *n.* reproduction.

rozmnożyć (się) *pf. zob.* **rozmnażać (się)**.

rozmontować *pf.*, **rozmontowywać** *ipf.* disassemble, dismantle; (*na części*) take apart.

rozmowa *f. Gen.pl.* **-ów** conversation, talk; **rozmowa telefoniczna** phone call; **rozmowa kwalifikacyjna** interview; **rozmowy** (*negocjacje*) negotiations.

rozmowny *a.* talkative.

rozmówca *mp*, **rozmówczyni** *f.* interlocutor.

rozmówki *pl. Gen.* **-wek** phrase book.

rozmrażać *ipf.* defrost.

rozmrażać się *ipf.* defrost.

rozmyślać *ipf.* meditate, ponder (*o/nad kimś/czymś* on sb/sth).

rozmyślić się *pf.* change one's mind.

rozmyślnie *adv.* on purpose, deliberately.

rozniecać *ipf.*, **rozniecić** *pf.* **1.** (*ogień*) start, kindle. **2.** (*wywoływać*) stir up; **rozniecić ciekawość** arouse/ excite curiosity.

roznosić *ipf.* **-noszę -nosisz 1.** deliver, distribute; **roznosić listy** deliver mail. **2.** (*rozpowszechniać*) spread; **roznosić plotki** spread gossip.

roznosić się *ipf.* spread.

rozpacz *f.* despair; **czarna rozpacz** total/utter despair.

rozpaczać *ipf.* despair (*nad czymś* over sth).

rozpaczliwy *a.* **1.** (*desperacki*) desperate. **2.** (*zły, beznadziejny*) hopeless.

rozpad *mi* **1.** (*rozkład*) disintegration, breakup; (*upadek*) fall, collapse; **rozpad imperium** fall/collapse of an empire. **2.** *chem., fiz.* disintegration, decay.

rozpadać się *ipf.* disintegrate, fall (apart).
rozpakować *pf.*, **rozpakowywać** *ipf.* **1.** unpack. **2.** *komp.* decompress, unzip.
rozpakować się *pf.*, **rozpakowywać się** *ipf.* unpack.
rozpalać *ipf.*, **rozpalić** *pf.* **1.** (*rozniecać ogień*) start, kindle, light; **rozpalić ognisko** make/build a fire. **2.** (*podsycać uczucia, zapał*) kindle, stir up.
rozpalać się *ipf.*, **rozpalić się** *pf.* start burning.
rozpamiętywać *ipf.* brood (*coś* on/over sth).
rozpaść się *pf. zob.* **rozpadać się**.
rozpatrywać *ipf.*, **rozpatrzyć** *pf.* (*rozważyć*) consider; (*przyjrzeć się*) look (*coś* into sth); **rozpatrywać podanie** examine an application.
rozpęd *mi* momentum; **nabierać rozpędu** gather momentum.
rozpędzać *ipf.*, **rozpędzić** *pf.* **1.** (*zwiększać szybkość*) accelerate. **2.** (*rozganiać*) disperse.
rozpędzać się *ipf.*, **rozpędzić się** *pf.* accelerate, pick up speed.
rozpiąć *pf.* (*odpinać*) unfasten; (*bluzkę, koszulę, marynarkę itp.*) unbutton; (*klamrę*) unbuckle; (*guziki*) undo.
rozpiąć się *pf.* **1.** (*rozpinać na sobie ubranie*) unbutton. **2.** (*stawać się rozpiętym*) come undone.
rozpieszczać *ipf.* pamper, spoil.
rozpieszczony *a.* **-eni** pampered, spoiled.
rozpieścić *pf. zob.* **rozpieszczać**.
rozpinać (się) *ipf. zob.* **rozpiąć (się)**.
rozplatać *ipf.* unbraid, unplait.
rozplatać się *ipf.* become unbraided/unplaited.
rozplątać *pf.* **-plączę -plączesz**, **rozplątywać** *ipf.* **1.** (*rozsupłać*) disentangle, untangle; unravel. **2.** (*wyjaśnić*) solve, unravel.
rozpleść (się) *pf. zob.* **rozplatać (się)**.
rozpłakać się *pf.* **-płaczę -płaczesz** burst into tears.
rozpoczęcie *n.* beginning, start.
rozpoczynać *ipf.* begin, start.
rozpoczynać się *ipf.* begin, start.
rozporek *mi* **-rk-** *Gen.* **-a** fly.
rozporządzać *ipf.*, **rozporządzić** *pf.* **1.** (*zarządzać*) manage (*czymś* sth). **2.** (*mieć do dyspozycji*) have sth at one's disposal.
rozporządzenie *n.* **1.** (*dekret*) decree. **2.** (*polecenie*) order.
rozpowszechniać *ipf.*, **rozpowszechnić** *pf.* **-ij** diffuse, spread; (*film*) distribute.
rozpowszechniać się *ipf.*, **rozpowszechnić się** *pf.* spread.
rozpoznać *pf.*, **rozpoznawać** *ipf.* **-aję -ajesz**, **-awaj** recognize, identify.
rozpoznać się *pf.*, **rozpoznawać się** *ipf.* recognize one another.
rozpracować *pf.*, **rozpracowywać** *ipf.* **1.** (*demaskować*) (*np. siatkę szpiegowską*) expose. **2.** (*przemyśleć*) work out.
rozpraszać *ipf.* **1.** (*zapach, światło*) diffuse. **2.** (*tłum*) disperse; (*wątpliwości*) dispel. **3.** (*uwagę*) distract.
rozpraszać się *ipf.* **1.** (*znikać*) disperse. **2.** (*dekoncentrować się*) get distracted.
rozprawa *f.* **1.** (*dysertacja*) dissertation; **rozprawa doktorska** doctoral thesis/dissertation. **2.** *prawn.* trial, hearing; **sala rozpraw** courtroom.
rozprawiać *ipf.* (*omawiać*) speak at length (*o czymś* about sth); (*dyskutować*) debate (*o czymś* sth).
rozprawiać się *ipf.*, **rozprawić się** *pf.* (*wyrównać rachunki*) get even (*z kimś* with sb); (*np. z przestępczością*) crack down (*z czymś* on sth).
rozproszyć (się) *pf. zob.* **rozpraszać (się)**.
rozprowadzać *ipf.*, **rozprowadzić** *pf.* **1.** (*energię, wodę*) supply. **2.** (*bilety, prasę*) distribute. **3.** (*nakładać cienką warstwą*) spread.
rozprzestrzeniać *ipf.*, **rozprzestrzenić** *pf.* spread.
rozprzestrzeniać się *ipf.*, **rozprzestrzenić się** *pf.* spread.
rozprzężenie *n.* (*brak dyscypliny*) disorder; **rozprzężenie obyczajów** relaxation of morals.
rozpuszczać *ipf.* **1.** (*sporządzać roztwór*) dissolve (*coś w czymś* sth in sth). **2.** (*roztopić*) melt. **3. rozpuszczać włosy** let one's hair loose. **4.** *pot.* (*rozpieszczać*) spoil, pamper.
rozpuszczać się *ipf.* **1.** (*tworzyć roztwór*) dissolve. **2.** (*topić się*) melt.
rozpuszczalnik *mi Gen.* **-a** solvent.
rozpuszczalny *a.* soluble; **kawa rozpuszczalna** instant coffee.
rozpychać (się) *ipf. zob.* **rozepchać (się)**.
rozpylać *ipf.*, **rozpylić** *pf.* spray.
rozrabiać *ipf.* **1.** (*mieszać*) mix together, cream. **2.** (*rozcieńczać*) dilute. **3.** *pot.* (*awanturować się*) stir things up.
rozradowany *a.* jubilant.
rozrobić *pf. zob.* **rozrabiać**.
rozrodczy *a.* reproductive.
rozróżniać *ipf.* distinguish.
rozróżnienie *n.* distinction.
rozruszać *pf.* **1. rozruszać kości** *pot.* get some exercise. **2.** *pot.* (*ożywić*) liven up.
rozruszać się *pf.* **1.** (*rękę, nogę*) loosen up; (*po długim okresie bezczynności*) get some exercise. **2.** *pot.* (*ożywić się*) liven up.
rozrusznik *mi Gen.* **-a** *mot.* starter; *med.* pacemaker.
rozrywać (się) *ipf. zob.* **rozerwać (się)**.
rozrywka *f.* entertainment; **robić coś dla rozrywki** do sth for fun.
rozrywkowy *a.* entertainment, amusement; **muzyka rozrywkowa** light music; **przemysł rozrywkowy** entertainment industry, show business.
rozrzedzać *ipf.*, **rozrzedzić** *pf.* dilute, thin down.
rozrzedzać się *ipf.*, **rozrzedzić się** *pf.* thin out.
rozrzucać *ipf.*, **rozrzucić** *pf.* (*np. zabawki po pokoju*) scatter; (*ulotki*) drop.
rozrzutność *f.* extravagance, wastefulness.
rozrzutny *a.* extravagant, wasteful.
rozsądek *mi* **-dk-** reason, sense; **zdrowy rozsądek** common sense; **małżeństwo z rozsądku** marriage of convenience.
rozsądny *a.* reasonable, sensible.
rozsiać *pf.*, **rozsiewać** *ipf.* **1.** (*nasiona*) sow. **2.** (*np. zapach, zarazki*) spread, diffuse.
rozsławiać *ipf.*, **rozsławić** *pf.* praise, glorify.
rozstać się *pf.* **-aję -ajesz**, **-awaj** part (*z kimś* from sb); (*w danej chwili*) part company (*z kimś* with sb); (*zerwać*) split up (*z kimś* with sb).
rozstanie *n.* parting.
rozstawać się *ipf. zob.* **rozstać się**.
rozstawiać *ipf.*, **rozstawić** *pf.* **1.** (*ustawiać w pewnym porządku*) arrange; **rozstawiać nogi** spread one's legs. **2.** (*rozkładać*) (*leżak, łóżko*) set up; (*talerze*) lay out.
rozstrojony *a.* **-eni** out of tune.
rozstrój *mi* **-o- rozstrój nerwowy** nervous breakdown; **rozstrój żołądka** stomach upset.
rozstrzeliwać *ipf.* execute by firing squad.

rozstrzygać *ipf.* settle, decide.
rozstrzygać się *ipf.* be determined, be decided.
rozstrzygający *a.* decisive; **rozstrzygający głos** (*w głosowaniu, wyborach*) casting vote; (*czyjaś opinia w jakiejś sprawie*) final say.
rozsuwać *ipf.* **1.** (*firanki*) draw (apart). **2.** (*stół, drabinę*) extend.
rozsypać *pf.*, **rozsypywać** *ipf.* spill.
rozsypać się *pf.*, **rozsypywać się** *ipf.* **1.** (*być rozsypywanym*) spill; **mąka mi się rozsypała** I accidentally spilt the flour. **2.** (*rozlatywać się*) fall apart.
rozszerzać *ipf.* **1.** (*poszerzać*) expand, enlarge. **2.** (*powiększać zakres*) broaden, widen.
rozszerzać się *ipf.* **1.** (*poszerzać się*) broaden (out), widen. **2.** (*rozprzestrzeniać się*) spread (out), extend; (*o konflikcie*) spill over, escalate.
rozszyfrować *pf.*, **rozszyfrowywać** *ipf.* **1.** (*odczytywać szyfr*) decipher, decode; **odczytywać niewyraźne pismo** decipher *l.* make out illegible handwriting. **2.** (*odgadywać*) unravel, solve; (*zamiary, kogoś*) see through, figure out; **rozszyfrowałem ją** I saw her through; **nie mogę go rozszyfrować** I can't figure him out.
rozśmieszać *ipf.* make laugh.
roztaczać *ipf.* **1.** *lit.* (*rozpościerać, rozwijać*) unfold, expand; **roztaczać opiekę nad kimś/czymś** take care of sb/sth. **2.** (*rozsiewać*) spread; **roztaczała wokół siebie zapach perfum** she smelled of perfume.
roztaczać się *ipf.* spread, extend; **roztoczył się przed nami piękny widok** a beautiful view spread/opened before us.
roztapiać *ipf.* melt.
roztapiać się *ipf.* melt.
roztargnienie *n.* absent-mindedness; **w roztargnieniu** absent-mindedly.
roztargniony *a.* **-eni** absent-minded.
rozterka *f.* dilemma, quandary; **w rozterce** at a loss, in a dilemma/quandary.
roztoczyć (się) *pf. zob.* **roztaczać (się)**.
roztropność *f.* prudence.
roztropny *a.* prudent.
roztrzepany *a.* scatter-brained.
roztrzęsiony *a.* **-eni** jittery.
roztwór *mi* **-o-** solution; **roztwór (nie)nasycony** (un)saturated solution.
rozum *mi* **1.** reason; **niespełna rozumu** nuts, crazy; **postradać rozum** be out of one's mind. **2.** (*rozsądek*) judgement, sense; **zdrowy rozum** common sense; **na chłopski/zdrowy rozum...** common sense suggests that...; **nauczyć kogoś rozumu** teach sb a lesson.
rozumieć *ipf.* **-em -esz** understand; **rozumieć po angielsku** understand English; **niewiele z czegoś rozumieć** make little of sth; **nie rozumiem czemu (nie)** I don't see why (not); **nie zrozumieć dowcipu** miss the joke; **dobrze/źle coś rozumieć** have a good/poor understanding of sth; **rozumiem** (*przyjmuję do wiadomości*) I see; **rozumiem, że...** I gather/understand that...; **co przez to rozumiesz?** what do you mean by that?
rozumieć się *ipf.* (*rozumieć się nawzajem*) understand each other/one another; **nie rozumieć się nawzajem** be at cross-purposes; **ma się rozumieć!** yes, of course; **to się samo przez się rozumie** it goes without saying.
rozumny *a.* rational, intelligent; **istota rozumna** intelligent being.
rozumować *ipf.* reason.
rozwaga *f.* **1.** (*rozsądek*) prudence, judiciousness; **brać coś pod rozwagę** take sth into consideration. **2.** (*ostrożność*) caution; **z rozwagą** deliberately.
rozwalać *ipf.*, **rozwalić** *pf.* **1.** *pot.* (*niszczyć*) smash (up), shatter. **2.** *pot.* (*skaleczyć*) cut; **rozwalić komuś głowę** crack sb's head open. **3.** *pot.* (*rozrzucać niedbale*) strew, scatter, throw about.
rozwalać się *ipf.*, **rozwalić się** *pf.* **1.** *pot.* (*rozlatywać się*) fall apart. **2.** *pot.* (*rozsiadać się*) loll (*na czymś* on sth).
rozważać *ipf.* consider; **rozważać coś** take sth into consideration; **rozważyć wszystkie za i przeciw** consider all the pros and cons.
rozważny *a.* thoughtful, prudent, sensible.
rozweselać *ipf.*, **rozweselić** *pf.* cheer (up).
rozweselać się *ipf.* cheer up, brighten up.
rozwiać (się) *pf. zob.* **rozwiewać (się)**.
rozwiązanie *n.* **1.** (*parlamentu, firmy*) dissolution; (*umowy*) termination. **2.** (*rozstrzygnięcie*) solution (*czegoś* to sth). **3.** *med.* delivery.
rozwiązły *a.* promiscuous, dissolute.
rozwiązać *pf.*, **rozwiązywać** *ipf.* **1.** (*supeł*) undo, untie. **2.** (*parlament, małżeństwo*) dissolve; (*umowę*) terminate; (*zespół, organizację*) disband. **3.** (*zagadkę, zadanie*) solve.
rozwiązać się *pf.*, **rozwiązywać się** *ipf.* **1.** (*rozsupływać się*) undo; **rozwiązał ci się but** your shoelace is undone. **2.** (*ulegać likwidacji*) be dissolved. **3.** (*rozstrzygać się*) resolve.
rozwiedziony *a.* **-dzeni** divorced.
rozwieść się *pf. zob.* **rozwodzić się**.
rozwieźć *pf. zob.* **rozwozić**.
rozwiewać *ipf.* **1.** (*o wietrze*) disperse, blow; **wiatr rozwiewał jej włosy** wind blew through her hair. **2.** (*wątpliwości, obawy, nadzieje*) dispel.
rozwiewać się *ipf.* **1.** (*rozpraszać się na wietrze*) disperse. **2.** (*o wątpliwościach, nadziejach*) dispel.
rozwijać *ipf.* **1.** (*rozpościerać*) unfold; (*kłębek wełny, rulon*) unreel, unroll; (*żagle, skrzydła*) spread. **2.** (*rozpakowywać*) undo; (*kwiaty, paczkę*) unwrap. **3.** (*kształtować, rozbudowywać*) develop; **podróże rozwijają** travel broadens the mind. **4.** (*wypowiedź, temat*) elaborate (*coś* on sth).
rozwijać się *ipf.* **1.** (*rozpościerać, rozkręcać się*) unreel, unroll; (*o sztandarze*) unfurl, unfold. **2.** (*przechodzić stadia rozwojowe*) develop, grow. **3.** (*toczyć się*) (*o sytuacji*) develop, progress. **4.** (*nabierać rozmachu*) grow, develop.
rozwinięty *a.* **1.** developed; **kraje słabo rozwinięte** underdeveloped countries. **2.** (*rozkwitnięty*) open, fully-blown.
rozwodnik *mp* divorcé, grass widower.
rozwodzić się *ipf.* **1.** (*mówić/pisać szczegółowo*) dwell (*nad czymś* (up)on sth). **2.** (*uzyskiwać rozwód*) divorce (*z kimś* sb); get divorced/a divorce (*z kimś* from sb).
rozwolnienie *n.* diarrhea.
rozwozić *ipf.* **-wożę -wozisz, -woź/-wóź** deliver, distribute.
rozwód *mi* **-o-** divorce; **wziąć z kimś rozwód** divorce sb, get divorced/a divorce from sb.
rozwódka *f.* divorcee, grass widow.
rozwój *mi* **-o- 1.** (*proces zmian*) development; **rozwój gospodarczy** economic progress/growth; **opóźniony w rozwoju** retarded. **2.** (*tok*) progress; **rozwój wypadków** turn of events.

rozzłoszczony *a.* angry, irritated.
rozzłościć *pf.* **-oszczę -ościsz** anger, irritate (*kogoś czymś* sb with sth).
rozzłościć się *pf.* get angry (*na kogoś/coś* with sb/sth).
rozżalony *a.* **-eni** embittered.
rożen *mi* **-żn-** *Gen.* **-a** (roasting) spit; **kurczak z rożna** spitroasted chicken.
rożny *a.* **rzut rożny** *sport* corner (kick).
rób *itd. ipf. zob.* **robić.**
ród *mi* **-o-** family; (*dynastia, linia*) house, line; **rodem z Polski** of Polish origin/descent; **z królewskiego rodu** of royal ancestry.
róg *mi* **-o- 1.** (*wyrostek*) horn; (*jelenia, łosia*) antler; **chwytać byka za rogi** *przen.* take the bull by the horns. **2.** *muz.* horn. **3.** (*brzeg, kąt*) corner; **w prawym górnym rogu** in the top right-hand corner. **4.** (*zbieg ulic*) corner, intersection; **mieszkać za rogiem** live round the corner.
rów *mi* **-o-** ditch; **rów melioracyjny** drainage ditch; **rów oceaniczny** oceanic trench.
rówieśnik *mp Gen.* **-a** contemporary.
równać *ipf.* **1.** (*niwelować*) level, even, flatten; **równać coś z ziemią** raze sth to the ground. **2.** (*wyrównywać szereg*) keep ranks. **3.** (*usuwać różnice*) equalize.
równać się *ipf.* **1.** be equal (*z czymś* to/with sth); amount, be tantamount (*z czymś* to sth); **dwa plus dwa równa się cztery** two and two equals/makes four. **2.** (*dorównywać*) equal (*z kimś/czymś* sb/sth).
równanie *n. mat.* equation.
równie *adv.* equally; **równie szybki co...** as fast as...; **równie dobrze możesz sobie iść** you might as well go.
również *adv.* also, as well; (*we frazach przeczących*) either, neither; **jak również...** and also..., as well as...
równik *mi Gen.* **-a** equator.
równina *f.* plain.
równo *adv.* **1.** (*gładko*) evenly, even (*z czymś* with sth). **2.** (*prosto*) straight. **3.** (*jednakowo*) the same (way), equally. **4.** (*miarowo*) regularly. **5.** (*dokładnie, akurat*) exactly.
równoczesny *a.* simultaneous, concurrent (*z czymś* with sth).
równocześnie *adv.* **1.** (*jednocześnie*) at the same time, simultaneously. **2.** *pot.* (*zarazem, także*) at the same time.
równoległy *a.* **1.** (*jednakowo oddalony*) parallel (*do czegoś* to/with sth). **2.** *pot.* (*jednoczesny*) simultaneous.
równoleżnik *mi Gen.* **-a** parallel (of latitude).
równomiernie *adv.* evenly.
równomierny *a.* even.
równorzędny *a.* equivalent.
równość *f.* equality; **znak równości** *mat.* equal(s) sign; **równość wobec prawa** equality before the law.
równouprawnienie *n.* equality of rights; **równouprawnienie kobiet** women's rights, equal rights for women.
równowaga *f.* **1.** balance; **stracić równowagę** lose one's balance; **przywrócić równowagę** redress/restore the balance. **2.** (*opanowanie, spokój*) poise, composure, balance; **wytrącić kogoś z równowagi** throw sb off balance.
równowartość *f.* equivalent.
równoważny *a.* equivalent (*z czymś* to).
równoważyć *ipf.* (counter)balance; **równoważyć coś czymś** balance sth against sth.
równoważyć się *ipf.* be in balance.
równoznaczny *a.* equivalent.
równy *a.* **1.** (*gładki*) even, smooth; (*o szosie, terenie*) flat; (*o linii, zębach*) straight; **stopień równy** *jęz.* positive (degree). **2.** (*jednakowy*) equal; **w równych odstępach czasu** at regular intervals; **jak równy z równym** on equal terms; **nie mieć sobie równego** have no match.
róż *mi Gen.pl.* **-ów 1.** (*kolor*) pink. **2.** (*kosmetyk*) blush(er).
róża *f.* rose; **dzika róża** brier; **życie usłane różami** a bed of roses.
różaniec *mi* **-ńc-** *Gen.* **-a** rosary.
różdżkarstwo *n.* divining, dowsing.
różdżkarz *mp* diviner, water finder.
różnica *f.* **1.** difference; **różnica zdań** difference of opinion; **bez różnicy** *pot.* (*obojętnie*) doesn't matter. **2.** *mat.* remainder.
różnić *ipf.* **-ij** distinguish, differ; **różnić kogoś/coś od kogoś/czegoś** distinguish sb/sth from sb/sth.
różnić się *ipf.* **różnić się czymś** differ in sth; **różnić się od kogoś/czegoś** differ from sb/sth.
różnobarwny *a.* multicolored.
różnorodność *f.* diversity, variety.
różnorodny *a.* diverse, varied.
różny *a.* **1.** (*różnoraki*) various, different. **2.** (*odmienny*) different, distinct.
różowy *a.* rose, pink.
różyczka *f. pat.* German measles.
RP *abbr.* (*Rzeczpospolita Polska*) the Republic of Poland.
rtęć *f.* mercury.
RTV *abbr.* (*radio i telewizja*) radio and television.
rubryka *f.* **1.** (*w formularzu*) blank (space). **2.** (*w gazecie*) column.
ruch *mi* **1.** movement, motion; **wprawić coś w ruch** set sth in motion. **2.** (*ćwiczenia fizyczne*) exercise. **3. być w ciągłym ruchu** live/lead an active life. **4.** (*na drogach*) traffic. **5.** *polit., sztuka* movement. **6.** (*w grze*) move.
ruchliwy *a.* **1.** (*o rękach, oczach*) restless. **2.** (*o porcie, ulicy*) busy. **3.** (*o dziecku*) lively, active.
ruchomy *a.* **1.** (*będący w ruchu*) moving; **schody ruchome** escalator. **2.** (*dający się ruszyć, przenośny*) movable; **ruchome święto** movable feast.
ruda *f. min., górn.* ore.
rudowłosy *a.* redheaded, ginger-haired.
rudy *a.* red, ginger.
rufa *f. żegl.* stern.
rugby *n. indecl. sport* rugby.
ruina *f.* ruin; **doprowadzić kogoś do ruiny** ruin sb.
rujnować *ipf.* ruin.
rujnować się *ipf.* go bankrupt.
ruletka *f.* roulette.
rulon *mi* roll.
rum *mi* rum.
rumianek *mi* **-nk-** c(h)amomile.
rumiany *a.* **1.** (*mający rumieńce*) ruddy; (*o jabłkach*) red. **2.** (*przypieczony*) golden brown.
rumienić *ipf.* (*przypiekać*) brown.
rumienić się *ipf.* blush.
rumieniec *mi* **-ńc-** *Gen.* **-a** blush.
rumowisko *n.* rubble.
Rumun *mp* Romanian.

Rumunia *f. Gen.* **-ii** Romania.
Rumunka *f. zob.* **Rumun.**
rumuński *a.* Romanian.
runąć *pf.* fall down, collapse; (*o samolocie*) plummet.
runda *f.* round.
rura *f.* pipe; **rura wydechowa** tailpipe.
rurociąg *mi* pipeline.
ruski *a.* (*dotyczący Rusi*) Ruthenian; *pot.* (*rosyjski*) Russian.
ruszać *ipf.* **1.** (*wyruszać*) set off, start; (*o pojeździe*) pull out. **2.** (*poruszać*) move; **rusz głową!** use your head! **3.** (*dotykać*) touch.
ruszać się *ipf.* **1.** (*być w ruchu*) move, keep moving, be on the move; **rusz się!** get a move on!, get yourself moving! **2.** (*o zębie*) be loose.
ruszt *mi* (*część paleniska*) grill; **mięso z rusztu** grilled meat.
rusztowanie *n.* scaffolding.
ruszyć (się) *pf. zob.* **ruszać (się).**
rutyna *f.* routine, rut; **popaść w rutynę** move in a rut.
rutynowy *a.* **1.** (*utarty*) routine. **2.** (*nudny*) menial, dull.
rwać *ipf.* **rwę rwiesz, rwij 1.** (*rozrywać*) tear (apart). **2.** (*zrywać*) pick. **3.** (*wyrywać*) pull out. **4.** (*o zębie, stawach*) shoot; **ząb mnie rwie** I have a shooting pain in my tooth.
rwać się *ipf.* **1.** (*pękać*) break, rip. **2.** (*o rozmowie, głosie*) break off.
ryba *f.* **1.** fish; **zdrów jak ryba** (as) right as rain; **iść na ryby** go fishing. **2.** *astrol.* **Ryby** Pisces.
rybak *mp* fisherman.
rybny *a.* fish; **sklep rybny** fishmonger's (shop).
rybołówstwo *n.* fishery, fishing.
rycerski *a.* **1.** (*dotyczący rycerza*) knight's; **zakon rycerski** order of knights. **2.** (*bardzo uprzejmy*) chivalrous, courteous.
rycerz *mp* knight.
ryczałtowy *a.* undifferentiated; **oferta ryczałtowa** package deal.
ryczeć *ipf.* **-ę -ysz 1.** roar; (*o krowie*) moo; (*o ośle*) bray; (*wrzeszczeć*) yell; **ryczeć ze śmiechu** roar with laughter. **2.** *pot.* (*płakać głośno*) howl.
ryć *ipf.* **ryję ryjesz 1.** burrow. **2.** *techn., sztuka* carve, engrave.
ryglować *ipf.* bolt.
rygor *mi* **1.** rigor, discipline; **utrzymywać rygor** maintain discipline. **2.** *prawn.* **pod rygorem czegoś** under penalty of sth.
rygorystyczny *a.* rigorous, strict.
ryj *mi Gen.* **-a 1.** (*część pyska*) snout. **2.** *wulg.* (*gęba*) mug.
ryk *mi* **1.** roar; (*krowy*) moo; (*osła*) bray; (*wrzask*) bawl, yell; **ryk lwa** lion's roar; **ryk samochodów** the roar of traffic. **2.** (*płacz*) howl.
rym *mi* rhyme; **mówić do rymu** speak in rhyme.
rymować *ipf.* rhyme (*sth*) (*z czymś* with sth).
rymować się *ipf.* rhyme.
rynek *mi* **-nk- 1.** (*plac miejski*) market square. **2.** (*targowisko*) market (place). **3.** *ekon.* market; **rynek pracy** labor market; **wolny rynek** free market; **Wspólny Rynek** the Common Market.
rynna *f. Gen.pl.* **rynien** rainwater pipe; (*pozioma*) gutter; (*pionowa*) downspout.
rys *mi* **1.** (*właściwość*) feature, trait. **2.** *pl.* (*cechy wyglądu twarzy*) features (of sb's face). **3.** (*streszczenie, notka*) sketch, note.
rys. *abbr.* (*rysunek*) fig. (*figure*).
rysa *f.* **1.** (*zadrapanie*) scratch. **2.** (*pęknięcie*) crack. **3.** (*skaza, t. przen.*) flaw (*na czymś* in sth).
rysować *ipf.* **1.** draw. **2.** (*robić zadrapania*) scratch.
rysować się *ipf.* **1.** (*uwidaczniać się*) appear. **2.** (*pokrywać się rysami*) get scratched.
rysownik *mp* draftsman.
rysunek *mi* **-nk-** drawing; (*jako ilustracja*) figure, picture; **rysunek ołówkiem/węglem** pencil/coal drawing.
rysunkowy *a.* **1.** drawing; **blok/papier rysunkowy** drawing block/paper. **2. film rysunkowy** cartoon.
ryś *ma* lynx.
rytm *mi* rhythm; (*tempo, puls*) pace; (*taktowanie*) beat; **wyczucie rytmu** sense of rhythm.
rytmiczny *a.* (*miarowy*) rhythmic(al); (*niezmienny*) steady, regular.
rytualny *a.* ritual.
rytuał *mi* **1.** (*obrządek*) rite, ritual; **rytuał inicjacyjny** rite of passage. **2.** *przen.* ritual.
rywal *mp* rival.
rywalizacja *f.* rivalry.
rywalizować *ipf.* compete (*z kimś* with sb, *o coś* for sth, *w czymś* in sth).
ryzyko *n.* risk; **na własne ryzyko** at one's own risk; **narażać się na ryzyko czegoś** run the risk of sth.
ryzykować *ipf.* take risks; **ryzykować coś/czymś** risk sth.
ryzykowny *a.* risky, hazardous; **ryzykowne przedsięwzięcie** risky undertaking.
ryż *mi* rice.
rz. *abbr.* (*rzeka*) R. (*river*).
rzadki *a.* **1.** rare; **rzadki okaz** rare specimen. **2.** (*rozrzedzony*) rare, rarefied, thin. **3.** (*niegęsty*) sparse; **rzadkie włosy** sparse hair.
rzadko *adv.* **1.** rarely, seldom. **2. rzadko kto** few people; **rzadko kiedy** on rare occasions. **3.** (*w rozproszeniu*) sparsely; **rzadko zalesione wzgórza** sparsely forested hills.
rzadkość *f.* rarity; **to nie należy do rzadkości** it is not uncommon/unusual.
rząd[1] *mi* **-ę- 1.** (*szereg*) row, line; **w rzędzie** in a row. **2. w pierwszym rzędzie** (*przede wszystkim*) first of all; **trzeci raz z rzędu** the third time in a row. **3.** (*kategoria*) **wartości wyższego rzędu** higher-order values. **4.** *biol.* (*jednostka systematyczna*) order.
rząd[2] *mi* **-ą- 1.** (*władza*) government. **2.** (*sprawowanie władzy*) rule; **rządy liberalne/totalitarne** liberal/totalitarian government.
rządowy *a.* governmental, administrative.
rządzić *ipf.* **1.** rule; **rządzić państwem/narodem** control a state/a nation. **2.** (*sprawować rządy*) be in government; (*sprawować kontrolę*) *przen.* be in charge. **3.** + *Ins.* (*kierować, zarządzać*) govern, manage, administer.
rządzić się *ipf.* (*panoszyć się*) boss the show.
rzecz *f.* **1.** thing, object. **2.** *pl.* (*własność, dobytek, strój*) things, belongings, property; **rzeczy osobiste** personal belongings. **3.** (*sprawa, dziedzina*) **ładne rzeczy!** a pretty kettle of fish! **nic z tych rzeczy** nothing of the kind; **to moja rzecz** it's my business; **wielkie rzeczy!** big deal! **znać się na rzeczy** know one's stuff. **4.** *pl.* (*naturalny bieg spraw*) things, affairs; **(zwykła) kolej rzeczy** the (ordinary) course of things; **stan rzeczy** the state of affairs; **w gruncie rzeczy** essentially. **5.** (*temat, treść*) issue, matter, topic, point; **mówić od rzeczy** talk nonsense;

przystąpić do rzeczy get to the point; **rzecz w tym, że...** the problem is that... **6. na rzecz kogoś/czegoś** to/for sb/sth.
rzeczniczka *f.* spokeswoman.
rzecznik *mp* spokesman; (*bez względu na płeć*) spokesperson; **rzecznik prasowy** press spokesman.
rzeczownik *mi Gen.* **-a** *gram.* noun; **rzeczownik policzalny/niepoliczalny** countable/uncountable noun.
rzeczowy *a.* **1.** (*namacalny*) material, substantial, tangible; **dowód rzeczowy** *prawn.* material proof. **2.** (*o stylu, argumencie*) succinct, concrete. **3.** (*o tonie, podejściu*) matter-of-fact, businesslike.
rzeczoznawca *mp* expert.
rzeczywistość *f.* reality; **w rzeczywistości** in reality, in fact; *w sprostowaniach* as a matter of fact, actually.
rzeczywisty *a.* real.
rzeczywiście *adv.* indeed, really.
rzeka *f.* river; **w górę/dół rzeki** up/down a river; **nad rzeką** on/by a river.
rzekomy *a.* alleged.
rzemieślnik *mp* craftsman, artisan.
rzemiosło *n.* **1.** (*rękodzielnictwo*) craftsmanship; **rzemiosła rękodzielnicze** arts and crafts. **2.** *pot.* (*zawód*) craft, trade.
rzep *mi* **1.** (*koszyczek łopianu*) bur. **2.** (*zapięcie*) Velcro ®.
rzepa *f.* turnip.
rzepak *mi* rape.
rzepka *f.* **1.** *emf. zob.* **rzepa**. **2.** *anat.* kneecap.
rzetelny *a.* reliable.
rzeź *f. pl.* **-zie 1.** (*ubój zwierząt*) slaughter. **2.** (*masowe zabijanie*) massacre, butchery, carnage.
rzeźba *f.* **1.** sculpture. **2. rzeźba terenu** the features of the landscape.
rzeźbiarstwo *n.* sculpture, carving.
rzeźbiarz *mp* sculptor.
rzeźbić *ipf.* sculpt(ure), carve.
rzeźnia *f. Gen.pl.* **-i** slaughterhouse.
rzeźnik *mp* butcher; **u rzeźnika** at the butcher's store.
rzęsa *f. anat.* eyelash.
rzęsisty *a.* **rzęsiste brawa** rapturous applause; **rzęsiste łzy** profuse tears; **rzęsisty deszcz** pouring rain.
rzęzić *ipf.* **-żę -zisz** wheeze.
rzodkiewka *f.* radish.
rzucać *ipf.* **1.** + *Acc. l. Ins.* throw, cast; **rzucać piłkę do kogoś** throw a ball to sb; **rzucać monetą** toss/flip a coin. **2.** *przen.* **rzucać cień na kogoś/coś** cast a shadow on sb/sth; **rzucać obelgi** hurl insults; **rzucać komuś ukradkowe spojrzenie** cast a furtive glance at sb; **rzucać pomysł** come up with an idea. **3.** (*wywoływać jakiś stan*) **rzucać na kogoś oskarżenia** throw accusations at sb; **rzucać na kogoś oszczerstwa** cast aspersions on sb. **4.** (*porzucać*) abandon, forsake, desert; *pot.* drop, chuck (in); **rzucić żonę/męża** abandon one's wife/husband; **rzuciłem robotę** I chucked in my job. **5.** (*zrywać z nałogiem*) give (*sth*) up. **6.** (*wypowiadać krótko*) **rzucać uwagę** drop a remark.
rzucać się *ipf.* **1.** (*skakać w dół*) plunge, jump, throw o.s. **2.** (*kierować się gdzieś pędem*) dart, dash, rush; **rzucić się do ucieczki** run for it; **rzucać się na pomoc** rush to the rescue. **3. rzucać się w oczy** stand out. **4.** (*miotać się*) toss about/around. **5.** (*atakować*) throw o.s. (*na kogoś/coś* at sb/sth); (*o drapieżniku*) pounce (*na kogoś/coś* on sb/sth).
rzut *mi* **1.** throw; **celny/niecelny rzut** well-aimed/missed throw; **rzut monetą** toss-up. **2.** *sport* **rzut dyskiem/oszczepem** the discus/javelin; **rzut karny/rożny** penalty/corner kick. **3. na pierwszy rzut oka** at first glance. **4.** *mat., kartogr.* projection.
rzutnik *mi Gen.* **-a** projector.
rzutować *ipf.* **1.** *bud., mat., kartogr., fot.* project. **2.** (*wpływać*) have an impact (*na coś* on sth).
rzygać *ipf.* + *Ins. pot.* puke (*sth*) (up).
Rzym *mi* Rome.
Rzymianin *mp pl.* **-anie** *Gen.* **-an**, **Rzymianka** *f.* Roman.
rzymski *a.* Roman.
rzymskokatolicki *a.* Roman Catholic.
r.ż. *abbr.* (*rodzaj żeński*) f (*feminine*).
rżeć *ipf.* **rżę rżysz**, **rżyj** neigh.
rżnąć *ipf.* **-ij 1.** (*ciąć*) cut; (*piłując*) saw. **2.** (*zabijać*) butcher. **3.** *pf.* + *Ins.* (*cisnąć*) fling, hurl (*sth*) (*o coś* against sth) (*w coś* into sth).

S

s. *abbr.* (*strona*) pg. (*page*).
SA, S.A. *abbr.* (*spółka akcyjna*) plc (*public limited company*).
sabotaż *mi* sabotage.
sad *mi* orchard.
sadysta *mp*, **sadystka** *f.* sadist.
sadyzm *mi* sadism.
sadzić *ipf.* plant.
sadzonka *f.* (*rozsada*) seedling.
sadzony *a.* (*o jajku*) sunny-side up.
saga *f.* (*np. rodzinna*) saga.
Sahara *f.* Sahara, the Sahara desert.
sakrament *mi rel.* sacrament; **sakrament chrztu/komunii** baptism/the Eucharist.
saksofon *mi* saxophone.
sala *f.* **1.** (*duża*) hall; (*mała*) room; **sala balowa** ballroom; **sala gimnastyczna** gymnasium; **sala operacyjna** operating theatre/room; **sala szkolna** school room; **sala wykładowa** lecture hall. **2.** (*publiczność*) audience.
salami *n. indecl.* (*kiełbasa*) salami.
salaterka *f.* salad bowl.
salon *mi* **1.** (*duży pokój*) living room. **2.** (*zakład usługowy*) salon; **salon fryzjerski** hair(dressing) salon; **salon piękności** beauty parlor; beauty salon. **3.** (*wystawa*) salon.
salowa *f. Gen.* **-ej**, **salowy** *mp* orderly, ward-attendant.
salutować *ipf.* salute (*komuś* sb).
sałata *f.* lettuce.
sałatka *f.* salad; **sałatka z pomidorów/ogórków** tomato/cucumber salad.
sam *a.* **1.** (*opuszczony*) alone; **całkiem sam** all alone, all by oneself; **robić coś samemu** do sth oneself, do

sth on one's own; **chcę zostać sama** I want to be alone. **2.** (*akurat*) just; **w sam raz** just fine/right; **w samą porę** just in time, (just) about time. **3.** (*przestrzeń*) right, very; **w samym środku** right in the middle; **u samej góry** at the very top. **4.** (*czas*) just; **od samego rana** first thing in the morning. **5.** (*wyłącznie*) nothing but; **same kłopoty** nothing but trouble. **6.** (*wyjątkowość*) myself (yourself etc.); **mszę odprawiał sam biskup** the mass was celebrated by the bishop himself. **7.** (*przyczyna*) mere, very; **wystarczy sam jej widok** the mere/very sight of her is enough. **8.** (*wzmocnienie*) myself (yourself etc.); **sam tak powiedział** he said so himself. **9.** (*właśnie ten*) the (this, that) very, same, identical; **taki sam** the same, identical; **jeden i ten sam** one and the same; **tak samo jak...** just as...; **tym samym** thus, thereby.

samica *f.* female.

samiec *ma* **-mc-** male.

samo *a. zob.* **sam**.

samobójca *mp* suicide.

samobójczy *a.* suicidal; **bramka samobójcza** *sport* own goal; **próba samobójcza** suicidal attempt.

samobójstwo *n.* suicide; **popełnić samobójstwo** commit suicide.

samochodowy *a.* car, auto, automotive; (*o przemyśle*) automotive, car; (*o sporcie*) motor; (*o wypadku*) car; **atlas samochodowy** road atlas; **rajd samochodowy** road racing.

samochód *mi* **-o-** car, auto(mobile); **samochód ciężarowy** truck; **samochód osobowy** (motor) car; **samochód wyścigowy** racing car; **prowadzić samochód** drive a car; **przyjechać/pojechać samochodem** come/go by car.

samodzielnie *adv.* (*samemu*) alone, by oneself; (*bez pomocy*) unaided, single-handedly; (*odrębnie*) independently; **robić coś samodzielnie** do sth o.s., do sth on one's own.

samodzielność *f.* (*niezależność*) independence; (*poleganie na sobie samym*) self-reliance.

samodzielny *a.* **1.** (*niezależny*) independent, self-reliant. **2.** (*bez pomocy*) unassisted, unaided. **3.** (*o mieszkaniu*) self-contained, separate.

samogłoska *f.* vowel.

samokrytyczny *a.* self-critical.

samolot *mi* plane, aircraft, airplane; **samolot czarterowy/pasażerski** charter/passenger plane; **samolot rejsowy** liner; **polecieć samolotem** go by plane, fly.

samolubny *a.* selfish; egoistic.

samoobrona *f.* **1.** (*obrona samego siebie*) self-defense, self-protection. **2.** (*cywilna obrona kraju*) civil self-defense.

samoobsługa *f.* self-service.

samopoczucie *n.* (*psychiczne*) mood; **mieć dobre/złe samopoczucie** (*psychiczne*) be in a good/bad mood; (*fizyczne*) feel well/unwell; **jak samopoczucie?** how are you feeling?

samorząd *mi* self-government; **samorząd miejski/studencki/terytorialny** municipal/student/local government.

samorządowy *a.* self-government, council.

samorzutny *a.* (*spontaniczny*) spontaneous.

samosąd *mi* (*zasada*) lynch law; (*działanie*) lynching.

samotnik *mp* loner, recluse.

samotność *f.* (*bycie opuszczonym*) loneliness; (*przebywanie bez towarzystwa*) (*np. z wyboru*) solitude.

samotny *a.* (*np. o człowieku*) lonely; (*np. o domu, drzewie, skale*) solitary; **samotna kobieta/samotny mężczyzna** single woman/man.

samouczek *mi* **-czk-** *Gen.* **-a** "teach-yourself" book.

samouk *mp Nom.pl.* **-ucy/-uki** self-taught person.

samowolny *a.* lawless; (*o decyzji, postępowaniu*) arbitrary; (*o człowieku*) willful.

samowystarczalny *a.* self-sufficient; (*finansowo*) self-supporting.

samozaparcie *n.* perseverance, persistence.

sanatorium *n. sing. indecl. pl.* **-ria** *Gen.* **-riów** sanatorium.

sandał *mi Gen.* **-a** sandal.

sanie *pl. Gen.* **-ń** sledge.

sanitariusz *mp Gen.pl.* **-y/-ów** paramedic.

sanitarny *a.* sanitary; (*o ekipie, przepisach*) sanitarian; **punkt sanitarny** first-aid station, dressing station.

sankcja *f.* sanction; **sankcje gospodarcze** economic sanctions; **nakładać sankcje na kogoś/coś** impose sanctions on/against sb/sth.

sanki *pl. Gen.* **sanek** toboggan.

sanktuarium *n. sing. indecl. pl.* **-ria** *Gen.pl.* **-riów** sanctuary.

sapać *ipf.* **sapię sapiesz** pant, puff.

saper *mp* sapper.

saperka *f.* (*łopata*) camp shovel.

sardynka *f.* sardine.

sarkastyczny *a.* sarcastic.

sarkazm *mi* sarcasm.

sarna *f. Gen.pl.* **sarn/saren** roe deer.

saszetka *f.* **1.** (*torba*) travel document organizer. **2.** (*zapachowa, ketchupu itp.*) sachet.

satelita *mi* satellite.

satelitarny *a.* satellite; **antena satelitarna** satellite dish.

satyra *f.* satire (*na kogoś/coś* on sb/sth).

satyryczny *a.* (*o utworze*) satiric(al); (*o programie*) comedy.

satyryk *mp* satirist; (*występujący*) stand-up comic.

satysfakcja *f.* satisfaction; gratification; **dawać satysfakcję** (*np. o pracy*) be rewarding.

satysfakcjonować *ipf.* satisfy.

sauna *f.* sauna.

są *ipf. zob.* **być**.

sąd *mi* **1.** (*instytucja*) court, court of justice, court of law; **Sąd Najwyższy** Supreme Court; **sąd wojenny** court martial; **orzeczenie sądu** court decision; **oddać sprawę do sądu** go to court; **podać kogoś do sądu** take sb to court; **Wysoki Sądzie!** Your Honor! **2.** (*rozprawa*) trial. **3.** (*gmach*) court(house). **4.** (*opinia*) judgment.

sądowy *a.* court, judicial, legal; **medycyna sądowa** forensic medicine; **nakaz sądowy** court order; **procedura sądowa** legal procedure; **proces sądowy** lawsuit.

sądzić *ipf.* **1.** (*w sądzie*) try, judge. **2.** (*oceniać*) judge; **nie sądzę** I don't think so; **sądzę, że tak** I think so. **3.** (*być zdania*) suppose, think; **sądząc po...** judging from...

sąsiad *mp Loc.* **-edzie** *pl.* **-edzi, sąsiadka** neighbor; **sąsiad zza ściany** next door neighbor.

sąsiadować *ipf.* **1.** (*mieszkać*) live next door (*z kimś* to sb); be neighbors (*z kimś* with sb). **2.** (*graniczyć*) neighbor (*z czymś* on sth).

sąsiedni *a.* contiguous, adjacent; (*o kraju*) neighboring; (*o mieszkaniu*) next-door; (*o pokoju*) adjoining.

sąsiedztwo *n.* **1.** (*sąsiadowanie*) neighborhood. **2. w sąsiedztwie czegoś** in the neighborhood/vicinity of.
s.c. *abbr.* (*spółka cywilna*) general partnership.
scena *f.* **1.** (*w teatrze*) stage; **scena polityczna** *przen.* political arena/scene; **zejść ze sceny** *przen.* (*o aktorze*) retire from the stage. **2.** (*teatr*) the stage; **występować na scenie** appear on (the) stage. **3.** (*fragment dramatu*) scene. **4.** (*epizod*) scene; **scena plenerowa/miłosna** outdoor/love scene. **5.** *pot.* (*kłótnia*) scene; **zrobić scenę** make a scene.
scenariusz *mi Gen.* **-a 1.** *film, teatr* script; *film* screenplay. **2.** (*przebieg wydarzeń*) scenario.
scenarzysta *mp*, **scenarzystka** *f.* scriptwriter; (*filmowy*) screenwriter.
sceneria *f. Gen.* **-ii** scenery.
scenografia *f. Gen.* **-ii** set design.
sceptycyzm *mi* skepticism.
sceptyk *mp* skeptic.
schab *mi* pork loin.
schabowy *a.* **kotlet schabowy** pork chop.
schemat *mi* **1.** (*zarys*) outline, scheme. **2.** (*rysunek*) schematic, diagram.
schematycznie *adv.* (*w uproszczeniu*) schematically; (*nieoryginalnie*) conventionally.
schematyczny *a.* **1.** (*uproszczony*) schematic. **2.** (*nieoryginalny*) conventional.
schlebiać *ipf.*, **schlebić** *pf.* (*pochlebiać*) flatter (*komuś* sb).
schludny *a.* neat, tidy.
schnąć *ipf.* **schnij, schnął/schł schła schli 1.** dry (out). **2.** (*o roślinach*) wither.
schodowy *a.* stair; **klatka schodowa** staircase.
schody *pl. Gen.* **-ów** stairs; (*krótkie*) steps; **ruchome schody** escalator.
schodzić *ipf.* **1.** (*po drabinie, schodach*) go down, descend. **2.** (*na bok, z drogi*) step aside, move over; **schodzić komuś z drogi** get out of sb's way. **3.** (*dawać się usunąć*) come off; **plama nie schodzi** the stain won't come off. **4.** (*z kanapy, fotela*) get off; (*z konia, roweru*) dismount.
schodzić się *ipf.* **1.** (*gromadzić się*) gather. **2.** (*stykać się*) touch. **3.** (*odbywać się jednocześnie*) coincide.
schować (się) *pf.* **-am -asz** *zob.* **chować (się)**.
schowek *mi* **-wk-** *Gen.* **-a** (*skrytka*) hiding place; (*w samochodzie*) glove compartment.
schron *mi wojsk.* shelter.
schronienie *n.* shelter.
schronisko *n.* **1.** (*turystyczne*) hostel. **2.** (*przytułek*) shelter; **schronisko dla zwierząt** destitute animal shelter.
schudnąć *pf.* **-dnij, -dł/-dnął -dła -dli** *zob.* **chudnąć**.
schwycić *pf.* **1.** (*złapać*) grab (*coś* sth). **2.** (*zawładnąć*) catch, grasp; **schwycił mróz** frost came; **schwycił ją smutek** she was overcome by sadness. **3.** *por.* **chwytać**.
schwycić się *pf.* **1.** (*złapać się*) grab (*czegoś* onto sth). **2.** (*złapać jeden drugiego*) grab one another. **3.** *por.* **chwytać się**.
schwytać *pf.* **1.** (*pojmać*) capture; **schwytać kogoś na gorącym uczynku** catch sb red-handed/in the (very) act. **2.** *por.* **chwytać**.
schylać *ipf.*, **schylić** *pf.* bow; **schylić głowę** (*np. na powitanie*) bow one's head.
schylać się *ipf.*, **schylić się** *pf.* stoop, bend.
scyzoryk *mi Gen.* **-a** pocketknife, penknife.
seans *mi pl.* **-e/-y** (*filmowy*) screening, show.
secesyjny *a.* **1. wojna secesyjna** Civil War. **2.** *sztuka* Art Nouveau.
segregacja *f.* **1.** segregation; **segregacja rasowa** racial segregation. **2.** (*sortowanie*) sorting, separation.
segregator *mi Gen.* **-a** (*teczka*) binder.
segregować *ipf.* sort, separate.
sejf *mi* (*szafa*) (*t. w ścianie*) safe.
sejm *mi parl.* Sejm (*lower house of the Polish parliament*).
sek. *abbr.* sec. (*second*).
sekator *mi Gen.* **-a** pruning shears.
sekcja *f.* **1.** (*oddział*) section, division. **2.** (*zwłok*) autopsy.
sekret *mi* secret.
sekretariat *mi* (*biuro*) secretary's office; (*oddział instytucji*) secretariat.
sekretarka *f.* secretary; **automatyczna sekretarka** answering machine.
sekretarz *mp* secretary; **sekretarz generalny** secretary-general.
sekretarzyk *mi Gen.* **-a** writing desk.
seks *mi* sex; **uprawiać seks (z kimś)** have sex (with sb).
seksowny *a.* sexy.
seksualny *a.* sexual; **wykorzystywanie seksualne** sexual abuse.
seksuolog *mp pl.* **-dzy/-owie** sex therapist, sexologist.
sekta *f.* sect.
sektor *mi Gen.* **-a 1.** sector. **2.** (*widowni, wystawy*) section.
sekunda *f.* second; **w ułamku sekundy** in a split second.
Sekwana *f.* Seine.
sekwencja *f.* sequence.
selekcja *f.* selection.
selekcjonować *ipf.* *t. sport* select; (*kandydatów na stanowisko*) screen.
seler *mi Gen.* **-a seler korzeniowy** celeriac; **seler naciowy** celery.
semafor *mi Gen.* **-a** semaphore.
semestr *mi* semester, term.
seminarium *n. sing. indecl. pl.* **-ria** *Gen.* **-riów 1.** (*zajęcia dydaktyczne*) seminar. **2. wyższe seminarium duchowne** seminary.
sen *mi* **sn- 1.** sleep; **sen zimowy** *zool.* hibernation; **głęboki sen** deep/sound sleep; **mieć lekki/mocny sen** be a light/heavy sleeper. **2.** (*marzenie senne*) dream; **sen na jawie** daydream; **koszmarny sen** nightmare.
senat *mi* **1.** (*izba parlamentu*) Senate. **2.** (*szkoły wyższej*) senate.
senator *mp* senator.
senior *mp* senior; **John Smith senior** John Smith, Sr/Sen.
senność *f.* sleepiness, drowsiness.
senny *a.* sleepy, drowsy.
sens *mi* (*znaczenie*) sense; (*celowość*) point; (*gestu, słowa*) meaning; **to jest bez sensu** there's no point in it, this is pointless; **nie ma sensu tego robić** there's no point in doing it; **to ma sens** this makes sense; **w pewnym sensie** in a sense.
sensacja *f.* sensation; **wzbudzić sensację** cause a sensation.
sensacyjny *a.* sensational, thrilling; **sensacyjna wiadomość** sensational news; **film sensacyjny** thriller, shocker.

sensowny *a.* sensible, reasonable.
sentyment *mi* (*sympatia*) fondness; **czuć/mieć do kogoś sentyment** have a fondness for sb, be fond of sb.
sentymentalny *a.* sentimental.
separacja *f. t. prawn.* separation; **być w separacji** be separated.
separować *ipf., pf. t. prawn.* separate.
separować się *ipf., pf.* separate.
seplenić *ipf.* lisp.
ser *mi Gen.* **-a** cheese; **ser biały/żółty** cottage/hard cheese.
Serb *mp pl.* **-owie** Serb(ian).
Serbia *f. Gen.* **-ii** Serbia.
Serbka *f. Gen.pl.* **-bek** *zob.* **Serb**.
serbski *a.* Serb(ian).
serbsko-chorwacki *a.* Serbo-Croatian, Serbo-Croat.
serce *n.* heart; **bez serca** heartless; **z całego serca** whole-heartedly, with all one's heart and soul; **mieć dobre serce** be kind-hearted; **mieć miękkie serce** be soft-hearted; **mieć problemy z sercem** have a heart condition; **podbić czyjeś serce** win sb's heart; **to mi szkodzi na serce** it's bad for my heart; **w głębi serca** at heart; **wziąć sobie coś do serca** take sth to heart; **z bólem serca** reluctantly.
serdecznie *adv.* **1.** (*z życzliwością*) warmly, cordially; **witać kogoś serdecznie** welcome sb warmly. **2.** (*bardzo, naprawdę*) heartily, really; **serdecznie dziękuję** thank you very much indeed; **serdecznie pozdrawiam** (*w zakończeniu listu*) kind/best regards; **uśmiać się serdecznie** have a jolly good laugh.
serdeczny *a.* hearty, cordial, warm; **serdeczny przyjaciel** bosom friend; **serdeczny list** warm letter; **serdeczne pozdrowienia** (*w zakończeniu listu*) kind/best regards; **palec serdeczny** ring finger.
serek *mi* **-rk-** *Gen.* **-a 1.** cheese; **serek homogenizowany** smooth cottage cheese; **serek topiony** processed cheese. **2.** (*rodzaj dekoltu*) V neck.
seria *f. Gen.* **-ii** (*cykl*) series, sequence; (*zastrzyków*) course; (*wydarzeń*) line, succession; (*nieszczęść, wypadków*) train; (*strzałów z broni maszynowej*) round; **seria rozmów** (*w negocjacjach*) round of talks; **seria wydawnicza** book series; **seria wyrobów** product line; **seria znaczków** set of stamps; **film z serii...** another episode of...
serial *mi Gen.pl.* **-i/-ów** series, serial; **serial telewizyjny** TV series.
serio *adv.* seriously, earnestly, really; **serio?** really?, no kidding? **pół żartem, pół serio** half seriously/jokingly; (*na dobre*) in earnest.
sernik *mi Gen.* **-a** cheesecake.
serpentyna *f.* **1.** (*droga*) switchback, hairpin road. **2.** (*taśma*) streamer.
serw *mi sport* service, serve.
serweta *f.* tablecloth.
serwetka *f.* (*do ust, rąk*) napkin; **serwetka papierowa** paper napkin.
serwis *mi* **1.** (*komplet naczyń*) set, service; **serwis do kawy** coffee set/service. **2.** (*informacyjny*) news bulletin. **3.** (*obsługa*) service. **4.** *sport* service, serve.
serwować *ipf.* **1.** *sport* serve (*do kogoś* to sb). **2.** (*podawać do stołu*) serve. **3.** (*wiadomości*) announce.
seryjny *a.* **1.** (*produkowany masowo*) mass-produced. **2.** (*jeden z serii*) serial.
sesja *f.* session; **sesja naukowa** symposium; **sesja (egzaminacyjna)** end-of-term examinations; **sesja nagraniowa** recording session; **sesja zdjęciowa** shoot.
set *mi Gen.* **-a** *sport* set.
seter *ma* setter.
setka *f.* (*sto egzemplarzy*) hundred; **setki widzów** hundreds of spectators; **jechać setką** *pot.* hit/top 100 km per hour, be doing 100 km per hour.
setna *f. Gen.* **-ej** one hundredth.
setny *a.* hundredth; **setna rocznica** centennial, a hundredth anniversary.
sezon *mi* season; **w szczycie sezonu** at/during high season; **martwy sezon** off/dead season; **w sezonie** in season.
sezonowy *a.* seasonal; **praca sezonowa** seasonal labor.
sędzia *mp Gen.* **-ego** *Ins.* **-ą** *Loc.* **-i** *pl.* **-owie** *Gen.pl.* **-ów 1.** *prawn.* judge. **2.** (*w konkursie*) juror. **3.** *sport* (*piłka nożna, koszykówka, boks*) referee; (*tenis, siatkówka*) umpire.
sędziować *ipf.* **1.** *prawn.* judge. **2.** *sport* (*piłka nożna, koszykówka, boks*) referee; (*tenis, siatkówka*) umpire.
sęk *mi Gen.* **-a** (*w desce*) knot; **w tym sęk** that's where the shoe pinches, there's/here's the rub.
sęp *ma* vulture. — *mp pl.* **-y** *przen.* buzzard, predator.
sfałszować *pf. zob.* **fałszować**.
sfera *f.* **1.** (*strefa*) zone. **2.** (*domena*) sphere, domain, field; (*wpływów, zainteresowań*) orbit; **sfera działalności** sphere of activity; **sfera gospodarcza** economic sphere. **3.** (*środowisko*) circles, class; **wyższe/niższe sfery** upper/lower classes. **4.** *geom.* sphere.
sfinansować *pf. zob.* **finansować**.
sfotografować *pf. zob.* **fotografować**.
sfrustrowany *a.* frustrated (*czymś* at/with sth).
show-biznes *mi* show business; *pot.* showbiz.
siać *ipf.* **sieję siejesz** (*ziarno*) **1.** sow, seed. **2.** *przen.* (*plotki, panikę*) spread; (*strach*) inspire, arouse.
siadać *ipf.* sit (down), take a seat, be seated; **proszę siadać!** take your seat, please!, please, be seated!
siak *adv.* **tak czy siak** (*w każdym wypadku*) in any case, anyway; **tak czy/albo siak** (*w ten czy inny sposób*) one way or the other, this or that way.
siano *n.* hay.
siarczysty *a.* (*o uderzeniu*) powerful; (*o mrozie, policzku*) hard, heavy; (*o mrozie*) biting, sharp.
siarka *f. chem.* sulfur.
siarkowy *a.* sulfur; *chem.* sulfuric; **kwas siarkowy** sulfuric acid.
siatka *f.* **1.** (*plecionka*) net, mesh; **siatka na zakupy** string bag. **2.** (*ogrodzenie*) wire fence. **3.** (*układ*) network, web; **siatka płac** *ekon.* payroll. **4.** (*zorganizowana grupa*) ring; **siatka narkotykowa/szpiegowska** drug/spy ring.
siatkarz *mp sport* volleyball player.
siatkowy *a.* net(work), mesh; **piłka siatkowa** *sport* volleyball.
siatkówka *f.* **1.** *anat.* retina. **2.** *sport* volleyball.
siąść *pf.* **siądę siądziesz, siadł siedli** *zob.* **siadać**.
siebie *pron. Dat. & Loc.* **sobie** *Acc.* **siebie/się** *Ins.* **sobą 1.** (*identyczność, t. siebie samego*) oneself; **iść przed siebie** walk straight on/ahead; **czuj się jak u siebie (w domu)** make yourself at home; **chodzić ze sobą** date; **chcę mieć to za sobą** I want to get it over with; **dochodzić do siebie po czymś** recover

from sth; **zadowolony z siebie** self-complacent, self-satisfied; **samo z siebie** by itself, per se; **mieścić w sobie** contain, hold; **zamknięty w sobie** introvert, withdrawn; **zebrać się w sobie** pull o.s. together, get a grip on o.s.; **mieć coś przy sobie** have sth on/about sb; **ręce przy sobie!** (keep your) hands off! **2.** (*wzajemność, t. siebie wzajemnie*) each other, one another; **mówić sobie po imieniu** be on first name terms with each other.

sieć *f.* **1.** *gł. ryb.* (fishing) net. **2.** *przen.* (*pułapka*) trap. **3.** (*pajęcza*) (cob)web. **4.** *techn.* net, network; **sieć komunikacyjna/telefoniczna** communication/telephone network; **sieć wodociągowa** water-supply system. **5.** *komp.* network; **podłączony do sieci** online. **6.** chain, string; **sieć supermarketów** supermarket chain.

siedem *num.* **-dmi-** *Ins.* **-oma/-u** seven.

siedemdziesiąt *num.* **-ęci-** *Ins.* **-oma/-u** seventy.

siedemdziesiąty *a.* seventieth; **siedemdziesiąty pierwszy** seventy-first; **lata siedemdziesiąte** the seventies.

siedemnasty *a.* seventeenth. — *mi* seventeenth.

siedemnaście *num.* **-st-** *Ins.* **-oma/-u** seventeen.

siedemset *num. siedem- decl. like num., -set indecl.* seven hundred.

siedmiokrotny *a.* sevenfold.

siedmioletni *a.* **1.** (*trwający siedem lat*) seven-year. **2.** (*w wieku siedmiu lat*) seven-year-old, seven years old.

siedmioro *num. decl. like n.* **-rg-** seven.

siedząco *adv.* sitting; **robić coś na siedząco** do sth sitting down.

siedzący *a.* **1.** (*w pozycji siedzącej*) sitting; (*o trybie życia*) sedentary. **2. miejsce siedzące** seat.

siedzenie *n.* **1.** seat. **2.** *euf.* (*pośladki*) bottom.

siedziba *f.* seat, registered/statutory office; **siedziba główna** headquarters, head/principal office; **z siedzibą w Chicago** based/seated in Chicago, Chicago-based.

siedzieć *ipf.* **-dzę -dzisz 1.** (*nie stać, nie leżeć*) sit (*przy/wokół czegoś* at/around sth); **siedzieć do późnej nocy** sit up (*till late*); **siedzieć bezczynnie** sit on one's hands; **siedź spokojnie!** sit still! **2.** *pot.* (*przebywać*) stay, remain; **nie siedź długo** don't be long; **siedzieć w domu** stay/be at home. **3.** *pot.* (*w więzieniu*) do time. **4.** *szkoln.* (*powtarzać rok*) repeat.

siekać *ipf.* chop (up), cut.

siekiera *f.* ax.

sienny *a.* **katar sienny** hay fever.

sień *f. pl.* **-nie** hall.

sierociniec *mi* **-ńc-** *Gen.* **-a** *przest.* orphanage.

sierota *f., mp decl. like f. Gen.pl.* **-ot/-ót** orphan.

sierpień *mi* **-pni-** *Gen.* **-a** *Gen.pl.* **-ów/-i** August; **w sierpniu** in August.

sierść *f.* fur, coat.

sierżant *mp* sergeant.

się *pron.* **1.** *zob.* **siebie**. **2.** (*siebie samego*) oneself; **widział/widzieli się w lustrze** he saw himself/they saw themselves in the mirror. **3.** (*siebie nawzajem*) each other, one another; **X i Y znają się dobrze** X and Y know each other very well. **4.** (*tworzy stronę zwrotną czasownika*) **skaleczyć się** hurt o.s.; **położyć się** lie down. **5.** (*jako odpowiednik strony biernej*) **ta książka sprzedaje się świetnie** this book sells very well; **tak się tego nie robi** that's not the way to do it. **6.** (*bezosobowo*) you, one; **zrobiło się późno** it's got late; **nigdy się nie wie** you never know, one never knows.

sięgać *ipf.*, **sięgnąć** *pf.* **-ij 1.** (*wyciągać rękę itp.*) reach (*po coś/do czegoś* (out) for sth). **2.** (*zbliżać się, docierać*) reach, come; extend (*czegoś* as far as sth); **jak okiem sięgnąć** as far as the eye can see. **3.** (*zaglądać do*) refer (*do czegoś* to sth); **sięgać do słownika** refer to a dictionary. **4.** (*osiągać granicę*) reach; come (up/down) (*(do) czegoś* to sth); **sięgający do kolan** knee-length.

sikać *ipf.* **1.** *pot.* (*cienkim strumieniem*) squirt. **2.** *pot.* (*oddawać mocz*) piss.

silikon *mi* silicone.

silnie *adv.* **1.** (*mocno*) strongly; (*np. uderzyć*) hard. **2.** (*intensywnie*) intensely; **silnie to przeżyła** she took it badly.

silnik *mi Gen.* **-a** motor, engine; **silnik odrzutowy** jet engine; **silnik spalinowy** internal-combustion engine.

silny *a.* strong; (*ból*) intense; (*lekarstwo*) strong, powerful.

siła *f.* **1.** (*energia*) power, strength; **siła woli** willpower; **chodzić o własnych siłach** walk on one's own; **leżeć bez sił** lie exhausted; **spróbować w czymś swoich sił** try one's hand at sth; **ojciec jest już w sile wieku** the father is already in his prime. **2.** (*natężenie*) intensity; (*argumentów, uczucia*) force, potency. **3.** (*pracownik*) employee, specialist; **siła fachowa** professional; **(tania) siła robocza** (cheap) labor force. **4.** *fiz.* force; **siła bezwładności** force of inertia. **5.** *wojsk.* **siły powietrzne** air force; **siły zbrojne** armed forces. **6.** (*przymus fizyczny*) force; **używać siły** use force.

siłacz *mp* strongman.

siłownia *f. Gen.pl.* **-i 1.** *techn.* power plant. **2.** *sport* gym.

siłowy *a.* strength; **ćwiczenia siłowe** weight training; **rozwiązanie siłowe** *polit.* settlement by force.

Singapur *mi* Singapore.

singiel, singel *mi* **-gl-** *Gen.* **-a 1.** *sport* singles. **2.** *karty* singleton. **3.** *muz.* single. **4.** (*osoba żyjąca samotnie*) **bar dla singli** singles bar.

siniak *mi Gen.* **-a** (*na skórze*) bruise; (*pod okiem*) black eye.

sinieć *ipf.* become blue.

siny *a.* livid, bluish.

siodełko *n.* saddle.

siodłać *ipf.* saddle.

siodło *n. Gen.pl.* **-eł** saddle.

siostra *f. Gen.pl.* **sióstr 1.** sister. **2.** (*zakonnica*) sister. **3.** (*pielęgniarka*) nurse, sister; **siostra oddziałowa** ward sister.

siostrzenica *f.* niece.

siostrzeniec *mp* **-ńc-** *pl.* **-y** nephew.

siódemka *f.* seven.

siódmy *a.* seventh; **na stronie siódmej** on page seven; **być w siódmym niebie** be in seventh heaven.

sitko *n.* small sieve/strainer; **sitko do herbaty** tea strainer.

siusiać *ipf. dziec. euf.* wee-wee, pee-pee.

siusiu *n. indecl. dziec. euf.* pee; **zrobić siusiu** pee.

siwieć *ipf.* gray, turn gray.

siwy *a.* gray.

skafander *mi* **-dr-** *Gen.* **-a** (*kurtka*) anorak; (*astronauty*) spacesuit; (*nurka*) diving suit.

skakać *ipf.* **-czę -czesz 1.** (*w górę, w dół*) jump; **skakać z tematu na temat** skip from one subject to another. **2.** (*odbijać się*) bounce. **3.** (*np. o cenach*) shoot up, jump.

skakanka *f.* jump rope.

skala *f. Gen.pl.* **-i/-l** **1.** (*do mierzenia*) scale; **skala Celsjusza** Celsius/centigrade scale; **na małą/wielką skalę** on a small/large scale. **2.** (*mapy*) scale. **3.** *muz.* scale; **skala głosu** range of voice.

skaleczenie *n.* cut.

skaleczyć *pf.* cut.

skaleczyć się *pf.* cut o.s.; **skaleczyć się w palec** cut one's finger.

skalisty *a.* rocky.

skalny *a.* rocky; **ogród skalny** rock garden, rockery.

skała *f.* rock.

skamielina, skamieniałość *f. geol.* fossil.

skamieniały *a.* **1.** (*rośliny, zwierzęta*) fossilized. **2.** (*np. ze strachu*) petrified.

skandal *mi Gen.pl.* **-i/-ów** scandal.

skandaliczny *a.* scandalous, shocking.

skandować *ipf.* chant.

Skandynaw *mp pl.* **-owie, Skandynawka** *f.* Scandinavian.

Skandynawia *f. Gen.* **-ii** Scandinavia.

skandynawski *a.* Scandinavian.

skansen *mi* open-air ethnographical museum, heritage park.

skarb *mi* **1.** treasure; **poszukiwacz skarbów** treasure hunter. **2.** *ekon.* **skarb państwa** the Treasury.

skarbiec *mi* **-bc-** *Gen.* **-a** vault.

skarbnik *mp* treasurer.

skarbonka *f.* money box; **świnka skarbonka** piggy bank.

skarbowy *a.* fiscal; **Urząd Skarbowy** *US* Internal Revenue Service, IRS; **znaczek skarbowy** stamp, duty stamp.

skarga *f.* complaint; **pójść na skargę do kogoś** complain to sb; **złożyć skargę z powodu czegoś** complain about sth, file/lodge a complaint about sth.

skarpeta *f.*, **skarpetka** *f.* sock.

skarżyć *ipf.* **1.** (*do sądu*) sue (*kogoś o coś* sb for sth). **2.** (*oskarżać, donosić*) tell (*na kogoś* on sb).

skarżyć się *ipf.* complain (*na kogoś/coś* complain of sb/sth).

skaza *f.* flaw, defect; **bez skazy** flawless.

skazaniec *mp* **-ńc-** *pl.* **-y** convict.

skazany *mp* = **skazaniec**. — *a.* convicted; **skazany na niepowodzenie** doomed to failure.

skazywać *ipf. prawn.* sentence; **skazać na dożywocie** sentence to life imprisonment.

skazywać się *ipf.* condemn o.s. (*na coś* to sth); **skazać się na wygnanie** condemn o.s. to exile.

skąd *adv.* where from; **skąd jesteś?** where are you from? — *part.* **ależ skąd!** not at all!

skądinąd *adv.* (*z innego źródła*) from another source; (*z innego miejsca*) from another place. — *part.* (*poza tym, zresztą*) otherwise.

skądś *adv.* from somewhere; **my się chyba skądś znamy** I guess we know each other from somewhere.

skąpić *ipf.* **skąpić komuś czegoś** grudge sb sth; **nie skąpić wysiłków** spare no pains/trouble.

skąpiec *mp* **-pc-** *pl.* **-y** *uj.* miser.

skąpo *adv.* **1.** (*ubrany*) scantily. **2.** (*oszczędnie*) sparingly.

skąpy *a.* **1.** (*o człowieku*) stingy, miserly. **2.** (*o ubiorze, informacjach*) scant.

skecz *mi Gen.pl.* **-y/-ów** skit.

skierować się *pf.* (*zmierzać, zdążać*) head, make (*dokądś* for sth).

skierowanie *n.* **1.** (*do lekarza, szpitala*) referral; **dostałem skierowanie do specjalisty** I've been referred to a specialist. **2.** (*do pracy*) appointment.

skinąć *pf.* (*ręką*) beckon; (*głową*) nod; **skinąć na kogoś** beckon sb.

skleić *pf.* **skleję skleisz, sklejać** *ipf.* glue together, stick together.

sklep *mi* store; **sklep mięsny** butcher's store; **sklep spożywczy** grocer's store, grocery.

sklepikarz *mp* storekeeper.

skleroza *f.* **1.** *pat.* (*stwardnienie*) sclerosis. **2.** *uj. obelż.* (*roztargnienie*) forgetfulness.

skład *mi* **1.** (*budynek*) warehouse, storehouse; (*pomieszczenie*) store(room); (*węgla, drzewa*) yard. **2.** (*składniki*) makeup, composition; (*drużyny*) lineup; (*komisji, delegacji*) makeup; **wchodzić w skład czegoś** be part of sth, be included in sth. **3.** *chem.* composition.

składać *ipf.* **1.** (*kartkę, leżak*) fold; (*parasol*) furl. **2.** (*silnik, mebel*) put together, assemble; (*złamaną rękę, nogę*) set, adjust. **3.** (*węgiel, towar*) store; **składać jaja** lay eggs. **4.** (*dawać, ofiarować*) submit; **składać komuś wizytę** pay a sb visit; **składać komuś życzenia** extend/offer one's wishes to sb; **składać oświadczenie** make/issue a statement; **składać wniosek o coś** apply for sth.

składać się *ipf.* **1.** (*być elementem*) consist (*z kogoś/czegoś* of sb/sth). **2.** (*np. o krześle, leżaku*) fold (up). **3.** (*brać udział w składce*) *pot.* chip in. **4. dobrze/źle się składa, że...** it's fortunate/unfortunate that...; **tak się składa, że...** as it turns out...

składanka *f. pot.* (*utworów*) medley, miscellany.

składany *a.* (*o rowerze, fotelu*) folding, fold-up; (*o łóżku*) foldaway.

składka *f.* (*składanie się*) contribution, subscription; **składka członkowska** membership fee; **składka ubezpieczeniowa** insurance premium.

składnica *f.* (*magazyn*) storehouse, depot; **składnica złomu** scrapyard.

składnik *mi Gen.* **-a** **1.** (*część, element*) component, constituent; (*potrawy*) ingredient. **2.** *mat.* element.

składować *ipf.* store.

składowy *a.* component.

skłamać *pf.* **-mię -miesz** tell a lie.

skłaniać *ipf.*, **skłonić** *pf.* induce, persuade (*kogoś do zrobienia czegoś* sb to do sth).

skłaniać się *ipf.* incline, lean (*ku czemuś/do czegoś* to sth).

skłonność *f.* **1.** (*predyspozycja*) tendency (*do czegoś* to sth). **2.** (*podatność*) susceptibility (*do czegoś* to sth). **3.** (*pociąg*) penchant (*do czegoś* for sth).

skłonny *a.* **1.** (*podatny*) prone, susceptible; **skłonny do chorób** susceptible/prone to disease. **2.** (*chętny*) willing, inclined; **skłonny do płaczu** given to crying; **być skłonnym coś zrobić** be willing to do sth.

skłócać *ipf.*, **skłócić** *pf.* (*antagonizować*) divide.

sknera *f.*, *mp decl. like f. Gen.pl.* **-r/-rów** *uj. pot.* scrooge, skinflint.

skoczek *mp* **-czk-** *pl.* **-owie** *sport* jumper; **skoczek spadochronowy** parachutist.

skocznia *f. Gen.pl.* **-i** **skocznia narciarska** hill, ski jump.

skoczyć *pf. zob.* **skakać**.

skojarzenie *n.* association.
skok *mi* (*w górę, w dół*) jump, leap; **skok w dal/wzwyż** long/high jump; **skok o tyczce** pole-vault; **skoki narciarskie** ski-jumping.
skombinować *pf. pot.* (*załatwić*) wangle.
skomplikowany *a.* (*trudny*) complicated; (*zawiły*) complex.
skompromitować *pf.* discredit.
skompromitować się *pf.* compromise o.s., disgrace o.s.
skoncentrowany *a.* concentrated.
skondensowany *a.* (*np. o mleku*) condensed.
skontaktować *pf.* put in touch; **skontaktować kogoś z kimś** put sb in touch with sb.
skontaktować się *pf.* get in touch (*z kimś* with); contact (*z kimś* sb).
skończony *a.* **-eni 1.** (*absolutny, całkowity*) absolute, perfect, utter; **skończony głupiec** complete/utter fool. **2.** (*bez przyszłości*) finished.
skończyć *pf.* end, finish; **skończyć studia** complete/finish one's studies; graduate from university/college; **skończyć w więzieniu** end up in prison; **skończyć z piciem** give up drinking.
skoro *conj.* **1.** (*ponieważ*) since, as; **skoro już jesteś tutaj,...** since you are here anyway,..., now that you are here,... **2.** (*jeśli*) if. **3.** (*gdy tylko*) as soon as.
skoroszyt *mi* file.
skorowidz *mi* index.
skorpion *mi* **1.** scorpion. **2.** *astrol.* **Skorpion** Scorpio; **ona jest spod znaku Skorpiona** she's a Scorpio, she was born under Scorpio.
skorumpowany *a.* corrupt.
skorupa *f.* (*orzecha, ślimaka*) shell; (*żółwia, kraba, homara*) carapace; **skorupa ziemska** the earth's crust.
skorupka *f.* (*np. jajka, orzecha*) shell; **skorupka jajka** eggshell; **obrać ze skorupki** shell.
skory *a.* (*skłonny*) willing; (*gotów*) ready; (*chętny*) eager; **skory do nauki/pomocy** willing to learn/help.
skos *mi* (*powierzchnia*) slant; **na/w skos** at/on a slant.
skostniały *a.* **1.** (*zdrętwiały*) stiff, numb; **skostniały z zimna** numb with cold. **2.** *przen.* (*tradycyjny*) fossilized, ossified.
skośny *a.* (*o powierzchni*) slanting, inclined; (*o oczach*) slanting.
skowronek *ma* **-nk-** lark.
skowyczeć *ipf.* yelp.
skóra *f.* **1.** (*człowieka, zwierząt*) skin; (*zwierząt gruboskórnych*) hide. **2.** (*po wyprawieniu*) leather.
skórka *f.* **1. gęsia skórka** goose flesh/pimples. **2.** (*przy paznokciu*) cuticle. **3.** (*chleba*) crust; (*cytryny, banana*) peel; (*winogrona, ziemniaka*) skin; (*melona*) rind; **obierać ze skórki** peel, skin. **4.** (*po wyprawieniu*) leather; (*np. na futro*) pelt.
skórzany *a.* leather.
skracać *ipf.* **1.** (*długość*) shorten. **2.** (*zredukować*) shorten; (*np. książkę, słownik*) abridge, abbreviate.
skracać się *ipf.* become shorter.
skradać się *ipf.* sneak, slink.
skraj *mi Gen.pl.* **-ów** (*krawędź*) edge; (*brzeg*) brink, verge; **być na skraju nędzy** be on the brink of poverty.
skrajność *f.* extremity.
skrajny *a.* (*radykalny*) extreme, radical; **skrajna nędza** extreme poverty; **skrajne poglądy** radical views.
skreślać *ipf.* (*przekreślać*) cross out, strike off; (*usuwać*) delete.
skręcać *ipf.*, **skręcić** *pf.* **1.** (*zespalać*) screw together. **2.** (*pleść*) weave, twine. **3.** (*zwijać*) twist, roll. **4.** (*nogę*) sprain. **5.** (*zmienić kierunek*) turn; **skręcić w drugą ulicę w prawo** take the second turn to the right.
skręcać się *ipf.*, **skręcić się** *pf.* **1.** (*zwijać się*) get twisted, get coiled. **2.** (*wić się*) writhe, convulse; **skręcać się z bólu** writhe in pain.
skrępowany *a.* **1.** (*związany*) tied up. **2.** (*zakłopotany*) embarrassed.
skręt *mi* (*ruch*) turn; (*miejsce*) turn, bend; **skręt w lewo/w prawo** left/right turn.
skrobać *ipf.* **-bię -biesz 1.** (*zdrapywać*) scrape off. **2.** (*drapać*) scratch.
skrobać się *ipf.* (*drapać się*) scratch o.s.
skrobanka *f. pot.* abortion.
skrobia *f.* starch.
skromnie *adv.* modestly; **ubierać się skromnie** wear simple clothes.
skromność *f.* modesty; **nie grzeszyć skromnością** be boastful.
skromny *a.* **1.** modest. **2.** (*prosty, niewyszukany*) simple, plain; **skromna uroczystość** simple/quiet ceremony.
skroń *f. pl.* **-e** temple.
skrócić (się) *pf. zob.* **skracać (się)**.
skrót *mi* **1.** (*streszczenie*) summary; (*skrócenie, opuszczenie*) cut; **skrót wiadomości** the headlines; **w skrócie** in short. **2.** (*krótsza droga*) short cut. **3.** *jęz.* abbreviation.
skrupulatny *a.* **1.** (*pedantyczny*) meticulous, scrupulous. **2.** (*szczegółowy*) detailed, precise.
skrupuły *pl. Gen.* **-ów** scruples; **pozbawiony skrupułów** unscrupulous.
skruszony *a.* **-eni** (*wyrażający skruchę*) apologetic.
skrypt *mi* (*podręcznik*) textbook.
skrytka *f.* hiding place; **skrytka pocztowa** post office box, P.O. box.
skryty *a.* **1.** (*o charakterze, człowieku*) secretive. **2.** (*o planach, zamiarach*) secret, clandestine.
skrytykować *pf.* criticize.
skrywać *ipf.* **-am -asz** conceal.
skrywać się *ipf.* **1.** (*ukrywać się*) hide (out). **2.** (*być zasłoniętym*) be concealed.
skrzeczeć *pf.* **-ę -ysz** croak.
skrzep *mi* clot.
skrzydlaty *a.* winged.
skrzydło *n. Gen.pl.* **-eł 1.** wing; **dodawać komuś skrzydeł** lend wings to sb; **podciąć komuś skrzydła** discourage sb, restrict sb's freedom of action. **2.** *techn.* blade. **3.** (*budynku*) wing. **4.** (*część składowa*) wing; **skrzydło drzwi** door leaf; **skrzydło okna** sash.
skrzynia *f.* (*pudło*) chest, crate; **skrzynia biegów** *mot.* gear box.
skrzynka *f.* box; **skrzynka na listy** letter box; **czarna skrzynka** *lotn.* black box.
skrzypaczka *f.* violinist.
skrzypce *pl. Gen.* **-piec** violin.
skrzypek *mp* **-pk-** *pl.* **-owie** *zob.* **skrzypaczka**.
skrzypieć *ipf.* **-ę -isz**, **skrzypnąć** *pf.* **-ij** creak, squeak.
skrzywdzić *pf.* wrong, harm.
skrzywić *pf.* bend; (*prawdę, słowa*) twist; (*rzeczywistość, prawdę*) distort.
skrzywić się *pf.* **1.** bend. **2.** (*robić grymasy*) make/pull a face.

skrzywienie *n.* **1.** bend. **2. skrzywienie kręgosłupa** curvature of the spine. **3.** (*grymas*) wry face.
skrzyżowanie *n.* (*ulic*) intersection, junction.
skubać *ipf.* **-bię -biesz 1.** (*wyrywać*) pluck; **skubać kurczaka** pluck a chicken. **2.** (*chleb, trawę*) nibble.
skup *mi* **1.** purchase. **2. skup butelek** bottle return.
skupiać *ipf.*, **skupić** *pf.* **1.** (*gromadzić*) assemble, gather. **2.** (*koncentrować*) concentrate, focus; **skupiać uwagę na czymś** focus on sth; **skupiać na sobie czyjąś uwagę** attract sb's attention.
skupiać się *ipf.*, **skupić się** *pf.* **1.** (*gromadzić się*) assemble, gather. **2.** (*koncentrować się*) concentrate.
skupienie *n.* concentration.
skupiony *a.* **-eni** (*o człowieku*) concentrated, focused; (*o wyrazie twarzy*) intent.
skupować *ipf.* (*kupować*) buy, purchase; (*odkupować*) buy back.
skurcz *mi Gen.pl.* **-ów** *fizj.* (*ściągnięcie*) contraction; (*bolesny*) cramp; **skurcze porodowe** labor pains.
skurczyć *pf.* shrink, contract.
skurczyć się *pf.* shrink, contract.
skusić *pf.* **skuszę skusisz** tempt.
skusić się *pf.* yield to (the) temptation.
skuteczność *f.* effectiveness, efficacy.
skuteczny *a.* effective, efficacious.
skutek *mi* **-tk-** result, effect; **aż do skutku** to the bitter end; **bez skutku** to no effect; **na skutek czegoś** as a result of sth; **ze skutkiem** effectively, successfully; **dojść do skutku** come into effect.
skuter *mi Gen.* **-a** motor scooter.
skutkować *ipf.* work; be effective, be efficacious.
skwer *mi* square.
skwierczeć *ipf.* **-ę -ysz** sizzle.
slajd *mi* slide.
slalom *mi* slalom.
slipy *pl. Gen.* **-ów** briefs.
slogan *mi* **1.** (*w reklamie*) slogan. **2.** (*komunał*) commonplace, platitude.
slumsy *pl.* slums.
słabnąć *ipf.* **-bnij, -bł/-bnął -bła -bli 1.** (*tracić siły*) weaken. **2.** (*tracić na sile*) decline, diminish; (*o dźwięku*) die out; (*o wietrze, ruchu*) die down; (*o bólu, trudnościach*) ease off.
słabo *adv.* **1.** (*niemocno*) weakly; **słabo mi** I feel faint. **2.** (*ledwie*) poorly, barely; **słabo widzieć** have poor eyesight. **3.** (*marnie*) poorly; **słabo oświetlony** poorly lit/lighted; **słabo się uczyć** be a poor student.
słabość *f.* **1.** weakness. **2. mieć słabość** have a weakness, have a weak/soft spot (*do kogoś/czegoś* for sb/sth). **3.** (*wada*) weakness.
słaby *a.* **1.** weak; **słabe zdrowie** ill/poor health; **słaba wola** weak will. **2.** (*o dźwięku, zapachu, świetle*) faint; (*o widoczności, pamięci*) poor; (*o napoju*) weak. **3.** (*nietrwały*) weak, flimsy; **czyjś słaby punkt** sb's weak spot. **4.** (*niedostateczny*) bad, poor; **słaby uczeń** poor student.
słać[1] *ipf.* **ślę ślesz, ślij** *lit.* send.
słać[2] *ipf.* **ścielę ścielesz słać łóżko** make the bed.
słać się *ipf.* **ścielę ścielesz** spread, stretch; (*np. o mgle, dymie*) float.
sława *f.* **1.** fame; **muzyk światowej sławy** world-famous musician. **2.** (*reputacja*) reputation; **cieszyć się dobrą sławą** have a good name; **cieszyć się złą sławą** be ill-reputed, be infamous. **3.** (*ktoś sławny*) celebrity.
sławny *a.* famous, renowned.
słodki *a.* **-dszy** sweet; **słodka woda** (*niemorska*) fresh water.
słodkowodny *a.* freshwater.
słodycz *f. tylko sing.* sweetness.
słodzić *ipf.* **słodzę słodzisz, słodź/słódź** sweeten; **dziękuję, nie słodzę herbaty** I don't take sugar in my tea, thank you.
słoik *mi Gen.* **-a** jar.
słoma *f.* straw.
słomiany *a.* straw; **słomiany dach** thatched roof; **słomiana wdowa** grass widow; **słomiany zapał** flash in the pan.
słomka *f.* straw.
słonecznie *adv.* sunnily; **wczoraj było bardzo słonecznie** it was a very sunny day yesterday.
słonecznik *mi Gen.* **-a** sunflower.
słoneczny *a.* (*dotyczący słońca*) solar; (*o dniu, niebie*) sunny; **energia słoneczna** solar power/energy; **porażenie słoneczne** sunstroke; **światło słoneczne** sunlight, sunshine; **Układ Słoneczny** solar system; **zegar słoneczny** sundial.
słoniowy *a.* elephant's; **kość słoniowa** ivory.
słony *a.* salty; **słona woda** (*morska*) salt water; **słona cena** steep price.
słoń *ma* **1.** elephant. **2. słoń morski** elephant seal, sea elephant.
słońce *n.* **1.** sun; **wschód/zachód słońca** sunrise/sunset. **2.** (*blask, światło*) sun, sunshine; **wygrzewać się w/na słońcu** bask in the sun.
Słowacja *f.* Slovakia.
słowacki *a.* Slovak(ian).
Słowaczka *f.*, **Słowak** *mp* Slovak(ian).
Słowenia *f. Gen.* **-ii** Slovenia.
Słoweniec *mp*, **Słowenka** *f.* **-ńc-** *pl.* **-y** Slovene, Slovenian.
słoweński *a.* Slovene, Slovenian.
Słowianin *mp pl.* **-anie** *Gen.* **-an, Słowianka** *f.* Slav.
słowiański *a.* Slavonic, Slavic.
słowik *ma* nightingale.
słownictwo *n.* vocabulary.
słowniczek *mi* **-czk-** *Gen.* **-a** (*mały słownik*) mini-dictionary; (*wykaz terminów*) glossary.
słownie *adv.* in words; **napisać sumę słownie** write the amount in words.
słownik *mi Gen.* **-a** dictionary; **słownik dwujęzyczny/ortograficzny** bilingual/spelling dictionary; **słownik polsko–angielski** Polish–English dictionary; **sprawdzić coś w słowniku** look sth up in a dictionary, consult a dictionary.
słowny *a.* **1.** (*wiarygodny*) reliable; **być słownym** be as good as one's word. **2.** (*wyrażony mową*) verbal.
słowo *n. Gen.pl.* **słów 1.** word; **brzydkie słowo** four-letter word, swearword; **dobre słowo** kind word; **próżne/puste słowa** empty words; **jednym słowem** in a/one word; **innymi słowy** in other words; **w krótkich słowach** in short/brief; **słowo w słowo** word for word; **mam do pana dwa słowa** could I have a word with you? **przerwać komuś w pół słowa** cut in on sb; **licz się ze słowami!** watch your mouth/language! **brak mi słów** I'm at a loss for words; **wymiana słów** verbal exchange; **dać słowo** give one's word; **dotrzymać słowa** keep one's word; **trzymać kogoś za słowo** hold sb to their word. **2.** (*tekst piosenki*) (*tylko pl.*) lyrics.
słówko *n.* word; **czułe słówka** sweet nothings, terms of endearment.

słuch *mi* **1.** hearing; **mieć słaby słuch** be hard of hearing. **2. słuch muzyczny** a good ear for music; **grać ze słuchu** play by ear.
słuchacz *mp* **1.** (*słuchający*) listener. **2.** (*student*) student; (*kursant*) course participant.
słuchać *ipf.* **1.** (*chcieć słyszeć*) listen to; **słuchaj uważnie** listen carefully; **słuchaj, zmień temat** look, why don't you change the topic? **słucham, tu Kowalski** *tel.* Kowalski speaking; **słucham?** (*prośba o powtórzenie*) pardon?, sorry? (*z zaskoczeniem*) I beg your pardon? **2.** (*być posłusznym*) obey.
słuchać się *ipf.* obey.
słuchawka *f.* **1.** (*telefonu*) receiver; **odłożyć słuchawkę** hang up the phone; **podnosić słuchawkę** pick up/answer the phone. **2. słuchawki** (*zakładane na głowę*) headphones; (*wkładane do uszu*) earphones.
słuchowy *a.* auditory; **aparat słuchowy** hearing aid.
sługa *f., mp decl. like f. pl.* **-i/-dzy** *Gen.* **-g/-ów** servant.
słup *mi* pole, post, pylon; **słup graniczny** boundary marker, landmark; **słup wysokiego napięcia** (electric) pylon.
słupek *mi* **-o-** *Gen.* **-a** (*mały słup*) post, pole; (*bramy*) gatepost; (*bramki*) goalpost.
słusznie *adv.* **1.** rightly, justly. **2.** (*jako przyznanie racji*) (that's) right!
słuszność *f.* **1.** (*racja, prawda*) rightness; **mieć słuszność** be right; **nie mieć słuszności** be wrong. **2.** (*rozumowania, zarzutu*) legitimacy.
słuszny *a.* **1.** (*trafny*) right, correct. **2.** (*sprawiedliwy, uzasadniony*) just, fair; (*obawy, podejrzenia*) justified; (*argument, krytyka*) valid; (*rozumowanie, zarzut*) legitimate.
służąca *f. Gen.* **-ej** servant, maid.
służący *mp* (man)servant.
służba *f.* **1.** service; **służba wojskowa/zdrowia** military/health service. **2.** (*dyżur*) duty; **na/po służbie** on/off duty; **iść na służbę** go into service. **3.** (*służący*) servants.
służbowo *adv.* (*urzędowo*) officially; (*w związku z wykonywaną pracą*) on business.
służbowy *a.* (*urzędowy*) official; (*związany z wykonywaną pracą*) business, office; **samochód służbowy** company car; **tajemnica służbowa** confidential information; **wyjazd służbowy** business trip.
służyć *ipf.* **1.** serve (*komuś* sb); **służyć w wojsku** serve in the army. **2. służyć komuś pomocą** offer one's help to sb; **czym mogę służyć?** how can I help you? **służyć ojczyźnie** serve one's (home) country. **3. służyć jako coś** serve as sth.
słychać *ipf. indecl.* **1.** (*coś daje się słyszeć*) be heard, be audible; **słychać było muzykę** music could be heard. **2. co słychać?** what's up?, what's new?, how are things? **nic nie słychać o ich ślubie** there is no news about their wedding.
słynąć *ipf.* be famous (*z czegoś* for sth).
słynny *a.* famous, famed (*z czegoś* for sth).
słyszalny *a.* audible; **ledwie słyszalny** barely audible.
słyszeć *ipf.* **-ę -ysz 1.** hear; **słabo słyszeć** be hard of hearing; **miło/przykro mi to słyszeć** I'm delighted/sorry to hear that; **słyszysz?** can you hear it? **2.** (*dowiadywać się*) hear; **słyszałem, że się żenisz** I heard you were getting married.
słyszeć się *ipf.* hear each other/one another.
słyszenie *n.* hearing; **znam go ze słyszenia** I have heard about him.
smaczny *a.* tasty; **smacznego!** enjoy!, bon appétit! (*kelner do gościa*) enjoy your meal!
smak *mi* **1.** (*zmysł*) taste. **2.** (*pożywienia*) taste, flavor; **mieć smak czegoś** taste of sth; **coś jest gorzkie w smaku** sth tastes bitter; **bez smaku** tasteless.
smakołyk *mi Gen.* **-u/-a** delicacy.
smakosz *mp Gen.pl.* **-y/-ów** gourmet.
smakować *ipf.* (*próbować; być smacznym*) taste; **dobrze/źle smakować** taste nice/bad; **jak ci smakuje?** do you like it?
smalec *mi* **-lc-** lard.
smarować *ipf.* **1.** (*powlekać smarem*) grease; lubricate. **2.** (*rozprowadzać masło, dżem*) spread; **smarować chleb masłem** spread butter on one's bread.
smarować się *ipf.* put on (*cream/oil/etc. on one's face/body/etc.*).
smażony *a.* fried.
smażyć *ipf.* fry.
smażyć się *ipf.* be fried.
smoczek *mi* **-czk-** *Gen.* **-a 1.** (*do ssania*) pacifier, comforter. **2.** (*na butelkę*) teat.
smog *mi* smog.
smok *ma* dragon.
smoking *mi* tuxedo.
smoła *f. Gen.pl.* **smół** tar, pitch.
smród *mi* **-o-** *Gen.* **-u** stench, stink.
smucić *ipf.* sadden.
smucić się *ipf.* be sad.
smukły *a.* slender.
smutek *mi* **-tk- 1.** sadness. **2.** (*zmartwienie*) sorrow.
smutnieć *ipf.* become sad, sadden.
smutno *adv.* sadly; **wyglądać smutno** look sad.
smutny *a.* sad.
smycz *f. pl.* **-e** leash, lead; **prowadzić psa na smyczy** walk a dog on a leash.
smyczek *mi* **-czk-** *Gen.* **-a** *muz.* bow.
smyczkowy *a.* **instrument smyczkowy** stringed instrument; **kwartet smyczkowy** string quartet.
snajper *mp pl.* **-rzy** sniper.
snob *mp pl.* **-i/-y** snob.
snobizm *mi* snobbery.
snu itp. *mi zob.* **sen.**
sobą *pron. zob.* **siebie.**
sobie *adv.* (*przy przymiotnikach*) quite; (*przy czasownikach*) just; **był sobie zwykłym, przeciętnym człowiekiem** he was just a usual, average man; **idź sobie!** go away! **ręce przy sobie!** hands off! **taki sobie** so-so; **niczego sobie** quite all right. — *pron. zob.* **siebie.**
sobota *f. Gen.pl.* **-ót** Saturday.
sobowtór *mp pl.* **-y** double.
socjaldemokracja *f.* (*partia*) Social Democratic Party.
socjaldemokrata *mp* Social Democrat.
socjalista *mp* socialist.
socjalistyczny *a.* socialist.
socjalizm *mi* socialism.
socjalny *a.* social; **minimum socjalne** poverty line; **pracownik socjalny** social worker.
socjolog *mp pl.* **-dzy/-owie** sociologist.
socjologia *f. Gen.* **-ii** sociology.
soczysty *a.* juicy; (*barwa*) rich; (*dosadny*) pithy; (*rubaszny*) coarse.
sodowy *a.* **woda sodowa** soda water.
sofa *f.* sofa, settee.

Sofia *f. Gen.* **-ii** Sofia.
soja *f. Gen.* **soi** soybean.
sojowy *a.* **olej sojowy** soybean oil; **sos sojowy** soy sauce.
sojusz *mi Gen.pl.* **-y/-ów** alliance.
sojusznik *mp* ally.
sok *mi* **1.** juice; **sok pomarańczowy/pomidorowy** orange/tomato juice. **2.** (*zwł. pl.*) *bot.* sap.
sokowirówka *f.* juicer.
sokół *ma* **-o-** falcon.
solarium *n. sing. indecl. pl.* **-ria** *Gen.* **-riów** solarium.
solenizant *mp* person celebrating their birthday/nameday.
soli itp. *f. zob.* **sól**, **solić**.
solić *ipf.* **sól** (*podczas gotowania*) salt (*coś* sth); (*danie na talerzu*) put some salt (*coś* on sth).
solidarność *f.* solidarity (*z kimś* with sb).
solidarny *a.* solidary, solid; **solidarne działanie** solidary/unanimous action.
solidaryzować się *ipf.* sympathise (*z kimś* with sb).
solidny *a.* (*mocny, pokaźny, uczciwy*) solid; (*o budowie ciała*) sturdy, compact; (*o konstrukcji*) solid, staunch; (*o osobie, usłudze*) solid, reliable; (*o domu, posiłku*) substantial.
solista *mp* soloist.
solniczka *f.* (*do przechowywania soli*) saltcellar; (*do posypywania solą*) saltshaker.
solny *a.* salt, saline; **kwas solny** hydrochloric acid; **zalewa solna** brine.
solo *n. indecl.* (*utwór*) solo; **solo na skrzypce** violin solo.
solony *a.* salted.
solowy *a.* solo; **partia solowa** solo part.
solówka *f. zob.* **solo**.
sonata *f.* sonata.
sonda *f.* **1.** *techn.* probe; **sonda kosmiczna** space probe. **2.** *med.* sound, probe. **3.** (*sondaż*) opinion poll.
sondaż *mi Gen.pl.* **-y/-ów** (*opinii publicznej*) opinion poll.
sondować *ipf.* **1.** probe; (*badać czyjąś opinię*) sound sb out. **2.** (*opinię publiczną*) sound.
sonet *mi* sonnet.
sortować *ipf.* sort, segregate.
SOS *abbr.* (*komunikat radiotelegraficzny*) SOS; (*komunikat słowny*) Mayday.
sos *mi* sauce; (*do sałatek*) dressing; **sos pieczeniowy** gravy.
sosna *f. Gen.pl.* **sosen** pine.
sowa *f. Gen.pl.* **sów** owl.
sól *f.* **-o-** *pl.* **-e** **1.** salt; **sól kuchenna/kamienna** table/rock salt. **2.** *chem.* salt; **sól trzeźwiąca** smelling/volatile salt.
spacer *mi* walk; **iść na spacer** go for a walk, take a walk.
spacerować *ipf.* walk, stroll.
spacerówka *f.* (*wózek*) stroller.
spacja *f. druk.* space.
spać *ipf.* **śpię śpisz, śpij** sleep; **on śpi/nie śpi** he's asleep/awake; **iść spać** go to bed; **chce mi się spać** I'm sleepy; **spać z kimś** *pot.* sleep with sb.
spadać *ipf.* **1.** fall (down); **spadać na ziemię** fall on the ground; **spadać z dachu** fall off the roof. **2.** (*zmniejszać się*) fall, drop, go down; **temperatura spadła do minus trzech stopni** the temperature fell to minus three degrees. **3.** *tylko ipf.* **spadaj!** get lost!
spadek *mi* **-dk-** **1.** (*obniżenie*) slope, tilt. **2.** (*temperatury, cen*) fall, drop; (*gospodarczy*) decline. **3.** *prawn.* inheritance, bequest.
spadkobierca *mp* heir.
spadkobierczyni *f.* heiress.
spadochron *mi* parachute.
spadochroniarz *mp* parachuter.
spadzisty *a.* (*stromy*) steep.
spaghetti *n. indecl.* spaghetti.
spajać *ipf.* join, unite.
spajać się *ipf.* join, unite.
spakować (się) *pf. zob.* **pakować (się)**.
spalać *ipf.* **1.** burn (down). **2.** *mot.* (*paliwo*) consume, use. **3.** (*np. skórę, pieczeń*) burn, scorch. **4.** *techn.* burn (out); blow.
spalać się *ipf.* **1.** (*pod wpływem ognia*) burn down; **dom się spalił** the house burnt down. **2.** (*pod wpływem temperatury*) burn, scorch.
spalanie *n. techn.* combustion.
spalenizna *f.* sth burnt; **czuję spaleniznę** I can smell sth burning.
spalić (się) *ipf. zob.* **spalać (się)**.
spalinowy *a.* **lokomotywa spalinowa** diesel engine; **silnik spalinowy** internal combustion engine.
spaliny *pl. Gen.* **-n** fumes.
spalony *a.* **1.** (*ogniem*) burnt (down). **2.** (*spieczony*) burnt, scorched. **3.** *sport* disqualified (*jump, throw, etc.*). — *mi sport* offside.
sparaliżować *pf.* paralyze.
spaść *pf. zob.* **spadać**.
spawacz *mp* welder.
spawać *ipf.* weld.
specjalista *mp*, **specjalistka** *f.* **1.** expert, specialist. **2.** (*lekarz*) specialist.
specjalistyczny *a.* specialist.
specjalizacja *f.* specialization, specialty.
specjalizować się *ipf.* specialize (*w czymś* in sth).
specjalnie *adv.* especially, on purpose.
specjalność *f.* specialty.
specjalny *a.* special; **nic specjalnego** nothing special.
specjał *mi* delicacy.
specyficzny *a.* (*charakterystyczny*) specific; (*szczególny*) peculiar.
specyfika *f.* (*bycie charakterystycznym*) specificity; (*swoistość, szczególność*) peculiarity.
spektakl *mi Gen.pl.* **-i/-ów** performance, show.
spektakularny *a.* spectacular.
spekulacja *f.* **1.** (*myślenie*) speculation. **2.** (*transakcja*) speculation, profiteering.
spekulant *mp*, **spekulantka** *f.* speculator, profiteer.
spekulować *ipf.* **1.** (*przeprowadzać nieuczciwe transakcje*) speculate, profiteer; **spekulować na czymś** speculate in sth. **2.** (*myślowo*) speculate.
spełniać *ipf.*, **spełnić** *pf.* **spełnij/spełń** (*wypełnić, wykonać*) fulfill, meet; **spełniać obietnicę** fulfill/keep a promise; **spełniać prośbę** act on a request.
spełniać się *ipf.*, **spełnić się** *pf.* **1.** come true. **2.** (*o człowieku*) fulfill o.s. (*w czymś* in sth).
sperma *f.* sperm, semen.
speszyć *pf.* disconcert, put off balance.
speszyć się *pf.* get disconcerted.
spędzać *ipf.*, **spędzić** *pf.* **1.** (*przepędzać*) drive away; **spędzać psa z łóżka** shoo the dog off the bed. **2.** (*gromadzić*) round up, gather. **3.** (*czas*) spend; **spędziliśmy miło czas** we had a good time.
spiąć *pf. zob.* **spinać**.

spiczasty *a.* pointed, spiky.
spierać się *ipf.* (*dyskutować*) argue (*o coś* over/about sth).
spieszyć *ipf. zob.* **śpieszyć**.
spięty *a.* **1.** (*połączony*) clasped, braced, clipped. **2.** (*zestresowany*) tense, stressed-out.
spiker *mp* announcer, presenter, newsreader.
spinacz *mi Gen.* **-a** paperclip.
spinać *ipf.* (*dokumenty*) clip; (*włosy*) pin, sweep back; (*klamrą*) brace.
spinka *f.* pin; (*do włosów*) hairclip, hairgrip; (*do krawata*) tie clasp; (*do mankietów*) cuff link.
spirala *f.* spiral.
spiralny *a.* spiral.
spirytus *mi* spirit(s); **spirytus salicylowy** surgical spirit.
spis *mi* **1.** list; **spis potraw** menu; **spis treści** (table of) contents. **2. spis ludności** census.
spisek *mi* **-sk-** plot, conspiracy.
spiskować *ipf.* conspire, plot (*przeciwko komuś* against sb).
spisywać *ipf.* **1.** (*tworzyć spis*) list, make a list. **2.** (*tworzyć tekst na podstawie notatek*) write down, note down. **3.** (*przepisywać*) copy.
spisywać się *ipf.* (*wypełniać zadanie*) perform well, do well; **spisywać się dobrze/źle** do well/badly; (*o samochodzie itp.*) run good/badly.
spity *a. pot.* drunk(en), tanked (up).
spiżarnia *f. Gen.pl.* **-i** pantry, larder.
splatać *ipf.* enlace, braid; (*włosy*) plait, braid; (*ręce*) clasp (*one's hands*).
splatać się *ipf.* interlace, intertwist, (inter)weave.
spleśniały *a.* mildewed; (*o chlebie, serze*) moldy.
splot *mi* (*gałęzi*) tangle; (*włosów*) plait, braid; (*liny*) coil; **splot wydarzeń** chain of events.
spluwać *ipf.* spit.
spłacać *ipf.*, **spłacić** *pf.* (*pożyczkę, dług*) pay off, repay; **spłacić wierzycieli** get square with one's creditors.
spłaszczać *ipf.*, **spłaszczyć** *pf.* (*rzecz*) flatten (out), level (out).
spłaszczać się *ipf.*, **spłaszczyć się** *pf.* go flat, flatten out.
spłata *f.* repayment, settlement; **spłata ratalna** installment plan.
spławiać *ipf.*, **spławić** *pf. pot.* (*osobę*) get rid of, shake off.
spłukać *pf.* **-uczę -uczesz**, **spłukiwać** *ipf.* (*toaletę*) flush; (*włosy*) rinse; (*brud, błoto*) wash away, rinse away/off.
spłukać się *pf.*, **spłukiwać się** *ipf.* **1.** (*obmywać się*) have a quick shower/bath, wash o.s. **2.** *pot.* (*stracić pieniądze*) go broke/bust, blow all one's money.
spłycać *ipf.*, **spłycić** *pf.* (*trywializować*) shallow, oversimplify.
spływ *mi* (*wycieczka szlakiem wodnym*) rafting trip; **spływ kajakowy** canoeing trip.
spływać *ipf.* **-am -asz 1.** (*ściekać*) flow, run down; **pot z niego spływał** his entire body poured with sweat; **łzy spływały mu po policzku** tears were running down his cheeks. **2.** *pot.* **spływaj!** beat it!, get lost!
spocony *a.* **-eni** sweaty.
spocząć *pf.* **-cznę -czniesz**, **-cznij 1.** *zob.* **spoczywać**. **2. proszę spocząć** do sit down, please take a seat. **3.** (*zostać pochowanym*) be laid to rest. **4.** *wojsk.* **spocznij!** at ease!
spoczynek *mi* **-nk- 1.** (*wytchnienie*) rest; **miejsce wiecznego spoczynku** resting place. **2.** (*sen*) sleep; **iść/udać się na spoczynek** go to bed.
spoczywać *ipf.* **-am -asz 1.** *lit.* (*kłaść się*) lie (down); (*siadać*) sit (down). **2.** *lit.* (*leżeć*) lie, rest; **spoczywać na kimś** (*o odpowiedzialności, obowiązku*) lie/rest with sb; (*o uprawnieniach*) be vested in; **spoczywać na czymś** (*o spojrzeniu, głowie*) rest (up)on sth.
spod *prep.* + *Gen.* **1.** from under, from below; **spod nóg** from under the feet; **spod drzewa** from below the tree. **2. był spod Warszawy** he came from somewhere around Warsaw. **3.** (*poza*) out; **wyjęty spod prawa** outcast, castaway; **wymykać się spod kontroli** get out of control/hand.
spodek *mi* **-dk-** *Gen.* **-a** saucer.
spodenki *pl. Gen.* **-ek** shorts; **spodenki kąpielowe** bathing trunks.
spodnie *pl. Gen.* **-i** pants.
spodziewać się *ipf.* expect; **kto by się spodziewał!** surprise, surprise! **jak można się było spodziewać** as was expected; **spodziewać się dziecka** be expecting (a baby).
spoglądać *ipf.* look (*na kogoś/coś* at sb/sth); (*w górę*) look up; (*za siebie*) look round; (*wstecz*) look back; **spoglądać sobie w oczy** look each other in the eyes.
spojówka *f.* **zapalenie spojówek** conjunctivitis.
spojrzeć *pf.* **spojrzę spojrzysz**, **spójrz/spojrzyj** *zob.* **spoglądać**.
spojrzenie *n.* look, glance; (*uporczywe*) gaze; (*przelotne*) glimpse; **obrzucić kogoś badawczym spojrzeniem** stare/look sb up and down.
spokojnie *adv.* at ease, calmly; (*upływać*) slowly; (*spędzać czas*) at leisure; (*żyć*) quietly; **spokojnie!** cool it!, (just) calm down!
spokojny *a.* (*o głosie*) quiet, gentle; (*o usposobieniu*) placid; (*o nastroju*) relaxed; (*o śnie, wodach*) tranquil, serene; (*o morzu, atmosferze, twarzy*) calm; (*o okolicy, czasach*) peaceful, quiet; (*o barwach*) restrained, sober.
spokój *mi* **-o- 1.** (*równowaga*) calmness, quiet; **spokój ducha** peace of mind; **błogi spokój** serenity; **zachować spokój** stay calm/quiet, keep one's cool; **daj mi (święty) spokój** leave me alone, stop bothering me; **daj spokój!** come on!, drop it! **w spokoju** at leisure. **2.** (*cisza*) calm, rest, tranquility; **proszę o spokój!** quiet, please!, order! **nie dawać komuś chwili spokoju** keep bothering sb.
spokrewniony *a.* **-eni** related (*z kimś* to sb); (*o językach*) cognate.
społeczeństwo *n.* society, community, public; **społeczeństwo demokratyczne** democratic society; **społeczeństwo obywatelskie** civic/citizen society; **ogół społeczeństwa** the general public, the community/society/public at large.
społeczność *f.* community; **społeczność lokalna** local community.
społeczny *a.* social, communal; (*o więzi, polityce*) social; (*o własności, poparciu*) public; (*o konfliktach*) civil; **opieka społeczna** social welfare; **pochodzenie społeczne** social background; **praca społeczna** community work; **szkoła społeczna** private school; **ubezpieczenie społeczne** social security/insurance; **zasiłek społeczny** welfare benefit.
spomiędzy *prep.* + *Gen.* from between; from among.
sponad *prep.* + *Gen.* (*znad*) from above.

sponsor *mp* sponsor.
sponsorować *ipf.* sponsor.
spontaniczność *f.* spontaneity.
spontaniczny *a.* spontaneous.
sporo *adv.* some; a good/great deal (*czegoś* of sth); **sporo ludzi** a considerable number of people, quite a lot of people.
sport *mi* sport(s); **sport amatorski/zawodowy** amateur/professional sports; **uprawiać sport** practise sports.
sportowiec *mp* **-wc-** *pl.* **-y** athlete, sportsman.
sportowy *a.* (*o klubie, dyscyplinie, samochodzie*) sports; **dyscyplina sportowa** sport; **obiekty sportowe** sports facilities; **sportowe zachowanie** sportsmanship; **odzież sportowa** sportswear.
spory *a.* (*o ilości*) substantial, considerable; (*o domu, pakunku, tłumie*) (quite) large, (quite) big.
sporządzać *ipf.*, **sporządzić** *pf.* make, prepare; (*notatkę, projekt, umowę*) draw up.
sposobność *f.* opportunity, chance (*do czegoś* for sth); **skorzystać ze sposobności** take the chance/opportunity; **przy najbliższej sposobności** at sb's earliest convenience.
sposób *mi* **-o-** (*metoda*) way, manner (*robienia czegoś* of/for doing sth); method (*na coś* for sth); (*środek*) means; **sposób użycia** usage; **sposób bycia** manners; **w ten sposób** this/that way, like this/that; **tym sposobem** thus, thereby; **w podobny sposób** in like manner, along similar lines; **na to nie ma sposobu** there's no help/remedy for it; **znaleźć sposób** find a way.
spostrzec *pf.* **-egę -eżesz, -egł, spostrzegać** *ipf.* **1.** (*zauważyć*) spot, catch sight of; notice, observe, discern. **2.** (*uświadomić sobie*) become aware/conscious of, realize, see.
spostrzec się *pf.*, **spostrzegać się** *ipf.* realize, become aware, notice; **zanim się spostrzegłem...** before I noticed..., the next thing I knew...
spostrzegawczy *a.* perceptive, observant.
spostrzeżenie *n.* **1.** (*obserwacja*) perception, observation. **2.** (*uwaga*) remark, observation.
spośród *prep.* + *Gen.* from among; **spośród tłumu** from amidst the crowd.
spotkać *pf.* **1.** (*natknąć się na kogoś*) meet; **miło, że cię spotkałem** it was nice to see you. **2.** (*poznawać kogoś nowego*) meet, make acquaintance. **3.** (*stawać się czyimś udziałem*) happen; **nie może cię nic złego spotkać** nothing bad can happen to you.
spotkać się *pf.* meet; **spotkać się z kimś przypadkowo** come/run across sb; **spotkać się z kimś twarzą w twarz** meet sb face to face; **ich spojrzenia spotkały się** their looks met; **spotykam się dziś z nim na lunchu** I'm seeing him today for lunch.
spotkanie *n.* **1.** meeting; **spotkanie na szczycie** summit meeting; **wyjść komuś na spotkanie** go to meet sb; **być obecnym na spotkaniu** attend a meeting; **umówić się z kimś na spotkanie** make an appointment with sb. **2.** *sport* (sports) meet(ing).
spotykać (się) *pf. zob.* **spotkać (się)**.
spowiadać *ipf.* confess, hear confession.
spowiadać się *ipf.* **1.** *rel.* confess. **2.** *przen.* (*zwierzać się*) confide (*komuś z czegoś* sth to sb).
spowiedź *f.* confession.
spoza *prep.* + *Gen.* **1.** (*zza*) from behind, from beyond. **2.** (*nie stąd*) from outside.
spożycie *n.* consumption; (*witamin, tłuszczów itp.*) intake; **termin przydatności do spożycia** best-before date, expiry date.
spożyć *pf.*, **spożywać** *ipf.* **-am -asz** *lit.* consume.
spożywczy *a.* food; **artykuły spożywcze** groceries; **sklep spożywczy** grocery (store), the grocer's; **przemysł spożywczy** food industry.
spód *mi* **-o-** bottom, underside; **na spodzie** at the bottom; **pod spodem** underneath, down below; **od spodu** from the bottom, from below.
spódnica *f.* skirt.
spódniczka *f.* skirt; **spódniczka mini** miniskirt.
spójnik *mi Gen.* **-a** *gram.* conjunction.
spójność *f.* (*zwartość*) (*tekstu*) coherence; (*systemu*) cohesion; (*argumentu, teorii*) consistency.
spójny *a.* (*o tekście, teorii*) coherent, consistent.
spółdzielczy *a.* cooperative; **mieszkanie spółdzielcze** cooperative apartment.
spółdzielnia *f. Gen.pl.* **-i** (*zrzeszenie*) cooperative; **spółdzielnia mieszkaniowa** cooperative apartment corporation, housing association.
spółgłoska *f.* consonant; **spółgłoska dźwięczna/bezdźwięczna** voiced/voiceless consonant.
spółka *f. ekon.* company, corporation, partnership; **spółka akcyjna** (*w Polsce*) joint-stock company; (*w krajach anglosaskich*) public limited company; **spółka z ograniczoną odpowiedzialnością** limited liability company.
spór *mi* **-o-** argument (*o coś* about sth); **zażarty spór** heated argument; **spór prawny** legal dispute; **toczyć spór** dispute, argue.
spóźniać się *ipf.* come/be late; **spóźnić się na zebranie** be late for a meeting; **spóźniać się na pociąg** miss one's/a train; **zegar się spóźnia** the clock is slow.
spóźnienie *n.* **1.** (*zbyt późne przybycie*) lateness, latecoming; **przepraszam za spóźnienie** I'm sorry I'm late, I'm sorry for being late; **pociąg ma godzinę spóźnienia** the train is one hour late. **2.** (*zaległość*) delay.
spóźniony *a.* **-eni** (*o osobie*) late; (*o środku komunikacji*) late, delayed; (*o płatnościach*) overdue, in arrears; (*o żalu, życzeniach*) belated.
spragniony *a.* **-eni** thirsty; **być spragnionym czegoś** *przen.* long for sth.
sprawa *f.* **1.** (*fakt*) affair, matter; **sprawy rodzinne** family matters; **jak się mają sprawy?** where/how do things stand? **na dobrą sprawę** as a matter of fact, strictly speaking; **zdałem sobie sprawę, że...** I realized that...; **nie zdawać sobie sprawy z czegoś** be unaware of sth; **to nie twoja sprawa** (it's) none of your business, mind your own business; **sprawa życia i śmierci** a matter of life and death; **pogarszać sprawę** make things/matters worse. **2.** (*interes*) business; **mam do pana sprawę** I have a favor to ask of you; **zrób coś w tej sprawie** do sth about it; **mieć mnóstwo spraw na głowie** have a lot on one's mind; **nie ma sprawy** *pot.* no problem, forget it. **3.** *lit.* (*wzniosły cel*) cause; **bronić słusznej sprawy** defend a good cause. **4.** *prawn.* case.
sprawca *mp* (*przestępstwa*) perpetrator; **sprawca wypadku** the guilty party.
sprawdzać *ipf.* check, examine; (*w słowniku*) look up; (*upewniać się*) make sure.
sprawdzać się *ipf.* (*urzeczywistniać się*) come true; (*wykazać się*) prove o.s.; (*okazać się przydatnym*) turn out to be useful.

sprawdzian *mi* **1.** (*miernik*) measure; (*umiejętności*) test. **2.** *szkoln.* test, quiz.
sprawdzić (się) *pf. zob.* **sprawdzać (się).**
sprawiać *ipf.*, **sprawić** *pf.* (*powodować*) cause, bring about; **sprawiać kłopot** cause trouble, be a nuisance; **sprawiać ból** hurt, cause pain; **sprawiać komuś przykrość/radość** make sb sorry/happy; **sprawiać dobre/złe wrażenie** make a good/bad impression; **sprawiać komuś zawód** let sb down.
sprawiać się *ipf.*, **sprawić się** *pf.* perform/do well; **spraw się dobrze!** do your best!
sprawiedliwie *adv.* fairly, justly.
sprawiedliwość *f.* justice, fairness; (*bezstronność*) impartiality; **sprawiedliwość społeczna** social justice; **poczucie sprawiedliwości** sense of justice; **wymiar sprawiedliwości** the judiciary; **oddać komuś sprawiedliwość** do justice to sb; **sprawiedliwości stało się zadość** justice has been done/served.
sprawiedliwy *a.* (*o człowieku*) just; (*o wyroku, sądzie*) just, fair; (*o podziale, ocenie, czynie*) fair.
sprawność *f.* (*zręczność*) dexterity; **sprawność fizyczna** fitness; **sprawność umysłowa** mental/intellectual ability; **sprawność urządzenia** efficiency.
sprawny *a.* (*manualnie*) dexterous, deft; **sprawny fizycznie** physically fit; (*o umyśle*) agile, nimble; (*o pracowniku, maszynie*) efficient; (*o urządzeniu*) functional, running.
sprawować *ipf.* (*urząd*) hold; (*władzę, kontrolę*) wield, exercise.
sprawować się *ipf.* behave.
sprawozdanie *n.* report (*z czegoś* on sth); account (*z czegoś* of sth); **sprawozdanie prasowe/radiowe** media/radio coverage; **sprawozdanie urzędowe** official report; **sprawozdanie miesięczne/roczne** monthly/annual report.
sprawozdawca *mp* reporter; **sprawozdawca telewizyjny/radiowy** TV/radio commentator.
spray *mi Gen.pl.* **-ów** spray; **lakier do włosów w sprayu** hair spray.
sprężać *ipf.* compress.
sprężać się *ipf.* **1.** (*pod wpływem ciśnienia*) compress. **2.** *pot.* (*mobilizować się*) get o.s. together, pull up one's socks.
sprężyna *f.* spring.
sprężysty *a.* **1.** (*o materacu*) bouncy, springy. **2.** *mech.* resilient.
sprint *mi* sprint.
sprostać *pf.* **1.** (*dorównać komuś/czemuś*) equal, be a match for. **2.** (*obowiązkom*) cope with; (*żądaniom, wyzwaniu*) meet.
sprostowanie *n.* correction.
sprośny *a.* obscene; (*o mowie*) bawdy; **sprośne myśli** dirty thoughts.
sprowadzać *ipf.*, **sprowadzić** *pf.* **1.** bring, get; (*towary*) import; **sprowadzać lekarza** fetch/get a doctor. **2.** (*powodować, wywołać*) cause, bring about. **3. sprowadzić rozmowę na inny temat** change topic. **4. sprowadzać coś do czegoś** reduce sth to sth.
sprowadzać się *ipf.*, **sprowadzić się** *pf.* **1.** (*osiedlać się*) move in, settle. **2. sprowadzać się do czegoś** boil down/amount to sth.
spróbować *pf.* **1.** (*jak coś smakuje*) taste. **2.** (*coś zrobić*) try, attempt; **spróbować czegoś** have a go/try/shot at sth. **3. spróbować szczęścia** take a chance, try one's luck.
spróchniały *a.* rotten.
spryskiwacz *mi Gen.* **-a** *ogr.* sprinkler; *mot.* (*do szyb*) windscreen washer.
spryskiwać *ipf.* (*wodą, perfumami*) spray, sprinkle (*czymś* with sth).
spryskiwać się *ipf.* **1.** (*siebie*) spray. **2.** (*jeden drugiego*) splash.
spryt *mi* cunning, shrewdness.
sprytny *a.* (*o człowieku*) shrewd, smart; (*o pomyśle, urządzeniu*) clever, ingenious.
sprzączka *f.* buckle.
sprzątaczka *f.* cleaning lady, char(woman).
sprzątać *ipf.* (*robić porządki*) clean; (*przedmioty*) clear; **sprzątnąć ze stołu** clear the table; **sprzątnąć bałagan** clear out the mess.
sprzątanie *n.* cleaning.
sprzątnąć *pf.* **-ij 1.** *zob.* **sprzątać. 2.** *pot.* (*zabić*) **sprzątnąć kogoś** take sb out, do sb in, do away with sb. **3.** *pot.* (*zjeść*) polish off.
sprzeciw *mi* objection (*przeciwko czemuś* to/against sth); **zgłaszać sprzeciw** raise an objection; **bez sprzeciwu** without demur; **jako wyraz sprzeciwu wobec czegoś** in opposition to sth.
sprzeciwiać się *ipf.*, **sprzeciwić się** *pf.* oppose (*komuś/czemuś* sb/sth); object (*komuś/czemuś* to sb/sth).
sprzeczać się *ipf.* argue (*o coś* about sth).
sprzeczka *f.* quarrel, argument (*o coś* about/over sth); **wdawać się w sprzeczkę** get into an argument.
sprzeczność *f.* contradiction; **sprzeczność interesów** conflict of interests; **wewnętrzna sprzeczność** self-contradiction; **być w sprzeczności z czymś** run counter to sth, contradict sth.
sprzeczny *a.* contradictory; (*o zeznaniach, interesach*) conflicting; **sprzeczne z prawem** against the law; **być sprzecznym z czymś** conflict with sth.
sprzed *prep.* + *Gen.* **1.** (*miejsce*) from in front of. **2.** (*czas*) from before; **wspomnienia sprzed lat** years-old memories; **sprzed wojny** prewar.
sprzedać (się) *pf. zob.* **sprzedawać (się).**
sprzedany *a.* sold.
sprzedawać *ipf.* **-aję -ajesz, -awaj** sell; **sprzedawać coś detalicznie/hurtem** sell sth at retail/wholesale prices.
sprzedawać się *ipf.* **1.** (*o towarze*) sell. **2.** (*o osobie*) sell out.
sprzedawca *mp* (*handlowiec*) salesman; (*w sklepie*) salesclerk.
sprzedawczyni *f.* (*handlowiec*) saleswoman; (*w sklepie*) salesclerk.
sprzedaż *f. pl.* **-e** sale; **sprzedaż z zyskiem/ze stratą** sale at a profit/loss; **na sprzedaż** for sale.
sprzęt *mi* **1.** (*mebel*) piece of furniture. **2.** (*wyposażenie*) equipment; **sprzęt gospodarstwa domowego** domestic appliances; **sprzęt elektroniczny** home electronics.
sprzężenie *n.* coupling; **sprzężenie zwrotne** feedback.
sprzyjać *ipf.* **1.** (*być przychylnym*) be sympathetic (*komuś/czemuś* towards sb/sth). **2.** (*stworzyć dobre warunki do czegoś*) be conducive (*czemuś* to sth); (*o pogodzie*) be favorable.
sprzyjający *a.* conducive (*czemuś* to sth); (*o warunkach, pogodzie*) favorable.
sprzymierzony *a.* allied.
spuchnięty *a.* (*o nodze, stawie*) swollen; (*o oczach, ciele*) puffy.
spust *mi* (*pistoletu*) trigger; **zamknąć coś na cztery spusty** lock sth up.

spustoszenie *n.* devastation.
spuszczać *ipf.*, **spuścić** *pf.* **spuszczę spuścisz 1.** (*z góry*) drop; (*flagę, oczy*) lower; **spuścić komuś lanie** give sb a thrashing; **spuścić psa ze smyczy** unleash a dog. **2.** (*wodę, powietrze*) let out; **spuszczać wodę** (*w toalecie*) flush the toilet.
spuszczać się *ipf.*, **spuścić się** *pf.* (*z góry*) come down.
spychacz *mi Gen.* **-a** bulldozer.
spychać *ipf.* **1.** (*w dół*) push down; (*na bok*) push aside. **2.** (*zmusić do wycofania się*) drive back.
spychać się *ipf.* push one another/each other (*z czegoś* off sth).
spytać *pf.* ask (*kogoś o coś/czy...* sb about sth/if...); **spytać kogoś o drogę/godzinę** ask sb the way/time.
spytać się *pf.* ask.
sp. z o.o. *abbr.* (*spółka z ograniczoną odpowiedzialnością*) Ltd. (*limited liability company*).
srebrny *a.* silver; (*w kolorze srebra*) silvery.
srebro *n. Gen.pl.* **-er** silver; **żywe srebro** (*rtęć*) quicksilver; *przen.* live wire.
srogi *a.* **-ższy** (*o władcy*) stern; (*o karze, mrozie*) severe.
ssać *ipf.* **ssę ssiesz, ssij 1.** (*mleko*) suck. **2.** (*cukierek, palec*) suck (*coś* on sth).
ssak *ma* mammal.
stabilizacja *f.* stabilization.
stabilizować *ipf.* stabilize.
stabilizować się *ipf.* stabilize.
stabilny *a.* stable.
stacja *f.* **1.** (*dworzec*) station; **stacja kolejowa** railroad station. **2.** *komp.* **stacja dysków** disk drive. **3.** (*placówka*) **stacja benzynowa** gas station; **stacja telewizyjna/radiowa** TV/radio station.
stacyjka *f.* **1.** *mot.* ignition. **2.** (*mała stacja*) minor station.
staczać *ipf.* **1.** (*w dół*) roll down. **2.** (*walkę*) fight.
stać *ipf.* **stoję stoisz, stój 1.** stand; **stać prosto/bez ruchu** stand upright/still; **stać!** halt! **stać w kolejce/szeregu** stand in line/a row; **kto za tym stoi?** *przen.* who's behind it? **2.** (*o fabryce*) be at a standstill; **mój zegarek stoi** my watch has stopped. **3. nie stać mnie na kupno tego domu** I can't afford (to buy) this house.
stadion *mi* stadium.
stadium *n. sing. indecl. pl.* **-dia** *Gen.* **-diów** (*faza*) stage; (*choroby*) stadium.
stado *n.* (*bydła, słoni*) herd; (*wilków, psów*) pack; (*ptaków, owiec*) flock.
stajnia *f. Gen.pl.* **-i** stable.
stal *f. Gen.pl.* **-i** steel; **stal nierdzewna** stainless steel.
stale *adv.* constantly, always; **stale się spóźniasz** you are always late.
stalowy *a.* **1.** (*ze stali*) steel. **2.** (*jak stal*) steely; **stalowe nerwy** nerves of steel.
stałość *f.* (*uczuć, charakteru*) constancy; (*zatrudnienia, dochodów*) permanence.
stały *a.* **1.** (*nieciekły, nielotny*) solid; **stały ląd** mainland. **2.** (*o mieszkańcach, pracy, pobycie*) permanent; (*o kliencie*) regular; (*o cenie, opłacie*) fixed; (*o czasie, kursie*) set; **prąd stały** direct current. **3.** (*nieprzerwany*) constant; (*o ekspozycji, wystawie*) permanent; (*o postępie*) steady; **na stałe** permanently. **4.** (*o uczuciach, charakterze*) constant; (*o poglądach*) set.
stamtąd *adv.* from there.
stan *mi* **1.** (*sytuacja*) state; (*kondycja*) condition; **stan cywilny** marital status; **stan konta** balance of account; **stan rzeczy** state of affairs; **stan wojenny** martial law; **być w stanie (coś zrobić)** be able (to do sth), be capable (of doing sth). **2.** (*nastrój*) state; **stan ducha** frame of mind. **3.** *kraj, prowincja* state; **stan Oregon** the state of Oregon. **4.** *polit.* state; **mąż stanu** statesman; **zdrada stanu** high treason.
stanąć *pf.* **1.** *zob.* **stawać. 2.** (*być wzniesionym*) be erected; **na placu stanął pomnik** a statue was erected in the square.
standard *mi* standard.
standardowy *a.* standard.
stanik *mi Gen.* **-a** bra(ssiere).
stanowczo *adv.* firmly; (*odmówić, zaprzeczyć*) flatly, categorically.
stanowczy *a.* firm; (*o odmowie, zaprzeczeniu*) flat.
stanowić *pf.* **-ów 1.** (*tworzyć, być*) make; (*problem, zagrożenie*) present; (*wyjątek*) constitute; **stanowić przykład czegoś** exemplify sth; **stanowić część czegoś** be part of sth; **coś nie stanowi problemu** sth is not an issue. **2.** (*decydować*) determine. **3.** *lit.* (*ustanawiać*) make; **stanowić prawa** make law.
stanowisko *n.* **1.** (*miejsce*) position; **zająć stanowisko** take a position. **2.** (*peron dla autobusów*) bay. **3.** (*posada*) position, post; **być na wysokim stanowisku** hold a high-ranking position. **4.** (*pogląd*) stance, standpoint; **zająć stanowisko w jakiejś sprawie** take a stand on sth.
Stany *pl. pot.* (*USA*) the US, the States; **pojechać do Stanów** go to the States.
Stany Zjednoczone Ameryki *pl. Gen.* **Stanów Zjednoczonych Ameryki** the United States of America.
stapiać *ipf.* **1.** (*roztapiać*) melt. **2.** (*spoić*) fuse.
stapiać się *ipf.* **1.** (*roztapiać się*) melt. **2.** (*spoić się*) fuse.
starać się *ipf.* **1.** try (*coś zrobić* to do sth); **starać się o pracę** be looking for a job. **2.** (*robić jak najlepiej*) do one's best.
staranie *n.* effort, care; **dołożyć wszelkich starań, aby...** do one's best to...; **nie szczędzić starań, aby...** spare no pains to...
starannie *adv.* carefully.
staranność *f.* care.
staranny *a.* careful.
starcie *n.* **1.** (*bitwa*) scuffle; (*gwałtowne*) clash. **2.** (*sprzeczka*) squabble.
starczać *ipf.* be enough, be sufficient; (*do końca miesiąca, na długo*) last; **starczy!** that's enough!
starczy *a.* senile.
starodawny *a.* antique.
starość *f.* (*sędziwy wiek*) old age; **na starość** in one's old age.
staroświecki *a.* antiquated, archaic, old-fashioned.
starożytność *f.* antiquity.
starożytny *a.* ancient.
starszy *a.* **1.** *zob.* **stary. 2.** older; (*o synu, córce, bracie, siostrze*) elder; **Adam jest o trzy lata starszy od Ewy** Adam is three years older than Eve; **starszy rangą** superior.
start *mi* **1.** start. **2.** *lotn.* takeoff; (*rakiety*) blastoff, liftoff. **3.** (*początek*) beginning, start.
startować *ipf.* **1.** start; **startować w wyścigu** run in a race. **2.** *lotn.* take off.
startowy *a. sport* starting; **pas startowy** runway.

staruszek *mp* **-szk-** *pl.* **-owie** old man.
staruszka *f.* old lady.
stary *a.* **1.** old; **stare dobre czasy** good old days. **2.** (*o chlebie*) stale. — *mp pot.* **1.** (*kolega*) mate. **2.** *pot.* (*ojciec*) old man.
starzec *mp* **-rc-** *pl.* **-y** old man.
starzeć się *ipf.* **1.** (*o człowieku*) get/grow old, age. **2.** (*tracić świeżość*) go bad/stale.
stateczny *a.* sedate, steady.
statek *mi* **-tk-** ship; **statek handlowy** merchantman, trader; **statek pasażerski** liner; **statek spacerowy** pleasure boat; **płynąć statkiem** go/travel by sea; **na pokładzie statku** on board, aboard a ship; **statek kosmiczny** spaceship.
status *mi* status; **status prawny** legal status.
statut *mi* (*przepisy*) statute, articles.
statysta *mp film* extra; *teatr* supernumerary, walk-on.
statystyczny *a.* statistic.
statystyka *f.* (*nauka, dane*) statistics.
statyw *mi fot.* tripod; (*mikrofonu*) stand.
staw *mi* **1.** (*akwen*) pond. **2.** *anat.* joint.
stawać *ipf.* **staję stajesz, stawaj 1.** (*wstawać*) stand up, rise; **stanąć przed czymś** confront sth. **2.** (*zatrzymywać się*) stop, come to a halt/standstill; **pociąg staje na wszystkich stacjach** the train calls/stops at all stations. **3.** (*pojawiać się*) turn up, come, appear; **stanąć przed sądem** be on/go on/stand trial; **stanąć na czele** take the lead, head.
stawać się *ipf.* **1.** (*zostawać kimś, czymś, jakimś*) become. **2.** (*zdarzyć się*) happen.
stawiać *ipf.* **1.** (*umieszczać*) put, place, set; **stawiać kogoś w trudnej sytuacji** put sb in an awkward position; **stawiać kogoś za przykład komuś** set sb as an example for sb. **2.** (*w górę, pionowo*) raise, put up. **3.** (*wznosić*) erect, construct, build. **4.** (*przedstawiać*) present, put forward; **stawiać warunki** lay down/impose conditions. **5.** (*pieniądze w grze*) bet, place a bet. **6.** *pot.* (*fundować*) buy, stand; **ja stawiam** it's on me, it's my treat.
stawiać się *ipf.* **1.** (*zgłaszać się*) turn up, appear; **stawiać się do pracy** report for work. **2.** *tylko ipf. pot.* (*sprzeciwiać się*) sauce, spurn.
stawić *pf.* **stawić komuś/czemuś czoła** stand up to sb/sth.
stawić się *pf. zob.* **stawiać się.**
stawka *f.* **1.** (*jednostka*) rate. **2.** (*w grze*) stake, bet; **gra o wysoką stawkę** play for high stakes.
staż *mi Gen.pl.* **-y/-ów** (*praktyka*) internship, training; **staż pracy** (job) seniority.
stąd *adv.* (*z tego miejsca*) from here; **nie pochodzę stąd** I'm a stranger here; **nie oddalaj się stąd** don't go away. — *conj.* (*z tej przyczyny*) hence.
stąpać *ipf.*, **stąpnąć** *pf.* **-ij** tread, step.
stek[1] *mi* **stek bzdur** a load of crap/rubbish; **stek wyzwisk** a stream/torrent of abuse.
stek[2] *mi kulin.* steak.
stempel *mi* **-pl-** *Gen.* **-a** stamp; **data stempla pocztowego** postmark date.
stemplować *ipf.* stamp.
stenograf *mp pl.* **-owie** stenographer.
stenografia *f. Gen.* **-ii** shorthand, stenography.
step *mi* steppe, grassland.
stepować *ipf.* tap-dance.
ster *mi* **1.** *żegl., lotn.* rudder. **2.** *przen.* (*kierownictwo*) leadership.
sterczeć *ipf.* **-ę -ysz 1.** (*odstawać*) protrude, jut/poke out. **2.** *pot.* (*stać*) stand like a post.
stereo *a. indecl.* stereo. — *n. indecl.* stereo.
stereofoniczny *a.* stereo(phonic).
stereotyp *mi* stereotype.
stereotypowy *a.* stereotypic(al).
sternik *mp żegl.* helmsman, steersman.
sterować *ipf.* **1.** *żegl.* helm. **2.** *lotn.* pilot. **3.** (*kierować*) steer; (*gospodarką, urządzeniem*) control.
sterowanie *n. żegl.* steering; **zdalne sterowanie** remote control.
sterowy *a.* **drążek sterowy** joystick; **koło sterowe** steering wheel.
sterta *f.* (*stos*) pile, stack, heap.
sterylizować *ipf.* sterilize.
sterylny *a.* sterile.
steward *mp pl.* **-owie/-dzi** (*na statku*) steward; (*w samolocie*) flight attendant.
stewardesa *f.* (*na statku*) stewardess; (*w samolocie*) stewardess, flight attendant.
stękać *ipf.*, **stęknąć** *pf.* **-ij 1.** (*pojękiwać*) groan, moan. **2.** *tylko ipf. pot.* (*uskarżać się*) whine, complain.
stępiać *ipf.*, **stępić** *pf.* blunt.
stępiać się *ipf.*, **stępić się** *pf.* get blunt.
stęsknić się *pf.* **-ij** miss (*za kimś/czymś* sb/sth).
stężony *a.* concentrated.
stłuc *pf.* **stłukę stłuczesz, stłukł 1.** (*rozbić*) break. **2.** *pot.* (*zbić*) batter, beat up.
stłuc się *pf.* get broken, break.
stłuczenie *n.* bruise.
stłuczka *f.* (*samochodowa*) fender-bender, bump.
stłumiony *a.* suppressed; **stłumiony dźwięk** muffled sound.
sto *num. Ins.* **stoma/stu** hundred; **sto studentek** a/one hundred students; **sto kilometrów na godzinę** a/one hundred kilometers an/per hour; **na sto procent** surely, for sure; **w stu procentach** completely; **sto lat!** many happy returns (of the day); **sto lat** (*piosenka urodzinowa*) Happy Birthday; (*piosenka śpiewana na urodzinach, jubileuszach itp.*) For She's/He's a Jolly Good Fellow.
stocznia *f. Gen.pl.* **-i** shipyard.
stoczniowy *a.* shipyard; **przemysł stoczniowy** shipyard industry.
stodoła *f. Gen.pl.* **-ół** barn.
stoisko *n.* **1.** (*dział sklepu*) department. **2.** (*w sklepie*) counter; **stoisko z pieczywem** bread counter. **3.** (*na kiermaszu, ulicy*) stand, stall; **stoisko z gazetami** newsstand.
stoisz itp. *ipf. zob.* **stać.**
stojak *mi Gen.* **-a** rack; (*wieszak*) stand; **stojak na kapelusze/rowery** hat/cycle rack; **stojak na nuty/parasole** music/umbrella stand.
stojąco *adv.* standing (up); **owacja na stojąco** standing ovation.
stojący *a.* (*o osobie, pozycji*) standing; **lampa stojąca** floor lamp; **miejsca stojące** standing room; **dom wolno stojący** detached house.
stoję itp. *ipf. zob.* **stać.**
stok *mi* slope; **stok narciarski** ski run.
stokrotka *f.* daisy.
stolarstwo *n.* carpentry.
stolarz *mp* carpenter; **stolarz meblowy** cabinetmaker.
stolica *f.* capital.

stolik *mi Gen.* **-a 1.** small table; **stolik nocny** night/bedside table. **2.** (*w restauracji*) table.
stołek *mi* **-łk-** *Gen.* **-a 1.** stool. **2.** *przen.* berth; **bić się o stołki** fight for one's position.
stołowy *a.* table; **łyżka stołowa** tablespoon; **pokój stołowy** dining room; **wino stołowe** table wine; **zastawa stołowa** tableware.
stołówka *f.* canteen.
stomatolog *mp pl.* **-dzy lub; -owie** dentist, dental surgeon.
stomatologia *f. Gen.* **-ii** dentistry, stomatology.
stomatologiczny *a.* dental, stomatological; **gabinet stomatologiczny** dentist's (surgery); **leczenie stomatologiczne** dental treatment.
stop[1] *mi metal.* alloy.
stop[2] *mi* **1.** *mot.* **znak stopu** stop sign. **2.** (*zatrzymanie*) stop, halt.
stopa *f. Gen.pl.* **stóp** foot; **od stóp do głów** from head to foot; **jestem z nim na stopie koleżeńskiej** I'm on friendly terms with him; **u stóp gór** at the feet of the mountains; **stopa procentowa/inflacji** interest/inflation rate; **stopa życiowa** living standard.
stoper *mi Gen.* **-a** *pl.* **-ry** (*czasomierz*) stopwatch.
stopień *mi* **-pni-** *Gen.* **-a 1.** (*schodów*) step, stair; **uwaga, stopień!** mind the step! **2.** (*hierarchia*) rank; **stopień naukowy** (university) degree. **3.** *szkoln.* grade. **4.** (*na skali*) degree; **pięć stopni Celsjusza** five degrees centigrade/Celsius. **5.** *geom.* degree. **6.** (*intensywności*) degree; (*np. zniszczeń*) extent; **do pewnego stopnia/w pewnym stopniu** to some degree/extent.
stopnieć *pf.* **1.** (*o lodzie*) melt (down), thaw. **2.** *przen.* (*o pieniądzach*) dwindle away; (*o siłach*) ebb away.
stopniowo *adv.* gradually, bit by bit, step by step.
stopniowy *a.* gradual.
storczyk *mi Gen.* **-a** orchid.
stos *mi* **1.** (*sterta*) pile; (*kupa*) heap; (*poukładany, równy*) stack. **2.** (*zwł. ofiarny/pogrzebowy*) pyre.
stosować *ipf.* (*metody, przepisy, siłę*) apply; (*zasady*) observe; (*leki*) administer.
stosować się *ipf.* **1.** (*przestrzegać czegoś*) comply (*do czegoś* with sth). **2.** (*odnosić się do kogoś*) apply (*do kogoś* to sb).
stosowany *a.* **1.** (*służący potrzebom praktycznym*) applied. **2.** (*będący w użyciu*) in use.
stosownie *adv.* **1.** (*odpowiednio*) appropriately, suitably. **2.** (*przyzwoicie*) properly. **3.** (*według czegoś*) accordingly; **stosownie do czegoś** according/pursuant to sth.
stosowny *a.* **1.** (*odpowiedni*) appropriate, suitable. **2.** (*przyzwoity*) proper. **3. uznać za stosowne (coś zrobić)** see/think fit (to do sth).
stosunek *mi* **-nk- 1.** (*relacja, proporcja*) ratio, proportion; **w stosunku 3 do 5** in the ratio of 3 to 5. **2.** (*relacja, zależność*) relation. **3.** (*nastawienie wobec kogoś/czegoś*) attitude. **4.** (*związek*) relation; **w stosunku do** (*w porównaniu z*) in/with relation to; (*w odniesieniu do*) with reference to. **5.** (*płciowy*) intercourse.
stosunkowo *adv.* relatively, comparatively.
stowarzyszenie *n.* association.
stóg *mi* **-o- stóg siana** haystack.
stół *mi* **-o-** table; **siedzieć przy stole** sit at the table; **nakryć do stołu** lay the table; **podać do stołu** serve food.
str. *abbr.* **1.** (*strona*) p., pg. (*page*). **2.** (*strony*) pp. (*pages*).
stracenie *n.* **nie mam nic do stracenia** I've got nothing to lose; **nie ma chwili do stracenia** there's no time to spare.
strach *mi Gen.* **-u** fear; **blady ze strachu** white/pale with fear; **mieć stracha** have cold feet; **umierać ze strachu** be scared stiff. — *ma Gen.* **-a** (*na wróble*) scarecrow.
stracić *pf.* **1.** (*nie mieć już więcej*) lose; **stracić równowagę** lose one's balance; **stracić rachubę czasu** lose the track of time; **stracić rozum/głowę** lose one's head. **2.** (*nie zarobić*) lose; **niech stracę!** my loss! **3.** (*nie wykorzystać*) waste; **stracić okazję/szansę** waste an opportunity/a chance.
stracić się *pf.* **stracić się z oczu** lose sight of each other/one another.
stracony *a.* **-eni 1.** (*zgubiony, zaginiony*) lost. **2.** (*zmarnowany*) wasted; **nadrabiać stracony czas** make up for lost time; **nic straconego** all is not yet lost. **3.** (*zabity*) executed.
stragan *mi* (market) stall.
strajk *mi* strike; **strajk głodowy** hunger strike; **strajk okupacyjny** sit-in/sit-down (strike).
strajkować *ipf.* strike (*o coś* for sth); be on strike.
strasznie *adv.* **1.** (*groźnie*) terrible, horrible. **2.** (*okropnie*) horribly, badly; **strasznie kogoś traktować** treat sb terribly; **wyglądać strasznie** look horrible. **3.** *pot.* (*niezmiernie*) awfully, dreadfully; **strasznie się cieszę** I'm awfully happy; **jest już strasznie późno** it's dead late.
straszny *a.* **1.** (*przerażający*) terrible, horrible; **straszny sen** nightmare. **2.** (*okropny*) horrible, terrible, awful; **straszna dzisiaj pogoda** the weather's so awful today. **3.** *pot.* (*wielki*) terrible, awful; **straszny ból** awful pain.
straszyć *ipf.* **1.** frighten, terrify, scare. **2. w tym domu straszy** this house is haunted.
straszyć się *ipf.* frighten each other/one another, scare each other/one another.
strata *f.* **1.** (*ubytek, szkoda*) loss, waste; **strata czasu/pieniędzy** waste of time/money; **oszacować straty** estimate the losses; **straty w ludziach** casualties. **2.** *ekon.* loss; **ponieść milionowe straty** incur/suffer a loss running to millions.
strategia *f. Gen.* **-ii** strategy.
strategiczny *a.* strategic.
strawić *pf.* **1.** (*pokarm*) digest. **2.** (*zniszczyć*) consume, destroy; **pożar strawił wieś** the fire consumed/destroyed the village.
strawny *a.* digestible; **ciężko/lekko strawny** heavy/light.
straż *f. pl.* **-e** (*nadzór, strażnicy*) guard; **straż graniczna** border guard; **straż pożarna** fire brigade; **stać na straży** (*pełnić straż*) be on guard; (*strzec*) safeguard.
strażak *mp* fireman, firefighter.
strażnik *mp* guard, watchman; (*w instytucji*) security guard; (*więzienny*) prison guard, warder.
strącać *ipf.*, **strącić** *pf.* **1.** (*zrzucać*) knock off; (*strząsać*) shake off. **2.** (*strzałem*) shoot down, bring down.
strefa *f.* zone, area; **strefa niskiego ciśnienia** area of low pressure; **strefa klimatyczna** climatic zone; **strefa przygraniczna/wolnocłowa** border/(duty) free zone.

stres *mi* stress, pressure; **w stresie** under pressure.
stresujący *a.* stressful.
streszczać *ipf.* summarise.
streszczać się *ipf.* **streszczaj się!** *pot.* keep it short!, be brief!
streszczenie *n.* summary.
stroić *ipf.* **stroję stroisz, strój 1.** (*ubierać*) dress up. **2.** (*zdobić*) adorn. **3. stroić miny** pull/make faces. **4.** (*instrument, radio*) tune.
stroić się *ipf.* dress up.
stromy *a.* steep.
strona *f.* **1.** (*bok, skraj, aspekt*) side; **z jednej strony..., z drugiej strony...** on (the) one hand..., on the other hand...; **pod drugiej stronie ulicy** across the street; **po prawej/lewej stronie** on the right/left (hand side); **być po czyjejś stronie** be on sb's side, side with sb; **przejść na stronę wroga** defect to the enemy; **to ładnie z twojej strony** it is kind of you; **włożyć sweter na lewą stronę** put on the sweater inside out; **cztery strony świata** the four cardinal points; **rozglądać się na wszystkie strony** look around; **wziąć kogoś na stronę** take sb aside. **2.** (*np. książki*) page; **strona internetowa** web page. **3.** (*cecha*) aspect, angle; **ta praca ma też swoje dobre/złe strony** there are also good/bad aspects of this job. **4.** (*okolica, kraj*) parts, neighborhood; **to są moje rodzinne strony** this is my homeland, that's where I come from. **5.** (*uczestnik sporu*) party.
stronniczość *f.* partiality, bias.
stronniczy *a.* partial, biased.
strop *mi bud.* structural ceiling; (*sklepienie*) vault; (*korytarza, tunelu*) roof.
strój *mi* **-o-** *Gen.pl.* **-ów** (*ubranie*) dress; (*do wykonywania określonej pracy*) outfit; **strój ludowy** folk costume; **strój plażowy** beachwear; **strój sportowy** sportswear; **strój wizytowy** formal dress.
stróż *mp Gen.pl.* **-ów** (*strażnik*) guardian; (*dozorca*) caretaker; **stróż nocny** night watchman.
strugać *ipf.* **-am -asz, -aj 1.** (*nożem*) whittle. **2.** (*heblować*) plane. **3.** (*ołówek, kredkę*) sharpen. **4.** (*rzeźbić*) carve.
struktura *f.* structure.
strukturalny *a.* structural.
strumień *mi Gen.* **-nia** stream.
strumyk *mi Gen.* **-a 1.** (*strumień*) brooklet. **2.** (*potok, struga*) trickle.
struna *f.* string; **przeciągać strunę** stretch one's luck, overstep the mark; **struny głosowe** vocal cords.
strunowy *a. muz.* stringed; **instrumenty strunowe** stringed instruments, the strings.
struś *ma* ostrich.
strych *mi* attic, loft.
stryczek *mi* **-czk-** *Gen.* **-a 1.** (*sznur*) halter, noose, the rope. **2.** *pot.* (*kara śmierci*) the rope.
stryj *mp pl.* **-owie** *Gen.* **-ów** (paternal) uncle.
strzał *mi* shot; **celny strzał** hit; **chybiony strzał** miss; **poza zasięgiem strzału** out of shooting distance; **oddać strzał** fire a shot.
strzała *f.* (*do łuku*) arrow; **prosty jak strzała** straight as an arrow; **pędzić jak strzała** whiz by.
strzałka *f.* **1.** arrow. **2.** (*wskaźnik*) pointer.
strząsać *ipf.*, **strząsnąć** *pf.* **-snę -śniesz, -śnij** shake off, flick off/away.
strzec *ipf.* **-gę -żesz, -gł** (*pilnować*) guard (*kogoś/czegoś przed kimś/czymś* sb/sth against sb/sth); **strzec tajemnicy** keep a secret.
strzec się *ipf.* (*mieć się na baczności*) beware (*kogoś/czegoś* of sb/sth).
strzelać *ipf.* **1.** (*z broni*) shoot, fire (*do kogoś/czegoś* at sb/sth); **co ci strzeliło do głowy?** *pot.* what came over you? **2.** (*trzaskać*) crack; **strzelać palcami** snap one's fingers. **3.** *sport* shoot; **strzelić bramkę** score a goal.
strzelanina *f.* fusillade; (*między dwoma osobami*) gunfight.
strzelba *f.* shotgun.
strzelec *mp* **-lc-** *pl.* **-y 1.** shooter, rifleman; **wolny strzelec** freelancer. **2. Strzelec** *astrol.* Sagittarius; **urodzić się pod znakiem Strzelca** be born under Sagittarius.
strzelectwo *n.* shooting.
strzelić *pf. zob.* **strzelać**.
strzelnica *f.* (*na wolnym powietrzu*) target range; (*w wesołym miasteczku*) shooting gallery.
strzepnąć *pf.* **-nij, -nął -nęła -nęli, strzepywać** *ipf.* **1.** (*strząsnąć*) shake off; **strzepnąć popiół z papierosa** flick the ash off one's cigarette. **2.** (*zatrzepotać*) shake; **strzepnąć skrzydła** (*o ptaku*) flutter, flap the wings; **strzepnąć termometr** shake the thermometer.
strzeżony *a.* guarded, protected; **parking strzeżony** attended parking lot.
strzęp *mi* scrap, shred; **podrzeć coś na strzępy** tear sth to shreds/pieces; **w strzępach** in rags/tatters.
strzępić *ipf.* (*robić strzępy*) fray; **strzępić sobie język** *pot.* waste one's breath.
strzępić się *ipf.* (*przecierać się*) tatter, fray.
strzyc *ipf.* **-gę -żesz, -gł** (*człowieka*) cut sb's hair; (*owcę*) shear; (*trawę*) mow.
strzyc się *ipf.* have one's hair cut.
strzykawka *f.* syringe.
strzyżenie *n.* (*człowieka*) cutting, haircut; (*owiec*) shearing; (*trawnika*) mowing.
studencki *a.* students', student; **dom studencki** dormitory; **życie studenckie** student life.
student *mp*, **studentka** *f.* student; **student prawa/medycyny** law/medical student.
studia *pl. Gen.* **-ów 1.** *uniw.* studies; **studia dzienne/zaoczne** full-time/extramural studies; **skończyć studia** graduate. **2.** (*badania*) research.
studio *n. Gen.pl.* **-ów** studio; **studio radiowe/telewizyjne** (broadcasting) studio.
studiować *ipf.* study; **studiować na uniwersytecie** study at university; **studiować mapę** study a map.
studium *n. sing. indecl. pl.* **-dia** *Gen.* **-diów 1.** (*rozprawa*) study (*czegoś* of/into sth). **2.** (*szkoła*) college.
studnia *f. Gen.pl.* **-i/-dzien** well.
studzić *ipf.* cool down/off.
studzić się *ipf.* cool down/off.
studzienka *f.* **1.** (*mała studnia*) well. **2.** *bud.* manhole; **studzienka ściekowa** drain.
stukać *ipf.* knock; **stukać do drzwi** knock on/at the door; (*kołatać*) clatter.
stukać się *ipf.* **1.** (*uderzać się*) hit o.s.; **stuknij się (w czoło)!** get wise! **2.** (*uderzać jeden drugiego*) knock (against) each other/one another.
stuknięty *a.* (*nienormalny*) bonkers, dotty, nutty.
stulecie *n. Gen.pl.* **-i 1.** (*wiek*) century. **2.** (*rocznica*) centenary.
stuletni *a.* centenarian, centenary.
stuprocentowy *a.* **1.** (*wełna, frekwencja*) one hundred per cent. **2.** (*całkowity, kompletny*) complete; **stuprocentowy mężczyzna** complete man.

stwarzać *ipf.* create; (*warunki, możliwości*) offer.
stwierdzać *ipf.* (*uznać*) affirm; (*mówić*) state; **stwierdzać autentyczność/tożsamość** establish authenticity/identity.
stwierdzenie *n.* (*wypowiedź*) statement; (*poświadczenie*) assertion.
stworzenie *n.* **1.** (*istota*) creature. **2.** (*czynność*) creation.
stwór *ma* **-o-** creature.
Stwórca *mp rel.* the Creator.
styczeń *mi* **-czni-** *Gen.* **-a** *Gen.pl.* **-ów** January.
styczność *f.* (*kontakt*) contact; **mieć styczność z kimś/czymś** be in contact with sb/sth.
stygnąć *ipf.* **-ij** cool down.
styk *mi* **1.** point of contact. **2.** *el.* contact.
stykać *ipf.* (*np. przewody*) connect.
stykać się *ipf.* (*dotykać się*) touch (*z czymś* sth); (*przylegać*) adjoin (*z czymś* sth); (*spotykać się*) encounter (*z kimś/czymś* sb/sth).
styl *mi Gen.pl.* **-ów 1.** style; **styl literacki/potoczny** literary/colloquial style; **styl barokowy/renesansowy** baroque/Renaissance style; **styl życia/ubierania się** life/dress style; **to nie w twoim stylu** it's not like you. **2.** *sport* (*np. pływacki*) stroke.
stylistyczny *a.* stylistic; **błąd stylistyczny** stylistic error.
stylowy *a.* **1.** (*mający cechy stylu*) in (a given) style. **2.** (*estetyczny*) stylish. **3.** (*właściwy pewnemu okresowi w sztuce, literaturze*) period.
stymulator *mi Gen.* **-a 1.** (*bodziec*) (*np. wzrostu roślin*) stimulator. **2.** (*rozwoju, wzrostu gospodarczego*) stimulus.
stymulować *ipf.* stimulate.
stypendium *n. sing. indecl. pl.* **-dia** *Gen.* **-diów 1.** (*pieniądze*) scholarship. **2.** (*pobyt*) (*w trakcie studiów*) study period; (*w ramach badań naukowych*) research visit.
stypendysta *mp*, **stypendystka** *f.* **1.** (*otrzymujący stypendium*) scholarship holder. **2.** (*przebywający na stypendium*) (*student*) visiting student; (*naukowiec*) visiting researcher.
subiektywny *a.* subjective.
sublokator *mp pl.* **-rzy/-owie**, **sublokatorka** *f.* subtenant.
subskrypcja *f.* subscription (*na coś* to sth).
substancja *f.* substance.
substytut *mi Gen.* **-u** *pl.* **-y** substitute.
subtelność *f.* subtlety.
subtelny *a.* subtle; **subtelna różnica** fine distinction.
subtropikalny *a.* subtropical.
subwencja *f.* subsidy, subvention.
sucho *adv.* dryly, drily; **było sucho i słonecznie** it was dry and sunny; **powiedzieć coś sucho** say sth dryly.
suchy *a.* dry; **suchy prowiant** packed lunch; **suchy jak pieprz/wiór** as dry as a bone, bone-dry; **zmoknąć do suchej nitki** be dripping/soaking wet; get soaked/drenched to the skin.
Sudan *mi* Sudan.
Sudety *pl. Gen.* **-ów** the Sudetes, the Sudeten Mountains.
sueski *a.* **Kanał Sueski** the Suez Canal.
sufit *mi* ceiling.
sugerować *ipf.* suggest (*coś komuś* sth to sb).
sugerować się *ipf.* be influenced (*czymś* by sth).
sugestia *f. Gen.* **-ii** suggestion; **ulegać sugestii** yield to a suggestion; **wysunąć sugestię** put forward a suggestion.
sugestywny *a.* suggestive.
suita *f.* suite.
suka *f.* bitch.
sukces *mi* success; **pasmo sukcesów** series of success; **odnieść sukces** be a success.
sukcesywny *a.* successive.
sukienka *f.* dress.
suknia *f. Gen.pl.* **sukni/sukien** (*strój*) dress.
suma *f.* **1.** (*kwota*) amount, sum of money; **zainwestować pewną sumę** invest some money. **2.** (*wynik*) sum, total. **3.** (*ogół*) whole; **w sumie** *pot.* all things considered, all in all.
sumienie *n.* conscience; **czyste/nieczyste sumienie** clear/guilty conscience; **wolność sumienia** freedom/liberty of conscience; **wyrzuty sumienia** remorse; pangs/qualms of conscience.
sumienność *f.* conscientiousness.
sumienny *a.* conscientious.
sumować *ipf.* (*dodawać*) add up, sum up, total up.
sumować się *ipf.* add up, sum up.
sunąć *ipf.* glide (*po czymś* over sth).
supeł *mi* **-pł-** *Gen.* **-a** knot, tangle.
superlatywy *pl. Gen.pl.* **-ów wyrażać się o kimś w samych superlatywach** speak highly of sb.
supermarket *mi* supermarket.
supermocarstwo *n.* superpower.
supersam *mi* supermarket.
suplement *mi* supplement.
supremacja *f.* supremacy.
surfingowy *a.* **deska surfingowa** surfboard.
surowica *f.* (*osocze*) (blood) serum.
surowiec *mi* **-wc-** *Gen.* **-a** raw material; **surowce** (*do produkcji*) raw materials; (*zasoby*) resources; **surowce mineralne/naturalne** mineral/natural resources; **surowce wtórne** recyclable materials.
surowo *adv.* (*kategorycznie*) harshly, severely, strictly; (*urządzony*) austerely; **palenie surowo wzbronione** (*napis*) no smoking.
surowy *a.* **1.** (*niegotowany*) raw. **2.** (*nieprzetworzony*) raw, unprocessed. **3.** (*osoba, przepisy*) strict; (*wyrok, kara*) harsh, strict; (*mina, twarz*) stern. **4.** (*wnętrze, strój*) austere. **5.** (*klimat, zima*) harsh, severe. **6.** (*warunki życia*) severe, austere.
surówka *f.* **1.** (*potrawa*) salad. **2.** *metal.* pig-iron.
surrealistyczny *a.* surrealist(ic).
surrealizm *mi* surrealism.
susza *f.* drought.
suszarka *f.* dryer; **suszarka do włosów/rąk** hair/hand dryer.
suszony *a.* dried.
suszyć *ipf.* dry; **suszyć komuś głowę o coś** pester sb about sth.
suszyć się *ipf.* **1.** (*schnąć*) dry, get dry. **2.** (*osuszać się*) dry o.s.
sutanna *f.* cassock; (*w kościele rzymsko-katolickim*) soutane.
suwak *mi Gen.* **-a** (*zamek błyskawiczny*) zipper.
suwerenność *f.* sovereignty.
suwerenny *a.* sovereign.
swastyka *f.* swastika.
swatać *ipf.* **swatać kogoś z kimś** arrange for sb to marry sb.
sweter *mi* **-tr-** *Gen.* **-a** sweater.
swędzić *ipf.*, **swędzieć** *ipf.* **-i** itch; **swędzi mnie oko** my eye is itchy.

swoboda *f. Gen.pl.* **-ód 1.** (*wolność*) liberty, freedom; **swobody obywatelskie** civil liberties; **żyć na swobodzie** live in freedom. **2.** (*łatwość*) ease; **mieć swobodę w nawiązywaniu kontaktów** make friends easily. **3.** (*obycie*) familiarity (*w czymś* with sth).
swobodnie *adv.* freely; (*czuć się*) at ease, comfortable; (*wybierać, zachowywać się*) freely; (*ubierać się*) casually, informally.
swobodny *a.* **1.** (*wolny*) free; **swobodny wybór** free choice. **2.** (*luźny, ruchomy*) free, loose; **akcent/rytm swobodny** free accent/rhythm. **3.** (*strój, rozmowa, nastrój*) casual, informal.
swoisty *a.* peculiar.
swoja *itd. a. zob.* **swój**.
swojski *a.* **1.** (*znajomy*) familiar. **2.** (*domowej roboty*) home-made.
swojsko *adv.* familiarly; **czuć się gdzieś swojsko** feel at home somewhere.
swój *a.* **swoj-/sw- 1.** (*zaimek dzierżawczy*) one's, one's own; (*mój*) my; (*twój*) your; (*jego*) his; (*jej*) her; (*nasz*) our; (*wasz*) your; (*ich*) their; **na swój sposób** in a way; **w swoim czasie** in due course. **2.** (*swojski*) home-made; **to swój chłop** he is one of us.
Syberia *f. Gen.* **-ii** Siberia.
syberyjski *a.* Siberian.
sycić *ipf.* (*czynić sytym*) satiate; **sycić czymś oczy/wzrok** feast one's eyes on sth.
sycić się *ipf.* **1.** (*nasycać się*) sate o.s. (*czymś* on sth). **2.** (*upajać się*) take delight (*czymś* in sth).
Sycylia *f. Gen.* **-ii** Sicily.
sycylijski *a.* Sicilian.
syczeć *ipf.* **-ę -ysz** (*wydawać syk*) hiss.
sygnalizacja *f.* **1.** (*przekazywanie sygnałów*) signaling. **2.** (*urządzenia*) signaling equipment; **sygnalizacja świetlna/uliczna** traffic lights.
sygnalizować *ipf.* **1.** (*dawać sygnał*) signal. **2.** (*informować*) indicate.
sygnał *mi* signal; (*w słuchawce*) tone; **sygnał radiowy** (*np. zapowiadający audycję*) signature tune.
sygnatariusz *mp Gen.pl.* **-y/-ów** signatory.
sygnatura *f.* **1.** *bibl.* catalog number. **2.** *druk., sztuka* (*podpis*) signature.
sygnować *ipf.* sign.
syjamski *a.* Siamese.
syjonista *mp* Zionist.
syk *mi* hiss(ing).
sylaba *f.* syllable.
sylwester *mi* **-tr-** *Gen.* **-a** (*dzień*) New Year's Eve.
sylwetka *f.* **1.** (*figura*) figure. **2.** (*zarys postaci*) silhouette, profile.
symbol *mi Gen.pl.* **-i/-ów** symbol; **być symbolem czegoś** be the symbol of, represent sth.
symbolicznie *adv.* **1.** (*przedstawiać, rozumieć*) symbolically. **2.** (*wynagradzać*) nominally.
symboliczny *a.* **1.** (*postać, znaczenie*) symbolic. **2.** (*wynagrodzenie, upominek*) nominal.
symbolizować *ipf.* symbolize, represent.
symetria *f. Gen.* **-ii** symmetry.
symetryczny *a.* symmetrical.
symfonia *f. Gen.* **-ii** symphony.
symfoniczny *a.* symphonic; **koncert symfoniczny** symphony concert.
sympatia *f. Gen.* **-ii 1.** (*uczucie*) liking (*do kogoś* for sb); **darzyć kogoś sympatią** feel affinity for sb. **2.** *pot.* (*chłopak*) boyfriend; (*dziewczyna*) girlfriend.
sympatyczny *a.* pleasant, nice, likeable.
sympatyk *mp*, **sympatyczka** *f.* sympathizer.
sympatyzować *ipf.* sympathize (*z kimś/czymś* with sb/sth).
sympozjum *n. sing. indecl. pl.* **-zja** *Gen.* **-zjów** symposium.
symptom *mi* symptom.
symulacja *f. techn., komp., mat.* simulation.
symulant *mp*, **symulantka** *f.* malingerer.
symulować *ipf.* **1.** (*imitować*) simulate. **2.** (*udawać*) feign; (*udawać chorego*) malinger.
syn *mp Loc. & Voc.* **-u** *pl.* **-owie** son; **starszy syn** elder/older son.
synchroniczny *a.* (*jednoczesny, zsynchronizowany*) synchronous, synchronized (*z czymś* with sth); **pływanie synchroniczne** synchronized swimming.
synchronizować *ipf.* synchronize.
synonim *mi* synonym.
synowa *f. Gen.* **-ej** daughter-in-law.
syntetyczny *a.* synthetic; **tworzywo syntetyczne** synthetic (material).
synteza *f.* synthesis.
syntezator *mi Gen.* **-a** synthesizer.
sypać *ipf.* **sypię sypiesz 1.** + *Acc./Ins.* (*piasek, ziarno*) pour (*sth*) (*na coś* on(to) sth) (*do czegoś* into sth); (*przyprawę*) sprinkle (*sth*) (*na coś* on/over sth); **śnieg sypie** it's snowing; **sypało nam piaskiem w twarze** the wind blew sand in our faces; **sypać przekleństwami/obelgami** hurl curses/insults. **2.** *pot.* (*zdradzać, donosząc*) squeal on (*sb*).
sypać się *ipf.* **1.** (*opadać*) fall, pour down; (*spadać masowo*) shower (down), hail (down) (*na kogoś/coś* on sb/sth). **2.** *tylko ipf.* (*rozpadać się*) crumble, fall apart. **3.** (*o iskrach*) fly. **4.** (*napływać w dużej ilości*) flow in.
sypiać *ipf.* **1.** sleep. **2.** *pot. euf.* **oni sypiają ze sobą** they're lovers.
sypialnia *f. Gen.pl.* **-i/-ń** bedroom.
sypialny *a.* **pokój sypialny** bedroom; **wagon sypialny** sleeping car.
sypki *a.* loose.
sypnąć (się) *pf. zob.* **sypać (się)**.
syrena *f.* **1.** *mit.* mermaid. **2.** (*dźwięk*) siren.
Syria *f. Gen.* **-ii** Syria.
syrop *mi* syrup; **syrop na kaszel** cough syrup.
syryjski *a.* Syrian.
system *mi* system.
systematyczność *f.* method.
systematyczny *a.* (*uporządkowany*) systematic, methodical.
systemowy *a.* system(ic), systems; **analiza systemowa** systems analysis.
sytuacja *f.* (*położenie, okoliczności*) situation, position, circumstances; **w tej sytuacji...** in these circumstances...; under the circumstances...; **pogorszyć sytuację** make matters worse; **uratować sytuację** save the day.
sytuowany *a.* **dobrze/źle sytuowany** well/badly off.
syty *a.* **1.** (*niegłodny*) satiated, full, replete. **2.** (*o posiłku*) nourishing, satisfying.
syzyfowy *a.* **syzyfowy trud/wysiłek** Sisyphean toil/labor.
szablon *mi* **1.** (*z literami itp.*) stencil; (*wzornik*) template; (*forma do kopiowania*) model, pattern. **2.** *przen.* routine, stereotype.
szach *mi Gen.* **-u/-a** check. — *int.* **szach i mat** checkmate.

szachista *mp*, **szachistka** *f.* chessplayer.
szachownica *f.* chessboard.
szachy *pl. Gen.* **-ów** chess; **komplet szachów** chess set.
szacować *ipf.* estimate, assess.
szacunek *mi* **-nk- 1.** (*poważanie*) respect, esteem; **z całym szacunkiem** with all due respect, respectfully; **żywić do kogoś duży szacunek** have high regard for sb. **2.** (*oszacowanie wartości*) evaluation, estimate.
szacunkowy *a.* estimated, approximate.
szafa *f.* (*na ubrania*) wardrobe; **szafa ścienna** closet; **szafa grająca** jukebox.
szafir *mi* sapphire.
szafka *f.* cabinet, cupboard; **szafka na książki** bookcase; **szafka łazienkowa/kuchenna** bathroom/kitchen cabinet; **szafka w szatni** locker.
szafować *ipf.* + *Ins.* be free/liberal/lavish with (*sth*).
szal *mi Gen.* **-a**; *Gen.pl.* **-i/-ów** (*na szyję*) scarf; (*na ramiona*) shawl.
szala *f.* **1.** (*miseczka wagi*) scale, pan. **2.** *przen.* **położyć wszystko na jednej szali** put everything at stake.
szaleć *ipf.* **1.** (*wariować*) go mad/crazy/insane. **2.** *przen.* (*o siłach przyrody, epidemiach itp.*) rage; **szalejący sztorm** raging storm. **3.** *przen.* (*ulegać silnym emocjom*) **szaleć z zachwytu nad kimś/czymś** rave about sb/sth; be mad about sb/sth; **szaleć za kimś/czymś** be crazy about sb/sth. **4.** *przen.* (*zabawiać się*) revel.
szalenie *adv.* exceedingly, most; **szalenie miła osoba** exceedingly nice person.
szaleniec *mp* **-ńc-** *pl.* **-y** madman, lunatic.
szaleńczy *a.* mad, insane.
szaleństwo *n.* **1.** (*szał*) madness, fury. **2.** (*lekkomyślność*) lunacy, madness; **to czyste szaleństwo** it's sheer madness.
szalik *mi Gen.* **-a** scarf.
szalony *a.* **-eni 1.** (*zwariowany*) mad, crazy, insane. **2.** (*gwałtowny*) frantic, raging.
szalupa *f.* (*mała łódź okrętowa*) cockboat; **szalupa ratunkowa** lifeboat.
szał *mi* (*szaleństwo*) madness, folly; (*furia*) fury, rage; (*gorączkowa aktywność*) frenzy; **szał zakupów** shopping binge; **doprowadzać kogoś do szału** drive sb mad.
szałas *mi* shelter.
szampan *mi Gen.* **-a** *Acc.* **-a/-n** champagne.
szampon *mi* shampoo.
szanować *ipf.* **1.** (*poważać*) respect; **szanować starszych** respect one's elders. **2.** (*cenić*) value, esteem; **szanować czyjąś przyjaźń** value sb's friendship. **3.** (*oszczędzać*) spare; be careful with (*sth*); **szanuj zieleń** take care of the grass.
szanować się *ipf.* (*mieć godność*) have respect for o.s.
szanowny *a.* **Szanowny Panie/Szanowna Pani** Dear Sir/Madam; **szanowni państwo!** ladies and gentlemen!
szansa *f. pl.* **-e** chance (*czegoś/na coś* of sth); **nie ma szans** (there's) no chance; **życiowa szansa** the chance of a lifetime.
szantaż *mi Gen.pl.* **-y/-ów** blackmail.
szantażować *ipf.* blackmail.
szantażysta *mp*, **szantażystka** *f.* blackmailer.
szarlotka *f.* layered apple cake.
szarpać *ipf.* **-pię -piesz 1.** (*pociągać gwałtownie*) pull (*za coś* at sth); jerk (*sth*). **2.** (*rwać*) tear (*sth*) (up).
szarpać się *ipf.* **1.** (*wyrywać się, wierzgać*) flinch (back). **2.** (*walczyć chaotycznie*) struggle (*z kimś/czymś* with sb/sth).
szary *a.* **1.** (*o kolorze*) gray. **2.** (*pogrążony w cieniu, t. przen.*) gray, shadowy; **szara strefa** gray area. **3.** *przen.* (*nudny, przeciętny*) drab, ordinary; **szara egzystencja** drab existence; **szary człowiek** everyman, ordinary man, the man in the street.
szarża *f.* (*atak*) charge.
szarżować *ipf.* (*przypuszczać atak*) charge (*na coś* (at) sth).
szaszłyk *mi Gen.* **-a** shish kebab.
szata *f.* **1.** vestment, garment; *pl.* garb, clothes; **rozdzierać szaty** *przen.* tear one's clothes. **2.** *przen.* **szata graficzna** layout.
szatan *mp pl.* **-i/-y** *rel.* Satan, the Devil.
szatnia *f. Gen.pl.* **-i 1.** (*na wierzchnie okrycia*) cloakroom. **2.** (*przebieralnia, zwł. sportowa*) locker room, changing room.
szatniarka *f.*, **szatniarz** *mp* cloakroom attendant.
szatyn *mp*, **szatynka** *f.* brown-haired/chestnut-haired person.
szczaw *mi* **-wi-** sorrel.
szczątek *mi* **-tk-** *pl.* **-i 1.** (*częściowa pozostałość*) fragment, rudiment, vestige, residue (*czegoś* of sth). **2.** *pl.* (*resztki, t. zwłoki, prochy*) remains, relics, remainders (*kogoś/czegoś* of sb/sth).
szczebel *mi* **-bl-** *Gen.* **-a 1.** (*drabiny*) rung; **piąć się po szczeblach kariery** *przen.* move/go up the ladder. **2.** (*poziom*) level, grade.
szczebiotać *ipf.* **-czę -czesz, -cz** (*ćwierkać*) chirp, chirrup; (*t. przen. o ludziach*) chatter.
szczecina *f.* **1.** (*zwierzęcia*) bristle. **2.** (*krótki zarost*) stubble.
szczególnie *adv.* **1.** (*zwłaszcza, specjalnie*) particularly, especially; **szczególnie interesujący** particularly/especially interesting. **2.** (*osobliwie*) extraordinarily.
szczególność *f.* **w szczególności** in particular.
szczególny *a.* **1.** (*specjalny*) particular, special; **szczególna okazja** special occasion. **2.** (*osobliwy, nadzwyczajny*) extraordinary.
szczegół *mi* detail; **wchodzić w szczegóły** go into details.
szczegółowo *adv.* in detail.
szczegółowy *a.* detailed.
szczekać *ipf.* bark (*na kogoś/coś* at sb/sth).
szczelina *f.* crack, fissure, crevice.
szczelnie *adv.* tight; (*przed imiesłowem biernym*) tightly; **szczelnie zapakowany** tightly packed, packed tight.
szczelny *a.* tight; (*wodoszczelny*) watertight.
szczeniak *ma* (*piesek*) pup(py). — *mp pl.* **-i** *pot. uj.* (*chłopak*) whelp.
szczenię *n.* **-nięci-** *pl.* **-nięt-** *Gen.* **-niąt** pup.
szczepić *ipf.* **1.** *med.* vaccinate, inoculate (*sb*) (*na coś/przeciw czemuś* against sth). **2.** *ogr.* graft (*sth*) (*na czymś* on/onto sth).
szczepić się *ipf.* get vaccinated/inoculated (*na coś/przeciw czemuś* against sth).
szczepienie *n. med.* vaccination, inoculation.
szczepionka *f.* vaccine.
szczerba *f.* (*luka w uzębieniu*) gap; (*w murze itp.*) gap, breach.
szczerbaty *a.* (*z lukami w uzębieniu*) gap-toothed.

szczerość *f.* frankness, honesty, earnestness.

szczery *a.* **1.** frank, honest (*z kimś/wobec kogoś* with sb); (*naprawdę odczuwany*) earnest; **szczere podziękowania** heartfelt thanks; **jeśli mam być (z tobą) szczery...** to be honest (with you)... **2.** (*o kruszcach*) pure.

szczerze *adv.* frankly, honestly; **szczerze mówiąc...** frankly (speaking)..., to be honest/frank...

szczędzić *ipf.* **nie szczędzić sił/pieniędzy** *lit.* spare no effort/money.

szczęka *f.* jaw; **sztuczna szczęka** (set of) dentures, false teeth.

szczękać *ipf.*, **szczęknąć** *pf.* **-ij** *(+ Ins.)* clang, clank; *gł. ipf.* clatter; **szczękała zębami** her teeth chattered.

szczęściarz *mp* lucky man.

szczęście *n.* **1.** (*powodzenie*) luck; **na szczęście.../ (całe) szczęście, że...** fortunately..., luckily..., happily...; **mieć szczęście** be in luck; **nie mieć szczęścia** be down on one's luck; **próbować szczęścia (w czymś)** try one's luck/fortune (at sth). **2.** (*błogość, radosne samopoczucie*) happiness, felicity, bliss; **szczęście małżeńskie** marital bliss.

szczęśliwie *adv.* **1.** (*błogo, radośnie*) happily. **2.** (*z powodzeniem*) luckily, fortunately.

szczęśliwy *a.* **1.** (*mający szczęście l. powodzenie, przynoszący powodzenie*) lucky, fortunate. **2.** (*udany*) happy, felicitous; **szczęśliwej podróży!** have a safe journey; **szczęśliwego Nowego Roku!** Happy New Year! **3.** (*odczuwający szczęście*) happy.

szczodry *a. lit.* generous.

szczoteczka *f.* brush; **szczoteczka do zębów** toothbrush.

szczotka *f.* brush; (*do zamiatania*) broom; **szczotka do butów** shoebrush; **szczotka do włosów** hairbrush.

szczotkować *ipf.* brush (down).

szczuć *ipf.* (*szczuć kogoś/coś psem*) set a dog on sb/sth.

szczudło *n. Gen.* **-deł** *zw. pl.* stilt; **para szczudeł** pair of stilts.

szczupleć *ipf.* **-eję -ejesz** lose weight, grow thin/slim.

szczupły *a.* **1.** (*niegruby*) slim, thin. **2.** *lit.* (*nieliczny, skromny*) meager, short.

szczur *ma* **1.** rat. **2. szczur lądowy** *żart.* landlubber.

szczypać *ipf.* **-pię -piesz 1.** pinch; **szczypać kogoś w policzek/ramię** pinch sb's cheek/arm; give sb a pinch on the cheek/arm. **2.** (*o skórze, oczach, ranie*) prickle, sting; **oczy mnie szczypią od dymu** my eyes are stinging from the smoke.

szczypać się *ipf.* (*szczypać samego siebie*) pinch o.s.

szczypce *pl. Gen.* **-piec 1.** *techn.* (pair of) pincers, (pair of) tongs; **szczypce uniwersalne** (*kombinerki*) (pair of) pliers. **2.** *med., chir.* forceps. **3.** *zool., anat.* pincers, forceps.

szczypiorek *mi* **-rk-** chives.

szczypta *f.* pinch (*czegoś* of sth); *przen.* (*mała ilość*) grain.

szczyt *mi* **1.** (*wierzchołek, t. przen.*) top; (*góry*) summit, peak, top. **2.** *przen.* **szczyt stołu** the head of a table. **3.** *polit.* **spotkanie na szczycie** summit meeting. **4.** *przen.* (*maksimum, zwieńczenie*) climax, culmination, peak; **godziny szczytu** rush hours; **szczyt sezonu** high season.

szczytowy *a.* **1.** top, highest; **ściana szczytowa** gable. **2.** (*maksymalny*) highest, maximum.

szedł *itd. ipf. zob.* **iść**.

szef *mp pl.* **-owie 1.** boss, head, chief. **2. szef rządu/ gabinetu** prime minister; **szef kuchni** chef; **szef sztabu** chief of staff.

szejk *mp pl.* **-owie** sheik.

szelest *mi* rustle.

szeleścić *ipf.* **-szczę -ścisz** rustle.

szelki *pl. Gen.* **-lek 1.** (*do spodni*) suspenders. **2.** (*dla dzieci do nauki chodzenia*) baby's harness.

szept *mi* whisper; **mówić szeptem** whisper, speak in a whisper.

szeptać *ipf.* **-pczę -pczesz** whisper.

szereg *mi* **1.** (*rząd*) row; **szeregi** (*wojskowe*) ranks; **ustawić się w szeregu** line up. **2.** (*duża liczba*) (a) number (*czegoś* of sth); **szereg zdarzeń/dni** a number of incidents/days.

szeregować *ipf.* rank, range.

szeregowiec *mp* **-wc-** *pl.* **-y** *wojsk.* private.

szeregowy *a.* **1.** (*w szeregu*) arranged in rows; **dom szeregowy** row house. **2.** (*zwykły*) **szeregowy członek** (*partii, związku itp.*) rank and file member. — *mp wojsk. zob.* **szeregowiec**.

szermierka *f.* fencing.

szeroki *a.* **-rszy 1.** (*rzeka, brama, rękaw, ekran*) wide; (*uśmiech, widok, czoło*) broad; **szeroki na trzy metry** three meters wide. **2.** *przen.* (*plany, zakres, horyzonty*) broad; (*publiczność, grono*) wide.

szeroko *adv.* **-rzej** (*rozciągle*) widely; (*na wszystkie strony*) broadly; **szeroko na centymetr** one centimeter wide; **zostaw okno szeroko otwarte** leave the window wide open.

szerokość *f.* (*wymiar*) width, breadth; **szerokość geograficzna** latitude; **mieć pięć metrów szerokości** be five meters wide; **otworzyć coś na całą szerokość** open sth wide.

szeryf *mp Gen.* **-a** *pl.* **-owie** sheriff.

szerzyć *ipf.* **1.** (*oświatę, idee*) propagate. **2.** (*plotki, informacje, choroby*) spread; (*postrach*) cause.

szerzyć się *ipf.* spread.

szesnasty *a.* sixteenth; **mieszkać pod szesnastym** live at number sixteen. — *mi* (*dzień*) the sixteenth; **dziś mamy szesnastego marca** it is the sixteenth of March today.

szesnaście *num.* **-st-** *Ins.* **-oma/-u** sixteen.

sześcian *mi* cube.

sześcienny *a.* cubic; **metr/centymetr sześcienny** cubic meter/centimeter.

sześciokąt *mi Gen.* **-a** hexagon.

sześciokrotny *a.* (*zwycięzca*) six-time; (*podwyżka, spadek*) sixfold.

sześcioletni *a.* **1.** (*mający sześć lat*) six-year-old. **2.** (*trwający sześć lat*) six-year-long, six years long.

sześcioro *num. decl. like n.* **-rg-** six.

sześć *num. Ins.* **-oma/-u** six.

sześćdziesiąt *num.* **-ęci-** *Ins.* **-oma/-u** sixty.

sześćdziesiąty *a.* sixtieth; **lata sześćdziesiąte** the sixties.

sześćset *num. sześć- decl. like num., -set indecl.* **sześciuset** six hundred.

szew *mi* **szw- 1.** (*zszycie kawałków materiału*) seam. **2.** *med.* suture, seam.

szewc *mp* shoemaker, cobbler.

szkalować *ipf.* vilify.

szkic *mi* **1.** (*literacki, naukowy, publicystyczny*) *t. sztuka* sketch. **2.** (*plan, projekt*) draft.

szkicować *ipf.* sketch.

szkiełko *n.* (*np. od zegarka*) glass; **szkiełko mikroskopowe** slide.
szklanka *f.* **1.** (*naczynie*) glass; (*zawartość*) glass(ful); **szklanka wody** glass of water. **2.** (*jako miara*) cup(ful); **szklanka cukru** cup of sugar.
szklany *a.* glass.
szklarnia *f. Gen.pl.* **-i** greenhouse.
szklarz *mp* glazier.
szkliwo *n.* **1.** (*w ceramice*) glaze. **2.** *anat.* enamel.
szkło *n. Gen.pl.* **szkieł 1.** (*tworzywo*) glass. **2.** (*naczynia*) glassware. **3.** *zwykle pl. pot.* (*soczewka optyczna*) glasses; **szkła kontaktowe** contact lenses.
Szkocja *f.* Scotland.
szkocki *a.* Scottish, Scots; **butelka szkockiej whisky** a bottle of Scotch.
szkoda *f. Gen.pl.* **-ód** (*strata*) damage; **na czyjąś szkodę** to the detriment of sb. — *adv.* too bad; **szkoda, że...** it's a pity that...; **szkoda czasu/pieniędzy** it is a waste of time/money; **szkoda twoich słów/twojego czasu** you're wasting your breath/time; **jaka szkoda!** what a pity!
szkodliwie *adv.* harmfully.
szkodliwość *f.* harmfulness.
szkodliwy *a.* harmful, damaging (*dla czegoś* to sth).
szkodnik *ma pl.* **-i** pest.
szkodzić *ipf.* be harmful, do harm (*komuś/czemuś* to sb/sth); (*np. reputacji*) damage (*czemuś* sth); **palenie szkodzi** smoking is bad for you; **nic nie szkodzi!** never mind!
szkolenie *n.* training.
szkoleniowy *a.* training, instruction; **obóz szkoleniowy** training camp; **ośrodek szkoleniowy** training center.
szkolić *ipf.* **-ol/-ól** train.
szkolić się *ipf.* **-ol/-ól** train.
szkolnictwo *n.* (*system*) educational system; (*nauczanie*) education; **szkolnictwo niemieckie/francuskie** German/French educational system; **szkolnictwo wyższe** higher education.
szkolny *a.* school; **boisko szkolne** school playground; **dziecko w wieku szkolnym** schoolchild; **rok szkolny** school year.
szkoła *f. Gen.pl.* **-ół** (*instytucja*) school; **szkoła podstawowa** *US* elementary school; **szkoła średnia/ponadpodstawowa** *US* high school; **szkoła wyższa** tertiary-level school; **szkoła wieczorowa** night/evening school; **szkoła zawodowa** vocational school; **szkoła przetrwania** survival school; **chodzić do szkoły** go to school.
Szkot *mp* Scotsman.
Szkotka *f.* Scotswoman.
szlaban *mi* barrier.
szlachecki *a.* noble; **dwór szlachecki** manor house.
szlachetnie *adv.* nobly; **szlachetnie urodzony** of noble birth.
szlachetność (*urodzenia*) nobility; (*czynu, charakteru*) nobleness; (*rysów, kształtów*) refinement.
szlachetny *a.* noble; **kamień szlachetny** precious stone.
szlachta *f.* nobility.
szlafrok *mi Gen.* **-a** dressing gown; **szlafrok kąpielowy** bathrobe.
szlak *mi* (*droga*) track, trail; (*trasa*) route; **szlak turystyczny** tourist/hiking trail.
szli *ipf. zob.* **iść.**
szlifować *ipf.* **1.** (*poddawać obróbce*) grind; (*kamień szlachetny, kryształ*) cut. **2.** (*polerować*) polish. **3.** (*doskonalić*) polish up.
szloch *mi* sob.
szlochać *ipf.* sob.
szła *itd. ipf. zob.* **iść.**
szmata *f.* rag.
szmatka *f.* cloth.
szmer *mi* murmur; (*rozmów*) hum.
szminka *f.* (*do ust*) lipstick.
szmugiel *mi* **-gl-** smuggling, contraband.
szmuglować *ipf.* smuggle.
sznur *mi Gen.* **-a 1.** (*cienki powróz*) string; (*lina*) rope; **sznur korali** string of beads. **2.** (*szereg*) line; **sznur samochodów** line of cars. **3.** *el.* cord, lead.
sznurek *mi* **-rk-** *Gen.* **-a** string.
sznurować *ipf.* lace.
sznurowadło *n. Gen.pl.* **-eł** shoelace.
sznurowy *a.* rope, string; **drabinka sznurowa** rope ladder.
szofer *mp pot.* driver.
szok *mi* shock; **szok kulturowy** culture shock.
szokować *ipf.* shock.
szokujący *a.* shocking.
szopa *f.* (*budynek*) shed.
szorować *ipf.* scrub, scour.
szorstki *a.* **1.** (*o powierzchni*) rough; (*o materiale*) coarse. **2.** (*o dźwięku, głosie*) harsh.
szorty *pl. Gen.* **-ów** shorts.
szosa *f.* road, highway.
szowinista *mp*, **szowinistka** *f.* chauvinist.
szowinistyczny *a.* chauvinistic.
szowinizm *mi* chauvinism.
szóstka *f.* **1.** (*cyfra*) six. **2.** (*grupa sześciu osób*) group of six. **3.** *szkoln.* outstanding (*highest grade in up to secondary school; corresponds to an A +*).
szósty *a.* sixth; **urodziny mam szóstego marca** my birthday is on the 6th of March/on March the 6th.
szpada *f.* sword.
szpadel *mi* **-dl-** *Gen.* **-a** spade.
szpanować *ipf. pot.* swank, show off.
szpara *f.* (*np. w niedomkniętych drzwiach*) gap, opening; (*szczelina*) slit.
szparag *mi Gen.* **-a** aparagus.
szpecić *ipf.* mar.
szperać *ipf.* rummage, browse; **szperać po kieszeniach** rummage through one's pockets.
szpetny *a.* ugly, unsightly.
szpicel *mp* **-cl-** *Gen.pl.* **-i/-ów** *pog.* snooper.
szpieg *mp* spy.
szpiegostwo *n.* espionage, spying.
szpiegować *ipf.* spy (*kogoś* on sb).
szpik *mi* **szpik kostny** bone marrow.
szpikulec *mi* **-lc-** *Gen.* **-a** skewer.
szpilka *f.* **1.** (*do spinania*) pin; (*do włosów*) hairpin. **2.** (*obcas*) stiletto (heel).
szpinak *mi* spinach.
szpital *mi Gen.* **-a** hospital; **leżeć w szpitalu** be in hospital; **zabrać kogoś do szpitala** take sb to hospital.
szpula *f.* spool, reel.
szpulka *f.* bobbin, spool.
szrama *f.* scar.
szron *mi* hoarfrost, white frost.
sztaba *f.* bar.
sztabka *f.* bar; **sztabka złota** bar of gold.

sztafeta *f.* relay (race).
sztafetowy *a.* **bieg sztafetowy** relay race.
sztaluga *f. Gen. pl.* **-g** *zwł. sztuka* easel.
sztandar *mi* standard.
szterling *mi Gen.* **-a funt szterling** pound sterling.
Sztokholm *mi* Stockholm.
sztorm *mi* storm.
sztormowy *a.* stormy; **sztormowa pogoda** stormy weather.
sztruks *mi* corduroy.
sztucer *mi Gen.* **-a** hunting rifle.
sztuczka *f.* **1.** (*popis*) trick. **2.** (*wybieg, fortel*) ploy, trick.
sztucznie *adv.* artificially.
sztuczny *a.* artificial; **sztuczna biżuteria** imitation jewelry; **sztuczne oddychanie** artificial respiration; **sztuczne ognie** fireworks; **sztuczne zęby** false teeth; **tworzywo sztuczne** plastic.
sztućce *pl. Gen.* **-ćców** cutlery.
sztuka *f.* **1.** (*wytwory o charakterze estetycznym, kunszt*) art; **dzieło sztuki** work of art; **sztuka ludowa/współczesna** folk/modern art; **sztuki piękne** fine arts; **sztuki walki** martial arts. **2.** *teatr* play. **3. do trzech razy sztuka** third time lucky. **4.** (*pojedyncza rzecz*) piece; **po pięć złotych sztuka/za sztukę** five zloty apiece.
sztukować *ipf.* piece out/up.
szturchać *ipf.* nudge.
szturchać się *ipf.* nudge each other.
szturm *mi* storm, assault; **przypuścić szturm do miasta** storm/assault a town, launch an assault on a town.
szturmować *ipf.* storm, assault; **szturmować do drzwi** pound/bang on the door.
sztylet *mi* dagger.
sztywnieć *ipf.* stiffen, get/become stiff.
sztywno *adv.* **1.** (*sterczeć, chodzić, zginać się*) stiffly. **2.** (*traktować przepisy*) rigidly. **3.** (*zachowywać się*) stiffly, formally.
sztywny *a.* **1.** (*nieelastyczny*) inflexible, rigid; (*o kołnierzyku, oprawie*) stiff. **2.** (*stały*) (*o cenie*) fixed; (*o przepisach*) rigid. **3.** (*o palcach, karku*) stiff, numb. **4.** (*o sposobie bycia, uśmiechu*) constrained, starchy; (*o atmosferze, nastroju*) stiff.
szubienica *f.* gallows.
szufelka *f.* (*do śmieci*) dustpan; (*do węgla*) shovel.
szufla *f. Gen.pl.* **-i** shovel.
szuflada *f.* drawer.
szukać *ipf.* **1.** (*książki, złodzieja*) look for; (*słówka w słowniku, pociągu w rozkładzie*) look up. **2.** (*usilnie dążyć*) seek, look for (*czegoś* sth); **szukać szczęścia** seek one's fortune; **szukać guza** be looking for trouble.
szukać się *ipf.* look for each other/one another.
szum *mi* **1.** (*ruchu ulicznego, maszyn, głosów, fal*) hum; (*drzew*) rustle. **2.** (*rozgłos*) hype, publicity. **3. szumy** (*w radiu*) static.
szumieć *ipf.* **-i** (*o drzewach, liściach*) rustle; (*o falach, morzu, ruchu ulicznym, maszynach*) hum; **szumi mi w głowie/uszach** my head/ears is/are buzzing.
szumny *a.* (*o odezwie, deklaracjach*) bombastic, grandiloquent, high-sounding; (*o języku, frazesach*) high-flown.
szwagier *mp* **-gr-** *pl.* **-owie** brother-in-law.
szwagierka *f.* sister-in-law.
Szwajcar *mp* Swiss.
Szwajcaria *f. Gen.* **-ii** Switzerland.
Szwajcarka *f. zob.* **Szwajcar**.
szwajcarski *a.* Swiss.
szwank *mi* **narażać kogoś/coś na szwank** jeopardize sb/sth; **wyjść z czegoś bez szwanku** escape unharmed/unscathed.
szwankować *ipf.* be failing.
Szwecja *f.* Sweden.
Szwed *mp*, **Szwedka** *f.* Swede; **on jest Szwedem** he is Swedish.
szwedzki *a.* Swedish.
szyb *mi* **1.** shaft, well; **szyb naftowy** oil well, oiler. **2. szyb wentylacyjny** air/ventilating shaft.
szyba *f.* (glass) pane; (*okna*) (window) pane; **przednia szyba samochodu** windshield.
szybki *a.* **-bszy 1.** (*prędki*) fast, quick; **pas szybkiego ruchu** fast/express lane; **mieć szybki refleks** have quick reflexes; **łyżwiarstwo szybkie** speed skating. **2.** (*bezzwłoczny*) (*np. o reakcji*) instant, immediate; (*o decyzji*) quick.
szybko *adv.* **1.** (*jechać, biec, mówić, oddychać*) fast, quickly; **za szybko** too quickly/fast; **jak szybko?** (*kiedy*) how soon? **jak szybko jedziemy?** how fast are we going?, what speed are we doing? **2.** (*bezzwłocznie*) (*zdecydować się, zareagować*) promptly, right away; **szybko odpowiadać** be quick to answer. — *int.* **szybko!** hurry!, hurry up!, quick!
szybkość *f.* **1.** (*pociągu, samochodu*) speed; **zwiększać/zmniejszać szybkość** *mot.* accelerate/decelerate; **maksymalna szybkość** *mot.* speed limit; **z szybkością 20 km/h** at (a speed of) 20 kph. **2.** (*decyzji, odpowiedzi, reakcji*) promptness.
szybkowar *mi Gen.* **-u/-a** pressure cooker.
szybować *ipf.* **1.** (*o ptakach*) soar. **2.** (*o szybowcu*) glide.
szybowiec *mi* **-wc-** *Gen.* **-a** glider.
szycie *n.* sewing; **maszyna do szycia** sewing machine.
szyć *ipf.* **-ję -jesz 1.** (*odzież*) sew; (*zszywać*) stitch. **2.** *med.* suture, stitch.
szydełko *n.* crochet hook.
szydełkować *ipf.* crochet.
szyderczy *a.* derisive, scoffing; (*o uśmiechu*) sneering.
szydzić *ipf.* scoff, sneer, jeer (*z kogoś/czegoś* at sb/sth).
szyfr *mi* code, cipher.
szyfrować *ipf.* code, cipher.
szyfrowy *a.* **zamek szyfrowy** combination lock.
szyja *f. Gen.* **szyi** neck; **po szyję** up to the chin, up to one's neck; **rzucić się komuś na szyję** fling one's arms around sb.
szyjka *f.* (*butelki*) neck.
szyk[1] *mi* **pokrzyżować komuś szyki** thwart sb's plans.
szyk[2] *mi* (*wytworność*) chic, flair, style.
szykować *ipf. pot.* prepare, get ready; **szykować komuś niespodziankę** prepare a surprise for sb.
szykować się *ipf. pot.* get ready, prepare (o.s.) (*do czegoś* for sth).
szympans *ma* chimpanzee.
szyna *f.* **1.** *kol.* rail; **szyny kolejowe** rail tracks. **2.** *med.* splint.
szynka *f.* ham.
szyszka *f.* cone.
szyty *a.* sewn; **szyty na miarę** made-to-measure, tailor-made.

ściana *f.* **1.** wall; **blady jak ściana** white as a sheet; **mieszkać z kimś przez ścianę** live next door to sb. **2.** (*zbocze*) wall.
ściąć (się) *pf. zob.* **ścinać (się)**.
ściąga *f.* crib (sheet).
ściągać *ipf.*, **ściągnąć** *pf.* **-ij 1.** (*zsuwać*) (*np. flagę z masztu*) take down. **2.** (*buty, ubranie*) take off. **3.** (*mocno związywać*) pull tight, tighten. **4.** (*schodzić się*) come flocking. **5.** (*zbierać*) gather, collect; **ściągać podatki** levy/collect taxes. **6.** *szkoln.* cheat, crib. **7.** *komp.* (*pliki, dane*) download.
ściek *mi* (*kanał*) sewer; **ściek uliczny** gutter.
ściekać *ipf.* trickle (down).
ścielić *ipf.* **ścielić łóżko** (*rozkładać na noc*) make the bed; (*składać na dzień*) do the bed.
ściemniać się *ipf.*, **ściemnić się** *pf.* **ściemnia się** it's getting dark.
ściemnieć *pf.* **1.** (*o kolorze*) darken. **2.** (*o obrazie, niebie*) go dark, darken. **3.** (*o świetle*) dim.
ścienny *a.* wall; **malowidło ścienne** mural.
ścierać *ipf.* **1.** (*usuwać z powierzchni*) wipe off, wipe away; **ścierać kurz z mebli** dust the furniture; **ścierać tablicę** wipe the board. **2.** (*napis, rysunek*) rub off. **3.** (*np. warzywa na tarce*) grind.
ścierać się *ipf.* (*o armiach, poglądach, osobach*) clash (*z kimś/czymś* with sb/sth).
ścierka *f.* (*do wycierania*) cloth; **ścierka do naczyń** dishcloth.
ścierny *a.* abrasive; **papier ścierny** sandpaper.
ścierpieć *pf.* **-ę -isz** stand, suffer; **nie ścierpię tego dłużej** I can't stand it anymore.
ścierpnięty *a.* numb.
ścieżka *f.* path; **ścieżka dźwiękowa** soundtrack; **ścieżka rowerowa** bicycle path; **ścieżka zdrowia** fitness trail.
ścięgno *n. Gen.pl.* **-gien** tendon.
ścigać *ipf.* (*gonić*) chase, pursue; (*o policji*) hunt (*kogoś* for sb).
ścigać się *ipf.* race (*z kimś* against sb).
ścinać *ipf.* **1.** (*włosy*) cut; (*drzewo*) cut down, fell. **2.** (*dokonywać egzekucji*) behead.
ścinać się *ipf.* **1.** (*krzepnąć*) set. **2.** *pot.* (*pokłócić się*) fall out (*z kimś* with sb).
ścisk *mi* (*tłok*) crowd, crush.
ściskać *ipf.* **1.** (*gnieść*) squeeze, clench. **2.** *tylko pf.* (*pochwycić*) (*np. ręką, imadłem*) grip. **3.** *zw. ipf.* (*trzymać mocno, pewnie*) clasp tightly. **4.** (*obejmować serdecznie*) hug, embrace; **ściskać czyjąś rękę** squeeze sb's hand.
ściskać się *ipf.* (*obejmować się*) hug.
ścisłość *f.* (*dokładność*) exactness; **jeśli chodzi o ścisłość** to be precise, as a matter of fact.
ścisły *a.* **1.** (*o związkach, kontaktach*) close, tight. **2.** (*o zależności, związku*) close. **3.** (*dokładny*) exact; (*o danych, informacjach*) precise, correct; (*o umyśle*) scientific, exact; **nauki ścisłe** the sciences. **4.** (*o diecie, areszcie, rezerwacie*) strict.
ścisnąć (się) *pf. zob.* **ściskać (się)**.
ściszać *ipf.*, **ściszyć** *pf.* (*radio, telewizor itp.*) turn down, turn the volume down.
ściszać się *ipf.*, **ściszyć się** *pf.* **1.** (*milknąć*) fall silent. **2.** (*o wietrze, burzy*) subside.
ściśle *adv.* **1.** (*zwarcie*) tightly. **2.** (*dokładnie*) precisely, exactly; **ściśle rzecz biorąc** as a matter of fact. **3.** (*rygorystycznie*) strictly, rigorously; **ściśle tajny** top secret.
ślad *mi* **1.** (*trop*) trace; (*zwierzęcia*) track; (*stopy*) footprint, footmark; (*kopyta*) hoof-print; **iść śladem kogoś/czegoś** follow sb/sth; **iść w czyjeś ślady** follow in sb's footsteps. **2.** (*pozostałość*) trace, remnant; **przepaść bez śladu** disappear/vanish without trace.
Śląsk *mi Gen.* **-a** Silesia.
Ślązaczka *f.*, **Ślązak** *mp* Silesian.
śledzić *ipf.* follow; (*np. ruchy wojsk*) monitor.
śledztwo *n.* investigation; **śledztwo w sprawie.../w związku z...** inquiry into...
śledź *ma icht.* herring.
ślepiec *mp* **-pc-** *Voc.* **-cze/-u** *pl.* **-y** blind man.
ślepnąć *ipf.* **-ij** go blind.
ślepo *adv.* (*bezkrytycznie*) blindly; **na ślepo** randomly.
ślepota *f.* blindness.
ślepy *a. t. przen.* blind; **ślepa uliczka** cul-de-sac, dead end; **ślepy nabój** blank cartridge; **ślepy traf** blind chance.
ślę, ślesz *itd. ipf. zob.* **słać**.
śliczny *a.* lovely.
ślimak *ma* snail; (*bez skorupy*) slug.
ślina *f.* saliva, spit.
ślinić *ipf.* moisten (*with saliva*).
ślinić się *ipf.* **1.** (*wydzielać ślinę*) dribble. **2.** *przen.* drool (*na coś* over sth).
śliski *a.* slippery.
ślisko *adv.* **na drogach jest ślisko** the roads are slippery.
śliwa *f.* plum (tree).
śliwka *f.* (*owoc*) plum; (*drzewo*) plum tree.
ślizgać się *ipf.* **1.** (*np. na śliskim chodniku*) slither; (*o samochodzie*) skid. **2.** (*na łyżwach*) skate; (*na butach*) slide.
ślizgawka *f.* slide.
ślub *mi* **1.** (*zawarcie małżeństwa*) wedding; **ślub cywilny** civil marriage; **ślub kościelny** church/white wedding; **brać ślub** get married. **2.** *lit.* (*przyrzeczenie*) vow; **śluby zakonne** holy orders.
ślubny *a.* wedding; **stanąć na ślubnym kobiercu** get married; *pot.* walk down the aisle.
ślubować *ipf.* (*miłość*) pledge; (*zemstę*) swear.
ślusarz *mp* locksmith.
śluza *f.* (*zapora*) sluice; (*na szlaku wodnym*) lock.
śmiać się *ipf.* **śmieję śmiejesz** laugh (*z czegoś/kogoś* at sb/sth).
śmiało *adv.* **śmielej 1.** (*bez obaw*) boldly; **śmiało!** come on! **2.** (*łatwo*) easily; **można śmiało powiedzieć, że...** it is safe to say that...
śmiałość *f.* boldness; **mieć śmiałość coś zrobić** have the cheek to do sth.
śmiały *a.* **śmielszy** bold, daring.
śmiech *mi* laughter; **pękać ze śmiechu** laugh one's head off.
śmieciarka *f.* garbage truck.
śmieciarz *mp pot.* (*wywożący śmieci*) garbage collector.
śmiecić *ipf.* litter, throw litter about.
śmieć[1] *mi pl.* **-i/-e 1.** *pog.* (*rzecz bezwartościowa*) rubbish, junk. **2.** (*odpadek*) piece of litter, piece of junk.
śmieć[2] *ipf.* **śmiem śmiesz, śmiej** dare; **jak śmiesz!** how dare you!
śmiercionośny *a. lit.* lethal, deadly.
śmierć *f.* death; **zginąć śmiercią naturalną/tragiczną** die a natural/violent death; **przedwczesna śmierć**

premature death; **kara śmierci** capital punishment, death penalty; **ponieść śmierć** be killed; **aż do śmierci** to one's dying day.
śmierdzący *a.* stinking.
śmierdzieć *ipf.* **-dzę -dzisz** stink (*czymś* of sth).
śmiertelnie *adv.* (*blady, zimny*) deathly; (*chory*) terminally; (*ranny*) fatally, mortally; **śmiertelnie nudny/poważny** deadly boring/serious; **śmiertelnie przerażony/znudzony** scared/bored to death, scared/bored stiff.
śmiertelny *a.* (*istota, wróg, niebezpieczeństwo*) mortal; (*bladość, cisza*) deathly; (*rana*) fatal, mortal; **śmiertelna choroba** fatal/terminal illness; **śmiertelna dawka** lethal dose; **śmiertelny cios** mortal blow; **wypadek śmiertelny** fatality.
śmiesznie *adv.* comically, funnily; **śmiesznie tani** ridiculously cheap.
śmieszny *a.* **1.** (*zabawny*) funny, amusing. **2.** (*żałosny, absurdalny*) ridiculous, laughable.
śmieszyć *ipf.* amuse.
śmietana *f.* cream; **bita śmietana** whipped cream.
śmietanka *f.* cream.
śmietniczka *f.* (*szufelka*) dustpan.
śmietnik *mi Gen.* **-a** (*miejsce*) the bins; (*zbiornik*) dumpster.
śmietnisko *n.* garbage dump.
śmigło *n. Gen.pl.* **-gieł** propeller.
śmigłowiec *mi* **-wc-** *Gen.* **-a** helicopter; *pot.* chopper.
śniadanie *n.* breakfast; (*kanapki do szkoły, pracy itp.*) bag lunch; **drugie śniadanie** midmorning snack.
śniadaniowy *a.* breakfast; **płatki śniadaniowe** breakfast cereal.
śnić *ipf.* **-ij** dream (*o kimś/czymś* of/about sb/sth); **śnić na jawie** daydream.
śnić się *ipf.* **śniłaś mi się dziś w nocy** I dreamed about you last night; **śniło mi się, że...** I dreamed that...; **ani mi się śni!** no way!
śnie *mi zob.* **sen.**
śnieg *mi* snow; **śnieg z deszczem** sleet; **pada śnieg** it's snowing.
śnieżka *f.* snowball.
śnieżnobiały *a.* snow-white.
śnieżny *a.* snow; **pług śnieżny** snowplow; **zamieć śnieżna** snowstorm, blizzard.
śnieżyca *f.* blizzard, snowstorm.
śnieżynka *f.* snowflake.
śp. *abbr.* (*świętej pamięci*) abbreviation put before the name of a late Christian.
śpiący *a.* **1.** (*pogrążony we śnie*) asleep, sleeping. **2.** (*senny*) sleepy, drowsy; **Śpiąca Królewna** Sleeping Beauty.
śpiączka *f. pat.* coma.
śpieszyć *ipf. lit.* (*podążać*) hurry; **śpieszyć komuś na ratunek** go to sb's rescue.
śpieszyć się *ipf.* **1.** (be in a) rush/hurry; **śpieszę się!** I am in a hurry! **nie śpiesz się!** take your time! **2.** (*o zegarze*) be fast; **ten zegar się śpieszy (o) pięć minut** this clock is five minutes fast.
śpiew *mi* **1.** singing. **2.** (*ptaków*) song.
śpiewaczka *f.* singer; **śpiewaczka operowa** opera singer.
śpiewać *ipf.* **1.** sing. **2.** (*o ptakach*) warble, sing.
śpiewak *mp zob.* **śpiewaczka.**
śpiewnik *mi Gen.* **-a** songbook.
śpioch *mp pl.* **-y** sleepyhead, late riser.
śpiwór *mi* **-o-** *Gen.* **-a** sleeping bag.
śr. *abbr.* **1.** (*średnio*) av. (*average, on average*). **2.** (*średnica*) d. (*diameter*). **3.** (*środa*) Wed. (*Wednesday*).
średni *a.* **1.** (*między dużym a małym*) average; (*rozmiar*) medium; **średnie wykształcenie** secondary education; **klasa średnia** the middle class; **szkoła średnia** *US* high school; **w średnim wieku** middle-aged. **2.** (*przeciętny*) average.
średnia *f. Gen.* **-niej** (*przeciętna*) average, mean; **poniżej/powyżej średniej** below/above (the) average; *mat.* mean.
średnik *mi Gen.* **-a** semicolon.
średnio *adv.* on average.
średniowiecze *n.* Middle Ages.
średniowieczny *a.* medieval; *przest.* antiquated.
średniozaawansowany *a.* intermediate.
środa *f. Gen.pl.* **śród** Wednesday; **środa popielcowa** Ash Wednesday.
środek *mi* **-dk-** *Gen.* **-a 1.** (*punkt centralny*) middle; center; **złoty środek** the golden mean, the happy medium; **w środku** in the middle. **2.** (*wnętrze*) inside; **do środka** inward(s); **w środku** inside; **ze środka** from within; **poprosić kogoś do środka** ask sb in; **wejdź do środka** come in(side). **3.** (*narzędzie*) medium, vehicle; **środek transportu** means of transport; **środki masowego przekazu** mass media. **4.** (*metoda*) means, measure; **środki zapobiegawcze** preventive measures. **5.** (*preparat*) *med.* medication, remedy; *chem.* agent.
środkowoeuropejski *a.* Central European.
środkowy *a.* middle, central.
środowisko *n.* **1.** (*grupa ludzi*) circle, group; (*społeczność*) community. **2.** *biol.* environment; **środowisko naturalne** natural environment.
śródmieście *n. Gen.pl.* **-i** downtown.
śródziemnomorski *a.* Mediterranean.
śródziemny *a.* Mediterranean; **Morze Śródziemne** Mediterranean Sea, the Mediterranean.
śruba *f.* (*do skręcania*) bolt.
śrubka *f.* (*do skręcania*) bolt.
śrubokręt *mi* screwdriver.
św. *abbr.* (*święty*) St. (*Saint*).
świadczenie *n.* **świadczenia** (*usługi*) services; (*pomoc materialna*) benefit; **świadczenia socjalne** welfare benefit.
świadczyć *ipf.* **1.** (*być dowodem*) show, prove. **2.** (*składać zeznania*) testify (*za kimś/przeciw komuś* for/agaist sb). **3.** (*czynić coś komuś*) provide; **świadczyć usługi dla ludności** provide public services.
świadectwo *n.* **1.** (*dokument*) certificate; **świadectwo dojrzałości** certificate of secondary education; *US* high school diploma; **świadectwo szkolne** *US* report card. **2.** (*dowód*) testimony, evidence.
świadek *mp* **-dk-** *pl.* **-owie** witness; **naoczny świadek** eyewitness; **być świadkiem czegoś** witness sth.
świadomie *adv.* (*w sposób świadomy*) knowingly; (*celowo*) intentionally, deliberately.
świadomość *f.* consciousness, awareness; **mieć (pełną) świadomość czegoś** be (fully) aware of sth.
świadomy *a.* (*o człowieku*) conscious, aware; (*o decyzji, działaniu*) conscious, deliberate; **był świadom niebezpieczeństwa** he was aware/conscious of the danger.
świat *mi Gen.* **-a** *Loc.* **-ecie 1.** world; **strony świata** cardinal points; **nikt/nic na świecie** absolutely nobody/nothing; **być na świecie** live, exist; **świata**

nie widzieć poza kimś think the world of sb; **zapomnieć o całym świecie** forget about everything; **zobaczyć kawał świata** have seen/traveled a lot. **2.** (*środowisko*) circles, community; **świat artystyczny** artistic circles.
światło *n. Loc.* **świetle** *Gen.pl.* **świateł** light; **światło dzienne** daylight; **światło słoneczne** sunlight; **przedstawić kogoś/coś w niekorzystnym świetle** present sb/sth in a bad light; **rzucić na coś światło** cast/throw light on sth; **ujrzeć światło dzienne** come to light; **w świetle tego, co powiedziano...** in the light of what has been said...; **światła odblaskowe** reflectors; **światła sygnalizacyjne** traffic lights; **zapalić/zgasić światło** turn on/off the light.
światłomierz *mi Gen.* **-a** exposure/light meter.
światły *a. lit.* (*mający szerokie horyzonty myślowe*) open-minded; (*oświecony*) enlightened.
światopogląd *mi* outlook.
światowy *a.* world, global; world-wide; (*życie, towarzystwo*) high; **kryzys światowy** global/world crisis; **wojna światowa** world war.
świąteczny *a.* festive, holiday; (*bożonarodzeniowy*) Christmas; (*wielkanocny*) Easter; **dzień świąteczny** holiday.
świątynia *f.* temple.
świder *mi* **-dr-** *Gen.* **-a** drill.
świdrować *ipf.* **1.** (*wiercić*) drill. **2.** (*przenikać*) pierce, penetrate.
świeca *f.* **1.** candle. **2.** *mot.* spark plug.
świecący *a.* **1.** (*o lampie, słońcu*) shining. **2.** (*połyskujący*) shiny. **3.** (*fluorescencyjny*) luminous.
świecić *ipf.* **1.** (*promieniować*) shine. **2.** (*oświetlać*) light. **3.** (*błyszczeć*) gleam; (*lśnić*) shine; **słońce świeci** the sun is shining.
świecić się *ipf.* **1.** (*promieniować*) shine; **lampa się świeci** the lamp is on. **2.** (*błyszczeć*) gleam; (*lśnić*) shine.
świecie *mi zob.* **świat**.
świecki *a.* (*o osobie, kazaniu*) lay, laic; (*o szkole, władzy, państwie*) secular.
świeczka *f.* candle.
świecznik *mi Gen.* **-a** candlestick.
świergotać *ipf.* **-czę -czesz, -cz** twitter.
świerk *mi* spruce.
świerszcz *ma* cricket.
świetle *n. zob.* **światło**.
świetlica *f. zwł. szkoln.* common room.
świetlik *mi Gen.* **-a** *bud.* skylight. — *ma ent.* glowworm.
świetlny *a.* (*będący światłem*) light; (*pełen światła*) luminous; **sygnalizacja świetlna** traffic lights.
świetlówka *f.* fluorescent lamp.
świetnie *adv.* great, splendidly; **czuć się/wyglądać świetnie** feel/look great; **świetnie się bawić** have a great time; **świetnie nam idzie** we're doing great; **świetnie gotują** they are excellent cooks; **świetnie!** great!
świetność *f. form.* **1.** (*okazałość*) magnificence, splendor. **2.** (*sława*) glory.
świetny *a.* **1.** (*znakomity*) excellent. **2.** *form.* (*okazały*) magnificent. **3.** *form.* (*sławny*) glorious.
świeżo *adv.* (*przygotowany*) freshly; **wyglądać/pachnieć świeżo** look/smell fresh; **świeżo malowane** (*napis*) wet paint.
świeżość *f.* freshness.
świeży *a.* fresh; **świeża krew** *przen.* fresh/new blood; **iść jak świeże bułeczki** sell/go like hot cakes.
święcić *ipf.* **1.** *rel.* consecrate. **2.** *lit.* (*świętować*) celebrate. **3.** enjoy.
święcić się *ipf.* (*dziać się*) be in the wind.
święto *n. Gen.pl.* **świąt** holiday; **Święto Niepodległości** Independence Day; **od święta** (*bardzo rzadko*) once in a blue moon.
świętość *f.* sainthood, holiness, sacredness; **to dla mnie świętość** it's sacred to me.
świętować *ipf.* celebrate.
święty *a.* **1.** *gł. rel.* holy; **Duch Święty** Holy Spirit/Ghost. **2.** (*uświęcony*) holy, saint; **Ojciec Święty** Holy Father; **Pismo Święte** (Holy) Bible, (Holy) Scripture, the Scriptures; **kościół (pod wezwaniem) Świętego Piotra** St. Peter's church; **Święty Mikołaj** Santa (Claus), Father Christmas. **3.** (*cnotliwy, dobry*) saintly; **świętej pamięci...** the late...; **daj mi święty spokój** leave me alone. — *mp rel.* saint; **Wszystkich Świętych** All Saints' Day.
świnia *f.* **1.** *zool.* pig, hog, swine. **2.** *obelż.* (*osoba niechlujna*) pig, hog. **3.** *obelż.* (*kanalia*) scumbag; **ty świnio!** you pig/scumbag!
świnka *f.* **1.** (*mała świnia*) piggy, piglet; **świnka morska** guinea pig. **2.** *pat.* mumps.
świński *a.* **1.** *pot.* (*nieprzyzwoity, niemoralny*) dirty; **świński kawał** dirty joke. **2.** (*ze świni*) pig; (*o mięsie*) pork.
świństwo *n.* **1.** *pot.* (*podłość*) dirty trick, raw deal. **2.** *pot.* (*paskudztwo*) crap.
świt *mi* dawn, daybreak; **o świcie** at dawn.
świtać *ipf.* dawn; **już świta** dawn is breaking; **zaczęło mi świtać (w głowie), że...** it dawned on me that...

T

ta *pron. Acc.* **tę/tą** *zob.* **ten**.
tabela *f.* table.
tabelka *f.* table.
tabletka *f.* pill.
tablica *f.* **1.** (*informacyjna*) board; **tablica ogłoszeń** bulletin board. **2.** **tablica rejestracyjna** license/number/registration plate. **3.** *szkoln.* (black)board.
tabliczka *f.* **1.** (*mała tablica*) plate; **tabliczka na drzwiach** doorplate. **2.** **tabliczka czekolady** chocolate bar; **tabliczka mnożenia** multiplication table.
tabu *n. indecl.* taboo.
taca *f.* tray.
tacy *a. zob.* **taki**.
taczka *f. zw. pl.* (wheel)barrow.
tajemnica *f.* **1.** (*niewiadoma*) mystery. **2.** (*sekret*) secret; **dochować tajemnicy** keep a secret; **trzymać coś w tajemnicy** keep sth secret.
tajemniczy *a.* mysterious.
tajfun *mi* typhoon.
Tajlandia *f. Gen.* **-ii** Thailand.

tajlandzki *a.* Thai.
tajniki *pl. Gen.* **-ów** arcana.
tajny *a.* secret; **ściśle tajne** strictly confidential.
Tajwan *mi* Taiwan.
tajwański *a.* Taiwanese.
tak *int.* (*potwierdzenie*) yes; **tak jest** *wojsk.* yes, Sir! — *adv.* **1.** (*w ten sposób*) so; **i tak dalej** and so on; **tak czy inaczej** anyway; **tak czy owak/tak czy siak** in any case; **tak zwany** so called. **2.** (*nasilenie*) so; **tak bardzo/tak dalece** so much; **tak sobie** so-so.
taki *a.* **1.** (*podobny*) such; **taki a taki/taki czy owaki** such and such; **taki sam** same; **taki sobie** *pot.* so-so; **taki tam** *pot.* never mind; **w taki czy inny sposób** by hook or by crook; **w takim razie** (if so,) then. **2.** (*łączy zdania*) so; **jest taki upał, że...** it's so hot that...
tako *adv.* **jako tako** so-so.
taksówka *f.* cab; **taksówka bagażowa** moving van.
taksówkarz *mp*, **taksówkarka** *f.* cab driver.
takt *mi* **1.** (*maniery*) tact. **2.** *muz.* bar.
taktowny *a.* tactful.
taktyczny *a.* tactical.
taktyka *f.* tactics.
także *part.* also, as well, too.
talent *mi* talent (*do czegoś* for sth).
talerz *mi Gen.* **-a** plate; **głęboki/płytki talerz** soup/dinner plate; **latający talerz** flying saucer.
talia *f. Gen.* **-ii 1.** (*kibić*) waist. **2.** *karty* deck/pack (of cards).
tam *adv.* **1.** (*wskazuje miejsce, kierunek*) there; **kiedyś tam** some time or other/another; **tam i z powrotem** there and back; **to tu, to tam** now here, now there. **2.** (*wyraża lekceważenie*) **co (mi) tam!** what the heck! **gdzie tam!** yeah, right!
tama *f.* dam.
tamci *pron. zob.* **tamten.**
Tamiza *f.* the (River) Thames.
tamować *ipf.* stop; (*krew*) stem, stanch.
tampon *mi* tampon.
tamta, tamte *pron. zob.* **tamten.**
tamtejszy *a.* that; **tamtejsza ludność** people of that/the country.
tamten *pron. decl. like* **ten** that; **nie ten, tylko tamten** not this one, that one; **to i tamto** this and that.
tamtędy *adv.* (down) that way.
tamto *pron. zob.* **tamten.**
tancerka *f.*, **tancerz** *mi* dancer.
tandeta *f.* trash.
tandetny *a.* cheap, trashy.
taneczny *a.* dance; **krok taneczny** dance step; **muzyka taneczna** dance music.
tango *n.* tango.
tani *a.* cheap.
taniec *mi* **-ńc-** *Gen.* **-a** dance; (*czynność*) dancing; **taniec towarzyski** ballroom dancing; **poprosić kogoś do tańca** ask sb to dance.
tanieć *ipf.* get cheaper.
tanio *adv.* cheaply.
tankować *ipf.* (*pobierać benzynę*) get gas; (*pobierać paliwo*) refuel, get fuel.
tańczyć *ipf.* dance; **tańczyć tango/walca** tango/waltz.
tańszy *itd. a. zob.* **tani.**
tapczan *mi Gen.* **-u/-a** bed; (*składany*) futon.
tapeta *f.* wallpaper; **kłaść tapetę** (wall)paper.
taranować *ipf.* ram.
tarapaty *pl. Gen.* **-ów** trouble; **wpaść w tarapaty** get into trouble.
taras *mi* terrace; (*przed domem*) porch; (*za domem*) deck; **taras widokowy** observation/viewing deck.
tarasować *ipf.* block, obstruct.
tarcie *n.* friction.
tarcza *f.* **1.** (*broń*) shield. **2.** (*do strzelania*) target. **3.** (*zegara, kompasu*) face, dial. **4.** *szkoln.* badge.
tarczowy *a.* **1. hamulce tarczowe** disk brakes. **2. piła tarczowa** circular saw.
targ *mi* **1.** market, fair. **2. dobić targu** strike a bargain.
targowisko *n.* market(place).
tarka *f.* grater.
tarł *itd. ipf. zob.* **trzeć.**
tartak *mi* sawmill.
tarty *a.* grated; **bułka tarta** breadcrumbs.
taryfa *f.* rates; **taryfa celna** tariff of duties; **taryfa opłat** scale of charges; **taryfa ulgowa** *przen.* leniency.
tasak *mi Gen.* **-a** cleaver.
tasiemka *f.* ribbon, tape.
tasować *ipf.* shuffle.
taśma *f.* **1.** tape; **taśma filmowa** film; **taśma izolacyjna/klejąca** insulating/adhesive tape. **2. pracować przy taśmie** work at an assembly line.
tata *mp pl.* **-owie** dad.
Tatar *mp* Tartar.
tato *mp pl.* **-owie** = **tata.**
Tatry *pl. Gen.* **-r** the Tatra Mountains.
tatuaż *mi* tattoo.
tatuować *ipf.* tattoo.
tatuś *mp pl.* **-owie** *Gen.* **-ów** daddy.
tą *pron. zob.* **ten.**
tchawica *f.* trachea, windpipe.
tchórz *mp Gen.pl.* **-y/-ów** coward; **tchórz go obleciał** he got cold feet. — *ma Gen.pl.* **-y** *zool.* polecat.
tchórzliwy *a.* cowardly.
tchórzostwo *n.* cowardice.
tchórzyć *ipf.* chicken out.
tchu *itd. mi zob.* **dech.**
te *pron. zob.* **ten.**
teatr *mi* theater.
teatralny *a.* theatrical, dramatic.
techniczny *a.* technical, technological.
technik *mp* technician; **technik dentystyczny** dental technician.
technika *f.* **1.** (*umiejętności wytwórcze*) technology. **2.** (*metoda*) technique.
technikum *n. sing. indecl. pl.* **-ka** *Gen.* **-ków** vocational secondary school.
technologia *f. Gen.* **-ii** technology.
technologiczny *a.* technological.
teczka *f.* **1.** (*torba*) briefcase, portfolio. **2.** (*okładka na dokumenty*) folder.
tego *pron. zob.* **ten , to.**
tegoroczny *a.* this year's.
tej *pron. zob.* **ten.**
teka *f.* **teka ministerialna** portfolio; **minister bez teki** minister without portfolio.
Teksas *mi* Texas.
tekst *mi* text; **tekst piosenki** lyrics.
tekstylny *a.* textile.
tektura *f.* cardboard.
tekturowy *a.* cardboard.
tel. *abbr.* (*telefon*) tel., ph. (*telephone*).

teledysk *mi* (music) video.
telefon *mi* **1.** (*urządzenie*) (tele)phone; **przy telefonie!** speaking! **rozmawiać przez telefon** be on the phone; **rozmawiać z kimś przez telefon** talk to sb on the phone; **telefon komórkowy** mobile/cell(ular) (tele)phone; **telefon zaufania** helpline. **2.** (*rozmowa telefoniczna*) phone call; **odebrać telefon** pick up/answer the phone. **3.** (*numer telefonu*) phone number.
telefoniczny *a.* (tele)phone; **budka telefoniczna** phone booth; **książka telefoniczna** (telephone) directory; (tele)phone book.
telefonista *mp*, **telefonistka** *f.* (switchboard) operator.
telefonować *ipf.* call, phone, make a phone call.
telegazeta *f.* teletext.
telekomunikacja *f.* telecommunications.
teleobiektyw *mi* telephoto lens.
telepatia *f. Gen.* **-ii** telepathy.
teleturniej *mi Gen.pl.* **-ów** quiz show.
telewidz *mp pl.* **-owie** viewer; **telewidzowie** (TV) audience.
telewizja *f.* television, TV; **oglądać telewizję** watch TV; **telewizja cyfrowa/kablowa/satelitarna** digital/cable/satellite television.
telewizor *mi Gen.* **-a** television (set), TV (set).
telewizyjny *a.* television, TV.
temat *mi* **1.** subject, topic; **(nie) na temat** (not) to the point; **artykuł na temat...** article on (the subject of)... **2.** *muz.* theme.
tematyka *f.* subject matter.
temp. *abbr.* (*temperatura*) temp. (*temperature*).
temperament *mi* temperament.
temperatura *f.* **1.** temperature. **2.** *pot.* (*gorączka*) fever; **mieć temperaturę** have/run a fever.
temperować *ipf.* **1.** (*ostrzyć*) sharpen. **2.** (*powściągać*) restrain.
temperówka *f.* sharpener.
tempo *n.* **1.** pace; **w zwolnionym tempie** in slow motion. **2.** *muz.* tempo.
temu[1] *pron. zob.* **ten** , **to**.
temu[2] *adv.* **dawno temu** long (time) ago; **dawno temu?** how long ago? **rok temu** a year ago.
ten *pron.* **ta to 1.** (*określa rzeczownik*) this; **tego roku** this year; **ten sam** the same (one); **tym razem** this time. **2.** (*zastępuje rzeczownik*) this (one); **ten i ów** this one and that one; **ten i ten** this and that.
tendencja *f.* **1.** (*skłonność*) tendency; **mieć tendencję do (robienia) czegoś** be inclined to (doing) sth. **2.** (*trend*) trend; **tendencja zwyżkowa/zniżkowa** upward/downward trend.
tendencyjny *a.* biased.
tenis *mi Gen. & Acc.* **-a** tennis; **tenis stołowy/ziemny** table/lawn tennis.
tenisista *mp*, **tenisistka** *f.* tennis player.
tenisówka *f.* tennis shoe, sneaker.
tenor *mi Gen.* **-u** *pl.* **-ry** *muz.* tenor. — *mp Gen.* **-a** *pl.* **-rzy** tenor.
teologia *f. Gen.* **-ii** theology.
teoretyczny *a.* theoretical.
teoria *f. Gen.* **-ii** theory.
terapeuta *mp* therapist.
terapia *f. Gen.* **-ii** therapy; **terapia grupowa/zajęciowa** group/occupational therapy.
teraz *adv.* **1.** (*w tej chwili*) now, at the moment. **2.** (*współcześnie*) nowadays.
teraźniejszość *f.* the present.
teraźniejszy *a.* present, current; **czas teraźniejszy** *jęz.* present tense.
teren *mi* **1.** (*część powierzchni ziemi*) ground, terrain, area; **teren budowy** construction/building site; **teren szkoły** school grounds; **tereny zielone** green areas. **2.** *pot.* (*ośrodki prowincjonalne*) local branches/offices; **pojechać w teren** go on a round.
terenowy *a.* **1. samochód terenowy** off-road vehicle. **2.** (*regionalny*) local. **3.** (*o pomiarach*) field.
termin *mi* **1.** (*czas*) time limit, deadline; **wyznaczyć termin** set a date; **zmieścić się w terminie** meet the deadline. **2.** (*pojęcie*) term.
terminarz *mi Gen.* **-a 1.** (*rozkład*) schedule. **2.** (*kalendarz*) diary.
terminologia *f. Gen.* **-ii** terminology.
terminowy *a.* with a deadline.
termometr *mi* thermometer.
termos *mi* thermos flask.
termostat *mi* thermostat.
terror *mi* terror.
terrorysta *mp*, **terrorystka** *f.* terrorist.
terrorystyczny *a.* terrorist.
terroryzm *mi* terrorism.
terroryzować *ipf.* terrorize.
terytorialny *a.* territorial.
terytorium *n. sing. indecl. pl.* **-ria** *Gen.* **-riów** territory.
test *mi* test.
testament *mi* (last) will, testament; **Stary/Nowy Testament** *rel.* Old/New Testament; **sporządzić testament** draw up a will/testament; **zapisać coś komuś w testamencie** will sth to sb.
testować *ipf.* test.
teściowa *f. Gen.* **-ej** mother-in-law.
teść *mp pl.* **-owie** *Gen.* **-ów** father-in-law.
teza *f.* thesis.
też *part.* too, also, as well; **ja też nie** me neither; **ja też** me too.
tę *pron. zob.* **ta**.
tęcza *f.* rainbow.
tęczówka *f. anat.* iris.
tędy *adv.* this way.
tęgi *a.* **tęższy** stout.
tępić *ipf.* **1.** (*zwalczać*) eradicate; (*o szkodnikach*) kill off. **2.** (*noże*) blunt.
tępy *a.* **1.** (*nóż*) blunt. **2. tępe spojrzenie** vacant stare. **3.** (*człowiek, ból*) dull; (*odgłos*) hollow.
tęsknić *ipf.* **-ij 1.** (*odczuwać brak*) miss (*za kimś/czymś* sb/sth). **2.** (*pragnąć*) long for (*do kogoś/czegoś* sb/sth).
tęsknota *f.* (*nostalgia*) longing (*do kogoś, czegoś/za kimś, czymś* for sb/sth).
tęskny *a.* longing.
tętnica *f.* artery.
tętnić *ipf.* **-ij 1.** (*o krwi*) pulsate. **2.** (*być pełnym odgłosów*) clatter, rattle; **tętnić życiem** be teeming with life.
tętno *n.* pulse.
tir *mi Gen.* **-a** *pot.* tractor-trailer truck.
tj. *abbr.* (*to jest*) i.e.
tkanina *f.* fabric, cloth.
tkanka *f.* tissue.
tlen *mi* oxygen.
tło *n. Gen.pl.* **teł** background; **na tle kolegów wypadał blado** he did poorly in comparison to other boys; **statek na tle morza** ship in the background of the sea.

tłoczno *adv.* **w pokoju jest tłoczno** the room is crowded/packed.
tłoczyć *ipf.* **1.** (*sok, olej*) press. **2.** (*napis*) imprint.
tłok *mi* **1.** (*ścisk*) crowd. **2.** *Gen.* **-a** *techn.* piston.
tłuc *ipf.* **tłukę tłuczesz 1.** (*rozbijać*) break, smash. **2.** (*miażdżyć, ubijać*) crush, grind. **3.** (*głową, pięścią*) bang (*w coś/o coś* on/against sth). **4.** *pot.* (*bić*) beat.
tłum *mi* crowd.
tłumacz *mp* (*pisemny*) translator; (*ustny*) interpreter; **tłumacz przysięgły** sworn translator.
tłumaczenie *n.* **1.** (*tekst, czynność*) translation. **2.** (*interpretacja*) interpretation. **3.** (*wyjaśnienie*) explanation.
tłumaczyć *ipf.* **1.** (*wyjaśniać*) explain. **2.** (*przekładać*) translate (*na...* into..., *z...* from...).
tłumik *mi Gen.* **-a** *mot.* muffler.
tłusty *a.* **tłustszy/tłuściejszy 1.** (*zawierający tłuszcz*) fat; (*o mleku*) full-cream; **tłusty druk** bold-faced print; **tłusty czwartek** the last Thursday before Lent; **tłusty wtorek** Shrove Tuesday. **2.** (*zatłuszczony*) greasy. **3.** (*otyły*) obese, fat.
tłuszcz *mi Gen.pl.* **-ów** fat; **tłuszcz roślinny/zwierzęcy** vegetable/animal fat.
to[1] *pron. zob.* **ten**.
to[2] *pron. indecl.* **1.** (*zastępuje podmiot*) it; **kto to?** who is it? **to nic** it's nothing; **to prawda** it's true; **to ty?** is that you? **2.** (*zastępuje łącznik*) **delfiny to ssaki** dolphins are mammals. — *conj.* **chcesz, to idź** go if you like; **co to, to nie!** no way! **jak nie, to nie** if no, fine. — *part.* (*o charakterze ekspresywnym*) **co to za łobuz!** what a rascal! **no to co (z tego)?** so what? **to ci bezczelność!** what cheek!
toaleta *f.* restroom, toilet; **toaleta damska/męska** the ladies'/men's (room).
toaletowy *a.* toilet; **papier toaletowy** toilet paper.
toast *mi* toast; **wznosić/proponować toast** raise/propose a toast (*za kogoś/na czyjąś cześć* to sb).
tobie *pron. zob.* **ty**.
toczyć *ipf.* **1.** roll. **2.** (*dyskusję, wojnę*) conduct.
toczyć się *ipf.* **1.** (*turlać się*) roll. **2.** (*dziać się*) go on.
toga *f. Gen.pl.* **tóg** gown.
tok *mi* progress, course; **tok myśli** train of thought.
Tokio *n. indecl.* Tokyo.
toksyczny *a.* toxic.
tolerancja *f.* (*pobłażliwość*) tolerance (*dla/wobec kogoś/czegoś* towards/of sb/sth).
tolerancyjny *a.* tolerant (*dla/wobec kogoś/czegoś* towards/of sb/sth).
tolerować *ipf.* tolerate.
tom *mi* volume.
tomografia *f. Gen.* **-ii** (*także* **tomografia komputerowa**) (computer-aided) tomography, CAT scanning.
ton *mi* **1.** (*dźwięk*) tone, sound. **2.** (*odcień*) tone, tint; **o ton jaśniejszy** one tone lighter. **3.** (*konwenans*) form; **coś jest w dobrym/złym tonie** sth is good/bad form.
tona *f.* ton.
tonacja *f.* **1.** *muz.* key. **2.** (*gama barw*) tone(s); **w jasnej/ciemnej tonacji** in light/dark tones.
tonąć *ipf.* (*o przedmiocie*) sink; (*o człowieku*) drown.
tonik *mi* **1.** (*napój*) tonic (water). **2.** (*kosmetyk*) (skin) tonic.
topić *ipf.* **1.** (*zanurzać*) drown, sink. **2.** (*roztapiać*) melt.
topić się *ipf.* **1.** (*tonąć*) drown. **2.** (*roztapiać się*) melt.
topnieć *ipf.* **1.** (*roztapiać się*) melt; (*o śniegu, lodzie*) thaw. **2.** *przen.* (*maleć*) shrink, dwindle (away).
topografia *f. Gen.* **-ii** (*dział geodezji*) topography.
topór *mi* **-o-** *Gen.* **-a** ax.
tor *mi* **1.** (*trasa*) path; (*pocisku*) trajectory. **2.** (*szyny*) (railroad) track; **odsunąć kogoś/coś na boczny tor** sidetrack sb/sth. **3.** (*na bieżni, basenie*) lane; **tor przeszkód** steeplechase track; **tor wyścigowy** racetrack.
torba *f. Gen.pl.* **toreb** bag; **torba podróżna** traveling bag.
torebka *f.* **1.** bag. **2.** (*damska*) purse.
tort *mi* layer cake.
tortura *f.* torture.
torturować *ipf.* torture.
tost *mi* (piece/slice of) toast.
toster *mi Gen.* **-a** toaster.
totalitarny *a.* totalitarian.
totalnie *adv.* totally.
totalny *a.* total.
toteż *conj.* (and) so, which is why.
totolotek *mi* **-tk-** *Gen.* **-a** lottery.
towar *mi* commodity.
towarowy *a.* **1.** (*dot. towaru*) commodity, goods; **dom towarowy** department store; **wymiana towarowa** barter. **2.** (*dot. przewozu*) freight; **winda towarowa** freight elevator.
towarzyski *a.* **1.** (*człowiek*) sociable. **2.** (*kontakty, życie*) social; **agencja towarzyska** escort agency; **mecz towarzyski** friendly (match).
towarzystwo *n.* **1.** (*otoczenie, obecność*) company; **dotrzymywać komuś towarzystwa** keep sb company; **wpaść w złe towarzystwo** fall in with a bad company. **2.** (*organizacja*) society; **towarzystwo naukowe** learned society.
towarzysz *mp* companion.
towarzyszący *a.* accompanying; **osoba towarzysząca** escort.
towarzyszyć *ipf.* + *Dat.* accompany (*sb/sth*).
tożsamość *f.* identity; **dowód tożsamości** ID (card).
tracić *ipf.* **1.** lose; **tracić nadzieję** abandon hope; **tracić przytomność** lose consciousness. **2.** (*czas, pieniądze*) waste; (*okazję, szansę*) miss.
tradycja *f.* tradition.
tradycyjny *a.* traditional.
traf *mi* chance; **dziwnym trafem** oddly enough; **szczęśliwym trafem** by a stroke of luck.
trafiać *ipf.*, **trafić** *pf.* **1.** (*nie chybiać*) hit the target; **na chybił trafił** at random, hit-or-miss; **trafić w dziesiątkę** hit the/a bull's-eye; **trafiać w sedno** hit the nail on the head. **2.** (*znajdować drogę*) find one's way. **3. dobrze/źle trafić** fall on the right/wrong person.
trafiać się *ipf. pot.* (*zdarzać się*) come up.
trafienie *n.* **1.** (*celny strzał, itp.*) hit. **2.** (*liczba*) lucky number.
trafny *a.* **1.** (*poprawny*) correct. **2.** (*stosowny*) apt.
tragedia *f. Gen.* **-ii** tragedy.
tragiczny *a.* **1.** tragic. **2.** *pot.* (*bardzo zły*) terrible.
tragizm *mi* tragedy.
trakt *mi* **1.** (*droga*) track. **2. w trakcie (robienia) czegoś** in the middle/in the process of (doing) sth.
traktat *mi* treaty.
traktor *mi Gen.* **-a** tractor.
traktować *ipf.* **1.** (*odnosić się*) treat, take; **traktować kogoś jak psa** treat sb like a dog; **traktować kogoś/coś poważnie** take sb/sth seriously. **2.** *lit.* (*dotyczyć*) treat (*o czymś* of sth).

traktowanie *n.* treatment.
trampolina *f.* **1.** (*na basenie*) springboard, diving board. **2.** (*na sali*) springboard, trampoline.
tramwaj *mi* **-ów** streetcar.
trans *mi* trance.
transakcja *f.* transaction; **dokonywać transakcji** make/strike a deal.
transatlantycki *a.* transatlantic.
transformacja *f.* transformation.
transformator *mi Gen.* **-a** transformer.
transfuzja *f. med.* (blood) transfusion.
transmisja *f.* transmission, broadcasting; **transmisja radiowa/telewizyjna** radio/TV broadcast.
transmitować *ipf.* transmit; (*mecz*) broadcast (live); (*sygnał*) transmit.
transparent *mi* banner.
transplantacja *f.* transplant.
transport *mi* **1.** (*przewóz*) transport, transportation. **2.** (*ładunek*) cargo, shipment.
transportować *ipf.* transport.
transportowy *a.* shipping.
tranzystor *mi Gen.* **-a** transistor.
tranzyt *mi* transit.
tranzytowy *a.* transit.
trasa *f.* **1.** (*szlak*) route; *pot.* (*podróż*) the road; **być w trasie** be on the road. **2.** (*droga do przebycia*) distance.
tratować *ipf.* trample.
tratwa *f. Gen.pl.* **-tw/-tew** raft; **tratwa ratunkowa** life raft.
trawa *f.* grass; **hokej na trawie** field hockey.
trawić *ipf.* **1.** (*pokarm*) digest. **2.** (*niszczyć*) consume.
trawienie *n.* digestion.
trawnik *mi Gen.* **-a** lawn.
trąba *f.* **1.** *muz.* horn. **2. trąba powietrzna** whirlwind, twister. **3.** (*słonia*) trunk.
trąbić *ipf.* **1.** (*grać na instrumencie*) blow (*sth*). **2.** (*naciskać klakson*) honk/sound the horn. **3.** *pot.* (*dużo pić*) guzzle.
trąbka *f.* trumpet.
trącać *ipf.*, **trącić** *pf.* nudge, jostle.
trądzik *mi* acne.
trefl *mi Gen.* **-a** *karty* clubs.
trema *f.* stage fright.
trener *mp* coach, trainer.
trening *mi* training, instruction.
trenować *ipf.* **1.** (*zawodników*) train, coach. **2.** (*ćwiczyć samemu*) practise.
tresować *ipf.* train.
treść *f.* **1.** (*przemówienia, rozmowy*) content; **spis treści** (table of) contents. **2.** (*istota, sens*) essence.
trę *itd. ipf. zob.* **trzeć**.
trębacz *mp* trumpeter.
trik *mi* trick.
trio *n. muz.* trio.
triumf *mi* triumph, success.
triumfalny *a.* **1.** (*marsz, łuk*) triumphal. **2.** (*zwycięski, radosny*) triumphant.
triumfować *ipf.* triumph (*nad kimś/czymś* over sb/sth).
trochę *adv.* **1.** a little, a bit; **ani trochę** not a bit; **po trochu** little by little, bit by bit. **2.** (*przez krótką chwilę*) for a while/moment.
trofeum *n. sing. indecl. pl.* **-ea** *Gen.* **-eów** trophy.
trojaczki *pl. Gen.* **-ów** triplets.
troje *num. decl. like n.* **-jg-** three.
tron *mi* **1.** (*fotel*) throne. **2.** (*władza monarsza*) (the) throne.
trop *mi* track, trail; **być na tropie** be on the track (*czyimś/czegoś* of sth/sb); **iść jakimś tropem** follow the scent; **zbić kogoś z tropu** throw sb off the scent.
tropić *ipf.* trail, track.
tropik *mi* **1.** (*obszar*) the tropics. **2.** (*nad namiotem*) flysheet.
tropikalny *a.* tropical.
troska *f. Gen.pl.* **-sk** **1.** (*zgryzota*) worry, care. **2.** (*opieka*) concern (*o kogoś/coś* for sb/with sth).
troskliwie *adv.* with care.
troskliwy *a.* caring.
troszczyć się *ipf.* **1.** (*opiekować się*) take care (*o kogoś/coś* of sb/sth). **2.** (*martwić się*) care (*o kogoś/coś* about sb/sth).
troszkę *adv.* = **trochę**.
trójca *f.* **Trójca Święta** Holy Trinity.
trójka *f.* **1.** three. **2.** *pot.* (*wejście, autobus, tramwaj*) (the) number three.
trójkąt *mi Gen.* **-a** triangle; **trójkąt odblaskowy/ostrzegawczy** red warning triangle; **trójkąt miłosny** the eternal triangle.
trójkątny *a.* triangular.
trójwymiarowy *a.* three-dimensional.
trucizna *f.* poison.
truć *ipf.* give poison to.
truć się *ipf.* take poison.
trud *mi* (*wysiłek*) effort, trouble; **z trudem** with difficulty/trouble.
trudnić się *ipf.* **-ij** do sth for a living.
trudno *adv.* **trudno (mi) powiedzieć** it's hard to tell; **(mówi się) trudno** tough luck.
trudność *f.* difficulty; **z trudnością** with difficulty.
trudny *a.* difficult, hard, tough.
trudzić *ipf.* trouble.
trudzić się *ipf.* bother.
trujący *a.* poisonous, toxic.
trumna *f. Gen.pl.* **-mien** coffin, casket.
trup *ma* corpse, dead body; **po moim trupie!** over my dead body!
truskawka *f.* strawberry.
trwać *ipf.* **1.** (*zajmować czas*) last, take; **jak długo to będzie trwać?** how long is it going to take? **2.** (*pozostawać*) **trwać w bezruchu/milczeniu** keep still/silent. **3.** (*nie zmieniać się*) persist, continue.
trwała *f. Gen.* **-ej** (*fryzura*) perm.
trwałość *f.* durability.
trwały *a.* **-lszy** **1.** (*produkt*) durable; (*o związku, uczuciu*) lasting; **środki trwałe** capital/fixed assets. **2.** (*odporny*) resistant.
trwoga *f. Gen.pl.* **-óg** fear.
trwonić *ipf. lit.* (*czas, zdolności, pieniądze*) waste; (*zdrowie*) ruin.
tryb *mi* **1.** mode; **tryb postępowania** course of action; **tryb życia** way of living, lifestyle; **siedzący tryb życia** sedentary life(style). **2. tryby** *techn.* gears, cogwheels. **3.** *jęz.* mood.
trybuna *f.* **1.** (*podwyższenie*) platform; **trybuna honorowa** seats of honor. **2.** (*mównica*) rostrum. **3.** (*miejsca dla widzów*) stands.
trybunał *mi* tribunal.
tryskać *ipf.*, **trysnąć** *pf.* **-snę -śniesz, -śnij** **1.** (*o cieczach*) gush, spout. **2.** *tylko ipf.* **tryskać energią/zdrowiem** be bursting with energy/health.

trywialny *a.* trivial.
trzask *mi* (*drzwi*) bang, slam; (*gałęzi*) snap; (*ognia*) crackle.
trzaskać *ipf.* (*uderzać*) hit, smack; **trzaskać drzwiami** slam the door; **trzaskać pięścią w stół** bang one's fist on the table.
trząść *ipf.* **trzęsę trzęsiesz, trząś/trzęś, trząsł trzęsła trzęśli 1.** (*potrząsać*) shake; **trzęsie mnie** (*z zimna*) I'm shivering with cold. **2.** (*o pojazdach*) toss. **3.** *pot.* (*rządzić*) keep a firm grip on.
trząść się *ipf.* (*o człowieku, ziemi*) shake, tremble, quake; (*o głosie, ustach*) quiver.
trzcina *f.* reed; **trzcina cukrowa** sugarcane.
trzeba *v. pred. indecl.* **1.** (*należy*) one should; **trzeba mu pomóc** we/sb should help him; **trzeba przyznać, że...** admittedly..., it should be admitted... **2.** (*jest niezbędne*) it is necessary to/that...; **dziękuję, nie trzeba** no, thanks; **jeśli trzeba** if necessary; **trzeba wam czegoś?** do you need anything?
trzech *num. zob.* **trzy**.
trzeci *a.* third; **dwie trzecie** two thirds; **jedna trzecia** a/one third; **osoby trzecie** third parties; **po trzecie** third(ly).
trzeć *ipf.* **trę trzesz, trzyj, tarł 1.** (*pocierać*) rub. **2.** (*rozdrabniać*) grate. **3.** (*szlifować*) polish.
trzej *num. zob.* **trzy**.
trzepać *ipf.* **-pię -piesz, trzepnąć** *pf.* **-ij 1.** (*np. dywan*) beat. **2.** *tylko ipf. pot.* (*trajkotać*) chatter; **trzepać językiem** wag one's tongue.
trzeszczeć *ipf.* **-ę -ysz** (*skrzypieć*) creak; (*o ogniu*) crackle; **trzeszczeć w szwach** burst at the seams.
trzeźwieć *ipf.* come round; sober (up).
trzeźwo *adv.* soberly.
trzeźwość *f.* sobriety.
trzeźwy *a.* sober.
trzęsienie *n.* **trzęsienie ziemi** earthquake.
trzy *num. Nom. with mp* **trzej/trzech** *Gen. & Loc.* **-ech** *Dat.* **-em** *Ins.* **-ema** three; **Święto Trzech Króli** Epiphany, Twelfth Day; **do trzech razy sztuka** third time lucky.
trzydziestka *f.* thirty; **on jest po trzydziestce** he's over thirty.
trzydziestoletni *a.* **1.** (*o okresie*) thirty-year, thirty-years'. **2.** (*o człowieku*) thirty-year-old.
trzydziesty *a.* thirtieth.
trzydzieści *num.* **-st-** *Ins.* **-oma/-u** thirty.
trzykrotnie *adv.* threefold, three times.
trzyletni *a.* **1.** (*o okresie*) three-year, three-years'. **2.** (*o dziecku*) three-year-old.
trzymać *ipf.* **1.** (*nie wypuszczać*) hold, keep; **trzymać coś w sekrecie** keep sth secret; **trzymać fason** keep up one's spirit; **trzymać (za kogoś) kciuki** keep one's fingers crossed (for sb); **trzymać kogoś krótko** keep a tight reign on sb; **trzymać (kogoś) w niepewności** keep (sb) in suspense; **trzymać kogoś za słowo** hold sb to sb's word/promise. **2.** *pot.* (*sympatyzować*) **trzymać z kimś** stick with sb.
trzymać się *ipf.* **1.** (*przytrzymywać się*) hold on to. **2. trzymać się razem** stick together. **3.** *pot.* (*zachowywać kondycję*) be in good shape. **4.** (*nie upadać na duchu*) not lose one's heart, keep up; **trzymaj się (ciepło)!** take care! **5.** *pot.* **to się nie trzyma kupy** this doesn't hang together. **6.** (*przestrzegać*) (*przepisów, zasad*) keep to, stick to. **7.** (*nie zbaczać*) follow.
trzynasty *a.* thirteenth.
trzynaście *num.* **-st-** *Ins.* **-oma/-u** thirteen.
trzysta *num. Ins.* **-oma/-u** three hundred.
tu *adv.* here; **tu mówi Nowak!** this is Nowak speaking!
tubka *f.* tube.
tubylec *mp* **-lc-** *pl.* **-y** native, local.
tulić *ipf.* hug, cuddle.
tulić się *ipf.* cuddle (*do kogoś/czegoś* up to sb/sth).
tulipan *mi Gen.* **-a** tulip.
tułów *mi* **-owi-** *Gen.* **-a** trunk.
tuman *mi Gen.* **-u** (*np. kurzu*) cloud. — *mp Gen.* **-a** *pl.* **-y** *pot.* (*matoł*) moron.
tunel *mi Gen.pl.* **-i/-ów** tunnel.
tuner *mi Gen.* **-a** tuner.
Tunezja *f.* Tunisia.
tuńczyk *ma* tuna.
tupać *ipf.* **-pię -piesz tupać nogami** stamp one's feet.
tupet *mi* cheek, impudence; **mieć tupet** have a nerve.
tura *f.* round; **druga/ostateczna tura** runoff.
turban *mi* turban.
Turcja *f.* Turkey.
Turczynka *f. zob.* **Turek**.
turecki *a.* Turkish; **siedziałam jak na tureckim kazaniu** it was all Greek to me; **siedzieć po turecku** sit cross-legged.
Turek *mp* **-rk-** Turk.
turniej *mi Gen.pl.* **-ów** tournament.
turysta *mp*, **turystka** *f.* tourist; **turysta pieszy** hiker, backpacker; **turysta zmotoryzowany** motoring tourist.
turystyczny *a.* tourist.
turystyka *f.* tourism.
tusz *mi Gen.pl.* **-ów 1.** ink. **2.** (*kosmetyk*) mascara.
tusza *f.* **1.** (*związana z otyłością*) heavy frame. **2.** (*ubite zwierzę*) carcass.
tuszować *ipf.* paper over.
tutaj *adv. zob.* **tu**.
tutejszy *a.* local.
tuzin *mi Gen.* **-a** dozen.
tuż *adv.* **1.** (*w przestrzeni*) nearby, close by; **tuż obok kogoś/czegoś** right next to sb/sth. **2.** (*w czasie*) close on, just; **lato tuż, tuż** summer's upon us.
TVP *abbr.* (*Telewizja Polska*) Polish Television.
twardnieć *ipf.* harden, toughen.
twardo *adv.* **1.** (*nie miękko*) hard; **jajko na twardo** hard-boiled egg; **spać twardo** be fast/sound asleep. **2.** (*wychowywać, traktować*) strictly. **3.** (*kategorycznie*) firmly.
twardy *a.* **1.** (*sztywny*) hard; (*o mięsie, skórze*) tough; **twardy sen** sound sleep. **2.** (*wytrzymały*) tough. **3.** (*ciężki, surowy*) rigid.
twaróg *mi* **-o-** cottage cheese.
twarz *f. pl.* **-e** face; **jest ci w tym do twarzy** it becomes you; **twarzą do kogoś/czegoś** facing sb/sth.
twarzowy *a.* **1.** (*dotyczący twarzy*) facial. **2.** *pot.* (*podkreślający urodę*) becoming.
twierdza *f.* fortress.
twierdzić *ipf.* maintain, claim.
twoja *itd. pron. zob.* **twój**.
tworzyć *ipf.* **-órz 1.** (*dzieło sztuki*) create, produce. **2.** (*plany, strategię*) formulate. **3.** (*stanowić*) form, make up; (*parę*) make; **tworzyć całość** make a whole.
tworzyć się *ipf.* form, be formed, arise.
tworzywo *n.* material; **tworzywo sztuczne** plastic.
twój *a.* **twoj-** *lit.* **tw-** *pl. mp* **twoi** *attr.* your; *pred./bez rzeczownika* yours; **twoja książka** your book; **ta książka jest twoja** this book is yours.

twórca *mp* creator; (*artysta*) artist; (*autor*) author; (*muzyki*) composer; (*organizacji*) founder; (*pomysłu*) originator.
twórczość *f.* **1.** (*tworzenie*) creation, production. **2.** (*ogół dzieł*) (artistic) works.
twórczy *a.* (*odkrywczy*) creative; (*dot. twórców*) artistic.
ty *pron. Gen. & Acc.* **ciebie/**(*nie akcentowane*) **cię** *Dat.* **tobie/**(*nie akcentowane*) **ci** *Ins.* **tobą** *Loc.* **tobie** you; **być z kimś na ty** be on first-name terms with sb.
tych *pron. zob.* **ci.**
tyczka *f.* pole; **skok o tyczce** pole vault.
tyć *ipf.* **tyję tyjesz** put on/gain weight, get/grow fat.
tydzień *mi* **tygodni-** *Gen.* **-a** week; **co tydzień** weekly, every week; **Wielki Tydzień** Holy Week; **za dwa tygodnie** in two weeks' time.
tygodnik *mi Gen.* **-a** weekly.
tygodniowo *adv.* weekly.
tygodniowy *a.* (*o zarobku*) weekly; (*o urlopie*) week-long.
tygrys *ma* tiger.
tyle *pron. Ins.* **-oma/-u** (*przed rzeczownikiem w l.mn.*) so many; (*przed rzeczownikiem niepoliczalnym*) so much; **dwa razy tyle** twice as many/much; **mam dwa razy tyle lat, co ty** I'm twice as old as you are; **tyle jest zła na świecie** there's so much evil in the world; **tyle lat cię nie widziałem** I haven't seen you for so many years; **tyle o pierwszym zagadnieniu** so much for the first problem; **tyle samo mężczyzn co kobiet** as many men as women.
tylko *part.* only, just; **gdybym tylko wiedziała** if only I had known; **kiedy tylko chcesz** whenever you want; **tylko nie ja!** anybody but me! **tylko spokojnie!** stay calm! **tylko tego brakowało!** that's the limit!, that beats all. — *conj.* but; **wpadłbym, tylko że nie mogę** I'd drop in, but I cannot.
tylny *a.* back; (*o kole, siedzeniu*) rear.
tylu *num. zob.* **tyle.**
tył *mi* back; (*budynku, samochodu*) rear; **do tyłu** backwards; **iść tyłem** walk backwards; **jechać tyłem** reverse; **od tyłu** from behind; **tyłem do kogoś/czegoś** with one's back to sb/sth; **w przód i w tył** to and fro; **w tył zwrot!** about face! **włożyć coś tył(em) na przód** put sth on backwards.
tyłek *mi* **-łk-** *Gen.* **-a** *pot.* bottom.
tym[1] *pron. zob.* **ten, to.**
tym[2] *part.* **im wcześniej, tym lepiej** the sooner, the better; **tym bardziej, że...** especially that...; **tym gorzej/lepiej dla nas** it's all the worse/better for us.
tymczasem *adv.* **1.** (*w tym samym czasie*) meanwhile, in the meantime. **2.** (*obecnie*) for the time being.
tymczasowo *adv.* temporarily.
tymczasowy *a.* temporary; (*o rządzie, decyzji*) provisional.
typ *mi Gen.* **-u 1.** kind, type; **(nie) być w czyimś typie** (not) be sb's type. **2.** *pot.* (*przewidywany zwycięzca*) bet. — *mp Gen.* **-a** *pot.* character; **typ spod ciemnej gwiazdy** shady character.
typować *ipf.* (*na wyścigach*) put one's money (*kogoś/coś* sb/sth).
typowy *a.* typical; characteristic (*dla kogoś/czegoś* of sb/sth).
tys. *abbr.* (*tysiące*) thou.
tysiąc *num., mi Gen.* **-siąca** *Gen.pl.* **-sięcy** thousand; **pięć/sto/wiele tysięcy** five/a hundred/many thousand; **tysiące ludzi** thousands of people.
tysiączny, tysięczny *a.* thousandth.
tytan *mp Gen.* **-a** *pl.* **-i tytan pracy** *przen.* demon for work. — *mi Gen.* **-u** *pl.* **-y** *chem.* titanium.
tytoń *mi* tobacco.
tytuł *mi* title; **film pod tytułem...** movie titled...; **obrońca tytułu** *sport* defending champion; **tytuł mistrzowski** championship; **tytuł szlachecki** knighthood; **tytułem rekompensaty** by way of compensation; **z tytułu dokonań** in recognition of achievements.
tytułować *ipf.* **1.** (*nadawać tytuł*) title. **2.** (*zwracać się*) address (*kogoś* sb, *kimś* as sb).
tytułowy *a.* title.
tzn. *abbr.* (*to znaczy*) i.e.
tzw. *abbr.* (*tak zwany*) so-called.

U

u *prep.* + *Gen.* **1.** (*w pobliżu*) at; **u drzwi** at the door; **być u władzy** be in power. **2.** (*część, przynależność*) of; **klamka u drzwi** door handle. **3.** (*wskazuje na osobę*) at; **u Anny** at Anna's (place); **wizyta u dentysty** a visit to the dentist; **(być) u siebie** (be) at one's own place; **co u was słychać?** how is it going?, how are things with you?
uaktualniać *ipf.*, **uaktualnić** *pf.* **-ij** update, bring up to date.
uaktywniać *ipf.*, **uaktywnić** *pf.* **-ij** activate; *komp.* enable.
ubezpieczać *ipf.* **1.** (*zawierać umowę*) insure (*kogoś/coś od czegoś* sb/sth against sth). **2.** (*asekurować*) cover.
ubezpieczenie *n.* **1.** insurance; **ubezpieczenie na życie/od nieszczęśliwych wypadków** life/accident insurance; **ubezpieczenie od odpowiedzialności cywilnej** third-party insurance; **ubezpieczenie społeczne/zdrowotne** social/health security. **2.** (*składka ubezpieczeniowa*) insurance premium.
ubiegłoroczny *a.* last year's.
ubiegły *a.* last; **w ubiegłym roku** last year.
ubierać *ipf.* **1.** (*zakładać komuś ubranie*) dress. **2.** (*ozdabiać*) (*choinkę, tort*) decorate.
ubierać się *ipf.* dress, get dressed; **dobrze się ubierać** dress well.
ubijać *ipf.* (*śmietanę*) whip; (*jajko, białko*) whisk, beat.
ubikacja *f.* toilet.
ubiór *mi* **-o-** dress, clothing.
ubliżać *ipf.* **1.** (*obrażać*) insult (*komuś* sb). **2.** (*naruszać*) offend.
uboczny *a.* **skutek/efekt uboczny** side effect; **produkt uboczny** by-product.
ubogi *a.* **uboższy 1.** (*niezamożny*) poor. **2.** (*nieobfity*) meager, scanty.

ubolewać *ipf.* regret (*nad czymś* sth).
ubolewanie *n.* regret; **wyrażać ubolewanie z powodu...** express sorrow at..., regret that...
ubóstwiać *ipf.* **1.** (*bardzo lubić*) adore. **2.** (*uważać za bóstwo*) idolize.
ubóstwo *n.* poverty.
ubrać *pf.* **ubiorę ubierzesz** *zob.* **ubierać.**
ubranie *n.* clothing; **ubranie ochronne** protective clothing; **ubranie robocze** work clothes/suit.
ubrany *a.* dressed; **być ubranym w coś** wear sth, be dressed in sth.
ubywać *ipf.* **-am -asz** go away, disappear; **ubywa nam pracowników** we've got fewer and fewer workers; **ubywa dnia** the days are closing in.
ucho *n. pl.* **usz-** *Nom.* **-y** *Gen.* **-u 1.** (*narząd słuchu*) ear; **mieć kogoś/czegoś po uszy** be fed up with sb/sth; **nadstawić ucha/uszu** prick up one's ears; **uszy do góry!** cheer up! **zadłużony po uszy** up to his ears in debt; **zakochany po uszy** head over heels in love. **2.** *Nom.pl. & Acc.pl.* **ucha/uszy** *Gen.* **uch/uszu/uszów** *Dat.* **uchom/uszom** *Ins.* **uchami/uszami** *Loc.* **uchach/uszach** (*uchwyt*) ear; **ucho igły** eye of a needle.
uchodzić *ipf.* **1.** (*wydobywać się*) leak, escape. **2.** *lit.* (*uciekać*) abscond; **ujść z życiem** save one's life; **to ci nie ujdzie na sucho!** you won't get away with it! **3.** (*być poczytywanym*) pass (*za kogoś/coś* as sb/sth).
uchodźca *mp* refugee.
uchronić *pf.* preserve (*kogoś/coś przed kimś/czymś* sb/sth from sb/sth).
uchwycić *pf.* **1.** (*złapać*) seize; (*sens, myśl*) grasp. **2.** (*trafnie przedstawić*) capture.
uchwyt *mi* handle; (*w autobusie*) strap.
uchylać *ipf.*, **uchylić** *pf.* **1.** (*otworzyć*) open slightly; **uchylić okno/drzwi** open the window/door a crack. **2.** *prawn.* (*przepis, ustawę*) repeal; (*decyzję*) reverse; (*wyrok*) quash.
uchylać się *ipf.*, **uchylić się** *pf.* evade (*od czegoś* sth).
uciąć *pf.* **utnę utniesz, utnij** *zob.* **ucinać.**
uciążliwy *a.* (*obowiązek*) burdensome; (*człowiek, choroba*) troublesome.
ucieczka *f.* **1.** escape; (*zwł. z więzienia*) breakout. **2.** (*pociecha*) refuge.
uciekać *ipf.* **1.** escape; run away (*przed kimś/czymś, od kogoś/czegoś* from sb/sth); **uciekło mi to z pamięci** it slipped my mind. **2.** (*o czasie*) fly. **3.** (*odjechać*) **uciekł mi autobus** I missed the bus.
uciekinier *mp*, **uciekinierka** *f.* runaway, fugitive.
ucierać *ipf.* (*buraki, marchew*) grate; (*żółtka, ciasto*) mix.
ucierpieć *pf.* **-ę -isz** suffer; **nie ucierpieliśmy na tym** we're none the worse for it.
ucieszyć *pf.* delight; **ucieszy Panią wiadomość, że...** you will be pleased to know that...
ucinać *ipf.* **1.** (*odcinać*) cut (off). **2.** (*dyskusję, rozmowę*) cut short. **3. uciąć sobie drzemkę/pogawędkę** have a nap/chat.
ucisk *mi* **1.** (*napór*) pressure. **2.** (*gnębienie*) oppression. **3.** (*w gardle, piersiach*) constriction.
uciskać *ipf.* **1.** (*ugniatać*) press. **2.** (*o butach*) pinch. **3.** (*ciemiężyć*) oppress.
uciszać *ipf.*, **uciszyć** *pf.* silence; (*ból, rozpacz*) suppress.
uciszać się *ipf.*, **uciszyć się** *pf.* **1.** (*o ludziach*) fall silent. **2.** (*o morzu, wietrze*) calm down.
uczciwość *f.* honesty.
uczciwy *a.* honest.
uczelnia *f. Gen.pl.* **-i** college, university.
uczenie *adv.* learnedly. — *n.* teaching.
uczennica *f.*, **uczeń** *mp* **-czni-** *pl.* **-owie** *Gen.* **-ów 1.** *szkoln.* student. **2.** (*praktykant*) intern; (*zwł. rzemiosła*) apprentice.
uczesać *pf.* **-eszę -eszesz** *zob.* **czesać.**
uczesanie *n.* hairstyle, hairdo.
uczestnictwo *n.* participation.
uczestniczyć *ipf.* participate (*w czymś* in sth).
uczestnik *mp*, **uczestniczka** *f.* participant; (*zawodów*) competitor.
uczęszczać *ipf. form.* attend; **uczęszczać do szkoły** attend school.
uczony *a.* **-eni** learned. — *mp* scholar; (*w naukach przyrodniczych i ścisłych*) scientist.
uczta *f.* feast.
uczucie *n.* **1.** (*doznanie, emocja*) emotion; (*samotności, strachu*) feeling; (*głodu, zimna*) sensation. **2.** (*miłość*) affection.
uczuciowy *a.* emotional.
uczulenie *n.* allergy (*na coś* to sth); **mieć uczulenie na coś** be allergic to sth.
uczulony *a.* **-eni** allergic (*na coś* to sth).
uczyć *ipf.* teach (*kogoś czegoś* sb sth); **uczyć w szkole** teach at school, be a teacher; *por.* **nauczać**, **nauczyć.**
uczyć się *ipf.* learn, study; **uczyć się dobrze/źle** be a good/bad student; **uczyć się do egzaminu** study for an exam; **uczyć się na własnych błędach** learn from one's mistakes.
uczynek *mi* **-nk-** deed; **przyłapać kogoś na gorącym uczynku** catch sb red-handed; **zrobić dobry/zły uczynek** do a good/bad deed.
udany *a.* successful.
udar *mi* stroke; **udar mózgu** (cerebral) stroke; **udar słoneczny** sunstroke.
udawać *ipf.* **udaję udajesz, udawaj 1.** (*pozorować*) pretend; **udawał, że nie pamięta** he pretended he didn't remember. **2.** (*naśladować*) imitate.
udawany *a.* pretended, false.
uderzać *ipf.* **1.** (*zadawać cios*) hit, strike; **uderzać kogoś w coś** hit sb on/in sth; **uderzyć kogoś pięścią** punch sb. **2.** (*zaskakiwać*) strike; **uderzyło mnie, że...** it struck me (as strange) that... **3.** (*walić*) beat; (*pięścią*) bang; **uderzać na alarm** sound the alarm. **4.** (*gwałtownie stykać się*) hit (*w coś/o coś* sth).
uderzający *a.* striking.
uderzenie *n.* **1.** (*cios*) blow, stroke, hit; **uderzenie pioruna** thunderstroke; **uderzenie serca** heartbeat. **2.** (*zderzenie się*) collision.
udo *n. t. anat.* thigh.
udogodnienie *n.* convenience, help.
udoskonalać *ipf.* improve, refine.
udoskonalenie *n.* improvement.
udostępniać *ipf.*, **udostępnić** *pf.* **-ij udostępniać coś komuś** make sth available to sb.
udowadniać *ipf.*, **udowodnić** *pf.* **-ij** prove.
uduszenie *n.* **1.** (*zabójstwo*) strangulation. **2.** (*niezamierzone*) (*także* **uduszenie się**) suffocation.
udział *mi* **1.** (*uczestnictwo*) participation; **brać udział w czymś** participate/take part in sth. **2.** (*wkład*) share.
udziałowiec *mp* **-wc-** *pl.* **-y** shareholder.
udzielać *ipf.* give; **udzielać informacji/pomocy/wsparcia** give/provide information/help/support;

udzielić komuś głosu give sb the floor; **udzielać rabatu** grant a discount.
udzielać się *ipf.* **1.** (*o emocjach*) be infectious. **2.** (*być aktywnym*) be active.
udźwignąć *pf.* **-ij** lift; **ledwo mogła to udźwignąć** she could barely carry it.
ufać *ipf.* trust (*komuś/czemuś* sb/sth); **ufam, że...** I thrust (that)...
ufność *f.* trust; **z ufnością** trustingly; **pokładać ufność w kimś/czymś** trust in sb/sth.
ufny *a.* trustful (*w coś* in sth).
ugasić *pf.* **ugaszę ugasisz 1.** (*ogień*) put out, extinguish. **2.** (*zaspokoić*) quench, satisfy.
uginać się *ipf.* **1.** bend (*pod kimś/czymś* under sb's/sth's weight). **2.** (*ulegać naciskowi*) bow, yield (*przed kimś/czymś* to sb/sth).
ugoda *f. Gen.pl.* **ugód** settlement; **zawierać ugodę** reach/arrive at a compromise.
ugodowy *a.* **1.** (*skłonny do ugody*) compromising. **2.** (*oparty na ugodzie*) conciliatory.
ugotować (się) *pf. zob.* **gotować (się)**.
ugryźć *pf.* **-zę -ziesz, -zł -źli** *zob.* **gryźć**; **co go ugryzło?** *przen.* what came over him?
uhonorować *pf.*, **uhonorowywać** *ipf.* honor.
ujawniać *ipf.* **-ij** disclose, reveal.
ująć *pf.* **ujmę ujmiesz, ujmij, ujął ujęła 1.** *zob.* **ujmować**. **2.** capture.
ujednolicać *ipf.*, **ujednolicić** *pf.* standardize.
ujemny *a.* (*niekorzystny, nie dodatni*) negative; (*o temperaturze*) sub-zero.
ujęcie *n.* **1.** (*opracowanie*) depiction. **2.** *film* take.
ujmować *ipf.* **1.** (*zabierać*) take (away). **2.** (*przedstawiać*) express, present; **ujmować coś w słowa** express sth in words. **3.** (*zjednywać*) win, endear. **4. nic dodać, nic ująć** exactly.
ujmujący *a.* charming.
ujrzeć *pf.* **-ę -ysz, -yj** see; **ujrzeć światło dzienne** come to light.
ukarać *pf.* **ukarzę ukarzesz** *zob.* **karać**.
ukazywać *ipf.* show, present; **ukazać prawdziwe oblicze** show one's true colors.
ukąsić *pf.* **ukąszę ukąsisz** bite.
ukąszenie *n.* bite; **ukąszenie owada** insect bite.
UKF *abbr.* (*ultrakrótkie fale*) UHF (*ultra-high frequency*).
uklęknąć *pf.* **-ij** *zob.* **klękać**.
układ *mi* **1.** (*ułożenie*) arrangement; **układ graficzny** layout; **w takim układzie** *pot.* in this case. **2.** (*system*) system; **układ współrzędnych** coordinate system; **układ oddechowy/krążenia** respiratory/circulatory system; **Układ Słoneczny** the Solar System. **3.** (*umowa*) deal; **zawierać układ** strike a deal (*z kimś w jakiejś sprawie* with sb over sth). **4.** (*zależność*) connection; **mieć dobre układy z kimś** be on good terms with sb. **5.** *techn.* **układ scalony** integrated circuit.
układać *ipf.* **1.** (*porządkować*) arrange, order; **układać sobie życie** plan one's life; **ułożyć w kolejności alfabetycznej** arrange in alphabetical order; **układać w stos** heap up, pile up. **2.** (*tworzyć całość*) compose, put together; (*bukiet*) bunch (up); (*płytki, wykładzinę*) lay. **3.** (*kłaść*) lay down, put down; **układać do snu** put to bed.
układać się *ipf.* **1.** lie (down); **ułożyć się do snu** lie down to sleep. **2.** (*przebiegać*) occur, happen; **wszystko się jakoś ułoży** everything's going to be all right; **układać się (dobrze)** shape up.
układanka *f.* (jigsaw) puzzle.
ukłon *mi* bow, greeting; **złożyć ukłon** drop a bow; **ukłony** (*w zakończeniu listu*) greetings, kind regards; **ukłony dla rodziców!** my best regards to your parents!
ukłonić się *pf. zob.* **kłaniać się**.
ukłucie *n.* **1.** (*nakłucie*) sting; (*strzykawką*) pinprick. **2.** (*kłujący ból*) pang.
ukłuć *pf. zob.* **kłuć**.
ukochana *f. Gen.* **-ej** beloved, sweetheart.
ukochany *a.* beloved, darling. — *mp* beloved, sweetheart.
ukończyć *pf.* complete, finish; **ukończyć studia (z wyróżnieniem)** graduate (with honors).
ukośnik *mi Gen.* **-a** slash; **ukośnik lewy** backslash.
ukośny *a.* oblique, sloping, slanting; **kreska ukośna** stroke; **linia ukośna** oblique.
Ukraina *f.* Ukraine.
Ukrainiec *mp* **-ńc-** *pl.* **-y**, **Ukrainka** *f.* Ukrainian.
ukraiński *a.* Ukrainian.
ukraść *pf.* **ukradnę ukradniesz, ukradnij, ukradł** *zob.* **kraść**.
ukręcać *ipf.*, **ukręcić** *pf.* (*ułamywać*) tear off, wrench off, twist off, break off; **ukręcić łeb sprawie** shelve an affair.
ukręcać się *ipf.*, **ukręcić się** *pf.* (*o kurku, gałce*) twist off; (*o guziku*) fall off.
ukroić *pf.* **ukrój** cut off, slice (off); *por.* **kroić**.
ukrycie *n.* (*kryjówka*) cover, hiding-place; **w ukryciu** undercover, in secret; **wyjść z ukrycia** break cover.
ukryć (się) *pf. zob.* **ukrywać (się)**.
ukryty *a.* (*niewidoczny*) hidden, invisible; (*o zagrożeniu*) covert; **ukryta kamera** *telew.* candid camera; **ukryte zamiary** ulterior designs; **ukryty mikrofon** bug.
ukrywać *ipf.* **-am -asz, ukryć** *pf.* **1.** (*chować*) conceal, cover up, hide, stash away (*coś przed kimś* sth from sb); (*zbiega*) harbor, give shelter to; **ukryć twarz w dłoniach** bury one's face in one's hands. **2.** (*zatajać*) suppress, conceal, keep secret, hold back; (*ból, aferę*) conceal; (*chorobę, uczucia*) dissimulate; (*intencje*) mask, veil; (*prawdę*) cover up; (*błędy*) whitewash; (*wiek, fakty*) belie; (*uczucia, motywy*) disguise, dissemble; **ukrywać coś przed kimś** keep/hold sth back from sb; **ukrywać swoje talenty, umiejętności** hide one's light under a bushel; **nie ukrywam, że...** I'm not denying that...; **nie da się ukryć, że...** there's no escaping the fact that...; **starać się coś ukryć** sweep sth under the carpet/rug; **nic się przed nim nie ukryje** he never misses a trick, nothing can be held back from him.
ukrywać się *ipf.*, **ukryć się** *pf.* hide (*przed kimś* from sb); be in hiding, take cover; (*o przestępcy*) be on the run, lie low; (*na statku, w samolocie*) stow away.
ukrzyżowanie *n.* crucifixion.
ukształtować (się) *pf. zob.* **kształtować (się)**.
ul *mi Gen.* **-a** (bee)hive.
ul. *abbr.* (*ulica*) St., Rd.
ulec *pf.* **1.** surrender, submit, succumb (*komuś* to sb); **ulec naciskom** give in to pressure; **ulegać wpływom/pokusie** succumb/yield to influences/temptation. **2.** (*zniszczeniu*) be destroyed; **to nie ulega wątpliwości** it is indisputable; **ulec wypadkowi** have an accident.
uleczalny *a.* curable.
ulegać *ipf. zob.* **ulec**.

uległość *f.* compliance, submissiveness (*wobec kogoś* to(ward) sb).
uległy *f.* submissive, compliant.
ulepszać *ipf.* improve, perfect.
ulepszenie *n.* improvement.
ulewa *f.* downpour, rainstorm.
ulewny *a.* torrential, heavy; **padał ulewny deszcz** it rained heavily.
ulgowy *a.* (*zniżkowy*) discount, reduced; *przen.* preferential; **taryfa ulgowa** *przen.* preferential treatment.
ulica *f.* street, road; **główna ulica** high/main street; **iść ulicą** walk down/along the street; **na ulicy** on/in the street; **przechodzić przez ulicę** cross the street/road; **ślepa ulica** dead end.
uliczka *f.* (*wąska ulica*) lane, alley; **boczna uliczka** side street; **ślepa uliczka** blind alley, dead end.
uliczny *a.* street; **latarnia uliczna** street lamp; **światła uliczne** stoplights.
ulotka *f.* leaflet; (*reklamowa*) flyer.
ultradźwiękowy *a.* ultrasonic, ultrasound.
ultrafioletowy *a.* ultraviolet.
ulubienica *f.*, **ulubieniec** *mp* **-ńc-** *pl.* **-y** favorite.
ulubiony *a.* **-eni** favorite; **rozwodzić się na ulubiony temat** be/ride on one's hobbyhorse.
ułamać *pf.* **-mię -miesz** *zob.* **ułamywać**.
ułamek *mi* **-mk-** *Gen.* **-a 1.** *mat.* fraction; **ułamek dziesiętny/zwykły** decimal/common fraction. **2.** (*kawałek*) fragment; **przez ułamek sekundy** for a split second.
ułamywać *ipf.* break off.
ułatwiać *ipf.*, **ułatwić** *pf.* facilitate, make easy/easier; **ułatwiać komuś zrobienie czegoś** make it easy for sb to do sth.
ułatwienie *n.* facilitation, aid, shortcut.
ułomność *f.* **1.** (*kalectwo*) handicap, disability. **2.** (*wada*) defect, flaw.
ułomny *a.* **1.** (*kaleki*) handicapped, disabled. **2.** (*niedoskonały*) defective, impaired.
ułożyć *pf. zob.* **układać**.
umacniać *ipf.* **1.** (*wzmacniać*) strengthen, bolster up; (*konstrukcję*) reinforce. **2.** (*utrwalać*) solidify; **umacniać kogoś w czymś** confirm sb in sth.
umalować *pf.* (*twarz*) make up; **umalować usta** put on lipstick.
umalować się *pf.* put on makeup.
umarł *itd. pf. zob.* **umierać**.
umawiać *ipf.* arrange; **umawiać kogoś z kimś** arrange a meeting with sb for sb; **umówić spotkanie z kimś** make an appointment with sb.
umawiać się *ipf.* **1.** (*ustalać*) arrange, make arrangements (*z kimś* with sb, *co do czegoś* about/concerning sth); **umówię się w tej sprawie z moim adwokatem** I'll contact/see my lawyer about it. **2.** *pot.* **umawiać się (na randkę)** make a date (*z kimś* with sb).
umeblowany *a.* furnished.
umiar *mi* moderation, restraint; (*w jedzeniu/piciu*) abstemiousness; **z umiarem** in moderation; **okazywać/zachowywać umiar** show/exercise restraint.
umiarkowany *a.* moderate; (*o klimacie*) temperate, mild.
umieć *ipf.* **-em -esz, -ej 1.** (*mieć wiedzę*) know; **umieć po polsku** *pot.* speak Polish. **2.** (*potrafić*) can, be able; **umieć coś zrobić** know how to do sth; **ona nie umie kłamać** she cannot (tell a) lie.
umiejętnie *adv.* skillfully, competently.
umiejętność *f.* ability, competence, skill; **umiejętność czytania i pisania** literacy; **umiejętność obsługi komputera** computer literacy.
umierać *ipf.*, **umrzeć** *pf.* die; **umrzeć na raka/zapalenie płuc** die of cancer/pneumonia; **umrzeć nagle/śmiercią naturalną** die a violent/natural death; **umrzeć z głodu** starve to death; **umrzeć za coś** die for sth; **umierać z ciekawości/śmiechu** *przen.* be dying of curiosity/laughter.
umieszczać *ipf.*, **umieścić** *pf.* **1.** (*lokować*) place, locate; (*gości*) put up; (*akcję filmu, książki*) set; **umieścić coś w internecie** put/place sth on the Internet; **umieścić w tekście** include in the text. **2.** (*osadzać*) put into; **umieścić kogoś w szpitalu** hospitalize sb.
umocnić *pf. zob.* **umacniać**.
umowa *f. Gen.pl.* **-ów** agreement, contract; **umowa kupna, sprzedaży** sale contract; **umowa o pracę** contract of employment; **naruszenie warunków umowy** breach of contract; **przestrzegać umowy** honor a contract; **sporządzić/zawierać/zerwać/przedłużyć umowę** draw up/enter into/break/extend a contract; **zgodnie z warunkami umowy** by the terms of the agreement.
umożliwiać *ipf.*, **umożliwić** *pf.* make (*sth*) possible; **umożliwiać komuś zrobienie czegoś** enable sb to do sth, make it possible for sb to do sth.
umówić (się) *pf. zob.* **umawiać (się)**.
umówiony *a.* **-eni** arranged, scheduled; **jestem umówiony na czwartą** I have an appointment for 4 o'clock.
umrzeć *pf.* **umrę umrzesz, umrzyj, umarł** *zob.* **umierać**.
umyć (się) *pf.* **umyję umyjesz, umyj** *zob.* **myć (się)**.
umysł *mi* (*intelekt*) mind, intellect, brain; **zachować przytomność umysłu** keep a level head; **zdrowy na umyśle** sane; **chory na umyśle** brain-sick.
umysłowo *adv.* mentally, intellectually; **chory/niedorozwinięty/upośledzony umysłowo** mentally ill/retarded/handicapped.
umysłowy *a.* (*o pracy, wysiłku*) intellectual; (*o chorobie*) mental; **praca/choroba/zdolność umysłowa** mental work/illness/power; **pracownik umysłowy** white-collar worker; **w pełni/nie w pełni władz umysłowych** of sound/unsound mind.
umyślnie *adv.* deliberately, intentionally, on purpose.
umyślny *a.* intentional, deliberate.
umywalka *f.* (wash)basin.
uncja *f. Gen.pl.* **-i** (*ok. 29g*) ounce.
unia *f. Gen.* **-ii** union; **Unia Europejska** European Union; **zawierać unię** enter a union.
uniemożliwiać *ipf.*, **uniemożliwić** *pf.* make (*sth*) impossible, prevent, prohibit; **uniemożliwiać komuś zrobienie czegoś** bar/keep/prevent sb from doing sth.
unieruchamiać *ipf.*, **unieruchomić** *pf.* immobilize.
unieszczęśliwiać *ipf.*, **unieszczęśliwić** *pf.* make (*sb*) unhappy.
unieszkodliwiać *ipf.*, **unieszkodliwić** *pf.* (*przeciwnika*) make powerless; (*truciznę*) neutralize; (*bombę*) defuse.
unieść *pf.* **uniosę uniesiesz, uniósł uniosła unieśli 1.** *zob.* **unosić**. **2.** (*ciężar, pakunki*) carry, lift; **unieść głowę** cock/lift one's head.
unieważniać *ipf.*, **unieważnić** *pf.* **-ij** invalidate; (*czek*) cancel; (*rozkaz, przepis*) override; (*małżeństwo, umowę*) annul.

uniewinniać *ipf.*, **uniewinnić** *pf.* **-ij** exonerate (*kogoś z czegoś* sb from sth); *prawn.* acquit.
unik *mi* evasion, dodge; **zrobić unik** dodge, duck.
unikać *ipf.* **1.** (*śmierci, konfliktu*) escape; (*kary*) get off with; (*ciosów*) dodge; **nie można tego uniknąć** it's unavoidable. **2.** (*stronić*) avoid; (*problemu, kwestii*) evade, dodge; **unikać ryzyka** play for safety; **unikać rozgłosu** keep a low profile.
unikalny *a.* unique.
uniknąć *pf. zob.* **unikać**.
uniwersalny *a.* universal; **klucz uniwersalny** master key, passkey.
uniwersytecki *a.* university, academic; **miasteczko uniwersyteckie** (university) campus.
uniwersytet *mi* university.
unosić *ipf.* **-szę -sisz 1.** (*podnosić*) lift, raise. **2.** (*o wietrze, rzece*) carry away/off.
unosić się *ipf.* **1.** (*podnosić się*) rise. **2.** (*irytować się*) be vexed/irritated; **unosić się honorem, dumą** be too proud (to do sth). **3. unosić się na wodzie/w powietrzu** float/drift in the water/in the air; (*o helikopterze*) hover.
unowocześniać *ipf.*, **unowocześnić** *pf.* **-ij** modernize; (*sprzęt, system*) update.
uogólniać *ipf.*, **uogólnić** *pf.* **-ij** generalize.
uogólnienie *n.* generalization.
upadać *ipf.* **1.** (*przewracać się*) fall (down); **upadać na duchu** lose one's hope; **upadać ze zmęczenia** be dead-beat/exhausted. **2.** (*podupadać*) decline. **3.** (*o wniosku, projekcie*) be rejected.
upadek *mi* **-dk- 1.** (*przewrócenie się*) fall. **2.** (*podupadnięcie*) deterioration, decay; (*obyczajów, miast*) decline; **chylić się ku upadkowi** be on the decline. **3.** (*klęska*) downfall; **upadek komunizmu** collapse of communism; **wzloty i upadki** ups and downs.
upalny *a.* sweltering, scorching.
upał *mi* heat; **ale upał!** what a sweltering/scorching/ hot day!
upamiętniać *ipf.* commemorate.
uparcie *adv.* persistently, stubbornly; **uparcie twierdzić, że...** insist that...
uparł *itd. pf. zob.* **uprzeć się**.
uparty *a.* (*nieustępliwy*) stubborn, obstinate; (*w dążeniach, pracy*) persevering, persistent.
upaść *pf.* **upadnę upadniesz**, **upadnij**, **upadł 1.** *zob.* **upadać**. **2.** (*zlecieć*) fall down, tumble. **3.** (*zdemoralizować się*) degrade/debase o.s.; **upaść nisko** cheapen o.s.
upiec *pf.* **-ekę -eczesz**, **-ekł** *zob.* **piec**.
upierać się *ipf.* insist (*przy czymś* on sth); **upiera się, żebyśmy to wzięli** he insists we (should) take it.
upiększać *ipf.*, **upiększyć** *pf.* beautify, embellish, adorn (*coś czymś* sth with sth).
upijać *ipf.* make drunk.
upijać się *ipf.* get drunk.
upilnować *pf.* + *Gen.* (*uchronić*) protect (*sb/sth*) (*przed czymś/kimś* from sth/sb); take good care of (*sb*).
upływ *mi* (*czasu*) lapse, passage; **przed upływem miesiąca** within a month's time; **z upływem lat** as the years pass/go by; (*terminu*) expiry.
upływać *ipf.* **-wa** (*o czasie*) pass, go by; (*o terminie*) expire.
upodabniać *ipf.* make alike; **upodabniać kogoś do kogoś/czegoś** make sb resemble sb/sth.
upodabniać się *ipf.* become similar (*do kogoś* to sb).
upodobać *pf.* **upodobać sobie kogoś/coś** take a liking to sb/sth.
upodobanie *n.* fondness, liking (*do czegoś* for sth).
upojenie *n.* intoxication, ecstasy.
upokarzać *ipf.* humiliate (*sb*) (*kogoś przed kimś* sb in front of sb/before sb).
upokarzający *a.* humiliating.
upokorzenie *n.* humiliation.
upokorzyć *pf. zob.* **upokarzać**.
upolować *pf.* shoot, kill.
upominać *ipf.* rebuke, reproach (*kogoś za coś/za zrobienie czegoś* sb for sth/for doing sth).
upominek *mi* **-nk-** gift, souvenir.
upomnienie *n.* **1.** (*nagana*) rebuke, reprimand. **2.** (*pismo*) reminder.
uporczywie *adv.* insistently, persistently.
uporczywy *a.* persistent; (*o kaszlu*) obstinate; (*o bólach*) severe.
uporządkowany *a.* orderly.
upośledzenie *n.* handicap, impairment; **upośledzenie umysłowe/fizyczne** mental/physical handicap/disability; **upośledzenie słuchu/wzroku** auditory/ visual impairment.
upośledzony *a.* **-eni** handicapped, disabled; (*o wzroku, słuchu*) impaired; **upośledzony umysłowo/fizycznie** mentally/physically handicapped/disabled.
upoważniać *ipf.*, **upoważnić** *pf.* **-ij upoważniać kogoś do zrobienia czegoś** authorize sb to do sth.
upoważnienie *n.* authorization.
upór *mi* **-o-** stubbornness, obstinacy; **robić coś z uporem** persist in doing sth.
upragniony *a.* **-eni** longed-for, desired.
upraszczać *ipf.* (*ułatwiać*) simplify; (*ułamek*) *mat.* reduce.
uprawa *f.* **1.** cultivation; **uprawa roli** agriculture. **2.** (*uprawiane rośliny*) crop.
uprawiać *ipf.*, **uprawić** *pf.* **1.** cultivate. **2.** (*sport*) practise, do; **uprawiać hazard** gamble.
uprawniać *ipf.*, **uprawnić** *pf.* **-ij** authorize, entitle (*sb*) (*do (zrobienia) czegoś* to (do) sth).
uprawniony *a.* **-eni** entitled, authorized (*do (zrobienia) czegoś* to (do) sth).
uprawny *a. roln.* **1.** arable; **ziemia uprawna** farmland. **2. roślina uprawna** crop.
uproszczenie *n.* simplification; *mat.* reduction.
uproszczony *a.* simplified; **nadmiernie uproszczony** simplistic.
uprowadzać *ipf.* (*osobę*) kidnap, abduct; (*samolot, pojazd*) hijack.
uprowadzenie *n.* (*osoby*) kidnapping, abduction; (*samolotu itp.*) hijacking.
uprzeć się *pf.* **uprę uprzesz**, **uprzyj**, **uparł** *zob.* **upierać się**.
uprzedni *a.* previous.
uprzednio *adv.* previously.
uprzedzać *ipf.* **1.** (*wyprzedzać*) anticipate; **uprzedzać wypadki** anticipate events. **2.** (*ostrzegać*) warn (*kogoś o czymś* sb about/of sth). **3.** (*usposabiać nieprzychylnie*) prejudice (*kogoś do czegoś* sb against sth).
uprzedzenie *n.* **1.** (*zawiadomienie*) (advance) warning, notification. **2.** (*negatywny stosunek*) prejudice, bias; **mieć uprzedzenie do kogoś/czegoś** be prejudiced against sb/sth.
uprzedzony *a.* **-eni** prejudiced, biased (*do kogoś/ czegoś* against sb/sth).

uprzejmie *adv.* politely; **dziękuję uprzejmie** thank you very much; **proszę uprzejmie** (it was) a pleasure, my pleasure; (*podając coś*) here you are.
uprzejmość *f.* **1.** (*życzliwość*) politeness, courtesy. **2.** (*przysługa*) favor; **dzięki uprzejmości pana Kowalskiego** (by) courtesy of Mr. Kowalski; **wyświadczyć komuś uprzejmość** do sb a favor.
uprzejmy *a.* polite, courteous.
uprzemysłowiony *a.* industrialized.
uprzyjemniać *ipf.*, **uprzyjemnić** *pf.* **-ij** make enjoyable.
uprzykrzać *ipf.* spoil; **uprzykrzać komuś życie** be a pain in the neck.
uprzywilejowany *a.* privileged; **pojazd uprzywilejowany** emergency (services) vehicle.
upuszczać *ipf.*, **upuścić** *pf.* **-szczę -ścisz** drop.
ur. *abbr.* (*urodzony*) b., n. (*born*).
uradowany *a.* joyful.
Ural *mi* the Ural Mountains.
Uran *mi astron.* Uranus.
uran *mi chem.* uranium.
uratować (się) *pf. zob.* **ratować (się)**.
uraz *mi* **1.** injury. **2.** *psych.* trauma; **mieć uraz do kogoś za coś** bear sb a grudge for sth.
urazić *pf.*, **urażać** *ipf.* **1.** (*bolące miejsce*) hurt. **2.** (*obrazić*) offend.
urażony *a.* **-eni** (*człowiek*) offended; (*o dumie, ambicji*) hurt.
uregulować *pf. zob.* **regulować**.
urlop *mi* leave (of absence); **być na urlopie** be on leave/vacation; **urlop dziekański/macierzyński/wychowawczy** dean's/maternity/parental leave; **urlop wypoczynkowy** vacation, holiday; **urlop zdrowotny** sick leave/days.
urlopowicz *mp Gen.pl.* **-ów** holiday-maker.
urna *f.* **1.** urn. **2. urna wyborcza** ballot box.
uroczy *a.* charming.
uroczystość *f.* ceremony; **uroczystość rodzinna** family occasion/gathering.
uroczysty *a.* **-szy** formal.
uroczyście *adv.* formally.
uroda *f.* beauty.
urodzaj *mi Gen.pl.* **-ów 1.** (*plony*) bumper crop. **2. urodzaj na coś** abundance of sth.
urodzajny *a.* (*żyzny*) fertile; **urodzajny rok** good year.
urodzenie *n.* birth.
urodzić *pf.* **urodzę urodzisz, urodź/uródź** *zob.* **rodzić**.
urodzinowy *a.* birthday.
urodziny *pl. Gen.* **-n** birthday; **wszystkiego najlepszego w dniu urodzin!** happy birthday!
urodzony *a.* **-eni 1.** (*z powołania*) born; **urodzony aktor** born actor. **2.** (*rodowity*) born and bred, native; **urodzony nowojorczyk** New Yorker born and bred.
urojenie *n.* **1.** fantasy. **2.** *psych.* delusion.
urojony *a.* imaginary.
urok *mi* charm.
urozmaicać *ipf.* diversify.
urozmaicenie *n.* diversity.
urozmaicony *a.* diversified.
uruchamiać *ipf.*, **uruchomić** *pf.* start, activate.
Urugwaj *mi* Uruguay.
urywać *ipf.* **-am -asz 1.** (*odrywać*) tear off. **2.** (*rozmowę*) cut short.
urywać się *ipf.* **1.** (*odrywać się*) come off. **2.** (*o łączności*) break off. **3.** *pot.* (*wychodzić*) push off.
urywek *mi* **-wk-** *Gen.* **-a/-u** fragment.
urząd *mi* **-ę-** office; **piastować/sprawować urząd** hold office; **obrońca z urzędu** *prawn.* court-appointed attorney, assigned counsel; **urząd pocztowy** post office; **Urząd Rady Ministrów** Office of the Council of Ministers; **urząd skarbowy** *US* Internal Revenue Service, IRS; **urząd stanu cywilnego** (civil) registry office; **urząd zatrudnienia** employment agency.
urządzać *ipf.* **1.** (*wyposażać*) furnish. **2.** (*organizować*) organize; **urządzać przyjęcie** throw a party.
urządzenie *n.* **1.** (*przyrząd*) device, appliance. **2.** (*umeblowanie*) furniture.
urządzić *pf. zob.* **urządzać**.
urzeczywistniać *ipf.*, **urzeczywistnić** *pf.* **-ij** (*plany*) implement; (*marzenia*) fulfill.
urzędniczka *f.*, **urzędnik** *mp* clerk, office worker; **urzędnik państwowy** civil servant.
urzędować *ipf.* work in an office.
urzędowanie *n.* **godziny urzędowania** office/business hours.
urzędowy *a.* official, formal.
usamodzielniać się *ipf.*, **usamodzielnić się** *pf.* become self-dependent.
usatysfakcjonowany *a.* satisfied, pleased (*czymś* with sth).
uschnąć *pf.* **-ij** *zob.* **usychać**.
usiąść *pf.* **usiądę usiądziesz, usiadł usiedli** *zob.* **siadać**.
usiłować *ipf.* attempt (*coś zrobić* to do sth).
uskok *mi* **1.** (*skok*) dodge. **2.** (*terenu*) slope.
usłuchać *pf.* listen, be obedient (*kogoś* to sb); **usłuchać czyjejś rady** follow/take sb's advice; *por.* **słuchać**.
usługa *f. pl.* (*usługi*) services, service; **świadczyć usługi dla kogoś** render services to sb; **(jestem) do usług** (I'm) at your service.
usługiwać *ipf.* serve (*komuś* sb); (*o kelnerze, służącym*) wait (*komuś* on sb).
usługowy *a.* service.
usłyszeć *pf.* **-ę -ysz** hear; **usłyszeć przypadkowo** overhear; **źle usłyszeć** mishear; **usłyszeć coś na własne uszy** hear sth with one's own ears; *por.* **słyszeć**.
usmażyć (się) *pf. zob.* **smażyć (się)**.
usnąć *pf.* **usnę uśniesz, uśnij** *zob.* **zasnąć**.
uspokajać *ipf.* **1.** (*uciszać*) silence, calm (down); (*dziecko*) hush. **2.** (*koić*) soothe.
uspokajający *a.* soothing; **środek uspokajający** sedative, tranquilizer.
usposobienie *n.* disposition, nature; **mieć pogodne usposobienie** have a cheerful/sunny disposition; **mieć łagodne usposobienie** be good-natured.
usprawiedliwiać *ipf.*, **usprawiedliwić** *pf.* **1.** (*wyjaśniać*) explain; **usprawiedliwiać spóźnienie** explain one's being late. **2.** (*potwierdzać słuszność*) justify.
usprawiedliwiać się *ipf.*, **usprawiedliwić się** *pf.* excuse o.s., make one's excuses.
usprawiedliwienie *n.* **1.** (*uzasadnienie*) justification (*czegoś* for sth); (*wymówka*) excuse. **2.** *szkoln.* excuse note.
usprawiedliwiony *a.* **-eni** (*o prośbie, konkluzji*) justified; (*o nieobecności*) excused.
usprawniać *ipf.*, **usprawnić** *pf.* **-ij** improve, rationalize.
usprawnienie *n.* improvement, rationalization.
usta *n.* mouth, lips; **oddychanie usta-usta** mouth-to-mouth resuscitation; **pocałować kogoś w usta** kiss sb on the mouth/lips; **rozpływać się w ustach** melt in one's mouth.

ustalać *ipf.*, **ustalić** *pf.* set, establish; (*warunki pracy*) settle, describe; (*cenę*) fix; (*wartość*) assess; **ustalać coś z góry** predetermine sth; **ustalić wstępnie** pre-establish; **ustalić, że** establish that...
ustalenie *n.* agreement, settlement; (*faktów, przyczyny*) establishment, determination.
ustalony *a.* (*o stawce, terminie*) set, settled; (*o opinii*) fixed; (*o zwyczaju*) established; (*o dacie, faktach*) given; **z góry ustalony** predetermined.
ustanawiać *ipf.*, **ustanowić** *pf.* **-ów** establish; (*zasady, reguły*) lay down; (*prawo*) pass; **ustanowić rekord** set a record.
ustawa *f.* law, act; **projekt ustawy** bill; **ustawa zasadnicza** constitution.
ustawiać *ipf.* **1.** (*umieszczać*) place, put (up). **2.** (*rozstawiać*) arrange; **ustawić w rzędzie** row. **3.** (*regulować*) adjust; (*mechanizm, zegar*) set.
ustawiczny *a.* constant.
ustawienie *n.* arrangement.
ustawodawczy *a.* legislative.
ustawowy *a.* statutory.
ustąpić *pf.* **1.** (*cofnąć się*) withdraw, retreat; **ustępować komuś z drogi** get off sb's way. **2.** (*ulegać*) yield, give in (*komuś/czemuś* to sb/sth). **3.** (*mijać*) pass; (*o strachu, bólu*) subside; (*o mrozach, wietrze*) abate; (*o mgle*) clear; (*o sztormie, burzy*) calm down, die out. **4. ustąpić komuś miejsca** give up one's seat to sb; **ustępować komuś pierwszeństwa** give way to sb. **5.** (*rezygnować z pracy, stanowiska*) resign, step down (*z czegoś* from sth). **6.** (*być gorszym*) be inferior; **nie ustępować nikomu w niczym** be second to none.
usterka *f.* flaw, fault.
ustęp *mi* **1.** (*fragment*) passage. **2.** (*ubikacja*) toilet, WC.
ustępliwy *a.* permissive.
ustępować *ipf. zob.* **ustąpić**.
ustępstwo *n.* concession (*wobec kogoś* to sb); **iść na/robić ustępstwa** make concessions; **nieskłonny do ustępstw** relentless.
ustnik *mi Gen.* **-a** mouthpiece.
ustny *a.* oral, verbal, spoken.
ustronny *a.* secluded.
ustrój *mi* **-o-** *Gen.pl.* **-ów** political system.
usuwać *ipf.* **1.** (*odsuwać, uprzątać*) remove; **usunąć coś na bok** set sth aside; **usuwać kogoś/coś w cień** put sb/sth in the shade. **2.** (*zwalniać, odprawiać*) dismiss (*sb*) (*z czegoś* from sth); (*z organizacji, ze szkoły*) expel. **3.** (*ząb*) pull, extract.
usychać *ipf.* wither (away).
usypiać[1] *ipf.* (*zasypiać*) fall asleep.
usypiać[2] *ipf.* **1.** (*kogoś*) put sb to sleep; (*zwł. dziecko*) lull to sleep. **2.** (*czynić sennym*) make drowsy/sleepy.
uszanowanie *n.* respect (*kogoś/czegoś* for sb/sth); **moje uszanowanie** *form. (powitanie)* good morning/afternoon/evening.
uszczelka *f.* gasket, washer, seal.
uszczelniać *ipf.*, **uszczelnić** *pf.* **-ij** seal; (*np. granicę*) tighten.
uszczęśliwiać *ipf.*, **uszczęśliwić** *pf.* make happy.
uszczypnięcie *n.* pinch.
uszkadzać *ipf.* damage.
uszko *n. Gen.pl.* **uszek 1.** *pl.* **-a/-i** (*małe ucho*) little ear. **2.** (*uchwyt*) ear; (*igły*) eye. **3.** *zw. pl. kulin.* ravioli.
uszkodzenie *n.* **1.** (*usterka*) damage (*czegoś* to sth). **2.** (*kontuzja*) harm, injury.
uszkodzony *a.* damaged, out of order.
uszlachetniać *ipf.*, **uszlachetnić** *pf.* **-ij 1.** (*moralnie*) ennoble. **2.** *techn.* improve; (*surowiec*) purify; (*olej, cukier*) refine.
uszkodzić *pf. zob.* **uszkadzać**.
uszyć *pf.* **-ję -jesz** *zob.* **szyć**.
uścisk *mi* **1.** (*objęcie się*) embrace, hug; **uścisk dłoni** handshake; **przesyłać komuś uściski** send love to sb. **2.** (*uchwyt*) grip.
uściskać *pf.* **1.** hug, embrace. **2.** (*przekazać pozdrowienia komuś*) give/send love to sb.
uścisnąć *pf.* **-snę -śniesz, -śnij, -snął 1.** = **uściskać**. **2.** (*ścisnąć*) squeeze; **uścisnąć komuś rękę** shake hands with sb.
uściślać *ipf.* specify; (*wypowiedź*) qualify.
uśmiech *mi* smile.
uśmiechać się *ipf.*, **uśmiechnąć się** *pf.* **-ij** smile (*do kogoś* at sb).
uśmiechnięty *a.* smiling.
uświadamiać *ipf.*, **uświadomić** *pf.* **uświadomić coś komuś** make sb realize sth, make sb aware of sth; (*w sprawach seksu*) explain the facts of life; **uświadamiać sobie coś** realize sth; **uświadamiać sobie, że...** realize that...
utalentowany *a.* talented, gifted.
utarty *a.* accepted, common; **utarte wyrażenie** set phrase.
utknąć *pf. zob.* **utykać**[1].
utkwić *pf.* **-ij** stick; **utkwić w pamięci** stick in sb's mind.
utleniony *a.* **woda utleniona** (hydrogen) peroxide, oxygenated water.
utonąć *pf. zob.* **tonąć**.
utopia *f. Gen.* **-ii** utopia.
utopijny *a.* utopian.
utożsamiać *ipf.* identify (*kogoś/coś z kimś/czymś* sb/sth with sb/sth).
utrafiać *ipf.*, **utrafić** *pf.* (*trafiać*) hit; **utrafić w czyjąś czułą strunę** touch the right chord with sb; **utrafić w sedno** hit the nail on the head.
utrapienie *n.* nuisance; (*o dziecku*) menace.
utrata *f.* loss; **utrata pamięci/przytomności** loss of memory/consciousness.
utrudniać *ipf.*, **utrudnić** *pf.* **-ij utrudniać coś komuś** make sth difficult for sb; **utrudniać komuś zrobienie czegoś** make it difficult for sb to do sth.
utrudnienie *n.* difficulty.
utrwalać *ipf.*, **utrwalić** *pf.* **1.** (*przyjaźń*) cement; (*pozycję*) strengthen. **2.** (*rejestrować*) record. **3.** *fot.* fix.
utrzeć *pf.* **utrę utrzesz, utrzyj, utarł** *zob.* **ucierać**.
utrzymać *pf.* **1.** (*trzymać*) hold; carry. **2.** (*zachować*) keep; **utrzymywać coś w dobrym stanie/w czystości** keep sth in good condition/clean; **utrzymać coś w tajemnicy** keep sth secret; **utrzymać dyscyplinę/formę** keep discipline/fit; **utrzymywać kontakt z kimś** be in touch with sb; **utrzymać porządek** keep order. **3.** (*zapewniać byt*) provide for, support. **4.** (*twierdzić*) maintain, claim.
utrzymanie *n.* keep, maintenance; **być na czyimś utrzymaniu** live off sb; **koszty utrzymania** cost of living; **mieć rodzinę na utrzymaniu** have a family to provide for/to keep; **zarabiać na utrzymanie** earn/make a living.
utrzymany *a.* **dobrze/źle utrzymany** well/badly kept.

utrzymywać *ipf. zob.* **utrzymać.**
utwierdzać *ipf.*, **utwierdzić** *pf.* confirm (*kogoś w czymś* sb in sth).
utwierdzać się *ipf.*, **utwierdzić się** *pf.* confirm o.s. (*w czymś* in sth).
utworzyć (się) *pf.* **-órz** *zob.* **tworzyć (się).**
utwór *mi* **-o-** work, piece.
utyć *pf.* **-yję -yjesz, -yj, -ył** *zob.* **tyć.**
utykać[1] *ipf.* (*grzęznąć*) get stuck; **utknąć na mieliźnie** run aground; **utknąć w martwym punkcie** *przen.* come to a standstill/deadlock.
utykać[2] *ipf.* (*lekko kuleć*) limp.
uwaga *f.* **1.** (*koncentracja*) attention; **uwaga!** (*ostrożnie!*) be careful! (*w obliczu niebezpieczeństwa*) look out! (*w napisach*) caution! **"Uwaga! Stopień!"** "Mind the step!"; **"Uwaga! Wysokie napięcie!"** "Danger! High voltage!"; **brać coś pod uwagę** take sth into consideration/account; **mieć coś na uwadze** keep/bear sth in mind; **odwrócić czyjąś uwagę od czegoś** draw sb's attention away from sth; **poświęcać komuś/czemuś uwagę** give one's attention to sb/sth; **zasługiwać na uwagę** be noteworthy; **zwracać czyjąś uwagę na kogoś/coś** (*zainteresować*) draw sb's attention to sb/sth; **zwracać uwagę na kogoś/coś** (*dostrzegać*) pay attention to sb/sth; **proszę o uwagę!** may I have your attention, please. **2.** (*komentarz*) remark. **3.** (*napomnienie*) reproof; **robić komuś uwagi** reprove sb. **4. z uwagi na coś** owing to.
uwalniać *ipf.* free, set free.
uwalniać się *ipf.* free o.s.
uważać *ipf.* **1.** (*skupiać uwagę*) pay attention; **uważaj!** (*bądź ostrożny*) be careful; (*w obliczu niebezpieczeństwa*) look out! **uważaj na stopień!** mind the step! **2.** (*pilnować*) keep an eye (*na kogoś/coś* on sb/sth); **uważaj na siebie!** take care of yourself! **3.** (*traktować*) consider; **uważać kogoś za przyjaciela** consider sb (to be) a friend. **4. (rób) jak uważasz** (do) as you wish.
uważać się *ipf.* consider o.s. (*za kogoś/coś* (to be) sb/sth).
uważny *a.* careful.
uwertura *f. muz.* overture.
uwędzić *pf. zob.* **wędzić.**
uwiązać *pf.* **-ążę -ążesz, uwiązywać** *ipf.* tie up; **uwiązać na łańcuchu** chain up.
uwieczniać *ipf.*, **uwiecznić** *pf.* **-ij** immortalize.
uwielbiać *ipf.* adore.
uwielbienie *n.* adoration.
uwierzenie *n.* **nie do uwierzenia** that's unbelievable.
uwierzyć *pf. zob.* **wierzyć.**
uwięzić *pf.* **-żę -zisz 1.** (*w więzieniu*) imprison. **2.** (*unieruchomić*) trap.
uwięź *f.* tie; (*smycz*) leash; (*łańcuch*) chain; **trzymać na uwięzi** hold on leash; **spuścić z uwięzi** unleash.
uwodzicielski *a.* seductive.
uwodzić *ipf.* seduce.
uwydatniać *ipf.* emphasize.
uwydatniać się *ipf.* **-ij** stand out.
uwzględniać *ipf.*, **uwzględnić** *pf.* **-ij** take into consideration/account.
uzależniać *ipf.*, **uzależnić** *pf.* **-ij 1.** make dependent. **2.** (*od substancji*) addict (*od czegoś* to sth).
uzależniać się *ipf.*, **uzależnić się** *pf.* **1.** become dependent (*od kogoś/czegoś* on sb/sth). **2.** (*wpadać w nałóg*) become addicted (*od czegoś* to sth).
uzależnienie *n.* **1.** (*zależność*) dependence. **2.** (*nałóg*) addiction.
uzależniony *a.* **-eni 1.** (*zależny*) dependent (*od czegoś* (up)on sth). **2.** (*mający nałóg*) addicted (*od czegoś* to sth).
uzasadniać *ipf.*, **uzasadnić** *pf.* **-ij** justify, substantiate.
uzasadnienie *n.* justification, substantiation.
uzasadniony *a.* justified, substantiated.
uzbrajać *ipf.*, **uzbroić** *pf.* **-oję -oisz, -ój** (*ludzi*) arm; (*teren*) improve.
uzbrajać się *ipf.*, **uzbroić się** *pf.* **uzbroić się w cierpliwość** *przen.* arm o.s. with patience.
uzbrojenie *n.* **1.** *wojsk.* weapons, armament. **2.** *bud.* utilities.
uzbrojony *a.* **-eni 1.** (*mający broń*) armed. **2. teren uzbrojony** improved land.
uzdolnienie *n.* aptitude, talent (*do czegoś* for sth).
uzdolniony *a.* **-eni** talented, gifted.
uzdrawiać *ipf.*, **uzdrowić** *pf.* cure, heal.
uzdrowisko *n.* health resort, spa.
uzgadniać *ipf.*, **uzgodnić** *pf.* **-ij** agree; **uzgodniliśmy, że...** we have agreed that...
uzgodnienie *n.* agreement; **do uzgodnienia** negotiable.
uziemienie *n.* ground.
uznać *pf.* **-aję -ajesz, -awaj** (*poczytywać*) regard (*kogoś za kogoś/coś* sb as sb/sth); **uznawać coś za konieczne** deem sth necessary.
uznanie *n.* **1.** (*poważanie*) respect. **2.** (*opinia*) recognition; **pozostawić coś do czyjegoś uznania** leave sth to sb's discretion.
uznany *a.* recognized.
uznawać *ipf. zob.* **uznać.**
uzupełniać *ipf.*, **uzupełnić** *pf.* (*wypowiedź, strój*) complete; (*zapasy*) replenish; (*dietę, wyposażenie*) supplement.
uzupełniać się *ipf.* complement each other/one another.
uzyskać *pf.*, **uzyskiwać** *ipf.* (*zdobyć*) (*przewagę, wynik*) gain; (*pomoc, stopień naukowy, zgodę*) get, obtain; **uzyskać połączenie** get through (*z kimś* to sb).
użycie *n.* use; **łatwy w użyciu** easy to use; **sposób użycia** usage.
użyteczność *f.* usefulness, utility.
użyteczny *a.* useful (*dla kogoś* for sb).
użytek *mi* **-tk-** use; **do użytku wewnętrznego/zewnętrznego** for internal/external use; **jednorazowego użytku** disposable; **wielokrotnego użytku** reusable; **zrobić z czegoś użytek** make use of sth.
użytkować *ipf.* use.
użytkownik *mp* user.
używać *ipf.* **-am -asz** use (*do czegoś* for sth/to do sth).
używany *a.* used, secondhand.
używka *f.* stimulant.
użyźniać *ipf.*, **użyźnić** *pf.* **-ij** fertilize.

V *abbr.* (*wolt*) V (*volt*).
vel *conj.* a.k.a. (*also known as*).
veto *n. polit.* = **weto**.
video *n. indecl.* = **wideo**.

w *prep.* + *Loc.* **1.** (*miejsce*) in, at, inside; **w domu/pracy** at home/work; **w samochodzie** in the car; **w telewizji/radiu** on TV/the radio. **2.** (*ubiór*) in; **kobieta w bieli** a woman in white; **w kapeluszu** in a hat. **3.** (*postać*) in; **cukier w kostkach** cube sugar; **milion dolarów w złocie** a million dollars in gold; **mydło w płynie** liquid soap. **4.** + *Acc.* (*kierunek*) in, to; **w dół/górę** downwards/upwards; **w lewo/prawo** to the left/right; **patrzeć w niebo** look up in the sky; **pojechać w góry** go to the mountains. **5.** (*kształt*) in; **pokroić (coś) w kostkę** cube (sth); **w paski** striped. **6.** (*przedmiot działania*) on, in; **uderzyć się w głowę** get a bang on the head; **wierzyć w Boga** believe in God. **7.** + *Acc.* (*cel*) in; **grać w karty** play cards; **pójść (do kogoś) w odwiedziny** pay (sb) a visit. **8.** + *Acc./Loc.* (*czas*) at, on, in; **w maju** in May; **w roku 1995** in 1995; **we wtorek** on Tuesday.
w. *abbr.* c. (*century*).
wabić *ipf.* allure, entice.
wabić się *ipf.* (*o zwierzęciu*) be called.
wachlarz *mi Gen.* **-a 1.** fan. **2.** *przen.* array; range.
wada *f.* **1.** (*przywara*) fault. **2.** (*cecha ujemna*) disadvantage, drawback (*czegoś* of sth). **3.** (*defekt*) defect (*w czymś* in sth); **wada wrodzona** congenital defect.
wadliwy *a.* defective.
wafel *mi* **-fl-** *Gen.* **-a** (*do lodów*) cone; (*ciasto*) wafer.
waga *f.* **1.** (*przyrząd*) scales, balance. **2.** *astrol.* Libra. **3.** (*ciężar*) weight; **przybrać/tracić na wadze** put on/lose weight. **4.** (*ważność*) importance, significance.
wagarować *ipf.* play hooky.
wagarowicz *mp Gen.pl.* **-ów** truant.
wagary *pl. Gen.* **-ów** truancy; **chodzić na wagary** play hooky.
wagon *mi* (*osobowy*) car; (*towarowy*) freight car.
wahać się *ipf.* **1.** (*poruszać się miarowo*) sway, rock. **2.** (*oscylować*) waver. **3.** *tylko ipf.* (*nie móc się zdecydować*) hesitate.
wahanie *n.* **1.** hesitation. **2.** (*zmienność*) fluctuation (*czegoś* in sth).
wakacje *pl. Gen.* **-i** vacation; **wyjechać na wakacje** go on vacation.
walc *mi Gen. & Acc.* **-a** waltz.
walczyć *ipf.* **1.** (*bić się*) fight (*z kimś/czymś* against sb/sth). **2.** *sport* compete (*o coś* for sth). **3.** (*z uczuciami, siłami natury*) struggle (*z czymś* with sth).
walec *mi* **-lc-** *Gen.* **-a 1.** *geom.* cylinder. **2.** (*drogowy*) road roller.
waleczny *a.* gallant, brave.
walet *ma karty* jack, knave; **mieszkać na waleta** *pot.* crash out at sb's place.
Walia *f. Gen.* **-ii** Wales.
walić *ipf. pot.* hammer, lash (*w coś* at sth); (*o sercu*) pound, thump.
walić się *ipf. tylko ipf.* (*przewracać się*) fall down, collapse; **świat się wali** the world is falling apart; **walić się na głowę** weigh down; **praca mi się wali na głowę** I am weighed down with/by work.
Walijczyk *mp*, **Walijka** *f.* Welshman.
walijski *a.* Welsh.
walizka *f.* suitcase.
walka *f.* **1.** fight (*z kimś/czymś* against sb/sth) (*o coś* for sth); **walka o wolność/władzę** struggle for freedom/power; **walka zbrojna** armed combat. **2.** (*zmaganie się*) struggle (*z czymś* with sth).
waluta *f.* **1.** currency; **wymiana walut** foreign exchange. **2.** *pot.* (*zagraniczne pieniądze*) foreign money.
wał *mi* **1.** embankment; (*przeciwpowodziowy*) levee; (*obronny*) rampart. **2.** *techn.* shaft.
wałek *mi* **-łk-** *Gen.* **-a** roller; (*do ciasta*) rolling pin.
wam *pron. zob.* **wy**.
wampir *mp pl.* **-y** vampire.
wandalizm *mi* vandalism.
wanilia *f. Gen.* **-ii** vanilla.
waniliowy *a.* vanilla.
wanna *f. Gen.pl.* **wanien** bath(tub).
wapień *mi* limestone.
wapno *n.* lime.
warcaby *pl. Gen.* **-ów** checkers.
warczeć *ipf.* **-ę -ysz 1.** growl. **2.** *tylko ipf.* (*o silniku*) whirr.
warga *f.* (*usta*) lip; **górna/dolna warga** upper/lower lip.
wariacki *a.* crazy; (*o pomyśle*) absurd; **po wariacku** helter-skelter.
wariactwo *n.* madness; (*wybryk*) folly.
wariant *mi* version.
wariat *mp*, **wariatka** *f. pot.* freak, lunatic; **dom wariatów** lunatic asylum; *t. przen.* madhouse; **robić z siebie/kogoś wariata** make a fool of o.s./sb.
wariować *ipf. pot.* go mad.
warkocz *mi Gen.* **-a** plait, braid.
warkot *mi* whirr, throb.
warstwa *f.* **1.** (*pokład*) layer; (*farby*) coat; **warstwa ozonowa** ozone layer. **2. warstwa społeczna** social stratum.
Warszawa *f.* Warsaw.
warsztat *mi* (*zakład, szkolenie*) workshop; *przen.* technique; **warsztat samochodowy** garage.
wart *a. indecl. tylko pred.* worth; **śmiechu warte** it's ridiculous; **wart zachodu/50 dolarów** worth the trouble/50 dollars.
warta *f.* guard, watch; **stać na warcie** be on guard/sentry duty; **warta honorowa** guard of honor.
warto *adv. indecl.* worth; **warto to zobaczyć/przeczytać** it's worth seeing/reading.

wartościowy *a.* **1.** valuable; **papiery wartościowe** securities. **2.** (*o pokarmie*) nutritious.

wartość *f.* **1.** (*cena*) value, worth; **wartość nabywcza/odżywcza** purchasing/nutritional value; **wartość rynkowa/użytkowa/nominalna** market/utility/face value; **towary wartości 100 dolarów** goods worth 100 dollars. **2. mieć poczucie własnej wartości** have a high self-esteem.

wartownik *mp* sentry.

warunek *mi* **-nk-** condition (*czegoś* of/for sth); **warunek wstępny** prerequisite; **dotrzymać warunków** keep/fulfill the terms; **dyktować/stawiać warunki** lay down/impose conditions; **pod warunkiem, że...** on condition that...

warunkować *ipf.* condition, determine.

warunkowo *adv.* conditionally; **zostać zwolnionym warunkowo** be released on parole.

warunkowy *a.* conditional; **zwolnienie warunkowe** parole.

warzyć *ipf.* **warzyć piwo** brew beer.

warzyć się *ipf.* (*o mleku, śmietanie*) turn sour.

warzywniczy *a.* **sklep warzywniczy** greengrocer('s).

warzywny *a.* vegetable; **sklep warzywny** greengrocer('s).

warzywo *n.* vegetable.

was *pron. zob.* **wy**.

wasz *a.* your.

Waszyngton *mi* (*miasto*) Washington D.C.; (*stan*) Washington.

wata *f.* (absorbent) cotton; **wata cukrowa** cotton candy.

Watykan *mi* the Vatican.

waza *f.* **1.** *sztuka* vase. **2.** (*do zupy*) tureen.

wazon *mi* vase.

ważka *f. ent.* dragonfly.

ważność *f.* **1.** (*znaczenie*) importance. **2.** (*obowiązywanie*) validity; **data ważności** expiration date, use-by date; **stracić ważność** expire, run out.

ważny *a.* important; (*o paszporcie*) valid.

ważyć *ipf.* (*określać ciężar*) weigh.

ważyć się *ipf.* **1.** weigh o.s. **2. moje losy właśnie się ważą** my future is on a knife edge. — *ipf., pf.* **ani (mi) się waż!** don't you dare!

wąchać *ipf.* smell; (*o psie*) sniff.

wąs *mi Gen.* **-a** (*zarost*) mustache; (*koci, mysi*) whisker.

wąski *a.* **węższy** narrow.

wątek *mi* **-tk- 1.** (*myśli*) train. **2.** (*wykładu, filmu, powieści*) thread; (*sztuki, książki*) plot.

wątły *a.* **1.** (*o słabym zdrowiu*) weak. **2.** (*słaby, cienki*) frail. **3.** (*nieznaczny*) faint.

wątpić *ipf.* doubt; **wątpić o czymś** be doubtful about sth; **wątpię** I doubt it.

wątpienie *n.* **bez wątpienia** undoubtedly.

wątpliwość *f.* doubt; **mieć wątpliwości (co do czegoś)** have one's doubts (about sth); **nie ma wątpliwości** there's no question.

wątpliwy *a.* (*problematyczny*) questionable; (*podejrzany*) doubtful, dubious.

wątroba *f. Gen.pl.* **-ób** liver.

wąwóz *mi* **-o-** ravine.

wąż *ma* **-ę- 1.** snake. **2.** (*przewód*) hose.

wbiec *pf.* **wbiegnę wbiegniesz**, **wbiegnij**, **wbiegł**, **wbiegać** *ipf.* run (into); (*po schodach, na piętro*) run up.

wbijać *ipf.* (*uderzając, osadzić*) hammer in, drive in; (*igły, pinezki*) stick; (*zęby, paznokcie*) sink; **wbić komuś nóż w plecy** *t. przen.* stab sb in the back.

wbijać się *ipf.* stick in.

wbrew *prep.* + *Dat.* against, contrary to, in defiance of; **wbrew powszechnemu przekonaniu** contrary to popular belief; **wbrew swojej woli** against one's will.

WC *abbr. indecl.* WC (*water closet*).

wcale *adv.* **1.** (*w sensie przeczącym*) (not) at all; **wcale nietrudny** not at all difficult. **2.** (*w sensie pozytywnym*) quite.

wchłaniać *ipf.*, **wchłonąć** *pf.* absorb.

wchodzić *ipf.* **1.** enter, come (in); **proszę wejść** come in; **wchodzić na pokład** go on board, embark; **wejść w życie/do użytku** come into effect/use. **2.** (*wspinać się*) climb, go up. **3.** (*wnikać*) go; **wejść w szczegóły** go into detail(s).

wciągać *ipf.* **1.** (*ciągnąć*) pull (into); (*linę, żagiel, flagę*) hoist. **2.** *pot.* (*angażować kogoś*) involve. **3.** (*absorbować*) absorb. **4.** (*wdychać*) breathe in. **5.** (*założyć*) pull on. **6.** (*wessać*) suck in/down.

wciągać się *ipf. pot.* (*przyzwyczajać się*) get into the swing.

wciąż *adv.* still; **wciąż coś robić** keep (on) doing sth.

wcierać *ipf.* rub in.

wcięcie *n.* **1.** (*zagłębienie*) notch. **2.** *druk.* indentation.

wciskać *ipf.*, **wcisnąć** *pf.* **wcisnę wciśniesz**, **wciśnij 1.** (*wpychać*) squeeze in, drive in. **2.** (*nakładać*) pull on.

wciskać się *ipf.*, **wcisnąć się** *pf.* **1.** *pot.* (*dostać się*) wedge in. **2.** (*nałożyć na siebie*) squeeze into.

wczasowicz *mp Gen.pl.* **-ów** vacationer.

wczasy *pl. Gen.* **-ów** vacation; **jechać na wczasy** go on vacation; **wczasy zorganizowane** package tour.

wczesny *a.* **1.** early; **wczesne godzinny poranne** small hours. **2.** (*poprzedzający*) previous.

wcześnie *adv.* **1.** early; **pójść wcześnie spać** have an early night. **2.** (*uprzednio*) before; **dwa dni wcześniej** two days before.

wcześniej *adv. zob.* **wcześnie**.

wcześniejszy *a. zob.* **wczesny**.

wczoraj *adv.* yesterday; **wczoraj rano** yesterday morning; **wczoraj wieczorem** last night.

wczorajszy *a.* yesterday.

wdech *mi* inhalation; **robić wdech** breathe in, inhale.

wdepnąć *pf.* **-ij** step into.

wdowa *f. Gen.pl.* **wdów** widow.

wdowiec *mp* **-wc-** *pl.* **-y** widower.

wdychać *ipf.* breathe in, inhale.

wdzięczność *f.* gratitude, gratefulness; **mieć dług wdzięczności wobec kogoś** be indebted to sb.

wdzięczny *a.* **1.** (*zobowiązany*) grateful, indebted (*komuś za coś* to sb for sth). **2.** (*uroczy*) graceful. **3.** (*dający dobre wyniki*) rewarding.

wdzięk *mi* (*urok*) charm, grace.

we *prep. zob.* **w**.

według, **wedle** *prep.* + *Gen.* according to; **według mnie** in my opinion.

weekend *mi* weekend.

wegetarianin *mp pl.* **-anie** *Gen.* **-an** vegetarian.

wegetarianizm *mi* vegetarianism.

wegetariański *a.* vegetarian.

wejście *n.* entrance, entry; (*np. dla inwalidów*) access; **wejście służbowe** service entrance.

wejściowy *a.* entrance; (*drzwi*) front.

wejść *pf.* **wejdę wejdziesz, wszedł weszła weszli** *zob.* **wchodzić.**
wełna *f. Gen.pl.* **wełen** wool.
wełniany *a.* woolen.
Wenecja *f.* Venice.
weneryczny *a.* **choroba weneryczna** venereal disease.
Wenezuela *f.* Venezuela.
wentyl *mi Gen.* **-a** valve.
wentylacja *f.* ventilation.
wentylator *mi Gen.* **-a** fan, ventilator.
Wenus *f. indecl.* Venus.
weranda *f.* porch, veranda.
werbować *ipf.* recruit, enlist.
werdykt *mi* verdict.
wersalka *f.* sofa bed.
werset *mi* verse.
wersja *f.* version.
wertować *ipf.* browse through.
weryfikować *ipf.* (*np. teorię*) verify; (*np. kandydatów*) vet.
wesele *n.* (*przyjęcie*) wedding (reception).
weselny *a.* wedding.
wesoło *adv.* **-elej** cheerfully, joyfully; (*spędzać czas*) happily; **było bardzo wesoło** there was a lot of fun.
wesoły *a.* **-elszy** cheerful, joyful; **wesołe miasteczko** amusement park; **Wesołych Świąt!** (*Bożego Narodzenia*) Merry Christmas! (*Wielkiej Nocy*) Happy Easter!
wesprzeć (się) *pf. zob.* **wspierać (się).**
westchnąć *pf.* **-ij** *zob.* **wzdychać.**
westchnienie *n.* sigh.
western *mi* (*film, książka*) western.
wesz *f.* **wsz-** louse.
weszła *itd. pf. zob.* **wejść.**
weteran *mp*, **weteranka** *f.* veteran.
weterynaria *f. Gen.* **-ii** veterinary medicine.
weterynarz *mp* veterinarian; *pot.* vet.
wetknąć *pf.* (*wsuwać*) stuff, tuck; (*do szafy, kieszeni*) tuck away.
weto *n. polit.* veto; **prawo weta** power of veto.
wetrzeć *pf.* **wetrę wetrzesz, wetrzyj, wtarł** *zob.* **wcierać.**
wew. *abbr.* (*wewnętrzny*) ext. (*extension*).
wewnątrz *prep.* + *Gen.* inside, within; **do wewnątrz** inward; **od wewnątrz** from within/the inside.
wewnętrznie *adv.* internally.
wewnętrzny *a.* internal; **choroba wewnętrzna** internal disease; (*okno, drzwi*) interior; (*spokój, dyscyplina*) inner; (*np. handel*) domestic.
wezmę *itd. pf. zob.* **wziąć.**
wezwać *pf.* **-ę -iesz, -ij** *zob.* **wzywać.**
wezwanie *n.* (*nakaz*) summons; (*np. lekarza, policji*) call; **wezwanie do sądu** subpoena; **wezwanie do wojska** draft; **kościół pod wezwaniem Świętego Piotra** St. Peter's Church.
weź *itd. pf. zob.* **wziąć.**
węch *mi* (sense of) smell.
wędka *f.* fishing rod.
wędkarstwo *n.* angling, fishing.
wędkarz *mp* angler.
wędlina *f.* cured meat.
wędrować *ipf.* **1.** (*podróżować*) travel. **2.** (*z miejsca na miejsce*) wander, roam; (*pieszo*) hike.
wędrowiec *mp* **-wc-** *pl.* **-y** wanderer; (*turysta*) hiker.
wędzić *ipf.* smoke.
wędzić się *ipf.* be smoked.
wędzony *a.* smoked.
węgiel *mi* **-gl-** *Gen.* **-a 1.** coal; **węgiel drzewny** charcoal; **węgiel kamienny/brunatny** hard/brown coal. **2.** *chem.* carbon. **3.** *sztuka* charcoal.
Węgier *mp* **-gr-**, **Węgierka** *f.* Hungarian.
węgierski *a.* Hungarian.
węgorz *ma* eel.
Węgry *pl. Gen.* **Węgier** Hungary.
węszyć *ipf.* **1.** (*o zwierzęciu*) sniff. **2.** *pot.* (*śledzić*) nose about/around.
węzeł *mi* **-zł-** *Gen.* **-a 1.** (*supeł*) knot; **węzeł chłonny** lymph node. **2.** (*komunikacyjny*) junction.
węża *itd. ma zob.* **wąż.**
węższy *a. zob.* **wąski.**
WF *mi* PE (*physical education*).
wg *abbr.* acc. to (*according to*).
wgięcie *n.* dent.
wginać *ipf.* dent.
wgląd *mi* (*wniknięcie*) insight (*w coś* into sth); (*zbadanie*) inspection (*w coś* of sth); **do wglądu** available for inspection.
wgłębienie *n.* hollow.
wgniatać *ipf.*, **wgnieść** *pf.* **1.** dent. **2.** (*wciskać*) press into.
whisky *f. indecl.* whiskey.
wiać *ipf.* **wieję wiejesz 1.** blow; **mocno wieje** it's very windy. **2.** *pot.* (*uciekać*) take flight; **wiać, gdzie pieprz rośnie** cut and run.
wiadomo *adv. indecl.* it is a well-known fact, it is common knowledge that...; **jak wiadomo** as everybody knows; **nigdy nic nie wiadomo** you never know; **o ile wiadomo** as far as one can tell; **wiadomo było, że...** it was known that...
wiadomość *f.* (*informacja*) piece of news/information; (*przekazana, przesłana*) message; **masz od niego jakieś wiadomości?** have you heard from him? **przyjąłem/przyjmuję do wiadomości** point taken; **zostawić (komuś) wiadomość** leave (sb) a message.
wiadro *n. Gen.pl.* **-der** bucket.
wiadukt *mi* (*nad drogą*) overpass; (*nad doliną, torami itp.*) viaduct.
wiara *f. Dat. & Loc.* **wierze** *rel.* faith; **nie do wiary** incredible; **przyjmować coś na wiarę** take sth on trust; **w dobrej/złej wierze** in good/bad faith; **wiara chrześcijańska/islamska/żydowska** the Christian/Muslim/Jewish faith; **wiara w siebie** self-confidence.
wiarygodność *f.* credibility.
wiarygodny *a.* credible, reliable.
wiatr *mi* **1.** wind; (*lekki*) breeze; (*porywisty*) gale; **pod wiatr** against the wind; **z wiatrem** with the wind. **2.** *przen.* **szukać wiatru w polu** go on a wild-goose chase. **3.** *pl. fizj.* wind; **puszczać wiatry** break wind.
wiatrak *mi Gen.* **-a** windmill; **walczyć z wiatrakami** *przen.* tilt at windmills.
wiatrówka *f.* **1.** air gun. **2.** (*kurtka*) field jacket.
wiązać *ipf.* **-żę -żesz 1.** tie (*czymś* with sth); (*osobę l. jej kończyny*) pinion. **2.** (*zaplątywać w węzeł*) knot. **3.** (*spajać*) bond; (*twardnieć*) set. **4.** *przen.* (*kojarzyć*) connect; **wiązać koniec z końcem** make ends meet.
wiązać się *ipf.* **1.** tie o.s. (*do czegoś* to sth). **2. wiązać się z kimś** engage into a relationship with sb. **3. wiązać się z czymś** affiliate/associate o.s. with sth. **4.** *przen.* **wiązać się umową** be bound by an agreement; **wiąże się z tym domem pewna opowieść** there is a story connected with this house.

wiązanie *n.* **1.** *chem., fiz.* bond. **2.** *narty* binding.
wiązanka *f.* **1.** bunch. **2. wiązanka przebojów** selection of hits. **3.** *pot.* (*seria przekleństw*) bunch of curses.
wiązka *f.* **1.** (*pęk*) bundle. **2.** *fiz.* beam.
wiążący *a.* (*o uzgodnieniach*) binding.
wibracja *f.* vibration.
wibrować *ipf.* vibrate.
wice- *pref.* deputy..., vice...
wicher *mi* **-chr-** wind, gale.
wichura *f.* gale.
wić[1] *f.* twig.
wić[2] *ipf.* **wiję wijesz, wij** weave.
wić się *ipf.* **1.** writhe (about); **wić się z bólu** writhe in pain. **2.** (*o rzece, drodze*) meander, twist (and turn). **3.** (*o pnączu*) twine.
widać *ipf. tylko w formie bezosobowej* **widać kogoś/coś** sb/sth is visible; sb/sth can be seen; **widać, że...** it is evident that...; **to widać** it shows; **nigdzie ich nie widać** they're nowhere to be seen.
widelec *mi* **-lc-** *Gen.* **-a** fork.
wideo *n. indecl.* video; **kamera wideo** camcorder; **taśma wideo** videotape.
wideoklip *mi* video.
widmo *n.* **1.** (*zjawa*) phantom, specter. **2. widmo klęski/głodu** the specter of defeat/famine. **3.** *fiz.* spectrum.
widno *adv.* **jest widno** it's daylight.
widocznie *adv.* **1.** (*zapewnie*) apparently. **2.** (*dostrzegalnie*) visibly, noticeably.
widoczność *f.* visibility.
widoczny *a.* visible, noticeable.
widok *mi* **1.** view (*na coś* of sth); **widok z lotu ptaka** bird's-eye view. **2.** (*scena*) sight. **3.** (*pejzaż*) landscape.
widokowy *a.* **punkt widokowy** beauty spot, overlook; **taras widokowy** view terrace.
widokówka *f.* picture postcard.
widowisko *n.* show, spectacle.
widowiskowy *a.* spectacular.
widownia *f. Gen.pl.* **-i** (*miejsca*) seats, house; (*widzowie*) audience.
widywać *ipf.* see (occasionally).
widywać się *ipf.* see each other/meet (occasionally).
widz *mp pl.* **-owie** spectator.
widzenie *n.* **1.** sight, vision; **punkt widzenia** point of view; **znać kogoś z widzenia** know sb by sight. **2.** (*odwiedziny w więzieniu*) visit. **3. do widzenia** goodbye.
widzialność *f.* = **widoczność**.
widziany *a.* seen; **mile widziany** welcome; **źle widziany** unwelcome.
widzieć *ipf.* **-dzę -dzisz** (*spostrzegać*) see (*że...* that...); **a widzisz!** there you are! **kto widział takie rzeczy!** who ever saw such a thing? **miło mi znów cię widzieć** (it's) nice to see you again; **nie widzę w tym nic śmiesznego** I fail to see the funny side of it; **sam widzisz** you can see for yourself; **widziałem już ten film** I've seen this film before; **widziałem to na własne oczy** I saw it with my own eyes.
widzieć się *ipf.* **1.** (*siebie samego*) see o.s. **2.** (*nawzajem*) see one another/each other. **3.** (*spotkać się*) see (*z kimś* sb) (*w sprawie czegoś* about sth) (*żeby coś zrobić* in order to do sth).
wiec *mi* meeting, rally.
wieczko *n.* lid, top.
wiecznie *adv.* eternally, endlessly, always.
wieczność *f.* eternity.
wieczny *a.* **1.** (*bez końca*) eternal; **życie wieczne** eternal life; **wieczny odpoczynek** eternal rest. **2. wieczne pióro** fountain pen. **3.** (*całoroczny*) perennial. **4.** (*nieustanny*) endless; **wieczne kłopoty** endless troubles.
wieczorny *a.* evening.
wieczorowy *a.* **1.** evening. **2.** (*szkoła wieczorowa*) night school.
wieczór *mi* **-o-** *Gen.* **-u/-a** evening, night; **co wieczór** every evening; **dobry wieczór!** Good evening! **dziś wieczorem** tonight; **wczoraj wieczorem** last night; **wieczorem** in the evening.
Wiedeń *mi* **-dni-** *Gen.* **-a** Vienna.
wiedza *f.* knowledge; (*tradycyjna*) lore.
wiedzieć *ipf.* **wiem wiesz, wiedzą** know (*o czymś* about/of sth) (*że...* (that)...); **a żebyś wiedział!** you bet! **choćby nie wiem co** no matter what happens; **o ile wiem** as far as I know; **wiesz co?** (do) you know what?
wiejski *a.* village, country, rural.
wiek *mi* **1.** age; **młody/średni/podeszły wiek** young/middle/old age; **w moim wieku** at my age; **w wieku pięciu lat** at (the age of) five; **wiek szkolny/przedszkolny** school/preschool age. **2.** (*stulecie*) century; **XXI wiek** the twenty-first/21st century; **na przełomie wieków** at the turn of the century.
wiekowy *a.* ancient; (*o człowieku*) aged.
wielbiciel *mp*, **wielbicielka** *f.* **1.** (*miłośnik*) admirer, fan. **2.** (*adorator*) adorer.
wielbłąd *ma* camel.
wiele *num. Ins.* **-oma/-u** *count* many, a (great) number of (*sb/sth*); *noncount* much, a great amount of (*sth*); *pot.* (*bez względu na policzalność*) a lot, lots (*kogoś/czegoś* of sb/sth); **wielu studentów** many students; **wiele czasu** much time. — *adv.* **więcej** much, a lot; **o wiele więcej** much more; **o wiele za dużo** *noncount* much too much; *count* much too many.
wielebny *a.* reverend, Rev.; **wielebny John Smith** the Reverend John Smith, Rev. J. Smith.
Wielka Brytania *f. Gen.* **Wielkiej Brytanii** Great Britain.
Wielkanoc *f. Gen.* **Wielkanocy/Wielkiejnocy** Easter; **na Wielkanoc** at Easter.
wielkanocny *a.* Easter.
wielki *a.* **większy 1.** big, large, huge; **wielki palec u nogi** big toe; **Wielki Wóz** the Big Dipper. **2.** (*silny, wybitny*) great; **Aleksander Wielki** Alexander the Great; **wielka miłość** great love. **3.** *chrześc.* (*związany z Wielkanocą*) **Wielki Tydzień** Easter/Passion/Holy Week; **Wielki Czwartek** Maundy/Holy Thursday; **Wielki Piątek** Good Friday; **Wielka Sobota** Holy Saturday; **Wielka Niedziela** Easter Saturday/Day; **Wielki Post** Lent.
wielkomiejski *a.* urban.
Wielkopolska *f.* Great Poland.
wielkość *f.* **1.** (*rozmiary*) size; **naturalnej wielkości** life-size. **2.** (*ogrom, znaczenie*) greatness. **3.** *mat.* quantity.
wielokrotnie *adv.* repeatedly.
wielokrotny *a.* multiple.
wieloletni *a.* of many years, of long standing; *bot.* perennial.
wielopiętrowy *a.* multistory, highrise.
wielorasowy *a.* multiracial.

wieloryb *ma* whale.
wielostronny *a.* (*o zainteresowaniach*) versatile; (*o rokowaniach*) multilateral.
wielowiekowy *a.* of many centuries, centuries-old.
wieloznaczność *f.* ambiguity.
wieloznaczny *a.* ambiguous.
wielu *num. zob.* **wiele**.
wieniec *mi* **-ńc-** *Gen.* **-a** wreath; **wieniec laurowy** laurels; **złożyć wieniec** lay a wreath.
wieprz *ma Gen.pl.* **-y/-ów** hog.
wieprzowina *f.* pork.
wieprzowy *a.* pork.
wiercić *ipf.* drill, bore.
wiercić się *ipf.* fidget.
wiernie *adv.* faithfully.
wierność *f.* (*oddanie*) faithfulness; fidelity.
wierny *a.* faithful (*komuś/czemuś* to sb/sth). — *mp* (*wyznawca*) follower.
wiersz *mi Gen.* **-a 1.** (*utwór*) poem. **2.** (*wers*) verse. **3.** (*linijka pisma*) line.
wierszyk *mi Gen.* **-a wierszyk (dla dzieci)** (nursery) rhyme.
wiertarka *f.* drill.
wierzący *mp* believer, follower.
wierzba *f.* willow.
wierzch *mi* (*górna część*) top; (*dłoni*) back; (*ubrania*) outside; (*obuwia*) upper; **jeździć wierzchem** ride (on) horseback.
wierzchni *a.* outer, top.
wierzchołek *mi* **-łk-** *Gen.* **-a 1.** (*drzewa*) top; (*góry*) peak, summit, top. **2.** *geom.* vertex.
wierze *f. zob.* **wiara**.
wierzyciel *mp* creditor.
wierzyć *ipf.* **1.** believe (*w coś* in sth); **nie wierzysz mi?** don't you believe me? **2.** (*ufać*) trust; **wierzyć, że ktoś coś zrobi** trust sb to do sth.
wieszać *ipf.* (*coś, kogoś*) hang.
wieszać się *ipf.* hang o.s.
wieszak *mi Gen.* **-a 1.** (*stojący*) clothes/coat tree; (*deska z kołkami*) (coat) rack; (*pojedynczy kołek*) peg. **2.** (*na ręczniki*) towel rail. **3.** (*ramiączko*) (coat) hanger. **4.** (*pętelka*) loop.
wieś *f.* **wsi-** *pl.* **-e 1.** (*osada*) village. **2.** (*okolica*) country(side); **na wsi** in the country(side).
wieść[1] *f.* news.
wieść[2] *ipf.* **wiodę wiedziesz**, **wiódł wiodła wiedli** *lit.* (*prowadzić, przewodzić*) lead; (*spór*) have.
wieść się *ipf.* do; **dobrze/źle mu się wiedzie** he's doing well/badly.
Wietnam *mi* Vietnam.
Wietnamczyk *mp*, **Wietnamka** *f.* Vietnamese.
wietnamski *a.* Vietnamese.
wietrze *mi zob.* **wiatr**.
wietrzny *a.* windy; **ospa wietrzna** chickenpox.
wietrzyć *ipf.* **1.** (*wentylować*) air. **2.** (*wyczuwać*) smell.
wietrzyć się *ipf.* air (out).
wiewiórka *f.* squirrel.
wieźć *ipf.* **wiozę wieziesz**, **wiózł wiozła wieźli** carry, transport.
wieża *f.* **1.** tower; **wieża kościelna** steeple; **wieża kontrolna** control tower. **2.** *szachy* rook, castle.
wieżowiec *mi* **-wc-** *Gen.* **-a** high-rise(r).
więc *conj.* **1.** (*wynikanie*) so, thus. **2.** (*wyliczenie*) namely, that is to say. — *adv.* so; **a więc...** well...
więcej *adv.* **1.** *zob.* **dużo**. **2.** *zob.* **wiele**. **3.** (*ilość, liczba, miara*) more; **a co więcej** what's more; **mniej więcej** more or less; **nic więcej** nothing more; **nikt więcej** nobody else; **więcej już nie przyszedł** he didn't come any more.
więdnąć *ipf.* **-ij** wither, wilt.
większość *f.* majority; **mieć większość** be in the majority; **większość ludzi** most people; **znak większości** greater-than sign.
większy *a.* **1.** *zob.* **duży**. **2.** *zob.* **wielki**. **3.** (*samochód, rozmiar*) bigger, larger; (*doświadczenie, intensywność*) greater; (*gorączka*) higher. **4.** (*znaczny*) major.
więzić *ipf.* **-żę -zisz** keep prisoner/in prison.
więzienie *n.* **1.** (*instytucja*) prison; jail. **2.** (*kara*) imprisonment, prison; **kara dożywotniego więzienia** life imprisonment.
więzień *mp* **-źni-** *pl.* **-owie** *Gen.* **-ów** prisoner.
więź *f.* bond.
wigilia *f. Gen.* **-ii** Christmas Eve.
wigilijny *a.* Christmas Eve; **wieczerza wigilijna** Christmas Eve Supper.
wiking *mp pl.* **-owie** Viking.
wiklina *f.* wicker.
wiklinowy *a.* wicker.
wilczy *a.* (*np. futro*) wolf's; (*apetyt*) wolfish.
wilgoć *f.* (*gleby*) moisture; (*powietrza*) humidity; (*na ścianie*) damp(ness).
wilgotność *f.* humidity.
wilgotny *a.* (*ubranie, ściana*) damp; (*powietrze, klimat*) humid; (*oczy, gleba*) moist.
wilk *ma* wolf; **głodny jak wilk** (as) hungry as a wolf/horse; **o wilku mowa** speak/talk of the devil.
willa *f. Gen.pl.* **-i/will** (detached) house.
Wilno *n.* Vilnius.
wina *f.* **1.** fault; **przypisywać komuś winę za coś** blame sb for sth; **to moja wina** it's my fault. **2.** (*odpowiedzialność*) guilt, blame; **przyjmować winę za coś** take blame for sth; **zrzucać winę na kogoś** pin/lay blame on sb.
winda *f.* elevator.
windsurfing *mi* windsurfing.
winiarnia *f. Gen.pl.* **-i/-ń** (*lokal*) wine bar.
winić *ipf.* blame (*kogoś za coś* sb for sth).
winien *pf. indecl.* owe; **ojcu jesteś winien szacunek** you owe respect to your father. — *a. indecl.* **1. jestem ci winien 50 zł** I owe you 50 zl. **2.** *zob.* **winny**[1].
winnica *f.* vineyard.
winny[1] *a.* guilty (*czegoś* of sth). — *mp* (*sprawca*) culprit.
winny[2] *a.* (*dotyczący wina*) (*smak, zapach*) vinous; (*drożdże, ocet, przemysł*) wine.
wino *n.* (*napój*) wine; **wino słodkie/wytrawne/półwytrawne** sweet/dry/semidry wine.
winogrono *n.* grape; **kiść winogron** bunch of grapes.
winorośl *f. pl.* **-e** grapevine.
wiolonczela *f. Gen.pl.* **-l/-i** cello.
wiosenny *a.* (*o słońcu, porządkach*) spring; *lit.* vernal.
wioska *f.* village.
wiosło *n. Gen.pl.* **-seł** (*do łodzi*) oar; (*do kajaka*) paddle.
wiosłować *ipf.* (*z łodzi*) row; (*z kajaka*) paddle.
wiosna *f. Gen.pl.* **-sen** (*pora roku*) spring; **na wiosnę/wiosną (2002 roku)** in the spring (of 2002).
wioślarstwo *n.* rowing.
wioślarz *mp* rower, oarsman.
wiozę itp. *ipf. zob.* **wieźć**.

wir *mi* **1.** (*wodny*) whirlpool. **2.** (*wirowanie*) whirl; **rzucić się w wir walki/pracy** hurl o.s. into fight/work.
wiraż *mi Gen.pl.* **-y/-ów 1.** (*zakręt*) tight bend. **2.** (*skręt*) turning.
wirować *ipf.* **1.** whirl; (*o wodzie, tancerzu*) swirl; *mech.* rotate. **2.** (*bieliznę*) spin-dry.
wirtuoz *mp pl.* **-i/-owie** virtuoso.
wirus *mi Gen.* **-a** virus; *pot.* bug.
wirusowy *a.* viral.
wisieć *ipf.* **-szę -sisz** hang (*nad kimś/czymś* over sb/sth); **kłótnia wisi w powietrzu** quarrel is in the air/wind; **mój awans wisi na włosku** my promotion is hanging by a thread; **na drzwiach wisiała tabliczka** there was a plaque on the door; **to mi wisi!** *pot.* I don't give a damn (about it)!
wisiorek *mi* **-rk-** *Gen.* **-a** pendant.
Wisła *f.* the Vistula (River).
wiszący *a.* hanging; **most wiszący** suspension bridge.
wiśnia *f. Gen.pl.* **wiśni/wisien 1.** (*owoc*) (sour) cherry. **2.** (*drzewo*) cherry (tree).
wiśniowy *a.* **1.** (*z wiśniami*) cherry. **2.** (*o kolorze*) cherry (red).
witać *ipf.* (*pozdrawiać*) greet; (*gości, zmiany*) welcome; **witać kogoś chlebem i solą** greet with bread and salt; **witamy w domu/w Londynie** welcome home/to London.
witać się *ipf.* exchange greetings (*z kimś* with sb).
witalność *f.* vitality.
witamina *f.* vitamin.
witraż *mi Gen.* **-u/-a**; *Gen.pl.* **-y/-ów** stained glass.
witryna *f.* (*w sklepie*) window; (*w muzeum, na wystawie*) glass case/cabinet.
wiwat *mi* (*okrzyk*) cheer. — *int.* **wiwat młoda para!** long live the newlyweds!
wiwatować *ipf.* cheer; **wiwatować na czyjąś cześć** cheer sb.
wiza *f.* visa.
wizerunek *mi* **-nk-** image.
wizja *f.* vision; **jesteście na wizji** you're on the air; **wizja lokalna** scene-of-crime inspection.
wizjer *mi Gen.* **-a 1.** viewfinder. **2.** (*w drzwiach*) peephole. **3.** *wojsk.* sight.
wizualny *a.* visual.
wizyta *f.* **1.** (*odwiedziny*) visit (*u kogoś/gdzieś* to sb/sth); **pójść do kogoś z wizytą** call on sb. **2.** **umówiona wizyta lekarska** appointment; **wizyta domowa** house call.
wizytowy *a.* formal.
wizytówka *f.* **1.** (business) card. **2.** *przen.* showcase.
wjazd *mi Loc.* **-eździe 1.** (*wjeżdżanie*) entering. **2.** (*dostęp*) entrance; (*brama*) gate(way); (*podjazd*) drive; **wjazd na autostradę** entrance ramp; **zakaz wjazdu** no entry.
wjazdowy *a.* entry; **brama wjazdowa** gateway.
wjechać *pf.* **wjadę wjedziesz**, **wjeżdżać** *ipf.* **1.** (*samochodem*) drive in; (*na stację*) pull in; **wjechać w rów** ditch. **2.** (*windą*) go up. **3.** (*najechać*) run into (*w kogoś/coś* sb/sth).
wkleić *pf.* **-eję -eisz**, **wklejać** *ipf.* stick in.
wklęsły *a.* concave; (*o policzkach*) sunken.
wkład *mi* **1.** input; contribution. **2.** (*w banku*) deposit. **3.** (*do długopisu*) (pen) refill.
wkładać *ipf.* **1.** put (*coś do czegoś/w coś* sth in/into sth); **wkładać w coś wiele wysiłku** put a lot of effort into sth. **2.** (*ubierać*) put on.
wkładka *f.* **1.** insert. **2.** (*do butów*) insole; (*higieniczna*) pantyliner.
wkoło *prep.* + *Gen.* around.
wkopać *pf.* **-pię -piesz**, **wkopywać** *ipf.* **1.** (*umieścić głęboko*) sink into the ground. **2.** *tylko pf. pot.* (*zdradzić*) rat on.
wkraczać *ipf.* **1.** enter; (*o wojsku*) march/move in. **2.** (*interweniować*) step in.
wkręcać *ipf.*, **wkręcić** *pf.* (*żarówkę, śrubę*) screw in.
wkręcać się *ipf.*, **wkręcić się** *pf.* **1.** (*np. o włosach*) get caught. **2.** *pot.* (*o osobie*) wangle o.s. into.
wkręt *mi Gen.* **-a/-u** screw.
wkroczyć *pf. zob.* **wkraczać**.
wkrótce *adv.* soon, shortly.
wlać *pf.* pour (*coś do czegoś* sth into sth).
wlać się *ipf.* pour in, flow in.
wlatywać *ipf.*, **wlecieć** *pf.* **1.** (*o owadzie*) fly in; (*o dymie*) pour in, get in; (*o piłce*) shoot in. **2.** (*wpadać w coś*) fall. **3.** *pot.* (*wpadać na kogoś*) run (*na kogoś/coś* into sb/sth).
wlec *ipf.* **wlokę wleczesz**, **wlókł wlokła wlekli** drag, haul.
wlec się *ipf.* **1.** drag along; **wlec się w ogonie** lag behind. **2.** (*długo trwać*) drag. **3.** (*o pojeździe*) crawl.
wlepiać *ipf.*, **wlepić** *pf.* **1.** stick in. **2.** *pot.* **wlepić komuś mandat** give sb a ticket.
wlewać *ipf. zob.* **wlać**.
wleźć *pf.* **wlezę wleziesz**, **wlazł wleźli** *zob.* **włazić**.
wliczać *ipf.*, **wliczyć** *pf.* include; **wliczać coś w cenę/koszt** include sth in the price/cost.
władać *ipf.* **1.** (*o władcy*) rule. **2.** (*obcym językiem*) have a good command of; (*bronią*) wield. **3.** (*nogą, ręką*) have the use of.
władca *mp* ruler.
władować *pf.* load.
władować się *pf. pot.* clamber into; **władować się w kłopoty** *przen.* get in(to) trouble.
władza *f.* **1.** (*rządzenie*) rule; reign; **być u władzy** be in power. **2.** (*organ*) authorities. **3.** (*moc*) power; **być w pełni władz umysłowych** be of sound mind; **stracić władzę w nogach** lose the use of one's legs.
włamać się *pf.* break in.
włamanie *n.* burglary.
włamywacz *mp* burglar.
włamywać się *ipf. zob.* **włamać się**.
własność *f.* **1.** property; **mieć na własność** own. **2.** ownership.
własny *a.* (*należący do kogoś*) one's own; **nazwa własna** proper noun; **w imieniu własnym** on one's own behalf; **w obronie własnej** in self-defense; **we własnej osobie** in person/the flesh; **z własnej woli** of one's free will; **zrobić coś na własną rękę** do sth on one's own.
właściciel *mp*, **właścicielka** *f.* owner; (*firmy*) proprietor; (*dokumentu*) bearer.
właściwie *adv.* (*należycie*) properly; (*poprawnie*) correctly; (*stosownie*) suitably. — *adv.* (*w gruncie rzeczy*) actually, as a matter of fact; **właściwie (to) nie** not really.
właściwość *f.* (*cecha*) characteristic; (*materiału*) property, quality.
właściwy *a.* (*zachowanie*) proper; (*określenie*) suitable; (*człowiek, wybór*) right; (*odpowiedź*) correct; **we właściwym czasie** in due course/time.
właśnie *adv.* **1.** (*istotnie*) indeed, precisely, exactly. **2.** (*dopiero co*) just; **właśnie wstałem** I've just got

up; **właśnie wtedy** just then; **właśnie w tym hotelu** in this very hotel. — *int.* **1.** (*tak jest*) precisely; **no właśnie** quite (so). **2. właśnie, że nie** no way.

włazić *ipf.* **-żę -zisz 1.** *pot.* (*wchodzić*) straggle in; **włazić do środka** *pot.* get inside. **2.** *pot.* (*wspinać się*) climb up. **3.** *pot.* (*wdepnąć*) get, step (*w coś* into sth).

włączać *ipf.*, **włączyć** *pf.* **1.** (*uruchamiać*) turn on, switch on; **włączyć coś do sieci/prądu** plug sth in. **2.** (*dołączać*) include.

włączać się *ipf.* (*brać udział*) join (in) (*do czegoś/w coś* sth); (*do ruchu z pobocza*) pull out.

włącznie *adv.* inclusive (of), including; **włącznie z kosztami dowozu** including/inclusive of the cost of delivery.

włączony *a.* (turned/switched) on.

Włoch *mp* Italian.

Włochy *pl. Gen.* **-ch** *Loc.* **-szech** Italy.

włos *mi Gen.* **-a 1.** hair; **o mały włos** by a hair's breadth/hairbreadth; **dzielić włos na czworo** split hairs; **włosy stanęły mu na głowie/dęba** his hair rose/stood on end; **pod włos** against the hair. **2.** (*na tkaninie*) pile.

włoski *a.* Italian; **kapusta włoska** savoy cabbage; **orzech włoski** English/Persian walnut.

włoszczyzna *f.* (*warzywa*) mixed vegetables.

Włoszka *f. zob.* **Włoch.**

włożyć *pf.* **włóż** *zob.* **wkładać.**

włóczęga *mp pl.* **-i/-dzy** vagabond.

włóczyć *ipf.* drag; **włóczyć nogami** drag one's feet; **włóczyć kogoś po sądach** drag sb through the courts.

włóczyć się *ipf.* roam, ramble.

włókno *n. Gen.pl.* **-kien** fiber.

wmawiać *ipf.* make (sb) believe; **wmawiać coś komuś** lead sb to believe sth; **wmawiać coś sobie** get an idea into one's head.

wnęka *f.* recess.

wnętrze *n.* interior, the inside.

wnętrzności *pl. Gen.* **-i** entrails, intestines; *pot.* guts.

wniebowzięty *a.* on cloud nine, rapturous.

wnieść *pf.* **wniosę wniesiesz, wniósł wniosła wnieśli** *zob.* **wnosić.**

wnikliwy *a.* penetrating, searching.

wniosek *mi* **-sk- 1.** (*propozycja*) proposal; (*na zebraniu*) motion; **zgłosić/odrzucić/przyjąć/poprzeć wniosek** put forward/reject/pass/second a motion. **2.** (*konkluzja*) conclusion; **dojść do wniosku, że...** arrive at the conclusion that...; **wyciągnąć wniosek** draw a conclusion. **3.** (*podanie*) application; **złożyć wniosek o coś** apply for sth; **złożyć wniosek o odszkodowanie** claim/make a claim on the insurance.

wnioskodawca *mp* mover.

wnioskować *ipf.* conclude; **wnioskować z czegoś, że...** conclude from sth that...

wnosić *ipf.* **-szę -sisz 1.** (*niosąc, dostarczać*) carry in, bring in; **wnieść opłatę** pay a fee; **wnieść poprawki do czegoś** make amendments to sth. **2.** *prawn.* petition, file; **wnosić oskarżenie** press charges (*przeciwko komuś* against sb); **wnieść pozew** bring/file (a) suit (*przeciwko komuś* against sb); **wnosić sprawę do sądu** bring a case to court.

wnuczek *mp* **-czk-** *pl.* **-owie** grandson.

wnuczka *f.* granddaughter.

wnuk *mp pl.* **-owie** grandson.

wobec *prep.* + *Gen.* **1.** (*w obecności*) in the presence of. **2.** (*w obliczu*) in the face of. **3.** (*w stosunku do kogoś/czegoś*) to, towards. **4.** (*w porównaniu*) in comparison with. **5.** (*ze względu na coś*) because of; **wobec tego** in that case.

woda *f. Gen.pl.* **wód** water; **słodka/słona woda** fresh/salt water; **woda bieżąca/pitna** running/drinking water; **woda gazowana/mineralna/sodowa** sparkling/mineral/soda water; **woda utleniona** (hydrogen) peroxide; **lać wodę** *pot.* waffle; **odpoczywać nad wodą** rest by the water; **cicha woda brzegi rwie** still waters run deep.

wodnik *mp* **1.** (*w baśniach*) water sprite. **2.** *astrol.* Aquarius.

wodny *a.* water; **elektrownia wodna** hydroelectric (power) plant/station; **lilia wodna** water lily; **narty wodne** water-ski; **ptactwo wodne** waterfowl; **rower wodny** pedalo; **roztwór wodny** aqueous solution; **sporty wodne** water sports, aquatics; **zbiornik wodny** water reservoir; **znak wodny** watermark.

wodociąg *mi* water supply system.

wodolot *mi* hydrofoil.

wodoodporny *a.* (*odporny na wodę*) water-resistant; (*nieprzesiąkliwy*) waterproof, water-repellent; (*niezmywalny*) (*farba*) water-fast.

wodorost *mi* waterweed, seaweed.

wodospad *mi* waterfall; **Wodospad Niagara** Niagara Falls.

wodoszczelny *a.* watertight; (*o zegarku*) water-resistant.

wodować *ipf.* **1.** *żegl.* launch. **2.** *lotn.* splash down; **wodować przymusowo** ditch.

wodowanie *n.* **1.** *żegl.* launch. **2.** *lotn.* splashdown; **wodowanie przymusowe** ditching.

wodór *mi* **-o-** hydrogen.

wodzić *ipf.* **wódź 1.** (*prowadzić kogoś*) lead; **wodzić kogoś za nos** lead sb by the nose. **2. wodzić za kimś oczami** follow sb with one's eyes.

woj. *abbr.* (*województwo*) prov. (*province*).

wojenny *a.* (of) war; (*wojskowy*) martial; **działania wojenne** warfare; **jeniec wojenny** prisoner of war, POW; **marynarka wojenna** navy; **okręt wojenny** warship; **sąd wojenny** court martial; **stan wojenny** martial law; **zbrodnie/zniszczenia wojenne** war crimes/damage.

wojewoda *mp pl.* **-owie** province governor.

wojewódzki *a.* provincial; **miasto wojewódzkie** provincial/province capital.

województwo *n.* **1.** *admin.* province. **2.** *pot.* (*urząd*) province governor's office.

wojna *f. Gen.pl.* **wojen** war; **wojna domowa** civil war; **święta wojna** holy war; **I/II wojna światowa** World War I/II, the First/Second World War; **pójść na wojnę** go to war; **toczyć wojnę** wage a war (*z kimś/czymś* against sb/sth); **wybuchła wojna** war broke out; **wypowiedzieć wojnę** declare a war (*komuś/czemuś* on sb/sth).

wojownik *mp* warrior.

wojsko *n.* **1.** armed forces; **wojska lądowe** army; **wojska lotnicze** air force. **2.** (*wojskowi*) the military. **3.** (*żołnierze*) soldiers. **4.** *pot.* (*służba wojskowa*) military service; **iść do wojska** go to the army; **służyć w wojsku** serve in the army.

wojskowy *a.* military; **ćwiczenia/odznaczenie wojskowe** military exercise/decoration; **obiekt/teren wojskowy** military installation/area. — *mp* (*żołnierz*) military man.

wokalista *mp*, **wokalistka** *f.* vocalist; (*w zespole*) (*o mężczyźnie*) front man; (*o kobiecie*) front woman.

wokoło, wokół *prep. + Gen.* around, round; **wokoło domu** around the house. — *adv.* all around; **rozejrzeć się wokoło** look around.

wola *f.* will; **do woli** at will; **dobra wola** goodwill; **zła wola** ill will; **mimo woli** involuntarily; **ostatnia/wolna/silna/słaba wola** last/free/strong/weak will; **siła woli** willpower; **z dobrej i nieprzymuszonej woli** of one's own free will.

woleć *ipf.* **wolę wolisz, wól** prefer; **wolę czytać niż pisać** I prefer reading to writing; **wolałbym ciastko (niż jabłko)** I'd rather have a cookie (than an apple); **wolałbym tego nie robić** I'd rather not do it; **wolałbym, żebyś tego nie robił** I'd rather you didn't do it.

wolno *adv.* **1.** (*pomału*) slowly. **2.** (*swobodnie*) freely; **budynek wolno stojący** detached building. — *pf. indecl.* **jeśli wolno spytać** if I may ask; **tu nie wolno palić** you can't smoke here; **nie wolno mu palić** he mustn't smoke.

wolność *f.* freedom, liberty; **kara pozbawienia wolności** (penalty of) imprisonment; **pozostawać na wolności** remain at large.

wolny *a.* **1.** free; **rzut wolny** free throw/kick; **wolny słuchacz** auditing student; **wolny zawód** freelance profession; **wstęp wolny** admission free. **2.** (*nie zajęty*) free, spare; **dzień wolny od pracy** a day off. **3.** (*etat, pokój*) vacant; (*droga*) clear; (*taksówka*) off duty. **4.** (*nie związany z kimś*) single. **5.** (*powolny*) slow; **gotować na wolnym ogniu** cook on a slow fire.

wołacz *mi Gen.* **-a** vocative.

wołać *ipf.* call.

wołowina *f.* beef.

wołowy *a.* beef.

worek *mi* **-rk-** *Gen.* **-a 1.** sack, bag; **worek treningowy** punching bag. **2. mieć worki pod oczami** have bags under the/one's eyes.

wosk *mi* wax.

woskować *ipf.* wax.

wozić *ipf.* **wożę wozisz, woź/wóź 1.** transport, carry. **2.** *pot.* (*obwozić kogoś*) drive around.

wódka *f.* vodka.

wódz *mp* **-o-** *pl.* **-owie** leader; (*plemienia*) chief; *wojsk.* commander.

wół *ma* **-o-** *Gen.* **-u** ox; **wół roboczy** drudge; **harować jak wół** work like a horse/dog.

wówczas *adv.* then.

wóz *mi* **-o- 1.** (*konny*) cart, wagon; **wóz drabiniasty** hayrack; **(albo) wóz, albo przewóz** it's either make or break. **2.** (*ilość towaru*) cartload, wagonload. **3.** (*tramwaj*) streetcar. **4.** *pot.* (*samochód*) car.

wózek *mi* **-zk-** *Gen.* **-a 1.** baby carriage; (*spacerówka*) stroller. **2.** (*w supermarkecie*) cart; **wózek inwalidzki** wheelchair.

WP *abbr.* (*Wojsko Polskie*) Polish Army.

wpadać *ipf.*, **wpaść** *pf.* **1.** (*do wnętrza*) fall; **wpaść w poślizg** go into a skid; **wpaść w pułapkę** be caught in a trap; **piłka wpadła do bramki** the ball went into the goal; **wpadł mi do głowy pomysł** I've hit upon an idea. **2.** (*wbiegać*) rush into. **3.** *pot.* (*odwiedzać kogoś*) call on; **wpaść po kogoś** pick sb up. **4. wpaść pod samochód** be knocked down/by a car. **5.** (*natrafiać na kogoś/coś*) bump into, come across.

wpatrywać się *ipf.* gaze, stare (*w coś* at sth).

wpisać *pf.* **1.** (*w rejestrze*) register. **2.** (*w notatniku*) write down.

wpisowe *n. Gen.* **-ego** (*opłata rejestracyjna*) registration fee; (*opłata za członkostwo*) membership fee.

wpisywać *ipf. zob.* **wpisać**.

wpłacać *ipf.*, **wpłacić** *pf.* pay in; **wpłacić pieniądze na konto** deposit money in an account.

wpłata *f.* payment; **dokonać wpłaty** make a payment; **dowód wpłaty** payment slip, voucher.

wpłynąć *ipf.* **-am -asz 1. wpłynąć do portu** make port. **2.** (*być dostarczanym*) come in. **3.** (*oddziaływać*) influence, affect. **4.** *tylko ipf.* (*znajdować ujście*) flow into.

wpływ *mi* influence, impact; **być pod wpływem alkoholu** be under the influence of alcohol.

wpływać *ipf. zob.* **wpłynąć**.

wpływowy *a.* influential.

wpół *adv.* **1. o wpół do trzeciej** at half past two; **trzymać kogoś wpół** hold sb round their waist; **zgiąć się wpół** bend double. **2. na wpół żywy** half-alive.

wprawa *f.* **1.** (*biegłość*) proficiency, skill; **mieć w czymś wprawę** be adept at (doing) sth. **2.** (*wprawianie się*) practice; **dla wprawy** for practice; **wychodzić z wprawy** be out of practice.

wprawiać *ipf.*, **wprawić** *pf.* set, put; **wprawiać kogoś w dobry nastrój** put sb in a good mood; **wprawiać kogoś w zakłopotanie** embarrass sb; **wprawiać w ruch** set in motion.

wprawiać się *ipf.*, **wprawić się** *pf.* **1.** (*nabierać wprawy*) get practice (*w czymś* in sth). **2. wprawiać się w dobry humor** put o.s. in a good mood.

wprost *adv.* **1.** (*prosto*) straight ahead/on. **2.** (*bezpośrednio*) directly. **3.** (*otwarcie*) frankly, openly. **4.** (*naprzeciw*) directly opposite. — *part.* **wprost przeciwnie** just the opposite.

wprowadzać *ipf.* **1. wprowadzić kogoś w błąd** mislead sb; **wprowadzić samochód do garażu** drive the car into the garage. **2. wprowadzać coś w życie** put/bring into effect. **3.** (*zapoznawać kogoś z czymś*) introduce (*kogoś w coś* sb to sth). **4. wprowadzać kogoś w dobry nastrój** put sb in a good mood.

wprowadzać się *ipf.* move in.

wpuszczać *ipf.*, **wpuścić** *pf.* **wpuszczę wpuścisz** (*kogoś do wnętrza*) let in; (*krople do oczu*) apply.

wpychać *ipf.* **1.** shove in, cram in. **2. wpychać/wciskać coś komuś** push sth on sb.

wpychać się *ipf.* push in; **wpychać się do kolejki** cut in line.

wracać *ipf.* **1.** (*przybywać z powrotem*) return, come back, get back. **2.** (*robić coś ponownie*) go back to. **3. wracać do zdrowia** recover.

wrak *mi Gen.* **-a/-u** wreck.

wraz *adv. lit.* together, along (*z kimś* with sb).

wrażenie *n.* **1.** (*reakcja na bodziec*) sensation. **2.** (*odczucie*) impression; **mam wrażenie, że...** I have the impression that...; **coś robi dobre wrażenie na kimś** sth makes a good impression on sb; **z wrażenia** in amazement.

wrażliwość *f.* sensitivity, sensibility.

wrażliwy *a.* sensitive; **wrażliwy na krzywdę** compassionate; **wrażliwy na ból** susceptible/sensitive to pain; **wrażliwy na wstrząsy/zmiany temperatury** sensitive to shocks/temperature changes.

wreszcie *adv.* at last, finally; **wreszcie jesteś!** here you are at last!

wręcz *a. indecl.* **walka wręcz** unarmed combat, hand-to-hand combat. — *adv.* (*bez ogródek*) plainly, straightforwardly. — *part.* (*wprost*) completely, totally; **to wręcz niemożliwe** this is simply impossible.

wręczać *ipf.*, **wręczyć** *pf.* (*dyplom, medal*) present (*komuś coś* sb with sth); (*kwiaty, prezent*) give (*komuś coś* sb sth/sth to sb).

wrodzony *a.* innate, inborn; *med., pat.* congenital.

wrogi *a.* (*o państwie, wojskach*) enemy; (*o zamiarach, spojrzeniu*) hostile.

wrogo *adv.* with hostility; **wrogo nastawiony/usposobiony do kogoś** hostile to(ward) sb.

wrona *f.* crow.

wrotka *f.* roller skate; **jeździć na wrotkach** roller-skate.

wróbel *ma* **-bl-** sparrow.

wrócić *pf. zob.* **wracać**.

wróg *mp* **-o-** *pl.* **-owie 1.** (*nieprzyjaciel*) enemy, foe. **2.** (*przeciwnik*) opponent.

wróżba *f.* **1.** prediction; **wróżby** fortune-telling. **2.** (*prognostyk*) omen.

wróżka *f.* **1.** fortune-teller. **2.** (*w bajkach*) fairy.

wróżyć *ipf.* **1. wróżyć komuś** tell sb's fortune. **2.** (*przewidywać*) foretell, predict. **3.** (*zapowiadać coś*) herald, augur; **to nie wróży nic dobrego** it doesn't augur/bode well.

wrzask *mi* scream, yell.

wrzątek *mi* **-tk-** boiling water.

wrzeć *ipf.* **wrę wrzesz wrze/wre**, **wrzyj 1.** (*kipieć*) boil. **2.** *przen.* rage; **praca wre** work is in full swing.

wrzesień *mi* **-śni-** *Gen.* **-a** *Gen.* **-i/-ów** September.

wrzeszczeć *ipf.* **-ę -ysz** scream, yell (*na kogoś* at sb); **wrzasnąć z bólu** scream with pain.

wrzos *mi* heather.

wrzosowisko *n.* heath, moor.

wrzód *mi* **-o-** ulcer, sore; **wrzód żołądka/dwunastnicy** stomach/duodenal ulcer.

wrzucać *ipf.*, **wrzucić** *pf.* **1.** put, drop, throw (*kogoś/coś do czegoś* sb/sth in(to) sth). **2. wrzucać sprzęgło/jedynkę** engage clutch/first gear; **wrzucać czwórkę** kick into fourth.

wsadzać *ipf.*, **wsadzić** *pf.* **1.** (*wtykać*) stick, poke (*sth*) (*coś w coś/do czegoś* sth in/into sth). **2. wsadzać kogoś do samochodu/do pociągu** put sb into a car/on a train. **3.** *pot.* (*pozbawiać wolności*) lock (*sb*) up. **4. wsadzać nos w nie swoje sprawy** poke/stick one's nose into other people's affairs.

wsch. *abbr.* (*wschodni/wschód*) E (*east, eastern*).

wschodni *a.* east(ern); (*o kierunku*) easterly; **Europa wschodnia** Eastern Europe; **religie wschodnie** Eastern religions.

wschodnioeuropejski *a.* East European.

wschód *mi* **-o- 1. wschód słońca** sunrise. **2.** (*strona świata*) the east; **na wschodzie** in the east. **3.** (*kraje Azji*) the East.

wsi *itd. f. zob.* **wieś**.

wsiadać *ipf.*, **wsiąść** *pf.* get (*do czegoś* into/on sth); **wsiadać do autobusu/pociągu** get on a bus/train; **wsiadł do samochodu** he got into the car; **wsiadaj!** get in! **wsiadać do samolotu/na statek** board an airplane/ship, embark (on an airplane/ship).

wskakiwać *ipf.* jump, leap (*do czegoś* into sth); **wskakiwać do wody** dive/plunge into the water; **wskakiwać do pociągu** jump on a train.

wskazówka *f.* **1.** (*zegara*) hand; (*kompasu, miernika*) needle. **2.** (*zalecenie*) direction, instruction; **udzielić komuś wskazówek** instruct sb. **3.** (*w rozumowaniu*) clue; (*podpowiedź*) hint.

wskazujący *a.* **palec wskazujący** index finger; **zaimek wskazujący** demonstrative pronoun.

wskazywać *ipf.* **1.** (*pokazywać*) indicate, point (*sb/sth*) out (*komuś* to sb). **2.** (*świadczyć*) suggest; **nic nie wskazuje na to, że...** there's nothing to suggest that...

wskaźnik *mi Gen.* **-a 1.** (*sygnalizator, odczynnik*) indicator; (*miernik*) gage. **2.** *stat.* index, rate (*czegoś* of sth).

wskoczyć *pf. zob.* **wskakiwać**.

wskutek *prep.* + *Gen.* because of (*sth*); as a result of (*sth*); **wskutek tego** as a result.

wspaniale *adv.* (*doskonale*) excellently, brilliantly; **wyglądać/brzmieć wspaniale** look/sound gorgeous; **wspaniale!** great!, excellent!

wspaniałomyślny *a.* magnanimous, generous.

wspaniałość *f.* **1.** (*doskonałość*) excellence. **2.** (*okazałość, wystawność*) splendor, grandeur. **3.** (*rarytas*) **podano same wspaniałości** gorgeous meals were served.

wspaniały *a.* **1.** (*świetny, doskonały*) great, excellent, wonderful, marvelous, brilliant. **2.** (*okazały, wystawny*) grand, splendid.

wsparcie *n.* support, backing.

wspiąć się *pf. zob.* **wspinać się**.

wspierać *ipf.* (*wspomagać*) support (*kogoś/coś czymś* sb/sth with sth).

wspierać się *ipf.* **1.** (*opierać się*) lean (*na czymś* on sth) (*o coś* against sth). **2.** (*pomagać sobie wzajemnie*) provide mutual support.

wspinaczka *f.* climbing.

wspinać się *ipf.* **1.** climb; **wspinać się na drzewo** climb a tree. **2. wspiąć się na palcach** stand on one's toes.

wspomaganie *n.* **automatyczne wspomaganie kierownicy** power(-assisted) steering; **hamulce ze wspomaganiem** servo/power brakes.

wspominać *ipf.* **1.** (*przypominać sobie*) recall; **wspomnisz moje słowa** mark my words. **2.** (*wzmiankować*) mention (*kogoś/coś* sb/sth); **nie wspominając (o)...** not to mention...

wspomnienie *n.* **1.** memory, recollection; **wspomnienia z dzieciństwa** childhood memories. **2.** (*tekst wspomnieniowy*) remembrance.

wspólnie *adv.* together; (*współpracując*) in collaboration.

wspólnik *mp* **1.** partner, associate. **2.** (*przestępca*) accomplice.

wspólnota *f.* community; **wspólnota interesów/celów** community of interests/purposes; **wspólnota narodów** commonwealth (of nations); **wspólnota religijna** communion.

wspólny *a.* common, shared, mutual; **wspólny pokój** shared room; **wspólny przodek/rodowód** common ancestor/descent; **wspólny przyjaciel** mutual friend; **wspólne zainteresowania** mutual interests; **znajdować z kimś wspólny język** find common ground with sb; **nie mieć z kimś/czymś nic wspólnego** have nothing to do with sb/sth.

współautor *mp*, **współautorka** *f.* coauthor.

współczesność *f.* modern times, the present time/day.

współczesny *a.* **1.** (*dotyczący obecnych czasów*) modern, contemporary, present-day. **2.** (*dotyczący tych samych czasów*) contemporaneous, contemporary.

współczucie *n.* sympathy, compassion (*dla kogoś* for sb); **wyrazy współczucia** condolences, sympathies.
współczuć *ipf.* sympathize, commiserate (*komuś* with sb, *z powodu czegoś* on/over sth); **szczerze ci współczuję** I'm really sorry for you.
współczynnik *mi Gen.* **-a** coefficient.
współdziałać *ipf.* cooperate (*przy czymś* in sth).
współdziałanie *n.* cooperation.
współlokator *mp*, **współlokatorka** *f.* housemate; (*w pokoju*) roommate.
współmałżonek *mp* **-nk-** *pl.* **-owie** spouse.
współodpowiedzialny *a.* jointly responsible (*za coś* for sth).
współorganizator *mp*, **współorganizatorka** *f.* co-organizer.
współpraca *f.* cooperation; **we współpracy z kimś** in cooperation with sb.
współpracować *ipf.* cooperate, collaborate.
współpracowniczka *f.*, **współpracownik** *mp* co-worker, collaborator.
współwłaściciel *mp*, **współwłaścicielka** *f.* joint owner, coproprietor.
współzawodnictwo *n.* competition, rivalry.
współzawodniczyć *ipf.* compete (*z kimś* with sb, *w czymś* in sth) (*o coś* for sth).
współżycie *n.* **1.** (*społeczne*) coexistence. **2.** (*płciowe*) intercourse.
współżyć *ipf.* **-żyję -żyjesz, -żyj 1.** (*w społeczeństwie*) coexist. **2.** (*płciowo*) have intercourse.
wstać *pf.* **wstanę wstaniesz, wstawać** *ipf.* **-aję -ajesz, -awaj 1.** (*powstać*) rise, stand up; **wstać od stołu** rise from the table; **proszę wstać, sąd idzie!** all rise, the court is in session! **2.** (*o słońcu*) (*wzejść*) rise, come up. **3.** (*wychodzić z łóżka*) get up, get out of bed; **wstawaj!** get up! **późno wstałem** I got up late; **wstać lewą nogą** *przen.* get up on the wrong side of the bed; **kto rano wstaje, temu Pan Bóg daje** the early bird catches the worm.
wstawiać *ipf.*, **wstawić** *pf.* **1.** put, insert (*coś w coś/ do czegoś* sth in(to) sth) (*między coś* between sth); **wstawiać sztuczne zęby** insert dentures; **wstawić wannę** put in a bath. **2.** (*zaczynać gotowanie*) put on; **wstawić wodę** put the kettle on.
wstawiać się *ipf.*, **wstawić się** *pf.* **1. wstawiać się za kimś** put in/say a good word for sb. **2.** *pot.* (*upijać się*) get tight.
wstążka *f.* ribbon.
wstecz *adv.* back(ward); *żegl.* astern; **patrzeć wstecz na coś** look back on sth.
wsteczny *a.* **1.** retrograde, backward. **2. bieg wsteczny** reverse gear; **lusterko wsteczne** rear-view mirror.
wstęp *mi* **1.** (*pozwolenie wejścia*) entrance, admission; **wstęp zabroniony** no entry. **2.** (*początek, wprowadzenie*) introduction (*do czegoś* to sth).
wstępnie *adv.* provisionally.
wstępny *a.* **1.** (*wprowadzający*) introductory. **2.** (*prowizoryczny*) provisional, preliminary. **3.** (*przygotowawczy*) pre-; **badanie wstępne** pretest.
wstępować *ipf.* **1.** (*zachodzić*) call (in/round) (*do kogoś* on sb). **2.** (*rozpoczynać*) **wstąpić na nową drogę życia** embark on a new career; **wstąpić na tron** ascend the throne. **3.** (*przyłączać się*) join.
wstręt *mi* disgust, repulsion; **mieć wstręt do czegoś** have a horror of sth.
wstrętny *a.* disgusting, repulsive; (*o smaku, zapachu*) foul.
wstrząs *mi* **1.** (*fizyczny, emocjonalny*) shock; (*sejsmiczny*) quake, tremor. **2. wstrząs mózgu** concussion.
wstrząsać *ipf.*, **wstrząsnąć** *pf.* + *Ins* **1.** (*potrząsać*) shake (up). **2.** (*emocjonalnie*) shake, shock.
wstrząsać się *ipf.*, **wstrząsnąć się** *pf.* shudder (*na myśl o kimś/czymś* at the thought of sb/sth).
wstrząsający *a.* shocking.
wstrzykiwać *ipf.*, **wstrzyknąć** *pf.* **-ij** inject (*coś komuś* sth into sb/sb with sth).
wstrzymać *pf.*, **wstrzymywać** *ipf.* **1.** (*powstrzymywać*) hold (*sb/sth*) back, restrain; **wstrzymywać oddech** hold one's breath. **2.** (*przerywać*) stop, cease, discontinue; **wstrzymywać ogień** cease fire. **3.** *prawn.* (*decyzję l. wykonanie wyroku*) stay, arrest.
wstrzymać się *pf.*, **wstrzymywać się** *ipf.* **wstrzymać się od głosu** abstain (from voting/from the vote).
wstyd *mi* shame; **najeść się wstydu** be put to shame; **jest mi wstyd (za siebie)** I'm ashamed (of myself); **przynosić komuś/czemuś wstyd** bring shame on sb/sth.
wstydliwy *a.* **1.** (*skrępowany*) bashful, shy. **2.** (*żenujący*) shameful, embarrassing.
wstydzić się *ipf.* be ashamed; **wstydź się!** shame on you!
wsunąć *pf.*, **wsuwać** *ipf.* **1.** (*zakładać*) put (*sth*) on, slip (*sth*) on. **2.** (*wtykać*) **wsunąć komuś monetę do ręki** slip a coin into sb's hand; **wsunąć głowę przez okno** stick one's head in through the window. **3.** (*wkładać delikatnie*) slide, ease (*sth*) (*do czegoś* into sth).
wsunąć się *pf.*, **wsuwać się** *ipf.* **1.** (*zakraść się*) steal in(side). **2.** (*gładko wejść*) slide in.
wsypać *pf.*, **wsypywać** *ipf.* **1.** pour. **2.** *pot.* (*dekonspirować*) **wsypać siebie** give oneself away; **wsypać kogoś** blow the whistle on sb.
wszechmocny, wszechmogący *a. rel.* omnipotent, almighty; (*o Bogu*) the Almighty, the Omnipotent.
wszechstronny *a.* versatile; (*o wykształceniu*) broad education; (*o badaniach*) extensive.
wszechświat *mi Gen.* **-a** universe.
wszedł *itd. pf. zob.* **wejść**.
wszelki *a.* **1.** (*każdy*) all, every; **wszelkie prawa zastrzeżone** all rights reserved. **2.** (*jakikolwiek*) any; **na wszelki wypadek** just in case; **za wszelką ceną** at any cost.
wszerz *adv.* broadwise, in breadth; **przeszukać coś wzdłuż i wszerz** search the length and breadth of sth.
wszędzie *adv.* everywhere.
wszyscy *pl.* **-stki-** *Gen.pl.* **-ich** all, everybody, everyone.
wszystko *n.* **-tki-** *Gen.* **-ego** all, everything; **i to już wszystko** that's about all; **mimo wszystko** after all; **przede wszystkim** first of all, in the first place; **wszystko gra** everything is in order.
wściec się *pf.* **wścieknę wściekniesz, wścieknij, wściekł, wściekać się** *ipf.* (*rozzłościć się*) rage, go mad.
wściekłość *f.* rage, fury.
wściekły *a.* **1.** (*chory na wściekliznę*) rabid. **2.** (*gwałtowny*) mad (*na kogoś* at sb); (*o awanturze*) furious.
wśród *prep.* + *Gen.* (*w otoczeniu*) amidst, among.
wtajemniczać *ipf.*, **wtajemniczyć** *pf.* **wtajemniczać kogoś w coś** acquaint sb with sth, initiate sb into the secret of sth.
wtajemniczać się *ipf.* become initiated, acquaint oneself.
wtajemniczenie *n.* initiation.

wtargnąć *pf.* **-ij** (*do czegoś*) break into sth; (*do kraju*) invade.
wtedy *adv.* then, at that time.
wtem *adv.* suddenly.
wtłaczać *ipf.*, **wtłoczyć** *pf.* **1.** (*wciskać*) force, cram. **2.** (*wlewać coś pod ciśnieniem*) pour sth in under pressure.
wtorek *mi* **-rk-** Tuesday.
wtórny *a.* secondary, derivative; **surowce wtórne** recyclables.
wtórować *ipf.* (*śpiewać drugim głosem*) take second part; (*akompaniować*) accompany.
wtrącać *ipf.*, **wtrącić** *pf.* **1.** add; **wtrącić swoje trzy grosze** put in one's oar. **2. wtrącić kogoś do więzienia** cast sb into prison.
wtrącać się *ipf.*, **wtrącić się** *pf.* **1.** (*ingerować*) interfere, meddle. **2.** (*dopowiadać*) break in, put in.
wtyczka *f.* **1.** plug. **2.** *pot.* (*donosiciel*) mole.
wtykać *ipf. zob.* **wetknąć**.
wuj, **wujek** *mp* uncle.
wulgarny *a.* vulgar.
wulkan *mi* volcano.
ww. *abbr.* (*wyżej wymieniony*) above-mentioned.
W-wa *abbr.* (*Warszawa*) Warsaw.
wwieźć *pf.*, **wwozić** *ipf.* **wwożę wwozisz, wwoź/wwóź** bring in, import.
wy *pron. Gen. & Acc. & Loc.* **was** *Dat.* **wam** *Ins.* **wami** you; **u/do was** at/to your place.
wybaczać *ipf.* forgive, pardon.
wybaczenie *n.* forgiveness; **błąd nie do wybaczenia** an unforgivable error.
wybaczyć *ipf. zob.* **wybaczać**.
wybadać *pf.*, **wybadywać** *ipf.* investigate, spy out, check out.
wybawiać *ipf.*, **wybawić** *pf.* deliver, rescue, save.
wybawiać się *ipf.*, **wybawić się** *pf.* free oneself.
wybić *pf.* **1.** (*szybę, korek, gwóźdź*) break; **wybić komuś coś z głowy** put sth out of sb's head; **wybić piłkę** clear; (*otwór*) make an opening. **2.** (*pas ćwiekami*) stud. **3. wybijać rytm** beat time. **4.** (*o zegarze*) ring, strike. **5.** (*zabijać*) kill.
wybić się *ipf.* **1.** (*wyróżniać się*) excel, distinguish oneself. **2. wybić się ze snu** be unable to fall asleep again.
wybiec *pf.* run out; **wybiegać myślą naprzód** look ahead.
wybieg *mi* **1.** (*dla zwierząt*) run, paddock (*zwł. dla koni*). **2.** (*dla modelek*) catwalk. **3.** (*podstęp*) subterfuge.
wybiegać *ipf. zob.* **wybiec**.
wybielacz *mi Gen.* **-a** bleach.
wybierać *ipf.*, **wybrać** *pf.* **1.** choose, select, pick out; **wybrać numer** dial a telephone number. **2. wybrać pieniądze z konta** draw money. **3.** (*poprzez głosowanie*) elect sb.
wybierać się *ipf.*, **wybrać się** *pf.* (*do drogi*) prepare to go.
wybijać (się) *ipf. zob.* **wybić (się)**.
wybitnie *adv.* remarkably, outstandingly; **wybitnie uzdolniony** brilliant, remarkably gifted.
wybitny *a.* outstanding, eminent, brilliant.
wyborca *mp* elector, voter.
wyborczy *a.* electoral, election; **okręg wyborczy** constituency; **czynne/bierne prawo wyborcze** passive/active voting rights.
wyborowy *a.* exquisite, perfect, first-class; **strzelec wyborowy** marksman, sharpshooter.
wybór *mi* **-o-** choice, selection; **do wyboru, do koloru** in great variety.
wybredny *a.* fastidious, choosy.
wybrnąć *pf.* **-ij 1.** (*z kłopotów*) get out. **2.** (*z zaspy, błota*) wade out.
wybryk *mi* prank; **wybryk natury** freak of nature.
wybrzeże *n. Gen.pl.* **-y** seacoast, seashore.
wybuch *mi* **1.** explosion; (*gazu, wulkanu*) eruption. **2.** (*pożaru, wojny, kłótni*) outbreak. **3.** (*przejaw uczuć*) outburst.
wybuchać *ipf.*, **wybuchnąć** *pf.* **-chnij, -chnął/-chł -chnęła/-chła -chnęli/-chli 1.** (*bomba, granat*) explode; (*wulkan*) erupt. **2.** (*zaczynać się nagle*) break out. **3. wybuchać śmiechem** burst out laughing; **wybuchać płaczem** burst into tears.
wychodzić *ipf.* **1.** go out; **wychodzić po zakupy/na spacer** go out shopping/for a walk; **wychodzić z długów** get out of debt; **wychodzić z założenia, że...** assume that...; **wyjść na pierwsze miejsce** go into the lead; **wyjść na wolność** be released; **wyjść z obiegu** go out of use/circulation; **wyjść z wypadku cało** get out of the accident unscathed; **wyjść za mąż** get married, marry. **2. wyjść na czysto/na swoje** break even. **3. wyszło na jaw** it came to light. **4.** (*być ogłoszonym*) come out. **5. wyjść na człowieka** turn out a successful man; **wyjść na idiotę** make a fool of oneself. **6.** (*być zrealizowanym*) work out; **nie wyszło** it didn't work out. **7.** *pot.* (*dawać jakiś rezultat*) yield a result; **na jedno wychodzi** it's all the same; **niech wyjdzie mu na zdrowie** let it be all the better for him. **8.** (*o włosach*) fall out. **9.** *tylko ipf.* (*być skierowanym*) face; **okna wychodzą na zachód** the windows face the west.
wychowanek *mp* **-nk-** *pl.* **-owie 1.** (*absolwent*) alumnus. **2.** (*dziecko pod opieką*) ward, foster-child.
wychowanie *n.* **1.** education. **2.** (*maniery*) manners.
wychowanka *f.* **1.** (*absolwentka*) alumna. **2.** (*dziecko pod opieką*) ward, foster-child.
wychowany *a.* well-brought up; **źle wychowany** ill-mannered.
wychowawca *mp* **1.** (*nauczyciel*) home-room teacher. **2.** (*opiekun*) (*na obozie*) camp counselor.
wychowawczy *a.* educational.
wychowawczyni *f.* **1.** (*nauczycielka*) home-room teacher. **2.** (*opiekunka*) (*na obozie*) camp counselor.
wychowywać *ipf.* **1.** bring up, rear. **2.** (*kształcić*) educate.
wychowywać się *ipf.* be brought up, be raised.
wychwalać *ipf.* praise, extol.
wychylać *ipf.*, **wychylić** *pf.* **nie wychylać nosa z domu** not stick one's nose out of the house; **wychylić kieliszek** toss back/down a glass.
wychylać się *ipf.*, **wychylić się** *pf.* **1.** (*do przodu, do tyłu*) lean forward, lean back. **2.** *pot.* (*narażać się*) expose oneself; **nie chciał się wychylać** he didn't want to stick his neck out.
wyciąć *ipf.* **1.** cut out; (*las*) cut, deforest. **2.** *med.* excise.
wyciąg *mi* **1.** *fin.* bank statement. **2.** (*skrót*) extract, excerpt. **3. wyciąg narciarski** ski-lift.
wyciągać *ipf.*, **wyciągnąć** *pf.* **1.** (*wydobywać*) pull out; **wyciągnąć od kogoś pieniądze** extort money from sb; **wyciągnąć wnioski** draw conclusions. **2.**

(*rozprostowywać*) stretch. **3.** *pot.* (*nakłaniać do wyjścia*) draw out; **wyciągnąć kogoś z łóżka** draw sb out of bed. **4. wyciągnąć kogoś z więzienia** get sb out of prison.
wyciągać się *ipf.*, **wyciągnąć się** *pf.* **1.** (*rozprostowywać się*) stretch out. **2.** (*o ubraniu*) stretch.
wyciec *pf. zob.* **wyciekać.**
wycieczka *f.* **1.** (*podróż*) excursion. **2.** (*ludzie*) holiday-makers.
wyciekać *ipf.*, **wyciekną**ć *pf.* **-knij**, **-kł/-knął** leak (out), flow out, escape.
wycieraczka *f.* **1.** (*do nóg*) doormat. **2.** *mot.* wiper.
wycierać *ipf.* **1.** (*osuszać*) wipe. **2.** (*likwidować*) erase. **3.** (*zużywać*) wear out.
wycierać się *ipf.* **1.** (*osuszać się*) wipe/dry oneself. **2.** (*niszczyć się*) wear through.
wycinać *ipf. zob.* **wyciąć.**
wycinek *mi* **-nk-** *Gen.* **-a 1.** (*kawałek*) sector. **2.** (*artykuł*) press cutting. **3.** *med.* segment.
wycinkowy *a.* fragmentary.
wyciskać *ipf.*, **wycisnąć** *pf.* **-snę -śniesz**, **-śnij** (*ściereczkę, gąbkę*) press out; (*sok z cytryny, wrzód, pastę*) squeeze; (*wodę z bielizny*) wring out.
wycofać (się) *pf.*, **wycofywać (się)** *ipf.* **1.** withdraw. **2.** *wojsk.* retreat.
wyczerpać *pf.* exhaust.
wyczerpać się *pf.* become exhausted; **baterie się wyczerpały** batteries have gone flat.
wyczerpany *a.* **1.** (*zużyty*) run down; (*o nakładzie książki*) out of print. **2.** (*osłabiony*) exhausted.
wyczerpujący *a.* **1.** (*kompletny*) exhaustive. **2.** (*osłabiający*) exhausting.
wyczerpywać (się) *ipf. zob.* **wyczerpać (się).**
wyczucie *n.* intuition, feeling; **robić coś z wyczuciem** do sth tactfully; **bez wyczucia** tactlessly; **na wyczucie** on a hunch.
wyczuć *pf.*, **wyczuwać** *ipf.* sense.
wyczyn *mi* feat.
wyczyścić *pf.* **-szczę -ścisz** clean up.
wyczyścić się *pf.* be cleaned; (*uwolnić się*) be cleared.
wyczytać *pf.*, **wyczytywać** *ipf.* **1.** (*dowiedzieć się*) read. **2.** (*odczytać nazwisko*) read out sb's name.
wyć *ipf.* **wyję wyjesz 1.** howl. **2.** (*o urządzeniach*) hoot.
wyćwiczony *a.* trained.
wydać *pf. zob.* **wydawać.**
wydajnie *adv.* efficiently.
wydajność *f.* productivity, efficiency.
wydajny *a.* **1.** (*o pracy, złożu*) efficient. **2.** (*o pracowniku*) productive.
wydalać *ipf.*, **wydalić** *pf.* **1.** (*ze szkoły*) expel; (*z kraju*) deport. **2.** *biol.* extract.
wydanie *n.* **1.** publication, edition. **2. panna na wydaniu** marriageable woman.
wydarzenie *n.* event.
wydarzyć się *pf.* happen, occur.
wydatek *mi* **-tk-** expense; **drobne wydatki** minor expenses.
wydawać *ipf.* **-aję -ajesz**, **-awaj 1.** (*pieniądze*) spend. **2.** (*dawać*) give, issue; **wydać zaświadczenie** issue a certificate; **wydać córkę za mąż** marry a daughter off; **wydawać okrzyk** give a shout/cry. **3.** (*zdradzać*) give away. **4.** (*obwieszczać*) issue; **wydać opinię** give/pass an opinion; **wydać werdykt** return/deliver a verdict; **wydać wyrok** pass/pronounce a sentence. **5.** (*publikować*) publish. **6. wydać na świat** give birth to.
wydawać się *ipf.* **1.** (*być ujawnianym*) come out. **2.** (*zdradzać się z czymś*) give o.s. away. **3.** (*wywoływać wrażenie*) seem, appear. **4.** *pot.* (*wychodzić za mąż*) marry.
wydawca *mp* publisher.
wydawnictwo *n.* publishing house.
wydech *mi* **1.** exhalation. **2.** *techn.* exhaust.
wydechowy *a.* **1.** expiratory. **2. rura wydechowa** exhaust pipe.
wydłużać *ipf.* (*cykl, krok*) lengthen; (*czas, pobyt*) prolong, extend.
wydłużony *a.* extended, lengthened; prolonged.
wydmuchać *pf.*, **wydmuchiwać** *ipf.*, **wydmuchnąć** *pf.* **-ij** (*usunąć*) exhale; puff away, blow out; **wydmuchać nos** blow one's nose.
wydobrzeć *pf.* **-eję -ejesz** recover, get better.
wydobywać *ipf.* **1.** (*wydostać*) get out, bring out. **2.** *górn.* mine, extract.
wydobywać się *ipf.* **1.** (*wydzielać się, wydostawać się*) get out. **2.** (*dać się słyszeć*) come out.
wydoroślеć *pf.* **-eję -ejesz** grow up, mature.
wydostać (się) *pf.*, **wydostawać (się)** *ipf.* **-staję -stajesz**, **-stawaj** get out (*z czegoś* of sth).
wydruk *mi* printout.
wydrukować *pf.* **1.** (*powielić*) print. **2.** (*opublikować*) publish.
wydumany *a.* invented.
wydychać *ipf.* exhale, breathe out.
wydział *mi* **1.** *szkoln.* faculty. **2.** (*instytucji*) department.
wydziedziczać *ipf.*, **wydziedziczyć** *pf.* disinherit (*kogoś z czegoś* sb from sth).
wydzielać *ipf.* **1.** (*wyznaczać część*) ration out, dispense. **2.** (*oddzielać*) assign. **3.** *tylko ipf.* (*wydawać z siebie*) emit, give off. **4.** *tylko ipf. biol.* secrete.
wydzielać się *ipf.* **1.** (*wydobywać się*) be emitted, exude. **2.** *biol.* be secreted. **3.** (*wyodrębniać się*) separate (*z czegoś* from sth).
wydzierać *ipf.*, **wydrzeć** *pf.* **1.** (*odrywać*) tear out. **2. wydzierać coś komuś** tear sth away from sb.
wydzierać się *ipf. pot.* holler.
wyeksportować *pf. zob.* **eksportować.**
wyeliminować *pf. zob.* **eliminować.**
wyemigrować *pf. zob.* **emigrować.**
wygadać *pf.*, **wygadywać** *ipf. pot.* (*zdradzić*) let slip/out.
wygadać się *pf.* **1.** *pot.* (*naopowiadać się*) talk to one's heart content. **2.** *pot.* (*zdradzić tajemnicę*) spill the beans, blab.
wyganiać *ipf.* drive out; chase away.
wygasać *ipf.* **1.** (*gasnąć*) go out; (*świeca*) burn out. **2.** (*kończyć się*) fade, die away/down/out. **3.** (*tracić ważność*) expire.
wygięty *a.* curved, bent.
wyginać *ipf.* (*odkształcać*) bend, curve.
wyginać się *ipf.* bend, curve.
wyginąć *pf.* become extinct, die out.
wygląd *mi* (*przedmiotu, zwierzęcia*) appearance; (*człowieka*) appearance, looks.
wyglądać *ipf.* **1. wyglądać przez okno** look out/through the window. **2.** *tylko ipf.* (*prezentować się*) look; **jak ona wygląda?** what does she look like? **on wygląda na złodzieja** he looks like a thief; **wyglądać**

świetnie/źle/na zmęczonego look great/bad/tired; **wygląda na to, że...** it looks as if...; **na to wygląda** so it seems. **3.** *tylko ipf.* (*oczekiwać z tęsknotą*) look forward to, expect.
wygłaszać *ipf.* **wygłaszać mowę** deliver/make/give a speech.
wygłodniały *a.* ravenous, starving.
wygłupiać się *ipf.*, **wygłupić się** *pf.* **1.** (*zachowywać się głupio*) act/play the fool. **2.** *tylko ipf.* (*żartować*) fool/play around.
wygnanie *n.* exile; **na wygnaniu** in exile.
wygnaniec *mp* **-ńc-** *pl.* **-y** exile.
wygnieciony *a.* crumpled.
wygnieść *pf.* **-gniotę -gnieciesz, -gniótł -gniotła -gnietli** crumple.
wygnieść się *pf.* crumple.
wygoda *f. Gen.pl.* **-ód 1.** comfort. **2.** (*udogodnienie*) convenience; **wygody** amenities.
wygodnie *adv.* comfortably.
wygodny *a.* **1.** (*dający komfort*) comfortable. **2.** (*dogodny*) convenient. **3.** (*dogadzający sobie*) lazy.
wygolony *a.* **-eni** (clean-)shaven.
wygonić *pf. zob.* **wyganiać.**
wygórowany *a.* (*o sumie, cenie*) exorbitant; (*o ambicjach, żądaniach*) excessive.
wygrać *pf.* win.
wygrana *f. Gen.* **-ej** (*rzecz*) prize; (*pieniądze*) winnings; (*zwycięstwo*) victory; **dać za wygraną** give up.
wygrażać *ipf.* threaten.
wygrywać *ipf.* **-am -asz 1.** *tylko ipf.* (*melodię*) play. **2.** *zob.* **wygrać.**
wygwizdać *pf.* **-gwiżdżę -gwiżdżesz, wygwizdywać** *ipf.* boo, hoot.
wyidealizowany *a.* idealized.
wyimaginowany *a.* imaginary.
wyjadać *ipf.* eat up.
wyjaśniać *ipf.*, **wyjaśnić** *pf.* **1.** (*objaśniać*) explain. **2.** (*uzasadniać*) justify; (*sprawę*) straighten out.
wyjaśniać się *ipf.*, **wyjaśnić się** *pf.* (*stawać się zrozumiałym*) become clear.
wyjaśnienie *n.* explanation.
wyjazd *mi Loc.* **-eździe 1.** (*wyruszenie w drogę*) departure. **2.** (*podróż*) trip; **wyjazd służbowy** business trip. **3.** (*droga*) exit.
wyjąć *pf.* **-mę -miesz, -mij** *zob.* **wyjmować.**
wyjątek *mi* **-tk- 1.** (*odstępstwo*) exception; **z wyjątkiem kogoś/czegoś** with the exception of sb/sth; **w drodze wyjątku** by way of an exception. **2.** (*fragment*) excerpt.
wyjątkowo *adv.* **1.** (*szczególnie*) exceptionally. **2.** (*w wyjątkowych okolicznościach*) (quite) unusually.
wyjątkowy *a.* exceptional; **stan wyjątkowy** state of emergency.
wyjechać *pf.* **-jadę -jedziesz, wyjeżdżać** *ipf.* leave; (*z garażu, na drogę*) go out, drive out; **jutro wyjeżdżamy** we're leaving tomorrow; **wyjechać na wakacje** go on vacation.
wyjeść *pf. zob.* **wyjadać.**
wyjmować *ipf.* take out, remove; (*listy*) collect.
wyjrzeć *pf.* **-ę -ysz, -yj** *zob.* **wyglądać.**
wyjście *n.* **1.** (*wychodzenie*) departure; **po jego wyjściu** after he left; **punkt wyjścia** starting point. **2.** (*miejsce*) exit; **wyjście przeciwpożarowe** fire escape. **3.** (*rozwiązanie*) solution; **nie mamy wyjścia** we have no choice; **sytuacja bez wyjścia** dead end.
wyjściowy *a.* **1.** (*drzwi*) exit. **2.** (*podstawowy*) initial. **3.** (*odświętny*) best.
wyjść *pf.* **wyjdę wyjdziesz, wyszedł wyszła wyszli** *zob.* **wychodzić.**
wykańczać *ipf.* **1.** (*doprowadzać do końca*) complete, finish (up). **2.** (*zużywać*) use up. **3.** *pot.* (*niszczyć kogoś*) do in.
wykańczać się *ipf. pot.* ruin one's health; **wykańczać się nerwowo** become a nervous wreck.
wykaz *mi* list, register, specification.
wykazać *pf.*, **wykazywać** *ipf.* **1.** (*pokazywać*) show; reveal. **2.** (*stwierdzać*) prove.
wykazać się *ipf.*, **wykazywać się** *ipf.* (*udowadniać*) prove o.s.; **wykazać się czymś** show sth.
wykąpać *pf.* **-pię -piesz** bathe.
wykąpać się *pf.* (*w wannie*) take a bath, (*w morzu*) bathe.
wykluczać *ipf.* (*ewentualność, możliwość*) exclude, rule out; (*o okolicznościach, przesłankach*) preclude.
wykluczać się *ipf.* be mutually exclusive.
wykluczony *a.* **to (jest) wykluczone** it's out of the question.
wykład *mi* lecture; **prowadzić wykład z fizyki** lecture on physics; **chodzić na wykłady** attend lectures.
wykładać *ipf.* **1.** (*wydobywać*) lay out; **wyłożyć kawę na ławę** spell sth out for sb. **2.** (*okładać*) **wykładać podłogę dywanem** carpet the floor; **wykładać czymś szufladę** line a drawer with sth; **wykładać ścianę kafelkami** tile the walls. **3.** *tylko ipf. szkoln.* lecture; **wykładać gramatykę** lecture on grammar.
wykładać się *ipf. pot.* fall (down).
wykładowca *mp szkoln.* lecturer.
wykładowy *a.* **język wykładowy** language of instruction; **sala wykładowa** lecture hall.
wykonać *pf. zob.* **wykonywać.**
wykonalny *a.* feasible, workable.
wykonanie *n.* **1.** (*doprowadzenie do skutku*) execution. **2.** (*jakość*) workmanship. **3.** *muz.* interpretation.
wykonany *a.* done; (*o utworze*) performed; **wykonany z drewna** made of wood.
wykonawca *mp* **1.** contractor; executor. **2.** *muz., teatr* performer.
wykonywać *ipf.* **1.** (*plan, zadanie*) carry out, execute; (*badania, operację, obowiązki*) carry out, perform; (*pracę, ćwiczenie*) do; **wykonywać zawód nauczyciela** work as a teacher. **2.** (*wytwarzać*) make; produce. **3.** *muz., teatr* perform, play.
wykończony *a.* **-eni** finished; completed; (*człowiek*) exhausted.
wykończyć (się) *pf. zob.* **wykańczać (się).**
wykop *mi* pit; trench.
wykopać *pf.*, **wykopywać** *ipf.* **1.** (*kopiąc, robić dół*) dig. **2.** (*kopiąc, wydobywać coś*) dig up *l.* out.
wykorzystać *pf.*, **wykorzystywać** *ipf.* **1.** (*osiągnąć korzyść*) take advantage of, avail o.s. of; **maksymalnie coś wykorzystać** make the most of sth; **nie wykorzystać okazji** *l.* **sposobności** waste an opportunity. **2.** (*użyć*) use, make use of; **wykorzystać urlop** use one's vacation.
wykradać *ipf.*, **wykraść** *pf.* steal, pilfer.
wykradać się *ipf.*, **wykraść się** *pf.* sneak out.
wykres *mi* graph, chart.
wykreślać *ipf.*, **wykreślić** *pf.* **1.** (*usuwać*) cross out. **2.** (*robić wykres*) plot, chart.

wykręcać *ipf.*, **wykręcić** *pf.* **1.** (*śrubę, żarówkę*) unscrew. **2.** (*szyję, rękę*) twist. **3.** (*numer*) dial. **4.** (*bieliznę, pranie*) wring (out).
wykręcać się *ipf.*, **wykręcić się** *pf.* cop out, weasel out (*od czegoś* of sth).
wykręt *mi* excuse.
wykroczenie *n.* (minor) offense; **wykroczenie drogowe** traffic violation.
wykrój *mi* **-o-** *Gen.pl.* **-ów** pattern.
wykryć *pf.* detect.
wykrywacz *mi Gen.* **-a wykrywacz kłamstw/min** lie/mine detector.
wykrywać *ipf.* **-am -asz** *zob.* **wykryć**.
wykrzesać *pf.* **-szę -szesz, wykrzesywać** *ipf.* **1.** (*zapał, energię*) muster, summon (up). **2.** (*iskry*) strike.
wykrztusić *pf.* **-szę -sisz, wykrztuszać** *ipf.* **1.** cough up, choke out. **2. nie mogła wyksztusić słowa** she couldn't utter a word.
wykrzykiwać *ipf.*, **wykrzyknąć** *pf.* **-ij** shout (out).
wykrzyknik *mi Gen.* **-a 1.** (*znak interpunkcyjny*) exclamation point. **2.** (*część mowy*) interjection.
wykrzywiać *ipf.*, **wykrzywić** *pf.* (*słup*) bend; (*twarz*) contort.
wykrzywiać się *ipf.*, **wykrzywić się** *pf.* (*o słupie*) bend; (*o twarzy*) make a face.
wykrzywiony *a.* crooked; (*o twarzy*) contorted.
wykształcać *ipf.* **1.** (*rozwijać*) develop. **2.** (*formować*) form.
wykształcać się *ipf.* **1.** (*rozwijać się*) develop. **2.** (*formować się*) form.
wykształcenie *n.* education; **wykształcenie podstawowe/średnie/wyższe** primary/secondary/higher education.
wykształcić *pf.* **1.** *zob.* **wykształcać**. **2.** (*dać wykształcenie*) educate.
wykształcić się *pf.* **1.** *zob.* **wykształcać się**. **2.** (*zdobyć wykształcenie*) get an education, educate o.s.
wykształcony *a.* **1.** educated. **2.** *t. biol.* developed.
wykuć *pf.* **1.** (*z metalu*) forge; (*z kamienia*) sculpt. **2.** (*tunel*) cut. **3.** *gł. pf. szkoln.* cram.
wykupić *pf.*, **wykupywać** *ipf.* **1.** (*zapas, towary*) buy up. **2.** (*spółkę, udziały*) buy out. **3.** (*odkupić*) buy back. **4.** (*abonament, subskrypcję*) take out.
wykuwać *ipf. zob.* **wykuć**.
wykwalifikowany *a.* qualified; **wykwalifikowana siła robocza** skilled labor.
wylać *pf.* **1.** pour out; (*niechcący*) spill. **2.** (*o rzece*) flood. **3.** *pot.* (*np. ze szkoły*) flunk out; (*z pracy*) fire, sack. **4.** (*łzy*) shed.
wylać się *ipf.* spill.
wylatywać *ipf.* **1.** (*o samolocie*) take off. **2.** (*wypadać*) fall out. **3.** (*wydobywać się*) escape. **4.** *pot.* (*być wyrzuconym*) get the boot. **5. wyleciało mi to z głowy** it slipped my mind; **wylatywać w powietrze** blow up.
wylądować *pf.* **1.** land. **2.** *pot.* (*znaleźć się gdzieś*) end up.
wylecieć *pf. zob.* **wylatywać**.
wyleczyć *pf.* cure (*kogoś z czegoś* sb of sth).
wyleczyć się *pf.* recover.
wylewać (się) *ipf. zob.* **wylać (się)**.
wyliczać *ipf.* **1.** (*wyszczególniać*) list. **2.** (*obliczać*) calculate.
wyliczenie *n.* **1.** (*lista*) listing. **2.** (*obliczenie*) calculation.
wyliczyć *pf. zob.* **wyliczać**.
wylizać *pf.*, **wylizywać** *ipf.* lick clean.
wylizać się *pf.*, **wylizywać** *ipf. pot.* (*zdrowieć*) pull through.
wylosować *pf. zob.* **losować**.
wylot *mi* **1.** (*ujście*) exit; (*lufy*) muzzle; (*tunelu*) mouth. **2.** (*odlot*) departure. **3. na wylot** right through; **znać kogoś/coś na wylot** know sb/sth inside out.
wyładować *pf.*, **wyładowywać** *ipf.* **1.** (*towar, ładunek*) unload. **2.** (*baterię*) drain. **3.** (*dawać upust*) vent.
wyładować się *pf.*, **wyładowywać się** *ipf.* **1.** (*o baterii*) go dead/flat. **2. wyładowywać się na kimś** take it out on sb.
wyładunek *mi* **-nk-** unloading, discharge.
wyłamać *pf.*, **wyłamywać** *ipf.* **1.** (*drzwi, kraty*) force (open), break (down). **2.** (*złamać*) break off.
wyłamać się *pf.*, **wyłamywać** *ipf.* **1.** (*z większości*) step out/get out of line. **2.** (*złamać się*) break off.
wyłaniać *ipf.* select.
wyłaniać się *ipf.* emerge.
wyławiać *ipf.* **1.** (*identyfikować*) spot. **2.** (*z wody*) recover (from the water); (*na powierzchnię*) raise to the surface.
wyłazić *ipf.* **-żę -zisz** *pot.* **1.** (*wydostawać się*) get out. **2.** (*o koszuli*) stick out. **3.** (*o włosach*) come out.
wyłączać *ipf.*, **wyłączyć** *pf.* **1.** (*gasić*) switch off, turn off, shut down. **2.** (*eliminować*) exclude.
wyłączać się *ipf.*, **wyłączyć się** *pf.* **1.** (*o świetle*) go off, switch off; (*o urządzeniu*) shut down. **2.** (*wykluczać się*) be mutually exclusive. **3.** (*nie słuchać*) switch off.
wyłącznie *adv.* exclusively.
wyłącznik *mi Gen.* **-a** switch.
wyłączony *a.* switched off, turned off; *zob. t.* **wyłączać**.
wyłonić (się) *pf. zob.* **wyłaniać (się)**.
wyłowić *pf. zob.* **wyławiać**.
wyłudzać *ipf.*, **wyłudzić** *pf.* **wyłudzać (coś od kogoś)** wheedle (sth out of sb), swindle (sb out of sth).
wyłysieć *pf.* go bald.
wymachiwać *ipf.* wave; (*bronią*) brandish.
wymagać *ipf.* require.
wymagający *a.* demanding.
wymaganie *n.* (*żądanie*) demand, requirement; **spełniać wymagania** meet demands/requirements.
wymagany *a.* required.
wymarły *a.* **1.** (*o gatunku*) extinct. **2.** (*opustoszały*) deserted.
wymarzony *a.* dream, perfect.
wymarzyć *pf.* **wymarzyć sobie coś** set one's heart on sth.
wymawiać *ipf.* **1.** (*artykułować*) pronounce. **2.** (*wypowiadać*) utter. **3.** (*czynić wymówki*) reproach sb for sth. **4. wymawiać (komuś) coś** (*mieszkanie, posadę*) give (sb) notice.
wymazać *pf.* **-ażę -ażesz, wymazywać** *ipf.* **1.** (*ścierać*) erase, rub out. **2.** *przen.* (*usuwać*) expunge, obliterate; **wymazać coś z pamięci** blot out the memory of sth.
wymiana *f.* **1.** (*zamiana*) exchange. **2.** (*zużytego na nowe*) replacement, change.
wymiar *mi* **1.** (*wynik pomiaru*) measurement. **2.** (*parametr, gabaryt*) dimension. **3. wymiar sprawiedliwości** the judiciary; **pracować w pełnym/niepełnym wymiarze godzin** work full-time/part-time; **wymiary osoby** measurements.
wymieniać *ipf.*, **wymienić** *pf.* **1.** (*zamieniać*) exchange. **2.** (*stare na nowe*) replace, change. **3.** (*wyliczać*) list. **4.** (*wspominać*) mention.

wymienny *a.* **1.** interchangeable. **2.** (*wyjmowany*) removable.
wymierać *ipf.* die out.
wymierny *a.* measurable.
wymierzać *ipf.*, **wymierzyć** *pf.* **1.** (*mierzyć*) measure (up). **2.** (*karę*) mete out. **3.** (*cios, policzek*) deliver.
wymieszać *pf.* mix (together); *por.* **mieszać**.
wymijać *ipf.* pass.
wymijać się *ipf.* pass each other.
wymijający *a.* evasive.
wyminąć (się) *pf. zob.* **wymijać (się)**.
wymiotować *ipf.* vomit.
wymioty *pl. Gen.* **-ów** vomiting.
wymontować *pf.*, **wymontowywać** *ipf.* remove.
wymowa *f.* **1.** pronunciation. **2.** (*znaczenie*) significance.
wymowny *a.* meaningful.
wymóc *pf.* **-mogę -możesz, -mógł -mogła -mogli wymóc coś na kimś** force/pressure sb into (doing) sth.
wymóg *mi* **-o-** requirement; **spełniać wymogi** meet requirements.
wymówić *pf. zob.* **wymawiać**.
wymówka *f.* **1.** (*pretekst*) excuse. **2.** (*wyrzut*) reproach.
wymrzeć *pf. zob.* **wymierać**.
wymusić *pf.* **-szę -sisz, wymuszać** *ipf.* (*narzucać*) force, impose (*coś na kimś* sth (up)on sb); (*wydobyć siłą*) (*obietnicę, zeznania*) extort (*coś na kimś* sth from sb).
wymysł *mi* invention.
wymyślać *ipf.*, **wymyślić** *pf.* **1.** (*obmyślać*) think up. **2.** (*odkrywać*) invent. **3.** (*zmyślać*) make up. **4.** *tylko ipf.* **wymyślać komuś** insult sb.
wymyślny *a.* fancy.
wynagradzać *ipf.* reward.
wynagrodzenie *n.* pay, remuneration.
wynająć *pf.* **-jmę -jmiesz, -jmij** *zob.* **wynajmować**.
wynajdować, wynajdywać *ipf.* **1.** (*znajdować*) find. **2.** (*tworzyć*) invent. **3.** (*wyszukiwać*) *tylko ipf.* look for.
wynajem *mi* **-jm-** rental, hire.
wynajęcie *n.* rental, hire; **do wynajęcia** for rent.
wynajmować *ipf.* **1.** (*użytkować za opłatą*) rent, hire; (*mieszkanie*) lease. **2.** (*użyczać za opłatą*) rent (out), hire out; (*mieszkanie*) let (out), lease (out). **3.** (*zatrudniać*) hire.
wynalazca *mp* inventor.
wynalazek *mi* **-zk-** invention.
wynaleźć *pf.* **-najdę -najdziesz, -nalazł -naleźli** *zob.* **wynajdować**.
wynegocjować *pf. zob.* **negocjować**.
wynieść *pf.* **-niosę -niesiesz, -niósł -niosła -nieśli** *zob.* **wynosić**.
wynieść się *pf. zob.* **wynosić się**.
wynik *mi* **1.** result; **dawać/osiągać (dobre) wyniki** bring/get (good) results; **w wyniku czegoś** as a result of sth. **2.** *sport* score.
wynikać *ipf.*, **wyniknąć** *pf.* **1.** (*być następstwem*) result (*z czegoś* from sth). **2.** *tylko ipf.* (*okazywać się*) follow; **z tego wynika, że...** it follows that...
wyniosły *a.* **wynioślejszy** haughty.
wynos *mi* **dania na wynos** takeaway (food).
wynosić *ipf.* **-szę -sisz 1.** carry out/away. **2.** (*być równym czemuś*) be, amount to.
wynosić się *ipf.* **1.** *pot.* (*odchodzić*) get out. **2.** *tylko ipf.* **wynosić się nad kogoś** lord it over sb.
wynurzać *ipf.*, **wynurzyć** *pf.* show, bring to the surface.
wynurzać się *ipf.*, **wynurzyć się** *pf.* surface, emerge.
wyobrazić *pf.* **wyobrażać sobie** imagine; **wyobraź sobie, że...** guess what,...; (*przedstawiać w myśli*) picture.
wyobraźnia *f.* imagination.
wyobrażać *ipf. zob.* **wyobrazić**.
wyobrażenie *n.* belief, idea.
wypadać *ipf.* **1.** (*wylatywać*) fall out; **przez okno/z okna wypadła cegła** a brick fell out (of) the window. **2.** (*być wyeliminowanym*) drop out. **3.** (*wybiegać*) burst out. **4.** (*być w określonym czasie/miejscu*) fall, be; **wyjazd wypada w niedzielę** the departure falls on a Sunday. **5.** (*przytrafiać się*) come up, crop up; **coś mi/mu itp. wypadło** something has come up. **6.** (*powieść się*) go; **egzamin wypadł raczej źle** the exam went rather poorly. **7.** *tylko ipf. 3 os. sing.* **coś komuś (nie) wypada** it's (not) right for sb to do sth; **to nie wypada** that's not the thing to do.
wypadek *mi* **-dk- 1.** (*przypadek*) case; **na wszelki wypadek** just in case; **w tym wypadku** in this case. **2.** (*nieszczęśliwe zdarzenie*) accident; **ulec wypadkowi** have an accident; **wypadek losowy/drogowy** chance/traffic accident.
wypakować (się) *pf.*, **wypakowywać (się)** *ipf.* unpack.
wypalać *ipf.*, **wypalić** *pf.* **1.** (*zużywać paląc, odciskać znak*) burn. **2.** (*cegły, naczynia*) fire. **3.** *tylko pf. gł. pot.* (*udać się*) work; **nie wypalić** misfire. **4.** *tylko pf.* (*strzelić*) fire.
wyparować *pf.*, **wyparowywać** *ipf.* evaporate.
wypaść *pf. zob.* **wypadać**.
wypatrywać *ipf.*, **wypatrzyć** *pf.* **wypatrywać czegoś/kogoś** look out for sth/sb.
wypełniać *ipf.*, **wypełnić** *pf.* **1.** (*napełniać*) fill. **2.** (*spełniać*) fulfill. **3.** (*formularz*) fill out.
wypełniać się *ipf.* fill up.
wypełniony *a.* full.
wypędzać *ipf.*, **wypędzić** *pf.* drive out.
wypić *pf.* **-piję -pijesz, -pij 1.** *zob.* **wypijać**. **2.** drink; **wypić za coś** drink to sth.
wypieczony *a. kulin.* (*o steku*) well-done; (*o chlebie*) well-baked.
wypierać *ipf. t. hydrol.* displace; (*technologię, obyczaj*) supplant, supersede; **wypierać kogoś/coś z rynku** squeeze sb/sth out of the market.
wypierać się *ipf.* **wypierać się czegoś** deny sth.
wypijać *ipf.* drink (up).
wypis *mi* **1.** (*wyciąg*) extract. **2.** (*ze szpitala*) discharge.
wypisać *pf.*, **wypisywać** *ipf.* **1.** (*wypełnić*) fill out; (*czek*) write (out). **2.** (*wynotowywać*) take down. **3.** **wypisywać kogoś** cancel sb's membership.
wypisać się *ipf.* **1.** (*rezygnować*) quit, resign. **2.** (*o wkładzie*) be (all) used up.
wypluwać *ipf.*, **wypluć** *pf.* spit out.
wypłacać *ipf.*, **wypłacić** *pf.* **1.** (*dawać*) pay out. **2.** (*pobierać*) withdraw.
wypłata *f.* **1.** (*wycofanie pieniędzy*) withdrawal. **2.** (*wydanie pieniędzy*) payout. **3.** (*pensja*) pay.
wypłynąć *pf.*, **wypływać** *ipf.* **-am -asz 1.** (*odpływać*) set out; *żegl.* set sail. **2.** (*wyciekać*) flow (*z czegoś* from sth). **3.** (*wynikać*) follow (*z czegoś* from sth).
wypocząć *pf.* **-cznę -czniesz, -cznij** *zob.* **wypoczywać**.
wypoczęty *a.* rested.

wypoczynek *mi* **-nk-** rest.
wypoczywać *ipf.* **-am -asz** rest.
wypominać *ipf.*, **wypomnieć** *pf.* **wypominać coś komuś** rub sb's nose in sth.
wypompować *pf.*, **wypompowywać** *ipf.* (*wodę*) pump out.
wyposażać *ipf.* **wyposażać coś w coś** fit sth with sth; **wyposażać kogoś w coś** equip sb with sth.
wyposażenie *n.* **1.** (*oprzyrządowanie*) equipment. **2.** (*umeblowanie*) furnishings. **3.** (*akcesoria*) accessories.
wyposażony *a.* equipped, fitted (*w coś* with sth).
wyposażyć *pf. zob.* **wyposażać**.
wypowiadać *ipf.* **1.** (*opinię*) express. **2.** (*słowa, zaklęcie*) utter. **3.** (*zrywać*) revoke; **wypowiadać coś komuś** give sb notice. **4. wypowiedzieć (komuś/czemuś) wojnę** declare war (on sb/sth).
wypowiadać się *ipf.* comment (*na jakiś temat* on sth).
wypowiedzenie *n.* (*najmu, pracy*) notice (to quit); (*umowy*) revocation.
wypowiedzieć (się) *pf. zob.* **wypowiadać (się)**.
wypowiedź *f.* statement, comment.
wypożyczać *ipf.* **1.** (*komuś*) lend. **2.** (*z biblioteki*) check out, borrow.
wypożyczalnia *f. Gen.pl.* **-i 1. wypożyczalnia samochodów/wideo** car/video rental. **2.** *bibl.* lending library.
wypożyczyć *pf. zob.* **wypożyczać**.
wypracować *pf.* develop, work out; **wypracować zysk** make a profit.
wypracowanie *n.* composition, essay.
wypracowywać *ipf. zob.* **wypracować**.
wyprać *pf.* **-piorę -pierzesz** wash.
wyprasować *pf.* iron.
wyprawa *f.* (*ekspedycja*) expedition.
wyprawiać *ipf.* **1. co ty wyprawiasz?** what are you doing? **2.** (*organizować*) do, throw; **wyprawiać urodziny** throw a birthday party.
wyprawiać się *ipf.* set out.
wyprodukować *pf.* make, manufacture; (*film*) produce.
wyprostować *pf.*, **wyprostowywać** *ipf.* **1.** (*czynić prostym*) straighten (out). **2.** (*wygładzać*) straighten (out), flatten.
wyprostować się *pf.*, **wyprostowywać się** *ipf.* **1.** (*stawać się prostym*) straighten (out). **2.** (*wygładzać się*) straighten (out), flatten.
wyprostowany *a.* straightened out.
wyprowadzać *ipf.*, **wyprowadzić** *pf.* **1.** (*osobę*) walk out; (*pojazd*) take out. **2. wyprowadzić kogoś z błędu** put sb straight/right.
wyprowadzać się *ipf.*, **wyprowadzić się** *pf.*, move out.
wypróbować *pf.* try out, test.
wypróbowany *a.* tried, tested.
wyprzeć (się) *pf. zob.* **wypierać (się)**.
wyprzedaż *f. pl.* **-e** sale.
wyprzedzać *ipf.* pass.
wyprzedzanie *n. mot.* passing.
wyprzedzenie *n.* **z wyprzedzeniem** in advance; **z tygodniowym wyprzedzeniem** a week in advance.
wypuszczać *ipf.*, **wypuścić** *pf.* **-uszczę -uścisz 1.** (*puszczać*) let go of. **2.** (*zakładnika, więźnia*) release. **3.** (*wydzielać*) emit. **4.** (*obligacje*) issue. **5.** (*pędy, liście*) push out.
wypuszczać się *ipf.*, **wypuścić się** *pf.* set out.
wypytywać *ipf.* question.
wypytywać się *ipf.* ask around.

wyrabiać *ipf.* **1. wyrabiać sobie opinię** form an opinion; **wyrabiać sobie pozycję/reputację** establish a position/reputation for oneself. **2.** (*ciasto*) knead. **3.** *tylko ipf. pot.* **co ty wyrabiasz?** what do you think you're doing?
wyrabiać się *ipf.* **1.** (*zdobywać wprawę*) improve. **2.** (*zdążyć*) make it. **3.** *tylko ipf. pot.* **co tu się wyrabia?** what's going on here?
wyrastać *ipf.* **1.** (*o osobie*) grow up (*na kogoś* to be sb); (*o roślinie*) grow; **wyrosnąć z czegoś** (*z ubrania, zabawek*) outgrow sth. **2.** (*o cieście*) rise.
wyraz *mi* **1.** (*słowo*) word. **2.** (*objaw*) sign; **bez wyrazu** blank; **wyrazy szacunku** regards; **wyrazy współczucia** (words of) sympathy; **wyraz twarzy** facial expression.
wyrazić *pf.* **1.** express. **2.** (*odzwierciedlać*) reflect.
wyrazić się *pf.* **1.** (*wypowiedzieć się*) speak; **wyrażać się jasno** make o.s. clear. **2.** (*znajdować odbicie*) be reflected/expressed (*w czymś* in sth). **3.** *tylko ipf.* (*kląć*) swear.
wyraźnie *adv.* (*jasno*) clearly; (*oczywiście*) obviously.
wyraźny *a.* (*jasny*) clear; (*oczywisty*) obvious.
wyrażać (się) *ipf. zob.* **wyrazić (się)**.
wyrażenie *n.* expression.
wyregulować *pf.* adjust.
wyremontować *pf.* (*pomieszczenie*) redecorate, refurbish; (*urządzenie, pojazd*) repair.
wyręczać *ipf.*, **wyręczyć** *pf.* **wyręczać kogoś (w czymś)** help sb (out) (with sth).
wyręczać się *ipf.*, **wyręczyć się** *pf.* **wyręczać się kimś w czymś** have sb do sth for one.
wyrobić (się) *pf. zob.* **wyrabiać (się)**.
wyrobiony *a.* **1.** (*wprawny*) sophisticated. **2.** (*zużyty*) worn.
wyrok *mi* sentence; verdict; **wydawać/odsiadywać wyrok** pass/serve a sentence; **wyrok skazujący** conviction; **wyrok uniewinniający** acquittal.
wyrosnąć *pf. zob.* **wyrastać**.
wyrośnięty *a.* grown.
wyrozumiałość *f.* understanding.
wyrozumiały *a.* understanding.
wyrób *mi* **-o- 1.** product; **wyroby** goods. **2.** (*wytwarzanie*) production.
wyrównać *pf.* **1.** (*rachunki, obrus*) square. **2.** *sport* equalize. **3.** (*rekompensować*) compensate for.
wyrównać się *ipf.* level (out/off).
wyrównany *a.* **1.** (*o poziomie*) even. **2.** (*o tempie*) steady.
wyrównywać (się) *ipf. zob.* **wyrównać (się)**.
wyróżniać *ipf.* **1.** (*faworyzować*) favor. **2.** (*nagradzać*) honor. **3.** (*wyodrębniać*) distinguish.
wyróżniać się *ipf.* stand out; **wyróżniać się czymś** be distinguished by sth.
wyróżniający *a.* (*znakomity*) distinguished, outstanding; (*charakterystyczny*) distinctive.
wyróżnić (się) *pf. zob.* **wyróżniać (się)**.
wyróżnienie *n.* **1.** (*nagroda*) honorable mention. **2.** (*oznaczenie*) identification.
wyruszać *ipf.*, **wyruszyć** *pf.* set out.
wyrywać *ipf.*, **wyrwać** *pf.* **-am -asz 1.** (*usuwać*) pull (out); (*pincetą*) pluck. **2.** (*zabierać siłą*) snatch.
wyrywać się *ipf.*, **wyrwać** *pf.* **1.** (*wyswobadzać się*) break free. **2.** (*z domu, pracy*) get away.
wyrządzać *ipf.*, **wyrządzić** *pf.* **wyrządzać komuś szkodę/krzywdę/straty** inflict damage/harm/losses on sb.

wyrzeczenie *n.* sacrifice.
wyrzeźbić *pf.* sculpt, carve.
wyrzucać *ipf.*, **wyrzucić** *pf.* **1.** (*ciskać*) throw, fling; **wyrzucać pieniądze** waste/squander money. **2.** (*z pracy*) fire/sack; (*ze szkoły*) expel; (*z mieszkania*) evict.
wyrzut *mi* **1.** (*pretensja*) reproach; **robić komuś wyrzuty** reproach sb; **wyrzuty sumienia** pangs/pricks of conscience, remorse. **2.** (*rzucanie*) throw, fling.
wysadzać *ipf.*, **wysadzić** *pf.* **1.** (*z pojazdu*) drop/let off. **2.** (*niszczyć wybuchem*) blow up. **3.** *ogr.* plant out.
wyschnąć *pf.* **-schnij, -schnął/-sechł -schła -schli** (*o cieczy*) dry up.
wysepka *f.* **1.** island. **2.** (*na przystanku*) safety island.
wysiać *pf.* sow.
wysiać się *pf.* self-sow.
wysiadać *ipf.*, **wysiąść** *pf.* **1.** (*z pojazdu*) get off/out. **2.** *pot.* (*przestawać działać*) break down, crash.
wysiedlać *ipf.*, **wysiedlić** *pf.* displace, resettle.
wysiewać (się) *ipf. zob.* **wysiać (się)**.
wysilać *ipf.*, **wysilić** *pf.* **wysilać umysł** rack one's brains; **wysilać wzrok/słuch** strain one's eyes/ears.
wysilać się *ipf.*, **wysilić się** *pf.* exert/strain o.s.
wysiłek *mi* **-łk-** effort; **wysiłek fizyczny/umysłowy** physical/mental effort; **wkładać w coś wysiłek** make great efforts.
wyskakiwać *ipf.*, **wyskoczyć** *pf.* **1.** (*wydostawać się skacząc*) jump out/off. **2.** *pot.* (*wychodzić na chwilę*) pop out. **3.** *pot.* (*mówić coś w nieodpowiednim momencie*) come out (with sth).
wyskok *mi* **1.** (*wybryk*) excess. **2.** *sport* jump.
wysłać *pf.* **-ślę -ślesz, -ślij 1.** send. **2.** (*ciepło, światło*) emit.
wysłanniczka *f.*, **wysłannik** *mp lit.* envoy.
wysłuchać *pf.*, **wysłuchiwać** *ipf.* **1.** hear. **2.** *tylko pf.* (*spełniać prośbę*) answer.
wysmukły *a.* slender.
wysoce *adv.* highly.
wysoki *a.* **wyższy 1.** (*o osobie, domu, górze*) tall; (*o obcasach*) high. **2.** (*znaczny*) (*o cenach, stawkach, ciśnieniu*) high; (*o cłach*) heavy; **najwyższy czas** it's high/about time. **3.** (*o dźwięku, o głosie*) high(-pitched).
wysoko *adv.* **wyżej 1.** (*nie nisko*) high. **2.** (*znacznie*) highly. **3. cenić kogoś wysoko** think highly of sb; **co najwyżej** at (the) most; **najwyżej, nie pojadę** in the worst case I won't go; **wyżej wspomniany** the above mentioned.
wysokość *f.* **1.** (*wymiar*) height. **2.** (*odległość*) altitude; **latać na dużej wysokości** fly at high altitude; **stanąć na wysokości zadania** rise to the occasion. **3.** (*wielkość*) **wysokość zarobków/renty** amount of earnings/pension; **wysokość temperatury** degree of temperature. **4.** (*o dźwięku*) pitch.
wyspa *f.* island.
wyspać się *pf.* get enough sleep.
wyspany *a.* **jestem wyspany** I (have) had a good night's sleep.
wyspecjalizowany *a.* specialized.
wysportowany *a.* athletic.
wystający *a.* protruding.
wystarczać *ipf.* suffice, be enough; **chleba nie wystarczy** there is not enough bread; **wystarczy, abyś...** it's enough to...; **wystarczy, jak zadzwonisz** just call.
wystarczająco *adv.* enough, sufficiently.
wystarczający *a.* sufficient.
wystarczyć *pf. zob.* **wystarczać**.
wystartować *pf.* **1.** *sport* take part. **2.** *lotn.* take off. **3.** *pot.* go ahead.
wystawa *f.* **1.** (*zbiór okazów*) exhibition. **2.** (*witryna*) shop window.
wystawać *ipf.* **-aję -ajesz, -awaj** protrude, stick out.
wystawca *mp* **1.** (*handlowiec*) exhibitor. **2.** (*zobowiązań finansowych*) drawer.
wystawiać *ipf.*, **wystawić** *pf.* **1.** (*wynosić na zewnątrz*) put/take sth outside. **2.** (*prezentować*) exhibit; **wystawić na sprzedaż** put sth up for sale/auction; **wystawić kogoś na pośmiewisko** make a laughing stock of sb. **3.** (*poddawać działaniu czegoś*) expose to sth; **wystawić kogoś/coś na próbę** put sb/sth to the test. **4.** *teatr* stage. **5.** (*rachunek, czek*) write out the bill/check.
wystawowy *a.* exhibition; **salon/teren wystawowy** showroom/showground; **okno wystawowe** shop window.
wystąpić *pf.* **1.** (*pokazać się*) appear. **2.** *teatr* star. **3.** (*zabierać głos*) speak, take the floor. **4. wystąpić z brzegów** overflow, flood; **wystąp!** *wojsk.* step out! **5.** (*rezygnować z członkostwa*) leave.
wystąpienie *n.* **1.** (*przemowa*) speech. **2.** (*pojawienie się*) appearance.
występ *mi* **1.** (*przedstawienie*) performance, show. **2.** (*wystająca część*) ledge, projection.
występować *ipf. zob.* **wystąpić**.
wystraszyć *pf.* scare, frighten.
wystraszyć się *pf.* get scared/frightened.
wystrojony *a.* dressed up.
wystrzelić *pf.*, **wystrzeliwać** *ipf.* **-wuję -wujesz, -wuj** (*z broni*) fire, shoot; **wystrzelić rakietę** launch a rocket.
wystygnąć *pf.* **-gł/-gnął -gła** cool (down).
wysunąć *pf.* (*szufladę, stół, krzesło*) pull out; **wysunąć kandydaturę** put forward/put up a candidate.
wysuszać *ipf.*, **wysuszyć** *pf.* dry, wither, parch.
wysuwać *ipf. zob.* **wysunąć**.
wysychać *ipf. zob.* **wyschnąć**.
wysyłać *ipf. zob.* **wysłać**.
wysyłka *f.* dispatch.
wysyłkowy *a.* mail order; **firma wysyłkowa** mail-order firm/company.
wysypać *pf.* **1.** (*usuwać coś*) dump. **2.** (*pokrywać powierzchnię*) sprinkle, scatter.
wysypać się *ipf.* spill out.
wysypisko *n.* dump, landfill (site).
wysypka *f. med.* rash.
wysypywać (się) *ipf. zob.* **wysypać (się)**.
wyszczególniać *ipf.*, **wyszczególnić** *pf.* **-ij** detail, specify.
wyszczuplać *ipf.* make sb look slimmer.
wyszczupleć *pf.* slim down; *por.* **szczupleć**.
wyszczuplić *pf. zob.* **wyszczuplać**.
wyszedł *itd. pf. zob.* **wyjść**.
wyszeptać *pf.* **-czę -czesz, -cz, wyszeptywać** *ipf.* whisper.
wyszkolenie *n.* training.
wyszkolić *pf.* **-kol/-kól** train; *por.* **szkolić**.
wyszkolić się *pf.* get training; *por.* **szkolić się**.
wyszkolony *a.* trained.
wyszła *itd. pf. zob.* **wyjść**.
wyszukać *pf.* search out, look up.

wyszukany *a.* sophisticated.
wyszukiwać *ipf. zob.* **wyszukać**.
wyścig *mi* race; **robić coś na wyścigi** race one another; **wyścig z czasem** race against time; **wyścig zbrojeń** the arms race.
wyścigowy *a.* race.
wyśledzić *pf.* track down; *por.* **śledzić**.
wyśmienity *a.* excellent; (*o obiedzie*) delicious.
wyśmiewać *ipf.* jeer (*kogoś/coś* at sb/sth).
wyśmiewać się *ipf.* jeer (*z kogoś/czegoś* at sb/sth).
wyświadczać *ipf.*, **wyświadczyć** *pf.* **wyświadczyć komuś przysługę** do sb a favor.
wyświetlać *ipf.* **1.** (*w kinie*) project, show. **2.** *techn.* display.
wyświetlać się *ipf.* get displayed.
wytarty *a.* (*zniszczony*) threadbare, worn out; **wytarty frazes** hackneyed platitude.
wytchnienie *n.* pause, break; **bez wytchnienia** without pausing for breath.
wytępić *pf.* exterminate.
wytężać *ipf.* strain; (*siły*) exert.
wytężać się *ipf.* exert oneself.
wytężony *a.* strenuous.
wytłumaczenie *n.* explanation.
wytłumaczyć *pf.* **1.** (*wyjaśnić*) explain. **2.** (*usprawiedliwić*) excuse.
wytłumaczyć się *pf.* excuse oneself.
wytrawny *a.* **1.** (*doświadczony*) expert, master. **2.** (*niesłodki*) dry.
wytrącać *ipf.*, **wytrącić** *pf.* **1. wytrącać komuś rewolwer/nóż z ręki** knock the gun/knife out of sb's hand. **2.** (*kogoś z jakiegoś stanu*) break; **wytrącać kogoś ze snu** break sb's sleep.
wytrącać się *ipf.*, **wytrącić się** *pf. chem.* precipitate.
wytrenowany *a.* trained.
wytropić *pf.* track down.
wytrwać *pf.* persevere (*w czymś* in sth).
wytrwale *adv.* persistently.
wytrwałość *f.* perseverance, persistence.
wytrwały *a.* persistent.
wytrzeć (się) *pf.* **-trę -trzesz, -trzyj, -tarł** *zob.* **wycierać (się)**.
wytrzeźwieć *pf.* sober up; *zob.* **trzeźwieć**.
wytrzymać *pf.* bear, withstand; **dłużej już nie wytrzymam** I can't stand it any longer/more; **nie wytrzymam!** (*reakcja na coś irytującego*) give me strength!
wytrzymałość *f.* **1.** endurance (*na coś* of sth) resistance (*na coś* to sth). **2.** *techn.* durability.
wytrzymały *a.* **1.** (*odporny*) resilient, tolerant; **wytrzymały na zimno/ból** tolerant of cold/pain. **2.** (*niezniszczalny*) durable; (*o butach, tkaninie*) heavy-duty.
wytrzymanie *n.* **to nie do wytrzymania!** this is unbearable!
wytrzymywać *ipf. zob.* **wytrzymać**.
wytwarzać *ipf.* **1.** (*produkować*) produce; (*np. ciepło, energię*) generate. **2.** (*powodować*) create.
wytwarzać się *ipf.* be formed.
wytwarzanie *n.* (*produktów*) production; (*ciepła, prądu*) generation; (*nastroju, uczucia*) creation.
wytworny *a.* (*o osobie, manierach*) fine; (*o mieszkaniu, pokoju*) smart.
wytworzyć (się) *pf. zob.* **wytwarzać (się)**.
wytwór *mi* **-o-** product; **wytwór wyobraźni** figment of sb's imagination.
wytwórca *mp* producer.
wytwórnia *f. Gen.pl.* **-i** (manufacturing) plant; **wytwórnia filmowa** film production company.
wytypować *pf.* **1.** (*wyznaczyć*) designate. **2.** (*na wyścigach*) put one's money (*kogoś/coś* on sb/sth).
wywalać *ipf.*, **wywalić** *pf.* **1.** *pot.* (*coś*) chuck away; (*kogoś*) bounce (*skądś* from somewhere); **wywalić kogoś z pracy** give sb the sack. **2.** *pot.* (*wyrywać*) break open (*a door, window*).
wywalać się *ipf.*, **wywalić się** *pf. pot.* (*przewracać się*) fall over.
wywar *mi* (*z mięsa, warzyw itp.*) stock.
wyważać *ipf.*, **wyważyć** *pf.* force (open), break (open), prize.
wywiad *mi* **1.** interview; **przeprowadzać wywiad** interview (*z kimś* sb); **udzielić wywiadu** give an interview. **2.** *wojsk.* intelligence.
wywiadowczy *a.* intelligence; **służba wywiadowcza** intelligence service.
wywiązać się *pf.* **-wiążę -wiążesz**, **wywiązywać się** *ipf.* **1.** (*być następstwem czegoś*) ensue, develop. **2. wywiązać się z obowiązków** do one's duty; **wywiązać się z obietnicy** deliver the goods.
wywierać *ipf.* (*wpływ*) exert; **wywierać presję na kimś** put pressure on sb.
wywiesić *pf.* **-szę -sisz**, **wywieszać** *ipf.* (*pranie, flagę*) hang out; (*plakaty, wyniki na tablicy*) put up, post up.
wywieszka *f.* (*kartka z napisem*) notice; (*lekarza, adwokata*) shingle.
wywieść (się) *pf. zob.* **wywodzić (się)**.
wywieźć *pf.* **1.** (*ludzi*) take away. **2.** (*towary*) export. **3.** (*usunąć*) remove.
wywietrzyć *pf.* air.
wywnioskować *pf.* conclude.
wywodzić *ipf.* **-wodzę -wodzisz**, **-wódź**, **wywieść** *pf.* **-wiodę -wiedziesz**; **-wiódł -wiodła -wiedli 1. wywieść kogoś w pole** lead sb up the garden path. **2.** (*wnioski*) derive, infer.
wywodzić się *ipf.* originate; **wywodzić się ze szlachty** descend from nobility.
wywołać *pf.*, **wywoływać** *ipf.* **1.** (*wzywać*) call; **nie wywołuj wilka z lasu** let the sleeping dogs lie. **2.** (*powodować coś*) bring about, cause; (*duchy*) invoke; (*rozruchy, dyskusję*) trigger off; (*przerażenie, podziw*) evoke; **wywołać zainteresowanie** arouse interest. **3.** *fot.* develop.
wywozić *ipf.* **-wożę -wozisz**, **-woź/-wóź** *zob.* **wywieźć**.
wywóz *mi* **-o- 1.** removal, disposal; **wywóz śmieci** garbage disposal. **2.** (*eksport*) exportation.
wywracać *ipf.*, **wywrócić** *pf.* **1.** (*przewracać*) overturn; (*statek, łódź*) capsize. **2.** (*lewą stroną na wierzch*) turn out; **wywrócić coś na drugą stronę** turn sth inside out; **wywrócić wszystko do góry nogami** turn everything upside down.
wywracać się *ipf.*, **wywrócić się** *pf.* **1.** (*o człowieku*) trip over, fall down. **2.** (*o drzewie, słupie*) overturn. **3.** (*o łodzi*) capsize.
wyzionąć *pf.* **wyzionąć ducha** give up the ghost.
wyznaczać *ipf.* **1.** (*granice, zakres*) define. **2.** (*miejsce, czas, wielkość*) fix, set. **3.** (*komuś funkcję*) appoint, designate. **4.** (*obliczać*) calculate.
wyznaczony *a.* set, appointed.
wyznaczyć *pf. zob.* **wyznaczać**.
wyznać *pf.* **1.** confess; (*miłość*) declare. **2.** *tylko ipf.* **wyznawać religię** practice a religion; (*filozofię, pogląd*) subscribe to.

wyznanie *n.* **1.** (*zwierzenie*) confession; **wyznanie miłosne** declaration of love. **2.** (*religia*) denomination, religion.
wyznawać *ipf.* **-aję -ajesz, -awaj** *zob.* **wyznać.**
wyznawca *mp*, **wyznawczyni** *f.* **1.** *rel.* believer. **2.** (*zwolennik*) advocate.
wyzwalać *ipf.* **1.** (*oswobadzać*) liberate (*od/spod czegoś* from sth). **2.** (*działanie*) trigger off, spark off.
wyzwalać się *ipf.* be liberated, free oneself.
wyzwanie *n.* challenge; **podjąć wyzwanie** accept a challenge; **stanąć przed wyzwaniem zrobienia czegoś** face the challenge of doing sth.
wyzwisko *n.* term of abuse; **stek wyzwisk** volley/hail of abuse.
wyzwolenie *n.* liberation.
wyzwolić (się) *pf. zob.* **wyzwalać (się).**
wyzysk *mi* exploitation.
wyzyskiwać *ipf.* exploit.
wyzywać *ipf.* **-am -asz 1.** (*obrzucać wyzwiskami*) call (*sb*) names. **2. wyzywać kogoś na pojedynek** challenge sb to a duel.
wyż *mi Gen.pl.* **-ów 1.** *meteor.* high, anticyclone. **2. wyż demograficzny** population boom.
wyżej *adv. zob.* **wysoko.**
wyższość *f.* superiority.
wyższy *a. zob.* **wysoki; stopień wyższy** *gram.* comparative degree.
wyżyć *pf.* **-żyję -żyjesz, -żyj 1.** survive; (*o ciężko chorym*) make it. **2.** (*utrzymać się*) get by (*z czegoś* on sth).
wyżyna *f.* upland.
wyżynny *a.* upland.
wyżywić *pf.* feed.
wyżywić się *pf.* subsist.
wyżywienie *n.* board; **zakwaterowanie z pełnym wyżywieniem** board and lodging, room and board; **z własnym wyżywieniem** self-catering.
wzajemnie *adv.* **1.** mutually, reciprocally; **pomagamy sobie wzajemnie** we help each other. **2. dziękuję, wzajemnie** thank you, (and the) same to you.
wzajemność *f.* reciprocation; **miłość bez wzajemności/z wzajemnością** unrequited/requited love.
wzajemny *a.* mutual; (*np. o przyjaźni, komplementach*) reciprocal.
wzbogacać *ipf.*, **wzbogacić** *pf.* enrich.
wzbogacać się *ipf.*, **wzbogacić się** *pf.* **1.** (*o człowieku*) grow rich. **2.** (*o kolekcji*) be enriched.
wzbroniony *a.* forbidden, prohibited; **"Palenie wzbronione"** "No smoking"; **"Wstęp wzbroniony"** "No entry/admittance".
wzbudzać *ipf.*, **wzbudzić** *pf.* (*ciekawość*) excite; (*kontrowersje, niechęć*) ignite; (*nadzieje, wątpliwości*) raise; (*podziw, niezadowolenie*) stir up; (*strach, zaufanie*) inspire.
wzburzony *a.* **1.** (*spieniony*) rough, choppy. **2.** (*zdenerwowany*) agitated; (*o opinii publicznej*) outraged.
wzdęcie *n.* flatulence, flatulency.
wzdłuż *prep. + Gen.* along; **iść wzdłuż ulicy** walk/go down the street. — *adv.* lengthwise; **zmierzyć pokój wzdłuż i wszerz** measure the length and width of a room.
wzdychać *ipf.*, **westchnąć** *pf.* sigh; **westchnąć z ulgą** sigh with relief.
wzgardzić *pf.* scorn, disdain.
wzgląd *mi* **-ę-** regard; **bez względu na...** regardless of...; **mieć coś na względzie** take sth into account/consideration; **pod każdym/pewnym/żadnym względem** in every/some/no respect; **pod względem czegoś** as regards sth; **w tym względzie** in that regard; **względem czegoś** with respect to sth; **z różnych względów** for various reasons; **ze względu na kogoś/coś** (*dla dobra kogoś/czegoś*) for the sake of sb/sth; **ze względu na...** (*pamiętając o...*) considering...
względnie *adv.* **1.** (*do pewnego stopnia*) relatively, fairly. **2.** (*lub*) or.
względny *a.* **1.** (*relatywny*) relative. **2.** (*umiarkowany, dość dobry*) comparative. **3.** (*znośny*) tolerable.
wzgórze *n.* hill.
wziąć (się) *pf.* **wezmę weźmiesz, weź** *zob.* **brać (się).**
wzięcie *n.* **1. być do wzięcia** (*o posadzie, nagrodzie*) be up for grabs. **2.** (*rozgłos*) popularity, fame; **on ma wzięcie u kobiet** he's popular with women.
wzięty *a.* successful, much sought after.
wzmacniacz *mi Gen.* **-a** amplifier.
wzmacniać *ipf.*, **wzmocnić** *pf.* **1.** strengthen, reinforce. **2.** (*zwiększać intensywność*) *fiz.* amplify; **wzmocnić ochronę** tighten up security.
wzmacniać się *ipf.* (*nabierać sił*) get stronger.
wzmagać *ipf.* increase, intensify.
wzmagać się *ipf.* (*o wietrze, burzy, deszczu*) strengthen; (*o upale, gniewie*) increase; (*o walce, ostrzale*) escalate.
wzmocnienie *n.* strengthening, reinforcement.
wzmożony *a.* increased.
wzmóc (się) *pf. zob.* **wzmagać (się).**
wznak *adv.* **leżeć na wznak** lie supine; lie on one's back.
wznawiać *ipf.* (*dyskusję, rozprawę, sesję*) resume; (*publikację*) republish, reissue.
wzniesienie *n.* hill.
wznieść *pf.* **-szę -sisz 1.** (*podnosić*) raise; **wznieść toast za kogoś/coś** raise a toast/glass to sb/sth. **2.** (*budować*) erect, put up.
wznieść się *pf.* **1.** rise, ascend; (*o słońcu, samolocie*) climb. **2.** *tylko ipf.* (*o budowli, górach*) tower.
wzniosły *a.* **-ślejszy** (*o celu*) lofty; (*o uczuciach*) fine; (*o zasadach, ideałach*) high.
wznosić (się) *ipf. zob.* **wznieść (się).**
wznowienie *n.* (*dyskusji, rozprawy, sesji*) resumption; (*serialu, przedstawienia*) revival; (*publikacji*) republication, reissue.
wzorcowy *a.* model.
wzorować się *ipf.* **wzorować się na kimś** model o.s. on sb.
wzorowy *a.* model, exemplary; **wzorowe sprawowanie** good conduct.
wzorzec *mi* **-rc-** *Gen.* **-a 1.** (*schemat*) pattern. **2.** (*pierwowzór*) prototype. **3.** (*model*) model. **4.** (*do naśladowania*) exemplar.
wzór *mi* **-o- 1.** (*deseń*) pattern. **2.** (*wzorzec*) model; **wzór podpisu** specimen signature. **3.** (*przykład do naśladowania*) paragon; **brać wzór z kogoś** follow sb's example; **robić coś na wzór kogoś/czegoś** do sth on the model of sb/sth. **4.** (*formuła*) formula.
wzrok *mi* **1.** (*zmysł*) (eye)sight, vision; **dobry/zły/krótki wzrok** good/poor/short sight; **mieć krótki wzrok** be short-sighted; **stracić/odzyskać wzrok** lose/regain one's sight. **2.** (*spojrzenie*) look, gaze; **odwrócić wzrok** look away (*od kogoś/czegoś* from sb/sth); **podnosić wzrok** look up; **spuścić wzrok/oczy** drop one's gaze/eyes; **jeśli mnie wzrok nie myli** unless my eyes deceive me.

wzrokowy *a.* visual; **kontakt wzrokowy** eye contact.
wzrost *mi* **1.** (*człowieka*) height; **być niskiego/średniego wzrostu** be of short/medium height; **być wysokiego wzrostu** be tall; **ile masz wzrostu?** how tall are you? **2.** (*powiększanie się*) rise, growth, increase; **wzrost gospodarczy** economic growth.
wzruszać *ipf.*, **wzruszyć** *pf.* **1.** (*rozczulać*) move, touch; **to mnie nie wzrusza** it leaves me cold. **2.** **wzruszać ramionami** shrug one's shoulders.
wzruszać się *ipf.*, **wzruszyć się** *pf.* (*rozczulać się*) be moved, be touched; **wzruszać się do łez** be moved to tears.
wzruszający *a.* moving, touching.
wzruszenie *n.* emotion; **słuchałem jego opowieści ze wzruszeniem** I was deeply moved/touched by his story.
wzruszony *a.* moved, touched.
wzwyż *adv.* upwards; **skok wzwyż** high jump; **od trzech wzwyż** three and over.
wzywać *ipf.* **-am -asz** call; **wezwać do sądu** summon sb to appear before a court of law, cite sb; **wzywać kogoś do zrobienia czegoś** call on sb to do sth; **wzywać pogotowie/policję** call an ambulance/the police; **wzywać pomocy/ratunku** call for help.

Y

yachting *mi żegl.* yachting.
yeti *mp indecl.* yeti, the Abominable Snowman.

Z

z, **ze** *prep.* + *Gen.* **1.** (*punkt wyjścia*) from; **z domu** from home. **2.** (*źródło informacji*) from; **z gazet/doświadczenia** from newspapers/experience. **3.** (*czas*) from, of; **z dziesiątego wieku** from the 10th century; **list z drugiego maja** a letter of the 2nd of May. **4.** (*surowiec, składnik*) of, from; **zrobiony z drewna** made of wood. **5.** (*przynależność, zbiorowość*) of, from; **jeden z nas** one of us; **kolega ze szkoły** a friend from school. **6.** (*przyczyna*) (out) of; **z bólu/radości** (out) of pain/joy. **7.** (*ograniczenie zakresu*) at, by, in; **egzamin z angielskiego** examination in English; **ona jest dobra z biologii** she's good at biology; **on jest z zawodu leksykografem** he's a lexicographer by profession. **8.** (*tworzy wyrażenia przysłówkowe*) **z grubsza** roughly; **z rzadka** rarely. **9.** + *Ins.* (*towarzyszenie*) with; **jedź z nami** come with us. **10.** + *Ins.* (*element, składnik*) and, with; **chleb z masłem** bread and butter; **kawa z mlekiem** coffee with milk; **sklep z zabawkami** toy store. **11.** + *Ins.* (*stan*) with; **z wysiłkiem** with effort; **z uwagą** attentively.
za[1] *prep.* **1.** + *Acc.* (*upływ, miara czasu*) in; **za godzinę/za rok** in an hour/a year; **za pięć piąta** five to five. **2.** + *Acc.* (*miejsce*) out (of); **za miastem** out of town. **3.** + *Acc.* (*obiekt trzymany*) by; **trzymać kogoś za rękę** hold sb by the hand. **4.** + *Acc.* (*cel*) for, to; **umierać za ojczyznę** die for one's country; **wypić za czyjeś zdrowie** drink to sb's health. **5.** + *Acc.* (*zastępstwo*) **pracować za pięciu** do five people's work. **6.** + *Acc.* (*przedmiot transakcji, kary, nagrody itp.*) for, at; **za darmo** for free; **być za (czymś)** be for/in favor of (sth). **7.** + *Ins.* (*następstwo*) after; **raz za razem** time after time; **iść za kimś** follow sb. **8.** + *Ins.* (*z tyłu, poza czymś*) behind, beyond; **za burtą** overboard. **9.** + *Ins.* (*czas*) after; **dzień za dniem** day after day; **za każdym razem** every/each time.
za[2] *adv.* **1.** (*zbyt*) too; **za późno/wcześnie** too late/early. **2.** (*o charakterze ekspresywnym*) what; **co za czasy!** what times!
zaadresować *pf. zob.* **adresować**.
zaakceptować *pf. zob.* **akceptować**.
zaangażować (się) *pf. zob.* **angażować (się)**.
zaapelować *pf. zob.* **apelować**.
zaaresztować *pf. zob.* **aresztować**.
zaatakować *pf. zob.* **atakować**.
zaawansowany *a.* advanced. — *mp* advanced learner.
zabawa *f.* **1.** (*np. dziecięca*) play; (*gra*) game; **dla zabawy** for fun; **miłej zabawy!** have a good time! **plac zabaw** playground. **2.** (*potańcówka*) dance.
zabawiać *ipf.*, **zabawić** *pf.* entertain (*kogoś czymś* sb with sth).
zabawiać się *ipf.*, **zabawić się** *pf.* **1.** amuse o.s. **2.** (*bawić się*) have (good) fun, have a good time, enjoy o.s.
zabawka *f.* toy.
zabawny *a.* amusing, funny.
zabezpieczać *ipf.*, **zabezpieczyć** *pf.* **1.** protect (*przed kimś/czymś* from sb/sth); guard (*przed kimś/czymś* against sb/sth). **2.** (*czynić bezpiecznym*) secure.
zabezpieczać się *ipf.*, **zabezpieczyć się** *pf.* protect o.s. (*przed czymś* from sth).
zabezpieczenie *n.* protection (*przed kimś/czymś* from sb/sth).
zabić[1] *pf.* **-biję -bijesz**, **-bij** *zob.* **zabijać**.
zabić[2] *pf.* **-biję -bijesz**, **-bij** (*o dzwonie itp.*) strike.
zabić się *pf.* **-biję -bijesz**, **-bij** *zob.* **zabijać się**.
zabiec *pf. zob.* **zabiegać** 1.
zabieg *mi* **1.** (*interwencja*) procedure. **2.** (*operacja*) (minor) surgery.
zabiegać *ipf.* **1. zabiegać komuś drogę** bar sb's way. **2.** (*starać się*) strive (*o coś* for sth).
zabierać *ipf.* **1.** take (*coś komuś* sth away from sb). **2.** (*brać ze sobą*) take. **3.** (*przyprowadzić ze sobą*) bring (along). **4.** (*ładunek, pasażerów*) pick up. **5.** (*zajmować*) take up; **zabierać komuś czas** take up sb's time.
zabierać się *ipf.* (*rozpoczynać*) get down (*do czegoś* to sth).

zabijać *ipf.* kill; **zabijać czas** kill time.
zabijać się *ipf.* **1.** (*popełniać samobójstwo*) kill o.s., commit suicide. **2.** (*ginąć*) die. **3.** (*mordować się wzajemnie*) kill each other/one another.
zabity *mp* killed; **spać jak zabity** sleep like a log.
zabłądzić *pf.* get lost, lose one's way.
zabłąkać się *pf.* **1.** (*zmylić drogę*) *zob.* **zabłądzić**. **2.** (*trafić dokądś przypadkiem*) stray.
zabłysnąć *pf.* **-snę -śniesz, -śnij, -snął -snęła 1.** (*wydać błysk*) flash. **2.** (*o światłach*) come on. **3.** (*zrobić wrażenie*) shine.
zabobon *mi* superstition.
zaboleć *pf.* **-li -lał** hurt; **zabolało mnie to** it hurt.
zabójca *mp* killer; (*zamachowiec*) assassin.
zabójczy *a.* **1.** (*śmiercionośny*) lethal, fatal. **2.** (*szkodliwy*) destructive.
zabójstwo *n.* killing; (*z premedytacją*) murder; (*zwł. polityczne*) assassination; *por.* **morderstwo**.
zabrać (się) *pf.* **-biorę -bierzesz, -brał** *zob.* **zabierać (się)**.
zabraknąć *pf.* **-nie, -kło** run out; **zabrakło mi pieniędzy** I've run out of money.
zabraniać *ipf.*, **zabronić** *pf.* forbid, prohibit (*czegoś* sth); **zabraniać komuś coś robić** forbid sb to do sth, prohibit sb from doing sth.
zabroniony *a.* forbidden, prohibited.
zabrudzić *pf. zob.* **brudzić**.
zabrudzić się *pf. zob.* **brudzić się**.
zabudowania *pl. Gen.* **-ń** buildings.
zabudować *pf.*, **zabudowywać** *ipf.* **1.** (*teren*) develop. **2.** (*kuchnię, łazienkę*) furnish.
zaburzenie *n. Gen. pl.* **-ń** (*np. psychiczne*) disturbance; (*np. żołądkowe, mowy*) disorder; **zaburzenia emocjonalne** affective disorders; **zaburzenia mowy** speech impediments/disorders.
zabytek *mi* **-tk-** monument; **zabytek przyrody** natural monument.
zabytkowy *a.* (*budynek*) historic; (*przedmiot, mebel*) antique.
zach. *abbr.* (*zachodni*) W (*western*).
zachcieć się *pf.* **-chce, -chciało, zachciewać się** *ipf.* **zachciało jej się iść na spacer** she felt like going for a walk; **zachciało mi się spać** I felt drowsy.
zachęcać *ipf.* encourage (*kogoś do czegoś* sb to do sth).
zachęcający *a.* encouraging; (*spojrzenie*) inviting.
zachęcić *pf. zob.* **zachęcać**.
zachęta *f.* encouragement, incentive (*do czegoś* to do sth).
zachmurzenie *n. pot.* clouds.
zachmurzony *a.* clouded, overcast.
zachodni *a.* **1.** (*dotyczący kierunku i strony świata*) western, west; **zachodnia Polska** western Poland, the west of Poland. **2.** (*dotyczący kierunku wiatru*) westerly, west. **3. Europa Zachodnia** Western Europe.
zachodzić *ipf.* **1.** (*docierać*) reach (*do jakiegoś miejsca* a place). **2.** (*wstępować, odwiedzać*) drop by/in. **3.** *form.* (*zdarzać się*) occur; **zajść w ciążę** become pregnant. **4.** (*o słońcu, księżycu*) set. **5. zachodzić na siebie** overlap.
zachorować *pf.* be taken ill (*na coś* with sth); fall ill.
zachowanie *n.* **1.** (*sposób bycia*) behavior. **2.** (*maniery*) manners. **3.** *ekol.* conservation; preservation.
zachowawczy *a.* conservative; **instynkt zachowawczy** the instinct for self-preservation.
zachowywać *ipf.*, **zachować** *pf.* **1.** (*przechowywać*) keep, retain. **2.** (*przestrzegać*) observe, stick to; **zachować dietę** stick to one's diet. **3.** (*utrzymywać*) keep, maintain; **zachowywać pozory** keep up appearances; **zachować twarz** save face. **4.** (*trwać w jakimś stanie*) keep; **zachować spokój** keep one's calm.
zachowywać się *ipf.*, **zachować się** *pf.* **1.** (*postępować*) behave, act. **2.** (*przetrwać*) survive.
zachód *mi* **-o- 1. zachód słońca** sunset. **2.** (*strona świata*) west; **na zachód od Londynu** west of London. **3.** (*kraje zachodnie*) the West.
zachwalać *ipf.* praise.
zachwycać *ipf.*, **zachwycić** *pf.* delight, enchant.
zachwycać się *ipf.*, **zachwycić się** *pf.* be delighted, be enchanted.
zachwycający *a.* delightful.
zachwycony *a.* delighted (*czymś* at/by sth).
zachwyt *mi* (*podziw*) admiration; (*uniesienie*) delight; **budzić zachwyt** enrapture.
zaciągać *ipf.*, **zaciągnąć** *pf.* **-ij 1.** (*wlec*) drag (*coś gdzieś* sth over somewhere); **zaciągnąć dług** incur a debt. **2.** (*zasłaniać*) draw; **zaciągnąć zasłony** draw curtains. **3.** (*zaciskać*) tighten; **zaciągnąć pasek** tighten one's belt.
zaciągać się *ipf.*, **zaciągnąć się** *pf.* **1.** (*wstępować*) enlist. **2.** (*wciągać dym w płuca*) inhale. **3.** (*o niebie*) overcast.
zaciekawienie *n.* **1.** (*zainteresowanie*) interest. **2.** (*ciekawość*) curiosity.
zaciekły *a.* (*o debacie, kłótni*) heated, furious; (*o rywalizacji, walce*) fierce; (*o wrogu*) bitter.
zacierać *ipf.*, **zatrzeć** *pf.* **1. zacierać ręce** (*z zimna*) rub one's hands; (*z zadowolenia*) lick one's lips. **2.** (*tuszować*) cover up; (*wrażenie*) efface; (*różnice*) obliterate; **zacierać ślady za sobą** cover one's tracks.
zacierać się *ipf.*, **zatrzeć się** *pf.* **1.** (*zamazywać się*) (*np. o napisie*) be wiped out; (*np. o wspomnieniach*) fade away. **2.** (*np. o silniku*) seize up.
zacieśniać *ipf.*, **zacieśnić** *pf.* **-ij** tighten; **zacieśniać pętlę** tighten a noose.
zacieśniać się *ipf.*, **zacieśnić się** *pf.* **-ij** tighten.
zacięcie *n.* **1.** (*predyspozycja*) bent (*do czegoś* for sth). **2.** *pot.* (*zapał*) verve.
zacięty *a.* (*zawzięty*) relentless; (*zajadły*) fierce.
zacinać *ipf.*, **zaciąć** *pf.* (*smagać*) whip.
zacinać się *ipf.*, **zaciąć się** *pf.* **1.** (*kaleczyć się*) cut o.s. **2.** (*o zamku, drzwiach*) jam; (*o drzwiach, szufladzie*) get/be stuck. **3.** *pot.* (*jąkać się*) stumble.
zaciskać *ipf.*, **zacisnąć** *pf.* tighten; **zaciskać pasa** *przen.* tighten one's belt; **zacisnąć pięści** clench one's fists.
zaciskać się *ipf.* tighten.
zacisze *n. Gen.pl.* **-y 1.** (*miejsce osłonięte*) sheltered spot. **2.** (*miejsce ustronne*) secluded spot.
zaciszny *a.* **1.** (*osłonięty od wiatru*) quiet, windless. **2.** (*przytulny*) cosy, snug.
zacofany *a.* backward.
zaczarować *pf.* put/cast a spell (*na kogoś/coś* on sb/sth).
zaczarowany *a.* magic.
zacząć *pf.* **-cznę -czniesz, -cznij** begin, start; **zaczynać od nowa** make a new start, start over; **zaczynać od zera** start from scratch; **zacząć coś robić** begin/start doing sth.

zacząć się *pf.* start, begin.
zaczekać *pf.* wait (*na kogoś/coś* for sb/sth).
zaczepiać *ipf.*, **zaczepić** *pf.* **1.** (*przyczepiać*) fasten. **2.** (*zahaczać*) catch (*czymś o coś* sth on sth). **3.** (*zatrzymywać*) accost.
zaczepiać się *ipf.*, **zaczepić się** *pf.* **1.** (*zahaczać się*) be caught (*o coś* on sth). **2.** (*chwytać się*) catch hold (*o coś* of sth).
zaczepny *a.* **1.** (*napastliwy*) aggressive. **2.** (*prowokujący*) provocative.
zaczerwienienie *n.* (*np. oczu*) redness; (*na skórze*) red mark.
zaczynać (się) *ipf. zob.* **zacząć (się)**.
zaćmienie *n.* **1.** eclipse; **zaćmienie Księżyca/Słońca** lunar/solar eclipse. **2.** (*zamroczenie*) haze, obfuscation.
zaćmiewać *ipf.* **1.** (*przesłaniać*) obscure, dim. **2.** *lit.* (*przewyższać*) outshine (*czymś* with sth).
zaćmiewać się *ipf.* darken, become dim; **zaćmiło mi się w oczach** things went dark before my eyes.
zadać (się) *pf. zob.* **zadawać (się)**.
zadanie *n.* **1.** (*to, co należy wykonać*) task, assignment; **stanąć na wysokości zadania** rise to the occasion. **2.** *szkoln.* task, exercise; (*zwł. matematyczne*) problem; **zadanie domowe** homework.
zadarty *a.* **z zadartym nosem** (*o osobie*) snub-nosed.
zadawać *ipf.* **-aję -ajesz, -awaj 1.** (*wyznaczać zadanie*) assign, set; **zadawać pytanie** ask a question. **2.** (*sprawiać*) inflict; **zadać komuś ból** inflict pain on sb; **zadawać komuś cios** deal a blow to sb.
zadawać się *ipf. pot.* hang around, mix (*z kimś* with sb).
zadbany *a.* (*człowiek*) well-groomed; (*dom, ogród*) well-groomed, neat and tidy.
zadecydować *pf. zob.* **decydować**.
zademonstrować *pf. zob.* **demonstrować**.
zadłużenie *n.* debt.
zadłużony *a.* **-eni** indebted.
zadość *adv.* **czynić zadość czemuś** satisfy sth, fulfill sth; **sprawiedliwości stało się zadość** justice was done.
zadośćuczynienie *n.* **1.** satisfaction. **2.** (*rekompensata*) compensation.
zadowalać *ipf.* satisfy, please.
zadowalać się *ipf.* make do (*czymś* with sth).
zadowalający *a.* satisfactory.
zadowolenie *n.* satisfaction.
zadowolić (się) *pf. zob.* **zadowalać (się)**.
zadowolony *a.* **-eni** (*szczęśliwy*) glad, pleased; (*usatysfakcjonowany*) satisfied; **zadowolony z kogoś/czegoś** pleased with sb/sth.
zadrapanie *n.* scratch.
zadraśnięcie *n.* scratch, graze.
zadręczać *ipf.*, **zadręczyć** *pf.* (*nagabywać*) pester, badger (*kogoś o coś* sb for sth).
zadręczać się *ipf.*, **zadręczyć się** *pf.* torture o.s., torment o.s. (*czymś* with sth).
zadrżeć *pf.* **-ę -ysz, -yj** shake, tremble.
Zaduszki *pl. Gen.* **-szek** *rz.-kat.* All Souls' Day.
zadymiony *a.* smoky.
zadymka *f.* snowstorm, blizzard.
zadyszany *a.* breathless, out of breath.
zadyszka *f.* breathlessness; **dostać zadyszki** be out of breath.
zadziałać *pf.* (*o mechanizmie, leku*) work, start working.
zadzierać *ipf.* **1.** (*naddzierać*) tear. **2.** (*podnosić*) pull up; **zadzierać nosa** put on airs. **3.** *pot.* (*kłócić się*) mess (*z kimś* with sb).
zadzierać się *ipf.* **1.** (*naddzierać się*) get torn. **2.** (*zaginać się ku górze*) turn up.
zadziorny *a.* contentious, quarrelsome.
zadziwiać *ipf.* astonish, amaze.
zadziwiający *a.* astonishing, amazing.
zadzwonić *pf.* **1.** (*nacisnąć dzwonek*) ring the bell. **2.** (*o dzwonku, telefonie*) ring. **3.** (*zatelefonować*) call, ring (up); *por.* **dzwonić**.
zafascynowanie *n.* fascination.
zafascynowany *a.* fascinated.
zafundować *pf. zob.* **fundować**.
zagadka *f.* **1.** (*zadanie*) riddle, puzzle. **2.** (*tajemnica*) mystery.
zagadkowy *a.* (*tajemniczy*) mysterious, enigmatic; (*zadziwiający*) puzzling.
zagadnąć *pf.* **1.** (*zwracać się*) speak (*do kogoś* to sb). **2.** (*tuszować mówieniem*) talk down.
zagadnienie *n.* problem, issue.
zagadywać *ipf. zob.* **zagadnąć**.
zaganiać *ipf.* **1.** (*zapędzać*) drive in. **2.** *pot.* (*zmuszać*) drive, force; **zaganiać kogoś do robienia czegoś** force sb to do sth.
zagapić się *pf. pot.* **zagapiłem się** I wasn't paying attention.
zagęszczać *ipf.* thicken, condense.
zagęszczać się *ipf.* thicken, condense.
zagęszczenie *n.* **1.** (*substancji*) thickening, condensation. **2.** **zagęszczenie ludności** population density.
zagięcie *n.* fold, bend.
zaginać *ipf.* **1.** (*drut*) bend; (*kartkę*) fold. **2.** *pot.* **a to mnie zagiąłeś!** you've got me here!
zaginąć *pf.* go missing, disappear; **ślad po niej zaginął** there is no trace left of her.
zaginiony *a.* missing. — *mp* missing person.
zaglądać *ipf.* **1.** (*patrzeć w głąb czegoś*) look (*do czegoś/w coś* into sth). **2.** (*odwiedzać*) call (*do kogoś* on sb).
zagłada *f.* extermination, annihilation.
zagłodzić (się) *pf. zob.* **zagładzać (się)**.
zagładzać *ipf.* starve.
zagładzać się *ipf.* starve o.s.
zagłębiać *ipf.*, **zagłębić** *pf.* (*zanurzyć*) immerse; (*np. ręce w kieszeniach*) sink.
zagłębiać się *ipf.*, **zagłębić się** *pf.* **1.** (*zanurzać się*) immerse; **zagłębić się w fotelu** sink into an armchair. **2.** *lit.* **zagłębiać się w książce** become absorbed in a book.
zagłębie *n. Gen.pl.* **-i zagłębie węglowe** coal field.
zagłębienie *n.* hollow.
zagłuszać *ipf.*, **zagłuszyć** *pf.* (*tłumić dźwięki*) drown out; **zagłuszać wyrzuty sumienia** deaden one's pangs of conscience.
zagłuszać się *ipf.*, **zagłuszyć się** *pf.* drown one another out.
zagmatwać *pf. zob.* **gmatwać**.
zagmatwany *a.* tangled, confused.
zagoić się *pf.* **-goję -goisz, -gój** *zob.* **goić się**.
zagonić *pf. zob.* **zaganiać**.
zagoniony *a.* **-eni** *pot.* on the go.
zagorzały *a.* **1.** (*o kibicu, fanie*) ardent, staunch; (*o przeciwniku*) fierce. **2.** (*o dyskusji*) heated.
zagospodarować *pf.*, **zagospodarowywać** *ipf.* (*teren*) develop.

zagospodarować się *pf.*, **zagospodarowywać się** *ipf.* settle in.
zagościć *pf.* **-goszczę -gościsz** (*o radości, spokoju*) settle, occur.
zagotować *pf.* boil; *zob.* **gotować**.
zagotować się *pf.* boil, start boiling; *zob.* **gotować się**.
zagrabiać *ipf.*, **zagrabić** *pf.* **1.** (*zgarniać grabiami*) rake up. **2.** (*przywłaszczać*) seize, capture.
zagracać *ipf.*, **zagracić** *pf. pot.* clutter.
zagradzać *ipf.* (*stawiać przeszkodę*) obstruct, bar; **zagrodzić komuś drogę** bar sb's way.
zagranica *f.* foreign countries; **stosunki z zagranicą** foreign relations.
zagraniczny *a.* foreign; **handel zagraniczny** foreign trade; **Ministerstwo Spraw Zagranicznych** Ministry of Foreign Affairs; *US* State Department.
zagranie *n.* move.
zagrażać *ipf.* threaten (*komuś/czemuś* sb/sth).
zagroda *f. Gen.pl.* **-ód 1.** (*gospodarstwo*) farmstead. **2.** (*dla zwierząt*) pen, enclosure.
zagrodzić *pf. zob.* **zagradzać**.
zagrożenie *n.* (*stan*) threat; (*czynnik*) hazard, risk; **zagrożenie pożarowe** fire hazard/risk.
zagryzać *ipf.*, **zagryźć** *pf.* **-gryzę -gryziesz**, **-gryzł -gryźli 1.** (*przygryzać*) bite; **zagryzać wargi** bite one's lips. **2.** (*o zwierzętach*) bite to death.
zagryzać się *ipf.*, **zagryźć się** *pf.* **1.** (*o zwierzętach*) bite each other to death. **2.** (*zamartwiać się*) worry.
zagrzać *pf.*, **zagrzewać** *ipf.* **1.** (*podgrzewać*) warm up, heat up. **2.** *tylko ipf.* **zagrzewać kogoś do (zrobienia) czegoś** spur sb on to (do) sth.
zagrzać się *pf.*, **zagrzewać się** *ipf.* **1.** (*podgrzewać się*) warm up, heat up. **2.** *tylko ipf.* **zagrzewać się do (zrobienia) czegoś** spur each other/one another on to (do) sth.
zagubić *pf.* lose.
zagubić się *pf.* **1.** get lost. **2.** (*zaplątać się*) get confused.
zagubiony *a.* **-eni 1.** lost. **2.** (*trudny do zlokalizowania*) remote.
zahaczać *ipf.*, **zahaczyć** *pf.* **1.** (*wieszać*) hook (*coś o coś* sth on(to) sth); (*zaczepiać*) catch (*coś o coś* sth on sth). **2.** *pot.* (*odwiedzać*) stop off (*o kogoś/coś* at sb's place/somewhere).
zahaczać się *ipf.*, **zahaczyć się** *pf.* **1.** (*zaczepiać się*) catch (*o coś* on sth). **2.** *pot.* (*zatrzymywać się tymczasowo*) stay temporarily; **zahaczyć się w szkole** land a teaching job.
zahamować *pf. zob.* **hamować**.
zahamowanie *n. psych.* inhibition.
zahartowany *a.* hardened.
zaimek *mi* **-mk-** *Gen.* **-a** pronoun.
zaimprowizowany *a.* improvised, impromptu.
zainteresować *pf.* arouse interest; **zainteresować kogoś czymś** arouse sb's interest in sth.
zainteresować się *pf.* take interest (*czymś* in sth).
zainteresowanie *n.* interest.
zainteresowany *a.* **być zainteresowanym czymś** be interested in sth. — *mp* interested party.
zainwestować *pf. zob.* **inwestować**.
zaistnieć *pf.* **1.** *lit.* (*pojawić się*) come into being/existence; (*o trudnościach*) arise. **2.** *lit.* (*stać się znanym*) become known/popular (*jako ktoś* as sb).
zajadać *ipf. pot.* chow down.
zajadać się *ipf.* gorge o.s. (*czymś* on sth).
zajazd *mi Loc.* **-eździe** inn.
zając *ma Gen.pl.* **-ęcy** hare.
zająć *pf.* **zajmę zajmiesz**, **zajmij** *zob.* **zajmować**.
zająć się *pf.* **1.** *zob.* **zajmować się**. **2.** (*zacząć coś robić*) take up; **zająć się malarstwem** take up painting.
zajechać *pf.*, **zajeżdżać** *ipf.* **1.** (*dojeżdżać do celu*) arrive, reach. **2. zajechać komuś drogę** cut in on sb.
zajęcie *n.* **1.** (*wykonywana czynność*) occupation, pursuit; **mieć dużo zajęć** have a lot (of things) to do. **2.** (*praca zarobkowa*) occupation, job.
zajęty *a.* (*o człowieku*) busy; (*o miejscu*) taken, occupied; (*o telefonie*) busy, engaged; **być zajętym czymś** be busy/occupied with sth.
zajmować *ipf.* occupy, take up; **zajmować komuś czas** take up sb's time; **zajmować dwa pokoje** occupy two rooms; **zajmować miejsce** take a/one's seat; **zajmować miejsce komuś/sobie** keep a seat for sb/o.s.; **zajmować stanowisko** (*obejmować posadę*) take a post; **zająć stanowisko wobec kogoś/czegoś** take a stand on sb/sth.
zajmować się *ipf.* **1.** (*wykonywać, robić*) do (*czymś* sth); be busy doing (*czymś* sth); **czym się zajmujesz?** what do you do (for a living)? **zajmować się czymś/robieniem czegoś** busy o.s. with sth/doing sth. **2.** (*opiekować się*) look after (*kimś* sb).
zajmujący *a.* (*o człowieku, wykładzie*) interesting; (*o książce, opowieści*) engrossing, absorbing.
zajrzeć *pf.* **-ę -ysz**, **-yj** *zob.* **zaglądać**.
zajście *n.* incident, occurrence.
zajść *pf.* **zajdę zajdziesz**, **zaszedł zaszła zaszli** *zob.* **zachodzić**.
zakaz *mi* ban; **zakaz palenia** no smoking; **zakaz skrętu w lewo/prawo** no left/right turn; **zakaz wjazdu/wstępu** no entry.
zakazać *pf.*, **zakazywać** *ipf.* forbid, prohibit; **zakazywać komuś (zrobienia) czegoś** forbid sb (to do) sth.
zakazić *pf.* infect.
zakaźny *a.* infectious, contagious; **oddział zakaźny** isolation ward.
zakażać *ipf. zob.* **zakazić**.
zakażenie *n.* infection.
zakąska *f.* appetizer.
zakląć *pf.* **-klnę -klniesz**, **-klnij 1.** *zob.* **zaklinać**. **2.** (*powiedzieć przekleństwo*) swear, curse.
zakleić *pf.* **-kleję -kleisz**, **zaklejać** *ipf.* (*skleić*) glue/stick together; (*kopertę*) seal.
zaklinać *ipf.* **1.** *lit.* (*błagać*) entreat, plea. **2.** (*rzucać czary*) put/cast a spell (*na kogoś/coś* on sb/sth).
zaklinać się *ipf.* swear.
zakład *mi* **1.** (*przedsiębiorstwo*) company, enterprise; (*produkcyjny*) plant, factory; (*usługowy*) shop; **zakład fryzjerski** (*zwł. damski*) hairdresser's; **zakład przemysłowy** industrial plant. **2.** (*placówka*) institution; **zakład badawczy** research institute. **3.** (*rodzaj umowy*) bet.
zakładać *ipf.* **1.** (*towarzystwo, spółkę*) establish; (*firmę*) set up; (*spółkę, miasto*) found; **zakładać rodzinę** start a family. **2.** (*ubranie, okulary*) put on. **3.** (*gaz, elektryczność*) install. **4.** (*przyjmować jakąś tezę*) assume, suppose.
zakładać się *ipf.* (*robić zakład*) bet; **zakładać się z kimś o coś** bet sb sth.
zakładka *f.* (*do książki*) bookmark.

zakładniczka *f.*, **zakładnik** *mp* hostage.
zakładowy *a.* factory, plant; **fundusz zakładowy** company fund.
zakłopotać *pf.* **-oczę -oczesz** embarrass.
zakłopotać się *pf.* become embarrassed.
zakłopotanie *n.* embarrassment.
zakłopotany *a.* embarrassed.
zakłócać *ipf.* **1.** (*spokój, nastrój*) disturb. **2.** (*działalność, proces*) disrupt; (*odbiór, łączność*) cause interference (*coś* to sth).
zakłócenie *n.* **1.** disruption, disturbance; **zakłócenie porządku publicznego** breach/disturbance of the peace. **2.** *radio, telew.* interference.
zakłócić *pf. zob.* **zakłócać**.
zakochać się *pf.* fall in love (*w kimś* with sb).
zakochany *a.* in love (*w kimś* with sb). — *mp* lover.
zakochiwać się *ipf. zob.* **zakochać się**.
zakole *n. Gen.pl.* **-i 1.** (*rzeki, drogi*) bend. **2.** (*łysina*) receding hairline.
zakon *mi* order.
zakonnica *f.* nun.
zakonnik *mp* monk, friar.
zakończenie *n.* **1.** (*powieści*) ending. **2.** (*pracy*) end; (*wypracowania*) conclusion; **na zakończenie** in conclusion.
zakończyć *pf.* end, finish; (*prace, badania*) complete.
zakończyć się *pf.* end, finish.
zakopywać *ipf.*, **zakopać** *pf.* bury.
zakopywać się *ipf.*, **zakopać się** *pf.* bury o.s.
zakraplać *ipf.* put (eye-/nose-) drops in.
zakres *mi* **1.** (*środków, obowiązków, działania*) range; (*tematyczny*) scope; (*uprawnień*) extent; **(robić coś) we własnym zakresie** (do sth) on one's own. **2.** *radio* (wave) band.
zakreślać *ipf.*, **zakreślić** *pf.* (*oznaczać*) mark, highlight.
zakręcać *ipf.*, **zakręcić** *pf.* **1.** (*kurek, gaz*) turn off; (*słoik*) twist on. **2.** (*włosy*) curl. **3.** (*wykonywać zakręt*) turn.
zakręcać się *pf. zob.* **kręcić się**.
zakręt *mi* bend, turn; **brać zakręt** take a turn.
zakrętka *f.* (bottle) cap.
zakrwawiony *a.* bloody, bloodstained.
zakrywać *ipf.* **-am -asz** cover.
zakrywać się *ipf.* cover o.s.
zakrzep *mi* thrombus, intravascular clot.
zakrzywiać *ipf.*, **zakrzywić** *pf.* bend, curve.
zakrzywiać się *ipf.*, **zakrzywić się** *pf.* bend, curve.
zakrzywiony *a.* (*zgięty*) bent; (*powykrzywiany*) curved.
zakup *mi* purchase; **dobry/zły zakup** good/bad buy.
zakurzony *a.* dusty.
zakuwać *ipf.* **1. zakuwać kogoś w kajdany** chain sb. **2.** *pot.* (*uczyć się intensywnie*) cram.
zakwaterowanie *n.* accommodation, lodging.
zakwitać *ipf.*, **zakwitnąć** *pf.* **-tnij**, **-tł/-tnął -tła -tli** bloom, blossom.
zalać *pf.* (*o cieczy*) flood; **zalać coś wodą/mlekiem** pour water/milk over sth.
zalać się *pf. pot.* (*upić się*) get stoned.
zalany *a. pot.* (*pijany*) drunk, sloshed.
zalatany *a. pot.* (*zagoniony*) run off one's feet.
zalatywać *ipf.* **1.** (*o zapachu*) waft. **2.** (*śmierdzieć*) stink (*czymś* of sth).
zalążek *mi* **-żk-** *Gen.* **-a** *lit.* (*początek*) germ.
zalecać *ipf. lit.* (*doradzać*) recommend (*coś komuś* sth to sb).
zalecać się *ipf.* woo, court (*do kogoś* sb).
zalecenie *n.* recommendation; **godny zalecenia** highly recommended.
zaledwie *part.* only, merely, scarcely; **zaledwie wczoraj** only yesterday. — *conj.* no sooner, as soon as; **zaledwie przyjechał, a już...** no sooner had he arrived than...; *por.* **ledwie**.
zalegać *ipf.* **1.** (*o kurzu, śniegu*) linger. **2.** (*spóźniać się*) be late (*z czymś* with sth); **zalegać z pracą** be behind with one's work.
zaległość *f.* (*w nauce, w pracy*) backlog; (*w płatnościach*) arrears; **zaległość podatkowa** outstanding tax; **mieć zaległości w czymś** be behind with sth; **odrabiać zaległości w pracy** catch up on one's work.
zaległy *a.* outstanding, overdue.
zalepiać *ipf.*, **zalepić** *pf.* (*dziurę*) fill; (*kopertę*) seal.
zaleta *f.* virtue; (*pozytyw*) advantage.
zalewać (się) *ipf. zob.* **zalać (się)**.
zależeć *ipf.* **-ę -ysz** depend (*od kogoś/czegoś* on sb/sth); **to zależy** it depends; **to zależy od ciebie** it's up to you; **nie zależy mi!** I don't care!
zależnie *adv.* depending (*od kogoś/czegoś* on sb/sth).
zależność *f.* **1.** (*relacja*) interrelation (*czegoś od czegoś* between sth and sth); **w zależności od czegoś** depending on sth. **2.** (*niesamodzielność*) dependence (*od kogoś* on sb).
zależny *a.* dependent (*od kogoś/czegoś* on sb/sth); **mowa zależna** *gram.* reported speech.
zaliczać *ipf.* **1.** (*klasyfikować*) classify (*kogoś/coś do czegoś* sb/sth as sth). **2.** *uniw.* (*egzamin*) pass; (*semestr, rok*) complete; (*zajęcia*) get a credit for.
zaliczać się *ipf.* number, rank (*do* among).
zaliczenie *n.* **1.** *uniw.* credit. **2. za zaliczeniem pocztowym** COD (*collect on delivery*).
zaliczka *f.* advance.
zalotny *a.* coquettish, flirtatious.
zaloty *pl. Gen.* **-ów** *lit.* courtship, advances.
zaludniać *ipf.*, **zaludnić** *pf.* **-ij** populate, people.
zaludniać się *ipf.*, **zaludnić się** *pf.* come alive with people.
zaludnienie *n.* population; **gęstość zaludnienia** population density.
zał. *abbr.* **1.** (*załącznik*) encl. (*enclosure*). **2.** (*założony*) est., estab. (*established*).
załadować *pf.*, **załadowywać** *ipf.* load.
załadować się *pf.*, **załadowywać się** *ipf. pot.* (*do pociągu, samochodu, samolotu*) board (*do czegoś* sth); (*na statek*) embark (*do czegoś* sth).
załadunek *mi* **-nk-** loading.
załagodzić *pf.* **-godzę -godzisz**, **-godź/-gódź** *zob.* **łagodzić**.
załamać *pf.* (*zaginać*) bend; **załamywać ręce** wring one's hands.
załamać się *pf.* **1.** (*zaginać się*) bend; (*o głosie*) break. **2.** (*np. o moście*) collapse. **3.** (*o człowieku*) break down. **4.** *fiz.* be refracted.
załamanie *n.* **1.** (*zagięcie*) bend. **2.** (*depresja*) breakdown. **3.** *ekon.* slump.
załamanie się *n.* (*dachu, mostu, lodu*) collapse.
załamywać (się) *ipf. zob.* **załamać (się)**.
załatwiać *ipf.*, **załatwić** *pf.* **1.** *pot.* (*doprowadzać do skutku*) take care (*coś* of sth); **załatwić coś komuś** fix sb up with sth; **ja to załatwię** let me handle that. **2.** *pot.* (*obsługiwać*) serve. **3.** *zw. pf. pot.* (*rozprawiać się*) fix (*kogoś* sb).

załatwiać się *ipf.*, **załatwić się** *pf. pot.* (*wypróżniać się*) relieve o.s.
załatwiony *a.* **załatwione!** done!
załączać *ipf.* (*w liście*) enclose (*coś do czegoś* sth with sth); (*w poczcie elektronicznej*) attach (*coś do czegoś* sth to sth).
załączenie *n.* enclosure; attachment; **w załączeniu...** (*w liście*) please find enclosed...; (*w poczcie elektronicznej*) please find attached...
załącznik *mi Gen.* **-a** (*do listu*) enclosure; (*do umowy*) appendix; (*do poczty elektronicznej*) attachment (*do czegoś* to sth).
załoga *f. Gen.pl.* **-óg 1.** (*statku, samolotu*) crew. **2.** (*fabryki*) staff.
założenie *n.* (*przesłanka*) assumption, premise; **w założeniu** originally; **wychodzić z założenia, że...** assume that...
założyciel *mp*, **założycielka** *f.* founder.
zamach *mi* **1.** (*atak*) attack (*na kogoś/coś* on sb/sth); (*zamordowanie*) assassination (*kogoś* of sb); (*próba zamordowania*) assassination attempt (*na kogoś* on sb); **zamach stanu** coup; **zamach terrorystyczny** terrorist attack. **2. za jednym zamachem** *pot.* at one go.
zamachnąć się *pf.* **-ij** swing one's arm.
zamachowiec *mp* **-wc-** *pl.* **-y** assassin; (*podkładający bomby*) bomber.
zamachowy *a.* **koło zamachowe** *techn.* flywheel.
zamaczać *ipf.* (*przypadkowo*) get wet; (*celowo*) soak (*coś w czymś* sth in sth).
zamaczać się *ipf.* get wet.
zamakać *ipf.* soak, get wet.
zamarzać *ipf.*, **zamarznąć** *pf.* **-znij**, **-zł/-znął -zła -zli 1.** freeze. **2.** (*ginąć od mrozu*) freeze to death.
zamarzać *ipf.*, **zamorzyć** *pf.* **zamorzyć kogoś głodem** starve sb to death.
zamarznięty *a.* frozen.
zamaskowany *a.* (*wejście*) concealed; (*twarz, bandyta*) masked.
zamawiać *ipf.* **1.** (*rezerwować*) book, reserve. **2.** (*towar, danie*) order.
zamawiać się *ipf.* announce one's visit.
zamazywać *ipf.* (*np. farbą*) smear (*czymś* with sth).
zamazywać się *ipf.* become effaced/obliterated.
Zambia *f. Gen.* **-ii** Zambia.
zamek *mi* **-mk-** *Gen.* **-a 1.** (*mechanizm*) lock; **zamek błyskawiczny** zipper. **2.** *Gen.* **-u** (*budowla*) castle.
zamęczać *ipf.*, **zamęczyć** *pf.* (*dręczyć*) pester, plague (*czymś* with sth).
zamęczać się *ipf.*, **zamęczyć się** *pf.* (*fizycznie*) slave away; (*psychicznie*) torment o.s.
zamężna *a.* married. —*f. Gen.* **-ej** married woman.
zamglony *a.* misty, hazy.
zamian *mi* **w zamian za coś** in exchange for sth, in return for sth.
zamiana *f.* **1.** (*wymiana*) exchange. **2.** (*przekształcenie*) conversion (*czegoś w coś* of sth into sth).
zamiar *mi* intention; **mieć zamiar coś zrobić** intend to do sth.
zamiast *prep.* + *Gen.* instead of; **pij mleko zamiast kawy** drink milk instead of coffee; **zamiast pójść z nami...** instead of joining us..., rather than join us...
zamiatać *ipf.* sweep up.
zamieć *f. pl.* **-e** snowstorm, blizzard.
zamiejscowy *a.* (*rozmowa*) long-distance.
zamieniać *ipf.*, **zamienić** *pf.* **1.** (*wymieniać*) exchange (*coś na coś* sth for sth); **zamienić parę słów z kimś** have a word or two with sb. **2.** (*przekształcać*) turn (*coś w coś* sth into sth).
zamieniać się *ipf.*, **zamienić się** *pf.* **1.** (*wymieniać się*) swap (*czymś/na coś* sth). **2.** (*przeobrażać się*) turn (*w kogoś/coś* into sb/sth); **zamienić się z kimś miejscami** change places with sb.
zamienny *a.* exchangeable, interchangeable; **części zamienne** spare/replacement parts.
zamierać *ipf.* **1.** (*przestawać żyć*) die. **2.** (*o dźwiękach, głosie*) die/fade away. **3.** (*nieruchomieć*) (*o człowieku*) freeze; (*o życiu gospodarczym*) come to a standstill.
zamierzać *ipf.* intend (*coś zrobić* to do sth).
zamierzać się *ipf.* aim a blow (*na kogoś/coś* at sb/sth).
zamierzenie *n.* intention (*zrobienia czegoś* of doing sth).
zamierzony *a.* (*skutek*) intended; (*celowy*) deliberate.
zamieszać *pf. zob.* **mieszać**.
zamieszanie *n.* (*chaos*) confusion, chaos; **robić zamieszanie** cause/create confusion.
zamieszany *a.* implicated (*w coś* in sth).
zamieszczać *ipf.* (*ogłoszenie w gazecie*) place; (*artykuł, wzmiankę w gazecie*) run.
zamieszkać *pf.* take up residence.
zamieszkały *a.* **1. zamieszkały w...** resident of... **2.** (*zasiedlony*) inhabited.
zamieszkanie *n.* **miejsce zamieszkania** place of residence.
zamieszkiwać *ipf.* (*mieszkać na stałe*) reside; (*zajmować jakiś teren*) inhabit.
zamieścić *pf. zob.* **zamieszczać**.
zamiłowanie *n.* passion (*do czegoś* for sth); **mieć zamiłowanie do (robienia) czegoś** have a passion for (doing) sth.
zamiłowany *a.* fond (*w czymś* of sth); keen (*w czymś* on sth).
zamknąć (się) *pf.* **-ij** *zob.* **zamykać (się)**.
zamknięcie *n.* **1.** (*zamek*) lock. **2.** (*miejsce zamknięte*) closing, closure; **trzymać kogoś w zamknięciu** restrain sb, coop sb up.
zamknięty *a.* **1.** close(d). **2.** (*nieudostępniony ogółowi*) closed, private, exclusive; (*o obradach*) closed session. **3.** (*skryty*) reserved.
zamocować *pf.*, **zamocowywać** *ipf.* fasten, fix, secure.
zamontować *pf.*, **zamontowywać** *ipf.* set up, fit up, install.
zamordować *pf. zob.* **mordować**.
zamorski *a.* overseas.
zamożność *f.* wealth, affluence.
zamożny *a.* wealthy, affluent, well-off.
zamówić *pf. zob.* **zamawiać**.
zamówić się *pf. zob.* **zamawiać się**.
zamówienie *n.* order (*na coś* for sth); **zrobić coś na zamówienie** make sth to order.
zamrażać *ipf.* freeze.
zamrażać się *ipf.* freeze.
zamrażalnik *mi Gen.* **-a** freezer, freezing compartment.
zamrażarka *f.* freezer.
zamroczony *a.* **-eni** fuddled, obfuscated.
zamroczyć *pf.* darken, dim, obfuscate.
zamroczyć się *pf.* (*odurzyć się*) besot, fuddle.
zamszowy *a.* suede.

zamurować *pf.*, **zamurowywać** *ipf.* brick sth up *l.* in, brick sth off, wall sth up; **zamurowało mnie** *pot.* I was struck dumb.
zamykać *ipf.* **1.** close, shut, lock; **zamykać coś na cztery spusty** lock sth away/up. **2.** (*tarasować*) block, obstruct. **3.** (*kończyć, podsumowywać*) close, wind up; (*obrady*) close/adjourn; **zamykać cudzysłów** unquote. **4.** (*pozbawiać wolności*) lock up. **5.** (*fabrykę, szkołę*) close down, shut down. **6.** (*scyzoryk, książkę*) shut.
zamykać się *ipf.* (*w pokoju*) lock oneself; (*o drzwiach*) shut; (*o zamku*) lock; (*o książce, kwiatach*) close; **zamykać się w sobie** *przen.* retire into o.s.; **zamknij się!** *pot.* shut up!
zamyślony *a.* broody, pensive, thoughtful.
zanadto *adv.* too, overmuch.
zaniechać *pf. form.* give up, relinquish, renounce.
zanieczyszczać *ipf.* pollute, contaminate.
zanieczyszczenie *n.* contamination, pollution.
zaniedbanie *n.* negligence, neglect.
zaniedbany *a.* neglected, uncared-for.
zaniedbywać *ipf. zob.* **zaniedbać**.
zaniedbywać *pf.* neglect.
zaniedbywać się *ipf.* slack off, be negligent (*w czymś* of sth).
zaniemóc *pf.* **-mogę -możesz, -mógł -mogła -mogli** *lit.* fall ill.
zaniemówić *pf.* be lost for words, be speechless.
zaniepokoić *pf.* **-koję -koisz, -kój** disturb, alarm.
zaniepokoić się *pf.* take alarm, be disturbed.
zaniepokojenie *n.* alarm.
zanieść *pf.* **-niosę -niesiesz, -niósł -niosła -nieśli** *zob.* **zanosić**.
zanik *mi* **1.** (*zanikanie*) disappearance. **2.** *med.* atrophy.
zanikać *ipf.*, **zaniknąć** *pf.* **-knął -knęła 1.** (*ginąć z oczu*) disappear, fade away. **2.** (*przestawać istnieć*) die out, dwindle.
zanim *conj.* before, by the time; **skończę, zanim wrócisz** I will finish before you come back.
zaniżać *ipf.*, **zaniżyć** *pf.* lower, understate; (*cenę*) underprice.
zanosić *ipf.* **-szę -sisz** carry, take.
zanosić się *ipf.* **1. zanosić się od śmiechu** choke/roar with laughter. **2. zanosi się na deszcz** it looks like (it is going to) rain.
zanotować *pf. zob.* **notować**.
zanudzać *ipf.*, **zanudzić** *pf.* bore.
zanudzać się *ipf.*, **zanudzić się** *pf.* be bored stiff.
zanurzać *ipf.*, **zanurzyć** *pf.* immerse, dip.
zanurzać się *ipf.*, **zanurzyć się** *pf.* **1.** (*pogrążać się*) sink, immerse o.s. (*w czymś* in sth). **2.** (*być zanurzanym*) dive, be submerged.
zaoczny *a.* **1.** (*odbywający się bez udziału osoby zainteresowanej*) by default. **2.** *uniw.* extramural, external.
zaoferować *pf. zob.* **oferować**.
zaokrąglać *ipf.* **1.** (*czynić okrągłym*) round. **2.** (*wyrównywać*) make even; (*w dół*) round down; (*w górę*) round up.
zaokrąglać się *ipf.* **1.** (*nabierać okrągłych kształtów*) round out. **2.** (*wyrównywać się*) become rounded off.
zaokrąglenie *n.* curvaceousness, roundness.
zaopatrywać *ipf.* **1.** *form.* (*dostarczać*) provide, supply (*w coś* with sth). **2.** (*wyposażać*) equip, furnish (*w coś* with sth).
zaopatrywać się *ipf.* provide o.s., equip o.s. (*w coś* with sth).
zaopatrzenie *n.* **1.** (*środki do życia*) supply, provision. **2.** *pot.* (*dział w zakładzie pracy*) delivery department.
zaopatrzony *a.* **dobrze/słabo zaopatrzony** well/badly stocked.
zaopiekować się *pf. zob.* **opiekować się**.
zaostrzać *ipf.*, **zaostrzyć** *pf.* **1.** sharpen. **2.** (*apetyt*) whet sb's appetite.
zaostrzać się *ipf.*, **zaostrzyć się** *pf.* **1.** sharpen. **2.** (*wzmagać się*) intensify (*o chorobie, konflikcie*).
zaoszczędzać *ipf.*, **zaoszczędzić** *pf.* (*odkładać*) save, put aside; **zaoszczędzić na czymś** economize on sth.
zapach *mi* (*woń*) odour, smell; (*przyjemny*) aroma, fragrance; (*nieprzyjemny*) whiff, reek.
zapadać *ipf.* **1.** (*o kurtynie, nocy, milczeniu*) fall; **zapadać w sen** fall asleep. **2.** (*o wyroku*) be pronounced; (*o decyzji*) be taken; (*o uchwale*) be passed.
zapadać się *ipf.* cave in.
zapadły *a.* (*boki, policzki*) sunken, hollow; **zapadła dziura** *pot.* hole, the sticks.
zapadnięty *a.* hollow, sunken.
zapakować (się) *pf. zob.* **pakować (się)**.
zapalać *ipf.* **1.** (*świecę, papierosa*) light; **mogę zapalić?** can I have a smoke? **2.** (*światło*) switch on the light. **3.** *pot.* (*uruchamiać silnik*) ignite, start.
zapalać się *ipf.* **1.** (*zajmować się ogniem*) catch fire. **2.** (*zaczynać się świecić*) be lit, shine. **3.** (*nabierać entuzjazmu*) become enthusiastic (*do czegoś* over sth).
zapalczywy *a.* hotheaded, quick-tempered.
zapalenie *n. med.* inflammation; **zapalenie płuc** pneumonia.
zapaleniec *mp* **-ńc-** *Voc.* **-ńcze/-u** *pl.* **-y** enthusiast.
zapalić (się) *pf. zob.* **zapalać (się)**.
zapalniczka *f.* lighter.
zapalnik *mi Gen.* **-a** fuse, detonator.
zapalny *a.* (*łatwo palny*) inflammable; **punkt zapalny** *przen.* trouble spot.
zapalony *a.* **-eni** keen, enthusiastic.
zapał *mi* enthusiasm, fervor, zeal; **z zapałem** with keenness.
zapałka *f.* match.
zapamiętać *pf.*, **zapamiętywać** *ipf.* remember, memorize, keep in mind.
zaparcie *n.* (*zatwardzenie*) constipation.
zaparkować *pf. zob.* **parkować**.
zaparować *pf.* (*o szybie, okularach*) steam up; (*o oknach*) mist up/over, fog up.
zaparowany *a.* steamy; (*o oknie*) fogged; (*o szybie, okularach*) steamed-up.
zaparty *a.* **z zapartym tchem** with bated breath.
zaparzać *ipf.*, **zaparzyć** *pf.* (*herbatę, zioła*) infuse, brew.
zaparzać się *ipf.*, **zaparzyć się** *pf.* (*o herbacie, kawie*) brew.
zapas *mi* reserve, stock; (*żywności*) provisions; **w zapasie** in store, to spare; **zapas wyczerpany** out of stock; **martwić się na zapas** borrow trouble.
zapasowy *a.* (*koło, część*) spare; (*wyjście, schody*) emergency.
zapaść[1] *f. med.* collapse.
zapaść[2] *pf. zob.* **zapadać**.
zapaść się *pf. zob.* **zapadać się**.

zapchać *pf.* (*rurę, szparę*) clog, block (*coś czymś* sth with sth).
zapchać się *pf.* get clogged/blocked (*czymś* with sth); (*o nosie*) stuff up.
zapchany *a.* packed; (*o pokoju*) packed, crammed; (*o rurze*) blocked, clogged up.
zapełniać *ipf.*, **zapełnić** *pf.* **-nij/-ń** fill.
zapełniać się *ipf.*, **zapełnić się** *pf.* fill up.
zapewne *part.* **1.** *lit.* (*przypuszczalnie*) presumably. **2.** *lit.* (*niewątpliwie*) surely, doubtless.
zapewniać *ipf.*, **zapewnić** *pf.* **-ij 1.** (*upewniać*) assure, ensure (*kogoś o czymś* sb of sth). **2.** (*gwarantować*) secure, ensure (*coś komuś* sth for/to sb); **zapewnić komuś bezpieczeństwo** assure/guarantee sb's safety; **zapewnić sobie zwycięstwo** secure victory.
zapewniać się *ipf.*, **zapewnić się** *pf.* **-ij** assure (*o czymś* of sth).
zapewnienie *n.* affirmation, reassurance; (*świadczeń, opieki*) provision.
zapędy *pl. Gen.* **-ów 1.** *pot.* (*ambicje*) aspirations, ambitions. **2.** (*porywy*) attempts, endeavors.
zapiąć (się) *pf.* **-pnę -pniesz, -pnij** *zob.* **zapinać (się).**
zapiekanka *f.* casserole.
zapierać *ipf.* **dech mi zaparło** *przen.* it took my breath away.
zapierać się *ipf.* (*opierać się mocno*) jib (*o coś* at sth); brace (*czemuś* against sth).
zapięcie *n.* (*w ubraniu*) fastener, fastening.
zapinać *ipf.* (*koszulę, guzik, pasy*) do up, fasten; (*na sprzączkę*) buckle; (*na guzik*) button up; (*na zamek*) zip.
zapinać się *ipf.* **1.** (*ubranie na sobie samym*) do up, button up. **2.** (*mieć zapięcie*) fasten, close.
zapis *mi* **1.** (*rejestrowanie*) record, recording. **2.** (*to, co zapisane*) record; **zapis nagrania** tapescript. **3.** *prawn.* bequest, legacy.
zapiski *pl. Gen.* **-ów** notes.
zapisywać *ipf.*, **zapisać** *pf.* **1.** (*notować*) put down, write down. **2.** (*wciągać, zgłaszać*) put down, enroll (*do czegoś* for sth, *na coś* for sth). **3.** (*ofiarowywać w testamencie*) bequeath. **4.** (*o lekarzu, zalecać*) prescribe. **5.** (*utrwalać*) (*plik*) save; (*dane, dźwięk*) record.
zapisywać się *ipf.*, **zapisać się** *pf.* **1.** (*wpisywać się*) enter one's name; **zapisać się do lekarza** register with a doctor. **2.** (*zgłaszać uczestnictwo*) enroll, register, sign up (*na coś* for sth).
zaplanowany *a.* planned, scheduled.
zaplatać *ipf.* plait, braid.
zaplątać *pf.* **-ączę -ączesz, zaplątywać** *ipf.* (*nici, sznurek*) entangle, tangle up.
zaplątać się *pf.*, **zaplątywać się** *ipf.* **1.** (*zasupłać się*) get tangled, tangle up; **język mu się zaplątał** his tongue faltered. **2.** (*zostać unieruchomionym*) catch, snare. **3.** *pot.* (*zgubić wątek*) lose the thread. **4.** *pot.* (*uwikłać się*) get in a tangle, become entangled (*w coś* in sth).
zaplecze *n. Gen.pl.* **-y** (*sklepu*) back, back-up facilities.
zapłacić *pf.* **-cę -cisz** *zob.* **płacić.**
zapładniać *ipf.* inseminate, fertilize.
zapłakany *a.* in tears, tearful.
zapłata *f.* payment; **zapłata z góry** payment in advance; **tytułem zapłaty za coś** in payment of sth.
zapłodnienie *n.* insemination, fertilization.
zapłonąć *pf.* burn up, flare up; **zapłonąć gniewem** *lit.* flame out with anger.
zapłonowy *a.* ignition; **świeca zapłonowa** spark(ing) plug.
zapobiec *pf.* **-biegnę -biegniesz, -biegnij, -biegł, zapobiegać** *ipf.* (*agresji, wojnie, wypadkom*) prevent (*czemuś* sth (from happening)); avert (*czemuś* sth); (*niebezpieczeństwu*) head off, deter, stave off.
zapobieganie *n.* prevention; **zapobieganie ciąży** birth control, contraception.
zapobiegawczy *a.* preventive; **środki zapobiegawcze** preventive measures.
zapobiegliwy *a.* (*o człowieku*) foreseeing, foresighted; (*o działalności*) provident.
zapoczątkować *pf.*, **zapoczątkowywać** *ipf.* (*dać początek*) originate, initiate, trigger off, spark off, pioneer; (*kampanię wyborczą*) launch; **zapoczątkować modę na coś** set the trend for sth.
zapodziać *pf.* **-dzieję -dziejesz, -działi/-dzieli, zapodziewać** *ipf. pot.* mislay, misplace.
zapodziać się *pf.*, **zapodziewać się** *ipf. pot.* disappear, get/be lost.
zapominać *ipf.* forget (*o kimś/czymś* about sb/sth); (*np. kluczy*) leave behind; **zapominać o całym świecie** be lost to the world; **nie zapomnieć coś zrobić** be sure to do sth, keep sth in mind.
zapominać się *ipf.* forget oneself, misbehave.
zapominalski *a. pot.* forgetful. — *mp pot.* forgetter, scatter-brain.
zapomnieć (się) *pf.* **-nę -nisz, -nij** *zob.* **zapominać (się).**
zapomoga *f. Gen.pl.* **-ó** benefit, subsistence allowance.
zapora *f. Gen.pl.* **-ór zapora wodna** water dam; **zapora drogowa** roadblock.
zapotrzebowanie *n. form.* demand (*na coś* for sth); **istnieje duże zapotrzebowanie na coś** sth is in great demand; **zaspokajać zapotrzebowanie** meet/satisfy demand.
zapowiadać *ipf.*, **zapowiedzieć** *pf.* **1.** (*oznajmiać*) announce. **2.** (*wróżyć*) forebode, portend; **to nie zapowiada nic dobrego** nothing good will come of this.
zapowiadać się *ipf.*, **zapowiedzieć się** *pf.* **1.** (*ogłaszać zamiar przybycia*) announce one's arrival. **2.** (*rokować*) **dobrze się zapowiadać** show promise; **zapowiada się upalne lato** it's going to be a hot summer.
zapowiedź *n.* **1.** (*oznajmienie*) announcement. **2.** (*oznaka*) foreboding, omen (*czegoś* of sth). **3.** *kość.* banns.
zapoznać *pf.*, **zapoznawać** *ipf.* **-aję -ajesz, -awaj 1.** (*zaznajomić*) introduce (*kogoś z czymś* sb to sth); acquaint (*kogoś z czymś* sb with sth); instruct (*kogoś z czymś* sb of sth); initiate (*kogoś z czymś* sb in(to) sth). **2.** (*przedstawić*) acquaint (*kogoś z kimś* sb with sb); introduce (*kogoś z kimś* sb to sb); **chciałbym cię zapoznać z moją matką** I'd like to introduce you to my mother, I'd like you to meet my mother.
zapoznać się *pf.*, **zapoznawać się** *ipf.* **1.** (*zaznajomić się*) acquaint oneself, familiarize oneself, become familiar (*z czymś* with sth). **2.** (*zawierać znajomość*) make acquaintance (*z kimś* with sb).
zapożyczać *ipf.* (*pomysł, wyraz*) borrow (*od kogoś* from sb); (*obyczaj*) adopt.
zapożyczać się *ipf.* go/get into debt (*u kogoś* with sb).
zapożyczenie *n. jęz.* borrowing, loanword.

zapracować *pf.* earn, work for, deserve; **zapracować na utrzymanie** earn one's living; **uczeń zapracował na pochwałę** the student deserved a praise.
zapracować się *pf.* work one's head off, slave away.
zapracowany *a.* (*o osobie*) busy, up to the eye in work.
zapracowywać (się) *pf. zob.* **zapracować (się)**.
zapragnąć *pf.* **-ij** *lit.* long, wish, yearn (*czegoś* for sth).
zapraszać *ipf.* invite (*na coś* for/to sth); **zaprosić kogoś do tańca** ask sb to dance; **zapraszać kogoś do siebie** ask sb to come over/round.
zaprawa *f.* **1.** *bud.* mortar. **2.** *sport* exercise, training.
zaprawiać *ipf.*, **zaprawić** *pf.* (*dodawać przyprawy*) season (*czymś* with sth).
zaprawiać się *ipf.*, **zaprawić się** *pf.* **1.** (*wprawiać się*) train (*w czymś* in sth). **2.** *pot.* (*upijać się*) booze up.
zaprosić *pf.* **-szę -sisz** *zob.* **zapraszać**.
zaproszenie *n.* invitation (*na coś* to sth); **na czyjeś zaproszenie** at sb's invitation; **przyjąć/nie przyjąć zaproszenia** accept/decline an invitation.
zaprowadzać *ipf.*, **zaprowadzić** *pf.* **1.** (*prowadzić dokądś*) show (*kogoś dokądś* sb to sth); (*o drodze*) lead, take. **2.** (*wprowadzać*) introduce; **zaprowadzić gdzieś porządek** set sth in order.
zaprzeczać *ipf.* **1.** (*nie zgadzać się*) deny, refute (*czemuś* sth). **2.** (*być w sprzeczności*) contradict, negate (*czemuś* sth); **zaprzeczać sobie** contradict oneself.
zaprzeczenie *n.* **1.** denial. **2.** (*negacja*) negation, contradiction; **kategoryczne zaprzeczenie** flat denial.
zaprzeczyć *pf. zob.* **zaprzeczać**.
zaprzeć (się) *pf. zob.* **zapierać (się)**.
zaprzestać *pf.*, **zaprzestawać** *ipf.* **-ację -ajesz, -awaj** *lit.* stop, cease, give up (*czegoś* doing sth).
zaprzyjaźnić się *pf.* **-jaźnij/jaźń** be/make friends (*z kimś* with sb).
zaprzyjaźniony *a.* **-eni** befriended, friendly (*z kimś* with sb).
zaprzysiężony *a.* **-eni** (*o świadku, zeznaniu*) sworn; **być zaprzysiężonym** be under/(up)on oath.
zapukać *pf.* knock, rap (*do drzwi* at/on the door).
zapuszczać *ipf.* **1.** (*sondę*) cast; (*krople*) put. **2.** (*włosy, brodę*) grow. **3.** (*żaluzje, zasłony*) draw.
zapuszczać się *ipf.* venture, plunge (*dokądś* into sth).
zapuszczony *a.* neglected; (*o mieszkaniu, pokoju*) messy; (*o budynku, dzielnicy*) run-down; (*o wyglądzie, osobie*) seedy; (*o ogrodzie*) overgrown.
zapychać (się) *ipf. zob.* **zapchać (się)**.
zapylać *ipf. bot.* pollinate.
zapylenie *n. bot.* pollination; (*powietrza*) pollution.
zapytać *pf.* ask (*kogoś o coś* sb about sth) (*o kogoś* after/for sb); inquire (*o kogoś* after sb).
zapytać się *pf.* ask, inquire (*o kogoś/coś* after sb/sth).
zapytanie *n.* inquiry, query; **znak zapytania** question mark.
zarabiać *ipf.* **1.** earn; **zarabiać na życie** earn one's living (*robiąc coś* doing sth); **zarabiać na kogoś** maintain sb. **2.** (*uzyskiwać dochody*) earn, make money; **zarobić na czymś** make a profit of sth, make money on sth; **dobrze zarabiać** make good money.
zaradczy *a.* remedial; **podejmować kroki zaradcze** take remedial measures.
zaradność *f.* resourcefulness, initiative.
zaradny *a.* resourceful.
zaradzić *pf. lit.* remedy, solve; **czy można temu zaradzić?** can this be helped?
zarastać *ipf.* **1.** (*o roślinach*) overgrow. **2.** (*pokrywać się*) (*roślinami, włosami*) get overgrown (*czymś* with sth). **3.** (*zabliźniać się*) skin over.
zaraz *adv.* **1.** (*niezwłocznie*) right now, straightaway; **od zaraz** *pot.* right away; **zaraz wracam** I won't be long, I'll be right back. **2.** (*tuż po*) right after; **zaraz potem** the next minute. **3. zaraz za rogiem** just round the corner. — *part.* **zaraz, zaraz!** wait a second/minute/moment!
zarazek *mi* **-zk-** *Gen.* **-a** germ.
zarazem *adv.* at the same time.
zaraźliwy *a.* infectious, contagious.
zarażać *ipf.* infect (*czymś* with sth).
zarażać się *ipf.* catch, get (*czymś od kogoś* sth from sb); **zaraziłem się od niej odrą** she gave me her measles.
zardzewiały *a.* rusty.
zarejestrowany *a.* registered.
zarezerwować *pf. zob.* **rezerwować**.
zarezerwowany *a.* reserved; (*o pokoju, stoliku*) booked.
zaręczać *ipf.*, **zaręczyć** *pf.* (*gwarantować*) guarantee, warrant, ensure; **zaręczam ci** (*ostrzegam*) I promise/assure you.
zaręczać się *ipf.*, **zaręczyć się** *pf.* get engaged (*z kimś* to sb).
zaręczynowy *a.* **pierścionek zaręczynowy** engagement ring.
zaręczyny *pl. Gen.* **-n** engagement.
zarobek *mi* **-bk- 1.** (*wynagrodzenie*) earnings, wages; **miesięczny zarobek** salary. **2.** (*praca*) work, job; **dla zarobku** for a living. **3.** (*zysk*) gain, profit.
zarobić *pf. zob.* **zarabiać**.
zarobkowy *a.* **praca zarobkowa** gainful employment/work.
zarodek *mi* **-dk-** *Gen.* **-a** embryo; **zdusić w zarodku** *przen.* nip/crush sth in the bud.
zarosnąć *pf. zob.* **zarastać**.
zarost *mi* facial hair; **kilkudniowy zarost** stubble.
zarośla *pl. Gen.* **-i** bush, scrub.
zarośnięty *a.* (*o ogrodzie*) overgrown; (*o człowieku*) unshaven.
zarozumiały *a.* conceited.
zarówno *conj.* **zarówno dziewczęta, jak (i) chłopcy** girls as well as boys, both girls and boys.
zarys *mi* outline; **w ogólnych zarysach** in broad/rough outline.
zarząd *mi* **1.** (*zespół ludzi*) board (of directors). **2.** (*zarządzanie*) management.
zarządzać *ipf.* **1.** (*nakazywać*) order. **2.** (*kierować*) (*instytucją*) govern; (*firmą*) run; **przedsiębiorstwem** manage.
zarządzanie *n.* management (*czymś* of sth); **zarządzanie i administracja** *uniw.* business studies; **mgr zarządzania** Master of Business Administration.
zarządzenie *n.* order, disposition; **wydać zarządzenie** issue an order; **odgórne zarządzenie** directive.
zarzucać *ipf.*, **zarzucić** *pf.* **1.** (*plecak, sznur*) throw; (*wędkę, sieć*) cast. **2.** (*wkładać na siebie w pośpiechu*) throw, fling. **3.** (*obowiązkami*) swamp (*kogoś czymś* sb with sth). **4.** (*wytykać*) accuse (*coś komuś* sb of sth). **5.** (*porzucać*) (*naukę, palenie*) give up; (*przekonania, zwyczaj*) relinquish.
zarzut *mi* **1.** *prawn.* accusation, charge; (*nie poparty dowodami*) allegation; **bez zarzutu** flawless, faultless; **pod zarzutem morderstwa/oszustwa** on

suspicion of murder/fraud; **stanąć przed sądem pod zarzutem czegoś** be charged with sth, be accused of sth; **uwolnić kogoś od zarzutu czegoś** vindicate, clear sb's name. **2. robić komuś zarzuty** blame sb for sth.

zarzynać *ipf.*, **zarżnąć** *pf.* butcher; **zarzynać zwierzę** slaughter an animal.

zarzynać się *ipf.* (*żyletką, szkłem*) cut; **zarżnąć się w palec** cut one's finger.

zasada *f.* **1.** (*reguła*) rule, principle. **2.** (*norma*) law, rule; **w zasadzie** in principle; **stosować się do zasad** follow/observe the rules; **z zasady** (*zgodnie z przekonaniami*) on principle; (*zazwyczaj*) as a rule. **3.** *chem.* alkali.

zasadniczo *adv.* **1.** (*całkowicie*) fundamentally. **2.** (*na ogół*) as a rule, basically.

zasadniczy *a.* **1.** (*podstawowy*) basic; **warunek zasadniczy czegoś** prerequisite for sth; **ustawa zasadnicza** constitution; **zasadnicza kwestia** vital point. **2.** (*pryncypialny*) principled.

zasadny *a. lit.* legitimate; (*o argumencie, krytyce*) valid, sound.

zasadzka *f.* trap, ambush.

zasądzać *ipf.*, **zasądzić** *pf.* (*przyznawać*) adjudge (*coś na rzecz kogoś* sth to sb); (*odszkodowanie*) award.

zaschnąć *pf.* dry up; **zaschło mi w ustach/gardle** my mouth/throat went dry.

zasiadać *ipf.*, **zasiąść** *pf.* **-siądę -siądziesz**, **-siądź**, **-siadł -siedli 1.** (*sadowić się*) sit down; **zasiadać w komisji** sit on a committee. **2.** (*przystępować*) settle (*do czegoś* to sth).

zasiedlać *ipf.*, **zasiedlić** *pf.* settle.

zasięg *mi* range, coverage; **w zasięgu ręki** within arm's reach; **być w zasięgu/poza zasięgiem** be within/beyond reach.

zasięgać *ipf.*, **zasięgnąć** *pf.* **-ij** (*czyjejś rady*) consult sb, seek sb's advice.

zasilacz *mi Gen.* **-a** (power) supply unit, feed(er).

zasilać *ipf. techn.* (*zaopatrywać*) feed; (*w energię, wodę*) supply.

zasilanie *n.* power, supply; **zasilanie awaryjne** emergency power supply.

zasiłek *mi* **-łk-** benefit, allowance; **zasiłek dla bezrobotnych** unemployment benefit; **być na zasiłku** *pot.* be on the dole.

zaskakiwać *ipf.* **1.** surprise, take sb by surprise. **2.** *zw. pf.* (*o mechanizmach*) snap, click.

zaskakujący *a.* surprising.

zaskarżać *ipf.*, **zaskarżyć** *pf.* prosecute, sue (*kogoś za coś* sb for sth); **zaskarżyć wyrok** appeal against a sentence.

zaskoczenie *n.* surprise; **ku mojemu zaskoczeniu** to my amazement.

zasłabnąć *pf.* **-bnij**, **-bł/-bnął -bła -bli** collapse.

zasłaniać *ipf.* **1.** (*zakrywać*) conceal; **zasłaniać komuś widok** block sb's view. **2.** (*osłaniać*) shield.

zasłaniać się *ipf.* **1.** (*zakrywać się*) cover. **2.** (*osłaniać się*) protect/shelter o.s. (*przed czymś* from sth).

zasłona *f.* (*w oknie*) curtain; (*to, co zasłania*) blind, screen; **zasłona dymna** smoke screen.

zasługa *f.* merit; **przypisać sobie zasługę za coś** take the credit for sth.

zasługiwać *ipf.* deserve (*na coś* sth); **zasługiwać na uznanie** deserve credit.

zasłużony *a.* **-eni 1.** (*mający dużo zasług*) deserving, meritorious. **2.** (*należący się*) deserved, well-earned.

zasłużyć *pf. zob.* **zasługiwać**.

zasłużyć się *pf.* make a contribution.

zasłynąć *pf.* earn a name (*jako* as).

zasmucać *ipf.*, **zasmucić** *pf.* sadden, get down.

zasmucać się *ipf.*, **zasmucić się** *pf.* be down, be saddened.

zasnąć *pf.* fall asleep; (*mimowolnie*) drop off.

zasób *mi* **-o-** (*rezerwa*) fund, stock; (*słów*) lexicon.

zaspać *pf.* **-śpię -śpisz**, **-śpij** (*nie obudzić się na czas*) oversleep.

zaspany *a.* sleepy.

zaspokajać *ipf.*, **zaspokoić** *pf.* **-koję -koisz**, **-kój** satisfy, fullfil; (*potrzeby*) meet; (*pragnienie*) quench.

zastanawiać *ipf.* puzzle; **to mnie zastanowiło** it made me think.

zastanawiać się *ipf.* consider (*nad czymś* sth); **jeszcze się zastanów** think it over.

zastanawiający *a.* puzzling.

zastanowić (się) *pf. zob.* **zastanawiać (się)**.

zastanowienie *n.* **bez zastanowienia** off the top of one's head; **po (głębszym) zastanowieniu** on second thoughts.

zastaw *mi* **1.** deposit; *fin.* security. **2. pożyczanie pod zastaw** pawnbroking.

zastawa *f.* (*stołowa*) tableware.

zastawać *ipf.* **-aję -ajesz**, **-awaj** (*przychodząc, spotykać*) find, meet; **nie zastałem go w domu** I didn't catch him in.

zastawiać *ipf.*, **zastawić** *pf.* **1.** (*stawiając, zapełniać*) cram; **zastawiać stół** lay the table. **2.** (*tarasować*) block. **3.** (*dawać w zastaw*) pawn. **4.** (*sidła, pułapkę*) set.

zastawiać się *ipf.*, **zastawić się** *pf.* (*zasłaniać się*) shield o.s., protect o.s.

zastąpić *pf. zob.* **zastępować**.

zastęp *mi* (*w harcerstwie*) patrol.

zastępca *mp* assistant, deputy; **zastępca dyrektora** associate director, assistant manager.

zastępczy *a.* supplementary; (*o matce*) surrogate; (*o rodzinie*) foster.

zastępować *ipf.* **1.** (*wyręczać*) stand in for sb. **2.** (*zamieniać*) replace (*kogoś/coś* sb/sth, *kimś/czymś* with sb/sth). **3. zastępować komuś drogę** bar/block sb's way.

zastępstwo *n.* replacement; **w zastępstwie kogoś** standing in for sb.

zastosować *pf.* apply.

zastosować się *ipf.* comply (*do czegoś* with sth).

zastosowanie *n.* application, use.

zastosowywać (się) *ipf. zob.* **zastosować (się)**.

zastój *mi* **-o-** *Gen.pl.* **-ów 1.** (*stagnacja*) stagnation, standstill. **2.** *ekon.* downturn.

zastraszać *ipf.*, **zastraszyć** *pf.* intimidate.

zastrzelić *pf.* (*zabić*) gun down, shoot.

zastrzelić się *pf.* shoot o.s.

zastrzeżenie *n.* reservation, objection; **mieć zastrzeżenia do kogoś/czegoś** have reservations about sb/sth.

zastrzeżony *a.* **wszelkie prawa zastrzeżone** all rights reserved; **zastrzeżony telefon** unlisted telephone number.

zastrzyk *mi* **1.** injection; **zrobić komuś zastrzyk** give sb an injection. **2.** (*jednorazowe wsparcie*) **zastrzyk energii** shot in the arm.

zastygać *ipf.*, **zastygnąć** *pf.* **-gnij**, **-gł/-gnął -gła -gli 1.** (*krzepnąć*) congeal, set. **2.** (*nieruchomieć*) freeze.

zasuwa *f.* (*zamek*) latch.

zasuwać *ipf.* **1.** (*zakrywać*) bar, cover up, draw. **2.** *pot.* (*pędzić*) tank.
zasychać *ipf. zob.* **zaschnąć.**
zasyłać *ipf. przest.* **zasyłać pozdrowienia** send one's greetings.
zasypiać *ipf. zob.* **zasnąć.**
zasypka *f.* dusting-powder; **zasypka dla dzieci** baby powder.
zasypywać *ipf.*, **zasypać** *pf.* **1.** (*zapełniać otwór*) fill up. **2.** (*sypiąc, pokrywać*) cover up. **3.** (*obdarzać obficie*) swamp, shower (*kogoś czymś* sb with sth); **zasypywać kogoś pytaniami** besiege sb with questions.
zasypywać się *ipf.*, **zasypać (się)** *pf.* get covered up/swamped.
zaszczepiać *ipf.*, **zaszczepić** *pf.* **1.** (*drzewa*) engraft. **2.** *med.* inoculate, vaccinate (*przeciwko czemuś* against sth). **3.** *lit.* (*wpajać*) implant, instill.
zaszczepiać się *ipf.*, **zaszczepić się** *pf.* be inoculated/ vaccinated (*przeciwko czemuś* against sth).
zaszczycać *ipf.*, **zaszczycić** *pf.* grace, honor (*kogoś czymś* sb with sth).
zaszczyt *mi* (*wyróżnienie*) distinction, honor; **mieć zaszczyt coś zrobić** have the honor of doing sth; **przynosić komuś/czemuś zaszczyt** be an honor to sb/sth.
zaszczytny *a.* creditable, honorable; **zaszczytne miejsce** place of honor.
zaszywać *ipf.*, **zaszyć** *pf.* **-am -asz** stitch up, sew up.
zaszywać się *ipf.* (*ukrywać się*) hide o.s.
zaś *conj.* while, whereas. — *part.* particularly.
zaślepiony *a.* **-eni** blind.
zaśmiecać *ipf.*, **zaśmiecić** *pf.* (*zarzucać śmieciami*) litter up; **zaśmiecać sobie umysł** clutter up one's mind.
zaśnieżony *a.* snowy.
zaświadczać *ipf.* attest, certify, testify.
zaświadczenie *n.* certificate; **zaświadczenie lekarskie** medical certificate.
zaświecić *pf.* **1.** (*lampę, świecę*) light; (*zapałkę*) strike. **2. zaświeciło słońce** the sun started shining.
zaświecić się *ipf.* (*rozbłysnąć*) shine, flash.
zataczać *ipf.* **zataczać łuk** describe a curve.
zataczać się *ipf.* stagger.
zataić *pf.* **-aję -aisz, zatajać** *ipf.* keep/hold back; **zataić grzechy** *rel.* hold back one's sins.
zatapiać *ipf.* **1.** (*zalewać*) drown, flood. **2.** (*statek*) sink; **zatopić zęby w czymś** sink one's teeth in sth.
zatapiać się *ipf.* **1.** sink. **2.** (*oddawać się czemuś*) lose o.s. (*w czymś* in sth).
zatelefonować *pf.* make a phone call.
zatem *conj. lit.* then, therefore, so; **a zatem** now then.
zatłoczony *a.* crowded; (*o autobusie*) packed.
zatoczka *f. geogr.* cove, inlet; *mot.* lay-by.
zatoczyć (się) *pf. zob.* **zataczać (się).**
zatoka *f.* **1.** *geogr.* gulf, bay. **2.** (*na jezdni*) lay-by. **3.** *anat., biol.* sinus.
zatonąć *pf.* go under, drown; *por.* **tonąć.**
zatopić (się) *pf. zob.* **zatapiać (się).**
zator *mi* **1. zator uliczny** holdup, (traffic) jam. **2.** *pat.* embolus.
zatrucie *n.* poisoning.
zatrudniać *ipf.*, **zatrudnić** *pf.* **-ij** employ, engage, hire.
zatrudniać się *ipf.*, **zatrudnić się** *pf.* become employed.
zatrudnienie *n.* employment.
zatrudniona *f. Gen.* **-ej, zatrudniony** *mp* employed, employee, staff member.
zatruwać *ipf.* poison.
zatruwać się *ipf.* poison o.s.
zatrważający *a.* alarming.
zatrwożony *a.* **-eni** alarmed.
zatrzask *mi* **1.** clasp; (*przy odzieży*) press stud. **2.** (*przy drzwiach*) latch.
zatrzaskiwać *ipf.*, **zatrzasnąć** *pf.* **-asnę -aśniesz, -aśnij** (*zamykać drzwi*) latch; (*zamykać gwałtownie*) bang shut, slam.
zatrzaskiwać się *ipf.*, **zatrzasnąć się** *pf.* **1.** (*zamykać się gwałtownie*) bang down, slam. **2.** (*zamykać siebie*) get trapped.
zatrząść *pf.* **-trzęsę -trzęsiesz, -trząś/-trzęś, -trząsł -trzęsła -trzęśli** shake; *por.* **trząść.**
zatrząść *pf.* shake; *por.* **trząść się.**
zatrzymać *pf.*, **zatrzymywać** *ipf.* **1.** stop. **2.** (*nie pozwalać odejść*) hold, keep; **zatrzymać gości na kolacji** keep the guests to dinner. **3.** *prawn.* (*podejrzanego*) apprehend. **4.** (*nie oddawać*) retain, keep; **zatrzymaj to dla siebie** keep it to yourself.
zatrzymać się *pf.*, **zatrzymywać się** *ipf.* **1.** (*przystawać*) stop; (*o pojeździe*) pull up; **czy ten ekspres zatrzymuje się w Kutnie?** does this express train call at Kutno? **2.** (*przestawać funkcjonować*) stop. **3.** (*mieszkać chwilowo*) stay.
zatwardzenie *n.* constipation.
zatwardziały *a. lit.* die-hard; (*o przestępcy*) hardened.
zatwierdzać *ipf.*, **zatwierdzić** *pf.* approve, authorize.
zatyczka *f.* plug; **zatyczka do uszu** earplug.
zatykać *ipf.* (*otwór*) plug; (*butelkę*) cork; (*uszy*) wad.
zatykać się *ipf.* get clogged/blocked.
zaufać *pf.* trust.
zaufanie *n.* confidence, trust; **wotum zaufania** vote of confidence; **telefon zaufania** helpline; **darzyć kogoś zaufaniem** trust in sb.
zaufany *a.* trusted.
zaułek *mi* **-łk-** *Gen.* **-a** alley; **ślepy zaułek** cul-de-sac.
zauroczyć *pf.* besot, charm.
zauważać *ipf.* **1.** (*dostrzegać*) notice, perceive. **2.** (*robić uwagę*) remark.
zauważalny *a.* noticeable, observable; (*o poprawie, wpływie*) marked.
zauważyć *pf. zob.* **zauważać.**
zawadzać *ipf.*, **zawadzić** *pf.* **1.** (*o kant stołu*) strike. **2.** (*być komuś ciężarem*) hinder, hamper; **nie chcę nikomu zawadzać** I don't want to be in anybody's way.
zawahać się *pf.* hesitate, waver.
zawalać *ipf.*, **zawalić** *pf.* **1.** (*zasypywać*) cover up, bury. **2.** *pot.* **zawalić egzamin** fluff; **zawalić robotę** foul up.
zawalać się *ipf.* come down, collapse.
zawał *mi* (*serca*) heart attack.
zawartość *f.* (*torebki, kieszeni*) contents; (*książki, tłuszczu, alkoholu*) content; **o niskiej zawartości tłuszczu** low-fat.
zaważyć *pf.* influence (*na czymś* sth).
zawdzięczać *ipf.* owe; **wszystko zawdzięczam tylko tobie** I owe everything to you.
zawiadamiać *ipf.*, **zawiadomić** *pf.* notify; inform.
zawiadomienie *n.* notification.
zawiadowca *mp* **zawiadowca stacji** station master.
zawias *mi* hinge.
zawiązać *pf.*, **zawiązywać** *ipf.* **1.** tie. **2.** (*organizować*) set up.

zawiązać się *ipf.* (*być organizowanym*) form.
zawiedziony *a.* **-dzeni** disappointed, disillusioned.
zawieja *f. Gen.* **-ei** snowstorm, blizzard.
zawierać *ipf.* **1.** (*mieścić w sobie*) contain. **2.** (*obejmować treścią*) include. **3.** (*zgodę*) reach; (*układ, umowę*) conclude; (*pokój*) make; **zawrzeć z kimś znajomość** make sb's acquaintance.
zawiesić *pf.* **1.** hang; **zawiesić głos** pause. **2.** (*działalność, karę*) suspend.
zawiesić się *pf. komp.* hang.
zawiesisty *a.* thick.
zawieszać (się) *ipf. zob.* **zawiesić (się)**.
zawieszenie *n.* **1. zawieszenie broni** truce. **2.** *prawn.* **wyrok w zawieszeniu** suspended sentence. **3.** *mot.* suspension.
zawieść *pf.* **-wodzę -wodzisz, -wódź 1.** (*sprawiać zawód*) disappoint, let down; (*o urządzeniu, pamięci*) fail; **zawodzić oczekiwania** fall short of expectations. **2.** *tylko ipf.* (*płacząc, ubolewać*) wail.
zawieść się *pf.* be disappointed (*na kimś/czymś* with sb/sth).
zawieźć *pf.* **-wożę -wozisz, -woź/-wóź** transport, take, carry.
zawijać *ipf.* **1.** (*paczkę, kanapkę*) wrap (up). **2.** (*rękawy*) roll up. **3. zawinąć do portu** call at a port.
zawijać się *ipf.* (*zaginać się*) curl up.
zawikłany *a.* (*o wątku, problemie*) complex, intricate.
zawiły *a.* complex.
zawinąć (się) *pf. zob.* **zawijać (się)**.
zawiniątko *n.* bundle.
zawinić *pf.* be at fault.
zawiść *f.* envy.
zawładnąć *pf.* **-ij** capture; (*o uczuciach, myślach*) take possession (*kimś* of sb).
zawodniczka *f.*, **zawodnik** *mi* **1.** *sport* competitor. **2.** (*w teleturnieju*) contestant.
zawodny *a.* (*pamięć*) fallible; (*urządzenie*) unreliable.
zawodowiec *mp* **-wc-** *pl.* **-y** professional.
zawodowy *a.* professional; (*o szkole*) vocational; (*o chorobie*) occupational; **związek zawodowy** labor union.
zawody *pl. Gen.* **-ów** *sport* competition, contest.
zawodzić (się) *ipf. zob.* **zawieść (się)**.
zawołać *pf.* **1.** (*krzyknąć*) cry out. **2.** (*przywołać*) call.
zawozić *ipf. zob.* **zawieźć**.
zawód *mi* **-o- 1.** (*kwalifikacje*) profession, occupation; **z zawodu** by profession. **2.** (*rozczarowanie*) letdown, disappointment.
zawracać *ipf.*, **zawrócić** *pf.* **1.** (*zmieniać kierunek*) turn back/round. **2.** (*kierować kogoś z powrotem*) turn back; **zawracać komuś głowę** *przen.* bother sb.
zawrót *mi* **-o- zawroty głowy** dizziness, vertigo.
zawstydzać *ipf.*, **zawstydzić** *pf.* (put to) shame.
zawstydzać się *ipf.*, **zawstydzić się** *pf.* be ashamed.
zawstydzony *a.* ashamed.
zawsze *adv.* always; **raz na zawsze** once and for all; **na zawsze** for ever. — *part.* **ale zawsze** but still; **to zawsze coś** that's always sth; **zawsze gdy** whenever.
zawyżać *ipf.*, **zawyżyć** *pf.* (*ceny, koszty*) inflate; (*dane*) overstate.
zawziąć się *pf.* **-wezmę -weźmiesz, -weźmij** take the bit between one's teeth; **zawziąć się na kogoś** have it in for sb.
zawzięcie *adv.* (*pracować*) relentlessly; (*dyskutować*) vehemently.
zawzięty *a.* (*opór*) dogged; (*mina*) determined; (*przeciwnik*) sworn.
zazdrosny *a.* jealous (*o kogoś/coś* of sb/sth).
zazdrościć *ipf.* **-szczę -ścisz** envy (*komuś czegoś* sb sth).
zazdrość *f.* jealousy.
zaziębiać się *ipf.*, **zaziębić się** *pf.* catch a cold.
zaziębienie *n.* cold.
zaziębiony *a.* **-eni jestem zaziębiony** I've got a cold.
zaznaczać *ipf.*, **zaznaczyć** *pf.* **1.** (*oznaczać*) mark. **2.** (*uwydatniać*) emphasize. **3.** (*stwierdzać z naciskiem*) stress, emphasize.
zaznaczać się *ipf.*, **zaznaczyć się** *pf.* (*uwydatniać się*) be evident.
zaznajamiać *ipf.*, **zaznajomić** *pf.* acquaint (*kogoś z kimś/czymś* sb with sb/sth).
zaznajamiać się *ipf.*, **zaznajomić się** *pf.* familiarize o.s. (*z czymś* with sth).
zazwyczaj *adv.* usually.
zażalenie *n.* complaint; **złożyć zażalenie (na kogoś)** lodge a complaint (against sb).
zażarty *a.* (*o walce, dyskusji*) fierce; (*o wrogu*) sworn.
zażenowanie *n.* embarrassment.
zażenowany *a.* embarrassed.
zażyczyć *pf.* demand.
zażyć *pf.* **-am -asz 1.** (*lekarstwo*) take. **2.** (*doświadczać*) enjoy.
zażyły *a.* intimate.
zażywać *pf. zob.* **zażyć**.
ząb *mi* **-ę-** *Gen.* **-a** tooth; **boli mnie ząb** I have (a) toothache; **sztuczne zęby** false teeth; **trzymać język za zębami** hold one's tongue; **zacisnąć zęby** clench one's teeth.
ząbek *mi* **-bk-** *Gen.* **-a 1.** *emf. zob.* **ząb**. **2.** (*czosnku*) clove.
ząbkować *ipf.* teethe.
zbaczać *ipf.* deviate, stray; **zbaczać z kursu** veer off course.
zbawca *mp t. rel.* savior.
zbawiać *ipf.* (*wybawiać z trudnej sytuacji*) save, rescue, deliver (*sb*) (*od czegoś* from sth); *rel.* save.
Zbawiciel *mp rel.* Savior.
zbawienie *n. t. rel.* redemption, salvation.
zbawienny *a.* beneficial.
zbędny *a.* needless, redundant, superfluous.
zbić *pf.* **zbiję zbijesz, zbij 1.** *zob.* **zbijać**. **2.** (*sprawić lanie*) give (*sb*) a thrashing. **3.** (*stłuc*) break.
zbić się *pf.* **1.** *zob.* **zbijać**. **2.** (*stłuc się*) break.
zbiec (się) *pf.* **zbiegnę zbiegniesz, zbiegnij, zbiegł** *zob.* **zbiegać (się)**.
zbieg[1] *mp pl.* **-owie** (*uciekinier*) fugitive, runaway.
zbieg[2] *mi pl.* **-i** (*zetknięcie się*) junction; **zbieg ulic** street junction; **zbieg okoliczności** coincidence.
zbiegać *ipf.*, **zbiec** *pf.* **1.** (*biec w dół*) run downhill; **zbiec po schodach** run downstairs. **2.** (*uciekać*) run away.
zbiegać się *ipf.*, **zbiec się** *pf.* **1.** (*gromadzić się*) gather, flock. **2.** (*łączyć się w jednym punkcie*) converge. **3.** (*mieć miejsce w tym samym czasie*) coincide.
zbiegowisko *n.* gathering, crowd.
zbieracz *mp*, **zbieraczka** *f.* **1.** (*kolekcjoner*) collector. **2.** *ogr.* picker.
zbierać *ipf.* **1.** (*gromadzić*) collect. **2.** (*zwoływać*) gather, assemble. **3.** (*uprzątać*) clear, pick up. **4.** (*owoce*) pick, gather.

zbierać się *ipf.* **1.** (*gromadzić się*) gather, meet. **2.** (*łącząc się, tworzyć skupisko*) gather, accumulate. **3.** (*przygotowywać się*) prepare, get ready (*do czegoś* for sth) (*do zrobienia czegoś* to do sth); **zebrać się w sobie** brace up; **zbiera się na deszcz** it's going to rain.
zbieżność *f.* convergence.
zbieżny *a.* convergent.
zbijać *ipf.* **1.** (*gwoździami*) nail down. **2. zbić kogoś z tropu** stop sb in his/her tracks, confuse sb.
zbiornik *mi Gen.* **-a 1.** (*naczynie*) container, tank. **2.** *hydrol.* reservoir.
zbiorowy *a.* collective; **odpowiedzialność zbiorowa** collective responsibility.
zbiór *mi* **-o- 1.** collection, set; **zbiór wierszy** collection of poems. **2.** *mat.* set. **3.** *roln.* (*sprzęt zboża*) harvest. **4.** *zw. pl. roln.* (*zebrane zboże*) crop.
zbiórka *f.* **1.** (*zebranie*) gathering, meeting. **2.** (*gromadzenie*) collection, gathering.
zbity *a.* **1.** (*pobity*) beaten up. **2.** (*twardo ubity*) packed. **3.** (*rozbity na kawałki*) broken.
zbliżać *ipf.*, **zbliżyć** *pf.* **1.** (*przybliżać*) bring nearer/closer. **2.** (*zaprzyjaźniać*) become close.
zbliżać się *ipf.*, **zbliżyć się** *pf.* **1.** approach (*do kogoś/czegoś* sb/sth). **2.** (*zaprzyjaźniać się*) become close, make friends (*z kimś* with sb). **3.** *tylko ipf.* (*następować*) be coming/approaching.
zbliżenie *n.* **1.** (*kontakt*) close/friendly relations; **zbliżenie fizyczne** sexual intercourse. **2.** (*zdjęcie filmowe*) close-up.
zbliżony *a.* similar, approximate.
zbocze *n. Gen.pl.* **-y** slope.
zboczenie *n.* perversion, deviation.
zboczeniec *mp* **-ńc-** *pl.* **-y** *pog.* pervert.
zboczony *a.* **-eni** perverted.
zboczyć *pf. zob.* **zbaczać**.
zboże *n. Gen.pl.* **zbóż 1.** (*roślina*) crop (plant). **2.** (*ziarno*) cereal.
zbożowy *a.* grain, cereal; **kawa zbożowa** chicory coffee.
zbój *mp Gen.pl.* **-ów** robber; (*bandzior*) thug.
zbrodnia *f. Gen.pl.* **-i** crime.
zbrodniarka *f.*, **zbrodniarz** *mp* criminal; **zbrodniarz wojenny** war criminal.
zbroić[1] *pf.* **zbroję zbroisz, zbrój zbroić coś** (*spłatać figla*) do mischief, play a prank.
zbroić[2] *ipf.* **zbroję zbroisz, zbrój 1.** (*wyposażać w broń*) arm. **2.** *techn.* reinforce. **3.** *bud.* develop.
zbroić się *ipf.* arm o.s.
zbroja *f. Gen.* **-oi** armor.
zbrojenie *n.* **1.** *bud.* reinforcement. **2.** *pl. wojsk.* armament.
zbrojny *a.* armed, military; **siły zbrojne** armed forces.
zbudować *pf.* **1.** (*wznieść*) build, construct. **2.** (*stworzyć*) create.
zbudzić *pf.* **1.** wake (up), awaken, arouse. **2.** (*wywołać*) arouse, raise, awaken, wake; *por.* **budzić**.
zbudzić się *pf.* **1.** (*przebudzić się*) wake (up), awaken. **2.** (*dać się odczuć*) rise, stir; *por.* **budzić się**.
zburzyć *pf.* **1.** (*rozwalić*) ruin, demolish, pull down. **2.** (*zmącić, przerwać*) break, interrupt; *por.* **burzyć**.
zbyt[1] *mi handl.* sale(s); **rynek zbytu** outlet, ready market.
zbyt[2] *adv.* too.
zbyteczny *a.* unnecessary.
zbytek *mi* **-tk-** (*przepych*) luxury.
zbytni *a.* excessive.
zbytnio *adv.* excessively, unduly, too.
zbywać *pf.* **-am -asz 1.** (*sprzedawać*) sell (off). **2.** (*ignorować*) get rid of, dismiss.
zdać *pf.* **zdadzą 1.** *zob.* **zdawać**. **2. zdać egzamin** pass an exam.
zdać się *pf. zob.* **zdawać się**.
zdalny *a.* **zdalne sterowanie** remote control.
zdanie *n.* **1.** (*opinia*) opinion; **moim zdaniem** in my opinion. **2.** *gram.* sentence.
zdarzenie *n.* event, occurrence.
zdarzyć się *pf.* happen, occur.
zdatny *a.* fit, suitable; **woda zdatna do picia** drinkable water; **zdatny do użytku** fit for use.
zdawać *ipf.* **-aję -ajesz, -awaj 1.** (*przekazywać*) turn over; **zdać z czegoś relację** give an account of, relate sth; **zdać sobie sprawę z czegoś** realize sth, be aware of sth. **2.** *tylko ipf.* **zdawać (egzamin)** take an exam/examination; **zdawać na studia** take an entrance exam (to university).
zdawać się *ipf.* **1.** (*polegać*) rely, fall back (*na kogoś/coś* on sb/sth). **2.** (*o czymś pozornym*) appear, seem. **3.** (*wyraża przypuszczenie*) **zdaje się, że...** it seems that...
zdawkowy *a.* casual, offhand; **zdawkowa uwaga** casual remark.
zdążać *ipf.*, **zdążyć** *pf.* **1.** (*nadążać*) keep pace (*za kimś/czymś* with sb/sth). **2.** (*być na czas*) be in time (*na coś* for sth). **3.** (*zrobić coś w wyznaczonym czasie*) finish on time. **4.** *tylko ipf. lit.* (*podążać*) head (*ku czemuś* for sth).
zdechły *a.* dead.
zdechnąć *pf.* **-chnij, -chł** *zob.* **zdychać**.
zdecydować *pf.* (*postanowić*) decide (*o czymś* on sth).
zdecydować się *pf.* (*postanowić*) make up one's mind, reach a decision.
zdecydowanie[1] *n.* resolution, resolve, determination.
zdecydowanie[2] *adv.* **1.** (*stanowczo*) firmly, strongly. **2.** (*niewątpliwie*) definitely, undoubtedly.
zdecydowany *a.* **1.** (*stanowczy*) firm, determined; **zdecydowany na coś** bent on sth; **zdecydowany zrobić coś** determined to do sth. **2.** (*niewątpliwy*) unquestionable.
zdegustowany *a.* disgusted.
zdejmować *pf.* **1.** (*ściągać*) take down/off, remove; (*ubranie*) take off; **zdjąć książkę z półki** take a book down from the shelf; **zdjąć płaszcz/buty** take off one's coat/shoes. **2.** (*uchylać, odwoływać*) lift, cancel, take back; **zdjąć z kogoś odpowiedzialność za coś** relieve sb of responsibility for sth.
zdenerwować *pf.* irritate, annoy, upset; *por.* **denerwować**.
zdenerwować się *pf.* get upset, get irritated; *por.* **denerwować się**.
zdenerwowanie *n.* irritation, annoyance.
zdenerwowany *a.* upset, irritated, annoyed.
zderzać się *ipf.* collide, crash.
zderzak *mi Gen.* **-a** *mot.* bumper.
zderzenie *n.* **1.** (*wzajemne uderzenie*) collision (*z czymś* with sth); **zderzenie samolotów/samochodów** air/car crash. **2.** (*konfrontacja*) clash.
zderzyć się *pf. zob.* **zderzać się**.
zdesperowany *a.* desperate.
zdezorientowany *a.* confused, disoriented.
zdjąć *pf.* **zdejmę zdejmiesz, zdejmij** *zob.* **zdejmować**.

zdjęcie *n.* (*fotografia*) photo(graph), picture; **na zdjęciu** in the photograph; **zrobić komuś/czemuś zdjęcie** take a picture of sb/sth.
zdmuchiwać *ipf.*, **zdmuchnąć** *pf.* **-ij 1.** (*dmuchając, gasić*) blow out. **2.** (*dmuchając, usuwać*) blow off.
zdobić *pf.* **zdób 1.** (*dekorować*) decorate. **2.** (*być ozdobą*) grace.
zdobycz *f. pl.* **-e 1.** (*łup*) booty, loot. **2.** (*drapieżnika*) prey. **3.** *pl.* (*osiągnięcia*) achievements, accomplishments.
zdobyć *pf.* **-będę -będziesz**, **-bądź**, **zdobywać** *ipf.* **-am -asz 1.** (*zagarnąć*) capture. **2.** (*osiągnąć*) win, gain; **zdobyć bramkę** score a goal. **3.** (*zjednać sobie kogoś*) win over; **zdobyć czyjeś serce** win sb's heart.
zdobyć się *pf.*, **zdobywać się** *ipf.* **zdobywać się na coś** (*wykrzesać z siebie*) summon sth (up); **zdobywać się na odwagę** summon up one's courage; **zdobywać się na zrobienie czegoś** bring o.s. to do sth.
zdobywca *mp*, **zdobywczyni** *f.* **1.** (*miasta, państwa; t. przen.*) conqueror. **2.** (*nagrody*) winner. **3.** *sport* scorer.
zdolność *f.* skill, ability; *pl.* (*uzdolnienia*) talent, gift; **zdolności organizacyjne** organizational skills.
zdolny *a.* **1.** (*bystry*) bright, smart; (*utalentowany*) gifted, talented. **2. zdolny do (zrobienia) czegoś** capable of (doing) sth.
zdołać *pf.* **zdołać coś zrobić** be able to do sth, manage to do sth.
zdrada *f.* **1.** (*wiarołomstwo*) treachery. **2.** (*niewierność*) infidelity, unfaithfulness; **zdrada małżeńska** adultery, marital infidelity.
zdradliwy *a.* treacherous.
zdradzać *ipf.* **1.** betray. **2.** (*męża, dziewczynę*) be unfaithful to. **3.** (*ujawniać*) give away, reveal. **4. zdradzać objawy czegoś** show signs/symptoms of sth.
zdradzać się *ipf.* (*ujawniać się*) give o.s. away.
zdradziecki *a.* treacherous.
zdrajca *mp*, **zdrajczyni** *f.* traitor.
zdrapać *pf.*, **zdrapywać** *ipf.* scrape off/away.
zdrętwiały *a.* numb, stiff.
zdrobnienie *n. jęz.* diminutive.
zdrowie *n.* health; **służba zdrowia** health service/care; **jak pana zdrowie?** how are you doing? **na zdrowie!** (*toast*) cheers! (*po kichnięciu*) (God) bless you! **wracać do zdrowia** recover, recuperate.
zdrowo *adv.* **1. wyglądać zdrowo** look healthy/well. **2.** (*korzystnie dla zdrowia*) healthily.
zdrowotny *a.* **urlop zdrowotny** sick leave.
zdrowy *a.* **1.** healthy; *pred.* well. **2. zdrowy jak ryba** as right as rain. **3. zdrowy rozsądek** common sense.
zdrzemnąć się *pf.* **-ij** take a nap, doze off.
zdumienie *n.* astonishment; **ku memu zdumieniu** to my astonishment.
zdumiewać *ipf.* astonish, amaze.
zdumiewać się *ipf.* be amazed.
zdumiewający *a.* astonishing, amazing.
zdumiony *a.* **-eni** astonished, amazed (*czymś* at sth) (*słysząc/widząc coś* to hear/see sth).
zdychać *ipf. pog. l. o zwierzęciu* die.
zdyscyplinowanie *n.* discipline.
zdyscyplinowany *a.* disciplined.
zdyszany *a.* breathless; *pred.* out of breath.
zdziałać *pf. lit.* accomplish, achieve.
zdzierać *ipf.* **1.** (*szarpiąc, usuwać*) tear off. **2.** (*niszczyć wskutek noszenia*) wear out/down.
zdzierać się *ipf.* (*niszczyć się*) wear out.
zdzierstwo *n. pot.* rip-off.
zdziwienie *n.* surprise.
zdziwiony *a.* **-eni** surprised.
ze *prep. zob.* **z.**
zebra *f.* **1.** zebra. **2.** (*przejście dla pieszych*) crosswalk.
zebrać (się) *pf. zob.* **zbierać (się)**.
zebranie *n.* meeting.
zechcieć *pf.* **-chcę -chcesz**, **-chciej** be willing to do sth; **czy zechce pani usiąść?** would you like to take a seat?
zedrzeć (się) *pf.* **zedrę zedrzesz**, **zedrzyj**, **zdarł** *zob.* **zdzierać (się)**.
zegar *mi Gen.* **-a** clock; **zegar się spóźnia/śpieszy** the clock is slow/fast.
zegarek *mi* **-rk-** *Gen.* **-a** watch; **jak w zegarku** like clockwork.
zegarmistrz *mp pl.* **-owie** *Gen.pl.* **-ów** watchmaker.
zegarowy *a.* time, clock; **bomba zegarowa** time bomb.
zegarynka *f.* speaking clock.
zejście *n.* **1.** (*droga w dół*) descent. **2.** *med.* (*zgon*) decease.
zejść (się) *pf.* **zejdę zejdziesz**, **zszedł/zeszedł zeszła zeszli** *zob.* **schodzić (się)**.
zemdleć *pf.* faint.
zemsta *f.* revenge, vengeance.
zepsucie *n.* depravity, corruption.
zepsuć *pf.* **1.** (*uszkodzić*) break, damage. **2.** (*odebrać przyjemność*) spoil, ruin; **zepsuć nastrój** spoil the mood. **3.** (*rozpieścić*) spoil, pamper; *por.* **psuć**.
zepsuć się *pf.* **1.** break down. **2.** (*o jedzeniu*) go bad. **3.** (*pogorszyć się*) deteriorate, get worse; *por.* **psuć się**.
zepsuty *a.* **1.** (*uszkodzony*) broken, out of order. **2.** (*o jedzeniu*) spoiled; (*o zębach*) decayed. **3.** (*niemoralny*) corrupt, depraved.
zerkać *ipf.*, **zerknąć** *pf.* **-ij** peep, peek.
zero *n.* **1.** (*cyfra*) zero. **2.** (*nic*) zero, nothing, nought; **mniej niż zero** the lowest of the low. **3.** *pog.* (*człowiek przeciętny*) nobody, cipher.
zerowy *a.* zero; **zabytek klasy zerowej** national historical landmark.
zeskakiwać *ipf.*, **zeskoczyć** *pf.* jump down (*skądś* from sth).
zesłać *pf.* **1.** *lit.* (*karę*) send (*coś na kogoś* sth on sb). **2. zesłać na wygnanie** send into exile.
zesłanie *n.* exile.
zespalać *ipf.*, **zespolić** *pf.* join, link together.
zespalać się *ipf.*, **zespolić się** *pf.* join.
zespołowy *a.* team, common; **praca zespołowa** teamwork.
zespół *mi* **-o- 1.** (*grupa profesjonalistów*) group, team. **2.** (*grupa muzyczna*) band, group. **3.** (*zbiór*) set, group. **4.** *bud.* complex.
zestaw *mi* **1.** (*komplet*) set; (*mebli*) suite; (*narzędzi*) kit. **2.** (*zbiór*) set, collection; (*kolorów*) combination; (*pytań*) set.
zestawiać *ipf.*, **zestawić** *pf.* **1.** (*stawiać niżej*) take down. **2.** (*składać w całość*) put together. **3.** (*porównywać*) compare, set sth against sth, juxtapose sth with sth.
zestawienie *n.* **1.** (*porównanie*) comparison. **2.** (*kompozycja*) combination. **3.** (*wykaz*) breakdown.
zeszłoroczny *a.* last year's.
zeszły *a.* last; **w zeszłym roku** last year; **zeszłej niedzieli** last Sunday.

zeszyt *mi* **1.** notebook. **2.** (*numer czasopisma*) issue, number.
zeszywać *ipf.* **-am -asz** *zob.* **zszywać.**
zewnątrz *adv.* **z zewnątrz** from (the) outside; **na zewnątrz** outside. — *prep.* + *Gen.* **na zewnątrz budynku** outside the building.
zewnętrzny *a.* external, outside, exterior, outer; **wygląd zewnętrzny** external appearance; **do użytku zewnętrznego** *med.* for external use, not to be applied internally.
zewsząd *adv.* from everywhere, from far and wide.
zez *mi Gen.* **-a** squint.
zeznanie *n. prawn.* testimony.
zeznawać *ipf.* **-aję -ajesz, -awaj** testify, give evidence; **zeznawać pod przysięgą** testify under oath.
zezować *ipf.* squint.
zezowaty *a.* cross-eyed.
zezwalać *ipf.*, **zezwolić** *pf.* allow, permit (*na coś* sth).
zezwolenie *n.* permission, permit.
zęba *itd. mi zob.* **ząb.**
zębaty *a.* **1.** (*powycinany w ząbki*) serrated. **2.** *techn.* cogged.
zgadywać *ipf.*, **zgadnąć** *pf.* guess.
zgadzać się *ipf.* **1.** (*przyzwalać*) agree, give one's consent (*na coś* to sth). **2.** (*podzielać czyjąś opinię*) agree (*z kimś* with sb). **3.** *tylko ipf.* (*nie być w sprzeczności*) tally (*z czymś* with sth); **coś tu się nie zgadza** something's wrong here; **tak, zgadza się** yes, it's correct/true.
zgaga *f.* heartburn.
zgaszony *a.* **-eni** subdued, downcast.
zgiąć (się) *pf.* **zegnę zegniesz, zegnij** *zob.* **zginać (się).**
zgiełk *mi* tumult, turmoil.
zginać *ipf.* bend.
zginać się *ipf.* bend.
zgładzić *pf. lit.* (*zabić*) put to death.
zgłaszać *ipf.*, **zgłosić** *pf.* propose, submit, put forward/forth; **zgłaszać pytania/zastrzeżenia** raise questions/objections; **zgłosić poprawkę** propose an amendment.
zgłaszać się *ipf.*, **zgłosić się** *pf.* **1. zgłosić się na służbę** report for duty. **2.** (*okazywać chęć uczestnictwa*) apply. **3.** (*odebrać telefon*) answer.
zgłoszenie *n.* **1.** (*powiadomienie*) notification. **2.** (*oferta*) application.
zgniatać *ipf.*, **zgnieść** *pf.* **1.** (*gnieść*) crumple. **2.** (*miażdżyć*) squash, crush.
zgniły *a.* rotten.
zgoda *f.* **1.** (*pojednanie*) harmony, concord. **2.** (*aprobata*) permission, assent, consent; **wyrazić zgodę na coś** give one's consent to sth. — *int.* (very) good, all right.
zgodnie *adv.* **1.** (*w zgodzie*) in harmony/concord. **2.** (*jednomyślnie*) unanimously. **3. zgodnie z czymś** according to sth, in accordance with sth.
zgodność *f.* harmony, conformity, unanimity.
zgodny *a.* **1.** (*skłonny do zgody*) agreeable. **2.** (*jednomyślny*) unanimous. **3.** (*pasujący*) compatible (*z czymś* with sth). **4.** (*niesprzeczny*) consistent (*z czymś* with sth); **zgodny z prawem** legal.
zgon *mi* decease, demise.
zgorszenie *n.* scandal.
zgorszony *a.* **-eni** scandalized.
zgrabiać *ipf.* **1.** (*zgarniać*) rake up. **2.** (*usuwać*) rake away.
zgrabny *a.* **1.** (*zwinny*) deft. **2.** (*foremny*) shapely, neat.
zgrany *a.* harmonious; (*o zespole*) well-integrated.
zgromadzenie *n.* meeting, gathering; **walne zgromadzenie** general assembly.
zgroza *f.* horror; **o zgrozo!** how awful!, horrors!
zgryz *mi* bite, occlusion; **wada zgryzu** occlusion defect.
zgryźliwy *a.* harsh, caustic.
zgrzać *pf.* **zgrzeję zgrzejesz, zgrzali/zgrzeli** *zob.* **zgrzewać.**
zgrzać się *pf.* become hot.
zgrzany *a.* hot.
zgrzeszyć *pf.* sin, commit a sin.
zgrzewać *ipf.* seal (by heating).
zgrzyt *mi* **1.** grate, grind. **2.** *pot.* (*niemiłe wrażenie*) embarrassment.
zgrzytać *ipf.* **1.** grate, grind. **2. zgrzytać zębami** grind/gnash one's teeth.
zguba *f.* **1.** (*rzecz*) lost property. **2.** (*klęska*) destruction, undoing; **skazany na zgubę** doomed, fated.
zgubny *a.* pernicious, destructive.
zgwałcić *pf.* rape.
ziarno *n. Gen.pl.* **-ren 1.** (*nasiono*) seed. **2.** (*drobina*) grain.
ziele *n. pl.* **zioła** *Gen.* **ziół** herb.
zieleniak *mi Gen.* **-a** *pot.* (*stragan warzywny*) greengrocer's stall.
zielenieć *ipf.*, **zzielenieć** *pf.* **1.** (*stawać się zielonym*) turn green. **2. zielenieć z zazdrości** be green with envy. **3.** (*być zielonym*) show green.
zielenina *f.* greens.
zieleń *f. pl.* **-e 1.** (*kolor*) green. **2.** (*roślinność*) greenery.
zielony *a.* **-eńszy, -eni/-oni 1.** green; **Zielone Świątki** Pentecost; Whitsun(day); **zielone światło dla czegoś** *przen.* green light to sth, go-ahead for sth. **2.** (*o owocu*) green, unripe; **nie mam zielonego pojęcia** I haven't the faintest idea.
zielsko *n.* weed.
ziemia *f.* **1.** (*kula/skorupa ziemska*) (the) earth; **Ziemia** *astron.* the Earth; **na ziemi** on earth; **trzęsienie ziemi** earthquake. **2.** (*gleba*) soil, earth; **żyzna ziemia** fertile soil. **3.** (*grunt; t. przen.*) ground; **na ziemi** on the ground; **pod ziemią** underground; **suknia do samej ziemi** full-length dress; **zrównać coś z ziemią** raze sth to the ground. **4.** (*grunt uprawny*) land, ground. **5.** (*kraina*) land, region; **Ziemia Święta** the Holy Land.
ziemianin *mp pl.* **-anie** *Gen.* **-an** (*mieszkaniec Ziemi*) terrestrial; (*zwł. w literaturze fantastycznonaukowej*) earthling.
ziemniaczany potato.
ziemniak *mi Gen.* **-a** potato.
ziemny *a.* earth; **prace ziemne** excavations; **gaz ziemny** natural gas; **orzeszek ziemny** peanut.
ziemski *a.* **1.** (*dotyczący planety*) the earth's; **kula ziemska** the globe. **2.** (*powszedni*) earthly, worldly; **ziemskie troski** worldly concerns. **3. dobra ziemskie** landed property.
ziewać *ipf.*, **ziewnąć** *pf.* **-ij** yawn.
ziewnięcie *n.* yawn.
ziębnąć *ipf.*, **zziębnąć** *pf.* **ziębnij, ziębnął/ziąbł, ziębła ziębli** freeze, be cold.
zięć *mp pl.* **-owie** *Gen.* **-ów** son-in-law.
zima *f.* winter.
zimno[1] *n.* (*niska temperatura*) cold.

zimno² *adv.* **1.** cold; **jest mi zimno** I am/feel cold; **robi się zimno** it's getting cold. **2.** (*obojętnie*) indifferently; **przywitać kogoś zimno** give sb an icy welcome.

zimny *a.* **1.** cold; **masz zimne ręce** your hands are cold; **zimne ognie** sparklers. **2.** *przen.* **zimna wojna** *polit.* cold war; **z zimną krwią** in cold blood; **zimny jak głaz** stone-cold. **3.** (*beznamiętny*) dispassionate, cold.

zimować *ipf.* (*spędzać zimę*) winter, spend the winter.

zimowy *a.* winter; **sen zimowy** *biol.* winter sleep, hibernation.

zioło *n. Gen.pl.* **-ół** herb.

ziołowy *a.* herbal.

zionąć *ipf., pf.* **1.** belch (out), breathe; **zionąć ogniem** breathe fire. **2.** *przen.* breathe; **zionąć nienawiścią** breathe hatred.

zjadać *ipf.*, **zjeść** *pf.* eat; (*o regularnym posiłku*) have; **zjadać śniadanie** have breakfast; **co zjesz na śniadanie?** what would you like for breakfast?

zjadliwy *a.* **1.** (*szyderczy*) scorning, scornful; **zjadliwa uwaga** scathing remark. **2.** *żart.* (*apetyczny*) eatable.

zjawiać się *ipf.*, **zjawić się** *pf.* **1.** (*ukazywać się*) appear. **2.** (*przybywać*) show up, turn up.

zjawisko *n.* phenomenon.

zjazd *mi Loc.* **zjeździe 1.** (*zjeżdżanie*) downhill ride/drive. **2.** *mot.* (*z drogi, autostrady*) exit; (*na postój*) pull-off. **3.** *narciarstwo* (*stok*) slope. **4.** *polit.* convention, congress.

zjazdowy *a. sport* downhill.

zjechać (się) *pf.* **zjadę zjedziesz** *zob.* **zjeżdżać (się)**.

zjednoczenie *n.* **1.** (*łączenie się*) unification. **2.** (*organizacja*) union.

zjednoczony *a.* **-eni** *polit.* united; **Stany Zjednoczone Ameryki Północnej** the United States of America.

zjeść *pf.* **zjem zjesz, zjedzą, zjedz, zjadł zjedli** *zob.* **zjadać**.

zjeżdżać *ipf.* **1.** (*z góry w dół*) go down/downhill; **zjechać z góry na sankach/nartach** sledge/ski down. **2.** (*zbaczać z drogi*) go out of the way, turn; **zjeżdżać na pobocze** pull over. **3.** *tylko ipf. pot.* **zjeżdżaj stąd!** get lost!

zjeżdżać się *ipf.* (*gromadzić się*) arrive, assemble, meet.

zjeżdżalnia *f. Gen.pl.* **-i/-ń** slide.

zlać *pf.* **zleję zlejesz, zlali/zleli 1.** *zob.* **zlewać. 2.** *pot.* (*zbić*) beat up, give sb a thrashing.

zlać się *pf.* **1.** *zob.* **zlewać się. 2.** *pot.* wet one's pants.

zlatywać *pf.* **1.** (*spadać*) fall off/down; **zlecieć na podłogę/ziemię** fall down on the floor/ground; **spodnie z niego zlatują** the pants are too loose for him. **2.** (*sfruwać*) fly off/down.

zlatywać się *ipf.* (*sfruwać*) flock.

zlecać *ipf.*, **zlecić** *pf.* (*zamawiać wykonanie zadania*) commission; **zlecać komuś zrobienie czegoś** commission sb to do sth.

zlecenie *n.* **1.** (*polecenie*) order. **2.** (*umowa*) commission.

zlepiać *ipf.* glue/stick together.

zlepiać się *ipf.* stick together.

zlew *mi* sink.

zlewać *ipf.* **1.** (*z wierzchu*) decant. **2.** (*do jednego naczynia*) pour together. **3.** (*lejąc, moczyć*) drench.

zlewać się *ipf.* **1.** (*łączyć się*) merge, mix. **2. zlewać się perfumami** pour lots of perfume on o.s.; **zlać się potem** be drenched with sweat. **3.** *zob.* **zlać się**.

zlewki *pl. Gen.* **-wek** (*resztki*) slops.

zlewozmywak *mi Gen.* **-a** sink (unit).

zliczać *ipf.*, **zliczyć** *pf.* count (up).

zlikwidować *pf. zob.* **likwidować**.

zł *abbr.* (*złoty*) zloty.

złamać *pf.* **-mię -miesz 1.** (*przełamać*) break. **2.** *med.* break, fracture. **3.** (*pokonać*) break (down), overcome. **4.** *prawn.* break, breach, violate; *por.* **łamać**.

złamać się *pf.* **1.** break. **2.** *pot.* (*ulec namowom*) yield, give in; *por.* **łamać (się)**.

złamanie *n.* **1.** *med.* fracture. **2.** *prawn.* **złamanie prawa** breach of law.

złamany *a.* broken.

złapać *pf.* **-pię -piesz** catch; **złapał mnie na gorącym uczynku** he caught me red-handed; **złapać oddech** catch one's breath; **złapać pociąg/autobus** *pot.* catch a train/bus; **złapać gumę** *pot.* have a flat tire; **złapać kogoś za słowo** catch sb out; **złapałem grypę** I caught a cold; *por.* **łapać**.

złapać się *pf.* **1.** (*chwycić się*) clutch, grasp; **złapać się za głowę** clutch one's head; **złapać się na czymś** catch o.s. doing sth. **2.** (*chwycić siebie nawzajem*) catch each other/one another; *por.* **łapać (się)**.

złącze *n. Gen.pl.* **-y** *techn.* joint, connection, coupling.

zło *n. Loc.* **-u** evil; **źródło zła** the root of (all) evil; **zło konieczne** necessary evil.

złocisty *a.* golden.

złocony *a.* gilded, gold-plated.

złoczyńca *mp lit.* villain.

złodziej *mp Gen.pl.* **-ei** thief; **złodziej kieszonkowy** pickpocket.

złom *mi* (*odpadki metalowe*) scrap (metal).

złomowisko *n.* scrap yard.

złościć *ipf.* **-szczę -ścisz** anger, irritate.

złościć się *ipf.* **złościć się na kogoś** be angry/cross with sb.

złość *f.* anger; **wpaść w złość** lose one's temper; **na złość komuś** to spite sb; **jak na złość** as if out of spite.

złośliwość *f.* malice; **złośliwość losu** that's fate/life.

złośliwy *a.* **1.** malicious. **2.** *pat.* malignant.

złotnik *mp* goldsmith.

złoto *n.* gold; **szczere złoto** pure gold; **gorączka złota** *t. hist.* gold rush; **żyła złota** *przen.* gold mine; **być na wagę złota** be worth one's weight in gold.

złotówka *f.* one zloty (coin); **za symboliczną złotówkę** for a token sum.

złoty *a.* **1.** (*ze złota*) gold(en); **złoty medal** gold medal. **2.** (*złocisty*) golden; **złota rybka** goldfish. **3. złoty wiek** golden age; **złota rączka** handyman; **złoty środek** golden mean. — *mi* zloty.

złowieszczy *a.* ominous, sinister.

złowrogi *a.* ominous, sinister.

złoże *n. Gen.pl.* **złóż** deposit.

złożony *a.* **1.** (*z kilku części*) complex, compound; **zdanie złożone** *gram.* compound/multiple sentence; **być złożonym z** be composed of. **2.** (*zawiły*) complex, complicated; **złożony problem** complex problem.

złudzenie *n.* illusion; **nie mogę się oprzeć złudzeniu, że...** I can't resist the feeling that...

zły *a.* **gorszy; źli 1.** (*nieetyczny*) evil, wicked; **złe towarzystwo** bad/fast company; **zła wola** ill will. **2.** (*rozgniewany*) angry, cross; **uwaga, zły pies!** beware of the dog! **zły humor** bad mood. **3.** (*niesumienny*) poor, bad; **zły ojciec** bad father. **4.** (*niekorzystny*)

unfavorable, bad; **przedstawiać coś w złym świetle** present sth in an unfavorable light. **5.** (*niepomyślny*) bad, inauspicious; **złe wiadomości** bad news; **tylko nie zrób sobie coś złego** don't hurt yourself. **6.** (*niewłaściwy*) wrong, improper; **w złym guście** in bad taste; **złe traktowanie** ill-treatment. **7.** (*niezgodny z intencjami*) wrong.
zmaleć *pf. zob.* **maleć**.
zmanierowany *a.* mannered.
zmarła *f. Gen.* **-ej** the deceased.
zmarły *a.* deceased, dead; **mój zmarły mąż** my late husband. — *mp* the deceased.
zmarnować (się) *pf. zob.* **marnować (się)**.
zmarszczka *f.* **1.** (*na twarzy*) wrinkle. **2.** (*na wodzie*) ripple. **3.** (*na materiale*) wrinkle, crease.
zmarszczyć (się) *pf. zob.* **marszczyć (się)**.
zmartwić (się) *pf. zob.* **martwić (się)**.
zmartwienie *n.* worry, trouble.
zmartwiony *a.* **-eni** worried, troubled; **zmartwiony czymś/z jakiegoś powodu** worried about sth/ because of sth.
Zmartwychwstanie *n.* Resurrection.
zmartwychwstawać *ipf.* **-aję -ajesz, -awaj** resurrect.
zmarznąć *pf.* **-znij, -zł/-znął -zła -zli** freeze.
zmarznięty *a.* **1.** (*stwardniały*) frozen. **2.** (*przemarznięty*) cold.
zmazać *pf.* **zmażę zmażesz, zmazywać** *ipf.* **1.** (*zetrzeć*) (*napis*) rub out, erase; (*tablicę*) wipe off, erase. **2.** (*winę*) wipe away, expiate.
zmądrzeć *pf.* grow wiser.
zmęczenie *n.* tiredness, fatigue.
zmęczony *a.* tired, weary; **zmęczony czekaniem** tired of waiting.
zmęczyć *pf.* (*znużyć*) tire; **zmęczyć kogoś rozmową** tire sb with a conversation.
zmęczyć się *pf.* tire, get tired.
zmiana *f.* **1.** change; **zmiana na lepsze/gorsze** change for the better/worse; **robić coś na zmianę z kimś** take turns with sb in doing sth. **2.** (*czas pracy*) shift; **praca na trzy zmiany** three-shift work. **3.** *pat.* **zmiana nowotworowa** cancerous lesion.
zmiatać *ipf.* **1.** sweep. **2.** *pot.* **zmiataj stąd!** clear off!, beat it!
zmiażdżyć *pf.* crush.
zmieniać *ipf.*, **zmienić** *pf.* change; **zmieniać zdanie** change one's mind; **zmieniać bieg/pas** *mot.* change gear/lanes.
zmieniać się *ipf.*, **zmienić się** *pf.* change; **zmienić się nie do poznania** change beyond recognition; **sytuacja zmienia się jak w kalejdoskopie** things are changing quickly.
zmienna *f. Gen.* **-ej** variable.
zmienność *f.* changeability; **zmienność pogody** weather unsteadiness; **zmienność losu** twists of fate.
zmienny *a.* changeable; **prąd zmienny** alternating current; **zmienne koleje losu** vicissitudes, ups and downs.
zmierzać *ipf. lit.* head; **zmierzać w kierunku czegoś** head for/towards sth; **do czego zmierzasz?** what are you driving at?
zmierzch *mi* dusk, twilight; **o zmierzchu** at dusk; **zmierzch zapada** it's getting dark.
zmierzyć *pf.* (*wymierzyć*) measure; **zmierzyć temperaturę** take (sb's) temperature; **zmierzyć linijką** measure with a ruler.
zmierzyć się *pf.* **1.** (*określić swoje wymiary*) take one's own measurements. **2. zmierzyć się z kimś/z czymś** pit o.s. against sb/sth.
zmieszać *ipf.* **1.** (*mieszając, łączyć*) blend, mix, stir. **2.** (*speszyć kogoś*) confuse.
zmieszać się *pf.* **1.** (*połączyć się*) blend, mix. **2.** (*speszyć się*) get confused.
zmieszanie *n.* embarrassment.
zmieszany *a.* (*speszony*) confused.
zmieścić *pf.* **-szczę -ścisz 1.** manage to fit/put; **zmieścić coś w czymś** manage to fit/put sth somewhere. **2.** house, hold, seat.
zmieścić się *pf.* fit.
zmiękczać *ipf.*, **zmiękczyć** *pf.* soften; **zmiękczyć spółgłoskę** *jęz.* palatalize a consonant.
zmiękczać się *ipf.*, **zmiękczyć się** *pf.* soften.
zmniejszać *ipf.*, **zmniejszyć** *pf.* reduce, lessen, decrease.
zmniejszać się *ipf.*, **zmniejszyć się** *pf.* decrease, lessen.
zmobilizować (się) *pf. zob.* **mobilizować (się)**.
zmoczyć *pf.* wet, moisten, soak.
zmoczyć się *pf.* get wet.
zmoknąć *pf.* **zmoknij, zmoknął/zmókł zmokła zmokli** get wet (in the rain); **zmoknąć do suchej nitki** get soaking wet.
zmotoryzowany *a.* motorized; **turysta zmotoryzowany** motorized tourist.
zmowa *f. Gen.pl.* **-ów** conspiracy.
zmrok *mi* dusk, nightfall; **po zmroku** after dark.
zmusić *pf.* **-szę -sisz, zmuszać** *ipf.* force, make; **zmusić kogoś do zrobienia czegoś/żeby coś zrobił** force sb to do sth, make sb do sth.
zmusić się *pf.*, **zmuszać się** *ipf.* bring o.s., force o.s.; **zmuszać się do czegoś** force o.s. into sth.
zmyć (się) *pf.* **zmyję zmyjesz, zmyj** *zob.* **zmywać (się)**.
zmykać *ipf.* scamper away; **zmykaj (stąd)!** get out of here!
zmylić *pf.* **1.** (*wprowadzić w błąd*) mislead, deceive. **2.** (*pomylić, pomieszać*) confuse; **zmylić ślad** cover one's tracks.
zmysł *mi* sense; **zmysł praktyczny/artystyczny** practical/artistic sense.
zmysłowy *a.* **1.** (*seksowny*) sensual, sensuous. **2.** (*postrzegany zmysłami*) sensory.
zmyślać *ipf.*, **zmyślić** *pf.* make up; **przestań zmyślać!** stop telling tales!
zmywać *ipf.* **-am -asz** (*podłogę*) wash; (*plamy, brud*) wash off; **zmywać naczynia** wash up, wash the dishes.
zmywać się *ipf.* **1.** (*dawać się usunąć*) wash off. **2.** *pot.* (*znikać*) clear off.
zmywak *mi Gen.* **-a** (*szmatka*) dishcloth; (*na rączce*) mop.
zmywalny *a.* washable.
zmywarka *f.* washer; **zmywarka do naczyń** dishwasher.
znaczący *a.* **1.** (*wymowny*) meaningful, telling. **2.** (*ważny, istotny*) significant.
znaczek *mi* **-czk-** *Gen.* **-a 1.** (*oznaczenie*) mark; **znaczek pocztowy** (postage) stamp; **naklejać znaczek na list** stamp a letter. **2.** (*odznaka*) badge.
znaczenie *n.* **1.** (*treść*) meaning, sense; **w pełnym tego słowa znaczeniu** in the full sense of the word.

2. (*ważność czegoś*) significance, importance; **mieć małe/duże znaczenie** be of little/great importance; **to jest dla mnie bez znaczenia** it doesn't matter to me.

znacznie *adv.* considerably, significantly.

znaczny *a.* considerable, substantial, significant.

znaczyć *ipf.* **1.** (*wyrażać*) mean, signify; **nie rozumiem, co to znaczy** I don't understand what it means; **co to ma znaczyć!?** what is that supposed to mean!? **to znaczy...** that is... **2.** (*mieć wagę*) matter, be of importance, mean; **to dla mnie wiele znaczy** it means a lot to me. **3.** (*znakować*) mark.

znać *ipf.* know; **znać coś na pamięć** know sth by heart; **daj znać** let me know; **znam go tylko z widzenia** I know him only by sight; **nie znam francuskiego** I can't speak French; **nie znać litości** know no pity.

znać się *ipf.* **1.** (*siebie samego*) know o.s. **2.** (*nawzajem*) know each other. **3. znać się na czymś** be knowledgeable about sth; **znać się na żartach** know how to take a joke; **nie znasz się na tym** you know nothing about it.

znad *prep.* + *Gen.* from above; **znad morza/rzeki** from the seaside/river.

znajdować *ipf.* **1.** find; **znaleźć wspólny język** find a common ground. **2.** (*poparcie, zrozumienie*) meet (*coś* with sth). **3.** (*uzyskiwać*) gain, find; **znaleźć uznanie** win approval.

znajdować się *ipf.* **1.** (*mieścić się*) be located, be situated. **2.** (*dawać się odszukać*) be found. **3.** (*ukazywać się*) appear, come out; **powieść znajdzie się w sprzedaży w maju** the novel will appear in May. **4.** (*przebywać gdzieś*) be, find o.s.; **znaleźć się na bruku** land on the street; **znajdować się w dobrych rękach** be in good hands.

znajomość *f.* **1.** acquaintance; **mieć znajomości** have connections; **nawiązać z kimś znajomość** make sb's acquaintance. **2.** (*wiedza*) knowledge; **znajomość angielskiego** knowledge of English.

znajomy *a.* **1.** (*taki, którego się zna*) known, of one's acquaintance; **znajomy lekarz powiedział mi, że...** a doctor I know told me that... **2.** (*nieobcy*) familiar. — *mp* acquaintance; **pewien mój znajomy** a man I know.

znak *mi* **1.** sign; **znak drogowy** road/traffic sign; **znak fabryczny** trademark; **znak interpunkcyjny** punctuation mark; **znak zodiaku** sign of the zodiac; **znaki szczególne** distinguishing marks. **2.** (*dowód*) sign, token; **na znak wdzięczności** as a token of gratitude.

znakomitość *f.* (*osoba*) celebrity.

znakomity *a.* **1.** (*wybitny*) distinguished, superb. **2.** (*wyśmienity*) excellent, superb.

znakować *ipf.* (*pisemnie*) mark; (*pieczątką*) stamp; (*zwierzęta*) brand.

znalazca *mp*, **znalazczyni** *f.* finder.

znaleźć (się) *pf.* **znajdę znajdziesz, znalazł znaleźli** *zob.* **znajdować (się)**.

znamienny *a.* characteristic (*dla kogoś/czegoś* of sb/sth).

znamię *n.* **-mieni-** *pl.* **-mion- 1.** (*na skórze*) birthmark. **2.** (*właściwość*) trait.

znany *a.* (*otoczenie*) well-known, familiar; (*aktor, piosenkarka*) well-know, famous; (*przestępca*) notorious.

znawca *mp*, **znawczyni** *f.* expert (*czegoś* in/on sth); **znawca literatury** literature expert.

znęcać się *ipf.* abuse (*nad kimś* sb); **przestań się nade mną znęcać!** stop tormenting me!

znicz *mi Gen.* **-a** *Gen.pl.* **-y/-ów** candle; **znicz olimpijski** the Olympic torch.

zniechęcać *ipf.* discourage (*kogoś do czegoś* sb from (doing) sth).

zniechęcać się *ipf.* become discouraged (*do czegoś* from (doing) sth).

zniechęcenie *n.* discouragement.

zniecierpliwienie *n.* impatience.

zniecierpliwiony *a.* **-eni** impatient.

znieczulać *ipf.* anesthetize.

znieczulający *a.* **środek znieczulający** anesthetic.

znieczulenie *n.* anesthesia.

zniekształcać *ipf.*, **zniekształcić** *pf.* **1.** deform. **2.** (*słowa, rzeczywistość*) distort, twist.

zniekształcać się *ipf.*, **zniekształcić się** *pf.* become deformed/disfigured.

znienacka *adv.* (*niespodziewanie*) unexpectedly; **zaskoczyć kogoś znienacka** take sb unawares.

zniesienie *n.* **1. (ból) nie do zniesienia** unbearable (pain). **2.** (*niewolnictwa, cenzury*) abolition; (*sankcji, embarga*) lifting.

zniesławiać *ipf.*, **zniesławić** *pf. lit.* (*pisemnie*) libel; (*ustnie*) slander.

znieść *pf.* **-szę -sisz 1.** (*przemieścić w dół*) carry down. **2.** (*gromadzić*) gather; **znieść jajko** lay an egg. **3.** (*o prądzie wody, powietrzu*) drift, carry. **4.** (*prawo, dekret*) abolish; (*sankcje, embargo, zakaz*) lift. **5.** (*poddawać się czemuś bez protestu*) bear, endure, tolerate; **nie znoszę jej!** I can't stand/bear her!

znieść się *pf.* **1. oni się nie znoszą** they hate each other. **2.** *zw. ipf. fiz.* cancel each other.

zniewaga *f.* insult, affront.

znieważać *ipf.*, **znieważyć** *pf.* insult, affront.

znikać *ipf.* disappear, vanish; **zniknąć bez śladu** disappear without a trace; **zniknąć z pola widzenia** get out of sight.

znikomy *a.* minute, slight.

zniszczenie *n.* destruction.

zniszczony *a.* destroyed; (*zdewastowany*) devastated; (*o człowieku*) worn out.

zniżać *ipf.* lower; **zniżyć głos** lower one's voice; **zniżyć lot** descend.

zniżać się *ipf.* (*opadać*) descend.

zniżka *f.* reduction, discount; **ze zniżką** at a discount.

zniżkowy *a.* **bilet zniżkowy** concession ticket; **cena zniżkowa** reduced/discount price; **tendencja zniżkowa** downward trend.

zniżyć (się) *pf. zob.* **zniżać (się)**.

znosić (się) *ipf. zob.* **znieść (się)**.

znoszony *a.* worn out.

znośny *a.* bearable, tolerable.

znowu *adv.* (once) again; **znowu się spóźniłeś** you are late again. — *part.* (*właściwie*) after all; **nie taki znowu tani** not that cheap; **co znowu?!** what is it now?!

znudzenie *n.* boredom.

znudzony *a.* **-eni** bored.

znużenie *n.* weariness, fatigue; **padać ze znużenia** drop with fatigue.

znużony *a.* **-eni** weary; **być znużonym czymś** be tired of sth.

zob. *abbr.* (*zobacz*) s. (*see*).

zobaczenie *n.* **do zobaczenia!** see you! **do zobaczenia wkrótce/wieczorem** (I'll) see you soon/tonight.

zobaczyć *pf.* see.
zobaczyć się *pf.* (*spotkać się z kimś*) see (*z kimś* sb).
zobowiązanie *n.* obligation, commitment; **złożyć zobowiązanie** make a commitment; **wywiązywać się ze zobowiązań** meet/fulfill one's obligations.
zobowiązany *a.* obliged; **być zobowiązanym do czegoś** be obliged to do sth; **jestem Panu/Pani bardzo zobowiązany** I'm much obliged to you.
zobowiązywać *ipf.* oblige (*kogoś do czegoś* sb to do sth).
zobowiązywać się *ipf.* commit o.s. (*do czegoś* to doing sth).
zodiak *mi* zodiac; **znak zodiaku** sign of the zodiac, zodiac sign.
zoo *n. indecl.* zoo.
z o.o. *abbr.* (*z ograniczoną odpowiedzialnością*) Ltd (*limited liability*).
zoolog *mp pl.* **-dzy/-owie** zoologist.
zoologia *f. Gen.* **-ii** zoology.
zoologiczny *a.* zoological; **ogród zoologiczny** zoological gardens.
zorganizowany *a.* (*grupa, osoba*) organized; (*wycieczka*) guided.
zorientowany *a.* well-informed; **być dobrze zorientowanym w czymś** be well-versed in sth.
zostać *pf.* **-stanę -staniesz, zostawać** *ipf.* **-ję -ajesz, -awaj 1.** (*pozostawać*) stay, remain; **zostać w domu/w łóżku** stay at home/in bed; **zostać na noc** stay overnight, stay for the night; **zostać w tej samej klasie** repeat a grade; **zostać w tyle** lag behind; **niech to zostanie między nami** let this remain between you and me, let's keep it between us. **2.** (*być resztą*) be left, remain; **została z niego skóra i kości** he is mere skin and bones; **czy zostało jeszcze trochę czasu?** is there any time left? **3.** (*być spuścizną*) be left; **został mi po wujku dom** I inherited a house from my uncle. **4.** (*być w sytuacji*) be left; **zostałem bez grosza przy duszy** I was left penniless; **zostać przy życiu** stay alive, survive. **5.** *tylko pf.* (*stać się kimś*) become; **zostać ojcem/matką** become a father/mother; **zostać samotnym** be left alone. **6.** *tylko pf.* (*doznać czegoś*) get; **zostać zrozumianym** be understood; **budynek został zniszczony** the building got destroyed.
zostawiać *ipf.*, **zostawić** *pf.* **1.** (*nie zabierać czegoś*) leave (behind); **zostawić coś komuś na pamiątkę** leave sth (behind) to sb. **2.** (*opuszczać kogoś, dawać do dyspozycji*) leave; **zostaw mnie w spokoju** leave me alone; **zostaw go!** leave him alone!, let him go! **zostawić komuś decyzję** let sb decide; **zostaw to mnie** leave it to me. **3.** (*przekazywać w spadku*) leave, bequeath (*komuś coś* sth to sb).
zranić *pf.* **1.** (*skaleczyć*) wound, injure. **2.** (*sprawić przykrość*) hurt; **zranić czyjeś uczucia** hurt sb's feelings.
zranić się *pf.* (*skaleczyć się*) cut o.s.
zrazić *pf.*, **zrażać** *ipf.* alienate, antagonize.
zrazić się *pf.*, **zrażać się** *ipf.* (*rozczarowywać się*) become discouraged; (*w obliczu trudności*) lose heart.
zrelaksowany *a.* relaxed.
zresztą *adv.* (*w końcu*) after all; (*poza tym*) in any case.
zrezygnować *pf. zob.* **rezygnować.**
zręcznie *adv.* **1.** (*zwinnie*) adroitly. **2.** (*sprytnie*) cleverly. **3.** (*umiejętnie*) skillfully.
zręczność *f.* **1.** (*zwinność*) agility; (*manualna*) dexterity. **2.** (*spryt*) cleverness.
zręczny *a.* **1.** (*zwinny*) adroit. **2.** (*sprytny*) clever. **3.** (*umiejętny*) skillful.
zrobić *pf.* **zrób 1.** (*wytworzyć*) make; **zrobić śniadanie/kawę** make breakfast/some coffee. **2.** (*dokonać czegoś*) make, do; **zrobić pranie/zakupy** do the laundry/shopping; **zrobić interes na czymś** make money out of sth; **zrobić karierę** make a career; **zrobić zdjęcie** take a picture; **to ci dobrze zrobi** it will do you good. **3.** (*zorganizować*) make, organize; **zrobić zebranie** organize a meeting; *por.* **robić.**
zrobić się *pf.* **1.** (*stać się*) become, turn out; **zrobiło mi się smutno** I felt sad; **co się z niego zrobiło?!** look what became of him! **2.** (*nastać*) get; **zrobiło się późno** it got late; **zrobił się tłok** there was a crowd; *por.* **robić się.**
zrozpaczony *a.* desperate; **być zrozpaczonym** be in despair.
zrozumiały *a.* **1.** (*wyraźny*) comprehensible, intelligible. **2.** (*uzasadniony*) understandable.
zrozumieć *pf.* **-miem -miesz 1.** (*pojąć*) understand, comprehend. **2.** (*zdać sobie sprawę z czegoś*) realize; *por.* **rozumieć.**
zrozumieć się *pf.* understand each other; *por.* **rozumieć się.**
zrozumienie *n.* **1.** (*pojmowanie*) understanding, comprehension; **dać komuś do zrozumienia, że...** give sb to understand that... **2.** (*uświadomienie sobie*) realization. **3.** (*wyrozumiałość*) understanding; **ze zrozumieniem** with understanding.
zrównoważony *a.* (*człowiek*) even-tempered, levelheaded; (*charakter*) equable; (*budżet*) balanced.
zróżnicowanie *n.* diversity.
zróżnicowany *a.* diverse.
zrywać *ipf.*, **zerwać** *pf.* **-am -asz 1.** (*kwiaty, owoce*) pick. **2.** (*plakat, bandaż*) tear off. **3.** (*strunę, więzy*) break. **4.** (*tracić z kimś kontakt*) break/split up (*z kimś* with sb); **zerwać z nałogiem** quit/kick a habit. **5.** (*umowę, zaręczyny*) (*stosunki, związki*) break off, sever.
zrywać się *ipf.*, **zerwać się** *pf.* **1.** (*odrywać się*) break. **2.** (*podrywać się*) jump, leap up. **3.** (*o burzy, wietrze*) break out.
zrzeszać *ipf.* associate.
zrzeszać się *ipf.* associate.
zrzeszenie *n.* association.
zrzędzić *ipf. pot.* grouch.
zrzucać *ipf.*, **zrzucić** *pf.* **1.** (*rzucać w dół*) throw down, cast down; **zrzucić pięć kilogramów** lose five kilograms; **zrzucić kogoś ze schodów** throw sb down the stairs. **2.** (*wyzwolić się*) throw off; **zrzucić na kogoś winę** pin the blame on sb; **zrzucić z siebie odpowiedzialność** shift off the responsibility.
zrzucać się *ipf.*, **zrzucić się** *pf. pot.* (*składać się na coś*) chip in (*na coś* for sth).
zrzynać *ipf. szkoln.* (*przepisywać*) crib, copy.
zsiadać *ipf.*, **zsiąść** *pf.* get off, dismount.
zsiadać się *ipf.*, **zsiąść się** *pf.* (*o mleku*) curdle.
zsyłać *ipf. zob.* **zesłać.**
zszedł *itd. pf. zob.* **zejść.**
zszyć *pf. zob.* **zszywać.**
zszywacz *mi Gen.* **-a** stapler.
zszywać *ipf.* **-am -asz 1.** (*materiał*) sew (together); (*ranę*) stitch, suture. **2.** (*kartki*) staple.

zszywka *f.* staple.
zubażać *ipf.*, **zubożyć** *pf.* impoverish.
zuchwałość *f.* impudence, impertinence.
zuchwały *a.* **1.** (*bezczelny*) impertinent. **2.** (*odważny*) daring.
zupa *f.* soup; **zupa w proszku/błyskawiczna** powdered/instant soup.
zupełnie *adv.* completely; **jest zupełnie jasne, że...** it is very clear that...; **zupełnie taki sam jak...** exactly the same as...
zupełność *f.* **w zupełności** completely.
zupełny *a.* complete; **masz zupełną rację** you are quite right.
ZUS *abbr.* (*Zakład Ubezpieczeń Społecznych*) Social Insurance Institution.
zużycie *n.* **1.** (*paliwa, energii*) consumption. **2.** (*urządzeń, rzeczy*) wear.
zużytkować *pf.*, **zużytkowywać** *ipf. form.* **1.** (*energię, paliwo*) consume, use up. **2.** (*dane, informacje*) utilize, use.
zużywać *ipf.*, **zużyć** *pf.* **-am -asz 1.** (*czas, energię*) use, consume; (*zapasy*) use up, consume. **2.** (*niszczyć*) wear.
zużywać się *ipf.*, **zużyć się** *pf.* (*niszczyć się, kończyć się*) wear out/away.
zwabiać *ipf.*, **zwabić** *pf.* **zwabić kogoś dokądś** wile sb in(to) sth.
zwać *ipf.* **zwę zwiesz, zwij** call.
zwać się *ipf.* call o.s.; **lekarz itd. co się zowie** *lit.* some/real doctor etc.
zwalać *ipf.*, **zwalić** *pf.* **1.** (*strącać, przewracać*) knock down. **2.** (*wyładowywać*) dump. **3. zwalać coś na kogoś** *pot.* (*winę*) pin sth on sb; (*obowiązki*) load sb down with sth.
zwalać się *ipf.*, **zwalić się** *pf.* **1.** (*spadać*) fall/come down. **2.** *pot.* (*przybywać*) descend; **zwalić się komuś na głowę** *pot.* descend on sb.
zwalczać *ipf.*, **zwalczyć** *pf.* fight (against).
zwalczać się *ipf.* fight each other.
zwalniać *ipf.*, **zwolnić** *pf.* **1.** (*zmniejszać prędkość*) slow down. **2.** (*blokadę, więźnia*) release. **3.** (*uścisk*) relax. **4.** (*z obowiązku*) let off, exempt. **5. zwolnić kogoś z pracy** dismiss sb (from a job).
zwalniać się *ipf.*, **zwolnić się** *pf.* **1.** (*uzyskiwać pozwolenie*) be excused (*z czegoś* from sth). **2. zwalniać się (z pracy)** quit/leave (one's job). **3.** (*o miejscu, stoliku*) become free/available.
zwany *a.* **tak zwany** so-called.
zwarcie *n. el.* short (circuit).
zwariować *pf. pot.* lose one's mind, go mad.
zwariowany *a. pot.* crazy (*na jakimś punkcie* about sth).
zwarty *a.* **1.** (*gęsty*) dense; (*ciasny*) tight. **2.** (*o społeczności*) close-knit. **3.** (*o froncie, rodzinie*) united. **4.** (*o kompozycji, opowiadaniu*) pithy.
zwątpić *pf.* **zwątpić (w coś/kogoś)** have doubts (about sth/sb), doubt (in sth/sb); *por.* **wątpić.**
zwęzić *pf.* **-żę -zisz, zwężać** *ipf.* narrow; *krawiectwo* take in.
zwiastować *ipf. lit.* foreshadow, augur; (*coś dobrego*) herald; (*coś złego*) portend.
zwiastun *mi Gen.* **-a** *pl.* **-y 1.** *film* trailer. **2.** (*zapowiedź*) sign, harbinger.
związać *pf.* **zwiążę zwiążesz** *zob.* **związywać.**
związać się *pf. zob.* **związywać się**; *zob.* **wiązać się.**
związany *a.* **1.** (*linami*) tied (up). **2.** (*zobligowany*) bound; **związany obietnicą** bound by a promise. **3. związany z czymś** related/relating to sth.
związek *mi* **-zk- 1.** (*powiązanie*) connection, relationship, association (*między czymś a czymś* between sth and sth); **w związku z czymś** in connection to/with sth; **mieć związek z czymś** be related to sth; **związek zawodowy** trade union. **2.** (*partnerstwo*) relationship; **związek małżeński** marriage. **3.** *chem.* compound.
związywać *ipf.* (*sznurowadła, chustkę*) tie; **osobę** tie up; **ledwo mogliśmy związać koniec z końcem** we could barely make ends meet.
związywać się *ipf.* tie o.s.
zwichnąć *pf.* **-ij** (*rękę, palec*) dislocate.
zwichnięcie *n. med.* dislocation.
zwiedzać *ipf.*, **zwiedzić** *pf.* (*odwiedzać*) visit; (*oglądać*) see.
zwierać *ipf. lit.* (*łączyć*) join (together); **zwierać szeregi** join forces, close up.
zwierać się *ipf.* **1.** (*dotykać się*) touch. **2.** (*o tłumie, grupie*) converge. **3.** *boks, zapasy* clinch.
zwierzać się *ipf.* confide; **zwierzać się komuś z sekretów** confide in sb.
zwierzchnictwo *n.* (*władza*) authority (*nad kimś/czymś* over sb/sth); (*dominacja*) domination (*nad kimś/czymś* over sb/sth).
zwierzchniczka *f.*, **zwierzchnik** *mp* superior.
zwierzenie *n.* confession.
zwierzę *n.* **-rzęci-** *pl.* **-rząt-** *Gen.* **-ąt 1.** animal; **zwierzę domowe** pet. **2.** *pot. uj.* (*łajdak*) animal.
zwierzęcy *a.* animal.
zwierzyna *f.* game.
zwietrzały *a.* **1.** (*o żywności*) stale. **2.** (*o skale*) weathered.
zwiewać *ipf.* **-am -asz 1.** *pot.* (*uciekać*) split, beat it. **2.** (*zdmuchiwać*) blow (down).
zwiędnięty *a.* withered, wilted.
zwiększać *ipf.*, **zwiększyć** *pf.* increase.
zwiększać się *ipf.*, **zwiększyć się** *pf.* increase.
zwięzły *a.* (*lakoniczny*) succinct, concise.
zwijać *ipf.*, **zwinąć** *pf.* roll (up); (*na szpulę*) coil; (*likwidować*) pack up; **zwijać interes** *pot.* pack (it) up.
zwijać się *ipf.*, **zwinąć się** *pf.* **1.** (*skręcać się*) roll (up); (*na szpulę*) coil; **zwijać się z bólu** writhe in pain. **2.** *pot.* (*uwijać się*) get cracking.
zwilżać *ipf.*, **zwilżyć** *pf.* wet, moisten, dampen.
zwinność *f.* nimbness, agileness.
zwinny *a.* nimb, agile.
zwisać *ipf.* hang (down).
zwlekać *ipf.* **zwlekać (z czymś)** (*odwlekać*) delay (sth).
zwłaszcza *adv.* especially, particularly, in particular; **zwłaszcza że...** especially that...
zwłoka *f.* delay; **sprawa nie cierpiąca zwłoki** urgent matter; **grać na zwłokę** play/stall for time.
zwłoki *pl. Gen.* **-k** corpse.
zwodniczy *a.* deceptive.
zwolenniczka *f.*, **zwolennik** *mp* supporter, follower, advocate (*czegoś/kogoś* of sth/sb).
zwolnić (się) *pf.* **-ij** *zob.* **zwalniać (się).**
zwolnienie *n.* **1.** (*usprawiedliwienie, nieobecność*) leave; **(być) na zwolnieniu** (be) on leave; **zwolnienie lekarskie** doctor's leave. **2.** (*z pracy*) dismissal. **3. zwolnienie od podatków** tax exemption.
zwołać *pf.*, **zwoływać** *ipf.* **1.** (*spotkanie, zebranie, posiedzenie*) call, summon. **2.** (*ludzi*) summon, call together.

zwój *mi* **-o-** *Gen.pl.* **-ów** (*rolka, zwitek*) roll; (*drutu*) coil; (*papieru*) scroll.

zwracać *ipf.*, **zwrócić** *pf.* **1.** (*wzrok, oczy*) turn. **2.** (*pożyczkę, książkę*) return, give back. **3.** (*wymiotować*) vomit. **4. zwrócić uwagę (na coś/kogoś)** pay attention (to sth/sb), take note (of sth/sb); **zwrócić komuś uwagę na coś** draw sb's attention to sb.

zwracać się *ipf.*, **zwrócić się** *pf.* **1.** (*kierować się*) turn; **zwrócić się do kogoś o pomoc** turn to sb for help; **zwrócić się (do kogoś) z pytaniem** put/address a question (to sb); **zwracać się do kogoś po imieniu** first-name sb. **2.** *ekon.* pay off.

zwrot *mi* **1.** (*skręt, nowy kierunek*) turn. **2.** (*oddanie*) return. **3.** *jęz.* phrase, expression; **zwrot grzecznościowy** formulaic expression. — *int.* **w tył/w lewo/w prawo zwrot!** about/left/right face!

zwrotka *f.* stanza.

zwrotnik *mi Gen.* **-a** tropic; **zwrotnik Koziorożca/Raka** Tropic of Capricorn/Cancer.

zwrotny *a.* **1.** (*sterowny*) maneuverable, (*samochód*) responsive. **2. sprzężenie zwrotne** *komp.* feedback; **punkt zwrotny** turning point. **3.** (*przeznaczony do oddania*) returnable; **adres zwrotny** return address; **butelka zwrotna** returnable bottle. **4.** *jęz.* reflexive.

zwycięski *a.* victorious; *sport* winning.

zwycięstwo *n.* victory; **odnieść zwycięstwo** win a victory (*nad kimś/czymś* over sb/sth).

zwycięzca *mp* winner.

zwyciężać *ipf.*, **zwyciężyć** *pf.* **1.** win; **prawda zwycięży** truth will prevail. **2.** (*przezwyciężać*) overcome.

zwyczaj *mi Gen.pl.* **-ów 1.** (*obyczaj*) custom; **jest w zwyczaju...** it is customary to... **2.** (*przyzwyczajenie*) habit; **mam zwyczaj pić kawę rano** I usually drink coffee in the morning.

zwyczajnie *adv.* **1.** (*normalnie*) ordinarily, as usual; **wyglądać normalnie** look ordinary. **2.** (*po prostu*) simply.

zwyczajny *a.* **1.** (*normalny*) ordinary, regular, usual. **2.** (*przeciętny*) (*o człowieku*) ordinary; (*o rzeczy*) everyday, common(place). **3.** (*oczywisty*) downright, sheer, mere; **zwyczajny tchórz** downright/mere coward.

zwyczajowy *a.* customary.

zwykle *adv.* usually; **jak zwykle** as usual; **(więcej/szybciej) niż zwykle** (more/faster) than usual.

zwykły *a.* **1.** (*pospolity*) ordinary, common; (*zgodny ze zwyczajem*) usual, habitual. **2.** (*przeciętny*) common, simple; (*o jedzeniu*) plain; **zwykły dzień** weekday. **3.** (*oczywisty*) downright, sheer, mere; **zwykła bezmyślność** sheer thoughtlessness.

zygzak *mi Gen.* **-a** zigzag.

zysk *mi* **1.** (*nadwyżka*) profit, gain; **zysk brutto/netto** gross/net profit. **2.** (*korzyść*) gain.

zyskać *pf.*, **zyskiwać** *ipf.* **1.** (*osiągać korzyść*) profit, benefit; **zyskać na czymś** profit from/by sth.; **zyskać na czasie** gain time. **2.** (*uzyskiwać*) gain, earn, win; **zyskać doświadczenie** gain experience; **zyskać pewność, że...** become certain that...; **zyskać umiejętność** acquire a skill; **zyskać wiedzę** gain/acquire knowledge; **zyskać czyjąś przyjaźń** win/gain sb's friendship; **zyskać nowych przyjaciół** make new friends; **zyskać czyjeś uznanie** win sb's recognition; **zyskać czyjąś wdzięczność** earn sb's gratitude; **zyskać czyjeś względy/względy u kogoś** win favor with sb; **zyskać czyjeś zaufanie** gain/win sb's trust; **zyskać rozgłos** gain publicity. **3.** (*pozyskiwać kogoś*) gain, win (*sb over*); **zyskać w kimś przyjaciela** win sb over as a friend; **idea zyskała nowych zwolenników** the idea gained new supporters. **4.** (*nabierać waloru*) improve, gain; **on bardzo zyskuje przy bliższym poznaniu** he's a really nice guy once you get to know him; **zyskała w moich oczach** she gained in my view *l.* opinion; **zyskać na wartości** increase/gain in value.

zyskowny *a.* profitable.

zza *prep.* + *Gen.* (*spoza*) from behind; **zza granicy** from abroad; **zza rogu** from behind the corner.

zziębnięty *a.* bitter cold.

zżyty *a.* close-knit; **jesteśmy ze sobą bardzo zżyci** we are very close to one another.

źdźbło *n. Gen.pl.* **-beł 1.** (*łodyga*) stalk, stem; **źdźbło trawy** blade of grass. **2.** (*odrobina*) grain, particle, speck; **źdźbło prawdy** a speck/grain of truth.

źle *adv.* **gorzej 1.** (*niedobrze*) badly, wrongly, improperly, ill; **źle się zachowywać** misbehave; **źle coś zrozumieć** misunderstand/misinterpret sth; **być źle ubranym** be badly dressed. **2.** (*słabo, mizernie*) poorly, badly; **źle się czuć** feel bad/awful/unwell; **źle wyglądać** look bad/awful. **3.** (*mało*) badly, insufficiently; **źle zarabiać** be badly paid. **4.** (*nieżyczliwie*) **źle traktować** ill-treat, mistreat; **mówić o kimś źle** speak badly/evil of sb; **źle komuś życzyć** wish sb ill. **5.** (*niepomyślnie*) badly; **źle się komuś powodzi** sb is doing badly.

źrebak *ma* colt.

źrenica *f.* pupil.

źródło *n. Gen.pl.* **-deł 1.** (*o wodzie*) spring, source; **źródło rzeki** source; **gorące źródła** hot springs. **2.** (*geneza, początek*) source, origin; **źródło życia** source of life. **3.** (*materiały do badań*) sources, materials; **źródła historyczne** historical records.

żaba *f.* frog.

żabka *f.* **1.** *emf. zob.* **żaba**. **2.** (*w pływaniu*) breaststroke.

żaden[1] *a.* **1.** (*ani jeden*) any, no, none; (*z dwóch*) neither; **pod żadnym pozorem** on no account; **za żadną cenę** not for the world; **w żadnym razie** under no circumstances, in no case; **w żadnym wypadku!** absolutely/certainly not! **2.** (*w małym stopniu*) no; **to żadna pociecha** that's no consolation.

żaden[2] *pron.* none; (*z dwóch*) neither.

żagiel *mi* **-gl-** *Gen.* **-a** sail; **pod żaglami** under canvas; **złapać wiatr w żagle** *przen.* get a good start.

żaglowiec *mi* **-wc-** *Gen.* **-a** sailing ship, sailer.

żaglówka *f.* sailer, sail boat.

żakiet *mi* (*damski*) jacket; (*męski*) jacket (coat).

żal[1] *mi* **1.** (*smutek*) sorrow (*z jakiegoś powodu* over/at sth); **z żalem zawiadamiamy, że...** we regret to inform that... **2.** (*skrucha*) regret. **3.** (*rozgoryczenie, uraza*) grievance (*do kogoś* against sb); **mieć do kogoś żal** bear sb a grudge.

żal[2] *adv.* (*smutno*) **zrobiło mi się żal** I felt sorry; **strasznie mi jej żal** I feel sorry for her.

żalić się *ipf.* complain, moan (*na kogoś/coś* about sb/sth) (*przed kimś* to sb).

żaluzja *f.* (sun)blind; **żaluzja pozioma/zwijana** Venetian/roller blind.

żałoba *f.* mourning; **być pogrążonym w żałobie** be grief-stricken/bereaved.

żałobny *a.* mournful; **nabożeństwo żałobne** funeral service; **kondukt żałobny** funeral procession.
żałosny *a.* **1.** (*przepełniony żalem*) doleful, sad; (*o głosie, spojrzeniu, wyglądzie*) miserable, plaintive; **żałosny płacz** lament. **2.** (*wzbudzający litość*) pathetic, piteous; (*o kondycji czegoś*) lamentable.
żałośnie *adv.* **1.** (*smutno*) plaintively, dolefully. **2.** (*wzbudzając współczucie*) pathetically; **żałośnie wyglądać** look miserable.
żałować *ipf.* **1.** regret (*czegoś* sth) be sorry (*czegoś* for sth); **żałować, że się coś zrobiło** regret doing sth; **nie żałować** have/feel no regrets. **2.** (*odczuwać skruchę*) repent (*czegoś* (doing) sth/of sth). **3.** (*litować się*) pity (*kogoś* sb) feel sorry (*kogoś* for sb). **4.** (*skąpić*) stint (*czegoś* on sth); grudge (*komuś czegoś* sb sth). **5.** (*przy odmowie*) regret, be sorry; **żałuję, że nie mogę ci pomóc** I wish I could help you.
żar *mi* **1.** (*upał*) heat. **2.** (*żarliwość*) ardor, fervor.
żarcie *n.* **1.** (*liche jedzenie*) chow, grub. **2.** *pot.* (*jedzenie, zwł. obfite*) **wielkie żarcie** big chow-down.
żargon *mi jęz.* jargon; **żargon przestępczy/studencki** criminal/student slang; **żargon prawniczy/dziennikarski** legalese/journalese.
żarliwość *f.* ardor, fervency.
żarliwy *a.* **1.** (*gorliwy, fanatyczny*) ardent, fervent. **2.** (*o mowie, modlitwie*) impassioned.
żarłoczny *a.* voracious, gluttonous.
żaroodporny *a.* heat-resistant, ovenproof; **naczynia żaroodporne** ovenware.
żarówka *f.* (light) bulb.
żart *mi* joke; **stroić sobie żarty z kogoś** play a joke/prank/trick on sb; **dla żartu** for fun; **znać się na żartach** know how to take a joke; **być przedmiotem żartów** be a figure of fun; **w żartach** jokingly.
żartobliwy *a.* humorous; (*o uwadze*) jocular.
żartować *ipf.* joke; **żartować z kogoś/czegoś** make fun of sb/sth; **nie żartujesz?** no kidding?
żądać *ipf.* demand, require (*czegoś od kogoś* sth from/of sb); insist (*czegoś* on sth).
żądanie *n.* demand, claim (*czegoś* for sth); **na własne żądanie** at one's own will/request; **przystanek na żądanie** request stop.
żądlić *ipf.* sting.
żądło *n. Gen.pl.* **-deł** sting.
żądny *a.* greedy, eager (*czegoś* for sth); **żądny przygód/krwi** adventurous/bloodthirsty.
żądza *f.* **1.** *uj.* greed, lust (*czegoś* for sth). **2.** (*pożądanie fizyczne*) lust, (sexual) desire.
że[1] *conj.* **1.** that; **wiem, że...** I know (that)... **2. dlatego że** because. **3. był tak zmęczony, że ledwie szedł** he was so tired that he could hardly walk. **4. mimo że** despite the fact that.
że[2] *part.* **1. że tak powiem** so to say/speak; **że już nie wspomnę o X** not to mention X. **2. mimo że był chory, poszedł do szkoły** although he was sick, he went to school; **tylko że** only.
żeberka *n. kulin.* (spare) ribs.
żebrać *ipf.* **-brzę -brzesz** beg.
żebrak *mp pl.* **-cy/-ki** beggar.
żebro *n. Gen.pl.* **żeber** rib.
żeby[1] *conj.* **1.** (*cel*) (in order) to, so as to; **żeby nie...** (so as) not to...; **spotkali się, żeby porozmawiać** they met to talk. **2.** (*konsekwencje, warunek*) to; **on jest zbyt taktowny, żeby to zrobić** he is too polite to do it. **3.** (*dopełnienie treści*) **chciał, żebyśmy już sobie poszli** he wanted us to leave. **4.** (*gdyby*) if; **żeby nie on...** if it weren't for him...; **nie, żebym miał coś przeciwko temu** not that I mind.
żeby[2] *part.* **1. żebyśmy tylko zdrowi byli** let us all stay in good health. **2.** (*nacisk l. żądanie*) **żeby mi tu było cicho!** I demand silence!
żeglarstwo *n.* sailing; **żeglarstwo jachtowe** yachting.
żeglarz *mp* sailor, yachtsman.
żeglować *ipf.* sail.
żegnać *ipf.* say goodbye (*kogoś/coś* to sb/sth); **żegnaj(cie)!** goodbye!, farewell!
żel *mi* gel; **żel do włosów/pod prysznic** styling/shower gel.
żelazko *n.* iron.
żelazny *a.* **1.** iron. **2.** *przen.* iron; (*o regule*) hard and fast; **żelazna logika** iron logic; **żelazne nerwy** nerves of steel.
żelazo *n.* **1.** iron. **2. człowiek z żelaza** iron man, man of iron; **kuć żelazo, póki gorące** strike while the iron is hot.
żeliwo *n.* cast-iron.
żenić *ipf.* marry (*kogoś z kimś* sb to sb).
żenować *ipf.* embarrass (*kogoś* sb).
żenujący *a.* embarrassing.
żeński *a.* **1.** (*dotyczący kobiet*) female; **żeńska szkoła** girl's school; **rodzaj żeński** *jęz.* feminine. **2.** *biol.* female.
żer *mi* **1.** (*pożeranie*) feeding. **2.** (*pożywienie zwierząt*) food, fodder.
żeton *mi* (*do automatu*) token; (*w grach hazardowych*) chip.
żłobek *mi* **-bk-** *Gen.* **-a** (*dla dzieci*) day care center.
żłobić *ipf.* **żłób** (*wycinać rowki*) groove.
żmija *f. Gen.* **żmii** viper, adder.
żmudny *a.* arduous.
żniwa *pl. Gen.* **-w** harvest.
żniwo *n. przen.* toll, harvest; **śmierć zbierała swoje żniwo** death took its toll.
żołądek *mi* **-dk-** *Gen.* **-a** stomach; **rozstrój żołądka** upset stomach; **z pustym żołądkiem** on an empty stomach.
żołądkowy *a.* stomach; **sok żołądkowy** gastric juice.
żołądź *f.* **-ę-** *pl.* **-e** *bot.* acorn.
żołd *mi* (soldier's) pay.
żołnierz *mp* soldier.
żona *f.* wife.
żonaty *a.* married.
żonglować *ipf.* juggle (*czymś* with sth).
żółciowy *a.* **woreczek żółciowy** gall bladder; **kamienie żółciowe** gallstones.
żółtaczka *f.* jaundice.
żółtko *n.* yolk.
żółtodziób *mp* **-o-/-ó-** *pl.* **-y** *iron.* rookie, greenhorn.
żółty *a.* yellow; **żółte światło** *mot.* amber.
żółw *ma* **-wi-** (*lądowy*) tortoise; (*morski*) turtle.
żrący *a.* caustic.
żreć *ipf.* **żrę żresz, żryj, żarł 1.** (*o zwierzętach*) eat, feed. **2.** (*o człowieku*) gobble.
żubr *ma* European bison, wisent.
żuchwa *f.* lower jaw.
żucie *n.* chewing; **guma do żucia** chewing gum.
żuć *ipf.* chew.
żuk *ma* beetle.
żuraw *ma* **-wi-** *zool.* crane. — *mi* **-wi-** *Gen.* **-a** (*dźwig*) crane.
żurawina *f.* cranberry.

żurnal *mi Gen.* **-a/-u** *Gen.pl.* **-i/-ów** fashion magazine.
żużel *mi* **-żl-** *Gen.* **-a/-u** **1.** (*produkt procesów hutniczych*) cinders, clinker. **2.** (*tor wyścigowy*) cinder track. **3.** *pot. sport* speedway.
żwawy *a.* brisk.
żwir *mi* gravel.
życie *n.* **1.** life; **warunki życia** living conditions; **życie intymne/osobiste** love/private life; **ubezpieczenie na życie** life insurance; **za życia** in/during one's lifetime; **nie dawać znaku życia** give no signs of life; **wcielać coś w życie** put sth into effect; **samo życie!** that's life! **2.** *pot.* (*utrzymanie, wyżywienie*) living; **zarabiać na życie** earn one's living.
życiorys *mi* **1.** (*dokument*) curriculum vitae, CV. **2.** (*koleje życia*) biography.
życiowy *a.* **1.** (*dotyczący życia biologicznego*) vital; **funkcje/procesy życiowe** vital functions/processes. **2.** (*dotyczący życia w sensie społecznym*) life; **mądrość życiowa** life wisdom; **życiowa szansa** the chance of a lifetime. **3.** *pot.* (*praktyczny*) realistic, practical.
życzenie *n.* wish; **wyrazić życzenie** make a wish; **na życzenie** on request; **pobożne życzenia** wishful thinking; **ostatnie życzenie** dying wish.
życzliwość *f.* kindness, sympathy; **okazać komuś życzliwość** show good will toward sb; **zjednać sobie czyjąś życzliwość** gain sb's favor.
życzliwy *a.* kind (*w stosunku do kogoś* to/toward sb).
życzyć *ipf.* **1.** **życzyć komuś czegoś** wish sb sth; **życzyć sobie czegoś** wish (for) sth; **czego sobie pan/i życzy?** (*w sklepie*) (how) can I help you? (*w urzędzie*) what can I do for you? **dobrze/źle komuś życzyć** wish sb well/ill; **jak sobie życzysz** as you wish. **2.** (*winszować*) wish; **życzyć komuś szczęścia/szczęśliwego Nowego Roku** wish sb luck/a happy New Year.
żyć *ipf.* **żyję żyjesz**, **żyj** **1.** live; **niech żyje...!** long live...! **(on) nie żyje!** he's dead! **komuś się dobrze/źle żyje** sb is well off/badly off; **jak żyjesz?** how's life? **2.** (*obcować z kimś*) get along (*z kimś* with sb); **żyć z kimś dobrze/źle** get along well/badly with sb, be on good/bad terms with sb. **3.** (*utrzymywać się*) live, make one's living; **z czego ona żyje?** what does she do for a living?
Żyd *mp*, **Żydówka** *f.* Jew.
żydowski *a.* Jewish.
żylaki *pl.* varicose veins.
żyła *f.* vein.
żyłka *f.* **1.** (*naczynie krwionośne*) veinlet. **2.** (*nić*) catgut; **żyłka wędkarska** fishing line. **3.** *pot.* (*zamiłowanie, talent*) bent.
żyrafa *f.* giraffe.
żyrandol *mi Gen.* **-a** chandelier.
żytni *a.* rye.
żytniówka *f.* rye vodka.
żyto *n.* rye.
żywica *f.* resin.
żywiciel *mp* bread-winner.
żywić *ipf.* **1.** (*karmić*) feed. **2.** *lit.* (*odczuwać*) (*miłość, nienawiść*) feel; **żywić do kogoś urazę** bear a grudge against sb; **żywić nadzieję** cherish hope.
żywiec *ma* **-wc-** (*zwierzęta na rzeź*) slaughter livestock.
żywienie *n.* nutrition, feeding.
żywioł *mi* element; **być w swoim żywiole** be in one's element.
żywiołowy *a.* **1.** **klęska żywiołowa** natural disaster. **2.** (*gwałtowny*) impulsive. **3.** (*spontaniczny*) spontaneous.
żywnościowy *a.* food; **artykuły żywnościowe** foodstuffs, victuals.
żywność *f.* food.
żywo *adv.* **1.** (*energicznie, szybko*) (*iść, poruszać się*) briskly; (*dyskutować*) animatedly; (*reagować*) strongly; **żywo się czymś interesować** take a keen interest in sth. **2.** **nadawać na żywo** broadcast live.
żywopłot *mi* hedge.
żywy *a.* **1.** (*żyjący*) living, live, alive; **żywa istota** live being; **to on jak żywy!** it's him to the life! **2.** (*energiczny, ruchliwy*) lively, animated. **3.** (*intensywny, wyrazisty*) vivid; **żywe kolory/wspomnienia** vivid colors/memories. **4.** (*prawdziwy, autentyczny, naturalny*) keen; **żywe zainteresowanie** keen interest (*kimś/czymś* in sb/sth).
żyzny *a.* **żyźniejszy** fertile; **żyzna ziemia** fertile soil.

ENGLISH–POLISH

A

a [ə], **an** [ən] *indef. art.* **a** *przed wyrazem zaczynającym się na spółgłoskę*, **an** *przed wyrazem zaczynającym się na samogłoskę*. **1. a car** samochód; **an apple** jabłko. **2.** pewien, jakiś; **a woman I know** (pewna) moja znajoma; **is he a friend of yours?** czy to (jakiś) twój znajomy? **3. a triangle has three sides** (każdy) trójkąt ma trzy boki. **4. this kid is a little Einstein** ten dzieciak to (taki) mały Einstein. **5. a hundred/thousand** sto/tysiąc. **6. 100 miles an hour** sto mil na godzinę; **ten cents a piece** po dziesięć centów sztuka/za sztukę. **7. what a day!** co za dzień!

aback [ə'bæk] *adv.* **taken ~** zaskoczony.

abandon [ə'bændən] *v.* **1.** opuszczać, porzucać. **2.** zarzucać. — *n.* **with (gay/wild) ~** impulsywnie, zapamiętale.

abashed [ə'bæʃt] *a.* speszony; zmieszany.

abate [ə'beɪt] *v. form.* osłabnąć, uciszyć się; zelżeć.

abbey ['æbɪ] *n.* opactwo.

abbreviate [ə'briːvɪˌeɪt] *v. form.* skracać.

abbreviation [əˌbriːvɪ'eɪʃən] *n.* skrót.

abdicate ['æbdəˌkeɪt] *v.* **1.** abdykować. **2. ~ responsibility** *form.* zrzec się odpowiedzialności.

abdication [ˌæbdə'keɪʃən] *n.* abdykacja.

abdomen ['æbdəmən] *n.* brzuch.

abduct [æb'dʌkt] *v. form.* uprowadzić.

aberration [ˌæbə'reɪʃən] *n.* odchylenie; aberracja.

abhor [æb'hɔːr] *v. form.* czuć odrazę do (*czegoś*); wzdragać się przed (*czymś*).

abide [ə'baɪd] *v.* **1. can't ~ sb/sth** *lit.* nie znosić kogoś/czegoś. **2. ~ by sth** przestrzegać czegoś.

ability [ə'bɪlətɪ] *n.* **1.** zdolność, umiejętność; **~ to do sth** umiejętność robienia czegoś. **2.** talent, uzdolnienie.

able ['eɪbl] *a.* **1. be ~ to do sth** umieć coś zrobić; być zdolnym coś zrobić. **2.** zdolny, sprawny; uzdolniony, utalentowany.

abnormal [æb'nɔːrml] *a.* anormalny, nienormalny.

aboard [ə'bɔːrd] *prep., adv.* na pokładzie; na pokład; **~ a ship** na (pokładzie) statku; **go ~ (a plane)** wsiadać (do samolotu).

abode [ə'boʊd] *n. form.* miejsce zamieszkania.

abolish [ə'bɑːlɪʃ] *v.* znosić, likwidować.

abolition [ˌæbə'lɪʃən] *n.* **1.** zniesienie, likwidacja. **2.** (*także* **A~**) zniesienie niewolnictwa.

abominable [ə'bɑːmənəbl] *a.* odrażający, obrzydliwy.

aborigine [ˌæbə'rɪdʒənɪ] *n.* aborygen/ka.

abort [ə'bɔːrt] *v.* **1.** przerwać (*ciążę, misję, wykonywanie programu komputerowego*). **2.** usunąć (*płód*). **3.** ulec przerwaniu, zakończyć się przedwcześnie.

abortion [ə'bɔːrʃən] *n.* aborcja, przer(y)wanie ciąży.

abound [ə'baʊnd] *v.* **~ in/with sth** *form.* obfitować w coś.

about [ə'baʊt] *prep.* **1.** o, na temat; **we talked ~ you** rozmawialiśmy o tobie/na twój temat. **2.** o; **what are you so angry ~?** o co się tak złościsz? **3. how ~ some coffee?** (a) może napilibyśmy się kawy? **what ~ his application?** (a) co z jego podaniem? — *adv.* **1.** około; **be ~ thirty (years old)** mieć około trzydziestki. **2.** prawie; **~ ready** prawie gotów. **3.** mniej więcej; **~ the same age** mniej więcej w tym samym wieku. **4. be ~ to do sth** mieć coś zrobić; zamierzać coś zrobić; **I was (just) ~ to leave when...** (właśnie) miałam wychodzić, kiedy...

above [ə'bʌv] *prep.* **1.** nad, ponad; **~ sea-level** nad poziomem morza; **be ~ sth** być ponad coś. **2.** powyżej; **~ average** powyżej przeciętnej. **3. ~ all** nade wszystko, przede wszystkim. **4. ~ suspicion/reproach** poza podejrzeniami/krytyką. **5. it's ~ me** *pot.* to dla mnie za mądre. — *adv.* powyżej (*t. w tekście*); nad głową; **from ~** z góry; **ten ~** *pot.* dziesięć (stopni) powyżej zera. — *a. form.* powyższy, wyżej wspomniany. — *n. form.* **(all) the ~** (wszystko) powyższe; (wszyscy) wyżej wymienieni.

abrasive [ə'breɪsɪv] *a.* **1.** ścierny. **2.** *form.* opryskliwy, szorstki.

abridge [ə'brɪdʒ] *v.* skracać (*tekst powieści itp.*).

abroad [ə'brɔːd] *adv.* za granicą; **(go) ~** (jechać) za granicę; **from ~** z zagranicy.

abrupt [ə'brʌpt] *a.* **1.** nagły, raptowny, gwałtowny. **2.** bezceremonialny.

abruptly [ə'brʌptlɪ] *adv.* **1.** nagle, gwałtownie. **2.** bez ceregieli.

abscess ['æbses] *n.* ropień.

absence ['æbsəns] *n.* **1.** nieobecność, absencja; **in/during sb's ~** pod czyjąś nieobecność. **2.** brak; **in the ~ of sth** wobec/z braku czegoś. **3. leave of ~** urlop, wolne.

absent *a.* ['æbsənt] **~ (from sth)** nieobecny (gdzieś). — *v.* [æb'sent] **~ o.s. (from sth)** wyjść (skądś); nie wziąć udziału (w czymś).

absentee [ˌæbsən'tiː] *n.* nieobecn-y/a.

absenteeism [ˌæbsən'tiːˌɪzəm] *n.* absencja.

absent-minded [ˌæbsənt'maɪndɪd] *a.* roztargniony.

absolute ['æbsəˌluːt] *a.* **1.** absolutny. **2. ~ value** wartość bezwzględna.

absolutely *adv.* ['æbsəˌluːtlɪ] absolutnie; zupełnie; bez zastrzeżeń. — *int.* [ˌæbsə'luːtlɪ] *pot.* jasne, pewnie; **~ not!** w żadnym wypadku!

absolution [ˌæbsə'luːʃən] *n.* rozgrzeszenie.

absolve [æb'zɑːlv] *v.* rozgrzeszać.

absorb [æb'zɔːrb] *v.* absorbować, pochłaniać, wchłaniać.

absorbing [æb'zɔːrbɪŋ] *a.* wciągający, absorbujący, zaprzątający uwagę.

abstain [æb'steɪn] *v.* **1.** wstrzymywać się (od głosu). **2.** *form.* **~ from sth** powstrzymywać się od czegoś; **~ from alcohol/smoking** nie pić (alkoholu)/nie palić.

abstention [æb'stenʃən] *n.* wstrzymanie się od głosu.
abstinence ['æbstənəns] *n.* abstynencja; wstrzemięźliwość.
abstract ['æbstrækt] *a.* abstrakcyjny. — *n.* streszczenie, wyciąg, abstrakt.
abstraction [æb'strækʃən] *n.* abstrakcja.
absurd [æb'sɜːd] *a.* absurdalny; niedorzeczny.
absurdity [æb'sɝːdətɪ] *n.* **1.** absurd. **2.** absurdalność.
abundance [ə'bʌndəns] *n. form.* **an ~ of sth** mnóstwo czegoś; **in ~** w obfitości, pod dostatkiem.
abundant [ə'bʌndənt] *a.* **1.** obfity. **2.** dostateczny, wystarczający.
abuse *v.* [ə'bjuːz] **1.** znęcać się nad (*kimś*); wykorzystywać seksualnie. **2.** nadużywać (*czegoś*); **~ sb's trust/confidence** nadużyć czyjegoś zaufania. **3.** ubliżać (*komuś*). — *n.* [ə'bjuːs] **1. alcohol ~** nadużywanie alkoholu; **child ~** znęcanie się nad dziećmi; wykorzystywanie seksualne dzieci; **drug ~** narkomania. **2.** obelgi, wyzwiska; **stream/torrent of ~** stek/potok wyzwisk.
abusive [ə'bjuːsɪv] *a.* obelżywy.
abysmal [ə'bɪzml] *a.* denny, beznadziejny.
abyss [ə'bɪs] *n. lit.* otchłań, czeluść; przepaść.
academic [ˌækə'demɪk] *a.* **1.** akademicki. **2.** naukowy. **3.** osiągający dobre wyniki w nauce; zdolny. — *n.* **1.** nauczyciel akademicki. **2.** naukowiec.
academy [ə'kædəmɪ] *n.* **1.** akademia. **2. A~ Award** nagroda Amerykańskiej Akademii Filmowej.
accelerate [æk'seləˌreɪt] *v.* przyspieszać.
acceleration [ækˌselə'reɪʃən] *n.* przyspieszenie.
accelerator [æk'seləˌreɪtər] *n.* **1.** pedał przyspieszenia/gazu. **2.** akcelerator.
accent *n.* ['æksent] akcent. — *v.* [ˌæk'sent] akcentować.
accept [æk'sept] *v.* **1.** przyjmować; akceptować. **2.** uznawać; honorować (*czek, umowę*). **3. ~ that...** przyjąć do wiadomości, że...
acceptable [æk'septəbl] *a.* **1.** dopuszczalny. **2. ~ (to sb)** (możliwy) do przyjęcia (dla kogoś).
acceptance [æk'septəns] *n.* **1.** akceptacja; przyjęcie. **2. letter of ~** zawiadomienie o przyjęciu na studia.
access ['ækses] *n.* **1.** dostęp; **gain/get ~ (to sth)** uzyskać dostęp (do czegoś). **2.** dojście; dojazd; wejście; podjazd; **gain/get ~** wejść, dostać się do środka. **3.** wstęp, prawo wstępu. — *v. komp.* uzyskać dostęp do (*bazy danych, strony*).
accessible [æk'sesəbl] *a.* **1.** dostępny; osiągalny. **2.** przystępny.
accessory [æk'sesərɪ] *a. form.* dodatkowy, pomocniczy. — *n.* **1.** współsprawca (przestępstwa). **2. accessories** dodatki (*do stroju*); akcesoria; wyposażenie dodatkowe.
accident ['æksɪdənt] *n.* **1.** wypadek; **car ~** wypadek samochodowy. **2.** przypadek, traf; **by ~** przypadkiem, przez przypadek.
accidental [ˌæksɪ'dentl] *a.* przypadkowy; nieumyślny.
accidentally [ˌæksɪ'dentlɪ] *adv.* przypadkiem, przez przypadek; niechcący.
acclaim [ə'kleɪm] *n.* aplauz; uznanie, poklask. — *v.* **~ sb/sth as sth** *form.* obwołać/okrzyknąć kogoś/coś czymś; **critically ~ed** entuzjastycznie przyjęty przez krytykę.
acclimate [ə'klaɪmɪt] *v.* (*także* **acclimatize**) aklimatyzować (się).
accommodate [ə'kɑːməˌdeɪt] *v.* **1.** zakwaterować; pomieścić. **2. ~ sb** pójść komuś na rękę.
accommodating [ə'kɑːməˌdeɪtɪŋ] *a.* uczynny; układny, ustępliwy.
accommodation [əˌkɑːmə'deɪʃən] *n.* (*także* **~s**) zakwaterowanie.
accompaniment [ə'kʌmpənɪmənt] *n.* **1.** towarzyszenie; akompaniament. **2.** *form.* dodatek, uzupełnienie.
accompany [ə'kʌmpənɪ] *v.* **1.** towarzyszyć (*komuś l. czemuś*); **accompanied by sb/sth** w towarzystwie kogoś/czegoś. **2. ~ sb (on sth)** akompaniować komuś (na czymś).
accomplice [ə'kɑːmplɪs] *n.* wspólni-k/czka (*przestępcy*).
accomplish [ə'kɑːmplɪʃ] *v.* osiągnąć; dokonać (*czegoś*).
accomplished [ə'kɑːmplɪʃt] *a.* znakomity; świetnie wyszkolony.
accomplishment [ə'kɑːmplɪʃmənt] *n.* osiągnięcie, dokonanie, wyczyn.
accord [ə'kɔːrd] *form. v.* **~ sth to sb** otaczać/darzyć kogoś czymś. — *n.* **of one's own ~** z własnej woli.
accordance [ə'kɔːrdəns] *n.* **in ~ with sth** zgodnie z czymś.
accordingly [ə'kɔːrdɪŋlɪ] *adv.* **1.** stosownie, odpowiednio. **2.** z tego powodu, w związku z tym.
according to *prep.* zgodnie z; według; stosownie do.
accordion [ə'kɔːrdɪən] *n.* akordeon.
accost [ə'kɔːst] *v.* zaczepić.
account [ə'kaʊnt] *n.* **1.** relacja, sprawozdanie, raport; **give an ~ of sth** zdać relację z czegoś. **2.** rachunek; konto; **~s** rozliczenie finansowe, zestawienie; **bank ~** konto bankowe. **3. by/from all ~s** podobno; **on ~ of sth** z racji czegoś, ze względu na coś; **on no ~** pod żadnym pozorem; **take ~ of sth** (*także* **take sth into ~**) brać coś pod uwagę, liczyć się z czymś. — *v.* **~ for** wyjaśniać, tłumaczyć; stanowić.
accountable [ə'kaʊntəbl] *a.* **~ (to sb) for sth** odpowiedzialny (wobec kogoś) za coś.
accountant [ə'kaʊntənt] *n.* księgow-y/a.
accredited [ə'kredɪtɪd] *a.* akredytowany.
accumulate [ə'kjuːmjəˌleɪt] *v.* **1.** gromadzić się, zbierać się; kumulować się, narastać. **2.** gromadzić, zbierać.
accuracy ['ækjərəsɪ] *n.* dokładność, ścisłość.
accurate ['ækjərɪt] *a.* dokładny, ścisły.
accurately ['ækjərɪtlɪ] *adv.* dokładnie, ściśle.
accusation [ˌækjʊ'zeɪʃən] *n.* oskarżenie, zarzut.
accuse [ə'kjuːz] *v.* **~ sb of (doing) sth** oskarżać kogoś o coś, zarzucać komuś coś.
accused [ə'kjuːzd] *n.* **the ~** oskarżon-y/a.
accustom [ə'kʌstəm] *v.* **~ o.s./sb to sth** przyzwyczajać się/kogoś do czegoś.
accustomed [ə'kʌstəmd] *a.* **~ to sth** przyzwyczajony/nawykły do czegoś.
ace [eɪs] *n.* **1.** as. **2. ~ player/skier** znakomity gracz/narciarz.
ache [eɪk] *n.* ból; **head~** ból głowy. — *v.* **1.** boleć; **I'm aching all over** wszystko mnie boli; **my back ~s/is aching** bolą mnie plecy. **2. be aching to do sth** marzyć o zrobieniu czegoś.
achieve [ə'tʃiːv] *v.* osiągnąć (*cel*); odnieść (*sukces*); urzeczywistnić (*zamiar, ambicje*).
achievement [ə'tʃiːvmənt] *n.* **1.** osiągnięcie, dokonanie. **2.** spełnienie, realizacja.

acid ['æsɪd] *n.* kwas. — *a.* **1.** kwaśny. **2.** zgryźliwy, sarkastyczny.
acid rain *n.* kwaśny deszcz.
acknowledge [æk'nɑːlɪdʒ] *v.* **1.** **~ that...** przyznać, że...; **~ defeat** przyznać się do porażki. **2.** zareagować na (*pozdrowienie, ukłon*); podziękować za (*pomoc, prezent*); **~ (receipt of) sth** potwierdzić odbiór czegoś. **3.** **sb/sth is ~d as.../to be...** ktoś/coś powszechnie uchodzi za...
acknowledgment [æk'nɑːlɪdʒmənt] *n.* **1.** uznanie, przyznanie (się). **2.** potwierdzenie odbioru. **3.** podanie źródła (*cytatu, informacji*). **4.** **~s** podziękowania (*we wstępie do książki*). **5.** **in ~ of sth** w dowód wdzięczności/uznania za coś.
acne ['æknɪ] *n.* trądzik.
acorn ['eɪkɔːrn] *n.* żołądź.
acoustic [ə'kuːstɪk] *a.* akustyczny.
acoustics [ə'kuːstɪks] *n.* akustyka.
acquaint [ə'kweɪnt] *v.* **~ sb/o.s. with sth** zaznajomić/zapoznać kogoś/się z czymś.
acquaintance [ə'kweɪntəns] *n.* **1.** znajom-y/a. **2.** znajomość; **make sb's ~** zawrzeć z kimś znajomość.
acquire [ə'kwaɪr] *v.* nabywać, uzyskiwać; przyswajać (sobie); zdobywać.
acquisition [ˌækwɪ'zɪʃən] *n.* **1.** nabywanie; przyswajanie, zdobywanie; **language ~** przyswajanie/akwizycja języka. **2.** nabytek, zdobycz.
acquit [ə'kwɪt] *v.* uniewinnić; **~ sb of sth** oczyścić kogoś z zarzutu o coś.
acquittal [ə'kwɪtl] *n.* uniewinnienie.
acre ['eɪkər] *n.* akr.
acrobat ['ækrəˌbæt] *n.* akrobat-a/ka.
acrobatic [ˌækrə'bætɪk] *a.* akrobatyczny.
acronym ['ækrənɪm] *n.* akronim, skrótowiec.
across [ə'krɔːs] *prep.* **1.** w poprzek, przez, na drugą stronę. **2.** po drugiej stronie, za. — *adv.* **1.** wszerz. **2.** w poprzek, na drugą stronę. **3.** naprzeciwko, po drugiej stronie. **4.** **get sth ~ to sb** wytłumaczyć/uświadomić coś komuś.
acrylic [ə'krɪlɪk] *a.* akrylowy. — *n.* akryl.
act [ækt] *n.* **1.** akt (*t. teatralny*); czyn, dzieło, uczynek; **catch sb in the ~** przyłapać kogoś na gorącym uczynku. **2.** **get one's ~ together** zmobilizować/zorganizować się; **sb/sth is a hard/tough ~ to follow** trudno komuś/czemuś dorównać. — *v.* **1.** działać; postępować, zachowywać się; **~ for sb/on sb's behalf** występować w czyimś imieniu, reprezentować kogoś; **~ in good faith** działać w dobrej wierze. **2.** grać, występować; **~ (the part of) sb/sth** grać kogoś/coś, występować w roli kogoś/czegoś. **3.** **~ on (sb's) advice/suggestion** postąpić zgodnie z (czyjąś) radą/sugestią; **~ out** odgrywać (*t. za pomocą pantomimy*); **~ up** *pot.* nawalać (*o urządzeniu*); dawać znać o sobie (*o chorej części ciała*).
acting ['æktɪŋ] *a.* pełniący obowiązki; **~ mayor/manager** p.o. burmistrza/kierownika. — *n.* aktorstwo; gra (*aktora*).
action ['ækʃən] *n.* **1.** działanie; działalność, aktywność. **2.** czynność; czyn. **3.** **the ~** akcja (*powieści, filmu*). **4.** **killed/missing in ~** poległy/zaginiony w boju/walce. **5.** **course of ~** plan działania; wyjście, rozwiązanie; **put sb/sth out of ~** wyłączyć kogoś/coś z gry; **take ~ (to.../in order to...)** podjąć kroki (w celu...). — *int. film* kamera!
activate ['æktəˌveɪt] *v.* uaktywniać, aktywizować; aktywować.
active ['æktɪv] *a.* aktywny; czynny.
actively ['æktɪvlɪ] *adv.* aktywnie, czynnie.
activist ['æktəvɪst] *n.* działacz/ka, aktywist-a/ka.
activity [æk'tɪvɪtɪ] *n.* **1.** działalność, poczynania. **2.** ruch, krzątanina. **3.** aktywność. **4.** **activities** zajęcia.
actor ['æktər] *n.* aktor/ka.
actress ['æktrɪs] *n.* aktorka.
actual ['æktʃuəl] *a.* **1.** faktyczny, rzeczywisty; prawdziwy; **in ~ fact** *pot.* faktycznie, rzeczywiście, naprawdę. **2.** **the ~ ceremony doesn't start until...** sama uroczystość zaczyna się dopiero o...
actually ['æktʃuəlɪ] *adv.* **1.** faktycznie, rzeczywiście, w rzeczywistości/istocie. **2.** **~, I'm busy** szczerze mówiąc, jestem zajęty; **I don't know, ~** właściwie to nie wiem.
acupuncture ['ækjəˌpʌŋktʃər] *n.* akupunktura.
acute [ə'kjuːt] *a.* **1.** ostry; **~ angle** kąt ostry; **~ pain** ostry ból. **2.** dotkliwy, dokuczliwy; bolesny.
ad [æd] *n. pot.* = **advertisement**.
adapt [ə'dæpt] *v.* dostosowywać (się), adaptować(się); **~ sth for sth** przystosować coś do czegoś; zaadaptować/przerobić coś dla (potrzeb) czegoś (*np. powieść dla telewizji*).
adaptation [ˌædəp'teɪʃən] *n.* przystosowanie (się), adaptacja; przeróbka.
adapter [ə'dæptər], **adaptor** *n.* łącznik, adapter; przetwornik; rozgałęziacz.
add [æd] *v.* **1.** dodawać. **2.** **~ on** dodać; dobudować; **~ to sth** pogłębiać/nasilać coś; **~ up** zgadzać się, dawać poprawny wynik; *pot.* trzymać się kupy; **~ (sth) up** zsumować coś; **~ up to sth** równać się czemuś, oznaczać coś.
adder ['ædər] *n.* żmija.
addict ['ædɪkt] *n.* **1.** nałogowiec; **(drug) ~** narkoman/ka. **2.** *pot.* entuzjast-a/ka; **bridge ~** namiętn-y/a brydżyst-a/ka.
addicted [ə'dɪktɪd] *a.* **~ to sth** uzależniony od czegoś; **become ~** popaść w nałóg/uzależnienie.
addiction [ə'dɪkʃən] *n.* nałóg; **~ (to sth)** uzależnienie (od czegoś); **alcohol/tobacco ~** nałóg alkoholowy/nikotynowy; **drug ~** narkomania.
addictive [ə'dɪktɪv] *a.* powodujący uzależnienie, uzależniający.
addition [ə'dɪʃən] *n.* **1.** dodatek; **in ~** w dodatku, ponadto; **in ~ to sb/sth** poza kimś/czymś, oprócz kogoś/czegoś. **2.** dodawanie, sumowanie. **3.** przybudówka.
additional [ə'dɪʃənl] *a.* dodatkowy.
additive ['ædɪtɪv] *n.* dodatek (*konserwujący, barwiący*).
address *v.* [ə'dres] **1.** adresować. **2.** **~ sth to sb** skierować/zaadresować coś do kogoś. **3.** **~ (o.s. to) sb** zwracać się do kogoś; **~ sb as...** tytułować kogoś... **4.** **~ (a meeting/crowd)** przemawiać do (zgromadzenia/tłumu). — *n.* [ə'dres; 'ædres] **1.** adres. **2.** mowa, orędzie. **3.** **form of ~** forma zwracania się (*do kogoś*), tytuł grzecznościowy.
adept [ə'dept] *a.* **~ (in sth/at doing sth)** biegły (w czymś/w robieniu czegoś).
adequate ['ædəkwɪt] *a.* zadowalający; wystarczający; adekwatny.
adhere [æd'hiːər] *v.* **1.** *form.* kleić się, przywierać. **2.** **~ to** przestrzegać, trzymać się (*zasad, reguł*).
adhesive [æd'hiːsɪv] *a.* klejący; **~ tape** taśma klejąca. — *n.* klej; spoidło.

adjacent [ə'dʒeɪsənt] *a.* ościenny; sąsiedni; **~ (to sth)** przyległy (do czegoś), sąsiadujący (z czymś).
adjective ['ædʒɪktɪv] *n.* przymiotnik.
adjoining [ə'dʒɔɪnɪŋ] *a.* przyległy, sąsiedni.
adjust [ə'dʒʌst] *v.* **1.** dostrajać, regulować, nastawiać. **2.** wyrównywać, poprawiać, korygować; *druk.* adiustować. **3. ~ (to sth)** przystosować się (do czegoś); **~ sth (to sth)** dopasować/dostosować coś (do czegoś).
adjustment [ə'dʒʌstmənt] *n.* **1.** regulacja; pokrętło regulacji, regulator. **2.** korekta, poprawka. **3.** zmiana (*w zachowaniu, sposobie myślenia*).
administer [æd'mɪnɪstər] *n.* **1.** administrować, zarządzać, kierować (*czymś*). **2.** podawać, aplikować (*lek*). **3.** *form.* **~ a test** przeprowadzać test; **~ justice/punishment** wymierzać sprawiedliwość/karę.
administration [æd,mɪnɪ'streɪʃən] *n.* zarządzanie, kierowanie; zarząd, administracja; **the ~/A~** administracja (centralna), rząd.
administrative [æd'mɪnɪ,streɪtɪv] *a.* administracyjny.
administrator [æd'mɪnɪ,streɪtər] *n.* zarządca; administrator/ka; **system ~** *komp.* administrator systemu.
admiral ['ædmərəl] *n.* admirał.
admiration [,ædmə'reɪʃən] *n.* podziw, zachwyt.
admire [æd'maɪr] *v.* podziwiać.
admirer [əd'maɪrər] *n.* wielbiciel/ka.
admission [æd'mɪʃən] *n.* **1.** wstęp; (*także* **~ charge/fee**) opłata za wstęp. **2.** przyjęcie, dopuszczenie; **~ test** *szkoln.* egzamin wstępny. **3. ~s** rekrutacja (*na studia*); liczba przyjętych. **4. ~ of defeat/failure** przyznanie się do porażki/niepowodzenia.
admit [æd'mɪt] *v.* **1. ~ sb (to sth)** wpuszczać kogoś (do czegoś); dopuszczać kogoś (do czegoś); dawać komuś wstęp (na coś), umożliwiać komuś wejście (do czegoś); **be ~ted to the hospital** zostać przyjętym do szpitala. **2.** móc pomieścić (*o sali, budynku*). **3. ~ (to)** uznać (*swój błąd, pomyłkę*); **~ to (doing) sth** przyznać się do (zrobienia) czegoś; **(I must) ~ (that)...** (muszę) przyznać, że...
admittance [æd'mɪtəns] *n.* *form.* wstęp, prawo wstępu; **no ~** wstęp wzbroniony.
admittedly [æd'mɪtɪdlɪ] *adv.* prawdę mówiąc; co prawda.
admonish [æd'mɑːnɪʃ] *v.* *form.* upominać, napominać.
adolescence [,ædə'lesəns] *n.* lata młodzieńcze; okres dojrzewania.
adolescent [,ædə'lesənt] *n.* nastolat-ek/ka. — *a.* młodzieńczy; nastoletni; młodociany.
adopt [ə'dɑːpt] *v.* **1.** adoptować. **2.** przedsięwziąć (*plan*); przyjąć, obrać (*taktykę*). **3.** przejąć (*zwyczaj*); przybrać (*imię, tytuł, pozę*).
adopted [ə'dɑːptɪd] *a.* adoptowany.
adoption [ə'dɑːpʃən] *n.* adopcja.
adoptive [ə'dɑːptɪv] *a.* przybrany (*o rodzicach*); adopcyjny.
adorable [ə'dɔːrəbl] *a.* uroczy, rozkoszny.
adore [ə'dɔːr] *v.* uwielbiać.
Adriatic [,eɪdrɪ'ætɪk] *a.* adriatycki; **the ~ Sea** Morze Adriatyckie. — *n.* **the ~** Adriatyk.
adult [ə'dʌlt; 'ædʌlt] *a.* **1.** dorosły; dojrzały; pełnoletni. **2. ~ education** kształcenie dorosłych; **~ movies/magazines** filmy/czasopisma dla dorosłych. — *n.* dorosł-y/a.
adultery [ə'dʌltərɪ] *n.* cudzołóstwo.
advance [æd'væns] *n.* **1. ~ (in sth)** postęp (w czymś/w jakiejś dziedzinie). **2.** (*także* **~ payment**) zaliczka. **3. in ~** z góry, z wyprzedzeniem, zawczasu. — *a.* wcześniejszy, uprzedni. — *v.* **1.** posuwać (się) naprzód; ruszać. **2. ~ (in sth)** czynić postępy (w czymś). **3.** sprzyjać (*czemuś*), służyć rozwojowi (*czegoś*). **4. ~ on sb** postąpić (groźnie) ku komuś.
advanced [æd'vænst] *a.* zaawansowany; daleko posunięty; wysoko rozwinięty.
advantage [æd'væntɪdʒ] *n.* przewaga (*t. w tenisie*); zaleta, dobra strona; korzyść, pożytek; **~ over sb/sth** wyższość nad kimś/czymś; **take ~ of sb/sth** wykorzystywać kogoś/coś; **(turn sth) to one's (own) ~** (obrócić coś) na swoją korzyść.
advantageous [,ædvən'teɪdʒəs] *a.* korzystny.
advent ['ædvent] *n.* **1.** przyjście; nadejście; nastanie. **2. the A~** adwent. — *a.* adwentowy.
adventure [æd'ventʃər] *n.* przygoda. — *a.* przygodowy.
adventurous [æd'ventʃərəs] *a.* śmiały; żądny przygód; awanturniczy, pełen przygód; ryzykowny.
adverb ['ædvɝːb] *n.* przysłówek.
adversary ['ædvər,serɪ] *n.* *form.* adwersarz; przeciwnik, wróg.
adverse [æd'vɝːs] *a.* *form.* przeciwny, niesprzyjający; nieprzyjazny, nieprzychylny; **~ publicity** antyreklama.
adversity [æd'vɝːsətɪ] *n.* przeciwności losu; **in times of ~** w trudnych chwilach.
advertise ['ædvər,taɪz] *v.* **1.** reklamować. **2.** ogłaszać, zapowiadać. **3. ~ for sb/sth** poszukiwać kogoś/czegoś (*zwł. pracownika*).
advertisement [,ædvər'taɪzmənt] *n.* (*także* **ad**) reklama; ogłoszenie, anons.
advertising ['ædvər,taɪzɪŋ] *n.* reklama (*działalność*); **~ campaign/industry** kampania/branża reklamowa.
advice [əd'vaɪs] *n.* rady; **a piece of ~** rada; **ask sb's ~** prosić kogoś o radę; **legal/medical ~** porada prawna/lekarska; **take/follow sb's ~** skorzystać z czyjejś rady, pójść za czyjąś radą.
advisable [əd'vaɪzəbl] *a.* wskazany, zalecany.
advise [əd'vaɪz] *v.* **1.** doradzać, służyć radą (*komuś*); **~ sb to do sth** radzić komuś, żeby coś zrobił; **~ sb against (doing) sth** odradzać komuś coś; **~ caution** zalecać ostrożność. **2. ~ sb of sth** *form.* powiadomić kogoś o czymś.
advisor [əd'vaɪzər] *n.* dorad-ca/czyni.
advisory [əd'vaɪzərɪ] *a.* doradczy; **in an ~ role/capacity** w roli/charakterze doradcy.
advocate *n.* ['ædvəkət] orędowni-k/czka, rzeczni-k/czka. — *v.* ['ædvəkeɪt] zalecać.
aerial ['erɪəl] *a.* **1.** powietrzny; napowietrzny. **2.** lotniczy.
aerobics [e'roʊbɪks] *n.* aerobik.
aerodynamic [,eroʊdaɪ'næmɪk] *a.* aerodynamiczny.
aerosol ['erə,soʊl] *n.* **1.** aerozol; spray. **2.** (*także* **~ bomb/can**) rozpylacz.
aesthetic [es'θetɪk], **esthetic** *a.* estetyczny.
affable ['æfəbl] *a.* sympatyczny.
affair [ə'fer] *n.* **1.** sprawa; **~s of state** sprawy państwowe; **state of ~s** stan rzeczy. **2.** romans.
affect [ə'fekt] *v.* oddziaływać na; wpływać/wywierać wpływ na; dotykać (*o nieszczęściu, chorobie*).
affected [ə'fektɪd] *a.* afektowany.
affection [ə'fekʃən] *n.* uczucie; **feel a deep ~ for sb** darzyć kogoś głębokim uczuciem.
affectionate [ə'fekʃənɪt] *a.* czuły.

affiliate *v.* [ə'fɪlɪˌeɪt] **be ~d to/with sth** być stowarzyszonym z czymś.

affirmative [ə'fɜːmətɪv] *a.* twierdzący; *gram.* orzekający. — *n.* **answer in the ~** odpowiedzieć twierdząco.

affluent ['æfluːənt] *a.* zamożny.

afford [ə'fɔːrd] *v.* **1. sb can ~ sth** kogoś stać na coś, ktoś może sobie pozwolić na coś. **2.** *form.* zapewniać, dawać (*schronienie, piękny widok*).

affront [ə'frʌnt] *n.* afront, zniewaga. — *v.* znieważyć.

Afghanistan [æf'gænɪˌstæn] *n.* Afganistan.

afloat [ə'flout] *adv., a.* **1. be ~** unosić się na wodzie. **2. stay/keep ~** zachowywać płynność finansową.

afraid [ə'freɪd] *a.* **be ~ (of sb/sth)** bać/obawiać się (kogoś/czegoś); **be ~ to do/of doing sth** bać się/obawiać się coś zrobić; **I'm afraid (that)...** obawiam się, że...; **I'm afraid so/not** obawiam się, że tak/nie.

Africa ['æfrɪkə] *n.* Afryka.

African ['æfrɪkən] *a.* afrykański. — *n.* Afrykan-in/ka.

after ['æftər] *prep.* **1.** po; **~ an hour** po godzinie. **2.** za; **one ~ the other** jeden za drugim. **3. a quarter ~ eight** kwadrans po ósmej. **4.** *pot.* **be ~ sb** ścigać/poszukiwać kogoś (*zwł. o policji*); **be ~ sth** mieć ochotę na coś (*zwł. należącego do kogo innego*). **5. ~ all** mimo wszystko; przecież, w końcu. — *adv.* później; potem; **the day ~** dzień później; **they lived happily ever ~** żyli długo i szczęśliwie. — *conj.* po tym, jak; gdy, kiedy.

after-effect ['æftərɪˌfekt] *n.* następstwo.

afternoon [ˌæftər'nuːn] *n.* popołudnie; **good ~** dzień dobry; **in the ~** po południu. — *a.* popołudniowy.

aftershave ['æftəˌʃeɪv] *n.* płyn po goleniu.

afterward ['æftərwɜːd] *adv.* później, potem.

again [ə'gen] *adv.* **1.** znowu; z powrotem, od nowa. **2.** jeszcze raz. **3. ~ and ~** (*także* **over and over ~**) w kółko; ciągle; **all over ~** jeszcze raz od początku; **never ~** nigdy więcej; **now and ~** od czasu do czasu; **once ~** jeszcze raz; **then/there ~** *pot.* (ale) z drugiej strony; **yet ~** kolejny raz.

against [ə'genst] *prep.* **1.** przeciw(ko). **2.** wbrew; **~ sb's will/wishes** wbrew czyjejś woli/życzeniom; **~ the law** niezgodnie z prawem. **3.** z; **fight/compete ~ sb/sth** walczyć/konkurować z kimś/czymś. **4.** przed; **protect sb/o.s. ~ sth** chronić kogoś/się przed czymś. **5.** pod; **~ the current/wind** pod prąd/wiatr. **6.** o; **lean ~ the wall** opierać się o ścianę. **7.** na niekorzyść; **count/work ~ sb** działać na czyjąś niekorzyść. — *adv.* **for and ~** za i przeciw.

age [eɪʤ] *n.* **1.** wiek; **~ group** grupa wiekowa; **at the ~ of 8** (*także* **at ~ 8**) w wieku ośmiu lat; **at an early ~** w młodym wieku; **be 20 years of ~** mieć dwadzieścia lat; **be the same ~ (as)** mieć tyle samo lat (co); **for one's ~** (jak) na swój wiek; **what ~ is she?** ile ona ma lat? **2.** zaawansowany wiek, starość; **yellow with ~** pożółkły ze starości. **3.** wiek; epoka; **the Ice A~** epoka lodowcowa. **4. ~s** *pot.* (całe) wieki. **5. be of ~** być pełnoletnim; **come of ~** osiągnąć pełnoletność; **under ~** nieletni, niepełnoletni. — *v.* **1.** starzeć się. **2.** postarzać. **3.** dojrzewać (*o winie, serze*).

aged *a.* **1.** ['eɪʤɪd] wiekowy, sędziwy. **2.** ['eɪʤd] w wieku; **~ 50** w wieku 50 lat.

agency ['eɪʤənsɪ] *n.* agencja; agenda; urząd.

agenda [ə'ʤendə] *n.* **1.** porządek dzienny. **2. be on the ~** być w programie/planach; **be high on sb's ~** być dla kogoś sprawą pierwszorzędnej wagi.

agent ['eɪʤənt] *n.* **1.** agent/ka. **2. cleaning ~** środek czyszczący.

aggravate ['ægrəˌveɪt] *v.* **1.** pogarszać. **2.** irytować.

aggression [ə'greʃən] *n.* agresja.

aggressive [ə'gresɪv] *a.* agresywny.

aghast [ə'gæst] *a.* osłupiały.

agile ['æʤl] *a.* **1.** zwinny. **2.** sprawny (*o umyśle*).

agnostic [æg'nɑːstɪk] *n.* agnosty-k/czka. — *a.* agnostyczny.

ago [ə'gou] *a.* **a year ~** rok temu, przed rokiem; **a little/short while ~** niedawno; **(a) long (time) ~** dawno (temu); **a moment/minute ~** przed chwilą; **some time ~** jakiś czas temu.

agonizing ['ægəˌnaɪzɪŋ] *a.* **1. ~ pain** rozdzierający ból. **2.** bolesny (*o decyzji*).

agony ['ægənɪ] *n.* **1.** męczarnia. **2.** agonia.

agree [ə'griː] *v.* **1. ~ (on/about sth)** zgadzać się (co do/w kwestii czegoś); **~ with sb/sth** zgadzać się z kimś/czymś; **~ to sth** zgadzać się na coś; **~ to do sth** zgodzić się coś zrobić. **2. ~ a price/strategy** uzgodnić cenę/strategię. **3. humid air doesn't ~ with me** wilgotne powietrze mi nie służy.

agreeable [ə'griːəbl] *a.* **1.** przyjemny. **2. sb is ~ to sth** *form.* ktoś przychylnie zapatruje się na coś.

agreed [ə'griːd] *a.* **1.** uzgodniony. **2. be ~ (on sth)** zgadzać się (co do/w sprawie czegoś).

agreement [ə'griːmənt] *n.* **1.** zgoda; **be in ~ (with sb)** zgadzać się (z kimś). **2.** porozumienie. **3.** umowa.

agricultural [ˌægrə'kʌlʧərəl] *a.* rolniczy.

agriculture ['ægrəˌkʌlʧər] *n.* rolnictwo.

ahead [ə'hed] *adv.* **1.** z przodu, na przedzie. **2.** naprzód, do przodu; **(go/look) straight ~** (iść/patrzeć) prosto przed siebie. **3.** z wyprzedzeniem; **a month ~** z miesięcznym wyprzedzeniem, (na) miesiąc naprzód. **4. ~ of** przed, wcześniej od; **~ of us** przed nami; **~ of time/schedule** przed czasem/terminem. **5. be ~ of sb** wyprzedzać kogoś; **go ~!** proszę bardzo! **go ~ with sth** zaczynać coś; przystępować do czegoś.

aid [eɪd] *n.* **1.** pomoc; **come to sb's ~** przyjść komuś z pomocą; **in ~ of** na rzecz (*o zbiórce pieniędzy*); **legal/humanitarian ~** pomoc prawna/humanitarna; **with the ~ of** za pomocą, przy pomocy (*czegoś*). **2. educational ~s** pomoce naukowe; **hearing ~** aparat słuchowy. — *v.* **~ sb in/with sth** *form.* pomagać komuś w czymś.

aide [eɪd] *n.* doradca; pomocnik, asystent.

AIDS [eɪdz] *n., abbr.* AIDS.

ailing ['eɪlɪŋ] *a.* niedomagający.

ailment ['eɪlmənt] *n.* dolegliwość.

aim [eɪm] *v.* **1.** celować, mierzyć (*at sb/sth* w kogoś/coś *l.* do kogoś/czegoś); **~ sth at sb** wycelować do kogoś z czegoś. **2.** kierować; **~ one's remarks at sb** kierować swoje uwagi pod czyimś adresem. **3. ~ at/for sth** zmierzać do czegoś; **~ at doing/to do sth** starać się coś zrobić. — *n.* **1.** cel; **take ~ (at sth)** wycelować (w coś). **2.** zamiar; **with the ~ of doing sth** z zamiarem zrobienia czegoś. **3.** celność (*strzelca*).

aimlessly ['eɪmləslɪ] *adv.* bez celu.

ain't [eɪnt] *nonstandard pot. v.* **1.** = **am not**; = **are not**; = **is not**. **2.** = **have not**; = **has not**.

air [er] *n.* **1.** powietrze; **by ~** drogą lotniczą/powietrzną; **in the open ~** na wolnym powietrzu. **2.** atmosfera, aura. **3.** melodia; aria. **4. be on the ~** być na antenie; być nadawanym. **5. put on ~s** wywyższać się; **tread/walk on ~** nie posiadać się ze szczęścia; **vanish/disappear into thin ~** wyparować, ulotnić się jak kamfora. — *v.* **1. ~ (out)** wietrzyć (się). **2.** *radio i telew.* nadawać. **3. ~ one's views/opinions** publicznie przedstawiać swoje poglądy/opinie. — *a.* **1.** powietrzny. **2.** lotniczy. **3.** pneumatyczny.

airborne ['er,bɔːrn] *a.* **be ~** unosić się w powietrzu (= *lecieć*).

air conditioned ['erkən,dɪʃənd] *a.* klimatyzowany.

air conditioning *n.* klimatyzacja.

aircraft ['er,kræft] *n.* samolot.

air force *n.* lotnictwo wojskowe, powietrzne siły zbrojne.

airlift ['er,lɪft] *n.* most powietrzny. — *v.* transportować drogą lotniczą.

airline ['er,laɪn] *n.* linia lotnicza.

airmail ['ermeɪl] *n.* poczta lotnicza. — *a.* lotniczy.

airplane ['er,pleɪn] *n.* samolot.

airport ['er,pɔːrt] *n.* lotnisko, port lotniczy.

air raid *n.* nalot.

airy ['erɪ] *a.* przestronny.

aisle [aɪl] *n.* **1.** przejście (*np. między rzędami w samolocie*). **2.** nawa boczna.

ajar [ə'dʒɑːr] *adv., a.* uchylony (*o drzwiach*).

AK *abbr.* = **Alaska**.

AL *abbr.* = **Alabama**.

Alabama [,ælə'bæmə] *n.* (stan) Alabama.

alarm [ə'lɑːrm] *n.* **1.** popłoch, panika; niepokój. **2.** alarm. **3.** (*także* **~ clock**) budzik. — *v.* **1.** niepokoić. **2.** alarmować.

alas [ə'læs] *adv. form.* niestety.

Alaska [ə'læskə] *n.* (stan) Alaska.

Albania [æl'beɪnɪə] *n.* Albania.

Albanian [æl'beɪnɪən] *a.* albański. — *n.* **1.** Albańczyk/nka. **2.** (język) albański.

album ['ælbəm] *n.* album.

alcohol ['ælkə,hɔːl] *n.* alkohol.

alcoholic [,ælkə'hɔːlɪk] *a.* alkoholowy. — *n.* alkoholi-k/czka.

alcoholism ['ælkəhɔː,lɪzəm] *n.* alkoholizm.

alcove ['ælkoʊv] *n.* wnęka.

ale [eɪl] *n.* piwo (*mocne, ciemne*).

alert [ə'lɝːt] *a.* **1.** czujny. **2.** przytomny. — *n.* stan pogotowia/gotowości; **on the ~** w pogotowiu. — *v.* **1.** alarmować. **2. ~ sb to sth** uświadomić komuś coś; ostrzec kogoś przed czymś.

algebra ['ældʒəbrə] *n.* algebra.

algorithm ['ælgə,rɪðəm] *n.* algorytm.

alias ['eɪlɪəs] *conj.* alias. — *n.* pseudonim.

alibi ['ælə,baɪ] *n.* alibi.

alien ['eɪljən] *n.* **1.** cudzoziem-iec/ka, imigrant/ka. **2.** istota pozaziemska, kosmit-a/ka. — *a.* **1.** cudzoziemski. **2.** obcy (*to sb/sth* komuś/czemuś). **3.** pozaziemski.

alienate ['eɪljə,neɪt] *v.* **1.** odstręczać, zrażać (sobie). **2.** alienować, wyobcowywać.

align [ə'laɪn] *v.* **1.** wyrównywać. **2.** ustawiać (równo). **3. ~ o.s. with sb/sth** sprzymierzyć się z kimś/czymś.

alike [ə'laɪk] *adv.* **1.** podobnie. **2.** tak samo; jednakowo. **3. they are (very much) ~** są do siebie (bardzo) podobni.

alimony ['ælə,moʊnɪ] *n.* alimenty.

alive [ə'laɪv] *a.* **1.** żywy; **be ~** żyć; **keep sb ~** utrzymywać kogoś przy życiu. **2.** pełen życia; żywotny; **come ~** ożywiać się; nabierać życia. **3. the lawn was ~ with ants** na trawniku roiło się od mrówek. **4. be ~ and well** dobrze się miewać.

all [ɔːl] *a.* **1.** cały; **~ day** cały dzień; **~ the time** cały czas. **2.** wszyscy; **~ (the) students** wszyscy studenci; **we/you ~** my/wy wszyscy. **3. ~ cotton** 100% bawełny; **she was ~ smiles** była cała w uśmiechach; **you/her of ~ people** akurat ty/ona. — *pron.* **1.** wszystko; **~ I can do** wszystko, co mogę zrobić; **~ of the cookies** wszystkie ciasteczka; **that's ~** to wszystko. **2.** wszyscy; **~ but him** wszyscy oprócz niego. **3. ~ in ~** ogólnie rzecz biorąc; w sumie; **above ~** nade wszystko, przede wszystkim; **after ~** przecież, w końcu; **and ~** *pot.* i tak dalej, i w ogóle; **at ~** wcale; w ogóle; **she wasn't surprised at ~** wcale jej to nie zdziwiło; **not at ~** ależ skąd; **of ~** ze wszystkich; **once and for ~** raz na zawsze. — *adv.* **1.** całkowicie, zupełnie; **~ alone** całkiem sam. **2. the score is two ~** stan meczu - dwa do dwóch. **3. ~ along** przez cały czas, od początku; **~ at once** nagle; **~ but** prawie; **~ out** dając z siebie wszystko; **~ over** skończony; wszędzie; pod każdym względem; **~ the same** niemniej jednak; **~ too soon** o wiele za wcześnie; **I'm ~ for...** (*także* **I'm ~ in favor of...**) jestem jak najbardziej za...

all clear *n.* **the ~** pozwolenie; odwołanie alarmu.

allegation [,ælə'geɪʃən] *n. form.* **1.** zarzut (*niepoparty dowodami*). **2.** stwierdzenie.

allegedly [ə'ledʒɪdlɪ] *adv.* rzekomo.

allegiance [ə'liːdʒəns] *n.* lojalność; wierność.

allegory ['ælə,gɔːrɪ] *n.* alegoria.

allergic [ə'lɝːdʒɪk] *a.* **1.** alergiczny. **2. be ~ to sth** być uczulonym na coś.

allergy ['ælərdʒɪ] *n.* alergia, uczulenie.

alleviate [ə'liːvɪ,eɪt] *v. form.* łagodzić; uśmierzać.

alley ['ælɪ] *n.* **1.** uliczka; zaułek. **2.** alejka.

alliance [ə'laɪəns] *n.* przymierze; sojusz.

allied [ə'laɪd] *a.* **1.** sprzymierzony. **2.** aliancki.

alligator ['ælə,geɪtər] *n.* aligator.

all-night [,ɔːl'naɪt] *a.* **1.** całonocny. **2.** czynny całą noc.

allocate ['ælə,keɪt] *v.* przydzielać (*fundusze, środki*); przeznaczać (*czas*).

all out *adv.* **go ~** iść na całego; dawać z siebie wszystko.

allow [ə'laʊ] *v.* **1. ~ (sb) sth** pozwalać (komuś) na coś; **~ sb to do sth** pozwalać komuś coś robić; **sb is ~ed to do sth** komuś wolno coś robić; **sth is ~ed/not ~ed** coś jest dozwolone/zabronione. **2.** uznać (*roszczenie, bramkę*); dopuścić (*materiał dowodowy*). **3. ~ me** Pan/i pozwoli (że pomogę). **4. ~ for** brać pod uwagę, uwzględniać.

allowance [ə'laʊəns] *n.* **1.** kieszonkowe. **2. family/housing ~** dodatek rodzinny/mieszkaniowy. **3. baggage ~** limit bagażu. **4. make ~s (for sb)** być wyrozumiałym (dla kogoś); **make ~s for sth** brać pod uwagę/uwzględniać coś (*zwł. jako okoliczność łagodzącą*).

alloy *n.* ['ælɔɪ; ə'lɔɪ] stop (*metalu*).

all right, alright *adv., int.* **1.** dobrze, w porządku. **2. if it's/that's ~ with you** jeżeli nie masz nic przeciwko temu; **is it/would it be ~ if I...** czy mógłbym...; **it's/that's ~** nie ma za co; nic nie szkodzi; **it was her ~** to na pewno była ona. — *a.* **1.** (cały) i zdrowy. **2.** do przyjęcia. **3.** w porządku.

all-time [,ɔːl'taɪm] *a.* **~ high** najwyższy z dotychczas zanotowanych poziomów; **~ record** rekord wszech czasów.

allude [ə'luːd] *v.* **~ to sb/sth** *form.* robić aluzję do kogoś/czegoś; nawiązywać do kogoś/czegoś.
allusion [ə'luːʒən] *n.* aluzja.
ally ['ælaɪ; ə'laɪ] *v.* **~ o.s to/with** wejść w sojusz z, sprzymierzyć się z (*kimś*). — *n.* sojusznik, sprzymierzeniec.
almighty [ɔːl'maɪtɪ] *a.* **1.** wszechmogący, wszechmocny. **2.** potężny (*o huku*). — *n.* **the A~** Bóg (wszechmogący).
almond ['ɑːmənd] *n.* migdał.
almost ['ɔːlmoʊst] *adv.* prawie, niemalże; **~ certainly** prawie na pewno; **he ~ fainted** o mało (co) nie zemdlał.
alms [ɑːmz] *n. pl.* jałmużna.
alone [ə'loʊn] *a.* **1.** sam; **all ~** zupełnie sam; **his name ~ is enough** wystarczy samo jego nazwisko. **2.** samotny. **3.** jedyny. — *adv.* **1.** samotnie. **2.** samodzielnie. **3.** wyłącznie. **4. leave/let well (enough) ~** dać (sobie) spokój; **let ~ X** nie mówiąc/nie wspominając (już) o X.
along [ə'lɔːŋ] *prep.* **1.** wzdłuż. **2.** równolegle do. **3.** po; **~ the way** po drodze. — *adv.* **1. bring/take sb ~** przyprowadzić/zabrać kogoś ze sobą; **move ~** posuwać się do przodu; **how is the work coming ~?** jak postępuje praca? **2. all ~** *zob.* **all**. **3. ~ with** razem/wraz z.
alongside [əˌlɔːŋ'saɪd] *adv.* obok. — *prep.* **1.** obok, przy. **2.** wraz z.
aloof [ə'luːf] *a.* **1.** wyniosły. **2. hold o.s/remain ~** zachowywać rezerwę.
aloud [ə'laʊd] *adv.* **1.** głośno. **2.** na głos.
alphabet ['ælfəˌbet] *n.* alfabet.
alphabetical [ˌælfə'betɪkl] *a.* alfabetyczny; **in ~ order** w porządku alfabetycznym.
alpine ['ælpaɪn] *a.* **1.** alpejski. **2.** wysokogórski.
Alps [ælps] *n. pl.* **the ~** Alpy.
already [ˌɔːl'redɪ] *adv.* już.
alright [ˌɔːl'raɪt] *a., adv.* = **all right**.
also ['ɔːlsoʊ] *adv.* też, także, również; poza tym; **not only... but ~...** nie tylko..., lecz także...
altar ['ɔːltər] *n.* ołtarz.
alter ['ɔːltər] *v.* **1.** zmieniać (się). **2.** przerabiać (*ubranie*). **3.** wykastrować (*psa l. kota*).
alteration [ˌɔːltə'reɪʃən] *n.* **1.** zmiana. **2.** przeróbka. **3.** poprawka.
alternate *v.* ['ɔːltərˌneɪt] **1.** występować na przemian (*with sth* z czymś); oscylować (*between X and Y* pomiędzy X i Y). **2. ~ sth with sth** przeplatać coś czymś. — *a.* ['ɔːltərnət] naprzemienny; **on ~ days** co drugi dzień.
alternating current [ˌɔːltərneɪtɪŋ 'kɝːənt], **AC** *n.* prąd zmienny.
alternative [ɔːl'tɝːnətɪv] *a.* **1.** alternatywny. **2.** odmienny, inny. — *n.* **1.** alternatywa (*to sth* dla czegoś). **2. have no ~ (but to do sth)** nie mieć innego wyjścia, niż tylko coś zrobić.
alternatively [ɔːl'tɝːnətɪvlɪ] *adv.* **1.** alternatywnie. **2.** ewentualnie.
although [ɔːl'ðoʊ] *conj.* chociaż, choć, mimo że.
altitude ['æltɪˌtuːd] *n.* wysokość; **at high/low ~s** na dużych/małych wysokościach.
alto ['æltoʊ] *n.* alt.
altogether [ˌɔːltə'geðər] *adv.* **1.** w sumie. **2.** zupełnie, całkiem; **it's an ~ different matter** (*także* **it's a different matter ~**) to zupełnie inna sprawa; **not ~ certain** niezupełnie/nie całkiem pewny.
altruistic [ˌæltruː'ɪstɪk] *a.* altruistyczny.
aluminum [ə'luːmənəm] *n.* aluminium; glin. — *a.* aluminiowy.
always ['ɔːlweɪz] *adv.* **1.** zawsze. **2.** stale, ciągle. **3. you can/could ~...** zawsze (jeszcze) możesz...
am [æm; əm] *v. zob.* **be**.
a.m. [ˌeɪ 'em] *abbr.* przed południem.
amass [ə'mæs] *v.* gromadzić.
amateur ['æməˌtʃʊr] *n.* amator/ka. — *a.* amatorski.
amateurish [ˌæmə'tʃʊrɪʃ] *a. uj.* amatorski.
amaze [ə'meɪz] *v.* zdumiewać, zadziwiać; zaskakiwać.
amazement [ə'meɪzmənt] *n.* zdumienie; zaskoczenie.
amazing [ə'meɪzɪŋ] *a.* **1.** zadziwiający, zdumiewający; zaskakujący. **2.** niesamowity.
ambassador [æm'bæsədər] *n.* ambasador/ka.
amber ['æmbər] *n.* bursztyn. — *a.* bursztynowy.
ambidextrous [ˌæmbɪ'dekstrəs] *a.* oburęczny.
ambiguity [ˌæmbə'gjuːɪtɪ] *n.* **1.** dwuznaczność, wieloznaczność. **2.** niejasność.
ambiguous [æm'bɪgjʊəs] *a.* **1.** dwuznaczny, wieloznaczny. **2.** niejasny.
ambition [æm'bɪʃən] *n.* ambicja.
ambitious [æm'bɪʃəs] *a.* ambitny.
ambivalent [æm'bɪvələnt] *a.* ambiwalentny.
ambulance ['æmbjələns] *n.* karetka.
ambush ['æmbʊʃ] *n.* zasadzka. — *v.* **1.** urządzić zasadzkę na. **2.** zaatakować z ukrycia.
amendment [ə'mendmənt] *n. parl.* poprawka; nowelizacja.
America [ə'merɪkə] *n.* Ameryka.
American [ə'merɪkən] *a.* amerykański. — *n.* Amerykan-in/ka.
amicable ['æməkəbl] *a.* polubowny.
amid [ə'mɪd], **amidst** *prep. form.* wśród, pośród.
amiss [ə'mɪs] *form. adv., a.* **1. sth is ~** coś jest nie w porządku/nie tak. **2. take sth ~** poczuć się czymś dotkniętym/urażonym.
ammunition [ˌæmjə'nɪʃən] *n.* amunicja.
amnesia [æm'niːʒə] *n.* amnezja.
amnesty ['æmnɪstɪ] *n.* amnestia.
among [ə'mʌŋ], **amongst** *prep.* **1.** wśród; w gronie. **2.** (po)między; **~ others** między innymi.
amoral [eɪ'mɔːrəl] *a.* amoralny.
amount [ə'maʊnt] *n.* **1.** suma; kwota. **2.** ilość; **a large/small ~ of sth** duża/mała ilość czegoś. — *v.* **1. ~ to $100** wynosić 100 dolarów. **2. ~ to sth** być równoznacznym z czymś; **not ~ to much/anything** niewiele znaczyć; być niewiele wartym.
amp [æmp] *n.* **1.** *pot.* wzmacniacz. **2.** (*także* **ampere**) amper.
amphibian [æm'fɪbɪən] *n.* **1.** płaz. **2.** amfibia.
amphitheater ['æmfəˌθiːətər] *n.* amfiteatr.
ample ['æmpl] *a.* **1. ~ time/opportunity** pod dostatkiem czasu/okazji. **2. ~ bosom/figure** obfity biust/obfite kształty.
amplifier ['æmplɪˌfaɪr] *n.* wzmacniacz.
amputate ['æmpjəˌteɪt] *v.* amputować.
amuse [ə'mjuːz] *v.* **1.** zabawiać, bawić. **2.** rozbawić, rozśmieszyć. **3. ~ o.s. (with sth/(by) doing sth)** umilać sobie czas (czymś/robieniem czegoś).
amusement [ə'mjuːzmənt] *n.* **1.** rozbawienie, wesołość. **2.** rozrywka.
an [ən] *indef. art. zob.* **a**.
anachronism [ə'nækrəˌnɪzəm] *n.* anachronizm.

analogy [ə'næləʤɪ] *n.* analogia; **by ~ (with sth)** przez analogię (do czegoś); **draw an ~ between** przeprowadzić analogię pomiędzy.
analysis [ə'nælɪsɪs] *n. pl.* **analyses** [ə'nælɪsiːs] **1.** analiza. **2.** psychoanaliza. **3.** **in the last/final ~** w ostatecznym rozrachunku.
analyst ['ænlɪst] *n.* **1.** anality-k/czka. **2.** psychoanality-k/czka.
analytical [ˌænə'lɪtɪkl], **analytic** *a.* analityczny.
analyze ['ænəˌlaɪz] *v.* **1.** analizować. **2.** poddawać psychoanalizie. **3.** badać.
anarchist ['ænərkɪst] *n.* anarchist-a/ka.
anarchy ['ænərkɪ] *n.* anarchia.
anatomy [ə'nætəmɪ] *n.* anatomia.
ancestor ['ænsestər] *n.* przodek, pradziad.
anchor ['æŋkər] *n.* **1.** kotwica; **drop/weigh ~** rzucić/podnieść kotwicę. **2.** prezenter/ka wiadomości. — *v.* **1.** kotwiczyć, rzucać kotwicę. **2.** mocować.
ancient ['eɪnʃənt] *a.* **1.** starożytny. **2.** prastary, pradawny. **3.** *pot.* wiekowy; przedpotopowy. — *n.* **the ~s** starożytni.
and [ænd; ənd] *conj.* **1.** i; oraz; **~/or** i/lub; **~ so on/forth** i tak dalej. **2.** z; **gin ~ tonic** gin z tonikiem. **3.** a; **~ now...** a teraz... **4.** **~ all** *zob.* **all**; **three hundred ~ twelve** trzysta dwanaście; **better ~ better** coraz lepszy.
anecdote ['ænɪkˌdoʊt] *n.* anegdota.
anemia [ə'niːmɪə] *n.* anemia, niedokrwistość.
anesthetic [ˌænɪs'θetɪk] *n.* **1.** środek znieczulający. **2.** znieczulenie. — *a.* znieczulający.
anew [ə'nuː] *adv.* **1.** na nowo. **2.** od nowa.
angel ['eɪnʤl] *n.* anioł; **guardian ~** anioł stróż.
anger ['æŋgər] *n.* gniew, złość. — *v.* gniewać, złościć.
angle ['æŋgl] *n.* **1.** kąt; **at an ~** pod kątem. **2.** punkt widzenia. **3.** aspekt; strona. — *v.* **1.** ustawiać pod kątem, nachylać. **2.** wędkować.
angler ['æŋglər] *n.* wędkarz.
Anglican ['æŋgləkən] *a.* anglikański. — *n.* anglikanin/ka.
angling ['æŋglɪŋ] *n.* wędkarstwo.
angrily ['æŋgrɪlɪ] *adv.* gniewnie, ze złością.
angry ['æŋgrɪ] *a.* zły, rozzłoszczony; gniewny, zagniewany; **be ~** gniewać/złościć się; **make sb/get ~** rozgniewać/rozzłościć kogoś/się.
anguish ['æŋgwɪʃ] *n.* udręka.
angular ['æŋgjələr] *a.* **1.** kanciasty. **2.** kościsty.
animal ['ænəml] *n.* **1.** zwierzę. **2.** *pot.* bydlę. — *a.* **~ products/fats** produkty/tłuszcze pochodzenia zwierzęcego; **the ~ kingdom** królestwo zwierząt.
animate *a.* ['ænəmət] ożywiony. — *v.* ['ænəmeɪt] **1.** ożywiać. **2.** inspirować, pobudzać.
animated ['ænəˌmeɪtɪd] *a.* **1.** ożywiony (*np. o rozmowie*). **2.** **~ cartoon** film animowany.
animosity [ˌænə'mɑːsətɪ] *n.* uraza, wrogość, animozje.
ankle ['æŋkl] *n.* kostka, staw skokowy.
annex *v.* [æ'neks] anektować. — *n.* ['æneks] **1.** przybudówka. **2.** dodatek, aneks.
annihilate [ə'naɪəˌleɪt] *v.* unicestwić.
anniversary [ˌænə'vɝːsərɪ] *n.* rocznica.
announce [ə'naʊns] *v.* **1.** ogłaszać, obwieszczać. **2.** **~ (that)...** oznajmić/oświadczyć że...
announcement [ə'naʊnsmənt] *n.* **1.** ogłoszenie, obwieszczenie; **make an ~** ogłosić coś. **2.** komunikat. **3.** anons.
announcer [ə'naʊnsər] *n.* prezenter/ka, spiker/ka.
annoy [ə'nɔɪ] *v.* drażnić, irytować, złościć.
annoyance [ə'nɔɪəns] *n.* **1.** rozdrażnienie, irytacja. **2.** utrapienie.
annoying [ə'nɔɪɪŋ] *a.* **1.** drażniący, irytujący. **2.** dokuczliwy.
annual ['ænjʊəl] *a.* **1.** roczny. **2.** doroczny. — *n.* rocznik (*publikacja*).
annually ['ænjʊəlɪ] *adv.* **1.** rocznie. **2.** dorocznie, corocznie, co rok(u).
annul [ə'nʌl] *v.* anulować, unieważniać; znosić.
anomaly [ə'nɑːmlɪ] *n.* anomalia, nieprawidłowość.
anonymity [ˌænə'nɪmətɪ] *n.* anonimowość.
anonymous [ə'nɑːnəməs] *a.* anonimowy; bezimienny; **~ letter** anonim; **sb wishes to remain ~** ktoś pragnie zachować anonimowość.
anorexia [ˌænə'reksɪə] *n.* anoreksja.
another [ə'nʌðər] *pron., a.* **1.** następny, kolejny, jeszcze jeden; **in ~ six months** za kolejne/następne sześć miesięcy; **yet ~** jeszcze jeden. **2.** drugi; **one after ~** jeden za/po drugim. **3.** inny; **~ time** innym razem; **one way or ~** w taki czy inny sposób, jakoś (tam).
answer ['ænsər] *n.* **1.** odpowiedź; **in ~ to sth** w odpowiedzi na coś. **2.** rozwiązanie. — *v.* **1.** odpowiadać; **~ a question/letter** odpowiedzieć na pytanie/list; **~ sb** odpowiedzieć komuś. **2.** rozwiązać (*zadanie*). **3.** podnosić słuchawkę, odbierać (telefon). **4.** **~ sb's requirements/needs** odpowiadać czyimś wymogom/potrzebom; **~ the door** otworzyć drzwi (*na pukanie l. dzwonek*); **~ the phone** odebrać telefon; **does that ~ your question?** czy ta odpowiedź cię zadowala? **5.** **~ for sth** odpowiedzieć/ponieść karę za coś; **have a lot to ~ for** *pot.* mieć dużo na sumieniu.
answering machine *n.* automatyczna sekretarka.
ant [ænt] *n.* mrówka.
antagonism [æn'tægəˌnɪzəm] *n.* antagonizm, wzajemna niechęć.
antagonize [æn'tægəˌnaɪz] *v.* **1.** zantagonizować, skłócić. **2.** zrazić do siebie.
Antarctic [ænt'ɑːrktɪk], **antarctic** *a.* antarktyczny; **the ~ Circle** koło podbiegunowe południowe, południowy krąg polarny. — *n.* **the ~** Antarktyka.
antelope ['æntəloʊp] *n.* antylopa.
antenna [æn'tenə] *n.* **1.** antena. **2.** *pl.* **antennae** [æn'teniː] czułek.
anthem ['ænθəm] *n.* hymn; **national ~** hymn państwowy.
anthology [æn'θɑːləʤɪ] *n.* antologia.
anthropology [ˌænθrə'pɑːləʤɪ] *n.* antropologia.
anti-aircraft [ˌæntɪ'erˌkræft] *a.* przeciwlotniczy.
antibiotic [ˌæntɪbaɪ'ɑːtɪk] *n.* antybiotyk.
antibody ['æntɪˌbɑːdɪ] *n.* przeciwciało.
anticipate [æn'tɪsəˌpeɪt] *v.* **1.** spodziewać się (*czegoś*), przewidywać. **2.** uprzedzać, antycypować (*np. czyjeś posunięcie*).
anticipation [ænˌtɪsə'peɪʃən] *n.* **1.** przewidywanie; **in ~ of sth** przewidując coś. **2.** wyczekiwanie, oczekiwanie.
antics ['æntɪks] *n. pl.* błazeństwa.
antidote ['æntɪˌdoʊt] *n.* odtrutka; antidotum.
antifreeze ['æntɪˌfriːz] *n.* płyn do chłodnic.
antipathy [æn'tɪpəθɪ] *n. form.* antypatia, niechęć.
antiquated ['æntəˌkweɪtɪd] *a.* przestarzały, staroświecki.

antique [æn'tiːk] *n.* antyk. — *a.* **1.** zabytkowy. **2.** **~ dealer** handlarz antykami; **~ shop** sklep z antykami, antykwariat.

antiquity [æn'tɪkwɪtɪ] *n.* **1.** (*także* **A~**) starożytność, świat starożytny. **2.** **antiquities** starożytności; antyki, zabytki.

anti-Semitism [ˌæntɪ'seməˌtɪzəm] *n.* antysemityzm.

antiseptic [ˌæntɪ'septɪk] *n., a.* (środek) odkażający/antyseptyczny.

antisocial [ˌæntɪ'souʃl] *a.* antyspołeczny.

anus ['eɪnəs] *n.* odbyt.

anxiety [æŋ'zaɪɪtɪ] *n.* **1.** niepokój; lęk. **2.** **in my/his/her ~ to do sth** starając się za wszelką cenę coś zrobić.

anxious ['æŋkʃəs] *a.* **1.** zaniepokojony, pełen obaw; **be ~ about sb/sth** niepokoić/obawiać się o kogoś/coś; **be ~ about doing sth** odczuwać lęk przed zrobieniem czegoś. **2.** **sb is ~ to do sth** komuś zależy na tym, żeby coś zrobić.

any ['enɪ] *a., pron.* **1.** jakiś, któryś; **are there ~ other questions?** czy są jeszcze jakieś pytania? **can ~ of you play (the) guitar?** czy któreś z was gra na gitarze? **2.** jakikolwiek, którykolwiek, obojętnie który. **3.** każdy; **(at) ~ moment** w każdej chwili; **at ~ rate** w każdym razie. **4.** żaden, ani jeden; **I don't have ~ books** nie mam żadnych książek; **(not) in ~ way** w żaden sposób. **5.** **in ~ case** w każdym razie, tak czy owak; poza tym, zresztą. — *adv.* **1.** trochę; **is he ~ better?** czy czuje się (choć) trochę lepiej? **2.** ani trochę; **not ~ worse than** ani trochę (nie) gorszy/gorzej niż. **3.** już; **I'm not going to wait ~ longer** nie będę już dłużej czekać. **4.** *pot.* wcale, w ogóle; **that didn't help ~** to wcale nie pomogło.

anybody ['enɪˌbɑːdɪ] *pron.* **1.** ktoś; **have you seen ~ we know?** widziałeś kogoś znajomego? **2.** ktokolwiek, obojętnie kto. **3.** każdy; **~ who has any sense...** każdy, kto ma choć trochę rozsądku... **4.** nikt; **there isn't ~ there** nikogo tam nie ma.

anyhow ['enɪˌhaʊ], **anyway** ['enɪˌweɪ] *adv.* **1.** w każdym razie; **not now ~** w każdym razie nie teraz. **2.** i tak; **I'll call her ~** i tak do niej zadzwonię. **3.** tak czy owak, tak czy inaczej; **~, as I was saying...** tak czy owak, jak (już) mówiłam...

anyone ['enɪˌwʌn] *pron.* = **anybody**.

anything ['enɪˌθɪŋ] *pron.* **1.** coś; **~ else?** czy jeszcze coś? **2.** cokolwiek, obojętnie co. **3.** wszystko; **~ can happen** wszystko może się zdarzyć. **4.** nic; **I can't hear ~** nic nie słyszę. **5.** **he's ~ but handsome** przystojny to on nie jest.

anyway ['enɪˌweɪ] *adv.* = **anyhow**.

anywhere ['enɪˌwer] *adv.* **1.** gdzieś; dokądś; **can you see her ~?** widzisz ją gdzieś? **2.** gdziekolwiek; dokądkolwiek; **put it ~ you like** połóż to gdzie(kolwiek) chcesz. **3.** nigdzie; **I'm not going ~** nigdzie nie wychodzę. **4.** **you won't get ~ with that attitude** z takim nastawieniem daleko nie zajdziesz.

apart [ə'pɑːrt] *adv.* **1.** z dala od siebie, oddzielnie, osobno; **grow/drift ~** oddalać się od siebie (*zwł. emocjonalnie*); **they live ~** mieszkają oddzielnie. **2.** **come/fall ~** rozpaść się (na kawałki); **take sth ~** rozebrać coś na części. **3.** **~ from** oprócz, poza; z wyjątkiem; **quite ~ from** pomijając już.

apartment [ə'pɑːrtmənt] *n.* mieszkanie; **~ house/building** budynek mieszkalny.

apathetic [ˌæpə'θetɪk] *a.* apatyczny.

apathy ['æpəθɪ] *n.* apatia.

ape [eɪp] *n.* małpa człekokształtna. — *v. pot.* małpować.

apex ['eɪpeks] *n.* **1.** *geom.* wierzchołek. **2.** *form.* szczyt (*zwł. kariery*).

apiece [ə'piːs] *adv.* od sztuki, za sztukę.

apologetic [əˌpɑːlə'dʒetɪk] *a.* **be ~** przepraszać.

apologize [ə'pɑːləˌdʒaɪz] *v.* przepraszać (*for sth* za coś, *to sb* kogoś).

apology [ə'pɑːlədʒɪ] *n.* przeprosiny; **owe sb an ~** być komuś winnym przeprosiny.

apostle [ə'pɑːsl] *n.* apostoł.

apostrophe [ə'pɑːstrəfɪ] *n.* apostrof.

appalling [ə'pɔːlɪŋ] *a.* **1.** przerażający; bulwersujący. **2.** okropny, fatalny.

apparatus [ˌæpə'rætəs] *n.* **1.** *t. polit.* aparat. **2.** aparatura; przyrządy (*t. gimnastyczne*).

apparent [ə'perənt] *a.* **1.** widoczny, oczywisty; **for no ~ reason** bez żadnej widocznej przyczyny. **2.** pozorny.

apparently [ə'perəntlɪ] *adv.* **1.** najwyraźniej, najwidoczniej. **2.** podobno.

apparition [ˌæpə'rɪʃən] *n.* zjawa, widmo.

appeal [ə'piːl] *v.* **1.** apelować. **2.** **~ to sb** podobać się komuś; przemawiać do kogoś. **3.** wnosić apelację, odwoływać się. — *n.* **1.** apel; **make/launch an ~** wystąpić z apelem. **2.** urok. **3.** apelacja, odwołanie; **Court of A~** Sąd Apelacyjny.

appealing [ə'piːlɪŋ] *a.* atrakcyjny.

appear [ə'piːr] *v.* **1.** pojawiać się, zjawiać się; ukazywać się (*t. drukiem*). **2.** *film, teatr* występować (*in sth* w czymś). **3.** wydawać się; **she ~ed (to be) upset** wyglądała na zdenerwowaną; **it ~s (to me) (that)...** wydaje (mi) się, że...; **so it ~s/would ~** na to wygląda/by wyglądało. **4.** **~ before/in front of** stawić się przed (*sądem, komisją*).

appearance [ə'piːrəns] *n.* **1.** wygląd zewnętrzny, powierzchowność. **2.** pojawienie się, ukazanie się; **put in/make an ~** pokazać/pojawić się (*na krótko i z obowiązku*). **3.** występ; **in order of ~** w kolejności pojawiania się na ekranie/scenie.

appendicitis [əˌpendɪ'saɪtɪs] *n.* zapalenie wyrostka robaczkowego.

appendix [ə'pendɪks] *n.* **1.** *pl. t.* **appendices** [ə'pendɪsiːz] apendyks; dodatek; załącznik. **2.** wyrostek (robaczkowy).

appetite ['æpɪˌtaɪt] *n.* apetyt.

appetizer ['æpɪˌtaɪzər] *n.* przystawka.

appetizing ['æpɪˌtaɪzɪŋ] *a.* apetyczny.

applaud [ə'plɔːd] *v.* **1.** klaskać, bić brawo. **2.** oklaskiwać. **3.** *form.* pochwalać.

applause [ə'plɔːz] *n.* **1.** oklaski. **2.** aplauz, poklask.

apple ['æpl] *n.* **1.** jabłko. **2.** **the ~ of sb's eye** czyjeś oczko w głowie.

appliance [ə'plaɪəns] *n.* urządzenie.

applicable ['æpləkəbl] *a.* **1.** **be ~ to sb/sth** stosować się do/dotyczyć kogoś/czegoś, mieć zastosowanie w przypadku kogoś/czegoś. **2.** stosowny, odpowiedni.

applicant ['æpləkənt] *n.* kandydat/ka.

application [ˌæplə'keɪʃən] *n.* **1.** podanie; **~ form** formularz zgłoszenia/wniosku; **job ~** podanie o pracę. **2.** zastosowanie. **3.** *komp.* aplikacja.

applied [ə'plaɪd] *a.* stosowany (*o dziedzinie wiedzy*).

apply [ə'plaɪ] *v.* **1.** stosować; aplikować. **2.** nakładać (*maść, krem*); przykładać (*kompres*). **3.** **~ for sth** ubiegać się o coś, składać podanie/wniosek o coś. **4.** **~ o.s. (to sth)** przyłożyć się (do czegoś). **5.** **~ to sb/**

sth odnosić się do/dotyczyć kogoś/czegoś; stosować się/mieć zastosowanie do kogoś/czegoś.
appoint [ə'pɔɪnt] *v.* **1. ~ sb (as) sth** mianować kogoś czymś. **2.** ustanawiać, wyznaczać.
appointment [ə'pɔɪntmənt] *n.* **1.** mianowanie, nominacja. **2.** umówione spotkanie; wizyta (*np. u lekarza*); **by ~** po wcześniejszym ustaleniu terminu; **make an ~ (with sb)** umówić się (z kimś), ustalić termin spotkania (z kimś).
appreciate [ə'priːʃɪˌeɪt] *v.* **1.** być wdzięcznym za; **I would ~ it if you...** byłbym wdzięczny gdybyś/cie... **2.** doceniać, cenić sobie. **3.** rozumieć, uświadamiać sobie.
appreciation [əˌpriːʃɪ'eɪʃən] *n.* **1.** wdzięczność; należyte uznanie. **2.** zrozumienie (*t. sztuki*).
apprehension [ˌæprɪ'henʃən] *n.* obawa.
apprehensive [ˌæprɪ'hensɪv] *a.* zaniepokojony.
apprentice [ə'prentɪs] *n.* praktykant/ka; ucze-ń/nnica.
apprenticeship [ə'prentɪsˌʃɪp] *n.* praktyka zawodowa.
approach [ə'proʊtʃ] *v.* **1.** nadchodzić; nadjeżdżać. **2.** zbliżać się do (*czegoś*); podchodzić do (*czegoś*); **temperatures ~ing 100° F** temperatury dochodzące do 100° Fahrenheita. **3.** być zbliżonym do (*czegoś*). **4. ~ sb about sth** zwrócić się do kogoś w jakiejś sprawie. — *n.* **1.** podejście. **2.** nadejście. **3.** dojście; dojazd.
appropriate *a.* [ə'proʊprɪət] właściwy, odpowiedni. — *v.* [ə'proʊprɪˌeɪt] *form.* przywłaszczyć sobie.
approval [ə'pruːvl] *n.* **1.** aprobata. **2.** zgoda; zatwierdzenie.
approve [ə'pruːv] *v.* **1. ~ of sb/sth** aprobować kogoś/coś. **2.** zatwierdzać.
approximate *a.* [ə'prɑːksəmət] przybliżony. — *v.* [ə'prɑːksəˌmeɪt] *form.* być zbliżonym do (*czegoś, danej kwoty*).
approximately [ə'prɑːksəmətlɪ] *adv.* w przybliżeniu.
apricot ['æprəˌkɑːt] *n.* morela.
April ['eɪprəl] *n.* **1.** kwiecień. **2. ~ Fools' Day** prima aprilis. **3.** *zob. t.* **February** (for phrases).
apron ['eɪprən] *n.* fartuch; fartuszek.
apt [æpt] *a.* **1.** trafny, celny (*o uwadze*). **2. be ~ to do sth** mieć tendencję do robienia czegoś.
aptitude ['æptɪˌtuːd] *n.* **1. ~ for sth** uzdolnienia w jakimś kierunku; talent do czegoś. **2. ~ test** test zdolności.
aquarium [ə'kwerɪəm] *n.* **1.** akwarium. **2.** oceanarium.
Aquarius [ə'kwerɪəs] Wodnik.
AR *abbr.* = **Arkansas.**
Arab ['erəb] *n.* Arab/ka. — *a.* arabski.
Arabic ['erəbɪk] *n., a.* (język) arabski.
arable ['erəbl] *a.* orny, uprawny.
arbitrary ['ɑːrbɪˌtrerɪ] *a.* arbitralny.
arbitration [ˌɑːrbɪ'treɪʃən] *n.* arbitraż.
arc [ɑːrk] *n. geom.* łuk.
arcade [ɑːr'keɪd] *n.* **1.** arkada. **2.** pasaż handlowy. **3. video ~** salon gier (automatycznych).
arch [ɑːrtʃ] *n.* łuk, sklepienie; przęsło (*mostu*). — *v.* wyginać (się) w łuk. — *a.* filuterny, figlarny.
archaic [ɑːr'keɪɪk] *a.* archaiczny.
archbishop [ˌɑːrtʃ'bɪʃəp] *n.* arcybiskup.
archeologist [ˌɑːrkɪ'ɑːlədʒɪst] *n.* archeolo-g/żka.
archeology [ˌɑːrkɪ'ɑːlədʒɪ] *n.* archeologia.
archipelago [ˌɑːrkə'peləˌgoʊ] *n.* archipelag.
architect ['ɑːrkɪˌtekt] *n.* architekt.
architecture ['ɑːrkɪˌtektʃər] *n.* architektura.
archives ['ɑːrkaɪvz] *n. pl.* archiwum, archiwa.
arctic ['ɑːrktɪk] *a.* arktyczny. — *n.* **the A~** Arktyka.
are [ɑːr; ər] *v. pl. i 2. os. sing. zob.* **be.**
area ['erɪə] *n.* **1.** obszar; okolica, teren; rejon, strefa. **2.** dziedzina (*wiedzy*). **3.** pole (powierzchni), powierzchnia.
area code *n.* numer kierunkowy.
arena [ə'riːnə] *n.* arena.
aren't [ɑːrnt] *v.* = **are not**; *zob.* **be.**
Argentina [ˌɑːrdʒən'tiːnə] *n.* Argentyna.
Argentinian [ˌɑːrdʒən'tiːnɪən] *a.* argentyński. — *n.* Argenty-ńczyk/nka.
arguable ['ɑːrgjʊəbl] *a.* dyskusyjny; wątpliwy.
arguably ['ɑːrgjʊəblɪ] *adv.* prawdopodobnie, niewykluczone, że.
argue ['ɑːrgjuː] *v.* **1.** spierać się; kłócić się. **2. ~ that** dowodzić, że; utrzymywać, że. **3. ~ for/against sth** argumentować za czymś/przeciw(ko) czemuś. **4.** rozpatrywać, roztrząsać.
argument ['ɑːrgjəmənt] *n.* **1.** kłótnia; spór; sprzeczka; **have an ~** pokłócić/posprzeczać się. **2.** argument (*for/against sth* za czymś/przeciw(ko) czemuś).
argumentative [ˌɑːrgjə'mentətɪv] *a.* **1.** kłótliwy. **2.** posługujący się argumentacją (*o wywodzie, eseju*).
aria ['ɑːrɪə] *n.* aria.
arid ['erɪd] *a.* suchy (*o ziemi, klimacie*).
Aries ['eriːz] *n.* Baran.
arise [ə'raɪz] *v.* **arose** [ə'roʊz], **arisen** [ə'rɪzən] **1.** powstawać. **2.** pojawiać się; rodzić się. **3. ~ from** wynikać z (*czegoś*); wyłaniać się z (*czegoś*). **4. when the need ~s** w razie potrzeby.
aristocracy [ˌerɪ'stɑːkrəsɪ] *n.* arystokracja.
aristocrat [ə'rɪstəˌkræt] *n.* arystokrat-a/ka.
arithmetic *n.* [ə'rɪθməˌtɪk] arytmetyka. — *a.* [ˌerɪθ'metɪk] (*także* **~al**) arytmetyczny.
Arizona [ˌerɪ'zoʊnə] *n.* (stan) Arizona.
Arkansas ['ɑːrkənˌsɔː] *n.* (stan) Arkansas.
arm [ɑːrm] *n.* **1.** ramię; ręka; **take sb by the ~** wziąć kogoś pod rękę; **take sb in one's ~s** wziąć kogoś w ramiona. **2.** poręcz (*fotela*). **3.** rękaw. **4. keep sb at ~'s length** trzymać kogoś na dystans; **within ~'s reach** w zasięgu ręki; na wyciągnięcie ręki. **5.** *zob. t.* **arms.** — *v.* zbroić (się).
armaments ['ɑːrməmənts] *n. pl.* **1.** broń. **2.** zbrojenia.
armchair ['ɑːrmˌtʃer] *n.* fotel.
armed [ɑːrmd] *a.* **1.** uzbrojony. **2.** zbrojny. **3. ~ robbery** napad z bronią w ręku.
armistice ['ɑːrmɪstɪs] *n.* zawieszenie broni.
armor ['ɑːrmər] *n.* **1.** zbroja. **2.** pancerz.
armpit ['ɑːrmˌpɪt] *n.* pacha.
arms ['ɑːrmz] *n. pl.* **1.** broń. **2. ~ race** wyścig zbrojeń.
army ['ɑːrmɪ] *n.* armia; wojsko; **join the ~** wstąpić do wojska.
aroma [ə'roʊmə] *n.* aromat; zapach.
aromatic [ˌerə'mætɪk] *a.* aromatyczny.
arose [ə'roʊz] *v. zob.* **arise.**
around [ə'raʊnd] *prep.* **1.** wokół, dokoła, naokoło. **2.** po (całym); **~ the country/world** po kraju/świecie. **3.** koło; w pobliżu. **4.** około; **~ two o'clock** około (godziny) drugiej. **5.** za; **~ the corner** za rogiem. — *adv.* **1.** wokół; na wszystkie strony; **all ~** dookoła, ze

wszystkich stron. **2.** w kółko (*np. obracać się*). **3. be ~** istnieć; **he's ~** kręci się/jest (gdzieś tu) w pobliżu; **see you ~** *pot.* na razie!

arouse [ə'raʊz] *v.* **1.** pobudzić; rozbudzić. **2.** budzić.

arrange [ə'reɪndʒ] *v.* **1.** porządkować; układać; ustawiać. **2.** organizować; załatwiać; **~ sth with sb** załatwić/ustalić coś z kimś. **3.** ustalać; planować. **4.** aranżować.

arrangement [ə'reɪndʒmənt] *n.* **1.** układ, rozmieszczenie. **2.** *muz.* aranżacja. **3.** kompozycja (*np. kwiatowa*). **4. ~s** przygotowania; ustalenia.

array [ə'reɪ] *n.* **a vast ~ of sth** szeroki wybór/wachlarz czegoś.

arrears [ə'riːrz] *n. pl.* zaległości; **be in ~ with sth** zalegać z czymś (*np. z czynszem*).

arrest [ə'rest] *v.* **1.** aresztować. **2.** wstrzymywać; hamować (*np. rozwój*). — *n.* **1.** aresztowanie; **be under ~** zostać aresztowanym; przebywać w areszcie; **make an ~** dokonać aresztowania. **2. cardiac ~** zatrzymanie akcji serca.

arrival [ə'raɪvl] *n.* **1.** przybycie; **on ~** w chwili przybycia, po przybyciu. **2.** przyjście; przyjazd; przylot; **~ lounge** hala przylotów. **3.** nadejście. **4.** przyjście na świat. **5.** przybysz/ka.

arrive [ə'raɪv] *v.* **1.** przybywać; przychodzić; przyjeżdżać; przylatywać (*at/in* do). **2.** nadchodzić. **3. ~ at a conclusion/an agreement** dojść do wniosku/porozumienia; **~ on the scene** pojawić się (*zwł. po raz pierwszy*).

arrogance ['erəgəns] *n.* arogancja.

arrogant ['erəgənt] *a.* arogancki.

arrow ['eroʊ] *n.* **1.** strzała. **2.** strzałka.

arsenal ['ɑːrsənl] *n.* arsenał.

arsenic *n.* ['ɑːrsənɪk] **1.** arsen. **2.** arszenik.

arson ['ɑːrsən] *n.* podpalenie.

art [ɑːrt] *n.* sztuka; **~ gallery** galeria sztuki; **work of ~** dzieło sztuki.

artery ['ɑːrtərɪ] *n.* **1.** arteria, tętnica. **2.** arteria (komunikacyjna).

artful ['ɑːrtfʊl] *a.* przebiegły.

arthritis [ɑːr'θraɪtɪs] *n.* artretyzm.

artichoke ['ɑːrtɪˌtʃoʊk] *n.* karczoch.

article ['ɑːrtɪkl] *n.* **1.** artykuł. **2. definite/indefinite ~** przedimek określony/nieokreślony. **3. ~ of clothing** część garderoby.

articulate *a.* [ɑːr'tɪkjələt] **1.** artykułowany; wyraźny. **2.** zrozumiały, jasno sformułowany. **3.** elokwentny. — *v.* [ɑːr'tɪkjəleɪt] **1.** artykułować. **2.** *form.* wyrażać.

artificial [ˌɑːrtə'fɪʃl] *a.* sztuczny; **~ intelligence** sztuczna inteligencja; **~ respiration** sztuczne oddychanie.

artillery [ɑːr'tɪlərɪ] *n.* artyleria.

artist ['ɑːrtɪst] *n.* artyst-a/ka.

artistic [ɑːr'tɪstɪk] *a.* **1.** artystyczny. **2.** uzdolniony artystycznie.

artistry ['ɑːrtɪstrɪ] *n.* artyzm.

as [æz; əz] *adv., prep., conj.* **1.** jak; **~ usual** jak zwykle; **~ you wish** jak sobie życzysz; **do ~ I say!** rób jak mówię! **such ~** taki(e) jak; **white ~ snow** biały jak śnieg. **2.** jako; **~ such** jako taki; **he works ~ a driver** pracuje jako kierowca. **3.** co; **~ for/to** co do, jeśli chodzi o. **4.** kiedy, gdy; **she came ~ I was leaving** przyszła, kiedy wychodziłem. **5.** ponieważ, skoro. **6.** choć, chociaż; **try ~ I might** choćbym nie wiem jak się starał. **7. so ~ (to do sth)** (po to,) żeby (coś zrobić). **8. ~ if/though** jakby, jak gdyby; **you look ~ if/though you were ill** wyglądasz, jakbyś był chory; **it's not ~ if they're poor** przecież nie są biedni. **9. ~ tall ~ I/me** taki wysoki, jak ja; **he is ~ old ~ I/me** ma tyle (samo) lat, co ja; **~ far ~** jeśli chodzi o; **~ far ~ I know** o ile wiem; **~ long ~** pod warunkiem że; jak długo, dopóki; **~ much ~ $100** aż sto dolarów; **~ soon ~** jak/skoro/gdy tylko; **~ soon ~ possible** jak najszybciej. **10. ~ well** również; **~ well ~** jak również; **A ~ well ~ B** zarówno A, jak i B; **just ~ well** równie dobrze; **it's just ~ well we didn't go** całe szczęście, że nie poszliśmy. **11. ~ from/of tomorrow** począwszy od jutra. **12. ~ yet** jak dotychczas/dotąd, na razie. **13. ~ it were** niejako; poniekąd. **14. ~ a result of sth** w wyniku/rezultacie czegoś, z powodu czegoś. **15. ~ a rule** z reguły, zasadniczo. **16. ~ opposed to** w przeciwieństwie do.

a.s.a.p. *abbr.* = **as soon as possible**.

asbestos [æs'bestəs] *n.* azbest.

ascend [ə'send] *v. form.* **1.** wznosić się. **2.** wspinać się po (*górach, schodach*).

ascent [ə'sent] *n.* **1.** wspinanie się; wspinaczka. **2.** droga pod górę.

ascribe [ə'skraɪb] *v.* **~ sth to sb/sth** *form.* przypisywać coś komuś/czemuś.

ash [æʃ] *n.* **1.** popiół. **2.** jesion.

ashamed [ə'ʃeɪmd] *a.* zawstydzony; **be ~ of sb/sth** wstydzić się kogoś/czegoś; **be ~ to do sth** wstydzić się coś zrobić.

ashore [ə'ʃɔːr] *adv.* **1.** na brzeg/ląd. **2.** na brzegu/lądzie.

ashtray ['æʃˌtreɪ] *n.* popielniczka.

Ash Wednesday *n.* środa popielcowa, popielec.

Asia ['eɪʒə] *n.* Azja; **~ Minor** Azja Mniejsza.

Asian ['eɪʒən] *a.* azjatycki. — *n.* Azjat-a/ka.

aside [ə'saɪd] *adv.* **1.** na bok; na stronę; **put/set ~** odkładać (*pieniądze, coś dla kogoś*). **2.** na boku; na stronie, na osobności. **3. ~ from** z wyjątkiem; poza, oprócz.

ask [æsk] *v.* **1.** pytać; **~ sb sth** spytać kogoś o coś; **~ (sb) about sth** spytać (kogoś) o coś; **~ sb a question** zadać komuś pytanie, zapytać kogoś; **~ sb the price/time/way** spytać kogoś o cenę/godzinę/drogę; **~ permission** pytać o pozwolenie. **2.** prosić; **~ (sb) for sth** poprosić (kogoś) o coś; **~ sb to do sth** poprosić kogoś, żeby coś zrobił; **~ a favor of sb** poprosić kogoś o przysługę. **3. if you ~ me** *pot.* według mnie. **4. ~ after sb** pytać o kogoś, pytać, co u kogoś słychać; **~ around (for sth)** rozglądać się (za czymś); **~ sb back** odwzajemnić czyjeś zaproszenie; **~ for trouble/it** *pot.* szukać nieszczęścia; **he ~ed for it** sam się o to prosił; **~ sb in** zaprosić kogoś do środka; **~ sb out (to dinner)** zaprosić kogoś (do restauracji); **~ sb over** zaprosić kogoś do siebie/do domu; **~ sb to a party/wedding** zaprosić kogoś na przyjęcie/wesele.

asleep [ə'sliːp] *a.* śpiący; pogrążony we śnie; **be (fast/sound) ~** spać (głęboko/smacznie); **fall ~** zasnąć.

asparagus [ə'sperəgəs] *n.* szparagi; **~ tips** główki szparagów.

aspect ['æspekt] *n.* aspekt.

asphalt ['æsfɔːlt] *n.* asfalt.

aspiration [ˌæspə'reɪʃən] *n.* **1. ~s** aspiracje, ambicje. **2.** *fon.* aspiracja, przydech.

aspire [ə'spaɪr] *v.* **~ to sth** aspirować/dążyć do czegoś.

aspirin ['æspərɪn] *n.* aspiryna.
ass [æs] *n.* **1.** osioł. **2.** *wulg. pot.* dupa; **be a pain in the ~** być (strasznie) upierdliwym.
assassin [ə'sæsɪn] *n.* zamachowiec; zabój-ca/czyni.
assassination [əˌsæsə'neɪʃən] *n.* **1.** zabójstwo, morderstwo (*zw. na tle politycznym*). **2.** zamach.
assault [ə'sɔːlt] *n.* **1.** napad. **2.** napaść. — *v.* **1.** napaść (na). **2.** zgwałcić.
assemble [ə'sembl] *v.* **1.** zbierać (się), gromadzić (się). **2.** składać, montować.
assembly [ə'semblɪ] *n.* **1.** zgromadzenie; **freedom of ~** wolność zgromadzeń; **General A~** Zgromadzenie Ogólne; **National A~** Zgromadzenie Narodowe. **2.** montaż; **~ line** linia montażowa. **3.** *szkoln.* apel.
assent [ə'sent] *form. n.* zgoda. — *v.* **~ to sth** wyrazić zgodę na coś.
assert [ə'sɝːt] *v.* **1.** **~ one's rights/independence** upominać się o swoje prawa/niezależność; **~ o.s.** zaznaczać swój autorytet. **2.** **~ that...** twierdzić, że...
assertion [ə'sɝːʃən] *n.* twierdzenie.
assess [ə'ses] *v.* szacować; oceniać.
assessment [ə'sesmənt] *n.* **1.** oszacowanie; wycena. **2.** ocena.
asset ['æset] *n.* **1.** atut, zaleta. **2.** **~s** majątek. **3.** **be an ~** przydawać się.
assiduous [ə'sɪdʒuəs] *a.* gorliwy; wytrwały.
assign [ə'saɪn] *v.* **1.** wyznaczać, przydzielać; **~ sb a duty/task** powierzyć komuś obowiązek/zadanie; **~ sb to sth** wyznaczyć kogoś do czegoś. **2.** przeznaczyć (*czas, pieniądze*); wyasygnować.
assignment [ə'saɪnmənt] *n.* zadanie.
assimilate [ə'sɪməˌleɪt] *v.* **1.** przyswajać sobie. **2.** przystosowywać/asymilować się.
assist [ə'sɪst] *v.* **~ (sb) in/with sth** *form.* pomagać (komuś) w czymś.
assistance [ə'sɪstəns] *n.* pomoc; wsparcie.
assistant [ə'sɪstənt] *n.* asystent/ka, pomocni-k/ca.
associate *v.* [ə'souʃɪˌeɪt] **1.** kojarzyć. **2.** **be ~d with sth** łączyć się z czymś. — *n.* [ə'souʃɪət] wspólni-k/czka. — *a.* [ə'souʃɪət] stowarzyszony, zrzeszony.
association [əˌsousɪ'eɪʃən] *n.* **1.** stowarzyszenie, zrzeszenie; towarzystwo. **2.** skojarzenie. **3.** **in ~ with** wspólnie z.
assorted [ə'sɔːrtɪd] *a.* mieszany; **~ chocolates** mieszanka czekoladowa; **in ~ sizes** w różnych rozmiarach.
assortment [ə'sɔːrtmənt] *n.* asortyment, wybór.
assume [ə'suːm] *v.* **1.** zakładać, przyjmować; **let's ~ (that)...** załóżmy/przyjmijmy, że... **2.** **~ control/power** przejąć kontrolę/władzę; **~ responsibility** wziąć na siebie odpowiedzialność. **3.** *form.* przybrać (*postać, nazwisko*).
assumption [ə'sʌmpʃən] *n.* założenie; **on the ~ that...** zakładając, że...
assurance [ə'ʃurəns] *n.* **1.** zapewnienie; gwarancja. **2.** przekonanie.
assure [ə'ʃur] *v.* zapewniać.
asterisk ['æstərɪsk] *n. druk.* gwiazdka (*np. jako odsyłacz*).
asthma ['æzmə] *n.* astma.
astonish [ə'stɑːnɪʃ] *v.* zdumiewać, zadziwiać.
astonishment [ə'stɑːnɪʃmənt] *n.* zdumienie, zdziwienie; **to sb's ~** ku czyjemuś zdumieniu.
astride [ə'straɪd] *prep., adv.* okrakiem (na).
astrology [ə'strɑːlədʒɪ] *n.* astrologia.
astronaut ['æstrəˌnɔːt] *n.* astronaut-a/ka.
astronomer [ə'strɑːnəmər] *n.* astronom.
astronomical [ˌæstrə'nɑːmɪkl] *a.* astronomiczny.
astronomy [ə'strɑːnəmɪ] *n.* astronomia.
astute [ə'stuːt] *a.* **1.** wnikliwy; bystry. **2.** chytry, przebiegły.
asylum [ə'saɪləm] *n.* **1.** azyl; **grant (political) ~ to sb** udzielić komuś azylu (politycznego). **2.** schronisko, przytułek; (*także* **lunatic ~**) *przest.* szpital dla umysłowo chorych.
at [æt; ət] *prep.* **1.** przy; **~ dinner** przy obiedzie; **~ the table** przy stole. **2.** u; **~ my sister's (house/place)** u mojej siostry. **3.** w; **~ home** w domu; **~ night** w nocy; **~ the moment** w tej chwili. **4.** na; **~ Christmas** na Boże Narodzenie; **~ the corner** na rogu. **5.** o; **~ 4 o'clock** o (godzinie) czwartej; **~ midnight** o północy. **6.** po; **~ $5 a kilo** po 5 dolarów za kilogram. **7.** z; **~ 70 km/h** z prędkością 70 km na godzinę. **8.** **~ all** wcale; **~ first** początkowo; **~ least** przynajmniej; **~ length** obszernie; **~ once** natychmiast; **~ that** do tego, na dodatek; **~ times** czasami; **not ~ all** *zob.* **all**.
ate [eɪt] *v. zob.* **eat**.
atheist ['eɪθɪɪst] *n.* ateist-a/ka.
athlete ['æθliːt] *n.* sportowiec, sportsmen/ka; lekkoatlet-a/ka.
athletic [æθ'letɪk] *a.* **1.** sportowy; lekkoatletyczny. **2.** wysportowany. **3.** atletyczny.
Atlantic [æt'læntɪk] *a.* atlantycki; **~ Pact** Pakt Północno-Atlantycki; **the ~ Ocean** Ocean Atlantycki. — *n.* **the ~** Atlantyk.
atlas ['ætləs] *n.* atlas.
atmosphere ['ætməsˌfiːr] *n.* atmosfera.
atom ['ætəm] *n.* atom.
atomic [ə'tɑːmɪk] *a.* atomowy.
atomic bomb *n.* (*także* **atom bomb**) bomba atomowa.
attach [ə'tætʃ] *v.* **1.** **~ sth to sth** przymocować/przytwierdzić coś do czegoś. **2.** załączać. **3.** **~ importance to sth** przywiązywać wagę do czegoś.
attachment [ə'tætʃmənt] *n.* **1.** przywiązanie. **2.** dodatek; załącznik.
attack [ə'tæk] *v.* atakować. — *n.* **1.** atak; natarcie; **~ on sb/sth** atak/zamach na kogoś/coś. **2.** napaść (*słowna*). **3.** **heart ~** zawał serca. **4.** **panic ~** napad lęku.
attacker [ə'tækər] *n.* napastni-k/czka.
attain [ə'teɪn] *v. form.* osiągnąć; zdobyć; uzyskać; **~ a goal** dopiąć celu.
attempt [ə'tempt] *v.* próbować, usiłować; **~ sth** próbować czegoś; **~ to do sth** próbować/usiłować coś zrobić. — *n.* **1.** próba; **in an ~ to do sth** próbując/usiłując coś zrobić. **2.** **~ on sb's life** zamach na czyjeś życie.
attend [ə'tend] *v.* **1.** chodzić do (*szkoły*); uczęszczać na (*zajęcia*). **2.** *form.* brać udział (w) (*czymś*); być obecnym (na) (*czymś*). **3.** **~ to sb/sth** *form.* zajmować się kimś/czymś.
attendance [ə'tendəns] *n.* frekwencja; obecność (*at sth* na czymś).
attendant [ə'tendənt] *a. form.* towarzyszący (*o okolicznościach, ryzyku*). — *n.* pracowni-k/ca obsługi; **flight ~** steward/essa.
attention [ə'tenʃən] *n.* **1.** uwaga; **attract/catch sb's ~** przyciągać/zwracać czyjąś uwagę; **bring sth to sb's ~** zwrócić czyjąś uwagę na coś; **may/could I have your ~?** czy mogę prosić o uwagę? **pay ~** uważać, słuchać uważnie; **pay ~ to sb/sth** zwracać uwagę na

kogoś/coś. 2. **be at/stand to ~** stać/stanąć na baczność. 3. **medical ~** pomoc medyczna.
attentive [ə'tentɪv] *a.* 1. uważny, baczny. 2. troskliwy; usłużny.
attic ['ætɪk] *n.* poddasze, strych.
attitude ['ætɪˌtuːd] *n.* 1. **~ to/toward sth** stosunek do czegoś. 2. postawa. 3. **have an ~ problem** *pot.* mieć niewłaściwy stosunek do otoczenia.
attorney [ə'tɝːnɪ] *n.* 1. pełnomocnik (prawny). 2. **district/prosecuting ~** prokurator okręgowy. 3. **~ general** minister sprawiedliwości i prokurator generalny.
attract [ə'trækt] *v.* 1. przyciągać; **~ attention** przyciągać uwagę; **~ interest** wzbudzać zainteresowanie. 2. pociągać; **he is (not) ~ed to her** ona go (nie) pociąga.
attraction [ə'trækʃən] *n.* 1. atrakcja. 2. pociąg (*seksualny*).
attractive [ə'træktɪv] *a.* atrakcyjny.
attribute *n.* ['ætrəˌbjuːt] 1. atrybut, cecha. 2. *gram.* przydawka. — *v.* [ə'trɪbjuːt] **~ sth to sb/sth** przypisywać coś komuś/czemuś.
auburn ['ɔːbərn] *a.* rudawobrązowy, kasztanowaty.
auction ['ɔːkʃən] *n.* aukcja, licytacja. — *v.* sprzedawać na licytacji.
audible ['ɔːdəbl] *a.* słyszalny.
audience ['ɔːdɪəns] *n.* 1. publiczność, widownia. 2. odbiorcy; widzowie; słuchacze; czytelnicy. 3. audiencja (*with sb* u kogoś).
audiovisual [ˌɔːdɪoʊ'vɪʒʊəl] *a.* **~ aids** pomoce audiowizualne.
audit ['ɔːdɪt] *n.* audyt. — *v.* 1. kontrolować (*sprawozdania finansowe*). 2. hospitować (*lekcje*). 3. **~ classes** uczestniczyć w zajęciach na zasadzie wolnego słuchacza.
audition [ɔː'dɪʃən] *teatr, film n.* przesłuchanie. — *v.* 1. mieć przesłuchanie (*for* do roli (w)). 2. przesłuchiwać (*kandydatów*).
auditor ['ɔːdɪtər] *n.* 1. *fin.* audytor/ka. 2. woln-y/a słuchacz/ka.
auditorium [ˌɔːdɪ'tɔːrɪəm] *n.* 1. widownia. 2. audytorium, aula, sala.
augment [ɔːg'ment] *v. form.* powiększać (się), zwiększać (się).
August ['ɔːgəst] *n.* sierpień; *zob. t.* **February** (for phrases).
aunt [ænt] *n.* ciotka.
auntie ['æntɪ] *n.* ciocia.
aura ['ɔːrə] *n.* aura.
auspicious [ɔː'spɪʃəs] *a. form.* dobrze wróżący; pomyślny.
austere [ɔː'stiːr] *a.* surowy; ascetyczny.
austerity [ɔː'sterətɪ] *n.* surowość; prostota.
Australia [ɔː'streɪljə] *n.* Australia.
Australian [ɔː'streɪljən] *a.* australijski. — *n.* Australijczyk/ka.
Austria ['ɔːstrɪə] *n.* Austria.
Austrian ['ɔːstrɪən] *a.* austriacki. — *n.* Austria-k/czka.
authentic [ɔː'θentɪk] *a.* autentyczny.
author ['ɔːθər] *n.* 1. autor/ka; pisa-rz/rka. 2. autor/ka, twór-ca/czyni. — *v.* 1. napisać (*książkę, sprawozdanie*). 2. być twórcą (*planu, strategii*).
authoritative [ə'θɔːrəˌteɪtɪv] *a.* 1. autorytatywny; władczy. 2. wiarygodny, miarodajny.
authority [ə'θɔːrətɪ] *n.* 1. władza; **have ~ over sb** mieć władzę nad kimś. 2. autorytet (*osoba*) (*on sth* w jakiejś dziedzinie). 3. **authorities** władze. 4. **have sth on sb's ~/on good ~** wiedzieć o czymś od kogoś/z pewnego źródła.
authorize ['ɔːθəˌraɪz] *v.* 1. zezwalać na, wyrażać zgodę na; **~ sb (to do sth)** upoważnić kogoś (do zrobienia czegoś). 2. sankcjonować; zatwierdzać.
autistic [ɔː'tɪstɪk] *a.* autystyczny.
autobiography [ˌɔːtəbaɪ'ɑːgrəfɪ] *n.* autobiografia.
autograph ['ɔːtəˌgræf] *n.* autograf. — *a.* własnoręczny. — *v.* podpisywać, składać autograf na (*czymś*).
automated ['ɔːtəˌmeɪtɪd] *a.* zautomatyzowany.
automatic [ˌɔːtə'mætɪk] *a.* 1. automatyczny. 2. machinalny, bezwiedny; odruchowy. — *n.* 1. broń automatyczna. 2. samochód z automatyczną skrzynią biegów.
automatically [ˌɔːtə'mætɪklɪ] *adv.* 1. automatycznie. 2. odruchowo.
automation [ˌɔːtə'meɪʃən] *n.* automatyzacja.
automaton [ɔː'tɑːməˌtɑːn] *n. pl. t.* **automata** [ɔː'tɑːmətə] automat, robot.
automobile [ˌɔːtəmə'biːl] *n.* samochód.
autonomous [ɔː'tɑːnəməs] *a.* 1. autonomiczny. 2. samodzielny; samorządny; niezależny.
autonomy [ɔː'tɑːnəmɪ] *n.* 1. autonomia. 2. samodzielność; niezależność.
autopsy ['ɔːtɑːpsɪ] *n.* autopsja, sekcja zwłok.
autumn ['ɔːtəm] *n. Br.* jesień.
auxiliary [ɔːg'zɪljərɪ] *a.* 1. pomocniczy. 2. **~ verb** czasownik posiłkowy. — *n.* pomocni-k/ca.
avail [ə'veɪl] *form. v.* **~ o.s. of sth** korzystać z czegoś. — *n.* **to no ~** daremnie, na próżno.
availability [əˌveɪlə'bɪlətɪ] *n.* dostępność.
available [ə'veɪləbl] *a.* 1. osiągalny; dostępny; **make sth ~ to sb** udostępnić coś komuś; **readily/freely ~** łatwo dostępny. 2. wolny, do dyspozycji. 3. do wzięcia (= *niemający partnera*).
avalanche ['ævəˌlæntʃ] *n.* lawina.
ave., Ave. *abbr.* al. (= *aleja*).
avenge [ə'vendʒ] *v. lit.* pomścić.
avenue ['ævəˌnjuː] *n.* 1. aleja (*zwł. w nazwach*). 2. możliwość; **~s of escape** możliwości/drogi ucieczki; **explore every ~** próbować wszystkiego.
average ['ævərɪdʒ] *n.* średnia, przeciętna; **above/below ~** powyżej/poniżej średniej; **on an/the ~** przeciętnie, średnio. — *a.* średni; przeciętny; **of ~ height** średniego wzrostu; **of ~ intelligence** przeciętnie inteligentny. — *v.* 1. wynosić/osiągać przeciętnie/średnio; **~ $50,000 a year** zarabiać średnio 50 tys. dolarów rocznie. 2. **~ out** wynosić średnio.
aversion [ə'vɝːʒən] *n.* awersja, niechęć.
avert [ə'vɝːt] *v.* 1. **~ one's eyes/gaze (from sth)** odwrócić oczy/spojrzenie (od czegoś). 2. zapobiec (*czemuś*), uniknąć (*czegoś*).
aviation [ˌeɪvɪ'eɪʃən] *n.* lotnictwo.
avid ['ævɪd] *a.* gorliwy, zagorzały.
avocado [ˌævə'kɑːdoʊ] *n.* awokado.
avoid [ə'vɔɪd] *v.* unikać (*czegoś*); uchylać się od (*czegoś*); **~ doing sth** unikać robienia czegoś.
await [ə'weɪt] *v. form.* oczekiwać (*kogoś l. czegoś*), czekać; **long ~ed** długo oczekiwany.
awake [ə'weɪk] *v. pret.* **awoke** *pp.* **awaken** *l.* **awakened** 1. budzić (się). 2. wzbudzać, rozbudzać. — *a.* **be ~** nie spać; **keep sb ~** nie dawać komuś spać; **lie ~** nie móc zasnąć/spać; **stay ~** czuwać, nie spać; **wide ~** całkowicie obudzony/przytomny.
awakening [ə'weɪkənɪŋ] *n.* przebudzenie.

award [ə'wɔːrd] *n.* nagroda. — *v.* **1.** **~ sb sth** (*także* **~ sth to sb**) nagrodzić kogoś czymś; przyznać/nadać komuś coś (*np. odznaczenie*). **2.** zasądzić (*odszkodowanie*).

aware [ə'wer] *a.* **be ~ of sth** być świadomym czegoś; **become ~ of sth** uświadomić sobie coś; **politically/ socially ~** świadomy politycznie/społecznie; **so/as far as I am ~** o ile mi wiadomo.

awareness [ə'wernəs] *n.* świadomość; **raise ~** podnosić świadomość.

away [ə'weɪ] *adv.* **1.** z dala, daleko (*from sb/sth* od kogoś/czegoś); **(not) far ~** (nie)daleko (stąd/stamtąd); **the wedding is three days ~** do ślubu pozostały trzy dni. **2.** na bok, w innym kierunku; **turn ~** odwrócić (się); **walk/drive ~** odejść/odjechać. **3. be ~** być nieobecnym; **he is ~** nie ma go; **she is ~ (in Denver/for a month)** wyjechała (do Denver/na miesiąc). **4. talk ~** mówić bez przerwy; **work ~** pracować zawzięcie. — *a.* **~ game** mecz wyjazdowy/na wyjeździe.

awe [ɔː] *n.* respekt; podziw (*zmieszany z lękiem*); nabożna cześć.

awful ['ɔːfʊl] *a.* straszny, okropny; **an ~ lot** *pot.* strasznie dużo; **feel/look ~** czuć się/wyglądać okropnie.

awfully ['ɔːfʊlɪ] *adv.* **1.** strasznie, okropnie. **2.** *pot.* bardzo.

awkward ['ɔːkwərd] *a.* **1.** niezdarny. **2.** kłopotliwy, niezręczny. **3.** nieporęczny, niewygodny.

awoke [ə'woʊk] *v. zob.* **awake**.

awoken *v. zob.* **awake**.

ax [æks] *n.* siekiera; topór. — *v. pot.* **1.** likwidować (*miejsca pracy*). **2.** ciąć, redukować (*wydatki*).

axis ['æksɪs] *n. pl.* **axes** ['æksiːz] oś.

AZ *abbr.* = **Arizona**.

B

B.A. [ˌbiː 'eɪ], **BA** *abbr.* **Bachelor of Arts** licencjat; **a ~ in sth** licencjat z czegoś.

babble ['bæbl] *v.* **1.** paplać, trajkotać; bełkotać. **2.** gaworzyć. **3.** szemrać (*o strumieniu*).

babe [beɪb] *n. pot.* **1.** *voc.* kochanie, dziecinko. **2.** babka, laska.

baby ['beɪbɪ] *n.* **1.** niemowlę; dzidziuś; **~ boy/girl** chłopczyk/dziewczynka; **be expecting a ~** spodziewać się dziecka; **have a ~** urodzić (dziecko). **2.** dzieciuch, dzieciak; mazgaj. **3.** *voc. pot.* kochanie. **4. sb's ~** czyjeś dziecko (*o pomyśle*). — *v.* hołubić; cackać się z (*kimś*).

baby carriage *n.* (*także* **baby buggy**) wózek niemowlęcy.

babysit ['beɪbɪsɪt] *v.* opiekować się dziećmi.

babysitter ['beɪbɪsɪtər] *n.* opiekun/ka do dzieci.

bachelor ['bætʃələr] *n.* **1.** kawaler. **2. B~ of Arts/Science** licencjat nauk humanistycznych/ścisłych; **~'s degree** licencjat (*stopień*).

back [bæk] *n.* **1.** plecy; grzbiet (*t. książki, dłoni*). **2.** kręgosłup; krzyż. **3.** oparcie (*krzesła*). **4.** tył; koniec; odwrotna strona; **at the ~ (of sth)** z tyłu (czegoś); **in the ~ (of sth)** w tylnej części/w głębi (czegoś). **5. be at/in the ~ of sb's mind** świtać/majaczyć komuś; **behind sb's ~** za czyimiś plecami; **get off sb's ~** *pot.* odczepić się od kogoś; **with one's ~ to the wall** przyparty do muru. — *a.* **1.** tylny; **~ door** tylne drzwi. **2. ~ current** prąd wsteczny. **3. ~ issues of a magazine** wcześniejsze numery czasopisma. **4. ~ rent/tax** zaległy czynsz/podatek. — *adv.* **1.** do tyłu, w tył, wstecz; **a few years ~** kilka lat temu; **go/move ~** cofnąć się; **lean ~** odchylić się w tył. **2.** z powrotem; na (dawne) miejsce; **~ home** (z powrotem) w/do domu; **be ~** wrócić, być z powrotem; **put sth ~** odłożyć coś na miejsce. **3.** w odpowiedzi/rewanżu; **smile ~ (to sb)** odwzajemnić (czyjś) uśmiech; **write ~** odpisać (*na list*). — *v.* **1.** popierać, wspierać. **2.** towarzyszyć, akompaniować (*komuś*). **3.** cofać, wprowadzać/wyprowadzać tyłem (*samochód*). **4. ~ sth (with sth)** podszywać/podklejać/wzmacniać coś (czymś). **5. ~ away (from sth)** wycofać się (z obawy przed czymś); **~ down/off (from sth)** wycofać się (z czegoś); **~ onto sth** stać tyłem do czegoś (*o budynku*); **~ out (of sth)** wycofać się (z czegoś) (*z umowy, przedsięwzięcia*); **~ up** cofać (się) (*samochodem*); spiętrzyć/nagromadzić się; **~ sb/sth up** popierać/wspierać/wspomagać kogoś/coś; **~ sb up** potwierdzać czyjąś prawdomówność; **~ sth up** uwiarygodniać/potwierdzać coś (*zwł. czyjeś słowa*); *komp.* sporządzać zapasową kopię czegoś.

backache ['bækˌeɪk] *n.* ból pleców/krzyża.

backbone ['bækˌboʊn] *n.* **1.** kręgosłup. **2. the ~ of sth** oś/podstawa czegoś.

backfire ['bækˌfaɪr] *v.* **1.** strzelać (*o silniku*). **2.** odnieść odwrotny skutek; spalić na panewce.

background ['bækˌgraʊnd] *n.* **1.** tło; dalszy/drugi plan; **in the ~** w tle; na drugim planie. **2.** pochodzenie; środowisko (społeczne); wykształcenie; doświadczenie.

backhand ['bækˌhænd] *n.* bekhend.

backhanded ['bækˌhændɪd] *a.* **1.** z bekhendu. **2.** dwuznaczny (*o komplemencie, uwadze*).

backing ['bækɪŋ] *n.* **1.** poparcie. **2.** podklejka. **3.** *muz.* podkład.

backlash ['bækˌlæʃ] *n.* **~ (against sth)** gwałtowna reakcja (na coś), ostry sprzeciw (wobec czegoś).

backlog ['bækˌlɔːg] *n.* zaległości; **~ of orders** zaległe zamówienia; **~ of work** zaległości w pracy.

backpack ['bækˌpæk] *n.* plecak. — *v.* podróżować z plecakiem.

backside [ˌbæk'saɪd] *n. pot.* tyłek.

backstage [ˌbæk'steɪdʒ] *adv.* za kulisami. — *a.* zakulisowy.

backstroke ['bækˌstroʊk] *n.* styl grzbietowy.

backup ['bækˌʌp] *n.* **1.** *komp.* wersja/kopia zapasowa. **2.** wsparcie, poparcie. **3.** zaplecze. — *a.* zapasowy; awaryjny.

backward ['bækwərd] *a.* **1.** (skierowany) wstecz/do tyłu. **2.** zacofany; opóźniony w rozwoju. — *adv.* (*także* **~s**) **1.** do tyłu, w tył, wstecz; tyłem; wspak, od tyłu. **2. ~ and forward** tam i z powrotem; **bend/lean over ~ (to do sth)** *pot.* wychodzić ze skóry (żeby coś zrobić).

backwater ['bæk,wɔːtər] *n.* **1.** zaścianek. **2.** rozlewisko; zalew.
backyard [,bæk'jɑːrd] *n.* **1.** ogród/trawnik na tyłach domu. **2. in one's own ~** na własnym podwórku.
bacon ['beɪkən] *n.* bekon, boczek; **~ and eggs** jajka na boczku.
bacteria [bæk'tiːrɪə] *n. pl.* bakterie.
bacterium [bæk'tiːrɪəm] *n.* bakteria.
bad [bæd] *a.* **worse, worst 1.** zły; **~ behavior** złe zachowanie; **in ~ taste** w złym guście. **2.** słaby, marny, kiepski; **he's ~ at math** jest słaby z matematyki. **3.** szkodliwy, niezdrowy. **4.** niedobry, nienadający się; niesprzyjający. **5.** poważny, groźny (w skutkach); silny; **~ mistake** poważny błąd; **~ cold** silny katar. **6.** przykry, brzydki; wulgarny; **~ language** wulgarny/niecenzuralny język; **~ smell** przykry zapach; **~ weather** brzydka pogoda, niepogoda. **7. ~ back** chory kręgosłup; **~ tooth** bolący ząb. **8.** nieświeży, zepsuty; **go ~** psuć się (*o jedzeniu*). **9.** niedobry, niegrzeczny. **10.** *sl.* świetny, pierwszorzędny. **11. feel ~** czuć się źle; gryźć się, czuć się podle (*about sth* z powodu czegoś); **it's too ~ (that...)** szkoda (że...); **(that's) too ~** a to pech. — *adv. pot.* bardzo, strasznie, okropnie; **we need the money real ~** bardzo potrzebujemy tych pieniędzy.
badge [bædʒ] *n.* **1.** znaczek (*przypinany do ubrania*); identyfikator, plakietka. **2.** *form.* oznaka, znamię (*of sth* czegoś).
badger ['bædʒər] *n.* borsuk. — *v.* **~ sb (to do sth/into doing sth)** zamęczać kogoś (, żeby coś zrobił).
badly ['bædlɪ] *adv.* **worse, worst 1.** źle, niedobrze. **2.** marnie, kiepsko, podle. **3.** poważnie, groźnie; **be ~ hurt** odnieść poważne obrażenia. **4. ~ beaten/defeated** sromotnie pokonany. **5. want/need sth ~** bardzo/pilnie chcieć/potrzebować czegoś. **6. ~ off** biedny, ubogi; **be ~ off for sth** bardzo potrzebować czegoś.
badminton ['bædmɪntən] *n.* badminton.
bad-tempered [,bæd'tempərd] *a.* **1.** choleryczny, wybuchowy, popędliwy. **2.** w złym humorze.
baffle ['bæfl] *v.* wprawiać w zakłopotanie, peszyć; konsternować, zbijać z tropu.
bag [bæg] *n.* **1.** torebka, woreczek. **2.** torba; walizka. **3.** (*także* **hand~**) torebka (damska). **4.** worek; sakwa. **5. ~s** bagaż, manatki. **6. air ~** poduszka powietrzna; **shopping-~** torba na zakupy. **7. (old) ~** *pot.* babsko, babsztyl. — *v.* **1. ~ (up)** wkładać/pakować do torby. **2.** *pot.* złapać, capnąć; upolować.
bagel ['beɪgl] *n.* bajgiel.
baggage ['bægɪdʒ] *n.* bagaż.
baggage room *n.* przechowalnia bagażu.
baggy ['bægɪ] *a.* wypchany; workowaty.
bagpipes ['bæg,paɪps] *n. pl.* dudy, koza.
Bahamas [bə'hɑːməz] *n. pl.* **the ~** Wyspy Bahama, Bahamy.
bail [beɪl] *n.* kaucja (sądowa); **(out/released) on ~** (zwolniony) za kaucją. — *v.* **1. ~ (out)** wygarniać (*wodę z łodzi*); opróżniać z wody (*łódź*). **2. ~ sb out** wpłacić kaucję za kogoś; poratować kogoś finansowo; wyciągnąć kogoś z tarapatów.
bailiff ['beɪlɪf] *n.* woźny sądowy.
bait [beɪt] *n.* **1.** przynęta; **take the ~** brać (*o rybach*). **2. rise to the ~** dać się zwabić/skusić; dać się sprowokować.
bake [beɪk] *v.* **1.** piec (się); **we ~ our own bread** sami pieczemy chleb; **the bread is baking** chleb się piecze. **2.** wypalać (się) (*o cegłach, ceramice*). **3.** *pot.* **it's baking in here** strasznie tu gorąco; **I'm baking in this jacket** gotuję się w tej marynarce.
baker ['beɪkər] *n.* pieka-rz/rka.
bakery ['beɪkərɪ] *n.* piekarnia.
baking powder *n.* proszek do pieczenia.
baking sheet *n.* (*także* **baking tray**) blacha do pieczenia.
balance ['bæləns] *n.* **1.** równowaga; **keep/lose one's ~** utrzymywać/stracić równowagę; **on ~** biorąc wszystko pod uwagę, zważywszy wszystko; **catch/throw sb off ~** wytrącić kogoś z równowagi; **strike a ~ (between A and B)** znaleźć kompromis (pomiędzy A i B). **2.** przeciwwaga (*to sth* dla czegoś). **3.** waga; **spring ~** waga sprężynowa. **4. (be/hang/tremble) in the ~** (ważyć się) na szali; **tip/swing the ~ (in favor of sb)** przechylić szalę (na czyjąś korzyść). **5. ~ of payments/trade** bilans płatniczy/handlowy. **6. (bank) ~** stan konta, saldo rachunku. **7. ~ carried/brought forward** *handl.* kwota do/z przeniesienia. — *v.* **1.** ważyć; rozważać. **2.** równoważyć, utrzymywać w równowadze; wyrównywać; wyważać. **3.** balansować, utrzymywać równowagę. **4. ~ the books/budget** zrównoważyć budżet.
balanced ['bælənst] *a.* zrównoważony; wyważony; **~ diet** pełnowartościowa dieta.
balcony ['bælkənɪ] *n.* **1.** balkon. **2.** *teatr* galeria, jaskółka.
bald [bɔːld] *a.* **1.** łysy; **go ~** łysieć. **2.** nagi (*o skale, faktach*). **3.** bezceremonialny, bez ogródek.
bale [beɪl] *n.* bela. — *v.* zwijać/prasować/wiązać w bele.
ball [bɔːl] *n.* **1.** piłka; piłeczka; bila. **2.** kula; kulka, gałka. **3.** kłębek. **4.** bal. **5. ~s** *obsc. sl.* jaja (= *jądra*). **6. have a ~** *pot.* świetnie się bawić; **play ~** grać w drużynie (= *lojalnie współpracować*); **start/set the ~ rolling** zrobić pierwszy ruch; **the ~ is in your court** (teraz) twój ruch. — *v.* **~ (up)** zwijać (się) w kulę/kłębek.
ballad ['bæləd] *n.* ballada.
ballast ['bæləst] *n.* balast, obciążenie. — *v.* balastować, obciążać.
ballerina [,bælə'riːnə] *n.* baletnica.
ballet [bæ'leɪ] *n.* balet.
balloon [bə'luːn] *n.* **1.** balon; balonik. **2.** *komiks* dymek (dialogowy). — *v.* **1. ~ (out)** pęcznieć, nadymać się. **2. ~ (into sth)** rozrastać się (do rozmiarów czegoś).
ballot ['bælət] *n.* **1.** (tajne) głosowanie. **2.** (*także* **~ paper**) karta do głosowania. **3.** liczba oddanych głosów. — *v.* głosować.
ballpoint ['bɔːl,pɔɪnt] *n.* (*także* **~ pen**) długopis; pióro kulkowe.
ballroom ['bɔːl,ruːm] *n.* sala balowa.
balm [bɑːm] *n.* balsam.
Baltic ['bɔːltɪk] *a.* bałtycki; **the ~ Sea** Morze Bałtyckie. — *n.* **the ~** Bałtyk.
bamboo [bæm'buː] *n.* bambus.
ban [bæn] *v.* **1.** zakazywać, zabraniać (*czegoś*); **he was ~ned from driving** odebrano mu prawo jazdy; **they were ~ned from the competition** nie dopuszczono ich do udziału w zawodach. **2.** delegalizować. — *n.* (oficjalny) zakaz; delegalizacja; **~ on nuclear testing** zakaz prób jądrowych.
banal ['beɪnl] *a.* banalny.
banana [bə'nænə] *n.* banan. — *a.* bananowy.

band [bænd] *n.* **1.** zespół, orkiestra, kapela. **2.** grupa; banda; horda. **3.** opaska. **4.** pas; linia. **5. frequency ~** pasmo/zakres częstotliwości. — *v.* **~ (together)** zbierać się, gromadzić się razem.
bandage ['bændɪʤ] *n.* bandaż, opatrunek. — *v.* **~ (up)** bandażować, opatrywać.
band-aid ['bændeɪd], **Band-Aid** *n.* opatrunek samoprzylepny, plaster z opatrunkiem.
bandit ['bændɪt] *n.* rozbójnik, opryszek, bandyta.
bang [bæŋ] *v.* **1. ~ (sth) on/against sth** trzasnąć (czymś) w/o coś; **~ sth (with sth)** tłuc w coś (czymś); **~ one's head/knee** uderzyć się w głowę/kolano; **the door ~ed shut** drzwi zatrzasnęły się z hukiem. **2.** *obsc.* grzmocić, rypać (= *kochać się z*). **3. ~ up** *pot.* rozwalić (*zwł. samochód*). — *n.* **1.** huk; wybuch; wystrzał; **the Big B~** Wielki Wybuch. **2.** trzaśnięcie (*zwł. drzwiami*). **3. go (off/over) with a ~** *pot.* udać się na sto dwa. — *adv. pot.* **1.** z impetem; z hukiem; **go ~** zrobić bum. **2. ~ in the middle** na samiuteńkim środku; **~ into a tree** prosto w drzewo. — *int.* trach, łup; bum, bach; **~, ~!** pif-paf!
bangle ['bæŋgl] *n.* bransoletka (*w formie kółka*).
bangs [bæŋz] *n. pl.* grzywka.
banish ['bænɪʃ] *v.* **1.** wygnać, wypędzić; skazać na banicję/wygnanie. **2. ~ sth (from one's mind)** odpędzić coś od siebie, odegnać coś precz.
banister ['bænɪstər] *n.* balustrada; poręcz.
bank [bæŋk] *n.* **1.** bank. **2.** brzeg (*rzeki, wykopu*). **3.** skarpa, zbocze. — *v.* **1.** składać/deponować w banku. **2. ~ with...** mieć rachunek w... **3. ~ (up)** piętrzyć się; usypywać, formować w nasyp; otaczać/zabezpieczać nasypem. **4. ~ on sb/sth** liczyć na kogoś/coś; **~ on sb doing sth** liczyć (na to), że ktoś coś zrobi.
bank account *n.* konto bankowe, rachunek bankowy.
banker ['bæŋkər] *n.* bankier.
banking ['bæŋkɪŋ] *n.* bankowość.
bank note *n.* banknot.
bankrupt ['bæŋkrəpt] *n.* bankrut. — *a.* niewypłacalny; upadły; **go ~** zbankrutować. — *v.* doprowadzić do bankructwa/upadku.
bankruptcy ['bæŋkrəptsɪ] *n.* bankructwo, upadłość.
bank statement *n.* wyciąg z konta.
banner ['bænər] *n.* **1.** transparent. **2.** *form.* chorągiew, proporzec, sztandar. **3.** (*także* **~ headline**) tytuł na całą szerokość szpalty, wielki nagłówek. **4.** *komp.* nagłówek, banner.
banquet ['bæŋkwɪt] *n.* bankiet.
baptism ['bæptɪzəm] *n.* chrzest; **~ by/of fire** chrzest bojowy.
Baptist ['bæptɪst] *n.* baptyst-a/ka.
baptize [bæp'taɪz] *v.* chrzcić.
bar [bɑːr] *n.* **1.** bar. **2.** bufet; kontuar, lada; **salad ~** bufet sałatkowy. **3.** sztaba; pręt. **4.** krata; **behind ~s** *pot.* za kratkami. **5.** zasuwka, rygiel. **6.** kostka (*mydła*); tabliczka (*czekolady*). **7.** belka (*na mundurze*). **8.** *muz.* takt. **9. the ~** palestra, adwokatura; zawód prawnika. — *v.* **1.** ryglować, zamykać na skobel. **2.** zagradzać, barykadować, tarasować. **3. ~ sb from sth** uniemożliwić komuś coś; nie dopuścić kogoś do czegoś; wykluczyć kogoś z czegoś. — *prep.* **1.** oprócz, wyjąwszy, nie licząc. **2. ~ none** bez wyjątku.
barbarian [bɑːr'berɪən] *n.* barbarzyńca.
barbaric [bɑːr'berɪk] *a.* barbarzyński.
barbecue ['bɑːrbəˌkjuː] *n.* **1.** grill, ruszt ogrodowy. **2.** przyjęcie z grillem. — *v.* piec na ruszcie.
barbed wire *n.* drut kolczasty.
barber ['bɑːrbər] *n.* fryzjer (*męski*); *hist.* balwierz, cyrulik.
bar code *n.* kod kreskowy.
bare [ber] *a.* **1.** nagi, goły; **~ feet** bose stopy; **the ~ facts** nagie fakty; **with one's ~ hands** gołymi rękami. **2.** odkryty, odsłonięty, obnażony; **lay sth ~** odsłonić/ujawnić coś. **3. ~ minimum** absolutne minimum; **~ necessities/essentials** najpotrzebniejsze rzeczy. — *v.* **~ one's teeth** obnażyć zęby; **~ one's soul (to sth)** otworzyć (przed kimś) serce.
barefoot ['berˌfʊt], **barefooted** ['berˌfʊtɪd] *a.* bosy, bosonogi. — *adv.* boso, na bosaka.
barely ['berlɪ] *adv.* ledwo, ledwie; **~ audible** ledwo słyszalny, prawie niesłyszalny; **he can ~ see** on ledwie widzi.
bargain ['bɑːrgɪn] *n.* **1.** ugoda, umowa, transakcja; **bad/good ~** kiepski/dobry interes; **make/strike a ~** dobić targu. **2.** okazja (= *tani zakup*). **3. in/into the ~** na dokładkę/dodatek. — *a.* **~ basement** dział sprzedaży zniżkowej (*na najniższej kondygnacji domu towarowego*); **~ price** okazyjna cena; **~ sale** sprzedaż po obniżonych cenach. — *v.* **1.** targować się, negocjować. **2.** *pot.* **not ~ for/on sth** nie być przygotowanym na coś; **he got more than he (had) ~ed for** spotkała go niemiła niespodzianka.
barge [bɑːrʤ] *n.* **1.** barka. **2.** łódź paradna. — *v.* **1.** gramolić się; pchać się; pakować się. **2. ~ in/into sth** wpakować się/wparować gdzieś; **~ in on sth** wtrącić się do czegoś.
bark [bɑːrk] *n.* **1.** kora. **2.** szczekanie, ujadanie; szczeknięcie. — *v.* **1.** szczekać, ujadać. **2.** otrzeć do krwi (*np. kolano*). **3. ~ up the wrong tree** być w błędzie, mylić się.
barley ['bɑːrlɪ] *n.* jęczmień.
barmaid ['bɑːrˌmeɪd] *n.* barmanka; kelnerka w barze/pubie.
barman ['bɑːrmən] *n.* barman.
barn [bɑːrn] *n.* stodoła.
barometer [bə'rɑːmətər] *n.* barometr.
baron ['berən] *n.* **1.** baron. **2.** potentat; **press ~** magnat prasowy.
baroness ['berəneɪs] *n.* baronowa.
baroque [bə'roʊk] *n.* (*także* **B~**) barok. — *a.* barokowy.
barracks ['berəks] *n.* koszary.
barrage [bə'rɑːʒ] *n.* **1.** ogień zaporowy. **2.** grad (*ciosów, pytań*).
barrel ['berəl] *n.* **1.** beczka; beczułka; baryłka. **2.** walec, bęben, cylinder. **3.** lufa. **4. lock, stock and ~** z (całym) dobrodziejstwem inwentarza. — *v.* **~ (along)** *pot.* pruć, zasuwać.
barren ['berən] *a.* **1.** jałowy; nieurodzajny. **2.** *przest.* niepłodny, bezpłodny. **3.** bezpłodny, bezproduktywny.
barricade ['berəˌkeɪd] *n.* barykada. — *v.* barykadować.
barrier ['berɪər] *n.* **1.** bariera (*to sth* na drodze do czegoś); **language ~** bariera językowa. **2.** bramka (*przy wejściu*).
barring ['bɑːrɪŋ] *prep.* **1.** wyjąwszy, wyłączywszy. **2.** o ile nie będzie; **~ rain** o ile nie będzie padać.
barrister ['berɪstər] *n.* adwokat.
barrow ['beroʊ] *n.* **1.** (*także* **wheel~**) taczki. **2.** wózek straganiarski (*dwukołowy, z daszkiem*). **3.** kurhan.
bartender ['bɑːrˌtendər] *n.* barman.

barter ['bɑːrtər] *v.* **1.** prowadzić handel wymienny. **2.** wymieniać (*sth for sth* coś na coś). — *n.* wymiana; barter, handel wymienny.

base [beɪs] *n.* **1.** baza; **air/army ~** baza lotnictwa/wojskowa. **2.** podstawa; cokół, postument. **3.** podłoże; podkład. **4.** *biol.* nasada. **5.** *chem.* zasada. **6.** **touch ~ (with sb)** skontaktować się (z kimś) (*żeby zorientować się, co nowego*). — *v.* **1.** **be ~d on sth** zasadzać/opierać się na czymś. **2.** umieszczać, lokować; sadowić. — *a. form.* niski, nikczemny, podły.

baseball ['beɪsˌbɔːl] *n.* baseball; piłka baseballowa.

basement ['beɪsmənt] *n.* suterena, piwnica.

bashful ['bæʃful] *a.* płochliwy, wstydliwy.

basic ['beɪsɪk] *a.* **1.** podstawowy, zasadniczy. **2.** *chem.* zasadowy. **3.** posiadający tylko podstawowe wyposażenie; prymitywny.

basically ['beɪsɪklɪ] *adv.* zasadniczo; w zasadzie.

basics ['beɪsɪks] *n. pl.* **1.** **the ~ of sth** podstawy czegoś. **2.** **get down to ~** skupić się na sprawach najistotniejszych.

basil ['bæzl] *n.* bazylia.

basin ['beɪsən] *n.* **1.** misa, miednica; (*także* **wash~**) umywalka. **2.** *techn., geol.* basen. **3.** (*także* **river ~**) dorzecze.

basis ['beɪsɪs] *n. pl.* **bases** ['beɪsiːz] podstawa; **on the ~ of sth** na podstawie czegoś; **on a weekly ~** raz na tydzień; **(work) on a part-time ~** (pracować) w niepełnym wymiarze godzin.

bask [bæsk] *v.* **~ (in the sun)** wygrzewać się (na słońcu); **~ in sb's reflected glory** grzać się w blasku czyjejś sławy.

basket ['bæskɪt] *n.* **1.** kosz; koszyk; **clothes/laundry ~** kosz na brudną bieliznę; **shopping ~** koszyk na zakupy. **2.** **make/shoot a ~** zdobyć/strzelić kosza. **3.** **put all one's eggs in one ~** postawić wszystko na jedną kartę.

basketball ['bæskɪtˌbɔːl] *n.* koszykówka; piłka do koszykówki; **~ player** koszyka-rz/rka.

bass *n.* **1.** [beɪs] bas; *akust.* niskie tony; **double ~** kontrabas. **2.** [bæs] okoń. — *a.* [beɪs] basowy.

bassoon [bæ'suːn] *n.* fagot.

bastard ['bæstərd] *n.* **1.** *pot.* drań. **2.** *pot. obelż.* sukinsyn. **3.** *przest.* bękart.

bat [bæt] *n.* **1.** nietoperz. **2.** pałka drewniana; kij (*do gry w palanta, baseball*); paletka, rakieta (*pingpongowa*). **3.** **old ~** *pot.* stara wiedźma. — *v.* **1.** uderzać kijem/pałką; *baseball* wybijać (piłkę). **2.** **~ one's eyelashes/eyes** zatrzepotać powiekami; **not ~ an eye(lid)** *pot.* nawet nie mrugnąć.

batch [bætʃ] *n.* partia; porcja; plik; (kolejna) grupa (*np. kandydatów*); *komp.* pakiet (*danych, programów*).

bath [bæθ] *n. pl.* **baths** [bæðz] **1.** kąpiel; **run (sb) a ~** przygotować (komuś) kąpiel; **take/have a ~** brać kąpiel. **2.** **~s** łaźnia. **3.** **throw the baby out with the ~ (water)** wylać dziecko (wraz) z kąpielą.

bathe [beɪð] *v.* **1.** kąpać (się). **2.** przemywać (*ranę*); omywać (*o falach*). **3.** *techn.* zanurzać, poddawać kąpieli (*in sth* w czymś). **4.** **~d in sweat/tears** *lit.* zlany potem/zalany łzami.

bathing suit *n.* kostium/strój kąpielowy.

bath mat *n.* mata łazienkowa, dywanik łazienkowy.

bathrobe ['bæθˌroʊb] *n.* płaszcz kąpielowy; szlafrok.

bathroom ['bæθˌruːm] *n.* **1.** łazienka. **2.** toaleta; **go to the ~** skorzystać z toalety.

bathtub ['bæθˌtʌb] *n.* wanna.

baton [bə'tɑːn] *n.* **1.** batuta, pałeczka dyrygenta. **2.** pałka policyjna. **3.** pałeczka sztafetowa. **4.** buława.

battalion [bə'tæljən] *n.* batalion.

batter ['bætər] *v.* **1.** bić, maltretować. **2.** tłuc, walić. **3.** rozprawić się z (*kimś*). — *n.* **1.** panier(ka); ciasto naleśnikowe. **2.** *baseball* gracz wybijający piłkę.

battered ['bætərd] *a.* **1.** sponiewierany (*o walizce, samochodzie*). **2.** **~ women/children** maltretowane kobiety/dzieci.

battery ['bætərɪ] *n.* **1.** bateria; akumulator. **2.** *prawn.* pobicie. **3.** **a ~ of questions** bateria pytań; **recharge one's batteries** *pot.* naładować (sobie) akumulatory.

battle ['bætl] *n.* bitwa; bój, walka; pojedynek; **fight a losing ~** toczyć beznadziejną walkę; **the ~ of...** bitwa pod... — *v.* **~ with/against sth** borykać się/walczyć z czymś.

battlefield ['bætlˌfiːld] *n.* (*także* **battleground**) pole bitwy; pobojowisko.

bay [beɪ] *n.* **1.** zatoka. **2.** wnęka; wykusz. **3.** nawa (*hali fabrycznej*). **4.** rampa, podjazd. **5.** gniady, gniadosz. **6.** **hold/keep sb at ~** trzymać kogoś na dystans. — *v.* ujadać, wyć; **~ (at) the moon** wyć do księżyca.

bay leaf *n.* liść laurowy.

bayonet ['beɪənet] *n.* bagnet. — *v.* kłuć bagnetem.

bazaar [bə'zɑːr] *n.* **1.** bazar. **2.** kiermasz.

B.C. [ˌbiː 'siː] *abbr.* **before Christ** przed narodzeniem Chrystusa, p.n.e.

be [biː] *v.* *1 os. sing.* **am** [æm; əm] *2 os. sing., pl.* **are** [ɑːr; ər] *3 os. sing.* **is** [ɪz] *1, 3 os. sing. pret.* **was** [wʌz; wəz] *2 os. sing., 1-3 os. pl. pret.* **were** [wɝː] *pp.* **been** [bɪn] **1.** być; **he is tall, isn't he?** jest wysoki, prawda? **2.** istnieć, żyć. **3.** znajdować się. **4.** **it is raining** pada deszcz; **the room was cleaned** pokój został posprzątany; **sth is to ~ done** coś ma zostać zrobione. **5.** **don't ~ long** nie siedź długo; **how are you?** jak się czujesz?, jak się masz? **how much is that?** ile to kosztuje? **how old are you?** ile masz lat? **if I were you...** na twoim miejscu...; **for the time ~ing** chwilowo, na razie, tymczasem; **so ~ it** niech już tak będzie, niech tak zostanie.

beach [biːtʃ] *n.* plaża. — *v.* wyciągać na brzeg; wyrzucać na brzeg.

beacon ['biːkən] *n.* **1.** znak nawigacyjny, stawa; punkt sygnalizacyjny. **2.** sygnał radiowy; **radio ~** radiolatarnia. **3.** *przen.* drogowskaz.

bead [biːd] *n.* **1.** paciorek, koralik. **2.** kropla (*potu, krwi*).

beak [biːk] *n.* **1.** dziób. **2.** nochal.

beam [biːm] *n.* **1.** belka, dźwigar. **2.** równoważnia. **3.** promień, strumień, wiązka. **4.** promienny uśmiech. — *v.* **1.** promieniować. **2.** emitować (*światło, ciepło*). **3.** nadawać, transmitować. **4.** uśmiechać się promiennie.

bean [biːn] *n.* **1.** fasola, fasolka. **2.** ziarnko (*np. kawy*). **3.** **spill the ~s** *pot.* wygadać się.

bean sprouts *n. pl.* kiełki fasoli.

bear [ber] *v. pret.* **bore** [bɔːr] *pp.* **born** *l.* **borne** [bɔːrn] (BORN tylko w stronie biernej, w odniesieniu do narodzin) **1.** dźwigać (na sobie) (*ciężar*); podtrzymywać (*konstrukcję*); ponosić (*odpowiedzialność*). **2.** rodzić. **3.** przynosić, dawać; **~ fruit** przynosić owoce. **4.** wytrzymywać; znosić; **can't ~ sth** nie móc czegoś znieść; **can't ~ to do sth** nie być w stanie czegoś zrobić. **5.** przynosić, nieść (*np. dary*). **6.** nosić (*podpis, cechy, ślady*). **7.** **~ a grudge against/toward**

sb (*także* **~ sb a grudge**) żywić urazę do kogoś; **~ left/right** trzymać się lewej/prawej (strony); **~ no relation to sth** nie mieć (żadnego) związku z czymś; **~ testimony/witness to sth** dawać świadectwo czemuś, świadczyć o czymś; **(not) ~ repeating/repetition** (nie) nadawać się do powtórzenia. **8. ~ down on sb/sth** rzucić się na kogoś/coś; **~ on/upon sth** pozostawać w związku z czymś; **~ out** potwierdzać (*czyjąś wersję wydarzeń*); **~ sb out** poświadczyć, że ktoś mówi prawdę; **~ up** trzymać się, nie upadać na duchu; **~ with sb** okazać komuś cierpliwość. — *n.* **1.** niedźwiedź. **2. Great/Little B~** Wielka/Mała Niedźwiedzica.

bearable ['berəbl] *a.* znośny.

beard [bi:rd] *n.* broda, zarost.

bearded ['bi:rdɪd] *a.* brodaty.

bearer ['berər] *n.* okaziciel/ka (*czeku*); właściciel/ka (*paszportu*); doręczyciel/ka (*listu*).

bearing ['berɪŋ] *n.* **1.** *techn.* łożysko. **2.** *form.* postawa, postura. **3. have a ~ on sth** mieć związek z czymś; mieć znaczenie dla czegoś. **4. lose one's ~s** stracić orientację.

beast [bi:st] *n.* **1.** bestia, zwierzę. **2.** bydlak, bydlę.

beat [bi:t] *v.* **beat**, **beaten** **1.** bić. **2.** bić, uderzać (*t. o sercu*). **3.** trzepotać (*skrzydłami*). **4.** ubijać (*np. białko*). **5.** wybijać (*takt, godziny*). **6.** kuć. **7.** pokonać, pobić. **8. ~ a path/track** wydeptać ścieżkę; przetrzeć/utorować drogę; **~ it!** *pot.* spływaj! **it ~s me how...** nie mogę zrozumieć, jak... **9. ~ around the bush** owijać w bawełnę; **~ down** ujarzmić, pognębić, zmiażdżyć; **~ off** *obsc. sl.* onanizować się; **~ up** pobić. — *n.* **1.** uderzenie. **2.** bicie. **3.** rytm. **4.** rewir (*policjanta*). — *a.* **1.** *pot.* zmachany, skonany. **2.** *muz.* beatowy. **3. ~-up** *pot.* zdezelowany.

beating ['bi:tɪŋ] *n.* bicie, lanie.

beautiful ['bju:təfʊl] *a.* **1.** piękny. **2.** wspaniały, cudowny.

beautifully ['bju:təfʊlɪ] *adv.* **1.** pięknie. **2.** wspaniale, cudownie.

beauty ['bju:tɪ] *n.* **1.** piękność, piękno, uroda. **2.** piękność, ślicznotka. **3.** cudo. **4. that's the ~ of it** w tym cały urok.

beaver ['bi:vər] *n.* **1.** bóbr. **2. eager ~** *pot.* nadgorliwiec.

became [bɪ'keɪm] *v. zob.* **become**.

because [bɪ'kɔ:z] *conj.* ponieważ, dlatego, że. — *prep.* **~ of** z powodu.

beck [bek] *n.* **be at sb's ~ and call** być na każde czyjeś skinienie/zawołanie.

beckon ['bekən] *v.* **1.** skinąć (*to sb* na kogoś) przywołać skinieniem. **2.** wzywać; wabić, kusić.

become [bɪ'kʌm] *v.* **became**, **become** **1.** stawać się, zostawać, robić się; **he became a priest** został księdzem; **it became clear that...** stało się jasne, że... **2. what has ~ of...?** co się stało z...? **3. that dress ~s her** w tej sukni jest jej do twarzy. **4. sth ~s sb** *form.* coś przystoi komuś.

becoming [bɪ'kʌmɪŋ] *a. przest.* **1.** twarzowy. **2.** odpowiedni, stosowny.

bed [bed] *n.* **1.** łóżko; **go to ~** iść spać, położyć się do łóżka; **go to ~ with sb** pójść z kimś do łóżka; **in ~** w łóżku; **make the ~** posłać/pościelić łóżko. **2.** grządka; klomb. **3.** dno (*morza*); łożysko, koryto (*rzeki*). **4. get up on the wrong side of the ~** wstać (z łóżka) lewą nogą; **(life is not) a ~ of roses** (życie to nie) bajka; **take to one's ~** położyć się do łóżka (= *zachorować*).

bed and breakfast *n.* **1.** zakwaterowanie ze śniadaniem. **2.** pensjonat.

bedclothes ['bed,kloʊz] *n. pl.* pościel.

bedding ['bedɪŋ] *n.* **1.** pościel. **2.** legowisko.

bedpan ['bed,pæn] *n.* basen (*dla chorego*).

bedroom ['bed,ru:m] *n.* sypialnia. — *a.* **1.** sypialniany, łóżkowy. **2. ~ suburb** przedmieście-sypialnia.

bedside ['bed,saɪd] *n.* **1. at sb's ~** u czyjegoś łoża. **2. ~ lamp/table** lampa/stolik przy łóżku; **~ manner** podejście do chorego.

bedspread ['bed,spred] *n.* narzuta, kapa.

bedtime ['bed,taɪm] *n.* pora spania.

bee [bi:] *n.* **1.** pszczoła. **2.** spotkanie towarzyskie w określonym celu (*np. wspólnego szycia*).

beech [bi:tʃ] *n.* buk.

beef [bi:f] *n.* wołowina. — *v.* **~ up** *pot.* wzmocnić; podrasować.

beehive ['bi:,haɪv] *n.* **1.** ul. **2.** kok (*tapirowany*).

been [bɪn] *v. zob.* **be**.

beep [bi:p] *n.* piknięcie. — *v.* pikać.

beeper ['bi:pər] *n.* biper.

beer [bi:r] *n.* piwo.

beet [bi:t] *n.* **1.** burak ćwikłowy. **2.** (*także* **sugar ~**) burak cukrowy.

beetle ['bi:tl] *n.* chrząszcz, żuk.

befall [bɪ'fɔ:l] *v.* **befell**, **befallen** *form.* przydarzać się, przytrafiać się (*komuś*).

before [bɪ'fɔ:r] *prep.* przed; **~ long** wkrótce. — *adv.* **1.** przedtem, wcześniej, poprzednio. **2.** (już) kiedyś. **3. the day ~** poprzedniego dnia; **the week/month ~** tydzień/miesiąc wcześniej. — *conj.* (za)nim; **~ you know it** zanim się obejrzysz.

beforehand [bɪ'fɔ:r,hænd] *adv.* wcześniej, uprzednio; z wyprzedzeniem, z góry.

beg [beg] *v.* **1.** prosić o. **2.** żebrać. **3. ~ (for sth)** błagać (o coś). **4.** służyć (*o psie*). **5. I ~ to differ/disagree** *form.* pozwolę sobie nie zgodzić się; **(I) ~ your pardon** *zob.* **pardon** *n.*; **~ the question** *form.* zakładać słuszność spornej kwestii; unikać podjęcia problemu.

began [bɪ'gæn] *v. zob.* **begin**.

beggar ['begər] *n.* żebra-k/czka. — *v.* **~ description/belief** *form.* być nie do opisania/nie do wiary.

begin [bɪ'gɪn] *v.* **began**, **begun** **1.** zaczynać (się), rozpoczynać (się). **2. to ~ with** przede wszystkim, po pierwsze; z początku. **3. I can't ~ to imagine how/what...** nie potrafię sobie (nawet) wyobrazić, jak/co...

beginner [bɪ'gɪnər] *n.* początkując-y/a, nowicjusz/ka.

beginning [bɪ'gɪnɪŋ] *n.* początek, rozpoczęcie; **~s** początki, zaczątki; **at the ~ (of sth)** na początku (czegoś); **(right) from the ~** od (samego) początku; **from ~ to end** od początku do końca; **in the ~** na/z początku. — *a.* dla początkujących.

begun [bɪ'gʌn] *v. zob.* **begin**.

behalf [bɪ'hæf] *n.* **1. on/in ~ of sb** w czyimś imieniu, w imieniu kogoś; z czyjegoś powodu. **2. on/in sb's ~** w czyimś interesie; na rzecz kogoś.

behave [bɪ'heɪv] *v.* **1.** zachowywać się. **2. ~ (o.s.)** dobrze się zachowywać.

behavior [bɪ'heɪvjər] *n.* zachowanie (się); postępowanie; **be on one's best ~** zachowywać się najlepiej, jak się tylko potrafi.

behead [bɪ'hed] *v.* ściąć (*kogoś*), ściąć głowę (*komuś*).

beheld [bɪ'held] *v. zob.* **behold.**
behind [bɪ'haɪnd] *prep.* za; **~ the wheel** za kierownicą; **be ~ sb (all the way)** popierać kogoś (na całej linii), (całkowicie) solidaryzować się z kimś. — *adv.* **1.** w tyle, z tyłu. **2. be ~ (with one's work)** mieć zaległości (w pracy). **3. leave sth ~** zostawić coś, zapomnieć czegoś. — *n. pot.* tyłek, siedzenie.
behold [bɪ'hoʊld] *v. pret. i pp.* **beheld** *lit.* ujrzeć.
beige [beɪʒ] *n.* beż. — *a.* beżowy.
being ['biːɪŋ] *n.* **1.** istnienie, egzystencja; byt; **come into ~** zaistnieć, powstać. **2.** istota, żywy organizm.
belated [bɪ'leɪtɪd] *a.* spóźniony.
belch [beltʃ] *v.* **1. he ~ed** czknął, odbiło mu się. **2. ~ (out)** wyrzucać (*dym, lawę*), buchać (*czymś*). — *n.* czknięcie, odbicie (się).
belfry ['belfrɪ] *n.* dzwonnica.
Belgian ['beldʒən] *n.* Belg/ijka. — *a.* belgijski.
Belgium ['beldʒəm] *n.* Belgia.
belief [bɪ'liːf] *n.* **1.** przekonanie, przeświadczenie; opinia. **2. ~ in sb/sth** wiara w kogoś/coś; zaufanie do kogoś/czegoś. **3. religious ~s** wierzenia religijne. **4. contrary to popular ~** wbrew powszechnemu przekonaniu; **in the ~ that...** wierząc, że...
believe [bɪ'liːv] *v.* **1.** wierzyć (*that* że); **~ sb/sth** wierzyć komuś/w coś; **~ it or not** choć trudno w to uwierzyć; **can't ~ one's eyes/ears** nie wierzyć własnym oczom/uszom; **you'd better ~ it!** *pot.* możesz mi wierzyć! **2.** sądzić, uważać; **~ sb to be sth** uważać kogoś za coś; **have reason to ~ (that)...** mieć powody sądzić, że...; **I ~ so/not** sądzę, że tak/nie; **sth is widely ~d to be...** powszechnie uważa się, że coś jest... **3. make ~ (that)...** udawać, że... **4. ~ in God/sb/sth** wierzyć w Boga/kogoś/coś.
bell [bel] *n.* **1.** dzwon. **2.** dzwonek. **3.** gong. **4. ring a ~** brzmieć znajomo.
belligerent [bə'lɪdʒərənt] *a.* wojowniczy.
bellow ['beloʊ] *v.* ryczeć. — *n.* ryk, wrzask.
belly ['belɪ] *n.* **1.** brzuch. **2.** wnętrze (*np. statku*).
belong [bɪ'lɔːŋ] *v.* **1. ~ to** należeć do (*kogoś*); należeć do, być członkiem (*organizacji*). **2. sb/sth ~s somewhere** miejsce kogoś/czegoś jest gdzieś. **3.** przynależeć (*do grupy*); pasować (*do otoczenia*). **4. ~ with** pasować do (*czegoś*).
belongings [bɪ'lɔːŋɪŋz] *n. pl.* własność, rzeczy, dobytek.
beloved [bɪ'lʌvɪd] *a. lit.* ukochany. — *n.* ukochany/a.
below [bɪ'loʊ] *adv.* **1.** poniżej. **2.** niżej. **3.** w dole. **4.** pod wodą. — *prep.* **1.** pod. **2.** poniżej; **~ average** poniżej przeciętnej; **~ freezing** poniżej zera.
belt [belt] *n.* **1.** pas, pasek. **2.** pas, strefa; okręg (*np. przemysłowy*). **3.** *techn.* pas, taśma. **4. below the ~** *pot.* poniżej pasa; **have sth under one's ~** mieć coś na swoim koncie. — *v.* **1.** *pot.* dać w pysk (*komuś*). **2. ~ out** *pot.* wyśpiewywać.
bemused [bɪ'mjuːzd] *a.* skonsternowany, zakłopotany.
bench [bentʃ] *n.* **1.** ławka; ława. **2. the ~** ławka rezerwowych; fotel sędziowski; urząd sędziowski.
bend [bend] *v. pret. i pp.* **bent 1.** zginać, wyginać. **2.** giąć się. **3.** pochylić (się), schylić (się), nachylić (się). **4.** ugiąć się (*to sb/sth* przed kimś/czymś). **5. ~ the law/rules** naginać prawo/przepisy; **on ~ed knee** na kolanach; **~ over backward (to do sth)** *pot.* wychodzić ze skóry (żeby coś zrobić). — *n.* **1.** zgięcie, wygięcie. **2.** zakręt. **3. the ~s** choroba kesonowa.
beneath [bɪ'niːθ] *adv. form.* poniżej. — *prep.* **1.** poniżej. **2.** pod. **3. be ~ sb** uwłaczać czyjejś godności.
beneficial [ˌbenə'fɪʃl] *a.* dobroczynny, zbawienny; korzystny.
benefit ['benəfɪt] *n.* **1.** korzyść, pożytek; **for the ~ of sb** (*także* **for sb's ~**) na rzecz kogoś; na czyjś użytek; **give sb the ~ of the doubt** rozstrzygnąć wątpliwości na czyjąś korzyść; uwierzyć komuś na słowo. **2.** świadczenie (*społeczne*), zasiłek. **3.** impreza charytatywna. — *v.* **1.** być z korzyścią dla (*kogoś*). **2.** korzystać, odnosić korzyści (*from sth* z czegoś).
benevolent [bə'nevlənt] *a.* życzliwy, uczynny.
benign [bɪ'naɪn] *a.* **1.** łagodny, niezłośliwy (*o guzie*). **2.** *form.* dobroduszny, dobrotliwy; łagodny.
bent [bent] *v. zob.* **bend.** — *a.* **1.** zgięty, wygięty. **2. be ~ on (doing) sth** być zdecydowanym na coś; upierać się przy czymś. — *n.* **1.** zdolności. **2.** zamiłowanie.
bereaved [bɪ'riːvd] *a. form.* osierocony; **the ~** pogrążeni w żałobie, bliscy zmarłego.
Bermuda [bər'mjuːdə] *n.* **1.** Bermudy. **2. ~ shorts** bermudy.
berry ['berɪ] *n.* jagoda.
berserk [bər'sɝːk] *a.* **go ~** wściec się.
berth [bɝːθ] *n.* **1.** miejsce leżące, kuszetka; koja. **2. give sb/sth a wide ~** trzymać się z dala od kogoś/czegoś.
beset [bɪ'set] *v.* **beset** *form.* nękać; osaczać.
beside [bɪ'saɪd] *prep.* **1.** obok, przy, w pobliżu. **2.** oprócz, poza. **3. ~ the point** bez związku z tematem; **be ~ o.s.** wychodzić z siebie; **be ~ o.s. with joy** nie posiadać się z radości. — *adv.* obok.
besides [bɪ'saɪdz] *adv.* **1.** poza tym, ponadto. **2.** oprócz tego. — *prep.* **1.** poza, oprócz. **2.** z wyjątkiem.
besiege [bɪ'siːdʒ] *v.* **1.** oblegać. **2. ~ sb with questions/offers** zasypywać kogoś pytaniami/ofertami.
best [best] *a.* **1.** najlepszy. **2.** najodpowiedniejszy. **3. ~ wishes** pozdrawiam (*w zakończeniu listu*); **at the ~ of times** nawet w najbardziej sprzyjających okolicznościach. — *adv.* najlepiej; **as ~ one can** najlepiej, jak się potrafi; **for reasons ~ known to o.s.** z sobie tylko wiadomych powodów. — *n.* **1. the ~** najlepszy/a. **2. ~ of luck!** powodzenia! **all the ~** wszystkiego najlepszego; **at ~** w najlepszym razie; **do one's ~** zrobić wszystko, co w czyjejś mocy, dać z siebie wszystko; **it's (all) for the ~** tak będzie (naj)lepiej; **make the ~ of sth** radzić sobie z czymś najlepiej, jak się da; **to the ~ of my knowledge** o ile mi wiadomo.
best man *n.* drużba.
bestseller [ˌbest'selər] *n.* bestseller.
bet [bet] *v.* **bet** *l.* **betted 1.** stawiać, postawić (*sth on sth* ileś na coś). **2. ~ sth** założyć się o coś; **~ (sb) that...** założyć się (z kimś), że... **3.** *pot.* **I/I'll ~** nie dziwię się; akurat! **you ~!** no pewnie! **don't/I wouldn't ~ on it** (na twoim miejscu) nie liczyłbym na to. — *n.* **1.** zakład; **make a ~ with sb** założyć się z kimś. **2.** zastaw. **3. sure/safe ~** pewniak; **it's a safe ~ that...** jest bardzo prawdopodobne, że...; **your best ~** najlepsze, co możesz zrobić.
betray [bɪ'treɪ] *v.* **1.** zdradzić; być nielojalnym wobec (*kogoś l. czegoś*); **~ sb (to sb)** wydać kogoś (komuś). **2.** zdradzać, wskazywać na.
betrayal [bɪ'treɪl] *n.* zdrada.
better ['betər] *a.* **1.** lepszy; **much/a lot ~ (than)** znacznie/o wiele lepszy (niż/od). **2.** zdrowszy; **be/**

feel ~ czuć się lepiej; **get ~** wyzdrowieć. 3. **~ luck next time** następnym razem będzie lepiej; **the ~ part of sth** (*także* **the best part of sth**) większa część czegoś. — *adv.* 1. lepiej; **~ and ~** coraz lepiej; **(or) ~ still** (albo) jeszcze lepiej; **the sooner the ~** im prędzej, tym lepiej. 2. bardziej. 3. **~ off** zamożniejszy; w lepszej sytuacji; **you would be ~ off without him** byłoby ci lepiej bez niego. 4. **that's ~!** brawo! 5. **had ~** *zob.* **had.** — *v.* poprawić, polepszyć. — *n.* **for ~ or (for) worse** na dobre i (na) złe; **for the ~** na lepsze; **get/have the ~ of sb** wziąć górę (*np. o uczuciu, rozsądku*); pokonać kogoś; **so much the ~** tym lepiej; **take a turn for the ~** polepszyć się.

between [bɪ'twiːn] *prep.* między, pomiędzy; **~ ourselves** (*także* **~ you and me**) między nami (mówiąc); **we had $12 ~ us** razem mieliśmy 12 dolarów. — *adv.* 1. pomiędzy; **in ~** pośrodku. 2. **they're few and far ~** są bardzo rzadkie.

beverage ['bevərɪʤ] *n. form.* napój.

beware [bɪ'wer] *v.* 1. **~ of sb/sth** wystrzegać/strzec się kogoś/czegoś; uważać na kogoś/coś. 2. **~ of the dog!** uwaga zły pies!

bewildered [bɪ'wɪldərd] *a.* skonsternowany; zdezorientowany.

bewitching [bɪ'wɪʧɪŋ] *a.* czarujący, urzekający.

beyond [biː'ɑːnd] *prep.* 1. za. 2. poza. 3. dalej niż. 4. powyżej, ponad. 5. **~ belief/recognition** nie do uwierzenia/poznania; **~ doubt** ponad wszelką wątpliwość; **be ~ question** nie ulegać wątpliwości; **be ~ sb** być zbyt trudnym dla kogoś; **it's ~ me why...** nie mogę pojąć, dlaczego... — *adv.* dalej. — *n.* **the (great) ~** *lit.* życie po śmierci.

bias ['baɪəs] *n.* 1. stronniczość, tendencyjność. 2. uprzedzenie; **~ in favor of/against sb** przychylne/nieprzychylne nastawienie do kogoś. 3. **on the ~** ukośnie, na skos. — *v.* **~ sb in favor of/against sb/sth** nastawiać kogoś przychylnie/nieprzychylnie do kogoś/czegoś.

biased ['baɪəst] *a.* stronniczy, tendencyjny, nieobiektywny; **~ against sb/sth** uprzedzony do kogoś/czegoś.

bib [bɪb] *n.* 1. śliniaczek. 2. karczek (*np. fartucha*).

Bible ['baɪbl] *n.* **the ~** Biblia.

Bible Belt *n.* **the ~** południowe stany USA, słynące z fundamentalizmu religijnego.

Biblical ['bɪblɪkl], **biblical** *a.* biblijny.

bicycle ['baɪsɪkl] *n.* rower. — *v.* jeździć na rowerze.

bid[1] [bɪd] *v. pret. i pp.* **bid** 1. oferować. 2. licytować. 3. **~ for sth** stanąć do przetargu o coś. — *n.* 1. oferta; **put in/make a ~ (for sth)** złożyć ofertę (na coś). 2. *karty* odzywka. 3. **suicide ~** próba samobójcza.

bid[2] *v.* **bade** *l.* **bid, bidden** *l.* **bid** 1. **~ sb (to) do sth** *lit.* kazać komuś coś zrobić. 2. **~ sb farewell** pożegnać kogoś; **~ sb goodnight** życzyć komuś dobrej nocy.

bidder ['bɪdər] *n.* oferent/ka.

big [bɪg] *a.* 1. duży, wielki. 2. dorosły, dojrzały. 3. starszy (*o bracie, siostrze*). 4. ważny, wpływowy. 5. popularny, modny. 6. wspaniałomyślny; hojny. 7. tęgi, przy tuszy. 8. **be ~ on sth** przywiązywać dużą wagę do czegoś; być zapalonym do czegoś; **make it ~** odnieść sukces (*zwł. finansowy*).

bigamy ['bɪgəmɪ] *n.* bigamia.

Big Apple *n.* **the ~** *pot.* Nowy Jork.

bigheaded ['bɪg,hedɪd] *a. pot.* zarozumiały.

bigotry ['bɪgətrɪ] *n.* nietolerancja; **religious ~** bigoteria, dewocja.

bike [baɪk] *n. pot.* 1. rower. 2. motocykl. — *v.* jeździć rowerem.

bikini [bɪ'kiːnɪ] *n.* bikini.

bilateral [baɪ'lætərəl] *a.* dwustronny, bilateralny.

bile [baɪl] *n.* żółć.

bilingual [baɪ'lɪŋgwəl] *a.* dwujęzyczny, bilingwalny. — *n.* osoba dwujęzyczna.

bill [bɪl] *n.* 1. rachunek; **foot the ~** zapłacić rachunek. 2. banknot. 3. projekt ustawy. 4. dziób (*ptasi*). 5. daszek (*czapki*). 6. afisz, plakat; program (*teatralny*). 7. **fill/fit the ~** nadawać się idealnie. — *v.* 1. **~ sb $100** wystawić komuś rachunek na 100 dolarów. 2. **~ sth as...** reklamować/zachwalać coś jako...

billboard ['bɪl,bɔːrd] *n.* billboard.

billiards ['bɪljərdz] *n.* bilard.

billion ['bɪljən] *n.* miliard.

bin [bɪn] *n.* skrzynia; paka.

bind [baɪnd] *v. pret. i pp.* **bound** [baʊnd] 1. wiązać; uwiązywać; przywiązywać; krępować. 2. przewiązać, zabandażować; opatrzyć. 3. wiązać (*o cemencie itp.*). 4. oprawiać (*książki*). 5. **~ sb to (do) sth** zobowiązać kogoś do (zrobienia) czegoś; **~ sb to secrecy** zobowiązać kogoś do zachowania tajemnicy. — *n.* **be in a ~** *pot.* być w kropce.

binding ['baɪndɪŋ] *n.* 1. oprawa (*książki*). 2. lamówka, obszywka, obramowanie. 3. *narty* wiązanie. — *a.* obowiązujący, wiążący.

binge [bɪnʤ] *n.* 1. pijatyka. 2. orgia obżarstwa. 3. **shopping ~** szał zakupów. — *v.* **~ on sth** objadać się czymś.

bingo ['bɪŋgoʊ] *n.* bingo. — *int.* **~!** tak jest! **and ~...** aż tu nagle...

binoculars [bə'nɑːkjʊlərz] *n. pl.* lornetka.

biography [baɪ'ɑːgrəfɪ] *n.* biografia, życiorys.

biological [,baɪə'lɑːʤɪkl] *a.* biologiczny.

biologist [baɪ'ɑːləʤɪst] *n.* biolo-g/żka.

biology [baɪ'ɑːləʤɪ] *n.* biologia.

birch [bɝːʧ] *n.* brzoza.

bird [bɝːd] *n.* 1. ptak. 2. **~s of a feather** ludzie tego samego pokroju; **kill two ~s with one stone** upiec dwie pieczenie na jednym ogniu.

birth [bɝːθ] *n.* narodziny; **be Polish by ~** być z pochodzenia Polakiem/Polką; **give ~ to** urodzić; zrodzić, dać początek (*czemuś*).

birth certificate *n.* metryka/akt urodzenia.

birth control *n.* antykoncepcja, zapobieganie ciąży.

birthday ['bɝːθ,deɪ] *n.* 1. urodziny; **happy ~!** wszystkiego najlepszego z okazji urodzin! 2. dzień narodzin. — *a.* urodzinowy.

birthplace ['bɝːθ,pleɪs] *n.* miejsce urodzenia; miejsce narodzin.

birthrate ['bɝːθ,reɪt] *n.* wskaźnik urodzeń, przyrost naturalny.

biscuit ['bɪskɪt] *n.* 1. okrągła bułeczka. 2. herbatnik, (kruche) ciasteczko.

bisexual [baɪ'sekʃʊəl] *a.* 1. biseksualny. 2. dwupłciowy, obojnaczy. — *n.* 1. biseksualist-a/ka. 2. obojnak.

bishop ['bɪʃəp] *n.* 1. biskup. 2. *szachy* goniec.

bit [bɪt] *n.* 1. kawałek, odrobina. 2. **a (little) ~** trochę, odrobinę; **a ~ of a problem** drobny/mały problem; **he's a ~ of a bore** jest cokolwiek nudny. 3. *komp.* bit. 4. ostrze (*np. wiertła*). 5. wędzidło. 6. **~ by ~** (kawałek) po kawałku, stopniowo; **~s and pieces** (różne) drobiazgi; **do one's ~** *pot.* robić to, co do kogoś należy; **it's a ~ much** *pot.* to lekka przesada; **to ~s** na kawałki/strzępy. — *v. zob.* **bite**.

bitch [bɪtʃ] *n.* **1.** suka. **2.** *pot.* jędza, wredny babsztyl. **3.** *wulg. obelż.* suka, zdzira. **4.** *pot.* upierdliwa robota. — *v. pot.* **1.** **~ about sb** obrabiać komuś tyłek (= *obgadywać*). **2.** zrzędzić, gderać.

bite [baɪt] *v.* **bit, bitten 1.** gryźć; kąsać; **~ one's nails** obgryzać paznokcie. **2.** brać (*o rybie*); połknąć haczyk. **3.** piec, palić; szczypać (*np. o mrozie*). **4.** **~ the bullet** zaciskać zęby; **~ the dust** polec; trafić do kosza (*o planie*); **he/she won't ~ (you)** przecież cię nie ugryzie. **5.** **~ one's tongue/words back** ugryźć się w język; **~ into sth** wrzynać się w coś (*np. w skórę*); **~ off** odgryźć; **~ off more than one can chew** porywać się z motyką na słońce; **~ sb's head off** *pot.* wydzierać się na kogoś. — *n.* **1.** ugryzienie, ukąszenie; **give sb a ~** ugryźć/ukąsić kogoś. **2.** kęs; **a ~ (to eat)** *pot.* przekąska, coś na ząb; **have/take a ~ of sth** ugryźć kawałek czegoś. **3.** *dent.* zgryz.

bitten ['bɪtən] *v.* **1.** *zob.* **bite**. **2.** **be ~ by (the bug/craze etc)** zarazić się (bakcylem/szaleństwem itp.); **once ~ twice shy** kto się na gorącym sparzy, ten na zimne dmucha.

bitter ['bɪtər] *a.* **1.** gorzki. **2.** pełen goryczy; rozgoryczony. **3.** zawzięty, zaciekły. **4.** przenikliwy, przejmujący. **5.** **a ~ pill (to swallow)** gorzka pigułka. **6.** **to the ~ end** do samego końca, do upadłego.

bitterness ['bɪtərnəs] *n.* **1.** gorycz. **2.** rozgoryczenie. **3.** zawziętość, zaciekłość.

bizarre [bɪ'zɑːr] *a.* dziwaczny, cudaczny.

blab [blæb] *v. pot.* paplać; **~ out** wypaplać.

black [blæk] *a.* **1.** czarny. **2.** czarnoskóry. **3.** ciemny, pogrążony w ciemnościach. — *n.* **1.** kolor czarny, czerń. **2.** czarnoskór-y/a, Murzyn/ka. **3.** **be in the ~** mieć dodatni bilans na koncie, być wypłacalnym. — *v.* **~ out** stracić przytomność; zamazać, wykreślić; zaciemnić (*przed nalotami*).

black and blue *a.* posiniaczony.

black and white *a.* czarno-biały; **in ~** czarno na białym.

blackberry ['blæk,berɪ] *n.* jeżyna.

blackbird ['blæk,bɝːd] *n.* kos.

blackboard ['blæk,bɔːrd] *n.* tablica.

blacken ['blækən] *v.* **1.** czernić, przyciemniać. **2.** czernieć; ciemnieć. **3.** **~ sb's name/reputation** oczerniać kogoś.

blackhead ['blæk,hed] *n.* wągier, zaskórnik.

blackmail ['blæk,meɪl] *n.* szantaż. — *v.* szantażować.

blackout ['blæk,aʊt] *n.* **1.** brak prądu, awaria elektryczności. **2.** omdlenie, zamroczenie. **3.** zanik pamięci. **4.** zaciemnienie (*przeciwlotnicze*).

blacksmith ['blæk,smɪθ] *n.* kowal.

bladder ['blædər] *n.* **1.** pęcherz. **2.** **gall ~** pęcherzyk/woreczek żółciowy. **3.** dętka (*piłki*).

blade [bleɪd] *n.* **1.** ostrze; klinga. **2.** żyletka. **3.** źdźbło (trawy). **4.** łopata (*śmigła*); pióro (*wiosła*).

blame [bleɪm] *v.* winić, obwiniać; **~ sth on sb/sth** obarczać kogoś/coś winą za coś; zrzucać na kogoś/coś winę za coś; **be to ~** być winnym; **I don't ~ you** *pot.* nie mam ci tego za złe; nie dziwię ci się; **you only have yourself to ~** *pot.* sam sobie jesteś winien. — *n.* wina; **get the ~ for sth** być obwinianym o coś; **put/place/lay the ~ on sb** zrzucać winę na kogoś.

bland [blænd] *a.* **1.** mdły, bez smaku. **2.** bez wyrazu, nijaki. **3.** pozbawiony emocji, beznamiętny.

blank [blæŋk] *a.* **1.** czysty, niezapisany; niewypełniony; pusty. **2.** bez wyrazu, tępy (*np. o spojrzeniu*). **3.** ślepy (*o naboju*). — *n.* **1.** puste miejsce (*np. w formularzu*). **2.** blankiet, formularz. **3.** ślepy nabój. **4.** **draw a ~** trafić w próżnię; nie móc sobie przypomnieć; **my mind is a ~** mam w głowie pustkę. — *v.* **~ out** stracić przytomność; chwilowo stracić pamięć; wymazać, usunąć (*z tekstu*).

blanket ['blæŋkɪt] *n.* **1.** koc. **2.** płaszcz, pokrywa (*np. śnieżna*). — *a.* ogólny; powszechny, całkowity; **~ ban** całkowity zakaz. — *v.* okrywać, spowijać.

blare [bler] *v.* ryczeć; trąbić. — *n.* ryk; trąbienie.

blasé [,blɑːz'eɪ] *a.* zblazowany.

blasphemy ['blæsfəmɪ] *n.* bluźnierstwo.

blast [blæst] *n.* **1.** podmuch. **2.** wybuch. **3.** głośny dźwięk (*trąbki, gwizdka*). **4.** **at full ~** pełną parą, na całego; na cały regulator. — *v.* **1.** wysadzić w powietrze. **2.** zmieszać z błotem. **3.** **~ off** wystartować (*o statku kosmicznym*). — *int.* **~ it/him!** *pot.* a niech to/go (szlag)!

blatant ['bleɪtənt] *a.* rażący; krzyczący; ewidentny.

blaze [bleɪz] *n.* **1.** (jasny) płomień. **2.** rozbłysk. **3.** **in a ~ of anger/passion** rozpalony złością/namiętnością; **in a ~ of glory/publicity** w blasku sławy. — *v.* **1.** płonąć, gorzeć, jaśnieć. **2.** **~ with fury/anger** poczerwienieć z wściekłości/ze złości. **3.** **~ a trail** przetrzeć szlak.

blazer ['bleɪzər] *n.* blezer, marynarka (*zw. z insygniami szkoły l. klubu*).

bleach [bliːtʃ] *v.* bielić, wybielać. — *n.* wybielacz.

bleak [bliːk] *a.* **1.** posępny, ponury. **2.** zimny, przenikliwy.

bleat [bliːt] *v.* beczeć, meczeć. — *n.* bek, beczenie.

bleed [bliːd] *v. pret. i pp.* **bled 1.** krwawić. **2.** puszczać krew (*komuś*). **3.** spierać się (*o kolorach*); puszczać kolor (*o odzieży*). **4.** **~ sth (off)** spuszczać ciecz z czegoś; odsączać coś. **5.** **~ sb** obedrzeć kogoś ze skóry, kazać komuś zapłacić ciężkie pieniądze.

blemish ['blemɪʃ] *n.* **1.** skaza, plama. **2.** wyprysk. — *v.* szpecić.

blend [blend] *v.* **1.** mieszać; miksować. **2.** zlewać się w harmonijną całość. **3.** **~ in** nie wyróżniać się; **~ in with sb/sth** dopasować się do kogoś/czegoś; **~ into sth** wtapiać się w coś. — *n.* mieszanka (*herbaty, whisky*).

bless [bles] *v.* **1.** pobłogosławić; poświęcić. **2.** **~ you!** na zdrowie! (*po kichnięciu*).

blessed ['blesɪd] *a.* **1.** błogosławiony. **2.** błogi. **3.** **be ~ with sth** cieszyć się czymś (*np. dobrym zdrowiem*).

blessing ['blesɪŋ] *n.* **1.** błogosławieństwo. **2.** **a ~ in disguise** błogosławione w skutkach nieszczęście; **be a mixed ~** mieć swoje dobre i złe strony; **count one's ~s** być wdzięcznym za to, co się ma.

blew [bluː] *v. zob.* **blow**.

blind [blaɪnd] *a.* **1.** ślepy; niewidomy. **2.** zaślepiony. **3.** robiony na ślepo. **4.** **turn a ~ eye to sth** przymykać na coś oko. — *v.* **1.** oślepiać. **2.** zaślepiać. **3.** zaciemniać. **4.** maskować. — *n.* **1.** żaluzja; roleta. **2.** pozór, przykrywka. **3.** **the ~** niewidomi.

blind alley *n.* ślepa uliczka.

blind date *n.* randka w ciemno.

blindfold ['blaɪnd,foʊld] *v.* zawiązywać oczy (*komuś*). — *n.* przepaska na oczy. — *a.* (*także* **~ed**) z zawiązanymi oczyma.

blindly ['blaɪndlɪ] *adv.* ślepo; na oślep.

blindness ['blaɪndnəs] *n.* **1.** ślepota. **2.** zaślepienie.
blink [blɪŋk] *v.* **1.** mrugać; mrużyć oczy. **2.** migać, migotać. **3. (not) ~ at sth** (nie) dziwić się czemuś. — *n.* **1. in the ~ of an eye** w mgnieniu oka. **2. be on the ~** *pot.* nawalać (*np. o radiu*).
blinker ['blɪŋkər] *n.* migacz.
bliss [blɪs] *n.* błogość; rozkosz; szczęście.
blister ['blɪstər] *n.* pęcherz, bąbel. — *v.* pokrywać się pęcherzykami.
blithely ['blaɪðlɪ] *adv.* **1.** beztrosko. **2.** radośnie.
blizzard ['blɪzərd] *n.* **1.** śnieżyca, zamieć śnieżna. **2.** lawina, zalew (*np. listów*).
bloated ['bloʊtɪd] *a.* **1.** wzdęty, rozdęty; spuchnięty. **2.** nadmiernie rozrośnięty (*np. o biurokracji*).
blob [blɑ:b] *n.* **1.** kropla (*czegoś gęstego*). **2.** plama; kleks.
bloc [blɑ:k] *n. polit.* blok.
block [blɑ:k] *n.* **1.** kwartał; **he lives three ~s away** mieszka trzy przecznice dalej; **on the ~** w (najbliższym) sąsiedztwie. **2.** budynek, blok. **3.** blok; kloc. **4.** (*także* **building ~**) klocek. **5.** *komp.* blok. **6.** zator. **7.** *sport* blok, blokowanie. — *v.* **1.** blokować, tarasować; tamować. **2. ~ sth out** zasłonić coś.
blockade [blɑ:'keɪd] *n.* blokada; **raise/lift a ~** zdjąć/przerwać blokadę. — *v.* blokować, poddawać blokadzie (*np. port*).
blockage ['blɑ:kɪðʒ] *n.* **1.** zator. **2.** niedrożność.
blockbuster ['blɑ:kˌbʌstər] *n.* wielki hit (*film l. książka*).
block letter *n.* (*także* **block capital**) drukowana litera.
blond [blɑ:nd] *a.* **1.** blond, jasny. **2.** jasnowłosy (*zwł. o mężczyźnie*). — *n.* blondyn/ka.
blonde [blɑ:nd] *a.* **1.** blond, jasny. **2.** jasnowłosy (*zwł. o kobiecie*). — *n.* blondynka.
blood [blʌd] *n.* **1.** krew; **give/donate ~** oddawać krew. **2. bad ~** wrogość, animozje; **fresh/new ~** nowa krew; **in cold ~** z zimną krwią.
blood bank *n.* bank krwi.
blood donor *n.* krwiodaw-ca/czyni.
blood pressure *n.* ciśnienie (krwi).
bloodshed ['blʌdˌʃed] *n.* rozlew krwi.
bloodstream ['blʌdˌstri:m] *n.* krwiobieg.
blood test *n.* badanie krwi.
bloodthirsty ['blʌdˌθɝ:stɪ] *a.* żądny krwi, krwiożerczy.
blood type *n.* grupa krwi.
bloody ['blʌdɪ] *a.* krwisty; krwawy; zakrwawiony; krwawiący. — *v.* **1.** zakrwawić. **2.** skaleczyć do krwi.
bloom [blu:m] *n.* **1.** kwiat, kwiatostan. **2.** kwitnienie. **3. in (full) ~** kwitnący, w rozkwicie. — *v.* kwitnąć, rozkwitać.
blossom ['blɑ:səm] *n.* **1.** kwiat, kwiecie. **2. in ~** kwitnący. — *v.* kwitnąć, rozkwitać.
blot [blɑ:t] *n.* **1.** plama; kleks. **2.** skaza, plama (*na reputacji*). — *v.* **1. ~ (up)** osuszać bibułą. **2. ~ out** wykreślić, wymazać (*zwł. wspomnienia*); przesłonić; **~ up** zetrzeć (*rozlany płyn*).
blouse [blaʊs] *n.* bluzka.
blow [bloʊ] *n.* **1.** cios; raz, uderzenie; **at a/one ~** za jednym zamachem; **come as a ~ to sb** być dla kogoś ciosem; **deal a ~ to sb/sth** zadać komuś/czemuś cios; **it came to ~s** doszło do rękoczynów. **2.** powiew, podmuch. **3.** dmuchnięcie. **4.** *sl.* kokaina. — *v.* **blew, blown 1.** wiać, dąć. **2.** unosić w powietrzu (*o wietrze*); unosić się na wietrze. **3.** dmuchać; nadmuchiwać; **~ one's nose** wydmuchać nos; **~ smoke into sb's eyes** dmuchnąć komuś dymem w oczy. **4. ~ a whistle** zagwizdać (*gwizdkiem*); **~ one's horn** zatrąbić, nacisnąć na klakson. **5. ~ a fuse** przepalić bezpiecznik. **6.** *pot.* przepuścić (*pieniądze*) (*on sth* na coś). **7.** *pot.* zmarnować (*szansę*); schrzanić, spartaczyć. **8.** *pot.* **~ a fuse** stracić panowanie nad sobą; **~ hot and cold** być jak chorągiewka na wietrze; **~ sb's mind** powalać kogoś na ziemię (*ze zdumienia, zachwytu*); **~ one's own horn** robić sobie samemu reklamę; **~ one's top/stack/cool** wyjść z siebie. **9. ~ away** wywiać, zdmuchnąć, porwać (*o wietrze*); **~ sb away** *pot.* dokopać/dołożyć komuś (*zwł. drużynie przeciwnej*); zwalić kogoś z nóg (*np. dobrą wiadomością*); **~ sth down/over** przewrócić/powalić coś (*zwł. o wietrze*); **~ in** *pot.* zjawić się ni stąd, ni zowąd; **~ sth in** wwiać coś, nawiać czegoś (*do pomieszczenia*); **~ off steam** wyładować się, dać upust emocjom; **~ out** zdmuchnąć, zgasić; wygasnąć; **~ itself out** ustać (*o wietrze*); **~ over** ucichnąć (*o burzy*); rozejść się po kościach (*o skandalu*); **~ up** zerwać/rozpętać się; wybuchnąć; wysadzić w powietrze; wyolbrzymiać (*zwł. własne zasługi*); *fot.* powiększyć.
blow-dry ['bloʊdraɪ] *v.* suszyć suszarką. — *n.* suszenie (*włosów*).
blown [bloʊn] *v. zob.* **blow.** — *a.* wzdęty, nadęty.
blue [blu:] *a.* **1.** niebieski; błękitny. **2.** siny. **3.** przygnębiony, w złym nastroju. **4.** erotyczny; pornograficzny. — *n.* **1.** błękit. **2. a bolt from the ~** grom z jasnego nieba; **out of the ~** ni stąd, ni zowąd.
blueprint ['blu:ˌprɪnt] *n.* **1.** światłokopia niebieska. **2.** plan, projekt.
blues [blu:z] *n.* **1.** *muz.* blues. **2. the ~** *pot.* chandra, depresja.
bluff [blʌf] *v.* blefować. — *n.* blef.
blunder ['blʌndər] *n. pot.* plama, gafa; wpadka, głupi błąd. — *v.* **1.** palnąć głupstwo. **2. ~ into sth** wpakować się w/na coś.
blunt [blʌnt] *a.* **1.** tępy. **2.** bezceremonialny, obcesowy. — *v.* stępić; przytępić.
bluntly ['blʌntlɪ] *adv.* bez ogródek, obcesowo.
blur [blɝ:] *n.* **1.** zamglony/niewyraźny kształt. **2.** mgliste wspomnienie. — *v.* **1.** zacierać (*granice*); rozmazywać (*kontury*). **2.** zacierać się, zamazywać się; mącić się.
blurb [blɝ:b] *n.* **1.** notka wydawnicza (*na obwolucie*). **2.** notka reklamowa.
blush [blʌʃ] *v.* czerwienić się, rumienić się. — *n.* **1.** rumieniec. **2. at first ~** *form.* na pierwszy rzut oka.
boar [bɔ:r] *n.* **1.** (*także* **wild ~**) dzik. **2.** knur.
board [bɔ:rd] *n.* **1.** deska. **2.** tablica; płyta (*pilśniowa, korkowa*). **3.** szachownica; plansza. **4.** tektura. **5.** zarząd; rada. **6. ~ and lodging** (*także* **room and ~**) zakwaterowanie z wyżywieniem; **full ~** pełne wyżywienie. **7. the ~s** deski sceniczne. **8. on ~ (a ship/plane)** na pokład/na pokładzie (statku/samolotu); **be on ~** być członkiem/pracownikiem, być w składzie (*organizacji, zespołu*); **take sth on ~** przyjąć coś, wziąć sobie coś do serca (*np. postulaty*). **9. across the ~** dotyczący wszystkich (*np. o podwyżkach*); **back to the drawing ~** trzeba zaczynać od początku. — *v.* **1. ~ a ship/plane/train** wsiadać na statek/do samolotu/do pociągu. **2. ~ with sb** stołować się u kogoś. **3. ~ up/over** zabić deskami.
board game *n.* gra planszowa.
boarding house *n.* pensjonat.

boarding pass *n.* (*także* **boarding card**) karta pokładowa.
boarding school *n.* szkoła z internatem.
boardwalk ['bɔːrd,wɔːk] *n.* promenada nadmorska (*z desek*).
boast [boʊst] *v.* **1.** chwalić się, chełpić się (*about/of sth* czymś). **2.** szczycić się, móc się poszczycić/pochwalić (*czymś*). — *n.* przechwałka.
boat [boʊt] *n.* **1.** łódź; łódka; **by ~** łodzią. **2.** *pot.* statek. **3.** *pot.* **be in the same ~** jechać na tym samym wózku; **rock the ~** wprowadzać niepotrzebne zamieszanie.
bob [bɑːb] *v.* **1.** (*także* **~ up and down**) podskakiwać (*na wodzie*); huśtać się, kołysać się. **2.** dygnąć (*to sb* przed kimś). — *n.* **1.** skinienie. **2.** dyg. **3.** równo przycięte włosy (*u kobiety*).
bobsled ['bɑːb,sled] *n.* bobslej. — *v.* jeździć na bobsleju.
bodily ['bɑːdɪlɪ] *a.* **1.** cielesny; fizyczny; fizjologiczny. **2. grievous ~ harm** ciężki uszczerbek na zdrowiu. — *adv.* **1.** osobiście. **2.** fizycznie. **3.** w całości.
body ['bɑːdɪ] *n.* **1.** ciało. **2.** organizm. **3.** (*także* **dead ~**) zwłoki, ciało; **over my dead ~** *pot.* po moim trupie. **4.** gremium. **5.** zbiór (*np. przepisów*). **6.** *mot.* nadwozie; karoseria. **7.** *lotn.* kadłub. **8. a ~ of water** akwen wodny; **the ~ of sth** główna/zasadnicza część czegoś (*tekstu, budynku*); przeważająca część czegoś (*np. opinii publicznej*).
bodybuilding ['bɑːdɪ,bɪldɪŋ] *n.* kulturystyka.
bodyguard ['bɑːdɪ,gɑːrd] *n.* ochroniarz, goryl.
bodywork ['bɑːdɪ,wɝːk] *n.* blacharstwo samochodowe.
bog [bɑːg] *n.* bagno, trzęsawisko, mokradło; torfowisko. — *v.* **be ~ged down in sth** ugrzęznąć w czymś.
boggle ['bɑːgl] *v.* **the mind ~s at sth** (*także* **sth ~s the mind**) *pot.* coś się w głowie nie mieści.
bogus ['boʊgəs] *a.* fałszywy, fikcyjny, zmyślony.
boil [bɔɪl] *v.* **1.** gotować (się); wrzeć, kipieć. **2. ~ down to sth** sprowadzać się do czegoś; **~ over** wykipieć; wybuchnąć (*o gniewie*). — *n.* **1. bring sth to the ~** zagotować coś; **come to a/the ~** zagotować się. **2.** czyrak, ropień.
boiler ['bɔɪlər] *n.* kocioł; bojler.
boisterous ['bɔɪstərəs] *a.* hałaśliwy, nieokiełznany; niesforny.
bold [boʊld] *a.* **1.** śmiały; zuchwały; **as ~ as brass** bezczelny. **2.** (*także* **~face**) pogrubiony, tłusty (*o druku*).
bolt [boʊlt] *n.* **1.** zasuwka, rygiel. **2.** bolec. **3.** zryw, sus. **4. a ~ from the blue** grom z jasnego nieba. — *v.* **1.** ryglować, zamykać na zasuwkę. **2.** zerwać się, rzucić się do ucieczki; ponieść (*o koniu*). **3. ~ (down)** łykać (*pospiesznie, łapczywie*). **4. ~ in** zamknąć (*w domu na klucz*). — *adv.* **~ upright** jakby kij połknął.
bomb [bɑːm] *n.* **1.** bomba. **2. the ~** bomba atomowa; broń jądrowa. — *v.* **1.** bombardować. **2. ~ out** pozbawić dachu nad głową (*w wyniku bombardowania*).
bombardment [bɑːm'bɑːrdmənt] *n.* ostrzał, bombardowanie.
bombastic [bɑːm'bæstɪk] *a.* bombastyczny, napuszony.
bomber ['bɑːmər] *n.* **1.** bombowiec, samolot bombowy. **2.** zamachowiec.
bombshell ['bɑːm,ʃel] *n.* **drop a ~** wywołać sensację.
bond [bɑːnd] *n.* **1.** więź. **2.** spojenie. **3.** zobowiązanie, rękojmia; *fin.* skrypt dłużny. **4.** *chem.* wiązanie. **5. ~s** więzy; więzi; *ekon.* obligacje. — *v.* **1.** tworzyć więzi (*emocjonalne*). **2.** spajać, wiązać (*np. o cemencie*).
bone [boʊn] *n.* **1.** kość. **2.** ość. **3. a ~ of contention** kość niezgody; **a bag of ~s** *pot.* skóra i kości; **chilled/frozen to the ~** przemarznięty do (szpiku) kości; **have a ~ to pick with sb** mieć z kimś do pogadania; **make no ~s about sth** nie robić z czegoś tajemnicy; nie wstydzić się czegoś. — *v.* usuwać kości/ości z (*czegoś*).
bonfire ['bɑːn,faɪr] *n.* ognisko.
bonnet ['bɑːnɪt] *n.* czepek (*damski l. dziecięcy*); kapturek.
bonus ['boʊnəs] *n.* **1.** premia. **2.** miła niespodzianka.
bony ['boʊnɪ] *a.* **1.** kościsty. **2.** ościsty.
boo [buː] *int.* buu, uhu. — *n.* buczenie. — *v.* buczeć, pohukiwać; **~ sb (off stage)** wygwizdać kogoś.
book [bʊk] *n.* **1.** książka; księga. **2.** kodeks, regulamin. **3.** zeszyt, notatnik. **4.** książeczka (*czekowa, biletowa*); karnet. **5. ~s** księgi rachunkowe. **6. by the ~** ściśle według regulaminu/przepisów; **be in sb's good/bad ~s** *pot.* być u kogoś dobrze/źle notowanym; **in the ~** w książce telefonicznej; **that's one for the ~(s)!** to trzeba zapisać!, a to ci niespodzianka! **throw the ~ at sb** udzielić komuś reprymendy. — *v.* **1.** rezerwować; zamawiać. **2.** spisać, odnotować w rejestrze (*policyjnym*). **3. ~ in/out** zameldować/wymeldować się (*w/z hotelu*); **~ up** zarezerwować; dokonać rezerwacji (*czegoś*); **we are (all) ~ed up** mamy komplet, nie mamy wolnych miejsc/pokoi.
bookcase ['bʊk,keɪs] *n.* biblioteczka.
bookkeeping ['bʊk,kiːpɪŋ] *n.* księgowość.
booklet ['bʊklət] *n.* książeczka, broszur(k)a.
bookmark ['bʊk,mɑːrk] *n.* **1.** zakładka (*do książki*). **2.** *komp.* zakładka.
bookseller ['bʊk,selər] *n.* księgarz.
bookshelf ['bʊk,ʃelf] *n.* półka na książki; regał.
bookstore ['bʊk,stɔːr] *n.* księgarnia.
bookworm ['bʊk,wɝːm] *n.* mól książkowy.
boom [buːm] *n.* **1.** hossa, koniunktura. **2.** huk; grzmot, łoskot. **3.** *żegl.* bom. — *v.* **1.** *ekon.* przeżywać rozkwit; wzrastać, zwyżkować. **2.** huczeć; grzmieć; buczeć.
boon [buːn] *n.* dobrodziejstwo; błogosławieństwo.
boost [buːst] *v.* **1.** podnosić; poprawiać; stymulować. **2.** promować, lansować. **3. ~ sb (up)** podsadzić kogoś. **4. ~ sb's ego/morale/confidence** dodać komuś pewności siebie. — *n.* bodziec; zachęta; **give sb a ~** dodać komuś skrzydeł.
booster ['buːstər] *n.* **1. ~ (dose/shot)** dawka przypominająca (*szczepionki*). **2. ego/morale/confidence ~** zastrzyk pewności siebie.
boot [buːt] *n.* **1.** but, trzewik (*nad kostkę*); kozaczek. **2.** *pot.* **get the ~** wylecieć z pracy; **give sb the ~** wylać kogoś (z pracy); **to ~** na dobitkę/dodatek. — *v.* **~ (up)** *komp.* uruchomić (*system, program*).
booth [buːθ] *n.* **1.** budka, kiosk. **2.** boks (*w restauracji*). **3. phone ~** budka telefoniczna; **polling ~** kabina do głosowania.
bootleg ['buːt,leg] *n.* **1.** alkohol produkowany nielegalnie. **2.** produkt piracki. — *a.* nielegalny, piracki.
bootlegging ['buːt,legɪŋ] *n.* *handl.* piractwo.
booty ['buːtɪ] *n.* łup, zdobycz.
booze [buːz] *pot.* *n.* gorzała. — *v.* chlać.

border ['bɔːrdər] *n.* 1. granica. 2. brzeg, skraj. 3. obwódka, obramowanie. — *v.* 1. obrzeżać, okalać. 2. **~ (on)** graniczyć/mieć wspólną granicę z (*czymś*); **~ on sth** graniczyć z czymś.
borderline ['bɔːrdər,laɪn] *n.* 1. linia graniczna. 2. niepewna granica. — *a.* niepewny, na granicy (*akceptowalności*).
bore [bɔːr] *v.* 1. *zob.* **bear**. 2. **~ sb** nudzić kogoś. 3. wiercić, drążyć; świdrować. — *n.* 1. nudzia-rz/ra. 2. nuda, nudziarstwo.
bored [bɔːrd] *a.* **~ (with/by sth)** znudzony (czymś).
boredom ['bɔːrdəm] *n.* nuda, znudzenie.
boring ['bɔːrɪŋ] *a.* nudny.
born [bɔːrn] *a.* urodzony; narodzony; **~ leader** urodzony przywódca; **~ of sth** zrodzony z czegoś; **be ~ under a lucky star** urodzić się pod szczęśliwą gwiazdą; **newly-~** nowonarodzony.
borne [bɔːrn] *v. zob.* **bear**.
borough ['bɝːoʊ] *n.* dzielnica, gmina miejska.
borrow ['bɑːroʊ] *v.* **~ sth (from sb/sth)** pożyczyć/wypożyczyć coś (od kogoś/skądś); zapożyczyć coś (od kogoś/skądś).
bosom ['bʊzəm] *n.* 1. *przest.* pierś; klatka piersiowa; biust. 2. **the ~ of sth** łono czegoś (*rodziny, kościoła*). 3. **~ friend** przyjaci-el/ółka od serca.
boss [bɔːs] *n.* szef, zwierzchnik; boss (*partyjny, mafijny*). — *v.* 1. szefować (*komuś l. czemuś*); kierować (*czymś*). 2. **~ sb around** komenderować/dyrygować kimś.
bossy ['bɔːsɪ] *a.* apodyktyczny.
botanist ['bɑːtənɪst] *n.* botani-k/czka.
botany ['bɑːtənɪ] *n.* botanika.
both [boʊθ] *a., pron.* oba; **~ of us/you** my/wy oboje; **~ (of the) girls** obie dziewczyny. — *conj.* **~ A and B** zarówno A, jak i B.
bother ['bɑːðər] *v.* 1. zawracać głowę, naprzykrzać się (*komuś*). 2. niepokoić, trapić. 3. dokuczać, dolegać (*komuś*). 4. **~ (to do sth)** zadać sobie trud (zrobienia czegoś); **sb can't be ~ed (to do sth)** komuś się nie chce (zrobić czegoś). — *n.* zmartwienie; utrapienie; kłopot, fatyga.
bottle ['bɑːtl] *n.* 1. butelka. 2. **hit the ~** zaglądać do kieliszka. — *v.* 1. butelkować. 2. **~ up** powściągnąć (*gniew, urazę*).
bottle opener *n.* otwieracz do butelek.
bottom ['bɑːtəm] *n.* 1. dno. 2. dół (*strony, schodów*). 3. podnóże. 4. spód, spodnia strona. 5. (*także* **~s**) dół (*od piżamy, dresu*). 6. *pot.* siedzenie, tyłek. 7. **~ up** do góry dnem; **~s up!** do dna! (*przy toastach*); **from the ~ of one's heart** z głębi serca; **get to the ~ of sth** dotrzeć do sedna czegoś. — *a.* 1. dolny; najniższy; spodni; denny. 2. **bet one's ~ dollar on sth** być czegoś absolutnie pewnym.
bottomless ['bɑːtəmləs] *a.* 1. bez dna. 2. bezdenny, niezgłębiony. 3. niewyczerpany.
bough [baʊ] *n.* konar, gałąź.
bought [bɔːt] *v. zob.* **buy**.
boulder ['boʊldər] *n.* głaz, blok skalny.
bounce [baʊns] *v.* 1. **~ (off sth)** odbić się (od czegoś); odbijać (*piłkę podczas kozłowania*). 2. okazać się bez pokrycia (*o czeku*); odmówić realizacji (*czeku*). 3. **~ (up and down)** podskakiwać; **~ sb (up and down)** podrzucać kogoś (*np. dziecko na kolanach*). 4. **~ sb (from sth)** *pot.* wylać/wywalić kogoś (skądś). 5. **~ back** wrócić do normy, stanąć na nogi. — *n.* 1. odbicie (się); podskok. 2. siła odbicia, sprężystość. 3. energia, żywotność; rozmach.
bouncer ['baʊnsər] *n.* bramkarz, wykidajło.
bound [baʊnd] *v.* 1. *zob.* **bind**. 2. sadzić susy; podskakiwać. 3. **~ (off sth)** odbić się (od czegoś). — *n.* **be out of ~s (to/for sb)** być zakazanym (dla kogoś); **be within/beyond the ~s of possibility** być możliwym/niemożliwym; **by leaps and ~s** w ekspresowym tempie. — *a.* 1. związany. 2. oprawiony (*o książce*). 3. **~ (by sth)** zobowiązany (z racji czegoś); **be ~ by contract** być związanym umową. 4. **sb is ~ to do sth** ktoś na pewno coś zrobi; **it is/was ~ to happen** to się musi/musiało stać. 5. **be ~ up with sth** ściśle wiązać się z czymś. 6. **~ for** zmierzający ku (*czemuś*), (zdążający) w kierunku (*danej miejscowości, portu*).
boundary ['baʊndərɪ] *n.* granica.
boundless ['baʊndləs] *a. lit.* bezkresny; bezgraniczny.
bouquet [boʊ'keɪ] *n.* bukiet.
bourgeois ['bʊrʒwɑː] *n.* mieszczanin; burżuj, mieszczuch; drobnomieszczanin. — *a.* mieszczański; burżuazyjny, drobnomieszczański.
bout [baʊt] *n.* **~ of flu/depression/nausea** atak grypy/depresji/mdłości; **~ of drinking** popijawa.
boutique [buː'tiːk] *n.* butik.
bow[1] [boʊ] *n.* 1. kokarda. 2. łuk (*broń*). 3. smyczek.
bow[2] [baʊ] *n.* 1. ukłon; skinienie głowy; **take a/one's ~** ukłonić się (*publiczności*). 2. dziób (*łodzi, statku*). — *v.* 1. **~ (down)** zgiąć się; ugiąć, zgiąć (*kolano, kark*); **~ed (down) by/with sth** przygnieciony/przytłoczony czymś. 2. skłonić głowę; skinąć głową. 3. **~ out (of sth)** wycofać się (z czegoś); **~ to sth** ugiąć się przed czymś.
bowel ['baʊəl] *n.* 1. jelito. 2. **~ movement** wypróżnienie; stolec; **move one's ~s** wypróżniać się. 3. **the ~s of the earth** wnętrzności ziemi.
bowl [boʊl] *n.* 1. mis(k)a; czara, puchar; **sugar ~** cukiernica. 2. stadion; amfiteatr. 3. niecka. 4. kula (*do gry w kule l. kręgle*). 5. rzut (*kulą do gry*). — *v.* 1. grać w kule/kręgle. 2. rzucić, potoczyć (*kulę*). 3. **~ sb over** przewrócić/powalić kogoś; *pot.* zwalić kogoś z nóg (*np. dobrą wiadomością*).
bowler ['boʊlər] *n.* 1. gracz w kule/kręgle. 2. (*także* **~ hat**) melonik.
bowling ['boʊlɪŋ] *n.* kręgle.
bowling alley *n.* kręgielnia.
bow tie *n.* muszka.
box [bɑːks] *n.* 1. pudełko; pudło. 2. skrzynia; skrzynka. 3. ramka (*w tekście*). 4. *teatr* loża. 5. **(post-office) ~** skrytka pocztowa. 6. **the ~** *pot.* telewizja. — *v.* 1. **~ (against/with sb)** boksować się (z kimś). 2. **~ (up)** zapakować (*do pudełka, skrzyni*). 3. **~ in** zablokować; **~ off** odgrodzić.
boxer ['bɑːksər] *n.* 1. bokser. 2. **~s** (*także* **~ shorts**) (spodenki) bokserki.
boxing ['bɑːksɪŋ] *n.* boks, pięściarstwo.
box office *n.* kasa biletowa; **good/bad ~** duże/małe zyski (*z biletów*); **box-office success** sukces kasowy.
boy [bɔɪ] *n.* 1. chłopiec, chłopak; chłopczyk. 2. **the ~s** *pot.* chłopaki. — *int.* **(oh) ~!** *pot.* (o) kurczę!
boycott ['bɔɪkɑːt] *n.* bojkot. — *v.* bojkotować.
boyfriend ['bɔɪ,frend] *n.* chłopak, przyjaciel.
bra [brɑː] *n.* stanik, biustonosz.
brace [breɪs] *n.* 1. klamra. 2. **~s** aparat ortodontyczny; szyny (*na nogi*); nawias klamrowy. — *v.* 1. ściskać,

spinać klamrą. **2.** usztywniać, wzmacniać. **3.** ~ **o.s. (for sth)** zbierać siły (przed czymś), przygotowywać się (na coś).
bracelet ['breɪslət] *n.* bransoletka.
bracing ['breɪsɪŋ] *a.* ożywczy, orzeźwiający.
bracket ['brækɪt] *n.* **1.** nawias; **square ~s** nawias kwadratowy. **2.** przedział (*np. wiekowy*). **3.** wspornik; okucie. — *v.* **1.** ująć w nawiasy. **2.** ująć wspólnie, zgrupować.
brag [bræg] *v.* ~ **(of/about sth)** przechwalać/chełpić się (czymś).
braid [breɪd] *n.* warkocz. — *v.* pleść; splatać.
brain [breɪn] *n.* **1.** mózg. **2.** **~s** inteligencja; **the ~s behind sth** mózg czegoś (*przedsięwzięcia, spisku*).
brain drain *n.* **the ~** drenaż mózgów.
brainstorm ['breɪnˌstɔːrm] *n.* olśnienie, błysk natchnienia. — *v.* brać udział w burzy mózgów.
brainstorming ['breɪnˌstɔːrmɪŋ] *n.* burza mózgów.
brainwash ['breɪnˌwɔːʃ] *v.* poddać praniu mózgu.
brainy ['breɪnɪ] *a. pot.* łebski.
brake [breɪk] *n.* hamulec. — *v.* hamować.
bran [bræn] *n.* otręby.
branch [bræntʃ] *n.* **1.** gałąź. **2.** odgałęzienie; odnoga. **3.** filia, oddział. — *v.* ~ **off** odgałęziać się, skręcać; ~ **out (into sth)** rozszerzyć działalność (o coś).
brand [brænd] *n.* **1.** *handl.* marka. **2.** rodzaj, odmiana (*humoru, polityki*). **3.** piętno. — *v.* znakować; znaczyć piętnem, piętnować; **~ sb as** napiętnować kogoś jako (*łotra, przestępcę*).
brand-new [ˌbrænd'nuː] *a.* fabrycznie nowy; nowiut(eń)ki.
brash [bræʃ] *a.* **1.** obcesowy, nietaktowny. **2.** ostentacyjny, krzykliwy.
brass [bræs] *n.* **1.** mosiądz. **2.** **the ~ (section)** instrumenty (dęte) blaszane. **3.** **the (top) ~** *pot.* szefostwo, wierchuszka. **4.** **have the ~ (to do sth)** *pot.* mieć czelność (coś zrobić). — *a.* **1.** mosiężny, z mosiądzu. **2.** *muz.* blaszany; **~ band** orkiestra dęta. **3.** **get down to ~ tacks** *pot.* przejść do konkretów.
brat [bræt] *n. pot.* bachor.
brave [breɪv] *a.* odważny, dzielny, mężny; waleczny. — *v.* stawić czoło (*czemuś*).
bravery ['breɪvərɪ] *n.* odwaga, męstwo; waleczność.
bravo ['brɑːvoʊ] *int., n.* brawo.
brawl [brɔːl] *n.* burda, awantura. — *v.* awanturować się.
brazen ['breɪzən] *a.* bezwstydny; bezczelny; cyniczny. — *v.* **~ it out** iść w zaparte, nadrabiać bezczelnością.
Brazil [brə'zɪl] *n.* Brazylia.
Brazilian [brə'zɪljən] *a.* brazylijski. — *n.* Brazylijczyk/ka.
breach [briːtʃ] *n.* **1.** złamanie, naruszenie; **~ of confidence/trust** nadużycie zaufania; **~ of contract** naruszenie warunków umowy. **2.** wyłom.
bread [bred] *n.* chleb, pieczywo; **loaf/slice of ~** bochenek/kromka chleba. — *v.* panierować.
breadbox ['bredˌbɑːks] *n.* pojemnik na pieczywo.
breadcrumbs ['bredˌkrʌmz] *n. pl.* **1.** okruchy/okruszki (chleba). **2.** bułka tarta.
breadth [bredθ] *n.* **1.** szerokość. **2.** rozległość, rozpiętość, zakres.
breadwinner ['bredˌwɪnər] *n.* żywiciel/ka rodziny.
break [breɪk] *v.* **broke, broken** **1.** złamać (się). **2.** przełamać; **~ (in half)** przełamać się/pęknąć (na pół). **3.** załamać się; załamywać się, rozbijać się (*o falach*). **4.** stłuc (się), rozbić (się); rozkruszyć. **5.** ~ **(into sth)** rozpaść się (na coś). **6.** zepsuć (się), nawalić. **7.** przerwać; zerwać; urwać się; skończyć się (*o pogodzie, porze roku*). **8.** zbankrutować; zrujnować, doprowadzić do bankructwa; zniszczyć, załamać (*psychicznie*). **9.** naruszyć (*zasadę, zakaz*). **10.** pęknąć, zarysować się (*o naczyniu*). **11.** ~ **(from sth)** uciec (od czegoś); wyrwać się (skądś). **12.** nastać (*o dniu, poranku*); rozpętać się (*o burzy*). **13.** pobić, poprawić (*rekord*). **14.** ujeździć (*konia*). **15.** mutować (*o głosie*). **16.** **~ a spell** odczynić zaklęcie/urok; zniweczyć czar; **~ the back of sth** mieć za sobą najtrudniejszą część czegoś; **~ one's back** *pot.* harować; **~ the bank** rozbić bank (*w grze hazardowej*); **~ even** wyjść na zero; **~ fresh/new ground** dokonać przełomu; **~ the news to sb** powiadomić kogoś (*o czymś nieprzyjemnym*). **17.** **~ away (from sth)** zbiec (skądś); odejść/wystąpić (skądś); **~ down** zepsuć się; załamać się (*t. psychicznie*); zakończyć się fiaskiem; pogorszyć się (*o zdrowiu*); zepsuć; stłumić, zmiażdżyć; rozkładać, analizować; trawić; **~ down (into sth)** rozpadać/dzielić się (na coś); **~ in** włamać się; rozchodzić (*buty*); przyuczyć (*człowieka, zwierzę*); **~ into** włamać się do (*czegoś*); wtrącić się do (*czegoś*); **~ into laughter/tears** wybuchnąć śmiechem/płaczem; **~ into song** zacząć śpiewać (*zwł. znienacka*); **~ into a sweat** zacząć się pocić; **~ off** odłamać; zerwać (*stosunki*); **~ out** wybuchnąć (*o wojnie, epidemii*); **~ out in spots/a rash** pokryć się plamami/wysypką; **~ out (of sth)** wyrwać się/zbiec (skądś); **~ through sth** przebić/przedrzeć się przez coś; **~ up** rozdzielić, rozproszyć; zakończyć, rozwiązać; rozejść się (*t. o małżonkach*); rozpaść się; **~ with sb/sth** zerwać z kimś/czymś. — *n.* **1.** przerwa; **coffee/lunch ~** przerwa na kawę/lunch. **2.** luka, wyłom, wyrwa. **3.** **line/page ~** nowa linia/strona. **4.** pauza, zawieszenie głosu. **5.** przełom, nagła zmiana; *tenis* przełamanie serwisu. **6.** ~ **(with sb/sth)** zerwanie (z kimś/czymś). **7.** **at the ~ of day** skoro świt. **8.** **big/lucky ~** wielka szansa; **give sb a ~** dać komuś szansę.
breakage ['breɪkɪdʒ] *n.* **1.** pęknięcie, awaria. **2.** **~s** szkody, straty; stłuczki.
breakdown ['breɪkˌdaʊn] *n.* **1.** rozpad (*małżeństwa, ustroju*). **2.** (*także* **nervous ~**) załamanie (nerwowe). **3.** awaria. **4.** analiza (*t. statystyczna*).
breakfast ['brekfəst] *n.* śniadanie; **have ~** jeść śniadanie. — *v. form.* jeść śniadanie.
break-in ['breɪkˌɪn] *n.* włamanie.
breakneck ['breɪkˌnek] *a.* **at ~ speed** na złamanie karku.
breakthrough ['breɪkˌθruː] *n.* przełom, punkt zwrotny.
breakwater ['breɪkˌwɔːtər] *n.* falochron.
breast [brest] *n.* pierś; **beat one's ~** bić się w piersi; **make a clean ~ of sth** wyznać coś, wyspowiadać się z czegoś.
breast-feed ['brestˌfiːd] *v. pret. i pp.* **breast-fed** karmić piersią.
breaststroke ['brestˌstroʊk] *n.* styl klasyczny, żabka.
breath [breθ] *n.* oddech; wdech; **a ~ of fresh air** łyk świeżego powietrza; miła odmiana; **catch one's ~** łapać powietrze; **hold one's ~** wstrzymywać oddech; czekać z zapartym tchem; **in the same ~** jednym tchem; **out of ~** z(a)dyszany; **take sb's ~ away** zapierać komuś dech w piersiach; **waste one's ~** gadać po próżnicy, strzępić sobie język.

breathe [bri:ð] *v.* **1.** oddychać; **~ in/out** zrobić wdech/wydech; **~ sth in/out** wdychać/wydychać coś. **2.** odetchnąć, odsapnąć. **3. ~ confidence/hope into sb** natchnąć kogoś pewnością siebie/nadzieją; **~ down sb's neck** *pot.* zaglądać komuś przez ramię; **~ fire** ziać ogniem; **~ (fresh) life into sth** tchnąć (nowe) życie w coś; **~ one's last** wydać ostatnie tchnienie, wyzionąć ducha; **not ~ a word (of sth)** nie puścić (o czymś) pary z ust.

breathing ['bri:ðɪŋ] *n.* oddychanie, oddech.

breathing space *n.* **1.** chwila wytchnienia. **2.** przestrzeń do życia.

breathless ['breθləs] *a.* **1.** z(a)dyszany, bez tchu. **2.** *lit.* duszny (*o atmosferze*).

breathtaking ['breθˌteɪkɪŋ] *a.* zapierający dech (w piersiach).

breed [bri:d] *v. pret. i pp.* **bred 1.** hodować. **2.** rodzić się; lęgnąć się. **3.** rozmnażać się. **4.** rodzić, powodować (*coś nieprzyjemnego*). — *n.* rasa, odmiana; typ, rodzaj.

breeding ['bri:dɪŋ] *n.* **1.** hodowla, chów. **2.** wychowanie. **3.** dobre wychowanie.

breeze [bri:z] *n.* **1.** wietrzyk, powiew. **2.** *pot.* **a ~** pestka (= *nic trudnego*); **shoot/bat the ~** uciąć sobie pogawędkę. — *v. pot.* **~ (along)** przemknąć; **~ in/out** wpaść/wypaść, wlecieć/wylecieć; **~ through sth** poradzić sobie z czymś bez wysiłku.

breezy ['bri:zɪ] *a.* **1.** wietrzny; rześki. **2.** żywy, pełen werwy.

brevity ['brevətɪ] *n.* **1.** zwięzłość. **2.** krótkotrwałość.

brew [bru:] *v.* **1.** warzyć (*piwo*); warzyć się. **2.** parzyć, zaparzać (*herbatę*); naciągać, parzyć się. **3. sth is ~ing** zanosi się na coś. — *n. pot.* browar(ek).

brewery ['bru:ərɪ] *n.* browar.

bribe [braɪb] *n.* łapówka. — *v.* dać łapówkę (*komuś*), przekupić.

bribery ['braɪbərɪ] *n.* przekupstwo, łapownictwo.

brick [brɪk] *n.* cegła. — *v.* **~ in/up** zamurować.

bricklayer ['brɪkˌleɪər] *n.* murarz.

bridal ['braɪdl] *a.* ślubny, weselny; **~ suite** apartament dla nowożeńców.

bride [braɪd] *n.* panna młoda.

bridegroom ['braɪdˌgru:m] *n.* pan młody.

bridesmaid ['braɪdzˌmeɪd] *n.* druhna.

bridge [brɪʤ] *n.* **1.** most; pomost; kładka. **2.** mostek (*kapitański, dentystyczny*). **3.** grzbiet nosa. **4.** *karty* brydż. **5. we'll cross that ~ when we come to it** później będziemy się o to martwić. — *v.* **1.** połączyć mostem. **2. ~ the gap between X and Y** przerzucić (po)most pomiędzy X i Y.

bridle ['braɪdl] *n.* uzda. — *v.* **1.** założyć uzdę (*koniowi*). **2. ~ at sth** obruszyć się na coś.

brief [bri:f] *a.* **1.** krótki. **2.** krótkotrwały. **3.** zwięzły, treściwy; **be ~** streszczać się. — *v.* **~ sb on sth** instruować/informować kogoś o czymś. — *n.* **1.** *prawn.* streszczenie pozwu/sprawy; sprawa (sądowa). **2.** krótkie sprawozdanie. **3. ~s** wytyczne. **4. ~s** slipy. **5. in ~** pokrótce, krótko mówiąc.

briefcase ['bri:fˌkeɪs] *n.* aktówka, teczka.

briefing ['bri:fɪŋ] *n.* **1.** instruktaż. **2.** *wojsk.* odprawa. **3. press ~** konferencja prasowa.

briefly ['bri:flɪ] *adv.* **1.** pokrótce, zwięźle. **2.** na krótko. **3.** przelotnie.

brigade [brɪ'geɪd] *n.* **1.** brygada. **2. fire ~** straż pożarna.

bright [braɪt] *a.* **1.** jasny. **2.** błyszczący. **3.** świetlany. **4.** promienny. **5.** błyskotliwy; bystry, inteligentny. **6.** pogodny. **7. look on the ~ side (of things)** być optymistą; **the ~ lights** wielkomiejskie życie, uciechy wielkiego miasta. — *adv.* jasno (*świecić, palić się*).

brighten ['braɪtən] *v.* **1.** rozjaśniać, rozświetlać. **2. ~ (up)** upiększać; rozpogadzać się; poweseleć, rozpromienić się.

brightly ['braɪtlɪ] *adv.* **1.** jasno. **2.** promiennie.

brightness ['braɪtnəs] *n.* **1.** jasność. **2.** inteligencja, bystrość (umysłu).

brilliant ['brɪljənt] *a.* **1.** błyskotliwy, wybitnie zdolny. **2.** jaskrawy. **3.** wspaniały. — *n.* brylant.

brim [brɪm] *n.* **1.** brzeg (*naczynia*); **full/filled to the ~** wypełniony (aż) po brzegi. **2.** rondo (*kapelusza*). — *v.* **~ over** przelewać się (*o naczyniu*); **~ over with joy** być przepełnionym radością; **~ with sth** napełniać (się) czymś.

bring [brɪŋ] *v. pret. i pp.* **brought** [brɔ:t] **1.** przynosić; przyprowadzać; przywozić. **2.** doprowadzać; **~ sth to an end** doprowadzić coś do końca. **3.** powodować, wywoływać. **4. ~ an accusation/charges against sb** wnieść oskarżenie przeciwko komuś. **5. ~ sth home to sb** przekonać kogoś do czegoś; wytłumaczyć coś komuś. **6. ~ o.s. to do sth** zmusić się do zrobienia czegoś. **7. ~ about** spowodować, wywołać; **~ around** przyprowadzić (*na umówione miejsce*); przynieść (*j.w.*); przekonać; ocucić; **~ the conversation around to sth** skierować rozmowę na jakiś temat; **~ back** odnieść, zwrócić; przynieść (*w drodze powrotnej*); przywrócić; **~ down** powalić; obalić (*rząd*); pokonać; obniżyć (*cenę*); **~ down the house** *teatr* zostać entuzjastycznie przyjętym, wywołać burzę oklasków; **~ forth** *form.* wydać na świat (*potomstwo*); wywołać; **~ forward** przesunąć na wcześniejszy termin (*spotkanie*); przedłożyć (*projekt*); *fin.* przenieść (*na następną stronę*); **~ in** przynieść (*t. dochód*); wprowadzić; **~ off** wykonać (*zadanie*); przeprowadzić (*plan*); **~ on** wywołać, spowodować (*coś złego*); **~ out** wydać (*książkę*); **~ sth to sb's attention/notice** zwrócić czyjąś uwagę na coś; **~ sth to light** wydobyć coś na światło dzienne; **~ together** doprowadzić do spotkania (*dwóch osób*); połączyć; **~ up** wychowywać (*dzieci*); poruszyć (*temat*); zwymiotować, zwrócić.

brink [brɪŋk] *n.* **1.** brzeg, skraj. **2. at the ~ of war** na krawędzi wojny; **be on the ~ of (doing) sth** być bliskim (zrobienia) czegoś.

brisk [brɪsk] *a.* **1.** energiczny, dynamiczny. **2.** ożywiony (*o handlu*). **3.** orzeźwiający.

bristle ['brɪsl] *n.* **1.** szczecina. **2.** włosie (*szczotki*). — *v.* **1.** zjeżyć się, nastroszyć się. **2. ~ at** wzdrygać się na (*wspomnienie czegoś itp.*).

Brit [brɪt] *n. pot.* Brytyj-czyk/ka.

Britain ['brɪtən] *n.* **(Great) ~** Wielka Brytania.

British ['brɪtɪʃ] *a.* **1.** brytyjski. **2. the ~** Brytyjczycy. **3. the ~ Isles** Wyspy Brytyjskie.

brittle ['brɪtl] *a.* kruchy, łamliwy.

broad [brɔ:d] *a.* **1.** szeroki. **2.** rozległy, obszerny. **3.** wyraźny, silny (*o akcencie*). **4. ~ hint/clue** wyraźna aluzja/wskazówka; **~ views** liberalne poglądy; **in ~ daylight** w biały dzień; **in ~ outline** w ogólnym zarysie. — *n. pot. obelż.* kobieta.

broadcast ['brɔ:dˌkæst] *n.* **1.** transmisja, emisja. **2.** audycja, program. — *v.* **broadcast** *l.* **broadcasted**

1. nadawać, transmitować, emitować. 2. rozgłaszać, rozpowiadać.

broaden ['brɔːdən] *v.* poszerzać (się); rozszerzać (się); ~ **one's horizons/mind** poszerzyć swoje horyzonty.

broadly ['brɔːdlɪ] *adv.* szeroko; ~ **speaking** ogólnie rzecz biorąc; **smile/grin** ~ uśmiechać się od ucha do ucha.

broad-minded [ˌbrɔːd'maɪndɪd] *a.* tolerancyjny; liberalny.

broccoli ['brɑːkəlɪ] *n.* brokuły.

brochure [broʊ'ʃʊr] *n.* broszur(k)a.

broke [broʊk] *v. zob.* **break**. — *a. pot.* bez grosza, spłukany; **flat** ~ do cna/doszczętnie spłukany; **go** ~ zbankrutować, splajtować.

broken ['broʊkən] *v. zob.* **break**. — *a.* **1.** zepsuty (*o urządzeniu*). **2.** rozbity; ~ **family** rozbita rodzina. **3.** złamany; ~ **promise** złamana obietnica. **4.** przerwany. **5.** załamany. **6.** **in ~ English** łamaną angielszczyzną; **in a ~ voice** łamiącym się głosem.

broken-hearted [ˌbroʊkən'hɑːrtəd] *a.* zrozpaczony; **be** ~ mieć złamane serce.

broker ['broʊkər] *n.* pośrednik, broker; agent; makler. — *v.* ~ **a deal/treaty** uzgodnić warunki umowy/traktatu.

bronchitis [brɑːŋ'kaɪtəs] *n.* zapalenie oskrzeli, bronchit.

bronze [brɑːnz] *n.* **1.** brąz (*stop, kolor*). **2.** statuetka z brązu. — *a.* brązowy, z brązu.

brooch [broʊtʃ] *n.* broszka.

brood [bruːd] *n.* **1.** wylęg, pisklęta. **2.** gromadka, stadko (*czyichś dzieci*). — *v.* **1.** siedzieć na jajkach; wysiadywać. **2.** ~ **on/over/about sth** rozpamiętywać/roztrząsać coś.

brook [brʊk] *n.* potok, strumyk.

broom [bruːm] *n.* miotła.

Bros. *abbr.* (*w nazwie*) = **brothers**.

broth [brɔːθ] *n.* bulion; wywar.

brothel ['brɑːθl] *n.* dom publiczny.

brother ['brʌðər] *n.* **1.** brat; **half-~** brat przyrodni. **2.** *pl.* **brethren** *l.* **brothers** brat zakonny. **3.** **~s in arms** towarzysze broni.

brother-in-law ['brʌðərɪnˌlɔː] *n.* szwagier.

brought [brɔːt] *v. zob.* **bring**.

brow [braʊ] *n.* **1.** *lit.* czoło. **2.** (*także* **eye~**) brew.

browbeat ['braʊˌbiːt] *v.* **browbeat**, **browbeaten** zastraszyć; ~ **sb into doing sth** zmusić kogoś do zrobienia czegoś.

brown [braʊn] *a.* **1.** brązowy. **2.** brunatny. — *n.* brąz. — *v.* **1.** brązowieć, brunatnieć. **2.** przyrumienić (*np. pieczeń*).

brown paper *n.* szary papier.

browse [braʊz] *v.* **1.** rozglądać się (*w sklepie*); oglądać (*nie kupując*). **2.** *komp.* przeszukiwać. **3.** ~ **through a book** wertować/przeglądać książkę, przerzucać kartki książki.

browser ['braʊzər] *n. komp.* przeglądarka.

bruise [bruːz] *n.* **1.** siniak, siniec. **2.** stłuczenie. **3.** obicie (*owocu*). — *v.* **1.** posiniaczyć; stłuc. **2.** obić (*owoc*). **3.** ranić (*uczucia*).

brunch [brʌntʃ] *n.* połączenie późnego śniadania z lunchem.

brunette [bruː'net] *n.* brunetka.

brunt [brʌnt] *n.* **bear/take the ~ of sth** najbardziej coś odczuć (*krytykę, atak*).

brush [brʌʃ] *n.* **1.** szczotka. **2.** pędzel. **3.** zarośla. **4.** **have a ~ with death** otrzeć się o śmierć. — *v.* **1.** szczotkować, czyścić szczotką. **2.** malować. **3.** musnąć. **4.** ~ **aside/off** zignorować; ~ **o.s. off** otrzepać się; ~ **sb off** *pot.* pozbyć się kogoś, odprawić kogoś; ~ **up (on)** odświeżyć (*wiedzę*); podszlifować (*umiejętności*).

brusque [brʌsk] *a.* szorstki, obcesowy.

Brussels ['brʌslz] *n.* Bruksela. — *a.* ~ **sprout** brukselka.

brutal ['bruːtl] *a.* brutalny; nieludzki; bestialski.

brutality [bruː'tælətɪ] *n.* brutalność.

brute [bruːt] *n.* bestia; bydlę. — *a.* **1.** zwierzęcy. **2.** brutalny. **3.** **by ~ force** przemocą, na siłę.

B.S. [ˌbiː 'es] *abbr.* **Bachelor of Science** licencjat z nauk ścisłych.

bubble ['bʌbl] *n.* **1.** bańka; pęcherzyk. **2.** **burst the ~** rozwiać złudzenia. — *v.* **1.** wrzeć; kipieć. **2.** bulgotać. **3.** szemrać (*o strumieniu*). **4.** **sb ~s over with happiness/joy** kogoś rozpiera szczęście/radość.

bubble bath *n.* **1.** płyn do kąpieli. **2.** kąpiel w pianie.

bubble gum *n.* guma balonowa.

buck [bʌk] *n.* **1.** *pot.* dolar. **2.** jeleń, kozioł. **3.** *pot.* **big ~s** kupa forsy; **feel/look like a million ~s** czuć się/wyglądać super; **make a fast ~** zarobić kupę forsy; **the ~ stops with sb** cała odpowiedzialność spada na kogoś. — *v.* **1.** wierzgać (*o koniu*); starać się zrzucić jeźdźca. **2.** szarpać (*o samochodzie*). **3.** ~ **up** pokrzepić, dodać sił/otuchy (*komuś*); rozweselić się, rozchmurzyć się.

bucket ['bʌkɪt] *n.* **1.** wiadro. **2.** **a drop in the ~** kropla w morzu; **kick the ~** *pot.* kopnąć w kalendarz, wyciągnąć kopyta.

buckle ['bʌkl] *n.* sprzączka, klamra. — *v.* **1.** zapinać (*na sprzączkę*). **2.** odkształcić/wygiąć się (*od ciepła l. nacisku*). **3.** słaniać się. **4.** ~ **up** zapiąć pasy.

bud [bʌd] *n.* **1.** pąk, pączek. **2.** **nip sth in the ~** zdusić coś w zarodku. — *v.* pączkować; wypuszczać pąki.

Buddhism ['buːˌdɪzəm] *n.* buddyzm.

buddy ['bʌdɪ] *n. pot.* **1.** kumpel. **2.** *voc.* koleś.

budge [bʌdʒ] *v.* **1.** **not ~ from sth** nie ruszyć się (ani na krok) skądś. **2.** **not ~ an inch** nie ustąpić ani o krok.

budget ['bʌdʒət] *n.* budżet. — *v.* **1.** budżetować. **2.** obliczać. **3.** ~ **for sth** wyasygnować fundusze na coś. — *a.* ~ **holidays/seats** tanie wakacje/miejsca; ~ **prices** niskie ceny.

buff [bʌf] *n.* **1.** *pot.* entuzjast-a/ka; znaw-ca/czyni; **computer ~** spec od komputerów. **2.** kolor żółtobrązowy. **3.** **in the ~** *pot.* na golasa. — *v.* polerować.

buffalo ['bʌfəˌloʊ] *n.* **1.** bawół. **2.** bizon.

buffer ['bʌfər] *n.* **1.** bufor, zderzak. **2.** *komp.* bufor, pamięć buforowa. — *v.* ochraniać; osłaniać.

buffet [bə'feɪ] *n.* **1.** bufet. **2.** bar. **3.** kredens.

bug [bʌg] *n.* **1.** robak. **2.** *pot.* wirus, zarazek. **3.** defekt, wada; *komp.* błąd (*w programie*). **4.** pluskwa (*do podsłuchu*). **5.** *pot.* bakcyl. — *v.* **1.** założyć podsłuch w (*pomieszczeniu*). **2.** *pot.* wkurzać. **3.** ~ **off!** *wulg.* zjeżdżaj!, spadaj!

buggy ['bʌgɪ] *n.* wózek dziecięcy.

bugle ['bjuːgl] *n.* trąbka (sygnałówka).

build [bɪld] *v. pret. i pp.* **built** **1.** budować. **2.** tworzyć; kształtować. **3.** ~ **(up)** narastać (*np. o napięciu*). **4.** ~ **in/into** wbudować (w); wmurować (w); włączyć na stałe (do) (*umowy itp.*); ~ **on** dobudować; ~ **on sth**

wykorzystywać coś jako podstawę; ~ **up** rozwijać (*np. interes*); wzmacniać; zapewnić sobie (*pozycję*); ~ **up to sth** przygotowywać się do czegoś; ~ **up sb's hopes** rozbudzać/podsycać czyjeś nadzieje. — *n.* budowa, postura.

builder ['bɪldər] *n.* **1.** budowniczy. **2.** przedsiębiorstwo remontowo-budowlane.

building ['bɪldɪŋ] *n.* **1.** budynek; budowla. **2.** budowa.

built [bɪlt] *zob.* **build**.

bulb [bʌlb] *n.* **1.** żarówka. **2.** bulwa, cebulka.

Bulgaria [bʌl'gerɪə] *n.* Bułgaria.

Bulgarian [bʌl'gerɪən] *a.* bułgarski. — *n.* **1.** Bułgar/ka. **2.** (język) bułgarski.

bulge [bʌldʒ] *n.* **1.** wybrzuszenie, wypukłość. **2.** przejściowy wzrost. — *v.* ~ **(out)** wybrzuszać się; pęcznieć.

bulk [bʌlk] *n.* **1.** ogrom, masa. **2.** objętość. **3. the ~ of sth** większa część czegoś. **4. in ~** hurtowo.

bulky ['bʌlkɪ] *a.* **1.** masywny. **2.** nieporęczny.

bull [bʊl] *n.* **1.** byk. **2.** samiec (*wieloryba, słonia*). **3.** *pot.* bzdury. **4. like a ~ in a china shop** jak słoń w składzie porcelany; **take the ~ by the horns** wziąć byka za rogi.

bulldozer ['bʊl,doʊzər] *n.* spychacz; buldożer.

bullet ['bʊlɪt] *n.* **1.** kula; nabój; pocisk. **2. bite the ~** *pot.* zacisnąć zęby.

bulletin ['bʊlətən] *n.* **1.** biuletyn. **2.** ogłoszenie; ~ **board** tablica ogłoszeń; **news ~** serwis informacyjny.

bulletproof ['bʊlɪt,pruːf] *a.* kuloodporny; pancerny.

bullfight ['bʊl,faɪt] *n.* walka byków, corrida.

bullfighter ['bʊl,faɪtər] *n.* tor(r)eador.

bull's-eye ['bʊlzaɪ] *n.* środek tarczy, dziesiątka.

bully ['bʊlɪ] *n.* osoba znęcająca się nad słabszymi. — *v.* znęcać się nad (*kimś*), dręczyć.

bum [bʌm] *n.* **1.** *pot.* włóczęga, tramp. **2.** próżniak; pasożyt. — *v.* wyżebrać. — *a. pot.* marny.

bumblebee ['bʌmbl,biː] *n.* trzmiel.

bump [bʌmp] *v.* **1.** ~ **(sth) against/on sth** uderzyć/wyrżnąć (czymś) w coś. **2.** *pot.* usunąć (*ze stanowiska*); wyrzucić (*z zarezerwowanego miejsca*). **3.** ~ **into sb/sth** wpaść na kogoś/coś; ~ **sb off** *pot.* sprzątnąć kogoś. — *n.* **1.** guz. **2.** uderzenie, wstrząs. **3.** **~s** wyboje.

bumper ['bʌmpər] *n.* zderzak. — *a.* ~ **crops** rekordowe zbiory/plony.

bumpy ['bʌmpɪ] *a.* wyboisty; nierówny.

bun [bʌn] *n.* **1.** bułka. **2.** kok.

bunch [bʌntʃ] *n.* **1.** bukiet, wiązanka. **2.** kiść. **3.** pęk (*t. kluczy*). **4.** paczka; grupa (*ludzi*). **5. a ~ of (sth)** mnóstwo (czegoś); **thanks a ~** wielkie dzięki. — *v.* ~ **(together/up)** zbierać/gromadzić się.

bundle ['bʌndl] *n.* **1.** tobołek, zawiniątko. **2.** pakunek. **3.** pęk; wiązka. **4.** plik (*np. papierów*). — *v.* ~ **up** związać; zapakować; opatulić (się).

bungalow ['bʌŋgə,loʊ] *n.* dom parterowy; bungalow.

bunk [bʌŋk] *n.* **1.** koja; prycza; łóżko (*w pociągu*). **2.** *pot.* bzdury. — *v. pot.* przespać się.

bunk beds *n. pl.* łóżko piętrowe.

bunker ['bʌŋkər] *n.* bunkier.

bunny ['bʌnɪ] *n.* (*także* ~ **rabbit**) króliczek.

buoy ['buːiː] *n.* **1.** boja, pława. **2.** (*także* **life ~**) koło ratunkowe. — *v.* ~ **(up)** podtrzymywać na duchu.

buoyant ['buːjənt] *a.* **1.** prężnie rozwijający się (*o gospodarce*). **2.** zwyżkujący (*o cenach*). **3.** pogodny, radosny; raźny.

burden ['bɝːdən] *n.* **1.** ciężar. **2.** brzemię. **3.** obowiązek; zobowiązanie. **4. beast of ~** zwierzę juczne. — *v.* **1.** obciążać. **2.** obładowywać. **3.** obarczać; nakładać ciężar/obowiązek na.

bureau ['bjʊroʊ] *n.* **1.** komoda. **2.** biuro; urząd.

bureaucracy [bjʊ'rɑːkrəsɪ] *n.* biurokracja.

bureaucrat ['bjʊrə,kræt] *n.* biurokrat-a/ka.

burglar ['bɝːglər] *n.* włamywacz/ka; ~ **alarm** alarm antywłamaniowy.

burglary ['bɝːglərɪ] *n.* włamanie.

burial ['berɪəl] *n.* pogrzeb, pochówek.

burn [bɝːn] *v.* **burnt** *l.* **burned 1.** palić (się); płonąć; ~ **one's bridges/boats** spalić za sobą mosty; **be ~ing to do sth** palić się do zrobienia czegoś; **be ~ing with passion** pałać namiętnością; **sb's cheeks are ~ing** policzki kogoś palą. **2.** rozpalać; rozgrzewać. **3.** oparzyć (się), poparzyć (się). **4.** wypalać (*dziurę, glinę*). **5.** przypalić (*potrawę*). **6.** przepalić (się). **7.** spalać (*paliwo*). **8.** prażyć, piec (*o słońcu*); **get ~ed** spiec się (*na słońcu*). **9.** *pot.* pędzić (*zwł. samochodem*); ~ **rubber** ruszać z piskiem opon. **10.** ~ **away** wypalić się; ~ **down** spalić się, spłonąć; ~ **down** dopalać się; ~ **off** spalać (*energię, kalorie*); ~ **out** wypalić (się); ~ **o.s. out** wypalić się (*z przemęczenia*); ~ **up** buchnąć płomieniem, zapłonąć; spalić się; *pot.* wkurzać; ~ **sth up** doszczętnie coś spalić. — *n.* **1.** oparzenie. **2.** wypalanie. **3.** wypalone miejsce.

burner ['bɝːnər] *n.* **1.** palnik. **2. put sth on the back ~** *pot.* odłożyć coś na później.

burning ['bɝːnɪŋ] *a.* **1.** płonący. **2.** palący; ~ **sensation** uczucie gorąca/pieczenia. — *adv.* ~ **hot** bardzo gorący/gorąco.

burrow ['bɝːoʊ] *n.* nora, jama. — *v.* **1.** ryć. **2.** wykopać (*jamę, dziurę*). **3.** ~ **into sth** zakopać/zaszyć się w czymś; wtulić się w coś; ~ **into/through sth** szperać w czymś.

burst [bɝːst] *v. pret. i pp.* **burst 1.** pękać. **2.** rozerwać; rozsadzić. **3.** wyłamać; wyważyć; ~ **open** gwałtownie (się) otworzyć (*o drzwiach*). **4.** przekłuć (*balon, wrzód*). **5.** oberwać się (*o chmurze*). **6.** wylać, wystąpić z brzegów. **7. be ~ing with joy/health** tryskać radością/zdrowiem; **he was ~ing with pride** duma go rozpierała. **8.** ~ **in on sb** przeszkodzić komuś w najbardziej nieodpowiednim momencie; ~ **into** wpaść/wtargnąć do (*czegoś*); ~ **into flames** buchnąć płomieniem; ~ **out** wybuchnąć; ~ **out laughing/crying** wybuchnąć śmiechem/płaczem. — *n.* **1.** pęknięcie. **2.** wybuch; ~ **of applause** burza oklasków; ~ **of energy/enthusiasm** przypływ energii/entuzjazmu; ~ **of laughter** wybuch/salwa śmiechu. **3.** ~ **(of speed)** zryw (*np. na wyścigach*).

bury ['berɪ] *v.* **1.** pochować, pogrzebać; ~ **alive** pogrzebać żywcem. **2.** zatopić (*zęby, sztylet*) (*in sth* w czymś). **3.** ~ **the hatchet** zakopać topór wojenny. **4.** ~ **one's face in one's hands** ukryć twarz w dłoniach; ~ **one's head in the sand** chować głowę w piasek.

bus [bʌs] *n.* autobus; **take a/go by ~** pojechać autobusem. — *v.* **1.** ~ **children to school** dowozić dzieci do szkoły autobusem (*zw. w celach integracyjnych*). **2.** sprzątać ze stołów (*w restauracji*).

bush [bʊʃ] *n.* **1.** krzak; krzaki; zarośla. **2. the ~** busz (*australijski*). **3. beat around the ~** owijać w bawełnę.

bushy ['bʊʃɪ] *a.* krzaczasty; gęsty; bujny.
busily ['bɪzɪlɪ] *adv.* pracowicie; skrzętnie; gorliwie.
business ['bɪznəs] *n.* **1.** sprawa; **go about one's ~** zajmować się swoimi sprawami; **mind your own ~!** pilnuj własnego nosa! **(it's) none of your ~** (to) nie twoja sprawa/nie twój interes. **2.** interesy; działalność gospodarcza; biznes; **~ as usual** pracujemy/urzędujemy normalnie; **~ is bad/good** interesy idą źle/dobrze; **do ~ with sb** robić z kimś interesy; **go out of ~** zwinąć interes; **mix ~ with pleasure** łączyć interesy z przyjemnościami; **on ~** służbowo, w interesach. **3.** firma; **run a ~** prowadzić firmę/interes. **4.** branża; **the advertising ~** branża reklamowa. **5. be in ~** *pot.* mieć wszystko, co trzeba; **get down to ~** zabrać się do roboty; przejść do konkretów; **have no ~ doing sth/to do sth** nie mieć prawa czegoś robić; **mean ~** *pot.* nie żartować.
businesslike ['bɪznəs,laɪk] *a.* **1.** rzeczowy. **2.** konkretny.
businessman ['bɪznəs,mæn] *n.* biznesmen; przedsiębiorca.
business trip *n.* podróż służbowa; delegacja.
businesswoman ['bɪznəs,wʊmən] *n.* bizneswoman.
bus stop *n.* przystanek autobusowy.
bust [bʌst] *n.* **1.** popiersie. **2.** biust; obwód w biuście. **3.** *pot.* nalot (*policyjny*); aresztowanie. — *v.* **1.** rozbić; złamać (*np. kończynę*). **2.** zrujnować. **3. ~ sb (for sth)** *pot.* przymknąć kogoś (za coś). — *a. pot.* **1. go ~** zbankrutować. **2.** (*także* **~ed**) rozwalony, zepsuty.
bustle ['bʌsl] *v.* **~ (around)** krzątać się; uwijać się. — *n.* krzątanina, bieganina; **hustle and ~** gwar, tumult.
bust-up ['bʌst,ʌp] *n. pot.* rozpad (*małżeństwa, związku*).
busy ['bɪzɪ] *a.* **1.** zajęty; zapracowany; **~ doing sth** zajęty robieniem czegoś; **be ~ working** być zajętym pracą; **keep o.s./sb ~** wynajdować sobie/komuś zajęcia. **2.** *tel.* zajęty. **3.** ruchliwy (*o ulicy*); tętniący życiem. **4.** energiczny; pełen wigoru; aktywny. **5.** wścibski. — *v.* **~ o.s. with sth** zająć się czymś (*zwł. dla zabicia czasu*).
busybody ['bɪzɪ,baːdɪ] *n.* ciekawsk-i/a.
but [bʌt] *conj.* **1.** ale; lecz. **2.** (a) mimo to; (a) jednak. **3.** ależ. **4. ~ then (again)** ale z drugiej strony; ale przecież. **5. all ~** o mało (co) nie; prawie; **she all ~ fainted** o mało nie zemdlała. — *prep.* **1.** z wyjątkiem; oprócz; **all ~ him** wszyscy oprócz niego; **anywhere ~ here** wszędzie, byle nie tu; **it was anything ~ pleasant** nie było to bynajmniej przyjemne; **nothing ~ trouble** same kłopoty. **2. ~ for you/her** gdyby nie ty/ona. **3. we had no choice ~ to fire him** nie mieliśmy innego wyjścia, jak tylko go zwolnić. — *adv.* zaledwie; tylko; jedynie; **she is ~ ten** ona ma zaledwie dziesięć lat; **had I ~ known** *form.* gdybym tylko wiedział. — *n.* ale; sprzeciw; **no ~s (about it)** *pot.* tylko bez żadnych „ale".
butch [bʊtʃ] *n. pot.* **1.** babochłop. **2.** macho. **3.** lezba.
butcher ['bʊtʃər] *n.* **1.** rzeźnik. **2.** *pot.* partacz, fuszer. — *v.* **1.** oprawiać (*zwierzęta*). **2.** *pot.* zarżnąć. **3.** *pot.* spartaczyć, sfuszerować.
butler ['bʌtlər] *n.* kamerdyner.
butt [bʌt] *n.* **1.** grubszy koniec; zakończenie; nasada (*narzędzia, pnia*); kolba (*broni*). **2.** (*także* **~ end**) niedopałek. **3.** *pot.* tyłek; **get off one's ~** ruszyć tyłek/tyłkiem. **4. be the ~ of jokes** być obiektem żartów. — *v.* **1.** bóść. **2. ~ in** wtrącić się; **~ in on sb** przerwać komuś.
butter ['bʌtər] *n.* masło. — *v.* smarować masłem.
buttercup ['bʌtər,kʌp] *n.* jaskier.
butterfly ['bʌtər,flaɪ] *n.* **1.** motyl. **2. have butterflies in one's stomach** *pot.* mieć tremę.
buttock ['bʌtək] *n.* pośladek.
button ['bʌtən] *n.* **1.** guzik. **2.** przycisk. **3.** znaczek (*do przypinania*). — *v.* **~ up** zapinać (się) na guzik(i); zapiąć na ostatni guzik.
buy [baɪ] *v.* **bought** *pret. i pp.* **1.** kupować; **~ sb sth** kupić coś komuś; **~ sth for/from sb** kupić coś dla/od kogoś; **~ sb a drink** postawić komuś drinka. **2.** uzyskać, zdobyć. **3. I don't ~ it** *pot.* nie wierzę; **~ time** zyskać na czasie. **4. ~ back** odkupić (z powrotem); **~ sb off** przekupić kogoś; zapłacić komuś (*za milczenie*); **~ sth off sb** *pot.* kupić coś od kogoś; **~ out** wykupić; **~ up** wykupić (*zapasy, firmę*). — *n.* zakup; **good ~** dobry/udany zakup, okazja.
buzz [bʌz] *v.* **1.** bzyczeć; brzęczeć; buczeć. **2.** plotkować. **3. ~ (for)** przywoływać (*np. telefonem wewnętrznym*). **4. my head/mind is ~ing (with sth)** mam mętlik w głowie (od czegoś). **5. ~ off!** *pot.* spływaj! — *n.* **1.** bzyczenie; brzęczenie; buczenie. **2.** szum; gwar. **3. give sb a ~** *pot.* przekręcić do kogoś. **4. give sb a ~** *pot.* sprawiać komuś frajdę.
buzzer ['bʌzər] *n.* **1.** brzęczyk. **2.** dzwonek (*u drzwi*). **3.** gwizdek (*parowy*).
by [baɪ] *prep.* **1.** przy, obok; koło (*t. w nazwach miejscowości*); **~ the door** przy drzwiach; **a cottage ~ the lake** domek nad jeziorem. **2. written/painted ~ sb** napisany/namalowany przez kogoś; **a painting ~ Warhol** obraz Warhola. **3.** przez; **go ~ way of Houston** jechać przez Houston; **multiply ~ 10** mnożyć przez dziesięć; **what do you mean/understand ~ that?** co przez to rozumiesz? **4.** do; **~ now** do teraz; **~ tomorrow/Tuesday** do jutra/wtorku. **5.** w ciągu; za; **~ night/day** nocą/za dnia. **6.** na; **5 ft ~ 3ft** 5 stóp na 3. **7.** zgodnie z; według; **play ~ the rules** grać zgodnie z zasadami. **8.** z; **~ name** z nazwiska. **9.** o; **~ half** o połowę. **10. ~ accident** przypadkiem, niechcący; **~ bus/car/plane** autobusem/samochodem/samolotem; **~ chance** przypadkiem; **~ degrees** stopniowo; **~ force** siłą; **~ heart** na pamięć; **~ phone** telefonicznie; **day ~ day** dzień po dniu; **take sb ~ the hand** wziąć kogoś za rękę. — *adv.* **1.** obok; **go/pass ~** przechodzić obok; upływać, mijać (*o czasie*). **2. call/stop ~** wstąpić, zajrzeć. **3. ~ and large** na ogół; ogólnie rzecz biorąc; **~ the ~** nawiasem mówiąc.
bye-bye [baɪ'baɪ] *int. pot.* do widzenia; pa, pa!
bygone ['baɪ,gɔːn] *a.* **1.** miniony; **~ era** miniona epoka. **2.** przestarzały. — *n.* **let ~s be ~s** puśćmy to w niepamięć.
bypass ['baɪ,paːs], **by-pass** *n.* **1.** obwodnica. **2.** objazd. **3.** *med.* bypass. **4.** odnoga (*rury, przewodu*). **5.** płomyk gazowy (*do zapalania głównego palnika*); iskrownik. — *v.* **1.** objeżdżać; omijać. **2.** pomijać.
by-product ['baɪ,praːdəkt] *n.* produkt uboczny.
bystander ['baɪ,stændər] *n.* świadek (*np. wypadku*); widz.
byte [baɪt] *n. komp.* bajt.

C

CA *abbr.* = **California**.
cab [kæb] *n.* **1.** taksówka. **2.** kabina (*kierowcy*).
cabaret ['kæbəreɪ] *n.* kabaret.
cabbage ['kæbɪʤ] *n.* kapusta.
cabbie ['kæbɪ] *n. pot.* taksiarz.
cabin ['kæbɪn] *n.* **1.** kabina. **2.** chata.
cabinet ['kæbənət] *n.* **1.** gablot(k)a; szafka. **2. the C~** gabinet, rząd; **shadow ~** gabinet cieni.
cable ['keɪbl] *n.* **1.** lina (*zwł. stalowa*). **2.** kabel, przewód. **3.** kablówka. **4.** *przest.* depesza. — *v.* **1.** przesłać telegraficznie (*pieniądze*). **2.** *przest.* depeszować.
cable television *n.* telewizja kablowa.
cache [kæʃ] *n.* kryjówka; tajny skład.
cackle ['kækl] *v.* rechotać. — *n.* rechot.
cactus ['kæktəs] *n.* kaktus.
cadence ['keɪdəns] *n.* kadencja.
cadet [kə'det] *n.* **1.** kadet/ka. **2.** praktykant/ka.
caesarean [sɪ'zerɪən] *n.* = **cesarean**.
café [kæ'feɪ], **cafe** *n.* **1.** kawiarnia. **2.** restauracja.
cafeteria [ˌkæfə'tiːrɪə] *n.* **1.** restauracja samoobsługowa. **2.** stołówka.
caffeine [kæ'fiːn] *n.* kofeina.
cage [keɪʤ] *n.* klatka. — *v.* zamykać/trzymać w klatce.
cagey ['keɪʤɪ] *a. pot.* wymijający; skryty.
cahoots [kə'huːts] *n. pl.* **be in ~ with sb** *pot.* być z kimś w zmowie.
cajole [kə'ʤoʊl] *v.* **~ sb into doing sth** nakłonić kogoś do zrobienia czegoś (*pochlebstwami*).
cake [keɪk] *n.* **1.** ciastko; ciasto; **birthday ~** tort urodzinowy. **2. fish ~** kotlet rybny. **3. ~ of soap** kostka mydła. **4.** *pot.* **a piece of ~** małe piwo, łatwizna; **go/ sell like hot ~s** rozchodzić się jak świeże bułeczki. — *v.* **1.** oblepiać (*with/in sth* czymś). **2.** zbrylać (się).
calamity [kə'læmətɪ] *n.* katastrofa; klęska.
calcium ['kælsɪəm] *n.* wapń.
calculate ['kælkjəˌleɪt] *v.* **1.** obliczyć, wyliczyć, policzyć. **2.** kalkulować, oceniać; przewidywać (*skutki*).
calculated ['kælkjəˌleɪtɪd] *a.* **1.** zamierzony, rozmyślny. **2. ~ to do sth** obliczony na osiągnięcie czegoś. **3. ~ risk** wkalkulowane ryzyko.
calculating ['kælkjəˌleɪtɪŋ] *a.* wyrachowany.
calculation [ˌkælkjə'leɪʃən] *n.* **1.** liczenie. **2.** obliczenie. **3.** rachuba, kalkulacja.
calculator ['kælkjəˌleɪtər] *n.* kalkulator.
calculus ['kælkjələs] *n.* **differential/integral ~** rachunek różniczkowy/całkowy.
calendar ['kæləndər] *n.* **1.** kalendarz. **2.** terminarz. — *a.* **~ day** doba; **~ month/year** miesiąc/rok kalendarzowy.
calf [kæf] *n. pl.* **calves** [kævz] **1.** cielę; młode (*słonia, wieloryba, foki*). **2.** łydka.
caliber ['kæləbər] *n.* **1.** kaliber. **2. of great ~** wielkiego kalibru/formatu.
California [ˌkælə'fɔːrnɪə] *n.* (stan) Kalifornia.
call [kɔːl] *v.* **1.** wołać; przywoływać; wzywać. **2.** *tel.* dzwonić (do) (*kogoś*). **3. ~ a meeting** zwołać zebranie. **4. ~ a strike/an election** ogłosić strajk/ wybory. **5. ~ the roll** odczytywać/sprawdzać listę obecności. **6.** dać na imię (*komuś*); nazwać; **what's he ~ed?** jak on się nazywa? jak on ma na imię? **7. she wants to be ~ed Mrs Roberts** chce, żeby zwracano się do niej per Mrs Roberts; **you can ~ me Al** możesz mi mówić Al. **8. ~ sb a liar** nazwać kogoś kłamcą. **9. ~ a spade a spade** *pot.* nazywać rzeczy po imieniu; **~ it a day** *pot.* skończyć (pracę); **~ sb names** obrzucać kogoś wyzwiskami; przezywać kogoś; **~ sb's attention to sth** zwrócić czyjąś uwagę na coś. **10. ~ at** zawinąć do (*portu*); zatrzymać się w (*danej miejscowości; o pociągu*); **~ for** przyjść/ zgłosić się po; domagać się, żądać (*czegoś*); wymagać (*czegoś*); **this ~s for a celebration** trzeba to uczcić; **~ in sick** zadzwonić do pracy z informacją, że jest się chorym; **~ into question** kwestionować, podawać w wątpliwość; **~ off** odwołać; **~ on sb** zajść/wstąpić do kogoś; **~ on sb to do sth** wzywać kogoś do zrobienia czegoś; **~ out** zawołać; **~ up** wywoływać (*np. wspomnienia*); zadzwonić do (*kogoś*). — *n.* **1.** krzyk, wołanie; **~ for help** wołanie o pomoc. **2.** wezwanie. **3.** *tel.* **get/receive a ~ from sb** otrzymać telefon od kogoś; **give sb a ~** zadzwonić do kogoś; **make a ~** zadzwonić, wykonać telefon. **4.** wizyta; **be on ~** dyżurować (*o lekarzu = być gotowym do złożenia wizyty*); **pay a ~ on sb** *form.* złożyć komuś wizytę. **5. it's your ~** *pot.* decyzja należy do ciebie. **6. ~ for sth** żądanie czegoś; zapotrzebowanie na coś.
call box *n.* budka telefoniczna przy drodze (*do wzywania pomocy*).
caller ['kɔːlər] *n.* **1.** telefonując-y/a, dzwoniąc-y/a. **2.** gość, osoba przychodząca z wizytą (*zw. krótką*).
calligrapher [kə'lɪgrəfər] *n.* kaligraf.
calligraphy [kə'lɪgrəfɪ] *n.* kaligrafia.
call-in ['kɔːlɪn] *n.* program z telefonicznym udziałem słuchaczy/widzów.
calling ['kɔːlɪŋ] *n.* **1.** powołanie. **2.** *form.* zajęcie, zawód.
callous ['kæləs] *a.* **1.** stwardniały, zrogowaciały. **2.** bezduszny.
calm [kɑːm] *a.* **1.** spokojny, opanowany. **2.** bezwietrzny. — *n.* **1.** spokój; **keep ~** zachowywać spokój. **2.** bezruch, cisza; **the ~ before the storm** cisza przed burzą. — *v.* **1.** uspokajać, uciszać. **2. ~ down** uspokoić (się).
calmly ['kɑːmlɪ] *adv.* spokojnie.
calorie ['kælərɪ] *n.* kaloria.
calves [kævz] *n. pl. zob.* **calf**.
camcorder ['kæmˌkɔːrdər] *n.* kamera wideo.
came [keɪm] *v. zob.* **come**.
camel ['kæml] *n.* wielbłąd.
cameo ['kæmɪoʊ] *n.* **1.** kamea. **2.** (*także* **~ role**) rola gościnna.
camera ['kæmərə] *n.* **1.** aparat fotograficzny. **2.** kamera.
cameraman ['kæmərəˌmæn] *n.* kamerzysta, operator kamery.
camouflage ['kæməˌflɑːʒ] *n.* kamuflaż. — *v.* maskować (się).
camp [kæmp] *n.* **1.** obozowisko; obóz; **day ~** półkolonie; **summer ~** obóz letni, kolonie. **2.** obóz; **refugee ~** obóz dla uchodźców. — *v.* **1.** rozbijać obóz. **2.** obozować; biwakować. **3. ~ out** spać pod namiotem; mieszkać w prowizorycznych warunkach.
campaign [kæm'peɪn] *n.* kampania (*for/against sth* na rzecz czegoś/przeciw(ko) czemuś). — *v.* prowadzić kampanię.

camper ['kæmpər] *n.* **1.** obozowicz/ka; kolonist-a/ka. **2.** (*także* ~ **truck**) samochód kempingowy.
campsite ['kæmp,saɪt] *n.* kemping, pole namiotowe.
campus ['kæmpəs] *n.* miasteczko uniwersyteckie, kampus.
can[1] [kæn; kən] *v.* **1.** móc; ~ **I help you?** czym mogę służyć? **this ~'t be true!** to nie może być prawda! **2.** umieć, potrafić; ~ **you dive?** umiesz nurkować? **I ~'t speak Hungarian** nie umiem mówić po węgiersku. **3. I ~('t) see/hear you** (nie) widzę/słyszę cię. **4. no ~ do** *pot.* nie da rady.
can[2] [kæn] *n.* **1.** puszka; konserwa. **2.** wiadro, kubeł. **3.** pudełko/kaseta na film. **4.** *sl.* kibel. **5.** *sl.* pierdel. — *v.* puszkować.
Canada ['kænədə] *n.* Kanada.
Canadian [kə'neɪdɪən] *a.* kanadyjski. — *n.* Kanadyjczyk/ka.
canal [kə'næl] *n.* **1.** kanał. **2.** *anat.* przewód.
canary [kə'nerɪ] *n.* **1.** kanarek. **2.** *sl.* informator/ka. — *a.* kanarkowy.
cancel ['kænsl] *v.* **1.** odwołać. **2.** anulować, unieważnić. **3.** ~ **out** równoważyć, znosić, neutralizować.
cancellation [,kænsə'leɪʃən] *n.* **1.** odwołanie, anulowanie; wycofanie. **2.** zwrot (*np. bilet*).
cancer ['kænsər] *n.* **1.** rak, nowotwór. **2. C~** Rak. **3. the Tropic of C~** Zwrotnik Raka.
candid ['kændɪd] *a.* szczery.
candidacy ['kændədəsɪ] *n.* kandydatura.
candidate ['kændɪ,deɪt] *n.* kandydat/ka.
candle ['kændl] *n.* świeca; świeczka.
candlelight ['kændl,laɪt] *n.* światło świec(y).
candlestick ['kændl,stɪk], **candleholder** *n.* świecznik (*zw. na jedną świecę*).
candor ['kændər] *n.* szczerość.
candy ['kændɪ] *n.* **1.** cukierek. **2.** słodycze.
cane [keɪn] *n.* **1.** laska (*spacerowa*). **2.** trzcina. **3.** trzcinka (*do bicia*).
canine ['keɪnaɪn] *a.* psi. — *n.* **1.** *form.* pies. **2.** (*także* ~ **tooth**) kieł.
cannabis ['kænəbɪs] *n.* **1.** marihuana. **2.** (*także* ~ **plant**) konopie indyjskie.
canned [kænd] *a.* **1.** konserwowy. **2.** nagrany, z taśmy (*np. o śmiechu w telewizji*).
cannibal ['kænəbl] *n.* kanibal.
cannibalism ['kænəbə,lɪzəm] *n.* kanibalizm.
cannon ['kænən] *n.* armata, działo.
cannot ['kænɑːt], **can not** *v. form.* **1.** *zob.* **can**[1]. **2.** ~ **but** móc jedynie; **one ~ but admire her courage** można jedynie podziwiać jej odwagę.
canny ['kænɪ] *a.* sprytny (*zwł. w interesach*); przebiegły.
canoe [kə'nuː] *n.* kanu, canoe. — *v.* płynąć kanu.
canoeing [kə'nuːɪŋ] *n.* kajakarstwo.
canon ['kænən] *n.* **1.** kanon. **2.** kanonik.
canonical [kə'nɑːnɪkl] *a.* kanoniczny.
canonization [,kænənə'zeɪʃən] *n.* kanonizacja.
canonize ['kænə,naɪz] *v.* kanonizować.
can opener *n.* otwieracz do puszek.
canopy ['kænəpɪ] *n.* **1.** baldachim. **2.** sklepienie (*np. nieba*).
can't [kænt] *v. zob.* **can**[1].
cantankerous [kæn'tæŋkərəs] *a.* gderliwy, zrzędliwy.
canteen [kæn'tiːn] *n.* **1.** stołówka. **2.** kantyna.
canter ['kæntər] *n.* galop. — *v.* galopować.
canvas ['kænvəs] *n.* płótno.
canvass ['kænvəs] *v.* **1.** ~ **for** agitować za (*kandydatem*); zabiegać o (*głosy*). **2.** ankietować. — *n.* agitacja (*wyborcza*).
canyon ['kænjən] *n.* kanion.
cap [kæp] *n.* **1.** czapka (*zwł. z daszkiem*). **2.** czepek. **3.** *uniw.* biret. **4.** kapsel, nakrętka. **5.** kapelusz (*grzyba*). — *v.* **1.** **~ped with sth** zwieńczony czymś (*np. kopułą*). **2. to ~ it all** *pot.* na domiar wszystkiego.
capability [,keɪpə'bɪlətɪ] *n.* zdolność (*to do sth* do (robienia) czegoś); **be beyond sb's ~/capabilities** przerastać czyjeś możliwości.
capable ['keɪpəbl] *a.* **1.** zdolny; kompetentny. **2. be ~ of (doing) sth** potrafić coś (zrobić); być zdolnym do (zrobienia) czegoś.
capacity [kə'pæsətɪ] *n.* **1.** zdolność (*for sth/to do sth* do czegoś/do robienia czegoś). **2.** potencjał (*np. wojskowy*). **3.** pojemność; ładowność; przepustowość; udźwig. **4.** *form.* **(do sth) in one's ~ as...** (zrobić coś) jako...; **in an advisory ~** w charakterze doradcy. **5. filled to ~** wypełniony po brzegi; **seating ~** liczba miejsc siedzących; **(work) at (full) ~** (pracować) na pełnych obrotach.
cape [keɪp] *n.* **1.** peleryna, narzutka. **2.** kapa, płachta (*na byka*). **3.** przylądek.
caper ['keɪpər] *v. lit.* hasać; baraszkować. — *n.* **1.** *lit.* figiel, psota. **2. ~s** kapary.
capillary ['kæpə,lerɪ] *a.* kapilarny, włosowaty. — *n.* naczynie włosowate.
capital ['kæpɪtl] *n.* **1.** stolica. **2.** (*także* ~ **letter**) wielka litera. **3.** kapitał. **4. make ~ out of sth** czerpać korzyści z czegoś, wykorzystywać coś. — *a.* **1.** kapitałowy. **2.** najważniejszy; główny. **3.** wielki (*o literze*). **4. ~ offense/crime** przestępstwo, za które grozi kara śmierci.
capitalism ['kæpɪtə,lɪzəm] *n.* kapitalizm.
capitalist ['kæpɪtəlɪst] *n.* kapitalist-a/ka.
capitalistic [,kæpɪtə'lɪstɪk] *a.* kapitalistyczny.
capitalize ['kæpɪtə,laɪz] *v.* **1.** pisać wielkimi literami. **2. ~ on sth** wykorzystać coś dla własnych celów.
capital letter *n.* wielka litera.
capital punishment *n.* kara śmierci, najwyższy wymiar kary.
capitulate [kə'pɪtʃə,leɪt] *v.* kapitulować.
capitulation [kə,pɪtʃə'leɪʃən] *n.* kapitulacja.
caprice [kə'priːs] *n. form.* kaprys.
capricious [kə'prɪʃəs] *a.* kapryśny.
Capricorn ['kæprə,kɔːrn] *n.* **1.** Koziorożec. **2. the Tropic of ~** Zwrotnik Koziorożca.
capsize ['kæpsaɪz] *v.* wywrócić (się) (*do góry dnem*).
capsule ['kæpsl] *n.* **1.** kapsułka. **2.** kapsuła.
captain ['kæptən] *n.* kapitan. — *v.* przewodzić (*komuś l. czemuś*); dowodzić (*kimś l. czymś*).
caption ['kæpʃən] *n.* **1.** podpis (*pod ilustracją*); napis (*na filmie*). **2.** nagłówek. — *v.* opatrywać podpisami/napisami/nagłówkami.
captivate ['kæptə,veɪt] *v.* urzekać.
captive ['kæptɪv] *n.* jeniec; więzień; niewolnik. — *a.* schwytany, pojmany; **hold ~** trzymać w niewoli; **take ~** wziąć do niewoli.
captivity [kæp'tɪvətɪ] *n.* niewola; **in ~** w niewoli.
captor ['kæptər] *n. form.* porywacz/ka.
capture ['kæptʃər] *v.* **1.** ująć, pojmać; złapać, schwytać. **2.** zdobyć (*miasto, większość głosów*); opanować (*rynek*). **3.** zawładnąć (*wyobraźnią*). **4.** oddać, uchwycić (*atmosferę*). **5.** zarejestrować (*np.*

przy użyciu kamery). — *n.* **1.** ujęcie, pojmanie; złapanie, schwytanie. **2.** zdobycie, zajęcie.

car [kɑːr] *n.* **1.** samochód; **by ~** samochodem. **2.** wagon.

carafe [kəˈræf] *n.* karafka.

caramel [ˈkerəml] *n.* karmel.

carat [ˈkerət] *n.* karat.

caravan [ˈkerəˌvæn] *n.* karawana.

carbohydrate [ˌkɑːrboʊˈhaɪdreɪt] *n.* węglowodan.

carbon [ˈkɑːrbən] *n. chem.* węgiel.

carbon dioxide *n.* dwutlenek węgla.

carbon monoxide *n.* tlenek węgla, czad.

carbon paper *n.* kalka (*maszynowa l. ołówkowa*).

carburetor [ˈkɑːrbəˌreɪtər] *n.* gaźnik.

carcass [ˈkɑːrkəs] *n.* **1.** ścierwo, padlina. **2.** tusza zwierzęca.

card [kɑːrd] *n.* **1.** karta. **2.** (*także* **post~**) kartka pocztowa, pocztówka. **3.** (*także* **calling ~**) wizytówka. **4.** *piłka nożna* kartka. **5.** karta dań/win. **6. best/winning/trump ~** największy atut; **have a/another ~ up one's sleeve** mieć asa w rękawie; **sth is in the ~s** zanosi się na coś.

cardboard [ˈkɑːrdˌbɔːrd] *n.* tektura, karton. — *a.* **1.** tekturowy. **2.** papierowy (*o bohaterze książki, sztuki*).

cardiac [ˈkɑːrdɪˌæk] *a.* sercowy; **~ arrest** zatrzymanie akcji serca.

cardigan [ˈkɑːrdəgən] *n.* **~ (sweater/jacket)** kardigan.

cardinal [ˈkɑːrdənl] *a. form.* kardynalny. — *n.* kardynał.

cardinal number *n.* liczebnik główny.

care [ker] *n.* **1.** troska, zmartwienie. **2.** opieka; **in sb's ~** (*także* **in the ~ of sb**) pod czyjąś opieką. **3.** uwaga; staranność, dbałość; **handle with ~** ostrożnie! (*napis na pakunku*); **take ~!** uważaj na siebie! **take ~ not to do sth** uważać, żeby czegoś nie zrobić; **with ~** ostrożnie; uważnie; starannie. **4. take ~ of** zajmować/opiekować się (*dzieckiem, psem*); zająć się (*czymś*); rozwiązać (*problem*). — *v.* **1. ~ (about)** troszczyć się/dbać (o); przejmować się (*czymś*); **I don't ~ who/if...** nie obchodzi mnie, kto/czy...; **I could(n't) ~ less** *pot.* nic mnie to nie obchodzi; **who ~s?** *pot.* co za różnica? **2. she doesn't ~ for him** nie lubi go, nie przepada za nim; nie zależy jej na nim.

career [kəˈriːr] *n.* **1.** zawód; **~ change** zmiana zawodu. **2.** kariera. — *a.* **~ diplomat/politician** zawodowy dyplomata/polityk. — *v.* pędzić, gnać.

career woman *n.* kobieta stawiająca na pierwszym miejscu pracę zawodową.

carefree [ˈkerˌfriː] *a.* beztroski.

careful [ˈkerfʊl] *a.* **1.** ostrożny. **2.** uważny; staranny. **3. (be) ~!** uważaj!, ostrożnie! **be ~ what you say** uważaj (na to), co mówisz; **be ~ not to offend her** uważaj, żeby jej nie obrazić.

carefully [ˈkerfʊlɪ] *adv.* **1.** ostrożnie. **2.** uważnie; starannie.

careless [ˈkerləs] *a.* **1.** nieuważny; nieostrożny. **2.** niedbały.

carelessly [ˈkerləslɪ] *adv.* **1.** nieuważnie; nieostrożnie. **2.** niedbale.

carelessness [ˈkerləsnəs] *n.* **1.** nieuwaga. **2.** niedbałość. **3.** beztroska.

caress [kəˈres] *n.* pieszczota. — *v.* pieścić (się).

caretaker [ˈkerˌteɪkər] *n.* **1.** opiekun/ka. **2.** dozor-ca/czyni.

cargo [ˈkɑːrgoʊ] *n.* ładunek.

Caribbean [ˌkerəˈbiːən] *a.* karaibski. — *n.* **1.** mieszkan-iec/ka Karaibów. **2. the ~** Karaiby.

caricature [ˈkerəkətʃər] *n.* karykatura. — *v.* karykaturować.

caring [ˈkerɪŋ] *a.* opiekuńczy; troskliwy.

carjacking [ˈkɑːrˌdʒækɪŋ] *a.* uprowadzenie samochodu.

carnage [ˈkɑːrnɪdʒ] *n.* rzeź, masakra.

carnal [ˈkɑːrnl] *a. form.* cielesny.

carnation [kɑːrˈneɪʃən] *n.* goździk.

carnival [ˈkɑːrnəvl] *n.* **1.** karnawał. **2.** wesołe miasteczko. **3.** festyn.

carnivore [ˈkɑːrnəˌvɔːr] *n.* mięsożerca.

carnivorous [kɑːrˈnɪvərəs] *a.* mięsożerny.

carol [ˈkerəl] *n.* (*także* **Christmas ~**) kolęda.

Carolina [ˌkerəˈlaɪnə] *n.* **North/South ~** Północna/Południowa Karolina.

carp [kɑːrp] *n.* karp. — *v.* utyskiwać, psioczyć.

carpenter [ˈkɑːrpəntər] *n.* cieśla, stolarz.

carpentry [ˈkɑːrpəntrɪ] *n.* ciesielstwo, stolarstwo.

carpet [ˈkɑːrpɪt] *n.* **1.** dywan. **2. be/get called on the ~** *pot.* zostać wezwanym na dywanik. — *v.* wyłożyć dywanem/wykładziną.

carriage [ˈkerɪdʒ] *n.* **1.** powóz, kareta. **2.** podwozie.

carriageway [ˈkerɪdʒˌweɪ] *n.* jezdnia.

carrier [ˈkerɪər] *n.* **1.** przewoźnik, spedytor. **2.** doręczyciel/ka (*listów*); roznosiciel/ka (*ulotek*). **3.** nosiciel/ka (*choroby, genu*). **4.** nośnik. **5.** (*także* **aircraft ~**) lotniskowiec.

carrot [ˈkerət] *n.* **1.** marchew. **2. (the) ~ and (the) stick** *pot.* kij i marchewka.

carry [ˈkerɪ] *v.* **1.** nieść; nosić (*przy sobie*). **2.** przenosić; przewozić, transportować. **3.** nieść się. **4.** móc unieść. **5.** *dzienn.* zamieścić (*artykuł, zdjęcie*). **6.** *parl.* przejść (*o wniosku, ustawie*). **7.** nieść/pociągać za sobą (*np. karę*). **8.** *handl.* prowadzić, mieć na składzie. **9. as fast as her/his legs could ~ her/him** co sił w nogach. **10. be/get carried away** dać się ponieść (emocjom); **~ forward/over** przenosić (*na następną stronę, do następnej kolumny*); **~ off** doprowadzić do szczęśliwego końca; **~ on** kontynuować; trwać; *pot.* rozrabiać, dokazywać; **~ on doing sth** robić coś nadal; **~ out** wykonywać (*polecenia*); prowadzić (*badania, dochodzenie*); przeprowadzić (*plan, atak*); spełnić (*groźbę*).

carryall [ˈkerɪˌɔːl] *n.* torba podróżna.

carsick [ˈkɑːrˌsɪk] *a.* cierpiący na chorobę lokomocyjną.

carsickness [ˈkɑːrˌsɪknəs] *n.* choroba lokomocyjna.

cart [kɑːrt] *n.* **1.** wóz, furmanka. **2.** wózek (*w supermarkecie*). — *v.* taszczyć.

carte blanche [ˌkɑːrtˈblɑːnʃ] *n.* wolna ręka.

cartel [kɑːrˈtel] *n.* kartel.

cartilage [ˈkɑːrtəlɪdʒ] *n.* chrząstka.

cartographer [kɑːrˈtɑːgrəfər] *n.* kartograf/ka.

cartography [kɑːrˈtɑːgrəfɪ] *n.* kartografia.

carton [ˈkɑːrtən] *n.* karton.

cartoon [kɑːrˈtuːn] *n.* **1.** rysunek satyryczny, karykatura. **2.** (*także* **animated ~**) kreskówka.

cartoonist [kɑːrˈtuːnɪst] *n.* karykaturzyst-a/ka.

cartridge [ˈkɑːrtrɪdʒ] *n.* **1.** nabój. **2.** kaseta (*na film do aparatu*).

cartwheel [ˈkɑːrtˌwiːl] *n.* gwiazda (*figura gimnastyczna*).

carve [kɑːrv] *v.* **1.** kroić w plastry (*mięso*). **2.** rzeźbić; **~ wood** rzeźbić w drewnie. **3.** wycinać; ryć. **4. ~d in stone** *pot.* ustalony raz na zawsze (*o regułach*).
carving ['kɑːrvɪŋ] *n.* **1.** rzeźba. **2.** rzeźbiarstwo; snycerstwo. **3. ~ knife** nóż do krajania/porcjowania mięsa.
car wash *n.* myjnia samochodowa.
cascade [kæs'keɪd] *n.* kaskada. — *v.* spływać/opadać kaskadą.
case [keɪs] *n.* **1.** przypadek; **in sb's/this/each ~** w czyimś/tym/każdym przypadku. **2. the nominative/accusative ~** *gram.* mianownik/biernik. **3.** *prawn.* sprawa; proces; **win/lose a ~** wygrać/przegrać proces. **4.** futerał; etui; pokrowiec. **5.** pudełko; kasetka; skrzynka (*np. wina*). **6.** gablotka. **7. lower/upper ~** małe/wielkie litery. **8. a ~ in point** dobry przykład; **as the ~ may be** zależnie od okoliczności; **in ~ it rains** gdyby padało; **in any ~** tak czy owak, w każdym razie; **in that ~** w takim razie; **it is (not) the ~ that...** (nie) jest prawdą, że...; **just in ~** (tak) na wszelki wypadek; **make (out) a (good) ~ for/against sth** przedstawić (mocne) argumenty za czymś/przeciwko czemuś. — *v.* zamykać (*w skrzynce itp.*); pakować.
case study *n.* studium, opracowanie naukowe.
cash [kæʃ] *n.* **1.** gotówka; **pay in/by ~** płacić gotówką. **2.** *pot.* pieniądze, forsa; **be short of/strapped for ~** nie mieć pieniędzy. — *a.* gotówkowy. — *v.* **1.** zrealizować (*czek, przekaz*). **2. ~ in** zamienić na gotówkę; spieniężyć; *pot.* wycofać się z interesu; **~ in on sth** wykorzystywać coś.
cashew ['kæʃuː] *n.* **1.** nerkowiec. **2.** (*także* **~ nut**) orzech nerkowca.
cashier [kæ'ʃiːr] *n.* kasjer/ka.
cashmere ['kæʒmiːr] *n.* kaszmir.
cash register *n.* kasa (fiskalna).
casing ['keɪsɪŋ] *n.* obudowa; osłona.
casino [kə'siːnoʊ] *n.* kasyno.
casserole ['kæsə,roʊl] *n.* **1.** zapiekanka. **2.** naczynie do zapiekanek. — *v.* zapiekać.
cassette [kə'set] *n.* kaseta.
cassette recorder *n.* (*także* **cassette player**) magnetofon kasetowy.
cast [kæst] *v. pret. i pp.* **cast 1.** zarzucać. **2.** zrzucać (*skórę, rogi*). **3.** wybierać obsadę do (*sztuki, filmu*); **~ sb as Desdemona** obsadzić kogoś w roli Desdemony. **4.** odlewać (*metal*). **5. ~ sb as...** (*także* **~ sb in the role of...**) przedstawić kogoś jako... (*zw. negatywnie*). **6. ~ a glance/look** *lit.* rzucić spojrzenie; **~ a shadow (over sth)** rzucać cień (na coś); **~ a spell on/over sb** rzucić urok/czar na kogoś; **~ a vote/ballot** oddać głos; **the die is ~** kości zostały rzucone. **7. ~ around for sth** gorączkowo szukać czegoś; **~ aside** pozbyć się (*np. zahamowań*). — *n.* **1.** obsada. **2.** odlew; matryca. **3.** (*także* **plaster ~**) opatrunek gipsowy, gips.
castaway ['kæstə,weɪ] *n.* rozbitek.
caste [kæst] *n.* kasta.
caster ['kæstər] *n.* = **castor**.
castigate ['kæstə,geɪt] *v. form.* **1.** karcić, karać. **2.** potępiać, piętnować.
cast iron *n.* żeliwo.
cast-iron [,kæst'aɪərn] *a.* **1.** żeliwny. **2.** niepodważalny, żelazny (*o alibi*).
castle ['kæsl] *n.* **1.** zamek. **2.** *szachy* wieża. **3. ~s in the air** zamki na lodzie.
cast-offs ['kæst,ɔːfs] *n. pl.* używane ubrania.
castor ['kæstər], **caster** *n.* kółko, rolka (*np. fotela*).
castor oil *n.* olej rycynowy.
castrate ['kæstreɪt] *v.* kastrować.
casual ['kæʒʊəl] *a.* **1.** przypadkowy, przygodny. **2.** swobodny, niezobowiązujący. **3.** dorywczy. **4.** niedbały; nieuważny. **5.** (rzucony) od niechcenia. **6. ~ clothes/wear** odzież codzienna. — *n.* **~s** ubranie codzienne.
casually ['kæʒʊəlɪ] *adv.* **1.** swobodnie. **2.** od niechcenia. **3.** na sportowo (*ubrany*).
casualty ['kæʒʊəltɪ] *n.* **1.** ofiara; **be/become a ~ of sth** paść ofiarą czegoś. **2. (heavy) casualties** (duże) straty w ludziach.
cat [kæt] *n.* **1.** kot. **2. let the ~ out of the bag** *pot.* puścić farbę (= *wygadać się*).
cataclysm ['kætə,klɪzəm] *n. lit.* kataklizm.
cataclysmic [,kætə'klɪzmɪk] *a.* katastrofalny.
catalog ['kætə,lɔːg] *n.* katalog. — *v.* katalogować.
catalyst ['kætəlɪst] *n.* katalizator (*for sth* dla czegoś).
catapult ['kætə,pʌlt] *n.* katapulta. — *v.* **1.** katapultować; wyrzucać z impetem. **2. ~ sb to fame/stardom** błyskawicznie uczynić kogoś sławnym.
cataract ['kætə,rækt] *n.* katarakta.
catastrophe [kə'tæstrəfɪ] *n.* katastrofa; kataklizm.
catastrophic [,kætə'strɑːfɪk] *a.* katastrofalny.
catch [kætʃ] *v. pret. i pp.* **caught 1.** chwytać, łapać. **2.** przyłapać. **3.** zdążyć na, złapać (*pociąg*); zdążyć obejrzeć/wysłuchać. **4.** uchwycić (*nastrój*). **5.** zrozumieć; dosłyszeć. **6. ~ sth (from/off sb)** zarazić się czymś (od kogoś). **7. ~ sb's attention** zwracać/przyciągać czyjąś uwagę; **~ sb's imagination** działać na czyjąś wyobraźnię. **8. ~ sight/a glimpse of** dostrzec, zobaczyć przelotnie. **9. ~ o.s. doing sth** złapać się na tym, że się coś robi. **10. ~ fire** zająć się (ogniem). **11. ~ sth on sth** zaczepić/zahaczyć czymś o coś. **12. ~ sb on the chin** zdzielić kogoś w podbródek. **13.** *pot.* **~ sb unawares/off guard** zaskoczyć kogoś; **~ sb red-handed** (*także* **~ sb in the act**) przyłapać kogoś na gorącym uczynku; **~ you later!** pogadamy później! **14. ~ on** *pot.* chwycić, przyjąć się; zaskoczyć (= *zrozumieć*); **~ up (on sth)** nadrobić/nadgonić zaległości (w czymś); **~ up with sb** dogonić kogoś. — *n.* **1.** schwytanie, złapanie, chwyt. **2.** połów. **3.** zaczep; zapadka. **4.** *pot.* haczyk (= *ukryta trudność*).
catching ['kætʃɪŋ] *a.* zaraźliwy.
catchphrase ['kætʃ,freɪz] *n.* slogan, powiedzonko.
catchy ['kætʃɪ] *a.* chwytliwy, wpadający w ucho.
catechism ['kætə,kɪzəm] *n.* katechizm.
categorical [,kætə'gɔːrɪkl] *a.* kategoryczny.
categorically [,kætə'gɔːrɪklɪ] *adv.* kategorycznie.
categorize ['kætəgə,raɪz] *v.* kategoryzować.
category ['kætə,gɔːrɪ] *n.* kategoria; **fall into a ~** należeć do kategorii.
cater ['keɪtər] *v.* **1. ~ (for/at)** obsługiwać gastronomicznie (*zwł. prywatne przyjęcie*). **2. ~ for sb** zaspokajać czyjeś potrzeby; **~ to sth** zaspokajać coś (*np. czyjeś zachcianki*).
catering ['keɪtərɪŋ] *n.* obsługa gastronomiczna, catering.
caterpillar ['kætər,pɪlər] *n.* gąsienica.
catharsis [kə'θɑːrsɪs] *n.* katharsis.
cathartic [kə'θɑːrtɪk] *a.* oczyszczający (*emocjonalnie*).
cathedral [kə'θiːdrəl] *n.* katedra. — *a.* katedralny.

catholic ['kæθəlɪk] *a.* **1.** wszechstronny. **2.** **C~** katolicki. — *n.* **C~** katoli-k/czka.
catsup ['kætsəp], **ketchup** *n.* keczup.
cattle ['kætl] *n. pl.* bydło.
catty ['kætɪ] *a.* złośliwy.
catwalk ['kæt,wɔːk] *n.* wybieg (*dla modelek*).
Caucasian [kɔː'keɪʒən] *n., a.* (osoba) rasy białej/europeidalnej.
caught [kɔːt] *v.* **1.** *zob.* **catch**. **2.** **be ~ (up) in sth** być pochłoniętym czymś. **3.** **sb wouldn't be ~ dead doing sth** *pot.* ktoś za nic w świecie nie zrobiłby czegoś.
cauldron ['kɔːldrən], **caldron** *n.* kocioł.
cauliflower ['kɔːlə,flaʊər] *n.* kalafior.
cause [kɔːz] *n.* **1.** przyczyna. **2.** powody, powód; uzasadnienie; **give/have ~ for concern** dawać/mieć powody do obaw; **have good/just ~ (to do/for doing sth)** mieć powody, (żeby coś robić). **3.** sprawa; cel; **for a good ~** na szlachetny cel; **the ~ of national minorities** sprawa mniejszości narodowych. — *v.* **1.** powodować, wywoływać. **2.** **~ sb to do sth** sprawić, że ktoś coś zrobi. **3.** **~ sb trouble** przysporzyć komuś kłopotów.
caustic ['kɔːstɪk] *a.* **1.** żrący, kaustyczny. **2.** kostyczny, zgryźliwy.
caution ['kɔːʃən] *n.* **1.** ostrożność; **with ~** ostrożnie. **2.** **throw/fling/cast (all) ~ to the wind(s)** nie zważać na nic. — *v. form.* **1.** ostrzegać, przestrzegać. **2.** pouczać.
cautionary ['kɔːʃə,nerɪ] *a. form.* ostrzegawczy; **~ tale** opowieść ku przestrodze.
cautious ['kɔːʃəs] *a.* ostrożny.
cautiously ['kɔːʃəslɪ] *adv.* ostrożnie.
cavalcade [,kævəl'keɪd] *n.* kawalkada.
cavalier [,kævə'liːr] *a.* nonszalancki.
cavalry ['kævəlrɪ] *n.* kawaleria, konnica.
cave [keɪv] *n.* jaskinia, grota. — *v.* **~ in** zapaść/zawalić się (*np. o dachu*); ugiąć się, ustąpić (*to sth* pod naporem czegoś).
caveman ['keɪvmən] *n.* jaskiniowiec.
cavern ['kævərn] *n.* pieczara.
caviar ['kævɪ,ɑːr], **caviare** *n.* kawior.
cavity ['kævətɪ] *n.* **1.** jama; **oral ~** jama ustna. **2.** ubytek (*tkanki zęba*).
cavort [kə'vɔːrt] *v.* baraszkować.
CB [,siː 'biː] *abbr.* **Citizen's Band** radio CB.
CD [,siː 'diː] *n.* kompakt, płyta kompaktowa.
CD player [,siː ,diː 'pleɪər] *n.* odtwarzacz kompaktowy.
CD-ROM [,siː ,diː 'rɑːm] *abbr.* **compact-disk read-only memory** (płyta) CD-ROM.
cease [siːs] *v. form.* **1.** ustać (*o deszczu, protestach*). **2.** **~ doing sth/to do sth** przestać coś robić, zaprzestać robienia czegoś; **~ sth** przerwać/wstrzymać coś (*pomoc finansową, działania wojenne*); **~ to exist** przestać istnieć.
cease-fire ['siːs,faɪr] *n.* zawieszenie broni.
ceaseless ['siːsləs] *a.* nieustanny, bezustanny.
cedar ['siːdər] *n.* cedr.
cede [siːd] *v. form.* scedować.
ceiling ['siːlɪŋ] *n.* **1.** sufit. **2.** pułap. **3.** górna granica, (górny) pułap (*np. zarobków*).
celebrate ['selə,breɪt] *v.* **1.** świętować; obchodzić; **let's ~** uczcijmy to. **2.** *kośc.* celebrować, odprawiać.
celebrated ['selə,breɪtɪd] *a.* znamienity, słynny.
celebration [,selə'breɪʃən] *n.* **1.** **~(s)** obchody, świętowanie. **2.** **this calls for a ~** to trzeba uczcić.
celebrity [sə'lebrətɪ] *n.* **1.** sława, znakomitość, znana osobistość. **2.** rozgłos.
celeriac [sə'lerɪ,æk] *n.* seler.
celery ['selərɪ] *n.* seler naciowy.
celestial [sə'lestʃl] *a. form.* niebiański, niebieski.
celibacy ['seləbəsɪ] *n.* celibat.
celibate ['seləbət] *a.* żyjący w celibacie.
cell [sel] *n.* **1.** cela. **2.** *t. biol.* komórka. **3.** *el.* ogniwo.
cellar ['selər] *n.* piwnica.
cellist ['tʃelɪst] *n.* wiolonczelist-a/ka.
cello ['tʃeloʊ] *n.* wiolonczela.
cellophane ['selə,feɪn] *n.* celofan.
cell phone ['sel ,foʊn] *n.* (*także* **cellular phone**) telefon komórkowy, komórka.
Celsius ['selsɪəs] *n.* skala Celsjusza.
Celt [kelt] *n.* Celt.
Celtic ['keltɪk] *a.* celtycki. — *n.* języki celtyckie.
cement [sə'ment] *n.* cement. — *v.* cementować.
cemetery ['semə,terɪ] *n.* cmentarz.
censor ['sensər] *n.* cenzor/ka. — *v.* cenzurować.
censorship ['sensər,ʃɪp] *n.* cenzura.
censure ['senʃər] *form. n.* potępienie. — *v.* potępić.
census ['sensəs] *n.* spis ludności.
cent [sent] *n.* cent.
centenary ['sentə,nerɪ] *n.* (*także* **centennial**) stulecie, setna rocznica.
center ['sentər] *n.* **1.** środek; **~ of gravity** środek ciężkości. **2.** centrum; **~ of attention** centrum zainteresowania; **shopping ~** centrum handlowe. — *v.* **1.** umieszczać w/na środku. **2.** skupiać/koncentrować się (*on/around sth* na czymś/wokół czegoś). **3.** *piłka nożna* dośrodkowywać.
centigrade ['sentə,greɪd] *a.* skala Celsjusza; **20 degrees ~** 20 stopni (w skali) Celsjusza.
centimeter ['sentə,miːtər] *n.* centymetr.
centipede ['sentə,piːd] *n.* stonoga.
central ['sentrəl] *a.* **1.** centralny, środkowy. **2.** położony centralnie/w centrum. **3.** główny, zasadniczy.
Central America *n.* Ameryka Środkowa.
central heating *n.* centralne ogrzewanie.
Central Intelligence Agency *n.* Centralna Agencja Wywiadowcza, CIA.
centrality [sen'trælətɪ] *n.* **1.** centralne położenie. **2.** główne/centralne znaczenie.
centralization [,sentrələ'zeɪʃən] *n.* centralizacja.
centralize ['sentrə,laɪz] *v.* centralizować.
century ['sentʃərɪ] *n.* wiek, stulecie.
ceramic [sə'ræmɪk] *a.* ceramiczny.
ceramics [sə'ræmɪks] *n.* ceramika.
cereal ['siːrɪəl] *n.* **1.** zboże, roślina zbożowa. **2.** płatki zbożowe; **breakfast ~** płatki śniadaniowe.
cerebral ['serəbrəl] *a.* **1.** mózgowy. **2.** wymagający wysiłku intelektualnego; przeintelektualizowany.
cerebral palsy *n.* porażenie mózgowe.
ceremonial [,serə'moʊnɪəl] *a.* ceremonialny. — *n.* ceremoniał.
ceremony ['serə,moʊnɪ] *n.* **1.** ceremonia; obrzęd. **2.** ceremoniał.
certain ['sɝːtən] *a.* **1.** pewien; jakiś, niejaki; **a ~ amount of sth** pewna ilość czegoś; **a ~ Mr. Jones** *form.* niejaki pan Jones; **to a ~ extent/degree** do pewnego stopnia. **2.** pewny (*of/about sth* czegoś); **he is ~ to win** na pewno wygra. **3.** **for ~** na pewno;

make ~ upewnić się (*that* że/czy); dopilnować (*of sth/that sth happens* czegoś).

certainly ['sɝːtənlɪ] *adv.* z pewnością. — *int.* oczywiście; **~ not!** w żadnym wypadku.

certainty ['sɝːtəntɪ] *n.* **1.** pewność. **2.** pewnik, rzecz pewna.

certificate [sər'tɪfɪkət] *n.* certyfikat, zaświadczenie, świadectwo; atest; **birth ~** metryka urodzenia.

certify ['sɝːtə,faɪ] *v.* **1.** zaświadczać, poświadczać, uwierzytelniać. **2.** wydać atest (*komuś l. czemuś*), atestować. **3.** *prawn.* uznać za chorego umysłowo.

certitude ['sɝːtɪ,tuːd] *n.* pewność, przeświadczenie.

cervical smear [,sɝːvɪkl 'smiːr] *n.* badanie cytologiczne, wymaz z szyjki macicy.

cervix ['sɝːvɪks] *n.* szyjka macicy.

cesarean [sɪ'zerɪən], **caesarean** *n.* (*także* **~ section**) cesarskie cięcie.

cessation [se'seɪʃən] *n.* *form.* zaprzestanie, wstrzymanie; przerwanie.

cf. [,siː 'ef] *abbr.* **confer** por. (*odnośnik w tekście*).

Ch., ch. *abbr.* **chapter** rozdz.

chafe [ʧeɪf] *v.* **1.** obcierać (*skórę*); ulec obtarciu/podrażnieniu (*o skórze*). **2.** irytować się (*at/under sth* z powodu czegoś).

chagrin [ʃə'grɪn] *form.* *n.* rozgoryczenie. — *v.* **be ~ed** czuć się rozgoryczonym.

chain [ʧeɪn] *n.* **1.** łańcuch; łańcuszek. **2.** **~s** okowy, kajdany. **3.** sieć (*sklepów, hoteli*). **4.** **~ of events/circumstances** splot wydarzeń/okoliczności. — *v.* **1.** **~ (up)** uwiązać na łańcuchu; przykuć łańcuchem; **~ together** skuć łańcuchem. **2.** **be ~ed to sth** być uwiązanym gdzieś, nie móc się ruszyć skądś.

chain reaction *n.* reakcja łańcuchowa.

chain-smoke ['ʧeɪn,smoʊk] *v.* palić jednego (papierosa) za drugim.

chain store *n.* sklep należący do sieci.

chair [ʧer] *n.* **1.** krzesło; fotel; stołek. **2.** *uniw.* katedra (= *profesura*). **3.** przewodniczący-y/a (*obrad*); **be in the ~** przewodniczyć (obradom). **4.** **the ~** *pot.* krzesło elektryczne. — *v.* przewodniczyć (*obradom*).

chairlift ['ʧer,lɪft], **chair lift** *n.* wyciąg krzesełkowy.

chairman ['ʧermən] *n.* przewodniczący (*komitetu, obrad*).

chairperson ['ʧer,pɝːsən] *n.* przewodniczący-y/a.

chairwoman ['ʧer,wʊmən] *n.* przewodnicząca.

chalk [ʧɔːk] *n.* kreda. — *v.* **~ up** *pot.* zapisać na swoim koncie.

chalky ['ʧɔːkɪ] *a.* kredowy.

challenge ['ʧælɪnʤ] *v.* **1.** wyzywać, rzucać wyzwanie (*komuś*); **~ sb to do sth** wzywać kogoś do zrobienia czegoś; **~ sb for (leadership etc)** stanąć do walki z kimś (o przywództwo itp.). **2.** kwestionować, podważać. **3.** stanowić wyzwanie dla (*kogoś*). — *n.* wyzwanie.

challenger ['ʧælɪnʤər] *n.* pretendent/ka.

challenging ['ʧælɪnʤɪŋ] *a.* stanowiący wyzwanie, ambitny.

chamber ['ʧeɪmbər] *n.* **1.** sala, pokój, gabinet; komnata. **2.** *t. anat., techn.* komora. **3.** izba; **~ of commerce/trade** izba handlowa; **lower/upper ~** izba niższa/wyższa (parlamentu). **4.** **~s** *prawn.* kancelaria; gabinet sędziowski; **in ~s** przy drzwiach zamkniętych.

chambermaid ['ʧeɪmbər,meɪd] *n.* pokojówka.

chamber music *n.* muzyka kameralna.

chamber pot *n.* nocnik.

chameleon [kə'miːlɪən] *n.* kameleon.

champ [ʧæmp] *n.* *pot.* mistrz/yni.

champagne [ʃæm'peɪn] *n.* szampan.

champion ['ʧæmpɪən] *n.* **1.** mistrz/yni, championka; **defending ~** obroń-ca/czyni tytułu mistrzowskiego. **2.** **~ of sth** bojowni-k/czka o coś, orędowni-k/czka czegoś. — *v.* walczyć o (*sprawę, ideę*); bronić (*sprawy, idei*).

championship ['ʧæmpɪən,ʃɪp] *n.* **1.** mistrzostwo. **2.** **~s** mistrzostwa.

chance [ʧæns] *n.* **1.** przypadek; zbieg okoliczności; los, traf; **as ~ would have it,...** traf chciał, że...; **by ~** przypadkowo, przez przypadek; **by any ~** (*w pyt.*) przypadkiem. **2.** szansa; sposobność, okazja; **~s** szanse, prawdopodobieństwo; **~ to do sth** okazja, żeby coś zrobić; **(the) ~s are (that)...** *pot.* jest szansa, że..., istnieje duże prawdopodobieństwo, że... **3.** ryzyko (*of sth* czegoś); **take a ~** zaryzykować; **take ~s** ryzykować. **4.** *pot.* **fat ~!** akurat! **no ~!** nic z tego!, mowy nie ma! — *v.* **1.** **~ it/one's luck** *pot.* zaryzykować. **2.** **~ on/upon sb/sth** natknąć się na kogoś/coś (przypadkiem). — *a.* przypadkowy (*zwł. o spotkaniu*).

chancellor ['ʧænsələr] *n.* **1.** kanclerz. **2.** rektor.

chancy ['ʧænsɪ] *a.* ryzykowny.

chandelier [,ʃændə'liːr] *n.* żyrandol.

change [ʧeɪnʤ] *v.* **1.** zmieniać (się). **2.** przemieniać/przeistaczać (się) (*into sth* w coś). **3.** zamieniać (się); **~ places with sb** zamienić się z kimś miejscami; **~ sides** zamienić się stronami (*np. o drużynach*). **4.** wymieniać (*sth for sth* coś na coś). **5.** przebierać się; **get ~d** przebrać się. **6.** rozmieniać. **7.** **~ a baby** przewinąć dziecko. **8.** **~ trains/buses** przesiadać się. **9.** **~ hands** zmienić właściciela; **~ one's mind (about sth)** zmienić zdanie (na temat czegoś), rozmyślić się (co do czegoś). **10.** **~ over** przestawić się, przejść (*to sth* na coś). — *n.* **1.** zmiana; **~ for the better/worse** zmiana na lepsze/gorsze; **~ of scene** zmiana otoczenia. **2.** odmiana; **for a ~** dla odmiany. **3.** wymiana; **oil ~** wymiana oleju. **4.** reszta (*pieniądze*); (*także* **loose ~**) drobne; **small ~** drobne, drobniaki; **give sb ~ for twenty dollars** rozmienić komuś dwadzieścia dolarów; **keep the ~** proszę zatrzymać resztę. **5.** przesiadka. **6.** **~ of clothes/underwear** ubranie/bielizna na zmianę.

changeable ['ʧeɪnʤəbl] *a.* zmienny, niestały.

channel ['ʧænl] *n.* **1.** kanał. **2.** rowek, wyżłobienie. **3.** droga (*zwł. służbowa*). **4.** ujście (*for sth* dla czegoś). — *v.* **1.** kanalizować; prowadzić kanałem. **2.** kierować (*into sth* na coś) (*pieniądze, środki*).

chant [ʧænt] *n.* **1.** pieśń; śpiew; **Gregorian ~** chorał gregoriański. **2.** skandowany slogan. — *v.* **1.** śpiewać, intonować. **2.** skandować.

Chanukah ['hɑːnəkə], **Chanukkah** *n.* = **Hanukkah**.

chaos ['keɪɑːs] *n.* chaos.

chaotic [keɪ'ɑːtɪk] *a.* chaotyczny; bezładny.

chapel ['ʧæpl] *n.* kaplica.

chaperone ['ʃæpə,roʊn], **chaperon** *n.* **1.** opiekun/ka (*grupy młodzieży w miejscu publicznym*). **2.** przyzwoitka. — *v.* **1.** opiekować się (*grupą młodzieży j.w.*). **2.** służyć za przyzwoitkę (*komuś*).

chaplain ['ʧæplɪn] *n.* kapelan.

chapped [ʧæpt] *a.* popękany, spierzchnięty.

chapter ['ʧæptər] *n.* **1.** rozdział. **2.** oddział (*klubu, towarzystwa*). **3.** kapituła.

character ['kerəktər] *n.* **1.** charakter; **in ~/out of ~** typowy/nietypowy (*dla kogoś*); **strength of ~** siła charakteru. **2.** postać (*literacka*). **3.** znak (*litera, cyfra*). **4.** *pot.* indywiduum, osobnik; aparat/ka (= *ekscentry-k/czka*).

characteristic [ˌkerəktə'rɪstɪk] *a.* charakterystyczny (*of sb/sth* dla kogoś/czegoś). — *n.* cecha, właściwość.

characterize ['kerɪktəˌraɪz] *v.* charakteryzować.

charade [ʃə'reɪd] *n.* szarada.

charcoal ['tʃɑːrˌkoʊl] *n.* **1.** węgiel drzewny. **2. ~ gray** kolor ciemnoszary/grafitowy.

charge [tʃɑːrdʒ] *v.* **1.** pobierać opłatę (*for sth* za coś); **~ sb $30 (for sth)** policzyć komuś (za coś) 30 dolarów; **~ too much** liczyć sobie za dużo. **2.** obciążać (*sumą, opłatą*); **~ sth (down) to sb's account** obciążyć czyjeś konto opłatą za coś; **I'll ~ it** zapłacę kartą. **3. ~ sb with sth** oskarżyć kogoś o coś; **~ sb with an offence** przedstawić komuś zarzut popełnienia przestępstwa. **4.** *form.* obarczyć, obciążyć (*sb with sth* kogoś czymś). **5.** nacierać na, atakować; **~ toward/at** rzucić się/ruszyć w kierunku/na. **6. ~ (up)** ładować (*akumulator, baterie*). **7.** wypełnić, przepełnić (*emocjami*). — *n.* **1.** opłata; **at no extra ~** bez dodatkowej opłaty; **free of ~** nieodpłatnie. **2.** zarzut, oskarżenie; **bring/press ~s against sb** wnieść oskarżenie przeciwko komuś; **on a ~ of murder** pod zarzutem zabójstwa. **3.** natarcie, atak, szarża. **4. be in ~ of sth** odpowiadać za coś, kierować czymś; **put sb in ~ of sth** powierzyć komuś zwierzchnictwo nad czymś; **take ~ of sth** przejąć odpowiedzialność za coś. **5. be in/under sb's ~** znajdować się pod czyjąś opieką; **take ~ of sb** zająć/zaopiekować się kimś. **6.** podopieczny/a. **7.** *el.* ładunek.

charge card *n.* karta płatnicza stałego klienta.

charged [tʃɑːrdʒd] *a.* pełen emocji/napięcia.

charisma [kə'rɪzmə] *n.* charyzma.

charitable ['tʃerɪtəbl] *a.* **1.** dobroczynny, charytatywny. **2.** wyrozumiały, pobłażliwy.

charity ['tʃerətɪ] *n.* **1.** dobroczynność, działalność charytatywna; **give to ~** dawać pieniądze na cele dobroczynne; **go to ~** zostać przekazanym na cele dobroczynne (*o zyskach z imprezy*). **2.** instytucja/organizacja charytatywna. **3.** wyrozumiałość, pobłażliwość.

charlatan ['ʃɑːrlətən] *n.* szarlatan.

charm [tʃɑːrm] *n.* **1.** czar, urok osobisty, wdzięk. **2.** amulet, talizman. **3.** zaklęcie; czar. — *v.* oczarować, zauroczyć.

charming ['tʃɑːrmɪŋ] *a.* czarujący, uroczy.

chart [tʃɑːrt] *n.* **1.** wykres, diagram; **bar/pie ~** wykres słupkowy/kołowy. **2.** mapa (*zwł. morska*); **weather ~** mapa pogody. **3. the ~s** lista przebojów. — *v.* **1.** sporządzać wykres (*czegoś*); przedstawiać za pomocą wykresu. **2.** nanosić na mapę. **3.** rejestrować, śledzić (*postępy, karierę*).

charter ['tʃɑːrtər] *n.* **1.** statut (*t. założycielski*). **2.** (*także* **C~**) karta (*praw itp.*). **3.** czarter. — *v.* czarterować.

charter flight *n.* lot czarterowy.

chase [tʃeɪs] *v.* **1. ~ (after)** ścigać, gonić; *pot.* uganiać się za (*kimś l. czymś*). **2. ~ away/off/out** przepędzić, odegnać; **~ down** dogonić; odszukać. — *n.* pościg, pogoń.

chasm ['kæzəm] *n.* rozpadlina; otchłań; przepaść (*zwł. między ludźmi*).

chassis ['tʃæsɪ] *n. pl.* **chassis** ['tʃæsɪz] podwozie.

chaste [tʃeɪst] *a. lit.* czysty, cnotliwy.

chasten ['tʃeɪsən] *v. form.* ująć w karby, utemperować.

chastise [tʃæs'taɪz] *v. form.* surowo upominać/ganić.

chastity ['tʃæstətɪ] *n.* czystość, cnota.

chat [tʃæt] *n.* **1.** pogawędka, pogaduszki. **2.** *komp.* czat. — *v.* gawędzić.

chatter ['tʃætər] *v.* **1.** trajkotać, paplać. **2.** szczękać (*o zębach*). — *n.* trajkotanie, paplanina.

chauffeur ['ʃoʊfər] *n.* kierowca, szofer. — *v.* **1.** pracować jako szofer. **2. ~ sb (around)** wozić kogoś.

chauvinist ['ʃoʊvənɪst] *n.* szowinist-a/ka; **male ~ (pig)** męski szowinista. — *a.* (*także* **chauvinistic**) szowinistyczny.

cheap [tʃiːp] *a.* **1.** tani. **2.** lichy, tandetny. **3.** *pot.* skąpy. **4. a ~ shot** cios poniżej pasa. — *adv.* **buy/sell sth ~** tanio coś kupić/sprzedać; **sth does not come ~** coś nie jest tanie.

cheaply ['tʃiːplɪ] *adv.* **1.** tanio. **2.** tandetnie.

cheat [tʃiːt] *v.* **1.** oszukiwać. **2.** *szkoln.* ściągać. **3. ~ sb (out) of sth** pozbawić kogoś czegoś oszustwem/podstępem. **4. ~ on sb** *pot.* zdradzać kogoś (*męża, żonę*). — *n.* **1.** oszust/ka. **2.** oszustwo.

check [tʃek] *v.* **1.** sprawdzać, kontrolować, badać; **~ that...** sprawdzić/upewnić się, czy/że...; **~ with sb** skonsultować się z kimś. **2.** powstrzymać; pohamować, zahamować; ograniczyć. **3.** *szachy* szachować (*króla przeciwnika*). **4.** zgadzać/pokrywać się (*with sth* z czymś). **5.** odhaczyć, postawić ptaszek przy (*czymś*). **6.** oddawać, zostawiać na przechowanie (*bagaż, okrycie*); przyjmować na przechowanie. **7. ~ in** nadać (*bagaż*); oddać na przechowanie (*okrycie, torbę*); zameldować się (*w hotelu*); zgłosić się do odprawy (*na lotnisku*); **~ off** odhaczyć (*na liście*); **~ (up) on sb** sprawdzić, czy u kogoś wszystko w porządku; **~ out** wymeldować się (*z hotelu*); zgadzać się (*o danych itp.*); *pot.* zbadać, wybadać, sprawdzić; wypożyczyć (*z biblioteki*). — *n.* **1.** kontrola, sprawdzanie; badanie (kontrolne). **2.** czek. **3.** rachunek (*w restauracji*). **4.** haczyk, ptaszek. **5.** pokwitowanie (*np. na bagaż*); numerek (*z szatni*). **6.** *szachy* szach. **7.** krata, kratka (*wzór*). **8. keep/hold sth in ~** kontrolować coś; panować nad czymś.

checkbook ['tʃekˌbʊk] *n.* książeczka czekowa.

checked [tʃekt] *a.* kraciasty, w kratę.

checkered ['tʃekərd] *a.* **1.** w szachownicę. **2.** zmienny, burzliwy.

checkers ['tʃekərz] *n.* warcaby.

check-in ['tʃekˌɪn] *n.* **1.** odprawa (*na lotnisku*). **2.** (*także* **~ counter/desk**) punkt/stanowisko odprawy.

checking account *n.* rachunek bieżący/rozliczeniowy.

checkmate ['tʃekˌmeɪt] *n.* szach-mat.

checkout ['tʃekˌaʊt] *n.* **1.** wymeldowanie (*z hotelu*). **2.** (*także* **~ counter**) kasa (*w supermarkecie*).

checkpoint ['tʃekˌpɔɪnt] *n.* punkt/posterunek kontrolny (*na granicy*).

checkroom ['tʃekˌruːm] *n.* szatnia (*w teatrze, restauracji*).

checkup ['tʃekˌʌp] *n.* badanie kontrolne; przegląd.

cheek [tʃiːk] *n.* **1.** policzek; **~ to ~** policzek przy policzku, twarz przy twarzy. **2.** *pot.* pośladek.

cheekbone ['tʃiːkˌboʊn] *n.* kość policzkowa.

cheep [tʃiːp] *n.* pisk (*pisklęcia*). — *v.* piszczeć, popiskiwać.

cheer [ʧi:r] *v.* **1.** wiwatować. **2.** wznosić okrzyki na cześć (*kogoś*); zgotować owację (*komuś*); **~ sb (up)** pocieszyć kogoś; rozweselić kogoś. **3. ~ sb on** dopingować kogoś, kibicować komuś; **~ up** rozchmurzyć się. — *n.* wiwat; **three ~s for (the birthday boy/girl)!** niech żyje (solenizant/ka)!
cheerful ['ʧi:rfʊl] *a.* **1.** wesoły, radosny. **2.** pogodny.
cheese [ʧi:z] *n.* **1.** ser. **2. say ~!** proszę o uśmiech! (*do zdjęcia*).
cheetah ['ʧi:tə] *n.* gepard.
chef [ʃef] *n.* kucha-rz/rka; szef/owa kuchni.
chemical ['kemɪkl] *a.* chemiczny. — *n.* substancja chemiczna; **~s** chemikalia.
chemist ['kemɪst] *n.* chemi-k/czka.
chemistry ['kemɪstrɪ] *n.* chemia.
cherish ['ʧerɪʃ] *v.* (czule) pielęgnować (*pamięć, wspomnienia*).
cherry ['ʧerɪ] *n.* **1.** czereśnia. **2.** wiśnia.
chess [ʧes] *n.* szachy.
chessboard ['ʧes,bɔ:rd] *n.* szachownica.
chest [ʧest] *n.* **1.** klatka piersiowa, pierś. **2.** skrzynia, kufer. **3. get sth off one's ~** *pot.* wyrzucić coś z siebie (= *zwierzyć się*).
chestnut ['ʧes,nʌt] *n.* kasztan.
chest of drawers *n.* komoda.
chew [ʧu:] *v.* **1.** żuć; przeżuwać. **2.** obgryzać (*np. paznokcie*).
chewing gum *n.* guma do żucia.
chic [ʃi:k] *a.* szykowny. — *n.* szyk.
chick [ʧɪk] *n.* **1.** pisklę; kurczę. **2.** *pot.* laska (= *dziewczyna*).
chicken ['ʧɪkən] *n.* **1.** kurczak; kura. **2.** *pot.* tchórz. **3. a ~ and egg problem/situation** *pot.* błędne koło. — *v.* **~ out** *pot.* stchórzyć (*of doing sth* przed czymś).
chickenpox ['ʧɪkɪn,pa:ks] *n.* ospa wietrzna.
chicory ['ʧɪkərɪ] *n.* cykoria.
chief [ʧi:f] *n.* **1.** wódz (*t. plemienia*); przywódca. **2.** przewodniczący; naczelnik. **3.** *pot.* szef, kierownik. **4. commander-in-~** głównodowodzący, naczelny dowódca; **editor in ~** redaktor naczelny. — *a.* naczelny, najwyższy; najważniejszy; główny, czołowy.
chief executive *n.* **the C~ E~** prezydent (Stanów Zjednoczonych).
chiefly ['ʧi:flɪ] *adv.* głównie, przeważnie; przede wszystkim.
chieftain ['ʧi:ftən] *n.* **1.** wódz; naczelnik (*plemienia, klanu*). **2.** herszt.
chiffon [ʃɪ'fa:n] *n.* szyfon.
chilblain ['ʧɪl,bleɪn] *n.* odmrożenie.
child [ʧaɪld] *n. pl.* **children** ['ʧɪldrən] **1.** dziecko; **bring up/raise a ~** wychowywać dziecko; **have a ~** urodzić (dziecko); **only ~** jedyna-k/czka; **young ~** małe dziecko. **2.** dzieciak, dzieciuch.
childbirth ['ʧaɪld,bɝ:θ] *n.* poród.
childcare ['ʧaɪld,ker] *n.* opieka nad dziećmi.
childhood ['ʧaɪldhʊd] *n.* dzieciństwo.
childish ['ʧaɪldɪʃ] *a.* **1.** dziecięcy. **2.** dziecinny, infantylny.
childless ['ʧaɪldləs] *a.* bezdzietny.
childlike ['ʧaɪld,laɪk] *a.* dziecięcy; dziecinny.
children ['ʧɪldrən] *n. pl. zob.* **child**.
Chile ['ʧɪlɪ] *n.* Chile.
Chilean ['ʧɪlɪən] *a.* chilijski. — *n.* Chilij-czyk/ka.
chili ['ʧɪlɪ] *n.* chili.
chill [ʧɪl] *n.* **1.** chłód; uczucie zimna. **2.** dreszcz. **3.** przeziębienie. — *v.* **1.** oziębiać (się); chłodzić (się); **serve ~ed** podawać schłodzone. **2. ~ed (to the bone/marrow)** przemarznięty (do szpiku kości). **3. ~ out** *pot.* wyluzować się.
chilly ['ʧɪlɪ] *a.* chłodny; chłodnawy.
chime [ʧaɪm] *n.* **1.** dzwon (*np. na wieży kościelnej*); **~s** dzwony, dzwonki. **2.** uderzenie zegara. **3.** kurant. — *v.* **1.** bić (*o dzwonach*). **2.** wydzwaniać (*melodię*); wybijać (*godzinę*). **3. ~ in** włączyć/wtrącić się.
chimney ['ʧɪmnɪ] *n.* komin.
chimney sweep *n.* kominiarz.
chimpanzee [,ʧɪmpæn'zi:] *n.* szympans.
chin [ʧɪn] *n.* **1.** broda; podbródek; **double ~** podwójny podbródek. **2.** *pot.* **(keep your) ~ up!** głowa do góry! **take it on the ~** nie (pod)dać się.
China ['ʧaɪnə] *n.* Chiny.
china ['ʧaɪnə] *n.* porcelana. — *a.* porcelanowy.
Chinese [ʧaɪ'ni:z] *a.* chiński. — *n.* **1.** Chińczyk/Chinka; **the ~** Chińczycy. **2.** (język) chiński.
chink [ʧɪŋk] *n.* **1.** szczelina, szpara. **2.** brzęk.
chip [ʧɪp] *n.* **1.** drzazga, wiór; odłamek. **2.** szczerba (*np. w filiżance*). **3.** (*także* **micro~**) *komp.* mikroprocesor. **4.** żeton (*w grach hazardowych*). **5. (potato) ~s** chipsy. **6.** *pot.* **have a ~ on one's shoulder (about sth)** mieć pretensje do całego świata (o coś); **when the ~s are down** jak przyjdzie co do czego. — *v.* **1.** wyszczerbić. **2. ~ (off)** odpryskiwać, odpadać (*o farbie*). **3. ~ in** *pot.* zrzucić się; dorzucić/dołożyć się; wtrącić się.
chipmunk ['ʧɪpmʌŋk] *n.* pręgowiec amerykański.
chipper ['ʧɪpər] *a. pot.* rześki, tryskający energią.
chiropodist [kaɪ'ra:pədɪst] *n.* specjalist-a/ka chorób stóp.
chirp [ʧɝ:p] *v.* ćwierkać, świergotać. — *n.* ćwierkanie, świergot.
chisel ['ʧɪzl] *n.* dłuto.
chit-chat ['ʧɪtʧæt] *n.* pogaduszki. — *v.* plotkować.
chivalrous ['ʃɪvəlrəs] *a.* rycerski.
chivalry ['ʃɪvəlrɪ] *n.* rycerskość.
chives [ʧaɪvz] *n. pl.* szczypiorek.
chlorine ['klɔ:ri:n] *n.* chlor.
chocolate ['ʧa:klɪt] *n.* **1.** czekolada. **2.** czekoladka.
choice [ʧɔɪs] *n.* **1.** wybór; **freedom of ~** wolność/swoboda wyboru; **wide ~** duży/szeroki wybór/asortyment. **2. be spoiled for ~** mieć trudny/za duży wybór; **by/from ~** z wyboru; **give sb a ~** pozwolić komuś wybrać; **have no ~ but to do sth** nie mieć innego wyboru, jak tylko coś zrobić; **make a ~** dokonać wyboru. — *a. form.* doborowy, wyborowy; w dobrym gatunku.
choir [kwaɪr] *n.* chór.
choke [ʧoʊk] *v.* **1.** dławić się, krztusić się (*on sth* czymś); **~ with laughter** krztusić się ze śmiechu. **2.** dusić (się); zdusić, stłumić (*t. emocje*). **3.** zatykać/zapychać (się) (*with sth* czymś). **4. ~ back** powstrzymywać (*gniew, łzy*). — *n. mot.* ssanie.
cholera ['ka:lərə] *n.* cholera.
cholesterol [kə'lestə,roʊl] *n.* cholesterol.
choose [ʧu:z] *v.* **chose, chosen 1.** wybierać (*between/from* (po)między/spośród); **~ sb/sth (as/for sth)** wybrać kogoś/coś (na coś). **2. ~ to do sth** zdecydować się coś zrobić; woleć coś robić; **there's nothing/little to ~ between them** nie ma między nimi większej różnicy.

choosy ['ʧuːzɪ] *a.* wybredny.
chop [ʧɑːp] *v.* **1.** ~ **(up)** rąbać; siekać. **2.** *pot.* drastycznie zredukować (*zwł. zatrudnienie*). **3.** ~ **down** zrąbać, ściąć; ~ **off** odrąbać, ściąć (*t. głowę*). — *n.* **1.** kotlet (*z kością*). **2.** rąbnięcie (*np. siekierą*). **3.** cios.
chopper ['ʧɑːpər] *n. pot.* **1.** helikopter. **2.** motocykl (*zwł. duży*).
choppy ['ʧɑːpɪ] *a.* wzburzony (*o wodzie*).
chopsticks ['ʧɑːpˌstɪks] *n. pl.* pałeczki (*do jedzenia*).
choral ['kɔːrəl] *a.* chóralny.
chord [kɔːrd] *n.* **1.** *muz.* akord. **2.** struna; **strike/touch the right** ~ trafić/uderzyć we właściwą strunę. **3.** *geom.* cięciwa. **4.** **spinal** ~ rdzeń kręgowy; **vocal ~s** struny głosowe.
chore [ʧɔːr] *n.* **1.** **household ~s** prace domowe. **2.** przykry obowiązek.
choreograph ['kɔːrɪəˌgræf] *v.* choreografować.
choreographer [ˌkɔːrɪ'ɑːgrəfər] *n.* choreograf/ka.
choreography [ˌkɔːrɪ'ɑːgrəfɪ] *n.* choreografia.
chorus ['kɔːrəs] *n.* **1.** chór. **2.** refren. **3.** *musical* statyści. — *v.* mówić chórem/jednocześnie.
chose [ʧoʊz] *v. pret. zob.* **choose**.
chosen ['ʧoʊzən] *v. pp. zob.* **choose**. — *a.* **the** ~ wybrani, wybrańcy; **the ~ few** garstka wybrańców.
Christ [kraɪst] *n.* Chrystus. — *int.* Chryste (Panie)!
christen ['krɪsən] *v.* **1.** chrzcić. **2.** nadać imię (*t. statkowi, dzwonowi*).
christening ['krɪsənɪŋ] *n.* chrzest, chrzciny.
Christian ['krɪsʧən] *a.* chrześcijański. — *n.* chrześcijan-in/ka.
Christianity [ˌkrɪsʧɪ'ænətɪ] *n.* chrześcijaństwo.
Christian name *n.* imię.
Christmas ['krɪsməs] *n.* Boże Narodzenie, Gwiazdka; **Merry ~!** Wesołych Świąt!
Christmas carol *n.* kolęda.
Christmas Day *n.* dzień Bożego Narodzenia.
Christmas Eve *n.* Wigilia (Bożego Narodzenia).
Christmas tree *n.* choinka.
chrome [kroʊm] *n.* (*także* **chromium**) chrom.
chromosome ['kroʊməˌsoʊm] *n.* chromosom.
chronic ['krɑːnɪk] *a.* **1.** chroniczny, przewlekły. **2.** ~ **alcoholic/gambler** nałogowy pijak/hazardzista.
chronically ['krɑːnɪklɪ] *adv.* chronicznie.
chronicle ['krɑːnɪkl] *n.* kronika. — *v.* prowadzić kronikę (*czegoś*).
chronological [ˌkrɑːnə'lɑːʤɪkl] *a.* chronologiczny.
chrysalis ['krɪsəlɪs] *n.* poczwarka.
chrysanthemum [krɪ'sænθəməm] *n.* chryzantema.
chubby ['ʧʌbɪ] *a.* pyzaty, pucołowaty.
chuck [ʧʌk] *v. pot.* **1.** cisnąć, rzucić. **2.** ~ **sb out** wyrzucić/wylać kogoś (*z pracy*).
chuckle ['ʧʌkl] *v.* chichotać. — *n.* chichot.
chum [ʧʌm] *n. przest. pot.* kumpel/a.
chunk [ʧʌŋk] *n.* **1.** kawał (*drewna, chleba*). **2.** *pot.* pokaźna część.
church [ʧɝːʧ] *n.* **1.** kościół; **go to** ~ chodzić do kościoła. **2.** **the** ~ stan duchowny; duchowieństwo.
churchyard ['ʧɝːʧˌjɑːrd] *n.* cmentarz parafialny.
churlish ['ʧɝːlɪʃ] *a.* gburowaty, grubiański.
chute [ʃuːt] *n.* **1.** ślizg, zsuwnia; (*także* **garbage** ~) zsyp. **2.** zjeżdżalnia (*na pływalni*). **3.** *pot.* spadochron.
CIA [ˌsiː ˌaɪ 'eɪ], **C.I.A.** *abbr.* = **Central Intelligence Agency**.
cider ['saɪdər] *n.* napój jabłkowy.
cigar [sɪ'gɑːr] *n.* cygaro.
cigarette [ˌsɪgə'ret] *n.* papieros.
cilantro [sɪ'læntroʊ] *n.* kolendra.
cinch [sɪnʧ] *n.* **a** ~ *pot.* pestka, łatwizna.
cinder ['sɪndər] *n.* żarzący się węgiel; **~s** żar; popiół; **burned to a** ~ spalony na popiół/węgiel.
cinema ['sɪnəmə] *n.* **1.** kino. **2.** kinematografia.
cinnamon ['sɪnəmən] *n.* cynamon.
circa ['sɝːkə] *adv., prep.* około (roku).
circle ['sɝːkl] *n.* **1.** koło. **2.** okrąg. **3.** krąg; sfera; **move in different ~s** obracać się w różnych kręgach; **wide** ~ **of influence** szeroka sfera wpływów. **4.** (*także* **dress** ~) *teatr* balkon. **5.** **polar** ~ krąg polarny, koło podbiegunowe. **6.** **traffic** ~ rondo. **7.** **vicious** ~ błędne koło. **8.** *pot.* **come/turn full** ~ wrócić do punktu wyjścia; **go/run around in ~s** kręcić się w kółko; dreptać w miejscu; **have ~s around/under the eyes** mieć podkrążone oczy. — *v.* **1.** okrążać. **2.** otaczać. **3.** brać w kółko. **4.** ~ **around sb/sth** krążyć wokół kogoś/czegoś (*t. jakiegoś tematu*).
circuit ['sɝːkət] *n.* **1.** *el.* obwód; **short** ~ krótkie spięcie. **2.** runda, okrążenie.
circular ['sɝːkjələr] *a.* **1.** okrągły. **2.** okrężny. **3.** mający charakter błędnego koła. — *n.* **1.** okólnik. **2.** ulotka reklamowa.
circulate ['sɝːkjəˌleɪt] *v.* **1.** krążyć (*t. o krwi, gościach na przyjęciu*); być w obiegu, cyrkulować. **2.** puszczać w obieg; rozprowadzać; rozpowszechniać.
circulation [ˌsɝːkjə'leɪʃən] *n.* **1.** krążenie (krwi). **2.** obieg; **withdraw sth from** ~ wycofać coś z obiegu. **3.** nakład (*zwł. gazet*); kolportaż.
circumcise ['sɝːkəmˌsaɪz] *v.* **1.** obrzezać. **2.** usunąć łechtaczkę (*komuś*).
circumcision [ˌsɝːkəm'sɪʒən] *n.* obrzezanie; usunięcie łechtaczki.
circumference [sər'kʌmfərəns] *n.* obwód.
circumspect ['sɝːkəmˌspekt] *a. form.* roztropny; rozważny.
circumstances ['sɝːkəmˌstænsɪz] *n. pl.* okoliczności; warunki; **extenuating** ~ okoliczności łagodzące; **sb's** ~ czyjaś sytuacja materialna; **under/in no** ~ w żadnym wypadku; **under/in the** ~ w tej sytuacji.
circumstantial evidence *n.* dowody poszlakowe, poszlaki.
circumvent [ˌsɝːkəm'vent] *v. form.* **1.** obchodzić, omijać, zwł. przepisy. **2.** przechytrzyć, podejść.
circus ['sɝːkəs] *n.* **1.** cyrk. **2.** amfiteatr. **3.** (*w nazwach*) plac. — *a.* cyrkowy.
cistern ['sɪstərn] *n.* cysterna, zbiornik.
citadel ['sɪtədl] *n.* **1.** cytadela. **2.** przyczółek.
citation [saɪ'teɪʃən] *n.* **1.** cytat; przytoczenie. **2.** oficjalna pochwała. **3.** *prawn.* pozew, wezwanie.
cite [saɪt] *v.* **1.** cytować, przytaczać. **2.** *prawn.* pozywać, wzywać (*przed sąd*). **3.** wymieniać (*w komunikacie urzędowym*). **4.** ~ **sb for sth** *form.* udzielić komuś pochwały za coś.
citizen ['sɪtɪzən] *n.* **1.** obywatel/ka. **2.** mieszkan-iec/ka (*miasta*).
citizenship ['sɪtɪzənˌʃɪp] *n.* obywatelstwo.
citrus ['sɪtrəs] *n.* cytrus. — *a.* cytrusowy.
city ['sɪtɪ] *n.* miasto (*zw. duże*).
civic ['sɪvɪk] *a.* **1.** miejski (*o władzach*). **2.** obywatelski (*o dumie, obowiązkach*).
civil ['sɪvl] *a.* **1.** cywilny. **2.** obywatelski; społeczny. **3.** uprzejmy.

civilian [sɪ'vɪljən] *n.* cywil. — *a.* **~ population** ludność cywilna.
civilization [ˌsɪvələ'zeɪʃən] *n.* cywilizacja.
civilize ['sɪvəˌlaɪz] *v.* cywilizować.
civilized ['sɪvəˌlaɪzd] *a.* **1.** cywilizowany. **2.** uprzejmy, kulturalny.
civil rights *n. pl.* prawa obywatelskie.
civil war *n.* wojna domowa.
clad [klæd] *a. lit.* odziany, przyodziany (*in sth* w coś); **scantily ~** skąpo odziany.
claim [kleɪm] *v.* **1.** żądać, domagać się (*czegoś*); ubiegać się o; zgłaszać się po (*zgubę*); **~ damages** żądać odszkodowania; **~ expenses** zażądać zwrotu wydatków. **2. ~ (that)** twierdzić/utrzymywać, że; **~ to have done sth** twierdzić, że się coś zrobiło; **I don't ~ to be (an expert on...)** nie uważam się za (eksperta od...). — *n.* **1.** żądanie; roszczenie; **meet sb's ~s** zaspokoić czyjeś roszczenia. **2.** twierdzenie. **3. ~ to fame** powód do dumy; **have a ~ on/to sth** mieć prawo do czegoś; **lay ~/stake a ~ to sth** rościć sobie prawo/pretensje do czegoś.
clairvoyant [kler'vɔɪənt] *a.* jasnowidzący. — *n.* jasnowidz.
clam [klæm] *n.* małż. — *v.* **~ up** *pot.* zamilknąć; zamknąć się w sobie.
clammy ['klæmɪ] *a.* **1.** lepki, wilgotny (*zwł. od potu*). **2.** parny, duszny.
clamor ['klæmər] *n.* **1.** zgiełk, wrzawa. **2. a ~ for/against sth** głośne żądania czegoś/protesty przeciwko czemuś. — *v.* podnosić wrzawę (*against sth* przeciwko czemuś); **~ for sth** głośno domagać się czegoś.
clamp [klæmp] *n.* zacisk; klamra. — *v.* **1.** zaciskać; dociskać; mocować (*w zacisku*). **2. ~ a hand over sb's mouth** zatkać komuś usta ręką. **3. ~ down on sth** zaostrzyć kontrolę nad czymś; ukrócić coś.
clan [klæn] *n.* klan.
clandestine [klæn'destɪn] *a. form.* **1.** ukradkowy, potajemny. **2.** tajny.
clank [klæŋk] *v.* szczękać. — *n.* szczęk.
clap [klæp] *n.* **1.** klaśnięcie. **2.** klepnięcie. **3. ~ of thunder** uderzenie pioruna. — *v.* **1.** klaskać; **~ one's hands** klaskać; klasnąć w dłonie. **2. ~ sb on the back/shoulder** poklepać kogoś po plecach/ramieniu. **3.** łopotać (*o skrzydłach*); (*także* **~ its wings**) łopotać skrzydłami (*o ptaku*).
claret ['klerɪt] *n.* bordo, wino bordoskie.
clarification [ˌklerəfə'keɪʃən] *n.* wyjaśnienie.
clarify ['klerəˌfaɪ] *v.* wyjaśniać.
clarinet [ˌklerə'net] *n.* klarnet.
clarity ['klerətɪ] *n.* jasność, klarowność.
clash [klæʃ] *n.* **1.** starcie, potyczka. **2. ~ of interests** konflikt interesów; **personality ~** niezgodność charakterów. **3.** nałożenie się (na siebie) (*terminów, wydarzeń*). **4.** brzęk; szczęk. — *v.* **1.** ścierać się (*przy użyciu siły l. słownie*). **2.** nie pasować (do siebie), gryźć się. **3.** nakładać się (na siebie), kolidować (ze sobą). **4.** brzęczeć; szczękać.
clasp [klæsp] *n.* zatrzask; zapięcie; klamra. — *v.* **1.** spinać. **2.** ściskać; obejmować (rękoma).
class [klæs] *n.* **1.** klasa; **business/economy/tourist ~** klasa biznes/ekonomiczna/turystyczna; **have/show ~** mieć/pokazać klasę; **middle/upper ~es** warstwy średnie/wyższe; **working ~** klasa robotnicza. **2.** *szkoln.* klasa; *uniw.* grupa. **3. in ~** na lekcji/lekcjach; na zajęciach. **4.** kurs. **5.** rocznik (= *studenci kończący studia w danym roku*); **the ~ of 1965** rocznik 65. **6. not be in the same ~ as sb/sth** nie dorastać komuś/czemuś do pięt. — *a.* klasowy. — *v.* zaliczać (*sb/sth as/among/with* kogoś/coś do).
classic ['klæsɪk] *a.* klasyczny (= *typowy*). — *n.* **1.** klasyczne dzieło, klasyka. **2.** klasy-k/czka (*twórca*).
classical ['klæsɪkl] *a.* klasyczny (= *antyczny l. tradycyjny*).
classification [ˌklæsəfə'keɪʃən] *n.* klasyfikacja.
classified ['klæsəˌfaɪd] *a.* poufny, tajny.
classify ['klæsəˌfaɪ] *v.* **1.** klasyfikować; **~ sth as...** zaklasyfikować coś jako..., zaliczyć coś do... **2.** utajniać.
classmate ['klæsˌmeɪt] *n.* kole-ga/żanka z klasy/grupy.
classroom ['klæsˌruːm] *n.* klasa, sala lekcyjna.
clatter ['klætər] *n.* **1.** brzęk. **2.** stukot, klekot. — *v.* **1.** brzęczeć. **2.** stukotać, klekotać.
clause [klɔːz] *n.* **1.** klauzula. **2. main/relative/subordinate ~** zdanie główne//względne/podrzędne.
claustrophobia [ˌklɔːstrə'foʊbɪə] *n.* klaustrofobia.
claustrophobic [ˌklɔːstrə'foʊbɪk] *a.* klaustrofobiczny.
claw [klɔː] *n.* **1.** szpon; pazur. **2. ~s** szczypce, kleszcze. — *v.* **1.** drapać (*at sth* w coś); wydrapać (*dziurę*). **2.** wczepiać się (pazurami) (*at sth* w coś).
clay [kleɪ] *n.* glina.
clean [kliːn] *a.* **1.** czysty. **2.** nienotowany, niekarany. **3.** gładki, równy; prosty. **4. come ~ (about sth)** *pot.* przyznać się (do czegoś); powiedzieć całą prawdę (o czymś); **make a ~ break with sth** zerwać z czymś całkowicie. — *adv.* **1.** czysto. **2. I ~ forgot** zupełnie zapomniałem. — *n.* **give sth a ~** wyczyścić coś. — *v.* **1.** czyścić (się); oczyszczać (się); **~ one's teeth** myć/czyścić zęby. **2.** sprzątać. **3. ~ down** wytrzeć; wyszorować; **~ off** wyczyścić; zetrzeć; **~ out** *pot.* zmyć się, zwiać; **~ sb out** *pot.* obrobić kogoś (= *okraść*); **~ sth out** opróżnić coś; **~ up** posprzątać (*after sb* po kimś); **~ o.s. up** umyć się; doprowadzić się do porządku; **~ sth up** wysprzątać coś; zrobić porządek w czymś; *pot.* zrobić z czymś porządek.
cleaner ['kliːnər] *n.* **1.** sprzątacz/ka. **2.** środek czyszczący. **3. vacuum ~** odkurzacz.
cleaners ['kliːnərz] *n.* **1. the ~** pralnia chemiczna. **2. take sb to the ~** *pot.* puścić kogoś z torbami; rozgromić kogoś (*zwł. w zawodach*).
cleaning ['kliːnɪŋ] *n.* sprzątanie; **do the ~** sprzątać.
cleanliness ['klenliːnəs] *n.* czystość; schludność.
cleanly ['kliːnlɪ] *adv.* **1.** czysto. **2.** równo. **3.** gładko.
cleanse [klenz] *v.* czyścić; oczyszczać (*np. ranę*).
cleanser ['klenzər] *n.* **1.** środek czyszczący. **2.** mleczko/płyn do zmywania twarzy.
clear [kliːr] *a.* **1.** czysty; **~ conscience** czyste sumienie. **2.** przezroczysty; przejrzysty, klarowny. **3.** jasny; oczywisty; wyraźny; **be ~ about/on sth** mieć jasność co do czegoś; **do I make myself ~?** czy wyrażam się (dostatecznie) jasno? **4.** bezchmurny (*o dniu, niebie*). **5.** wolny (*of sth* od czegoś) (*długów, podejrzeń*). **6.** otwarty (*o przestrzeni*). **7. all ~!** alarm odwołany, koniec alarmu; **be ~ of sth** nie dotykać czegoś, nie stykać się z czymś. — *n.* **in the ~** wolny od podejrzeń; zupełnie zdrowy (*po chorobie*); na prostej (*uporawszy się z problemami*). — *adv.* **keep/stay/steer ~ of sb/sth** trzymać się z dala od kogoś/czegoś. — *v.* **1.** oczyszczać; **~ the air** oczyścić atmosferę. **2.** sprzątać; **~ the table** posprzątać ze stołu.

3. ewakuować (*budynek, ludzi*); usunąć (*sb/sth from sth* kogoś/coś skądś). 4. **the weather should ~ soon** wkrótce powinno się przejaśnić. 5. **~ sb of sth** uwolnić kogoś od czegoś, oczyścić kogoś z czegoś. 6. **~ sth with sb** otrzymać od kogoś pozwolenie/ zgodę na coś. 7. **~ customs** przejść kontrolę celną. 8. *bank* rozliczać (*czek*); zostać rozliczonym (*o czeku*). 9. **~ a fence/hurdle** przeskoczyć przez ogrodzenie/ płotek. 10. **~ one's throat** odchrząknąć; **~ the way for sth** zrobić miejsce/przejście dla czegoś; przygotować grunt pod coś. 11. **~ sth away/up** uprzątnąć/ pozbierać coś; **~ sth out** opróżnić coś; pozbyć się czegoś, wyrzucić coś; **~ up** wyjaśnić (*np. nieporozumienie*); przejaśnić się; rozchmurzyć się; przejść, minąć (*o chorobie*).

clearance ['kliːrəns] *n.* 1. (oficjalne) zezwolenie. 2. **customs ~** odprawa celna. 3. (*także* **~ sale**) wyprzedaż.

clear-cut [ˌkliːr'kʌt] *a.* 1. wyraźnie zarysowany. 2. wyraźny, zdecydowany; oczywisty, jednoznaczny.

clearing ['kliːrɪŋ] *n.* 1. karczowisko; przesieka, polanka. 2. *bank* rozliczenie.

clearly ['kliːrlɪ] *adv.* 1. jasno; wyraźnie; przejrzyście. 2. najwyraźniej, najwidoczniej.

cleavage ['kliːvɪʤ] *n.* dekolt (*kobiecy*).

clef [klef] *n. muz.* klucz.

cleft palate *n.* rozszczep podniebienia.

clemency ['klemənsɪ] *n. prawn.* łaska.

clench [klentʃ] *v.* 1. zaciskać (się); **~ one's fists/teeth** zaciskać pięści/zęby. 2. ściskać mocno.

clergy ['klɝːʤɪ] *n.* **the ~** duchowieństwo, kler; duchowni.

clergyman ['klɝːʤɪmən] *n.* duchowny.

clerical ['klerɪkl] *a.* 1. urzędniczy; biurowy. 2. duchowny; klerykalny.

clerk [klɝːk] *n.* 1. urzędni-k/czka. 2. (*także* **sales~**) sprzedaw-ca/czyni. 3. (*także* **desk ~**) recepcjonist-a/ka (*w hotelu*).

clever ['klevər] *a.* 1. zdolny, inteligentny; bystry. 2. sprytny, pomysłowy; cwany. 3. zmyślny.

cliché [kliː'ʃeɪ], **cliche** *n.* komunał, klisza.

click [klɪk] *v.* 1. *komp.* kliknąć (*on sth* coś/na czymś). 2. **~ one's fingers** pstryknąć palcami; **~ one's tongue** mlasnąć językiem; **~ one's heels** trzasnąć/ stuknąć/strzelić obcasami. 3. **~ into place** wskoczyć na miejsce (*np. o zapadce*); **~ shut** zamknąć się z pstryknięciem/trzaskiem. 4. **it ~ed** *pot.* oświeciło mnie, zaskoczyłem. 5. **they ~ed** *pot.* przypadli sobie (nawzajem) do gustu. — *n.* 1. *komp.* kliknięcie. 2. pstryknięcie; trzask; stuknięcie.

client ['klaɪənt] *n.* klient/ka (*firmy, adwokata, sieciowy*).

cliff [klɪf] *n.* klif, wybrzeże klifowe.

climactic [klaɪ'mæktɪk] *a.* kulminacyjny.

climate ['klaɪmɪt] *n.* 1. klimat. 2. **~ of opinion** nastroje społeczne; **~ of suspicion** atmosfera podejrzliwości; **political ~** sytuacja polityczna.

climax ['klaɪmæks] *n.* 1. szczyt, apogeum; punkt kulminacyjny; kulminacyjna scena; **reach a ~** osiągnąć punkt kulminacyjny. 2. szczytowanie, orgazm. — *v.* 1. osiągnąć punkt kulminacyjny. 2. szczytować, mieć orgazm.

climb [klaɪm] *v.* 1. wspinać się; uprawiać wspinaczkę; **~ a tree** wspinać się/wchodzić na drzewo; **~ down a ladder** złazić po drabinie; **~ over a wall** przeleźć przez mur; **~ (the) stairs** wchodzić po schodach; **~ to the top** wspiąć się na szczyt. 2. piąć się (w górę). 3. wznosić/wzbijać się. 4. wzrastać, rosnąć (*o cenach, temperaturze*). — *n.* 1. wspinaczka. 2. wznoszenie się (*samolotu*). 3. wzrost (*cen, temperatury*).

climber ['klaɪmər] *n.* 1. alpinist-a/ka, taterni-k/czka. 2. pnącze.

climbing ['klaɪmɪŋ] *n.* wspinaczka.

clinch [klɪntʃ] *v.* 1. sfinalizować (*np. kontrakt*); **~ the deal** przypieczętować interes. 2. rozstrzygnąć (*zwł. o wyniku, wygrywając zawody*). 3. **~ it** *pot.* zadecydować, przesądzić sprawę. 4. *boks* zewrzeć się (*w uścisku*). — *n. boks* zwarcie.

cling [klɪŋ] *v. pret. i pp.* **clung** 1. **~ (on) to sb/sth** trzymać się kogoś/czegoś kurczowo, uczepić się kogoś/czegoś; przylgnąć do kogoś/czegoś. 2. **~ to sth** przylegać do czegoś (*zw. o ubraniu*); przywierać do czegoś.

clinic ['klɪnɪk] *n.* 1. poradnia, przychodnia (*zw. przyszpitalna*). 2. zespół lekarzy (*pracujących razem*).

clinical ['klɪnɪkl] *a.* 1. kliniczny. 2. szpitalny. 3. pozbawiony emocji.

clip [klɪp] *v.* 1. przycinać; obcinać; strzyc. 2. wycinać (*zwł. z gazety*). 3. przypinać (*sth on/onto/to sth* coś do czegoś). — *n.* 1. wycinek (*prasowy*). 2. klip muzyczny. 3. urywek (z) filmu (*wyświetlany w celach reklamowych*). 4. (*także* **paper~**) spinacz. 5. spinka. 6. zacisk; klamra.

clipping ['klɪpɪŋ] *n.* 1. **(newspaper) ~** wycinek (z gazety); **press ~** wycinek prasowy. 2. **~s** ścinki, skrawki.

clique [kliːk] *n.* klika.

clitoris ['klɪtərɪs] *n.* łechtaczka.

cloak [kloʊk] *n.* 1. peleryna. 2. **under the ~ of darkness** pod osłoną ciemności. — *v.* **~ed in secrecy** otoczony/owiany tajemnicą.

clock [klɑːk] *n.* 1. zegar; **alarm ~** budzik. 2. *pot.* licznik (*przebiegu*); taksometr. 3. **around/round the ~** dwadzieścia cztery godziny na dobę, na okrągło; **work against the ~** pracować pod presją czasu. — *v.* **~ up** *pot.* zaliczyć (*np. kolejne zwycięstwo*).

clockwise ['klɑːkˌwaɪz] *adv.* zgodnie z ruchem wskazówek zegara.

clockwork ['klɑːkˌwɝːk], **clock-work** *n.* 1. mechanizm zegarowy. 2. **like ~** jak w zegarku. — *a.* mechaniczny.

clog [klɑːg] *n.* chodak, drewniak. — *v.* **~ (up)** zatykać/ zapychać (się).

cloister ['klɔɪstər] *n.* 1. klasztor. 2. **~s** krużganek.

clone [kloʊn] *n.* klon. — *v.* klonować.

close[1] [kloʊs] *a.* 1. bliski; **~ relations/relatives** bliscy krewni; **~ to death** bliski śmierci; **~ to (doing) sth** bliski (zrobienia) czegoś; **at ~ range/quarters** z bliska. 2. parny, duszny. 3. dokładny; ścisły; baczny; drobiazgowy. 4. wyrównany (*o walce*). 5. zwarty (*o szyku*). 6. **it was a ~ call/shave/thing** (*także* **it was ~**) niewiele brakowało. — *adv.* 1. blisko; **~ behind** tuż za; **~ up** (*także* **up ~**) z bliska; **be ~ by** być tuż obok; **come ~ to (doing) sth** być bliskim (zrobienia) czegoś, o mało czegoś nie zrobić; **get ~** zbliżyć się. 2. szczelnie; ciasno.

close[2] [kloʊz] *v.* 1. zamykać (się); **the shops ~ at six** sklepy zamyka się o szóstej. 2. zatykać. 3. zakończyć (się) (*with sth/by doing sth* czymś/robiąc coś). 4. **~ a contract** sfinalizować kontrakt. 5. **~ one's eyes to sth** przymknąć na coś oczy; **~ ranks** zewrzeć szeregi. 6. **~ down** zamknąć, zlikwidować; ulec likwidacji;

~ off zamknąć (dla ruchu); **~ up** zamknąć (*np. sklep na noc*); zamknąć się w sobie. — *n. form.* koniec, zakończenie; **bring sth to a ~** zakończyć coś; **come/ draw to a ~** zbliżać się do końca.
closed [kloʊzd] *a.* zamknięty; **~ to the public/visitors** zakaz wstępu; **behind ~ doors** za zamkniętymi drzwiami.
closed circuit *n. el.* obwód zamknięty.
close-knit [ˌkloʊs'nɪt], **closely-knit** [ˌkloʊslɪ'nɪt] *a.* zwarty, zżyty (*o społeczności*).
closely ['kloʊslɪ] *adv.* **1.** blisko. **2.** dokładnie, bacznie; ściśle. **3.** ciasno.
closet ['klɑːzɪt] *n.* **1.** szafa ścienna. **2. come out of the ~** przyznać się do orientacji homoseksualnej; wyjść z ukrycia; **skeleton in the ~** trup w szafie. — *a.* ukradkowy, potajemny; trzymany w sekrecie; **~ homosexual** nieujawniający się homoseksualista.
closeup ['kloʊsˌʌp], **close-up** *n. fot., kino* zbliżenie; **in ~** z bliska.
closing ['kloʊzɪŋ] *n.* zamknięcie. — *a.* końcowy.
closure ['kloʊʒər] *n.* zamknięcie.
clot [klɑːt] *n.* **1.** grudka. **2.** skrzep. — *v.* **1.** ścinać/ zsiadać się. **2.** krzepnąć. **3.** powodować krzepnięcie (*krwi*).
cloth [klɔːθ] *n.* **1.** materiał, tkanina; sukno. **2.** ścier(ecz)ka, szmatka.
clothed [kloʊðd] *a.* **1. fully/partly ~** całkowicie/częściowo ubrany. **2. ~ in sth** *lit.* odziany w coś.
clothes [kloʊz] *n. pl.* ubranie, ubrania; **put on/take off one's ~** zakładać/zdejmować ubranie, ubierać/ rozbierać się.
clothes brush *n.* szczotka do ubrań.
clothes line *n.* (*także* **clothes rope**) sznur na bieliznę.
clothespin ['kloʊzˌpɪn] *n.* klamerka do bielizny.
clothing ['kloʊðɪŋ] *n. form.* odzież; strój; **article/ item/piece of ~** część garderoby.
cloud [klaʊd] *n.* chmura, obłok. — *v.* **1.** zmącić; pokryć parą/mgiełką. **2.** zmącić się, zajść mgłą. **3.** zaciemniać (*sprawę, kwestię*). **4.** rzucać cień na (*reputację itp.*). **5. ~ (up/over)** zachmurzyć się, spochmurnieć.
cloudless ['klaʊdləs] *a.* bezchmurny.
cloudy ['klaʊdɪ] *a.* **1.** pochmurny; zachmurzony. **2.** mętny; zamglony. **3.** mglisty.
clout [klaʊt] *n.* władza, wpływy; siła przebicia. — *v. pot.* walnąć, zdzielić.
clove [kloʊv] *n.* **1.** goździk (*przyprawa*). **2. ~ of garlic** ząbek czosnku.
clover ['kloʊvər] *n.* koniczyna.
clown [klaʊn] *n.* klown, błazen. — *v.* **~ (around)** błaznować, wygłupiać się.
club [klʌb] *n.* **1.** klub; (*także* **night~**) klub nocny. **2.** pałka. **3.** kij (*np. golfowy*). **4. ~s** trefl, trefle; **jack of ~s** walet trefl. — *a.* klubowy. — *v.* **1.** bić pałką; pałować. **2. ~ together** złożyć/zrzucić się.
cluck [klʌk] *v.* **1.** gdakać, kwokać. **2.** cmokać (*współczująco l. z dezaprobatą*).
clue [kluː] *n.* **1.** ślad, trop; wskazówka; **give sb a ~** dać komuś wskazówkę, naprowadzić kogoś. **2. not have a ~** (*także* **have no ~**) *pot.* nie mieć pojęcia. — *v.* **~ sb in/up (on sth)** *pot.* poinformować kogoś (o czymś); wtajemniczyć kogoś (w coś).
clump [klʌmp] *n.* **1.** kęp(k)a. **2.** gruda, bryła.
clumsy ['klʌmzɪ] *a.* **1.** niezdarny, niezgrabny. **2.** nieporęczny, niewygodny.
clung [klʌŋ] *v. pp. zob.* **cling**.
cluster ['klʌstər] *n.* **1.** grono, kiść; pęk. **2.** kępa. **3.** skupisko (*gwiazd, galaktyk*). **4.** grupka, gromadka. — *v.* gromadzić/zbierać się (*around sb/sth* wokół kogoś/czegoś).
clutch [klʌtʃ] *v.* **1.** chwytać. **2.** ściskać (kurczowo); trzymać się za. **3. ~ at sth** starać się złapać/chwycić coś; chwytać się czegoś (*wymówki, sposobności*). — *n.* **1.** sprzęgło. **2.** chwyt, uścisk. **3. in sb's ~es** w czyichś szponach.
clutter ['klʌtər] *n.* **1.** rupiecie; graty. **2.** bałagan. — *v.* **~ (up)** zagracić, zaśmiecić.
cm, cm. *abbr.* cm; = **centimeter(s)**.
CO *abbr.* = **Colorado**.
Co., co. *abbr.* **1.** = **Company**; **X and co.** *pot.* X i spółka. **2.** = **County**.
coach [koʊtʃ] *n.* **1.** trener/ka; instruktor/ka. **2.** autobus. **3.** powóz; kareta. — *v.* trenować (*zawodnika, drużynę*). — *adv.* **fly ~** latać klasą turystyczną.
coal [koʊl] *n.* węgiel. — *a.* węglowy.
coalition [ˌkoʊə'lɪʃən] *n.* koalicja; **government ~** koalicja rządowa. — *a.* **~ government** rząd koalicyjny.
coal mine, coalmine *n.* kopalnia (węgla).
coarse [kɔːrs] *a.* **1.** szorstki. **2.** gruby (*o pilniku, rysach twarzy*). **3.** (*także* **~-grained**) gruboziarnisty. **4.** wulgarny.
coast [koʊst] *n.* **1.** wybrzeże; **off the ~ of Florida** u wybrzeży Florydy; **on the ~** na wybrzeżu; **the East/ West C~** Wschodnie/Zachodnie Wybrzeże (*Stanów Zjednoczonych*). **2. the ~ is clear** *pot.* droga wolna (= *niebezpieczeństwo minęło*). — *v.* **1.** zjeżdżać na sankach. **2.** jechać na wolnym biegu.
coastal ['koʊstl] *a.* nadbrzeżny; przybrzeżny.
coast guard *n.* straż przybrzeżna.
coastline ['koʊstˌlaɪn] *n.* **1.** linia brzegowa. **2.** wybrzeże.
coat [koʊt] *n.* **1.** płaszcz. **2.** *zool.* sierść; futro; skóra; upierzenie. **3. a ~ of dust/paint** warstwa kurzu/farby. — *v.* **1. ~ sth with/in sth** pokryć/przykryć coś czymś/ warstwą czegoś. **2.** okrywać, osłaniać; otulać.
coat hanger *n.* wieszak, ramiączko.
coating ['koʊtɪŋ] *n.* warstwa, powłoka.
coat of arms *n.* herb.
coax [koʊks] *v.* **1. ~ sb back/out** nakłonić kogoś do powrotu/wyjścia; **~ sb to do sth/into doing sth** namówić kogoś do zrobienia czegoś. **2. ~ sth from/ out of sb** wyciągnąć/wydobyć coś z kogoś (*przy pomocy perswazji*).
cobble ['kɑːbl] *n.* **1.** (*także* **~stone**) brukowiec. **2. ~s** bruk; kocie łby. — *v.* brukować.
cobbled ['kɑːbld] *a.* brukowany.
cobra ['koʊbrə] *n.* kobra.
cobweb ['kɑːbˌweb] *n.* pajęczyna.
cocaine [koʊ'keɪn] *n.* kokaina.
cock [kɑːk] *n.* **1.** kogut. **2.** *wulg. pot.* kutas, fiut. — *v.* **~ one's head** przechylić/przekrzywić głowę.
cockpit ['kɑːkˌpɪt] *n.* kabina pilota; kokpit.
cockroach ['kɑːkˌroʊtʃ] *n.* karaluch.
cocktail ['kɑːkˌteɪl] *n.* koktajl. — *a.* koktajlowy.
cocktail cabinet *n.* barek.
cocoa ['koʊkoʊ] *n.* kakao. — *a.* kakaowy.
coconut ['koʊkəˌnʌt] *n.* kokos. — *a.* kokosowy.
cocoon [kə'kuːn] *n.* kokon. — *v.* **~ed existence** życie pod kloszem.

cod [kɑːd] *n.* (*także* **~fish**) dorsz.

code [koʊd] *n.* **1.** kodeks; regulamin, **penal ~** kodeks karny. **2.** kod; **bar ~** kod kreskowy; **genetic ~** kod genetyczny; **in ~** szyfrem; **Morse ~** alfabet Morse'a; **ZIP ~** kod pocztowy. — *v.* kodować; szyfrować; **color-~** oznaczać różnymi kolorami.

cod-liver oil [ˈkɑːdlɪvər ˌɔɪl] *n.* tran.

coerce [koʊˈɝːs] *n. form.* przymuszać (*sb into (doing) sth* kogoś do (zrobienia) czegoś).

coercion [koʊˈɝːʃən] *n. form.* przymus; stosowanie przymusu.

coexist [ˌkoʊɪgˈzɪst] *v. form.* współistnieć, koegzystować.

coexistence [ˌkoʊɪgˈzɪstəns] *n. form.* współistnienie, koegzystencja.

coffee [ˈkɔːfɪ] *n.* kawa. — *a.* kawowy.

coffee table *n.* ława, stolik.

coffin [ˈkɔːfɪn] *n.* trumna.

cognac [ˈkoʊnjæk] *n.* koniak.

cohabit [koʊˈhæbɪt] *v.* mieszkać razem (*bez ślubu*).

cohabitation [koʊˌhæbɪˈteɪʃən] *n.* konkubinat.

coherent [koʊˈhiːrənt] *a.* **1.** spójny wewnętrznie; koherentny. **2. be ~** mówić/pisać z sensem.

cohesion [koʊˈhiːʒən] *n.* **1.** jedność. **2.** spójność.

coil [kɔɪl] *n.* **1.** zwój (*liny, drutu, węża*); skręt, splot; lok. **2.** *el.* cewka; spirala (grzejna). **3.** *pot.* spirala (*antykoncepcyjna*). — *v.* **~ (up)** zwijać (się), skręcać (się).

coin [kɔɪn] *n.* moneta; **flip/toss a ~** rzucić monetę. — *v.* **1.** bić, wybijać (*monety*). **2.** ukuć (*wyraz, zwrot*); **to ~ a phrase** że się tak wyrażę.

coincide [ˌkoʊɪnˈsaɪd] *v.* **1.** pokrywać/zbiegać się (w czasie). **2.** pokrywać się; być zbieżnym (*o opiniach*); zgadzać się (*o wersjach*).

coincidence [koʊˈɪnsɪdəns] *n.* zbieg okoliczności, przypadek; **by ~** przypadkowo, przypadkiem; **sheer/pure ~** czysty przypadek; **what a ~!** co za zbieg okoliczności!

coke [koʊk] *n.* **1. C~** *pot.* Coca Cola. **2.** koks. **3.** *sl.* koka (= *kokaina*).

colander [ˈkʌləndər] *n.* cedzak, durszlak.

cold [koʊld] *a.* **1.** zimny; zmarznięty; **get ~** zmarznąć; wystygnąć (*o jedzeniu*); **I am/feel ~** jest mi zimno; **turn ~** ochłodzić/oziębić się. **2.** oziębły; chłodny. **3. ~ chicken/beef** kurczak/wołowina na zimno. **4. get/have ~ feet** *pot.* dostać/mieć pietra; **give sb the ~ shoulder** *pot.* traktować kogoś ozięble; **in ~ blood** z zimną krwią. — *n.* **1. the ~** zimno, chłód; **(blue/shivering) with ~** (siny/drżący) z zimna. **2.** (*także* **common ~**) przeziębienie; **catch (a) ~** przeziębić się. **3. leave sb (out) in the ~** *pot.* zostawić kogoś na lodzie.

cold-blooded [ˌkoʊldˈblʌdɪd] *a.* **1.** zmiennocieplny. **2.** (popełniony) z zimną krwią; działający na zimno/bez emocji.

cold-hearted [ˌkoʊldˈhɑːrtɪd] *a.* bezduszny.

coldly [ˈkoʊldlɪ] *adv.* zimno, chłodno, ozięble.

cold-shoulder [ˌkoʊldˈʃoʊldər] *v.* traktować ozięble.

cold sore *n.* opryszczka, febra.

colic [ˈkɑːlɪk] *n.* kolka.

collaborate [kəˈlæbəˌreɪt] *v.* **1.** współpracować; pracować wspólnie. **2.** kolaborować.

collaboration [kəˌlæbəˈreɪʃən] *n.* **1.** współpraca. **2.** kolaboracja.

collage [kəˈlɑːʒ] *n.* kolaż, collage.

collapse [kəˈlæps] *v.* **1.** zawalić się, runąć (*o budynku*); zarwać się (*o krześle*); załamać się (*o negocjacjach, rynku*); upaść (*o rządzie, firmie*). **2.** zasłabnąć. **3.** paść (*na łóżko, zwł. ze zmęczenia*). — *n.* **1.** zawalenie się; załamanie (się); upadek. **2.** zapaść.

collapsible [kəˈlæpsəbl] *a.* składany (*np. o stole*).

collar [ˈkɑːlər] *n.* **1.** kołnierz(yk). **2.** obroża. — *v. pot.* dopaść, capnąć (*przestępcę*).

collarbone [ˈkɑːlərˌboʊn] *n.* obojczyk.

colleague [ˈkɑːliːg] *n.* kole-ga/żanka; współpracowni-k/ca.

collect [kəˈlekt] *v.* **1.** zbierać/gromadzić (się). **2.** kolekcjonować. **3. ~ (money) for sth** zbierać (pieniądze) na coś, kwestować na jakiś cel. **4.** pobierać, ściągać; inkasować. **5.** wybierać (*listy ze skrzynki*). **6. ~ o.s.** (*także* **~ one's thoughts**) opanować się; zebrać myśli. — *a.* **~ call** rozmowa na koszt abonenta. — *adv.* **call/phone sb ~** dzwonić do kogoś na jego koszt.

collected [kəˈlektɪd] *a.* **1.** skupiony; opanowany. **2. ~ works** dzieła zebrane.

collection [kəˈlekʃən] *n.* **1.** kolekcja; zbiór. **2. garbage ~** wywóz śmieci. **3.** zbiórka (pieniędzy), kwesta.

collective [kəˈlektɪv] *a.* **1.** zbiorowy; wspólny. **2.** kolektywny. — *n.* kolektyw.

collector [kəˈlektər] *n.* **1.** zbieracz/ka, kolekcjoner/ka; **~'s item** rzadki okaz/egzemplarz; biały kruk. **2.** poborca; inkasent/ka.

college [ˈkɑːlɪʤ] *n.* **1.** kolegium; college. **2.** szkoła wyższa. **3. drop out of ~** rzucić studia; **go to ~** iść na studia.

collide [kəˈlaɪd] *v.* **1.** zderzyć się. **2.** być sprzecznym (*o poglądach, opiniach*).

collie [ˈkɑːlɪ] *n.* owczarek szkocki.

collision [kəˈlɪʒən] *n.* zderzenie; kolizja.

colloquial [kəˈloʊkwɪəl] *a.* potoczny, kolokwialny.

colloquially [kəˈloʊkwɪəlɪ] *adv.* potocznie, kolokwialnie.

colon [ˈkoʊlən] *n.* **1.** dwukropek. **2.** *anat.* okrężnica.

colonel [ˈkɝːnl] *n.* pułkownik.

colonial [kəˈloʊnɪəl] *a.* kolonialny.

colonialism [kəˈloʊnɪəˌlɪzəm] *n.* kolonializm.

colonize [ˈkɑːləˌnaɪz] *v.* kolonizować.

colony [ˈkɑːlənɪ] *n.* kolonia.

color [ˈkʌlər] *n.* **1.** kolor; barwa; **in ~** w kolorze; **what ~ is...?** jakiego koloru jest...? **2. persons/people of ~** osoby o kolorze skóry innym niż biały. **3.** farba; barwnik. **4.** kolorystyka; koloryt; zabarwienie. **5. add/give ~ to sth** ubarwić coś; **off ~** nieprzyzwoity (*o żarcie*). — *v.* **1.** barwić; zabarwiać; kolorować; farbować. **2.** rumienić się. **3.** rzutować na, wywierać wpływ na. **4. ~ in** pokolorować (*rysunek, książeczkę*). — *a.* kolorowy (*o telewizji, monitorze*); barwny (*o zdjęciu, ilustracji*).

Colorado [ˌkɑːləˈrædoʊ] *n.* (stan) Kolorado.

color-blind [ˈkʌlərˌblaɪnd] *a.* **1.** cierpiący na daltonizm. **2.** przestrzegający równości rasowej.

colored [ˈkʌlərd] *a.* **1.** kolorowy (*o ołówku, szkle; pog. o osobie*). **2. brightly-~** jaskrawy; **flesh-~** cielisty; **multi-~** różnokolorowy, wielobarwny. — *n.* (*także* **C~**) *pog.* kolorow-y/a.

colorful [ˈkʌlərfʊl] *a.* **1.** (różno)kolorowy, (wielo)barwny. **2.** barwny (*o opowiadaniu, postaci*).

coloring [ˈkʌlərɪŋ] *n.* **1.** karnacja. **2.** ubarwienie. **3.** zabarwienie; kolorystyka; koloryt. **4.** barwnik; **food ~** barwnik spożywczy.

color scheme *n.* kolorystyka; zestawienie/dobór kolorów.
colossal [kə'lɑːsl] *a.* olbrzymi, kolosalny.
colt [koʊlt] *n.* **1.** źrebak. **2.** kolt.
column ['kɑːləm] *n.* **1.** kolumna. **2.** słup (*dymu, cieczy*). **3.** szpalta. **4.** *dzienn.* (stała) rubryka.
columnist ['kɑːləmnɪst] *n.* felietonist-a/ka.
coma ['koʊmə] *n.* śpiączka.
comb [koʊm] *n.* grzebień. — *v.* **1.** czesać. **2.** przeczesywać (*sth for sb/sth* coś w poszukiwaniu kogoś/czegoś).
combat ['kɑːmbæt] *n.* **1.** walka; **armed ~** walka zbrojna. **2.** bój; bitwa; **single ~** pojedynek. — *v. form.* **1.** walczyć z (*czymś*). **2.** zwalczać.
combination [ˌkɑːmbə'neɪʃən] *n.* **1.** połączenie; związek; **in ~ with** w połączeniu z. **2.** kombinacja; szyfr (*zamku*).
combine *v.* [kəm'baɪn] łączyć (się); łączyć w sobie; **~ forces/efforts** połączyć siły/wysiłki. — *n.* ['kɑːmbaɪn] (*także* **~ harvester**) kombajn.
combustion [kəm'bʌstʃən] *n.* spalanie (się).
come [kʌm] *v.* **came, come 1.** przychodzić; nadchodzić; **~ here!** chodź tu(taj)! **~ to see sb** przyjść do kogoś (w odwiedziny); **here ~s X** (właśnie) idzie/nadchodzi X. **2.** przybywać; przyjeżdżać; nadjeżdżać; nadciągać. **3.** pojawiać się; **~ and go** pojawiać się i znikać. **4.** sięgać, dochodzić (*to sth* czegoś). **5.** następować, przypadać (*after sth* po czymś). **6.** *pot.* mieć orgazm. **7.** **~ loose** poluzować/obluźnić się; **~ open** otworzyć się; **~ unstuck** odkleić się. **8.** **~ again?** *pot.* możesz powtórzyć? **~ as a surprise** stanowić zaskoczenie; **~ easily to sb** przychodzić komuś łatwo; **~ first** być na pierwszym miejscu; **~ what may** cokolwiek się stanie; **have ~ a long way** mieć za sobą daleką drogę (*zwł. = bardzo dojrzeć*); **how ~?** jak to (możliwe)? **the worst is yet to ~** najgorsze dopiero przed nami. **9. how did this ~ about?** jak do tego doszło? **~ across sb/sth** natknąć się na kogoś/coś; **~ along** pójść też; posuwać się naprzód; pojawić się (*o autobusie, sposobności*); **~ apart** rozpaść się; **~ around** odzyskać przytomność; dojść do siebie; wpaść z wizytą; **~ at sb** rzucić się na kogoś; **~ back** wrócić; **~ between** poróżnić; **~ by sth** zdobyć coś; dojść do czegoś; dostać coś; wpaść/zajrzeć gdzieś; **~ down** zawalić się, runąć; spaść (*o cenach*); opaść (*o poziomie*); **it all ~s down to...** wszystko sprowadza się do...; **~ down with sth** zachorować na coś; **~ forward** zgłosić się (*na ochotnika*); **~ from** pochodzić z (*kraju, miasta*); pochodzić od (*wyrazu*); brać się z (*czegoś; = być następstwem*); **~ in** wejść (do środka); wjechać (na stację); nadejść (*np. o raporcie*); **~ in!** proszę (wejść)! **where do I ~ in?** na czym polega moja rola? **~ in handy/useful** przydać się; **~ off** odpadać, złazić (*o farbie*); odpaść (od) (*płaszcza itp.; o guziku*); **~ off well/badly** dobrze/źle wypaść; **~ off it!** *pot.* daj spokój! **~ on** zapalić się (*o świetle*); włączyć się (*o urządzeniu*); **~ on!** dalej!, no już! daj spokój! **~ out** wyjść (*t. o słońcu*); ukazać się (*o książce, płycie*); ujawnić się; przyznać się (publicznie) do homoseksualizmu; wyjść na jaw; zejść (*o plamie*); **nothing came out of it** nic z tego nie wyszło/nie wynikło; **~ over** przyjść; przyjechać; **what's ~ over him?** *pot.* co go napadło/naszło? **~ to** ocknąć się; **it'll ~ to me** przypomnę sobie; **the bill came to $1,500** rachunek wyniósł 1500 dolarów; **(now that I) ~ to think of it** skoro (już) o tym mowa; **~ to like sb/sth** polubić kogoś/coś (*z czasem*); **~ up** podejść (*to sb/sth* do kogoś/czegoś); pojawić się (*o ofercie, problemie*); paść (*np. w dyskusji*); **something came up** coś mi wypadło; **coming (right) up!** już podaję! (*odpowiedź kelnera*); **~ up against sth** musieć zmierzyć się z czymś; **~ up with sth** wymyślić coś; wykombinować coś (*zwł. pieniądze*). — *n. sl.* sperma, nasienie.
comeback ['kʌmˌbæk], **come-back** *n.* powrót, comeback; **make a ~** wrócić (*zwł. na scenę*).
comedian [kə'miːdɪən] *n.* **1.** komik (*gł. estradowy*); *przest.* komediant. **2.** wesołek.
comedy ['kɑːmədɪ] *n.* **1.** komedia. **2.** komizm.
comet ['kɑːmɪt] *n.* kometa.
comfort ['kʌmfərt] *n.* **1.** wygoda, komfort. **2.** pociecha, pocieszenie. **3. too close for ~** nieprzyjemnie/niebezpiecznie blisko. — *v.* **1.** pocieszać. **2.** dodawać otuchy (*komuś*).
comfortable ['kʌmftəbl] *a.* **1.** wygodny; komfortowy; **are you ~?** (czy) jest ci wygodnie? **make yourself ~** rozgość się. **2.** swobodny; **be/feel ~** czuć się swobodnie. **3.** dobrze sytuowany. **4. ~ lead** zdecydowane prowadzenie; **~ majority** znaczna/zdecydowana większość (*głosów*). **5. be ~** nie odczuwać bólu, nie cierpieć (*o chorym l. rannym*).
comfortably ['kʌmftəblɪ] *adv.* **1.** wygodnie; komfortowo. **2.** swobodnie. **3.** zdecydowanie (*wygrać*).
comic ['kɑːmɪk] *a.* **1.** komediowy. **2.** komiczny. **3.** komiksowy. **4.** śmieszny, humorystyczny. — *n.* **1.** komik (*estradowy*). **2.** (*także* **~ book**) komiks (*książeczka*).
comical ['kɑːmɪkl] *a.* komiczny.
comically ['kɑːmɪklɪ] *adv.* komicznie.
comic strip *n.* komiks (*w gazecie*).
coming ['kʌmɪŋ] *a.* **1.** nadchodzący, najbliższy; **this ~ Wednesday** w najbliższą środę. **2.** (*także* **up and ~**) obiecujący, dobrze się zapowiadający. — *n.* **1.** przyjście, nadejście. **2. ~ of age** osiągnięcie pełnoletności. **3. ~s and goings** *pot.* ruch, bieganina.
comma ['kɑːmə] *n.* przecinek.
command [kə'mænd] *v.* **1.** nakazywać, kazać (*sb to do sth* komuś zrobić coś); rozkazywać. **2.** rozporządzać (*kimś l. czymś*); dowodzić (*armią, posterunkiem*). **3.** kontrolować (*np. większość parlamentarną*). — *n.* **1.** rozkaz, komenda; *t. komp.* polecenie. **2.** kierownictwo, zwierzchnictwo; dowództwo; **be in/have ~ of sb/sth** dowodzić kimś/czymś; **take ~ of sth** objąć dowództwo nad czymś; **under sb's ~** pod czyimś dowództwem. **3.** znajomość, opanowanie (*zwł. języka obcego*).
commander [kə'mændər] *n.* dowódca.
commandment [kə'mændmənt] *n.* przykazanie; **the Ten C~s** dziesięcioro przykazań.
commando [kə'mændoʊ] *n.* **1.** oddział komandosów. **2.** komandos. **3. go ~** *sl.* nie nosić bielizny.
commemorate [kə'meməˌreɪt] *v.* **1.** upamiętniać; uczcić pamięć (*kogoś*); obchodzić pamiątkę/rocznicę (*czegoś*). **2.** być poświęconym pamięci (*kogoś l. czegoś*).
commence [kə'mens] *v. form.* rozpoczynać (się).
commencement [kə'mensmənt] *n.* **1.** rozpoczęcie (się). **2.** *uniw.* promocja, wręczenie dyplomów.
commend [kə'mend] *v.* **~ sb for sth** *form.* udzielić komuś pochwały za coś.

comment ['kɑːment] *n.* komentarz; uwaga; **no ~** bez komentarza. — *v.* **~ on sth** komentować coś; stanowić komentarz do czegoś (*np. o wydarzeniu*).
commentary ['kɑːmən,terɪ] *n.* **1.** sprawozdanie, komentarz. **2.** publicystyka (*np. polityczna*).
commentator ['kɑːmən,teɪtər] *n.* komentator/ka; sprawozdaw-ca/czyni.
commerce ['kɑːmərs] *n.* handel.
commercial [kə'mɝːʃl] *a.* **1.** handlowy. **2.** komercyjny. — *n. radio, telew.* reklama.
commercialize [kə'mɝːʃə,laɪz] *v.* **1.** nastawić na produkcję rynkową. **2.** skomercjalizować.
commiserate [kə'mɪzə,reɪt] *v. form.* **~ with sb** współczuć komuś; wyrazić (swoje) współczucie dla kogoś.
commission [kə'mɪʃən] *n.* **1.** komisja; komitet. **2.** zlecenie. **3.** prowizja; **be/work on ~** dostawać prowizję (od sprzedaży). — *v.* **1.** zlecać (*misję, zadanie*); **~ sb to do sth** zlecić komuś wykonanie czegoś. **2. ~ a painting (from sb)** zamówić (u kogoś) obraz.
commissioner [kə'mɪʃənər] *n.* **1.** komendant (*policji*). **2. United Nations High C~ for Refugees** Wysoki Komisarz ONZ do spraw Uchodźców.
commit [kə'mɪt] *v.* **1.** popełniać; **~ murder/a crime** popełnić morderstwo/przestępstwo; **~ treason** dopuścić się zdrady. **2. ~ o.s. to doing sth** zobowiązać się coś zrobić; **not ~ o.s.** nie angażować się; nic nie obiecywać; nie zajmować stanowiska (*on sth* w jakiejś kwestii). **3.** umieścić w zakładzie (*karnym, psychiatrycznym*). **4. ~ sth to memory** nauczyć się czegoś na pamięć; **~ sth to paper/writing** przelać coś na papier.
commitment [kə'mɪtmənt] *n.* **1.** zobowiązanie (się). **2. ~ to sth** zaangażowanie (się) w coś, oddanie (się) czemuś.
committed [kə'mɪtɪd] *a.* oddany, zaangażowany.
committee [kə'mɪtɪ] *n.* komitet; komisja; **be/sit on a ~** być/zasiadać w komisji; **welcoming ~** komitet powitalny.
commodity [kə'mɑːdətɪ] *n.* towar; artykuł, produkt.
common ['kɑːmən] *a.* **1.** wspólny. **2.** ogólny, powszechny; rozpowszechniony; **it is ~ knowledge that...** powszechnie wiadomo, że... **3.** zwykły, zwyczajny; prosty; pospolity. — *n.* **have sth in ~ (with sb/sth)** mieć coś wspólnego (z kimś/czymś); **in ~ with sb/sth** wspólnie/na równi z kimś/czymś.
common law *n.* prawo zwyczajowe.
common-law [,kɑːmən'lɔː] *a.* **~ husband/wife** konkub-ent/ina; **~ marriage** konkubinat.
commonly ['kɑːmənlɪ] *adv.* powszechnie; **~ found** powszechnie spotykany; **~ known as...** powszechnie znany jako...
commonplace ['kɑːmən,pleɪs] *a.* zwyczajny, powszedni; **be ~** być rzeczą zwyczajną, być na porządku dziennym.
common sense *n.* zdrowy rozsądek.
common-sense [,kɑːmən'sens] *a.* zdroworozsądkowy.
commotion [kə'moʊʃən] *n.* **1.** zamieszanie; poruszenie. **2.** zamieszki.
communal [kə'mjuːnl] *a.* **1.** wspólny (*o łazience, kuchni*). **2.** samorządowy; należący do lokalnej społeczności/wspólnoty. **3. ~ life** życie we wspólnocie/w społeczności.
commune *v.* [kə'mjuːn] **1.** dzielić się najskrytszymi myślami (*with sb* z kimś). **2. ~ with nature** obcować z przyrodą. — *n.* ['kɑːmjuːn] komuna (*grupa osób*).
communicate [kə'mjuːnə,keɪt] *v.* **1.** komunikować; przekazywać (*wiadomości, dane*); wyrażać (*np. radość*). **2.** porozumiewać/komunikować się; kontaktować się.
communication [kə,mjuːnə'keɪʃən] *n.* **1.** porozumiewanie się; komunikacja, łączność; **means of ~** środki łączności. **2.** *form.* wiadomość (*t. = list*).
communicative [kə'mjuːnə,keɪtɪv] *a.* **1.** rozmowny. **2.** komunikatywny.
communion [kə'mjuːnjən] *n.* **1.** komunia. **2.** *lit.* obcowanie (*t. z przyrodą*); łączność duchowa.
communism ['kɑːmjə,nɪzəm] *n.* komunizm.
communist ['kɑːmjənɪst], **Communist** *n.* komunist-a/ka. — *a.* komunistyczny.
community [kə'mjuːnətɪ] *n.* **1.** społeczność. **2.** gmina (*np. żydowska*). **3.** wspólnota. **4. the ~** społeczeństwo, ogół społeczeństwa.
community center *n.* miejscowy ośrodek/dom kultury.
community service *n.* praca społeczna (*zwł. nakazana wyrokiem sądowym*).
commute [kə'mjuːt] *v.* dojeżdżać (do pracy). — *n. pot.* dojazd (do pracy).
commuter [kə'mjuːtər] *n.* osoba dojeżdżająca (do pracy).
compact *a.* [kɑːm'pækt] **1.** niewielki, niewielkich rozmiarów. **2.** gęsty, zbity. **3.** solidny (*o budowie ciała*). **4.** zwarty, zwięzły (*o stylu*). — *n.* ['kɑːmpækt] **1.** (*także* **powder ~**) puderniczka. **2.** (*także* **~ car**) samochód kompaktowy. — *v.* [kəm'pækt] **1.** zbijać, ubijać; zagęszczać, kondensować. **2.** prasować (i paczkować) (*złom, śmieci*).
compact disc [,kɑːmpækt 'dɪsk], **CD** [,siː 'diː] *n.* płyta kompaktowa.
companion [kəm'pænɪən] *n.* **1.** towarzysz/ka. **2.** przewodnik (*zwł. w tytule książki*). — *a.* **~ album/volume (to an earlier one)** album/tom stanowiący uzupełnienie/kontynuację (poprzedniego).
company ['kʌmpənɪ] *n.* **1.** towarzystwo; **in sb's ~** (*także* **in the ~ of sb**) w czyimś towarzystwie. **2. be expecting/have ~** spodziewać się/mieć gości/gościa. **3.** firma, przedsiębiorstwo; spółka; **X and ~** X i spółka. **4.** zespół (*teatralny, taneczny itp.*). **5.** *wojsk.* kompania. **6. he's good ~** jest dobrym kompanem; **keep sb ~** dotrzymywać komuś towarzystwa; **part ~ (with sb)** rozstać się (z kimś); **present ~ excepted** z wyjątkiem (osób) tu obecnych.
company car *n.* samochód służbowy.
comparable ['kɑːmpərəbl] *a.* porównywalny, dający się porównać (*with/to sb/sth* z kimś/czymś).
comparative [kəm'perətɪv] *a.* **1.** porównawczy. **2.** stosunkowy, względny. **3.** *gram.* wyższy; w stopniu wyższym. — *n.* **the ~** stopień wyższy (*przymiotnika, przysłówka*).
comparatively [kəm'perətɪvlɪ] *adv.* **1.** stosunkowo, względnie. **2.** porównawczo.
compare [kəm'per] *v.* **1.** porównywać; **~d to/with sb/sth** w porównaniu z kimś/czymś. **2. ~ with sb/sth** dorównywać komuś/czemuś, móc się równać z kimś/czymś; **~ (un)favorably with X** wypadać (nie)korzystnie w porównaniu z X; **nothing ~s to X** nic nie może się równać z X. **3.** *gram.* stopniować. **4. ~ notes** dzielić się wrażeniami; wymieniać poglądy (*on sth* na temat czegoś).
comparison [kəm'perɪsən] *n.* **1.** porównanie; **by ~** stosunkowo; **draw/make a ~** przeprowadzić

porównanie; **in ~ with/to sb/sth** w porównaniu z kimś/czymś. **2.** *gram.* stopniowanie.

compartment [kəm'pɑːrtmənt] *n.* **1.** przegródka (*np. portfela*); skrytka; (oddzielne) pomieszczenie (*np. na bagaż*); **freezer ~** komora zamrażalnika; **glove ~** schowek (*w samochodzie*). **2.** przedział (*kolejowy*).

compass ['kʌmpəs] *n.* **1.** kompas; busola. **2. (a pair of) ~es** cyrkiel.

compassion [kəm'pæʃən] *n.* współczucie.

compassionate [kəm'pæʃənət] *a.* współczujący.

compatibility [kəm,pætə'bɪlətɪ] *n.* **1.** zgodność. **2.** *komp.* kompatybilność.

compatible [kəm'pætəbl] *a.* **1.** zgodny (*with sth* z czymś). **2.** (dobrze) dobrany (*o parze, małżeństwie*). **3.** *komp.* kompatybilny. — *n.* **(IBM) ~** komputer kompatybilny (ze standardem IBM).

compatriot [kəm'peɪtrɪət] *n.* roda-k/czka.

compel [kəm'pel] *v.* **~ sb to do sth** zmuszać kogoś do (zrobienia) czegoś.

compelling [kəm'pelɪŋ] *a.* **1.** nie do odparcia; nieodparty. **2.** przykuwający uwagę, robiący (ogromne) wrażenie.

compensate ['kɑːmpən,seɪt] *v.* **1.** kompensować; równoważyć, wyrównywać (*for sth* coś). **2. ~ sb for sth** wynagrodzić/zrekompensować komuś coś.

compensation [,kɑːmpən'seɪʃən] *n.* **1.** odszkodowanie, rekompensata. **2.** kompensacja.

compete [kəm'piːt] *v.* **1.** konkurować, rywalizować (*against/with sb* z kimś) (*for sth* o coś). **2.** współzawodniczyć, stawać do rywalizacji; brać udział (*w konkursie, zawodach*).

competence ['kɑːmpətəns] *n.* **1.** kompetencje. **2.** kompetencja językowa.

competent ['kɑːmpətənt] *a.* **1.** kompetentny; kwalifikowany (*for sth/to do sth* do czegoś/żeby coś zrobić). **2.** fachowo wykonany.

competition [,kɑːmpə'tɪʃən] *n.* **1.** rywalizacja; współzawodnictwo; **be in ~** rywalizować, konkurować. **2. the ~** konkurencja, konkurenci. **3.** konkurs; zawody.

competitive [kəm'petətɪv] *a.* **1.** oparty na współzawodnictwie/rywalizacji. **2.** nastawiony na współzawodnictwo/rywalizację. **3.** konkurencyjny (*o cenach, ofercie*).

competitor [kəm'petətər] *n.* **1.** konkurent/ka, rywal/ka. **2.** zawodni-k/czka.

compilation [,kɑːmpə'leɪʃən] *n.* kompilacja; zestawienie; **~ album/cassette** *muz.* składanka.

compile [kəm'paɪl] *v.* **1.** zebrać; skompilować, zestawić. **2.** *komp.* kompilować.

complacency [kəm'pleɪsənsɪ] *n.* samozadowolenie.

complacent [kəm'pleɪsənt] *a.* **1.** zadowolony z siebie; pełen samozadowolenia. **2. be/get ~** spocząć na laurach.

complain [kəm'pleɪn] *v.* **1.** narzekać, skarżyć się. **2.** wnieść/złożyć zażalenie/skargę. **3.** złożyć reklamację. **4. (I) can't ~** *pot.* nie narzekam. **5. ~ of** skarżyć/uskarżać się na (*ból l. inną dolegliwość*).

complaint [kəm'pleɪnt] *n.* **1.** skarga, zażalenie; **make a ~** złożyć zażalenie; **letter of ~** (pisemne) zażalenie. **2.** reklamacja. **3.** zarzut. **4.** dolegliwość; bolączka.

complement *n.* ['kɑːmpləmənt] **1.** uzupełnienie. **2.** *gram.* dopełnienie. — *v.* [,kɑːmplə'ment] uzupełniać; dopełniać; stanowić dopełnienie (*czegoś*).

complementary [,kɑːmplə'mentərɪ] *a.* komplementarny, (wzajemnie) uzupełniający się; dopełniający.

complete [kəm'pliːt] *a.* **1.** kompletny, całkowity; zupełny; pełen; **the ~ works (of X)** dzieła zebrane/wszystkie (X). **2.** ukończony, skończony. **3.** kompletny, skończony (*np. o idiocie*). **4. ~ with sth** łącznie z czymś. — *v.* **1.** ukończyć, zakończyć (*przygotowania*); wypełnić (*zadanie*). **2.** dopełnić (*zbiór, zestaw*); skompletować (*kolekcję*). **3.** wypełnić (*formularz*); uzupełnić (*ćwiczenie*).

completely [kəm'pliːtlɪ] *adv.* **1.** kompletnie, całkiem, zupełnie. **2.** w całości, w pełni.

completion [kəm'pliːʃən] *n.* **be nearing ~** być na ukończeniu; **on ~ of sth** po ukończeniu czegoś.

complex *a.* [,kɑːm'pleks] złożony (*t.* = *skomplikowany*). — *n.* ['kɑːmpleks] kompleks; **inferiority/superiority ~** kompleks niższości/wyższości; **sports/leisure ~** kompleks sportowy/rekreacyjny.

complexion [kəm'plekʃən] *n.* **1.** cera, karnacja. **2. put a (whole) new ~ on sth** stawiać coś w (zupełnie) nowym świetle.

complexity [kəm'pleksətɪ] *n.* **1.** złożoność. **2.** zawiłość.

compliance [kəm'plaɪəns] *n. form.* **1.** podporządkowanie/zastosowanie się (*do przepisów, życzenia*). **2. in ~ with sth** zgodnie z czymś. **3.** uległość.

compliant [kəm'plaɪənt] *a. form.* uległy.

complicate ['kɑːmplɪ,keɪt] *v.* komplikować; gmatwać, wikłać.

complicated ['kɑːmplə,keɪtɪd] *a.* skomplikowany, złożony.

complication [,kɑːmplə'keɪʃən] *n.* **1.** komplikacja; problem, szkopuł. **2. ~s** powikłania.

complicity [kəm'plɪsətɪ] *n. prawn.* współsprawstwo; *form.* współudział.

compliment *n.* ['kɑːmpləmənt] komplement; **pay sb a ~** powiedzieć komuś komplement; **return/repay the ~** odwzajemnić się. — *v.* ['kɑːmpləment] **~ sb (on sth)** powiedzieć komuś komplement (na temat czegoś); pogratulować komuś (czegoś); pochwalić kogoś (za coś).

complimentary [,kɑːmplə'mentərɪ] *a.* **1.** pochlebny (*o recenzji, uwadze*). **2. ~ copy** egzemplarz bezpłatny; **~ ticket** darmowy bilet (wstępu).

comply [kəm'plaɪ] *form. v.* podporządkować się, być posłusznym; **~ with** stosować się do, przestrzegać (*czegoś*).

component [kəm'poʊnənt] *n.* **1.** składnik, element; komponent; składowa. **2.** *el.* podzespół. — *a.* składowy.

compose [kəm'poʊz] *v.* **1.** składać się na, stanowić. **2. be ~d of** składać się/być złożonym z (*czegoś*). **3.** komponować; tworzyć muzykę. **4. ~ a poem/speech** ułożyć wiersz/przemówienie.

composed [kəm'poʊzd] *a.* opanowany, spokojny.

composer [kəm'poʊzər] *n.* kompozytor/ka.

composite [kəm'pɑːzɪt] *a.* złożony. — *n.* **1. be a ~ of** być złożonym/składać się z (*czegoś*). **2.** portret pamięciowy.

composition [,kɑːmpə'zɪʃən] *n.* **1.** kompozycja. **2.** układ. **3.** skład, struktura. **4.** *przest.* wypracowanie.

compost ['kɑːmpoʊst] *n.* kompost.

composure [kəm'poʊʒər] *n.* opanowanie, spokój.

compound *n.* ['kɑːmpaʊnd] **1.** mieszanka. **2.** *chem.* związek. **3.** wyraz złożony. **4.** teren ogrodzony. — *v.* [kəm'paʊnd] wzmagać, pogłębiać (*zwł. trudności*).

comprehend [,kɑːmprə'hend] *v.* pojmować, rozumieć.

comprehensible [ˌkɑːmprəˈhensəbl] *a.* zrozumiały.
comprehension [ˌkɑːmprəˈhenʃən] *n. form.* zrozumienie; **beyond sb's ~** nie do pojęcia dla kogoś; **listening ~ (test)** (test na) rozumienie ze słuchu.
comprehensive [ˌkɑːmprəˈhensɪv] *a.* pełny, wszechstronny, wyczerpujący; obszerny.
compress *v.* [kəmˈpres] **1.** sprężać (*gaz*). **2.** skrócić, skondensować (*tekst, kurs*). — *n.* [ˈkɑːmpres] kompres, okład; opatrunek uciskowy.
comprise [kəmˈpraɪz] *v. form.* **1.** (*także* **be ~d of**) składać się z (*czegoś*). **2.** stanowić, składać się na.
compromise [ˈkɑːmprəˌmaɪz] *n.* kompromis, ugoda; **reach a ~** osiągnąć kompromis. — *v.* **1.** pójść na ugodę/kompromis (*on sth* w sprawie czegoś). **2. ~ one's principles** sprzeniewierzyć się swoim zasadom. **3. ~ o.s.** skompromitować się.
compromising [ˈkɑːmprəˌmaɪzɪŋ] *a.* kompromitujący.
compulsion [kəmˈpʌlʃən] *n.* **1.** przymus; **under ~** pod przymusem. **2.** natręctwo, kompulsja.
compulsive [kəmˈpʌlsɪv] *a.* **1.** nałogowy; **~ drinker/liar** nałogowy pijak/kłamca. **2. ~ reading** lektura, od której nie można się oderwać. — *n.* osoba cierpiąca na natręctwa.
compulsory [kəmˈpʌlsərɪ] *a.* przymusowy, obowiązkowy.
compunction [kəmˈpʌŋkʃən] *n. form.* skrupuły, wyrzuty sumienia.
computer [kəmˈpjuːtər] *n.* komputer. — *a.* komputerowy.
computer game *n.* gra komputerowa.
computerize [kəmˈpjuːtəˌraɪz] *v.* komputeryzować (się).
computer programer *n.* programist-a/ka.
computer science *n.* informatyka.
computing [kəmˈpjuːtɪŋ] *n.* informatyka.
comrade [ˈkɑːmræd] *n.* towarzysz/ka.
con [kɑːn] *pot. v.* okantować; **~ sb into doing sth** naciągnąć kogoś na zrobienie czegoś; **~ sb out of $100** naciągnąć kogoś na 100 dolarów. — *n.* **1.** kant, oszustwo. **2. the pros and ~s** (argumenty) za i przeciw.
concave [kɑːnˈkeɪv] *a.* wklęsły.
conceal [kənˈsiːl] *v.* ukrywać.
concede [kənˈsiːd] *v.* **~ that...** przyznać, że...
conceit [kənˈsiːt] *n.* zarozumiałość.
conceited [kənˈsiːtɪd] *a.* zarozumiały.
conceivable [kənˈsiːvəbl] *a.* wyobrażalny; **it's ~ (that)...** niewykluczone, że...
conceive [kənˈsiːv] *v.* **1.** obmyślić, wykoncypować. **2. ~ of sth** wyobrażać sobie coś. **3.** począć, zajść w ciążę.
concentrate [ˈkɑːnsənˌtreɪt] *v.* **1.** koncentrować/skupiać (się) (*on sth* na czymś) (*around sth* wokół czegoś). **2.** zagęszczać, koncentrować. — *n.* koncentrat.
concentration [ˌkɑːnsənˈtreɪʃən] *n.* **1.** koncentracja; skupienie. **2.** skupisko. **3.** stężenie.
concentration camp *n.* obóz koncentracyjny.
concept [ˈkɑːnsept] *n.* **1.** pojęcie, koncept. **2.** koncepcja, pomysł.
conception [kənˈsepʃən] *n.* **1.** koncepcja. **2.** poczęcie; początek, moment powstania.
concern [kənˈsɝːn] *v.* **1.** dotyczyć, odnosić się do (*kogoś l. czegoś*). **2.** martwić, niepokoić. **3. ~ o.s. with sth** interesować się czymś; zajmować się czymś, angażować się w coś. — *n.* **1.** zmartwienie. **2.** troska. **3.** zainteresowanie. **4.** zaniepokojenie, obawa. **5.** przedsiębiorstwo, firma, interes. **6. be of ~ to sb** być dla kogoś ważnym; leżeć komuś na sercu.
concerned [kənˈsɝːnd] *a.* **1. all ~** wszyscy zainteresowani, wszyscy, których to dotyczy; **as far as I am ~** jeśli o mnie chodzi; **be ~ with sth** dotyczyć czegoś; **where X is ~** gdy w grę wchodzi X. **2. be ~ about/for sth** martwić się czymś/o coś; **be ~ (that)...** martwić/obawiać się, że.
concerning [kənˈsɝːnɪŋ] *prep. form.* odnośnie, dotyczący, w sprawie.
concert *n.* [ˈkɑːnsɝːt] **1.** koncert (*występ*). **2. in ~** *form.* wspólnie, w porozumieniu/we współpracy (*with sb/sth* z kimś/czymś).
concert hall *n.* sala koncertowa.
concerto [kənˈʧertoʊ] *n. pl. t.* **concerti** [kənˈʧertɪ] koncert (*utwór*).
concession [kənˈseʃən] *n.* **1.** ustępstwo; **make ~s** pójść na ustępstwa. **2.** koncesja, pozwolenie. **3. tax ~** ulga podatkowa.
conciliatory [kənˈsɪlɪəˌtɔːrɪ] *a.* pojednawczy.
concise [kənˈsaɪs] *a.* zwięzły.
conclude [kənˈkluːd] *v.* **1.** *form.* zakończyć (się). **2.** skonkludować.
conclusion [kənˈkluːʒən] *n.* **1.** wniosek; konkluzja; **come to the ~ that...** dojść do wniosku, że...; **jump to ~s** wyciągać pochopne wnioski. **2.** zakończenie (*np. książki*).
conclusive [kənˈkluːsɪv] *a.* niezbity, jednoznaczny (*o dowodach*); rozstrzygający; definitywny.
concoct [kɑːnˈkɑːkt] *v.* spreparować.
concrete [ˈkɑːnkriːt] *a.* **1.** betonowy. **2.** konkretny. — *n.* beton.
concurrently [kənˈkɝːəntlɪ] *adv.* równocześnie.
concussion [kənˈkʌʃən] *n.* wstrząs mózgu.
condemn [kənˈdem] *v.* **1.** potępić. **2. ~ sb to death** skazać kogoś na śmierć.
condemnation [ˌkɑːndemˈneɪʃən] *n.* potępienie.
condensation [ˌkɑːndenˈseɪʃən] *n.* **1.** para wodna. **2.** kondensacja.
condense [kənˈdens] *v.* **1.** kondensować/zagęszczać (się). **2.** skraplać (się). **3.** skracać (*informację, treść*).
condescend [ˌkɑːndɪˈsend] *v.* **~ to do sth** zechcieć/raczyć coś zrobić.
condescending [ˌkɑːndɪˈsendɪŋ] *a.* protekcjonalny.
condescension [ˌkɑːndɪˈsenʃən] *n.* protekcjonalność.
condition [kənˈdɪʃən] *n.* **1.** stan; **be in no ~ to do sth** nie być w stanie czegoś zrobić. **2.** warunek; **on ~ that...** pod warunkiem, że...; **on one ~** pod jednym warunkiem. **3.** *form.* kondycja. **4. have a heart ~** *pot.* mieć chore serce. — *v.* **1.** *psych.* warunkować, wyrabiać odruch warunkowy u (*człowieka, zwierzęcia*). **2.** stosować odżywkę do (*włosów*). **3. be ~ed by sth** *form.* być uwarunkowanym czymś.
conditional [kənˈdɪʃənl] *a.* **1.** warunkowy, zależny. **2.** uwarunkowany, uzależniony; **be ~ on/upon sth** *form.* być uzależnionym od czegoś. — *n.* **the ~** *gram.* tryb przypuszczający/warunkowy.
conditioner [kənˈdɪʃənər] *n.* odżywka do włosów.
condo [ˈkɑːndoʊ] *n. pot.* = **condominium**.
condolences [kənˈdoʊlənsɪz] *n. pl.* kondolencje.
condom [ˈkɑːndəm] *n.* prezerwatywa, kondom.

condominium [ˌkɑːndə'mɪnɪəm] *n.* (*także* **condo**) mieszkanie własnościowe; budynek z mieszkaniami j.w.
condone [kən'doʊn] *v.* akceptować, godzić się na.
conducive [kən'duːsɪv] *a.* **~ to sth** *form.* sprzyjający czemuś; prowadzący do czegoś.
conduct *n.* ['kɑːnˌdʌkt] **1.** *form.* zachowanie; postępowanie; sprawowanie (się). **2.** prowadzenie. — *v.* **1. ~ o.s.** *form.* zachowywać się, postępować. **2.** prowadzić, przeprowadzać (*eksperyment, śledztwo*). **3.** dyrygować (*orkiestrą, chórem*). **4.** przewodzić (*prąd, ciepło*).
conductor [kən'dʌktər] *n.* **1.** dyrygent/ka. **2.** kierowni-k/czka pociągu. **3.** *fiz.* przewodnik.
cone [koʊn] *n.* **1.** *t. geom.* stożek. **2.** (*także* **ice-cream ~**) rożek (= *lód w waflu*). **3.** szyszka.
confectioner [kən'fekʃənər] *n.* cukierni-k/czka.
confectionery [kən'fekʃəˌnerɪ] *n.* wyroby cukiernicze.
confederation [kənˌfedə'reɪʃən] *n.* konfederacja.
confer [kən'fɝː] *v. form.* **1.** konferować, naradzać się. **2. ~ sth on/upon sb** nadać komuś coś (*tytuł, odznaczenie*).
conference ['kɑːnfərəns] *n.* **1.** konferencja; zjazd. **2.** narada, zebranie; **have/hold a ~** odbyć naradę.
confess [kən'fes] *v.* **1.** przyznać się (*to doing/having done sth* do zrobienia czegoś). **2.** przyznać; **I have to/must ~ that...** muszę przyznać, że... **3.** wyznać. **4.** (*także* **~ one's sins**) spowiadać się (z grzechów).
confession [kən'feʃən] *n.* **1.** przyznanie się (do winy). **2.** wyznanie (*t. = religia*). **3.** spowiedź; **be/go to ~** być u/iść do spowiedzi.
confetti [kən'fetɪ] *n.* konfetti.
confide [kən'faɪd] *v.* **1. ~ sth to sb** zwierzyć się komuś z czegoś; **~ to sb (that)...** zwierzyć się komuś, że... **2. ~ in sb** zwierzać się komuś.
confidence ['kɑːnfɪdəns] *n.* **1.** zaufanie; **in ~** w zaufaniu/sekrecie; **vote of ~** wotum zaufania. **2.** wiara w siebie, pewność siebie. **3.** sekret (*wyznany komuś*).
confidence trick *n.* oszustwo.
confident ['kɑːnfɪdənt] *a.* **1.** pewny (*of sth/that* czegoś/że). **2.** pewny siebie.
confidential [ˌkɑːnfɪ'denʃl] *a.* poufny.
confine *v.* [kən'faɪn] **1.** ograniczać; **~ o.s. to (doing) sth** ograniczać się do (robienia) czegoś. **2. be ~d to sth** ograniczać się do czegoś; dotyczyć wyłącznie czegoś. **3. be ~d to bed** być przykutym do łóżka.
confined [kən'faɪnd] *a.* ograniczony; zamknięty (*o przestrzeni*).
confinement [kən'faɪnmənt] *n.* zamknięcie; odosobnienie.
confines ['kɑːnˌfaɪnz] *n. pl. zw. przen.* granice; terytorium, obszar (*of sth* czegoś).
confirm [kən'fɝːm] *v.* **1.** potwierdzać. **2.** zatwierdzać, ratyfikować. **3. ~ sb in their belief that...** utwierdzić kogoś w przekonaniu, że... **4.** *kośc.* bierzmować; konfirmować.
confirmation [ˌkɑːnfər'meɪʃən] *n.* **1.** potwierdzenie. **2.** zatwierdzenie. **3.** *kośc.* bierzmowanie; konfirmacja.
confirmed [kən'fɝːmd] *a.* zaprzysięgły, zatwardziały.
confiscate ['kɑːnfɪˌskeɪt] *v.* konfiskować.
confiscation [ˌkɑːnfɪ'skeɪʃən] *a.* konfiskata.
conflict *n.* ['kɑːnflɪkt] konflikt; **be in ~ (with sb)** być w konflikcie (z kimś). — *v.* [kən'flɪkt] **~ with sth** być sprzecznym z czymś.
conflicting [kən'flɪktɪŋ] *a.* sprzeczny.
conform [kən'fɔːrm] *v.* **1.** dostosować się, podporządkować się. **2. ~ to/with the (safety) standards** odpowiadać standardom (bezpieczeństwa), spełniać wymogi (bezpieczeństwa).
conformist [kən'fɔːrmɪst] *n.* konformist-a/ka. — *a.* konformistyczny.
confound [kɑːn'faʊnd] *v.* wprawić w zakłopotanie.
confront [kən'frʌnt] *v.* **1.** przeciwstawić się (*komuś l. czemuś*); stanąć przed (*problemem*); stawić czoło (*wrogowi, niebezpieczeństwu*); **be ~ed with/by sth** stanąć w obliczu czegoś. **2.** przeciwstawiać sobie, zestawiać ze sobą. **3. ~ sb with the evidence/proof** przedstawić komuś dowody.
confrontation [ˌkɑːnfrən'teɪʃən] *n.* konfrontacja.
confuse [kən'fjuːz] *v.* **1.** mącić w głowie (*komuś*). **2.** wprawiać w zakłopotanie. **3.** gmatwać. **4. ~ X with Y** pomylić X z Y.
confused [kən'fjuːzd] *a.* **1.** zakłopotany, zmieszany. **2.** pogmatwany, niejasny. **3.** zdezorientowany; **I'm totally ~** kompletnie się pogubiłem.
confusing [kən'fjuːzɪŋ] *a.* **1.** zagmatwany, pogmatwany. **2.** mylący.
confusion [kən'fjuːʒən] *n.* **1.** zamieszanie, zamęt; nieład, chaos. **2.** dezorientacja. **3.** zakłopotanie, zmieszanie. **4. to avoid ~** żeby uniknąć pomyłki.
congeal [kən'dʒiːl] *v.* krzepnąć; ścinać się; zastygać, tężeć.
congenial [kən'dʒiːnɪəl] *a.* sympatyczny.
congenital [kən'dʒenɪtl] *a.* **~ defect/disease** wada/choroba wrodzona.
congested [kən'dʒestɪd] *a.* **1.** przepełniony; zatłoczony. **2.** przekrwiony. **3.** zapchany (*t. o nosie*).
congestion [kən'dʒestʃən] *n.* **1.** przepełnienie; tłok. **2.** zator. **3.** przekrwienie.
conglomerate [kən'glɑːmərət] *n.* **1.** zbiór, skupisko. **2.** *ekon.* konglomerat.
congratulate [kən'grætʃəˌleɪt] *v.* **~ sb on (doing/having done) sth** pogratulować komuś (zrobienia) czegoś; **~ o.s. on/for sth** gratulować sobie czegoś.
congratulations [kənˌgrætʃə'leɪʃənz] *n. pl.* gratulacje, powinszowania (*on (doing) sth* z okazji (zrobienia) czegoś). — *int.* gratulacje, gratuluję.
congregation [ˌkɑːŋgrə'geɪʃən] *n.* **1.** zgromadzenie, zebranie. **2.** zgromadzenie wiernych. **3.** kongregacja.
congress ['kɑːŋgrəs] *n.* **1.** kongres, zjazd. **2.** stowarzyszenie, związek. **3.** *polit.* Zgromadzenie Narodowe. **4. C~** Kongres (*USA*).
congressman ['kɑːŋgrəsmən] *n.* kongresman, członek Kongresu.
coniferous [koʊ'nɪfərəs] *a.* iglasty.
conjecture [kən'dʒektʃər] *n.* **1.** spekulowanie, snucie domysłów. **2.** przypuszczenie, domysł. — *v.* snuć domysły, spekulować.
conjugal ['kɑːndʒəgl] *a. form.* małżeński.
conjugate ['kɑːndʒəgət] *v. gram.* odmieniać (się), koniugować (się).
conjunction [kən'dʒʌŋkʃən] *n.* **1.** spójnik. **2.** koniunkcja. **3. in ~ with sth** w połączeniu z czymś.
conjunctivitis [kənˌdʒʌŋktə'vaɪtɪs] *n.* zapalenie spojówek.
conjure ['kɑːndʒər] *v.* **~ (up)** wyczarować; wywołać (*wspomnienie*).

conjurer ['kɑːndʒərər], **conjuror** *n.* iluzjonist-a/ka.
conman ['kɑːŋmæn] *n.* oszust, kanciarz.
connect [kə'nekt] *v.* **1.** łączyć (się). **2.** kojarzyć (*sth with sth* coś z czymś). **3.** podłączać (*do sieci*). **4. be ~ed with sth** być związanym z czymś.
Connecticut [kə'netəkət] *n.* (stan) Connecticut.
connection [kə'nekʃən] *n.* **1.** połączenie (*t. telefoniczne, kolejowe*). **2.** związek; **in ~ with sth** w związku z czymś. **3.** krewn-y/a. **4. ~s** koneksje.
connive [kə'naɪv] *v.* **~ (with sb) to do sth** zrobić coś w zmowie (z kimś).
connoisseur [ˌkɑːnə'sɝː] *n.* koneser/ka, znaw-ca/czyni.
connotation [ˌkɑːnə'teɪʃən] *n.* konotacja.
conquer ['kɑːŋkər] *v.* **1.** podbić, zawojować; zdobyć. **2.** pokonać, przezwyciężyć.
conqueror ['kɑːŋkərər] *n.* zdobyw-ca/czyni.
conquest ['kɑːnkwest] *n.* **1.** podbój. **2.** zdobycz (*zwł. terytorialna*).
conscience ['kɑːnʃəns] *n.* sumienie; **have a bad/guilty ~** mieć nieczyste sumienie; **have a clear ~** mieć czyste sumienie.
conscientious [ˌkɑːnʃɪ'enʃəs] *a.* sumienny.
conscientious objector *n.* osoba odmawiająca służby wojskowej ze względu na przekonania.
conscious ['kɑːnʃəs] *a.* **1.** przytomny. **2.** świadomy. **3. fashion-~** przejmujący się modą; **health-~** dbający o zdrowie.
consciousness ['kɑːnʃəsnəs] *n.* **1.** przytomność; **lose/regain ~** stracić/odzyskać przytomność. **2.** świadomość; **political ~** świadomość polityczna.
conscript *v.* [kən'skrɪpt] **1. he was ~ed (into the army)** został powołany/dostał powołanie do wojska. **2.** rekrutować (*do organizacji, grupy*). — *n.* ['kɑːnskrɪpt] poborowy, rekrut.
consecrate ['kɑːnsəˌkreɪt] *v.* święcić, konsekrować.
consecutive [kən'sekjətɪv] *a.* kolejny, następny, konsekutywny; **for five ~ days** przez pięć dni z rzędu.
consensus [kən'sensəs] *n.* **~ (of opinion)** konsens; **general ~** powszechna zgoda, jednomyślność; **reach a ~** osiągnąć konsens.
consent [kən'sent] *form. v.* zgadzać się, przyzwalać, pozwalać (*to sth* na coś). — *n.* zgoda, przyzwolenie, pozwolenie; **give one's ~** wyrazić zgodę.
consequence ['kɑːnsəˌkwens] *n.* **1.** konsekwencja, skutek; **as a/in ~ of sth** w wyniku/wskutek czegoś; **in ~** w rezultacie; **suffer the ~s (of sth)** ponieść konsekwencje (czegoś). **2.** *form.* **of ~** znaczący, doniosły; **of great ~** wielkiej wagi; **of little/no ~** bez (większego) znaczenia.
consequently ['kɑːnsəˌkwentlɪ] *adv.* w rezultacie, wskutek tego.
conservation [ˌkɑːnsər'veɪʃən] *n.* **1.** ochrona środowiska. **2.** konserwacja (*zabytków, dzieł sztuki*). **3.** oszczędzanie; **energy ~** oszczędzanie energii. **4. (law of) ~ of energy/mass** prawo zachowania energii/masy.
conservatism [kən'sɝːvəˌtɪzəm] *n.* konserwatyzm.
conservative [kən'sɝːvətɪv] *a.* **1.** konserwatywny, zachowawczy. **2.** ostrożny (*o kalkulacji, ocenie*). — *n.* **1.** konserwatyst-a/ka. **2.** środek konserwujący, konserwant.
conservatory [kən'sɝːvəˌtɔːrɪ] *n.* **1.** konserwatorium. **2.** oranżeria.
conserve [kən'sɝːv] *v.* **1.** oszczędzać (*siły, energię*). **2.** chronić (*środowisko*). **3.** *fiz., chem.* zachowywać (*masę, pęd, ładunek*). **4.** robić konfitury z (*owoców*). — *n.* (*także* **~s**) konfitury.
consider [kən'sɪdər] *v.* **1.** rozważać, zastanawiać się nad (*czymś*); **~ doing sth** rozważać możliwość zrobienia czegoś. **2. ~ sb (to be) a hero** uważać kogoś za bohatera; **~ sb (to be) innocent** uważać, że ktoś jest niewinny; **~ sth an honor** uważać coś za zaszczyt. **3.** brać pod uwagę; mieć wzgląd na (*czyjeś uczucia, preferencje*).
considerable [kən'sɪdərəbl] *a.* znaczny; spory.
considerably [kən'sɪdərəblɪ] *adv.* znacznie, o wiele.
considerate [kən'sɪdərət] *a.* liczący się z innymi, szanujący uczucia innych; **it was very ~ of you to tell us** to bardzo ładnie z twojej strony, że nam powiedziałeś.
consideration [kənˌsɪdə'reɪʃən] *n.* **1.** namysł; **after long ~** po długim namyśle; **take into ~** brać pod uwagę, uwzględniać, rozważać; **under ~** rozważany, rozpatrywany. **2.** wzgląd; **out of ~ for** przez wzgląd na; **political/social ~s** względy polityczne/społeczne.
considered [kən'sɪdərd] *a.* **1.** (starannie) przemyślany. **2. well/highly ~** poważany, szanowany.
considering [kən'sɪdərɪŋ] *prep., conj.* biorąc/wziąwszy pod uwagę (że); zważywszy na (to, że). — *adv. pot.* w sumie; **it went off well, ~** (w sumie) wyszło nawet nieźle.
consignment [kən'saɪnmənt] *n.* dostawa.
consist [kən'sɪst] *v.* **1. ~ of sth** składać się z czegoś. **2. ~ in sth** *form.* polegać na czymś.
consistency [kən'sɪstənsɪ] *n.* **1.** konsekwencja. **2.** konsystencja. **3.** spójność. **4.** zgodność (*with sth* z czymś).
consistent [kən'sɪstənt] *a.* **1.** konsekwentny. **2.** zgodny (*with sth* z czymś). **3.** spójny.
consolation [ˌkɑːnsə'leɪʃən] *n.* pocieszenie, pociecha.
console *v.* [kən'soʊl] pocieszać.
consolidate [kən'sɑːlɪˌdeɪt] *v.* **1.** konsolidować (się). **2.** wzmacniać (się).
consommé [ˌkɑːnsə'meɪ] *n.* bulion.
consonant ['kɑːnsənənt] *n.* spółgłoska. — *a.* **1.** spółgłoskowy (*o systemie, zbitce*). **2. ~ with sth** *form.* zgodny z czymś.
consort *n.* ['kɑːnsɔːrt] **1. prince ~** książę małżonek; **queen ~** królowa (= *małżonka króla*). **2.** zespół wykonujący muzykę dawną. — *v.* [kən'sɔːrt] **~ with sb** zadawać się/przestawać z kimś.
consortium [kən'sɔːrʃɪəm] *n.* konsorcjum.
conspicuous [kən'spɪkjʊəs] *a.* rzucający się w oczy.
conspiracy [kən'spɪrəsɪ] *n.* **1.** konspiracja. **2.** spisek, zmowa.
conspirator [kən'spɪrətər] *n.* spiskowiec, konspirator/ka.
conspire [kən'spaɪr] *v.* **1.** spiskować, konspirować. **2.** działać w zmowie. **3.** sprzysiąc się (*o okolicznościach*).
constant ['kɑːnstənt] *a.* **1.** stały; niezmienny. **2.** nieprzerwany, nieustanny; ciągły, nieustający. **3.** wierny (*o przyjacielu, kochanku*). — *n.* stała; **~ of gravitation** (*także* **gravitational ~**) stała grawitacji/powszechnego ciążenia.
constantly ['kɑːnstəntlɪ] *adv.* stale, ciągle.
constellation [ˌkɑːnstə'leɪʃən] *n.* konstelacja (*t. przen.*); gwiazdozbiór.
consternation [ˌkɑːnstər'neɪʃən] *n.* konsternacja.

constipated ['kɑːnstə,peɪtɪd] *a.* cierpiący na zaparcie.
constipation [,kɑːnstə'peɪʃən] *n.* zaparcie.
constituency [kən'stɪʧuənsɪ] *n.* okręg wyborczy.
constituent [kən'stɪʧuənt] *a.* składowy. — *n.* część składowa, składnik.
constitute ['kɑːnstɪ,tuːt] *form. v.* **1.** składać się na. **2.** stanowić (= *być*). **3.** *prawn.* ukonstytuować, ustanowić.
constitution [,kɑːnstɪ'tuːʃən] *n.* **1.** *polit.* konstytucja. **2.** statut. **3.** *form.* skład. **4. have a strong/weak ~** mieć silny/słaby organizm.
constitutional [,kɑːnstɪ'tuːʃənl] *a.* konstytucyjny; zgodny z konstytucją; statutowy.
constraint [kən'streɪnt] *n. form.* **1.** ograniczenie; **place/impose ~s on sth** nakładać ograniczenia na coś. **2. under ~** pod przymusem.
constrict [kən'strɪkt] *v. form.* **1.** ściskać (się); zwężać (się), obkurczać (się). **2.** ograniczać (*swobodę*); zawężać (*wybór, możliwości*); utrudniać (*oddychanie, ruchy*).
constriction [kən'strɪkʃən] *n.* **1.** ograniczenie. **2.** ucisk (*zwł. w piersiach*). **3.** zwężenie (*np. przełyku*).
construct *v.* [kən'strʌkt] konstruować. — *n.* ['kɑːnstrəkt] *form.* twór, wytwór; konstrukt.
construction [kən'strʌkʃən] *n.* **1.** *t. gram., geom.* konstrukcja; budowa; **under ~** w budowie. **2.** budownictwo.
constructive [kən'strʌktɪv] *a.* **1.** konstruktywny. **2.** konstrukcyjny, strukturalny.
construe [kən'struː] *v.* **1.** *form.* interpretować; objaśniać. **2.** odczytać (*czyjeś intencje, zamiary*).
consul ['kɑːnsl] *n.* konsul.
consulate ['kɑːnsəlɪt] *n.* **1.** konsulat. **2.** urząd konsula.
consult [kən'sʌlt] *v.* **1. ~ sb** zasięgnąć czyjejś rady; skonsultować się z kimś. **2. ~ a dictionary/map** sprawdzić w słowniku/na mapie.
consultant [kən'sʌltənt] *n.* konsultant/ka, doradca; **management ~** doradca do spraw zarządzania.
consultation [,kɑːnsəl'teɪʃən] *n.* **1.** konsultacja, porada; konsultacje. **2. in ~ with sb** w porozumieniu z kimś.
consume [kən'suːm] *v.* **1.** *form.* konsumować, spożywać. **2.** zużywać (*paliwo, energię*). **3.** pochłaniać (*czas, środki*). **4.** strawić (*o ogniu*).
consumer [kən'suːmər] *n.* konsument/ka; odbiorca (*np. energii*).
consumer goods *n. pl.* dobra/towary konsumpcyjne.
consuming [kən'suːmɪŋ] *a.* przemożny.
consumption [kən'sʌmpʃən] *n.* **1.** *form.* konsumpcja; spożycie; **unfit for human ~** nienadający się do spożycia. **2.** *przest.* suchoty.
contact ['kɑːntækt] *n.* **1.** kontakt; **business ~s** kontakty służbowe; **keep/stay in ~ (with sb)** być/pozostawać w kontakcie (z kimś); **make ~ with sb** nawiązać kontakt/łączność z kimś. **2.** styczność; **come into ~ with sth** zetknąć się z czymś. — *v.* kontaktować się z (*kimś*).
contact lenses *n. pl.* soczewki/szkła kontaktowe.
contagious [kən'teɪʤəs] *a.* zakaźny; zaraźliwy (*t. np. o śmiechu*).
contain [kən'teɪn] *v.* **1.** zawierać; mieścić (w sobie). **2.** powstrzymać, opanować (*epidemię, emocje*).
container [kən'teɪnər] *n.* **1.** pojemnik. **2.** kontener.
contaminate [kən'tæmə,neɪt] *v.* zanieczyścić; skazić.
contaminated [kən'tæmə,neɪtɪd] *a.* zanieczyszczony; skażony.
contamination [kən,tæmə'neɪʃən] *n.* zanieczyszczenie; skażenie.
contemplate ['kɑːntəm,pleɪt] *v.* **1.** *form.* przypatrywać się (*czemuś*), kontemplować. **2.** rozważać; **~ doing sth** rozważać możliwość zrobienia czegoś.
contemplation [,kɑːntəm'pleɪʃən] *n.* kontemplacja.
contemporary [kən'tempə,rerɪ] *a.* współczesny. — *n.* **1. his/her contemporaries** jemu/jej współcześni. **2.** rówieśni-k/czka.
contempt [kən'tempt] *n.* **1.** pogarda; **hold sb/sth in ~** gardzić kimś/czymś. **2.** obraza; lekceważenie (*zwł. postanowień władzy*).
contemptible [kən'temptəbl] *a.* zasługujący na pogardę, niegodny.
contemptuous [kən'tempʧuəs] *a.* pogardliwy; lekceważący.
contend [kən'tend] *v.* **1.** rywalizować, walczyć (*for sth* o coś). **2.** utrzymywać, twierdzić (*that* że). **3. ~ with sth** borykać się z czymś.
contender [kən'tendər] *n.* **1.** kandydat/ka (*np. na prezydenta*). **2.** zawodni-k/czka.
content[1] ['kɑːntent] *n.* **1.** zawartość; **fat/alcohol ~** zawartość tłuszczu/alkoholu. **2.** treść (*w odróżnieniu od formy, stylu*). **3. ~s** zawartość (*np. naczynia*); treść; **(table of) ~s** spis treści.
content[2] [kən'tent] *a.* zadowolony (*with sth* z czegoś); **be ~ to do sth** chętnie coś robić. — *v.* zadowalać, satysfakcjonować; **~ o.s. with sth** zadowolić się czymś. — *n.* **to one's heart's ~** *lit.* do woli.
contented [kən'tentɪd] *a.* zadowolony.
contention [kən'tenʃən] *n. form.* **1.** spór, niezgoda; **bone of ~** kość niezgody. **2.** twierdzenie; **it is my ~ that...** twierdzę, że...
contentious [kən'tenʃəs] *a. form.* **1.** sporny; kontrowersyjny. **2.** kłótliwy.
contentment [kən'tentmənt] *n.* zadowolenie.
contest *n.* ['kɑːntest] **1.** zawody; konkurs; **beauty ~** konkurs piękności. **2.** rywalizacja, walka. — *v.* [kən'test] *form.* kwestionować (*decyzję, testament*).
contestant [kən'testənt] *n.* uczestni-k/czka zawodów, zawodni-k/czka.
context ['kɑːntekst] *n.* kontekst; **taken out of ~** wyjęty/wyrwany z kontekstu.
continent ['kɑːntənənt] *n.* kontynent.
continental [,kɑːn'tənentl] *a.* kontynentalny.
contingency [kən'tɪnʤənsɪ] *n. form.* **1.** ewentualność, możliwość. **2.** wypadek (*zwł. nieprzewidziany*), przypadek.
contingent [kən'tɪnʤənt] *a.* **~ on/upon sth** *form.* zależny/uzależniony od czegoś. — *n.* **1.** kontyngent. **2.** reprezentacja, delegacja (*np. danego kraju*).
continual [kən'tɪnjuəl] *a.* ciągły; nieustanny.
continually [kən'tɪnjuəlɪ] *adv.* ciągle; nieustannie.
continuation [kən,tɪnju'eɪʃən] *n.* **1.** kontynuacja. **2.** przedłużenie. **3.** ciąg dalszy.
continue [kən'tɪnjuː] *v.* **1.** kontynuować; **~ to do/doing sth** nadal/w dalszym ciągu coś robić. **2.** trwać. **3.** iść/jechać dalej. **4.** ciągnąć się (*np. o drodze*).
continuity [,kɑːntɪ'nuətɪ] *n.* ciągłość.
continuous [kən'tɪnjuəs] *a.* ciągły; stały, nieprzerwany.

continuously [kən'tɪnjʊəslɪ] *adv.* ciągle; stale, nieprzerwanie.
contort [kən'tɔːrt] *v.* wykrzywiać (się); skręcać (się), wyginać (się).
contour ['kɑːntʊr] *n.* **1.** kontur, zarys. **2.** (*także* ~ **line**) poziomica.
contraception [ˌkɑːntrə'sepʃən] *n.* antykoncepcja, zapobieganie ciąży.
contraceptive [ˌkɑːntrə'septɪv] *n., a.* (środek) antykoncepcyjny.
contract *n.* ['kɑːntrækt] umowa, kontrakt; ~ **of employment** umowa o pracę. — *v.* [kən'trækt] **1.** kurczyć (się) (*np. o metalu*). **2.** *form.* nabawić się (*choroby*). **3.** zaciągnąć (*dług, zobowiązanie*). **4.** ~ **sth out (to sb)** podzlecać coś (komuś).
contraction [kən'trækʃən] *n.* **1.** skurcz (*mięśnia, macicy*). **2.** *gram.* forma ściągnięta.
contractor ['kɑːntræktər] *n.* zleceniobiorca; wykonawca; dostawca; **(building)** ~ przedsiębiorca budowlany.
contradict [ˌkɑːntrə'dɪkt] *v.* **1.** zaprzeczać; przeczyć (*czemuś*); pozostawać w sprzeczności z (*czymś*). **2.** ~ **sb** sprzeciwiać się komuś.
contradiction [ˌkɑːntrə'dɪkʃən] *n.* **1.** sprzeczność. **2.** sprzeciw.
contradictory [ˌkɑːntrə'dɪktərɪ] *a.* sprzeczny.
contraption [kən'træpʃən] *n. pot.* ustrojstwo.
contrary ['kɑːntrerɪ] *n.* **on the** ~ *form.* (wprost/wręcz) przeciwnie. — *adv.* ~ **to (popular belief)** wbrew (powszechnemu przekonaniu).
contrast *v.* [kən'træst] **1.** przeciwstawiać sobie; zestawiać. **2.** kontrastować (*with sth* z czymś). — *n.* ['kɑːnˌtræst] kontrast; **by** ~ dla porównania, natomiast; **in** ~ **to/with** w przeciwieństwie do, w odróżnieniu od (*czegoś*).
contribute [kən'trɪbjuːt] *v.* **1.** ofiarowywać (*zwł. jakąś sumę*), wpłacać (*to/toward sth* na coś). **2.** ~ **to sth** przyczynić się do czegoś; wnieść wkład w coś.
contribution [ˌkɑːntrə'bjuːʃən] *n.* **1.** wkład, udział; przyczynek, pomoc; **make a** ~ **to sth** przyczynić się do czegoś; wnieść (swój) wkład w coś. **2.** datek, ofiara. **3.** artykuł (*w czasopiśmie, pracy zbiorowej*).
contributor [kən'trɪbjətər] *n.* **1.** ofiarodaw-ca/czyni. **2.** współpracowni-k/czka (*gazety*).
contrive [kən'traɪv] *v.* **1.** zaaranżować (*spotkanie, sytuację*). **2.** wymyślić; wynaleźć; ~ **to do sth** znaleźć sposób na zrobienie czegoś. **3.** uknuć, ukartować.
contrived [kən'traɪvd] *a.* sztuczny, nienaturalny, wymuszony; wydumany.
control [kən'troʊl] *v.* **1.** kontrolować, nadzorować. **2.** sterować (*urządzeniem*). **3.** trzymać w ryzach, panować nad (*emocjami*); ~ **o.s.** opanować się. **4.** ograniczyć (*przyrost naturalny*); opanować (*pożar, epidemię*). **5.** *fin.* kontrolować, sprawdzać. — *n.* **1.** kontrola, kierownictwo, nadzór; władza, rządy. **2.** panowanie; opanowanie; **be in** ~ panować (nad sobą); **get out of** ~ wymknąć się spod kontroli; **keep sth under** ~ panować nad czymś; **under** ~ pod kontrolą. **3.** kontrola; ograniczenie; **arms** ~ kontrola zbrojeń; **price/wage ~s** ograniczenia cenowe/płacowe. **4.** kontrola, sprawdzanie; **passport** ~ kontrola paszportowa. **5.** **~s** układ sterowania; przełączniki; **at the ~s** u steru.
control panel *n.* pulpit sterowniczy.
control tower *n.* wieża kontrolna (*lotniska*).
controversial [ˌkɑːntrə'vɝːʃl] *a.* kontrowersyjny.
controversy ['kɑːntrəˌvɝːsɪ] *n.* kontrowersja, kontrowersje.
convalesce [ˌkɑːnvə'les] *v.* wracać do zdrowia.
convalescence [ˌkɑːnvə'lesəns] *n.* rekonwalescencja.
convene [kən'viːn] *v. form.* **1.** zwoływać (*zebranie*). **2.** zbierać (się) (*o parlamencie, radzie*).
convenience [kən'viːnɪəns] *n.* **1.** wygoda. **2.** udogodnienie. **3.** **at your** ~ w dogodnej dla Pan-a/i chwili. **4.** **marriage of** ~ małżeństwo z rozsądku.
convenient [kən'viːnɪənt] *a.* wygodny; dogodny.
convent ['kɑːnvent] *n.* **1.** zakon (*zw. żeński*). **2.** klasztor.
convention [kən'venʃən] *n.* **1.** konwencja. **2.** zjazd. **3.** konwenans, zwyczaj; **by** ~ zgodnie ze zwyczajem.
conventional [kən'venʃənl] *a.* **1.** konwencjonalny; tradycyjny. **2.** umowny.
conventionally [kən'venʃənlɪ] *adv.* **1.** konwencjonalnie. **2.** umownie.
converge [kən'vɝːdʒ] *v.* **1.** zbiegać się (*o liniach, drogach*). **2.** być zbieżnym (*o celach*); upodabniać się do siebie (*o poglądach*).
conversation [ˌkɑːnvər'seɪʃən] *n.* rozmowa, konwersacja; **be in** ~ **(with sb)** rozmawiać (z kimś); **carry on/hold/have a** ~ prowadzić rozmowę.
converse *v.* [kən'vɝːs] *form.* **1.** konwersować. **2.** obcować (*zwł. duchowo*). — *a.* ['kɑːnvɝːs] odwrotny, przeciwny. — *n.* ['kɑːnvɝːs] **the** ~ **of sth** odwrotność czegoś.
conversely [kən'vɝːslɪ] *adv. form.* na odwrót, przeciwnie.
conversion [kən'vɝːʒən] *n.* **1.** konwersja, przekształcenie; przeróbka. **2.** nawrócenie. **3.** przeliczanie, zamiana (*np. mil na kilometry*). **4.** przestawienie się, przejście (*np. na system metryczny*).
convert *v.* [kən'vɝːt] **1.** przekształcać, zamieniać; przerabiać. **2.** nawrócić się. **3.** przeliczać, zamieniać (*jednostki, waluty*). — *n.* ['kɑːnvɝːt] nawrócon-y/a.
convertible [kən'vɝːtəbl] *n.* kabriolet.
convex ['kɑːnveks] *a.* wypukły.
convey [kən'veɪ] *v.* przekazywać (*emocje, podziękowania*); komunikować (*wiadomości*); oddawać (*nastrój*).
conveyor belt *n.* przenośnik taśmowy.
convict *v.* [kən'vɪkt] skazać, uznać winnym. — *n.* ['kɑːnvɪkt] skazaniec, skazan-y/a.
conviction [kən'vɪkʃən] *n.* **1.** skazanie, wyrok skazujący. **2.** przekonanie, przeświadczenie.
convince [kən'vɪns] *v.* ~ **sb (of sth)** przekonać kogoś (o czymś); ~ **sb to do sth** przekonać kogoś, żeby coś zrobił.
convinced [kən'vɪnst] *a.* przekonany.
convincing [kən'vɪnsɪŋ] *a.* przekonujący.
convoy ['kɑːnvɔɪ] *v.* konwojować. — *n.* konwój.
convulsions [kən'vʌlʃənz] *n. pl.* konwulsje, drgawki.
coo [kuː] *v.* gruchać. — *n.* gruchanie.
cook [kʊk] *v.* **1.** gotować (się). **2.** *pot.* fałszować (*rachunki, dowody*). **3.** ~ **up** *pot.* zmyślić, spreparować. — *n.* kucha-rz/rka.
cookbook ['kʊkˌbʊk] *n.* książka kucharska.
cookie ['kʊkɪ] *n.* ciasteczko; herbatnik.
cooking ['kʊkɪŋ] *n.* **1.** gotowanie. **2.** kuchnia (*danej osoby, kraju, regionu*). — *a.* ~ **apples** jabłka do gotowania/pieczenia.
cool [kuːl] *a.* **1.** chłodny. **2.** przewiewny, lekki. **3.** spokojny; **stay/keep** ~ zachować spokój. **4.** *pot.* świetny,

super; (super)modny. — *v.* **1.** chłodzić (się), studzić (się); stygnąć. **2.** ~ **down** ochłodzić (się), ostudzić (się); ostygnąć, wystygnąć; ochłonąć; ~ **off** ochłodzić się, ostygnąć (*o uczuciach, stosunkach*); ochłonąć. — *n.* **1.** chłód. **2.** *pot.* spokój, opanowanie; **keep one's ~** zachować spokój; **lose one's ~** stracić zimną krew. — *adv.* **play it ~** *pot.* zachować spokój. — *int. pot.* świetnie!, super!

coolly ['ku:lɪ] *adv.* **1.** chłodno. **2.** spokojnie.

coolness ['ku:lnəs] *n.* **1.** chłód. **2.** spokój, opanowanie.

cooperate [koʊ'ɑ:pə,reɪt] *v.* współpracować, współdziałać.

cooperation [koʊ,ɑ:pə'reɪʃən] *n.* współpraca, współdziałanie, kooperacja.

cooperative [koʊ'ɑ:pərətɪv] *a.* **1.** pomocny. **2.** wspólny (*o wysiłku, przedsięwzięciu*). — *n.* spółdzielnia.

coordinate *v.* [koʊ'ɔ:rdəneɪt] koordynować. — *a.* [koʊ'ɔ:rdənɪt] współrzędny (*o zdaniu*).

coordination [koʊ,ɔ:rdə'neɪʃən] *n.* koordynacja.

coordinator [koʊ'ɔ:rdə,neɪtər] *n.* koordynator/ka.

cop [kɑ:p] *n. pot.* gliniarz, glina.

cope [koʊp] *v.* uporać się; dawać sobie radę (*with sb/sth* z kimś/czymś); **have to ~ with sth** (musieć) borykać się z czymś.

copper ['kɑ:pər] *n.* miedź. — *a.* miedziany.

copulate ['kɑ:pjə,leɪt] *v.* spółkować, kopulować.

copy ['kɑ:pɪ] *n.* **1.** kopia; odbitka. **2.** egzemplarz (*czasopisma, książki*). **3.** *pot.* tekst (*artykułu, sloganu reklamowego*). — *v.* **1.** kopiować; przepisywać; powielać. **2.** naśladować, imitować.

copyright ['kɑ:pɪ,raɪt] *n.* prawo autorskie; **~ reserved** prawa autorskie zastrzeżone. — *a.* (*także* **~ed**) chroniony/objęty prawem autorskim. — *v.* zastrzegać sobie prawa autorskie do (*czegoś*).

coral ['kɔ:rəl] *n.* koral.

coral reef *n.* rafa koralowa.

cord [kɔ:rd] *n.* **1.** *el.* przewód, sznur. **2.** **~s** sztruksy. **3.** **spinal ~** rdzeń kręgowy; **umbilical ~** pępowina; **vocal ~s** struny głosowe.

cordial ['kɔ:rdʒəl] *a.* serdeczny, kordialny.

cordless ['kɔ:rdləs] *a.* bezprzewodowy.

cordon ['kɔ:rdən] *n.* kordon. — *v.* **~ off** otoczyć kordonem.

corduroy ['kɔ:rdə,rɔɪ] *n.* sztruks. — *a.* sztruksowy.

core [kɔ:r] *n.* **1.** ogryzek. **2.** rdzeń; jądro; sedno. **3.** **(rotten) to the ~** (zepsuty) do cna. — *v.* wydrążyć, usunąć gniazda nasienne z (*jabłek*). — *a.* zasadniczy, podstawowy.

coriander [,kɔ:rɪ'ændər] *n.* kolendra.

cork [kɔ:rk] *n.* korek. — *v.* **~ (up)** zakorkować.

corkscrew ['kɔ:rk,skru:] *n.* korkociąg.

corn [kɔ:rn] *n.* **1.** kukurydza. **2.** odcisk.

cornea ['kɔ:rnɪə] *n.* rogówka.

corner ['kɔ:rnər] *n.* **1.** róg; narożnik; **in the (top righthand) ~** w (prawym górnym) rogu; **on/at the ~** na rogu. **2.** kąt; kącik (*t. ust*); **in the ~** w kącie (*pokoju itp.*). **3.** zakątek. **4.** (*także* **~ kick**) rzut rożny, korner. **5.** **cut ~s** iść na łatwiznę/na skróty; **(just) around the ~** (tuż) za rogiem, nieopodal; tuż, tuż (= *niedługo*); **turn a/the ~** skręcić za róg (*ulicy*); przetrwać kryzys. — *v.* przyprzeć do muru; postawić w sytuacji bez wyjścia.

cornerstone ['kɔ:rnər,stoʊn] *n.* kamień węgielny.

cornflakes ['kɔ:rn,fleɪks] *n. pl.* płatki kukurydziane.

corny ['kɔ:rnɪ] *a. pot.* oklepany (*o dowcipie*); łzawy, ckliwy (*o filmie*).

coronary ['kɔ:rə,nerɪ] *a.* wieńcowy. — *n.* zawał serca.

coronation [,kɔ:rə'neɪʃən] *n.* koronacja.

coroner ['kɔ:rənər] *n.* koroner (= *urzędnik badający przyczyny nagłych zgonów*).

corporal ['kɔ:rpərəl] *n.* kapral. — *a. form.* cielesny.

corporal punishment *n.* kary cielesne.

corporate ['kɔ:rpərət] *a.* **1.** korporacyjny, związkowy. **2.** zbiorowy (*o własności, odpowiedzialności*). **3.** **~ image/identity** wizerunek/tożsamość firmy.

corporation [,kɔ:rpə'reɪʃən] *n.* **1.** korporacja; zrzeszenie. **2.** spółka; towarzystwo.

corps [kɔ:r] *n. pl.* **corps** [kɔ:rz] korpus; **diplomatic/press ~** korpus dyplomatyczny/prasowy.

corpse [kɔ:rps] *n.* zwłoki, ciało; trup.

corpuscle ['kɔ:rpəsl] *n.* **1.** cząstka, korpuskuła. **2.** krwinka; ciałko.

corral [kə'ræl] *n.* zagroda. — *v.* **1.** zapędzać do zagrody. **2.** *pot.* złapać (*przestępcę*); otoczyć (*manifestantów*); zebrać (*fundusze*).

correct [kə'rekt] *a.* **1.** poprawny, prawidłowy; właściwy, odpowiedni. **2.** *form.* **that is ~** zgadza się; **you are ~** ma Pan/i rację. — *v.* **1.** poprawiać; prostować; korygować. **2.** robić korektę (*tekstu*).

correction [kə'rekʃən] *n.* **1.** poprawka; **make ~s** nanosić poprawki. **2.** korekcja; korekta.

correctly [kə'rektlɪ] *adv.* poprawnie, prawidłowo.

correlation [,kɔ:rə'leɪʃən] *n.* korelacja.

correspond [,kɔ:rə'spɑ:nd] *v.* **1.** odpowiadać (*with/to sth* czemuś); pokrywać/zgadzać się (*with/to sth* z czymś). **2.** korespondować.

correspondence [,kɔ:rə'spɑ:ndəns] *n.* **1.** korespondencja. **2.** odpowiedniość, analogia.

correspondent [,kɔ:rə'spɑ:ndənt] *n.* korespondent/ka.

corresponding [,kɔ:rə'spɑ:ndɪŋ] *a.* odpowiedni, analogiczny.

corridor ['kɔ:rədər] *n.* korytarz.

corroborate [kə'rɑ:bə,reɪt] *v. form.* potwierdzać (*teorię, zeznania*).

corroboration [kə,rɑ:bə'reɪʃən] *n.* potwierdzenie.

corrosion [kə'roʊʒən] *n.* korozja; niszczenie.

corrugated ['kɑ:rə,geɪtɪd] *a.* falisty; **~ iron** blacha falista.

corrupt [kə'rʌpt] *a.* **1.** skorumpowany; **~ practices** nieuczciwe praktyki, korupcja. **2.** zepsuty, zdemoralizowany. — *v.* **1.** korumpować. **2.** demoralizować.

corruptible [kə'rʌptəbl] *a.* przekupny.

corruption [kə'rʌpʃən] *n.* **1.** korupcja. **2.** demoralizacja, zepsucie.

cosmetic [kɑ:z'metɪk] *a.* kosmetyczny. — *n.* kosmetyk.

cosmic ['kɑ:zmɪk] *a.* kosmiczny.

cosmopolitan [,kɑ:zmə'pɑ:lətən] *a.* kosmopolityczny. — *n.* kosmopolit-a/ka.

cosmos ['kɑ:zməs] *n.* **the ~** kosmos.

cost [kɔ:st] *n.* **1.** koszt; cena; **~ of living** koszty utrzymania; **at no extra ~** bez dodatkowej opłaty. **2.** **at all ~s** za wszelką cenę; **at the ~ of sth** kosztem czegoś. — *v. pret. i pp.* **cost** kosztować; **~ (sb) sth** kosztować (kogoś) ileś/coś; **how much does it ~?** ile to kosztuje?

costly ['kɔːstlɪ] *a.* kosztowny.
costume ['kaːstuːm] *n.* **1.** kostium. **2.** strój. — *a.* **~ ball/party** bal kostiumowy/przebierańców.
cot [kaːt] *n.* łóżko polowe.
cottage ['kaːtɪʤ] *n.* domek (*zwł. letniskowy*).
cotton ['kaːtən] *n.* bawełna. — *a.* bawełniany.
couch [kaʊʧ] *n.* **1.** sofa, kanapa. **2.** kozetka. — *v.* formułować, ujmować.
cough [kɔːf] *n.* kaszel. — *v.* **1.** kaszleć; krztusić się (*t. o silniku*). **2. ~ (up)** odkasływać, odkrztuszać. **3. ~ up** wykrztusić; *pot.* wybulić; wydusić z siebie (*informacje*).
could [kʊd] *v.* **1.** *zob.* **can**[1]. **2. ~ you pass the salt?** czy mogę prosić o sól? **~ I open the window?** czy mógłbym otworzyć okno? **3. it ~ have been someone else** to mógł być ktoś inny; **it ~ happen again** to się może powtórzyć. **4. we ~ always do it tomorrow** (równie dobrze) możemy to zrobić jutro. **5. how ~ you (do this to me)?** jak mogłeś (mi to zrobić)? **6. I couldn't agree more** święta racja; **I couldn't care less** *pot.* nic mnie to nie obchodzi, mam to w nosie.
council ['kaʊnsl] *n.* **1.** rada; **town/city ~** rada miejska. **2.** *kośc.* sobór.
councilor ['kaʊnslər] *n.* radn-y/a.
counsel ['kaʊnsl] *n.* **1.** radca prawny; adwokat; **~ for the defense/prosecution** obrońca/oskarżyciel, obrona/oskarżenie. **2.** *form.* rada, porada. — *v.* udzielać porad (*alkoholikom, bezrobotnym, ofiarom klęski żywiołowej*).
counseling ['kaʊnslɪŋ] *n.* poradnictwo, pomoc psychologa.
counselor ['kaʊnslər] *n.* **1.** terapeut-a/ka. **2.** doradca. **3.** wychowawca (*na koloniach*).
count [kaʊnt] *v.* **1.** liczyć; **not ~ing sb/sth** nie licząc kogoś/czegoś. **2.** wyliczać. **3. ~ sb/sth among...** zaliczać kogoś/coś do... **4.** liczyć się, mieć znaczenie; **not ~ for much** nie mieć większego znaczenia. **5. ~ me in (on this)** *pot.* ja też się na to piszę; **~ on/upon (sb/sth)** liczyć na (kogoś/coś); **~ out** odliczać (*pieniądze*); **~ up** zliczać, podliczać. — *n.* **1.** hrabia. **2. keep ~ of sth** liczyć coś, prowadzić rachunek czegoś; **lose ~ of sth** stracić rachubę czegoś. **3. on all ~s** pod każdym względem. **4.** liczenie (*t. głosów*); **lose ~** pomylić się w liczeniu; **on the ~ of three** kiedy policzę do trzech. **5. blood (cell) ~** liczba krwinek w mm3;; **cholesterol ~** poziom cholesterolu. — *a. gram.* policzalny.
countable ['kaʊntəbl] *a. gram.* policzalny.
countdown ['kaʊnt,daʊn] *n.* odliczanie (*to sth* przed czymś).
counter ['kaʊntər] *n.* **1.** lada, kontuar; okienko (kasowe); **at the ~** za ladą (*stać*); przy okienku, w kasie (*płacić*); **over the ~** bez recepty; **under the ~** spod lady. **2.** (*także* **kitchen ~**) blat (kuchenny). **3.** żeton; pionek (*w grach planszowych*). **4.** licznik; miernik. — *v.* **1.** przeciwstawiać/sprzeciwiać się (*komuś l. czemuś*). **2.** odpierać (*argumenty, zarzuty*). **3.** zaoponować. — *adv.* **~ to sth** wbrew czemuś; **run ~ to sth** stać w sprzeczności z czymś.
counteract [,kaʊntər'ækt] *v.* przeciwdziałać (*czemuś*); neutralizować (*truciznę*).
counterattack *n.* [,kæʊntərə'tæk] kontratak. — *v.* ['kæʊntərə,tæk] kontratakować.
counterclockwise [,kaʊntər'klaːk,waɪz] *adv.* przeciwnie do ruchu wskazówek zegara.
counterfeit ['kaʊntərfɪt] *a.* **1.** fałszywy, podrobiony. **2.** udany, udawany. — *n.* fałszerstwo; podróbka. — *v.* fałszować, podrabiać.
counterintelligence [,kaʊntərɪn'telɪʤəns] *n.* kontrwywiad.
counterpart ['kaʊntər,paːrt] *n.* odpowiednik (*przedmiot, zjawisko*); odpowiedni-k/czka (*= osoba na analogicznym stanowisku*).
counterproductive [,kaʊntərprə'dʌktɪv] *a.* **be ~** przynosić skutki odwrotne do zamierzonych.
countess ['kaʊntɪs] *n.* hrabina.
countless ['kaʊntləs] *a.* niezliczony.
country ['kʌntrɪ] *n.* **1.** kraj; ojczyzna. **2. the ~** wieś; **live in the ~** mieszkać na wsi. **3. hilly/farming ~** pagórkowata/rolnicza okolica.
countryman ['kʌntrɪmən] *n.* **1.** (*także* **fellow ~**) rodak, krajan. **2.** mieszkaniec wsi.
country music *n.* (muzyka) country.
countryside ['kʌntrɪ,saɪd] *n.* **1. in the ~** na wsi. **2.** okolica; krajobraz (*wiejski*).
county ['kaʊntɪ] *n.* okręg (administracyjny), hrabstwo.
coup [kuː] *n.* **1.** (*także* **~ d'état**) zamach stanu. **2.** wyczyn, osiągnięcie.
couple ['kʌpl] *n.* **1.** para (*małżeńska, taneczna*). **2. a ~ of children** dwoje dzieci; **a ~ of minutes/people** parę minut/osób. — *v.* **~d with sth** w połączeniu z czymś.
coupon ['kuːpaːn] *n.* **1.** kupon (rabatowy); talon; (*także* **food ~**) kartka (żywnościowa). **2.** kupon, odcinek (*np. konkursowy*).
courage ['kɝːɪʤ] *n.* odwaga; **have the ~ to do sth** mieć odwagę coś zrobić; **pluck/summon up the ~** zebrać się na odwagę.
courageous [kə'reɪʤəs] *a.* odważny.
courier ['kɝːɪər] *n.* kurier; goniec.
course [kɔːrs] *n.* **1.** kurs. **2.** bieg, przebieg; tok, tryb; **~ of events** bieg rzeczy; **in due ~** w swoim/we właściwym czasie; **in/during the ~ of sth** w ciągu/w toku czegoś; **in the ~ of time** z czasem, z biegiem czasu; **run/take its ~** dobiec końca. **3. of ~** oczywiście; **of ~ not!** oczywiście, że nie!, ależ skąd! **4.** (*także* **~ of action**) sposób postępowania; wyjście, rozwiązanie. **5.** (*także* **~ of treatment**) leczenie, kuracja. **6.** danie; **main ~** danie główne. **7.** (*także* **race ~**) bieżnia; tor wyścigowy. **8. golf ~** pole golfowe.
court [kɔːrt] *n.* **1.** sąd; trybunał; **appear in ~** stawić się w sądzie; **go to ~** oddać sprawę do sądu; **take sb to ~** pozwać kogoś (do sądu). **2.** podwórzec, dziedziniec. **3.** dwór (*= pałac królewski l. świta*). **4.** boisko (*do koszykówki, siatkówki*); kort (tenisowy). — *v.* **1.** *przest.* zalecać się do (*kogoś*). **2.** zabiegać o (*poparcie, głosy*). **3. ~ danger/disaster** igrać z niebezpieczeństwem.
courteous ['kɝːtɪəs] *a.* uprzejmy, grzeczny.
courtesy ['kɝːtəsɪ] *n.* grzeczność; kurtuazja; **~ of sb/sth** dzięki uprzejmości kogoś/czegoś; za zgodą kogoś/czegoś (*uwaga na okładce płyty itp.*); **have the ~ to do sth** mieć na tyle przyzwoitości, żeby coś zrobić. — *a.* grzecznościowy, kurtuazyjny.
court-martial ['kɔːrt,maːrʃl] *n.* sąd wojenny/polowy. — *v.* oddać pod sąd wojenny.
courtroom ['kɔːrt,ruːm] *n.* sala rozpraw/sądowa.
courtyard ['kɔːrt,jaːrd] *n.* dziedziniec.
cousin ['kʌzən] *n.* kuzyn/ka.

cove [koʊv] *n.* zatoczka.

cover ['kʌvər] *v.* **1.** pokrywać; **~ the cost of sth** pokryć koszt czegoś. **2.** okrywać; powlekać. **3. ~ (up)** zakryć; przykryć; nakryć. **4.** skrywać, ukrywać; osłaniać, ochraniać. **5.** ubezpieczać (*against/for sth* od/na wypadek czegoś); obejmować, pokrywać (*o polisie*). **6.** *szkoln.* omawiać (*temat, materiał*). **7.** traktować o (*czymś*); zajmować się (*tematem*). **8.** pokonywać (*odległość*). **9.** *sport* kryć. **10.** nagrać (*utwór z repertuaru innego wykonawcy*). **11. ~ for sb** zastąpić kogoś; **~ up** zatuszować; **~ up for sb** kryć kogoś. — *n.* **1.** pokrywka; przykrywka; okrycie; pokrowiec. **2.** przebranie; ukrycie; pozór; przykrywka (*for sth* dla czegoś); **under ~** w przebraniu; w tajemnicy, potajemnie. **3.** oprawa (*książki*); okładka; (*także* **dust ~**) obwoluta; **from ~ to ~** od deski do deski. **4.** osłona, ochrona; **run for ~** szukać schronienia, kryć się; **take ~** ukryć/schronić się; **under ~ of night/darkness** pod osłoną nocy/ciemności. **5.** kapa, narzuta. **6.** (*także* **~ version**) *muz.* cover.

coverage ['kʌvrɪdʒ] *n.* nagłośnienie (*w mediach*).

covering ['kʌvərɪŋ] *n.* **1.** powłoka; warstwa (*np. ochronna*). **2.** przykrycie; okrycie. **3.** osłona.

covert ['kʌvərt] *a.* ukradkowy, potajemny.

cover-up ['kʌvər,ʌp] *n.* próba zatuszowania faktów.

cow [kaʊ] *n.* krowa. — *v.* zastraszyć; zmusić groźbą (*sb into sth* kogoś do czegoś).

coward ['kaʊərd] *n.* tchórz.

cowardice ['kaʊərdɪs] *n.* tchórzostwo.

cowardly ['kaʊərdlɪ] *a.* tchórzliwy. — *adv.* tchórzliwie.

cowboy ['kaʊ,bɔɪ] *n.* kowboj. — *a.* **~ hat/movie** kapelusz/film kowbojski.

coy [kɔɪ] *a.* wstydliwy, nieśmiały.

coyote [kaɪ'oʊtɪ] *n.* kojot.

cozy ['koʊzɪ] *a.* **1.** przytulny. **2.** przyjemny (*o pogawędce*); kameralny (*o atmosferze*). **3.** wygodny (*o posadce*).

crab [kræb] *n.* krab.

crack [kræk] *v.* **1.** pękać; zarysować (się). **2.** rozbić (się). **3. ~ a whip** trzaskać z bicza; **~ one's knuckles/fingers** strzelać palcami. **4. ~ one's head** uderzyć się w głowę (*against sth* o coś); **~ sb over/in/on the head** walnąć kogoś w głowę. **5. ~ (open)** rozłupać (*orzech, czaszkę*); rozpruć (*sejf*); *pot.* otworzyć (*butelkę alkoholu*). **6.** *pot.* załamać się (*o osobie, ustroju*); puścić (*o nerwach*). **7.** złamać (*szyfr*); rozszyfrować, rozgryźć. **8. ~ down on sth** wziąć się (ostro) za coś; tłamsić coś (*opozycję, demokrację*); **~ up** *pot.* załamać się (psychicznie). — *n.* **1.** pęknięcie, rysa. **2.** szpara, szczelina; **open the window a (tiny) ~** (lekko) uchylić okno. **3.** trzask; huk. **4.** (*także* **~ cocaine**) crack (*rodzaj kokainy*). **5. take a ~ (at sth)** *pot.* spróbować swoich sił (w czymś). **6. make a ~ about sb/sth** *pot.* zażartować (sobie) z kogoś/czegoś. **7. at the ~ of dawn** bladym świtem. — *a.* **~ shot** świetny strzelec; **~ troops** elitarne oddziały.

crackle ['krækl] *v.* trzaskać, strzelać (*o ogniu, gałązkach*); trzeszczeć. — *n.* trzask; trzaski.

cradle ['kreɪdl] *n.* **1.** kołyska. **2.** kolebka (*of sth* czegoś). — *v.* tulić (*w ramionach*).

craft [kræft] *n.* **1.** rękodzieło. **2.** rzemiosło, sztuka. **3.** chytrość, przebiegłość.

craftsman ['kræftsmən] *n.* rzemieślnik.

craftsmanship ['kræftsmən,ʃɪp] *n.* **1.** rzemiosło. **2.** kunszt.

crafty ['kræftɪ] *a.* przebiegły, chytry.

cram [kræm] *v.* **1.** wpychać, wtłaczać (*sth into sth* coś do czegoś). **2.** tłoczyć się (*o ludziach*) (*into sth* gdzieś). **3.** napychać (*sth with sth* coś czymś). **4.** *szkoln. pot.* wkuwać, kuć.

cramp [kræmp] *n.* skurcz, kurcz; **~s** bóle menstruacyjne. — *v.* krępować, ograniczać (*swobodę*); **~ sb's style** ograniczać/krępować kogoś.

cramped [kræmpt] *a.* ciasny (*o pomieszczeniu*); stłoczony (*o ludziach, meblach*); ściśnięty.

cranberry ['kræn,berɪ] *n.* żurawina błotna.

crane [kreɪn] *n.* **1.** żuraw. **2.** dźwig. — *v.* **~ one's neck** wyciągać szyję.

crank [kræŋk] *n.* **1.** korba. **2.** *pot.* mania-k/czka.

crash [kræʃ] *v.* **1.** roztrzaskać (się), rozbić (się); zderzyć się; trzasnąć (= *narobić łoskotu*). **2.** *komp.* zepsuć się. **3. the stock market ~ed** nastąpił krach na giełdzie. **4. ~ down** spaść z trzaskiem. — *n.* **1.** trzask, łoskot. **2.** zderzenie, wypadek; **air ~** katastrofa lotnicza; **car ~** kraksa (samochodowa). **3.** *ekon.* krach, kryzys. **4.** *komp.* awaria.

crash course *n.* intensywny/przyspieszony kurs.

crash-landing ['kræʃ,lændɪŋ] *n.* lądowanie awaryjne/przymusowe.

crass [kræs] *a.* **1.** chamski. **2.** rażący (*o ignorancji*).

crate [kreɪt] *n.* skrzynka; paka.

crater ['kreɪtər] *n.* krater.

cravat [krə'væt] *n.* męska apaszka.

crave [kreɪv] *v.* **~ sth** bardzo pragnąć czegoś; być złaknionym czegoś.

crawl [krɔːl] *v.* **1. ~ (along)** pełznąć, czołgać się; **~ (around)** pełzać (*o niemowlęciu*). **2.** wlec się (*o pojeździe*). **3. ~ to sb** płaszczyć się przed kimś. **4. be ~ing with sth** roić się od czegoś. **5. make sb's flesh/skin ~** sprawiać, że kogoś ciarki przechodzą. — *n.* **1.** czołganie, pełznięcie; pełzanie. **2. the ~** kraul, styl dowolny. **3. at a ~** w żółwim tempie.

crayon ['kreɪɑːn] *n.* kredka.

craze [kreɪz] *n.* (chwilowa/przelotna) moda.

crazy ['kreɪzɪ] *a. pot.* szalony; zwariowany, zbzikowany; **be ~ about sb/sth** szaleć za kimś/czymś; **drive/make sb ~** doprowadzać kogoś do szału; **go ~** oszaleć, zwariować. — *n. pot.* wariat/ka, pomyleniec.

creak [kriːk] *v.* skrzypieć. — *n.* skrzypnięcie.

cream [kriːm] *n.* **1.** śmietana; śmietanka. **2.** krem; **shaving ~** krem do golenia. **3.** (zupa-)krem; **~ of asparagus (soup)** krem ze szparagów. **4.** kolor kremowy. **5. the ~ of sth** śmietanka czegoś. — *a.* **1.** śmietankowy. **2.** kremowy (*t. o kolorze*).

creamy ['kriːmɪ] *a.* o konsystencji kremu/śmietany.

crease [kriːs] *n.* zagięcie, fałda; zmarszczka (*na tkaninie l. skórze*); kant (*spodni*). — *v.* marszczyć (się); miąć/gnieść (się).

create [krɪ'eɪt] *v.* **1.** tworzyć; stwarzać; kreować. **2.** wywoływać (*zwł. zamieszanie*); **~ a good impression** zrobić dobre wrażenie.

creation [krɪ'eɪʃən] *n.* **1.** tworzenie. **2.** stworzenie; **the C~** stworzenie świata. **3.** wytwór (*inteligencji, wyobraźni*).

creative [krɪ'eɪtɪv] *a.* twórczy, kreatywny; kształcący wyobraźnię.

creator [krɪ'eɪtər] *n.* **1.** twór-ca/czyni. **2. the C~** Stwórca.

creature ['kriːtʃər] *n.* **1.** stworzenie; istota, stwór; **living ~** żywe stworzenie. **2. adorable/charming ~** urocze stworzenie; **poor ~** biedactwo; biedaczysko.

credentials [krɪ'denʃlz] *n. pl.* **1.** kompetencje, kwalifikacje. **2.** list uwierzytelniający, referencje.
credibility [ˌkredɪ'bɪlətɪ] *n.* wiarygodność; miarodajność.
credible ['kredəbl] *a.* wiarygodny; miarodajny, rzetelny.
credit ['kredɪt] *n.* **1.** kredyt; pożyczka; **on ~** na kredyt. **2.** (*także* **~ balance**) środki na koncie. **3. get (all the) ~** zebrać (wszystkie) pochwały (*for sth* za coś); **give sb (the) ~ for sth** uznać coś za czyjąś zasługę, zapisać coś na czyjeś konto; **take (the) ~ for sth** przypisywać coś sobie. **4. be a ~ to sb/sth** (*także* **bring ~ to sb/sth**) przynosić chlubę komuś/czemuś. **5.** *uniw.* zaliczenie. **6. the ~s** napisy (*czołowe l. końcowe*). — *v.* **1. ~ sb with sth** (*także* **~ sth to sb**) przypisywać komuś coś; zapisywać coś na czyjeś konto. **2.** *form.* dawać wiarę (*czemuś*).
credit card *n.* karta kredytowa.
creditor ['kredɪtər] *n.* wierzyciel/ka.
creek [kriːk] *n.* potok, rzeczka.
creep [kriːp] *v. pret. i pp.* **crept 1. ~ (along)** pełznąć, czołgać się. **2.** raczkować (*o niemowlęciu*). **3.** skradać się. **4.** płożyć/piąć się. **5. make sb's flesh/skin ~** sprawiać, że kogoś ciarki przechodzą. **6. ~ in** wkraść/zakraść się (*o błędzie*); **~ up** powoli wzrastać (*o inflacji*); **~ up on sb** podkraść się do kogoś; zaskoczyć/dopaść kogoś (*z ukrycia*). — *n. pot.* wredna kreatura.
creeper ['kriːpər] *n.* pnącze.
creepy ['kriːpɪ] *a.* przyprawiający o gęsią skórkę, budzący dreszcz grozy.
cremation [krɪ'meɪʃən] *n.* kremacja.
crept [krept] *v. zob.* **creep** *v.*
crescent ['kresənt] *n.* półksiężyc.
cress [kres] *n.* rzeżucha.
crest [krest] *n.* **1.** grzebień (*zwierzęcia, hełmu*). **2.** grzbiet (*wzgórza, fali*).
crew [kruː] *n.* **1.** załoga. **2.** zespół, ekipa.
crew cut *n.* jeż (*fryzura*).
crib [krɪb] *n.* łóżeczko. — *v. szkoln.* ściągać (*off/from sb/sth* od kogoś/z czegoś).
cricket ['krɪkɪt] *n.* **1.** świerszcz. **2.** krykiet.
crime [kraɪm] *n.* **1.** zbrodnia; przestępstwo; **commit a ~** popełnić przestępstwo. **2.** przestępczość.
criminal ['krɪmənl] *a.* **1.** kryminalny. **2.** *pot.* karygodny, skandaliczny. **3.** zbrodniczy, przestępczy; karny; karalny. — *n.* przestęp-ca/czyni; zbrodnia-rz/rka; kryminalist-a/ka.
crimson ['krɪmzən] *a.* karmazynowy. — *n.* karmazyn, kolor karmazynowy.
cripple ['krɪpl] *n. przest. l. pog.* kaleka. — *v.* **1.** uczynić kaleką; okaleczyć. **2.** unieruchomić, sparaliżować.
crisis ['kraɪsɪs] *n. pl.* **crises** ['kraɪsiːs] kryzys; przesilenie, przełom.
crisp [krɪsp] *a.* **1.** kruchy; chrupki; chrupiący. **2.** szeleszczący (*o banknocie*). **3.** orzeźwiający, rześki (*o powietrzu, poranku*).
criterion [kraɪ'tiːrɪən] *n. pl.* **criteria** [kraɪ'tiːrɪə] kryterium.
critic ['krɪtɪk] *n.* kryty-k/czka.
critical ['krɪtɪkl] *a.* krytyczny.
critically ['krɪtɪklɪ] *adv.* krytycznie; **~ ill** w stanie krytycznym (*o chorym*).
criticism ['krɪtəˌsɪzəm] *n.* **1.** krytyka; **literary ~** krytyka literacka. **2.** krytycyzm. **3.** uwaga krytyczna.
criticize ['krɪtəˌsaɪz] *v.* krytykować.
croak [kroʊk] *n.* **1.** rechot. **2.** chrypka. — *v.* **1.** rechotać. **2.** chrypieć.
Croatia [kroʊ'eɪʃə] *n.* Chorwacja.
Croatian [kroʊ'eɪʃən] *a.* chorwacki. — *n.* **1.** Chorwat/ka. **2.** (język) chorwacki.
crochet [kroʊ'ʃeɪ] *v.* szydełkować.
crocheting [kroʊ'ʃeɪɪŋ] *n.* szydełkowanie.
crockery ['krɑːkərɪ] *n.* naczynia stołowe (*zwł. gliniane*).
crocodile ['krɑːkəˌdaɪl] *n.* krokodyl.
crocus ['kroʊkəs] *n.* krokus.
crook [krʊk] *n.* **1.** *pot.* oszust. **2. the ~ of one's arm** zgięcie łokcia. — *v.* zginać (*palec l. łokieć*).
crooked ['krʊkɪd] *a.* **1.** krzywy; przekrzywiony; zniekształcony; na bakier (*o kapeluszu*). **2.** *pot.* nieuczciwy.
crop [krɑːp] *n.* **1.** plon, zbiór. **2. ~s** uprawy, zasiewy, płody rolne. — *v.* **1.** podcinać, przycinać. **2.** skubać (*trawę, liście; o zwierzętach*). **3. ~ up** pojawić się, wypłynąć (*o temacie, nazwisku*).
cross [krɔːs] *n.* **1.** krzyż. **2.** skrzyżowanie (*between A and B* A z B); krzyżówka, mieszaniec. — *v.* **1.** przejść przez; przekroczyć; **~ (over)** przeprawić się; **~ the street/road** przejść przez ulicę. **2.** przecinać (się); krzyżować się (z) (*inną ulicą*); **our paths ~ed** nasze drogi przecięły się. **3.** *biol.* krzyżować. **4.** przekreślać; wykreślać, skreślać. **5. ~ o.s.** przeżegnać się. **6. ~ one's legs** założyć nogę na nogę. **7. ~ sb's mind** przejść komuś przez myśl. **8. ~ off** odkreślić (*z listy*); **~ out** skreślić, przekreślić (*np. błędną odpowiedź*).
cross-country [ˌkrɔːs'kʌntrɪ] *a.* **1.** przełajowy. **2.** biegnący przez cały kraj (*o drodze, linii kolejowej*).
cross-examine [ˌkrɔːsɪg'zæmɪn] *v.* **1.** przesłuchiwać (*świadka strony przeciwnej*). **2.** brać w krzyżowy ogień pytań.
cross-eyed ['krɔːsˌaɪd] *a.* zezowaty.
crossfire ['krɔːsˌfaɪr] *n.* **1.** ogień krzyżowy. **2. be/get caught in the ~** znaleźć się pomiędzy młotem a kowadłem, oberwać z obu stron.
crossing ['krɔːsɪŋ] *n.* **1.** przeprawa. **2.** przejście; **border ~** przejście graniczne. **3.** przejście dla pieszych. **4.** skrzyżowanie (*dróg, torów*).
cross-reference [ˌkrɔːs'refərəns] *n.* odnośnik, odsyłacz.
crossroads ['krɔːsˌroʊdz] *n.* **1.** skrzyżowanie. **2.** rozstaje, rozdroże.
cross section *n.* **1.** przekrój poprzeczny. **2.** przekrój (= *reprezentatywna próba*).
crossword ['krɔːsˌwɝːd] *n.* (*także* **~ puzzle**) krzyżówka.
crotch [krɑːtʃ] *n.* krocze; krok (*t. część spodni*).
crouch [kraʊtʃ] *v.* **~ (down)** kucać; przykucnąć, przycupnąć.
croupier ['kruːpɪər] *n.* krupier/ka.
crow [kroʊ] *n.* wrona. — *v.* piać.
crowd [kraʊd] *n.* **1.** tłum; ciżba, tłok. **2. the ~** *pot.* (cała) paczka (= *grupa znajomych*). — *v.* **1.** tłoczyć/cisnąć się (*around sb/sth* wokół kogoś/czegoś); wpychać się (*into sth* dokądś). **2. ~ sb** *pot.* pchać się/napierać na kogoś; naciskać na kogoś (= *wywierać nadmierną presję*). **3. ~ out (of sth)** wypierać (skądś) (*t. z rynku*).
crowded ['kraʊdɪd] *a.* zatłoczony, przepełniony; wypełniony (*with sth* czymś).

crown [kraʊn] *n.* korona. — *v.* **1.** koronować; **~ sb king** koronować kogoś na króla. **2.** *form.* wieńczyć, zwieńczać. **3.** założyć koronkę na (*ząb*).
crow's feet ['kroʊz,fiːt] *n. pl.* kurze łapki.
crow's nest ['kroʊz,neɪst] *n.* bocianie gniazdo.
crucial ['kruːʃl] *a.* **1.** decydujący, rozstrzygający. **2.** zasadniczy, kluczowy.
crucifixion [,kruːsə'fɪkʃən] *n.* ukrzyżowanie.
crude [kruːd] *a.* **1.** surowy (= *nieprzetworzony*). **2.** prymitywny, prosty; toporny.
crude oil *n.* ropa naftowa.
cruel ['krʊəl] *a.* okrutny.
cruelly ['krʊəlɪ] *adv.* okrutnie.
cruelty ['krʊəltɪ] *n.* **1.** okrucieństwo. **2.** akt okrucieństwa.
cruise [kruːz] *v.* **1.** żeglować (*zwł. zawijając do wielu portów*). **2.** płynąć/lecieć/jechać ze stałą prędkością. — *n.* rejs wycieczkowy.
cruiser ['kruːzər] *n.* **1.** krążownik. **2.** (*także* **cabin-~**) jacht motorowy.
crumb [krʌm] *n.* okruszek, okruch.
crumble ['krʌmbl] *v.* **1.** kruszyć (się). **2.** rozpadać się.
crumple ['krʌmpl] *v.* **1. ~ (up)** zmiąć, zgnieść. **2.** wykrzywić się (*o twarzy*). **3.** zwalić się/paść na ziemię.
crunch [krʌntʃ] *v.* **1. ~ (on) sth** chrupać coś. **2.** chrzęścić, skrzypieć. **3.** *pot.* analizować, przetwarzać (*dane, liczby*). — *n.* **1.** chrupanie. **2.** chrzęst, skrzypienie.
crunchy ['krʌntʃɪ] *a.* **1.** chrupki; chrupiący. **2.** chrzęszczący, skrzypiący.
crusade [krʊ'seɪd] *n.* krucjata. — *v.* prowadzić krucjatę (*for/against sth* na rzecz czegoś/przeciw czemuś).
crush [krʌʃ] *v.* **1.** kruszyć, rozgniatać; miażdżyć; miażdżyć w uścisku. **2.** zdusić, zdławić (*opór, powstanie*); rozgromić (*drużynę przeciwnika*); zdruzgotać (*nadzieje*); załamać (*kogoś; np. o złej wiadomości*). — *n.* **1.** ścisk, tłok. **2. have a ~ on sb** *pot.* podkochiwać się w kimś.
crust [krʌst] *n.* **1.** skórka (*chleba, ciasta, pasztetu*). **2.** skorupa; **the Earth's ~** skorupa ziemska.
crustacean [krə'steɪʃən] *n.* skorupiak.
crutch [krʌtʃ] *n.* kula; **walk on ~es** chodzić o kulach.
crux [krʌks] *n.* **the ~ of the matter/problem** sedno sprawy/problemu.
cry [kraɪ] *v.* **1.** płakać. **2.** krzyczeć. **3.** wołać (*t. = prosić, żebrać*) (*for sth* o coś). **4. it's no use ~ing over spilled milk** co się stało, to się nie odstanie. **5. ~ out** zawołać; wykrzyknąć; **~ out in/with pain/terror** krzyknąć z bólu/przerażenia; **be ~ing out for sth** *pot.* (aż) prosić się o coś, pilnie potrzebować czegoś; **for ~ing out loud** *pot.* do licha ciężkiego. — *n.* **1.** krzyk; okrzyk; zawołanie; **~ for help** wołanie o pomoc. **2.** krzyk (*np. mew*); wycie (*np. wilków*). **3.** nawoływanie (*ulicznego sprzedawcy*). **4. be a far ~ from sth** *pot.* w niczym nie przypominać czegoś.
crypt [krɪpt] *n.* krypta.
cryptic ['krɪptɪk] *a.* zagadkowy.
crystal ['krɪstl] *n.* kryształ. — *a.* kryształowy.
crystal clear *a.* **1.** kryształowo czysty. **2.** jasny jak słońce.
crystallize ['krɪstə,laɪz] *v.* krystalizować (się).
CT *abbr.* = **Connecticut.**
cub [kʌb] *n.* szczenię (*wilka l. lisa*); młode (*drapieżnika*); **lion/bear ~** lwiątko/niedźwiedziątko.
Cuba ['kjuːbə] *n.* Kuba.
Cuban ['kjuːbən] *a.* kubański. — *n.* Kuba-ńczyk/nka.
cube [kjuːb] *n.* **1.** sześcian. **2.** kostka; **sugar ~** kostka cukru. — *v.* **1.** podnosić do trzeciej potęgi. **2.** kroić w kostkę.
cube root *n.* pierwiastek sześcienny/trzeciego stopnia.
cubic ['kjuːbɪk] *a.* sześcienny.
cubicle ['kjuːbɪkl] *n.* boks (*np. w biurze*); kabina (*w sklepie, na basenie*).
cuckoo ['kuːkuː] *n.* kukułka.
cucumber ['kjuːkəmbər] *n.* ogórek.
cuddle ['kʌdl] *v.* **1.** tulić/przytulać (się). **2. ~ up** mościć się; przytulać się (*to/against sb/sth* do kogoś/czegoś, *together* do siebie). — *n.* **give sb a ~** przytulić kogoś.
cue [kjuː] *n.* **1.** kij (*bilardowy*). **2.** znak, sygnał (*np. dla aktora*). **3. (right) on ~** jak na komendę/zawołanie. — *v.* **~ sb (in)** dawać komuś sygnał (*np. aktorowi do wejścia*).
cuff [kʌf] *n.* **1.** mankiet. **2.** trzepnięcie (*zwł. w głowę*). **3. ~s** *pot.* obrączki (= *kajdanki*). **4. off the ~** bez namysłu, na poczekaniu. — *v.* trzepnąć.
cuff link *n.* spinka do mankietu.
cuisine [kwɪ'ziːn] *n.* kuchnia (*danego kraju, regionu*).
cul-de-sac [,kʌldə'sæk] *n.* ślepa uliczka.
culinary ['kjuːlə,nerɪ] *a. form.* kulinarny.
cull [kʌl] *v.* **1.** *form.* wybierać, selekcjonować; czerpać (*informacje l. ilustracje z wielu różnych źródeł*). **2.** odstrzeliwać (*najsłabsze zwierzęta*).
culminate ['kʌlmə,neɪt] *v.* **1.** osiągnąć finał/szczyt (*rozwoju, napięcia*). **2. ~ in sth** zakończyć się czymś.
culmination [,kʌlmə'neɪʃən] *n.* kulminacja; punkt kulminacyjny/szczytowy; ukoronowanie (*np. kariery*).
culprit ['kʌlprɪt] *n.* winowajca.
cult [kʌlt] *n.* **1.** kult. **2.** sekta. — *a.* kultowy; **~ following** grono fanów.
cultivate ['kʌltə,veɪt] *v.* **1.** uprawiać (*ziemię, rośliny*). **2.** *form.* rozwijać (*zainteresowania*); kultywować (*uczucia*); pielęgnować (*zdolności, znajomości*).
cultivated ['kʌltə,veɪtɪd] *a.* **1.** kulturalny, obyty. **2.** uprawny (*o ziemi*).
cultivation [,kʌltə'veɪʃən] *n.* uprawa (*ziemi, roślin*).
cultural ['kʌltʃərəl] *a.* **1.** kulturalny. **2.** kulturowy.
culture ['kʌltʃər] *n.* **1.** kultura. **2.** kultura bakterii.
cultured ['kʌltʃərd] *a.* kulturalny; światły, wykształcony.
cumbersome ['kʌmbərsəm] *a.* **1.** nieporęczny. **2.** nieefektywny. **3.** uciążliwy.
cumulative ['kjuːmjələtɪv] *a.* kumulacyjny; kumulatywny, skumulowany.
cunning ['kʌnɪŋ] *n.* spryt, pomysłowość; przebiegłość, chytrość. — *a.* sprytny, zmyślny; przebiegły, chytry.
cup [kʌp] *n.* **1.** filiżanka; **a ~ of tea** filiżanka herbaty; **coffee ~** filiżanka do kawy; **paper ~** kubek papierowy. **2.** czarka; kielich; **egg-~** kieliszek do jajek. **3.** *sport* puchar; **the World C~** puchar świata. **4.** miseczka (*stanika*); rozmiar miseczki. — *v.* **1.** obejmować dłońmi. **2. ~ one's hands** składać dłonie w miseczkę/trąbkę (*around sth* wokół czegoś).
cupboard ['kʌbərd] *n.* kredens; szafka; **built-in ~** szafa wnękowa; **kitchen ~** szafka kuchenna.
curable ['kjʊrəbl] *a.* uleczalny.
curate ['kjʊrɪt] *n.* wikariusz, wikary.
curator [kjʊ'reɪtər] *n.* kustosz/ka.

curb [kɝːb] *n.* **1.** krawężnik. **2.** ograniczenie (*on sth* czegoś). — *v.* trzymać na wodzy; brać w karby.
curdle ['kɝːdl] *v.* **1.** zsiadać się. **2. make sb's blood ~** mrozić komuś krew w żyłach.
cure [kjʊr] *n. t. przen.* lekarstwo (*for sth* na coś). — *v.* **1.** leczyć; uzdrawiać; **~ sb of sth** wyleczyć kogoś z czegoś. **2.** peklować; wędzić.
curfew ['kɝːfjuː] *n.* godzina policyjna.
curiosity [ˌkjʊrɪ'ɑːsətɪ] *n.* **1.** ciekawość; **out of ~** z ciekawości. **2.** ciekawostka; kuriozum.
curious ['kjʊrɪəs] *a.* **1.** ciekawy; zaciekawiony; **be ~ to see/hear sth** chcieć coś zobaczyć/usłyszeć. **2.** ciekawski. **3.** dziwny; osobliwy; **look ~** wyglądać dziwnie.
curl [kɝːl] *n.* **1.** lok, loczek. **2.** spirala (*np. dymu*). — *v.* **1. ~ (up)** zwijać w loki, zakręcać (*włosy*); podkręcać; skręcać się spiralnie, zwijać się. **2.** wić się (*o strużce dymu, pnączu*). **3. ~ up** zwinąć się w kłębek; skręcać się (*z bólu, zażenowania*).
curler ['kɝːlər] *n.* lokówka, wałek (do włosów).
curly ['kɝːlɪ] *a.* kędzierzawy, kręcony.
currant ['kɝːənt] *n.* **1.** porzeczka. **2.** rodzynek.
currency ['kɝːənsɪ] *n.* **1.** waluta. **2.** popularność, powszechność (*poglądu*).
current ['kɝːənt] *a.* bieżący; obecny, aktualny. — *n.* **1.** prąd; nurt; **with/against the ~** z prądem/pod prąd. **2.** prąd elektryczny; *pot.* światło (= *elektryczność*).
current affairs *n. pl.* aktualności, bieżące wydarzenia.
currently ['kɝːəntlɪ] *adv.* obecnie, aktualnie.
curriculum [kə'rɪkjələm] *n. pl. t.* **curricula** [kə'rɪkjələ] program zajęć/nauczania.
curriculum vitae *n.* życiorys (*zwł. kandydata na nauczyciela akademickiego*).
curry ['kɝːɪ] *n.* **1.** curry (*potrawa*). **2.** (*także* **~ powder**) (przyprawa) curry. — *v.* **~ favor with sb** zabiegać o czyjeś względy.
curse [kɝːs] *n.* **1.** przekleństwo. **2.** klątwa. — *v.* **1.** kląć. **2.** przeklinać (*sb/sth for (doing) sth* kogoś/coś za coś).
cursor ['kɝːsər] *n. komp.* kursor.
cursory ['kɝːsərɪ] *a.* pobieżny.
curt [kɝːt] *a.* **1.** lakoniczny. **2.** bezceremonialny, obcesowy.
curtail ['kɝːteɪl] *v. form.* redukować; ograniczać.
curtain ['kɝːtən] *n.* **1.** zasłona; **draw the ~s** zaciągać zasłony; odsłaniać zasłony. **2.** kurtyna (*t. = koniec*).
curtsy ['kɝːtsɪ], **curtsey** *n.* dyg, dygnięcie. — *v.* dygać.
curve [kɝːv] *n.* **1.** krzywa. **2.** zakręt; krzywizna. — *v.* **1.** wyginać (się). **2.** zakręcać; zataczać łuk.
cushion ['kʊʃən] *n.* **1.** poduszka; **air ~** poduszka powietrzna. **2.** asekuracja, zabezpieczenie (*against sth* przed czymś). — *v.* **1.** amortyzować (*cios, impet*). **2.** chronić (*against/from sth* przed czymś).
custodian [kə'stoʊdɪən] *n.* **1.** dozor-ca/czyni. **2.** strażni-k/czka. **3.** kustosz/ka.
custody ['kʌstədɪ] *n.* **1.** *form.* opieka (*zwł. przyznana sądownie*); piecza; kuratela. **2.** areszt; **(hold sb) in ~** (trzymać kogoś) w areszcie.
custom ['kʌstəm] *n.* **1.** zwyczaj, obyczaj; tradycja. **2.** *form.* klientela, klienci.
customary ['kʌstəˌmerɪ] *a.* **1.** przyjęty; zwyczajowy; **it is ~** przyjęło się, jest w zwyczaju. **2.** zwykły (*w danej sytuacji*); typowy (*dla kogoś*).
custom-built [ˌkʌstəm'bɪlt] *a.* (wykonany/skonstruowany) na zamówienie (*o pojeździe, budynku*).
customer ['kʌstəmər] *n.* klient/ka.
customize ['kʌstəˌmaɪz] *v.* dostosowywać do potrzeb klienta/użytkownika.
custom-made [ˌkʌstəm'meɪd] *a.* (wykonany/szyty) na zamówienie (*o odzieży, obuwiu, meblach*).
customs ['kʌstəmz] *n.* **1.** cło. **2.** kontrola/odprawa celna. **3.** urząd ceł.
customs officer *n.* celni-k/czka, urzędni-k/czka celny/a.
cut [kʌt] *v. pret. i pp.* **cut 1.** kroić; **~ (sb) a piece of bread** ukroić (komuś) kawałek chleba; **~ sth in half/two** przekroić coś na pół; **~ sth into pieces** pokroić coś na kawałki. **2.** ciąć; odcinać; przecinać; ścinać, obcinać, przycinać; strzyc. **3.** siekać; rąbać; rżnąć. **4.** wbijać/wgryzać się (*into sth* w coś). **5.** kaleczyć, ranić; **~ one's finger** skaleczyć się w palec. **6.** ściąć (*zakręt, piłkę*). **7.** odłączyć; wyłączyć (*prąd, silnik*). **8.** wyrzynać się (*o zębach*); **~ teeth/a tooth** ząbkować. **9.** wyciąć (*t. fragment tekstu, scenę*). **10.** obciąć, zredukować. **11.** *film* robić cięcie/przejście; montować (*film*); **~!** cięcie! (= *koniec ujęcia*). **12. ~ class/school** *pot.* urywać się z zajęć/lekcji; **~ it/things (too) fine** planować na styk; **~ sb to the quick** dotknąć kogoś do żywego; **to ~ a long story short,...** *pot.* krótko mówiąc,... **13. ~ back** przycinać (*t. gałęzie*); **~ back on sth** (*także* **~ sth back**) ograniczać/redukować coś (*wydatki, produkcję*); **~ down** ściąć; skosić; **~ down on sth** (*także* **~ sth down**) ograniczać coś (*picie, palenie, wydatki*); **~ in** wtrącić się; **~ in on sb/sth** zajechać drogę komuś/czemuś (*przy wyprzedzaniu*); **~ in on sth** przerwać coś (*zwł. rozmowę*); **~ off** odciąć (*t. = przerwać, wyłączyć*); **be/get ~off** zostać rozłączonym; **~ out** wyciąć; wykroić; **~ it/that out!** *pot.* przestań!, uspokój się! **(not) be ~ out for sth** (nie) być stworzonym do czegoś; **have one's work ~ out (for one)** *pot.* mieć pełne ręce roboty; **~ up** pociąć, pokroić; poranić, pokiereszować. — *n.* **1.** cięcie; nacięcie. **2.** skaleczenie; rana cięta; szrama. **3.** *film* cięcie (montażowe), ostre przejście. **4.** cięcie, redukcja; **budget ~s** cięcia budżetowe; **job ~s** redukcja etatów/zatrudnienia. **5.** odcięcie, przerwa; **power ~** awaria elektryczności. **6.** przecinka; przekop. **7.** skrót (*np. dokonany przez cenzora*). **8.** krój, fason. **9. be a ~ above sb/sth** *pot.* być o klasę lepszym od kogoś/czegoś. — *a.* **1.** cięty (*o kwiatach*). **2.** rżnięty, szlifowany. **3.** zredukowany, obniżony (*zwł. o cenie*).
cute [kjuːt] *a.* **1.** uroczy, śliczny. **2.** cwany.
cutlery ['kʌtlərɪ] *n.* sztućce.
cutlet ['kʌtlət] *n.* kotlet.
cutoff ['kʌtˌɔːf] *n.* **1.** (*także* **~ point**) limit, granica; **~ date** ostateczny termin. **2. ~s** obcięte dżinsy.
cutting ['kʌtɪŋ] *n.* **1.** ścinek. **2.** sadzonka. — *a.* **1.** przenikliwy (*o wietrze*). **2.** cięty, kąśliwy (*o uwadze*).
cutting edge *n.* **be (at) the ~ of sth** wyznaczać kierunki rozwoju w jakiejś dziedzinie.
cyanide ['saɪəˌnaɪd] *n.* cyjanek.
cycle ['saɪkl] *n.* cykl.
cyclic ['saɪklɪk], **cyclical** *a.* cykliczny.
cycling ['saɪklɪŋ] *n.* jazda na rowerze.
cyclist ['saɪklɪst] *n.* rowerzyst-a/ka.
cyclone ['saɪkloʊn] *n.* cyklon.
cylinder ['sɪlɪndər] *n.* **1.** *geom.* walec. **2.** *techn.* cylinder, bęben.
cymbal ['sɪmbl] *n. muz.* talerz, czynel.

cynic ['sɪnɪk] *n.* cyni-k/czka.
cynical ['sɪnɪkl] *a.* cyniczny.
cynicism ['sɪnɪˌsɪzəm] *n.* cynizm.
cypress ['saɪprəs] *n.* cyprys.
Cyprus ['saɪprəs] *n.* Cypr.
cyst [sɪst] *n.* cysta, torbiel.
cystitis [sɪ'staɪtɪs] *n.* zapalenie pęcherza.
czar [zɑːr] *n.* car.
Czech [tʃek] *n.* Cze-ch/szka. — *a.* czeski; **the ~ Republic** Czechy, Republika Czeska.

D

DA [ˌdiː 'eɪ], **D.A.** *abbr.* **District Attorney** prokurator okręgowy.
dab [dæb] *v.* **1.** delikatnie przemywać/przecierać; **~ at one's eyes with a handkerchief** przykładać chusteczkę do oczu. **2. ~ sth on/onto sth** wklepywać coś w coś (*np. krem*). **3.** mazać, pacykować. — *n.* **1.** delikatne dotknięcie. **2.** *pot.* odrobina.
dabble ['dæbl] *v.* **1.** chlapać/pluskać się. **2. ~ at/in sth** parać się czymś, zajmować się czymś po amatorsku.
dachshund ['dɑːksˌhʊnd] *n.* jamnik.
dad [dæd] *n.* tata, tato.
daddy ['dædɪ] *n.* tatuś.
daffodil ['dæfədɪl] *n.* żonkil.
dagger ['dægər] *n.* sztylet.
daily ['deɪlɪ] *a.* **1.** dzienny. **2.** codzienny; powszedni. — *adv.* **1.** dziennie. **2.** codziennie. — *n.* (*także* **~ paper**) dziennik.
dainty ['deɪntɪ] *a.* **1.** filigranowy. **2.** smakowity.
dairy ['derɪ] *n.* **1.** mleczarnia. **2.** (*także* **~ farm**) gospodarstwo mleczarskie. — *a.* **1. ~ products** nabiał, produkty mleczne. **2. ~ industry** przemysł mleczarski.
dais ['deɪɪs] *n.* podium, podest.
daisy ['deɪzɪ] *n.* stokrotka.
Dakota [də'koʊtə] *n.* **North/South ~** Dakota Północna/Południowa.
dalmatian [dæl'meɪʃən] *n.* dalmatyńczyk.
dam [dæm] *n.* **1.** tama, zapora. **2.** sztuczny zalew. — *v.* **~ (up)** zbudować tamę na (*rzece, strumieniu*).
damage ['dæmɪdʒ] *n.* **1.** szkody, straty; zniszczenia; uszkodzenie; uszczerbek; **brain ~** uszkodzenie mózgu; **do/cause ~** wyrządzić/spowodować szkody. **2. the ~ is done** stało się. — *v.* **1.** uszkodzić. **2.** wyrządzić szkodę (*komuś*); narazić na szwank (*reputację*).
damages ['dæmɪdʒɪz] *n. pl.* odszkodowanie; **in ~** tytułem odszkodowania.
damaging ['dæmɪdʒɪŋ] *a.* szkodliwy.
damn [dæm] *v.* **1.** potępić; przekląć. **2. ~ you/him!** *pot.* (a) niech cię/go diabli! **(God) ~ it!** *pot.* cholera! — *a.* cholerny. — *adv. pot.* cholernie. — *int.* cholera! — *n.* **I don't give a ~** *pot.* mam to gdzieś.
damned [dæmd] *pot. a.* przeklęty, cholerny. — *adv.* cholernie.
damning ['dæmɪŋ] *a.* **~ evidence** dowód obciążający.
damp [dæmp] *a.* **1.** wilgotny, mokry. **2.** mało entuzjastyczny (*o reakcji*). — *n.* wilgoć. — *v.* **~ (down)** ostudzić; osłabić.
dampen ['dæmpən] *v.* **1.** zwilżać. **2.** tłumić. **3. ~ sb's enthusiasm** ostudzić czyjś zapał.
dance [dæns] *v.* tańczyć; **~ the waltz/tango** tańczyć walca/tango. — *n.* **1.** taniec. **2.** tańce, zabawa (*taneczna*).
dance hall *n.* sala balowa.
dancer ['dænsər] *n.* tance-rz/rka.
dancing ['dænsɪŋ] *n.* tańce, taniec. — *a.* tańczący.
dandelion ['dændəˌlaɪən] *n.* mlecz.
dandruff ['dændrəf] *n.* łupież.
Dane [deɪn] *n.* Du-ńczyk/nka.
danger ['deɪndʒər] *n.* niebezpieczeństwo; zagrożenie; **there is a ~ of sth happening** istnieje niebezpieczeństwo, że coś się stanie.
dangerous ['deɪndʒərəs] *a.* niebezpieczny.
dangerously ['deɪndʒərəslɪ] *adv.* niebezpiecznie.
dangle ['dæŋgl] *v.* **1.** zwisać, dyndać. **2.** majtać, wymachiwać (*czymś*).
Danish ['deɪnɪʃ] *a.* duński. — *n.* **1.** (język) duński. **2.** (*także* **~ pastry**) drożdżówka.
dare [der] *v.* **1. ~ (to) do sth** ośmielić się/śmieć coś zrobić; **don't you ~!** nie waż się! **how ~ you!** jak śmiesz! **2. ~ sb to do sth** rzucić komuś wyzwanie do zrobienia czegoś. — *n.* wyzwanie.
daredevil ['derˌdevl] *n.* śmiałek. — *a.* śmiały; brawurowy.
daring ['derɪŋ] *n.* odwaga, śmiałość. — *a.* odważny, śmiały.
dark [dɑːrk] *a.* **1.** ciemny. **2. ~ brown/blue** ciemnobrązowy/ciemnoniebieski. **3.** mroczny, ponury. **4. it's getting ~** ściemnia się, robi się ciemno. — *n.* **1. the ~** ciemność, ciemności. **2. before/after ~** przed zapadnięciem/po zmroku. **3.** *pot.* **a shot in the ~** strzał w ciemno; **be in the ~ about sth** nic nie wiedzieć o czymś.
darken ['dɑːrkən] *v.* ciemnieć; ściemniać (się).
dark glasses *n. pl.* ciemne okulary.
darkness ['dɑːrknəs] *n.* ciemność, mrok.
darkroom ['dɑːrkˌruːm] *n.* ciemnia.
darling ['dɑːrlɪŋ] *n.* kochanie. — *a.* ukochany, kochany.
darn[1] [dɑːrn] *v.* cerować.
darn[2] *int., n., a., adv. pot.* = **damn**.
dart [dɑːrt] *n.* **1.** rzutka; **~s** gra w rzutki. **2.** zaszewka. **3. make a ~ for the door** rzucić się do drzwi. — *v.* rzucić się, popędzić.
dash [dæʃ] *v.* **1.** rzucić się, popędzić. **2. ~ sb's hopes** zniweczyć czyjeś nadzieje. **3. ~ off** napisać na kolanie. — *n.* **1.** szczypta, odrobina. **2.** myślnik. **3.** sprint, bieg krótkodystansowy. **4. make a ~ for it** rzucić się do ucieczki.
dashboard ['dæʃˌbɔːrd] *n.* **1.** deska rozdzielcza. **2.** tablica wskaźników.
data ['deɪtə] *n. pl.* dane.
database ['deɪtəˌbeɪs] *n.* baza danych.
data processing *n.* przetwarzanie danych.
date [deɪt] *n.* **1.** data. **2.** termin; **at a later ~** w późniejszym terminie; **set a ~** wyznaczyć termin. **3.** randka; spotkanie; **go (out) on a ~** iść na randkę. **4. sb's ~** osoba, z którą ktoś ma randkę. **5.** daktyl. **6. out of**

~ przestarzały; przeterminowany. **7. to ~** do chwili obecnej; **up to ~** aktualny, nowoczesny; **bring sb up to ~** zapoznać kogoś z najnowszymi informacjami; **bring sth up to ~** uaktualnić coś. — *v.* **1.** datować. **2. ~ from** (*także* **~ back to**) pochodzić z (*jakiegoś okresu*). **3. be dating sb** chodzić z kimś. **4.** starzeć się; wychodzić z mody.

dated ['deɪtɪd] *a.* **1.** datowany. **2.** przestarzały; niemodny.

daughter ['dɔːtər] *n.* córka.

daughter-in-law ['dɔːtər,ɪn,lɔː] *n.* synowa.

daunting ['dɔːntɪŋ] *a.* onieśmielający; odstraszający; zniechęcający.

dawdle ['dɔːdl] *v. pot.* guzdrać się, grzebać się.

dawn [dɔːn] *n.* **1.** świt, brzask; **from ~ to dusk** od świtu do zmroku. **2. since the ~ of time** od zarania dziejów. — *v.* **1. it/the day was ~ing** świtało. **2. it ~ed on me that...** zaświtało mi (w głowie), że...

day [deɪ] *n.* **1.** dzień; **all ~ (long)** przez cały dzień; **by ~** za dnia; **in a few ~s** (*także* **in a few ~s' time**) za parę dni; **the ~ after/before** następnego/poprzedniego dnia, dzień później/wcześniej; **the following ~** następnego dnia. **2.** doba. **3.** dzień pracy, dzień roboczy; **~ off** wolny dzień. **4. ~ and night** dniem i nocą, dniami i nocami; **~ by ~** dzień po dniu; **~ in, ~ out** (*także* **~ after ~**) dzień w dzień; **any ~ (now)** w każdej chwili (= *już wkrótce*); **from ~ one** *pot.* od samego początku; **give me X any ~** *pot.* ja tam wolę X; **have a nice ~!** miłego dnia! **in my/his ~** za moich/jego czasów; **make sb's ~** wprawić kogoś w doskonały nastrój; **one/some ~** (*także* **one of these ~s**) któregoś/pewnego dnia (*w przyszłości*); **save the ~** uratować sytuację; **the other ~** parę dni temu; **these ~s** aktualnie, obecnie; w dzisiejszych czasach; **(thirty years ago) to the ~** dokładnie (trzydzieści lat temu); **to this ~** po dziś dzień.

daybreak ['deɪ,breɪk] *n.* świt, brzask.

daydream ['deɪ,driːm] *n.* marzenie, mrzonka. — *v.* marzyć, śnić na jawie.

daylight ['deɪ,laɪt] *n.* **1.** światło dzienne; **in broad ~** w biały dzień. **2. scare/frighten the (living) ~s out of sb** *pot.* śmiertelnie kogoś przestraszyć.

daytime ['deɪ,taɪm] *n.* **in the ~** w dzień, za dnia. — *a.* dzienny.

day-to-day [,deɪtə'deɪ] *a.* **1.** codzienny. **2.** z dnia na dzień.

daze [deɪz] *v.* **1.** oszałamiać. **2.** ogłuszyć. — *n.* **in a ~** oszołomiony.

dazzle ['dæzl] *v.* **1.** oślepiać. **2.** olśniewać.

dazzling ['dæzlɪŋ] *a.* **1.** oślepiający. **2.** olśniewający; oszałamiający.

DC [,diː 'siː] *abbr.* **District of Columbia** Dystrykt Kolumbii.

D-day ['diː,deɪ], **D-Day** *n.* **1.** *hist.* dzień lądowania wojsk sojuszniczych w Normandii. **2.** *pot.* dzień rozpoczęcia operacji.

DE *abbr.* = **Delaware**.

dead [ded] *a.* **1.** martwy; zmarły; nieżyjący, nieżywy; **s/he's ~** nie żyje. **2.** zdechły. **3.** obumarły, zwiędnięty. **4.** nieożywiony. **5.** wymarły. **6.** zdrętwiały, ścierpnięty. **7.** wyładowany (*o akumulatorze*); głuchy (*o telefonie*). **8.** *pot.* skonany, nieżywy (ze zmęczenia). **9. over my ~ body** *pot.* po moim trupie. — *n.* **1. the ~** zmarli, umarli. **2. the ~ of night/winter** (sam) środek nocy/zimy. — *adv. pot.* **1. ~ on time** co do minuty. **2. ~ set on sth** całkowicie zdecydowany na coś. **3. he stopped ~ (in his tracks)** stanął jak wryty.

deaden ['dedn] *v.* tłumić, łagodzić (*ból*); przytępiać (*zmysły*).

dead end *n.* ślepa uliczka, ślepy zaułek.

dead-end ['ded,end] *a.* ślepy (*o ulicy*).

deadline ['ded,laɪn] *n.* termin; **meet the ~** dotrzymać terminu; **the ~ for applications is...** termin składania podań upływa...

deadlock ['ded,lɑːk] *n.* impas.

deadly ['dedlɪ] *a.* **1.** śmiertelny. **2.** śmiercionośny. **3.** absolutny (*o precyzji, ciszy*); nieubłagany (*o logice*). **4.** *pot.* śmiertelnie nudny. — *adv.* **~ boring/serious** śmiertelnie nudny/poważny.

deadpan ['ded,pæn] *a.* śmiertelnie poważny; udający powagę. — *adv.* ze śmiertelną powagą, z kamienną twarzą.

Dead Sea *n.* **the ~** Morze Martwe.

deaf [def] *a.* **1.** głuchy; niesłyszący. **2. fall on ~ ears** być puszczanym mimo uszu, trafiać w próżnię; **turn a ~ ear to sth** być głuchym na coś. — *n.* **the ~** głusi.

deaf-and-dumb [,defən'dʌm] *przest. a.* głuchoniemy. — *n.* głuchoniem-y/a.

deafen ['defən] *v.* ogłuszać.

deaf-mute [,def'mjuːt] *przest. n.* głuchoniem-y/a. — *a.* głuchoniemy.

deafness ['defnəs] *n.* głuchota.

deal [diːl] *v. pret. i pp.* **dealt 1. ~ (out)** rozdawać (karty). **2.** *pot.* handlować narkotykami. **3. ~ a (crippling/decisive) blow** zadać (decydujący) cios. **4. ~ in sth** handlować czymś; **~ with sb** robić interesy/handlować z kimś; postępować z kimś; **~ with sb/sth** zająć się kimś/czymś; uporać się z kimś/czymś; **~ with sth** dotyczyć czegoś, traktować o czymś. — *n.* **1. a great/good ~** (bardzo) dużo; **we talked a great/good ~** (bardzo) dużo rozmawialiśmy. **2.** interes, transakcja; **get a good ~** *pot.* zrobić dobry interes. **3.** porozumienie, układ; **cut/do/make a ~** *pot.* dojść do porozumienia. **4.** *karty* rozdanie. **5.** *pot.* **big ~!** wielka (mi) rzecz!, też mi coś! **it's no big ~** to nic takiego/nadzwyczajnego; **make a big ~ out of sth** robić z czegoś wielkie halo; **what's the big ~?** o co tyle hałasu?

dealer ['diːlər] *n.* **1.** handla-rz/rka, dealer/ka. **2. (drug) ~** dealer, handlarz narkotyków. **3.** *karty* rozdając-y/a.

dealership ['diːlər,ʃɪp] *n.* przedstawicielstwo handlowe.

dealings ['diːlɪŋz] *n. pl.* stosunki; interesy.

dealt [delt] *v. zob.* **deal** *v.*

dean [diːn] *n.* dziekan.

dear [diːr] *a.* **1.** drogi; **D~ Sir** Szanowny Panie; **my ~** mój drogi/moja droga. **2.** uroczy, śliczny. — *n.* kochanie (*forma zwracania się do kogoś*). — *int.* **(oh) ~!** ojej!

dearly ['diːrlɪ] *adv.* **1.** bardzo, z całego serca. **2.** drogo.

dearth [dɝːθ] *n.* **a ~ of sth** *form.* niedostatek czegoś.

death [deθ] *n.* **1.** śmierć; zgon (*from sth* spowodowany czymś); **die a natural ~** umrzeć śmiercią naturalną. **2.** ofiara śmiertelna. **3.** *pot.* **be sick to ~ of sth** mieć czegoś po dziurki w nosie; **bored/scared to ~** śmiertelnie znudzony/przerażony.

death certificate *n.* świadectwo/akt zgonu.

death penalty *n.* kara śmierci.

death row *n.* cela śmierci.

death sentence *n.* wyrok śmierci.
debase [dɪ'beɪs] *v.* **1.** dewaluować; deprecjonować. **2.** poniżyć, upodlić.
debatable [dɪ'beɪtəbl] *a.* **1.** dyskusyjny. **2.** sporny.
debate [dɪ'beɪt] *n.* debata; dyskusja. — *v.* **1.** debatować/dyskutować nad (*czymś*). **2.** zastanawiać się nad (*czymś*), rozważać.
debilitating [dɪ'bɪlɪˌteɪtɪŋ] *a.* osłabiający, wycieńczający.
debit ['debɪt] *n.* debet. — *v.* debetować, obciążać (*rachunek*).
debris [də'briː], **débris** *n.* szczątki.
debt [det] *n.* dług; zobowiązanie; **be in sb's ~** być czyimś dłużnikiem; **in ~** zadłużony.
debtor ['detər] *n.* dłużni-k/czka.
debut [deɪ'bjuː], **début** *n.* debiut; **make one's ~** zadebiutować. — *v.* debiutować. — *a.* debiutancki.
decade ['dekeɪd] *n.* dziesięciolecie, dekada.
decadence ['dekədəns] *n.* **1.** dekadencja. **2.** schyłek.
decadent ['dekədənt] *a.* dekadencki. — *n.* dekadent/ka.
decaf ['diːkæf] *n. pot.* kawa bezkofeinowa.
decaffeinated [diː'kæfəˌneɪtɪd] *a.* bezkofeinowy.
decanter [dɪ'kæntər] *n.* karafka.
decay [dɪ'keɪ] *v.* **1.** gnić; rozkładać się; psuć się. **2.** podupadać, niszczeć. **3.** powodować gnicie/rozkład (*czegoś*). — *n.* **1.** gnicie; rozkład. **2.** upadek, schyłek. **3.** (*także* **tooth ~**) próchnica. **4.** (*także* **radioactive ~**) rozpad promieniotwórczy.
deceased [dɪ'siːst] *form. a.* zmarły. — *n.* **the ~** zmarły/a, nieboszcz-yk/ka; zmarli.
deceit [dɪ'siːt] *n.* **1.** nieuczciwość, fałsz. **2.** oszustwo.
deceitful [dɪ'siːtfʊl] *a.* oszukańczy; kłamliwy.
deceive [dɪ'siːv] *v.* **1.** oszukiwać; okłamywać. **2.** zwodzić. **3.** **~ o.s.** oszukiwać samego siebie, łudzić się.
December [dɪ'sembər] *n.* grudzień; *zob. t.* **February** (for phrases).
decency ['diːsənsɪ] *n.* przyzwoitość; **have the ~ to do sth** mieć na tyle przyzwoitości, żeby coś zrobić.
decent ['diːsənt] *a.* **1.** przyzwoity, porządny. **2.** poczciwy, uczciwy.
decentralize [diː'sentrəˌlaɪz] *v.* decentralizować.
deception [dɪ'sepʃən] *n.* **1.** oszustwo; oszukiwanie. **2.** podstęp.
deceptive [dɪ'septɪv] *a.* **1.** złudny, zwodniczy. **2.** oszukańczy.
decibel ['desəˌbel] *n.* decybel.
decide [dɪ'saɪd] *v.* **1.** decydować, postanawiać; zdecydować się, podjąć decyzję; **~ on/against doing sth** postanowić coś zrobić/czegoś nie robić; **~ on sth** zdecydować się na coś; **~ (that)...** zadecydować, że... **2.** rozstrzygnąć (*kwestię*); przesądzić o (*wyniku*).
decided [dɪ'saɪdɪd] *a.* zdecydowany.
decidedly [dɪ'saɪdɪdlɪ] *adv.* zdecydowanie.
decimal ['desəml] *n., a.* (ułamek) dziesiętny.
decimal point *n.* przecinek (*w ułamku*).
decimate ['desəˌmeɪt] *v.* dziesiątkować.
decipher [dɪ'saɪfər] *v.* **1.** odcyfrować. **2.** rozszyfrować.
decision [dɪ'sɪʒən] *n.* decyzja, postanowienie; **make/take a ~** podjąć decyzję.
decisive [dɪ'saɪsɪv] *a.* **1.** decydujący, rozstrzygający. **2.** zdecydowany.
deck [dek] *n.* **1.** *żegl.* pokład. **2.** *karty* talia. — *v.* **~ (out)** przystrajać, ozdabiać.
deck chair, deckchair *n.* leżak.
declaration [ˌdeklə'reɪʃən] *n.* **1.** deklaracja; **D~ of Independence** Deklaracja Niepodległości. **2.** wyznanie (*miłosne*). **3.** zeznanie, oświadczenie (*majątkowe, podatkowe*). **4.** **~ of war** wypowiedzenie wojny.
declare [dɪ'kler] *v.* **1.** oświadczyć, oznajmić; zadeklarować. **2.** ogłosić (*niepodległość*); wprowadzić (*stan wojenny*). **3.** **~ sth a success/failure** uznać coś za sukces/porażkę. **4.** zgłaszać do oclenia; deklarować. **5.** **~ sth open** uroczyście/oficjalnie otworzyć coś. **6.** **~ war on sb/sth** wypowiedzieć wojnę komuś/czemuś.
decline [dɪ'klaɪn] *v.* **1.** nie przyjąć (*czegoś*), odrzucić; **~ an invitation** nie przyjąć zaproszenia; **~ an offer** odrzucić ofertę. **2.** odmówić; **~ to do sth** odmówić zrobienia czegoś; **she politely ~d** grzecznie odmówiła. **3.** podupadać; pogarszać się. **4.** deklinować (się), odmieniać (się) przez przypadki. — *n.* **1.** spadek. **2.** upadek; schyłek; uwiąd. **3.** pogorszenie (się) (*zwł. stanu zdrowia*). **4.** **be on the ~** zanikać; słabnąć; pogarszać się.
decode [diː'koʊd] *v.* **1.** odszyfrować. **2.** rozszyfrowywać. **3.** dekodować, odkodowywać.
decompose [ˌdiːkəm'poʊz] *v.* rozkładać (się); gnić.
décor [deɪ'kɔːr], **decor** *n.* wystrój (*wnętrza*).
decorate ['dekəˌreɪt] *v.* **1.** ozdabiać, dekorować. **2.** udekorować, odznaczyć (*medalem*).
decoration [ˌdekə'reɪʃən] *n.* **1.** dekoracja, ozdoba. **2.** (*także* **interior ~**) dekoratorstwo wnętrz. **3.** odznaczenie, order.
decorative ['dekərətɪv] *a.* dekoracyjny; ozdobny.
decorator ['dekəˌreɪtər] *n.* (*także* **interior ~**) dekorator/ka wnętrz.
decorous ['dekərəs] *a. form.* godny; obyczajny.
decorum [dɪ'kɔːrəm] *n. form.* godność (*zachowania*); obyczajność.
decrease [dɪ'kriːs] *v.* zmniejszać (się); maleć. — *n.* zmniejszanie się, spadek (*in sth* czegoś).
decree [dɪ'kriː] *n.* **1.** rozporządzenie, zarządzenie; dekret. **2.** *prawn.* orzeczenie. — *v. form.* **1.** zarządzić. **2.** zadekretować.
decrepit [dɪ'krepɪt] *a.* **1.** walący się (*np. o domu*). **2.** zniedołężniały.
dedicate ['dedəˌkeɪt] *v.* **1.** poświęcać; **~ o.s. to sth** poświęcić/oddać się czemuś. **2.** **~ sth to sb** zadedykować coś komuś. **3.** poświęcić, przeznaczyć (*na jakiś cel*).
dedication [ˌdedə'keɪʃən] *n.* **1.** poświęcenie, oddanie. **2.** dedykacja.
deduce [dɪ'duːs] *v. form.* wydedukować, wywnioskować.
deduct [dɪ'dʌkt] *v.* odciągać, potrącać; odejmować.
deduction [dɪ'dʌkʃən] *n.* **1.** odciągnięcie; potrącenie. **2.** wniosek; wnioskowanie; dedukcja.
deed [diːd] *n.* **1.** *lit.* czyn; uczynek; **do a good ~** zrobić dobry uczynek. **2.** wyczyn. **3.** *prawn.* akt (*zwł. notarialny*).
deem [diːm] *v. form.* uważać; uznać (*sb/sth (to be)...* kogoś/coś za...).
deep [diːp] *a.* **1.** głęboki; **eight inches ~** głęboki na osiem cali; **knee-~** głęboki po kolana. **2.** ciemny; intensywny (*o kolorze*). **3.** poważny; ciężki. **4.** dogłębny (*o zrozumieniu*). **5.** wnikliwy, przenikliwy. **6.** **~ in sth** pokryty/zalany/zawalony czymś; **~ in thought** pogrążony/zatopiony w myślach. — *adv.*

1. głęboko. 2. dogłębnie. 3. ~ **down** w głębi duszy; **knee/waist-~ in water** po kolana/pas w wodzie; **run/go ~** być głęboko zakorzenionym.
deepen ['di:pən] *v.* 1. pogłębiać (się). 2. wzmagać (się), nasilać (się).
deep freeze *n.* zamrażarka.
deep-fry [ˌdi:p'fraɪ] *v.* smażyć w głębokim tłuszczu.
deeply ['di:plɪ] *adv.* 1. głęboko. 2. dogłębnie.
deep-sea [ˌdi:p'si:] *a.* głębinowy.
deep-seated [ˌdi:p'si:tɪd] *a.* głęboko zakorzeniony.
deer [di:r] *n.* zwierzyna płowa; (*także* **red ~**) jeleń; (*także* **roe ~**) sarna.
deface [dɪ'feɪs] *v.* 1. oszpecić; zbezcześcić. 2. zamazać, zabazgrać.
default [dɪ'fɔ:lt] *n.* 1. *komp.* wartość domyślna/standardowa. 2. niedotrzymanie zobowiązania; niewywiązanie się z płatności. 3. **win/lose by ~** wygrać/przegrać walkowerem. — *v.* nie dotrzymać zobowiązania; **~ on sth** nie wywiązywać się z płacenia czegoś.
defeat [dɪ'fi:t] *v.* 1. pokonać. 2. udaremnić. — *n.* porażka, niepowodzenie; klęska.
defect *n.* ['di:fekt] 1. wada, defekt, usterka; mankament. 2. ułomność, upośledzenie. — *v.* [dɪ'fekt] 1. zbiec, uciec z kraju. 2. przejść na stronę wroga.
defective [dɪ'fektɪv] *a.* wadliwy, wybrakowany.
defend [dɪ'fend] *v.* 1. **~ sb/sth (against/from sb/sth)** bronić kogoś/czegoś (przed kimś/czymś). 2. **~ing champion** obroń-ca/czyni tytułu (mistrzowskiego).
defendant [dɪ'fendənt] *n.* pozwan-y/a; oskarżon-y/a, podsądn-y/a.
defender [dɪ'fendər] *n.* obroń-ca/czyni.
defense [dɪ'fens] *n.* 1. obrona; **come to sb's ~** stanąć w czyjejś obronie. 2. ochrona. 3. **the ~** *prawn., sport* obrona. 4. obronność, obrona (narodowa). 5. **~s** siły obronne (*organizmu*); fortyfikacje, linie obronne.
defenseless [dɪ'fensləs] *a.* bezbronny.
defensive [dɪ'fensɪv] *a.* obronny, defensywny. — *n.* defensywa; **be on the ~** być w defensywie; zachowywać się defensywnie.
defer [dɪ'fɝ:] *v.* 1. odraczać. 2. **~ to sb** *form.* ustąpić/ulec komuś (*z szacunku*).
deference ['defərəns] *n. form.* 1. uległość. 2. **out of/in ~ to sb** z szacunku/przez szacunek dla kogoś.
defiance [dɪ'faɪəns] *n. form.* bunt; przekora; **in ~ of sth** wbrew/na przekór czemuś, lekceważąc coś.
defiant [dɪ'faɪənt] *a.* buntowniczy; wyzywający; bezczelny.
defiantly [dɪ'faɪəntlɪ] *a.* wyzywająco; bezczelnie.
deficiency [dɪ'fɪʃənsɪ] *n.* 1. brak; niedostatek, niedobór. 2. deficyt.
deficient [dɪ'fɪʃənt] *a.* 1. niewystarczający; **be ~ in sth** wykazywać niedobór czegoś/braki w czymś. 2. wybrakowany, wadliwy.
deficit ['defəsɪt] *n.* 1. **(budget/trade) ~** deficyt (budżetowy/handlowy). 2. **~ in sth** brak/niedobór czegoś.
defile [dɪ'faɪl] *v. form.* zbezcześcić, sprofanować.
define [dɪ'faɪn] *v.* 1. definiować. 2. określać. 3. wyznaczać (*granice, zakres*); ograniczać. 4. charakteryzować, stanowić cechę charakterystyczną (*danej jednostki, klasy*). 5. **sharply/clearly ~d** ostro/wyraźnie zarysowany.
definite ['defənɪt] *a.* 1. określony. 2. wyraźny. 3. pewny. 4. **be ~ (about sth)** być stanowczym (w jakiejś sprawie); wypowiadać się zdecydowanie (na jakiś temat).
definitely ['defənɪtlɪ] *adv.* zdecydowanie, z pewnością; **~ not** na pewno nie.
definition [ˌdefə'nɪʃən] *n.* 1. definicja; określenie. 2. *opt., fot.* rozdzielczość; *telew.* ostrość. 3. **by ~** z definicji.
definitive [dɪ'fɪnətɪv] *a.* definitywny, ostateczny; rozstrzygający, autorytatywny; pełny, kompletny (*o opracowaniu, studium*).
deflate [dɪ'fleɪt] *v.* 1. spuszczać powietrze z (*balona itp.*); **the tire ~d** z opony uszło powietrze. 2. odebrać pewność siebie (*komuś*); **feel ~d** czuć się mniej pewnie.
deflect [dɪ'flekt] *v.* 1. odchylać (się); załamywać (się); odbijać (się) (*off sth* od czegoś). 2. **~ attention** odwracać uwagę (*away from sth* od czegoś); **~ criticism** odpierać krytykę.
deforestation [di:ˌfɔ:rɪ'steɪʃən] *n.* wylesianie, wycinanie lasów.
deformed [dɪ'fɔ:rmd] *a.* 1. zniekształcony, zdeformowany. 2. odkształcony.
deformity [dɪ'fɔ:rmətɪ] *n.* 1. ułomność, kalectwo. 2. zniekształcenie.
defrost [dɪ'frɔ:st] *v.* 1. rozmrażać (się). 2. *mot.* usuwać parę wodną z (*szyby*).
deft [deft] *a.* zręczny.
defuse [di:'fju:z] *v.* 1. rozbroić (*bombę*). 2. rozładować (*napięcie*).
defy [dɪ'faɪ] *v.* 1. przeciwstawiać/opierać się (*komuś l. czemuś*). 2. **~ description/imagination** być nie do opisania/wyobrażenia. 3. **~ sb to do sth** *form.* rzucić komuś wyzwanie do zrobienia czegoś.
degenerate *v.* [dɪ'dʒenəreɪt] 1. pogarszać się, ulegać pogorszeniu. 2. *biol.* degenerować się. — *a.* [dɪ'dʒenərət] zdegenerowany, zwyrodniały. — *n.* [dɪ'dʒenərət] degenerat/ka, zwyrodnialec.
degrading [dɪ'greɪdɪŋ] *a.* poniżający.
degree [dɪ'gri:] *n.* 1. stopień; **10 ~s below (zero)** 10 stopni (Celsjusza) poniżej zera; **45-~ angle** kąt 45 stopni. 2. stopień (naukowy). 3. **to a (certain) ~** (*także* **to some ~**) do pewnego stopnia, w pewnym stopniu.
dehydrated [di:'haɪdreɪtɪd] *a.* 1. odwodniony. 2. w proszku (*np. o mleku*).
dehydration [ˌdi:haɪ'dreɪʃən] *n.* odwodnienie.
deign [deɪn] *v.* **~ to do sth** raczyć coś zrobić.
deity ['di:ətɪ] *n.* 1. bóg, bóstwo, bożek. 2. boskość.
Delaware ['deləˌwer] *n.* (stan) Delaware.
delay [dɪ'leɪ] *v.* 1. odraczać, odkładać (na później); odwlekać. 2. opóźniać; powodować opóźnienie (*np. pociągu*); **be ~ed** mieć opóźnienie, być opóźnionym (*o pociągu, locie*). — *n.* 1. opóźnienie. 2. zwłoka; **without ~** bezzwłocznie.
delectable [dɪ'lektəbl] *a. lit.* 1. wyśmienity, przepyszny. 2. przeuroczy, rozkoszny.
delegate ['deləgeɪt] *n.* 1. delegat/ka, wysłanni-k/czka. 2. człon-ek/kini Izby Reprezentantów. — *v.* 1. przekazywać (*uprawnienia*), udzielać (*pełnomocnictw*); zlecać (*zadania*). 2. **~ sb to do sth** oddelegować kogoś do zrobienia czegoś.
delegation [ˌdelə'geɪʃən] *n.* 1. delegacja. 2. delegowanie; udzielanie pełnomocnictw. 3. przedstawicielstwo, reprezentacja.
delete [dɪ'li:t] *v.* wykreślać, usuwać, wymazywać; kasować.

deliberate *a.* [dɪˈlɪbərət] **1.** umyślny, zamierzony; rozmyślny. **2.** rozważny. **3.** nieśpieszny. — *v.* [dɪˈlɪbəreɪt] **1.** zastanawiać się, deliberować. **2.** obradować, naradzać się.

deliberately [dɪˈlɪbərətlɪ] *adv.* **1.** umyślnie. **2.** z rozwagą.

delicacy [ˈdeləkəsɪ] *n.* **1.** delikatność. **2.** delikates, przysmak.

delicate [ˈdeləkɪt] *a.* delikatny.

delicatessen [ˌdeləkəˈtesən] *n.* (*także* **deli**) delikatesy.

delicious [dɪˈlɪʃəs] *a.* **1.** wyśmienity, pyszny, smakowity. **2.** rozkoszny, przemiły.

delight [dɪˈlaɪt] *n.* **1.** zachwyt; radość. **2. the ~s of sth** rozkosze/uroki czegoś. **3. take ~ in doing sth** znajdować upodobanie w czymś. — *v.* **1.** cieszyć, radować; zachwycać. **2. ~ in sth** rozkoszować się czymś; lubować się w czymś.

delighted [dɪˈlaɪtɪd] *a.* zachwycony; **be ~ (that)...** cieszyć się, że...; **I'd be ~ (to come)** z przyjemnością (przyjdę); **I'm ~ to hear that** miło mi to słyszeć.

delightful [dɪˈlaɪtfʊl] *a.* **1.** zachwycający. **2.** rozkoszny, uroczy.

delinquency [dɪˈlɪŋkwənsɪ] *n.* przestępczość (*zwł. nieletnich*).

delinquent [dɪˈlɪŋkwənt] *a.* **1.** zaległy (*o podatku, płatności*). **2.** przestępczy (*o zachowaniu*). — *n.* **(juvenile) ~** (młodocian-y/a) przestęp-ca/czyni.

delirious [dɪˈliːrɪəs] *a.* **1. be ~** majaczyć, bredzić. **2. be ~ (with joy)** szaleć (z radości).

deliver [dɪˈlɪvər] *v.* **1.** doręczać; dostarczać. **2.** wywiązać się (*on sth* z czegoś). **3. ~ a baby** odebrać poród; **~ a speech/lecture** wygłosić przemówienie/wykład; **~ a verdict** wydać wyrok.

delivery [dɪˈlɪvərɪ] *n.* **1.** doręczenie, dostarczenie; dostawa. **2.** poród.

delta [ˈdeltə] *n.* delta.

delude [dɪˈluːd] *v.* zwodzić, wprowadzać w błąd; **~ o.s.** łudzić się, oszukiwać samego siebie.

deluge [ˈdeljuːdʒ] *n.* **1.** powódź, potop. **2.** ulewa. **3.** zalew, lawina (*listów, petycji*). — *v.* **1.** *form.* zalewać, zatapiać. **2.** zalewać, zasypywać (*with sth* czymś).

delusion [dɪˈluːʒən] *n.* **1.** złudzenie. **2.** urojenie.

delve [delv] *v.* **~ into sth** sięgnąć do czegoś (*np. do torebki*); zagłębiać się w coś (*w poszukiwaniu informacji*).

demand [dɪˈmænd] *v.* **1. ~ sth of/from sb** domagać się/żądać czegoś od kogoś; **~ that sth be done** zażądać zrobienia czegoś; **I ~ to know why...** chcę wiedzieć, dlaczego... **2.** wymagać (*uwagi, skupienia*). **3.** zapytać (*stanowczo*). — *n.* **1.** żądanie. **2.** popyt; **X is in (great) ~** istnieje (duże) zapotrzebowanie na X, X cieszy się (ogromnym) powodzeniem. **3. make great/heavy ~s on sb** być dla kogoś dużym obciążeniem. **4. on ~** *form.* na żądanie.

demanding [dɪˈmændɪŋ] *a.* **1.** wymagający. **2.** trudny, ciężki.

demarcation [ˌdiːmɑːrˈkeɪʃən] *n.* **1.** rozgraniczenie, rozdział. **2.** demarkacja.

demean [dɪˈmiːn] *v.* **~ o.s.** *form.* poniżać się.

demeaning [dɪˈmiːnɪŋ] *a.* poniżający.

demeanor [dɪˈmiːnər] *n.* *form.* zachowanie (się), postępowanie; postawa.

demented [dɪˈmentɪd] *a.* obłąkany.

demise [dɪˈmaɪz] *n.* *form.* zgon, zejście.

demo [ˈdemoʊ] *n.* *pot.* demo, wersja demonstracyjna.

democracy [dɪˈmɑːkrəsɪ] *n.* demokracja.

democrat [ˈdeməˌkræt] *n.* demokrat-a/ka.

democratic [ˌdeməˈkrætɪk] *a.* demokratyczny.

democratically [ˌdeməˈkrætɪklɪ] *a.* demokratycznie.

demolish [dɪˈmɑːlɪʃ] *v.* **1.** zburzyć; zniszczyć. **2.** obalić (*instytucję, teorię*).

demolition [ˌdeməˈlɪʃən] *n.* **1.** burzenie; rozbiórka (*np. domu*). **2.** zniszczenie. **3.** obalenie.

demon [ˈdiːmən] *n.* demon.

demonstrate [ˈdemənˌstreɪt] *v.* **1.** wykazywać, dowodzić (*that* że). **2.** okazywać (*uczucia, odwagę*). **3.** demonstrować.

demonstration [ˌdemənˈstreɪʃən] *n.* demonstracja.

demonstrator [ˈdemənˌstreɪtər] *n.* demonstrant/ka.

demoralize [dɪˈmɔːrəˌlaɪz] *v.* **1.** zniechęcać; odbierać wiarę w siebie (*komuś*). **2.** demoralizować.

demote [dɪˈmoʊt] *v.* zdegradować.

demure [dɪˈmjʊr] *a.* **1.** powściągliwy, spokojny. **2.** skromny (*zwł. w afektowany sposób*).

den [den] *n.* **1.** nora. **2.** melina. **3.** pokój do relaksu.

denial [dɪˈnaɪəl] *n.* **1.** zaprzeczenie. **2.** odmowa. **3.** wyparcie (się).

denim [ˈdenəm] *n.* dżins.

Denmark [ˈdenmɑːrk] *n.* Dania.

denomination [dɪˌnɑːməˈneɪʃən] *n.* **1.** *rel.* wyznanie. **2.** *fin.* nominał.

denominator [dɪˈnɑːməˌneɪtər] *n.* mianownik; **common ~** wspólny mianownik.

denote [dɪˈnoʊt] *v.* **1.** oznaczać; wskazywać na. **2.** znaczyć. **3.** symbolizować.

denounce [dɪˈnaʊns] *v.* **1.** potępić (*sb/sth as* kogoś/coś jako). **2.** zadenuncjować, wydać.

dense [dens] *a.* **1.** gęsty; zbity; zwarty. **2.** *pot.* tępy. **3.** ciężki, trudny (*o tekście*).

densely [ˈdenslɪ] *adv.* gęsto.

density [ˈdensətɪ] *n.* gęstość; zagęszczenie; zwartość.

dent [dent] *n.* **1.** wgniecenie. **2. make a ~ in sth** nadszarpnąć coś (*np. finanse*). — *v.* wgnieść (się); wygiąć (się).

dental [ˈdentl] *a.* **1.** zębowy. **2.** dentystyczny.

dental floss *n.* nić dentystyczna.

dental surgeon *n.* lekarz stomatolog.

dentist [ˈdentɪst] *n.* dentyst-a/ka, stomatolo-g/żka.

dentures [ˈdentʃərz] *n. pl.* proteza dentystyczna, sztuczna szczęka.

denunciation [dɪˌnʌnsɪˈeɪʃən] *n.* **1.** potępienie; oskarżenie (*publiczne*). **2.** denuncjacja.

deny [dɪˈnaɪ] *v.* **1.** zaprzeczać (*czemuś*); nie przyznawać się do (*czegoś*); **there's no ~ing (the fact) that...** *pot.* nie da się zaprzeczyć/ukryć, że... **2. ~ sb sth** odmawiać komuś czegoś.

deodorant [diːˈoʊdərənt] *n.* dezodorant. — *a.* dezodoryzujący.

depart [dɪˈpɑːrt] *v.* **1.** odjeżdżać; wyjeżdżać; wyruszać; **the train for Chicago will ~ from platform 3** pociąg do Chicago odjedzie z peronu 3. **2. ~ from** odstępować od (*zasady*), odbiegać od (*normy*).

department [dɪˈpɑːrtmənt] *n.* **1.** dział; oddział. **2.** *uniw.* wydział; instytut; katedra. **3.** departament; **State D~** Departament Stanu. **4.** dziedzina.

department store *n.* dom towarowy.

departure [dɪˈpɑːrtʃər] *n.* wyjazd; odjazd; odlot.

departure lounge *n.* hala odlotów.

depend [dɪˈpend] *v.* **1.** zależeć; **it/that (all) ~s** to zależy. **2. ~ on/upon sb/sth** być zależnym/uzależnionym od kogoś/czegoś; polegać na kimś/czymś.

dependable [dɪ'pendəbl] *a.* niezawodny.
dependant [dɪ'pendənt] *n.* **sb's ~** osoba pozostająca na czyimś utrzymaniu. — *a.* = **dependent**.
dependence [dɪ'pendəns] *n.* **1.** zależność. **2. drug/alcohol ~** uzależnienie od narkotyków/alkoholu.
dependent [dɪ'pendənt] *a.* **1. be ~ on sth** *form.* zależeć/być uzależnionym od czegoś. **2. (drug/alcohol) ~** uzależniony (od narkotyków/alkoholu). **3.** podległy, zależny (*o terytoriach*). — *n.* = **dependant**.
depict [dɪ'pɪkt] *v. form.* przedstawiać; odmalowywać.
depilatory [dɪ'pɪləˌtɔːrɪ] *n., a.* (środek) depilujący.
deplete [dɪ'pliːt] *v.* uszczuplać.
deplorable [dɪ'plɔːrəbl] *a.* **1.** żałosny, opłakany. **2.** godny ubolewania.
deplore [dɪ'plɔːr] *v.* **1.** ubolewać/boleć nad (*czymś*). **2.** potępiać.
deploy [dɪ'plɔɪ] *v.* rozmieszczać (*broń strategiczną, oddziały*).
deport [dɪ'pɔːrt] *v.* **1.** deportować. **2.** zsyłać, skazywać na zesłanie.
depose [dɪ'poʊz] *v.* zdymisjonować, usunąć z urzędu; zdetronizować.
deposit [dɪ'pɑːzɪt] *v.* **1.** *bank* wpłacać. **2.** deponować, oddawać na przechowanie. **3.** *t. geol., chem.* osadzać, odkładać. — *n.* **1.** depozyt, wpłata; wkład, lokata. **2. put down a ~ on sth** wpłacić zadatek na coś. **3.** kaucja, zastaw. **4.** osad. **5.** złoże, pokład.
depot ['diːpoʊ] *n.* **1.** stacja kolejowa; dworzec autobusowy. **2.** składnica, magazyn.
depraved [dɪ'preɪvd] *a.* zdeprawowany, zepsuty.
depreciation [dɪˌpriːʃɪ'eɪʃən] *n.* deprecjacja, dewaluacja.
depress [dɪ'pres] *v.* **1.** przygnębiać; wywoływać depresję u (*kogoś*). **2.** *form.* wcisnąć (*guzik, przycisk*).
depressed [dɪ'prest] *a.* **1.** przygnębiony, przybity; cierpiący na depresję. **2.** wciśnięty. **3.** *ekon.* znajdujący się w depresji, dotknięty kryzysem.
depressing [dɪ'presɪŋ] *a.* przygnębiający.
depression [dɪ'preʃən] *n.* depresja.
deprivation [ˌdeprə'veɪʃən] *n.* **1.** pozbawienie; utrata. **2. sleep ~** brak snu. **3.** ubóstwo.
deprive [dɪ'praɪv] *v.* **~ sb of sth** pozbawiać kogoś czegoś; odbierać komuś coś.
deprived [dɪ'praɪvd] *a.* upośledzony (*o regionie*); ubogi, cierpiący niedostatek (*o środowisku, dzieciach*).
depth [depθ] *n.* **1.** głębokość; **be two meters in ~** być głębokim na dwa metry, mieć dwa metry głębokości. **2.** głębia (*uczuć, wiedzy*). **3. in ~** dogłębnie.
deputize ['depjəˌtaɪz] *v.* **~ for sb** występować w charakterze czyjegoś zastępcy.
deputy ['depjətɪ] *n.* **1.** zastęp-ca/czyni; **~ minister** wiceminister. **2.** (*także* **~ sheriff**) zastęp-ca/czyni szeryfa.
derail [diː'reɪl] *v.* **1.** wykoleić. **2.** popsuć, zakłócić (*plan*).
derailment [diː'reɪlmənt] *n.* wykolejenie (się).
deranged [dɪ'reɪndʒd] *a.* (*także* **mentally ~**) obłąkany.
derelict ['derəlɪkt] *a.* **1.** opuszczony, porzucony (*o budynku, terenie*). **2.** walący się, w rozsypce.
deride [dɪ'raɪd] *v. form.* szydzić z (*kogoś l. czegoś*).
derivative [dɪ'rɪvətɪv] *a.* pochodny, wtórny. — *n.* **1.** wyraz pochodny, derywat. **2.** *chem., mat.* pochodna.
derive [dɪ'raɪv] *v.* **1. ~ from sth** wywodzić się/pochodzić od czegoś/skądś. **2. ~ benefit/comfort from sth** czerpać korzyści/pociechę z czegoś. **3.** wywodzić, wyprowadzać; derywować.
dermatologist [ˌdɝːmə'tɑːlədʒɪst] *n.* dermatolo-g/żka.
dermatology [ˌdɝːmə'tɑːlədʒɪ] *n.* dermatologia.
derogatory [dɪ'rɑːgəˌtɔːrɪ] *a.* obraźliwy.
descend [dɪ'send] *v. form.* **1.** schodzić; zstępować; **~ the stairs** schodzić po schodach. **2.** opadać; obniżać się. **3. be ~ed from** wywodzić się z (*rodu*), pochodzić od (*kogoś*); **~ on/upon sb** *pot.* najść kogoś, zwalić się komuś na głowę.
descendant [dɪ'sendənt] *n.* potomek.
descent [dɪ'sent] *n.* **1.** opadanie; schodzenie, zstępowanie; *lotn.* opadanie, wytracanie wysokości; podchodzenie do lądowania. **2.** pochodzenie, rodowód; **she's Polish by ~** (*także* **she's of Polish ~**) jest z pochodzenia Polką.
describe [dɪ'skraɪb] *v.* **1.** opisać; określić. **2.** *form. t. geom.* opisywać; kreślić; zataczać (*np. łuk w powietrzu*).
description [dɪ'skrɪpʃən] *n.* **1.** opis. **2.** rysopis. **3. of every ~** (*także* **of all ~s**) wszelkiego rodzaju/autoramentu.
descriptive [dɪ'skrɪptɪv] *a.* opisowy.
desert *n.* ['dezərt] pustynia; **in the ~** na pustyni. — *a.* ['dezərt] pustynny. — *v.* [dɪ'zɝːt] **1.** opuszczać, porzucać; **his courage ~ed him** opuściła go odwaga. **2.** zdezerterować.
deserter [dɪ'zɝːtər] *n.* dezerter/ka.
desertion [dɪ'zɝːʃən] *n.* **1.** opuszczenie; porzucenie. **2.** dezercja.
desert island *n.* bezludna wyspa.
deserve [dɪ'zɝːv] *v.* zasługiwać na; być godnym (*czegoś*); **~ better** zasługiwać na coś lepszego; **she ~s thanks** należą się jej podziękowania.
deserving [dɪ'zɝːvɪŋ] *a.* **1.** zasłużony (*o osobie*); chwalebny, godny poparcia (*o czynie, idei*). **2. be ~ of sth** *form.* zasługiwać na coś.
design [dɪ'zaɪn] *v.* **1.** projektować. **2.** obmyślać, planować. **3.** przygotowywać, układać (*np. test*). — *n.* **1.** projekt, plan. **2.** wzór, deseń. **3.** projektowanie, wzornictwo. **4.** zamierzenie, zamysł.
designate *v.* ['dezɪgˌneɪt] **1.** desygnować, wyznaczyć. **2.** oficjalnie przeznaczyć (*sth for/as sth* coś na coś). **3.** określać. **4.** *form.* mianować, nazywać.
designer [dɪ'zaɪnər] *n.* **1.** projektant/ka, designer; **fashion ~** projektant/ka mody. **2.** konstruktor/ka. **3.** projektodaw-ca/czyni, pomysłodaw-ca/czyni. — *a.* **~ clothes** ubrania od znanego projektanta.
desirable [dɪ'zaɪrəbl] *a.* **1.** pożądany, wskazany. **2.** budzący pożądanie.
desire [dɪ'zaɪr] *v.* **1.** *form.* pragnąć (*czegoś*); **~ to do sth** pragnąć coś zrobić. **2.** pożądać, pragnąć (*kogoś*). **3. leave much to be ~d** pozostawiać wiele do życzenia. — *n.* **1.** pragnienie; ochota; życzenie; **have no ~ to do sth** nie mieć ochoty czegoś robić. **2.** pożądanie, żądza.
desk [desk] *n.* **1.** biurko; ławka. **2.** pulpit. **3. foreign/sports ~** *dzienn., telew.* dział zagraniczny/sportowy. **4. information ~** punkt informacyjny, informacja (*np. na lotnisku*). **5.** (*także* **reception ~**) recepcja (*w hotelu*).
desktop computer *n.* komputer stacjonarny.
desktop publishing *n. komp.* mała poligrafia.

desolate *a.* ['desələt] **1.** odludny. **2.** niepocieszony; opuszczony, osamotniony.
despair [dɪ'sper] *n.* rozpacz. — *v.* **1.** rozpaczać. **2.** **~ of sth** stracić nadzieję na coś, zwątpić w coś.
desperate ['despərət] *a.* **1.** zdesperowany. **2.** rozpaczliwy, beznadziejny. **3.** desperacki. **4.** **be ~ for sth** rozpaczliwie potrzebować czegoś; **be ~ to do sth** rozpaczliwie pragnąć coś zrobić.
desperation [ˌdespə'reɪʃən] *n.* **1.** desperacja. **2.** rozpacz; beznadzieja.
despicable [dɪ'spɪkəbl] *a.* nikczemny, podły.
despise [dɪ'spaɪz] *v.* gardzić, pogardzać (*kimś l. czymś*).
despite [dɪ'spaɪt] *prep.* **1.** (po)mimo; **~ the fact that...** pomimo tego, że... **2.** **~ o.s.** wbrew (samemu) sobie; chcąc nie chcąc.
despot ['despət] *n.* despot-a/ka.
dessert [dɪ'zɝːt] *n.* deser; **for ~** na deser.
destination [ˌdestə'neɪʃən] *n.* **1.** cel podróży; **arrive at one's ~** dotrzeć do celu/na miejsce; **popular tourist ~** popularne miejsce wyjazdów turystycznych. **2.** miejsce przeznaczenia. **3.** adres docelowy; adresat/ka.
destined ['destɪnd] *a.* **1.** przeznaczony (*for sth* do czegoś/na coś) (*np. o pieniądzach, środkach*); **she was ~ to do it** było jej pisane to zrobić. **2.** **~ for New York** (jadący/lecący) do Nowego Jorku; udający się/podróżujący do Nowego Jorku.
destiny ['destənɪ] *n.* przeznaczenie; los.
destitute ['destɪˌtuːt] *a.* pozbawiony środków do życia.
destroy [dɪ'strɔɪ] *v.* zniszczyć.
destruction [dɪ'strʌkʃən] *n.* zniszczenie, destrukcja; ruina; zguba; **weapons of mass ~** broń masowej zagłady.
destructive [dɪ'strʌktɪv] *a.* **1.** niszczący; niszczycielski. **2.** destruktywny, destrukcyjny.
detach [dɪ'tætʃ] *v.* **1.** odczepiać, odłączać; zdejmować; odpinać; odrywać. **2.** **~ o.s.** odizolować/odseparować się (*from sb* od kogoś); *form.* oderwać się (*from sth* od czegoś).
detached [dɪ'tætʃt] *a.* **1.** bezstronny, obiektywny. **2.** obojętny.
detachment [dɪ'tætʃmənt] *n.* **1.** bezstronność, obiektywność. **2.** obojętność, dystans. **3.** *wojsk.* oddział specjalny.
detail ['diːteɪl] *n.* szczegół, detal; **attention to ~** dbałość o szczegóły; **go into ~(s)** wdawać się w szczegóły; **in (great) ~** (bardzo) szczegółowo, ze (wszystkimi) szczegółami. — *v.* wyszczególniać.
detailed ['diːteɪld] *a.* szczegółowy, drobiazgowy.
detain [dɪ'teɪn] *v.* zatrzymać (*t. = aresztować*).
detect [dɪ'tekt] *v.* wykryć; odkryć; wyczuć.
detection [dɪ'tekʃən] *n.* wykrywanie; wykrycie, wyśledzenie; **crime ~** wykrywalność przestępstw.
detective [dɪ'tektɪv] *n.* detektyw; **private ~** prywatny detektyw. — *a.* **1.** **~ story/novel** kryminał. **2.** wywiadowczy, śledczy.
detector [dɪ'tektər] *n.* wykrywacz, detektor.
détente [deɪ'tɑːnt], **detente** *n. polit.* odprężenie, détente.
detention [dɪ'tenʃən] *n.* **1.** zatrzymanie, aresztowanie; **in ~** w areszcie. **2.** kara zatrzymania po lekcjach; **be (kept) in ~** zostać po lekcjach.
deter [dɪ'tɝː] *v.* **1.** **~ sb (from doing sth)** odstraszać kogoś (od robienia czegoś); powstrzymywać kogoś (przed czymś). **2.** zapobiegać (*czemuś*), powstrzymywać (*coś*).
detergent [dɪ'tɝːdʒənt] *n.* detergent.
deteriorate [dɪ'tiːrɪəˌreɪt] *v.* **1.** pogarszać się. **2.** rozpadać się; podupadać.
deterioration [dɪˌtiːrɪə'reɪʃən] *n.* **1.** pogarszanie się; pogorszenie. **2.** upadek.
determination [dɪˌtɝːmə'neɪʃən] *n.* determinacja, zdecydowanie.
determine [dɪ'tɝːmɪn] *v.* **1.** ustalać, określać. **2.** wyznaczać. **3.** determinować. **4.** rozstrzygnąć. **5.** **~ to do sth** *form.* postanowić coś zrobić.
determined [dɪ'tɝːmɪnd] *a.* **1.** zdeterminowany, zdecydowany; **~ to do sth** zdecydowany coś zrobić. **2.** stanowczy. **3.** określony, ustalony.
determinism [dɪ'tɝːməˌnɪzəm] *n.* determinizm.
deterrent [dɪ'tɝːənt] *n.* **1.** czynnik odstraszający; straszak; **act/serve as a ~** działać odstraszająco. **2.** środki odstraszania (*zwł. = broń jądrowa*). — *a.* odstraszający.
detest [dɪ'test] *v.* nie cierpieć, nienawidzić (*kogoś l. czegoś*).
detonate ['detəˌneɪt] *v.* **1.** wybuchać, eksplodować. **2.** detonować.
detour ['diːtʊr] *n.* objazd; **make/take a ~** zboczyć z trasy, pojechać okrężną drogą. — *v.* **1.** robić objazd, jechać okrężną drogą. **2.** skierować objazdem.
detox ['diːtɑːks] *n. pot.* odwyk.
detract [dɪ'trækt] *v.* **~ from sth** umniejszać coś; zakłócać coś; szkodzić czemuś.
detriment ['detrəmənt] *n.* **to the ~ of sb/sth** *form.* ze szkodą dla kogoś/czegoś.
detrimental [ˌdetrə'mentl] *a.* szkodliwy, zgubny (*to sth* dla czegoś).
devaluation [diːˌvæljuː'eɪʃən] *n.* dewaluacja.
devalue [diː'væljuː] *v.* dewaluować (się).
devastate ['devəˌsteɪt] *v.* **1.** zniszczyć doszczętnie. **2.** przytłaczać.
devastating ['devəˌsteɪtɪŋ] *a.* **1.** niszczycielski; siejący spustoszenie. **2.** druzgocący, przytłaczający; miażdżący.
develop [dɪ'veləp] *v.* **1.** rozwijać (się). **2.** opracowywać (*nowe technologie, leki*). **3.** wywiązać się (*o kłótni, chorobie*). **4.** zagospodarować (*teren, grunt*). **5.** *fot.* wywoływać.
development [dɪ'veləpmənt] *n.* **1.** rozwój; wzrost. **2.** produkt rozwoju, wytwór. **3.** wydarzenie, fakt (*zwł. zmieniający sytuację*). **4.** osiedle; teren zabudowany.
deviate ['diːvɪˌeɪt] *v. form.* **1.** **~ from sth** odbiegać/odstępować od czegoś. **2.** zbaczać.
deviation [ˌdiːvɪ'eɪʃən] *n.* **1.** dewiacja. **2.** *stat.* odchylenie.
device [dɪ'vaɪs] *n.* **1.** urządzenie, przyrząd. **2.** fortel, sztuczka.
devil ['devl] *n.* **1.** diabeł. **2.** **talk/speak of the ~** o wilku mowa.
devious ['diːvɪəs] *a.* **1.** przebiegły. **2.** pokrętny.
devise [dɪ'vaɪz] *v.* obmyślić; wynaleźć.
devoid [dɪ'vɔɪd] *a.* **~ of sth** *form.* pozbawiony czegoś.
devote [dɪ'voʊt] *v.* **~ sth/o.s. to sb/sth** poświęcać coś/się komuś/czemuś.
devoted [dɪ'voʊtɪd] *a.* **1.** oddany (*= wierny*). **2.** **~ to sb/sth** poświęcony komuś/czemuś (*np. o świątyni*).
devotion [dɪ'voʊʃən] *n.* **1.** oddanie; poświęcenie. **2.** pobożność.

devour [dɪ'vaʊr] *v.* pożerać, pochłaniać.
devout [dɪ'vaʊt] *a.* pobożny, nabożny.
dew [duː] *n.* rosa.
dexterity [dek'sterətɪ] *n.* zręczność.
diabetes [ˌdaɪə'biːtɪs] *n.* cukrzyca.
diabetic [ˌdaɪə'betɪk] *a.* **1.** cukrzycowy; dla cukrzyków. **2. be ~** mieć cukrzycę. — *n.* chor-y/a na cukrzycę, diabety-k/czka.
diagnose ['daɪəgˌnoʊs] *v.* diagnozować; stawiać diagnozę/rozpoznanie; **she was ~d as having anorexia/being anorexic** zdiagnozowano u niej anoreksję.
diagnosis [ˌdaɪəg'noʊsɪs] *n. pl.* **diagnoses** [ˌdaɪəg'noʊsiːs] diagnoza, rozpoznanie; **make/give a ~** postawić diagnozę.
diagonal [daɪ'ægənl] *a.* **1.** przekątny. **2.** ukośny, skośny. — *n.* przekątna.
diagonally [daɪ'ægənlɪ] *adv.* po przekątnej.
diagram ['daɪəˌgræm] *n.* diagram, wykres, schemat. — *v.* przedstawić na diagramie.
dial ['daɪl] *n.* **1.** tarcza (*telefonu*). **2.** potencjometr, pokrętło. — *v.* wykręcać, wybierać (*numer*).
dialect ['daɪəˌlekt] *n.* dialekt; gwara; narzecze.
dialogue ['daɪəˌlɔːg], **dialog** *n.* dialog.
diameter [daɪ'æmɪtər] *n.* średnica.
diametrically [ˌdaɪə'metrɪklɪ] *adv.* **~ opposed/opposite** diametralnie różny.
diamond ['daɪmənd] *n.* **1.** diament. **2.** (*także* **cut ~**) brylant. **3.** romb. **4. ~s** karo.
diaper ['daɪpər] *n.* pieluszka. — *v.* przewijać (*dziecko*).
diaphragm ['daɪəˌfræm] *n.* przepona.
diarrhea [ˌdaɪə'riːə] *n.* biegunka.
diary ['daɪərɪ] *n.* dziennik, pamiętnik; **keep a ~** pisać pamiętnik.
dice [daɪs] *n. pl. sing.* **dice** *l.* **die** kości do gry; gra w kości; **throw/roll the ~** rzucić kostką. — *v.* kroić w kostkę.
dictate *v.* [dɪk'teɪt] dyktować.
dictation [dɪk'teɪʃən] *n.* dyktando; dyktowanie.
dictator ['dɪkteɪtər] *n.* dyktator/ka.
dictatorship [dɪk'teɪtərˌʃɪp] *n.* dyktatura.
diction ['dɪkʃən] *n.* **1.** dykcja. **2.** styl (*zwł. pisarski*).
dictionary ['dɪkʃəˌnerɪ] *n.* słownik.
did [dɪd] *v. zob.* **do** *v.*
didactic [daɪ'dæktɪk] *a. form.* dydaktyczny.
didn't ['dɪdənt] *v.* = **did not**; *zob.* **do** *v.*
die [daɪ] *v.* **1.** umierać; ginąć; **~ of pneumonia/starvation** umrzeć na zapalenie płuc/z głodu. **2.** zdechnąć, paść. **3.** uschnąć, zwiędnąć. **4.** słabnąć, zanikać, ustępować; **~ hard** trzymać się mocno, nie dawać się łatwo wykorzenić. **5.** *pot.* **the motor ~d** silnik zgasł; **the phone ~d on me** telefon przestał działać w trakcie rozmowy. **6.** *pot.* **be dying for sth** marzyć o czymś; **be dying to do sth** bardzo chcieć coś zrobić; **be dying of boredom** umierać z nudów. **7. ~ away** zanikać, słabnąć; **~ down** słabnąć; cichnąć; **~ off** wymierać (*jeden po drugim*); **~ out** wymrzeć; wyginąć.
die-hard ['daɪˌhɑːrd], **die hard** *n.* konserwatyst-a/ka. — *a.* uparty, twardogłowy.
diesel ['diːzl] *n.* **1.** (*także* **~ engine**) silnik Diesla. **2.** (*także* **~ car**) diesel. **3.** (*także* **~ oil**) olej napędowy, ropa.
diet ['daɪət] *n.* **1.** odżywianie. **2.** dieta; **be on a ~** być na diecie; **go on a ~** zacząć się odchudzać. — *v.* być na diecie, stosować dietę. — *a.* dietetyczny.
differ ['dɪfər] *v.* **1.** różnić się (*from sb/sth* od kogoś/czegoś). **2.** nie zgadzać się.
difference ['dɪfərəns] *n.* **1.** różnica; **~ in age** różnica wieku; **it doesn't make any ~ to me** (*także* **it makes no ~ to me**) nie robi mi to (żadnej) różnicy; **(can) tell the ~** widzieć różnicę; umieć odróżnić (*between A and B* A od B). **2.** (*także* **~ of opinion**) różnica poglądów. **3. make a big ~/all the ~** mieć kolosalne znaczenie (*to sth/for sb* dla czegoś/kogoś); **same ~** *pot.* na jedno wychodzi; **with a ~** wyjątkowy, nietuzinkowy.
different ['dɪfərənt] *a.* **1.** inny, różny, odmienny. **2. ~ from/than sb/sth** inny od kogoś/czegoś, inny niż ktoś/coś. **3.** różny, rozmaity.
differentiate [ˌdɪfə'renʃɪˌeɪt] *v.* **1.** odróżniać. **2.** różniać.
differently ['dɪfərəntlɪ] *adv.* **1.** inaczej, odmiennie. **2.** różnie, rozmaicie.
difficult ['dɪfəˌkəlt] *a.* **1.** trudny; **~ to understand** trudny do zrozumienia; **he finds it ~ to breathe** trudno mu (jest) oddychać; **make it ~ for sb to do sth** utrudniać komuś zrobienie czegoś. **2.** trudny do zadowolenia, wymagający.
difficulty ['dɪfəˌkəltɪ] *n.* **1.** trudność; **have ~ speaking** mieć trudności z mówieniem; **with (great) ~** z (wielkim) trudem. **2. be in ~** mieć kłopoty; **have difficulties with sth** mieć problemy z czymś.
diffident ['dɪfɪdənt] *a.* **1.** niewierzący w siebie. **2.** nieśmiały.
diffuse *v.* [dɪ'fjuːz] **1.** *form.* szerzyć, rozpowszechniać. **2.** *opt.* rozpraszać. — *a.* [dɪ'fjuːs] **1.** rozproszony (*o świetle*). **2.** rozwlekły, mętny. **3.** rozrzucony.
dig [dɪg] *v. pret. i pp.* **dug 1.** kopać. **2. ~ (up)** wykopać; **~ a tunnel** wykopać tunel. **3.** przekopywać (się); **~ (up) the garden** przekopać ogródek; **~ through the files** przekopać (się przez) akta. **4.** *przest. sl.* kumać (= *rozumieć*). **5.** *przest. sl.* lubić. **6. ~ in** okopać się; *pot.* pozostać przy swoim; *pot.* wsuwać (= *jeść*); **~ in/into** wbijać/wrzynać (się) w; **~ into** *pot.* zabrać się do (*roboty, jedzenia*); sięgnąć do (*oszczędności*); **~ out** odkopać, wykopać; odgrzebać (= *odnaleźć*); **~ up** wykopać; rozkopać; dokopać/dogrzebać się do (*informacji itp.*). — *n.* **1.** kopanie. **2.** wykopalisko. **3.** przytyk. **4.** kuksaniec.
digest *v.* [daɪ'ʤest] **1.** trawić. **2.** przetrawić. — *n.* ['daɪˌʤest] kompendium.
digestion [daɪ'ʤestʃən] *n.* trawienie.
digestive [daɪ'ʤestɪv] *a.* **1.** trawienny; pokarmowy. **2.** ułatwiający trawienie.
digit ['dɪʤɪt] *n.* **1.** cyfra. **2.** *form.* palec.
digital ['dɪʤɪtl] *a.* cyfrowy.
dignified ['dɪgnəˌfaɪd] *a.* dostojny, pełen godności.
dignity ['dɪgnətɪ] *n.* godność, dostojeństwo.
digress [daɪ'gres] *v. form.* zrobić dygresję, odejść od tematu; **~ from sth** odbiec od czegoś.
dike [daɪk] *n. zob.* **dyke**.
dilapidated [dɪ'læpɪˌdeɪtɪd] *a.* walący się, w rozsypce.
dilemma [dɪ'lemə] *n.* dylemat.
diligent ['dɪlɪʤənt] *a.* **1.** pilny, pracowity. **2.** staranny, skrupulatny.
dilute [daɪ'luːt] *v.* **1.** rozcieńczać, rozwadniać. **2.** osłabiać; zmniejszać.
dim [dɪm] *a.* **1.** ciemny, źle oświetlony. **2.** przyćmiony. **3.** niewyraźny, mglisty. **4.** ponury (*o perspektywie*); nikły (*o szansach*). **5.** *pot.* ciemny (= *niezbyt bystry*).

— *v.* **1.** przyciemniać (się); przygaszać (się); **~ one's (head)lights** włączyć światła mijania. **2.** przygasić (*urodę, zapał*); osłabić (*szanse*).
dime [daɪm] *n.* **1.** dziesięciocentówka. **2. sth is a ~ a dozen** *pot.* czegoś jest od metra/na pęczki.
dimension [də'menʃən] *n.* **1.** wymiar. **2. ~s** wymiary, gabaryty; skala (*problemu*); **of great/small ~s** dużych/małych rozmiarów.
diminish [dɪ'mɪnɪʃ] *v.* **1.** zmniejszać się, maleć, kurczyć się; słabnąć; obniżać się, spadać; **~ in value/importance** tracić na wartości/znaczeniu. **2.** zmniejszać; pomniejszać; uszczuplać; osłabiać.
diminutive [dɪ'mɪnjətɪv] *a.* **1.** drobniutki, malutki. **2.** *gram.* zdrobniały. — *n. gram.* zdrobnienie.
dimple ['dɪmpl] *n.* dołeczek (*w policzku, brodzie*).
din [dɪn] *n.* hałas; gwar, wrzawa.
dine [daɪn] *v. form.* jeść obiad; **~ in/out** jeść w domu/poza domem; **~ sb** podejmować kogoś obiadem.
diner ['daɪnər] *n.* **1.** tania restauracja. **2.** gość (*w restauracji*). **3.** wagon restauracyjny.
dinghy ['dɪŋgɪ] *n.* łódka; szalupa.
dingy ['dɪŋgɪ] *a.* obskurny, brudny.
dining car ['daɪnɪŋ ˌkaːr] *n.* wagon restauracyjny.
dining room *n.* jadalnia, pokój jadalny/stołowy.
dinner ['dɪnər] *n.* obiad; kolacja; **have ~** jeść obiad.
dinosaur ['daɪnəˌsɔːr] *n.* dinozaur.
dip [dɪp] *v.* **1.** zanurzać (się); maczać; umoczyć. **2.** obniżać się (*o terenie*). **3.** zanurkować, dać nura. **4.** spadać (*zwł. chwilowo*). **5. ~ in/into sth** sięgnąć do czegoś (*żeby coś wyjąć*). — *n.* **1.** sos, dip. **2.** spadek (*zwł. chwilowy*). **3. go for/take a ~** iść popływać.
diploma [dɪ'ploʊmə] *n.* dyplom; **high school ~** świadectwo ukończenia szkoły średniej.
diplomacy [dɪ'ploʊməsɪ] *n.* dyplomacja.
diplomat ['dɪpləˌmæt] *n.* dyplomat-a/ka.
diplomatic [ˌdɪplə'mætɪk] *a.* dyplomatyczny.
dip switch *n. mot.* przełącznik świateł.
dire [daɪr] *a.* zgubny (*o konsekwencjach*); skrajny (*o nędzy*); dramatyczny (*o sytuacji*); **(be) in ~ straits** (być) w tarapatach.
direct [də'rekt] *v.* **1.** kierować, rządzić, dyrygować (*kimś l. czymś*); **~ the traffic** kierować ruchem. **2. ~ sb to do sth** *form.* polecić komuś coś zrobić. **3. ~ a question/remark at sb** skierować pytanie/uwagę do kogoś; **~ one's attention toward sth** skierować uwagę na coś; **can you ~ me to...?** czy może mi Pan/i wskazać drogę do ..? **4.** reżyserować. **5.** dyrygować. — *a.* bezpośredni; wprost; w prostej linii. — *adv.* **1.** bezpośrednio; **fly ~ (from Rzeszów) to Chicago** lecieć bezpośrednio (z Rzeszowa) do Chicago; **you can dial Poland ~** można dzwonić do Polski bezpośrednio. **2.** prosto, wprost; **buy sth ~ from the producer** kupować coś bezpośrednio od producenta.
direction [də'rekʃən] *n.* **1.** kierunek; strona; **change ~** zmienić kierunek; **in the ~ of Gdynia** w kierunku Gdyni; **in the opposite ~** w przeciwnym kierunku, w przeciwną stronę. **2.** kierownictwo; przywództwo. **3.** reżyseria. **4. ~s (for use)** instrukcja (użytkowania/obsługi); **care/washing ~s** przepis prania; **give sb ~s** wskazać komuś drogę. **5. sense of ~** orientacja (w terenie); poczucie celu (*w życiu*).
directly [də'rektlɪ] *adv.* bezpośrednio; wprost.
director [də'rektər] *n.* **1.** reżyser/ka. **2.** dyrygent/ka. **3.** człon-ek/kini zarządu; **board of ~s** zarząd, rada nadzorcza. **4.** dyrektor/ka; **financial ~** dyrektor finansowy.
directory [də'rektərɪ] *n.* **1.** (*także* **telephone ~**) książka telefoniczna. **2.** *komp.* katalog, folder.
dirt [dɝːt] *n.* **1.** brud; błoto; nieczystości; odchody. **2.** ziemia. **3.** świństwa; brudy.
dirt-cheap [ˌdɝːt'tʃiːp] *pot. a.* tani jak barszcz. — *adv.* za bezcen, za psie pieniądze.
dirty ['dɝːtɪ] *a.* **1.** brudny; zabrudzony; przybrudzony. **2.** sprośny, nieprzyzwoity. **3.** *sport* nieczysty. **4. do sb's ~ work (for them)** odwalać za kogoś brudną robotę; **have a ~ mind** mieć sprośne myśli; **wash one's ~ linen in public** (*także* **air/do one's ~ laundry in public**) prać brudy przy wszystkich. — *adv. pot.* **play ~** grać nieczysto; **talk ~** świntuszyć. — *v.* brudzić (się); **~ one's hands on sth** pobrudzić sobie czymś ręce.
disability [ˌdɪsə'bɪlətɪ] *n.* niepełnosprawność; inwalidztwo, kalectwo; upośledzenie.
disabled [dɪs'eɪbld] *a.* **1.** niepełnosprawny; kaleki; **mentally ~** upośledzony (umysłowo). **2. ~ toilet/parking** toaleta/parking dla niepełnosprawnych. — *n.* **the ~** niepełnosprawni.
disadvantage [ˌdɪsəd'væntɪdʒ] *n.* **1.** ujemna/zła strona, wada; **the advantages and ~s of city life** dobre i złe strony życia w mieście. **2. work to sb's ~** działać na czyjąś niekorzyść. — *v.* stawiać w niekorzystnym położeniu, działać na niekorzyść (*kogoś*).
disagree [ˌdɪsə'griː] *v.* **1.** nie zgadzać się; być odmiennego zdania. **2. ~ with sb** szkodzić/nie służyć komuś.
disagreeable [ˌdɪsə'griːəbl] *a.* nieprzyjemny.
disagreement [ˌdɪsə'griːmənt] *n.* **1.** różnica zdań; niezgoda. **2.** niezgodność. **3.** nieporozumienie, sprzeczka.
disappear [ˌdɪsə'piːr] *v.* **1.** znikać; przepaść; zapodziać/zawieruszyć się. **2.** zanikać, ginąć.
disappearance [ˌdɪsə'piːrəns] *n.* **1.** zniknięcie; zaginięcie. **2.** zanik.
disappoint [ˌdɪsə'pɔɪnt] *v.* rozczarować, zawieść.
disappointed [ˌdɪsə'pɔɪntɪd] *a.* rozczarowany; zawiedziony; **I'm ~ in/with him** zawiodłam się na nim.
disappointing [ˌdɪsə'pɔɪntɪŋ] *a.* rozczarowujący, poniżej oczekiwań; mierny.
disappointment [ˌdɪsə'pɔɪntmənt] *n.* rozczarowanie; zawód; **be a ~ to sb** rozczarować kogoś, sprawić komuś zawód.
disapproval [ˌdɪsə'pruːvl] *n.* dezaprobata; niechęć.
disapprove [ˌdɪsə'pruːv] *v.* **~ of sb/sth** nie pochwalać kogoś/czegoś; potępiać kogoś/coś; **I ~** jestem przeciw.
disarm [dɪs'ɑːrm] *v.* rozbrajać (się).
disarmament [dɪs'ɑːrməmənt] *n.* rozbrojenie.
disarming [dɪs'ɑːrmɪŋ] *a.* rozbrajający.
disarray [ˌdɪsə'reɪ] *n.* **in ~** w nieładzie/rozsypce; **throw sth into ~** wprowadzić zamieszanie w czymś.
disaster [dɪ'zæstər] *n.* katastrofa, nieszczęście; (*także* **natural ~**) klęska żywiołowa; **rail/air ~** katastrofa kolejowa/lotnicza; **he's a ~ as a teacher** *pot.* jest beznadziejnym nauczycielem.
disastrous [dɪ'zæstrəs] *a.* katastrofalny; zgubny; fatalny.
disbelief [ˌdɪsbɪ'liːf] *n.* niedowierzanie; **in ~** z niedowierzaniem.
disc [dɪsk] *n.* = **disk**.
discard *v.* [dɪs'kɑːrd] **1.** wyrzucić; pozbyć się (*czegoś*). **2.** porzucić; odrzucić.

discern [dɪ'sɜːn] *v.* **1.** dostrzegać. **2.** rozróżniać. **3.** rozeznać się w (*czymś*), uchwycić.
discerning [dɪ'sɜːnɪŋ] *a.* **1.** znający się na rzeczy; wyrobiony (*o publiczności*). **2.** wnikliwy; przenikliwy.
discharge *v.* [dɪs'tʃɑːrdʒ] **1.** zwalniać (*więźnia, żołnierza*); wypisywać (*pacjenta*). **2.** wydzielać (się) (*np. o śluzie, ropie, dymach*). **3.** ~ **a duty** *form.* wywiązać się z obowiązku. — *n.* ['dɪstʃɑːrdʒ] **1.** zwolnienie; **conditional** ~ zwolnienie warunkowe. **2.** wypis (*ze szpitala*). **3.** wydzielina. **4.** wydzielanie, emisja. **5.** *el.* wyładowanie.
disciple [dɪ'saɪpl] *n.* ucze-ń/nnica; **the D~s** Apostołowie.
discipline ['dɪsəplɪn] *n.* **1.** dyscyplina; zdyscyplinowanie, karność. **2.** dyscyplina, dziedzina. — *v.* **1.** narzucać dyscyplinę (*komuś*), dyscyplinować. **2.** karać (*zwł. dyscyplinarnie*).
disclaim [dɪs'kleɪm] *v. form.* zaprzeczać (*twierdzeniu*); wypierać się (*odpowiedzialności*); dementować.
disclaimer [dɪs'kleɪmər] *n.* dementi, sprostowanie.
disclose [dɪs'kloʊz] *v.* ujawniać, wyjawiać; odsłaniać, odkrywać.
disclosure [dɪs'kloʊʒər] *n.* ujawnienie, wyjawienie; odkrycie.
disco ['dɪskoʊ] *n.* **1.** dyskoteka. **2.** (muzyka) disco.
discolor [dɪs'kʌlər] *v.* **1.** przebarwiać (się); odbarwiać (się). **2.** płowieć; tracić kolor.
discomfort [dɪs'kʌmfərt] *n.* **1.** dyskomfort; ból. **2.** zakłopotanie, zażenowanie. **3.** niewygoda.
disconcert [ˌdɪskən'sɜːt] *v.* **1.** zaniepokoić, wywołać niepokój u (*kogoś*). **2.** wprawić w zakłopotanie; zbić z tropu.
disconnect [ˌdɪskə'nekt] *v.* odłączać; rozłączać; wyłączać.
discontent [ˌdɪskən'tent] *n.* niezadowolenie. — *a.* (*także* **~ed**) niezadowolony.
discontinue [ˌdɪskən'tɪnjuː] *v.* **1.** przerwać. **2.** przestać produkować (*model, wzór*). **3.** porzucić (*zwyczaj*).
discord ['dɪskɔːrd] *n.* **1.** *form.* niezgoda; rozdźwięk. **2.** *muz.* dysonans.
discount ['dɪskaʊnt] *n.* zniżka, rabat, bonifikata. — *a.* **1.** okazyjny, przeceniony; obniżony (*o cenie*). **2.** dyskonto; ~ **rate** stopa dyskontowa. — *v.* **1.** obniżać cenę (*towaru, usługi*). **2.** wykluczać (*możliwość, opcję*). **3.** traktować sceptycznie (*twierdzenie*).
discourage [dɪ'skɜːɪdʒ] *v.* zniechęcać (*sb from (doing) sth* kogoś do (robienia) czegoś); odstraszać.
discouraging [dɪ'skɜːɪdʒɪŋ] *a.* zniechęcający.
discourteous [dɪs'kɜːtɪəs] *a. form.* nieuprzejmy, niegrzeczny.
discover [dɪ'skʌvər] *v.* **1.** odkrywać. **2.** wynaleźć; wykryć.
discoverer [dɪ'skʌvərər] *n.* odkryw-ca/czyni.
discovery [dɪ'skʌvərɪ] *n.* **1.** odkrycie; **make a** ~ dokonać odkrycia. **2.** znalezienie, odnalezienie.
discredit [dɪs'kredɪt] *v.* **1.** dyskredytować; kompromitować. **2.** nie dawać wiary (*czemuś*). — *n.* kompromitacja.
discreet [dɪ'skriːt] *a.* **1.** dyskretny. **2.** ostrożny.
discrepancy [dɪ'skrepənsɪ] *n.* rozbieżność.
discretion [dɪ'skreʃən] *n.* **1. at sb's** ~ zależnie od/według czyjegoś uznania. **2.** dyskrecja. **3.** rozwaga; powściągliwość.
discriminate [dɪ'skrɪməˌneɪt] *v.* **1.** odróżniać; rozróżniać. **2.** ~ **against sb** dyskryminować kogoś; ~ **in favor of sb** faworyzować kogoś.
discriminating [dɪ'skrɪməˌneɪtɪŋ] *a.* znający się na rzeczy, wyrobiony (*o widzach*).
discrimination [dɪˌskrɪmə'neɪʃən] *n.* **1.** dyskryminacja; **racial/sex** ~ dyskryminacja rasowa/płciowa. **2.** rozeznanie, znajomość rzeczy.
discuss [dɪ'skʌs] *v.* omawiać; ~ **sth (with sb)** dyskutować (z kimś) o czymś.
discussion [dɪ'skʌʃən] *n.* **1.** dyskusja; **under** ~ będący przedmiotem dyskusji, omawiany. **2.** omówienie.
disdain [dɪs'deɪn] *form. n.* pogarda, wzgarda. — *v.* gardzić (*kimś l. czymś*).
disease [dɪ'ziːz] *n.* choroba; choroby.
diseased [dɪ'ziːzd] *a.* chory; schorowany.
disembark [ˌdɪsɪm'bɑːrk] *v.* **1.** schodzić na ląd. **2.** wysiadać z samolotu.
disenchanted [ˌdɪsɪn'tʃæntɪd] *a.* rozczarowany, pozbawiony złudzeń.
disentangle [ˌdɪsɪn'tæŋgl] *v.* **1.** wyswobodzić, wyplątać; ~ **o.s. from sth** wyplątać się z czegoś. **2.** rozwikłać.
disfigure [dɪs'fɪgjər] *v.* zniekształcić, oszpecić.
disgrace [dɪs'greɪs] *n.* **1.** hańba, wstyd; **it's a ~ (that...)** to skandal (że...). **2. (be) in** ~ (być) w niełasce. — *v.* hańbić, przynosić wstyd (*komuś*).
disgraceful [dɪs'greɪsful] *a.* haniebny, hańbiący.
disgruntled [dɪs'grʌntld] *a.* niezadowolony; skwaszony.
disguise [dɪs'gaɪz] *v.* **1.** przebierać (*sb as sb/sth* kogoś za kogoś/coś); charakteryzować; zmieniać (*głos*). **2.** ukrywać (*fakty, zamiary, uczucia*). — *n.* **1.** przebranie; charakteryzacja; kamuflaż. **2. in** ~ w przebraniu; incognito; **a blessing in** ~ błogosławione w skutkach nieszczęście.
disgust [dɪs'gʌst] *n.* **1.** obrzydzenie, wstręt. **2.** oburzenie. — *v.* napawać obrzydzeniem/wstrętem; **sb is ~ed by/with sth** ktoś jest czymś zdegustowany.
disgusting [dɪs'gʌstɪŋ] *a.* wstrętny, obrzydliwy.
dish [dɪʃ] *n.* **1.** naczynie; półmisek; **do/wash the ~es** zmywać naczynia. **2.** potrawa, danie; **meat/fish** ~ danie mięsne/rybne. **3. (satellite)** ~ antena (satelitarna). — *v.* **1.** nakładać (na półmisek). **2.** ~ **the dirt on sb** *pot.* złośliwie obgadywać kogoś. **3.** ~ **out** *pot.* podawać, serwować; rozdawać (na prawo i lewo); udzielać (*nieproszonych rad*); wymierzać (*karę*); ~ **up** nakładać na talerze/półmiski.
dishcloth ['dɪʃˌklɔːθ] *n.* ściereczka do mycia naczyń.
dishearten [dɪs'hɑːrtən] *v.* zniechęcać.
disheveled [dɪ'ʃevəld] *a.* **1.** rozczochrany. **2.** zaniedbany, w nieładzie.
dishonest [dɪs'ɑːnɪst] *a.* nieuczciwy.
dishonesty [dɪs'ɑːnɪstɪ] *n.* nieuczciwość.
dishonor [dɪs'ɑːnər] *form. n.* hańba, dyshonor. — *v.* zhańbić, okryć hańbą.
dish towel *n.* ścierka do naczyń.
dishwasher ['dɪʃˌwɑːʃər] *n.* **1.** zmywarka (do naczyń). **2.** pomywacz/ka.
disillusion [ˌdɪsɪ'luːʒən] *v.* pozbawić złudzeń; rozczarować.
disillusionment [ˌdɪsɪ'luːʒənmənt] *n.* rozczarowanie.
disinfect [ˌdɪsɪn'fekt] *v.* odkażać, dezynfekować.
disinfectant [ˌdɪsɪn'fektənt] *a., n.* (środek) odkażający/dezynfekujący.

disintegrate [dɪs'ɪntə,greɪt] *v.* **1.** rozpadać się; ulegać dezintegracji. **2.** powodować rozkład/dezintegrację (*czegoś*).
disinterested [dɪs'ɪntərəstɪd] *a.* **1.** bezstronny, obiektywny. **2.** niezainteresowany.
disk [dɪsk], **disc** *n.* **1.** krążek; tarcza. **2.** płyta, kompakt, krążek. **3.** *komp.* dysk. **4.** *anat.* krążek międzykręgowy, dysk.
disk drive *n. komp.* stacja/napęd dysków.
diskette [dɪ'sket] *n.* dyskietka.
disk jockey, **disc jockey**, **DJ** *n.* dyskdżokej.
dislike [dɪs'laɪk] *v.* nie lubić (*kogoś l. czegoś*); **~ doing sth** nie lubić czegoś robić. — *n.* **1.** niechęć, odraza, antypatia. **2. sb's ~s** rzeczy, których ktoś nie lubi.
dislocate ['dɪslou,keɪt] *v.* **1.** zwichnąć; **she ~d her knee** zwichnęła sobie kolano. **2.** przemieścić; przesunąć.
dislodge [dɪs'lɑːdʒ] *v.* wyrwać; ruszyć z miejsca; usunąć.
disloyal [dɪs'lɔɪəl] *a.* nielojalny; niewierny.
dismal ['dɪzml] *a.* **1.** ponury, posępny. **2.** fatalny.
dismantle [dɪs'mæntl] *n.* demontować; rozbierać.
dismay [dɪs'meɪ] *form. n.* konsternacja. — *v.* konsternować; martwić.
dismiss [dɪs'mɪs] *v.* **1.** wykluczać (*możliwość*); odrzucić (*sugestię*); zlekceważyć (*zagrożenie*); oddalić (*myśl, sprzeciw*); zbyć (*pytanie*). **2.** puszczać do domu (*uczniów*). **3.** zwolnić; zdymisjonować.
dismissal [dɪs'mɪsl] *n.* zwolnienie; dymisja.
dismount [dɪs'maʊnt] *v.* zsiadać (*from sth* z czegoś).
disobedience [,dɪsə'biːdɪəns] *n.* nieposłuszeństwo.
disorder [dɪs'ɔːrdər] *n.* **1.** nieporządek, nieład. **2.** rozruchy, zamieszki; **civil ~** niepokoje społeczne. **3. emotional/sleep ~** zaburzenia emocjonalne/snu.
disorderly [dɪs'ɔːrdərlɪ] *a.* **1.** nieporządny, nieposprzątany. **2.** bezładny, chaotyczny. **3.** zakłócający porządek; rozpasany; zdziczały.
disorganized [dɪs'ɔːrgə,naɪzd] *a.* **1.** źle zorganizowany. **2.** zdezorganizowany.
disown [dɪs'oʊn] *v.* wyrzec się (*osoby*); wyprzeć się (*czynu*).
disparaging [dɪ'sperɪdʒɪŋ] *a.* lekceważący; pogardliwy.
disparity [dɪ'sperətɪ] *n.* zasadnicza różnica, nierówność (*in/between* w/pomiędzy).
dispassionate [dɪs'pæʃənɪt] *a.* **1.** beznamiętny. **2.** trzeźwy, obiektywny.
dispatch [dɪ'spætʃ] *v.* wysyłać; ekspediować. — *n.* **1.** wysyłka. **2.** *dzienn.* doniesienie, depesza. **3.** *wojsk.* meldunek; komunikat.
dispel [dɪ'spel] *v.* rozwiać (*obawy, wątpliwości*).
dispense [dɪ'spens] *v. form.* **1.** przygotowywać i wydawać (*leki*). **2.** wymierzać (*sprawiedliwość, karę*). **3.** udzielać (*rad*). **4.** rozdzielać, rozdysponowywać (*pieniądze*). **5. ~ with sth** obchodzić/obywać się bez czegoś.
dispenser [dɪ'spensər] *n.* **1. drinks ~** automat z napojami. **2. soap ~** dozownik mydła.
disperse [dɪ'spɝːs] *v.* **1.** rozpraszać/rozchodzić się. **2.** rozpędzić (*demonstrantów*).
dispirited [dɪ'spɪrɪtɪd] *a.* zniechęcony; przygnębiony.
displaced person *n.* wysiedleniec.
display [dɪ'spleɪ] *v.* **1.** wystawiać (*eksponaty, towary*). **2.** okazywać (*uczucia*). **3.** *t. komp.* wyświetlać, pokazywać. **4.** wystawiać na pokaz (*ostentacyjnie*). — *n.* **1.** wystawa. **2.** pokaz. **3.** wyświetlacz. **4.** *komp.* monitor.
displease [dɪs'pliːz] *v.* wywoływać niezadowolenie u (*kogoś*).
displeased [dɪs'pliːzd] *a.* niezadowolony.
displeasure [dɪs'pleʒər] *n.* niezadowolenie.
disposable [dɪ'spoʊzəbl] *a.* jednorazowy, jednorazowego użytku.
disposal [dɪ'spoʊzl] *n.* **1.** wywóz (*śmieci*); usuwanie, likwidacja (*odpadów radioaktywnych*). **2. (put sth) at sb's ~** (oddać coś) do czyjejś dyspozycji.
dispose [dɪ'spoʊz] *v.* **~ of** pozbyć się (*kogoś l. czegoś*); dysponować (*majątkiem*); uporać się z (*problemem*).
disposed [dɪ'spoʊzd] *a.* **be ~ to do sth** być skłonnym coś zrobić; mieć ochotę coś zrobić; **be well ~ toward sb** być dobrze nastawionym do kogoś.
disposition [,dɪspə'zɪʃən] *n. form.* **1.** usposobienie. **2.** skłonność.
disproportionate [,dɪsprə'pɔːrʃənɪt] *a.* nieproporcjonalny; niewspółmierny; nadmierny.
disprove [dɪs'pruːv] *v.* obalić (*teorię*); zbić (*zarzuty*).
dispute [dɪ'spjuːt] *v.* **1.** dyskutować. **2.** kłócić/sprzeczać się. **3.** podawać w wątpliwość, kwestionować. — *n.* **1.** spór; dysputa. **2.** kłótnia.
disqualification [dɪs,kwɑːləfə'keɪʃən] *n.* dyskwalifikacja.
disqualify [dɪs'kwɑːlə,faɪ] *v.* **1.** zdyskwalifikować. **2. ~ sb from doing sth** odebrać komuś prawo robienia czegoś.
disquiet [dɪs'kwaɪət] *n. form.* zaniepokojenie.
disregard [,dɪsrɪ'gɑːrd] *v.* nie zważać na; lekceważyć. — *n.* lekceważenie; **with (complete/total) ~ for sth** (zupełnie) nie zważając na coś.
disrepair [,dɪsrɪ'per] *n.* **fall into ~** popaść w ruinę.
disrespect [,dɪsrɪ'spekt] *n.* brak szacunku.
disrespectful [,dɪsrɪ'spektfʊl] *a.* lekceważący.
disrupt [dɪs'rʌpt] *v.* zakłócić; przerwać; pokrzyżować.
disruption [dɪs'rʌpʃən] *n.* zakłócenie.
disruptive [dɪs'rʌptɪv] *a.* zakłócający spokój.
dissatisfaction [,dɪssætɪs'fækʃən] *n.* niezadowolenie.
dissatisfied [dɪs'sætɪs,faɪd] *a.* niezadowolony.
disseminate [dɪ'semə,neɪt] *v.* rozpowszechniać.
dissent [dɪ'sent] *v.* nie zgadzać się (*from sb/sth* z kimś/czymś); wyłamywać się. — *n.* różnica zdań/poglądów; niezgoda.
dissertation [,dɪsər'teɪʃən] *n.* dysertacja, rozprawa.
disservice [dɪs'sɝːvɪs] *n.* **do sb a ~** zaszkodzić komuś.
dissident ['dɪsɪdənt] *a.* dysydencki. — *n.* dysydent/ka.
dissimilar [dɪ'sɪmələr] *a.* odmienny, różny; **~ to sth** niepodobny do czegoś.
dissociate [dɪ'soʊʃɪ,eɪt] *v.* **1.** rozdzielać (się), rozłączać (się); oddzielać (się). **2. ~ o.s. from sth** odcinać się od czegoś.
dissolution [,dɪsə'luːʃən] *n.* rozwiązanie (*umowy, parlamentu*).
dissolve [dɪ'zɑːlv] *v.* **1.** rozpuszczać (się). **2.** rozwiązywać (*małżeństwo, parlament, spółkę*). **3.** rozwiewać (się). **4. ~ into laughter/tears** wybuchnąć śmiechem/płaczem.
dissuade [dɪ'sweɪd] *v.* **~ sb from (doing) sth** odwieść kogoś od (robienia) czegoś.

distance ['dɪstəns] *n.* **1.** odległość, dystans; oddalenie; **at/from a ~** z daleka/oddali; **in the ~** w oddali; **it's within walking ~** można tam dojść na piechotę. **2.** dystans, rezerwa; **keep sb at a ~** trzymać kogoś na dystans. — *v.* **~ o.s. (from sth)** dystansować się (od czegoś).
distant ['dɪstənt] *a.* **1.** odległy; daleki; **in the not too ~ future** w niezbyt odległej przyszłości. **2.** chłodny (*o sposobie bycia*); nieobecny (*o spojrzeniu*).
distaste [dɪs'teɪst] *n.* wstręt, obrzydzenie; niechęć.
distasteful [dɪs'teɪstfʊl] *a.* wstrętny, obrzydliwy.
distill [dɪ'stɪl] *v.* destylować (się).
distillery [dɪ'stɪlərɪ] *n.* **1.** destylarnia. **2.** gorzelnia.
distinct [dɪ'stɪŋkt] *a.* **1.** różny, odmienny (*from sth* od czegoś). **2.** odrębny. **3.** wyraźny. **4. X as ~ from Y** X w odróżnieniu od Y.
distinction [dɪ'stɪŋkʃən] *n.* **1.** różnica; rozróżnienie; **draw/make a ~ between A and B** rozróżniać pomiędzy A i B. **2.** wyróżnienie; zaszczyt. **3. of (great) ~** (bardzo) wybitny.
distinctive [dɪ'stɪŋktɪv] *a.* **1.** wyróżniający; charakterystyczny. **2.** dystynktywny.
distinguish [dɪ'stɪŋgwɪʃ] *v.* **1.** odróżniać; wyróżniać. **2.** rozróżniać. **3.** rozpoznawać. **4. ~ing feature** cecha charakterystyczna/wyróżniająca. **5. ~ o.s.** odznaczyć się (*np. w bitwie*).
distinguished [dɪ'stɪŋgwɪʃt] *a.* **1.** wybitny; znakomity. **2.** dystyngowany.
distort [dɪ'stɔːrt] *v.* **1.** wykrzywiać (się), deformować (się). **2.** wypaczać, przekręcać, przeinaczać. **3.** zniekształcać.
distortion [dɪ'stɔːrʃən] *n.* **1.** deformacja. **2.** wypaczenie, przekręcenie. **3.** zniekształcenie.
distract [dɪ'strækt] *v.* **1.** rozpraszać, dekoncentrować; **~ sb from their work** odrywać kogoś od pracy; **~ sb's attention (away) from sth** odrywać czyjąś uwagę od czegoś. **2.** bawić, zabawiać.
distracted [dɪ'stræktɪd] *a.* nieuważny, roztargniony.
distraction [dɪ'strækʃən] *n.* **1.** rozrywka. **2. drive sb to ~** doprowadzać kogoś do szału. **3. I couldn't work - there were too many ~s** nie mogłam pracować - zbyt wiele rzeczy mnie rozpraszało.
distraught [dɪ'strɔːt] *a. form.* wzburzony; zrozpaczony.
distress [dɪ'stres] *n.* **1.** udręka. **2. in ~** w opałach. — *v.* dręczyć; trapić.
distressed [dɪ'strest] *a.* roztrzęsiony.
distressing [dɪ'stresɪŋ] *a.* przykry, bolesny.
distribute [dɪ'strɪbjuːt] *v.* **1.** rozdawać, rozdzielać; dostarczać; dystrybuować, rozprowadzać. **2.** rozmieszczać, rozkładać.
distribution [ˌdɪstrə'bjuːʃən] *n.* **1.** dystrybucja; rozprowadzanie, rozpowszechnianie. **2.** rozprzestrzenienie. **3.** *biol.* występowanie. **4.** rozmieszczenie. **5.** *stat.* rozkład.
district ['dɪstrɪkt] *n.* okręg, obwód, dystrykt; rejon; dzielnica.
distrust [dɪs'trʌst] *n.* nieufność, podejrzliwość. — *v.* nie dowierzać, nie ufać (*komuś l. czemuś*).
disturb [dɪ'stɝːb] *v.* **1.** przeszkadzać (*komuś*); **sorry to ~ you** przepraszam, że przeszkadzam. **2.** niepokoić, martwić. **3.** zaburzać, zakłócać, naruszać. **4.** ruszać; przestawiać, przekładać.
disturbance [dɪ'stɝːbəns] *n.* **1.** zakłócenie; zaburzenie (*in sth* czegoś); **emotional/mental ~** zaburzenia emocjonalne/umysłowe. **2.** zakłócenie porządku (publicznego). **3. ~s** zamieszki, niepokoje.
disturbed [dɪ'stɝːbd] *a.* niezrównoważony (psychicznie).
disturbing [dɪ'stɝːbɪŋ] *a.* niepokojący.
disused ['dɪsjuːzd] *a.* nieużywany.
ditch [dɪtʃ] *n.* rów; kanał. — *v. pot.* pozbyć się (*kogoś l. czegoś*); rzucić (*chłopaka, dziewczynę*); zarzucić (*plan*).
dither ['dɪðər] *v.* wahać się, nie móc się zdecydować. — *n.* **be (all) in a ~** być w rozterce.
ditto ['dɪtoʊ] *adv.* jak wyżej; takoż; *pot.* ja też.
dive [daɪv] *v. pret. t.* **dove** [doʊv] **1.** nurkować, dawać nurka; pikować; **~ (down)** zanurzyć się; **~ (in)** skoczyć do wody. **2. ~ (into/under sth) for cover/shelter** chować się (do czegoś/pod coś) (*przed deszczem, ostrzałem*). **3. ~ (one's hand) into one's bag/pocket** sięgnąć (ręką) do torby/kieszeni. — *n.* **1.** skok do wody. **2.** lot nurkowy. **3.** *pot.* spelunka.
diver ['daɪvər] *n.* **1.** nurek. **2.** skoczek (do wody).
diverge [dɪ'vɝːdʒ] *v. form.* **1.** rozbiegać się, rozchodzić się. **2.** być rozbieżnym. **3. ~ from** zboczyć z (*obranego kursu*); odejść od (*przyjętych zasad*).
divergent [dɪ'vɝːdʒənt] *a.* rozbieżny.
diverse [dɪ'vɝːs] *a.* różnorodny, rozmaity; zróżnicowany.
diversify [dɪ'vɝːsəˌfaɪ] *v.* **1.** urozmaicać; różnicować. **2.** poszerzać działalność; urozmaicać ofertę.
diversion [dɪ'vɝːʒən] *n.* **1. create a ~** zrobić zamieszanie (*dla odwrócenia uwagi*). **2.** rozrywka. **3.** objazd. **4.** dywersja.
diversity [dɪ'vɝːsətɪ] *n.* różnorodność, rozmaitość.
divert [dɪ'vɝːt] *v.* **1.** zawracać (*kogoś/coś*); skierowywać objazdem (*ruch*). **2. ~ (sb's) attention from sth** odwracać (czyjąś) uwagę od czegoś. **3. ~ funds/resources** zmieniać przeznaczenie funduszy/środków.
divide [dɪ'vaɪd] *v.* **1. ~ (up)** dzielić (się). **2. ~ (out/up)** rozdzielać (się); oddzielać. — *n.* **1.** *polit.* podział. **2.** dział wodny.
dividend ['dɪvɪˌdend] *n.* **1.** dywidenda. **2. pay ~s** procentować, przynosić korzyści.
divine [dɪ'vaɪn] *a.* boski; boży.
diving ['daɪvɪŋ] *n.* **1.** nurkowanie. **2.** skoki do wody.
diving board *n.* trampolina.
divinity [dɪ'vɪnətɪ] *n.* **1.** boskość, natura boska. **2.** bóstwo. **3.** teologia.
divisible [dɪ'vɪzəbl] *a.* podzielny.
division [dɪ'vɪʒən] *n.* **1.** podział. **2.** dzielenie. **3.** linia podziału. **4.** dział (*przedsiębiorstwa*); oddział (*banku*); wydział (*policyjny*). **5.** dywizja; dywizjon.
divorce [dɪ'vɔːrs] *n.* rozwód; **file for ~** wystąpić o rozwód, wnieść/złożyć pozew o rozwód; **get a ~ (from sb)** rozwieść się (z kimś). — *v.* **1.** rozwodzić się (z) (*kimś*); **~ (each other)** rozwieść się (*o parze*). **2. ~ sth from sth** odrywać/oddzielać coś od czegoś.
divorced [dɪ'vɔːrst] *a.* **1.** rozwiedziony; **get ~** rozwieść się. **2. be ~ from reality** nie mieć nic wspólnego z rzeczywistością.
divorcee [dɪvɔːr'siː] *n.* osoba rozwiedziona; (*także* **divorcé**) rozwodnik; (*także* **divorcée**) rozwódka.
divulge [dɪ'vʌldʒ] *v. form.* wyjawiać.
DIY [ˌdiː ˌaɪ 'waɪ] *abbr.* **do it yourself** zrób to sam.
dizziness ['dɪzɪnəs] *n.* zawroty głowy.
dizzy ['dɪzɪ] *a.* **1. ~ spell** atak zawrotów głowy; **be/feel ~** mieć/odczuwać zawroty głowy; **make sb ~**

przyprawiać kogoś o zawroty głowy. **2.** **sb is ~ with sth** komuś kręci się w głowie z/od czegoś.

dizzying ['dɪzɪɪŋ] *a.* oszałamiający, zawrotny.

DJ [ˌdiː 'ʤeɪ] *abbr.* = **disk jockey**.

do [duː; də; d] *v.* *3 os. sing.* **does** [dʌz] *pret.* **did** [dɪd] *pp.* **done** [dʌn] **1.** **~ you believe me?** wierzysz mi? **I don't know him** nie znam go; **we didn't see anybody** nie widzieliśmy nikogo; **you work there, don't you?** ty tam pracujesz, prawda? **~ be nice to her** bądźże dla niej miły; **you ~ look tired** naprawdę wyglądasz na zmęczonego; **she speaks better Spanish than I ~** ona mówi po hiszpańsku lepiej niż ja/ode mnie. **2.** robić, czynić; **~ as I say** rób, co mówię; **~ sth about sth** zrobić coś w sprawie czegoś; **(it's) easier said than done** łatwiej powiedzieć, niż zrobić. **3.** **I'll ~ the ironing/shopping** ja się zajmę prasowaniem/zakupami. **4.** *pot.* **~ one's hair** uczesać się; **~ the dishes** pozmywać; **~ the laundry** zrobić pranie. **5.** **~ one's duty** spełnić swój obowiązek; **~ one's homework/math** odrobić pracę domową/matematykę; **~ sb a favor** wyświadczyć komuś przysługę. **6.** **~ business** prowadzić interesy (*with sb/sth* z kimś/czymś); **~ research** prowadzić badania. **7.** *pot.* **now you've done it** no i doigrałeś się; **that does it** będzie już tego (= *dość!*). **8.** **be/have (sth) to ~ with sb/sth** mieć coś wspólnego z kimś/czymś. **9.** **~ well/fine** dobrze się spisywać; mieć się dobrze; **I can/must ~ without sb/sth** dam sobie radę/muszę dać sobie radę bez kogoś/czegoś; **I could ~ with ten dollars** przydałoby mi się dziesięć dolarów. **10.** **~ a hundred miles a day** przejeżdżać sto mil dziennie; **~ forty miles to the gallon** spalać galon (paliwa) na czterdzieści mil. **11.** **it/that (simply) won't ~/will never ~** tak (po prostu) nie można/nie wypada robić; **that will ~** dość tego; wystarczy; **this one will ~ (just) fine** ten będzie w sam raz. **12.** *sl.* obrobić (*sklep, bank, mieszkanie*). **13.** **~ away with sth** *pot.* pozbyć się czegoś; **~ away with sb** *pot.* sprzątnąć kogoś; **~ sb in** *pot.* załatwić kogoś (= *zabić*); **~ sth over** zrobić coś jeszcze raz; **~ up** zapinać (się); upinać (*włosy*); pakować, zawijać; odnawiać, remontować. — *n. pot.* **1.** akcja, zamieszanie. **2.** impreza. **3.** **~s and don'ts** to, co wypada i czego nie wypada.

docile ['dɑːsl] *a.* potulny, uległy.

dock [dɑːk] *n.* dok, basen portowy; **~s** nabrzeże przeładunkowe. — *v.* przybijać do nabrzeża; cumować.

dockyard ['dɑːkˌjɑːrd] *n.* stocznia.

doctor ['dɑːktər] *n.* **1.** leka-rz/rka, doktor; **call the ~** wezwać lekarza; **go to the ~('s)** pójść do lekarza; **see a ~** poradzić się lekarza. **2.** doktor (*stopień naukowy l. jego posiadacz/ka*). — *v.* **1.** fałszować, preparować. **2.** dodać narkotyku/trucizny do (*napoju, jedzenia*).

doctorate ['dɑːktərɪt] *n.* doktorat; **honorary ~** doktorat honoris causa.

doctrine ['dɑːktrɪn] *n.* doktryna.

document *n.* ['dɑːkjəmənt] dokument. — *v.* ['dɑːkjəment] dokumentować.

documentary [ˌdɑːkjə'mentərɪ] *a.* dokumentalny. — *n.* program dokumentalny.

documentation [ˌdɑːkjəmən'teɪʃən] *n.* dokumentacja.

dodge [dɑːʤ] *v.* **1.** zrobić unik; uchylić się/uskoczyć (przed) (*czymś*); kluczyć; **~ the traffic** przemykać pomiędzy samochodami. **2.** *pot.* wymigiwać/wykręcać się od (*czegoś*); **~ the issue** uchylać się od odpowiedzi, odpowiadać wymijająco; **~ one's taxes** uchylać się od płacenia podatków. — *n. pot.* unik; wybieg.

doe [doʊ] *n.* łania.

does [dʌz] *v.* *zob.* **do** *v.*

doesn't ['dʌzənt] *v.* = **does not**; *zob.* **do** *v.*

dog [dɔːg] *n.* pies. — *v.* **~ sb** prześladować kogoś (*o pechu, wspomnieniach*).

dog collar *n.* **1.** obroża. **2.** *pot.* koloratka.

dog-eared ['dɔːgˌiːrd] *a.* z pozaginanymi rogami, z oślimi uszami.

dogged ['dɔːgɪd] *a.* uparty, zawzięty.

dogma ['dɔːgmə] *n.* dogmat.

dogmatic [dɔːg'mætɪk] *a.* dogmatyczny.

doings ['duːɪŋz] *n. pl.* poczynania.

do-it-yourself [ˌduːɪtʃər'self], **DIY** *n.* majsterkowanie.

dole [doʊl] *v.* **~ (out)** *pot.* wydzielać, rozdawać.

doleful ['doʊlfʊl] *a.* żałosny.

doll [dɑːl] *n.* lalka. — *v.* **~ o.s. up** (*także* **get ~ed up**) *pot.* odstawić/odpicować się.

dollar ['dɑːlər] *n.* **1.** dolar. **2.** **feel/look like a million ~s** *pot.* czuć się/wyglądać rewelacyjnie.

dolphin ['dɑːlfɪn] *n.* delfin.

domain [doʊ'meɪn] *n.* domena, dziedzina; **fall within the ~ of sth** wchodzić w zakres czegoś; **in the public ~** ogólnie dostępny.

dome [doʊm] *n.* **1.** kopuła. **2.** sklepienie.

domestic [də'mestɪk] *a.* **1.** krajowy; wewnętrzny; **~ flight/airport** lot/lotnisko krajowe; **~ market/trade** rynek/handel wewnętrzny; **~ news** wiadomości z kraju. **2.** domowy (*o sprzętach, zwierzętach*). **3.** **~ life/happiness** życie/szczęście rodzinne; **~ violence** przemoc w rodzinie. — *n.* (*także* **~ help/worker**) pomoc domowa.

domesticated [də'mestəˌkeɪtɪd] *a.* oswojony, udomowiony.

dominant ['dɑːmənənt] *a.* **1.** dominujący. **2.** przeważający; główny.

dominate ['dɑːməˌneɪt] *v.* **1.** dominować. **2.** przeważać. **3.** wznosić się/górować nad (*czymś*). **4.** mieć zwierzchnictwo/panować nad (*kimś l. czymś*).

domineering [ˌdɑːmə'niːrɪŋ] *a.* apodyktyczny, władczy.

dominion [də'mɪnjən] *n.* **1.** *lit.* zwierzchnictwo, panowanie. **2.** *form.* dominium.

domino ['dɑːməˌnoʊ] *n.* **1.** kostka domina. **2.** **~s** domino (*gra*).

don [dɑːn] *v.* *form.* przywdziewać. — *n.* głowa rodziny mafijnej.

donate ['doʊneɪt] *v.* **1.** ofiarować, darować, przekazać (*zwł. na cele dobroczynne*). **2.** **~ blood** oddawać krew.

donation [doʊ'neɪʃən] *n.* darowizna, donacja; datek; **make a ~** dokonać darowizny.

done [dʌn] *v.* *zob.* **do** *v.* — *a.* **1.** skończony, zakończony. **2.** ugotowany, gotowy (*do jedzenia*); **well-~** dobrze wypieczony. **3.** **it's (not) the ~ thing** tak się (nie) robi. **4.** *pot.* **~ in/up** zmachany, wykończony; **we're ~ for** koniec z nami, jesteśmy skończeni. — *int.* załatwione!, umowa stoi!

donkey ['dɑːŋkɪ] *n.* osioł.

donor ['doʊnər] *n.* **1.** ofiarodaw-ca/czyni. **2.** daw-ca/czyni.

don't [doʊnt] *v.* = **do not**; *zob.* **do** *v.*

donut ['doʊnət] *n.* = **doughnut**.
doodle ['du:dl] *v. pot.* gryzmolić. — *n.* esy-floresy, gryzmoły.
doom [du:m] *n.* fatum; **impending ~** zbliżająca się katastrofa; **spell ~ for sb** zwiastować czyjąś zgubę. — *v.* **be ~ed to (do) sth** być (z góry) skazanym na coś.
doomed [du:md] *a.* skazany na niepowodzenie.
doomsday ['du:mz,deɪ] *n.* **1.** sądny dzień. **2.** dzień sądu ostatecznego.
door [dɔ:r] *n.* **1.** drzwi; drzwiczki; **at the ~** przy drzwiach, u drzwi, pod drzwiami; **(from) ~ to ~** do/pod same drzwi (*np. dostarczyć*); **knock at/on the ~** zapukać do drzwi; **next ~** za ścianą, obok, po sąsiedzku; **show/see sb to the ~** odprowadzić kogoś do drzwi; **three ~s down/up/away (from sb)** trzy domy dalej (od kogoś). **2. out of ~s** na świeżym powietrzu, na dworze.
doorbell ['dɔ:r,bel] *n.* dzwonek przy drzwiach.
door handle *n.* klamka.
doorman ['dɔ:r,mən] *n.* odźwierny.
doormat ['dɔ:r,mæt] *n.* **1.** wycieraczka. **2.** *pot.* popychadło.
doorstep ['dɔ:r,step] *n.* **1.** próg. **2. on one's (own) ~** tuż za progiem, pod samym nosem.
doorway ['dɔ:r,weɪ] *n.* wejście; **in the ~** w drzwiach.
dope [doʊp] *n. pot.* narkotyk (*zwł. marihuana*). — *v.* **1. ~ (up)** *pot.* odurzać (*przez podanie narkotyku*). **2.** *pot.* podawać środki dopingujące (*sportowcom, koniom*).
dopey ['doʊpɪ] *a. pot.* **1.** otumaniony, ogłupiały. **2.** gapowaty; głupkowaty.
dormant ['dɔ:rmənt] *a.* uśpiony, drzemiący.
dormitory ['dɔ:rmə,tɔ:rɪ] *n.* **1.** akademik. **2.** sypialnia (*w internacie, schronisku*).
DOS [dɑ:s] *abbr.* **disk operating system** *komp.* DOS.
dosage ['doʊsɪdʒ] *n.* dawka; dawkowanie, dozowanie.
dose [doʊs] *n.* dawka, doza. — *v.* **~ o.s./sb (up) with sth** zaaplikować sobie/komuś coś.
dossier ['dɔ:sɪ,eɪ] *n.* dossier, akta.
dot [dɑ:t] *n.* **1.** kropka; punkcik; **~s** wielokropek. **2. on the ~** co do minuty; **on the ~ of four (o'clock)** punkt czwarta. — *v.* kropkować; punktować; stawiać kropkę nad (*literą i*).
dote [doʊt] *v.* **~ on/upon sb** świata poza kimś nie widzieć.
dot-matrix printer [,dɑ:t,meɪtrɪks 'prɪntər] *a.* drukarka igłowa.
dotted ['dɑ:tɪd] *a.* **~ with sth** upstrzony czymś; **~ about/around (the country)** rozsiany (po całym kraju).
dotted line *n.* **1.** linia kropkowana. **2. sign on the ~** *pot.* wyrazić (pisemną) zgodę.
double ['dʌbl] *a.* **1.** podwójny; dwukrotny. **2.** dwojaki, dwoisty. **3.** dwuosobowy. — *adv.* **be bent ~** być zgiętym w pół; **cost ~** kosztować dwa razy tyle; **see ~** widzieć podwójnie. — *n.* **1.** sobowtór. **2.** dubler/ka. **3. (mixed) ~s** debel (mieszany). **4. on the ~** biegiem, na jednej nodze. — *v.* **1.** podwajać (się). **2.** dwoić się (= *pracować szybko*). **3. ~ (up) as sb/sth** pełnić jednocześnie funkcję kogoś/czegoś; **~ over/up (with laughter/pain)** zwijać/skręcać się (ze śmiechu/z bólu).
double bass [,dʌbl 'beɪs] *n.* kontrabas.
double bed *n.* podwójne/dwuosobowe łóżko.
double-breasted [,dʌbl'brestɪd] *a.* dwurzędowy (*o marynarce*).
double-check ['dʌbl,tʃek] *v.* sprawdzić podwójnie/dwa razy, upewnić się.
double-cross [,dʌbl'krɔ:s] *v.* wystawić do wiatru.
double-decker [,dʌbl'dekər] *n.* **1.** autobus piętrowy. **2.** podwójna kanapka.
double-glazing [,dʌbl'gleɪzɪŋ] *n.* podwójne szyby.
double room *n.* pokój dwuosobowy.
doubly ['dʌblɪ] *adv.* **1.** podwójnie. **2.** dwojako.
doubt [daʊt] *n.* wątpliwość; wątpliwości; **beyond/without (a) ~** *form.* bez wątpienia, ponad wszelką wątpliwość; **if/when in ~** w razie wątpliwości; **no ~** niewątpliwie; **no ~ about it** nie ma co do tego (żadnej) wątpliwości; **open to ~** niepewny, wątpliwy. — *v.* **1.** wątpić (*whether/if* czy); **~ sth** wątpić w coś; **I ~ it (very much)** (bardzo) wątpię. **2.** nie dowierzać (*czemuś*); podawać w wątpliwość, kwestionować.
doubtful ['daʊtfʊl] *a.* **1.** wątpliwy. **2.** pełen wątpliwości, niepewny; **be ~ about sth** mieć wątpliwości co do czegoś.
doubtfully ['daʊtfʊlɪ] *adv.* z powątpiewaniem.
doubtless ['daʊtləs] *adv.* niewątpliwie, bez wątpienia.
dough [doʊ] *n.* **1.** ciasto (*surowe*). **2.** *pot.* forsa.
doughnut ['doʊnət], **donut** *n.* pączek.
dove[1] [dʌv] *n.* **1.** gołąb. **2.** gołąbek (*zwł. pokoju*).
dove[2] [doʊv] *v. zob.* **dive** *v.*
dowdy ['daʊdɪ] *a.* **1.** niemodny; zaniedbany. **2.** źle ubrana (*o kobiecie*).
down [daʊn] *adv.* **1.** na/w dół; na ziemię. **2.** na/w dole. **3. be/come ~ by 20 per cent** obniżyć się o 20 procent; **prices are ~** ceny spadły. **4.** pod powierzchnią; na dnie. **5.** z prądem; z wiatrem. **6.** na południe; z północy. **7.** na prowincję (= *z dużego do mniejszego miasta*). **8. no money ~** nie trzeba płacić gotówką; **pay $100 ~** wpłacić 100 dolarów zadatku. **9. ~ east/west** na wschodnim/zachodnim wybrzeżu; **~ in the mouth** *pot.* z nosem na kwintę; **~ to the present day** aż po dzień dzisiejszy; **~ under** *pot.* na antypodach; **~ with X!** *pot.* precz z X! **be three goals ~** przegrywać trzema bramkami; **come ~ to sth** sprowadzać się do czegoś; **go ~ with sth** zachorować na coś; **have sth ~ cold/pat** umieć/znać coś na wyrywki; **my computer went ~** mój komputer wysiadł; **up and ~** tam i z powrotem. — *prep.* **1.** w dół; **~ the river** w dół rzeki; **~ the wind** z wiatrem. **2.** wzdłuż; poprzez, przez; **walk ~ the street** iść ulicą. **3. a few years ~ the road/line/pike** za parę lat. — *a.* **1.** nieszczęśliwy, przygnębiony. **2.** *komp.* niesprawny; niedostępny. **3.** w gotówce, gotówką (*o zapłacie*). **4.** *pot.* **be ~ and out** być na samym dnie; **be ~ on one's luck** nie mieć szczęścia; **four ~ and two do go** cztery zrobione i jeszcze dwa do zrobienia; **there were up days and ~ days** były lepsze i gorsze dni. — *v. pot.* wychylić, wypić duszkiem; połknąć, pochłonąć. — *n.* **1.** puch (*ptasi*); puszek, meszek. **2.** łagodnie opadające wzgórze. **3. ups and ~s** *pot.* wzloty i upadki, zmienne koleje losu.
downcast ['daʊn,kæst] *a.* **1.** spuszczony (*o oczach*). **2.** przybity, przygnębiony.
downer ['daʊnər] *n. pot.* środek uspokajający.
downfall ['daʊn,fɔ:l] *n.* **1.** upadek; **be sb's ~** być czyjąś zgubą. **2.** opady (*deszczu, śniegu*).
downhill *adv.* [,daʊn'hɪl] **1.** w/na dół. **2. go ~** podupadać. — *a.* ['daʊn,hɪl] **1.** opadający w dół, pochyły

(*o zboczu, drodze*). **2. it's ~ all the way (from here)** teraz już będzie cały czas z górki.
download ['dæʊn,loʊd] *komp. v.* ściągać (*z internetu l. serwera*). — *n.* ściąganie (*danych*); ściągnięte dane.
down payment *n.* pierwsza rata; zadatek.
downplay [daʊn'pleɪ] *v.* bagatelizować.
downpour ['daʊn,pɔːr] *n.* ulewa.
downright ['daʊn,raɪt] *a.* jawny (*o zniewadze*); skończony (*o łotrze*). — *adv.* wręcz.
Down's syndrome ['daʊnz ,sɪndroʊm], **Down syndrome** *n.* zespół Downa.
downstairs [,daʊn'sterz] *adv.* **1.** na dół (*po schodach*); **run ~** zbiec (po schodach) na dół. **2.** na dole; piętro niżej. — *n.* **the ~** parter, dół. — *a.* (*także* **downstair**) na parterze; piętro niżej; **my ~ neighbor** mój sąsiad z dołu.
downstream [,daʊn'striːm] *a., adv.* (płynący) w dół rzeki/z prądem; (położony) w dole rzeki.
down-to-earth [,daʊntə'ɝːθ] *a.* przyziemny; praktyczny; realistyczny.
downtown [,daʊn'taʊn] *n.* śródmieście, centrum. — *a., adv.* (położony) w śródmieściu/centrum; **~ Chicago** śródmieście Chicago.
downtrodden ['daʊn,trɑːdən] *a.* poniewierany; ciemiężony.
downward ['daʊnwərd] *adv.* (*także* **~s**) w dół, ku dołowi; **face ~** twarzą w dół. — *a.* spadkowy, zniżkowy; zstępujący.
downy ['daʊnɪ] *a.* puszysty.
dowry ['daʊrɪ] *n.* posag, wiano.
doze [doʊz] *v.* drzemać; **~ off** zdrzemnąć się.
dozen ['dʌzən] *n.* **1.** tuzin; **a ~ books** tuzin książek; **half a ~** pół tuzina; **two ~** dwa tuziny. **2.** *pot.* **~s of sth** dziesiątki czegoś; **~s of times** setki razy; **by the ~** na pęczki.
Dr., Dr *abbr.* **1.** = **doctor**. **2. Drive** ulica (*w nazwach*).
drab [dræb] *a.* bezbarwny, nieciekawy.
draft [dræft] *n.* **1.** projekt, plan, szkic; **~ proposal/copy/version** wersja robocza; **first ~** pierwsza wersja. **2.** brudnopis. **3. the ~** pobór; poborowi. **4.** podmuch; przeciąg; ciąg. **5.** łyk. **6. on ~** z beczki (*o piwie*). — *v.* **1.** napisać pierwszą wersję (*czegoś*); sporządzić projekt/szkic (*np. ustawy*). **2. be ~ed into the army** zostać powołanym do wojska.
draft board *n.* komisja poborowa.
draftsman ['dræftsmən] *n.* rysowni-k/czka; kreślarz/rka.
drag [dræg] *v.* **1.** wlec (się); ciągnąć (się). **2. ~ sb/sth somewhere** *pot.* zaciągnąć/zawlec kogoś/coś gdzieś. **3. ~ one's feet/heels** powłóczyć nogami; ociągać się. **4. ~ a pond/river** przeszukiwać staw/rzekę (*for sth* w poszukiwaniu czegoś). **5.** *komp.* przeciągać (*myszką*). **6. ~ at sth** zaciągać się czymś; **~ sb/o.s. away from sth** oderwać kogoś/się od czegoś; **~ sb into sth** *pot.* wciągnąć kogoś w coś; **~ on (for hours)** wlec/ciągnąć się (godzinami); **~ sth out** *pot.* przeciągać/przedłużać coś; **~ sth out of sb** wyciągnąć/wydobyć coś z kogoś; **~ sth up** *pot.* wywlekać coś. — *n.* **1.** *pot.* mach (= *zaciągnięcie się*); **take a ~ on sth** zaciągnąć się czymś. **2. it was a real ~** *pot.* to była prawdziwa męka. **3. in ~** *pot.* w damskim stroju, przebrany za kobietę.
dragon ['drægən] *n.* **1.** smok. **2.** *pot.* jędza, hetera.
dragonfly ['drægən,flaɪ] *n.* ważka.
drain [dreɪn] *v.* **1.** drenować, osuszać. **2.** obciekać. **3.** spływać. **4. ~ (off)** osączać, odcedzać; odlewać. **5.** drenować. **6. ~ a glass/bottle** opróżnić kieliszek/butelkę. **7. ~ away** odprowadzać (*ciecz rurami*); topnieć (*o zasobach*); **all color/blood ~ed (away) from her face** krew odpłynęła jej z twarzy; **~ off** odprowadzać (*ciecz rurami*). — *n.* **1.** rura odprowadzająca. **2.** spust, ściek. **3.** studzienka ściekowa. **4.** dren, sączek. **5.** odpływ (*np. specjalistów z branży*). **6. a ~ on sth** ciężar/obciążenie dla czegoś. **7. go/be down the ~** *pot.* pójść na marne.
drainage ['dreɪnɪʤ] *n.* odwadnianie, drenaż, drenowanie; odpływ.
drama ['drɑːmə] *n.* **1.** dramat. **2.** dramatyzm.
dramatic [drə'mætɪk] *a.* **1.** dramatyczny. **2.** gwałtowny. **3.** radykalny, drastyczny.
dramatist ['dræmətɪst] *n.* dramaturg, dramatopisarz/rka.
dramatize ['dræmə,taɪz] *v.* **1.** zaadaptować (*np. książkę dla potrzeb teatru*). **2.** dramatyzować.
drank [dræŋk] *v. pret. zob.* **drink** *v.*
drape [dreɪp] *v.* **1.** drapować, układać w fałdy; upinać. **2.** owijać; **with a towel ~d around him** owinięty ręcznikiem. — *n.* **~s** zasłony.
drastic ['dræstɪk] *a.* drastyczny; radykalny.
drastically ['dræstɪklɪ] *adv.* drastycznie; radykalnie.
draw [drɔː] *v.* **drew, drawn 1.** rysować; kreślić. **2.** ciągnąć. **3. ~ (out)** wyciągnąć; **~ a conclusion from sth** wyciągnąć wniosek z czegoś. **4. ~ (out)** rozciągać (*np. drut*). **5.** przyciągać; **~ crowds** przyciągać tłumy (*o wydarzeniu, imprezie*); **~ sb's eye** przyciągnąć czyjąś uwagę. **6.** losować (*numer*); **~ lots** ciągnąć losy. **7. ~ alongside/level with sb** zrównać się z kimś, dogonić kogoś; **~ near/close** zbliżać się, nadchodzić; **~ to an end/a close** dobiegać końca, zbliżać się ku końcowi; **~ to a halt/stop** zatrzymać się (*o pojeździe*). **8.** czerpać (*wodę, dochody, natchnienie*); **~ comfort from sth** czerpać pociechę z czegoś. **9. ~ (out)** podejmować (*pieniądze z konta*). **10. ~ a comparison/analogy** przeprowadzić porównanie/analogię. **11. ~ the curtains** zasłonić zasłony; odsłonić zasłony. **12.** sporządzić (*dokument, umowę*). **13. ~ a blank** *zob.* **blank** *n.*; **~ the line at (doing) sth** stanowczo przeciwstawiać się czemuś; stanowczo odmawiać zrobienia czegoś. **14. ~ sb in** przyciągnąć kogoś; **~ sb in/into sth** wciągnąć kogoś w coś; **~ on sth** wykorzystywać coś, czerpać korzyści z czegoś; **~ on a cigarette** zaciągać się papierosem; **~ up** zatrzymać się (*o pojeździe*); podjechać; sporządzić (*projekt, umowę*). — *n.* losowanie; loteria.
drawback ['drɔː,bæk] *n.* wada, minus, ujemna strona.
drawbridge ['drɔː,brɪʤ] *n.* most zwodzony.
drawer [drɔːr] *n.* szuflada; **chest of ~s** komoda.
drawing ['drɔːɪŋ] *n.* **1.** rysunek; plan; szkic. **2.** rysowanie.
drawing board *n.* **1.** deska kreślarska, rysownica. **2. (be) back to the ~** (być/znaleźć się) z powrotem w punkcie wyjścia; **go back to the ~** zaczynać (wszystko) od początku.
drawing room *n. form.* salon.
drawn [drɔːn] *v. zob.* **draw** *v.* — *a.* wymizerowany.
dread [dred] *v.* bać się (*czegoś*); **~ doing sth** (*także* **be ~ing doing sth**) bać się coś zrobić; **I ~ to think what/how...** boję się myśleć, co/jak... — *n.* strach.
dreadful ['dredfʊl] *a.* straszny, okropny; potworny.

dreadlocks ['dredla:ks] *n. pl.* dredy.

dream [dri:m] *n.* **1.** sen; **I had a ~ about you** śniłaś mi się. **2.** marzenie; **a ~ come true** spełnienie marzeń. — *v. pret. i pp.* **dreamed** *l.* **dreamt 1.** śnić; **I ~ed (that)...** śniło mi się, że...; **I often ~ about it** często mi się to śni. **2.** marzyć; **~ about doing sth** marzyć o tym, żeby coś zrobić. **3. I wouldn't ~ of doing it** nigdy w życiu bym tego nie zrobił. **4.** *pot.* **~ on!** śnij dalej! **~ sth up** wydumać coś. — *a.* wymarzony, idealny.

dreamer ['dri:mər] *n.* marzyciel/ka.

dreamt [dremt] *v. zob.* **dream** *v.*

dreamy ['dri:mɪ] *a.* marzycielski; rozmarzony.

dreary ['dri:rɪ] *a.* **1.** posępny, ponury. **2.** nudny.

dregs ['dregz] *n. pl.* **1.** osad; fusy. **2. the ~ of society** męty społeczne.

drench [drentʃ] *v.* przemoczyć.

dress [dres] *n.* **1.** suknia, sukienka. **2.** strój; **evening ~** strój wieczorowy. — *v.* **1.** ubierać (się). **2.** przebierać się; **~ as sth** przebrać się za coś. **3.** dekorować (*wystawę sklepową*). **4. ~ a wound** opatrzyć/zabandażować ranę. **5. ~ a salad** przyprawić sałatkę (*sosem*). **6. ~ up** wystroić się; przebrać (się) (*as sth* za coś).

dresser ['dresər] *n.* **1.** komoda. **2.** garderobian-y/a. **3. fashionable ~** osoba ubierająca się modnie.

dressing ['dresɪŋ] *n.* **1.** sos (*zwł. do sałatek*). **2.** nadzienie (*np. do kurczaka*). **3.** opatrunek.

dressing room *n.* **1.** garderoba. **2.** szatnia; przebieralnia.

dressmaker ['dres,meɪkər] *n.* krawiec damski; krawcowa.

dress rehearsal *n.* próba generalna/kostiumowa.

drew [dru:] *v. zob.* **draw** *v.*

dribble ['drɪbl] *v.* **1.** kapać. **2.** dryblować; kozłować. — *n.* **1.** strużka (*np. krwi*). **2.** dryblowanie; kozłowanie.

dried [draɪd] *v. zob.* **dry** *v.* — *a.* suszony.

drier[1] ['draɪər] *n.* = **dryer**.

drier[2] *a. zob.* **dry** *a.*

drift [drɪft] *v.* **1.** dryfować, unosić się. **2.** snuć się bez celu. **3.** odbiegać od tematu. **4. ~ apart** oddalać się od siebie; **~ away** odchodzić, odpływać; przenosić się myślami gdzie indziej. — *n.* **1.** zaspa. **2.** dryfowanie, dryf. **3.** bieg wypadków. **4. I get/catch your ~** rozumiem, do czego zmierzasz. **5.** powolna/stopniowa zmiana; tendencja. **6.** odpływ; napływ (*ludności*). **7.** prąd dryfowy.

drill [drɪl] *n.* **1.** świder; wiertło; **pneumatic ~** wiertarka pneumatyczna. **2.** musztra. **3.** ćwiczenie polegające na wielokrotnym powtarzaniu (*zwł. w nauce języka obcego*). **4.** próbny alarm (*np. na wypadek pożaru*). — *v.* **1.** świdrować, wiercić. **2.** musztrować. **3. ~ sb in sth** ćwiczyć kogoś w czymś. **4. ~ sth into sb** wbijać coś komuś do głowy.

drink [drɪŋk] *v.* **drank, drunk 1.** pić; **would you like sth to ~?** napijesz się czegoś? **2.** pić (*alkohol*); **~ and drive** prowadzić w stanie nietrzeźwym. **3. ~ sth in** chłonąć coś, upajać się czymś (*np. widokiem*); **~ to sth** wypić za coś; **~ up** wypić do dna. — *n.* napój; drink; trunek; **(cold/hot) ~** coś (zimnego/ciepłego) do picia; **have a ~** napić się; **I'd like a ~ of water** poproszę o łyk wody; **soft ~** napój bezalkoholowy.

drinker ['drɪŋkər] *n.* **1.** pija-k/czka; **be a hard/heavy ~** dużo pić. **2. I'm not a coffee/beer ~** nie pijam kawy/piwa.

drinking water *n.* woda pitna.

drip [drɪp] *v.* **1.** kapać, skapywać. **2.** sączyć się, przeciekać. **3.** ociekać (*o praniu*). **4.** ciec, cieknąć (*o kranie*). **5. be ~ping with blood/gold** ociekać krwią/złotem; **I was ~ping with sweat** lał się ze mnie pot. — *n.* **1.** kapanie. **2.** kropla. **3.** kroplówka.

drive [draɪv] *v.* **drove, driven 1.** prowadzić (*pojazd*), kierować (*pojazdem*). **2.** jechać/podróżować samochodem; **~ (at) 60 mph an hour** jechać (z prędkością) 60 mil na godzinę. **3. ~ sb home** odwieźć kogoś do domu; **~ sb to the airport** zawieźć kogoś na lotnisko. **4. ~ sb to (do) sth** doprowadzić/popchnąć kogoś do (zrobienia) czegoś; **~ sb mad/crazy** doprowadzać kogoś do szału/obłędu. **5.** napędzać; być siłą napędową (*czegoś*). **6. what are you driving at?** *pot.* do czego zmierzasz? **~ away** odjechać (*samochodem*); odpędzić, odgonić; **~ back** zawrócić, pojechać z powrotem; odwieźć (*zwł. do domu*); **~ in** wjechać; **~ off** odjechać; przepędzić; **~ out** wyjechać (*np. z garażu*); wypędzić (*złe duchy*); **~ through** przejechać (*przez coś*), nie zatrzymując się. — *n.* **1.** jazda, podróż samochodem; **it's 2 hours' ~ from Boston** to dwie godziny jazdy z Bostonu; **right-hand ~** prawostronny układ kierowniczy. **2.** przejażdżka. **3.** (*także* **~way**) podjazd. **4.** ulica (*w nazwach*). **5.** tendencja, dążność. **6. (sex) ~** popęd (płciowy). **7. (four-wheel) ~** napęd (na cztery koła). **8. (economy) ~** akcja (oszczędzania). **9.** *komp.* = **disk drive**.

driven ['drɪvən] *v. zob.* **drive** *v.* — *a.* **1. chauffeur-~ car** samochód z szoferem/kierowcą. **2.** bardzo ambitny; mający silną motywację.

driver ['draɪvər] *n.* **1.** kierowca; szofer. **2.** maszynista. **3.** *komp.* program obsługi, sterownik.

driver's license *n.* prawo jazdy.

drive-through ['draɪv,θru:] *n., a.* (restauracja, bank itp.) dla zmotoryzowanych.

driveway ['draɪv,weɪ] *n.* podjazd, droga dojazdowa.

driving ['draɪvɪŋ] *n.* prowadzenie (*samochodu*), jazda (*samochodem*). — *a.* **1. ~ rain/snow** zacinający deszcz/śnieg. **2. the ~ force (behind sth)** siła napędowa (czegoś).

drizzle ['drɪzl] *v.* mżyć. — *n.* mżawka.

drone [droʊn] *n.* **1.** truteń. **2.** buczenie; warkot. **3.** *pot.* nudzia-rz/ra; pracuś. — *v.* buczeć; warczeć.

drool [dru:l] *v.* **1.** ślinić się. **2. ~ over sb/sth** *pot.* rozpływać się (z zachwytu) nad kimś/czymś. — *n.* ślina (*cieknąca z ust*).

droop [dru:p] *v.* **1.** opadać, zwisać, zwieszać się. **2.** więdnąć. **3.** opadać z sił; upadać na duchu.

drop [dra:p] *v.* **1.** upuścić; opuścić; spuścić. **2.** opaść (*np. na fotel*); **~ dead** paść trupem; **~ to one's knees** paść na kolana. **3.** spadać (*o cenach, temperaturze*). **4.** opadać (*o terenie, głosie*); **~ one's voice** zniżyć głos. **5.** rzucić (*chłopaka, dziewczynę*). **6.** zarzucić; zaniechać, zaprzestać (*czegoś*); zrezygnować z (*czegoś*); **~ it!** daj spokój!, przestań! **7.** wysadzić (*pasażera*); zostawić (*paczkę*). **8.** zrzucać (*np. bomby*). **9. ~ sb a line/note** *pot.* skrobnąć do kogoś parę słów. **10. ~ by** *pot.* wpaść (*z wizytą*); **~ in (on sb)** *pot.* wpaść do kogoś; **~ off** odpaść (*np. o guziku*); *pot.* zasnąć (*mimowolnie*); spadać, maleć (*o liczbie, zainteresowaniu*); **~ sb off somewhere** podrzucić/podwieźć kogoś gdzieś; **~ out** wypaść; wycofać się (*of sth* z czegoś); odpaść (*np. z rywalizacji*); **~ out of school/college** rzucić szkołę/studia. — *n.* **1.** kropla.

2. odrobina (*of sth* czegoś). 3. drażetka; drops. 4. spadek; **sudden ~ in air pressure** nagły spadek ciśnienia. 5. zrzut (*np. żywności*).

dropper ['drɑːpər] *n.* zakraplacz.

droppings ['drɑːpɪŋz] *n. pl.* odchody (*zwierzęce*).

drought [draʊt] *n.* susza; posucha.

drove [droʊv] *v. zob.* **drive** *v.*

drown [draʊn] *v.* 1. tonąć, topić się. 2. topić, zatapiać; zalewać (*o wodzie*). 3. **~ (out)** zagłuszać, tłumić.

drowsy ['draʊzɪ] *a.* senny; śpiący.

drudgery ['drʌdʒərɪ] *n.* harówka, mordęga.

drug [drʌg] *n.* 1. lek, lekarstwo. 2. narkotyk; **take/use ~s** brać/zażywać narkotyki. 3. **be on ~s** być na prochach; **do ~s** *pot.* ćpać, brać. — *v.* 1. podać środek nasenny/przeciwbólowy (*komuś*); uśpić; odurzyć. 2. dodać narkotyk do (*czyjegoś jedzenia l. picia*).

drug addict *n.* narkoman/ka.

drugstore ['drʌgˌstɔːr] *n.* drogeria (*sprzedająca też leki, napoje i proste posiłki*).

drum [drʌm] *n.* 1. bęben; bębenek. 2. **~s** perkusja. 3. beczka (*na ropę, chemikalia*). — *v.* 1. grać na bębnie. 2. bębnić. 3. **~ sth into sb** wbijać coś komuś do głowy; **~ up** pozyskać (*poparcie*); wzbudzić (*entuzjazm*).

drummer ['drʌmər] *n.* 1. perkusist-a/ka. 2. dobosz/ka.

drum roll *n.* werbel; bicie w bęben.

drunk [drʌŋk] *v. zob.* **drink** *v.* — *a.* 1. pijany; **get ~** upić się. 2. **~ with power/freedom** upojony władzą/wolnością. — *n.* pija-k/czka.

drunken ['drʌŋkən] *a.* 1. pijany; zapity. 2. pijacki.

dry [draɪ] *a.* 1. suchy; wyschnięty; wysuszony. 2. *pot.* spragniony (*o osobie*); wywołujący pragnienie (*o pracy*). 3. ironiczny, sarkastyczny. 4. wytrawny (*o winie*). 5. *pot.* suchy, nudny. 6. trzeźwy; wolny od nałogu. — *v.* 1. suszyć się; schnąć; wysychać. 2. suszyć; osuszać. 3. wycierać; ocierać. 4. **~ off** wysuszyć (się); **~ out** wysuszyć (się); wyschnąć (*np. o jedzeniu*); **~ up** wyschnąć (*np. o zbiorniku wodnym*); wyczerpać się (*o zapasach, natchnieniu*). — *n.* wytrawne wino.

dry-clean [ˌdraɪ'kliːn] *v.* czyścić chemicznie.

dry cleaners *n.* pralnia chemiczna.

dry-cleaning [ˌdraɪ'kliːnɪŋ] *n.* czyszczenie chemiczne.

dryer ['draɪər], **drier** *n.* suszarka; **hair~** suszarka do włosów.

dryly ['draɪlɪ], **drily** *adv.* sucho, oschle.

dryness ['draɪnəs] *n.* suchość.

dry run *n. pot.* próba.

dual ['duːəl] *a.* 1. podwójny. 2. dwoisty. 3. dwudzielny.

dual nationality *n.* (*także* **dual citizenship**) podwójne obywatelstwo.

dub [dʌb] *v.* 1. przezwać; nadać przydomek (*komuś*); **he was ~bed "Fatso"** przezywali go „Grubas". 2. dubbingować; **~bed into Polish** z polską wersją dźwiękową.

dubious ['duːbɪəs] *a.* 1. wątpliwy. 2. podejrzany.

duchess ['dʌtʃɪs] *n.* księżna.

duck [dʌk] *n.* kaczka. — *v.* 1. **~ (down)** uskoczyć, uchylić się; dać nura (*into/behind sth* w/za coś); **~ one's head** schylić głowę/się. 2. **~ out of (doing) sth** *pot.* wymigać się od (zrobienia) czegoś.

duckling ['dʌklɪŋ] *n.* kaczuszka; **ugly ~** brzydkie kaczątko.

duct [dʌkt] *n. anat.* przewód, kanał.

dud [dʌd] *n. pot.* 1. niedołęga. 2. bubel. 3. niewypał (*pocisk*).

due [duː] *a.* 1. planowy; planowany; oczekiwany, spodziewany; **be ~ for promotion/a raise** spodziewać się awansu/podwyżki; **be ~ to do sth** mieć coś zrobić; **the train is ~ at 3:10** pociąg przyjeżdża o trzeciej dziesięć; **when is the baby ~?** kiedy dziecko ma się urodzić? 2. należny; **be ~ (to) sb** należeć się komuś; **I am ~ two weeks holiday** należą mi się dwa tygodnie wakacji; **with all ~ respect,...** z całym szacunkiem,... 3. **in ~ course/time** we właściwym/w swoim czasie. 4. **~ to sth** z powodu czegoś, z uwagi na coś; **~ to sickness** z powodu choroby; **be ~ to sth** być spowodowanym czymś. — *adv.* **~ west/north** dokładnie na zachód/północ. — *n.* 1. **give sb their ~** oddać komuś sprawiedliwość. 2. **~s** należności; składki (*członkowskie*); opłaty (*portowe*).

duel ['duːəl] *n.* pojedynek; **fight a ~** stoczyć pojedynek. — *v.* pojedynkować się.

duet [duː'et] *n.* duet.

dug [dʌg] *v. zob.* **dig** *v.*

duke [duːk] *n.* książę.

dull [dʌl] *a.* 1. nudny. 2. tępy (*t. przest. o osobie*); przytępiony; **~ pain/ache** tępy ból. 3. głuchy, przytłumiony (*o dźwięku*). 4. stonowany (*o kolorze*). 5. niewyraźny, przyćmiony (*o świetle*). — *v.* przytępić (*ból*).

duly ['duːlɪ] *adv.* 1. należycie, jak należy; właściwie. 2. zgodnie z planem.

dumb [dʌm] *a.* 1. niemy; oniemiały; **be struck ~** oniemieć, zaniemówić; **deaf and ~** głuchoniemy. 2. *pot.* głupi; **play ~** udawać głupiego.

dumbfounded [dʌm'fæʊndɪd] *a.* oniemiały, osłupiały.

dummy ['dʌmɪ] *n.* 1. manekin. 2. figurant/ka. 3. makieta, atrapa. 4. *pot.* bałwan, głupek. — *a.* 1. ślepy (*o naboju*). 2. **~ gun** imitacja pistoletu. 3. podstawiony (*o kupującym*); fikcyjny (*o firmie, wspólniku*).

dump [dʌmp] *v.* 1. rzucić, walnąć (*sth somewhere* coś gdzieś). 2. *pot.* rzucić (*chłopaka, dziewczynę*). 3. wyrzucić, pozbyć się (*czegoś*). — *n.* 1. (*także* **rubbish ~**) wysypisko (śmieci), śmietnik. 2. *pot.* nora (*o pomieszczeniu*).

dumpling ['dʌmplɪŋ] *n.* pyza; kluska.

dune [duːn] n., wydma.

dung [dʌŋ] *n.* gnój, łajno.

dungarees [ˌdʌŋgə'riːz] *n. pl.* spodnie robocze.

dungeon ['dʌndʒən] *n.* loch.

dunk [dʌŋk] *v.* 1. maczać (*np. ciastko w herbacie*). 2. podtapiać (*kogoś dla żartu*).

duo ['duːoʊ] *n.* 1. duet. 2. *pot.* para.

duodecimal [ˌduːoʊ'desəml] *a.* dwunastkowy.

duodenum [ˌduːə'diːnəm] *n.* dwunastnica.

dupe [duːp] *n.* naiwnia-k/czka. — *v.* nabrać; naciągnąć (*sb into doing sth* kogoś na zrobienie czegoś).

duplex ['duːpleks] *n.* bliźniak, dom dwurodzinny.

duplicate *n.* ['duːplɪkət] 1. duplikat; kopia; odbitka. 2. **in ~** w dwóch egzemplarzach. — *a.* ['duːplɪkət] zapasowy, dodatkowy (*np. o kluczu*). — *v.* ['duːplɪkeɪt] kopiować; powielać.

duplicity [duː'plɪsətɪ] *n. form.* obłuda, dwulicowość.

durable ['dʊrəbl] *a.* trwały; wytrzymały.

duration [dʊ'reɪʃən] *n. form.* trwanie, czas trwania; **for the ~ (of sth)** na czas trwania (czegoś).

duress [dʊ'res] *n.* **under ~** *form.* pod przymusem.

during ['dʊrɪŋ] *prep.* podczas, w czasie; **~ the night** w nocy.
dusk [dʌsk] *n.* zmierzch, zmrok; **at ~** o zmierzchu/zmroku.
dust [dʌst] *n.* kurz, pył; **gather/collect ~** pokrywać się kurzem. — *v.* **1.** ścierać kurze z (*czegoś*); odkurzać. **2.** **~ the cake with icing sugar** posypać ciasto cukrem pudrem; **~ one's face with powder** przypudrować (sobie) twarz. **3.** **~ down** odkurzyć; **~ off** strzepnąć kurz z (*czegoś*); *t. przen.* odkurzyć, odświeżyć.
dustbin ['dʌst,bɪn] *n.* śmietnik.
dust cover *n.* = **dust jacket**.
duster ['dʌstər] *n.* **1.** ściereczka do kurzu. **2.** fartuch, kitel. **3.** *pot.* burza piaskowa.
dust jacket *n.* (*także* **dust cover**) obwoluta.
dusty ['dʌstɪ] *a.* zakurzony; przykurzony.
Dutch [dʌtʃ] *a.* **1.** holenderski. **2.** **go ~** płacić każdy za siebie. — *n.* **1.** (język) holenderski. **2.** **the ~** Holendrzy. **3.** **Pennsylvania ~** *zob.* **Pennsylvania**.
Dutchman ['dʌtʃmən] *n.* Holender.
Dutchwoman ['dʌtʃ,wʊmən] *n.* Holenderka.
dutiful ['du:tɪfʊl] *a.* obowiązkowy, sumienny; posłuszny.
dutifully ['du:tɪfʊlɪ] *a.* sumiennie; posłusznie.
duty ['du:tɪ] *n.* **1.** obowiązek, powinność; **do one's ~** spełnić swój obowiązek; **out of ~** z (poczucia) obowiązku. **2.** służba; dyżur; **on/off ~** na/po służbie/dyżurze; w czasie/po pracy. **3.** cło.
duty-free [,du:tɪ'fri:] *a.* wolny od cła, wolnocłowy.
duvet [du:'veɪ] *n.* kołdra.
DVD [,di: ,vi: 'di:] *n.* DVD.
dwarf [dwɔ:rf] *n.* **1.** krasnoludek. **2.** *obelż.* karzeł; karlica. — *a.* karłowaty, skarlały. — *v.* **be ~ed by sth** wydawać się bardzo małym przez kontrast z czymś.
dwell [dwel] *v. pret. i pp. t.* **dwelt** **1.** *lit.* mieszkać, zamieszkiwać. **2.** **~ on/upon sth** rozpamiętywać coś; rozwodzić się nad czymś.
dwelling ['dwelɪŋ] *n. form.* mieszkanie.
dwindle ['dwɪndl] *v.* **~ (away)** topnieć, kurczyć się, maleć.
dye [daɪ] *n.* barwnik; farba. — *v.* barwić; farbować; **~ sth black** zafarbować coś na czarno.
dying ['daɪɪŋ] *n.* umieranie. — *a.* umierający.
dyke [daɪk] *n.* **1.** (*także* **dike**) grobla. **2.** *obelż.* lezba.
dynamic [daɪ'næmɪk] *a.* dynamiczny.
dynamically [daɪ'næmɪklɪ] *adv.* dynamicznie.
dynamite ['daɪnə,maɪt] *n.* dynamit. — *a. pot.* wystrzałowy.
dynamo ['daɪnə,moʊ] *n.* prądnica, dynamo.
dynasty ['daɪnəstɪ] *n.* dynastia.
dyslexia [dɪs'leksɪə] *n.* dysleksja.
dyslexic [dɪs'leksɪə] *a.* dyslektyczny.

E

each [i:tʃ] *pron., a.* każdy; **~ and every one** wszyscy razem i każdy z osobna; **~ time** za każdym razem; **these pens cost a dollar ~** te długopisy kosztują po dolarze.
eager ['i:gər] *a.* **1.** **~ for sth** żądny czegoś. **2.** **~ to do sth** skory/chętny do (zrobienia) czegoś. **3.** skwapliwy, gorliwy.
eagerly ['i:gərlɪ] *adv.* **1.** z ochotą. **2.** skwapliwie, gorliwie.
eagle ['i:gl] *n.* orzeł.
ear [i:r] *n.* **1.** ucho. **2.** kłos. **3.** **be all ~s** zamieniać się w słuch; **be up to one's ~s in sth** tkwić w czymś po uszy; **have an ~ for music/languages** mieć ucho do muzyki/języków.
earache ['i:r,eɪk] *n.* ból ucha.
eardrum ['i:r,drʌm] *n.* błona bębenkowa, bębenek.
earlier ['ɝ:lɪər] *a., adv. comp. zob.* **early**.
earlobe ['i:r,loʊb] *n.* małżowina uszna.
early ['ɝ:lɪ] *a.* **1.** wczesny; **~ retirement** wcześniejsza emerytura; **at an ~ age** w młodym wieku; **be in one's ~ twenties** mieć niewiele ponad dwadzieścia lat; **in ~ June** na początku czerwca. **2.** zbyt wczesny; przedwczesny; **you're (half an hour) ~** przyszedłeś (o pół godziny) za wcześnie. **3.** pierwszy; **~ settlers** pierwsi osadnicy. — *adv.* **1.** wcześnie; rano (*zwł. wstawać*); w początkach (*danego okresu*); **~ last week** na początku zeszłego tygodnia; **~ on** (niemal) od początku; **as ~ as the twelfth century** już w dwunastym wieku. **2.** wcześniej, przed czasem; przedwcześnie, za wcześnie; **come/arrive five minutes ~** zjawić się pięć minut przed czasem.
earmuffs ['i:r,mʌfs] *n.* nauszniki.
earn [ɝ:n] *v.* **1.** zarabiać; *fin.* przynosić zysk; **~ one's living** zarabiać na utrzymanie. **2.** zasłużyć sobie na. **3.** **~ sb sth** zjednywać komuś coś (*pochwały, uznanie*).
earnest ['ɝ:nɪst] *a.* **1.** poważny. **2.** szczery, solenny. — *n.* **in ~** (na) serio/poważnie; **be in ~** mówić serio.
earnings ['ɝ:nɪŋz] *n. pl.* **1.** zarobki, dochody. **2.** *fin.* zyski.
earphones ['i:r,foʊnz] *n. pl.* słuchawki.
earplugs ['i:r,plʌgz] *n. pl.* zatyczki do uszu.
earring ['i:r,rɪŋ] *n.* kolczyk; klips.
earshot ['i:r,ʃa:t] *n.* **within/out of ~** w zasięgu/poza zasięgiem słuchu.
earth [ɝ:θ] *n.* **1.** ziemia; powierzchnia ziemi. **2.** **the ~/E~** Ziemia. **3.** **come back/down to ~** zejść na ziemię; **move heaven and ~** poruszyć niebo i ziemię; **where on ~ have you been?** gdzieś ty był?
earthenware ['ɝ:θən,wer] *n.* naczynia gliniane. — *a.* gliniany.
earthly ['ɝ:θlɪ] *a.* **1.** doczesny; ziemski. **2.** *pot.* wyobrażalny, najmniejszy; **there is no ~ reason for...** nie ma najmniejszego powodu, żeby...
earthquake ['ɝ:θ,kweɪk] *n.* (*także* **quake**) trzęsienie ziemi.
earthworm ['ɝ:θ,wɝ:m] *n.* dżdżownica.
earthy ['ɝ:θɪ] *a.* **1.** ziemisty. **2.** prostolinijny. **3.** dosadny.
earwax ['i:r,wæks] *n.* woskowina, woszczyna.
ease [i:z] *n.* swoboda; łatwość; wygoda; **~ of mind** spokój ducha; **at ~!** spocznij! **be/feel at ~** czuć się wygodnie/swobodnie; **put/set sb at (their) ~** rozproszyć czyjeś obawy; **with ~** bez trudu, gładko. — *v.* **1.** koić, uśmierzać; łagodzić. **2.** uspokajać. **3.** zelżeć,

złagodnieć. 4. **~ sth into sth** ostrożnie wsunąć/wprowadzić coś gdzieś; **~ sb out (of sth)** wymanewrować kogoś (skądś); **~ up/off** zelżeć, uspokoić się; **~ up on sb/sth** *pot.* dać spokój komuś/czemuś.

easel ['iːzl] *n.* sztalugi.

easily ['iːzɪlɪ] *adv.* **1.** z łatwością, bez trudu; gładko; swobodnie. **2.** niewątpliwie, bez dwóch zdań; **~ the best** bez wątpienia najlepszy. **3.** łatwo; **you could ~ drown here** można się tu łatwo utopić.

east [iːst] *n.* **the ~** wschód; **to the ~ of sth** na wschód od czegoś; **the Far ~** Daleki Wschód; **the Middle/Near ~** Bliski Wschód. — *a.* wschodni. — *adv.* na wschód, w kierunku wschodnim.

Easter ['iːstər] *n.* Wielkanoc; **at ~** na Wielkanoc.

easterly ['iːstərlɪ] *a.* wschodni, ze wschodu; na wschód; **in an ~ direction** w kierunku wschodnim. — *adv.* ku wschodowi.

eastern ['iːstərn] *a.* wschodni.

eastward ['iːstwərd] *adv.* na wschód.

easy ['iːzɪ] *a.* **1.** łatwy; lekki; dogodny; nieskomplikowany. **2.** łatwy w pożyciu. **3.** spokojny, beztroski. **4.** łagodny; pobłażliwy. **5.** niewymuszony, naturalny; swobodny, luźny. **6. ~ money** łatwe pieniądze; **~ prey/victim** łatwowierna ofiara; **I'm ~** *pot.* ja się dostosuję; **take the ~ way out** *pot.* pójść na łatwiznę. — *adv.* **~ come, ~ go** łatwo przyszło, łatwo poszło; **~ with that!** ostrożnie z tym! **come ~ (to sb)** *pot.* przychodzić (komuś) łatwo; **easier said than done** łatwo się mówi; **take it/things ~** nie przejmować się.

easygoing [ˌiːzɪ'goʊɪŋ] *n.* **1.** wyrozumiały, pobłażliwy. **2.** beztroski, na luzie.

eat [iːt] *v. pret.* **ate** [eɪt] *pp.* **eaten** ['iːtən] **1.** jeść; **~ in/out** jeść (obiad) w domu/na mieście; **~ right** odżywiać się prawidłowo; **would you like something to ~?** zjesz coś? **2.** *pot.* **~ one's words** odszczekać wszystko; **what's ~ing you?** co cię gryzie? **3. ~ sth away** (*także* **~ away at sth**) erodować/żłobić/podmywać coś; zżerać coś (*np. oszczędności*); **~ away at sb** nie dawać komuś spokoju, gnębić kogoś; **~ into sth** wżerać się w coś; stopniowo uszczuplać coś (*np. oszczędności*); **~ up** zjeść do końca; pożreć; chłonąć (*czyjeś słowa*).

eaves [iːvz] *n. pl.* okap.

eavesdrop ['iːvzˌdrɑːp] *v.* podsłuchiwać (*on sb/sth* kogoś/coś).

ebb [eb] *n.* **1.** (*także* **~ tide**) odpływ (*morza*). **2. ~ and flow** fluktuacje; **be at a low ~** przechodzić kryzys. — *v.* **1.** cofać się, odpływać (*o wodach*). **2. ~ (away)** słabnąć, opadać.

ebony ['ebənɪ] *n.* heban. — *a.* hebanowy.

eccentric [ɪk'sentrɪk] *a.* ekscentryczny, dziwaczny. — *n.* ekscentry-k/czka, dziwa-k/czka.

echo ['ekoʊ] *n.* **1.** echo, pogłos. **2.** oddźwięk; echa (= *reperkusje*). — *v.* **1.** odbijać (*dźwięki*). **2. ~ with sth** rozbrzmiewać czymś. **3.** odbijać/rozlegać się echem. **4.** powtarzać (*zwł. dosłownie*).

eclectic [ɪ'klektɪk] *a.* eklektyczny.

eclipse [ɪ'klɪps] *n.* zaćmienie; **lunar/solar ~** zaćmienie Księżyca/Słońca. — *v.* zaćmić, przyćmić; usunąć na drugi plan.

eco-friendly [ˌɪkoʊ'frendlɪ] *a.* ekologiczny, przyjazny dla środowiska.

E. coli [ˌiː 'koʊlaɪ] *n.* pałeczka okrężnicy.

ecological [ˌekə'lɑːdʒɪkl] *a.* ekologiczny.

ecologist [ɪ'kɑːlədʒɪst] *n.* ekolo-g/żka.

ecology [ɪ'kɑːlədʒɪ] *n.* ekologia.

economic [ˌiːkə'nɑːmɪk] *a.* gospodarczy, ekonomiczny; **~ crisis/growth** kryzys/wzrost gospodarczy.

economical [ˌiːkə'nɑːmɪkl] *a.* **1.** oszczędny; gospodarny. **2.** ekonomiczny (*w eksploatacji*).

economics [ˌiːkə'nɑːmɪks] *n.* **1.** ekonomia. **2. the ~ of sth** aspekty finansowe czegoś.

economist [ɪ'kɑːnəmɪst] *n.* ekonomist-a/ka.

economize [ɪ'kɑːnəˌmaɪz] *v.* oszczędzać (*on sth* na czymś).

economy [ɪ'kɑːnəmɪ] *n.* **1.** gospodarka. **2.** oszczędność, gospodarność; ekonomiczność; **make economies** oszczędzać.

economy class *n. lotn.* klasa turystyczna.

ecosystem ['ekoʊˌsɪstəm] *n.* ekosystem.

ecstasy ['ekstəsɪ] *n.* **1.** ekstaza; uniesienie, upojenie. **2.** (*także* **E~**) ecstasy.

ecstatic [ek'stætɪk] *a.* **1.** ekstatyczny. **2.** podniecony, rozentuzjazmowany; entuzjastyczny.

ecumenical [ˌekjə'menɪkl] *a.* ekumeniczny.

eczema ['eksəmə] *n.* wyprysk, egzema.

edge [edʒ] *n.* **1.** krawędź; brzeg; skraj; **on the ~ of sth** na skraju czegoś. **2.** ostrze; **blunt/sharp-~d** stępiony/zaostrzony; **double/two-~d** o dwóch ostrzach, obosieczny. **3. be on ~** być podminowanym; **have an ~ over sb** mieć przewagę nad kimś; **take the ~ off sth** stępić/złagodzić coś. — *v.* **1.** (*także* **~ one's way**) posuwać się; **~ away** odsuwać się; **~ back** cofać się rakiem. **2.** obrębiać, obszywać.

edgy ['edʒɪ] *a.* podminowany, podenerwowany.

edible ['edəbl] *a.* jadalny.

edifice ['edəfɪs] *n. form.* **1.** budowla, gmach. **2.** struktura, system (*zwł. utrwalony przez tradycję*).

edifying ['edəfaɪɪŋ] *a. form.* budujący, pouczający.

edit ['edɪt] *v.* **1.** ogłaszać drukiem, wydawać. **2.** redagować, przygotowywać do druku; *komp.* edytować; *film, radio* montować. **3. ~ out** wyedytować, wyciąć.

edition [ɪ'dɪʃən] *n.* **1.** wydanie, edycja. **2.** *druk.* nakład. **3.** *handl.* wersja (*produktu*).

editor ['edɪtər] *n.* **1.** wydawca, edytor/ka. **2.** redaktor/ka. **3.** *film, radio* montażyst-a/ka. **4.** *komp.* edytor.

editorial [ˌedɪ'tɔːrɪəl] *a.* edytorski, redakcyjny; wydawniczy, redaktorski. — *n. dzienn.* artykuł redakcyjny/wstępny.

educate ['edʒʊˌkeɪt] *v.* **1.** kształcić, edukować; szkolić, przyuczać. **2.** uświadamiać.

education [ˌedʒʊ'keɪʃən] *n.* **1.** kształcenie, edukacja, nauczanie; szkolnictwo, oświata; **secondary/higher ~** szkolnictwo średnie/wyższe. **2.** wykształcenie; **secondary/higher ~** wykształcenie średnie/wyższe.

educational [ˌedʒʊ'keɪʃənl] *a.* **1.** edukacyjny; oświatowy. **2.** kształcący; pouczający.

eel [iːl] *n.* węgorz.

eerie ['iːrɪ] *a.* niesamowity, nie z tej ziemi; upiorny.

effect [ɪ'fekt] *n.* **1.** skutek, wynik. **2.** efekt, zjawisko; **the Doppler ~** zjawisko/efekt Dopplera. **3. be in ~** być w mocy; **bring/put sth into ~** wprowadzać coś w życie; **come into/take ~** wchodzić w życie; **have an ~ on sb/sth** mieć wpływ na kogoś/coś; **in ~** w gruncie rzeczy, w praktyce; **or something to this/that ~** czy coś w tym sensie/stylu; **special ~s** efekty specjalne; **take ~** zaczynać działać (*o leku*). — *v. form.* dokonać, doprowadzić do (*czegoś*).

effective [ɪ'fektɪv] *a.* **1.** skuteczny; efektywny. **2.** faktyczny, rzeczywisty. **3. become ~ from/as of...** wchodzić w życie od/z dniem...

effectively [ɪ'fektɪvlɪ] *adv.* **1.** skutecznie, efektywnie. **2.** w praktyce, w gruncie rzeczy.
effectiveness [ɪ'fektɪvnəs] *n.* **1.** skuteczność, efektywność. **2.** obowiązywanie, moc prawna.
effeminate [ɪ'femənɪt] *a.* zniewieściały.
effervescent [ˌefər'vesənt] *a.* **1.** musujący, pieniący się. **2.** tryskający życiem.
efficiency [ɪ'fɪʃənsɪ] *n.* sprawność, wydajność.
efficiency apartment *n.* kawalerka.
efficient [ɪ'fɪʃənt] *a.* sprawny, wydajny.
effort ['efərt] *n.* **1.** wysiłek, trud; **put a lot of ~ into sth** wkładać w coś wiele wysiłku. **2.** staranie, usiłowanie, próba; **make every ~ to do sth** dołożyć wszelkich starań, żeby coś zrobić; **through sb's ~s** dzięki czyimś staraniom.
effortless ['efərtləs] *a.* **1.** niewymagający wysiłku. **2.** lekki, swobodny.
effusive [ɪ'fjuːsɪv] *a.* **1.** wylewny. **2.** przegadany; przeładowany, kapiący od ozdób.
e.g. [ˌiː 'dʒiː], **eg** *abbr.* np.
egalitarian [ɪˌgælɪ'terɪən] *a.* egalitarny.
egg [eg] *n.* jajo; jajko; **fried ~s** jajka sadzone; **scrambled ~s** jajecznica; **soft-boiled/hard-boiled ~** jajko na miękko/na twardo. — *v.* **~ sb on** namawiać kogoś.
eggcup ['egˌkʌp] *n.* kieliszek do jajek.
eggplant ['egˌplænt] *n.* oberżyna, bakłażan.
eggshell ['egˌʃel] *n.* **1.** skorupka jajka. **2.** barwa żółtawobiała.
ego ['iːgoʊ] *n.* ego; **boost/bolster sb's ~** podbudować/podreperować czyjeś ego.
egocentric [ˌiːgoʊ'sentrɪk] *a.* egocentryczny. — *n.* egocentry-k/czka.
egotism ['iːgəˌtɪzəm] *n.* egotyzm.
egotist ['iːgətɪst] *n.* egotyst-a/ka.
Egypt ['iːdʒɪpt] *n.* Egipt.
Egyptian [ɪ'dʒɪpʃən] *a.* egipski. — *n.* **1.** Egipcjan-in/ka. **2.** (język) egipski.
eight [eɪt] osiem. — *n.* **1.** ósemka. **2.** **~ (o'clock)** (godzina) ósma; **at ~** o ósmej. **3.** **figure (of) ~** ósemka (*kształt, figura*).
eighteen [ˌeɪ'tiːn] *num.* osiemnaście.
eighth [eɪtθ] ósmy.
eighty ['eɪtɪ] *num.* osiemdziesiąt. — *n.* **be in one's eighties** mieć osiemdziesiąt parę lat; **the (nineteen) eighties** lata osiemdziesiąte (dwudziestego wieku).
either ['iːðər] *a., pron.* którykolwiek, obojętnie który (*z dwóch*); **~ way** tak czy owak; **I don't like ~ (of them)** nie lubię ani jednego, ani drugiego; **on ~ side** po obu stronach. — *adv.* też nie; **if he isn't going, I won't (go) ~** jeśli on nie idzie, to ja też nie (pójdę). — *conj.* **~... or...** albo..., albo...; ani..., ani...; **he didn't say ~ yes or no** nie powiedział ani tak, ani nie.
ejaculate *v.* [ɪ'dʒækjəˌleɪt] mieć wytrysk.
ejaculation [ɪˌdʒækjə'leɪʃən] *n.* wytrysk, ejakulacja.
eject [ɪ'dʒekt] *v.* **1.** wyrzucać (z siebie); strzelać, tryskać (*np. jadem*). **2.** *lotn.* katapultować się. **3.** wyrzucać; eksmitować.
elaborate *v.* [ɪ'læbəreɪt] **1.** dopracowywać, doskonalić. **2.** **~ on sth** rozwinąć coś, uzupełnić coś szczegółami. — *a.* [ɪ'læbərət] **1.** kunsztowny, misterny. **2.** zawiły, skomplikowany.
elapse [ɪ'læps] *v. form.* upływać, mijać (*o czasie*).
elastic [ɪ'læstɪk] *a.* **1.** elastyczny; giętki; rozciągliwy. **2.** wytrzymały. — *n.* gumka.
elated [ɪ'leɪtɪd] *a.* uradowany; przepełniony dumą.
elbow ['elboʊ] *n.* **1.** łokieć. **2.** kolanko (*rury*). — *v.* **1.** roztrącać łokciami; odpychać. **2.** **~ one's way** torować sobie drogę.
elder ['eldər] *a. comp.* starszy; **sb's ~ brother** czyjś starszy brat. — *n.* **1.** **be sb's ~ (by...)** być starszym od kogoś (o...). **2.** **the ~s** starszyzna. — *n.* (dziki) bez.
elderly ['eldərlɪ] *a.* starszy, w starszym/podeszłym wieku; **the ~** ludzie starsi.
eldest ['eldɪst] *a. sup.* najstarszy; **the ~ of three** najstarsze z trojga (dzieci).
elect [ɪ'lekt] *v.* **1.** wybierać; **~ sb president** wybrać kogoś na prezydenta. **2.** **~ to do sth** *form.* postanowić coś zrobić. — *a.* wybrany; **president ~** prezydent elekt.
election [ɪ'lekʃən] *n.* **1.** wybory; **~ campaign** kampania wyborcza. **2.** wybór, elekcja.
electioneering [ɪˌlekʃə'niːrɪŋ] *n.* agitacja wyborcza.
elective [ɪ'lektɪv] *a. szkoln. uniw.* fakultatywny, nieobowiązkowy.
electoral [ɪ'lektərəl] *a.* wyborczy.
electorate [ɪ'lektərɪt] *n.* elektorat, wyborcy.
electric [ɪ'lektrɪk] *a.* **1.** elektryczny; **~ cable/heater** kabel/grzejnik elektryczny. **2.** naładowany, napięty (*o atmosferze*).
electrical [ɪ'lektrɪkl] *a.* elektryczny.
electrical engineer *n.* inżynier elektryk.
electrician [ɪlek'trɪʃən] *n.* elektry-k/czka, elektrotechni-k/czka.
electricity [ɪlek'trɪsətɪ] *n.* **1.** elektryczność. **2.** elektryka (= *nauka o elektryczności*).
electrify [ɪ'lektrəˌfaɪ] *v.* **1.** elektryfikować. **2.** elektryzować.
electrode [ɪ'lektroʊd] *n.* elektroda.
electron [ɪ'lektrɑːn] *n.* elektron.
electronic [ɪˌlek'trɑːnɪk] *a.* elektroniczny.
electronic mail *n.* (*także* **e-mail**) poczta elektroniczna.
electronics [ɪˌlek'trɑːnɪks] *n.* elektronika.
elegance ['eləgəns] *n.* elegancja.
elegant ['eləgənt] *a.* elegancki.
elegy ['elɪdʒɪ] *n.* elegia.
element ['eləmənt] *n.* **1.** element; składnik. **2.** pierwiastek. **3.** żywioł; **in/out of one's ~** w swoim/nie w swoim żywiole. **4.** źdźbło, odrobina (*np. prawdy*).
elementary [ˌelə'mentərɪ] *a.* **1.** elementarny. **2.** podstawowy; początkowy, przygotowawczy. **3.** (trywialnie) prosty.
elephant ['eləfənt] *n.* słoń.
elevation [ˌelə'veɪʃən] *n.* **1.** wysokość (*zwł. nad poziomem morza*). **2.** elewacja. **3.** wyniesienie (*do jakiegoś stanu lub rangi*).
elevator ['eləˌveɪtər] *n.* **1.** winda. **2.** elewator, spichlerz.
eleven [ɪ'levən] *num.* jedenaście. — *n.* **1.** *t. sport* jedenastka. **2.** **~ (o'clock)** (godzina) jedenasta; **at ~** o jedenastej.
elf [elf] *n. pl.* **elves** [elvz] elf, chochlik.
elicit [ɪ'lɪsɪt] *v. form.* **~ sth from sb** wywołać coś u kogoś (*reakcję*); uzyskać coś od kogoś (*odpowiedź*); wydobyć coś z kogoś (*informacje*).
eligible ['elɪdʒəbl] *a.* **1.** uprawniony (*for sth* do ubiegania się o coś); mogący kandydować; kwalifikujący się (*for sth* do czegoś, *to do sth* do robienia czegoś). **2.** **~ bachelor/young man** kawaler do wzięcia.

eliminate [ɪ'lɪmə,neɪt] *v.* **1.** usuwać, eliminować; likwidować (*nędzę, bezrobocie*). **2.** *sport* wyeliminować (*przeciwnika*). **3.** *pot.* zlikwidować (= *zabić*).
elimination [ɪ,lɪmə'neɪʃən] *n.* **1.** usunięcie, eliminacja; **by a process of ~** przez eliminację, w drodze eliminacji. **2.** *pot.* likwidacja (= *zabójstwo*).
elite [ɪ'li:t], **élite** *n.* elita.
ellipse [ɪ'lɪps] *n.* elipsa.
elm [elm] *n.* wiąz.
elongated [ɪ'lɔ:ŋgeɪtɪd] *a.* wydłużony.
eloquent ['eləkwənt] *a.* **1.** elokwentny. **2.** wymowny.
else [els] *adv.* **1. how ~** jak inaczej; **nobody/nothing ~** nikt/nic więcej; **somewhere/nowhere ~** gdzieś/nigdzie indziej; **something ~** coś innego; **(would you like) anything ~?** (czy życzy Pan/i sobie) coś jeszcze? **2. or ~** w przeciwnym razie; bo jak nie, to..., bo inaczej...
elsewhere ['els,wer] *adv.* gdzie(ś) indziej.
elude [ɪ'lu:d] *v. form.* **~ sb** wymykać się komuś; być dla kogoś nieosiągalnym; wylecieć komuś z pamięci.
elusive [ɪ'lu:sɪv] *a.* **1.** nieuchwytny; nieosiągalny. **2.** ulotny; trudny do zrozumienia/zapamiętania.
elves [elvz] *n. pl. zob.* **elf**.
emaciated [ɪ'meɪʃɪ,eɪtɪd] *a.* wychudzony, wycieńczony.
e-mail ['i:meɪl], **E-mail**, **email** *n.* **1.** e-mail, poczta elektroniczna. **2.** mail, wiadomość. — *v.* **1.** mailować. **2. ~ sb** napisać do kogoś maila.
emanate ['emə,neɪt] *v. form.* **1.** emanować, promieniować (*czymś*); rozsiewać, wydzielać. **2. ~ from sth** rozchodzić się/dochodzić skądś (*np. o zapachu*).
emancipate [ɪ'mænsə,peɪt] *v.* wyzwalać, emancypować, uwalniać (*from sth* od/spod czegoś).
emancipation [ɪ,mænsə'peɪʃən] *n.* emancypacja; wyzwolenie.
embankment [em'bæŋkmənt] *n.* obwałowanie, nasyp; nadbrzeże.
embargo [em'bɑ:rgoʊ] *n.* embargo; **impose an ~ on sth** nałożyć embargo na coś; **lift/raise an ~** znieść embargo. — *v.* obejmować embargiem.
embark [em'bɑ:rk] *v.* **1.** wsiadać na statek; wsiadać do samolotu. **2. ~ on/upon sth** przedsięwziąć coś; **~ on/upon a career** rozpocząć karierę.
embarrass [ɪm'berəs] *v.* wprawiać w zakłopotanie, krępować.
embarrassed [ɪm'berəst] *a.* zakłopotany, zażenowany.
embarrassing [ɪm'berəsɪŋ] *a.* krępujący, żenujący.
embarrassment [ɪm'berəsmənt] *n.* **1.** zakłopotanie, zażenowanie; wstyd; **be an ~ to sb** przysparzać komuś wstydu (*o osobie*). **2.** kłopotliwa sytuacja; komplikacja.
embassy ['embəsɪ] *n.* ambasada; **the Polish ~** Ambasada Polski.
embedded [em'bedɪd] *a.* zakorzeniony, utrwalony; **deeply ~** głęboko zakorzeniony.
embers ['embərz] *n. pl.* żar (*np. ogniska*).
embezzlement [ɪm'bezlmənt] *n.* sprzeniewierzenie (*pieniędzy l. mienia*), malwersacja.
emblem ['embləm] *n.* **1.** godło; emblemat. **2.** symbol, znak.
embodiment [ɪm'bɑ:dɪmənt] *n.* ucieleśnienie, wcielenie (*of sth* czegoś).
embody [ɪm'bɑ:dɪ] *v.* ucieleśniać.
embrace [ɪm'breɪs] *v.* **1.** obejmować (się). **2.** *form.* obejmować, zawierać w sobie. **3.** *form.* przyjąć (*wiarę, ideę*); wyzyskać (*szansę*). — *n.* uścisk, objęcia; **hold sb in an ~** trzymać kogoś w objęciach.
embroidery [ɪm'brɔɪdərɪ] *n.* **1.** haft. **2.** upiększenia (= *zmyślone szczegóły*).
embryo ['embrɪ,oʊ] *n.* **1.** embrion; zarodek. **2.** zalążek.
emerald ['emərəld] *n.* szmaragd. — *a.* szmaragdowy.
emerge [ɪ'mɝ:ʤ] *v.* **1.** wynurzać się, wyłaniać się. **2.** pojawiać się. **3. it ~d that...** wyszło na jaw/okazało się, że. **4. ~ from sth** wyjść z czegoś (*obronną ręką*), przetrwać coś.
emergency [ɪ'mɝ:ʤənsɪ] *n.* nagły wypadek; **in an ~** w razie wypadku; w sytuacji awaryjnej.
emergency brake *n. mot.* hamulec ręczny.
emergency exit *n.* wyjście awaryjne.
emergency room *n.* (*także* **ER**) oddział urazowy (*dla przypadków nagłych*).
emergent [ɪ'mɝ:ʤənt] *a.* **1.** wyłaniający się; pojawiający się. **2.** niedawno/nowo powstały (*o państwie*).
emigrant ['eməgrənt] *n.* emigrant/ka; **~ laborer/worker** emigrant zarobkowy.
emigrate ['emə,greɪt] *v.* emigrować.
emigration [,emə'greɪʃən] *n.* emigracja.
eminent ['emənənt] *a.* wybitny.
emission [ɪ'mɪʃən] *n.* **1.** emisja. **2.** wydzielanie.
emit [ɪ'mɪt] *v.* wypuszczać, wysyłać; wydzielać; emitować.
emotion [ɪ'moʊʃən] *n.* emocja; uczucie.
emotional [ɪ'moʊʃənl] *a.* **1.** uczuciowy; emocjonalny; **be ~ about sth** podchodzić do czegoś emocjonalnie. **2.** budzący emocje; pełen emocji; wzruszający.
empathy ['empəθɪ] *n.* empatia.
emperor ['empərər] *n.* cesarz, imperator.
emphasis ['emfəsɪs] *n.* emfaza, nacisk; **place/put ~ on sth** kłaść nacisk na coś.
emphasize ['emfə,saɪz] *v.* kłaść nacisk na, akcentować; podkreślać.
emphatic [ɪm'fætɪk] *a.* **1.** emfatyczny, wyrazisty. **2.** dobitny; stanowczy.
empire ['empaɪr] *n.* cesarstwo; imperium.
empirical [ɪm'pɪrɪkl] *a.* empiryczny, doświadczalny.
employ [ɪm'plɔɪ] *v.* **1.** zatrudniać, angażować. **2.** używać (*czegoś*); **~ one's talents/influence** użyć swoich talentów/wpływów.
employee [ɪm'plɔɪi:] *n.* pracowni-k/ca, zatrudnion-y/a.
employer [ɪm'plɔɪər] *n.* pracodaw-ca/czyni.
employment [ɪm'plɔɪmənt] *n.* zatrudnienie, praca.
emptiness ['emptɪnəs] *n.* pustka, próżnia.
empty ['emptɪ] *a.* **1.** pusty. **2.** czczy; jałowy. **3. ~ of sth** wyzuty/wyprany z czegoś. — *n.* pusta butelka. — *v.* opróżniać (się).
empty-handed [,emptɪ'hændɪd] *a.* z pustymi rękami.
emulate ['emjə,leɪt] *v. form.* naśladować.
emulsion [ɪ'mʌlʃən] *n.* emulsja.
enable [ɪn'eɪbl] *v.* **1. ~ sb to do sth** umożliwiać komuś zrobienie czegoś; upoważniać/uprawniać kogoś do zrobienia czegoś. **2.** *form.* umożliwiać, czynić możliwym. **3.** *komp.* uaktywniać.
enact [ɪn'ækt] *v. form.* **1.** uchwalać, stanowić. **2.** odgrywać (*scenę, rolę*).
enamel [ɪ'næml] *n.* **1.** emalia. **2.** lakier. **3.** szkliwo. — *v.* emaliować.
enchanted [ɪn'ʧæntɪd] *a.* **1.** oczarowany. **2.** *lit.* zaklęty, zaczarowany.

enchanting [ɪn'tʃæntɪŋ] *a.* czarujący, czarowny.
encircle [ɪn'sɝːkl] *v.* otaczać, okalać; okrążać.
enclave ['enkleɪv] *n.* enklawa.
enclose [ɪn'kloʊz] *v.* **1.** ogradzać; szczelnie otaczać. **2.** załączać, dołączać.
enclosure [ɪn'kloʊʒər] *n.* **1.** zagroda. **2.** ogradzanie. **3.** załącznik.
encompass [ɪn'kʌmpəs] *v. form.* obejmować, ogarniać.
encore ['ɑːnkɔːr] *int., n.* bis; **as/for an ~** na bis.
encounter [ɪn'kaʊntər] *v.* spotkać, natknąć się na; napotykać; stykać się z (*czymś*). — *n.* **1.** spotkanie, zetknięcie się; **chance ~** przypadkowe spotkanie. **2.** potyczka, starcie.
encourage [ɪn'kɝːɪdʒ] *v.* **1.** ośmielać, zachęcać; dodawać odwagi (*komuś*). **2.** sprzyjać (*czemuś*), popierać; rozwijać.
encouragement [ɪn'kɝːɪdʒmənt] *n.* **1.** zachęta. **2.** poparcie.
encouraging [ɪn'kɝːɪdʒɪŋ] *a.* zachęcający; obiecujący.
encroach [ɪn'kroʊtʃ] *v.* **~ on/upon/into sth** *form.* wtargnąć/wedrzeć się na teren/w głąb czegoś; ingerować w coś.
encyclopedia [en,saɪklə'piːdɪə] *n.* encyklopedia.
end [end] *n.* **1.** koniec; kraniec; kres; zakończenie; **at the ~ of May** pod koniec maja; **be at an ~** kończyć się; **bring sth to an ~** doprowadzić coś do końca; **come/draw to an ~** dobiegać końca; **for days on ~** całymi dniami; **from beginning to ~** od początku do końca; **in the ~** w końcu, ostatecznie; **put an ~ to sth** położyć czemuś kres. **2.** koniec, koniuszek, czubek; **on ~** na sztorc. **3.** cel; **a means to an ~** środek (wiodący) do celu; **an ~ in itself** cel sam w sobie; **to this/that ~** *form.* w tym celu. — *v.* **1.** kończyć (się); **~ in failure** skończyć się niepowodzeniem. **2. ~ up** skończyć, wylądować; **~ up in prison** wylądować w więzieniu.
endanger [ɪn'deɪndʒər] *v.* zagrażać (*komuś l. czemuś*), narażać na niebezpieczeństwo.
endearing [ɪn'diːrɪŋ] *a.* ujmujący.
endeavor [ɪn'devər] *form. v.* **~ to do sth** usiłować coś zrobić. — *n.* przedsięwzięcie; usiłowanie, próba; staranie, wysiłek.
ending ['endɪŋ] *n.* **1.** zakończenie. **2.** *gram.* końcówka.
endless ['endləs] *a.* **1.** nieskończony; bezkresny. **2.** niekończący się. **3.** bezgraniczny, niewyczerpany; nieograniczony.
endorphin [en'dɔːrfɪn] *n.* endorfina.
endorse [ɪn'dɔːrs] *v.* **1.** *form.* popierać; zatwierdzać. **2.** reklamować, lansować. **3.** podpisywać na odwrocie, indosować (*czek*).
endorsement [ɪn'dɔːrsmənt] *n.* **1.** *form.* poparcie, aprobata; zatwierdzenie. **2.** indos.
endow [ɪn'daʊ] *v.* **1.** wspomagać finansowo (*instytucję użyteczności publicznej*). **2. be ~ed with sth** być obdarzonym czymś.
endurance [ɪn'dʊrəns] *n.* wytrzymałość; cierpliwość, tolerancja.
endure [ɪn'dʊr] *v.* **1.** wytrzymywać, znosić cierpliwie. **2.** znosić, tolerować. **3.** *form.* trwać, istnieć nadal.
enemy ['enəmɪ] *n.* **1.** wróg; przeciwnik; **make enemies** narobić sobie wrogów. **2. the ~** nieprzyjaciel; **~ aircraft/forces** samoloty/siły nieprzyjaciela.
energetic [,enər'dʒetɪk] *a.* energiczny.
energy ['enərdʒɪ] *n.* **1.** energia. **2. energies** wysiłki, siły.
enforce [ɪn'fɔːrs] *v.* **1.** egzekwować. **2.** wprowadzać w życie.
engage [ɪn'geɪdʒ] *v.* **1.** zatrudniać, angażować. **2.** pochłaniać, absorbować. **3.** włączać się (*o sprzęgle, biegach*); włączać (*sprzęgło*), wrzucać (*biegi*). **4. ~ in sth** zajmować się czymś; angażować/wdawać się w coś; **~ sb in conversation** zająć kogoś rozmową.
engaged [ɪn'geɪdʒd] *a.* **1.** zaręczony; **get ~ to sb** zaręczyć się z kimś. **2. I'm otherwise ~** *form.* mam (w tym czasie) inne zobowiązania.
engagement [ɪn'geɪdʒmənt] *n.* **1.** zaręczyny; **~ ring** pierścionek zaręczynowy; **break off one's ~** zerwać zaręczyny. **2. I have a previous/prior ~** jestem już z kimś umówiony.
engaging [ɪn'geɪdʒɪŋ] *a.* zajmujący, absorbujący.
engine ['endʒən] *n.* **1.** silnik. **2.** lokomotywa. **3.** (*także* **fire ~**) wóz strażacki.
engineer [,endʒə'niːr] *n.* **1.** inżynier. **2.** maszynista. — *v.* **1.** zaprojektować; skonstruować. **2.** *pot.* zaaranżować; uknuć.
engineering [,endʒə'niːrɪŋ] *n.* inżynieria; **genetic ~** inżynieria genetyczna.
England ['ɪŋglənd] *n.* Anglia.
English ['ɪŋglɪʃ] *a.* angielski; **she's ~** ona jest Angielką. — *n.* **1.** (język) angielski, angielszczyzna. **2. the ~** Anglicy.
Englishman ['ɪŋglɪʃmən] *n.* Anglik.
Englishwoman ['ɪŋglɪʃ,wʊmən] *n.* Angielka.
engraving [ɪn'greɪvɪŋ] *n.* **1.** rycina, sztych. **2.** grawerunek.
engrossed [ɪn'groʊst] *a.* **~ in sth** zaabsorbowany/pochłonięty czymś.
enhance [ɪn'hæns] uwydatniać, podkreślać; podnosić; poprawiać.
enigma [ɪ'nɪgmə] *n.* enigma, zagadka.
enigmatic [,enɪg'mætɪk] *a.* enigmatyczny, zagadkowy.
enjoy [ɪn'dʒɔɪ] *v.* **1. ~ doing sth** lubić coś robić; **~ o.s.** dobrze się bawić; **did you ~ the movie?** czy podobał ci się film? **2. ~!** smacznego!
enjoyable [ɪn'dʒɔɪəbl] *a.* przyjemny.
enjoyment [ɪn'dʒɔɪmənt] *n.* **1.** przyjemność, rozrywka. **2. ~ of sth** *form.* rozkoszowanie się czymś; korzystanie z czegoś.
enlarge [ɪn'lɑːrdʒ] *v.* **1.** zwiększać (się); *t. fot.* powiększać; poszerzać (*np. umysł*). **2. ~ on/upon sth** rozwodzić się nad czymś.
enlargement [ɪn'lɑːrdʒmənt] *n. t. fot.* powiększenie.
enlightened [ɪn'laɪtənd] *a.* oświecony; światły.
enlightenment [ɪn'laɪtənmənt] *n.* **the E~** Oświecenie.
enlist [ɪn'lɪst] *v.* **1.** zaciągać (się) do wojska. **2.** wciągać do współpracy, werbować; pozyskiwać.
enliven [ɪn'laɪvən] *v.* ożywiać.
enormous [ɪ'nɔːrməs] *a.* ogromny, olbrzymi.
enough [ɪ'nʌf] *a., adv., pron.* dosyć, dość; **~ is ~!** (*także* **I've had enough!**) mam (tego) dosyć! **big ~** dostatecznie duży; **have you had ~ (to eat)?** najadłeś się? **it's not good ~** to mnie/nas nie zadowala; **more than ~** aż nadto; **not nearly ~** (*także* **nowhere near ~**) o wiele za mało; **oddly/funnily/strangely ~** co ciekawe; dziwnym trafem.
enquire [ɪn'kwaɪr] *v.* = **inquire**.
enrich [ɪn'rɪtʃ] *v.* wzbogacać.

enroll [ɪn'roʊl] *v.* **1.** wciągać na listę/do akt. **2.** zaciągać (się) do wojska. **3.** ~ **for/in/on a course** zapisać (się) na kurs.
en route [ˌɑːn 'ruːt] *adv.* po drodze.
ensue [ɪn'suː] *v.* następować, wywiązywać się.
ensure [ɪn'ʃʊr] *v.* **1.** zapewniać, gwarantować. **2.** ~ **that...** dopilnować, żeby...
entail [ɪn'teɪl] *v.* **1.** pociągać za sobą. **2.** ~ **doing sth** wymagać zrobienia czegoś.
entangled [ɪn'tæŋgld] *a.* **be/become ~ in/with sth** zaplątać się w coś.
enter ['entər] *v.* **1.** wchodzić do (*pokoju, budynku*); wchodzić w (*okres, fazę*); wpadać do (*morza*); dostawać się do (*krwiobiegu*). **2.** wstępować do (*klubu, armii*); wstępować na (*uniwersytet*). **3.** brać udział w (*zawodach*). **4.** zapisywać, wpisywać; *komp.* wprowadzać (*dane*). **5.** ~ **into** wdać się w (*dyskusję*); nawiązać (*korespondencję*); zawrzeć (*umowę*); **money doesn't ~ into it** tu nie chodzi o pieniądze.
enterprise ['entərˌpraɪz] *n.* **1.** przedsięwzięcie. **2.** przedsiębiorstwo. **3.** przedsiębiorczość, inicjatywa; **free ~** wolna inicjatywa; **private ~** sektor prywatny.
enterprising ['entərˌpraɪzɪŋ] *a.* przedsiębiorczy; pomysłowy.
entertain [ˌentər'teɪn] *v.* **1.** przyjmować (*gości*). **2.** zabawiać. **3.** *form.* rozważać, brać pod uwagę.
entertainer [ˌentər'teɪnər] *n.* artyst-a/ka estradow-y/a.
entertaining [ˌentər'teɪnɪŋ] *a.* zabawny, rozrywkowy. — *n.* przyjmowanie gości.
entertainment [ˌentər'teɪnmənt] *n.* rozrywka; ~ **industry** przemysł rozrywkowy.
enthusiasm [ɪn'θuːzɪˌæzəm] *n.* entuzjazm, zapał.
enthusiast [ɪn'θuːzɪˌæst] *n.* entuzjast-a/ka; zapaleniec; **jazz/golfing ~** entuzjast-a/ka jazzu/golfa.
enthusiastic [enˌθuːzɪ'æstɪk] *a.* entuzjastyczny; rozentuzjazmowany; **be ~ about sth** entuzjazmować się czymś.
entice [ɪn'taɪs] *v.* nęcić, kusić; wabić; ~ **sb to do sth** nakłonić kogoś do zrobienia czegoś.
entire [ɪn'taɪr] *a.* **1.** cały. **2.** całkowity, nieograniczony.
entirely [ɪn'taɪrlɪ] *adv.* **1.** całkiem, zupełnie. **2.** wyłącznie.
entirety [ɪn'taɪrtɪ] *n.* **in its/their ~** *form.* w całości.
entitle [ɪn'taɪtl] *v.* **1.** tytułować. **2.** uprawniać, upoważniać; **be ~d to sth/to do sth** mieć prawo do czegoś/robić coś.
entitled [ɪn'taɪtld] *a.* zatytułowany, pod tytułem.
entity ['entətɪ] *n.* jednostka, (wyodrębniona) całość.
entourage [ˌɑːntʊ'rɑːʒ] *n.* świta, orszak.
entrance[1] ['entrəns] *n.* **1.** wejście; **make one's/an ~** wejść (*zwł. efektownie l. na scenę*). **2.** wstęp, prawo wstępu; **gain ~ to** dostać się na (*uniwersytet itp.*); zostać przyjętym do (*organizacji, profesji*).
entrance[2] [ɪn'trɑːns] *v.* oczarować, zachwycić.
entrance examination *n.* egzamin wstępny.
entrenched [ɪn'trentʃt] *a.* zakorzeniony, utrwalony; **deeply/firmly ~** głęboko/mocno zakorzeniony.
entrepreneur [ˌɑːntrəprə'nɝː] *n.* przedsiębiorca.
entrust [ɪn'trʌst] *v.* ~ **sb with sth** (*także* ~ **sth to sb**) powierzać coś komuś.
entry ['entrɪ] *n.* **1.** wejście; wjazd. **2.** wstąpienie, przystąpienie; **gain ~ (to sth)** przystąpić/wejść (do czegoś) (*np. do Unii Europejskiej*). **3.** wstęp; **no ~** wstęp wzbroniony; zakaz wjazdu. **4.** hasło; **dictionary ~** hasło w słowniku. **5.** praca konkursowa; **winning ~** zwycięska praca. **6.** wpis (*do rejestru, księgi rachunkowej*); pozycja. **7.** *komp.* wprowadzanie (*danych*).
enumerate [ɪ'nuːməˌreɪt] *v.* wyliczać.
envelop [ɪn'veləp] *v.* owijać, spowijać; **~ed in clouds/mystery** spowity chmurami/tajemnicą.
envelope ['envəˌloʊp] *n.* koperta.
enviable ['envɪəbl] *a.* godny pozazdroszczenia.
envious ['envɪəs] *a.* zazdrosny; zawistny; **be ~ of sb/sth** być zazdrosnym o kogoś/coś.
environment [ɪn'vaɪrənmənt] *n.* **1.** środowisko, otoczenie. **2. the ~** środowisko naturalne.
environmental [ɪnˌvaɪrən'mentl] *a.* środowiskowy; ~ **conditions** warunki otoczenia; ~ **pollution** zanieczyszczenie środowiska.
envisage [ɪn'vɪzɪdʒ] *v.* **1.** wyobrażać sobie. **2.** przewidywać.
envoy ['envɔɪ] *n.* wysłanni-k/czka, poseł.
envy ['envɪ] *n.* **1.** zawiść; zazdrość. **2.** przedmiot zawiści/zazdrości. — *v.* ~ **sb sth** zazdrościć komuś czegoś.
enzyme ['enzaɪm] *n.* enzym.
ephemeral [ɪ'femərəl] *a.* efemeryczny.
epic ['epɪk] *a.* **1.** epicki. **2. of ~ proportions** imponujących rozmiarów. — *n.* **1.** epos. **2.** epopeja.
epicenter ['epɪˌsentər] *n.* epicentrum.
epidemic [ˌepɪ'demɪk] *n.* epidemia. — *a.* epidemiczny.
epidermis [ˌepɪ'dɝːmɪs] *n.* naskórek.
epidural [ˌepɪ'djʊərəl] *n.* znieczulenie zewnątrzoponowe.
epilepsy ['epɪˌlepsɪ] *n.* epilepsja, padaczka.
epileptic [ˌepɪ'leptɪk] *a.* epileptyczny; ~ **fit/seizure** atak padaczki. — *n.* epilepty-k/czka.
epilogue ['epəˌlɔːg], **epilog** *n.* epilog.
episcopal [ɪ'pɪskəpl] *a.* **1.** biskupi. **2. E~ Church** Kościół episkopalny.
episode ['epɪˌsoʊd] *n.* **1.** epizod. **2.** odcinek (*serialu*).
epitaph ['epɪˌtæf] *n.* epitafium.
epithet ['epəˌθet] *n.* epitet.
epitome [ɪ'pɪtəmɪ] *n.* uosobienie; typowy przykład (*of sth* czegoś).
epoch ['epək] *n.* epoka.
equal ['iːkwəl] *a.* **1.** równy (~ *to sb/sth* komuś/czemuś); taki sam, jednakowy; ~ **in size** (*także* **of ~ size**) równej/jednakowej wielkości; **on ~ terms** na równych prawach. **2.** *form.* **be ~ to doing sth** być w stanie coś zrobić; **be ~ to the task/occasion** stanąć na wysokości zadania. — *n.* **have no ~** (*także* **be without ~**) nie mieć sobie równych; **she treats us as ~s** traktuje nas jak równych sobie. — *v.* **1.** równać się; **two plus three ~s five** dwa dodać trzy równa się pięć. **2.** dorównywać (*komuś l. czemuś*). **3.** wyrównać (*rekord*).
equality [ɪ'kwɑːlətɪ] *n.* równość, równouprawnienie; **racial/sexual ~** równouprawnienie ras/płci.
equally ['iːkwəlɪ] *adv.* **1.** (po) równo. **2.** równie, tak samo.
equal sign *n.* znak równości.
equanimity [ˌiːkwə'nɪmətɪ] *n.* *form.* opanowanie, spokój.
equate [ɪ'kweɪt] *v.* ~ **sth with sth** zrównywać coś z czymś.

equation [ɪ'kweɪʒən] *n.* 1. *mat.* równanie. 2. **enter into the ~** wchodzić w grę, odgrywać rolę.
equator [ɪ'kweɪtər] *n.* **the ~/E~** równik.
equilibrium [ˌiːkwə'lɪbrɪəm] *n.* równowaga.
equinox ['iːkwəˌnɑːks] *n.* równonoc, zrównanie dnia z nocą.
equip [ɪ'kwɪp] *v.* 1. wyposażać; zaopatrywać; ekwipować. 2. **~ sb for sth** przygotować kogoś na coś/do czegoś.
equipment [ɪ'kwɪpmənt] *n.* 1. wyposażenie; sprzęt; ekwipunek. 2. **piece of ~** urządzenie.
equivalent [ɪ'kwɪvələnt] *a.* równoważny; równoznaczny. — *n.* odpowiednik; równoważnik, ekwiwalent.
equivocal [ɪ'kwɪvəkl] *a. form.* 1. dwuznaczny, niejednoznaczny. 2. wymijający.
ER [ˌiː 'ɑːr] *abbr.* = **emergency room**.
era ['iːrə] *n.* era.
eradicate [ɪ'rædəˌkeɪt] *v.* wykorzenić, wytępić, wyplenić.
erase [ɪ'reɪs] *v.* wymazywać; kasować.
eraser [ɪ'reɪsər] *n.* 1. gumka (*do wymazywania*). 2. gąbka do (ścierania) tablicy.
erect [ɪ'rekt] *a.* wyprostowany (*o postawie*); podniesiony (*o ogonie, uszach*); wzwiedziony (*o członku*). — *v. form.* wznosić, stawiać.
erection [ɪ'rekʃən] *n.* 1. erekcja, wzwód. 2. wzniesienie, wybudowanie.
erode [ɪ'roʊd] *v.* 1. erodować. 2. korodować. 3. ograniczać (*wolność*); podkopywać (*zaufanie*).
erosion [ɪ'roʊʒən] *n.* 1. erozja. 2. korozja. 3. nadżerka.
erotic [ɪ'rɑːtɪk] *a.* erotyczny.
eroticism [ɪ'rɑːtɪˌsɪzəm] *n.* erotyka.
err [ɝː] *v. form.* 1. mylić się. 2. błądzić; grzeszyć; **~ on the side of caution** grzeszyć nadmiarem ostrożności.
errand ['erənd] *n.* polecenie; **run ~s** załatwiać sprawy; biegać na posyłki; **send sb on an ~** kazać komuś coś załatwić.
erratic [ɪ'rætɪk] *a.* niekonsekwentny; nieobliczalny.
erroneous [ɪ'roʊnɪəs] *a.* błędny.
error ['erər] *n.* błąd; **commit/make an ~** popełnić/zrobić błąd.
erupt [ɪ'rʌpt] *v.* wybuchać (*t. o wulkanie*).
eruption [ɪ'rʌpʃən] *n.* wybuch, erupcja.
escalate ['eskəˌleɪt] *v.* nasilać (się).
escalator ['eskəˌleɪtər] *n.* schody ruchome.
escapade ['eskəˌpeɪd] *n.* 1. eskapada. 2. wyskok.
escape [ɪ'skeɪp] *v.* 1. uciec; zbiec; **~ sb's attention/notice** umknąć czyjejś uwadze; **the title ~s me** nie mogę sobie przypomnieć tytułu. 2. wyciekać; ulatniać się. 3. uniknąć (*konsekwencji*); wymigać się od (*kary*). — *n.* 1. ucieczka. 2. wyciek; ulatnianie się.
escort *n.* ['eskɔːrt] 1. eskorta. 2. osoba towarzysząca. 3. osoba do towarzystwa (*zwł. z agencji towarzyskiej*). — *v.* [ɪ'skɔːrt] 1. eskortować. 2. towarzyszyć (*komuś*).
Eskimo ['eskəˌmoʊ] *n.* Eskimos/ka. — *a.* eskimoski.
esophagus [ɪ'sɑːfəgəs] *n.* przełyk.
especially [ɪ'speʃlɪ] *adv.* 1. szczególnie. 2. specjalnie. 3. szczególnie, zwłaszcza; **~ that...** zwłaszcza że...
espionage ['espɪəˌnɑːʒ] *n.* szpiegostwo.
espouse [ɪ'spaʊz] *v. form.* opowiadać się za (*czymś*).
essay *n.* ['eseɪ] 1. esej. 2. wypracowanie.
essence ['esəns] *n.* 1. istota, natura. 2. esencja; olejek. 3. **in ~** w gruncie rzeczy.
essential [ɪ'senʃl] *a.* 1. niezbędny, nieodzowny. 2. zasadniczy; **it is ~ that we finish on time** jest sprawą zasadniczą, żebyśmy skończyli na czas. — *n.* 1. **bare ~s** rzeczy najpotrzebniejsze. 2. **the ~s of sth** podstawy czegoś (*np. gramatyki, obsługi komputera*).
essentially [ɪ'senʃlɪ] *adv.* zasadniczo; w gruncie rzeczy.
establish [ɪ'stæblɪʃ] *v.* 1. zakładać (*organizację, firmę*). 2. ustalać; **~ that...** ustalić, że... 3. nawiązywać (*kontakty*). 4. ustanawiać (*precedens, zwyczaj*). 5. **~ o.s. as.../in sth** wyrobić sobie pozycję jako.../w czymś.
established [ɪ'stæblɪʃt] *a.* 1. ustalony, przyjęty. 2. o ustalonej pozycji/reputacji.
establishment [ɪ'stæblɪʃmənt] *n.* 1. *form.* firma; instytucja, placówka; **educational ~** placówka oświatowa. 2. **the E~** establishment.
estate [ɪ'steɪt] *n.* 1. majątek. 2. majątek ziemski.
esteem [ɪ'stiːm] *v.* szanować, poważać. — *n.* szacunek, poważanie; **hold sb in high/great ~** darzyć kogoś wielkim szacunkiem.
estimate *v.* ['estɪˌmeɪt] 1. szacować (*at...* na...). 2. oceniać. — *n.* ['estɪmət] 1. kosztorys. 2. szacunkowe obliczenie; **at a rough ~** w przybliżeniu.
estranged [ɪ'streɪndʒd] *a.* **be ~ from** pozostawać w separacji z (*żoną l. mężem*); nie mieszkać z (*rodziną*).
estrogen ['estrədʒən] *n.* estrogen.
estuary ['estʃʊˌerɪ] *n.* ujście (rzeki).
etc. *abbr.* itd.; itp.
etching ['etʃɪŋ] *n.* kwasoryt.
eternal [ɪ'tɝːnl] *a.* wieczny.
eternally [ɪ'tɝːnlɪ] *adv.* wiecznie.
eternity [ɪ'tɝːnətɪ] *n.* 1. wieczność; **for (all) ~** po wieczne czasy. 2. *emf.* cała wieczność, całe wieki.
ethical ['eθɪkl] *a.* etyczny.
ethics ['eθɪks] *n.* etyka; **professional ~** etyka zawodowa.
Ethiopia [ˌiːθɪ'oʊpɪə] *n.* Etiopia.
Ethiopian [ˌiːθɪ'oʊpɪən] *n.* Etiop-czyk/ka. — *a.* etiopski.
ethnic ['eθnɪk] *a.* etniczny; **~ violence/unrest** przemoc/zamieszki na tle etnicznym.
ethnicity [eθ'nɪsətɪ] *n.* tożsamość etniczna.
ethnography [eθ'nɑːgrəfɪ] *n.* etnografia.
etymology [ˌetə'mɑːlədʒɪ] *n.* etymologia.
euphemism ['juːfəˌmɪzəm] *n.* eufemizm.
euphoria [jʊ'fɔːrɪə] *n.* euforia.
euro ['jʊroʊ] *n.* euro.
Europe ['jʊrəp] *n.* Europa.
European [ˌjʊrə'piːən] *a.* europejski. — *n.* Europej-czyk/ka.
euthanasia [ˌjuːθə'neɪʒə] *n.* eutanazja.
evacuate [ɪ'vækjʊˌeɪt] *v.* 1. ewakuować (się). 2. opróżniać. 3. wypróżniać (*jelita*).
evacuation [ɪˌvækjʊ'eɪʃən] *n.* ewakuacja.
evade [ɪ'veɪd] *v.* uchylać się od (*odpowiedzialności*); uchylać się od odpowiedzi na (*pytanie*); obchodzić (*przeszkodę, przepis*); **~ taxes** uchylać się od płacenia podatków.
evaluate [ɪ'væljʊˌeɪt] *v.* oceniać; szacować.
evangelical [ˌiːvæn'dʒelɪkl] *a.* 1. ewangeliczny. 2. ewangelicki. — *n.* ewangeli-k/czka.

evaporate [ɪ'væpəˌreɪt] *v.* **1.** parować, zamieniać się w parę. **2.** wyparować, ulotnić się.
evasion [ɪ'veɪʒən] *n.* **1.** unik; wykręt, wymówka. **2.** **tax ~** uchylanie się od płacenia podatku.
evasive [ɪ'veɪsɪv] *a.* **1.** wymijający; **be ~** wypowiadać się wymijająco; **(take) ~ action** (zastosować) unik. **2.** nieuchwytny.
eve [iːv] *n.* wigilia, przeddzień; **Christmas E~** Wigilia (Bożego Narodzenia); **New Year's E~** sylwester.
even ['iːvən] *a.* **1.** równy. **2.** parzysty. **3.** *pot.* **get ~ (with sb)** wyrównać (z kimś) rachunki, porachować się (z kimś); **we're ~** jesteśmy kwita. — *adv.* **1.** nawet; **~ if** nawet jeśli; **~ so** mimo to; nawet gdyby tak było; **~ though** pomimo że, chociaż. **2.** jeszcze; **~ more** jeszcze więcej/bardziej. — *v.* **~ (out)** wyrównać (się).
evening ['iːvnɪŋ] *n.* wieczór; **in the ~** wieczorem; **tomorrow/yesterday ~** jutro/wczoraj wieczorem. — *int.* **(good) ~!** dobry wieczór!
evening dress *n.* **1.** strój wieczorowy. **2.** (*także* **evening gown**) suknia wieczorowa.
evenly ['iːvənlɪ] *adv.* **1.** równo. **2.** równomiernie.
event [ɪ'vent] *n.* **1.** wydarzenie; zdarzenie; **course/sequence of ~** bieg/kolejność wydarzeń. **2.** impreza; **social/sporting ~** impreza towarzyska/sportowa. **3.** *sport* konkurencja. **4. in any ~** w każdym razie/przypadku; **in the ~ of fire** w przypadku/w razie pożaru.
eventful [ɪ'ventfʊl] *a.* obfitujący/bogaty w wydarzenia.
eventual [ɪ'ventʃʊəl] *a.* ostateczny, końcowy.
eventuality [ɪˌventʃʊ'ælətɪ] *n. form.* ewentualność.
eventually [ɪ'ventʃʊəlɪ] *adv.* ostatecznie, w końcu, koniec końców.
ever ['evər] *adv.* **1.** zawsze; stale, ciągle; **~ after/since** od tego czasu, od tej pory; **~-present** stale/zawsze obecny; **as ~** jak zawsze, jak zwykle; **for ~** na zawsze; **hardly ~** prawie nigdy; **never ~** przenigdy. **2.** kiedykolwiek, kiedyś; **better than ~ (before)** lepszy niż kiedykolwiek (przedtem); **have you ~ been to Greece?** czy byłeś kiedyś w Grecji? **the best movie ~** najlepszy film wszech czasów.
evergreen ['evərˌgriːn] *n.* roślina zimozielona.
everlasting [ˌevər'læstɪŋ] *a.* wieczny.
every ['evrɪ] *a.* **1.** każdy; **~ one of them** (oni) wszyscy; **~ time** za każdym razem; **~ which way** na wszystkie strony; **in ~ way** pod każdym względem. **2.** wszelki; pełny, całkowity; **I have ~ reason to believe (that)...** mam wszelkie powody, by sądzić, że...; **we wish you ~ success** życzymy ci wszelkich sukcesów. **3.** co; **~ day** codziennie; **~ other/third day** co drugi/trzeci dzień; **~ now and then** co jakiś czas.
everybody ['evrɪˌbɑːdɪ] *n.* każdy; wszyscy; **~ but me** wszyscy oprócz mnie; **~ else** wszyscy inni.
everyday ['evrɪˌdeɪ] *a.* codzienny.
everyone ['evrɪˌwʌn] *pron.* = **everybody**.
everything *pron.* wszystko; **~ else** wszystko inne; **be/mean ~ to sb** być dla kogoś wszystkim; **in spite of ~** pomimo wszystko.
everywhere ['evrɪˌwer] *adv.* wszędzie.
eviction [ɪ'vɪkʃən] *n.* eksmisja.
evidence ['evɪdəns] *n.* **1.** dowód; dowody; **be in ~** *form.* być widocznym, rzucać się w oczy. **2.** zeznania; **give ~** składać zeznania, zeznawać. — *v.* **...as ~d by X** *form.* ...o czym świadczy X.
evident ['evɪdənt] *a.* widoczny, ewidentny.
evidently ['evɪdəntlɪ] *adv.* **1.** ewidentnie, wyraźnie. **2.** najwyraźniej.
evil ['iːvl] *a.* **1.** zły. **2.** nikczemny. **3.** paskudny (*np. o zapachu*). — *n.* zło; **the lesser of two ~s** mniejsze zło.
evocative [ɪ'vɑːkətɪv] *a.* **be ~ of sth** przywodzić coś na myśl.
evoke [ɪ'voʊk] *v.* wywoływać.
evolution [ˌevə'luːʃən] *n.* ewolucja.
evolutionary [ˌevə'luːʃəˌnerɪ] *a.* ewolucyjny.
evolutionism [ˌevə'luːʃəˌnɪzəm] *n.* ewolucjonizm.
evolve [ɪ'vɑːlv] *v.* ewoluować, rozwijać (się); wykształcić (się) (*zwł. na drodze ewolucji*).
ewe [juː] *n.* owca.
ex [eks] *a.* **~-president** były prezydent, eks-prezydent; **~-wife** była żona. — *n.* **sb's ~** *pot.* czyjś były mąż/chłopak; czyjaś była żona/dziewczyna.
exacerbate [ɪg'zæsərˌbeɪt] *v.* zaostrzać; pogarszać.
exact [ɪg'zækt] *a.* **1.** dokładny; precyzyjny; **the ~ distance is...** odległość wynosi dokładnie...; **the ~ opposite** dokładne przeciwieństwo. **2.** ścisły; **to be ~** jeśli chodzi o ścisłość.
exactly [ɪg'zæktlɪ] *adv.* dokładnie; ściśle; **not ~** niezupełnie; **he's not ~ handsome** trudno go uznać za przystojnego.
exaggerate [ɪg'zædʒəˌreɪt] *v.* **1.** przesadzać. **2.** wyolbrzymiać.
exaggeration [ɪgˌzædʒə'reɪʃən] *n.* przesada.
exam [ɪg'zæm] *n.* **1.** egzamin; **fail an ~** nie zdać egzaminu, oblać egzamin; **pass an ~** zdać egzamin; **take an ~** przystępować do egzaminu, zdawać egzamin. **2.** *med.* badanie.
examination [ɪgˌzæmə'neɪʃən] *n.* **1.** egzamin. **2.** *med.* badanie. **3.** *prawn.* przesłuchanie. **4.** badanie; oględziny; analiza; **on closer ~** po dokładniejszym zbadaniu.
examine [ɪg'zæmɪn] *v.* **1.** egzaminować (*sb in/on sth* kogoś z czegoś). **2.** *med.* badać. **3.** *prawn.* przesłuchiwać. **4.** badać; sprawdzać; analizować.
examiner [ɪg'zæmɪnər] *n.* egzaminator/ka.
example [ɪg'zæmpl] *n.* przykład; wzór; **follow sb's ~** iść za czyimś przykładem; **for ~** na przykład; **give (sb) an ~** podać (komuś) przykład; **set an ~** dawać (dobry) przykład.
exasperating [ɪg'zæspəˌreɪtɪŋ] *a.* doprowadzający do rozpaczy; irytujący, denerwujący.
exasperation [ɪgˌzæspə'reɪʃən] *n.* rozdrażnienie, złość, irytacja.
excavate ['ekskəˌveɪt] *v.* **1.** wykopywać. **2.** prowadzić wykopaliska.
excavation [ˌekskə'veɪʃən] *n.* **1.** wykop. **2.** wykopalisko.
exceed [ɪk'siːd] *v.* przekraczać; **~ sb's expectations** przechodzić czyjeś oczekiwania; **~ the speed limit** przekroczyć dopuszczalną prędkość.
exceedingly [ɪk'siːdɪŋlɪ] *adv.* niezmiernie, niezwykle.
excel [ɪk'sel] *v.* **~ at/in sth** celować w czymś.
excellence ['eksələns] *n.* doskonałość.
Excellency ['eksələnsɪ] *n.* Ekscelencja; **His/Your ~** Jego/Wasza Ekscelencja.
excellent ['eksələnt] *a.* **1.** doskonały, wyborny. **2. ~!** doskonale!, świetnie!
except [ɪk'sept] *prep., conj.* (*także* **~ for**) oprócz, z wyjątkiem; poza; **~ (that)...** (tyle) tylko, że...; **~**

when... chyba, że... — *v.* wyłączać (*from sth* z/spod czegoś).

exception [ɪk'sepʃən] *n.* **1.** wyjątek; **be no ~** nie stanowić wyjątku; **make an ~** zrobić wyjątek; **without ~** bez wyjątku. **2. take ~ to sth** protestować przeciwko czemuś; czuć się czymś urażonym.

exceptional [ɪk'sepʃənl] *a.* wyjątkowy.

excerpt *n.* ['eksɜ˞:pt] wyjątek, ustęp; urywek. — *v.* [ek'sɜ˞:pt] wybierać (*wyjątki, urywki*).

excess *n.* [ɪk'ses] **1.** nadmiar; nadwyżka; **be in ~ of sth** przekraczać coś. **2. do sth to ~** nie znać umiaru w czymś, przesadzać z czymś. — *a.* ['ekses] dodatkowy; nadmiarowy; **~ baggage/luggage** dodatkowy bagaż.

excessive [ɪk'sesɪv] *a.* nadmierny, zbytni; przesadny.

exchange [ɪks'tʃeɪndʒ] *v.* wymieniać; zamieniać; **~ addresses/phone numbers** wymieniać adresy/numery telefonów; **~ gifts** wymieniać się prezentami. — *n.* **1.** wymiana; zamiana; **in ~** w zamian za to; **in ~ for sb/sth** w zamian za kogoś/coś. **2.** *form.* wymiana zdań. **3.** *uniw. szkoln.* wymiana zagraniczna; **go on an ~** pojechać na wymianę. **4.** (*także* **telephone ~**) centrala telefoniczna. **5.** giełda. **6.** *fin.* wymiana; kurs wymienny; **foreign ~** obca waluta, dewizy.

exchange rate *n.* kurs przeliczeniowy/dewizowy.

excise ['eksaɪz] *n.* (*także* **~ tax/duty**) akcyza. — *v. form.* wycinać (*np. ustęp z książki*).

excite [ɪk'saɪt] *v.* **1.** ekscytować, podniecać, pobudzać. **2.** wzbudzać; **~ jealousy/interest/suspicion** wzbudzać zazdrość/zainteresowanie/podejrzenia.

excitement [ɪk'saɪtmənt] *n.* podniecenie, ekscytacja.

exciting [ɪk'saɪtɪŋ] *a.* ekscytujący; podniecający.

exclaim [ɪk'skleɪm] *v.* zawołać, wykrzyknąć.

exclamation [ˌekskləˈmeɪʃən] *n.* okrzyk.

exclamation point *n.* (*także* **exclamation mark**) wykrzyknik.

exclude [ɪk'sklu:d] *v.* **~ sb/sth from sth** wyłączać kogoś/coś z czegoś.

exclusion [ɪk'sklu:ʒən] *n.* wykluczenie, wyłączenie; **to the ~ of sth** z wyłączeniem czegoś.

exclusive [ɪk'sklu:sɪv] *a.* **1.** ekskluzywny. **2.** wyłączny. **3.** jedyny. **4. ~ of sth** z wyłączeniem czegoś. — *n.* wywiad opublikowany wyłącznie przez jedną gazetę lub stację.

exclusively [ɪk'sklu:sɪvlɪ] *adv.* wyłącznie.

excruciating [ɪk'skru:ʃɪˌeɪtɪŋ] *a.* nie do zniesienia, nieznośny (*o bólu*).

excursion [ɪk'skɜ˞:ʒən] *n.* wycieczka; **go on an ~** jechać na wycieczkę.

excuse *v.* [ɪk'skju:z] **1. ~ me!** przepraszam! słucham? **2.** usprawiedliwiać, tłumaczyć; **~ o.s. (for sth)** tłumaczyć się (z czegoś); przepraszać (za coś). **3. ~ sb for (doing) sth** wybaczyć komuś coś. **4. ~ sb** pozwolić komuś odejść/wyjść; **~ sb from (doing) sth** zwolnić kogoś z (robienia) czegoś; **if you will ~ me** jeśli Pan/i pozwoli. — *n.* [ɪk'skju:s] **1.** usprawiedliwienie, wytłumaczenie. **2.** wymówka, wykręt; **make ~s** wymawiać/wykręcać się. **3.** pretekst. **4.** *szkoln.* usprawiedliwienie (*od lekarza l. rodziców*).

execute ['eksəˌkju:t] *v.* **1.** stracić (*skazańca*); **be ~d** zostać straconym. **2.** *form.* wykonywać (*prawo, rozkaz, wyrok*). **3.** *komp.* uruchamiać (*program*).

execution [ˌeksə'kju:ʃən] *n.* egzekucja.

executioner [ˌeksə'kju:ʃənər] *n.* kat.

executive [ɪg'zekjətɪv] *n.* **1.** pracowni-k/ca szczebla kierowniczego; dyrektor/ka. **2. the ~** władza wykonawcza; komitet wykonawczy, egzekutywa. — *a.* **1.** *admin.* kierowniczy. **2.** *prawn.* wykonawczy.

exemplary [ɪg'zemplərɪ] *a.* wzorowy, przykładny.

exemplify [ɪg'zempləˌfaɪ] *v.* **1.** egzemplifikować, ilustrować. **2.** stanowić przykład (*czegoś*).

exempt [ɪg'zempt] *form. a.* zwolniony, wolny; **income ~ from taxation** dochód wolny od opodatkowania. — *v.* **~ sb from doing sth** zwalniać kogoś z (obowiązku robienia) czegoś.

exemption [ɪg'zempʃən] *n.* **1.** suma dochodu wolna od opodatkowania. **2.** zwolnienie (*od podatku, obowiązku*).

exercise ['eksərˌsaɪz] *n.* **1.** ćwiczenie; **do ~s** wykonywać ćwiczenia. **2.** ruch, ćwiczenia fizyczne; **lack of ~** brak ruchu. **3.** *form.* **~ of duty** wykonywanie obowiązków; **~ of power/authority** korzystanie z władzy. **4.** przedsięwzięcie; próba. **5. ~s** *wojsk.* ćwiczenia, manewry. — *v.* **1.** ćwiczyć, gimnastykować się. **2.** ćwiczyć (*ciało, mięśnie*). **3.** *form.* **~ caution** zachowywać ostrożność; **~ patience/tact** wykazywać cierpliwość/takt; **~ sb/sb's mind** zaprzątać czyjś umysł.

exercise bike *n.* rower treningowy.

exert [ɪg'zɜ˞:t] *v.* **1.** wywierać; **~ pressure/influence on sb/sth** wywierać nacisk/wpływ na kogoś/coś. **2. ~ o.s.** wysilać się.

exertion [ɪg'zɜ˞:ʃən] *n.* **(physical/mental) ~** wysiłek (fizyczny/umysłowy).

exhale [eks'heɪl] *v.* **1.** robić wydech, wydychać/wypuszczać powietrze. **2.** wydzielać (*dym, opary*).

exhaust [ɪg'zɔ:st] *v.* wyczerpywać. — *n.* **1.** spaliny. **2.** (*także* **~ pipe**) rura wydechowa.

exhausted [ɪg'zɔ:stɪd] *a.* wyczerpany.

exhaustion [ɪg'zɔ:stʃən] *n.* **1.** wyczerpanie, przemęczenie; **nervous ~** wyczerpanie nerwowe. **2.** wyczerpanie (się), zużycie.

exhaustive [ɪg'zɔ:stɪv] *a.* wyczerpujący (= *szczegółowy*).

exhibit [ɪg'zɪbɪt] *v.* **1.** wystawiać, eksponować. **2.** pokazywać, przedkładać (*dowody*). **3.** *form.* wykazywać, przejawiać; okazywać. — *n.* **1.** eksponat. **2.** wystawa, ekspozycja. **3.** dowód rzeczowy.

exhibition [ˌeksə'bɪʃən] *n.* **1.** wystawa, ekspozycja; **on ~** wystawiony, prezentowany na wystawie. **2.** pokaz (*np. umiejętności, zazdrości*); **make an ~ of o.s.** robić z siebie widowisko.

exhibitionist [ˌeksə'bɪʃənɪst] *n.* ekshibicjonist-a/ka.

exhilarating [ɪg'zɪləˌreɪtɪŋ] *a.* radosny, emocjonujący.

exile ['egzaɪl] *n.* **1.** wygnanie, zesłanie; **in ~** na emigracji/wygnaniu/uchodźstwie. **2.** wygnaniec, zesłaniec, emigrant/ka. — *v.* skazywać na wygnanie, zsyłać.

exist [ɪg'zɪst] *v.* istnieć; egzystować; utrzymywać się przy życiu.

existence [ɪg'zɪstəns] *n.* **1.** istnienie; **in ~** istniejący; obecny; **be in ~** istnieć; **come into ~** zaistnieć; powstać. **2.** egzystencja, życie.

existential [ˌegzɪ'stenʃl] *a.* egzystencjalny.

existing [ɪg'zɪstɪŋ] *a.* istniejący; obecny.

exit ['egzɪt; 'egsɪt] *n.* **1.** wyjście; **emergency/fire ~** wyjście awaryjne/ewakuacyjne; **make an/one's ~** wyjść. **2.** zjazd, wylot (*z autostrady*). **3.** ujście;

wylot. — *v.* **1.** wychodzić; **~ a room** wyjść z pokoju. **2.** *komp.* zakończyć (korzystanie z programu).
exorbitant [ɪg'zɔːrbɪtənt] *a.* wygórowany, nadmierny; przesadny.
exorcism ['eksɔːrˌsɪzəm] *n.* egzorcyzm.
exorcist ['eksɔːrsɪst] *n.* egzorcyst-a/ka.
exorcize ['eksɔːrˌsaɪz] *v.* wypędzać (*diabły, złe duchy*).
exotic [ɪg'zɑːtɪk] *a.* egzotyczny.
expand [ɪk'spænd] *v.* **1.** rozwijać (się); powiększać (się); rozszerzać (się) (*t. o metalu*); rozprężać się (*o gazie*). **2. ~ on/upon sth** omówić coś szerzej.
expanse [ɪk'spæns] *n.* przestrzeń, obszar; bezmiar.
expansion [ɪk'spænʃən] *n.* **1.** ekspansja. **2.** rozwój; wzrost (*gospodarki, sprzedaży*).
expatriate *n.* [eks'peɪtrɪət] emigrant/ka, wygnaniec.
expect [ɪk'spekt] *v.* **1. ~ sb to do sth** spodziewać się, że ktoś coś zrobi; oczekiwać od kogoś zrobienia czegoś; **as ~ed** zgodnie z oczekiwaniami; **be ~ing (a baby)** spodziewać się dziecka. **2. ~ (that)...** przypuszczać/sądzić, że...; **I ~ so** tak sądzę.
expectation [ˌekspek'teɪʃən] *n.* **1.** oczekiwanie; **in ~ of sth** w oczekiwaniu na coś. **2. ~s** nadzieje; **have high ~s for sb/sth** wiązać z kimś/czymś wielkie nadzieje, wiele sobie po kimś/czymś obiecywać.
expedient [ɪk'spiːdɪənt] *a.* **1.** celowy, wskazany. **2.** korzystny, wygodny. — *n.* środek doraźny.
expedition [ˌekspə'dɪʃən] *n.* ekspedycja, wyprawa.
expel [ɪk'spel] *v.* wydalać, usuwać; **he was/got ~led from school** został wydalony ze szkoły.
expendable [ɪk'spendəbl] *a.* **1.** zbędny, zbyteczny. **2.** dostępny (*o funduszach*).
expenditure [ɪk'spendɪtʃər] *n.* **1.** wydatki; **public ~** wydatki publiczne. **2.** wydatkowanie, zużycie.
expense [ɪk'spens] *n.* **1.** wydatek, koszt; **at the ~ of sb/sth** kosztem kogoś/czegoś; **at sb's ~** na koszt kogoś; czyimś kosztem; **spare no ~** nie szczędzić wydatków. **2. ~s** fundusz reprezentacyjny; **it's on ~** firma (za to) płaci.
expensive [ɪk'spensɪv] *a.* kosztowny, drogi.
experience [ɪk'spiːrɪəns] *n.* **1.** doświadczenie; praktyka; **know sth from ~** znać coś z (własnego) doświadczenia/z praktyki. **2.** przeżycie; doznanie; doświadczenie; **memorable/unforgettable ~** niezapomniane przeżycie. — *v.* doświadczać, doznawać (*czegoś*); odczuwać; przechodzić, przeżywać; zasmakować, popróbować (*czegoś*).
experienced [ɪk'spiːrɪənst] *a.* doświadczony.
experiment *n.* [ɪk'sperəmənt] doświadczenie, eksperyment; próba; **conduct/do/perform an ~** przeprowadzić/wykonać eksperyment. — *v.* [ɪk'sperəment] eksperymentować, przeprowadzać doświadczenia (*on sb/sth* na kimś/czymś, *with sth* z czymś).
experimental [ɪkˌsperə'mentl] *a.* eksperymentalny; doświadczalny.
expert ['ekspɝːt] *n.* ekspert; znawca; biegły, rzeczoznawca. — *a.* doświadczony, biegły (*at/in sth* w czymś).
expertise [ˌekspər'tiːz] *n.* wiedza (fachowa), kompetencje; biegłość.
expire [ɪk'spaɪr] *v.* **1.** wygasać, tracić ważność (*o licencji*); upływać (*o terminie*). **2.** *lit.* wydać ostatnie tchnienie.
explain [ɪk'spleɪn] *v.* **1.** wyjaśniać, tłumaczyć. **2. ~ o.s.** usprawiedliwiać się, tłumaczyć się; **~ sth away** znaleźć wytłumaczenie/usprawiedliwienie dla czegoś.
explanation [ˌeksplə'neɪʃən] *n.* **1.** wyjaśnienie, wytłumaczenie; **give/provide an ~** dostarczyć wyjaśnienia. **2.** objaśnienie.
explanatory [ɪk'splænəˌtɔːrɪ] *a.* wyjaśniający, tłumaczący.
explicit [ɪk'splɪsɪt] *a.* **1.** wyraźny, dobitny; (wyrażający się w sposób) bezpośredni; **be ~ (about sth)** mówić (coś) otwarcie/bez ogródek. **2.** odważny, śmiały (*o scenach erotycznych*); drastyczny (*o scenach przemocy*).
explode [ɪk'sploʊd] *v.* **1.** eksplodować, wybuchać. **2.** zdetonować. **3.** gwałtownie wzrosnąć (*zwł. o liczbie ludności*).
exploit *v.* [ɪk'splɔɪt] **1.** wyzyskiwać, wykorzystywać (*osobę*). **2.** użytkować, eksploatować (*zasoby*). — *n.* ['eksplɔɪt] wyczyn.
exploitation [ˌeksplɔɪ'teɪʃən] *n.* **1.** wyzysk. **2.** użytkowanie, eksploatacja.
exploration [ˌeksplə'reɪʃən] *n.* badanie, eksploracja; zgłębianie.
exploratory [ɪk'splɔːrəˌtɔːrɪ] *a.* **1.** badawczy. **2.** wstępny, rozpoznawczy.
explore [ɪk'splɔːr] *v.* **1.** badać, eksplorować. **2.** zgłębiać.
explorer [ɪk'splɔːrər] *n.* badacz/ka; odkryw-ca/czyni.
explosion [ɪk'sploʊʒən] *n.* wybuch, eksplozja; **population ~** eksplozja demograficzna.
explosive [ɪk'sploʊsɪv] *a.* wybuchowy (*o materiale, temperamencie*); napięty, zapalny (*o sytuacji*). — *n.* materiał wybuchowy.
exponent [ɪk'spoʊnənt] *n. form.* **1.** rzeczni-k/czka, propagator/ka. **2.** *mat.* wykładnik (potęgi).
exponential [ˌekspoʊ'nenʃl] *a.* wykładniczy.
export *v.* [ɪk'spɔːrt] eksportować. — *n.* ['ekspɔːrt] **1.** eksport, wywóz. **2. ~s** towary eksportowe.
exporter [ɪk'spɔːrtər] *n.* eksporter.
expose [ɪk'spoʊz] *v.* **1.** odsłonić; ujawnić; zdemaskować. **2. ~ sb/o.s. to sth** wystawiać kogoś/się na działanie czegoś; narażać kogoś/się na coś. **3. be ~d to sth** mieć kontakt z czymś (*np. z językiem obcym, kulturą*). **4. ~ o.s. (in public)** obnażyć się (publicznie). **5.** *fot.* naświetlać.
exposed [ɪk'spoʊzd] *a.* nieosłonięty, odkryty.
exposure [ɪk'spoʊʒər] *n.* **1.** odsłonięcie; zdemaskowanie. **2.** *med.* wystawienie na warunki atmosferyczne; **die of ~** umrzeć z zimna. **3. ~ to sth** narażenie na coś; kontakt z czymś. **4.** *fot.* ekspozycja, naświetlanie; klatka, ujęcie.
express [ɪk'spres] *v.* **1.** wyrażać. **2. ~ o.s.** wyrażać/wysławiać się; realizować się (*by/through sth* w czymś/przez coś). — *a.* **1.** wyraźny, jednoznaczny. **2.** ekspresowy. — *n.* ekspres (*pociąg l. przesyłka*). — *adv.* ekspresem; **send sth ~** wysłać coś ekspresem.
expression [ɪk'spreʃən] *n.* **1.** wyrażenie. **2.** wyraz (*uczuć*); **give ~ to sth** dawać wyraz czemuś. **3.** (*także* **facial ~**) wyraz twarzy. **4.** *sztuka, genetyka* ekspresja.
expressionism [ɪk'spreʃəˌnɪzəm] *n.* ekspresjonizm.
expressive [ɪk'spresɪv] *a.* ekspresyjny, pełen wyrazu.
expressly [ɪk'spreslɪ] *adv.* **1.** wyraźnie, jednoznacznie. **2.** specjalnie.
expressway [ɪk'spresˌweɪ] *n.* autostrada.
expulsion [ɪk'spʌlʃən] *n.* **1.** wydalenie, usunięcie. **2.** wyrzucanie, wydalanie (*np. gazów*).

exquisite ['ekskwɪzɪt] *a.* **1.** kunsztowny. **2.** wyborny, wyśmienity.
extend [ɪk'stend] *v.* **1.** przedłużać; rozbudowywać; rozszerzać. **2.** rozciągać się; sięgać (*as far as sth* czegoś). **3.** wyciągać; rozprostowywać (*rękę, nogę*). **4. ~ a greeting/welcome to sb** pozdrowić/powitać kogoś; **~ an invitation** wystosować zaproszenie; **~ an offer** złożyć ofertę.
extension [ɪk'stenʃən] *n.* **1.** dobudówka, przybudówka; pawilon. **2.** (*także* **~ number**) (numer) wewnętrzny. **3.** (*także* **~ cord**) przedłużacz. **4.** przedłużenie; prolongata; rozciągnięcie, rozszerzenie (*zakresu, prawa*). **5.** *komp.* rozszerzenie. **6. by ~** tym samym.
extensive [ɪk'stensɪv] *a.* **1.** rozległy. **2.** obszerny; szczegółowy.
extensively [ɪk'stensɪvlɪ] *adv.* obszernie; szczegółowo.
extent [ɪk'stent] *n.* rozciągłość; rozległość; rozmiary, zasięg; stopień; **to a large ~** w dużym stopniu; **to some/a certain ~** do pewnego stopnia; **to such an ~ that...** (*także* **to the ~ that...**) do tego stopnia, że...; **to what ~** jak dalece, w jakim stopniu.
extenuating [ɪk'stenjʊ,eɪtɪŋ] *a.* **~ circumstances** okoliczności łagodzące.
exterior [ɪk'stiːrɪər] *a.* zewnętrzny; **~ to sth** znajdujący się na zewnątrz czegoś. — *n.* **1.** zewnętrze, zewnętrzna strona/powierzchnia. **2.** wygląd zewnętrzny, powierzchowność.
extermination [ɪk,stɝːmə'neɪʃən] *n.* tępienie; eksterminacja.
external [ɪk'stɝːnl] *a.* zewnętrzny; z zewnątrz; **for ~ use (only)** (tylko) do użytku zewnętrznego.
extinct [ɪk'stɪŋkt] *a.* **1.** wymarły. **2.** wygasły.
extinction [ɪk'stɪŋkʃən] *n.* wymarcie, wyginięcie; zanik; **(species) in danger of ~** (gatunki) zagrożone wymarciem.
extinguish [ɪk'stɪŋgwɪʃ] *v. form.* **1.** ugasić (*pożar*); zgasić (*papierosa, światło*). **2.** *lit.* unicestwić, skazać na zagładę.
extinguisher [ɪk'stɪŋgwɪʃər] *n.* (*także* **fire ~**) gaśnica.
extortion [ɪk'stɔːrʃən] *n.* **1.** przymus, wymuszenie; szantaż; wyłudzenie. **2.** zdzierstwo.
extortionate [ɪk'stɔːrʃənɪt] *a.* **1.** paskarski (*o cenach, stawkach*). **2.** z użyciem przymusu.
extra ['ekstrə] *a.* **1.** dodatkowy. **2.** płatny dodatkowo. — *adv.* **1.** dodatkowo, ekstra. **2.** szczególnie, specjalnie; bardzo; **~ strong** bardzo mocny. — *n.* **1.** dodatek. **2.** dodatkowa opłata, dopłata. **3.** statyst-a/ka. **4. ~s** wyposażenie dodatkowe (*samochodu*).
extract *n.* ['ekstrækt] **1.** urywek, fragment. **2.** ekstrakt, wyciąg (*roślinny*). — *v.* [ɪk'strækt] **1.** *dent.* usuwać, wyrywać. **2.** *chem.* ekstrahować. **3. ~ sth from sb** wydobyć coś od/z kogoś.
extracurricular [,ekstrəkə'rɪkjələr] *a. szkoln.* pozalekcyjny.
extradite ['ekstrə,daɪt] *v.* wydawać, ekstradować (*przestępcę*).
extradition [,ekstrə'dɪʃən] *n.* ekstradycja.
extramarital [,ekstrə'merɪtl] *a.* pozamałżeński.
extramural [,ekstrə'mjʊrəl] *a. uniw.* publiczny (*o wykładach*); międzyuczelniany (*o rozgrywkach*); zaoczny (*o studentach*).
extraordinary [ɪk'strɔːrdən,erɪ] *a.* nadzwyczajny; niezwykły; **~ meeting/session** nadzwyczajne zebranie/posiedzenie.
extraterrestrial [,ekstrətə'restrɪəl] *a.* pozaziemski.
extravagance [ɪk'strævəgəns] *n.* **1.** rozrzutność. **2.** brak umiaru, przesada. **3.** ekstrawagancja, wybryk.
extravagant [ɪk'strævəgənt] *a.* **1.** rozrzutny. **2.** przesadny; przesadzony. **3.** ekstrawagancki. **4.** kosztowny.
extreme [ɪk'striːm] *a.* ekstremalny, skrajny, krańcowy. — *n.* ekstremum; skrajność; **driven to ~s** doprowadzony do ostateczności; **in the ~** (*także* **to an ~**) w najwyższym stopniu; **go from one ~ to the other** popadać z jednej skrajności w drugą.
extremely [ɪk'striːmlɪ] *adv.* **1.** niezwykle, niezmiernie. **2.** skrajnie, ekstremalnie, krańcowo.
extremism [ɪk'striːmɪzəm] *n.* ekstremizm.
extremist [ɪk'striːmɪst] *n.* ekstremist-a/ka. — *a.* ekstremistyczny.
extremity [ɪk'stremətɪ] *n.* **1.** skraj, kraniec, koniec. **2.** kończyna. **3.** ekstremalność, krańcowość, skrajność.
extrovert ['ekstrə,vɝːt] *n.* ekstrawerty-k/czka. — *a.* (*także* **extroverted**) ekstrawertyczny.
exuberant [ɪg'zuːbərənt] *a.* **1.** tryskający energią/ entuzjazmem, pełen życia. **2.** bujny, wybujały.
exude [ɪg'zuːd] *v.* **1.** promieniować, tryskać (*pewnością siebie, radością*). **2.** wydzielać (*ciecz, gaz*).
eye [aɪ] *n.* **1.** oko; oczko; **~s** wzrok; **green-~d** zielonooki. **2.** pętla, pętelka, uszko; (*także* **~ of the needle**) ucho (igielne). **3. be all ~s** patrzeć z zapartym tchem; **catch sb's ~** przyciągnąć czyjś wzrok; zwrócić czyjąś uwagę; **have an ~/a good ~ for sth** mieć wyczucie czegoś; **have/keep an ~ on sb/sth** mieć kogoś/coś na oku; **in front of/before sb's (very) ~s** na czyichś oczach; **in the ~ of the law** w świetle prawa; **keep one's ~s open/peeled** mieć oczy szeroko otwarte; **lay/clap/set ~s on sb/sth** zobaczyć/ujrzeć kogoś/ coś; **open sb's ~s to sth** otworzyć komuś oczy na coś; **see ~ to ~ with sb** zgadzać się z kimś całkowicie; **shut one's ~s to sth** (*także* **turn a blind ~ to sth**) przymykać oko na coś, patrzeć na coś przez palce. — *v.* przyglądać się, przypatrywać się (*komuś l. czemuś*).
eyeball ['aɪ,boʊl] *n.* gałka oczna.
eyebrow ['aɪ,braʊ] *n.* brew.
eye drops *n. pl.* krople do oczu.
eyelash ['aɪ,læʃ] *n.* rzęsa.
eyelid ['aɪ,lɪd] *n.* powieka.
eyeliner ['aɪ,laɪnər] *n.* kredka/ołówek do oczu, eyeliner.
eye shadow *n.* cień do powiek.
eyesight ['aɪ,saɪt] *n.* wzrok.
eyewitness ['aɪ,wɪtnəs] *n.* naoczny świadek.

F

fable ['feɪbl] *n.* bajka.
fabric ['fæbrɪk] *n.* **1.** tkanina, materiał. **2. the social ~** (*także* **the ~ of society**) struktura społeczeństwa.
fabrication [ˌfæbrə'keɪʃən] *n.* wymysł.
fabulous ['fæbjələs] *a.* **1.** bajeczny, fantastyczny. **2.** bajkowy, baśniowy.
facade [fə'sɑːd], **façade** *n.* **1.** *bud.* elewacja, fasada. **2.** *przen.* fasada, maska.
face [feɪs] *n.* **1.** twarz; oblicze. **2.** mina; **you should have seen his ~** trzeba było widzieć jego minę. **3.** front; przód. **4.** tarcza (*zegara*). **5. (come) ~ to ~ (with sb/sth)** (stanąć) twarzą w twarz (z kimś/czymś); **disappear/vanish/be wiped off the ~ of the earth** zniknąć z powierzchni Ziemi; **get out of my ~!** *pot.* daj mi spokój! **his ~ fell/dropped** mina mu zrzedła; **in the ~ of sth** w obliczu czegoś; **in your ~** *sl.* bezkompromisowy; wyzywający; **keep a straight ~** powstrzymywać się od śmiechu; **lose/save ~** stracić/zachować twarz; **make/pull a ~** zrobić minę, wykrzywić się; **on the ~ of it** na pozór, na pierwszy rzut oka. — *v.* **1.** być zwróconym/stać twarzą do (*kogoś l. czegoś*); być zwróconym ku (*czemuś; o budynku*); **~ north/east** wychodzić na północ/wschód (*o oknie*). **2.** stawać przed (*komisją, wyborem*); **be ~d with sth** stanąć w obliczu czegoś. **3.** stawiać czoło (*komuś l. czemuś*). **4. ~ the music** *pot.* ponieść konsekwencje; **can't ~ doing sth** nie czuć się na siłach, żeby coś zrobić; **let's ~ it** spójrzmy prawdzie w oczy. **5. ~ up to sth** stawić czemuś czoło; pogodzić się z czymś.
face-lift ['feɪsˌlɪft], **facelift** *n.* **1.** lifting (twarzy). **2. give sth a ~** odnowić/zmodernizować coś.
facet ['fæsɪt] *n.* aspekt.
face value *n.* **1.** *fin.* wartość nominalna. **2. take sth at ~** brać coś za dobrą monetę.
facial ['feɪʃɪəl] *a.* **~ expression** wyraz twarzy; **~ hair** zarost. — *n.* oczyszczanie cery (*zabieg kosmetyczny*).
facilitate [fə'sɪləˌteɪt] *v. form.* **1.** ułatwiać. **2.** umożliwiać.
facility [fə'sɪlətɪ] *n.* **1.** funkcja; **search ~** *komp.* funkcja przeszukiwania. **2.** obiekt, budynek (użyteczności publicznej); **conference facilities** zaplecze konferencyjne; **sports facilities** obiekty sportowe; **the facilities** toaleta.
fact [fækt] *n.* fakt; **after the ~** po fakcie; **in (actual) ~** w rzeczywistości; właściwie; jeśli chodzi o ścisłość; co więcej; **in view of/given the ~ that...** w świetle tego, że..., zważywszy (na to), że...; **I know for a ~ that...** *pot.* wiem na pewno, że...; **the ~ (of the matter) is (that)...** prawda jest taka, że...
faction ['fækʃən] *n.* odłam, frakcja.
factor ['fæktər] *n.* **1.** czynnik; **the human ~** czynnik ludzki. **2.** współczynnik; **by a ~ of ten/five** dziesięciokrotnie/pięciokrotnie; **safety ~** (*także* **~ of safety**) współczynnik bezpieczeństwa. — *v.* **~ sth in** wkalkulować coś.
factory ['fæktərɪ] *n.* fabryka, wytwórnia.
factual ['fæktʃʊəl] *a.* rzeczowy; oparty na faktach.
faculty ['fækltɪ] *n.* **1.** władza; zmysł; **in (full) command of all one's faculties** w pełni władz umysłowych. **2. the ~** pracownicy naukowi; wykładowcy; grono nauczycielskie; **the Arts/Law F~** (*także* **the F~ of Arts/Law**) Wydział Nauk Humanistycznych/Prawa.
fad [fæd] *n.* **1.** przelotna moda. **2.** kaprys.
fade [feɪd] *v.* **1.** blednąć, blaknąć, płowieć; powodować płowienie (*czegoś*). **2. ~ (away/out)** znikać, zanikać; więdnąć; zamierać; gasnąć; **be fading (away)** (*także* **be fading fast**) *lit.* niknąć w oczach (*o osobie chorej*). **3. ~ into sth** zlewać się z czymś.
fag [fæg] *n.* (*także* **faggot**) *obelż. pot.* pedał, pedzio.
fail [feɪl] *v.* **1.** zawodzić; **he has never ~ed me** nigdy mnie nie zawiódł, nigdy się na nim nie zawiodłam; **his courage/nerve ~ed him** zabrakło mu odwagi, opuściła go odwaga; **if all else ~s** gdy wszystko inne zawiedzie; **words ~ me** brak mi słów. **2.** nie udać/nie powieść się, nie wyjść. **3.** zepsuć się, odmówić posłuszeństwa (*o urządzeniu, maszynie*). **4. ~ to do sth** nie (zdołać) zrobić czegoś; **he ~ed to secure the position** nie udało mu się zdobyć tej posady; **she ~ed to show up at the party** nie pokazała się na przyjęciu. **5.** nie zdać (*egzaminu*); oblać (*egzamin, kandydata*); **~ (in) sth** oblać coś, nie zdać czegoś; **half the class ~ed** połowa klasy oblała/nie zdała. — *n.* **1.** ocena niedostateczna (*z egzaminu*). **2. without ~** niezawodnie; na pewno; obowiązkowo.
failing ['feɪlɪŋ] *n.* słabość, słabostka; brak, wada. — *a.* pogarszający się; podupadający. — *prep.* przy braku, jeżeli nie będzie (*czegoś*); **~ that...** jeśli to się nie uda,...
failure ['feɪljər] *n.* **1.** niepowodzenie, porażka; **be doomed to ~** być skazanym na niepowodzenie. **2.** nieudaczni-k/ca, ofiara (życiowa). **3. ~ to do sth** niezrobienie czegoś. **4.** awaria; uszkodzenie. **5.** upadłość, bankructwo. **6. heart/respiratory ~** niewydolność serca/oddechowa. **7. crop ~** nieurodzaj.
faint [feɪnt] *a.* **1.** nikły; słabo/ledwo widoczny, niewyraźny; **not have the ~est (idea)** *pot.* nie mieć najmniejszego/bladego/zielonego pojęcia. **2. sb felt ~** komuś zrobiło się słabo). — *v.* zemdleć; **I nearly/almost ~ed** o mało nie zemdlałam. — *n.* omdlenie.
fair [fer] *a.* **1.** sprawiedliwy; uczciwy; usprawiedliwiony, uzasadniony; fair; przepisowy, dozwolony; **it's/that's not ~ (on her)** to (jest) nie fair (w stosunku do niej); **it's only ~ (that)...** sprawiedliwość wymaga, żeby... **2.** jasny (*o włosach, cerze*). **3.** ładny (*o pogodzie*). **4.** *przest.* urodziwy. **5.** zadowalający, dostateczny; przyzwoity, nienajgorszy. **6.** spory; pokaźny. **7. ~ enough** w porządku, niech będzie. — *adv.* uczciwie, czysto, fair; **play ~** grać fair; postępować uczciwie/fair. — *n.* **1. (trade) ~** targi (handlowe). **2.** jarmark, targ.
fairly ['ferlɪ] *adv.* **1.** dość, dosyć; **~ good/well** dość dobry/dobrze. **2.** sprawiedliwie; uczciwie.
fairness ['fernəs] *n.* sprawiedliwość; **in (all) ~** gwoli sprawiedliwości.
fair play *n.* gra fair.
fairy ['ferɪ] *n.* **1.** duszek; wróżka; **good/wicked ~** zła/dobra wróżka. **2.** *pot. obelż.* pedał.
fairy tale *n.* (*także* **fairy story**) baśń, bajka.
faith [feɪθ] *n.* **1.** wiara; zaufanie; **in good/bad ~** w dobrej/złej wierze; **lose ~ in sb/sth** stracić zaufanie do kogoś/czegoś; **lose one's ~** stracić wiarę. **2.** wyznanie, religia.

faithful ['feɪθfʊl] *a.* wierny (*to sb/sth* komuś/czemuś); **~ copy/account** wierna kopia/relacja. — *n.* **the ~** wierni, wyznawcy.
faithfully ['feɪθfʊlɪ] *adv.* wiernie.
fake [feɪk] *v.* **1.** udawać; **~ interest** udawać zainteresowanie; **she's just faking (it)** ona tylko udaje. **2.** podrabiać, fałszować. — *n.* **1.** falsyfikat, podróbka. **2.** **sb is a ~** ktoś nie jest tym, za kogo się podaje. — *a.* **1.** fałszywy; podrabiany; sztuczny (*o futrze, klejnotach*). **2.** udawany.
falcon ['fɔːlkən] *n.* sokół.
fall [fɔːl] *v.* **fell, fallen 1.** padać; spadać; upadać; opadać; zapadać; przypadać; **~ down the stairs** spaść ze schodów; **~ steeply/sharply** spaść gwałtownie (*o cenach, kursach*); **she slipped and fell** poślizgnęła się i upadła. **2.** **~ asleep/ill** zasnąć/zachorować; **~ flat** spalić na panewce, nie powieść się; nie wypalić (*o żarcie*); **~ from grace/favor** (*także* **~ out of favor**) popaść w niełaskę; **~ short of expectations** nie spełnić oczekiwań; **~ victim/prey to sth** paść ofiarą czegoś. **3.** **~ apart** rozpaść/rozlecieć się (*np. o małżeństwie*); **~ away** odpaść, odlecieć (*o części*); opadać, słabnąć (*o uczuciu*); **~ back on sth** uciekać się do czegoś, zdawać się na coś; **~ behind** zostawać w tyle; **~ behind with sth** zalegać z czymś; mieć zaległości w czymś; **~ down** upaść, przewrócić się; **be ~ing down** walić się (*o budynku*); **~ for sb** *pot.* stracić głowę dla kogoś; **~ for sth** *pot.* dać się nabrać na coś; **~ in** zawalić/zapaść się (*o dachu*); *wojsk.* sformować szereg; **~ in love (with sb)** zakochać się (w kimś); **~ into** dzielić się na (*kategorie, rozdziały*); **~ off** odpadać (*o farbie*); spadać (*o popycie, frekwencji*); **~ out** wypadać (*o zębach, włosach*); *pot.* pokłócić się; **~ out of love (with sb)** odkochać się (w kimś); **~ over** przewrócić się; **be ~ing over o.s. (to do sth)** stawać na głowie (żeby coś zrobić); **~ through** nie dojść do skutku; nie udać się. — *n.* **1.** jesień. **2.** upadek. **3.** opad (*deszczu*). **4.** opadanie (*liści*). **5.** **~ in prices** spadek cen. **6.** **~s** wodospad.
fallen ['fɔːlən] *a.* **1.** upadły. **2.** zdobyty (*o mieście*). **3.** **~ in battle** polegly w boju/walce.
fallopian tube [fəˌloupɪən 'tuːb] *n.* jajowód.
fallout ['fɔːlˌaʊt] *n.* **1.** opad promieniotwórczy/radioaktywny. **2.** **~ of/from sth** skutki czegoś (*nieprzyjemne*).
false [fɔːls] *a.* fałszywy; nieszczery; błędny; sztuczny; **~ note** fałszywa nuta; **~ premise** błędna/fałszywa przesłanka; **put on a ~ front** udawać; **under ~ pretenses** podstępem.
falsely ['fɔːlslɪ] *adv.* **1.** fałszywie. **2.** **~ accused** niesłusznie/bezpodstawnie oskarżony.
false teeth *n. pl.* sztuczna szczęka.
falter ['fɔːltər] *v.* **1.** opadać, słabnąć (*o zainteresowaniu*). **2.** załamywać się (*o głosie*). **3.** wahać się.
fame [feɪm] *n.* **1.** sława, rozgłos. **2.** **claim to ~** powód do dumy.
familiar [fə'mɪljər] *a.* **1.** (dobrze) znany; znajomy; swojski; **look/sound ~** wyglądać/brzmieć znajomo. **2.** **~ with sth** zaznajomiony/obeznany z czymś; **be ~ with sth** znać się na czymś. **3.** zażyły; poufały.
familiarize [fə'mɪljəˌraɪz] *v.* **~ o.s./sb with sth** zaznajamiać się/kogoś z czymś.
family ['fæmlɪ] *n.* **1.** rodzina; **be in sb's ~** należeć do czyjejś rodziny; **run in the ~** być cechą rodzinną. **2.** **bring up/raise a ~** wychowywać dzieci; **couples with large** rodziny z licznym potomstwem; **(they want to) start a ~** (chcą) mieć dzieci. — *a.* **1.** rodzinny. **2.** dla całej rodziny.
famine ['fæmɪn] *n.* klęska głodu, głód.
famished ['fæmɪʃt] *a. pot.* głodny jak wilk; **I'm ~!** umieram z głodu!
famous ['feɪməs] *a.* słynny, sławny; **~ for sth** znany/słynący z czegoś; **world-~** sławny na cały świat.
fan [fæn] *n.* **1.** fan/ka, wielbiciel/ka. **2.** miłośni-k/czka, entuzjast-a/ka. **3.** wentylator. **4.** wachlarz. — *v.* **1.** wachlować; **~ o.s.** wachlować się. **2.** podsycać, rozdmuchiwać; **~ a fire/blaze** podsycać ogień. **3.** **~ out** rozchodzić się półkolem (*o ekipie poszukiwawczej*).
fanatic [fə'nætɪk] *n.* **1.** fanaty-k/czka. **2.** entuzjast-a/ka. — *a.* fanatyczny.
fanatical [fə'nætɪkl] *a.* fanatyczny.
fanciful ['fænsɪfʊl] *a.* **1.** fantastyczny, wyssany z palca. **2.** fantazyjny, wymyślny.
fancy ['fænsɪ] *a.* **1.** luksusowy (*o hotelu, restauracji*). **2.** fantazyjny, wymyślny. **3.** skomplikowany. — *n.* **1.** ochota, chętka; kaprys, zachcianka; **sb took a ~ to sb/sth** ktoś wpadł/coś wpadło komuś w oko; **take/catch/tickle sb's ~** przypaść komuś do gustu. **2.** *lit.* fantazja, wyobraźnia. — *v.* **1.** wyobrażać sobie; **~ (that)!** *pot.* coś podobnego!, a to dopiero! **she fancies herself as an artist** wyobraża sobie, że jest artystką. **2.** *przest.* **~ a drink?** masz ochotę na drinka? **he fancies you** podobasz mu się.
fanfare ['fænfer] *n.* fanfara.
fang [fæŋ] *n.* kieł; ząb jadowy.
fantastic [fæn'tæstɪk] *a.* fantastyczny; niesamowity; niezwykły.
fantasy ['fæntəsɪ] *n.* **1.** fantazja, marzenie; fikcja. **2.** fantastyka (baśniowa).
far [fɑːr] *adv.* **farther** *l.* **further**, **farthest** *l.* **furthest** **1.** daleko; **~ away/off** daleko (stąd); **as ~ as Seattle** aż do Seattle; **how ~ is it to...?** jak daleko jest do...? **2.** o wiele; **~ nicer** o wiele milszy; **~ too much** o wiele za dużo. **3.** **~ and away** zdecydowanie, niewątpliwie; **~ from it!** bynajmniej! **~ from poor** bynajmniej nie biedny; **as ~ as possible** w miarę możliwości; **by ~** zdecydowanie, znacznie; **go ~** wystarczać na długo; **go too ~** posunąć się za daleko; **sb will/should go ~** ktoś daleko zajdzie; **in so ~ as** *form.* o ile; **so ~ so good** *pot.* oby tak dalej; **so/thus ~** (jak) do tej pory, jak dotąd/dotychczas. — *a.* **1.** daleki; odległy; **the F~ East** Daleki Wschód. **2.** drugi; **the ~ end of the room** drugi koniec pokoju. **3.** **the ~ left/right** skrajna lewica/prawica.
faraway [ˌfɑːrə'weɪ] *a.* **1.** odległy, daleki. **2.** **~ look** nieobecne spojrzenie.
farce [fɑːrs] *n.* farsa.
fare [fer] *n.* **1.** opłata za przejazd, cena biletu; **half/full ~** bilet normalny/ulgowy. **2.** pasażer/ka, klient/ka (*taksówki*). **3.** wikt, strawa. — *v.* **sb ~s well/badly** *form.* komuś dobrze/źle się powodzi.
farewell [ˌfer'wel] *n.* pożegnanie; **bid sb ~** pożegnać się z kimś. — *a.* pożegnalny. — *int. form.* żegnaj/cie.
farm [fɑːrm] *n.* **1.** farma; gospodarstwo (rolne). **2.** ferma. — *v.* **1.** uprawiać (*ziemię*). **2.** pracować na roli. **3.** **~ out** podzlecać.
farmer ['fɑːrmər] *n.* rolni-k/czka; farmer/ka; gospodarz/yni.
farming ['fɑːrmɪŋ] *n.* **1.** rolnictwo, gospodarka rolna. **2.** hodowla. **3.** uprawa.
far-reaching [ˌfɑːr'riːtʃɪŋ] *a.* daleko idący, dalekosiężny; brzemienny w skutki.

far-sighted [ˌfɑːr'saɪtɪd] *a.* dalekowzroczny.
fart [fɑːrt] *wulg. pot. v.* pierdzieć. — *n.* **1.** pierdnięcie. **2.** pierdoła.
farther ['fɑːrðər] *adv.* dalej; **~ south/east** dalej na południe/wschód. — *a.* **1.** dalszy. **2.** drugi (*o brzegu rzeki, stronie ulicy*).
farthest ['fɑːrðɪst] *adv.* najdalej. — *a.* najdalszy.
fascinate ['fæsəˌneɪt] *v.* fascynować.
fascinating ['fæsəˌneɪtɪŋ] *a.* fascynujący.
fascination [ˌfæsə'neɪʃən] *n.* **1.** fascynacja. **2.** urok, czar.
fascism ['fæʃˌɪzəm] *n.* faszyzm.
fascist ['fæʃɪst] *n.* faszyst-a/ka.
fashion ['fæʃən] *n.* **1.** moda; **come into ~** stać się modnym; **in ~** modny; **out of ~** niemodny; **go out of ~** wychodzić z mody. **2.** fason. **3. after the ~ of sb/sth** na wzór/na modłę kogoś/czegoś; **in an orderly ~** w zdyscyplinowany sposób. — *v. form.* **1.** formować, modelować; nadawać kształt (*czemuś*). **2.** kształtować, urabiać (*poglądy*).
fashionable ['fæʃənəbl] *a.* modny.
fashion show *n.* pokaz mody.
fast [fæst] *a.* **1.** szybki; prędki; pospieszny; **be (five minutes) ~** spieszyć się (pięć minut) (*o zegarku*). **2.** mocny (*o uchwycie*); dobrze zamknięty (*o drzwiach*); trwały (*o kolorze*); twardy (*o śnie*). **3. pull a ~ one (on sb)** *pot.* zrobić/wywinąć (komuś) numer. — *adv.* **1.** szybko; prędko; pospiesznie. **2.** mocno; **hold on/stand ~** trzymać się/stać mocno. **3. be ~ asleep** spać twardo/głęboko/smacznie; **hold ~ to sth** twardo obstawać przy czymś. — *v.* pościć. — *n.* post.
fasten ['fæsən] *v.* **1.** umocowywać, przymocowywać, przytwierdzać. **2.** zamykać (się) (*o drzwiach, torebce*); zapinać (się) (*o płaszczu*); **~ your seatbelts** proszę zapiąć pasy.
fastener ['fæsənər] *n.* (*także* **fastening**) zapięcie; klamra; zamek.
fast food *n.* (jedzenie typu) fast food.
fat [fæt] *a.* **1.** gruby. **2.** tłusty. **3.** *pot.* pokaźny; dobrze płatny; przynoszący duże zyski. — *n.* tłuszcz.
fatal ['feɪtl] *a.* **1.** śmiertelny. **2.** fatalny, zgubny w skutkach; feralny, pechowy. **3. ~ blow** decydujący/rozstrzygający cios.
fatality [feɪ'tælətɪ] *n.* **1.** ofiara śmiertelna; wypadek śmiertelny. **2.** śmiertelność.
fatally ['feɪtlɪ] *adv.* **1.** śmiertelnie. **2.** fatalnie; pechowo.
fate [feɪt] *n.* los; dola; fatum; przeznaczenie; **by a (strange) twist of ~** (dziwnym) zrządzeniem losu; **tempt ~** kusić los.
fateful ['feɪtfʊl] *a.* brzemienny w skutki; doniosły.
father ['fɑːðər] *n.* ojciec; **Church/city ~s** ojcowie Kościoła/miasta. — *v.* spłodzić; być ojcem (*kogoś l. czegoś*).
father-in-law ['fɑːðərɪnˌlɔː] *n.* teść.
fatherly ['fɑːðərlɪ] *a.* ojcowski.
fathom ['fæðəm] *v.* **~ (out)** pojąć (*znaczenie, przyczynę*).
fatigue [fə'tiːg] *n.* **1.** zmęczenie; wycieńczenie. **2.** zmęczenie materiału.
fatten ['fætən] *v.* tuczyć.
fatty ['fætɪ] *a.* **1.** tłusty. **2.** tłuszczowy. — *n. pot.* grubas/ka, tłuścioch.
faucet ['fɔːsɪt] *n.* kran, kurek.
fault [fɔːlt] *n.* **1.** wina; **be at ~** ponosić winę; **through no ~ of their own** nie z ich winy; **whose ~ is it (that...)?** czyja to wina (, że...)? **2.** wada; **for all his/her ~s** pomimo wszystkich swoich wad. **3.** błąd. **4.** usterka. **5.** uskok (*tektoniczny*). **6. to a ~** (aż) do przesady. — *v.* krytykować.
faulty ['fɔːltɪ] *a.* **1.** wadliwy, wybrakowany. **2.** błędny.
fauna ['fɔːnə] *n.* fauna.
favor ['feɪvər] *n.* **1.** uprzejmość, przysługa; **ask sb a ~** (*także* **ask a ~ of sb**) poprosić kogoś o przysługę; **do sb a ~** wyświadczyć komuś przysługę. **2. be in (sb's) ~** być w łaskach (u kogoś); **be out of ~** być w niełasce; **be out of ~ with sb** nie cieszyć się czyimiś względami. **3. in sb's ~** (*także* **in ~ of sb**) na rzecz kogoś; na czyjąś korzyść; *fin.* w dobro czyjegoś rachunku; **be in ~ of sb/sth** być za kimś/czymś. **4.** upominek, podarek. — *v.* **1.** preferować; popierać. **2.** faworyzować, obdarzać względami; upodobać sobie. **3.** sprzyjać (*czemuś*).
favorable ['feɪvərəbl] *a.* **1.** przychylny. **2.** sprzyjający; pomyślny. **3.** korzystny.
favorite ['feɪvrɪt] *a.* ulubiony. — *n.* **1.** ulubien-iec/ica. **2.** faworyt/ka. **3. this book is an old ~ of mine** to moja ulubiona książka.
fax [fæks] *n.* faks (*pismo, metoda*); (*także* **~ machine**) faks (*urządzenie*). — *v.* faksować, przesyłać faksem; **~ sth (through) to sb** przefaksować coś komuś.
FBI [ˌef ˌbiː 'aɪ] *abbr.* = **Federal Bureau of Investigation.**
fear [fiːr] *n.* strach; lęk; obawa; **~ of the unknown** strach przed nieznanym; **for ~ of waking her** (w obawie,) żeby jej nie obudzić; **there is no ~ of sb doing sth** nie ma obawy, że ktoś coś zrobi. — *v.* bać się (*kogoś l. czegoś*); **~ that...** bać/obawiać się, że...; **~ for sb/sb's life** obawiać się o kogoś/o czyjeś życie.
fearful ['fiːrfʊl] *a.* **1.** przestraszony, wystraszony. **2.** bojaźliwy. **3.** *przest.* przerażający, straszny.
fearless ['fiːrləs] *a.* nieustraszony.
feasible ['fiːzəbl] *a.* **1.** wykonalny; możliwy. **2.** prawdopodobny.
feast [fiːst] *n.* **1.** uczta. **2.** *rel.* święto; uroczystość; **movable ~** ruchome święto. — *v.* **1.** ucztować, biesiadować. **2. ~ on/upon sth** zajadać się czymś; **~ one's eyes on sth** napawać/sycić wzrok czymś.
feat [fiːt] *n.* wyczyn; dokonanie, osiągnięcie.
feather ['feðər] *n.* pióro; piórko. — *v.* **~ one's (own) nest** nabijać (sobie) kabzę.
feature ['fiːtʃər] *n.* **1.** cecha. **2. (facial) ~s** rysy (twarzy); **delicate/regular ~s** delikatne/regularne rysy. **3.** *dzienn.* artykuł (*zw. na ważny temat*). **4.** *radio, telew.* program (*j.w.*). **5.** *kino* (*także* **main ~**) film pełnometrażowy/fabularny. — *v.* **1.** pokazywać, przedstawiać. **2.** wyświetlać (*film*); nadawać (*program*); wystawiać (*sztukę*). **3. ~ in sth** cechować/znamionować coś; odgrywać rolę w czymś. **4. the movie ~s X (as...)** w filmie występuje X (jako...).
feature film *n.* film fabularny.
February ['febjuːˌerɪ] *n.* luty; **in/during ~** w lutym; **last/next ~** w lutym zeszłego/przyszłego roku; **on ~ (the) twelfth** (*także* **on (the) twelfth (of) ~**) dwunastego lutego.
fed [fed] *v.* **1.** *zob.* **feed** *v.* **2. under-~** niedożywiony; **well/poorly-~** dobrze/źle odżywiony. — *n.* (*także* **F~**) *pot.* agent/ka FBI.
federal ['fedərəl] *a.* federalny.
Federal Bureau of Investigation *n.* (*także* **FBI**) Federalne Biuro Śledcze.

fed up *a.* **be ~ with sth** *pot.* mieć czegoś dość/po dziurki w nosie/powyżej uszu.

fee [fiː] *n.* **1.** opłata; **registration ~** opłata rejestracyjna. **2.** honorarium, wynagrodzenie. **3.** składka; **membership ~** składka członkowska. **4.** (*także* **school/college/tuition ~(s)**) czesne.

feeble ['fiːbl] *a.* **1.** słaby; słabiutki. **2.** kiepski.

feed [fiːd] *v. pret. i pp.* **fed 1.** karmić (się); żywić (się); jeść. **2.** służyć za pokarm (*komuś l. czemuś*). **3.** paść (się). **4.** dorzucać do (*paleniska, ognia*); zasilać (*zbiornik*). **5. ~ data into the computer** wprowadzać dane do komputera. **6. ~ on sth** żywić się (wyłącznie) czymś; karmić się czymś; stanowić pożywkę dla czegoś; **~ up** tuczyć; **be fed up (with sth)** *zob.* **fed up**. — *n.* pasza; karma.

feedback ['fiːdˌbæk] *n.* **1.** sprzężenie zwrotne. **2.** reakcje, opinie. **3.** sprzężenie (= *nieprzyjemny pisk*).

feel [fiːl] *v. pret. i pp.* **felt 1.** czuć się; **~ awkward** czuć się niezręcznie; **how do you ~?** (*także* **how are you ~ing?**) jak się czujesz? **I ~ as if/as though...** czuję (się), jakby(m)...; **I ~ sad/cold** jest mi smutno/zimno; **he felt sick/sorry** było mu niedobrze/przykro. **2.** czuć; wyczuwać; odczuwać; **I felt myself blushing** poczułam, że się czerwienię; **you won't ~ a thing** nic nie poczujesz. **3.** dotykać (*czegoś*); macać. **4. ~ free (to do sth)** nie krępować się (czegoś zrobić); **~ like sth/doing sth** mieć ochotę na coś/na zrobienie czegoś; **~ one's way** poruszać się po omacku; postępować ostrożnie; **how do you ~ about...?** co sądzisz na temat...?, jaki jest twój stosunek do...? **how does it ~ to win?** jakie to uczucie zostać zwycięzcą? **it ~s great** to wspaniałe uczucie; **this fabric ~s like satin** ta tkanina przypomina w dotyku atłas. **5. ~ for sb** współczuć komuś; **~ out** *pot.* sondować (*osobę, zamiary*); **~ up** *pot.* obmacywać; **~ up to sth** czuć się na siłach coś zrobić. — *n.* **1.** atmosfera (*miejsca*). **2. sth is soft to the ~** (*także* **sth has a soft ~**) coś jest miękkie w dotyku. **3. have a ~ for sth** *pot.* czuć coś (= *mieć naturalny talent do czegoś*).

feeler ['fiːlər] *n.* **1.** czułek. **2. put/send out ~s** badać grunt.

feeling ['fiːlɪŋ] *n.* **1.** uczucie; **have (no) ~s for sb** (nie) darzyć kogoś uczuciem; **hurt sb's ~s** zranić czyjeś uczucia; **I know the ~** znam to uczucie; **no hard ~s!** nie gniewam się! **2.** poczucie. **3.** odczucie; opinia; wrażenie; przeczucie, podejrzenie; **have/get the ~ (that)...** mieć/odnosić wrażenie, że...; przeczuwać/podejrzewać, że...; **what are your ~s on/about...?** co sądzisz na temat...? **4.** czucie (*np. w palcach*). **5. (public) ~ in favor of/against sth** poparcie/sprzeciw (opinii publicznej) dla czegoś/przeciwko czemuś. — *a.* **1.** wrażliwy, czuły. **2.** pełen uczucia, uczuciowy.

feet [fiːt] *n. pl.* **1.** *zob.* **foot** *n.* **2. be/get under one's ~** plątać się pod nogami; **have/keep one's/both ~ (firmly) on the ground** stać mocno/twardo na ziemi; **land on one's ~** spaść na cztery łapy; **vote with one's ~** głosować nogami.

feign [feɪn] *v. form.* udawać; symulować.

fell [fel] *v.* **1.** *zob.* **fall** *v.* **2.** ściąć (*drzewo*). **3.** powalić (*przeciwnika*). — *n.* **in one ~ swoop** za jednym zamachem.

fellow ['feloʊ] *n.* **1.** *przest. pot.* facet, gość; człowiek, chłop. **2.** doktorant/ka *l.* magistrant/ka (*zatrudniony na uczelni na określony czas*). **3. F~** człon-ek/kini (*towarzystwa naukowego*). — *a.* **~ citizens** współobywatele; **~ passenger** współpasażer/ka, towarzysz/ka podróży; **our ~ man/men** nasi bliźni.

fellowship ['feloʊˌʃɪp] *n.* **1.** koleżeństwo; przyjaźń. **2.** towarzystwo, stowarzyszenie. **3.** cech. **4.** korporacja. **5.** stypendium (*doktoranckie l. magisterskie*).

felony ['felənɪ] *n.* (ciężkie) przestępstwo; zbrodnia.

felt [felt] *v. zob.* **feel** *v.* — *n.* filc.

female ['fiːmeɪl] *a.* **1.** żeński; płci żeńskiej; **~ elephant** słonica; **~ whale** samica wieloryba; **~ workers/students** robotnice/studentki. **2.** kobiecy (*np. o uroku*). — *n.* **1.** samica. **2.** *przest.* kobieta.

feminine ['femənɪn] *a.* **1.** kobiecy. **2.** żeński (*t. o rymie*); rodzaju żeńskiego. — *n.* rzeczownik rodzaju żeńskiego; forma żeńska/rodzaju żeńskiego; rodzaj żeński.

feminist ['femənɪst] *n.* feminist-a/ka.

fence [fens] *n.* **1.** ogrodzenie; płot. **2.** *jeźdz.* przeszkoda. **3.** *sl.* paser. — *v.* **1. ~ (in)** ogradzać; odseparowywać, izolować. **2.** uprawiać szermierkę. **3.** odparowywać (*pytania, zarzuty*). **4. ~ off** odgrodzić.

fencing ['fensɪŋ] *n.* **1.** szermierka. **2.** ogrodzenie.

fend [fend] *v.* **1. ~ for o.s.** radzić sobie samemu. **2. ~ off** odpierać (*napastnika, ciosy*); bronić się przed (*trudnymi pytaniami*).

fender ['fendər] *n.* **1.** błotnik. **2.** zderzak. **3.** *żegl.* odbijacz. **4.** osłona kominka.

ferment *n.* ['fɝːment] *polit.* wrzenie, ferment. — *v.* [fər'ment] fermentować; poddawać fermentacji.

fern [fɝːn] *n.* paproć.

ferocious [fə'roʊʃəs] *a.* zajadły, dziki, zawzięty; okrutny, srogi; ostry (*o psie, krytyce*).

ferret ['ferət] *n.* tchórz, fretka. — *v.* **~ out** *pot.* wyszperać, wywęszyć.

ferry ['ferɪ] *n.* prom. — *v.* **1.** przewozić/przeprawiać promem. **2.** przewozić.

fertile ['fɝːtl] *a.* **1.** żyzny, urodzajny. **2.** płodny. **3. ~ ground** podatny grunt (*for sth* dla czegoś).

fertility [fər'tɪlətɪ] *n.* **1.** żyzność, urodzajność. **2.** płodność.

fertilizer ['fɝːtəˌlaɪzər] *n.* nawóz.

fervent ['fɝːvənt] *a.* żarliwy; zagorzały.

fervor ['fɝːvər] *n.* ferwor; zapał; gorliwość.

festival ['festəvl] *n.* **1.** święto; uroczystość. **2. jazz/film ~** festiwal filmowy/jazzowy.

festive ['festɪv] *a.* **1.** radosny; weselny, biesiadny. **2. the ~ season** okres Świąt Bożego Narodzenia.

festivities [fe'stɪvətɪz] *n. pl.* uroczystości, obchody.

fetch [fetʃ] *v.* **1.** przynieść, pójść za (*dużą sumę; o sprzedawanym towarze*). **2.** *przest.* pójść po; przynieść; sprowadzić.

fetching ['fetʃɪŋ] *a.* czarujący, uroczy; twarzowy.

fete [feɪt], **fête** *n.* uroczystość (*zwł. na czyjąś cześć*). — *v.* fetować.

fetus ['fiːtəs] *n.* płód.

feud [fjuːd] *n.* waśń, spór.

feudal ['fjuːdl] *a.* feudalny; lenny.

fever ['fiːvər] *n.* gorączka; **run a ~** mieć gorączkę.

feverish ['fiːvərɪʃ] *a.* gorączkujący; gorączkowy; rozgorączkowany.

few [fjuː] *a., pron.* **1.** niewiele, mało; **a ~** kilka, parę; **as ~ as** zaledwie; **for the last ~ days** przez ostatnich parę dni. **2. be ~ and far between** rzadko się trafiać.

fewer ['fjuːər] *a. comp.* mniej; **no ~ than** *form.* nie mniej niż; aż.

fiancé [ˌfiːɑːn'seɪ] *n.* narzeczony.

fiancée [ˌfiːɑːn'seɪ] *n.* narzeczona.

fiasco [fɪ'æskoʊ] *n.* fiasko.
fib [fɪb] *n. pot.* bujda; **tell ~s** bujać. — *v.* bujać, zmyślać.
fiber ['faɪbər] *n.* **1.** włókno; **natural/man-made ~s** włókna naturalne/sztuczne. **2.** (*także* **dietary ~**) błonnik.
fickle ['fɪkl] *a.* kapryśny, zmienny, niestały.
fiction ['fɪkʃən] *n.* **1.** literatura piękna, beletrystyka; **work of ~** utwór literacki. **2.** fikcja; wymysł, zmyślenie.
fictional ['fɪkʃənl] *a.* fikcyjny, książkowy.
fictitious [fɪk'tɪʃəs] *a.* fikcyjny, zmyślony.
fiddle ['fɪdl] *n.* **1.** skrzypki, skrzypce. **2. (as) fit as a ~** zdrów jak ryba; **play first/second ~** grać pierwsze/drugie skrzypce. — *v.* **1.** grać na skrzypcach. **2. ~ around** obijać się; marnować czas; **~ (around) with sth** przestawiać/przekładać coś (*np. papiery*); bawić się czymś; majstrować przy czymś.
fidelity [fɪ'delətɪ] *n.* wierność.
fidget ['fɪdʒɪt] *v.* **1.** wiercić się. **2. ~ with sth** bawić się czymś (*nerwowo l. z nudów*).
field [fiːld] *n.* **1.** pole; **~ of barley** pole jęczmienia; **~ of vision** pole widzenia; **magnetic ~** pole magnetyczne. **2.** dziedzina, zakres. **3.** złoże (*ropy, węgla*). **4.** boisko. **5. lead the ~** *sport* prowadzić stawkę; *przen.* przodować, wieść prym. **6. the ~ (of battle)** pole bitwy; **in the ~** na placu boju; w warunkach rzeczywistych (= *nie w laboratorium*), w terenie. — *v.* **1.** wystawiać (*reprezentację, kandydata*). **2. ~ a question** poradzić sobie z pytaniem.
fieldwork ['fiːldˌwɜːk] *n.* badania terenowe.
fierce [fiːrs] *a.* **1.** dziki. **2.** zażarty, zawzięty; zaciekły. **3.** gwałtowny (*o wietrze, emocjach*).
fiery ['faɪrɪ] *a.* **1.** ognisty; płomienny; rozpłomieniony. **2.** palący, piekący (*o smaku*).
fifteen [ˌfɪf'tiːn] *num.* piętnaście. — *n.* piętnastka.
fifth [fɪfθ] *num.* piąty. — *n.* **1.** jedna piąta. **2.** *muz.* kwinta.
fifty ['fɪftɪ] *num.* pięćdziesiąt. — *n.* pięćdziesiątka; **be in one's fifties** być po pięćdziesiątce, mieć pięćdziesiąt parę lat; **the (nineteen) fifties** lata pięćdziesiąte (dwudziestego wieku).
fifty-fifty [ˌfɪftɪ'fɪftɪ] *adv.* pół na pół; **go ~ (on sth)** podzielić się (czymś) po połowie. — *a.* pięćdziesięcioprocentowy (*o prawdopodobieństwie*).
fig [fɪg] *n.* figa.
fight [faɪt] *v. pret. i pp.* **fought 1.** walczyć, bić się. **2.** walczyć z (*kimś l. czymś*); zwalczać (*choroby, przestępczość*). **3.** toczyć, prowadzić (*wojnę, proces, spór*). **4.** kłócić się, sprzeczać się. **5. ~ (back/down)** pokonać, przezwyciężyć, zwalczyć (w sobie); powstrzymywać (*łzy*). **6. ~ one's way (through sth)** przedzierać się/torować sobie drogę (przez coś); **~ shy of (doing) sth** starać się unikać (robienia) czegoś; **~ to the bitter end** (*także* **~ to the death**) walczyć do upadłego. **7. ~ back** bronić się; **~ off** zwalczyć, przezwyciężyć; oprzeć się (*czemuś*); **(you'll have to) ~ it out** (będziecie musieli) rozstrzygnąć to między sobą. — *n.* **1.** bójka; **get into a ~** wdać się w bójkę. **2.** *t. sport* walka; **put up a (good) ~** bronić się/walczyć (dzielnie), stawiać opór. **3.** bitwa, bój. **4.** kłótnia, sprzeczka; **have a ~ with sb** pokłócić/posprzeczać się z kimś.
fighter ['faɪtər] *n.* **1.** wojowni-k/czka. **2.** bojowni-k/czka. **3.** (*także* **~ plane**) samolot myśliwski, myśliwiec.
figment ['fɪgmənt] *n.* **a ~ of sb's imagination** wytwór czyjejś wyobraźni.
figurative ['fɪgjərətɪv] *a.* **1.** przenośny, metaforyczny. **2.** figuratywny.
figure ['fɪgjər] *n.* **1.** cyfra; liczba; **~s** dane liczbowe; **double ~s** liczby dwucyfrowe. **2.** suma, kwota; cena. **3.** figura. **4.** postać; **public ~** osoba publiczna. **5.** rycina, rysunek, ilustracja. **6.** wizerunek. — *v.* **1.** figurować, pojawiać się. **2. ~ (that)...** dojść do wniosku, że... **3.** liczyć, obliczać. **4. it/that ~s** *pot.* można się było tego spodziewać. **5.** *pot.* **~ on sth** liczyć na coś; brać coś pod uwagę; **~ out** wykombinować, wymyślić; zrozumieć; **~ sb/sth out** rozgryźć/rozszyfrować kogoś/coś.
figure of speech *n.* figura retoryczna.
file [faɪl] *n.* **1.** akta, dossier; rejestr, kartoteka; **keep a ~ on sth** ewidencjonować/rejestrować coś; **on ~** w ewidencji. **2.** teczka; skoroszyt; segregator. **3.** *komp.* plik. **4.** pilnik; (*także* **nail ~**) pilniczek do paznokci. **5. in (single/Indian) ~** gęsiego, jeden za drugim. — *v.* **1. ~ (away)** wciągać do akt, ewidencjonować. **2. ~ charges** wnieść oskarżenie; **~ for divorce** wnieść pozew/wystąpić o rozwód. **3.** maszerować gęsiego; **~ in/out** wchodzić/wychodzić jeden za drugim. **4. ~ (down)** piłować, wygładzać.
fill [fɪl] *v.* **1. ~ (up)** napełniać (się); wypełniać (się); zapełniać (się); **~ed with sth** pełen czegoś. **2.** plombować, wypełniać. **3. ~ a position/post/vacancy** obsadzić stanowisko; **~ a need/demand (for sth)** zaspokajać potrzebę (czegoś)/popyt (na coś); **~ a receipt/an order** zrealizować receptę/zamówienie. **4. ~ in** wypełniać (*formularz, czas*); **~ in for sb** zastępować kogoś; **~ sb in (on sth)** przedstawić komuś (jakąś) sprawę, wprowadzić kogoś (w coś); **~ out** wypełniać (*formularz*); wypełniać się (*o rysach*); przybierać na wadze; **~ 'er/her/it up!** *mot.* do pełna! — *n.* **1. drink/eat one's ~** napić/najeść się do syta. **2. have one's ~ of sth** mieć czegoś dość/powyżej uszu.
fillet ['fɪlɪt] *n.* filet. — *v.* filetować.
filling ['fɪlɪŋ] *n.* **1.** wypełnienie. **2.** nadzienie. **3.** plomba.
filling station *n.* stacja benzynowa, stacja paliw.
film [fɪlm] *n.* **1.** film. **2.** powłoka; warstwa, warstewka. — *v.* filmować, kręcić.
film director *n.* reżyser/ka filmow-y/a.
filter ['fɪltər] *n.* filtr. — *v.* **1.** filtrować; przesączać. **2. ~ (out)** odfiltrowywać. **3. ~ in** sączyć się, przenikać, wnikać; docierać (*o informacjach*); **~ in/out** wlewać/wylewać się (powoli) (*np. o tłumie widzów*); **~ through/out** przeciekać, przedostawać się (*o informacjach*).
filth [fɪlθ] *n.* **1.** brud. **2.** brudy, plugastwo; świństwa, sprośności.
filthy ['fɪlθɪ] *a.* **1.** bardzo brudny, zarośnięty brudem. **2.** plugawy, sprośny. **3.** obrzydliwy, ohydny (*o postępowaniu*). — *adv. pot.* **~ dirty** obrzydliwie brudny; **~ rich** nieprzyzwoicie bogaty.
fin [fɪn] *n.* **1.** płetwa (*ryby*). **2.** *lotn.* statecznik pionowy.
final ['faɪnl] *a.* **1.** końcowy; ostatni. **2.** ostateczny; **in the ~ analysis** w ostatecznym rozrachunku; **and that's ~!** *pot.* i koniec!, i nie ma dyskusji! — *n.* **1. ~s** *sport* finał(y). **2.** (*także* **~ exam**) egzamin końcowy.
finalist ['faɪnəlɪst] *n.* finalist-a/ka.
finalize ['faɪnəˌlaɪz] *v.* finalizować.

finally ['faɪnəlɪ] *adv.* **1.** w końcu, wreszcie. **2.** ostatecznie. **3.** **~, (I'd like to say...)** na koniec (chciałbym powiedzieć...).

finance ['faɪnæns] *n.* **1.** finanse; **minister of ~** (*także* **~ minister**) minister finansów. **2.** (*także* **~s**) środki (finansowe); fundusze. — *v.* finansować.

financial [fə'nænʃl] *a.* finansowy, pieniężny.

financier [ˌfɪnən'siːr] *n.* finansist-a/ka.

find [faɪnd] *v. pret. i pp.* **found** **1.** znajdować; odnajdywać; **~ a job** znaleźć pracę; **~ pleasure in doing sth** znajdować przyjemność w robieniu czegoś; **~ o.s. in/at sth** znaleźć się gdzieś/w czymś. **2.** zastać; odkryć; **I woke up to ~ that...** obudziwszy się, odkryłem że... **3.** spotykać, napotykać; natknąć się/natrafić na; **be found somewhere** występować/być spotykanym gdzieś (*o gatunku zwierząt l. roślin*). **4.** uznać za; uważać za; **~ it necessary to do sth** uważać/uznać za konieczne zrobienie czegoś; **~ sb (not) guilty (of sth)** uznać kogoś za (nie)winnego (czegoś); **sb ~s it difficult to do sth** robienie czegoś przychodzi komuś z trudnością. **5.** **~ (that)...** przekonać się/stwierdzić, że...; dowiedzieć się, że... **6.** **~ favor with sb** *zob.* **favor** *n.*; **~ in favor of sb** (*także* **~ in sb's favor**) wydać wyrok na czyjąś korzyść; **~ o.s.** odnaleźć się/swoje powołanie. **7.** **~ for/against sb** wydać werdykt na czyjąś korzyść/niekorzyść; **~ out** odkryć; wykryć; **~ out about sth** dowiedzieć się o czymś; **~ out the hard way** uczyć się na błędach; **~ sb out** *pot.* nakryć kogoś. — *n.* odkrycie; znalezisko; **sb is a real ~** ktoś jest prawdziwym odkryciem.

finding ['faɪndɪŋ] *n.* **1.** **~s** wyniki; wnioski (*badań*). **2.** *prawn.* orzeczenie, werdykt.

fine [faɪn] *a.* **1.** dobry; zdrowy; w porządku, w sam raz; **be/feel ~** dobrze się czuć; **(no,) I'm ~, thanks** (nie,) dziękuję (*odmawiając dokładki*); **(that's) ~** dobrze, w porządku. **2.** ładny, piękny; znakomity, świetny. **3.** subtelny; **there's a ~ line between X and Y** granica pomiędzy X a Y jest bardzo subtelna. **4.** dokładny, precyzyjny; szczegółowy. **5.** misterny, finezyjny; wytworny; ekskluzywny. **6.** wzniosły (*o uczuciach*). **7.** gęsty (*o siatce, sicie*). **8.** drobny, miałki (*o piasku*). **9.** cienki, delikatny (*o włosach*). — *adv.* **1.** *pot.* świetnie; **she's doing (just) ~** świetnie jej idzie; świetnie się trzyma. **2.** grzywna, kara pieniężna; mandat. — *v.* karać grzywną/mandatem.

finger ['fɪŋgər] *n.* **1.** palec. **2.** **have/keep a/one's ~ on the pulse** trzymać rękę na pulsie; **not lay a ~ on sb** nie tknąć kogoś (palcem); **not lift/raise a ~** nie kiwnąć palcem; **put one's ~ on sth** określić coś dokładnie, sprecyzować coś; przypomnieć coś sobie; **twist/wrap sb around one's (little) ~** okręcić/owinąć sobie kogoś wokół (małego) palca. — *v.* dotykać palcami.

fingernail ['fɪŋgərˌneɪl] *n.* paznokieć (*u ręki*).

fingerprint ['fɪŋgərˌprɪnt] *n.* **1.** odcisk palca. **2.** cecha identyfikująca. — *v.* zdejmować odciski palców (*komuś*).

finish ['fɪnɪʃ] *v.* **1.** kończyć (się); ukończyć (się); zakończyć (się); **~ doing sth** skończyć coś robić. **2.** wykańczać. **3.** **~ (off/up)** dokończyć (*potrawę*); zjeść/wypić do końca. **4.** **~ (off)** *sl.* wykończyć (= *zabić*). **5.** finiszować; **~ second/third** zająć drugie/trzecie miejsce. **6.** **~ off** dokończyć; wykończyć (= *zmęczyć*); dobić; **~ up** dokończyć; **~ with sb/sth** skończyć z kimś/czymś; **are/have you ~ed with this?** nie potrzebujesz już tego? — *n.* **1.** koniec; zakończenie; **from start to ~** od początku do końca. **2.** *sport* finisz; końcówka. **3.** wykończenie (*mebla, płaszcza*).

Finland ['fɪnlənd] *n.* Finlandia.

Finn [fɪn] *n.* Fin/ka.

Finnish ['fɪnɪʃ] *a.* fiński. — *n.* (język) fiński.

fir [fɝː] *n.* (*także* **~ tree**) jodła.

fire [faɪr] *n.* **1.** ogień; ognisko; pożar; **~!** pali się! **be on ~** palić się, płonąć; **catch (on) ~** zająć się (ogniem), zapalić się; **make/build/light a ~** rozpalić ognisko; **on ~** w płomieniach; rozpalony, rozogniony; **put out a ~** ugasić ogień/pożar; **set sth on ~** (*także* **set ~ to sth**) podpalić coś; **start a ~** wzniecić pożar. **2.** *wojsk.* ogień, strzelanina; **come/be under ~** znaleźć się/być pod obstrzałem; **open ~** otworzyć ogień. — *v.* **1.** strzelać z (*broni*); odpalić (*pocisk*); **~ a shot** oddać strzał. **2.** **~ at sb/sth** strzelać do kogoś/czegoś. **3.** wypalić (*o broni*). **4.** wyrzucić (z pracy), zwolnić. **5.** **~ (up)** rozpalać (*uczucia, wyobraźnię*). **6.** wypalać (*cegły, naczynia*). **7.** **~ questions at sb** zasypywać kogoś pytaniami. **8.** **~ away/ahead!** *pot.* strzelaj!, wal! (= *mów; pytaj*); **~ off** wystrzelić (*o pocisku*); wystrzelić z (*działa*); **~ up** rozpalić w piecu; podniecić się, zapalić się.

fire alarm *n.* alarm (przeciw)pożarowy.

firearms ['faɪrˌɑːrmz] *n. pl.* broń palna.

fire engine *n.* wóz strażacki.

fire escape *n.* schody pożarowe; wyjście ewakuacyjne.

fireman ['faɪrmən] *n.* strażak.

fireplace ['faɪrˌpleɪs] *n.* kominek.

fire station *n.* posterunek straży pożarnej.

fireworks ['faɪrˌwɝːks] *n. pl.* sztuczne ognie, fajerwerki.

firing squad *n.* pluton egzekucyjny.

firm [fɝːm] *a.* **1.** twardy; ubity. **2.** gruntowny, solidny. **3.** mocny, pewny; niewzruszony; stanowczy; nieugięty; **be a ~ believer in sth** mocno w coś wierzyć; **take a ~ stand/line** przyjąć stanowczą postawę. **4.** wiążący; niezbity. — *adv.* mocno; **hold ~ to sth** mocno trzymać się czegoś. — *n.* firma, przedsiębiorstwo.

firmly ['fɝːmlɪ] *adv.* **1.** twardo. **2.** mocno, pewnie. **3.** solidnie, gruntownie. **4.** stanowczo.

first [fɝːst] *a.* pierwszy; **~ things ~** po kolei, wszystko w swoim czasie; **at ~ glance/sight** na pierwszy rzut oka; **at ~ hand** z pierwszej ręki; **(for) the ~ time** po raz pierwszy; **in the ~ place** po pierwsze, przede wszystkim; **not know the ~ thing about sth** nie mieć o czymś najmniejszego/zielonego pojęcia; **she was the ~ to notice this** ona pierwsza to zauważyła. — *adv.* **1.** (jako) pierwszy; **~ come, ~ served** kto pierwszy, ten lepszy; **come/finish ~** zająć pierwsze miejsce; **head ~** głową naprzód. **2.** najpierw, wpierw. **3.** po pierwsze; **~ of all** (*także* **~ and foremost**) przede wszystkim. **4.** po raz pierwszy. — *n.* **1.** pierwsz-y/a; **the ~ of June** pierwszy czerwca. **2.** bezprecedensowe wydarzenie/osiągnięcie. **3.** pierwsze miejsce. **4.** (*także* **~ gear**) *mot.* pierwszy bieg, jedynka. **5.** **at ~** z/na początku; **from the (very) ~** od (samego) początku; **it's the ~ I've heard of it** pierwsze słyszę.

first aid *n.* pierwsza pomoc.

first-aid kit *n.* zestaw/apteczka pierwszej pomocy.

first-class [ˌfɝːst'klæs] *a.* **1.** pierwszorzędny, wspaniały; najwyższej jakości. **2.** pierwszej klasy (*o bilecie, wagonie*).

first-hand [ˌfɜːst'hænd] *a., adv.* z pierwszej ręki.
first lady *n.* pierwsza dama.
firstly ['fɜːstlɪ] *adv.* po pierwsze.
first name *n.* imię.
first-rate [ˌfɜːst'reɪt] *a.* pierwszorzędny. — *adv. pot.* pierwszorzędnie.
fiscal ['fɪskl] *a.* **1.** fiskalny; skarbowy; podatkowy. **2.** finansowy.
fish [fɪʃ] *n.* **1.** ryba. **2. have other/bigger ~ to fry** *pot.* mieć inne/ważniejsze sprawy na głowie, mieć większe zmartwienia; **neither ~ nor fowl** ni pies ni wydra. — *v.* **1.** łowić ryby. **2. be ~ing for compliments** dopominać się o komplementy. **3. ~ out** wyłowić.
fisherman ['fɪʃərmən] *n.* **1.** rybak. **2.** wędkarz.
fishing rod *n.* wędzisko; wędka.
fishy ['fɪʃɪ] *a. pot.* podejrzany, niejasny.
fist [fɪst] *n.* pięść.
fit [fɪt] *v. pret.* **fitted** *l.* **fit** *pp.* **fit 1.** pasować (do) (*otoczenia, pojemnika*); pasować na (*kogoś*); **it ~s (him) like a glove** leży (na nim) jak ulany. **2.** odpowiadać (*komuś/czemuś*); **~ the bill** nadawać się idealnie; czynić zadość wymaganiom. **3.** dopasowywać. **4.** mierzyć (*klienta u krawca*). **5.** zmieścić się. **6.** włożyć, wcisnąć; umieścić; **~ a key in a lock** włożyć klucz do zamka. **7.** zakładać, montować. **8. ~ in** pasować (*with sth* do czegoś); dopasować się; **~ sb/sth in** znaleźć czas dla kogoś/na coś. — *a.* **1.** odpowiedni, właściwy, stosowny; **see/think ~ to do sth** uznać za stosowne coś zrobić. **2.** zdatny, nadający się; godny; **~ for human consumption** nadający się/zdatny do spożycia. **3.** sprawny (fizycznie), w (dobrej) formie; zdrowy; **keep/stay ~** utrzymywać dobrą formę. — *n.* **1.** dopasowanie; dostosowanie, przystosowanie; **be a good ~** dobrze leżeć (*o ubraniu*). **2.** napad, atak; przypływ, wybuch; zryw; **coughing ~** atak kaszlu; **have/throw a ~** *pot.* dostać szału; **in/by ~s and starts** zrywami.
fitful ['fɪtful] *a.* **1.** niespokojny (*o śnie*). **2.** nieregularny (*o opadach*).
fitness ['fɪtnəs] *n.* **1.** (*także* **physical ~**) sprawność fizyczna, kondycja. **2. ~ for sth/to do sth** nadawanie się do czegoś/do zrobienia czegoś.
fitting ['fɪtɪŋ] *a. form.* stosowny, odpowiedni, właściwy. — *n.* **1.** przymiarka. **2. ~s** osprzęt; armatura; wyposażenie.
fitting room *n.* przymierzalnia.
five [faɪv] *num.* pięć. — *n.* **1.** piątka. **2. ~ (o'clock)** (godzina) piąta; **at ~** o piątej. **3.** *pot.* **give me ~!** przybij piątkę! **take/have ~** zrobić (sobie) kilka minut przerwy.
fix [fɪks] *v.* **1.** umocowywać, przytwierdzać. **2.** ustalać, wyznaczać. **3.** załatwiać, aranżować. **4.** naprawiać. **5.** *pot.* poprawiać, doprowadzać do porządku (*włosy, makijaż*). **6.** *pot.* ustawić (*mecz*); przekupić (*sędziego*); sfałszować (*wybory*); sfingować (*proces*). **7.** *pot.* przygotować (*posiłek, drinka*). **8.** *pot.* wysterylizować; wykastrować. **9. ~ one's eyes/gaze on sb/sth** utkwić oczy/wzrok w kimś/czymś; **~ one's attention/mind on sth** skupić na czymś uwagę/myśli; **~ sb with a glance/look/stare** utkwić w kimś wzrok, przeszyć kogoś wzrokiem. **10. ~ on sth** zdecydować się na coś; **~ up** naprawić; odnowić; zorganizować, załatwić; ustalić; **~ sb up with sth** dostarczyć/załatwić komuś coś. — *n.* **1. be in a ~** *pot.* być w tarapatach; mieć dylemat. **2. quick ~** *pot.* prowizorka, prowizoryczne rozwiązanie. **3.** *sl.* strzał (*narkotyku*). **4.** *pot.* ustawiony mecz; sfałszowane wybory.
fixation [fɪk'seɪʃən] *n.* fiksacja, obsesja, mania.
fixed [fɪkst] *a.* **1.** przymocowany, przytwierdzony. **2.** stały (*o cenach, odstępach*). **3.** nieruchomy, niezmienny (*o wyrazie twarzy*). **4.** głęboko zakorzeniony (*o przekonaniach*); niewzruszony (*o zamiarze*). **5. how are you ~ for money?** *pot.* jak u ciebie z pieniędzmi?
fixture ['fɪkstʃər] *n.* **1.** stały element wyposażenia. **2. be a (permanent) ~ in sb's life** być nieodłączną częścią czyjegoś życia (*o osobie*).
fizzy ['fɪzɪ] *a.* musujący, gazowany.
FL *abbr.* = **Florida**.
flabbergasted ['flæbərˌgæstɪd] *a. pot.* osłupiały; zdumiony.
flabby ['flæbɪ] *a. pot.* **1.** zwiotczały, sflaczały. **2.** słaby; ślamazarny.
flag [flæg] *n.* **1.** flaga; sztandar, chorągiew; chorągiewka; bandera. **2.** *komp.* znacznik/wskaźnik stanu, flaga. **3. under the ~ of** pod sztandarem/banderą (*kraju, organizacji*). — *v.* **1.** oznaczać znacznikami. **2.** słabnąć; opadać z sił. **3. ~ down** zatrzymać (*taksówkę machaniem*). — *n.* (*także* **~stone**) płyta chodnikowa; kamień brukowy.
flagrant ['fleɪgrənt] *a.* jaskrawy; rażący.
flair [fler] *n.* **1.** talent, smykałka; zmysł; **have a ~ for sth** mieć smykałkę do czegoś. **2.** polot.
flak [flæk] *n.* **1.** ogień przeciwlotniczy. **2. get/catch/take (a lot of) ~** zostać (ostro) skrytykowanym.
flake [fleɪk] *n.* **1.** płatek; **corn ~s** płatki kukurydziane. **2.** *pot.* dziwa-k/czka. — *v.* **~ (away/off)** łuszczyć (się), odrywać (się) płatami.
flamboyant [flæm'bɔɪənt] *a.* **1.** ekstrawagancki. **2.** krzykliwy.
flame [fleɪm] *n.* **1.** płomień; **burst into/go up in ~s** stanąć w płomieniach. **2.** blask. **3.** *komp. pot.* obraźliwy mail. **4. old ~** *pot.* stara miłość. — *v.* **1.** *lit.* płonąć (*np. o policzkach*). **2.** *komp. pot.* wysłać obraźliwego maila do (*kogoś*). **3. ~ up** rozgorzeć na nowo; zapłonąć (gniewem).
flammable ['flæməbl] *a.* łatwopalny; zapalny.
flank [flæŋk] *n.* **1.** bok (*ciała, budynku*). **2.** *wojsk.* skrzydło, flanka. — *v.* **be ~ed by sb/sth** mieć kogoś/coś po obu stronach.
flannel ['flænl] *n.* flanela.
flap [flæp] *n.* **1.** klapa (*t. samolotu*); klapka. **2.** płat (*skóry, tkanki*). **3.** łopotanie, trzepotanie. **4.** *pot.* panika; podniecenie. — *v.* **1.** machać (*skrzydłami, ramionami*). **2.** łopotać.
flare [fler] *v.* **1.** migotać; rozbłyskiwać. **2.** wybuchać (*gniewem*). **3. ~ (out)** rozszerzać się (*np. o nogawkach*); **~ up** rozbłysnąć (*o ogniu*); wybuchnąć (*o zamieszkach*); zaostrzyć się (*o chorobie*). — *n.* **1.** raca. **2.** rozbłysk. **3.** migotliwy płomień. **4. ~s** dzwony (*spodnie*).
flash [flæʃ] *v.* **1.** rozbłyskiwać; błyskać. **2.** mknąć, przemykać; **the thought ~ed through her mind** przemknęło jej to przez myśl. **3. ~ (up)** *pot.* mignąć (*czymś; = pokazać przez moment*). **4. ~ sb** *pot.* obnażyć się (przed kimś) (*w miejscu publicznym*). **5.** przekazywać szybko, przesyłać (*wiadomości*). **6. ~ a smile/look at sb** posłać komuś uśmiech/spojrzenie. **7.** *mot.* migać (*światłami*); **~ one's headlights** dawać znak światłami drogowymi. **8. ~ sth around** chwalić się czymś, obnosić się z czymś; **~ back/**

forward przenosić się w przeszłość/przyszłość (*np. o akcji filmu*). — *n.* **1.** błysk; rozbłysk; przebłysk; **~ of inspiration/anger** przypływ natchnienia/gniewu. **2.** lampa błyskowa, flesz. **3. hot ~es** uderzenia gorąca. **4. a ~ in the pan** krótkotrwały sukces; gwiazda jednego sezonu; **in/like a ~** (*także* **quick as a ~**) w jednej chwili, w okamgnieniu. — *a.* szybki, błyskawiczny.

flashback ['flæʃˌbæk] *n. teor. lit., kino* retrospekcja.

flashlight ['flæʃˌlaɪt] *n.* latarka.

flask [flæsk] *n.* **1.** (*także* **hip ~**) piersiówka. **2.** (*także* **thermos/vacuum ~**) termos. **3.** *chem.* kolba.

flat [flæt] *a.* **1.** płaski. **2.** na płaskim obcasie. **3.** ryczałtowy, stały. **4.** stanowczy (*o odmowie, zaprzeczeniu*). **5.** bez powietrza (*o oponie*). **6.** zwietrzały (*o piwie*). **7.** monotonny; bez wyrazu; bezbarwny. **8.** *muz.* obniżony o pół tonu; **A/D ~** As/Des. **9. business/trade is ~** w interesach/handlu panuje zastój. — *adv.* **1.** płasko, na płask. **2. in five minutes ~** dokładnie w pięć minut. **3. ~ out** *pot.* z maksymalną prędkością; na wysokich obrotach; **fall ~** *zob.* **fall** *v.*; **(tell sb) ~ out** (powiedzieć komuś) wprost. — *n.* **1.** płaszczyzna. **2.** *mot.* guma. **3.** *muz.* bemol. **4.** *Br.* mieszkanie. **5. ~s** równina, nizina; buty na płaskim obcasie. **6. the ~ of one's hand** otwarta dłoń.

flatly ['flætlɪ] *adv.* **1.** stanowczo. **2.** bezbarwnym głosem.

flatten ['flætən] *v.* **1. ~ (out)** spłaszczać (się); wyrównywać (się). **2.** zrównać z ziemią. **3.** *pot.* rozłożyć na łopatki. **4. ~ o.s. against a wall/door** przywrzeć (ciałem) do ściany/drzwi.

flatter ['flætər] *v.* **1.** schlebiać, pochlebiać (*komuś*); **sb is/feels ~ed that...** komuś pochlebia, że...; **she was ~ed to be invited** pochlebiało jej, że ją zaproszono. **2. ~ o.s.** pochlebiać sobie; łudzić się. **3. that dress ~s her** w tej sukience jest jej do twarzy.

flattering ['flætərɪŋ] *a.* **1.** pochlebny. **2.** twarzowy (*o sukience*); udany (*o portrecie*).

flattery ['flætərɪ] *n.* pochlebstwa.

flaunt [flɔːnt] *v.* obnosić/afiszować się z (*czymś*).

flavor ['fleɪvər] *n.* **1.** smak. **2.** dodatek smakowy. **3.** posmak; zabarwienie; atmosfera, nastrój. — *v.* **1.** nadawać smak (*czemuś*). **2.** przyprawiać, doprawiać; aromatyzować.

flavoring ['fleɪvərɪŋ] *n.* dodatek smakowy.

flaw [flɔː] *n.* **1.** skaza, wada; usterka. **2.** pęknięcie, rysa. **3.** błąd, słaby punkt (*w rozumowaniu*).

flawless ['flɔːləs] *a.* bez skazy, nieskazitelny; bezbłędny; bez zarzutu.

flax [flæks] *n.* len.

flea [fliː] *n.* pchła.

fleck [flek] *n.* **1.** plamka (*np. na sierści*). **2.** drobinka, pyłek (*kurzu*).

flee [fliː] *v. pret. i pp.* **fled 1.** uciekać. **2.** uciekać przed (*niebezpieczeństwem, głodem*). **3.** uciekać z (*kraju*). **4.** spieszyć, biec.

fleece [fliːs] *n.* **1.** runo, wełna. **2.** polar. — *v.* **~ sb** *pot.* oskubać kogoś, zedrzeć z kogoś skórę.

fleet [fliːt] *n.* **1.** flota; flotylla. **2.** park (*pojazdów*).

fleeting ['fliːtɪŋ] *a.* przelotny; krótkotrwały.

Flemish ['flemɪʃ] *a., n.* **1.** (język) flamandzki. **2. the ~** Flamandczycy.

flesh [fleʃ] *n.* **1.** ciało. **2.** (*także* **animal ~**) mięso. **3.** miąższ. **4. in the ~** we własnej osobie. — *v.* **~ out** rozwinąć (*pomysł, argument*).

flew [fluː] *v. zob.* **fly**.

flex [fleks] *v.* **1.** zginać (się) (*o kolanie*); wyginać (się) (*o palcach*); napinać (się) (*o mięśniach, stopie*). **2. ~ one's muscles** prężyć muskuły.

flexibility [ˌfleksə'bɪlətɪ] *a.* giętkość; elastyczność.

flexible ['fleksəbl] *a.* giętki; elastyczny; **~ working hours** ruchomy czas pracy.

flick [flɪk] *v.* **1.** pstrykać (*palcami*); **~ a piece of paper at sb** pstryknąć w kogoś kawałkiem papieru. **2.** strzelać z (*bata*); trzaskać (*batem, ręcznikiem*). **3. ~ channels** skakać po kanałach (*pilotem*). **4. ~ (away/off)** strzepywać, strząsać (*pyłek, popiół*). **5. ~ on/off** włączyć/wyłączyć (*lampę*); **~ through** kartkować (*książkę*). — *n.* **1.** trzaśnięcie, smagnięcie. **2.** prztyczek, pstryknięcie. **3.** *przest. pot.* film.

flicker ['flɪkər] *v.* **1.** migotać. **2.** trzepotać (*skrzydłami*). **3. he didn't ~ an eyelid** nawet nie mrugnął (okiem). **4. a smile ~ed across/through her face** uśmiech przemknął jej po twarzy; **a thought ~ed into my head** przyszła mi do głowy pewna myśl. — *n.* **1.** migotanie; miganie. **2.** iskierka (*nadziei*); cień (*uśmiechu, emocji*). **3.** trzepot (*skrzydeł*); drganie (*powiek*).

flight [flaɪt] *n.* **1.** lot; odlot; przelot; **in ~** w locie. **2.** umiejętność latania. **3.** stado (*ptaków w locie*); rój (*np. strzał*). **4.** formacja lotnicza; eskadra. **5.** (*także* **~ of stairs/steps**) kondygnacja, piętro. **6.** ucieczka; **take ~** uciec. **7. ~ of fancy/imagination** wzlot wyobraźni; wybryk fantazji.

flight attendant *n.* steward/essa.

flimsy ['flɪmzɪ] *a.* **1.** cieniuteńki. **2.** lichy. **3.** marny, kiepski.

flinch [flɪntʃ] *v.* **1.** wzdrygać się; **she didn't (even) ~** nawet nie drgnęła. **2. ~ from sth** cofać/wzdragać się przed czymś.

fling [flɪŋ] *v. pret. i pp.* **flung** rzucać, ciskać; miotać (*czymś*); **~ a door open** gwałtownie/z impetem otworzyć drzwi; **~ o.s. into sth** rzucić się w wir czegoś; rzucić się na coś; **~ sb in prison/jail** wtrącić kogoś do więzienia. — *n. pot.* krótki romans.

flint [flɪnt] *n.* **1.** krzemień. **2.** kamień (*do zapalniczki*).

flip [flɪp] *v.* **1.** pstryknąć (*np. przełącznik*). **2. ~ a coin** rzucać monetę/monetą. **3. ~ (out)** (*także* **~ one's lid/top**) *pot.* sfiksować; wkurzyć się. **4. ~ open** otworzyć (*np. notatnik*). **5. ~ on/off** włączyć/wyłączyć (*silnik, światło*); **~ through** kartkować. — *n.* **1.** pstryk, pstryknięcie. **2. ~ of a coin** rzut monetą. **3.** salto.

flipper ['flɪpər] *n.* płetwa.

flirt [flɝːt] *v.* **1.** flirtować. **2. ~ with danger** igrać z niebezpieczeństwem; **~ with the idea of sth/doing sth** rozważać coś/zrobienie czegoś (*nie całkiem serio*). — *n.* flircia-rz/rka.

float [floʊt] *v.* **1.** unosić się na wodzie, dryfować; unosić się, płynąć (*o dźwiękach, zapachach*); **~ to the surface** wypłynąć na powierzchnię. **2.** unosić się w powietrzu, szybować. **3.** spławiać (*drewno*); puszczać (*łódki*). **4.** puszczać w obieg (*pomysł, propozycję*). **5.** upłynniać kurs (*waluty*). — *n.* **1.** ruchoma platforma (*używana w paradach*). **2.** napój gazowany z kulką lodów.

flock [flɑːk] *n.* **1.** stado. **2.** tłum, gromada. **3.** stadko, gromadka. — *v.* gromadzić się tłumnie (*around sb/sth* wokół kogoś/czegoś).

flog [flɑːg] *v.* **1.** chłostać, smagać. **2.** *pot.* opchnąć (= *sprzedać*). **3. be ~ging a dead horse** trudzić się na próżno; strzępić sobie język.

flood [flʌd] *n.* **1.** powódź; **the F~** potop. **2.** potok, potoki (*słów, łez*); zalew (*towarów*). — *v.* **1.** zalewać, zatapiać (*o rzece*); zostać zalanym (*o gruntach*). **2.** wylewać (*o rzece*). **3.** zalewać (*rynek towarami*); zasypywać (*kogoś prezentami, listami*). **4.** napływać (masowo) (*o uchodźcach, datkach*).

flooding ['flʌdɪŋ] *n.* **1.** zalanie. **2.** wylanie, wylew.

floodlight ['flʌd,laɪt] *n.* reflektor. — *v. pret. i pp.* **floodlit** oświetlać reflektorami.

floor [flɔːr] *n.* **1.** podłoga. **2.** piętro; **first ~** parter; **second ~** pierwsze piętro. **3. the ocean ~** (*także* **the ~ of the ocean**) dno oceanu. **4.** (*także* **dance ~**) parkiet (taneczny). **5.** *giełda* parkiet. **6.** *parl.* sala posiedzeń. **7. give sb the ~** udzielić komuś głosu; **questions from the ~** pytania z sali; **take the ~** zabrać głos; **the ~ is yours** oddaję Pan-u/i głos. — *v.* **1.** powalić (na ziemię). **2.** *pot.* zbić z tropu.

flop [flɑːp] *v.* **1. ~ (down)** klapnąć, paść (*np. na fotel*). **2.** trzasnąć, rzucić (*gazetę, książkę*). **3.** *pot.* zrobić klapę (*o przedstawieniu*). — *n.* **1.** klapnięcie; plusk. **2.** *pot.* klapa (*przedstawienia itp.*). **3.** (*także* **~house**) *pot.* noclegownia.

floppy ['flɑːpɪ] *a.* miękko opadający (*np. o uszach*). — *n.* (*także* **~ disk**) dyskietka.

flora ['flɔːrə] *n.* flora.

floral ['flɔːrəl] *a.* **1.** kwiatowy. **2.** w kwiaty/kwiatki.

Florida ['flɔːrɪdə] *n.* (stan) Floryda.

florist ['flɔːrɪst] *n.* **1.** kwiacia-rz/rka. **2.** (*także* **~'s (shop)**) kwiaciarnia.

flour [flaʊr] *n.* mąka; mączka. — *v.* posypywać mąką.

flourish ['flɝːɪʃ] *v.* **1.** kwitnąć, być w rozkwicie, prosperować; **he's ~ing** świetnie mu się powodzi. **2. ~ sth** wymachiwać/wywijać czymś; popisywać się czymś. — *n.* **1.** zawijas. **2.** ozdobnik. **3.** *muz.* fanfara. **4. with a ~** zamaszyście; z rozmachem.

flow [floʊ] *v.* **1.** płynąć. **2. ~ (freely)** lać się (strumieniami) (*np. o winie*). **3.** spływać (*o włosach, szatach*). **4.** toczyć się (*o rozmowie*). **5.** *form.* płynąć (*o wnioskach*), wynikać (*from sth* z czegoś). **6. ~ in** wpływać, napływać; **~ out** wypływać; **~ with sth** być zalanym czymś; opływać w coś. — *n.* **1.** przepływ; dopływ; wypływ; napływ; **stem/staunch the ~ of blood** zatamować upływ krwi. **2.** przypływ (*morza*); prąd (*rzeki*); strumień (*ruchu drogowego*); **go/move against/with the ~** iść pod prąd/z prądem. **3. ebb and ~** fluktuacje.

flower ['flaʊər] *n.* **1.** kwiat; kwiatek. **2. be in ~** kwitnąć; **come into ~** zakwitać, rozkwitać. **3. the ~ of sth** *lit.* kwiat czegoś (= *elita*). — *v.* **1.** kwitnąć. **2.** rozkwitać (*np. o talencie*).

flowerbed ['flaʊərbed] *n.* klomb; grządka kwiatowa, rabatka.

flowerpot ['flaʊər,pɑːt] *n.* doniczka.

flowery ['flaʊərɪ] *a.* **1.** kwiatowy. **2.** kwiecisty (*o stylu*).

flown [floʊn] *v. zob.* **fly** *v.*

flu [fluː] *n.* **(the) ~** grypa.

fluctuate ['flʌktʃʊ,eɪt] *v.* zmieniać się; wahać się, oscylować.

fluctuation [,flʌktʃʊ'eɪʃən] *n.* wahania, fluktuacje.

fluent ['fluːənt] *a.* płynny; biegły; **speak ~ English** (*także* **be ~ in English**) biegle mówić po angielsku.

fluently ['fluːəntlɪ] *adv.* płynnie; biegle.

fluff [flʌf] *n.* **1.** puch; puszek. **2.** meszek, kłaczki. **3.** błahostki; bzdury. — *v.* **~ (out/up)** wzburzać (*włosy*); napuszać (*pióra*); poprawiać (*poduszki*).

fluffy ['flʌfɪ] *a.* puszysty; puchaty.

fluid ['fluːɪd] *n.* płyn; ciecz; **bodily ~s** płyny ustrojowe. — *a.* **1.** płynny, ciekły. **2.** płynny (*o ruchach, planach*).

fluke [fluːk] *n. pot.* fuks.

flung [flʌŋ] *v. zob.* **fling** *v.*

flunk [flʌŋk] *v. pot.* **1.** oblać (*egzamin, studenta*). **2. ~ out of school** zostać wylanym/wylecieć ze szkoły.

fluorescent [,fluːə'resənt] *a.* **1.** fluorescencyjny; jarzeniowy. **2.** odblaskowy (*o kolorze*).

fluoride ['fluːə,raɪd] *n.* fluorek.

flurry ['flɝːɪ] *n.* **1. a ~ of excitement** przypływ podniecenia; **a ~ of objections** fala sprzeciwu. **2.** śnieżyca (*krótkotrwała*); ulewa (*j.w.*); podmuch (*wiatru*).

flush [flʌʃ] *v.* **1.** zarumienić (się), zaczerwienić (się). **2.** spłukiwać (się); **~ the toilet** spuszczać wodę (w toalecie), spłukiwać; **~ sth down the toilet** spuścić coś (w toalecie). **3. ~ (out)** przepłukiwać; wypłukiwać. — *n.* **1.** rumieniec, wypieki. **2.** spłuczka. **3. a ~ of excitement/pride** przypływ podniecenia/dumy. — *a.* **1.** równy (*with sth* z czymś). **2.** *pot.* przy forsie. — *adv.* **1.** równo (*with sth* z czymś). **2. a hit ~ on the jaw** *pot.* uderzenie prosto w szczękę.

flushed [flʌʃt] *a.* **1.** zarumieniony, zaczerwieniony. **2. ~ with success/pride** promieniejący sukcesem/dumą.

flustered ['flʌstərd] *a.* podenerwowany; wzburzony.

flute [fluːt] *n.* **1.** flet. **2.** kieliszek do szampana.

flutter ['flʌtər] *v.* **1.** trzepotać (się); łopotać; (*także* **~ its wings**) trzepotać skrzydłami. **2. ~ one's eyelashes at sb** rzucać komuś zalotne spojrzenia. — *n.* **1.** trzepotanie, trzepot; łopotanie, łopot. **2. cause a ~** wywołać podniecenie; **in a ~ (of excitement)** podniecony.

flux [flʌks] *n.* **be in (a state of) ~** nieustannie się zmieniać.

fly [flaɪ] *v.* **flew**, **flown** **1.** latać; **~ at (a height of) 10000 m** lecieć na wysokości 10000 m; **~ (across) the Atlantic** przelecieć Atlantyk; **we'll ~ economy class** polecimy klasą turystyczną. **2.** fruwać, latać (*o ptakach, owadach*). **3.** pilotować (*samolot*). **4.** przewozić samolotem. **5.** powiewać (*o fladze, włosach*). **6. (I'm late,) I must ~** *pot.* (jestem spóźniony,) muszę lecieć; **she came ~ing into the room** wpadła do pokoju. **7. ~ open/shut** otworzyć/zamknąć się gwałtownie/z impetem. **8. let ~** rzucić (*kamień*); wypuścić, wystrzelić (*strzałę*). **9.** uciekać; **~ the country** uciec z kraju; **time flies** czas ucieka. **10. ~ in the face of sth** stać w (jawnej) sprzeczności z czymś (*np. z faktami*); **~ in the face of reason/common sense** urągać zdrowemu rozsądkowi. **11. ~ at/into sb** rzucić się na kogoś; **~ into a rage** wpaść we wściekłość; **~ off the handle** *pot.* wściec się. — *n.* **1.** mucha. **2.** rozporek. **3. on the ~** w pośpiechu; w locie; *komp. pot.* w trakcie działania programu.

flying ['flaɪɪŋ] *a.* **1.** latający. **2.** krótki, krótkotrwały (*o wizycie, podróży*). **3.** rozwiany (*o włosach*). **4. with ~ colors** celująco (*zdać*). — *n.* latanie.

flying saucer *n.* latający talerz.

foal [foʊl] *n.* źrebię, źrebak. — *v.* oźrebić się.

foam [foʊm] *n.* piana; pianka. — *v.* pienić się; **~ at the mouth** toczyć pianę z ust.

focus ['foʊkəs] *n. pl. t.* **foci** ['foʊsaɪ] **1.** *opt.* ognisko. **2.** ostrość; **in/out of ~** ostry/nieostry. **3. be the ~ of attention** znajdować się w centrum uwagi. **4. bring/throw sth into ~** skupić uwagę (opinii publicznej) na

czymś. — *v.* **1.** ustawiać ostrość (*teleskopu, obiektywu*). **2.** skupiać (się).
fodder ['fɑːdər] *n.* **1.** pasza. **2.** **~ for the imagination** pożywka dla wyobraźni.
foe [foʊ] *n. lit.* wróg, nieprzyjaciel.
fog [fɑːg] *n.* mgła. — *v.* **1.** **~ (up)** zamglić się, zajść mgłą. **2.** **~ the issue** zaciemniać sprawę.
foggy ['fɑːgɪ] *a.* **1.** zamglony, mglisty; niejasny. **2.** **not have the foggiest (idea)** *pot.* nie mieć najmniejszego/bladego/zielonego pojęcia.
foil [fɔɪl] *n.* **1.** folia (*aluminiowa*). **2.** **be a ~ to/for sth** uwydatniać/podkreślać coś (*przez kontrast*). — *v.* udaremnić (*próbę*); pokrzyżować (*plany*).
fold [foʊld] *v.* **1.** **~ (up)** składać (się); **~ sth in two/half** złożyć coś na pół. **2.** **~ one's arms/legs** skrzyżować ramiona/nogi. **3.** **~ (up)** owijać. **4.** **~ away/down/up** składać (się) (*łóżko, stół*); **~ in** dodawać, delikatnie mieszając (*np. białka*); **~ out** rozkładać (się) (*łóżko, stół*); **~ up** upaść (*o firmie*); zamknąć (*firmę*). — *n.* **1.** zagięcie. **2.** fałda. **3.** *t. geol.* fałd. **4.** zwój. **5.** owczarnia; stado owiec.
folder ['foʊldər] *n.* **1.** teczka (*papierowa*). **2.** *komp.* folder. **3.** folder, broszurka.
foliage ['foʊlɪɪʤ] *n.* listowie.
folk [foʊk] *n.* **1.** (*także* **~s**) ludzie. **2.** lud. **3.** = **folk music**. **4.** **sb ~s** *pot.* czyjaś rodzina; czyiś rodzice. — *a.* **1.** ludowy. **2.** folkowy.
folklore ['foʊkˌlɔːr] *n.* folklor.
folk music *n.* **1.** muzyka ludowa. **2.** (muzyka) folk.
follow ['fɑːloʊ] *v.* **1.** iść/podążać/jechać za (*kimś l. czymś*); towarzyszyć (*komuś l. czemuś*); **~ sb's example/lead** iść za czyimś przykładem; **you lead and I'll ~** prowadź, a ja pójdę za tobą. **2.** śledzić. **3.** iść (*trasą, ścieżką*); jechać (*j.w.*). **4.** nadążać za (*wyjaśnieniami, rozumowaniem*); **do you ~ me?** rozumiesz (mnie)? **5.** stosować się do (*czegoś*); postępować zgodnie z (*czymś*); **~ sb's orders/advice** stosować się do czyichś poleceń/rad. **6.** następować/przychodzić po (*okresie, wydarzeniu*); być następcą (*przywódcy*). **7.** interesować się, być na bieżąco z (*czymś*), śledzić. **8.** wynikać (*from sth* z czegoś); **it ~s (that)...** wynika z tego, że... **9.** **~ suit** postąpić podobnie, zrobić to samo; **the results are as ~s:...** wyniki są następujące:...; **to ~** na deser; na następne danie. **10.** **~ sb around** nie odstępować kogoś (ani) na krok; **~ on/upon sth** wynikać z czegoś, być skutkiem czegoś; **~ out/through** zrealizować, doprowadzić do końca (*plan*); zastosować się do (*poleceń*); zbadać (*trop*); **~ up** sprawdzić (*ofertę*); zbadać (*pomysł, sugestię*); kontynuować (*działanie*).
follower ['fɑːloʊər] *n.* **1.** zwolenni-k/czka; stronnik/czka; ucze-ń/nnica. **2.** naśladow-ca/czyni. **3.** kibic; fan/ka.
following ['fɑːloʊɪŋ] *a.* **1.** następny; **(on) the ~ day** następnego dnia. **2.** następujący; **in the ~ way** w następujący sposób. — *n.* **1.** **have a large ~** mieć wielu zwolenników/fanów. **2.** **the ~** (to,) co następuje; następujące osoby/rzeczy. — *prep.* **1.** (bezpośrednio) po (*czymś*). **2.** w rezultacie (*czegoś*).
folly ['fɑːlɪ] *n. form.* szaleństwo.
fond [fɑːnd] *a.* **1.** **be/grow ~ of sb/sth** lubić/polubić kogoś/coś; **be ~ of doing sth** lubić coś robić. **2.** czuły (*o uśmiechu, spojrzeniu*); kochający (*o rodzicach*); miły (*o wspomnieniach*); nierealny, naiwny (*o nadziejach*).
fondle ['fɑːndl] *v.* pieścić.
font [fɑːnt] *n.* **1.** czcionka. **2.** chrzcielnica.
food [fuːd] *n.* **1.** żywność; pokarm; jedzenie. **2.** **~ for thought** materiał do rozmyślań/przemyśleń; strawa duchowa.
food processor *n.* robot kuchenny.
fool [fuːl] *n.* **1.** głupiec, idiot-a/ka; **act/play the ~** wygłupiać się; **make a ~ of o.s.** zbłaźnić się; **make a ~ (out) of sb** zrobić z kogoś idiotę; wystrychnąć kogoś na dudka; **my ~ of a boss** ten idiota mój szef. **2.** błazen. — *v.* **1.** oszukać, nabrać; **~ sb into doing sth** namówić kogoś na zrobienie czegoś; **you could have ~ed me!** *pot.* akurat! **2.** **~ around** obijać się; wygłupiać się, błaznować; **~ around with sb** mieć romans z kimś; **~ (around) with sth** bawić się czymś (*zwł. niebezpiecznym*); majstrować przy czymś. — *a. pot.* = **foolish**.
foolhardy ['fuːlˌhɑːrdɪ] *a.* lekkomyślny; wariacki; ryzykancki.
foolish ['fuːlɪʃ] *a.* **1.** głupi, niemądry. **2.** śmieszny, absurdalny.
foolproof ['fuːlˌpruːf] *a.* niezawodny.
foot [fʊt] *n. pl.* **feet** **1.** stopa. **2.** łapa. **3.** *pl.* **feet** *l.* **foot** (*także* **ft**) stopa (= *ok. 30 cm*). **4.** **on ~** pieszo, piechotą, na piechotę. **5.** **the ~ of** podnóże (*góry*); dół (*strony, schodów*); koniec (*listy*); **at the ~ of the bed** w nogach łóżka. **6.** **from head to ~** od stóp do głów; **get off on the right/wrong ~** dobrze/źle zacząć (*znajomość*); **put one's ~ in one's mouth** *pot.* palnąć gafę; **put one's ~ down** *pot.* postawić się, uprzeć się; *mot.* dodać gazu; **I'll never set ~ in this house again** moja noga nigdy więcej tu nie postanie; *zob. t.* **feet**. — *v.* **~ the bill** *pot.* zapłacić rachunek.
footage ['fʊtɪʤ] *n.* materiał filmowy.
football ['fʊtˌbɔːl] *n.* **1.** futbol (*amerykański*). **2.** piłka futbolowa. **3.** *Br.* piłka nożna, futbol; rugby.
footbridge ['fʊtˌbrɪʤ] *n.* kładka, most dla pieszych.
foothold ['fʊtˌhoʊld] *n.* **1.** oparcie dla stopy (*przy wspinaczce*). **2.** **gain a ~** znaleźć punkt zaczepienia.
footing ['fʊtɪŋ] *n.* **1.** oparcie; podstawa; **solid/sound/firm ~** solidna podstawa. **2.** **on a friendly ~** na przyjacielskiej stopie. **3.** oparcie (*dla nóg*).
footlights ['fʊtˌlaɪts] *n. pl. teatr* rampa.
footnote ['fʊtˌnoʊt] *n.* **1.** przypis (*zwł. u dołu strony*). **2.** fakt/sprawa bez znaczenia.
footprint ['fʊtˌprɪnt] *n.* odcisk/ślad stopy.
footstep ['fʊtˌstep] *n.* **1.** krok; **~s** odgłos kroków. **2.** **follow (in) sb's ~s** iść w czyjeś ślady.
footwear ['fʊtˌwer] *n.* obuwie.
for [fɔːr; fər] *prep.* **1.** dla; **~ me** dla mnie; **~ fun** dla zabawy. **2.** do; **~ rent** do wynajęcia; **what's it ~?** do czego to jest/służy? **3.** po; **~ five dollars a piece** po pięć dolarów za sztukę; **~ the first time** po raz pierwszy; **what ~?** po co? **4.** za; **~ ten dollars** za dziesięć dolarów. **5.** na; **~ sale** na sprzedaż; **go ~ a walk** iść na spacer. **6.** przez; **we waited ~ three years** czekaliśmy (przez) trzy lata; **he walked ~ five miles** szedł (przez) pięć mil. **7.** o; **ask ~ help** prosić o pomoc. **8.** od; **she's been here ~ two weeks** jest tutaj od dwóch tygodni. **9.** z; **~ this reason** z tego powodu. **10.** u; **he works ~ his father-in-law** pracuje u swojego teścia. **11.** w; **she works ~ Microsoft** pracuje w Microsoft. **12.** (jak) na; **he looks young ~ his age** wygląda młodo (jak) na swój wiek. **13.** **~ my part** co do mnie, jeśli o mnie chodzi; **I ~ one believe (that)...** jeśli o mnie chodzi, to sądzę, że...; **so much ~ that** to tyle, jeśli o to chodzi. **14.** jak; **M ~ Mike**

M jak Maria. **15.** mimo, pomimo; **~ all his faults,...** pomimo wszystkich swoich wad,... **16. if it hadn't been/weren't ~ her** gdyby nie ona; **but ~ their help** *form.* gdyby nie ich pomoc. — *conj. form.* ponieważ, gdyż.

forbear [fɔːr'ber] *v.* **forbore, forborne ~ from doing sth** *form.* (*także* **~ to do sth**) powstrzymać się od (zrobienia) czegoś; zaniechać czegoś.

forbearance [fɔːr'berəns] *n. form.* wyrozumiałość, cierpliwość; samokontrola.

forbid [fər'bɪd] **forbade** [fər'beɪd], **forbidden** [fər'bɪdən] *v.* **1.** zakazywać, zabraniać (*czegoś*); **~ sb to do sth** zabronić komuś coś robić. **2.** *form.* nie pozwalać na, uniemożliwiać. **3.** nie dopuszczać do (*czegoś*); zabraniać dostępu do (*czegoś*). **4. God/heaven ~!** broń/uchowaj Boże!

forbidden [fər'bɪdən] *a.* **1. it is ~ to do sth** *form.* zabrania się robienia czegoś. **2.** zakazany, tabu.

forbidding [fər'bɪdɪŋ] *a.* odpychający; posępny; groźny.

force [fɔːrs] *n.* **1.** siła; moc; **by ~** siłą, przemocą; **driving ~** siła napędowa; **join/combine ~s** połączyć siły. **2.** potęga. **3. the (armed) ~s** siły zbrojne; **the (police) ~** policja. **4. be in ~** obowiązywać, być w mocy; **come into ~** wchodzić w życie. — *v.* **1. ~ sb/o.s. to do sth** zmuszać kogoś/się do zrobienia czegoś. **2.** wymuszać (*zeznania*). **3.** wepchnąć (*do pomieszczenia, pudełka*). **4.** wyłamać (*zamek, drzwi*). **5.** wedrzeć się do (*pomieszczenia*). **6.** wysilać, forsować, nadwerężać (*głos, nogi*). **7. ~ a smile** zmusić się do uśmiechu; **~ one's way** torować sobie drogę. **8. ~ back** powstrzymywać (*łzy, pragnienie*); **~ sth on/upon sb** wmuszać coś komuś (*np. jedzenie*); **~ sth/o.s. on/upon sb** narzucać coś/się komuś; **~ out** wydusić (z siebie); **~ sth out of sb** wydobyć coś z kogoś (na siłę).

forced [fɔːrst] *a.* **1.** wymuszony. **2.** przymusowy.

force-feed ['fɔːrs,fiːd] *v.* karmić przymusowo/siłą.

forceful ['fɔːrsfʊl] *a.* **1.** potężny, silny. **2.** przekonujący.

forceps ['fɔːrsəps] *n.* kleszcze, szczypce.

forcibly ['fɔːrsəblɪ] *adv.* **1.** siłą. **2.** dobitnie, dosadnie.

ford [fɔːrd] *n.* bród. — *v.* przebyć w bród.

fore [fɔːr] *a.* przedni; *żegl., lotn.* dziobowy. — *n.* **come to the ~** wysuwać się na czoło/na pierwszy plan.

forearm ['fɔːr,ɑːrm] *n.* przedramię.

foreboding [fɔːr'boʊdɪŋ] *n.* (*także* **sense of ~**) złe przeczucie.

forecast ['fɔːr,kæst] *v. pret. i pp.* **forecast** *l.* **forecasted** przewidywać, prognozować. — *n.* **1.** przewidywanie, prognoza. **2.** (*także* **weather ~**) prognoza (pogody).

forefather ['fɔːr,fɑːðər] *n.* **1.** *lit.* przodek. **2.** prekursor.

forefinger ['fɔːr,fɪŋgər] *n.* palec wskazujący.

forefront ['fɔːr,frʌnt] *n.* **be in/at the ~ (of sth)** stać na czele (czegoś); przodować w czymś.

foregone [fɔːr'gɔːn] *a.* **it's a ~ conclusion** to sprawa przesądzona.

foreground ['fɔːr,graʊnd] *n.* pierwszy plan.

forehead ['fɔːr,hed] *n.* czoło.

foreign ['fɔːrən] *a.* **1.** zagraniczny; cudzoziemski. **2.** obcy (*o kraju, języku, sprawie*).

foreigner ['fɔːrənər] *n.* **1.** cudzoziem-iec/ka, obcokrajowiec. **2.** obc-y/a.

foreign exchange *n.* **1.** wymiana walut. **2.** waluty obce.

foreman ['fɔːrmən] *n.* **1.** brygadzista; kierownik robót. **2.** przewodniczący ławy przysięgłych.

foremost ['fɔːr,moʊst] *a.* **1.** czołowy, główny; wiodący, najważniejszy. **2.** najbardziej wysunięty do przodu. — *adv.* na pierwszym miejscu; (*także* **first and ~**) przede wszystkim.

forensic [fə'rensɪk] *a.* sądowy (*o analizie, chemii*).

forerunner ['fɔːr,rʌnər] *n.* **1.** prekursor/ka. **2.** zapowiedź, zwiastun.

foresee [fɔːr'siː] *v.* **foresaw, foreseen** przewidywać.

foreseeable [fɔːr'siːəbl] *a.* dający się przewidzieć, przewidywalny; **for the ~ future** w dającej się przewidzieć przyszłości; **in the ~ future** w niedalekiej przyszłości.

foreshadow [fɔːr'ʃædoʊ] *v. lit.* zapowiadać, zwiastować.

foresight ['fɔːr,saɪt] *n.* **1.** zdolność przewidywania. **2.** przezorność, zapobiegliwość.

foreskin ['fɔːr,skɪn] *n.* napletek.

forest ['fɔːrəst] *n.* **1.** las. **2. sb can't see the ~ for the trees** szczegóły przesłaniają komuś istotę rzeczy. — *a.* leśny.

forestry ['fɔːrəstrɪ] *n.* **1.** leśnictwo. **2.** gospodarka leśna.

foretaste *n.* ['fɔːr,teɪst] przedsmak; próbka.

foretell [fɔːr'tel] *v. pret. i pp.* **foretold 1.** przepowiadać. **2.** *lit.* zapowiadać.

forever [fɔːr'evər] *adv.* **1.** (na) zawsze, wiecznie; **~ and ever** *form.* po wieczne czasy; na wieki wieków; **last ~** trwać wiecznie; **this is going to take ~** *pot.* to zajmie (całe) wieki. **2.** *pot.* ciągle; **you're ~ finding difficulties** ty ciągle wynajdujesz trudności.

foreword ['fɔːr,wɝːd] *n.* przedmowa, słowo wstępne.

forgave [fər'geɪv] *v. zob.* **forgive**.

forge [fɔːrʤ] *v.* **1.** fałszować, podrabiać (*dokumenty, podpis*). **2.** kształtować, formować. **3.** zawrzeć (*przymierze, umowę*); nawiązać (*stosunki*); wypracować (*porozumienie*). **4.** *metal.* kuć. — *n.* **1.** kuźnia. **2.** ognisko kowalskie.

forger ['fɔːrʤər] *n.* fałsze-rz/rka.

forgery ['fɔːrʤərɪ] *n.* **1.** fałszerstwo. **2.** falsyfikat.

forget [fər'get] *v.* **forgot, forgotten** zapominać; **~ about sb/sth** zapomnieć o kimś/czymś; **~ it!** nie ma mowy! nie przejmuj się (tym)!, nie ma sprawy! **aren't you ~ting something?** czy przypadkiem o czymś nie zapomniałeś? **don't ~ to water the plants** nie zapomnij podlać kwiatków.

forgetful [fər'getfʊl] *a.* zapominalski; **be ~** mieć słabą pamięć.

forget-me-not [fər'getmiː,nɑːt] *n.* niezapominajka.

forgive [fər'gɪv] *v.* **forgave, forgiven** przebaczać, wybaczać; odpuszczać (*grzechy*); darować (*dług, winę*); **~ sb (for) sth** wybaczyć komuś coś; **~ sb for doing sth** wybaczyć komuś, że coś zrobił; **~ me, but...** wybacz (mi), ale...; proszę mi wybaczyć, ale...

forgiveness [fər'gɪvnəs] *n.* wybaczenie, przebaczenie; **ask/beg for ~** prosić/błagać o wybaczenie.

forgiving [fər'gɪvɪŋ] *a.* wyrozumiały.

forgot [fər'gɑːt] *v. zob.* **forget**.

forgotten [fər'gɑːtən] *v. zob.* **forget**. — *a.* zapomniany.

fork [fɔːrk] *n.* **1.** widelec. **2.** widły. **3.** rozwidlenie. — *v.* **1.** rozwidlać się. **2. ~ right/left** skręcać w prawo/

lewo (*na rozwidleniu dróg*). **3.** nabierać na widelec. **4. ~ out/over/up** *pot.* wybulić.
forlorn [fɔːr'lɔːrn] *a. lit.* **1.** żałosny. **2.** opuszczony; wymarły. **3.** rozpaczliwy.
form [fɔːrm] *n.* **1.** forma; postać; **in the ~ of sth** w formie/postaci czegoś. **2.** forma, kondycja; **be in (good/top) ~** być w (dobrej/szczytowej) formie. **3.** formularz. — *v.* **1.** tworzyć (się), formować (się). **2.** stanowić; **~ part of sth** stanowić część czegoś. **3. ~ an idea/opinion** wyrobić sobie pojęcie/zdanie.
formal ['fɔːrml] *a.* formalny; oficjalny. — *n.* **1.** zabawa/przyjęcie w strojach wieczorowych. **2.** suknia wieczorowa.
formality [fɔːr'mælətɪ] *n.* formalność.
formalize ['fɔːrmə,laɪz] *v.* **1.** nadawać oficjalną formę (*czemuś*). **2.** formalizować.
formally ['fɔːrmlɪ] *adv.* formalnie; oficjalnie.
format ['fɔːrmæt] *n.* forma; format. — *v.* formatować.
formation [fɔːr'meɪʃən] *n.* **1.** powstawanie, kształtowanie się. **2.** tworzenie, formowanie. **3.** twór; formacja. **4.** *wojsk.* szyk, formacja.
formative ['fɔːrmətɪv] *a.* kształtujący, formujący; **~ years/period** okres kształtujący osobowość.
former ['fɔːrmər] *a.* **1.** były; **~ president** były prezydent. **2.** poprzedni; **in a ~ existence/life** w poprzednim życiu. — *n.* **the ~** (ten/ta/to) pierwsz-y/a/e (*z dwóch wymienionych*).
formerly ['fɔːrmərlɪ] *adv.* dawniej, w przeszłości; uprzednio, poprzednio.
formidable ['fɔːrmɪdəbl] *a.* **1.** budzący grozę/respekt. **2.** ogromny (*o zadaniu*).
formula ['fɔːrmjələ] *n. pl. t.* **formulae** ['fɔːrmjəliː] **1.** recepta, przepis. **2.** formuła, formułka. **3.** *mat. chem.* wzór. **4.** receptura, skład. **5.** odżywka (dla niemowląt).
formulate ['fɔːrmjə,leɪt] *v.* **1.** formułować. **2.** opracowywać, tworzyć (*strategię*).
forsake [fɔːr'seɪk] *v.* **forsook**, **forsaken** *lit.* porzucać, opuszczać.
fort [fɔːrt] *n.* **1.** fort. **2. hold the ~** sprawować pieczę nad wszystkim (*pod czyjąś nieobecność*).
forte [fɔːrt] *n.* **sb's ~** czyjaś mocna strona.
forth [fɔːrθ] *adv. form.* **and so ~** i tak dalej; **and so on, and so ~** itd., itp.; i tak dalej bez końca; **back and ~** tam i z powrotem, w tę i nazad.
forthcoming [,fɔːrθ'kʌmɪŋ] *a.* **1.** nadchodzący, zbliżający się; mający się ukazać. **2.** otwarty, rozmowny. **3.** dostępny, oferowany; **no answer was ~** nie było odpowiedzi.
fortifications [,fɔːrtəfə'keɪʃənz] *n. pl.* fortyfikacje, umocnienia.
fortify ['fɔːrtə,faɪ] *v.* **1.** fortyfikować, umacniać. **2.** wzmacniać; **~ o.s. (with sth)** pokrzepić się czymś. **3.** wzbogacać, uzupełniać (*pożywienie*).
fortress ['fɔːrtrəs] *n.* twierdza, forteca.
fortuitous [fɔːr'tuːətəs] *a. form.* przypadkowy.
fortunate ['fɔːrtʃənət] *a.* **1. be ~** mieć szczęście; **sb was ~ (enough) to do sth** komuś udało się coś zrobić. **2.** szczęśliwy, pomyślny.
fortunately ['fɔːrtʃənətlɪ] *adv.* na szczęście, szczęśliwie.
fortune ['fɔːrtʃən] *n.* **1.** majątek, fortuna; **be worth a ~** być wartym majątek; **make a/one's ~** zbić majątek/fortunę. **2.** fortuna, los; (*także* **good ~**) szczęście; powodzenie; **tell/read sb's ~** powróżyć komuś.
fortune-teller ['fɔːrtʃən,telər] *n.* wróżka; wróżbita/ka.
forty ['fɔːrtɪ] *num.* czterdzieści. — *n.* czterdziestka; **be in one's forties** być po czterdziestce, mieć czterdzieści parę lat; **the (nineteen) forties** lata czterdzieste (dwudziestego wieku).
forum ['fɔːrəm] *n. pl. t.* **fora** ['fɔːrə] forum.
forward ['fɔːrwərd] *adv.* (*także* **~s**) **1.** do przodu, naprzód; **backward(s) and ~(s)** tam i z powrotem. **2. look ~ to sth** nie móc się czegoś doczekać. — *a.* **1.** przedni; położony/leżący z przodu. **2. ~ movement** ruch do przodu, posuwanie się naprzód; rozwój; **~ planning** planowanie perspektywiczne. **3.** pewny siebie, arogancki. — *n. sport* napastni-k/czka. — *v.* **1.** przesyłać (dalej) (*pocztę*); **please ~ to...** proszę przesłać na adres .. **2.** przesyłać, wysyłać (*towary*). **3.** popierać, wspierać (*działania*).
fossil ['fɑːsl] *n.* **1.** skamielina, skamieniałość. **2. ~ fuel** paliwo kopalne.
foster ['fɔːstər] *v.* **1.** propagować, rozwijać, wspierać. **2.** brać na wychowanie, wychowywać (*zw. bez adopcji*). — *a.* **~ child** wychowan-ek/ica; **~ family/home** rodzina zastępcza; **~ parents** rodzice zastępczy.
fought [fɔːt] *v. zob.* **fight** *v.*
foul [faʊl] *a.* **1.** paskudny, wstrętny. **2.** obrzydliwy, odrażający. **3.** nieprzyzwoity, wulgarny. **4.** brudny. **5.** nieczysty (*o zagraniu*). — *n.* faul. — *v.* **1.** faulować. **2.** zanieczyszczać (*zwł. odchodami*). **3. ~ up** *pot.* zawalić, spartaczyć.
found[1] [faʊnd] *v. zob.* **find** *v.*
found[2] *v.* **1.** zakładać; tworzyć. **2.** ufundować. **3. be ~ed on/upon sth** zasadzać/opierać się na czymś; **well/ill ~ed** uzasadniony/nieuzasadniony.
foundation [faʊn'deɪʃən] *n.* **1.** fundament; **lay the ~(s) of/for sth** położyć podwaliny czegoś/pod coś. **2.** fundacja. **3.** podkład (pod makijaż). **4. be without ~** (*także* **have no ~**) nie mieć podstaw, być bezpodstawnym.
founder ['faʊndər] *n.* założyciel/ka; fundator/ka. — *v.* lec w gruzach.
foundry ['faʊndrɪ] *n. metal.* odlewnia.
fountain ['faʊntən] *n.* **1.** fontanna. **2.** (*także* **water/drinking ~**) wodotrysk z wodą pitną.
fountain pen *n.* wieczne pióro.
four [fɔːr] *num.* **1.** cztery. **2. the ~ corners of the earth/world** (wszystkie) cztery strony świata. — *n.* **1.** czwórka. **2. ~ (o'clock)** (godzina) czwarta; **at ~** o czwartej. **3. on all ~s** na czworakach.
four-poster [,fɔːr'poʊstər] *n.* (*także* **~ bed**) łoże z baldachimem.
fourteen [,fɔːr'tiːn] *num.* czternaście. — *n.* czternastka.
fourth [fɔːrθ] *num.* czwarty; **the F~ (of July)** Święto Niepodległości. — *n.* **1.** jedna czwarta, ćwierć, ćwiartka. **2.** *mot.* czwórka, czwarty bieg. **3.** *muz.* kwarta. — *adv.* po czwarte.
four-wheel drive [,fɔːr,wiːl 'draɪv] *a., n.* (*także* **4WD**) (samochód) z napędem na cztery koła.
fowl [faʊl] *n.* **1.** ptak; drób; **wild/water~** dzikie/wodne ptactwo. **2. neither fish nor ~** ni pies ni wydra.
fox [fɑːks] *n.* lis.
foyer ['fɔɪər] *n.* **1.** foyer. **2.** przedpokój.
fraction ['frækʃən] *n.* **1.** ułamek; **decimal ~** ułamek dziesiętny; **for a ~ of a second** przez ułamek sekundy; **only a (tiny/small) ~ of sth** zaledwie drobna/znikoma część czegoś. **2.** *chem.* frakcja.

fracture ['fræktʃər] *n.* złamanie; pęknięcie. — *v.* **1.** złamać się, ulec złamaniu; złamać (*nogę, kość*). **2.** pękać; powodować pękanie (*np. skały*).
fragile ['frædʒl] *a.* **1.** kruchy; łamliwy; łatwo tłukący się. **2.** słabowity, wątły, delikatny.
fragment ['frægmənt] *n.* **1.** część, kawałek; odłamek, odprysk; skrawek. **2.** fragment, urywek. — *v.* **1.** rozbijać (*społeczeństwo, opozycję*). **2.** rozpadać się (na kawałki).
fragrance ['freɪgrəns] *n.* **1.** zapach, woń. **2.** perfumy.
fragrant ['freɪgrənt] *a.* pachnący, wonny.
frail [freɪl] *a.* **1.** słabowity, wątły. **2.** kruchy (*np. o naczyniu*).
frame [freɪm] *n.* **1.** rama; ramka; framuga. **2.** **~(s)** oprawka, oprawki (*okularów*). **3.** szkielet (*budynku, samolotu*). **4.** postura, budowa. **5.** *film fot.* klatka; *kino* kadr. — *v.* **1.** oprawiać (w ramy/ramki). **2.** obramowywać. **3.** formułować; ubierać w słowa. **4.** **~ (up)** *pot.* wrobić (*kogoś*) (*for sth* w coś).
frame of mind *n.* nastrój.
framework ['freɪm,wɝːk] *n.* **1.** model (*teoretyczny*). **2.** kontekst (*polityczny, prawny*). **3.** ramy, zarys. **4.** szkielet, struktura (*maszyny, budynku*).
France [fræns] *n.* Francja.
franchise ['fræntʃaɪz] *n.* **1.** koncesja. **2.** ajencja. **3.** czynne prawo wyborcze. — *v.* **1.** udzielić koncesji (*komuś*). **2.** oddać w ajencję.
frank [fræŋk] *a.* szczery, otwarty; **to be ~** szczerze mówiąc. — *n. pot.* = **frankfurter**.
frankfurter ['fræŋkfərtər] *n.* cienka parówka.
frankly ['fræŋklɪ] *adv.* **1.** szczerze. **2.** **~,...** szczerze mówiąc,...
frankness ['fræŋknəs] *n.* szczerość.
frantic ['fræntɪk] *a.* szalony, szaleńczy; gorączkowy; **I was ~ with worry** myślałem, że oszaleję ze zmartwienia; **we are ~ (at the office) right now** mamy teraz (w pracy) urwanie głowy.
fraternal [frə'tɝːnl] *a.* braterski; bratni.
fraternity [frə'tɝːnətɪ] *n.* **1.** *uniw.* stowarzyszenie studentów. **2.** bractwo. **3.** braterstwo.
fraud [frɔːd] *n.* **1.** oszustwo. **2.** oszust/ka, naciągacz/ka.
fraudulent ['frɔːdʒələnt] *a.* oszukańczy; nieuczciwy; fałszywy.
fray [freɪ] *v.* **1.** strzępić (się), wycierać (się). **2.** **~ at the edges** rozpadać się na kawałki (*np. o państwie*). **3.** **tempers were beginning to ~** nerwy zaczynały puszczać. — *n.* **join/enter the ~** przyłączyć się do walki, włączyć się w konflikt.
freak [friːk] *n.* **1.** dziwoląg; fenomen; (*także* **~ of nature**) wybryk/kaprys natury. **2.** *pot.* dziwa-k/czka; podejrzany typ; zboczeniec. **3.** **health/jazz ~** *pot.* mania-k/czka na punkcie zdrowia/jazzu. — *a.* niezwykły, niespotykany (*o zjawiskach atmosferycznych*); przedziwny, nieprawdopodobny (*o wypadku*). — *v.* **~ (out)** *pot.* panikować, świrować; **~ sb (out)** napędzić komuś stracha; **he was (all) ~ed out** był (totalnie) spanikowany.
freckle ['frekl] *n.* pieg.
freckled ['frekld] *a.* piegowaty.
free [friː] *a.* **1.** wolny (*of/from sth* od czegoś); swobodny; **are you ~ (on) Saturday?** czy jesteś wolny w sobotę? **is this seat ~?** czy to miejsce jest wolne? **set sb ~** uwolnić kogoś, wypuścić kogoś na wolność. **2.** **lead-~** bezołowiowy; **tax/duty-~** bezcłowy; **trouble-~** wolny od kłopotów. **3.** bezpłatny, darmowy; **admission ~** wstęp wolny. **4.** **be ~ with sth** nie skąpić/nie szczędzić czegoś; szafować czymś; **feel ~ to ask questions!** proszę śmiało zadawać pytania! **he's ~ to do whatever he likes** wolno mu/może robić, co mu się żywnie podoba. — *adv.* **1.** **~ (of charge)** nieodpłatnie, bezpłatnie; **for ~** za darmo. **2.** swobodnie, wolno; luźno; **break ~** wyrwać się, uciec; **run ~** biegać wolno; **struggle/pull ~** wyrwać/wyswobodzić się. — *v.* **1.** uwalniać, zwalniać; wyzwalać. **2.** obluzować (*zaciętą część*). **3.** **~ up** wygospodarować (*czas, środki*); zwolnić (*miejsce*).
freedom ['friːdəm] *n.* wolność; swoboda; **~ of speech/worship** wolność słowa/wyznania.
free-for-all ['friːfər,ɔːl] *n. pot.* **1.** ogólna bijatyka. **2.** **it's a ~** wszystkie chwyty dozwolone.
free kick *n.* rzut wolny.
freelance ['friː,læns] *a.* niezależny (*np. o dziennikarzu*). — *v., adv.* (pracować) na umowę zlecenie. — *n.* (*także* **~r**) wolny strzelec.
freely ['friːlɪ] *adv.* **1.** swobodnie; bez ograniczeń; **~ available** łatwo/powszechnie dostępny. **2.** obficie; szczodrze; lekką ręką. **3.** dobrowolnie, z własnej woli.
freeway ['friː,weɪ] *n.* autostrada (*bezpłatna*).
free will *n.* wolna wola; **(do sth) of one's own ~** (zrobić coś) dobrowolnie/z własnej woli.
freeze [friːz] *v.* **froze, frozen** **1.** zamarzać; marznąć; **~ to death** zamarznąć (na śmierć); **it'll ~ tonight** dziś w nocy będzie mróz. **2.** skuć lodem. **3.** krzepnąć (*o cieczy*). **4.** zamrażać, mrozić. **5.** zamierać, zastygać, nieruchomieć; **~!** nie ruszać się! **6.** *film* zatrzymywać (*np. taśmę wideo*). **7.** **~ over/up** zamarzać (*np. o jeziorze*). — *n.* **1.** **price/wage ~** zamrożenie cen/płac. **2.** mróz, przymrozek.
freeze-dried [,friːz'draɪd] *a.* liofilizowany.
freezer ['friːzər] *n.* **1.** zamrażalnik. **2.** zamrażarka.
freezing ['friːzɪŋ] *a.* **1.** (*także* **~ cold**) bardzo zimny, lodowaty; **it's ~ in here!** strasznie tu zimno! **2.** chłodny, lodowaty (*np. o spojrzeniu*). — *n.* **above/below ~** powyżej/poniżej zera.
freight [freɪt] *n.* **1.** fracht. **2.** (*także* **~ train**) pociąg towarowy. — *v.* przewozić, frachtować.
French [frentʃ] *a.* francuski. — *n.* **1.** (język) francuski. **2.** **the ~** Francuzi.
French fries *n. pl.* frytki.
Frenchman ['frentʃmən] *n.* Francuz.
Frenchwoman ['frentʃ,wʊmən] *n.* Francuzka.
frenetic [frə'netɪk] *a.* gorączkowy.
frenzy ['frenzɪ] *n.* szał; szaleństwo; **in a ~ (of passion)** w szale (namiętności).
frequency ['friːkwənsɪ] *n.* częstotliwość; częstość.
frequent *a.* ['friːkwənt] częsty. — *v.* [frɪ'kwent] *form.* bywać w (*barze, restauracji*), odwiedzać (*j.w.*); bywać na (*wystawach*).
frequently ['friːkwəntlɪ] *adv.* często.
fresco ['freskoʊ] *n.* fresk.
fresh [freʃ] *a.* **1.** świeży; **~ paint** świeżo malowane. **2.** czysty (*o kartce, ręczniku*); nowy (*o faktach, dowodach*). **3.** rześki, wypoczęty. **4.** *pot.* pyskaty, bezczelny; nieprzyjemny. **5.** **make a ~ start** zaczynać (wszystko) od nowa/od początku; **sth is ~ in sb's mind** ktoś ma coś na świeżo w pamięci. — *adv.*

świeżo; prosto; ~ **from/out of college** świeżo po studiach; **I'm ~ out of salt** właśnie skończyła mi się sól.
freshly ['freʃlɪ] *adv.* świeżo; dopiero co; od niedawna; ~ **ground** świeżo zmielony; ~ **retired** od niedawna na emeryturze.
freshman ['freʃmən] *n.* **1.** student/ka pierwszego roku. **2.** pierwszoklasist-a/ka (*w szkole średniej*).
freshness ['freʃnəs] *n.* **1.** świeżość. **2.** *pot.* bezczelność.
freshwater ['freʃˌwɔːtər] *a.* słodkowodny.
fret [fret] *v.* gryźć się, trapić się. — *n.* próg (*gitary*).
friar ['fraɪr] *n.* zakonnik, brat zakonny.
friction ['frɪkʃən] *n.* **1.** tarcie. **2.** tarcia, konflikty.
Friday ['fraɪdeɪ] *n.* piątek; ~ **morning** w piątek rano; **a week from ~** od piątku za tydzień; **every ~** w każdy piątek, co piątek; **I'll see you ~** do zobaczenia w piątek; **last ~** w ubiegły/zeszły piątek; **next ~** w przyszły piątek; **on ~** w piątek.
fridge [frɪʤ] *n.* lodówka.
fried [fraɪd] *a.* smażony.
friend [frend] *n.* **1.** przyjaci-el/ółka; kole-ga/żanka; znajom-y/a; **a ~ of mine** pewien mój znajomy; **be/make ~s (with sb)** przyjaźnić/zaprzyjaźnić się (z kimś). **2. F~** kwakier/ka.
friendly ['frendlɪ] *a.* przyjazny, przyjacielski; życzliwy; ~ **power** mocarstwo sojusznicze, sojusznik; **be on ~ terms with sb** (*także* **be ~ with sb**) być z kimś na stopie przyjacielskiej; **environmentally ~** przyjazny dla środowiska.
friendship ['frendˌʃɪp] *n.* przyjaźń.
fright [fraɪt] *n.* strach, przestrach; przerażenie; **give sb a ~** nastraszyć/przestraszyć kogoś.
frighten ['fraɪtən] *v.* **1.** przestraszyć; przerazić. **2. ~ away/off** odstraszać.
frightened ['fraɪtənd] *a.* przestraszony; przerażony; **be ~ of sth/doing sth** bać się czegoś/zrobić coś; **be ~ that...** bać się, że...
frightening ['fraɪtənɪŋ] *a.* przerażający.
frightful ['fraɪtfʊl] *a. przest.* straszny, okropny.
frightfully ['fraɪtfʊlɪ] *adv. przest.* strasznie, okropnie (*= bardzo*).
frigid ['frɪʤɪd] *a.* **1.** oziębły (*o kobiecie*). **2.** chłodny, nieprzyjazny (*o reakcji*).
frill [frɪl] *n.* **1.** falbanka. **2. ~s** *pot.* bajery; **with no/without ~s** bez (żadnych) bajerów (*o sprzęcie, aucie*).
fringe [frɪnʤ] *n.* **1.** frędzle. **2.** obwódka, obramowanie; obrzeże, krawędź. **3.** *polit.* (skrajne) skrzydło, (skrajny) odłam. **4. on the ~(s) of sth** na skraju czegoś; na pograniczu czegoś. — *v.* okalać. — *a.* marginesowy, marginalny.
frisk [frɪsk] *v.* **1.** obszukiwać, rewidować. **2.** brykać, hasać.
frivolous ['frɪvələs] *a.* **1.** frywolny; niepoważny. **2.** błahy.
fro [froʊ] *adv.* **to and ~** tam i z powrotem, w tę i nazad.
frock [frɑːk] *n.* **1.** *przest.* sukienka. **2.** *kośc.* habit.
frog [frɑːg] *n.* **1.** żaba. **2. have a ~ in one's throat** *pot.* mieć chrypkę.
frolic ['frɑːlɪk] *v.* figlować, dokazywać, baraszkować. — *n.* **~s** igraszki, figle, harce.
from [frʌm; frəm] *prep.* **1.** od; **far ~ sth** daleko/z dala od czegoś; **letters ~ a friend** listy od przyjaciela. **2.** z; **~ Australia** z Australii; **~ memory** z pamięci. **3. ~ behind the fence** zza płotu; **~ under the bush** spod krzaka; **~ within** ze środka, od wewnątrz; **~ without** z zewnątrz, od zewnątrz.
front [frʌnt] *n.* **1.** przód; **in ~ of sb/sth** przed kimś/czymś; **in/at the ~** z przodu, na przedzie; **out (the) ~** z przodu, na zewnątrz (*budynku*); **sit in/up ~** siedzieć z przodu (*obok kierowcy*). **2.** *bud.* front, fasada. **3.** *wojsk., polit., meteor.* front. **4.** *telew.* prowadzący/a (*program informacyjny*). **5. act as/be a ~ for sth** być przykrywką dla czegoś (*np. dla działalności przestępczej*). **6. put on a brave/bold ~** nadrabiać miną; robić dobrą minę do złej gry; **up ~** *pot.* z góry, od razu (*zapłacić*); szczerze, otwarcie (*powiedzieć*). — *a.* przedni; frontowy. — *v.* **1.** wychodzić na (*ulicę, jezioro; o budynku*). **2.** *telew.* prowadzić (*program informacyjny*).
frontal ['frʌntl] *a.* **1.** *anat.* czołowy. **2.** *wojsk.* frontalny. **3.** *form.* przedni, frontowy (*o części*); od przodu (*o widoku*).
front door *n.* drzwi frontowe/wejściowe.
frontier [frʌn'tiːr] *n.* **1.** granica; **on/at the ~** na granicy; **the ~s of knowledge/science** granice wiedzy/nauki. **2. the ~** pogranicze; kresy. — *a.* **1.** graniczny. **2.** pograniczny, kresowy. **3.** przygraniczny.
front page *n. dzienn.* strona tytułowa.
front room *n.* pokój od ulicy.
front-wheel drive [ˌfrʌntˌwiːl 'draɪv] *n. mot.* napęd przedni.
frost [frɔːst] *n.* mróz; **light ~** przymrozek; (*także* **white ~**) szron. — *v.* **1.** lukrować. **2. get/have one's hair ~ed** zrobić sobie pasemka. **3. ~ over/up** pokrywać się szronem.
frostbite ['frɔːstˌbaɪt] *n.* odmrożenie.
frosted ['frɔːstɪd] *a.* **1.** matowy (*o szkle*). **2.** z lukrem, lukrowany.
frosty ['frɔːstɪ] *a.* **1.** mroźny. **2.** chłodny (*o reakcji*); lodowaty (*o spojrzeniu*).
froth [frɔːθ] *n.* **1.** piana. **2.** *uj.* lanie wody. — *v.* **~ (up)** pienić się; **~ at the mouth** *pot.* toczyć pianę (z ust).
frown [fraʊn] *v.* **1.** marszczyć brwi/czoło. **2. ~ on/upon sb/sth** patrzeć niechętnie/krzywym okiem na kogoś/coś. — *n.* zmarszczenie brwi.
froze [froʊz] *v. zob.* **freeze**.
frozen ['froʊzən] *a.* **1.** mrożony; **~ foods** mrożonki. **2. ~ stiff** zmarznięty na kość.
frugal ['fruːgl] *a.* oszczędny; skromny, skąpy.
fruit [fruːt] *n.* owoc; owoce; **bear ~** przynosić owoce, owocować.
fruitcake ['fruːtˌkeɪk] *n.* **1.** keks. **2.** *pot.* czubek, narwaniec.
fruitful ['fruːtfʊl] *a.* owocny.
fruition [fruː'ɪʃən] *n.* **come to ~** *form.* zaowocować, przynieść rezultaty/efekty; ziścić się.
fruit juice *n.* sok owocowy.
fruitless ['fruːtləs] *a.* bezowocny.
frustrate ['frʌstreɪt] *v.* **1.** frustrować (*kogoś*). **2.** udaremnić (*plan*); pokrzyżować plany (*komuś*).
frustration [frə'streɪʃən] *n.* frustracja; źródło frustracji.
fry [fraɪ] *v.* smażyć (się). — *n.* (*także* **French ~**) frytka.
frying pan ['fraɪɪŋ ˌpæn] *n.* **1.** patelnia. **2. out of the ~ (and) into the fire** z deszczu pod rynnę.

ft. *abbr.* **1.** = **feet**; = **foot**. **2.** = **fort**.
fudge [fʌʤ] *n.* **1.** masa karmelowa, karmel. **2.** krówka (*cukierek*). — *v. pot.* rozmydlić (*sprawę*); manipulować (*informacjami*); fałszować (*dane*).
fuel ['fjuːəl] *n.* **1.** paliwo. **2. add ~ to the flames/fire** dolewać oliwy do ognia. — *v.* **1.** podsycać (*emocje*); napędzać (*inflację*). **2. ~ (up)** tankować (*samolot, pojazd*).
fugitive ['fjuːʤətɪv] *n.* zbieg; uciekinier/ka. — *a.* **1.** zbiegły. **2.** *lit.* nieuchwytny, ulotny; przemijający.
fulfill [fʊl'fɪl] *v.* **1.** spełniać; wypełniać; pełnić; realizować. **2. ~ o.s.** realizować się/ swoje ambicje.
fulfillment [fʊl'fɪlmənt] *n.* **1.** satysfakcja. **2.** spełnienie; zaspokojenie; realizacja.
full [fʊl] *a.* **1.** pełny, pełen; cały; **~ (up)** wypełniony (*o sali*); pełen (*o tramwaju*); **for a ~ week** przez cały/okrągły tydzień. **2.** pełny (*o figurze, twarzy*). **3.** marszczony (*o spódnicy*); bufiasty (*o rękawach*). **4.** najedzony, syty; **no, thanks, I'm ~** dziękuję, już nie mogę. **5. ~ of o.s.** zapatrzony w siebie; **at ~ speed** z maksymalną prędkością; **be ~ of crap/it** *wulg.* pieprzyć od rzeczy; **in ~ view of sb** na czyichś oczach; **on a ~ stomach** na pełny żołądek; **have one's hands ~** mieć pełne ręce roboty. — *adv.* **1. know ~ well** wiedzieć bardzo dobrze. **2. it struck him ~ in the face** dostał prosto w twarz. — *n.* **in ~** w całości; **write one's name in ~** podpisać się pełnym imieniem i nazwiskiem.
full-fledged [ˌfʊl'fleʤd] *a.* **1.** pełnoprawny; stuprocentowy. **2.** wykwalifikowany.
full-length [ˌfʊl'leŋkθ] *a.* pełnej długości; *film* pełnometrażowy; **~ dress/skirt** suknia/spódnica do ziemi; **~ portrait** portret całej postaci, portret od stóp do głów.
full moon *n.* pełnia (księżyca).
fullness ['fʊlnəs] *n.* **1.** pełnia (*dźwięku, doznań*). **2. in the ~ of time** w swoim/we właściwym czasie.
full-scale [ˌfʊl'skeɪl] *a.* **1.** wielkości naturalnej, w skali 1:1. **2.** gruntowny, zakrojony na szeroką skalę; totalny, na wszystkich frontach.
full-time [ˌfʊl'taɪm] *a.* pełnoetatowy; **~ job** praca w pełnym wymiarze godzin/na pełnym etacie; kupa roboty; **~ student** student/ka dzienn-y/a *l.* stacjonarn-y/a.
fully ['fʊlɪ] *adv.* **1.** w pełni; zupełnie, całkowicie. **2.** wyczerpująco, gruntownie.
fumble ['fʌmbl] *v.* **1.** gmerać, dłubać (*with/at sth* przy czymś l. koło czegoś); **~ for/after sth** szperać/ grzebać w poszukiwaniu czegoś; szukać czegoś po omacku. **2. ~ with sth** bawić się czymś.
fume [fjuːm] *v.* **1.** wściekać się. **2.** dymić; parować. **3.** okadzać. — *n.* **~s** opary; wyziewy.
fun [fʌn] *n.* zabawa; uciecha, frajda; **for ~** (*także* **for the ~ of it**) dla zabawy/przyjemności; **good/great ~** dobra/świetna zabawa; **have ~** dobrze się bawić; **make ~ of sb/sth** stroić sobie żarty z kogoś/czegoś; **sb is ~ (to be with)** miło się z kimś spędza czas; **sounds like ~** brzmi nieźle. — *a.* fajny; wesoły, zabawny.
function ['fʌŋkʃən] *n.* **1.** funkcja. **2.** (*także* **social ~**) uroczystość, ceremonia. — *v.* funkcjonować; działać.
functional ['fʌŋkʃənl] *a.* **1.** sprawny, działający. **2.** funkcjonalny. **3.** *mat.* funkcyjny.
fund [fʌnd] *n.* **1.** fundusz; **pension/retirement ~** fundusz emerytalny. **2. ~s** fundusze, środki. — *v.* finansować.
fundamental [ˌfʌndə'mentl] *a.* podstawowy, zasadniczy, fundamentalny. — *n.* **~s** podstawy; (podstawowe) zasady.
fundamentalist [ˌfʌndə'mentəlɪst] *n.* fundamentalist-a/ka.
funeral ['fjuːnərəl] *n.* pogrzeb.
funeral home *n.* (*także* **funeral parlor**) dom pogrzebowy.
fungus ['fʌŋgəs] *n. pl. t.* **fungi** ['fʌŋgiː] grzyb.
funky ['fʌŋkɪ] *a.* **1.** *muz.* funkowy. **2.** *pot.* wystrzałowy.
funnel ['fʌnl] *n.* lejek; lej. — *v.* **1.** kierować, przekazywać (*fundusze, broń*). **2.** koncentrować, skupiać (*wysiłki*).
funny ['fʌnɪ] *a.* **1.** śmieszny; zabawny; dziwny; **the ~ thing is...** najzabawniejsze, że...; najdziwniejsze, że...; **what's so ~?** co cię tak śmieszy? **2.** podejrzany; **don't try anything ~** *pot.* tylko bez numerów. **3. feel ~** źle/słabo się czuć.
fur [fɝː] *n.* **1.** futro; sierść, futerko. **2.** (*także* **~ coat**) futro (*płaszcz*).
furious ['fjʊrɪəs] *a.* **1.** wściekły. **2.** zaciekły, zażarty; szaleńczy, szalony.
furnace ['fɝːnəs] *n.* piec; **gas/oil ~** piec gazowy/olejowy.
furnish ['fɝːnɪʃ] *v.* **1.** urządzać, meblować; **~ed apartment** mieszkanie umeblowane. **2. ~ sb/sth with sth** zaopatrywać/wyposażać kogoś/coś w coś.
furnishings ['fɝːnɪʃɪŋz] *n. pl.* wyposażenie wnętrza.
furniture ['fɝːnətʃər] *n.* meble; **piece/item of ~** mebel.
furrow ['fɝːoʊ] *n.* **1.** bruzda. **2.** koleina. — *v.* **~ one's brow** zmarszczyć czoło.
furry ['fɝːɪ] *a.* **1.** futerkowy. **2.** futrzany. **3.** puszysty; kudłaty.
further ['fɝːðər] *adv.* **1.** dalej; **~ down the road** w przyszłości; **go one step ~** pójść o krok dalej; **no ~ (than...)** co najwyżej (do...); **take sth/the matter ~** pójść/posunąć się dalej. **2.** więcej, (jeszcze) bardziej; **(I won't bother you) any ~** już więcej (nie będę cię niepokoić). **3.** *form.* co więcej, ponadto. — *a.* dalszy; przyszły; **no ~ questions** *prawn.* nie mam więcej pytań; **until ~ notice** (aż) do odwołania. — *v.* popierać, wspierać; propagować; **~ sb's career** troszczyć się o czyjąś karierę.
furthermore ['fɝːðərˌmɔːr] *adv. form.* co więcej, ponadto.
furthest ['fɝːðɪst] *adv.* najdalej. — *a.* najdalszy.
furtive ['fɝːtɪv] *a.* ukradkowy; potajemny.
fury ['fjʊrɪ] *n.* wściekłość, szał, furia; **fly into a ~** wpaść w szał/we wściekłość.
fuse [fjuːz] *n.* **1.** zapalnik; lont; spłonka. **2.** bezpiecznik; korek; **blow (out) a ~** przepalić bezpiecznik. **3. blow a ~** *pot.* wściec się. — *v.* **1.** łączyć (*koncepcje, nurty*). **2.** łączyć się (*o koncepcjach*). **3.** stapiać się, zlewać się; dokonywać fuzji, łączyć się (*o przedsiębiorstwach*). **4.** stapiać (*metale*).
fuselage ['fjuːsəlɪʤ] *n. lotn.* kadłub.
fusion ['fjuːʒən] *n.* **1.** fuzja, połączenie (*przedsiębiorstw*). **2.** (*także* **nuclear ~**) synteza (jądrowa), reakcja termojądrowa.
fuss [fʌs] *n.* zamieszanie; awantura; afera; **kick up/ make a ~ (about sth)** zrobić awanturę (o coś); **make a ~ over/of sb** robić dużo hałasu wokół kogoś; trząść się nad kimś. — *v. pot.* **1.** panikować; zamartwiać

się. **2.** awanturować się. **3.** marudzić (*zwł. o niemowlęciu*).

fussy ['fʌsɪ] *a.* **1.** wybredny, grymaśny; humorzasty. **2.** marudny.

futile ['fjuːtl] *a.* daremny, próżny; bezskuteczny, jałowy.

future ['fjuːʧər] *n.* **1. the ~** przyszłość; **in (the) ~** w przyszłości; na przyszłość; **in the near/immediate ~** w najbliższej przyszłości; **there's no ~ in sth** coś nie ma przyszłości. **2. the ~** *gram.* czas przyszły. — *a.* przyszły; **for ~ reference** na przyszłość; **my ~ husband** mój przyszły mąż; **the ~ tense** *gram.* czas przyszły.

fuzzy ['fʌzɪ] *a.* **1.** zamazany, nieostry. **2.** mętny. **3.** kędzierzawy. **4.** *mat.* rozmyty.

G

GA *abbr.* = **Georgia**.

gab [gæb] *pot. v.* gadać. — *n.* **the gift of ~** gadane.

gable ['geɪbl] *n. bud.* szczyt.

gadget ['gædʒɪt] *n.* gadżet.

Gaelic ['geɪlɪk] *a., n.* (język) gaelicki.

gag [gæg] *v.* **1.** kneblować. **2.** krztusić się (*on sth* czymś). — *n.* **1.** knebel. **2.** *film, teatr* gag.

gaga ['gɑːˌgɑː] *a. pot.* **1.** zramolały. **2. go/be ~ over sb/sth** dostać/mieć fioła na punkcie kogoś/czegoś.

gage [geɪdʒ] *n. zob.* **gauge**.

gaiety ['geɪətɪ] *n. przest.* wesołość, radość.

gaily ['geɪlɪ] *adv. przest.* wesoło, radośnie.

gain [geɪn] *v.* **1.** odnosić korzyści; zyskiwać; zarabiać; **~ in importance** zyskać na znaczeniu. **2.** nabierać (*czegoś*); zyskiwać; osiągać; **~ access to sth** uzyskać dostęp do czegoś; **~ ground** zyskiwać popularność/akceptację; **~ speed/height** nabierać prędkości/wysokości; **~ weight** przybierać na wadze, tyć; **nothing ventured, nothing ~ed** *zob.* **venture** *v.* **3. ~ on/upon sb/sth** doganiać kogoś/coś; zwiększać przewagę nad kimś/czymś. — *n.* **1.** zysk, zarobek; korzyść; **net ~** zysk netto; **personal ~** osobista korzyść. **2.** przyrost (*in sth* czegoś); **weight ~** przyrost wagi.

gait [geɪt] *n.* sposób chodzenia, chód.

gala ['geɪlə] *n.* gala.

galaxy ['gæləksɪ] *n.* galaktyka; **the G~** Droga Mleczna.

gale [geɪl] *n.* **1.** wichura; sztorm. **2. ~s of laughter** huragan śmiechu.

gall [gɔːl] *n.* **1. have the ~ to do sth** mieć czelność coś zrobić. **2.** *przest.* gorycz, żółć. — *v.* drażnić, irytować.

gallant ['gælənt] *a.* **1.** dzielny, mężny. **2.** [gə'lænt] *przest.* szarmancki.

gall bladder *n.* woreczek/pęcherzyk żółciowy.

gallery ['gælərɪ] *n.* **1.** galeria (*sztuki*). **2.** *bud.* galeria; krużganek, arkady. **3.** *teatr* balkon; *kość.* chór. **4. play to the ~** grać pod publiczkę.

galley ['gælɪ] *n.* **1.** galera. **2.** kuchnia pokładowa, kambuz. **3.** (*także* **~ proof**) *druk.* korekta (szpaltowa).

gallon ['gælən] *n.* galon (*= 3,785l*).

gallop ['gæləp] *n.* cwał. — *v.* cwał.

gallows ['gælouz] *n.* szubienica.

gallstone ['gɔːlˌstoun] *n.* kamień żółciowy.

galore [gə'lɔːr] *a.* w bród, pod dostatkiem; **there's food ~** jedzenia jest pod dostatkiem.

gambit ['gæmbɪt] *n.* **1.** *szachy* gambit. **2. opening ~** zagrywka; zagajenie.

gamble ['gæmbl] *v.* **1.** uprawiać hazard. **2.** stawiać (*określoną sumę*); zakładać się/grać o (*określoną stawkę*). **3.** ryzykować, zdawać się na los szczęścia. **4. ~ on sth** liczyć na coś. **5. ~ away** przepuścić, roztrwonić. — *n.* **take a ~** zaryzykować; **the ~ paid off** opłaciło się zaryzykować.

gambler ['gæmblər] *n.* hazardzist-a/ka; gracz/ka.

gambling ['gæmblɪŋ] *n.* hazard.

game [geɪm] *n.* **1.** gra. **2.** mecz; partia; gem. **3.** zabawa; **play a ~ of hide-and-seek** bawić się w chowanego. **4. ~s** zawody; **Olympic G~s** igrzyska olimpijskie. **5. (sb's) ~** (czyjś) styl/sposób gry; **improve one's ~** poprawić swój styl gry; **she plays a fierce ~** ona gra ostro. **6.** sztuczka; strategia. **7.** zabawa; żarty; **this is not a ~** to nie są żarty. **8.** zwierzyna (łowna); **big ~** gruba zwierzyna. **9.** dziczyzna. **10. be/stay ahead of the ~** wychodzić naprzeciw zmianom (*w swojej dziedzinie l. branży*); **be in the advertising/public relations ~** pracować w reklamie/w branży piarowskiej; **give the ~ away** zdradzić sekret; zepsuć niespodziankę; **play ~s** zachowywać się niepoważnie; kręcić (*= oszukiwać*); **play ~s with sb** mydlić komuś oczy; **play the ~** przestrzegać reguł gry; **the ~ is up!** gra skończona! (*demaskując kogoś*). — *a.* chętny; gotowy; **be ~ for sth** mieć ochotę na coś; **be ~ to do sth** mieć ochotę coś zrobić; **he's ~ for anything** jest gotów na wszystko.

gamekeeper ['geɪmˌkiːpər] *n.* łowczy; gajowy.

gang [gæŋ] *n.* **1.** gang; szajka; banda, zgraja. **2.** brygada, ekipa (*robotników przymusowych*). **3.** paczka (*przyjaciół*). — *v.* **~ up on sb** zmówić się przeciwko komuś.

gangplank ['gæŋˌplæŋk] *n.* (*także* **gangway**) trap.

gang rape *n.* (*także* **gang bang**) gwałt zbiorowy.

gangrene ['gæŋgriːn] *n.* gangrena.

gangster ['gæŋstər] *n.* gangster, bandyta; chuligan.

gangway ['gæŋˌweɪ] *n.* **1.** *zob.* **gangplank**. **2.** przejście. — *int.* z drogi!

gap [gæp] *n.* **1.** szpara; luka; przerwa; wyrwa; wyłom. **2.** przełęcz; przesmyk; wąwóz. **3.** przerwa, odstęp (*w czasie*). **4.** różnica, rozbieżność (*poglądów*); przepaść (*między poglądami, stanowiskami*); **bridge the ~** zmniejszyć/zredukować różnicę.

gape [geɪp] *v.* **1.** otwierać szeroko usta; ziewać. **2.** gapić się. **3.** być szeroko otwartym (*o ustach*); być szeroko rozchylonym (*o koszuli*); zionąć, ziać (*o przepaści*).

gaping ['geɪpɪŋ] *a.* rozdziawiony (*o ustach*); ziejący (*o przepaści, ranie*).

garage [gə'rɑːʒ] *n.* **1.** garaż. **2.** warsztat (*samochodowy*).

garbage ['gɑːrbɪdʒ] *n.* **1.** śmieci, odpadki. **2.** bzdury. **3.** *komp.* błędne/bezużyteczne dane.

garbage bag *n.* worek (do kosza) na śmieci.

garbage can *n.* kosz/kubeł na śmieci (*przed domem*).
garbage collector *n.* (*także* **garbage man**) śmieciarz.
garbage disposal *n.* **1.** wywóz śmieci. **2.** (*także* **garbage disposal unit**) młynek zlewozmywakowy, kuchenny rozdrabniacz odpadków.
garbled ['gɑːrbld] *a.* przekręcony, przeinaczony.
garden ['gɑːrdən] *n.* ogród; **back/front ~** ogródek za/przed domem; **botanic(al) ~s** ogród botaniczny. — *v.* pracować w ogrodzie; uprawiać ogród. — *a.* **1.** ogrodowy. **2.** (*także* **~-variety**) *pot.* zwykły, pospolity.
gardener ['gɑːrdənər] *n.* ogrodni-k/czka.
gardening ['gɑːrdənɪŋ] *n.* ogrodnictwo.
gargle ['gɑːrgl] *v.* **1.** płukać gardło. **2.** gulgotać. — *n.* **1.** płyn do płukania gardła. **2.** płukanie gardła.
garish ['gerɪʃ] *a.* jaskrawy.
garland ['gɑːrlənd] *n.* **1.** girlanda. **2.** wianek; wieniec. — *v. lit.* przystrajać girlandami.
garlic ['gɑːrlɪk] *n.* czosnek; **~ press** wyciskacz do czosnku; **clove of ~** ząbek czosnku.
garment ['gɑːrmənt] *n. form.* część garderoby; **~s** odzież.
garment bag *n.* torba (podróżna) na garnitur.
garnish ['gɑːrnɪʃ] *kulin. v.* garnirować, przybierać. — *n.* garnirunek, przybranie.
garrison ['gerɪsən] *n.* garnizon.
garrulous ['gerələs] *a.* gadatliwy.
garter ['gɑːrtər] *n.* podwiązka.
gas [gæs] *n.* **1.** gaz; **laughing/tear ~** gaz rozweselający/łzawiący. **2.** *pot.* gazy (*jelitowe*). **3.** paliwo, benzyna. **4. the ~** pedał przyspieszenia/gazu; **step on the ~** dodać gazu. — *v.* **1.** zagazować, otruć gazem. **2. ~ up** *pot.* zatankować.
gash [gæʃ] *n.* głębokie cięcie; rana cięta.
gas mask *n.* maska gazowa.
gasoline [ˌgæsə'liːn] *n.* paliwo, benzyna.
gasp [gæsp] *v.* **1.** ciężko oddychać, sapać; (*także* **~ for breath/air**) z trudem łapać oddech/powietrze. **2.** zachłysnąć się. — *n.* **sb's last ~** czyjeś ostatnie tchnienie.
gas station *n.* stacja benzynowa/paliw.
gastric ['gæstrɪk] *a.* żołądkowy, gastryczny.
gastrointestinal [ˌgæstroʊɪn'testənl] *a.* żołądkowo-jelitowy.
gate [geɪt] *n.* **1.** brama; furtka; wrota. **2.** wyjście (*na lotnisku*). **3.** bariera, szlaban. **4.** *el., komp.* bramka. **5.** (*także* **~ money**) wpływy z biletów.
gatecrash ['geɪtˌkræʃ] *v.* wejść bez zaproszenia/biletu (na) (*imprezę*).
gate-crasher ['geɪtˌkræʃər] *n.* nieproszony gość; widz bez biletu.
gateway ['geɪtˌweɪ] *n.* **1.** brama; wejście. **2. the ~ to sth** wrota do czegoś; droga do czegoś (*np. do sukcesu*).
gather ['gæðər] *v.* **1.** zbierać się, gromadzić się. **2.** zbierać. **3.** nabierać (*czegoś*); **~ speed/force** nabierać prędkości/siły. **4.** wnioskować; **from what I can ~** (*także* **as far as I can ~**) o ile się orientuję; **I ~ (that)...** rozumiem, że... **5.** marszczyć (*materiał*). **6. ~ together/up** pozbierać (*zabawki*); połączyć ze sobą (*fakty*).
gathering ['gæðərɪŋ] *n.* zgromadzenie, zebranie.
gauche [goʊʃ] *a.* niezręczny, nietaktowny.
gaudy ['gɔːdɪ] *a.* krzykliwy, jarmarczny.
gauge [geɪdʒ], **gage** *n.* **1.** miernik; wskaźnik; **fuel/petrol/gas ~** wskaźnik poziomu paliwa. **2.** wzorzec, miara. **3.** skala, podziałka. **4.** wyznacznik, probierz. **5.** *kol.* szerokość/rozstaw toru. **6.** *broń* kaliber. — *v.* **1.** oceniać, szacować. **2.** mierzyć. **3.** kalibrować.
gaunt [gɔːnt] *a.* **1.** wychudły, wyniszczony; wymizerowany. **2.** surowy; ponury (*np. o budowli*).
gauntlet ['gɔːntlɪt] *n.* **1.** rękawica. **2. run the ~ of sth** być narażonym na coś (*na krytykę, zniewagi*); **throw down/take up the ~** rzucić/podjąć wyzwanie.
gauze [gɔːz] *n.* gaza.
gave [geɪv] *v. zob.* **give**.
gay [geɪ] *n.* gej. — *a.* **1.** gejowski; **~ rights** prawa gejów; **be ~** być gejem. **2.** *przest.* radosny, wesoły; barwny, pstry.
gaze [geɪz] *v.* wpatrywać się (*at sb/sth* w kogoś/coś). — *n.* spojrzenie (*zwł. uporczywe*).
gazelle [gə'zel] *n.* gazela.
GB [ˌdʒiː 'biː] *abbr.* **Great Britain** Wielka Brytania.
Gb *abbr.* (*także* **Gbyte**) *komp.* = **gigabyte**.
gear [giːr] *n.* **1.** *mot.* bieg; **in ~** na biegu, włączony; **in high ~** na najwyższym biegu; *przen.* na najwyższych obrotach; **out of ~** wyłączony; **shift/change ~s** zmieniać biegi. **2.** mechanizm, urządzenie. **3.** sprzęt, wyposażenie; **fishing ~** sprzęt wędkarski. **4.** *pot.* strój, ubiór. **5.** *sl.* narkotyki. — *v.* **1. be ~ed to sb** być adresowanym do kogoś; **be ~ed to do sth** być przystosowanym do czegoś; być nastawionym na coś. **2. ~ up to do sth/for sth** szykować się na coś/do czegoś.
gearbox ['giːrˌbɑːks] *n.* skrzynia biegów.
gear shift *n.* (*także* **gear lever**) dźwignia zmiany biegów.
gee [dʒiː] *int.* (o) jejku, (o) rety.
geese [giːs] *n. pl. zob.* **goose**.
gel [dʒel] *n.* żel. — *v.* (*także* **jell**) **1.** tężeć. **2.** krystalizować się.
gelatin ['dʒelətən], **gelatine** *n.* żelatyna.
gem [dʒem] *n.* **1.** (*także* **~ stone**) kamień szlachetny, klejnot. **2.** *przen.* perła, skarb.
Gemini ['dʒemɪnaɪ] *n.* Bliźnięta.
gender ['dʒendər] *n.* **1.** *gram.* rodzaj. **2.** płeć.
gene [dʒiːn] *n.* gen.
genealogy [ˌdʒiːnɪ'ɑːlədʒɪ] *n.* **1.** genealogia. **2.** rodowód.
general ['dʒenərəl] *a.* **1.** ogólny, powszechny; generalny; **the ~ public** ogół społeczeństwa. **2.** ogólny, ogólnikowy; **in ~ terms** ogólnie, ogólnikowo. **3.** generalny, naczelny (*o dowódcy*). — *n.* **1.** generał. **2.** wódz. **3. in ~** na ogół, przeważnie; ogólnie rzecz biorąc; **people in ~** ogół ludzi.
general election *n.* wybory powszechne.
generalization [ˌdʒenərələ'zeɪʃən] *n.* uogólnienie, generalizacja.
generally ['dʒenərəlɪ] *adv.* **1.** na ogół, przeważnie. **2.** powszechnie. **3.** (*także* **~ speaking**) ogólnie rzecz biorąc, mówiąc ogólnie.
generate ['dʒenəˌreɪt] *v.* **1.** wytwarzać (*energię*); wywoływać, wzbudzać (*zainteresowanie*); stwarzać (*miejsca pracy*); **~ revenue/income/profits** przynosić zyski. **2.** *mat., komp.* generować.
generation [ˌdʒenə'reɪʃən] *n.* pokolenie, generacja; **~ gap** konflikt pokoleń; **third-~ American** Amerykan-in/ka w trzecim pokoleniu.
generator ['dʒenəˌreɪtər] *n.* generator; prądnica.
generic [dʒə'nerɪk] *a.* **1.** generyczny. **2.** ogólny. — *n.* lek generyczny.
generosity [ˌdʒenə'rɑːsətɪ] *n.* **1.** hojność, szczodrość. **2.** wielkoduszność, wspaniałomyślność.

generous ['ʤenərəs] *a.* **1.** wielkoduszny, wspaniałomyślny. **2.** hojny, szczodry. **3.** pokaźny, spory.
genesis ['ʤenəsɪs] *n.* **1.** geneza. **2.** (*także* **G~**) Księga Rodzaju.
genetic [ʤə'netɪkz] *a.* genetyczny; **~ code** kod genetyczny; **~ engineering** inżynieria genetyczna.
genetics [ʤə'netɪks] *n.* genetyka.
genial ['ʤiːnjəl] *a.* miły, przyjazny.
genitals ['ʤenɪtlz], **genitalia** [ˌʤenɪ'teɪliːə] *n. pl.* genitalia.
genius ['ʤiːnɪəs] *n.* geniusz; **be a ~** być genialnym; **a stroke of ~** przebłysk geniuszu; **have a ~ for (doing) sth** mieć wybitny talent do (robienia) czegoś.
genocide ['ʤenəˌsaɪd] *n.* ludobójstwo.
genre ['ʒɑːnrə] *n.* gatunek, rodzaj (*filmu, muzyki*); (*także* **literary ~**) gatunek literacki.
genteel [ʤen'tiːl] *a.* **1.** dystyngowany, wytworny. **2.** *przest.* z wyższych sfer.
gentile ['ʤentaɪl] *n.* goj. — *a.* nieżydowski.
gentle ['ʤentl] *a.* łagodny; delikatny.
gentleman ['ʤentlmən] *n. pl.* **-men 1.** dżentelmen. **2. (ladies and) gentlemen** (panie i) panowie; **good evening, ladies and gentlemen** dobry wieczór państwu.
gentleness ['ʤentlnəs] *n.* łagodność.
gently ['ʤentlɪ] *adv.* łagodnie, delikatnie; powoli, ostrożnie.
gentry ['ʤentrɪ] *n.* **the ~** szlachta; **the landed ~** ziemiaństwo.
genuine ['ʤenjuːɪn] *a.* **1.** prawdziwy; autentyczny, oryginalny; **the ~ article** *pot.* autentyk (= *doskonały przykład czegoś*). **2.** szczery, otwarty (*o osobie*); szczery, niekłamany (*np. o podziwie*).
geographical [ˌʤiːə'græfɪkl], **geographic** [ˌʤiːə'græfɪk] *a.* geograficzny.
geography [ʤiː'ɑːgrəfɪ] *n.* **1.** geografia. **2. the ~ of sth** ukształtowanie (przestrzenne) czegoś.
geology [ʤiː'ɑːləʤɪ] *n.* geologia.
geometric [ˌʤiːə'metrɪk], **geometrical** [ˌʤiːə'metrɪkl] *a.* geometryczny.
geometry [ʤiː'ɑːmɪtrɪ] *n.* geometria.
Georgia ['ʤɔːrʤə] *n.* (stan) Georgia.
geranium [ʤɪ'reɪnɪəm] *n.* **1.** geranium. **2.** pelargonia.
geriatric [ˌʤerɪ'ætrɪk] *a.* **1.** geriatryczny. **2.** *pot.* stetryczały.
germ [ʤɝːm] *n.* **1.** zarazek. **2.** zalążek (*pomysłu*).
German ['ʤɝːmən] *a.* niemiecki. — *n.* **1.** Niem-iec/ka. **2.** (język) niemiecki.
Germanic [ʤər'mænɪk] *a.* germański. — *n.* języki germańskie.
German measles *n.* różyczka.
Germany ['ʤɝːmənɪ] *n.* Niemcy.
gesticulate [ʤe'stɪkjəˌleɪt] *v.* gestykulować.
gesture ['ʤestʃər] *n.* gest. — *v.* wskazywać (ręką) (*at/to/toward sb/sth* na kogoś/coś); **~ for sb to do sth** dać komuś znak, żeby coś zrobił.
get [get] *v. pret. i pp.* **got** *pp. pot.* **gotten 1.** otrzymywać, dostawać; zdobywać, uzyskiwać; **what did you ~ for your birthday?** co dostałeś na urodziny? **2. ~ sb sth** (*także* **~ sth for sb**) przynieść/dostarczyć coś komuś; **~ the doctor!** sprowadź/wezwij lekarza! **3. ~ home/to work** dotrzeć do domu/do pracy; **be ~ting nowhere** nie robić żadnych postępów. **4.** trafić (*gdzieś*); podziać/zapodziać się; **where has it got to?** gdzie to się podziało? **5. ~ a train/bus** pojechać pociągiem/autobusem; **~ a taxi** wziąć taksówkę. **6.** stawać się, robić się; **~ better/well** wyzdrowieć; **~ lost** zgubić się; **it's ~ting cold** robi się zimno. **7.** zostać; **~ elected** zostać wybranym; **her purse got stolen** ukradli jej torebkę; **we got caught in a storm** złapała nas burza. **8.** zaczynać; zabierać się za (*coś*); **~ to know sb** poznać kogoś (bliżej); **let's ~ started** zaczynajmy; **they got talking** zaczęli rozmawiać; **we must ~ going/moving** musimy ruszać. **9.** zachorować na (*grypę, odrę*), zarazić się (*sth off/ from sb* czymś od kogoś); złapać (*infekcję, wirusa*); **~ a cold** przeziębić się. **10.** *pot.* usłyszeć (*dokładnie l. wyraźnie*); **I didn't ~ the name** nie dosłyszałam nazwiska. **11.** łapać (*t. = odbierać, np. stację*); przyłapać (*na błędzie*); **~ him!** łapać go! **12.** *pot.* rozumieć; **~ the hint/message** zrozumieć aluzję; **don't ~ me wrong** nie zrozum mnie źle; **I ~ the picture** (wszystko) rozumiem; **I don't ~ it** nie rozumiem. **13.** trafić (*t. = uderzyć, zranić*); **the bullet got him in the leg** kula trafiła go w nogę. **14.** *pot.* dopaść; **I'll ~ you yet!** jeszcze cię dopadnę! **15.** przygotowywać, szykować, robić; **who's ~ting dinner tonight?** kto dziś robi kolację? **16.** *pot.* **~ sb** brać kogoś (= *oddziaływać na emocje*); wkurzać kogoś; **it ~s me when...** wkurza mnie, kiedy...; **this music really ~s me** ta muzyka naprawdę mnie bierze. **17. ~ to do sth** *pot.* mieć okazję coś zrobić, móc coś zrobić; **when do we ~ to see her?** kiedy będziemy mogli ją zobaczyć? **18. ~ sb to do sth** kazać komuś coś zrobić; **~ sth done** kazać coś zrobić, dać coś do zrobienia; zrobić coś; **~ the car repaired** oddać samochód do naprawy; **~ the washing done** zrobić pranie; **I must ~ my hair washed/cut** muszę umyć/ obciąć włosy. **19. I'll ~ it!** ja otworzę! ja odbiorę! ja zapłacę! (*np. w restauracji*). **20.** *pot.* **~ it** dostać za swoje; zginąć, zostać zabitym; **~ on sb's nerves** działać komuś na nerwy; **~ sth on sb** mieć coś na kogoś; **~ this!** posłuchaj (tylko)!, wyobraź sobie! **you got it!** to jest to!, świetnie! załatwione!, masz to jak w banku! **you got me there** poddaję się (= *nie wiem*). **21. ~ across** dotrzeć (= *zostać zrozumianym*); **~ sth across to sb** wytłumaczyć coś komuś; **~ along** żyć w zgodzie (*with sb* z kimś); dawać sobie radę; **~ around** podróżować; rozchodzić się (*o informacjach*); **~ around to (doing) sth** wreszcie coś zrobić; **~ at** dosięgnąć (*czegoś*); dotrzeć do (*prawdy, faktów*); *pot.* czepiać się (*kogoś*); **what are you ~ting at?** do czego zmierzasz?, co chcesz zasugerować? **~ away** uciec, wyrwać się; *pot.* wyjechać na wakacje; **he got away with it** uszło mu to na sucho; **~ back** wrócić; **~ sth back** odzyskać coś; **~ back at sb** odegrać się na kimś; **I'll ~ back to you (later)** zadzwonię jeszcze raz (później); **~ back to sth** wrócić do czegoś (*po przerwie*); powracać do czegoś (*do tematu, sprawy*); **I couldn't ~ back to sleep** nie mogłem z powrotem zasnąć; **~ by** jakoś sobie radzić (*zwł. finansowo*); **I can ~ by in Spanish** potrafię się dogadać po hiszpańsku; **~ down** zejść; usiąść; zsiąść (*np. z konia*); **~ sb down** przygnębiać kogoś; **~ sth down** zanotować/zapisać coś; połknąć coś (*zwł. z trudem*); **~ down to sth** zabrać się do czegoś; **~ down to business** przejść do rzeczy; **~ in** wejść; dostać się do środka; wjechać (na stację) (*o pociągu*); wrócić do domu (*zwł. wieczorem l. w nocy*); zbierać (*plony*); **~ in on sth** *pot.* włączyć się w coś; **~ into** wsiąść do (*samochodu*); dostać się do (*szkoły, organizacji*); dostać się na (*uniwersytet*);

wdać się w (*konwersację, bójkę*); *pot.* zaangażować się w; ~ **into the habit of doing sth** nabrać zwyczaju robienia czegoś; ~ **sb into trouble** wpędzić kogoś w tarapaty; **I can't ~ into these trousers** *pot.* nie wchodzę w te spodnie; **what's got(ten) into him?** *pot.* co w niego wstąpiło? ~ **off** zdejmować (*ubranie, buty*); wysiadać (z) (*pociągu, samolotu*); zsiadać (z) (*konia, roweru*); uniknąć kary; wykpić się (*with sth* czymś); ~ **off!** *pot.* odwal się! **I ~ off at 4:30** kończę (pracę) o wpół do piątej; ~ **on** zakładać, ubierać; wsiadać (do), pociągu, samolotu; być w dobrych stosunkach, żyć w zgodzie (*with sb* z kimś); ~ **on with it!** dalej!, pospiesz się! ~ **on with sth** kontynuować coś; robić postępy w czymś; **be ~ting on** starzeć się; ~ **on to sb** skontaktować się z kimś, zwrócić się do kogoś; ~ **out** wyjść; wydostać się (*of sth* skądś); wysiąść (*np. z taksówki*); wyjąć; wywabić (*plamę*); wydać (*gazetę, katalog*); wydać się, wyjść na jaw; ~ **out!** wynoś się! ~ **sth out** wydusić coś z siebie; ~ **out of (doing) sth** wymigać się od czegoś; ~ **sth out of sb** wyciągnąć coś od kogoś; wydobyć coś z kogoś; ~ **over** dojść do siebie po (*chorobie, przejściach*); pokonać, przezwyciężyć (*zahamowania*); **I want to ~ it over with** chcę jak najszybciej mieć to za sobą; **she couldn't ~ over it** nie dawało jej to spokoju; ~ **through** przeżyć, przetrwać (*trudny okres*); uporać się z (*czymś*); przebrnąć przez (*książkę*); zdać, zaliczyć (*egzamin*); wydać, przepuścić (*dużą sumę*); ~ **through to sb** skontaktować się z kimś; dodzwonić się do kogoś; dotrzeć/trafić do kogoś (= *zostać właściwie zrozumianym*); ~ **together** spotykać się; zejść się (ze sobą) (*zwł. o partnerach seksualnych*); ~ **it/o.s. together** pozbierać się, zebrać się do kupy; ~ **up** wstawać (*z łóżka, fotela*); nasilać się (*o wietrze, burzy*); ~ **up speed** nabierać prędkości; ~ **it up** *pot.* mieć wzwód; ~ **sb up** obudzić kogoś (*zwł. rano*); ~ **sth up** zorganizować/przygotować coś; ~ **up to sb/sth** podejść do kogoś/czegoś.

geyser ['gaɪzər] *n.* gejzer.

ghastly ['gæstlɪ] *a.* **1.** koszmarny, straszny. **2.** upiorny, trupio blady.

gherkin ['gɝːkɪn] *n.* korniszon.

ghetto ['getoʊ] *n.* getto.

ghost [goʊst] *n.* **1.** duch, zjawa; **the Holy G~** Duch Święty. **2. give up the ~** zrezygnować, zniechęcić się; wysiąść (*np. o komputerze*); *przest.* wyzionąć ducha; **not have/stand a ~ of a chance** *pot.* nie mieć cienia szansy.

ghost writer, ghostwriter *n.* autor/ka pisząc-y/a za kogoś.

giant ['dʒaɪənt] *n.* **1.** olbrzym, wielkolud. **2.** gigant; potentat. — *a.* gigantyczny, olbrzymi.

gibberish ['dʒɪbərɪʃ] *n.* bełkot, bzdury.

giddy ['gɪdɪ] *a.* **1. be/feel ~** mieć zawroty głowy. **2. ~ with sth** oszołomiony/upojony czymś (*zwł. sukcesem*).

gift [gɪft] *n.* **1.** prezent, upominek. **2.** dar, talent (*for sth* do czegoś).

gift certificate *n.* bon towarowy.

gifted ['gɪftɪd] *a.* utalentowany; bardzo zdolny.

gigabyte ['gɪgəbaɪt] *n. komp.* gigabajt.

gigantic [dʒaɪ'gæntɪk] *a.* gigantyczny.

giggle ['gɪgl] *v.* chichotać. — *n.* chichot.

gill [gɪl] *n.* skrzele.

gilt [gɪlt] *a.* pozłacany, złocony.

gimmick ['gɪmɪk] *n.* sztuczka, chwyt.

gin [dʒɪn] *n.* dżin.

ginger ['dʒɪndʒər] *n.* imbir.

gingerbread ['dʒɪndʒər,bred] *n.* piernik.

gingerly ['dʒɪndʒərlɪ] *adv.* ostrożnie, nieufnie. — *a.* ostrożny, nieufny.

giraffe [dʒə'ræf] *n.* żyrafa.

girdle ['gɝːdl] *n.* pas wyszczuplający.

girl [gɝːl] *n.* **1.** dziewczyna; dziewczynka. **2.** córka; **my little ~** moja córeczka. **3.** *zob.* **girlfriend**.

girlfriend ['gɝːl,frend] *n.* przyjaciółka.

girlish ['gɝːlɪʃ] *a.* dziewczęcy.

gist [dʒɪst] *n.* **the ~** sedno, istota; **get the ~ of sth** zrozumieć najważniejsze punkty czegoś.

give [gɪv] *v. pret.* **gave** *pp.* **given 1.** dawać; podawać; wydawać; nadawać. **2.** oddawać (*sth for sb/sth* coś za kogoś/coś). **3. ~ a sigh/moan** westchnąć/jęknąć; **~ sb a call/ring** zadzwonić do kogoś; **~ sb a fright/kiss/lift** przestraszyć/pocałować/podwieźć kogoś. **4.** ustępować, uginać się (*pod wpływem nacisku*). **5.** złamać się; rozpaść się (*np. o meblu*). **6. ~ a speech** wygłosić przemówienie; **~ me X (any day/every time)** *pot.* ja tam wolę X; **~ sb one's promise/word** dać komuś obietnicę/słowo; **~ sb to know/understand/believe (that)...** *form.* dać komuś do zrozumienia, że...; **~ sth a go/shot/try** *pot.* spróbować czegoś, przymierzyć się do czegoś; **don't ~ me that!** *pot.* nie wciskaj mi tego! **I don't ~ a damn/shit** *pot.* mam to gdzieś; **not ~ sth another/a second thought** zupełnie się czymś nie przejmować; **two thousand people, ~ or take a few hundred** *pot.* plus minus dwa tysiące ludzi. **7. ~ away** rozdawać za darmo; wręczać (*nagrody*); oddawać, wydawać (*potrzebującym*); zmarnować (*okazję*); zdradzić (*sekret*); doprowadzić do ołtarza, oddać panu młodemu (*pannę młodą*); **~ sb sth back** (*także* **~ sth back to sb**) zwrócić/oddać komuś coś; **~ in** dać za wygraną, ustąpić (*to sth* pod wpływem czegoś); poddać się (*to sb* komuś); **~ off** wydzielać (*zapach*); **~ on/onto sth** wychodzić na coś (*o oknie, drzwiach*); **~ out** odmówić posłuszeństwa (*o części ciała l. urządzeniu*); **~ sth out** rozdawać coś; wydzielać coś (*zapach, ciepło*); **~ sth over to sb** powierzyć coś komuś; przekazać coś komuś; **~ up** poddać się; zrezygnować; **~ sb up** zerwać z kimś; (*także* **~ up on sb**) spisać kogoś na straty; **~ sb up for dead/lost** uznać kogoś za zmarłego/zaginionego; **~ sb/o.s. up to the police** oddać kogoś/się w ręce policji; **~ sth up** rzucić coś (*pracę, palenie*), zerwać/skończyć z czymś (*zwł. z nałogiem*); **~ up one's seat to sb** ustąpić komuś miejsca.

given ['gɪvən] *a.* **1.** dany, ustalony; **at a/any ~ moment** w danym/dowolnym momencie. **2. be ~ to (doing) sth** mieć skłonności do (robienia) czegoś. — *prep.* zważywszy na, biorąc/wziąwszy pod uwagę; **~ that...** zważywszy (na to), że... — *n.* pewnik.

glacier ['gleɪʃər] *n.* lodowiec.

glad [glæd] *a.* zadowolony; **I'm ~ to hear it** miło mi to słyszeć.

gladly ['glædlɪ] *adv.* **1.** chętnie, z chęcią. **2.** radośnie.

glamor ['glæmər], **glamour** *n.* urok; atrakcyjność; splendor; przepych.

glamorous ['glæmərəs] *a.* olśniewający; efektowny.

glance [glæns] *v.* **~ at sb/sth** rzucić okiem/zerknąć na kogoś/coś; **~ through/over sth** zerknąć na coś, przejrzeć coś; **~ up** podnieść wzrok (*from sth* znad

czegoś). — *n.* zerknięcie, rzut oka; **at a ~** od razu, z miejsca; **at first ~** na pierwszy rzut oka; **exchange ~s** wymienić spojrzenia.
gland [glænd] *n.* gruczoł; (*także* **lymph ~**) węzeł chłonny.
glare [gler] *v.* **1.** świecić jaskrawo; razić. **2. ~ at sb/sth** piorunować kogoś/coś wzrokiem. — *n.* **1.** oślepiające światło. **2.** gniewne spojrzenie.
glaring ['glerɪŋ] *a.* **1.** jaskrawy, oślepiający. **2.** rażący (*o błędzie, niesprawiedliwości*).
glass [glæs] *n.* **1.** szkło. **2.** szklanka; (*także* **wine ~**) kieliszek. **3. ~es** *zob.* **glasses**. — *a.* szklany.
glasses ['glæsɪz] *n. pl.* **1.** okulary; **dark ~** ciemne okulary. **2. opera ~** lornetka teatralna.
glassware ['glæs,wer] *n.* szkło, wyroby ze szkła.
glassworks ['glæs,wɜːks] *n.* huta szkła.
glaucoma [glɔː'koʊmə] *n.* jaskra.
glaze [gleɪz] *v.* **1.** szklić. **2.** glazurować. **3. ~ (over)** zaszklić się (*o oczach*). — *n.* **1.** glazura, szkliwo. **2.** *kulin.* glazura. **3.** gołoledź.
glazed [gleɪzd] *a.* **~ eyes/look/expression** szklany wzrok, szklane spojrzenie.
gleam [gliːm] *n.* **1.** blask; poświata. **2.** *przen.* błysk, przebłysk, iskierka. — *v.* świecić (się); błyszczeć, pobłyskiwać.
glee [gliː] *n.* wesołość.
glen [glen] *n.* wąwóz.
glib [glɪb] *a.* **1.** wygadany. **2.** gładki, bez zająknienia.
glide [glaɪd] *v.* ślizgać się; sunąć; szybować. — *n.* **1.** posuwisty ruch. **2.** ślizg. **3.** półsamogłoska.
glider ['glaɪdər] *n.* szybowiec.
gliding ['glaɪdɪŋ] *n.* szybownictwo.
glimmer ['glɪmər] *v.* migać, migotać; tlić się; pobłyskiwać. — *n.* **1.** migotanie. **2.** iskierka, przebłysk; **a ~ of hope** iskierka nadziei.
glimpse [glɪmps] *n.* **1.** zerknięcie, przelotne spojrzenie; **I caught a ~ of her** mignęła mi przed oczami. **2.** niejasne wyobrażenie (*of sth* o czymś). — *v.* (ledwie) dostrzec (*t. przen.* = *zrozumieć*), ujrzeć przelotnie.
glint [glɪnt] *v.* błyskać, lśnić, skrzyć się. — *n.* błysk, iskra (*t. w oku*).
glisten ['glɪsən] *v.* lśnić.
glitch [glɪtʃ] *n.* **1.** drobna usterka, feler. **2.** *el.* spięcie.
glitter ['glɪtər] *v.* skrzyć się, mienić się (*with sth* czymś). — *n.* **1.** blask. **2.** splendor. **3.** brokat (*np. w kosmetyku*).
gloat [gloʊt] *v.* **1.** tryumfować. **2. ~ over sth** napawać się czymś.
global ['gloʊbl] *a.* globalny.
globe [gloʊb] *n.* **1. the ~** kula ziemska, Ziemia. **2.** globus. **3.** kula; kulisty klosz.
gloom [gluːm] *n.* **1.** mrok. **2.** przygnębienie.
gloomy ['gluːmɪ] *a.* **1.** mroczny. **2.** posępny, ponury.
glorify ['glɔːrə,faɪ] *v.* **1.** wysławiać, wychwalać. **2.** gloryfikować, upiększać.
glorious ['glɔːrɪəs] *a.* **1.** wspaniały. **2.** chlubny, chwalebny.
glory ['glɔːrɪ] *n.* **1.** chwała, sława, gloria. **2. in all its ~** w całej (swojej) okazałości. **3. Old G~** flaga amerykańska. — *v.* **~ in sth** chlubić się czymś; rozkoszować się czymś.
gloss [glɑːs] *n.* **1.** połysk. **2.** blichtr. **3.** (*także* **lip ~**) błyszczyk (do ust). **4.** (*także* **~ paint**) emalia. **5.** glosa, przypis. — *v.* **1.** zaopatrywać w przypisy. **2. ~ over sth** zatuszować coś; przejść nad czymś do porządku dziennego.
glossary ['glɑːsərɪ] *n.* słowniczek (*na końcu książki*).
glossy ['glɑːsɪ] *a.* błyszczący, lśniący.
glove [glʌv] *n.* **1.** rękawiczka; rękawica. **2. fit (sb) like a ~** leżeć (na kimś) jak ulał.
glove compartment *n.* (*także* **glove box**) schowek (*w samochodzie*).
glow [gloʊ] *v.* **1.** żarzyć się, jarzyć się. **2. ~ with joy** tryskać radością; **~ with pride** pałać dumą. — *n.* **1.** poświata. **2.** rumieniec. **3.** ciepło (*t. koloru*).
glucose ['gluːkoʊs] *n.* glukoza.
glue [gluː] *n.* klej. — *v.* **1.** kleić; przyklejać, przylepiać. **2. be ~d to sth** *pot.* nie móc się oderwać od czegoś.
glum [glʌm] *a.* ponury; przybity.
glut [glʌt] *n.* zalew; nadmiar. — *v.* **~ted with sth** zalany czymś (*np. towarami*).
gluten ['gluːtən] *n.* gluten.
glutinous ['gluːtənəs] *a.* kleisty, lepki.
glutton ['glʌtən] *a.* **1.** żarłok, obżartuch. **2. ~ for punishment** masochista; **~ for work** tytan pracy.
gluttony ['glʌtənɪ] *n.* obżarstwo.
glycerin ['glɪsərɪn], **glycerine** *n.* gliceryna.
gnarled [nɑːrld] *a.* sękaty.
gnat [næt] *n.* komar.
gnaw [nɔː] *v.* **1.** gryźć, obgryzać. **2. ~ at sb** gryźć kogoś (*o zmartwieniu*).
gnome [noʊm] *n.* gnom; krasnal.
go [goʊ] *v. pret.* **went** [went] *pp.* **gone** [gɔːn] **1.** iść; chodzić; pójść; jechać; jeździć; pojechać; udać się (*dokądś*); **~ fishing/shopping** iść na ryby/po zakupy; **~ to school/work** chodzić do szkoły/pracy. **2. ~ and do sth** iść coś zrobić. **3. he's not ~ing to help us** on nam nie pomoże; **it's ~ing to rain** będzie padać; **what are you ~ing to do?** co zamierzasz zrobić? **4.** stać się; **~ blind/mad** oślepnąć/zwariować. **5.** przebiegać, odbywać się; **how is it ~ing?** *pot.* jak leci? **it went smoothly** poszło gładko. **6. ~!** *film* kamera! *sport* start! **here ~es!** (*także* **here we ~!**) (no to) zaczynamy! **7.** znikać; odchodzić (*t. w przeszłość*); ustępować, przechodzić; przepaść, zmarnować się; **he has (got) to ~** on musi odejść; **it's all gone** wszystko przepadło; **the pain has gone** ból ustąpił; **my sight is ~ing** wzrok mi się psuje. **8.** umierać; **he's (dead and) gone** nie żyje; **that's the way to ~** tak chciałbym umrzeć. **9. anything ~es** wszystko wolno. **10.** robić; **she went like this/so** zrobiła tak (*demonstrując ruch*); **the computer ~es "ping"** komputer robi „ping". **11.** brzmieć (*przy cytowaniu*); *pot.* iść, lecieć; **it ~es something like this:...** to leci jakoś tak:... **12.** *pot.* powiedzieć; **and then she ~es "what?!"** a ona na to: „co?!". **13. as far as sb/sth ~es** jeśli chodzi o kogoś/coś; **there you ~** (no więc) sam widzisz; **to ~** na wynos; **she will ~ far/a long way** (*także* **she's ~ing places**) ona daleko zajdzie; **where do we ~ from here?** i co dalej?, i co teraz? **14. ~ about sth** zabrać się za coś; zajmować się czymś (dalej); **~ after sb** ruszyć w pogoń za kimś; **~ after sth** chodzić za czymś (= *szukać*); **~ against sb** być na czyjąś niekorzyść (*o werdykcie*); nie iść po czyjejś myśli (*o sprawach*); **~ against sth** być sprzecznym z czymś; postąpić wbrew czemuś; **~ ahead** odbyć się, dojść do skutku; **~ ahead!** proszę bardzo!, nie krępuj się! **~ ahead with sth** przystępować do czegoś; **~**

along with sth zastosować się do czegoś; ~ **around** krążyć; obracać się; szerzyć się (*o plotkach, chorobie*); ~ **at sb/sth** rzucić się na kogoś/coś; ~ **away** wyjechać; zniknąć, ustąpić (*np. o bólu*); ~ **away!** idź sobie! ~ **back** cofnąć się; wrócić (*for sth* po coś); ~ **back on** wycofać się z, nie dotrzymać (*obietnicy, umowy*); ~ **back on one's word/promise** złamać dane słowo/przyrzeczenie; ~ **back to** datować się od, sięgać (*jakiegoś czasu*); ~ **by** upływać, mijać; ~ **by sth** kierować się czymś (*przepisami, zasadami*); ~ **down** zejść; zjechać; pojechać (*zwł. na południe*); spaść (*o cenach*); pójść na dno; zajść (*o słońcu*); *komp. pot.* siąść (*o sieci*); ~ **down well** zostać dobrze przyjętym; ~ **for sb/sth** iść po kogoś/coś; zaatakować kogoś/coś; woleć kogoś/coś; **the same ~es for X** to samo dotyczy X; ~ **for it!** *pot.* dalej!, nie popuszczaj! **sb/sth has a lot ~ing for them/it** ktoś/coś ma wiele atutów; ~ **in** wejść (do środka); ~ **in for sth** uprawiać coś; ~ **into sth** zająć się czymś; zagłębić się w coś; wdawać się w coś (*np. w szczegóły*); ~ **off** zgasnąć (*o świetle*); wybuchnąć, eksplodować (*o ładunku*); wystrzelić, wypalić (*o broni*); włączyć się (*o alarmie*), zadzwonić (*o budziku*); ~ **off well** udać się, dobrze wypaść; ~ **off sb/sth** *pot.* stracić do kogoś/czegoś serce; ~ **off the air** zejść z anteny; ~ **off (to sleep)** zasnąć; ~ **on** iść dalej; jechać dalej; włączyć się (*o świetle, urządzeniu*); ~ **on!** no dalej! ~ **on and on** gadać bez końca; ~ **on the air** wejść na antenę; ~ **on doing sth** robić coś dalej; ~ **on with sth** kontynuować coś; **as time ~es on** w miarę upływu czasu; **what's ~ing on here?** co się tutaj dzieje? ~ **out** wyjść (*t. do kina, restauracji*); zgasnąć (*o światłach*); wyjść z mody/użycia; ~ **out with sb** chodzić z kimś (*z dziewczyną, chłopakiem*); ~ **over sth** przeszukać coś; dokładnie coś rozważyć; powtórzyć coś (*rolę, lekcje*); ~ **through** przejść, zostać uchwalonym (*o ustawie*); ~ **through sth** przeszukać coś; przejść przez coś (*t. = doświadczyć czegoś*); dokładnie coś rozważyć; powtórzyć coś (*rolę, lekcje*); ~ **through with sth** przeprowadzić coś; doprowadzić coś do końca; ~ **to a lot of trouble** (*także* ~ **to great lengths**) zadać sobie wiele trudu (*to do sth* żeby coś zrobić); ~ **together** pasować do siebie, harmonizować ze sobą; ~ **toward sth** być przeznaczonym na coś (*o pieniądzach*); ~ **under** zatonąć; utonąć; paść (*o projekcie, przedsiębiorstwie*); ~ **up** iść w górę; wyrastać (*o budowlach*); podnosić się (*o kurtynie*); wylecieć w powietrze; ~ **with sth** łączyć się z czymś, towarzyszyć czemuś; pasować do czegoś; ~ **without sth** nie mieć czegoś; obywać się bez czegoś; **it ~es without saying** to się rozumie samo przez się. — *n. pl.* **-es** [gouz] **1.** próba, podejście; **give sth a ~** przymierzyć się do czegoś; **have a ~ (at doing sth)** spróbować (coś zrobić). **2.** ruch, kolej (*w grze*); **be on the ~** być (stale) w ruchu.

go-ahead ['gouəˌhed] *n.* **give sb the ~** dać komuś zielone światło.

goal [goul] *n.* **1.** cel; **achieve a ~** osiągnąć cel. **2.** *sport* bramka. **3.** gol; bramka; **score a ~** zdobyć bramkę, strzelić gola.

goalkeeper ['goulˌkiːpər] *n.* (*także* **goalie**) bramkarz.

goalpost ['goulˌpoust] *n.* słupek (*bramki*).

goat [gout] *n.* koza; kozioł.

gobble ['gɑːbl] *v.* ~ **(down/up)** pożerać, pochłaniać (*t. np. oszczędności*).

go-between ['goubɪˌtwiːn] *n.* pośredni-k/czka; posłan-iec/niczka.

god [gɑːd] *n.* **1. G~** Bóg; ~ **bless (you)!** niech cię/was Bóg błogosławi! z Bogiem! ~ **(only) knows** Bóg raczy wiedzieć; **for ~'s sake** na miłość boską; **good ~!** dobry Boże! **(oh) my ~!** (o) mój Boże! **thank ~** Bogu dzięki. **2.** bóg, bożek, bóstwo. **3.** bożyszcze.

godchild ['gɑːdˌtʃaɪld] *n.* chrześnia-k/czka.

goddaughter ['gɑːdˌdɔːtər] *n.* chrześniaczka.

goddess ['gɑːdəs] *n.* bogini.

godfather ['gɑːdˌfɑːðər] *n.* ojciec chrzestny.

godmother ['gɑːdˌmʌðər] *n.* matka chrzestna.

godparent ['gɑːdˌperənt] *n.* rodzic chrzestny.

godson ['gɑːdˌsʌn] *n.* chrześniak.

goggles ['gɑːglz] *n. pl.* okulary ochronne; gogle.

going ['gouɪŋ] *n.* **it's hard/tough ~** idzie ciężko/opornie; **(get out) while the ~ is good** (wycofać się,) dopóki można. — *a.* ~ **concern** prosperująca firma; **the best/largest...** ~ najlepszy/największy z istniejących...; **the ~ rate** aktualna stawka.

gold [gould] *n.* **1.** złoto. **2.** kolor złoty. **3.** *pot.* złoto (= *złoty medal*). — *a.* złoty.

golden ['gouldən] *a.* złoty, złocisty.

goldfish ['gouldˌfɪʃ] *n.* złota rybka.

goldmine ['gouldˌmaɪn] *n.* **1.** kopalnia złota. **2.** *przen.* żyła złota.

gold plated *a.* pozłacany, złocony.

goldsmith ['gouldˌsmɪθ] *n.* złotnik.

golf [gɑːlf] *n.* golf; **round of ~** partia golfa.

golf club *n.* **1.** kij golfowy. **2.** klub golfowy.

golf course *n.* pole golfowe.

gondola ['gɑːndələ] *n.* gondola.

gone [gɔːn] *v. pp. zob.* **go** *v.*

gong [gɔːŋ] *n.* gong.

gonna ['gɔːnə] *v. pot.* = **going to**; *zob.* **go** *v.*

gonorrhea [ˌgɑːnə'riːə] *n.* rzeżączka.

good [gud] *a.* **better, best 1.** dobry; **be ~ at (doing) sth** być dobrym w czymś; **be ~ with sb/sth** dobrze sobie radzić z kimś/czymś; **(not) ~ enough** (nie) dość dobry; **very/pretty ~** bardzo/dość dobry. **2.** grzeczny (*o dziecku*). **3.** dobry, porządny; spory; **a ~ deal** (bardzo) dużo, sporo; **a ~ many/few** całkiem sporo; **make ~ money** dobrze zarabiać. **4.** zdrowy, dobry; **be ~ for sb** być zdrowym dla kogoś, służyć komuś; **feel ~** czuć się dobrze. **5.** ważny; obowiązujący, w mocy. **6. ~ for you!** brawo!, pogratulować! ~ **luck!** powodzenia! **(as) ~ as new** jak nowy; **have a ~ one!** *pot.* miłego dnia! **(it's) ~ to see you** miło cię widzieć; **so far so ~** oby tak dalej; **too ~ to be true** zbyt dobry, aby mógł być prawdziwy. — *n.* **1.** dobro; korzyść, pożytek; ~ **and evil** dobro i zło; **be no ~** (*także* **not be any/much ~**) być do niczego; **be/do no ~** (*także* **not do/be any/much ~**) na nic się nie zdać; **for ~** na dobre; **for sb's (own) ~** dla czyjegoś (własnego) dobra; **it's no ~ crying** nie ma co płakać. **2. ~s** *zob.* **goods**. — *adv. pot.* dobrze; **(I want you to) listen ~** słuchaj/uważaj dobrze. — *int.* dobrze, zgoda.

good afternoon *int.* dzień dobry.

goodbye [ˌgud'baɪ] *int.* do widzenia. — *n.* pożegnanie; **kiss sb ~** pocałować kogoś na pożegnanie; **say ~ to sb/sth** pożegnać się z kimś/czymś.

good evening *int.* dobry wieczór.

Good Friday *n.* Wielki Piątek.

good-looking [ˌgud'lukɪŋ] *a.* atrakcyjny, urodziwy; przystojny.

good morning *int.* dzień dobry.

good-natured [ˌgʊd'neɪtʃərd] *a.* dobroduszny, dobrotliwy; życzliwy.
goodness ['gʊdnəs] *n.* **1.** dobroć. **2. thank ~!** Bogu dzięki!
good night *int.* (*także* **goodnight**) dobranoc.
goods [gʊdz] *n. pl.* **1.** towary. **2.** dobra; środki; **consumer ~** dobra konsumpcyjne.
goodwill [ˌgʊd'wɪl] *n.* **1.** dobra wola; **~ gesture** gest dobrej woli. **2.** dobre imię, reputacja (*firmy*).
goose [guːs] *n. pl.* **geese** [giːs] gęś.
gooseberry ['guːsˌberɪ] *n.* agrest.
goose bumps *n. pl.* (*także* **goose pimples, gooseflesh**) gęsia skórka.
gore [gɔːr] *n.* rozlana krew (*zwł. zakrzepła*). — *v.* zranić rogiem *l.* kłem; wziąć na rogi.
gorge [gɔːrdʒ] *n.* wąwóz. — *v.* (*także* **~ o.s.**) objadać się (*on/with sth* czymś).
gorgeous ['gɔːrdʒəs] *a.* zachwycający, olśniewający.
gorilla [gə'rɪlə] *n.* goryl.
gory ['gɔːrɪ] *a.* **1.** krwawy, drastyczny. **2. (all) the ~ details** *żart.* (wszystkie) intymne szczegóły.
gospel ['gaːspl] *n.* **1. G~** ewangelia. **2.** (*także* **~ music**) (muzyka) gospel.
gossip ['gaːsəp] *n.* **1.** plotki. **2.** plotka-rz/rka. — *v.* plotkować.
got [gaːt] *v. zob.* **get** *v.*
gotten ['gaːtən] *v. pp. zob.* **get** *v.*
gout [gaʊt] *n.* dna, podagra.
govern ['gʌvərn] *v.* rządzić (*krajem, przypadkiem*); zarządzać (*instytucją*); kierować (*polityką*); sterować (*opinią publiczną*).
governess ['gʌvərnəs] *n.* guwernantka.
government ['gʌvərnmənt] *n.* **1.** rząd; rada ministrów; **local ~** samorząd lokalny/terytorialny. **2.** rządy; system rządów; **democratic ~** rządy demokratyczne.
governor ['gʌvərnər] *n.* **1.** gubernator. **2.** człon-ek/kini zarządu; **board of ~s** zarząd.
gown [gaʊn] *n.* **1.** suknia; **ball/evening ~** suknia balowa/wieczorowa. **2.** toga. **3.** koszula szpitalna.
goy [gɔɪ] *n. pl. t.* **goyim** ['gɔɪɪm] goj.
grab [græb] *v.* **1.** chwytać, łapać; **~ sth from sb** wyrwać coś komuś. **2. ~ a chance/an opportunity** (skwapliwie) skorzystać z okazji; **~ a (quick) bite (to eat)** przekąsić coś; **how does that ~ you?** jak ci się podoba ten pomysł? **3. ~ at sth** chwytać za coś; rzucać się na coś. — *n.* **1. make a ~ at/for sth** próbować chwycić (za) coś. **2. be up for ~s** *pot.* być do wzięcia.
grace [greɪs] *n.* **1.** wdzięk, gracja. **2.** takt; przyzwoitość, poczucie przyzwoitości; **have the (good) ~ to do sth** mieć na tyle przyzwoitości, żeby coś zrobić; **with (a) bad ~** z łaski, niechętnie; **with (a) good ~** chętnie. **3. social ~s** ogłada (towarzyska), dobre maniery. **4.** łaska; **act of ~** akt łaski. **5. say ~** odmawiać modlitwę przed jedzeniem. **6.** dodatkowy czas; *handl.* prolongata; **a day's/week's ~** dodatkowy dzień/tydzień.
graceful ['greɪsfʊl] *a.* **1.** pełen wdzięku, wdzięczny; elegancki. **2.** taktowny.
gracious ['greɪʃəs] *a.* łaskawy, uprzejmy.
grade [greɪd] *n.* **1.** klasa, jakość; **high/low-~** wysokiej/niskiej jakości. **2.** *geom.* stopień. **3.** *szkoln.* stopień, ocena. **4.** *szkoln.* klasa. **5. make the ~** osiągnąć wymagany poziom/standard; zrobić karierę. — *v.* **1.** *szkoln.* oceniać. **2.** sortować; klasyfikować.
grade crossing *n.* przejazd kolejowy.
grade point average *n.* (*także* **GPA**) średnia ocen.
grade school *n.* szkoła podstawowa.
gradual ['grædʒuːəl] *a.* stopniowy.
gradually ['grædʒuːəlɪ] *adv.* stopniowo.
graduate *n.* ['grædʒʊət] absolwent/ka; **Harvard ~** (*także* **~ of Harvard**) absolwent/ka Harvardu. — *v.* ['grædʒʊeɪt] **1.** skończyć studia; **~ from Princeton** skończyć (studia w) Princeton. **2.** (*także* **~ high school**) skończyć szkołę średnią. **3.** dać dyplom (*absolwentowi*), promować. **4. ~ (from sth) to sth** awansować (z czegoś) na coś. — *a.* ['grædʒʊət] *zob.* **postgraduate** *a.*
graduation [ˌgrædʒʊ'eɪʃən] *n.* **1.** ukończenie studiów; ukończenie szkoły średniej. **2.** absolutorium, promocja; rozdanie świadectw ukończenia szkoły.
graffiti [grə'fiːtiː] *n.* graffiti.
graft [græft] *n.* **1.** *chir.* przeszczep; **bone/skin ~** przeszczep kostny/skórny. **2.** *ogr.* zraz, szczep. **3.** *pot. zwł. polit.* łapownictwo; łapówka. — *v.* **1.** przeszczepiać (*narządy, idee*). **2.** *ogr.* szczepić.
grain [greɪn] *n.* **1.** ziarno, zboże. **2.** ziar(e)nko. **3. the ~** słoje (*w drewnie*). **4. a ~ of (common) sense** szczypta rozumu; **go against the ~ (for sb)** kłócić się z (czyimiś) zasadami; być wbrew (czyjejś) naturze; **take sth with a grain of ~** podchodzić do czegoś z rezerwą.
grainy ['greɪnɪ] *a.* ziarnisty (*t. fot.*); włóknisty.
gram [græm] *n.* (*także* **gramme**) gram.
grammar ['græmər] *n.* gramatyka.
grammarian [grə'merɪən] *n.* gramatyk.
grammatical [grə'mætɪkl] *a.* gramatyczny.
gramophone ['græməˌfoʊn] *n.* gramofon.
granary ['greɪnərɪ] *n.* spichlerz.
grand [grænd] *a. t. przen.* wielki; doniosły (*o okazji*); okazały (*o budowli*); dostojny, wielkopański. — *n. pot.* **1.** fortepian. **2.** *pl.* **grand** tysiąc (*dolarów*).
grandchild ['grænˌtʃaɪld] *n.* wnu-k/czka.
granddad ['grænˌdæd] *n.* (*także* **granddaddy**) dziadek, dziadzio.
granddaughter ['grænˌdɔːtər] *n.* wnuczka.
grandeur ['grændʒər] *n. form.* dostojeństwo, majestatyczność.
grandfather ['grænˌfaːðər] *n.* dziadek.
grandfather clock *n.* zegar stojący.
grand finale *n.* wielki finał.
grandiose ['grændɪˌoʊs] *a.* **1.** górnolotny. **2.** wielce ambitny (*o planach*).
grand jury *n.* wielka ława przysięgłych.
grandma ['grænˌmaː] *n.* babcia, babunia.
grand master *n.* arcymistrz.
grandmother ['grænˌmʌðər] *n.* babka, babcia.
grandpa ['grænˌpaː] *n.* dziadzio, dziadunio.
grandparent ['grænˌperənt] *n.* dziadek; babka; **~s** dziadkowie.
grand piano *n.* fortepian.
grandson ['grænˌsʌn] *n.* wnuk, wnuczek.
grandstand ['grænˌstænd] *n.* główna trybuna.
grand total *n.* całkowita suma.
granite ['grænɪt] *n.* granit.
granny ['grænɪ], **grannie** *n.* babcia, babunia.
granola [grə'noʊlə] *n.* muesli.
grant [grænt] *v.* **1.** nadawać (*prawo, tytuł*); przyznawać (*dotację*); udzielać (*zezwolenia*); **~ sb's request** przychylić się do czyjejś prośby. **2. I ~ you**

(*także* ~**ed**) przyznaję, to prawda; **take it for ~ed (that)...** zakładać z góry, że...; **take sb for ~ed** zaniedbywać kogoś, nie doceniać kogoś; **take sth for ~ed** uważać, że coś nam się należy. — *n.* dotacja, subwencja; darowizna; (*także* **student ~**) stypendium; (*także* **research ~**) grant (naukowy/badawczy).
granular ['grænjələr] *a.* ziarnisty.
granulated sugar *n.* cukier kryształ.
granule ['grænjuːl] *n.* granulka.
grape [greɪp] *n.* winogrono; grono; **bunch of ~s** kiść winogron.
grapefruit ['greɪp,fruːt] *n.* grejpfrut.
grapevine ['greɪp,vaɪn] *n.* **1.** winorośl, winna latorośl. **2. sb heard sth through the ~** coś doszło do kogoś pocztą pantoflową.
graph [græf] *n.* **1.** wykres. **2.** krzywa.
graphic ['græfɪk] *a.* **1.** graficzny. **2.** plastyczny, obrazowy. **3.** drastyczny.
graphical ['græfɪkl] *a.* graficzny.
graphically ['græfɪklɪ] *adv.* **1.** graficznie. **2.** plastycznie, obrazowo. **3.** drastycznie.
graphic arts *n. pl.* grafika.
graphic design *n.* grafika użytkowa.
graphics ['græfɪks] *n. pl. t. komp.* grafika.
grapple ['græpl] *v.* **~ with sth** borykać/zmagać się z czymś.
grasp [græsp] *v.* **1.** chwytać, łapać; **~ sb by the arm** złapać kogoś za ramię. **2.** pojmować (= *rozumieć*). — *n.* **1.** chwyt, uścisk. **2.** pojęcie, rozeznanie, orientacja; **beyond sb's ~** niepojęty dla kogoś; **have a good/poor ~ of sth** mieć dobre/marne pojęcie o czymś, dobrze/słabo się w czymś orientować.
grass [græs] *n.* trawa.
grasshopper ['græs,hɑːpər] *n.* pasikonik, konik polny.
grassroots ['græs,ruːts] *n. pl.* **the ~** szeregowi członkowie. — *a.* (*także* **grass-roots**) oddolny (*o inicjatywie*); masowy (*o poparciu*).
grate [greɪt] *v.* **1.** trzeć, ucierać (*na tarce*). **2.** skrzypieć (*np. o zawiasach*); skrobać, zgrzytać (*against/on/upon sth* po czymś); **~ one's teeth** zgrzytać zębami. **3. ~ on sb** (*także* **~ on sb's nerves**) działać komuś na nerwy. — *n.* **1.** ruszt (*w piecu*); palenisko. **2.** (*także* **grating**) krata (*np. w oknie*), kratka (*np. w chodniku*).
grateful ['greɪtfʊl] *a.* wdzięczny; **be ~ that...** być wdzięcznym za to, że...
grater ['greɪtər] *n.* tarka.
gratifying ['grætə,faɪɪŋ] *a.* satysfakcjonujący.
grating ['greɪtɪŋ] *a.* skrzekliwy, zgrzytliwy.
gratitude ['grætɪ,tuːd] *n.* wdzięczność.
gratuity [grə'tuːətɪ] *n.* gratyfikacja; napiwek.
grave [greɪv] *n.* grób. — *a.* poważny. — *n.* (*także* **~ accent**) (akcent) gravis.
gravedigger ['greɪv,dɪgər] *n.* grabarz.
gravel ['grævl] *n.* żwir.
gravestone ['greɪv,stoʊn] *n.* kamień nagrobny, nagrobek.
graveyard ['greɪv,jɑːrd] *n.* cmentarz.
gravitate ['grævɪ,teɪt] *v.* **~ to/toward sth** ciążyć ku czemuś; skłaniać się ku czemuś.
gravitation [,grævɪ'teɪʃən] *n.* (*także* **gravity**) grawitacja, ciążenie.
gravitational [,grævɪ'teɪʃənl] *a.* grawitacyjny.
gravity ['grævətɪ] *n.* **1.** *zob.* **gravitation**. **2.** ciężkość; **center of ~** środek ciężkości. **3.** powaga.
gravy ['greɪvɪ] *n.* **1.** sos (pieczeniowy). **2.** *pot.* dodatkowy zysk.
gray [greɪ], **grey** *a.* **1.** szary, popielaty; poszarzały. **2.** siwy; **go/turn ~** siwieć. — *n.* szarość, popiel. — *v.* **1.** szarzeć. **2.** siwieć.
gray matter *n.* istota/substancja szara (*mózgu*).
graze [greɪz] *v.* **1.** obetrzeć (*skórę, kolano*), zadrasnąć się w (*palec*). **2.** muskać, ocierać się o. **3.** paść się. — *n.* obtarcie (naskórka), zadraśnięcie.
grease [griːs] *n.* **1.** tłuszcz. **2.** smar. **3.** brylantyna. — *v.* **1.** natłuszczać. **2.** smarować (*smarem*). **3. ~ sb's palm** *pot.* dać komuś w łapę.
greasy ['griːsɪ] *a.* **1.** tłusty; zatłuszczony; przetłuszczający się. **2.** oślizgły (*o osobie*).
great [greɪt] *a.* **1.** wielki; **Alexander the G~** Aleksander Wielki. **2.** *pot.* świetny, fajny; **be ~ for sth** świetnie nadawać się do czegoś; **feel ~** czuć się świetnie. **3. a ~ deal** (bardzo) dużo (*of sth* czegoś); **a ~ many (people)** mnóstwo (ludzi); **(I like her) a ~ deal** bardzo (ją lubię). — *adv.* świetnie. — *n.* **the ~s** wielcy; **tennis ~s** gwiazdy tenisa.
Great Britain *n.* Wielka Brytania.
great-grandfather [,greɪt'græn,fɑːðər] *n.* pradziadek, pradziad.
great-grandmother [,greɪt'græn,mʌðər] *n.* prababka.
greatly ['greɪtlɪ] *adv.* wielce, znacznie.
greatness ['greɪtnəs] *n.* wielkość.
Greece [griːs] *n.* Grecja.
greed [griːd] *n.* (*także* **greediness**) **1.** łakomstwo, żarłoczność. **2.** chciwość.
greedy ['griːdɪ] *a.* **1.** łakomy, żarłoczny. **2.** łapczywy, zachłanny, chciwy.
Greek [griːk] *n.* **1.** Gre-k/czynka. **2.** (język) grecki, greka. — *a.* grecki.
green [griːn] *a.* **1.** zielony. **2.** ekologiczny. — *n.* **1.** zieleń, (kolor) zielony. **2.** błonie; **village ~** błonia wiejskie. **3. G~** zielony (= *członek l. sympatyk partii zielonych*). **4. ~s** zielone warzywa, zielenina.
green belt *n.* pas zieleni.
green card *n.* zielona karta.
greenery ['griːnərɪ] *n.* zieleń, roślinność.
greengrocer ['griːn,groʊsər] *n.* właściciel/ka sklepu owocowo-warzywnego; sprzedaw-ca/czyni warzyw i owoców.
greenhouse ['griːn,haʊs] *n.* szklarnia, cieplarnia.
greenhouse effect *n.* efekt cieplarniany.
greenish ['griːnɪʃ] *a.* zielonkawy.
Greenland ['griːnlənd] *n.* Grenlandia.
green light *n.* zielone światło; **give sb/get the ~** dać komuś/dostać zielone światło.
green tea *n.* zielona herbata.
greet [griːt] *v.* **1.** witać; pozdrawiać. **2.** przyjmować; **the proposal was ~ed with enthusiasm** propozycję przyjęto entuzjastycznie.
greeting ['griːtɪŋ] *n.* **1.** powitanie; pozdrowienie; **exchange ~s** przywitać się. **2. birthday/Christmas ~s** życzenia urodzinowe/świąteczne.
gregarious [grɪ'gerɪəs] *a.* **1.** towarzyski, lubiący towarzystwo. **2.** stadny.
grenade [grɪ'neɪd] *n.* granat.
grew [gruː] *v. zob.* **grow** *v.*
grey [greɪ] *a. zob.* **gray**.
greyhound ['greɪ'haʊnd] *n.* chart.
grid [grɪd] *n.* **1.** siatka współrzędnych. **2.** sieć energetyczna.

grief [gri:f] *n.* żal (*at/over sth* z jakiegoś powodu).
grievance ['gri:vəns] *n.* pretensja, żal (*against sb* do kogoś); **file a ~** złożyć skargę; **sense of ~** poczucie krzywdy.
grieve [gri:v] *v.* **1.** być pogrążonym w żalu; **~ for sb** opłakiwać kogoś. **2.** smucić, boleć.
grievous ['gri:vəs] *a. form.* dotkliwy; poważny; ciężki.
grill [grɪl] *n.* **1.** ruszt, grill. **2.** (*także* **~room**) restauracja serwująca dania z grilla. **3.** (*także* **grille**) krata; kratownica. — *v.* **1.** piec na ruszcie. **2.** *pot.* maglować (*np. świadka*).
grim [grɪm] *a.* **1.** posępny, ponury. **2.** zawzięty.
grimace ['grɪməs] *n.* grymas. — *v.* krzywić się.
grimy ['graɪmɪ] *a.* brudny, usmarowany.
grin [grɪn] *v.* **1.** szczerzyć zęby; **~ from ear to ear** uśmiechać się od ucha do ucha. **2. ~ and bear it** robić dobrą minę do złej gry. — *n.* (szeroki) uśmiech.
grind [graɪnd] *v. pret. i pp.* **ground 1.** mleć, mielić; miażdżyć, rozgniatać. **2.** szlifować, ostrzyć. **3. ~ one's teeth** zgrzytać zębami. **4. ~ to a halt** zatrzymać się powoli (*o pojeździe*); stanąć (*o ruchu ulicznym, procesie*). **5. ~ on** wlec się (*o czasie, zimie*); **~ out** rozgnieść (*niedopałek*); trzaskać (= *produkować w dużych ilościach*). — *n.* harówka.
grip [grɪp] *n.* **1.** uchwyt, uścisk; chwyt, sposób trzymania; **get a (firm) ~ on sth** (mocno) chwycić za coś; **loosen one's ~** rozluźnić uścisk. **2. get a ~ on sth** opanować coś; **in the ~ of sth** owładnięty/ogarnięty czymś; **tighten one's ~ on sth** zacieśnić kontrolę nad czymś. — *v.* **1.** ściskać (*w ręce*); mocno chwycić/złapać (za). **2.** owładnąć (*kimś l. czymś*), ogarnąć. **3.** wciągać, pasjonować.
gripping ['grɪpɪŋ] *a.* pasjonujący, wciągający.
grisly ['grɪsli:] *a.* potworny, makabryczny.
gristle ['grɪsl] *n.* chrząstki (*w mięsie*).
grit [grɪt] *n.* **1.** żwirek, grys. **2.** zacięcie, determinacja. **3. ~s** mamałyga. — *v.* **~ one's teeth** zgrzytać zębami; *przen.* zacisnąć zęby.
grizzly ['grɪzlɪ] *n.* (*także* **~ bear**) niedźwiedź siwy.
groan [groʊn] *v.* **1.** jęczeć; stękać. **2. ~ under/with sth** uginać się/trzeszczeć pod ciężarem czegoś. — *n.* **1.** jęk. **2.** pomruk.
grocery ['groʊsərɪ] *n.* **1.** (*także* **~ store**) sklep spożywczy. **2. groceries** artykuły spożywcze.
groggy ['grɑ:gɪ] *a.* półprzytomny.
groin [grɔɪn] *n.* pachwina.
groom [gru:m] *n.* **1.** (*także* **bridegroom**) pan młody. **2.** stajenny, masztalerz. — *v.* **1.** dbać o (*siebie, wygląd*). **2.** oporządzać (*zwł. konie*). **3. ~ (itself)** iskać (się) (*o małpach*). **4. ~ sb for sth** sposobić kogoś do czegoś.
groove [gru:v] *n.* **1.** rowek, wyżłobienie; bruzda, koleina. **2. be/get (stuck) in a ~** popaść w rutynę.
groovy ['gru:vɪ] *a. przest. pot.* kapitalny, super.
grope [groʊp] *v.* **1.** szukać (po omacku) (*for sth* czegoś); (*także* **~ one's way**) posuwać się po omacku. **2.** *pot.* obmacywać.
gross [groʊs] *a.* **1.** grubiański, prostacki; wulgarny, toporny. **2.** *pot.* ohydny, obleśny; **(ooh,) ~!** (co za) ohyda! **3.** rażący, jaskrawy; karygodny. **4.** otyły, opasły. **5. ~ income** dochód całkowity/brutto; **~ sales** dochód ze sprzedaży brutto. — *adv.* brutto. — *v.* zarabiać brutto.
grossly ['groʊslɪ] *adv.* wielce (*niesprawiedliwy*), mocno (*przesadzony*); karygodnie, rażąco (*zaniedbywać obowiązki*).
grotesque [groʊ'tesk] *a.* groteskowy. — *n.* groteska.
grotto ['grɑ:toʊ] *n.* grota.
ground [graʊnd] *n.* **1.** ziemia; grunt; **below/under ~** pod ziemią. **2.** *el.* uziemienie. **3. ~s** teren, terytorium; **school ~s** teren szkoły. **4. ~s** przyczyna, powód; **on the ~s that...** z powodu tego, że... **5. ~s** fusy (*z kawy*). **6. cover a lot of ~** przebyć spory kawał drogi; przedyskutować wiele spraw; **drive/work o.s. into the ~** zaharowywać się na śmierć; **gain/lose ~** zyskiwać/tracić poparcie; **get off the ~** zacząć funkcjonować (*np. o firmie*); **give ~** ustąpić pola, wycofać się. — *v.* **1. be ~ed in/on sth** zasadzać/opierać się na czymś. **2.** odmawiać zgody na start (*samolotowi, pilotowi*). **3.** *el.* uziemiać. **4. you're ~ed** *pot.* masz szlaban! **5.** *zob.* **grind** *v.*
groundless ['graʊndləs] *a.* bezpodstawny.
groundwork ['graʊnd,wɝ:k] *n.* podwaliny.
group [gru:p] *n.* **1.** grupa; **age/ethnic ~** grupa wiekowa/etniczna; **blood ~** grupa krwi. **2.** (*także* **pop ~**) *muz.* zespół. — *v.* **~ (together)** grupować (się), łączyć (się) w grupy.
grove [groʊv] *n.* gaj; zagajnik.
grovel ['grʌvl] *v.* **1.** płaszczyć się (*przed kimś*). **2.** czołgać się, pełzać.
grow [groʊ] *v.* **grew, grown 1.** rosnąć; **~ 3 inches** urosnąć 3 cale. **2.** rozwijać się. **3.** hodować, uprawiać. **4.** zapuszczać (*włosy, brodę*). **5.** stawać się; **~ impatient** tracić cierpliwość; **~ old/rich** starzeć/bogacić się. **6.** zaczynać; **~ to like sth** zacząć coś lubić, polubić coś. **7. ~ apart** oddalić się od siebie (*o małżonkach, przyjaciołach*); **~ into sb/sth** wyrosnąć na kogoś/coś; **~ into sth** dorosnąć do czegoś; zaaklimatyzować się gdzieś; **~ on sb** coraz bardziej się komuś podobać; **~ out of sth** wyrosnąć z czegoś; (*także* **~ from sth**) brać się skądś/z czegoś; **~ up** dorastać, dojrzewać; wyrastać (*o mieście, zabudowaniach*).
grower ['groʊər] *n.* hodowca.
growing pains *n. pl.* **1.** bóle wzrostowe. **2.** początkowe trudności.
growl [graʊl] *v.* warczeć. — *n.* warczenie.
grown [groʊn] *v. zob.* **grow**.
grown-up ['groʊn,ʌp] *a.* **1.** dorosły. **2.** dla dorosłych. — *n.* (*także* **grownup**) osoba dorosła, dorosły.
growth [groʊθ] *n.* **1.** wzrost; przyrost. **2.** rozwój; **emotional/intellectual ~** rozwój emocjonalny/intelektualny. **3.** narośl; guz.
grub [grʌb] *n.* **1.** *pot.* żarcie. **2.** pędrak, czerw.
grubby ['grʌbɪ] *a.* **1.** brudny; niechlujny. **2.** nieuczciwy, podejrzany.
grudge [grʌdʒ] *n.* **have/bear a ~ against sb** żywić urazę do kogoś. — *v.* **~ sb sth** (*także* **~ sth to sb**) żałować komuś czegoś.
gruel ['gru:əl] *n.* kleik.
grueling ['gru:əlɪŋ] *a.* męczący, wyczerpujący.
gruesome ['gru:səm] *a.* makabryczny.
gruff [grʌf] *a.* szorstki (*o głosie, osobie*).
grumble ['grʌmbl] *v.* **1.** narzekać, utyskiwać; gderać, zrzędzić. **2.** dudnić (*o pociągu, gromie*). — *n.* **1.** skargi, narzekania. **2.** pomruk; dudnienie.
grumpy ['grʌmpɪ] *a.* opryskliwy; naburmuszony.
grunge [grʌndʒ] *n.* **1.** *muz., moda* grunge. **2.** *pot.* syf (= *brud*).
grunt [grʌnt] *v.* **1.** chrząkać (*o świni*). **2.** burknąć; mruknąć. — *n.* **1.** chrząknięcie. **2.** burknięcie.
guarantee [,gerən'ti:] *n. t. handl.* gwarancja. — *v.* **1.** gwarantować; ręczyć; **~ sb sth** gwarantować komuś

coś; **~ to do sth** zobowiązywać się coś zrobić. **2.** dawać gwarancję na (*produkt*). **3. ~ sth against sth** zabezpieczać coś przed czymś.

guard [gɑːrd] *n.* **1.** strażni-k/czka, wartowni-k/czka. **2.** straż; warta; **keep/stand ~** stać na warcie; stać na straży (*over sth* czegoś). **3.** ochrona, zabezpieczenie (*against sth* przed czymś). **4.** *koszykówka* obrona (*gracz l. pozycja*). **5.** *boks, szermierka* garda. **6. catch/throw sb off ~** zaskoczyć kogoś; **the old ~** stara gwardia. — *v.* **1.** pilnować, stać na straży (*kogoś l. czegoś*); chronić (*against/from sb/sth* przed kimś/czymś). **2.** osłaniać, ochraniać. **3. ~ against sth** zabezpieczać się przed czymś; mieć się na baczności przed czymś.

guarded ['gɑːrdɪd] *a.* ostrożny; oględny.

guardian ['gɑːrdɪən] *n.* **1.** (*także* **legal ~**) opiekun/ka, kurator/ka. **2. ~ of morality/democracy** stróż moralności/demokracji.

guerrilla [gə'rɪlə], **guerilla** *n.* partyzant.

guess [ges] *v.* **1.** zgadywać; odgadywać. **2. ~ (at) sth** domyślać się czegoś; **I have ~ed as much** sam się (tego) domyśliłem. **3. ~ what!** (*także* **you'll never ~**) nie uwierzysz! **I ~...** chyba..., pewnie...; **I ~ so/not** chyba tak/nie; **keep sb ~ing** utrzymywać kogoś w niepewności. — *n.* **1. take a ~** zgadywać, próbować zgadnąć (*at sth* coś). **2.** domysł, przypuszczenie; **it's anybody's ~** Bóg raczy wiedzieć; **my ~ is (that)...** sądzę, że...; **your ~ is as good as mine** wiem tyle, co ty.

guesswork ['ges,wɝːk] *n.* domysły, spekulacje.

guest [gest] *n.* gość; **be sb's ~** być zaproszonym przez kogoś (= *nie płacić za siebie*); **be my ~!** nie krepuj się!

guesthouse ['gest,haʊs], **guest-house** *n.* pensjonat.

guidance ['gaɪdəns] *n.* **1.** przewodnictwo, kierownictwo; prowadzenie (*np. studenta przez profesora*); doradztwo, poradnictwo; **marriage/vocational ~** poradnictwo małżeńskie/zawodowe. **2.** *wojsk.* naprowadzanie.

guide [gaɪd] *n.* **1.** przewodni-k/czka; **spiritual ~** przewodni-k/czka duchow-y/a; **tour ~** przewodni-k/czka wycieczki. **2.** (*także* **~book**) przewodnik; poradnik. **3.** wskazówka, drogowskaz. — *v.* **1.** oprowadzać (*turystów*). **2.** kierować (*kimś*), prowadzić; **be ~d by sth** kierować się czymś.

guidebook ['gaɪd,bʊk] *n. zob.* **guide** *n.*

guide dog *n.* pies przewodnik.

guidelines ['gaɪd,laɪnz] *n. pl.* wytyczne, wskazówki.

guild [gɪld] *n.* **1.** gildia, cech. **2.** stowarzyszenie, bractwo.

guile [gaɪl] *n. form.* przebiegłość.

guillotine ['gɪlə,tiːn] *n.* gilotyna.

guilt [gɪlt] *n.* wina; **sense of ~** poczucie winy.

guilty ['gɪltɪ] *a.* winny (*of sth* czegoś); **feel ~** czuć się winnym; **find sb ~** uznać kogoś za winnego; **plead (not) ~** (nie) przyznawać się do winy.

Guinea ['gɪnɪ] *n.* Gwinea.

guinea pig *n.* **1.** świnka morska. **2.** *przen.* królik doświadczalny.

guise [gaɪz] *n. form.* pozór; **in/under the ~ of sth** pod pozorem/płaszczykiem czegoś.

guitar [gɪ'tɑːr] *n.* gitara.

gulf [gʌlf] *n.* **1.** zatoka; **the G~ of Mexico** Zatoka Meksykańska; **the (Persian) G~** Zatoka Perska. **2.** *przen.* przepaść.

gull [gʌl] *n.* (*także* **sea~**) mewa.

gullet ['gʌlɪt] *n.* przełyk.

gullible ['gʌləbl] *a.* łatwowierny.

gully ['gʌlɪ] *n.* parów.

gulp [gʌlp] *v.* **1. ~ (down)** połykać (*pospiesznie l. z trudem*). **2.** przełykać (ślinę). **3. ~ back** tłumić (*przełykając*); **~ back/down tears** połykać łzy. — *n.* haust, łyk; **in one ~** duszkiem, jednym haustem; **take a ~** łyknąć.

gum [gʌm] *n.* **1.** guma, kauczuk. **2.** (*także* **chewing ~**) guma do żucia. **3. ~s** dziąsła.

gun [gʌn] *n.* **1.** broń; pistolet; rewolwer. **2.** działo, armata. **3.** (*także* **hired ~**) *pot.* płatny morderca; uzbrojony ochroniarz. — *v.* **1. ~ (down)** zastrzelić; ciężko postrzelić. **2.** *pot.* **~ it** dodać gazu; **be ~ning for sb** szukać na kogoś haka; **be ~ning for sth** starać się o coś (*np. o posadę*).

gunboat ['gʌn,boʊt] *n.* kanonierka.

gunfire ['gʌn,faɪr] *n.* ogień armatni.

gunman ['gʌnmən] *n. pl.* **-men** uzbrojony bandyta.

gunpoint ['gʌn,pɔɪnt] *n.* **at ~** pod groźbą rewolweru; **hold sb at ~** mieć kogoś na muszce.

gunpowder ['gʌn,paʊdər] *n.* proch strzelniczy.

gunshot ['gʌn,ʃɑːt] *n.* strzał, wystrzał; **~ wound** rana postrzałowa.

gurgle ['gɝːgl] *v.* **1.** bulgotać (*o strumieniu*). **2.** gruchać (*o niemowlęciu*). — *n.* **1.** bulgot. **2.** gruchanie.

guru ['guːruː] *n.* guru.

gush [gʌʃ] *v.* **1.** tryskać, wytryskiwać (*out of/from sth* z czegoś); lać się strumieniem (*o wodzie, krwi*). **2.** rozpływać się (z zachwytu) (*over sth* nad czymś). — *n.* **1.** struga, strumień; potok (*np. łez*). **2.** przypływ (*ulgi, niepokoju, entuzjazmu*).

gust [gʌst] *n.* **1.** poryw, silny podmuch. **2.** *przen.* poryw, wybuch. — *n.* wiać porywiście.

gut [gʌt] *n.* **1.** jelito. **2. ~s** trzewia, wnętrzności. **3.** *pot.* brzuch, bebech. **4.** *pot.* mechanizm, wnętrze (*np. komputera*). **5.** *pot.* **~ feeling** przeczucie; **hate sb's ~s** nie cierpieć kogoś; **have the ~s to do sth** mieć odwagę coś zrobić; **work one's ~s out** wypruwać sobie flaki. — *v.* **1.** patroszyć. **2.** wypalić, strawić (*o pożarze*).

gutter ['gʌtər] *n.* **1.** ściek, rynsztok. **2.** rynna. **3.** rowek; wyżłobienie. **4. the ~** rynsztok, niziny społeczne.

guttural ['gʌtərəl] *a.* gardłowy (*o dźwięku, głosie*).

guy [gaɪ] *n.* **1.** *pot.* gość, facet. **2. ~s** *pot.* ludzie.

gym [ʤɪm] *n.* **1.** siłownia. **2.** sala gimnastyczna.

gymnastics [ʤɪm'næstɪks] *n.* gimnastyka.

gym shoes *n. pl.* tenisówki.

gynecological [,gaɪnəkə'lɑːʤɪkl], **gynecologic** [,gaɪnəkə'lɑːʤɪk] *a.* ginekologiczny.

gynecologist [,gaɪnə'kɑːləʤɪst] *n.* ginekolo-g/żka.

gynecology [,gaɪnə'kɑːləʤɪ] *n.* ginekologia.

gypsy ['ʤɪpsɪ], **gipsy** *n.* Cygan/ka.

gyrate ['ʤaɪ,reɪt] *v.* wirować.

H

habit ['hæbɪt] *n.* **1.** zwyczaj, przyzwyczajenie; nawyk; **get into the ~ of doing sth** przyzwyczaić się do robienia czegoś; **have a ~ of doing sth** mieć nawyk robienia czegoś, mieć w zwyczaju coś robić. **2.** nałóg; **kick/break the ~** zerwać z nałogiem. **3.** *kośc.* habit.

habitat ['hæbɪˌtæt] *n.* środowisko (*rośliny l. zwierzęcia*); **natural ~** naturalne środowisko.

habitual [hə'bɪtʃʊəl] *a.* zwykły, zwyczajowy; charakterystyczny.

habitually [hə'bɪtʃʊəlɪ] *adv.* stale.

hack [hæk] *v.* **1.** rąbać, siekać. **2. ~ (one's way) through sth** przedzierać się przez coś. **3.** pokasływać. **4. ~ into** *komp.* włamać się do (*sieci, systemu*). — *n.* **1.** *komp.* włamanie. **2.** pismak. **3.** najemnik, wół roboczy.

hacker ['hækər] *n.* (*także* **computer ~**) *pot.* haker; maniak komputerowy.

hackneyed ['hæknɪd] *a.* wyświechtany, wytarty (*o powiedzeniu, sloganie*).

had [hæd; həd] *v.* **1.** *pret. i pp. zob.* **have**. **2. be ~** *pot.* dać się nabrać. **3. you/we ~ better do it** (*także* **you/we'd better do it**) lepiej zrób/zróbmy to.

haddock ['hædək] *n.* plamiak, łupacz (*ryba*).

hadn't ['hædənt] *v.* = **had not**; *zob.* **have**.

haggard ['hægərd] *a.* wymizerowany, zabiedzony.

haggle ['hægl] *v.* **1.** targować się. **2.** spierać się.

hail [heɪl] *n.* **1.** grad. **2. a ~ of bullets/stones** grad kul/kamieni; **a ~ of insults/abuse** potok wyzwisk. — *v.* **1. it's ~ing** pada grad. **2. ~ a cab/taxi** przywołać taksówkę. **3. he was ~ed (as) a hero** okrzyknięto/obwołano go bohaterem. **4. ~ from** pochodzić z (*danego kraju*).

hailstorm ['heɪlˌstɔːrm] *n.* burza gradowa, gradobicie.

hair [her] *n.* **1.** włosy; włosie; sierść; **do one's ~** układać sobie włosy. **2.** włos, włosek. **3. by a ~'s breath** o (mały) włos; **get in sb's ~** *pot.* naprzykrzać się komuś, nie dawać komuś spokoju; **let one's ~ down** *pot.* zrelaksować się, zabawić się; **pull/tear one's ~ out** rwać włosy z głowy; **split ~s** dzielić włos na czworo.

hairbrush ['herˌbrʌʃ] *n.* szczotka do włosów.

haircut ['herˌkʌt] *n.* **1.** strzyżenie (włosów); **get/have a ~** ostrzyc się, ściąć włosy. **2.** fryzura.

hairdo ['herˌduː] *n.* fryzura, uczesanie.

hairdresser ['herˌdresər] *n.* fryzjer/ka.

hairdryer ['herˌdraɪər], **hairdrier** *n.* suszarka do włosów.

hairpin ['herˌpɪn] *n.* spinka/wsuwka do włosów.

hair remover *n.* depilator.

hair spray *n.* lakier do włosów.

hairstyle ['herˌstaɪl] *n.* fryzura, uczesanie.

hairy ['herɪ] *a.* **1.** owłosiony. **2.** włochaty, kosmaty. **3.** *pot.* niebezpieczny.

hake [heɪk] *n.* morszczuk.

half [hæf] *n. pl.* **halves** [hævz] **1.** połowa; pół; połówka; **cut sth in ~/into halves** przeciąć coś na pół; **three and a ~** trzy i pół. **2.** jedna druga. **3. ~ past one/two** wpół do drugiej/trzeciej; **go halves** dzielić się po połowie; **not do things/anything by halves** nigdy nic nie robić połowicznie. — *pron., a.* **1.** pół; połowa; **~ a dollar/mile** pół dolara/mili; **~ a dozen** pół tuzina. **2. ~ a minute/moment/second** sekundka, momencik, chwileczka; **have ~ a mind to do sth** mieć wielką ochotę coś zrobić; być prawie zdecydowanym coś zrobić. — *adv.* **1.** do połowy; w połowie; o połowę; na pół. **2. ~-dressed/finished** na pół ubrany/skończony; **I ~ expected that** poniekąd się tego spodziewałam; **not ~ as good as...** nawet w połowie nie tak dobry jak...

half-brother ['hæfˌbrʌðər] *n.* brat przyrodni.

half-hearted [ˌhæf'hɑːrtɪd] *a.* wymuszony, bez entuzjazmu/przekonania.

half-hour [ˌhæf'aʊr] *n.* pół godziny. — *a.* półgodzinny.

half price, **half-price** *a.* o połowę tańszy. — *adv.* za pół ceny.

half-sister ['hæfˌsɪstər] *n.* siostra przyrodnia.

half-time ['hæfˌtaɪm], **halftime** *n.* koniec pierwszej połowy (*meczu*).

half-truth ['hæfˌtruːθ] *n.* półprawda.

halfway [ˌhæf'weɪ] *a.* **1.** (znajdujący się) w połowie drogi. **2.** połowiczny. **3. ~ decent** *pot.* względnie/w miarę przyzwoity. — *adv.* **1.** w połowie drogi (*between X and Y* pomiędzy X i Y). **2.** w połowie; **~ through dinner** w połowie obiadu. **3.** połowicznie, częściowo; do połowy. **4. meet sb ~** wychodzić komuś na przeciw.

hall [hɔːl] *n.* **1.** przedpokój; hol; westybul; korytarz. **2.** sala, aula; **concert/lecture ~** sala koncertowa/wykładowa. **3.** (*także* **city/town ~**) ratusz. **4.** (*także* **residence ~**) dom akademicki, akademik.

hallmark ['hɔːlˌmɑːrk] *n.* **1.** znak stempla probierczego, próba. **2. bear/have all the ~s of sth** nosić wszelkie znamiona czegoś.

Halloween [ˌhælə'wiːn], **Hallowe'en** *n.* wigilia Wszystkich Świętych.

hallucinate [hə'luːsəˌneɪt] *v.* mieć halucynacje.

hallucination [həˌluːsə'neɪʃən] *n.* halucynacja.

hallucinatory [hə'luːsənəˌtɔːrɪ] *a.* halucynacyjny.

hallucinogen [hə'luːsənəˌdʒen] *n.* halucynogen, środek halucynogenny.

hallway ['hɔːlˌweɪ] *n.* korytarz; hol.

halo ['heɪloʊ] *n.* aureola, nimb.

halt [hɔːlt] *n.* postój, przystanek; **bring sth to a ~** wstrzymać/zatrzymać coś; **come to a ~** zatrzymać się. — *v.* **1.** zatrzymać się, zrobić postój. **2.** powstrzymywać, wstrzymywać. **3. ~!** *wojsk.* stój!

halve [hæv] *v.* **1.** zmniejszać o połowę. **2.** dzielić (się) na pół, przepoławiać.

halves [hævz] *n. pl. zob.* **half**.

ham [hæm] *n.* **1.** szynka. **2.** (*także* **radio ~**) radioamator/ka. **3.** *teatr pot.* szmirus/ka, aktorzyna. — *v.* **~ it up** *teatr* zagrywać się, szarżować.

hamburger ['hæmˌbɝːgər] *n.* **1.** hamburger. **2.** mielona wołowina.

hammer ['hæmər] *n.* **1.** młotek; młot. **2.** młoteczek (*w fortepianie*). **3. the ~** (*także* **throwing the ~**) rzut młotem. **4. come/go under the ~** iść pod młotek; **go/be at it ~ and tongs** *pot.* walczyć zawzięcie. — *v.* **1.** wbijać (*sth into sth* coś w coś). **2.** kuć. **3.** walić (*on/at sth* w coś); walić, łomotać (*o sercu*). **4.** *sport pot.* rozgromić. **5. ~ sth home** *pot.* tłumaczyć coś łopatologicznie. **6. ~ (away) at sth** walić w coś; pracować nad czymś bez wytchnienia; powtarzać coś do znudzenia; **~ sth in** (*także* **~ sth into sb**) wbijać coś komuś do głowy; **~ sth out** dopracować się czegoś, wynegocjować coś.

hammock ['hæmək] *n.* hamak.

hamper ['hæmpər] *v.* ograniczać; utrudniać. — *n.* **1.** kosz (*z przykrywką*). **2.** kosz na brudną bieliznę.

hamster ['hæmstər] *n.* chomik.

hamstring ['hæm,strɪŋ] *n.* ścięgno podkolanowe. — *v. pret. i pp.* **-strung** ograniczać; paraliżować.

hand [hænd] *n.* **1.** ręka; **~s off!** *pot.* ręce przy sobie!, precz z łapami! **~s up!** ręce do góry! **hold ~s** trzymać się za ręce; **hold sb's ~** trzymać kogoś za rękę; **shake ~s with sb** (*także* **shake sb's ~**) uścisnąć komuś rękę/dłoń; **take sb by the ~** (*także* **take sb's ~**) wziąć kogoś za rękę; **with one's bare ~s** gołymi rękami. **2.** wskazówka; **hour/minute ~** mała/duża wskazówka. **3.** robotni-k/ca. **4.** pismo, charakter pisma. **5.** *karty* rozdanie; ręka, karty (*trzymane w ręku*). **6.** **right-/left-~ed** prawo/leworęczny; **right-/left-~ side** prawa/lewa strona. **7.** **ask for sb's ~ (in marriage)** *przest.* prosić o czyjąś rękę; **at ~** *form.* tuż obok, w pobliżu; **at first/second ~** z pierwszej/drugiej ręki; **be in good ~s** być w dobrych rękach; **by ~** ręcznie; **change ~s** zmieniać właściciela; przechodzić z rąk do rąk; **eat out of sb's ~** jeść komuś z ręki; **force sb's ~** zmusić kogoś do ujawnienia zamiarów; **get one's ~s on sb/sth** *pot.* dostać kogoś/coś w swoje ręce; **get out of ~** wymknąć się spod kontroli; **give sb a free ~** dać komuś wolną rękę; **give sb/sth a (big) ~** *pot.* oklaskiwać kogoś/coś (gorąco); **give/lend sb a (helping) ~** wyciągnąć do kogoś pomocną dłoń; **go ~ in ~ (with sth)** iść w parze (z czymś); **have one's ~s full** mieć pełne ręce roboty; **have the upper ~ over sb** mieć nad kimś przewagę; **in the ~s of** (*także* **in sb's ~s**) w czyichś rękach; w czyjejś gestii; **near/close at ~** w zasięgu ręki; **off ~** od ręki, na poczekaniu; **old ~** stary wyga, weteran; **on the one ~..., on the other ~...** z jednej strony..., z drugiej strony...; **take sb in ~** wziąć się za kogoś; **to ~** pod ręką, w zasięgu ręki; **try one's ~ at sth** spróbować swoich sił w czymś; **(win) ~s down** (wygrać) z łatwością/bez trudu. — *v.* **1.** podawać, przekazywać, wręczać. **2.** **~ sth around** rozdawać coś; częstować czymś; **~ down** przekazać; **~ in** oddać (*zwł. pracę pisemną nauczycielowi*); **~ in a resignation** złożyć rezygnację; **~ out** rozdawać, wydawać; **~ over** przekazać, oddać (*t. władzę, uprawnienia*).

handbag ['hænd,bæg] *n.* torebka (*damska*).

handbook ['hænd,bʊk] *n.* **1.** podręcznik. **2.** poradnik.

handbrake ['hænd,breɪk] *n.* hamulec ręczny.

handcuff ['hænd,kʌf] *n.* **~s** kajdanki. — *v.* zakładać kajdanki (*komuś*).

handful ['hænd,fʊl] *n.* **1.** garść; garstka. **2.** *pot.* trudna osoba; trudna sprawa.

handgun ['hænd,gʌn] *n.* pistolet; rewolwer.

handicap ['hændɪ,kæp] *n.* **1.** upośledzenie, ułomność; **mental/physical ~** upośledzenie umysłowe/fizyczne. **2.** utrudnienie, przeszkoda; niedogodność. **3.** *sport* handicap, wyrównanie. — *v.* **1.** utrudniać. **2.** wyrównywać szanse (*czyjeś*).

handkerchief ['hæŋkərtʃɪf] *n.* chusteczka do nosa.

handle ['hændl] *n.* **1.** rączka; trzonek; rękojeść. **2.** klamka; uchwyt (*szuflady*). **3.** ucho (*kubka*). **4.** **fly off the ~** *pot.* wściec się; **get a ~ on sth** zorientować/połapać się w czymś. — *v.* **1.** zajmować się (*czymś*); zawiadować (*czymś*); załatwiać. **2.** obchodzić się z (*kimś l. czymś*); traktować; **~ with care** ostrożnie! (*napis na pakunku*). **3.** dotykać (*czegoś*); manipulować (*czymś*). **4.** handlować (*czymś*).

handlebars ['hændl,bɑːrz] *n. pl.* kierownica (*roweru, motocykla*).

hand luggage *n.* bagaż podręczny.

handmade [,hænd'meɪd] *a.* robiony ręcznie.

handout ['hænd,aʊt] *n.* **1.** zapomoga, jałmużna. **2.** ulotka reklamowa. **3.** konspekt (*wykładu*).

handrail ['hænd,reɪl] *n.* poręcz.

handshake ['hænd,ʃeɪk] *n.* uścisk dłoni.

handsome ['hænsəm] *a.* **1.** przystojny. **2.** piękny, imponujący (*o budynku, ogrodzie*). **3.** pokaźny, spory (*o dochodzie, zysku*). **4.** szczodry, hojny (*o podarunku, ofercie*).

handstand ['hænd,stænd] *n.* stanie na rękach.

handwriting ['hænd,raɪtɪŋ] *n.* pismo, charakter pisma.

handy ['hændɪ] *a.* **1.** poręczny, wygodny; łatwy w obsłudze. **2.** **come in ~** przydać się. **3.** dogodnie położony; **~ for sth** położony blisko czegoś. **4.** *pot.* pod ręką.

handyman ['hændɪ,mæn] *n.* majster do wszystkiego, złota rączka.

hang [hæŋ] *v. pret. i pp.* **hung** **1.** wieszać; zawieszać; rozwieszać. **2.** wisieć; zwisać; opadać (*np. o włosach*). **3.** *pret. i pp.* **hanged** wieszać; powiesić (*na szubienicy*). **4.** *komp.* zawieszać się. **5.** **~ by a thread** wisieć na włosku; **~ in the balance** ważyć się; **~ one's head** zwiesić głowę. **6.** **~ around** *pot.* pałętać się, kręcić się; **~ around with sb** zadawać się z kimś; **~ back** ociągać się, zwlekać; **~ on** trzymać się (*to sb/sth* kogoś/czegoś); wytrzymać, wytrwać; **~ on!** *pot.* zaczekaj! **~ on tight!** trzymaj się mocno! **~ on sth** zależeć od czegoś; **~ on to sth** zatrzymać/zachować coś; **~ out** wywiesić (*tabliczkę, flagę*); rozwiesić (*pranie*); **~ out somewhere** *pot.* przesiadywać gdzieś; **~ out with sb** *pot.* zadawać się z kimś; **~ over sb's head** wisieć na czyjąś głową; **be hung over** mieć kaca; **~ together** *pot.* trzymać się razem; trzymać się kupy; **~ up** powiesić (*np. obraz*); odłożyć słuchawkę, rozłączyć się; **~ up on sb** rzucić komuś słuchawką. — *n.* **get the ~ of sth** *pot.* połapać się w czymś.

hangar ['hæŋər] *n.* hangar.

hanger ['hæŋər] *n.* (*także* **coat ~**) wieszak.

hang gliding *n.* lotniarstwo.

hanging ['hæŋɪŋ] *n.* **1.** powieszenie (*egzekucja*); wieszanie. **2.** draperia.

hangover ['hæŋ,oʊvər] *n.* **1.** kac. **2.** **a ~ from sth** pozostałość po czymś.

hang-up ['hæŋ,ʌp] *n.* **1.** zahamowanie; **have a ~ about sth** mieć kompleksy na punkcie czegoś. **2.** problem, trudność.

hanky ['hæŋkɪ], **hankie** *n. pot.* chusteczka do nosa.

Hanukkah ['hɑːnəkə], **Chanukah** *n.* Chanuka, Święto Świateł/Świec.

haphazard [hæp'hæzərd] *a.* przypadkowy, niesystematyczny.

happen ['hæpən] *v.* zdarzać się; dziać się; **~ to sb** przytrafić się komuś; **~ to do sth** przypadkiem coś zrobić; **as it ~s,...** (*także* **it (just) so ~s,...**) tak się (akurat) składa, że...; **he ~ed to be free** akurat był wolny; **if anything should ~ to me** gdyby coś mi się stało; **sth is bound to ~** coś się na pewno wydarzy/

stanie; **what ~s if...?** co będzie, jeżeli...? **whatever ~s** cokolwiek się stanie; **what's ~ing?** co się dzieje?

happening ['hæpənɪŋ] *n.* **1.** wydarzenie. **2.** happening.

happily ['hæpɪlɪ] *adv.* **1.** szczęśliwie (*np. żonaty*). **2.** z przyjemnością, chętnie (*robić coś*). **3.** **~,...** na szczęście,...

happiness ['hæpɪnəs] *n.* szczęście.

happy ['hæpɪ] *a.* szczęśliwy; zadowolony (*about/ with sth* z czegoś); **be ~ to do sth** robić coś z przyjemnością; **be/feel ~ for sb** cieszyć się z czyjegoś szczęścia; **H~ Birthday!** wszystkiego najlepszego (z okazji urodzin)! **H~ New Year!** Szczęśliwego Nowego Roku! **many ~ returns (of the day)!** wszystkiego najlepszego (w dniu urodzin)! **(try) to keep sb ~** (starać się,) żeby ktoś był zadowolony.

happy-go-lucky [ˌhæpɪgoʊ'lʌkɪ] *a.* niefrasobliwy, beztroski.

harass [hə'ræs] *v.* **1.** nękać, dręczyć. **2.** napastować, molestować.

harassment [hə'ræsmənt] *n.* **1.** nękanie, dręczenie. **2.** **(sexual) ~** napastowanie/molestowanie (seksualne).

harbor ['hɑːrbər] *n.* port. — *v.* **1.** **~ a grudge against sb** żywić do kogoś urazę; **~ doubts/suspicions** żywić wątpliwości/podejrzenia. **2.** dawać schronienie (*przestępcy*), ukrywać.

hard [hɑːrd] *a.* **1.** twardy. **2.** trudny; **I find it ~ to believe that...** trudno mi uwierzyć, że...; **it's ~ to say/ tell** trudno powiedzieć; **sb is ~ to please** trudno kogoś zadowolić. **3.** ciężki; **have a ~ life** mieć ciężkie życie. **4.** surowy, srogi (*t. o zimie, klimacie*); stanowczy, nieugięty. **5.** niepodważalny, niezbity. **6.** mocny (*o alkoholu*). **7.** **be ~ going** iść jak po grudzie; **give sb a ~ time** *pot.* dokuczać komuś, dawać się komuś we znaki; **no ~ feelings** już się nie gniewam. — *adv.* **1.** ciężko; mocno; z całych sił, usilnie; bardzo; **I tried as ~ as I could** starałam się, jak (tylko) mogłam; **it's raining ~** leje jak z cebra; **work ~** ciężko pracować. **2.** **be ~ hit** zostać ciężko dotkniętym (*np. kryzysem gospodarczym*); **be ~ pressed/put to do sth** mieć trudności ze zrobieniem czegoś; nie wiedzieć, jak coś zrobić; **play ~ to get** udawać niedostępnego; **take sth ~** przejąć się czymś, przeżywać coś.

hard copy *n.* wydruk.

hardcore [ˌhɑːrd'kɔːr], **hard-core** *a.* **1.** zatwardziały. **2.** twardy (*o pornografii*). **3.** *muz.* hardcorowy.

hardcover ['hɑːrdˌkʌvər] *a., n.* (*także* **hardback**) (książka/wydanie) w twardej/sztywnej oprawie.

hard currency *n.* waluta wymienialna, twarda waluta.

hard disk *n.* dysk twardy/stały.

harden ['hɑːrdən] *v.* **1.** utwardzać; hartować. **2.** utwardzać się; twardnieć. **3.** czynić zatwardziałym; znieczulać. **4.** hartować się, uodparniać się.

hard labor *n.* ciężkie roboty.

hardly ['hɑːrdlɪ] *adv.* ledwie, zaledwie; z trudem; dopiero co; prawie nie/wcale; **~ anyone/anything** prawie nikt/nic; **~ ever** prawie nigdy; **I can ~ hear you** prawie cię nie słyszę; **I can ~ wait** nie mogę się doczekać; **it's ~ surprising** nic dziwnego; **the lesson had ~ begun when...** lekcja dopiero co się zaczęła, kiedy...; **this is ~ the time/place** to nie jest odpowiedni moment/odpowiednie miejsce.

hardship ['hɑːrdʃɪp] *n.* **1.** trudności, ciężar (*losu*). **2.** cierpienia; trudy.

hard up *a. pot.* **1.** spłukany (= *bez pieniędzy*). **2.** **be ~ for sth** cierpieć na brak czegoś.

hardware ['hɑːrdˌwer] *n.* **1.** hardware. **2.** towary żelazne.

hard-working [ˌhɑːrd'wɝːkɪŋ] *a.* pracowity; pilny.

hardy ['hɑːrdɪ] *a.* wytrzymały, odporny.

hare [her] *n.* zając.

harm [hɑːrm] *n.* szkoda, krzywda; **come to no ~** (*także* **not come to any ~**) ujść cało; **do sb/sth ~** (*także* **do ~ to sb/sth**) szkodzić komuś/czemuś; **do more ~ than good** przynieść więcej szkody niż pożytku; **mean no ~** (*także* **not mean any ~**) nie mieć złych zamiarów; **there's no ~ in doing sth** nie zaszkodzi coś zrobić. — *v.* **1.** szkodzić (*komuś l. czemuś*); **~ sb's reputation** zaszkodzić czyjejś reputacji. **2.** robić krzywdę (*komuś*), krzywdzić. **3.** uszkadzać.

harmful ['hɑːrmfʊl] *a.* szkodliwy.

harmless ['hɑːrmləs] *a.* nieszkodliwy.

harmonica [hɑːr'mɑːnəkə] *n.* harmonijka ustna, organki.

harmonious [hɑːr'moʊnɪəs] *a.* harmonijny, zgodny.

harmony ['hɑːrmənɪ] *n.* **1.** harmonia; **sing in ~** śpiewać na głosy. **2.** zgoda, harmonia; **be in ~ with sth** *form.* harmonizować z czymś; **in ~** w zgodzie, zgodnie.

harness ['hɑːrnɪs] *n.* **1.** uprząż. **2.** szelki (*dla dziecka*). **3.** (*także* **safety ~**) pas bezpieczeństwa (*np. do pracy na wysokościach*). — *v.* **1.** zaprzęgać. **2.** wykorzystywać (*siły przyrody*).

harp [hɑːrp] *n.* harfa. — *v.* **~ on** *pot.* przynudzać, truć.

harpoon [hɑːr'puːn] *n.* harpun. — *v.* ugodzić harpunem.

harpsichord ['hɑːrpsɪˌkɔːrd] *n.* klawesyn.

harrowing ['heroʊɪŋ] *a.* przerażający, wstrząsający, koszmarny.

harsh [hɑːrʃ] *a.* **1.** surowy, srogi. **2.** ostry, przenikliwy.

harvest ['hɑːrvɪst] *n.* **1.** żniwa; zbiory, plony. **2.** żniwo, plon; **reap a ~** zbierać żniwo. — *v.* zbierać (plony).

has [hæz; həz] *v. zob.* **have**.

hash [hæʃ] *n.* **1.** zapiekanka mięsna. **2.** *pot.* hasz (= *haszysz*). **3.** **make a ~ (out) of sth** *pot.* spartaczyć coś.

hashish ['hæʃiːʃ] *n.* haszysz.

hasn't ['hæzənt] *v.* = **has not**; *zob.* **have**.

hassle ['hæsl] *pot. n.* **1.** kłopot, zawracanie głowy. **2.** kłótnia, awantura. — *v.* zawracać głowę (*komuś*).

haste [heɪst] *n.* pośpiech; **in ~** w pośpiechu.

hasten ['heɪsən] *v. form.* **1.** przyspieszać. **2.** ponaglać, popędzać. **3.** spieszyć (się) (*somewhere* dokądś). **4.** **I ~ to add** spieszę dodać.

hastily ['heɪstɪlɪ] *adv.* pospiesznie; pochopnie.

hasty ['heɪstɪ] *a.* **1.** pospieszny. **2.** pochopny.

hat [hæt] *n.* **1.** kapelusz; czapka; nakrycie głowy. **2.** *pot.* **be talking through one's ~** pleść głupstwa; **take one's ~ off to sb** chylić czoła przed kimś.

hatch [hætʃ] *v.* **1.** **~ (out)** wylęgać/wykluwać się. **2.** wysiadywać (*pisklęta*); siedzieć na (*jajkach*). **3.** pękać (*o jajku, z którego wykluwa się pisklę*). **4.** **~ (up)** obmyślić, wykoncypować; uknuć. — *n.* **1.** luk, właz. **2.** (*także* **serving ~**) okienko (*do wydawania posiłków*). **3.** śluza.

hatchback ['hætʃbæk] *n. mot.* hatchback.
hatchet ['hætʃɪt] *n.* **1.** toporek, siekierka. **2. bury the ~** zakopać topór wojenny; **do a ~ job on sb** *pot.* nie zostawić na kimś suchej nitki (*np. w recenzji*).
hate [heɪt] *v.* nienawidzić; nie cierpieć, nie znosić (*kogoś l. czegoś*); **~ doing sth** (*także* **~ to do sth**) bardzo niechętnie coś robić; **I ~ to say this, but...** przykro mi to mówić, ale...; **I ~ to think what/how...** boję się myśleć, co/jak... — *n.* **1.** nienawiść. **2. (pet) ~** *pot.* (najbardziej) znienawidzona osoba; (najbardziej) znienawidzona rzecz.
hatred ['heɪtrɪd] *n.* nienawiść.
haughty ['hɔːtɪ] *a.* wyniosły; hardy.
haul [hɔːl] *v.* **1.** ciągnąć, wlec. **2.** holować. **3.** przewozić, transportować (*zwł. ciężarówką*). — *n.* **1.** zdobycz; łup (*z kradzieży*); przechwycona kontrabanda. **2. five-mile ~** przewóz/transport na odległość pięciu mil; **it was a long/slow ~** to się ciągnęło/wlekło w nieskończoność.
haulage ['hɔːlɪdʒ] *n.* przewóz, transport.
haunch [hɔːntʃ] *n.* **1.** udziec, comber. **2. sit/squat on one's ~es** siedzieć w kucki.
haunt [hɔːnt] *v.* **1.** nawiedzać (*o duchach*), straszyć w (*domu*). **2.** nie dawać spokoju (*komuś*), prześladować, nękać. — *n.* **sb's ~** czyjeś ulubione miejsce, miejsce czyichś spotkań.
haunted ['hɔːntɪd] *a.* **1. ~ house** dom, w którym straszy. **2.** udręczony, znękany (*o wyrazie twarzy, spojrzeniu*).
have [hæv; həv] *v. 3 os. sing.* **has** [hæz] *pret. i pp.* **had** [hæd] **1.** mieć; **do you ~ a computer?** czy masz komputer? **she has (got) blue eyes** ona ma niebieskie oczy. **2. ~ you finished?** skończyłeś? **I ~n't been feeling well for a long time** nie czuję się dobrze już od dłuższego czasu; **you might ~ forgotten about this** mogłeś o tym zapomnieć. **3. ~ a cold** być przeziębionym; **~ a good time** dobrze się bawić; **he has had it** *pot.* dostało mu się. **4. I ~ to say/admit (that)...** muszę powiedzieć/przyznać, że...; **you don't ~ to (do this)** nie musisz (tego robić). **5.** kazać; **~ sth done** kazać coś zrobić; **~ one's hair cut** (dać sobie) obciąć włosy. **6. ~ sb doing sth** sprawić, że ktoś coś robi; **she had them laughing** rozśmieszyła ich. **7. he had his arm broken** złamał (sobie) rękę; **she had her purse stolen** skradziono jej torebkę. **8. I won't ~ it!** nie pozwolę na to! **we kept telling her, but she wouldn't ~ it** powtarzaliśmy jej, ale nie przyjmowała tego do wiadomości. **9. ~ a drink** napić się; **~ breakfast/supper** zjeść śniadanie/kolację. **10. ~ twins** mieć/urodzić bliźniaki; **we're going to ~ a baby** będziemy mieli dziecko. **11. we've been had** *pot.* daliśmy się nabrać. **12.** *form.* utrzymywać, twierdzić; **rumor has it (that)...** plotka głosi/wieść niesie, że... **13.** zamówić (*w restauracji*); **I'll ~ fish** wezmę rybę. **14. you'd better go** lepiej już idź. **15. sb had rather/sooner do sth** ktoś wolałby coś zrobić. **16. ~ an accident/operation** mieć wypadek/operację; **~ a bath/shower** wziąć kąpiel/prysznic; **~ a nice day!** *pot.* miłego dnia! **~ a rest** odpocząć; **~ a shock** doznać szoku; **~ a swim** popływać (sobie). **17. ~ done with sth** skończyć z czymś; **~ had it** *pot.* być bez szans; być skończonym; mieć dosyć (*with sth* czegoś); **~ sb/sth to o.s.** mieć kogoś/coś (wyłącznie) dla siebie; **~ sth against sb** mieć coś przeciwko komuś; **~ what it takes** mieć warunki/predyspozycje; **I'll ~ nothing to do with it** nie chcę mieć z tym nic wspólnego; **we've never had it so good** nigdy nie mieliśmy tak dobrze. **18. ~ sth on** mieć coś na sobie; mieć coś włączone (*np. radio*); **~ sth on one** mieć coś przy sobie; **~ sth on sb** mieć coś na kogoś (*zwł. obciążające dowody*); **~ it out with sb** *pot.* rozmówić się z kimś. — *n.* **the ~s and the ~-nots** bogaci i biedni.
haven ['heɪvən] *n.* przystań, schronienie, azyl.
haven't ['hævənt] *v.* = **have not**; *zob.* **have**.
havoc ['hævək] *n.* spustoszenie, zniszczenie; chaos, zamęt; **cause ~** czynić spustoszenia; **play ~ with sth** (*także* **wreak ~ on sth**) siać spustoszenie w czymś/wśród czegoś; wprowadzać zamęt w czymś.
Hawaii [hə'wɑːiː] *n.* (stan) Hawaii.
Hawaiian [hə'waɪən] *n.* **1.** Hawaj-czyk/ka. **2.** (język) hawajski. — *a.* hawajski.
hawk [hɔːk] *n.* jastrząb.
hawthorn ['hɔːˌθɔːrn] *n.* głóg.
hay [heɪ] *n.* **1.** siano. **2. hit the ~** *pot.* uderzyć w kimono.
hay fever *n.* katar sienny.
haystack ['heɪˌstæk] *n.* **like looking for a needle in a ~** jak szukanie igły w stogu siana.
hazard ['hæzərd] *n.* zagrożenie, niebezpieczeństwo; ryzyko; **be a ~ to sth** stanowić zagrożenie dla czegoś; **fire/health ~** zagrożenie pożarowe/dla zdrowia; **occupational ~** ryzyko zawodowe. — *v.* ryzykować; **~ a guess that...** zaryzykować twierdzenie, że...
hazardous ['hæzərdəs] *a.* niebezpieczny; ryzykowny.
haze [heɪz] *n.* **1.** mgiełka, zamglenie. **2.** opary. **3.** otumanienie, zaćmienie. — *v.* stosować falę wobec (*młodszych uczniów*).
hazelnut ['heɪzlˌnʌt] *n.* orzech laskowy.
hazy ['heɪzɪ] *a.* **1.** mglisty, zamglony. **2.** niejasny.
he [hiː] *pron.* on; **~ who...** *form.* ten, kto...; **here ~ is** oto (i) on. — *n.* **~-goat** kozioł; **is it a ~ or a she?** czy to chłopiec czy dziewczynka? czy to samiec czy samica?
head [hed] *n.* **1.** głowa; **nod one's ~** skinąć/kiwnąć głową; **shake one's ~** kręcić/potrząsać głową. **2.** szef/owa; dyrektor/ka; przewodnicząc-y/a (*of sth* czegoś). **3. at the ~ of the page** u góry strony; **sit at the ~ of a table** siedzieć u szczytu stołu. **4. at the ~ of sth** na czele/przedzie czegoś. **5.** łepek; główka. **6.** piana (*na piwie*). **7. ~s or tails?** orzeł czy reszka? **8.** *mech.* głowica. **9. ten ~ of cattle** dziesięć sztuk bydła; **5 dollars a/per ~** (po) 5 dolarów na głowę. **10. ~s will roll!** polecą głowy! **be ~ over heels (in love)** być zakochanym po uszy (*with sb* w kimś); **be hanging over sb's ~** wisieć nad czyjąś głową; **bite/snap sb's ~ off** warczeć na kogoś; **bring sth to a ~** doprowadzić coś do momentu rozstrzygającego; **can't get sth out of one's ~** nie móc przestać o czymś myśleć; **can't make ~ or/nor tail of sth** nie móc się w czymś połapać; **come into sb's ~** przyjść komuś do głowy; **from ~ to foot/toe** od stóp do głów; **go to sb's ~** iść/uderzać komuś do głowy; **keep one's ~** nie tracić głowy; **lose one's ~** tracić głowę; **off the top of one's ~** *pot.* z głowy, bez namysłu; **put sth into sb's ~** wbijać/kłaść coś komuś do głowy; **take it into one's ~ to do sth** ubzdurać sobie, że się coś zrobi; **turn (people's) ~s** zwracać/przyciągać uwagę; **turn/stand sth on its ~** postawić coś na głowie; **use your ~!** rusz głową! — *a.* główny; czołowy. — *v.* **1.** kierować się, zmierzać, zdążać (*for/toward sth* do/w kierunku czegoś); **~ back/home** zmierzać z powrotem/do domu; **~**

north/south zmierzać na północ/południe; **be ~ed for sth** być na prostej drodze do czegoś. **2.** stać na czele (*pochodu, organizacji*); otwierać (*listę*); kierować (*firmą, szkołą*). **3.** *piłka nożna* odbijać głową. **4.** **~ off** udawać się (*w innym kierunku*).

headache ['hed,eɪk] *n.* **1.** ból głowy. **2.** *pot.* utrapienie, kłopot.

headband ['hed,bænd] *n.* opaska na głowę.

header ['hedər] *n.* **1.** nagłówek (*strony*). **2.** *piłka nożna* główka.

headgear ['hed,giːr] *n.* nakrycie głowy.

head-hunter ['hed,hʌntər] *n.* **1.** łowca głów. **2.** łowca talentów.

heading ['hedɪŋ] *n.* tytuł, nagłówek; **under the heading...** pod tytułem...

headland ['hedlənd] *n.* przylądek, cypel.

headless ['hedləs] *a.* bezgłowy.

headlight ['hed,laɪt] *n.* (*także* **headlamp**) *mot.* reflektor, światło główne.

headline ['hed,laɪn] *n.* **1.** nagłówek, tytuł. **2.** *druk.* pagina. **3.** **the ~s** skrót (najważniejszych) wiadomości; **hit/make the ~s** *pot.* dostać się/trafić na czołówki gazet. — *v.* **1.** zaopatrywać w nagłówek. **2.** być gwiazdą/główną atrakcją (*wieczoru, przedstawienia*).

headlong ['hed,lɔːŋ] *adv.* **1.** głową naprzód/do przodu. **2.** na łeb na szyję. **3.** na oślep, bez namysłu. — *a.* pośpieszny, gwałtowny.

headmaster [,hed'mæstər] *n.* dyrektor (*szkoły prywatnej*).

headmistress [,hed'mɪstrɪs] *n.* dyrektorka (*szkoły prywatnej*).

head office *n.* centrala, siedziba główna.

head of state *n.* głowa państwa.

head-on [,hed'ɑːn] *a.* **1.** czołowy (*o zderzeniu*). **2.** wprost, zdecydowany (*o podejściu, konfrontacji*). — *adv.* **1.** czołowo. **2.** wprost, zdecydowanie; bez uników.

headphones ['hed,foʊnz] *n. pl.* słuchawki.

headquarters ['hed,kwɔːrtərz] *n.* **1.** (*także* **HQ**) *wojsk.* kwatera główna, punkt dowodzenia. **2.** centrala, siedziba główna.

headrest ['hed,rest] *n.* zagłówek; podgłówek.

headscarf ['hed,skɑːrf] *n. pl.* **-scarves** chustka na głowę.

headset ['hed,set] *n.* słuchawki (*często z mikrofonem*).

headstand ['hed,stænd] *n.* stanie na głowie.

head start *n.* przewaga na starcie; **give sb a ~** dać komuś fory, zapewnić komuś przewagę.

headstone ['hed,stoʊn] *n.* kamień nagrobny, płyta nagrobna, nagrobek.

headstrong ['hed,strɔːŋ] *a.* uparty.

headway ['hed,weɪ] *n.* postęp; **make ~** robić postępy, posuwać się naprzód (*in/with sth* w czymś).

heady ['hedɪ] *a.* **1.** idący/uderzający do głowy, odurzający. **2.** ekscytujący, podniecający.

heal [hiːl] *v.* **1.** uzdrawiać. **2.** **~ (up)** zagoić się. **3.** wyzdrowieć. **4.** **~ sb of sth** wyleczyć kogoś z czegoś.

health [helθ] *n.* **1.** zdrowie; **in good ~** cieszący się dobrym zdrowiem. **2.** **financial ~ of a company** kondycja finansowa przedsiębiorstwa.

health care *n.* opieka zdrowotna.

health food *n.* zdrowa żywność.

healthy ['helθɪ] *a.* **1.** zdrowy. **2.** zdroworozsądkowy. **3.** *pot.* znaczący, pokaźny (*o zysku, sumie*).

heap [hiːp] *n.* **1.** stos, sterta. **2.** **~s** *pot.* (cała) masa, kupa; **~s of time/money** kupa czasu/forsy. **3.** **at the bottom of the ~** u dołu drabiny społecznej; **fall/collapse in a ~** osunąć się na ziemię. — *v.* **1.** **~ (up)** ułożyć w stos; usypać stos z (*czegoś*). **2.** **my plate was ~ed with food** miałem na talerzu górę jedzenia. **3.** **~ praise/abuse on sb** obsypywać kogoś pochwałami/obelgami.

hear [hiːr] *v. pret. i pp.* **heard** **1.** słyszeć; **can you ~ me?** słyszysz mnie? **I ~d her leave** słyszałem, jak wychodziła; **I ~d/could ~ sb knocking** usłyszałem, że ktoś puka. **2.** słuchać; wysłuchać; **~ a case** *prawn.* rozpoznać sprawę; **you should ~ what I have to say** powinieneś wysłuchać, co mam do powiedzenia. **3.** dowiedzieć się, usłyszeć (*about/of sth* o czymś); **have you ~d what's happened?** słyszeliście, co się stało? **I am glad/pleased to ~ (that)...** miło mi słyszeć, że... **4.** **(do) you ~ me?** zrozumiano? **5.** **~ from sb** mieć wiadomości od kogoś; *radio, telew.* wysłuchać czyjejś opinii; **I won't ~ of it** nie chcę (nawet) o tym słyszeć; **we haven't ~d the last of him** jeszcze o nim usłyszymy; **~ sb out** wysłuchać kogoś (*do końca*).

hearing ['hiːrɪŋ] *n.* **1.** słuch; **hard of ~** niedosłyszący; **say sth in/within sb's ~** powiedzieć coś przy kimś/w czyjejś obecności. **2.** *prawn.* rozprawa.

hearing aid *n.* aparat słuchowy.

hearsay ['hiːr,seɪ] *n.* pogłoski.

hearse [hɝːs] *n.* karawan.

heart [hɑːrt] *n.* **1.** serce; **have a ~ condition** (*także* **have ~ trouble**) mieć problemy z sercem. **2.** środkowa część (*sałaty, karczocha*). **3.** **~s** kiery; **queen/jack of ~s** dama/walet kier. **4.** **~ to ~** szczerze; **at ~** w głębi serca/duszy (*być kimś*); **break sb's ~** złamać komuś serce; **close/near/dear to sb's ~** bliski/drogi czyjemuś sercu; **(deep) in one's ~** w głębi serca (*czuć coś*); **from the bottom of one's ~** (*także* **straight from the ~**) z głębi serca, prosto z serca; **get to the ~ of sth** dotrzeć do sedna czegoś; **have sb's welfare/(best) interests at ~** mieć na względzie czyjeś dobro; **in the ~ of sth** w środku/sercu czegoś; **(know/learn sth) by ~** (umieć coś/nauczyć się czegoś) na pamięć; **lose ~** tracić odwagę/ducha; **not have the ~ to do sth** nie mieć serca czegoś zrobić; **sb's ~ is in the right place** ktoś ma dobre intencje; **sb's ~ isn't in it** ktoś nie ma do czegoś serca; **sb's ~ skipped/missed a bit** serce komuś stanęło; **set one's ~ on sth** (*także* **have one's ~ set on sth**) zapragnąć czegoś z całej duszy; **take ~** nabrać odwagi/otuchy/pewności siebie; **take sth to ~** wziąć sobie coś do serca; **the ~ of the matter** sedno sprawy, istota rzeczy; **young at ~** młody duchem.

heartache ['hɑːrt,eɪk] *n.* rozpacz.

heart attack *n.* atak serca, zawał; **have a ~** dostać zawału.

heartbeat ['hɑːrt,biːt] *n.* **1.** bicie serca, tętno, puls; uderzenie serca. **2.** **in a ~** błyskawicznie, w okamgnieniu.

heartbreaking ['hɑːrt,breɪkɪŋ] *a.* rozdzierający serce, bolesny.

heartbroken ['hɑːrt,broʊkən] *a.* załamany, zrozpaczony.

heartburn ['hɑːrt,bɝːn] *n.* zgaga.

heart failure *n.* **1.** zatrzymanie akcji serca. **2.** niewydolność serca.

heartfelt ['hɑːrt,felt] *a.* płynący z głębi serca, szczery.

hearth [hɑːrθ] *n.* **1.** palenisko (*w kominku itp.*). **2.** **~ (and home)** *lit.* ognisko domowe; życie rodzinne.
heartland ['hɑːrtˌlænd] *n.* centrum (*kraju, regionu*).
heartless ['hɑːrtləs] *a.* bez serca, nieczuły.
heartwarming ['hɑːrtˌwɔːrmɪŋ] *a.* radujący serce, podnoszący na duchu.
hearty ['hɑːrtɪ] *a.* **1.** serdeczny, szczery. **2.** obfity, suty, pożywny. **3.** zdrowy (*t. o apetycie*).
heat [hiːt] *n.* **1.** gorąco; ciepło. **2.** temperatura; **on a high/low ~** w wysokiej/niskiej temperaturze (*piec coś*); **turn up/down the ~** podwyższyć/obniżyć temperaturę. **3.** **the ~** upał. **4.** ruja; **in ~** w okresie rui. **5.** (*także* **qualifying ~**) bieg eliminacyjny, eliminacje. **6.** **in the ~ of argument/battle** w ferworze dyskusji/bitwy; **in the ~ of the moment** pod wpływem chwili. — *v.* **1.** ogrzewać; podgrzewać; rozgrzewać. **2.** rozpalać (się) (*np. o namiętnościach*). **3.** **~ up** podgrzewać; zagrzewać; ogrzewać się.
heated ['hiːtɪd] *a.* **1.** ogrzewany; podgrzewany. **2.** **~ debate/discussion** gorąca debata/dyskusja.
heater ['hiːtər] *n.* **1.** grzejnik; podgrzewacz. **2.** ogrzewanie (*w samochodzie*). **3.** grzałka.
heath [hiːθ] *n.* wrzosowisko; pustkowie (*zwł. porosłe krzakami*).
heathen ['hiːðən] *n.* **1.** pogan-in/ka. **2.** barbarzyńca. — *a.* **1.** pogański. **2.** niecywilizowany; barbarzyński.
heather ['heðər] *n.* wrzos. — *a.* wrzosowy.
heating ['hiːtɪŋ] *n.* ogrzewanie; **central ~** centralne ogrzewanie.
heatstroke ['hiːtˌstroʊk] *n.* udar cieplny.
heat wave *n.* fala upałów.
heave [hiːv] *v.* **1.** dźwigać; pchać; próbować podnieść. **2.** *pot.* rzucać (*coś ciężkiego*). **3.** *pot.* mieć torsje. **4.** falować (*o piersi*); kołysać się pionowo (*o statku*). **5.** **~ a sigh** westchnąć ciężko; **~ a sigh of relief** odetchnąć z ulgą. **6.** **~ at/on** ciągnąć mocno za; wybierać (*linę*). — *n.* **1.** dźwignięcie. **2.** pchnięcie. **3.** falowanie.
heaven ['hevən] *n.* **1.** (*także* **H~**) raj, niebo; **go to ~** iść do nieba. **2.** **for ~'s sake!** na miłość Boską! **good ~s!** wielkie nieba! **thank ~(s)** Bogu dzięki.
heavenly ['hevənlɪ] *a.* **1.** niebiański, niebieski. **2.** boski, cudowny.
heavily ['hevɪlɪ] *adv.* **1.** dużo; **drink ~** dużo pić/palić. **2.** ciężko (*stąpać*); z trudem (*oddychać*). **3.** **~ built** potężnie zbudowany; **it was raining ~** mocno padało; **be ~ dependent on sth** w dużym stopniu zależeć od czegoś; **be ~ into sth** *pot.* pasjonować się czymś.
heavy ['hevɪ] *a.* **1.** ciężki (*with sth* od czegoś); **how ~ are you** ile ważysz? **2.** ociężały. **3.** poważny (*np. o przeziębieniu*); surowy, srogi (*o karze, zimie*); **~ casualties** duże straty w ludziach; **suffer ~ losses** ponieść duże/poważne straty (*np. o przedsiębiorstwie*). **4.** nałogowy (*o palaczu, pijaku*). **5.** obciążony, przeciążony (*o rozkładzie zajęć*). **6.** trudny, wymagający (*o lekturze, stylu*). **7.** ciężko strawny (*o jedzeniu*). **8.** intensywny (*o zapachu, ruchu drogowym*); obfity (*o opadach*); głęboki, twardy (*o śnie*). **9.** **sth is ~ going** coś idzie ciężko/opornie/jak po grudzie; **be ~ on sb** traktować kogoś surowo; **be a ~ sleeper** mieć mocny sen; **have a ~ foot** *pot.* zbyt mocno przyciskać gaz.
heavy-duty [ˌhevɪ'duːtɪ] *a.* **1.** trwały, wytrzymały (*o butach, odzieży*). **2.** *pot.* poważny, skomplikowany.
heavy metal *n.* **1.** *muz.* heavy metal. **2.** metal ciężki.
heavy-metal [ˌhevɪ'metl] *a.* heavymetalowy.
Hebrew ['hiːbruː] *n.* **1.** (język) hebrajski. **2.** Hebrajczyk/ka.
Hebrides ['hebrɪdiːz] *n. pl.* **the ~** Hebrydy.
hectic ['hektɪk] *a.* gorączkowy, gorący, zwariowany.
he'd [hiːd] *abbr.* **1.** = **he had**. **2.** = **he would**.
hedge [heʤ] *n.* **1.** żywopłot. **2.** zapora; zabezpieczenie (*against sth* przed czymś). — *v.* **1.** otaczać/ogradzać żywopłotem. **2.** ograniczać. **3.** kręcić, wykręcać się.
hedgehog ['heʤˌhɑːg] *n.* jeż.
heed [hiːd] *form.* *v.* **1.** brać pod uwagę, mieć wzgląd/zważać na. **2.** dbać o (*coś*). — *n.* **1.** **pay/give ~ to sth** (*także* **take ~ of sth**) brać coś pod uwagę. **2.** **pay no ~ to sth** (*także* **take no ~ of sth**) nie zważać na coś.
heedless ['hiːdləs] *a.* **be ~ of sth** *form.* nie zważać/nie baczyć na coś, nie dbać o coś.
heel [hiːl] *n.* **1.** pięta. **2.** obcas; **high ~s** szpilki, buty na wysokim obcasie. **3.** piętka (*chleba, sera*). **4.** **be at/on sb's ~s** (*także* **be close/hard/hot on sb's ~s**) deptać komuś po piętach; **be head over ~s (in love)** *zob.* **head** *n.*; **come/follow (hard/hot) on the ~s of sth** następować tuż po czymś; **to ~** przy nodze (*o psie*).
hefty ['heftɪ] *a.* **1.** masywny, zwalisty; opasły; ciężki. **2.** potężny (*o ciosie, kopniaku*). **3.** ogromny (*o ilości, zysku*).
hegemony [hə'ʤemənɪ] *n.* hegemonia.
height [haɪt] *n.* **1.** wzrost; **be the same ~ (as sb)** być tego samego wzrostu (co ktoś); **of average ~** średniego wzrostu; **what ~ are you?** ile masz wzrostu?, ile mierzysz? **2.** wysokość; **at a ~ of 1000 feet** na wysokości 1000 stóp; **be afraid of ~s** mieć lęk wysokości; **gain/lose ~** *lotn.* nabierać wysokości/tracić wysokość. **3.** wzniesienie; **~s** wzgórza. **4.** **be at the ~ of one's fame/success** być u szczytu sławy/powodzenia; **reach new ~s** wznieść się na wyżyny; **the ~ of fashion/stupidity** szczyt mody/głupoty.
heighten ['haɪtən] *v.* **1.** wzmagać (się), potęgować (się) (*zwł. o emocjach, świadomości*). **2.** podwyższać (się), podnosić (się).
heir [er] *n.* **1.** spadkobierca, dziedzic. **2.** **~ to the throne** następca tronu.
heiress ['erəs] *n.* **1.** spadkobierczyni, dziedziczka. **2.** następczyni.
heirloom ['erˌluːm] *n.* klejnot rodzinny; pamiątka rodowa.
held [held] *v. pret. i pp. zob.* **hold**.
helicopter ['heləˌkɑːptər] *n.* helikopter, śmigłowiec.
helium ['hiːlɪəm] *n.* hel.
hell [hel] *n.* **1.** piekło; **go to ~** iść do piekła. **2.** *pot.* **a ~ of a mess/noise** piekielny bałagan/hałas; **a ~ of a player/writer** niesamowity gracz/pisarz; **all ~ broke lose** rozpętało się piekło; **feel/look like ~** czuć się/wyglądać potwornie; **frighten/scare the ~ out of sb** śmiertelnie kogoś przestraszyć; **get the ~ out (of somewhere)** wynosić się/zwiewać (skądś); **give sb ~** urządzić komuś piekło; **go to ~!** idź do diabła! **how/what/where the ~...?** jak/co/gdzie u diabła...? **like ~** jak diabli; **the ~ you do/are!** akurat! **to ~ with him/it!** do diabła z nim/tym!
he'll [hiːl] *abbr.* **1.** = **he will**. **2.** = **he shall**.
hello [he'loʊ] *int.*, *n.* **1.** cześć, witam; **say ~ to sb** powiedzieć komuś „dzień dobry"; zamienić z kimś słówko. **2.** *tel.* halo.
helm [helm] *n.* koło sterowe, ster; **at the ~** u steru.
helmet ['helmɪt] *n.* kask; hełm; **crash ~** kask ochronny.

help [help] *v.* **1.** pomagać (*komuś*); wspomagać; **~!** na pomoc!, pomocy!, ratunku! **~ sb (to) do sth** pomóc komuś coś zrobić; **~ sb with sth** pomóc komuś w czymś; **~ sth** pomagać na coś (*np. na ból głowy*). **2. I can't ~ it** nic (na to) nie poradzę; **it can't be ~ed** na to nie ma rady, nic się na to nie poradzi. **3. can't/couldn't ~ doing sth** nie móc się powstrzymać od zrobienia czegoś; **can't ~ o.s.** nie móc się powstrzymać; **he couldn't ~ laughing** nie mógł się powstrzymać od śmiechu; **I can't ~ thinking (that)...** coś mi się zdaje, że... **4.** obsługiwać (*zwł. w sklepie*); **(how) can I ~ you?** czym mogę służyć?, w czym mogę pomóc? **5. ~ o.s. (to sth)** częstować się (czymś); **~ yourself** poczęstuj się. **6. ~ sb out** pomóc komuś (*w potrzebie, trudnościach*). — *n.* **1.** pomoc (*with sth* w czymś); **be a great/real/big ~** być bardzo pomocnym; bardzo się przydać; **with the ~ of sth** za pomocą czegoś. **2. the ~** służba, służący.

helper ['helpər] *n.* pomocni-k/ca.

helpful ['helpfʊl] *a.* **1.** pomocny; przydatny. **2.** uczynny.

helping ['helpɪŋ] *n.* porcja (*jedzenia*). — *a.* **give/lend sb a ~ hand** *zob.* **hand** *n.*

helpless ['helpləs] *a.* **1.** bezradny. **2.** bezbronny. **3.** niepohamowany (*np. o śmiechu*).

hem [hem] *n.* rąbek, brzeg. — *v.* **1.** obrębiać, obszywać. **2. ~ in** otoczyć; zamknąć, ograniczyć.

hematology [ˌhiːmə'tɑːlədʒɪ] *n.* hematologia.

hemisphere ['hemɪˌsfiːr] *n.* półkula.

hemoglobin [ˌhiːmə'gloʊbɪn] *n.* hemoglobina.

hemophilia [ˌhiːmə'fɪlɪə] *n.* hemofilia.

hemorrhage ['hemərɪdʒ] *n.* krwotok. — *v.* krwawić, mieć krwotok.

hemorrhoids ['hemrɔɪdz] *n. pl.* hemoroidy.

hemp [hemp] *n.* konopie.

hen [hen] *n.* kura; kwoka.

hence [hens] *form. conj.* stąd; w związku z tym, dlatego też. — *adv.* **three years ~** za trzy lata.

henceforth [ˌhens'fɔːrθ], **henceforward** *adv. form.* odtąd.

henchman ['hentʃmən] *n.* poplecznik, stronnik; sługus, fagas.

henhouse ['henˌhaʊs] *n.* kurnik.

henna ['henə] *n.* henna.

hepatitis [ˌhepə'taɪtɪs] *n.* zapalenie wątroby.

her [hɝː] *pron.* jej; niej; ją; nią; **I saw ~** widziałem ją; **that's ~** to ona. — *n. pot.* ona; dziewczynka; **is it a him or a ~?** czy to chłopiec, czy dziewczynka?

herald ['herəld] *n.* zwiastun, zapowiedź; prekursor. — *v.* **1.** zwiastować, zapowiadać. **2.** ogłaszać.

herb [ɝːb] *n.* ziele, zioło.

herbal ['hɝːbl] *a.* ziołowy.

herd [hɝːd] *n.* **1.** stado; **~ of cattle/elephants** stado bydła/słoni. **2.** *pog.* tłum, stado; **the ~ instinct** instynkt stadny. — *v.* **1.** tłoczyć (się); gromadzić (się). **2.** zaganiać, spędzać (*bydło*).

here [hiːr] *adv.* tu, tutaj; w tym miejscu; w tym momencie; **~!** obecny!, jestem! **~ and now** tu i teraz; **the ~ and now** *form.* chwila obecna; **~ and there** tu i tam, gdzieniegdzie; **~ goes!** no to do dzieła! **~ he is** oto i on; **~ is the news** oto wiadomości; **~'s to...** za (zdrowie)... (*wznosząc toast*); **~ the speaker paused** w tym miejscu mówca przerwał; **~ we are** o, tutaj (jest), znalazłem; jesteśmy na miejscu; **~ we go again** *pot.* (no i) znowu się zaczyna; **~ you are** proszę bardzo (*podając coś*); **from ~** stąd; **get out of ~!** *pot.* wynoś się stąd! **look ~!** słuchaj no! **near ~** niedaleko stąd; **over ~** tutaj; **that's neither ~ nor there** *pot.* to nie ma nic do rzeczy.

hereby [hiːr'baɪ] *adv. gł. prawn.* niniejszym.

hereditary [hə'redəˌterɪ] *a.* dziedziczny.

heredity [hə'redɪtiː] *n.* **1.** dziedziczność. **2.** cechy dziedziczne.

heresy ['herɪsɪ] *n.* herezja.

heretic ['herətɪk] *n.* herety-k/czka.

heritage ['herɪtɪdʒ] *n.* **1.** dziedzictwo, spuścizna. **2.** *prawn.* spadek.

hermaphrodite [hɝː'mæfrəˌdaɪt] *n.* hermafrodyta, obojnak. — *a.* (*także* **hermaphroditic**) obojnaczy, hermafrodytyczny.

hermit ['hɝːmɪt] *n.* **1.** eremit-a/ka, pustelni-k/ca. **2.** odludek.

hernia ['hɝːnɪə] *n.* przepuklina.

hero ['hiːroʊ] *n.* **1.** bohater. **2.** idol.

heroic [hɪ'roʊɪk] *a.* **1.** heroiczny, bohaterski. **2. on a ~ scale** na olbrzymią/niespotykaną skalę; **of ~ proportions** olbrzymi, niesamowitych rozmiarów.

heroin ['heroʊɪn] *n.* heroina (*narkotyk*).

heroine ['heroʊɪn] *n.* **1.** heroina, bohaterka. **2.** idolka.

heroism ['heroʊˌɪzəm] *n.* heroizm, bohaterstwo.

heron ['herən] *n.* czapla.

herpes ['hɝːpiːz] *n.* opryszczka.

herring ['herɪŋ] *n.* śledź.

hers [hɝːz] *pron.* jej; **a friend of ~** (pewien) jej znajomy; **this is ~** to jest jej.

herself [hər'self] *pron.* **1.** się; **she hurt ~** skaleczyła się. **2. (all) to ~** (tylko) dla siebie; **she is not ~ today** ona nie jest dziś sobą; **she made ~ some tea** zrobiła sobie herbaty. **3.** sama; **(all) by ~** (zupełnie/całkiem) sama; **the First Lady ~** Pierwsza Dama we własnej osobie. **4.** ona; **only me, John and ~** tylko ja, John i ona.

he's [hiːz] *abbr.* **1.** = **he is**. **2.** = **he has**.

hesitant ['hezɪtənt] *a.* wahający się, niezdecydowany; niepewny; **be ~ to do sth** nie móc się zdecydować na zrobienie czegoś.

hesitate ['hezɪˌteɪt] *v.* wahać się; **don't ~ to ask** nie wahaj się pytać.

hesitation [ˌhezɪ'teɪʃən] *n.* wahanie; **without (a moment's) ~** bez (chwili) wahania.

heterogeneous [ˌhetərə'dʒiːnɪəs] *a.* heterogeniczny, niejednorodny, niejednolity.

heterosexual [ˌhetərə'sekʃʊəl] *a.* heteroseksualny. — *n.* heteroseksualist-a/ka.

heterosexuality [ˌhetərəˌsekʃuː'ælətɪ] *n.* heteroseksualizm.

heyday ['heɪdeɪ] *n.* dni świetności (*of sth* czegoś); pełnia, szczyt (*sławy, popularności*).

HI *abbr.* = **Hawaii**.

hi [haɪ] *int. pot.* hej, cześć, witam.

hibernate ['hɪbərˌneɪt] *v.* hibernować, zapadać w sen zimowy.

hiccup ['hɪkˌʌp], **hiccough** *n.* **1. ~s** czkawka, napad czkawki. **2.** *pot.* drobna przeszkoda; drobny problem. — *v.* mieć czkawkę, czkać.

hid [hɪd] *v. pret. zob.* **hide**.

hidden ['hɪdən] *v. pp. zob.* **hide**. — *a.* ukryty, schowany; **~ agenda** ukryte motywy.

hide [haɪd] *v.* **hid, hidden 1.** kryć (się), chować (się), ukrywać (się); **have nothing to ~** nie mieć nic do ukrycia. **2.** odwracać (*oczy, głowę*). — *n.* skóra (*zwł. wyprawiona*).

hide-and-seek [ˌhaɪdən'siːk], **hide-and-go-seek** [ˌhaɪdənˌgoʊ'siːk] *n.* zabawa w chowanego.

hideaway ['haɪdəˌweɪ] *n.* kryjówka.

hideous ['hɪdɪəs] *a.* ohydny, szkaradny; okropny, paskudny, wstrętny; odrażający.

hiding ['haɪdɪŋ] *n.* **be in ~** ukrywać się, pozostawać w ukryciu.

hiding place *n.* **1.** kryjówka. **2.** schowek.

hierarchy ['haɪəˌrɑːrkɪ] *n.* hierarchia.

high [haɪ] *a.* **1.** wysoki (*nigdy o osobie*); **~ building/rent/proportion** wysoki budynek/czynsz/odsetek; **~ temperatures** wysokie temperatury; **have a ~ opinion of sb/sth** mieć wysokie mniemanie o kimś/czymś; **knee/waist ~** do kolan/pasa, po kolana/pas; **pay a ~ price for sth** zapłacić za coś wysoką cenę. **2.** *pot.* na haju; pod gazem, wstawiony; podekscytowany; **get ~ on sth** naćpać się czegoś. **3.** wzniosły, szczytny (*o ideałach*). **4.** dojrzały (*o serze*); skruszały (*o dziczyźnie*); *uj.* nadpsuty (*zwł. o mięsie*). **5. ~ summer/season** pełnia/szczyt lata/sezonu; **at ~ speed** z dużą prędkością; **be ~ on the list/agenda** mieć priorytet; **have ~ hopes/expectations** mieć wielkie nadzieje/oczekiwania; **in ~ spirits** w wyśmienitym nastroju; **it's ~ time (sb did sth)** najwyższy czas (, żeby ktoś coś zrobił). — *adv.* wysoko; w górę; **~ in the sky** wysoko na niebie; **aim/fly ~** mierzyć/latać wysoko; **look/search ~ and low** szukać wszędzie, przeszukiwać wszystkie kąty. — *n.* **1.** maksimum, rekordowo wysoki poziom; **reach a new ~** osiągnąć nienotowany dotychczas poziom. **2.** wyż baryczny. **3. be on a ~** *pot.* być w euforii. **4.** (*w nazwach*) *zob.* **high school**.

highchair ['haɪˌtʃer] *n.* wysokie krzesełko (*dla dziecka*).

higher education *n.* **1.** wyższe wykształcenie. **2.** szkolnictwo wyższe.

high-heeled [ˌhaɪ'hiːld] *a.* na wysokim obcasie.

high jump *n.* **the ~** skok wzwyż.

highland ['haɪlənd] *a.* górzysty; górski. — *n.* **~s** góry; pogórze.

highlight ['haɪˌlaɪt] *v.* **1.** podkreślać, uwypuklać, uwydatniać. **2.** zakreślać (*zakreślaczem*); *komp.* zaznaczać innym kolorem. **3.** robić (sobie) pasemka we (*włosach*). — *n.* **1.** główna atrakcja; najciekawszy fragment (*of sth* czegoś). **2. ~s** pasemka (*we włosach*); główne/najważniejsze punkty (*np. przemówienia*).

highlighter ['haɪˌlaɪtər] *n.* zakreślacz, marker.

highly ['haɪlɪ] *adv.* **1.** wysoko; **~ placed** wysoko postawiony. **2. ~ confidential** ściśle tajny; **~ improbable/complex** wysoce/wielce nieprawdopodobny/złożony; **~ paid** bardzo dobrze płatny; **think ~ of sb/sth** mieć wysokie mniemanie o kimś/czymś.

high-minded [ˌhaɪ'maɪndɪd] *a.* o wzniosłych zasadach.

Highness ['haɪnəs] *n.* **His/Her/Your ~** Jego/Jej/Wasza Wysokość.

high-octane [ˌhaɪ'ɑːkteɪn] *a.* wysokooktanowy.

high-pitched [ˌhaɪ'pɪtʃt] *a.* wysoki (*o dźwięku*); cienki (*o głosie*).

high-powered [ˌhaɪ'paʊərd] *a.* **1.** (o) dużej mocy. **2.** wpływowy. **3.** dynamiczny.

high-pressure [ˌhaɪ'preʃər] *a.* **1.** pod wysokim ciśnieniem; wysokociśnieniowy; wysokoprężny. **2.** stresujący (*o pracy, sytuacji*). **3.** *pot.* agresywny (*o technikach sprzedaży*).

high-profile [ˌhaɪ'proʊfaɪl] *a.* przyciągający uwagę publiczną; zajmujący eksponowane stanowisko.

high-rise ['haɪˌraɪz] *n.* (*także* **highrise**) wieżowiec, wysokościowiec. — *a.* wielopiętrowy.

high school *n.* szkoła średnia; **finish/graduate ~** skończyć szkołę średnią.

high season *n.* szczyt/pełnia sezonu; **in/during/at ~** w szczycie sezonu.

high-strung [ˌhaɪ'strʌŋ] *a.* nerwowy; nadwrażliwy.

high-tech [ˌhaɪ'tek] *a.* supernowoczesny, najnowocześniejszy.

high technology *n.* wysoka/zaawansowana technologia.

high-tension [ˌhaɪ'tenʃən] *a.* **~ lines/wires** przewody/druty wysokiego napięcia.

high treason *n.* zdrada stanu.

highway ['haɪˌweɪ] *n.* autostrada.

hijack ['haɪˌdʒæk] *v.* **1.** porwać, uprowadzić (*samolot, autobus*). **2.** przywłaszczyć sobie (*cudzy pomysł*); zawłaszczyć (*partię, organizację*).

hijacker ['haɪˌdʒækər] *n.* porywacz/ka (*np. samolotu*).

hijacking ['haɪˌdʒækɪŋ] *n.* **1.** porwanie, uprowadzenie (*np. samolotu*). **2.** grabież (*ładunku z zatrzymanego pojazdu*).

hike [haɪk] *v.* **1.** wędrować; włóczyć się; **~ sth** wędrować po czymś; **go hiking** chodzić na piesze wędrówki. **2. ~ (up)** podnieść (*ceny, podatki*). **3. ~ up** *pot.* podkasać. — *n.* **1.** wędrówka, piesza wycieczka, włóczęga. **2.** *pot.* wysoka podwyżka (*zwł. cen*).

hiker ['haɪkər] *n.* turyst-a/ka piesz-y/a, wędrowiec.

hilarious [hɪ'lerɪəs] *a.* przekomiczny, przezabawny.

hill [hɪl] *n.* **1.** wzgórze; pagórek, wzniesienie. **2.** kopiec. **3. as old as the ~s** stary jak świat; **be over the ~** *pot.* mieć najlepsze lata za sobą; **on the H~** na Kapitolu (= *w rządzie*).

hillbilly ['hɪlˌbɪlɪ] *n.* *pog.* prostak, wieśniak (*zwł. z gór*).

hillside ['hɪlˌsaɪd] *n.* stok, zbocze.

hilly ['hɪlɪ] *a.* pagórkowaty; górzysty.

hilt [hɪlt] *n.* **1.** rękojeść. **2. (up) to the ~** po uszy (*np. zadłużony*); w pełni, całkowicie; do upadłego.

him [hɪm] *pron.* **1.** jego; go; jemu; mu; niego; nim; **I gave it to ~** dałam mu to; **we saw ~** widzieliśmy go; **with ~** z nim; **without ~** bez niego. **2.** on; **not ~!** tylko nie on! **that's ~** to on. — *n. pot.* on; chłopiec; **is it a ~ or a her?** czy to chłopiec, czy dziewczynka?

himself [hɪm'self] *pron.* **1.** się; **he hurt ~** skaleczył się. **2. (all) to ~** (tylko) dla siebie; **he's not ~** nie jest sobą; **he made ~ a cup of coffee** zrobił sobie filiżankę kawy. **3.** sam; **(all) by ~** (zupełnie/całkiem) sam; **he said so ~** sam tak powiedział; **the President ~** prezydent we własnej osobie. **4.** on; **his wife and ~** jego żona i on.

hind [haɪnd] *a.* **~ legs/feet** tylne kończyny/łapy.

hinder ['hɪndər] *v.* **1. ~ sb from doing sth** przeszkodzić komuś w zrobieniu czegoś. **2.** przeszkadzać w (*czymś*); utrudniać; wstrzymywać (*wzrost, postęp*).

hindrance ['hɪndrəns] *n.* przeszkoda, utrudnienie.

hindsight ['haɪndˌsaɪt] *n.* **in/with ~** po fakcie.

Hindu ['hɪnduː] *n.* **1.** hinduist-a/ka. **2.** Hindus/ka. — *a.* **1.** hinduistyczny. **2.** hinduski.

Hinduism ['hɪnduˌɪzəm] *n.* hinduizm.

hinge [hɪndʒ] *n.* zawias. — *v.* **~ on/upon sth** całkowicie zależeć od czegoś.

hint [hɪnt] *n.* **1.** aluzja, napomknienie; wskazówka; **drop a ~** napomknąć, zrobić aluzję; **give me a ~** naprowadź mnie; **take a/the ~** zrozumieć aluzję. **2. a ~ of brandy** odrobina brandy; **without the slightest ~ of irony** bez (najmniejszego) śladu/cienia ironii. — *v.* sugerować; zrobić aluzję; **~ at sth** dawać coś do zrozumienia, sugerować coś; **she ~ed that...** napomknęła, że...

hip [hɪp] *n.* biodro. — *a. pot.* supermodny.

hip flask *n.* piersiówka.

hip hip hooray *int.* hip hip hura!

hip-hop ['hɪpˌhɑːp] *n.* hip hop.

hippie ['hɪpɪ], **hippy** *n.* hipis/ka.

hippo ['hɪpoʊ] *n. pot.* hipcio.

hippopotamus [ˌhɪpə'pɑːtəməs] *n.* hipopotam.

hire [haɪr] *v.* najmować, zatrudniać. — *n.* **for ~** do wynajęcia.

his [hɪz] *pron.* jego; swój; **a friend of ~** (pewien) jego znajomy; **he sold ~ car** sprzedał swój samochód.

Hispanic [hɪ'spænɪk] *a.* latynoski; iberyjski. — *n.* Latynos/ka.

hiss [hɪs] *v.* syczeć. — *n.* syk, syczenie, syknięcie.

historian [hɪ'stɔːrɪən] *n.* history-k/czka.

historic [hɪ'stɔːrɪk] *a.* **1.** historyczny, wiekopomny. **2.** historyczny (*w odróżnieniu od prehistorycznego*).

historical [hɪ'stɔːrɪkl] *a.* historyczny.

history ['hɪstərɪ] *n.* historia; **go down in ~** przejść do historii (*as* jako); **have a ~ of sth** od dawna cierpieć na coś; **make ~** tworzyć historię; **(and) the rest is ~** (a) dalszy ciąg wszyscy znają.

hit [hɪt] *v. pret. i pp.* **hit 1.** uderzać; **~ one's head on sth** uderzyć (się) głową w coś; **~ sb on the nose/over the head** uderzyć kogoś w nos/głowę; **the car ~ the tree** samochód uderzył w drzewo. **2.** trafić; ugodzić; **he was ~ in the arm** trafili go w ramię. **3. ~ bottom** sięgnąć dna; **~ sb where it hurts** *pot.* trafić w czyjś czuły punkt; **~ the nail on the head** *pot.* trafić w sedno; **~ the road** ruszyć w drogę; **~ the roof/ceiling** *pot.* wściec się; **it suddenly ~ her (that)...** nagle dotarło do niej, że...; **the hardest/worst ~** najbardziej/najciężej dotknięty; **not know what has ~ one** być kompletnie zaskoczonym. **4. ~ back** oddać (cios); nie pozostać dłużnym; **~ it off (with sb)** *pot.* przypaść sobie do gustu (z kimś); **~ on sb** *pot.* przystawiać się do kogoś; **~ on/upon sth** wpaść na coś (*pomysł*), znaleźć coś (*rozwiązanie*); **~ out** walić na oślep; atakować (*at sb/sth* kogoś/coś). — *n.* **1.** uderzenie, cios. **2.** *t. komp.* trafienie. **3.** udana próba; sukces. **4.** hit, przebój; **be a ~ with sb** być bardzo lubianym przez kogoś. **5.** *sl.* ścieżka (*zwł. heroiny*). **6.** *sl.* morderstwo (*zwł. na zlecenie*).

hit-and-miss [ˌhɪtən'mɪs] *a.* = **hit-or-miss**.

hit-and-run [ˌhɪtən'rʌn] *a.* **1.** zbiegły z miejsca wypadku. **2.** z zaskoczenia (*o ataku*).

hitch [hɪtʃ] *v.* **1.** = **hitchhike**; **~ a ride** *pot.* złapać okazję. **2.** uwiązywać; przymocowywać, przyczepiać. **3. ~ up** podkasać; zaprząc (*konia, wóz*). — *n.* problem, komplikacja; **without a ~** bezproblemowo, gładko.

hitchhike ['hɪtʃˌhaɪk] *v.* jechać/podróżować autostopem.

hitchhiker ['hɪtʃˌhaɪkər] *n.* autostopowicz/ka.

hi-tech [ˌhaɪ'tek] *a.* supernowoczesny.

hitherto ['hɪðərˌtuː] *adv. form.* dotychczas, dotąd, do tej pory.

hit list *n.* czarna lista, lista osób do wyeliminowania.

hit man *n.* płatny morderca.

hit-or-miss [ˌhɪtər'mɪs], **hit-and-miss** *a.* przypadkowy, niedający się przewidzieć; na oślep, na chybił trafił.

HIV [ˌeɪtʃ ˌaɪ 'viː] *abbr., n.* (wirus) HIV; **be ~-positive/negative** być/nie być nosiciel-em/ką wirusa HIV.

hive [haɪv] *n.* **1.** (*także* **beehive**) ul. **2.** rój. **3. a ~ of activity/industry** miejsce tętniące życiem/pracą.

hives [haɪvz] *n.* pokrzywka.

hoard [hɔːrd] *v.* **~ (up)** gromadzić, zbierać; robić zapasy (*czegoś*). — *n.* **1.** zapasy, zasoby. **2.** kolekcja, zbiory.

hoarfrost ['hɔːrˌfrɔːst] *n.* szron.

hoarse [hɔːrs] *a.* ochrypły, chrapliwy; zachrypnięty; **sound ~** chrypieć.

hoax [hoʊks] *n.* żart, kawał. — *v.* nabrać, oszukać.

hobble ['hɑːbl] *v.* kuśtykać, utykać.

hobby ['hɑːbɪ] *n.* hobby.

hobo ['hoʊboʊ] *n.* włóczęga.

hockey ['hɑːkɪ] *n.* hokej; (*także* **ice ~**) hokej na lodzie; (*także* **field ~**) hokej na trawie.

hoe [hoʊ] *n.* motyka. — *v.* okopywać.

hog [hɔːg] *n.* **1.** wieprz. **2. go the whole ~** *pot.* iść na całość.

hogwash ['hɔːgˌwɑːʃ] *n. pot.* bzdury.

hoist [hɔɪst] *v.* wciągać (na maszt).

hold [hoʊld] *v. pret. i pp.* **held 1.** trzymać; **~ hands** trzymać się za ręce; **~ sb's hand** trzymać kogoś za rękę; **~ sth in place** przytrzymywać coś. **2.** obejmować, trzymać w ramionach. **3. ~ shares in sth** posiadać udziały w czymś; **~ the copyright to sth** posiadać prawa autorskie do czegoś. **4.** mieścić, zawierać; nieść (ze sobą); **the movie theater can ~ up to 700 people** kino może pomieścić aż 700 osób; **who knows what the future ~s** kto wie, co przyniesie przyszłość. **5.** odbywać, prowadzić; **~ a conversation/interview** prowadzić rozmowę/wywiad; **an election was held** odbyły się wybory. **6.** *form.* utrzymywać, twierdzić (*that* że). **7. ~ a position/post** zajmować pozycję/posadę; **~ an opinion/belief/view** być zdania, wyznawać pogląd; **~ good/true** być prawdziwym/aktualnym, obowiązywać; **~ it!** (*także* **~ your horses!**) zaczekaj!, wstrzymaj się! **~ one's drink/liquor** mieć mocną głowę; **~ one's ground/own** nie (pod)dawać się; **~ one's tongue/peace** zachowywać milczenie; **~ sb prisoner/hostage** przetrzymywać kogoś jako więźnia/zakładnika; **~ sb responsible/accountable** obarczać kogoś odpowiedzialnością; **~ sb/sth in esteem/contempt** mieć kogoś/coś w poważaniu/pogardzie; **~ sb's interest/attention** utrzymywać czyjeś zainteresowanie/uwagę; **~ still!** nie ruszaj się! **if the weather ~s** jeżeli pogoda się utrzyma; **not ~ water** nie mieć sensu, nie trzymać się kupy; **please ~ the line!** proszę nie odkładać słuchawki! **what held you so long?** co cię tak długo zatrzymało? **8. ~ sth against sb** mieć coś komuś za złe; **~ back** powstrzymywać (*tłum, gniew*); wstrzymać, opóźnić; zataić; **~ down** przytrzymać; powstrzymać; utrzymywać na niskim poziomie; uciskać, ciemiężyć; **~ down a job** *pot.* utrzymać/zachować posadę; **~ in** powstrzymywać, hamować; panować nad (*uczuciami*); **~ off** trzymać z dala, powstrzymywać; wstrzymywać się, zwlekać; **~**

on trzymać (się) mocno; przytrzymywać (się); utrzymywać się, trwać; *pot.* nie przestawać; *pot.* zaczekać (*zwł. przy telefonie*); **~ on to sth** przytrzymywać się czegoś; nie puszczać czegoś; nie oddać czegoś, zatrzymać (sobie) coś; *t. przen.* chwytać się czegoś; **~ out** wyciągnąć (*rękę, broń*); wytrzymać, przetrzymać; **~ sb to sth** wyegzekwować coś od kogoś; **~ together** wiązać, łączyć; trzymać się razem; **~ up** unieść; podtrzymywać, podpierać; zatrzymać, opóźnić; napaść na (*zwł. z bronią w ręku*); wytrzymać, wytrwać. — *n.* **1.** chwyt; **catch/get/lay/take ~ of sth** chwycić (za) coś. **2.** oparcie, punkt oparcia; uchwyt. **3.** *judo, zapasy* przytrzymanie. **4.** ładownia (*statku*). **5. get a ~ of o.s.** (*także* **keep a ~ on o.s.**) panować nad sobą; **get ~ of o.s.** wziąć się w garść; **get ~ of sb** złapać/znaleźć kogoś; **get ~ of sth** zdobyć coś; **have a ~ over/on sb** mieć wpływ na kogoś; trzymać kogoś w garści; **no ~s barred** bez żadnych ograniczeń, wszystkie chwyty dozwolone; **put sb on ~** kazać komuś zaczekać (*przy telefonie*); **put sth on ~** odłożyć coś na później; **take ~** zaczynać działać, dawać o sobie znać.

holder ['hoʊldər] *n.* **1.** uchwyt; obsadka; oprawka. **2.** posiadacz/ka, właściciel/ka. **3.** okaziciel/ka.

holding ['hoʊldɪŋ] *n.* **1.** dzierżawa (*gruntu*). **2. ~s** udziały (*zwł. akcje l. obligacje*).

holdup ['hoʊld,ʌp] *n.* **1.** napad rabunkowy. **2.** zatrzymanie; opóźnienie; komplikacje.

hole [hoʊl] *n.* **1.** dziura. **2.** nora, jama. **3.** otwór. **4.** *pot.* zapadła dziura. **5.** *golf* dołek. **6.** *pot.* **be in a ~** być w dołku; **make a ~ in sth** zrobić wyłom w czymś, uszczuplić coś; **sb needs sth like a ~ in the head** coś jest komuś potrzebne jak dziura w moście. — *v.* **1.** dziurawić; przedziurawiać. **2. ~ up** *pot.* zaszyć się.

holiday ['hɑːlə,deɪ] *n.* **1.** święto; **national/public ~** święto narodowe/państwowe; **the ~ season** (*także* **the ~s**) okres świąteczny (*od Święta Dziękczynienia do Nowego Roku*). **2.** *Br.* = **vacation**.

holiness ['hoʊlɪnəs] *n.* **1.** świętość. **2. His/Your H~** Jego/Wasza Świątobliwość (*tytuł papieski*).

holistic [hoʊ'lɪstɪk] *a.* holistyczny.

Holland ['hɑːlənd] *n.* Holandia.

holler ['hɑːlər] *pot. v.* krzyczeć, wrzeszczeć (*at sb* na kogoś). — *n.* krzyk, wrzask.

hollow ['hɑːloʊ] *a.* **1.** wydrążony; pusty. **2.** zapadnięty (*o oczach, policzkach*). **3.** głuchy, przytłumiony (*o dźwięku, głosie*). — *n.* **1.** zagłębienie, wgłębienie. **2.** dolina, kotlina. — *v.* **~ (out)** wydrążyć.

holly ['hɑːlɪ] *n.* ostrokrzew.

holocaust ['hɑːlə,kɔːst] *n.* zagłada; **the H~** holokaust.

holy ['hoʊlɪ] *a.* **1.** święty. **2.** świątobliwy. **3.** święcony. **4. ~ cow/shit!** *pot.* o kurde!

Holy Ghost, Holy Spirit *n.* Duch Święty.

homage ['hɑːmɪdʒ] *n.* **pay/do ~ to sb** składać komuś hołd, oddawać komuś cześć.

home [hoʊm] *n.* **1.** dom; **at ~** w domu; **be/feel at ~** czuć się jak (u siebie) w domu. **2.** ojczyzna, kraj. **3.** dom, zakład; **convalescent ~** sanatorium; **mental ~** zakład dla umysłowo chorych; **nursing ~** dom opieki; **old people's ~** dom starców. **4.** kolebka, ojczyzna (*of sth* czegoś). **5.** siedziba (*np. przedsiębiorstwa*). **6. ~ away from ~** drugi dom; **~ sweet ~** nie ma (to) jak w domu; **at ~** *sport* na własnym boisku; **make yourself at home** czuj się jak u siebie (w domu), rozgość się. — *a.* **1.** domowy. **2.** chałupniczy. **3.** wewnętrzny, krajowy. **4.** rodzinny, ojczysty. **5.** główny (*o siedzibie firmy*). **6.** miejscowy (*o drużynie*); na własnym boisku, u siebie (*o meczu*). — *adv.* **1.** w domu; **back ~** z powrotem w domu; (tam) w kraju; **be ~** być w domu. **2.** do domu; **go/get/return ~** iść/dotrzeć/wrócić do domu. **3. drive the nail ~** wbić gwóźdź na swoje miejsce. **4. nothing to write ~ about** *pot.* nic nadzwyczajnego/szczególnego. — *v.* **~ in on** namierzyć; skupić się na (*czymś*).

homecoming ['hoʊm,kʌmɪŋ], *n.* **1.** powrót do domu. **2.** zjazd absolwentów.

home economics *n. szkoln.* zajęcia z gospodarstwa domowego.

homeland ['hoʊm,lænd] *n.* ojczyzna, ziemia ojczysta.

homeless ['hoʊmləs] *a.* bezdomny.

homely ['hoʊmlɪ] *a.* **1.** domowy, prosty, skromny. **2.** pospolity, niezbyt ładny.

homemade [,hoʊm'meɪd] *a.* domowej/własnej roboty.

homemaker ['hoʊm,meɪkər] *n.* gospodyni domowa.

home movie *n.* amatorski film video.

homeopathy [,hoʊmɪ'ɑːpəθɪ] *n.* homeopatia.

home page *n. komp.* strona WWW (*osoby l. instytucji*).

homesick ['hoʊm,sɪk] *a.* **be/feel ~** tęsknić za domem.

home town *n.* miasto rodzinne.

homework ['hoʊm,wɝːk] *n.* zadanie domowe, praca domowa; **do one's ~** odrobić zadanie domowe; dobrze się przygotować.

homicide ['hɑːmɪ,saɪd] *n.* **1.** zabójstwo. **2.** wydział zabójstw.

homogeneous [,hoʊmə'dʒiːnɪəs], **homogenous** *a.* homogeniczny, jednorodny.

homogenized [hə'mɑːdʒə,naɪzd] *a.* homogenizowany.

homonym ['hɑːmənɪm] *n.* homonim.

homonymy [hə'mɑːnəmɪ] *n.* homonimia.

homophobia [,hoʊmə'foʊbɪə] *n.* homofobia.

homosexual [,hoʊmə'sekʃʊəl] *a.* homoseksualny. — *n.* homoseksualist-a/ka.

homosexuality [,hoʊmə,sekʃʊ'ælətɪ] *n.* homoseksualizm.

hone [hoʊn] *v.* doskonalić (*zwł. umiejętności*).

honest ['ɑːnəst] *a.* **1.** uczciwy; rzetelny. **2.** szczery; **be ~ about sth** mówić prawdę na jakiś temat; **to be ~** jeśli mam być szczery.

honestly ['ɑːnəstlɪ] *adv.* **1.** uczciwie. **2.** szczerze. **3.** prawdziwie, naprawdę; **I ~ don't know** naprawdę nie wiem.

honesty ['ɑːnɪstɪ] *n.* **1.** uczciwość; rzetelność. **2.** szczerość; **in all ~** jeśli mam być zupełnie szczery.

honey ['hʌnɪ] *n.* **1.** miód. **2.** *voc.* kochanie, skarbie.

honeycomb ['hʌnɪ,koʊm] *n.* plaster miodu.

honeymoon ['hʌnɪ,muːn] *n.* **1.** miesiąc miodowy. **2.** podróż poślubna. — *v.* spędzać miesiąc miodowy (*gdzieś*).

honor ['ɑːnər] *n.* **1.** honor, cześć, godność; poważanie; **matter/point/question of ~** sprawa/punkt/kwestia honoru. **2.** *form.* honor, zaszczyt; **be an ~ to sb/sth** przynosić komuś/czemuś zaszczyt, być chlubą kogoś/czegoś; **do the ~s** czynić honory domu; **guest of ~** gość honorowy; **I have the ~ to**

inform you mam zaszczyt powiadomić Pana/Panią; in ~ of sb (*także* in sb's ~) na czyjąś cześć; it is an ~ to dla mnie zaszczyt. 3. wyróżnienie; odznaczenie; graduate with ~s ukończyć studia z wyróżnieniem. 4. Your H~ Wysoki Sądzie. — *v.* 1. *form.* ~ sb with sth uhonorować kogoś czymś; ~ sb with one's presence *zw. żart.* zaszczycić kogoś swoją obecnością; be/feel ~ed być/czuć się zaszczyconym. 2. honorować; przestrzegać (*czegoś*); ~ a contract/agreement przestrzegać kontraktu/umowy.

honorable ['ɑːnərəbl] *a.* 1. uczciwy; prawy, rzetelny. 2. honorowy. 3. zaszczytny. 4. H~ czcigodny (*tytuł przysługujący członkom Kongresu i sędziom*).

honorary ['ɑːnəˌrerɪ] *a.* honorowy (*o tytule, urzędzie*).

hood [hʊd] *n.* 1. kaptur. 2. pokrywa (*np. kuchenki*). 3. *mot.* maska. 4. *pot.* = neighborhood.

hooded ['hʊdɪd] *a.* zakapturzony, w kapturze.

hoof [huːf] *n. pl.* hooves 1. kopyto. 2. racica.

hook [hʊk] *n.* 1. hak, haczyk; coat/fish ~ haczyk na ubrania/ryby. 2. *tel.* widełki; leave the phone off the ~ źle odłożyć słuchawkę. 3. left/right ~ lewy/prawy sierpowy. 4. *pot.* wabik (*zwł. na klientów*). 5. *pot.* ~, line, and sinker całkowicie, bez reszty; let/get sb off the ~ uwolnić kogoś od kłopotów. — *v.* 1. przyczepiać; zahaczać. 2. łowić, łapać (*ryby na haczyk*). 3. przyciągać uwagę (*czyjąś*), wciągać. 4. zaginać; zginać. 5. ~ up with sb *pot.* zakumplować się z kimś.

hooker ['hʊkər] *n. pot.* prostytutka.

hooligan ['huːləgən] *n.* chuligan.

hoop [huːp] *n.* 1. obręcz. 2. kolczyk w kształcie kółka.

hooray [hʊ'reɪ] *int., v., n.* = hurray.

hoot [huːt] *v.* 1. trąbić. 2. wyć (*o syrenie*). 3. hukać (*o sowie*). 4. ~ (with laughter) ryczeć (ze śmiechu). — *n.* 1. trąbienie, klakson. 2. wycie (*syreny*). 3. hukanie (*sowy*). 4. ~s of laughter salwy śmiechu. 5. *pot.* I don't give a ~ mam to w nosie, guzik mnie to obchodzi; not worth a ~ nie wart funta kłaków.

hooves [huːvz] *n. pl. zob.* hoof.

hop [hɑːp] *v.* 1. skakać na jednej nodze; podskakiwać. 2. skakać (*o żabie, ptaku*); kicać (*o króliku*). 3. ~ a bus/train *pot.* wskoczyć do autobusu/pociągu. 4. *pot.* przeskoczyć (= *przelecieć samolotem, zwł. ocean*). — *n.* 1. skok; podskok. 2. ~s chmiel.

hope [hoʊp] *n.* nadzieja; be beyond/past ~ nie rokować żadnych nadziei; dash sb's ~s zniweczyć czyjeś nadzieje; give up/lose ~ stracić nadzieję; have high ~s for sb/sth wiele sobie po kimś/czymś obiecywać; have no ~ of sth/doing sth nie liczyć na coś/zrobienie czegoś; raise sb's ~s robić komuś nadzieję. — *v.* mieć nadzieję (*that* że, *for sth* na coś); ~ for the best nie tracić nadziei, być dobrej myśli; ~ to do sth mieć nadzieję coś zrobić, mieć nadzieję, że się coś zrobi; I ~ so/not mam nadzieję, że tak/nie; let's ~ (that)... miejmy nadzieję, że...

hopeful ['hoʊpfʊl] *a.* 1. pełen nadziei, ufny; be ~ that... żywić nadzieję, że... 2. napawający nadzieją; rokujący nadzieje, obiecujący. — *n.* (young) ~ dobrze zapowiadająca się (młoda) osoba.

hopefully ['hoʊpfʊlɪ] *adv.* 1. z nadzieją (*spytać, powiedzieć*). 2. ~ (we'll get there on time) miejmy nadzieję, że (dotrzemy tam na czas).

hopeless ['hoʊpləs] *a.* beznadziejny; ~ case beznadziejny przypadek (*o osobie*).

horizon [hə'raɪzən] *n.* the ~ horyzont, widnokrąg; broaden/expand sb's ~s poszerzać czyjeś horyzonty; sth is on the ~ coś pojawia się na horyzoncie.

horizontal [ˌhɔːrə'zɑːntl] *a.* 1. poziomy, horyzontalny. 2. *pot.* płaski. — *n.* płaszczyzna pozioma; linia pozioma; the ~ pozycja pozioma/horyzontalna.

hormonal ['hɔːrˌmoʊnl] *a.* hormonalny.

hormone ['hɔːrmoʊn] *n.* hormon.

hormone replacement therapy *n.* hormonalna terapia zastępcza.

horn [hɔːrn] *n.* 1. róg; rożek. 2. klakson; blow/sound one's ~ trąbić, naciskać na klakson. 3. syrena (*np. fabryczna*). 4. waltornia.

horny ['hɔːrnɪ] *a.* 1. *pot.* napalony. 2. zrogowaciały.

horoscope ['hɔːrəˌskoʊp] *n.* horoskop.

horrendous [hɔː'rendəs] *a.* 1. straszliwy, przerażający. 2. *pot.* horrendalny.

horrible ['hɔːrəbl] *a.* 1. straszny. 2. okropny, wstrętny.

horrid ['hɔːrɪd] *a.* 1. obrzydliwy, wstrętny. 2. straszny, okropny. 3. *pot.* paskudny, nieznośny.

horrify ['hɔːrəˌfaɪ] *v.* 1. przerażać; be horrified to see sth z przerażeniem patrzeć na coś. 2. bulwersować, szokować; be horrified at/by sth być zbulwersowanym czymś.

horror ['hɔːrər] *n.* 1. przerażenie; zgroza; to sb's ~ ku czyjemuś przerażeniu. 2. obrzydzenie, wstręt; have a ~ of sth mieć wstręt do czegoś. 3. okropność; ~s of war okropności wojny. 4. szkaradzieństwo, brzydactwo.

hors d'oeuvre [ˌɔːr 'dɝːv] *n.* przystawka.

horse [hɔːrs] *n.* 1. koń. 2. be beating a dead ~ *pot.* trudzić się na próżno; strzępić sobie język; change ~s (in midstream) zawrócić w połowie drogi (= *zmienić zdanie*); hold your ~s! *zob.* hold *v.*; straight from the ~'s mouth z pierwszej ręki, z pewnego źródła. — *v.* ~ around *pot.* dokazywać.

horseback ['hɔːrsˌbæk] *n.* 1. on ~ konno, wierzchem. 2. ~ riding jazda konna.

horseplay ['hɔːrsˌpleɪ] *n.* dzikie harce.

horsepower ['hɔːrsˌpaʊər] *n.* koń mechaniczny.

horse racing, horseracing *n.* wyścigi konne.

horseradish ['hɔːrsˌrædɪʃ] *n.* chrzan.

horseshoe ['hɔːrsˌʃuː] *n.* podkowa.

horticulture ['hɔːrtəˌkʌltʃər] *n. form.* ogrodnictwo.

hose [hoʊz] *n.* 1. (garden) ~ wąż (ogrodowy). 2. pończochy; rajstopy. — *v.* ~ (down) polewać wężem.

hospice ['hɑːspɪs] *n.* hospicjum.

hospitable ['hɑːspɪtəbl] *a.* 1. gościnny. 2. serdeczny (*o powitaniu*). 3. przyjazny (*o klimacie*).

hospital ['hɑːspɪtl] *n.* szpital.

hospitality [ˌhɑːspə'tælətɪ] *n.* 1. gościnność. 2. serdeczność.

host [hoʊst] *n.* 1. gospodarz (*przyjęcia, programu*); organizator; play ~ to być gospodarzem (*imprezy*), gościć (*zawody, igrzyska*). 2. (*także* ~ computer) *komp.* host, komputer główny. 3. H~ hostia. 4. a (whole) ~ of sth (całe) mnóstwo czegoś. — *v.* 1. gościć. 2. *telew., radio* prowadzić, być gospodarzem (*programu*).

hostage ['hɑːstɪdʒ] *n.* zakładni-k/czka; hold/take sb ~ przetrzymywać/brać kogoś jako zakładnika.

hostel ['hɑːstl] *n.* 1. (*także* youth ~) schronisko młodzieżowe. 2. schronisko, przytułek.

hostess ['hoʊstəs] *n.* 1. gospodyni (*przyjęcia, programu*). 2. stewardessa.

hostile ['hɑːstl] *a.* **1.** wrogi, wrogo usposobiony; nieprzyjazny; **~ to/toward sb** przeciwny komuś, wrogo nastawiony do/w stosunku do kogoś. **2.** niesprzyjający (*o warunkach, środowisku*).

hostility [hɑː'stɪlətɪ] *n.* **1.** wrogość. **2. hostilities** działania wojenne.

hot [hɑːt] *a.* **1.** gorący; **I'm ~** jest mi gorąco. **2.** ostry, pikantny. **3.** gorący, kontrowersyjny (*o temacie, kwestii*). **4.** zapalczywy, porywczy. **5.** rozgorączkowany; gorączkowy. **6.** niebezpieczny, ryzykowny. **7.** najświeższy (*gł. o wiadomościach*). **8.** *pot.* świetny, fantastyczny; **not so ~** nieszczególny. **9.** *pot.* popularny, na topie. **10.** *pot.* napalony, podniecony. **11.** *pot.* podniecający, seksowny. **12.** *sl.* trefny. **13.** *pot.* **be ~ on the heels/trail/track of sb** deptać komuś po piętach; **get ~ under the collar** rozzłościć się, najeżyć się; **get into ~ water** napytać sobie biedy; **go/sell like ~ cakes** rozchodzić/sprzedawać się jak ciepłe bułeczki.

hot dog *n.* hot dog.

hotel [hoʊ'tel] *n.* hotel.

hot flash *n.* uderzenie gorąca.

hotheaded [ˌhɑːt'hedɪd] *a.* w gorącej wodzie kąpany, zapalczywy.

hothouse ['hɑːtˌhaʊs] *n.* **1.** cieplarnia. **2.** wylęgarnia (*np. pomysłów*). — *a.* **1.** cieplarniany, szklarniowy. **2.** chowany pod kloszem, wychuchany.

hot line, hotline *n.* gorąca linia.

hotly ['hɑːtlɪ] *adv.* **1.** gorąco, ostro, zawzięcie. **2.** stanowczo, kategorycznie.

hot-water bottle [ˌhɑːtˌwɔːtər 'bɑːtl] *n.* termofor.

hound [haʊnd] *n.* **1.** pies gończy, ogar; **the ~s** sfora. **2.** *pot.* pies. **3. autograph/news-~** *pot.* łowca autografów/sensacji. — *v.* **1.** napastować, prześladować. **2. ~ sb out of somewhere** zmusić kogoś do odejścia skądś.

hour [aʊr] *n.* **1.** godzina; **an ~ and a half** półtorej godziny; **business/office ~s** godziny urzędowania; **by the ~** od godziny (*np. płacić*); (*także* **from ~ to ~**) z godziny na godzinę; **(every ~) on the ~** (co godzinę) o pełnej godzinie; **in an ~** (*także* **in an ~'s time**) za godzinę; **opening/closing ~s** godziny otwarcia/zamknięcia; **rush ~** godzina szczytu; **small ~s** wczesne godziny ranne; **visiting ~s** godziny odwiedzin; **within the ~** w ciągu godziny; **$10 an ~** 10 dolarów na godzinę. **2. after ~s** po godzinach; **at all ~s (of the day and night)** *pot.* o każdej porze (dnia i nocy); **at the eleventh ~** za pięć dwunasta, w ostatniej chwili; **keep late/regular ~s** chodzić spać późno/o tej samej porze; **till all ~s** do późna w nocy; **unearthly/ungodly ~** nieludzka pora/godzina.

hourglass ['aʊrˌglæs] *n.* klepsydra.

hourly ['aʊrlɪ] *a.* **1.** cogodzinny. **2.** godzinny. — *adv.* **1.** co godzinę, raz na godzinę. **2.** na godzinę, godzinowo.

house *n.* [haʊs] **1.** dom; **at sb's ~** u kogoś w domu; **keep ~** prowadzić dom. **2.** budynek; pomieszczenie; **council ~** budynek komunalny; **court/opera ~** budynek sądu/opery. **3.** (*także* **H~**) *parl.* izba; **lower/upper ~** izba niższa/wyższa; **the H~** Izba Reprezentantów. **4.** dynastia. **5.** firma; **on the ~** na koszt firmy; **speciality of the ~** specjalność zakładu; **publishing ~** wydawnictwo, oficyna wydawnicza. **6.** *teatr* sala, widownia; publiczność; **full ~** pełna widownia/sala. **7.** (*także* **~ music**) muzyka house. **8. open ~** drzwi otwarte; **play ~** bawić się w dom; **set/put one's (own) ~ in order** uporządkować swoje sprawy, zrobić porządki na własnym podwórku. — *v.* [haʊz] **1.** zapewniać mieszkanie; dawać schronienie (*komuś*). **2.** umieszczać, lokować. **3.** mieścić. **4.** składować, gromadzić.

house arrest *n.* areszt domowy.

houseboat ['haʊsˌboʊt] *n.* łódź/barka mieszkalna.

housebreaking ['haʊsˌbreɪkɪŋ] *n.* włamanie.

housecoat ['haʊsˌkoʊt] *n.* podomka.

household ['haʊsˌhoʊld] *n.* **1.** domownicy. **2.** gospodarstwo domowe. — *a.* **1.** domowy. **2.** powszechnie znany (*o nazwisku, słowie*).

housekeeper ['haʊsˌkiːpər] *n.* **1.** gospodyni. **2.** gosposia.

housekeeping ['haʊsˌkiːpɪŋ] *n.* **1.** prowadzenie gospodarstwa domowego. **2.** (*także* **~ money**) pieniądze na życie. **3.** *komp.* operacje porządkowe.

housewarming ['haʊsˌwɔːrmɪŋ] *n.* (*także* **~ party**) oblewanie nowego domu/mieszkania, parapetówa (*pot.*).

housewife ['haʊsˌwaɪf] *n.* gospodyni domowa.

housework ['haʊsˌwɝːk] *n.* prace domowe.

housing ['haʊzɪŋ] *n.* **1.** zakwaterowanie; mieszkania; domy; schronienie. **2.** *mech.* pokrywa, osłona.

housing development *n.* osiedle mieszkaniowe.

hovel ['hʌvl] *n.* nora, buda; nędzna chałupa.

hover ['hʌvər] *v.* **1.** unosić się, wisieć (w powietrzu). **2.** wahać się.

hovercraft ['hɑːvəˌkræft] *n.* poduszkowiec.

how [haʊ] *adv., conj.* **1.** (*w zdaniach pytających*) jak; **~ about...** co powiesz na...; co sądzisz o...; **~ about you?** a ty/wy? **~ are you?** jak się masz? **~ are things?** co słychać? **~ come?** *pot.* (a to) czemu? **~ do you do?** miło mi (Pana/Panią/Państwa poznać); **~ many** ilu; ile; **~ much** ile; **~ much are (these) apples?** po ile są (te) jabłka? **~ old/tall are you?** ile masz lat/wzrostu? **~'s it going?** jak leci? **and ~!** *pot.* jeszcze jak! **2.** ale; **~ (very) stupid of me!** ale jestem głupi/a! **~ kind of you!** to bardzo uprzejmie z twojej/Pana/Pani strony!

however [haʊ'evər] *adv.* **1.** jednak, jednakże; **he was, ~, quite certain** (*także* **~, he was quite certain**) był jednak zupełnie pewien. **2.** jakkolwiek, bez względu na to, jak; **~ (hard) you try, you won't guess** bez względu na to, jak (bardzo) byś się starał, nie zgadniesz. **3.** jak też, jakże(ż); **~ did you manage to convince her?** jak też udało ci się ją przekonać? — *conj.* jakkolwiek, jak (tylko).

howl [haʊl] *v.* **1.** wyć; wrzeszczeć, ryczeć; zawodzić. **2.** *pot.* ryczeć ze śmiechu. — *n.* **1.** wycie. **2.** wrzask, ryk.

HQ [ˌeɪtʃ 'kjuː] *abbr.* = **headquarters**.

hub [hʌb] *n.* **1.** piasta (*koła*). **2.** centrum; ośrodek. **3.** *lotn.* węzeł (komunikacyjny).

hue [hjuː] *n.* odcień; barwa, kolor.

huff [hʌf] *v.* **1. ~ and puff** sapać, ciężko dyszeć. **2.** fuknąć. — *n.* **in a ~** zły, poirytowany.

hug [hʌg] *v.* ściskać, tulić, przytulać, obejmować (ramionami); tulić się do (*kogoś l. czegoś*). — *n.* uścisk; **give sb a ~** przytulić kogoś; wyściskać kogoś.

huge [hjuːdʒ] *a.* ogromny, olbrzymi.

hull [hʌl] *n.* **1.** kadłub (*statku*). **2.** pancerz, powłoka (*czołgu, pocisku*). **3.** łuska (*fasoli*), szypułka, ogonek (*truskawki*). — *v.* obierać, skubać (*truskawki*); łuskać (*groch*).

hum [hʌm] *v.* **1.** nucić. **2.** buczeć (*o świetlówce*). **3.** bzyczeć (*o pszczole*). **4.** szumieć (*o twardym dysku, ruchu ulicznym*). **5.** **~ with life/activity** tętnić życiem. — *n.* **1.** szum. **2.** szmer. **3.** pomruk; mruczenie. **4.** nucenie. **5.** buczenie. **6.** bzyczenie. **7.** brzęczenie.

human ['hjuːmən] *a.* ludzki; **~ affairs/relations** stosunki międzyludzkie; **~ error** błąd człowieka; **~ factor** czynnik ludzki; **I'm only ~** jestem tylko człowiekiem; **(not) fit for ~ consumption** (nie) nadający się do spożycia; **the ~ touch** ludzkie podejście. — *n.* (*także* **~ being**) człowiek, istota ludzka; **~s** ludzie.

humane [hjuː'meɪn] *a.* humanitarny, ludzki.

humanitarian [hjʊˌmænɪ'terɪən] *a.* humanitarny.

humanity [hjuː'mænətɪ] *n.* ludzkość.

humble ['hʌmbl] *a.* skromny; pokorny; uniżony; **in my ~ opinion** moim skromnym zdaniem. — *v.* upokarzać; poniżać; zawstydzać.

humid ['hjuːmɪd] *a.* wilgotny.

humidity [hjʊ'mɪdətɪ] *n.* wilgotność; wilgoć.

humiliate [hjʊ'mɪlɪˌeɪt] *v.* poniżać; upokarzać.

humiliation [hjʊˌmɪlɪ'eɪʃən] *n.* upokorzenie; poniżenie.

humility [hjʊ'mɪlətɪ] *n.* pokora; skromność.

hummingbird ['hʌmɪŋˌbɝːd] *n.* koliber.

humor ['hjuːmər] *n.* humor; nastrój, usposobienie; **sense of ~** poczucie humoru. — *v.* **1.** ustępować (*komuś; zwł. dla świętego spokoju*). **2.** dogadzać (*komuś l. czemuś*); spełniać zachcianki (*czyjeś*).

humorous ['hjuːmərəs] *a.* **1.** dowcipny; śmieszny, zabawny. **2.** żartobliwy. **3.** pełen humoru. **4.** humorystyczny.

hump [hʌmp] *n.* garb.

hunch [hʌntʃ] *n. pot.* przeczucie; wyczucie; **have a ~** mieć przeczucie; **on a ~** na wyczucie, na czuja. — *v.* **1.** **~ one's shoulders** kulić ramiona. **2.** garbić się.

hunchback ['hʌntʃˌbæk] *n. pog.* garbus/ka.

hundred ['hʌndrɪd] *num., n.* **1.** **(a/one) ~** sto; setka; stów(k)a (*banknot*); **five ~ dollars** pięćset dolarów; **fourteen ~** tysiąc czterysta. **2.** **I am/agree with you a ~ percent** zgadzam się z tobą w stu procentach.

hung [hʌŋ] *v. zob.* **hang**.

Hungarian [hʌŋ'gerɪən] *a.* węgierski. — *n.* **1.** Węgier/ka. **2.** (język) węgierski.

Hungary ['hʌŋgərɪ] *n.* Węgry; **in ~** na Węgrzech.

hunger ['hʌŋgər] *n.* **1.** głód; apetyt, łaknienie; **satisfy one's/sb's ~** zaspokoić/nasycić (swój)/czyjś głód. **2.** głód, pragnienie, potrzeba; **~ for knowledge** głód wiedzy, pęd do wiedzy. — *v.* **1.** głodować. **2.** **~ for sth** *lit.* pragnąć/łaknąć czegoś.

hunger strike *n.* strajk głodowy, głodówka.

hung over [ˌhʌŋ 'oʊvər] *a.* skacowany.

hungrily ['hʌŋgrɪlɪ] *adv.* **1.** łapczywie. **2.** pożądliwie.

hungry ['hʌŋgrɪ] *a.* **1.** głodny; wygłodniały, zgłodniały; **get ~** zgłodnieć; **go ~** głodować. **2.** **be ~ for sth** pragnąć/łaknąć czegoś.

hung up [ˌhʌŋ 'ʌp] *a. pot.* przeczulony (*about/on sb/sth* na punkcie kogoś/czegoś).

hunk [hʌŋk] *n.* **1.** kawał (*chleba, sera*). **2.** *pot.* przystojniak.

hunt [hʌnt] *v.* **1.** polować (na) (*kogoś l. coś*); **go ~ing** jechać na polowanie. **2.** prześladować. **3.** **~ down** upolować; ścigać; złapać (*przestępcę*); **~ out** odnaleźć, odszukać; wypędzić. — *n.* **1.** polowanie, łowy. **2.** **~ for sb/sth** poszukiwanie kogoś/czegoś; nagonka na kogoś/coś.

hunter ['hʌntər] *n.* **1.** myśliwy; łow-ca/czyni. **2.** drapieżnik, zwierzę drapieżne. **3.** **adventure/treasure ~** poszukiwacz/ka przygód/skarbów.

hunting ['hʌntɪŋ] *n.* **1.** myślistwo; polowanie, łowy. **2.** **job-~** szukanie pracy; **the ~ is on** rozpoczęły się poszukiwania (*for sb/sth* kogoś/czegoś). — *a.* **~ boots** buty myśliwskie; **~ box/lodge** domek myśliwski.

hurdle ['hɝːdl] *n.* **1.** przeszkoda; bariera; płotek. **2.** **~s** bieg przez płotki. — *v.* **1.** pokonywać, skakać przez (*przeszkodę*). **2.** uporać się z (*przeszkodą*). **3.** biegać przez płotki.

hurl [hɝːl] *v.* ciskać, rzucać, miotać; **~ o.s. at/against sb/sth** rzucić się na kogoś/coś. — *n.* rzut, ciśnięcie.

hurray [hə'reɪ], **hurrah**, **hooray** [hʊ'reɪ] *int., n.* hura, hurra; **hip, hip, ~!** hip, hip, hura!

hurricane ['hɝːəˌkeɪn] *n.* huragan.

hurried ['hɝːɪd] *a.* pośpieszny.

hurriedly ['hɝːɪdlɪ] *adv.* pośpiesznie, w pośpiechu.

hurry ['hɝːɪ] *n.* pośpiech; **be in a/no ~ (to do sth)** spieszyć/nie spieszyć się (z czymś); **(do sth) in a ~** (robić coś) w pośpiechu; **in his ~, he left behind his keys** tak się spieszył, że zapomniał kluczy; **there's no (great) ~** nie ma pośpiechu. — *v.* **1.** spieszyć się. **2.** popędzać, poganiać (*sb into doing sth* kogoś, żeby coś zrobił). **3.** **~ back** wrócić pośpiesznie; **~ up!** pospiesz się! **~ sb up** poganiać/popędzać kogoś.

hurt [hɝːt] *v. pret. i pp.* **hurt** **1.** boleć; **it won't ~** nie będzie bolało; **my arm ~s/is ~ing (me)** boli mnie ramię; **where does it ~?** gdzie/w którym miejscu (Pana/Panią) boli? **2.** sprawiać ból (*komuś*); ranić, kaleczyć; urażać; dokuczać (*komuś*). **3.** zaszkodzić (*komuś l. czemuś*); uszkodzić. **4.** **~ o.s** skaleczyć/zranić się. **5.** *pot.* **it won't/doesn't/wouldn't ~ to do sth** nie zaszkodzi coś zrobić; **it won't ~ sb to do sth** nic się komuś nie stanie, jeżeli coś zrobi. — *a.* **1.** ranny; **is anybody ~?** czy ktoś jest ranny? **2.** skaleczony. **3.** urażony, zraniony; **~ pride** urażona duma; **deeply/extremely ~** głęboko zraniony/urażony. — *n.* **1.** uraz (*psychiczny*); ból. **2.** krzywda. **3.** skaleczenie, zranienie.

hurtful ['hɝːtfʊl] *a.* bolesny, dotkliwy.

husband ['hʌzbənd] *n.* mąż; *form.* małżonek; **~ and wife** małżeństwo, mąż i żona.

hush [hʌʃ] *int.* ćśś!, sza! — *v.* **1.** uciszać. **2.** uciszyć się, zamilknąć. **3.** **~ up** wyciszyć, zatuszować. — *n.* cisza; milczenie.

husk [hʌsk] *n.* łuska, plewa; łupina. — *v.* łuskać.

husky ['hʌskɪ] *a.* chrapliwy, ochrypły, zachrypnięty. — *n.* (pies) husky.

hustle ['hʌsl] *v.* **1.** spieszyć się; krzątać się. **2.** pchać się. **3.** szturchać; popychać, pchać. **4.** wyłudzać (*sth from sb* coś od kogoś). — *n.* pośpiech; krzątanina; **~ and bustle** zgiełk, harmider.

hustler ['hʌslər] *n. pot.* **1.** hochsztapler/ka. **2.** prostytutka.

hut [hʌt] *n.* **1.** chat(k)a; szałas; szopa. **2.** małe schronisko górskie.

hutch [hʌtʃ] *n.* **1.** klatka, skrzynka (*zwł. na króliki*). **2.** kredens.

hyacinth ['haɪəsɪnθ] *n.* hiacynt.

hybrid ['haɪbrɪd] *n.* **1.** krzyżówka, mieszaniec. **2.** hybryda. — *a.* **1.** hybrydowy. **2.** mieszany, skrzyżowany.

hydraulic [haɪ'drɔːlɪk] *a.* hydrauliczny.

hydrogen ['haɪdrədʒən] *n.* wodór.

hyena [haɪ'iːnə] *n.* hiena.
hygiene ['haɪdʒiːn] *n.* higiena.
hygienic [ˌhaɪ'dʒiːnɪk] *a.* higieniczny.
hymn [hɪm] *n.* hymn.
hype [haɪp] *n. pot.* szum, zamieszanie; **media ~** szum w mediach. — *v.* **~ up** przereklamować.
hypertension [ˌhaɪpər'tenʃən] *n.* nadciśnienie (tętnicze).
hyphen ['haɪfən] *n.* łącznik, kreseczka (*znak interpunkcyjny*).
hyphenation [ˌhaɪfə'neɪʃən] *n.* dzielenie/przenoszenie wyrazów.
hypnosis [hɪp'noʊsɪs] *n.* hipnoza; **under ~** w hipnozie.
hypnotic [hɪp'nɑːtɪk] *a.* **1.** nasenny. **2.** hipnotyczny.
hypnotist ['hɪpnətɪst] *n.* hipnotyzer/ka.
hypnotize ['hɪpnəˌtaɪz] *v.* hipnotyzować.
hypoallergenic [ˌhaɪpoʊˌælər'dʒenɪk] *a.* hipoalergiczny.
hypochondriac [ˌhaɪpə'kɑːndrɪˌæk] *n.* hipochondryk/czka. — *a.* hipochondryczny.
hypocrisy [hɪ'pɑːkrəsɪ] *n.* hipokryzja, zakłamanie.
hypocrite ['hɪpəkrɪt] *n.* hipokryt-a/ka.
hypocritical [ˌhɪpə'krɪtɪkl] *a.* pełen hipokryzji, zakłamany.
hypodermic [ˌhaɪpə'dɝːmɪk] *a.* podskórny. — *n.* **1.** (*także* **~ syringe**) strzykawka. **2.** (*także* **~ injection**) zastrzyk. **3.** (*także* **~ needle**) igła (*do zastrzyków*).
hypothesis [haɪ'pɑːθɪsɪs] *n. pl.* **hypotheses** [haɪ'pɑːθɪsiːs] hipoteza; **put forward a ~** wysunąć hipotezę; **working ~** hipoteza robocza.
hypothesize [haɪ'pɑːθɪˌsaɪz] *v.* **1.** wysuwać hipotezę; przyjmować, zakładać. **2.** snuć spekulacje, spekulować.
hypothetical [ˌhaɪpə'θetɪkl] *a.* hipotetyczny.
hysteria [hɪ'stiːrɪə] *n.* histeria.
hysterical [hɪ'sterɪkl] *a.* **1.** histeryczny. **2.** rozhisteryzowany. **3.** *pot.* bardzo śmieszny, komiczny.

I

I[1] [aɪ] *pron.* ja.
I[2] *abbr.* **interstate** stanowy; **I-95** autostrada stanowa numer 95.
IA *abbr.* = **Iowa**.
ice [aɪs] *n.* **1.** lód. **2. be (skating) on thin ~** stąpać po cienkim lodzie; **break the ~** przełamywać (pierwsze) lody. — *v.* **1.** zamrażać. **2.** chłodzić. **3. ~ over/up** zamarzać, pokrywać się lodem.
iceberg ['aɪsˌbɝːg] *n.* góra lodowa; **the tip of the ~** wierzchołek góry lodowej.
ice cream *n.* lody.
iced [aɪst] *a.* **1.** mrożony. **2.** schłodzony.
Iceland ['aɪslənd] *n.* Islandia.
Icelandic [aɪs'lændɪk] *a.* islandzki. — *n.* (język) islandzki.
ice rink *n.* lodowisko.
ice-skating ['aɪsˌskeɪtɪŋ] *n.* łyżwiarstwo.
icicle ['aɪsɪkl] *n.* sopel lodu.
icing ['aɪsɪŋ] *n.* **1.** lukier. **2. the ~ on the cake** ukoronowanie wszystkiego.
icon ['aɪkɑːn] *n.* **1.** ikona. **2.** *komp.* ikona, ikonka. **3.** wizerunek; symbol.
icy ['aɪsɪ] *a.* **1.** oblodzony. **2.** lodowaty.
ID *abbr.* **1.** = **Idaho**. **2.** [ˌaɪ 'diː] = **identification**.
I'd [aɪd] *abbr.* **1.** = **I had**. **2.** = **I would**.
Idaho ['aɪdəˌhoʊ] *n.* (stan) Idaho.
idea [aɪ'dɪə] *n.* **1.** pomysł, myśl; **have an ~** mieć pomysł. **2.** pogląd. **3.** idea. **4.** cel; **the ~ of the game is to score 21 points** celem gry jest zdobycie 21 punktów. **5.** pojęcie, wyobrażenie; **give sb an ~ of sth** dać komuś pojęcie/wyobrażenie o czymś; **not have the slightest/faintest ~** *pot.* nie mieć zielonego/bladego pojęcia. **6. don't get the wrong ~** nie zrozum mnie źle; **put ~s into sb's head** mącić komuś w głowie (*zwł. podsuwając mało realne pomysły*); **that's the ~!** *pot.* o to (właśnie) chodzi! **where did you get that ~?** skąd ci to przyszło do głowy?
ideal [aɪ'diːəl] *a.* **1.** idealny. **2.** wyobrażony, wymyślony; teoretyczny. — *n.* ideał.
idealist [aɪ'diːəlɪst] *n.* idealist-a/ka.
identical [aɪ'dentɪkl] *a.* identyczny.
identification [aɪˌdentəfə'keɪʃən] *n.* **1.** identyfikacja, utożsamianie (się). **2.** (*także* **means of ~**) dokument stwierdzający tożsamość.
identify [aɪ'dentəˌfaɪ] *v.* **1.** identyfikować, rozpoznawać. **2.** utożsamiać (się) (*with sb/sth* z kimś/czymś).
identity [aɪ'dentɪtɪ] *n.* **1.** tożsamość. **2.** identyczność.
ideology [ˌaɪdɪ'ɑːlədʒɪ] *n.* ideologia.
idiom ['ɪdɪəm] *n.* **1.** idiom. **2.** styl (*w mowie, pisaniu, muzyce*).
idiomatic [ˌɪdɪə'mætɪk] *a.* idiomatyczny; **~ expression/phrase** wyrażenie idiomatyczne.
idiosyncrasy [ˌɪdɪə'sɪŋkrəsɪ] *n.* idiosynkrazja; ekscentryzm, dziwactwo.
idiot ['ɪdɪət] *n.* idiot-a/ka.
idiotic [ˌɪdɪ'ɑːtɪk] *a.* idiotyczny.
idle ['aɪdl] *a.* **1.** bezczynny; **be ~** próżnować, nic nie robić; **lie/stand ~** leżeć/stać bezczynnie. **2.** jałowy, bezcelowy; płonny, próżny; czczy, bez pokrycia. — *v.* **1.** próżnować, nic nie robić. **2.** *mech.* pracować na jałowym biegu. **3. ~ away** marnować, trwonić (*czas, popołudnie*).
idol ['aɪdl] *n.* idol/ka, bożyszcze.
idyllic [aɪ'dɪlɪk] *a.* idylliczny, sielankowy.
i.e. [ˌaɪ 'iː] *abbr.* t.j., tzn.
if [ɪf] *conj.* **1.** jeżeli, jeśli; **~ it rains, we'll stay inside** jeśli będzie padać, nie będziemy wychodzić; **~ so/not** jeśli tak/nie. **2.** gdyby; **~ I were you** (ja) na twoim miejscu; **~ only I could** gdybym tylko mógł; **~ she had known** gdyby wiedziała; **as ~** jak gdyby, jakby. **3.** (*także* **even ~**) choćby (nawet), mimo (że); aczkolwiek; **~ only to try** choćby (tylko) po to, żeby spróbować. **4.** czy; **ask them ~ they have been there** zapytaj ich, czy tam byli. — *n.* **a big ~** wielki znak zapytania.
ignite [ɪg'naɪt] *v. form.* **1.** rozniecać, wzbudzać. **2.** rozpalać (się).
ignition [ɪg'nɪʃən] *n.* zapłon; **~ key** kluczyk zapłonu.

ignorance ['ɪgnərəns] *n.* **1.** nieświadomość. **2.** niewiedza; ignorancja.

ignorant ['ɪgnərənt] *a.* **1. be ~ of sth** nie zdawać sobie sprawy z czegoś; nie wiedzieć o czymś. **2.** ignorancki, ciemny, niedouczony.

ignore [ɪg'nɔːr] *v.* ignorować, nie zwracać uwagi na; nie brać pod uwagę (*czegoś*), pomijać.

IL *abbr.* = **Illinois.**

ill [ɪl] *a.* **worse, worst 1.** chory (*with sth* na coś); **fall ~** (*także* **be taken ~**) zachorować; **seriously/terminally ~** ciężko/śmiertelnie chory. **2. ~ at ease** zakłopotany, skrępowany, nieswój. — *adv.* **worse, worst 1.** źle, słabo, niedostatecznie; **~-treated** źle traktowany. **2. speak/think ~ of sb** *form.* źle o kimś mówić/myśleć.

I'll [aɪl] *abbr.* = **I will**; = **I shall.**

illegal [ɪ'liːgl] *a.* nielegalny, sprzeczny z prawem, bezprawny; nieprzepisowy.

illegal alien *n.* (*także* **~ immigrant**) nielegaln-y/a imigrant/ka.

illegible [ɪ'ledʒəbl] *a.* nieczytelny.

illegitimate [ˌɪlɪ'dʒɪtəmət] *a.* **1.** nieślubny, z nieprawego łoża. **2.** nieprawny, bezprawny. **3.** niewłaściwy; niesłuszny, nieuzasadniony.

illicit [ɪ'lɪsɪt] *a.* niedozwolony, zakazany (*o handlu, narkotykach*); nielegalny.

Illinois [ˌɪlə'nɔɪ] *n.* (stan) Illinois.

illiterate [ɪ'lɪtərɪt] *a.* **1.** niepiśmienny, nieumiejący pisać ani czytać. **2.** niedouczony. **3. be musically/politically ~** zupełnie nie znać się na muzyce/polityce. — *n.* analfabet-a/ka.

illness ['ɪlnəs] *n.* choroba.

illogical [ɪ'lɑːdʒɪkl] *a.* nielogiczny.

illuminate [ɪ'luːməˌneɪt] *v.* **1.** oświetlać; rozświetlać, rozjaśniać; ozdabiać światłami. **2.** *form.* rzucać światło na; wyjaśniać. **3.** iluminować (*manuskrypt*).

illumination [ɪˌluːmə'neɪʃən] *n.* **1.** oświetlenie. **2.** *form.* wiedza, uczoność, oświecenie. **3.** iluminacja (*w manuskryptach*).

illusion [ɪ'luːʒən] *n.* iluzja, złudzenie; **optical ~** złudzenie optyczne.

illusory [ɪ'luːsərɪ] *a.* iluzoryczny; złudny.

illustrate ['ɪləˌstreɪt] *v.* ilustrować.

illustration [ˌɪlə'streɪʃən] *n.* ilustracja.

ill will *n.* zła wola; wrogość, niechęć.

I'm [aɪm] *abbr.* = **I am.**

image ['ɪmɪdʒ] *n.* **1.** wizerunek; wyobrażenie. **2.** ucieleśnienie, wcielenie (*of sth* czegoś). **3.** symbol. **4.** *t. opt.* obraz, odbicie. **5. in the ~ of sb/sth** *lit.* na podobieństwo kogoś/czegoś.

imagery ['ɪmɪdʒrɪ] *n.* obrazowanie; symbolika.

imaginary [ɪ'mædʒəˌnerɪ] *a.* wyimaginowany, zmyślony; *t. mat.* urojony.

imagination [ɪˌmædʒə'neɪʃən] *n.* **1.** wyobraźnia; fantazja; **leave sth to the ~** pozostawiać coś wyobraźni; **use your ~!** wysil wyobraźnię! **2.** pomysłowość, twórcze myślenie. **3.** urojenie, wytwór wyobraźni.

imaginative [ɪ'mædʒənətɪv] *a.* **1.** obdarzony wyobraźnią; pomysłowy; twórczy. **2.** fantazyjny; oryginalny.

imagine [ɪ'mædʒɪn] *v.* **1.** wyobrażać sobie; **~ (o.s.) doing sth** wyobrażać sobie, że się coś robi; **you're imagining things** wydaje ci się, masz przywidzenia. **2.** uważać, sądzić; zakładać, domyślać się, zgadywać.

imbalance [ɪm'bæləns] *n.* brak równowagi, nierównowaga; zachwianie równowagi.

imitate ['ɪmɪˌteɪt] *v.* imitować, naśladować; powielać.

imitation [ˌɪmɪ'teɪʃən] *n.* naśladowanie, naśladownictwo; imitacja. — *a.* sztuczny; **~ grass/leather** sztuczna trawa/skóra.

immaculate [ɪ'mækjəlɪt] *a.* **1.** nieskazitelny. **2.** bezbłędny. **3.** *rel.* niepokalany.

immaterial [ˌɪmə'tiːrɪəl] *a.* **1.** nieistotny. **2.** *form.* niematerialny.

immature [ˌɪmə'tʊr] *a.* niedojrzały.

immediate [ɪ'miːdɪət] *a.* **1.** natychmiastowy. **2.** najbliższy; bezpośredni; **~ family/future** najbliższa rodzina/przyszłość. **3.** pilny, naglący (*o potrzebie*).

immediately [ɪ'miːdɪətlɪ] *adv.* **1.** natychmiast; bezzwłocznie. **2. ~ before/after/above sth** bezpośrednio przed/po/nad czymś; **~ next to/behind sth** tuż przy/za czymś.

immense [ɪ'mens] *a.* **1.** ogromny, olbrzymi. **2.** niezmierzony, bezmierny.

immerse [ɪ'mɝːs] *v.* **1.** *form.* zanurzać. **2.** pogrążać, zatapiać, zagłębiać; **be ~d in thought/work** być zatopionym w myślach/pochłoniętym pracą.

immigrant ['ɪməgrənt] *n.* imigrant/ka. — *a.* **1.** imigrujący. **2.** dotyczący imigracji/imigrantów.

immigration [ˌɪmə'greɪʃən] *n.* **1.** imigracja. **2.** (*także* **~ control**) kontrola paszportowa/graniczna.

imminent ['ɪmənənt] *a.* nieuchronny; bliski, nadciągający.

immobile [ɪ'moʊbɪl] *a.* nieruchomy.

immoral [ɪ'mɔːrəl] *a.* niemoralny.

immortal [ɪ'mɔːrtl] *a.* nieśmiertelny; wieczny. — *n.* nieśmierteln-y/a.

immortality [ˌɪmɔːr'tælətɪ] *n.* nieśmiertelność; wieczność.

immune [ɪ'mjuːn] *a.* **1.** odporny, uodporniony (*to sth* na coś). **2.** odpornościowy, immunologiczny.

immunity [ɪ'mjuːnətɪ] *n.* **1.** odporność. **2.** immunitet, nietykalność.

immunize ['ɪmjəˌnaɪz] *v.* immunizować, uodporniać (*sb against sth* kogoś na coś); szczepić (*sb against sth* kogoś przeciwko czemuś).

impact *n.* ['ɪmpækt] **1.** uderzenie; siła uderzenia, wstrząs; **on ~** przy uderzeniu, w momencie zderzenia. **2.** wpływ; **have/make an ~ on sb/sth** mieć/wywrzeć wpływ na kogoś/coś. — *v.* [ɪm'pækt] **~ (on)** wpływać/mieć wpływ na.

impair [ɪm'per] *v.* **1.** uszkadzać. **2.** pogarszać, osłabiać; nadwerężać; upośledzać.

impartial [ɪm'pɑːrʃl] *a.* bezstronny, obiektywny.

impasse ['ɪmpæs] *n.* impas; **reach an ~** znaleźć się w impasie.

impassive [ɪm'pæsɪv] *a.* beznamiętny; nieokazujący emocji.

impatience [ɪm'peɪʃəns] *n.* niecierpliwość; zniecierpliwienie.

impatient [ɪm'peɪʃənt] *a.* **1.** niecierpliwy; zniecierpliwiony; **get/grow ~** niecierpliwić się. **2. be ~ for sth/to do sth** nie móc się doczekać czegoś/kiedy się coś zrobi.

impeccable [ɪm'pekəbl] *a.* nienaganny.

impediment [ɪm'pedəmənt] *n.* **1.** wada, kalectwo; **speech ~** wada wymowy. **2.** przeszkoda (*to sth* w czymś).

impenetrable [ɪm'penɪtrəbl] *a.* **1.** niedostępny, nie do przebycia. **2.** nieprzenikniony.

imperative [ɪm'perətɪv] *a.* **1.** *gram.* rozkazujący; w trybie rozkazującym. **2.** *form.* konieczny; **it is ~**

that sth be done/to do sth konieczne jest zrobienie czegoś. — *n.* **1.** (*także* **~ mood**) tryb rozkazujący; **in the ~** w trybie rozkazującym. **2.** *form.* nakaz; imperatyw.

imperceptible [ˌɪmpər'septəbl] *a.* niezauważalny, niedostrzegalny.

imperfect [ɪm'pɝːfekt] *a.* **1.** niedoskonały. **2.** *gram.* niedokonany.

imperfective [ˌɪmpər'fektɪv] *a.* niedokonany. — *n.* **1.** aspekt niedokonany. **2.** czasownik w aspekcie niedokonanym.

imperial [ɪm'piːrɪəl] *a.* imperialny.

impersonal [ɪm'pɝːsənl] *a.* bezosobowy.

impersonate [ɪm'pɝːsəˌneɪt] *v.* **1.** udawać, parodiować. **2.** podawać się za (*kogoś*). **3.** wcielać się w, grać rolę (*kogoś*). **4.** uosabiać.

impertinent [ɪm'pɝːtənənt] *a.* impertynencki, bezczelny, zuchwały.

impetuous [ɪm'petʃʊəs] *a.* porywczy, gwałtowny.

impetus ['ɪmpɪtəs] *n.* **1.** impet; pęd, rozpęd; **gain ~** nabierać impetu/rozpędu. **2.** bodziec, impuls.

implant *v.* [ɪm'plænt] wszczepiać, implantować. — *n.* ['ɪmplænt] wszczep, implant.

implement ['ɪmpləmənt] *n.* narzędzie; **~s** przybory; sprzęt; **writing ~s** przybory do pisania. — *v.* wprowadzać w życie; wdrażać.

implication [ˌɪmplə'keɪʃən] *n.* implikacja.

implicit [ɪm'plɪsɪt] *a.* ukryty; domyślny; nie wprost; **~ in sth** zawarty implicite w czymś.

imply [ɪm'plaɪ] *v.* **1.** sugerować, dawać do zrozumienia. **2.** implikować, oznaczać. **3.** pociągać za sobą.

impolite [ˌɪmpə'laɪt] *a.* niegrzeczny, nieuprzejmy.

import *v.* [ɪm'pɔːrt] **1.** importować, wwozić, sprowadzać. **2.** *komp.* importować, ściągać. — *n.* ['ɪmpɔːrt] **1.** import; towar importowany. **2.** *form.* = **importance**.

importance [ɪm'pɔːrtəns] *n.* znaczenie; waga, doniosłość; **of great ~** wielkiej wagi; **of no ~** bez znaczenia.

important [ɪm'pɔːrtənt] *a.* ważny; znaczący, doniosły; **it is ~ to do sth/that sb does sth** ważne (jest), żeby coś zrobić/żeby ktoś coś zrobił.

impose [ɪm'poʊz] *v.* **1. ~ sth on sb** nakładać coś na kogoś (*podatki, sankcje*); narzucać coś komuś (*dyscyplinę, system wartości*). **2. ~ on sb** nadużywać czyjejś uprzejmości; narzucać się komuś.

impossible [ɪm'pɑːsəbl] *a.* **1.** niemożliwy; **make it ~ for sb to do sth** uniemożliwić komuś zrobienie czegoś. **2.** niewykonalny, niemożliwy do zrealizowania. **3.** nie do zniesienia, nieznośny. — *n.* **the ~** niemożliwość, rzecz niemożliwa; **do the ~** dokonać niemożliwego.

impotence ['ɪmpətəns] *n.* **1.** impotencja, niemoc płciowa. **2.** bezsilność, niemoc.

impotent ['ɪmpətənt] *a.* **1.** cierpiący na impotencję. **2.** bezsilny. — *n.* impotent.

impractical [ɪm'præktɪkl] *a.* **1.** niepraktyczny. **2.** nierealny.

imprecise [ˌɪmprɪ'saɪs] *a.* nieprecyzyjny, niedokładny, nieścisły.

impregnate *v.* [ɪm'pregˌneɪt] **1.** impregnować, nasączać (*with sth* czymś). **2.** zapładniać.

impresario [ˌɪmprɪ'sɑːrɪˌoʊ] *n.* impresario.

impress *v.* [ɪm'pres] **1.** wywierać/robić wrażenie na (*kimś*); imponować (*komuś*); **be ~ed with/by sth** być pod wrażeniem czegoś. **2.** wytłaczać, odciskać (*sth on sth* coś na czymś). **3. ~ sth on/upon sb** uzmysłowić coś komuś; wpoić/zaszczepić coś komuś. — *n.* ['ɪmpres] *lit.* odcisk; piętno.

impression [ɪm'preʃən] *n.* **1.** wrażenie; odczucie; **be under the ~ that...** mieć wrażenie, że...; **get the ~ that...** odnosić wrażenie, że...; **make a good ~ on sb** zrobić na kimś dobre wrażenie. **2.** parodia; **do an ~ of sb** parodiować kogoś. **3.** wgniecenie; odciśnięty znak. **4.** *druk.* nakład; przedruk; odbitka (*np. z czcionek l. sztychu*). **5.** *dent.* wycisk.

impressionism [ɪm'preʃəˌnɪzəm] *n.* impresjonizm.

impressionist [ɪm'preʃənɪst] *n.* **1.** impresjonist-a/ka. **2.** parodyst-a/ka. — *a.* (*także* **impressionistic**) **1.** impresyjny. **2.** impresjonistyczny.

impressive [ɪm'presɪv] *a.* robiący wrażenie, imponujący.

imprint *n.* ['ɪmprɪnt] **1.** odcisk (*of sth* czegoś). **2.** metryczka (*książki*). **3.** *przen.* znamię, piętno. — *v.* [ɪm'prɪnt] **1.** zaopatrywać w znak (*with sth* czegoś). **2. be ~ed on sb's mind/memory** wryć się komuś głęboko w pamięć.

imprison [ɪm'prɪzən] *v.* zamykać w więzieniu, wtrącać do więzienia.

imprisonment [ɪm'prɪzənmənt] *n.* uwięzienie; kara więzienia.

improbable [ɪm'prɑːbəbl] *a.* nieprawdopodobny.

improper [ɪm'prɑːpər] *a.* **1.** niewłaściwy, niestosowny, nieodpowiedni. **2.** nieprzyzwoity, zdrożny.

improve [ɪm'pruːv] *v.* **1.** ulepszać, udoskonalać; polepszać (się); poprawiać (się). **2. ~ on/upon sth** przewyższyć coś (*zwł. czyjeś dokonania*); poprawić coś (*np. rekord*).

improvement [ɪm'pruːvmənt] *n.* ulepszenie, udoskonalenie; polepszenie (się); poprawa, postęp; **there's (still) room for ~** (jeszcze) dużo można poprawić.

improvisation [ɪmˌprɑːvə'zeɪʃən] *n.* improwizacja.

improvise ['ɪmprəˌvaɪz] *v.* improwizować.

impudent ['ɪmpjədənt] *a.* bezwstydny; zuchwały, bezczelny.

impulse ['ɪmpʌls] *n.* **1.** impuls; bodziec. **2.** impuls, poryw, odruch; **act on (an) ~** działać pod wpływem impulsu.

impulsive [ɪm'pʌlsɪv] *a.* impulsywny, porywczy, popędliwy.

impunity [ɪm'pjuːnətɪ] *n.* bezkarność; **with ~** bezkarnie.

impurity [ɪm'pjʊrətɪ] *n.* **1.** nieczystość. **2.** zanieczyszczenie.

IN *abbr.* = **Indiana**.

in [ɪn] *prep.* **1.** w; **~ Alabama** w Alabamie; **~ 2007** w roku 2007; **~ (the) summer** w lecie; **do sth ~ three hours** zrobić coś w trzy godziny; **rich ~ vitamins** bogaty w witaminy. **2.** na; **~ Alaska** na Alasce; **~ this painting** na tym obrazie; **cut sth ~ half** przeciąć coś na pół; **dressed ~ black** ubrany na czarno; **one ~ (every) ten women** jedna kobieta na dziesięć. **3.** do; **put it ~ the drawer** włóż to do szuflady. **4.** za; **~ a few minutes** za parę minut. **5.** u; **~ Shakespeare** u Szekspira; **the disease is common ~ children** choroba ta często występuje u dzieci. **6.** po; **~ Polish** po polsku. **7. ~ a whisper** szeptem; **~ the morning** rano; **~ verse** wierszem; **be interested ~ art** interesować się sztuką. **8. be ~ publishing/politics** zajmować się działalnością wydawniczą/polityką. **9. a PhD ~ philosophy** doktorat w zakresie/z filozofii. — *adv.* **1.** do środka, do wewnątrz; **ask her ~** poproś ją do środka. **2.** w środku; **lock sb ~** zamknąć kogoś w środku. **3. be ~** być w domu; być (obecnym) w pracy; być w modzie; przyjechać (na stację) (*o pociągu*). **4. be ~ on sth** brać udział w czymś; być wtajemniczonym w coś; **he's ~ for a surprise** czeka go niespodzianka. **5. (know sb/sth) ~ and out** (znać kogoś/coś) na wylot. — *a.* **1.** *pot.* modny. **2.** zrozumiały tylko dla wtajemniczonych (*o żarcie, aluzji*). — *n.* **the ~s and outs of sth** arkana/tajniki/zawiłości czegoś.

inability [ˌɪnəˈbɪlətɪ] *n.* niemożność (*to do sth* zrobienia czegoś); niezdolność.

inaccessible [ˌɪnəkˈsesəbl] *a.* niedostępny.

inaccurate [ɪnˈækjərɪt] *a.* niedokładny.

inadequate [ɪnˈædəkwɪt] *a.* **1.** nieodpowiedni, nienadający się, niezdatny (*for sth* do czegoś); niewystarczający, niedostateczny. **2.** nieudolny, niekompetentny.

inadvertently [ˌɪnədˈvɝːtəntlɪ] *adv.* niechcący, nieumyślnie.

inane [ɪˈneɪn] *a.* **1.** czczy; próżny, pusty. **2.** głupi, durny.

inanimate [ɪnˈænəmɪt] *a.* **1.** nieożywiony, martwy. **2.** *gram.* nieżywotny.

inappropriate [ˌɪnəˈproʊprɪət] *a.* nieodpowiedni, niewłaściwy, niestosowny.

inasmuch as [ˌɪnəzˈmʌtʃ əz] *conj. form.* **1.** przez to, że... **2.** o tyle, o ile..., w (takim) stopniu, w jakim...

inaudible [ɪnˈɔːdəbl] *a.* niesłyszalny.

inaugural [ɪnˈɔːgjərəl] *a.* inauguracyjny.

inaugurate [ɪnˈɔːgjəˌreɪt] *v.* **1.** inaugurować. **2.** wprowadzać na urząd (*prezydenta*).

inauguration [ɪnˌɔːgjəˈreɪʃən] *n.* **1.** inauguracja. **2.** uroczyste wprowadzenie na urząd.

inborn [ˌɪnˈbɔːrn] *a.* wrodzony.

incapable [ɪnˈkeɪpəbl] *a.* **1. ~ of sth** niezdolny do czegoś; nienadający się do czegoś. **2.** nieporadny; nie potrafiący zadbać o siebie.

incarnation [ˌɪnkɑːrˈneɪʃən] *n.* wcielenie, ucieleśnienie (*of sth* czegoś).

incense *n.* [ˈɪnsens] kadzidło. — *v.* [ɪnˈsens] rozwścieczać.

incentive [ɪnˈsentɪv] *n.* bodziec, zachęta.

incessant [ɪnˈsesənt] *a.* bezustanny, nieustanny, ustawiczny.

incest [ˈɪnsest] *n.* kazirodztwo.

inch [ɪntʃ] *n.* **1.** cal (= *2,54 cm*). **2. ~ by ~** stopniowo, krok po kroku; **every ~** każdy centymetr (*of sth* czegoś); w każdym calu, pod każdym względem; **not budge/give an ~** nie ustąpić ani o krok. — *v.* **~ forward** posuwać (się) stopniowo naprzód.

incident [ˈɪnsɪdənt] *n.* wydarzenie; incydent, zajście.

incidental [ˌɪnsɪˈdentl] *a.* **1.** uboczny; przypadkowy; marginalny. **2. ~ to sth** towarzyszący czemuś. — *n.* **~s** nieprzewidziane wydatki.

incidentally [ˌɪnsɪˈdentlɪ] *adv.* **1.** nawiasem mówiąc. **2.** przypadkowo.

incision [ɪnˈsɪʒən] *n.* cięcie; nacięcie.

incisive [ɪnˈsaɪsɪv] *a.* **1.** bystry, przenikliwy (*o umyśle, uwagach*). **2.** cięty, ostry (*o dowcipie*).

incite [ɪnˈsaɪt] *v.* podburzać, podżegać; pobudzać, zachęcać (*sb to do sth* kogoś do zrobienia czegoś).

inclination [ˌɪnkləˈneɪʃən] *n.* **1.** skłonność; upodobanie, inklinacja. **2.** pochylenie; nachylenie.

incline [ɪnˈklaɪn] *v. form.* **1. ~ to/toward sth** mieć skłonność/skłonności do czegoś; skłaniać się ku czemuś. **2. ~ one's head** pochylać głowę.

include [ɪnˈkluːd] *v.* **1.** zawierać, obejmować. **2.** włączać, wliczać; uwzględniać.

including [ɪnˈkluːdɪŋ] *prep.* wliczając (w to), łącznie z; **ten people, ~ two children, were killed** zginęło dziesięć osób, w tym dwoje dzieci.

inclusive [ɪnˈkluːsɪv] *a.* globalny, łączny; **~ of sth** wliczając coś; **Monday to Friday ~** od poniedziałku do piątku włącznie.

incoherent [ˌɪnkoʊˈhiːrənt] *a.* **1.** bez związku, niespójny; nieskładny, nietrzymający się kupy. **2.** mówiący bez ładu i składu.

income [ˈɪnkəm] *n.* dochód, dochody, wpływy; **~ tax** podatek dochodowy; **gross/net ~** dochód brutto/netto.

incompatible [ˌɪnkəmˈpætəbl] *a.* **1.** nienadający się pogodzić (*with sth* z czymś). **2.** niezgodny; *t. komp.* niekompatybilny.

incompetence [ɪnˈkɑːmpətəns] *n.* **1.** niekompetencja, brak kompetencji. **2.** nieudolność.

incompetent [ɪnˈkɑːmpətənt] *a.* **1.** niekompetentny. **2.** nieudolny.

incomplete [ˌɪnkəmˈpliːt] *a.* niekompletny, niepełny; niezupełny; nieukończony.

incomprehensible [ɪnˌkɑːmprɪˈhensəbl] *a.* niezrozumiały, niepojęty.

inconceivable [ˌɪnkənˈsiːvəbl] *a.* niepojęty; niewyobrażalny, nie do pomyślenia.

incongruous [ɪnˈkɑːŋgrʊəs] *a.* **1.** niestosowny, nie na miejscu. **2.** niedorzeczny, absurdalny. **3.** niespójny; wewnętrznie sprzeczny.

inconsistency [ˌɪnkənˈsɪstənsɪ] *n.* niekonsekwencja, niezgodność, sprzeczność.

inconsistent [ˌɪnkənˈsɪstənt] *a.* **1.** niekonsekwentny (*o osobie, zachowaniu*); nierówny (*np. o pracy*). **2.** sprzeczny; pełen sprzeczności. **3.** niezgodny, niedający się pogodzić (*with sth* z czymś).

inconspicuous [ˌɪnkənˈspɪkjʊəs] *a.* niepozorny; **be ~** nie rzucać się w oczy.

inconvenience [ˌɪnkənˈviːnɪəns] *n.* kłopot, niedogodność; niewygoda. — *v.* narażać na niewygody; fatygować.

inconvenient [ˌɪnkənˈviːnɪənt] *a.* niedogodny, kłopotliwy; niewygodny.

incorporate *v.* [ɪnˈkɔːrpəreɪt] **1.** włączać, wcielać. **2.** zawierać; uwzględniać.

increase *v.* [ɪnˈkriːs] **1.** wzrastać. **2.** zwiększać (się); wzmagać (się). — *n.* [ˈɪnkriːs] wzrost; przyrost; **be on the ~** wzrastać.

increasingly [ɪnˈkriːsɪŋlɪ] *adv.* **1.** coraz częściej; coraz bardziej. **2. ~ difficult** coraz (to) trudniejszy.

incredible [ɪnˈkredəbl] *a.* **1.** niewiarygodny, nie do wiary. **2.** niesamowity.

incubator [ˈɪŋkjəˌbeɪtər] *n.* inkubator; wylęgarka.

incurable [ɪnˈkjʊrəbl] *a.* nieuleczalny.

indebted [ɪnˈdetɪd] *a.* **be ~ to sb** zawdzięczać coś komuś, mieć dług wdzięczności wobec kogoś; być komuś wdzięcznym; **greatly ~** wielce zobowiązany.

indecent [ɪnˈdiːsənt] *a.* nieprzyzwoity, gorszący.

indecisive [ˌɪndɪˈsaɪsɪv] *a.* **1.** niezdecydowany. **2.** nieprzynoszący rozstrzygnięcia.

indeed [ɪnˈdiːd] *adv.* **1.** naprawdę. **2.** istotnie, rzeczywiście. **3.** *form.* wręcz, (a) nawet; **it was no problem;**

~, it was a pleasure to nie był żaden problem; mało tego, to była przyjemność. — *int.* (no) właśnie; **~?** czyżby?, naprawdę?
indefinite [ɪn'defənɪt] *a.* niejasny; nieokreślony.
indefinitely [ɪn'defɪnɪtlɪ] *adv.* na czas nieokreślony.
independence [ˌɪndɪ'pendəns] *n.* **1.** niezależność; samodzielność. **2.** niepodległość; **I~ Day** Święto Niepodległości (*4 lipca*).
independent [ˌɪndɪ'pendənt] *a.* **1.** niezależny (*of sb/sth* od kogoś/czegoś); samodzielny. **2.** niepodległy.
indestructible [ˌɪndɪ'strʌktəbl] *a.* niezniszczalny.
indeterminate [ˌɪndɪ'tɝːmənɪt] *a.* nieokreślony, nieoznaczony.
index ['ɪndeks] *n. pl.* **-es** *l.* **indices** ['ɪndɪˌsiːz] **1.** indeks. **2.** *bibl.* katalog; **card ~** kartoteka. **3.** wskaźnik, indeks (*cen, płac*). — *v.* indeksować.
India ['ɪndɪə] *n.* Indie.
Indian ['ɪndɪən] *n.* **1.** Hindus/ka. **2.** (*także* **American ~**) Indian-in/ka. — *a.* **1.** indyjski; hinduski. **2.** indiański.
Indiana [ˌɪndɪ'ænə] *n.* (stan) Indiana.
indicate ['ɪndəˌkeɪt] *v.* **1.** wskazywać (*ręką*). **2.** wskazywać na; sugerować. **3.** sygnalizować.
indication [ˌɪndə'keɪʃən] *n.* **1.** znak, oznaka; **every ~ of sth** wszelkie oznaki czegoś; **there is no ~ of/that...** nic nie wskazuje na/na to, by... **2.** wskazanie (*przyrządu*).
indicative [ɪn'dɪkətɪv] *a.* **1.** *gram.* oznajmujący. **2. be ~ of sth** być przejawem czegoś. — *n.* tryb oznajmujący; **in the ~** w trybie oznajmującym.
indicator ['ɪndəˌkeɪtər] *n.* **1.** kierunkowskaz. **2.** wskaźnik; czujnik. **3.** wskazówka (*przyrządu*).
indices ['ɪndɪˌsiːz] *n. pl. zob.* **index** *n.*
indifference [ɪn'dɪfərəns] *n.* obojętność.
indifferent [ɪn'dɪfərənt] *a.* **1.** obojętny (*to/toward sb* wobec kogoś, *to sth* na coś). **2.** nieistotny, bez znaczenia. **3.** bezstronny.
indigenous [ɪn'dɪdʒənəs] *a.* **1.** rdzenny, tubylczy. **2. ~ to America** występujący naturalnie w Ameryce (*o florze, faunie*).
indigestion [ˌɪndɪ'dʒestʃən] *n.* niestrawność.
indignant [ɪn'dɪgnənt] *a.* oburzony (*about/at sth* na coś); pełen oburzenia.
indignation [ˌɪndɪg'neɪʃən] *n.* oburzenie.
indirect [ˌɪndə'rekt] *a.* **1.** pośredni. **2.** niebezpośredni; pełen rezerwy. **3.** wymijający, zawoalowany. **4.** okrężny, naokoło; z przesiadką.
indiscreet [ˌɪndɪ'skriːt] *a.* niedyskretny; nietaktowny; nierozważny.
indispensable [ˌɪndɪ'spensəbl] *a.* niezbędny, nieodzowny; konieczny; niezastąpiony.
indisputable [ˌɪndɪ'spjuːtəbl] *a.* bezsporny, bezsprzeczny, niezaprzeczalny.
indistinct [ˌɪndɪ'stɪŋkt] *a.* niewyraźny.
individual [ˌɪndə'vɪdʒʊəl] *a.* **1.** indywidualny; osobisty. **2.** jednostkowy, pojedynczy, poszczególny. **3.** odrębny. — *n.* **1.** osoba; jednostka. **2.** osobnik; indywiduum.
individualist [ˌɪndə'vɪdʒʊəlɪst] *n.* indywidualist-a/ka.
individually [ˌɪndə'vɪdʒʊəlɪ] *adv.* indywidualnie; pojedynczo; z osobna.
indivisible [ˌɪndə'vɪzəbl] *a.* niepodzielny.
indoctrination [ɪnˌdɑːktrə'neɪʃən] *n.* indoktrynacja.
Indonesia [ˌɪndə'niːʒə] *n.* Indonezja.
Indonesian [ˌɪndə'niːʒən] *a.* indonezyjski.
indoor ['ɪnˌdɔːr] *a.* **1.** pokojowy (*o roślinie*); domowy (*o obuwiu*); we wnętrzu (*o przyjęciu*). **2.** *sport* halowy.
indoors [ɪn'dɔːrz] *adv.* w domu; pod dachem; **stay ~** nie wychodzić z domu.
induce [ɪn'duːs] *v.* wywoływać, powodować, wzbudzać; **~ labor/vomiting** wywoływać poród/wymioty.
indulge [ɪn'dʌldʒ] *v.* **1. ~ in sth** oddawać się czemuś; pozwalać sobie na coś. **2.** dogadzać (*sb in sth* komuś w czymś); rozpieszczać; **~ o.s. (in everything)** dogadzać sobie (we wszystkim), używać sobie.
indulgence [ɪn'dʌldʒəns] *n.* **1.** pobłażliwość. **2.** dogadzanie sobie. **3.** (*także* **self-~**) słabość, słabostka; nałóg; ekstrawagancja.
indulgent [ɪn'dʌldʒənt] *a.* pobłażliwy (*to/toward sb* dla kogoś).
industrial [ɪn'dʌstrɪəl] *a.* **1.** przemysłowy. **2. ~ action** akcja protestacyjna/strajkowa.
industrialize [ɪn'dʌstrɪəˌlaɪz] *v.* uprzemysławiać, industrializować.
industry ['ɪndəstrɪ] *n.* **1.** przemysł. **2.** pracowitość; pilność.
inedible [ɪn'edəbl] *a.* niejadalny.
ineffective [ˌɪnɪ'fektɪv] *a.* nieskuteczny, bezskuteczny.
inefficiency [ˌɪnɪ'fɪʃənsɪ] *n.* **1.** nieudolność; nieskuteczność. **2.** niewydajność. **3.** nieefektywność; niewydolność.
inefficient [ˌɪnɪ'fɪʃənt] *a.* **1.** nieudolny. **2.** niewydajny. **3.** nieefektywny; niewydolny.
inept [ɪn'ept] *a.* **1.** niekompetentny; nieumiejętny. **2.** niestosowny, nie na miejscu.
inequality [ˌɪnɪ'kwɑːlətɪ] *n.* nierówność; nierównouprawnienie.
inert [ɪn'ɝːt] *a.* **1.** bezwładny. **2.** opieszały, ociężały. **3.** obojętny (*o gazie*).
inertia [ɪn'ɝːʃə] *n.* inercja, bezwład.
inescapable [ˌɪnɪ'skeɪpəbl] *a.* niezaprzeczalny, nieodparty, nieunikniony.
inevitable [ɪn'evɪtəbl] *a.* nieuchronny, nieunikniony; nie do uniknięcia; łatwy do przewidzenia; nieodłączny. — *n.* **the ~** konieczność, to, co być musi.
inevitably [ɪn'evɪtəblɪ] *adv.* **1.** nieuchronnie; nieodłącznie. **2. ~,...** jak to zwykle bywa,..., jak było do przewidzenia,...
inexcusable [ˌɪnɪk'skjuːzəbl] *a.* niewybaczalny.
inexhaustible [ˌɪnɪg'zɔːstəbl] *a.* **1.** niewyczerpany, nieprzebrany. **2.** niestrudzony.
inexpensive [ˌɪnɪk'spensɪv] *a.* niedrogi.
inexperienced [ˌɪnɪk'spiːrɪənst] *a.* niedoświadczony.
inexplicable [ɪn'eksplәkәbl] *a.* niewytłumaczalny; niewyjaśniony, zagadkowy.
inextricably [ɪn'ekstrəkəblɪ] *adv. form.* nierozerwalnie, nieodłącznie (*związany*).
infallible [ɪn'fæləbl] *a.* **1.** nieomylny; bezbłędny. **2.** niezawodny.
infamous ['ɪnfəməs] *a.* **1.** niesławny, cieszący się złą sławą; notoryczny. **2.** haniebny.
infancy ['ɪnfənsɪ] *n.* **1.** (wczesne) dzieciństwo; niemowlęctwo. **2. in its ~** w powijakach.
infant ['ɪnfənt] *n.* niemowlę; małe dziecko. — *a.* niemowlęcy; dziecięcy.
infantile ['ɪnfənˌtaɪl] *a.* infantylny, dziecinny.

infantry ['ɪnfəntrɪ] *n. wojsk.* piechota.
infatuated [ɪn'fætʃʊˌeɪtɪd] *a.* zadurzony (*with sb* w kimś).
infatuation [ɪnˌfætʃʊ'eɪʃən] *n.* zadurzenie.
infect [ɪn'fekt] *v.* zarażać (*with sth* czymś); zakażać; **become ~ed** ulec zakażeniu; zarazić się.
infection [ɪn'fekʃən] *n.* infekcja, zakażenie.
infectious [ɪn'fekʃəs] *a.* zakaźny; zaraźliwy.
infer [ɪn'fɝː] *v.* wnioskować; wnosić (*from sth* z czegoś).
inference ['ɪnfərəns] *n. t. log.* **1.** wniosek, konkluzja. **2.** wywód. **3.** wnioskowanie.
inferior [ɪn'fiːrɪər] *a.* **1.** gorszy (*to sb/sth* od kogoś/czegoś *l.* niż ktoś/coś); pośledni, gorszej jakości. **2.** *form.* niższy. — *n.* podwładn-y/a; osoba niższa rangą.
inferiority complex *n.* kompleks niższości.
inferno [ɪn'fɝːnoʊ] *n. lit.* **1.** pożoga. **2.** piekło.
infertile [ɪn'fɝːtl] *a.* **1.** bezpłodny. **2.** nieurodzajny, jałowy.
infertility [ˌɪnfər'tɪlətɪ] *n.* **1.** bezpłodność, niepłodność. **2.** nieurodzajność.
infidelity [ˌɪnfɪ'delətɪ] *n.* niewierność; zdrada.
infinite ['ɪnfənɪt] *a.* nieskończony.
infinitive [ɪn'fɪnɪtɪv] *n.* bezokolicznik.
infinity [ɪn'fɪnətɪ] *n.* nieskończoność.
infirmary [ɪn'fɝːmərɪ] *n.* **1.** gabinet lekarski (*w szkole, zakładzie pracy*). **2.** szpital (*zwł. wojskowy*).
inflamed [ɪn'fleɪmd] *a.* **1.** rozpalony (*o uczuciach, emocjach*). **2.** objęty stanem zapalnym (*o organie*); zaczerwieniony (*o skórze*).
inflammation [ˌɪnflə'meɪʃən] *n.* zapalenie, stan zapalny.
inflatable [ɪn'fleɪtəbl] *a.* nadmuchiwany, dmuchany. — *n.* ponton, łódź nadmuchiwana.
inflate [ɪn'fleɪt] *v.* **1.** pompować; nadmuchiwać. **2.** wydymać się, nadymać się. **3.** zawyżać (*ceny, koszty*); karmić (*dumę, ego*); rozdmuchiwać (*sprawę*).
inflation [ɪn'fleɪʃən] *n.* inflacja; **~ rate** stopa inflacji.
inflict [ɪn'flɪkt] *v.* wymierzać, nakładać (*kary*); czynić, wyrządzać (*szkody*); **~ one's views on sb** narzucać komuś swoje poglądy.
influence ['ɪnflʊəns] *n.* wpływ (*on/over/upon sb/sth* na kogoś/coś); **under the ~ of sb/sth** pod wpływem kogoś/czegoś. — *v.* wywierać wpływ na, wpływać na.
influential [ˌɪnflʊ'enʃl] *a.* wpływowy; **be ~ in (doing) sth** walnie przyczynić się do (zrobienia) czegoś.
influenza [ˌɪnflʊ'enzə] *n.* grypa.
influx ['ɪnˌflʌks] *n.* napływ (*kapitału, turystów*); dopływ (*funduszy*).
info ['ɪnfoʊ] *n. pot.* = **information**.
inform [ɪn'fɔːrm] *v.* **1.** informować, powiadamiać (*sb about/of sth* kogoś o czymś). **2.** donosić, składać doniesienie (*on/against sb* na kogoś).
informal [ɪn'fɔːrml] *a.* **1.** swobodny; bezpośredni; nieformalny, nieoficjalny. **2.** *jęz.* potoczny.
informant [ɪn'fɔːrmənt] *n.* informator/ka (*t. językoznawcy*).
information [ˌɪnfər'meɪʃən] *n.* **1.** informacja; informacje, wiadomości (*on/about sb/sth* o kimś/czymś *l.* na temat kogoś/czegoś); **piece of ~** wiadomość, informacja. **2.** wiedza (*on/about sth* na temat czegoś). **3.** informacja (telefoniczna), biuro numerów. **4. for your ~,...** *pot.* jeśli chcesz wiedzieć,...
information science *n.* informatyka.
information technology *n.* (*także* **IT**) informatyka; technika informacyjna.
informative [ɪn'fɔːrmətɪv] *a.* **1.** pouczający. **2.** zawierający dużo informacji.
informer [ɪn'fɔːrmər] *n.* informator/ka.
infrared [ˌɪnfrə'red] *a.* podczerwony. — *n.* podczerwień.
infrastructure ['ɪnfrəˌstrʌktʃər] *n.* infrastruktura.
infrequent [ɪn'friːkwənt] *a.* rzadki, nieczęsty.
infuriate [ɪn'fjʊrɪˌeɪt] *v.* rozwścieczać.
ingenious [ɪn'dʒiːnɪəs] *a.* pomysłowy, zmyślny; genialny.
ingenuity [ˌɪndʒə'nuːɪtɪ] *n.* pomysłowość.
ingredient [ɪn'griːdɪənt] *n.* składnik.
inhabit [ɪn'hæbɪt] *v.* zamieszkiwać.
inhabitant [ɪn'hæbɪtənt] *n.* mieszkan-iec/ka.
inhale [ɪn'heɪl] *v.* **1.** wdychać; **~ deeply** robić głęboki wdech. **2.** zaciągać się; **~ smoke** zaciągać się dymem. **3.** inhalować, wziewać.
inherent [ɪn'hiːrənt] *a.* **1.** nieodłączny (*o cesze*); **~ to sth** właściwy dla czegoś. **2.** wrodzony; dziedziczny.
inherit [ɪn'herɪt] *v.* dziedziczyć.
inheritance [ɪn'herɪtəns] *n.* **1.** dziedzictwo, spuścizna. **2.** dziedziczenie. **3.** spadek.
inhibit [ɪn'hɪbɪt] *v.* **1.** hamować; wstrzymywać. **2.** powodować zahamowania u (*kogoś*).
inhibited [ɪn'hɪbɪtɪd] *a.* spięty, skrępowany; **be/feel ~** mieć zahamowania.
inhibition [ˌɪnɪ'bɪʃən] *n.* zahamowanie; **lose one's ~s** pozbyć się (swoich) zahamowań.
inhospitable [ɪn'hɑːspɪtəbl] *a.* **1.** niegościnny. **2.** nieprzyjazny.
inhuman [ɪn'hjuːmən] *a.* nieludzki.
initial [ɪ'nɪʃl] *a.* początkowy. — *n.* pierwsza litera (*zwł. imienia*); **~s** inicjały. — *v.* parafować (*umowę, dokument*).
initially [ɪ'nɪʃlɪ] *adv.* początkowo, pierwotnie.
initiate *v.* [ɪ'nɪshɪˌeɪt] **1.** *form.* zapoczątkowywać; inicjować. **2. ~ proceedings against sb** wszcząć postępowanie przeciwko komuś. **3. ~ sb in/into sth** wtajemniczyć kogoś w coś; wprowadzić kogoś w coś.
initiation [ɪˌnɪʃɪ'eɪʃən] *n.* **1.** zapoczątkowanie. **2.** wtajemniczenie. **3.** (*także* **~ ceremony**) inicjacja.
initiative [ɪ'nɪʃɪətɪv] *n.* inicjatywa; **diplomatic/peace ~** inicjatywa dyplomatyczna/pokojowa; **on one's own ~** z własnej inicjatywy; **take the ~** podejmować inicjatywę, występować z inicjatywą.
inject [ɪn'dʒekt] *v.* **1.** wstrzykiwać, wtryskiwać. **2. ~ sb** dawać/robić komuś zastrzyk; szczepić kogoś (*against sth* przeciwko czemuś). **3. ~ money into sth** pompować pieniądze w coś.
injection [ɪn'dʒekʃən] *n.* **1.** zastrzyk, iniekcja; **give sb an ~** dać/zrobić komuś zastrzyk. **2. fuel ~** wtrysk paliwa.
injure ['ɪndʒər] *v.* zranić; **~ o.s** zranić/skaleczyć się; **~ one's leg** skaleczyć się w nogę; *sport* doznać kontuzji nogi.
injured ['ɪndʒərd] *a.* **1.** zraniony; ranny; **badly/seriously ~** ciężko ranny; **no-one was ~** nie było rannych. **2. in an ~ voice** urażonym głosem.
injury ['ɪndʒərɪ] *n.* **1.** uraz; rana; kontuzja; **injuries** obrażenia. **2.** *prawn.* szkoda.
injustice [ɪn'dʒʌstɪs] *n.* niesprawiedliwość, krzywda.

ink [ɪŋk] *n.* **1.** atrament, tusz. **2.** farba (drukarska).
inkling ['ɪŋklɪŋ] *n.* **have an ~ of sth** mieć jakie takie pojęcie o czymś; **have no ~ of sth** nie mieć bladego/zielonego pojęcia o czymś.
inland *a.* ['ɪnlənd] śródlądowy. — *adv.* [ˌɪn'lænd] w głąb lądu.
in-laws ['ɪnlɔːz] *n. pl.* teściowie; powinowaci.
inlet ['ɪnlət] *n.* zatoczka; przesmyk.
inmate ['ɪnˌmeɪt] *n.* wię-zień/źniarka; pacjent/ka (*szpitala psychiatrycznego*); mieszkan-iec/ka (*domu starców*); podopieczn-y/a (*zakładu opiekuńczego*).
inn [ɪn] *n.* **1.** gospoda; zajazd. **2.** *w nazwach* hotel; motel.
innate [ɪ'neɪt] *a.* wrodzony.
inner ['ɪnər] *a.* **1.** wewnętrzny. **2.** *geogr.* środkowy. **3.** ukryty (*np. o znaczeniu*). **4. the ~ circle** ścisłe grono.
inner-city [ˌɪnər'sɪtɪ] *a.* śródmiejski; położony w ubogiej części śródmieścia; mieszkający w/pochodzący z ubogiej części śródmieścia.
innocence ['ɪnəsəns] *n.* **1.** niewinność. **2.** prostoduszność, naiwność. **3.** nieszkodliwość.
innocent ['ɪnəsənt] *a.* **1.** niewinny. **2.** prostoduszny, naiwny. **3.** nieszkodliwy. — *n.* osoba niewinna, niewinn-y/a; *iron.* niewiniątko.
innocuous [ɪ'nɑːkjʊəs] *a.* nieszkodliwy.
innovation [ˌɪnə'veɪʃən] *n.* innowacja; nowość.
innuendo [ˌɪnjʊ'endoʊ] *n.* insynuacja.
innumerable [ɪ'nuːmərəbl] *a.* niezliczony.
inoculation [ɪˌnɑːkjə'leɪʃən] *n.* szczepienie.
input ['ɪnˌpʊt] *n.* **1.** wkład, kontrybucja (*into sth* do czegoś). **2.** *komp. el.* wejście; **~ signal** sygnał wejściowy. — *v. komp.* wprowadzać (*dane*).
inquest ['ɪnkwest] *n.* **1.** (*także* **coroner's ~**) badanie przyczyny zgonu; **hold an ~** prowadzić dochodzenie. **2.** badanie przyczyn (*zwł. porażki*).
inquire [ɪn'kwaɪr], **enquire** *v.* **1.** pytać (się), dowiadywać się, dopytywać się. **2. ~ into sth** badać coś.
inquiry [ɪn'kwaɪrɪ], **enquiry** *n.* **1.** zapytanie, pytanie; **make inquiries** zasięgnąć informacji, popytać się. **2.** dochodzenie, śledztwo. **3. scientific ~** badania naukowe.
inquisitive [ɪn'kwɪzɪtɪv] *a.* **1.** dociekliwy. **2.** wścibski.
INS [ˌaɪ ˌen 'es] *abbr.* **Immigration and Naturalization Service** urząd imigracyjny.
insane [ɪn'seɪn] *a.* **1.** *pot.* szalony, szaleńczy; **drive sb ~** doprowadzać kogoś do szału. **2.** *przest.* obłąkany; *prawn.* niepoczytalny.
insanity [ɪn'sænətɪ] *n.* **1.** szaleństwo. **2.** *przest.* obłęd; *prawn.* niepoczytalność.
insatiable [ɪn'seɪʃəbl] *a.* nienasycony; **~ appetite/hunger/demand** nienasycony apetyt/głód/popyt.
inscription [ɪn'skrɪpʃən] *n.* **1.** inskrypcja; napis. **2.** dedykacja; wpis.
inscrutable [ɪn'skruːtəbl] *a.* zagadkowy (*o uśmiechu, wyrazie twarzy*); nieodgadniony.
insect ['ɪnsekt] *n.* owad, insekt.
insecticide [ɪn'sektɪˌsaɪd] *n.* środek owadobójczy.
insecure [ˌɪnsɪ'kjʊr] *a.* **1.** niepewny; **feel ~** nie czuć się pewnie; **sb is ~** komuś brak pewności siebie. **2.** niebezpieczny; niezabezpieczony.
insecurity [ˌɪnsɪ'kjʊrətɪ] *n.* **1.** niepewność; brak pewności siebie; **sense of ~** brak poczucia bezpieczeństwa. **2.** lęk, obawa.
insemination [ɪnˌsemə'neɪʃən] *n.* zapłodnienie, inseminacja; **artificial ~** sztuczne zapłodnienie.
insensitive [ɪn'sensətɪv] *a.* **1.** nieczuły, niewrażliwy (*to sth* na coś). **2.** nietaktowny.
inseparable [ɪn'sepərəbl] *a.* nieodłączny, nierozłączny; nierozerwalnie związany (*from sth* z czymś).
insert *v.* [ɪn'sɜːt] **1.** wkładać; wrzucać; wprowadzać; wsuwać. **2.** wtrącać (*uwagę*); dodawać (*np. klauzulę*); *t. komp.* wstawiać. — *n.* ['ɪnsɜːt] wkładka (*w gazecie, książce, do butów*).
insertion [ɪn'sɜːʃən] *n.* włożenie; wsunięcie; wprowadzenie; wstawienie.
inside *prep.* [ˌɪn'saɪd] **1.** w; wewnątrz, w środku; **~ the car** w samochodzie, wewnątrz samochodu. **2.** do, do środka/wnętrza, do wewnątrz; **get ~ the car** wsiąść do samochodu. **3. ~ an hour** w przeciągu godziny, w niecałą godzinę. — *adv.* [ˌɪn'saɪd] **1.** wewnątrz, w środku. **2.** do środka/wnętrza, do wewnątrz. **3.** *pot.* w pace (= *w więzieniu*). — *n.* ['ɪnˌsaɪd] **1. the ~** wnętrze; środek; wewnętrzna strona; **on the ~** od środka, od wewnątrz. **2. sb's ~(s)** *pot.* czyjeś wnętrzności. — *a.* ['ɪnˌsaɪd] **1.** wewnętrzny. **2. ~ information/story** informacja/relacja z pierwszej ręki.
inside out *adv., a.* **1.** na lewą stronę; **turn sth ~** przewrócić coś na lewą stronę. **2. know sth ~** znać coś od podszewki/jak własną kieszeń/na wylot; **turn the house ~** przewrócić dom do góry nogami.
insight ['ɪnˌsaɪt] *n.* **1. ~ (into sth)** (dogłębne) zrozumienie (czegoś); wgląd (w coś); **flash of ~** (nagłe) olśnienie. **2.** spostrzeżenie. **3.** wnikliwość; intuicja.
insignificant [ˌɪnsɪg'nɪfəkənt] *a.* **1.** nieistotny, mało znaczący; błahy. **2.** znikomy, nieznaczny.
insincere [ˌɪnsɪn'siːr] *a.* nieszczery.
insinuate [ɪn'sɪnjʊˌeɪt] *v.* **1.** insynuować, sugerować, dawać do zrozumienia. **2. ~ o.s. into sth** *form.* wślizgnąć/wkraść się w coś/do czegoś.
insipid [ɪn'sɪpɪd] *a.* **1.** mdły, bez smaku. **2.** bezbarwny; nudny, nieciekawy.
insist [ɪn'sɪst] *v.* **~ on/upon (doing) sth** upierać się/obstawać przy czymś; nalegać na coś; kłaść nacisk na coś; **~ (that)...** upierać się, że/żeby...; utrzymywać, że...; **he ~ed on his innocence** obstawał przy swojej niewinności; **if you ~** skoro nalegasz.
insistence [ɪn'sɪstəns] *n.* **1.** nalegania. **2.** nieustępliwość; natarczywość.
insistent [ɪn'sɪstənt] *a.* nieustępliwy, stanowczy; natarczywy; uporczywy.
insolent ['ɪnsələnt] *a.* bezczelny, zuchwały.
insoluble [ɪn'sɑːljəbl] *a.* **1.** nierozpuszczalny. **2.** nierozwiązywalny, nie do rozwiązania.
insolvent [ɪn'sɑːlvənt] *a.* niewypłacalny.
insomnia [ɪn'sɑːmnɪə] *n.* bezsenność.
inspect [ɪn'spekt] *v.* oglądać; badać; sprawdzać; kontrolować; wizytować.
inspection [ɪn'spekʃən] *n.* **1.** inspekcja; kontrola; oględziny; przegląd; **carry out/make an ~** przeprowadzić inspekcję/kontrolę. **2. on closer ~** po/przy bliższym zbadaniu.
inspector [ɪn'spektər] *n.* **1.** inspektor; kontroler. **2.** *szkoln.* wizytator/ka.
inspiration [ˌɪnspə'reɪʃən] *n.* inspiracja; natchnienie.
inspire [ɪn'spaɪr] *v.* **1.** inspirować; natchnąć; zachęcać (*sb to sth* kogoś do czegoś). **2.** wzbudzać, budzić; pobudzać; ożywiać.
instability [ˌɪnstə'bɪlətɪ] *n.* **1.** niestabilność, nierównowaga; brak stabilizacji. **2.** niestałość; chwiejność.
install [ɪn'stɔːl] *v.* instalować; montować; zakładać.

installation [ˌɪnstəˈleɪʃən] *n.* **1.** instalacja; montaż; założenie. **2.** obiekt; **military ~** baza wojskowa. **3.** *sztuka* instalacja.

installment [ɪnˈstɔːlmənt] *n.* **1.** rata; **in/by ~s** na raty (*kupować*); w ratach (*spłacać*). **2.** partia (*towaru*). **3.** odcinek (*serialu, powieści*).

instance [ˈɪnstəns] *n.* **1.** przykład; **for ~** na przykład; **give/cite an ~** podać/zacytować przykład. **2.** przypadek, wypadek; **in many ~s** w wielu przypadkach. **3.** instancja.

instant [ˈɪnstənt] *a.* **1.** natychmiastowy, momentalny. **2.** pilny, naglący. **3. ~ coffee** kawa rozpuszczalna/instant; **~ milk** mleko w proszku; **~ soup** zupa z torebki. — *n.* **(come here) this ~!** (chodź tu) w tej chwili! **in an ~** momentalnie.

instantaneous [ˌɪnstənˈteɪnɪəs] *a.* natychmiastowy, momentalny.

instantly [ˈɪnstəntlɪ] *adv.* natychmiast; **she was killed ~** zginęła na miejscu.

instead [ɪnˈsted] *adv.* **1.** zamiast tego/niego/niej itp., w zamian; **~ of sb/sth** zamiast czegoś/kogoś; **~ of doing sth** zamiast coś robić; **I'd like rice ~** zamiast tego poproszę ryż; **she doesn't want to go - take me ~** ona nie chce jechać - weź mnie (zamiast niej). **2.** natomiast; **~, he'd like to go into acting** odpowiada mu natomiast kariera aktorska.

instep [ˈɪnˌstep] *n.* podbicie (*stopy, buta*).

instill [ɪnˈstɪl] *v.* **~ sth into sb** wpajać coś komuś; wzbudzać coś w kimś.

instinct [ˈɪnstɪŋkt] *n.* instynkt; odruch; **~ for self-preservation** instynkt samozachowawczy.

instinctive [ɪnˈstɪŋktɪv] *a.* instynktowny; odruchowy.

institute [ˈɪnstɪˌtuːt] *n.* instytut; **research ~** instytut naukowo-badawczy.

institution [ˌɪnstɪˈtuːʃən] *n.* **1.** instytucja. **2.** zakład (*dla umysłowo chorych, karny l. opiekuńczy*).

instruct [ɪnˈstrʌkt] *v.* **1. ~ sb to do sth** *form.* polecić komuś coś zrobić; poinstruować kogoś, żeby coś zrobił. **2.** pouczać (*t. przysięgłych*); informować (*sb that...* kogoś, że...). **3. ~ sb in sth** szkolić kogoś w czymś; uczyć kogoś czegoś.

instruction [ɪnˈstrʌkʃən] *n.* **1.** kształcenie, nauka; szkolenie, instruktaż. **2.** *uniw. szkoln.* **during the second week of ~** w czasie drugiego tygodnia zajęć; **under sb's ~** pod czyimś kierunkiem. **3.** *t. komp.* instrukcja. **4. ~s** wskazówki, instrukcje; polecenia, zalecenia; **~s for use** instrukcja (obsługi); **(acting) on sb's ~s** (postępując) zgodnie z czyimiś zaleceniami.

instructive [ɪnˈstrʌktɪv] *a.* pouczający.

instructor [ɪnˈstrʌktər] *n.* **1.** instruktor/ka; nauczyciel/ka. **2.** *uniw.* prowadząc-y/a (zajęcia); wykładowca/czyni; lektor/ka.

instrument [ˈɪnstrəmənt] *n.* narzędzie; *t. muz. prawn.* instrument; *techn.* przyrząd (*pomiarowy*).

instrumental [ˌɪnstrəˈmentl] *a.* **1.** *muz.* instrumentalny. **2.** *gram.* narzędnikowy, w narzędniku. **3. be ~ in (doing) sth** *form.* odegrać znaczącą rolę w czymś, walnie przyczynić się do czegoś. — *n.* **1.** utwór instrumentalny. **2.** (*także* **~ case**) narzędnik.

insubordination [ˌɪnsəˌbɔːrdəˈneɪʃən] *n.* niesubordynacja.

insufficient [ˌɪnsəˈfɪʃənt] *a.* niewystarczający, niedostateczny.

insular [ˈɪnsələr] *a.* **1.** zaściankowy; ciasny; zasklepiony w sobie. **2.** *form.* wyspiarski.

insulate [ˈɪnsəˌleɪt] *v.* izolować.

insulation [ˌɪnsəˈleɪʃən] *n.* izolacja.

insulin [ˈɪnsʊlɪn] *n.* insulina.

insult *n.* [ˈɪnsʌlt] obelga, zniewaga; obraza; **be an ~ to sb's intelligence** traktować kogoś jak idiotę (*np. o programie telewizyjnym*); **take sth as an ~** poczuć się czymś urażonym. — *v.* [ɪnˈsʌlt] obrażać; znieważać.

insulting [ɪnˈsʌltɪŋ] *a.* obraźliwy, obelżywy.

insurance [ɪnˈʃʊrəns] *n.* **1.** ubezpieczenie (*against sth* od (następstw) czegoś); **health/life ~** ubezpieczenie zdrowotne/na życie; **take out ~** ubezpieczyć się; **work in ~** pracować w ubezpieczeniach. **2.** zabezpieczenie (*against sth* przeciwko czemuś/przed czymś).

insure [ˌɪnˈʃʊr] *v.* **1.** ubezpieczać. **2. ~ against sth** zabezpieczać się przed czymś.

insurrection [ˌɪnsəˈrekʃən] *n.* powstanie, insurekcja.

intact [ɪnˈtækt] *a.* nietknięty, nienaruszony.

intake [ˈɪnˌteɪk] *n.* **1.** spożycie; **alcohol ~** spożycie alkoholu; **(daily) calorie ~** (dobowa) podaż/dawka kalorii. **2.** nabór (*studentów, kandydatów*). **3.** zużycie (*tlenu*).

integral [ˈɪntəgrəl] *a.* **1.** integralny, nieodłączny. **2.** *mat.* całkowy. — *n.* całka.

integrate [ˈɪntəˌgreɪt] *v.* **1.** integrować (się). **2.** scalać, łączyć w (jedną) całość.

integration [ˌɪntəˈgreɪʃən] *n.* integracja.

integrity [ɪnˈtegrɪtɪ] *n.* **1.** prawość; **professional ~** etyka zawodowa. **2.** *form.* integralność.

intellect [ˈɪntəˌlekt] *n.* intelekt, rozum; inteligencja.

intellectual [ˌɪntəˈlektʃuəl] *a.* **1.** intelektualny; rozumowy; umysłowy. **2.** intelektualistyczny. — *n.* intelektualist-a/ka; inteligent/ka.

intelligence [ɪnˈtelɪdʒəns] *n.* **1.** inteligencja. **2.** wywiad; **~ service** służba wywiadowcza.

intelligent [ɪnˈtelɪdʒənt] *a.* inteligentny.

intelligible [ɪnˈtelɪdʒəbl] *a.* zrozumiały; **mutually ~** wzajemnie zrozumiały (*np. o językach*).

intend [ɪnˈtend] *v.* **1.** zamierzać; planować; **~ to do sth** (*także* **~ doing sth**) mieć zamiar/zamierzać coś zrobić. **2. ~ sb to do sth** chcieć, żeby ktoś coś zrobił; **we didn't ~ her to see it** nie chcieliśmy, żeby to widziała. **3. ~ sth for sb/sth** przeznaczać coś dla kogoś/na coś.

intense [ɪnˈtens] *a.* **1.** intensywny; wytężony; silny; głęboki; dotkliwy; przenikliwy. **2.** poważny (*o osobie*); emocjonalny, uczuciowy.

intensely [ɪnˈtensɪ] *adv.* **1.** intensywnie; głęboko. **2.** wielce (*np. ekscytujący*).

intensify [ɪnˈtensəˌfaɪ] *v.* intensyfikować (się), nasilać (się), wzmagać (się).

intensity [ɪnˈtensɪtɪ] *n.* **1.** intensywność, nasilenie; napięcie (*w spojrzeniu*); *t. fiz. el.* natężenie. **2.** powaga; zaangażowanie, przejęcie.

intensive [ɪnˈtensɪv] *a.* intensywny (*o kursie, uprawie, bombardowaniach*).

intensive care unit *n.* (*także* **ICU**) oddział intensywnej opieki (medycznej), IOM.

intent [ɪnˈtent] *n.* **1.** *form.* intencja, zamiar; **criminal ~** zamiary przestępcze; **with ~** z rozmysłem, rozmyślnie. **2. to/for all ~s (and purposes)** praktycznie rzecz biorąc. — *a.* **1.** skupiony (*on/upon sth* na czymś); baczny, uważny. **2. ~ on sth/doing sth** zdecydowany na coś/zrobić coś.

intention [ɪnˈtenʃən] *n.* zamiar; chęć; intencja; **good/the best ~s** dobre/najlepsze chęci; **have no ~ of doing sth** nie mieć (najmniejszego) zamiaru robić czegoś; **with the ~ of doing sth** z zamiarem zrobienia czegoś.

intentional [ɪn'tenʃənl] *a.* zamierzony, rozmyślny, celowy; umyślny.

intentionally [ɪn'tenʃənlɪ] *adv.* rozmyślnie, celowo; umyślnie.

intently [ɪn'tentlɪ] *adv.* w skupieniu, uważnie; z przejęciem.

interact [ˌɪntər'ækt] *v.* **1.** obcować (ze sobą), współżyć; **~ with sb** obcować z kimś. **2.** oddziaływać na siebie (wzajemnie).

interaction [ˌɪntər'ækʃən] *n.* **1.** obcowanie. **2.** wzajemne oddziaływanie. **3.** interakcja; **drug ~** interakcje leku/leków.

interactive [ˌɪntər'æktɪv] *a.* interaktywny; interakcyjny.

intercept [ˌɪntər'sept] *v.* przechwytywać; zatrzymywać; przejmować (*piłkę, podanie*).

interchange *n.* ['ɪntərˌtʃeɪndʒ] **1.** wymiana (*pomysłów, informacji*). **2.** zamiana. **3.** (*także* **traffic ~**) rozjazd (*autostrad*). — *v.* [ˌɪntər'tʃeɪndʒ] **1.** wymieniać (*myśli*). **2.** zamieniać (się) miejscami.

interchangeable [ˌɪntər'tʃeɪndʒəbl] *a.* zamienny (*o określeniach*); wymienny (*o elementach*).

intercom ['ɪntərˌkɑːm] *n.* domofon; interkom.

intercourse ['ɪntərˌkɔːrs] *n. form.* **1.** (*także* **sexual ~**) stosunek (płciowy). **2.** stosunki, kontakty.

interest ['ɪntərəst] *n.* **1.** zainteresowanie (*in sb/sth* kimś/czymś); **be of ~ to sb** interesować kogoś; **lose ~ in sth** stracić zainteresowanie czymś; **out of ~** z ciekawości; **take an ~ in sth** interesować się czymś. **2.** interes; **be in sb's (best) ~(s)** być w czyimś (najlepszym/dobrze pojętym) interesie; **conflict of ~(s)** konflikt interesów; **in the national ~** w interesie państwa. **3.** *fin.* udział; **controlling ~** pakiet kontrolny (akcji). **4.** *fin.* odsetki; procent; **with ~** z procentem; *przen.* z nadwyżką, z okładem. — *v.* interesować; zainteresować (*sb (in sth)* kogoś (czymś)); **could I ~ you in...?** co byś powiedział/a na...? **it may ~ you to know that...** może cię zainteresuje, że...

interested ['ɪntərəstɪd] *a.* zainteresowany (*in sth/sb* czymś/kimś, *in doing sth* robieniem czegoś); **I'd be ~ to hear/see...** chciałbym usłyszeć/zobaczyć...

interesting ['ɪntərəstɪŋ] *a.* ciekawy, interesujący; **how ~!** to (bardzo) ciekawe! **it is ~ that...** ciekawe, że..., co ciekawe,...

interest rate *n.* stopa procentowa, wysokość oprocentowania.

interface ['ɪntərˌfeɪs] *n.* **1.** obszar wzajemnego oddziaływania; granica. **2.** *komp.* interfejs. — *v. komp.* łączyć (*urządzenia*).

interfere [ˌɪntər'fiːr] *v.* **1. ~ with sth** kolidować z czymś, kłócić się z czymś; przeszkadzać w czymś; *radio telew.* zakłócać coś. **2.** wtrącać się, mieszać się (*in/with sth* w coś/do czegoś); ingerować (*in sth* w coś); interweniować.

interference [ˌɪntər'fiːrəns] *n.* **1.** wtrącanie się; ingerencja; interwencja. **2.** *radio telew.* zakłócenia. **3.** *fiz.* interferencja.

interim ['ɪntərɪm] *a. form.* **~ government** rząd tymczasowy; **~ measure** środek doraźny/tymczasowy; **~ report** wstępne sprawozdanie.

interior [ɪn'tiːrɪər] *n.* **1.** wnętrze (*pomieszczenia, kontynentu*). **2.** *film, sztuka* scena we wnętrzu. **3.** wystrój wnętrza. **4.** wystrój kabiny; tapicerka (*samochodu*). **5. Department/Minister of the I~** departament/minister spraw wewnętrznych. — *a.* wewnętrzny.

interjection [ˌɪntər'dʒekʃən] *n.* **1.** wtrącenie; okrzyk. **2.** wykrzyknik (*słowo*).

interlude ['ɪntərˌluːd] *n.* **1.** okres; **brief ~** (krótki) epizod. **2.** przerywnik; *muz.* interludium. **3.** *teatr* przerwa, antrakt.

intermediary [ˌɪntər'miːdɪˌerɪ] *n.* pośredni-k/czka; mediator/ka. — *a.* **1.** pośredni. **2.** pośredniczący; *polit.* mediacyjny.

intermediate *a.* [ˌɪntər'miːdɪət] **1.** średnio zaawansowany; dla średnio zaawansowanych. **2.** pośredni; leżący pośrodku; środkowy.

interminable [ɪn'tɝːmənəbl] *a.* niekończący się, wieczny; niemający końca; przedłużający się w nieskończoność.

intermission [ˌɪntər'mɪʃən] *n.* przerwa; *teatr* antrakt.

intermittent [ˌɪntər'mɪtənt] *a. t. techn.* przerywany; okresowy; nieciągły.

internal [ɪn'tɝːnl] *a.* wewnętrzny; **~ affairs** sprawy wewnętrzne; **~ injuries/organs** obrażenia/narządy wewnętrzne.

internally [ɪn'tɝːnlɪ] *adv.* wewnętrznie; **"not to be taken ~"** „(tylko) do użytku zewnętrznego".

Internal Revenue Service *n.* (*także* **IRS**) urząd skarbowy.

international [ˌɪntər'næʃənl] *a.* międzynarodowy. — *n. sport* mecz międzypaństwowy.

interplay *n.* ['ɪntərˌpleɪ] wzajemne oddziaływanie.

interpret [ɪn'tɝːprət] *v.* **1.** interpretować; objaśniać. **2.** tłumaczyć (*ustnie*).

interpretation [ɪnˌtɝːprə'teɪʃən] *n.* **1.** interpretacja; **sth is open to ~** coś można różnie interpretować. **2.** tłumaczenie (ustne).

interpreter [ɪn'tɝːprətər] *n.* **1.** tłumacz/ka (*języka mówionego*). **2.** interpretator/ka. **3.** *komp.* interpreter.

interrelated [ˌɪntərrɪ'leɪtɪd] *a.* powiązany ze sobą, współzależny.

interrogate [ɪn'terəˌgeɪt] *v.* **1.** przesłuchiwać. **2.** wypytywać.

interrogation [ɪnˌterə'geɪʃən] *n.* przesłuchanie.

interrogative [ˌɪntə'rɑːgətɪv] *a.* **1.** pytający. **2.** *gram.* pytajny, pytający. — *n.* **the ~** forma pytajna/pytająca.

interrupt [ˌɪntə'rʌpt] *v.* przerywać; **~ sb** przerwać komuś.

interruption [ˌɪntə'rʌpʃən] *n.* **1.** zakłócenie (*porządku*). **2.** przerwa; **we apologize for the ~ in transmission** przepraszamy za przerwę w nadawaniu.

intersection [ˌɪntər'sekʃən] *n.* **1.** skrzyżowanie; **at the ~ of 2nd and Mason** na rogu/skrzyżowaniu drugiej (ulicy) i Mason. **2.** przecięcie; punkt przecięcia. **3.** przekrój. **4.** iloczyn (zbiorów), część wspólna (zbiorów).

interval ['ɪntərvl] *n.* **1.** odstęp; **at regular ~s** w równych odstępach; co pewien czas. **2.** okres; **bright/sunny ~s** przejaśnienia. **3.** *muz.* interwał. **4.** *mat., stat.* przedział.

intervene [ˌɪntər'viːn] *v.* **1.** interweniować, ingerować. **2.** wtrącać się (*in sth* do czegoś). **3.** przeszkadzać (*o osobie, okolicznościach*).

intervention [ˌɪntər'venʃən] *n.* interwencja.

interview ['ɪntərˌvjuː] *n.* **1.** wywiad; **give an ~** udzielać wywiadu. **2.** (*także* **job ~**) rozmowa kwalifikacyjna. — *v.* **1.** przeprowadzać wywiad z (*gwiazdą,* *politykiem*). **2.** przeprowadzać rozmowę (kwalifikacyjną) z (*kandydatem*).

intestine [ɪn'testɪn] *n.* jelito; **large/small ~** jelito grube/cienkie.

intimacy ['ɪntəməsɪ] *n.* **1.** bliskość; zażyłość, poufałość; intymność. **2.** *euf.* stosunki intymne. **3. intimacies** poufałości.

intimate *a.* ['ɪntəmɪt] **1.** bliski; zażyły, poufały; intymny. **2.** kameralny (*o atmosferze, lokalu*). **3.** gruntowny (*o wiedzy*). — *v.* ['ɪntəmeɪt] *form.* dawać do zrozumienia; napomykać (*that* że).

intimidate [ɪn'tɪmɪˌdeɪt] *v.* zastraszać.

intimidation [ɪnˌtɪmɪ'deɪʃən] *n.* zastraszenie; szantaż.

into ['ɪntuː; ɪntə] *prep.* **1.** do; **come ~ the house** wejść do domu; **get ~ bed** wejść do łóżka. **2.** w; **go ~ details** wdawać się w szczegóły. **3.** na; **cut sth ~ pieces** pokroić coś na kawałki; **translate sth ~ English** przetłumaczyć coś na angielski. **4.** do; **far ~ the night** do późnej nocy; **throw it ~ the fire** wrzuć to do ognia. **5.** nad; **research ~ cancer** badania nad rakiem. **6.** *pot.* **be ~ sth** pasjonować się czymś; **be ~ sb** szaleć za kimś.

intolerable [ɪn'tɑːlərəbl] *a.* nieznośny, nie do zniesienia; nie do przyjęcia.

intolerance [ɪn'tɑːlərəns] *n.* nietolerancja, brak tolerancji (*of sb/sth* w stosunku do kogoś/czegoś); nietolerowanie (*of sb/sth* kogoś/czegoś).

intonation [ˌɪntə'neɪʃən] *n.* intonacja.

intoxicated [ɪn'tɑːksəˌkeɪtɪd] *a.* **1.** *form.* nietrzeźwy; **(for) driving while ~** (za) prowadzenie pojazdu w stanie nietrzeźwym. **2.** odurzony; upojony; pijany (*np. radością*).

intransitive [ɪn'trænsətɪv] *a.* nieprzechodni (*o czasowniku, relacji*).

intravenous [ˌɪntrə'viːnəs] *a.* dożylny; **~ drip** wlew dożylny, kroplówka.

intricate ['ɪntrəkət] *a.* **1.** zawiły, skomplikowany. **2.** kunsztowny.

intrigue [ɪn'triːg] *n.* intryga; intrygi. — *v.* **sb is ~d by sth** coś kogoś intryguje, ktoś jest czymś zaintrygowany.

intriguing [ɪn'triːgɪŋ] *a.* intrygujący.

intrinsic [ɪn'trɪnsɪk] *a.* **1.** naturalny (*to sth* dla czegoś); nieodłączny. **2.** istotny; rzeczywisty; faktyczny; **of no ~ value** praktycznie bez wartości.

introduce [ˌɪntrə'duːs] *v.* **1.** wprowadzać (*zwyczaj, prawo, osobę*). **2.** przedstawiać (*sb to sb* kogoś komuś); **~ o.s.** przedstawiać się. **3.** wprowadzać do towarzystwa (*osobę*). **4.** rozpoczynać, poprzedzać (*sth with sth* coś czymś) (*np. wystąpienie anegdotą*); wygłaszać słowo wstępne przed (*spektaklem*); robić wprowadzenie do (*programu*).

introduction [ˌɪntrə'dʌkʃən] *n.* **1.** wstęp. **2.** wprowadzenie. **3.** prezentacja, przedstawienie (sobie); **make the ~s** dokonywać prezentacji. **4.** (*także* **letter of ~**) list polecający.

introductory [ˌɪntrə'dʌktərɪ] *a.* **1.** wstępny; wprowadzający; **~ remarks** słowo wstępne. **2. ~ course/lecture** kurs/wykład dla początkujących. **3. ~ offer/price** oferta/cena promocyjna.

introvert *n.* ['ɪntrəˌvɝːt] introwerty-k/czka. — *a.* ['ɪntrəˌvɝːt] (*także* **~ed**) zamknięty w sobie; introwertyczny.

intrude [ɪn'truːd] *v.* **1.** przeszkadzać; narzucać się (*on/upon sb* komuś). **2.** wtargnąć (*into/on/upon sth* w coś); **~ upon sb's privacy** naruszać czyjąś prywatność, zakłócać komuś spokój.

intruder [ɪn'truːdər] *n.* intruz; natręt.

intrusion [ɪn'truːʒən] *n.* **1.** najście; kłopot, uciążliwość. **2.** wtargnięcie; wdarcie się.

intuition [ˌɪntʊ'ɪʃən] *n.* **1.** intuicja. **2.** przeczucie.

intuitive [ɪn'tuːətɪv] *a.* **1.** intuicyjny. **2.** obdarzony intuicją; kierujący się intuicją.

inundate ['ɪnənˌdeɪt] *v.* **1.** zasypywać; **~d with letters/requests** zasypywany listami/prośbami. **2.** *form.* zalewać (*teren*).

invade [ɪn'veɪd] *v.* **1.** najechać (na), dokonać inwazji na (*kraj*); wtargnąć na (*terytorium*). **2.** atakować (*o szkodnikach*). **3. ~ sb's privacy** naruszać czyjąś prywatność, zakłócać komuś spokój.

invalid[1] [ɪn'vælɪd] *a.* **1.** nieważny; nieprawomocny, pozbawiony mocy prawnej; **declare ~** unieważniać, uznawać za nieważny. **2.** błędny (*o rozumowaniu*); nieuprawniony (*o wniosku*).

invalid[2] ['ɪnvələd] *przest. n.* inwalid-a/ka. — *a.* niepełnosprawny, kaleki.

invaluable [ɪn'væljuːəbl] *a.* nieoceniony, bezcenny.

invariably [ɪn'verɪəblɪ] *adv.* niezmiennie, zawsze.

invasion [ɪn'veɪʒən] *n.* **1.** inwazja; najazd. **2. ~ of sth** naruszenie czegoś (*praw, prywatności*).

invent [ɪn'vent] *v.* **1.** wynaleźć. **2.** wymyślać (*historie*); zmyślać (*preteksty, wymówki*).

invention [ɪn'venʃən] *n.* **1.** wynalazek. **2.** wynalezienie (*of sth* czegoś). **3.** wymysł. **4.** (*także* **power(s) of ~**) inwencja, pomysłowość. **5.** *muz.* inwencja.

inventive [ɪn'ventɪv] *a.* pomysłowy; wynalazczy.

inventor [ɪn'ventər] *n.* wynalaz-ca/czyni.

inventory ['ɪnvənˌtɔːrɪ] *n.* **1.** wykaz, spis; inwentarz. **2.** *handl.* zapas towaru; stan (magazynu). **3.** inwentaryzacja.

inverse ['ɪnvɝːs] *a.* **1.** *t. mat.* odwrotny. **2.** *mat.* odwrotnie proporcjonalny.

invertebrate [ɪn'vɝːtəbrət] *a.* bezkręgowy. — *n.* bezkręgowiec.

inverted commas *n. pl.* cudzysłów.

invest [ɪn'vest] *v.* **1.** inwestować. **2. ~ sb/sth with sth** wyposażyć kogoś/coś w coś (*np. w cechy, władzę*); **~ed with great talent** obdarzony wielkim talentem.

investigate [ɪn'vestəˌgeɪt] *v.* **1.** badać (*zagadnienie, sprawę*). **2.** prowadzić śledztwo/dochodzenie w sprawie (*morderstwa itp.*).

investigation [ɪnˌvestə'geɪʃən] *n.* **1.** śledztwo, dochodzenie; **be under ~** być przedmiotem dochodzenia. **2.** badanie.

investigator [ɪn'vestəˌgeɪtər] *n.* **1.** badacz/ka. **2.** oficer śledczy; detektyw; **private ~** prywatny detektyw.

investment [ɪn'vestmənt] *n.* inwestycja; lokata.

investor [ɪn'vestər] *n.* inwestor/ka.

invigorating [ɪn'vɪgəˌreɪtɪŋ] *a.* orzeźwiający; ożywczy.

invincible [ɪn'vɪnsəbl] *a.* niezwyciężony, niepokonany.

invisible [ɪn'vɪzəbl] *a.* **1.** niewidoczny. **2.** niewidzialny.

invitation [ˌɪnvɪ'teɪʃən] *n.* zaproszenie; **accept an ~** przyjąć zaproszenie; **at sb's ~** (*także* **at the ~ of sb**) na czyjeś zaproszenie; **extend an ~ to sb** wystosować zaproszenie do kogoś; **turn down/decline an ~** odrzucić zaproszenie.

invite *v.* [ɪn'vaɪt] **1.** zapraszać; **~ sb for a drink** zaprosić kogoś na drinka; **be ~d** zostać zaproszonym, dostać zaproszenie. **2.** prowokować, wywoływać (*nieszczęścia, kłopoty*). **3. ~ sb along** zabrać kogoś (ze sobą); **~ sb in** zaprosić kogoś do środka; **~ sb over** zaprosić kogoś do siebie/do domu. — *n.* ['ɪnvaɪt] *pot.* zaproszenie.

inviting [ɪn'vaɪtɪŋ] *a.* kuszący, nęcący; zachęcający.

invoice ['ɪnvɔɪs] *n.* faktura. — *v.* fakturować; wystawiać fakturę na (*coś*).

involuntary [ɪn'vaːlən,terɪ] *a.* mimowolny, bezwiedny.

involve [ɪn'vaːlv] *n.* **1.** dotyczyć (*kogoś l. czegoś*); obejmować. **2.** wymagać (*umiejętności, wysiłku*); pociągać za sobą (*jakiś skutek*); **~ doing sth** wiązać się z koniecznością zrobienia czegoś. **3.** angażować; mieszać, wciągać (*sb in sth* kogoś w coś); **get ~d in sth** zaangażować się w coś; wdać się w coś; **get ~d with sb** związać się z kimś; (zacząć) zadawać się z kimś.

involvement [ɪn'vaːlvmənt] *n.* **1.** zaangażowanie. **2.** uwikłanie.

inward ['ɪnwərd] *a.* **1.** wewnętrzny. **2.** (skierowany) do wewnątrz. — *adv.* (*także* **inwards**) **1.** do wewnątrz, do środka, ku środkowi. **2.** w duchu. **3.** wewnątrz.

iodine ['aɪə,daɪn] *n.* **1.** jod. **2.** jodyna.

ion ['aɪən] *n.* jon; **negative ~** anion; **positive ~** kation.

Iowa ['aɪəwə] *n.* (stan) Iowa.

IQ [,aɪ 'kjuː] *abbr.* **intelligence quotient** iloraz inteligencji.

Iran [ɪ'ræn] *n.* Iran.

Iranian [ɪ'reɪnɪən] *a.* irański. — *n.* Ira-ńczyk/nka.

Iraq [ɪ'ræk] *n.* Irak.

Iraqi [ɪ'rækɪ] *a.* iracki. — *n.* Irakij-czyk/ka.

Ireland ['aɪrlənd] *n.* Irlandia.

iris ['aɪrɪs] *n.* **1.** tęczówka. **2.** irys, kosaciec.

Irish ['aɪrɪʃ] *a.* irlandzki. — *n.* **1. the ~** Irlandczycy. **2.** (*także* **~ Gaelic**) język irlandzki.

Irishman ['aɪrɪʃmən] *n.* Irlandczyk.

Irishwoman ['aɪrɪʃ,wʊmən] *n.* Irlandka.

iron ['aɪərn] *n.* **1.** żelazo; **~ ore** ruda żelaza. **2.** żelazko. **3. ~s** łańcuchy, kajdany. **4. pump ~** *pot.* pakować (= *ćwiczyć na siłowni*). — *a.* żelazny; z żelaza. — *v.* **1.** prasować. **2. ~ out** rozprasować (*załamania*); rozwiązać (*drobne problemy*), usunąć (*drobne przeszkody*).

ironic [aɪ'raːnɪk] *a.* **1.** ironiczny. **2.** paradoksalny. **3. how ~!** co za ironia! **it is/was ~ that...** to złośliwość/ironia losu, że..., jak na ironię,...

ironing board *n.* deska do prasowania.

irony ['aɪrənɪ] *n.* **1.** ironia. **2. the ~ (of it) is that...** najśmieszniejsze (w tym wszystkim) jest to, że...

irrational [ɪ'ræʃənl] *a.* **1.** irracjonalny, nieracjonalny. **2.** nierozumny (*o istocie*).

irreconcilable [ɪ'rekən,saɪləbl] *a.* **1.** nie do pogodzenia, niedający się pogodzić. **2.** nie do rozwiązania, nierozwiązywalny. **3.** nieprzejednany (*o wrogach*).

irrefutable [ɪ'refjətəbl] *a.* niepodważalny; niezbity; nieodparty.

irregular [ɪ'regjələr] *a.* **1.** nieregularny; nieproporcjonalny. **2.** niemiarowy (*o akcji serca, oddechu*); nieprawidłowy (*o budowie l. pracy narządu*). **3.** nierówny (*o powierzchni*). **4.** *euf.* cierpiący na zaparcia. **5.** *euf.* nieodpowiedni, niestosowny (*o zachowaniu, uwadze*).

irregularity [ɪ,regjə'lerətɪ] *n.* **1.** nieregularność. **2.** niemiarowość; nieprawidłowość.

irrelevant [ɪ'reləvənt] *a.* nie na temat; **~ (to sth)** nieistotny (dla czegoś); bez związku (z czymś).

irreplaceable [,ɪrɪ'pleɪsəbl] *a.* niezastąpiony.

irresistible [,ɪrɪ'zɪstəbl] *a.* **1. sb/sth is ~** komuś/czemuś nie można się oprzeć. **2.** obezwładniający (*o spojrzeniu, uśmiechu*). **3.** nieodparty (*o chęci*).

irrespective [,ɪrɪ'spektɪv] *adv.* **~ of sth** nie zważając na coś, bez względu na coś, niezależnie od czegoś.

irresponsible [,ɪrɪ'spaːnsəbl] *a.* nieodpowiedzialny.

irreverent [ɪ'revərənt] *a.* lekceważący, pozbawiony szacunku.

irrigation [,ɪrə'geɪʃən] *n.* **1.** *roln.* irygacja, nawadnianie. **2.** *med.* irygacja, płukanie.

irritable ['ɪrɪtəbl] *a.* drażliwy; nadpobudliwy; nadwrażliwy.

irritate ['ɪrɪ,teɪt] *v.* **1.** drażnić, irytować. **2.** powodować podrażnienie (*skóry*).

irritating ['ɪrɪ,teɪtɪŋ] *a.* drażniący, irytujący.

irritation [,ɪrɪ'teɪʃən] *n.* **1.** irytacja, rozdrażnienie. **2.** podrażnienie.

IRS [,aɪ ,aːr 'es] *abbr.* = **Internal Revenue Service**.

is [ɪz] *v. 3. os. sing. zob.* **be**.

Islam ['ɪslaːm] *n.* islam.

Islamic [ɪz'læmɪk] *a.* islamski; islamiczny.

island ['aɪlənd] *n.* **1.** wyspa. **2.** wysepka, oaza (*np. spokoju*). **3.** (*także* **traffic ~**) *mot.* wysepka; pas zieleni.

isle [aɪl] *n.* (*zwł. w nazwach l. poet.*) wyspa, ostrów.

isn't ['ɪzənt] *v.* = **is not**; *zob.* **be**.

isolate *v.* ['aɪsə,leɪt] **1.** izolować, odizolowywać. **2.** wyizolowywać, wyodrębniać.

isolated ['aɪsə,leɪtɪd] *a.* **1.** odosobniony; **in a few ~ cases/instances** w kilku odosobnionych przypadkach. **2.** izolowany. **3.** wyobcowany.

isolation [,aɪsə'leɪʃən] *n.* izolacja; odosobnienie.

Israel ['ɪzrɪəl] *n.* Izrael.

Israeli [ɪz'reɪlɪ] *a.* izraelski. — *n.* Izrael-czyk/ka.

issue ['ɪʃuː] *n.* **1.** sprawa; kwestia; problem; **at ~** sporny; będący przedmiotem dyskusji; **avoid/evade/dodge the ~** unikać tematu; **bring up/raise the ~ of...** podnosić kwestię...; **make an ~ (out) of sth** robić z czegoś problem; **sth is not an ~** coś nie stanowi problemu/nie gra roli; **take ~ with sb** *form.* nie zgadzać się/polemizować z kimś (*over sth* w jakiejś kwestii). **2.** numer, wydanie; nakład (*czasopisma*). **3.** emisja; **price/rate of ~** kurs emisyjny. **4.** *t. wojsk.* wydawanie, przydział (*sprzętu*). **5.** *prawn.* potomstwo; **die without ~** umrzeć bezpotomnie/nie pozostawiwszy potomstwa. — *v.* **1.** wydawać, wystosowywać (*oświadczenie*). **2. ~ sb with sth** (*także* **~ sth to sb**) wydawać komuś coś, zaopatrywać kogoś w coś (*np. w sprzęt, broń*). **3.** emitować, wypuszczać, puszczać w obieg. **4. ~ from** *form.* wydobywać się/wypływać z (*czegoś; zwł. o dźwiękach, płynach*); wynikać z (*czegoś*).

IT [,aɪ 'tiː] *abbr.* = **information technology**.

it [ɪt] *pron.* **1.** to; **~'s me/us** to ja/my; **~'s Martha** to Marta; *tel.* tu (mówi) Marta; **who is ~?** kto to (jest)? kto tam? **2.** on; ona; ono; **I put ~ on the desk** położyłem go/ją/je na biurku. **3. ~'s three (o'clock)** jest (godzina) trzecia; **~'s hot** jest gorąco; **~'s snowing** pada śnieg; **how far is ~ to X (from here)?** jak daleko jest (stąd) do X? **what time is ~ (now)?** która (jest teraz) godzina? 4. ~ **seems/appears too big** wydaje się (być) zbyt duży; ~ **looks like rain** zanosi się na deszcz, wygląda na to, że będzie padać; ~ **sounds great** brzmi świetnie; **as ~ happens,...** (*także* ~ **(just) so happens,...**) tak się (akurat) składa, że... 5. **~'s important that/to...** ważne (jest), żeby...; **~'s not easy to forget** niełatwo jest zapomnieć; **~'s strange that...** (to) dziwne, że... 6. *form.* ~ **is believed/ thought that...** uważa się, że...; ~ **is to be hoped that...** należy mieć nadzieję, że...; ~ **is feared that...** istnieją obawy, że... 7. **~'s too bad that...** (to) niedobrze, że...; **how is ~ going?** *pot.* jak leci? **if ~ hadn't been/weren't for X** gdyby nie X; **that's ~!** *emf.* właśnie tak!, bardzo dobrze! dosyć tego!

Italian [ɪ'tæljən] *a.* włoski. — *n.* 1. Wło-ch/szka. 2. (język) włoski.

italics [ɪ'tælɪks] *n. pl.* kursywa, italika; **in ~** kursywą.

Italy ['ɪtlɪ] *n.* Włochy, Italia.

itch [ɪtʃ] *v.* 1. swędzieć; **my nose is ~ing** swędzi mnie nos; **I'm ~ing all over** wszystko mnie swędzi. 2. **be ~ing to do sth** *pot.* palić się do (zrobienia) czegoś. — *n.* 1. swędzenie. 2. świąd; świerzb. 3. *pot.* chętka, ochota (*for sth/to do sth* na coś/zrobienie czegoś).

itchy ['ɪtʃɪ] *a.* 1. swędzący. 2. drapiący (*np. o swetrze*). 3. *pot.* **have ~ feet** nie móc usiedzieć na miejscu; **have ~ fingers** mieć lepkie ręce.

it'd ['ɪtəd] *abbr.* 1. = **it would**. 2. = **it had**.

item ['aɪtəm] *n.* 1. przedmiot; rzecz; artykuł; ~ **of clothing** część garderoby; **luxury ~** artykuł luksusowy. 2. punkt, pozycja (*w programie, na liście*). 3. (*także* **news ~**) *dzienn.* wiadomość. 4. **they are an ~** *pot.* mają romans, są parą.

itinerary [aɪˌtɪnə'rerɪ] *n.* 1. plan podróży; trasa; marszruta. 2. przewodnik (*książka*).

it'll ['ɪtl] *abbr.* = **it will**.

its [ɪts] *pron.* 1. swój; sobie; **everything was in ~ proper place** wszystko było na swoim miejscu; **the dog wagged ~ tail** pies zamerdał ogonem. 2. jego; jej; **here's the name of the club, and here's ~ address** to nazwa klubu, a oto jego adres.

it's [ɪts] *abbr.* 1. = **it is**. 2. = **it has**.

itself [ɪt'self] *pron.* 1. się; **the boat righted ~** łódź się wyprostowała. 2. sobie; **the team set ~ a hard task** drużyna postawiła sobie trudne zadanie. 3. *emf.* (*także* **(all) by ~**) sam; **this is obvious by ~** to się rozumie samo przez się; **in/of ~** sam/sama/samo (w sobie); **the sculpture in ~ was worthless** rzeźba sama w sobie była bezwartościowa.

IUD [ˌaɪ juː 'diː] *abbr., n.* **intrauterine device** wkładka wewnątrzmaciczna, spirala.

I've [aɪv] *abbr.* = **I have**.

ivory ['aɪvərɪ] *n.* kość słoniowa. — *a.* z kości słoniowej.

ivy ['aɪvɪ] *n.* bluszcz.

J

jab [dʒæb] *v.* dźgać. — *n.* dźgnięcie.

jack [dʒæk] *n.* 1. podnośnik, lewarek. 2. *el.* gniazdko. 3. *karty* walet. — *v.* ~ **sb around** *sl.* marnować czyjś czas; ~ **up** *pot.* windować, podkręcać (*np. ceny*).

jackal ['dʒækl] *n.* szakal.

jackass ['dʒækˌæs] *n. wulg.* osioł, dureń.

jacket ['dʒækɪt] *n.* 1. marynarka; żakiet. 2. kurtka. 3. (*także* **dust ~**) obwoluta. 4. okładka (*płyty gramofonowej*). 5. teczka; koperta (*na dokumenty*).

jack-o'-lantern ['dʒækəˌlæntərn] *n.* latarnia z dyni.

jackpot ['dʒækˌpaːt] *n.* najwyższa wygrana; **hit the ~** zgarnąć (całą) pulę; *przen.* wygrać los na loterii.

Jacuzzi [dʒə'kuːzɪ] *n.* jacuzzi, wanna z hydromasażem.

jaded ['dʒeɪdɪd] *a.* znudzony; zblazowany.

jagged ['dʒægɪd] *a.* wyszczerbiony (*o ostrzu, krawędzi*).

jaguar ['dʒægwaːr] *n.* jaguar.

jail [dʒeɪl] *n.* więzienie; areszt; **in ~** w więzieniu; **go to ~** iść do więzienia. — *v.* wsadzić do więzienia.

jam [dʒæm] *v.* 1. wciskać, wpychać (*sth into sth* coś do czegoś); ~ **on the brakes** wcisnąć hamulec. 2. (*także* ~ **up**) zablokować (się); zaciąć (się); zapchać (się); **the door was ~med** drzwi się zacięły. 3. *muz.* improwizować. — *n.* 1. dżem; **strawberry ~** dżem truskawkowy. 2. (*także* **traffic ~**) korek, zator. 3. zacięcie się, zablokowanie się (*mechanizmu*). 4. **in a ~** *pot.* w tarapatach.

Jamaica [dʒə'meɪkə] *n.* Jamajka.

jangle ['dʒæŋgl] *v.* 1. brzęczeć; pobrzękiwać, dzwonić (*np. kluczami*). 2. ~ **sb's nerves** grać komuś na nerwach.

janitor ['dʒænɪtər] *n.* dozorca; stróż; woźny.

January ['dʒænjuˌerɪ] *n.* styczeń; *zob. t.* **February** (for phrases).

Japan [dʒə'pæn] *n.* Japonia.

Japanese [ˌdʒæpə'niːz] *a.* japoński. — *n.* 1. *pl.* **Japanese** Japo-ńczyk/nka. 2. (język) japoński.

jar [dʒaːr] *n.* słój; słoik. — *v.* 1. wstrząsnąć (*kimś l. czymś*). 2. stłuc (*np. kolano*). 3. zgrzytać, brzmieć fałszywie. 4. ~ **with sth** kłócić/gryźć się z czymś.

jargon ['dʒaːrgən] *n.* żargon.

jasmine ['dʒæzmɪn] *n.* jaśmin.

jaundice ['dʒɔːndɪs] *n.* żółtaczka.

jaunt [dʒɔːnt] *n.* wycieczka, wypad.

jaunty ['dʒɔːntɪ] *a.* raźny, żwawy, dziarski.

javelin ['dʒævlɪn] *n.* oszczep; **the ~** rzut oszczepem.

jaw [dʒɔː] *n.* 1. szczęka; **lower/upper ~** dolna/górna szczęka; **sb's ~ dropped (open)** szczęka komuś opadła. 2. **~s** paszcza, szczęki.

jazz [dʒæz] *n.* 1. jazz. 2. **and all that ~** *pot.* i cała reszta. — *v.* ~ **sth up** *pot.* ożywić/uatrakcyjnić coś.

jealous ['dʒeləs] *a.* zazdrosny; zawistny; **feel ~** odczuwać zazdrość, być zazdrosnym; **he's ~ of you** jest zazdrosny o ciebie; **she's ~ of my success** zazdrości mi sukcesu; **make sb ~** wzbudzić czyjąś zazdrość.

jealousy ['dʒeləsɪ] *n.* zazdrość; zawiść.

jeans [dʒiːnz] *n. pl.* dżinsy.

jeep [dʒiːp], **Jeep** *n.* jeep, dżip.

jeer [dʒiːr] *v.* szydzić, drwić; ~ **(at) sb/sth** wygwizdać kogoś/coś.

jeez [dʒiːz] *int. pot.* (o) Jezu!

jelly ['dʒelɪ] *n.* 1. dżem (*czysty, bez kawałków owoców*). 2. **petroleum ~** wazelina. 3. **my legs have turned to ~** mam nogi jak z waty.

jellyfish ['dʒelɪˌfɪʃ] *n.* meduza.
jeopardize ['dʒepərˌdaɪz] *v.* zagrażać (*czemuś*); narażać na szwank.
jeopardy ['dʒepərdɪ] *n.* niebezpieczeństwo, zagrożenie; **put sth in ~** zagrażać czemuś.
jerk [dʒɝːk] *v.* **1.** szarpać, targać (*at/on sth* za coś). **2. ~ sb around** *pot.* marnować czyjś czas; utrudniać komuś życie; **~ off** *wulg. sl.* brandzlować się. — *n.* **1.** szarpnięcie; **give sth a ~** szarpnąć za coś. **2.** *sl.* palant, dupek.
jersey ['dʒɝːzɪ] *n.* **1.** koszulka z długim rękawem, bluza (*piłkarza*). **2.** dżersej.
Jerusalem [dʒə'ruːsələm] *n.* Jerozolima.
Jesus ['dʒiːzəs] *n.* (*także* **~ Christ**) Jezus (Chrystus). — *int. sl.* Jezu (Chryste)!
jet [dʒet] *n.* **1.** samolot odrzutowy, odrzutowiec. **2.** strumień (*np. pary*). **3.** dysza. — *v.* **1.** *pot.* latać samolotami (*zwł. często, po całym świecie*). **2.** tryskać strumieniem.
jet-black [ˌdʒet'blæk], **jet black** *a.* kruczoczarny.
jet engine *n.* silnik odrzutowy.
jet lag *n.* zmęczenie po długiej podróży samolotem (*spowodowane zmianą czasu*).
jetty ['dʒetɪ] *n.* molo (*portowe*).
Jew [dʒuː] *n.* Żyd/ówka; *rel.* żyd/ówka.
jewel ['dʒuːəl] *n.* **1.** klejnot. **2.** *przen.* klejnot, skarb; **the ~ in the crown** klejnot/perła w koronie.
jeweler ['dʒuːələr] *n.* jubiler.
jewelry ['dʒuːəlrɪ] *n.* klejnoty, biżuteria.
Jewish ['dʒuːɪʃ] *a.* żydowski.
jiffy ['dʒɪfɪ], **jiff** [dʒɪf] *n.* **in a ~** za momencik/chwileczkę.
jigsaw ['dʒɪgˌsɔː] *n.* **1.** (*także* **jig saw**) wyrzynarka, laubzega. **2.** (*także* **~ puzzle**) układanka, łamigłówka.
jihad [dʒə'hɑːd] *n.* dżihad.
jilt [dʒɪlt] *v.* rzucić, zostawić (*np. chłopaka*).
jinx [dʒɪŋks] *v.* rzucić urok na. — *n.* pech, złe fatum.
jinxed [dʒɪŋkst] *a.* pechowy; mający pecha.
job [dʒɑːb] *n.* **1.** praca; posada; **apply for a ~** starać się o pracę/posadę; **be out of a ~** nie mieć pracy; **change ~s** zmieniać pracę; **find/get a ~** znaleźć/dostać pracę; **full-time/part-time ~** praca w pełnym/niepełnym wymiarze godzin; **lose/quit one's ~** stracić/rzucić pracę. **2.** obowiązek; **it's my ~ to help them** pomaganie im należy do moich obowiązków. **3.** *t. komp.* zadanie; **print ~** zadanie drukowania. **4.** *pot.* robota (*np. włamanie*). **5. good ~!** dobra robota!, świetnie! **I'm only/just doing my ~** ja tylko robię, co do mnie należy (= *to nie moja wina*); **nose/boob ~** operacja plastyczna nosa/piersi; **this should do the ~** to powinno zadziałać.
job action *n.* akcja strajkowa/protestacyjna.
job description *n.* zakres/wykaz obowiązków.
jobless ['dʒɑːbləs] *a.* bez pracy, bezrobotny.
job security *n.* gwarancja stałego zatrudnienia.
jockey ['dʒɑːkɪ] *n.* dżokej. — *v.* **~ for power/position** zaciekle walczyć o władzę/przewagę.
jocular ['dʒɑːkjələr] *a.* żartobliwy.
jog [dʒɑːg] *v.* **1.** uprawiać jogging, biegać. **2. ~ sb's elbow** trącić kogoś w łokieć. **3. ~ sb's memory** odświeżyć komuś pamięć. — *n.* **go for a ~** iść pobiegać.
jogging ['dʒɑːgɪŋ] *n.* jogging.
John Doe *n.* **1.** *prawn.* N.N. **2.** *pot.* Jan Kowalski.
join [dʒɔɪn] *v.* **1.** (*także* **~ up**) łączyć (się). **2.** łączyć się z (*rzeką, torem*). **3.** wstąpić do (*klubu, wojska*). **4.** podjąć pracę w (*jakiejś firmie*). **5.** dołączyć do (*kolejki, grupy*). **6. ~ hands** chwycić/wziąć się za ręce. **7. will you ~ us for dinner?** czy zjesz z nami obiad? **8. ~ in** włączyć się (do) (*dyskusji, zabawy*); **~ up** wstąpić do wojska, zaciągnąć się; **~ up with sb** *pot.* połączyć się z kimś (*np. w drużynę*).
joint [dʒɔɪnt] *n.* **1.** *anat.* staw. **2.** *pot.* lokal (*zwł. tani, o podejrzanej reputacji*). **3.** *sl.* skręt (*z marihuany*). **4.** połączenie, złącze. **5.** sztuka mięsa. **6. the ~** *sl.* pudło (= *więzienie*). **7. out of ~** wywichnięty, zwichnięty; *przen.* wywrócony do góry nogami. — *a.* wspólny; **a ~ effort** wspólne przedsięwzięcie.
joke [dʒoʊk] *n.* żart; dowcip; kawał; **dirty/sick ~** sprośny/niesmaczny dowcip; **for a ~** dla żartu; **it's no ~** to nie (są) żarty; **is this your idea of a ~?** to miał być żart? **make a ~ of sth** stroić sobie żarty z czegoś; **not get the ~** nie zrozumieć dowcipu; **play a ~ on sb** zrobić komuś kawał; **sb can't take a ~** ktoś nie potrafi się śmiać z samego siebie; **tell a ~** opowiedzieć dowcip/kawał; **the ~'s on you** *pot.* sam się zbłaźniłeś. — *v.* żartować; dowcipkować; **you must be joking** (*także* **you've got to be joking**) chyba żartujesz.
joker ['dʒoʊkər] *n.* **1.** żartowni-ś/sia, dowcipni-ś/sia. **2.** joker, dżoker. **3.** *pot.* typek, gość.
jolly ['dʒɑːlɪ] *a.* wesoły.
jolt [dʒoʊlt] *v.* **1.** rzucać, trząść (*np. pociągiem, pasażerami*). **2.** wstrząsnąć (*kimś*). — *n.* **1.** szarpnięcie. **2.** wstrząs; **give sb a ~** wstrząsnąć kimś; **with a ~** gwałtownie (*np. zatrzymać się*).
journal ['dʒɝːnl] *n.* **1.** czasopismo, pismo; dziennik, gazeta. **2.** dziennik, pamiętnik.
journalese [ˌdʒɝːnə'liːz] *n.* żargon dziennikarski.
journalism ['dʒɝːnəˌlɪzəm] *n.* dziennikarstwo.
journalist ['dʒɝːnəlɪst] *n.* dziennika-rz/rka.
journey ['dʒɝːnɪ] *n.* podróż (*zwł. lądowa*); droga; jazda; **go on a ~** wyruszyć w podróż; **make a ~** odbyć podróż; **return ~** droga powrotna. — *v. lit.* podróżować.
jovial ['dʒoʊvɪəl] *a.* jowialny (*o osobie*); wesoły (*o pogawędce, towarzystwie*).
joy [dʒɔɪ] *n.* **1.** radość; **for/with ~** z radości. **2. she's a ~ to listen to** bardzo przyjemnie się jej słucha.
joyful ['dʒɔɪfʊl] *a.* radosny.
joyriding ['dʒɔɪraɪdɪŋ] *n.* jazda kradzionym samochodem.
joystick ['dʒɔɪstɪk] *n.* **1.** joystick, dżojstik. **2.** drążek sterowy.
Jr., **jr.** *abbr.* = **junior**.
jubilant ['dʒuːbələnt] *a.* rozradowany; tryumfalny.
jubilee ['dʒuːbəˌliː] *n.* jubileusz.
Judaism ['dʒuːdɪˌɪzəm] *n.* judaizm.
judge [dʒʌdʒ] *n.* **1.** *prawn.* sędzia. **2.** juror/ka, sędzia (*w zawodach, konkursie*). **3. be a good/poor ~ of character** znać/nie znać się na ludziach; **let me be the ~ of that** (pozwól, że) ja (sam) to osądzę. — *v.* **1.** sądzić (*osobę, sprawę*); rozsądzać (*sprawę*). **2.** sędziować w (*zawodach*). **3.** oceniać (*t.* = *krytykować*); **~ sb/sth on sth** oceniać kogoś/coś na podstawie czegoś. **4. judging by/from sth** sądząc po czymś/z czegoś. **5. don't ~ a book by its cover** pozory mylą. **6. it's not for me to ~** nie mnie o tym rozstrzygać.
judgment ['dʒʌdʒmənt], **judgement** *n.* sąd, osąd; opinia, pogląd, zdanie; **come to/form/make a ~** wyrobić sobie opinię/zdanie; **in sb's ~** w czyimś mniemaniu; **pass ~ (on sb/sth)** wydać opinię (na

temat kogoś/czegoś); **reserve/suspend ~** wstrzymywać się z wydaniem opinii.
Judgment Day *n.* (*także* **the day of Judgment**) Sąd Ostateczny, Dzień Sądu (Ostatecznego).
judicial [dʒʊˈdɪʃl] *a.* sądowy; sądowniczy; sędziowski.
judiciary [dʒʊˈdɪʃɪˌerɪ] *n.* **the ~** władza sądownicza; sądownictwo.
judicious [dʒʊˈdɪʃəs] *a.* roztropny; wyważony.
judo [ˈdʒuːdoʊ] *n.* judo, dżudo.
jug [dʒʌg] *n.* dzban; dzbanek.
juggle [ˈdʒʌgl] *v.* **1. ~ (with) sth** żonglować czymś. **2.** łączyć (*różne zajęcia*). **3.** manipulować (*faktami, liczbami*).
jugular [ˈdʒʌgjələr] *n.* **1.** (*także* **~ vein**) żyła szyjna. **2. go for the ~** *pot.* uderzyć w najczulszy punkt.
juice [dʒuːs] *n.* **1.** sok; **orange/tomato ~** sok pomarańczowy/pomidorowy. **2. digestive/gastric ~s** soki trawienne. **3.** *pot.* benzyna. — *v.* **1.** wyciskać sok z (*owoców, warzyw*). **2. ~ sth up** *pot.* ożywić/ubarwić coś.
juicy [ˈdʒuːsɪ] *a.* **1.** soczysty. **2.** pikantny (*o plotce, szczegółach*). **3.** *pot.* korzystny, intratny.
jukebox [ˈdʒuːkˌbɑːks], **juke box** *n.* szafa grająca.
July [dʒʊˈlaɪ] *n.* lipiec; *zob. t.* **February** (for phrases).
jumble [ˈdʒʌmbl] *v.* (*także* **~ up**) mieszać (się). — *n.* mieszanina (*rzeczy, wrażeń*).
jumbo [ˈdʒʌmboʊ] *a.* (*także* **~-sized**) *pot.* olbrzymi; maxi (*o opakowaniu, porcji*).
jump [dʒʌmp] *v.* **1.** skakać; podskakiwać; **~ rope** skakać przez skakankę. **2.** podskoczyć, wzdrygnąć się. **3. ~ (over)** przeskoczyć (przez) (*przeszkodę*); *przen.* przeskakiwać (*np. strony, rozdziały*); **~ from one topic to another** przeskakiwać z tematu na temat. **4.** podskoczyć, skoczyć (w górę) (*o cenach, podatkach*). **5. ~ a train** podróżować na gapę (*zwł. pociągiem towarowym*); **~ in line** wepchnąć się poza kolejką; **~ the gun** zbytnio się pospieszyć; **~ the track** wyskoczyć z szyn (*o pociągu*); **~ to conclusions** wyciągać pochopne wnioski; **~ to it!** migiem! **~ to one's feet** zerwać się/skoczyć na równe nogi. **6. ~ at sth** skwapliwie skorzystać z czegoś; **~ down** zeskoczyć (z) (*czegoś*); **~ down sb's throat** skoczyć komuś do gardła; **~ in** wskoczyć; wtrącić się; **~ off** skoczyć z (*czegoś*); **~ on sb** (*także* **~ all over sb**) *pot.* naskoczyć na kogoś (*for sth* za coś); **~ out** wyskoczyć; **~ out of a window** wyskoczyć z okna; **~ out at sb** rzucać się komuś w oczy; **~ up** podskoczyć; zerwać/poderwać się. — *n.* **1.** skok; podskok; **high/long ~** skok wzwyż/w dal; **parachute ~** skok ze spadochronem. **2.** (nagły) skok (w górę) (*in sth* czegoś) (*np. cen*). **3.** *t. jeźdz.* przeszkoda. **4. get a ~ on sth** *pot.* zacząć coś wcześniej (*niż zwykle, niż inni*).
jumper [ˈdʒʌmpər] *n.* **1.** skoczek. **2.** bezrękawnik.
jumper cables *n. pl. mot.* przewody rozruchowe.
jump-start [ˈdʒʌmpˌstɑːrt] *v.* **1.** uruchamiać z zewnętrznego akumulatora (*samochód*). **2.** ożywiać (*np. gospodarkę*).
jump suit *n.* kombinezon.
jumpy [ˈdʒʌmpɪ] *a.* nerwowy, niespokojny.
junction [ˈdʒʌŋkʃən] *n.* **1.** skrzyżowanie (*autostrad*). **2.** węzeł (kolejowy). **3.** *el.* złącze.
June [dʒuːn] *n.* czerwiec; *zob. t.* **February** (for phrases).
jungle [ˈdʒʌŋgl] *n.* **1.** dżungla. **2.** gąszcz (*np. przepisów*).
junior [ˈdʒuːnjər] *a.* **1.** junior, młodszy; **John Smith, J~** John Smith junior/młodszy. **2.** niższy rangą (*to sb* od kogoś). — *n.* **1.** student/ka trzeciego roku. **2.** uczeń/nnica trzeciej klasy (*szkoły średniej*). **3.** podwładny/a. **4. be three years sb's ~** być od kogoś młodszym o trzy lata.
junior college *n.* dwuletnia szkoła wyższa.
junior high school *n.* (*także* **junior high**) gimnazjum.
juniper [ˈdʒuːnəpər] *n.* jałowiec.
junk [dʒʌŋk] *n.* **1.** rupiecie. **2.** *pot.* badziewie, dziadostwo. **3.** = **junk food**. **4.** *sl.* hera (= *heroina*).
junk food *n.* niezdrowe jedzenie.
junkie [ˈdʒʌŋkɪ], **junky** *n. sl.* ćpun/ka.
junk mail *n.* przesyłki reklamowe.
junk shop *n.* sklep ze starzyzną.
junk yard *n.* złomowisko; cmentarzysko starych samochodów.
jurisdiction [ˌdʒʊrɪsˈdɪkʃən] *n.* **1.** jurysdykcja; władza sądownicza. **2. it falls/comes within/outside my ~** to leży/nie leży w moich kompetencjach.
juror [ˈdʒʊrər] *n.* sędzia przysięgły.
jury [ˈdʒʊrɪ] *n.* **1.** sąd/ława przysięgłych; **sit on a ~** zasiadać w/na ławie przysięgłych. **2.** jury, sąd konkursowy. **3. the ~ is out on sth** coś nie zostało jeszcze rozstrzygnięte/zdecydowane.
jury box *n.* ława przysięgłych (*część sali sądowej*).
just [dʒʌst] *adv.* **1.** właśnie, dokładnie; **~ then** właśnie wtedy; **that's ~ it** o to właśnie chodzi. **2.** właśnie, dopiero co; **she's ~ left** dopiero co/właśnie wyszła. **3.** tylko; **~ this once** tylko ten jeden (jedyny) raz; **(I'm) ~ looking** (ja) tylko oglądam (*w sklepie*); **it's ~ me** to tylko ja. **4.** po prostu; **~ do it** po prostu zrób to. **5.** (*także* **only ~**) ledwo, zaledwie; **there was ~ enough room** ledwo starczyło miejsca. **6. ~ about** właśnie; **we were ~ about to leave** właśnie mieliśmy wychodzić. **7. ~ a moment/second/minute!** (jedną) chwileczkę! **~ as she was closing the door** (dokładnie) w chwili, gdy zamykała drzwi; **~ as strong as you** równie silny jak ty; **~ in case** tak na wszelki wypadek; **~ in time** w samą porę; **~ like that** ot tak (sobie); **~ now** dopiero co; **~ right** w sam raz; **~ so** uporządkowany; zapięty na ostatni guzik; **~ the same** mimo wszystko; **~ think** pomyśl tylko; **it's ~ that...** tylko że...; **it's ~ as well** i (bardzo) dobrze, i całe szczęście; **not ~ yet** jeszcze nie teraz. — *a.* sprawiedliwy; słuszny; uzasadniony; zasłużony.
justice [ˈdʒʌstɪs] *n.* **1.** sprawiedliwość; **~ has been done/served** sprawiedliwości stało się zadość. **2.** słuszność; zasadność. **3.** wymiar sprawiedliwości; **bring sb to ~** oddać kogoś w ręce (wymiaru) sprawiedliwości. **4.** (*także* **J~**) sędzia (*zwł. Sądu Najwyższego*). **5. do ~ to sb/sth** (*także* **do sb/sth ~**) oddać komuś/czemuś sprawiedliwość.
Justice of the Peace *n.* (*także* **J.P.**) sędzia pokoju.
justifiable [ˌdʒʌstəˈfaɪəbl] *a.* uzasadniony, słuszny; usprawiedliwiony.
justification [ˌdʒʌstəfəˈkeɪʃən] *n.* **1.** uzasadnienie; usprawiedliwienie. **2.** *komp.* justowanie, wyrównywanie.
justify [ˈdʒʌstəˌfaɪ] *v.* **1.** usprawiedliwiać; **~ o.s.** usprawiedliwiać się (*to sb* przed kimś). **2.** uzasadniać. **3.** *komp.* justować, wyrównywać.
jut [dʒʌt] *v.* (*także* **~ out**) wystawać, sterczeć.
juvenile [ˈdʒuːvənaɪl] *a.* **1.** nieletni, młodociany; **~ court** sąd dla nieletnich; **~ delinquent** młodociany przestępca. **2.** dziecinny (*o żarcie, osobie*).
juxtapose [ˌdʒʌkstəˈpoʊz] *v.* **1.** zestawiać (ze sobą). **2.** układać obok siebie.

K

kaleidoscope [kə'laɪdə,skoʊp] *n.* kalejdoskop.
kamikaze [,kɑːmə'kɑːzɪ] *n.* kamikadze, kamikaze.
kangaroo [,kæŋgə'ruː] *n.* kangu-r/rzyca.
Kansas ['kænzəs] *n.* (stan) Kansas.
karaoke [,kerɪ'oʊkɪ] *n.* karaoke.
karat ['kerət] *n.* karat.
karate [kə'rɑːtɪ] *n.* karate.
kayak ['kaɪæk] *n.* kajak.
kebab [kɪ'bɑːb], **kabob** *n.* (*także* **shish ~**) kebab.
keel [kiːl] *n.* **on an even ~** w stanie równowagi. — *v.* **~ over** wywrócić się do góry dnem; *pot.* paść (= *zemdleć*).
keen [kiːn] *a.* **1.** zapalony, gorliwy; chętny; **be ~ to do/on doing sth** palić się do (zrobienia) czegoś. **2. be ~ on sth** interesować się czymś; lubić coś. **3.** żywy (*o pragnieniu*). **4.** zawzięty (*o rywalizacji*). **5.** bystry, przenikliwy (*o wzroku*); wyostrzony (*o słuchu*).
keenly ['kiːnlɪ] *adv.* **1.** żywo, gorąco. **2.** uważnie. **3.** zawzięcie.
keep [kiːp] *v. pret. i pp.* **kept 1.** zatrzymywać; zachowywać, zostawiać sobie; **I won't ~ you** nie będę cię zatrzymywać; **you can ~ it** możesz to sobie zatrzymać. **2.** trzymać (*t. = przechowywać, hodować*); trzymać się; **~ right/left** trzymać się prawej/lewej strony. **3.** utrzymywać (*rodzinę, posadę*). **4.** mieć/trzymać na składzie (*towar*). **5.** zachowywać świeżość (*o żywności*). **6. ~ the window/door open** zostawiać okno/drzwi otwarte, nie zamykać okna/drzwi. **7. ~ calm** zachowywać spokój; **~ quiet** siedzieć cicho; **~ still** nie ruszać się. **8. ~ (on) doing sth** ciągle/dalej coś robić, nie przestawać czegoś robić; **~ talking/walking!** mów/idź dalej! **9. ~ a diary/a record** prowadzić dziennik/spis; **~ a secret** dochować tajemnicy; **~ one's word/promise** dotrzymać słowa/obietnicy; **~ sb informed/posted** informować kogoś na bieżąco; **~ sb waiting** kazać komuś czekać; **~ watch/guard** stać na warcie/straży, trzymać wartę; mieć się na baczności; **~ your hair/shirt on!** *pot.* spokojnie!, nie gorączkuj się! **10. ~ at it** nie ustawać w wysiłkach; **~ away** trzymać (się) z daleka (*from sb/sth* od kogoś/czegoś); **~ back** zataić; powstrzymywać (*tłum, łzy*); **~ down** utrzymywać na niskim poziomie (*koszty, ceny*); nie zwymiotować (*jedzenia*); **~ it down!** mówcie/bądźcie ciszej! **~ (o.s.) from doing sth** powstrzymać się przed zrobieniem czegoś; **~ sb from doing sth** uniemożliwić komuś zrobienie czegoś; **~ sth from happening** zapobiec czemuś, nie dopuścić do czegoś; **~ off (sth)** trzymać się z dala (od czegoś); **"~ off the grass!"** „nie deptać trawników!"; **~ out** nie wpuszczać (*kogoś*); nie przepuszczać (*deszczu*); **"~ out!"** „wstęp wzbroniony"; „nie zbliżać się!"; **~ out of sth** trzymać się z dala od czegoś; nie wtrącać się do czegoś; **~ to the subject/point** trzymać się tematu; **~ sth to o.s.** zachować coś dla siebie (= *nie wyjawić*); **~ up** utrzymywać (*standardy, dom*); podtrzymywać (*spodnie*); ciągnąć, kontynuować (*pracę*); **~ it up!** rób tak dalej! **~ sb up** nie pozwalać komuś zasnąć/iść spać; **~ up appearances** zachowywać pozory; **~ up with sb/sth** nadążać za kimś/czymś. — *n.* **1. earn one's ~** zarabiać na utrzymanie. **2. for ~s** *pot.* na zawsze, na dobre; na własność.
keeper ['kiːpər] *n.* **1.** dozorca. **2.** kustosz.
keeping ['kiːpɪŋ] *n.* **1. in sb's ~** pod czyjąś opieką. **2. in ~ with sth** w zgodzie/zgodnie z czymś.
keepsake ['kiːp,seɪk] *n.* pamiątka.
keg [keg] *n.* beczułka; baryłka.
kennel ['kenl] *n.* **1.** schronisko dla psów. **2.** psia buda.
Kentucky [kən'tʌkɪ] *n.* (stan) Kentucky.
Kenya ['kenjə] *n.* Kenia.
Kenyan ['kenjən] *n.* Kenij-czyk/ka. — *a.* kenijski.
kept [kept] *v. zob.* **keep** *v.*
kernel ['kɜːnl] *n.* **1.** jądro; ziarno. **2. a ~ of truth** ziarno prawdy.
kerosene ['kerə,siːn] *n.* nafta.
ketchup ['ketʃəp] *n.* keczup.
kettle ['ketl] *n.* czajnik.
key [kiː] *n.* **1.** klucz (*to sth* do czegoś). **2.** tonacja. **3.** ton, wysokość (*głosu*). **4.** klawisz. **5.** legenda (*mapy*). — *a.* kluczowy. — *v.* **~ in** wprowadzać (za pomocą klawiatury), wstukiwać.
keyboard ['kiː,bɔːrd] *n.* **1.** klawiatura. **2.** keyboard.
key card *n.* karta magnetyczna (*do drzwi*).
keyhole ['kiː,hoʊl] *n.* dziurka od klucza.
keynote ['kiː,noʊt] *n.* **~ address/speech** przemówienie programowe; **~ speaker** główny mówca.
key ring *n.* kółko na klucze, breloczek.
khaki ['kækɪ] *n., a.* khaki.
kick [kɪk] *v.* **1.** kopać; **~ sb in the leg** kopnąć kogoś w nogę; **~ sth open** otworzyć coś kopnięciem. **2.** machać nogami (*np. podczas pływania*). **3. ~ a/the habit** rzucić nałóg; **~ o.s.** pluć sobie w brodę; **~ sb upstairs** *pot.* dać komuś kopa w górę; **~ sb's ass/butt** *sl.* dopieprzyć komuś; **~ the bucket** *pot.* kopnąć w kalendarz. **4. ~ sth around** obgadać coś; **~ sb around** poniewierać kimś; **~ in** zacząć działać (*o leku, reformach*); dorzucić (się) (= *dać pieniądze*); **~ off** rozpoczynać (się); **~ sb out** wyrzucić kogoś; **~ up a fuss** narobić hałasu/zamieszania. — *n.* **1.** kopnięcie; wierzgnięcie; kopniak; **give sb a ~** dać komuś kopniaka. **2.** *futbol, rugby* rzut (*wolny, karny*); strzał. **3.** *pot.* kop (*po alkoholu l. narkotyku*). **4.** *pot.* **a ~ in the teeth/pants** rozczarowanie; upokorzenie; **do sth for ~s** robić coś dla frajdy; **get a ~ from/out of sth** rajcować się czymś.
kickoff ['kɪk,ɔːf] *n.* **1.** *futbol* rozpoczęcie meczu. **2.** początek, rozpoczęcie (*np. zebrania*).
kid [kɪd] *n.* **1.** dziecko; dzieciak; mał-y/a. **2.** koźlę, kózka. — *a.* **1. ~ brother/sister** młodszy brat/młodsza siostra. **2. ~ gloves** rękawiczki z koźlęcej skóry. — *v. pot.* **1.** żartować. **2.** bujać, nabierać. **3. ~ o.s.** oszukiwać/łudzić się. **4. no ~ding** (*także* **I ~ you not**) nie żartuję; **no ~ding!** co ty powiesz! **you're ~ding!** (chyba) żartujesz!
kidnap ['kɪdnæp] *v.* porwać, uprowadzić.
kidnapper ['kɪdnæpər] *n.* porywacz/ka.
kidnapping ['kɪdnæpɪŋ], **kidnap** *n.* porwanie, uprowadzenie.
kidney ['kɪdnɪ] *n.* **1.** nerka. **2. ~s** cynaderki.
kidney bean *n.* fasola czerwona.
kielbasa [kiːl'bɑːsə] *n.* kiełbasa.
kill [kɪl] *v.* **1.** zabijać; **~ o.s.** zabić się; **be/get ~ed** zostać zabitym, zginąć. **2.** *pot.* zgasić (*światła, silnik*). **3.** *pot.* uśmierzać (*ból*). **4.** *pot.* wykończyć, dobić. **5.** *pot.* obalić (= *wypić w całości*). **6. ~ o.s. laughing/with laughter** konać ze śmiechu; **~ o.s. to do sth**

stawać na głowie, żeby coś zrobić; ~ **sb with kindness** zagłaskać kogoś na śmierć; ~ **time** zabijać czas; ~ **two birds with one stone** upiec dwie pieczenie na jednym ogniu; **not ~ o.s.** nie przemęczać się; **he just ~s me** on jest po prostu zabójczy. **7.** ~ **off** wytępić, wybić (*szkodniki*); uśmiercić (*bohatera książki l. serialu*). — *n. zw. sing.* **1.** zabicie (*zwierzęcia na polowaniu*). **2.** zdobycz (*drapieżnika*); upolowana zwierzyna. **3. close/go/move in for the ~** szykować się do zadania ostatecznego ciosu.

killer ['kɪlər] *n.* **1.** zabój-ca/czyni. **2. be a (real) ~** być piekielnie trudnym/męczącym. — *a.* zabójczy; śmiercionośny; ~ **disease** śmiertelna choroba.

killing ['kɪlɪŋ] *n.* **1.** zabójstwo. **2. make a ~** *pot.* obłowić się.

kilo ['kiːloʊ] *n.* kilo.

kilobyte ['kɪləˌbaɪt] *n.* kilobajt.

kilogram ['kɪləˌgræm] *n.* kilogram.

kilometer ['kɪləˌmiːtər] *n.* kilometr.

kilt [kɪlt] *n.* kilt.

kilter ['kɪltər] *n.* **be out of ~** być nie w porządku; szwankować.

kimono [kɪ'moʊnə] *n.* kimono.

kind [kaɪnd] *n.* **1.** rodzaj; typ; **all ~s of things** wszelkiego rodzaju rzeczy; **nothing of the ~** nic podobnego/takiego; **of a ~** jakiś tam (= *nienajlepszy*); tego samego rodzaju (*o kilku rzeczach/osobach*); **they are two of a ~** są ulepieni z tej samej gliny, jedno jest warte drugiego; **one of a ~** jedyny w swoim rodzaju; **of some ~** jakiś; **something of the ~** coś w tym rodzaju; **that ~ of thing** coś w tym rodzaju. **2.** ~ **of** trochę; dosyć; poniekąd, do pewnego stopnia; **she was ~ of worried** trochę się martwiła. **3. in ~** w towarze (*o zapłacie*); w ten sam sposób (*zareagować*). — *a.* dobry, miły; uprzejmy, życzliwy; **it's very ~ of you to come** bardzo miło, że przyszedłeś; **would you be so ~ as to let me in?** czy był(a)by Pan/i tak mił-y/a i wpuścił/a mnie?

kindergarten ['kɪndərˌgɑːrtən] *n.* klasa zerowa, zerówka.

kind-hearted [ˌkaɪnd'hɑːrtɪd] *a.* życzliwy; dobrotliwy.

kindly ['kaɪndlɪ] *adv.* **1.** dobrotliwie; uprzejmie, życzliwie. **2.** *form.* uprzejmie; z łaski swojej, łaskawie. **3. look ~ on/upon sth** patrzyć na coś łaskawym okiem; **not take ~ to sth** nie być czymś zachwyconym.

kindness ['kaɪndnəs] *n.* **1.** uprzejmość, życzliwość. **2.** dobroć. **3. do sb a ~** wyświadczyć komuś przysługę.

king [kɪŋ] *n.* **1.** król; **be ~** *t. przen.* królować; **the K~ of England** król Anglii; **the ~ of hearts** król kier; **the ~ of rock/blues** król rocka/bluesa. **2.** *warcaby* dama.

kingdom ['kɪŋdəm] *n.* **1.** królestwo; **the animal ~** królestwo zwierząt. **2. wait till ~ come** czekać w nieskończoność.

kingfisher ['kɪŋˌfɪʃər] *n.* zimorodek.

king-size ['kɪŋˌsaɪz], **king-sized** *a.* **1.** długi (*o papierosach*). **2.** ~ **bed** wielkie łóżko (*o wymiarach ok. 200 na 210 cm*).

kinky ['kɪŋkɪ] *a.* **1.** *pot.* perwersyjny. **2.** mocno kręcony (*o włosach*).

kinship ['kɪnˌʃɪp] *n. lit.* pokrewieństwo.

kiosk ['kiːˌɑːsk] *n.* kiosk.

kiss [kɪs] *v.* **1.** całować (się); ~ **sb on the lips/cheek** pocałować kogoś w usta/policzek; ~ **sb goodnight** pocałować kogoś na dobranoc. **2.** ~ **(sb's) ass** *wulg. pot.* włazić (komuś) w dupę; ~ **my ass!** *wulg. pot.* pocałuj mnie w dupę! ~ **sth goodbye** *pot.* pożegnać się z czymś (= *stracić szansę*). **3.** ~ **up to sb** *pot.* podlizywać się komuś. — *n.* pocałunek; całus; **give sb a ~** pocałować kogoś; dać komuś buzi.

kit [kɪt] *n.* komplet, zestaw; **first-aid ~** zestaw/apteczka pierwszej pomocy; **sewing ~** komplet przyborów do szycia.

kitchen ['kɪtʃən] *n.* kuchnia (*pomieszczenie*).

kite [kaɪt] *n.* latawiec; **fly a ~** puszczać latawiec.

kitsch [kɪtʃ] *n.* kicz. — *a.* (*także* **kitschy**) kiczowaty.

kitten ['kɪtən] *n.* kotek, kociątko.

kitty ['kɪtɪ] *n.* **1.** kiciuś, kicia. **2.** wspólna kasa. **3.** *karty* pula, bank.

kiwi ['kiːwiː] *n.* kiwi.

KKK [ˌkeɪ ˌkeɪ 'keɪ] *abbr.* = **Ku Klux Klan**.

km *abbr.* = **kilometer**.

knack [næk] *n.* talent; smykałka, dryg; **have a ~ for (doing) sth** mieć smykałkę/talent do (robienia) czegoś.

knapsack ['næpˌsæk] *n.* chlebak, plecaczek.

knee [niː] *n.* kolano; **bring sb to their ~s** rzucić kogoś na kolana; **drop/fall to one's ~** paść na kolana; **go/get down on one's ~** uklęknąć; **sit on sb's ~** siedzieć komuś na kolanach.

kneecap ['niːˌkæp] *n. anat.* rzepka.

knee-deep [ˌniː'diːp] *a.* **1.** po kolana. **2.** ~ **in debt** po uszy/po szyję w długach.

kneel [niːl] *v. pret. i pp.* **knelt** *l.* **kneeled 1.** klęczeć. **2.** (*także* ~ **down**) uklęknąć.

knew [nuː] *v. zob.* **know**.

knickers ['nɪkərz] *n. pl.* majtki.

knife [naɪf] *n. pl.* **knives** [naɪvz] **1.** nóż; ~ **and fork** nóż i widelec; **kitchen ~** nóż kuchenny. **2. go under the ~** iść pod nóż (= *na operację*); **twist/turn the ~** sypać sól na rany. — *v.* dźgnąć nożem.

knight [naɪt] *n.* **1.** rycerz. **2.** kawaler (*orderu*). **3.** *szachy* skoczek. — *v.* **1.** pasować na rycerza. **2.** nadać tytuł szlachecki (*komuś*).

knit [nɪt] *v. pret. i pp.* **knitted** *l.* **knit 1.** robić na drutach; dziać. **2.** ~ **one's brows** marszczyć brwi. **3.** ~ **(together)** zrastać się (*o kościach*).

knitting ['nɪtɪŋ] *n.* **1.** robienie na drutach. **2.** robótka.

knitting needle *n.* drut (*do robótek*).

knives [naɪvz] *n. pl. zob.* **knife**.

knob [nɑːb] *n.* gałka; pokrętło.

knock [nɑːk] *v.* **1.** ~ **(at/on sth)** pukać (do czegoś/w coś); stukać (w coś); ~ **on wood** odpukać (w niemalowane drewno). **2.** uderzać (*against sth* o coś); ~ **sb on the head** ogłuszyć kogoś (*uderzeniem w głowę*); ~ **sb to the ground** powalić kogoś na ziemię; ~ **sb unconscious/senseless** pozbawić kogoś przytomności (*uderzeniem*). **3.** stukać (*o silniku*). **4.** ~ **a hole in sth** wybić w czymś dziurę; ~ **a nail into sth** wbić gwóźdź w coś. **5.** *pot.* czepiać się (*kogoś l. czegoś; = krytykować*). **6.** ~ **sb around** poniewierać kimś; ~ **sth around** obgadać coś; ~ **back** *pot.* obalić, obciągnąć (*butelkę*); ~ **down** przewrócić; potrącić; przejechać (*pieszego*); wyburzyć; ~ **down the price to...** *pot.* spuścić cenę do...; ~ **off** *pot.* kończyć (pracę); opuścić cenę o (*daną kwotę*); ~ **sb off** *pot.* rozwalić kogoś (= *zabić*); ~ **sth off** *pot.* trzaskać coś (= *produkować masowo*); ~ **it off!** *pot.* przestań!, daj spokój! ~ **o.s. out** *pot.* wykończyć się (*z przepracowania*); ~ **sb out** znokautować kogoś; pozbawić kogoś przytomności; wyeliminować kogoś (*w zawodach*); zwalić z kogoś z nóg; ~ **sth out** wybić coś (*np. zęby, okno w ścianie*); ~ **over** przewrócić, strącić (*szklankę*); ~ **sb up** *wulg. sl.* zrobić komuś dziecko. — *n.* **1.** uderzenie. **2.** pukanie; puknięcie. **3.** stukanie.

knock-down ['nɑːkˌdaʊn] *a.* śmiesznie niski (*o cenie*).

knocker ['nɑːkər] *n.* **1.** kołatka (*u drzwi*). **2.** ~**s** *sl.* zderzaki (= *piersi*).

knockout ['nɑːkˌaʊt] *n.* **1.** nokaut. **2.** marzenie, cudo (*osoba l. rzecz*).

knot [nɑːt] *n.* **1.** węzeł, supeł; **tie a ~** zawiązać węzeł. **2.** sęk (*w drewnie*). **3.** kokarda, kokardka. **4.** kok (*z tyłu głowy*). **5.** węzeł (*jednostka prędkości*); mila morska. **6. have a ~ in one's stomach/throat** mieć gulę w żołądku/gardle; **tie the ~** *pot.* wziąć ślub. — *v.* **1.** związywać. **2.** robić/wiązać węzeł (na) (*linie, sznurze*). **3.** ściskać (się) (*o żołądku*).

knotty ['nɑːtɪ] *a.* **1.** sękaty (*o drewnie*). **2.** zawiły, skomplikowany.

know [noʊ] *v.* **knew, known 1.** wiedzieć; **as far as I ~** o ile wiem; **get to ~ about/of sth** dowiedzieć się o czymś; **how do you ~?** skąd wiesz? **I wouldn't ~** skąd miałbym wiedzieć? **if you must ~** jeśli (już) musisz wiedzieć; **let sb ~** dać komuś znać, powiadomić kogoś; **you ~** (no) wiesz; **you ~ what?** wiesz co? **you ~ what I mean** wiesz, co mam na myśli. **2.** znać; znać się na (*czymś*); **~ sb by sight** znać kogoś z widzenia; **~ the way** znać drogę; **be ~n** być znanym; **I don't ~ Finnish** nie znam fińskiego. **3.** poznawać, rozpoznawać; potrafić rozpoznać; **I'd ~ her anywhere** wszędzie bym ją poznał. **4.** rozróżniać; odróżniać; **~ right from wrong** odróżniać dobro od zła. **5.** zaznać (*czegoś*); zetknąć/spotkać się z (*czymś*). **6. ~ how to (do sth)** umieć/potrafić (coś robić); **~ how to swim** umieć pływać. **7. ~ better than to do sth** wiedzieć, że nie należy czegoś robić; **~ a thing or two** wiedzieć to i owo. **8. ~ of sb/sth** wiedzieć o kimś/czymś, wiedzieć o istnieniu kogoś/czegoś; **not that I ~ of** nic mi o tym nie wiadomo; o ile wiem, to nie; **~ different/otherwise** wiedzieć swoje. **9. ~ one's place** znać swoje miejsce; **~ sth inside (and) out** znać coś na wylot; **(and) the next thing I/you ~...** a (już) w chwilę później...; **(well) what do you ~!** (i) kto by pomyślał!, no (i) proszę! **you never ~** nigdy (nic) nie wiadomo. — *n.* **be in the ~** być wtajemniczonym/dobrze poinformowanym.

know-how ['noʊˌhaʊ] *n.* **1.** wiedza (*specjalistyczna*). **2.** umiejętności.

knowingly ['noʊɪŋlɪ] *adv.* **1.** porozumiewawczo. **2.** celowo; świadomie.

knowledge ['nɑːlɪdʒ] *n.* wiedza (*about sth* o czymś/na temat czegoś); znajomość (*of sth* czegoś); **have a working ~ of...** potrafić się porozumieć w... (*danym języku*); **it's common ~ that...** powszechnie wiadomo, że...; **not to my ~** o ile wiem, to nie; **to (the best of) my ~** o ile mi wiadomo, z tego, co wiem; **without sb's ~** bez czyjejś wiedzy.

knowledgeable ['nɑːlɪdʒəbl], **knowledgable** *a.* **be ~ about sth** dobrze znać się na czymś, dużo wiedzieć na jakiś temat.

known [noʊn] *v. zob.* **know.**

knuckle ['nʌkl] *n.* knykieć, kłykieć.

koala [koʊ'ɑːlə] *n.* (niedźwiadek) koala.

kohlrabi [koʊl'rɑːbɪ] *n.* kalarepa.

Koran [kə'rɑːn] *n.* **the ~** Koran.

Korea [kə'rɪə] *n.* Korea; **North/South ~** Korea Północna/Południowa.

Korean [kə'rɪən] *a.* koreański. — *n.* **1.** Korea-ńczyk/nka. **2.** (język) koreański.

kosher ['koʊʃər] *a.* koszerny.

KS *abbr.* = **Kansas.**

Ku Klux Klan [ˌkuː ˌklʌks 'klæn] *n.* **the ~** Ku-Klux-Klan.

Kurd [kɝːd] *n.* Kurd/yjka.

Kurdish ['kɝːdɪʃ] *a.* kurdyjski. — *n.* (język) kurdyjski.

Kuwait [kʊ'weɪt] *n.* Kuwejt.

Kuwaiti [kʊ'weɪtɪ] *a.* kuwejcki. — *n.* Kuwejt-czyk/ka.

KY *abbr.* = **Kentucky.**

L

l *abbr.* = **liter.**

LA *abbr.* = **Louisiana.** — *abbr., n.* [ˌel 'eɪ] (*także* **L.A.**) = **Los Angeles.**

lab [læb] *n. pot.* **1.** = **laboratory. 2.** = **Labrador (retriever).**

label ['leɪbl] *n.* **1.** etykieta; nalepka. **2.** metka. **3.** wytwórnia płytowa. **4.** *przen.* etykietka. — *v.* **1.** oznakowywać; metkować, etykietować. **2. ~ sb (as)...** przypiąć komuś etykietkę/łatkę... (*np. rasisty, kłamcy*).

labor ['leɪbər] *n.* **1.** praca; **manual ~** praca fizyczna. **2.** siła robocza; **~ shortages** brak rąk do pracy; **skilled ~** wykwalifikowana siła robocza. **3.** poród; **~ pains** bóle porodowe; **go into ~** zacząć rodzić. **4. sb's ~s** *lit.* czyjeś starania/wysiłki. — *v.* **1.** trudzić się, mozolić się; **~ over sth** ślęczeć nad czymś; **~ to do sth** usiłować coś zrobić. **2. ~ under the delusion/misconception that...** błędnie mniemać, że...

laboratory ['læbrəˌtɔːrɪ] *n.* **1.** laboratorium. **2.** pracownia. — *a.* laboratoryjny.

labor camp *n.* obóz pracy.

Labor Day *n.* Święto Pracy (*pierwszy poniedziałek września*).

labored ['leɪbərd] *a.* ciężki (*o oddechu, stylu, dowcipie*).

laborer ['leɪbərər] *n.* robotni-k/ca; pracowni-k/ca fizyczn-y/a.

laborious [lə'bɔːrɪəs] *a.* mozolny, żmudny.

labor movement *n.* ruch związkowy.

labor-saving ['leɪbərˌseɪvɪŋ] *a.* usprawniający pracę.

labor union *n.* związek zawodowy.

Labrador ['læbrəˌdɔːr] *n.* (*także* **~ retriever**) labrador.

labyrinth ['læbərɪnθ] *n.* labirynt.

lace [leɪs] *n.* **1.** koronka; koronki. **2.** sznurowadło, sznurówka. — *v.* **1. ~ (up)** sznurować. **2. ~ sth with alcohol/drugs/poison** dodać do czegoś alkoholu/narkotyku/trucizny.

lack [læk] *n.* brak; niedostatek; **for/through ~ of sth** z braku czegoś; **there's no ~ of sth** nie brakuje czegoś.

— *v.* **he ~s confidence** brak mu pewności siebie; **they ~ed for nothing** niczego im nie brakowało; **we are ~ing three people** brakuje nam trzech osób.
laconic [lə'kɑːnɪk] *a.* lakoniczny.
lacquer ['lækər] *n.* **1.** lakier. **2.** laka. — *v.* lakierować.
lad [læd] *n. przest.* chłopak.
ladder ['lædər] *n.* drabina.
laden ['leɪdən] *a.* **be ~ with sth** *lit.* uginać się pod ciężarem czegoś/od czegoś.
ladle ['leɪdl] *n.* łyżka wazowa, chochla. — *v.* **~ (out)** nalewać chochlą.
lady ['leɪdɪ] *n.* **1.** pani; **ladies and gentlemen!** Panie i Panowie!, Szanowni Państwo! **2.** (*także* **L~**) dama; **First L~** Pierwsza Dama.
ladybug ['leɪdɪˌbʌg] *n.* biedronka.
ladylike ['leɪdɪˌlaɪk] *a. przest.* wytworny (*o kobiecie*).
lag [læg] *v.* **~ (behind)** zostawać w tyle; wlec się z tyłu. — *n.* opóźnienie; zwłoka.
lager ['lɑːgər] *n.* piwo jasne.
lagoon [lə'guːn] *n.* laguna.
laid [leɪd] *v. zob.* **lay**[2] *v.*
laid-back [ˌleɪd'bæk] *a. pot.* wyluzowany, na luzie.
lain [leɪn] *v. zob.* **lie**[1] *v.*
lake [leɪk] *n.* jezioro.
lamb [læm] *n.* **1.** jagnię; owieczka; baranek. **2.** jagnięcina.
lame [leɪm] *a.* **1.** kulawy. **2.** kiepski (*o wymówce, argumencie*).
lamely ['leɪmlɪ] *adv.* bez przekonania; nieprzekonująco.
lament [lə'ment] *v.* **1.** opłakiwać. **2.** ubolewać nad (*czymś*). **3.** lamentować. — *n.* elegia.
lamentable ['læməntəbl] *a. form.* godny ubolewania.
lamp [læmp] *n.* **1.** lampa; lampka; **floor ~** lampa stojąca. **2.** latarnia; **street ~** latarnia uliczna.
lamppost ['læmpˌpoʊst] *n.* słup latarni; latarnia (uliczna).
lampshade ['læmpˌʃeɪd] *n.* abażur; klosz.
LAN [læn] *abbr.* = **local area network**.
lance [læns] *n.* lanca; kopia. — *v.* naciąć (*ropień*).
land [lænd] *n.* **1.** ląd; **by ~** drogą lądową, lądem; **on ~** na lądzie. **2. the ~** ziemia; grunt, grunty; rola. **3.** *lit.* kraina, ziemia; **sb's native ~** czyjś kraj rodzinny; **no man's ~** ziemia niczyja; **the Holy L~** Ziemia Święta. — *v.* **1.** lądować; **~ a plane** sprowadzić samolot na ziemię. **2.** wylądować, znaleźć się (*gdzieś*); **~ on one's feet** spaść na cztery łapy; **the letter ~ed on my desk** list wylądował na moim biurku. **3. ~ (o.s.) sth** *pot.* podłapać coś (*pracę, zlecenie*).
landing ['lændɪŋ] *n.* **1.** lądowanie. **2.** półpiętro; podest.
landlady ['lændˌleɪdɪ] *n.* właścicielka (*wynajmowanego domu, mieszkania*); gospodyni.
landlocked ['lændˌlɑːkt] *a.* bez dostępu do morza.
landlord ['lændˌlɔːrd] *n.* właściciel (*wynajmowanego domu, mieszkania*); gospodarz.
landmark ['lændˌmɑːrk] *n.* **1.** punkt orientacyjny; charakterystyczny punkt (*terenu*). **2.** kamień milowy. — *a.* przełomowy, o przełomowym znaczeniu.
landowner ['lændˌoʊnər] *n.* właściciel/ka ziemsk-i/a.
landscape ['lændˌskeɪp] *n.* **1.** krajobraz. **2.** *mal.* pejzaż. **3. the political/intellectual ~** klimat polityczny/intelektualny. — *a. komp.* w poziomie, poziomy (*o wydruku, układzie strony*). — *v.* kształtować; projektować (*teren, ogród*).
landscape architect *n.* (*także* **landscape gardener, landscaper**) architekt krajobrazu; projektant/ka terenów zielonych.
landslide ['lændˌslaɪd] *n.* **1.** lawina błotna; osunięcie (się) ziemi. **2.** (*także* **~ victory**) miażdżące zwycięstwo; **win by a ~** wygrać miażdżącą większością głosów.
lane [leɪn] *n.* **1.** pas (ruchu); **change ~s** zmieniać pas/pasy. **2.** szosa, droga; dróżka. **3.** uliczka. **4.** tor (*bieżni, basenu, kręgielni*).
language ['læŋgwɪʤ] *n.* **1.** język; mowa; **the English/Polish ~** język angielski/polski; **first/native ~** język ojczysty; **foreign ~** język obcy; **sign ~** język migowy. **2. watch your ~!** *pot.* nie wyrażaj się!
languid ['læŋgwɪd] *a.* powolny; leniwy; ospały.
languish ['læŋgwɪʃ] *v.* **1.** marnieć. **2.** podupadać.
lantern ['læntərn] *n.* **1.** latarnia. **2.** lampion.
lap [læp] *n.* **1.** kolana; **sit in/on sb's ~** usiąść komuś na kolanach. **2.** *biegi* okrążenie. **3.** *pływanie* basen, długość (basenu). **4. live in the ~ of luxury** pławić się w luksusie. — *v.* **1. ~ (up)** chłeptać. **2. ~ up** przyjmować za dobrą monetę (*np. pochwały*).
lapel [lə'pel] *n.* klapa (*marynarki*).
lapse [læps] *n.* **1.** uchybienie, lapsus. **2.** (*także* **time ~**) upływ, przeciąg (*czasu*). — *v.* **1.** wygasnąć, utracić ważność (*o dokumencie*). **2. ~ into sth** popaść w coś (*ruinę, zapomnienie*); **~ into Polish** przejść (z powrotem) na polski.
lapsed [læpst] *a.* były, niegdysiejszy (*o katoliku, członku partii*).
laptop ['læpˌtɑːp] *n.* laptop.
lard [lɑːrd] *n.* smalec. — *v.* **~ed with sth** naszpikowany/nafaszerowany czymś (*np. cytatami*).
larder ['lɑːrdər] *n.* spiżarnia.
large [lɑːrʤ] *a.* **1.** duży; wielki; **a ~ number of sth** dużo/wiele czegoś; **a ~ majority** przeważająca większość; **in ~ part/measure** *form.* w znacznym stopniu/zakresie. **2. (be) at ~** przebywać na wolności (*o więźniu, dzikim zwierzęciu*); **the community/public at ~** ogół społeczeństwa; **by and ~** w zasadzie; na ogół.
large intestine *n.* jelito grube.
largely ['lɑːrʤlɪ] *adv.* w dużej mierze.
large-scale [ˌlɑːrʤ'skeɪl] *a.* **1.** na dużą skalę. **2.** w dużej skali (*o mapie*).
lark [lɑːrk] *n.* **1.** skowronek. **2. for/as a ~** *pot.* dla zabawy/żartu.
larva ['lɑːrvə] *n. pl.* **larvae** ['lɑːrviː] larwa.
laryngitis [ˌlerən'ʤaɪtɪs] *n.* zapalenie krtani.
larynx ['lerɪŋks] *n.* krtań.
lasagna [lə'zɑːnjə], **lasagne** *n.* lasagna, lazania.
laser ['leɪzər] *n.* laser. — *a.* laserowy.
lash [læʃ] *n.* **1.** (*także* **eye~**) rzęsa. **2.** bat, bicz; uderzenie, raz. — *v.* **1.** chłostać (*biczem*). **2.** smagać (*o falach, wietrze*); zacinać (*o deszczu*). **3. ~ out** walić na oślep; **~ out at sb** naskoczyć na kogoś.
lass [læs], **lassie** ['læsɪ] *n. przest.* dziewczyna.
lasso ['læsoʊ] *n.* lasso. — *v.* chwytać na lasso.
last [læst] *a.* **1.** ostatni; ubiegły; **~ but one** (*także* **second (to) ~, next to ~**) przedostatni; **~ time** ostatnim razem. **2. as a ~ resort** w ostateczności; **at the ~ minute** na ostatnią chwilę; **be on one's ~ legs** ledwie trzymać się na nogach; **be on its ~ legs** rozpadać się (na kawałki) (*o urządzeniu*); **have the ~ laugh** śmiać się (jako) ostatni. — *adv.* ostatnio;

ostatni raz; na końcu; wreszcie, w końcu (*przy wyliczaniu*); **she spoke ~** przemówiła (jako) ostatnia. — *n.* **1. the ~** ostatni/a; **he was the ~** on był ostatni. **2. at (long) ~** w końcu, wreszcie; **eat the ~ of the food** zjeść resztki jedzenia; **to the ~** *form.* do samego końca, do ostatka; **we/you haven't heard the ~ of it** to jeszcze nie koniec (*sprawy, problemów*). — *v.* **1.** trwać; przetrwać; **he won't ~ long** on niedługo pociągnie; **the play ~ed (for) two hours** sztuka trwała dwie godziny; **too good to ~** zbyt dobry, aby mógł trwać. **2.** wytrzymywać. **3.** wystarczać; **this should ~ (us) until tomorrow** do jutra powinno (nam) wystarczyć.

lasting ['læstɪŋ] *a.* trwały; **leave a ~ impression** pozostawić trwałe/niezatarte wrażenie.

lastly ['læstlɪ] *adv.* wreszcie, w końcu (*przy wyliczaniu*).

last-minute [ˌlæst'mɪnɪt] *a.* w ostatniej chwili.

latch [lætʃ] *n.* **1.** zasuwa, zasuwka. **2.** zapadka, rygiel. — *v.* **1.** zamykać na zasuwę (*bramę*). **2.** zatrzaskiwać (*drzwi*). **3. ~ on/onto sb** *pot.* uczepić się kogoś; **~ on/onto sth** podchwycić coś; uczepić się czegoś.

late [leɪt] *a.* **1.** spóźniony; **be (five minutes) ~** spóźnić się (pięć minut); **be running (a little) ~** być (trochę) spóźnionym, mieć (małe) opóźnienie; **be ~ with sth** spóźniać się/zalegać z czymś. **2.** późny; **~ breakfast** późne śniadanie; **a ~ Picasso** późny Picasso; **in ~ autumn** późną jesienią; **in the ~ 1970s** pod koniec lat siedemdziesiątych; **it's getting ~** robi się późno; **she's in her ~ forties** ma pod pięćdziesiątkę. **3.** świętej pamięci, zmarły (*niedawno*). **4.** były; **the company's ~ president** były prezes spółki. **5. ~ of X** *form.* do niedawna zamieszkały w X; do niedawna zatrudniony w X. — *adv.* **1.** późno; **~ in September/2007** pod koniec września/2007 roku; **~ in life** w późnym wieku; **~ in the day** pod koniec dnia; *przen.* trochę (za) późno; **better ~ than never** lepiej późno niż wcale. **2.** do późna; **talk/work ~** rozmawiać/pracować do późna. **3.** z opóźnieniem; za późno; **the card arrived a week ~** kartka przyszła o tydzień za późno. **4. as ~ as the 19th century** aż do XIX wieku, jeszcze w XIX wieku. **5. of ~** *form.* ostatnio.

latecomer ['leɪtˌkʌmər] *n.* spóźnialsk-i/a.

lately ['leɪtlɪ] *adv.* ostatnio.

latent ['leɪtənt] *a.* utajony, ukryty.

later ['leɪtər] *a.* **1.** *comp. od* **late**. **2.** późniejszy (*o dacie, okresie*); dalszy (*o rozdziale, części*); nowszy (*o modelu*). — *adv. comp. od* **late**; **~ on** później; **a week/two days ~** w tydzień/dwa dni później; **see you ~!** *pot.* do zobaczenia!, na razie! **sooner or ~** prędzej czy później.

lateral ['lætərəl] *a.* boczny; lateralny.

latest ['leɪtɪst] *a.* **1.** *sup. od* **late**. **2.** ostatni; najnowszy; **her ~ book** jej ostatnia/najnowsza książka. — *n.* **1. the ~** *pot.* nowinki, nowości; najnowsze osiągnięcia (*in sth* w jakiejś dziedzinie). **2. at the ~** najpóźniej; **Friday at the ~** najpóźniej w piątek, nie później niż w piątek.

latex ['leɪteks] *n.* lateks.

lathe [leɪð] *n.* tokarka. — *v.* toczyć.

lather ['læðər] *n.* **1.** mydliny. **2.** piana. — *v.* **1.** mydlić. **2.** pienić się.

Latin ['lætən] *a.* **1.** łaciński. **2.** *kośc.* rzymski, rzymsko-katolicki. — *n.* **1.** łacina. **2.** Latynos/ka.

Latina [læ'tiːnə] *n.* Latynoska.

Latin America *n.* Ameryka Łacińska.

Latino [læ'tiːnoʊ] *n.* Latynos. — *a.* latynoski.

latitude ['lætəˌtjuːd] *n.* **1.** szerokość (geograficzna); **at these ~s** na tych szerokościach (geograficznych). **2.** swoboda.

latrine [lə'triːn] *n.* latryna.

latte ['lɑːteɪ] *n.* (*także* **café ~**) latte.

latter ['lætər] *form. a.* **1. the ~** (ten) drugi/ostatni (*z dwóch wymienionych*). **2.** końcowy; schyłkowy; **in the ~ part of the century** pod koniec/u schyłku stulecia. — *n.* **the ~** (ten) drugi/ostatni (*z dwóch wymienionych*).

Latvia ['lætvɪə] *n.* Łotwa.

Latvian ['lætvɪən] *a.* łotewski. — *n.* **1.** Łotysz/ka. **2.** język łotewski.

laudable ['lɔːdəbl] *a. form.* chwalebny, godny pochwały.

laugh [læf] *v.* **1.** śmiać się (*at sb/sth* z kogoś/czegoś); **~ out loud** roześmiać się; **burst out ~ing** wybuchnąć/parsknąć śmiechem; **don't make me ~** *pot.* nie rozśmieszaj mnie; **this is no ~ing matter** to nie żarty. **2. ~ off** obrócić w żart, zbyć śmiechem. — *n.* **1.** śmiech; **give a ~** zaśmiać się. **2. for ~s/a ~** dla śmiechu/hecy; **get/raise a ~/a few ~s** wywoływać uśmieszki; **that's a ~!** śmiechu warte!

laughable ['læfəbl] *a.* śmiechu wart, śmieszny.

laughing-stock ['læfɪŋˌstɑːk] *n.* **be/become the ~ of sb/sth** być/stać się pośmiewiskiem kogoś/czegoś.

laughter ['læftər] *n.* śmiech; **roar with ~** ryczeć ze śmiechu.

launch [lɔːntʃ] *v.* **1.** uruchamiać (*system, reformę*); rozpoczynać (*dochodzenie, kampanię*); **~ an attack/offensive** przypuścić atak/ofensywę. **2.** *handl.* promować, wprowadzać/wypuszczać na rynek. **3.** *fin.* emitować, puszczać w obieg. **4.** wprowadzić na orbitę (*satelitę*); wystrzelić, odpalić (*rakietę*). **5.** wodować (*statek*). **6. ~ into sth** zacząć coś. — *n.* **1.** *handl.* promocja. **2.** wodowanie.

launch pad, launching pad *n.* wyrzutnia (*rakiet*).

launder ['lɔːndər] *v.* **1. ~ money/funds** prać brudne pieniądze. **2.** *form.* prać (się).

Laundromat ['lɔːndrəˌmæt] *n.* pralnia samoobsługowa.

laundry ['lɔːndrɪ] *n.* **1.** pranie; **do the ~** robić pranie. **2.** pralnia.

laureate ['lɔːrɪət] *n.* laureat/ka; **Nobel ~** laureat/ka Nagrody Nobla.

laurel ['lɔːrəl] *n.* **1.** laur, wawrzyn. **2. rest/sit on one's ~s** spocząć na laurach.

lava ['lɑːvə] *n.* lawa.

lavatory ['lævəˌtɔːrɪ] *n. form.* toaleta, sanitariat.

lavender ['lævəndər] *n.* lawenda. — *a.* lawendowy.

lavish ['lævɪʃ] *a.* **1.** hojny, szczodry; **be ~ with sth** nie szczędzić czegoś. **2.** suty; wystawny. **3.** urządzony z przepychem. — *v.* **~ sth on/upon sb** obsypywać kogoś czymś (*np. prezentami*); poświęcać komuś dużo czegoś (*czasu, uwagi*).

law [lɔː] *n.* **1.** prawo; **against the ~** wbrew prawu; sprzeczny/niezgodny z prawem; **break the ~** łamać prawo; **obey/respect the ~** przestrzegać prawa. **2.** ustawa, prawo. **3.** prawo; zasada; **~ of supply and demand** prawo podaży i popytu; **first ~ of motion** pierwsza zasada dynamiki. **4. the ~** wymiar sprawiedliwości; *pot.* władza (= *policja*).

law-abiding [ˌlɔːəˈbaɪdɪŋ] *a.* praworządny, przestrzegający prawa.
law and order *n.* prawo i porządek; praworządność.
lawful [ˈlɔːfʊl] *a.* legalny, prawny.
lawless [ˈlɔːləs] *a.* **1.** łamiący prawo; samowolny. **2.** bezprawny. **3.** niepraworządny.
lawn [lɔːn] *n.* trawnik.
lawn mower *n.* kosiarka (do trawy).
lawn tennis *n.* tenis ziemny (*na korcie trawiastym*).
lawsuit [ˈlɔːˌsuːt] *n.* proces (sądowy).
lawyer [ˈlɔːjər] *n.* **1.** prawni-k/czka; adwokat. **2.** radca prawny.
lax [læks] *a.* rozluźniony (*o dyscyplinie*); **~ security** zaniedbania/uchybienia w zakresie bezpieczeństwa.
laxative [ˈlæksətɪv] *a., n.* (środek) przeczyszczający.
lay[1] [leɪ] *v. zob.* **lie**[1] *v.*
lay[2] *v. pret. i pp.* **laid 1.** kłaść, położyć; układać; nakładać. **2. ~ a snare/trap** zastawić pułapkę; **~ bare/open** odsłonić, obnażyć; wyjawić; zdemaskować; **~ eggs** znosić jajka; **~ emphasis/stress on sth** kłaść na coś nacisk; **~ o.s. open to sth** narażać się na coś; **~ sth on the line** zaryzykować/poświęcić coś; przedstawić coś czarno na białym; **~ sth to rest** odłożyć coś, zostawić coś w spokoju; **~ the table** nakrywać do stołu; **get laid** *wulg.* przespać się z kimś. **3. ~ aside** odłożyć (na bok), zarezerwować sobie; zarzucić, porzucić (*plan*); **~ back** wyluzować się; **~ down one's life (for sb/sth)** *form.* oddać życie (za kogoś/coś); **~ in** *form.* odkładać, gromadzić (*zapasy*); **~ off** zwolnić (z pracy); *pot.* odczepić się; **~ it on thick** *pot.* przesadzać (*zwł. z pochwałami*); **~ out** rozłożyć (*np. mapę na stole*); rozplanować (*ogród, dom*); przygotowywać (do pogrzebu) (*zwłoki*); **I'm laid up** *pot.* rozłożyło mnie (= *jestem chory*). — *n.* **1. the ~ of the land** rzeźba terenu; *przen.* stan spraw, sytuacja. **2. be a good ~** *wulg.* być dobrym w łóżku. — *a.* **1.** laicki. **2.** świecki.
layer [ˈleɪər] *n.* warstwa. — *v.* **1.** układać warstwami. **2.** cieniować (*włosy*).
layman [ˈleɪmən] *n.* **1.** laik. **2.** osoba świecka.
layout [ˈleɪˌaʊt] *n.* rozkład; układ; rozplanowanie.
laziness [ˈleɪzɪnəs] *n.* lenistwo.
lazy [ˈleɪzɪ] *a.* leniwy.
lb. *abbr.*: **pound** funt (*jednostka wagi*).
lead[1] [liːd] *v. pret. i pp.* **led 1.** prowadzić; **~ a normal/dull life** prowadzić/wieść zwyczajne/nudne życie. **2.** przewodzić (*partii*); kierować (*zespołem*). **3.** *sport* prowadzić. **4. ~ sb to do sth** skłonić kogoś do zrobienia czegoś (*o okolicznościach*); **~ sb to believe/expect/understand that...** dać komuś powody sądzić, że...; **~ sb by the nose** *pot.* wodzić kogoś za nos; **~ sb to the altar** poprowadzić kogoś do ołtarza; **~ the way** prowadzić, wskazywać drogę. **5. ~ sb on** zwodzić kogoś; podpuszczać kogoś; **~ to sth** prowadzić do czegoś; **~ up to sth** poprzedzać coś; prowadzić do czegoś; kierować rozmowę na coś. — *n.* **1.** przywództwo, przewodnictwo; (dobry) przykład; **follow sb's ~** podążać/iść w ślad za kimś, iść za czyimś przykładem. **2.** prowadzenie; przewaga (*over sb* nad kimś); **be in the ~** być na prowadzeniu; **take the ~** objąć prowadzenie, wysunąć się na prowadzenie; *przen.* przejąć inicjatywę. **3.** trop; wskazówka. **4.** *el.* przewód, kabel. **5. the ~** odtwórca/czyni głównej roli; **play the (male) ~ in sth** grać główną rolę (męską) w czymś. — *a.* prowadzący, pierwszy.
lead[2] [led] *n.* **1.** ołów. **2.** grafit. — *a.* ołowiany; ołowiowy.
leaded gas [ˌledɪd ˈgæs] *n.* benzyna ołowiowa.
leaden [ˈledən] *a.* **1.** ołowiany. **2.** jak z ołowiu (*o nogach*).
leader [ˈliːdər] *n.* **1.** lider/ka. **2.** przywód-ca/czyni. **3. project ~** kierownik zespołu/tematu.
leadership [ˈliːdərˌʃɪp] *n.* **1.** przywództwo, przewodnictwo; **under sb's ~** pod czyimś przywództwem. **2.** cechy przywódcze; umiejętność kierowania.
lead-free [ˌledˈfriː] *a.* bezołowiowy.
leading [ˈliːdɪŋ] *a.* **1.** czołowy; prowadzący; przodujący. **2.** główny.
leaf [liːf] *n. pl.* **leaves** [liːvz] **1.** liść; listek; liście, listowie. **2.** arkusz; kartka. **3.** *metal.* folia. **4.** (rozkładany) blat (*stołu*); skrzydło (*drzwi, okna*). **5. turn over a new ~** zacząć (wszystko) od nowa. — *v.* **~ (through)** wertować, kartkować.
leaflet [ˈliːflət] *n.* ulotka. — *v.* roznosić ulotki (w) (*jakimś miejscu*).
leafy [ˈliːfɪ] *a.* **1.** liściasty. **2.** zielony, zadrzewiony.
league [liːg] *n.* **1.** liga. **2.** *hist.* mila (= *ok. 5 km*). **3. be (way) out of sb's ~** być (zupełnie) nie dla kogoś; **they were in a ~ of their own** byli klasą (sami) dla siebie. **4. be in ~ with sb** działać w zmowie z kimś.
leak [liːk] *n.* **1.** przeciek (*t. przen.*); **gas/water ~** wyciek gazu/wody. **2. take a ~** *wulg.* odlać się. — *v.* **1.** cieknąć; przeciekać; ulatniać się, uchodzić; **the pipe is ~ing water** z rury cieknie woda. **2. ~ (out)** przeciekać, wychodzić na jaw; wyjawić, ujawnić (*zwł. mediom*).
lean [liːn] *a.* **1.** szczupły. **2.** chudy. — *v.* **1.** pochylać (się), przechylać (się); nachylać (się). **2. ~ against/on/upon sth** opierać (się) o coś *l.* na czymś; **~ on sb** polegać na kimś; wspierać się na kimś; *pot.* naciskać na kogoś (= *wywierać presję*); **~ out** wychylać się; **~ over** przechylać się; **~ to/toward sth** skłaniać się ku czemuś. — *n.* przechył; pochylenie, nachylenie.
leap [liːp] *v.* **1.** skakać, podskakiwać. **2. ~ across/over sth** przeskakiwać przez coś; **~ at the chance/offer** skwapliwie skorzystać z okazji/propozycji; **~ (out) at sb** rzucać się komuś w oczy; **~ to one's feet** zerwać się/skoczyć na równe nogi; **~ up** podskoczyć (w górę); zerwać się. — *n.* **1.** skok; sus; przeskok; **~ in gas prices** skok cen benzyny. **2. a ~ in the dark** krok/skok w nieznane; zgadywanie w ciemno; **a ~ of (the) imagination** spory wysiłek wyobraźni; **a ~ of faith** akt wiary (= *przyjęcie na wiarę*).
leap year *n.* rok przestępny.
learn [lɝːn] *v.* **1.** uczyć się; **~ how to do sth** nauczyć się coś robić. **2.** dowiadywać się.
learned [ˈlɝːnɪd] *a.* uczony; naukowy; **~ journal/society** czasopismo/towarzystwo naukowe.
learning [ˈlɝːnɪŋ] *n.* **1.** wiedza; nauka. **2.** uczenie się.
lease [liːs] *n.* **1.** wynajem, najem; dzierżawa; **take out a ~ on sth** wynająć/wydzierżawić coś. **2.** umowa najmu/dzierżawy. **3. a new ~ on life** (zupełnie) nowe życie (*po chorobie, kłopotach*); **give sth a new ~ on life** postawić coś na nogi. — *v.* **~ (out)** wynajmować; odnajmować; dzierżawić.
leash [liːʃ] *n.* **1.** smycz. **2. have sb on a ~** *pot.* trzymać kogoś krótko. — *v.* założyć smycz (*psu*).
least [liːst] *a., adv., pron. sup. od* **little 1. the ~** najmniej; najmniejszy; **the ~ expensive/difficult** najtańszy/najłatwiejszy; **which one costs (the) ~?** który

najmniej kosztuje? **it is the ~ I can do** chociaż tyle mogę zrobić; **to say the ~** delikatnie mówiąc. **2. at ~** (*także* **at the very ~**) co najmniej; przynajmniej, chociaż; **at ~ five/ten** co najmniej pięć/dziesięć; **she could at ~ have called** mogła chociaż zadzwonić. **3. not in the ~** (*także* **not the ~ bit**) ani trochę. **4. not ~** *form.* (a) zwłaszcza. **5. ~ of all...** a już na pewno nie...

leather ['leðər] *n.* **1.** skóra (*wyprawiona*). **2.** artykuły skórzane. — *a.* skórzany, ze skóry.

leave [liːv] *v. pret. i pp.* **left 1.** wychodzić; odchodzić; wyjeżdżać; odjeżdżać; **~ town** wyjechać z miasta; **we're leaving for Cleveland tomorrow** jutro wyjeżdżamy do Cleveland. **2.** zostawiać; **~ sb sth** (*także* **~ sth for sb**) zostawić coś komuś/dla kogoś; **I ~ it (up) to you** zostawiam to tobie; **they have very little left** bardzo niewiele im pozostało. **3.** odejść (od) (*kogoś*); zostawić, rzucić. **4.** zostawić (w spadku). **5. ~ me out of this** nie mieszaj mnie do tego; **~ much/a lot to be desired** pozostawiać wiele do życzenia; **~ sb/sth alone** (*także* **~ sb/sth be**) zostawić kogoś/coś w spokoju, dać komuś/czemuś spokój; **~ sb with no choice/option** nie pozostawić komuś wyboru; **~ stains/scars** zostawiać plamy/blizny; **let's ~ it at that** skończmy na tym. **6. ~ behind** zostawić; zostawić po sobie; zapomnieć (*czegoś*); **be/get left behind** pozostawać/zostać z tyłu; **~ off** *pot.* przestać (*doing sth* coś robić); przerwać; **~ the lights/engine off** nie włączać światła/silnika; **~ out** pomijać, opuszczać; wykluczać. — *n.* **1.** (*także* **~ of absence**) urlop; wolne; przepustka; **(be) on ~** (przebywać) na urlopie; **maternity ~** urlop macierzyński; **paid/unpaid ~** urlop płatny/bezpłatny; **sick ~** zwolnienie (lekarskie); urlop zdrowotny. **2.** *form.* pożegnanie; **take (one's) ~ (of sb/sth)** pożegnać się (z kimś/czymś); **take ~ of one's senses** postradać zmysły.

leaves [liːvz] *n. pl. zob.* **leaf**.

Lebanese [ˌlebə'niːz] *a.* libański. — *n.* Liba-ńczyk/nka.

Lebanon ['lebəˌnɑːn] *n.* Liban.

lectern ['lektərn] *n.* mównica; katedra.

lecture ['lektʃər] *n.* **1.** wykład; **give a ~** wygłosić wykład. **2.** *przen.* kazanie, wykład. — *v.* **1.** wykładać; dawać/wygłaszać wykład. **2. ~ sb** pouczać kogoś, prawić komuś kazania.

lecturer ['lektʃərər] *n.* **1.** wykładow-ca/czyni. **2.** mów-ca/czyni.

LED [ˌel ˌiː 'diː] *abbr.* **light-emitting diode** dioda świecąca/elektroluminescencyjna.

led [led] *v. zob.* **lead**[1] *v.*

ledge [ledʒ] *n.* **1.** występ (skalny); półka (skalna). **2.** gzyms; (*także* **window ~**) parapet.

leech [liːtʃ] *n.* pijawka.

leek [liːk] *n.* por (*warzywo*).

leer [liːr] *v.* przyglądać się pożądliwie; łypać. — *n.* pożądliwe spojrzenie; łypnięcie.

leeway ['liːˌweɪ] *n.* **1.** swoboda, luz. **2.** *żegl.* dryf boczny.

left [left] *v. zob.* **leave** *v.* — *a.* lewy. — *adv.* **1.** w lewo, na lewo; **turn ~** *mot.* skręcać w lewo. **2.** po lewej (stronie). — *n.* **1.** lewa (strona); **on/to the ~** po lewej (stronie); **to the ~ of sb/sth** na lewo od kogoś/czegoś. **2. the ~/L~** lewica.

left-handed [ˌleft'hændɪd] *a.* **1.** leworęczny. **2.** dla (osób) leworęcznych. **3.** lewą ręką; bekhendowy. **4. ~ compliment** wątpliwy/dwuznaczny komplement. — *adv.* lewą ręką.

leftover ['leftˌoʊvər] *a.* pozostały. — *n.* **~s** resztki (*jedzenia*).

left wing *n.* **1.** *polit.* lewica. **2.** *sport* lewe skrzydło.

left-wing [ˌleft'wɪŋ] *a.* lewicowy.

left-winger [ˌleft'wɪŋər] *n.* **1.** lewicowiec. **2.** lewoskrzydłow-y/a.

lefty ['leftɪ] *n. pot.* mańkut.

leg [leg] *n.* **1.** noga; nóżka; odnóże. **2.** nogawka. **3.** cholewka. **4.** odcinek, etap (*podróży*). **5.** *sport* runda, etap (*rozgrywek*); zmiana (*sztafety*). **6.** *pot.* **be on its last ~s** rozpadać się (*o urządzeniu*); **break a ~!** połamania nóg! **give sb a ~ up** pomóc komuś (*zwł. w awansie*); **not have a ~ to stand on** nie mieć (praktycznie) żadnych dowodów/argumentów; **pull sb's ~** nabijać kogoś w butelkę.

legacy ['legəsɪ] *n.* spuścizna, dziedzictwo; spadek.

legal ['liːgl] *a.* legalny; usankcjonowany prawem; prawomocny; prawny.

legality [lɪ'gælətɪ] *n.* legalność; prawomocność.

legalize ['liːgəˌlaɪz] *v.* zalegalizować.

legally ['liːglɪ] *adv.* **1.** legalnie. **2.** prawnie; ustawowo; **~ binding** prawnie obowiązujący.

legend ['ledʒənd] *n.* legenda.

legendary ['ledʒənˌderɪ] *a.* legendarny.

leggings ['legɪŋz] *n. pl.* legginsy.

legible ['ledʒəbl] *a.* czytelny.

legion ['liːdʒən] *n.* legion; legia. — *a. lit.* niezliczony; **the stories of them are ~** krążą o nich niezliczone opowieści.

legislation [ˌledʒɪs'leɪʃən] *n.* **1.** legislacja, ustawodawstwo. **2.** ustanowienie, uchwalenie.

legislative ['ledʒɪsˌleɪtɪv] *a.* legislacyjny; ustawodawczy; prawodawczy. — *n.* legislatura; władza ustawodawcza.

legislature ['ledʒɪsˌleɪtʃər] *n.* ciało ustawodawcze.

legitimate *a.* [lɪ'dʒɪtəmət] **1.** zasadny, słuszny; uzasadniony. **2.** właściwy, logiczny (*o wniosku*). **3.** prawowity.

leisure ['liːʒər] *n.* wolny czas; rekreacja, wypoczynek, rozrywka; **at ~** bez pośpiechu, spokojnie; **at one's ~** w wolnej/dogodnej chwili.

leisurely ['liːʒərlɪ] *a.* **1.** spokojny, zrelaksowany. **2. at a ~ pace** krokiem spacerowym.

lemon ['lemən] *n.* **1.** cytryna. **2.** (*także* **~ yellow**) kolor cytrynowy. — *a.* cytrynowy.

lemonade [ˌlemə'neɪd] *n.* lemoniada.

lend [lend] *v. pret. i pp.* **lent 1.** pożyczać, wypożyczać; **~ sb sth** (*także* **~ sth to sb**) pożyczyć coś komuś. **2.** *form.* **~ weight/credence to sth** uwiarygodnić coś; **~ assistance/support to sb** udzielić komuś pomocy/wsparcia; **~ itself to sth** nadawać się do czegoś; poddawać się czemuś.

length [leŋkθ] *n.* **1.** długość; **200 meters/pages in ~** (o) długości dwustu metrów/stron; **win by three ~s** wygrać o trzy długości. **2.** kawałek (*listwy, rury*); sztuka (*sukna*). **3. shoulder-~ hair** włosy (o długości) do ramion. **4. at ~** szczegółowo, obszernie; *lit.* wreszcie, w końcu; **for any ~ of time** przez dłuższy czas; **go to great ~s to do sth** zadawać sobie wiele trudu, aby coś zrobić; **walk the ~ of the island** przejść (wzdłuż) całą wyspę.

lengthen ['leŋkθən] *v.* wydłużać (się), przedłużać (się).

lengthwise ['leŋkθˌwaɪz] *adv.* wzdłuż, na długość. — *a.* podłużny.
lengthy ['leŋkθɪ] *a.* **1.** długotrwały, przedłużający się. **2.** przydługi; rozwlekły.
lenient ['liːnɪənt] *a.* łagodny; pobłażliwy.
lens [lenz] *n.* **1.** soczewka. **2.** obiektyw. **3.** = **contact lens.**
Lent [lent] *n.* wielki post.
lent [lent] *v. zob.* **lend.**
lentil ['lentl] *n.* soczewica; **green/red ~s** soczewica zielona/czerwona.
Leo ['liːoʊ] *n.* Lew.
leopard ['lepərd] *n.* lampart, pantera.
leotard ['liːəˌtɑːrd] *n.* trykot.
leper ['lepər] *n.* trędowat-y/a.
leprosy ['leprəsɪ] *n.* trąd.
lesbian ['lezbɪən] *n.* lesbijka. — *a.* lesbijski.
lesion ['liːʒən] *n.* lezja, uszkodzenie; zmiana (chorobowa).
less [les] *a., adv., pron. comp. od* **little** mniej; mniejszy; **~ and ~** coraz mniej; **~ noise/water** mniej hałasu/wody; **much/still ~...** a (już) szczególnie (nie)..., (a) co dopiero...; **no ~ than** nie mniej niż; **none the ~** niemniej; **nothing ~ than...** ni mniej ni więcej, tylko...; co najmniej...; **the ~ said, the better** lepiej nie mówić; **the President, no ~!** (sam) prezydent we własnej osobie! — *prep.* minus, odjąć; bez; **~ tax** minus podatek.
lessen ['lesən] *v.* **1.** zmniejszać (się); maleć. **2.** złagodzić (*cios, szok*).
lesser ['lesər] *form. a.* mniejszy; **a ~ man** człowiek mniejszego formatu; **to a ~ degree/extent** w mniejszym stopniu; **the ~ of two evils** mniejsze zło. — *adv.* mniej, mało; **~-known** mało znany.
lesson ['lesən] *n.* **1.** lekcja; **give/take ~s** dawać/brać lekcje (*in/on sth* czegoś). **2.** nauczka, nauka; **learn one's ~** dostać nauczkę; **teach sb a ~** dać komuś nauczkę.
lest [lest] *conj. lit.* **1.** żeby nie; **don't move ~ anyone see you** nie ruszaj się, żeby nikt cię nie zauważył. **2.** że; **she was afraid ~ they (should) find out** bała się, że się dowiedzą.
let [let] *v. pret. i pp.* **let 1.** pozwalać; **~ sb do sth** pozwolić komuś coś zrobić. **2.** **~'s do it** zróbmy to; **~'s hope (that)...** miejmy nadzieję, że...; **~'s not talk about it** nie mówmy o tym; **~ him suffer** niech cierpi. **3.** wynajmować, odnajmować; **for ~** do wynajęcia. **4.** **~ alone...** nie wspominając (już) o...; **~ sb/sth alone** (*także* **~ sb/sth be**) zostawić kogoś/coś w spokoju, dać komuś/czemuś spokój; **~'s face it** (*także* **~'s be honest**) powiedzmy sobie szczerze; **~ go of sth** wypuścić coś (z rąk); pozbyć się czegoś; **~ me go!** puść mnie! **~ o.s. go** poszaleć sobie; zaniedbać się; **~ sb go** wypuścić kogoś (*na wolność*); zrezygnować z kogoś (= *zwolnić z pracy*); **~ sth go/pass** zignorować *l.* przemilczeć coś; **~ sb know** dać komuś znać, zawiadomić kogoś; **~'s see...** zaraz, zaraz...; zobaczmy...; **~ me see/think...** zaraz, zaraz..., niech pomyślę. **5.** **~ down** opuścić, spuścić; popuścić, przedłużyć (*spodnie*); **~ sb down** zawieść kogoś; **~ o.s. in** otworzyć sobie drzwi (*zwł. kluczem*); wejść sobie (*bez pozwolenia*); **~ o.s. in for sth** *pot.* pakować się w coś; **~ sb/sth in** wpuścić kogoś/coś (do środka); **~ sb in on sth** wtajemniczyć kogoś w coś; **~ sb off** darować komuś karę, puścić kogoś wolno; **~ sb off (sth)** zwolnić kogoś (z czegoś); **~ sb off lightly** potraktować kogoś łagodnie; **~ on** *pot.* puścić farbę (= *zdradzić*); **~ out** wypuścić; popuścić, poszerzyć (*spodnie*); wydać (*okrzyk*); wygadać (*tajemnicę*); kończyć się (*o zajęciach, lekcjach*); **~ up** zelżeć, popuścić; ustać.
lethal ['liːθl] *a.* śmiertelny; śmiercionośny, zabójczy.
lethargic [lə'θɑːrdʒɪk] *a.* ospały; letargiczny.
letter ['letər] *n.* **1.** list; pismo; **mail a ~** wysłać list. **2.** litera; **small/capital ~** mała/wielka litera; **the ~ of the law** litera prawa; **to the ~** dosłownie; co do joty. **3.** **~s** literatura, piśmiennictwo; **American ~s** literatura amerykańska.
letterhead ['letərˌhed] *n.* **1.** papier firmowy, papeteria firmowa. **2.** nagłówek (firmowy).
lettuce ['letəs] *n.* sałata.
letup ['letˌʌp] *n.* **1.** spadek, zmniejszenie (*popytu, zainteresowania*). **2.** osłabnięcie (*wiatru, walk*).
leukemia [luː'kiːmɪə] *n.* białaczka.
leukocyte ['luːkəˌsaɪt] *n.* leukocyt, krwinka biała.
level ['levl] *n.* **1.** poziom; wysokość; kondygnacja; **at eye ~** na wysokości oczu. **2.** szczebel; **at the (very) highest ~** na najwyższym szczeblu. **3.** (*także* **spirit ~**) poziomnica. — *a.* **1.** równy; poziomy. **2.** spokojny (*o głosie, spojrzeniu*). **3.** **~ spoonful/teaspoon** płaska łyżka/łyżeczka. — *adv.* poziomo; równo (*with sth* z czymś). — *v.* **1.** wyrównać. **2.** zrównać z ziemią. **3.** **~ a gun at sb** wymierzyć pistolet w kogoś; **~ a charge/an accusation against sb** wymierzyć przeciwko komuś oskarżenie. **4.** **~ off/out** wyrównywać się; stabilizować się; **~ with sb** *pot.* być z kimś szczerym.
level-headed [ˌlevl'hedɪd] *a.* trzeźwo myślący, zrównoważony.
lever ['levər] *n.* **1.** dźwignia; drążek. **2.** podnośnik, lewarek. **3.** środek nacisku. — *v.* podnosić (*za pomocą podnośnika*).
leverage ['levərɪdʒ] *n.* **1.** układ dźwigni; przełożenie dźwigni. **2.** wpływ; nacisk.
levitate ['levɪˌteɪt] *v.* lewitować.
levitation [ˌlevɪ'teɪʃən] *n.* lewitacja.
levity ['levɪtɪ] *n. form.* brak powagi; beztroska.
levy ['levɪ] *fin. v.* **~ a tax/charge/excise (on sth)** nałożyć (na coś) podatek/opłatę/akcyzę. — *n.* podatek; należność.
lewd [luːd] *a.* lubieżny; sprośny.
lexical ['leksɪkl] *a.* leksykalny.
lexicographer [ˌleksə'kɑːgrəfər] *n.* leksykograf/ka.
lexicon ['leksəˌkɑːn] *n.* **1.** (*także* **the ~**) słownictwo, zasób słów. **2.** leksykon (*typ słownika*).
lexis ['leksɪs] *n.* leksykon, zasób słów.
liability [ˌlaɪə'bɪlətɪ] *n.* **1.** *prawn.* odpowiedzialność. **2.** **liabilities** zobowiązania finansowe; pasywa; płatności. **3.** ciężar, kłopot (*o rzeczy l. osobie*). **4.** **~ to sth** podatność na coś (*np. na zakażenie*).
liable ['laɪəbl] *a. form.* **1.** **~ to do sth** mający skłonność do czegoś; **complications are ~ to occur** mogą wystąpić powikłania. **2.** odpowiedzialny (*for sth* za coś). **3.** narażony, podatny (*to sth* na coś).
liaison ['liːəzɑːn] *n.* **1.** współpraca, współdziałanie; wymiana informacji. **2.** *wojsk.* łączność. **3.** związek (= *romans*). **4.** (*także* **~ officer**) koordynator/ka; łączni-k/czka; oficer łącznikowy.
liar ['laɪər] *n.* kłamca, łgarz; kłamczuch/a.
libel ['laɪbl] *gł. prawn. n.* zniesławienie; oszczerstwo, potwarz. — *v.* zniesławiać; rzucać oszczerstwa/potwarze na (*kogoś*).

liberal ['lɪbərəl] *a.* **1.** liberalny. **2.** swobodny, wolny (*o tłumaczeniu, interpretacji*). **3. be ~ with sth** nie żałować/nie skąpić czegoś. — *n.* liberał/ka.
liberally ['lɪbərəlɪ] *adv.* **1.** hojnie, szczodrze. **2.** suto.
liberate ['lɪbə,reɪt] *v.* uwalniać; wyzwalać, oswobadzać (*from sth* od l. spod czegoś).
liberation [,lɪbə'reɪʃən] *n.* uwolnienie; wyzwolenie, oswobodzenie.
liberty ['lɪbərtɪ] *n.* **1.** wolność; swoboda; **civil liberties** wolności/swobody obywatelskie. **2. not be at ~ to do sth** *form.* nie mieć prawa czegoś robić; **take the ~ of doing sth** pozwolić sobie na zrobienie czegoś; **take liberties with sth** zbyt swobodnie sobie z czymś poczynać.
Libra ['liːbrə] *n.* Waga.
librarian [laɪ'brerɪən] *n.* biblioteka-rz/rka.
library ['laɪ,brerɪ] *n.* biblioteka; księgozbiór; **reference ~** biblioteka podręczna.
libretto [lɪ'bretoʊ] *n.* libretto.
Libya ['lɪbɪə] *n.* Libia.
Libyan ['lɪbɪən] *a.* libijski.
lice [laɪs] *n. pl. zob.* **louse**.
license ['laɪsəns] *n.* **1.** pozwolenie; zezwolenie; uprawnienia, prawo; **~ to practise medicine** prawo do wykonywania zawodu lekarza; **driver's ~** prawo jazdy; **gun ~** zezwolenie na posiadanie broni. **2.** licencja, patent, koncesja; **under ~** na licencji. **3.** swoboda; swawola; nadmierna swoboda (*zwł. obyczajów*). **4. poetic/artistic ~** licencja poetycka. — *v.* **1.** koncesjonować; udzielać koncesji na (*lokal, handel*); udzielać pozwolenia na (*wykorzystanie utworu*). **2.** udzielać zezwolenia (*komuś*).
licensed ['laɪsənst] *a.* **1.** licencjonowany (*o pilocie*). **2.** zarejestrowany (*o broni*).
license plate *n.* tablica rejestracyjna; numer rejestracyjny.
licentious [laɪ'senʃəs] *a. lit.* rozpustny, rozwiązły; wyuzdany.
lichen ['laɪkən] *n.* porost.
lick [lɪk] *v.* **1.** lizać; **~ one's chops/lips** *pot.* oblizywać się (*zwł. w antycypacji*); **~ one's wounds** lizać rany. **2.** *pot.* pobić, pokonać; **get ~ed** dostać cięgi. **3. ~ off** zlizać; **~ up** wylizać (do czysta). — *n.* **1.** liźnięcie. **2.** *pot.* odrobina, ociupina. **3. give the wall a ~ of paint** *pot.* przejechać ścianę farbą.
lid [lɪd] *n.* **1.** przykrywka, pokrywka, wieczko; pokrywa, wieko. **2.** (*także* **eyelid**) powieka. **3.** *pot.* **keep a ~ on sth** trzymać coś w tajemnicy; **put a ~ on sth** skończyć z czymś; **take the ~ off sth** ujawnić całą prawdę o czymś.
lie[1] [laɪ] *v.* **lay, lain, lying 1.** leżeć; **~ on a bed/on one's back** leżeć w łóżku/na plecach; **~ awake** nie móc zasnąć; **~ in store for sb** czekać kogoś (*w przyszłości*); **~ in wait** czaić się, czatować; **~ low** starać się nie rzucać w oczy; przyczaić się; przeczekać; **here ~s X** *form.* tu spoczywa X. **2. ~ around** *pot.* byczyć się; **~ around somewhere** poniewierać się gdzieś (*o przedmiocie*); **~ back** położyć się na plecach; *pot.* wyluzować się; **~ behind sth** kryć się za czymś; przyświecać czemuś; **~ down** położyć się; **take sth lying down** *pot.* łatwo się z czymś pogodzić; **~ with sb** spoczywać na kimś (*o odpowiedzialności*).
lie[2] *v.* **lying** kłamać; łgać; **~ through one's teeth** *pot.* kłamać jak z nut/jak najęty, łgać w żywe oczy. — *n.* **1.** kłamstwo; łgarstwo; **a pack of ~s** stek kłamstw; **tell a ~** skłamać; **tell ~s** kłamać. **2. give the ~ to sth** *form.* zadawać kłam czemuś.
lie detector *n.* wykrywacz kłamstw.
lieu [luː] *n.* **in ~ (of sth)** *form.* zamiast (czegoś).
lieutenant [luː'tenənt] *n.* porucznik.
life [laɪf] *n. pl.* **lives** [laɪvz] **1.** życie; **all one's ~** przez całe życie; **full of ~** pełen życia; **lose one's ~** stracić życie; **private/sex/social ~** życie prywatne/seksualne/towarzyskie; **quality/way of ~** jakość/styl życia; **save sb's ~** uratować komuś życie; **take one's (own) ~** odebrać sobie życie. **2.** istnienie (ludzkie); **loss of ~** straty w ludziach; **ten lives were saved** uratowano dziesięć osób. **3.** *pot.* dożywocie. **4.** kadencja (*np. parlamentu*), okres sprawowania władzy. **5.** (*także* **~time**) trwałość (*substancji radioaktywnej*); **half-~** okres połowicznego rozpadu. **6. bring sth to ~** ożywić coś; **bring sb back to ~** wskrzesić kogoś; **for ~** na całe życie; **from ~** z natury (*np. malować*); **get a ~!** *pot.* przestań nudzić! **have a ~ of its own** żyć własnym życiem; **have the time of one's ~** bawić się jak nigdy w życiu; **how's ~?** *pot.* jak (ci) leci? **in real ~** w rzeczywistości; **(I've) never (seen him) in my ~** nigdy w życiu (go nie widziałam); **no sign(s) of ~** żadnych oznak życia; **not on your ~!** *pot.* nigdy w życiu! **scare/frighten the ~ out of sb** śmiertelnie kogoś przestraszyć; **true to ~** realistyczny (*np. o obrazie*).
life belt *n.* pas ratunkowy.
lifeboat ['laɪf,boʊt] *n.* łódź/szalupa ratunkowa.
life buoy *n.* koło ratunkowe.
life expectancy *n.* średnia długość życia.
life guard *n.* ratowni-k/czka.
life jacket *n.* (*także* **life vest**) kamizelka ratunkowa.
lifeless ['laɪfləs] *a.* bez życia; martwy.
lifelike ['laɪf,laɪk] *a.* realistyczny; jak żywy.
lifeline ['laɪf,laɪn] *n.* **1.** lina ratownicza. **2.** *przen.* kontakt ze światem.
lifelong ['laɪf,lɔːŋ] *a.* **1.** na całe życie (*o przyjacielu*). **2.** życiowy (*o ambicji*).
life sentence *n.* wyrok dożywotniego więzienia.
life-size ['laɪf,saɪz], **life-sized** *a.* naturalnej wielkości.
lifespan ['laɪf,spæn] *n.* **1.** długość życia. **2.** żywotność, trwałość (*urządzenia*).
life support system ['laɪf sə,pɔːrt ,sɪstəm] *n.* aparatura podtrzymująca życie.
lifetime ['laɪf,taɪm] *n.* okres życia; okres istnienia; **during/in sb's ~** za czyjegoś życia; **the chance of a ~** życiowa okazja; **once-in-a-~ experience** niepowtarzalne doświadczenie. — *a.* dożywotni (*o abonamencie, członkostwie*).
life vest *n. zob.* **life jacket**.
lift [lɪft] *v.* **1.** podnosić; unosić, wznosić; dźwigać; **~ one's gaze/eyes** podnieść wzrok; **~ one's head** unieść głowę; **~ weights** podnosić ciężary. **2.** zdejmować (*sth from sth* coś z czegoś). **3.** podnosić się (*o mgle*), rozchodzić/rozwiewać się (*o chmurach*). **4.** ustępować (*o złym nastroju*). **5.** uchylać, znosić (*sankcje, przepisy*). **6.** *pot.* ściągnąć, zwinąć (= *ukraść*). **7.** *pot.* zerżnąć, zwalić (= *dokonać plagiatu*). **8. ~ sb's spirits** podnieść kogoś na duchu. **9. ~ off** startować (*o rakiecie*). — *n.* **1. give sb a ~** *pot.* podwieźć/podrzucić kogoś; podnieść kogoś na duchu. **2. chair/ski ~** wyciąg krzesełkowy/narciarski. **3.** *Br.* winda.
lift-off ['lɪf,ɔːf] *n.* start (*rakiety*).

ligament ['lɪgəmənt] *n.* wiązadło.

light [laɪt] *n.* **1.** światło; **ray of ~** promień światła; **switch/turn on/off the ~** zapalać/gasić światło; **traffic ~s** światła (sygnalizacyjne). **2. be brought to ~** wyjść na jaw; **come to ~** wyjść na światło dzienne; **do you have a ~?** *pot.* masz ogień? **go/be out like a ~** *pot.* zasnąć w mgnieniu oka; **in ~ of sth** w świetle czegoś; **in a new/different ~** w nowym/innym świetle; **see the ~** przejrzeć na oczy; doznać oświecenia (= *nawrócić się*); **see the ~ of day** ujrzeć światło dzienne (*np. o publikacji*); **shed/throw/cast ~ on sth** rzucać światło na coś; **the ~ at the end of the tunnel** światełko w tunelu. — *v. pret. i pp.* **lit** **1.** zapalać (się). **2.** oświetlać; **brightly/poorly lit/lighted** jasno/słabo oświetlony. **3. ~ up** oświetlać jasno; rozświetlać; *pot.* zapalać papierosa; **her face lit up** twarz jej się rozpromieniła. — *a.* **1.** jasny; **~ blue** jasnoniebieski; **it gets/is ~** robi się/jest jasno. **2.** lekki. **3.** (*także* **lite**) niskokaloryczny; o niskiej zawartości cukru. **4. ~ traffic** mały ruch; **a ~ touch** lekki styl (*pisarski*); **be a ~ sleeper** mieć lekki sen; **make ~ of sth** lekceważyć/bagatelizować coś. — *adv.* lekko (*stąpać, spać*); **travel ~** podróżować z małym bagażem.

light bulb *n.* żarówka.

lighten ['laɪtən] *v.* **1.** rozświetlać się; rozjaśniać się. **2.** przejaśniać się. **3.** rozjaśniać (*włosy*). **4.** zmniejszać ciężar (*czegoś*); zmniejszać (*czyjeś obciążenia, obowiązki*); złagodzić (*wyrok*). **5.** zelżeć. **6. ~ up!** *pot.* rozchmurz się!

lighter ['laɪtər] *n.* zapalniczka.

light-headed [ˌlaɪt'hedɪd] *a.* oszołomiony, zamroczony.

light-hearted [ˌlaɪt'hɑːrtɪd] *a.* wesoły, radosny, beztroski.

lighthouse ['laɪtˌhaʊs] *n.* latarnia morska.

lighting ['laɪtɪŋ] *n.* oświetlenie.

lightly ['laɪtlɪ] *adv.* lekko; lekceważąco; **get off ~** *pot.* wykręcić się sianem; **say sth ~** powiedzieć coś lekkim tonem; **take sth ~** bagatelizować/lekceważyć coś.

lightness ['laɪtnəs] *n.* **1.** jasność. **2.** lekkość.

lightning ['laɪtnɪŋ] *n.* **1.** (*także* **flash of ~**) błyskawica. **2. struck by ~** rażony piorunem. **3. like ~** jak błyskawica, piorunem. — *a.* **at/with ~ speed** błyskawicznie.

lightning rod *n.* piorunochron.

light year *n.* **1.** rok świetlny. **2. light years ago** *pot.* całe wieki temu.

likable ['laɪkəbl], **likeable** *a.* sympatyczny; przyjemny.

like [laɪk] *prep.* (tak) jak; **~ new** jak nowy; **~ this/that** w ten sposób; **it's nothing ~...** to zupełnie nie to samo, co...; **just ~ that** ot tak (sobie); **that's just ~ him** to do niego pasuje, to (jest) do niego podobne; **something ~ that** coś w tym rodzaju; **something ~ five hundred dollars** jakieś pięćset dolarów; **that's more ~ it!** *pot.* to rozumiem! **there's nothing ~...** nie ma (to) jak...; **what does he look ~?** jak on wygląda? **what is he ~?** jaki on jest? **what's it ~ being an only child?** jak to jest być jedynakiem? — *v.* lubić; **~ doing/to do sth** lubić coś robić; **we'd ~ to go to Florida** chcielibyśmy pojechać na Florydę; **whether you ~ it or not** *pot.* (czy) chcesz, czy nie, czy ci się to podoba, czy nie; **would you ~ a drink?** (czy) masz ochotę na drinka? **would you ~ me to help you?** czy chciałbyś, żebym ci pomógł? — *conj.* **1.** *pot.* jak; **~ I said/say** jak (już) mówiłem. **2.** jak gdyby, jakby; **he acts ~ he's the boss** zachowuje się, jakby to on był szefem. — *a. form.* podobny; taki sam; **in ~ manner** w podobny sposób. — *n.* **1. sb's ~s and dislikes** czyjeś sympatie i antypatie. **2. and the/such ~** i tym podobne; **I never saw the ~ of it** nigdy nie widziałam czegoś podobnego; **the ~s of us** *pot.* tacy jak my. — *adv. pot.* **(as) ~ as not** ani chybi, pewnikiem; **(and then) I'm/he's ~...** (a) ja/on na to... (*relacjonując rozmowę*); **he's weird ~** (*także* **he's, ~, weird**) jest (taki) jakiś dziwny.

likeable ['laɪkəbl] *a.* = **likable**.

likelihood ['laɪklɪˌhʊd] *n.* prawdopodobieństwo; **in all ~** wedle wszelkiego prawdopodobieństwa.

likely ['laɪklɪ] *a.* **1. be ~** być prawdopodobnym; **it's hardly ~** to mało prawdopodobne; **it's more than ~ (that)...** jest więcej niż prawdopodobne, że...; **sb is ~ to do sth** ktoś prawdopodobnie coś zrobi. **2.** możliwy; **I searched in every ~ place** szukałem w każdym możliwym miejscu; **(that's) a ~ story!** uważaj, bo ci uwierzę! **3.** odpowiedni, nadający się (*o kandydacie*); obiecujący, rokujący szanse na sukces. — *adv.* prawdopodobnie, przypuszczalnie; **as ~ as not** najprawdopodobniej.

likeness ['laɪknəs] *n.* **1.** podobieństwo; **bear a (strong) ~ to sb** być do kogoś (bardzo) podobnym. **2.** podobizna, wizerunek.

likewise ['laɪkˌwaɪz] *adv.* **1. do ~** *form.* postąpić podobnie, zrobić to samo. **2.** również, także; **"I really enjoyed that." "Likewise."** *pot.* „Naprawdę dobrze się bawiłem.",„Ja też.".

liking ['laɪkɪŋ] *n. form.* **be to sb's ~** odpowiadać komuś; **develop a ~ for sth** polubić coś; **take a ~ to sb** zapałać do kogoś sympatią.

lilac ['laɪlək] *n.* bez. — *a.* liliowy, lila.

lily ['lɪlɪ] *n.* lilia.

lily of the valley *n.* konwalia.

limb [lɪm] *n.* **1.** kończyna. **2.** konar. **3. go out on a ~** wychylać się, narażać się (*zwł. głosząc niepopularne poglądy*); **tear sb ~ from ~** rozerwać kogoś na strzępy.

lime [laɪm] *n.* **1.** limonka. **2.** wapno. **3.** (*także* **~ tree**) lipa.

limelight ['laɪmˌlaɪt] *n.* **in the ~** w centrum zainteresowania; na świeczniku.

limerick ['lɪmərɪk] *n.* limeryk.

limestone ['laɪmˌstoʊn] *n.* wapień, kamień wapienny.

limit ['lɪmɪt] *n.* granica; kraniec; kres; ograniczenie; limit; **city ~s** granice miasta; **know one's ~s** *pot.* znać swoje możliwości; **off ~s** objęty zakazem (*wstępu*); niedozwolony; **over the ~** w stanie wskazującym na spożycie; **there are ~s!** są jakieś granice! **to the ~** do granic możliwości; **within ~s** w pewnych granicach. — *v.* **1.** ograniczać; **~ o.s. to sth** ograniczać się do czegoś. **2.** stanowić granicę (*czegoś*).

limitations [ˌlɪmɪ'teɪʃənz] *n. pl.* ograniczenia; **have one's/its ~** mieć swoje słabe strony.

limited ['lɪmɪtɪd] *a.* ograniczony.

limited liability *n.* ograniczona odpowiedzialność.

limousine ['lɪməˌziːn] *n.* (*także pot.* **limo**) limuzyna.

limp [lɪmp] *v.* kuleć, utykać, kuśtykać. — *n.* utykanie; **have a ~** utykać. — *a.* **1.** wiotki; bezwładny. **2.** oklapnięty, sflaczały.

line [laɪn] *n.* **1.** linia; **finish ~** linia mety; **railway ~** linia kolejowa. **2.** szereg, rząd; szpaler. **3.** sznur (*np.*

do bielizny); żyłka; linka; drut, przewód. **4.** linia (telefoniczna); **hold the ~** nie odkładać słuchawki; **Mary's on the ~ (for you)** dzwoni Mary (do ciebie). **5.** kreska. **6.** zmarszczka. **7.** wiersz, linijka; **drop sb a ~** *pot.* skrobnąć do kogoś parę linijek; **read between the ~s** czytać między wierszami. **8.** kolejka, ogonek; **get/stand/wait in ~** ustawiać się/stać/czekać w kolejce. **9.** *handl.* wzór, model. **10. forget one's ~s** *teatr* zapomnieć (swojej) kwestii. **11. ~ of action** metoda działania; **~ of inquiry/reasoning** kierunek dochodzenia/rozumowania; **along similar/different ~s** w podobny/inny sposób. **12. take a firm/hard/strict ~ on sth** zająć zdecydowane stanowisko wobec czegoś. **13.** *pot.* ścieżka (*kokainy*). **14. be in ~ for sth/to do sth** mieć szansę na coś/zrobienie czegoś; **get out of ~** wyłamywać się; **somewhere along the ~** gdzieś po drodze (= *w miarę upływu czasu*). — *v.* **1.** podszywać; podbijać; wyściełać; wykładać. **2. ~ the road** stać wzdłuż drogi (*o gapiach*); tworzyć szpaler wzdłuż drogi (*o drzewach*). **3. tree-lined avenue** aleja wysadzana drzewami. **4.** liniować. **5. ~ up** ustawiać (się) w szeregu/rzędzie; ustawiać się w kolejce; zebrać (*np. uczestników*); **have sth ~d up** mieć coś zaplanowane/przygotowane.

linear ['lɪnɪər] *a.* **1.** linearny. **2.** liniowy.

lined [laɪnd] *a.* **1.** na podszewce, z podszewką. **2.** w linie, liniowany. **3.** pomarszczony, poorany zmarszczkami.

linen ['lɪnən] *n.* **1.** płótno; len. **2.** (*także* **bed ~**) bielizna pościelowa; (*także* **table ~**) bielizna stołowa. — *a.* płócienny; lniany.

liner ['laɪnər] *n.* **1.** statek pasażerski, liniowiec. **2.** samolot rejsowy.

linesman ['laɪnzmən] *n.* sędzia liniowy.

line-up ['laɪn,ʌp] *n.* **1.** obsada, lista wykonawców. **2.** *muz.* skład zespołu; *sport* skład drużyny. **3.** *policja* okazanie, konfrontacja.

linger ['lɪŋgər] *v.* **1.** ociągać się, zwlekać (*z odejściem*); **~ over sth** zasiedzieć się przy czymś. **2.** zatrzymywać się, rozwodzić się (*over/on sth* nad czymś). **3. ~ (on)** utrzymywać się, pokutować (*o zwyczajach*); wegetować (*o chorym*).

lingerie [,lɑːnʒə'reɪ] *n.* bielizna damska.

linguist ['lɪŋgwɪst] *n.* **1.** językoznawca, lingwist-a/ka. **2.** poliglot-a/ka.

linguistic [lɪŋ'gwɪstɪk] *a.* **1.** językowy. **2.** językoznawczy, lingwistyczny.

linguistics [lɪŋ'gwɪstɪks] *n.* językoznawstwo, lingwistyka.

lining ['laɪnɪŋ] *n.* podszewka; podbicie.

link [lɪŋk] *n.* **1.** związek; więź. **2.** ogniwo. **3.** *t. kol.* połączenie. **4. satellite/telephone ~** łącze satelitarne/telefoniczne. — *v.* **1.** łączyć; **be ~ed to/with sth** być łączonym z czymś (= *przypisywanym czemuś*); *t. komp.* być połączonym z czymś/podłączonym do czegoś. **2. ~ up** łączyć (się); podłączać.

linoleum [lɪ'noʊlɪəm] *n.* linoleum.

lion ['laɪən] *n.* **1.** lew. **2. the ~'s share (of sth)** lwia część (czegoś).

lioness ['laɪənəs] *n.* lwica.

lip [lɪp] *n.* **1.** warga; **~s** wargi, usta; **bite one's ~** przygryzać wargi; **kiss sb on the ~s** pocałować kogoś w usta. **2.** brzeg (*kubka, rany*). **3. be on everyone's ~s** być na ustach wszystkich; **my ~s are sealed** będę milczeć jak grób.

lip-read ['lɪp,riːd] *v.* czytać z (ruchu) warg.

lipstick ['lɪp,stɪk] *n.* szminka, pomadka.

liqueur [lɪ'kɝː] *n.* likier.

liquid ['lɪkwɪd] *a.* płynny; ciekły; w płynie. — *n.* płyn, ciecz.

liquidate ['lɪkwɪ,deɪt] *v.* **1.** *ekon.* likwidować (się). **2.** *pot.* zlikwidować (= *zabić*).

liquor ['lɪkər] *n.* trunek; alkohol wysokoprocentowy.

liquor store *n.* sklep monopolowy.

Lisbon ['lɪzbən] *n.* Lizbona.

lisp [lɪsp] *v.* seplenić. — *n.* seplenienie; **have a ~** seplenić.

list [lɪst] *n.* lista, spis. — *v.* **1.** wymieniać, wyliczać. **2.** robić listę (*kogoś l. czegoś*), spisywać. **3.** *komp.* listować. **4.** przechylać się na bok, mieć przechył (*o statku*).

listen ['lɪsən] *v.* **1.** słuchać (*to sb/sth* kogoś/czegoś). **2.** usłuchać, posłuchać (*to sb* kogoś). **3. ~ for** nasłuchiwać (*czegoś*); **~ in** podsłuchiwać (*zwł. przez telefon*); **~ up!** *pot.* słuchaj uważnie!

listener ['lɪsənər] *n.* słuchacz/ka; radiosłuchacz/ka; **be a good ~** umieć słuchać.

listless ['lɪstləs] *a.* apatyczny, zobojętniały.

lit [lɪt] *v. pret. i pp. zob.* **light** *v.*

litany ['lɪtənɪ] *n.* litania.

lite [laɪt] *a. zob.* **light** *a.*

liter ['liːtər] *n.* litr.

literacy ['lɪtərəsɪ] *n.* **1.** umiejętność czytania i pisania. **2. computer ~** umiejętność obsługi komputera.

literal ['lɪtərəl] *a.* **1.** dosłowny. **2.** prozaiczny, przyziemny.

literally ['lɪtərəlɪ] *adv.* dosłownie; **take sth ~** brać coś dosłownie.

literary ['lɪtə,rerɪ] *a.* **1.** literacki. **2.** interesujący się literaturą.

literate ['lɪtərɪt] *a.* **1.** umiejący czytać i pisać, piśmienny. **2.** wykształcony, oczytany. **3. be computer ~** znać podstawy obsługi komputera.

literature ['lɪtərətʃər] *n.* **1.** literatura, piśmiennictwo. **2.** druki, broszurki (*na dany temat*).

lithe [laɪð] *a.* gibki, giętki.

lithium ['lɪθɪəm] *n.* lit.

lithography [lɪ'θɑːgrəfɪ] *n.* litografia.

Lithuania [,lɪθʊ'eɪnɪə] *n.* Litwa.

Lithuanian [,lɪθʊ'eɪnɪən] *a.* litewski. — *n.* **1.** Litwin/ka. **2.** język litewski.

litigation [,lɪtə'geɪʃən] *n. prawn.* droga prawna; spór.

litter ['lɪtər] *n.* **1.** śmieci, odpadki (*rzucane na ziemię*). **2.** miot (*np. szczeniąt*). — *v.* **1. ~ (up)** zaśmiecać; **sth is ~ed with sth** coś jest zaśmiecone/zawalone czymś; coś obfituje w coś (*np. w przykłady*). **2.** mieć młode (= *kocić się itp.*).

little ['lɪtl] *a.* **1.** mały; **~ ones** dzieci; młode, małe; **a ~ bit (of sth)** odrobina (czegoś). **2. sb's ~ boy/girl** czyjś synek/czyjaś córeczka. **3. for a ~ while** przez chwilkę; **we walked a ~ way** uszliśmy kawałeczek (drogi). **4.** *comp.* **lesser** drobny (*t.* = *nieważny*). — *adv., pron. comp.* **less** *sup.* **least 1.** mało, niewiele; **~ more** niewiele więcej; **~ known** mało znany; **as ~ as possible** jak najmniej. **2. a ~** trochę, troszkę, troszeczkę; **a ~ better/more** trochę lepszy/więcej. **3. ~ by ~** po trochu, pomału; **~ did I think/realize (that)...** nigdy nie przypuszczałem, że...; **the/what ~ there is** (tylko) to/tyle, co/ile jest.

live[1] [lɪv] *v.* **1.** mieszkać; **~ together** mieszkać ze sobą (*o parze*). **2.** żyć; przeżyć (= *pozostać przy życiu*); **~ an active/a healthy life** prowadzić aktywny/zdrowy tryb życia; ~ **from day to day** żyć z dnia na dzień; ~ **one's own life** żyć na własny rachunek; ~ **to see sth** dożyć czegoś; **as long as I ~** póki żyję. **3. you'll never ~ that down** nigdy ci tego nie zapomną; ~ **for sb/sth** żyć dla kogoś/czegoś; ~ **in** mieszkać na miejscu (= *w miejscu pracy*); ~ **off sb** żyć na czyjś koszt; ~ **off sth** *pot.* żywić się (wyłącznie) czymś; ~ **on** trwać, żyć nadal (*zwł. o pamięci o kimś*); ~ **on sth** żywić się wyłącznie czymś; ~ **out one's days/life** przeżyć (swoje) życie; ~ **through sth** przeżyć coś, przejść przez coś; ~ **up to sb's expectations** spełniać czyjeś oczekiwania; ~ **with sth** żyć z czymś (*np. ze świadomością krzywdy*); radzić sobie z czymś.

live[2] [laɪv] *a.* **1.** żywy (= *żyjący*). **2.** na żywo, bezpośredni (*o koncercie, transmisji*). **3.** *el.* pod napięciem. **4.** uzbrojony (*o minie*); ostry (*o nabojach*). **5.** aktualny (*o kwestii, problemie*).

livelihood ['laɪvlɪˌhʊd] *n.* źródło utrzymania.

lively ['laɪvlɪ] *a.* żywy; ożywiony; żwawy; tętniący życiem; ~ **imagination** żywa/bujna wyobraźnia.

liven ['laɪvən] *v.* ~ **up** ożywiać się, nabierać życia; ~ **sth up** ożywiać coś, dodawać czemuś życia.

liver ['lɪvər] *n.* **1.** wątroba. **2.** wątróbka.

livery ['lɪvərɪ] *n.* liberia.

lives [laɪvz] *n. pl. zob.* **life**.

livestock ['laɪvˌstɑːk] *n.* żywy inwentarz.

livid ['lɪvɪd] *a.* **1.** wściekły. **2.** siny.

living ['lɪvɪŋ] *n.* życie; utrzymanie; **make a ~** zarabiać na życie/utrzymanie; **what does he do for a ~?** czym się zajmuje?, z czego żyje? — *a.* żyjący; żywy (*t. o języku*); istniejący; **in ~ memory** jak sięgnąć pamięcią.

living room *n.* salon, pokój dzienny.

lizard ['lɪzərd] *n.* jaszczurka.

load [loʊd] *n.* **1.** ładunek. **2.** ciężar; obciążenie; **teaching ~** *szkoln.* pensum, wymiar godzin. **3. a ~ of sth** (*także* **~s of sth**) *pot.* masa/kupa czegoś; **a ~ of crap/bullshit** *wulg.* kupa bzdur. — *v.* **1.** ~ **(up)** ładować, załadowywać. **2.** *komp.* ładować, wgrywać. **3.** ~ **sb down with sth** obładować kogoś czymś; przeciążać kogoś czymś (*np. obowiązkami*).

loaded ['loʊdɪd] *a.* **1.** załadowany; naładowany. **2.** podchwytliwy (*o pytaniu*). **3.** fałszowany (*o kościach do gry*). **4.** *pot.* nadziany (= *bogaty*). **5.** *sl.* wstawiony.

loaf [loʊf] *n. pl.* **loaves** [loʊvz] **1.** bochenek. **2. meat ~** klops, pieczeń rzymska. — *v.* ~ **(around)** *pot.* obijać się, byczyć się.

loan [loʊn] *n.* **1.** pożyczka; kredyt; **take out/repay a ~** zaciągnąć/spłacić kredyt. **2. on ~** wypożyczony; **thanks for the ~ of...** dziękuję za wypożyczenie... **3.** = **loanword**. — *v.* **1.** ~ **sb sth** (*także* ~ **sth to sb**) pożyczać coś komuś (*zwł. pieniądze*). **2.** wypożyczać (*np. obraz innemu muzeum*).

loanword ['loʊnwɝːd], **loan word** *n. jęz.* zapożyczenie, pożyczka.

loathe *v.* czuć wstręt/odrazę do (*kogoś l. czegoś*).

loathsome ['loʊðsəm] *a.* wstrętny, obmierzły.

loaves [loʊvz] *n. pl. zob.* **loaf**.

lob [lɑːb] *v.* lobować. — *n.* lob.

lobby ['lɑːbɪ] *n.* **1.** hall, foyer. **2.** lobby, grupa nacisku. — *v.* **1.** wywierać nacisk na (*posłów*). **2.** ~ **for/against sth** prowadzić lobbing na rzecz czegoś/przeciwko czemuś.

lobe [loʊb] *n.* **1.** płat (*płucny, mózgowy*). **2.** *zob.* **earlobe**.

lobster ['lɑːbstər] *n.* homar.

local ['loʊkl] *a.* miejscowy; lokalny. — *n.* tubylec, miejscow-y/a.

local anesthetic *n.* znieczulenie miejscowe.

local area network *n.* (*także* **LAN**) *komp.* sieć lokalna.

local government *n.* samorząd terytorialny; władze terenowe/lokalne.

locality [loʊ'kælətɪ] *n.* okolica, rejon.

locally ['loʊklɪ] *n.* **1.** na miejscu (*produkować*); w okolicy (*mieszkać*). **2.** miejscowo (*znieczulać*); miejscami (*będzie padać*).

locate ['loʊkeɪt] *v.* **1. be ~d in/at/on...** mieścić się/być położonym w/przy/na... **2.** zlokalizować (= *odnaleźć*). **3.** rozpoczynać działalność (*w danej okolicy; o firmie*).

location [loʊ'keɪʃən] *n.* **1.** położenie, lokalizacja; miejsce. **2. on ~** *film* w plenerach.

loch [lɑːk] *n. Scot.* jezioro.

lock [lɑːk] *n.* **1.** zamek (*w drzwiach, walizce, broni*). **2.** *zapasy* chwyt. **3.** śluza. **4.** lok, pukiel. — *v.* **1.** zamykać (się) (*na klucz*). **2.** *t. techn.* blokować (się). **3.** ~ **away/up** zamknąć na klucz; zamknąć (w więzieniu); oddać do zakładu (*dla psychicznie chorych*); ~ **sb in** zamknąć kogoś na klucz; ~ **sb out** zamknąć drzwi (na klucz) przed kimś; ~ **up** pozamykać (wszystkie drzwi); *zob. t.* **lock away**.

locker ['lɑːkər] *n.* **1.** szafka; schowek. **2.** chłodnia.

locker room *n. sport, szkoln.* szatnia.

lockout ['lɑːkˌaʊt] *n.* lokaut.

locksmith ['lɑːkˌsmɪθ] *n.* ślusarz.

locomotion [ˌloʊkə'moʊʃən] *n. form.* lokomocja.

locust ['loʊkəst] *n.* szarańcza.

lodge [lɑːdʒ] *n.* **1.** hotel; schronisko (*zwł. w górach*). **2.** (*także* **hunting ~**) domek myśliwski. **3.** wigwam. **4.** loża (*np. masońska*). **5.** nora (*borsuka*). — *v.* **1.** przyjąć na kwaterę/mieszkanie. **2.** umieścić, ulokować (*sb with sb* kogoś u kogoś). **3.** ~ **in sth** utkwić w czymś. **4.** ~ **a complaint** złożyć skargę, wnieść zażalenie.

lodgings ['lɑːdʒɪŋz] *n. pl.* kwatera; wynajęte mieszkanie.

loft [lɔːft] *n.* **1.** poddasze; strych. **2.** antresola. **3.** pomieszczenia fabryczne przerobione na mieszkanie.

lofty ['lɔːftɪ] *a.* **1.** wzniosły; podniosły. **2.** wyniosły (*o szczycie, zachowaniu*).

log [lɔːg] *n.* **1.** polano; kłoda, kloc; bal. **2.** *żegl.* log. **3.** (*także* **~book**) dziennik pokładowy. **4. sleep like a ~** spać jak kamień. — *v.* **1.** wciągać do rejestru, rejestrować. **2.** *komp.* ~ **in/on** logować się; ~ **off/out** wylogowywać się.

logarithm ['lɔːgəˌrɪðəm] *n.* logarytm.

logbook ['lɔːgˌbʊk], **log book** *n. zob.* **log** *n.*

logic ['lɑːdʒɪk] *n.* logika.

logical ['lɑːdʒɪkl] *a.* logiczny.

logically ['lɑːdʒɪklɪ] *adv.* logicznie.

logician [loʊ'dʒɪʃən] *n.* logi-k/czka.

logistics [loʊ'dʒɪstɪks] *n.* logistyka.

logo ['loʊgoʊ] *n.* logo.

loins [lɔɪnz] *n. pl. lit.* lędźwie.

lollipop ['lɑːlɪˌpɑːp] *n.* lizak.

London ['lʌndən] *n.* Londyn.

Londoner ['lʌndənər] *n.* londy-ńczyk/nka.

lone [loʊn] *a. lit.* samotny.

loneliness ['loʊnlɪnəs] *n.* samotność, osamotnienie.

lonely ['loʊnlɪ] *a.* **1.** samotny, osamotniony. **2.** odludny.

long [lɔːŋ] *a.* **1.** długi; **be five inches ~** mieć pięć cali (długości), być długim na pięć cali; **be six months ~** trwać sześć miesięcy; **a ~ way from sth** daleko od czegoś; **for a ~ time** przez długi czas, długo; **how ~ is it?** jakie to jest długie?, ile to ma długości? **2. ~ time no see!** *pot.* kopę lat! **go a ~ way** wystarczać na długo; **sb will go a ~ way** ktoś daleko zajdzie; **go back a ~ way** znać się od dawna; **have a ~ way to go** mieć jeszcze wiele do zrobienia; **in the ~ run** na dłuższą metę, w dalszej perspektywie; **not by a ~ shot** *pot.* w żadnym razie; wcale nie; **take a ~ time** długo trwać. — *adv.* długo; **~ ago** dawno temu; **~ before sth** na długo przed czymś; **all day ~** przez cały dzień; **~ live X!** niech żyje X! **as/so ~ as** dopóki, tak długo, jak; pod warunkiem, że; **have you been waiting ~?** długo czekasz? **I won't be ~** zaraz wracam; **it won't take ~** to nie potrwa długo; **no ~er** (*także* **not any ~er**) już (więcej) nie; **so ~!** na razie!, tymczasem! — *n.* **the ~ and the short of it is...** krótko mówiąc,... — *v.* **~ for sth** tęsknić do czegoś; **~ to do sth** pragnąć coś zrobić; **~ for sb to do sth** pragnąć, żeby ktoś coś zrobił, nie móc się doczekać, aż ktoś coś zrobi.

long-distance [ˌlɔːŋˈdɪstəns] *a.* **1.** *sport* długodystansowy. **2.** *tel.* zamiejscowy. **3.** *lotn.* daleki. **4.** długoterminowy (*o prognozach*). **5.** dalekobieżny (*o pociągu, autokarze*). — *adv.* **call/phone (sb) ~** telefonować (do kogoś) z innego miasta *l.* z zagranicy.

longevity [lɑːnˈdʒevɪtɪ] *n.* długowieczność.

long-haired [ˌlɔːŋˈherd] *a.* długowłosy.

longing [ˈlɔːŋɪŋ] *n.* **1.** tęsknota. **2.** pragnienie.

longitude [ˈlɑːndʒəˌtuːd] *n.* długość geograficzna.

long jump *n.* **the ~** skok w dal.

long-life [ˌlɔːŋˈlaɪf] *a.* o dużej pojemności (*np. o bateriach*).

long-lost [ˌlɔːŋˈlɔːst] *a.* dawno niewidziany.

long-range [ˌlɔːŋˈreɪndʒ] *a.* **1.** długoterminowy; długofalowy, dalekosiężny. **2.** dalekiego zasięgu.

long-standing [ˌlɔːŋˈstændɪŋ] *a.* dawny, istniejący od dawna (*o tradycji*); długoletni (*o znajomości*); ugruntowany (*o reputacji*); zadawniony (*o urazie*).

long-suffering [ˌlɔːŋˈsʌfərɪŋ] *a.* anielsko cierpliwy.

long-term [ˌlɔːŋˈtɜːm] *a.* długoterminowy; długofalowy.

long-winded [ˌlɔːŋˈwɪndɪd] *a.* rozwlekły.

look [lʊk] *v.* **1.** patrzeć, spoglądać; przyglądać się. **2.** wyglądać (*like sb/sth* jak ktoś/coś); **it ~s as if it's going to rain** (*także* **it ~s like rain**) wygląda na to, że będzie padać, zanosi się na deszcz; **~ one's age** wyglądać na swój wiek; **~ scared/tired** wyglądać na przestraszonego/zmęczonego; **what does he/it ~ like?** jak on/to wygląda? **3.** być zwróconym ku (*wschodowi itp.; o budynku*). **4.** szukać; **I ~ed everywhere** szukałam wszędzie. **5. ~ who's talking!** i kto to mówi?! **here's ~ing at you!** twoje zdrowie! **(I'm) just ~ing** (ja) tylko oglądam (*w sklepie*); **to ~ at him/her,...** sądząc z wyglądu,... **6. ~ after sb/sth** doglądać/pilnować kogoś/czegoś; opiekować/zajmować się kimś/czymś; **~ ahead** patrzeć przed siebie; patrzeć w przyszłość; **~ around** rozglądać się; **~ back** patrzeć/spoglądać wstecz, oglądać się (za siebie); **~ down on sb/sth** patrzeć/spoglądać na kogoś/coś z góry; **~ for sb/sth** szukać czegoś; **be ~ing for sb/sth** poszukiwać kogoś/czegoś (= *potrzebować*); **~ forward to sth** nie móc się czegoś doczekać; **I ~ forward to meeting her** cieszę się na spotkanie z nią; **~ in on sb** *pot.* zajrzeć/wpaść do kogoś; **~ into sth** zajrzeć do czegoś; zbadać coś; **~ on** przyglądać się (*bezczynnie*); **~ on/upon sb/sth as...** uważać kogoś/coś za...; **~ out for sb/sth** wypatrywać kogoś/czegoś; mieć się na baczności przed kimś/czymś; **~ out on sth** wychodzić na coś (*np. o oknie*); **~ over** przyjrzeć się (*czemuś*); zlustrować wzrokiem; **~ through** przetrząsać (*np. kieszenie*); **~ (right/straight) through sb** udawać, że się kogoś nie widzi; **~ up** spojrzeć w górę, podnieść wzrok; **~ sb up** zajrzeć do kogoś; **~ sth up** sprawdzić coś (*w słowniku*); **~ sb up and down** zmierzyć kogoś wzrokiem; **~ up to sb** podziwiać kogoś; **things are ~ing up** idzie ku lepszemu. — *n.* **1.** spojrzenie; **give sb a meaningful ~** posłać komuś znaczące spojrzenie; **have/take a ~** spojrzeć, rzucić okiem; **have/take a ~ around** rozejrzeć się. **2.** wygląd; **I don't like the ~ of it** to mi wygląda podejrzanie, nie podoba mi się to. **3.** styl; moda; **the new ~** nowy styl. **4. (good) ~s** uroda.

lookalike [ˈlʊkəˌlaɪk] *n. pot.* sobowtór.

lookout [ˈlʊkˌaʊt] *n.* **1. be on the ~ for sb/sth** wypatrywać kogoś/czegoś, rozglądać się za kimś/czymś; poszukiwać kogoś/czegoś (*t. o policji*); **keep a ~** być w pogotowiu, mieć się na baczności. **2.** obserwator; (*także* **~ post**) stanowisko obserwacyjne.

loom [luːm] *n.* krosna; warsztat tkacki. — *v.* **1.** majaczyć na horyzoncie, wyłaniać się. **2.** zbliżać się, wisieć w powietrzu. **3. ~ large in sb's mind** spędzać komuś sen z powiek.

loony [ˈluːnɪ] *a.* pomylony. — *n.* pomyl-eniec/ona.

loop [luːp] *n.* **1.** pętla. **2. belt ~** szlufka. — *v.* **1. ~ sth around/over sth** okręcić coś wokół czegoś; obwiązać czymś coś. **2.** *komp.* tworzyć pętlę.

loophole [ˈluːpˌhoʊl] *n.* luka prawna; kruczek prawny.

loose [luːs] *a.* **1.** luźny. **2.** obluźniony, obluzowany. **3.** obwisły, wiszący (*o skórze*). **4.** rozpuszczony (*o włosach*). **5.** sypki; *handl.* nieopakowany, luzem. **6. be at ~ ends** nie mieć nic szczególnego do roboty; **tie up the ~ ends** wyjaśnić (pozostałe) szczegóły; doprowadzić sprawę do końca. — *v.* **1.** zwolnić; poluzować. **2.** *lit.* rozpętać (*falę ataków, protestów*). — *n.* **be on the ~** być na swobodzie/wolności (*o skazańcu*); biegać wolno (*o zwierzęciu*). — *adv. zob.* **loosely.**

loose change *n.* drobne (*pieniądze*).

loosely [ˈluːslɪ] *adv.* luźno.

loosen [ˈluːsən] *n.* **1.** poluzowywać (się). **2.** rozluźniać (się). **3. ~ one's grip/hold** rozluźnić uścisk/uchwyt; rozluźnić kontrolę (*on sth* nad czymś); **~ sb's tongue** rozwiązać komuś język (*np. o alkoholu*). **4. ~ up** rozluźniać (*mięśnie, stawy; przed zawodami*); rozluźniać się, relaksować się.

loot [luːt] *n.* łup, łupy. — *v.* grabić, plądrować (*miasto, sklepy*).

lopsided [ˌlɑːpˈsaɪdɪd] *a.* **1.** nierówny, krzywy (*o uśmiechu*). **2.** zachwiany (*o proporcjach*).

lord [lɔːrd] *n.* **1.** pan, władca. **2.** lord. **3. (the) L~** Pan (Bóg). — *v.* **~ it over sb** traktować kogoś z góry.

lore [lɔːr] *n.* mądrość ludowa, tradycja (*ustna*); wiedza (*zwł. tajemna*).

lorry [ˈlɔːrɪ] *n. Br.* ciężarówka.

lose [luːz] *v. pret. i pp.* **lost 1.** tracić; **~ face** stracić twarz; **~ one's balance/life/patience** stracić równowagę/życie/cierpliwość; **~ sight of sb/sth** stracić kogoś/coś z oczu; **~ touch with sb** stracić kontakt z kimś; **~ value/weight** tracić na wartości/wadze;

have nothing/have too much to ~ nie mieć nic/ mieć zbyt wiele do stracenia. **2.** gubić; **~ one's way** zgubić drogę, zabłądzić; **we managed to ~ them** udało nam się ich zgubić. **3.** przegrywać. **4. ~ out** odnieść porażkę; **~ out to sb** przegrać w konkurencji z kimś.

loser ['luːzər] *n.* **1.** przegrywając-y/a; **be a good/bad ~** umieć/nie umieć przegrywać. **2.** nieudaczni-k/ca; ofiara losu.

loss [lɔːs] *n.* **1.** strata; **cut one's ~es** zapobiegać dalszym stratom; **make a ~** przynieść straty; **sell sth at a ~** sprzedać coś ze stratą; **suffer heavy ~es** ponieść duże straty (*w ludziach*). **2.** utrata; **weight/blood ~** utrata wagi/krwi. **3.** zguba. **4.** przegrana, porażka. **5.** ubytek. **6. be at a ~ (as to how) to do sth** łamać sobie głowę, jak coś zrobić; **be at a ~ for words** nie móc znaleźć słów.

lost [lɔːst] *v. zob.* **lose**. — *a.* **1.** stracony; zmarnowany; **~ cause** przegrana sprawa. **2.** zaginiony; zagubiony; **be ~** zginąć; zaginąć; pogubić się (*= nie rozumieć*); **be ~ for words** nie móc znaleźć słów; **be ~ in thought** być pogrążonym w myślach; **be ~ on sb** *pot.* nie docierać do kogoś; nie robić na kimś wrażenia; **get ~** zgubić się; zabłądzić; **get ~!** *pot.* spadaj!

lost-and-found [ˌlɔːstənd'faʊnd] *n.* (*także* **the ~**) biuro rzeczy znalezionych.

lot [lɑːt] *n.* **1.** los (*t. przen. = dola*); losowanie; **cast/ draw ~s** ciągnąć losy; **throw in/cast one's ~ with sb** *form.* związać swój los z kimś. **2.** działka, parcela; **parking ~** parking. **3.** obiekt, pozycja katalogowa (*na aukcji*). — *pron., adv.* **a ~** (*także pot.* **~s**) dużo, mnóstwo (*of sth* czegoś); **a ~ bigger** dużo większy; **a ~ to do** dużo do zrobienia; **feel a ~ better** czuć się znacznie lepiej; **thanks a ~** dziękuję bardzo.

lotion ['loʊʃən] *n.* płyn (kosmetyczny); balsam; emulsja; mleczko.

lottery ['lɑːtərɪ] *n.* loteria; **~ ticket** los.

lotus ['loʊtəs] *n.* lotos.

loud [laʊd] *a.* **1.** głośny. **2.** krzykliwy (*o kolorach, zachowaniu*). — *adv.* głośno; **~ and clear** głośno i wyraźnie; **out ~** na głos.

loudly ['laʊdlɪ] *adv.* głośno.

loudspeaker ['laʊdˌspiːkər] *n.* głośnik.

Louisiana [luːˌiːzɪ'ænə] *n.* (stan) Luizjana.

lounge [laʊndʒ] *v.* rozsiadać się, rozpierać się (*w fotelu*); wylegiwać się (*nad basenem*). — *n.* **1.** hol; poczekalnia. **2. arrival/departure ~** hala przylotów/ odlotów.

louse [laʊs] *n.* **1.** *pl.* **lice** [laɪs] wesz. **2.** *pl.* **-es** *pot. obelż.* gnida. — *v.* **~ up** *pot.* spaprać; **~ up on sth** zawalić coś (*zwł. egzamin*).

lousy ['laʊzɪ] *a. pot.* kiepski, marny; **feel ~** czuć się podle.

lout [laʊt] *n.* gbur, cham.

lovable ['lʌvəbl] *a.* uroczy, rozkoszny.

love [lʌv] *n.* **1.** miłość; **~ at first sight** miłość od pierwszego wejrzenia; **fall in ~** zakochać się (*with sb/sth* w kimś/czymś); **in ~** zakochany; **make ~** kochać się (*to/with sb* z kimś). **2.** zamiłowanie; pasja. **3.** *tenis, squash* zero; **~ all** zero do zera; **thirty-~** trzydzieści do zera. **4. give/send (sb) one's ~** przekazywać/przesyłać (komuś) pozdrowienia; **(with) ~** (*także* **lots of ~**) *pot.* ściskam serdecznie (*w zakończeniu listu*). **5. not for ~ or/nor money** *pot.* za żadne skarby świata; żadnym sposobem. — *v.* **1.** kochać. **2.** przepadać za (*kimś l. czymś*); uwielbiać (*to do sth/doing sth* robić coś); **I'd ~ to** z przyjemnością; **we'd ~ you to come** bylibyśmy zachwyceni, gdybyś przyszedł.

love affair *n.* romans.

love life *n.* życie intymne.

lovely ['lʌvlɪ] *a.* **1.** śliczny; **you look ~** ślicznie wyglądasz. **2. have a ~ time** wspaniale się bawić.

lovemaking ['lʌvˌmeɪkɪŋ] *n.* kochanie się, współżycie.

lover ['lʌvər] *n.* **1.** kochan-ek/ka; ukochan-y/a; **~s** kochankowie; zakochani. **2. art/music ~** miłośni-k/ czka sztuki/muzyki.

lovesick ['lʌvˌsɪk] *a.* chory z miłości.

loving ['lʌvɪŋ] *a.* kochający; czuły.

low [loʊ] *a.* **1.** niski; niewysoki, niewielki; **~ bow** głęboki/niski ukłon; **~ income/tax** niski dochód/ podatek; **~ voice** niski głos; ściszony głos. **2. be/run ~** kończyć się, wyczerpywać się; **be (running) ~ on sth** wyczerpywać zapasy czegoś. **3.** pospolity, niewybredny; *pog.* nieokrzesany. **4. feel ~/in ~ spirits** odczuwać przygnębienie. — *adv.* nisko. — *n.* **1.** minimum, rekordowo niski poziom; **fall to/hit a new ~** spaść jeszcze niżej (*o wartości waluty*); **highs and ~s** wzloty i upadki. **2.** niż (barometryczny).

low-cut [ˌloʊ'kʌt] *a.* głęboko wycięty, z dużym dekoltem.

lower ['laʊər] *a. comp. od* **low 1.** niższy (*t. = bardziej prymitywny*); obniżony (*zwł. o cenie*). **2.** dolny; położony niżej; **~ limit** granica dolna; **the ~ Mississippi** dolna Missisipi. — *adv. comp. zob.* **low**. — *v.* **1.** obniżać (*t. = redukować*); spuszczać, opuszczać. **2.** zmniejszać, pomniejszać; ściszać. **3.** zmniejszać się, maleć. **4. ~ one's eyes** spuścić wzrok/oczy; **~ one's voice (to a whisper)** zniżyć głos (do szeptu).

lower case *n.* małe litery; **in ~** małymi literami.

low-fat [ˌloʊ'fæt] *a.* niskotłuszczowy, o niskiej zawartości tłuszczu.

low-key [ˌloʊ'kiː] *a.* stonowany, powściągliwy.

lowlands ['loʊləndz] *n. pl.* teren nizinny; nizina.

lowly ['loʊlɪ] *a. lit.* prosty, skromny.

lox [lɑːks] *n.* wędzony łosoś.

loyal ['lɔɪəl] *a.* lojalny; wierny.

loyalty ['lɔɪəltɪ] *n.* lojalność; wierność; **divided loyalties** konflikt lojalności.

lozenge ['lɑːzɪndʒ] *n.* **1.** pastylka do ssania. **2.** romb.

LP [ˌel 'piː] *abbr., n.* płyta długogrająca, longplay.

Ltd. *abbr.* **limited (liability/company)** sp. z o.o.

lubricant ['luːbrəkənt] *n.* **1.** smar. **2.** środek nawilżający.

lubricate ['luːbrəˌkeɪt] *v.* smarować, oliwić.

lucid ['luːsɪd] *a.* **1.** jasny; klarowny. **2.** jasno rozumujący; przytomny.

luck [lʌk] *n.* szczęście, fortuna; powodzenie; **a stroke of ~** szczęśliwy traf, zrządzenie losu; **as ~ would have it...** traf chciał, że..; **bad/poor/rotten ~** pech; **be in/out of ~** mieć szczęście/pecha; **bring sb (good) ~** przynosić komuś szczęście; **no such ~** *pot.* niestety nie; **pure/sheer ~** czysty przypadek; **wish sb (good) ~/the best of ~** życzyć komuś powodzenia; **with a little bit of ~** (*także* **with any ~**) przy odrobinie szczęścia. — *v.* **~ out** *pot.* mieć fart.

luckily ['lʌkɪlɪ] *adv.* szczęśliwie, na szczęście, szczęściem.

lucky ['lʌkɪ] *a.* szczęśliwy; pomyślny; **~ man** szczęściarz; **~ you!** *pot.* ty to masz dobrze! **be ~** mieć

szczęście; **third time ~** do trzech razy sztuka; **you can count/consider yourself ~...** masz szczęście, że..., powinieneś się cieszyć, że...; **you/I should be so ~!** chciał-byś/bym! (= *wątpię, czy ci/mi się uda*).
lucrative ['lu:krətɪv] *a.* lukratywny, intratny.
ludicrous ['lu:dəkrəs] *a.* niedorzeczny, groteskowy; śmiechu wart.
lug [lʌg] *v.* **~ (around)** taszczyć, wlec.
luggage ['lʌgɪdʒ] *n.* bagaż.
lukewarm [ˌlu:k'wɔ:rm] *a.* **1.** letni, ciepławy. **2.** chłodny, obojętny.
lull [lʌl] *v.* uciszać, uspokajać (*lęki l. podejrzenia*); **~ sb into a false sense of security** uśpić czyjąś czujność; **~ sb into believing sth** sprawić, że ktoś w coś uwierzy. — *n.* chwila ciszy; **the ~ before the storm** cisza przed burzą.
lullaby ['lʌləˌbaɪ] *n.* kołysanka.
lumbar ['lʌmbər] *a.* lędźwiowy.
lumberjack ['lʌmbərˌdʒæk] *n.* drwal.
luminous ['lu:mənəs] *a.* świecący; fosforyzujący.
lump [lʌmp] *n.* **1.** bryłka, grudka. **2.** (*także* **sugar ~**) kostka cukru. **3.** guzek. **4. a ~ in one's throat** ściśnięte gardło. — *v.* **1. ~ (together)** pakować, sklejać *l.* zbijać razem; wrzucać do jednego worka. **2.** zbrylać się, tworzyć grudki.
lump sum *n.* jednorazowa wypłata (*pełnej kwoty*); ryczałt.
lumpy ['lʌmpɪ] *a.* grudkowaty, zbrylony.
lunacy ['lu:nəsɪ] *n.* szaleństwo, obłęd.
lunar ['lu:nər] *a.* księżycowy.
lunatic ['lu:nətɪk] *a.* szalony, zwariowany; obłąkańczy, wariacki. — *n.* wariat/ka, pomyl-eniec/ona.
lunch [lʌntʃ] *n.* lunch; **bag ~** drugie śniadanie (*zabierane do szkoły l. pracy*); suchy prowiant; **buffet ~** stół szwedzki; **business/working ~** służbowy lunch; **go (out) to/for ~** iść na lunch; **have ~** jeść lunch. — *v.* jeść lunch.
lunchbox ['lʌntʃˌbɑ:ks] *n.* pojemnik na drugie śniadanie.
luncheon ['lʌntʃən] *n. form. zob.* **lunch**.
luncheon meat *n.* mielonka.
lunchtime ['lʌntʃˌtaɪm] *n.* pora lunchu/obiadowa.
lung [lʌŋ] *n.* płuco.
lurch [lɝ:tʃ] *v.* przechylać się gwałtownie; chwiać się; **~ (forward)** szarpnąć (*o pojeździe*); **~ to a halt** zahamować gwałtownie. — *n.* **1.** nagły przechył; szarpnięcie; **give a ~** szarpnąć (*o pojeździe*); podskoczyć (*o sercu*). **2. leave sb in the ~** zostawić kogoś na lodzie.
lure [lʊr] *n.* **1.** powab; urok. **2.** przynęta; wabik. — *v.* **~ sb (on)** wabić kogoś; nęcić/kusić kogoś.
lurid ['lʊrəd] *a.* **1.** drastyczny; krwawy; **~ details** szokujące szczegóły. **2.** krzykliwy (*o kolorach, strojach*).
lurk [lɝ:k] *v.* czaić się, czyhać.
luscious ['lʌʃəs] *a.* **1.** smakowity; soczysty. **2.** *pot.* ponętny.
lush [lʌʃ] *a.* **1.** bujny; dorodny; obfity. **2.** luksusowy; wykwintny, kunsztowny.
lust [lʌst] *n.* pożądanie; żądza, pragnienie; **(a) ~ for life** chęć używania życia. — *v.* **~ after sb/sth** pożądać kogoś/czegoś; pragnąć kogoś/czegoś.
luster ['lʌstər] *n.* **1.** połysk; blask. **2.** splendor, polor; **add ~ to sth** przydawać czemuś splendoru.
lustrous ['lʌstrəs] *a.* połyskliwy, lśniący.
lusty ['lʌstɪ] *a.* krzepki, pełen wigoru.
lute [lu:t] *n.* lutnia.
Lutheran ['lu:θərən] *a.* luterański. — *n.* luteran-in/ka.
Luxembourg ['lʌksəmˌbɝ:g] *n.* Luksemburg.
luxuriant [lʌg'ʒʊrɪənt] *a.* **1.** bujny; obfity. **2.** kwiecisty, ozdobny (*o stylu*).
luxuriate [lʌg'ʒʊrɪˌeɪt] *v.* **~ in sth** rozkoszować się czymś.
luxurious [lʌg'ʒʊrɪəs] *a.* luksusowy; kosztowny, zbytkowny; wystawny.
luxury ['lʌgʒərɪ] *n.* luksus, zbytek; **~ goods/items** towary/artykuły luksusowe.
lychee ['li:tʃɪ] *n.* liczi.
Lycra ['laɪkrə] *n.* lycra.
lying ['laɪɪŋ] *v. zob.* **lie**.
lymph [lɪmf] *n.* limfa, chłonka.
lymphatic [lɪm'fætɪk] *a.* limfatyczny.
lymph node *n.* (*także* **lymph gland**) węzeł chłonny/limfatyczny.
lymphocyte ['lɪmfəˌsaɪt] *n.* limfocyt, krwinka biała.
lynch [lɪntʃ] *v.* zlinczować.
lynching ['lɪntʃɪŋ] *n.* lincz, samosąd.
lynx [lɪŋks] *n.* ryś.
lyre [laɪr] *n.* lira.
lyrical ['lɪrɪkl] *a.* **1.** liryczny. **2. wax ~** rozpływać się (w zachwytach).
lyrics ['lɪrɪks] *n. pl.* tekst, słowa (*piosenki*).

M

MA *abbr.* **1.** = **Massachusetts**. **2.** [ˌem 'eɪ] (*także* **M.A.**) = **Master of Arts**.
Ma [mɑ:] *n.* **1.** (*także* **ma**) *pot.* mama.
macabre [mə'kæbrə] *a.* makabryczny.
macaroni [ˌmækə'roʊnɪ] *n.* makaron (*rurki*).
machine [mə'ʃi:n] *n.* **1.** maszyna; (*także* **answering ~**) (automatyczna) sekretarka; (*także* **washing ~**) pralka (automatyczna), automat. **2. party/propaganda ~** machina partyjna/propagandowa.
machine gun *n.* karabin maszynowy.
machinery [mə'ʃi:nərɪ] *n.* **1.** maszyneria. **2. the ~ of sth** mechanizm(y)(funkcjonowania) czegoś (*np. władzy*).
macho ['mætʃoʊ] *a., n.* macho.
mackintosh ['mækɪnˌtɑ:ʃ] *n.* płaszcz przeciwdeszczowy.
mad [mæd] *a.* **1.** szalony, zwariowany; **go ~** zwariować, oszaleć; **be sex-/football-~** mieć bzika na punkcie seksu/futbolu. **2.** *pot.* wściekły; **go ~** wściec się.
madam ['mædəm] *n.* **1. Dear M~** Szanowna Pani; **M~ Chairman** (Szanowna) Pani Przewodnicząca; **yes/no ~** tak/nie, proszę pani. **2.** burdelmama.
madden ['mædən] *v.* doprowadzać do szału.
made [meɪd] *v. pret. i pp.* **1.** *zob.* **make** *v.* **2. be ~ of/from sth** być zrobionym z czegoś. **3. they are/were ~ for each other** są dla siebie stworzeni. — *a.* **hand~** robiony ręcznie; **ready-~** gotowy.

madly ['mædlɪ] *adv.* szalenie; **~ in love** zakochany do szaleństwa.
madman ['mæd,mæn] *n.* wariat; szaleniec; **like a ~** jak szalony.
madness ['mædnəs] *n.* szaleństwo; obłęd.
mafia ['mɑːfɪə] *n.* **the M~** mafia.
magazine ['mægə,ziːn] *n.* **1.** (czaso)pismo, magazyn. **2.** *radio, telew.* magazyn. **3.** magazynek.
maggot ['mægət] *n.* czerw.
magic ['mædʒɪk] *n.* magia; czary; **as if by ~** (*także* **like ~**) jak za dotknięciem czarodziejskiej różdżki; **work like ~** działać/chodzić jak złoto (*o urządzeniu*); działać cudownie (*o metodzie*). — *a.* magiczny; cudowny; czarodziejski, zaczarowany; **~ trick** sztuczka magiczna.
magical ['mædʒɪkl] *a.* **1.** magiczny, czarodziejski. **2.** cudowny.
magician [mə'dʒɪʃən] *n.* **1.** sztukmistrz, magik; iluzjonist-a/ka. **2.** czarodziej; czarownik, czarnoksiężnik.
magistrate ['mædʒɪ,streɪt] *n.* sędzia pokoju.
magnanimous [mæg'nænəməs] *a.* wielkoduszny, wspaniałomyślny.
magnate ['mægneɪt] *n.* magnat, potentat.
magnet ['mægnɪt] *n.* magnes.
magnetic [mæg'netɪk] *a.* magnetyczny.
magnificent [mæg'nɪfɪsənt] *a.* wspaniały; okazały.
magnify ['mægnə,faɪ] *v.* **1.** *t. opt.* powiększać. **2.** wyolbrzymiać. **3.** *form.* potęgować.
magnifying glass ['mægnə,faɪɪŋ ,glæs] *n.* szkło powiększające, lupa.
magnitude ['mægnɪ,tuːd] *n.* **1.** *t. fiz., mat.* wielkość. **2.** waga, rozmiary (*problemu*).
magpie ['mæg,paɪ] *n.* sroka.
mahogany [mə'hɑːgənɪ] *n.* mahoń.
maid [meɪd] *n.* **1.** służąca. **2.** (*także* **chamber~**) pokojówka. **3.** *lit.* dziewczę, panna. **4. old ~** *przest.* stara panna.
maiden ['meɪdən] *n.* **1.** panna. **2.** *lit.* dziewczę; dziewica. — *a.* **1. ~ name** nazwisko panieńskie. **2. ~ voyage/flight** dziewiczy rejs/lot. **3. ~ aunt** niezamężna ciotka.
mail [meɪl] *n.* **1.** poczta; **by ~** pocztą; **(sth came) in the ~** (coś przyszło) pocztą. **2.** (*także* **chain ~**) *hist.* kolczuga. — *a.* pocztowy. — *v.* przesyłać/wysyłać pocztą.
mailbox ['meɪl,bɑːks] *n.* **1.** skrzynka na listy. **2.** skrzynka pocztowa. **3.** *komp.* skrzynka (*w poczcie elektronicznej*).
mailing list ['meɪlɪŋ ,lɪst] *n.* lista adresowa.
mailman ['meɪl,mæn] *n.* listonosz.
mail order *n.* **1.** sprzedaż wysyłkowa. **2.** zamówienie pocztowe.
maim [meɪm] *v.* okaleczyć.
main [meɪn] *a.* główny; **the ~ thing is...** najważniejsze to... — *n.* **1.** magistrala. **2. ~s** sieć (*elektryczna, wodna*); **gas/water ~s** gazociąg/wodociąg.
Maine [meɪn] *n.* (stan) Maine.
mainframe ['meɪn,freɪm] *n.* komputer typu mainframe.
mainland ['meɪnlənd] *n.* **the ~** ląd stały; kontynent. — *a.* **~ China** Chiny kontynentalne; **~ Europe** kontynent europejski.
mainly ['meɪnlɪ] *adv.* głównie; na ogół, przeważnie.
mainstay ['meɪn,steɪ] *n.* podstawa (*gospodarki, czyichś dochodów*); filar (*podpora*) (*organizacji*).
mainstream ['meɪn,striːm] *n.* **the ~** główny/dominujący nurt. — *a.* **~ cinema/politics** główny nurt kinematografii/polityki.
maintain [meɪn'teɪn] *v.* **1.** utrzymywać; podtrzymywać. **2.** konserwować (*budynki, maszyny*). **3.** twierdzić, utrzymywać (*that* że); **he ~ed his innocence** uparcie twierdził, że jest niewinny. **4.** zachowywać; **~ one's independence/position** zachować niezależność/pozycję.
maintenance ['meɪntənəns] *n.* obsługa techniczna, serwis; konserwacja.
majestic [mə'dʒestɪk] *a.* majestatyczny.
majesty ['mædʒəstɪ] *n.* **1.** majestatyczność, majestat. **2. Her/His/Your M~** Jej/Jego/Wasza Królewska Mość.
major ['meɪdʒər] *a.* **1.** większy; ważny, ważniejszy, znaczący; **~ operation** poważna operacja. **2.** *prawn.* pełnoletni. **3.** *muz.* durowy; **C ~** C-dur. **4.** główny, kierunkowy (*o przedmiocie studiów*). — *n.* **1.** *wojsk.* major. **2.** *prawn.* osoba pełnoletnia. **3.** główny kierunek studiów; przedmiot kierunkowy; **sociology/math ~** student/ka socjologii/matematyki. — *v.* **~ in sth** studiować coś (*jako główny kierunek*).
majority [mə'dʒɔːrətɪ] *n.* **1.** większość; **be in the/a ~** być w większości, stanowić większość; **great/large/vast ~** znakomita większość. **2. ~ decision/verdict** decyzja/orzeczenie podjęte większością głosów; **win by a narrow/large ~** wygrać niewielką/znaczną większością głosów. **3.** *prawn.* pełnoletność.
make [meɪk] *v. pret. i pp.* **made 1.** robić, wykonywać; produkować, wytwarzać. **2.** sporządzać (*notatkę, listę*). **3.** tworzyć; ustanawiać (*reguły, prawa*). **4.** dokonywać (*wyboru*); podejmować (*decyzje*). **5.** czynić (*postępy*); poczynić (*uwagi, zmiany*). **6.** stanowić, być; **it'll ~ a good gift** to będzie dobre na prezent; **she will ~ a good doctor** będzie z niej dobry lekarz. **7. five and two ~ seven** pięć plus dwa jest siedem; **twelve inches ~ a foot** dwanaście cali daje stopę. **8. ~ sb do sth** kazać komuś coś zrobić; zmusić kogoś do (zrobienia) czegoś; **~ sb laugh** rozśmieszyć kogoś; **what ~s you say that?** dlaczego tak mówisz? **9. ~ sth happen** sprawić/spowodować, że coś się stanie; **~ sth possible/easy/difficult** umożliwiać/ułatwiać/utrudniać coś. **10. ~ believe (that)...** udawać, że... **11. ~ do with sth** zadowolić się czymś; **~ do without sb/sth** dawać sobie radę bez kogoś/czegoś. **12. ~ to leave** zbierać się do odejścia/wyjazdu. **13. ~ as if to do sth** sprawiać wrażenie, jakby miało się (zaraz) coś zrobić. **14. ~ the club/national team** dostać się do klubu/reprezentacji. **15. ~ a mess/a lot of noise** narobić bałaganu/dużo hałasu; **~ a mistake/an error** zrobić błąd, pomylić się; **~ a profit** (*także* **~ money**) zarobić; **~ it** *pot.* zdążyć; osiągnąć sukces; **he didn't ~ it** nie udało mu się; **that ~s two of us** *pot.* ja też. **16. ~ away/off with sth** *pot.* ulotnić się z czymś; **~ for sth** zdążać dokądś, kierować się dokądś/ku czemuś; przyczyniać się do czegoś; **~ X into Y** przerobić X na Y; **~ sth of sth** dopatrywać się czegoś w czymś; **I can't ~ anything of it** nic z tego nie pojmuję; **what do you ~ of this?** co o tym sądzisz? **~ (too) much of sth** przywiązywać (zbyt) wielką wagę do czegoś; **~ off** *pot.* zbiec, uciec; **~ out** sporządzić (*listę, dokument*); wystawić, wypisać (*czek, pokwitowanie*); odcyfrować, odczytać; zrozumieć; odgadnąć; *pot.* całować się namiętnie; **~ out to**

do sth *pot.* udawać, że się coś robi; **~ sth over** przerobić coś (*into sth* na coś); **~ sth over to sb** przepisać coś na kogoś; **~ up** wymyślić, zmyślić; ułożyć (*np. wierszyk*); malować się, robić (sobie) makijaż; pogodzić się (*o przyjaciołach, kochankach*); **be made up of sth** składać się z czegoś; **~ up for sth** nadrobić/nadgonić coś; **I'll ~ it up to you** wynagrodzę ci to. — *n.* marka; **what ~ is that car?** jakiej to marki samochód?

make-believe ['meɪkbɪˌliːv] *n.* udawanie, pozory. — *a.* fikcyjny; udawany; pozorny.

makeover ['meɪkˌoʊvər] *n.* zmiana wizerunku.

maker ['meɪkər] *n.* **1.** wykonaw-ca/czyni; producent/ka; **car-~** producent samochodów; **film~** filmowiec; **dress~** krawcowa. **2. coffee ~** ekspres do kawy; **icecream ~** maszyna do (robienia) lodów. **3. M~** Stwórca.

makeshift ['meɪkˌʃɪft] *a.* prowizoryczny.

make-up ['meɪkˌʌp], **makeup** *n.* **1.** kosmetyki upiększające; makijaż; (*także* **stage ~**) charakteryzacja. **2.** budowa, układ.

make-up remover *n.* płyn do demakijażu.

making ['meɪkɪŋ] *n.* **1.** tworzenie (się); wytwarzanie, produkcja; **furniture-/watch~** produkcja mebli/zegarków. **2. have the ~s of a scholar** mieć zadatki na uczonego; **in the ~** przyszły; **of one's own ~** własnoręcznie stworzony/wywołany (*np. o kryzysie*).

malaria [mə'lerɪə] *n.* malaria.

male [meɪl] *a.* **1.** męski; **~ child** dziecko płci męskiej. **2.** samczy. — *n.* **1.** mężczyzna. **2.** samiec.

male chauvinist *n.* męski szowinista.

male nurse *n.* pielęgniarz.

malice ['mæləs] *n.* złośliwość; zła wola; złe zamiary.

malicious [mə'lɪʃəs] *a.* złośliwy.

malignant [mə'lɪgnənt] *a.* złośliwy (*o nowotworze*).

mall [mɔːl] *n.* (*także* **shopping ~**) centrum handlowe.

mallet ['mælɪt] *n.* młotek (*drewniany*).

malnutrition [ˌmælnʊ'trɪʃən] *n.* niedożywienie; niewłaściwe odżywianie.

malpractice [mæl'præktɪs] *n. prawn.* błąd w sztuce; zaniedbanie obowiązków.

malt [mɔːlt] *n.* **1.** słód. **2. ~ whiskey** whisky słodowa (*szkocka*).

maltreat [mæl'triːt] *v.* znęcać się nad (*kimś*), maltretować.

mammal ['mæml] *n.* ssak.

mammoth ['mæməθ] *n.* mamut.

man [mæn] *n. pl.* **men 1.** mężczyzna. **2.** *przest.* człowiek; **modern ~** człowiek współczesny. **3.** *szachy* pionek. **4. men** robotnicy; żołnierze (*szeregowi*); marynarze. **5. ~ and wife** *lit.* mąż i żona; **(as) ~ to ~** jak mężczyzna z mężczyzną, po męsku; **I'm your ~!** zgoda!, wchodzę w to! **my old ~** *pot.* mój stary (= *ojciec*); **the ~ in the street** przeciętny/szary człowiek; **to a ~** *lit.* co do jednego; **Yale/Princeton ~** absolwent Yale/Princeton. — *v.* **1.** obsadzać załogą (*fort, statek*). **2.** obsługiwać (*urządzenie*). **3.** obejmować (*stanowisko, placówkę*). — *int. pot.* o rany!

manage ['mænɪʤ] *v.* **1. ~ to do sth** dać radę/zdołać coś zrobić; **sb ~d to do sth** komuś udało się coś zrobić. **2. ~ sth** radzić sobie/dawać sobie radę z czymś; **we'll ~ (it) somehow** jakoś sobie (z tym) poradzimy. **3.** prowadzić (*gospodarstwo, sklep*); zarządzać, kierować (*przedsiębiorstwem*). **4.** władać (*bronią*); obchodzić się z, operować (*narzędziem*).

management ['mænɪʤmənt] *n.* **1.** zarządzanie, prowadzenie, kierowanie. **2.** kierownictwo, zarząd.

manager ['mænɪʤər] *n.* **1.** kierowni-k/czka, dyrektor/ka. **2.** menedżer, menadżer (*firmy, drużyny*); menażer (*artysty*).

managerial [ˌmænɪ'ʤiːrɪəl] *a.* kierowniczy; menedżerski; dotyczący zarządzania.

mandate ['mændeɪt] *n.* **1.** *polit.* mandat. **2.** pełnomocnictwo.

mandatory ['mændəˌtɔːrɪ] *a.* **1.** obowiązkowy, przymusowy. **2.** ustawowy, nakazany prawem.

mane [meɪn] *n.* grzywa.

maneuver [mə'nuːvər] *n.* manewr; **~s** manewry; **room for ~** pole do manewru. — *v.* **~ sb into sth** wmanewrować kogoś w coś; **~ sb into doing sth** pokierować kimś tak, że coś zrobi; **~ sth into sth** ulokować coś w czymś.

manger ['meɪnʤər] *n.* żłób.

mango ['mæŋgoʊ] *n.* mango.

mangy ['meɪnʤɪ] *a.* **1.** parchaty; wyliniały. **2.** nędzny, brudny (*o budynku, dywanie*).

manhandle ['mænˌhændl] *v.* **1.** obchodzić się obcesowo z (*kimś*); poniewierać (*kimś*). **2.** przesuwać/przenosić ręcznie (*ładunek*).

manhole ['mænhoʊl] *n.* właz.

manhood ['mænhʊd] *n.* **1.** męskość. **2.** wiek męski.

man-hour ['mɑːnˌaʊr] *n.* roboczogodzina.

manhunt ['mænˌhʌnt] *n.* obława.

mania ['meɪnɪə] *n.* mania; **persecution ~** mania prześladowcza.

maniac ['meɪnɪæk] *n.* mania-k/czka. — *a.* (*także* **~al**) maniakalny; maniacki.

manic ['mænɪk] *a.* maniakalny.

manicure ['mænəkjʊr] *n.* manicure, manikiur. — *v.* robić manicure (*komuś*).

manifest ['mænəˌfest] *v.* manifestować, demonstrować; przejawiać, zdradzać; **~ itself** przejawiać się. — *a. form.* oczywisty, ewidentny; wyraźny.

manifestation [ˌmænəfe'steɪʃən] *n. form.* przejaw, oznaka.

manifesto [ˌmænɪ'festoʊ] *n.* manifest, orędzie.

manipulate [mə'nɪpjəˌleɪt] *v.* **1.** manipulować (*kimś l. czymś*). **2.** operować (*narzędziem*). **3.** fałszować (*czeki, rachunki*).

mankind [ˌmæn'kaɪnd] *n.* ludzkość, rodzaj ludzki.

manly ['mænlɪ] *a.* męski (= *dzielny, silny*).

man-made [ˌmæn'meɪd] *n.* sztuczny (*o jeziorze, włóknach*).

manner ['mænər] *n.* **1.** sposób; **in this ~** w ten/taki sposób. **2.** styl/sposób bycia, zachowanie się. **3.** *sztuka* styl, maniera. **4. ~s** maniery; **(good/bad) ~s** (dobre/złe) wychowanie; **it's bad ~s to stare** niegrzecznie jest gapić się. **5. in a ~ of speaking** w pewnym sensie, poniekąd.

mannerism ['mænəˌrɪzəm] *n.* **1.** maniera. **2.** manieryzm.

manor ['mænər] *n.* (*także* **~ house**) dwór, rezydencja ziemska.

manpower ['mænˌpaʊər] *n.* siła robocza.

mansion ['mænʃən] *n.* rezydencja.

manslaughter ['mænˌslɔːtər] *n.* zabójstwo; *prawn.* pozbawienie życia; **involuntary ~** nieumyślne spowodowanie śmierci.

mantel ['mæntl] *n.* (*także* **mantelpiece**) półka/gzyms nad kominkiem.

mantra ['mæntrə] *n.* mantra.

manual ['mænjʊəl] *a.* **1.** ręczny. **2.** manualny. **3.** ~ **labor/work** praca fizyczna. — *n.* **1.** podręcznik. **2.** (*także* **instruction** ~) instrukcja obsługi.

manufacture [ˌmænjə'fæktʃər] *form. v.* **1.** produkować, wytwarzać. **2.** zmyślać. — *n.* produkcja, wytwarzanie.

manufacturer [ˌmænjə'fæktʃərər] *n.* producent, wytwórca.

manure [mə'nʊr] *n.* obornik, gnój. — *v.* nawozić.

manuscript ['mænjəˌskrɪpt] *n.* **1.** rękopis; **in** ~ w rękopisie. **2.** manuskrypt.

many ['menɪ] *a.* **1.** wiele, dużo; wielu, liczni; **a great** ~ mnóstwo; **how** ~? ile? ilu? **2. as** ~ **as twenty** aż dwadzieścia; **five times as** ~ pięć razy więcej. **3. in so** ~ **words** bez ogródek; **not in so** ~ **words** nie wprost. — *n.* **the** ~ *form.* większość (*ludzi*).

map [mæp] *n.* **1.** mapa; **road** ~ atlas samochodowy; **street** ~ plan miasta. **2. put sth on the** ~ spopularyzować/rozsławić coś; **wipe sth off the** ~ zetrzeć coś z powierzchni ziemi. — *v.* **1.** sporządzać mapę (*czegoś*), przedstawiać na mapie. **2.** *mat.* odwzorowywać. **3.** ~ **out** zaplanować szczegółowo; rozplanować.

maple ['meɪpl] *n.* klon; ~ **syrup/sugar** syrop/cukier klonowy.

mar [mɑːr] *v.* zepsuć, zeszpecić (*wygląd, widok*); zrujnować (*np. urlop*); zmącić (*przyjemność*).

marathon ['merəˌθɑːn] *n.* maraton. — *a.* maratoński; maratonowy.

marble ['mɑːrbl] *n.* **1.** marmur. **2.** (szklana) kulka; **~s** gra w kulki. — *a.* marmurowy.

March [mɑːrtʃ] *n.* marzec; *zob. t.* **February** (for phrases).

march [mɑːrtʃ] *v.* **1.** maszerować. **2.** ~ **sb in/out** wprowadzić/wyprowadzić kogoś (siłą); ~ **into sth** wmaszerować/wkroczyć gdzieś; ~ **past sb** przemaszerować/przedefilować przed kimś. — *n.* **1.** marsz; **peace** ~ marsz pokojowy. **2.** bieg (*wypadków, historii*); pochód (*pokoleń*).

mare ['mer] *n.* klacz, kobyła.

margarine ['mɑːrdʒərɪn] *n.* margaryna.

margin ['mɑːrdʒɪn] *n.* margines; **in the** ~ na marginesie (*notować*); **on the ~(s) of politics** na obrzeżach polityki; **win by a narrow/wide** ~ wygrać małą/dużą różnicą głosów.

marginal ['mɑːrdʒənl] *a.* **1.** marginalny, nieznaczny; marginesowy. **2.** minimalny.

marginally ['mɑːrdʒənlə] *adv.* **1.** marginalnie, nieznacznie. **2.** minimalnie, tylko trochę (*np. lepszy*).

marigold ['merəˌgoʊld] *n.* nagietek.

marijuana [ˌmerə'wɑːnə], **marihuana** *n.* marihuana.

marina [mə'riːnə] *n.* przystań jachtowa.

marinate ['merəˌneɪt] *v.* marynować (się).

marine [mə'riːn] *a.* **1.** morski (*o roślinach, ssakach*). **2.** okrętowy. — *n.* **1.** żołnierz piechoty morskiej; **the M~s** piechota morska. **2. merchant** ~ marynarka handlowa.

marital ['merɪtl] *a.* małżeński.

maritime ['merɪˌtaɪm] *a. form.* **1.** morski (*o potędze, muzeum*). **2.** nadmorski (*o regionie*).

marjoram ['mɑːrdʒərəm] *n.* majeranek.

mark [mɑːrk] *n.* **1.** plama; **grease ~s** tłuste plamy. **2.** ślad; **bite** ~ ślad po ukąszeniu. **3.** znak (*np. na skali*); wskaźnik. **4.** znamię; **birth~** znamię wrodzone. **5.** (*także* **~ing**) cętka, plamka (*u zwierzęcia*). **6. leave one's/its/a** ~ **on sth** odcisnąć (swoje) piętno na czymś. **7. exclamation** ~ wykrzyknik; **interrogation/question** ~ znak zapytania, pytajnik; **punctuation** ~ znak interpunkcyjny; **quotation** ~ cudzysłów. **8.** cel; **hit/miss the** ~ trafić/nie trafić. **9.** stopień, ocena; **full ~s** najwyższa ocena, maksymalna ilość punktów. **10.** marka (*waluta*). **11. be slow off the** ~ *pot.* mieć spóźniony zapłon; wolno myśleć/kojarzyć; **make a/one's** ~ wyrobić sobie pozycję (*in/on sth* w czymś); **wide of the** ~ (*także* **off the** ~) całkiem chybiony, zupełnie błędny. — *v.* **1.** znakować, znaczyć; zaznaczać. **2.** wyznaczać (*pozycję, miejsce*); stanowić (*punkt zwrotny*). **3.** upamiętniać (*rocznicę*). **4.** oceniać (*pracę pisemną*). **5. be ~ed by sth** cechować/charakteryzować się czymś; nosić ślady czegoś. **6.** ~ **time** dreptać w miejscu; grać na zwłokę. **7.** ~ **down** przecenić (*towar*); obniżyć (*cenę*); ~ **sb down** obniżyć komuś ocenę (*for sth* za coś); ~ **off** odgrodzić (*kawałek gruntu*); odhaczyć, odfajkować (*na liście*); ~ **out** wytyczyć (*np. trasę wyścigu*); ~ **up** podnieść cenę (*towaru*).

marked [mɑːrkt] *a.* wyraźny, zauważalny.

marker ['mɑːrkər] *n.* **1.** znak (*wytyczający*); słupek. **2.** zakreślacz, marker.

market ['mɑːrkət] *n.* **1.** (*także* **~place**) targ, targowisko. **2.** rynek; rynek zbytu; **domestic/foreign** ~ rynek krajowy/zagraniczny; **job/labor** ~ rynek pracy; **on the** ~ dostępny na rynku, w sprzedaży. **3. the** ~ giełda; **play the** ~ grać na giełdzie. — *v.* **1.** wprowadzać na rynek; reklamować (*as* jako). **2.** handlować (*produktem*), sprzedawać. — *a.* **1.** targowy. **2.** rynkowy. **3.** giełdowy.

marketing ['mɑːrkətɪŋ] *n.* marketing.

marketplace ['mɑːrkətˌpleɪs] *n. zob.* **market**.

market research *n.* badanie rynku.

marksman ['mɑːrksmən] *n.* strzelec wyborowy.

marmalade ['mɑːrməleɪd] *n.* dżem (*z owoców cytrusowych*).

maroon [mə'ruːn] *a., n.* (kolor) kasztanowy. — *v.* porzucić na bezludziu.

marriage ['merɪdʒ] *n.* **1.** małżeństwo; **he has two sons by his first** ~ ma dwóch synów z pierwszego małżeństwa. **2.** ślub. **3.** mariaż.

marriage certificate *n.* akt ślubu.

married ['merɪd] *a.* **1.** żonaty; zamężna; **get** ~ pobrać się, wziąć ślub. **2.** ~ **couple** małżeństwo (= *mąż i żona*); ~ **life** życie małżeńskie; ~ **name** nazwisko po mężu.

marrow ['meroʊ] *n.* **1. (bone)** ~ szpik (kostny). **2. chilled/frozen to the** ~ przemarznięty do szpiku kości.

marry ['merɪ] *v.* **1.** pobierać się, brać ślub; żenić się; wychodzić za mąż. **2.** poślubić; ożenić się z (*kimś*); wyjść (za mąż) za (*kogoś*). **3.** udzielać ślubu, dawać ślub (*komuś*). **4.** wydawać (za mąż) (*to sb* za kogoś). **5.** ~ **sth and sth** *form.* pożenić coś z czymś. **6.** ~ **into** wżenić się w (*bogatą rodzinę*); ~ **sb off** wydać kogoś za mąż, znaleźć męża dla kogoś.

marsh [mɑːrʃ] *n.* bagna, moczary.

marshal ['mɑːrʃl] *n.* **1.** marszałek; **field** ~ feldmarszałek, marszałek polny. **2.** szeryf. **3.** komendant policji; komendant straży pożarnej. — *v.* porządkować (*fakty*); zbierać (*myśli, siły*); zdobywać (*poparcie*).

marsupial [mɑːr'suːpɪəl] *n.* torbacz.

martial ['mɑːrʃl] *a.* **1.** wojskowy; żołnierski. **2.** ~ **arts** sztuki walki. **3.** ~ **law** stan wojenny.

Martian ['mɑːrʃən] *a.* marsjański. — *n.* Marsjan-in/ka.
martyr ['mɑːrtər] *n.* męczenni-k/ca.
martyrdom ['mɑːrtərdəm] *n.* męczeństwo.
marvel ['mɑːrvl] *n.* cud; fenomen. — *v.* **~ at sth** *lit.* zdumiewać/zachwycać się czymś.
marvelous ['mɑːrvləs] *a.* cudowny, wspaniały.
Marxist ['mɑːrksɪst] *a.* marksistowski. — *n.* marksist-a/ka.
Maryland ['merələnd] *n.* (stan) Maryland.
marzipan ['mɑːrzə,pæn] *n.* marcepan.
mascara [mæ'skerə] *n.* tusz do rzęs.
mascot ['mæskɑːt] *n.* maskotka.
masculine ['mæskjələn] *a.* **1.** męski. **2.** *gram.* rodzaju męskiego. — *n.* rzeczownik rodzaju męskiego; forma męska; rodzaj męski.
mash [mæʃ] *n.* **1.** papka, miazga. **2.** zacier. — *v.* robić purée z (*owoców, warzyw*).
mashed potatoes [,mæʃt pə'teɪtouz] *n.* tłuczone ziemniaki, purée ziemniaczane.
mask [mæsk] *n.* **1.** maska. **2.** maseczka (*kosmetyczna*). — *v.* **1.** zasłaniać, zakrywać (*twarz*). **2.** maskować (*uczucia, zapach*); ukrywać (*intencje*).
masochist ['mæsəkɪst] *n.* masochist-a/ka.
mason ['meɪsən] *n.* **1.** murarz-kamieniarz. **2. M~** mason, wolnomularz.
masonic [mə'sɑːnɪk] *a.* masoński.
masonry ['meɪsənrɪ] *n.* **1.** murarstwo; kamieniarstwo. **2.** masoneria, wolnomularstwo.
masquerade [,mæskə'reɪd] *n.* **1.** maskarada. **2.** pozory (*of sth* czegoś). — *v.* **~ as sb/sth** przebrać się za kogoś/coś; udawać kogoś/coś, podawać się za kogoś/coś.
mass [mæs] *n.* **1.** masa; nagromadzenie, zbiorowisko; masy (*powietrza*); połacie (*lądu*). **2. the ~es** masy (*ludowe*). **3.** (*także* **M~**) msza. — *a.* masowy. — *v.* gromadzić (się).
Massachusetts [,mæsə'tʃuːsɪts] *n.* (stan) Massachusetts.
massacre ['mæsəkər] *n.* masakra, rzeź. — *v.* urządzić rzeź/masakrę wśród (*kogoś l. czegoś*).
massage [mə'sɑːʒ] *n.* masaż; **give sb a ~** zrobić komuś masaż. — *v.* masować; rozmasowywać.
masseur [mæ'sʊr] *n.* masażysta.
masseuse [mæ'suːz] *n.* masażystka.
massive ['mæsɪv] *a.* **1.** masywny. **2.** ogromny (*o wzroście*); potężny (*o dawce*). **3. ~ stroke/heart attack** rozległy wylew/zawał.
mass media *n. pl.* **the ~** środki masowego przekazu, media.
mass production *n.* produkcja masowa.
mast [mæst] *n.* maszt.
master ['mæstər] *n.* **1.** mistrz; **past ~** absolutny mistrz (*at/in/of sth* w czymś). **2.** pan (*sługi, psa*). — *a.* **1. ~ switch/valve** wyłącznik/zawór główny. **2. ~ carpenter/builder** mistrz stolarski/murarski. — *v.* opanować (*przedmiot, emocje*).
masterly ['mæstərlɪ] *a.* mistrzowski.
mastermind ['mæstər,maɪnd] *v.* zaplanować i zorganizować. — *n.* mózg (*przedsięwzięcia*).
Master of Arts *n.* magister nauk humanistycznych.
Master of Science *n.* magister nauk ścisłych.
masterpiece ['mæstər,piːs] *n.* (*także* **masterwork**) arcydzieło.
masterstroke ['mæstər,strouk] *n.* majstersztyk.
mastery ['mæstərɪ] *n.* **1. ~ of/over sb/sth** panowanie nad kimś/czymś. **2. ~ of sth** biegłe opanowanie czegoś.
masturbate ['mæstər,beɪt] *v.* onanizować się.
masturbation [,mæstər'beɪʃən] *n.* masturbacja.
mat [mæt] *n.* **1.** mata; dywanik; (*także* **door~**) wycieraczka. **2.** podkładka; **beer ~** podkładka pod szklankę/kufel. — *a.* (*także* **matt, matte**) matowy; **~ finish** matowe wykończenie.
match [mætʃ] *n.* **1.** mecz. **2.** zapałka. **3. be a perfect ~** stanowić dobraną parę, idealnie do siebie pasować; **be no ~ for sb** nie dorównywać komuś; **meet one's ~** znaleźć godnego (siebie) przeciwnika, trafić na równego sobie. — *v.* **1.** pasować do (*czegoś*); pasować do siebie (nawzajem). **2. ~ (up)** dobierać, dopasowywać; **a red dress and shoes to ~** czerwona sukienka i buty pod kolor. **3. be ~ed by sth** iść w parze z czymś. **4. ~ up** zgadzać/pokrywać się (*o relacjach*); **~ up to sb's expectations/hopes** spełniać czyjeś oczekiwania/nadzieje.
matchbox ['mætʃ,bɑːks] *n.* pudełko od zapałek.
matching ['mætʃɪŋ] *a.* dobrze dobrany, pasujący (do siebie); pod kolor.
matchmaker ['mætʃ,meɪkər] *n.* swatka.
mate ['meɪt] *n.* **1.** partner/ka (*seksualny, życiowy*). **2. room~/flat~** współlokator/ka; **school~/team~** kolega/żanka ze szkoły/z drużyny. **3.** *pot.* kumpel/a; *voc.* koleś, stary. **4.** = **checkmate**. — *v.* parzyć się, łączyć się w pary.
material [mə'tiːrɪəl] *n.* **1.** materiał; (*także* **raw ~**) surowiec. **2.** tkanina, materiał. **3. publicity/teaching ~s** materiały reklamowe/dydaktyczne. **4. writing ~s** przybory do pisania. — *a.* **1.** materialny. **2.** rzeczowy (*o dowodzie*); majątkowy (*o korzyści*).
materialistic [mə'tiːrɪəlɪstɪk] *a.* materialistyczny.
materialize [mə'tiːrɪə,laɪz] *v.* zmaterializować się; urzeczywistnić/spełnić się; dojść do skutku.
maternal [mə'tɝːnl] *a.* **1.** matczyny; macierzyński. **2. ~ uncle/grandfather** wuj/dziadek ze strony matki.
maternity [mə'tɝːnətɪ] *n.* macierzyństwo. — *a.* **~ clothes** odzież dla kobiet w ciąży; **~ dress** sukienka ciążowa; **~ hospital** szpital położniczy; **~ leave** urlop macierzyński; **~ ward** oddział położniczy, porodówka.
math [mæθ] *n.* matematyka.
mathematical [,mæθə'mætɪkl] *a.* matematyczny.
mathematician [,mæθəmə'tɪʃən] *n.* matematy-k/czka.
mathematics [,mæθə'mætɪks] *n.* matematyka.
matrimony ['mætrə,mounɪ] *n.* *form.* związek małżeński; **holy ~** święty węzeł małżeński, sakrament małżeństwa.
matrix ['meɪtrɪks] *n. pl.* **-es** *l.* **matrices** ['meɪtrɪ,siːz] **1.** macierz. **2.** matryca. **3.** *form.* kontekst (*społeczny, kulturowy*).
matron ['meɪtrən] *n.* **1.** matrona. **2.** dozorczyni w więzieniu dla kobiet.
matted ['mætɪd] *a.* splątany, pozlepiany (*o włosach, sierści*).
matter ['mætər] *n.* **1.** sprawa; kwestia; rzecz. **2.** materia. **3. advertising ~** materiały reklamowe; **gray/white ~** *anat.* istota szara/biała; **printed ~** druki; **subject ~** tematyka, temat (*książki*). **4. a ~ of life and death** sprawa życia i śmierci; **a ~ of taste** rzecz gustu, kwestia smaku; **as a ~ of course**

automatycznie; rutynowo; **for that ~** jeśli o to chodzi; **in a ~ of seconds** w kilka sekund; **is anything the ~?** (czy) coś (jest) nie tak? **it's only/just a ~ of time** to tylko kwestia czasu; **make ~s worse** pogarszać sytuację/sprawę; **no ~ what** bez względu na to, co się stanie; **the fact/truth of the ~ is (that)...** prawda jest taka, że...; **to make ~s worse,...** co gorsza,...; **what's the ~?** co się stało?, o co chodzi? **what's the ~ with her?** co jej jest? — *v.* mieć znaczenie; liczyć się; robić różnicę; **it doesn't ~** to nie ma znaczenia; (nic) nie szkodzi.

matter-of-fact [ˌmætərəv'fækt] *a.* **1.** rzeczowy, suchy (*o relacji*). **2.** praktyczny, życiowy (*o osobie*).

mattress ['mætrəs] *n.* materac; siennik.

mature [mə'tʃʊr] *a.* **1.** dojrzały. **2.** dorosły. — *v.* **1.** dojrzewać. **2.** dorośleć.

maturity [mə'tʃʊrətɪ] *n.* dojrzałość; wiek dojrzały.

mauve [moʊv] *a., n.* (kolor) bladofioletowy.

maverick ['mævərɪk] *n.* **1.** indywidualist-a/ka. **2.** osoba niezależna.

maxim ['mæksɪm] *n.* maksyma.

maximum ['mæksəməm] *a.* maksymalny. — *n. pl.* **-s** *l.* **maxima** ['mæksəmə] maksimum; **the temperature will reach a ~ of 20°C** temperatura maksymalna wyniesie 20°C.

May [meɪ] *n.* maj; *zob. t.* **February** (for phrases).

may [meɪ] *v. pret.* **might 1.** móc; **~ I speak to you (in private)?** (czy) możemy porozmawiać (na osobności)? **he ~ have gone away** (być) może wyjechał; **if I ~** jeśli mogę/wolno; **she ~ be smart, but...** może i jest inteligentna, ale... **2. be that as it ~** tak czy inaczej, tak czy owak; **come what ~** niech się dzieje, co chce.

maybe ['meɪbɪ] *adv.* (być) może.

mayhem ['meɪhem] *n.* chaos, zamęt.

mayonnaise [ˌmeɪə'neɪz] *n.* majonez.

mayor ['meɪər] *n.* burmistrz.

maze [meɪz] *n.* labirynt.

MD *abbr.* = **Maryland**.

ME *abbr.* = **Maine**.

me [miː] *pron.* mi; mnie; mną; ja; **~ too** ja też; **about ~** o mnie; **give it to ~** daj mi to; **it's ~** to ja; **show ~** pokaż mi; **with ~** ze mną.

meadow ['medoʊ] *n.* łąka.

meager ['miːgər] *a.* skąpy, skromny.

meal [miːl] *n.* **1.** posiłek; **go out for a ~** wyjść do restauracji, pójść coś zjeść. **2. bone/fish ~** mączka kostna/rybna; (*także* **corn ~**) mączka kukurydziana.

mean [miːn] *v. pret. i pp.* **meant 1.** znaczyć; oznaczać; mieć znaczenie; **~ nothing to sb** nic dla kogoś nie znaczyć; **does this ~ anything to you?** czy to ci coś mówi? **what does this ~?** co to znaczy? **2.** mieć na myśli; rozumieć; **if you know what I ~** jeśli rozumiesz, o co mi chodzi; **I didn't ~ it that way** nie to miałem na myśli; **I see what you ~** rozumiem; **what do you ~?** co chcesz (przez to) powiedzieć? jak to? **3. ~ to do sth** zamierzać coś zrobić; **I didn't ~ to hurt you** nie chciałem cię skrzywdzić; **~ well** chcieć dobrze, mieć dobre intencje. **4. be meant to do sth** mieć coś zrobić; **be meant for sb** być przeznaczonym dla kogoś, powstać z myślą o kimś; **be meant for sth** być stworzonym do czegoś; **this was meant to be/happen** tak musiało być/się stać. — *a.* **1.** podły, nędzny, nikczemny; nieprzyjemny, złośliwy. **2.** *mat. stat.* średni. **3.** *lit.* lichy, nędzny; marny. **4. no ~ feat/trick** nie byle co. — *n.* **1. the ~ of sth** średnia z czegoś. **2.** *zob. t.* **means**.

meaning ['miːnɪŋ] *n.* znaczenie; sens; wymowa; **the ~ of life** sens życia; **what's the ~ of this?** co to ma znaczyć?

meaningful ['miːnɪŋfʊl] *a.* **1.** sensowny; zrozumiały. **2.** znaczący, wymowny, wiele mówiący. **3. ~ relationship** poważny związek.

meaningless ['miːnɪŋləs] *a.* **1.** bezsensowny. **2.** bez znaczenia, niemający znaczenia.

meanness ['miːnnəs] *n.* podłość; złośliwość.

means [miːnz] *n. pl.* **means 1.** sposób; środek; droga; **a ~ to an end** środek do celu; **by ~ of sth** za pomocą czegoś; **by all ~** jak najbardziej, ależ oczywiście; z całą pewnością; **by no ~** (*także* **not by any ~**) w żadnym wypadku/razie; bynajmniej/wcale (nie). **2. ~ of production** środki produkcji; **~ of transportation** środek/środki komunikacji/transportu. **3. (well) within sb's ~** w zasięgu czyichś możliwości (finansowych); **live beyond one's ~** żyć ponad stan; **man/woman of ~** *form.* osoba zamożna.

meant [ment] *v. zob.* **mean**.

meantime ['miːntaɪm] *n.* **1. in the ~** tymczasem, w tym czasie, w międzyczasie; do tego czasu. **2. for the ~** póki co, chwilowo. — *adv.* = **meanwhile**.

meanwhile ['miːnˌwaɪl] *adv.* tymczasem, w tym (samym) czasie; przez ten czas; do tego czasu, w międzyczasie.

measles ['miːzlz] *n.* (*także* **the ~**) odra; **German ~** różyczka.

measure ['meʒər] *n.* **1.** środek, krok, działanie; **take ~s** przedsiębrać środki, podejmować działania/kroki. **2.** miara, jednostka (miary); **weights and ~s** miary i wagi. **3. a ~ of sth** miara/sprawdzian czegoś (*popularności, umiejętności*); pewna doza czegoś (*swobody, sukcesu*). **4.** miarka; **tape ~** taśma miernicza. **5.** *muz.* takt. **6. for good ~** na dokładkę; **in large/some ~** *form.* w dużym pewnym/stopniu. — *v.* **1.** mierzyć; **~ sb for sth** brać z kogoś miarę na coś; **~ sth by sth** mierzyć coś czymś/za pomocą czegoś; **~ 30 feet** mierzyć 30 stóp. **2. ~ sb/sth against sb/sth** sądzić kogoś/coś według kogoś/czegoś; **~ off** odmierzyć (*długość, teren*); **~ out** odmierzyć (*porcję czegoś*); **~ up** wymierzyć (*pokój, dywan*); **~ up to sth** sprostać czemuś.

measured ['meʒərd] *a.* **1.** wyważony. **2.** miarowy.

measurement ['meʒərmənt] *n.* **1.** wymiar; *handl.* rozmiar; **chest/hip ~** obwód klatki piersiowej/bioder; **take sb's ~** brać/zdejmować z kogoś miarę. **2.** pomiar.

meat [miːt] *n.* **1.** mięso. **2.** treść, zawartość (*np. wykładu*).

meatball ['miːtˌbɔːl] *n.* klopsik.

mechanic [mə'kænɪk] *n.* mechanik.

mechanical [mə'kænɪkl] *a.* **1.** mechaniczny. **2.** machinalny.

mechanics [mə'kænɪks] *n.* **1.** mechanika. **2. the ~ of (doing) sth** mechanizm (robienia) czegoś; **the ~ of the stock exchange** mechanizmy giełdowe.

mechanism ['mekəˌnɪzəm] *n.* **1.** mechanizm. **2.** tryb, sposób.

medal ['medl] *n.* medal.

medalist ['medlɪst] *n.* medalist-a/ka.

medallion [mə'dæljən] *n.* medalion.

meddle ['medl] *v.* **1.** wtrącać się, mieszać się (*with/in sth* do czegoś/w coś). **2.** grzebać, kombinować (*with sth* przy/w czymś).
media ['mi:dɪə] *n.* **1. the ~** (mass) media, środki (masowego) przekazu. **2.** *zob.* **medium** *n.*
mediate *v.* ['mi:dɪˌeɪt] pośredniczyć; prowadzić mediację, występować w roli mediatora.
mediation [ˌmi:dɪ'eɪʃən] *n.* pośrednictwo; mediacja.
mediator ['mi:dɪˌeɪtər] *n.* pośredni-k/czka; mediator/ka.
medical ['medɪkl] *a.* medyczny; lekarski; leczniczy; **~ certificate** zaświadczenie lekarskie; **~ school** akademia medyczna; **~ student** student/ka medycyny; **~ treatment** leczenie, zabieg leczniczy; **the ~ profession** służba zdrowia.
medicate ['medəˌkeɪt] *v.* **1.** poddawać leczeniu farmakologicznemu (*pacjenta*). **2.** dodawać substancję leczniczą/aktywną do (*mydła, szamponu*).
medication [ˌmedə'keɪʃən] *n.* **1.** lek, leki; **be on ~** brać leki. **2.** leczenie (farmakologiczne).
medicinal [mə'dɪsənl] *a.* **~ properties** właściwości lecznicze; **for ~ purposes** w celach leczniczych.
medicine ['medəsən] *n.* **1.** lek, lekarstwo; **take (one's) ~** brać/zażywać lekarstwo. **2.** medycyna.
medieval [ˌmi:dɪ'i:vl] *a.* średniowieczny.
mediocre [ˌmi:dɪ'oʊkər] *a.* mierny, pośledni; (co najwyżej) przeciętny.
mediocrity [ˌmi:dɪ'ɑ:krətɪ] *n.* **1.** mierność, miernota. **2.** miernota (*osoba*).
meditate ['medɪˌteɪt] *v.* **1.** medytować, oddawać się medytacji/medytacjom. **2. ~ on/upon sth** rozmyślać/medytować nad/o czymś.
meditation [ˌmedɪ'teɪʃən] *n.* **1.** medytacje, medytacja. **2.** rozmyślanie.
Mediterranean [ˌmedɪtə'reɪnɪən] *n.* **the ~** Morze Śródziemne. — *a.* śródziemnomorski.
medium ['mi:dɪəm] *a.* **1.** średni. **2.** średnio wysmażony/wypieczony. — *n. pl.* **-s** *l.* **media** ['mi:dɪə] **1.** medium, nośnik. **2.** (*także* **~ of expression**) środek (wyrazu), forma przekazu. **3.** *biol. fiz.* środowisko, ośrodek. **4.** *komp.* nośnik. **5.** *pl.* **-s** *okultyzm* medium.
medley ['medlɪ] *n.* **1.** mieszanka, mieszanina. **2.** *muz.* składanka. **3.** *pływanie* wyścig stylem zmiennym.
meek [mi:k] *a.* potulny.
meet [mi:t] *v. pret. i pp.* **met 1.** spotykać się (z) (*kimś*); spotykać (*kogoś*); **she met him at a party** spotkała go na przyjęciu. **2.** poznawać (*kogoś nowego*); poznać się, spotkać się (*po raz pierwszy*); **nice/pleased/glad to ~ you** bardzo mi miło; **it was nice ~ing you** miło mi było Pana/Panią poznać. **3. ~ sb (at the airport)** odebrać kogoś (z lotniska), wyjechać po kogoś (na lotnisko). **4.** napotykać (na) (*problemy, przeszkody*). **5.** zbierać się (*o grupie, komisji*). **6.** łączyć się, spotykać się (*o drogach, rzekach*). **7. ~ a goal/an aim** osiągnąć cel; **~ a deadline/target** zmieścić się w terminie; **~ a demand/need** zaspokajać potrzebę; **~ one's match** *zob.* **match** *n.*; **~ sb halfway** *zob.* **halfway**; **make (both) ends ~** wiązać koniec z końcem. **8. ~ up** spotkać się (*żeby coś razem zrobić*); **~ with sb** spotkać się z kimś (*w celach oficjalnym*); **~ with sth** spotkać się z czymś (*z aprobatą, złym traktowaniem*); **~ with success/failure** zakończyć się sukcesem/porażką. — *n. sport* spotkanie.
meeting ['mi:tɪŋ] *n.* **1.** spotkanie. **2.** zebranie; zgromadzenie; **be in a ~** mieć zebranie, być na zebraniu; **call a ~** zwołać zebranie; **hold a ~** zebrać się; zorganizować zebranie; **the ~** *form.* forum (zgromadzenia), zebrani. **3.** *sport* spotkanie, mityng.
megaphone ['megəˌfoʊn] *n.* megafon.
melancholy ['melənˌkɑ:lɪ] *a.* melancholijny, smutny. — *n.* melancholia.
mellow ['meloʊ] *a.* **1.** łagodny; spokojny, stonowany. **2.** aksamitny (*o głosie*). **3.** rozpływający się w ustach. **4.** rozluźniony, w dobrym nastroju (*zwł. po alkoholu*). — *v.* **1.** łagodnieć (*np. z wiekiem*). **2.** dojrzewać (*o winie, owocach*). **3.** zmiękczać; mięknąć.
melodrama ['meləˌdrɑ:mə] *n.* melodramat.
melody ['melədɪ] *n.* melodia.
melon ['melən] *n.* melon; (*także* **water~**) arbuz.
melt [melt] *v.* **1.** topić (się); topnieć; roztapiać (się); **~ in one's mouth** rozpływać się w ustach. **2. ~ away** topnieć (*o śniegu, zapasach*); ustępować, ulatniać się (*o złości*); **~ down** *metal.* przetapiać; **~ into sth** płynnie przechodzić w coś, stapiać się z czymś; wtapiać się w coś.
melting pot *n.* tygiel.
member ['membər] *n.* **1.** członek; **~ states/countries** państwa/kraje członkowskie; **~s of staff** pracownicy, personel; **M~ of Congress** człon-ek/kini Kongresu; **party ~** człon-ek/kini partii. **2.** (*także* **male ~**) *form. l. żart.* członek (męski).
membership ['membərˌʃɪp] *n.* **1.** członkostwo; przynależność (*in sth* do czegoś). **2.** członkowie; liczba członków.
membrane ['membreɪn] *n.* **1.** membrana. **2.** błona.
memento [mə'mentoʊ] *n.* **~ of sb/sth** pamiątka po kimś/z czegoś.
memo ['memoʊ] *n.* notatka (służbowa).
memoirs ['memwɑrz] *n. pl.* pamiętniki, wspomnienia.
memorable ['memərəbl] *a.* pamiętny, niezapomniany.
memorandum [ˌmemə'rændəm] *n. pl.* **-s** *l.* **memoranda 1.** *form.* notatka (służbowa). **2.** *prawn.* protokół (porozumienia). **3.** *polit.* memorandum.
memorial [mə'mɔ:rɪəl] *a.* **1.** pamiątkowy; ku czci/pamięci. **2. John Smith ~ scholarship/fund** stypendium/fundacja (imienia) Johna Smitha. **3. ~ service** nabożeństwo żałobne. — *n.* pomnik; **war ~** pomnik poległych.
memorize ['meməˌraɪz] *v.* uczyć się na pamięć (*czegoś*).
memory ['memərɪ] *n.* **1.** pamięć; **from ~** z pamięci; **in ~ of sb** (*także* **to the ~ of sb**) ku czyjejś pamięci, ku pamięci kogoś; **if ~ serves** jeśli mnie pamięć nie myli; **refresh sb's ~** odświeżyć komuś pamięć. **2.** wspomnienie; **bring back memories (in sb)** przywodzić (komuś) na myśl wspomnienia.
men [men] *n. pl. zob.* **man** *n.*
menace ['menəs] *n.* **1.** zagrożenie. **2.** groźba. **3.** wieczne utrapienie (*zwł. o dziecku*). — *v. form.* grozić, zagrażać (*komuś l. czemuś*).
menacing ['menəsɪŋ] *a.* groźny; napawający przerażeniem.
mend [mend] *v.* **1.** naprawiać; łatać; cerować. **2.** goić (się). **3. ~ one's ways** poprawić się, zmienić swoje zachowanie. — *n.* **be on the ~** *pot.* wracać do zdrowia.
menial ['mi:nɪəl] *a.* niewymagający kwalifikacji; nieciekawy, rutynowy.
meningitis [ˌmenɪn'dʒaɪtɪs] *n.* zapalenie opon mózgowych.

menopause ['menəˌpɔːz] *n.* menopauza, klimakterium.
menstruation [ˌmenstrʊ'eɪʃən] *n.* miesiączka, menstruacja.
mental ['mentl] *a.* **1.** umysłowy. **2.** pamięciowy; **make a ~ note of sth** zakonotować coś sobie. **3.** umysłowo chory; psychiczny; psychiatryczny. **4.** *pot.* walnięty (= *głupi*).
mentality [men'tælətɪ] *n.* mentalność; umysłowość.
mention ['menʃən] *n.* wzmianka, wspomnienie; **make (no) ~ of sb/sth** (nie) wspominać o kimś/czymś; **there was no ~ of sth** nie było mowy o czymś. — *v.* wspominać, wzmiankować, napomykać; **~ sth to sb** wspomnieć/napomknąć komuś o czymś; **not to ~ sb/sth** nie mówiąc (już) o kimś/czymś.
mentor ['mentɔːr] *n. form.* mentor/ka.
menu ['menjuː] *n.* **1.** menu, karta (potraw/dań); **on the ~** w menu/karcie. **2.** *komp.* menu.
mercenary ['mɝːsəˌnerɪ] *a.* wyrachowany, interesowny. — *n.* najemnik.
merchandise ['mɝːtʃənˌdaɪz] *form. n.* towar, towary. — *v.* handlować (*czymś*).
merchant ['mɝːtʃənt] *n.* **1.** kupiec (*zwł. w handlu międzynarodowym*). **2.** handlowiec; sklepika-rz/rka. — *a.* **~ marine** marynarka handlowa.
merciful ['mɝːsɪfʊl] *a.* **1.** litościwy, miłosierny. **2.** zbawienny (= *szczęśliwy*).
merciless ['mɝːsɪləs] *a.* bezlitosny, niemiłosierny.
mercury ['mɝːkjərɪ] *n.* **1.** rtęć. **2. M~** Merkury.
mercy ['mɝːsɪ] *n.* **1.** litość, miłosierdzie; zmiłowanie; **have ~ on sb** mieć litość nad kimś. **2.** łaska; **be at the ~ of sb/sth** być zdanym na łaskę (i niełaskę) kogoś/czegoś.
mere [miːr] *a.* zwykły, zwyczajny; **a ~ ten meters** zaledwie/jedyne dziesięć metrów; **by ~ chance** przez czysty przypadek; **he is a ~ child** on jest tylko dzieckiem; **the ~(st) thought of sth** sama myśl o czymś.
merely ['miːrlɪ] *adv.* jedynie, tylko.
merge [mɝːdʒ] *v.* **1.** łączyć (się). **2. ~ (together)** (*także* **~ with one another**) zlewać się ze sobą; **~ into sth** zlewać się w coś; roztapiać się w czymś. **3.** *ekon.* dokonywać fuzji. **4.** *komp.* scalać (*pliki*).
merger ['mɝːdʒər] *n.* **1.** połączenie (się). **2.** zlanie się. **3.** *ekon.* fuzja.
meringue [mə'ræŋ] *n.* beza.
merit ['merɪt] *n. form.* wartość; **artistic ~** wartości artystyczne; **be of/have ~** być wartościowym. — *v. form.* zasługiwać na (*uwagę, rozważenie*).
mermaid ['mɝːˌmeɪd] *n. mit.* syrena.
merry ['merɪ] *a.* **1.** wesoły, radosny; **M~ Christmas!** Wesołych Świąt (Bożego Narodzenia)! **2. the more the merrier** im (nas) więcej, tym raźniej.
merry-go-round ['merɪgoʊˌraʊnd] *n.* karuzela.
mesh [meʃ] *n.* **1.** siatka; sieć; **wire ~** siatka druciana. **2.** oko, oczko (*sieci, sita*).
mesmerize ['mezməˌraɪz] *v.* hipnotyzować.
mess [mes] *n.* **1.** bałagan; **in a ~** w nieładzie; **make a ~** nabałaganić, narobić bałaganu; **the room is a ~** w pokoju jest (straszny) bałagan. **2.** brud; paskudztwo, ohydztwo; **make a ~** nabrudzić. **3. in a ~** w kłopotliwym położeniu. **4.** *żegl.* mesa. **5.** *wojsk.* kantyna; **officers' ~** kasyno oficerskie. **6. look a ~** wyglądać jak straszydło; **make a ~ of sth** *pot.* schrzanić/sknocić coś. — *v.* **1.** *pot.* zrobić bałagan w (*czymś*); popsuć (*np. fryzurę*). **2.** *pot.* **~ around** obijać się; wygłupiać się; **~ around with sb** kręcić z kimś (= *mieć romans*); **~ sth up** nabrudzić gdzieś, narobić bałaganu w czymś; zapaprać coś (*np. ubranie*); zrujnować coś (*czyjeś plany*); zawalić coś (*pracę, test*); **~ with sb** podskakiwać komuś; **~ with sth** grzebać/dłubać przy/w czymś; **don't ~ with drugs!** nie baw się w narkotyki!
message ['mesɪdʒ] *n.* **1.** wiadomość; **can I take a ~?** *tel.* czy (mogę) coś przekazać? **leave a ~** zostawić wiadomość. **2.** przesłanie. **3.** orędzie. **4. they finally got the ~** *pot.* wreszcie do nich dotarło. — *v.* wysłać maila do (*kogoś*).
messenger ['mesəndʒər] *n.* posłaniec; goniec; kurier.
messy ['mesɪ] *a.* **1.** brudny, zabrudzony; niechlujny; zabałaganiony. **2.** skomplikowany, przykry (*o sytuacji, rozwodzie*).
met [met] *v. zob.* **meet** *v.*
metabolism [mə'tæbəˌlɪzəm] *n.* metabolizm, przemiana materii.
metal ['metl] *n.* **1.** metal. **2.** *pot.* = **heavy metal**.
metallic [mə'tælɪk] *a.* metaliczny.
metamorphosis [ˌmetə'mɔːrfəsɪs] *n. pl.* **metamorphoses** [ˌmetə'mɔːrfəsiːz] *form.* metamorfoza, przeobrażenie; przemiana.
metaphor ['metəˌfɔːr] *n.* metafora, przenośnia.
mete [miːt] *v.* **~ out** *form.* wymierzać (*karę, wyrok*).
meteor ['miːtɪər] *n.* meteor.
meteorite ['miːtɪəˌraɪt] *n.* meteoryt.
meteorology [ˌmiːtɪə'rɑːlədʒɪ] *n.* meteorologia.
meter ['miːtər] *n.* **1.** metr. **2.** metrum (*wiersza*). **3.** licznik (*prądu, gazu, w taksówce*). **4.** = **parking meter**.
method ['meθəd] *n.* metoda.
methodical [mə'θɑːdɪkl] *a.* metodyczny.
Methodist ['meθədɪst] *n.* metodyst-a/ka. — *a.* metodystyczny.
methodology [ˌmeθə'dɑːlədʒɪ] *n.* metodologia.
meticulous [mə'tɪkjələs] *a.* drobiazgowy, skrupulatny.
metric ['metrɪk] *a.* metryczny.
metropolitan [ˌmetrə'pɑːlətən] *a.* metropolitalny, wielkomiejski; miejski; stołeczny.
Mexican ['meksəkən] *a.* meksykański. — *n.* Meksykan-in/ka.
Mexico ['meksɪkoʊ] *n.* Meksyk.
MI *abbr.* = **Michigan**.
mice [maɪs] *n. pl. zob.* **mouse**.
Michigan ['mɪʃəgən] *n.* (stan) Michigan.
microcosm ['maɪkrəˌkɑːzəm] *n.* **1.** mikrokosmos. **2. in ~** w miniaturze.
microphone ['maɪkrəˌfoʊn] *n.* mikrofon.
microscope ['maɪkrəˌskoʊp] *n.* mikroskop; **under the ~** pod mikroskopem.
microscopic [ˌmaɪkrə'skɑːpɪk] *a.* **1.** mikroskopijny. **2.** mikroskopowy.
microwave ['maɪkrəˌweɪv] *n.* **1.** mikrofala. **2.** (*także* **~ oven**) kuchenka mikrofalowa. — *a.* mikrofalowy. — *v.* podgrzewać w kuchence mikrofalowej.
mid [mɪd] *a.* **in ~-April** w połowie kwietnia; **he's in his ~-40s** ma około 45 lat; **in the ~ 1990s** w połowie lat 90. (XX wieku).
midday ['mɪdˌdeɪ] *n.* południe; **at ~** w południe.
middle ['mɪdl] *n.* **1.** środek; **in the ~ of the night** w środku nocy; **in the ~ of the road** na środku drogi/ulicy. **2.** połowa; **in the ~ of the week** w połowie tygodnia. **3.** pas, talia; brzuch. **4. be in the ~ of (doing) sth** być w trakcie (robienia) czegoś. — *a.*

1. środkowy. 2. pośredni. 3. **(sb's) ~ child** (czyjeś) średnie dziecko.
middle-aged [ˌmɪdl'eɪdʒd] *a.* w średnim wieku.
Middle Ages *n. pl.* **the ~** średniowiecze, wieki średnie.
middle class, middle classes *n.* **the ~** klasa średnia.
Middle East *n.* **the ~** Bliski Wschód.
middleman ['mɪdlˌmæn] *n.* pośrednik.
middle name *n.* 1. drugie imię. 2. **sb's ~** *pot.* czyjaś specjalność, czyjaś druga natura.
midget ['mɪdʒɪt] *n. czas. obelż.* karzeł; karlica. — *a.* miniaturowy (*np. o samochodzie, aparacie fotograficznym*).
midlife crisis *n.* kryzys wieku średniego.
midnight ['mɪdˌnaɪt] *n.* północ; **at ~** o północy. — *a.* północny.
midst [mɪdst] *n.* 1. **in the ~ of sth** wśród/pośród czegoś; w (samym) środku czegoś; w trakcie czegoś. 2. **in our/your/their ~** *form.* pośród nas/was/nich.
midsummer [ˌmɪd'sʌmər] *n.* środek/pełnia lata.
midway ['mɪdˌweɪ] *a., adv.* 1. (leżący) w połowie drogi (*between A and B* między A i B). 2. **~ through sth** w połowie czegoś (= *w trakcie*).
midweek [ˌmɪd'wiːk] *n.* środek/połowa tygodnia.
Midwest [ˌmɪd'west] *n.* **the ~** Środkowy Zachód (= *Ohio, Indiana, Michigan, Illinois, Wisconsin, Iowa, Minnesota, Nebraska, Missouri i Kansas*).
midwife ['mɪdˌwaɪf] *n.* położna, akuszerka.
might [maɪt] *v.* 1. móc; **it ~ rain, though it's very unlikely** może (będzie) padać, choć to bardzo mało prawdopodobne. 2. **I thought he ~ come** sądziłem, że może przyjdzie. 3. **I ~ have known/guessed they'd turn us down** powinienem był przewidzieć, że nam odmówią. 4. **and who ~ this be?** a to kto?, a któż to taki? — *n. lit.* siła; moc, potęga; **with all one's ~** z całej siły, z całych sił.
mighty ['maɪtɪ] *a. lit.* 1. potężny; mocny; silny. 2. ogromny, olbrzymi. — *adv. pot.* szalenie.
migraine ['maɪgreɪn] *n.* migrena.
migrant ['maɪgrənt] *a.* wędrowny; migracyjny; koczowniczy. — *n.* 1. emigrant/ka; imigrant/ka. 2. (*także* **~ worker**) robotni-k/ca sezonow-y/a.
migrate ['maɪgreɪt] *v.* 1. migrować. 2. wędrować (*o ptakach, rybach*). 3. przenosić się (*o handlu, interesach*).
migration [maɪ'greɪʃən] *n.* migracja; wędrówka; tułaczka.
mike [maɪk] *n. pot.* mikrofon.
mild [maɪld] *a.* 1. łagodny. 2. lekki; słaby. 3. umiarkowany.
mildew ['mɪlduː] *n.* pleśń.
mildly ['maɪldlɪ] *adv.* 1. łagodnie, delikatnie; **to put it ~** delikatnie mówiąc. 2. umiarkowanie, w miarę (*zainteresowany*); lekko, z lekka (*zaskoczony*).
mile [maɪl] *n.* 1. mila. 2. **~s away** kawał drogi stąd; **stand/stick out a ~** *pot.* być widocznym na kilometr.
mileage ['maɪlɪdʒ], **milage** *n.* 1. *mot.* przebieg. 2. korzyść, pożytek.
milestone ['maɪlˌstoʊn] *n.* kamień milowy.
militant ['mɪlɪtənt] *a.* 1. wojowniczy; agresywny. 2. wojujący. — *n.* bojowni-k/czka.
military ['mɪlɪˌterɪ] *a.* 1. wojskowy, militarny. 2. żołnierski. — *n.* **the ~** wojsko, armia.
militia [mə'lɪʃə] *n.* armia niezawodowa, milicja.
milk [mɪlk] *n.* 1. mleko. 2. mleczko. — *v.* 1. doić. 2. eksploatować, wykorzystywać.
milkman ['mɪlkˌmæn] *n.* mleczarz.
milkshake ['mɪlkˌʃeɪk] *n.* koktajl mleczny.
milky ['mɪlkɪ] *a.* 1. z dużą ilością mleka. 2. mleczny; mętny.
mill [mɪl] *n.* 1. młyn. 2. **coffee/pepper ~** młynek do kawy/pieprzu. 3. **cotton ~** przędzalnia bawełny; **paper ~** zakład papierniczy. — *v.* 1. mleć, mielić. 2. **~ (around)** kręcić się; kotłować się.
miller ['mɪlər] *n.* młyna-rz/rka.
milliliter ['mɪləˌliːtər] *n.* mililitr.
millimeter ['mɪləˌmiːtər] *n.* milimetr.
million ['mɪljən] *n.* 1. milion. 2. *pot.* **~s of people/times** setki ludzi/razy; **not/never in a ~ years** nigdy w życiu; **thanks a ~** wielkie/stokrotne dzięki.
millionaire [ˌmɪljə'ner] *n.* milioner/ka.
mime [maɪm] *n.* pantomima. — *v.* pokazywać na migi.
mimic ['mɪmɪk] *v.* naśladować.
mince [mɪns] *n.* = **mincemeat**. — *v.* **not ~ (one's) words** nie przebierać w słowach.
mincemeat ['mɪnsˌmiːt] *n.* bakaliowe nadzienie do ciasta.
mince pie *n.* ciasto z nadzieniem bakaliowym.
mind [maɪnd] *n.* 1. umysł; rozum; duch, psychika. 2. **be at/in the back of sb's ~** *zob.* **back** *n.*; **bear/keep sth in mind** mieć coś na uwadze, pamiętać o czymś; **blow sb's ~** *zob.* **blow** *v.*; **call/bring sth to ~** przywoływać/przywodzić coś na myśl; **come/spring to ~** przychodzić na myśl/do głowy; **frame/state of ~** nastrój, stan ducha; **have sb/sth in ~** mieć kogoś/coś na myśli; **make up one's ~** podjąć decyzję, zdecydować się; **make up one's ~ to do sth** postanowić coś zrobić; **my ~ is a blank** *zob.* **blank** *n.*; **peace of ~** spokój ducha; **presence of ~** przytomność umysłu; **read sb's ~** czytać komuś w myślach; **speak one's ~** mówić, co się myśli; **sth is (constantly) on sb's ~** coś komuś (stale) chodzi po głowie; **stick in sb's ~** utkwić komuś w pamięci; **the ~ boggles at sth** (*także* **sth boggles the ~**) *zob.* **boggle**; **you must be out of your ~!** *pot.* chyba zwariowałeś! — *v.* 1. mieć coś przeciwko (*czemuś*); **I don't ~** nie przeszkadza mi to; nie mam nic przeciwko temu. 2. **~ the step!** uwaga stopień! **~ your own business!** *pot.* pilnuj własnego nosa! **do/would you ~ if I open the window?** (*także* **do/would you ~ me opening the window?**) czy (nie) będzie Panu/Pani przeszkadzało, jeśli otworzę okno? **I don't ~ waiting** mogę zaczekać; **never ~** mniejsza o to, nieważne; (nic) nie szkodzi, nie przejmuj się; **never ~ X** nie wspominając o X, że (już) nie wspomnę o X; **would/do you ~ opening the window?** czy byłby Pan uprzejmy otworzyć okno?
mindful ['maɪndfʊl] *a.* **be ~ of sth** mieć coś na względzie/uwadze.
mindless ['maɪndləs] *a.* bezmyślny.
mine [maɪn] *pron.* mój; **~ are better** moje są lepsze; **a friend of ~** (pewien) mój znajomy; **this is ~** to moje. — *n.* 1. kopalnia; **a ~ of information** kopalnia informacji. 2. złoże (*rudy l. minerału*). 3. *wojsk.* mina. — *v.* 1. **~ (for)** wydobywać (*węgiel, diamenty*). 2. minować, zaminowywać.
minefield ['maɪnˌfiːld] *n.* pole minowe.
miner ['maɪnər] *n.* górnik.
mineral ['mɪnərəl] *n.* minerał. — *a.* mineralny.
mingle ['mɪŋgl] *v.* 1. **~ with sb** obracać się wśród kogoś; rozmawiać z kimś (*zwł. z nieznajomymi na*

przyjęciu); **~ with the crowd** wtapiać się w tłum. **2.** mieszać (się) (*o dźwiękach, zapachach*).

miniature ['mɪnɪətʃər] *n.* miniatura; miniaturka; **in ~** w miniaturze. — *a.* miniaturowy.

minimal ['mɪnəml] *a.* minimalny; najmniejszy.

minimize ['mɪnəˌmaɪz] *v.* **1.** minimalizować. **2.** pomniejszać, bagatelizować.

minimum ['mɪnəməm] *n.* minimum; **keep/reduce sth to a ~** ograniczać coś do minimum. — *a.* minimalny.

mining ['maɪnɪŋ] *n.* górnictwo.

miniskirt ['mɪnɪˌskɝːt] *n.* minispódniczka, (spódniczka) mini.

minister ['mɪnɪstər] *n.* **1.** minister. **2.** pastor, duchowny. — *v.* **~ to sb/sth** *form.* zajmować się kimś/czymś; troszczyć się/dbać o kogoś/coś.

ministerial [ˌmɪnɪ'stiːrɪəl] *a.* ministerialny; **~ duties** obowiązki ministra.

ministry ['mɪnɪstrɪ] *n.* **1.** (*także* **M~**) ministerstwo. **2.** **the ~** duchowieństwo, kler.

mink [mɪŋk] *n.* **1.** norka. **2.** norki (*futro*).

Minnesota [ˌmɪnɪ'soʊtə] *n.* (stan) Minnesota.

minor ['maɪnər] *a.* **1.** drobny; lekki; pomniejszy. **2.** *prawn.* niepełnoletni. **3.** *muz.* molowy, minorowy; **C-~** c-moll. — *n.* **1.** *prawn.* nieletni/a. **2.** drugi kierunek studiów; student/ka studiując-y/a dany kierunek jako drugi. — *v.* **~ in sth** studiować coś jako drugi kierunek.

minority [mə'nɔːrətɪ] *n.* **1.** mniejszość; **be in the/a ~** być w mniejszości, stanowić mniejszość. **2.** **ethnic minorities** mniejszości etniczne.

mint [mɪnt] *n.* **1.** mięta. **2.** cukierek miętowy, miętówka. **3.** mennica. — *a.* **1.** miętowy. **2.** **in ~ condition/state** w idealnym stanie. — *v.* **1.** wybijać, bić (*monety*). **2.** utworzyć, ukuć (*słowo*).

minus ['maɪnəs] *prep.* **1.** minus; **15 ~ 6 equals 9** 15 minus 6 równa się 9. **2.** bez; **a book ~ a few pages** książka bez kilku stron. — *a.* **1.** ujemny; **a ~ number** liczba ujemna; **a temperature of ~ 10** temperatura minus 10 (stopni). **2.** **A/B ~** pięć/cztery minus. — *n.* minus; **the pluses and ~es of sth** plusy i minusy czegoś.

minute[1] ['mɪnɪt] *n.* **1.** minuta; **it's ten ~s past four** jest dziesięć minut po czwartej. **2.** **~s** protokół; **take the ~s** protokołować. **3.** **any ~ (now)** w każdej chwili; **at the last ~** w ostatniej chwili; **just/wait a ~!** (*także* **one ~!**) (*także* **hang/hold on a ~!**) (jedną) chwileczkę! **the next ~** zaraz/natychmiast potem; **up-to-the-~** najnowszy, najnowocześniejszy; z ostatniej chwili, najświeższy.

minute[2] [maɪ'nuːt] *a.* **1.** drobniutki; mikroskopijny. **2.** minimalny, nieznaczny. **3.** drobiazgowy. **4.** **in ~ detail** w najdrobniejszych szczegółach.

miracle ['mɪrəkl] *n.* cud; **~ cure/drug** cudowne lekarstwo; **a ~ of engineering** cud inżynierii; **work/perform ~s** działać/czynić cuda.

miraculous [mɪ'rækjʊləs] *a.* cudowny.

mirage [mə'rɑːʒ] *n.* miraż.

mirror ['miːrər] *n.* **1.** lustro; lusterko. **2.** zwierciadło. — *v.* odbijać; odzwierciedlać.

mirror image *n.* odbicie lustrzane.

mirth [mɝːθ] *n. lit.* rozbawienie, wesołość.

misbehave [ˌmɪsbɪ'heɪv] *v.* źle się zachowywać.

misbehavior [ˌmɪsbɪ'heɪvjər] *n.* złe/niewłaściwe zachowanie.

miscarriage [ˌmɪs'kerɪdʒ] *n.* poronienie; **have a ~** poronić.

miscarry [ˌmɪs'kerɪ] *v.* **1.** mieć poronienie, poronić. **2.** *form.* nie powieść się.

miscellaneous [ˌmɪsə'leɪnɪəs] *a.* **1.** różny, rozmaity, różnorodny. **2.** mieszany, zróżnicowany.

mischief ['mɪstʃɪf] *n.* psoty, figle; **full of ~** psotny, figlarny.

mischievous ['mɪstʃɪvəs] *a.* **1.** psotny, figlarny. **2.** złośliwy.

misconception [ˌmɪskən'sepʃən] *n.* błędne mniemanie/przekonanie; **popular/common ~** rozpowszechniony przesąd.

misconduct [ˌmɪs'kɑːndʌkt] *n. form.* **1.** złe prowadzenie się. **2.** *sport* przewinienie. **3.** **professional ~** naruszenie etyki zawodowej.

misdemeanor [ˌmɪsdɪ'miːnər] *n.* wykroczenie; występek.

miser ['maɪzər] *n.* skąpiec, sknera.

miserable ['mɪzərəbl] *a.* **1.** nieszczęśliwy, nieszczęsny. **2.** żałosny (*o spojrzeniu, wyglądzie*). **3.** nędzny, marny (*np. o wynagrodzeniu*). **4.** kiepski (*o pogodzie*). **5.** sromotny (*o klęsce*).

misery ['mɪzərɪ] *n.* **1.** nędza. **2.** nieszczęście, nieszczęścia.

misfire [ˌmɪs'faɪr] *v.* **1.** nie wypalić (*o broni*). **2.** spełznąć na niczym.

misfit ['mɪsfɪt] *n.* odmieniec.

misfortune [ˌmɪs'fɔːrtʃən] *n.* pech; nieszczęście.

misgiving [ˌmɪs'gɪvɪŋ] *n.* **1.** wątpliwość; obawa; **have serious ~s** mieć poważne wątpliwości. **2.** **filled with ~** pełen złych przeczuć.

misguided [ˌmɪs'gaɪdɪd] *a.* **1.** błędny, mylny. **2.** niefortunny; nieopatrzny, nierozważny.

mishandle [ˌmɪs'hændl] *v.* **1.** nieumiejętnie obchodzić się z (*narzędziem*). **2.** źle prowadzić (*sprawę*). **3.** źle rozegrać (*sytuację*).

mishap ['mɪsˌhæp] *n.* niefortunny wypadek; nieszczęśliwy zbieg okoliczności.

mishear [ˌmɪs'hiːr] *v.* **1.** nie dosłyszeć (*czegoś*), źle usłyszeć. **2.** przesłyszeć się.

misinform [ˌmɪsɪn'fɔːrm] *v.* błędnie informować; wprowadzać w błąd.

misinterpret [ˌmɪsɪn'tɝːprɪt] *v.* źle/błędnie interpretować.

misjudge [ˌmɪs'dʒʌdʒ] *v.* źle osądzić/ocenić.

mislay [ˌmɪs'leɪ] *v. pret. i pp.* **-laid** zapodziać, zawieruszyć.

mislead [ˌmɪs'liːd] *v. pret. i pp.* **-led** wprowadzić w błąd, zmylić, zwieść; **be misled by sth** dać się zwieść czemuś.

misleading [ˌmɪs'liːdɪŋ] *a.* mylący, zwodniczy.

mismanagement [ˌmɪs'mænɪdʒmənt] *n.* złe/niewłaściwe zarządzanie.

mismatched [ˌmɪs'mætʃt] *a.* niedobrany.

misnomer [ˌmɪs'noʊmər] *n.* błędna/niewłaściwa nazwa.

misogynous [mə'sɑːdʒənəs] *a.* mizoginiczny.

misplaced [ˌmɪs'pleɪst] *a.* źle ulokowany (*o uczuciu, zaufaniu*).

misprint ['mɪsˌprɪnt] *n.* literówka, błąd drukarski.

misrepresent [ˌmɪsreprɪ'zent] *v.* przeinaczać, przekręcać; przedstawiać w fałszywy sposób.

miss [mɪs] *v.* **1.** nie trafić w (*cel*); chybić, spudłować. **2.** **~ a/one's train/plane** spóźnić się na pociąg/

samolot. **3.** ~ **a chance/an opportunity** stracić/przegapić okazję. **4.** ~ **sb/sth** tęsknić za kimś/czymś; **sb ~es doing sth** komuś brakuje (robienia) czegoś. **5.** opuścić (*wykład, spotkanie*); ~ **school** być nieobecnym w szkole. **6.** opuścić, przeoczyć; przegapić. **7.** ~ **the point** nie rozumieć (istoty sprawy); **he doesn't ~ much** niewiele mu umknie/umyka. **8.** ~ **out** być pokrzywdzonym; ~ **out on sth** być pozbawionym czegoś (*przyjemności, korzyści*). — *n.* **1.** chybienie, pudło. **2. M~** pani, panna (*przed nazwiskiem kobiety niezamężnej*). **3. M~** miss; **M~ World** Miss Świata.

misshapen [ˌmɪsˈʃeɪpən] *a.* zniekształcony, zdeformowany.

missile [ˈmɪsl] *n.* pocisk.

missing [ˈmɪsɪŋ] *a.* **1.** zaginiony; **report sb ~** zgłosić czyjeś zaginięcie. **2.** brakujący; **sb/sth is ~** kogoś/czegoś brakuje.

mission [ˈmɪʃən] *n.* **1.** misja; zadanie; akcja; ~ **accomplished** zadanie wykonane; **peace ~** misja pokojowa; **rescue ~** akcja ratunkowa. **2.** misja; powołanie. — *a.* misyjny.

missionary [ˈmɪʃəˌnerɪ] *n.* misjona-rz/rka. — *a.* misyjny; misjonarski.

Mississippi [ˌmɪsəˈsɪpɪ] *n.* (stan) Missisipi.

Missouri [mɪˈzʊrɪ] *n.* (stan) Missouri.

misspell [ˌmɪsˈspel] *v.* źle/błędnie napisać, napisać z błędem/błędami.

misspelling [ˌmɪsˈspelɪŋ] *n.* błąd ortograficzny.

mist [mɪst] *n.* mgła; mgiełka; zamglenie. — *v.* ~ **(over/up)** zachodzić mgłą.

mistake [mɪˈsteɪk] *n.* błąd; pomyłka; **by ~** przez pomyłkę, omyłkowo; **make a ~** popełnić/zrobić błąd, pomylić się; **spelling ~** błąd ortograficzny. — *v.* **-took, -taken 1.** ~ **sb/sth for sb/sth** wziąć kogoś/coś za kogoś/coś; pomylić kogoś/coś z kimś/czymś. **2.** pomylić (*drogę, adres*). **3. there's no mistaking sb/sth** łatwo poznać kogoś/coś.

mistaken [mɪˈsteɪkən] *a.* **1. be ~** mylić się, być w błędzie. **2.** mylny, błędny.

mistletoe [ˈmɪslˌtoʊ] *n.* jemioła.

mistook [mɪˈstʊk] *v. zob.* **mistake** *v.*

mistress [ˈmɪstrɪs] *n.* **1.** kochanka. **2.** pani (*psa, domu, służącej*).

mistrust [ˌmɪsˈtrʌst] *n.* nieufność, brak zaufania. — *v.* nie ufać, nie dowierzać (*komuś l. czemuś*).

misty [ˈmɪstɪ] *a.* mglisty; zamglony.

misunderstand [ˌmɪsˌʌndərˈstænd] *v. pret. i pp.* **-stood 1.** źle rozumieć. **2.** nie rozumieć (*kogoś l. czegoś*).

misunderstanding [ˌmɪsˌʌndərˈstændɪŋ] *n.* **1.** nieporozumienie. **2.** niezrozumienie.

misuse *n.* [ˌmɪsˈjuːs] błędne/niewłaściwe używanie; nadużywanie. — *v.* [ˌmɪsˈjuːz] używać błędnie/niewłaściwie; nadużywać (*czegoś*).

mitigate [ˈmɪtəˌgeɪt] *v. form.* łagodzić (*skutki*); czynić mniej dotkliwym/dokuczliwym (*nudę*); zmniejszać ciężar/wagę (*przewinienia*); mitygować (*czyjś gniew*).

mitt [mɪt] *n.* rękawica (ochronna).

mitten [ˈmɪtən] *n.* **1.** rękawiczka (*z jednym palcem*). **2.** mitenka.

mix [mɪks] *v.* **1.** mieszać (się); łączyć (się); ~ **business with pleasure** łączyć przyjemne z pożytecznym; **X and Y do not ~** nie powinno się mieszać/łączyć X z Y. **2.** *kulin.* mieszać, łączyć (*składniki*); przyrządzać (*napój*); kręcić (*ciasto*). **3.** *muz. radio telew.* miksować. **4.** utrzymywać kontakty towarzyskie (*with sb* z kimś); **not ~ well** mieć trudności z nawiązywaniem kontaktów. **5.** ~ **up** pomylić (ze sobą); pomieszać; **be/get ~ed up in sth** być/zostać zamieszanym w coś; **I'm all ~ed up** *pot.* wszystko mi się pomieszało. — *n.* **1.** mieszanka; mieszanina. **2. cake/soup ~** ciasto/zupa w proszku.

mixed [mɪkst] *a.* mieszany; **have ~ feelings** mieć mieszane uczucia.

mixer [ˈmɪksər] *n.* **1.** mikser. **2.** dodatek do drinków (*np. sok*). **3. be a good/bad ~** łatwo/trudno nawiązywać znajomości.

mixture [ˈmɪkstʃər] *n.* **1.** mieszanina; mieszanka. **2.** mikstura.

mix-up [ˈmɪksˌʌp] *n. pot.* **1.** zamieszanie. **2.** pomyłka, błąd.

ml *abbr.* = **milliliter**.

mm *abbr.* = **millimeter**.

MN *abbr.* = **Minnesota**.

MO *abbr.* = **Missouri**.

moan [moʊn] *v.* **1.** jęczeć. **2.** *lit.* wyć (*o wietrze*). — *n.* **1.** jęk. **2.** *lit.* wycie (*wiatru*).

moat [moʊt] *n.* fosa.

mob [mɑːb] *n.* **1.** tłum, zbiorowisko, gawiedź. **2.** motłoch, hałastra. **3. the M~** *pot.* mafia. — *v.* **1.** oblegać (tłumnie). **2.** otoczyć i zaatakować.

mobile [ˈmoʊbl] *a.* **1.** ruchomy; przenośny. **2.** mobilny. **3. be ~** *pot.* móc się poruszać; posiadać samochód. — *n.* (*także* ~ **phone**) komórka, telefon komórkowy.

mobility [moʊˈbɪlətɪ] *n.* **1.** możliwość/łatwość poruszania się. **2. (upward/social) ~** mobilność (społeczna).

mobilize [ˈmoʊbəˌlaɪz] *v.* **1.** mobilizować (się). **2.** organizować, zdobywać (*poparcie, środki*).

moccasin [ˈmɑːkəsɪn] *n.* mokasyn.

mock [mɑːk] *v.* **1.** ~ **(at)** kpić (sobie) z (*kogoś l. czegoś*). **2.** przedrzeźniać. — *a.* **1.** próbny, na niby (*o egzaminie, walce*). **2.** udawany, fałszywy (*o zdziwieniu, strachu*).

mockery [ˈmɑːkərɪ] *n.* **1.** kpiny. **2. make a ~ of sb/sth** wystawić kogoś/coś na pośmiewisko, ośmieszyć kogoś/coś coś.

mock-up [ˈmɑːkˌʌp] *n.* makieta.

modal [ˈmoʊdl] *a.* modalny. — *n.* (*także* ~ **auxiliary/verb**) czasownik modalny.

mode [moʊd] *n.* **1.** tryb (*życia*); sposób (*działania*); forma (*transportu*). **2.** *jęz. komp. muz.* tryb.

model [ˈmɑːdl] *n.* **1.** wzór, model; **role ~** wzór do naśladowania (*osoba*). **2.** model; **last year's ~** zeszłoroczny model. **3.** model/ka. — *a.* **1.** wzorowy. **2.** wzorcowy, modelowy. — *v.* **1.** prezentować (*ubranie jako model/ka*); pracować jako model/ka. **2.** pozować (*artyście*). **3.** modelować (*glinę, posąg*); nadawać kształt (*glinie, woskowi*). **4.** ~ **(o.s.) on sb/sth** wzorować (się) na kimś/czymś.

moderate *a.* [ˈmɑːdərət] **1.** umiarkowany. **2.** wstrzemięźliwy. — *n.* [ˈmɑːdərət] osoba o umiarkowanych poglądach. — *v.* [ˈmɑːdəˌreɪt] **1.** łagodzić; powściągać, poskramiać. **2.** przewodniczyć (*naradzie, dyskusji*).

moderation [ˌmɑːdəˈreɪʃən] *n.* umiar, umiarkowanie; **in ~** z umiarem.

modern [ˈmɑːdərn] *a.* **1.** współczesny. **2.** nowoczesny. **3.** nowożytny.

modernize ['ma:dər,naɪz] *v.* modernizować (się), unowocześniać (się).
modest ['ma:dəst] *a.* **1.** skromny. **2.** wstydliwy. **3.** niewielki, nieznaczny (*o poprawie*); niewygórowany (*o cenie*).
modesty ['ma:dəstɪ] *n.* **1.** skromność; **false ~** fałszywa skromność; **in all ~** nie chwaląc się. **2.** wstydliwość.
modification [,ma:dəfə'keɪʃən] *n.* modyfikacja; (drobna) zmiana.
modify ['ma:də,faɪ] *v.* modyfikować; zmieniać częściowo.
module ['ma:ʤu:l] *n.* **1.** moduł. **2.** człon.
mohair ['moʊ,her] *n.* moher. — *a.* moherowy.
moist [mɔɪst] *a.* wilgotny.
moisten ['mɔɪsən] *v.* **1.** zwilżać. **2.** wilgotnieć.
moisture ['mɔɪstʃər] *n.* wilgoć; para.
moisturizer ['mɔɪstʃə,raɪzər] *n.* krem nawilżający.
molar ['moʊlər] *a.,n.* (ząb) trzonowy.
molasses [mə'læsɪz] *n.* melasa.
mold [moʊld] *n.* **1.** pleśń. **2.** forma; foremka. — *v.* **1.** pleśnieć; pokrywać (się) pleśnią. **2.** formować, modelować. **3.** kształtować, urabiać.
moldy ['moʊldɪ] *a.* **1.** spleśniały, zapleśniały. **2.** stęchły; zatęchły.
mole [moʊl] *n.* **1.** znamię, pieprzyk. **2.** kret. **3.** *pot.* wtyczka (= *szpieg*). **4.** *chem.* mol.
molecule ['ma:lɪkju:l] *n.* cząsteczka, molekuła.
molest [mə'lest] *v.* **1.** molestować. **2.** napastować.
mollusk ['ma:ləsk] *n. zool.* mięczak.
molt [moʊlt] *v.* linieć.
molten ['moʊltən] *a.* roztopiony, ciekły (*o metalu, skałach*).
mom [ma:m] *n. pot.* mama.
moment ['moʊmənt] *n.* moment, chwila; **at any ~** w każdej chwili; **at the ~** w tej chwili, teraz; **at the last ~** w ostatnim momencie, w ostatniej chwili; **for the ~** chwilowo, na razie; **just a ~** (*także* **one ~**) momencik, chwileczkę.
momentary ['moʊmən,terɪ] *a.* chwilowy, krótkotrwały; przejściowy.
momentous [moʊ'mentəs] *a.* doniosły, wielkiej wagi.
momentum [moʊ'mentəm] *n.* **1.** *fiz.* pęd. **2.** rozpęd, impet; tempo; **gain/gather ~** nabierać rozpędu/rozmachu; przybierać na sile.
mommy ['ma:mɪ] *n.* mamusia.
monarch ['ma:nərk] *n.* monarch-a/ini.
monarchy ['ma:nərkɪ] *n.* monarchia.
monastery ['ma:nə,sterɪ] *n.* klasztor.
Monday ['mʌndeɪ] *n.* poniedziałek; *zob. t.* **Friday** (for phrases).
monetary ['ma:nə,terɪ] *a.* monetarny, pieniężny; walutowy.
money ['mʌnɪ] *n.* **1.** pieniądze; **earn/save/spend ~** zarabiać/oszczędzać/wydawać pieniądze; **make ~** zarabiać (*o osobie*); przynosić zysk (*o firmie*). **2. ~ well spent** wydatek, który się opłaci, dobra inwestycja; **sb got their ~'s worth** komuś opłacił się wydatek.
money order *n.* przekaz pieniężny.
Mongolia [ma:ŋ'goʊlɪə] *n.* Mongolia.
Mongolian [ma:ŋ'goʊlɪən] *a.* mongolski. — *n.* **1.** Mongoł/ka. **2.** (język) mongolski.
mongrel ['mʌŋgrəl] *n.* **1.** kundel. **2.** mieszaniec.
monitor ['ma:nɪtər] *n.* monitor. — *v.* monitorować.
monk [mʌŋk] *n.* mnich, zakonnik.
monkey ['mʌŋkɪ] *n.* małpa; małpka.
monogamy [mə'na:gəmɪ] *n.* monogamia.
monograph ['ma:nə,græf] *n.* monografia.
monolingual [,ma:nə'lɪŋgwəl] *a.* **1.** monolingwalny, jednojęzyczny (*o słowniku*). **2.** znający tylko jeden język.
monolog ['ma:nə,lɔ:g] *n.* monolog.
monopoly [mə'na:pəlɪ] *n.* monopol.
monosyllabic [,ma:nəsɪ'læbɪk] *a.* **1.** jednozgłoskowy, monosylabiczny. **2.** burkliwy.
monotonous [mə'na:tənəs] *a.* monotonny, jednostajny.
monotony [mə'na:tənɪ] *n.* monotonia, jednostajność.
monsoon [ma:n'su:n] *n.* monsun.
monster ['ma:nstər] *n.* potwór, monstrum.
monstrosity [ma:n'stra:sətɪ] *n.* **1.** monstrum, szkaradzieństwo. **2.** potworność.
monstrous ['ma:nstrəs] *a.* monstrualny; potworny.
Montana [ma:n'tænə] *n.* (stan) Montana.
month [mʌnθ] *n.* miesiąc; **a ~'s vacation** miesięczne wakacje; **he's six ~s old** ma sześć miesięcy; **in/during the ~ of August** w sierpniu; **last/next/this ~** w zeszłym/przyszłym/tym miesiącu.
monthly ['mʌnθlɪ] *a.* miesięczny; comiesięczny. — *n.* miesięcznik. — *adv.* miesięcznie, raz w miesiącu; co miesiąc.
monument ['ma:njəmənt] *n.* **1.** pomnik, monument. **2.** zabytek. **3. be a ~ to sth** stanowić wymowny przykład czegoś.
monumental [,ma:njə'mentl] *a.* **1.** monumentalny. **2.** straszny (*o błędzie, głupocie*).
moo [mu:] *v.* ryczeć (*o krowie*). — *n.* ryk.
mood [mu:d] *n.* **1.** nastrój, humor (*osoby*); nastrój, klimat (*miejsca, okolicy*); **be in a good/bad ~** być w dobrym/złym nastroju; **be in the ~ for sth/to do sth** mieć ochotę na coś/zrobić coś. **2.** *gram.* tryb.
moody ['mu:dɪ] *a.* **1.** kapryśny, humorzasty. **2.** w złym humorze; markotny.
moon [mu:n] *n.* **1.** księżyc; **full/new ~** pełnia/nów (księżyca). **2. once in a blue ~** (raz) od wielkiego dzwonu.
moonlight ['mu:n,laɪt] *n.* światło/blask księżyca. — *v. pot.* dorabiać na boku.
moonlit ['mu:n,lɪt] *a.* oświetlony światłem księżyca; **~ night** księżycowa noc.
moor [mʊr] *n.* wrzosowisko. — *v.* cumować.
moose [mu:s] *n.* łoś amerykański.
moot point *n.* punkt sporny.
mop [ma:p] *n.* **1.** mop; zmywak. **2.** *pot.* czupryna. — *v.* **~ (up)** myć, zmywać (*podłogę*); zbierać, ścierać (*rozlany płyn*); ocierać (*twarz z potu*).
mope [moʊp] *v.* **1.** rozczulać się nad sobą. **2. ~ (around)** *pot.* snuć się bez celu.
moral ['mɔ:rəl] *a.* **1.** moralny; duchowy; wewnętrzny; **~ sense** poczucie moralności; **~ support** wsparcie duchowe. **2.** etyczny (*o osobie*). — *n.* **1.** morał, nauka; **the ~ of the story is...** płynie z tego morał/nauka, że... **2. ~s** moralność.
morale [mə'ræl] *n.* morale, duch.
morality [mə'rælətɪ] *n.* moralność.
morass [mə'ræs] *n.* **1.** *lit.* bagno, mokradło. **2.** gąszcz (*szczegółów, przepisów*).
morbid ['mɔ:rbɪd] *a.* **1.** chorobliwy, niezdrowy (*o zainteresowaniu*). **2.** makabryczny (*o szczegółach, temacie*).

more [mɔːr] *a., adv.* **1.** bardziej; **~ and ~** coraz bardziej; **~ beautiful** piękniejszy; **~ slowly** wolniej; **much/a lot ~** o wiele bardziej; **the ~ so as...** tym bardziej, że... **2.** więcej; **a little ~ time** trochę więcej czasu. **3.** jeszcze; **once ~** jeszcze raz. **4. not any ~** już nie; **there is no/there isn't any ~ coffee** nie ma już kawy. **5. ~ often than not** najczęściej, przeważnie. — *pron.* więcej; **~ than six thousand** więcej niż sześć tysięcy, ponad sześć tysięcy; **six ~** jeszcze sześć; **we'd like to see ~ of you** chcielibyśmy częściej cię widywać. — *n.* **1. ~ or less** mniej więcej; **the ~ I sleep the ~ tired I am** im więcej śpię, tym bardziej jestem zmęczony; **what's ~** co więcej. **2. would you like (some) ~?** chciałbyś jeszcze (trochę)? **3. there's no ~** nie ma już (ani trochę).
moreover [mɔːr'ouvər] *adv. form.* ponadto, co więcej.
morgue [mɔːrg] *n.* kostnica.
Mormon ['mɔːrmən] *n.* mormon/ka. — *a.* mormoński.
morning ['mɔːrnɪŋ] *n.* rano; ranek, poranek; **(good) ~!** dzień dobry! — *a.* poranny; ranny.
morning sickness *n.* mdłości poranne.
Moroccan [mə'rɑːkən] *a.* marokański. — *n.* Marokańczyk/nka.
Morocco [mə'rɑːkou] *n.* Maroko.
moron ['mɔːrɑːn] *n. pot. obelż.* kretyn/ka, debil/ka.
morose [mə'rous] *a.* posępny, ponury, zasępiony.
morphine ['mɔːrfiːn] *n.* morfina.
morsel ['mɔːrsl] *n.* kęs; kąsek.
mortal ['mɔːrtl] *a.* **1.** śmiertelny. **2. ~ combat** walka na śmierć i życie. — *n.* śmiertelni-k/czka.
mortality [mɔːr'tæləti] *n.* **1.** śmiertelność. **2.** (*także* **~ rate**) umieralność.
mortar ['mɔːrtər] *n.* **1.** moździerz. **2.** zaprawa (murarska).
mortgage ['mɔːrgɪdʒ] *n.* hipoteka. — *v.* obciążać hipoteką.
mortician [mɔːr'tɪʃən] *n.* pracowni-k/ca zakładu pogrzebowego.
mortify ['mɔːrtəˌfaɪ] *v.* żenować, krępować.
mortuary ['mɔːrtʃuˌerɪ] *n.* dom pogrzebowy.
mosaic [mou'zeɪɪk] *n.* mozaika. — *a.* mozaikowy.
Moslem ['mɑːzləm] *n., a.* = **Muslim**.
mosque [mɑːsk] *n.* meczet.
mosquito [mə'skiːtou] *n.* komar; moskit.
moss [mɔːs] *n.* mech.
most [moust] *a., adv.* **1.** najbardziej. **2. ~ books/students** większość książek/studentów; **in ~ cases** w większości przypadków. **3. the ~ money/votes** najwięcej pieniędzy/głosów; **she has the ~ talent** ona ma najwięcej talentu. **4. for the ~ part** zwykle, najczęściej. **5.** bardzo; *form.* wysoce, wielce; **it's a ~ interesting case** to wielce ciekawy przypadek. — *pron.* większość; **~ of the gifts** większość prezentów; **~ of the work** większa część pracy; **she was happier than ~** była szczęśliwsza niż większość (ludzi). — *n.* **the ~** najwięcej; **at ~** (co) najwyżej, w najlepszym razie; **make the ~ of sth** maksymalnie coś wykorzystać.
mostly ['moustlɪ] *adv.* **1.** głównie. **2.** przeważnie.
motel [mou'tel] *n.* motel.
moth [mɔːθ] *n.* ćma.
mother ['mʌðər] *n.* matka. — *v.* matkować (*komuś*).
motherhood ['mʌðərˌhud] *n.* macierzyństwo.
mother-in-law ['mʌðərɪnˌlɔː] *n.* teściowa.
motherly ['mʌðərlɪ] *a.* macierzyński; matczyny.
mother tongue *n.* język ojczysty.
motif [mou'tiːf] *n.* **1.** motyw (*przewodni, muzyczny*). **2.** wzór, deseń.
motion ['mouʃən] *n.* **1.** ruch; poruszanie się; **in slow ~** w zwolnionym tempie; **put/set sth in ~** uruchomić coś; nadać czemuś bieg. **2.** wniosek (*na zebraniu*). **3. go through the ~s of doing sth** udawać, że się coś robi; zmuszać się do zrobienia czegoś. — *v.* **~ (to/for) sb to do sth** dać komuś znak, żeby coś zrobił.
motionless ['mouʃənləs] *a.* nieruchomy.
motion picture *n.* film (*kinowy*).
motivated ['moutəˌveɪtɪd] *a.* **1. be (highly) ~** mieć (silną) motywację. **2. racially ~ attacks** ataki na tle rasowym.
motivation [ˌmoutə'veɪʃən] *n.* **1.** motywacja. **2.** powody, powód (*for/behind sth* (dla) czegoś).
motive ['moutɪv] *n.* motyw, pobudka.
motley ['mɑːtlɪ] *a.* **~ collection/crew** zbieranina.
motor ['moutər] *n.* silnik.
motorbike ['moutərˌbaɪk] *n. pot.* motor; motorower.
motorboat ['moutərˌbout] *n.* łódź motorowa, motorówka.
motorcar ['moutərˌkɑːr] *n. form.* samochód.
motorcycle ['moutərˌsaɪkl] *n.* motocykl.
motorist ['moutərɪst] *n.* kierowca.
motor racing *n.* wyścigi samochodowe.
motor vehicle *n.* pojazd mechaniczny.
mottled ['mɑːtld] *a.* plamisty (*o cerze*); żyłkowany (*o marmurze*); cętkowany, nakrapiany (*o sierści*).
motto ['mɑːtou] *n.* motto; dewiza.
mound [maund] *n.* **1.** kopiec. **2.** stos, sterta.
mount [maunt] *v.* **1.** wspinać się; wspinać/wdrapywać się na (*schody, scenę*). **2.** wsiadać na, dosiadać (*konia*). **3.** montować, mocować; oprawiać. **4. ~ (up)** rosnąć, narastać; **~ing excitement/tension** narastające podniecenie/napięcie. — *n.* góra, wzgórze; **M~/Mt Kilimanjaro** (góra) Kilimandżaro.
mountain ['mauntən] *n.* góra; **~ peak/stream** szczyt/strumień górski.
mountaineer [ˌmauntɪ'niːr] *n.* alpinist-a/ka.
mountainous ['mauntənəs] *a.* górzysty.
mourn [mɔːrn] *v.* **~ sb** opłakiwać kogoś; **~ sth** ubolewać/boleć nad czymś; boleć nad stratą czegoś.
mourner ['mɔːrnər] *n.* żałobni-k/czka.
mournful ['mɔːrnful] *a.* żałobny.
mourning ['mɔːrnɪŋ] *n.* żałoba.
mouse *n.* [maus] *pl.* **mice** [maɪs] *t. komp.* mysz, myszka.
mousetrap ['mausˌtræp] *n.* pułapka na myszy.
mousey ['mausɪ] *a.* = **mousy**.
mousse [muːs] *n.* **1.** mus; **chocolate ~** mus czekoladowy. **2.** (*także* **conditioning/styling ~**) pianka do (układania) włosów.
mousy ['mausɪ], **mousey** *a.* mysi.
mouth *n.* [mauθ] *pl.* **-s** [mauðz] **1.** usta; paszcza, gęba. **2.** wylot (*jaskini*); otwór (*naczynia*). **3.** ujście (*rzeki*). **4. by word of ~** ustnie (*przekazywać wiadomości*); **have a big ~** mieć niewyparzoną gębę; **keep one's ~ shut** *pot.* trzymać buzię/gębę na kłódkę; **make sb's ~ water** sprawiać, że komuś ślinka cieknie. — *v.* [mauð] wypowiadać bezgłośnie.
mouthful ['mauθˌful] *n.* **1.** kęs; łyk. **2. sth is (a bit of) a ~** *pot.* coś jest trudne do wymówienia.

mouth organ *n.* harmonijka ustna, organki.
mouthpiece [ˈmaʊθˌpiːs] *n.* **1.** ustnik. **2.** *tel.* mikrofon (*słuchawki*). **3.** oficjalny organ (*np. gazeta*).
mouthwash [ˈmaʊθˌwɔːʃ] *n.* płyn do płukania ust.
mouth-watering [ˈmaʊθˌwɔːtərɪŋ] *a.* apetyczny, smakowity.
movable [ˈmuːvəbl], **moveable** *a.* ruchomy.
move [muːv] *v.* **1.** poruszać się, ruszać się; ruszać (*czymś*); wprawiać w ruch. **2.** przesuwać (się); przemieszczać (się). **3.** wykonywać ruch (*t. w grze*). **4.** ~ **(across/over)** przesuwać, przenosić. **5.** przeprowadzać się. **6.** wzruszać, poruszać; ~ **sb to tears** wzruszyć kogoś do łez. **7.** skłaniać, pobudzać (*sb to do sth* kogoś do zrobienia czegoś). **8.** ~ **in (with sb)** wprowadzić się (do kogoś); ~ **into sth** wprowadzić się dokądś; ~ **off** ruszać (z miejsca), odjeżdżać; ~ **on** ruszać w dalszą drogę; ~ **on to sth** przechodzić do czegoś (*zwł. do nowego tematu*); ~ **out (of sth)** wyprowadzić się skądś; ~ **over** posunąć się (*ustępując miejsca*); ~ **up** *pot.* piąć się w górę, awansować. — *n.* **1.** ruch; **it's my** ~ mój ruch; **make a** ~ wykonać/zrobić ruch. **2.** przeprowadzka, przenosiny. **3.** posunięcie, krok; manewr. **4. be on the** ~ być w drodze/rozjazdach; krzątać się; **get a** ~ **on!** *pot.* rusz się!
moveable [ˈmuːvəbl] *a.* = **movable**.
movement [ˈmuːvmənt] *n.* **1.** ruch; poruszenie (się); **freedom of** ~ swoboda ruchu; **resistance** ~ ruch oporu. **2.** *muz.* część (*np. symfonii*). **3.** (*także* **bowel** ~) wypróżnienie; stolec.
movie [ˈmuːvɪ] *n.* **1.** film. **2. the** ~**s** przemysł filmowy; kino; **go to the** ~**s** iść do kina.
movie star *n.* gwiazda filmowa.
movie theater *n.* kino (*budynek*).
moving [ˈmuːvɪŋ] *a.* **1.** wzruszający, poruszający. **2.** ruchomy; poruszający się, (znajdujący) się w ruchu.
mow [moʊ] *v. pret. i pp.* **mowed** *l.* **mown 1.** kosić; ścinać. **2.** ~ **down** wykosić (= *położyć trupem l. pokonać*).
mower [ˈmoʊər] *n.* **1.** kosiarka; **lawn** ~ kosiarka (do trawy). **2.** kosia-rz/rka.
mph [ˌem ˌpiː ˈeɪtʃ], **m.p.h.** *abbr.* **miles per hour** mil(e) na godzinę.
Mr. *n.* pan; ~ **(John) Smith** pan (John) Smith; ~ **Chairman** pan przewodniczący; ~ **President** pan prezydent.
Mrs. [ˈmɪsɪz] *n.* pani (*przed nazwiskiem kobiety zamężnej*); **Mr. and** ~ **Jones** państwo Jones.
MS *abbr.* **1.** = **Mississippi**. **2.** [ˌem ˈes] = **multiple sclerosis**.
Ms. [mɪz] *n.* pani (*przed nazwiskiem kobiety, niezależnie od stanu cywilnego*).
M.S. [ˌem ˈes] *abbr.* **Master of Science** magister nauk ścisłych.
MT *abbr.* = **Montana**.
much [mʌtʃ] *a., pron.* **1.** *comp.* **more** *sup.* **most** dużo, wiele; **(far) too** ~ (o wiele) za dużo; **I didn't have** ~ **time** nie miałam wiele czasu; **not (very)** ~ niedużo, niezbyt wiele. **2. how** ~ **(money/time)?** ile (pieniędzy/czasu)? **how** ~ **is it?** ile to kosztuje? **3. so** ~ tyle; **so** ~ **for sb/sth** (to) tyle, jeśli chodzi o kogoś/coś; **not so** ~ **A as B** nie tyle A, co B. **4. that** ~ aż tyle; **this** ~ tyle; **this** ~ **is certain** (to) jedno jest pewne. **5. be too** ~ **for sb** być zbyt trudnym dla kogoś; być dla kogoś nie do zniesienia; **I thought as** ~ tak właśnie myślałem; **make** ~ **of sb/sth** robić szum wokół kogoś/czegoś; **not think** ~ **of sb/sth** nie być najlepszego zdania o kimś/czymś. — *adv.* **1.** *comp.* **more** *sup.* **most** bardzo; często; **very** ~ bardzo, wielce; ~ **as I'd like to** choć bardzo bym chciał; **it doesn't happen** ~ to się nieczęsto zdarza; **it doesn't matter** ~ to nie ma większego znaczenia; **thank you very** ~ dziękuję bardzo, bardzo dziękuję; **(very)** ~ **surprised** wielce zdziwiony. **2.** o wiele, znacznie; ~ **longer** o wiele dłuższy; znacznie dłużej; ~ **more/less** o wiele więcej/mniej; ~ **more expensive** znacznie droższy. **3.** ~ **the same as...** prawie taki sam, jak... **4.** ~ **to sb's amusement/astonishment** ku czyjemuś rozbawieniu/zdumieniu.
muck [mʌk] *n.* brud, błoto, breja. — *v.* **1.** ~ **(up)** *pot.* zaświnić, zapaskudzić. **2.** ~ **(out)** sprzątać (*oborę, stajnię*).
mucus [ˈmjuːkəs] *n.* śluz; wydzielina.
mud [mʌd] *n.* błoto; muł.
muddle [ˈmʌdl] *n.* **1.** bałagan, zamieszanie. **2. be in a** ~ mieć mętlik w głowie. — *v.* ~ **(up)** pomieszać; poplątać.
muddy [ˈmʌdɪ] *a.* **1.** błotnisty; zabłocony. **2.** mętny. — *v.* **1.** zabłocić. **2.** mącić. **3.** zaciemniać, gmatwać.
muesli [ˈmjuːzlɪ] *n.* muesli.
muffin [ˈmʌfɪn] *n.* muffinka.
muffled [ˈmʌfld] *a.* stłumiony, przytłumiony.
muffler [ˈmʌflər] *n.* tłumik.
mug [mʌg] *n.* **1.** kubek. **2.** *pot.* gęba, morda. — *v.* napaść, brutalnie zaatakować (*zwł. w celach rabunkowych*).
mugger [ˈmʌgər] *n.* uliczny rabuś, bandzior.
mugging [ˈmʌgɪŋ] *n.* rozbój, napad bandycki.
mug shot *n. pot.* zdjęcie do kartoteki policyjnej.
mule [mjuːl] *n.* **1.** *zool.* muł. **2.** pantofel bez napiętka.
mull [mʌl] *v.* ~ **sth (over)** (*także* ~ **over sth**) rozmyślać/dumać nad czymś, roztrząsać coś; przetrawić coś (= *przemyśleć*).
mullah [ˈmʌlə] *n.* mułła.
mulled wine [ˌmʌld ˈwaɪn] *n.* grzane wino.
multicolored [ˌmʌltɪˈkʌlərd] *a.* wielobarwny, różnokolorowy.
multiculturalism [ˌmʌltɪˈkʌltʃərəˌlɪzəm] *n.* wielokulturowość.
multidimensional [ˌmʌltɪdəˈmenʃənl] *a.* wielowymiarowy.
multilevel [ˌmʌltɪˈlevl] *a.* wielopoziomowy.
multinational [ˌmʌltɪˈnæʃənl] *a.* wielonarodowy; międzynarodowy. — *n.* koncern międzynarodowy.
multiple [ˈmʌltɪpl] *a.* wielokrotny; wieloczęściowy; wieloraki; ~ **birth** poród mnogi; ~ **users** wielu użytkowników. — *n. mat.* wielokrotność.
multiple-choice test [ˌmʌltɪpl ˈtʃɔɪs ˌtest] *a.* test wielokrotnego wyboru.
multiple sclerosis *n.* (*także* **MS**) stwardnienie rozsiane.
multiplex [ˈmʌltɪˌpleks] *n.* (*także* ~ **cinema**) multikino.
multiplication [ˌmʌltɪpləˈkeɪʃən] *n.* **1.** *mat.* mnożenie. **2.** *biol.* rozmnażanie.
multiply [ˈmʌltɪˌplaɪ] *v.* **1.** mnożyć; pomnażać, zwielokrotniać; ~ **A by B** mnożyć A przez B. **2.** mnożyć się; rozmnażać się.
multipurpose [ˌmʌltɪˈpɝːpəs] *a.* wieloczynnościowy, wielofunkcyjny.

multiracial [ˌmʌltɪ'reɪʃl] *a.* wielorasowy, zróżnicowany pod względem rasowym.
multistory [ˌmʌltɪ'stɔːrɪ] *a.* wielopiętrowy, wielopoziomowy.
multitasking [ˌmʌltɪ'tæskɪŋ] *n. komp.* wielozadaniowość, wieloprzetwarzanie.
multitude ['mʌltɪˌtuːd] *n. form.* mnogość, wielość, mnóstwo.
mumble ['mʌmbl] *v.* mamrotać, bełkotać. — *n.* mamrotanie.
mummy ['mʌmɪ] *n.* mumia.
mumps [mʌmps] *n.* **(the) ~** świnka (*choroba*).
munch [mʌntʃ] *v.* chrupać; żuć, przeżuwać (*(on/at) sth* coś).
munchies ['mʌntʃɪz] *n. pl.* **have the ~** *pot.* mieć ochotę coś przekąsić.
mundane [mən'deɪn] *a.* przyziemny, prozaiczny.
municipal [mjʊ'nɪsəpl] *a.* municypalny, komunalny, miejski.
mural ['mjʊrəl] *a.* ścienny. — *n.* malowidło ścienne, fresk.
murder ['mɝːdər] *n.* **1.** morderstwo, mord; **commit (a) ~** popełnić morderstwo. **2. get away with ~** *pot.* być zupełnie bezkarnym. — *v.* mordować; **be ~ed** zostać zamordowanym.
murderer ['mɝːdərər] *n.* morder-ca/czyni.
murderous ['mɝːdərəs] *a.* morderczy, krwiożerczy; zbrodniczy.
murky ['mɝːkɪ] *a.* **1.** mroczny. **2.** mętny.
murmur ['mɝːmər] *v.* **1.** mruczeć; mamrotać. **2.** szemrać. — *n.* mruczenie, pomruk, szemranie; szmer.
muscle [mʌsl] *n.* **1.** mięsień. **2.** mięśnie, umięśnienie. **3.** tężyzna, siła.
muscular ['mʌskjələr] *a.* **1.** muskularny, umięśniony. **2. ~ tension** napięcie mięśni; **~ tissue** tkanka mięśniowa.
muse [mjuːz] *v.* dumać, rozmyślać. — *n.* muza.
museum [mjʊ'ziːəm] *n.* muzeum.
mushroom ['mʌʃruːm] *n.* grzyb. — *a.* **~ expansion/growth** błyskawiczny rozrost. — *v.* **1.** zbierać grzyby. **2.** wyrastać jak grzyby po deszczu; wzrastać gwałtownie.
music ['mjuːzɪk] *n.* **1.** muzyka; **~ lover** meloman/ka; **~ school** szkoła muzyczna; **piece of ~** utwór (muzyczny); **put/set sth to ~** skomponować muzykę do czegoś. **2.** nuty; zapis nutowy, partytura; **read ~** czytać nuty. **3. face the ~** *pot.* ponieść konsekwencje.
musical ['mjuːzɪkl] *a.* **1.** muzyczny. **2.** muzykalny, utalentowany muzycznie. **3.** melodyjny. — *n.* musical.
music box *n.* pozytywka.
musician [mjʊ'zɪʃən] *n.* muzy-k/czka; muzykant/ka.
musk [mʌsk] *n.* piżmo.
Muslim ['mʌzlɪm], **Moslem** *n.* muzułman-in/ka. — *a.* islamski, muzułmański.
muslin ['mʌzlɪn] *n.* muślin.
muss [mʌs] *v.* **~ (up)** potargać, zmierzwić.
mussel ['mʌsl] *n.* omułek; *pot.* małż.
must [mʌst; məst; məs] *v.* **1.** musieć; **if you ~** jeśli (koniecznie) musisz; **I ~ have made a mistake** musiałem się pomylić; **it ~ have been Jimmy** to na pewno był Jimmy; **you ~ be kidding** chyba (sobie) żartujesz. **2. vehicles ~ not park on the sidewalk** nie parkować pojazdów na chodniku! **you ~n't smoke in this room** w tym pomieszczeniu nie wolno palić. — *n.* obowiązek; konieczność; **going there is a ~** koniecznie trzeba tam pojechać; **this book is a ~** ta książka to lektura obowiązkowa.
mustache ['mʌstæʃ] *n.* wąs(y).
mustang ['mʌstæŋ] *n.* mustang.
mustard ['mʌstərd] *n.* **1.** musztarda. **2.** gorczyca.
muster ['mʌstər] *n.* **pass ~** nadawać się, pomyślnie przejść egzamin/próbę. — *v.* **~ (up) (the/enough) courage** zebrać/zdobyć się na odwagę; **~ (up) strength/energy** zmobilizować siły, zebrać się w sobie; **~ (up) votes/support** zdobywać głosy/poparcie.
mustn't ['mʌsənt] *v.* = **must not**; *zob.* **must**.
musty ['mʌstɪ] *a.* stęchły, zbutwiały.
mutate ['mjuːteɪt] *v.* mutować, ulegać mutacji.
mutation [mjʊ'teɪʃən] *n.* mutacja.
mute [mjuːt] *a.* niemy; oniemiały; niewypowiedziany. — *n. przest.* niemowa.
muted ['mjuːtɪd] *a.* **1.** przytłumiony (*o dźwięku*). **2.** zgaszony (*o barwach*). **3.** powściągliwy (*o krytyce, reakcji*).
mutilate ['mjuːtəˌleɪt] *v.* okaleczyć.
mutilation [ˌmjuːtə'leɪʃən] *n.* okaleczenie.
mutineer [ˌmjuːtə'niːr] *n.* buntowni-k/czka.
mutinous ['mjuːtɪnəs] *a.* buntowniczy; ogarnięty buntem, zbuntowany.
mutiny ['mjuːtənɪ] *n.* bunt.
mutt [mʌt] *n. pot.* kundel, psisko.
mutter ['mʌtər] *v.* **1.** mruczeć (pod nosem), mamrotać. **2.** szemrać.
mutton ['mʌtən] *n.* baranina.
mutual ['mjuːtʃʊəl] *a.* **1.** wzajemny. **2.** wspólny; **~ acquaintance/friend** wspólny znajomy/przyjaciel. **3.** obopólny; **by ~ consent** za obopólną zgodą.
mutually ['mjuːtʃʊəlɪ] *adv.* **1.** wzajemnie, nawzajem (*wykluczające się*). **2.** obopólnie (*korzystny*).
muzzle ['mʌzl] *n.* **1.** pysk, morda. **2.** kaganiec. **3.** wylot lufy. **4.** muszka (*celownicza*). — *v.* nakładać kaganiec (*komuś l. czemuś*).
my [maɪ] *pron.* **1.** mój; **~ dog/book/desk** mój pies/moja książka/moje burko. **2. ~ darling** (moje) kochanie; **~ God/goodness!** mój Boże! — *int.* **(oh) ~!** o rety!
myriad ['mɪrɪəd] *lit. n.* bezlik, krocie. — *a.* nieprzebrany, nieprzeliczony.
myself [maɪ'self] *pron.* **1.** się; **I cut ~** skaleczyłem się. **2.** siebie; sobie; sobą; **I am not ~ today** nie jestem dziś sobą; **I'm ashamed of ~** wstyd mi za siebie; **I poured ~ a drink** nalałam sobie drinka. **3.** ja sam/a; ja osobiście; **(all) by ~** (całkiem/zupełnie) sam/a; **I ~ will drive the car today** dziś ja (sam/a) poprowadzę. **4.** ja; **she's a Pole, like ~** ona jest Polką, podobnie jak ja.
mysterious [mɪ'stiːrɪəs] *a.* **1.** tajemniczy, zagadkowy; skryty; **be ~ about sth** trzymać coś w tajemnicy. **2.** niezgłębiony, niezbadany.
mysteriously [mɪ'stiːrɪəslɪ] *adv.* **1.** tajemniczo, zagadkowo. **2.** w tajemniczy sposób; w tajemniczych/zagadkowych okolicznościach.
mystery ['mɪstərɪ] *n.* **1.** tajemnica; **~ guest/lover** tajemniczy gość/kochanek; **an air of ~** aura tajemniczości; **it's a ~ to me** jest to dla mnie zagadką. **2.** kryminał.

mystic ['mɪstɪk] *a.* = **mystical**. — *n.* misty-k/czka.
mystical ['mɪstɪkl] *a.* mistyczny.
mysticism ['mɪstəˌsɪzəm] *n.* mistycyzm.
mystify ['mɪstəˌfaɪ] *v.* stanowić zagadkę dla (*kogoś*); zdumiewać, zadziwiać.
mystique [mɪ'stiːk] *n.* magia; aura tajemniczości; mistyczna otoczka.
myth [mɪθ] *n.* **1.** mit; **explode/dispel/disprove a ~** obalić/zburzyć mit. **2.** mitologia, podania.
mythology [mɪ'θɑːlədʒɪ] *n.* mitologia.

N

n/a *abbr.* **not applicable** nie dot. (= *nie dotyczy*).
nag [næg] *v.* **1.** zrzędzić, marudzić. **2.** **~ sb to do sth/ for sth** suszyć komuś głowę, żeby coś zrobił/o coś. — *n.* **1.** zrzęda. **2.** szkapa.
nagging ['nægɪŋ] *a.* dokuczliwy; dręczący.
nail [neɪl] *n.* **1.** gwóźdź. **2.** paznokieć; pazur; szpon. **3.** **fight tooth and ~** walczyć zaciekle; **hit the ~ on the head** trafić w sedno. — *v.* **1.** (*także* **~ down**) przybić (gwoździami). **2.** *pot.* nakryć; przydybać.
nail clippers *n. pl.* cążki do paznokci.
nail file *n.* pilnik do paznokci, pilniczek.
nail polish *n.* (*także* **nail enamel, nail varnish**) lakier do paznokci.
naive [nɑː'iːv] *a.* naiwny.
naiveté [nɑːˌiːv'teɪ], **naïveté** *n.* naiwność.
naked ['neɪkɪd] *a.* nagi, goły; obnażony; nieosłonięty; **stark/buck ~** nagusieńki; **with the ~ eye** gołym okiem.
nakedness ['neɪkɪdnəs] *n.* nagość.
name [neɪm] *n.* **1.** (*także* **first/Christian/given ~**) imię; **middle ~** drugie imię; **what's your ~?** jak masz na imię?, jak ci na imię? **2.** (*także* **last/family ~**) nazwisko; **full ~** imię i nazwisko; **maiden ~** nazwisko panieńskie; **my ~ is (Paul) Short** nazywam się (Paul) Short; **what's your ~?** jak się Pan/i nazywa? jak się nazywasz? **3.** nazwa. — *v.* **1.** dać na imię (*komuś*), nazwać; nadać imię/nazwę (*np. okrętowi*); **they ~d the baby Patrick** dali dziecku na imię Patrick. **2.** wymienić; **to ~ but a few** że wymienię tylko kilku. **3.** podać (*np. cenę, datę*). **4.** wyznaczyć; mianować; wybrać. **5.** **you ~ it** co tylko chcesz, czego dusza zapragnie.
nameless ['neɪmləs] *a.* bezimienny; anonimowy; nieznany.
namely ['neɪmlɪ] *adv.* (a) mianowicie.
namesake ['neɪmˌseɪk] *n.* imienni-k/czka; osoba o tym samym nazwisku.
nanny ['nænɪ] *n.* niania, opiekunka (do dziecka).
nap [næp] *n.* drzemka; **have/take a ~** zdrzemnąć się, uciąć sobie drzemkę. — *v.* **1.** drzemać. **2.** **be caught ~ping** dać się zaskoczyć.
napalm ['neɪpɑːm] *n.* napalm.
nape [neɪp] *n.* **the ~ of the neck** kark.
napkin ['næpkɪn] *n.* **1.** (*także* **table ~**) serwetka. **2.** (*także* **sanitary ~**) podpaska (higieniczna).
nappy ['næpɪ] *n. Br.* pieluszka.
narcissism ['nɑːrsəˌsɪzəm] *n.* narcyzm.
narcissistic ['nɑːrsəsɪstɪk] *n.* narcystyczny.
narcotic [nɑːr'kɑːtɪk] *a.* narkotyczny. — *n.* narkotyk.
narration [næ'reɪʃən] *n.* **1.** narracja. **2.** komentarz (*np. do filmu*).
narrative ['nerətɪv] *n.* **1.** opowiadanie, relacja. **2.** narracja. — *a.* narracyjny.
narrator ['nereɪtər] *n.* narrator/ka.
narrow ['neroʊ] *a.* **1.** wąski. **2.** ograniczony. **3.** nieznaczny, niewielki; **win by a ~ margin** zwyciężyć niewielką różnicą głosów. **4.** **have a ~ escape** ledwo ujść cało. — *v.* **1.** zwężać się. **2.** zmniejszać (się) (*o różnicy*). **3.** **~ down** zawężać (*np. listę podejrzanych*).
narrowly ['neroʊlɪ] *adv.* ledwo; minimalnie, o mało co.
narrow-minded [ˌneroʊ'maɪndɪd] *a.* ograniczony, o wąskich horyzontach.
NASA ['næsə] *abbr.* **National Aeronautics and Space Administration** NASA.
nasal ['neɪzl] *a.* nosowy.
nasty ['næstɪ] *a.* **1.** nieprzyjemny; wstrętny; paskudny. **2.** trudny (*o problemie*); podstępny, podchwytliwy (*o pytaniu*).
nation ['neɪʃən] *n.* **1.** naród. **2.** państwo; kraj.
national ['næʃənl] *a.* **1.** narodowy. **2.** państwowy; krajowy; o zasięgu ogólnokrajowym. — *n.* **US/foreign ~s** obywatele USA/obcych państw.
national anthem *n.* hymn państwowy.
National Guard *n.* Gwardia Narodowa.
nationalism ['næʃənəˌlɪzəm] *n.* nacjonalizm.
nationalist ['næʃənəlɪst] *n.* nacjonalist-a/ka. — *a.* nacjonalistyczny.
nationality [ˌnæʃə'nælətɪ] *n.* narodowość; obywatelstwo; **dual ~** podwójne obywatelstwo.
nationalization [ˌnæʃənələ'zeɪʃən] *n.* nacjonalizacja, upaństwowienie.
nationalize ['næʃənəˌlaɪz] *v.* **1.** znacjonalizować, upaństwowić. **2.** naturalizować (*cudzoziemca*).
national park *n.* park narodowy.
nationwide ['neɪʃənˌwaɪd] *a.* ogólnokrajowy. — *adv.* w całym kraju.
native ['neɪtɪv] *a.* **1.** ojczysty; rodzinny. **2.** rodowity, rdzenny; miejscowy; tubylczy. **3.** krajowy (*o przemyśle*). **4.** **~ to America** występujący naturalnie w Ameryce (*o florze i faunie*).
native speaker *n.* rodzim-y/a użytkowni-k/czka języka.
nativity [nə'tɪvətɪ] *n.* **the N~** Narodzenie Pańskie.
NATO ['neɪtoʊ] *abbr.* **North Atlantic Treaty Organization** NATO, Organizacja Paktu Północnoatlantyckiego.
natural ['nætʃərəl] *a.* **1.** naturalny; **die of ~ causes** umrzeć śmiercią naturalną. **2.** zwykły, normalny. **3.** swobodny, niewymuszony. **4.** wrodzony (*o talencie*); urodzony (*o przywódcy*); biologiczny (*o rodzicach*). — *n.* **be a ~** być naturalnie uzdolnionym, mieć talent (*at sth* do czegoś).
natural disaster *n.* klęska żywiołowa.
natural gas *n.* gaz ziemny.

naturally ['nætʃərəlɪ] *adv.* **1.** naturalnie (*t. = oczywiście*). **2.** z natury.
naturalness ['nætʃərəlnəs] *n.* naturalność.
natural resources *n.* bogactwa naturalne.
nature ['neɪtʃər] *n.* **1.** przyroda; natura. **2.** natura, charakter; usposobienie. **3. against ~** wbrew naturze; **by ~** z natury (*np. spokojny*); **from ~** z natury (*np. malować*); **human ~** natura ludzka; **not be in sb's ~** nie leżeć w czyjejś naturze.
nature reserve, **nature preserve** *n.* rezerwat przyrody.
naturist ['neɪtʃərɪst] *n.* naturyst-a/ka. — *a.* naturystyczny.
naught [nɔːt], **nought** *n.* zero.
naughty ['nɔːtɪ] *a.* niegrzeczny, krnąbrny.
nausea ['nɔːzɪə] *n.* **1.** mdłości, nudności. **2.** obrzydzenie, wstręt.
nauseate ['nɑːzɪˌeɪt] *v.* **1.** przyprawiać o mdłości. **2.** budzić obrzydzenie w (*kimś*).
nauseous ['nɔːʃəs] *a.* **1.** przyprawiający o mdłości; **feel ~** mieć mdłości. **2.** budzący obrzydzenie, obrzydliwy.
nautical ['nɔːtɪkl] *a.* morski; żeglarski; marynarski.
nautical mile *n.* mila morska.
Navajo ['nævəˌhoʊ], **Navaho** *n.* Nawaho (*osoba, plemię, język*).
naval ['neɪvl] *a.* morski; marynarski.
naval officer *n.* oficer marynarki (wojennej).
nave [neɪv] *n.* nawa główna.
navel ['neɪvl] *n.* pępek.
navigable ['nævəgəbl] *a.* żeglowny, spławny.
navigate ['nævəˌgeɪt] *v.* **1.** pokonywać (*rzekę, schody*). **2.** nawigować. **3.** *mot.* pilotować.
navigation [ˌnævə'geɪʃən] *n.* **1.** żegluga. **2.** nawigacja. **3.** *mot.* pilotowanie.
navigator ['nævəˌgeɪtər] *n.* nawigator/ka.
navy ['neɪvɪ] *n.* **1.** marynarka, flota; **Department of the N~** Departament Marynarki Wojennej. **2.** = **navy blue**.
navy blue *n.* granat, kolor granatowy. — *a.* granatowy.
Nazi ['nɑːtsɪ] *n.* nazist-a/ka. — *a.* nazistowski.
NC *abbr.* = **North Carolina**.
ND *abbr.* = **North Dakota**.
NE *abbr.* = **Nebraska**.
near [niːr] *adv.* **1.** blisko, niedaleko; **~ here/there** niedaleko stąd/stamtąd. **2.** prawie, niemal(że); **~ perfect** niemalże doskonały. — *prep.* (*także* **~ to**) **1.** blisko (*kogoś, czegoś*). **2.** około (*godziny, pory*). **3. come ~ to doing sth** o mało (co) nie zrobić czegoś. — *a.* **1.** bliski, niedaleki; **in the ~ future** w niedalekiej przyszłości. **2.** prawie zupełny (*np. o ciemnościach*). **3. it was a ~ escape/thing** niewiele brakowało. — *v.* zbliżać się (do) (*kogoś l. czegoś*); **the work is ~ing completion** praca jest na ukończeniu.
nearby [ˌniːr'baɪ] *a.* pobliski. — *adv.* w pobliżu.
Near East *n.* Bliski Wschód.
nearly ['niːrlɪ] *adv.* prawie; o mało co; **I ~ drowned** o mało (co) się nie utopiłem.
nearsighted [niːr'saɪtɪd] *a.* krótkowzroczny.
neat [niːt] *a.* **1.** schludny; staranny. **2.** zgrabny, elegancki (*np. o rozwiązaniu*). **3.** czysty, nierozcieńczony (*o alkoholu*). **4.** *pot.* świetny, wystrzałowy.
neatly ['niːtlɪ] *adv.* **1.** starannie; schludnie. **2.** zgrabnie, elegancko.
Nebraska [nəb'ræskə] *n.* (stan) Nebraska.
necessarily [ˌnesə'serəlɪ] *adv.* **1.** z konieczności, siłą rzeczy. **2.** koniecznie; **not ~** niekoniecznie.
necessary ['nesəˌserɪ] *a.* **1.** niezbędny; potrzebny; konieczny. **2.** nieunikniony. **3. if ~** w razie potrzeby.
necessitate [nə'sesɪˌteɪt] *v.* czynić niezbędnym/koniecznym.
necessity [nə'sesətɪ] *n.* **1.** potrzeba; konieczność; **(out) of ~** z konieczności. **2. bare necessities** rzeczy najpotrzebniejsze.
neck [nek] *n.* **1.** szyja. **2.** kołnierz; wykończenie przy szyi. **3.** szyjka (*butelki*). **4. ~ and ~** łeb w łeb; **a pain in the ~** zawracanie głowy; **stick one's ~ out** wychylać się. — *v. pot.* całować się namiętnie.
necklace ['nekləs] *n.* naszyjnik.
neckline ['nekˌlaɪn] *n.* dekolt.
necktie ['nekˌtaɪ] *n.* krawat.
nectarine [ˌnektə'riːn] *n.* nektarynka.
need [niːd] *v.* **1.** potrzebować (*kogoś, czegoś*); wymagać (*czegoś*). **2.** musieć; **I ~ to know** muszę wiedzieć; **you don't ~ to go** (*także* **you ~n't go**) nie musisz iść; **sb ~n't have done sth** ktoś niepotrzebnie coś zrobił. — *n.* **1.** potrzeba, konieczność; zapotrzebowanie. **2.** kłopoty, trudności; ubóstwo, bieda. **3. be in ~ of sth** potrzebować czegoś; wymagać czegoś; **have no ~ to do sth** nie musieć czegoś robić; **in ~** w potrzebie; **no ~** nie trzeba.
needle ['niːdl] *n.* **1.** igła. **2.** (*także* **knitting ~**) drut (*do robótek*). **3.** wskazówka (*przyrządu*). **4.** iglica. **5. pins and ~s** mrowienie.
needless ['niːdləs] *a.* **1.** niepotrzebny, zbędny. **2. ~ to say** rzecz jasna.
needy ['niːdɪ] *a.* ubogi.
negate [nɪ'geɪt] *v.* przeczyć (*czemuś*), negować.
negation [nɪ'geɪʃən] *n.* zaprzeczenie, negacja.
negative ['negətɪv] *a.* **1.** negatywny; odmowny. **2.** *gram.* przeczący. **3.** *mat.* ujemny. — *n.* **1.** *fot.* negatyw. **2.** *gram.* przeczenie, negacja. **3. answer in the ~** odpowiedzieć przecząco.
neglect [nɪ'glekt] *v.* **1.** zaniedbywać. **2.** nie dostrzegać (*czegoś*), lekceważyć. **3. ~ to do sth** nie zrobić czegoś; zapomnieć coś zrobić. — *n.* zaniedbanie.
negligence ['neglɪdʒəns] *n.* **1.** niedbalstwo. **2.** zaniedbanie; **professional ~** niedopełnienie obowiązków (służbowych).
negligent ['neglɪdʒənt] *a.* niedbały; zaniedbujący obowiązki.
negligible ['neglɪdʒəbl] *a.* nieistotny, bez znaczenia.
negotiable [nɪ'goʊʃɪəbl] *a.* **1.** do uzgodnienia. **2.** przejezdny; spławny. **3.** *fin.* zbywalny, nadający się do obiegu.
negotiate [nɪ'goʊʃɪˌeɪt] *v.* **1.** negocjować, pertraktować. **2.** pokonywać (*schody, trudności*).
negotiation [nɪˌgoʊʃɪ'eɪʃən] *n.* rokowania, negocjacje, pertraktacje; **under ~** w fazie negocjacji.
negotiator [nɪ'goʊʃɪˌeɪtər] *n.* negocjator/ka.
neigh [neɪ] *v.* rżeć.
neighbor ['neɪbər] *n.* **1.** sąsiad/ka. **2.** bliźni. — *v.* **~ (upon) sth** sąsiadować z czymś.
neighborhood ['neɪbərˌhʊd] *n.* dzielnica; okolica; sąsiedztwo; **in the ~ of** w sąsiedztwie/okolicach (*jakiegoś miejsca*); *przen.* około, w okolicach (*jakiejś sumy*).
neighboring ['neɪberɪŋ] *a.* sąsiedni; sąsiadujący.
neighborly ['neɪbərlɪ] *a.* życzliwy, przyjazny.
neither ['niːðər] *a., prep.* żaden (*z dwóch*), ani jeden, ani drugi; **~ (of them) is fast enough** żaden (z nich)

nie jest dość szybki. — *adv.* też nie; ~ **do/did/will I** ja też nie. — *conj.* ~**... nor...** ani..., ani...; **that's ~ here nor there** to nie ma nic do rzeczy.

neon ['ni:ɑ:n] *n.* neon. — *a.* neonowy; ~ **sign** neon (*reklama*).

nephew ['nefju:] *n.* siostrzeniec; bratanek.

nerve [nɝ:v] *n.* **1.** nerw; **facial/sciatic** ~ nerw twarzowy/kulszowy. **2.** *pl. zob.* **nerves**. **3.** odwaga, zimna krew; **lose one's** ~ stracić zimną krew. **4.** bezczelność, tupet; **have a/the ~ to do sth** mieć czelność coś zrobić.

nerve center *n.* **1.** *anat.* ośrodek nerwowy. **2.** ośrodek decyzyjny, centrum decyzyjne.

nerve gas *n.* gaz paraliżujący.

nerves [nɝ:vz] *n. pl.* nerwy; zdenerwowanie; **a bundle of** ~ kłębek nerwów; **get on sb's** ~ działać komuś na nerwy.

nervous ['nɝ:vəs] *a.* **1.** nerwowy; ~ **breakdown** załamanie nerwowe; ~ **system** układ nerwowy. **2.** zdenerwowany, podenerwowany; **be ~ about/of sth** denerwować się czymś *l.* o coś; **feel** ~ denerwować się, odczuwać zdenerwowanie.

nervousness ['nɝ:vəsnəs] *n.* nerwowość; zdenerwowanie.

nest [nest] *n.* gniazdo; gniazdko. — *v.* **1.** gnieździć się; budować gniazdo. **2.** zagnieżdżać (*np. podprogram w programie*).

nestle ['nesl] *v.* ~ **(down/up)** przytulić się (*beside/against sb* do kogoś); wygodnie się usadowić (*in sth* w czymś).

net [net] *n.* **1.** siatka; **butterfly** ~ siatka na motyle. **2.** sieć; **the N~** internet, sieć. **3.** (*także* **fishing** ~) sieć (rybacka). **4.** tiul. **5.** *tenis* net. — *a.* (*także* **nett**) netto; **he earned $1000 ~** zarobił na czysto tysiąc dolarów. — *v.* zarobić/przynieść na czysto.

net curtains *n. pl.* firanki.

Netherlands ['neðərləndz] *n.* **the** ~ Holandia, Niderlandy.

nett [net] *a.* = **net**.

netting ['netɪŋ] *n.* siatka.

nettle ['netl] *n.* pokrzywa.

network ['net,wɝ:k] *n.* sieć. — *v.* **1.** *komp.* połączyć w sieć. **2.** nawiązywać kontakty zawodowe.

neural ['nʊrəl] *a.* nerwowy; dotyczący układu nerwowego.

neuralgia [nʊ'rælʤə] *n.* nerwoból, neuralgia.

neurological [,njʊrə'lɑ:ʤɪkl] *a.* neurologiczny.

neurologist [nʊ'rɑ:ləʤɪst] *n.* neurolo-g/żka.

neurology [nʊ'rɑ:ləʤɪ] *n.* neurologia.

neurosis [nʊ'roʊsɪs] *n. pl.* **neuroses** [nʊ'roʊsi:z] nerwica.

neurosurgeon [,nʊroʊ'sɝ:ʤən] *n.* neurochirurg.

neurosurgery [,nʊroʊ'sɝ:ʤərɪ] *n.* neurochirurgia.

neurotic [nʊ'rɑ:tɪk] *a.* **1.** znerwicowany; przewrażliwiony. **2.** nerwicowy, neurotyczny. — *n.* neurotyk/czka.

neuter ['nu:tər] *a.* **1.** *gram.* rodzaju nijakiego. **2.** bezpłciowy; bezpłodny. — *n. gram.* rodzaj nijaki. — *v.* wysterylizować (*zwierzę*).

neutral ['nu:trəl] *a.* **1.** neutralny; bezstronny. **2.** niezdecydowany, bliżej nieokreślony (*o kolorze*). **3.** *chem. fiz.* obojętny. **4.** *el.* zerowy (*o przewodzie*). **5.** **in** ~ *mot.* na jałowym biegu.

neutrality [nu:'trælətɪ] *n.* neutralność; bezstronność.

neutralize ['nu:trə,laɪz] *v.* neutralizować.

neutron ['nu:trɑ:n] *n.* neutron.

Nevada [nə'vædə] *n.* (stan) Nevada.

never ['nevər] *adv.* nigdy; ~ **again** nigdy więcej; ~ **ever** absolutnie nigdy; ~ **mind** mniejsza o to; nic nie szkodzi; **I ~ knew (that)...** *pot.* nic nie wiedziałam, że...; **you ~ know** nigdy (nic) nie wiadomo.

never-ending [,nevər'endɪŋ] *a.* niekończący się.

nevertheless [,nevərðə'les] *adv.* pomimo to, niemniej jednak.

new [nu:] *a.* **1.** nowy; **as good as** ~ jak nowy; **brand** ~ nowiuteńki. **2.** ~ **potatoes** młode ziemniaki. **3.** **what's ~?** co słychać?

newborn ['nu:bɔ:rn] *a.* nowo narodzony. — *n.* noworodek.

newcomer ['nu:,kʌmər] *n.* **1.** przybysz; nowoprzybył-y/a. **2.** now-y/a (*np. w pracy*).

New England *n.* Nowa Anglia.

new-found [,nu:'faʊnd] *n.* świeżo odkryty.

Newfoundland ['nu:fəndlənd] *n.* Nowa Fundlandia.

New Hampshire [,nu: 'hæmpʃər] *n.* (stan) New Hampshire.

New Jersey [,nu: 'ʤɝ:zɪ] *n.* (stan) New Jersey.

newly ['nu:lɪ] *adv.* **1.** nowo; niedawno; świeżo. **2.** na nowo.

newlyweds ['nu:lɪ,wedz] *n. pl.* nowożeńcy, państwo młodzi.

New Mexico *n.* (stan) Nowy Meksyk.

new moon *n.* nów.

New Orleans [,nu: 'ɔ:rlənz] *n.* Nowy Orlean.

news [nu:z] *n.* **1.** wiadomość, wiadomości (*of/about sb/sth* o kimś/czymś); **a piece of** ~ wiadomość; nowina; **bad/good** ~ złe/dobre wiadomości; **break the ~ to sb** powiadomić kogoś (*o czymś nieprzyjemnym*). **2.** **the** ~ *radio, telew.* wiadomości. **3.** **he's/she's bad** ~ to nieciekawa postać; **that's ~ to me!** pierwsze słyszę!

news agency *n.* agencja prasowa.

news bulletin *n.* wiadomości z ostatniej chwili.

newscaster ['nu:z,kæstər] *n.* prezenter/ka wiadomości.

newsletter ['nu:z,letər] *n.* biuletyn.

newspaper ['nu:z,peɪpər] *n.* gazeta; **daily** ~ gazeta codzienna, dziennik; **weekly** ~ tygodnik.

newsreel ['nu:z,ri:l] *n.* kronika filmowa.

New Year *n.* Nowy Rok; **Happy** ~ Szczęśliwego Nowego Roku.

New Year's Day *n.* (*także* **New Year's**) Nowy Rok (*1 stycznia*).

New Year's Eve *n.* sylwester.

New York *n.* **1.** (*także* **New York City**) Nowy Jork (*miasto*). **2.** (stan) Nowy Jork.

New Zealand *n.* Nowa Zelandia.

next [nekst] *a., pron.* **1.** sąsiedni, znajdujący się obok. **2.** następny; najbliższy, przyszły; ~ **(please)!** następny, (proszę)! ~ **month** w przyszłym miesiącu; **(the) ~ time** następnym razem; **who's ~?** kto następny? **3.** **the ~ on the right/left** pierwsza (ulica) po prawej/lewej; **the ~ thing I knew...** zanim się spostrzegłem,... — *adv.* **1.** następnie, potem; **what ~?** co dalej? **2.** następnym razem; **when do we meet ~?** kiedy się następnym razem zobaczymy? **3.** ~ **to sb/sth** obok kogoś/czegoś, przy kimś/czymś. **4.** ~ **to nothing** tyle co nic.

next-door *a.* ['neks,dɔ:r] **1.** sąsiedni (*o mieszkaniu, domu*). **2.** najbliższy, zza ściany (*o sąsiedzie*). — *adv.*

[ˌneksˈdɔːr] (*także* **next door**) **1.** obok, za ścianą; po sąsiedzku, w budynku obok. **2.** **~ to sb/sth** obok kogoś/czegoś.
next of kin *n.* najbliższ-y/a krewn-y/a; najbliżsi krewni, najbliższa rodzina.
NH *abbr.* = **New Hampshire**.
nibble [ˈnɪbl] *v.* **1.** **~(on/at) sth** skubać/pogryzać coś. **2.** **~ (at) sth** przygryzać coś.
Nicaragua [ˌnɪkəˈrɑːgwə] *n.* Nikaragua.
nice [naɪs] *a.* **1.** miły; przyjemny; **~ to meet you** (*także* **~ meeting you**) bardzo mi miło, miło mi Pana/Panią poznać; **have a ~ day!** miłego dnia! **it was ~ to see you again** miło było znów się z wami zobaczyć. **2.** **look/sound ~** ładnie wyglądać/brzmieć; **taste ~** dobrze smakować. **3.** subtelny (*np. o rozróżnieniu*).
nicely [ˈnaɪslɪ] *adv.* miło (*np. uśmiechnąć się*); grzecznie (*np. poprosić*); ładnie (*np. ubrany*).
nick [nɪk] *n.* **1.** zadraśnięcie. **2.** nacięcie. **3.** **in the ~ of time** w samą porę. — *v.* zaciąć; drasnąć.
nickel [ˈnɪkl] *n.* **1.** pięciocentówka. **2.** nikiel.
nickname [ˈnɪkˌneɪm] *n.* **1.** przezwisko; przydomek. **2.** zdrobniałe imię. — *v.* nadać przezwisko (*komuś*).
nicotine [ˈnɪkəˌtiːn] *n.* nikotyna.
niece [niːs] *n.* siostrzenica; bratanica.
Nigeria [naɪˈdʒiːrɪə] *n.* Nigeria.
niggling [ˈnɪglɪŋ] *a.* dręczący (*np. o podejrzeniu*).
night [naɪt] *n.* noc; wieczór; **~ and day** (*także* **day and ~**) dniem i nocą, dniami i nocami; **a ~ out** wieczór poza domem; **all ~ (long)** przez całą noc; **at ~** w nocy; **by ~** nocą; **good ~!** dobranoc! **have an early late ~** wcześnie pójść spać; **in/during the ~** w nocy; **last ~** wczoraj w nocy; wczoraj wieczorem; **the other ~** któregoś wieczora. — *a.* nocny. — *int. pot.* dobranoc.
nightclub [ˈnaɪtˌklʌb] *n.* (*także* **night club**) klub nocny.
nightfall [ˈnaɪtˌfɔːl] *n.* zmrok, zmierzch; **at ~** o zmroku.
nightgown [ˈnaɪtˌgaʊn] *n.* (*także* **night dress**) koszula nocna.
nightie [ˈnaɪtɪ], **nighty** *n. pot.* koszula nocna.
nightingale [ˈnaɪtənˌgeɪl] *n.* słowik.
nightlife [ˈnaɪtˌlaɪf] *n.* nocne życie.
nightly [ˈnaɪtlɪ] *a.* **1.** nocny; wieczorny. **2.** conocny. — *adv.* co noc; co wieczór.
nightmare [ˈnaɪtˌmer] *n.* koszmar.
night school *n.* szkoła wieczorowa; kurs wieczorowy.
night shift, **nightshift** *n.* nocna zmiana.
nighttime [ˈnaɪtˌtaɪm] *n.* pora nocna, noc. — *a.* nocny.
night watchman *n.* stróż nocny.
nil [nɪl] *n.* nic; zero.
Nile [naɪl] *n.* **the ~** Nil.
nimble [ˈnɪmbl] *a.* **1.** zwinny. **2.** **a ~ mind** bystry umysł.
nine [naɪn] *num.* dziewięć. — *n.* **1.** dziewiątka. **2.** **~ (o'clock)** (godzina) dziewiąta; **at ~** o dziewiątej; **~ to five** od dziewiątej do piątej (*pracować*). **3.** **dressed to the ~s** odstawiony (= *ubrany odświętnie*).
nineteen [ˌnaɪnˈtiːn] *num.* dziewiętnaście.
nineteenth [ˌnaɪnˈtiːnθ] *num.* dziewiętnasty.
ninety [ˈnaɪntɪ] *num.* dziewięćdziesiąt. — *n.* **be in one's nineties** mieć dziewięćdziesiąt parę lat; **the (nineteen) nineties** lata dziewięćdziesiąte (dwudziestego wieku).
ninth [naɪnθ] *a.* dziewiąty.
nip [nɪp] *v.* **1.** szczypać (*t. o mrozie*). **2.** przygryzać; gryźć (lekko). **3.** **~ sth in the bud** zdusić coś w zarodku. — *n.* **1.** łyk, łyczek. **2.** **there's a ~ in the air** jest chłodnawo.
nipple [ˈnɪpl] *n.* **1.** brodawka (sutkowa). **2.** smoczek (*na butelkę*).
nitrogen [ˈnaɪtrədʒən] *n.* azot.
NJ *abbr.* = **New Jersey**.
NM *abbr.* = **New Mexico**.
no [noʊ] *adv.* nie; **~ fewer/less than** nie mniej niż, co najmniej; **~ more/longer** już nie. — *a.* **1.** żaden; **by ~ means** w żaden sposób; **I had ~ time/books** nie miałem czasu/(żadnych) książek; **she is ~ child** nie jest dzieckiem; **there is ~ coffee** nie ma kawy; **there is ~ time left** nie zostało ani trochę czasu. **2.** **~ doubt** niewątpliwie; **~ entry** wstęp wzbroniony; **~ good/use** do niczego; **~ smoking** palenie wzbronione. — *n. pl.* **noes** nie (*odmowa, sprzeciw*); głos przeciw; **not take ~ for an answer** nie uznawać odmowy; **say ~** powiedzieć nie.
nobility [noʊˈbɪlətɪ] *n.* **1.** szlachta; arystokracja. **2.** szlachectwo. **3.** szlachetność.
noble [ˈnoʊbl] *a.* **1.** szlachetny. **2.** szlachecki; arystokratyczny. — *n.* szlachci-c/anka; arystokrat-a/ka.
nobody [ˈnoʊbədɪ] *pron., n.* nikt; **be a ~** być nikim, nic nie znaczyć.
nocturnal [nɑːkˈtɝːnl] *a.* nocny.
nod [nɑːd] *v.* **1.** (*także* **~ one's head**) kiwnąć/skinąć głową. **2.** przytaknąć. **3.** ukłonić się. **4.** **she ~ded us into the office** skinieniem głowy skierowała nas do biura. **5.** **have a ~ding acquaintance with** znać z widzenia (*osobę*); mieć powierzchowną wiedzę na temat (*zagadnienia*). **6.** **~ (off)** przysnąć. — *n.* skinienie; **give a ~** skinąć głową.
noise [nɔɪz] *n.* **1.** dźwięk, odgłos; hałas; wrzawa; **make (a) ~** robić hałas, hałasować. **2.** szum; zakłócenia.
noiseless [ˈnɔɪzləs] *a.* bezgłośny, cichy.
noisy [ˈnɔɪzɪ] *a.* **1.** hałaśliwy. **2.** krzykliwy (*o kolorach*).
nomadic [noʊˈmædɪk] *a.* koczowniczy, nomadyczny.
no man's land [ˈnoʊ ˌmænz ˌlænd], **no-man's-land** *n.* ziemia niczyja.
nominal [ˈnɑːmənl] *a.* nominalny; symboliczny.
nominate [ˈnɑːmɪˌneɪt] *v.* **1.** wysunąć kandydaturę (*czyjąś*). **2.** mianować, nominować; mianować swoim przedstawicielem.
nomination [ˌnɑːmɪˈneɪʃən] *n.* **1.** kandydatura. **2.** mianowanie, nominacja.
nominee [ˌnɑːməˈniː] *n.* **1.** osoba mianowana. **2.** kandydat/ka.
nonalcoholic [ˌnɑːnˌælkəˈhɔːlɪk] *a.* bezalkoholowy.
nonchalant [ˌnɑːnʃəˈlɑːnt] *a.* nonszalancki.
nondescript [ˌnɑːndɪˈskrɪpt] *a.* nijaki; nieokreślony.
none [nʌn] *pron.* żaden, ani jeden; nikt; ani trochę; **~ at all** (*także* **~ whatsoever**) absolutnie żaden; **~ of my acquaintances** żaden z moich znajomych; **~ of us/you** nikt z nas/was; **~ other than X** nie kto inny, tylko X; **(it's) ~ of your business** (to) nie twój interes. — *adv.* **~ the better** wcale nie lepiej; **~ too pleased** niezbyt zadowolony; **I'm still ~ the wiser** nadal nic nie rozumiem.
nonentity [nɑːˈnentətɪ] *n.* miernota, zero.
nonetheless [ˌnʌnðəˈles] *adv.* pomimo to, niemniej jednak.

non-existent [ˌnɑːnɪgˈzɪstənt] *a.* nieistniejący.
non-fiction [ˌnɑːnˈfɪkʃən] *n.* literatura faktu. — *a.* niebeletrystyczny.
non-flammable [ˌnɑːnˈflæməbl] *a.* niepalny.
nonsense [ˈnɑːnsens] *n.* nonsens, bzdura; **absolute/utter ~** kompletna *l.* wierutna bzdura; **a load of ~** stek bzdur; **talk ~** pleść bzdury, gadać głupstwa.
nonsmoker [ˌnɑːnˈsmoʊkər] *n.* niepaląc-y/a.
nonstick [ˌnɑːnˈstɪk] *a.* teflonowy.
nonstop [ˌnɑːnˈstɑːp] *a.* nieprzerwany, non stop; niekończący się; bez międzylądowania. — *adv.* non stop.
noodles [ˈnuːdlz] *n. pl.* kluski, makaron.
noon [nuːn] *n.* południe; **at ~** w południe.
no one [ˈnoʊ ˌwʌn] *pron.* = **nobody**.
noose [nuːs] *n.* **1.** pętla. **2. the ~** stryczek.
nope [noʊp] *adv. pot.* nie.
nor [nɔːr] *conj.* **1.** ani; **neither... ~...** ani..., ani...; **he speaks neither English ~ Polish** nie mówi ani po angielsku, ani po polsku. **2.** *form.* i nie; **I never went, ~ did I regret it** nie poszłam i nie żałowałam tego.
norm [nɔːrm] *n.* norma.
normal [ˈnɔːrml] *a.* normalny; **perfectly ~** zupełnie normalny. — *n.* **above/below ~** powyżej/poniżej normy; **return to ~** wrócić do normy.
normally [ˈnɔːrmlɪ] *adv.* normalnie.
north [nɔːrθ] *n.* **the ~** północ; **to the ~ of sth** na północ od czegoś. — *a.* północny. — *adv.* na północ, w kierunku północnym.
North America *n.* Ameryka Północna.
North Carolina *n.* (stan) Północna Karolina.
North Dakota *n.* (stan) Północna Dakota.
northeast [ˌnɔːrθˈiːst] *n.* **the ~** północny wschód. — *a.* północno-wschodni. — *adv.* na północny wschód.
northerly [ˈnɔːrðərlɪ] *a.* północny. — *adv.* na północ. — *n.* wiatr północny; sztorm z północy.
northern [ˈnɔːrðərn] *a.* północny.
Northern Ireland *n.* Irlandia Północna.
North Pole *n.* **the ~** Biegun Północny.
northward [ˈnɔːrθˌwɝːd], **northwards** *adv.* na północ.
northwest [ˌnɔːrθˈwest] *n.* **the ~** północny zachód. — *a.* północno-zachodni. — *adv.* na północny zachód.
Norway [ˈnɔːrweɪ] *n.* Norwegia.
Norwegian [nɔːrˈwiːdʒən] *a.* norweski. — *n.* **1.** Norwe-g/żka. **2.** (język) norweski.
nose [noʊz] *n.* **1.** nos; **blow one's ~** wydmuchać nos. **2.** dziób (*samolotu, okrętu*). **3. poke/stick one's ~ into sth** wtykać w coś nos; **turn one's up ~ at sth** kręcić na coś nosem; **(right) under sb's ~** pod (samym) nosem. — *v.* **~ around** *pot.* węszyć.
nosebleed [ˈnoʊzˌbliːd] *n.* krwawienie z nosa.
nosedive [ˈnoʊzˌdaɪv] *n.* **1.** nurkowanie strome, lot nurkowy. **2.** gwałtowny spadek (*zwł. cen*). — *v.* **1.** pikować. **2.** lecieć w dół (*np. o cenach*).
nosey [ˈnoʊzɪ] *a.* = **nosy**.
nostalgia [nɑːˈstældʒə] *n.* nostalgia; tęsknota (*for sth* za czymś).
nostalgic [nɑːˈstældʒɪk] *a.* nostalgiczny.
nostril [ˈnɑːstrəl] *n.* nozdrze.
nosy [ˈnoʊzɪ], **nosey** *a.* wścibski.
not [nɑːt] *adv.* nie; **~ always/now** nie zawsze/teraz; **~ at all** ani trochę, wcale nie; nie ma za co; **~ only..., but also...** nie tylko..., ale także...; **~ yet** jeszcze nie; **if ~** jeśli nie; **I hope ~** mam nadzieję, że nie.
notably [ˈnoʊtəblɪ] *adv.* w szczególności, zwłaszcza.
notary [ˈnoʊtərɪ], **notary public** *n.* notariusz/ka.
notch [nɑːtʃ] *n.* nacięcie; karb. — *v.* (*także* **~ up**) zaliczyć (*punkt, zwycięstwo*).
note [noʊt] *n.* **1.** notatka; **take ~s** robić notatki, notować. **2.** wiadomość (*pisemna*). **3.** (*także* **bank~**) banknot. **4.** nuta. **5.** przypis. **6.** nota (*dyplomatyczna*). **7. compare ~s** *zob.* **compare**; **take ~ of sth** wziąć coś pod uwagę, zwrócić uwagę na coś. — *v.* **1.** zauważyć. **2.** (*także* **~ down**) zanotować, zapisać. **3.** odnotować (*wydarzenie, fakt*).
notebook [ˈnoʊtˌbʊk] *n.* **1.** notatnik, notes. **2.** zeszyt. **3.** (*także* **~ computer**) notebook.
noted [ˈnoʊtɪd] *a.* **1.** znany (*for sth* z czegoś). **2.** zauważalny, wyraźny.
notepad [ˈnoʊtˌpæd] *n.* blok listowy.
notepaper [ˈnoʊtˌpeɪpər] *n.* papier listowy.
noteworthy [ˈnoʊtˌwɝːðɪ] *a.* znaczący, godny uwagi.
nothing [ˈnʌθɪŋ] *pron.* nic; **~ at all** absolutnie nic; **~ but** nic poza/oprócz; **~ but trouble** same kłopoty; **~ else** nic innego; **~ much** nic ważnego; **~ of the kind/sort** nic podobnego; **for ~** za darmo, za nic; bez powodu; (*także* **all for ~**) na próżno; **next to ~** tyle co nic; **there's ~ like...** nie ma to, jak...; **think ~ of it** (*także* **it was ~**) nie ma za co, żaden problem.
notice [ˈnoʊtɪs] *v.* zauważyć, spostrzec. — *n.* **1.** ogłoszenie; obwieszczenie. **2. advance ~** wcześniejsze powiadomienie; **at short/a moment's ~** bezzwłocznie, natychmiast; **hand/give in one's ~** złożyć wymówienie; **until further ~** (aż) do odwołania; **without ~** bez uprzedzenia/ostrzeżenia. **3. escape sb's ~** umknąć czyjejś uwadze; **take no ~ of sb/sth** nie zwracać uwagi na kogoś/coś.
noticeable [ˈnoʊtɪsəbl] *a.* zauważalny, widoczny.
notification [ˌnoʊtəfəˈkeɪʃən] *n.* zawiadomienie.
notify [ˈnoʊtəˌfaɪ] *v.* powiadamiać (*sb of sth* kogoś o czymś).
notion [ˈnoʊʃən] *n.* pojęcie; wyobrażenie.
notorious [noʊˈtɔːrɪəs] *a.* notoryczny; **~ for sth** słynący z czegoś (*złego*).
notwithstanding [ˌnɑːtwɪðˈstændɪŋ] *prep.* pomimo; **their protests ~** pomimo ich protestów.
nought [nɔːt] *n.* = **naught**.
noun [naʊn] *n.* rzeczownik.
nourish [ˈnɝːɪʃ] *v.* odżywiać, karmić; **well-~ed** dobrze odżywiony.
nourishing [ˈnɝːɪʃɪŋ] *a.* pożywny.
nourishment [ˈnɝːɪʃmənt] *n.* pożywienie.
novel [ˈnɑːvl] *n.* powieść. — *a.* nowatorski.
novelist [ˈnɑːvəlɪst] *n.* powieściopisa-rz/rka.
novelty [ˈnɑːvəltɪ] *n.* nowość; innowacja.
November [noʊˈvembər] *n.* listopad; *zob. t.* **February** (for phrases).
novice [ˈnɑːvɪs] *n.* nowicjusz/ka.
NOW [ˌen ˌoʊ ˈdʌbljuː] *abbr.* **National Organization for Women** Krajowa Organizacja Kobiet.
now [naʊ] *adv.* teraz; **~ or never** teraz albo nigdy; **~ you tell me!** teraz mi mówisz?! **any day ~** lada dzień; **(every) ~ and again/then** co jakiś czas; **not ~** nie teraz; **right ~** w tej chwili; **she left just ~** właśnie przed chwilą wyszła; **what is it ~?** o co chodzi tym razem?, co znowu? — *conj.* (*także* **~ that**) teraz gdy, skoro (już). — *n.* **between ~ and Sunday** (od teraz) do niedzieli; **by ~** teraz, w tej chwili; do tej pory; **for ~** na teraz; **from ~ on** (*także* **as of ~**) od teraz, od tej pory.
nowadays [ˈnaʊəˌdeɪz] *adv.* obecnie, dzisiaj.

nowhere ['noʊˌwer] *adv.* nigdzie; donikąd; **~ else** nigdzie indziej; **~ near (as good etc)** nawet w przybliżeniu nie (tak dobry itp.); **they were ~ to be seen** nie było ich widać; **this will get you ~** to ci nic nie pomoże. — *n.* **from ~** (*także* **out of ~**) znikąd; **in the middle of ~** w samym środku głuszy; gdzie diabeł mówi dobranoc.
nuance ['nuːɑːns] *n.* niuans; odcień.
nuclear ['nuːkliːr] *a.* jądrowy; nuklearny.
nuclei ['nuːklɪˌaɪ] *n. pl. zob.* **nucleus**.
nucleus ['nuːklɪəs] *n. pl.* **nuclei** ['nuːklɪˌaɪ] jądro.
nude [nuːd] *a.* **1.** nagi. **2.** rozbierany (*np. o scenach w filmie*); dla nudystów (*o plaży*); **~ picture** akt (*fotografia*). — *n.* naga postać; akt (*obraz, rzeźba*); **in the ~** nagi; nago.
nudge [nʌdʒ] *v.* **1.** szturchać; trącać (*łokciem*). **2.** zachęcić (*sb into/toward sth* kogoś do czegoś). — *n.* **give sb a ~** szturchnąć kogoś.
nudist ['nuːdɪst] *n.* nudyst-a/ka. — *a.* nudystyczny.
nudity ['nuːdətɪ] *n.* nagość.
nuisance ['nuːsəns] *n.* **be a ~** (*także* **make a ~ of o.s.**) sprawiać kłopot; naprzykrzać się.
null [nʌl] *a.* **1.** (*także* **~ and void**) nieważny, nie posiadający mocy prawnej. **2.** zerowy.
numb [nʌm] *a.* **1.** zdrętwiały; **~ with cold** zdrętwiały z zimna. **2.** otępiały; **~ with fear** sparaliżowany ze strachu. — *v.* **1.** powodować drętwienie (*np. palców*). **2.** paraliżować (*umysł, zmysły*).
number ['nʌmbər] *n.* **1.** numer. **2.** cyfra. **3.** liczba; **even/odd ~** liczba parzysta/nieparzysta; **round ~** okrągła liczba; **singular/plural ~** liczba pojedyncza/mnoga. **4.** liczebnik; **cardinal/ordinal ~** liczebnik główny/porządkowy. **5. a ~ of people** pewna liczba osób; **a good ~ of...** (*także* **quite a ~ of...**) wiele...; **for a ~ of reasons** z wielu powodów; **wrong ~** *tel.* pomyłka. — *v.* **1.** numerować. **2.** liczyć (= *składać się z*). **3. ~ among** zaliczać (się) do (*jakiejś grupy*). **4. his days are ~ed** jego dni są policzone.
number one *n.* numer jeden; **look out for ~** troszczyć się tylko o siebie.
numeral ['nuːmərəl] *n.* **1.** liczebnik. **2. Roman/Arabic ~** cyfra rzymska/arabska.
numerical [nʊ'merɪkl], **numeric** [nʊ'merɪk] *a.* liczbowy, numeryczny.
numerous ['nuːmərəs] *a.* liczny.
nun [nʌn] *n.* zakonnica.
nurse [nɜːs] *n.* **1.** pielęgnia-rz/rka. **2.** (*także* **~maid**) opiekunka do dzieci, niania. — *v.* **1.** opiekować się (*kimś*), pielęgnować. **2.** karmić (piersią). **3.** ssać (pierś). **4. ~ a cold/a twisted ankle** leżeć w łóżku z przeziębieniem/ze zwichniętą kostką. **5. ~ a grudge** żywić urazę.
nursery ['nɜːsərɪ] *n.* **1.** żłobek. **2.** szkółka (*roślin*).
nursery rhyme *n.* wierszyk dla dzieci, rymowanka.
nursing ['nɜːsɪŋ] *n.* **1.** pielęgniarstwo. **2.** opieka pielęgniarska.
nursing home *n.* dom pogodnej starości.
nursing mother *n.* matka karmiąca.
nurture ['nɜːtʃər] *v.* wychowywać (*dziecko*); hodować (*roślinę*); kultywować (*np. talent, idee*). — *n.* wychowanie; czynniki środowiskowe (*w odróżnieniu od genetycznych*).
nut [nʌt] *n.* **1.** orzech. **2.** nakrętka. **3.** *pot.* świr. **4. tennis/movie ~** *pot.* fanaty-k/czka tenisa/kina. **5. a hard/tough ~ to crack** twardy orzech do zgryzienia. **6.** *pl. zob.* **nuts**.
nutcracker ['nʌtˌkrækər] *n.* dziadek do orzechów.
nutmeg ['nʌtˌmeg] *n.* gałka muszkatołowa.
nutrient ['nuːtrɪənt] *n.* składnik pokarmowy.
nutrition [nʊ'trɪʃən] *n.* **1.** odżywianie (się). **2.** technologia żywienia; dietetyka.
nutritionist [nʊ'trɪʃənɪst] *n.* technolog żywienia, żywieniowiec; dietety-k/czka.
nutritious [nʊ'trɪʃəs] *a.* pożywny.
nuts [nʌts] *a. pot.* świrowaty, świrnięty; **be ~ about/on/over sb/sth** mieć świra na punkcie kogoś/czegoś; **go ~** świrować, dostawać świra. — *n. pl. wulg. sl.* jaja (= *jądra*).
nutshell ['nʌtˌʃel] *n.* **1.** łupina orzecha. **2. (to put it) in a ~** (mówiąc) w skrócie.
nutty ['nʌtɪ] *a.* **1.** orzechowy, o smaku orzechowym. **2.** *pot.* świrnięty, stuknięty.
NV *abbr.* = **Nevada**.
NY *abbr.* = **New York** 2.
NYC *abbr.* = **New York City**.
nylon ['naɪlɑːn] *n.* **1.** nylon. **2. ~s** pończochy nylonowe, nylony.
nymphomaniac [ˌnɪmfə'meɪnɪˌæk] *n.* nimfomanka.

O

oaf [oʊf] *n.* gamoń.
oak [oʊk] *n.* dąb. — *a.* dębowy.
oar [ɔːr] *n.* wiosło.
oasis [oʊ'eɪsɪs] *n. pl.* **oases** [oʊ'eɪsiːs] oaza.
oath [oʊθ] *n. pl.* **-s** [oʊðz] przysięga; **under ~** pod przysięgą.
oatmeal ['oʊtˌmiːl] *n.* owsianka.
oats [oʊts] *n. pl.* owies.
obedience [oʊ'biːdɪəns] *n.* posłuszeństwo.
obedient [oʊ'biːdɪənt] *a.* posłuszny.
obese [oʊ'biːs] *a.* otyły.
obesity [oʊ'biːsətiː] *n.* otyłość.
obey [oʊ'beɪ] *v.* **1. ~ (sb)** być posłusznym (komuś), słuchać (kogoś). **2.** przestrzegać (*prawa, reguł*).
obituary [oʊ'bɪtʃʊˌerɪ] *n.* nekrolog.
object *n.* ['ɑːbdʒekt] **1.** przedmiot; obiekt; **an ~ of attention/desire** przedmiot uwagi/pożądania; **an ~ of ridicule** obiekt drwin; **glass/metal ~s** przedmioty szklane/metalowe. **2.** cel; **the ~ of the exercise is...** chodzi o to, żeby... **3.** *gram.* dopełnienie; **direct/indirect ~** dopełnienie bliższe/dalsze. — *v.* [əb'dʒekt] oponować (*that* że); **~ to sth** sprzeciwiać się/być przeciwnym czemuś, protestować przeciwko czemuś; **I ~!** *form.* sprzeciw!, protestuję!
objection [əb'dʒekʃən] *n.* **1.** zastrzeżenie; zarzut; **have no ~(s)(to sth)** nie mieć zastrzeżeń (do czegoś). **2.** sprzeciw (*to/against sth* wobec czegoś); **raise/voice an ~** zgłaszać/wyrażać sprzeciw.
objectionable [əb'dʒekʃənəbl] *a.* naganny, nie do przyjęcia.

objective [əb'dʒektɪv] *n.* cel. — *a.* **1.** obiektywny. **2.** *gram.* dopełnieniowy.
obligation [ˌɑːblə'geɪʃən] *n.* obowiązek; zobowiązanie; powinność; **be under an ~ to do sth** być zobowiązanym coś zrobić.
obligatory [ə'blɪgəˌtɔːrɪ] *a.* obowiązkowy.
oblige [ə'blaɪdʒ] *v.* **be/feel ~d to do sth** czuć się zobowiązanym coś zrobić, czuć się zobligowanym do zrobienia czegoś.
obliging [ə'blaɪdʒɪŋ] *a.* uczynny, usłużny; uprzejmy.
oblique [ə'bliːk] *a.* **1.** z ukosa; nie wprost. **2.** ukośny; pochyły. **3.** *gram.* zależny (*o przypadku*).
obliterate [ə'blɪtəˌreɪt] *v.* **1.** zrównać z ziemią, unicestwić. **2.** zamazać; zatrzeć; wymazać (z pamięci).
oblivion [ə'blɪvɪən] *n.* niepamięć, zapomnienie.
oblivious [ə'blɪvɪəs] *a.* **~ of/to sth** nieświadom czegoś.
oblong ['ɑːbˌlɔːŋ] *a.* podłużny. — *n.* prostokąt (*wydłużony*).
obnoxious [əb'nɑːkʃəs] *a.* okropny, wstrętny; ohydny.
oboe ['oʊboʊ] *n.* obój.
obscene [əb'siːn] *a.* nieprzyzwoity, obsceniczny.
obscenity [əb'senətɪ] *n.* **1.** nieprzyzwoitość, obsceniczność. **2.** **obscenities** brzydkie wyrazy; świństwa.
obscure [əb'skjʊr] *a.* **1.** mało znany (*o artyście, miejscu*). **2.** niejasny (*o motywach*). — *v.* **1.** zaciemniać. **2.** przesłaniać.
observable [əb'zɝːvəbl] *a.* widoczny, zauważalny.
observant [əb'zɝːvənt] *a.* spostrzegawczy; uważny.
observation [ˌɑːbzɝː'veɪʃən] *n.* **1.** obserwacja; **be under ~** być pod obserwacją; **powers of ~** zmysł obserwacji. **2.** spostrzeżenie, uwaga.
observatory [əb'zɝːvəˌtɔːrɪ] *n.* obserwatorium.
observe [əb'zɝːv] *v.* **1.** obserwować. **2.** zauważyć, spostrzec. **3.** przestrzegać (*prawa, ustaw*). **4.** zachowywać (*zwyczaj, ciszę*); obchodzić (*święta*).
observer [əb'zɝːvər] *n.* obserwator/ka.
obsession [əb'seʃən] *n.* obsesja (*with/about sb/sth* na punkcie kogoś/czegoś).
obsessive [əb'sesɪv] *a.* **1.** (*także* **obsessional**) obsesyjny, chorobliwy. **2.** **be ~ about sb/sth** mieć obsesję na punkcie kogoś/czegoś.
obsessive-compulsive disorder *n.* zespół obsesyjno-kompulsywny.
obsolescence [ˌɑːbsə'lesəns] *n.* **1.** starzenie się (*maszyn*); wychodzenie z użycia (*produktów, wyrazów*). **2.** **planned/built-in ~** żywotność (*urządzenia*).
obsolescent [ˌɑːbsə'lesənt] *a.* **1.** wychodzący z użycia. **2.** zanikający.
obstacle ['ɑːbstəkl] *n.* przeszkoda (*to sth* na drodze do czegoś).
obstetrician [ˌɑːbstə'trɪʃən] *n.* położni-k/czka.
obstetrics [əb'stetrɪks] *n.* położnictwo.
obstinacy ['ɑːbstənəsɪ] *n.* **1.** upór. **2.** uporczywość.
obstinate ['ɑːbstənɪt] *a.* **1.** uparty. **2.** uporczywy.
obstruct [əb'strʌkt] *v.* **1.** blokować, tarasować. **2.** utrudniać.
obstruction [əb'strʌkʃən] *n.* **1.** zator. **2.** przeszkoda; utrudnienie. **3.** niedrożność. **4.** *parl.* obstrukcja.
obtain [əb'teɪn] *v. form.* **1.** nabywać. **2.** uzyskiwać (*pozwolenie, rezultaty*). **3.** panować, utrzymywać się (*o warunkach*); obowiązywać (*o przepisach*).
obtuse [əb'tuːs] *a.* **1.** tępy. **2.** **~ angle** kąt rozwarty.
obvious ['ɑːbvɪəs] *a.* oczywisty.
obviously ['ɑːbvɪəslɪ] *adv.* **1.** wyraźnie. **2.** oczywiście.
occasion [ə'keɪʒən] *n.* okazja (*for sth* do czegoś); **on ~** okazjonalnie, czasami; **on that ~** tym razem, przy tej okazji; **on the ~ of his birthday** z okazji jego urodzin; **rise to the ~** stanąć na wysokości zadania. — *v. form.* powodować.
occasional [ə'keɪʒənl] *a.* **1.** sporadyczny, rzadki; **I have the ~ cigarette** czasem sobie zapalę. **2.** okolicznościowy (*o poezji*).
occasionally [ə'keɪʒənlɪ] *adv.* czasami, od czasu do czasu; **very ~** (bardzo) rzadko.
occult [ə'kʌlt] *a.* okultystyczny; tajemny. — *n.* **the ~** okultyzm, wiedza tajemna.
occupant ['ɑːkjəpənt] *n. form.* **1.** mieszkan-iec/ka, lokator/ka. **2.** pasażer/ka (*samochodu*).
occupation [ˌɑːkjə'peɪʃən] *n.* **1.** zawód. **2.** zajęcie, hobby. **3.** okupacja (*kraju, budynku*).
occupational [ˌɑːkjə'peɪʃənl] *a.* **1.** **~ hazard** ryzyko zawodowe. **2.** **~ therapy** terapia zajęciowa.
occupier ['ɑːkjəpaɪər] *n.* okupant.
occupy ['ɑːkjəpaɪ] *v.* **1.** zajmować; **be occupied** być zajętym (*o miejscu*); **be occupied in/with sth/doing sth** być zajętym czymś/robieniem czegoś. **2.** *wojsk.* okupować. **3.** **~ sb's thoughts/attention** zaprzątać czyjeś myśli/czyjąś uwagę.
occur [ə'kɝː] *v.* **1.** zdarzać się, mieć miejsce. **2.** występować (*in/among sb* u/wśród kogoś). **3.** **~ to sb** przychodzić komuś na myśl/do głowy.
occurrence [ə'kɝːəns] *n.* **1.** wydarzenie, zjawisko; **uncommon/rare ~** niezwykłe/rzadkie zjawisko. **2.** występowanie, pojawianie się.
ocean ['oʊʃən] *n.* **1.** ocean; **the Atlantic/Pacific O~** Ocean Atlantycki/Spokojny. **2.** **a drop in the ~** kropla w morzu; **~s of sth** mnóstwo czegoś.
oceanography [ˌoʊʃə'nɑːgrəfɪ] *n.* oceanografia.
ocher ['oʊkər], **ochre** *n.* **1.** ochra. **2.** kolor żółtobrunatny.
o'clock [ə'klɑːk] *adv.* **seven/six ~** godzina siódma/szósta.
octagon ['ɑːktəˌgɑːn] *n.* ośmiokąt, ośmiobok.
octane ['ɑːkteɪn] *n.* oktan.
octave [ɑːk'teɪv] *n.* oktawa.
October [ɑːk'toʊbər] *n.* październik; *zob. t.* **February** (for phrases).
octogenarian [ˌɑːktoʊdʒə'nerɪən] *a.* osiemdziesięcioletni; osiemdziesięcioparoletni. — *n.* osiemdziesięcioparolat-ek/ka.
octopus ['ɑːktəpəs] *n. pl.* **-es** *l.* **octopi** ['ɑːktəpaɪ] ośmiornica.
OD [ˌoʊ 'diː] **overdose** *v. pot.* przedawkować (*on sth* coś).
odd [ɑːd] *a.* **1.** dziwny, osobliwy; dziwaczny; **~-looking** dziwnie wyglądający; **it's ~ (that)...** to dziwne (że)... **2.** nieparzysty. **3.** nie do pary; zdekompletowany. **4.** przypadkowy, dorywczy. **5.** **forty/fifty-~** czterdzieści/pięćdziesiąt kilka/parę.
oddball ['ɑːdˌbɔːl] *n. pot.* dziwa-k/czka, ekscentry-k/czka.
oddly ['ɑːdlɪ] *adv.* **1.** dziwnie. **2.** **~ enough,...** dziwnym trafem,..., co dziwne,...
odds [ɑːdz] *n. pl.* szanse, prawdopodobieństwo (*of sb doing sth* że ktoś coś zrobi); **against all (the) ~** na przekór wszelkiemu prawdopodobieństwu; **be at ~ with sb** nie zgadzać się z kimś; **be at ~ with sth**

nie pasować do czegoś; **lay/give ~ of 2 to 1** stawiać dwa do jednego; **sb has the ~ stacked against them** wszystko sprzysięgło się przeciwko komuś.

ode [oʊd] *n.* oda.

odious ['oʊdɪəs] *a. form.* wstrętny, odpychający; nienawistny.

odor ['oʊdər] *n.* zapach (*zwł. nieprzyjemny*), woń; odór.

odorless ['oʊdərləs] *a.* bezwonny, bez zapachu.

of [ʌv; əv; ə] *prep.* **1.** (*odpowiada dopełniaczowi l. przydawce*) **author ~ the book** autor książki; **a friend ~ mine** pewien mój przyjaciel; **lots ~ money** dużo pieniędzy; **the 4th ~ July** 4 lipca. **2.** z; **die ~ hunger** umrzeć z głodu; **made ~ glass** zrobiony ze szkła; **one ~ them** jeden z nich. **3.** od; **south ~ Boston** na południe od Bostonu. **4.** o; **speak/think ~ sth** mówić/myśleć o czymś. **5.** za; **a quarter ~ six** za kwadrans szósta. **6.** na; **die ~ cancer** umrzeć na raka. **7.** pod; **the Battle ~ Lexington** bitwa pod Lexington.

off [ɔːf] *adv.* **1.** z dala, w pewnej odległości; **an island ~ the coast of New England** wyspa u wybrzeży Nowej Anglii; **it's a long way ~** to daleko stąd. **2.** w bok od; **~ the main street** w bok od głównej ulicy. **3. ~ with...!** precz z...! **10% ~** 10% zniżki; **a day ~** wolny dzień; **hats ~!** czapki z głów! **~ and on** (*także* **on and ~**) z przerwami; od czasu do czasu; **I must be ~** muszę już iść. — *prep.* **1.** od; **a button came ~ my shirt** odpadł mi guzik od koszuli. **2.** z dala/z daleka od; **keep ~ (sth)** trzymać się z daleka (od czegoś). **3.** z; **fall ~ the stairs** spaść ze schodów; **get ~ the train** wysiadać z pociągu. **4.** w bok od; **a street ~ the square** ulica odchodząca od placu. **5. ~ duty/work** niezajęty, wolny; **~ the subject/topic** nie na temat. — *a.* **1.** wyłączony, zakręcony. **2.** odwołany; zerwany; **the wedding is ~** wesela nie będzie. **3. an ~ day/week** wolny dzień/tydzień; *pot.* gorszy dzień/tydzień. **4. be ~ in one's calculations** pomylić się w obliczeniach.

offbeat [ˌɔːf'biːt] *a.* ekscentryczny, niekonwencjonalny.

off-chance ['ɔːfˌʧæns] *n.* **on the ~** (tak) na wszelki wypadek.

off-duty [ˌɔːf'duːtɪ] *a.* po służbie, nie na służbie.

offend [ə'fend] *v.* **1.** obrażać; urażać; **be/feel ~ed** czuć się urażonym. **2.** popełnić wykroczenie/przestępstwo.

offender [ə'fendər] *n.* **1.** przestęp-ca/czyni; **first ~** osoba wcześniej nienotowana/niekarana. **2.** winowaj-ca/czyni.

offense [ə'fens] *n.* **1.** przestępstwo; wykroczenie (*against sb/sth* przeciwko komuś/czemuś); **commit an ~** popełnić przestępstwo; **minor ~** (drobne) wykroczenie. **2.** *sport* przewinienie. **3.** zniewaga, obraza; **cause/give ~ to sb/sth** obrazić kogoś/coś; **mean no ~** nie chcieć nikogo urazić; **no ~** *pot.* bez obrazy; **take ~ (at sth)** obrażać się (o coś/z powodu czegoś). **4.** ['ɔːfens] atak, ofensywa.

offensive [ə'fensɪv] *a.* **1.** obraźliwy. **2.** ofensywny; zaczepny. **3.** ohydny, wstrętny (*o zapachu*). — *n.* ofensywa, atak; **take the ~** przechodzić do ofensywy, przystępować do ataku.

offer ['ɔːfər] *v.* **1. ~ sb sth** (*także* **~ sth to sb**) proponować komuś coś. **2.** oferować (*np. cenę*); **have sth to ~ (to sb)** mieć (komuś) coś do zaoferowania. **3.** ofiarować (się); **~ to do sth** zaofiarować się coś zrobić. **4.** udzielać (*np. rad*). **5.** *form.* dostarczać (*okazji*); nastręczać (*trudności*); składać (*podziękowania, gratulacje*). — *n.* **1.** propozycja (*to do sth* zrobienia czegoś); **an ~ of marriage** propozycja małżeństwa. **2.** oferta; **make an ~ for sth** składać ofertę na coś; **on ~** oferowany, na sprzedaż; **special ~** oferta specjalna; **turn down/refuse/reject an ~** odrzucić ofertę.

offering ['ɔːfərɪŋ] *n.* **1.** propozycja; oferta. **2.** prezent, podarunek. **3.** *rel.* ofiara. **4.** *kość.* taca, datki.

offhand [ˌɔːf'hænd] *a.* **1.** bezceremonialny, obcesowy. **2.** bez namysłu, spontaniczny. — *adv.* **1.** od ręki, na poczekaniu. **2.** bezceremonialnie, obcesowo.

office ['ɔːfɪs] *n.* **1.** biuro; **at the ~** w biurze; **box/ticket ~** kasa biletowa; **main/head ~** siedziba (*firmy*); oddział główny; **passport/tourist ~** biuro paszportowe/podróży. **2.** gabinet; **dentist's/doctor's ~** gabinet dentystyczny/lekarski. **3.** urząd; **customs/patent ~** urząd celny/patentowy; **hold ~** piastować/sprawować urząd; **in ~** u władzy; na stanowisku/urzędzie; **take ~** obejmować urząd. **4.** *admin.* departament; agencja rządowa.

office hours *n. pl.* godziny urzędowania; *med.* godziny przyjęć.

officer ['ɔːfɪsər] *n.* **1.** oficer; **commanding ~** dowódca. **2.** policjant/ka; posterunkow-y/a; **~!** panie władzo. **3.** (*także* **executive ~**) członek zarządu. **4.** urzędni-k/czka; funkcjonariusz/ka.

office worker *n.* urzędni-k/czka.

official [ə'fɪʃl] *a.* urzędowy; oficjalny; formalny. — *n.* (wysoki) urzędnik; funkcjonariusz.

officially [ə'fɪʃlɪ] *adv.* **1.** oficjalnie. **2.** urzędowo, z urzędu.

officiate [ə'fɪʃɪˌeɪt] *v.* **1.** pełnić obowiązki gospodarza. **2.** odprawiać nabożeństwo/mszę.

officious [ə'fɪʃəs] *a.* nadgorliwy; narzucający się, natrętny.

offing ['ɔːfɪŋ] *n.* **sth is in the ~** zanosi się na coś.

off-key [ˌɔːf'kiː] *muz. a.* fałszywy. — *adv.* **sing ~** fałszować.

off-limits [ˌɔːf'lɪmɪts] *a.* niedostępny, zakazany (*to sb* dla kogoś).

offline *komp. a.* ['ɔːfˌlaɪn] autonomiczny. — *adv.* [ˌɔːf'laɪn] offline.

off-peak [ˌɔːf'piːk] *adv., a.* poza godzinami szczytu.

off-season [ˌɔːf'siːzən] *adv., a.* poza sezonem. — *n.* **the ~** okres mniejszego ruchu, martwy sezon.

offset *v.* [ˌɔːf'set] równoważyć, kompensować. — *n.* ['ɔːfˌset] offset.

offshoot ['ɔːfˌʃuːt] *n.* odgałęzienie.

offshore [ˌɔːf'ʃɔːr] *a.* **1.** przybrzeżny (*o prądach, rybołówstwie*). **2.** od lądu (*o wietrze*). **3.** poza granicami kraju (*o banku, inwestycjach*). — *adv.* z dala od brzegu.

offspring ['ɔːfˌsprɪŋ] *n. pl.* **offspring** potomek; potomstwo.

offstage [ˌɔːf'steɪʤ] *adv.* **1.** za kulisami, za sceną. **2.** prywatnie.

off-white [ˌɔːf'waɪt] *a.* w kolorze złamanej bieli.

often ['ɔːfən] *adv.* często; **all/only too ~** o wiele za często; **as ~ as not** (*także* **more ~ than not**) najczęściej, przeważnie; **every so ~** co jakiś czas; **how ~?** jak często?

oftentimes ['ɔːfənˌtaɪmz] *adv.* często.

OH *abbr.* = **Ohio**.

oh [oʊ] *int.* ach!

Ohio [oʊ'haɪoʊ] *n.* (stan) Ohio.

oil [ɔɪl] *n.* **1.** olej. **2.** ropa (naftowa). **3.** oliwa; **olive ~** oliwa z oliwek. **4.** olejek; **bath ~** olejek do kąpieli; **essential ~s** olejki eteryczne. **5.** farba olejna; **paint in ~s** malować olejami. — *v.* oliwić.
oilcloth ['ɔɪl,klɔːθ] *n.* cerata.
oilfield ['ɔɪl,fiːld] *n.* pole naftowe.
oil paint *n.* farba olejna.
oil painting *n.* obraz olejny; malarstwo olejne.
oil rig *n.* **1.** platforma wiertnicza. **2.** szyb naftowy.
oily ['ɔɪlɪ] *a.* **1.** oleisty. **2.** tłusty, przetłuszczający się. **3.** zatłuszczony.
ointment ['ɔɪntmənt] *n.* maść.
OK *int.* [,oʊ'keɪ] (*także* **O.K., okay**) OK, okej; dobra, w porządku. — *a., adv.* [,oʊ'keɪ] (*także* **O.K., okay**) w porządku; do przyjęcia; **he's/she's ~** nic mu/jej nie jest; on/a jest w porządku; **it's ~ with/by me** mnie to nie przeszkadza. — *n.* [,oʊ'keɪ] (*także* **O.K., okay**) **get the ~** dostać zgodę/pozwolenie; **give sth the ~** wyrazić zgodę na coś. — *v.* [,oʊ'keɪ] (*także* **O.K., okay**) zgadzać się na (*coś*). — *abbr.* = **Oklahoma**.
okey-doke [,oʊkɪ'doʊk], **okey-dokey** [,oʊkɪ'doʊkɪ] *int. pot.* = **OK**.
Oklahoma [,oʊklə'hoʊmə] *n.* (stan) Oklahoma.
old [oʊld] *a.* **1.** stary; **five-year-~** pięcioletni; **get/grow ~** starzeć się; **how ~ are you?** ile masz lat? **I'm 50 years ~** mam 50 lat. **2.** dawny, były; **in the ~ days** dawniej, niegdyś. **3. any ~ thing** *pot.* byle co; **good ~ days** stare dobre czasy; **he's ~ enough to be your father** mógłby być twoim ojcem; **the same ~ story** stara śpiewka. — *n.* **the ~** starzy (ludzie), starcy.
old age *n.* starość; **in one's ~** na starość.
old-fashioned [,oʊld'fæʃənd] *a.* **1.** staromodny, niemodny; przestarzały. **2.** staroświecki.
old folks' home *n. pot.* = **old people's home**.
Old Glory *n. pot.* flaga narodowa USA.
old hat *a. pot.* już niemodny; stary i nudny.
oldie ['oʊldiː] *n. pot.* staroć (*np. o piosence, filmie*); **golden ~s** złote przeboje.
old lady *n.* **my/his ~** *sl.* mój/jego stara (= *matka l. żona*).
old maid *n.* stara panna.
old man *n.* **my/her ~** *sl.* mój/jej stary (= *ojciec l. mąż*).
old people's home *n.* dom starców.
Old Testament *n.* Stary Testament.
old timer *n. pot.* **1.** weteran/ka. **2.** osoba starej daty.
olfactory [ɑːl'fæktərɪ] *a.* węchowy.
oligarchy ['ɑːlə,gɑːrkɪ] *n.* oligarchia.
olive ['ɑːlɪv] *n.* **1.** oliwka. **2.** drzewo oliwne. **3.** kolor oliwkowy. — *a.* oliwkowy.
olive oil *n.* oliwa z oliwek.
Olympic Games *n. pl.* (*także* **the Olympics**) igrzyska olimpijskie, olimpiada.
omelet ['ɑːmlət], **omelette** *n.* omlet.
omen ['oʊmən] *n.* omen; **bad/ill ~** zły omen; **good ~** dobry/szczęśliwy omen.
ominous ['ɑːmənəs] *a.* **1.** złowieszczy, złowrogi. **2.** złowróżbny.
omission [oʊ'mɪʃən] *n.* **1.** przeoczenie. **2.** zaniedbanie.
omit [oʊ'mɪt] *v.* **1.** pomijać, opuszczać. **2. ~ to do sth** *form.* nie zrobić czegoś; zapomnieć coś zrobić.
omnipotent [ɑːm'nɪpətənt] *a.* wszechmocny, wszechmogący.
omnipresent [,ɑːmnɪ'prezənt] *a.* wszechobecny.
omniscient [ɑːm'nɪʃənt] *a.* wszechwiedzący.
on [ɑːn] *prep.* **1.** na; **~ the table/wall/street** na stole/ścianie/ulicy; **~ the left/right of sth** na lewo/prawo od czegoś; **~ time** na czas; **~ vacation** na wakacjach. **2.** w; **~ Monday** w poniedziałek; **~ television** w telewizji; **~ the plane/train** w samolocie/pociągu. **3.** nad; **work ~ sth** pracować nad czymś. **4.** o; **~ the hour** o pełnej godzinie; **books ~ the war** książki o wojnie. **5.** przy; **cash ~ delivery** płatne przy odbiorze; **I have no money ~ me** *pot.* nie mam przy sobie pieniędzy. **6.** po; **~ arrival** po przybyciu; **~ both sides** po obu stronach; **~ the right/left** po prawej/lewej. **7.** od; **depend ~ sth** zależeć od czegoś. **8. ~ foot** pieszo; **~ purpose** celowo; **~ one condition** pod jednym warunkiem; **be/talk ~ the phone** rozmawiać przez telefon. — *adv.* **1.** na; na sobie; **have sth ~** mieć coś na sobie. **2.** dalej; **and so ~** i tak dalej; **read/talk ~** czytać/mówić dalej. **3. ~ and ~** ciągle, bez przerwy; **~ and off** (*także* **off and ~**) z przerwami; od czasu do czasu; **from that day ~** (począwszy) od tego dnia; **keep/go ~ doing sth** ciągle/nadal coś robić; **later ~** później. — *a.* **1.** włączony (*o świetle*); odkręcony (*o kranie*); zaciągnięty (*o hamulcu*). **2.** w toku (*o zebraniu*). **3.** w programie; w planie; **have sth ~** mieć coś w planie; **what's ~ at the movie theater?** co grają w kinie? **4.** aktualny; **is the party (still) ~?** czy impreza jest (nadal) aktualna? **5. be ~ to sth** być na tropie czegoś.
once [wʌns] *adv.* **1.** (jeden) raz; **~ a week** raz na tydzień; **~ again/more** jeszcze raz; **~ and for all** raz na zawsze; **~ or twice** raz czy dwa; **~ too often** o jeden raz za dużo; **all at ~** nagle; naraz; **at ~** od razu, natychmiast; naraz, równocześnie; **(every) ~ in a while** raz na jakiś czas; **(just) for ~** chociaż raz; **just this/the ~** tylko ten jeden (jedyny) raz. **2.** kiedyś, niegdyś; **~ upon a time** pewnego razu, dawno, dawno temu. — *conj.* gdy tylko; jak już.
oncological [,ɑːnkə'lɑːdʒɪkl] *a.* onkologiczny.
oncologist [ɑːŋ'kɑːlədʒɪst] *n.* onkolo-g/żka.
oncology [ɑːŋ'kɑːlədʒɪ] *n.* onkologia.
oncoming ['ɑːn,kʌmɪŋ] *a.* nadjeżdżający z przeciwka.
one [wʌn] *num.* **1.** jeden; **~ child/apple** jedno dziecko/jabłko; **~ hundred and ten** sto dziesięć; **~ after another/the other** jeden po/za drugim (= *w krótkich odstępach czasu*); **~ at a time** pojedynczo; **~ by ~** jeden po/za drugim (= *pojedynczo*). **2.** pierwszy; **book/volume ~** tom pierwszy; **for ~ thing...** po pierwsze,... — *n.* **1.** jedynka. **2. ~ (o'clock)** godzina pierwsza; **at ~** o pierwszej. **3. (all) in ~** w jednym; **as ~** jak jeden mąż; **be ~ up (on sb)** *pot.* mieć przewagę (nad kimś); **from day ~** *pot.* od samego początku. — *pron.* **1.** (*w zastępstwie rzeczownika*) (*także* **the/this ~**) ten; **that ~** tamten; **which ~?** który? **the blue ~** ten niebieski. **2.** *form.* **~ must admire her** należy ją podziwiać; **~ never knows** nigdy (nic) nie wiadomo. **3. ~ and the same** jeden i ten sam; **~ of us** jeden z nas; **I for ~ believe (that)...** jeśli o mnie chodzi, to sądzę, że... — *a.* **1.** jedyny; **~-of-a-kind** jedyny w swoim rodzaju; **the ~ and only** jeden jedyny; **the ~ person/place** jedyna osoba/jedyne miejsce. **2.** pewien; któryś; jakiś; **~ day** pewnego/któregoś dnia. **3.** *pot.* **he's ~ amazing guy** to niesamowity facet; **she's written ~ great novel** napisała rewelacyjną powieść.
one-man [,wʌn'mæn] *a.* jednoosobowy; indywidualny.

one-night stand [ˌwʌnˌnaɪt 'stænd] *n. pot.* numerek, jednorazówka (= *przygodny seks*).
onerous ['oʊnərəs] *a. form.* uciążliwy.
oneself [wʌn'self] *pron. form.* **1.** się; **cut ~** skaleczyć się. **2.** siebie; sobie; sobą; **be ~** być sobą. **3.** samemu; **by ~** sam/a; samotn-y/a; w pojedynkę; samodzielnie; **do sth ~** robić coś samemu.
one-sided [ˌwʌn'saɪdɪd] *a.* **1.** jednostronny; stronniczy. **2.** nierówny (*o walce*).
one-size-fits-all [ˌwʌnˌsaɪzˌfɪts'ɔːl] *a.* **1.** w jednym rozmiarze (*o odzieży*). **2.** uniwersalny (*np. o rozwiązaniu*).
one-way [ˌwʌn'weɪ] *a.* **1.** jednokierunkowy. **2.** w jedną stronę (*o bilecie*). **3.** jednostronny (*np. o zobowiązaniu*).
ongoing ['ɑːnˌgoʊɪŋ] *a.* trwający, toczący się.
onion ['ʌnjən] *n.* cebula.
online [ˌɑːn'laɪn] *a.* (*także* **on-line**) **1.** *komp.* podłączony do sieci; online. **2.** toczący się, trwający. — *adv.* **1.** *komp.* w sieci. **2.** na bieżąco.
onlooker ['ɑːnˌlʊkər] *n.* widz, obserwator/ka; *uj.* gap.
only ['oʊnlɪ] *adv.* **1.** tylko; jedynie; zaledwie; **~ five** tylko/zaledwie pięć; **if ~ I had known** gdybym tylko (był) wiedział, żałuję, że nie wiedziałem; **(it's) ~ me** (to) tylko ja; **not ~... but (also)...** nie tylko..., lecz (także)... **2.** dopiero; **~ then/yesterday** dopiero wtedy/wczoraj. **3. ~ too well** aż za dobrze. — *a.* jedyny; **an ~ child** jedyna-k/czka; **the ~ thing is...** jedyny problem w tym, że... — *conj.* tylko (że); **I would help you, ~ I am busy** pomógłbym ci, tylko (że) jestem zajęty.
onomatopoeia [ˌɑːnəˌmætə'piːə] *n.* onomatopeja.
onomatopoeic [ˌɑːnəˌmætə'piːɪk], **onomatopoetic** [ˌɑːnəˌmætəpoʊ'etɪk] *a.* onomatopeiczny, dźwiękonaśladowczy.
onset ['ɑːnˌset] *n.* **1. the ~ of sth** początek/nadejście czegoś. **2.** *fon.* nagłos.
onshore [ˌɑːn'ʃɔːr] *a.* **1.** nadbrzeżny, przybrzeżny. **2.** od morza. — *adv.* w stronę brzegu, od morza.
onslaught ['ɑːnˌslɔːt] *n.* **1.** szturm, natarcie. **2.** napaść.
onto ['ɑːntʊ; 'ɑːntə] *prep.* **1.** na; **put it back ~ the shelf!** odłóż to na półkę! **2.** do; **jump ~ the train** wskoczyć do pociągu. **3.** *pot.* **be ~ sb** być na czyimś tropie; **be ~ something** być na tropie czegoś.
ontology [ɑːn'tɑːlədʒɪ] *n.* ontologia.
onward ['ɑːnwərd] *adv.* (*także* **onwards**) **1.** naprzód; dalej. **2. from... ~** począwszy od... — *a.* **1.** dalszy (*o podróży*). **2.** postępujący (naprzód) (*np. o rozwoju*).
onyx ['ɑːnɪks] *n.* onyks.
ooze [uːz] *v.* **1.** sączyć się, wyciekać (*from sth* skądś). **2.** wydzielać (*np. wilgoć*). **3. she ~s confidence** bije od niej pewność siebie.
opacity [oʊ'pæsətɪ] *n.* **1.** nieprzezroczystość. **2.** mętność, niejasność.
opal ['oʊpl] *n.* opal.
opaque [oʊ'peɪk] *a.* **1.** nieprzezroczysty. **2.** matowy. **3.** mętny, niejasny.
OPEC ['oʊpek] *abbr.* **Organization of Petroleum-Exporting Countries** Organizacja Państw Eksporterów Ropy Naftowej.
open ['oʊpən] *a.* **1.** otwarty; **~ space** otwarta przestrzeń; **~ to the public** otwarty dla publiczności; **keep one's eyes/ears ~** mieć oczy/uszy otwarte; **wide ~** szeroko otwarty; otwarty na oścież. **2.** czynny, otwarty; **the shop stays ~ until 9** sklep jest czynny/otwarty do 9; **we're ~ till 9** mamy otwarte do 9. **3.** dostępny; **~ to visitors** dostępny dla zwiedzających. **4.** jawny, nieskrywany; **~ hostility** jawna wrogość. **5.** szczery, niezakłamany; prostolinijny; **be ~ with sb** być z kimś szczerym. **6.** podatny, narażony (*to sth* na coś); **lay o.s. ~ to sth** narażać/wystawiać się na coś. **7.** wolny; **on the ~ market** na wolnym rynku; **the job is still ~** posada jest nadal wolna. **8.** niezapięty. **9. be ~ to question** być dyskusyjnym/wątpliwym; **be ~ to suggestions** być otwartym na propozycje. — *v.* **1.** otwierać (się); **~ an account** otworzyć rachunek; **~ one's arms/eyes** otwierać ramiona/oczy; **the banks ~ at eight** banki otwiera się o ósmej. **2.** dokonywać (ceremonii) otwarcia (*np. zawodów*). **3.** rozpoczynać (się); **~ an investigation** rozpoczynać dochodzenie; **he ~ed his talk with a joke** rozpoczął wykład dowcipem. **4.** mieć premierę; **the play ~s on Saturday** premiera sztuki odbędzie się w sobotę. **5.** rozkładać (*np. parasol*); rozpościerać (*skrzydła*). **6. ~ onto/into sth** wychodzić na coś (*o oknie, pokoju*); prowadzić do czegoś (*np. o furtce*); **~ out** otwierać się; rozszerzać się; **~ up** otwierać (się); rozwijać (się); rozpoczynać (się); **~ sb up** *chir.* otwierać/rozcinać kogoś. — *n.* **1. (out) in the ~** na świeżym/wolnym powietrzu, pod gołym niebem; na widoku (publicznym); **bring sth out into the ~** wyciągać coś na światło dzienne. **2.** *sport* zawody otwarte.
open-air [ˌoʊpən'er] *a.* na świeżym/wolnym powietrzu, pod gołym niebem.
opener ['oʊpənər] *n.* **1.** otwieracz; **bottle ~** otwieracz do butelek. **2.** *sport* mecz rozpoczynający serię/sezon.
opening ['oʊpənɪŋ] *n.* **1.** otwór. **2.** otwarcie. **3.** wakat. **4.** początek (*powieści, filmu*). **5.** premiera. — *a.* wstępny; początkowy.
opening hours *n. pl.* godziny otwarcia; godziny urzędowania.
openly ['oʊpənlɪ] *adv.* otwarcie.
open-minded [ˌoʊpən'maɪndɪd] *a.* otwarty, wolny od uprzedzeń.
open-necked [ˌoʊpən'nekt] *a.* niezapięty pod szyją.
opera ['ɑːpərə] *n.* opera.
opera glasses *n. pl.* lornetka teatralna.
opera singer *n.* śpiewa-k/czka operow-y/a.
operate ['ɑːpəˌreɪt] *v.* **1.** działać. **2.** obsługiwać (*urządzenie*). **3.** posługiwać się (*narzędziem*). **4.** operować (*on sb/sth* kogoś/coś).
operatic [ˌɑːpə'rætɪk] *a.* **1.** operowy. **2.** egzaltowany.
operating room *n.* sala operacyjna.
operating system *n.* system operacyjny.
operating table *n.* stół operacyjny.
operation [ˌɑːpə'reɪʃən] *n.* **1.** operacja; **perform an ~** przeprowadzić operację (*on sb/sth* na kimś/czymś). **2.** działanie, funkcjonowanie; **be in ~** działać, funkcjonować. **3.** obsługa. **4.** *mat.* działanie.
operational [ˌɑːpə'reɪʃənl] *a.* **1.** w stanie nadającym się do użytku; działający, sprawny. **2.** *t. wojsk.* operacyjny.
operative ['ɑːpəˌreɪtɪv] *a.* **1.** działający. **2.** skuteczny. **3.** *chir.* operacyjny. **4.** kluczowy, najważniejszy (*o słowie*).
operator ['ɑːpəˌreɪtər] *n.* **1.** telefonist-a/ka. **2.** operator/ka (*urządzenia*). **3.** organizator (*firma l. osoba*). **4.** *pej.* kombinator/ka; **smooth ~** sprycia-rz/ra.
ophthalmologist [ˌɑːfθæl'mɑːlədʒɪst] *n.* okulist-a/ka.
ophthalmology [ˌɑːfθæl'mɑːlədʒɪ] *n.* okulistyka.

opinion [ə'pɪnjən] *n.* opinia (*about/on sth* o czymś *l.* na jakiś temat); zdanie, pogląd; **a difference of ~** różnica zdań/poglądów; **be of the ~ that...** być zdania, że...; **express/give/state an ~** wyrazić (swoją) opinię; **get another/a second ~** zasięgnąć opinii innego specjalisty; **have a high/good ~ of sb** być dobrego zdania o kimś; **in my ~** moim zdaniem; **public ~** opinia publiczna.

opinionated [ə'pɪnjə,neɪtɪd] *a.* zadufany (w sobie).

opinion poll *n.* badanie opinii publicznej.

opium ['oʊpɪəm] *n.* opium.

opponent [ə'poʊnənt] *n.* przeciwni-k/czka, oponent/ka.

opportune [,ɑːpər'tuːn] *a. form.* **1.** odpowiedni, stosowny, dogodny. **2.** w porę, na czasie.

opportunity [,ɑːpər'tuːnətɪ] *n.* **1.** okazja, sposobność; **at every ~** przy każdej okazji; **at the earliest/first ~** przy najbliższej/pierwszej (nadarzającej się) okazji; **take the ~ to do sth** skorzystać z okazji i zrobić coś. **2.** (*także* **job ~**) oferta (pracy).

oppose [ə'poʊz] *v.* **1.** sprzeciwiać się (*komuś l. czemuś*); **be ~d to sth** być przeciwnym czemuś. **2.** przeciwstawiać (się) (*komuś l. czemuś*); **as ~ to...** w przeciwieństwie do/w odróżnieniu od... (*czegoś*).

opposing [ə'poʊzɪŋ] *a.* **1.** przeciwny (*o drużynie, obozie*). **2.** przeciwstawny; odmienny (*o poglądach*).

opposite ['ɑːpəzɪt] *a.* **1.** przeciwległy; przeciwstawny; **at ~ ends of sth** na przeciwległych krańcach czegoś. **2.** przeciwny, odwrotny. — *n.* **1.** przeciwieństwo; **be the ~ of sb/sth** być przeciwieństwem kogoś/czegoś. **2. just/quite the ~** wręcz przeciwnie. — *adv., prep.* naprzeciw, naprzeciwko.

opposition [,ɑːpə'zɪʃən] *n.* **1.** opozycja; sprzeciw; opór; **in ~ to sth** w opozycji do czegoś; jako wyraz sprzeciwu wobec czegoś; **strong/fierce ~** silny opór. **2. the ~** przeciwnik, rywal (= *drużyna przeciwna*). **3. the ~/O~** opozycja (= *partia opozycyjna*).

oppress [ə'pres] *v.* **1.** gnębić, uciskać. **2.** przygniatać, przytłaczać.

oppressed [ə'prest] *a.* uciskany, ciemiężony. — *n. pl.* **the ~** uciskani, ciemiężeni.

oppression [ə'preʃən] *n.* ucisk.

oppressive [ə'presɪv] *a.* **1.** oparty na ucisku (*o systemie politycznym*). **2.** przygniatający, przytłaczający (*np. o upale*).

opt [ɑːpt] *v.* **1.** opowiadać się, optować (*for sb/sth* za kimś/czymś); **~ to do sth** zdecydować się coś zrobić. **2. ~ out (of sth)** wycofywać się (z czegoś).

optical ['ɑːptɪkl] *a.* **1.** optyczny; **~ illusion** złudzenie optyczne. **2.** wzrokowy. **3.** korekcyjny (*o szkłach*).

optical fiber *n.* światłowód.

optician [ɑːp'tɪʃən] *n.* opty-k/czka.

optimism ['ɑːptə,mɪzəm] *n.* optymizm.

optimist ['ɑːptəmɪst] *n.* optymist-a/ka.

optimistic [,ɑːptə'mɪstɪk] *a.* optymistyczny; **be ~ about sth** zapatrywać się optymistycznie na coś, być optymist-ą/ką, jeśli chodzi o coś.

optimize ['ɑːptə,maɪz] *v.* optymalizować.

optimum ['ɑːptəməm] *a.* optymalny.

option ['ɑːpʃən] *n.* **1.** opcja, możliwość; wybór; **another ~** alternatywa; **have no ~** nie mieć wyboru/innego wyjścia; **keep/leave one's ~s open** wstrzymać się z decyzją. **2.** prawo zakupu *l.* sprzedaży (*on sth* czegoś); **first ~** prawo pierwokupu. **3.** *handl.* dodatek (*zwł. przy zakupie samochodu*).

optional ['ɑːpʃənl] *a.* opcjonalny; nieobowiązkowy.

OR *abbr.* = **Oregon**.

or [ɔːr; ər] *conj.* **1.** albo, lub; **~ rather** albo/czy raczej; **either... ~...** albo..., albo... **2.** ani; **he can't either read ~ write** nie umie ani czytać, ani pisać. **3.** czy; **a minute ~ two** minuta czy dwie; **will he come ~ not?** przyjdzie czy nie? **4.** (*także* **~ else**) bo (inaczej); **take an umbrella ~ you'll get wet** weź parasol, bo zmokniesz. **5.** czyli; **logic, ~ the science of reasoning** logika, czyli sztuka rozumowania.

oracle ['ɔːrəkl] *n.* wyrocznia.

oral ['ɔːrəl] *a.* **1.** ustny. **2.** mówiony. **3.** doustny. — *n.* egzamin ustny.

orange ['ɔːrɪndʒ] *n.* **1.** pomarańcza. **2.** (kolor) pomarańczowy.

orbit ['ɔːrbɪt] *n.* **1.** orbita; **in ~** na orbicie. **2.** krąg, sfera (*wpływów, zainteresowań*). **3.** oczodół. — *v.* krążyć wokół (*czegoś*), okrążać.

orchard ['ɔːrtʃərd] *n.* sad.

orchestra ['ɔːrkɪstrə] *n.* orkiestra.

orchid ['ɔːrkɪd] *n.* orchidea, storczyk.

ordeal [ɔːr'diːl] *n.* gehenna; ciężka próba.

order ['ɔːrdər] *n.* **1.** kolejność, porządek; **in ~** po kolei; **in ~ of appearance** w kolejności występowania; **in alphabetical ~** w porządku alfabetycznym; **out of ~** nie po kolei. **2.** porządek, ład; **~!** (proszę o) spokój! **law and ~** praworządność; **public ~** porządek/ład publiczny; **restore ~** przywracać porządek. **3.** zamówienie; **made to ~** zrobiony na zamówienie; **place an ~ for sth** złożyć zamówienie na coś; **take sb's ~** przyjąć czyjeś zamówienie (*o kelnerze*). **4.** rozkaz; polecenie; **give ~s** wydawać rozkazy; **take ~s from sb** wykonywać czyjeś rozkazy. **5.** *fin.* zlecenie. **6.** zarządzenie; postanowienie; **court ~** postanowienie sądu. **7.** zakon (*religijny l. rycerski*). **8. (holy) ~s** święcenia. **9. on the ~ of...** rzędu/około... **10.** stan, klasa; **the lower ~s** klasy niższe, niższe stany. **11.** order, odznaczenie. **12.** *biol.* rząd (*w systematyce*). **13. word ~** szyk wyrazów/zdania. **14. in ~ to do sth** żeby coś zrobić; **in ~ for sb to do sth** żeby ktoś coś zrobił; **in ~ for sth to happen** żeby coś się stało. **15. in ~** w porządku; (*także* **in working ~**) na chodzie, sprawny; **be in ~** być odpowiednim/stosownym; **out of ~** nie w porządku; zepsuty, nieczynny; niestosowny, nie na miejscu. — *v.* **1. ~ sb to do sth** kazać komuś coś zrobić. **2.** zamawiać; **~ sb sth** (*także* **~ sth for sb**) zamówić coś komuś/dla kogoś. **3.** porządkować, układać. **4.** rozkazywać; *prawn.* zarządzać, nakazywać, postanawiać. **5.** przepisywać (*leki*); zalecać (*kurację*). **6. ~ sb around** komenderować kimś; **~ sb out** kazać komuś wyjść.

orderly ['ɔːrdərlɪ] *a.* **1.** uporządkowany. **2.** zdyscyplinowany. — *n.* sanitariusz; salowa.

ordinal number *n.* liczebnik porządkowy.

ordinarily [,ɔːrdən'erəlɪ] *adv.* zazwyczaj, zwykle.

ordinary ['ɔːrdənerɪ] *a.* zwyczajny, zwykły; pospolity. — *n.* **out of the ~** niezwykły, niecodzienny.

ore [ɔːr] *n.* ruda; **iron ~** ruda żelaza.

Oregon ['ɔːrəgən] *n.* (stan) Oregon.

organ ['ɔːrgən] *n.* **1.** organ, narząd. **2.** (*także* **pipe ~**) organy; **mouth ~** harmonijka ustna. **3.** *form.* organ (*prasowy, rządowy*).

organic [ɔːr'gænɪk] *a.* **1.** organiczny. **2.** hodowany bez nawozów sztucznych.

organic chemistry *n.* chemia organiczna.

organism ['ɔːrgə,nɪzəm] *n.* organizm.

organist ['ɔːrgənɪst] *n.* organist-a/ka.

organization [ˌɔːrgənəˈzeɪʃən] *n.* organizacja.
organize [ˈɔːrgəˌnaɪz] *v.* **1.** organizować (się). **2.** zbierać, porządkować.
organizer [ˈɔːrgəˌnaɪzər] *n.* organizator/ka.
orgasm [ˈɔːrgæzəm] *n.* orgazm.
orgy [ˈɔːrdʒɪ] *n.* orgia.
orient [ˈɔːrɪənt] *n.* **the O~** Orient, (Daleki) Wschód. — *v.* **1. be ~ed to/toward sth** być nakierowanym na coś. **2. ~ o.s.** ustalać swoje położenie (*za pomocą mapy, kompasu*); orientować się, nabierać orientacji/rozeznania.
oriental [ˌɔːrɪˈentl] *a.* **1.** (*także* **O~**) orientalny, dalekowschodni. **2.** wschodni.
orifice [ˈɔːrəfɪs] *n. anat.* otwór.
origin [ˈɔːrɪdʒɪn] *n.* **1.** źródło, początek (*of sth* czegoś); **have one's/its ~ in sth** mieć swój początek w czymś. **2.** pochodzenie; **country of ~** kraj pochodzenia.
original [əˈrɪdʒənl] *a.* **1.** pierwotny, początkowy. **2.** oryginalny. — *n.* oryginał; **read sth in the ~** czytać coś w oryginale.
originality [əˌrɪdʒəˈnælɪtɪ] *n.* oryginalność.
originally [əˈrɪdʒənlɪ] *adv.* **1.** pierwotnie, początkowo. **2.** oryginalnie.
originate [əˈrɪdʒəˌneɪt] *v.* **1. ~ from/in sth** pochodzić skądś, mieć (swój) początek w czymś; **~ with/from sb** pochodzić od kogoś. **2.** dać początek (*czemuś*), zapoczątkować.
ornament *n.* [ˈɔːrnəmənt] **1.** ozdoba. **2.** ozdobnik. — *v.* [ˈɔːrnəment] **be ~ed with sth** być przyozdobionym czymś.
ornamental [ˌɔːrnəˈmentl] *a.* **1.** zdobniczy, ornamentalny. **2.** ozdobny.
ornate [ɔːrˈneɪt] *a.* zdobny, ozdobny.
ornithologist [ˌɔːrnəˈθɑːlədʒɪst] *n.* ornitolo-g/żka.
ornithology [ˌɔːrnəˈθɑːlədʒɪ] *n.* ornitologia.
orphan [ˈɔːrfən] *n.* sierota. — *v.* **be ~ed** zostać sierotą.
orphanage [ˈɔːrfənɪdʒ] *n.* sierociniec.
orthodox [ˈɔːrθəˌdɑːks] *a.* **1.** ortodoksyjny, prawowierny. **2. the O~ Church** Kościół Prawosławny, prawosławie.
orthodoxy [ˈɔːrθəˌdɑːksɪ] *n.* ortodoksja, ortodoksyjność.
orthography [ɔːrˈθɑːgrəfɪ] *n.* ortografia.
orthopedic [ˌɔːrθəˈpiːdɪk] *a.* ortopedyczny.
orthopedist [ˌɔːrθəˈpiːdɪst] *n.* ortoped-a/ka.
oscillate [ˈɑːsəˌleɪt] *v.* oscylować, wahać się.
ostensibly [ɑːˈstensɪblɪ] *adv.* rzekomo.
ostentatious [ˌɑːstenˈteɪʃəs] *a.* **1.** ostentacyjny. **2.** wystawny, zbytkowny.
osteopath [ˈɑːstɪəˌpæθ] *n.* osteopat-a/ka, kręgarz.
osteopathy [ˌɑːstɪˈɑːpəθɪ] *n.* osteopatia, kręgarstwo.
osteoporosis [ˌɑːstɪoʊpəˈroʊsɪs] *n.* osteoporoza.
ostracize [ˈɑːstrəˌsaɪz] *v.* stosować bojkot towarzyski wobec (*kogoś*).
ostrich [ˈɔːstrɪtʃ] *n.* struś.
other [ˈʌðər] *a.* **1.** inny; pozostały; **~ people** inni ludzie; **in ~ words** innymi słowy; **some ~ time** kiedy indziej. **2.** drugi; przeciwny; **every ~ day** co drugi dzień; **on the ~ hand** z drugiej strony; **on the ~ side** po drugiej/przeciwnej stronie. **3. the ~ day** parę dni temu. — *pron.* **the ~** (ten) drugi; **the ~s** inni, pozostali; **no/none ~ than X** nie kto inny, tylko X, X we własnej osobie; **somehow or ~** jakoś tam; **someone/something or ~** ktoś/coś tam. — *adv.* **~ than that** poza tym, oprócz tego.
otherwise [ˈʌðərˌwaɪz] *adv.* **1.** inaczej; w inny sposób; **~ known as...** inaczej zwany..., znany też jako...; **it cannot be ~** nie może być inaczej; **think ~** być innego zdania. **2.** poza tym; zresztą, skądinąd; **an ~ good novel** skądinąd dobra powieść. **3.** w przeciwnym razie; **~ I will forget** w przeciwnym razie zapomnę.
otter [ˈɑːtər] *n.* wydra.
ouch [aʊtʃ] *int.* au!
ought [ɔːt] *v.* **sb ~ to do sth** ktoś powinien coś zrobić; **sb ~ to have done sth** ktoś powinien był coś zrobić; **sth ~ to be done** należy coś zrobić; **you ~ to be ashamed (of yourself)!** powinieneś się wstydzić!, jak ci nie wstyd!
ounce [aʊns] *n.* **1.** uncja. **2.** krzta, krztyna.
our [aʊr] *a.* nasz; **~ friend** nasz przyjaciel.
ours [aʊrz] *pron.* nasz; **a friend of ~** jeden z naszych przyjaciół; **this house is ~** ten dom jest nasz.
ourselves [ˌaʊrˈselvz] *pron. pl.* **1.** się; **we enjoyed ~** bawiliśmy się świetnie. **2.** siebie; sobie; sobą; **we had the house to ~** mieliśmy dom dla siebie. **3.** sami; **we will do it ~** sami to zrobimy.
oust [aʊst] *v.* **~ sb from sth** pozbawić kogoś czegoś; usunąć kogoś skądś.
out [aʊt] *adv.* **1.** na zewnątrz; na dworze; poza domem; **it's hot ~** na zewnątrz jest gorąco. **2.** dalej; **the ship was twenty miles ~** statek był (o) dwadzieścia mil dalej. **3.** w obiegu; **the book is ~** *bibl.* książka jest wypożyczona. **4.** do końca; **~ and ~** całkowicie, całkiem; **hear sb ~** wysłuchać kogoś do końca. **5.** *sport* na aut; na aucie. **6. ~ and away** o niebo, bez dwóch zdań; **~ with it!** *pot.* wykrztuś to z siebie! **be all ~** dawać z siebie wszystko; **on one's way ~** wychodząc. — *a.* **1.** nieobecny; **he's ~** nie ma go, wyszedł. **2.** nieczynny, zepsuty. **3.** zgaszony (*o światłach*). **4.** wykluczony, nie do przyjęcia. **5.** zużyty; wyczerpany (*o zapasach*). **6.** skończony; **before the year is ~** przed upływem roku. **7. be ~** *sport* zostać wykluczonym, wypaść z gry; **her new novel is ~** ukazała się/wyszła jej nowa powieść; **his secret was ~** jego tajemnica wyszła na jaw; **short skirts are ~** krótkie spódniczki wyszły z mody; **the workmen are ~** robotnicy strajkują. — *int.* precz!, wynocha! — *prep.* **1.** *pot.* przez; **look ~ the window** wyglądać przez okno. **2. ~ of** z; **go ~ of the room** wyjść z pokoju; **~ of curiosity/necessity** z ciekawości/konieczności; **~ of this world** nie z tego świata. **3. ~ of** poza; za; **~ of earshot/sight** poza zasięgiem słuchu/wzroku; **~ of town** poza/za miastem. **4. ~ of** bez; **be ~ of work** być bez pracy; **be ~ of coffee** nie mieć kawy. **5. ~ of** na; **one ~ of ten** jeden na dziesięć; **six times ~ of ten** sześć razy na dziesięć. **6. ~ of place** nie na miejscu, niestosowny; nie na swoim miejscu; **~ of reach** nieosiągalny; **~ of the way** na uboczu/odludziu; załatwiony; **get ~ of control/hand** wymykać się spod kontroli; **it's ~ of the question** to wykluczone. — *v.* **1.** wychodzić na jaw; **(the) truth/crime will ~** prawda/zbrodnia wyjdzie na jaw. **2. be ~ed** zostać zdemaskowanym (*gł. o osobach homoseksualnych*). — *n. pot.* wyjście, furtka; wymówka.
out-and-out [ˌaʊtənˈaʊt] *a.* absolutny, totalny; skończony.
outbalance [ˌaʊtˈbæləns] *v.* = **outweigh**.
outbreak [ˈaʊtˌbreɪk] *n.* **1.** wybuch (*wojny, choroby, gniewu*). **2.** epidemia.

outburst ['aʊt,bɝːst] *n.* **1.** wybuch (*zwł. gniewu*). **2.** przypływ (*np. energii*).
outcast ['aʊt,kæst] *n.* wyrzutek.
outclass [,aʊt'klæs] *v.* zdeklasować; przewyższać o klasę.
outcome ['aʊt,kʌm] *n.* wynik, rezultat.
outcry *n.* ['aʊt,kraɪ] głosy protestu, sprzeciw (*against sth* wobec czegoś).
outdated [,aʊt'deɪtɪd] *a.* **1.** przestarzały. **2.** nieważny (*np. o paszporcie*).
outdo [,aʊt'duː] *v.* **-did, -done** prześcignąć; przewyższyć.
outdoor ['aʊt,dɔːr] *a.* **1.** na wolnym/świeżym powietrzu (*o zawodach, sportach*). **2. ~ person/type** osoba lubiąca przebywać na świeżym powietrzu.
outdoors [,aʊt'dɔːrz] *adv.* na świeżym/wolnym powietrzu, na dworze, na zewnątrz. — *n.* **the (great) ~** otwarta przestrzeń, otwarte przestrzenie.
outer ['aʊtər] *a.* **1.** zewnętrzny (*o warstwie, powierzchni*). **2.** odległy (*o przedmieściach*).
outermost ['aʊtər,moʊst] *a.* (najbardziej) zewnętrzny.
outer space *n.* przestrzeń kosmiczna.
outfit ['aʊt,fɪt] *n.* **1.** strój; kostium. **2.** wyposażenie, ekwipunek. **3.** *pot.* ekipa. — *v.* wyposażać (*with sth* w coś).
outgoing [,aʊt'goʊɪŋ] *a.* **1.** otwarty, towarzyski. **2.** ustępujący (*np. o prezydencie*). **3.** wychodzący (*o rozmowach telefonicznych*).
outgrow [,aʊt'groʊ] *v.* **-grew, -grown 1.** wyrosnąć z (*ubrania, butów*). **2.** przerosnąć (*np. rodzica*). **3.** pozbyć się z wiekiem (*przyzwyczajenia*).
outing ['aʊtɪŋ] *n.* **1.** wycieczka. **2.** publiczne demaskowanie osób o orientacji homoseksualnej.
outlandish [,aʊt'lændɪʃ] *a.* dziwaczny.
outlast [,aʊt'læst] *v.* przetrwać (*kogoś l. coś*); przetrzymać.
outlaw ['aʊt,lɔː] *n.* zbieg; banita. — *v. prawn.* zakazywać (*czegoś*).
outlet ['aʊt,let] *n.* **1.** *el.* gniazdko. **2.** rynek zbytu. **3.** punkt sprzedaży; **factory ~** sklep fabryczny; **retail ~** punkt sprzedaży detalicznej. **4.** ujście (*for sth* dla czegoś) (*zwł. dla emocji*). **5.** wylot, odpływ.
outline ['aʊt,laɪn] *n.* zarys, kontur; szkic; plan; **in ~** szkicowo, w zarysie; **in broad/rough ~** w ogólnych zarysach. — *v.* szkicować; przedstawiać w zarysie.
outlive [,aʊt'lɪv] *v.* przeżyć (*kogoś*), żyć dłużej niż; przetrwać (*okres, trudności*); **~ its usefulness** przeżyć się (*np. o systemie*).
outlook ['aʊt,lʊk] *n.* **1.** pogląd, zapatrywania (*on sth* na coś). **2.** perspektywy, rokowanie (*for sb* dla kogoś). **3.** prognoza; **the ~ for tomorrow** prognoza (pogody) na jutro.
outnumber [,aʊt'nʌmbər] *v.* (*także* **outman**) przewyższać liczebnie.
out of bounds *a.* zakazany (*for sb* dla kogoś); objęty zakazem wstępu.
out-of-date [,aʊtəv'deɪt], **out of date** *a.* **1.** przestarzały; niemodny. **2.** nieważny (*np. o dokumencie*).
out-of-the-way [,aʊtəvðə'weɪ] *a.* leżący na uboczu, ustronny; mało znany.
outpatient ['aʊt,peɪʃənt] *n.* pacjent/ka dochodzący/a.
outpost ['aʊt,poʊst] *n.* (wysunięta) placówka, posterunek.
outpouring ['aʊt,pɔːrɪŋ] *n.* **1.** wywnętrzanie się; wylewność; **~(s) of grief/sadness** niekontrolowany żal/smutek. **2.** zalew (*np. publikacji na określony temat*).
output ['aʊt,pʊt] *n.* **1.** produkcja; *górn.* wydobycie. **2.** twórczość (*czyjaś*). **3.** *komp.* dane wyjściowe. — *v. komp.* przekazywać, przenosić (*dane*).
outrage ['aʊt,reɪdʒ] *n.* **1.** oburzenie. **2.** rzecz oburzająca; **an ~ against sth** obraza/pogwałcenie czegoś, zamach na coś; **it's an ~ that...** to skandal, że... — *v.* **be ~d at/by sth** być oburzonym/zbulwersowanym czymś.
outrageous [,aʊt'reɪdʒəs] *a.* **1.** oburzający, bulwersujący; skandaliczny. **2.** szokujący, ekstrawagancki.
outright *a.* ['aʊt,raɪt] **1.** bezpośredni, otwarty. **2.** całkowity, zupełny. **3.** bezapelacyjny (*o zwycięstwie*). — *adv.* [,aʊt'raɪt] **1.** wprost. **2.** całkowicie. **3.** z miejsca, od razu.
outset ['aʊt,set] *n.* **at the ~** na (samym) początku; **from the ~** od (samego) początku.
outside [,aʊt'saɪd] *adv.* na zewnątrz. — *prep.* **1.** za; **~ the door** za drzwiami. **2.** poza; **~ working hours** poza godzinami pracy. **3.** przed; pod; **I'll meet you ~ the bank** spotkamy się przed bankiem. **4.** (*także* **~ of**) z wyjątkiem, oprócz; poza, za (*zwł. miastem*); **they live just ~ Vancouver** mieszkają tuż pod Vancouver. — *a.* **1.** zewnętrzny; z zewnątrz; (znajdujący się) na zewnątrz. **2.** najwyższy (*o kosztorysie, cenie*). **3. an ~ chance/possibility** niewielkie/nikłe szanse. — *n.* **1. the ~ (of sth)** zewnętrzna/wierzchnia strona (czegoś); **from ~** z zewnątrz (*np. o pomocy*); **from the ~** z zewnątrz (*np. patrzeć*). **2.** wygląd zewnętrzny. **3. at the ~** *pot.* (co) najwyżej; **on the ~** na zewnątrz, z wierzchu; na wolności.
outsider [,aʊt'saɪdər] *n.* **1.** osoba postronna/z zewnątrz; osoba spoza towarzystwa. **2.** *t. sport* autsajder.
outskirts ['aʊt,skɝːts] *n. pl.* peryferie, obrzeża.
outsmart [,aʊt'smɑːrt] *v.* przechytrzyć.
outspoken [,aʊt'spoʊkən] *a.* otwarty (*o krytyku, rzeczniku*); **be ~** mówić bez ogródek/prosto z mostu.
outstanding [,aʊt'stændɪŋ] *a.* **1.** wyróżniający się, wybitny. **2.** zaległy (*o płatności*); niezałatwiony (*o sprawie*).
outstretched [,aʊt'stretʃt] *a.* wyciągnięty; rozpostarty.
outvote [,aʊt'voʊt] *v.* **1.** przegłosować (*kogoś*). **2.** odrzucić w głosowaniu (*wniosek*).
outward ['aʊtwərd] *a.* **1.** zewnętrzny. **2.** widoczny. **3.** w tamtą stronę, tam (*o podróży*). **4. to all ~ appearances** na pozór. — *adv.* na zewnątrz.
outwardly ['aʊtwərdlɪ] *a.* **1.** pozornie, na pozór. **2.** na zewnątrz.
outwards ['aʊtwərdz] *adv.* = **outward**.
outweigh [,aʊt'weɪ] *v.* (*także* **outbalance**) przeważać nad (*czymś*), mieć większą wagę niż (*coś*).
outwit [,aʊt'wɪt] *v.* przechytrzyć.
oval ['oʊvl] *a.* owalny. — *n.* owal.
ovary ['oʊvərɪ] *n.* jajnik.
ovation [oʊ'veɪʃən] *n.* owacja; **receive a standing ~** dostać owację na stojąco.
oven ['ʌvən] *n.* piekarnik; piecyk.
ovenproof ['ʌvən,pruːf] *a.* żaroodporny.
over ['oʊvər] *prep.* **1.** nad; ponad; **~ sb's head** ponad czyjąś głową; **~ the table** nad stołem. **2.** powyżej, ponad; więcej niż; **children ~ 5** dzieci w wieku powyżej 5 lat; **lose ~ two kilos** stracić ponad dwa kilogramy. **3.** przez; **~ the phone/radio** przez telefon/radio; **drive ~ the bridge** przejechać przez

most. **4.** po drugiej stronie; na drugą stronę; **live ~ the road** mieszkać po drugiej stronie ulicy. **5.** na; **spread a tablecloth ~ the table** rozłożyć serwetę na stole. **6.** za; **~ the sea/mountains** za morzem/górami. **7.** przy; **talk ~ dinner** rozmawiać przy obiedzie. **8.** po; **travel ~ the whole country** podróżować po całym kraju. **9.** przez; podczas; **~ the last three years** przez ostatnie trzy lata. **10.** o; **argue ~ sth** spierać się o coś. **11.** **~ and above sth** w dodatku do czegoś, poza czymś; **all ~ the world** na całym świecie; **be ~ sth** dochodzić do siebie po czymś; **be all ~ sb** *pot.* rzucić się na kogoś (*zwł. z czułościami*). — *adv.* **1.** w górze, nad głową. **2.** na drugą stronę; **cross ~ (to the other side)** przejść na drugą stronę. **3.** od początku do końca; całkowicie, zupełnie; **think/talk sth ~** przemyśleć/omówić coś (dokładnie). **4.** powyżej; więcej; **for viewers of 18 and ~** (dozwolony) dla widzów powyżej 18 lat; **one week or ~** tydzień lub dłużej. **5.** ponownie, na nowo; jeszcze raz; od początku; **~ and ~ (again)** w kółko, wielokrotnie; **(all) ~ again** (wszystko) od początku/od nowa; **do sth ~** zrobić coś jeszcze raz; **start ~** zaczynać od początku. **6.** **~!** odbiór! **~ and out!** bez odbioru! **7.** verte. **8.** **~ here/there** tu/tam; **~ to you** (teraz) twoja kolej; (teraz) ty masz głos; **all ~** wszędzie; **four/ten times ~** cztery/dziesięć razy, czterokrotnie/dziesięciokrotnie; **there are two (left) ~** zostały jeszcze dwa. **9.** **ask sb ~** zaprosić kogoś (do domu/do siebie); **come ~** przyjść; **fall ~** przewrócić się; **lean ~** pochylić się; **we're going ~ to Mexico** wybieramy się do Meksyku; *radio, telew.* łączymy się z Meksykiem. — *a.* skończony; **be ~** skończyć się (*o koncercie, meczu*); minąć (*o okresie czasu*); **sth is all ~ (now)** coś się nieodwołalnie skończyło; coś należy (już) do przeszłości.

overall *a.* ['ouvər,ɔ:l] **1.** ogólny. **2.** całkowity. — *adv.* ['ouvər,ɔ:l] w sumie, ogólnie (rzecz biorąc).

overalls ['ouvər,ɔ:lz] *n. pl.* ogrodniczki.

overboard ['ouvər,bɔ:rd] *adv.* **1.** za burtą; za burtę. **2.** **go ~** *pot.* przeginać (= *przesadzać*).

overcast ['ouvər,kæst] *a.* zachmurzony, zaciągnięty chmurami; pochmurny.

overcoat ['ouvər,kout] *n.* płaszcz.

overcome [,ouvər'kʌm] *v.* **1.** pokonać, przezwyciężyć; opanować. **2.** zwyciężyć. **3.** **be ~ with/by sth** być ogarniętym/owładniętym czymś.

overcook [,ouvər'kuk] *v.* gotować za długo; rozgotować.

overcrowded [,ouvər'kraudɪd] *a.* zatłoczony, przepełniony.

overdo [,ouvər'du:] *v.* **-did, -done 1.** przesadzać z (*czymś*); **don't ~ it/things!** (tylko) nie przesadź! **2.** rozgotować; zbyt mocno spiec/wysmażyć.

overdose *n.* ['ouvər,dous] nadmierna dawka, przedawkowanie. — *v.* [,ouvər'dous] (*także* **OD**) przedawkować (*on sth* coś).

overdraft ['ouvər,dræft] *n.* przekroczenie stanu konta, debet.

overdue [,ouvər'du:] *a.* **1.** zaległy (*o płatności*); przetrzymywany (*o wypożyczonej książce*); przenoszony (*o dziecku*). **2.** **be ~** spóźniać się (*o autobusie*); opóźniać się (*o reformach*).

overestimate *v.* [,ouvər'estə,meɪt] **1.** przeceniać. **2.** zawyżać. — *n.* [,ouvər'estə,mɪt] zawyżony szacunek.

overexcited [,ouvərɪk'saɪtɪd] *a.* nadmiernie podniecony.

overflow *v.* [,ouvər'flou] **-flowed, -flown 1.** przelewać się. **2.** wylewać się (*t. o tłumie*). **3.** **filled to ~ing** wypełniony po brzegi. — *n.* ['ouvər,flou] **1.** nadmiar (*t. ludzi*). **2.** wylew; powódź. **3.** (*także* **~ pipe/drain**) przelew, rurka przelewowa.

overgrown [,ouvər'groun] *a.* **1.** zarośnięty (*o ogrodzie*). **2.** przerośnięty; wyrośnięty.

overhaul *v.* [,ouvər'hɔ:l] **1.** przeprowadzać remont kapitalny (*czegoś*). **2.** dokonywać gruntownego przeglądu (*czegoś*). — *n.* ['ouvər,hɔ:l] **1.** remont kapitalny. **2.** przegląd.

overhead *adv.* [,ouvər'hed] nad głową, w górze. — *a.* [,ouvər'hed] **1.** górny. **2.** napowietrzny. **3.** globalny, ogólny (*o kosztach, cenie*). — *n.* ['ouvər,hed] **1.** koszty stałe/pośrednie. **2.** (*także* **~ projector, OHP**) rzutnik.

overhear [,ouvər'hi:r] *v. pret. i pp.* **-heard** podsłuchać, przypadkiem usłyszeć.

overjoyed [,ouvər'dʒɔɪd] *a.* uradowany, zachwycony (*at sth* czymś); **be ~** nie posiadać się z radości.

overkill ['ouvər,kɪl] *n.* **1.** gruba przesada. **2.** nadmierna siła niszczenia (*zwł. broni jądrowej*).

overlap *v.* [,ouvər'læp] **1.** zachodzić na (siebie). **2.** **~ (with) sth** zazębiać się z czymś, pokrywać się częściowo z czymś. — *n.* ['ouvər,læp] zazębianie się; pokrywanie się.

overleaf [,ouvər'li:f] *adv.* na odwrocie strony.

overload *v.* [,ouvər'loud] **1.** przeładowywać. **2.** przeciążać (*np. obowiązkami*). — *n.* ['ouvər,loud] **1.** *el.* przeciążenie. **2.** nadmierne obciążenie (*zwł. psychiczne*).

overlook *v.* [,ouvər'luk] **1.** przeoczyć; pominąć. **2.** przymykać oczy na, puszczać płazem. **3.** wychodzić na (*ogród itp.*); **a room ~ing the sea** pokój z widokiem na morze. **4.** wznosić się/górować nad (*czymś*). **5.** doglądać, nadzorować. — *n.* ['ouvər,luk] punkt widokowy.

overnight [,ouvər'naɪt] *adv.* **1.** przez noc; na noc; w nocy. **2.** z dnia na dzień. — *a.* **1.** nocny; na (jedną) noc; **~ clothes** zmiana bielizny. **2.** z dnia na dzień, nagły (*np. o sukcesie*). **3.** dostarczany następnego dnia (*o przesyłce*).

overpass *n.* ['ouvər,pæs] wiadukt.

overpopulated [,ouvər'pɑ:pjə,leɪtɪd] *a.* przeludniony.

overpowering [,ouvər'pauərɪŋ] *a.* **1.** obezwładniający, przytłaczający; przemożny. **2.** władczy.

overproduction [,ouvərprə'dʌkʃən] *n.* nadprodukcja.

overqualified [,ouvər'kwɑ:lə,faɪd] *a.* **be ~** mieć zbyt wysokie kwalifikacje.

overrated [,ouvər'reɪtɪd] *a.* przeceniany, przereklamowany.

overreact [,ouvərɪ'ækt] *v.* zareagować zbyt mocno/emocjonalnie (*to sth* na coś).

overriding [,ouvər'raɪdɪŋ] *a.* nadrzędny.

overrule [,ouvər'ru:l] *v.* **1.** lekceważyć, nie zważać na. **2.** *prawn.* uchylić (*decyzję*); odrzucić (*sprzeciw*).

overrun *v.* [,ouver'rʌn] *pret. i pp.* **-run 1.** rozplenić się w (*czymś*). **2.** wylać (*o rzece, strumieniu*). **3.** dokonać napadu/najazdu na (*coś*). — *n.* ['ouvər,rʌn] przekroczenie kosztów.

overseas [,ouvər'si:z] *adv.* **1.** za granicą; za morzem/oceanem. **2.** za granicę; za morze/ocen. **3.** **from ~** z zagranicy. — *a.* zagraniczny (*o studentach, handlu*); zamorski (*o lądach, podróżach*).

oversee [ˌouvərˈsiː] *v.* **-saw**, **-seen** doglądać (*czegoś*); dozorować, nadzorować.
overseer [ˈouvərˌsiːr] *n.* nadzorca.
overshadow [ˌouvərˈʃædou] *v.* **1.** przyćmiewać, zaćmiewać, usuwać w cień. **2. be ~ed by sth** leżeć w cieniu czegoś.
oversight [ˈouvərˌsaɪt] *n.* **1.** niedopatrzenie, przeoczenie; **due to an ~** przez niedopatrzenie. **2.** nadzór.
oversimplification [ˌouvərˌsɪmplɪfəˈkeɪʃən] *n.* uproszczenie.
oversimplify [ˌouvərˈsɪmplɪfaɪ] *v.* nadmiernie upraszczać, spłycać.
oversleep [ˌouvərˈsliːp] *v. pret. i pp.* **-slept** zaspać.
overstate [ˌouvərˈsteɪt] *v.* wyolbrzymiać.
overstatement [ˌouvərˈsteɪtmənt] *n.* przesada.
overt [ouˈvɝːt] *a. form.* otwarty, jawny; nieskrywany.
overtake [ˌouvərˈteɪk] *v.* **-took**, **-taken 1.** doganiać; przeganiać; *mot.* wyprzedzać. **2.** opanować (*np. o zmęczeniu*); spaść (znienacka) na, zaskoczyć. **3. be ~n by events** *przen.* nie nadążać.
over-the-counter [ˌouvərðəˈkauntər] *a.* **1.** (sprzedawany) bez recepty. **2.** (*także* **OTC**) sprzedawany bez pośrednictwa giełdy.
over-the-top [ˌouvərðəˈtɑːp] *a. pot.* przesadny; przesadzony; zbyt daleko posunięty.
overthrow *v.* [ˌouvərˈθrou] **-threw**, **-thrown** obalić (*rząd, tyrana*). — *n.* [ˈouvərˌθrou] **1.** obalenie. **2.** upadek.
overtime [ˈouvərˌtaɪm] *n.* **1.** godziny nadliczbowe, nadgodziny. **2.** *sport* dodatkowy/doliczony czas. — *adv.* **work ~** pracować w godzinach nadliczbowych.
overtones [ˈouvərˌtounz] *n. pl.* zabarwienie, podtekst.
overtook [ˌouvərˈtuk] *v. zob.* **overtake**.
overture [ˈouvərtʃər] *n.* **1.** uwertura. **2. ~(s) to sth** wstęp/sygnał (do czegoś).
overturn *v.* [ˌouvərˈtɝːn] **1.** przewrócić do góry nogami. **2.** obalić (*rząd, władcę*). **3.** uchylić (*decyzję, wyrok*). **4.** przewrócić się (*do góry nogami*); przekoziołkować. — *n.* [ˈouvərˌtɝːn] obalenie (*of sth* czegoś).
overweight [ˌouvərˈweɪt] *a.* **be ~** mieć nadwagę; **be 5 kilos ~** mieć 5 kilo nadwagi.
overwhelm [ˌouvərˈwelm] *v.* **1.** przygniatać, przytłaczać (*o smutku, cierpieniu*). **2.** ogarnąć (*o litości*); oszołomić (*o radości*); zdumieć, zadziwić. **3.** zmiażdżyć (*przeciwnika*).
overwhelming [ˌouvərˈwelmɪŋ] *a.* **1.** przygniatający, przytłaczający. **2.** oszałamiający. **3.** przemożny; wszechogarniający.
overwork [ˌouvərˈwɝːk] *v.* **1.** (*także* **~ o.s.**) przepracowywać się. **2.** kazać zbyt ciężko pracować (*komuś*); **be ~ed** być przepracowanym. — *n.* przepracowanie.
overwrought [ˌouvərˈrɔːt] *a.* spięty, zdenerwowany.
owe [ou] *v.* **1.** być winnym (*for sth* za coś); **~ sb sth** (*także* **~ sth to sb**) być komuś coś winnym; **~ sb an apology/explanation** być komuś winnym przeprosiny/wyjaśnienie; **how much do I ~?** ile jestem winny? **2.** zawdzięczać (*sth to sb/sth* coś komuś/czemuś); **~ sb a great deal/a lot** wiele komuś zawdzięczać.
owing [ˈouɪŋ] *a.* **1.** należny (*o zapłacie*). **2. ~ to sth** wskutek czegoś, z powodu czegoś.
owl [aul] *n.* sowa.
own [oun] *a., pron.* **1.** własny; **a house of my/our ~** mój/nasz własny dom. **2. be on one's ~** być zdanym (tylko) na siebie; **be one's ~ man/woman** być osobą całkowicie niezależną; **do sth on one's ~** zrobić coś samodzielnie/samemu; **live on one's ~** mieszkać samotnie. — *v.* **1.** posiadać, mieć na własność. **2. act like one ~ed the place** zachowywać się arogancko. **3. ~ up** przyznać się (*to sth/doing sth* do czegoś/zrobienia czegoś).
owner [ˈounər] *n.* właściciel/ka, posiadacz/ka; **be the proud ~ of sth** być dumnym właścicielem czegoś; **home/dog-~** właściciel/ka domu/psa.
ownership [ˈounərˌʃɪp] *n.* **1.** posiadanie. **2.** *prawn.* prawo własności.
ox [ɑːks] *n. pl.* **-en** wół.
oxygen [ˈɑːksɪdʒən] *n.* tlen; **~ mask** maska tlenowa.
oyster [ˈɔɪstər] *n.* **1.** ostryga. **2. the world is your ~** świat stoi przed tobą otworem.
oz., **oz** *abbr.* **ounce** uncja.
ozone [ˈouzoun] *n.* ozon.
ozone layer *n.* **the ~** warstwa ozonowa.

P

PA *abbr.* **1.** = **Pennsylvania**. **2.** [ˌpiː ˈeɪ] = **public-address system**.
pa [pɑː] *n.* tata.
pace [peɪs] *n.* **1.** tempo. **2.** krok; **keep ~ (with sb/sth)** nadążać (za kimś/czymś). **3. put sb through their ~s** kazać komuś pokazać, co potrafi. — *v.* **1.** przemierzać (*pokój*). **2. ~ up and down** (*także* **~ around**) chodzić tam i z powrotem (po) (*pokoju*). **3.** ustalać tempo dla (*zawodnika*).
pacemaker [ˈpeɪsˌmeɪkər] *n.* rozrusznik serca.
Pacific [pəˈsɪfɪk] *n.* **the ~ (Ocean)** Ocean Spokojny, Pacyfik.
pacifier [ˈpæsəˌfaɪər] *n.* smoczek.
pacifist [ˈpæsəfɪst] *n.* pacyfist-a/ka.
pacify [ˈpæsəˌfaɪ] *v.* **1.** uspokajać. **2.** pacyfikować.
pack [pæk] *n.* **1.** pakiet; **information ~** pakiet informacyjny. **2.** opakowanie, paczka (*papierosów, makaronu*). **3.** sfora. **4.** banda, paczka. **5.** talia (kart). **6.** *med.* okład; tampon. **7. a ~ of lies** stek kłamstw. — *v.* **1.** pakować (się). **2.** *komp.* upakowywać. **3.** wypełniać (szczelnie) (*pomieszczenie, stadion*). **4. send sb ~ing** kazać się komuś wynosić. **5. ~ it in** *pot.* rzucić (to) wszystko w diabły; **~ sb off** *pot.* wyprawić/wyekspediować kogoś; **~ up** spakować (się); *pot.* zwinąć się (*zwł. = skończyć pracę*).
package [ˈpækɪdʒ] *n.* **1.** opakowanie, pudełko (*np. ciasteczek*). **2.** paczka. **3.** *t. komp.* pakiet. — *v.* **1. ~ (up)** pakować. **2.** promować, reklamować.
package deal *n.* transakcja wiązana.
package tour *n.* wczasy zorganizowane.
packaging [ˈpækɪdʒɪŋ] *n.* **1.** opakowania. **2.** pakowanie.
pack animal *n.* zwierzę juczne.
packed [pækt] *a.* **~ (out)** *pot.* zapchany, zatłoczony; **~ with sth** (*także* **~ full of sth**) pełen czegoś.

packet ['pækɪt] *n.* paczuszka.
packing ['pækɪŋ] *n.* pakowanie; **do the ~** pakować się.
pact [pækt] *n.* pakt, układ.
pad [pæd] *n.* **1.** *sport* ochraniacz. **2.** poduszka (*np. w żakiecie*). **3.** (*także* **note~, writing ~**) blok, bloczek. — *v.* **1.** wyścielać; obijać; wykładać. **2.** stąpać cicho.
padding ['pædɪŋ] *n.* **1.** wyściółka; obicie; podszycie. **2.** woda, wata (= *materiał niepotrzebnie rozdymający tekst*).
paddle ['pædl] *n.* **1.** wiosło (*kajakowe*). **2.** rakietka (*do tenisa stołowego*). — *v.* **1.** wiosłować. **2.** płynąć pieskiem.
paddock ['pædək] *n.* wybieg, padok.
paddy ['pædɪ] *n.* (*także* **~ field**) (*także* **rice ~**) pole ryżowe.
padlock ['pæd,lɑːk] *n.* kłódka. — *v.* zamknąć na kłódkę.
pagan ['peɪgən] *n.* pogan-in/ka. — *a.* pogański.
page [peɪdʒ] *n.* **1.** strona; stronica; kartka; karta. **2.** paź. — *v.* **1.** przywoływać (*pagerem l. przez głośnik*). **2. ~ through sth** kartkować coś.
pageantry ['pædʒəntrɪ] *n.* gala, pompa.
pager ['peɪdʒər] *n.* pager.
pagination [,pædʒə'neɪʃən] *n.* paginacja, numerowanie stron.
paid [peɪd] *v. zob.* **pay** *v.* — *a.* zarobkowy; płatny; opłacany.
pail [peɪl] *n.* wiadro.
pain [peɪn] *n.* **1.** ból; **be in (great) ~** (bardzo) cierpieć. **2. a ~ (in the neck)** *pot.* zawracanie głowy; **be a ~ in the ass** *wulg.* być upierdliwym; **on/under ~ of death** *form.* pod karą/groźbą śmierci. — *v.* **it ~s me to hear that...** *form.* przykro mi słyszeć, że...
pained [peɪnd] *a.* zbolały.
painful ['peɪnfʊl] *a.* **1.** bolesny. **2.** obolały. **3.** żenujący.
painfully ['peɪnfʊlɪ] *adv.* **1.** boleśnie, dotkliwie. **2.** w bólach. **3.** z wielkim trudem.
painkiller ['peɪn,kɪlər] *n.* środek przeciwbólowy.
painless ['peɪnləs] *a.* bezbolesny.
pains [peɪnz] *n. pl.* **go to great ~** (*także* **take ~**) zadać sobie wiele trudu; bardzo uważać.
painstaking ['peɪnz,teɪkɪŋ] *a.* staranny, skrupulatny; mozolny.
paint [peɪnt] *n.* farba. — *v.* **1.** malować; **~ one's fingernails** pomalować (sobie) paznokcie; **~ pictures** malować obrazy; **~ sth green** pomalować coś na zielono. **2. ~ over** zamalować; przemalować.
paintbrush ['peɪnt,brʌʃ] *n.* pędzel.
painter ['peɪntər] *n.* mala-rz/rka.
painting ['peɪntɪŋ] *n.* **1.** obraz. **2.** malarstwo. **3.** malowanie.
paintwork ['peɪnt,wɝːk] *n.* farba (*na ścianach*); lakier (*na samochodzie*).
pair [per] *n.* para; **a ~ of shoes** para butów; **a ~ of glasses** okulary. — *v.* **~ off** łączyć/kojarzyć (się) w pary; **~ up** dobrać się w parę (*with sb* z kimś).
pajamas [pə'dʒɑːməz] *n. pl.* piżama.
Pakistan ['pækɪ,stæn] *n.* Pakistan.
Pakistani [,pækɪ'stɑːnɪ] *a.* pakistański. — *n.* Pakistańczyk/nka.
pal [pæl] *n. pot.* kumpel/a.
palace ['pæləs] *n.* pałac.
palatable ['pælətəbl] *a.* **1.** smaczny. **2.** do przyjęcia.
palate ['pælət] *n.* podniebienie.
pale [peɪl] *a.* **1.** blady. **2. ~ blue** bladoniebieski. **3. ~ imitation/copy** nędzna imitacja. — *v.* blednąć.
paleontologist [,peɪlɪən'tɑːlədʒɪst] *n.* paleontolog/żka.
paleontology [,peɪlɪən'tɑːlədʒɪ] *n.* paleontologia.
Palestine ['pæləstaɪn] *n.* Palestyna.
Palestinian [,pælɪ'stɪnɪən] *a.* palestyński. — *n.* Palesty-ńczyk/nka.
palette ['pælət] *n.* paleta.
pall [pɔːl] *n.* **a ~ of dust** tuman kurzu; **a ~ of smoke** chmura dymu. — *v.* spowszednieć.
pallid ['pælɪd] *a.* blady.
pallor ['pælər] *n.* bladość.
palm [pɑːm] *n.* **1.** dłoń. **2.** (*także* **~ tree**) palma. **3. grease sb's ~** *zob.* **grease** *v.* — *v.* **~ sth off on sb** (*także* **~ sb off with sth**) *pot.* wcisnąć/opchnąć coś komuś.
palpable ['pælpəbl] *a.* **1.** dotykalny, namacalny. **2.** wyczuwalny, wyraźny.
palpitations [,pælpə'teɪʃənz] *n. pl.* palpitacje.
paltry ['pɔːltrɪ] *a.* marny.
pamper ['pæmpər] *v.* rozpieszczać.
pamphlet ['pæmflət] *n.* broszur(k)a.
pan [pæn] *n.* **1.** (*także* **sauce~**) rondel; (*także* **frying ~**) patelnia. **2.** blacha/forma do pieczenia. — *v.* **1.** *pot.* zjechać (= *skrytykować*). **2. ~ out** *pot.* potoczyć/rozwinąć się; wyjść, udać się (*np. o próbie*).
panacea [,pænə'sɪə] *n.* panaceum.
panache [pə'næʃ] *n.* polot.
pancake ['pæn,keɪk] *n.* racuch; naleśnik.
pancreas ['pænkrɪəs] *n.* trzustka.
panda ['pændə] *n.* panda.
pandemonium [,pændə'moʊnɪəm] *n.* pandemonium, harmider.
pane [peɪn] *n.* szyba.
panel ['pænl] *n.* **1.** tafla, płyta. **2.** panel (*np. ekspertów*); jury (*konkursu*). **3.** (*także* **instrument/control ~**) tablica rozdzielcza.
paneling ['pænəlɪŋ] *n.* boazeria.
panelist ['pænəlɪst] *n.* uczestni-k/czka dyskusji panelowej.
pang [pæŋ] *n.* **a ~ of jealousy** ukłucie zazdrości; **hunger ~s** skurcze głodowe (żołądka).
panic ['pænɪk] *n.* panika, popłoch; **in (a) ~** w panice/popłochu. — *v.* panikować, wpadać w panikę.
panic attack *n.* atak paniki, napad lęku.
panicky ['pænɪkɪ] *a. pot.* panikarski; spanikowany.
panic-stricken ['pænɪk,strɪkən] *a.* ogarnięty paniką.
panorama [,pænə'ræmə] *n.* panorama.
panoramic [,pænə'ræmɪk] *a.* panoramiczny.
pansy ['pænsɪ] *n.* bratek.
pant [pænt] *v.* dyszeć, ziajać.
panther ['pænθər] *n.* pantera.
panties ['pæntɪz] *n. pl.* figi, majtki.
pantomime ['pæntə,maɪm] *n.* pantomima.
pantry ['pæntrɪ] *n.* spiżarnia.
pants [pænts] *n. pl.* spodnie.
pantyhose ['pæntɪ,hoʊz] *n. pl.* rajstopy.
papal ['peɪpl] *a.* papieski.
paper ['peɪpər] *n.* **1.** papier; **a piece/sheet of ~** kartka/kawałek papieru. **2.** referat (*naukowy*). **3.** (*także* **news~**) gazeta. **4.** (*także* **wall~**) tapeta. **5.** (*także* **exam ~**) egzamin (*pisemny*). — *v.* tapetować. — *a.* papierowy, z papieru.
paperback ['peɪpər,bæk] *n.* książka w miękkiej okładce.

paper clip *n.* spinacz.
paper towel *n.* ręcznik papierowy.
paperweight ['peɪpər,weɪt] *n.* przycisk do papieru.
paperwork ['peɪpər,wɝːk] *n.* papierkowa robota.
paprika [pə'priːkə] *n.* papryka (*przyprawa*).
par [pɑːr] *n.* **be on a ~ with sth** stać na równi z czymś.
parable ['perəbl] *n.* przypowieść.
parachute ['perə,ʃuːt] *n.* spadochron. — *v.* **1.** zrzucać na spadochronie. **2.** skakać ze spadochronem.
parade [pə'reɪd] *n.* **1.** parada; defilada. **2.** pochód. — *v.* **1.** defilować. **2.** paradować. **3.** obnosić/afiszować się z (*czymś*).
paradise ['perədaɪs] *n.* raj.
paradox ['perə,dɑːks] *n.* paradoks.
paradoxically [,perə'dɑːksɪklɪ] *adv.* paradoksalnie.
paraffin ['perəfɪn] *n.* parafina.
paragon ['perə,gɑːn] *n.* niedościgniony wzór (*of sth* czegoś).
paragraph ['perə,græf] *n.* akapit.
Paraguay ['perə,gwaɪ] *n.* Paragwaj.
Paraguayan [,perə'gwaɪən] *a.* paragwajski. — *n.* Paragwaj-czyk/ka.
parakeet ['perə,kiːt] *n.* papużka.
parallel ['perə,lel] *a.* **1.** równoległy. **2.** *form.* paralelny. — *n.* **1.** paralela, podobieństwo. **2. in ~ (with sth)** równolegle (z czymś). — *adv.* **run ~ to/with sth** przebiegać/biec równolegle do czegoś; występować równolegle z czymś. — *v. form.* dorównywać (*czemuś*); przypominać (*coś*).
paralysis [pə'ræləsɪs] *n.* paraliż, porażenie.
parameter [pə'ræmɪtər] *n.* parametr.
paramilitary [,perə'mɪlɪ,terɪ] *a.* paramilitarny.
paramount ['perə,maʊnt] *a. form.* najważniejszy; **of ~ importance** pierwszorzędnej wagi.
paranoia [,perə'nɔɪə] *n.* paranoja.
paranoid ['perənɔɪd] *a.* **1.** paranoidalny. **2. be ~** mieć paranoję.
parapet ['perəpɪt] *n.* gzyms; murek; balustrada.
paraphernalia [,perəfər'neɪlɪə] *n. pl.* akcesoria, rekwizyty.
paraphrase ['perə,freɪs] *n.* parafraza. — *v.* parafrazować.
parasite ['perə,saɪt] *n.* pasożyt.
parasol ['perə,sɔːl] *n.* parasolka (*przeciwsłoneczna*).
paratrooper ['perə,truːpər] *n.* spadochroniarz.
parcel ['pɑːrsl] *n.* **1.** paczka. **2. be part and ~ of sth** stanowić nieodłączną część czegoś.
parched [pɑːrtʃt] *a.* **1.** spieczony (*o ustach*); wysuszony; wyschnięty. **2. I'm ~** *pot.* całkiem zaschło mi w gardle.
parchment ['pɑːrtʃmənt] *n.* pergamin.
pardon ['pɑːrdən] *n.* **1.** ułaskawienie. **2. ask/beg sb's ~** prosić kogoś o przebaczenie. **3. (I) beg your ~** przepraszam; słucham? wypraszam sobie. — *v.* **1.** ułaskawić. **2. ~ (me)** *pot.* słucham? przepraszam (bardzo).
pare [per] *v.* **~ (down)** obcinać, redukować (*np. wydatki*).
parent ['perənt] *n.* rodzic.
parental [pə'rentl] *a.* rodzicielski.
parenthesis [pə'renθɪsɪs] *n. pl.* **parentheses** [pə'renθɪsiːs] nawias; **in ~** w nawiasie.
parenthood ['perənt,hʊd] *n.* rodzicielstwo.
parenting ['perəntɪŋ] *n.* wychowanie.
parish ['perɪʃ] *n.* parafia.
parishioner [pə'rɪʃənər] *n.* parafian-in/ka.
parity ['perətɪ] *n.* **1.** *form.* równość. **2.** *fin.* parytet.
park [pɑːrk] *n.* park. — *v.* parkować.
parking ['pɑːrkɪŋ] *n.* parkowanie; **no ~** zakaz parkowania.
parking lot *n.* parking.
parking meter *n.* automat parkingowy, parkomat.
parking ticket *n.* mandat za nieprzepisowe parkowanie.
parliament ['pɑːrləmənt], **Parliament** *n.* parlament.
parliamentary [,pɑːrlə'mentərɪ] *a.* parlamentarny.
parlor ['pɑːrlər] *n.* **beauty ~** salon kosmetyczny; **funeral ~** zakład pogrzebowy.
parochial [pə'roʊkɪəl] *a.* **1.** parafialny. **2.** zaściankowy, prowincjonalny.
parody ['perədɪ] *n.* parodia. — *v.* parodiować.
parole [pə'roʊl] *n.* zwolnienie warunkowe; **(released) on ~** zwolniony warunkowo. — *v.* zwalniać warunkowo.
parquet [pɑːr'keɪ] *n.* parkiet.
parrot ['perət] *n.* papuga. — *v.* papugować.
parsimonious [,pɑːrsə'moʊnɪəs] *a.* przesadnie oszczędny; skąpy.
parsley ['pɑːrslɪ] *n.* pietruszka.
parsnip ['pɑːrsnɪp] *n.* pasternak.
part [pɑːrt] *n.* **1.** część; **for the most ~** w przeważającej części; przeważnie; **in ~** po części; **spare ~s** części zapasowe/zamienne. **2.** odcinek (*np. serialu*). **3.** rola; **play a ~** grać (rolę); **play/have a ~ in sth** odgrywać rolę w czymś. **4.** udział; **take ~ in sth** brać udział w czymś. **5.** strona; **for my ~** z mojej strony, jeśli o mnie chodzi; **on the ~ of sb** (*także* **on sb's ~**) *form.* z czyjejś strony. **6. in/around these ~s** w tych stronach/okolicach. **7.** partia (*np. skrzypiec*). **8.** przedziałek. **9.** (*także* **private ~s**) organy płciowe. **10. be ~ and parcel of sth** *zob.* **parcel** *n.*; **I have done my ~** zrobiłam, co do mnie należało; **in large ~** *form.* w większości. **11. mix one ~ flour to/with three ~s water** zmieszać mąkę z wodą w proporcji 1:3. — *v.* **1.** rozsuwać (się); **~ the curtains** rozsunąć zasłony. **2.** rozstępować się (*o zbiegowisku*). **3.** rozchodzić się (*np. o czyichś drogach*). **4. ~ from sb** rozstać się z kimś; **~ with sth** rozstać się z czymś (*t. z pieniędzmi*).
partial ['pɑːrʃl] *a.* **1.** częściowy. **2.** stronniczy. **3. be ~ to sth** *form.* mieć słabość do czegoś.
participant [pɑːr'tɪsəpənt] *n.* uczestni-k/czka.
participate [pɑːr'tɪsə,peɪt] *v. form.* **1.** uczestniczyć, brać udział. **2.** mieć udział (*np. w zyskach*).
participation [pɑːr,tɪsə'peɪʃən] *n.* uczestnictwo, udział.
participle ['pɑːrtɪ,sɪpl] *n.* imiesłów.
particle ['pɑːrtɪkl] *n.* **1.** cząstka, drobina; cząsteczka. **2.** partykuła.
particular [pər'tɪkjələr] *a.* **1.** konkretny; poszczególny. **2.** szczególny, specjalny; indywidualny. **3.** wybredny, wymagający. — *n. form.* **1. ~s** szczegóły, konkrety. **2. in ~** w szczególności; **nothing in ~** nic szczególnego/konkretnego.
particularly [pər'tɪkjələrlɪ] *adv.* **1.** szczególnie, zwłaszcza. **2. not ~** niespecjalnie.
parting ['pɑːrtɪŋ] *n.* rozstanie. — *a.* **~ kiss** pocałunek na pożegnanie; **~ shot** złośliwa uwaga na pożegnanie.

partisan ['pɑːrtəzən] *a.* **1.** stronniczy. **2.** partyzancki. — *n.* **1.** stronni-k/czka, zwolenni-k/czka. **2.** partyzant/ka.
partition [pɑːr'tɪʃən] *n.* **1.** podział. **2.** przegroda, przepierzenie. **3.** *polit.* rozbiór. — *v.* **1.** podzielić. **2.** *polit.* dokonać rozbioru (*państwa*). **3.** ~ **(off)** oddzielić przepierzeniem.
partly ['pɑːrtlɪ] *adv.* częściowo; po części.
partner ['pɑːrtnər] *n.* partner/ka; wspólni-k/czka. — *v.* partnerować (*komuś*).
partnership ['pɑːrtnər,ʃɪp] *n.* partnerstwo; współudział, współuczestnictwo; spółka.
partridge ['pɑːrtrɪdʒ] *n.* kuropatwa.
part-time [,pɑːrt'taɪm] *a.* niepełnoetatowy; ~ **work** praca w niepełnym wymiarze godzin. — *adv.* **work ~** pracować w niepełnym wymiarze godzin.
party ['pɑːrtɪ] *n.* **1.** przyjęcie, impreza; **give/throw a ~** wydać przyjęcie; **have a ~** urządzić przyjęcie, zrobić imprezę. **2.** partia, stronnictwo. **3.** strona (*w sporze*). **4. rescue/search ~** ekipa ratownicza/poszukiwawcza; **school/coach ~** wycieczka szkolna/autokarowa. — *v. pot.* imprezować.
pass [pæs] *v.* **1.** ~ **(by)** przechodzić (obok); przejeżdżać (obok); ~ **from sth into sth** *form.* przechodzić z czegoś w coś; ~ **into sth** przedostawać się/przechodzić do czegoś (*np. do krwi*); **let sb ~** pozwolić komuś przejść, przepuścić kogoś; **we're (just) ~ing through** jesteśmy tu (tylko) przejazdem. **2.** podawać. **3.** przekazywać. **4.** wymijać; wyprzedzać. **5.** mijać, przechodzić; przemijać; ~ **unnoticed** przejść niezauważenie. **6.** zdać (*egzamin*); ~ **sb** zaliczyć komuś egzamin/test, przepuścić kogoś. **7.** uchwalać (*ustawy*); ustanawiać (*prawa*). **8.** zostać przyjętym, przejść (*o wniosku, ustawie*). **9.** *prawn.* wydać (*wyrok*); ogłosić (*werdykt*). **10.** przeciągać; przesuwać (*ręką, wzrokiem*). **11.** pasować, mówić pas. **12.** przekraczać, wartość, limit. **13.** ~ **sth around** puszczać coś w obieg; ~ **by** omijać; pomijać; ~ **down** przekazywać (*zwł. następnemu pokoleniu*); ~ **for/as** uchodzić za; ~ **o.s. off as sb** podawać się za kogoś; ~ **on to sth** przejść do czegoś (*nowego tematu, następnego punktu*); ~ **sth on** przekazać/podać coś (dalej) (*np. informację*); ~ **out** *pot.* zemdleć; ~ **over** pominąć; ~ **up** *pot.* przepuścić (*okazję*). — *n.* **1.** przepustka. **2.** bilet okresowy. **3.** podanie (*piłki*). **4.** zaliczenie; **get a ~ in sth** otrzymać/dostać zaliczenie z czegoś. **5.** przełęcz. **6.** *karty* pas. **7. make a ~ at sb** *pot.* przystawiać się do kogoś.
passable ['pæsəbl] *a.* **1.** znośny, do przyjęcia. **2.** przejezdny.
passage ['pæsɪdʒ] *n.* **1.** (*także* **~way**) korytarz; (wąskie) przejście. **2.** przejazd; przeprawa; podróż (*zwł. statkiem*). **3.** ustęp, fragment. **4.** *muz.* pasaż.
passenger ['pæsəndʒər] *n.* pasażer/ka; podróżn-y/a. — *a.* ~ **car/carriage** wagon osobowy; ~ **train** pociąg pasażerski.
passer-by ['pæsər,baɪ], **passerby** *n.* przechodzień.
passing ['pæsɪŋ] *a.* przelotny. — *n.* **in ~** mimochodem.
passion ['pæʃən] *n.* **1.** namiętność. **2.** pasja, zamiłowanie (*for sth* do czegoś).
passionate ['pæʃənət] *a.* **1.** namiętny. **2.** żarliwy.
passive ['pæsɪv] *a.* bierny, pasywny; **the ~ voice** strona bierna. — *n.* **the ~** strona bierna.
Passover ['pɑːs,oʊvər] *n.* Pascha.
passport ['pæs,pɔːrt] *n.* paszport.
password ['pæs,wɜːd] *n.* hasło.
past [pæst] *a.* **1.** miniony, ubiegły; **in the ~ five years** w ciągu ostatnich pięciu lat. **2.** wcześniejszy, poprzedni. **3. the ~ tense** czas przeszły. **4.** ~ **president/champion** były prezydent/mistrz. **5. our troubles are ~** skończyły się nasze kłopoty. — *n.* **the ~** przeszłość; *gram.* czas przeszły. — *prep.* **1.** po; **a quarter ~ seven** kwadrans po siódmej; **she's ~ 40** jest po czterdziestce. **2.** za; **run ~ the corner** pobiec za róg. **3.** obok; **he walked (straight) ~ us** przemaszerował tuż obok nas. — *adv.* **1.** obok, mimo; **flow/run ~** przepływać/przebiegać (obok). **2. go ~** mijać (*o czasie*).
pasta ['pæstə] *n.* makaron.
paste [peɪst] *n.* **1.** klajster, klej. **2.** pasta; papka; **fish ~** pasta rybna. — *v.* **1.** przyklejać, przylepiać. **2.** *komp.* wstawiać (*tekst*). **3.** smarować (*czymś*).
pastel [pæ'stel] *n.* pastel. — *a.* pastelowy.
pasteurization [,pæstʃərə'zeɪʃən] *n.* pasteryzacja.
pasteurized ['pæstʃə,raɪzd] *a.* pasteryzowany.
pastiche [pæ'stiːʃ] *n.* pastisz.
pastime ['pæs,taɪm] *n.* rozrywka; hobby.
past master *n.* absolutn-y/a mistrz/yni (*at sth* w czymś).
pastoral ['pæstərəl] *a.* **1.** duszpasterski. **2.** wychowawczy. **3.** *lit.* sielski; sielankowy.
past participle *n.* imiesłów bierny.
past perfect *n.* czas zaprzeszły.
pastry ['peɪstrɪ] *n.* **1.** ciasto. **2.** ciastko.
pasture ['pæstʃər] *n.* pastwisko.
pat [pæt] *v.* klepać, poklepywać. — *n.* **1.** klepnięcie. **2. a ~ on the back** *pot.* pochwała. — *a., adv.* **1.** bez zająknienia. **2. have/know sth down ~** znać coś na wylot/na wyrywki.
patch [pætʃ] *n.* **1.** łata. **2.** plama. **3.** (*także* **eye ~**) opaska na oko. **4. a bald ~** łysina. **5.** zagon. — *v.* **1.** łatać. **2.** ~ **up** załatać; poskładać do kupy; ~ **it up (with sb)** pogodzić się (z kimś).
patchwork ['pætʃ,wɜːk] *n.* **1.** patchwork. **2.** mieszanina, składanka (*np. różnych idei*).
patchy ['pætʃɪ] *a.* **1.** niejednolity. **2.** wyrywkowy, fragmentaryczny.
pâté [pɑː'teɪ] *n.* pasztet.
patent ['pætənt] *n.* patent. — *a.* **1.** patentowy; opatentowany. **2.** *form.* ewidentny. — *v.* opatentować.
patently ['peɪtəntlɪ] *adv.* ewidentnie.
paternal [pə'tɜːnl] *a.* **1.** ojcowski. **2.** ~ **uncle** wuj ze strony ojca.
paternity [pə'tɜːnətɪ] *n.* ojcostwo.
path [pæθ] *n. pl.* **paths** [pæðz] **1.** ścieżka, dróżka. **2.** droga. **3.** tor (*np. lotu*).
pathetic [pə'θetɪk] *a.* żałosny.
pathetically [pə'θetɪklɪ] *adv.* żałośnie.
pathological [,pæθə'lɑːdʒɪkl] *a.* patologiczny.
pathologist [pə'θɑːlədʒɪst] *n.* patolo-g/żka.
pathology [pə'θɑːlədʒɪ] *n.* patologia.
pathos ['peɪθɑːs] *n. form.* tragizm; smutek.
patience ['peɪʃəns] *n.* cierpliwość; **lose (one's) ~** stracić cierpliwość.
patient ['peɪʃənt] *a.* cierpliwy. — *n.* pacjent/ka.
patio ['pætɪ,oʊ] *n.* patio.
patriarchal [,peɪtrɪ'ɑːrkl] *a.* patriarchalny.
patriarchy ['peɪtrɪ,ɑːrkɪ] *n.* patriarchat.
patriot ['peɪtrɪət] *n.* patriot-a/ka.
patriotic [,peɪtrɪ'ɑːtɪk] *a.* patriotyczny.
patriotically [,peɪtrɪ'ɑːtɪklɪ] *adv.* patriotycznie.

patriotism ['peɪtrɪəˌtɪzəm] *n.* patriotyzm.
patrol [pə'troʊl] *v.* patrolować. — *n.* patrol.
patron ['peɪtrən] *n.* **1.** *form.* klient/ka, gość (*restauracji, baru*). **2.** (*także* **~ saint**) patron/ka. **3. ~ of the arts** mecenas (sztuk).
patronage ['pætrənɪdʒ] *n.* patronat; mecenat.
patronize ['peɪtrəˌnaɪz] *v.* traktować protekcjonalnie.
patronizing ['peɪtrəˌnaɪzɪŋ] *a.* protekcjonalny.
patter ['pætər] *v.* bębnić (*zwł. o deszczu*). — *n.* **1.** bębnienie. **2.** tupot; dreptanie. **3.** gadka (*zwł. sprzedawcy*).
pattern ['pætərn] *n.* **1.** wzór; wzorzec. **2.** deseń; wzorek. **3.** schemat. **4.** szablon; wykrój. — *v.* **be ~ed on/after sth** być wzorowanym na czymś.
patterned ['pætərnd] *a.* wzorzysty, we wzorki.
paunch [pɔːntʃ] *n.* brzuszek (*u mężczyzny*).
pauper ['pɔːpər] *n. przest.* nędza-rz/rka.
pause [pɔːz] *n.* przerwa; pauza. — *v.* przerwać (*zwł. = przestać mówić*).
pave [peɪv] *v.* **1.** brukować. **2. ~ the way** torować drogę.
pavement ['peɪvmənt] *n.* **1.** nawierzchnia. **2.** bruk.
pavilion [pə'vɪljən] *n.* pawilon.
paw [pɔː] *n.* łapa. — *v.* **1.** skrobać łapą. **2. ~ sb** *pot.* obmacywać/obłapywać kogoś.
pawn [pɔːn] *n.* pionek. — *v.* zastawiać, oddawać w zastaw.
pawnbroker ['pɔːnˌbroʊkər] *n.* właściciel/ka lombardu.
pawnshop ['pɔːnˌʃɑːp] *n.* lombard.
pay [peɪ] *v. pret. i pp.* **paid** [peɪd] **1.** płacić. **2.** opłacać się; popłacać. **3. ~ attention (to sb/sth)** *zob.* **attention**; **~ sb a visit** złożyć komuś wizytę; **~ the price** ponieść karę; **~ tribute to sb** *zob.* **tribute** *n.* **4. ~ back** oddać/zwrócić (pieniądze); **~ in** wpłacić (*np. w banku*); **~ off** spłacić; opłacić się; **~ out** wyłożyć (*zwł. dużą sumę*); **~ up** zapłacić całą kwotę (*zwł. niechętnie*). — *n.* płaca; wynagrodzenie; zapłata.
payable ['peɪəbl] *a.* płatny.
payday ['peɪˌdeɪ] *n.* dzień wypłaty.
payee [peɪ'iː] *n.* odbior-ca/czyni płatności; beneficjent/ka.
payment ['peɪmənt] *n.* zapłata; wpłata; opłata, płatność.
pay phone *n.* automat telefoniczny.
payroll ['peɪˌroʊl] *n.* lista płac; **be on sb's ~** być zatrudnionym przez kogoś.
PC [ˌpiː 'siː] *n.* (*także* **personal computer**) pecet, komputer osobisty. — *a.* (*także* **politically correct**) politycznie poprawny.
pea [piː] *n.* ziarnko grochu; **~s** groch; groszek.
peace [piːs] *n.* **1.** pokój; **make ~** zawrzeć pokój. **2.** spokój; **~ and quiet** spokój i cisza; **(leave sb) in ~** (zostawić kogoś) w spokoju. **3. disturb the ~** zakłócić porządek. **4. may he/she rest in ~** niech spoczywa/odpoczywa w pokoju.
peaceful ['piːsfʊl] *a.* **1.** spokojny. **2.** pokojowy.
peacefully ['piːsfʊlɪ] *adv.* **1.** spokojnie. **2.** pokojowo.
peace-keeping ['piːsˌkiːpɪŋ] *a.* **~ forces/troops** siły/oddziały pokojowe.
peacetime ['piːsˌtaɪm] *n.* czas pokoju.
peach [piːtʃ] *n.* brzoskwinia. — *a.* (*także* **~-colored**) brzoskwiniowy.
peacock ['piːˌkɑːk] *n.* paw.
peak [piːk] *n.* szczyt (*t. górski*); wierzchołek; szczytowy punkt; wartość szczytowa. — *a.* najwyższy, największy; szczytowy. — *v.* osiągnąć szczyt, sięgnąć szczytu.
peanut ['piːˌnʌt] *n.* **1.** orzech/orzeszek ziemny. **2. ~s** *pot.* grosze, tyle co nic.
peanut butter *n.* masło orzechowe.
pear [per] *n.* gruszka.
pearl [pɝːl] *n.* perła. — *a.* perłowy; z pereł.
peasant ['pezənt] *n.* wieśnia-k/czka, chłop/ka. — *a.* chłopski, wiejski.
peat [piːt] *n.* torf.
pebble ['pebl] *n.* kamyk.
peck [pek] *v.* **1.** dziobać. **2. ~ sb on the cheek** *pot.* cmoknąć kogoś w policzek. — *n.* **1.** dziobnięcie. **2.** *pot.* cmoknięcie.
peculiar [pɪ'kjuːljər] *a.* **1.** osobliwy. **2. ~ to sb/sth** specyficzny dla kogoś/czegoś.
peculiarity [pɪˌkjʊlɪ'erətɪ] *n.* **1.** osobliwość. **2.** właściwość.
pedal ['pedl] *n.* pedał. — *v.* pedałować.
pedantic [pɪ'dæntɪk] *a.* pedantyczny.
peddler ['pedlər] *n. przest.* **1.** domokrążca. **2. drug/dope ~** handlarz narkotyków.
pedestal ['pedɪstl] *n.* cokół, piedestał; postument.
pedestrian [pə'destrɪən] *a.* **1.** pieszy. **2.** przyziemny, prozaiczny; nieszczególny. — *n.* piesz-y/a.
pediatrician [ˌpiːdɪə'trɪʃən] *n.* pediatra.
pediatrics [ˌpiːdɪ'ætrɪks] *n.* pediatria.
pedigree ['pedəˌgriː] *n.* rodowód. — *a.* z rodowodem, rasowy.
pedophile ['piːdəˌfaɪl] *n.* pedofil/ka.
pedophilia [ˌpiːdə'fɪlɪə] *n.* pedofilia.
pee [piː] *pot. v.* siusiać. — *n.* siusiu; **go for/have a ~** zrobić siusiu.
peek [piːk] *v.* zerkać. — *n.* zerknięcie; **take a ~** zerknąć.
peel [piːl] *v.* **1.** obierać (*ziemniaki, jabłka*). **2. ~(off)** łuszczyć się (*o farbie*); schodzić (*o skórze*); **~ sth off** zdjąć coś (*zwł. ciasnego l. mokrego*). — *n.* skórka; łupiny, obierki.
peep [piːp] *v.* **1.** zerkać (*ukradkiem*). **2. ~ out** wychynąć, wyjrzeć; wyłonić się. — *n.* **1.** zerknięcie; **take a ~** zerknąć. **2.** pisk.
peephole ['piːpˌhoʊl] *n.* judasz.
peer [piːr] *n.* **1.** rówieśni-k/ca. **2. sb's ~** osoba równa komuś statusem/rangą. — *v.* **~ at sb/sth** przyglądać się komuś/czemuś (*uważnie*).
peeve [piːv] *n.* **sb's pet ~** *pot.* coś, co kogoś szczególnie wkurza.
peeved [piːvd] *a. pot.* wkurzony.
peevish ['piːvɪʃ] *a.* poirytowany.
peg [peg] *n.* **1.** kołek. **2.** wieszak. **3.** (*także* **tent ~**) śledź (*do namiotu*). **4.** (*także* **clothes ~**) klamerka do bielizny. — *v.* **1.** mocować kołkami, klamerkami itp. **2.** utrzymywać na stałym poziomie.
pejorative [pɪ'dʒɑːrətɪv] *a.* pejoratywny.
pelican ['peləkən] *n.* pelikan.
pelvic ['pelvɪk] *n.* biodrowy.
pelvis ['pelvɪs] *n. anat.* miednica.
pen [pen] *n.* **1.** pióro; długopis. **2.** zagroda; kojec. **3. the ~** *pot.* pudło (= *więzienie*). — *v. form.* **1.** napisać. **2. ~ in/up** zamknąć (w zagrodzie).
penal ['piːnl] *a.* **1.** karny. **2.** karalny.
penalize ['piːnəˌlaɪz] *v.* **1.** karać. **2.** dyskryminować, uderzać w (*kogoś*).
penalty ['penəltɪ] *n.* **1.** kara; **the death ~** kara śmierci. **2.** grzywna. **3.** (*także* **~ kick**) (rzut) karny.

penance ['penəns] *n.* pokuta.
penchant ['pentʃənt] *n. form.* zamiłowanie, słabość (*for sth* do czegoś).
pencil ['pensl] *n.* ołówek; kredka. — *v.* **1.** narysować/zaznaczyć ołówkiem. **2.** ~ **in** wpisać wstępnie (*termin, osobę na spotkanie*).
pencil pusher *n.* gryzipiórek.
pencil sharpener *n.* temperówka.
pendant ['pendənt] *n.* wisiorek.
pending ['pendɪŋ] *form. prep.* do czasu/momentu, aż do; ~ **his arrival** do czasu jego przybycia. — *a.* **1.** (będący) w toku. **2.** nierozstrzygnięty; niezałatwiony. **3.** zbliżający się.
pendulum ['pendʒələm] *n.* wahadło.
penetrate ['penə,treɪt] *v.* **1.** *t. przen.* przenikać (przez); penetrować; przedostawać się. **2.** wnikać.
penetrating ['penə,treɪtɪŋ] *a.* **1.** przenikliwy; przeszywający. **2.** dociekliwy, drążący.
penetration [,penə'treɪʃən] *n.* **1.** penetracja. **2.** przenikanie; przechodzenie.
penguin ['peŋwɪn] *n.* pingwin.
penicillin [,penə'sɪlɪn] *n.* penicylina.
peninsula [pə'nɪnsələ] *n.* półwysep.
penis ['piːnɪs] *n.* penis, prącie, członek.
penitence ['penətəns] *n. form.* skrucha.
penitent ['penətənt] *form. a.* skruszony. — *n.* pokutni-k/ca.
penitentiary [,penə'tenʃərɪ] *n.* **1.** zakład karny. **2.** zakład poprawczy. — *a.* penitencjarny, karny.
penknife ['pen,naɪf] *n.* scyzoryk.
pen name *n.* pseudonim literacki.
penniless ['penɪləs] *a.* bez grosza.
Pennsylvania [,pensəl'veɪnɪə] *n.* (stan) Pensylwania.
Pennsylvania Dutch [,pensəl,veɪnɪə 'dʌtʃ] *n.* **1.** potomkowie niemieckich i szwajcarskich osadników w Pensylwanii. **2.** (*także* **Pennsylvania German**) dialekt języka niemieckiego używany przez społeczność j.w.
penny ['penɪ] *n.* **1.** cent. **2.** **not a** ~ ani grosza; **sb's/the last** ~ (czyjś) ostatni grosz.
pen pal *n.* korespondencyjn-y/a przyjaci-el/ółka.
pension ['penʃən] *n.* emerytura; renta. — *v.* ~ **sb off** *pot.* wysłać kogoś na emeryturę.
pensioner ['penʃənər] *n.* rencist-a/ka; emeryt/ka.
pensive ['pensɪv] *a.* zamyślony.
pentagon ['pentə,gɑːn] *n.* **1.** pięciokąt. **2.** **the P**~ Pentagon.
penthouse ['pent,haʊs] *n.* apartament na najwyższym piętrze.
pent-up [,pent'ʌp] *a.* tłumiony; skumulowany (*o emocjach, gniewie*).
penultimate [pɪ'nʌltɪmət] *a.* przedostatni.
people ['piːpl] *n. pl.* **1.** ludzie; **sb's** ~ *przest.* czyiś krewni; **the** ~ lud; **X, of all** ~ nie kto inny, tylko X; **why me, of all** ~**?** dlaczego akurat ja? **2.** *form.* naród, lud; **the** ~**s of Africa** narody Afryki. — *v.* ~**d by/with sb** *form.* zamieszkały/zasiedlony przez kogoś; wypełniony kimś/przez kogoś.
pepper ['pepər] *n.* **1.** pieprz. **2.** **(red/green)** ~**(s)** (czerwona/zielona) papryka. — *v.* pieprzyć.
peppermint ['pepər,mɪnt] *n.* **1.** mięta pieprzowa. **2.** miętówka.
pep talk *n. pot.* przemowa zagrzewająca do wysiłku; odprawa (*np. przed meczem*).
per [pɝː] *prep.* **a dollar** ~ **person** po dolarze od osoby; **50 miles** ~ **hour** 50 mil na godzinę.
perceive [pər'siːv] *v.* **1.** postrzegać; percypować. **2.** dostrzegać, zauważać. **3.** widzieć; rozumieć.
percent [pər'sent] *adv., a., n.* procent; **a/one hundred** ~ w stu procentach; stuprocentowy.
percentage [pər'sentɪdʒ] *n.* odsetek; procent.
perception [pər'sepʃən] *n.* **1.** postrzeganie, percepcja. **2.** spostrzegawczość.
perceptive [pər'septɪv] *a.* **1.** spostrzegawczy; wnikliwy. **2.** percepcyjny.
perch [pɝːtʃ] *n.* **1.** żerdź; grzęda. **2.** okoń. — *v.* przycupnąć.
percolator ['pɝːkə,leɪtər] *n.* ekspres do kawy (*przelewowy*).
percussion [pər'kʌʃən] *n.* perkusja; instrumenty perkusyjne.
peremptory [pə'remptərɪ] *a. form.* nieznoszący sprzeciwu.
perennial [pə'renɪəl] *a.* **1.** odwieczny. **2.** wieloletni (*o roślinie*).
perfect *a.* ['pɝːfekt] **1.** doskonały; idealny; w sam raz; perfekcyjny. **2.** zupełny, kompletny. **3.** *gram.* dokonany. — *v.* [pər'fekt] doskonalić; ulepszać.
perfection [pər'fekʃən] *n.* **1.** doskonałość; perfekcja; **to** ~ do perfekcji. **2.** ideał. **3.** doskonalenie, udoskonalenie.
perfectionist [pər'fekʃənɪst] *n.* perfekcjonist-a/ka.
perfectly ['pɝːfektlɪ] *adv.* **1.** doskonale; perfekcyjnie; idealnie; w sam raz. **2.** **she made it** ~ **clear (that)...** powiedziała zupełnie jasno, że...; **you know** ~ **well (that)...** wiesz doskonale, że...
perforated ['pɝːfə,reɪtɪd] *a.* perforowany.
perforation [,pɝːfə'reɪʃən] *n.* perforacja.
perform [pər'fɔːrm] *v.* **1.** występować (*z koncertem, w sztuce*). **2.** wykonywać (*utwór*); odgrywać (*rolę*). **3.** przeprowadzać (*operację*); wypełniać (*obowiązki*). **4.** ~ **well/badly** dobrze/źle działać (*o urządzeniu*); **sb** ~**ed well/badly** ktoś się dobrze/źle spisał.
performance [pər'fɔːrməns] *n.* **1.** występ; przedstawienie. **2.** wykonanie (*utworu*). **3.** osiągi (*samochodu*). **4.** *komp.* szybkość działania. **5.** wyniki (ekonomiczne/finansowe).
performer [pər'fɔːrmər] *n.* artyst-a/ka; wykonawca/czyni.
perfume ['pɝːfjuːm] *n.* **1.** perfumy. **2.** zapach. — *v.* perfumować.
perfunctory [pər'fʌŋktərɪ] *a. form.* niedbały; pobieżny.
perhaps [pər'hæps] *adv.* **1.** (być) może; ~ **not** może nie. **2.** czasem, przypadkiem; **shouldn't he** ~ **be going?** czy nie powinien czasem już iść?
peril ['perəl] *n. form.* niebezpieczeństwo.
perimeter [pə'rɪmɪtər] *n.* obwód.
period ['piːrɪəd] *n.* **1.** okres. **2.** czas (trwania). **3.** (*także* **class** ~) godzina (lekcyjna). **4.** *interpunkcja* kropka; ~! koniec, kropka! — *a.* ~ **costume/furniture** strój/meble z epoki.
periodical [,piːrɪ'ɑːdɪkl] *a.* (*także* **periodic**) okresowy; periodyczny. — *n.* periodyk, czasopismo (*zwł. naukowe*).
peripheral [pə'rɪfərəl] *a.* poboczny. — *n. komp.* urządzenie peryferyjne.
periphery [pə'rɪfərɪ] *n.* **1.** skraj (*miasta*); peryferia. **2.** **on the** ~ na marginesie (*grupy, działalności*).
perish ['perɪʃ] *v. lit.* zginąć; sczeznąć; przepaść.
perishable ['perɪʃəbl] *a.* łatwo się psujący, nietrwały (*o żywności*).

perjury ['pɜ˞ːdʒərɪ] *n.* krzywoprzysięstwo.
perk [pɜ˞ːk] *n. pot.* **1.** dodatek do uposażenia; dodatkowe świadczenie (*np. służbowy samochód*). **2.** dodatkowa korzyść. — *v.* ~ **up** ożywić (się); podnieść (się); nastroszyć (się) (*o uszach*).
perky ['pɜ˞ːkɪ] *a. pot.* żwawy.
perm [pɜ˞ːm] *n.* trwała (ondulacja). — *v.* ondulować.
permanence ['pɜ˞ːmənəns] *n.* trwałość.
permanent ['pɜ˞ːmənənt] *a.* trwały; stały; ciągły; wieczny.
permanently ['pɜ˞ːmənəntlɪ] *adv.* **1.** trwale; stale. **2.** na stałe.
permeate ['pɜ˞ːmɪˌeɪt] *v.* **1.** przenikać, przesiąkać; wnikać. **2.** przepełniać (*o atmosferze, uczuciu*).
permissible [pər'mɪsəbl] *a.* dopuszczalny; dozwolony.
permission [pər'mɪʃən] *n.* pozwolenie, zezwolenie, zgoda; **ask ~ (from sb)** prosić (kogoś) o pozwolenie; **give ~ (to do sth)** wyrazić zgodę (na coś); **with your ~** za pozwoleniem.
permissive [pər'mɪsɪv] *a.* przyzwalający, permisywny.
permit *v.* [pər'mɪt] **1.** pozwalać/zezwalać na; **~ sb (to do) sth** pozwolić komuś na coś; **smoking is not ~ted here** tu nie wolno palić. **2. weather ~ting** jeśli pogoda dopisze. — *n.* ['pɜ˞ːmɪt] **1.** zezwolenie, pozwolenie; **work ~** pozwolenie na pracę. **2.** karta wstępu; przepustka.
pernicious [pər'nɪʃəs] *n. form.* zgubny, szkodliwy; zdradliwy, podstępny.
perpendicular [ˌpɜ˞ːpən'dɪkjʊlər] *a.* **1.** prostopadły. **2.** pionowy.
perpetrate ['pɜ˞ːpəˌtreɪt] *v. form.* popełniać.
perpetual [pər'petʃʊəl] *a.* **1.** wieczny; bezustanny, ustawiczny. **2.** *prawn.* wieczysty; dożywotni.
perpetuate [pər'petʃʊˌeɪt] *v.* utrwalać (*podziały, stereotypy*).
perplexed [pər'plekst] *a.* zakłopotany.
persecute ['pɜ˞ːsəˌkjuːt] *v.* prześladować; szykanować; nękać.
persecution [ˌpɜ˞ːsə'kjuːʃən] *n.* prześladowania; szykany; napastowanie (*zwł. przez media*).
persecutor ['pɜ˞ːsəˌkjuːtər] *n.* prześladow-ca/czyni.
perseverance [ˌpɜ˞ːsə'viːrəns] *n.* wytrwałość.
persevere [ˌpɜ˞ːsə'viːr] *v.* wytrwać; trwać; nie ustawać.
Persian ['pɜ˞ːʒən] *a.* perski. — *n.* **1.** Pers/yjka. **2.** (język) perski.
persist [pər'sɪst] *v.* **1.** utrzymywać się; pokutować. **2.** **~ in sth** upierać się/obstawać przy czymś; **~ in doing sth** uparcie coś robić.
persistence [pər'sɪstəns] *n.* **1.** wytrwałość; upór. **2.** trwanie.
persistent [pər'sɪstənt] *a.* **1.** wytrwały. **2.** uporczywy. **3.** natarczywy. **4.** trwały.
person ['pɜ˞ːsən] *n.* osoba; **in ~** osobiście; **I'm not a cat ~** nie przepadam za kotami.
personal ['pɜ˞ːsənl] *a.* **1.** osobisty; prywatny; własny; **~ touch** indywidualne podejście; **get/be ~** czynić osobiste uwagi; **(it's) nothing ~, (but)...** nie obraź się, ale... **2.** personalny (*zwł. o sporach*). **3.** *gram.* osobowy.
personal ad *n. dzienn.* ogłoszenie towarzyskie.
personal assistant *n.* osobist-y/a asystent/ka.
personal column *n. dzienn.* ogłoszenia towarzyskie.
personality [ˌpɜ˞ːsə'nælətɪ] *n.* **1.** osobowość; charakter. **2.** osobistość, persona.
personally ['pɜ˞ːsənlɪ] *adv.* osobiście; **take sth ~** brać coś do siebie.
personal organizer *n.* notatnik wielofunkcyjny.
personal stereo *n.* przenośny odtwarzacz; walkman.
personify [pər'sɑːnəˌfaɪ] *v.* **1.** uosabiać. **2.** personifikować.
personnel [ˌpɜ˞ːsə'nel] *n.* **1.** personel. **2.** (*także* **~ department**) kadry, dział kadr/spraw osobowych. — *a.* kadrowy.
perspective [pər'spektɪv] *n.* perspektywa; punkt widzenia; **~ on sth** spojrzenie na coś; **get/keep sth in ~** spojrzeć/patrzeć na coś z właściwej perspektywy; **put sth in ~** spojrzeć na coś w szerszym kontekście.
perspiration [ˌpɜ˞ːspə'reɪʃən] *n.* pot; pocenie się.
perspire [pər'spaɪr] *v.* pocić się.
persuade [pər'sweɪd] *v.* **1.** przekonywać. **2.** **~ sb to do/into doing sth** nakłonić kogoś do (zrobienia) czegoś.
persuasion [pər'sweɪʒən] *n.* **1.** przekonywanie, perswazja; namowa. **2.** *form. polit.* orientacja; ruch (*np. artystyczny*); *rel.* wyznanie.
persuasive [pər'sweɪsɪv] *a.* przekonujący.
pertain [pər'teɪn] *v.* **~ to sth** *form.* odnosić się do czegoś, dotyczyć czegoś.
pertinent ['pɜ˞ːtənənt] *a. form.* **1.** na temat, związany z tematem; **~ to sth** związany z czymś. **2.** stosowny.
perturb [pɜ˞ː'tɜ˞ːb] *v. form.* niepokoić, poruszać; wzburzać.
Peru [pə'ruː] *n.* Peru.
peruse [pə'ruːz] *v. form.* studiować, czytać uważnie.
Peruvian [pə'ruːvɪən] *a.* peruwiański. — *n.* Peruwiańczyk/nka.
pervade [pər'veɪd] *v.* przenikać; panować w (*jakimś miejscu*).
perverse [pər'vɜ˞ːs] *a.* przewrotny; perwersyjny.
perversion [pər'vɜ˞ːʒən] *n.* **1.** perwersja, zboczenie. **2.** *form.* wypaczenie.
pervert *n.* ['pɜ˞ːˌvɜ˞ːt] zboczeniec. — *v.* ['pərˌvɜ˞ːt] **1.** wypaczać. **2.** deprawować.
pessimism ['pesəˌmɪzəm] *n.* pesymizm.
pessimist ['pesəmɪst] *n.* pesymist-a/ka.
pessimistic [ˌpesə'mɪstɪk] *a.* pesymistyczny.
pest [pest] *n.* **1.** szkodnik. **2.** *pot.* utrapienie.
pester ['pestər] *v.* męczyć, nagabywać.
pesticide ['pestɪˌsaɪd] *n.* pestycyd.
pet [pet] *n.* **1.** zwierzę domowe; zwierzątko. **2.** ulubien-iec/ica; pupil-ek/ka. — *a.* **1.** **~ tortoise/rabbit** oswojony żółw/króliczek. **2.** **sb's ~ subject** czyjś ulubiony temat. — *v.* pieścić (się).
petal ['petl] *n.* płatek.
petite [pə'tiːt] *a.* drobny, filigranowy.
petition [pə'tɪʃən] *n.* **1.** petycja. **2.** *prawn.* wniosek; pozew. — *v.* **~ against sth** protestować przeciwko czemuś; **~ for sth** domagać się czegoś.
petrified ['petrəˌfaɪd] *a.* skamieniały.
petroleum [pə'troulɪəm] *n.* ropa naftowa.
petty ['petɪ] *a.* **1.** nieistotny. **2.** małostkowy.
pew [pjuː] *n.* ławka (kościelna). — *int.* fuj!
phantom ['fæntəm] *n.* **1.** zjawa, fantom, widmo. **2.** ułuda, złuda. — *a.* **1.** urojony. **2.** fantomowy.
pharmaceutical [ˌfɑːrmə'suːtɪkl] *n.* farmaceutyk, środek farmaceutyczny. — *a.* farmaceutyczny.

pharmacist ['fɑːrməsɪst] *n.* farmaceut-a/ka; apteka-rz/rka.
pharmacy ['fɑːrməsɪ] *n.* **1.** apteka. **2.** farmacja.
phase [feɪz] *n.* faza; stadium; **be going through a ~** przechodzić trudny okres. — *v.* **~ in** stopniowo wprowadzać; **~ out** stopniowo wycofywać z użycia; stopniowo wycofywać się z (*czegoś*).
Ph.D. [ˌpiː ˌeɪtʃ 'diː], **PhD** *n.* **1.** doktorat (*in sth* z czegoś). **2.** (*także* **~ holder**) doktor, osoba z doktoratem. — *abbr.* dr; **Jane Harding, Ph.D.** dr Jane Harding.
pheasant ['fezənt] *n.* bażant.
phenomena [fə'nɑːmənə] *n. pl. zob.* **phenomenon.**
phenomenal [fə'nɑːmənl] *a.* fenomenalny.
phenomenon [fə'nɑːməˌnɑːn] *n. pl.* **phenomena** [fə'nɑːmənə] **1.** zjawisko. **2.** fenomen.
philosopher [fə'lɑːsəfər] *n.* filozof/ka.
philosophical [ˌfɪlə'sɑːfɪkl], **philosophic** [ˌfɪlə'sɑːfɪk] *a.* filozoficzny; **be ~ about sth** filozoficznie podchodzić do czegoś.
philosophy [fə'lɑːsəfɪ] *n.* filozofia.
phlegm [flem] *n.* flegma.
phlegmatic [fleg'mætɪk] *a.* flegmatyczny.
phobia ['foʊbɪə] *n.* fobia.
phone [foʊn] *n.* telefon; **be on the ~** rozmawiać przez telefon; **on/over the ~** (*także* **by ~**) przez telefon. — *v.* **~ (up)** dzwonić, telefonować; **~ sb (up)** zadzwonić do kogoś.
phone booth *n.* budka/kabina telefoniczna.
phone call *n.* rozmowa telefoniczna; **make a ~** zatelefonować, wykonać telefon.
phonetics [fə'netɪks] *n.* fonetyka.
phony ['foʊnɪ] *pot. a.* fałszywy, lipny. — *n.* oszust/ka.
phosphorus ['fɑːsfərəs] *n.* fosfor.
photo ['foʊtoʊ] *n.* zdjęcie; **take a ~ of sb/sth** zrobić zdjęcie komuś/czemuś, sfotografować kogoś/coś.
photocopier ['foʊtoʊˌkɑːpɪər] *n.* fotokopiarka, kserograf.
photocopy ['foʊtoʊˌkɑːpɪ] *n.* fotokopia, kserokopia. — *v.* powielać (na ksero), kserować.
photogenic [ˌfoʊtə'dʒenɪk] *a.* fotogeniczny.
photograph ['foʊtəˌgræf] *n.* fotografia. — *v.* fotografować.
photographer [fə'tɑːgrəfər] *n.* fotograf/ka; fotografi-k/czka.
photography [fə'tɑːgrəfɪ] *n.* **1.** fotografia; fotografika. **2.** *film* zdjęcia.
phrasal verb *n.* czasownik złożony.
phrase [freɪz] *n.* **1.** wyrażenie, zwrot. **2.** *muz.* fraza. **3. noun/verb ~** fraza rzeczownikowa/czasownikowa. — *v.* formułować, ujmować (w słowa).
phrasebook ['freɪzˌbʊk] *n.* rozmówki (*książka*).
physical ['fɪzɪkl] *a.* **1.** fizyczny. **2.** cielesny (*np. o kontakcie*); *pot.* lubiący dotykać innych. **3.** fizykalny. — *n.* (*także* **~ examination**) badanie okresowe.
physical education *n.* (*także* **PE**) wychowanie fizyczne.
physically ['fɪzɪklɪ] *adv.* **1.** fizycznie. **2.** cieleśnie.
physician [fɪ'zɪʃən] *n.* leka-rz/rka.
physicist ['fɪzɪsɪst] *n.* fizy-k/czka.
physics ['fɪzɪks] *n.* fizyka.
physiology [ˌfɪzɪ'ɑːlədʒɪ] *n.* fizjologia.
physiotherapy [ˌfɪzɪoʊ'θerəpɪ] *n.* fizykoterapia, fizjoterapia.
physique [fɪ'ziːk] *n.* budowa (ciała).
pianist [piː'ænəst] *n.* pianist-a/ka.
piano [pɪ'ænoʊ] *n.* (*także* **grand ~**) fortepian; (*także* **upright ~**) pianino. — *a., adv.* piano.
pick [pɪk] *v.* **1.** wybierać; dobierać. **2.** zrywać, zbierać. **3.** podnosić. **4.** kopać (kilofem). **5. ~ one's nose/teeth** dłubać w nosie/zębach. **6. ~ a fight/quarrel (with sb)** wdać się w bójkę/kłótnię (z kimś). **7. ~ at** dziobać; **~ on sb** czepiać się kogoś; **~ out** wybrać; dostrzec, rozróżnić; **~ up** podnieść; podnieść słuchawkę; odebrać (*swoje rzeczy, gościa z lotniska*); pozbierać (*z podłogi, ziemi*); podchwycić (*słówko*); nauczyć się (*języka*); zabrać (*autostopowicza*); poderwać (*dziewczynę*). — *n.* **1.** wybór; **have one's ~ of sth** (móc) wybierać w czymś; **take one's ~** wybrać, zdecydować się. **2.** (*także* **~ax**) kilof, oskard. **3. the ~ of...** *pot.* najlepszy spośród...
picket ['pɪkɪt] *n.* (*także* **~ line**) pikieta. — *v.* pikietować.
pickle ['pɪkl] *n.* marynaty, pikle. — *v.* marynować.
pickpocket ['pɪkˌpɑːkɪt] *n.* kieszonkowiec.
pickup ['pɪkˌʌp] *n.* **1.** (*także* **~ truck**) furgonetka, pikap. **2.** (*także* **~ point**) miejsce zbiórki (*podróżnych*); punkt odbioru (*towaru*).
picky ['pɪkɪ] *a. pot.* wybredny.
picnic ['pɪknɪk] *n.* piknik. — *v.* piknikować.
picture ['pɪktʃər] *n.* **1.** obraz; obrazek. **2.** zdjęcie, fotografia; **take a ~** zrobić zdjęcie. **3.** film; **be in ~s** pracować w branży filmowej. **4. get the ~** *pot.* rozumieć, o co chodzi. — *v.* **1.** przedstawiać. **2.** (*także* **~ to o.s.**) wyobrażać sobie.
picturesque [ˌpɪktʃə'resk] *a.* malowniczy.
pidgin ['pɪdʒən] *n.* **1.** pidgin, pidżyn. **2. ~ English** łamana angielszczyzna.
pie [paɪ] *n.* placek, ciasto.
piece [piːs] *n.* **1.** kawałek; **~ by ~** kawałek po kawałku; **in ~s** w kawałkach; **rip/tear sth to ~s** podrzeć coś na kawałki. **2. ~ of advice/information** rada/informacja; **~ of clothing** część garderoby; **~ of furniture** mebel; **~ of music** utwór. **3.** sztuka; egzemplarz; okaz. **4.** obraz; utwór; dzieło. **5.** pionek, figura. **6.** *dzienn.* artykuł. **7.** moneta; **fifty-cent ~** pięćdziesięciocentówka. **8. (all) in one ~** w całości, nienaruszony. — *v.* **1.** składać, zestawiać; łączyć. **2. ~ together** poskładać (do kupy); odtworzyć, zrekonstruować (*wydarzenia*).
piecemeal ['piːsˌmiːl] *adv.* (kawałek) po kawałku.
piecework ['piːsˌwɜːk] *n.* praca na akord/akordowa.
piechart ['paɪˌtʃɑːrt] *n.* wykres/diagram kołowy.
pier [piːr] *n.* pomost; molo.
pierce [piːrs] *v.* przebijać; przekłuwać; przenikać; przeszywać.
piercing ['piːrsɪŋ] *a.* przeszywający; przenikliwy.
piety ['paɪətɪ] *n.* pobożność.
pig [pɪg] *n.* świnia. — *v.* **~ out** *pot.* obżerać się (*on sth* czymś).
pigeon ['pɪdʒən] *n.* gołąb.
pigeonhole ['pɪdʒənˌhoʊl] *n.* przegródka (*na korespondencję*). — *v.* zaszufladkować.
piggy bank *n.* skarbonka.
pigheaded [ˌpɪg'hedɪd] *a.* (głupio) uparty.
piglet ['pɪglət] *n.* prosię, prosiaczek.
pigment ['pɪgmənt] *n.* barwnik; pigment.
pigsty ['pɪgˌstaɪ] *n.* (*także* **pigpen**) chlew.
pigtail ['pɪgˌteɪl] *n.* warkoczyk.
pike [paɪk] *n.* szczupak.
pilchard ['pɪltʃərd] *n.* sardynka.

pile [paɪl] *n.* **1.** stos, sterta. **2.** *pot.* kupa pieniędzy. **3.** włos, meszek (*tkaniny, dywanu*). — *v.* **1.** układać w stos. **2.** ~ **in/into the car** *pot.* ładować się do samochodu; ~ **up** ułożyć jedno na drugim; nagromadzić/nazbierać się.
piles [paɪlz] *n. pl.* hemoroidy.
pile-up ['paɪl,ʌp] *n. pot.* karambol.
pilgrim ['pɪlgrɪm] *n.* pielgrzym.
pilgrimage ['pɪlgrəmɪdʒ] *n.* pielgrzymka.
pill [pɪl] *n.* pigułka, tabletka; **the P~** pigułka antykoncepcyjna; **be on the ~** stosować antykoncepcję doustną.
pillage ['pɪlɪdʒ] *v.* grabić, łupić. — *n.* grabież.
pillar ['pɪlər] *n.* filar.
pillow ['pɪloʊ] *n.* poduszka.
pillowcase ['pɪloʊ,keɪs] *n.* poszewka.
pilot ['paɪlət] *n.* **1.** pilot/ka. **2.** pilot (*serialu*). **3.** pilotaż (= *test*). — *v.* pilotować. — *a.* pilotażowy.
pimp [pɪmp] *n.* alfons.
pimple ['pɪmpl] *n.* pryszcz.
PIN [pɪn] *n., abbr.* **personal identification number** (numer) PIN.
pin [pɪn] *n.* **1.** szpilka. **2.** (*także* **safety ~**) agrafka. **3.** (*także* **hair~**) spinka (do włosów). **4.** (*także* **clothes~**) klamerka do bielizny. — *v.* **1.** przypinać. **2.** przygwoździć. **3.** ~ **sth on sb** obarczać kogoś winą za coś. **4.** ~ **sb down** przyprzeć kogoś do muru; ~ **sth down** zidentyfikować coś; dokładnie coś określić.
pincers ['pɪnsərz] *n. pl.* szczypce; kleszcze.
pinch [pɪntʃ] *v.* **1.** szczypać; ~ **o.s.** uszczypnąć się. **2.** uwierać, cisnąć (*o butach*). **3.** *pot.* zwędzić. — *n.* **1.** uszczypnięcie. **2.** ~ **of salt/pepper** szczypta soli/pieprzu. **3.** **(take sth) with a ~ of salt** (traktować coś) z przymrużeniem oka.
pine [paɪn] *n.* sosna. — *a.* sosnowy. — *v.* **1.** ~ **(away)** usychać, marnieć (*z żalu, choroby*). **2.** ~ **for sb/sth** usychać z tęsknoty za kimś/czymś.
pineapple ['paɪn,æpl] *n.* ananas.
ping-pong ['pɪŋ,pɑːŋ] *n.* ping-pong.
pink [pɪŋk] *a.* różowy. — *n.* **1.** kolor różowy, róż. **2.** goździk.
pinkie ['pɪŋkɪ], **pinky** *n. pot.* mały palec (*u ręki*).
pinnacle ['pɪnəkl] *n.* szczyt (*np. sławy*).
pinpoint ['pɪn,pɔɪnt] *v.* sprecyzować, określić, ustalić.
pint [paɪnt] *n.* pół kwarty.
pioneer [,paɪə'niːr] *n.* pionier/ka. — *a.* pionierski. — *v.* być pionierem (*czegoś*); torować drogę (*czemuś*).
pious ['paɪəs] *a.* pobożny.
pip [pɪp] *n.* pestka (*jabłka, pomarańczy*).
pipe [paɪp] *n.* **1.** rura. **2.** fajka. **3.** fujarka; piszczałka. — *v.* **1.** doprowadzać (rurami/rurociągiem). **2.** *pot.* ~ **down!** przymknij się! ~ **up** odezwać/wtrącić się.
pipeline ['paɪp,laɪn] *n.* **1.** rurociąg. **2.** kanał (informacyjny). **3.** **in the ~** w przygotowaniu.
piper ['paɪpər] *n.* muzykant grający na fujarce; dudziarz; kobziarz.
piping ['paɪpɪŋ] *n.* rury. — *a.* (*także* ~ **hot**) bardzo gorący; wrzący.
pirate ['paɪrət] *n.* pirat. — *a.* piracki. — *v.* nielegalnie kopiować.
pirouette [,pɪrʊ'et] *n.* piruet. — *v.* kręcić piruety.
Pisces ['paɪsiːz] *n. pl.* Ryby.
piss [pɪs] *wulg. pot. v.* **1.** sikać; ~ **o.s.** posikać się. **2.** ~ **off!** spieprzaj! odpieprz się! ~ **sb off** wkurzać kogoś. — *n.* siki; **have/take a ~** wysikać się.
pissed [pɪst] *a. wulg. pot.* wkurzony.
pistol ['pɪstl] *n.* pistolet.
piston ['pɪstən] *n.* tłok.
pit [pɪt] *n.* **1.** dół, wykop; dziura. **2.** *pot.* chlew (= *zaniedbane mieszkanie*). **3.** pestka (*brzoskwini, wiśni*). **4.** *mot.* kanał (*w garażu, warsztacie*). **5.** kopalnia (*zwł. węgla*). **6.** **in the ~ of one's stomach** w dołku (*np. o uczuciu strachu*); **the ~s** *pot.* (kompletne) dno. — *v.* **1.** drylować (*owoce*). **2.** ~ **X against Y** przeciwstawiać sobie X i Y, konfrontować ze sobą X i Y.
pitch [pɪtʃ] *v.* **1.** rzucać (*piłkę*). **2.** upaść; runąć (głową do przodu). **3.** ustalać (*ceny, poziom trudności*). **4.** stroić (*instrument*). **5.** ~ **camp/a tent** rozbić obóz/namiot. **6.** reklamować, promować (*towar*). **7.** rzucać (*o statku, samolocie*). **8.** ~ **in** *pot.* wziąć się (razem) do roboty. — *n.* **1.** wysokość tonu, ton. **2.** rzut. **3.** smoła.
pitchfork ['pɪtʃ,fɔːrk] *n.* **1.** widły. **2.** kamerton.
piteous ['pɪtɪəs] *a.* żałosny, rozpaczliwy.
pitfall ['pɪt,fɔːl] *n.* pułapka; niebezpieczeństwo.
pithy ['pɪθɪ] *a.* treściwy; celny; dosadny.
pitiful ['pɪtɪfʊl] *a.* żałosny.
pitiless ['pɪtɪləs] *a.* **1.** bezlitosny. **2.** niemiłosierny.
pity ['pɪtɪ] *n.* litość; współczucie; **I feel ~ for him** żal mi go; **(it's a) ~ (that)...** szkoda, że...; **take ~ on sb** zlitować/ulitować się nad kimś; **what a ~!** jaka szkoda! — *v.* współczuć (*komuś*); żałować (*kogoś*); litować się nad (*kimś*); **I ~ you/him** żal mi cię/go.
pivot ['pɪvət] *n.* oś. — *v.* obracać się (wokół osi).
pizza ['piːtsə] *n.* pizza.
pizzeria [,piːtsə'riːə] *n.* pizzeria.
placard ['plæ,kɑːrd] *n.* **1.** afisz. **2.** transparent.
placate ['pleɪkeɪt] *v.* **1.** udobruchać. **2.** załagodzić.
place [pleɪs] *n.* **1.** miejsce; **change ~s with sb** zamienić się z kimś miejscami/na miejsca; **in ~** na miejscu; **in ~s** miejscami; **out of ~** nie na swoim miejscu; nie na miejscu (*np. o uwadze*); **take ~** mieć miejsce. **2.** **at sb's ~** u kogoś (w domu); **why don't we go to my ~?** może pójdziemy do mnie? **3.** miejscowość. **4.** posada. **5.** (*w nazwach*) plac; ulica. **6.** **all over the ~** *pot.* wszędzie; w rozsypce, w proszku; **be in ~** istnieć, działać (*o przepisach, zabezpieczeniach*). — *v.* **1.** umieszczać; kłaść; stawiać. **2.** *sport* lokować; plasować. **3.** ~ **an advertisement** dać ogłoszenie; ~ **an order** złożyć zamówienie. **4.** **I can't ~ him** nie kojarzę go.
placebo [plə'siːboʊ] *n.* placebo.
placenta [plə'sentə] *n.* łożysko.
placid ['plæsɪd] *a.* spokojny; łagodny.
plagiarism ['pleɪdʒə,rɪzəm] *n.* plagiat; plagiatorstwo.
plague [pleɪg] *n.* plaga; zaraza; **the ~** dżuma. — *v.* nękać, prześladować.
plaice [pleɪs] *n.* **1.** płastuga. **2.** halibut.
plaid [plæd] *n., a.* (materiał) w szkocką kratę.
plain [pleɪn] *a.* **1.** gładki. **2.** jasny; wyraźny. **3.** prosty; zwyczajny. **4.** pospolity; niezbyt ładny. **5.** otwarty, szczery. **6.** ~ **greed** czysta/zwykła chciwość; **in ~ clothes** w cywilu; **in ~ English** po ludzku, normalnym językiem. — *adv.* ~ **stupid/rude** po prostu głupi/niegrzeczny. — *n.* równina.
plain-clothes [,pleɪn'kloʊz] *a.* w cywilu.
plainly ['pleɪnlɪ] *adv.* **1.** jasno, wyraźnie; otwarcie. **2.** zwyczajnie. **3.** najwyraźniej.
plaintiff ['pleɪntɪf] *n. prawn.* powód/ka.
plaintive ['pleɪntɪv] *a.* zawodzący; tęskny.

plan [plæn] *n.* **1.** plan; **~ of action** plan działania; **change of ~** zmiana planu; **(go) according to ~** (iść) zgodnie z planem. **2.** system (*emerytalny*); program (*socjalny*). — *v.* planować; **~ to do/on doing sth** zamierzać coś zrobić.

plane [pleɪn] *n.* **1.** samolot. **2.** poziom (*intelektualny, artystyczny*). **3.** *geom.* płaszczyzna. **4.** *fiz.* równia. **5.** strug. **6.** (*także* **~ tree**) platan.

planet ['plænɪt] *n.* planeta.

planetarium [ˌplænɪ'terɪəm] *n.* planetarium.

planetary ['plænɪˌterɪ] *a.* planetarny.

plank [plæŋk] *n.* deska; klepka.

planner ['plænər] *n.* planist-a/ka; (*także* **town ~**) urbanist-a/ka.

planning ['plænɪŋ] *n.* planowanie; (*także* **town ~**) urbanistyka.

plant [plænt] *n.* **1.** roślina. **2.** fabryka; zakład przemysłowy. **3.** *pot.* wtyczka (= *osoba podstawiona*). — *v.* **1.** sadzić; siać. **2.** obsadzać; obsiewać. **3.** *pot.* podłożyć (*bombę*); podrzucić (*narkotyki*); podstawić (*agenta*). **4. ~ a doubt (in sb's mind)** zasiać (u kogoś) wątpliwości.

plantation [plæn'teɪʃən] *n.* plantacja.

plaque [plæk] *n.* **1.** tablica pamiątkowa. **2.** (*także* **dental ~**) płytka nazębna.

plasma ['plæzmə] *n.* plazma; osocze.

plaster ['plæstər] *n.* **1.** tynk. **2.** (*także* **~ of Paris**) gips. — *v.* **1.** tynkować. **2.** oblepiać (*np. plakatami*).

plastered ['plæstərd] *a. pot.* zaprawiony (= *pijany*).

plastic ['plæstɪk] *n.* **1.** plastik. **2.** *pot.* karta, karty (*płatnicze*). — *a.* **1.** plastikowy, z plastiku. **2.** plastyczny.

plasticity [plæ'stɪsətɪ] *n.* plastyczność.

plastic surgery *n.* operacja plastyczna; chirurgia plastyczna.

plate [pleɪt] *n.* **1.** talerz. **2.** płyta; płytka. **3. (license/registration/number) ~** tablica rejestracyjna. — *v.* platerować (*naczynia*).

plateau [plæ'toʊ] *n. t.* **plateaux** [plæ'toʊz] **1.** płaskowyż. **2. reach a ~** stanąć w miejscu; ustabilizować się.

platform ['plætfɔːrm] *n.* **1.** podium. **2.** forum, trybuna. **3.** peron. **4.** platforma.

platinum ['plætənəm] *n.* platyna. — *a.* platynowy.

platitude ['plætɪˌtjuːd] *n.* frazes.

platonic [plə'tɑːnɪk] *a.* platoniczny.

platoon [plə'tuːn] *n.* pluton.

platter ['plætər] *n.* półmisek.

plausible ['plɔːzəbl] *a.* prawdopodobny; wiarygodny; budzący zaufanie.

play [pleɪ] *v.* **1.** bawić się; **~ hide-and-seek** bawić się w chowanego. **2.** grać; **~ chess/football** grać w szachy/piłkę nożną; **~ Chopin** grać Szopena; **~ Hamlet** grać (rolę) Hamleta; **~ (the) guitar** grać na gitarze; **~ the (stock) market** grać na giełdzie. **3.** nadawać, puszczać, grać. **4.** udawać; **~ dumb** udawać głupiego. **5. ~ a joke on sb** zrobić komuś kawał; **~ a part/role (in sth)** odgrywać (w czymś) rolę; **~ for time** grać na zwłokę/czas. **6. ~ at** bawić się w (*coś*); **what is he ~ing at?** co on wyprawia? **~ back** odtwarzać, puszczać (*nagranie*); **~ down** bagatelizować; **~ on sth** grać na czymś (*na uczuciach, instynktach*); **~ up** rozrabiać, szaleć; nawalać; **~ up to sb** schlebiać komuś; **~ (around) with sth** bawić się czymś (*np. długopisem*); wypróbowywać coś. — *n.* **1.** zabawa; **be at ~** bawić się. **2.** sztuka; **put on a ~** wystawić sztukę. **3.** gra; **in ~** w grze (*o piłce*). **4. ~ on words** gra słów; **come into ~** wchodzić w grę; odgrywać rolę.

player ['pleɪər] *n.* **1.** gracz/ka. **2.** muzy-k/czka; **guitar/piano ~** gitarzysta/pianista. **3.** strona, uczestnik (*negocjacji, transakcji*).

playful ['pleɪfʊl] *a.* **1.** figlarny. **2.** żartobliwy.

playground ['pleɪˌgraʊnd] *n.* boisko; plac zabaw.

playmate ['pleɪˌmeɪt] *n.* towarzysz/ka zabaw.

playpen ['pleɪˌpen] *n.* kojec.

plaything ['pleɪˌθɪŋ] *n.* **1.** *form.* zabawka. **2.** igraszka, zabawka (*t. o osobie*).

playtime ['pleɪˌtaɪm] *n.* przerwa (na zabawę/odpoczynek).

playwright ['pleɪˌraɪt] *n.* dramaturg, dramatopisarz/rka.

plc [ˌpiː ˌel 'siː] *abbr.* **public limited company** S.A. (= *spółka akcyjna*).

plea [pliː] *n.* **1.** prośba; apel. **2. ~ of guilty/not guilty** przyznanie/nieprzyznanie się do winy.

plead [pliːd] *v. pret. i pp. t.* **pled** **1.** błagać, prosić (*with sb* kogoś). **2. ~ guilty** przyznawać się do winy; **~ innocent/not guilty** nie przyznawać się do winy; **how do you ~?** czy oskarżon-y/a przyznaje się do winy?

pleasant ['plezənt] *a.* **1.** przyjemny, miły. **2.** uprzejmy. **3.** ładny (*o pogodzie*).

please [pliːz] *int.* proszę; **can/could I speak to John, ~?** czy mógłbym rozmawiać z Johnem?, czy mogę prosić Johna? **(yes,) ~** (tak,) poproszę. — *v.* sprawiać przyjemność (*komuś*); podobać się (*komuś*); **he's hard to ~** trudno mu dogodzić; **if you ~** *form.* jeśli Pan/i pozwoli.

pleased [pliːzd] *a.* zadowolony (*with/about sth* z czegoś); szczęśliwy; **(I'm) ~ to meet you** bardzo mi miło; **I'm ~ to hear that** miło mi to słyszeć; **we are ~ to inform you that...** miło nam poinformować, że...

pleasing ['pliːzɪŋ] *a.* miły, przyjemny.

pleasure ['pleʒər] *n.* przyjemność; **have the ~ of doing sth** mieć przyjemność robić coś; **(it's) a/my ~** cała przyjemność po mojej stronie; **with ~** z przyjemnością. — *v.* sprawiać przyjemność (*komuś*); zadowalać (*zwł. seksualnie*).

pleat [pliːt] *n.* plisa, fałda. — *v.* plisować, fałdować.

pledge [pledʒ] *n.* przyrzeczenie. — *v.* **1.** zobowiązywać; **~ sb to secrecy** zobowiązać kogoś do zachowania tajemnicy. **2.** zobowiązać się do (*czegoś*); przyrzec (*coś*).

plentiful ['plentɪfʊl] *a.* obfity.

plenty ['plentɪ] *pron.* mnóstwo; **~ of money/time** mnóstwo pieniędzy/czasu. — *n. form.* obfitość. — *adv. pot.* **~ more** wystarczająco dużo.

pliable ['plaɪəbl] *a.* **1.** giętki, elastyczny. **2.** podatny na wpływy.

pliers ['plaɪərz] *n. pl.* szczypce; obcęgi.

plight [plaɪt] *n.* niedola, ciężki los.

plinth [plɪnθ] *n.* cokół, postument.

plod [plɑːd] *v.* **~ (along/on)** wlec się; iść powłócząc nogami.

plot [plɑːt] *n.* **1.** spisek. **2.** fabuła. **3.** parcela, działka. — *v.* **1.** knuć; spiskować. **2.** zaznaczać/nanosić na mapę/wykres.

ploy [plɔɪ] *n. pot.* chwyt, sztuczka.

pluck [plʌk] *v.* **1.** zrywać (*np. kwiaty*). **2.** szarpać; uderzać (*struny*). **3.** skubać (*kurę*); wyskubywać (*brwi*). **4. ~ up (the) courage** zebrać się na odwagę.

plug [plʌg] *n.* **1.** zatyczka; korek. **2.** wtyczka. — *v.* **1.** **~ (up)** zatykać. **2.** **~ in** włączyć (do kontaktu); podłączyć (*do sieci/źródła zasilania*).
plum [plʌm] *n.* śliwka. — *a.* **1.** śliwkowy. **2.** *pot.* wspaniały; opłacalny.
plumage ['plu:mɪʤ] *n.* upierzenie.
plumber ['plʌmər] *n.* instalator, hydraulik.
plumbing ['plʌmɪŋ] *n.* instalacja (*wodociągowa l. gazowa*).
plume [plu:m] *n.* **1.** pióro (*ptasie*). **2.** smuga (*dymu, pary*).
plummet ['plʌmət] *v.* runąć w dół; gwałtownie zniżkować.
plump [plʌmp] *a.* pulchny (*o osobie*); mięsisty (*o owocach*); puszysty, miękki (*o poduszkach*). — *v.* **1.** **~ (up)** poprawiać, spulchniać (*poduszki*). **2.** **~ for sb/sth** *pot.* zdecydować się na kogoś/coś.
plunder ['plʌndər] *v.* plądrować. — *n.* **1.** grabież. **2.** łup.
plunge [plʌnʤ] *v.* **1.** zanurzać (się). **2.** wpaść (*into sth* do czegoś/w coś). **3.** gwałtownie spaść. **4.** **~ sb/sth into sth** pogrążyć kogoś/coś w czymś. — *n.* gwałtowny spadek (*cen, kursów*).
plunger ['plʌnʤər] *n.* **1.** tłok (*np. strzykawki*). **2.** przepychacz do zlewu.
plunging neckline [ˌplʌndɪŋ 'nekˌlaɪn] *n.* głęboki dekolt.
plural ['plʊrəl] *a.* mnogi. — *n.* **the ~** liczba mnoga.
plus [plʌs] *prep.* plus; dodać. — *n.* **1.** (*także* **~ sign**) (znak) plus. **2.** wartość dodatnia. **3.** *pot.* plus; **on the ~ side** po stronie plusów. — *a.* **1.** dodatni. **2.** **B/C ~** dobry/dostateczny plus/z plusem. — *conj.* poza tym. — *adv.* **twenty ~** *pot.* ponad dwadzieścia.
plush [plʌʃ] *n.* plusz. — *a.* (*także* **~y**) **1.** pluszowy (*o dywanie, zasłonach*). **2.** luksusowy.
plutonium [plu:'toʊnɪəm] *n.* pluton.
ply [plaɪ] *v.* **1.** **~ one's trade** *lit.* uprawiać swoje rzemiosło; robić swoje. **2.** **~ sb with drink** wlewać w kogoś alkohol; **~ sb with questions** zasypywać kogoś pytaniami. — *n.* **1.** grubość; warstwa (*tkaniny, sklejki*). **2.** pasmo (*wełny*); nić (*przędzy*).
plywood ['plaɪˌwʊd] *n.* sklejka.
p.m. [ˌpi: 'em] *abbr.* po południu.
pneumatic [nʊ'mætɪk] *a.* pneumatyczny.
pneumonia [nʊ'moʊnɪə] *n.* zapalenie płuc.
poach [poʊʧ] *v.* **1.** gotować we wrzątku. **2.** kłusować.
poacher ['poʊʧər] *n.* kłusowni-k/czka.
P.O. Box [ˌpi: ˌoʊ 'bɑ:ks] *n.* skrytka pocztowa.
pocket ['pɑ:kət] *n.* **1.** kieszeń. **2.** enklawa. — *v.* **1.** chować do kieszeni. **2.** chować, skrywać (*urazy*). **3.** przywłaszczyć sobie. — *a.* kieszonkowy.
pocketbook ['pɑ:kətˌbʊk] *n.* **1.** portfel. **2.** torebka (*zwł. kopertowa*). **3.** notesik. **4.** książka formatu kieszonkowego.
pocket knife *n.* scyzoryk.
pocket money *n.* kieszonkowe.
pockmarked ['pɑ:kˌmɑ:rkt] *a.* ospowaty, dziobaty.
pod [pɑ:d] *n.* strąk; strączek.
poem ['poʊəm] *n.* wiersz.
poet ['poʊət] *n.* poet-a/ka.
poetic [poʊ'etɪk] *a.* poetycki; poetyczny.
poetry ['poʊətrɪ] *n.* poezja.
poignant ['pɔɪnjənt] *a.* przejmujący; wzruszający; bolesny (*np. o wspomnieniu*).
point [pɔɪnt] *n.* **1.** punkt. **2.** kropka. **3.** (*także* **decimal ~**) przecinek (*w ułamku*); **three ~ six** trzy przecinek pięć. **4.** **beside/off the ~** nie na temat; **(speak) to the ~** (mówić) na temat. **5.** **come to the ~** przejść do sedna (sprawy), przystąpić do rzeczy; **miss the ~** nie dostrzegać istoty sprawy. **6.** **make a ~ of doing sth** dokładać starań, aby coś zrobić; **there's no ~ in doing that** nie ma sensu tego robić. **7.** **at this ~** w tym momencie; na tym etapie. **8.** **(up) to a ~** do pewnego stopnia. **9.** koniec, koniuszek (*zwł. ostry*); czubek; szpic; ostrze. **10.** **be on the ~ of doing sth** właśnie mieć coś zrobić; **in ~ of fact** w rzeczy samej, faktycznie; **take sb's ~** przyjąć do wiadomości czyjś punkt widzenia; **that's the whole ~!** w tym cały problem! **you've got a ~ there** tu masz rację. — *v.* **1.** wskazywać; kierować; być skierowanym (*to/toward/ at sth/sb* na coś/kogoś). **2.** celować (*at sb/ath* do kogoś/w coś); **~ a gun at sb** wycelować do kogoś z pistoletu. **3.** **~ out** wskazać; zauważyć (*that* że); **~ to sth** zwracać uwagę na coś.
point-blank [ˌpɔɪnt'blæŋk] *a., adv.* **1.** (*także* **at ~ range**) z bliska. **2.** bez ogródek.
pointed ['pɔɪntɪd] *a.* **1.** spiczasty. **2.** cięty, uszczypliwy. **3.** znaczący.
pointer ['pɔɪntər] *n.* **1.** wskaźnik; strzałka. **2.** wskazówka (*np. wagi*).
pointless ['pɔɪntləs] *a.* bezsensowny, bezcelowy; bezprzedmiotowy.
point of view *n.* punkt widzenia.
poise [pɔɪz] *n.* **1.** pewność siebie, swoboda. **2.** gracja (*np. tancerza*).
poised [pɔɪzd] *a.* **1.** gotowy (*for sth* do czegoś). **2.** opanowany.
poison ['pɔɪzən] *n.* trucizna. — *v.* **1.** otruć. **2.** dodać trucizny do (*jedzenia, napoju*). **3.** zatruwać (*środowisko, czyjś umysł*).
poisoning ['pɔɪzənɪŋ] *n.* zatrucie.
poisonous ['pɔɪzənəs] *a.* **1.** trujący. **2.** jadowity (*np. o wężu*). **3.** toksyczny. **4.** zjadliwy; złośliwy.
poke [poʊk] *a.* **1.** szturchać; dźgać. **2.** grzebać w (*czymś, zwł. patykiem*). **3.** **~ a hole in sth** wydłubać dziurę w czymś. **4.** wpychać, wtykać (*sth in/into sth* coś w coś/do czegoś). **5.** **~ one's head out of the window** wystawić głowę przez okno. **6.** **~ out/ through** wystawać, sterczeć. — *n.* szturchaniec; dźgnięcie.
poker ['poʊkər] *n.* **1.** pogrzebacz. **2.** poker.
Poland ['poʊlənd] *n.* Polska.
polar ['poʊlər] *a.* **1.** polarny, podbiegunowy. **2.** biegunowy. **3.** dwubiegunowy.
polarize ['poʊləˌraɪz] *v.* polaryzować.
Pole [poʊl] *n.* Pol-ak/ka.
pole [poʊl] *n.* **1.** biegun; **be ~s apart** znajdować się na przeciwstawnych biegunach; **the North/South P~** biegun północny/południowy. **2.** słup (*namiotu, telefoniczny*). **3.** maszt. **4.** *t. sport* tyczka.
pole vault *n.* (*także* **pole jump**) skok o tyczce.
police [pə'li:s] *n.* **the ~** policja. — *v.* **1.** utrzymywać porządek w (*rejonie*). **2.** egzekwować przestrzeganie przepisów przez (*gałąź przemysłu*). **3.** patrolować.
policeman [pə'li:smən] *n.* policjant.
police officer *n.* policjant/ka.
police station *n.* posterunek policji.
policewoman [pə'li:sˌwʊmən] *n.* policjantka.
policy ['pɑ:ləsɪ] *n.* **1.** polityka; **foreign ~** polityka zagraniczna. **2.** (*także* **insurance ~**) polisa (ubezpieczeniowa).

polio ['poʊlɪˌoʊ] *n.* polio.
Polish ['poʊlɪʃ] *a.* **1.** polski. **2. he is ~** on jest Polakiem; **she is ~** ona jest Polką. — *n.* (język) polski.
polish ['pɑːlɪʃ] *v.* polerować. — *n.* **1.** połysk. **2.** (*także* **shoe ~**) pasta do butów. **3.** (*także* **nail ~**) lakier do paznokci.
polished ['pɑːlɪʃt] *a.* **1.** wypolerowany. **2.** nienaganny.
polite [pə'laɪt] *a.* grzeczny, uprzejmy; dobrze wychowany; kulturalny.
politely [pə'laɪtlɪ] *adv.* grzecznie, uprzejmie.
politeness [pə'laɪtnəs] *n.* grzeczność, uprzejmość.
political [pə'lɪtɪkl] *a.* **1.** polityczny. **2.** zaangażowany politycznie; interesujący się polityką.
political correctness *n.* poprawność polityczna.
politically [pə'lɪtɪklɪ] *adv.* politycznie.
politically correct *adv.* politycznie poprawny.
political science *n.* politologia.
politician [ˌpɑːlɪ'tɪʃən] *n.* polity-k/czka.
politics ['pɑːlətɪks] *n.* polityka; działalność polityczna.
poll [poʊl] *n.* **1.** ankieta, badanie opinii publicznej. **2. the ~s** wybory. — *v.* ankietować.
pollen ['pɑːlən] *n.* pyłek (*kwiatowy*), pyłki.
polling place *n.* (*także* **polling station**) lokal wyborczy.
pollute [pə'luːt] *v.* skażać, zanieczyszczać.
pollution [pə'luːʃən] *n.* skażenie, zanieczyszczenie.
polo ['poʊloʊ] *n.* (gra w) polo.
polyester ['pɑːlɪˌestər] *n.* poliester.
polystyrene [ˌpɑːlɪ'staɪriːn] *n.* polistyren.
pomegranate ['pɑːmɪˌgrænɪt] *n.* granat (*owoc*).
pomp [pɑːmp] *n.* pompa, przepych.
pompous ['pɑːmpəs] *a.* pompatyczny.
pond [pɑːnd] *n.* staw.
ponder ['pɑːndər] *v.* **1.** rozważać. **2.** rozmyślać nad (*czymś*).
pontoon [pɑːn'tuːn] *n.* ponton.
pony ['poʊnɪ] *n.* kucyk.
ponytail ['poʊnɪˌteɪl] *n.* koński ogon, kitka.
poodle ['puːdl] *n.* pudel.
pool [puːl] *n.* **1.** (*także* **swimming ~**) pływalnia, basen. **2.** sadzawka. **3.** kałuża. **4.** bilard. **5.** pula. — *v.* dzielić się (*pieniędzmi, wiedzą*); wspólnie użytkować.
poor [pʊr] *a.* **1.** biedny. **2.** marny, lichy; słaby; kiepski. — *n.* **the ~** biedni.
poorly ['pʊrlɪ] *adv.* słabo; kiepsko.
pop [pɑːp] *v.* **1.** strzelać (*np. o korku od szampana*). **2.** prażyć (*kukurydzę*). **3. ~ the question** *pot.* oświadczyć się. **4. ~ in/down** *pot.* wskoczyć; wpaść z wizytą; **~ out** wychodzić na wierzch (*o oczach*); **~ up** pojawić się (*nieoczekiwanie*). — *n.* **1.** strzał; huk. **2.** *pot.* tata. **3.** *przest.* napój gazowany. **4.** = **pop music**. — *int.* paf! — *a.* popularny; masowy; pop.
popcorn ['pɑːpˌkɔːrn] *n.* prażona kukurydza, popkorn.
pope [poʊp] *n.* **the P~** papież.
poplar ['pɑːplər] *n.* topola.
poplin ['pɑːplɪn] *n.* popelina.
pop music *n.* muzyka pop.
poppy ['pɑːpɪ] *n.* mak.
pop star *n.* gwiazda muzyki pop.
popular ['pɑːpjələr] *a.* **1.** popularny; **be ~ with sb** cieszyć się popularnością u/wśród kogoś. **2. contrary to ~ belief** wbrew powszechnemu przekonaniu.
popularity [ˌpɑːpjə'lerətɪ] *n.* popularność.
popularize ['pɑːpjʊləˌraɪz] *v.* popularyzować; upowszechniać.
population [ˌpɑːpjə'leɪʃən] *n.* **1.** ludność, liczba mieszkańców. **2.** populacja.
populous ['pɑːpjʊləs] *a.* gęsto zaludniony.
porcelain ['pɔːrsəlɪn] *n.* porcelana.
porch [pɔːrtʃ] *n.* **1.** ganek. **2.** weranda.
porcupine ['pɔːrkjəˌpaɪn] *n.* jeżozwierz.
pore [pɔːr] *v.* **~ over sth** studiować coś; zagłębiać się w coś. — *n.* por (*w skórze*).
pork [pɔːrk] *n.* wieprzowina.
pornographic [ˌpɔːrnə'græfɪk] *a.* pornograficzny.
pornography [pɔːr'nɑːgrəfɪ] *n.* pornografia.
porous ['pɔːrəs] *a.* porowaty.
porpoise ['pɔːrpəs] *n.* morświn.
porridge ['pɔːrɪdʒ] *n.* owsianka.
port [pɔːrt] *n.* **1.** miasto portowe; port. **2.** *komp.* gniazdo wejściowe, port. **3.** lewa burta. **4.** porto (*wino*). — *a.* **1.** portowy. **2.** po lewej stronie (*statku l. samolotu*).
portable ['pɔːrtəbl] *a.* przenośny.
porter ['pɔːrtər] *n.* **1.** bagażowy. **2.** kuszetkowy.
portfolio [pɔːrt'foʊlɪˌoʊ] *n.* **1.** teczka. **2.** portfolio. **3.** teka (*ministra*). **4.** portfel (*weksli, obligacji*).
portion ['pɔːrʃən] *n.* **1.** część. **2.** porcja.
portrait ['pɔːrtrət] *n.* portret. — *a., adv. komp.* w pionie.
portray [pɔːr'treɪ] *v.* **1.** portretować. **2.** opisywać; przedstawiać. **3.** grać/odtwarzać rolę (*kogoś*).
portrayal [pɔːr'treɪəl] *n.* **1.** portretowanie. **2.** opis. **3.** portret.
Portugal ['pɔːrtʃəgl] *n.* Portugalia.
Portuguese [ˌpɔːrtʃʊ'giːz] *a.* portugalski. — *n.* **1.** Portugal-czyk/ka. **2.** (język) portugalski.
pose [poʊz] *n.* poza. — *v.* **1.** pozować. **2. ~ as sb** udawać kogoś, podawać się za kogoś. **3. ~ a problem/threat** stanowić problem/ zagrożenie.
posh [pɑːʃ] *a. pot.* elegancki; luksusowy.
position [pə'zɪʃən] *n.* **1.** pozycja. **2.** *form.* stanowisko, posada. **3.** położenie, sytuacja. **4.** *form.* stanowisko (*on sth* w kwestii czegoś). **5. be in a ~ to do sth** być w stanie coś zrobić. — *v.* **1.** umieszczać; ustawiać. **2. ~ o.s.** zająć pozycję.
positive ['pɑːzətɪv] *a.* **1.** pozytywny; mający pozytywne nastawienie. **2. ~ (about sth)** pewny (czegoś); przekonany (o czymś). **3.** dodatni (*t. o wyniku testu*).
positively ['pɑːzətɪvlɪ] *adv.* **1.** *pot.* wręcz; naprawdę, autentycznie. **2.** pozytywnie; twierdząco. **3.** dodatnio.
possess [pə'zes] *v.* **1.** *form.* posiadać. **2. ~ sb** *lit.* opanować/opętać kogoś.
possessed [pə'zest] *a.* opętany.
possession [pə'zeʃən] *n.* **1.** *form.* posiadanie; własność; **be in ~ of sth** być w posiadaniu czegoś; **take/get ~ of sth** objąć/wziąć coś w posiadanie. **2.** opętanie. **3. sb's ~s** czyjś dobytek/majątek. **4.** *prawn.* nielegalne posiadanie (*narkotyków l. broni*).
possessive [pə'zesɪv] *a.* **1.** zachłanny; zazdrosny; zaborczy. **2.** *gram.* dzierżawczy. — *n.* **1.** zaimek dzierżawczy; przymiotnik dzierżawczy. **2.** (*także* **~ case**) dopełniacz.
possibility [ˌpɑːsə'bɪlətɪ] *n.* możliwość.
possible ['pɑːsəbl] *a.* możliwy; **as far as ~** w miarę możliwości; **as soon as ~** jak najszybciej.

possibly ['pɑːsəblɪ] *adv.* **1.** być może; możliwe. **2. I couldn't ~ accept it** absolutnie nie mogę tego przyjąć; **if you ~ can** jeśli tylko możesz; **could/can you ~...** czy mógłbyś... (*w uprzejmych prośbach*).
post [poʊst] *n.* **1.** słup(ek); pal(ik). **2.** stanowisko, posada, etat. **3.** posterunek. **4. the ~** poczta. — *v.* **1.** **~ (up)** wywiesić; rozplakatować. **2.** umieszczać (*na posterunku, stanowisku*); wystawiać (*straże*). **3. be ~ed abroad** zostać wysłanym/oddelegowanym za granicę. **4. keep sb ~ed** informować kogoś na bieżąco. — *a.* pocztowy.
postage ['poʊstɪdʒ] *n.* opłata pocztowa.
postage stamp *n. form.* znaczek pocztowy.
postal ['poʊstl] *a.* pocztowy.
postcard ['poʊst,kɑːrd] *n.* kartka pocztowa; pocztówka, widokówka.
poster ['poʊstər] *n.* afisz; plakat.
posterity [pɑː'sterətɪ] *n. form.* potomność; przyszłe pokolenia.
postgraduate [,poʊst'grædʒʊət] *a.* podyplomowy; doktorancki. — *n.* doktorant/ka.
posthumous ['pɑːstʃəməs] *a.* pośmiertny.
postmark ['poʊst,mɑːrk] *n.* stempel pocztowy. — *v.* stemplować.
postmortem [,poʊst'mɔːrtəm], **post-mortem** *a.* pośmiertny. — *n.* **1.** (*także* **~ examination**) sekcja zwłok, autopsja. **2.** *t. sport* analiza przyczyn porażki.
postnatal [,poʊst'neɪtl] *a.* poporodowy.
post office *n.* urząd pocztowy, poczta.
postpone [,poʊst'poʊn] *v.* odkładać, odraczać; **~ doing sth** odkładać zrobienie czegoś, zwlekać ze zrobieniem czegoś.
postscript ['poʊst,skrɪpt] *n.* postscriptum, dopisek.
posture ['pɑːstʃər] *n.* postawa, postura.
postwar [,poʊst'wɔːr] *a.* powojenny.
posy ['poʊzɪ] *n.* bukiecik.
pot [pɑːt] *n.* **1.** garnek. **2.** doniczka. **3.** dzbanek. **4.** *przest. pot.* trawa (= *marihuana*). **5. go to ~** *pot.* zejść na psy. — *v.* sadzić w doniczce/doniczkach.
potato [pə'teɪtoʊ] *n.* ziemniak, kartofel.
potency ['poʊtənsɪ] *n.* potencja.
potent ['poʊtənt] *a.* **1.** potężny (*o broni*); mocny (*o narkotyku*). **2.** przekonujący (*o argumencie*).
potential [pə'tenʃl] *a.* potencjalny. — *n.* możliwości; zdolności; potencjał.
potentially [pə'tenʃlɪ] *adv.* potencjalnie.
pothole ['pɑːt,hoʊl] *n.* **1.** wybój, koleina. **2.** jaskinia.
potion ['poʊʃən] *n. lit.* eliksir; **love ~** napój miłosny.
potted ['pɑːtɪd] *a.* doniczkowy.
potter ['pɑːtər] *n.* garnca-rz/rka.
pottery ['pɑːtərɪ] *n.* **1.** garncarstwo. **2.** wyroby garncarskie.
pouch [paʊtʃ] *n.* **1.** torba (*kangura*). **2.** sakiewka.
poultry ['poʊltrɪ] *n.* drób.
pounce [paʊns] *v.* rzucić się; zaatakować.
pound [paʊnd] *n.* **1.** funt (*jednostka masy l. monetarna*). **2.** schronisko dla zwierząt. — *v.* **1.** tłuc (*tłuczkiem, pięściami*); ubijać. **2.** walić (*t. o sercu*). **3. ~ (along)** biec ciężko.
pour [pɔːr] *v.* **1.** lać (się). **2.** nalewać. **3.** sypać (*proszek, ziarno*). **4. ~ in** napływać (*masowo*); **~ in/out** wlewać/wylewać (się); **~ out** wylewać (z siebie).
pouring rain *n.* ulewny deszcz.
pout [paʊt] *v.* **1.** wydymać wargi. **2.** dąsać się. — *n.* wydęcie warg.
poverty ['pɑːvərtɪ] *n.* **1.** bieda; ubóstwo; nędza. **2.** *form.* brak, niedostatek (*wiedzy, wyobraźni*).
powder ['paʊdər] *n.* **1.** proszek; **baking/washing ~** proszek do pieczenia/prania. **2.** puder; **baby ~** zasypka dla dzieci; **talcum ~** talk (kosmetyczny). **3.** proch (*strzelniczy*). — *v.* **1.** sproszkować, rozdrobnić na proszek. **2.** pudrować; **~ one's face/nose** przypudrować sobie twarz/nos. **3.** posypywać.
powdered milk *n.* mleko w proszku.
power ['paʊər] *n.* **1.** władza (*over sb/sth* nad kimś/czymś); **be in ~** być u władzy; **take/seize ~** objąć władzę. **2.** mocarstwo. **3.** *t. mat.* potęga; **economic ~** potęga gospodarcza. **4.** moc; **do everything in one's ~** zrobić wszystko, co w czyjejś mocy. **5.** zasilanie. **6.** energia; **nuclear/solar ~** energia atomowa/słoneczna. **7.** pełnomocnictwo; upoważnienie. **8.** prawo; **~s** uprawnienia; **the ~ of veto** prawo weta. **9.** siła; **buying/purchasing ~** siła nabywcza. — *v.* zasilać; napędzać.
power cut *n.* (*także* **power failure/outage**) przerwa w dopływie prądu.
powered ['paʊərd] *a.* zasilany (*by/with sth* czymś).
powerful ['paʊərfʊl] *a.* **1.** potężny. **2.** silny. **3.** wpływowy.
powerless ['paʊərləs] *a.* bezsilny.
power point *n. el.* gniazdo, gniazdko.
power station *n.* (*także* **power plant, powerhouse**) elektrownia; siłownia.
practicable ['præktəkəbl] *a.* wykonalny.
practical ['præktɪkl] *a.* **1.** praktyczny; funkcjonalny. **2.** sprawny manualnie. **3.** możliwy (do zastosowania) w praktyce. **4.** *pot.* rzeczywisty, faktyczny. **5.** stosowany (*o nauce*). **6. for/to all ~ purposes** w rzeczywistości.
practical joke *n.* psikus, kawał.
practically ['præktɪklɪ] *adv.* **1.** praktycznie. **2.** w praktyce. **3.** *pot.* właściwie, prawie.
practice ['præktɪs] *n.* **1.** praktyka; **in ~** w praktyce. **2.** zwyczaj; tradycja. **3.** doświadczenie; wprawa; **be out of ~** wyjść z wprawy. **4.** ćwiczenie; trening. — *v.* **1.** praktykować. **2.** wykonywać (*zawód*); prowadzić (*praktykę zawodową*). **3.** uprawiać (*zawód, dyscyplinę sportu*). **4.** trenować; ćwiczyć.
practicing ['præktɪsɪŋ] *a.* praktykujący.
practitioner [præk'tɪʃənər] *n.* **medical/legal ~** lekarz/prawnik.
pragmatic [præg'mætɪk] *a.* pragmatyczny.
pragmatism ['prægmə,tɪzəm] *n.* pragmatyzm.
prairie ['prerɪ] *n.* preria.
praise [preɪz] *v.* chwalić; wychwalać; sławić. — *n.* pochwała; pochwały.
praiseworthy ['preɪz,wɝːðɪ] *a.* godny pochwały; chwalebny.
prank [præŋk] *n.* figiel, psota, psikus.
prawn [prɔːn] *n.* krewetka.
pray [preɪ] *v.* modlić się.
prayer ['preɪər] *n.* modlitwa; pacierz.
preach [priːtʃ] *v.* **1.** głosić (*ewangelię, zasady*). **2.** wygłaszać kazanie. **3.** prawić kazanie. **4.** propagować.
preacher ['priːtʃər] *n.* kaznodzieja.
precarious [prɪ'kerɪəs] *a.* **1.** niebezpieczny; ryzykowny. **2.** niepewny.
precaution [prɪ'kɔːʃən] *n.* **1.** zabezpieczenie; **take ~s** przedsięwziąć środki ostrożności. **2.** przezorność.

precede [prɪ'siːd] *v. form.* **1.** poprzedzać. **2. he ~d them** (*także* **they were ~d by him**) szedł przed nimi.
precedence ['presɪdəns] *n.* pierwszeństwo; nadrzędność.
precedent ['presɪdənt] *n.* precedens; **without ~** bezprecedensowy.
preceding [prɪ'siːdɪŋ] *a.* poprzedni; poprzedzający; uprzedni; powyższy.
precinct ['priːsɪŋkt] *n.* **1.** dzielnica. **2.** okręg wyborczy. **3. ~s** okolice; teren przyległy (*np. do katedry, uniwersytetu*).
precious ['preʃəs] *a.* **1.** wartościowy; (drogo)cenny. **2.** szlachetny (*o metalach, kamieniach*). — *adv.* **~ little/few** *pot.* bardzo niewiele. — *n.* **my ~** mój skarbie.
precipice ['presəpɪs] *n.* przepaść; urwisko.
precipitate *form. v.* [prɪ'sɪpəˌteɪt] przyśpieszać (*wydarzenia*). — *a.* [prɪ'sɪpətət] (*także* **precipitous**) zbyt pośpieszny, pochopny.
precipitation [prɪˌsɪpɪ'teɪʃən] *n.* **1.** opad(y). **2.** *chem.* wytrącanie (się).
precise [prɪ'saɪs] *a.* **1.** dokładny; precyzyjny. **2. to be ~** ściśle(j) mówiąc/biorąc.
precisely [prɪ'saɪslɪ] *adv.* **1.** dokładnie; precyzyjnie. **2.** właśnie (*potakując*).
precision [prɪ'sɪʒən] *n.* dokładność; precyzja.
preclude [prɪ'kluːd] *v.* wykluczać.
precocious [prɪ'koʊʃəs] *a.* rozwinięty nad wiek.
preconceived [ˌpriːkən'siːvd] *a.* z góry przyjęty (*o sądzie, wniosku*).
precondition [ˌpriːkən'dɪʃən] *n.* warunek wstępny.
precursor [prɪ'kɝːsər] *n.* **1.** prekursor/ka. **2.** poprzedni-k/czka (*na stanowisku*).
predate [ˌpriː'deɪt] *v.* poprzedzać.
predator ['predətər] *n.* drapieżnik.
predecessor ['predəˌsesər] *n.* **1.** poprzedni-k/czka. **2.** przodek, antenat/ka.
predicament [prɪ'dɪkəmənt] *n.* kłopotliwe położenie.
predicate ['predɪkət] *n.* **1.** *gram.* orzeczenie; orzecznik. **2.** *log.* predykat. — *v.* **~ sth on sth** *form.* opierać coś na czymś (*argument, opinię*).
predict [prɪ'dɪkt] *v.* przewidywać; przepowiadać.
predictable [prɪ'dɪktəbl] *a.* dający się przewidzieć, przewidywalny.
prediction [prɪ'dɪkʃən] *n.* przepowiednia; **make a ~ about sth** przepowiedzieć coś.
predisposition [prɪˌdɪspə'zɪʃən] *n.* predyspozycja, skłonność.
predominantly [prɪ'dɑːmənəntlɪ] *adv.* w przeważającej mierze; przeważnie.
predominate [prɪ'dɑːməˌneɪt] *v.* przeważać, dominować.
preempt [ˌpriː'empt], **pre-empt** *v.* **1.** udaremnić. **2.** uprzedzić (*decyzję, atak*).
preface ['prefɪs] *n.* przedmowa. — *v.* zaopatrzyć w przedmowę; poprzedzić (*with/by sth* czymś).
prefer [prɪ'fɝː] *v.* woleć, preferować; **I ~ tea to coffee** wolę herbatę od kawy; **I'd ~ not to talk about it** wolałbym o tym nie mówić.
preferable ['prefərəbl] *a.* lepszy; bardziej pożądany.
preferably ['prefərəblɪ] *adv.* najlepiej.
preference ['prefərəns] *n.* **1.** preferencja; **have a ~ for sth** preferować/woleć coś. **2.** pierwszeństwo.
preferential [ˌprefə'renʃl] *a.* **1.** preferencyjny. **2.** uprzywilejowany.
prefix ['priːfɪks] *n.* prefiks, przedrostek.
pregnancy ['pregnənsɪ] *n.* ciąża.
pregnant ['pregnənt] *a.* **1.** w ciąży, ciężarna; **get/become ~** zajść w ciążę. **2. ~ with consequences** *form.* brzemienny w skutki.
prehistoric [ˌpriːhɪ'stɔːrɪk] *a.* prehistoryczny.
prehistory [priː'hɪstərɪ] *n.* prehistoria.
prejudice ['predʒədɪs] *n.* **1.** uprzedzenie (*against sb/sth* do kogoś/czegoś). **2.** stronniczość; uprzedzenia, przesądy. — *v.* **1.** uprzedzać, nastawiać negatywnie. **2.** pogarszać (*czyjeś szanse na coś*).
prejudiced ['predʒədɪst] *a.* uprzedzony; stronniczy.
preliminary [prɪ'lɪməˌnerɪ] *a.* wstępny. — *n.* przymiarka; wstęp.
prelude ['preljuːd] *n.* **1.** preludium. **2.** wstęp, przygrywka.
premarital [ˌpriː'merɪtl] *a.* przedmałżeński.
premature [ˌpriːmə'tʊr] *a.* **1.** przedwczesny. **2. ~ baby** wcześniak.
premeditated [ˌpriː'medɪˌteɪtɪd] *a.* (dokonany) z premedytacją.
premeditation [ˌpriːˌmedɪ'teɪʃən] *n.* premedytacja.
premenstrual syndrome *n.* (*także* **PMS**) zespół napięcia przedmiesiączkowego.
premier [prɪ'miːr] *n.* premier. — *a. form.* główny; najlepszy.
premiere [prɪ'miːr], **première** *n.* premiera. — *v.* **the movie (was) ~d in...** premiera filmu odbyła się w...
premise ['premɪs] *n.* **1.** (*także* **premiss**) przesłanka. **2. ~s** teren (*sklepu, zakładu*); **keep off the ~s** wejście (na teren obiektu) wzbronione; **on the ~s** na miejscu; **smoking is not permitted on the ~** zakaz palenia na terenie budynku.
premium ['priːmɪəm] *n.* **1.** premia. **2.** składka (ubezpieczeniowa). **3.** nagroda. — *a.* wysokogatunkowy.
premonition [ˌpriːmə'nɪʃən] *n.* przeczucie.
preoccupation [prɪˌɑːkjə'peɪʃən] *n.* **1.** zamyślenie. **2.** troska. **3.** zaabsorbowanie.
preoccupied [prɪ'ɑːkjəˌpaɪd] *a.* **1.** zamyślony. **2.** zaabsorbowany (*with sth* czymś).
preparation [ˌprepə'reɪʃən] *n.* **1.** przygotowanie; **make ~s** czynić przygotowania. **2.** gotowość. **3.** preparat.
preparatory [prɪ'perəˌtɔːrɪ] *a.* **1.** przygotowawczy. **2.** wprowadzający. **3. ~ school** (*także* **prep school**) prywatna szkoła średnia przygotowująca do studiów wyższych.
prepare [prɪ'per] *v.* **1.** przygotowywać (się); **~ o.s. for sth** przygotowywać się do czegoś; przygotować się na coś. **2.** przyrządzać. **3.** sporządzać. **4.** preparować.
prepared [prɪ'perd] *a.* **1.** gotowy; **be ~ to do sth** być gotowym coś zrobić. **2.** przygotowany.
preponderance [prɪ'pɑːndərəns] *n. form.* przewaga; **there is a ~ of sb/sth** ktoś/coś przeważa, kogoś/czegoś jest więcej (*in sth* w czymś).
preposition [ˌprepə'zɪʃən] *n.* przyimek.
preposterous [prɪ'pɑːstərəs] *a.* niedorzeczny.
prep school ['prep ˌskuːl] *n.* = **preparatory school**.
prerequisite [ˌpriː'rekwəzɪt] *n. form.* warunek wstępny.
presbyterian [ˌprezbə'tiːrɪən], **Presbyterian** *a.* prezbiteriański. — *n.* prezbiterian-in/ka.
preschool *n.* ['priːˌskuːl] przedszkole. — *a.* [ˌpriː'skuːl] (*także* **pre-school**) przedszkolny; w wieku przedszkolnym.
prescribe [prɪ'skraɪb] *v.* **1.** przepisywać, zapisywać (*leki*). **2.** zalecać.

prescription [prɪ'skrɪpʃən] *n.* recepta; **on ~** na receptę.

presence ['prezəns] *n.* **1.** obecność; **in sb's ~** (*także* **in the ~ of sb**) w obecności kogoś. **2.** osobowość (*zwł. sceniczna*). **3. ~ of mind** przytomność umysłu.

present *a.* ['prezənt] **1.** obecny. **2.** teraźniejszy. **3.** niniejszy; **the ~ writer** *form.* piszący-y/a te słowa. — *n.* ['prezənt] **1.** prezent, upominek. **2. the ~** teraźniejszość. **3. the ~ (tense)** czas teraźniejszy. **4. at ~** obecnie, teraz; **for the ~** na razie. — *v.* [prɪ'zent] **1. ~ sth to sb** (*także* **~ sb with sth**) podarować/sprezentować coś komuś. **2.** wręczać (*nagrody*). **3.** przedstawiać; pokazywać, prezentować. **4.** okazywać (*bilet, dokument*). **5.** stanowić (*trudność, zagrożenie*).

presentable [prɪ'zentəbl] *a.* **look ~** dobrze się prezentować.

presentation [ˌprezən'teɪʃən] *n.* **1.** przedstawienie; prezentacja; pokaz. **2.** wygląd. **3.** opakowanie (*towaru*); sposób podania (*potrawy*). **4.** wystąpienie, wykład; prelekcja. **5.** wręczenie, rozdanie (*nagród*).

present-day [ˌprezənt'deɪ] *a.* dzisiejszy, współczesny.

presenter [prɪ'zentər] *n.* **1.** wręczający-y/a (*nagrodę*). **2.** *telew.* prowadzący-y/a.

presently ['prezəntlɪ] *adv.* **1.** *form.* niebawem, wkrótce; po chwili. **2.** obecnie.

preservation [ˌprezər'veɪʃən] *n.* ochrona.

preservative [prɪ'zɝːvətɪv] *n.* (*także* **food ~**) konserwant, środek konserwujący.

preserve [prɪ'zɝːv] *v.* **1.** chronić. **2.** konserwować. **3.** zachowywać. — *n.* **1.** dziedzina, domena. **2.** rezerwat. **3. ~s** zaprawy, przetwory.

preside [prɪ'zaɪd] *v.* **~ over/at sth** przewodniczyć czemuś; **~ over sth** kierować czymś.

presidency ['prezɪdənsɪ] *n.* **1.** prezydentura; urząd prezydencki. **2.** prezydencja, przewodnictwo.

president ['prezɪdənt] *n.* **1.** prezydent. **2.** prezes; przewodniczący-y/a. **3.** rektor.

presidential [ˌprezɪ'denʃl] *a.* **1. ~ address** wystąpienie prezydenta; **~ candidate** kandydat/ka na prezydenta; **~ race** wyścig o fotel prezydenta. **2. ~ post** stanowisko prezesa.

press [pres] *n.* **1. (the) ~** prasa; **freedom of the ~** wolność prasy; **get a good/bad ~** mieć dobrą/złą prasę. **2. go to ~** iść do druku; **in ~** w druku. **3.** (*także* **printing ~**) prasa/maszyna drukarska. — *v.* **1.** naciskać (*klawisz*); przyciskać. **2.** prasować. **3.** tłoczyć (*t. płyty*). **4.** napierać, tłoczyć się (*o tłumie*). **5. ~ charges (against sb)** wnieść oskarżenie (przeciwko komuś); **~ on/ahead/forward** posuwać się (do przodu); **be ~ed for time/money** mieć mało czasu/pieniędzy.

press conference *n.* konferencja prasowa.

pressing ['presɪŋ] *a.* naglący, pilny; niecierpiący zwłoki.

press release *n.* oświadczenie prasowe.

pressure ['preʃər] *n.* **1.** ciśnienie; **blood ~** ciśnienie krwi; **low ~ system** niż. **2.** nacisk, presja; **~ group** grupa nacisku. **3.** napięcie, stres; **under ~** pod wpływem stresu. — *v.* zmuszać.

prestige [pre'stiːʒ] *n.* prestiż.

prestigious [pre'stiːdʒəs] *a.* prestiżowy.

presumably [prɪ'zuːməblɪ] *adv.* przypuszczalnie, zapewne.

presume [prɪ'zuːm] *v. form.* przypuszczać, domniemywać; zakładać, przyjmować; **be ~d dead/innocent** zostać uznanym za zmarłego/niewinnego.

presumption [prɪ'zʌmpʃən] *n.* **1.** założenie. **2.** domniemanie. **3.** arogancja; bezczelność.

presumptuous [prɪ'zʌmptʃʊəs] *a.* arogancki; bezczelny.

presuppose [ˌpriːsə'poʊz] *v. form.* zakładać (z góry), przyjmować.

pretend [prɪ'tend] *v.* udawać (*to be sb/sth* że jest się kimś/czymś). — *a.* (na) niby, udawany.

pretense ['priːtens] *n.* pozór, pretekst; pozory; **make a/no ~ of doing sth** udawać/nie udawać, że się coś robi; **under false ~s** pod fałszywym pretekstem.

pretentious [prɪ'tenʃəs] *a.* pretensjonalny.

pretext ['priːˌtekst] *n.* pretekst; wymówka; **on/under the ~ of doing sth** pod pretekstem/pozorem (robienia) czegoś.

pretty ['prɪtɪ] *a.* ładny. — *adv. pot.* **1.** całkiem, dość. **2.** bardzo. **3. ~ much/well** prawie całkiem.

prevail [prɪ'veɪl] *v. form.* **1.** być powszechnym, panować; dominować, przeważać. **2. ~ (over sb/sth)** wziąć górę (nad kimś/czymś); zwyciężyć (kogoś/coś). **3. ~ on/upon sb to do sth** nakłonić kogoś do (zrobienia) czegoś.

prevailing [prɪ'veɪlɪŋ] *a.* powszechny, panujący/dominujący (obecnie); przeważający (*o wietrze*).

prevalent ['prevələnt] *a.* powszechny, rozpowszechniony; panujący.

prevent [prɪ'vent] *v.* **~ sb (from) doing sth** powstrzymać kogoś przed zrobieniem czegoś, uniemożliwić komuś zrobienie czegoś; **~ sth (from) happening** zapobiec czemuś.

prevention [prɪ'venʃən] *n.* zapobieganie; profilaktyka, prewencja.

preventive [prɪ'ventɪv] *a.* (*także* **preventative**) zapobiegawczy, profilaktyczny, prewencyjny. — *n.* środek/czynnik zapobiegawczy; zabezpieczenie.

preview ['priːˌvjuː] *n.* **1.** pokaz zamknięty; (*także* **sneak ~**) pokaz przedpremierowy. **2.** (*także* **prevue**) zwiastun (*filmu*). **3.** *komp.* podgląd.

previous ['priːvɪəs] *a.* poprzedni; wcześniejszy; **no ~ experience necessary** doświadczenie niewymagane (*w ogłoszeniach o pracy*).

previously ['priːvɪəslɪ] *adv.* poprzednio; wcześniej.

prewar [ˌpriː'wɔːr], **pre-war** *a.* przedwojenny.

prey [preɪ] *n.* **1.** zdobycz; ofiara; łup; **be/fall ~ to sb/sth** paść ofiarą kogoś/czegoś. **2. beasts/birds of ~** zwierzęta/ptaki drapieżne. — *v.* **1. ~ on sth** polować na coś (*o drapieżnikach*). **2. ~ on sb's mind** dręczyć kogoś, nie dawać komuś spokoju.

price [praɪs] *n.* cena; **~ increase/rise** wzrost cen; **what's the ~ of...?** ile kosztuje...? — *v.* wyceniać; **~d at $10** w cenie 10 dolarów; **~ o.s. out of the market** nie utrzymać się na rynku z powodu wysokich cen.

priceless ['praɪsləs] *a.* **1.** bezcenny. **2.** nieoceniony.

price list *n.* cennik; taryfa.

prick [prɪk] *n.* **1.** ukłucie; nakłucie. **2.** kolec, cierń. **3.** *pot. wulg.* kutas (*t. o osobie*). — *v.* **1.** nakłuwać; kłuć; przekłuwać; **~ one's finger** ukłuć się w palec. **2.** szczypać (*np. o łzach*). **3. ~ up one's ears** nastawić uszu.

prickly ['prɪklɪ] *a.* **1.** kolczasty, ciernisty. **2.** drapiący, gryzący (*np. o swetrze*).

pride [praɪd] *n.* **1.** duma. **2.** pycha, buta. **3. have/take ~ of place** zajmować honorowe miejsce; **hurt sb's ~** urazić czyjąś dumę; **take ~ in sth** być dumnym z czegoś, szczycić się czymś. — *v.* **~ o.s. on/upon sth** szczycić się czymś, być z czegoś dumnym.

priest [priːst] *n.* kapłan; ksiądz; duchowny.
priesthood ['priːsθhʊd] *n.* **1.** kapłaństwo, stan duchowny. **2.** kler, duchowieństwo.
prim [prɪm] *a.* **1.** (*także* **~ and proper**) pruderyjny. **2.** sztywny. **3.** wymuskany.
primacy ['praɪməsɪ] *n. form.* prymat, pierwszeństwo.
primarily [praɪ'merəlɪ] *adv.* w pierwszym rzędzie.
primary ['praɪˌmerɪ] *a.* podstawowy. — *n.* (*także* **~ election**) prawybory.
primate ['praɪmeɪt] *n.* (ssak) naczelny.
prime [praɪm] *a.* **1.** pierwszorzędny, ekstra. **2.** główny; **~ suspect** główn-y/a podejrzan-y/a. **3.** pierwszy (*t. mat. o liczbie*). **4. a ~ example** klasyczny/typowy przykład. — *n.* **be in the ~ of life** (*także* **be in one's ~**) być w kwiecie wieku. — *v.* instruować.
prime minister, **Prime Minister** *n.* premier; prezes Rady Ministrów.
primitive ['prɪmətɪv] *a.* **1.** prymitywny. **2.** pierwotny. — *n.* prymityw.
primrose ['prɪmˌroʊz] *n.* pierwiosnek.
prince [prɪns] *n.* książę; królewicz.
princess ['prɪnsəs] *n.* księżniczka; królewna; księżna.
principal ['prɪnsəpl] *a.* główny. — *n.* **1.** *form.* przełożon-y/a, zwierzchni-k/czka. **2.** *szkoln.* dyrektor/ka.
principle ['prɪnsəpl] *n.* zasada; **in ~** w zasadzie; **on ~** (*także* **as a matter of ~**) dla zasady, z zasady.
print [prɪnt] *n.* **1.** drukować (się). **2.** pisać drukowanymi literami. **3.** *fot.* robić odbitki z (*negatywu*). **4. ~ off/out** *komp.* wydrukować. — *n.* **1.** druk. **2.** reprodukcja; *fot.* odbitka. **3.** sztych, rycina. **4.** odcisk (*palca, stopy*). **5. in ~** dostępny, w sprzedaży (*o książce*); **(the book is) out of ~** (nakład książki jest) wyczerpany. — *a.* drukowany.
printer ['prɪntər] *n.* **1.** *komp.* drukarka. **2.** *druk.* maszyna drukarska. **3.** druka-rz/rka. **4.** drukarnia.
printout ['priːntˌaʊt] *n. komp.* wydruk.
prior ['praɪər] *a. form.* poprzedni, uprzedni; wcześniejszy; **without ~ notice/warning** bez wcześniejszego powiadomienia/ostrzeżenia. — *prep. form.* **~ to** przed. — *n.* przeor.
priority [praɪ'ɑːrətɪ] *n.* priorytet; pierwszeństwo. — *a.* priorytetowy.
prison ['prɪzən] *n.* więzienie; areszt; **in ~** w więzieniu. — *a.* **1.** więzienny. **2. ~ sentence** kara więzienia.
prisoner ['prɪzənər] *n.* więzień, więźniarka; aresztant/ka.
prisoner of war *n.* (*także* **POW**) jeniec (wojenny).
privacy ['praɪvəsɪ] *n.* prywatność.
private ['praɪvət] *a.* **1.** prywatny; osobisty. **2.** skryty (*o osobie*). **3.** ustronny. — *n.* **1. in ~** prywatnie, na osobności. **2.** (*także* **~ soldier**) szeregowy.
private eye *n. pot.* prywatny detektyw.
privatize ['praɪvəˌtaɪz] *v.* prywatyzować.
privilege ['prɪvəlɪʤ] *n.* **1.** przywilej. **2.** zaszczyt. — *v.* uprzywilejowywać.
privileged ['prɪvəlɪʤd] *a.* **1.** zaszczycony. **2.** uprzywilejowany.
prize [praɪz] *n.* nagroda; wygrana; **win a ~** zdobyć nagrodę. — *v.* **1.** cenić (sobie). **2.** podważyć (*wieko*). **3. ~ apart** rozdzielić (*np. sklejone warstwy*); **~ off** zdjąć (*podważając*); **~ open** wyważyć (*drzwi, okno*).
pro [proʊ] *n.* **1.** *pot.* zawodowiec; (*także* **old ~**) stary wyga. **2. the ~s and cons** (argumenty) za i przeciw. — *a. sport pot.* zawodowy, profesjonalny. — *prep., adv.* pro, za.
probability [ˌprɑːbə'bɪlətɪ] *n.* prawdopodobieństwo; **in all ~** według wszelkiego prawdopodobieństwa.
probable ['prɑːbəbl] *a.* prawdopodobny.
probably ['prɑːbəblɪ] *adv.* prawdopodobnie.
probation [proʊ'beɪʃən] *n.* **1.** okres próbny. **2.** *prawn.* zawieszenie wykonania wyroku.
probe [proʊb] *v.* **1.** sondować. **2. ~ (into) sth** badać coś. — *n.* sonda.
problem ['prɑːbləm] *n.* **1.** problem; kłopot; **no ~!** *pot.* nie ma sprawy! **do you have a ~ with...?** masz coś przeciwko...? **what's the ~?** o co chodzi?, w czym kłopot? **2.** zadanie; **a math ~** zadanie z matematyki.
problematic [ˌprɑːblə'mætɪk], **problematical** [ˌprɑːblə'mætɪkl] *a.* problematyczny, kłopotliwy.
procedure [prə'siːʤər] *n.* **1.** procedura; postępowanie. **2.** *med.* zabieg.
proceed [prə'siːd] *v. form.* **1.** postępować, toczyć się (dalej). **2. ~ with sth** kontynuować coś. **3. ~ to do sth** przystąpić do (robienia) czegoś. **4. passengers please ~ to gate 12** pasażerów prosimy o przechodzenie do wyjścia nr 12.
proceedings [prə'siːdɪŋz] *n. pl. form.* **1.** przebieg wydarzeń. **2.** poczynania. **3.** obchody, uroczystości. **4.** obrady, prace. **5.** *prawn.* postępowanie.
proceeds ['proʊsiːdz] *n. pl. form.* dochód.
process ['prɑːses] *n.* **1.** proces. **2. be in the ~ of (doing) sth** być w trakcie (robienia) czegoś. **3. in the ~** przy okazji. — *v.* **1.** przetwarzać; obrabiać; przerabiać. **2.** wywoływać (*zdjęcia*). **3.** rozpatrywać (*podania*). **4.** *kulin.* miksować.
procession [prə'seʃən] *n.* **1.** sekwencja; następstwo. **2.** pochód; procesja; **funeral ~** kondukt żałobny.
processor ['prɑːsesər] *n.* procesor.
proclaim [prə'kleɪm] *v. form.* proklamować.
proclamation [ˌprɑːklə'meɪʃən] *n.* proklamacja.
procrastinate [prə'kræstəˌneɪt] *v. form.* zwlekać.
procure [prə'kjʊr] *v. form.* sprokurować.
prod [prɑːd] *v.* **1.** szturchać, trącać. **2.** dźgać. **3. ~ sb into doing sth** zdopingować kogoś do (zrobienia) czegoś. — *n.* **1.** szturchnięcie, szturchaniec. **2.** pręt, drąg.
prodigal ['prɑːdəgl] *a. form.* marnotrawny; **the ~ son** syn marnotrawny.
prodigious [prə'dɪʤəs] *a. form.* kolosalny.
prodigy ['prɑːdɪʤɪ] *n.* młodociany geniusz; (*także* **child/infant ~**) cudowne dziecko.
produce *v.* [ˌprə'duːs] **1.** produkować; wytwarzać. **2.** wydawać, rodzić. **3.** przynosić (*efekty*). **4.** okazywać, przedstawiać (*dowody, bilet*); wyjmować (*z kieszeni*). **5.** wywoływać (*sensację, objawy uboczne*). **6.** *teatr* wystawiać. — *n.* ['proʊduːs] produkty (spożywcze); warzywa i owoce; **dairy ~** nabiał.
producer [prə'duːsər] *n.* **1.** producent, wytwórca. **2. (film) ~** producent/ka (filmow-y/a); **assistant ~** asystent/ka producenta.
product ['prɑːdʌkt] *n.* **1.** produkt; wyrób. **2.** wytwór, wynik. **3.** iloczyn.
production [prə'dʌkʃən] *n.* **1.** produkcja; wytwarzanie. **2.** wytwórczość. **3.** inscenizacja, wystawienie. — *a.* **~ cost** koszty produkcji; **~ cycle** cykl produkcyjny.
productive [prə'dʌktɪv] *a.* **1.** wydajny. **2.** produktywny.
productivity [ˌproʊdʌk'tɪvətɪ] *n.* wydajność; produktywność.

profess [prə'fes] *v. form.* utrzymywać, twierdzić (*to be/do sth* że się kimś jest/coś robi).

profession [prə'feʃən] *n.* zawód; profesja; fach; **by ~** z zawodu.

professional [prə'feʃənl] *a.* **1.** fachowy; profesjonalny. **2.** zawodowy; pracujący zawodowo; **turn ~** przejść na zawodowstwo. — *n.* profesjonalist-a/ka, zawodowiec; fachowiec; **health ~s** personel medyczny.

professionalism [prə'feʃənə,lɪzəm] *n.* profesjonalizm; fachowość.

professor [prə'fesər] *n.* profesor.

proficiency [prə'fɪʃənsɪ] *n.* biegłość; wprawa; **~ in English** biegła znajomość języka angielskiego.

proficient [prə'fɪʃənt] *a.* biegły; **~ in English** władający biegle językiem angielskim.

profile ['proʊfaɪl] *n.* **1.** profil; **in ~** z profilu. **2.** szkic/rys biograficzny. **3. keep a low ~** starać się nie rzucać w oczy. — *v.* przedstawić/nakreślić sylwetkę (*kogoś*).

profit ['prɑːfət] *n.* **1.** zysk; **at a ~** z zyskiem, korzystnie; **make (a) ~** osiągnąć/wypracowywać zysk. **2.** korzyść, pożytek. — *v.* **~ (from/by sth)** osiągać zyski (z czegoś), zyskiwać (na czymś); odnosić korzyści (z czegoś).

profitability [,prɑːfətə'bɪlətɪ] *n.* opłacalność, dochodowość, rentowność.

profitable ['prɑːfətəbl] *a.* **1.** dochodowy, opłacalny, rentowny. **2.** korzystny, pożyteczny.

profound [prə'faʊnd] *a.* głęboki; gruntowny; zupełny.

profusely [prə'fjuːslɪ] *adv. form.* **1.** obficie. **2.** hojnie, szczodrze; wylewnie.

prognosis [prɑːg'noʊsəs] *n. pl.* **-es** [prɑːg'noʊsiːz] rokowanie, prognoza.

program ['proʊgræm] *n.* program. — *v.* programować.

programmer ['proʊgræmər] *n. komp.* programist-a/ka.

programming ['proʊgræmɪŋ] *n.* **1.** *komp.* programowanie. **2.** *telew. radio* repertuar.

progress *n.* ['prɑːgres] **1.** postęp; postępy; **make ~** robić/czynić postępy. **2. in ~** *form.* w toku. — *v.* [prə'gres] **1.** postępować, posuwać się (*naprzód*). **2.** czynić postępy.

progression [prə'greʃən] *n.* postępy; *t. mat.* postęp; *t. muz.* progresja.

progressive [prə'gresɪv] *a.* **1.** postępowy. **2.** postępujący (*o chorobie*). **3.** *muz., fin.* progresywny. **4.** *gram.* ciągły. — *n.* **the ~** forma ciągła czasownika.

prohibit [proʊ'hɪbɪt] *v.* zakazywać, zabraniać (*czegoś*); **~ sb from doing sth** zakazać/zabronić komuś (robienia) czegoś.

prohibition [,proʊə'bɪʃən] *n.* **1.** zakaz. **2.** prohibicja.

project *n.* ['prɑːdʒekt] **1.** projekt. **2.** zamierzenie; przedsięwzięcie, inwestycja (*zwł. budowlana*). **3.** *szkoln.* referat. **4.** (*także* **housing ~**) osiedle (komunalne). — *v.* [prə'dʒekt] **1.** prognozować, przewidywać. **2.** wyświetlać (*film, przeźrocza*). **3.** wystawać, sterczeć.

projection [prə'dʒekʃən] *n.* **1.** projekcja. **2.** prognoza; przewidywanie. **3.** *form.* występ (*skalny*).

projector [prə'dʒektər] *n.* rzutnik; projektor, aparat projekcyjny.

proliferate [prə'lɪfə,reɪt] *v.* szerzyć się, mnożyć się.

prolific [prə'lɪfɪk] *a.* płodny (*o gatunku, twórcy*).

prologue ['proʊlɔːg], **prolog** *n.* prolog.

prolong [prə'lɔːŋ] *v.* **1.** przedłużać. **2.** prolongować.

prom [prɑːm] *n. szkoln.* bal (*zwł. na koniec roku*).

promenade [,prɑːmə'neɪd] *n.* promenada.

prominence ['prɑːmənəns] *n.* **1.** rozgłos. **2. give ~ to sth** (*także* **give sth ~**) kłaść nacisk na coś, przywiązywać (duże) znaczenie do czegoś.

prominent ['prɑːmənənt] *a.* **1.** wybitny, znany; prominentny; **play a ~ role** odgrywać znaczącą rolę. **2.** wydatny, wyraźnie zarysowany.

promiscuity [,prɑːmə'skjuːətɪ] *n.* rozwiązłość.

promiscuous [prə'mɪskjʊəs] *a.* rozwiązły.

promise ['prɑːməs] *n.* **1.** obietnica, przyrzeczenie; **break a ~** złamać obietnicę/przyrzeczenie; **keep a ~** dotrzymać słowa/obietnicy; **make a ~** dać słowo, przyrzec. **2. show ~** dobrze się zapowiadać. — *v.* **1.** obiecywać, przyrzekać; **~?** obiecujesz? **as ~d** zgodnie z obietnicą. **2. ~ to be interesting** zapowiadać się ciekawie.

promising ['prɑːməsɪŋ] *a.* obiecujący; dobrze się zapowiadający.

promote [prə'moʊt] *v.* **1.** awansować (*pracownika*); **be ~d** awansować (*o pracowniku, drużynie*). **2.** promować, lansować (*produkt*). **3.** wspierać (*działania*); przyczyniać się do (*pokoju na świecie*).

promoter [prə'moʊtər] *n.* **1.** organizator/ka; patron/ka (*imprezy*). **2.** propagator/ka.

promotion [prə'moʊʃən] *n.* **1.** awans. **2.** propagowanie (*pokoju, równouprawnienia*). **3.** promocja; reklama.

prompt [prɑːmpt] *a.* niezwłoczny, natychmiastowy. — *v.* **1.** skłaniać do (*czegoś*). **2.** podpowiadać (*mówcy*); suflerować (*aktorowi*). — *n.* **1.** podpowiedź; przypomnienie. **2.** *komp.* podpowiedź (programowa).

promptly ['prɑːmptlɪ] *adv.* natychmiast; niezwłocznie.

prone [proʊn] *a.* **~ to sth** podatny na coś; **be ~ to do sth** mieć skłonność do (robienia) czegoś; **be accident-~** często ulegać wypadkom.

pronoun ['proʊ,naʊn] *n.* zaimek.

pronounce [prə'naʊns] *v.* **1.** wymawiać. **2. ~ sb/sth (to be) sth** ogłosić kogoś/coś czymś; **he was ~d dead** uznano go (oficjalnie) za zmarłego.

pronounced [prə'naʊnst] *a.* wyraźny (*np. o obcym akcencie*).

pronunciation [prə,nʌnsɪ'eɪʃən] *n.* wymowa.

proof [pruːf] *n.* **1.** dowód. **2.** *druk.* odbitka próbna, korekta. — *a.* **bullet~** kuloodporny; **water~** wodoodporny.

proofread ['pruːf,riːd] *v.* robić korektę (*tekstu*).

prop [prɑːp] *v.* **~ (up)** podpierać; **~ped up against/on sth** wsparty/oparty na czymś/o coś. — *n.* **1.** rekwizyt. **2.** podpora, wsparcie.

propaganda [,prɑːpə'gændə] *n.* propaganda.

propagate ['prɑːpə,geɪt] *v.* **1.** *form.* propagować; rozpowszechniać; *biol.* przekazywać (*cechy*). **2.** (*także* **~ itself**) rozmnażać się (*o zwierzęciu, roślinie*).

propel [prə'pel] *v.* napędzać, wprawiać w ruch.

propeller [prə'pelər] *n.* śmigło.

propensity [prə'pensətɪ] *n. form.* skłonność.

proper ['prɑːpər] *a.* **1.** właściwy, odpowiedni; stosowny; prawidłowy. **2.** własny (*o nazwach*). **3. in the city ~** w samym mieście.

properly ['prɑːpərlɪ] *adv.* **1.** właściwie, odpowiednio. **2.** dobrze; należycie. **3.** *pot.* porządnie.
proper noun *n.* (*także* **proper name**) nazwa własna.
property ['prɑːpərtɪ] *n.* **1.** własność. **2.** nieruchomość. **3.** właściwość, cecha.
prophecy ['prɑːfəsɪ], **prophesy** *n.* proroctwo, przepowiednia.
prophet ['prɑːfət] *n.* prorok/ini.
prophetic [prə'fetɪk] *a.* proroczy.
proportion [prə'pɔːrʃən] *n.* **1.** stosunek, proporcja; relacja; odsetek, część. **2.** **~s** rozmiary. **3.** **blow/get sth out of (all) ~** wyolbrzymiać coś; **in ~ (to/with sth)** proporcjonalnie (do czegoś).
proportional [prə'pɔːrʃənl] *a.* proporcjonalny.
proposal [prə'poʊzl] *n.* **1.** propozycja. **2.** oświadczyny.
propose [prə'poʊz] *v.* **1.** proponować. **2.** oświadczyć się (*to sb* komuś). **3.** **how do you ~ to do that?** jak zamierzasz to zrobić?
proposition [ˌprɑːpə'zɪʃən] *n.* **1.** twierdzenie. **2.** propozycja. — *v. pot.* czynić niestosowne propozycje (*komuś*).
proprietor [prə'praɪɪtər] *n. form.* właściciel/ka; (*także* **joint ~**) współwłaściciel/ka.
propriety [prə'praɪətɪ] *n. form.* przyzwoitość; moralność.
prosaic [proʊ'zeɪɪk] *a.* prozaiczny.
prosaically [proʊ'zeɪɪklɪ] *adv.* prozaicznie.
proscribe [proʊ'skraɪb] *v. form.* zakazywać (*czegoś*).
prose [proʊz] *n.* proza. — *a.* prozatorski; **~ writer** prozai-k/czka.
prosecute ['prɑːsəˌkjuːt] *v.* ścigać (sądownie).
prosecution [ˌprɑːsə'kjuːʃən] *n.* **the ~** oskarżenie (= *prokurator*).
prosecutor ['prɑːsəˌkjuːtər] *n.* oskarżyciel/ka, prokurator/ka.
prospect ['prɑːspekt] *n.* **1.** perspektywa. **2.** **~s** widoki na przyszłość. — *v.* **~ for gold/oil** poszukiwać złota/ropy.
prospective [prə'spektɪv] *a.* **~ buyer/customer** potencjalny nabywca/klient.
prospectus [prə'spektəs] *n.* ulotka informacyjna, prospekt.
prosper ['prɑːspər] *v.* prosperować.
prosperity [prɑː'sperətɪ] *n.* dobrobyt; prosperita, (dobra) koniunktura.
prosperous ['prɑːspərəs] *a.* **1.** (dobrze) prosperujący; kwitnący. **2.** zamożny.
prostitute ['prɑːstəˌtuːt] *n.* prostytutka.
prostitution [ˌprɑːstə'tuːʃən] *n.* prostytucja.
prostrate ['prɑːstreɪt] *a.* **1.** leżący twarzą w dół/do ziemi. **2.** **~ with fear** sparaliżowany strachem. — *v.* **1.** **~ o.s.** paść na twarz. **2.** **~d by illness** *form.* powalony chorobą.
protagonist [proʊ'tægənɪst] *n. form.* protagonist-a/ka, główn-y/a bohater/ka.
protect [prə'tekt] *v.* **1.** bronić; chronić. **2.** zabezpieczać.
protected [prə'tektɪd] *a.* chroniony.
protection [prə'tekʃən] *n.* **1.** ochrona. **2.** opieka. **3.** protekcja. **4.** zabezpieczenie (= *środek antykoncepcyjny*).
protective [prə'tektɪv] *a.* **1.** ochronny. **2.** opiekuńczy.
protein ['proʊtiːn] *n.* białko, proteina.
protest *n.* ['proʊˌtest] protest; protesty. — *v.* [prə'test] **1.** protestować (*against sth* przeciwko czemuś). **2.** **~ one's innocence** zapewniać o swojej niewinności.
Protestant ['prɑːtɪstənt] *n.* protestant/ka. — *a.* protestancki.
protester ['proʊˌtestər] *n.* protestując-y/a.
protocol ['proʊtəˌkɔːl] *n.* protokół.
prototype ['proʊtətaɪp] *n.* prototyp; pierwowzór.
protracted [prə'træktɪd] *a.* przedłużający się.
protrude [prə'truːd] *v.* wystawać, sterczeć.
proud [praʊd] *a.* **1.** dumny. **2.** pyszny, butny. **3.** napawający dumą (*o chwili*).
prove [pruːv] *v. pp. t.* **proven** **1.** udowadniać, dowodzić, wykazywać; **~ sb wrong** udowodnić, że ktoś się myli. **2.** **~ (to be) correct/difficult** okazać się słusznym/trudnym.
proverb ['prɑːvərb] *n.* przysłowie.
proverbial [prə'vɜːbɪəl] *a.* przysłowiowy.
provide [prə'vaɪd] *v.* **1.** zaopatrywać (*sb/sth with sth* kogoś/coś w coś); dostarczać; zapewniać (*sth for/to sb* coś komuś). **2.** **~ for sb** utrzymywać kogoś; **~ for sth** uwzględniać/przewidywać coś.
provided [prə'vaɪdɪd], **providing** [prə'vaɪdɪŋ] *conj.* **~ (that)...** pod warunkiem, że..., o ile...
providence ['prɑːvɪdəns] *n.* opatrzność.
province ['prɑːvɪns] *n.* **1.** prowincja, obwód. **2.** domena, zakres kompetencji.
provincial [prə'vɪnʃl] *a.* prowincjonalny.
provision [prə'vɪʒən] *n.* **1.** zapewnienie (*świadczeń, opieki*). **2.** *prawn.* postanowienie, klauzula. **3.** **~s** zapasy żywności.
provisional [prə'vɪʒənl] *a.* **1.** tymczasowy, prowizoryczny. **2.** wstępny, orientacyjny.
proviso [prə'vaɪzoʊ] *n.* warunek, zastrzeżenie.
provocation [ˌprɑːvə'keɪʃən] *n.* prowokacja.
provocative [prə'vɑːkətɪv] *a.* prowokacyjny, prowokujący.
provoke [prə'voʊk] *v.* **1.** prowokować. **2.** wywoływać (*współczucie, reakcję*).
prow [praʊ] *n.* dziób (*statku*).
proximity [prɑːk'sɪmətɪ] *n. form.* bliskość.
proxy ['prɑːksɪ] *n.* **by ~** przez pełnomocnika, per procura.
prudent ['pruːdənt] *a.* roztropny, rozważny.
prune [pruːn] *n.* suszona śliwka. — *v.* **1.** **~ (back/down)** przycinać (*gałęzie, krzewy*). **2.** **~ (down)** przycinać, skracać (*tekst*); wycinać (*fragmenty*).
pry [praɪ] *v.* **1.** wtrącać się. **2.** podważyć (*pokrywę*); **~ apart** rozdzielić (*sklejone warstwy*); **~ off** zdjąć (*podważając*); **~ open** wyważyć (*drzwi, okno*).
psalm [sɑːm] *n.* psalm.
pseudonym ['suːdənɪm] *n.* pseudonim.
psyche ['saɪkɪ] *n.* psychika.
psychiatric [ˌsaɪkɪ'ætrɪk] *a.* psychiatryczny.
psychiatrist [saɪ'kaɪətrɪst] *n.* psychiatra.
psychiatry [saɪ'kaɪətrɪ] *n.* psychiatria.
psychic ['saɪkɪk] *n.* jasnowidz/ka; medium. — *a.* **1.** parapsychologiczny. **2.** **you must be ~!** ty chyba jesteś jasnowidzem! **3.** (*także* **psychical**) psychiczny.
psycho ['saɪkoʊ] *n. pot.* psychol/ka.
psychoanalysis [ˌsaɪkoʊə'næləsɪs] *n.* psychoanaliza.
psychoanalyst [ˌsaɪkoʊ'ænəlɪst] *n.* psychoanalityk/czka.
psychological [ˌsaɪkə'lɑːdʒɪkl] *a.* psychologiczny; psychiczny.

psychologically [ˌsaɪkəˈlɑːdʒɪklɪ] *adv.* psychologicznie; psychicznie.
psychologist [saɪˈkɑːlədʒɪst] *n.* psycholo-g/żka.
psychology [saɪˈkɑːlədʒɪ] *n.* psychologia.
psychopath [ˈsaɪkəˌpæθ] *n.* psychopat-a/ka.
pub [pʌb] *n.* pub.
puberty [ˈpjuːbərtɪ] *n.* dojrzałość płciowa; dojrzewanie (płciowe).
pubic [ˈpjuːbɪk] *a.* łonowy.
public [ˈpʌblɪk] *a.* **1.** publiczny; powszechny; społeczny; państwowy. **2. make sth ~** ujawnić/upublicznić coś. — *n.* **1. the (general) ~** publiczność; ogół społeczeństwa. **2. in ~** publicznie.
public-address system *n.* (*także* **PA system**) system nagłaśniający, nagłośnienie.
publication [ˌpʌbləˈkeɪʃən] *n.* **1.** publikacja. **2.** ogłoszenie (*np. wyników wyborów*).
publicity [pʌbˈlɪsətɪ] *n.* **1.** rozgłos, sława. **2.** reklama.
publicize [ˈpʌblɪˌsaɪz] *v.* **1.** ogłaszać, upubliczniać. **2.** reklamować. **3. highly/well ~d** głośny.
publicly [ˈpʌblɪklɪ] *adv.* publicznie; na forum publicznym.
public opinion *n.* opinia publiczna.
public relations *n.* **1.** (*także* **PR**) public relations (= *kreowanie wizerunku firmy, osoby*). **2.** wizerunek (publiczny) firmy.
public school *n.* szkoła publiczna/państwowa.
publish [ˈpʌblɪʃ] *v.* publikować; wydawać.
publisher [ˈpʌblɪʃər] *n.* wydawca; wydawnictwo.
publishing [ˈpʌblɪʃɪŋ] *n.* działalność wydawnicza.
pudding [ˈpʊdɪŋ] *n.* pudding; budyń.
puddle [ˈpʌdl] *n.* kałuża.
puerile [ˈpjuːraɪl] *a. form.* infantylny.
puff [pʌf] *v.* **1.** sapać. **2. ~ (out)** wydmuchiwać, wypuszczać (*dym*); dmuchać (*dymem*). **3. ~ out** wypinać (*pierś*); nadymać (*policzki*); **~ on/at** zaciągać się (*papierosem, fajką*); **~ up** spuchnąć (*np. o oku*); nastroszyć (*pióra*). — *n.* **1. have/take a ~** zaciągnąć się. **2.** podmuch (*wiatru*); kłąb (*dymu*). **3.** bufka. **4.** (*także* **powder ~**) wacik/płatek (kosmetyczny).
puffy [ˈpʌfɪ] *a.* opuchnięty; podpuchnięty.
pull [pʊl] *v.* **1.** ciągnąć; pociągać za; **~ (out)** wyciągać; wysuwać. **2.** naciągnąć (sobie) (*mięsień*). **3.** wyrywać (*zęby, włosy, chwasty*). **4. ~ one's weight** przykładać się (*do pracy*); **~ strings** skorzystać z protekcji; użyć (swoich) wpływów. **5. ~ apart** rozdzielić; **~ sb/sth apart** nie zostawić na kimś/czymś suchej nitki; **~ away** odjechać (*o samochodzie, pociągu*); **~ down** rozebrać, zburzyć; **~ in** zjechać na bok, zatrzymać się (*o samochodzie*); wjechać (*na stację*); **~ off** ściągnąć, zdjąć (*czapkę, buty*); **how did you ~ that (one) off?** *pot.* jak ci się to udało? **~ out** wycofać (się) (*of sth* z czegoś); **~ over** *mot.* zjechać na bok; zatrzymać (*samochód, kierowcę: o policjancie*); **~ through** wylizać/wykaraskać się; **~ o.s. together** *pot.* wziąć się w garść; **~ up** zatrzymać się; **~ up a chair** przysunąć sobie krzesło. — *n.* **1. give sth a ~** pociągnąć za coś. **2.** przyciąganie (*ziemskie*).
pulley [ˈpʊlɪ] *n.* blok, wielokrążek.
pullover [ˈpʊlˌoʊvər] *n.* pulower.
pulmonary [ˈpʌlməˌnerɪ] *a.* płucny.
pulp [pʌlp] *n.* **1.** miąższ. **2.** papka. **3.** miazga.
pulpit [ˈpʊlpɪt] *n.* ambona.
pulsate [ˈpʌlseɪt] *v.* pulsować, tętnić.
pulse [pʌls] *n.* **1.** puls, tętno. **2. ~s** nasiona roślin strączkowych. — *v.* pulsować, tętnić.
puma [ˈpjuːmə] *n.* puma.
pump [pʌmp] *n.* **1.** pompa; pompka. **2. ~s** czółenka. — *v.* **1.** pompować. **2.** *pot.* brać na spytki. **3.** *med.* płukać (*żołądek*). **4. ~ out** wypompować wodę z (*pomieszczenia*); produkować w dużych ilościach (*płyty, informacje*); **~ up** napompować.
pumpkin [ˈpʌmpkɪn] *n.* dynia.
pun [pʌn] *n.* kalambur.
punch [pʌntʃ] *n.* **1.** cios (pięścią). **2.** dziurkacz. **3.** poncz. — *v.* **1.** uderzyć/walnąć (pięścią). **2.** przebijać, dziurkować; kasować (*bilet*). **3. ~ in** *komp. pot.* wklepywać (*dane*).
punch line *n.* puenta.
punctual [ˈpʌŋktʃʊəl] *a.* punktualny.
punctually [ˈpʌŋktʃʊəlɪ] *adv.* punktualnie.
punctuation [ˌpʌŋktʃʊˈeɪʃən] *n.* interpunkcja.
punctuation mark *n.* znak przestankowy.
punish [ˈpʌnɪʃ] *v.* **1.** karać. **2.** karać za.
punishment [ˈpʌnɪʃmənt] *n.* kara.
punk [pʌŋk] *n.* **1.** (*także* **~ rock**) punk-rock. **2.** (*także* **~ rocker, punker**) punk. — *a.* punkowy.
pup [pʌp] *n.* = **puppy**.
pupil [ˈpjuːpl] *n.* **1.** ucze-ń/nnica. **2.** źrenica.
puppet [ˈpʌpɪt] *n.* kukiełka; marionetka. — *a.* **~ government/regime** marionetkowy rząd/reżim.
puppy [ˈpʌpɪ] *n.* (*także* **pup**) **1.** szczeniak, szczenię. **2. have puppies** oszczenić się.
purchase [ˈpɝːtʃəs] *form. n.* **1.** zakup, kupno; **make a ~** dokonać zakupu. **2.** nabytek. — *v.* nabyć, zakupić.
purchaser [ˈpɝːtʃəsər] *n. form.* nabyw-ca/czyni.
purchasing power [ˈpɝːtʃəsɪŋ ˌpaʊər] *n.* siła nabywcza.
pure [pjʊr] *a.* czysty; **(by) ~ chance** (przez) czysty przypadek.
purée [pjʊˈreɪ], **puree** *n.* **(apple/tomato) ~** przecier (z jabłek/ pomidorowy). — *v.* przecierać.
purely [ˈpjʊrlɪ] *adv.* czysto (*np. hipotetyczny*).
purgatory [ˈpɝːgəˌtɔːrɪ] *n.* czyściec.
purge [pɝːdʒ] *n. polit.* czystka. — *v.* przeprowadzać czystki w (*organizacji*).
purify [ˈpjʊrɪˌfaɪ] *v.* oczyszczać.
purist [ˈpjʊrɪst] *n.* puryst-a/ka.
puritan [ˈpjʊrətən] *n.* purytan-in/ka. — *a.* purytański.
puritanical [ˌpjʊrəˈtænɪkl] *a.* purytański.
purity [ˈpjʊrətɪ] *n.* czystość.
purple [ˈpɝːpl] *n.* **1.** fiolet. **2.** purpura. — *a.* fioletowy; purpurowy.
purpose [ˈpɝːpəs] *n.* **1.** cel; **on ~** celowo. **2. for/with the ~ of doing sth** z zamiarem zrobienia czegoś.
purposeful [ˈpɝːpəsfʊl] *a.* **1.** celowy. **2.** zdecydowany, stanowczy (*o osobie*).
purr [pɝː] *v.* **1.** mruczeć. **2.** warkotać (*o silniku*). — *n.* **1.** mruczenie. **2.** warkot.
purse [pɝːs] *n.* **1.** torebka (damska). **2.** portmonetka. — *v.* **~ one's lips/mouth** zaciskać/sznurować wargi/ usta.
pursue [pərˈsuː] *v.* **1.** realizować (*politykę, przedsięwzięcie*). **2.** ścigać. **3.** prześladować. **4.** dążyć do osiągnięcia (*szczęścia, satysfakcji*); poświęcać się (*studiom, karierze*). **5.** kontynuować (*działanie*). **6.** uganiać się za (*kimś l. czymś*).
pursuit [pərˈsuːt] *n.* **1.** pościg; **in ~ of sb/sth** w pogoni za kimś/czymś. **2. ~s** *form.* zajęcia; **leisure ~s** rozrywki.

pus [pʌs] *n.* ropa.
push [pʊʃ] *v.* **1.** pchać, popychać. **2.** pchać/przepychać się. **3.** naciskać (na). **4.** *pot.* promować, reklamować (*produkt, styl życia*). **5.** forsować (*poglądy*), namawiać/agitować do (*czegoś*). **6.** **~ drugs** *pot.* handlować narkotykami; **~ it** (*także* **~ one's luck**) *pot.* kusić los; przegiąć; **~ o.s.** zarzynać się; **sb is ~ing 70/80** *pot.* komuś idzie siódmy/ósmy krzyżyk. **7.** **~ sb around** *pot.* pomiatać kimś; **~ off** odbić od brzegu/pomostu; **~ through** przepchnąć (*kandydaturę, ustawę*). — *n.* **1.** pchnięcie; popchnięcie; **give sb/sth a ~** popchnąć kogoś/coś. **2.** **100 at a ~** (co) najwyżej 100; **at the ~ of a button** (jak) za naciśnięciem guzika.
push-up ['pʊʃˌʌp] *n.* pompka (*ćwiczenie*).
pushy ['pʊʃɪ] *n.* natrętny, natarczywy.
pussy cat ['pʊsɪ ˌkæt] *n. pot.* kotek.
put [pʊt] *v. pret. i pp.* **put** **1.** kłaść, położyć; umieszczać; stawiać; wkładać, wsadzać. **2.** **~ an end/stop to sth** położyć czemuś kres; **~ effort/energy into sth** wkładać w coś wysiłek/energię; **~ o.s. in sb's place** postawić się na czyimś miejscu; **~ sb out of work/ a job** pozbawić kogoś pracy/posady; **~ sb straight/ right** wyprowadzić kogoś z błędu; **~ sth into words** wyrazić coś słowami; **~ sth to music** skomponować muzykę do czegoś; **how can/shall/should I ~ it** jak by to powiedzieć; **sb ~s sth first** coś jest dla kogoś najważniejsze; **to ~ it mildly** delikatnie mówiąc. **3.** **~ sth across** wyrazić/przekazać coś; **~ aside** odłożyć/ odsunąć na bok; **~ away** odłożyć (na miejsce); schować (*np. do lodówki*); *pot.* zamknąć (*przestępcę*); zamknąć w zakładzie (*chorego*); **~ back** odłożyć (na miejsce); **~ down** odłożyć (*przedmiot*); poniżać; **~ forward** przedstawić (*propozycje, kandydaturę*); wysunąć (*teorię*); **~ in** zainstalować (*np. wannę*); poświęcać (*czas, wysiłek*); wtrącić (*słowo*); **~ off** odkładać, przesuwać (*coś zaplanowanego*); odstręczać; **~ on** włożyć (*ubranie, buty*); nałożyć (*makijaż, maseczkę*); włączyć (*światło, czajnik*); nastawić (*płytę*); przybrać (*manierę, pozę*); *pot.* podpuścić, nabrać; *teatr* wystawić; **~ on weight** przytyć, przybrać na wadze; **~ out** zgasić; wystawić (przed dom) (*śmieci*); **~ through** *tel.* połączyć; **~ sb through school/college** sfinansować komuś naukę/studia; **~ sth to sb** przedstawić coś komuś; **~ together** złożyć, zmontować; przygotować naprędce; **~ up** postawić (*budynek, płot*); wywiesić (*plakat, wyniki*); podnieść (*czynsz, ceny*); przenocować (*kogoś*); **~ up with sb/ sth** znosić kogoś/coś. — *adv.* **stay ~** nie ruszać się, zostać (na miejscu). — *n.* (*także* **shot ~**) pchnięcie kulą.
putty ['pʌtɪ] *n.* kit.
puzzle ['pʌzl] *n.* **1.** zagadka. **2.** łamigłówka; **crossword ~** krzyżówka. **3.** układanka, puzzle. — *v.* **1.** stanowić zagadkę dla (*kogoś*); dawać do myślenia (*komuś*), zastanawiać. **2.** **~ about/over sth** (*także* **~ one's head over sth**) głowić się nad czymś.
puzzled ['pʌzld] *a.* zdziwiony.
puzzling ['pʌzlɪŋ] *a.* zagadkowy.
pyramid ['pɪrəmɪd] *n.* piramida.
python ['paɪθɑːn] *n.* pyton.

Q

quack [kwæk] *v.* kwakać. — *n.* **1.** kwa, kwak. **2.** szarlatan/ka.
quad [kwɑːd] *n.* dziedziniec.
quadrangle ['kwɑːdˌræŋgl] *n.* **1.** dziedziniec. **2.** czworokąt.
quadruped ['kwɑːdrəˌped] *n.* czworonóg.
quadruple [kwɑː'druːpl] *a.* czterokrotny; poczwórny. — *v.* zwiększać (się) czterokrotnie.
quadruplets [kwɑː'druːpləts] *n. pl.* czworaczki.
quail [kweɪl] *n.* przepiórka.
quaint [kweɪnt] *a.* urokliwy; osobliwy; staroświecki.
quake [kweɪk] *v.* trząść się, drżeć (*t. o ziemi*); dygotać. — *n.* trzęsienie ziemi.
Quaker ['kweɪkər] *n.* kwakier/ka.
qualification [ˌkwɑːləfə'keɪʃən] *n.* **1.** **~s** kwalifikacje. **2.** zastrzeżenie; **without ~** bez zastrzeżeń.
qualified ['kwɑːləˌfaɪd] *a.* **1.** wykwalifikowany; dyplomowany. **2.** połowiczny (*o sukcesie*); powściągliwy (*o pochwale*). **3.** **be/feel ~ to do sth** być/czuć się kompetentnym, by coś zrobić.
qualify ['kwɑːləˌfaɪ] *v.* **1.** **~ for sth** móc ubiegać się o coś; kwalifikować się do czegoś; mieć prawo do czegoś (*np. do zasiłku*). **2.** **~ sb for sth** dawać komuś prawo do ubiegania się o coś; kwalifikować/upoważniać kogoś do czegoś. **3.** **~ as a doctor/pilot** zdobyć dyplom lekarza/pilota. **4.** *sport* zakwalifikować się. **5.** uściślić, sprecyzować (*twierdzenie*).
qualitative ['kwɑːləˌteɪtɪv] *a.* jakościowy.
quality ['kwɑːlətɪ] *n.* **1.** jakość; **~ of life** jakość życia; **of good/poor ~** dobrej/kiepskiej jakości. **2.** cecha, przymiot; właściwość. **3.** barwa, timbre (*głosu*). — *a.* dobrej/wysokiej jakości, dobry jakościowo.
qualms [kwɑːmz] *n. pl.* skrupuły; **have no ~ about (doing) sth** nie mieć skrupułów w związku z czymś.
quandary ['kwɑːndərɪ] *n.* dylemat; **be in a ~** być w rozterce.
quantify ['kwɑːntəˌfaɪ] *v.* mierzyć; określać ilościowo.
quantitative ['kwɑːntəˌteɪtɪv] *a.* ilościowy.
quantity ['kwɑːntɪtɪ] *n.* **1.** ilość; **in ~** w dużych ilościach. **2.** *t. mat.* wielkość. **3.** iloczas. **4.** **be an unknown ~** stanowić niewiadomą.
quantum ['kwɑːntəm] *n. pl.* **quanta** ['kwɑːntə] kwant; **~ physics** fizyka kwantowa.
quarantine ['kwɑːrənˌtiːn] *n.* kwarantanna; **be in ~** przechodzić kwarantannę. — *v.* poddawać kwarantannie.
quarrel ['kwɑːrəl] *n.* **1.** kłótnia, sprzeczka (*about/ over sth* o coś). **2.** **have no ~ with sb/sth** nie mieć komuś/czemuś nic do zarzucenia. — *v.* **1.** kłócić się, sprzeczać się. **2.** **~ with sth** nie zgadzać się z czymś, kwestionować coś.
quarrelsome ['kwɑːrəlsəm] *a.* kłótliwy.
quarry ['kwɑːrɪ] *n.* **1.** kamieniołom. **2.** zwierzyna (*na którą się poluje*); ofiara. — *v.* wydobywać (*kamień*).
quart [kwɔːrt] *n.* kwarta.

quarter ['kwɔːrtər] *n.* **1.** ćwierć, ćwiartka. **2.** ćwierć dolara. **3.** kwadrans; **a ~ after four** kwadrans po czwartej; **a ~ of/to four** za kwadrans czwarta. **4.** kwartał (*roku*). **5.** semestr (= *10-12 tygodni*). **6.** *sport* kwarta (*meczu*). **7.** dzielnica, kwartał. **8. ~s** *t. wojsk.* kwatery. **9. at close ~s** z bliska; **from all ~s** ze wszystkich stron; **in some ~s** w pewnych kręgach. — *v.* **1.** ćwiartować. **2.** zakwaterować.
quarterback ['kwɔːrtər,bæk] *n. futbol* rozgrywający.
quarterfinal [,kwɔːrtər'faɪnl] *a.* ćwierćfinał.
quarterly ['kwɔːrtərlɪ] *a.* kwartalny. — *adv.* kwartalnie, raz na kwartał. — *n.* kwartalnik.
quartet [kwɔːr'tet] *n.* kwartet.
quartz [kwɔːrts] *n.* kwarc.
quaver ['kweɪvər] *n.* drżeć (*o głosie*). — *n.* drżenie.
quay [kiː] *n.* nabrzeże.
queasy ['kwiːzɪ] *a.* **1. be/feel ~** mieć/odczuwać mdłości. **2. sb feels ~ about sth** *t. przen.* komuś robi się niedobrze na myśl o czymś. **3. ~ conscience** niespokojne sumienie.
queen [kwiːn] *n.* **1.** królowa. **2.** *obelż. pot.* ciota (= *homoseksualista*). **3.** *szachy* hetman, królowa. **4.** *karty* dama.
queer [kwiːr] *a.* **1.** *przest.* dziwny, dziwaczny. **2.** *obelż. pot.* pedalski, ciotowaty. — *n. obelż. pot.* pedał, ciota.
quell [kwel] *v. form.* stłumić.
quench [kwentʃ] *v.* gasić; **~ a fire/one's thirst** ugasić ogień/pragnienie.
query ['kwerɪ] *n.* **1.** zapytanie. **2.** wątpliwość. — *v.* **1.** kwestionować. **2.** pytać, zapytywać.
quest [kwest] *n.* **~ for sth** poszukiwanie czegoś; pogoń za czymś.
question ['kwestʃən] *n.* **1.** pytanie; zapytanie; **answer a ~** odpowiedzieć na pytanie; **ask (sb) a ~** zadać (komuś) pytanie; **good ~!** dobre pytanie! **the ~ is whether...** pytanie (tylko), czy... **2.** kwestia, sprawa; **it's (just) a ~ of time** to (tylko) kwestia czasu. **3.** wątpliwość; **be beyond ~** nie ulegać wątpliwości; **call sth into ~** podawać coś w wątpliwość, kwestionować coś; **open to ~** wątpliwy, dyskusyjny; **raise ~s about sth** rodzić wątpliwości co do czegoś, kazać wątpić w coś; **there is no ~ (about that)** nie ma (co do tego) żadnych wątpliwości; **without ~** bez wątpienia. **4. it's out of the ~** to wykluczone, to nie wchodzi w grę/rachubę; **the article/author in ~** artykuł/autor, o którym mowa; **there is no ~ of sb doing sth** nie ma mowy (o tym), żeby ktoś coś zrobił. — *v.* **1.** wypytywać; przesłuchiwać. **2.** kwestionować, podawać w wątpliwość.
questionable ['kwestʃənəbl] *a.* **1.** wątpliwy, dyskusyjny. **2.** podejrzany (*o motywach, interesach*).
questioning ['kwestʃənɪŋ] *a.* pytający (*np. o spojrzeniu*).
question mark *n.* znak zapytania.
questionnaire [,kwestʃə'ner] *n.* kwestionariusz, ankieta; **fill out a ~** wypełnić ankietę.
queue [kjuː] *n. t. komp.* kolejka.
quibble ['kwɪbl] *v.* spierać się o drobiazgi; czepiać się szczegółów; **~ about/over sth** sprzeczać się o coś (*nieistotnego*). — *n.* drobne zastrzeżenie.
quick [kwɪk] *a.* **1.** szybki; **be ~ to do sth** szybko coś robić. **2.** bystry. **3. a ~ fix** prowizorka; **be ~ (about it)!** pośpiesz się (z tym)! **be ~ on the draw/uptake** szybko chwytać, o co chodzi; **have a ~ temper** mieć porywcze usposobienie. — *adv., int.* szybko. — *n.* **cut sb to the ~** dotknąć kogoś do żywego.
quicken ['kwɪkən] *v.* **1.** przyśpieszać; **~ the pace** przyśpieszyć kroku. **2.** ożywiać (się), wzmagać (się).
quickie ['kwɪkɪ] *n. pot.* szybki numerek.
quickly ['kwɪklɪ] *adv.* szybko.
quickness ['kwɪknəs] *n.* szybkość.
quick-witted [,kwɪk'wɪtɪd] *a.* błyskotliwy.
quiet ['kwaɪət] *a.* cichy; spokojny; milczący; **(be/keep) ~!** (bądź/siedź) cicho! **have a ~ word with sb** pomówić z kimś na osobności; **keep ~** siedzieć cicho; **keep sth ~** (*także* **keep ~ about sth**) trzymać coś w tajemnicy. — *n.* cisza; **~, please!** proszę o ciszę! **peace and ~** spokój i cisza. — *v.* **~ (down)** cichnąć; uspokajać (się); uciszać (się).
quietly ['kwaɪətlɪ] *adv.* **1.** cicho; po cichu; w milczeniu. **2.** spokojnie.
quilt [kwɪlt] *n.* **1.** kołdra. **2.** kapa, narzuta.
quintessential [,kwɪntə'senʃl] *a.* typowy, klasyczny.
quintet [kwɪn'tet] *n.* kwintet.
quintuplets [kwɪn'tʌpləts] *n. pl.* pięcioraczki.
quip [kwɪp] *v.* zażartować. — *n.* dowcipna uwaga.
quirk [kwɝːk] *n.* dziwactwo; dziwny zwyczaj; dziwny przypadek; **a ~ of nature** wybryk natury.
quit [kwɪt] *v. pret. i pp.* **quit** *l.* **quitted 1.** rzucać; **~ school/one's job** rzucić szkołę/pracę; **~ smoking** rzucić palenie. **2. ~ doing sth** przestać coś robić. **3.** *komp.* zakończyć, wyjść z programu.
quite [kwaɪt] *adv.* **1.** całkiem, dosyć, dość; **~ a lot/few** (całkiem) sporo. **2.** całkowicie, całkiem, zupełnie; **I ~ agree** całkowicie się zgadzam; **I'm not ~ sure** nie jestem całkiem pewny; **not ~** niezupełnie. **3. ~ a/an...** niezły..., nienajgorszy...
quits [kwɪts] *a.* **call it ~** *pot.* zakończyć sprawę.
quiver ['kwɪvər] *v.* drżeć. — *n.* drżenie.
quiz [kwɪz] *n. pl.* **-zes 1.** sprawdzian, test. **2.** kwiz, quiz. — *v.* **1. ~ sb** przepytywać kogoś; robić komuś sprawdzian (*on sth* z czegoś). **2.** wypytywać; przesłuchiwać.
quiz show *n.* teleturniej.
quizzical ['kwɪzɪkl] *a.* pytający, zdziwiony (*o spojrzeniu, uśmiechu*).
quota ['kwoʊtə] *n.* kontyngent, kwota; **import ~s** kwoty importowe.
quotation [kwoʊ'teɪʃən] *n.* **1.** cytat. **2.** wycena (*naprawy, usługi*).
quotation marks *n. pl.* (*także* **quotes**) cudzysłów.
quote [kwoʊt] *v.* **1.** cytować, przytaczać; **~ sb as saying that...** przytoczyć czyjeś słowa, że...; **~,..., unquote** cytuję,..., koniec cytatu. **2.** podawać (*cenę usługi, towaru*); wyceniać (*usługę*). — *n.* **1.** cytat. **2.** wycena. **3. ~s** cudzysłów; **in ~s** w cudzysłowie.
quotient ['kwoʊʃənt] *n.* iloraz.

R

rabbi ['ræbaɪ] *n.* rabin.
rabbit ['ræbət] *n.* królik.
rabble ['ræbl] *n.* **1.** motłoch. **2. the ~** pospólstwo.
rabid ['ræbɪd] *a.* wściekły (*t.* = *chory na wściekliznę*).
rabies ['reɪbiːz] *n.* wścieklizna.
raccoon [ræ'kuːn], **racoon** *n.* szop pracz.
race [reɪs] *n.* **1.** wyścig; bieg; gonitwa; **a ~ against time/the clock** wyścig z czasem; **arms ~** wyścig zbrojeń; **the ~s** wyścigi (konne). **2.** rasa; **the human ~** rodzaj ludzki. — *v.* **1.** ścigać się; **~ (against) sb** ścigać się z kimś; **I'll ~ you!** ścigajmy się! **2.** pędzić, gnać. **3. sb's pulse ~s** ktoś ma mocno przyspieszone tętno.
racial ['reɪʃl] *a.* rasowy; **~ prejudice/tension** uprzedzenia/napięcia na tle rasowym.
racism ['reɪsˌɪzəm] *n.* rasizm.
racist ['reɪsɪst] *a.* rasistowski. — *n.* rasist-a/ka.
rack [ræk] *n.* **1.** wieszak; stojak; półka; **clothes ~** wieszak (*zwł. rama z poprzecznym prętem*); **magazine ~** stojak na czasopisma; **roof/luggage ~** bagażnik dachowy; **plate ~** suszarka do naczyń. **2. go to ~ and ruin** zamieniać się w ruinę (*o budynku*); podupadać (*o firmie*). — *v.* **1. ~ed by/with doubt** nękany wątpliwościami; **~ed by/with guilt** dręczony wyrzutami sumienia. **2. ~ one's brain(s)** łamać sobie głowę; wytężać pamięć (*for sth* w poszukiwaniu czegoś).
racket ['rækɪt] *n.* **1.** (*także* **racquet**) rakieta (*do gry l. śnieżna*). **2.** *pot.* raban, harmider. **3.** machlojki, machinacje; kant; **protection ~** wyłudzanie haraczu. **4.** *pot.* biznes; branża.
radar ['reɪdɑːr] *n.* radar.
radiant ['reɪdɪənt] *a.* promienny; rozpromieniony.
radiate *v.* ['reɪdɪˌeɪt] promieniować; **~ joy** promienieć (radością); **she ~s energy/enthusiasm** emanuje z niej/bije od niej energia/zapał.
radiation [ˌreɪdɪ'eɪʃən] *n.* promieniowanie.
radiator ['reɪdɪˌeɪtər] *n.* **1.** kaloryfer, grzejnik. **2.** chłodnica. **3.** radiator.
radical ['rædɪkl] *a.* **1.** radykalny. **2.** zasadniczy, podstawowy, fundamentalny. — *n.* **1.** radykał. **2. free ~s** wolne rodniki.
radii ['reɪdɪˌaɪ] *n. pl. zob.* **radius**.
radio ['reɪdɪˌoʊ] *n.* radio; **listen to the ~** słuchać radia; **on the ~** w radiu. — *a.* radiowy; **~ station** stacja radiowa; radiostacja. — *v.* nadawać przez radio (*wiadomości*); podawać przez radio (*pozycję*).
radioactive [ˌreɪdɪoʊ'æktɪv] *a.* promieniotwórczy, radioaktywny.
radiology [ˌreɪdɪ'ɑːlədʒɪ] *n.* radiologia, rentgenologia.
radish ['rædɪʃ] *n.* rzodkiewka.
radius ['reɪdɪəs] *n. pl. t.* **radii** ['reɪdɪˌaɪ] **1.** promień; **from a 10-mile ~** z terenów w promieniu 10 mil. **2.** kość promieniowa.
raffle ['ræfl] *n.* loteria fantowa.
raft [ræft] *n.* tratwa; (*także* **life ~**) tratwa ratunkowa. — *v.* przewozić tratwą; spławiać.
rag [ræg] *n.* **1.** szmata; szmatka; łachman. **2.** skrawek, strzęp. **3.** *pot.* chustka do nosa. **4.** *pot.* szmatławiec (*gazeta*). **5. go from ~s to riches** przejść drogę od pucybuta do milionera.
rage [reɪdʒ] *n.* **1.** wściekłość; gniew; **in a ~** w gniewie; **fly into a ~** wpaść we wściekłość. **2.** pasja (*for sth* dla czegoś); pożądanie (*of sth* czegoś). **3. be (all) the ~** *pot.* być ostatnim krzykiem mody. — *v.* **1.** wściekać się. **2.** szaleć (*o burzy, epidemii*); wrzeć (*o dyskusji*).
ragged ['rægɪd] *a.* **1.** podarty. **2.** obdarty. **3.** postrzępiony; zaniedbany. **4.** nierówny.
raid [reɪd] *n.* **1.** atak; **air ~** nalot, atak z powietrza; **carry out/launch/make a ~** przeprowadzić atak. **2.** (*także* **police ~**) nalot (policyjny). **3.** *hist.* najazd. **4.** próba przejęcia (*firmy, pracowników konkurencji*). — *v.* **1.** zaatakować. **2.** *policja* zrobić nalot na. **3.** *hist.* najechać. **4. ~ the refrigerator/larder** *żart.* zrobić nalot na lodówkę/spiżarnię.
rail [reɪl] *n.* **1.** poręcz; balustrada. **2.** szyna. **3. by ~** koleją. **4. go off the ~s** *pot.* zwariować.
railing ['reɪlɪŋ] *n.* balustrada; płot (*z prętów l. desek*).
railroad ['reɪlˌroʊd] *n.* **1.** linia kolejowa. **2. the ~** kolej. — *v.* **~ sb into (doing) sth** przymusić kogoś do czegoś.
rain [reɪn] *n.* **1.** deszcz; **heavy ~** obfite opady (deszczu); **it looks like ~** wygląda na to, że będzie padać. **2. a ~ of arrows/blows** deszcz strzał/ciosów; **(as) right as ~** zdrów jak ryba. — *v.* **1. it is ~ing** pada (deszcz). **2.** sypać się (*o ciosach, strzałach*). **3. when it ~s, it pours** nieszczęścia (zawsze) chodzą parami. **4. ~ down** spływać (*np. o łzach*); **be/get ~ed out** nie odbyć się z powodu deszczu (*np. o meczu*).
rainbow ['reɪnˌboʊ] *n.* tęcza.
raincoat ['reɪnˌkoʊt] *n.* płaszcz przeciwdeszczowy.
raindrop ['reɪnˌdrɑːp] *n.* kropla deszczu.
rainfall ['reɪnˌfɔːl] *n.* opady deszczu.
rain forest *n.* tropikalny las deszczowy.
rainy ['reɪnɪ] *a.* **1.** deszczowy. **2. save sth for a ~ day** odkładać coś na czarną godzinę.
raise [reɪz] *v.* **1.** podnosić; **~ o.s.** podnieść się; **~ one's voice** podnieść głos. **2.** wychowywać. **3.** hodować. **4.** wnosić (*zastrzeżenia*). **5.** stawiać (*słup, stodołę*); *form.* wznosić (*pomnik*). **6.** wzbudzać (*nadzieje, wątpliwości*). **7.** wywoływać (*protesty*); wzniecać (*bunt*). **8.** zbierać (*pieniądze, armię*). **9. ~ sb to the rank of sergeant** awansować kogoś do stopnia sierżanta. **10. ~ a glass** wznieść toast (*to sb/sth* za kogoś/coś); **~ a laugh/smile** wywołać śmiech/uśmiech; **~ an embargo** znieść embargo; **~ one's hat** uchylić kapelusza. — *n.* **1.** podwyżka. **2.** podniesienie, podwyższenie (*stawki*).
raisin ['reɪzən] *n.* rodzynek, rodzynka.
rake [reɪk] *n.* grabie. — *v.* **1.** grabić. **2. ~ ashes/a fire** grzebać w popiele/kominku; **~ one's fingers through one's hair** przeczesywać/rozgarniać włosy palcami. **3.** *pot.* **~ in** zgarniać (*pieniądze*); **~ it in** zgarniać/robić duże pieniądze; **~ up** odgrzebywać (*stare sprawy*).
rally ['rælɪ] *v.* **1.** zbierać (*zwolenników*); pozyskiwać (*wsparcie*); mobilizować (*opinię społeczną*). **2.** zbierać się; mobilizować się. **3.** dochodzić do siebie (*po chorobie*). **4. ~ around** łączyć siły; skupiać się wokół (*kogoś, czegoś*). — *n.* **1.** wiec. **2.** *mot.* rajd. **3.** *tenis* wymiana piłek.
RAM [ræm] *abbr. komp.* = **random access memory**.
ram [ræm] *n.* **1.** baran. **2.** *hist.* taran. — *v.* **1.** taranować; uderzać w. **2.** wbijać. **3.** wciskać. **4. ~ sth**

home postarać się, żeby coś zostało zrozumiane; **~ sth down sb's throat** powtarzać coś komuś do znudzenia.
ramble ['ræmbl] *v.* **1.** wędrować. **2.** piąć się; pełzać (*o roślinie*). **3.** mówić/pisać bez ładu i składu. — *n.* wędrówka, piesza wycieczka.
rambling ['ræmblɪŋ] *a.* **1.** rozłożysty, zbudowany bez planu. **2.** bezładny; rozwlekły (*o mowie, liście*). **3.** pnący (*zwł. o róży*). **4.** wędrowny.
ramp [ræmp] *n.* **1.** podjazd; rampa. **2. on/off ~** wjazd na autostradę/zjazd z autostrady. **3.** *lotn.* schody, trap. **4.** *mot.* śpiący policjant.
ran [ræn] *v. zob.* **run** *v.*
ranch [ræntʃ] *n.* **1.** ranczo, rancho. **2.** ferma.
rancid ['rænsɪd] *a.* zjełczały.
random ['rændəm] *a.* przypadkowy; losowy. — *n.* **at ~** na chybił trafił; losowo.
random access memory *n.* (*także* **RAM**) *komp.* pamięć o dostępie swobodnym.
rang [ræŋ] *v. zob.* **ring** *v.*
range [reɪndʒ] *n.* **1.** zakres. **2.** przedział; rząd (*wielkości*); grupa, kategoria; **price ~** przedział cenowy. **3. wide/full ~** szeroki/pełen asortyment. **4.** zasięg; **~ of vision** pole widzenia; **close/long ~ missile** pocisk bliskiego/dalekiego zasięgu. **5.** skala (*głosu, instrumentu*). **6.** (*także* **mountain ~**) łańcuch (górski). **7.** (*także* **rifle ~**) strzelnica. **8.** piec (kuchenny); *hist.* palenisko. — *v.* **1.** wahać się (*from... to...* w granicach od... do...). **2.** ustawiać; układać. **3.** klasyfikować, kategoryzować.
ranger ['reɪndʒər] *n.* strażnik leśny.
rank [ræŋk] *n.* **1.** szereg; **close ~s** zewrzeć szeregi. **2.** ranga. **3.** warstwa (*społeczeństwa*). **4.** *wojsk.* stopień. **5.** postój taksówek. **6. the ~s** szeregowi żołnierze; szeregowi członkowie. — *v.* **1. ~ as/among** zaliczać się do (*kogoś l. czegoś*); **~ low/high** mieć niską/ wysoką pozycję; **~ with sb** mieć względy u kogoś; **be ~ed second** być klasyfikowanym na drugim miejscu. **2.** (*także* **~ in order**) ustawiać w kolejności. — *a.* **1.** śmierdzący, cuchnący. **2.** zbyt bujny, wybujały (*o roślinności*).
ransack ['ræn,sæk] *v.* **1.** przetrząsać. **2.** plądrować.
ransom ['rænsəm] *n.* **1.** okup. **2.** zwolnienie za okupem. **3. hold sb for ~** przetrzymywać kogoś w charakterze zakładnika. — *v.* zapłacić okup za, wykupić.
rap [ræp] *v.* **1.** pukać (w), stukać (w); **~ at/on the door** pukać do drzwi. **2. ~ sb on the knuckles** dać komuś po łapach (*t. = skrytykować*). **3.** *muz.* rapować. **4.** *przest. pot.* nawijać, gadać. — *n.* **1.** *muz.* rap. **2. ~ at/on the door** pukanie do drzwi. **3.** *pot.* zarzut, oskarżenie; **murder ~** zarzut morderstwa.
rape [reɪp] *n.* **1.** gwałt. **2.** rzepak. — *v.* zgwałcić.
rapid ['ræpɪd] *a.* szybki, prędki; gwałtowny.
rapidly ['ræpɪdlɪ] *adv.* szybko, prędko; gwałtownie.
rapids ['ræpɪdz] *n. pl.* progi na rzece.
rapist ['reɪpɪst] *n.* gwałciciel.
rapturous ['ræptʃərəs] *a. form.* pełen zachwytu/uniesienia; entuzjastyczny.
rare [rer] *a.* **1.** rzadki; **it is ~ for sb to do sth** rzadko się zdarza, żeby ktoś coś zrobił. **2.** krwisty (*o steku*).
rarely ['rerlɪ] *adv.* rzadko, nieczęsto; wyjątkowo.
rash [ræʃ] *a.* pochopny, nierozważny. — *n.* wysypka; **break out in a ~** dostać wysypki.
raspberry ['ræz,berɪ] *n.* **1.** malina. **2.** *pot.* prychnięcie.
rat [ræt] *n.* **1.** szczur. **2.** *pot.* zdrajca; łamistrajk; kapuś. **3. smell a ~** *pot.* wyczuć pismo nosem. — *v.* **~ on sb** *pot.* sypnąć/zakapować kogoś.
rate [reɪt] *n.* **1.** tempo; **~ of growth** tempo wzrostu gospodarczego; **at this ~** w tym tempie; w ten sposób; **pulse ~** częstość tętna. **2.** współczynnik, wskaźnik; **death ~** umieralność, współczynnik zgonów; **high/low ~(s) of unemployment** wysoki/ niski współczynnik bezrobocia. **3.** stawka; **the going ~** zwykła/przyjęta/aktualna stawka. **4.** stopa; **~ of interest/return** stopa procentowa/zysku. **5. first-/ third-~** pierwszorzędny/trzeciorzędny. **6. at any ~** w każdym razie. — *v.* **1. be ~d second in the world** zajmować drugą pozycję na świecie; **he is ~d (as)/he ~s as one of the best guitar players** uważa się go za jednego z najlepszych gitarzystów. **2. ~ sb/sth very highly** cenić kogoś/coś bardzo wysoko. **3.** oceniać, szacować (*at* na) (*daną wartość*). **4. be ~d G/PG-13/ X** *kino* być dozwolonym bez ograniczeń/od lat 13/od lat 18.
rather ['ræðər] *adv.* **1.** dość, dosyć; całkiem; **he's ~ tall** jest dość wysoki; **I ~ like it** całkiem mi się to podoba. **2.** trochę; **~ a lot** trochę (za) dużo. **3.** raczej; **but ~** ale raczej; **or ~** czy (też) raczej. **4. ~ than sth/doing sth** zamiast czegoś/robić coś. **5. would/'d ~** woleć; **I'd ~ stay here** wolałbym zostać tutaj; **we would ~ you did not talk to strangers** wolelibyśmy, żebyś nie rozmawiał z obcymi.
ratification [,rætəfə'keɪʃən] *n.* ratyfikacja.
ratify ['rætə,faɪ] *v.* ratyfikować.
rating ['reɪtɪŋ] *n.* **1.** ocena; **credit ~** ocena zdolności kredytowej. **2.** notowania (*polityków*). **3.** klasyfikacja, zaszeregowanie (*filmu*).
ratio ['reɪʃoʊ] *n.* stosunek, proporcja; **in the ~ of four to one** w stosunku cztery do jednego.
ration ['ræʃən] *n.* racja, przydział; **~s** racje żywnościowe. — *v.* **~ (out)** racjonować, wydzielać.
rational ['ræʃənl] *a.* **1.** rozumny; rozumowy. **2.** racjonalny, rozsądny.
rationalization [,ræʃənələ'zeɪʃən] *n.* **1.** racjonalizacja. **2.** usprawnienie.
rationalize ['ræʃənə,laɪz] *v.* **1.** racjonalizować. **2.** usprawniać. **3. ~ that...** wytłumaczyć sobie, że...
rationally ['ræʃənlɪ] *adv.* **1.** rozumnie; rozumowo. **2.** racjonalnie, rozsądnie. **3.** z racjonalnego punktu widzenia, na zdrowy rozum.
rattle ['rætl] *v.* **1.** stukać. **2.** szczękać. **3.** turkotać, stukotać. **4.** brzęczeć; pobrzękiwać. **5.** *pot.* wytrącić z równowagi. **6. ~ off** wyrecytować, wyklepać; **~ on** *pot.* klepać, trajkotać. — *n.* **1.** grzechotka. **2.** stukot; szczęk; brzęk; grzechotanie.
rattlesnake ['rætl,sneɪk] *n.* grzechotnik.
rave [reɪv] *v.* **1.** bredzić. **2.** wrzeszczeć, wściekać się. **3.** wyć, szaleć (*o wietrze, morzu*). **4.** *pot.* unosić się z zachwytu (*about/over sb/sth* nad kimś/czymś). — *n.* **1.** ubaw. **2.** entuzjastyczna recenzja. — *a.* entuzjastyczny (*o recenzji*).
raven ['reɪvən] *n.* kruk. — *a. lit.* kruczoczarny, kruczy.
ravine [rə'viːn] *n.* wąwóz, jar.
ravishing ['rævɪʃɪŋ] *a.* olśniewający, zachwycający.
raw [rɔː] *a.* **1.** surowy; nierafinowany; **~ materials** surowce. **2.** obtarty (*o skórze*). **3.** niedoświadczony. **4.** naturalny; nieupiększony (*o opisie*). **5. get a ~ deal** zostać niesprawiedliwie potraktowanym; **touch/hit a ~ nerve** trafić w czułe miejsce.

ray [reɪ] *n.* promień; promyk; **~ of hope** promyk nadziei.

rayon ['reɪɑːn] *n.* sztuczny jedwab, rayon.

raze [reɪz] *v.* (*także* **~ to the ground**) zrównać z ziemią.

razor ['reɪzər] *n.* brzytwa; **electric ~** golarka elektryczna.

razor blade *n.* żyletka.

reach [riːtʃ] *v.* **1.** docierać do (*celu, odbiorców*). **2.** dochodzić do (*wniosku*). **3.** sięgać, dochodzić do (*miejsca*); dosięgać (do) (*punktu*); **~ as far as sth** sięgać aż do czegoś; **~ for the stars** sięgać gwiazd. **4.** osiągać (*wiek, porozumienie*). **5.** **~ a decision** podjąć decyzję. **6.** **can we ~ you at the office?** czy można się z tobą skontaktować w biurze?, czy jesteś osiągalny w biurze? **7.** **~ out** wyciągać rękę, sięgać. — *n.* zasięg; **beyond the ~ of sb** poza czyimś zasięgiem; **keep out of the ~ of children** chronić przed dziećmi (*napis na leku*); **out of ~** nieosiągalny; **within ~** w zasięgu ręki; osiągalny; **within (easy) ~ of the station** (bardzo) blisko dworca.

react [rɪ'ækt] *v.* **1.** reagować; **~ by doing sth** zareagować, robiąc coś. **2.** *chem.* wchodzić w reakcję. **3.** **~ (badly) to sth** źle reagować/być uczulonym na coś. **4.** **~ against sth** buntować się przeciwko czemuś.

reaction [rɪ'ækʃən] *n.* **1.** reakcja; **gut ~** instynktowna reakcja; **mixed ~** mieszane reakcje. **2.** **allergic ~** reakcja uczuleniowa/alergiczna, odczyn alergiczny; **immune/local ~** odczyn odpornościowy/miejscowy. **3.** **~ against sth** bunt przeciwko czemuś, sprzeciw wobec czegoś.

reactor [rɪ'æktər] *n.* reaktor.

read [riːd] *v. pret. i pp.* **read** [red] **1.** czytać; **~ (sth) aloud** czytać (coś) na głos. **2.** brzmieć (*o tekście*). **3.** czytać się; **her last novel ~s extremely well** jej ostatnią powieść świetnie się czyta. **4.** pokazywać, wskazywać (*o termometrze*). **5.** odczytywać (*licznik*). **6.** odgadywać (*czyjś nastrój*); interpretować (*wiersz, sytuację*). **7.** **~ between the lines** czytać między wierszami; **~ music** (umieć) czytać nuty; **~ sb's lips** czytać z ruchu (czyichś) warg; **~ sb's mind/thoughts** czytać komuś w myślach; **~ sb's palm** wróżyć komuś z ręki; **do you ~ me?** *tel.* słyszysz mnie? **8.** **~ for** mieć przesłuchanie do (*roli*); **~ sth into sth** doszukiwać/dopatrywać się czegoś w czymś; **~ out** odczytać (na głos); **~ over/through** przeczytać uważnie; **~ up on sth** *pot.* poczytać (sobie) na jakiś temat. — *n.* **sth is a good ~** coś się dobrze czyta.

reader ['riːdər] *n.* **1.** czytelni-k/czka; **be a fast/slow ~** szybko/wolno czytać. **2.** czytanka (*książka*); wypisy. **3.** *komp.* czytnik.

readily ['redɪlɪ] *adv.* **1.** chętnie, ochoczo; bez wahania. **2.** łatwo; szybko; **~ available** łatwo dostępny.

readiness ['redɪnəs] *n.* **1.** gotowość. **2.** łatwość; szybkość.

reading ['riːdɪŋ] *n.* **1.** czytanie. **2.** lektura; **light ~** lekka/łatwa lektura. **3.** **sth makes a good/interesting ~** coś dobrze/ciekawie się czyta. **4.** interpretacja. **5.** odczyt; **take a ~** dokonać odczytu (*licznika*); odczytać wskazania (*termometru*).

read-only memory [ˌriːdˌoʊnlɪ 'memərɪ] *n.* (*także* **ROM**) *komp.* pamięć ROM/stała.

ready ['redɪ] *a.* **1.** gotowy (*for sth* do czegoś); przygotowany (*for sth* na coś); chętny, gotów (*to do sth* coś zrobić); **~ for anything** gotów na wszystko; **~ when you are** możemy zaczynać; **get ~** przygotowywać się. **2.** szybki (*o odpowiedzi, dostępie*); bystry (*o umyśle, dowcipie*). — *v. form.* przygotowywać.

ready-made [ˌredɪ 'meɪd] *a.* **1.** kupny (*np. o cieście*). **2.** gotowy (*o odzieży, wymówce*).

real [riːl] *a.* **1.** prawdziwy; autentyczny; **the ~ thing** autentyk. **2.** rzeczywisty (*o powodzie, koszcie*); **in ~ life** w rzeczywistości. **3.** **get ~!** *pot.* bądź poważny! **there's no ~ chance/hope of sth** nie ma praktycznie szansy/nadziei na coś. — *n. pot.* **for ~** na poważnie; **are you for ~?** mówisz poważnie? — *adv. pot.* naprawdę; **I'm ~ sorry** naprawdę (bardzo) mi przykro.

real estate *n.* **1.** nieruchomości, majątek nieruchomy. **2.** handel nieruchomościami.

realism ['riːəˌlɪzəm] *n.* realizm.

realist ['riːəlɪst] *n.* realist-a/ka.

realistic [ˌriːə'lɪstɪk] *a.* realistyczny; **be ~** być realist-ą/ką.

reality [rɪ'ælətɪ] *n.* rzeczywistość; **bear little semblance to ~** mieć niewiele wspólnego z rzeczywistością; **become a ~** stać się rzeczywistością/faktem, urzeczywistnić/spełnić się; **harsh realities** twarde realia; **in ~** w rzeczywistości.

realization [ˌriːələ'zeɪʃən] *n.* **1.** realizacja, spełnienie. **2.** **come to the ~ that...** uświadomić sobie, że...

realize ['riːəˌlaɪz] *v.* **1.** zdawać sobie sprawę z, być świadomym (*czegoś*), uświadamiać sobie. **2.** spełniać; realizować; osiągać.

really ['riːlɪ] *adv.* naprawdę, rzeczywiście; **~?** naprawdę?, czyżby? **~!** coś podobnego! no wiesz! **not ~** niezupełnie; właściwie (to) nie.

realm [relm] *n.* **1.** dziedzina, sfera. **2.** *lit.* królestwo. **3.** **(not) be within the ~s of possibility** *form.* (nie) być możliwym.

reap [riːp] *v.* **1.** zbierać (plony). **2.** **~ the benefit(s)/profit(s)/reward(s)** czerpać korzyści; **~ the fruits of sth** zbierać owoce czegoś.

rear [rɪːr] *n.* **1.** **the ~** tył; *wojsk.* tyły. **2.** *pot.* tyłek. **3.** **bring up the ~** zamykać pochód; zamykać stawkę/peleton. — *a.* tylny. — *v.* **1.** wychowywać; hodować. **2.** **~ its ugly head** dawać o sobie znać, wracać jak zły sen. **3.** **~ (up)** stawać dęba (*o koniu*). **4.** **~ above/over sb/sth** wznosić się/górować nad kimś/czymś.

reason ['riːzən] *n.* **1.** powód; przyczyna (*for sth* czegoś); **for personal/health ~s** z przyczyn osobistych/zdrowotnych; **for some ~** z jakiegoś powodu; **give a ~** podać powód; **have ~ to believe (that)...** mieć powody przypuszczać, że...; **with (good) ~** nie bez powodu. **2.** rozum; rozsądek; **listen to/see ~** posłuchać głosu rozsądku; **it stands to ~ that...** jest zrozumiałe/oczywiste, że...; **make sb see ~** przemówić komuś do rozsądku/rozumu; **within ~** w granicach (zdrowego) rozsądku, w rozsądnych granicach. — *v.* **1.** wnioskować. **2.** snuć rozważania. **3.** rozumować. **4.** **~ with sb** przemawiać komuś do rozsądku, przekonywać kogoś.

reasonable ['riːzənəbl] *a.* **1.** rozsądny. **2.** sensowny. **3.** znośny. **4.** spory. **5.** rozumny. **6.** **~ doubt** *prawn.* uzasadniona wątpliwość.

reasonably ['riːzənəblɪ] *adv.* **1.** dość (*np. tani, dobrze*). **2.** rozsądnie. **3.** w uzasadniony sposób (*oczekiwać*).

reasoning ['riːzənɪŋ] *n.* rozumowanie.

reassurance [ˌriːə'ʃʊrəns] *n.* **1.** otucha, wsparcie duchowe. **2.** zapewnienie.

reassure [ˌriːəˈʃʊr] *v.* **1.** dodawać otuchy (*komuś*); uspokajać. **2.** zapewniać (*that* że).

rebate *n.* [ˈriːbeɪt] **1.** zwrot nadpłaty; **tax ~** zwrot nadpłaconego podatku. **2.** rabat.

rebel *n.* [ˈrebl] buntowni-k/czka; rebeliant/ka. — *a.* [ˈrebl] buntowniczy; zbuntowany; rebeliancki, powstańczy. — *v.* [rɪˈbel] buntować się; **~ at the idea/thought of sth** buntować się na (samą) myśl o czymś.

rebellion [rɪˈbeljən] *n.* bunt; rebelia, powstanie; **put down/crush a ~** zdławić/stłumić bunt/powstanie.

rebellious [rɪˈbeljəs] *a.* buntowniczy; nieposłuszny; rebeliancki, zbuntowany.

rebuild [ˌriːˈbɪld] *v.* **1.** odbudowywać. **2.** przebudowywać.

rebuke [rɪˈbjuːk] *form. v.* upominać, ganić, karcić. — *n.* upomnienie, nagana.

recall *v.* [rɪˈkɔːl] **1.** przypominać sobie; **as I ~** o ile sobie przypominam; **I don't ~ seeing her there** nie przypominam sobie, żebym ją tam widział. **2.** odwoływać; **~ sb from sth** odwołać kogoś skądś (*np. ambasadora z placówki*). **3.** przypominać, przywoływać na myśl. **4.** wycofywać (ze sprzedaży). — *n.* [ˈriːkɔːl] **1.** pamięć; **total ~** pamięć absolutna. **2. beyond/past ~** nieodwołalny, nieodwracalny.

recap *v.* [ˌriːˈkæp] (*także form.* **recapitulate**) rekapitulować, podsumowywać. — *n.* [ˈriːkæp] (*także form.* **recapitulation**) rekapitulacja, podsumowanie.

recede [rɪˈsiːd] *v.* **1.** oddalać się; cofać się; **~ into the distance** niknąć w oddali. **2.** wygasać; słabnąć. **3. be receding** rzednąć (na skroniach); łysieć (na skroniach).

receding [rɪˈsiːdɪŋ] *a.* cofnięty (*o podbródku, czole*); **have a ~ hairline** łysieć na skroniach.

receipt [rɪˈsiːt] *n.* **1.** pokwitowanie; paragon. **2.** dowód nadania. **3. on/upon ~ of sth** *form.* po otrzymaniu czegoś. — *v.* kwitować; potwierdzać odbiór (*pieniędzy, towarów*).

receive [rɪˈsiːv] *v.* **1.** otrzymywać. **2.** *form.* przyjmować; **be well ~d** zostać dobrze przyjętym (*np. o pomyśle*). **3.** *form.* przyjmować gości. **4.** *radio telew.* odbierać. **5. ~ treatment/therapy** *form.* być poddawanym leczeniu. **6. be on/at the receiving end of sth** być narażonym na coś.

receiver [rɪˈsiːvər] *n.* **1.** *tel.* słuchawka. **2.** *radio telew.* odbiornik. **3.** syndyk (masy upadłości). **4.** odbior-ca/czyni.

recent [ˈriːsənt] *a.* niedawny; ostatni; świeży; **in ~ years** w ostatnich latach.

recently [ˈriːsəntlɪ] *adv.* niedawno; ostatnio; **as ~ as yesterday** zaledwie wczoraj, nie dalej niż wczoraj; **only ~** dopiero niedawno; **until ~** do niedawna.

reception [rɪˈsepʃən] *n.* **1.** przyjęcie, odbiór; **friendly/warm ~** życzliwe/ciepłe przyjęcie. **2.** (*także* **wedding ~**) przyjęcie weselne. **3.** *radio, telew.* odbiór. **4.** (*także* **~ desk**) recepcja; rejestracja.

receptionist [rɪˈsepʃənɪst] *n.* recepcjonist-a/ka; rejestrator/ka.

recess [ˈriːses] *n.* **1.** przerwa (*wakacyjna, w obradach*); **call a ~** ogłosić przerwę. **2.** *szkoln.* przerwa, pauza. **3.** nisza, wnęka. **4. the ~es of sth** zakamarki czegoś.

recession [rɪˈseʃən] *n.* recesja.

recipe [ˈresəˌpiː] *n.* **1.** *kulin.* przepis. **2. ~ for success/happiness** recepta na sukces/szczęście.

recipient [rɪˈsɪpɪənt] *form. n.* **1.** odbior-ca/czyni (*przesyłki, pomocy*). **2.** zdobyw-ca/czyni (*nagrody*).

reciprocal [rɪˈsɪprəkl] *a. form.* wzajemny; obopólny, obustronny.

recital [rɪˈsaɪtl] *n.* **1.** recital. **2.** recytacja, deklamacja.

recite [rɪˈsaɪt] *v.* **1.** recytować, deklamować. **2.** relacjonować; wyliczać (*przykłady*).

reckless [ˈrekləs] *a.* lekkomyślny, nierozważny; nieostrożny.

recklessly [ˈrekləslɪ] *adv.* lekkomyślnie, nierozważnie; nieostrożnie.

reckon [ˈrekən] *v.* **1.** uważać, sądzić; **how old do you ~ he is?** jak sądzisz, ile on ma lat? **2.** *form.* obliczać, szacować; **be ~ed in thousands/millions** być liczonym w tysiącach/milionach. **3. sb/sth to be ~ed with** ktoś/coś, z kim/czym trzeba się liczyć.

reclaim [rɪˈkleɪm] *v.* **1.** odbierać (*bagaż na lotnisku*). **2.** występować o zwrot (*podatku*). **3.** rekultywować (*tereny*). **4.** odzyskiwać (*surowce*).

recline [rɪˈklaɪn] *v.* **1.** *form.* leżeć; wyciągać się; układać się w pozycji półleżącej. **2.** opuszczać/odchylać oparcie (*siedzenia*); opuszczać się, odchylać się (do tyłu) (*o oparciu*).

reclining [rɪˈklaɪnɪŋ] *a.* **1.** półleżący. **2.** opuszczany, odchylany (do tyłu).

recluse [ˈrekluːs] *n.* **1.** samotni-k/czka, odludek. **2.** pustelni-k/ca.

recognition [ˌrekəgˈnɪʃən] *n.* **1.** rozpoznanie; **change beyond ~** zmienić się nie do poznania; **speech/voice ~** *komp.* rozpoznawanie mowy/głosu. **2.** uznanie; **in ~ of sth** w uznaniu (dla) czegoś. **3. growing ~ of sth** rosnące zrozumienie (dla) czegoś, rosnąca świadomość czegoś.

recognizable [ˈrekəgˌnaɪzəbl] *a.* rozpoznawalny.

recognize [ˈrekəgˌnaɪz] *v.* **1.** poznawać; rozpoznawać; **~ sb by sth/as sb** rozpoznać kogoś po czymś/jako kogoś. **2.** uznawać; honorować. **3.** uznać istnienie (*problemu, potrzeby*).

recoil *v.* [rɪˈkɔɪl] **1.** odsuwać się; wzdragać się. **2.** szarpać, odskakiwać (*o broni*).

recollect [ˌrekəˈlekt] *v.* przypominać sobie.

recollection [ˌrekəˈlekʃən] *n. form.* **1.** pamięć; **to the best of my ~** o ile sobie przypominam. **2.** wspomnienie.

recommend [ˌrekəˈmend] *v.* **1.** polecać, rekomendować; **~ sb for the position of...** polecić kogoś na stanowisko... **2.** zalecać (*działanie*). **3. he has much to ~ him** wiele przemawia na jego korzyść.

recommendation [ˌrekəmenˈdeɪʃən] *n.* **1.** rekomendacja, polecenie; **on sb's ~** (*także* **at the ~ of sb**) z czyjegoś polecenia; na czyjś wniosek. **2.** zalecenie; **make ~s** poczynić zalecenia. **3.** list polecający.

reconcile [ˈrekənˌsaɪl] *v.* godzić (ze sobą); **~ o.s. to sth** pogodzić się z czymś; **be ~d (to/with each other)** pogodzić/pojednać się (ze sobą).

reconciliation [ˌrekənˌsɪlɪˈeɪʃən] *n.* pojednanie; zgoda.

reconsider [ˌriːkənˈsɪdər] *v.* **1.** rozważyć ponownie (*decyzję*). **2.** zrewidować (*opinię*). **3.** zastanawiać się ponownie.

reconstruct [ˌriːkənˈstrʌkt] *v.* **1.** odbudowywać. **2.** rekonstruować.

reconstruction [ˌriːkənˈstrʌkʃən] *n.* rekonstrukcja; odtworzenie; odbudowa.

record *v.* [rɪˈkɔːrd] **1.** nagrywać; *komp.* zapisywać. **2.** wskazywać (*temperaturę, prędkość*); notować, rejestrować (*trzęsienie ziemi*). 3. **his face ~ed a disappointment** na jego twarzy odbiło się rozczarowanie. — *n.* ['rekərd] 1. rekord; **all-time ~** rekord wszech czasów; **break/set a ~** pobić/ustanowić rekord. 2. zapis. 3. protokół. 4. akta. 5. *muz.* płyta. 6. *komp.* rekord (*w bazie danych*). 7. **have a criminal ~** być karanym/notowanym; **sb's ~ on sth** czyjeś przeszłe poczynania dotyczące czegoś. 8. **be/go on ~ as saying that...** stwierdzić publicznie, że...; **for/off the ~** oficjalnie/nieoficjalnie (*powiedzieć*); oficjalny/nieoficjalny (*o stwierdzeniu*); **keep a ~ of sth** zapisywać coś; **on ~** notowany, zanotowany (*o osiągnięciu, poziomie*); oficjalny (*o stwierdzeniu*); **public ~s** archiwum państwowe; **set/put the ~ straight** sprostować (ewentualne) nieścisłości. — *a.* ['rekərd] (*także* **~-breaking**) rekordowy.

recorder [rɪ'kɔːrdər] *n.* 1. (*także* **tape ~**) magnetofon; **cassette ~** magnetofon kasetowy; **video ~** magnetowid. 2. flet prosty.

recording [rɪ'kɔːrdɪŋ] *n.* 1. nagranie. 2. nagrywanie.

record player *n.* gramofon.

recover [rɪ'kʌvər] *v.* 1. odzyskiwać; **~ consciousness/one's balance** odzyskać przytomność/równowagę. 2. wyzdrowieć; dojść do siebie, ochłonąć; **~ from a heart attack** dojść do siebie po ataku serca. 3. poprawiać się, ożywiać się (*o gospodarce*).

recovery [rɪ'kʌvərɪ] *n.* 1. wyzdrowienie; **~ from an illness/after an operation** powrót do zdrowia po chorobie/operacji; **wish sb a speedy ~** życzyć komuś szybkiego powrotu do zdrowia. 2. **economic ~** ożywienie gospodarcze.

recreate [ˌriːkrɪ'eɪt] *v.* (*także* **re-create**) stwarzać na nowo; odtwarzać.

recreation [ˌrekrɪ'eɪʃən] *n.* 1. rekreacja, wypoczynek. 2. rozrywka.

recruit [rɪ'kruːt] *n.* 1. rekrut. 2. nowicjusz/ka. — *v.* 1. rekrutować, werbować. 2. przyjmować (do pracy).

recruitment [rɪ'kruːtmənt] *n.* 1. werbunek. 2. nabór, rekrutacja.

rectangle ['rekˌtæŋgl] *n.* prostokąt.

rectangular [rek'tæŋgjələr] *a.* prostokątny.

rectify ['rektəˌfaɪ] *v. form.* 1. poprawiać; naprawiać. 2. *chem.* rektyfikować.

rector ['rektər] *n.* proboszcz (*w kościele episkopalnym*).

recuperate [rɪ'kuːpəˌreɪt] *v.* wracać do zdrowia; odzyskiwać siły, dochodzić do siebie.

recur [rɪ'kɝːr] *v.* powtarzać się; nawracać; powracać.

recurrence [rɪ'kɝːəns] *n.* powtórzenie się; nawrót.

recurrent [rɪ'kɝːənt] *a.* powtarzający się; nawracający.

recycle [riː'saɪkl] *v.* poddawać recyklingowi, przerabiać (na surowce wtórne).

red [red] *a.* 1. czerwony; zaczerwieniony. 2. rudy. — *n.* 1. czerwień, (kolor) czerwony. 2. czerwone wino. 3. **R~** *polit.* czerwon-y/a. 4. *pot.* **be in the ~** mieć deficyt; mieć debet (na koncie); **see ~** wściekać się.

redden ['redən] *v.* czerwienić (się); czerwienieć.

reddish ['redɪsh] *a.* czerwonawy.

redeem [rɪ'diːm] *v.* 1. odkupić, zbawić. 2. wykupywać (*obligacje, zastaw*); spłacać (*dług, hipotekę*). 3. **~ a voucher** wymienić talon na gotówkę lub towar. 4. **~ o.s.** zrehabilitować się.

redemption [rɪ'dempʃən] *n.* 1. odkupienie, zbawienie. 2. zadośćuczynienie. 3. **beyond/past ~** nie do uratowania, stracony.

redhead ['redˌhed] *n.* rud-y/a, rudzielec.

red herring *n.* temat zastępczy.

red-hot [ˌred'hɑːt] *n.* 1. rozgrzany do czerwoności. 2. gorący; namiętny. 3. gwałtowny.

redirect [ˌriːdə'rekt] *v.* 1. przeadresowywać. 2. kierować gdzie indziej (*energię, fundusze*). 3. kierować inną trasą.

red tape *n.* (nadmiernie rozbudowana) biurokracja, (zbędne) przepisy.

reduce [rɪ'duːs] *v.* 1. redukować, ograniczać; zmniejszać (się), obniżać (się). 2. *handl.* przeceniać. 3. **~ to sth** sprowadzać (się) do czegoś. 4. **~ sb to (doing) sth** doprowadzić kogoś do czegoś; zmusić kogoś do czegoś. 5. tracić na wadze, chudnąć. 6. *gł. wojsk.* degradować. 7. zagęszczać (*sos, zupę*). 8. upraszczać, skracać, redukować (*równanie, ułamek*). 9. rozcieńczać (*roztwór*). 10. **~ sth to rubble/ashes** obrócić coś w perzynę.

reduction [rɪ'dʌkʃən] *n.* 1. redukcja. 2. obniżka.

redundancy [rɪ'dʌndənsɪ] *n.* 1. nadmiar, zbyteczność. 2. redundancja, nadmiarowość.

redundant [rɪ'dʌndənt] *a.* zbędny, zbyteczny; niekonieczny, niepotrzebny.

reed [riːd] *n.* 1. trzcina; sitowie. 2. stroik (*w instrumencie dętym*); instrument dęty.

reef [riːf] *n.* rafa; **coral ~** rafa koralowa.

reek [riːk] *v.* 1. śmierdzieć, cuchnąć, zalatywać (*of sth* czymś). 2. **~ of sth** pachnieć/trącić czymś (*np. oszustwem*). — *n.* smród.

reel [riːl] *n.* 1. rolka; szpulka; szpula; zwój; bęben; *ryb.* kołowrotek. 2. żywy taniec ludowy (*szkocki l. irlandzki*). — *v.* 1. zataczać się, chwiać się. 2. **sb's head ~s** komuś kręci się w głowie. 3. wirować (*przed oczami*). 4. **~ off** *pot.* wyrecytować, wyklepać.

refer [rɪ'fɝː] *v.* 1. **~ to sb/sth** wspominać o kimś/czymś; dotyczyć kogoś/czegoś, odnosić się do kogoś/czegoś. 2. **~ to sb/sth as...** nazywać kogoś/coś... (*imieniem l. nazwą*); **~ to sb as...** zwracać się do kogoś (per)... 3. **~ to sth** korzystać z (pomocy) czegoś, posługiwać się czymś (*słownikiem, notatkami*). 4. **~ sb to sb/sth** odesłać/skierować kogoś do kogoś/czegoś.

referee [ˌrefə'riː] *n.* 1. sędzia (*w piłce nożnej, koszykówce, boksie*). 2. arbiter. — *v.* 1. sędziować. 2. rozstrzygać (*kwestię*); podejmować się arbitrażu.

reference ['refərəns] *n.* 1. wzmianka, wspomnienie. 2. odniesienie; aluzja. 3. źródło (*na które ktoś się powołuje*); **~s** bibliografia, literatura (*na końcu pracy*). 4. odsyłacz; odnośnik. 5. list polecający; opinia; **~s** referencja. 6. osoba polecająca/opiniująca. 7. (*także* **~ number**) numer porządkowy/identyfikacyjny. 8. **for future ~** na przyszłość (*mieć informację*); do akt (*wprowadzić*); **make ~ to sb/sth** wspominać o kimś/czymś; powoływać się na kogoś/coś; **point of ~** punkt odniesienia; **with/in ~ to sth** *form.* w nawiązaniu do czegoś.

reference book *n.* (*także* **reference work, work of reference**) wydawnictwo encyklopedyczne.

referendum [ˌrefə'rendəm] *n.* referendum; **hold a ~ on sth** przeprowadzić referendum w sprawie czegoś.

refill *v.* [ˌriː'fɪl] **~ sb's glass** dolać komuś. — *n.* ['riːˌfɪl] 1. dolewka; **would you like a ~?** może dolać? 2. wkład (wymienny).

refine [rɪ'faɪn] *v.* 1. udoskonalać. 2. rafinować, oczyszczać. 3. wysubtelniać.

refined [rɪ'faɪnd] *a.* **1.** wykwintny, wytworny. **2.** rafinowany, oczyszczony. **3.** udoskonalony.
refinement [rɪ'faɪnmənt] *n.* **1.** udoskonalenie. **2.** wytworność, wykwintność.
refinery [rɪ'faɪnərɪ] *n.* rafineria.
reflect [rɪ'flekt] *v.* **1.** odbijać się (*o świetle, obrazie*); odbijać (*o lustrze, tafli wody*). **2.** odzwierciedlać; stanowić odbicie, być wyrazem (*czegoś*); **be ~ed in sth** znajdować wyraz/odbicie w czymś. **3.** zastanawiać się, rozmyślać (*on sth* nad czymś). **4. ~ on/upon sb/sth** stawiać kogoś/coś w złym świetle; **~ badly/well on sb/sth** źle/dobrze o kimś/czymś świadczyć.
reflection [rɪ'flekʃən] *n.* **1.** odbicie. **2.** odzwierciedlenie. **3.** namysł, zastanowienie, refleksja; **on/upon/after ~** po namyśle.
reflector [rɪ'flektər] *n.* **1.** światło odblaskowe. **2.** reflektor.
reflex *n.* ['riː,fleks] **1.** (*także* **~ action**) odruch; **in a ~ (action)** odruchowo. **2. have slow/quick ~es** mieć słaby/szybki refleks. **3.** *fiz.* odbicie.
reflexive [rɪ'fleksɪv] *gram. a.* zwrotny. — *n.* zaimek *l.* czasownik zwrotny.
reform [rɪ'fɔːrm] *n.* **1.** reforma; naprawa. **2.** poprawa (*moralna*). — *v.* **1.** reformować; naprawiać. **2.** poprawiać się.
reformation [,refər'meɪʃən] *n.* **1.** reforma; reformowanie. **2. the R~** *hist.* reformacja.
refrain [rɪ'freɪn] *v.* **~ from (doing) sth** *form.* powstrzymywać się od (robienia) czegoś. — *n.* refren.
refresh [rɪ'freʃ] *v.* **1.** pokrzepiać; orzeźwiać; **~ o.s.** odświeżyć się. **2.** *komp.* odświeżać. **3.** uzupełniać (*zapas*). **4. ~ sb's memory of sth** przypomnieć komuś coś.
refreshing [rɪ'freʃɪŋ] *a.* **1.** ożywczy. **2.** orzeźwiający.
refreshment [rɪ'freʃmənt] *n.* **1. ~s** poczęstunek; przekąski; napoje (orzeźwiające). **2.** odpoczynek, pokrzepienie.
refrigerator [rɪ'frɪʤə,reɪtər] *n.* lodówka, chłodziarka; chłodnia, szafa chłodnicza.
refuel [,riː'fjuːəl] *v.* **1.** tankować, uzupełniać zapas paliwa. **2.** podsycać.
refuge ['refjuːʤ] *n.* **1.** schronienie; ucieczka; **seek ~** szukać schronienia/ucieczki; **take ~** znaleźć schronienie/ucieczkę, schronić się. **2.** schronisko.
refugee [,refjʊ'ʤiː] *n.* uchodźca.
refund *v.* [rɪ'fʌnd] zwracać; **~ sb's tickets** zwrócić komuś pieniądze za bilety. — *n.* ['riː,fʌnd] zwrot pieniędzy; **demand a ~** żądać zwrotu pieniędzy; **tax ~** zwrot nadpłaconego podatku.
refurbish [,riː'fɝːbɪʃ] *v.* odnawiać (*budynek, mieszkanie*).
refusal [rɪ'fjuːzl] *n.* **1.** odmowa; **point-blank/blunt/flat ~** stanowcza/zdecydowana odmowa. **2.** (*także* **first ~**) prawo pierwokupu.
refuse *v.* [rɪ'fjuːz] **1.** odmawiać; **~ sb a visa** odmówić komuś (wydania) wizy. **2.** odrzucić (*propozycję*); nie przyjąć (*zaproszenia*). — *n.* ['refjuːs] *form.* odpadki, odpady, śmieci.
refute [rɪ'fjuːt] *v.* *form.* obalić (*teorię*); odeprzeć (*zarzuty*).
regain [rɪ'geɪn] *v.* **~ consciousness** odzyskać przytomność; **~ control (of/over sth/sb)** odzyskać kontrolę (nad czymś/kimś).
regard [rɪ'gɑːrd] *n.* **1.** szacunek, poszanowanie. **2. in this/that ~** w tym względzie; **in/with ~ to sb/sth** jeśli chodzi o kogoś/coś, w odniesieniu do kogoś/czegoś. **3. ~s** pozdrowienia, wyrazy szacunku; **(with)(kind/best/warm) ~** z wyrazami szacunku (*w zakończeniu listu*). — *v.* **1. ~ sb/sth as sth** uważać kogoś/coś za kogoś/coś; **~ sb/sth with admiration** być pełnym podziwu dla kogoś/czegoś. **2. as ~s sb/sth** jeśli chodzi o kogoś/coś, w odniesieniu do kogoś/czegoś. **3.** *form.* przyglądać się (*komuś l. czemuś*), patrzeć na; **~ sb coldly/with apprehension** przyglądać się komuś chłodno/z obawą.
regarding [rɪ'gɑːrdɪŋ] *prep. form.* odnośnie, w odniesieniu do.
regardless [rɪ'gɑːrdləs] *adv.* mimo wszystko, i tak.
regime [rə'ʒiːm], **régime** *n.* reżim; **the Communist ~** reżim komunistyczny; ustrój; system rządów/polityczny.
regiment *n.* ['reʤəmənt] pułk.
region ['riːʤən] *n.* **1.** okolica; rejon; okręg; region. **2. (somewhere) in the ~ of $100** (coś) koło stu dolarów, jakieś sto dolarów.
regional ['riːʤənl] *a.* regionalny; okręgowy.
register ['reʤɪstər] *n.* **1.** rejestr. **2.** spis, wykaz; (*także* **electoral ~**) spis wyborców. **3.** *jęz.* rejestr, styl. **4.** (*także* **cash ~**) kasa (*w sklepie*). — *v.* **1.** rejestrować (się); zapisywać (się) (*for sth* na coś); meldować się; **~ to vote** wpisać się na listę wyborców; **be ~ed (as) unemployed** być zarejestrowanym jako bezrobotny. **2.** wyrażać (*o geście, twarzy; np. złość, zdziwienie*). **3.** *form.* zgłaszać (*sth with sb/sth* coś u *l.* do kogoś/gdzieś) (*zwł. sprzeciw*). **4. ~ (with sb)** dotrzeć do kogoś. **5.** zapamiętać sobie, zwrócić uwagę na. **6.** rejestrować, zapisywać; wskazywać (*o przyrządzie pomiarowym*).
registered trademark *n.* znak handlowy (prawnie) zastrzeżony.
registration [,reʤɪ'streɪʃən] *n.* **1.** rejestracja, zapisy. **2.** dowód rejestracyjny.
registry ['reʤɪstrɪ] *n.* archiwum.
regret [rɪ'gret] *v.* **1.** żałować (*czegoś*); **~ doing sth** żałować, że się coś zrobiło; **you'll ~ it** jeszcze pożałujesz. **2.** *form.* wyrażać ubolewanie; **we ~ (to inform you) that...** z przykrością/żalem zawiadamiamy, że...; **I ~ to say (that)...** niestety muszę powiedzieć, że... — *n.* żal; *form.* ubolewanie; **have/feel no ~s** nie odczuwać żalu; **much to my/our ~** *form.* niestety.
regretfully [rɪ'gretfʊlɪ] *adv.* **1.** z żalem. **2.** niestety.
regrettable [rɪ'gretəbl] *a.* godny ubolewania.
regular ['regjələr] *a.* **1.** regularny; **at ~ intervals** w równych odstępach; **on a ~ basis** regularnie. **2.** stały; **~ customer** stał-y/a klient/ka. **3.** średni, normalny (*o porcji*). **4.** przepisowy, poprawny, standardowy. **5.** *pot.* normalny, zwyczajny, zwykły; **~ guy** zwykły gość. **6.** regularny (*o oddziałach*); zawodowy (*o żołnierzu*); stały (*o armii*). — *n.* **1.** stał-y/a bywalec/czyni; stał-y/a klient/ka. **2. (I'll have) my ~** *pot.* (poproszę) to, co zwykle. **3.** benzyna zwykła.
regularity [,regjə'lerətɪ] *n.* regularność.
regularly ['regjələrlɪ] *adv.* regularnie.
regulate ['regjə,leɪt] *v.* **1.** regulować. **2.** sterować (*gospodarką*); kontrolować (*działalność*).
regulation [,regjə'leɪʃən] *n.* przepis, uregulowanie (prawne), regulacja prawna; **rules and ~s** przepisy (i uregulowania). — *a.* przepisowy (*o mundurze*); zwyczajowy (*o stroju*).

rehab ['riː,hæb] *n. pot.* odwyk; ~ **center** ośrodek leczenia uzależnień; **in** ~ na oddziale odwykowym.
rehearsal [rɪ'hɝːsl] *n.* próba; **dress** ~ próba generalna; **in** ~ w fazie prób.
rehearse [rɪ'hɝːs] *v.* **1.** robić/odbywać próbę (*sztuki, opery*), próbować. **2.** ćwiczyć (*przemówienie*). **3.** *form.* powtarzać (*pogląd*).
reign [reɪn] *n.* panowanie; rządy; ~ **of terror** rządy terroru. — *v.* panować, władać; ~ **supreme** panować niepodzielnie.
reimburse [,riːɪm'bɝːs] *v.* ~ **sb for sth** *form.* zrefundować komuś coś, zwrócić komuś koszty czegoś.
reincarnation [,riːɪnkɑːr'neɪʃən] *n.* **1.** reinkarnacja. **2.** (nowe) wcielenie.
reindeer ['reɪn,diːr] *n.* renifer.
reinforce [,riːɪn'fɔːrs] *v.* **1.** wzmacniać; umacniać, potęgować; przemawiać za (*teorią*). **2.** zwiększać.
reinforcement [,riːɪn'fɔːrsmənt] *n.* **1.** wzmocnienie; umocnienie. **2.** ~**s** *wojsk.* posiłki.
reins [reɪnz] *n. pl.* **1.** lejce, cugle; szelki (*dla dziecka*). **2. give (full/free)** ~ **to sth** puścić wodze czemuś; **give sb (a) free** ~ dać komuś wolną rękę. — *v.* ~ **in** powściągać (*konia lejcami*); trzymać na wodzy (*emocje*); powstrzymać, opanować (*np. inflację*).
reject *v.* ['rɪ,dʒekt] **1.** odrzucać. **2.** odmawiać przyjęcia (*kandydata*). — *n.* ['riːdʒekt] **1.** odrzut, artykuł wybrakowany/niepełnowartościowy. **2.** odrzucon-y/a kandydat/ka.
rejection [rɪ'dʒekʃən] *n.* **1.** odrzucenie. **2.** brak akceptacji.
rejoice [rɪ'dʒɔɪs] *v.* **1.** *lit.* radować się. **2.** ~ **in sth** cieszyć się czymś/z czegoś.
relapse [rɪ'læps] *v.* **1.** mieć nawrót (choroby). **2.** ~ **into** *form.* wpaść ponownie w (*depresję, alkoholizm*); wrócić na drogę (*przestępstwa*); ~ **into silence** (ponownie) zamilknąć. — *n.* nawrót; pogorszenie; **have a** ~ mieć nawrót (choroby).
relate [rɪ'leɪt] *v.* **1.** łączyć, wiązać (*sth to/with sth* coś z czymś). **2.** *form.* relacjonować, opowiadać. **3.** ~ **to sb/sth** dobrze rozumieć kogoś/coś; ~ **to sth** łączyć/wiązać się z czymś.
related [rɪ'leɪtɪd] *a.* **1.** powiązany (*to sth* z czymś). **2.** spokrewniony; pokrewny. **3. stress-**~ spowodowany stresem.
relating to [rɪ'leɪtɪŋ tə] *prep.* związany z, dotyczący.
relation [rɪ'leɪʃən] *n.* **1.** krewn-y/a; ~**s** rodzina; **poor** ~ ubogi krewny. **2.** ~**s** stosunki; **diplomatic** ~**s** stosunki dyplomatyczne. **3. bear no** ~ **to sth** nie mieć (żadnego) związku z czymś. **4. in/with** ~ **to sb/sth** w stosunku do kogoś/czegoś, względem kogoś/czegoś.
relationship [rɪ'leɪʃən,ʃɪp] *n.* **1.** stosunki, relacje. **2.** związek, powiązanie. **3.** związek (*między dwiema osobami*); romans. **4.** pokrewieństwo.
relative ['relətɪv] *a.* **1.** względny; relatywny, stosunkowy. **2. be** ~ **to sth** zależeć od czegoś. — *n.* **1.** krewn-y/a. **2.** *gram.* zaimek *l.* przysłówek względny.
relatively ['relətɪvlɪ] *adv.* względnie, stosunkowo, relatywnie; ~ **easy** stosunkowo łatwy; ~ **speaking,...** relatywnie rzecz biorąc,...
relax [rɪ'læks] *v.* **1.** odprężać (się); rozluźniać (się), relaksować (się). **2.** uspokajać (się). **3.** łagodzić (*przepisy*); ulegać złagodzeniu (*o przepisach*). **4.** osłabiać (*czujność*).
relaxation [,riːlæk'seɪʃən] *n.* **1.** odprężenie; relaks. **2.** rozluźnienie (*dyscypliny*). **3.** złagodzenie (*ograniczeń*).
relaxed [rɪ'lækst] *a.* **1.** opanowany, spokojny; odprężony, zrelaksowany. **2.** leniwy, spokojny (*o nastroju*).
relaxing [rɪ'læksɪŋ] *a.* odprężający, relaksujący; rozleniwiający, leniwy.
relay *n.* ['riː,leɪ] **1.** (*także* ~ **race**) sztafeta. **2.** *el.* przekaźnik. — *v.* ['riː,leɪ; rɪ'leɪ] **1.** przekazywać (*sth to sb* coś komuś). **2.** *telew. radio* retransmitować. **3.** [,riː'leɪ] kłaść od nowa (*wykładzinę*).
release [rɪ'liːs] *v.* **1.** uwalniać; zwalniać. **2.** podawać do publicznej wiadomości; publikować. **3.** zwalniać (*hamulec*). **4.** wypuszczać (*film, płytę*). — *n.* **1.** zwolnienie; uwolnienie. **2. sb's latest** ~ czyjś najnowszy film/album. **3. press** ~ oświadczenie prasowe. **4.** publikacja; podanie do publicznej wiadomości. **5.** wyzwalacz; spust.
relentless [rɪ'lentləs] *a.* **1.** nieustępliwy, nieprzejednany, nieugięty; bezlitosny. **2.** bezustanny.
relevant ['reləvənt] *a.* **1.** istotny; znaczący; **be** ~ **to sth** być istotnym dla czegoś, mieć związek z czymś. **2.** stosowny, odnośny.
reliable [rɪ'laɪəbl] *a.* **1.** solidny, rzetelny. **2.** niezawodny. **3.** pewny (*o źródle informacji*). **4. sb/sth is (not)** ~ (nie) można na kimś/czymś polegać.
relic ['relɪk] *n.* **1.** relikt, pozostałość, przeżytek. **2.** relikwia.
relief [rɪ'liːf] *n.* **1.** ulga; pocieszenie; **it's a** ~ **(that)...** pocieszające jest, że...; **what a** ~**!** co za ulga! **2. pain** ~ uśmierzanie bólu. **3. international/famine** ~ pomoc międzynarodowa/dla głodujących. **4.** zasiłek, zapomoga; **be on** ~ pobierać zasiłek, być na zasiłku. **5.** zmienni-k/czka; zmiana. **6.** *lit.* odsiecz. **7.** relief, płaskorzeźba. **8.** rzeźba terenu. **9. in** ~ wypukły, plastyczny (*o ozdobie, globusie*). **10. light/comic** ~ lżejszy/wesoły fragment (*w książce, filmie*); **stand out in bold/sharp/stark** ~ wyraźnie odróżniać/odcinać się od tła.
relieve [rɪ'liːv] *v.* **1.** przynosić ulgę w (*czymś*); łagodzić, uśmierzać (*ból*); rozładowywać (*napięcie, ruch*). **2.** zmieniać, zluzowywać (*wartownika*). **3.** ~ **sb of sth** *form.* zwolnić kogoś z czegoś (*z obowiązku*); przejąć od kogoś coś, pomóc komuś przy czymś; *żart.* pozbawić kogoś czegoś (= *ukraść*).
relieved [rɪ'liːvd] *a.* **be/feel** ~ odczuwać ulgę; **I was** ~ **to hear...** ulżyło mi, kiedy usłyszałem...
religion [rɪ'lɪdʒən] *n.* religia.
religious [rɪ'lɪdʒəs] *a.* **1.** religijny; ~ **freedom** wolność wyznania. **2.** pieczołowity, skrupulatny.
religiously [rɪ'lɪdʒəslɪ] *adv.* **1.** pieczołowicie, skrupulatnie. **2.** religijnie.
reluctance [rɪ'lʌktəns] *n.* niechęć; opór.
reluctant [rɪ'lʌktənt] *a.* niechętny; oporny; **be** ~ **to do sth** nie kwapić się z czymś/do czegoś.
rely [rɪ'laɪ] *v.* ~ **on/upon sb/sth** polegać na kimś/czymś; ~ **on sb to do sth/doing sth** liczyć na to, że ktoś coś zrobi; ~ **on sth/sb for sth** być uzależnionym od czegoś/kogoś, jeśli chodzi o coś.
remain [rɪ'meɪn] *v.* **1.** zostawać; pozostawać. **2.** zachować się, pozostać, przetrwać. **3.** ~ **to be done** pozostawać do zrobienia; **it** ~**s to be seen if/what/who...** czas pokaże/dopiero się okaże, czy/co/kto...
remains [rɪ'meɪnz] *n. pl.* szczątki; pozostałości.
remark [rɪ'mɑːrk] *n.* uwaga, komentarz. — *v.* zrobić uwagę, zauważyć (*that* że); ~ **on/upon sth** zauważyć coś; zrobić uwagę na temat czegoś; nie omieszkać wspomnieć o czymś.

remarkable [rɪ'mɑːrkəbl] *a.* **1.** niezwykły. **2. be ~ for sth** słynąć z czegoś.
remarry [ˌriː'merɪ] *v.* wyjść ponownie za mąż; ożenić się ponownie.
remedy ['remədɪ] *form. n.* **1.** środek (zaradczy); remedium; rozwiązanie. **2.** *med.* środek, lekarstwo. — *v.* zaradzić (*problemowi*); naprawić (*sytuację*).
remember [rɪ'membər] *v.* **1.** pamiętać, nie zapominać; pamiętać o (*kimś l. czymś*); **~ doing sth** pamiętać, że/jak się coś zrobiło; **~ to do sth** pamiętać, żeby coś zrobić; **vaguely/dimly ~** pamiętać jak przez mgłę. **2.** przypominać sobie. **3.** czcić (pamięć).
remind [rɪ'maɪnd] *v.* **1.** przypominać; **that ~s me** co mi przypomina (, że...). **2. ~ sb of sb/sth** przypominać komuś kogoś/coś.
reminder [rɪ'maɪndər] *n.* **1.** przypomnienie. **2.** upomnienie, ponaglenie.
remission [rɪ'mɪʃən] *n.* remisja, tymczasowe ustąpienie objawów; **in ~** w fazie/stadium remisji.
remnant ['remnənt] *n.* **1.** pozostałość. **2.** *handl.* końcówka, resztka (*tkaniny*).
remorse [rɪ'mɔːrs] *n.* wyrzuty sumienia.
remote [rɪ'moʊt] *a.* **1.** odległy, daleki, oddalony. **2.** odizolowany (*o zakątku, wiosce*). **3.** zdalny; **~ control** zdalne sterowanie. **4.** nieprzystępny, zamknięty w sobie. **5. ~ chance/possibility** znikome prawdopodobieństwo. — *n.* (*także* **~ control**) pilot (*do telewizora itp.*).
removable [rɪ'muːvəbl] *a.* **1.** zdejmowany; odpinany. **2.** *komp.* wymienny (*o nośniku danych*). **3.** usuwalny (*o plamach*).
remove [rɪ'muːv] *v.* **1.** usuwać; **~ sb from office** usunąć kogoś ze stanowiska. **2.** wywozić (*śmieci*).
remover [rɪ'muːvər] *n.* (*także* **(nail-)varnish ~**) zmywacz (do paznokci); (*także* **make-up ~**) płyn do demakijażu; (*także* **paint ~**) rozpuszczalnik; **stain ~** odplamiacz.
renaissance [ˌrenə'sɑːns] *n.* **the R~** *hist.* renesans, odrodzenie. — *a.* renesansowy.
renew [rɪ'nuː] *v.* **1.** przedłużać (*prawo jazdy, polisę*). **2.** odnawiać (*znajomość, zapasy*). **3.** ponawiać (*wysiłki*); podejmować na nowo (*negocjacje*).
renovate ['renəˌveɪt] *v.* odnawiać; przeprowadzać renowację (*budynku, obrazu*).
renovation [ˌrenə'veɪʃən] *n.* renowacja.
renowned [rɪ'naʊnd] *a. form.* sławny.
rent [rent] *n.* **1.** czynsz, komorne. **2.** opłata za wynajem. **3. for ~** do wynajęcia. **4.** *lit.* rozdarcie; dziura. — *v.* wynajmować, odnajmować; dzierżawić.
reorganize [rɪ'ɔːrgəˌnaɪz] *v.* reorganizować (się); przeorganizować.
rep [rep] *abbr. pot.* = **(sales) representative**.
repair [rɪ'per] *v.* naprawiać; reperować. — *n.* **1.** naprawa; remont; **beyond ~** nie do naprawienia; **under ~** w naprawie. **2. in good/bad ~** w dobrym/złym stanie.
repay [ˌriː'peɪ] *v. pret. i pp.* **repaid 1.** oddawać, zwracać (*pieniądze*); spłacać (*dług, dłużnika*); zwracać pieniądze (*komuś*). **2. ~ sb for...** odwdzięczyć/zrewanżować się komuś za...
repeat [rɪ'piːt] *v.* **1.** powtarzać; **~ o.s./itself** powtarzać się; **~ after sb** powtarzać za kimś; **sth doesn't bear ~ing** coś nie nadaje się do powtórzenia. **2. sth ~s on sb** *pot.* komuś odbija się czymś. — *n. t. telew. radio* powtórka; **~ order** ponowne zamówienie (*tego samego towaru*); **~ performance** powtórka (*zwł. czegoś złego*).
repeatedly [rɪ'piːtɪdlɪ] *adv.* wielokrotnie.
repel [rɪ'pel] *v.* **1.** odpychać. **2.** budzić wstręt u (*kogoś*), odstręczać. **3.** odstraszać (*np. owady*).
repellent [rɪ'pelənt] *n.* (*także* **insect ~**) środek na owady; **mosquito ~** płyn przeciw komarom. — *a.* **1.** odpychający, odrażający. **2.** (*także* **water ~**) nieprzemakalny, wodoodporny.
repent [rɪ'pent] *v. form.* żałować (*czegoś*).
repertoire ['repərˌtwɑːr] *n.* repertuar.
repetition [ˌrepə'tɪʃən] *n.* powtórzenie, powtórka; powtarzanie.
repetitive [rɪ'petɪtɪv] *a.* powtarzający się; monotonny; pełen powtórzeń.
replace [rɪ'pleɪs] *v.* **1. ~ sb/sth (with/by sb/sth)** zastępować kogoś/coś (kimś/czymś). **2.** wymieniać (*baterie*). **3.** odkładać (na miejsce) (*słuchawkę, książkę*).
replacement [rɪ'pleɪsmənt] *n.* **1.** zastępstwo; zastęp-ca/czyni. **2.** *polit.* następ-ca/czyni. **3.** zawodni-k/czka rezerwow-y/a. **4.** zmiana zawodnika. — *a.* zapasowy (*np. o baterii*).
replay *v.* [ˌriː'pleɪ] powtarzać (*rozgrywkę, fragment*); rozgrywać ponownie (*mecz*); odtwarzać (*nagranie*). — *n.* ['riːˌpleɪ] *telew.* powtórka; *sport* powtórna rozgrywka.
reply [rɪ'plaɪ] *v.* **1.** odpowiadać. **2.** odrzec. — *n.* odpowiedź; **in ~ (to sth)** *form.* w odpowiedzi (na coś); **there's no ~** nikt nie odpowiada.
report [rɪ'pɔːrt] *n.* **1.** raport; sprawozdanie; *dzienn.* relacja, doniesienie. **2.** *form.* huk (*wybuchu, wystrzału*). — *v.* **1.** *dzienn.* donosić, relacjonować. **2.** komunikować. **3. ~ on sth** składać/zdawać sprawozdanie/raport z czegoś; referować coś. **4. ~ sb/sth missing** zgłosić zaginięcie kogoś/czegoś. **5.** zgłaszać się, meldować się. **6. ~ sb (to sb/sth)** zgłosić skargę/doniesienie na kogoś (u kogoś/gdzieś). **7. be ~ed to do sth** (mieć) rzekomo coś zrobić; **it is ~ed (that)...** mówi się, że..., podobno... **8. ~ to sb/sth** podlegać komuś/czemuś; być odpowiedzialnym przed kimś/czymś.
report card *n.* wykaz ocen, świadectwo (szkolne).
reportedly [rɪ'pɔːrtɪdlɪ] *adv.* podobno; jakoby, rzekomo.
reporter [rɪ'pɔːrtər] *n.* reporter/ka, sprawozdaw-ca/czyni.
represent [ˌreprɪ'zent] *v.* **1.** reprezentować. **2. ~ sb/sth as sth** przedstawiać kogoś/coś jako coś. **3.** symbolizować, oznaczać. **4.** *form.* stanowić (*poprawę, przeszkodę*).
representation [ˌreprɪzen'teɪʃən] *n.* **1.** reprezentacja; przedstawicielstwo. **2.** przedstawienie; wizerunek, obraz.
representative [ˌreprɪ'zentətɪv] *n.* **1.** przedstawiciel/ka. **2.** (*także* **sales ~**) przedstawiciel/ka handlow-y/a. **3. House of R~s** Izba Reprezentantów. — *a.* **1.** reprezentatywny, typowy. **2.** *polit.* przedstawicielski.
repress [rɪ'pres] *v.* **1.** tłumić; powstrzymywać, hamować, poskramiać. **2.** represjonować; trzymać w ryzach.
repression [rɪ'preʃən] *n.* **1.** tłumienie. **2. political ~** represje polityczne, ucisk polityczny.
repressive [rɪ'presɪv] *a.* represyjny.
reprimand ['reprɪˌmænd] *n.* reprymenda, nagana. — *v.* **~ sb for sth** udzielić komuś reprymendy/nagany za coś.

reprint *v.* [ˌriːˈprɪnt] wznawiać; przedrukowywać. — *n.* [ˈriːˌprɪnt] przedruk; wznowienie; reprint.
reproach [rɪˈproʊtʃ] *n.* wyrzut. — *v.* **~ sb for (doing) sth** czynić/robić komuś wyrzuty z powodu czegoś, wyrzucać komuś coś.
reproduce [ˌriːprəˈduːs] *v.* **1.** rozmnażać; (*także* **~ o.s./itself**) rozmnażać (się). **2.** powielać, kopiować; reprodukować. **3.** *dzienn.* publikować. **4.** odtwarzać (*t. w myśli*).
reproduction [ˌriːprəˈdʌkʃən] *n.* **1.** rozmnażanie (się). **2.** reprodukcja; imitacja, kopia.
reproductive [ˌriːprəˈdʌktɪv] *a.* rozrodczy; **~ system** układ rozrodczy.
reptile [ˈreptl] *n.* gad.
republic [rɪˈpʌblɪk] *n.* republika; rzeczpospolita; **~ of Chile/Ireland** Republika Chile/ Irlandii; **~ of Poland** Rzeczpospolita Polska.
republican [rɪˈpʌblɪkən], **Republican** *a.* republikański. — *n.* republikan-in/ka.
repulsive [rɪˈpʌlsɪv] *a.* odpychający, odrażający.
reputation [ˌrepjəˈteɪʃən] *n.* reputacja, renoma, sława; **have a ~ for sth** być znanym z czegoś.
request [rɪˈkwest] *n.* prośba; życzenie; wniosek; **(available) on ~** (dostępny) na życzenie. — *v.* **sb is ~ed to do sth** *form.* ktoś jest proszony o zrobienie czegoś.
require [rɪˈkwaɪr] *v.* **1.** potrzebować (*czegoś*). **2.** wymagać (*czegoś; t. o sytuacji*).
requirement [rɪˈkwaɪrmənt] *n.* **1.** wymaganie, wymóg; **meet a ~** spełnić wymóg. **2.** potrzeba.
rescue [ˈreskjuː] *v.* ratować, wybawiać, ocalać (*sb/sth from sth* kogoś/coś od czegoś). — *n.* **1.** ratunek, pomoc; wybawienie, ocalenie; **come to the ~ (of sb)** pospieszyć (komuś) na ratunek. **2.** akcja ratownicza. — *a.* **~ mission** akcja ratownicza/ratunkowa; **~ party/team** ekipa ratownicza.
research [ˈriːˌsɝːtʃ] *n.* badania (naukowe); praca naukowa; **do ~** prowadzić badania (*on sth* nad czymś). — *v.* **1.** prowadzić badania nad (*czymś*); badać. **2.** zbierać materiały do (*publikacji*).
researcher [ˈriːˌsɝːtʃər] *n.* badacz/ka, naukowiec.
resemblance [rɪˈzembləns] *n.* podobieństwo; **bear a ~ to sb/sth** przypominać kogoś/coś, być podobnym do kogoś/czegoś.
resemble [rɪˈzembl] *v.* być podobnym do (*kogoś l. czegoś*), przypominać.
resent [rɪˈzent] *v.* **~ sth** mieć żal/pretensje o coś; oburzać się na coś; **sb ~s having to do sth** ktoś ma żal, że musi coś robić.
resentful [rɪˈzentfʊl] *a.* **1.** pełen urazy. **2.** rozżalony, urażony.
resentment [rɪˈzentmənt] *n.* uraza, rozżalenie, żal.
reservation [ˌrezərˈveɪʃən] *n.* **1.** rezerwacja; **make/confirm/cancel a ~** zrobić/potwierdzić/wycofać rezerwację. **2.** zastrzeżenie; wątpliwość; **without ~(s)** bez (żadnych) zastrzeżeń. **3.** rezerwat.
reserve [rɪˈzɝːv] *v.* **1.** rezerwować. **2.** zastrzegać (sobie) (*prawo*). — *n.* **1.** rezerwa, zapas; **in ~** w rezerwie/zapasie; **put sth on ~** rezerwować coś (*zwł. książkę w bibliotece*). **2.** powściągliwość, rezerwa. **3.** zawodni-k/czka rezerwow-y/a. **4.** rezerwat.
reserved [rɪˈzɝːvd] *a.* **1.** powściągliwy, pełen rezerwy. **2.** zarezerwowany; zajęty. **3. all rights ~** wszelkie prawa zastrzeżone.
reservoir [ˈrezərvˌwɑːr] *n.* zbiornik; rezerwuar; zbiorniczek.
reshuffle *n.* [ˈriːˌʃʌfl] **cabinet ~** przetasowanie w gabinecie/rządzie. — *v.* [ˌriːˈʃʌfl] dokonywać przetasowań w (*rządzie*).
reside [rɪˈzaɪd] *v. form.* **1.** zamieszkiwać; rezydować. **2. ~ in sth** tkwić w czymś (*o cechach*).
residence [ˈrezɪdəns] *n. form.* **1.** pobyt; (*także* **place of ~**) miejsce zamieszkania/stałego pobytu. **2.** rezydencja. **3.** dom, mieszkanie. **4.** siedziba (*firmy*). **5. be in ~** rezydować; **in ~** (obecny) na miejscu; związany z określoną uczelnią (*o pisarzu*); **take up ~ somewhere** zamieszkać gdzieś.
resident [ˈrezɪdənt] *n.* **1.** *form.* mieszkan-iec/ka; lokator/ka; podopieczn-y/a (*domu opieki*). **2.** lekarz/rka na stażu specjalizacyjnym, rezydent/ka. — *a.* **1. ~ in...** *form.* zamieszkały w... **2.** mieszkający na miejscu (*o lekarzu, dozorcy*); miejscowy.
residential [ˌrezɪˈdenʃl] *a.* **1. ~ area/neighborhood** dzielnica mieszkaniowa. **2.** mieszkający w miejscu pracy/nauki. **3. ~ course** kurs wyjazdowy.
residue [ˈrezɪˌduː] *n.* **1.** osad. **2.** *form.* reszta; pozostałość.
resign [rɪˈzaɪn] *v.* **1.** rezygnować, ustępować; **~ one's post/position** ustąpić ze stanowiska. **2.** zrzec się (*uprawnienia*). **3. ~ o.s. to sth/to doing sth** pogodzić się z czymś/z koniecznością zrobienia czegoś.
resignation [ˌrezɪgˈneɪʃən] *n.* **1.** ustąpienie, rezygnacja, dymisja; **hand in/tender one's ~** złożyć rezygnację, podać się do dymisji. **2.** rezygnacja (= *apatia*).
resigned [rɪˈzaɪnd] *a.* **1.** zrezygnowany. **2. ~ to sth** pogodzony z czymś.
resilient [rɪˈzɪlɪənt] *a.* odporny, wytrzymały.
resin [ˈrezɪn] *n.* żywica.
resist [rɪˈzɪst] *v.* opierać się, przeciwstawiać się (*atakom, pokusie*); stawiać opór; **can't ~ (doing) sth** nie móc oprzeć się czemuś, nie móc się powstrzymać od czegoś; **sth is hard/impossible to ~** trudno się czemuś oprzeć.
resistance [rɪˈzɪstəns] *n.* **1.** opór; **put up/offer ~** stawiać opór; **take/follow the line of least ~** iść po linii najmniejszego oporu; **the ~** ruch oporu. **2.** sprzeciw (*społeczny*). **3.** odporność (*na chorobę*); oporność (*bakterii na lek*). **4.** *el.* opór, oporność, rezystancja; opornik, rezystor.
resolute [ˈrezəˌluːt] *a.* zdecydowany, stanowczy.
resolution [ˌrezəˈluːʃən] *n.* **1.** postanowienie; **make a ~** powziąć postanowienie, obiecać sobie; **New Year's ~** postanowienie noworoczne. **2.** rezolucja, uchwała. **3.** rozwiązanie (*konfliktu*). **4.** zdecydowanie, stanowczość, determinacja. **5.** *opt. komp.* rozdzielczość.
resolve [rɪˈzɑːlv] *v.* **1.** rozwiązać (*problem*); zażegnać (*konflikt*); usunąć (*wątpliwości*). **2. ~ to do sth** postanowić coś zrobić; podjąć decyzję o zrobieniu czegoś. — *n. form.* zdecydowanie, determinacja.
resonant [ˈrezənənt] *a.* **1.** donośny; dźwięczny. **2. ~ with sth** *form.* rozbrzmiewający czymś.
resort [rɪˈzɔːrt] *v.* **~ to (doing) sth** uciekać się do czegoś. — *n.* **1.** (*także* **~ town**) miejscowość wypoczynkowa; **seaside ~** kurort nadmorski; **winter sports ~** ośrodek sportów zimowych. **2. as a last ~** w ostateczności.
resounding [rɪˈzaʊndɪŋ] *a.* **1.** oszałamiający, spektakularny (*o zwycięstwie, porażce*). **2.** ogłuszający.
resources [ˈriːsɔːrsɪz] *n. pl.* **1.** zasoby, surowce; środki (*finansowe*); **natural ~** zasoby naturalne. **2.**

siły; **pool one's ~** połączyć siły. 3. *szkoln.* pomoce (dydaktyczne).
resourceful [rɪ'sɔːrsfʊl] *a.* przedsiębiorczy, pomysłowy, zaradny.
respect [rɪ'spekt] *n.* 1. szacunek, uznanie; poszanowanie; respekt; **earn/win sb's ~** zdobyć sobie czyjś szacunek/czyjeś uznanie; **with (all) due ~** *form.* z całym szacunkiem. 2. **pay one's ~s to sb** *form.* składać komuś wyrazy uszanowania; złożyć komuś wizytę. 3. **in all ~s** (*także* **in every ~**) pod każdym względem; **with ~ to sth** odnośnie/względem czegoś, w nawiązaniu do czegoś. — *v.* 1. szanować, poważać. 2. respektować, liczyć się z (*czyimś zdaniem*). 3. przestrzegać (*prawa*).
respectable [rɪ'spektəbl] *a.* 1. poważny, szanujący się; szanowany, poważany. 2. godny szacunku. 3. przyzwoity, porządny.
respectful [rɪ'spektfʊl] *a.* pełen szacunku/uszanowania.
respective [rɪ'spektɪv] *a.* poszczególny; odpowiedni; **they (each) got into their ~ cars** każdy wsiadł do swojego samochodu.
respectively [rɪ'spektɪvlɪ] *adv.* odpowiednio; **the teams scored two and three goals ~** jedna drużyna zdobyła dwie, a druga trzy bramki.
respond [rɪ'spɑːnd] *v.* 1. odpowiadać. 2. reagować; **~ to sth** *med.* reagować na coś (*na leczenie*); ustępować w wyniku czegoś (*o chorobie*).
response [rɪ'spɑːns] *n.* reakcja; oddźwięk; odpowiedź; **in ~ to sth** w odpowiedzi na coś.
responsibility [rɪˌspɑːnsə'bɪlətɪ] *n.* 1. odpowiedzialność; **accept/assume/take ~ for sb/sth** przyjmować odpowiedzialność za kogoś/coś, poczuwać się do odpowiedzialności za kogoś/coś; **claim ~ for sth** przyznawać się do czegoś (*zwł. do zamachu terrorystycznego*). 2. obowiązek; **have a ~ to sb** mieć zobowiązania wobec kogoś; **sense of ~** poczucie obowiązku.
responsible [rɪ'spɑːnsəbl] *a.* odpowiedzialny; **be ~ for sth** odpowiadać za coś, być za coś odpowiedzialnym; **hold sb ~ (for sth)** obarczać kogoś odpowiedzialnością (za coś).
rest [rest] *n.* 1. **the ~** reszta; **(as) for the ~** poza tym; wreszcie, zresztą; **for the ~ of sb's life** przez resztę życia. 2. odpoczynek; spoczynek; **at ~** *form.* w spoczynku; **come to ~** zatrzymać się (*o pojeździe*); spocząć (*on sth* na czymś) (*o wzroku*); **have/take a ~** odpocząć; **lay sb to ~** *lit.* złożyć kogoś na wieczny spoczynek. 3. spokój; **lay/put sth to ~** uspokoić coś (*zwł. obawy*); zostawić coś w spokoju, dać czemuś spokój; **set sb's/one's mind at ~** uspokoić kogoś/się. 4. **arm ~** podłokietnik; **back ~** oparcie; **foot ~** podnóżek. 5. *muz.* pauza. — *v.* 1. odpoczywać. 2. spoczywać; **~ on one's laurels** spocząć na laurach; **sb will not rest until...** ktoś nie spocznie, dopóki... 3. opierać (się) (*against/on sth* o coś/na czymś). 4. **~ one's legs/eyes** dać odpocząć nogom/oczom. 5. **~ in peace** *form.* niech odpoczywa w pokoju; **I ~ my case** *prawn.* nie mam nic do dodania; *żart.* nic dodać, nic ująć; sami widzicie. 6. **~ on/upon sth** *form.* zależeć od czegoś; wynikać z czegoś; spoczywać na czymś (*o spojrzeniu*); **~ up (before sth)** odpoczywać (przed czymś); **~ with sb** być w czyjejś gestii, spoczywać w czyichś rękach; leżeć po czyjejś stronie.
restaurant ['restərənt] *n.* restauracja.
restful ['restfʊl] *a.* 1. kojący. 2. spokojny, zaciszny.
restless ['restləs] *a.* niespokojny, nerwowy; **feel ~** nie móc sobie znaleźć miejsca; **grow/get ~** zaczynać się niecierpliwić.
restore [rɪ'stɔːr] *v.* 1. przywracać; **~ order/peace** przywrócić porządek/pokój; **~ sb's sight/confidence** przywrócić komuś wzrok/wiarę w siebie. 2. odbudowywać, odnawiać, restaurować; odtwarzać, rekonstruować.
restrain [rɪ'streɪn] *v.* hamować, powściągać; powstrzymywać; **~ o.s. from sth** powstrzymać się przed czymś.
restrained [rɪ'streɪnd] *a.* powściągliwy, umiarkowany; stonowany.
restrict [rɪ'strɪkt] *v.* ograniczać.
restriction [rɪ'strɪkʃən] *n.* ograniczenie; **impose/place ~s on sth** nakładać na coś ograniczenia/restrykcje; **without ~** bez ograniczeń.
rest room, restroom *n.* toaleta.
result [rɪ'zʌlt] *n.* wynik, rezultat; **as a ~** w rezultacie; **as a ~ of sth** w wyniku/na skutek czegoś; **end/final/net ~** ostateczny rezultat; **with the ~ that...** przez co..., w związku z czym... — *v.* 1. wynikać (*from sth* z czegoś). 2. **~ in sth** prowadzić do czegoś, kończyć się czymś.
resume [rɪ'zuːm] *v. form.* 1. podejmować na nowo; wznawiać. 2. zaczynać się ponownie/na nowo (*o czynności, pracy*). 3. podejmować (*opowiadanie*).
résumé ['rezəmeɪ] *n.* 1. życiorys, CV. 2. streszczenie.
resurrection [ˌrezə'rekʃən] *n.* 1. (*także* **R~**) zmartwychwstanie. 2. wskrzeszenie, odrodzenie.
resuscitate [rɪ'sʌsɪˌteɪt] *v.* reanimować.
resuscitation [rɪˌsʌsɪ'teɪʃən] *n.* reanimacja; **mouth-to-mouth ~** sztuczne oddychanie, oddychanie usta-usta.
retail ['riːˌteɪl] *n.* detal; (*także* **~ trade**) handel detaliczny; **~ outlet** punkt sprzedaży detalicznej; **~ price** cena detaliczna. — *v.* sprzedawać detalicznie, prowadzić handel detaliczny; **sth ~s at/for $100** coś kosztuje w sklepie 100 dolarów.
retain [rɪ'teɪn] *v. form.* 1. zatrzymywać; zachowywać. 2. zachowywać w pamięci, zapamiętywać (sobie).
retaliation [rɪˌtælɪ'eɪʃən] *n.* odwet; **in ~ for sth** w odwecie za coś.
retarded [rɪ'tɑːrdɪd] *a. obelż.* niedorozwinięty, opóźniony w rozwoju.
retch [retʃ] *v.* mieć torsje; **he was ~ing** zbierało mu się na wymioty.
reticent ['retɪsənt] *a.* małomówny; powściągliwy.
retina ['retənə] *n. anat.* siatkówka.
retire [rɪ'taɪr] *v.* 1. (*także* **~ from work/one's job**) przechodzić/odchodzić na emeryturę; **~ early** przejść na wcześniejszą emeryturę. 2. wysyłać na emeryturę. 3. *form.* udawać się (*to sth* gdzieś).
retired [rɪ'taɪrd] *a.* emerytowany, na emeryturze; *wojsk.* w stanie spoczynku.
retirement [rɪ'taɪrmənt] *n.* emerytura; **early ~** wcześniejsza emerytura; **go into ~** przejść na emeryturę; **take early ~** przejść na wcześniejszą emeryturę.
retreat [rɪ'triːt] *n.* 1. odwrót; wycofanie (się); ucieczka. 2. odosobnienie; schronienie; kryjówka. 3. *kośc.* rekolekcje. — *v.* 1. wycofywać się (*z obietnicy, pozycji*). 2. **~ into o.s.** zamknąć się w sobie.
retrieval [rɪ'triːvl] *n.* 1. *komp.* wyszukiwanie. 2. odzyskanie; uratowanie (*czegoś utraconego*).

retrieve [rɪ'triːv] *v. form.* **1.** wydobywać. **2.** *komp.* wyszukiwać. **3.** *myśl.* aportować (*zwierzynę*).
retrospect ['retrəˌspekt] *n.* **in ~** z perspektywy czasu, patrząc wstecz.
return [rɪ'tɝːn] *v.* **1.** wracać, powracać; **~ home** wrócić do domu; **~ to normal** wracać do normy. **2.** oddawać, zwracać (*np. zakupiony towar*). **3.** odwzajemniać (*grzeczność, wizytę*); **~ a compliment** odwzajemnić komplement; **~ a favor** odwdzięczyć/zrewanżować się (za przysługę). **4.** *form.* przynosić (*zyski*). **5.** *komp.* zwracać (*wartość*). **6. ~ a verdict** wydać werdykt/orzeczenie; **~ sb's call** odpowiedzieć na czyjś telefon. — *n.* **1.** powrót; **on/upon sb's ~** po czyimś powrocie. **2.** nawrót. **3.** zwrot (*mienia, towaru*). **4.** (*także* **tax ~**) zeznanie podatkowe. **5.** (*także* **~ key**) *komp.* (klawisz) return/enter. **6. rate of ~** *fin.* stopa zwrotu. **7. in ~ for sth** (w zamian) za coś. — *a.* **1.** powrotny. **2. ~ match/game** *sport* rewanż; **~ visit** rewizyta.
reunion [ˌriː'juːnjən] *n.* **1.** zjazd; **class/college/school ~** zjazd koleżeński; **family ~** zjazd rodzinny. **2.** zejście się (*rozbitego małżeństwa*); pogodzenie się (*rodziny*).
reunited [ˌriːjuː'naɪtɪd] *a.* **be ~ with one's family** połączyć się z rodziną; wrócić na łono rodziny.
reveal [rɪ'viːl] *v.* **1.** odsłaniać (*ciało, scenę*). **2.** ujawniać, wyjawiać (*aferę, tajemnicę*).
revealing [rɪ'viːlɪŋ] *n.* **1.** skąpy, kusy. **2.** odkrywczy.
revelation [ˌrevə'leɪʃən] *n.* **1.** odkrycie; rewelacja. **2.** *rel.* objawienie.
revenge [rɪ'vendʒ] *n.* zemsta; **get/take/have (one's) ~ on sb** zemścić się na kimś. — *v.* mścić, pomścić; mścić się za (*czyn*); **~ o.s. (on sb)** zemścić się (na kimś) (*for sth* za coś).
revenue ['revənuː] *n.* **1.** dochód, dochody (*państwa, przedsiębiorstwa*). **2.** (*także* **(public) ~**) skarb państwa; fiskus.
reverend ['revərənd] *a.* wielebny, czcigodny; **the R~ John Smith** wielebny John Smith.
reverse [rɪ'vɝːs] *v.* **1.** odwracać (*tendencję, kolejność*). **2.** *prawn.* uchylać (*decyzję*). **3.** *mot.* wycofywać (się), cofać (się); jechać tyłem. — *n.* **1. the ~** coś (wręcz) przeciwnego; przeciwieństwo (*of sth* czegoś); **quite the ~** wręcz przeciwnie. **2. on the ~** na odwrocie, po drugiej stronie. **3.** (*także* **~ gear**) (bieg) wsteczny; **in ~** na (biegu) wstecznym; **put the car in/into ~** włączyć/wrzucić wsteczny (bieg). — *a.* **1.** odwrotny; przeciwny; **in ~ order** w odwrotnej kolejności. **2.** wsteczny (*o biegu, ruchu*).
review [rɪ'vjuː] *n.* **1.** przegląd; kontrola; **under ~** będący przedmiotem kontroli/przeglądu. **2.** recenzja; **book under ~** recenzowana książka. **3.** sprawozdanie; omówienie. **4.** powtórka (*przed klasówką*). **5.** przegląd (*zwł. w tytułach czasopism*). — *v.* **1.** przeprowadzać kontrolę/przegląd (*działalności*); kontrolować, sprawdzać; dokonywać przeglądu (*sytuacji*). **2.** recenzować. **3.** powtarzać (materiał).
reviewer [rɪ'vjuːər] *n.* **1.** kryty-k/czka; **book/film ~** krytyk literacki/filmowy. **2.** recenzent/ka.
revise [rɪ'vaɪz] *v.* **1.** dokonywać rewizji (*prawa, konstytucji*); weryfikować, rewidować (*poglądy*). **2.** korygować, poprawiać (*wycenę*). **3.** uaktualniać, aktualizować, poprawiać (i uzupełniać) (*książkę*).
revision [rɪ'vɪʒən] *n.* **1.** poprawka, uzupełnienie, zmiana; korekta; **sth is subject to ~** coś może ulec zmianie. **2.** weryfikacja; rewizja (*poglądów*). **3.** (poprawiona) wersja (*artykułu, dokumentu*).
revival [rɪ'vaɪvl] *n.* **1.** ożywienie (*w gospodarce*). **2.** odrodzenie (*np. ruchu społecznego*); odżycie (*obaw, animozji*). **3.** *teatr* wznowienie. **4.** odnowa, odrodzenie (uczuć religijnych).
revive [rɪ'vaɪv] *v.* **1.** ożywiać, wskrzeszać; odnawiać. **2.** cucić. **3.** *teatr* wznawiać (*przedstawienie*). **4.** ożywać; odżywać; odradzać się.
revoke [rɪ'voʊk] *v.* cofać, unieważniać (*pełnomocnictwo*); uchylać (*postanowienie*); odwoływać (*decyzję*).
revolt [rɪ'voʊlt] *n.* bunt, rewolta, protest. — *v.* buntować się, protestować.
revolting [rɪ'voʊltɪŋ] *a.* odrażający, budzący odrazę; *pot.* obrzydliwy.
revolution [ˌrevə'luːʃən] *n.* **1.** rewolucja; przewrót (*w leczeniu, nauce*). **2.** *mech. astron.* obrót; obieg; **50 ~s per minute** 50 obrotów na minutę.
revolutionary [ˌrevə'luːʃəˌnerɪ] *a.* rewolucyjny. — *n.* rewolucjonist-a/ka.
revolutionize *v.* rewolucjonizować.
revolve [rɪ'vɑːlv] *v.* **1.** obracać (się). **2. ~ around sth** obracać się wokół/dookoła czegoś (*np. o planecie*); opowiadać o czymś, dotyczyć czegoś (*o akcji filmu, książki*).
revolver [rɪ'vɑːlvər] *n.* rewolwer.
revulsion [rɪ'vʌlʃən] *n.* wstręt, odraza, obrzydzenie.
reward [rɪ'wɔːrd] *n.* nagroda; **in ~ for sth** w nagrodę za coś. — *v.* **1.** nagradzać, wynagradzać. **2. be ~ed** zostać nagrodzonym, opłacić się (*o wysiłkach, cierpliwości*).
rewarding [rɪ'wɔːrdɪŋ] *a.* przynoszący satysfakcję, satysfakcjonujący; **financially ~** opłacalny.
rewind *v.* [ˌriː'waɪnd] *pret. i pp.* **rewound** [ˌriː'waʊnd] przewijać (wstecz/do tyłu), cofać. — *n.* ['riːˌwaɪnd] przewijanie (wstecz/do tyłu).
rewrite [ˌriː'raɪt] *v.* **rewrote, rewritten 1.** pisać od nowa; przeredagowywać; przepisywać. **2.** *komp.* zapisywać ponownie.
rhetorical [rɪ'tɔːrɪkl] *a.* retoryczny; **~ question** pytanie retoryczne.
rheumatism ['ruːməˌtɪzəm] *n.* reumatyzm, gościec.
rhinoceros [raɪ'nɑːsərəs] *n.* nosorożec.
Rhode Island [ˌroʊd 'aɪlənd] *n.* (stan) Rhode Island.
rhubarb ['ruːbɑːrb] *n.* rabarbar.
rhyme [raɪm] *n.* **1.** wierszyk, rymowanka. **2.** rym (*for sth* do czegoś). **3. without ~ or reason** bez żadnego widocznego powodu. — *v.* rymować (się).
rhythm ['rɪðəm] *n.* rytm.
rhythmic ['rɪðmɪk], **rhythmical** ['rɪðmɪkl] *a.* rytmiczny.
RI *abbr.* = **Rhode Island**.
rib [rɪb] *n.* **1.** żebro. **2. ~s** żeberka. **3.** żyłka (*liścia*). **4.** ścieg prążkowany.
ribbon ['rɪbən] *n.* **1.** wstążka; tasiemka. **2.** taśma (*do drukarki, maszyny do pisania*). **3. in ~s** (*także* **cut/torn to ~s**) w strzępach; poszarpany. **4. blue ~** wstęga zwycięzcy, główna nagroda.
rice [raɪs] *n.* ryż.
rich [rɪtʃ] *a.* **1.** bogaty; **~ in sth** bogaty w coś; **~ with sth** bogato czymś zdobiony; **the ~** bogaci. **2.** żyzny. **3.** obfity, suty. **4.** pożywny; tłusty, tuczący. **5.** soczysty, pełny, głęboki (*o barwie, dźwięku*).
riches ['rɪtʃɪz] *n. pl. lit.* bogactwa, bogactwo.

richly [ˈrɪtʃlɪ] *adv.* bogato (*zdobiony*); **~ deserve sth** w pełni na coś zasługiwać; **be ~ rewarded** zostać sowicie nagrodzonym.

rickets [ˈriːkɪts] *n.* krzywica.

rid [rɪd] *a.* **get ~ of sb/sth** pozbyć się kogoś/czegoś; **you'll be well ~ of him** dobrze, że będziesz go (już) mieć z głowy. — *v. pret. i pp.* **rid ~ sb/sth of sth** uwolnić kogoś/coś od czegoś; **~ o.s. of sth** pozbyć się czegoś.

riddance [ˈrɪdəns] *n.* **good ~!** krzyżyk na drogę!

ridden [ˈrɪdən] *v. zob.* **ride**. — *a.* **guilt-~** pełen (poczucia) winy; **mosquito-~** opanowany przez komary.

riddle [ˈrɪdl] *n.* zagadka.

ride [raɪd] *v.* **rode, ridden 1.** jeździć na (*koniu, motocyklu, wrotkach*); jechać (*samochodem, metrem, windą*); (*także* **~ a horse**) jeździć konno. **2. ~ on sth** zależeć od czegoś; **~ out** przeczekać, przetrzymać, wyjść cało z (*opałów*); **~ up** podjeżdżać do góry (*o spódnicy, nogawce*). — *n.* jazda; przejażdżka; podwiezienie; **give sb a ~** podwieźć/podrzucić kogoś; **take sb for a ~** zabrać kogoś na przejażdżkę; *pot.* nabijać kogoś w butelkę, robić kogoś w balona.

rider [ˈraɪdər] *n.* **1.** jeździec. **2.** rowerzyst-a/ka; motocyklist-a/ka. **3.** klauzula; dodatek, aneks.

ridge [rɪdʒ] *n.* **1.** grzbiet; pasmo (górskie). **2.** (*także* **high pressure ~**) pasmo/linia wysokiego ciśnienia.

ridicule [ˈrɪdəˌkjuːl] *n.* kpiny, drwiny. — *v.* wyśmiewać; kpić (sobie) z (*kogoś l. czegoś*).

ridiculous [rɪˈdɪkjələs] *a.* śmieszny, niepoważny, absurdalny.

rifle [ˈraɪfl] *n.* karabin; strzelba. — *v.* **~ through sth** przetrząsać coś.

rift [rɪft] *n.* **1.** rozdźwięk; rozłam. **2.** szczelina (skalna), rozpadlina.

rig [rɪg] *v.* **1.** wyposażyć, wyekwipować. **2.** fałszować (*wybory, wyniki*); manipulować (*rynkiem, cenami*). **3. ~ sth up** *pot.* sklecić coś (naprędce). — *n.* **1.** (*także* **drilling ~**) platforma wiertnicza. **2.** ożaglowanie. **3.** *pot.* sprzęt (*wędkarski, fotograficzny*).

right [raɪt] *int. pot.* dobra; tak; pewnie; **yeah, ~!** *iron.* aha, na pewno! — *a.* **1.** dobry, poprawny (*o odpowiedzi*). **2.** słuszny. **3.** właściwy; odpowiedni; **be ~ for sb** być odpowiednim dla kogoś (*jako partner/ka*); **at the ~ time** we właściwym czasie; **the ~ person for the job** właściwy człowiek na właściwym miejscu. **4.** prawy; **~ turn** zakręt w prawo. **5.** prosty (*o kącie*). **6. are you all ~?** wszystko w porządku?, dobrze się czujesz? **be ~ about sth** mieć rację co do czegoś; **let me get this ~** (czy na pewno) dobrze rozumiem? **in one's ~ mind** przy zdrowych zmysłach; **that's ~!** zgadza się, tak! jak najbardziej! **the ~ way around** w dobrą stronę. — *adv.* **1.** dokładnie; **~ at/on/in sth** dokładnie na/w czymś. **2.** dobrze; słusznie; właściwie, poprawnie. **3.** w prawo. **4. ~ after sth** zaraz po czymś; **~ and left** z lewej i z prawej, na całym froncie; **~ away/off** od ręki; **~ behind sb/sth** tuż za kimś/czymś; **~ now** w tej chwili; **~ now/away** zaraz, od razu; **~ through** w całości; **be ~ up sb's alley/street** *pot.* pasować komuś; **I'll be ~ back** zaraz wracam; **(it) serves him ~** dobrze mu tak. — *n.* **1.** prawo; **all ~s reserved** wszelkie prawa zastrzeżone; **equal ~s** równouprawnienie; **human/women's ~s** prawa człowieka/kobiet. **2.** dobro; **~ and wrong** dobro i zło. **3.** prawa strona; **on the/one's ~** z prawej (strony), po prawej (stronie). **4.** skręt w prawo; **make/take a (third) ~** skręcić w (trzecią ulicę w) prawo. **5. the ~** prawica. **6. be in the ~** mieć rację; **be within one's ~s to do sth** mieć prawo coś zrobić; **by ~s** na dobrą sprawę; **in his/her/its own ~** sam/sama/samo w sobie; **in its own ~** pełnoprawny. — *v.* **1. ~ a wrong** naprawić/wynagrodzić krzywdę. **2.** poprawiać (*błędy*). **3.** wyprostować (*statek, kwiaty w wazonie*).

rightful [ˈraɪtfʊl] *a.* **1.** prawowity. **2.** słuszny, uzasadniony.

right-handed [ˌraɪtˈhændɪd] *a.* **1.** praworęczny. **2.** prawy, prawoskrętny (*o gwincie, śrubie*). — *adv.* prawą ręką.

rightly [ˈraɪtlɪ] *adv.* słusznie; dobrze; **~ or wrongly** słusznie czy (też) nie; **and ~ so** i dobrze się stało, i bardzo dobrze.

right of way, right-of-way *n.* **1.** pierwszeństwo (przejazdu); **have ~** mieć pierwszeństwo. **2.** prawo przejazdu (*przez teren prywatny*).

right wing *n.* **1.** *polit.* prawica. **2.** *sport* prawe skrzydło.

right-wing [ˌraɪtˈwɪŋ] *a.* prawicowy.

rigid [ˈrɪdʒɪd] *a.* **1.** surowy; ścisły. **2.** sztywny. **3.** nieelastyczny; skostniały.

rigor [ˈrɪgər] *n.* **1. the ~s of sth** trudy czegoś. **2.** surowość; rygorystyczność; rygor. **3.** dokładność, precyzja, ścisłość; dyscyplina logiczna. **4.** zesztywnienie, stężenie (*mięśni*).

rigorous [ˈrɪgərəs] *a.* **1.** rygorystyczny. **2.** surowy.

rim [rɪm] *n.* **1.** brzeg; krawędź; obrzeże. **2.** obręcz (*koła, kosza do gry*). **3.** ramka; obwódka.

rind [raɪnd] *n.* skórka (*cytryny, sera*).

ring[1] [rɪŋ] *n.* **1.** pierścień; pierścionek; (*także* **wedding ~**) obrączka. **2.** kółko (*w nosie, na klucze, z dymu*). **3.** krąg; koło. **4. ~s** cienie (*pod oczami*). **5.** arena. **6.** ring (*w boksie itp.*). **7. drugs/spy ~** siatka narkotykowa/szpiegowska. **8.** słój (*drzewa*). **9. run ~s around sb** *pot.* zostawiać kogoś daleko w tyle. — *v.* **1.** otaczać; zamykać. **2.** zakreślać kółkiem.

ring[2] *v.* **rang, rung 1.** dzwonić (*t. czymś; t. o telefonie*); wydzwaniać (*godzinę*). **2.** dźwięczeć; brzmieć. **3. ~ a bell** brzmieć znajomo; **~ hollow** brzmieć nieszczerze/nieprzekonująco; **~ in sb's ears** dzwonić komuś w uszach; dźwięczeć komuś w uszach. **4. ~ out** rozbrzmiewać, rozlegać się; **~ up** wybijać, nabijać (*cenę w kasie*); **~ sth up** zapisać coś na swoim koncie, zaliczyć coś. — *n.* **1.** dzwonienie; dzwonek. **2.** brzmienie; **have a ~ of truth** brzmieć prawdopodobnie.

rink [rɪŋk] *n.* (*także* **ice ~**) lodowisko; tor łyżwiarski; (*także* **(roller) skating ~**) tor do jazdy na wrotkach.

rinse [rɪns] *v.* **1. ~ (out)** płukać. **2.** farbować (*włosy płukanką*). **3.** *tk.* barwić. **4. ~ away/out/off** spłukiwać. — *n.* **1.** płukanie; **give sth a ~** wypłukać coś. **2.** płukanka (koloryzująca) do włosów.

riot [ˈraɪət] *n.* **1.** rozruchy, zamieszki; **race ~** zamieszki na tle rasowym. **2. run ~** wymykać się spod kontroli (*o demonstracji, myślach*); ponosić kogoś (*o fantazji, uczuciu*); rozrastać się w sposób niekontrolowany (*o roślinności*). — *v.* brać udział w rozruchach; burzyć się, buntować się.

rip [rɪp] *v.* **1.** drzeć (się), rozdzierać (się), rozrywać (się); pruć (się); **~ sth open** rozerwać coś. **2. ~ sb off** *pot.* zedrzeć z kogoś (skórę) (= *naciągnąć*); okraść kogoś; ~ **sth off** *pot.* zwędzić coś; zerżnąć coś (*np. wypracowanie*); ~ **up** podrzeć; rozerwać, rozedrzeć. — *n.* rozprucie, rozdarcie.

ripe [raɪp] *a.* **1.** dojrzały. **2.** mocny, ostry (*o zapachu*). **3. be ~ for sth** dojrzeć do czegoś; **the time is ~ for sth** nadszedł czas na coś; **when the time is ~** we właściwym czasie.

ripen ['raɪpən] *v.* dojrzewać.

ripple ['rɪpl] *n.* **1.** zmarszczka. **2.** szmer. **3.** falowanie (*dźwięku*). — *v.* **1.** marszczyć (się). **2.** falować.

rise [raɪz] *v.* **rose**, **risen 1.** rosnąć, wzrastać. **2.** podnosić się, przybierać (*o poziomie wód*); wznosić się (*o terenie*); ~ **over sth** górować/wyrastać nad czymś. **3.** wstawać (*t. rano*); podnosić się (*po upadku*); ~ **from the table** wstać od stołu; **all ~** *form.* proszę wstać. **4.** wschodzić. **5.** podnosić się (*o dymie, mgle*); unosić się (*o zapachu*). **6.** wzmagać się, nasilać się, rosnąć. **7.** stawać dęba, jeżyć się. **8.** ~ **and fall** wznosić się i opadać; wahać się; falować; ~ **and shine!** *żart.* pobudka! ~ **from the dead/grave** *lit.* powstać z grobu. **9.** ~ **above sth** wznieść się ponad coś; pogodzić się z czymś; przyjąć coś godnie; wykraczać/wychodzić poza coś; ~ **(up) against sth/sb** zbuntować się/powstać przeciwko czemuś/komuś; ~ **to the bait** połknąć haczyk; ~ **to one's feet** powstać; ~ **to the occasion/challenge** stanąć na wysokości zadania. — *n.* **1.** wzrost (*in sth* czegoś); podwyżka, zwyżka; **be on the ~** rosnąć, iść w górę; **price ~** wzrost cen. **2.** wzniesienie (*terenu, łuku*). **3.** początek; powstanie. **4.** ~ **to fame** zdobycie sławy; ~ **to power** dojście do władzy; **give ~ to sth** dawać powód do czegoś, wywoływać coś.

risk [rɪsk] *n.* ryzyko; niebezpieczeństwo; zagrożenie; **at ~ (from sth)** zagrożony (czymś); **at the ~ of sounding stupid,...** być może zabrzmi to głupio, ale...; **(do sth) at one's own ~** (zrobić coś) na własne ryzyko; **fire/health ~** zagrożenie pożarowe/dla zdrowia; **put sb/sth at ~** narażać kogoś/coś; **run a ~ of sth** ryzykować coś/czymś, narażać się na coś; **take a ~** podjąć ryzyko; **take ~s** narażać się, ryzykować. — *v.* **1.** ryzykować; narażać; podejmować ryzyko (*czegoś*). **2.** ~ **it** zaryzykować; ~ **one's life** ryzykować życie/życiem; ~ **one's neck (for sb)** *pot.* nadstawiać karku (za kogoś).

risky ['rɪskɪ] *a.* ryzykowny.

rite [raɪt] *n.* **1.** obrządek; rytuał; obrzęd; ceremonia; uroczystość. **2.** ~ **of passage** inicjacja.

ritual ['rɪtʃʊəl] *n.* obrządek; rytuał. — *a.* obrzędowy; rytualny.

rival ['raɪvl] *n.* rywal/ka, konkurent/ka. — *a.* konkurencyjny; alternatywny; konkurujący ze sobą; ~ **team** drużyna przeciwnika/przeciwna. — *v.* ~ **sb/sth (in/for sth)** dorównywać komuś/czemuś (w czymś); konkurować z kimś/czymś (w czymś).

rivalry ['raɪvəlrɪ] *n.* rywalizacja, współzawodnictwo.

river ['rɪvər] *n.* **1.** rzeka; **mouth of the ~** ujście rzeki; **(sail) up/down (the) ~** (płynąć) w górę/dół rzeki. **2. sell sb down the ~** *pot.* puścić kogoś kantem.

road [roʊd] *n.* **1.** droga; szosa; autostrada; ulica; **3 hours by ~** 3 godziny jazdy (samochodem); **hit the ~** *pot.* (wy)ruszyć w drogę; **live (just) down the ~** mieszkać kawałek dalej; **on the ~** w drodze; w trasie; **take (to) the ~** ruszyć w drogę. **2. let's not go down that (particular) ~** *pot.* lepiej zmieńmy temat; **on the (right) ~ (to sth)** na (dobrej/właściwej) drodze (do czegoś); **one for the ~** *przest. pot.* strzemienny.

roadside ['roʊd,saɪd] *n.* pobocze (drogi); **by the ~** przy drodze, na poboczu. — *a.* przydrożny (*np. o barze*).

road sign *n.* znak drogowy.

roam [roʊm] *v.* **1.** ~ **(around/about/over)** włóczyć/wałęsać się (po), wędrować (po); ~ **the streets** wałęsać się po ulicach. **2.** ~ **over sth** przebiegać po czymś (*o spojrzeniu*).

roar [rɔːr] *v.* **1.** ryczeć. **2.** wyć (*o wietrze*). **3.** (*także* ~ **with laughter**) ryczeć ze śmiechu. **4.** ~ **(past/down)** przejechać z łoskotem/hałasem. **5.** buzować (*o ogniu*). — *n.* **1.** ryk. **2.** wycie. **3.** huk.

roast [roʊst] *v.* **1.** piec; opiekać. **2.** piec się (*o mięsie*). **3.** palić (*kawę*); prażyć (*orzeszki*). **4.** prażyć/smażyć się (*np. na plaży*). **5.** *pot.* zjechać (= *skrytykować*). — *n.* pieczeń. — *a.* pieczony; ~ **beef** rostbef, pieczeń wołowa; ~ **potatoes** pieczone ziemniaki.

rob [rɑːb] *v.* **1.** skraść, zrabować. **2.** ~ **sb of sth** okraść/obrabować/ograbić kogoś z czegoś; ukraść komuś coś; pozbawić kogoś czegoś.

robber ['rɑːbər] *n.* rabuś, bandyt-a/ka.

robbery ['rɑːbərɪ] *n.* **1.** napad (rabunkowy), rabunek; **armed ~** napad z bronią w ręku; **bank ~** napad na bank. **2. daylight/highway ~** *pot.* rozbój w biały dzień.

robe [roʊb] *n.* **1.** toga; sutanna. **2.** szlafrok; płaszcz kąpielowy.

robin ['rɑːbɪn] *n.* **1.** (*także* **American ~**) drozd wędrowny. **2.** (*także* **European ~**) rudzik.

robot ['roʊbɑːt] *n.* robot.

robust [roʊ'bʌst] *a.* **1.** krzepki, silny. **2.** solidny. **3.** *t. komp.* stabilny; pewny; szczelny (*o systemie*). **4.** zdrowy, silny (*o gospodarce*).

rock [rɑːk] *n.* **1.** skała. **2.** głaz; kamień. **3.** *muz.* rock. **4. be (as) solid/steady as a ~** być jak opoka (*o osobie*); być mocnym jak skała, być nie do ruszenia (*o konstrukcji*); **be (stuck) between a ~ and a hard place** znaleźć się między młotem a kowadłem; **on the ~s** na mieliźnie/skałach (*o statku*); w rozsypce (*o małżeństwie*); **vodka on the ~s** wódka z lodem. — *v.* **1.** kołysać (się), bujać (się), huśtać (się); ~ **sb asleep** ukołysać kogoś do snu. **2.** wstrząsnąć (*opinią publiczną*); zatrząść się (*od wybuchu*). **3.** *pot.* grać/tańczyć/śpiewać rocka. — *a.* rockowy.

rock and roll, **rock-and-roll**, **rock'n'roll**, **rock & roll** *n.* rock and roll. — *a.* rockandrollowy. — *v.* tańczyć rock and rolla.

rocket ['rɑːkət] *n.* rakieta (*kosmiczna, wojskowa, fajerwerk*). — *v.* **1.** ~ **(up)** skoczyć w górę (*o cenach*). **2.** ~ **to sth** błyskawicznie coś osiągnąć, zdobyć coś przebojem. — *a.* ~ **engine/propulsion** silnik/napęd rakietowy; ~ **launcher** wyrzutnia rakietowa.

rocking chair ['rɑːkɪŋ ,tʃer] *n.* fotel na biegunach, fotel bujany.

rocky ['rɑːkɪ] *a.* **1.** skalisty. **2.** niepewny. **3.** chwiejny, niezdecydowany.

rod [rɑːd] *n.* **1.** pręt; drąg. **2.** (*także* **fishing ~**) wędka. **3.** rózga. **4.** pręcik (*na siatkówce oka*).

rode [roʊd] *v. zob.* **ride**.

rodent ['roʊdənt] *n.* gryzoń.

role [roʊl], **rôle** *n.* rola; **leading/lead/major/key ~** główna rola; **play a ~** grać/odgrywać rolę.

roll [roʊl] *n.* **1.** rolka; zwój; zwitek; bela (*materiału*). **2.** (*także* **bread ~**) bułka. **3.** rzut (*kości do gry*). **4.** lista (nazwisk); wykaz; rejestr; **call/take the ~** odczytywać listę, sprawdzać obecność. **5.** werbel. **6.**

pomruk, łoskot (*grzmotu*); bębnienie; dudnienie. **7.** **~s of fat** zwały/fałdy tłuszczu. **8.** *pot.* **a ~ in the hay** figlowanie na sianie; **be on a ~** być na fali. — *v.* **1.** toczyć (się), kulać (się); obracać (się). **2.** obtaczać. **3.** tarzać się. **4.** zataczać się. **5.** kręcić się; działać (*o mechanizmie*). **6.** zwijać (*sznurek*). **7.** przewijać (*film*). **8.** podwijać (*rękawy, nogawki*). **9.** rzucać (kostką). **10.** wałkować (*ciasto*). **11.** falować (*o trawie, morzu, tłumie*). **12.** kręcić, filmować. **13.** **~ a cigarette** zrobić skręta; **~ one's eyes** przewracać oczami; **be ~ing in it** *pot.* mieć forsy jak lodu; **get ~ing** rozkręcić się (*o interesie*); brać się do roboty; **ready to ~** gotowy (*do drogi, działania*). **14.** **~ back** obniżać; redukować; **~ a window down** otworzyć okno (*w samochodzie*); **~ in** wpływać, napływać (*o zgłoszeniach*); nadciągać (*o mgle, chmurach*); **(all) ~ed into one** w jednej osobie; (wszystko) w jednym; **~ out** rozwałkować (*ciasto*); rozwijać (*sznurek*); *handl.* wypromować, wprowadzić na rynek; **~ out the red carpet for sb** potraktować kogoś z honorami; **~ over** przewrócić się (*na drugi bok, na brzuch*); przekręcić; **~ up** zwijać, rolować; podwijać (*rękawy, nogawki*); **~ o.s. up into a ball** zwinąć się w kulkę/kłębek; **~ a window up** zakręcić/zamknąć okno (*w samochodzie*).

roller ['roʊlər] *n.* **1.** wałek; rolka; kółko. **2.** walec; wał. **3.** lokówka, wałek (*do włosów*).

roller coaster *n.* **1.** kolejka górska (*w wesołym miasteczku*). **2.** *przen.* huśtawka (*emocjonalna*).

roller skates *n. pl.* wrotki.

rolling pin *n.* wałek do ciasta.

ROM [rɑːm] *abbr.* = **read-only memory**.

Roman ['roʊmən] *n.* Rzymian-in/ka. — *a.* rzymski.

Roman Catholic *a.* rzymskokatolicki. — *n.* katoli-k/czka.

romance [roʊ'mæns] *n.* **1.** romans. **2.** uczucie. **3.** urok, czar; romantyczność.

Romania [rʊ'meɪnɪə] *n.* Rumunia.

Romanian [rʊ'meɪnɪən] *a.* rumuński. — *n.* **1.** Rumun/ka. **2.** (język) rumuński.

romantic [roʊ'mæntɪk] *a.* romantyczny. — *n.* romanty-k/czka.

Rome [roʊm] *n.* Rzym.

roof [ruːf] *n.* **1.** dach; strop. **2.** (*także* **~ of the mouth**) podniebienie. **3.** **a ~ over one's head** dach nad głową; **go through the ~** *pot.* gwałtownie wzrosnąć (*o cenach*); (*także* **hit the ~**) wściec się; zrobić aferę/awanturę; **under one ~** (*także* **under the same ~**) pod jednym dachem. — *v.* kryć (dachem).

rook [rʊk] *n.* **1.** gawron. **2.** *szachy* wieża.

room [ruːm] *n.* **1.** pokój; **dining ~** pokój jadalny/stołowy, jadalnia; **single ~** pokój jednoosobowy; **sitting/living ~** pokój dzienny, salon. **2.** sala; pomieszczenie. **3.** miejsce; **make ~ for sb/sth** zrobić miejsce dla kogoś/czegoś; **take up too much ~** zajmować zbyt dużo miejsca. **4.** **leave no ~ for doubt** nie pozostawiać cienia wątpliwości; **there is (plenty of) ~ for improvement** jeszcze sporo można ulepszyć. — *v.* **1.** wynajmować pokój (*in sth* gdzieś). **2.** **~ with sb** dzielić z kimś pokój.

roommate ['ruːmˌmeɪt] *n.* **1.** współlokator/ka. **2.** kole-ga/żanka z pokoju.

room service *n.* obsługa (kelnerska) w pokojach (*hotelowych*).

roost [ruːst] *n.* grzęda; kurnik. — *v.* siedzieć (*na grzędzie, drucie*).

rooster ['ruːstər] *n.* kogut.

root [ruːt] *n.* **1.** korzeń; **sb's ~s** czyjeś korzenie; **take/strike ~** przyjąć się (*o sadzonce, pomyśle*). **2.** źródło; sedno, istota; **~ cause** główna/podstawowa przyczyna; **be/lie at the ~ of sth** tkwić/leżeć u źródła/podłoża czegoś; **get to the ~ of sth** dotrzeć do sedna czegoś. **3.** nasada (*języka, konstrukcji*). **4.** *mat.* pierwiastek. **5.** cebulka (*włosa*). **6.** *jęz.* rdzeń. — *v.* **1.** ryć (*o dziku*); węszyć, szperać. **2.** *t. przen.* zapuszczać korzenie; ukorzeniać się; zakorzeniać się. **3.** **~ about** szperać; **~ for sb/sth** kibicować komuś/czemuś; **be ~ed in sth** wynikać z czegoś; wywodzić się z czegoś; **~ out** wykorzenić; wygrzebać (= *wyszukać*); **~ through sth** przetrząsać coś; **~ up** *ogr.* wyrwać z korzeniami.

rope [roʊp] *n.* **1.** lina; sznur; powróz. **2.** **the ~** stryczek. **3.** **be at the end of one's ~** *pot.* gonić resztkami sił; **know the ~s** znać się na rzeczy; **learn the ~s** uczyć się, poznawać fach; **show sb the ~s** wprowadzić/wtajemniczyć kogoś. — *v.* **1.** przywiązywać/zabezpieczać (liną). **2.** chwytać/łapać (na lasso). **3.** **~ off** ogrodzić sznurem; **~ together** związać.

rosary ['roʊzərɪ] *n.* różaniec.

rose[1] [roʊz] *v. zob.* **rise**.

rose[2] *n.* **1.** róża. **2.** róż, kolor różowy. **3.** rozeta. **4.** **come up ~s** iść jak z płatka; **sth isn't all ~s** (*także* **sth isn't a bed of ~s**) coś nie jest usłane różami. — *a.* **1.** różowy. **2.** różany.

rosebud ['roʊzˌbʌd] *n.* pączek róży.

rosemary ['roʊzˌmerɪ] *n.* rozmaryn.

roster ['rɑːstər] *n.* **1.** grafik, harmonogram; **duty ~** grafik dyżurów. **2.** lista, wykaz, spis (*uczniów, zatrudnionych*).

rostrum ['rɑːstrəm] *n. pl. t.* **rostra** ['rɑːstrə] trybuna, mównica; podium.

rosy ['roʊzɪ] *a.* **1.** różowy. **2.** rumiany, zaróżowiony. **3.** **~ future** świetlana przyszłość.

rot [rɑːt] *v.* **1.** gnić; psuć się; butwieć, próchnieć; rozkładać się; **~ in jail/prison** gnić w więzieniu. **2.** powodować gnicie/rozkład (*czegoś*). — *n.* **1.** gnicie; próchnienie, butwienie. **2.** zgnilizna. **3.** *pot.* **stop the ~** powstrzymać upadek; **the ~ set in** sprawy zaczęły się psuć.

rotate ['roʊteɪt] *v.* **1.** obracać (się); wirować. **2.** zmieniać (się) kolejno (*o zawodnikach, pracownikach*); rotować (*personel*). **3.** **~ crops** stosować płodozmian.

rotation [roʊ'teɪʃən] *n.* **1.** obrót, wirowanie. **2.** rotacja, wymiana. **3.** (*także* **~ of crops**) płodozmian.

rote [roʊt] *n.* **~ learning** uczenie się na pamięć; **by ~** na pamięć; z pamięci.

rotten ['rɑːtən] *a.* **1.** zgniły; zepsuty; spróchniały, zbutwiały, zmurszały. **2.** *pot.* kiepski, beznadziejny; **feel ~** podle się czuć.

rouge [ruːʒ] *n.* róż. — *v.* nakładać róż na (*policzki*).

rough [rʌf] *a.* **1.** szorstki; chropowaty. **2.** wyboisty, nierówny. **3.** przybliżony, orientacyjny; schematyczny; **~ estimate** przybliżona wycena. **4.** szorstki, nieokrzesany, obcesowy. **5.** niespokojny, niebezpieczny (*o dzielnicy*). **6.** **have a ~ night** mieć ciężką noc. **7.** wzburzony (*o morzu*). **8.** nieprzyjemny, ostry (*o głosie*). **9.** **~ and ready** do zniesienia/wytrzymania, nie najgorszy; **at a ~ guess** na oko; **give sb a ~ time/ride** *pot.* dać komuś popalić; **go through a ~ patch** przechodzić trudny okres; **this is going to be ~** nie będzie lekko. — *adv.* **play ~ (with sb)** *sport* brutalnie (kogoś) atakować; ostro grać/zagrywać (z kimś). — *n.* 1. **the ~** *golf* wysoka trawa, rough. 2. **take the ~ with the smooth** brać, co życie przynosi. — *v.* 1. **~ it** *pot.* żyć po spartańsku. 2. **~ sb up** poturbować kogoś.

roughly ['rʌflɪ] *adv.* 1. w przybliżeniu, mniej więcej, z grubsza; **~ speaking** z grubsza biorąc. 2. gwałtownie (*szarpnąć, popchnąć*).

roulette [rʊ'let] *n.* ruletka.

round [raʊnd] *a.* okrągły; zaokrąglony; **~ number** okrągła liczba. — *adv., prep.* 1. = **around**. 2. (*także* **~ about**) około; **~ about six** około (godziny) szóstej. — *n.* 1. runda. 2. **~s** obchód; patrol; **do/go/make one's ~s** robić obchód. 3. kolejka, rundka; **it's my ~** (tę kolejkę) ja stawiam. 4. pocisk, nabój. 5. seria (*wydarzeń, strzałów z broni maszynowej*). 6. **~ of applause** owacja, oklaski. — *v.* 1. zaokrąglać (*usta, liczbę*). 2. okrążać, objeżdżać, obchodzić (*przeszkodę*). 3. **~ a corner** brać zakręt; **~ the corner** skręcić za róg. 4. **~ down** zaokrąglać (w dół); **~ off** zaokrąglać (*rogi, liczbę*); **~ sth off/out (with sth)** zakończyć/uwieńczyć coś (czymś); **~ up** aresztować; zebrać, spędzić (*ludzi*); spędzać, zaganiać (*bydło*); zorganizować (*przyjaciół, ludzi do roboty*); zaokrąglać (w górę).

roundabout ['raʊndəˌbaʊt] *a.* 1. okrężny. 2. zawoalowany.

roundly ['raʊndlɪ] *adv.* bez ogródek; ostro; zdecydowanie.

round trip *n.* podróż w obie strony, podróż tam i z powrotem.

round-up ['raʊndˌʌp] *n.* 1. obława; aresztowanie. 2. (*także* **news ~**) skrót wiadomości. 3. spęd (*bydła*).

rouse [raʊz] *v. form.* 1. **~ sb (from their sleep)** zbudzić kogoś; **~ o.s.** zbudzić się; ocknąć się. 2. **~ sb into action** pobudzić kogoś do działania. 3. rozbudzać (*uczucie, gniew*).

rousing ['raʊzɪŋ] *a.* 1. porywający, poruszający. 2. ożywiony.

route [ruːt] *n.* droga; trasa; szlak; *wojsk.* marszruta; **R~ 66** droga numer 66; **en ~ to sth** w drodze gdzieś/do czegoś. — *v.* **~ sth through/by sth** kierować/przesyłać coś przez coś/jakąś drogą.

routine [ˌruː'tiːn] *n.* 1. rutyna; zwykła procedura; **escape from/break the ~** odejść od ustalonego porządku, wprowadzić urozmaicenie; **daily ~** (ustalony) porządek dnia. 2. układ (*taneczny, gimnastyczny*). 3. *komp.* procedura. — *a.* rutynowy; zwyczajny.

rove [roʊv] *v.* 1. wałęsać/włóczyć się (po). 2. **~ around/over sth** błądzić/przebiegać po czymś (*o wzroku*).

row [roʊ] *n.* 1. rząd; rządek; **sit in the front ~** siedzieć w pierwszym rzędzie; **five times in a ~** pięć razy z rzędu/pod rząd. 2. uliczka. 3. przejażdżka łodzią; wiosłowanie. — *v.* (*także* **~ a boat**) wiosłować.

rowdy ['raʊdɪ] *a.* awanturniczy; rozwydrzony.

rowing ['roʊɪŋ] *n.* wioślarstwo.

royal ['rɔɪəl] *a.* królewski. — *n. pot.* człon-ek/kini rodziny królewskiej.

royalty ['rɔɪəltɪ] *n.* 1. honorarium (autorskie); **royalties** tantiemy. 2. członkowie rodziny królewskiej.

rub [rʌb] *v.* 1. trzeć; pocierać (*sth against/on sth* coś/czymś o coś); ocierać się (*against sb/sth* o kogoś/coś); **~ sth together** pocierać coś o siebie. 2. wycierać (się). 3. polerować. 4. *pot.* **~ sb's nose in it/in the dirt** wypominać coś komuś; **~ one's hands** zacierać ręce; **~ salt into the wound** sypać sól na rany; **~ shoulders/elbows with sb** być w (dobrej) komitywie z kimś; **~ sb the wrong way** źle na kogoś działać (= *drażnić kogoś*). 5. **~ down** wytrzeć; wypolerować; zrobić masaż (*komuś*), wymasować; **~ in** wcierać; **no need to ~ it in** *pot.* nie musisz mi tego ciągle wypominać; **~ off** ścierać (się); **~ off on sb** udzielać się komuś. — *n.* 1. **give sb a ~** zrobić komuś masaż; **give sb a back ~** wymasować komuś plecy. 2. **give sth a ~** przetrzeć coś (*mebel*). 3. **there's/here's the ~** *przest. lit.* w tym sęk.

rubber ['rʌbər] *n.* 1. guma. 2. kauczuk. 3. *pot.* gumka (= *prezerwatywa*). 4. **~s** *przest.* gumowce, kalosze.

rubber band *n.* gumka (recepturka).

rubbish ['rʌbɪʃ] *n.* 1. śmieci. 2. *pot.* bzdury, brednie; **a load of ~** stek bzdur.

rubble ['rʌbl] *n.* gruz.

ruby ['ruːbɪ] *n.* rubin. — *a.* rubinowy.

rucksack ['rʌkˌsæk] *n.* plecak.

rudder ['rʌdər] *n.* ster.

ruddy ['rʌdɪ] *a.* rumiany.

rude [ruːd] *a.* 1. niegrzeczny, nieuprzejmy, grubiański. 2. **a ~ awakening** bolesne/gwałtowne przebudzenie.

rudimentary [ˌruːdə'mentərɪ] *a.* 1. *form.* elementarny, podstawowy. 2. *biol.* szczątkowy; zaczątkowy (*o organie*).

rudiments ['ruːdəmənts] *n. pl. form.* podstawy (*np. fizyki*).

ruffle ['rʌfl] *v.* 1. marszczyć (się) (*o wodzie*); mierzwić (się), wichrzyć (się) (*o włosach*). 2. **~ (up)** nastroszyć; najeżyć; **~ its feathers** nastroszyć pióra (*o ptaku*). 3. marszczyć, zbierać (*tkaninę*).

rug [rʌg] *n.* 1. dywan; dywanik; skóra (*zwierzęca na podłogę*). 2. *pot.* peruczka, tupecik.

rugby ['rʌgbɪ] *n.* rugby.

rugged ['rʌgɪd] *a.* 1. nieregularny (*o linii brzegowej, rysach*). 2. surowy (*o krajobrazie, męskiej urodzie*). 3. solidny, wytrzymały.

ruin ['ruːɪn] *n.* ruina; **be/lie in ~s** leżeć/lec w gruzach. — *v.* rujnować; niszczyć, psuć.

rule [ruːl] *n.* 1. reguła; przepis; zasada, prawidło; norma; **as a (general) ~** z reguły/zasady; **(be) against the ~s** (być) wbrew przepisom/zasadom; **be the ~** być regułą; **bend/stretch the ~s** naginać zasady/przepisy; **break the ~s** łamać zasady; **follow/obey/observe the ~s** przestrzegać przepisów. 2. rządy, władza; panowanie; **under sb's ~** pod czyimś panowaniem, za panowania kogoś. — *v.* 1. rządzić, kierować (*kimś l. czymś*); zdominować (*kogoś*); panować (*over sb/sth* nad kimś/czymś). 2. *prawn.* orzekać, wydawać orzeczenie. 3. rysować, kreślić (*linię*). 4. liniować (*zeszyt, kartkę*). 5. **be ~d by sth** powodować/kierować się czymś. 6. **~ out** wykluczyć (*możliwość*).

ruler ['ruːlər] *n.* 1. wład-ca/czyni. 2. linijka.

ruling ['ruːlɪŋ] *a.* rządzący; panujący. — *n.* orzeczenie, decyzja (*sądu*).

rum [rʌm] *n.* rum.

rumble ['rʌmbl] *v.* 1. grzmieć; dudnić. 2. toczyć się/jechać z łoskotem; telepać się; **~ along/past** przejechać z łoskotem. 3. **sb's stomach is rumbling** komuś burczy w brzuchu. — *n.* 1. grzmot. 2. dudnienie. 3. szmer (niezadowolenia). 4. gwar.

rummage ['rʌmɪdʒ] *v.* **~ (around) in/through sth** przetrząsać coś; grzebać/szperać w czymś. — *n.* rzeczy używane.

rumor ['ruːmər] *n.* pogłoska, plotka; **~ has it (that)...** wieść niesie, że... — *v.* **it is ~ed that...** chodzą słuchy, że...; **widely ~ed to be sb/sth** powszechnie uważany za kogoś/coś.

rump [rʌmp] *n.* zad; kuper; tyłek.

run [rʌn] *v.* **ran, run 1.** biegać; biec; **~ in a race** biec/startować w wyścigu; **~ the streets** biegać po ulicach. **2.** uciekać. **3.** prowadzić (*firmę*); **well/badly run** dobrze/źle zarządzany. **4.** działać, chodzić; **it ~s on electricity** to jest/działa na prąd; **~ smoothly/fast** dobrze/szybko chodzić. **5.** eksploatować. **6.** kursować, jeździć; **~ every hour (on the hour)** kursować co godzinę (o równych godzinach). **7.** *komp.* uruchamiać (*program*); używać (*aplikacji*). **8.** *komp.* mieć zainstalowane (jako system operacyjny); **this machine ~s Windows** ten komputer ma zainstalowane Windowsy. **9. ~ sb home/to school** *pot.* podwieźć kogoś do domu/szkoły. **10.** płynąć, ciec, lecieć (*np. o łzach*). **11.** startować (w wyborach); kandydować. **12.** *film* być wyświetlanym; *teatr* być wystawianym. **13.** puszczać, farbować (*o kolorze*). **14.** *dzienn.* opublikować, wydrukować. **15. ~ (a few) tests** przeprowadzić (kilka) testów; **~ tests on sb** zrobić komuś badania. **16. ~ a (red) light** przejechać na czerwonym (świetle). **17. ~ a fever/temperature** mieć gorączkę/(podwyższoną) temperaturę; **~ a risk of sth** *zob.* **risk** *n.*; **~ aground/ashore** osiąść na mieliźnie; **~ errands** *zob.* **errand**; **it ~s in the family** to rodzinne; **~ its course** zakończyć się, dobiec końca; wygasnąć; **~ wild** *zob.* **wild** *adv.*; **be ~ning late** być spóźnionym, mieć spóźnienie/opóźnienie; **come ~ning** *pot.* przybiec na zawołanie; **feelings/tensions are ~ning high** panuje/wzrasta napięcie; **sb's nose is ~ning** ktoś ma katar, komuś leci/cieknie z nosa. **18. ~ across sb/sth** natknąć się na kogoś/coś; **~ after sb/sth** uganiać się za kimś/czymś; biegać za kimś/czymś; **~ along!** *pot.* uciekaj! **~ against sb/sth** wpaść/natknąć się na kogoś/coś; **~ away** uciec; **~ sth by sb** skonsultować coś z kimś; **~ down** przejechać; potrącić; wyczerpać się (*o baterii*); **~ into sb** *pot.* wpaść na kogoś, spotkać kogoś (przypadkiem); **~ into sb/sth** wjechać na/w kogoś/coś; **~ into debt/trouble** wpaść w długi/kłopoty; **~ into hundreds/millions** iść w setki/miliony; **~ sth into the ground** zajeździć/zarżnąć coś (*samochód, temat*); **~ off** wystukać (= *napisać szybko*); odejść (*od męża, żony*); uciec; **~ on** rozgadać się; przedłużać się (*o rozmowie, wykładzie*); *t. druk.* pisać/drukować bez przerw; **~ out** skończyć się (*o zapasach, czasie, cierpliwości*); stracić ważność (*o licencji*); wypędzić, przepędzić; **~ out of steam/gas** *pot.* opaść z sił; stracić energię/zapał; **sb ran out of sth** coś się komuś skończyło/wyczerpało; **~ out on sb** zostawić kogoś (*męża, żonę*); **~ over** przejechać; potrącić; przepełnić się (*o pojemniku*); przelać się (*o wodzie*); **~ over sth** powtórzyć coś (*materiał, listę czynności*); rozważać coś (*np. opcje*); **~ through** przećwiczyć, powtórzyć; **~ to sth** sięgać czegoś (*podanej kwoty*); **~ up** zaciągać (*długi*); mnożyć, powiększać (*wydatki*); nagromadzić się; **~ up against sth** napotkać coś (*trudności, przeszkody*). — *n.* **1.** bieg; **at a ~** biegiem; **go for a ~** iść pobiegać. **2.** wyścig. **3.** przejażdżka (*samochodem*); wypad (*do sklepu*); kurs (*autobusu*); trasa (*autobusu, pociągu*). **4.** wybieg (*dla zwierząt*). **5.** oczko (*w rajstopach*). **6. the ~s** *pot.* sraczka. **7.** run (*on sth* na coś). **8.** seria (*produktu, wydarzeń, sukcesów*); ciąg, szereg. **9.** *baseball* punkt. **10. a ~ of good/bad luck** dobra/zła passa; **be on the ~** być na wolności (*o przestępcy*); **break into a ~** puścić się biegiem; **have the ~ of sth** móc swobodnie korzystać z czegoś; **in the short/long ~** na krótką/dłuższą metę; **make a ~ for it** rzucić się do ucieczki; **the play had a ~ of 100 nights** sztuka szła przez sto wieczorów.

runaway ['rʌnəˌweɪ] *a.* **1.** zbiegły (*o więźniu*); **~ child** dziecko, które uciekło z domu, mały uciekinier. **2.** pędzący (*o pojeździe*). **3.** spektakularny (*o sukcesie*); dziecinnie łatwy (*o zwycięstwie*). **4. ~ inflation** galopująca inflacja. — *n.* **1.** uciekinier/ka; zbieg. **2.** łatwa wygrana.

rung [rʌŋ] *v. zob.* **ring**. — *n.* **1.** szczebel (*drabiny, kariery*). **2.** poprzeczka (*krzesła*).

runner ['rʌnər] *n.* **1.** biegacz/ka; **long-distance ~** biegacz/ka długodystansow-y/a, długodystansowiec. **2.** posłaniec, goniec. **3.** płoza. **4.** prowadnica. **5.** chodnik, dywanik. **6.** pnącze.

runner-up [ˌrʌnər'ʌp] *n.* **1.** (*także* **first ~**) zdobyw-ca/czyni drugiego miejsca; wicemiss. **2. second ~** zdobyw-ca/czyni trzeciego miejsca.

running ['rʌnɪŋ] *n.* **1.** biegi; bieganie. **2. the ~ of sth** prowadzenie czegoś; zarządzanie czymś. **3. be in the ~** mieć szanse/widoki na zwycięstwo. — *a.* **1. ~ (hot) water** bieżąca (ciepła) woda. **2.** *dzienn.* na żywo (*o sprawozdaniu, komentarzu*). **3. ~ shoes** obuwie/buty biegowe. **4.** sprawny, działający; **be up and ~** (już) działać; **in ~ order** sprawny. — *adv.* **1.** z rzędu; **third time ~** trzeci raz/po raz trzeci z rzędu. **2.** bez przerwy; **three hours ~** trzy godziny bez przerwy.

runny ['rʌnɪ] *a.* **1.** rzadki, lejący się. **2.** załzawiony (*o oczach*); **sb has a ~ nose** komuś leci/cieknie/kapie z nosa.

run-of-the-mill [ˌrʌnəvðə'mɪl] *a.* szablonowy, sztampowy.

run-up ['rʌnˌʌp] *n.* **1. the ~ to sth** okres poprzedzający coś (*wybory, rocznicę*). **2.** rozbieg.

runway ['rʌnˌweɪ] *n.* **1.** *lotn.* pas startowy. **2.** wybieg (*ze sceny w publiczność; dla zwierząt*). **3.** tor.

rupture ['rʌptʃər] *n.* **1.** pęknięcie; przerwanie; rozerwanie. **2.** rozłam. **3.** przepuklina. — *v.* **1.** pękać. **2.** przerywać; zrywać, rozrywać.

rural ['rʊrəl] *a.* wiejski.

rush [rʌʃ] *v.* **1.** pędzić. **2.** śpieszyć się z (*czymś*); **~ to do sth** czym prędzej coś zrobić. **3.** poganiać, ponaglać. **4.** bezzwłocznie wysłać/przesłać (*towar, dokumenty*); **the victim was ~ed to (the) hospital** ofiarę natychmiast przewieziono do szpitala. **5.** *uniw.* prowadzić nabór, rekrutować (*zwł. do bractwa studentów*). **6. ~ around** uwijać się, krzątać się; **~ into sth** pospieszyć się z czymś; **~ into things** pospieszyć się z decyzją; **~ sth through** szybko coś załatwić; **~ sth through (sth)** przepchnąć coś (przez coś) (*np. ustawę przez parlament*); **blood ~ed to his face** krew napłynęła mu do twarzy. — *n.* **1.** pośpiech; **I am in a ~** śpieszy mi się; **(do sth) in a ~** (robić coś) w pośpiechu; **(there's) no ~** nie śpieszy/pali się; **what's the ~?** po co ten pośpiech? **2.** pogoń, gonitwa; pęd; gwałtowny popyt. **3.** (nagły) przypływ (*uczuć, podniecenia*); **a ~ of adrenaline** zastrzyk adrenaliny. **4.** *pot.* kop (*od narkotyku, alkoholu*). **5.** podmuch, pęd (*powietrza*). **6.** szczyt; godziny szczytu; **Christmas ~** szczyt świąteczny. **7.** *uniw.* nabór, rekrutacja; **Phi Delta Kappa fall ~** jesienny nabór do (bractwa) Phi Delta Kappa. **8.** (*także* **~es**) sitowie; tatarak. **9. ~es**

(*także* ~ **prints**) *film* kopia robocza (*z danego dnia zdjęciowego*).
rush hour *n.* godzina szczytu; godziny szczytu.
Russia ['rʌʃə] *n.* Rosja.
Russian ['rʌʃən] *a.* rosyjski. — *n.* **1.** Rosjan-in/ka. **2.** (język) rosyjski.
rust [rʌst] *n.* rdza. — *v.* rdzewieć; ~ **(away)** zardzewieć.
rustic ['rʌstɪk] *a.* wiejski; rustykalny. — *n. lit.* wieśnia-k/czka.
rustle ['rʌsl] *v.* **1.** szeleścić (*t. czymś*). **2.** kraść (*konie, bydło*). **3.** ~ **up** *pot.* upichcić; pozbierać; skrzyknąć, zwołać naprędce. — *n.* szelest.
rusty ['rʌstɪ] *a.* **1.** zardzewiały (*t. o umiejętnościach*). **2.** rdzawy.
rut [rʌt] *n.* **1.** koleina. **2.** rutyna; **be stuck in a** ~ popaść w rutynę. **3.** ruja. — *v.* być w rui.
ruthless ['ru:θləs] *a.* bezwzględny.
rye [raɪ] *n.* **1.** żyto. **2.** (*także* ~ **bread**) chleb żytni. **3.** (*także* ~ **whiskey**) whisky żytnia.

S

Sabbath ['sæbəθ] *n.* szabas.
sabbatical [sə'bætɪkl] *n.* urlop naukowy.
sabotage ['sæbə,tɑ:ʒ] *n.* sabotaż; dywersja. — *v.* **1.** sabotować. **2.** uszkodzić (*celowo*).
saccharin ['sækərɪn] *n.* sacharyna.
saccharine ['sækəri:n] *a. form.* przesłodzony (*o filmie, uśmiechu*).
sachet [sæ'ʃeɪ] *n.* torebeczka, saszetka.
sack [sæk] *n.* **1.** worek. **2.** *pot.* **hit the** ~ uderzyć w kimono; **in the** ~ w łóżku. — *v.* złupić, splądrować.
sacrament ['sækrəmənt] *n.* sakrament.
sacred ['seɪkrɪd] *a.* **1.** święty; uświęcony. **2.** sakralny.
sacrifice ['sæcrə,faɪs] *n.* **1.** poświęcenie; wyrzeczenie; **make ~s (for sb)** poświęcać się (dla kogoś). **2.** *t. rel.* ofiara. — *v.* **1.** ~ **sth (for sb/sth)** poświęcić coś (dla kogoś/czegoś). **2.** składać w ofierze.
sad [sæd] *a.* **1.** smutny. **2.** przykry. **3.** żałosny.
saddle ['sædl] *n.* siodło; siodełko. — *v.* **1.** siodłać. **2.** ~ **sb with sth** obarczyć/obciążyć kogoś czymś.
sadism ['sæd,ɪzəm] *n.* sadyzm.
sadist ['sædɪst] *n.* sadyst-a/ka.
sadistic [sə'dɪstɪk] *a.* sadystyczny.
sadly ['sædlɪ] *adv.* **1.** smutno, ze smutkiem. **2.** niestety.
sadness ['sædnəs] *n.* smutek.
safari [sə'fɑ:rɪ] *n.* safari.
safe [seɪf] *a.* **1.** bezpieczny (*from sth* od czegoś). **2.** godny zaufania; pewny. **3.** niezniszczony; bez uszczerbku. **4.** ~ **and sound** cały i zdrów; ~ **journey!** szczęśliwej podróży! **(just) to be on the ~ side** (tak) na wszelki wypadek/dla pewności; **play (it)** ~ nie ryzykować. — *n.* sejf.
safeguard ['seɪf,gɑ:rd] *n.* zabezpieczenie; ochrona; gwarancja. — *v.* chronić; zabezpieczać.
safe haven *n.* azyl, schronienie.
safekeeping [,seɪf'ki:pɪŋ] *n.* **for** ~ na przechowanie.
safely ['seɪflɪ] *adv.* **1.** bezpiecznie. **2.** dokładnie (*np. zamknąć*). **3.** spokojnie; śmiało. **4.** cało; bez uszczerbku.
safe sex *n.* bezpieczny seks.
safety ['seɪftɪ] *n.* **1.** bezpieczeństwo; ~ **first!** bezpieczeństwo przede wszystkim! **2. lead sb to** ~ zabrać/zaprowadzić kogoś w bezpieczne miejsce.
safety belt *n.* pas bezpieczeństwa.
safety pin *n.* agrafka.
sag [sæg] *v.* **1.** zapadać się; uginać się. **2.** zwisać; obwisać. **3.** słabnąć (*o zainteresowaniu*).
saga ['sɑ:gə] *n.* saga.
sage [seɪʤ] *n.* **1.** szałwia. **2.** *lit.* mędrzec.
Sagittarius [,sæʤɪ'terɪəs] *n.* Strzelec.
said [sed] *v. zob.* **say** *v.* — *a.* rzeczony, wzmiankowany.
sail [seɪl] *n.* żagiel. — *v.* **1.** żeglować; pływać; uprawiać żeglarstwo. **2.** szybować (*t. o ptaku, piłce*). **3.** sunąć. **4.** ~ **through sth** *pot.* przejść przez coś śpiewająco.
sailboat ['seɪl,boʊt] *n.* żaglówka.
sailing ['seɪlɪŋ] *n.* żeglarstwo.
sailor ['seɪlər] *n.* **1.** żegla-rz/rka. **2.** marynarz.
saint [seɪnt] *n.* święt-y/a. — *a.* święty.
saintly ['seɪntlɪ] *a.* święty, anielski (= *dobry, cierpliwy*).
sake [seɪk] *n.* **art for art's** ~ sztuka dla sztuki; **for the ~ of sb/sth** (*także* **for sb's/sth's ~**) ze względu/przez wzgląd na kogoś/coś; **for God's/goodness'/heaven's** ~ na miłość boską; **for the ~ of argument** (czysto) teoretycznie.
salad ['sæləd] *n.* **1.** sałatka. **2.** surówka.
salad bowl *n.* salaterka.
salamander ['sælə,mændər] *n.* salamandra.
salami [sə'lɑ:mɪ] *n.* salami.
salary ['sælərɪ] *n.* pensja, pobory, uposażenie.
sale [seɪl] *n.* **1.** sprzedaż; **for** ~ na sprzedaż. **2.** wyprzedaż; przecena; **be on** ~ być przecenionym; **buy sth on** ~ kupić coś na wyprzedaży. **3.** aukcja, licytacja. **4. ~s** obroty, ogół transakcji; sprzedaż.
salesclerk ['seɪlz,klɝ:k] *n.* sprzedaw-ca/czyni.
salesman ['seɪlzmən] *n.* **1.** sprzedawca. **2.** akwizytor, pośrednik handlowy.
saleswoman ['seɪlz,wʊmən] *n.* **1.** sprzedawczyni. **2.** akwizytorka, pośredniczka handlowa.
salience ['seɪlɪəns] *n. form.* istotność, waga.
salient ['seɪlɪənt] *a. form.* **1.** najistotniejszy. **2.** (najbardziej) rzucający się w oczy.
saliva [sə'laɪvə] *n.* ślina.
salmon ['sæmən] *n.* łosoś.
salon [sə'lɑ:n] *n.* salon.
saloon [sə'lu:n] *n.* saloon.
salsa ['sɑ:lsə] *n.* salsa.
salt [sɔ:lt] *n.* **1.** sól. **2. take sth with a grain/pinch of** ~ traktować coś z przymrużeniem oka; **the ~ of the earth** sól ziemi. — *a.* **1.** solony. **2.** solny. — *v.* solić.
salty ['sɔ:ltɪ] *a.* słony; słonawy.
salute [sə'lu:t] *v.* **1.** salutować (*komuś*). **2.** *form.* oddawać cześć/hołd (*komuś*). — *n.* **1.** salut; salwa (*honorowa*); honory (*wojskowe*). **2.** *form.* pozdrowienie; gest pozdrowienia.
salvage ['sælvɪʤ] *v.* uratować, ocalić. — *n.* uratowanie, ocalenie.

salvation [sæl'veɪʃən] *n.* **1.** zbawienie. **2.** ratunek, wybawienie.
Salvation Army *n.* **the ~** Armia Zbawienia.
salve [sæv] *n.* maść, balsam.
same [seɪm] *a.* **1.** ten sam; taki sam; **they're one and the ~ thing** to jedno i to samo. **2. at the ~ time** w tym samym czasie; jednocześnie, zarazem; **by the ~ token** *zob.* **token** *n.*; **in the ~ breath** *zob.* **breath**; **just/all the ~** a jednak, niemniej jednak; jednocześnie, zarazem; **~ difference** *zob.* **difference** *n.* — *pron.* **1. the ~** ten sam; taki sam; to samo; **look/taste the ~** wyglądać/smakować tak samo; **much the ~** prawie taki sam; **it's all the ~ to me** wszystko mi jedno. **2.** *pot.* **~ here** ja też; **(the) ~ again!** *pot.* (jeszcze raz) to samo proszę! **the ~ to you!** wzajemnie!, nawzajem! — *adv.* **the ~** tak samo (*as sb/sth* jak ktoś/coś).
sample ['sæmpl] *n.* **1.** próbka; **blood ~** próbka krwi; **free ~** darmowa próbka. **2.** próba; **random ~** próba losowa. — *a.* przykładowy; wzorcowy. — *v.* **1.** kosztować, próbować. **2.** zakosztować (*czegoś*).
sanction ['sæŋkʃən] *n.* **1.** sankcja; **impose ~s on/against sb/sth** nałożyć sankcje na kogoś/coś. **2.** zezwolenie. — *v.* sankcjonować, zatwierdzać; aprobować; zezwalać na.
sanctuary ['sæŋktʃʊ,erɪ] *n.* **1.** sanktuarium. **2.** azyl; schronienie. **3.** rezerwat (*przyrody*).
sand [sænd] *n.* **1.** piasek. **2. bury one's head in the ~** chować głowę w piasek. — *v.* wygładzać/szlifować papierem ściernym.
sandal ['sændl] *n.* sandał.
sandbox ['sænd,bɑːks] *n.* piaskownica.
sandcastle ['sænd,kæsl] *n.* zamek z piasku.
sandpaper ['sænd,peɪpər] *n.* papier ścierny. — *v.* wygładzać/szlifować papierem ściernym.
sandstone ['sænd,stoʊn] *n.* piaskowiec.
sandstorm ['sænd,stɔːrm] *n.* burza piaskowa.
sandwich ['sændwɪtʃ] *n.* sandwicz, kanapka; **cheese ~** kanapka z serem. — *v.* **be ~ed between X and Y** być wciśniętym pomiędzy X i Y.
sandy ['sændɪ] *a.* **1.** piaszczysty. **2.** rudo-blond.
sane [seɪn] *a.* **1.** zdrowy psychicznie, przy zdrowych zmysłach. **2.** rozsądny (*o rozwiązaniu*).
sang [sæŋ] *v. zob.* **sing**.
sanitary ['sænə,terɪ] *a.* **1.** zdrowotny; zdrowy, zapewniający zdrowie. **2.** sanitarny; higieniczny.
sanitary napkin *n.* (*także* **sanitary pad**) podpaska (*higieniczna*).
sanitation [,sænə'teɪʃən] *n.* **1.** urządzenia sanitarne. **2.** warunki sanitarne; higiena komunalna.
sanity ['sænətɪ] *n.* **1.** zdrowie psychiczne. **2.** rozsądek.
sank [sæŋk] *v. zob.* **sink** *v.*
Santa Claus ['sæntə ,klɔːz] *n.* Święty Mikołaj.
sap [sæp] *n.* **1.** sok (*rośliny*). **2.** *pot.* frajer. — *v.* nadwątlić, nadszarpnąć.
sapling ['sæplɪŋ] *n.* młode drzewko; sadzonka.
sapphire ['sæfaɪr] *n.* szafir. — *a.* szafirowy.
sarcasm ['sɑːrk,æzəm] *n.* sarkazm.
sarcastic [sɑːr'kæstɪk] *a.* sarkastyczny.
sardine [,sɑːr'diːn] *n.* sardynka.
sash [sæʃ] *n.* **1.** szarfa. **2.** rama okna (*otwieranego pionowo*).
SAT [,es ,eɪ 'tiː] *abbr.* **Scholastic Aptitude Test** egzamin sprawdzający zdolności kandydata na studia.
sat [sæt] *v. zob.* **sit**.
Satan ['seɪtən] *n.* szatan.
satanic [sə'tænɪk] *n.* **1.** szatański. **2.** sataniczny.
satanism ['seɪtə,nɪzəm] *n.* satanizm.
satchel ['sætʃl] *n.* tornister; torba (*na ramię*).
satellite ['sætə,laɪt] *n.* satelita. — *a.* **1.** satelitarny. **2.** *komp.* peryferyjny.
satellite dish *n.* antena satelitarna.
satin ['sætən] *n.* satyna, atłas. — *a.* satynowy, atłasowy.
satire ['sætaɪr] *n.* satyra.
satirical [sə'tɪrɪkl] *a.* satyryczny.
satisfaction [,sætɪs'fækʃən] *n.* **1.** satysfakcja, zadowolenie; **job ~** zadowolenie z pracy; **to sb's ~** w sposób, który kogoś zadowala. **2.** *form.* satysfakcja (= *przeprosiny*); zadośćuczynienie. **3.** zaspokojenie, spełnienie.
satisfactorily [,sætɪs'fæktərɪlɪ] *adv.* zadowalająco.
satisfactory [,sætɪs'fæktərɪ] *a.* satysfakcjonujący, zadowalający; dostateczny; udany.
satisfied ['sætɪs,faɪd] *a.* **1.** usatysfakcjonowany, zadowolony. **2.** przekonany, pewny (*that* że).
satisfy ['sætɪs,faɪ] *v.* **1.** zadowalać, satysfakcjonować. **2.** zaspokajać. **3.** *form.* spełniać (*warunki, równanie*); wypełniać (*zobowiązanie*); czynić zadość (*wymaganiom*). **4. ~ o.s. that...** upewnić się, że...
satisfying ['sætɪs,faɪɪŋ] *a.* satysfakcjonujący.
saturate *v.* ['sætʃə,reɪt] **1.** nasycać. **2.** przesiąkać przez. **3. ~ sb/sth with sth** zarzucać/zasypywać kogoś/coś czymś.
saturation [,sætʃə'reɪʃən] *n.* nasycenie.
Saturday ['sætərdeɪ] *n.* sobota; *zob. t.* **Friday** (for phrases).
sauce [sɔːs] *n.* sos.
saucepan ['sɔːs,pæn] *n.* rondel.
saucer ['sɔːsər] *n.* spodek, spodeczek.
sauna ['sɔːnə] *n.* sauna.
sausage ['sɔːsɪdʒ] *n.* kiełbasa; kiełbaska.
sauté [soʊ'teɪ] *v.* podsmażać. — *a.* (*także* **sautéed**) sauté.
savage ['sævɪdʒ] *a.* **1.** dziki. **2.** bestialski, brutalny. **3.** srogi, ostry (*np. o środkach*). — *n.* dzikus/ka. — *v.* **1.** poturbować, pokiereszować. **2.** odsądzić od czci i wiary (*zwł. w prasie*).
save [seɪv] *v.* **1.** ratować, ocalać; chronić; **~ sb from drowning** ocalić kogoś od utonięcia; **~ sb's life** uratować komuś życie; **~ sth from destruction** uchronić coś przed zniszczeniem. **2. ~ (up)** oszczędzać; zbierać, kolekcjonować. **3.** zachowywać, zostawiać (sobie). **4. ~ sb/o.s. sth** (za)oszczędzić komuś/sobie czegoś; **it will ~ us two hours** dzięki temu zaoszczędzimy dwie godziny. **5. ~ sb a seat** (*także* **~ a seat for sb**) zająć/zarezerwować komuś miejsce. **6.** *komp.* zapisywać. **7. he ~d four goals** obronił cztery bramki. **8.** zbawiać. **9. ~ face** zachować twarz; **~ your breath** *pot.* szkoda twoich słów; **~ the day/situation** uratować sytuację. **10. ~ on sth** oszczędzać coś (= *używać jak najmniej*). — *n.* obrona (*gola*); **make a brilliant ~** znakomicie obronić. — *prep.* (*także* **~ for**) *form.* wyjąwszy, z wyjątkiem.
savings ['seɪvɪŋz] *n. pl.* oszczędności.
savings account ['seɪvɪŋz ə,kaʊnt] *n.* rachunek oszczędnościowy.
savior ['seɪvjər] *n.* **1.** wybawiciel/ka, zbaw-ca/czyni. **2. (the/our) S~** Zbawiciel.
savor ['seɪvər] *v.* delektować/rozkoszować się (*czymś*).
savory ['seɪvərɪ] *a.* **1.** smakowity. **2.** pikantny. — *a.* cząber.

saw[1] [sɔːː] *v. zob.* **see** *v.*
saw[2] *n.* piła. — *v. pp. t.* **sawn** [sɔːn] **1.** piłować; **~ sth in half** przepiłować coś na pół. **2. ~ off** odpiłować, oderżnąć; **~ up** pociąć/porżnąć na kawałki.
sawdust ['sɔːˌdʌst] *n.* trociny.
sawmill ['sɔːˌmɪl] *n.* tartak.
saxophone ['sæksəˌfoʊn] *n.* saksofon.
say [seɪ] *v. pret. i pp.* **said** [sed] **1.** mówić; powiedzieć; **he said he'd come** powiedział, że przyjdzie; **I heard him ~ (that) he was tired** słyszałam, jak mówił, że jest zmęczony. **2.** wypowiadać, wymawiać. **3.** wyrażać. **4. my watch ~s five o'clock** mój zegarek wskazuje piątą. **5. it ~s "staff only"** tu jest napisane „tylko dla personelu"; **it said in the paper (that)...** w gazecie pisało, że... **6. ~ no more** nie musisz nic więcej mówić; **~ when** *pot.* powiedz, kiedy (mam przestać) (*zwł. nalewać alkohol*); **~s who?** kto tak powiedział? **~ ten dollars** powiedzmy dziesięć dolarów; **could you ~ that again?** czy mógłbyś (to) powtórzyć? **having said that...** (ale) z drugiej strony...; **I wouldn't ~ so** nie powiedziałabym; **it goes without ~ing** to się rozumie samo przez się; **like I said/~** *pot.* jak (już) mówiłem; **sb/sth is said to be...** mówi się, że ktoś/coś jest...; **that is to ~** to znaczy/jest; **to ~ nothing of sb/sth** nie mówiąc (już) o kimś/czymś; **to ~ the least** delikatnie mówiąc; **what have you got to ~ for yourself?** co masz na swoją obronę? **whatever you ~** jak sobie życzysz; **you can ~ that again!** *pot.* zgadza się! jeszcze jak! **you don't ~!** co ty (nie) powiesz! — *n.* **have a/some ~ in sth** mieć coś do powiedzenia w jakiejś sprawie; **have one's ~** wypowiedzieć się. — *int. pot.* **1.** coś podobnego! **2.** słuchaj/cie!
saying ['seɪɪŋ] *n.* powiedzenie.
SC *abbr.* = **South Carolina**.
scab [skæb] *n.* **1.** strup. **2.** *obelż.* łamistrajk.
scaffolding ['skæfəldɪŋ] *n.* rusztowanie.
scald [skɔːld] *v.* **1.** poparzyć (się) (*wrzątkiem*). **2.** podgrzewać (*np. mleko*).
scale [skeɪl] *n.* **1.** skala; **on a large/small ~** na wielką/małą skalę. **2.** podziałka. **3.** *muz.* gama. **4.** tabela (*np. płac*). **5.** szala, szalka (*wagi*). **6. kitchen/bathroom ~(s)** waga kuchenna/łazienkowa. **7.** łuska (*np. ryby*). **8.** kamień nazębny. **9. tip the ~** przeważyć szalę. — *v.* **1.** *komp.* skalować (*obraz na ekranie*), zmieniać skalę (*obrazu j.w.*). **2.** wspinać/wdrapywać się na (*szczyt itp.*).
scalp [skælp] *n.* **1.** owłosiona skóra głowy. **2.** skalp. — *v.* skalpować.
scalpel ['skælpl] *n.* skalpel.
scan [skæn] *v.* **1.** badawczo się przyglądać (*komuś l. czemuś*). **2.** *t. komp.* przeglądać; przeszukiwać. **3.** badać; penetrować (*np. za pomocą radaru*); analizować. **4.** *komp.* skanować. **5.** mieć rytm (*o wierszu*). **6.** badać za pomocą scyntygrafii l. tomografii. — *n.* **1.** badanie; analiza. **2.** *t. komp.* przeglądanie; przeszukanie. **3.** *komp.* obraz cyfrowy (*powstały w wyniku skanowania*). **4. brain ~** obrazowanie mózgu.
scandal ['skændl] *n.* skandal.
scandalize ['skændəˌlaɪz] *v.* gorszyć, bulwersować.
scandalous ['skændələs] *a.* skandaliczny.
Scandinavian [ˌskændə'neɪvɪən] *a.* skandynawski. — *n.* Skandynaw/ka.
scanner ['skænər] *n.* skaner.
scant [skænt] *a.* niewielki; skąpy, skromny.
scapegoat ['skeɪpˌgoʊt] *n.* kozioł ofiarny. — *v.* robić kozła ofiarnego z (*kogoś*).
scar [skɑːr] *n.* **1.** blizna, szrama. **2.** piętno. **3.** uraz (*psychiczny*). — *v.* **1.** znaczyć bliznami. **2. ~ (over)** zabliźnić się. **3. ~ sb (for life)** wywołać u kogoś (trwały) uraz.
scarce [skers] *a.* **1.** skąpy, skromny; niewystarczający; **food/water was ~** brakowało jedzenia/wody. **2.** rzadki; deficytowy. **3. make o.s. ~** *pot.* ulotnić się.
scarcely ['skerslɪ] *adv.* **1.** prawie (wcale) nie; **~ anybody/ever** prawie nikt/nigdy. **2.** ledwo, zaledwie; z trudem.
scare [sker] *v.* **1.** wystraszyć/przestraszyć (się). **2. ~ off/away** odstraszyć; spłoszyć; **~ up** *pot.* wykombinować, skombinować; sklecić. — *n.* **1.** strach (*zwł. przed wojną, inwazją*); **give sb a ~** napędzić komuś strachu/stracha. **2.** panika; **bomb ~** panika wywołana informacją o podłożeniu bomby.
scarecrow ['skerˌkroʊ] *n.* strach na wróble; straszydło.
scared [skerd] *a.* **1.** przestraszony, wystraszony. **2. be ~** bać się; **be ~ to do sth** bać się coś zrobić; **be ~ stiff/to death** śmiertelnie się bać.
scarf [skɑːrf] *n. pl. t.* **scarves** [skɑːrvz] **1.** szal; szalik. **2.** chusta; apaszka.
scarlet ['skɑːrlət] *a., n.* (kolor) jasnoczerwony.
scarlet fever *n.* szkarlatyna.
scary ['skerɪ] *a. pot.* straszny (= *budzący strach, np. o filmie*).
scathing ['skeɪðɪŋ] *a.* zjadliwy (*o uwadze*).
scatter ['skætər] *v.* **1.** rozrzucać; rozsypywać. **2. ~ sth with sth** posypać/obsypać coś czymś. **3.** rozpędzać. **4.** rozproszyć/rozbiec się.
scatterbrained ['skætərˌbreɪnd] *a. pot.* roztrzepany.
scattered ['skætərd] *a.* **1.** rozrzucony, rozproszony. **2.** sporadyczny; **~ showers** przelotne opady.
scenario [sə'nerɪˌoʊ] *n.* scenariusz.
scene [siːn] *n.* **1.** scena. **2.** miejsce; **be on/at the ~** być na miejscu wypadku/zdarzenia; **the ~ of the crime** miejsce zbrodni. **3.** obraz. **4. behind the ~s** za kulisami; **make a ~** *pot.* urządzić scenę; **set the ~ for sth** przygotować grunt pod coś.
scenery ['siːnərɪ] *n.* **1.** sceneria; krajobraz, widoki. **2.** dekoracje, oprawa sceniczna.
scenic ['siːnɪk] *a.* **1.** malowniczy. **2.** sceniczny.
scent [sent] *n.* **1.** woń, zapach (*zwł. przyjemny*). **2. throw sb off the ~** zmylić kogoś. — *v.* węszyć, wietrzyć; wyczuwać.
schedule ['skedʒuːl] *n.* **1.** harmonogram, plan. **2. bus/train ~** rozkład jazdy autobusów/pociągów. **3. ahead of ~** przed czasem/terminem; **be behind ~** mieć opóźnienie; **on ~** punktualnie, według planu. — *v.* **1.** planować; **~ a meeting for Tuesday** zaplanować zebranie na wtorek. **2. the train is ~d to arrive at...** (zgodnie z rozkładem) pociąg przyjeżdża o godzinie...
schematic [skiː'mætɪk] *a.* schematyczny.
scheme [skiːm] *n.* **1.** plan; projekt. **2.** schemat. **3.** intryga, podstęp. — *v.* **1.** spiskować, snuć intrygi. **2.** planować, zamierzać (*to do sth* zrobić coś).
scheming ['skiːmɪŋ] *n.* intryganctwo, intrygi. — *a.* intrygancki.
schism ['skɪzəm] *n.* rozłam; schizma.
schizophrenic [ˌskɪtsə'frenɪk] *n.* schizofreni-k/czka. — *a.* schizofreniczny.

scholar ['skɑːlər] *n.* **1.** naukowiec; uczon-y/a. **2.** stypendyst-a/ka.
scholarly ['skɑːlərlɪ] *a.* **1.** naukowy. **2.** uczony.
scholarship ['skɑːlər,ʃɪp] *n.* **1.** stypendium (naukowe). **2.** nauka. **3.** uczoność.
school [skuːl] *n.* **1.** szkoła; **at/in ~** w szkole; **go to ~** chodzić do szkoły; **leave ~** opuścić szkołę; **teach ~** uczyć w szkole. **2.** *uniw.* instytut; zakład; wydział; **graduate ~** studium podyplomowe; **law ~** wydział prawa. **3.** uniwersytet; akademia; **medical ~** akademia medyczna. **4.** stado (*wielorybów*); ławica (*ryb*). — *v. form.* szkolić; ćwiczyć (*sb in sth* kogoś w czymś). — *a.* szkolny.
schoolboy ['skuːl,bɔɪ] *n. przest.* uczeń.
schoolchild ['skuːl,tʃaɪld] *n. przest.* uczeń, uczennica; dziecko w wieku szkolnym.
schoolgirl ['skuːl,gɝːl] *n. przest.* uczennica.
schooling ['skuːlɪŋ] *n.* nauka (szkolna), edukacja; wykształcenie.
schoolteacher ['skuːl,tiːtʃər] *n.* nauczyciel/ka.
science ['saɪəns] *n.* nauka; wiedza; dyscyplina (naukowa); **~ and technology** nauka i technika; **exact/natural/social ~s** nauki ścisłe/przyrodnicze/społeczne.
science fiction (*także pot.* **sci-fi**) *n.* fantastyka naukowa, science fiction. — *a.* fantastycznonaukowy.
scientific [,saɪən'tɪfɪk] *a.* naukowy.
scientist ['saɪəntɪst] *n.* naukowiec; uczon-y/a.
scintillating ['sɪntə,leɪtɪŋ] *a.* błyskotliwy, skrzący się dowcipem.
scissors ['sɪzərz] *n. pl.* (*także* **a pair of ~**) nożyczki; nożyce.
scoff [skɑːf] *v.* szydzić, natrząsać się (*at sth* z czegoś).
scold [skoʊld] *v.* besztać, karcić.
scoop [skuːp] *n.* **1.** łyżka (*do lodów itp.*). **2.** (*także* **~ful**) gałka, kulka (*lodów*). **3.** *dzienn. pot.* sensacyjna wiadomość. — *v.* **1. ~ (out)** wybierać (*ziemię łopatą*); wydłubywać (*pestki z owocu łyżką*). **2.** *dzienn.* ubiec (*inną gazetę l. reportera*). **3.** *pot.* zgarnąć (*nagrodę, większość głosów*).
scooter ['skuːtər] *n.* **1.** hulajnoga. **2.** (*także* **motor ~**) skuter.
scope [skoʊp] *n.* **1.** zakres; zasięg; **within the ~ of sth** w ramach czegoś. **2. ~ for sth** możliwości czegoś (*np. ulepszenia*); miejsce dla czegoś (*np. dla inicjatywy*).
scorch [skɔːrtʃ] *v.* przypiekać (się), przypalać (się). — *n.* ślad po przypaleniu (*np. na bluzce*).
scorched [skɔːrtʃt] *a.* wypalony, spalony (słońcem).
score [skɔːr] *n.* **1.** wynik (*zawodów, konkursu*); punkt (*w grze*); **keep (the) ~** prowadzić punktację. **2.** liczba zdobytych punktów (*np. na teście*). **3.** partytura. **4.** muzyka (*np. do filmu*). **5.** karb, nacięcie; rysa. **6. ~s of sb/sth** dziesiątki kogoś/czegoś. **7. know the ~** *pot.* wiedzieć, co jest grane; **on that ~** w tym względzie; **settle a ~** *zob.* **settle**. — *v.* **1.** zdobyć; **~ a goal** zdobyć bramkę; **~ eight (points) out of twelve** zdobyć osiem (punktów) na dwanaście. **2.** oceniać (*odpowiedzi w teście*). **3.** nacinać; karbować. **4.** *pot.* wygrać; trafić; **~ a success/victory** odnieść sukces/zwycięstwo. **5.** *sl.* zdobyć narkotyki. **6.** *sl.* znaleźć partner-a/kę (*do seksu*).
scoreboard ['skɔːr,bɔːrd] *n. sport* tablica wyników.
scorn [skɔːrn] *n.* pogarda. — *v.* **1.** gardzić, pogardzać (*kimś l. czymś*). **2.** wzgardzić (*czymś*).
scornful ['skɔːrnfʊl] *a.* pogardliwy.
Scorpio ['skɔːrpɪoʊ] *n.* Skorpion.
scorpion ['skɔːrpɪən] *n.* skorpion.
Scot [skɑːt] *n.* Szkot/ka.
Scotch [skɑːtʃ] *n.* (*także* **~ whisky**) (szkocka) whisky.
scotch [skɑːtʃ] *v. form.* zdusić w zarodku; pokrzyżować.
Scotland ['skɑːtlənd] *n.* Szkocja.
Scots [skɑːts] *a.* szkocki. — *n.* szkocka odmiana angielszczyzny.
Scotsman ['skɑːtsmən] *n.* Szkot.
Scotswoman ['skɑːts,wʊmən] *n.* Szkotka.
Scottish ['skɑːtɪʃ] *a.* szkocki. — *n.* **1. the ~** Szkoci. **2.** *jęz.* = **Scots**.
scoundrel ['skaʊndrəl] *n. przest.* łotr.
scour [skaʊr] *v.* **1.** szorować. **2.** przeszukiwać, przetrząsać; wertować.
scourge [skɝːdʒ] *n.* zmora, plaga.
scout [skaʊt] *n.* **1.** zwiadowca. **2.** (*także* **S~**) skaut/ka. **3.** (*także* **talent ~**) łow-ca/czyni talentów. — *v.* **~ (around)** rozglądać się (*for sth* za czymś).
scowl [skaʊl] *v.* marszczyć brwi; patrzyć wilkiem/spode łba. — *n.* grymas niezadowolenia/gniewu, spojrzenie spode łba.
Scrabble ['skræbl] *n.* (gra w) scrabble.
scrabble ['skræbl] *v. pot.* **~ (around) for sth** grzebać w poszukiwaniu czegoś, szukać czegoś po omacku.
scramble ['skræmbl] *v.* **1. ~ (up)** wdrapywać się. **2.** *tel.* szyfrować (*przez mieszanie sygnałów*). **3. ~ eggs/an egg** robić jajecznicę. **4. ~ sb's brains** *pot.* pomieszać komuś w głowie (*np. o narkotykach*). **5. ~ for sth** walczyć o coś (*np. o miejsca na widowni*); **~ for the door** rzucić się do drzwi; **~ through sth** przedzierać się przez coś. — *n.* **1.** wspinaczka. **2.** walka, szamotanina.
scrambled eggs [,skræmbld 'egz] *n. pl.* jajecznica.
scrap [skræp] *n.* **1.** strzępek, skrawek; **~ of paper** świstek (papieru); **~s** resztki (*jedzenia*); odpadki. **2.** strzęp; **~s of information** strzępy informacji. **3.** wycinek (*z gazety*). **4.** *pot.* złom; szmelc. **5.** *pot.* sprzeczka; szarpanina. — *v.* **1.** oddawać na złom. **2.** skasować (*np. plany*). **3.** *pot.* posprzeczać się; pobić się.
scrapbook ['skræp,bʊk] *n.* album z wycinkami.
scrap dealer *n.* handlarz złomem.
scrape [skreɪp] *v.* **1.** skrobać, drapać; **~ a hole in sth** wydrapać w czymś dziurę. **2. ~ (off/away)** zeskrobać, zdrapać. **3.** zadrapać, zadrasnąć; **~ one's knee** obetrzeć (sobie) kolano. **4.** szurać (*np. krzesłem*). **5. ~ sth clean** wyszorować coś do czysta. **6. ~ by** ledwo wiązać koniec z końcem; ledwo sobie radzić; **~ into sth** z trudem dostać się gdzieś (*np. na studia*); **~ through** przecisnąć się; przebrnąć (*zwł. przez egzamin*); **~ up/together** uciułać; zebrać do kupy. — *n.* **1.** zadrapanie, zadraśnięcie. **2. get into a ~** *pot.* wpaść w tarapaty.
scrap heap *n.* **throw sb on the ~** odstawić kogoś na boczny tor; **throw sth on the ~** odłożyć coś do lamusa.
scrap metal *n.* złom.
scrap yard *n.* skład złomu; złomowisko.
scratch [skrætʃ] *v.* **1.** drapać (*t. o swetrze*); **~ at the door** drapać w drzwi (*np. o kocie*); **~ sb's back** podrapać kogoś w plecy. **2.** drapać się (w) (*nos itp.*). **3.** zadrapać, zadrasnąć; podrapać, porysować. **4.** wydrapać (*np. inicjały*). **5. ~ beneath the surface**

poszukać głębiej; przyjrzeć się dokładniej; **~ the surface** ślizgać się po powierzchni (= *robić coś po łebkach*); **you ~ my back and I'll ~ yours** przysługa za przysługę. **6. ~ out** wykreślić, skreślić. — *n.* **1.** zadrapanie, zadraśnięcie. **2.** rysa. **3. start from ~** *pot.* zacząć od zera; **without a ~** bez uszczerbku/ szwanku.

scrawl ['skrɔːl] *v.* gryzmolić, bazgrać. — *n.* gryzmoły, bazgroły.

scream [skriːm] *v.* **1.** krzyczeć; wrzeszczeć; **~ for help** wołać o pomoc; **~ in/with pain** krzyczeć z bólu. **2.** wyć (*o syrenie*). — *n.* **1.** krzyk; wrzask. **2.** wycie. **3. sth is a ~** *pot.* coś jest bardzo śmieszne.

screech [skriːtʃ] *v.* **1.** skrzeczeć; piszczeć; zgrzytać, skrzypieć. **2. ~ to a halt/stop/standstill** zatrzymać się z piskiem (opon). — *n.* skrzeczenie; pisk; zgrzyt.

screen [skriːn] *n.* **1.** ekran. **2.** zasłona; parawan. — *v.* **1. ~ (off)** zasłaniać; osłaniać; przedzielać. **2.** wyświetlać; emitować. **3.** przesiewać; odsiewać. **4. ~ sb for sth** badać/monitorować kogoś pod kątem czegoś (*grupę osób pod kątem określonej choroby*). **5. ~ (out)** sprawdzać; selekcjonować (*kandydatów na stanowisko*).

screening ['skriːnɪŋ] *n.* **1.** wyświetlanie, projekcja; emisja. **2.** badania przesiewowe. **3.** sprawdzanie (*kandydatów na stanowisko*). **4.** osłona; zasłona.

screenplay ['skriːnˌpleɪ] *n.* scenariusz.

screw [skruː] *n.* **1.** śruba; wkręt; gwint. **2. put/tighten the ~s (on sb)** *pot.* przykręcić (komuś) śrubę. — *v.* **1.** przykręcać. **2. ~ up one's eyes** mrużyć oczy (*zwł. pod wpływem światła*). **3.** *wulg. sl.* pieprzyć (się), rżnąć (się); **~ him!** pieprzyć go! **4.** *pot.* **~ around** *wulg.* pieprzyć się z kim popadnie; opieprzać się; **~ up** zawalić sprawę, dać plamę; **~ sb up** dobić/ załamać kogoś; skrzywić kogoś (*psychicznie*); **~ sth up** popieprzyć coś (*np. czyjeś plany*).

screwdriver ['skruːˌdraɪvər] *n.* śrubokręt.

scribble ['skrɪbl] *v.* bazgrać, gryzmolić. — *n.* gryzmoły, bazgroły.

scribbler ['skrɪblər] *n.* pismak.

script [skrɪpt] *n.* **1.** scenopis, scenariusz. **2.** pismo (*system znaków*). — *v.* **1.** napisać scenariusz/tekst (do) (*czegoś*). **2.** (wcześniej) zaplanować/przygotować.

Scripture ['skrɪptʃər], **scripture** *n.* (*także* **Holy ~**) (*także* **the ~s**) Pismo Święte.

scroll [skroʊl] *n.* zwój (*np. pergaminu*). — *v.* **1.** zwijać (się). **2.** *komp.* przeglądać; przewijać.

scrub [skrʌb] *v.* **1.** szorować; **~ sth clean** wyszorować coś do czysta. **2. ~ at sth** próbować zetrzeć coś; **~ up** szorować ręce przed operacją. — *n.* **1.** szorowanie. **2.** roślinność pustynna. **3. ~s** strój chirurga.

scruffy ['skrʌfɪ] *a.* niechlujny.

scruple ['skruːpl] *n.* skrupuł; **without ~s** bez skrupułów.

scrupulous ['skruːpjələs] *a.* **1.** skrupulatny, sumienny. **2.** uczciwy.

scrupulously ['skruːpjələslɪ] *adv.* **1.** skrupulatnie. **2.** uczciwie. **3.** nienagannie, nieskazitelnie.

scrutinize ['skruːtəˌnaɪz] *v.* **1.** badać szczegółowo, analizować. **2.** przyglądać się dokładnie (*obrazowi, czyjejś twarzy*).

scrutiny ['skruːtənɪ] *n.* badanie, analiza; obserwacja; **come under (close/careful) ~** zostać poddanym (dokładnej) obserwacji.

scuba diving *n.* nurkowanie z akwalungiem.

scuff [skʌf] *v.* porysować (*np. podłogę*). — *n.* rysa.

scuffle ['skʌfl] *n.* szamotanina, starcie. — *v.* szamotać się.

sculptor ['skʌlptər] *n.* rzeźbia-rz/rka.

sculpture ['skʌlptʃər] *n.* **1.** rzeźba. **2.** rzeźbiarstwo.

scum [skʌm] *n.* szumowiny (*t. pot.* = *hołota, męty*); kożuch (*z brudu, z glonów na stawie*); brudny osad (*na wannie*).

scurry ['skɝːɪ] *v.* **1.** pomykać. **2. ~ off** czmychnąć.

scythe [saɪð] *n.* kosa.

SD *abbr.* = **South Dakota**.

sea [siː] *n.* morze; **at ~** na (pełnym) morzu; **by ~** morzem, drogą morską; **by the ~** nad morzem; **over the ~** przez morze; za morzem.

seafood ['siːˌfuːd] *n.* owoce morza.

seafront ['siːˌfrʌnt] *n.* nadbrzeże, ulica nadbrzeżna.

seagull ['siːˌgʌl] *n.* mewa.

seal [siːl] *n.* **1.** foka. **2.** uszczelka. **3.** pieczęć; stempel. **4.** plomba. **5. give sth one's ~ of approval** wyrazić zgodę na coś. — *v.* **1. ~ (up/off)** szczelnie zamknąć. **2.** opieczętować; ostemplować; zapieczętować; zaplombować. **3.** zakleić (*kopertę*). **4.** ratyfikować, zatwierdzić. **5. ~ sb's fate** przypieczętować czyjś los. **6. ~ off** odizolować, odgrodzić; odciąć dostęp do (*czegoś*).

sea level *n.* poziom morza; **above/below ~** powyżej/ poniżej poziomu morza; **at ~** na poziomie morza.

seam [siːm] *n.* **1.** szew. **2.** łączenie; spoina. **3.** pokład, złoże. **4. be bursting/bulging at the ~s** pękać w szwach; **be falling/coming apart at the ~s** rozpadać się (*o organizacji*).

seaman ['siːmən] *n.* marynarz; żeglarz.

seamless ['siːmləs] *a.* **1.** bez szwów (*o pończochach*). **2.** gładki, płynny (*o przejściu*).

séance ['seɪɑːns], **seance** *n.* seans spirytystyczny.

search [sɝːtʃ] *v.* **1.** szukać, poszukiwać (*for sb/sth* kogoś/czegoś). **2.** przeszukiwać; rewidować. **3. ~ high and low** szukać wszędzie, przeszukiwać wszystkie kąty; **~ me!** *pot.* a bo ja wiem! **4. ~ out** odszukać, odnaleźć; wyszukać. — *n.* **1.** szukanie; poszukiwania; **in ~ of sth** w poszukiwaniu czegoś. **2.** rewizja, przeszukanie.

searching ['sɝːtʃɪŋ] *a.* **1.** dociekliwy, badawczy. **2.** wnikliwy, drobiazgowy.

searchlight ['sɝːtʃˌlaɪt] *n.* reflektor, szperacz.

search party *n.* ekipa poszukiwawcza.

search warrant *n.* nakaz rewizji.

seashore ['siːˌʃɔːr] *n.* wybrzeże morskie, brzeg morski; **on the ~** nad brzegiem morza, nad morzem.

seasick ['siːˌsɪk] *a.* **be/feel ~** cierpieć na chorobę morską.

seasickness ['siːˌsɪknəs] *n.* choroba morska.

seaside ['siːˌsaɪd] *a.* nadmorski.

season ['siːzən] *n.* **1.** pora roku. **2.** okres, pora; sezon; **asparagus ~** sezon na szparagi; **closed ~** okres ochronny; **rainy ~** pora deszczowa. **3. ~'s greetings** (życzenia) Wesołych Świąt (*Bożego Narodzenia*). — *v.* przyprawiać, doprawiać.

seasonal ['siːzənl] *a.* sezonowy.

seasoned ['siːzənd] *a.* wytrawny, doświadczony (*np. o podróżniku*); zaprawiony, zahartowany.

seasoning ['siːzənɪŋ] *n.* przyprawa, przyprawy.

season ticket *n.* bilet okresowy.

seat [siːt] *n.* **1.** siedzenie; miejsce; **book a ~** zarezerwować bilet; **please have/take a ~** proszę usiąść/spocząć; **take a ~** zająć miejsce. **2.** *parl., polit.* mandat;

fotel; **presidential ~** fotel prezydencki; **win/lose a ~** zdobyć/stracić mandat. **3.** stanowisko. **4.** *form.* siedziba (*rządu*); ośrodek (*władzy*); **~ of learning** ośrodek naukowy. — *v.* **1.** (u)sadzać; wskazywać miejsce (*komuś*). **2. be ~ed** siedzieć; **please, be ~ed** *form.* proszę zająć miejsca; **please remain/stay ~ed** proszę pozostać na miejscach. **3.** móc pomieścić (*o sali, stadionie*); **the table ~s six** to stół na sześć osób.

seat belt *n.* pas bezpieczeństwa; **fasten your ~s!** proszę zapiąć pasy!

seaweed ['siː,wiːd] *n.* wodorosty.

sec [sek] *n. pot.* sekunda, chwileczka.

secede [sɪ'siːd] *v.* **~ (from sth)** *polit.* odłączyć/oddzielić się (od czegoś), wystąpić (z czegoś).

secession [sɪ'seʃən] *n.* secesja, odłączenie się.

secluded [sɪ'kluːdɪd] *a.* **1.** odosobniony, ustronny. **2. ~ life/existence** żywot samotnika.

seclusion [sɪ'kluːʒən] *n.* odosobnienie; osamotnienie.

second ['sekənd] *n.* **1.** sekunda; chwila, moment; **in a matter of ~s** w kilka sekund; **just a ~!** (jedną) sekundę/chwileczkę! **2.** (*także* **~ gear**) drugi bieg, dwójka. **3. ~s** dokładka; towary wybrakowane. — *a., num.* **1.** drugi; **the ~ largest** drugi co do wielkości. **2. be ~ only to sb/sth** ustępować jedynie komuś/czemuś; **be ~ to none** nie mieć sobie równych. — *adv.* **1. come/finish ~** zająć drugie miejsce. **2.** po drugie. — *v.* **~ a motion/proposal/amendment** poprzeć wniosek/propozycję/poprawkę.

secondary ['sekən,derɪ] *a.* **1.** *szkoln.* średni, ponadpodstawowy. **2.** drugorzędny; wtórny; pochodny. **3.** poboczny (*o akcencie*); uboczny (*o działaniu*).

secondary school *n.* szkoła średnia.

second best *a.* **1.** gorszy. **2.** zastępczy, stanowiący namiastkę. — *n.* namiastka.

second class *n.* druga klasa.

second hand *n.* wskazówka sekundowa, sekundnik.

secondhand [,sekən'hænd], **second-hand** *a.* używany; z drugiej ręki. — *adv.* **hear sth ~** usłyszeć o czymś z drugiej ręki; **I/we bought/got this car ~** to używany samochód.

secondly ['sekəndlɪ] *adv.* po drugie.

second-rate [,sekənd'reɪt] *a.* podrzędny.

second thought *n.* **on ~** po namyśle/zastanowieniu; **have ~s (about sth)** mieć wątpliwości (co do czegoś).

secrecy ['siːkrəsɪ] *n.* tajemnica; **hold sth in ~** trzymać coś w tajemnicy.

secret ['siːkrət] *n.* tajemnica; sekret; **in ~** w tajemnicy, potajemnie; **keep a ~** dochować tajemnicy; **make no ~ of sth** nie robić z czegoś tajemnicy. — *a.* **1.** tajny. **2.** (po)tajemny; sekretny. **3. keep sth ~ from sb** trzymać coś w tajemnicy przed kimś.

secret agent *n.* tajn-y/a agent/ka.

secretarial [,sekrə'terɪəl] *a.* **~ course** kurs dla sekretarek; **~ staff** pracownicy sekretariatu; **~ work** praca sekretarki.

secretariat [,sekrə'terɪət] *n.* sekretariat (*zwł. organizacji międzynarodowej*).

secretary ['sekrə,terɪ] *n.* **1.** sekreta-rz/rka. **2.** minister; **S~ of State** minister spraw zagranicznych (*USA*).

secrete [sɪ'kriːt] *v.* wydzielać.

secretion [sɪ'kriːʃən] *n.* **1.** wydzielina. **2.** wydzielanie.

secretive ['siːkrətɪv] *a.* tajemniczy; skryty.

secretly ['siːkrətlɪ] *adv.* w sekrecie; potajemnie, po cichu.

secret service *n.* wywiad wojskowy, służba wywiadowcza.

sect [sekt] *n.* sekta.

sectarian [sek'terɪən] *a.* **1.** sekciarski. **2. ~ conflict** konflikt o podłożu religijnym.

section ['sekʃən] *n.* **1.** część; fragment, odcinek. **2.** przekrój. **3.** dział; sekcja. **4.** ustęp, akapit; paragraf. **5.** *chir.* cięcie; wycinek.

sector ['sektər] *n.* sektor; **public/private ~** sektor państwowy/prywatny.

secular ['sekjələr] *a.* świecki.

secure [sɪ'kjʊr] *a.* **1.** bezpieczny; pewny (*o inwestycji, zwycięstwie*); niezawodny. **2.** dobrze umocowany. **3.** zabezpieczony (*against/from sth* przed czymś). — *v.* **1.** mocować, przytwierdzać. **2.** zapewnić (sobie); uzyskać. **3.** zamykać (*np. okna i drzwi*).

securely [sɪ'kjʊrlɪ] *adv.* mocno (*np. przytwierdzić*).

security [sɪ'kjʊrətɪ] *n.* **1.** bezpieczeństwo; **national/state ~** bezpieczeństwo państwa. **2.** środki bezpieczeństwa; system zabezpieczeń. **3.** zabezpieczenie (*np. pożyczki*). **4. securities** papiery wartościowe.

sedan [sɪ'dæn] *n.* sedan.

sedate [sɪ'deɪt] *a.* spokojny; stateczny. — *v.* podawać środki uspokajające (*komuś*).

sedative ['sedətɪv] *n., a.* (środek) uspokajający.

sedentary ['sedən,terɪ] *a. form.* siedzący; prowadzący siedzący tryb życia.

sediment ['sedəmənt] *n.* osad.

sedition [sɪ'dɪʃən] *n. form.* działalność wywrotowa.

seduce [sɪ'duːs] *v.* uwodzić.

seduction [sɪ'dʌkʃən] *n.* uwiedzenie.

seductive [sɪ'dʌktɪv] *a.* **1.** uwodzicielski. **2.** ponętny, kuszący.

see [siː] *v.* **saw** [sɔː], **seen** [siːn] **1.** widzieć; zobaczyć, ujrzeć; **~ you (later)!** *pot.* do zobaczenia!, cześć! **~ you soon/tomorrow!** do zobaczenia wkrótce/jutro! **can you ~ this?** widzisz to? **(so) you ~** *pot.* (no więc) widzisz. **2.** oglądać; obejrzeć; **let's ~ the movie together** obejrzyjmy ten film razem. **3.** postrzegać (*sb/sth as* kogoś/coś jako). **4.** zauważyć, spostrzec. **5.** sprawdzić, zobaczyć (*if/whether* czy). **6.** rozumieć; **as far as I can ~** o ile dobrze rozumiem; **(do you) ~ what I mean?** rozumiesz, o co mi chodzi? **I ~** rozumiem, aha. **7.** odwiedzać. **8.** widzieć/zobaczyć się z (*kimś*); **he asked to ~ the manager** chciał się widzieć z kierownikiem. **9.** spotykać się z (*kimś l. czymś*). **10.** przyjmować (*pacjentów, interesantów*). **11. ~ sb home/to the door/to the station** odprowadzić kogoś do domu/do drzwi/na dworzec. **12. ~ that (sb does sth)** dopilnować, żeby (ktoś coś zrobił). **13. ~ reason/sense** posłuchać głosu rozsądku; opamiętać się; **be ~ing things** mieć przywidzenia; **can't ~ the forest for the trees** gubić się w szczegółach; **I'll/we'll ~** zobaczymy (= *muszę się zastanowić*). **14. ~ about sth** dopilnować czegoś; zająć się czymś; **we'll (have to) ~ about that** zobaczymy (= *muszę się zastanowić*); **~ sb in** wprowadzić kogoś (do środka); **~ in the New Year** powitać Nowy Rok; **~ sb off** odprowadzić kogoś (*na dworzec, lotnisko*); pokonać kogoś (*zwł. w zawodach*); **~ sb out** odprowadzić kogoś do drzwi; **~ through** przejrzeć (*kogoś, czyjeś zamiary*); doprowadzić do końca; **~ to sth** dopilnować czegoś; zająć się czymś. — *n.* **1.** biskupstwo; arcybiskupstwo. **2. the Holy S~** Stolica Apostolska.

seed [siːd] *n.* **1.** nasienie; nasiona; ziarno. **2.** pestka (*jabłka, pomarańczy*). **3. the ~s of sth** ziarno/zalążek czegoś. **4. go/run to ~** wydawać nasiona; niedołężnieć; podupadać; sypać się. — *v.* **1.** usuwać nasiona/pestki z (*papryki, jabłek*). **2.** obsiewać; zasiewać.
seedling ['siːdlɪŋ] *n.* sadzonka.
seedy ['siːdɪ] *a.* **1.** zapuszczony, zaniedbany. **2.** podejrzany (*o typie, okolicy*).
seeing ['siːɪŋ] *n.* wzrok, widzenie. — *conj.* **~ (that)** (*także pot.* **~ as**) skoro, jako że.
seek [siːk] *v. pret. i pp.* **sought** [sɔːt] **1.** szukać; **~ (sb's) advice/help** *form.* szukać (u kogoś) rady/pomocy; **~ refuge/asylum** szukać schronienia/azylu. **2.** *form.* zabiegać o (*poparcie, reelekcję*). **3. ~ to do sth** *form.* usiłować coś robić. **4. ~ out** wyszukać; odszukać.
seem [siːm] *v.* wydawać/zdawać się; **it ~s as if/as though...** wydaje się, jakby...; **it ~s (to me) that...** wydaje (mi) się, że...; **so it ~s** na to wygląda; **there ~s to be...** zdaje się, że jest...; **what ~s to be the trouble?** *zob.* **trouble** *n.*
seemingly ['siːmɪŋlɪ] *adv.* **1.** pozornie; rzekomo. **2.** na pozór.
seen [siːn] *v. zob.* **see** *v.*
seep [siːp] *v.* sączyć się, przeciekać; przedostawać się, przenikać.
seesaw ['siːˌsɔː] *n.* huśtawka (*pozioma*). — *v.* wahać się (*o nastrojach, cenach*).
seethe [siːð] *v.* **be seething with anger** wrzeć/kipieć gniewem; **the house was seething with activity** w domu wrzało od krzątaniny.
see-through ['siːˌθruː] *a.* przejrzysty, przezroczysty (*o bluzce, tkaninie*).
segment *n.* ['segmənt] **1.** część, segment. **2.** cząstka (*np. pomarańczy*). **3.** *geom.* odcinek. **4.** *geom.* wycinek. **5.** *zool.* człon, pierścień. — *v.* [ˌseg'ment] dzielić (się).
segregate *v.* ['segrəˌgeɪt] **1.** rozdzielać (się); oddzielać (się). **2.** przeprowadzać/utrzymywać segregację (*zwł. rasową*).
segregation [ˌsegrə'geɪʃən] *n.* segregacja.
seismic ['saɪzmɪk] *a.* sejsmiczny.
seize [siːz] *v.* **1.** chwycić. **2.** przejąć (*władzę, kontrolę*). **3.** przechwycić, skonfiskować (*przemycane towary*). **4. ~ a chance/opportunity** wykorzystać szansę/sposobność. **5. be ~d with fear/panic** być ogarniętym strachem/paniką.
seizure ['siːʒər] *n.* **1.** napad, atak (*padaczki*). **2.** przejęcie, przechwycenie.
seldom ['seldəm] *adv.* bardzo rzadko.
select [sə'lekt] *v.* wybierać; *sport* selekcjonować. — *a. form.* doborowy; ekskluzywny; **a ~ few** garstka wybrańców.
selection [sə'lekʃən] *n.* **1.** wybór, selekcja. **2. natural ~** dobór naturalny. **3. good/wide ~ of sth** szeroki wybór/asortyment czegoś.
selective [sə'lektɪv] *a.* **1.** wybiórczy, selektywny. **2.** wybredny, wymagający.
self [self] *n. pl.* **selves** [selvz] swoje/własne ja; *fil.* jaźń; **be/feel (like) one's normal/old ~** być/czuć się (znowu) sobą.
self-assured [ˌselfə'ʃʊrd] *a.* pewny siebie.
self-centered [ˌself'sentərd] *a.* egocentryczny.
self-confidence [ˌself'kɑːnfɪdəns] *n.* wiara w siebie.
self-conscious [ˌself'kɑːnʃəs] *a.* skrępowany, zakłopotany.
self-contained [ˌselfkən'teɪnd] *a.* **1.** zamknięty w sobie. **2.** samowystarczalny.
self-control [ˌselfkən'troʊl] *n.* samokontrola, opanowanie.
self-defense [ˌselfdɪ'fens] *n.* samoobrona; **in ~** w obronie własnej.
self-destructive [ˌselfdɪ'strʌktɪv] *a.* autodestrukcyjny.
self-discipline [ˌself'dɪsəplɪn] *n.* samodyscyplina, dyscyplina wewnętrzna.
self-esteem [ˌselfɪ'stiːm] *n.* poczucie własnej wartości.
self-evident [ˌself'evɪdənt] *a.* oczywisty, zrozumiały sam przez się.
self-explanatory [ˌselfɪk'splænəˌtɔːrɪ] *a.* niewymagający wyjaśnień, zrozumiały sam przez się.
self-government [ˌself'gʌvərnmənt] *n.* **1.** autonomia. **2.** samorząd.
self-interest [ˌself'ɪntərəst] *n.* interesowność.
selfish ['selfɪʃ] *a.* samolubny, egoistyczny.
selfishness ['selfɪʃnəs] *n.* samolubstwo, egoizm.
selfless ['selfləs] *a.* bezinteresowny.
self-made [ˌself'meɪd] *a.* zawdzięczający wszystko samemu sobie.
self-pity [ˌself'pɪtɪ] *n.* użalanie/rozczulanie się nad (samym) sobą.
self-portrait [ˌself'pɔːrtrət] *n.* autoportret.
self-preservation [ˌselfˌprezər'veɪʃən] *n.* **instinct for ~** instynkt samozachowawczy.
self-respect [ˌselfrɪ'spekt] *n.* szacunek dla samego siebie.
self-satisfied [ˌself'sætɪsˌfaɪd] *a.* zadowolony z siebie; pełen samozadowolenia.
self-service [ˌself'sɝːvɪs] *n.* samoobsługa. — *a.* samoobsługowy.
self-sufficient [ˌselfsə'fɪʃənt] *a.* samowystarczalny.
self-taught [ˌself'tɔːt] *a.* **be ~** być samoukiem.
sell [sel] *v. pret. i pp.* **sold** [soʊld] **1.** sprzedawać; **~ sb sth** (*także* **~ sth to sb**) sprzedać coś komuś; **~ at/for** być sprzedawanym po (*ileś*). **2.** sprzedawać się; **~ well** dobrze się sprzedawać. **3. ~ off** wyprzedać; **~ out** wyprzedać; wyzbyć się akcji; sprzedać firmę; sprzedać się, dać się kupić (*= zdradzić swoje przekonania*); **the concert is (completely) sold out** bilety na koncert zostały wyprzedane. — *n. pot.* **1.** sprzedaż, techniki sprzedaży. **2. hard/soft ~** nachalna/dyskretna reklama.
seller ['selər] *n.* **1.** sprzedając-y/a. **2.** sprzedaw-ca/czyni (*zwł. na ulicy*). **3. best/top/hot ~** rozchwytywany towar; **good ~** towar dobrze się sprzedający.
selling price *n.* cena zbytu.
selves [selvz] *n. pl. zob.* **self**.
semantic [sə'mæntɪk] *a.* semantyczny.
semantics [sə'mæntɪks] *n.* semantyka.
semblance ['sembləns] *n. form.* **give sth a/some ~ of sth** nadawać czemuś znamiona czegoś.
semen ['siːmən] *n.* nasienie, sperma.
semester [sə'mestər] *n.* semestr.
semicircle ['semɪˌsɝːkl] *n.* **1.** półkole. **2.** półokrąg.
semicolon ['semɪˌkoʊlən] *n.* średnik.
semiconductor [ˌsemɪkən'dʌktər] *n.* półprzewodnik.
semifinal [ˌsemɪ'faɪnl] *n.* półfinał. — *a.* półfinałowy.
seminar ['seməˌnɑːr] *n.* seminarium.
seminary ['seməˌnerɪ] *n.* seminarium (duchowne).
semiprecious [ˌsemɪ'preʃəs] *a.* półszlachetny.

senate ['senət], **Senate** *n.* senat.
senator ['senətər] *n.* senator/ka.
send [send] *v. pret. i pp.* **sent 1.** wysyłać, posyłać; **~ sb sth** (*także* **~ sth to sb**) wysłać coś komuś; **~ sb home** odesłać kogoś do domu. **2.** przesyłać. **3.** zsyłać (*deszcz, zarazę*). **4. ~ sb (off) to sleep** usypiać kogoś (*np. o muzyce*); **~ sb packing** kazać się komuś wynosić. **5. ~ sb away** odesłać/odprawić kogoś; **~ sb back** odesłać kogoś; **~ sth back** odesłać/zwrócić coś; **~ for sb/sth** posłać po kogoś/coś; **~ (away/off) for sth** zamówić coś (pocztą); **~ sth in** nadesłać coś (*np. podanie*); **~ sb off** odprawić kogoś; **~ the children off to school** wyprawić dzieci do szkoły; **~ sth off** wysłać coś (*pocztą*); **~ sth on** przesłać coś dalej; **~ out for sth** zamówić coś (*zwł. jedzenie z restauracji*).
sender ['sendər] *n.* **1.** nadawca. **2.** nadajnik.
senile ['si:naɪl] *a.* zniedołężniały; otępiały.
senior ['si:njər] *a.* starszy; wysoki/wyższy rangą (*to sb* od kogoś). — *n.* **1.** senior. **2. be two years sb's ~** (*także* **be sb's ~ by two years**) *form.* być od kogoś (o) dwa lata starszym. **3.** student/ka ostatniego roku; ucze-ń/nnica ostatniej klasy (*szkoły średniej*).
senior citizen *n.* emeryt/ka.
seniority [si:n'jɔ:rətɪ] *n.* **1.** starszeństwo. **2.** staż pracy.
sensation [sen'seɪʃən] *n.* **1.** czucie. **2.** uczucie; wrażenie, poczucie. **3.** sensacja.
sensational [sen'seɪʃənl] *a.* **1.** sensacyjny. **2.** *pot.* rewelacyjny.
sense [sens] *n.* **1.** sens. **2.** zmysł; **sixth ~** szósty zmysł. **3.** rozsądek, rozum; **common ~** zdrowy rozsądek. **4. ~ of humor** poczucie humoru; **~ of rhythm** wyczucie rytmu. **5. come to one's ~s** opamiętać się; **in a/one ~** w pewnym sensie; **in every ~ of the word** w każdym tego słowa znaczeniu; **make ~** mieć sens; **make ~ of sth** zrozumieć coś, połapać się w czymś; **make no ~** nie mieć sensu; **take leave of one's ~s** postradać zmysły; **talk ~** mówić do rzeczy/z sensem; **there is no ~ in sth/doing sth** coś/robienie czegoś nie ma sensu. — *v.* **1.** wyczuwać. **2.** *pot.* czuć, rozumieć.
senseless ['sensləs] *a.* **1.** bezsensowny; bezmyślny. **2.** nieprzytomny.
sensibility [ˌsensə'bɪlətɪ] *n.* **1.** wrażliwość. **2. offend sb's sensibilities** urazić czyjeś uczucia.
sensible ['sensəbl] *a.* **1.** rozsądny; sensowny. **2.** praktyczny (*np. o butach*).
sensitive ['sensətɪv] *a.* **1.** wrażliwy (*to* na coś); czuły (*about sth* na punkcie czegoś); **light-~** światłoczuły. **2.** delikatny, drażliwy (*o temacie*).
sensitivity [ˌsensə'tɪvətɪ] *n.* wrażliwość; czułość.
sensual ['senʃʊəl] *a.* zmysłowy, sensualny.
sensuous ['senʃʊəs] *a.* **1.** zmysłowy. **2.** przyjemny w dotyku.
sent [sent] *v. zob.* **send**.
sentence ['sentəns] *n.* **1.** zdanie; **interrogative/negative ~** zdanie pytające/przeczące. **2.** wyrok; kara; **death ~** wyrok/kara śmierci. — *v.* wydać wyrok na (*kogoś*); skazać (*sb to sth* kogoś na coś).
sentiment ['sentəmənt] *n.* **1.** uczucie. **2.** *form.* opinia, zapatrywanie; odczucie. **3. my ~s exactly!** jestem dokładnie tego samego zdania! **4. public ~** nastroje społeczne.
sentimental [ˌsentə'mentl] *a.* **1.** sentymentalny. **2.** uczuciowy.
sentry ['sentrɪ] *n.* wartowni-k/czka.
separate *a.* ['sepərət] oddzielny, osobny; odrębny; różny; **go their ~ ways** pójść każdy w swoją stronę; **keep X and Y ~** rozdzielać X i Y; **keep sth ~ from sth** oddzielać coś od czegoś. — *v.* ['sepəreɪt] **1.** rozdzielać (się); rozłączać (się); oddzielać (się) (od siebie). **2.** rozstać/rozejść się (*zwł. o małżonkach*).
separately ['sepərətlɪ] *adv.* oddzielnie, osobno.
separation [ˌsepə'reɪʃən] *n.* **1.** oddzielenie (się); rozdzielenie (się); rozłączenie (się). **2.** podział. **3.** rozłąka. **4.** *prawn.* separacja.
September [sep'tembər] *n.* wrzesień; *zob. t.* **February** (for phrases).
septic ['septɪk] *a.* zakażony, zainfekowany (*o ranie*).
sequel ['si:kwəl] *n.* dalszy ciąg, kontynuacja (*filmu, książki*).
sequence ['si:kwəns] *n.* **1.** kolejność, porządek; **out of ~** w złej kolejności, nie po kolei. **2.** seria, ciąg; **~ of events** ciąg zdarzeń. **3.** następstwo; sekwencja; **~ of tenses** następstwo czasów.
Serb [sɝ:b] *n.* Serb/ka.
Serbia ['sɝ:bɪə] *n.* Serbia.
Serbian ['sɝ:bɪən] *a.* serbski. — *n.* (język) serbski.
serene [sə'ri:n] *a.* spokojny; pogodny.
sergeant ['sɑ:rdʒənt] *n.* sierżant.
serial ['si:rɪəl] *n.* **1.** serial. **2.** powieść w odcinkach. — *a.* **1.** seryjny. **2.** periodyczny (*o publikacji*). **3.** odcinkowy, w odcinkach (*o powieści*). **4.** *komp.* szeregowy.
serial killer *n.* seryjny morderca.
serial number *n.* numer seryjny/serii.
series ['si:ri:z] *n. pl.* **series 1.** seria; cykl. **2.** serial. **3.** kolejka, seria (*spotkań, meczów*).
serious ['si:rɪəs] *a.* **1.** poważny; **are you ~?** mówisz poważnie? **be ~ about sb/sth** traktować kogoś/coś (na) poważnie/serio; **be ~ about doing sth** poważnie myśleć o zrobieniu czegoś. **2.** *pot.* znakomity; niesamowity.
seriously ['si:rɪəslɪ] *adv.* **1.** poważnie; **take sb/sth ~** brać kogoś/coś (na) poważnie/serio. **2.** mówiąc poważnie. **3.** naprawdę. **4.** *pot.* niesamowicie.
seriousness ['si:rɪəsnəs] *n.* **1.** powaga. **2.** waga (*np. problemu*).
sermon ['sɝ:mən] *n.* kazanie.
serpent ['sɝ:pənt] *n. lit.* wąż.
serum ['si:rəm] *n.* surowica.
servant ['sɝ:vənt] *n.* służąc-y/a; sługa.
serve [sɝ:v] *v.* **1.** służyć; **~ as/for sth** posłużyć jako/za coś. **2.** obsługiwać; **are you being ~d?** czy ktoś Pana/ią obsługuje? **3.** podawać, serwować; **~ sth hot** podawać coś na ciepło; **dinner is ~d** podano do stołu. **4.** sprawować (urząd), pełnić (funkcję); **~ on a committee** zasiadać w komisji. **5.** *sport* serwować. **6. ~ a sentence** odsiadywać wyrok; **~ its purpose** spełnić (swoje) zadanie; **~ sb well** przydać się komuś, wyjść komuś na dobre; **all recipes ~ six** wszystkie przepisy na sześć osób; **it ~s him right!** *pot.* dobrze mu tak! **7. ~ out** odsiedzieć (*karę, wyrok*); (*także* **~ up**) nakładać na talerze. — *n.* serw, serwis.
service ['sɝ:vɪs] *n.* **1.** służba; **military ~** służba wojskowa. **2.** usługa; **public/telephone ~s** usługi komunalne/telekomunikacyjne. **3.** obsługa; **customer ~** obsługa klientów. **4.** opłata za obsługę. **5.** przysługa; **do sb a (great) ~** wyświadczyć komuś (wielką) przysługę. **6.** nabożeństwo. **7.** *mot.* przegląd. **8.** *sport* serwis, serw. **9. tea ~** serwis do herbaty. **10. bus/train ~** połączenie autobusowe/kolejowe. **11. at your**

~ *form.* *l.* *żart.* do usług. — *v.* **1.** dokonywać przeglądu, robić przegląd (*samochodu*). **2.** obsługiwać.

servile ['sɜ:vl] *a.* **1.** służalczy. **2.** niewolniczy.

session ['seʃən] *n.* sesja; posiedzenie.

set [set] *v. pret. i pp.* **set 1.** stawiać; kłaść; położyć; układać; umieszczać; ustawiać. **2.** nastawiać (*budzik, kość*). **3.** wyznaczać; ustalać (*cenę, datę, normy*). **4.** ustanawiać (*precedens, rekord*). **5.** układać (*włosy*). **6.** zachodzić (*o słońcu*). **7.** tężeć, zastygać. **8.** zrastać się (*o kościach*). **9.** (*także* **~ to music**) skomponować muzykę do (*czegoś*). **10.** **~ (up)** *druk.* składać. **11.** **~ a trap** zastawić pułapkę; **~ an example** dawać (dobry) przykład; **~ fire to sth** (*także* **~ sth on fire**) podpalić coś, podłożyć ogień pod coś; **~ sb free** uwolnić kogoś; **~ the pace/tone** nadawać tempo/ton; **~ the record straight** *zob.* **record** *n.*; **~ the stage/scene for sth** przygotować grunt pod coś; **~ the table** nakrywać do stołu; **~ to work** zabrać się do pracy; **the film is ~ in Venice** akcja filmu rozgrywa się w Wenecji. **12.** **~ about (doing) sth** zabrać się/przystąpić do (robienia) czegoś; **~ sb against sb** nastawić kogoś przeciwko komuś; **~ sb/sth apart** wyróżniać kogoś/coś (*from sb/sth* na tle l. spośród kogoś/czegoś); **~ aside** odstawić; odkładać (*zwł. pieniądze*); zarezerwować (*zwł. czas*); odkładać na bok (*różnice poglądów*); **~ sb back 1000 dollars** *pot.* kosztować kogoś 1000 dolarów; **~ sth back by a week** opóźnić coś o tydzień; **~ down** zapisać, zanotować; ustalić, określić (*zasady, warunki*); **~ forth** *lit.* wyruszyć (w drogę); **~ in** nadchodzić, nadciągać (*o zimie, kryzysie*); zapadać (*o ciemnościach*); wdać się (*o zakażeniu*); **~ off** wyruszyć; zdetonować; uruchomić (*alarm; zwł. niechcący*); wywołać (*gwałtowną reakcję*); uwydatniać (*np. opaleniznę; o biżuterii, stroju*); **~ out** wyruszyć (*for sth* w kierunku czegoś); przedstawić, wyłuszczyć (*argumenty, racje*); wytyczyć (*kierunki rozwoju*); **~ out to do sth** zabrać się do robienia czegoś; **~ up** założyć (*firmę, organizację*); ustanowić (*rekord*); **~ sb up** umówić kogoś (*with sb* z kimś); *pot.* wrobić kogoś. — *a.* **1.** nieruchomy (*o wzroku*); zastygły (*o uśmiechu*); zaciśnięty (*o zębach*); ustalony, stały (*o czasie pracy, menu, poglądach*); **~ phrase** utarty zwrot. **2.** położony, umiejscowiony; **deep-~ eyes** głęboko osadzone oczy. **3.** gotowy, przygotowany (*for sth* na coś/do czegoś); **all ~** *pot.* gotowy; **get ~ (to do sth)** przygotowywać się (do zrobienia czegoś). **4.** **be ~ on/upon doing sth** być zdeterminowanym coś zrobić; **be dead ~ against sth** być absolutnie przeciwnym czemuś. **5.** **be ~ in one's ways/habits** mieć swoje nawyki/przyzwyczajenia; być mało elastycznym. — *n.* **1.** komplet; zestaw; **chess ~** komplet szachów; **dinner ~** zastawa obiadowa. **2.** grupa, zespół; *t. mat.* zbiór. **3.** *tenis* set. **4.** **radio/TV ~** odbiornik radiowy/telewizyjny. **5.** *teatr* dekoracje. **6.** plan (*filmowy*).

setback ['set,bæk] *n.* komplikacja; krok w tył, regres.

setting ['setɪŋ] *n.* **1.** otoczenie; tło, sceneria. **2.** miejsce akcji. **3.** oprawa sceniczna. **4.** oprawa (*np. klejnotu*). **5.** ustawienie (*pokrętła, piekarnika*). **6.** (*także* **place ~**) nakrycie (*dla jednej osoby*).

settle ['setl] *v.* **1.** sadowić (się). **2.** zasiedlać; kolonizować. **3.** **~ (down)** osiedlić się, osiąść. **4.** ustalać, uzgadniać (*sth with sb* coś z kimś). **5.** **~ sth once and for all** załatwić coś raz na zawsze; **it's ~d then!** no to załatwione! **that ~s it** to (nam) załatwia sprawę. **6.** **~ a quarrel/dispute** rozstrzygnąć kłótnię/spór. **7.** **~ (down)** ustatkować się. **8.** **~ an account/a bill** uregulować rachunek; **~ one's debts** uregulować długi. **9.** **~ a score (with sb)** wyrównać (z kimś) rachunki, porachować się z kimś; **~ sb's stomach** dobrze komuś zrobić na żołądek. **10.** **~ down** ustatkować się; uspokoić się; **~ down to sth** zasiąść do czegoś (*np. do obiadu*); **~ for sth** zadowolić się czymś, poprzestać na czymś; **~ in** zadomowić się; zainstalować się (*gdzieś*); **~ sb in** wprowadzić/zainstalować kogoś (*np. w nowym miejscu pracy*); **~ on/upon sth** uzgodnić coś (*np. datę*); zdecydować się na coś (*np. na imię dla dziecka*); **~ up** rozliczyć się.

settlement ['setlmənt] *n.* **1.** osada; kolonia. **2.** osadnictwo; kolonizacja. **3.** *t. prawn.* ugoda. **4.** odszkodowanie.

settler ['setlər] *n.* osadni-k/czka.

setup ['set,ʌp] *n.* **1.** organizacja, sposób organizacji. **2.** układ; układy (*polityczne, personalne*). **3.** *t. komp.* ustawienia. **4.** *pot.* pułapka.

seven ['sevən] *num.* siedem. — *n.* **1.** siódemka. **2.** **~ (o'clock)** (godzina) siódma; **at ~** o siódmej.

seventeen [,sevən'ti:n] *num.* siedemnaście. — *n.* siedemnastka.

seventh ['sevənθ] *a.* siódmy. — *n.* jedna siódma.

seventy ['sevəntɪ] *num.* siedemdziesiąt. — *n.* siedemdziesiątka; **be in one's seventies** mieć siedemdziesiąt parę lat; **temperatures in the seventies** temperatura powietrza powyżej 70°F; **the (nineteen) seventies** lata siedemdziesiąte (dwudziestego wieku).

sever ['sevər] *v. form.* **1.** zerwać (*np. stosunki*). **2.** przerwać; odciąć.

several ['sevərəl] *a., pron.* **1.** kilka; kilku; kilkoro; **~ of us/them** kilkoro z nas/nich. **2.** *form.* poszczególny; osobisty; indywidualny.

severe [sɪ'vi:r] *a.* **1.** surowy; srogi; ostry. **2.** poważny; ciężki; głęboki.

severely [sɪ'vi:rlɪ] *adv.* **1.** surowo, ostro. **2.** poważnie; ciężko.

severity [sɪ'verətɪ] *n.* surowość; srogość; ostrość.

sew [soʊ] *v. pp.* **sewed** *l.* **sewn 1.** szyć. **2.** **~ in** wszyć; **~ on** przyszyć; **~ up** zaszyć; zszyć; *pot.* dopiąć na ostatni guzik.

sewage ['su:ɪdʒ] *n.* ścieki.

sewer ['su:ər] *n.* ściek.

sewing ['soʊɪŋ] *n.* szycie.

sewing machine *n.* maszyna do szycia.

sewn [soʊn] *v. zob.* **sew**.

sex [seks] *n.* **1.** seks; **have ~** uprawiać seks. **2.** płeć; **~ discrimination** dyskryminacja płciowa. — *v.* określać płeć (*zwierzęcia*).

sexism ['seks,ɪzəm] *n.* seksizm.

sexist ['seksɪst] *a.* seksistowski. — *n.* seksist-a/ka.

sextet [seks'tet] *n.* sekstet.

sexual ['sekʃʊəl] *a.* płciowy; seksualny.

sexual harassment *n.* molestowanie seksualne (*zwł. w pracy*).

sexual intercourse *n. form.* stosunek płciowy; współżycie (płciowe).

sexuality [,sekʃʊ'ælətɪ] *n.* seksualność.

sexy ['seksɪ] *a.* **1.** seksowny. **2.** *pot.* ekscytujący; atrakcyjny.

shabby ['ʃæbɪ] *a.* **1.** wytarty, sfatygowany. **2.** nędzny. **3.** podły; niesprawiedliwy.

shack [ʃæk] *n.* chałupa, buda. — *v. pot.* **~ up** żyć na kocią łapę (*with sb* z kims); (*także* **~ up together**) zamieszkać razem (*o kochankach*).

shackle ['ʃækl] *v.* **be ~d by sth** być ograniczonym czymś, mieć czymś związane ręce.
shackles ['ʃæklz] *n. pl.* kajdany; pęta, okowy.
shade [ʃeɪd] *n.* **1.** cień; **in the ~** w cieniu. **2.** odcień. **3.** **a ~** *form.* odrobinę, trochę. **4.** (*także* **lamp~**) abażur; klosz. **5.** (*także* **window ~**) roleta. **6.** **~s** *pot.* okulary słoneczne. — *v.* **1.** zacieniać; przysłaniać. **2.** **~ (in)** cieniować (*rysunek*). **3.** **~ (off/away) into sth** (stopniowo) przechodzić w coś.
shadow ['ʃædoʊ] *n.* **1.** cień; **~s under sb's eyes** cienie pod oczami; **be a ~ of one's former self** być cieniem dawnego siebie; **cast a ~ over/on sth** *lit.* rzucać cień na coś; **in the ~ of sth** w cieniu czegoś; **without/beyond a ~ of a doubt** bez cienia wątpliwości. **2.** **~(s)** ciemności. — *v.* chodzić jak cień za (*kimś*); śledzić.
shadow cabinet *n.* gabinet cieni.
shady ['ʃeɪdɪ] *a.* **1.** cienisty, zacieniony. **2.** *pot.* podejrzany.
shaft ['ʃæft] *n.* **1.** drzewce. **2.** szyb; **ventilation ~** szyb wentylacyjny. **3.** snop (*światła*).
shaggy ['ʃægɪ] *a.* **1.** kudłaty. **2.** zmierzwiony.
shake [ʃeɪk] *v.* **shook, shaken 1.** trząść się, drżeć. **2.** potrząsać (*czymś*); wstrząsnąć (*kimś l. czymś*); **~ well before use** przed użyciem wstrząsnąć; **be ~n** być wstrząśniętym. **3.** strząsać; strzepywać. **4.** mieszać (*przez potrząsanie*). **5.** *pot.* zgubić (*pościg*). **6.** **~ hands with sb** (*także* **~ sb's hand**) uścisnąć czyjąś rękę/dłoń, podać komuś rękę; **~ one's fist (at sb)** wygrażać (komuś) pięścią; **~ one's head** kręcić głową; **~ sb's confidence** zachwiać czyjąś pewnością siebie. **7.** **~ sth off** strząsnąć/strzepnąć coś; otrząsnąć się z czegoś; **~ on it** *pot.* przyklepać, przybić; **~ sb up** potrząsnąć kimś; wstrząsnąć kimś; **~ sth up** wymieszać coś (*przez potrząsanie*); *pot.* kompletnie coś przebudować/zreorganizować. — *n.* **1.** potrząśnięcie; **give sth a good ~** dobrze czymś potrząsnąć. **2.** *pot.* wstrząs (*sejsmiczny*). **3.** (*także* **milk~**) koktajl mleczny. **4.** **the ~s** *pot.* trzęsiączka.
shaky ['ʃeɪkɪ] *a.* **1.** trzęsący się, drżący. **2.** chwiejny, niepewny. **3.** słaby, niepełny (*o wiedzy*).
shall [ʃæl] *v.* **~ we go?** idziemy? **let's open it, ~ we?** otwórzmy to, dobrze? **we ~ see** zobaczymy (= *przekonamy się*).
shallow ['ʃæloʊ] *a.* płytki. — *n.* **the ~s** mielizna, płycizna.
sham [ʃæm] *n.* **1.** blaga, fikcja. **2.** pozory, udawanie. — *a.* **1.** fałszywy, fikcyjny. **2.** udawany, pozorowany.
shambles ['ʃæmblz] *n. pot.* bałagan, zamieszanie; **sth is (in) a (complete/total) ~** gdzieś panuje (totalny) bałagan/chaos.
shame [ʃeɪm] *n.* **1.** wstyd; **~ on you!** wstydź się!, jak ci nie wstyd! **2.** szkoda; **it's a ~ (that)...** szkoda, że...; **what a ~!** jaka szkoda! — *v.* **1.** zawstydzać. **2.** **~ sb into doing sth** nakłonić kogoś do (zrobienia) czegoś (*poprzez wywołanie uczucia wstydu*).
shamefaced [ˌʃeɪm'feɪst] *a.* **1.** zawstydzony. **2.** wstydliwy.
shameful ['ʃeɪmfʊl] *a.* haniebny, karygodny; przynoszący wstyd.
shameless ['ʃeɪmləs] *a.* bezwstydny.
shampoo [ʃæm'puː] *n.* **1.** szampon. **2.** mycie (włosów). — *v.* **1.** myć (szamponem). **2.** czyścić na mokro (*dywan*).
shantytown ['ʃæntɪˌtaʊn] *n.* dzielnica slumsów.
shape [ʃeɪp] *n.* **1.** kształt; **give ~ to sth** nadać czemuś kształt; **in the ~ of sth** w kształcie czegoś; **spherical in ~** w kształcie kuli; **take ~** nabierać kształtu. **2.** forma, kondycja; stan; **be in no ~ to do sth** nie być w stanie czegoś robić; **out of ~** bez formy/kondycji. **3.** figura (= *sylwetka*). **4.** zarys. **5.** **in any ~ or form** w jakiejkolwiek postaci; **in the ~ of sb** w postaci kogoś; **take the ~ of sth** przybrać postać/kształt czegoś. — *v.* **1.** formować. **2.** kształtować; nadawać kształt (*czemuś*). **3.** formułować (*odpowiedź*); obmyślać (*plan, strategię*). **4.** **~ up** *pot.* robić postępy; **you'd better ~ up** (lepiej) weź się za siebie.
shaped [ʃeɪpt] *a.* **be ~ like sth** mieć kształt czegoś; **heart-~** w kształcie serca.
shapeless ['ʃeɪpləs] *a.* bezkształtny, nieforemny.
shapely ['ʃeɪplɪ] *a.* kształtny, zgrabny (*zwł. o nogach*).
share [ʃer] *v.* **1.** dzielić (się); **~ sth with sb** dzielić coś z kimś; dzielić się czymś z kimś. **2.** podzielać. **3.** **~ (out)** rozdzielać. **4.** **~ in sth** dzielić coś (*smutek, radość*); uczestniczyć w czymś. — *n.* **1.** część; **get one's (fair) ~** dostać swoją część. **2.** udział; **have a ~ in sth** mieć udział w czymś. **3.** **~s** *fin.* akcje, udziały.
shareholder ['ʃerˌhoʊldər] *n.* akcjonariusz/ka, udziałowiec.
shark [ʃɑːrk] *n.* **1.** rekin. **2.** **card ~** *pot.* oszust/ka karcian-y/a.
sharp [ʃɑːrp] *a.* **1.** ostry. **2.** bystry (*o umyśle*). **3.** gwałtowny (*o ruchu, powiewie*). **4.** przeszywający. **5.** wyraźny (*o konturze, kontraście*). **6.** **keep a ~ eye on sb** bacznie kogoś obserwować. **7.** *muz.* z krzyżykiem; **C ~** cis. — *adv.* **1.** ostro. **2.** gwałtownie. **3.** **(at 10 o'clock) ~** punktualnie (o dziesiątej). — *n. muz.* krzyżyk; nuta z krzyżykiem.
sharpen ['ʃɑːrpən] *v.* **1.** ostrzyć. **2.** zaostrzać (się). **3.** nabierać ostrości.
sharpener ['ʃɑːrpənər] *n.* **1.** (*także* **pencil ~**) temperówka. **2.** ostrzarka.
sharply ['ʃɑːrplɪ] *adv.* **1.** ostro. **2.** szorstko. **3.** gwałtownie. **4.** wyraźnie.
shatter ['ʃætər] *v.* **1.** roztrzaskać (się). **2.** zrujnować; zniweczyć; rozwiać.
shattered ['ʃætərd] *n. pot.* zdruzgotany.
shattering ['ʃætərɪŋ] *a.* **1.** druzgocący. **2.** wstrząsający.
shave [ʃeɪv] *v.* **1.** golić (się); **~ one's beard** zgolić brodę; **~ one's head/legs** ogolić głowę/nogi. **2.** heblować, strugać. **3.** **~ off** zgolić. — *n.* **1.** golenie. **2.** **it was a close ~** *zob.* **close**[1] *a.*
shaver ['ʃeɪvər] *n.* maszynka do golenia.
shavings ['ʃeɪvɪŋz] *n. pl.* wióry, strużyny.
shawl [ʃɔːl] *n.* szal; chusta.
she [ʃiː] *pron.* ona. — *n.* **is it a he or a ~?** czy to chłopiec czy dziewczynka? czy to samiec czy samica?
sheaf [ʃiːf] *n. pl.* **sheaves** [ʃiːvz] **1.** snop (*zboża*). **2.** plik (*papierów*).
shear [ʃiːr] *v. pp. t.* **shorn** [ʃɔːrn] strzyc (*zwł. owce*).
shears ['ʃiːrz] *n. pl.* nożyce, sekator.
sheath [ʃiːθ] *n.* **1.** pochwa (*miecza, noża*). **2.** obcisła sukienka.
sheaves [ʃiːvz] *n. pl. zob.* **sheaf**.
shed [ʃed] *v. pret. i pp.* **shed 1.** linieć. **2.** zrzucać (*rogi, skórę, liście*); **~ a few kilos** zrzucić parę kilogramów. **3.** **~ tears** *lit.* ronić łzy. **4.** **~ blood** przelewać krew. **5.** **~ light on sth** rzucać światło na coś. **6.** zrzucać z siebie (*części garderoby*). — *n.* **1.** szopa. **2.** hangar.

she'd [ʃiːd] *abbr.* **1.** = **she had**. **2.** = **she would**.
sheen [ʃiːn] *n.* połysk.
sheep [ʃiːp] *n.* **1.** owca. **2. black ~** czarna owca; **count ~** liczyć barany.
sheepdog ['ʃiːpˌdɔːg] *n.* owczarek.
sheepish ['ʃiːpɪʃ] *a.* zmieszany, zażenowany.
sheer [ʃiːr] *a.* **1.** czysty, najzwyklejszy; **~ stupidity** czysta głupota. **2.** sam; **by ~ willpower** samą (tylko) siłą woli. **3.** prawie przezroczysty (*np. o pończochach*).
sheet [ʃiːt] *n.* **1.** prześcieradło; **change the ~s** zmieniać pościel. **2.** kartka; arkusz. **3.** płyta (*szklana*). **4.** tafla (*wody, lodu*); ściana (*deszczu, ognia*). **5.** *dzienn.* płachta.
sheik [ʃeɪk], **sheikh** *n.* szejk.
shelf [ʃelf] *n. pl.* **shelves** [ʃelvz] **1.** półka. **2.** szelf. **3.** ławica piaskowa.
shell [ʃel] *n.* **1.** skorupa; muszla; muszelka; (*także* **egg~**) skorupka (*jajka*). **2.** łupina, skorupka (*orzecha*); łuska (*nasienia, naboju*). — *v.* **1.** łuskać; obierać z łupiny/ze skorupki. **2.** ostrzeliwać. **3. ~ out** *pot.* wybulić.
she'll [ʃiːl] *abbr.* = **she will**.
shellfish ['ʃelˌfɪʃ] *n. pl.* małże; skorupiaki.
shelter ['ʃeltər] *n.* **1.** schronienie; **take ~** schronić się. **2.** schronisko. **3.** (*także* **air-raid ~**) schron (*przeciwlotniczy*). **4. bus ~** wiata autobusowa. — *v.* **1. ~ sb/sth from sth** osłaniać/chronić kogoś/coś przed czymś. **2.** chronić/chować się (*from sth* przed czymś).
sheltered ['ʃeltərd] *n.* **1.** osłonięty (*o miejscu*). **2.** pod kloszem (*o życiu*).
shelve [ʃelv] *v.* **1.** odkładać na półkę. **2.** odkładać do szuflady/ad acta.
shelves [ʃelvz] *n. pl. zob.* **shelf**.
shepherd ['ʃepərd] *n.* paste-rz/rka. — *v.* **~ sb around sth** oprowadzać kogoś po czymś; **~ sb into/out of the room** wprowadzić kogoś do/wyprowadzić kogoś z pokoju.
sheriff ['ʃerɪf] *n.* szeryf.
sherry ['ʃerɪ] *n.* sherry.
she's [ʃiːz] *abbr.* **1.** = **she is**. **2.** = **she has**.
shield [ʃiːld] *n.* **1.** tarcza. **2.** osłona. — *v.* **1.** osłaniać (*sb/sth against/from sth* kogoś/coś przed czymś). **2.** chronić.
shift [ʃɪft] *v.* **1.** przemieszczać (się); przesuwać (się). **2.** zmieniać (się). **3.** zmieniać pozycję; wiercić się. **4. ~ the blame/responsibility onto sb** zrzucić winę/odpowiedzialność na kogoś. — *n.* **1.** zmiana (*t. robocza*); zwrot (*in sth* w czymś); przejście (*from sth to sth* z czegoś na coś). **2.** luźna sukienka.
shilling ['ʃɪlɪŋ] *n.* szyling.
shimmer ['ʃɪmər] *v.* migotać, skrzyć się. — *n.* migotanie.
shin [ʃɪn] *n.* goleń.
shine [ʃaɪn] *v. pret. i pp.* **shone 1.** świecić; **~ the flashlight over here!** poświeć tu latarką! **2.** jaśnieć; lśnić, świecić się; błyszczeć. **3.** *pret. i pp.* **shined** polerować. **4. ~ (through)** rzucać się w oczy. — *n.* **1.** połysk. **2. take a ~ to sb** *pot.* zapałać do kogoś natychmiastową sympatią.
shingle ['ʃɪŋgl] *n.* gont. — *v.* pokrywać gontem.
shingles ['ʃɪŋglz] *n.* półpasiec.
shiny ['ʃaɪnɪ] *a.* błyszczący, lśniący.
ship [ʃɪp] *n.* **1.** statek; okręt. **2.** statek kosmiczny. — *v.* **1.** przewozić, transportować. **2.** wysyłać. **3. ~ sb off/out** wyprawić/wysłać kogoś; **shape up or ~ out** *zob.* **shape** *v.*
shipment ['ʃɪpmənt] *n.* **1.** dostawa, partia (*towaru*). **2.** transport, przewóz; wysyłka.
shipping ['ʃɪpɪŋ] *n.* **1.** flota. **2.** wysyłka. **3.** transport morski.
shipwreck ['ʃɪpˌrek] *n.* **1.** katastrofa morska. **2.** wrak (*statku*). — *v.* **be ~ed** rozbić się (*o statku*); ocaleć z katastrofy morskiej (*o pasażerach*).
shipyard ['ʃɪpˌjɑːrd] *n.* stocznia.
shirt [ʃɜːt] *n.* koszula (*męska*); bluzka (*zwł. koszulowa*); **T/tee ~** koszulka z krótkim rękawem, t-shirt.
shit [ʃɪt] *wulg. pot. int.* **(oh) ~!** (o) cholera! — *n.* **1.** gówno; **dog ~** psie kupy; **take a ~** wysrać się. **2. the ~s** sraczka. **3. don't eat/read that ~** nie jedz/nie czytaj tego gówna. **4. a load of ~** kupa bzdetów. **5.** gn-ój/ojówa; **little ~** gnojek. **6. beat/kick the ~ out of sb** wpieprzyć komuś; **I don't give a ~** gówno mnie to obchodzi; **look like ~** wyglądać do dupy; **scare the ~ out of sb** napędzić komuś cholernego stracha. — *v. pp.* **shit** *l.* **shat 1.** srać. **2. ~ (in) one's pants** robić w portki/gacie.
shiver ['ʃɪvər] *v.* drżeć, trząść się, dygotać; **~ with cold** trząść się z zimna. — *n.* dreszcz, drżenie; **~s** dreszcze; ciarki; **send ~s (up and) down sb's spine** *pot.* sprawiać, że ciarki chodzą komuś po plecach.
shoal [ʃoʊl] *n.* ławica.
shock [ʃɑːk] *n.* **1.** szok; wstrząs (*t. sejsmiczny*); **be in (a state of) ~** być w szoku; **get a ~** doznać szoku/wstrząsu; **give sb a ~** wstrząsnąć kimś. **2.** (*także* **electric ~**) porażenie (prądem). — *v.* **1.** szokować. **2.** wstrząsnąć (*kimś*).
shock absorber *n.* amortyzator.
shocking ['ʃɑːkɪŋ] *a.* szokujący; wstrząsający. — *adv.* wściekle (*np. różowy*).
shoddy ['ʃɑːdɪ] *a.* **1.** lipny, byle jaki. **2.** nieuczciwy.
shoe [ʃuː] *n.* **1.** but. **2.** (*także* **horse~**) podkowa. **3. be in sb's ~s** *pot.* być w czyjejś skórze; **put o.s. in sb's ~s** postawić się w czyjejś sytuacji. — *v. pret. i pp.* **shod** podkuwać (*konie*).
shoelace ['ʃuːˌleɪs] *n.* sznurowadło, sznurówka.
shoemaker ['ʃuːˌmeɪkər] *n.* szewc.
shone [ʃoʊn] *v. zob.* **shine** *v.*
shook [ʃʊk] *v. zob.* **shake** *v.*
shook up [ˌʃuːk 'ʌp] *a. pot.* wstrząśnięty.
shoot [ʃuːt] *v. pret. i pp.* **shot 1.** strzelać (*at sb/sth* do kogoś/czegoś); zestrzelić; **~ a cannon** strzelać z armaty; **~ o.s.** zastrzelić się; **~ sb (dead)** zastrzelić kogoś; **~ sb/o.s. (in the head/arm)** postrzelić kogoś/się (w głowę/ramię). **2.** kręcić, filmować. **3. ~ past sb/sth** przemknąć obok kogoś/czegoś. **4. ~!** *pot.* strzelaj!, wal! **~ the breeze/bull** *pot.* uciąć sobie pogawędkę. **5. ~ down** zestrzelić; zastrzelić; **~ up** wystrzelić w górę (*o płomieniu, rosnącym dziecku*); podskoczyć (*o cenach*); *sl.* dawać sobie w żyłę. — *n.* **1.** pęd; kiełek. **2.** sesja zdjęciowa. — *int. pot.* psia kość!
shooting ['ʃuːtɪŋ] *n.* **1.** strzelanina. **2.** zastrzelenie; postrzelenie. **3.** myślistwo. **4.** zdjęcia, kręcenie zdjęć.
shooting star *n.* spadająca gwiazda.
shop [ʃɑːp] *n.* **1.** sklep(ik). **2.** *pot.* **close up ~** zwinąć/zlikwidować interes; **set up ~** założyć (własny) interes. **3.** *szkoln.* warsztaty; zajęcia praktyczno-techniczne. — *v.* **1.** robić zakupy; (*także* **go ~ping**) iść na zakupy; chodzić po sklepach. **2. ~ around** porównywać ceny w różnych sklepach; rozglądać się (*for sth* za czymś).
shoplifting ['ʃɑːpˌlɪftɪŋ] *n.* kradzież sklepowa.

shopper ['ʃɑːpər] *n.* kupując-y/a, klient/ka.
shopping ['ʃɑːpɪŋ] *n.* zakupy; **go ~** *zob.* **shop** *v.*
shopping center *n.* (*także* **shopping mall**) centrum handlowe.
shore [ʃɔːr] *n.* brzeg; wybrzeże.
shorn [ʃɔːrn] *v. zob.* **shear**.
short [ʃɔːrt] *a.* **1.** krótki. **2.** niski (*o osobie*). **3. be ~ for sth** być skrótem od czegoś; **I'm $2 ~** brakuje mi dwa dolary; **we are ~ of cash** brakuje nam gotówki. **4. ~ and sweet** *pot.* krótki i zwięzły; **a ~ time ago** niedawno (temu); **food is in ~ supply** brakuje żywności; **in the ~ run/term** na krótką metę; **on ~ notice** niemal bez uprzedzenia; **to make a long story ~** krótko mówiąc. — *adv.* **~ of (doing) sth** bez posuwania się do (robienia) czegoś; **everything ~ of...** wszystko z wyjątkiem...; **sb (never) goes ~ of sth** komuś (nigdy nie) brakuje czegoś. — *n.* **for ~** w skrócie; **in ~** krótko mówiąc.
shortage ['ʃɔːrtɪdʒ] *n.* brak, niedobór.
shortcoming ['ʃɔːrt,kʌmɪŋ] *n.* niedociągnięcie, mankament.
shortcut ['ʃɔːrt,kʌt], **short cut** *n.* **1.** skrót; **take a ~** pójść na skróty. **2.** droga na skróty.
shorten ['ʃɔːrtən] *v.* skracać (się).
shortfall ['ʃɔːrt,fɔːl] *n.* niedobór (*in/of sth* czegoś).
shorthand ['ʃɔːrt,hænd] *n.* stenografia. — *a.* stenograficzny.
short list *n.* ostateczna lista kandydatów.
short-lived [,ʃɔːrt'lɪvd] *a.* krótkotrwały.
shortly ['ʃɔːrtlɪ] *adv.* **1.** niebawem, wkrótce; **~ after** wkrótce/zaraz potem; **~ before** (na) krótko przedtem. **2.** lakonicznie; szorstko.
shorts [ʃɔːrts] *n. pl.* **1.** szorty. **2.** slipy.
short-sighted [,ʃɔːrt'saɪtɪd], **short sighted** *a.* krótkowzroczny.
short story *n.* opowiadanie.
short-term [,ʃɔːrt'tɝːm] *a.* krótkoterminowy.
shot [ʃɑːt] *n.* **1.** strzał. **2. good/poor ~** dobry/kiepski strzelec. **3.** zastrzyk; wstrzyknięcie (*t. narkotyku*); szczepienie. **4.** śrut. **5.** kula (*w pchnięciu kulą*). **6.** *fot.* zdjęcie; *t. film* ujęcie. **7. a ~ in the dark** strzał w ciemno; **big ~** *pot.* gruba ryba, szycha; **cheap ~** chwyt poniżej pasa; **have/take a ~ (at sth)** *pot.* spróbować swoich sił (w czymś). — *v. zob.* **shoot** *v.*
shotgun ['ʃɑːt,gʌn] *n.* śrutówka.
should [ʃʊd] *v.* **1. she ~ be back soon** powinna niedługo wrócić; **you ~ have told me** powinieneś był mi powiedzieć. **2. ~ anyone phone** *form.* gdyby przypadkiem ktoś dzwonił. **3. how ~ I know?** skąd mam wiedzieć?, a bo ja wiem? **I ~ be (so) lucky!** chciałbym! (= *wątpię, czy mi się uda*).
shoulder ['ʃoʊldər] *n.* **1.** ramię; bark. **2.** pobocze. **3. rest on sb's ~s** spoczywać na czyichś barkach; **rub ~s with sb** *zob.* **rub** *v.* — *v.* **1. ~ one's way through the crowd** przepychać się przez tłum. **2. ~ a responsibility/duty** wziąć na swoje barki odpowiedzialność/obowiązek.
shoulder bag *n.* torba na ramię.
shoulder blade *n. anat.* łopatka.
shouldn't ['ʃʊdənt] *v.* = **should not**.
shout [ʃaʊt] *v.* **1.** krzyczeć; krzyknąć; wołać; **~ for joy/in pain** krzyczeć z radości/z bólu. **2. ~ sb down** zakrzyczeć kogoś; **~ (sth) out** wykrzykiwać (coś). — *n.* krzyk, okrzyk; wołanie; **give sb a ~** *pot.* zawołać kogoś.
shove [ʃʌv] *v.* **1.** popychać; pchać; **~ sb aside** odepchnąć kogoś na bok; **~ sth in/into sth** wepchnąć coś do czegoś. **2.** pchać się. **3. ~ off!** *pot.* spadaj! — *n.* pchnięcie; **give sb/sth a ~** popchnąć kogoś/coś.
shovel ['ʃʌvl] *n.* **1.** łopata, szufla. **2.** koparka. — *v.* **1.** przerzucać łopatą, szuflować. **2.** odśnieżać.
show [ʃoʊ] *v.* **showed, shown 1.** pokazywać; **~ sb sth** (*także* **~ sth to sb**) pokazać coś komuś. **2.** ukazywać, przedstawiać. **3.** okazywać. **4.** wskazywać. **5.** wykazywać. **6.** *t. teatr* wystawiać; być wystawianym. **7.** *kino* wyświetlać; być wyświetlanym. **8. ~ sb in** wprowadzić kogoś (do środka); **~ sb out** wyprowadzić kogoś; odprowadzić kogoś (do drzwi/wyjścia). **9.** być widocznym; **it ~s** to widać. **10.** *pot.* pokazać się (= *przyjść*). **11. have something/nothing to ~ for it** mieć/nie mieć się czym pochwalić; **I'll ~ him!** ja mu (jeszcze) pokażę! **it just ~s (that)...** (*także* **it just goes to ~ (that)...**) to tylko świadczy o tym, że... **12. ~ sb around (sth)** oprowadzać kogoś (po czymś); **~ off** popisywać się; **~ sth off** chwalić się czymś; uwydatniać/podkreślać coś (*urodę, opaleniznę*); **~ through** przebijać, być widocznym; **~ up** *pot.* pokazać się (= *przyjść*). — *n.* **1.** przedstawienie, widowisko, spektakl. **2.** show, program; **game/quiz ~** teleturniej. **3.** wystawa; **be on ~** być wystawionym; **dog/flower ~** wystawa psów/kwiatów. **4.** pokaz; **fashion ~** pokaz mody. **5. ~ of force/strength** pokaz/manifestacja siły. **6. for ~** na pokaz.
show business *n.* (*także pot.* **showbiz**) przemysł rozrywkowy, show-biznes.
showcase ['ʃoʊ,keɪs] *n. przen.* wizytówka (*for sth* czegoś).
showdown ['ʃoʊ,daʊn] *n.* ostateczna rozgrywka, decydujące starcie.
shower ['ʃaʊər] *n.* **1.** prysznic; **in the ~** pod prysznicem; **take a ~** brać prysznic. **2.** przelotny deszcz; **~s** przelotne opady; **heavy ~s** obfite opady (deszczu). **3.** grad (*kamieni, kul*); deszcz (*meteorów, nagród*). — *v.* **1.** brać prysznic. **2. ~ sb with sth** obrzucać kogoś czymś; zasypywać kogoś czymś; (*także* **~ sth on/upon sb**) obsypywać kogoś czymś (*prezentami, pochwałami*).
shower gel *n.* żel pod prysznic.
showery ['ʃaʊərɪ] *a.* deszczowy, z przelotnymi opadami.
showing ['ʃoʊɪŋ] *n.* **1.** *t. kino* pokaz, projekcja. **2. sb's current/present ~** czyjeś aktualne notowania/wyniki (*np. w sondażach*).
shown [ʃoʊn] *v. zob.* **show** *v.*
show-off ['ʃoʊ,ɔːf] *n.* **be a ~** popisywać się; lubić się popisywać.
showpiece ['ʃoʊ,piːs] *n.* **1.** eksponat. **2.** sztandarowe osiągnięcie.
showroom ['ʃɔː,ruːm] *n.* salon wystawowy; salon sprzedaży.
showy ['ʃoʊɪ] *a.* krzykliwy (*o stroju*).
shrank [ʃræŋk] *v. zob.* **shrink** *v.*
shrapnel ['ʃræpnl] *n.* odłamki.
shred [ʃred] *n.* **1.** strzęp; **in ~s** w strzępach. **2. not a ~ of doubt** ani cienia/krztyny wątpliwości. — *v.* **1.** szatkować. **2.** niszczyć (*używając niszczarki*).
shredder ['ʃredər] *n.* **1.** szatkownica. **2.** niszczarka dokumentów.
shrewd [ʃruːd] *a.* **1.** przebiegły, sprytny. **2.** wnikliwy. **3.** bystry.

shriek [ʃriːk] *n.* pisk, wrzask. — *v.* **1.** piszczeć, wrzeszczeć. **2.** gwizdać przeraźliwie (*np. o wietrze*).
shrill [ʃrɪl] *a.* **1.** ostry, przenikliwy; piskliwy. **2.** natarczywy. — *v.* piszczeć, mówić piskliwym głosem.
shrimp [ʃrɪmp] *n.* krewetka.
shrine [ʃraɪn] *n.* **1.** świątynia; sanktuarium, miejsce kultu. **2.** grób świętego. **3.** kapliczka.
shrink [ʃrɪŋk] *v.* **shrank, shrunk 1.** kurczyć (się). **2.** maleć. **3.** **~ from (doing) sth** wzbraniać się przed czymś; cofać się przed czymś. — *n. pot.* psychiatra.
shrivel ['ʃrɪvl] *v.* **~ (up)** kurczyć (się), marszczyć (się); usychać.
shroud [ʃraʊd] *n.* całun. — *v.* **~ed in mist** spowity mgłą; **~ed in mystery** owiany tajemnicą.
Shrove Tuesday *n.* ostatki (= *ostatni dzień karnawału*).
shrub [ʃrʌb] *n.* krzew, krzak.
shrug [ʃrʌg] *v.* **1.** (*także* **~ one's shoulders**) wzruszyć ramionami. **2.** **~ off** zbyć wzruszeniem ramion; nic sobie nie robić z (*czegoś*). — *n.* wzruszenie ramion.
shrunk [ʃrʌŋk] *v. zob.* **shrink** *v.*
shudder ['ʃʌdər] *v.* **1.** drżeć, dygotać. **2.** wzdrygać się. — *n.* dreszcz.
shuffle ['ʃʌfl] *v.* **1.** szurać/powłóczyć nogami. **2.** wlec się. **3.** przekładać; przesuwać; mieszać; *karty* tasować. **4.** **~ one's feet** przestępować z nogi na nogę. — *n.* **1.** szuranie/powłóczenie nogami. **2.** tasowanie.
shun [ʃʌn] *v.* unikać, stronić od (*kogoś l. czegoś*).
shut [ʃʌt] *v. pret. i pp.* **shut 1.** zamykać (się); **~ o.s. in one's room** zamknąć się w swoim pokoju; **the banks ~ at six** banki zamyka się o szóstej. **2.** zamykać, likwidować. **3.** składać (*np. parasol*). **4.** **~ your mouth/trap/face!** *pot.* zamknij gębę/dziób! **5.** **~ down** zostać zamkniętym (*np. o fabryce*); **~ sth down** zamknąć/zlikwidować coś; odciąć dopływ czegoś (*prądu, gazu*); **~ sb in** zamknąć kogoś (*w pokoju, więzieniu*); **~ sb off** wykluczyć kogoś (*from sth* z czegoś) (*np. z towarzystwa*); **~ sth off** zamknąć coś (*wodę, gaz*); wyłączyć coś; zasłaniać coś (*np. widok*); **~ sb out** nie wpuszczać kogoś (*do środka*); **~ up** *pot.* zamknąć się, uciszyć się; **~ sb up** zamknąć kogoś (*in sth* gdzieś) (*t. w więzieniu*); uciszyć kogoś; **~ sth up** zamknąć coś. — *a.* zamknięty; **the door slammed/banged ~** drzwi zamknęły się z trzaskiem.
shutter ['ʃʌtər] *n.* **1.** okiennica. **2.** żaluzja; roleta. **3.** *fot.* migawka.
shuttle ['ʃʌtl] *n.* **1.** transport wahadłowy. **2.** (*także* **space ~**) wahadłowiec, prom kosmiczny. — *v.* **1.** kursować tam i z powrotem (*between X and Y* pomiędzy X i Y). **2.** wozić tam i z powrotem.
shy [ʃaɪ] *a.* **1.** nieśmiały; wstydliwy; **be ~ of/with sb** wstydzić się kogoś. **2.** płochliwy. — *v.* **~ away from (doing) sth** wzbraniać się przed czymś/zrobieniem czegoś.
shyly ['ʃaɪlɪ] *n.* nieśmiało.
shyness ['ʃaɪnəs] *n.* nieśmiałość.
sibling ['sɪblɪŋ] *n. form.* brat; siostra; **~s** rodzeństwo.
sick [sɪk] *a.* **1.** chory; **be off ~** być na zwolnieniu lekarskim; **call in ~** zadzwonić do pracy z informacją, że jest się chorym; **get ~** zachorować. **2.** **be ~** wymiotować; **sb feels ~** komuś jest niedobrze; **it makes me ~** niedobrze mi się robi na myśl o tym. **3.** *pot.* niesmaczny (*o żarcie*). **4.** **be ~ (and tired) of sth** (*także* **be ~ to death of sth**) mieć czegoś (serdecznie) dosyć; **be worried ~** (*także* **be ~ with worry**) zamartwiać się. — *n.* **the ~** chorzy.
sicken ['sɪkən] *v.* napawać obrzydzeniem.
sickening ['sɪkənɪŋ] *a.* obrzydliwy, napawający obrzydzeniem.
sickle ['sɪkl] *n.* sierp.
sick leave *n.* zwolnienie lekarskie; **on ~** na zwolnieniu.
sickly ['sɪklɪ] *a.* **1.** chorowity. **2.** mdły, mdlący.
sickness ['sɪknəs] *n.* **1.** choroba. **2.** nudności, mdłości.
side [saɪd] *n.* **1.** strona; **be on sb's ~** być po czyjejś stronie; **change ~s** zamienić się stronami (*o drużynach*); **on both ~s** (*także* **on each/either ~**) po obu stronach; **on the far/other ~** po drugiej stronie; **take ~s** opowiedzieć się po którejś ze stron; **whose ~ are you on?** po czyjej jesteś stronie? **2.** bok; **at the ~ of the road** na poboczu drogi; **by the ~ of sth** obok czegoś, przy czymś; **from ~ to ~** z boku na bok; **on the ~** na boku (*t. = ukradkiem*). **3.** ściana (*bryły, budynku*). **4.** zbocze. **5.** burta. **6.** **~ by ~** obok siebie; ramię w ramię; **be by/at sb's ~** trwać przy kimś/u czyjegoś boku; **change ~s** przejść do innego obozu, zmienić front; **get up on the wrong ~ of the bed** wstać (z łóżka) lewą nogą; **have sb on the ~** mieć kogoś na boku; **(just) to be on the safe ~** *zob.* **safe** *a.*; **(a bit) on the long ~** (cokolwiek) przydługi; **on the right/wrong ~ of thirty** przed trzydziestką/po trzydziestce. — *a.* **1.** boczny. **2.** uboczny. — *v.* **~ with sb** stanąć po czyjejś stronie.
sideboard ['saɪd,bɔːrd] *n.* niski kredens (*w jadalni*).
sideburns ['saɪd,bɝːnz] *n. pl.* baczki, bokobrody.
side effect *n.* **1.** skutek uboczny. **2.** działanie uboczne.
sidekick ['saɪd,kɪk] *n. pot.* pomagier.
sideline ['saɪd,laɪn] *n.* **1.** linia boczna (*boiska*). **2.** dodatkowe zajęcie. — *v.* odsuwać na bok, wykluczać (z gry).
sidetrack ['saɪd,træk] *n.* boczny tor, bocznica. — *v.* odwracać uwagę (*czyjąś*); **get ~ed** oddalić się/odbiec od tematu.
sidewalk ['saɪd,wɔːk] *n.* chodnik.
sideways ['saɪd,weɪz] *a., adv.* **1.** bokiem. **2.** z ukosa. **3.** w/na bok.
siege [siːʤ] *n.* oblężenie; **under ~** oblężony; oblegany.
siesta [sɪ'estə] *n.* sjesta.
sieve [sɪv] *n.* sito; sitko. — *v.* **~ (out)** przesiewać; odsiewać.
sift [sɪft] *v.* **1.** przesiewać. **2.** segregować, oddzielać. **3.** sączyć się (*np. o świetle*). **4.** **~ (through)** przeglądać uważnie; segregować.
sigh [saɪ] *v.* wzdychać; **~ with relief** odetchnąć z ulgą. — *n.* westchnienie.
sight [saɪt] *n.* **1.** wzrok; **lose one's ~** stracić wzrok. **2.** widok. **3.** **the ~s** atrakcje turystyczne. **4.** **at first ~** od pierwszego wejrzenia; na pierwszy rzut oka; **at the ~ of sth** na widok czegoś; **catch ~ of sb/sth** zauważyć/dostrzec kogoś/coś; **disappear from ~** zniknąć (z oczu); **get out of my ~!** zejdź mi z oczu! **hidden from ~** niewidoczny; **in/within ~** w zasięgu wzroku; **keep ~ of sb/sth** nie tracić kogoś/czegoś z oczu, mieć kogoś/coś na oku; **know sb by ~** znać kogoś z widzenia; **lose ~ of sth** stracić coś z oczu; **out of ~** poza zasięgiem wzroku, niewidoczny; nieosiągalny. — *v.* dojrzeć, dostrzec; zobaczyć, zauważyć; **sb was ~ed somewhere** kogoś widziano gdzieś (*np. osobę poszukiwaną*).
sightseeing ['saɪt,siːɪŋ] *n.* zwiedzanie.

sign [saɪn] *n.* **1.** znak; (*także* **road/traffic ~**) znak drogowy. **2.** oznaka. **3.** napis; wywieszka. **4.** szyld. **5.** objaw, symptom. **6. there is no ~ of sb doing sth** nic nie wskazuje na to, żeby ktoś miał coś zrobić; **there was no ~ of sb/sth** nie było po kimś/czymś śladu. — *v.* **1.** podpisywać (się); **~ one's name** podpisać się. **2. ~ for sth** pokwitować odbiór czegoś; **~ off** zakończyć (*emisję programu, list*); **~ on/up** zapisać się (*for sth* na coś).

signal ['sɪgnl] *n.* **1.** sygnał. **2.** semafor. — *v.* **1.** sygnalizować. **2.** dawać znak(i). **3.** oznaczać, zapowiadać. **4.** włączać kierunkowskaz.

signature ['sɪgnətʃər] *n.* **1.** podpis. **2.** sygnatura.

significance [sɪg'nɪfəkəns] *n.* znaczenie, waga; **of great ~** wielkiej wagi; **of no ~** bez znaczenia.

significant [sɪg'nɪfəkənt] *a.* **1.** znaczący, ważny, istotny; znamienny. **2.** znaczący, porozumiewawczy. **3.** znaczny.

signify ['sɪgnə,faɪ] *v.* **1.** znaczyć, oznaczać. **2.** wyrażać, okazywać.

sign language *n.* język migowy.

silence ['saɪləns] *n.* cisza; milczenie. — *v.* uciszać; zamykać usta (*komuś*).

silencer ['saɪlənsər] *n.* tłumik.

silent ['saɪlənt] *a.* **1.** milczący; **be ~** milczeć; **fall ~** zamilknąć; **remain ~** zachowywać milczenie. **2.** cichy. **3.** małomówny. **4.** niemy (*o filmie, literze*).

silhouette [,sɪlʊ'et] *n.* sylwetka.

silk [sɪlk] *n.* jedwab. — *a.* jedwabny.

silky ['sɪlkɪ] *a.* jedwabisty.

silly ['sɪlɪ] *a.* głupi; niemądry; głupkowaty; **feel/look ~** czuć się/wyglądać głupio. — *n. pot.* głuptas.

silver ['sɪlvər] *n.* **1.** srebro (*t. = srebrny medal*). **2. family ~** srebra rodowe. — *a.* **1.** srebrny. **2.** srebrzysty. **3.** posrebrzany.

silver-plated ['sɪlvər,pleɪtɪd] *a.* platerowany.

similar ['sɪmələr] *a.* podobny.

similarity [,sɪmə'lerətɪ] *n.* podobieństwo.

similarly ['sɪmələrlɪ] *adv.* podobnie.

simmer ['sɪmər] *v.* **1.** gotować (się) na wolnym ogniu. **2.** kipieć (*with sth* czymś) (*np. gniewem*); burzyć się (*w duchu*). — *n.* **bring sth to a ~** zagotować coś; doprowadzić coś do wrzenia.

simple ['sɪmpl] *a.* **1.** prosty; **~ present/past** czas teraźniejszy/przeszły prosty; **for the ~ reason that...** z tej prostej przyczyny, że...; **it's not as ~ as that** to nie takie proste. **2.** prostoduszny, szczery; naiwny. **3.** ograniczony (*umysłowo*).

simplicity [sɪm'plɪsətɪ] *n.* prostota.

simplify ['sɪmplə,faɪ] *v.* upraszczać.

simply ['sɪmplɪ] *adv.* **1.** po prostu. **2.** prosto. **3. to put it ~** ujmując rzecz najprościej.

simulate ['sɪmjə,leɪt] *v.* **1.** *t. komp.* symulować. **2.** *form.* udawać; symulować; pozorować.

simulated ['sɪmjə,leɪtɪd] *a.* **1.** symulowany. **2.** udawany, pozorowany.

simulation [,sɪmjə'leɪʃən] *n.* **1.** *t. komp.* symulacja. **2.** *form.* udawanie, pozorowanie.

simultaneous [,saɪməl'teɪnɪəs] *a.* **1.** równoczesny, jednoczesny. **2.** symultaniczny.

simultaneously [,saɪməl'teɪnɪəslɪ] *adv.* **1.** równocześnie, jednocześnie. **2.** symultanicznie.

sin [sɪn] *n.* grzech; **commit a ~** popełnić grzech; **deadly/mortal ~** grzech śmiertelny; **original ~** grzech pierworodny. — *v.* grzeszyć.

since [sɪns] *conj.* **1.** od czasu jak, odkąd; **ever ~ we met** od momentu, kiedy się poznaliśmy; **he has never written ~ he left** od czasu jak wyjechał, ani razu nie napisał. **2.** skoro, ponieważ; **~ you ask** skoro (już) pytasz. — *prep.* od; **~ Friday** od piątku; **~ then** od tego czasu, do tej pory; **~ when?** od kiedy? odkąd to? — *adv.* **1.** od tego czasu, od tej pory. **2.** potem. **3. ever ~** od tego czasu, od tej pory. **4. long ~** dawno temu, już dawno.

sincere [sɪn'siːr] *a.* szczery.

sincerely [sɪn'siːrlɪ] *adv.* **1.** szczerze. **2. ~ (yours)** (*także* **(yours) ~**) z poważaniem.

sincerity [sɪn'serətɪ] *n.* **1.** szczerość. **2. in all ~** całkiem szczerze; z ręką na sercu.

sinew ['sɪnjuː] *n.* ścięgno.

sinful ['sɪnfʊl] *a.* **1.** grzeszny. **2.** moralnie naganny.

sing [sɪŋ] *v.* **sang, sung 1.** śpiewać; **~ sb sth** (*także* **~ sth to sb**) zaśpiewać coś komuś; **~ a song** zaśpiewać piosenkę. **2. ~ sb's/sth's praises** wychwalać kogoś/coś. **3. ~ along** śpiewać wspólnie/razem; przyłączyć się do śpiewu. — *n. pot.* śpiew, śpiewanie.

singer ['sɪndʒər] *n.* **1.** śpiewa-k/czka. **2.** piosenkarz/rka.

singing ['sɪŋɪŋ] *n.* śpiew; śpiewanie.

single ['sɪŋgl] *a.* **1.** jeden; pojedynczy; jedyny; **every ~ day** każdego dnia. **2.** samotny; nieżonaty; niezamężna. **3.** jednoosobowy. **4.** jeden na jednego (*o walce*). — *n.* **1.** jedynka, pokój jednoosobowy. **2.** bilet w jedną stronę. **3.** *muz.* singel. — *v.* **~ out** wybierać; wyróżniać.

single file *n.* **in ~** gęsiego/rzędem.

single-handed [,sɪŋgl'hændɪd] *a.* samodzielny. — *adv.* (*także* **single-handedly**) samodzielnie, bez niczyjej pomocy.

single-minded [,sɪŋgl'maɪndɪd] *a.* **be ~** mieć tylko jeden cel.

single room *n.* pokój pojedynczy/jednoosobowy.

singly ['sɪŋglɪ] *adv.* **1.** pojedynczo. **2.** samodzielnie. **3.** oddzielnie.

singular ['sɪŋgjələr] *a.* **1.** *gram.* pojedynczy. **2.** *form.* wyjątkowy, niezwykły. — *n.* **the ~** liczba pojedyncza.

sinister ['sɪnɪstər] *a.* **1.** złowieszczy. **2.** złowrogi.

sink [sɪŋk] *v.* **sank, sunk 1.** tonąć; topić się. **2.** zatapiać; topić; **~ money into sth** utopić pieniądze w czymś. **3.** zanurzać się. **4. ~ into a chair** opaść na fotel. **5.** zagłębiać (się), zatapiać (się); **~ one's teeth/claws into sth** zatopić zęby/pazury w czymś. **6.** spadać (*o cenach, standardach*). **7.** zanikać. **8.** wpuszczać (*np. rurę, słup w ścianę*). **9. ~ in** *pot.* dotrzeć do kogoś; **it took a while for his words to ~ in** dopiero po pewnym czasie dotarło do mnie, co powiedział. — *n.* **1.** zlew, zlewozmywak. **2.** *US* umywalka.

sinner ['sɪnər] *n.* grzeszni-k/ca.

sinus ['saɪnəs] *n.* zatoka (*np. nosowa*).

sip [sɪp] *v.* **~ (at) sth** popijać/sączyć coś. — *n.* łyk, łyczek.

sir [sɝː] *n. form.* pan (*forma grzecznościowa*); **~!** proszę pana! **can I help you, ~?** czym mogę Panu służyć? **Dear ~** Szanowny Panie.

siren ['saɪrən] *n.* syrena.

sissy ['sɪsɪ] *pot. n.* baba, dziewucha (*o chłopcu*).

sister ['sɪstər] *n.* siostra.

sister-in-law ['sɪstərɪn,lɔː] *n.* szwagierka; bratowa.

sit [sɪt] *v. pret. i pp.* **sat 1.** siedzieć. **2.** siadać; usiąść. **3.** sadzać; posadzić. **4.** leżeć (*np. na biurku, półce*);

stać (*t. o samochodzie w garażu*). **5.** zasiadać (*np. w komisji*). **6.** *t. parl., prawn.* obradować. **7.** *mal., fot.* pozować (*for sb* komuś, *for sth* do czegoś). **8.** pomieścić (*np. o sali, stole*). **9.** **~ on one's hands** siedzieć z założonymi rękami; **~ tight** *pot.* nie ruszać się z miejsca; nie podejmować żadnych działań; **be ~ting pretty** być w komfortowej sytuacji. **10.** **~ around** siedzieć bezczynnie; **~ back** rozsiąść się, usiąść wygodnie; siedzieć z założonymi rękami; **~ by** siedzieć bezczynnie; **~ down** usiąść; **~ sb down** posadzić kogoś; **be ~ting down** siedzieć; **~ down to sth** zasiąść do czegoś; **~ in on sth** przysłuchiwać się czemuś, uczestniczyć w czymś w charakterze obserwatora; **~ out** przesiedzieć, przeczekać; **~ through sth** wysiedzieć na czymś do końca; **~ up** podnieść się (*do pozycji siedzącej*), usiąść; wyprostować się; nie kłaść się (spać), siedzieć po nocy.

sitcom ['sɪtˌkɑːm] *n.* serial komediowy.

site [saɪt] *n.* **1.** miejsce; teren. **2.** plac; **building/construction ~** plac budowy. **3.** *komp.* = **website**.

sit-in ['sɪtˌɪn] *n.* strajk okupacyjny.

sitter ['sɪtər] *n.* **1.** = **babysitter**. **2.** *mal., fot.* model/ka.

sitting ['sɪtɪŋ] *n.* **1.** **at/in one ~** za jednym posiedzeniem. **2.** zmiana (*np. w stołówce*). **3.** *mal., fot.* sesja.

situated ['sɪtʃʊˌeɪtɪd] *a.* położony, usytuowany; **be ~ somewhere** być położonym/usytuowanym gdzieś, znajdować się gdzieś.

situation [ˌsɪtʃʊ'eɪʃən] *n.* **1.** sytuacja. **2.** *form.* położenie; usytuowanie.

situation comedy *n. form.* = **sitcom**.

six [sɪks] *num.* sześć. — *n.* szóstka.

sixteen [ˌsɪks'tiːn] *num.* szesnaście. — *n.* szesnastka.

sixth [sɪksθ] *a.* szósty. — *n.* jedna szósta.

sixty ['sɪkstɪ] *num.* sześćdziesiąt. — *n.* sześćdziesiątka; **be doing ~** *pot.* jechać sześćdziesiątką; **be in one's sixties** mieć sześćdziesiąt parę lat; **temperatures in the sixties** temperatura powietrza powyżej 60°F; **the (nineteen) sixties** lata sześćdziesiąte (dwudziestego wieku).

sizable ['saɪzəbl], **sizeable** *a.* spory, pokaźny.

size [saɪz] *n.* **1.** wielkość, rozmiary; wymiary; **be the ~ of sth** być wielkości/rozmiarów czegoś; **this/that ~** tej wielkości; **to ~** na wymiar, do żądanych rozmiarów (*np. przyciąć*). **2.** rozmiar; numer; format; **~ 8 shoes** buty numer 8; **what ~ are you?** (*także* **what ~ do you wear?**) jaki rozmiar Pan/i nosi? **3.** **that's about the ~ of it** *pot.* do tego to się mniej więcej sprowadza. — *v.* **~ up** zmierzyć wzrokiem; ocenić (*osobę, sytuację*).

sizeable ['saɪzəbl] *a.* = **sizable**.

sizzle ['sɪzl] *v.* skwierczeć. — *n.* skwierczenie.

skate [skeɪt] *n.* **1.** (*także* **ice ~**) łyżwa. **2.** (*także* **roller ~**) wrotka. — *v.* **1.** jeździć na łyżwach. **2.** jeździć na wrotkach. **3.** **~ around/over sth** prześlizgnąć się po czymś.

skateboard ['skeɪtˌbɔːrd] *n.* deskorolka, skateboard. — *v.* jeździć na deskorolce.

skater ['skeɪtər] *n.* **1.** łyżwia-rz/rka. **2.** wrotka-rz/rka.

skating ['skeɪtɪŋ] *n.* jazda na łyżwach; łyżwiarstwo; **figure ~** łyżwiarstwo figurowe, jazda figurowa na lodzie; **go ~** iść na łyżwy.

skating rink *n.* **1.** lodowisko. **2.** wrotkowisko.

skeleton ['skelɪtən] *n.* **1.** szkielet. **2.** **~ in the closet** trup w szafie.

skeptic ['skeptɪk] *n.* scepty-k/czka.

skeptical ['skeptɪkl] *a.* sceptyczny.

skepticism ['skeptɪˌsɪzəm] *n.* sceptycyzm.

sketch [sketʃ] *n.* **1.** szkic. **2.** skecz. — *v.* **1.** szkicować. **2.** **~ out** naszkicować, zarysować.

sketchbook ['sketʃˌbʊk] *n.* szkicownik.

sketchy ['sketʃɪ] *a.* **1.** szkicowy. **2.** pobieżny.

ski [skiː] *n.* **1.** narta. **2.** płoza. — *v.* jeździć na nartach.

skid [skɪd] *n.* poślizg; **go into a ~** wpaść w poślizg. — *v.* **1.** ślizgać się (*o kołach*). **2.** wpaść w poślizg (*o samochodzie*).

skier ['skiːər] *n.* narcia-rz/rka.

skiing ['skiːɪŋ] *n.* jazda na nartach; narciarstwo; **go ~** wybrać się na narty.

ski lift *n.* wyciąg narciarski.

skill [skɪl] *n.* **1.** zręczność, wprawa. **2.** umiejętność; **computer ~s** umiejętność obsługi komputera; **writing ~s** umiejętności pisarskie.

skilled [skɪld] *a.* **1.** wykwalifikowany. **2.** wymagający kwalifikacji (*o pracy*). **3.** **be ~ at/in sth** mieć wprawę w czymś, robić coś umiejętnie.

skillful *a.* **1.** zręczny, umiejętny. **2.** wprawny.

skim [skɪm] *v.* **1.** **~ (off)** zbierać (*tłuszcz, szumowiny*). **2.** ślizgać się po (*powierzchni, falach*). **3.** **~ (through)** przebiec wzrokiem, przejrzeć pobieżnie.

skim milk *n.* (*także* **skimmed milk**) chude/odtłuszczone mleko.

skin [skɪn] *n.* **1.** skóra. **2.** cera. **3.** skórka. **4.** flak (*na kiełbasie*). **5.** kożuch (*na mleku*). **6.** = **skinhead**. **7.** **by the ~ of one's teeth** *zob.* **teeth**; **get under sb's ~** *pot.* działać komuś na nerwy; **get soaked/wet/drenched to the ~** przemoknąć do suchej nitki. — *v.* **1.** zdejmować skórę z(e) (*zwierzęcia*), obdzierać ze skóry. **2.** obierać (ze skórki). **3.** zedrzeć sobie skórę z (*kolana itp.*), obetrzeć (sobie) (*kolano*).

skin cancer *n.* rak skóry.

skin-deep [ˌskɪn'diːp] *a.* powierzchowny.

skinhead ['skɪnˌhed] *n.* skin(head).

skinny ['skɪnɪ] *a.* chudy, wychudzony.

skip [skɪp] *v.* **1.** podskakiwać; przeskakiwać z nogi na nogę. **2.** (*także* **~ rope**) skakać przez skakankę. **3.** pomijać, opuszczać (*np. fragment tekstu*). **4.** **~ a year/grade** przeskoczyć rok/klasę; **~ breakfast** nie zjeść śniadania; **~ school** *pot.* opuszczać lekcje; **~ stones/rocks** puszczać kaczki. **5.** **~ over sth** przeskoczyć (przez) coś; **~ through sth** *pot.* przebiec po czymś wzrokiem, przejrzeć coś pobieżnie. — *n.* podskok.

skipper ['skɪpər] *n.* **1.** *żegl.* szyper. **2.** *sport pot.* kapitan.

skirt [skɝːt] *n.* spódnica, spódniczka. — *v.* **~ (around)** biec dookoła/skrajem (*czegoś; np. o drodze*); obchodzić, omijać (*sprawę, temat*).

skulk [skʌlk] *v.* **1.** **~ (around)** czaić się; przyczaić się, przycupnąć. **2.** zakradać/podkradać się.

skull [skʌl] *n.* czaszka.

skullcap ['skʌlˌkæp] *n.* jarmułka, mycka; piuska.

skunk [skʌŋk] *n.* skunks.

sky [skaɪ] *n.* **1.** niebo; **the skies** niebo (*np. nad miastem*); *poet.* niebiosa. **2.** **out of a clear (blue) ~** jak grom z jasnego nieba; **praise sb/sth to the skies** wychwalać kogoś/coś pod niebiosa; **the ~ is the limit** *pot.* możliwości są praktycznie nieograniczone.

skylight ['skaɪˌlaɪt] *n.* świetlik (*okno*).

skyscraper ['skaɪˌskreɪpər] *n.* drapacz chmur.

slab [slæb] *n.* **1.** *t. bud.* płyta. **2.** kawał (*np. placka*).
slack [slæk] *a.* **1.** luźny, zwisający (luźno). **2.** obwisły (*o spodniach*). **3.** rozluźniony (*o dyscyplinie*). **4.** niedbały; leniwy. **5.** ospały, powolny. **6. business was ~** w interesach panował zastój. — *n.* **1.** luz, luźna część (*np. liny*). **2.** rezerwa, nadwyżka. **3. ~s** spodnie. **4. cut/give sb some ~** *pot.* dać komuś trochę luzu.
slacken ['slækən] *v.* **1.** poluzowywać, popuszczać. **2.** rozluźniać (się). **3.** zwalniać, spowalniać.
slain [sleɪn] *v. zob.* **slay**.
slalom ['slɑːləm] *n.* slalom. — *v.* poruszać się slalomem.
slam [slæm] *v.* **1.** trzaskać; **~ the door** trzasnąć drzwiami. **2.** zatrzaskiwać (się); **~ shut** zamknąć (się) z trzaskiem, zatrzasnąć (się); **~ the door in sb's face** zatrzasnąć komuś drzwi przed nosem. **3. ~ the phone/receiver down** rzucić słuchawką. **4. ~ on the brakes** gwałtownie nacisnąć na hamulce. — *n.* **1.** trzask; zatrzaśnięcie. **2.** *karty* szlem.
slander ['slændər] *n.* **1.** oszczerstwo, pomówienie. **2.** zniesławienie. — *v.* oczerniać; zniesławiać.
slang [slæŋ] *n.* slang. — *a.* slangowy.
slant [slænt] *v.* pochylać/nachylać (się); iść/padać skośnie. — *n.* **1.** pochyłość, nachylenie; **at/on a ~** pod kątem. **2.** punkt widzenia, spojrzenie. — *a.* (*także* **~ing, ~y**) skośny; pochyły.
slanted ['slæntɪd] *a.* **1.** pochyły, nachylony. **2.** tendencyjny.
slanting ['slæntɪŋ] *a. zob.* **slant** *a.*
slap [slæp] *v.* **1.** uderzyć (*otwartą dłonią*); dać klapsa (*komuś*); klepnąć; **~ sb in/across the face** uderzyć kogoś w twarz, spoliczkować kogoś; **~ sb on the back** poklepać kogoś po plecach. **2. ~ on** nałożyć w pośpiechu (*makijaż*); pacnąć (*trochę farby na ścianę*). — *n.* **1.** uderzenie; klaps; klepnięcie. **2. a ~ in the face** policzek (= *zniewaga*).
slash [slæʃ] *v.* **1.** ciąć, ciachać; haratać; **~ one's wrists** podciąć sobie żyły. **2.** walić na oślep (*at sth* w coś). **3.** *pot.* obciąć, drastycznie obniżyć (*ceny*). — *n.* **1.** cięcie. **2.** rozcięcie (*t. w stroju; t. = rana*). **3.** (*także* **~ mark**) ukośnik. **4. 25 ~ 17** 25 łamane przez 17.
slate [sleɪt] *n.* **1.** łupek. **2.** płytka łupkowa. **3.** tabliczka (*do pisania*). **4. clean ~** czyste konto. — *v.* **be ~d for sth** być przeznaczonym do czegoś (*zwł. do rozbiórki*).
slaughter ['slɔːtər] *n.* **1.** ubój. **2.** rzeź. **3.** *pot.* sromotna klęska. — *v.* **1.** dokonywać uboju (*zwierząt*). **2.** dokonać rzezi na (*kimś*), wymordować. **3.** *pot.* zdziesiątkować, rozgromić.
slaughterhouse ['slɔːtərˌhaʊs] *n.* rzeźnia.
Slav [slɑːv] *n.* Słowian-in/ka.
slave [sleɪv] *n.* niewolni-k/ca. — *v.* harować.
slavery ['sleɪvərɪ] *n.* **1.** niewolnictwo. **2.** niewola. **3.** niewolnicza praca.
Slavic ['slævɪk] (*także* **Slavonic**) *a.* słowiański. — *n.* języki słowiańskie.
slavish ['sleɪvɪʃ] *a.* niewolniczy.
Slavonic [slə'vɑːnɪk] *n., a.* = **Slavic**.
slay [sleɪ] *v.* **slew**, **slain** *form.* zgładzić, uśmiercić.
sleazy ['sliːzɪ] *a.* **1.** obskurny. **2.** podejrzany.
sled [sled] *n.* sanki; saneczki.
sledgehammer ['sledʒˌhæmər] *n.* młot dwuręczny.
sleek [sliːk] *a.* **1.** lśniący; ulizany, przylizany. **2.** elegancki. — *v.* przygładzić, przylizać.
sleep [sliːp] *v. pret. i pp.* **slept 1.** spać; sypiać; **~ late** spać do późna; dłużej pospać; **~ tight!** śpij dobrze! **~ well/soundly** dobrze/mocno spać. **2. I can ~ two** mogę przenocować dwie osoby; **the caravan ~s four** w przyczepie mogą nocować cztery osoby. **3. ~ around** *pot.* sypiać z kim popadnie; **~ in** pospać (sobie) dłużej; **~ sth off** przespać coś (*zmartwienie, zły humor*); odespać coś; **~ on it** prześpij się z tym (= *przemyśl to przez noc*); **~ over at sb's** nocować u kogoś; **~ through sth** przespać coś; **~ with sb** *pot.* spać/sypiać z kimś. — *n.* sen; **get some ~** przespać się; **get to ~** zasnąć; **go to ~** iść spać; zasnąć; *pot.* ścierpnąć (*np. o nodze*); **lose ~ over sth** nie spać z powodu czegoś; **put to ~** uśpić (*zwierzę*); **talk in one's ~** mówić przez sen.
sleeper ['sliːpər] *n.* **1. be a light/heavy ~** mieć lekki/mocny sen. **2.** wagon sypialny; pociąg z wagonami sypialnymi.
sleeping bag ['sliːpɪŋ ˌbæg] *n.* śpiwór.
sleeping car *n.* wagon sypialny.
sleeping pill *n.* tabletka nasenna.
sleepless ['sliːpləs] *a.* bezsenny.
sleeplessness ['sliːpləsnəs] *n.* bezsenność.
sleepwalker ['sliːpˌwɔːkər] *n.* lunaty-k/czka.
sleepy ['sliːpɪ] *a.* śpiący, senny.
sleet [sliːt] *n.* deszcz ze śniegiem.
sleeve [sliːv] *n.* **1.** rękaw; **long-/short-~d** z długim/krótkim rękawem. **2. have sth up one's ~** *pot.* mieć coś w zanadrzu.
sleeveless ['sliːvləs] *a.* bez rękawów.
sleigh [sleɪ] *n.* sanie.
slender ['slendər] *a.* **1.** smukły, szczupły. **2.** słaby, nikły (*o szansie, nadziei*). **3.** niewielki, nieznaczny (*o większości*).
slept [slept] *v. zob.* **sleep** *v.*
slew [sluː] *v. zob.* **slay**.
slice [slaɪs] *n.* **1.** plasterek; **~ of ham** plasterek szynki; **lemon ~s** plasterki cytryny. **2.** kromka; kawałek; **~ of bread** kromka chleba; **~ of cake** kawałek ciasta. **3. cake/fish ~** łopatka do ciasta/ryb. **4. a ~ of the profits** część zysku. — *v.* **~ (up)** kroić (*na kawałki, w plasterki*); **~ sth in two/half** przekroić coś na pół.
slick [slɪk] *a.* **1.** gładki, bez zająknienia. **2.** zręcznie/zgrabnie zrobiony. **3.** śliski (*o powierzchni*). — *n.* **1.** (*także* **oil ~**) plama ropy. **2.** czasopismo ilustrowane (*na lśniącym papierze*). — *v.* **~ back/down** przygładzić (*włosy, używając żelu itp.*).
slide [slaɪd] *v. pret. i pp.* **slid 1.** przesuwać (się); **~ a hand into one's pocket** wsunąć rękę do kieszeni. **2.** ślizgać (się); sunąć. **3.** spadać, zniżkować (*o cenach, kursach*). **4.** stoczyć się. **5. let things ~** zaniedbać sprawy. — *n.* **1.** zjeżdżalnia. **2.** przeźrocze, slajd. **3.** ślizganie się. **4.** spadek (*cen, kursów*). **5.** szkiełko (*w mikroskopie*); preparat (*na szkiełku*).
slight [slaɪt] *a.* **1.** niewielki, nieznaczny. **2.** drobny. **3. I haven't the ~est idea** nie mam najmniejszego pojęcia; **not in the ~est** ani trochę, zupełnie nie. — *v. form.* urazić, dotknąć. — *n. form.* zniewaga, afront.
slightly ['slaɪtlɪ] *adv.* **1.** lekko, nieco. **2. ~ built** drobnej budowy.
slim [slɪm] *a.* **1.** smukły, szczupły. **2.** znikomy. **3.** cienki (*np. o tomie*). — *v.* **1.** odchudzać się. **2. ~ down** zredukować (*np. zatrudnienie*).
slimming ['slɪmɪŋ] *n.* odchudzanie. — *a.* odchudzający.
slimy ['slaɪmɪ] *a.* oślizgły.
sling [slɪŋ] *v. pret. i pp.* **slung 1.** rzucać, ciskać. **2. ~ sth on/over sth** narzucić/zarzucić coś na coś (*płaszcz

na ramiona); przerzucić coś przez coś (*torbę przez ramię*). — *n.* **1.** temblak. **2.** nosidełko (*dla niemowlęcia*).

slip [slɪp] *v.* **1.** poślizgnąć się. **2.** ~ **into the room** wślizgnąć się do pokoju; ~ **out of/from sb's hand** wyślizgnąć się komuś z ręki. **3.** ~ **(away/out)** wymknąć się niepostrzeżenie. **4.** ~ **sb sth** (*także* ~ **sth to sb**) wsunąć coś komuś do ręki (*np. napiwek*). **5.** obniżać się, spadać (*o koniunkturze, standardach*). **6.** **sth ~ped sb's mind** coś wyleciało komuś z głowy. **7.** **he let it ~ that...** wymknęło mu się, że... **8.** ~ **down** poślizgnąć się i upaść; ~ **into** wskoczyć w (*ubranie*); ~ **off** zrzucić (*ubranie*); ~ **on one's coat** narzucić płaszcz; ~ **out** wymknąć się (*o uwadze*); ~ **out of** wyskoczyć z (*butów, spodni*); ~ **up** *pot.* pomylić się. — *n.* **1.** kawałek, świstek. **2.** pomyłka; ~ **of the tongue** przejęzyczenie. **3.** **give sb the** ~ *pot.* wymknąć się komuś.

slipper ['slɪpər] *n.* kapeć.

slippery ['slɪpərɪ] *a.* **1.** śliski. **2.** podejrzany.

slip-up ['slɪp,ʌp] *n. pot.* potknięcie, wpadka.

slit [slɪt] *v. pret. i pp.* **slit** **1.** rozcinać; ~ **sth open** rozciąć coś. **2.** ~ **sb's throat** poderżnąć komuś gardło. — *n.* **1.** rozcięcie (*w spódnicy*). **2.** szpara, szczelina.

slither ['slɪðər] *v.* pełzać zygzakiem.

sliver ['slɪvər] *n. form.* **1.** drzazga, odłamek (*zwł. szkła*). **2.** kawałek (*np. ciasta*).

slob [slɑːb] *n. pot.* niechluj.

slogan ['sloʊgən] *n.* hasło, slogan.

slope [sloʊp] *n.* **1.** zbocze, stok. **2.** nachylenie; **at a ~ of 20°** pod kątem 20°. — *v.* **1.** nachylać (się), być nachylonym. **2.** ~ **up/down** wznosić się/opadać.

sloping ['sloʊpɪŋ] *a.* pochylony, pochyły.

sloppy ['slɑːpɪ] *a. pot.* niechlujny.

slot [slɑːt] *n.* **1.** otwór (*na monetę*). **2.** okienko (*w planie*). — *v.* **1.** wkładać (się) (*in sth* w coś/do czegoś). **2.** ~ **sb/sth in** *pot.* wcisnąć kogoś/coś (*np. w grafik*).

slouch [slaʊtʃ] *v.* garbić się. — *n.* **1.** przygarbienie. **2.** **be no ~ (at sth)** świetnie sobie radzić (z czymś).

slovenly ['slʌvənlɪ] *a.* niechlujny.

slow [sloʊ] *a.* **1.** wolny, powolny; **be ~ in doing sth** (*także* **be ~ to do sth**) nie śpieszyć się z robieniem czegoś. **2.** (*także* ~ **on the uptake**) wolno myślący. **3.** **cook in a ~ oven** piec na małym/wolnym ogniu. — *adv.* wolno, powoli. — *v.* ~ **(down/up)** zwalniać; spowalniać.

slowly ['sloʊlɪ] *adv.* wolno, powoli.

slow motion *n.* **in** ~ w zwolnionym tempie.

slug [slʌg] *n.* **1.** ślimak nagi. **2.** łyk, pociągnięcie. **3.** kula, nabój. — *v. pot.* **1.** przywalić (*komuś*). **2.** ~ **it out** walczyć do upadłego.

sluggish ['slʌgɪʃ] *a.* **1.** ospały. **2.** w zastoju.

sluice [sluːs] *n.* śluza. — *v.* ~ **(down)** spłukiwać.

slum [slʌm] *n.* **the ~s** slumsy. — *v.* ~ **it** *pot.* przebiedować.

slump [slʌmp] *n.* załamanie, gwałtowny spadek. — *v.* **1.** gwałtownie spaść (*o cenach, popycie*). **2.** załamać się (*o gospodarce, kondycji*). **3.** opaść ciężko/bezwładnie (*np. na krzesło*); **be/sit ~ed over sth** leżeć bezwładnie na czymś (*np. na biurku, kierownicy*).

slung [slʌŋ] *v. zob.* **sling** *v.*

slur [slɝː] *v.* **1.** (*także* ~ **one's words/speech**) mówić niewyraźnie, bełkotać. **2.** oczerniać. — *n.* **1.** obelga, potwarz. **2.** **speak with a** ~ mówić niewyraźnie.

slut [slʌt] *n. obelż.* dziwka.

sly [slaɪ] *a.* przebiegły, szczwany. — *n.* **on the ~** ukradkiem.

smack [smæk] *n.* **1.** klaps; **give sb a ~ (on the bottom)** *pot.* dać komuś klapsa (w pupę). **2.** uderzenie (*dłonią*). **3.** *sl.* heroina. — *v.* **1.** dać klapsa (*komuś*). **2.** uderzyć. **3.** ~ **one's lips** cmokać; mlaskać. **4.** ~ **of sth** trącić/zalatywać czymś. — *adv. pot.* **1.** ~ **in the middle** w samiuteńki środek. **2.** z całej siły (*np. walnąć w coś*).

small [smɔːl] *a.* **1.** mały; **get/grow ~er** zmniejszać się, maleć; **make sth ~er** zmniejszyć coś. **2.** drobny. **3.** pomniejszy. **4.** cichy (*o głosie*). **5.** ~ **fortune** (cała) fortuna; **feel** ~ czuć się poniżonym; **(it's a) ~ world!** jaki ten świat mały! — *n.* **the ~ of the back** *anat.* krzyż.

small change *n.* **1.** drobne, bilon. **2.** drobnostka, błahostka.

small hours *n. pl.* **the** ~ wczesne godziny ranne.

smallpox ['smɔːl,pɑːks] *n.* ospa.

small talk *n.* rozmowa o niczym.

smart [smɑːrt] *a.* **1.** bystry, rozgarnięty; inteligentny. **2.** przemądrzały. **3.** *przest.* elegancki. — *v.* **1.** piec, szczypać. **2.** **be ~ing from sth** cierpieć z powodu czegoś (*np. złośliwej uwagi*).

smarten ['smɑːrtən] *v.* ~ **sth up** odświeżyć/odnowić coś (*np. pokój*).

smash [smæʃ] *v.* **1.** roztrzaskać (się); rozbić (się). **2.** roznieść, rozgromić (*drużynę przeciwnika*). **3.** walnąć (*against/into sth* w coś). **4.** *tenis* ścinać (*piłkę*). **5.** ~ **down** rozwalić (*ścianę*); wyważyć (*drzwi*); ~ **in** wgnieść (*uderzeniem*); ~ **sb's face/head in** *pot.* rozkwasić komuś twarz/rozwalić komuś łeb; ~ **up** roztrzaskać; zdemolować. — *n.* **1.** **with a** ~ z trzaskiem. **2.** (*także* ~ **hit**) przebój, hit.

smear [smiːr] *v.* **1.** rozmazywać (się). **2.** rozsmarowywać (*np. krem*). **3.** *pot.* obsmarowywać. — *n.* **1.** plama. **2.** smuga. **3.** oszczerstwo. **4.** *med.* wymaz, rozmaz.

smell [smel] *n.* **1.** zapach. **2.** smród. **3.** węch, powonienie. — *v.* **1.** pachnieć (*of sth* czymś); ~ **nice** ładnie pachnieć. **2.** śmierdzieć. **3.** wąchać; obwąchiwać. **4.** ~ **a rat** *pot.* wyczuć/poczuć pismo nosem; ~ **trouble/danger** zwęszyć kłopoty/niebezpieczeństwo. **5.** ~ **of sth** trącić czymś. **6.** ~ **around** węszyć; ~ **out** wywęszyć, zwęszyć; (*także* ~ **up**) zasmrodzić (*pomieszczenie*).

smelly ['smelɪ] *a.* śmierdzący; smrodliwy.

smile [smaɪl] *v.* **1.** uśmiechać się (*at sb/sth* do kogoś/czegoś). **2.** **fortune/luck ~d on sb** szczęście uśmiechnęło się do kogoś. — *n.* uśmiech.

smirk [smɝːk] *v.* uśmiechać się złośliwie/z wyższością. — *n.* uśmieszek.

smog [smɑːg] *n.* smog.

smoke [smoʊk] *n.* **1.** dym. **2.** **have a** ~ *pot.* zapalić (sobie). **3.** **go up in** ~ pójść z dymem; spalić na panewce. — *v.* **1.** palić (papierosy). **2.** dymić się. **3.** dymić, kopcić. **4.** okadzać. **5.** wędzić. **6.** ~ **out** wykurzyć; zdemaskować.

smoked [smoʊkt] *a.* wędzony.

smoker ['smoʊkər] *n.* **1.** palacz/ka. **2.** wagon/przedział dla palących.

smokescreen ['smoʊk,skriːn] *n.* zasłona dymna.

smoking ['smoʊkɪŋ] *n.* **1.** palenie; **no** ~ palenie wzbronione. **2.** wędzenie. — *a.* dla palących.

smoky ['smoʊkɪ] *a.* **1.** zadymiony. **2.** dymiący. **3.** przydymiony.

smolder ['smoʊldər] *v.* tlić się.
smooth [smu:ð] *a.* **1.** gładki. **2.** łagodny, płynny. — *v.* **1.** wygładzać. **2.** ułatwiać. **3.** **~ down** wygładzić (się); **~ out** wygładzić; usunąć (*problem, różnice*); **~ things over** załagodzić sytuację. — *adv.* gładko.
smother ['smʌðər] *v.* **1.** udusić (się). **2.** zdusić, stłumić.
smudge [smʌdʒ] *n.* **1.** smuga. **2.** plama. — *v.* **1.** rozmazywać (się), zamazywać (się). **2.** poplamić, pomazać.
smug [smʌg] *a.* zadowolony z siebie.
smuggle ['smʌgl] *v.* przemycać, szmuglować; **~ sb/sth out of/into** przemycić kogoś/coś z/do (*kraju, budynku*).
smuggler ['smʌglər] *n.* przemytni-k/czka.
smuggling ['smʌglɪŋ] *n.* przemyt, szmugiel.
snack [snæk] *n.* przekąska; **have a ~** przekąsić coś. — *v.* po(d)jadać (*między posiłkami*).
snag [snæg] *n.* **1.** szkopuł. **2.** wyciągnięta/zahaczona nitka. — *v.* zaczepić/zahaczyć (się) (*on sth* o coś) (*np. o gwóźdź*); rozedrzeć (się) (*on sth* na czymś/o coś).
snail [sneɪl] *n.* ślimak; **at a ~'s pace** w ślimaczym tempie.
snake [sneɪk] *n.* wąż. — *v.* (*także* **~ its way**) wić się (*np. o drodze*).
snap [snæp] *v.* **1.** łamać się (*z trzaskiem*); pękać. **2.** **~ sth in two/half** przełamać coś na pół. **3.** **~ open/shut** otworzyć/zamknąć (się) z trzaskiem. **4.** *pot.* stracić panowanie (nad sobą). **5.** kłapnąć zębami. **6.** **~ one's fingers** pstrykać (palcami) (*at sb* na kogoś). **7.** **~ at sb** warknąć na kogoś; **~ out of sth** otrząsnąć/wygrzebać się z czegoś (*np. z depresji*); **~ out of it!** weź się w garść! **~ to attention** stanąć na baczność; **~ to it!** *pot.* weź się do roboty! **~ sth up** rzucić się na coś (*np. na okazję*). — *n.* **1.** trzask; pstryknięcie. **2.** *pot.* fotka, zdjęcie. **3.** zatrzask, napa. **4.** chapnięcie; kłapnięcie. **5.** **a ~** *pot.* łatwizna. — *a.* pochopny (*o ocenie, decyzji*).
snapshot ['snæp,ʃɑ:t] *n.* **1.** *pot.* zdjęcie, fotka. **2.** migawka, wycinek.
snare [sner] *n.* **1.** sidła, wnyki. **2.** pułapka. — *v.* **1.** złapać w sidła. **2.** schwytać w pułapkę.
snarl [snɑ:rl] *v.* **1.** warczeć (*at sb/sth* na kogoś/coś). **2.** warknąć, odburknąć. — *n.* warknięcie.
snatch [snætʃ] *v.* **1.** porwać, wyrwać (*np. torebkę; o złodzieju*). **2.** *pot.* porwać, uprowadzić. **3.** **~ a few hours of rest** urwać kilka godzin odpoczynku; **~ an hour's sleep** przespać się godzinkę. **4.** **~ at sth** próbować złapać/chwycić coś. — *n.* urywek, strzępek (*rozmowy*).
sneak [sni:k] *v. pret. i pp. t.* **snuck 1.** przemykać chyłkiem. **2.** przemycać. **3.** *pot.* podebrać, podprowadzić (*sth from sb* coś komuś). **4.** **~ a look/glance at sb/sth** zerknąć ukradkiem na kogoś/coś. **5.** **~ away/off/out** wykraść/wymknąć się; **~ in** zakraść się; **~ sb in** przemycić kogoś; **~ up on sb** *pot.* spaść na kogoś (*o nieszczęściu*); **~ up on sth** *pot.* zakraść/podkraść się do czegoś.
sneakers ['sni:kərz] *n. pl. pot.* tenisówki.
sneaking ['sni:kɪŋ] *a.* **1.** **have a ~ suspicion/feeling (that)...** mieć dziwne wrażenie/uczucie, że... **2.** **have a ~ admiration for sb** skrycie kogoś podziwiać.
sneer [sni:r] *v.* **1.** uśmiechać się szyderczo. **2.** drwić, kpić (*at sb/sth* z kogoś/czegoś). — *n.* **1.** drwina. **2.** drwiący uśmieszek.
sneeze [sni:z] *v.* kichać. — *n.* kichnięcie.
sniff [snɪf] *v.* **1.** pociągać nosem. **2.** prychać. **3.** wciągać nosem (*kokainę*). **4.** wąchać (*t. klej*); obwąchiwać. **5.** **~ at sth** krzywić się/kręcić nosem na coś; **not to be ~ed at** nie do pogardzenia; **~ out** wywęszyć; wyczuć. — *n.* **1.** pociągnięcie nosem. **2.** prychnięcie.
snip [snɪp] *v.* **1.** ciąć nożyczkami; ciachać. **2.** **~ (off)** obciąć. — *n.* **1.** cięcie, ciachnięcie. **2.** obcinek, skrawek. — *int.* ciach.
snipe [snaɪp] *v.* **~ at sb** *pot.* dogadywać komuś.
sniper ['snaɪpər] *n.* snajper.
snivel ['snɪvl] *v.* **1.** mazać/mazgaić się. **2.** chlipać, pochlipywać.
snob [snɑ:b] *n.* **1.** snob/ka. **2.** **wine/fashion ~** znawca/czyni win/mody.
snobbery ['snɑ:bərɪ] *n.* snobizm.
snobbish ['snɑ:bɪʃ] *a.* snobistyczny.
snoop [snu:p] *v.* **1.** **~ (around/about)** myszkować, węszyć. **2.** **~ on sb** wtykać nos w czyjeś sprawy. — *n.* (*także* **~er**) osoba wtykająca nos w nie swoje sprawy.
snooze [snu:z] *pot. n.* drzemka. — *v.* drzemać.
snore [snɔ:r] *v.* chrapać. — *n.* chrapanie.
snorkel ['snɔ:rkl] *n.* fajka (*do nurkowania*). — *v.* (*także* **go ~ing**) nurkować (z fajką).
snort [snɔ:rt] *v.* **1.** parskać, prychać. **2.** *pot.* wciągać (*nosem; zwł. kokainę*). — *n.* **1.** parsknięcie. **2.** *pot.* działka (*zwł. kokainy*).
snotty ['snɑ:tɪ] *a. pot.* **1.** zasmarkany. **2.** nadęty; zarozumiały.
snout [snaʊt] *n.* ryj; pysk.
snow [snoʊ] *n.* **1.** śnieg. **2.** *sl.* kokaina. — *v.* **1.** **it ~s** (*także* **it is ~ing**) pada śnieg. **2.** **sb/sth is ~ed in/under/up** kogoś/coś zasypało (*śniegiem*); **sb is ~ed under** ktoś jest zawalony pracą (*zwł. papierkową*).
snowball ['snoʊ,bɔ:l] *n.* śnieżka; kula śniegowa. — *v.* narastać (lawinowo).
snowboard ['snoʊ,bɔ:rd] *n.* deska (snowboardowa), snowboard.
snowboarding ['snoʊ,bɔ:rdɪŋ] *n.* snowboarding.
snowdrift ['snoʊ,drɪft] *n.* zaspa (śnieżna).
snowdrop ['snoʊ,drɑ:p] *n.* przebiśnieg.
snowfall ['snoʊ,fɔ:l] *n.* opad(y) śniegu.
snowflake ['snoʊ,fleɪk] *n.* płatek śniegu, śnieżynka.
snowman ['snoʊ,mæn] *n.* bałwan(ek).
snowplow ['snoʊ,plaʊ] *n.* pług śnieżny.
snowshoe ['snoʊ,ʃu:] *n.* rakieta śnieżna.
snowstorm ['snoʊ,stɔ:rm] *n.* śnieżyca, zamieć (śnieżna).
snowy ['snoʊɪ] *n.* ośnieżony.
snub [snʌb] *v.* ignorować, traktować niegrzecznie. — *n.* afront, niegrzeczność. — *a.* perkaty; zadarty.
snub-nosed [,snʌb'noʊzd] *a.* z zadartym nosem.
snuff [snʌf] *v.* **1.** **~ (out)** zgasić (*świecę, zapał*); *pot.* załatwić (= *zamordować*). **2.** węszyć, niuchać; obwąchiwać (*zwł. o zwierzętach*). — *n.* tabaka.
snug [snʌg] *a.* **1.** przytulny. **2.** **sb is/feels ~** komuś jest wygodnie. **3.** obcisły, dopasowany.
snuggle ['snʌgl] *v.* **~ (down/up)** tulić/przytulać (się); **~ down (in bed)** opatulić się kołdrą.
so [soʊ] *adv., a.* **1.** tak; **~ ~** tak sobie; **~ be it** niech tak będzie; **~ big/complicated** (aż) tak duży/skomplikowany; **and ~ on/forth** i tak dalej; **and ~ on, and ~ forth** itd., itp. **2.** też, tak samo; **~ are you** (i) ty też; **I lied, but ~ did you** skłamałam, ale ty też. **3.** (a) więc/zatem, w takim razie; **(and) ~** wobec czego/

tego; ~ **(what)?** (no) i co z tego?, no to co? **4.** ~ **far** (jak) do tej pory, jak dotąd; ~ **far** ~ **good** *pot.* oby tak dalej; **(in)** ~ **far as** *form.* o ile; ~ **I see** właśnie widzę; ~ **long!** *pot.* na razie!, tymczasem! ~ **long as** o ile (tylko); ~ **much/many** tyle, tak wiele/dużo; ~ **much for sb/sth** (to) tyle, jeśli chodzi o kogoś/coś (*o kimś l. czymś niewartym dyskusji*); **how ~?** jak to? **$100 or** ~ sto dolarów czy coś koło tego. — *a.* **even more ~** jeszcze bardziej; **is that ~?** czyżby? **so much ~ that...** do tego stopnia, że... — *conj.* (*także* ~ **that**) **1.** żeby, aby; ~ **as to do sth** żeby coś zrobić; ~ **as not to be late** żeby się nie spóźnić. **2.** więc.

soak [soʊk] *v.* **1.** moczyć (się); namaczać. **2.** przemoczyć; **we were ~ed (through)** przemokliśmy (do suchej nitki). **3.** ~ **in** wsiąkać; ~ **into sth** wsiąkać w coś; ~ **through** przemoknąć; ~ **up** wchłaniać (*ciecz, wiedzę*); delektować się (*nastrojem, widokiem*). — *n.* moczenie, namaczanie.

soaking ['soʊkɪŋ] *a.* (*także* ~ **wet**) przemoczony (do suchej nitki).

so-and-so ['soʊən ˌsoʊ] *n. pot.* **1.** taki a taki. **2.** a **real/right ~** prawdziwy gnojek.

soap [soʊp] *n.* **1.** mydło; **bar of ~** kostka mydła. **2.** *pot.* = **soap opera**. — *v.* namydlić.

soap flakes *n. pl.* płatki mydlane.

soap opera *n.* telenowela.

soapy ['soʊpɪ] *a.* **1.** mydlany; ~ **water** mydliny. **2.** namydlony.

soar [sɔːr] *v.* **1.** rosnąć (gwałtownie) (*o cenach, temperaturze*). **2.** wzbijać się, wzlatywać. **3.** wznosić się, górować.

sob [sɑːb] *v.* szlochać. — *n.* **~s** szloch, łkanie.

sober ['soʊbər] *a.* **1.** trzeźwy. **2.** poważny. **3.** stonowany. — *v.* ~ **up** wytrzeźwieć; otrzeźwić.

so-called [ˌsoʊ'kɔːld] *a.* tak zwany.

soccer ['sɑːkər] *n.* piłka nożna.

sociable ['soʊʃəbl] *a.* towarzyski.

social ['soʊʃl] *a.* **1.** społeczny; socjalny. **2.** towarzyski. **3.** stadny.

socialism ['soʊʃəˌlɪzəm] *n.* socjalizm.

socialist ['soʊʃəlɪst] *a.* socjalistyczny. — *n.* socjalist-a/ka.

socialize ['soʊʃəˌlaɪz] *v.* **1.** udzielać się towarzysko; ~ **with sb** utrzymywać kontakty (towarzyskie) z kimś. **2.** socjalizować.

socially ['soʊʃlɪ] *adv.* **1.** towarzysko; w celach towarzyskich. **2.** społecznie.

Social Security *n.* (federalny) system ubezpieczeń społecznych; ~ **number** numer ubezpieczenia (*odpowiednik numeru PESEL*); **live on ~** żyć z zasiłku.

social worker *n.* pracowni-k/ca opieki społecznej.

society [sə'saɪətɪ] *n.* **1.** społeczeństwo. **2.** społeczność. **3.** towarzystwo, stowarzyszenie. **4.** (*także* **high ~**) elita towarzyska, socjeta.

sociologist [ˌsoʊsɪ'ɑːlədʒɪst] *n.* socjolo-g/żka.

sociology [ˌsoʊsɪ'ɑːlədʒɪ] *n.* socjologia.

sock [sɑːk] *n.* skarpet(k)a. — *v. pot.* przywalić (*sb on/in sth* komuś w coś).

socket ['sɑːkət] *n. el.* gniazdko.

sod [sɑːd] *n.* darń.

soda ['soʊdə] *n.* **1.** (*także* ~ **pop**) napój gazowany. **2.** (*także* ~ **water**) woda sodowa. **3.** *chem.* soda.

sodden ['sɑːdən] *a.* **1.** przemoczony. **2.** rozmokły.

sodium ['soʊdɪəm] *n.* sód.

sofa ['soʊfə] *n.* kanapa, sofa.

soft [sɔːft] *a.* **1.** miękki. **2.** gładki (*o skórze*). **3.** delikatny, łagodny (*o świetle, podejściu*). **4.** cichy (*o głosie, muzyce*). **5.** miękki, mało stanowczy. **6. have a ~ spot for sb** mieć słabość do kogoś.

soft drink *n.* napój bezalkoholowy.

soften ['sɔːfən] *v.* **1.** zmiękczać; rozmiękczać; mięknąć. **2.** łagodzić; łagodnieć. **3.** osłabiać; słabnąć.

softly ['sɔːftlɪ] *adv.* **1.** miękko. **2.** delikatnie, łagodnie. **3.** cicho.

softness ['sɔːftnəs] *n.* **1.** miękkość. **2.** delikatność, łagodność.

software ['sɔːftˌwer] *n. komp.* oprogramowanie, software.

soggy ['sɑːgɪ] *a.* rozmokły; rozmiękły, wilgotny.

soil [sɔɪl] *n.* **1.** gleba. **2.** *lit.* ziemia; **on Polish ~** na polskiej ziemi. — *v. form.* brudzić (się), plamić (się).

solace ['sɑːləs] *n. lit.* pocieszenie, ukojenie, pociecha.

solar ['soʊlər] *a.* słoneczny.

solar panel *n.* bateria słoneczna.

solar system *n.* **the ~** układ słoneczny.

sold [soʊld] *v. zob.* **sell** *v.*

solder ['sɑːdər] *v.* lutować. — *n.* lut.

soldering iron ['sɑːdərɪŋ ˌaɪərn] *n.* lutownica.

soldier ['soʊldʒər] *n.* żołnierz. — *v.* ~ **on** nie poddawać się.

sold-out [ˌsoʊld'aʊt] *a.* wyprzedany.

sole [soʊl] *a.* **1.** jedyny. **2.** wyłączny. — *n.* **1.** sola. **2.** podeszwa.

solely ['soʊlɪ] *adv.* wyłącznie; jedynie.

solemn ['sɑːləm] *a.* uroczysty; solenny; poważny.

solicit [sə'lɪsɪt] *v.* **1.** *form.* zabiegać o, starać się uzyskać. **2.** nagabywać klientów (*o prostytutce*). **3.** uprawiać handel (*w miejscach publicznych, przez telefon*).

solicitor [sə'lɪsɪtər] *n.* **1.** radca prawny (*instytucji publicznej*). **2.** *form.* akwizytor/ka.

solid ['sɑːləd] *a.* **1.** stały; ~ **foods/fuel** pokarmy/paliwo stałe. **2.** twardy; **frozen ~** zamarznięty na kość/kamień. **3.** solidny; ~ **basis/foundation/grounds** solidne podstawy. **4.** konkretny. **5.** masywny; zwarty. **6.** pewny (*o poparciu*). **7.** ~ **gold/wood** lite złoto/drewno. **8.** ~ **hour** bita/pełna godzina. — *adv.* **1. packed ~** zapchany po brzegi. **2. (for) two weeks ~** *pot.* przez bite dwa tygodnie. — *n.* **1.** ciało stałe. **2.** *geom.* bryła. **3. ~s** pokarmy stałe.

solidarity [ˌsɑːlə'derətɪ] *n.* solidarność.

solidify [sə'lɪdəˌfaɪ] *v.* **1.** krzepnąć; zestalać (się); tężeć. **2.** powodować krzepnięcie (*cieczy*). **3.** umacniać; utrwalać. **4.** krystalizować (się) (*o poglądach*).

solitaire ['sɑːləˌter] *n.* pasjans.

solitary ['sɑːləˌterɪ] *a.* **1.** samotny. **2.** samotniczy.

solitary confinement *n.* izolatka (więzienna); odosobnienie.

solitude ['sɑːləˌtuːd] *n.* samotność.

solo ['soʊloʊ] *n. muz.* solo. — *a.* **1.** solowy. **2.** w pojedynkę (*o locie*); samotny (*o rejsie*). — *adv.* **1.** solo. **2.** w pojedynkę; samotnie. **3. go ~** działać samotnie/samemu.

soloist ['soʊloʊɪst] *n.* solist-a/ka.

solstice ['sɑːlstəs] *n.* **(summer/winter) ~** przesilenie (letnie/zimowe).

soluble ['sɑːljəbl] *a.* **1.** rozpuszczalny. **2.** *form.* rozwiązywalny.

solution [sə'luːʃən] *n.* **1.** rozwiązanie. **2.** roztwór.

solve [sɑːlv] *v.* rozwiązywać.

solvent ['sɑːlvənt] *a.* wypłacalny. — *n.* rozpuszczalnik.
somber ['sɑːmbər] *a.* **1.** ponury, posępny. **2.** mroczny.
some [sʌm] *indef. art., pron.* **1.** trochę, nieco; **~ bread/water** trochę chleba/wody. **2.** kilka; parę; **~ trees** kilka/parę drzew; **~ policemen** kilku policjantów. **3.** niektórzy; **~ books** niektóre książki. **4.** jakiś; pewien; **~ day** pewnego dnia, kiedyś. **5.** jakieś, mniej więcej; **for ~ two hours** przez jakieś dwie godziny. **6.** *pot.* **~ friend!** też mi przyjaciel! **this is ~ coffee!** to się nazywa kawa! — *adv. pot.* trochę, nieco.
somebody ['sʌmbədɪ] *pron.* ktoś; **~ else** ktoś inny. — *n.* ktoś (*ważny*); **be ~** być kimś.
somehow ['sʌm,haʊ] *adv.* jakoś; **~ or other** jakoś, w taki czy inny sposób.
someone ['sʌm,wʌn] *pron., n.* = **somebody**.
someplace ['sʌm,pleɪs] *adv. pot.* = **somewhere**.
somersault ['sʌmər,sɔːlt] *n.* fikołek; koziołek; **turn ~s** fikać koziołki. — *v.* przekoziołkować.
something ['sʌmθɪŋ] *pron.* coś; **~ else** coś innego; *pot.* coś wyjątkowego/niesamowitego; **~ like that** *pot.* coś w tym rodzaju; **~ to eat/do** coś do jedzenia/roboty; **have/be ~ to do with sth** mieć związek z czymś; **or ~** *pot.* czy coś takiego; **that's ~** to już/zawsze coś; **there's ~ wrong (with sth)** coś jest nie w porządku (z czymś). — *adv.* **1.** trochę; **look/sound ~ like...** wyglądać/brzmieć trochę jak... **2. it hurts ~ awful** *pot.* boli jak nie wiem co. **3. forty ~** *pot.* czterdzieści parę (*lat*).
sometime ['sʌm,taɪm] *adv.* **1.** kiedyś; **~ soon** niedługo. **2.** czasami. **3.** *form.* ongiś. — *a. form.* były.
sometimes ['sʌm,taɪmz] *adv.* czasem, czasami, niekiedy.
somewhat ['sʌmwət] *adv.* trochę, odrobinę; **~ to my surprise** ku memu niejakiemu zaskoczeniu. — *pron.* **~ of a sb/sth** po trosze ktoś/coś; **he's ~ of a snob** jest trochę snobem.
somewhere ['sʌm,wer] *adv.* **1.** gdzieś; **I have it ~ (here)** gdzieś (tutaj) to mam; **~ around noon** gdzieś około południa; **~ else** gdzie(ś) indziej. **2. ~ safe/cheap** bezpieczne/niedrogie miejsce; **have ~ to live** mieć gdzie mieszkać. **3. be getting ~** robić postępy.
son [sʌn] *n.* **1.** syn. **2.** *voc.* chłopcze, synu.
song [sɔːŋ] *n.* **1.** piosenka; pieśń. **2.** śpiew (*t. ptasi*); **break/burst into ~** zacząć śpiewać (*zwł. niespodziewanie*). **3. for a ~** *pot.* za bezcen.
song book *n.* śpiewnik.
son-in-law ['sʌnɪn,lɔː] *n.* zięć.
sonnet ['sɑːnɪt] *n.* sonet.
sonny ['sʌnɪ] *n.* (*także* **~ boy**) *przest.* synek.
soon [suːn] *adv.* **1.** wkrótce, niebawem; **~ after(ward)** niedługo potem; **quite ~** już wkrótce. **2.** wcześnie; szybko; **all too ~** przedwcześnie; **as ~ as** gdy/skoro tylko; **as ~ as you can** najszybciej jak możesz; **as ~ as possible** jak najszybciej.
sooner ['suːnər] *adv.* **1.** szybciej, prędzej; wcześniej; **~ or later** prędzej czy później; **no ~... than...** ledwo..., gdy...; gdy tylko..., (to)...; **no ~ said than done** już się robi; **the ~, the better** im wcześniej, tym lepiej. **2. sb would/had ~ do sth** ktoś wolałby (już raczej) coś zrobić.
soot [sʊt] *n.* sadza.
soothe [suːð] *v.* **1.** uspokajać. **2.** koić, łagodzić.
sophisticated [sə'fɪstə,keɪtɪd] *a.* **1.** wyrafinowany, wyrobiony. **2.** wyszukany. **3.** skomplikowany; wymyślny.
sophomore ['sɑːfə,mɔːr] *n.* **1.** student/ka drugiego roku. **2.** drugoklasist-a/ka (*w szkole średniej*).
soporific [,sɑːpə'rɪfɪk] *a. form.* nasenny.
soprano [sə'prænoʊ] *n.* sopran; sopranist-a/ka.
sorbet ['sɔːrbət] *n.* sorbet.
sorcerer ['sɔːrsərər] *n.* czarnoksiężnik.
sordid ['sɔːrdɪd] *a.* **1.** ohydny. **2.** obskurny.
sore [sɔːr] *a.* **1.** bolesny, obolały; **~ throat** ból gardła; **I have a ~ throat** boli mnie gardło. **2. ~ point/spot** czuły punkt. — *n.* owrzodzenie; zakażona rana; **cold ~** opryszczka, febra.
sorely ['sɔːrlɪ] *adv. form.* ogromnie, bardzo; **you'll be ~ missed** będzie nam cię bardzo brakowało.
sorrow ['sɔːroʊ] *n.* smutek, żal.
sorrowful ['sɔːroʊfʊl] *a. lit.* **1.** zgnębiony, smutny. **2.** przygnębiający.
sorry ['sɑːrɪ] *a., int.* **1. (I'm) ~** przepraszam; **~ to bother you/interrupt** przepraszam, że niepokoję/przerywam; **be ~ for o.s.** użalać się nad sobą; **I am/feel ~ for him** żal mi go; **sb is ~ about sth/for sth** komuś jest przykro z jakiegoś powodu; **I'm ~ to hear that** przykro mi to słyszeć; **say (you are) ~ (to her)!** przeproś (ją)! **2.** opłakany, żałosny; przykry, smutny; **be a ~ sight** wyglądać żałośnie; **in a ~ state** w opłakanym stanie.
sort [sɔːrt] *n.* **1.** rodzaj. **2.** *komp.* sortowanie. **3. ~ of** *pot.* tak jakby; poniekąd; **all ~s of** wszelkiego rodzaju; **nothing of the ~** nic z tych rzeczy, nic podobnego; **of ~s** (*także* **of a ~**) coś w rodzaju; **of some ~** (*także* **some ~ of**) pewnego/swego rodzaju. — *v.* **1.** sortować; segregować. **2. ~ out** uporządkować; rozwiązać (*problem*).
SOS [,es ,oʊ 'es] *n.* (*także* **~ message/call**) (sygnał) SOS.
so-so ['soʊ,soʊ], **so so** *pot. a.* taki sobie. — *adv.* tak sobie.
soufflé [suː'fleɪ] *n.* suflet.
sought [sɔːt] *v. zob.* **seek**.
soul [soʊl] *n.* **1.** dusza. **2.** (*także* **~ music**) (muzyka) soul.
soulful ['soʊlfʊl] *a.* pełen uczucia; przepełniony smutkiem.
sound [saʊnd] *n.* **1.** dźwięk. **2.** odgłos; brzmienie. **3.** *med. żegl.* sonda. **4. by/from the ~ of it/things...** wygląda na to, że...; **I don't like the ~ of it** nie podoba mi się to. — *v.* **1.** brzmieć. **2.** sondować (*zbiornik, żołądek*). **3. ~s like fun** *pot.* brzmi nieźle; **it ~s like/as if/as though...** wygląda na to, że... **4. ~ out** sondować (*kogoś*). — *a.* **1.** rozsądny. **2.** bezpieczny (*o inwestycji*). **3.** solidny, porządny (*o osobie, instytucji*). **4.** w dobrym stanie (*o budowli, konstrukcji*). **5. safe and ~** cały i zdrów. — *adv.* **be ~ asleep** spać twardo/głęboko/mocno.
soundly ['saʊndlɪ] *adv.* **1.** rozsądnie. **2.** solidnie; zdrowo. **3. sleep ~** spać twardo/głęboko/mocno.
soundproof ['saʊnd,pruːf] *a.* dźwiękoszczelny; wygłuszony. — *v.* wygłuszać, izolować akustycznie.
soundtrack ['saʊnd,træk] *n.* ścieżka dźwiękowa.
soup [suːp] *n.* zupa. — *v.* **~ up** *pot.* podrasować.
sour [saʊr] *a.* **1.** kwaśny; kwaskowy. **2.** skwaszony. **3. go/turn ~** skisnąć, zwarzyć się (*o mleku*); popsuć się (*o stosunkach*). — *v.* **1.** kisnąć, warzyć się; powodować kwaśnienie (*mleka*). **2.** psuć się (*o stosunkach*); psuć (*stosunki*).
source [sɔːrs] *n.* źródło; **at ~** u źródła; **reliable ~s** źródła dobrze poinformowane.

south [saʊθ] *n.* **the ~** południe; **to the ~ of sth** na południe od czegoś. — *a.* południowy. — *adv.* na południe, w kierunku południowym.
South America *n.* Ameryka Południowa.
South Carolina *n.* (stan) Karolina Południowa.
South Dakota *n.* (stan) Dakota Południowa.
southeast [ˌsaʊθ'iːst] *n.* **the ~** południowy wschód. — *a.* południowo-wschodni. — *adv.* na południowy wschód.
southerly ['sʌðərlɪ] *a.* południowy. — *adv.* na południe. — *n.* wiatr południowy; sztorm z południa.
southern ['sʌðərn] *a.* południowy.
South Pole *n.* **the ~** Biegun Południowy.
southward ['saʊθwərd] *adv.* na południe.
south-west [ˌsaʊθ'west] *n.* **the ~** południowy zachód. — *a.* południowo-zachodni. — *adv.* na południowy zachód.
souvenir [ˌsuːvə'niːr] *n.* pamiątka; **~ shop** sklep z pamiątkami.
sovereign ['sɑːvrən] *n.* monarch-a/ini, suweren. — *a.* **1.** suwerenny. **2.** najwyższy (*o władcy, władzy*).
sovereignty ['sɑːvrəntɪ] *n.* suwerenność.
Soviet ['soʊvɪˌet] *a.* sowiecki; radziecki.
Soviet Union *a.* **the ~** Związek Radziecki.
sow[1] [soʊ] *v. pp. t.* **sown 1.** siać. **2.** obsiewać. **3. ~ the seeds of sth** zasiać ziarno czegoś.
sow[2] [saʊ] *n.* maciora; locha.
soy [sɔɪ] *n.* soja.
spa [spɑː] *n.* **1.** uzdrowisko. **2.** wanna z hydromasażem.
space [speɪs] *n.* **1.** przestrzeń; miejsce; **in/within/during the ~ of** na przestrzeni (*lat, godzin*); **make ~** zrobić miejsce; **take up ~** zajmować miejsce (*niepotrzebnie*). **2.** (*także* **outer ~**) przestrzeń kosmiczna, kosmos. **3.** szpara. **4.** *komp.* spacja. — *v.* **~ (out)** robić odstępy między (*sadzonkami, słowami*); rozmieszczać; rozstawiać; **evenly ~d** w równych odstępach.
spacecraft ['speɪsˌkræft] *n.* statek kosmiczny.
spaceship ['speɪsˌʃɪp] *n.* statek kosmiczny.
spacing ['speɪsɪŋ] *n. komp.* odstęp; **single/double ~** odstęp pojedynczy/podwójny.
spacious ['speɪʃəs] *a.* przestronny.
spade [speɪd] *n.* **1.** łopata; łopatka. **2. ~s** pik, piki; **queen of ~s** dama pik. **3. call a ~ a ~** nazywać rzeczy po imieniu.
spaghetti [spə'getiː] *n.* spaghetti.
Spain [speɪn] *n.* Hiszpania.
span [spæn] *n.* **1.** okres, przedział; **attention/concentration ~** okres/czas koncentracji; **life ~** długość życia. **2.** rozpiętość. **3.** przęsło. — *v.* **1.** obejmować (*obszar, okres*). **2.** spinać brzegi (*rzeki; o moście*).
Spaniard ['spænjərd] *n.* Hiszpan/ka.
spaniel ['spænjəl] *n.* spaniel.
Spanish ['spænɪʃ] *a.* hiszpański. — *n.* **1.** (język) hiszpański. **2. the ~** Hiszpanie.
spank [spæŋk] *v.* dać klapsa (*zwł. dziecku*).
spare [sper] *a.* **1.** zapasowy. **2.** wolny; **~ time** czas wolny. **3.** skromny (*o wystroju*). — *n.* **1.** część zamienna/zapasowa. **2.** koło zapasowe. — *v.* **1.** oszczędzić, uratować (*czyjeś życie*). **2. ~ no effort/efforts** nie szczędzić wysiłków; **~ no expense (on sth)** nie żałować pieniędzy (na coś); **~ sb the details** oszczędzić komuś szczegółów; **~ sb's feelings** uszanować czyjeś uczucia; **can you ~ a few minutes?** czy możesz mi poświęcić parę minut? **3. have money to ~** mieć pieniędzy pod dostatkiem; **there's no time to ~** nie ma chwili do stracenia.
spare part *n.* część zamienna/zapasowa.
spare wheel *n.* koło zapasowe.
sparingly ['sperɪŋlɪ] *adv.* **1.** oszczędnie. **2.** z umiarem.
spark [spɑːrk] *n.* **1.** iskra. **2.** błysk; przebłysk. **3.** werwa, wigor. — *v.* **1. ~ (off)** spowodować; wywołać; rozniecić. **2.** iskrzyć.
spark plug *n.* świeca zapłonowa.
sparkle ['spɑːrkl] *v.* mienić/skrzyć się. — *n.* **1.** iskra, błysk. **2.** werwa, wigor.
sparkling ['spɑːrklɪŋ] *a.* **1.** skrzący się, połyskujący. **2. ~ water** woda gazowana; **~ wine** wino musujące. **3.** błyskotliwy (*o dowcipie*).
sparrow ['speroʊ] *n.* wróbel.
sparse [spɑːrs] *a.* rzadki; skąpy.
spartan ['spɑːrtən] *a.* spartański.
spasm ['spæzəm] *n.* **1.** kurcz, spazm. **2.** atak, napad (*śmiechu, kaszlu, bólu*).
spasmodic [spæz'mɑːdɪk] *a.* **1.** spazmatyczny, skurczowy; napadowy. **2.** sporadyczny; nieregularny.
spastic ['spæstɪk] *n.* **1.** *przest.* osoba z porażeniem mózgowym. **2.** *obelż.* parality-k/czka.
spat [spæt] *n. pot.* sprzeczka. — *v. zob.* **spit** *v.*
spate [speɪt] *n.* **a ~ of sth** seria czegoś (*wypadków, włamań*); fala/potok czegoś (*krytyki*).
spatter ['spætər] *v.* rozpryskiwać (się); pryskać.
spatula ['spætʃələ] *n.* **1.** *kulin.* łopatka. **2.** *med.* szpatułka. **3.** szpachelka.
speak [spiːk] *v.* **spoke, spoken 1.** mówić; rozmawiać; przemawiać; wypowiadać się, zabierać głos. **2. ~ English** mówić po angielsku. **3. generally ~ing** ogólnie rzecz biorąc, mówiąc ogólnie; **in a manner of ~ing** *zob.* **manner**; **so to ~** że tak powiem, że się tak wyrażę; **strictly ~ing** ściśle (rzecz) biorąc, ściślej mówiąc. **4. ~ for sb** mówić w czyimś imieniu; **~ for yourself!** mów za siebie! **~ing of...** skoro już mowa o...; **~ out/up** odważyć się wypowiedzieć; **~ out against sth** wystąpić przeciwko czemuś; **~ to sb** *pot.* rozmówić się z kimś; **~ up!** mów głośniej!
speaker ['spiːkər] *n.* **1.** mówiąc-y/a; **English ~** osoba mówiąca po angielsku, użytkowni-k/czka języka angielskiego; **are you a Polish ~?** czy mówisz po polsku? **2.** mów-ca/czyni; prelegent/ka. **3.** głośnik; kolumna (*głośnikowa*). **4. the S~** marszałek, przewodnicząc-y/a (*sejmu, senatu*).
spear [spiːr] *n.* włócznia; dzida. — *v.* nadziewać, nabijać (*np. na widelec*).
special ['speʃl] *a.* **1.** specjalny. **2.** szczególny; **~ occasion** szczególna/wyjątkowa okazja; **something/nothing ~** coś/nic szczególnego; **someone ~** ktoś szczególny, ktoś (szczególnie) bliski. — *n. pot.* **1.** promocja, oferta specjalna. **2.** danie dnia. **3.** wydanie nadzwyczajne/specjalne.
specialist ['speʃəlɪst] *n.* specjalist-a/ka.
specialize ['speʃəˌlaɪz] *v.* specjalizować się (*in sth* w czymś).
specially ['speʃlɪ] *adv.* **1.** specjalnie. **2.** szczególnie; zwłaszcza.
specialty ['speʃəltɪ] *n.* **1.** specjalność (*naukowca, lekarza, kuchni*). **2.** cecha szczególna.
species ['spiːʃiːz] *n. pl.* **species** gatunek; **rare/protected ~** rzadki/chroniony gatunek.
specific [spə'sɪfɪk] *a.* **1.** określony, konkretny. **2.** szczegółowy. **3. ~ to sb/sth** specyficzny/właściwy

dla kogoś/czegoś. — *n.* **1.** lek swoisty, specyfik. **2. ~s** szczegóły, detale.

specifically [spə'sɪfɪklɪ] *adv.* **1.** w szczególności, szczególnie. **2.** wyraźnie (*zażądać, poprosić*). **3.** specjalnie. **4. (or) more ~,...** a konkretnie,...

specification [ˌspesəfɪ'keɪʃən] *n.* opis techniczny, specyfikacja; **~s** wymagania techniczne.

specify ['spesəˌfaɪ] *v.* określać, precyzować; wyszczególniać.

specimen ['spesəmən] *n.* **1.** okaz; osobnik. **2.** *form.* próbka (*krwi, pisma*). **3. ~ copy** egzemplarz okazowy/próbny. **4. ~ signature** wzór podpisu.

speck [spek] *n.* **1.** cętka. **2.** drobina (*kurzu*). **3. ~ of light** plamka światła.

speckled ['spekld] *a.* nakrapiany, cętkowany.

spectacle ['spektəkl] *n.* widowisko; **make a ~ of o.s.** zrobić z siebie widowisko.

spectacles ['spektəklz] *n. pl. przest.* okulary.

spectacular [spek'tækjələr] *a.* widowiskowy; okazały; spektakularny.

spectator ['spekteɪtər] *n.* widz.

spectrum ['spektrəm] *n. pl. t.* **spectra** ['spektrə] widmo, spektrum.

speculate ['spekjəˌleɪt] *v.* **1.** snuć domysły; spekulować; **~ that...** podejrzewać, że... **2.** *fin.* spekulować (*in sth* czymś).

speculation [ˌspekjə'leɪʃən] *n.* **1.** domysły, spekulacje, podejrzenia. **2.** *fin.* spekulacja.

speech [spiːtʃ] *n.* **1.** mowa, przemówienie; **make a ~** wygłosić mowę/przemówienie. **2.** mowa. **3.** wymowa.

speechless ['spiːtʃləs] *a.* oniemiały (*with sth* z czegoś) (*np. z wrażenia*); **sb was left ~** komuś odebrało mowę, ktoś zaniemówił.

speed [spiːd] *n.* **1.** szybkość, prędkość; tempo; **at full/top ~** z maksymalną szybkością; **at high ~** z dużą prędkością; **gather/pick up ~** przyspieszyć; **travel at a ~ of 100 kph** jechać z szybkością 100 km/h. **2.** *fot.* czułość. **3.** *fot.* czas naświetlania. **4.** *sl.* amfa (= *amfetamina*). — *v. pret. i pp.* **sped 1.** (*także* **be ~ing**) jechać z nadmierną prędkością. **2. ~ (along)** pędzić. **3. ~ by** przemknąć (obok); przelecieć (*o czasie*); **~ up** przyspieszyć.

speedily ['spiːdɪlɪ] *adv. form.* szybko, prędko; niezwłocznie.

speeding ['spiːdɪŋ] *n.* jazda z nadmierną prędkością.

speed limit *n.* ograniczenie prędkości.

speedometer [spɪ'dɑːmətər] *n.* szybkościomierz.

speedy ['spiːdɪ] *a.* szybki; pospieszny; niezwłoczny.

spell [spel] *v.* **1.** pisać; **how do you ~ it?** jak to się pisze? **sb can't ~** ktoś robi błędy ortograficzne. **2. ~ (out)** przeliterować. **3. ~ disaster/trouble** oznaczać katastrofę/kłopoty. **4. ~ out** rozwinąć (*skrót*); szczegółowo wytłumaczyć. — *n.* **1.** zaklęcie; urok, czar; **cast/put a ~ on sb/sth** rzucić urok/czar na kogoś/coś; **under a ~** zaczarowany; oczarowany, zauroczony. **2.** okres; **a ~ of bad luck** pechowy okres; **cold/hot ~** fala chłodów/upałów; **sunny ~s** przejaśnienia. **3. dizzy ~s** zawroty głowy.

spellbound ['spelˌbaʊnd] *a.* oczarowany; **hold sb ~** oczarować kogoś (*zwł. publiczność*).

spelling ['spelɪŋ] *n.* **1.** ortografia. **2.** pisownia (*wyrazu*).

spelling mistake *n.* błąd ortograficzny.

spend [spend] *v. pret. i pp.* **spent 1.** wydawać (*pieniądze*) (*on sth* na coś). **2.** spędzać (*czas, życie, noc*).

spent [spent] *v. zob.* **spend**. — *a.* zużyty; wyczerpany; pusty.

sperm [spɝːm] *n.* plemnik; nasienie, sperma.

sphere [sfiːr] *n.* **1.** kula. **2.** sfera; strefa; **~ of activity** sfera działalności; **~ of influence** strefa wpływów.

spherical ['sferɪkl] *a.* sferyczny, kulisty.

spice [spaɪs] *n.* **1.** przyprawa (*korzenna l. ziołowa*). **2.** urozmaicenie (*życia codziennego*). — *v.* **1. ~ (up)** przyprawiać (*with sth* czymś). **2. ~ (up)** ubarwić, urozmaicić.

spicy ['spaɪsɪ] *a.* **1.** ostry, pikantny. **2.** pikantny (*o opowieści*).

spider ['spaɪdər] *n.* pająk.

spike [spaɪk] *n.* ostrze, szpikulec; kolec. — *v.* **1.** nadziewać (na ostrze/kij) (*papiery*). **2. ~ sb's drink** doprawić czyjś napój (*alkoholem l. środkiem odurzającym*).

spill [spɪl] *v.* **1.** rozlewać (się); rozsypywać (się) (*on/over sth* na coś). **2. ~ (out)** wysypywać/wylewać się (*o tłumie*). **3.** *pot.* wygadać, wyśpiewać. **4. ~ blood** *lit.* przelewać krew; **~ the beans** *pot.* wygadać się; **there's no use crying over spilt milk** co się stało, to się nie odstanie. **5. ~ over** rozszerzyć/rozprzestrzenić się (*o konflikcie*). — *n.* wyciek (*oleju, ropy*).

spin [spɪn] *v. pret. i pp.* **spun 1.** wirować; obracać się. **2.** obracać (*monetą, kołem*). **3.** prząść (*nić, pajęczynę*). **4.** tkać. **5.** odwirowywać (*pranie*). **6.** snuć (*historię, opowieść*). **7. ~ (along/past)** śmigać (*samochodem*). **8. sb's head ~s** komuś kręci się w głowie (*with sth* od czegoś). **9. ~ around** odwrócić się; **~ off** *telew. handl.* zrodzić (*inny serial, produkt*); *ekon.* wydzielić (*fragment firmy*); **~ out** wpaść w poślizg. — *n.* **1.** obrót. **2.** wirowanie; ruch wirowy. **3.** przejażdżka. **4. put a positive/favorable ~ on sth** *pot.* przedstawiać coś w korzystnym świetle.

spinach ['spɪnɪtʃ] *n.* szpinak.

spinal ['spaɪnl] *a.* kręgowy; rdzeniowy; **~ injury** uraz kręgosłupa.

spinal cord *n.* rdzeń kręgowy.

spin doctor *n.* spec od propagandy.

spine [spaɪn] *n.* **1.** kręgosłup. **2.** grzbiet (*książki, górski*). **3.** kolec, cierń. **4. send shivers (up and) down sb's ~** *zob.* **shiver** *n.*

spinning wheel *n.* kołowrotek.

spin-off ['spɪnˌɔːf] *n. telew.* kontynuacja (pomysłu) (*innego podobnego serialu*); wersja telewizyjna (*filmu kinowego*).

spinster ['spɪnstər] *n. przest.* stara panna.

spiral ['spaɪrəl] *a.* spiralny. — *n.* spirala; **downward ~** *ekon.* (niepohamowany/niekontrolowany) spadek. — *v.* **1.** rosnąć/spadać w sposób niekontrolowany. **2. ~ to the ground** opadać, kręcąc się w kółko (*np. o liściach*).

spire [spaɪr] *n.* iglica.

spirit ['spɪrɪt] *n.* **1.** duch; **community/team ~** duch wspólnoty/współpracy; **the (Holy) S~** Duch Święty; **in ~** duchem (*łączyć się/być z kimś*); **that's the ~!** to mi się podoba!, tak trzymać! **2. ~s** napoje alkoholowe; nastrój; **in good ~s** w dobrym nastroju. — *v.* **~ away/off** wyprowadzić/wynieść ukradkiem.

spirited ['spɪrɪtɪd] *a.* **1.** żarliwy, zagorzały; ożywiony. **2.** pełen werwy. **3.** porywający. **4. high-~** pogodny; **mean-~** złośliwy.

spiritual ['spɪrɪtʃʊəl] *a.* **1.** duchowy. **2.** uduchowiony. — *n.* **1.** *muz.* utwór (w stylu) spirituals. **2. the ~** sfera duchowa.

spit [spɪt] *v. pret. i pp.* **spat** *l.* **spit 1.** pluć; **~ blood** pluć krwią; **~ at/on sb/sth** napluć na kogoś/coś, opluć kogoś/coś; **~ out** wypluć. **2.** miotać (*przekleństwa, groźby*). **3.** prychać, parskać (*zwł. o kocie*). **4. it's ~ting** kropi, pokapuje. **5.** skwierczeć (*o tłuszczu*); trzaskać (*o ognisku*). **6. be within ~ting distance** *pot.* być o rzut kamieniem. **7. ~ it out!** *pot.* wyduś to z siebie! **~ up** odkrztuszać, odpluwać. — *n.* **1.** ślina, plwocina. **2.** mżawka. **3.** rożen.

spite [spaɪt] *n.* **1.** złośliwość; złość; **(do sth) out of ~** (zrobić coś) na złość/przez złośliwość. **2. in ~ of sth** pomimo czegoś; **in ~ of o.s.** wbrew sobie; **in ~ of the fact that...** pomimo tego, że... — *v.* **(do sth) to ~ sb** (robić coś) na złość komuś.

spiteful ['spaɪtfʊl] *a.* złośliwy; mściwy.

splash [splæʃ] *v.* **1.** chlapać (się); pluskać (się); **~ against/on/over sth** rozbijać/rozpryskiwać się o coś (*o kroplach deszczu*); **~ sb/sth with sth** (*także* **~ sth on/over sb/sth**) ochlapać kogoś/coś czymś. **2. ~ out on sth** *pot.* wykosztować się na coś. — *n.* **1.** plusk. **2.** plama. **3. a ~ of color** odrobina koloru. **4. make a ~** *pot.* odbić się szerokim echem (*o występie, wystawie*); wybić się, wypłynąć (*o artyście*). — *int.* plusk, chlup.

spleen [spliːn] *n.* śledziona.

splendid ['splendɪd] *a.* wspaniały, świetny.

splendor ['splendər] *n.* przepych, splendor; **~s** wspaniałości.

splint [splɪnt] *n. chir.* szyna.

splinter ['splɪntər] *n.* **1.** drzazga; odłamek, odprysk. **2. ~ group/organization** odłam. — *v.* **1.** rozszczepiać się; kruszyć się. **2.** ulec rozłamowi, rozpaść się.

split [splɪt] *v. pret. i pp.* **split 1. ~ (up)** dzielić (się). **2.** dzielić (pomiędzy siebie). **3.** (*także* **~ open**) rozłupać (*orzech, głowę*); przeciąć (sobie) (*wargę*). **4.** rozchodzić się (*o drogach*). **5.** *sl.* zwiać. **6.** rozbijać (*cząstki, atomy*). **7. ~ hairs** dzielić włos na czworo; **~ one's sides (laughing/with laughter)** zrywać boki (ze śmiechu); **my head is ~ting** głowa mi pęka. **8. ~ off** odłupać (się); oddzielić się; **~ up** podzielić na mniejsze grupki; rozstać/rozejść się; **~ up with sb** zerwać z kimś. — *n.* **1.** pęknięcie; szczelina; rozdarcie. **2.** podział (*głosów*). **3.** rozłam (*in/within sth* w łonie czegoś). **4. do the ~(s)** zrobić szpagat. — *a.* **1.** podzielony; **~ in half** przepołowiony. **2.** pęknięty.

split second *n.* ułamek sekundy.

spoil [spɔɪl] *v.* **1.** psuć. **2.** psuć się (*o żywności*). **3.** rozpieszczać. **4. be ~ing for a fight/an argument** rwać się do walki/kłótni.

spoils [spɔɪlz] *n. pl. form.* łupy, zdobycze.

spoilsport ['spɔɪlˌspɔːrt] *n.* **be a ~** *pot.* psuć innym zabawę.

spoilt [spɔɪlt] *v. zob.* **spoil**.

spoke [spoʊk] *v. zob.* **speak**. — *n.* szprycha.

spoken ['spoʊkən] *v. zob.* **speak**. — *a.* **1. ~ language** język mówiony. **2. ~ for** *pot.* sprzedany (*o towarze*); zajęty (*o kandydacie na partnera*).

spokesman ['spoʊksmən] *n.* rzecznik (*for sb/sth* czyjś/czegoś); **government/press ~** rzecznik rządu/prasowy.

spokesperson ['spoʊksˌpɝːsən] *n.* rzeczni-k/czka.

spokeswoman ['spoʊksˌwʊmən] *n.* rzeczniczka.

sponge [spʌndʒ] *n.* gąbka. — *v.* **1. ~ (down)** myć/ścierać gąbką. **2. ~ off sb/sth** pasożytować na kimś/czymś; **~ sth off sb** wyciągnąć/wyłudzić coś od kogoś.

spongy ['spʌndʒɪ] *a.* gąbczasty.

sponsor ['spɑːnsər] *n.* sponsor/ka. — *v.* sponsorować.

sponsorship ['spɑːnsərˌʃɪp] *n.* patronat; sponsoring.

spontaneity [ˌspɑːntə'niːətɪ] *n.* spontaniczność.

spontaneous [ˌspɑːn'teɪnɪəs] *a.* **1.** spontaniczny. **2.** samorzutny. **3.** samoistny.

spontaneously [ˌspɑːn'teɪnɪəslɪ] *a.* spontanicznie.

spooky ['spuːkɪ] *a. pot.* upiorny, niesamowity; straszny.

spool [spuːl] *n.* szpulka; szpula; rolka.

spoon [spuːn] *n.* łyżka; łyżeczka. — *v.* **~ (up/out)** nabierać/nakładać/nalewać łyżką.

spoonful ['spuːnfʊl] *n.* (pełna) łyżka.

sporadic [spə'rædɪk] *a.* sporadyczny.

sport [spɔːrt] *n.* sport; **for ~** dla sportu. — *v.* **~ sth** (*także* **be ~ing sth**) paradować w czymś/z czymś; obnosić się z czymś.

sporting ['spɔːrtɪŋ] *a.* sportowy; **~ event** impreza sportowa.

sports [spɔːrts] *a.* sportowy; **~ car/center** samochód/ośrodek sportowy; **~ ground** boisko (sportowe).

sportsman ['spɔːrtsmən] *n.* sportowiec, sportsmen.

sportswear ['spɔːrtsˌwer] *n.* odzież sportowa; ubiór codzienny.

sportswoman ['spɔːrtsˌwʊmən] *n.* sportsmenka.

spot [spɑːt] *n.* **1.** miejsce; (*także* **parking ~**) miejsce do parkowania; **tender/sore ~** czułe miejsce. **2.** plamka; cętka. **3.** plama (*na ubraniu*). **4.** spot (reklamowy). **5. have a soft ~ for sb** *zob.* **soft** *a.*; **on the ~** na miejscu; z miejsca; **weak ~** słaby punkt; słabość (*for sb/sth* do kogoś/czegoś). — *v.* **1.** zauważyć, dostrzec; odkryć. **2.** poplamić (się).

spotless ['spɑːtləs] *a.* nieskazitelny.

spotlight ['spɑːtˌlaɪt] *n.* **1.** reflektor (punktowy), jupiter. **2.** światło rampy. **3. in the ~** w centrum uwagi/zainteresowania. — *v. pret. i pp.* **spotlit 1.** oświetlać (*reflektorem*). **2.** zwracać uwagę na (*problem; np. o artykule*).

spotted ['spɑːtɪd] *a.* **1.** nakrapiany, cętkowany; łaciaty. **2.** w kropki.

spotty ['spɑːtɪ] *a.* **1.** nierówny (*o poziomie, jakości*). **2.** nakrapiany, cętkowany; łaciaty.

spouse [spaʊz] *n. form.* małżon-ek/ka.

spout [spaʊt] *n.* dziobek (*czajniczka*); wylot (*rury, węża*). — *v.* **1.** tryskać, chlustać. **2. ~ sth** *pot.* wyrzucać coś z siebie (*liczby, wątpliwe mądrości*). **3. ~ (off)** *pot.* przynudzać.

sprain [spreɪn] *v.* skręcić (sobie) (*staw*); naderwać (sobie) (*wiązadło*); **~ one's ankle/wrist** skręcić (sobie) nogę w kostce/rękę w nadgarstku. — *n.* skręcenie; naderwanie.

sprang [spræŋ] *v. zob.* **spring** *v.*

sprawl [sprɔːl] *v.* **1. ~ (out)** rozwalać się; rozsiadać się. **2.** rozciągać się (*o zabudowaniach, mieście*). **3. send sb ~ing** powalić kogoś (ciosem), zwalić kogoś z nóg.

spray [spreɪ] *n.* **1.** aerozol, spray; **hair ~** lakier do włosów. **2.** pył wodny. — *v.* **1.** rozpylać; rozpryskiwać. **2. ~ crops/plants** dokonywać oprysku/oprysków (upraw/roślin). **3.** rozpryskiwać się. **4.** malować sprayem; sprayować.

spread [spred] *v. pret. i pp.* **spread 1. ~ (out)** rozkładać (się). **2.** rozprzestrzeniać się. **3.** roznosić (*chorobę, zarazki*). **4.** rozchodzić się; wędrować (*o wieściach*); **~ like wildfire** rozejść się lotem błyskawicy. 5. ~ **(out)** rozpościerać/roztaczać się. 6. ~ **gossip/rumors** rozpuszczać plotki/pogłoski; ~ **the word** rozpowszechnić wiadomość. 7. rozsmarowywać (się). 8. ~ **its wings** rozpościerać skrzydła (*o ptaku, ważce*); ~ **one's wings** *zob.* **wing** *n.* 9. ~ **out** rozdzielić się, rozejść się w różne strony (*np. o ekipie poszukiwawczej*). — *n.* 1. rozprzestrzenianie (się); upowszechnianie (się). 2. **fish/cheese** ~ pasta rybna/serowa. 3. (*także* **double-page/center** ~) *dzienn.* rozkładówka. 4. *dzienn.* ogłoszenie na całą stronę. 5. rozpiętość; rozrzut. 6. narzuta.

spreadsheet ['spred,ʃi:t] *n. komp.* arkusz kalkulacyjny.

spree [spri:] *n.* szaleństwo; **drinking** ~ popijawa; **killing/shooting** ~ masakra; **shopping/spending** ~ szał zakupów.

sprig [sprɪg] *n.* gałązka.

sprightly ['spraɪtlɪ] *a.* żwawy, dziarski.

spring [sprɪŋ] *v. pret.* **sprang** *l.* **sprung** *pp.* **sprung** 1. skakać; ~ **out of bed** wyskoczyć z łóżka; ~ **to one's feet** zerwać się na (równe) nogi. 2. ~ **a leak** zacząć przeciekać (*o łodzi, zbiorniku*); ~ **into action/life** ożyć; ~ **open/shut** otworzyć/zamknąć się gwałtownie; ~ **to mind** przychodzić do głowy, nasuwać się. 3. ~ **from sth** mieć źródło/przyczynę w czymś; ~ **sth on sb** zaskoczyć kogoś czymś; ~ **up** pojawiać się (*o kłopotach*); wyrastać jak grzyby po deszczu (*o budynkach*). — *n.* 1. wiosna; **in (the)** ~ wiosną, na wiosnę. 2. sprężyna; *mot.* resor. 3. skok. 4. *form.* siła napędowa (= *motywacja*). 5. **walk with a** ~ **in one's step** chodzić sprężystym krokiem. 6. ~**(s)** źródło; zdrój; **hot/thermal** ~ terma, cieplica. — *a.* 1. wiosenny. 2. sprężynowy.

springboard ['sprɪŋ,bɔ:rd] *n.* 1. trampolina. 2. odskocznia (*for sth* dla czegoś).

spring-cleaning [,sprɪŋ'kli:nɪŋ] *n.* wiosenne porządki.

springtime ['sprɪŋ,taɪm] *n.* wiosna.

sprinkle ['sprɪŋkl] *v.* 1. skrapiać; posypywać; ~ **water on/over sth** (*także* ~ **sth with water**) skropić/pokropić coś wodą; ~ **salt on/over sth** (*także* ~ **sth with salt**) posypać coś solą. 2. **be** ~**d with sth** być usianym czymś (*aluzjami, dowcipami*). — *n.* kapuśniaczek, mżawka.

sprinkler ['sprɪŋklər] *n.* zraszacz, spryskiwacz.

sprint [sprɪnt] *n.* sprint; **the 100 meters** ~ bieg na 100 metrów. — *v.* biec (sprintem).

sprinter ['sprɪntər] *n.* sprinter/ka.

sprout [spraʊt] *v.* 1. kiełkować. 2. wypuszczać pędy/pączki. 3. ~ **(up)** wyrastać (jak grzyby po deszczu). 4. **he** ~**ed a beard** wyrosła mu broda. — *n.* 1. kiełek; pęd. 2. (*także* **Brussels** ~**(s)**) brukselka.

spruce [spru:s] *n.* świerk. — *v.* ~ **(up)** *pot.* wystroić (się); ogarnąć (się).

sprung [sprʌŋ] *v. zob.* **spring** *v.*

spun [spʌn] *v. zob.* **spin** *v.*

spur [spɝ:] *n.* 1. ostroga. 2. bodziec, zachęta. 3. **on the** ~ **of the moment** pod wpływem impulsu; bez namysłu. — *v.* 1. ~ **(on)** zachęcać (*sb to sth* kogoś do czegoś). 2. napędzać (*rozwój, inwestycje*). 3. spiąć ostrogami.

spurious ['spjʊrɪəs] *a.* fałszywy; błędny, oparty na błędnych przesłankach; złudny.

spurn [spɝ:n] *v. lit.* odtrącać (z pogardą) (*pomoc, zaloty*); gardzić (*uczuciami, osobą*).

spurt [spɝ:t] *v.* tryskać; wydobywać się (*o cieczy, gazie, płomieniach*). — *n.* 1. struga; wytrysk (*cieczy*). 2. przypływ (*energii, uczuć*); **in** ~**s** zrywami (*pracować*).

spy [spaɪ] *n.* szpieg. — *v.* 1. szpiegować, być szpiegiem. 2. ~ **on sb** podglądać kogoś. 3. ~ **out** wyszpiegować, wyśledzić; ~ **out the land** wybadać teren. — *a.* szpiegowski.

spying ['spaɪɪŋ] *n.* szpiegostwo; szpiegowanie.

sq., **sq** *abbr.* **square** kw. (= *kwadratowy*).

squabble ['skwɑ:bl] *v.* wykłócać się, handryczyć się. — *n.* sprzeczka.

squad [skwɑ:d] *n.* 1. oddział. 2. wydział (*w policji*). 3. *sport* zespół, drużyna. 4. **death/firing** ~ pluton egzekucyjny.

squadron ['skwɑ:drən] *n.* 1. eskadra. 2. szwadron.

squalid ['skwɑ:ləd] *a.* 1. nędzny (*o warunkach, mieszkaniu*). 2. ohydny (*o postępowaniu*).

squall [skwɔ:l] *n.* szkwał.

squalor ['skwɑ:lər] *n.* nędza.

squander ['skwɑ:ndər] *v.* trwonić, marnotrawić.

square [skwer] *a.* 1. kwadratowy. 2. wyraźny (*zwł. o odmowie*). 3. ~ **meal** solidny/porządny posiłek; **give sb a** ~ **deal** potraktować kogoś uczciwie. — *n.* 1. kwadrat. 2. plac; skwer. 3. pole (*w grach planszowych*). 4. **be back to** ~ **one** wrócić do punktu wyjścia. — *adv. pot.* prosto; **look sb** ~ **in the eye** spojrzeć komuś prosto w oczy. — *v.* 1. podnosić do kwadratu. 2. ~ **up** rozliczyć się, wyrównać rachunki (*with sb* z kimś); ~ **with sth** pasować do czegoś, zgadzać/pokrywać się z czymś.

squarely ['skwerlɪ] *adv.* 1. prosto; równo. 2. wprost.

square root *n.* pierwiastek kwadratowy.

squash [skwɑ:ʃ] *n.* 1. (*także* **summer** ~) kabaczek; (*także* **winter** ~) dynia. 2. *sport* squash. — *v.* 1. rozgniatać (się); gnieść (się). 2. tłoczyć się. 3. *pot.* ukrócić; storpedować.

squat [skwɑ:t] *v.* 1. ~ **(down)** kucać. 2. mieszkać na dziko. — *a.* 1. przysadzisty. 2. skulony.

squatter ['skwɑ:tər] *n.* dzik-i/a lokator/ka.

squeak [skwi:k] *v.* piszczeć; skrzypieć. — *n.* 1. pisk. 2. skrzypienie.

squeal [skwi:l] *v.* 1. piszczeć; kwiczeć. 2. ~ **on sb** *sl.* wsypać/zakapować kogoś. — *n.* pisk; kwik.

squeamish ['skwi:mɪʃ] *a.* wrażliwy, delikatny (*t. o żołądku*); **be** ~ **about sth** brzydzić się czymś.

squeeze [skwi:z] *v.* 1. ściskać. 2. ~ **(out)** wyciskać (*klej, pastę, cytrynę*). 3. ~ **by/through** przecisnąć się; prześlizgnąć się; ~ **in** wcisnąć (się); ~ **into sth** wcisnąć się gdzieś/do czegoś/w coś; ~ **sth out of sb** wycisnąć coś z kogoś. — *n.* 1. ścisk, ciasnota; **it'll be a (tight)** ~ będzie (bardzo) ciasno. 2. uściśnięcie, uścisk. 3. **a** ~ **of lemon** parę kropel soku z cytryny.

squelch [skweltʃ] *v.* 1. chlupać, chlupotać. 2. ~ **(through/along/up)** brnąć. 3. zdusić (*inwencję, osobowość*). — *n.* chlupot.

squid [skwɪd] *n.* 1. kalmary. 2. kałamarnica.

squint [skwɪnt] *v.* 1. mrużyć oczy. 2. zezować. 3. ~ **at sth/sb** zerkać na coś/kogoś. — *n.* 1. zez. 2. mrużenie oczu/oka.

squirrel ['skwɝ:əl] *n.* wiewiórka. — *v.* ~ **away** *pot.* chomikować.

squirt [skwɝ:t] *v.* 1. tryskać, sikać (*t. czymś*); wtryskiwać. 2. ~ **sb with water** opryskać kogoś wodą. — *n.* strumień; wytrysk (*cieczy*).

Sr, Sr. *abbr.* **John Smith,** ~ John Smith senior/starszy.

St, St. *abbr.* 1. **street** ul. (= *ulica*). 2. **saint** św. (= *święt-y/a*).

stab [stæb] *v.* ugodzić, dźgnąć; **~ sb to death** zadźgać kogoś. — *n.* **1.** dźgnięcie (*t. palcem*); pchnięcie nożem; **~ wound** rana kłuta. **2.** ukłucie (*bólu, żalu*). **3. take/make a ~ at sth** *pot.* spróbować czegoś.

stabbing ['stæbɪŋ] *n.* napad z użyciem noża. — *a.* kłujący (*o bólu*).

stability [stə'bɪlətɪ] *n.* **1.** stabilizacja. **2.** stałość; trwałość. **3.** stabilność.

stabilize ['steɪbəˌlaɪz] *v.* stabilizować (się).

stable ['steɪbl] *a.* **1.** stabilny, trwały. **2.** opanowany (*o osobie*). **3.** w stanie stabilnym (*o pacjencie*). — *n.* **~(s)** stajnia; obora.

stack [stæk] *n.* **1.** stos, sterta. **2.** stóg. **3. the ~s** półki, regały (*w bibliotece*). — *v.* **1. ~ (up)** układać w stos/jedno na drugim. **2. the floor was ~ed with boxes** podłoga była zastawiona kartonami. **3. ~ the deck** oszukiwać przy tasowaniu (kart).

stadium ['steɪdɪəm] *n. pl. t.* **stadia** ['steɪdɪə] stadion.

staff [stæf] *n.* **1.** pracownicy, personel, kadra; **be on the ~ of sth** być pracownikiem czegoś, być zatrudnionym gdzieś; (*także* **teaching ~**) grono pedagogiczne. **2.** sztab. **3.** służba. **4.** *pl. t.* **staves** [steɪvz] drzewce; buława, berło; *przest.* laska; kij. **5.** (*także* **stave**) *muz.* pięciolinia. — *a.* **1.** kadrowy (*np. o brakach*). **2.** sztabowy. — *v.* obsadzać (*with sb* kimś).

stag [stæg] *n.* **1.** rogacz, jeleń. **2.** *pot.* facet bez pary/partnerki (*na imprezie*).

stage [steɪʤ] *n.* **1.** stadium, etap, faza; **at this ~** na tym etapie; **by/in ~s** stopniowo; **go through a (difficult) ~** przechodzić trudny okres. **2.** scena; **on ~** na scenie; **set the ~ for sth** przygotować grunt pod coś; **take center ~** być na pierwszym planie. **3.** estrada; podium. — *v.* **1.** zorganizować, urządzić (*koncert, protest*). **2.** wystawiać, inscenizować. **3. ~ a comeback** odzyskać dawną popularność/świetność; wrócić do łask.

stagecoach ['steɪʤˌkoʊʧ] *n.* dyliżans.

stage fright *n.* trema.

stagger ['stægər] *v.* **1.** zataczać/słaniać się (na nogach). **2.** stracić równowagę; zachwiać się. **3.** wprawić w osłupienie; wstrząsnąć (*kimś*); **~ the imagination/mind** przechodzić ludzką wyobraźnię. **4.** oszołomić (*o ciosie*). **5.** wahać się. — *n.* chwiejny krok; zataczanie się.

staggering ['stægərɪŋ] *a.* zatrważający; zdumiewający.

stagnant ['stægnənt] *a.* **1.** stojący (*o wodzie*); zastały (= *nieruchomy*). **2.** *t. ekon.* w zastoju.

stagnation [ˌstæg'neɪʃən] *n.* stagnacja, zastój.

stag party *n.* wieczór kawalerski.

staid [steɪd] *a.* stateczny.

stain [steɪn] *n.* **1.** plama; **blood ~** plama (z) krwi; **~ on sb's honor/reputation** plama na czyimś honorze/czyjejś reputacji. **2.** barwnik, farba; (*także* **wood ~**) bejca. — *v.* **1.** plamić (się). **2.** barwić, farbować; bejcować.

stained glass [ˌsteɪnd 'glæs] *n.* witraż.

stainless steel *n.* stal nierdzewna.

stair [ster] *n.* **1.** *zob.* **stairs**. **2.** stopień, schodek. **3.** *lit.* schody.

staircase ['sterˌkeɪs] *n.* klatka (schodowa), schody.

stairs [sterz] *n. pl.* schody; **up/down the ~** (po schodach) do góry/na dół; na górze/dole.

stairway ['sterˌweɪ] *n.* schody (*zwł. okazałe*); klatka schodowa.

stake [steɪk] *n.* **1.** pal, słup, kołek. **2. be burned at the ~** spłonąć na stosie. **3. human life is at ~** stawką jest ludzkie życie; **play for high ~s** grać o wysoką stawkę. **4. have a ~ in sth** mieć w czymś udział/interes, być czymś żywotnie zainteresowanym; **hold a 30% ~ in the company** mieć 30% udziałów w spółce. — *v.* **1.** stawiać (*sth on sb/sth* coś na kogoś/coś); ryzykować (*pieniądze*); lokować, inwestować; **~ one's hopes on sb** pokładać w kimś nadzieje. **2. ~ (out) a claim to sth** rościć sobie prawo do czegoś.

stalagmite [stə'lægmaɪt] *n.* stalagmit.

stale [steɪl] *a.* **1.** nieświeży; czerstwy; zwietrzały; zatęchły. **2.** stary, przebrzmiały. **3. go ~** popadać w rutynę.

stalemate ['steɪlˌmeɪt] *n.* **1.** *t. szachy* pat. **2. end in ~** utknąć/stanąć w martwym punkcie. — *v.* **1.** dać pata (*przeciwnikowi*). **2.** zablokować (*negocjacje*).

stalk [stɔːk] *n.* **1.** łodyga; łodyżka; ogonek; szypułka. **2.** nóżka (*kieliszka*). — *v.* **1.** śledzić, tropić; podchodzić (*zwierzynę, ofiarę*). **2.** chodzić krok w krok za (*obiektem uwielbienia*), prześladować. **3.** kroczyć (dumnie/sztywno).

stall [stɔːl] *n.* **1.** stragan, budka; stoisko. **2.** przegroda (*w stajni, oborze*). **3.** kabina (*z toaletą, prysznicem*). **4.** *kość.* ławka. — *v.* **1. my car ~ed (on me)** (*także* **I ~ed the car**) zgasł mi silnik. **2.** grać na zwłokę. **3.** celowo opóźniać; ociągać się z (*czymś*); zatrzymać, zagadać (*kogoś*); **~ for time** grać na zwłokę.

stallion ['stæljən] *n.* ogier.

stamina ['stæmənə] *n.* wytrzymałość, wytrwałość.

stammer ['stæmər] *v.* **1.** jąkać się. **2. ~ (out)** wyjąkać. — *n.* jąkanie się; **have a (bad) ~** (mocno) się jąkać.

stamp [stæmp] *n.* **1.** (*także* **postage ~**) znaczek (pocztowy). **2.** (*także* **rubber ~**) pieczątka, stempel. **3.** *handl.* kupon. **4. bear the ~ of sth** nosić znamiona czegoś; **leave one's ~ on sth** pozostawić na czymś swoje piętno. — *v.* **1. ~ (around)** ciężko stąpać/chodzić; (*także* **~ one's foot**) tupnąć (nogą); **~ one's feet** przytupywać. **2.** stemplować (*dokument*); wbijać (*datę*). **3.** tłoczyć, odciskać (*znak na czymś*). **4. ~ on sth** rozdeptać coś; **be ~ed on sb's memory** wryć się komuś w pamięć; **~ out** zadeptać (*niedopałek, ognisko*); wyplenić; wyeliminować.

stamp collecting *n.* filatelistyka.

stampede [ˌstæm'piːd] *n.* **1.** panika, popłoch. **2.** pęd na oślep, owczy pęd; **~ for tickets** pogoń za biletami. — *v.* **1.** rzucać się do panicznej ucieczki, uciekać w popłochu. **2.** rzucać się (*do sklepów*).

stance [stæns] *n.* **1.** stanowisko; **take/adopt a ~ on sth** zająć stanowisko w jakiejś sprawie. **2.** *form.* postawa.

stanch [stɔːnʧ] *v.* = **staunch**.

stand [stænd] *v. pret. i pp.* **stood 1.** stać; stawać; stanąć; **~ in line** stać w kolejce; **~ on one's toes/head/hands** stać na palcach/głowie/rękach. **2. ~ (up)** wstawać. **3.** ustawiać, stawiać; postawić. **4. can't ~ sb/sth/sb doing sth** nie móc znieść kogoś/czegoś/jak ktoś coś robi. **5.** wytrzymać, przetrwać. **6.** znajdować się, pozostawać (*w jakimś stanie*); **~ empty** stać/być pustym. **7.** przedstawiać się (*o sytuacji*). **8. ~ 20 feet high/tall** wznosić się na wysokość 20 stóp. **9. ~ for parliament** kandydować do parlamentu; **~ for reelection** kandydować ponownie. **10.** obowiązywać, być aktualnym. **11.** stawiać (*= fundować*). **12. ~ a chance/hope** mieć szansę (*of (doing) sth* na coś); **~ clear of the door!** proszę odsunąć się od drzwi! **~**

in the way stać na przeszkodzie; **~ still** *zob.* **still** *adv.*; **it ~s to reason that...** *zob.* **reason** *n.* **13. ~ around** stać bezczynnie; **~ at** wynosić; **~ by** przyglądać się (biernie), stać (bezczynnie); być w pogotowiu/gotowości; **~ by sb** trwać przy kimś; **~ by sth** dotrzymać czegoś (*obietnicy*); **~ down** ustąpić (*ze stanowiska*); **~ for** oznaczać, znaczyć; być skrótem od (*czegoś*); reprezentować/przedstawiać (sobą); tolerować, znosić; **~ in for sb** zastępować kogoś; **~ out** wyróżniać się; rzucać się w oczy; wystawać, sterczeć; **~ up** ostać się, wytrzymać krytykę; **~ up straight** wyprostować się; **~ sb up** *pot.* wystawić kogoś do wiatru; **~ up for sb/sth** stanąć w obronie kogoś/czegoś; **~ up to sb/sth** stawić komuś/czemuś czoło. — *n.* **1.** stojak; wieszak; statyw. **2.** stoisko; budka. **3. take a ~** zająć stanowisko (*on sth* w jakiejś sprawie); **taxi ~** postój taksówek; **hand/head ~** stanie na rękach/głowie. **4. ~s** trybuny; **grand ~** trybuna główna. **5.** *prawn.* miejsce dla świadka (*w sądzie*); **take the ~** zeznawać.

standard ['stændərd] *n.* **1.** poziom; standard; wymaganie; norma; **~ of living** poziom/standard życia, stopa życiowa; **let ~s slip/fall/drop** doprowadzić/dopuścić do obniżenia standardów; **set ~s** ustalać/dyktować normy; **(up) to ~** na odpowiednim poziomie. **2.** wzorzec; próba (*złota, srebra*); miernik, wskaźnik, wyznacznik. **3. jazz ~** standard jazzowy. **4.** sztandar. — *a.* **1.** standardowy. **2. ~ time** czas urzędowy.

standardization [ˌstændərdə'zeɪʃən] *n.* standaryzacja.

standardize ['stændərˌdaɪz] *v.* standaryzować.

standby ['stændˌbaɪ], **stand-by** *n.* **1. on ~** w pogotowiu/gotowości. **2.** rezerwa; środek awaryjny; osoba w rezerwie. — *a.* **1.** awaryjny, rezerwowy. **2. ~ ticket** bilet standby.

stand-in ['stændˌɪn] *n.* **1.** dubler/ka. **2.** zastęp-ca/czyni.

standing ['stændɪŋ] *a.* **1.** stojący. **2.** stały (*o zleceniu, komisji*). — *n.* **1.** pozycja, stanowisko. **2. of long ~** długotrwały, wieloletni.

standing joke *n.* stały powód do żartów.

standing ovation *n.* owacja na stojąco.

standing room *n.* miejsca stojące.

stand-offish [ˌstænd'ɔːfɪʃ] *a. pot.* sztywny, nieprzystępny.

standpoint ['stændˌpɔɪnt] *n.* **1.** punkt widzenia. **2.** punkt obserwacyjny.

standstill ['stændˌstɪl] *n.* zastój, przerwa; **bring sth to a ~** zatrzymać coś; **come to a ~** zatrzymać się, stanąć.

stank [stæŋk] *v. zob.* **stink** *v.*

stanza ['stænzə] *n.* zwrotka, strofa.

staple ['steɪpl] *n.* **1.** zszywka. **2.** (*także* **~ food**) podstawowy artykuł żywnościowy. — *v.* **~ (together)** zszywać (*zszywaczem*). — *a.* podstawowy, główny (*o produkcie, surowcu*); **~ diet** podstawa pożywienia.

stapler ['steɪplər] *n.* zszywacz (biurowy).

star [stɑːr] *n.* **1.** gwiazda; **film/movie ~** gwiazda filmowa. **2.** gwiazdka; **three-~ hotel** hotel trzygwiazdkowy. — *a.* wybitny, czołowy, najlepszy; pokazowy; **~ turn/attraction** główna atrakcja. — *v.* **1.** *film* grać (główną rolę), występować (*in sth* w czymś); **the movie ~s Al Pacino** (główną rolę) w filmie gra Al Pacino; **~ring** w rolach głównych, obsada. **2.** *druk.* oznaczać gwiazdką/gwiazdkami.

starch [stɑːrtʃ] *n.* **1.** skrobia. **2.** krochmal. — *v.* krochmalić.

stare [ster] *v.* **~ (at sb/sth)** przyglądać się (komuś/czemuś), patrzeć (na kogoś/coś); gapić się (na kogoś/coś); **~ into space** patrzeć przed siebie (niewidzącym wzrokiem). — *n.* spojrzenie.

starfish ['stɑːrˌfɪʃ] *n.* rozgwiazda.

stark [stɑːrk] *a.* **1.** surowy (*o krajobrazie, wystroju*). **2. be in ~ contrast to sth** ostro kontrastować z czymś. **3. the ~ reality/realities** naga rzeczywistość. — *adv.* **~ naked** zupełnie nagi; **~ raving mad** kompletnie pomylony.

starry ['stɑːrɪ] *a.* gwiaździsty; rozgwieżdżony.

star sign *n.* znak zodiaku.

start [stɑːrt] *v.* **1.** zaczynać; rozpoczynać; **~ again/afresh/anew** zacząć od nowa/od początku; **~ doing sth** zacząć coś (robić); **~ school/work** zaczynać zajęcia/pracę. **2.** zaczynać/rozpoczynać się. **3.** zapoczątkować, spowodować. **4.** *sport* startować. **5.** ruszać (*t. o samochodzie*); zaskoczyć (*o silniku*). **6. ~ (up)** uruchomić; **get the car/engine ~ed** uruchomić samochód/silnik. **7.** zerwać się; wzdrygnąć się, podskoczyć. **8. ~ a family** założyć rodzinę; **~ a fire** rozpalić ogień; **~ a rumor** rozpuścić plotkę; **to ~ with** z początku; na początek; po pierwsze. **9. ~ off** zacząć/rozpocząć (się); (wy)ruszyć, ruszyć; **~ sb off** pomóc komuś zacząć; *pot.* sprowokować kogoś (*do śmiechu, gadania*); *pot.* rozśmieszyć kogoś; *pot.* wkurzyć kogoś; **~ on sth** zabrać się do czegoś; **~ out** zacząć/rozpocząć (się); (wy)ruszyć (*w drogę*); **~ over** zacząć (wszystko) od początku/od nowa; **~ up** zacząć; założyć (*firmę*); zerwać się (*z krzesła*). — *n.* **1.** początek; **at the ~** na początku; **(right) from the ~** od (samego) początku. **2.** start. **3.** wymarsz. **4.** wzdrygnięcie się. **5. by/in fits and ~s** zrywami; **for a ~** na początek; po pierwsze; **get off to a good/bad ~** dobrze/źle się zacząć; **give sb a ~** przestraszyć kogoś; **with a ~** gwałtownie (*przebudzić się*).

starting point *n.* punkt wyjścia.

startle ['stɑːrtl] *v.* przestraszyć, wystraszyć.

startling ['stɑːrtlɪŋ] *a.* zaskakujący.

starvation [ˌstɑːr'veɪʃən] *n.* głód; śmierć głodowa; **die of/from ~** umrzeć/zginąć z głodu.

starve [stɑːrv] *v.* **1.** głodować, przymierać głodem; głodzić się; **~ to death** umrzeć z głodu; **I'm starving/~d!** umieram z głodu! **2.** głodzić. **3. ~ sb of sth** pozbawiać kogoś czegoś; **sb is ~d for sth** komuś brakuje czegoś.

state [steɪt] *n.* **1.** stan; **~ of affairs/mind** stan rzeczy/ducha. **2.** państwo; **head of ~** głowa państwa. **3. the (United) S~s** Stany (Zjednoczone). **4.** *pot.* **be in a ~** być roztrzęsionym; **get into a ~** zdenerwować się. **5. the president will lie in ~** trumna z ciałem prezydenta będzie wystawiona na widok publiczny. — *a.* **1.** państwowy. **2.** stanowy. — *v. form.* stwierdzać; oświadczać.

stately ['steɪtlɪ] *a.* majestatyczny; okazały.

statement ['steɪtmənt] *n.* **1.** oświadczenie. **2.** wypowiedź. **3.** (*także* **bank ~**) wyciąg z konta. **4.** *form.* stwierdzenie. **5.** *prawn.* zeznanie.

statesman ['steɪtsmən] *n.* mąż stanu.

static ['stætɪk] *a.* **1.** statyczny. **2.** elektrostatyczny. — *n.* **1.** *radio* zakłócenia (atmosferyczne). **2.** *el.* ładunek elektrostatyczny.

station ['steɪʃən] *n.* **1.** dworzec; stacja. **2.** posterunek; **fire ~** posterunek straży pożarnej. **3.** stacja;

rozgłośnia. **4.** *t. wojsk.* placówka. — *v.* rozmieszczać (*wojska, pracowników*); **be ~ed in sth** stacjonować gdzieś.

stationary ['steɪʃəˌnerɪ] *a.* nieruchomy; stacjonarny; niebędący w ruchu.

stationery ['steɪʃəˌnerɪ] *n.* **1.** artykuły papiernicze. **2.** papeteria.

station wagon *n.* kombi.

statistical [stə'tɪstɪkl] *a.* statystyczny.

statistically [stə'tɪstɪklɪ] *adv.* statystycznie.

statistics [stə'tɪstɪks] *n.* **1.** statystyka. **2.** dane statystyczne; statystyki.

statue ['stætʃuː] *n.* posąg, statua.

stature ['stætʃər] *n. form.* **1.** postura. **2.** pozycja, renoma.

status ['steɪtəs] *n.* **1.** status; pozycja społeczna. **2. marital ~** stan cywilny.

statute ['stætʃuːt] *n.* **1.** ustawa. **2. ~s** statut.

statutory ['stætʃʊˌtɔːrɪ] *a.* **1.** ustawowy, gwarantowany ustawą. **2.** regulaminowy; zgodny ze statutem.

staunch [stɔːntʃ], **stanch** *a.* zagorzały. — *v.* zatamować (*krwotok*); powstrzymać krwawienie z (*rany*).

stave [steɪv] *n.* (*także* **staff**) pięciolinia. — *v.* **~ off** oddalić niebezpieczeństwo/groźbę (*czegoś*).

stay [steɪ] *v.* **1.** pozostawać; zostawać; **~ (at) home** zostać w domu; **~ the night/overnight** zostać na noc. **2.** przebywać. **3. ~ with friends/at a hotel** zatrzymać się/mieszkać u znajomych/w hotelu. **4. ~ calm/quiet** zachować spokój/ciszę; **~ open** być otwartym (*o sklepach*); **~ put** *zob.* **put** *adv.*; **~ tuned!** *zob.* **tune** *v.* **5. ~ away (from sb/sth)** trzymać się z dala (od kogoś/czegoś); **~ behind** zostać (dłużej); **~ down/up** utrzymywać się na niskim/wysokim poziomie; **~ in** zostać w domu; **~ on** pozostać (*na stanowisku, studiach*); **~ out** przebywać poza domem; **~ out of sth** nie brać udziału w czymś; **~ up** nie spać, nie kłaść się. — *n.* pobyt.

steadfast ['stedˌfæst] *a. lit.* niewzruszony, niezachwiany.

steadily ['stedɪlɪ] *adv.* **1.** stale; systematycznie. **2.** równomiernie, miarowo. **3.** pewnie; mocno.

steady ['stedɪ] *a.* **1.** ciągły, nieprzerwany, stały. **2.** równy, miarowy. **3.** pewny; mocny. **4.** stateczny; solidny. **5. ~ boyfriend/girlfriend** chłopak/dziewczyna (na poważnie/na stałe); **~ income** stały dochód; **~ relationship** trwały związek; **~ stream of complaints** nieprzerwany potok skarg; **move at a ~ pace** poruszać się ze stałą prędkością. — *adv.* **go ~** chodzić ze sobą; **go ~ with sb** chodzić z kimś. — *v.* **1.** przytrzymać, podtrzymać (*kogoś l. coś*). **2.** ustabilizować się (*o kursie, poziomie*). **3. ~ one's nerves** uspokoić się.

steak [steɪk] *n.* **1.** stek; befsztyk. **2.** wołowina na befsztyk.

steal [stiːl] *v.* **stole, stolen 1.** kraść; **~ sth from sb** ukraść coś komuś; **sb (has) had sth stolen** komuś ukradli/ukradziono coś. **2. ~ a glance/look at sb/sth** zerknąć na kogoś/coś ukradkiem. **3. ~ away/out** wykraść się; **~ in** zakraść się.

stealthy ['stelθɪ] *a.* ukradkowy.

steam [stiːm] *n.* **1.** para. **2.** *pot.* **let off ~** wyładować gniew/złość; rozładować nadmiar energii; **run out of ~** stracić energię/siły; zwolnić tempo. — *a.* parowy. — *v.* **1.** parować, dymić (*o napoju*). **2.** gotować na parze. **3. ~ up** zaparować (się).

steam engine *n.* maszyna parowa, silnik parowy.

steamer ['stiːmər] *n.* **1.** parowiec. **2.** garnek do gotowania na parze.

steel [stiːl] *n.* stal. — *v.* **~ o.s.** zebrać się (w sobie); **~ o.s. for sth/to do sth** przygotować się na coś/do zrobienia czegoś (*nieprzyjemnego*).

steep [stiːp] *a.* **1.** stromy; spadzisty; urwisty. **2.** gwałtowny (*o wzroście, spadku*). **3.** *pot.* wygórowany. **4.** *pot.* trudny (*o zadaniu*). — *v.* **1.** zamaczać. **2. be ~ed in history/tradition** być zanurzonym w historii/tradycji.

steeple ['stiːpl] *n.* **1.** wieża (kościelna); wieżyczka. **2.** iglica.

steeplechase ['stiːplˌtʃeɪs] *n.* wyścig/bieg z przeszkodami.

steer [stiːr] *v.* **1.** sterować, być u steru. **2.** sterować (*statkiem*); kierować (*pojazdem, organizacją*). **3. ~ clear of sb/sth** *pot.* omijać kogoś/coś z daleka.

steering ['stiːrɪŋ] *n.* **1.** układ kierowniczy; **power ~** wspomaganie kierownicy. **2.** kierowanie; sterowanie.

steering wheel *n.* kierownica.

stem [stem] *n.* **1.** łodyga; pień; ogonek, szypułka. **2.** nóżka (*kieliszka*). **3.** *jęz.* temat (*wyrazu*). — *v.* **1.** *form.* **~ the flow of blood** zatamować upływ krwi; **~ the flow/tide of sth** powstrzymać napływ/falę czegoś. **2. ~ from sth** mieć (swoje) źródło/przyczynę w czymś; wywodzić się skądś.

stench [stentʃ] *n.* smród, fetor.

stenographer [stə'nɑːgrəfər] *n.* stenograf/ka, stenografist-a/ka.

step [step] *n.* **1.** krok. **2.** stopień; schodek. **3.** step (*do aerobiku*). **4.** chód. **5. ~ by ~** krok po kroku; **~ in the right direction** krok we właściwym kierunku; **every ~ of the way** przez cały czas; **march in ~/out of ~ (with sth)** maszerować w takt/nie w takt (czegoś); **take (necessary/decisive) ~s** podjąć (stosowne/zdecydowane) kroki; **watch your ~!** uważaj! — *v.* **1.** zrobić krok. **2. ~ back** cofnąć się; **~ down/aside** ustąpić (*ze stanowiska*); **~ forward** wystąpić (*z szeregu, tłumu*); zgłosić się (*na ochotnika*); **~ in** wkroczyć, interweniować; **~ into sb's boots/shoes** zająć czyjeś miejsce; **~ on sth** nastąpić/nadepnąć na coś; **~ on it** (*także* **~ on the gas**) *pot.* dodać gazu; **~ out** wyjść/wyskoczyć (na chwilę); **~ up** zwiększać; wzmagać; przyspieszać.

stepbrother ['stepˌbrʌðər] *n.* brat przyrodni.

stepdaughter ['stepˌdɔːtər] *n.* pasierbica.

stepfather ['stepˌfɑːðər] *n.* ojczym.

stepladder ['stepˌlædər] *n.* drabin(k)a składana.

stepmother ['stepˌmʌðər] *n.* macocha.

stepsister ['stepˌsɪstər] *n.* siostra przyrodnia.

stepson ['stepˌsʌn] *n.* pasierb.

stereo ['sterɪoʊ] *n.* **1.** zestaw stereo. **2. in ~** (w) stereo. — *a.* stereofoniczny.

stereotype ['sterɪəˌtaɪp] *n.* stereotyp. — *v.* przedstawiać w sposób stereotypowy.

sterile ['sterəl] *a.* **1.** bezpłodny. **2.** sterylny, wyjałowiony. **3.** jałowy, bezproduktywny.

sterility [stə'rɪlətɪ] *n.* bezpłodność.

sterilize ['sterəˌlaɪz] *v.* sterylizować.

stern [stɝːn] *a.* surowy. — *n.* **1.** rufa. **2.** tył.

stethoscope ['steθəˌskoʊp] *n.* stetoskop, słuchawka (lekarska).

stew [stuː] *n.* gulasz. — *v.* dusić (*mięso, warzywa*); dusić się (*o potrawie*).

steward ['stuːərd] *n.* steward.

stewardess ['stu:ərdəs] *n.* stewardesa.

stick [stɪk] *n.* **1.** kij; patyk. **2.** laska. **3.** laseczka; pałeczka; kawałek (*kredy, gumy do żucia*). **4.** sztyft. **5.** łodyga (*selera, rabarbaru*). **6. carrot and ~** metoda kija i marchewki. — *v. pret. i pp.* **stuck 1.** wkładać, wsadzać, wtykać. **2.** przymocowywać, przypinać (*kartkę pinezką*). **3.** przyklejać (się); kleić się. **4.** zacinać się (*o szufladzie, zamku*); **be stuck fast** zaciąć/zakleszczyć się. **5.** przyjąć się (*o nazwie*); przylgnąć. **6. ~ in sb's mind** utkwić komuś w pamięci. **7. ~ by sth** trzymać się czegoś, trwać przy czymś; **~ out** wystawać, sterczeć; odstawać (*o uszach*); wystawić (*rękę, język*); **~ it out (till the end)** *pot.* wytrzymać/wytrwać (do końca); **~ to sth** trzymać się/przestrzegać czegoś; trwać przy czymś; ograniczać się do czegoś; **~ to the point/subject** trzymać się tematu; **~ together** *pot.* trzymać się razem; **~ up** sterczeć, wystawać (*pionowo*); **~'em up!** *sl.* ręce do góry! **~ with sb** *pot.* trzymać się kogoś; wryć się komuś w pamięć; **~ with sth** *pot.* pozostawać/trwać przy czymś; trzymać się czegoś (*programu*); **~ with it** wytrwać, nie rezygnować.

sticker ['stɪkər] *n.* naklejka, nalepka.

stick-up ['stɪk,ʌp] *n. pot.* napad (*rabunkowy z bronią w ręku*).

sticky ['stɪkɪ] *a.* **1.** lepki, klejący się. **2.** parny, duszny. **3.** *pot.* kłopotliwy (*o sytuacji*).

stiff [stɪf] *a.* **1.** sztywny. **2.** zesztywniały. **3.** mocny (*o drinku*). **4.** zacięty (*o konkurencji, oporze*). **5.** wysoki (*o cenach*). **6.** surowy (*o karze*). — *adv. pot.* **be scared/bored ~** śmiertelnie się bać/nudzić. — *n. sl.* umarlak.

stiffen ['stɪfən] *v.* **1.** sztywnieć. **2.** usztywniać. **3. ~ sb's resolve** umocnić czyjeś postanowienie.

stifle ['staɪfl] *v.* **1.** dusić (się). **2.** stłumić; stłamsić; zdławić; zdusić (w sobie).

stifling ['staɪflɪŋ] *a.* **1.** duszący (*o zapachu*). **2.** utrudniający życie (*o przepisach*).

stigma ['stɪgmə] *n. pl. t.* **stigmata** ['stɪgmətə] **1.** piętno. **2.** znamię.

stiletto [stɪ'letoʊ] *n.* **1.** szpilka (*but l. obcas*). **2.** sztylet.

still [stɪl] *adv.* **1.** nadal, wciąż, ciągle. **2.** jeszcze; **~ more** jeszcze więcej. **3.** mimo to. — *a.* **1.** nieruchomy. **2.** cichy; spokojny. **3.** niegazowany. — *adv.* **1.** cicho; spokojnie. **2. keep ~** nie ruszać się; **stand ~** stać nieruchomo/bez ruchu; zatrzymać się, stanąć w miejscu. — *n.* **1.** (*także* **~ frame**) fotos; scena, klatka. **2. in the ~ of the night** *lit.* w nocnej ciszy. — *v.* uspokajać/uciszać (się).

stillborn ['stɪl,bɔ:rn] *a.* **1.** martwo urodzony. **2.** (z góry) skazany na niepowodzenie; poroniony.

still life *n.* martwa natura.

stimulant ['stɪmjələnt] *n., a.* (środek) pobudzający.

stimulate ['stɪmjə,leɪt] *v.* **1.** pobudzać, stymulować. **2.** inspirować.

stimulating ['stɪmjə,leɪtɪŋ] *a.* stymulujący, inspirujący.

stimulation [,stɪmjə'leɪʃən] *n.* stymulacja, pobudzanie.

stimulus ['stɪmjələs] *n. pl.* **stimuli** ['stɪmjəlaɪ] bodziec.

sting [stɪŋ] *v. pret. i pp.* **stung 1.** użądlić, ukłuć; ukąsić; poparzyć. **2.** szczypać; piec; palić. **3.** urazić; dotknąć. — *n.* **1.** ukąszenie; użądlenie; ukłucie; poparzenie. **2.** pieczenie, szczypanie; palenie. **3.** *pot.* prowokacja (*policyjna*). **4. take the ~ out of sth** złagodzić coś (*np. bolesną wiadomość*).

stingy ['stɪndʒɪ] *a.* skąpy.

stink [stɪŋk] *v.* **stank, stunk 1.** śmierdzieć; cuchnąć; **it ~s of onion here** śmierdzi tu cebulą. **2.** *pot.* być do niczego; **it ~s** kompletne dno. **3. ~ up** *pot.* zasmrodzić. — *n.* **1.** smród. **2. raise/make/cause a ~** *pot.* zrobić aferę.

stinking ['stɪŋkɪŋ] *a.* **1.** śmierdzący, cuchnący. **2.** *pot.* cholerny. — *adv.* **~ rich** *pot.* nadziany.

stir [stɝ:] *v.* **1.** mieszać; **~ sth (into sth)** dodać coś (do czegoś), mieszając. **2.** *lit.* poruszać (*wyobraźnię*); wywoływać (*wspomnienia*). **3.** kręcić się. **4.** poruszyć się, drgnąć. **5. ~ sb into action** pobudzać kogoś do działania. **6. ~ up** wzbijać (*np. kurz*); wzniecać (*konflikty*); **~ things up** mącić, mieszać. — *n.* **1. give sth a ~** zamieszać coś. **2. create/cause a ~** wywołać poruszenie.

stirrup ['stɝ:əp] *n.* strzemię.

stitch [stɪtʃ] *n.* **1.** ścieg. **2.** *t. chir.* szew. **3.** oczko (*w robocie na drutach*). **4.** kolka, kłucie (*w boku*). **5. be in ~es** pokładać się/pękać ze śmiechu. — *v.* **1.** szyć. **2. ~ together** zszyć; zmontować; **~ up** zaszyć, zszyć; pozszywać; **~ sth up** dopiąć coś na ostatni guzik, sfinalizować coś.

stock [stɑ:k] *n.* **1. ~(s)** zapas(y); **~ of words** zasób słownictwa. **2. in ~** na składzie/stanie; **out of ~** wyprzedany; **take ~** robić inwentaryzację; **while ~s last** do wyczerpania zapasów. **3. ~s** *fin.* akcje. **4.** (*także* **~s and shares**) *fin.* walory. **5.** wywar; **vegetable ~** wywar z warzyw. **6. lock, ~, and barrel** *zob.* **barrel** *n.*; **take ~ of sth** zastanowić się nad czymś, ocenić coś. — *a.* utarty, oklepany; szablonowy, sztampowy. — *v.* **1.** *handl.* prowadzić (*dany asortyment, markę*). **2. ~ sth with sth** zapełniać coś czymś (*np. lodówkę jedzeniem*); zaopatrywać coś w coś (*np. sklep w towary*). **3. ~ up on sth** zrobić zapasy czegoś.

stockbroker ['stɑ:k,broʊkər] *n.* makler (giełdowy).

stock exchange *n.* **the ~** giełda (papierów wartościowych).

stocking ['stɑ:kɪŋ] *n.* pończocha.

stock market *n.* **1.** rynek papierów wartościowych. **2.** giełda (papierów wartościowych).

stocktaking ['stɑ:k,teɪkɪŋ] *n.* **1.** inwentaryzacja, remanent. **2.** ocena sytuacji.

stocky ['stɑ:kɪ] *a.* krępy; przysadzisty.

stoic ['stoʊɪk] *n.* stoik. — *a.* (*także* **~al**) stoicki.

stole [stoʊl] *v. zob.* **steal**. — *n.* **1.** etola. **2.** stuła.

stolen ['stoʊlən] *v. zob.* **steal**.

stomach ['stʌmək] *n.* **1.** żołądek. **2.** brzuch. **3. on an empty ~** na pusty żołądek/na czczo; **settle sb's ~** *zob.* **settle**. — *v.* **can't ~ sth** nie znosić/nie trawić czegoś.

stone [stoʊn] *n.* **1.** kamień; kamyk; głaz. **2. precious ~** kamień szlachetny. **3. gall/kidney ~s** kamienie żółciowe/nerkowe. **4. a ~'s throw (away)** o rzut kamieniem; **be made of ~** (*także* **have a heart of ~**) mieć serce z kamienia; **leave no ~ unturned** poruszyć niebo i ziemię. — *v.* **1.** obrzucać kamieniami. **2. ~ to death** ukamienować.

stoned [stoʊnd] *a. pot.* naćpany, nawalony.

stone-deaf [,stoʊn'def] *a.* głuchy jak pień.

stony ['stoʊnɪ] *a.* **1.** kamienisty. **2.** kamienny.

stood [stʊd] *v. zob.* **stand** *v.*

stool [stu:l] *n.* **1.** taboret; stołek. **2.** stolec.

stoop [stuːp] *v.* **1.** ~ **(down)** schylać/pochylać się; schylać, pochylać (*głowę*). **2.** garbić się. **3.** ~ **to (doing) sth** zniżyć się do czegoś. — *n.* **have a** ~ garbić się.

stop [stɑːp] *v.* **1.** przestawać; ~ **doing sth** przestać coś robić; ~ **it/that!** przestań! **2.** zatrzymywać (się); stawać; ~ **to do sth** zatrzymać się, żeby coś zrobić. **3.** przerywać. **4.** ~ **sb (from) doing sth** powstrzymywać kogoś przed czymś/zrobieniem czegoś; ~ **sth (from happening)** zapobiec czemuś. **5.** położyć kres (*samowoli, korupcji*). **6.** ustać (*o deszczu*); skończyć się (*o drodze*). **7.** *fin.* zablokować, wstrzymać (*wypłatę*). **8.** ~ **at nothing** nie cofnąć się przed niczym; ~ **dead/short** (*także* ~ **in one's tracks**) stanąć jak wryty; urwać nagle; ~ **short of (doing) sth** nie posunąć się do czegoś. **9.** ~ **by (sb/sth)** *pot.* wstąpić/wpaść (do kogoś/gdzieś); ~ **off/over** zatrzymać się (po drodze); ~ **up** zatkać. — *n.* **1.** przerwa, postój. **2.** przystanek; stacja. **3. put a** ~ **to sth** położyć czemuś kres, ukrócić coś. **4. come to a full** ~ zatrzymać się całkowicie; ustać zupełnie. **5.** zatyczka; korek.

stopgap ['stɑːpˌgæp] *a.* tymczasowy, prowizoryczny. — *n.* **1.** środek tymczasowy; rozwiązanie prowizoryczne. **2.** substytut.

stopover ['stɑːpˌoʊvər] *n.* przerwa w podróży; międzylądowanie.

stoppage ['stɑːpɪdʒ] *n.* **1.** (*także* **work** ~) przestój, przerwa w pracy. **2.** niedrożność.

stopper ['stɑːpər] *n.* zatyczka; korek.

stopwatch ['stɑːpˌwɑːtʃ] *n.* stoper.

storage ['stɔːrɪdʒ] *n.* **1.** magazynowanie, przechowywanie; gromadzenie (*t. danych*). **2.** magazyn; przechowalnia. **3.** *komp.* pamięć.

store [stɔːr] *n.* **1.** sklep. **2.** (super)market. **3.** (*także* **department** ~) dom towarowy. **4.** zapas. **5.** ~**(s)** magazyn; skład. **6. in** ~ w zapasie/zanadrzu; **be in** ~ **for sb** czekać kogoś. — *v.* ~ **(away/up)** odkładać, magazynować; przechowywać.

storeroom ['stɔːrˌruːm] *n.* składzik; pomieszczenie gospodarcze.

stork [stɔːrk] *n.* bocian.

storm [stɔːrm] *n.* **1.** burza; nawałnica; (*także* **sea** ~) sztorm; (*także* **snow** ~) śnieżyca. **2.** szturm. **3. a** ~ **of protests** fala protestów; **take sth by** ~ wziąć coś szturmem; zrobić furorę gdzieś. — *v.* **1.** szturmować. **2.** brać szturmem. **3.** ~ **into/out of the room** wpaść/wypaść jak burza do/z pokoju.

stormy ['stɔːrmɪ] *a.* **1.** sztormowy. **2.** burzliwy.

story ['stɔːrɪ] *n.* **1.** historia; opowiadanie; opowieść; **ghost/love** ~ opowieść o duchach/miłości. **2.** *dzienn.* artykuł; **cover** ~ artykuł wiodący. **3.** fabuła. **4. bedtime** ~ bajka (na dobranoc); **tell/read sb a** ~ opowiadać/czytać komuś bajkę. **5.** bajeczka, historyjka (= *wymówka*). **6.** kondygnacja, piętro. **7. it's a long** ~ to długa historia; **(or) so the** ~ **goes** tak (przynajmniej) mówią; **sb's side/half of the** ~ czyjaś wersja wydarzeń; **that's not the whole** ~ to jeszcze nie wszystko; **it's the same old** ~ *pot.* ciągle to samo; **tell stories** zmyślać; **to make a long** ~ **short** krótko mówiąc.

stout [staʊt] *a.* **1.** tęgi, korpulentny. **2.** solidny (*np. o butach*). **3.** *form.* niezłomny; zaciekły.

stove [stoʊv] *n.* **1.** piec(yk). **2.** kuchenka.

straight [streɪt] *adv.* **1.** prosto; wprost; ~ **ahead** prosto przed siebie; **sit/stand up** ~ siedzieć/stać prosto. **2.** od razu, zaraz. **3. for three days** ~ przez trzy dni pod rząd/z rzędu. **4. I can't think** ~ nie jestem w stanie zebrać myśli. **5.** (*także* ~ **out**) (*także* ~ **to sb's face**) prosto w oczy. — *a.* **1.** prosty; równy; wyprostowany. **2.** jasny (*np. o odpowiedzi*). **3.** bezpośredni. **4.** szczery, otwarty. **5.** czysty (*o alkoholu*). **6.** *pot.* hetero. **7.** *sl.* czysty (= *niebiorący narkotyków*). **8. get** ~ **A's** dostawać same piątki; **let's get this** ~ wyjaśnijmy to sobie; **keep a** ~ **face** *zob.* **face** *n.*; **set sb** ~ wyprowadzić kogoś z błędu; **set/put the record** ~ *zob.* **record** *n.* — *n. sl.* hetero.

straighten ['streɪtən] *v.* **1.** ~ **(out)** wyprostowywać (się); prostować (się). **2.** ~ **(up)** prostować się/plecy. **3.** ~ **(up)** posprzątać (*pokój*). **4.** ~ **out** wyjaśnić (*nieporozumienie*); uporządkować (*sprawy*); ~ **up** poprawić się (*w zachowaniu*).

straightforward [ˌstreɪt'fɔːrwərd] *a.* **1.** prosty (= *łatwy, jasny*). **2.** prostolinijny.

strain [streɪn] *v.* **1.** nadwerężyć. **2.** ~ **o.s.** przemęczać się. **3.** ~ **one's eyes/ear** (*także* ~ **to see hear**) wytężać wzrok/słuch. **4.** wystawiać na próbę. **5.** odcedzać. **6.** prężyć/naprężać się. **7.** naciągać. **8.** szarpać (*at sth* za coś). **9.** uginać się (*under sth* pod ciężarem czegoś). — *n.* **1.** napięcie; stres; obciążenie; **put a** ~ **on sb** stanowić dla kogoś duże obciążenie. **2.** naprężenie; odkształcenie. **3.** nadwerężenie. **4.** wysiłek. **5.** szczep (*wirusa*).

strained [streɪnd] *a.* **1.** napięty (*o stosunkach, atmosferze*). **2.** wymuszony (*o śmiechu, przeprosinach*).

strainer ['streɪnər] *n.* cedzak, durszlak.

strait [streɪt] *n.* **1.** ~**(s)** cieśnina. **2. in dire** ~**s** w tarapatach.

straitjacket ['streɪtˌdʒækɪt], **straightjacket** *n.* **1.** kaftan bezpieczeństwa. **2.** kaganiec, więzy.

strand [strænd] *n.* **1.** włókno (*przędzy*). **2.** wątek (*sprawy, opowieści*). **3.** kosmyk.

stranded ['strændɪd] *a.* pozostawiony własnemu losowi (*zwł. o turyście*).

strange [streɪndʒ] *a.* **1.** dziwny. **2.** obcy. — *adv.* **act** ~ *pot.* dziwnie się zachowywać.

strangely ['streɪndʒlɪ] *adv.* **1.** dziwnie. **2.** obco. **3.** ~ **enough,...** co dziwne,...

stranger ['streɪndʒər] *n.* obc-y/a; nieznajom-y/a.

strangle ['strængl] *n.* **1.** udusić (się). **2.** stłamsić.

strap [stræp] *n.* pasek (*torby, zegarka*); ramiączko (*sukni, stanika*). — *v.* ~ **(in/on)** przypinać; **be** ~**ped in** mieć zapięty pas.

strata ['streɪtə] *n. pl. zob.* **stratum**.

stratagem ['strætədʒəm] *n. form.* fortel, wybieg.

strategic [strə'tiːdʒɪk], **strategical** *a.* strategiczny.

strategy ['strætədʒɪ] *n.* strategia.

stratum ['streɪtəm] *n. pl.* **strata** ['streɪtə] warstwa.

straw [strɔː] *n.* **1.** słoma. **2.** słomka. **3. the last/final** ~ kropla przepełniająca miarę. — *a.* słomkowy; słomiany.

strawberry ['strɔːˌberɪ] *n.* **1.** truskawka. **2.** (*także* **wild** ~) poziomka. — *a.* truskawkowy.

stray [streɪ] *v.* **1.** zabłądzić; zbłądzić; zboczyć (z drogi); zejść na manowce. **2.** błąkać/wałęsać się. **3.** błądzić (*o myślach*). — *n.* bezpańskie zwierzę. — *a.* bezpański; zabłąkany (*o kuli*); niesforny (*o kosmyku*).

streak [striːk] *n.* **1.** pasemko. **2. a winning/losing** ~ pasmo zwycięstw/porażek, dobra/zła passa. **3. a** ~ **of cruelty** (*także* **a cruel** ~) rys okrucieństwa (*w czyimś charakterze*). — *v.* **1.** przemykać. **2.** robić (sobie) pasemka we (*włosach*).

stream [striːm] *n.* **1.** strumień; potok. **2.** prąd, nurt. **3.** ~ **of abuse/traffic** potok wyzwisk/samochodów. **4.** **blood** ~ krwiobieg. **5.** **up/down** ~ w górę/dół rzeki. — *v.* **1.** płynąć; wypływać, wyciekać. **2.** **tears were ~ing down his face** po twarzy płynęły mu łzy; **with ~ing hair** z rozwianym włosem.

streamlined [ˈstriːmˌlaɪnd] *a.* **1.** opływowy. **2.** optymalny.

street [striːt] *n.* **1.** ulica; **side** ~ boczna uliczka. **2.** **the man/woman in the** ~ przeciętny/szary człowiek; **sth (right) up sb's** ~ *pot.* coś w sam raz dla kogoś; **take to the ~s** wyjść na ulice (= *demonstrować*).

streetcar [ˈstriːtˌkɑːr] *n.* tramwaj.

street lamp *n.* latarnia uliczna.

streetwise [ˈstriːtˌwaɪz] *a. pot.* oblatany, cwany.

strength [streŋkθ] *n.* **1.** siła. **2.** moc. **3.** potęga. **4.** wytrzymałość. **5.** mocna/dobra strona; zaleta. **6.** **at full** ~ w pełnym składzie; **below** ~ w niepełnym składzie; **in** ~ licznie. **7.** **go from ~ to ~** rosnąć w siłę; odnosić sukces za sukcesem; **on the ~ of sth** na mocy czegoś; kierując się czymś; opierając się na czymś.

strengthen [ˈstreŋkθən] *v.* wzmacniać (się); umacniać (się).

strenuous [ˈstrenjʊəs] *a.* **1.** forsowny; intensywny. **2.** usilny, niestrudzony.

stress [stres] *n.* **1.** stres; napięcie; **~-related** spowodowany/wywołany stresem; **under** ~ zestresowany; pod wpływem stresu. **2.** nacisk; **put/lay (great) ~ on sth** kłaść na coś (wielki) nacisk. **3.** akcent. — *v.* **1.** podkreślać. **2.** akcentować. **3.** ~ **(out)** stresować; *pot.* stresować się.

stretch [stretʃ] *v.* **1.** rozciągać (się), naciągać (się). **2.** (*także* ~ **o.s.**) przeciągać się. **3.** (*także* ~ **tight**) napinać, naciągać. **4.** rozpinać (*linkę*). **5.** rozciągać/ciągnąć się. **6.** przeciągać/przedłużać się. **7.** naginać, naciągać (*zasady, fakty*). **8.** wystawiać na próbę. **9.** zmuszać do wysiłku. **10.** ~ **one's legs** *pot.* rozprostować nogi; **be ~ed (to the limit)** cienko prząść. **11.** ~ **out** *pot.* wyciągnąć (*rękę, nogę*); rozłożyć (*ramiona*); wyciągnąć się (= *położyć się*). — *n.* **1.** obszar, połać; akwen. **2.** odcinek (*drogi, wybrzeża*); **home/final/finishing** ~ końcowy odcinek (*trasy wyścigu*). **3.** ćwiczenie rozciągające. **4.** **at a** ~ bez przerwy; **not by any ~ of the imagination** jak by (na to) nie patrzeć; żadną miarą.

stretcher [ˈstretʃər] *n.* nosze.

stricken [ˈstrɪkən] *a. form.* dotknięty nieszczęściem; ~ **by/with sth** dotknięty czymś; cierpiący na coś; **grief-~** pogrążony w bólu/żalu; **panic-~** ogarnięty paniką.

strict [strɪkt] *a.* **1.** surowy (*with sb* w stosunku do kogoś); restrykcyjny. **2.** ścisły; **in the ~ sense (of the word)** w ścisłym/dosłownym (tego słowa) znaczeniu; **in the ~est confidence** w najgłębszej tajemnicy.

strictly [ˈstrɪktlɪ] *adv.* **1.** surowo. **2.** ściśle; ~ **confidential** ściśle poufne/tajne; ~ **speaking** ściśle (rzecz) biorąc, ściśle(j) mówiąc. **3.** wyłącznie.

stride [straɪd] *v.* **strode, stridden** kroczyć (zamaszyście). — *n.* **1.** krok. **2.** **take sth in (one's) ~** przyjąć coś ze spokojem.

strident [ˈstraɪdənt] *a.* ostry; przenikliwy.

strife [straɪf] *n. form.* spory, niesnaski.

strike [straɪk] *v. pret. i pp.* **struck** **1.** uderzać. **2.** uderzyć; zaatakować. **3.** wydarzyć się (*o nieszczęściu*). **4.** nawiedzić (*dane miejsce; np. o klęsce żywiołowej*). **5.** strajkować. **6.** **sb is struck by sth** kogoś uderza coś; **sth ~s sb as funny** coś wydaje się komuś śmieszne; **she ~s me as being extremely intelligent** robi wrażenie niesłychanie inteligentnej. **7.** potrącić (*pieszego, rowerzystę*); uderzyć/wjechać w (*latarnię, drzewo*). **8.** wybijać (godzinę), bić; **the clock struck six** zegar wybił (godzinę) szóstą. **9.** uderzać w (*klawisze*). **10.** wybijać (*monety, medale*). **11.** ~ **gold/oil** natrafić na złoto/ropę. **12.** ~ **sb/sth from/off sth** *form.* skreślić kogoś/coś z czegoś (*z listy, protokołu*). **13.** ~ **a balance (between A and B)** znaleźć kompromis (pomiędzy A i B); ~ **a deal/bargain** dobić targu, ubić interes; ~ **a match** zapalić zapałkę. **14.** ~ **back** kontratakować; ~ **down** powalić (*t. o chorobie*); ~ **off/out** przekreślić, wykreślić; ~ **out** wyruszyć (w drogę); ~ **out on one's own** uniezależnić się; ~ **up** zacząć grać (*o zespole, orkiestrze*); ~ **up a conversation** nawiązać rozmowę. — *n.* **1.** strajk; **go (out) on ~** zastrajkować. **2.** atak; (*także* **air ~**) nalot. **3.** uderzenie, cios.

striking [ˈstraɪkɪŋ] *a.* **1.** uderzający. **2.** uderzająco piękny.

string [strɪŋ] *n.* **1.** sznurek. **2.** sznur (*pereł, samochodów*). **3.** wianek (*czosnku*). **4.** struna; **~s** smyczki (*w orkiestrze*). **5.** seria (*nieszczęść, wypadków*). **6.** *komp.* łańcuch, ciąg. **7.** cięciwa. **8.** **pull ~s** *zob.* **pull** *v.*; **(with) no ~s (attached)** bez (żadnych) zobowiązań; bez (dodatkowych) warunków. — *v. pret. i pp.* **strung** **1.** nawlekać. **2.** ~ **(up)** rozwieszać (*lampki, sznur do bielizny*). **3.** założyć struny/strunę w (*gitarze itp.*). **4.** ~ **along** *pot.* zwodzić (*kogoś*); **be strung out along sth** ciągnąć się wzdłuż czegoś (*o wyspach, drzewach*); ~ **together** *pot.* sklecić (*kilka słów*).

strip [strɪp] *v.* **1.** ~ **(down)** rozbierać się; ~ **naked** rozebrać się do naga; **~ped to the waist** rozebrany do pasa. **2.** ~ **(off)** zdejmować (*część garderoby*). **3.** zdzierać (*tapetę, farbę, korę*). **4.** ogołocić. **5.** ~ **sb of sth** pozbawić kogoś czegoś (*tytułu, przywileju*). **6.** uprawiać striptiz. — *n.* **1.** pasek (*papieru, magnetyczny w karcie*). **2.** pas (*lądu, wody*). **3.** ulica handlowo-rozrywkowa.

stripe [straɪp] *n.* **1.** pasek (*w innym kolorze*). **2.** *wojsk.* belka.

striped [straɪpt] *a.* pasiasty, w paski/pasy.

stripper [ˈstrɪpər] *n.* **1.** striptizer/ka. **2.** **wallpaper/paint ~** przyrząd/preparat do usuwania tapet/farb.

striptease [ˈstrɪpˌtiːz] *n.* striptiz.

strive [straɪv] *v.* **strove, striven** [ˈstrɪvən] *form.* ~ **for sth** dążyć do czegoś; walczyć o coś; ~ **to do sth** usiłować coś osiągnąć.

strode [stroʊd] *v. zob.* **stride** *v.*

stroke [stroʊk] *n.* **1.** wylew; udar; **suffer/have a ~** dostać wylewu/udaru. **2.** ruch (*wiosła, ręki*); pociągnięcie (*pędzla, pióra*). **3.** uderzenie (*serca, zegara, pioruna*). **4.** **give sb/sth a ~** pogłaskać kogoś/coś. **5.** **back/breast ~** styl grzbietowy/klasyczny. **6.** **a ~ of lightning** błyskawica; piorun; **a ~ of luck/fortune** szczęśliwy traf, zrządzenie losu; **a ~ of genius** przebłysk geniuszu; **at a/one ~** za jednym zamachem; **on the ~ of five** (równo) z wybiciem piątej. — *v.* głaskać; ~ **sb's cheek** pogłaskać kogoś po policzku.

stroll [stroʊl] *v.* przechadzać się, spacerować. — *n.* spacer, przechadzka.

stroller [ˈstroʊlər] *n.* spacerówka, wózek spacerowy.

strong [strɔːŋ] *a.* **1.** silny; mocny; solidny; ostry (*o smaku, serze*); dobry (*o wzroku, pamięci*). **2.** wysoki (*o prawdopodobieństwie*); duży (*o szansach*). **3. 50 ~** w sile/liczbie 50; **be 50 ~** liczyć 50 osób. — *adv.* **be going ~** *pot.* świetnie się trzymać.

stronghold ['strɔːŋ,hoʊld] *n.* ostoja, bastion.

strongly ['strɔːŋlɪ] *adv.* **1.** silnie; mocno. **2.** solidnie (*wykonany*). **3.** zdecydowanie (*nie zgadzać się, bronić*).

strove [stroʊv] *v. zob.* **strive**.

struck [strʌk] *v. zob.* **strike**.

structural ['strʌktʃərəl] *a.* **1.** strukturalny. **2.** konstrukcyjny. **3. ~ damage** uszkodzenie konstrukcji/struktury.

structure ['strʌktʃər] *n.* **1.** struktura. **2.** konstrukcja; budowla. — *v.* **1.** tworzyć strukturę (*organizacji*). **2.** konstruować (*wywód*).

struggle ['strʌgl] *v.* **1.** walczyć; **~ with/against sth** zmagać/borykać się z czymś. **2. ~ to do sth** usiłować coś zrobić. **3.** szamotać się. **4. ~ for breath** z trudem łapać powietrze; **~ through sth** przedzierać się/brnąć przez coś. — *n.* **1.** walka. **2.** bójka, szamotanina.

strung [strʌŋ] *v. zob.* **string** *v.*

stub [stʌb] *n.* **1.** końcówka (*ołówka*); niedopałek. **2.** odcinek (kontrolny) (*biletu, czeku*). **3.** ogarek. **4.** pniak. **5.** kikut (*ogona*). — *v.* **1. ~ one's toe** uderzyć się w palec (u nogi). **2. ~ (out)** zgasić (*papierosa*).

stubble ['stʌbl] *n.* **1.** lekki/krótki zarost; szczecina. **2.** rżysko, ściernisko.

stubborn ['stʌbərn] *a.* **1.** uparty. **2.** uporczywy. **3. ~ stains** trudne do usunięcia plamy.

stuck [stʌk] *v. zob.* **stick** *v.* — *a.* **be ~** zaciąć się, nie dać się ruszyć; nie móc ruszyć (z miejsca); **be ~ with sb/sth** być skazanym na kogoś/coś; **get ~** utknąć (w miejscu).

stud [stʌd] *n.* **1.** ogier (*t. o mężczyźnie*). **2.** (*także* **~ farm**) stadnina. **3.** wkrętka (*kolczyk*). **4.** ćwiek. — *v.* **1.** nabijać ćwiekami. **2.** *lit.* usiać (*with sth* czymś).

student ['stuːdənt] *n.* **1.** student/ka; ucze-ń/nnica; **~ teacher/nurse** słuchacz/ka szkoły pedagogicznej/pielęgniarskiej. **2.** badacz/ka (*np. literatury*). — *a.* studencki.

studio ['stuːdɪoʊ] *n.* **1.** studio. **2. ~(s)** wytwórnia filmowa. **3.** pracownia, atelier. **4.** (*także* **~ apartment**) kawalerka.

studiously ['stuːdɪəslɪ] *adv.* pilnie; starannie.

study ['stʌdɪ] *n.* **1.** badanie, studium (*of/into sth* czegoś); **carry out/make/conduct a ~** przeprowadzić badanie. **2.** gabinet, pracownia. **3.** nauka. **4. studies** studia; **English studies** filologia angielska; **social studies** nauki społeczne. — *v.* **1.** uczyć się; **~ for an exam** uczyć się do egzaminu. **2.** studiować. **3. ~ to be a doctor** kształcić się na lekarza. **4.** badać, analizować.

stuff [stʌf] *n.* **1.** *pot.* coś; **nice/stupid ~** coś miłego/głupiego. **2. what ~ is this made of?** z czego to jest zrobione? **3.** *pot.* rzeczy; **~ to do** rzeczy do zrobienia. — *v.* **1.** wkładać, wpychać; upychać. **2. ~ sth with sth** wypychać coś czymś. **3.** nadziewać, faszerować. **4.** wypchać (*np. ptaka*). **5. ~ o.s.** (*także* **~ one's face**) *pot.* opychać się (*with sth* czymś).

stuffing ['stʌfɪŋ] *n.* **1.** nadzienie, farsz. **2.** wypełnienie (*poduszki*); wyściółka.

stuffy ['stʌfɪ] *a.* **1.** duszny; zatęchły. **2.** nadęty (*o osobie*).

stumble ['stʌmbl] *v.* **1.** potykać się (*over/on sth* o coś). **2.** zataczać się. **3.** zacinać się (*zwł. na trudnym słowie*). **4. ~ across sb** natknąć się/wpaść na kogoś/coś; **~ through sth** z trudem przebrnąć przez coś.

stump [stʌmp] *n.* **1.** (*także* **tree ~**) pniak. **2.** kikut. **3.** tupanie, ciężki krok. — *v.* tupać, iść ciężkim krokiem.

stun [stʌn] *v.* **1.** oszołomić. **2.** ogłuszyć.

stung [stʌŋ] *v. zob.* **sting** *v.*

stunk [stʌŋk] *v. zob.* **stink** *v.*

stunning ['stʌnɪŋ] *a. pot.* oszałamiający; oszałamiająco piękny.

stunted ['stʌntɪd] *n.* karłowaty, skarłowaciały.

stunt man *n.* kaskader.

stupendous [stʊ'pendəs] *a.* zdumiewający.

stupid ['stuːpɪd] *a.* głupi. — *int.* głupcze.

stupidity [stʊ'pɪdətɪ] *n.* **1.** głupota. **2.** bezsens(owność).

stupidly ['stuːpɪdlɪ] *adv.* **1.** głupio. **2.** przez (własną) głupotę.

sturdy ['stɝːdɪ] *a.* solidny, mocny.

stutter ['stʌtər] *v.* **1.** jąkać się. **2.** zacinać się (*o mechanizmie*). — *n.* jąkanie się; **have a ~** jąkać się.

style [staɪl] *n.* **1.** styl; **have ~** mieć styl; **it's not my ~** to nie w moim stylu; **sth is more sb's ~** coś komuś bardziej odpowiada; coś jest bardziej do kogoś podobne. **2.** rylec. **3. cramp sb's ~** *zob.* **cramp** *v.* — *v.* **1.** projektować (*ubrania, meble*). **2.** stylizować, układać (*fryzurę*).

stylish ['staɪlɪʃ] *a.* stylowy; modny; szykowny.

suave [swɑːv] *a.* uprzedzająco grzeczny.

subconscious [sʌb'kɑːnʃəs] *a.* podświadomy. — *n.* **the ~** podświadomość.

subdue [sʌb'duː] *v.* **1.** ujarzmić, poskromić; obezwładnić; stłumić. **2.** *form.* skrywać, tłumić. **3.** *form.* podbić (*teren, lud*).

subdued [sʌb'duːd] *a.* **1.** zgaszony, markotny. **2.** przygaszony, przytłumiony.

subject *n.* ['sʌbdʒekt] **1.** temat; zagadnienie; **change the ~** zmienić temat. **2.** podmiot. **3.** *szkoln.* przedmiot. **4.** obiekt (*artysty*). **5.** poddan-y/a. — *a.* ['sʌbdʒekt] **~ to sth** podatny/narażony na coś; mogący ulec/podlegający czemuś; **prices are ~ to change** ceny mogą ulec zmianie. — *adv.* **~ to sth** z zastrzeżeniem czegoś. — *v.* [səb'dʒekt] **1.** *form.* podporządkować sobie (*naród*). **2. ~ sb/sth to sth** poddawać kogoś/coś czemuś; narażać kogoś/coś na coś.

subjective [səb'dʒektɪv] *a.* subiektywny.

subject matter *n.* tematyka; treść; przedmiot.

subjugate ['sʌbdʒə,geɪt] *v. form.* podbić, podporządkować sobie.

sublet [,sʌb'let] *v.* podnajmować.

sublime [sə'blaɪm] *a. lit.* **1.** wzniosły; wysublimowany. **2.** zachwycający.

submarine ['sʌbmə,riːn] *n.* okręt podwodny, łódź podwodna. — *a.* podwodny.

submerge [sʌb'mɝːdʒ] *v.* **1.** zatapiać, zalewać. **2.** zanurzać (się).

submission [sʌb'mɪʃən] *n.* **1.** uległość, posłuszeństwo. **2.** złożenie, przedłożenie; **deadline for ~s** termin składania wniosków/prac.

submissive [sʌb'mɪsɪv] *a.* uległy.

submit [sʌb'mɪt] *v.* **1.** składać (*wnioski, dokumenty*); przedkładać (*propozycje*). **2. ~ (o.s.) to sth** *form.* poddać się czemuś.

subordinate *a.* [sə'bɔːrdənət] **1.** podrzędny. **2.** podległy, podporządkowany; **be ~ to sb/sth** podlegać komuś/czemuś. — *n.* [sə'bɔːrdənət] podwładn-y/a.

— *v.* [sə'bɔːrdəneɪt] **~ sth to sb/sth** podporządkowywać coś komuś/czemuś.
subscribe [səb'skraɪb] *v.* **1. ~ to sth** prenumerować coś. **2. ~ to a belief/an idea** wyznawać/reprezentować pogląd.
subscriber [səb'skraɪbər] *n.* **1.** prenumerator/ka; subskrybent/ka. **2.** *tel.* abonent/ka.
subscription [səb'skrɪpʃən] *n.* **1.** prenumerata; **take out a ~ to sth** zaprenumerować coś. **2.** przedpłata, subskrypcja.
subsequent *form. a.* następny; późniejszy. — *adv.* **~ to sth** w następstwie czegoś; po czymś.
subsequently ['sʌbˌsɪkwəntlɪ] *adv. form.* następnie, później.
subside [səb'saɪd] *v.* **1.** opadać (*o wodzie, temperaturze*). **2.** ustępować (*o obrzęku, bólu*). **3.** uspokajać się (*o wietrze*).
subsidiary [sʌb'sɪdɪˌerɪ] *a.* **1.** drugorzędny. **2.** pomocniczy.
subsidize ['sʌbsəˌdaɪz] *v.* dotować, subsydiować.
subsidy ['sʌbsədɪ] *n.* **1.** dotacja, subwencja. **2.** wsparcie (finansowe).
subsistence [sʌb'sɪstəns] *n. form.* **1.** egzystencja, utrzymywanie się przy życiu. **2.** utrzymanie.
substance ['sʌbstəns] *n.* **1.** substancja; materiał. **2.** *form.* istota, sedno. **3. of ~** *form.* istotny, ważki. **4. lack ~** być pozbawionym podstaw; być pozbawionym treści.
substantial [sʌb'stænʃl] *a.* **1.** znaczny, spory; pokaźny; obfity. **2.** solidny. **3.** *form.* wpływowy. **4.** *form.* zamożny.
substantially [sʌb'stænʃlɪ] *adv.* **1.** znacznie. **2.** zasadniczo.
substantiate [sʌb'stænʃɪˌeɪt] *v. form.* potwierdzać; uzasadniać; udowadniać.
substitute ['sʌbstəˌtuːt] *n.* **1.** zastęp-ca/czyni. **2.** zawodni-k/czka rezerwow-y/a. **3.** zamiennik. **4. be no ~ for sth** nie móc zastąpić czegoś. **5.** (*także* **~ teacher**) *szkoln.* zastępstwo. — *v.* **1.** zastępować; **~ margarine for butter** (*także* **~ butter with margarine**) zastąpić masło margaryną. **2. ~ for sb** zastępować kogoś. **3.** *mat.* podstawiać.
substitution [ˌsʌbstə'tuːʃən] *n.* **1.** zastąpienie. **2.** zastępstwo. **3.** zmiana (*zawodnika*).
subterranean [ˌsʌbtə'reɪnɪən] *a.* (*także* **subterraneous**) podziemny.
subtitle ['sʌbˌtaɪtl] *n.* **1. ~s** napisy; **with Polish ~s** z napisami w języku polskim. **2.** podtytuł.
subtitled ['sʌbˌtaɪtld] *a.* z napisami.
subtle ['sʌtl] *a.* subtelny.
subtlety ['sʌtltɪ] *n.* **1.** subtelność. **2.** drobny szczegół.
subtly ['sʌtlɪ] *adv.* subtelnie.
subtract [səb'trækt] *v.* odejmować (*sth from sth* coś od czegoś).
subtraction [səb'trækʃən] *n.* odejmowanie.
subtropical [sʌb'trɑːpɪkl] *a.* podzwrotnikowy.
suburb ['sʌbɝːb] *n.* przedmieście.
suburban [sə'bɝːbən] *a.* **1.** podmiejski. **2.** zaściankowy.
subversive [səb'vɝːsɪv] *a.* wywrotowy.
subway ['sʌbˌweɪ] *n.* metro.
succeed [sək'siːd] *v.* **1.** odnieść sukces, osiągnąć powodzenie; **sb ~ed in doing sth** komuś się coś udało (zrobić). **2.** udać/powieść się. **3.** być następcą (*kogoś; zwł. na stanowisku*).
succeeding [sək'siːdɪŋ] *a.* następny, kolejny (*np. o latach*).
success [sək'ses] *n.* sukces, powodzenie; **be a ~** odnieść sukces; (bardzo) dobrze sobie radzić; **without ~** bez powodzenia.
successful [sək'sesfʊl] *a.* **1.** udany, pomyślny. **2.** *polit.* zwycięski. **3. sb was/is ~ in doing sth** komuś się coś udało/udaje (z/robić). **4.** mający powodzenie; dobrze prosperujący.
successfully [sək'sesfʊlɪ] *adv.* pomyślnie, z powodzeniem; udanie.
succession [sək'seʃən] *n.* **1. in ~** po kolei; **(four times) in ~** (cztery razy) z rzędu; **in close/quick/rapid ~** jeden po drugim, raz za razem. **2.** seria; szereg. **3.** kolejność, następstwo. **4.** sukcesja; dziedziczenie (*zwł. tronu*).
successive [sək'sesɪv] *a.* kolejny; **on four ~ nights** przez cztery kolejne noce.
successor [sək'sesər] *n.* następ-ca/czyni (*to sb* kogoś).
succinct [sək'sɪŋkt] *a.* zwięzły.
succulent ['sʌkjələnt] *a.* soczysty.
succumb [sə'kʌm] *v. form.* ulegać, poddawać się (*to sth* czemuś).
such [sʌtʃ] *a., pron.* taki; **~ nice people** tacy mili ludzie; **~ as...** taki jak...; **as ~** jako taki; **I said no ~ thing** nic podobnego nie powiedziałam; **there's no ~ thing (as...)** nie ma czegoś takiego (jak...).
such and such, **such-and-such** *a., pron. pot.* taki a taki.
suck [sʌk] *v.* **1.** ssać (*(on/at) sth* coś). **2.** *pot.* **~ at sth** być w czymś do niczego; **sb/sth ~s** ktoś/coś jest do chrzanu/do bani/do kitu. **3. ~ in** wciągnąć; wessać; wchłonąć; **~ up to sb** *pot.* podlizywać się komuś.
sucker ['sʌkər] *n. pot.* frajer/ka.
suction ['sʌkʃən] *n.* ssanie; zasysanie.
sudden ['sʌdən] *a.* **1.** nagły; nieoczekiwany. **2. all of a ~** ni stąd, ni zowąd.
suddenly ['sʌdənlɪ] *adv.* nagle.
suds [sʌdz] *n. pl.* mydliny.
sue [suː] *v.* wytoczyć proces (*sb for sth* komuś o coś).
suede [sweɪd] *n.* zamsz. — *a.* zamszowy.
suffer ['sʌfər] *v.* **1.** cierpieć. **2.** ucierpieć. **3.** doznać (*zniszczeń, szoku*); doświadczać (*bólu*); **~ injuries** doznać obrażeń; **~ heavy losses** ponieść duże straty (*w ludziach*). **4.** móc ścierpieć, tolerować, znosić. **5. ~ from sth** chorować/cierpieć na coś.
sufferer ['sʌfərər] *n.* cierpiąc-y/a; **cancer ~s** osoby chore na raka.
suffering ['sʌfərɪŋ] *n.* cierpienie.
suffice [sə'faɪs] *v. form.* **1.** wystarczać. **2. ~ (it) to say (that)...** wystarczy powiedzieć, że...
sufficient [sə'fɪʃənt] *a.* wystarczający; **be ~** (wy)starczać.
sufficiently [sə'fɪʃəntlɪ] *adv.* wystarczająco.
suffix ['sʌfɪks] *n.* przyrostek, sufiks.
suffocate ['sʌfəˌkeɪt] *v.* **1.** udusić (się). **2. I'm suffocating** duszę się.
suffocation [ˌsʌfə'keɪʃən] *n.* uduszenie.
sugar ['ʃʊgər] *n.* **1.** cukier. **2.** łyżeczka/kostka cukru. — *v.* słodzić; cukrzyć.
sugar bowl *n.* cukierniczka.
sugarcane ['ʃʊgərˌkeɪn] *n.* trzcina cukrowa.
suggest [səg'dʒest] *v.* **1.** proponować, sugerować; **he ~ed going by car** zaproponował, żeby pojechać

samochodem. **2.** **there was nothing to ~ that...** nic nie wskazywało na to, że...
suggestion [səg'dʒestʃən] *n.* **1.** propozycja; **have/make a ~** mieć/przedstawić propozycję, zaproponować coś. **2.** **at sb's ~** za czyjąś sugestią/radą/namową. **3.** **a ~ of sth** ślad/cień czegoś.
suggestive [səg'dʒestɪv] *a.* **1.** niedwuznaczny. **2.** sugestywny. **3.** **be ~ of sth** *form.* przywodzić coś na myśl.
suicidal [ˌsuːɪ'saɪdl] *a.* **1.** samobójczy. **2.** **be ~** mieć nastroje samobójcze; być równoznacznym z samobójstwem.
suicide ['suːɪˌsaɪd] *n.* samobójstwo; **commit ~** popełnić samobójstwo.
suit [suːt] *v.* **1.** odpowiadać (*komuś*). **2.** **sth ~s sb** komuś jest w/z czymś do twarzy. **3.** **be ~ed to/for sb/sth** nadawać się na coś/dla kogoś. **4.** **~ yourself** jak (sobie) chcesz. — *n.* **1.** garnitur. **2.** kostium (*damski*). **3.** strój; **jogging ~** dres; **space ~** skafander kosmiczny; **swimming ~** kostium kąpielowy. **4.** *karty* kolor. **5.** *prawn.* proces; pozew, powództwo. **6.** **follow ~** *zob.* **follow**.
suitable ['suːtəbl] *a.* odpowiedni, właściwy; stosowny; **be ~ for sb/sth** nadawać się dla kogoś/do czegoś.
suitably ['suːtəblɪ] *adv.* odpowiednio, właściwie; stosownie.
suitcase ['suːtˌkeɪs] *n.* walizka.
suite [swiːt] *n.* **1.** (*także* **~ of rooms**) apartament; **honeymoon ~** apartament dla nowożeńców. **2.** suita. **3.** *komp.* pakiet/zestaw (programów).
sulfur ['sʌlfər] *n.* siarka.
sulfuric acid [sʌlˌfjʊrɪk 'æsɪd] *a.* kwas siarkowy.
sulk [sʌlk] *v.* dąsać się; nie mieć humoru.
sulky ['sʌlkɪ] *a.* nadąsany; ponury.
sullen ['sʌlən] *a.* ponury.
sultan ['sʌltən] *n.* sułtan.
sultry ['sʌltrɪ] *a.* **1.** duszny, parny. **2.** ponętny (*o kobiecie, głosie*).
sum [sʌm] *n.* **1.** suma; kwota; **~ total** ogólna suma. **2.** **in ~** *form.* w sumie, jednym słowem. — *v.* **~ up** podsumować; **to ~ up,...** podsumowując,...; **that (about) ~s it up** *pot.* (i) to by było wszystko (na ten temat).
summarize ['sʌməˌraɪz] *v.* streszczać.
summary ['sʌmərɪ] *n.* streszczenie; skrót. — *a.* *prawn.* w trybie doraźnym/przyspieszonym.
summer ['sʌmər] *n.* lato; **in (the) ~** w lecie, latem. — *a.* letni.
summer house *n.* **1.** altana. **2.** domek letniskowy.
summertime ['sʌmərˌtaɪm] *n.* lato.
summit ['sʌmɪt] *n.* *t. geogr., polit.* szczyt.
summon ['sʌmən] *v.* **1.** **~ sb to (do) sth** *form.* wzywać kogoś do czegoś/na coś. **2.** zwoływać (*posiedzenie, parlament*). **3.** **~ (up)** zebrać (*siły*); zdobyć/zebrać się na (*odwagę*).
sumptuous ['sʌmptʃʊəs] *a. form.* okazały; wystawny.
sun [sʌn] *n.* słońce; **the S~** Słońce; **in the ~** w/na słońcu. — *v.* **~ o.s.** wygrzewać się na słońcu.
sunbathe ['sʌnˌbeɪð] *v.* opalać się.
sunbed ['sʌnˌbed] *n.* łóżko do opalania.
sunblock ['sʌnˌblɑːk], **sun block** *n.* krem/emulsja z filtrem (ochronnym).
sunburn ['sʌnˌbɜːn] *n.* oparzenie słoneczne.
Sunday ['sʌndeɪ] *n.* niedziela; *zob. t.* **Friday** (for phrases).
sundial ['sʌnˌdaɪl] *n.* zegar słoneczny.
sundown ['sʌnˌdaʊn] *n.* zachód (słońca).
sundry ['sʌndrɪ] *a. form.* **1.** różny, rozmaity. **2.** **all and ~** wszyscy (bez wyjątku).
sunflower ['sʌnˌflaʊər] *n.* słonecznik.
sung [sʌŋ] *v. zob.* **sing**.
sunglasses ['sʌnˌglæsɪz] *n. pl.* okulary słoneczne.
sunk [sʌŋk] *v. zob.* **sink** *v.*
sunken ['sʌŋkən] *a.* **1.** zatopiony (*o statku, skarbie*). **2.** zapadnięty (*o policzkach, oczach*). **3.** wpuszczany (*np. o wannie*).
sunlight ['sʌnˌlaɪt] *n.* światło słoneczne, słońce.
sunlit ['sʌnˌlɪt] *a.* nasłoneczniony.
sunny ['sʌnɪ] *a.* słoneczny; pogodny.
sunrise ['sʌnˌraɪz] *n.* wschód (słońca).
sunroof ['sʌnˌruːf] *n.* **1.** szyberdach. **2.** taras (*na dachu*).
sunscreen ['sʌnˌskriːn] *n.* krem/emulsja z filtrem (ochronnym).
sunset ['sʌnˌset] *n.* zachód (słońca).
sunshine ['sʌnˌʃaɪn] *n.* słońce; **in the ~** na/w słońcu.
sunstroke ['sʌnˌstroʊk] *n.* udar słoneczny, porażenie słoneczne.
suntan ['sʌnˌtæn] *n.* opalenizna.
suntan lotion *n.* emulsja do opalania.
suntanned ['sʌntænd] *n.* opalony.
super ['suːpər] *pot. a., adv., int.* super. — *n.* = **superintendent**.
superb [sʊ'pɜːb] *a.* pierwszorzędny, znakomity.
superficial [ˌsuːpər'fɪʃl] *a.* powierzchowny.
superficially [ˌsuːpər'fɪʃlɪ] *adv.* **1.** na pierwszy rzut oka. **2.** powierzchownie.
superfluous [sʊ'pɜːflʊəs] *a. form.* zbędny.
superimpose [ˌsuːpərɪm'poʊz] *v.* **~ sth on/onto sth** nakładać coś na coś (*np. obraz na tło*).
superintendent [ˌsuːpərɪn'tendənt] *n.* **1.** (*także* **~ of schools**) kurator/ka (oświaty). **2.** gospod-arz/yni domu; dozor-ca/czyni. **3.** inspektor (nadzoru); kierownik (*robót*).
superior [sə'piːrɪər] *a.* **1.** zwierzchni, nadrzędny; starszy (rangą). **2.** nieprzeciętny, wyjątkowy; wyborowy. **3.** lepszy (*to sb/sth* od kogoś/czegoś); **be ~ to sb/sth** przewyższać kogoś/coś. **4.** wyniosły. **5.** *form.* górny. — *n.* **sb's (immediate) ~** czyj-ś/aś (bezpośredni/a) przełożon-y/a.
superiority [səˌpiːrɪ'ɔːrətɪ] *n.* wyższość.
superlative [sə'pɜːlətɪv] *a.* **1.** znakomity, doskonały; niebywały. **2.** *gram.* najwyższy; w stopniu najwyższym. — *n.* **1.** **the ~** *gram.* stopień najwyższy. **2.** **a string of ~s** same superlatywy.
superman ['suːpərˌmæn] *n.* superman.
supermarket ['suːpərˌmɑːrkɪt] *n.* supermarket.
supernatural [ˌsuːpər'nætʃərəl] *a.* nadprzyrodzony. — *n.* **the ~** zjawiska/siły nadprzyrodzone.
superpower ['suːpərˌpaʊər] *n.* (super)mocarstwo.
superstition [ˌsuːpər'stɪʃən] *n.* przesąd(y).
superstitious [ˌsuːpər'stɪʃəs] *a.* przesądny.
supervise ['suːpərˌvaɪz] *v.* nadzorować.
supervision [ˌsuːpər'vɪʃən] *n.* nadzór.
supervisor ['suːpərˌvaɪzər] *n.* *uniw.* promotor/ka.
supper ['sʌpər] *n.* kolacja.
supplant [sə'plænt] *v. form.* zająć miejsce (*kogoś l. czegoś*).
supple ['sʌpl] *a.* giętki, elastyczny.
supplement *n.* ['sʌpləmənt] **1.** uzupełnienie; dodatek. **2.** (*także* **dietary ~**) suplement (diety). **3.** *dzienn.* dodatek. — *v.* ['sʌpləment] uzupełniać.

supplementary [ˌsʌpləˈmentərɪ] *a.* dodatkowy, uzupełniający.
supplier [səˈplaɪər] *n.* dostawca.
supply [səˈplaɪ] *v. t. handl.* dostarczać (*sth to sb* coś komuś); zaopatrywać (*sb/sth with sth* kogoś/coś w coś). — *n.* **1.** **~(s)** zapasy; zasoby (*żywności, paliw*). **2.** **~ of oxygen** dostarczanie tlenu (*do komórek*); **food/medical supplies** zaopatrzenie w żywność/środki medyczne. **3.** podaż; **~ and demand** podaż i popyt; **sth is in short ~** brakuje czegoś. **4.** **office/school supplies** materiały biurowe/artykuły szkolne.
support [səˈpɔːrt] *v.* **1.** popierać. **2.** podpierać, podtrzymywać. **3.** utrzymywać; **~ o.s.** utrzymywać się. **4.** wspierać. **5.** potwierdzać (*hipotezę, zeznania*); przemawiać za (*teorią*). — *n.* **1.** poparcie; **in ~ of sth** na znak poparcia dla czegoś, na rzecz czegoś (*o petycji, demonstracji*). **2.** wsparcie. **3.** podpora; podpórka; oparcie.
supporter [səˈpɔːrtər] *n.* zwolenni-k/czka, stronni-k/czka.
suppose [səˈpoʊz] *v.* **1.** sądzić, przypuszczać; **I ~ (so)** myślę, że tak, chyba tak; tak sądzę; **sb is ~d to have done sth** uważa się, że ktoś coś zrobił. **2.** **I ~ it's too late now?** pewnie teraz już jest za późno? **she was upset, I ~** pewnie była zmartwiona. **3.** **sb is ~d to do sth** ktoś powinien coś zrobić; **he was ~d to wait for me** miał na mnie zaczekać; **sth is ~d to be...** coś ma (podobno/niby) być...; **what's that ~d to mean?** co to ma znaczyć? — *conj.* (*także* **supposing**) *pot.* **1.** załóżmy/przypuśćmy, że...; a co, jeśli... **2.** (a) może by (tak)...
supposed [səˈpoʊzd] *adv.* rzekomy.
supposedly [səˈpoʊzɪdlɪ] *adv.* jakoby, rzekomo; podobno.
supposition [ˌsʌpəˈzɪʃən] *n. form.* przypuszczenie.
suppress [səˈpres] *v.* **1.** stłumić. **2.** zataić; zatuszować.
suppression [səˈpreʃən] *n.* **1.** tłumienie; stłumienie. **2.** zatuszowanie; zatajenie. **3.** supresja (*genu*).
supremacy [səˈpreməsɪ] *n.* supremacja.
supreme [səˈpriːm] *a.* **1.** *t. wojsk.* naczelny. **2.** najwyższy (*o wysiłku, ofierze, sądzie*); **of ~ importance** najwyższej wagi.
sure [ʃʊr] *a.* **1.** pewny, pewien (*of/about sth* czegoś); **~ of o.s.** pewny siebie. **2.** pewny, niezawodny. **3.** **be ~ to lock the door!** nie zapomnij zamknąć drzwi na klucz! **4.** **make ~ (of sth)** upewnić się (co do czegoś); **make ~ of sth** zapewnić sobie coś (*np. zwycięstwo*); **make ~ (that)/if...** upewnić się/sprawdzić, że/czy...; **make ~ (that)...** postarać się, żeby... **5.** **sb is ~ to do sth** ktoś na pewno coś zrobi; **sth is ~ to happen** coś pewnością się stanie. — *adv.* **1.** *pot.* na pewno; jak nic. **2.** **~ enough,...** jak można się było spodziewać,... — *n.* **for ~** na pewno; **one thing's for ~** jedno jest pewne. — *int. pot.* **1.** jasne!, pewnie! **2.** nie ma za co.
surely [ˈʃʊrlɪ] *adv.* **1.** chyba; pewnie. **2.** na pewno; **~ not** na pewno nie.
surf [sɝːf] *v.* **1.** (*także* **go ~ing**) pływać na desce (surfingowej). **2.** (*także* **~ the net/web**) *komp.* szperać/surfować po internecie/w sieci. — *n.* grzbiet fali (morskiej).
surface [ˈsɝːfəs] *n.* **1.** powierzchnia. **2.** nawierzchnia. **3.** blat (*stołu, kuchenny*). **4.** **on the ~** na pozór. — *v.* **1.** wypływać/wynurzać się (na powierzchnię). **2.** pojawiać się. **3.** wychodzić na jaw.
surface mail *n.* poczta zwykła (= *nie lotnicza*).
surfing [ˈsɝːfɪŋ] *n.* surfing, pływanie na desce.
surge [sɝːdʒ] *v.* **1.** ruszyć (*o tłumie*). **2.** **~ (up)** wzbierać (*o emocjach*). **3.** skoczyć (*o cenach, kursach*). — *n.* **1.** fala (*t. imigrantów*); przypływ (*t. emocji*). **2.** napór (*tłumu*). **3.** skok (*cen, kursów*).
surgeon [ˈsɝːdʒən] *n.* chirurg.
surgery [ˈsɝːdʒərɪ] *n.* **1.** operacja; leczenie operacyjne; **have/undergo ~** przejść operację; **minor/major ~** drobny/poważny zabieg (operacyjny). **2.** sala operacyjna. **3.** chirurgia.
surgical [ˈsɝːdʒɪkl] *a.* **1.** chirurgiczny; operacyjny. **2.** precyzyjny.
surly [ˈsʊrlɪ] *a.* opryskliwy.
surmount [sərˈmaʊnt] *v. form.* przezwyciężyć, pokonać.
surname [ˈsɝːˌneɪm] *n.* nazwisko.
surpass [sərˈpæs] *v. form.* przewyższać; przekraczać; **~ o.s.** przechodzić samego siebie.
surplus [ˈsɝːplʌs] *n.* nadmiar; nadwyżka. — *a.* ponadplanowy, nadmiarowy.
surprise [sərˈpraɪz] *n.* **1.** niespodzianka; **~, ~** *iron.* kto by się spodziewał. **2.** zaskoczenie; zdziwienie; **come as a ~ (to sb)** stanowić dla kogoś zaskoczenie; **come as no ~** nie być (dla nikogo) zaskoczeniem; **(much) to my ~** ku mojemu (wielkiemu) zaskoczeniu; **take sb by ~** zaskoczyć kogoś. — *v.* **1.** dziwić. **2.** zaskakiwać; **~ sb doing sth** zaskoczyć kogoś przy czymś, złapać kogoś na czymś. — *a.* niespodziewany, nieoczekiwany; **~ party** przyjęcie-niespodzianka.
surprising [sərˈpraɪzɪŋ] *a.* zaskakujący; **it is hardly ~ (that)...** nic dziwnego, że...
surprisingly [sərˈpraɪzɪŋlɪ] *adv.* **1.** zaskakująco. **2.** **not ~,...** nic dziwnego, że...
surrender [səˈrendər] *v.* **1.** poddawać (się). **2.** **~ to the police** oddać się w ręce policji. **3.** **~ to sth** ulec czemuś. **4.** wyrzec się, zrezygnować z (*czegoś*). — *n.* kapitulacja; poddanie się (*to sb/sth* komuś/czemuś).
surrogate [ˈsɝːəgət] *a.* zastępczy. — *n.* **1.** surogat; namiastka. **2.** zastęp-ca/czyni.
surround [səˈraʊnd] *v.* otaczać; **~ o.s. with sb** otaczać się kimś.
surrounding [səˈraʊndɪŋ] *n.* okoliczny.
surroundings [səˈraʊndɪŋz] *n. pl.* **1.** otoczenie. **2.** okolica.
surveillance [sərˈveɪləns] *n.* inwigilacja; **keep sb/sth under ~** inwigilować kogoś/coś.
survey *n.* [ˈsɝːˌveɪ] **1.** badanie (ankietowe); ankieta. **2.** przegląd (*w formie artykułu l. książki*). **3.** oględziny. **4.** pomiary (*gruntu*). — *v.* [ˌsərˈveɪ] **1.** ankietować; badać (*przy pomocy ankiety*); **80% of those ~ed** 80% ankietowanych. **2.** przyglądać się (*komuś l. czemuś*). **3.** dokonywać przeglądu (*zagadnienia, sytuacji*). **4.** dokonywać pomiarów (*gruntu*).
surveyor [sərˈveɪər] *n.* geodet-a/ka, mierniczy.
survival [sərˈvaɪvl] *n.* przetrwanie; przeżycie; **~ of the fittest** dobór naturalny.
survive [sərˈvaɪv] *v.* **1.** przeżyć; przetrwać. **2.** **be ~d by sb** pozostawić/osierocić kogoś (*o zmarłym; w nekrologu*).
survivor [sərˈvaɪvər] *n.* ocalał-y/a, osoba pozostała przy życiu.
susceptible [səˈseptəbl] *a.* **1.** podatny (*to sth* na coś). **2.** wrażliwy (*np. na czyjeś wdzięki*).
suspect *v.* [səˈspekt] **1.** podejrzewać (*that* że, *sb of (doing) sth* kogoś o coś). **2.** powątpiewać/wątpić w

(*czyjąś niewinność, uczciwość*). — *n.* ['sʌspekt] podejrzan-y/a. — *a.* ['sʌspekt] podejrzany.
suspend [sə'spend] *v.* zawieszać; **~ sb from school** zawiesić kogoś w prawach ucznia.
suspenders [sə'spendərz] *n. pl.* szelki.
suspense [sə'spens] *n.* napięcie; niepewność; stan zawieszenia; suspens.
suspension [sə'spenʃən] *n.* **1.** *t. mot.* zawieszenie. **2.** zawiesina.
suspension bridge *n.* most wiszący.
suspicion [sə'spɪʃən] *n.* **1.** podejrzenie; **be above/beyond ~** być poza podejrzeniami; **under ~** podejrzany. **2.** cień (*ryzyka, uśmiechu*); ślad (*np. nacjonalizmu*).
suspicious [sə'spɪʃəs] *a.* **1.** podejrzliwy; nieufny; **be ~ about/of sb/sth** mieć podejrzenia względem kogoś/czegoś. **2.** podejrzany; **in ~ circumstances** w podejrzanych okolicznościach.
sustain [sə'steɪn] *v.* **1.** podtrzymywać; utrzymywać. **2.** dodawać sił (*komuś*). **3. ~ injuries** *form.* doznać obrażeń. **4. (objection) ~ed** *prawn.* podtrzymuję (sprzeciw).
sustained [sə'steɪnd] *a.* nieprzerwany; długotrwały; wytężony.
swallow ['swɑːloʊ] *v.* **1.** łykać, połykać. **2.** przełknąć (*zniewagę, łzy*). **3.** *pot.* łyknąć (*wymówkę, kłamstwo*). **4.** stłumić w sobie. **5. ~ up** wchłonąć (*spółkę*); pochłonąć (w całości) (*oszczędności*). — *n.* **1.** łyk; kęs. **2.** jaskółka.
swam [swæm] *v. zob.* **swim** *v.*
swamp [swɑːmp] *n.* bagno; moczary. — *v.* **1.** zalewać. **2.** zasypywać (*listami, petycjami*); **be ~ed with work** być zawalonym pracą.
swan [swɑːn] *n.* łabędź.
swanky ['swæŋkɪ] *a. pot.* bajerancki.
swap [swɑːp] *v.* zamieniać/wymieniać (się); **~ seats** zamienić się miejscami. — *n. pot.* wymiana, zamiana; **do a ~** zamienić się.
swarm [swɔːrm] *n.* rój; mrowie. — *v.* **1.** tłoczyć się. **2. be ~ing with sb/sth** roić się od kogoś/czegoś.
sway [sweɪ] *v.* **1.** kołysać/chwiać się. **2.** zataczać się. **3. be ~ed by sb** dać się komuś przekonać; **be ~ed by sth** zmienić zdanie pod wpływem czegoś. — *n.* **1.** kołysanie (się). **2. hold ~ (over sb/sth)** mieć władzę (nad kimś/czymś).
swear [swer] *v.* **swore, sworn 1.** przeklinać; kląć. **2.** przysięgać; **~ an oath** składać przysięgę; **~ allegiance to sb/sth** ślubować/przysięgać wierność komuś/czemuś; **~ sb to secrecy** zobowiązać kogoś do tajemnicy; **I could have sworn (that)...** mógłbym przysiąc, że... **3. ~ by sth** *pot.* wierzyć święcie w coś; **~ sb in** zaprzysiąc kogoś.
swear word *n.* przekleństwo.
sweat [swet] *v.* **1.** pocić się. **2.** *pot.* męczyć się. **3. ~ out** wypocić (*chorobę, truciznę z organizmu*); przetrzymać (*trudny okres*); **~ it out** ostro ćwiczyć; wytrzymać (jakoś). — *n.* **1.** pot; **in a ~** spocony; **sb broke out in a ~** ktoś się cały spocił; **work up a ~** spocić się (*z wysiłku*). **2. ~s** *pot.* dres. **3. no ~!** *pot.* spoko!
sweater ['swetər] *n.* sweter.
sweatshirt ['swet,ʃɝːt] *n.* bluza.
sweat suit *n.* dres.
sweaty ['swetɪ] *a.* **1.** spocony. **2.** przepocony.
Swede [swiːd] *n.* Szwed/ka.
Sweden ['swiːdən] *n.* Szwecja.
Swedish ['swiːdɪʃ] *a.* szwedzki. — *n.* **1. the ~** Szwedzi. **2.** (język) szwedzki.
sweep [swiːp] *v. pret. i pp.* **swept 1.** zamiatać; zmiatać; (*także* **~ clean**) wymiatać. **2.** zgarniać. **3. sb's eyes swept (over/across/around) sth** ktoś przebiegł wzrokiem po czymś. **4. ~ aside** zignorować; **~ away** unieść, porwać (*kogoś l. coś; o tłumie, idei*); zrównać z ziemią; **~ through sb/sth** ogarnąć kogoś/coś (*o epidemii, panice, ogniu*); **~ up** pozamiatać; porwać, pochwycić. — *n.* **1.** machnięcie; zamaszysty ruch. **2.** łuk; wygięcie. **3.** (bezapelacyjne) zwycięstwo, triumf.
sweeping ['swiːpɪŋ] *a.* **1.** radykalny; gruntowny. **2.** imponujący (*o zwycięstwie*). **3. ~ statement/generalization** zbyt daleko idące twierdzenie/uogólnienie.
sweet [swiːt] *a.* **1.** słodki. **2.** miły, przyjemny; **that's (really/very) ~ of you!** to (bardzo) miłe z twojej strony! **3. have a ~ tooth** lubić słodycze. — *n.* **~s** słodycze.
sweeten ['swiːtən] *v.* słodzić.
sweetheart ['swiːt,hɑːrt] *n.* **1.** *voc.* kochanie, słoneczko. **2.** *przest.* ukochan-y/a.
sweetness ['swiːtnəs] *n.* słodycz.
sweet pea *n.* groszek pachnący.
swell [swel] *v. pp.* **swollen 1. ~ (up)** puchnąć. **2.** pęcznieć. **3.** wzrastać (*o cenach*); narastać (*o emocjach*). — *n.* **1.** fala; wzburzone morze. **2.** krągłość; wypukłość. — *a. przest. pot.* klawy, byczy.
swelling ['swelɪŋ] *n.* opuchlizna; obrzęk.
sweltering ['sweltərɪŋ] *a.* skwarny, parny.
swept [swept] *v. zob.* **sweep** *v.*
swerve [swɝːv] *v.* **1.** (gwałtownie) skręcić. **2. ~ from** zboczyć z (*drogi*). — *n.* (gwałtowny) skręt; odchylenie (*toru ruchu*).
swift [swɪft] *a. form.* **1.** szybki; niezwłoczny. **2.** żwawy; bystry, wartki.
swiftly ['swɪftlɪ] *adv. form.* szybko; żwawo.
swim [swɪm] *v.* **swam, swum 1.** pływać; **go ~ming** iść popływać. **2.** przepłynąć. **3.** tańczyć (przed oczami). **4. sb's head is ~ming** komuś kręci się w głowie. — *n.* **go for a ~** iść popływać; **have a ~** popływać (sobie).
swimmer ['swɪmər] *n.* pływa-k/czka; **be a good/strong ~** dobrze pływać.
swimming ['swɪmɪŋ] *n.* pływanie.
swimming cap *n.* czepek (pływacki).
swimming pool *n.* pływalnia, basen.
swimsuit ['swɪm,suːt] *n.* (*także* **swimming suit**) kostium/strój kąpielowy.
swindle ['swɪndl] *v.* **1.** kantować. **2. ~ sb out of sth** (*także* **~ sth from/out of sb**) wyłudzić coś od kogoś. — *n.* kant.
swine [swaɪn] *n. obelż.* świnia.
swing [swɪŋ] *v. pret. i pp.* **swung 1.** huśtać/kołysać/bujać się. **2.** wahać się (*zwł. o nastrojach*). **3.** huśtać (*czymś*). **4.** machać (*ręką, kijem*). **5.** *muz.* swingować. **6. ~ open** otworzyć się (*o drzwiach*). **7. ~ around** odwrócić się; **~ at sb** zamierzyć/zamachnąć się na kogoś. — *n.* **1.** huśtawka (*wisząca; t. nastrojów*). **2. take a ~ at sb/sth** zamachnąć się na kogoś/coś. **3.** zwrot, (gwałtowna) zmiana. **4.** *muz.* swing. **5.** wahanie, ruch wahadłowy; wahnięcie. **6. (be) in full ~** (iść) pełną parą; (pracować) na pełnych obrotach; (rozkręcić się) na dobre.

swipe [swaɪp] *v.* **1.** przeciągnąć (*kartę magnetyczną*). **2.** *pot.* zwinąć, zwędzić. — *n.* **take a ~ at sb/sth** zamachnąć się na kogoś/coś; przypuścić atak na kogoś/coś.
swirl [swɝːl] *v.* **1.** wirować. **2. sb's head is ~ing** komuś kręci się w głowie. — *n.* wirowanie; wir.
swish [swɪʃ] *v.* świsnąć (*ogonem, szpadą*). — *n.* świst.
Swiss [swɪs] *a.* szwajcarski. — *n.* Szwajcar/ka; **the ~** Szwajcarzy.
switch [swɪtʃ] *n.* **1.** wyłącznik; przełącznik. **2.** przejście (*(from sth) to sth* (z czegoś) na coś); zmiana (*t. zawodnika*). — *v.* **1. ~ (over) to sth** przerzucić się na coś. **2.** przełączać (się). **3.** podmieniać, zamieniać. **4.** zamieniać się. **5. ~ one's attention to sth** przenieść uwagę na coś. **6. ~ off** wyłączyć (*światło, silnik*); wyłączyć się (*t. = przestać uważać*); **~ on** włączyć.
switchboard ['swɪtʃˌbɔːrd] *n.* centrala (telefoniczna).
Switzerland ['swɪtsərlənd] *n.* Szwajcaria.
swivel ['swɪvl] *v.* **~ (around)** obracać (się).
swollen ['swoʊlən] *v. zob.* **swell** *v.* — *a.* **1.** spuchnięty, obrzmiały. **2.** wezbrany.
sword [sɔːrd] *n.* szpada; miecz.
swore [swɔːr] *v. zob.* **swear**.
sworn [swɔːrn] *v. zob.* **swear**. — *a.* **1. ~ enemies** zaprzysięgli wrogowie. **2. ~ statement/testimony** zeznanie pod przysięgą.
swum [swʌm] *v. zob.* **swim** *v.*
swung [swʌŋ] *v. zob.* **swing** *v.*
syllable ['sɪləbl] *n.* sylaba, zgłoska.
syllabus ['sɪləbəs] *n. pl. t.* **syllabi** ['sɪləˌbaɪ] program nauczania; wykaz zagadnień; **on the ~** w programie nauczania.
symbol ['sɪmbl] *n.* symbol.
symbolic [sɪm'bɑːlɪk], **symbolical** *a.* symboliczny; **be ~ of sth** symbolizować coś.
symbolism ['sɪmbəˌlɪzəm] *n.* symbolizm.
symbolize ['sɪmbəˌlaɪz] *v.* symbolizować.
symmetrical [sɪ'metrɪkl] *a.* (*także* **symmetric**) symetryczny.
symmetry ['sɪmətrɪ] *n.* symetria.
sympathetic [ˌsɪmpə'θetɪk] *a.* **1.** współczujący, pełen współczucia. **2.** życzliwy; pozytywnie nastawiony.
sympathize ['sɪmpəˌθaɪz] *v.* **1. ~ with sb** współczuć komuś; solidaryzować się z kimś. **2. ~ with sth** sympatyzować z czymś, podzielać coś.
sympathizer ['sɪmpəˌθaɪzər] *n.* sympaty-k/czka.
sympathy ['sɪmpəθɪ] *n.* **1.** współczucie. **2.** poparcie; **be in ~ with sb/sth** popierać kogoś/coś; **have ~ for sth** popierać coś. **3. sympathies** sympatie (*polityczne*).
symphony ['sɪmfənɪ] *n.* **1.** symfonia. **2.** (*także* **~ orchestra**) orkiestra symfoniczna.
symptom ['sɪmptəm] *n.* symptom; objaw; przejaw.
symptomatic [ˌsɪmptə'mætɪk] *a.* **1.** *form.* symptomatyczny (*of sth* dla czegoś). **2. ~ treatment** leczenie objawowe.
synagogue ['sɪnəˌgɑːg] *n.* synagoga.
sync [sɪŋk] *n. pot.* **in ~** zsynchronizowany, zgrany; **be out of ~ (with sth)** nie zgadzać się (z czymś); nie pasować (do czegoś); **get out of ~** rozjechać/rozstroić się (*o dźwięku, obrazie*).
synchronize ['sɪŋkrəˌnaɪz] *v.* synchronizować.
syndicate *n.* ['sɪndɪkət] **1.** syndykat. **2.** koncern prasowy.
syndrome ['sɪndroʊm] *n.* syndrom (*zwł. w nazwach*).
synonym ['sɪnənɪm] *n.* synonim.
synonymous [sɪ'nɑːnəməs] *a.* **1.** synonimiczny, bliskoznaczny. **2.** równoznaczny (*with sth* z czymś).
synopsis [sɪ'nɑːpsɪs] *n. pl.* **synopses** [sɪ'nɑːpsiːs] streszczenie.
syntax ['sɪntæks] *n.* składnia.
synthesis ['sɪnθəsɪs] *n. pl.* **syntheses** ['sɪnθəsiːz] synteza.
synthesizer ['sɪnθəˌsaɪzər] *n.* syntezator.
synthetic [sɪn'θetɪk] *a.* syntetyczny. — *n.* **~s** syntetyki.
syphilis ['sɪfələs] *n.* kiła, syfilis.
syringe [sə'rɪndʒ] *n.* strzykawka.
syrup ['sɪrəp] *n.* syrop.
system ['sɪstəm] *n.* **1.** system. **2.** układ (*krwionośny, oddechowy*). **3. the ~** *pot.* system (*machina biurokratyczna*).
systematic [ˌsɪstə'mætɪk], **systematical** *a.* systematyczny.

T

tab [tæb] *n.* **1.** *pot.* rachunek (*np. w restauracji*); **pick up the ~ for sth** zapłacić za coś. **2. keep ~s on sb/sth** *pot.* mieć kogoś/coś na oku.
table ['teɪbl] *n.* **1.** stół; stolik; **set the ~** nakrywać do stołu. **2.** tablica; tabliczka. **3.** tabela; **~ of contents** spis treści. **4. turn the ~s** odwrócić role/sytuację; **the ~s have (been) turned** sytuacja się odwróciła, role się odwróciły. — *v.* odkładać rozpatrzenie (*propozycji*).
tablecloth ['teɪblˌklɔːθ] *n.* obrus.
table mat *n.* podkładka (*pod nakrycie*).
table salt *n.* sól kuchenna.
tablespoon ['teɪblˌspuːn] *n.* łyżka stołowa.
tablet ['tæblət] *n.* **1.** tabletka. **2.** tabliczka (*np. gliniana*).
table tennis *n.* tenis stołowy.
tabloid ['tæblɔɪd] *n.* brukowiec, tabloid.
taboo [tə'buː] *n.* tabu. — *a.* tabu, zakazany; **~ subject** temat tabu.
tacit ['tæsɪt] *a.* milczący, cichy.
taciturn ['tæsəˌtɝːn] *a.* małomówny.
tack [tæk] *n.* **1.** gwoździk. **2.** pinezka. **3. change ~** zmienić kurs/taktykę. — *v.* **1.** przybić (*gwoździkami*); przypiąć (*pinezką*). **2. ~ on** *pot.* dodać (*parę słów na końcu listu, punkt do programu*).
tackle ['tækl] *n.* **1.** *rugby itp.* blok. **2. (fishing) ~** sprzęt wędkarski. — *v.* **1.** stawić czoło (*komuś l. czemuś*); zabrać się do (*czegoś*); uporać się z (*czymś*). **2.** *rugby itp.* blokować. **3. ~ sb about sth** przycisnąć kogoś w jakiejś sprawie.
tacky ['tækɪ] *a.* **1.** tandetny. **2.** lepki, klejący się.
tact [tækt] *n.* takt.
tactful ['tæktfʊl] *a.* taktowny.
tactical ['tæktɪkl] *a.* taktyczny.

tactics ['tæktɪks] *n. pl.* taktyka.
tactless ['tæktləs] *a.* nietaktowny.
tad [tæd] *n.* **a ~** kapka, ociupinka.
tadpole ['tædpoʊl] *n.* kijanka.
tag [tæg] *n.* **1.** przywieszka; (*także* **name ~**) identyfikator; (*także* **price ~**) metka. **2.** *komp.* znacznik, tag. **3.** *pot.* mandat. **4. play ~** bawić się w berka. — *v.* **1.** przyczepić przywieszkę/metkę do (*czegoś*). **2.** *komp.* oznaczać, tagować. **3. ~ along** *pot.* przyłączyć się (*with/after/behind sb* do kogoś); **~ on** dodać (*parę zdań*).
tail [teɪl] *n.* **1.** ogon. **2.** poła. **3.** *pl. zob.* **tails**. **4. turn ~** *pot.* dać nogę. — *v.* **1.** zamykać (*np. pochód*). **2.** *pot.* chodzić krok w krok za (*kimś*). **3. ~ away/off** zanikać, słabnąć.
tailcoat ['teɪl,koʊt] *n.* frak.
tailgate ['teɪl,geɪt] *v.* **1.** siedzieć na ogonie (*pojazdowi jadącemu z przodu*). **2.** jechać zbyt blisko, nie zachowywać bezpiecznej odległości.
tailor ['teɪlər] *n.* krawiec. — *v.* **1.** szyć; kroić. **2. ~ sth to one's needs** dostosować coś do własnych potrzeb.
tailor-made [,teɪlər'meɪd] *a.* **1.** szyty na miarę. **2.** wykonany na zamówienie. **3. ~ for sb** wymarzony/idealny dla kogoś.
tailpipe ['teɪl,paɪp] *n.* rura wydechowa.
tails [teɪlz] *n. pl.* **1.** frak. **2.** orzeł, rewers (*monety*).
taint [teɪnt] *n.* skaza, plama (*na reputacji*). — *v.* **1.** splamić, zbrukać; **be ~ed by/with sth** splamić się czymś (*o osobie, organizacji*). **2.** skazić, zanieczyścić.
tainted ['teɪntɪd] *a.* skażony, zanieczyszczony.
take [teɪk] *v.* **took, taken 1.** brać, wziąć; **~ a bath/shower** wziąć kąpiel/prysznic; **~ sth into account/consideration** brać coś pod uwagę/rozwagę. **2.** zabierać; **~ sb/sth with one** zabrać kogoś/coś ze sobą. **3.** zażywać, brać (*leki, narkotyki*). **4.** przyjmować; **~ fifty students a year** przyjmować pięćdziesięciu studentów rocznie. **5.** zajmować; **~ a seat** zająć miejsce; **it won't ~ long** to nie zajmie dużo czasu. **6.** przyjmować, akceptować, honorować (*np. karty kredytowe*). **7.** obejmować; **~ control/office** objąć kontrolę/urząd. **8.** wymagać; potrzebować (*czegoś*); **it took a lot of courage** to wymagało wielkiej odwagi. **9.** znosić; **~ sth badly/well** źle/dobrze coś znieść. **10.** prowadzić; **this road will ~ you downtown** ta ulica zaprowadzi cię do centrum. **11.** przyjmować się (*o roślinie, szczepionce*). **12. I ~ it that...** zakładam, że... **13.** *pot.* nabrać, oszukać. **14. ~ a break** zrobić (sobie) przerwę; **~ a bus/train/taxi** pojechać autobusem/pociągiem/taksówką; **~ a call** odebrać telefon; **~ a chance** zaryzykować; **~ an exam/a test** zdawać egzamin/test, podchodzić do egzaminu/testu; **~ five/ten** zrobić (sobie) pięć/dziesięć minut przerwy; **~ it/things easy** nie przejmować się; **~ it or leave it** *pot.* możesz się zgodzić albo nie; **~ it upon o.s. to do sth** wziąć na siebie zrobienie czegoś; **~ John (for example)** weźmy (dla przykładu) Johna; **~ one's time** nie spieszyć się; **~ pictures/photos** robić zdjęcia; **~ sb by surprise** zaskoczyć kogoś; **~ sb's blood pressure** zmierzyć komuś ciśnienie; **~ sb's word for it** wierzyć komuś na słowo; **~ sth seriously** brać/traktować coś poważnie; **~ the first street on the right** skręć w pierwszą ulicę w prawo; **be ~n ill/sick** zachorować; **what do you ~ me for?** za kogo mnie masz/bierzesz? **15. ~ after sb** przypominać kogoś; **~ against sb** uprzedzić się do kogoś; **~ sth apart** rozebrać coś na części; **~ sb/sth away** zabrać kogoś/coś; **to ~ away** na wynos; **~ sb back** odwieźć/odprowadzić kogoś; przyjąć kogoś z powrotem; **~ sth back** cofnąć/odwołać coś; odnieść coś (*nieudany zakup do sklepu*); przyjąć coś z powrotem; **~ sth down** zapisać/zanotować coś; zdemontować coś; zburzyć coś; **~ sb in** przygarnąć kogoś; przyjąć kogoś (*t. do pracy*); **~ sth in** zrozumieć coś; przyjąć coś do wiadomości; zwęzić coś (*np. spódnicę*); **~ in a movie/show** pójść zobaczyć film/spektakl; **be ~n in** dać się nabrać; **~ off** wystartować (*o samolocie*); nabrać rozpędu (*o karierze*); *pot.* wyjechać (*for sth* dokądś); *pot.* wyjść (*nagle*); **~ sth off** zdjąć coś; amputować coś; **~ two days off** wziąć dwa dni wolnego; **~ sb on** zatrudnić/przyjąć kogoś; stanąć w szranki z kimś; **~ sth on** podjąć się czegoś; **~ out** wyjąć, wyciągnąć; usunąć (*t. ząb*); zaciągnąć (*pożyczkę*); wypożyczyć (*książkę*); wywabić (*plamę*); **~ sb out** zaprosić/zabrać kogoś (*do restauracji itp.*); *pot.* zlikwidować kogoś (= *zabić*); **~ over from sb** przejąć czyjeś obowiązki; **~ sth over** przejąć coś; **~ sb through sth** przerobić coś z kimś; **~ to sb/sth** polubić kogoś/coś; **~ to doing sth** zacząć coś robić, nabrać zwyczaju robienia czegoś; **~ up** zainteresować/zająć się (*czymś*); objąć; zająć; podchwycić; poruszyć (*temat*); kontynuować (*po przerwie*); zabierać, pochłaniać (*dużo czasu l. pieniędzy*); **~ sth up with sb** omówić coś z kimś; **~ sb up on an invitation** skorzystać z czyjegoś zaproszenia. — *n.* **1.** *film* ujęcie. **2.** utarg, wpływy. **3.** sesja nagraniowa.
takeoff ['teɪk,ɔːf], **take-off** *n. lotn.* start.
takeout ['teɪk,aʊt] *n., a.* (danie) na wynos.
takeover ['teɪk,oʊvər] *n.* przejęcie (*t. władzy*).
takings ['teɪkɪŋz] *n. pl.* utarg, wpływy.
talc [tælk] *n.* (*także* **talcum powder**) talk. — *v.* posypywać talkiem.
tale [teɪl] *n.* **1.** opowieść; historia. **2. fairy ~** baśń.
talent ['tælənt] *n.* talent; uzdolnienie (*for sth* do czegoś).
talented ['tæləntɪd] *a.* utalentowany; uzdolniony.
talk [tɔːk] *v.* **1.** rozmawiać (*to/with sb* z kimś, *about/of sth* o czymś); **~ politics/business** rozmawiać o polityce/interesach. **2.** mówić; przemawiać. **3.** gadać; **people will ~/are ~ing** *pot.* ludzie będą gadać/gadają. **4.** dawać wykład. **5. ~ing of...** skoro (już) mowa o...; **do all the ~ing** nie dawać nikomu dojść do słowa; **now you're ~ing!** wreszcie mówisz do rzeczy! **we are ~ing big money here** *pot.* mówimy tu o dużych pieniądzach. **6.** *pot.* **~ about lucky!** to się nazywa mieć szczęście! **~ dirty** świntuszyć; **~ nonsense/rubbish** opowiadać bzdury; **~ of the devil** o wilku mowa; **~ sense into sb** przemówić komuś do rozsądku; **~ shop** rozmawiać o sprawach zawodowych. **7. ~ back** pyskować (*to sb* komuś); **~ down to sb** mówić do kogoś protekcjonalnym tonem; **~ into** mówić do (*mikrofonu itp.*); **~ sb into (doing) sth** namówić kogoś do (zrobienia) czegoś; **~ sb out of (doing) sth** odwieść kogoś od (zrobienia) czegoś; **~ one's way out of sth** *pot.* wymigać się od czegoś; **~ sth over** omówić/obgadać coś; **~ sth through** przedyskutować coś szczegółowo. — *n.* **1.** rozmowa; **have a ~** porozmawiać. **2.** wykład; prelekcja; pogadanka; **give a ~** wygłosić wykład. **3. ~s** rozmowy; negocjacje. **4.** język, mowa; **baby ~** język

dzieci/dziecięcy. 5. **sb is all ~ (and no action)** *pot.* ktoś potrafi tylko (dużo) gadać; **there is ~ of...** mówi się o... (*czymś, co być może nastąpi*).
talkative ['tɔːkətɪv] *a.* rozmowny; gadatliwy.
talker ['tɔːkər] *n.* mówca.
talk show *n.* talkshow.
tall [tɔːl] *a.* wysoki; **how ~ are you?** ile masz wzrostu? **two meters ~** wysoki na dwa metry.
tambourine [ˌtæmbə'riːn] *n.* tamburyn.
tame [teɪm] *a.* 1. oswojony. 2. potulny, uległy. 3. *pot.* nienadzwyczajny. — *v.* 1. oswajać. 2. poskromić, ujarzmić, okiełznać.
tamper ['tæmpər] *v.* **~ with sth** manipulować/majstrować przy czymś.
tampon ['tæmpɑːn] *n.* tampon.
tan [tæn] *v.* 1. opalać (się). 2. garbować. — *n.* 1. (*także* **sun~**) opalenizna; **get a ~** opalić się. 2. kolor jasnobrązowy. — *a.* 1. opalony. 2. jasnobrązowy.
tandem ['tændəm] *n.* 1. tandem. 2. **in ~** w parze, razem; **work in ~ with sb** współpracować z kimś.
tang [tæŋ] *n.* ostry smak.
tangent ['tændʒənt] *n.* 1. *geom.* styczna. 2. **go off on a ~** nagle zmienić temat.
tangerine [ˌtændʒə'riːn] *n.* mandarynka.
tangible ['tændʒəbl] *a.* dotykalny, namacalny.
tangle ['tæŋgl] *n.* plątanina, gąszcz. — *v.* plątać (się).
tangled ['tæŋgld] *a.* (*także* **~ up**) 1. splątany. 2. powikłany, zagmatwany.
tango ['tæŋoʊ] *n.* **the ~** tango. — *v.* tańczyć tango.
tangy ['tæŋɪ] *a.* o ostrym smaku; kwaskowaty.
tank [tæŋk] *n.* 1. zbiornik. 2. (*także* **gas ~**) bak, zbiornik na benzynę. 3. cysterna. 4. czołg. 5. (*także* **fish ~**) akwarium. — *v.* **~ up** zatankować.
tankard ['tæŋkərd] *n.* kufel.
tanker ['tæŋkər] *n.* 1. zbiornikowiec; tankowiec. 2. samochód cysterna.
tantalizing ['tæntəˌlaɪzɪŋ] *a.* zwodniczy; kuszący.
tantamount ['tæntəˌmaʊnt] *a.* **~ to sth** równoznaczny z czymś.
tantrum ['tæntrəm] *n.* napad złości; **have/throw a ~** wpaść w złość.
tap [tæp] *v.* 1. stukać (*sth on/against sth* czymś w/o coś). 2. klepać; **~ sb on the shoulder** klepnąć kogoś w ramię. 3. (*także* **~-dance**) stepować. 4. podsłuchiwać (*rozmowy*); **~ sb's telephone** założyć komuś podsłuch. 5. **~ (into)** wykorzystywać (*zasoby, doświadczenie*); docierać do (*informacji*). — *n.* 1. stuknięcie. 2. klepnięcie. 3. (*także* **~ dancing**) *pot.* stepowanie. 4. **on ~** *pot.* pod ręką.
tape [teɪp] *n.* 1. taśma; **sticky/scotch ~** taśma klejąca. 2. kaseta, taśma; **on ~** nagrany (na kasecie/taśmie). 3. **red ~** biurokracja. — *v.* 1. (*także* **~ record**) nagrywać (na taśmę). 2. przyklejać taśmą.
tape measure *n.* miara taśmowa, centymetr.
taper ['teɪpər] *v.* **~ (off)** zwężać (się) (*ku dołowi l. końcowi*); słabnąć (*o deszczu, zainteresowaniu*).
tape recorder *n.* magnetofon.
tapestry ['tæpɪstrɪ] *n.* gobelin.
tar [tɑːr] *n.* smoła. — *v.* 1. smołować. 2. **get ~red with the same brush** zostać wrzuconym do jednego worka (*as sb* z kimś).
target ['tɑːrgət] *n.* 1. tarcza strzelnicza. 2. cel; obiekt; **civilian/military ~s** cele/obiekty cywilne/wojskowe; **be on ~** mieć szansę na osiągnięcie celu, posuwać się zgodnie z planem. 3. przedmiot, obiekt (*pogardy, krytyki*). — *v.* 1. wycelować (*sth on/at sth* coś w coś). 2. **~ sth at sb** adresować/kierować coś do kogoś (*produkt, kampanię*). — *a.* docelowy.
tariff ['terɪf] *n.* 1. taryfa. 2. cło. 3. cennik.
tarmac ['tɑːrmæk] *n.* 1. asfalt. 2. płyta lotniska.
tarnish ['tɑːrnɪʃ] *v.* 1. powodować matowienie (*czegoś*). 2. matowieć. 3. zbrukać, splamić (*dobre imię*).
tarpaulin [tɑːr'pɔːlɪn] *n.* brezent.
tarragon ['terəgən] *n.* estragon.
tart [tɑːrt] *a.* cierpki. — *n.* 1. tarta (*z owocami*); tartaletka. 2. *pot.* dziwka.
tartan ['tɑːrtən] *n.* tartan. — *a.* tartanowy, w szkocką kratę.
Tartar ['tɑːrtər], **Tatar** *n.* 1. Tatar/ka. 2. (język) tatarski. — *a.* tatarski.
tartar ['tɑːrtər] *n.* kamień nazębny.
task [tæsk] *n.* 1. zadanie. 2. **take sb to ~** zbesztać kogoś.
task force *n.* 1. oddział specjalny. 2. grupa robocza.
taste [teɪst] *v.* 1. smakować; próbować, kosztować (*czegoś*). 2. smakować; **~ delicious** smakować wyśmienicie, mieć wyśmienity smak; **~ of/like sth** smakować czymś, mieć smak czegoś. 3. **can ~ sth** czuć smak czegoś. 4. zasmakować, zakosztować (*czegoś*); poczuć smak (*czegoś*). — *n.* 1. smak; **to ~** do smaku (*przyprawiać*). 2. zmysł smaku. 3. gust; dobry smak; **a question of ~** kwestia gustu/smaku; **in bad/poor ~** w złym guście; **to sb's ~** w czyimś guście. 4. **have a ~ of sth** spróbować/skosztować czegoś. 5. upodobanie (*for sth* do czegoś).
tasteful ['teɪstfʊl] *a.* gustowny.
tasteless ['teɪstləs] *a.* 1. bez smaku. 2. niesmaczny. 3. niegustowny.
tasty ['teɪstɪ] *a.* 1. smaczny. 2. *pot.* pikantny (*np. o plotkach*).
tattered ['tætərd] *a.* postrzępiony; podarty.
tatters ['tætərz] *n. pl.* **in ~** w strzępach; zszargany (*o reputacji*).
tattoo [tæ'tuː] *v.* tatuować. — *n.* 1. tatuaż. 2. capstrzyk.
taught [tɔːt] *v. zob.* **teach**.
taunt [tɔːnt] *v.* dokuczać (*komuś*); wyśmiewać się/drwić z (*kogoś*). — *n.* **~s** drwiny; prześmiewki.
Taurus ['tɔːrəs] *n.* Byk.
taut [tɔːt] *a.* naprężony, napięty.
tawdry ['tɔːdrɪ] *a.* tandetny.
tawny ['tɔːnɪ] *a.* złotawobrązowy.
tax [tæks] *n.* podatek; **before/after ~** przed/po opodatkowaniu; **income ~** podatek dochodowy. — *v.* 1. opodatkowywać. 2. **~ sb's patience** wystawić na próbę czyjąś cierpliwość.
taxable ['tæksəbl] *a.* podlegający opodatkowaniu.
taxation [tæk'seɪʃən] *n.* 1. opodatkowanie. 2. podatki.
tax-free [ˌtæks'friː] *a.* 1. (*także* **tax-exempt**) wolny od podatku. 2. bezcłowy.
taxi ['tæksɪ] *n.* (*także* **~cab**) taksówka. — *v. lotn.* kołować.
taxi driver *n.* taksówka-rz/rka.
taxing ['tæksɪŋ] *a.* wyczerpujący, męczący.
taxi stand *n.* postój taksówek.
taxpayer ['tæksˌpeɪər] *n.* podatni-k/czka.
tax relief *n.* ulga podatkowa.
tax return *n.* zeznanie podatkowe, deklaracja podatkowa.
TB [ˌtiː 'biː] *abbr.* **tuberculosis** gruźlica.

tea [tiː] *n.* **1.** herbata. **2.** (*także* **afternoon ~**) podwieczorek, herbat(k)a. **3. ~ and sympathy** życzliwość i współczucie, słowa otuchy.
tea bag, teabag *n.* torebka herbaty (*ekspresowej*).
teach [tiːtʃ] *v. pret. i pp.* **taught 1.** uczyć (*sb sth/sth to sb* kogoś czegoś, *sb (how) to do sth* kogoś robić coś); nauczać. **2. ~ sb a lesson** *pot.* dać komuś nauczkę.
teacher ['tiːtʃər] *n.* nauczyciel/ka.
teacher's pet [ˌtiːtʃərz 'pet] *n.* pupil-ek/ka nauczyciel-a/ki.
teaching ['tiːtʃɪŋ] *n.* **1.** uczenie, nauczanie. **2. ~s** nauki.
teacup ['tiːˌkʌp] *n.* filiżanka do herbaty.
team [tiːm] *n.* **1.** drużyna; **be on a ~** być w drużynie; **make the ~** dostać się do drużyny/reprezentacji. **2.** zespół. — *v.* **~ up** łączyć siły, tworzyć zespół (*with sb* z kimś).
teamwork ['tiːmˌwɝːk] *n.* praca zespołowa.
teapot ['tiːˌpɑːt] *n.* dzbanek do herbaty, czajniczek.
tear¹ [tiːr] *n.* łza; łezka; **be close to/on the verge of ~s** być bliskim łez/płaczu; **burst into ~s** wybuchnąć płaczem; **in ~s** we łzach, zalany łzami.
tear² [ter] *v.* **tore, torn 1.** drzeć; rozdzierać, rozrywać; **~ a hole in sth** wydrzeć dziurę w czymś; **~ sth across** przedrzeć coś na pół; **~ sth on sth** podrzeć/rozedrzeć coś o coś; **~ sth open** rozerwać coś (= *otworzyć*); **~ sth to pieces/shreds** podrzeć/porwać coś na kawałki/strzępy. **2.** drzeć się. **3.** zerwać; naderwać (*np. ścięgno*). **4. be torn by sth** być targanym czymś. **5. ~ (along)** *pot.* gnać, rwać. **6. ~ apart** rozerwać, rozedrzeć; **be torn apart** być rozdartym wewnętrznie; być podzielonym (*by sth* przez coś); **~ at sth** szarpać za coś; **~ down** zburzyć; rozebrać na części; **~ off** zerwać/zedrzeć z siebie; **~ up** podrzeć (na kawałki). — *n.* dziura, rozdarcie.
teardrop ['tiːrˌdrɑːp] *n.* łza.
tearful ['tiːrfʊl] *a.* zapłakany; płaczliwy; pełen łez.
tear gas *n.* gaz łzawiący.
tearoom ['tiːˌruːm], **tea room** *n.* herbaciarnia.
tease [tiːz] *v.* **1.** dokuczać (*komuś*); żartować sobie z (*kogoś*). **2.** drażnić, prowokować. **3. ~ out** rozplątywać; **~ sth out of sb** wydobyć coś z kogoś. — *n.* **1.** (*także* **~r**) *pot.* kpiarz. **2.** *pot.* flircia-rz/ra.
teaspoon ['tiːˌspuːn] *n.* łyżeczka (do herbaty).
teat [tiːt] *n.* wymię.
technical ['teknɪkl] *a.* **1.** techniczny. **2.** fachowy. **3. on ~ grounds** ze względów formalnych.
technicality [ˌteknɪ'kælətɪ] *n.* **1.** szczegół techniczny. **2.** uchybienie formalne.
technically ['teknɪklɪ] *adv.* **1.** formalnie rzecz biorąc. **2.** technicznie.
technician [tek'nɪʃən] *n.* techni-k/czka.
technique [ˌtek'niːk] *n.* technika.
technological [ˌteknə'lɑːdʒɪkl] *a.* **1.** techniczny. **2.** technologiczny.
technology [tek'nɑːlədʒɪ] *n.* **1.** technika. **2.** technologia.
teddy bear *n.* miś (pluszowy).
tedious ['tiːdɪəs] *a.* nużący.
teem [tiːm] *v.* **~ with sb/sth** roić się od kogoś/czegoś; **the streets were ~ing with people** na ulicach roiło się od ludzi.
teenage ['tiːnˌeɪdʒ], **teenaged** ['tiːnˌeɪdʒd] *a.* **1.** nastoletni. **2.** młodzieżowy.
teenager ['tiːnˌeɪdʒər] *n.* nastolat-ek/ka.
teens [tiːnz] *n. pl.* **be in one's ~** być nastolatk-iem/ą.
teeny ['tiːnɪ] *a.* (*także* **~-weeny**) *pot.* tyci, tyciuteńki.
tee shirt *n.* = **T-shirt**.
teeter ['tiːtər] *v.* **1.** chwiać się; zataczać się. **2. be ~ing on the brink/edge of sth** balansować na krawędzi czegoś.
teeth [tiːθ] *n. pl. zob.* **tooth**; **armed to the ~** uzbrojony po zęby; **bare one's ~** obnażyć zęby; **by the skin of one's ~** jakimś cudem, o mały włos; **gnash/grind one's ~** zgrzytać zębami.
teethe [tiːð] *v.* **be teething** ząbkować.
teething ring *n.* gryzaczek.
teetotal [tiː'toʊtl] *a.* abstynencki; niepijący.
teetotaler [tiː'toʊtlər] *n.* abstynent/ka, niepijąc-y/a.
telecommunications [ˌteləkəˌmjuːnə'keɪʃənz] *n.* telekomunikacja.
telegram ['teləˌgræm] *n.* telegram.
telegraph ['teləˌgræf] *n.* telegraf.
telepathy [tə'lepəθɪ] *n.* telepatia.
telephone ['teləˌfoʊn] *n.* telefon; **by ~** (*także* **over the ~**) przez telefon, telefonicznie. — *v. form.* telefonować do (*kogoś*).
telephone book *n.* (*także* **telephone directory**) książka telefoniczna.
telephone booth *n.* budka telefoniczna.
telephone call *n.* rozmowa telefoniczna.
telephone number *n.* numer telefonu.
telescope ['teləˌskoʊp] *n.* **1.** teleskop. **2.** luneta. — *v.* składać (się) teleskopowo/w harmonijkę.
television ['teləˌvɪʒən] *n.* **1.** (*także* **~ set**) telewizor, odbiornik telewizyjny. **2.** telewizja; **watch ~** oglądać telewizję; **what's on (the) ~?** co jest/leci w telewizji?
tell [tel] *v. pret. i pp.* **told 1.** mówić; powiedzieć. **2.** opowiadać. **3. ~ sb to do sth** kazać komuś coś zrobić. **4. can ~** wiedzieć; widzieć; **how can you ~?** skąd wiesz? **I could ~ she was nervous** widziałam, że się denerwuje; **you can ~ he is in love** widać, że jest zakochany. **5. ~ a joke** opowiedzieć kawał; **~ a lie** skłamać; **~ a secret** wyjawić tajemnicę; **~ me about it!** (*także* **you're ~ing me!**) *pot.* jakbym nie wiedział/a! **~ o.s.** powtarzać sobie; **~ sth to sb's face** powiedzieć coś komuś prosto w twarz; **~ the future** przepowiadać przyszłość; **~ the truth** mówić prawdę; **~ time** podawać czas; **all told** w sumie, koniec końców; **(I'll) ~ you what** wiesz co (ci powiem); **I'm not ~ing (you)** nie powiem (ci); **I told you (so)** a nie mówiłem? **there's no ~ing** trudno powiedzieć; **to ~ (you) the truth** prawdę mówiąc/powiedziawszy; **you never can ~** (*także* **you can never ~**) nigdy nie wiadomo. **6. ~ apart** odróżniać, rozróżniać; **~ by/from sth** poznać po czymś; **~ sb off** zbesztać kogoś; **~ on sb** *pot.* poskarżyć/donieść na kogoś.
teller ['telər] *n.* **1.** kasjer/ka (*w banku*). **2.** *pot.* bankomat.
telling ['telɪŋ] *a.* wymowny, wiele mówiący.
telltale ['telˌteɪl] *a.* **1.** charakterystyczny. **2.** ostrzegawczy (*o symptomach*).
temp [temp] *pot. n.* tymczasowa pomoc biurowa. — *v.* pracować jako tymczasowa pomoc biurowa, pracować na zastępstwie.
temper ['tempər] *n.* **1.** (wybuchowy) charakter; **have a quick ~** łatwo wpadać w złość. **2.** humor, nastrój; **be in a (bad) ~** być nie w humorze; **be in a good/foul ~** być w dobrym/podłym nastroju; **lose one's ~** stracić panowanie nad sobą.
temperament ['tempərəmənt] *n.* temperament, usposobienie.

temperamental [ˌtemprəˈmentl] *a.* **1.** pełen temperamentu, z temperamentem. **2.** kapryśny.
temperate [ˈtempərət] *a.* umiarkowany.
temperature [ˈtempərətʃər] *n.* temperatura (*t. np. dyskusji*); ciepłota; **have/run a ~** mieć (podwyższoną) temperaturę, mieć gorączkę; **take sb's ~** zmierzyć komuś temperaturę.
tempest [ˈtempɪst] *n. lit.* burza.
tempestuous [temˈpestʃʊəs] *a.* burzliwy.
template [ˈtempleɪt] *n. t. komp.* szablon.
temple [ˈtempl] *n.* **1.** świątynia. **2.** synagoga. **3.** skroń.
tempo [ˈtempoʊ] *n.* tempo.
temporarily [ˌtempəˈrerəlɪ] *adv.* tymczasowo, chwilowo.
temporary [ˈtempəˌrerɪ] *a.* tymczasowy, chwilowy; przejściowy.
tempt [tempt] *v.* **1.** kusić; nęcić. **2. ~ sb to do sth/into doing sth** nakłonić kogoś do (zrobienia) czegoś. **3. I am ~ed to do it** kusi mnie, żeby to zrobić.
temptation [tempˈteɪʃən] *n.* pokusa.
tempting [ˈtemptɪŋ] *a.* kuszący.
ten [ten] *num.* **1.** dziesięć. **2.** *pot.* **~ to one he'll be late** stawiam dziesięć do jednego, że się spóźni; **nine times out of ~** w dziewięćdziesięciu procentach przypadków. — *n.* **1.** dziesiątka. **2. ~ (o'clock)** (godzina) dziesiąta; **at ~** o dziesiątej.
tenacious [təˈneɪʃəs] *a.* wytrwały; nieustępliwy.
tenacity [tɪˈnæsɪtɪ] *n.* wytrwałość.
tenancy [ˈtenənsɪ] *n.* dzierżawa, najem.
tenant [ˈtenənt] *n.* lokator/ka; sublokator/ka.
tend [tend] *v.* **1. ~ to do sth** mieć zwyczaj coś robić; **it ~s to be very hot here** zwykle jest tu bardzo gorąco. **2. ~ toward sth** mieć tendencję do czegoś. **3. ~ (to) sb/sth** *form.* zajmować się kimś/czymś.
tendency [ˈtendənsɪ] *n.* **1.** skłonność (*to/toward sth* do czegoś). **2.** tendencja, trend.
tender [ˈtendər] *a.* **1.** *kulin.* miękki, kruchy. **2.** obolały, bolący. **3.** czuły; **~ loving care** czuła opieka. **4. at a ~ age** w młodym wieku. — *v.* **1.** składać ofertę (*for sth* na coś). **2. ~ one's resignation** *form.* złożyć dymisję/rezygnację. — *n.* **1.** oferta. **2.** przetarg.
tenderly [ˈtendərlɪ] *adv.* czule.
tenderness [ˈtendərnəs] *n.* czułość.
tendon [ˈtendən] *n.* ścięgno.
tenement [ˈtenəmənt] *n.* (*także* **~ building/house**) kamienica czynszowa.
tenet [ˈtenɪt] *n. form.* zasada.
Tennessee [ˌtenəˈsiː] *n.* (stan) Tennessee.
tennis [ˈtenɪs] *n.* tenis; **lawn/table ~** tenis ziemny/stołowy.
tenor [ˈtenər] *n.* **1.** tenor. **2.** *form.* ogólny wydźwięk.
tense [tens] *a.* spięty; napięty; **~ moment** chwila napięcia. — *v.* **~ (up)** naprężać (się), napinać (się). — *n.* **future/present/past ~** czas przyszły/teraźniejszy/przeszły.
tension [ˈtenʃən] *n.* **1.** napięcie; **racial ~s** napięcia na tle rasowym. **2.** konflikt (interesów).
tent [tent] *n.* namiot; **put up/pitch a ~** rozbić namiot.
tentacle [ˈtentəkl] *n.* macka.
tentative [ˈtentətɪv] *a.* **1.** wstępny; niezobowiązujący. **2.** niepewny (*np. o uśmiechu*).
tentatively [ˈtentətɪvlɪ] *adv.* **1.** tytułem próby, wstępnie; niezobowiązująco. **2.** niepewnie.
tenth [tenθ] *num.* dziesiąty. — *n.* jedna dziesiąta.
tenuous [ˈtenjʊəs] *a.* słaby; niepewny.
tenure [ˈtenjər] *n.* **1.** *uniw.* stała posada, etat. **2.** *form.* kadencja. **3.** *prawn.* tytuł własności.
tepid [ˈtepɪd] *a.* letni (*o płynie, reakcji*).
term [tɝːm] *n.* **1.** termin; **legal/medical ~** termin prawniczy/medyczny. **2.** *form.* okres. **3.** semestr; trymestr. **4.** (*także* **~ of office**) kadencja. **5. ~s** warunki. **6. be on good/bad ~s with sb** być z kimś w dobrych/złych stosunkach; **come to ~s with sb/sth** pogodzić się z czymś; **in ~s of sth** pod względem czegoś, w kategoriach czegoś; **in no uncertain ~s** bez ogródek; **in the short/long ~** na krótką/dłuższą metę; **they are not on speaking ~s** nie rozmawiają ze sobą. — *v.* określać, nazywać; nadawać nazwę (*czemuś*).
terminal [ˈtɝːmənl] *a.* **1.** nieuleczalny. **2.** (*także* **~ly ill**) nieuleczalnie chory. **3.** ostateczny; krańcowy; końcowy. — *n.* **1.** *t. komp.* terminal; **air ~** terminal lotniczy. **2. bus ~** pętla autobusowa, końcowy przystanek autobusu.
terminate [ˈtɝːməˌneɪt] *v. form.* **1.** kończyć (się); upływać; **~ in sth** zakończyć (się) czymś. **2.** rozwiązać (*umowę*). **3.** przerwać (*ciążę*).
termination [ˌtɝːməˈneɪʃən] *n. form.* **1.** zakończenie (się), koniec. **2.** wygaśnięcie; rozwiązanie (*umowy*). **3.** przerwanie ciąży.
terminology [ˌtɝːməˈnɑːlədʒɪ] *n.* terminologia.
terminus [ˈtɝːmənəs] *n.* przystanek końcowy.
termite [ˈtɝːmaɪt] *n.* termit.
terrace [ˈterəs] *n.* taras.
terracotta [ˌterəˈkɑːtə] *n.* terakota.
terrain [təˈreɪn] *n.* teren.
terrestrial [təˈrestrɪəl] *a. form.* **1.** ziemski. **2.** lądowy (*o zwierzętach*).
terrible [ˈterəbl] *a.* okropny, straszny.
terribly [ˈterəblɪ] *adv.* okropnie, strasznie.
terrier [ˈterɪər] *n.* terier.
terrific [təˈrɪfɪk] *a. pot.* **1.** świetny, wspaniały. **2.** straszny.
terrify [ˈterəˌfaɪ] *v.* przerażać.
territorial [ˌterəˈtɔːrɪəl] *a.* terytorialny.
territory [ˈterəˌtɔːrɪ] *n.* **1.** terytorium. **2.** obszar, teren; **uncharted/unfamiliar ~** niezbadany/nieznany obszar.
terror [ˈterər] *n.* **1.** przerażenie; **live/be in ~ of sb/sth** żyć w strachu przed kimś/czymś. **2.** terror; **reign of ~** rządy terroru.
terrorism [ˈterəˌrɪzəm] *n.* terroryzm.
terrorist [ˈterərɪst] *n.* terroryst-a/ka.
terrorize [ˈterəˌraɪz] *v.* terroryzować.
terse [tɝːs] *a.* lakoniczny, zdawkowy.
test [test] *n.* **1.** test, sprawdzian (*on sth* z czegoś); **fail a ~** nie zaliczyć testu, oblać test; **pass a ~** zaliczyć/zdać test. **2.** egzamin; **driving ~** egzamin na prawo jazdy. **3.** test; badanie (*for sth* na obecność/zawartość czegoś). **4.** próba; **put sb/sth to the ~** poddać kogoś/coś próbie. — *v.* **1.** testować. **2.** poddawać próbie. **3.** badać.
testament [ˈtestəmənt] *n.* **1.** (*także* **last will and ~**) testament. **2. Old/New T~** Stary/Nowy Testament. **3. be a ~ to sth** *form.* świadczyć o czymś.
test case *n.* precedens sądowy.
testicle [ˈtestɪkl] *n. anat.* jądro.
testify [ˈtestəˌfaɪ] *v.* **1.** zeznawać. **2. ~ to sth** *form.* świadczyć o czymś.
testimony [ˈtestəˌmoʊnɪ] *n.* **1.** zeznanie; **give ~** składać zeznania, zeznawać. **2. bear ~ to sth** *form.* świadczyć o czymś.

test pilot *n.* (pilot) oblatywacz.
test tube *n.* probówka.
test-tube baby [ˌtestˌtuːb 'beɪbɪ] *n.* dziecko z probówki.
tetanus ['tetənəs] *n.* tężec.
Texas ['teksəs] *n.* (stan) Teksas.
text [tekst] *n.* **1.** tekst. **2. set ~** lektura obowiązkowa (*do egzaminu*). — *v.* wysłać SMS-a (*komuś*). — *a.* tekstowy.
textbook ['tekstˌbʊk] *n.* podręcznik. — *a.* **~ example/case** podręcznikowy przykład/przypadek.
textiles ['tekstlz] *n. pl.* tekstylia, wyroby włókiennicze.
text message *n.* SMS, wiadomość tekstowa. — *v.* wysłać SMS-a (*komuś*).
texture ['tekstʃər] *n.* **1.** faktura. **2.** struktura.
textured ['tekstʃərd] *a.* chropowaty; wytłaczany; **coarse/smooth-~** o chropowatej/gładkiej fakturze.
Thai [taɪ] *n.* **1.** Taj/ka. **2.** (język) tajski. — *a.* **1.** tajlandzki. **2.** tajski.
Thailand ['taɪlænd] *n.* Tajlandia.
than [ðæn; ðən] *conj.* niż; **other ~** *pot.* jak tylko, niż; **sooner ~ you think** wcześniej niż myślisz. — *prep.* niż; od; **he is older ~ I/me** jest starszy niż ja/ode mnie; **more ~ once** nie raz, niejeden raz.
thank [θæŋk] *v.* **~ sb for sth/for doing sth** dziękować komuś za coś/, że coś zrobił.
thankful ['θæŋkfʊl] *a.* wdzięczny.
thankfully ['θæŋkfʊlɪ] *adv.* na szczęście.
thankless ['θæŋkləs] *a.* niewdzięczny.
thanks [θæŋks] *n. pl.* **1.** podziękowanie, podziękowania. **2. ~ to sb/sth** dzięki komuś/czemuś. — *int.* dziękuję, dzięki; **~ a lot** (*także* **many ~**) *pot.* wielkie/stokrotne dzięki; **fine ~** dziękuję, dobrze; **no ~** nie, dziękuję.
Thanksgiving [ˌθæŋks'gɪvɪŋ] *n.* (*także* **~ Day**) Święto Dziękczynienia.
thank you ['θæŋk ˌjuː] *int.* dziękuję; **~ very much (indeed)** dziękuję bardzo.
thank-you ['θæŋkˌjuː] *n.* podziękowanie. — *a.* **~ letter/note** liścik z podziękowaniami.
that [ðæt; ðət] *a.* **1.** tamten. **2.** ten; **~ friend of yours** ten twój przyjaciel. — *pron.* **1.** *pl.* **those** ten; **~ is (to say)** to znaczy; **is ~ you?** czy to ty? **who told you ~?** kto ci to powiedział? **who's ~?** kto to (jest)? **2.** który; **the books ~ he wrote** książki, które napisał; **the girl ~ I told you about** dziewczyna, o której ci mówiłem. **3.** jaki; **the most fascinating person ~ I know** najbardziej fascynująca osoba, jaką znam. **4.** co; **all ~ we have** wszystko, co mamy. **5. the day ~ he left** w dniu, kiedy wyjechał. **6. ~'s all there is to it** *pot.* i to wszystko, i tyle; **~'s it** (*także* **~'s ~**) *pot.* na tym koniec; **~'s life** takie jest życie; **~'s why** to dlatego; oto dlaczego; **at ~** na dodatek, w dodatku. — *conj.* że; **I said that...** powiedziałem, że...; **now ~...** skoro...; **so big ~...** tak(i) duży, że... — *adv.* (aż) tak; **don't shout like ~** nie krzycz tak; **not all ~ much** nie tak znowu dużo.
thatched [θætʃt] *a.* kryty strzechą.
thaw [θɔː] *v.* **1. ~ (out)** topić się, tajać. **2. ~ (out)** rozmrażać (się). **3.** ocieplać się (*o stosunkach*). — *n.* **1.** odwilż. **2.** ocieplenie.
the [ðɪ; ðə] *def. art.* **1.** (*zwykle nie tłumaczy się*) **~ door on ~ right** drzwi po prawej (stronie); **~ man I was talking to** mężczyzna, z którym rozmawiałem; **~ sun is shining** świeci słońce; **~ whale is on the brink of extinction** wielorybom grozi wyginięcie; **this is ~ place** to (jest) właśnie to miejsce. **2. ~ deaf/blind** głusi/niewidomi; **~ British/Japanese** Brytyjczycy/Japończycy. **3. ~ Alps** Alpy; **~ Atlantic** Atlantyk; **~ Vistula** Wisła; **~ United States** Stany Zjednoczone. **4. ~ King of Spain** król Hiszpanii; **~ President of ~ United States** prezydent Stanów Zjednoczonych. **5. ~ Bushes** Bushowie, państwo Bush, rodzina Bushów. **6. pains in ~ chest** bóle w klatce piersiowej; **take sb by ~ arm** wziąć kogoś pod rękę. **7. ~ flu/measles** grypa/odra. **8. in ~ 1980s** w latach 80. (dwudziestego wieku); **Monday ~ first of June** poniedziałek 1. czerwca. **9.** [ðiː] ten (prawdziwy); **this can't be ~ Mick Jagger!** to nie może być ten (prawdziwy) Mick Jagger! — *adv.* **1. who do you like ~ best?** kogo lubisz najbardziej? **2. ~ sooner ~ better** im wcześniej, tym lepiej; **none ~ better/worse** wcale nie lepiej/gorzej; **I'm still none ~ wiser** nadal nic nie rozumiem.
theater ['θiːətər] *n.* **1.** teatr (*budynek*); (*także* **the ~**) teatr (*dziedzina*). **2.** (*także* **lecture ~**) sala wykładowa. **3.** (*także* **operating ~**) sala operacyjna. **4.** (*także* **movie ~**) kino (*budynek*).
theatrical [θɪ'ætrɪkl] *a.* teatralny.
theft [θeft] *n.* kradzież.
their [ðer; ðər] *a.* **1.** ich; **~ house** ich dom. **2.** swój; **they spent ~ last holidays together** ostatnie swoje wakacje spędzili razem.
theirs [ðerz] *pron.* ich; **a friend of ~** ich przyjaciel; **this is ~** to jest ich.
them [ðem; ðəm] *pron. pl.* **1.** ich, nich; im; nimi; **a few of ~** kilka z nich; **don't tell ~** nie mów im; **I haven't seen ~ since Monday** nie widziałem ich od poniedziałku; **with ~** z nimi. **2.** oni; **it's ~** to oni. **3.** go; mu; nim; **if anyone calls, tell ~ I'm out** gdyby ktoś dzwonił, powiedz (mu), że mnie nie ma. — *a. nonstandard* ci; te; **give me ~ keys** daj mi te klucze.
theme [θiːm] *n.* **1.** temat. **2.** myśl przewodnia, motyw przewodni.
theme park *n.* park rozrywki.
themselves [ðəm'selvz] *pron. pl.* **1.** siebie; sobie; sobą; **in ~** same w sobie; **they bought ~ a new house** kupili sobie nowy dom. **2.** się; **they enjoyed ~** dobrze się bawili. **3.** sami; **(all) by ~** (zupełnie) sami; **they said so ~** sami tak powiedzieli.
then [ðen] *adv.* **1.** wtedy, wówczas. **2.** potem, następnie. **3.** w takim razie; więc, zatem. **4.** poza tym, w dodatku. **5. ~ and there** (*także* **there and ~**) z miejsca, od razu; **and ~ what?** i co wtedy? **back ~** dawno temu; **but ~ (again)** *zob.* **but**. — *conj.* to; **if you want to leave ~ leave** jeśli chcesz wyjść, to wychodź. — *a.* ówczesny; **the ~ governor/senator** ówczesny gubernator/senator. — *n.* **by/until ~** dotąd, do tej pory; **from ~ on** (*także* **since ~**) od tego czasu, od tej pory.
theology [θɪ'ɑːlədʒɪ] *n.* teologia.
theoretical [θiːə'retɪkl] *a.* teoretyczny.
theoretically [θiːə'retɪklɪ] *adv.* teoretycznie.
theoretician [ˌθiːərə'tɪʃən] *n.* (*także* **theorist**) teorety-k/czka.
theorize ['θiːəraɪz] *v.* teoretyzować.
theory ['θiːərɪ] *n.* teoria; **in ~** w teorii, teoretycznie.
therapeutic [ˌθerə'pjuːtɪk] *a.* leczniczy; terapeutyczny.
therapist ['θerəpɪst] *n.* **1.** terapeut-a/ka. **2.** psychoterapeut-a/ka.

therapy ['θerəpɪ] *n.* **1.** terapia. **2.** psychoterapia.

there [ðer] *adv.* **1.** tam; **~ and back** tam i z powrotem; **over ~** tam; **she wasn't ~** nie było jej tam. **2.** wtedy; **and ~ she stopped** i wtedy się zatrzymała. **3. ~ and then** *zob.* **then** *adv.*; **~ you are** no widzisz; (*także pot.* **~ you go**) proszę (bardzo) (*podając coś*); **~ you/they go again!** (i) znowu się zaczyna! **get ~** dotrzeć na miejsce; **she's always ~ for me** zawsze jest, kiedy jej potrzebuję. — *pron.* **~ is/are...** jest/są...; **~ is no hope** nie ma nadziei; **~ seems to be/have been...** zdaje się, że jest/było...; **~ was nothing there** niczego tam nie było. — *int.* a widzisz! (*triumfująco*); **~, ~!** no już dobrze. — *n.* **from ~** stamtąd.

thereabout ['ðerəˌbaʊt], **thereabouts** *adv.* **1.** w pobliżu/okolicy. **2. (or) ~** (czy) coś koło tego.

thereafter [ˌðer'æftər] *adv. form.* **1.** potem. **2.** od tego czasu/momentu.

thereby [ˌðer'baɪ] *adv. form.* tym samym.

therefore ['ðerˌfɔːr] *adv. form.* dlatego też, zatem.

therein [ˌðer'ɪn] *adv. form.* **1.** tamże. **2. ~ lies...** w tym tkwi/stąd się bierze...

thermal ['θɝːml] *a.* **1.** cieplny. **2.** ocieplany, ciepły (*o odzieży*). **3.** termiczny.

thermometer [ˌθər'mɑːmətər] *n.* termometr.

thermos ['θɝːməs] *n.* (*także* **~ bottle/flask**) termos.

thermostat ['θɝːməˌstæt] *n.* termostat.

thesaurus [θɪ'sɔːrəs] *n. pl. t.* **thesauri** [θɪ'sɔːraɪ] tezaurus; słownik synonimów.

these [ðiːz] *a., pron. pl.* **1.** te; ci; **~ women/children/chairs** te kobiety/dzieci/krzesła; **~ men** ci mężczyźni; **I want ~** chcę te. **2.** *zob. t.* **that**.

thesis ['θiːsɪs] *n. pl.* **theses** ['θiːsiːs] **1.** teza. **2.** rozprawa, dysertacja.

they [ðeɪ] *pron.* **1.** oni; one; **~ say that...** mówi się/mówią, że... **2.** on; ona; **somebody said ~ knew him** ktoś powiedział, że go zna.

they'd [ðeɪd] *abbr.* **1.** = **they had**. **2.** = **they would**.

they'll [ðeɪl] *abbr.* = **they will**.

they're [ðer] *abbr.* = **they are**.

they've [ðeɪv] *abbr.* = **they have**.

thick [θɪk] *a.* **1.** gruby. **2.** gęsty. — *adv.* **1.** grubo. **2.** gęsto. — *n.* **be in the ~ of sth** być w samym środku czegoś; **through ~ and thin** na dobre i na złe, w doli i niedoli.

thicken ['θɪkən] *v.* **1.** gęstnieć. **2.** zagęszczać.

thicket ['θɪkɪt] *n.* gąszcz.

thickness ['θɪknəs] *n.* **1.** grubość. **2.** gęstość. **3.** warstwa (*of sth* czegoś).

thick-skinned [ˌθɪk'skɪnd] *a.* gruboskórny.

thief [θiːf] *n. pl.* **thieves** [θiːvz] złodziej/ka.

thigh [θaɪ] *n.* udo.

thimble ['θɪmbl] *n.* naparstek.

thin [θɪn] *a.* **1.** cienki. **2.** chudy, szczupły. **3.** rzadki. **4. vanish/disappear into ~ air** *zob.* **air** *n.* — *v.* **1. ~ (down)** rozcieńczać, rozrzedzać. **2. ~ out** przerzedzać się.

thing [θɪŋ] *n.* rzecz; coś; **among other ~s** między innymi; **and another ~** i jeszcze jedno/coś; **do one's own ~** *pot.* robić swoje; **do the right ~** postąpić właściwie; **don't worry about a ~** o nic się nie martw; **first ~ (in the morning)** z samego rana; **for one ~** po pierwsze; **how are ~s (with you)?** co (u ciebie) słychać?, jak się sprawy mają? **just the ~** (*także* **the very ~**) właśnie/dokładnie to, czego potrzeba; **make a (big) ~ (out) of sth** robić z czegoś wielkie halo; **no such ~** nic podobnego, nic z tych rzeczy; **not feel/see a ~** nic nie czuć/nie widzieć; **poor/little ~** biedactwo/maleństwo; **that kind/sort of ~** coś w tym rodzaju; **the ~ is...** rzecz w tym, że...; **the last ~ sb wants** ostatnia rzecz, jakiej ktoś potrzebuje; **there is no such ~ as X** nie ma czegoś takiego jak X, coś takiego jak X (po prostu) nie istnieje.

think [θɪŋk] *v. pret. i pp.* **thought 1.** myśleć; sądzić, być zdania; uważać; zastanawiać się; **~ again** zastanowić się (dobrze); **~ aloud** głośno myśleć, myśleć na głos; **~ better of it** rozmyślić się; **~ for o.s** myśleć samodzielnie; **~ hard/twice** dobrze się zastanowić; **I ~ I'll do it** chyba to zrobię; **I ~ so/not** myślę, że tak/nie; **I can't ~ what/where...** nie mam pojęcia, co/gdzie...; **I'll ~ about it** zastanowię się (nad tym); **not ~ much of sb/sth** (*także* **~ little of sb/sth**) nie być zachwyconym kimś/czymś; **what did you ~ of him?** jakie zrobił na tobie wrażenie? **when I come to ~ of it** (*także* **when you ~ about it**) jeśli/kiedy się nad tym (dobrze) zastanowić; **who would have thought?** (i) kto by pomyślał? **2. ~ back to/on sth** wracać myślą/myślami do czegoś; **~ of** wymyślić; pomyśleć o (*kimś l. czymś; = wziąć pod uwagę*); przypomnieć sobie; **~ out** zaplanować; **~ over/through** przemyśleć; **~ up** wymyślić; wpaść na (*pomysł itp.*). — *n. pot.* **have a ~** pomyśleć, zastanowić się; **you've got another ~ coming** grubo się mylisz.

thinker ['θɪŋkər] *n.* myśliciel/ka.

thinking ['θɪŋkɪŋ] *n.* **1.** myślenie; **I'll have to do some ~** będę musiała dobrze pomyśleć/się zastanowić. **2.** poglądy; przemyślenia; rozumowanie; **to my way of ~** według mnie, moim zdaniem. — *a.* myślący; rozumny.

think tank *n. pot.* zespół/sztab ekspertów.

thinly ['θɪnlɪ] *adv.* **1.** cienko. **2.** rzadko; **~ populated** rzadko zaludniony.

third [θɝːd] *num.* **1.** trzeci. **2. ~ time lucky** do trzech razy sztuka. — *n.* **1.** jedna trzecia. **2.** (*także* **~ gear**) *mot.* trzeci bieg, trójka.

thirdly ['θɝːdlɪ] *adv.* po trzecie.

third party *n.* osoba trzecia/postronna.

third-rate [ˌθɝːd'reɪt] *a.* trzeciorzędny.

Third World *n.* **the ~** Trzeci Świat. — *a.* **~ countries/problems** kraje/problemy Trzeciego Świata.

thirst [θɝːst] *n.* **1.** pragnienie. **2.** *lit.* **a ~ for knowledge** głód wiedzy; **a ~ for power** żądza władzy.

thirsty ['θɝːstɪ] *a.* **1.** spragniony; **I am/feel ~** chce mi się pić. **2. ~ for knowledge/power** *lit.* spragniony/złakniony wiedzy/władzy.

thirteen [θɝː'tiːn] *num.* trzynaście. — *n.* trzynastka.

thirty ['θɝːtɪ] *num.* trzydzieści. — *n.* trzydziestka; **be in one's thirties** być po trzydziestce, mieć trzydzieści parę lat; **in the thirties** powyżej 30°C; **the (nineteen) thirties** lata trzydzieste (dwudziestego wieku).

this [ðɪs] *pron.* **1.** *pl.* **these** ten; **~ boy/table** ten chłopiec/stół; **~ girl/book** ta dziewczyna/książka; **~ child/pen** to dziecko/ pióro; **~ minute/second** natychmiast; **~ one (here)** ten/ta/to (tutaj); **~ week/year** w tym tygodniu/roku. **2.** to; **~ and that** to i owo; **~ is where I work** (to) tu właśnie pracuję; **what's ~?** co to jest? **3.** *pot.* taki (jeden), jeden (taki); **I met ~ girl on the train...** w pociągu spotkałem (taką jedną) dziewczynę... — *adv. pot.* tak; **~ high** tak(i) wysoki; **~ much/many** tak dużo; tyle.

thistle ['θɪsl] *n.* oset.

thongs [θɔːŋz] *n. pl.* **1.** japonki. **2.** stringi.

thorn [θɔːrn] *n.* cierń, kolec.

thorny ['θɔːrnɪ] *a.* **1.** ciernisty, kolczasty. **2.** trudny; najeżony trudnościami.

thorough ['θɝːoʊ] *a.* **1.** gruntowny. **2.** skrupulatny. **3.** całkowity, zupełny.

thoroughbred ['θɝːoʊˌbred] *a., n.* (koń) czystej krwi.

thoroughfare ['θɝːoʊˌfer] *n.* (główna) arteria komunikacyjna.

thoroughly ['θɝːoʊlɪ] *adv.* **1.** dokładnie; gruntownie. **2.** całkowicie. **3.** bardzo; **I ~ enjoyed it** bardzo mi się podobało.

those [ðoʊz] *a., pron. pl.* **1.** te; ci. **2.** tamte; tamci. **3.** *zob. t.* **that.**

though [ðoʊ] *conj.* chociaż, choć; mimo że; **as ~** jak gdyby, jakby; **even ~** pomimo że, chociaż; **tired ~ he was...** mimo że był zmęczony,... — *adv.* **1.** jednak; tylko że; **it's not easy ~** nie jest to jednak łatwe. **2.** tylko czy; **is it true ~?** tylko czy to prawda?

thought [θɔːt] *n.* **1.** myśl; **a/the ~ occurred to me that...** przyszło mi na myśl, że...; **have second ~s** rozmyślić się; **not give sth a second ~** nie zastanawiać się nad czymś ani przez chwilę; **the ~ crossed my mind** przeszło mi przez myśl. **2.** pomysł, myśl; sugestia; **it's just a ~** *pot.* to tylko sugestia; **that's a ~!** *pot.* to jest myśl! **3.** namysł, zastanowienie; myślenie; **lost/deep in ~** pogrążony w myślach; **on second ~(s)** po zastanowieniu/namyśle. **4. have no ~ of doing sth** nie mieć zamiaru czegoś robić. — *v. zob.* **think.**

thoughtful ['θɔːtfʊl] *a.* **1.** zamyślony. **2.** troskliwy. **3.** uprzejmy.

thoughtless ['θɔːtləs] *a.* bezmyślny.

thoughtlessness ['θɔːtləsnəs] *n.* bezmyślność.

thousand ['θaʊzənd] *num., n.* **1.** tysiąc; **two ~** dwa tysiące; **five ~ dollars** pięć tysięcy dolarów. **2. ~s of copies/people** *pot.* tysiące egzemplarzy/ludzi.

thousandth ['θaʊzəndθ] *a.* tysięczny. — *n.* jedna tysięczna.

thrash [θræʃ] *v.* **1.** bić, lać. **2.** walić. **3. ~ (around)** rzucać/miotać się. **4.** *pot.* rozgromić. **5.** młócić.

thrashing ['θræʃɪŋ] *n.* lanie, cięgi.

thread [θred] *n.* **1.** nić; nitka. **2.** wątek; **lose the ~** stracić wątek. **3. hang by a ~** wisieć na włosku. — *v.* nawlekać.

threadbare ['θredˌber] *a.* wytarty (*np. o dywanie*).

threat [θret] *n.* **1.** groźba. **2.** pogróżka. **3.** zagrożenie (*to sth* dla czegoś); niebezpieczeństwo; **pose a ~** stanowić zagrożenie.

threaten ['θretən] *v.* **1.** grozić (*sb with sth* komuś czymś); **~ to do sth** grozić zrobieniem czegoś, grozić, że się coś zrobi. **2. ~ sth** grozić czymś; stwarzać niebezpieczeństwo czegoś.

three [θriː] *num.* trzy. — *n.* **1.** trójka. **2. ~ (o'clock)** (godzina) trzecia; **at ~** o trzeciej.

three-dimensional [ˌθriːdə'menʃənl] *a.* trójwymiarowy.

three-quarters [ˌθriː'kwɔːrtərz] *n. pl.* trzy czwarte; **~ of an hour** trzy kwadranse.

threshold ['θreʃoʊld] *n.* próg, granica; **on the ~ of sth** u progu czegoś.

threw [θruː] *v. zob.* **throw.**

thrift [θrɪft] *n.* oszczędność.

thrift shop *n.* sklep z rzeczami używanymi, przeznaczający dochody na cele dobroczynne.

thrifty ['θrɪftɪ] *a.* oszczędny.

thrill [θrɪl] *v.* zachwycać; ekscytować, podniecać. — *n.* **1.** dreszczyk emocji. **2. get a ~ out of sth** ekscytować się czymś.

thriller ['θrɪlər] *n.* dreszczowiec, thriller.

thrilling ['θrɪlɪŋ] *a.* porywający, ekscytujący.

thrive [θraɪv] *v. pret. t.* **throve** *pp. t.* **thriven 1.** *form.* prosperować, kwitnąć; **sb ~s on sth** coś komuś służy/dobrze robi. **2.** dobrze rosnąć/się rozwijać.

thriving ['θraɪvɪŋ] *a.* kwitnący, dobrze prosperujący.

throat [θroʊt] *n.* gardło; **sore ~** ból gardła; **sb has a sore ~** kogoś boli gardło.

throb [θrɑːb] *v.* **1.** walić, dudnić. **2.** pulsować; tętnić. **3. ~ with pain** rwać z bólu. — *n.* **1.** bicie (*serca, dzwonów*). **2.** pulsowanie. **3.** warkot.

throes [θroʊz] *n. pl.* **in the ~ of sth** pogrążony w czymś (*np. w kryzysie*); **death ~** drgawki przedśmiertne; ostatnie podrygi.

throne [θroʊn] *n.* tron.

throng [θrɔːŋ] *n. lit.* tłum. — *v.* **1.** tłoczyć się. **2. the streets were ~ed with tourists** na ulicach tłoczno było od turystów. **3. ~ (to)** walić/ciągnąć do (*klubu, kina*).

throttle ['θrɑːtl] *n.* przepustnica. — *v.* **1.** udusić. **2.** zdławić, zdusić w zarodku.

through [θruː] *prep.* **1.** przez; poprzez; **~ the forest** przez las; **~ the window** przez okno. **2.** przez cały; **~ the day** przez cały dzień. **3.** po; **travel ~ France** podróżować po Francji. **4.** na; **drive ~ a red light** przejechać na czerwonym świetle. **5.** z powodu; dzięki; **~ his help** dzięki jego pomocy; **~ error** z powodu pomyłki. **6. (from) Monday ~ Saturday** od poniedziałku do soboty włącznie. **7. search ~ sth** przeszukać/przetrząsnąć coś. — *adv.* **1.** bezpośrednio, prosto. **2. read sth ~** przeczytać coś od deski do deski; **talk sth ~** przedyskutować coś; **wet/soaked ~** przemoczony do suchej nitki. **3. walk/drive ~** przejść/przejechać na drugą stronę. **4. ~ and ~** na wskroś, w każdym calu; **are you ~?** *pot.* skończyłeś? — *a.* **1.** bezpośredni (*np. o pociągu*). **2. be ~ with sb/sth** *pot.* skończyć z kimś/ czymś.

throughout [θruː'aʊt] *prep.* **1.** przez cały; **~ the war** przez całą wojnę. **2.** na/w całym; **~ the world** na całym świecie. — *adv.* **1.** wszędzie. **2.** przez cały czas. **3.** od początku do końca.

throughway ['θruːˌweɪ] *n.* (*także* **thruway**) droga szybkiego ruchu.

throve [θroʊv] *v. zob.* **thrive.**

throw [θroʊ] *v.* **threw, thrown 1.** rzucać; **~ sb sth** (*także* **~ sth to sb**) rzucić coś komuś; **~ sth at sb/sth** rzucić czymś w kogoś/coś. **2.** wyrzucać. **3.** zrzucać. **4.** rozrzucać. **5.** *pot.* zbić z tropu. **6. ~ a party** wydać/urządzić przyjęcie; **~ light on sth** rzucać światło na coś; **~ o.s. into sth** rzucić się w wir czegoś; **~ open** otworzyć nagle; otworzyć na oścież; **~ sb into prison/jail** wtrącić kogoś do więzienia. **7. ~ away** wyrzucić; zmarnować; **~ in** dorzucić; wtrącić; **~ off** strząsnąć; zrzucić; odrzucić; pozbyć się (*czegoś*); **~ on** narzucić (na siebie); **~ out** wyrzucić; **~ up** zwymiotować. — *n.* **1.** rzut. **2.** szal, narzutka. **3.** narzuta.

thru [θruː] *prep., adv., a. pot.* = **through.**

thrush [θrʌʃ] *n.* **1.** drozd. **2.** (*także* **vaginal ~**) grzybica pochwy. **3.** pleśniawka (*u niemowląt*).

thrust [θrʌst] *v. pret. i pp.* **thrust** wsadzać, wpychać, wtykać. — *n.* **1.** pchnięcie. **2.** parcie, napór. **3.** natarcie, ofensywa. **4. the ~ of sth** sedno czegoś.

thruway ['θruː,weɪ] *n.* = **throughway.**
thud [θʌd] *n.* łomot, łoskot. — *v.* wydać łoskot/łomot; załomotać.
thug [θʌg] *n.* zbir, bandzior.
thumb [θʌm] *n.* **1.** kciuk. **2. give sth the ~s up/down** *pot.* wyrazić aprobatę/dezaprobatę dla czegoś; **rule of ~** praktyczna zasada. — *v.* **1. ~ a ride** *pot.* łapać okazję (= *autostop*). **2. ~ through sth** kartkować coś.
thumbtack ['θʌm,tæk] *n.* pinezka.
thump [θʌmp] *v.* **1.** grzmotnąć, walnąć (*pięścią*). **2.** łomotać, walić. — *n.* grzmotnięcie.
thunder ['θʌndər] *n.* grzmot; piorun, grom. — *v.* grzmieć; **it ~s** grzmi.
thunderbolt ['θʌndər,boʊlt] *n.* piorun.
thunderstorm ['θʌndər,stɔːrm] *n.* burza z piorunami.
Thursday ['θɝːzdeɪ] *n.* czwartek; *zob. t.* **Friday** (for phrases).
thus [ðʌs] *adv. form.* **1.** tym samym. **2.** w ten sposób, tak. **3. ~ far** jak dotąd/dotychczas.
thwart [θwɔːrt] *v. form.* **1.** pokrzyżować (*plany*). **2.** popsuć szyki (*komuś*).
thyme [taɪm] *n.* tymianek.
thyroid ['θaɪrɔɪd] *n.* (*także* **~ gland**) tarczyca.
tiara [tɪ'erə] *n.* tiara.
tic [tɪk] *n.* tik.
tick [tɪk] *n.* **1.** tykanie (*zegara*). **2.** kleszcz. — *v.* **1.** tykać (*o zegarze*). **2. I don't know what makes him ~** *pot.* nie mogę go wyczuć.
ticket ['tɪkɪt] *n.* **1.** bilet. **2.** (*także* **lottery ~**) los. **3. parking/speeding ~** mandat za nieprzepisowe parkowanie/za przekroczenie dozwolonej prędkości.
ticket office *n.* kasa biletowa.
tickle ['tɪkl] *v.* **1.** łaskotać; łechtać. **2.** rozbawić (*o sytuacji, uwadze*).
ticklish ['tɪklɪʃ] *a.* **be ~** mieć łaskotki.
tidal wave *n.* fala pływowa.
tide [taɪd] *n.* **1.** pływ; **high/low ~** przypływ/odpływ. **2.** fala (*przemocy, protestów*). — *v.* **~ sb over** pomóc komuś przetrwać/przeżyć (*pożyczając pieniądze*).
tidy ['taɪdɪ] *a.* **1.** schludny. **2.** okrągły (*o sumce*). — *v.* **~ (up)** sprzątać (*after sb* po kimś).
tie [taɪ] *v.* **1.** wiązać (*ze sobą*). **2.** wiązać; zawiązywać; sznurować. **3.** przywiązywać. **4.** (*także* **be ~d**) zremisować (*with sb* z kimś). **5. ~ sb down** krępować/ograniczać kogoś; **~ in with sth** wpasowywać się w coś; pokrywać się z czymś; **~ up** uwiązać; związać, skrępować; zawiązać; zamrozić (*pieniądze w jakimś przedsięwzięciu*), zainwestować; **be ~d up** być zajętym. — *n.* **1.** (*także* **neck~**) krawat. **2.** więź; powiązanie; **family ~s** więzy rodzinne. **3.** remis.
tier ['tiːr] *n.* **1.** rząd (*siedzeń, krzeseł*). **2.** poziom (*na diagramie, w organizacji*).
tiger ['taɪgər] *n.* tygrys.
tight [taɪt] *a.* **1.** ciasny; obcisły. **2.** mocny; **~ hold/grip** mocny uścisk/uchwyt. **3.** dokręcony, zaciśnięty (*o śrubie, nakrętce*). **4.** szczelny. **5.** napięty (*o skórze, sznurze*); **~ deadline/schedule** napięty termin/harmonogram. **6.** zaciśnięty (*o ustach*); ściśnięty (*o gardle*). **7. ~ security** zaostrzone środki bezpieczeństwa. **8. money is ~** *pot.* (jest) krucho z pieniędzmi; **sth is a ~ fit** coś jest za ciasne/zbyt opięte. — *adv.* **1.** mocno; **hold ~** trzymać się mocno. **2.** szczelnie.
tighten ['taɪtən] *v.* **1.** zaciskać (się). **2.** zaostrzać (*np. rygory*). **3. ~ one's grip/hold on sth** zacisnąć uścisk na czymś; **~ one's belt** zaciskać pasa.
tightly ['taɪtlɪ] *adv.* **1.** ciasno. **2.** mocno. **3.** szczelnie. **4.** ściśle.
tightrope ['taɪt,roʊp] *n.* **1.** lina akrobatyczna. **2. walk (on) a ~** balansować na krawędzi.
tile [taɪl] *n.* **1.** płytka, kafelek. **2.** dachówka. — *v.* wykładać płytkami, kafelkować.
till [tɪl] *prep., conj.* = **until.** — *n.* szuflada na pieniądze (*w kasie*).
tilt [tɪlt] *v.* przechylać (się); **~ back** odchylić się (do tyłu); **~ forward** pochylić się (do przodu). — *n.* **at a ~** przechylony.
timber ['tɪmbər] *n.* belka.
time [taɪm] *n.* **1.** czas; **free/spare ~** wolny czas. **2.** raz; **each/every ~** za każdym razem; **many a ~** niejeden raz; **ten ~s as much** dziesięć razy więcej/tyle; **this/next ~** tym/następnym razem; **two/three at a ~** po dwa/trzy naraz. **3.** godzina; **arrival/departure ~s** godziny przylotów/odlotów; **what ~ is it?** (*także* **what is the ~?**) która (jest) godzina? **4.** pora; **~ of day/year** pora dnia/roku; **this ~ tomorrow** jutro o tej porze. **5. ~s** czasy; **hard ~s** ciężkie czasy. **6. beat/keep ~** wybijać takt; **in ~** w tempie. **7. ~ after ~** (*także* **~ and (~) again**) raz za razem, ustawicznie; **~'s up** czas minął; **a long ~ ago** dawno temu; **ahead of ~** przed czasem; **all the ~** (przez) cały czas; **at ~s** czasami; **at all ~s** *form.* zawsze, w każdych okolicznościach; **at the ~** wówczas, wtedy; **at the same ~** równocześnie; zarazem; **at this ~** w tej chwili, w tym momencie; **by the ~** zanim; **do/serve ~** odsiadywać wyrok; **for hours at a ~** całymi godzinami; **for some ~** dość długo; od dłuższego czasu; **for the ~ being** na razie; **from ~ to ~** od czasu do czasu; **have a good ~** dobrze się bawić; **in ~** z czasem; na czas, w porę; **in a week's ~** za tydzień; **in no ~ (at all)** w okamgnieniu; **it's high ~** (*także* **it's about ~**) najwyższy czas; **it's ~ we were going** (*także* **it's ~ we went**) czas na nas; **most of the ~** najczęściej, przeważnie; **of all ~** wszech czasów; **on ~** punktualnie; **once upon a ~** dawno, dawno temu; **some ~ ago** jakiś czas temu; **take ~** trochę potrwać; **take one's ~** nie spieszyć się; **the whole ~** przez cały czas. — *v.* **1.** mierzyć czas (*np. zawodnikowi*). **2.** zaplanować ustalić czas/termin (*czegoś*). **3. sth was well/badly ~d** wybrano dobry/zły moment na coś.
time bomb *n.* **1.** bomba zegarowa. **2.** bomba z opóźnionym zapłonem.
time-consuming ['taɪmkən,suːmɪŋ] *a.* czasochłonny.
time-honored ['taɪm,ɑːnərd] *a.* uświęcony tradycją.
timeless ['taɪmləs] *a.* **1.** ponadczasowy. **2.** *lit.* wieczny.
time limit *n.* termin; ograniczenie czasowe.
timely ['taɪmlɪ] *a.* na czasie; w (samą) porę.
time off *n.* wolne.
time out [,taɪm 'aʊt] *n.* **1.** przerwa (*w pracy, studiach*); **take ~** *pot.* zrobić sobie przerwę. **2.** (*także* **timeout**) czas dla drużyny (*podczas meczu*).
timer ['taɪmər] *n.* **1.** zegar (*jako część urządzenia*). **2.** regulator czasowy.
times [taɪmz] *prep.* razy; **four ~ six** cztery razy sześć.
time scale, timescale *n.* skala czasowa.
timetable ['taɪm,teɪbl] *n.* rozkład zajęć.
time zone *n.* strefa czasowa.
timid ['tɪmɪd] *a.* bojaźliwy; nieśmiały.
timidity [tɪ'mɪdətɪ] *a.* bojaźliwość; nieśmiałość.
timidly ['tɪmɪdlɪ] *adv.* bojaźliwie; nieśmiale.
timing ['taɪmɪŋ] *n.* **1.** wybrany termin. **2.** synchronizacja. **3.** wyczucie czasu.

tin [tɪn] *n.* cyna. — *a.* cynowy; blaszany.
tinfoil ['tɪnˌfɔɪl] *n.* folia aluminiowa.
tinge [tɪŋ] *n.* odcień, nuta, zabarwienie. — *v.* **~d with sth** zabarwiony czymś.
tingle ['tɪŋgl] *v.* cierpnąć, mrowieć. — *n.* mrowienie, ciarki.
tinker ['tɪŋkər] *v.* majstrować, dłubać (*with sth* w/przy czymś).
tinkle ['tɪŋkl] *v.* dzwonić (*dzwoneczkiem*).
tinsel ['tɪnsl] *n.* lameta.
tint [tɪnt] *n.* odcień. — *v.* zabarwiać.
tinted ['tɪntɪd] *a.* barwiony, przyciemniany (*o szkle*).
tiny ['taɪnɪ] *a.* malutki, maleńki.
tip [tɪp] *n.* **1.** koniuszek, czubek. **2.** szczyt, wierzchołek. **3.** zakończenie, końcówka. **4.** napiwek. **5.** wskazówka, rada. **6. on the ~ of one's tongue** na końcu języka; **the ~ of the iceberg** wierzchołek góry lodowej. — *v.* **1.** dać napiwek (*komuś*). **2. ~ (over/up)** przechylić (się); przewrócić się. **3. ~ off** *pot.* dać cynk (*komuś*).
tip-off ['tɪpˌɔːf] *n. pot.* cynk.
tipsy ['tɪpsɪ] *a.* podchmielony.
tiptoe ['tɪpˌtoʊ] *n.* **on ~(s)** na paluszkach/palcach.
tire [taɪr] *v.* **1.** męczyć (się). **2. ~ of sth** znudzić się czymś. **3. ~ sb out** zmęczyć/wymęczyć kogoś. — *n.* opona.
tired [taɪrd] *a.* **1.** zmęczony. **2. be ~ of sth** mieć czegoś dość. **3. ~ out** umęczony, wykończony.
tiredness ['taɪrdnəs] *n.* zmęczenie.
tireless ['taɪrləs] *a.* niestrudzony, niezmordowany.
tiresome ['taɪrsəm] *a.* irytujący, denerwujący.
tiring ['taɪrɪŋ] *n.* męczący.
tissue ['tɪʃuː] *n.* **1.** chusteczka higieniczna. **2.** tkanka. **3.** (*także* **~ paper**) bibułka.
tit [tɪt] *n.* **1.** sikora. **2.** *pot.* cyc(ek).
titanium [taɪ'teɪnɪəm] *n.* tytan (*metal*).
titillate ['tɪtəˌleɪt] *v.* przyjemnie podniecać.
title ['taɪtl] *n.* tytuł. — *v.* tytułować.
titled ['taɪtld] *a.* **1.** z tytułem (*szlacheckim*). **2.** zatytułowany.
titleholder ['taɪtlˌhoʊldər] *n.* obroń-ca/czyni tytułu.
title page *n.* strona tytułowa.
title role *n.* rola tytułowa.
TN *abbr.* = **Tennessee**.
to [tuː; tə] *prep.* **1.** do; **come ~ me!** chodź do mnie! **from four ~ six** od czwartej do szóstej. **2.** na; **~ the left/right** na lewo/prawo; **from east ~ west** ze wschodu na zachód. **3.** za; **ten (minutes) ~ six** za pięć (minut) szósta. **4.** przy; **cheek ~ cheek** policzek przy policzku, twarz przy twarzy. **5.** w; **face ~ face** twarzą w twarz. **6.** ku; **~ sb's surprise** ku czyjemuś zdziwieniu. **7.** dla; **dangerous ~ one's health** niebezpieczny dla zdrowia. **8. give it ~ me** daj mi to; **what did you say ~ him?** co mu powiedziałaś? **9. assistant ~ the editor** asystent/ka redaktora. **10. ~ be or not ~ be** być albo nie być; **~ fly/swim/run** latać/pływać/biegać. **11. I want you ~ read this book** chcę, żebyś przeczytał tę książkę. **12. go ~ sleep** iść spać; **here's ~ you!** twoje zdrowie! — *adv.* **come ~** przyjść do siebie, odzyskać przytomność; **the door is ~** drzwi są przymknięte.
toad [toʊd] *n.* ropucha.
toadstool ['toʊdˌstuːl] *n.* muchomor.
toast [toʊst] *n.* **1.** grzanki, tosty; **slice/piece of ~** grzanka. **2.** toast; **propose a ~** wznieść toast (*to sb* za kogoś/za czyjeś zdrowie). — *v.* **1.** opiekać (*pieczywo*). **2. ~ sb** wznieść toast na czyjąś cześć.
toaster ['toʊstər] *n.* opiekacz, toster.
tobacco [tə'bækoʊ] *n.* tytoń.
toboggan [tə'bɑːgən] *n.* sanki, saneczki.
today [tə'deɪ] *adv.* dzisiaj, dziś. — *n.* **1.** dzień dzisiejszy. **2.** dzisiejsze czasy. **3. ~'s world** (*także* **the world of ~**) dzisiejszy świat.
toddler ['tɑːdlər] *n.* szkrab, maluch.
toe [toʊ] *n.* **1.** palec u nogi; **big ~** paluch. **2. from head/top to ~** od stóp do głów; **step on sb's ~s** nadepnąć komuś na odcisk. — *v.* **~ the line** pilnować się, nie wychylać się.
toenail ['toʊˌneɪl] *n.* paznokieć u nogi.
toffee ['tɔːfɪ] *n.* toffi.
toga ['toʊgə] *n.* toga.
together [tə'geðər] *adv.* **1.** razem; **~ with sb/sth** razem/wraz z kimś/czymś; **all ~ (now)** a teraz (wszyscy) razem; **put ~** razem wzięci. **2.** jednocześnie (*dziać się*). **3.** wspólnie (*pracować*). — *a. pot.* poukładany, zorganizowany (*o osobie*).
toil [tɔɪl] *lit. n.* mozół, trud, znój. — *v.* **~ (away)** trudzić się, mozolić się (*at/over sth* z/nad czymś).
toilet ['tɔɪlət] *n.* **1.** muszla klozetowa, sedes. **2.** toaleta, ubikacja.
toilet paper *n.* (*także* **toilet tissue**) papier toaletowy.
toiletries ['tɔɪlətrɪz] *n. pl.* przybory toaletowe.
toilet roll *n.* rolka papieru toaletowego.
toilet seat *n.* klapa od sedesu.
token ['toʊkən] *n.* **1.** *form.* znak, dowód; **as a ~ of sth** na znak/w dowód czegoś. **2.** żeton. **3. by the same ~** z tych samych powodów; tym samym. — *a.* symboliczny (*np. o geście*).
told [toʊld] *v. zob.* **tell**.
tolerable ['tɑːlərəbl] *a.* znośny.
tolerance ['tɑːlərəns] *n.* **1.** tolerancja (*of/toward sb/sth* dla kogoś/czegoś). **2.** odporność (*of/to sth* na coś).
tolerant ['tɑːlərənt] *a.* **1.** tolerancyjny. **2. be ~ of sb/sth** tolerować kogoś/coś.
tolerate ['tɑːləˌreɪt] *v.* **1.** tolerować. **2.** znosić.
toll [toʊl] *n.* **1.** opłata za przejazd. **2. death ~** liczba ofiar (śmiertelnych). **3. take its/a ~ on sth** odcisnąć swoje piętno na czymś; spowodować nieodwracalne szkody w czymś. — *v.* **1.** bić w (*dzwon*). **2.** bić (*o dzwonie*). — *n.* dzwonienie.
tomato [tə'meɪtoʊ] *n.* pomidor. — *a.* **~ puree/sauce** przecier/sos pomidorowy.
tomb [tuːm] *n.* grobowiec.
tomboy ['tɑːmˌbɔɪ] *n.* chłopczyca.
tombstone ['tuːmˌstoʊn] *n.* nagrobek, kamień nagrobny.
tomorrow [tə'mɑːroʊ] *adv.* jutro; **~ morning/night** jutro rano/wieczorem; **the day after ~** pojutrze. — *n.* jutro, jutrzejszy dzień; **~'s performance** jutrzejsze przedstawienie.
ton [tʌn] *n.* tona.
tone [toʊn] *n.* **1.** ton; **~ of voice** ton głosu; **set the ~** nadawać ton (*for sth* czemuś). **2.** dźwięk, brzmienie. **3.** *tel.* sygnał. **4.** odcień. — *v.* **~ (down)** tonować, łagodzić; **~ (up)** wzmacniać (*np. mięśnie*).
tone-deaf ['toʊnˌdef] *a.* pozbawiony słuchu (*muzycznego*).
toner ['toʊnər] *n.* toner.
tongs [tɑːŋz] *n. pl.* szczypce.

tongue [tʌŋ] *n.* **1.** język. **2. mother/native ~** język ojczysty, mowa ojczysta. **3.** ozór, ozorek. **4. hold one's ~** trzymać język za zębami; **on the tip of one's ~** na końcu języka; **slip of the ~** przejęzyczenie.
tongue-tied ['tʌŋˌtaɪd] *a.* **be ~** zapomnieć języka w gębie.
tongue twister *n.* łamaniec językowy.
tonic ['tɑːnɪk] *n.* **1.** tonik. **2.** tonika. — *a.* tonizujący.
tonight [tə'naɪt] *adv.* dziś wieczór/wieczorem; dziś w nocy. — *n.* dzisiejszy wieczór; dzisiejsza noc.
tonne [tʌn] *n.* tona.
tonsils ['tɑːnslz] *n. pl.* migdałki.
tonsillitis [ˌtɑːnsə'laɪtɪs] *n.* zapalenie migdałków.
too [tuː] *adv.* **1.** też, także. **2.** za, zbyt; **~ much of a good thing** za dużo dobrego; **all ~ soon/often** o wiele za wcześnie/za często; **all/only ~ well** aż za dobrze; **not ~ clever** niezbyt bystry. **3. it's ~ bad (that...)** szkoda (że...); **(that's) ~ bad** *pot.* a to pech.
took [tʊk] *v. zob.* **take** *v.*
tool [tuːl] *n.* narzędzie.
tooth [tuːθ] *n. pl.* **teeth** [tiːθ] **1.** ząb. **2. fight ~ and nail** walczyć zaciekle/zajadle; **have a sweet ~** lubić słodycze. **3.** *pl. zob.* **teeth.**
toothache ['tuːθˌeɪk] *n.* ból zęba/zębów.
toothbrush ['tuːθˌbrʌʃ] *n.* szczoteczka do zębów.
toothpaste ['tuːθˌpeɪst] *n.* pasta do zębów.
toothpick ['tuːθˌpɪk] *n.* wykałaczka.
top [tɑːp] *n.* **1.** góra, górna część; wierzchołek, szczyt; wierzch; **at the ~** na (samej) górze; **on ~ of sth** na wierzchu czegoś, na czymś. **2.** blat. **3.** pokrywka; wieczko; zakrętka. **4.** góra (*np. od piżamy*). **5.** top (*bluzka*). **6.** bąk (*zabawka*). **7. at the ~ of one's voice** na cały głos; **be on ~ of sth** być na bieżąco z czymś, mieć coś pod kontrolą; **blow one's ~** *pot.* wpaść w szał; **go over the ~** posunąć się za daleko; **off the ~ of one's head** bez zastanowienia/namysłu; **on ~ of everything (else)** na domiar wszystkiego. — *a.* **1.** górny. **2.** najwyższy. **3.** maksymalny. **4.** wiodący, najlepszy. **5. be on ~ form** być w szczytowej formie. — *v.* **1.** zwieńczać (*sth with sth* coś czymś). **2.** prowadzić w (*klasyfikacji*); **~ the charts** znajdować się na szczycie listy przebojów. **3.** przekroczyć (*jakąś wartość; np. o sumie, wadze*). **4.** dekorować (*np. tort bitą śmietaną*); polewać (*np. lody syropem*). **5. ~ up sb's glass/drink** dolać komuś.
top hat *n.* cylinder (*kapelusz*).
topic ['tɑːpɪk] *n.* temat.
topical ['tɑːpɪkl] *a.* aktualny (*np. o kwestii*).
topless ['tɑːpləs] *a., adv.* w toplesie, (w stroju) toples.
topmost ['tɑːpˌmoʊst] *a.* najwyższy, górny.
topping *n.* polewa, sos; przybranie; dodatek (*do pizzy*).
topple ['tɑːpl] *v.* **1. ~ (over)** wywrócić/przewrócić (się) (*od przechylenia*). **2.** obalić (*np. rząd*).
top-secret [ˌtɑːp'siːkrɪt] *a.* ściśle tajny.
topsy-turvy [ˌtɑːpsɪ'tɝːvɪ] *a. pot.* **1.** wywrócony do góry nogami. **2.** postawiony na głowie.
torch [tɔːrtʃ] *n.* pochodnia; znicz. — *v. pot.* puścić z dymem; podpalić.
tore [tɔːr] *v. zob.* **tear**[2] *v.*
torment *n.* ['tɔːrment] męka, udręka. — *v.* [tɔːr'ment] dręczyć, męczyć.
torn [tɔːrn] *v. zob.* **tear**[2] *v.*
tornado [tɔːr'neɪdoʊ] *n.* tornado.
torpedo [tɔːr'piːdoʊ] *n.* torpeda. — *v.* torpedować.
torrent ['tɔːrənt] *n.* **1.** potok, strumień. **2. ~ of abuse** potok wyzwisk; **~ of criticism/protest** fala krytyki/protestów.
torrential [tɔː'renʃl] *a.* ulewny.
torso ['tɔːrsoʊ] *n.* **1.** tułów, tors. **2.** popiersie.
tortoise ['tɔːrtəs] *n.* żółw (lądowy).
tortuous ['tɔːrtʃʊəs] *a.* **1.** zawiły. **2.** kręty.
torture ['tɔːrtʃər] *n.* tortury; tortura, męka. — *v.* torturować.
toss [tɑːs] *v.* **1.** rzucać; podrzucać; **~ one's head (back)** odrzucić głowę do tyłu; **~ sb sth** (*także* **~ sth to sb**) rzucić komuś coś. **2.** mieszać (*np. sałatę w sosie*). **3.** (*także* **~ and turn**) przewracać się z boku na bok. — *n.* **1.** rzut; podrzucenie (*t. głową*). **2.** rzut monetą.
total ['toʊtl] *a.* **1.** ogólny, całkowity. **2.** zupełny; totalny. — *n.* suma; **a ~ of 25 people** w sumie 25 osób; **in ~** w sumie; **the sum ~** ogólna suma/liczba. — *v.* **1.** wynosić ogółem/w sumie. **2.** *pot.* skasować (*samochód*).
totalitarian [toʊˌtælə'terɪən] *a.* totalitarny.
totalitarianism [toʊˌtælə'terɪəˌnɪzəm] *n.* totalitaryzm.
totally ['toʊtlɪ] *adv.* **1.** całkowicie, zupełnie. **2.** *pot.* totalnie, absolutnie.
tote bag *n.* torba na zakupy.
totter ['tɑːtər] *v.* zataczać się, iść chwiejnym krokiem; chwiać się (*np. o ustroju*).
toucan ['tuːkən] *n.* tukan.
touch [tʌtʃ] *v.* **1.** dotykać (*kogoś l. czegoś*). **2.** stykać się. **3.** poruszać; wzruszać; **be ~ed** wzruszyć się (*by sth* czymś). **4. ~ bottom** sięgnąć dna; **~ wood!** odpukać (w niemalowane drewno)! **not ~ sth** nie tknąć czegoś. **5. ~ down** wylądować; **~ off** wywołać, sprowokować (*np. zamieszki*); **~ on/upon** poruszyć (*kwestię*); **~ up** wyretuszować. — *n.* **1.** dotyk; **to the ~** w dotyku. **2.** dotknięcie. **3. be/keep/stay in ~ with sb** być/pozostawać w kontakcie z kimś; **be out of ~ with sth** nie mieć z czymś kontaktu; nie być z czymś na bieżąco; **get in ~ with sb** skontaktować się z kimś; **I'll be in ~** odezwę się; **lose ~ with sb/sth** stracić z kimś/czymś kontakt. **4. a ~ of sth** odrobina czegoś. **5. personal ~** osobiste/indywidualne podejście. **6. at the ~ of a button** za naciśnięciem guzika.
touchdown ['tʌtʃˌdaʊn] *n.* **1.** *rugby* przyłożenie (*we własnym polu punktowym*). **2.** *lotn.* lądowanie.
touched [tʌtʃt] *a.* wzruszony.
touching ['tʌtʃɪŋ] *a.* poruszający, wzruszający.
touchline ['tʌtʃˌlaɪn] *n.* linia boczna boiska.
touchstone ['tʌtʃˌstoʊn] *n.* kamień probierczy; probierz.
touchy ['tʌtʃɪ] *a.* **1.** przewrażliwiony. **2.** drażliwy.
tough [tʌf] *a.* **1.** twardy. **2.** ciężki, trudny. **3.** wytrzymały. **4.** surowy; wymagający. **5.** niebezpieczny (*o dzielnicy*). **6. ~ luck!** a to pech!
toughen ['tʌfən] *v.* **~ (up)** uodparniać (się), hartować (się).
toupée, toupee *n.* peruczka, tupecik.
tour [tʊr] *n.* **1.** wycieczka; objazd. **2.** zwiedzanie; **give sb a ~ of sth** oprowadzić kogoś po czymś; **guided ~** zwiedzanie z przewodnikiem. **3.** tournée, trasa; **on ~** na tournée, w trasie. — *v.* objeżdżać; zwiedzać.
tourism ['tʊrˌɪzəm] *n.* turystyka.
tourist ['tʊrɪst] *n.* turyst-a/ka. — *a.* turystyczny. — *adv.* **travel ~** podróżować klasą turystyczną.
tournament ['tʊrnəmənt] *n.* turniej.

tourniquet ['tɜ˞ːnəkət] *n.* opaska uciskowa.
tousled ['taʊzld] *a.* zmierzwiony, potargany.
tow [toʊ] *v.* **1.** holować. **2.** ~ **away/off** odholować. — *n.* **1.** holowanie, hol. **2.** **with sb in** ~ *pot.* ciągnąc kogoś za sobą, w towarzystwie kogoś.
toward [tɔːrd] *prep.* (*także* **~s**) **1.** w stronę/kierunku, ku. **2.** wobec, do. **3.** koło, przy; ~ **the middle** w okolicach środka. **4.** na, na rzecz; **donations ~ sth** datki na coś.
towel ['taʊəl] *n.* ręcznik. — *v.* wycierać ręcznikiem.
tower ['taʊər] *n.* wieża. — *v.* wznosić się, górować (*above/over sb/sth* nad kimś/czymś).
towering ['taʊərɪŋ] *a.* **1.** wyniosły; strzelisty. **2.** wybitny.
town [taʊn] *n.* **1.** miasto; **in** ~ w mieście; **leave** ~ wyjechać z miasta; **out of** ~ (po)za miastem. **2.** **go to ~ (on sth)** *pot.* pójść na całego (z czymś).
town hall *n.* ratusz.
town planning *n.* urbanistyka, planowanie przestrzenne.
towrope ['toʊˌroʊp] *n.* (*także* **towline**) lina holownicza.
tow truck *n.* samochód pomocy drogowej.
toxic ['tɑːksɪk] *a.* toksyczny, trujący.
toy [tɔɪ] *n.* zabawka. — *v.* ~ **with** bawić się (bezmyślnie) (*jedzeniem na talerzu*); ~ **with the idea of doing sth** luźno rozważać możliwość zrobienia czegoś. — *a.* **1.** ~ **car/boat** samochodzik/okręcik; ~ **soldier** żołnierzyk (*ołowiany*). **2.** ~ **poodle** miniaturowy pudel.
trace [treɪs] *n.* **1.** ślad; trop; **there was no ~ of sth** nie było (ani) śladu czegoś. **2.** śladowa ilość. **3.** nuta (*np. smutku w głosie*). — *v.* **1.** podążać śladem (*kogoś l. czegoś*). **2.** śledzić (*rozwój*); odtwarzać (*początki, historię*). **3.** zlokalizować, odszukać; zidentyfikować (*źródło, przyczynę*); ~ **a call** namierzyć numer. **4.** odrysowywać, kalkować.
trachea ['treɪkɪə] *n.* tchawica.
track [træk] *n.* **1.** tor. **2.** droga gruntowa. **3.** trop; ślad. **4.** bieżnia. **5.** *sport* biegi; (*także* ~ **and field**) lekkoatletyka. **6.** nagranie, utwór (*na płycie*). **7.** (*także* **sound ~**) ścieżka (dźwiękowa). **8.** **be on the right/wrong ~** być na dobrym/złym tropie; **keep ~ of sth** nadążać za czymś; **lose ~ of sth** stracić orientację w czymś. — *v.* **1.** tropić; śledzić. **2.** ~ **down** wytropić, odnaleźć.
tract [trækt] *n.* **1.** **digestive** ~ przewód pokarmowy; **respiratory** ~ drogi oddechowe. **2.** rozprawa, traktat.
traction ['trækʃən] *n.* **1.** trakcja. **2.** wyciąg (*chirurgiczny*).
tractor ['træktər] *n.* traktor, ciągnik.
trade [treɪd] *n.* **1.** handel. **2.** zawód; fach; **by** ~ z zawodu. **3.** **hotel/tourist** ~ branża hotelowa/turystyczna. — *v.* **1.** handlować (*in sth* czymś). **2.** zamieniać się; ~ **(off) (sth for sth)** zamienić (coś na coś). **3.** ~ **sth in** wymienić coś na nowe za dopłatą.
trade fair *n.* (*także* **trade show**) targi (*handlowe*).
trademark ['treɪdˌmɑːrk] *n.* **1.** znak towarowy. **2.** **sb's ~** czyjś znak rozpoznawczy.
trade name *n.* marka; znak firmowy.
trade-off, tradeoff *n.* **1.** kompromis. **2.** bilans.
trader ['treɪdər] *n.* handlowiec.
tradition [trə'dɪʃən] *n.* tradycja.
traditional [trə'dɪʃənl] *a.* tradycyjny.
traditionalist [trə'dɪʃənəlɪst] *n.* tradycjonalist-a/ka.
traditionally [trə'dɪʃənlɪ] *adv.* tradycyjnie.
traffic ['træfɪk] *n.* **1.** ruch (uliczny); **air** ~ ruch lotniczy; **heavy** ~ duży ruch. **2.** (nielegalny) handel (*in sth* czymś).
traffic circle *n. mot.* rondo.
traffic jam *n.* korek (uliczny).
trafficking ['træfɪkɪŋ] *n.* **arms/drug** ~ handel bronią/narkotykami.
traffic lights *n. pl.* (*także* **traffic signal**) światła, sygnalizacja świetlna.
tragedy ['trædʒədɪ] *n.* tragedia.
tragic ['trædʒɪk], **tragical** ['trædʒɪkl] *a.* tragiczny.
tragically ['trædʒɪklɪ] *adv.* tragicznie.
trail [treɪl] *n.* **1.** szlak; **mountain/forest** ~ szlak górski/leśny. **2.** trop; **be on sb's** ~ być na czyimś tropie. **3.** ślady; **a ~ of footprints/blood** ślady stóp/krwi. — *v.* **1.** iść za tropem (*kogoś l. czegoś*), tropić. **2.** wlec/ciągnąć (za sobą). **3.** ~ **(along)** wlec (się), ciągnąć (się). **4.** płożyć się (*o roślinie*).
trailer ['treɪlər] *n.* **1.** przyczepa. **2.** przyczepa kempingowa. **3.** zwiastun (*filmu*).
train [treɪn] *n.* **1.** pociąg; **on a** ~ w pociągu. **2.** tren (*sukni*); ogon (*komety*). **3.** ~ **of thought** tok myślowy. — *v.* **1.** szkolić/ćwiczyć (się) (*in sth* w czymś). **2.** tresować (*zwierzęta*). **3.** trenować (*t. kogoś*); ~ **for sth** trenować przed czymś.
trained [treɪnd] *a.* wykwalifikowany.
trainee [treɪ'niː] *n.* stażyst-a/ka; praktykant/ka.
trainer ['treɪnər] *n.* **1.** trener/ka; instruktor/ka. **2.** treser/ka.
training ['treɪnɪŋ] *n.* **1.** szkolenie, praktyka; staż. **2.** trening.
trait [treɪt] *n.* cecha, rys; **personality** ~ cecha charakteru.
traitor ['treɪtər] *n.* zdraj-ca/czyni.
trajectory [trə'dʒektərɪ] *n.* tor lotu, trajektoria.
tramp [træmp] *v.* **1.** brnąć. **2.** przemierzać (*np. ulice*). — *n.* **1.** włóczęga, tramp. **2.** *przest. pog.* dziwka.
trample ['træmpl] *v.* **1.** deptać (*on/upon/over sth* po czymś); (*także* ~ **underfoot**) zadeptać. **2.** (*także* ~ **to death**) stratować.
trampoline [ˌtræmpə'liːn] *n.* batut.
trance [træns] *n.* trans.
tranquil ['træŋkwɪl] *a. lit.* spokojny.
tranquility [træŋ'kwɪlətɪ] *n. lit.* spokój.
tranquilizer ['træŋkwəˌlaɪzər] *n.* środek uspokajający.
transaction [træn'sækʃən] *n.* transakcja.
transatlantic [ˌtrænsət'læntɪk] *a.* transatlantycki.
transcend [træn'send] *v. form.* przekraczać, wykraczać poza (*granice*).
transcribe [træn'skraɪb] *v.* **1.** *form.* przepisywać (*z notatek*); spisywać (*z taśmy*). **2.** transkrybować.
transcript ['trænskrɪpt] *n.* transkrypt, zapis.
transcription [træn'skrɪpʃən] *n.* transkrypcja.
transfer ['trænsfər] *v.* **1.** przenosić (się). **2.** przelewać (*pieniądze*). **3.** *lotn.* przesiadać się. **4.** przekazywać (*np. odpowiedzialność*). **5.** dokonać transferu (*zawodnika*). — *n.* **1.** przekazanie. **2.** przeniesienie. **3.** przelew. **4.** *lotn.* przesiadka. **5.** transfer.
transfixed [træns'fɪkst] *a.* zmartwiały, skamieniały; jak zamurowany.
transform [træns'fɔːrm] *v.* **1.** odmieniać. **2.** przekształcać. **3.** przetwarzać. **4.** przeobrażać się; ulegać transformacji.
transformation [ˌtrænsfər'meɪʃən] *n.* przekształcenie; transformacja; przemiana.

transformer [træns'fɔːrmər] *n.* transformator.
transfusion [træns'fjuːʒən] *n.* transfuzja.
transient ['trænzɪənt] *a. form.* przemijający, chwilowy; przelotny.
transistor [træn'zɪstər] *n.* tranzystor.
transit ['trænsət] *n.* **1.** przejazd. **2.** przewóz, tranzyt; **in ~** podczas transportu.
transition [træn'zɪʃən] *n. form.* przejście (*from sth to sth* z czegoś w coś/od czegoś do czegoś); **in ~** w okresie/stadium przejściowym.
transitional [træn'zɪʃənl] *a.* **1.** przejściowy. **2.** tymczasowy.
transitive ['trænsətɪv] *a.* przechodni. — *n.* (*także* **~ verb**) czasownik przechodni.
transitory ['trænsəˌtɔːrɪ] *a. form.* przemijający, przelotny; krótkotrwały, nietrwały; przejściowy.
translate ['trænsˌleɪt] *v.* **1.** przekładać, tłumaczyć; **~ (sth) from Polish into English** przetłumaczyć (coś) z polskiego na angielski. **2.** przekładać (się) (*into sth* na coś).
translation [træns'leɪʃən] *n.* przekład, tłumaczenie; translacja.
translator [træns'leɪtər] *n.* **1.** tłumacz/ka (*tekstów pisanych*). **2.** *komp.* program tłumaczący, translator.
translucent [træns'luːsənt] *a.* **1.** półprzezroczysty. **2.** przeświecający.
transmission [træns'mɪʃən] *n.* **1.** *form.* przekazywanie, przesyłanie. **2.** przenoszenie (*chorób*). **3.** przekładnia; napęd. **4.** skrzynia biegów. **5.** transmisja, nadawanie.
transmit [træns'mɪt] *v.* **1.** przekazywać. **2.** przesyłać. **3.** przenosić. **4.** transmitować, nadawać.
transmitter [træns'mɪtər] *n.* **1.** nadajnik. **2.** przekaźnik.
transparency [træns'perənsɪ] *n.* **1.** przezrocze, slajd. **2.** przezroczystość, przejrzystość.
transparent [træns'perənt] *a.* **1.** przezroczysty, przejrzysty. **2.** jawny, ewidentny. **3.** *form.* jasny, przejrzysty (*np. o tekście*).
transpire [træn'spaɪr] *v.* **1.** okazać się, wyjść na jaw. **2.** wydarzyć się.
transplant *v.* [træns'plænt] przeszczepiać, transplantować. — *n.* ['trænsˌplænt] przeszczep; transplant; transplantacja.
transport *v.* [træns'pɔːrt] przewozić, transportować; przenosić. — *n.* ['trænsˌpɔːrt] przewóz, transport.
transportation [ˌtrænspər'teɪʃən] *n.* **1.** komunikacja (*miejska, publiczna*). **2.** transport.
transvestite [træns'vestaɪt] *n.* transwestyt-a/ka.
trap [træp] *n.* pułapka. — *v.* **1.** złapać w pułapkę. **2.** **~ped** uwięziony.
trapdoor ['træpˌdɔːr] *n.* drzwi spustowe; klapa.
trapeze [trə'piːz] *n.* trapez (*w cyrku*).
trapezoid ['træpɪˌzɔɪd] *n. geom.* trapez.
trapper ['træpər] *n.* traper.
trappings ['træpɪŋz] *n. pl.* atrybuty, oznaki.
trash [træʃ] *n.* **1.** śmieci, odpadki. **2.** *pot.* chłam. **3.** *pot. obelż.* hołota. — *v. pot.* zdemolować.
trash can *n.* kubeł na śmieci.
trauma ['traʊmə] *n.* trauma, uraz.
traumatic [trə'mætɪk] *a.* traumatyczny.
traumatize ['traʊməˌtaɪz] *v.* wywołać uraz u (*kogoś*); zniszczyć psychicznie.
travel ['trævl] *v.* **1.** podróżować; jeździć; **~ to work by car** jeździć do pracy samochodem; **~ light** podróżować z małym bagażem. **2.** objeżdżać; jeździć po (*kraju itp.*); **~ the world** zjechać cały świat. **3.** przebyć; przejechać (*odcinek drogi*). **4.** jechać (*at... z prędkością...*). **5.** rozchodzić się (*o wieściach, dźwięku*). **6.** **~ well/badly** dobrze/źle znosić transport (*np. o winie*). — *n.* podróż; podróże.
travel agency *n.* (*także* **travel agent's**) biuro podróży.
traveler ['trævlər] *n.* **1.** podróżni-k/czka. **2.** podróżny/a.
traveler's check *n.* czek podróżny.
travel sickness *n.* choroba lokomocyjna.
traverse [trə'vɝːs] *v. form.* przemierzać.
travesty ['trævəstɪ] *n.* **1.** parodia. **2.** trawestacja.
trawler ['trɔːlər] *n.* trawler.
tray [treɪ] *n.* taca; tacka.
treacherous ['tretʃərəs] *a.* **1.** zdradziecki. **2.** zdradliwy.
treachery ['tretʃərɪ] *n.* zdrada.
tread [tred] *v. pret.* **trod** *l.* **treaded** *pp.* **trodden** *l.* **trod 1.** deptać; **~ on sth** deptać po czymś; nadepnąć na coś. **2.** kroczyć, stąpać (*drogą, ścieżką*). — *n.* **1.** chód. **2.** *mot.* bieżnik.
treadmill ['tredˌmɪl] *n.* kierat.
treason ['triːzən] *n.* zdrada; **high ~** zdrada stanu.
treasure ['treʒər] *n.* skarb. — *v.* pieczołowicie przechowywać (*wspomnienia*); pielęgnować (*przyjaźń*).
treasurer ['treʒərər] *n.* skarbni-k/czka.
treasury ['treʒərɪ] *n.* skarbiec.
treat [triːt] *v.* **1.** traktować; obchodzić się z (*kimś*); **~ sth seriously** potraktować coś poważnie. **2.** leczyć. **3.** **~ sb/o.s. to sth** zafundować komuś/sobie coś. — *n.* **1.** prezent. **2.** przyjemność. **3.** **(this is) my ~** ja stawiam/płacę.
treatment ['triːtmənt] *n.* **1.** leczenie, terapia. **2.** pomoc lekarska. **3.** traktowanie; potraktowanie.
treaty ['triːtɪ] *n.* traktat, układ.
treble ['trebl] *a.* potrójny. — *v.* potrajać (się).
tree [triː] *n.* drzewo.
trek [trek] *v., n.* (uprawiać) trekking.
tremble ['trembl] *v.* drżeć, trząść się. — *n.* drżenie.
tremendous [trə'mendəs] *a.* **1.** ogromny. **2.** wspaniały.
tremor ['tremər] *n.* **1.** (*także* **earth ~**) wstrząs (*sejsmiczny*). **2.** dreszcz.
trench [trentʃ] *n.* **1.** rów. **2.** okop.
trend [trend] *n.* trend; tendencja; kierunek; **set the ~ for sth** zapoczątkować modę na coś.
trendy ['trendɪ] *a.* modny; podążający za modą.
trespass ['trespəs] *v.* wtargnąć (*on/upon sth* na coś) (*na teren prywatny*).
trial ['traɪəl] *n.* **1.** proces; rozprawa. **2.** próba (*t. kliniczna*); **by ~ and error** metodą prób i błędów. **3.** **~s and tribulations** perypetie.
trial period *n.* okres próbny.
trial run *n.* próba (*np. nowej technologii*).
triangle ['traɪˌæŋgl] *n.* trójkąt.
triangular [traɪ'æŋgjələr] *a.* trójkątny.
tribal ['traɪbl] *a.* plemienny; szczepowy.
tribe [traɪb] *n.* plemię; szczep.
tribunal [traɪ'bjuːnl] *n.* trybunał.
tributary ['trɪbjəˌterɪ] *n.* dopływ (*rzeki*).
tribute ['trɪbjuːt] *n.* hołd; **pay ~ to sb** złożyć/oddać komuś hołd; wyrazić uznanie dla kogoś.
trick [trɪk] *n.* **1.** sztuczka, trik. **2.** podstęp; wybieg, fortel. **3.** **a ~ of the light** złudzenie optyczne; **do the ~** *pot.* załatwić sprawę; poskutkować; **play a ~ on sb** spłatać komuś figla. — *v.* oszukać, nabrać; **~ sb**

into doing sth wrobić kogoś w coś. — *a.* **~ question** podchwytliwe pytanie.
trickle ['trɪkl] *v.* **1.** kapać; sączyć się. **2. ~ down** ściekać, skapywać; **~ in** napływać (powoli) (*o datkach, gościach*); spływać (*o wynikach*). — *n.* strużka.
trick or treat [ˌtrɪk ər 'triːt] *n.* dziecięcy zwyczaj chodzenia po domach w Halloween i wyłudzania słodyczy pod groźbą psikusa.
trickster ['trɪkstər] *n.* oszust/ka.
tricky ['trɪkɪ] *a.* trudny, skomplikowany.
tricycle ['traɪsɪkl] *n.* rower(ek) trójkołowy.
trifle ['traɪfl] *n.* **1.** drobnostka. **2. a ~** odrobinę, nieco.
trigger ['trɪgər] *n.* **1.** spust, cyngiel. **2.** wyzwalacz; impuls wyzwalający. **3. be the ~ for sth** spowodować/wywołać coś. — *v.* **~ (off)** wywoływać (*rozruchy*); wyzwalać (*wspomnienia, uczucie*).
trim [trɪm] *v.* **1.** podciąć, przystrzyc. **2. ~ (down)** okroić, uszczuplić (*budżet*); ograniczyć, zredukować (*wydatki*); skrócić (*tekst*). **3.** przystrajać, przyozdabiać. — *a.* **1.** szczupły; wysportowany, w (dobrej) formie. **2.** zadbany; schludny. — *n.* podcięcie, przystrzyżenie.
trimester [traɪ'mestər] *n.* trymestr.
trinity ['trɪnətɪ] *n.* **the (Holy) T~** Trójca Święta.
trinket ['trɪŋkɪt] *n.* świecidełko, błyskotka.
trio ['triːoʊ] *n.* trio; tercet.
trip [trɪp] *n.* wycieczka; podróż; wyjazd; **business ~** wyjazd służbowy, delegacja (służbowa); **have a good ~!** miłej podróży! — *v.* **1. ~ (up)** potknąć się. **2. ~ sb (up)** podstawić komuś nogę.
tripe [traɪp] *n.* fla(cz)ki.
triple ['trɪpl] *a.* **1.** potrójny. **2.** trzykrotny. — *v.* potrajać (się).
triplets ['trɪpləts] *n. pl.* trojaczki.
tripod ['traɪpɑːd] *n.* trójnóg.
trite [traɪt] *a.* oklepany, wyświechtany.
triumph ['traɪʌmf] *n.* tryumf. — *v.* tryumfować.
triumphal [traɪ'ʌmfl] *a.* tryumfalny.
triumphant [traɪ'ʌmfənt] *a.* **1.** zwycięski (*o drużynie, armii*). **2.** tryumfalny, tryumfujący.
trivia ['trɪvɪə] *n. pl.* błahostki.
trivial ['trɪvɪəl] *a.* błahy; trywialny.
trod [trɑːd] *v. zob.* **tread**.
trodden ['trɑːdən] *v. zob.* **tread**.
trolley ['trɑːlɪ] *n.* **1.** (*także* **~ car**) tramwaj. **2.** (*także* **~ cart**) wózek (*w sklepie, na lotnisku*).
trombone [trɑːm'boʊn] *n.* puzon.
troop [truːp] *n.* **1. ~s** wojska, wojsko. **2.** gromada; stado. — *v.* maszerować (*grupą*).
trophy ['troʊfɪ] *n.* trofeum.
tropic ['trɑːpɪk] *n.* **1. T~ of Cancer/Capricorn** Zwrotnik Raka/Koziorożca. **2. the ~s** tropiki.
tropical ['trɑːpɪkl] *a.* tropikalny, zwrotnikowy.
trot [trɑːt] *v.* **1.** kłusować. **2.** truchtać. — *n.* **1.** kłus; **at a ~** kłusem. **2.** trucht. **3. the ~s** *pot.* biegunka.
trouble ['trʌbl] *n.* **1.** kłopot; trudność; zmartwienie; **be in ~** mieć kłopoty, być w tarapatach; **have ~ doing sth** mieć trudności z czymś; **if it's not too much ~** jeśli to nie za duży kłopot; **(it's) no ~ (at all)!** (to) żaden kłopot! **(the) ~ is...** kłopot w tym, że...; **what's the ~?** (*także* **what seems to be the ~?**) w czym kłopot? co Pan-u/i dolega? **2.** trud, wysiłek; fatyga; **go to/take a lot of ~** zadać sobie dużo trudu; **go to/take the ~ to do sth** zadać sobie trud, żeby coś zrobić. **3. stomach/heart ~** dolegliwości/kłopoty żołądkowe/sercowe. — *v.* **1.** martwić. **2.** *form.* trudzić, kłopotać; niepokoić.
troubled ['trʌbld] *a.* **1.** zmartwiony, stroskany; zaniepokojony. **2.** trudny; burzliwy. **3.** targany konfliktami (*o regionie*). **4.** niezrównoważony; zaburzony. **5.** wzburzony; wartki. **6. ~ by sth** nękany czymś; borykający się z czymś.
troublemaker ['trʌblˌmeɪkər] *n.* wichrzyciel/ka.
troubleshooting *n.* rozwiązywanie problemów; usuwanie usterek; *komp.* usuwanie błędów (*w programie*).
troublesome ['trʌblsəm] *a.* kłopotliwy; nieznośny; dokuczliwy.
trouble spot *n.* punkt zapalny.
trough [trɔːf] *n.* koryto.
trounce [traʊns] *v.* rozgromić.
troupe [truːp] *n.* trupa.
trousers ['traʊzərz] *n. pl.* spodnie.
trout [traʊt] *n.* pstrąg.
truant ['truːənt] *n.* wagarowicz/ka. — *a.* wagarujący.
truce [truːs] *n.* rozejm; zawieszenie broni.
truck [trʌk] *n.* ciężarówka, samochód ciężarowy; tir.
trucker ['trʌkər] *n.* kierowca ciężarówki.
true [truː] *a.* **1.** prawdziwy. **2. ~ to sb/sth** wierny komuś/czemuś. **3. ~, but...** to prawda, ale...; **come ~** spełnić się; sprawdzić się, stać się faktem/rzeczywistością; **it's ~ that...** to prawda/prawdą jest, że...; **too good to be ~** zbyt piękne, żeby mogło być prawdziwe.
truffle ['trʌfl] *n.* trufla.
truism ['truːˌɪzəm] *n.* truizm.
truly ['truːlɪ] *adv.* **1.** naprawdę. **2. yours ~** *form.* z poważaniem; *żart.* mówiąc-y/a te słowa.
trump [trʌmp] *n.* (*także* **~ card**) karta atutowa.
trumped up [ˌtrʌmpt 'ʌp] *a.* spreparowany, sfabrykowany (*o zarzutach, dowodach*).
trumpet ['trʌmpət] *n.* trąbka.
trunk [trʌŋk] *n.* **1.** pień. **2.** *mot.* bagażnik. **3.** tułów, tors, korpus. **4.** trąba (*słonia*). **5.** kufer.
trunks [trʌŋks] *n. pl.* kąpielówki.
trust [trʌst] *n.* **1.** zaufanie (*in sb/sth* do kogoś/czegoś); ufność, wiara (*in sth* w coś); **take sth on ~** przyjąć coś na wiarę. **2.** powiernictwo, zarząd powierniczy. **3.** fundacja (*dobroczynna*). **4.** *ekon.* trust. — *v.* **1.** ufać, wierzyć (*komuś l. czemuś*); zdawać się na (*kogoś l. coś*); polegać na (*kimś l. czymś*); **sb is not to be ~ed** nie można komuś ufać. **2. ~ sb with sth** powierzyć/zawierzyć komuś coś.
trusted ['trʌstɪd] *a.* zaufany.
trustee [ˌtrʌ'stiː] *n.* **1.** powiernik. **2.** człon-ek/kini zarządu.
trustful ['trʌstfʊl] *a.* ufny.
trust fund *n.* fundusz powierniczy.
trusting ['trʌstɪŋ] *a.* ufny.
trustworthy ['trʌstˌwɝːðɪ] *a.* godny zaufania.
truth [truːθ] *n.* prawda; prawdziwość; **tell the ~** mówić prawdę; **to tell (you) the ~,...** prawdę mówiąc,...
truthful ['truːθfʊl] *a.* **1.** prawdomówny. **2.** prawdziwy. **3.** szczery.
try [traɪ] *v.* **1.** próbować; **~ to do sth** próbować coś zrobić; **~ doing sth** próbować coś zrobić, próbować czegoś (*zwł. żeby osiągnąć określony cel*). **2.** wypróbowywać, testować. **3.** starać się. **4.** próbować, kosztować (*potrawy*). **5.** sądzić (*sprawę, oskarżonego*). **6.** wystawiać na próbę (*czyjąś cierpliwość, nerwy*). **7. ~**

as I/we might pomimo wysiłków; **~ one's luck (at sth)** spróbować szczęścia (w czymś); **sb tried their best/hardest** ktoś starał się, jak mógł. **8. ~ on** przymierzyć; **~ out** wypróbować; **~ out for sth** ubiegać/ starać się o coś (*np. o miejsce w drużynie, rolę*). — *n.* **1.** próba; **give sth a ~** spróbować czegoś/coś zrobić; **it's worth a ~** warto/nie zaszkodzi spróbować. **2.** *rugby* przyłożenie (*w polu punktowym przeciwnika*).

trying ['traɪɪŋ] *a.* męczący, uciążliwy; irytujący.

tsar, tzar *n.* car.

T-shirt ['tiː,ʃɝːt], **tee shirt** *n.* koszulka z krótkim rękawem, t-shirt.

tub [tʌb] *n.* **1.** pudełko (*margaryny*); kubek (*jogurtu*). **2.** kadź. **3.** (*także* **bath~**) wanna.

tuba ['tuːbə] *n. muz.* tuba.

tubby ['tʌbɪ] *a. pot.* pulchny.

tube [tuːb] *n.* **1.** rura; rurka. **2.** tubka.

tuberculosis [tʊ,bɝːkjə'loʊsɪs] *n.* gruźlica.

tubular ['tuːbjələr] *a.* rurkowaty; rurowy.

tuck [tʌk] *v.* **1.** wsuwać, wsadzać; upychać. **2. ~ away** *pot.* odłożyć; **~ed away** ukryty głęboko, dobrze schowany; **~ in** zawinąć, podwinąć (*brzeg prześcieradła*); wsunąć (*koszulę do spodni*); **~ sb in/up** opatulić kogoś (przed snem). — *n.* **1.** zaszewka, fałdka. **2.** zakładka. **3.** operacja/zabieg naciągnięcia skóry.

Tuesday ['tuːzdeɪ] *n.* wtorek; *zob. t.* **Friday** (for phrases).

tuft [tʌft] *n.* kęp(k)a.

tug [tʌg] *v.* **1.** szarpać, ciągnąć, pociągać (*(at) sth* za coś). **2.** holować (*statek*). — *n.* **1.** (*także* **~boat**) holownik. **2.** szarpnięcie, pociągnięcie.

tug-of-war [,tʌgəv'wɔːr] *n.* **1.** zawody w przeciąganiu liny. **2.** próba sił.

tuition [tʊ'ɪʃən] *n.* **1.** czesne. **2.** korepetycje.

tulip ['tuːləp] *n.* tulipan.

tumble ['tʌmbl] *v.* **1.** spaść, runąć; stoczyć się; przekoziołkować. **2.** gwałtownie spadać (*o cenach, kursach*). — *n.* **1.** upadek. **2.** gwałtowny spadek.

tumble-dryer [,tʌmbl'draɪər] *n.* suszarka (bębnowa).

tumbler ['tʌmblər] *n.* szklanka; szklaneczka.

tummy ['tʌmɪ] *n. pot.* brzuch, brzuszek.

tumor ['tuːmər] *n.* guz, nowotwór.

tumult ['tuːmʌlt] *n. form.* zgiełk, tumult.

tumultuous [tʊ'mʌltʃʊəs] *a.* burzliwy; hałaśliwy; **~ applause** gromkie brawa.

tuna ['tuːnə] *n.* tuńczyk.

tune [tuːn] *n.* melodia; **sing in ~** śpiewać czysto; **sing out of ~** fałszować. — *v.* **1.** stroić (*instrument*). **2.** nastawiać (*radio*). **3. stay ~d!** *telew., radio* zostańcie (Państwo) z nami! **4. ~ in** nastawiać (*stację*); dostrajać (*radio, urządzenie*); **~ in to sth** nastawiać (radio/odbiornik na) coś; słuchać czegoś (*stacji*); **~ up** *muz.* stroić (się).

tuneful ['tuːnfʊl] *a.* melodyjny.

tuner ['tuːnər] *n.* **1.** tuner. **2. piano ~** stroiciel fortepianów.

tunic ['tuːnɪk] *n.* tunika.

Tunisia [tʊ'niːʒə] *n.* Tunezja.

Tunisian *a.* tunezyjski. — *n.* Tunezyj-czyk/ka.

tunnel ['tʌnl] *n.* **1.** tunel; przejście podziemne. **2.** *anat.* kanał. — *v.* przekopać tunel, przekopać się.

turban ['tɝːbən] *n.* turban.

turbine ['tɝːbaɪn] *n.* turbina.

turbulence ['tɝːbjələns] *n.* turbulencje.

turbulent ['tɝːbjələnt] *a.* **1.** burzliwy (*o okresie*). **2.** wzburzony, niespokojny (*o wodach, tłumie*).

tureen [tə'riːn] *n.* waza (*na zupę*).

turf [tɝːf] *n.* **1.** darń. **2. on one's/sb's (own) ~** *pot.* na swoim/czyimś terenie, u siebie/kogoś.

Turk [tɝːk] *n.* Tur-ek/czynka.

Turkey ['tɝːkɪ] *n.* Turcja.

turkey ['tɝːkɪ] *n.* indyk.

Turkish ['tɝːkɪʃ] *a.* turecki. — *n.* (język) turecki.

turmoil ['tɝːmɔɪl] *n.* chaos, zamieszanie.

turn [tɝːn] *v.* **1.** odwracać (się); obracać (się), kręcić (się); przekręcać (*klucz*); przewracać (*kartkę, kotlet*). **2.** skręcać; **~ a corner** pokonać zakręt, skręcić; **~ the corner** skręcić (za róg); **~ (to the) left/right** skręcić w lewo/w prawo. **3.** zmieniać/przeistaczać się (*from sth into/to sth* z czegoś w coś). **4. ~ red/yellow** poczerwienieć/zżółknąć; **~ white/pale** pobladnąć, zblednąć. **5. ~ cold** ochłodzić się; **~ informer/traitor** zostać donosicielem/zdrajcą; **~ nasty/violent** stać się nieprzyjemnym/gwałtownym; **~ fifty** skończyć pięćdziesiąt lat. **6. twist and ~** wić się. **7. ~ a blind eye (to sth)** *zob.* **blind** *a.*; **~ (people's) heads** *zob.* **head** *n.*; **~ tail** *zob.* **tail** *n.* **8. ~ against sb** zwrócić się przeciwko komuś; **~ sb against sb/sth** nastawić kogoś wrogo do kogoś/czegoś; **~ around** odwrócić/ obrócić się; **~ away** odwrócić się (tyłem); odprawić z kwitkiem; **~ back** zawrócić; **~ down** skręcić, przykręcić (*ogrzewanie*); ściszyć (*radio*); odrzucić (*propozycję, kandydata*); **~ in** oddać (*zadanie domowe, zgubę*); *pot.* iść spać, kłaść się; wydać (*przestępcę policji*); **~ off** wyłączyć (*światło, telewizor*); zakręcić (*wodę*); zjechać, skręcić (*o kierowcy, samochodzie*); **~ on** włączyć (*światło, telewizor*); odkręcić (*wodę*); **~ sb on** *pot.* podniecać kogoś; **~ out** okazać się (*to be sb/sth* kimś/czymś, *that* że); zakończyć się (*dobrze l. źle*); wyłączyć (*światło*); wyrzucić, wypędzić (*zwł. z domu*); wyprodukować; **~ over** przewrócić się (na brzuch/plecy/drugi bok); **~ sb/sth over to sb** przekazać kogoś/coś w czyjeś ręce (*np. przestępcę, władzę*); **~ sth over in one's mind** roztrząsać/rozważać coś; **~ over a new leaf** *zob.* **leaf** *n.*; **~ to sb (for help)** zwrócić się do kogoś (o pomoc); **~ up** podkręcić; podgłośnić; zwiększyć (*wydajność*); pojawić/ zjawić się. — *n.* **1.** kolej; kolejność; **in ~** z kolei; po kolei, kolejno; **whose ~ is it?** czyja kolej? **2.** obrót. **3.** zakręt; przecznica; **make a left/right ~** skręcić w lewo/prawo. **4.** zmiana; **a ~ for the better/worse** zmiana na lepsze/gorsze; **take ~s** zmieniać się (*doing sth* robiąc coś, *to do sth* przy czymś); **take a ~ for the better/worse** polepszyć/pogorszyć się. **5.** punkt zwrotny. **6. ~ of events** rozwój wydarzeń; **at the ~ of the century** na przełomie wieków.

turning point *n.* punkt zwrotny.

turnip ['tɝːnɪp] *n.* rzepa.

turn-off ['tɝːn,ɔːf] *n.* zjazd (*z autostrady*).

turnout ['tɝːn,aʊt] *n.* frekwencja (*zwł. wyborcza*).

turnover ['tɝːn,oʊvər] *n.* **1.** *ekon.* obroty. **2.** rotacja (*personelu*).

turnpike ['tɝːn,paɪk] *n.* autostrada (*płatna*).

turn signal *n.* kierunkowskaz.

turnstile ['tɝːn,staɪl] *n.* bramka (obrotowa), kołowrót (*przy wejściu*).

turntable ['tɝːn,teɪbl] *n.* gramofon.

turpentine ['tɝːpən,taɪn] *n.* terpentyna.

turquoise ['tɝːkwɔɪz] *n.* **1.** turkus. **2.** kolor turkusowy.

turret ['tɝːət] *n.* wieżyczka.

turtle ['tɝːtl] *n.* żółw.

turtleneck ['tɜːtlˌnek] *n.* golf (*kołnierz, sweter*).
tusk [tʌsk] *n.* kieł.
tussle ['tʌsl] *v.* przepychać się; szamotać się. — *n.* przepychanka, szamotanina.
tutor ['tuːtər] *n.* **1.** (prywatn-y/a) nauczyciel/ka; korepetytor/ka. **2.** *uniw.* asystent/ka. — *v.* **~ sb in sth** dawać komuś lekcje/korepetycje z czegoś.
tutorial [tuː'tɔːrɪəl] *n. uniw.* zajęcia (*dla małej grupy studentów*).
tuxedo [tʌk'siːdoʊ] *n.* smoking.
TV [ˌtiː 'viː] *n., abbr.* **1.** telewizja; **on ~** w telewizji. **2.** (*także* **~ set**) telewizor. — *a.* telewizyjny.
tweed [twiːd] *n.* **1.** tweed. **2. ~s** tweedowe ubranie. — *a.* tweedowy.
tweezers ['twiːzərz] *n. pl.* pinceta.
twelfth [twelfθ] *num.* dwunasty. — *n.* jedna dwunasta.
twelve [twelv] *num.* dwanaście. — *n.* **1.** dwunastka. **2. ~ (o'clock)** (godzina) dwunasta; **~ a.m./midnight** północ, dwunasta w nocy; **~ p.m./noon** południe, dwunasta w południe; **at ~** o dwunastej.
twentieth ['twentɪəθ] *num.* dwudziesty. — *n.* jedna dwudziesta.
twenty ['twentɪ] *num.* dwadzieścia. — *n.* dwudziestka; **be in one's twenties** mieć dwadzieścia parę lat; **the (nineteen) twenties** lata dwudzieste (dwudziestego wieku).
twice [twaɪs] *adv.* dwa razy; dwukrotnie; **~ as much/many** dwa razy więcej; **~ daily/a day** dwa razy dziennie; **once or ~** raz czy dwa; **think ~ (before...)** dobrze pomyśleć (zanim...).
twiddle ['twɪdl] *v.* **1. ~ (with) sth** obracać coś w palcach. **2.** pokręcić (*gałką*).
twig [twɪg] *n.* gałązka.
twilight ['twaɪˌlaɪt] *n.* zmierzch.
twin [twɪn] *n.* bliźnia-k/czka; **~ brother** brat bliźniak; **~ sister** siostra bliźniaczka. — *a.* **1.** bliźniaczy. **2.** podwójny (*np. o drzwiach*).
twinkle ['twɪŋkl] *v.* migotać, skrzyć się. — *n.* błysk, iskierka.
twist [twɪst] *v.* **1.** wyginać. **2.** skręcać. **3.** odwracać się. **4.** obracać (*pokrętło l. pokrętłem*); kręcić (*nakrętką*); odkręcać (*nakrętkę*). **5.** wić się (*o ścieżce, strumyku*). **6.** wiercić się. **7.** wypaczać, przekręcać. **8.** skręcić (sobie) (*nogę, nadgarstek*). **9.** tańczyć twista. **10. ~ and turn** wić się. **11. ~ sb's arm** *pot.* przycisnąć kogoś. — *n.* **1.** skręt; obrót. **2.** nieoczekiwany zwrot (*akcji*). **3.** zwój (*liny*). **4.** (ostry) zakręt (*drogi, strumienia*). **5. the ~** twist.
twisted ['twɪstɪd] *n.* **1.** skręcony (*o kostce, ręce*). **2.** poskręcany, powyginany; pokręcony. **3.** pokrętny. **4.** skrzywiony; **mentally ~** skrzywiony psychicznie.
twister *n. pot.* tornado, trąba powietrzna.
twitch [twɪtʃ] *v.* drgać (*o powiece, mięśniu*). — *n.* tik, drganie (*powieki*).
two [tuː] *num.* **1.** dwa. **2. one or ~** parę; **put ~ and ~ together** skojarzyć jedno z drugim; **that makes ~ of us** to tak samo jak ja. — *n.* **1.** dwójka. **2. ~ (o'clock)** (godzina) druga; **at ~** o drugiej.
two-dimensional [ˌtuːdə'menʃənl] *n.* dwuwymiarowy, płaski.
two-door [ˌtuː'dɔːr] *n.* dwudrzwiowy.
two-faced [ˌtuː'feɪst] *a.* **1.** dwulicowy. **2.** o dwu obliczach.
twofold ['tuːfoʊld] *a.* **1.** dwukrotny, podwójny. **2.** dwojaki.
two-piece ['tuːˌpiːs] *a.* dwuczęściowy.
twosome ['tuːsəm] *n.* para, dwójka.
two-time *v. pot.* zdradzać, oszukiwać (*partnera, żonę*).
two-way [ˌtuː'weɪ] *a.* dwukierunkowy.
TX *abbr.* = **Texas**.
tycoon [taɪ'kuːn] *n.* magnat, potentat (*finansowy, prasowy*).
type [taɪp] *n.* **1.** typ; rodzaj; **he's not my ~** on nie jest w moim typie. **2.** czcionka. — *v.* **1.** pisać na komputerze/maszynie; **~ (up)** przepisywać (na komputerze/maszynie). **2. ~ in** *komp.* wprowadzać, wpisywać; wklepywać.
typescript ['taɪpˌskrɪpt] *n.* maszynopis.
typewriter ['taɪpˌraɪtər] *n.* maszyna do pisania.
typhoid ['taɪfɔɪd] *n.* (*także* **~ fever**) tyfus.
typhoon [taɪ'fuːn] *n.* tajfun.
typical ['tɪpɪkl] *a.* typowy (*of sb/sth* dla kogoś/czegoś).
typist ['taɪpɪst] *n.* maszynistka.
tyranny ['tɪrənɪ] *n.* tyrania.
tyrant ['taɪrənt] *n.* tyran.

U

ubiquitous [juː'bɪkwətəs] *a.* wszechobecny; wszędobylski.
UFO [ˌjuː ˌef 'oʊ] *abbr., n.* **Unidentified Flying Object** Niezidentyfikowany Obiekt Latający, UFO.
ugliness ['ʌglɪnəs] *n.* brzydota.
ugly ['ʌglɪ] *a.* **1.** brzydki. **2.** nieprzyjemny, przykry; paskudny. **3. ~ duckling** brzydkie kaczątko; **rear its ~ head** dawać o sobie znać, wracać jak zły sen.
UK [ˌjuː 'keɪ], **U.K.** *abbr.* **United Kingdom** Zjednoczone Królestwo.
Ukraine [jʊ'kreɪn] *n.* Ukraina.
Ukrainian [jʊ'kreɪnɪən] *a.* ukraiński. — *n.* **1.** Ukrainiec/ka. **2.** (język) ukraiński.
ulcer ['ʌlsər] *n.* wrzód; **duodenal/stomach ~** wrzód dwunastnicy/żołądka.
ulterior [ʌl'tiːrɪər] *a.* **~ motives** ukryte pobudki/motywy.
ultimate ['ʌltəmət] *a.* **1.** ostateczny (*o celu*). **2.** najwyższy (*o władzy*); najważniejszy (*o kryterium*). **3.** najlepszy. — *n.* **the ~ in luxury/stupidity** szczyt luksusu/głupoty.
ultimately ['ʌltəmətlɪ] *adv.* ostatecznie, w końcu; w ostatecznym rozrachunku.
ultimatum [ˌʌltə'meɪtəm] *n. pl.* **-s** *l.* **ultimata** [ˌʌltə'meɪtə] ultimatum; **give sb an ~** postawić komuś ultimatum.
ultrasound ['ʌltrəˌsaʊnd] *n.* **1.** (*także* **~ examination/scan**) (badanie) USG. **2.** ultradźwięki.
ultraviolet [ˌʌltrə'vaɪələt] *a.* ultrafioletowy.
umbilical cord *n.* pępowina.

umbrella [əm'brelə] *n.* **1.** parasol; parasolka. **2.** parasol ochronny. **3.** ~ **organization/group** organizacja patronacka.
umpire ['ʌmpaɪr] *n.* **1.** sędzia (*w baseballu, tenisie*). **2.** *prawn.* rozjemca, arbiter. — *v.* **1.** sędziować (*mecz*). **2.** rozstrzygać (*spór*).
UN [ˌjuː 'en], **U.N.** *abbr.* **United Nations** ONZ.
unable [ʌn'eɪbl] *a.* ~ **to do sth** niezdolny do (zrobienia) czegoś; **be ~ to do sth** nie być w stanie/nie móc czegoś zrobić.
unacceptable [ˌʌnək'septəbl] *a.* nie do przyjęcia; niedopuszczalny.
unaccompanied [ˌʌnə'kʌmpənɪd] *a., adv.* **1.** sam; bez towarzystwa/asysty. **2.** bez akompaniamentu (*grać*); a capella (*śpiewać*). **3. leave sb/sth ~** pozostawić kogoś/coś bez opieki.
unaccustomed [ˌʌnə'kʌstəmd] *a.* ~ **to sth** nienawykły do czegoś; **be ~ to sth** nie być przyzwyczajonym do czegoś.
unaffected [ˌʌnə'fektɪd] *a.* **1.** bezpretensjonalny. **2. sb/sth was/remained (largely) ~ by X** X nie miało (większego) wpływu na kogoś/coś.
unaided [ʌn'eɪdɪd] *a., adv.* sam, samodzielnie; bez (niczyjej) pomocy.
unambiguous [ˌʌnæm'bɪgjʊəs] *a.* jednoznaczny.
unanimous [juː'nænəməs] *a.* jednomyślny, jednogłośny.
unannounced [ˌʌnə'naʊnst] *a.* niezapowiedziany, bez zapowiedzi.
unanswered [ʌn'ænsərd] *a., adv.* **be/go/remain ~** pozostawać bez odpowiedzi.
unarmed [ʌn'ɑːrmd] *a.* nieuzbrojony; ~ **combat** walka wręcz.
unashamed [ˌʌnə'ʃeɪmd] *a.* bezwstydny.
unassuming [ˌʌnə'suːmɪŋ] *a.* skromny, bezpretensjonalny.
unattached [ˌʌnə'tætʃt] *a.* **1.** samotny, wolny (= *bez partnera*). **2.** wolno stojący.
unattractive [ˌʌnə'træktɪv] *a.* nieatrakcyjny, mało atrakcyjny.
unauthorized [ʌn'ɔːθəˌraɪzd] *a.* bez pozwolenia/zgody, nieuprawniony; nieautoryzowany; nieupoważniony.
unavoidable [ˌʌnə'vɔɪdəbl] *a.* nieuchronny, nieunikniony, nie do uniknięcia.
unaware [ˌʌnə'wer] *a.* nieświadomy (*of sth* czegoś, *that...* że...).
unbalanced [ʌn'bælənst] *a.* **1.** niezrównoważony (*psychicznie*). **2.** stronniczy, tendencyjny. **3.** niezbilansowany (*o saldzie*).
unbearable [ʌn'berəbl] *a.* nieznośny, nie do zniesienia.
unbeatable [ʌn'biːtəbl] *a.* **1.** bezkonkurencyjny, nie do przebicia (*o cenach*). **2.** niepokonany, nie do pokonania.
unbelievable [ˌʌnbɪ'liːvəbl] *a.* niewiarygodny, nie do wiary.
unbiased [ʌn'baɪəst], **unbiassed** *a.* bezstronny.
unborn [ʌn'bɔːrn] *a.* nienarodzony.
unbreakable [ʌn'breɪkəbl] *a.* **1.** nietłukący; niełamliwy; niezniszczalny. **2.** niezłomny.
unbroken [ʌn'broʊkən] *a.* **1.** nieprzerwany; niezmącony. **2.** nienaruszony, nieuszkodzony. **3.** niepobity (*o rekordzie*).
unbutton [ʌn'bʌtn] *v.* rozpinać (*z guzików*).
uncalled-for [ʌn'kɔːldˌfɔːr] *a.* niestosowny, nie na miejscu; niczym nieusprawiedliwiony.
uncanny [ʌn'kænɪ] *a.* niesamowity.
unceasing [ʌn'siːsɪŋ] *a.* nieustanny, nieustający.
uncertain [ʌn'sɝːtən] *a.* **1.** niepewny; **be ~ about sth** nie być czegoś pewnym, nie mieć pewności co do czegoś. **2. in no ~ terms** bez ogródek.
uncertainty [ʌn'sɝːtəntɪ] *n.* niepewność.
unchanged [ʌn'tʃeɪndʒd] *a.* niezmieniony; **remain ~** nie zmieniać się.
unchecked [ʌn'tʃekt] *a.* **1.** niekontrolowany, niepohamowany. **2.** niesprawdzony.
uncle ['ʌŋkl] *n.* wujek, wuj; stryjek, stryj.
unclean [ʌn'kliːn] *a.* nieczysty.
unclear [ʌn'kliːr] *a.* **1.** niejasny. **2. be ~ about sth** nie mieć jasności co do czegoś.
uncomfortable [ʌn'kʌmftəbl] *a.* **1.** niewygodny. **2.** niezręczny (*o ciszy*). **3. be/feel ~** czuć się niezręcznie/nieswojo.
uncommon [ʌn'kɑːmən] *a.* nieczęsty, rzadki; **it is not ~ for sb to do sth** nierzadko zdarza się komuś coś robić.
uncommunicative [ˌʌnkə'mjuːnəˌkeɪtɪv] *a.* małomówny, niekomunikatywny.
uncomplicated [ʌn'kɑːmpləˌkeɪted] *a.* nieskomplikowany.
uncompromising [ʌn'kɑːmprəˌmaɪzɪŋ] *a.* bezkompromisowy.
unconcealed [ˌʌnkən'siːld] *a.* nieskrywany.
unconditional [ˌʌnkən'dɪʃənl] *a.* bezwarunkowy.
unconscious [ʌn'kɑːnʃəs] *a.* **1.** nieprzytomny; **beat sb ~** pobić kogoś do nieprzytomności; **knock sb ~** pozbawić kogoś przytomności (*o ciosie*). **2.** podświadomy, nieuświadomiony; nieświadomy. — *n.* **the/sb's ~** podświadomość.
unconsciously [ʌn'kɑːnʃəslɪ] *adv.* **1.** podświadomie. **2.** bezwiednie, machinalnie.
unconstitutional [ˌʌnkɑːnstɪ'tuːʃənl] *a.* niekonstytucyjny, sprzeczny/niezgodny z konstytucją.
uncontested [ˌʌnkən'testɪd] *a.* **1.** bezsporny (*o zwycięstwie*). **2.** bez kontrkandydata (*o wyborach*).
uncontrollable [ˌʌnkən'troʊləbl] *a.* **1.** niepohamowany, nieokiełznany. **2.** niesforny, nieposłuszny. **3.** niekontrolowany (*o wzroście cen*).
unconventional [ˌʌnkən'venʃənl] *a.* niekonwencjonalny.
uncoordinated [ˌʌnkoʊ'ɔːrdəˌneɪtɪd] *a.* **1.** nieskoordynowany. **2. be ~** poruszać się niezgrabnie.
uncork [ʌn'kɔːrk] *v.* odkorkowywać.
uncover [ʌn'kʌvər] *v.* odkrywać; ujawniać; odsłaniać.
undecided [ˌʌndɪ'saɪdɪd] *a.* **1.** niezdecydowany. **2.** nierozstrzygnięty.
undeniable [ˌʌndɪ'naɪəbl] *a.* niezaprzeczalny.
under ['ʌndər] *prep.* **1.** pod; ~ **the table** pod stołem; pod stół; ~ **oath** pod przysięgą; ~ **sb's influence/supervision** pod czyimś wpływem/nadzorem; **look ~ "Art"** szukaj pod „Sztuka" (*np. w katalogu*). **2.** poniżej, do; ~ **$10** poniżej/do dziesięciu dolarów; **people ~ 30** osoby poniżej/do trzydziestego roku życia. **3.** w; ~ **anesthesia** w znieczuleniu/narkozie; ~ **construction/repair** w budowie/naprawie. **4.** w trakcie; ~ **discussion/treatment** w trakcie dyskusji/leczenia. **5.** pod rządami, za rządów; za (czasów) (*króla, prezydenta*). **6.** w świetle (*przepisu*); zgodnie z (*kodeksem*); w myśl (*prawa*). **7.** ~ **age** niepełnoletni; ~ **way** w toku; **be ~ orders to do**

sth mieć rozkaz coś zrobić; **be ~ the impression that...** odnosić/mieć wrażenie, że... — *adv.* **1.** pod spodem; pod powierzchnią; **go ~** zanurzyć się (pod wodę); *przen.* pogrążyć się. **2. children aged 10 and ~** dzieci w wieku do/poniżej 10 lat.
undercarriage ['ʌndər,kerɪʤ] *n.* podwozie.
undercover [,ʌndər'kʌvər] *a.* tajny (*o agencie, operacji*). — *adv.* w ukryciu.
underdone [,ʌndər'dʌn] *a.* niedosmażony; niedogotowany; niedopieczony.
underdressed [,ʌndər'drest] *a.* ubrany nie dość elegancko.
underestimate *v.* [,ʌndər'estə,meɪt] **1.** nie doceniać (*kogoś l. czegoś*); lekceważyć. **2.** niedoszacować. — *n.* [,ʌndər'estəmət] niedoszacowanie, zaniżona prognoza.
underfoot [,ʌndər'fʊt] *adv.* pod stopami/nogami; **trample/crush sb/sth ~** stratować kogoś/coś; doszczętnie zniszczyć kogoś/coś.
undergo [,ʌndər'goʊ] *v.* **-went, -gone 1.** ulegać (*zmianom*). **2. ~ surgery** przejść operację/zabieg.
undergraduate [,ʌndər'græʤʊət] *n.* student/ka (*studiów I stopnia*). — *a.* studencki (*o życiu, zwyczajach*); licencjacki (*o studiach*).
underground *a.* [,ʌndər'graʊnd] **1.** podziemny. **2.** undergroundowy, alternatywny. — *adv.* [,ʌndər'graʊnd] pod ziemią; w podziemiu; **go ~** zejść pod ziemię; zejść do podziemia. — *n.* ['ʌndər,graʊnd] **1.** podziemie. **2. the U~** *Br.* metro.
underline *v.* [,ʌndər'laɪn] podkreślać.
undermine [,ʌndər'maɪn] *v.* **1.** podkopać, podważyć (*zaufanie, autorytet*). **2.** podkopywać (*wał, konstrukcję*). **3.** podmywać (*brzeg*); powodować erozję (*skały*).
underneath [,ʌndər'ni:θ] *prep., adv.* **1.** pod; niżej, poniżej; w dole; pod spodem; u dołu. **2.** w głębi duszy, w rzeczywistości.
underpants ['ʌndər,pænts] *n. pl.* majtki.
underpass ['ʌndər,pa:s] *n.* przejście podziemne; przejazd podziemny.
underprivileged [,ʌndər'prɪvəlɪʤd] *a.* upośledzony społecznie. — *n.* **the ~** najbiedniejsze warstwy społeczeństwa.
understand [,ʌndər'stænd] *v. pret. i pp.* **-stood** rozumieć; **~ English** rozumieć po angielsku; **do you ~?** rozumiesz? **I ~ that...** rozumiem, że..., o ile mi wiadomo, to...; **I don't ~ how/why** nie rozumiem, jak/dlaczego; **I can make myself understood in Polish** potrafię się dogadać po polsku.
understandable [,ʌndər'stændəbl] *a.* zrozumiały.
understanding [,ʌndər'stændɪŋ] *a.* wyrozumiały. — *n.* **1.** zrozumienie; wyrozumiałość. **2.** rozumienie, sposób rozumienia. **3. come to an ~** osiągnąć porozumienie. **4. have a good/poor ~ of sth** dobrze/słabo się na czymś znać. **5. on the ~ that...** pod warunkiem, że...; przy założeniu, że...
understatement [,ʌndər'steɪtmənt] *n.* niedomówienie, niedopowiedzenie; **that's an ~!** to mało powiedziane!
undertake [,ʌndər'teɪk] *v.* **-took, -taken 1.** podejmować, przedsiębrać; **~ (to do) sth** podjąć się (zrobienia) czegoś. **2.** przyjmować (na siebie) (*odpowiedzialność*).
undertaker [,ʌndər'teɪkər] *n.* przedsiębiorca pogrzebowy.
undertaking [,ʌndər'teɪkɪŋ] *n.* przedsięwzięcie.
underwater [,ʌndər'wɔ:rtər] *a., adv.* podwodny, pod wodą.
underwear ['ʌndər,wer] *n.* bielizna.
underworld ['ʌndər,wɝ:ld] *n.* **the ~** świat(ek) przestępczy; zaświaty, Hades.
undesirable [,ʌndɪ'zaɪrəbl] *a.* niepożądany.
undisputed [,ʌndɪ'spju:tɪd] *a.* niekwestionowany.
undo [ʌn'du:] *v.* **-did, -done 1.** rozpinać; rozwiązywać. **2.** odwracać (*skutek*); odwoływać, unieważniać (*decyzję*). **3.** niweczyć (*wysiłki*).
undoubtedly [ʌn'daʊtɪdlɪ] *adv.* niewątpliwie, bez wątpienia.
undress [ʌn'dres] *v.* rozbierać (się).
undue [,ʌn'du:] *a. form.* nadmierny; zbytni; nieuzasadniony.
unduly [,ʌn'du:lɪ] *adv. form.* nadmiernie; zbytnio.
undying [,ʌn'daɪɪŋ] *a.* dozgonny, wieczny.
unearthly [ʌn'ɝ:θlɪ] *a.* nieziemski, niesamowity.
uneasy [ʌn'i:zɪ] *a.* **1.** skrępowany, zażenowany; zaniepokojony. **2.** niespokojny (*o śnie*). **3.** niepewny (*o pokoju, rozejmie*).
uneducated [ʌn'eʤʊ,keɪtɪd] *a.* niewykształcony.
unemployed [,ʌnɪm'plɔɪd] *a.* bezrobotny. — *n.* **the ~** bezrobotni.
unemployment [,ʌnɪm'plɔɪmənt] *n.* **1.** bezrobocie; **high/low ~** wysokie/niskie bezrobocie. **2. be on ~** być na zasiłku.
unequivocal [,ʌnɪ'kwɪvəkl] *a. form.* jednoznaczny.
uneven [ʌn'i:vən] *a.* nierówny.
uneventful [,ʌnɪ'ventfʊl] *a.* bezbarwny, bez niespodzianek/przygód.
unexpected [,ʌnɪk'spektɪd] *a.* nieoczekiwany, niespodziewany.
unexpectedly [,ʌnɪk'spektɪdlɪ] *adv.* nieoczekiwanie, niespodziewanie.
unfair [ʌn'fer] *a.* niesprawiedliwy (*to sb/sth* w stosunku do kogoś/czegoś); nieuczciwy (*o konkurencji*).
unfaithful [ʌn'feɪθfʊl] *a.* niewierny; **be ~ to sb** zdradzać kogoś.
unfamiliar [,ʌnfə'mɪljər] *a.* **1.** nieznany; **sth is ~ to sb** coś nie jest komuś znane. **2. ~ with sth** nieobeznany z czymś.
unfashionable [ʌn'fæʃənəbl] *a.* niemodny.
unfasten [ʌn'fæsən] *v.* rozpinać (się).
unfavorable [ʌn'feɪvərəbl] *a.* niesprzyjający; nieprzychylny.
unfinished [ʌn'fɪnɪʃt] *a.* niedokończony.
unfit [ʌn'fɪt] *a.* **1.** w słabej formie/kondycji. **2. ~ for sth** niezdolny do czegoś; nienadający się do czegoś; **~ for human consumption/habitation** nienadający się do spożycia/zamieszkania.
unfold [ʌn'foʊld] *v.* **1.** rozkładać (*mapę, parasol*); rozwijać (*transparent*). **2.** rozwijać się (*o wątku*).
unforeseeable [,ʌnfɔ:r'si:əbl] *a.* niedający się przewidzieć, nie do przewidzenia.
unforeseen [,ʌnfɔ:r'si:n] *a.* nieprzewidziany.
unforgettable [,ʌnfər'getəbl] *a.* niezapomniany.
unforgivable [,ʌnfər'gɪvəbl] *a.* niewybaczalny.
unfortunate [ʌn'fɔ:rʧənət] *a.* nieszczęśliwy; nieszczęsny; niefortunny; **it is ~ that...** szkoda, że...
unfortunately [ʌn'fɔ:rʧənətlɪ] *adv.* niestety.
unfounded [ʌn'faʊndɪd] *a.* bezpodstawny.
unfriendly [ʌn'frendlɪ] *a.* nieprzyjazny.
ungrateful [ʌn'greɪtfʊl] *a.* niewdzięczny.
unhappy [ʌn'hæpɪ] *a.* nieszczęśliwy (*about/with sth* z powodu czegoś).

unhealthy [ʌn'helθɪ] *a.* niezdrowy; chorobliwy.
unheard-of [ʌn'hɝːdəv] *a.* **1.** niespotykany. **2.** niesłychany. **3.** zupełnie nieznany.
unidentified [ʌnaɪ'dentəˌfaɪd] *a.* niezidentyfikowany; bliżej nieokreślony; anonimowy (*o źródle informacji*).
uniform ['juːnəˌfɔːrm] *n.* mundur; mundurek; uniform; **in ~** w mundurze, umundurowany. — *a.* **1.** jednolity; jednorodny. **2.** jednakowy. **3.** jednostajny.
unify ['juːnəˌfaɪ] *v.* **1.** jednoczyć. **2.** ujednolicać, unifikować.
unilateral [ˌjuːnɪ'lætərəl] *a.* jednostronny, unilateralny.
uninhabited [ˌʌnɪn'hæbɪtɪd] *a.* niezamieszkały; bezludny.
unintentional [ˌʌnɪn'tenʃənl] *a.* niezamierzony.
union ['juːnjən] *n.* **1.** związek; unia; zjednoczenie, zrzeszenie; **labor ~** związek zawodowy. **2.** (*także* **student's ~**) zrzeszenie/związek studentów; klub studencki. **3. the U~** Unia (*północnych stanów w wojnie secesyjnej*).
unique [jʊ'niːk] *a.* **1.** jedyny w swoim rodzaju, niepowtarzalny; unikalny, unikatowy. **2. ~ to sb/sth** ograniczony do kogoś/czegoś, spotykany jedynie u kogoś/czegoś.
unison ['juːnɪsən] *n.* **in ~** unisono; zgodnie; chórem.
unit ['juːnɪt] *n.* **1.** jednostka; **research ~** jednostka/komórka badawcza. **2.** oddział, blok (*szpitalny*). **3.** jednostka lekcyjna; segment (*kursu*); rozdział, część (*podręcznika*). **4.** segment; szafka; **kitchen ~** szafka kuchenna. **5.** *techn.* układ; urządzenie; moduł, zespół. **6.** egzemplarz (*produktu*). **7.** *form.* lokal mieszkalny. **8.** *mat.* jednostka; jedność.
unite [jʊ'naɪt] *v.* jednoczyć (się), łączyć (się).
united [jʊ'naɪtɪd] *a.* zjednoczony; **U~ Kingdom** Zjednoczone Królestwo; **U~ Nations** Narody Zjednoczone, Organizacja Narodów Zjednoczonych; **U~ States (of America)** Stany Zjednoczone (Ameryki Północnej).
unity ['juːnətɪ] *n.* jedność.
universal [ˌjuːnə'vɝːsl] *a.* **1.** powszechny. **2.** uniwersalny; wszechstronny. **3.** światowy; ogólnoludzki.
universe ['juːnəˌvɝːs] *n.* **the ~** wszechświat.
university [ˌjuːnə'vɝːsətɪ] *n.* uniwersytet; **~ degree** dyplom uniwersytetu; **go to ~** iść na studia/uniwersytet; studiować (na uniwersytecie).
unjust [ʌn'ʤʌst] *a.* niesprawiedliwy, krzywdzący.
unkind [ʌn'kaɪnd] *a.* nieżyczliwy, nieuprzejmy; niełaskawy (*o czasie, klimacie*).
unknown [ʌn'noʊn] *a.* nieznany (*to sb* komuś); nieznajomy; niewiadomy; **be an ~ quantity** być/stanowić niewiadomą. — *n.* **1.** *mat.* niewiadoma. **2. fear of the ~** strach przed nieznanym.
unlawful [ʌn'lɔːfʊl] *a.* nielegalny; bezprawny.
unleaded [ʌn'ledɪd] *a.* bezołowiowy. — *n.* benzyna bezołowiowa.
unleash [ʌn'liːʃ] *v.* **1.** rozpętać (*batalię, emocje*). **2.** spuszczać ze smyczy.
unless [ən'les] *conj.* jeśli/o ile nie; chyba że; **~ I am mistaken/wrong** o ile się nie mylę; **~ you want to** chyba że chcesz.
unlike [ʌn'laɪk] *prep.* **1.** w przeciwieństwie do; inaczej niż; **~ his father,...** w przeciwieństwie do (swojego) ojca... **2. it is ~ John to...** to niepodobne do Johna, żeby... — *a.* niepodobny, różny; **be (very) ~** różnić się (bardzo).
unlikely [ʌn'laɪklɪ] *a.* nieprawdopodobny; mało prawdopodobny; **it is (highly) ~ that...** jest (bardzo) mało prawdopodobne, żeby...
unlimited [ʌn'lɪmɪtɪd] *a.* nieograniczony; bez ograniczeń.
unload [ʌn'loʊd] *v.* **1.** wyładowywać (*towar*). **2.** rozładowywać (*statek, broń*). **3.** wyjmować film z (*aparatu*). **4.** *pot.* pozbywać się (*gorącego towaru*), upłynniać. **5. ~ sth on sb** *pot.* zrzucać/zwalać coś na kogoś.
unlock [ʌn'lɑːk] *v.* **1.** otwierać (*z zamka*). **2. ~ the mysteries/secrets of sth** odkrywać sekrety/tajemnice czegoś.
unlucky [ʌn'lʌkɪ] *a.* pechowy; nieszczęśliwy; feralny; **be ~** mieć pecha, nie mieć szczęścia.
unmarried [ʌn'merɪd] *n.* nieżonaty; niezamężna; samotny, stanu wolnego; **~ mother** samotna matka.
unmask [ʌn'mæsk] *v.* demaskować.
unmistakable [ˌʌnmɪ'steɪkəbl], **unmistakeable** *a.* wyraźny; charakterystyczny.
unnatural [ʌn'nætʃərəl] *a.* nienaturalny.
unnecessarily [ˌʌnˌnesə'serəlɪ] *adv.* **1.** niepotrzebnie. **2.** zbyt (*złożony, surowy*).
unnecessary [ʌn'nesəˌserɪ] *a.* niepotrzebny, zbyteczny.
unnoticed [ʌn'noʊtɪst] *a., adv.* niezauważony; **go/pass ~** pozostawać niezauważonym.
UNO [ˌjuː ˌen 'oʊ] *abbr.* ONZ.
unobtrusive [ˌʌnəb'truːsɪv] *a.* nierzucający się w oczy, dyskretny.
unofficial [ʌnə'fɪʃl] *a.* nieoficjalny.
unorthodox [ʌn'ɔːrθəˌdɑːks] *a.* **1.** niekonwencjonalny, nietypowy. **2.** nieortodoksyjny.
unpack [ʌn'pæk] *v.* **1.** rozpakowywać się. **2.** rozpakowywać (*walizkę*); wypakowywać (*zawartość*). **3.** *komp.* rozpakowywać (*plik*).
unpaid [ʌn'peɪd] *a.* **1.** niezapłacony; niespłacony. **2. ~ leave** urlop bezpłatny.
unparalleled [ʌn'perəˌleld] *a.* niezrównany.
unpleasant [ʌn'plezənt] *a.* nieprzyjemny, niemiły.
unplug [ʌn'plʌg] *v.* **1.** wyłączać z sieci/gniazdka (*telewizor*); wyciągać z gniazdka (*wtyczkę*). **2.** wyjmować zatyczkę/korek z (*wanny*). **3.** odetkać (*odpływ*).
unpopular [ˌʌn'pɑːpjələr] *a.* niepopularny; nielubiany; **make o.s. ~ with sb** narazić się/podpaść komuś.
unprecedented [ʌn'presɪˌdentɪd] *a.* bezprecedensowy; niespotykany.
unpredictable [ˌʌnprɪ'dɪktəbl] *a.* **1.** nieprzewidywalny; trudny do przewidzenia, niedający się przewidzieć. **2.** nieobliczalny. **3.** kapryśny (*o pogodzie*).
unprofessional [ˌʌnprə'feʃənl] *a.* **1.** nieprofesjonalny. **2.** niezgodny z etyką zawodową.
unprotected [ˌʌnprə'tektɪd] *a.* bez zabezpieczenia.
unqualified [ʌn'kwɑːləˌfaɪd] *a.* **1.** nieposiadający kwalifikacji; niewykwalifikowany; **be ~ for sth/to do sth** nie mieć kwalifikacji do czegoś/ku czemuś. **2.** pełny (*o sukcesie, poparciu*); kompletny (*o fiasku*).
unreal [ʌn'riːl] *a.* **1.** zmyślony, wyimaginowany; nierealny, nierzeczywisty. **2.** *pot.* niesamowity.
unrealistic [ˌʌnriːə'lɪstɪk] *a.* nierealistyczny; **you're being ~** nie patrzysz realistycznie.
unreasonable [ʌn'riːzənəbl] *a.* **1.** nieuzasadniony, nieusprawiedliwiony; pozbawiony (racjonalnych) podstaw. **2.** nierozsądny; nieracjonalny. **3.** bezsensowny, niedorzeczny. **4.** nie do przyjęcia; wygórowany, zbyt wysoki.

unrelated [ˌʌnrɪˈleɪtɪd] *a.* **1.** niezwiązany, niepowiązany. **2.** niespokrewniony.
unreliable [ˌʌnrɪˈlaɪəbl] *n.* niesolidny; zawodny.
unrest [ʌnˈrest] *n.* **social ~** niepokoje społeczne; **political ~** zamieszki na tle politycznym.
unroll [ʌnˈroʊl] *v.* rozwijać (się).
unruly [ʌnˈruːlɪ] *a.* niesforny.
unsafe [ʌnˈseɪf] *a.* niebezpieczny; zagrożony, w niebezpieczeństwie; **~ sex** seks bez zabezpieczeń.
unsaid [ʌnˈsed] *a.* (głośno) niewypowiedziany, przemilczany; **leave sth ~** przemilczeć coś.
unsatisfactory [ˌʌnˌsætɪsˈfæktərɪ] *a.* niezadowalający; niedostateczny.
unsaturated [ʌnˈsætʃəˌreɪtɪd] *a.* nienasycony (*o roztworze, tłuszczach*).
unscientific [ˌʌnˌsaɪənˈtɪfɪk] *a.* nienaukowy.
unscrew [ʌnˈskruː] *v.* **1.** odkręcić (*zakrętkę*). **2.** zdemontować, zdjąć (*np. przykręcaną pokrywę*).
unscrupulous [ʌnˈskruːpjələs] *a.* pozbawiony skrupułów.
unsettled [ʌnˈsetld] *a.* **1.** niespokojny (*o okresie*). **2.** nierozstrzygnięty (*o kwestii*). **3.** niestabilny (*o pogodzie*). **4.** rozstrojony (*o żołądku*).
unshaven [ʌnˈʃeɪvən] *a.* nieogolony.
unsightly [ʌnˈsaɪtlɪ] *a. form.* szpetny, szpecący.
unskilled [ʌnˈskɪld] *a.* **~ job/work** praca niewymagająca kwalifikacji; **~ labor** niewykwalifikowana siła robocza.
unspeakable [ʌnˈspiːkəbl] *a.* niewyobrażalny, nie do opisania.
unstable [ʌnˈsteɪbl] *a.* **1.** niestabilny. **2.** chwiejny. **3.** niezrównoważony.
unsteady [ʌnˈstedɪ] *a.* **1.** niepewny. **2.** chwiejny. **3.** nierówny, niemiarowy (*o pulsie, rytmie*).
unsuccessful [ˌʌnsəkˈsesfʊl] *a.* nieudany; **sb was ~** komuś się nie udało/nie powiodło.
unsuccessfully [ˌʌnsəkˈsesfʊlɪ] *adv.* bez powodzenia.
unsuitable [ʌnˈsuːtəbl] *a.* nieodpowiedni, nienadający się; **be ~ for/to sth** nie nadawać się do czegoś.
unsure [ʌnˈʃʊr] *a.* niepewny; **~ of o.s.** niepewny siebie; **be ~** nie być pewnym, nie mieć pewności.
unsuspecting [ˌʌnsəˈspektɪŋ] *a.* niczego niepodejrzewający.
unsympathetic [ʌnˌsɪmpəˈθetɪk] *a.* nieprzychylny, nieżyczliwy (*to/toward sb/sth* w stosunku do kogoś/czegoś).
unthinkable [ʌnˈθɪŋkəbl] *a.* nie do pomyślenia.
untidy [ʌnˈtaɪdɪ] *a.* **1.** nieposprzątany. **2.** nieporządny; niechlujny.
untie [ʌnˈtaɪ] *v.* **1.** rozwiązywać (się). **2.** odwiązywać.
until [ʌnˈtɪl] *prep., conj.* **1.** (aż) do; (aż) do chwili, kiedy; **~ 5 p.m.** do (godziny) 17.00, przed (godziną) 17.00; **~ now** dotychczas, do tej pory; **~ then** do tego czasu; **up ~** aż do; **wait ~ he's done** poczekaj, aż skończy; **you have ~ tomorrow** masz czas do jutra. **2.** dopóki nie; **work ~ you're finished** pracuj, dopóki nie skończysz. **3.** dopiero; **they didn't return ~ the next day** wrócili dopiero następnego dnia.
untimely [ʌnˈtaɪmlɪ] *a.* **1.** przedwczesny. **2.** nie w porę, w złym/nieodpowiednim momencie.
untold [ʌnˈtoʊld] *a.* nieopisany; niewymowny, niewysłowiony.
untouchable [ʌnˈtʌtʃəbl] *a.* nietykalny; nie do ruszenia. — *n.* parias, niedotykaln-y/a.
untrue [ʌnˈtruː] *a.* nieprawdziwy, niezgodny z prawdą.
unused [ʌnˈjuːzd] *a.* **1.** nieużywany. **2.** nieprzyzwyczajony, nienawykły (*to (doing) sth* do (robienia) czegoś).
unusual [ʌnˈjuːʒʊəl] *a.* niezwykły, niecodzienny; **it is ~ for sb to do sth** rzadko się zdarza, żeby ktoś coś zrobił.
unveil [ʌnˈveɪl] *v.* **1.** odsłaniać (*pomnik*). **2.** ujawniać (*plany*).
unwanted [ʌnˈwɑːntɪd] *a.* niechciany.
unwelcome [ʌnˈwelkəm] *a.* niepożądany, niemile widziany; niewygodny (*o faktach*).
unwell [ʌnˈwel] *a.* niezdrowy, chory; **feel ~** źle się czuć.
unwilling [ʌnˈwɪlɪŋ] *a.* niechętny; **be ~ to do sth** nie chcieć czegoś zrobić.
unwillingly [ʌnˈwɪlɪŋlɪ] *adv.* niechętnie.
unwind [ʌnˈwaɪnd] *v. pret. i pp.* **unwound** [ʌnˈwaʊnd] **1.** odprężać/relaksować się. **2.** odwijać (się), rozwijać (się) (*np. o taśmie*).
unwise [ʌnˈwaɪz] *a.* niemądry, nierozsądny.
unwitting [ʌnˈwɪtɪŋ] *a.* przypadkowy, nieumyślny; nieświadomy.
unworthy [ʌnˈwɝːðɪ] *a.* niegodny; **be ~ of sth** nie zasługiwać na coś.
unzip [ʌnˈzɪp] *v.* **1.** rozpinać (się) (*o zamku błyskawicznym, spodniach*). **2.** *komp.* rozpakowywać.
up [ʌp] *adv., prep., a.* **1.** do góry, w górę, ku górze; w górze; **~ the river** w górę rzeki; **~ there** tam w/na górze; **go ~** wchodzić pod górę/do góry; rosnąć (*o cenach*). **2.** wyżej; **several floors ~** kilka pięter wyżej/nad nami. **3.** (*także* **~ North**) na północ; na północy. **4. clear ~** rozchmurzyć się; **dig ~** wykopać; **hurry ~** pospieszyć się; **turn ~** podkręcić. **5. ~ and down** w górę i w dół; tam i z powrotem; **~ front** z przodu; *pot.* od razu, z miejsca; bez owijania w bawełnę (*powiedzieć*); z góry (*płacić*); **sit ~ front** siedzieć z przodu (*obok kierowcy*); **~ until** do (*jakiegoś momentu*); **~ to now** do tej pory; **~ to 100 people** do stu ludzi (*pomieścić*); **be ~** być na nogach; stać (*np. o budynku*); **he's not ~ yet** jeszcze nie wstał; **time's ~** czas minął; **be ~ and about** stanąć na nogi (*po chorobie*); **be ~ against sth/sb** zmagać/mierzyć się z czymś/kimś; **be ~ and running** działać, funkcjonować; **be ~ for sale** być na sprzedaż; **be ~ to here with sb/sth** *pot.* mieć kogoś/czegoś potąd; **be ~ to no good** być do niczego; **be ~ to one's ears/eyes/neck in trouble/debt** *pot.* być po uszy w kłopotach/długach; **it's ~ to you** to zależy od ciebie; jak chcesz; **it's not ~ to her to decide** to nie ona (tu) decyduje; **be ~ to sth** kombinować coś; sprostać/podołać czemuś; odpowiadać czemuś (*normom, oczekiwaniom*); **this side ~** góra (*napis na kartonie*); **(so,) what have you two been ~ to?** (i) co (tam) u was słychać? **what's ~?** co się stało? *pot.* jak leci?, co słychać? **what's ~ with him?** co mu jest? — *n.* **~s and downs** wzloty i upadki. — *v.* **1.** podnieść (*cenę, ofertę*). **2. ~ and do sth** *pot.* ni stąd ni zowąd coś zrobić; **he just ~ped and left** po prostu wziął i wyszedł.
upbeat [ˈʌpˌbiːt] *a.* optymistyczny.
upbringing [ˈʌpˌbrɪŋɪŋ] *n.* wychowanie.
update *v.* [ˌʌpˈdeɪt] uaktualniać; unowocześniać. — *n.* [ˈʌpˌdeɪt] najświeższe informacje, ostatnie doniesienia (*on sth* na jakiś temat).
upgrade *v.* [ˌʌpˈgreɪd] **1.** wymieniać (na nowy) (*np. komputer*). **2.** awansować (*pracownika*). **3.** pod-

nosić (*pensję*). **4.** uaktualniać (*oprogramowanie*). **5. I was ~d to business class** przenieśli mnie do klasy business. — *n.* ['ʌpˌgreɪd] unowocześnienie; uaktualnienie.

upheaval [ʌp'hiːvl] *n.* niepokoje, wrzenie, zajścia.

uphill [ˌʌp'hɪl] *a., adv.* **1.** pod górę. **2.** żmudny, mozolny; **an ~ battle/struggle** trudne zmagania.

uphold [ʌp'hoʊld] *v. pret. i pp.* **-held 1.** utrzymywać w mocy. **2.** podtrzymywać, kultywować.

upholstery [ʌp'hoʊlstərɪ] *n.* tapicerka; obicie.

upkeep ['ʌpˌkiːp] *n.* utrzymanie; koszty utrzymania.

upon [ə'pɑːn] **1.** *form.* na. **2.** po; **~ arrival** po przybyciu. **3. once ~ a time** pewnego razu.

upper ['ʌpər] *a.* **1.** górny; wyższy. **2. have/gain the ~ hand (over sb)** mieć/zdobyć (nad kimś) przewagę; **the ~ limit (of sth)** górna granica (czegoś); **the ~ reaches of the Nile** górny bieg Nilu. — *n.* **1.** wierzch, cholewka; **leather ~s** skórzane wierzchy. **2.** *sl.* amfa (*l. inny narkotyk dający poczucie euforii*).

uppermost ['ʌpərˌmoʊst] *a.* **1.** najwyższy; znajdujący się na (samej) górze. **2.** najważniejszy; **safety is ~ in our minds** mamy na względzie przede wszystkim bezpieczeństwo.

upright ['ʌpˌraɪt] *adv.* **1.** pionowo. **2.** prosto; **sit/stand ~** siedzieć/stać prosto. — *a.* **1.** pionowy. **2.** prosty, wyprostowany. **3.** prawy (= *uczciwy*).

uprising ['ʌpˌraɪzɪŋ] *n. polit.* powstanie.

uproar ['ʌpˌrɔːr] *n.* poruszenie, wrzawa; hałas, zgiełk.

upset [ʌp'set] *v. pret. i pp.* **-set 1.** martwić; denerwować; wytrącać z równowagi. **2.** zakłócić (*przebieg, proces*); zachwiać (*równowagę*). **3.** przewrócić (*np. wazon*). **4. ~ sb's stomach** zaszkodzić komuś (na żołądek). — *a.* **1.** zmartwiony, przygnębiony; zdenerwowany. **2. an ~ stomach** rozstrój żołądka, sensacje żołądkowe.

upshot ['ʌpˌʃɑːt] *n.* **the ~ (of sth)** ostateczny rezultat/wynik (czegoś).

upside down [ˌʌpsaɪd 'daʊn] *adv., a.* do góry nogami; **turn sth ~** przewrócić coś do góry nogami; postawić coś na głowie.

upstairs [ˌʌp'sterz] *adv., a.* **1.** na górze/piętrze; na górę/piętro. **2.** *pot.* **kick sb ~** dać komuś kopa w górę; **sb doesn't have very much ~** ktoś nie grzeszy inteligencją. — *n.* **the ~** piętro, góra.

upstream [ˌʌp'striːm] *adv., a.* w górę rzeki; pod prąd.

uptake ['ʌpˌteɪk] *n.* **1.** pobór, absorpcja. **2. be quick/slow on the ~** *pot.* szybko/wolno chwytać.

uptight [ʌp'taɪt] *a.* spięty; **be ~ about sth** denerwować się czymś.

up-to-date [ˌʌptə'deɪt] *a.* **1.** najnowszy; aktualny; modny. **2. bring sb ~ (on sth)** podać komuś najnowsze informacje (o czymś); **keep sb ~ (on sth)** informować kogoś na bieżąco (o czymś).

upward ['ʌpwərd] *adv.* (*także* **upwards**) do góry, w górę; **go/move ~** iść w górę, wzrastać; **~ of ten hours** ponad/przeszło dziesięć godzin. — *a.* w górę (*o ruchu*); rosnący, zwyżkowy (*o tendencji*).

uranium [jʊ'reɪnɪəm] *n.* uran.

urban ['ɝːbən] *a.* miejski, wielkomiejski.

urge [ɝːdʒ] *v.* **1. ~ sb to do sth** nakłaniać/namawiać kogoś do (zrobienia) czegoś/żeby coś zrobił; **~ that (sb do sth)** nalegać, żeby (ktoś coś zrobił). **2. ~ on** zachęcać; poganiać, ponaglać. — *n.* potrzeba; pragnienie, chęć.

urgency ['ɝːdʒənsɪ] *n.* pośpiech; niecierpliwość; **a matter of ~** sprawa niecierpiąca zwłoki.

urgent ['ɝːdʒənt] *a.* **1.** pilny; niecierpiący zwłoki; naglący. **2.** natarczywy.

urinate ['jʊrəˌneɪt] *v.* oddawać mocz.

urine ['jʊrən] *n.* mocz.

urn [ɝːn] *n.* **1.** urna. **2.** termos (bufetowy).

US [ˌjuː 'es], **U.S.** *abbr., n.* **the ~** USA.

us [ʌs] *pron.* nas; nam; nami.

USA [ˌjuː ˌes 'eɪ], **U.S.A.** *abbr.* USA.

usage ['juːsɪdʒ] *n.* **1.** uzus językowy, praktyka językowa. **2.** użycie; stosowanie.

use *v.* [juːz] **1.** używać, korzystać z (*czegoś*); wykorzystywać (*t. osobę*); **~ sth for (doing) sth** używać czegoś do (robienia) czegoś; **~ sth as sth** używać czegoś jako czegoś, wykorzystywać coś jako coś. **2.** (*także* **~ up**) zużywać. **3.** zażywać (*narkotyki*). **4. sb could/can ~ sth** komuś by się coś przydało. — *n.* [juːs] **1.** użycie; stosowanie. **2.** użytek, zastosowanie. **3.** używalność, prawo do korzystania z (*kuchni itp.*). **4.** pożytek, korzyść. **5. be of ~ (to sb)** przydawać się (komuś); **be (of) no ~** być bezużytecznym; na nic się nie zdać (*o wysiłkach*); **come into ~** upowszechnić się; **go out of ~** wyjść z użycia; **have no ~ for sb** *pot.* nie cierpieć kogoś; **have no ~ for sth** nie potrzebować czegoś; **have the ~ of sth** mieć prawo/móc korzystać z czegoś; **be in ~** być w użyciu; być zajętym; **it's no ~!** to nie ma sensu! **it is no ~ talking** gadanie na nic się (tu) nie zda; **make ~ of sth** wykorzystywać coś, korzystać z czegoś; **out of ~** nieużywany; **put sth to (good) ~** zrobić z czegoś(dobry) użytek; **what's the ~ of crying?** po co płakać?

used *a.* [juːzd] **1.** używany. **2.** zużyty. **3.** [juːst] **~ to sth** przyzwyczajony do czegoś; **get ~ to (doing) sth** przyzwyczaić się do (robienia) czegoś. — *v.* [juːst] **sb ~ to do sth** ktoś (kiedyś/dawniej) coś robił; **he ~ to come here every day** (dawniej) codziennie tu przychodził; **she ~ to live in Poland** kiedyś mieszkała w Polsce.

useful ['juːsfʊl] *a.* użyteczny; pożyteczny; przydatny; **be ~ for sth/to sb** przydawać się do czegoś/komuś.

useless ['juːsləs] *a.* **1.** bezużyteczny, nieprzydatny. **2.** bezcelowy, zbyteczny. **3.** *pot.* beznadziejny, do niczego (*o osobie*).

user ['juːzər] *n.* **1.** użytkowni-k/czka. **2.** odbiorca (*prądu, gazu*). **3.** *pot.* narkoman/ka.

user-friendly [ˌjuːzər'frendlɪ] *a.* przyjazny w obsłudze/dla użytkownika.

usual ['juːʒʊəl] *a.* zwykły; **as ~** jak zwykle; **better/more than ~** lepiej/więcej niż zwykle; **it is ~ for sb to do sth** ktoś zwykle coś robi; **(I'll have) the ~** (poproszę) to, co zwykle.

usually ['juːʒʊəlɪ] *adv.* zwykle, zazwyczaj, na ogół.

UT *abbr.* = **Utah**.

Utah ['juːtɑː] *n.* (stan) Utah.

utensil [jʊ'tensl] *n.* **kitchen/writing ~s** przybory kuchenne/do pisania.

uterus ['juːtərəs] *n. pl.* **-es** *l.* **uteri** ['juːtəraɪ] macica.

utility [jʊ'tɪlɪtɪ] *n.* **1.** pożyteczność; użyteczność. **2. (public) utilities** usługi komunalne.

utilize ['juːtəˌlaɪz] *v. form.* wykorzystywać; użytkować.

utmost ['ʌtˌmoʊst] *a.* najwyższy, jak najdalej idący, skrajny; **of the ~ importance** najwyższej wagi. — *n.* **do/try one's ~** zrobić wszystko, co w czyjejś mocy.

utter ['ʌtər] *a.* pełny, całkowity; zupełny; kompletny. — *v. form.* **1.** wydawać (*dźwięki*). **2.** wypowiadać (*słowa*).
utterance ['ʌtərəns] *n.* wypowiedź.
utterly ['ʌtərlɪ] *adv.* całkowicie, w pełni; zupełnie; kompletnie.
U-turn ['juːˌtɜːn] *n.* **1.** zawracanie, manewr zawracania. **2.** zwrot o 180 stopni (*zwł. w polityce*).

V

VA *abbr.* = **Virginia**.
vacancy ['veɪkənsɪ] *n.* **1.** wolny pokój; **no vacancies** brak (wolnych) miejsc. **2.** wakat, (wolny) etat.
vacant *a.* **1.** wolny (*o pokoju, posadzie*). **2.** nieobecny, bezmyślny (*o wzroku, wyrazie twarzy*).
vacate ['veɪkeɪt] *v.* **1.** odchodzić z (*posady*). **2.** zwalniać (*miejsce*). **3.** opuszczać (*pokój*).
vacation [veɪ'keɪʃən] *n.* **1.** urlop; **on ~** na urlopie; **take a ~** brać urlop/wolne. **2.** ferie; wakacje. — *v.* spędzać urlop, wypoczywać (*in/at sth* gdzieś).
vaccinate ['væksəˌneɪt] *v.* szczepić (*sb against sth* kogoś przeciwko czemuś/na coś).
vaccine [væk'siːn] *n.* szczepionka.
vacillate ['væsəˌleɪt] *v.* wahać się, oscylować.
vacuum ['vækjʊəm] *n.* **1.** próżnia. **2.** (*także* **~ cleaner**) odkurzacz.
vacuum-packed [ˌvækjʊəm'pækt] *a.* pakowany próżniowo.
vagina [və'dʒaɪnə] *n.* pochwa.
vague [veɪg] *a.* **1.** niejasny; ogólnikowy, mało konkretny; wymijający; **sb is ~** ktoś wyraża się niejasno. **2.** niewyraźny; bliżej nieokreślony; **have a ~ recollection of sth** pamiętać coś jak przez mgłę.
vaguely ['veɪglɪ] *adv.* **1.** nieco, z lekka (*podobny, znajomy*). **2.** niejasno; niewyraźnie.
vain [veɪn] *a.* **1.** próżny (*o osobie*). **2.** daremny (*o wysiłku, nadziei*). — *n.* **in ~** na próżno, nadaremnie.
Valentine ['vælənˌtaɪn], **valentine** *n.* **1.** (*także* **~ card**) walentynka, kartka walentynkowa. **2. ~'s Day** walentynki, dzień św. Walentego.
valet ['vælɪt] *n.* **1.** (*także* **~ parker**) parkowacz (samochodu). **2.** służący, pokojowy.
valid ['vælɪd] *a.* **1.** ważny (*o bilecie, paszporcie*). **2.** słuszny, zasadny.
validity [və'lɪdətɪ] *n.* **1.** ważność. **2.** słuszność, zasadność.
valley ['vælɪ] *n.* dolina.
valuable ['væljəbl] *a.* wartościowy; cenny.
valuables ['væljəblz] *n. pl.* przedmioty wartościowe, kosztowności.
valuation [ˌvæljʊ'eɪʃən] *n.* wycena.
value *n.* **1.** wartość; **absolute/market ~** wartość bezwzględna/rynkowa; **increase/decrease in ~** zyskiwać/tracić na wartości; **traditional ~s** tradycyjne wartości. **2.** znaczenie. **3. be good/excellent ~** opłacać się; być wartym swojej ceny; **have curiosity/novelty ~** być ciekawostką/nowinką. — *v.* **1.** doceniać, cenić (sobie). **2. ~ (sth at...)** wyceniać (coś na kwotę...); szacować wartość (czegoś na...).
value-added tax [ˌvæljuːˈædɪd ˌtæks] *n.* podatek VAT, podatek od wartości dodanej.
valve [vælv] *n.* **1.** zawór; wentyl. **2.** zastawka (*np. serca*).
vampire ['væmpaɪr] *n.* wampi-r/rzyca.
van [væn] *n.* van; furgonetka; furgon, półciężarówka; **delivery ~** samochód dostawczy.
vandal ['vændl] *n.* wandal.
vandalism ['vændəˌlɪzəm] *n.* wandalizm.
vanguard ['vænˌgɑːrd] *n.* **1. in the ~ (of sth)** na czele/w awangardzie (czegoś). **2. the ~** *wojsk.* awangarda, straż przednia.
vanilla [və'nɪlə] *n.* wanilia.
vanish ['vænɪʃ] *v.* znikać; zanikać; **~ into thin air** ulotnić się jak kamfora, wyparować; **~ without (a) trace** zniknąć bez śladu.
vanity ['vænətɪ] *n.* **1.** próżność. **2.** *lit.* marność.
vantage point *n.* **1.** punkt obserwacyjny. **2.** punkt widzenia, perspektywa.
vapor ['veɪpər] *n.* para; opar; **water ~** para wodna.
variable ['verɪəbl] *a.* zmienny; zróżnicowany. — *n.* zmienna; **dependent/independent ~** zmienna zależna/niezależna.
variance ['verɪəns] *n. form.* **1.** zróżnicowanie. **2.** *stat.* wariancja. **3. be at ~ with sth** stać w sprzeczności z czymś.
variation [ˌverɪ'eɪʃən] *n.* **1.** zmiana; odmiana; zróżnicowanie; zmienność; odchylenie. **2.** wariacja (*on the theme of...* na temat...).
varicose veins *n. pl.* żylaki.
varied ['verɪd] *a.* **1.** różnorodny; różny. **2.** zróżnicowany, urozmaicony.
variety [və'raɪətɪ] *n.* **1.** różnorodność, zróżnicowanie; rozmaitość. **2.** urozmaicenie; **add ~ to sth** urozmaicać coś. **3.** odmiana; rodzaj, gatunek. **4. a (wide) ~ of sth** (szeroki) wybór czegoś, bogactwo czegoś. **5.** (*także* **~ show**) rewia.
various ['verɪəs] *a.* **1.** różny; **for ~ reasons** z (kilku) różnych powodów. **2.** rozmaity; różnorodny.
varnish ['vɑːrnɪʃ] *n.* lakier; pokost. — *v.* lakierować.
varsity ['vɑːrsətɪ] *n. sport* drużyna/reprezentacja uczelni.
vary ['verɪ] *v.* **1.** różnić się; **~ greatly/considerably** znacznie się różnić. **2. ~ (with/according to sth)** zmieniać się (w zależności od czegoś). **3.** urozmaicać; różnicować. **4. it varies** to zależy, różnie (to) bywa.
vase [veɪs] *n.* wazon.
vast [væst] *a.* **1.** rozległy. **2. ~ numbers of sth** olbrzymia liczba czegoś; **the ~ majority of sb/sth** ogromna większość kogoś/czegoś.
VAT [ˌviː ˌeɪ 'tiː] *abbr., n.* **Value Added Tax** (podatek) VAT.
Vatican ['vætɪkən] *n.* **the ~** Watykan. — *a.* watykański.
vault [vɔːlt] *n.* **1.** krypta. **2.** skarbiec. **3.** sklepienie. **4. pole ~** skok o tyczce.
VCR [ˌviː ˌsiː 'ɑːr] *abbr., n.* **video cassette recorder** magnetowid, wideo.
veal [viːl] *n.* cielęcina.

veer [viːr] *v.* skręcać (gwałtownie).
vegetable ['vedʒtəbl] *n.* warzywo; jarzyna; **~ knife** nożyk do jarzyn; **~ garden** ogródek warzywny; **~ oil** olej roślinny; **~ soup** zupa jarzynowa.
vegetarian [ˌvedʒə'terɪən] *n.* wegetarian-in/ka. — *a.* wegetariański.
vegetate ['vedʒəˌteɪt] *v.* wegetować.
vegetation [ˌvedʒə'teɪʃən] *n.* roślinność; zieleń.
vehement *a.* gwałtowny.
vehicle ['viːəkl] *n.* **1.** pojazd; środek lokomocji. **2.** narzędzie, nośnik (*for (doing) sth* czegoś).
veil [veɪl] *n.* **1.** welon; woalka; woal. **2.** **the ~** prawo Islamu (*nakazujące kobietom zasłanianie twarzy*). **3.** **a ~ of clouds/smoke** zasłona (z) chmur/dymu; **a ~ of silence** zmowa milczenia; **under a ~ of secrecy** w sekrecie. — *v.* **1.** zasłaniać welonem/woalką. **2.** **be ~ed in secrecy** być otoczonym tajemnicą.
vein [veɪn] *n.* **1.** żyła; żyłka. **2.** słój (*w drewnie*). **3.** **in a similar/humorous ~** w podobnym/żartobliwym tonie; **in the same ~** w tym samym tonie/stylu.
Velcro® ['velkroʊ] *n.* rzep, przylepiec.
velocity [və'lɑːsətɪ] *n. form.* prędkość, szybkość.
velvet ['velvɪt] *n.* welwet; aksamit.
vending machine *n.* automat (*np. z kawą*).
vendor ['vendər] *n.* **1.** handla-rz/rka, sprzedaw-ca/czyni. **2.** *prawn.* sprzedający.
veneer [və'niːr] *n.* **1.** okleina, fornir. **2.** **a ~ of sth** fasada/pozory czegoś.
venerable ['venərəbl] *a.* czcigodny, szacowny.
venereal disease *n.* choroba weneryczna.
Venezuela [ˌvenə'zweɪlə] *n.* Wenezuela.
Venezuelan [ˌvenə'zweɪlən] *a.* wenezuelski. — *n.* Wenezuel-czyk/ka.
vengeance ['vendʒəns] *n.* **1.** zemsta. **2.** **with a ~** zawzięcie, zapamiętale; **be back with a ~** wracać ze zdwojoną siłą.
venison ['venɪsən] *n.* sarnina.
venom ['venəm] *n.* jad.
vent [vent] *n.* **1.** przewód/kanał wentylacyjny; otwór wentylacyjny. **2.** **give ~ to sth** dać upust czemuś. — *v.* **~ one's anger/frustration on sb/sth** wyładowywać złość/frustrację na kimś/czymś.
ventilate ['ventəˌleɪt] *v.* **1.** wietrzyć. **2.** wentylować.
ventilator ['ventəˌleɪtər] *n.* **1.** wywietrznik, wentylator. **2.** respirator.
venture ['ventʃər] *n.* przedsięwzięcie; **joint ~** przedsięwzięcie partycypacyjne. — *v.* **~ (to do sth)** odważyć/ośmielić się (coś zrobić); **(if I may) ~ an opinion** (jeśli mogę) zabrać głos; **~ out/upstairs** odważyć się wyjść z domu/wejść na górę; **nothing ~d, nothing gained** kto nie ryzykuje, ten nie ma.
venue ['venjuː] *n.* miejsce, lokalizacja (*np. koncertu, konferencji*).
veranda, verandah *n.* weranda.
verb [vɝːb] *n.* czasownik.
verbal ['vɝːbl] *a.* **1.** ustny; słowny; werbalny. **2.** czasownikowy.
verdict ['vɝːdɪkt] *n.* orzeczenie, werdykt; **a ~ of guilty/not guilty** orzeczenie winy/niewinności; **return a ~** wydać wyrok/orzeczenie.
verge [vɝːdʒ] *n.* **on the ~ of sth** na krawędzi/skraju czegoś; u progu czegoś; o krok od czegoś; **be on the ~ of doing sth** właśnie mieć coś zrobić. — *v.* **~ on sth** graniczyć z czymś (*np. z szaleństwem, niemożliwością*); **~ on the ridiculous** zakrawać na żart.
verification [ˌverɪfɪ'keɪʃən] *n.* weryfikacja; potwierdzenie.
verify ['verəˌfaɪ] *v.* **1.** weryfikować, sprawdzać. **2.** potwierdzać.
vermin ['vɝːmɪn] *n. pl.* **1.** szkodniki; robactwo. **2.** *pog.* hołota.
Vermont [vər'mɑːnt] *n.* (stan) Vermont.
versatile ['vɝːsətl] *a.* wszechstronny; uniwersalny.
verse [vɝːs] *n.* **1.** zwrotka. **2.** wiersz, wers; werset. **3.** **in ~** wierszem.
version ['vɝːʒən] *n.* wersja.
versus ['vɝːsəs] *prep.* **1.** w porównaniu z (*czymś*). **2.** kontra, przeciwko (*komuś*).
vertebra ['vɝːtɪbrə] *n. pl.* **vertebrae** ['vɝːtɪbreɪ] *anat.* kręg.
vertebrate ['vɝːtəˌbreɪt] *n.* kręgowiec. — *a.* kręgowy.
vertical *a.* pionowy.
vertigo ['vɝːtɪˌgoʊ] *n.* zawroty głowy; lęk wysokości.
very ['verɪ] *adv.* bardzo; **~ much** bardzo; **thank you ~ much** dziękuję bardzo; **~ well/good** (no) dobrze (*zgadzając się niechętnie*); **not ~** nie bardzo, niezbyt. — *a.* **the/this/that ~...** (ten) sam...; właśnie ten...; **at the ~ back** z samego tyłu; **on this ~ day** dokładnie tego dnia; **the ~ idea!** co za pomysł! **the ~ thing** właśnie to.
vessel ['vesl] *n.* **1.** jednostka pływająca. **2.** *form.* naczynie (*kuchenne*). **3.** **blood/coronary ~s** naczynia krwionośne/wieńcowe.
vest [vest] *n.* kamizelka; **bullet-proof ~** kamizelka kuloodporna. — *v.* **1.** **~ sth in sb** (*także* **~ sb with sth**) *form.* nadawać komuś coś (*władzę, uprawnienia*). **2.** **have a ~ed interest in sth** być czymś żywotnie/osobiście zainteresowanym.
vet [vet] *n.* **1.** weterynarz. **2.** *pot.* weteran/ka. — *v.* sprawdzać, zatwierdzać (*np. treść przemówienia*); weryfikować, lustrować (*kandydata*).
veteran ['vetərən] *n.* weteran/ka, kombatant/ka. — *a.* zaprawiony w boju, wytrawny.
veterinarian [ˌvetərə'nerɪən] *n.* weterynarz, lekarz weterynarii.
veto ['viːtoʊ] *n.* weto; stanowczy sprzeciw/protest. — *v.* **~ sth** wetować coś, zgłaszać weto wobec czegoś; stanowczo sprzeciwiać się czemuś.
via ['vaɪə] *prep.* przez; za pośrednictwem/pomocą; **~ satellite** przez satelitę, za pośrednictwem satelity; **fly ~ Chicago** lecieć przez Chicago.
viable ['vaɪəbl] *a.* realny; wykonalny; opłacalny; mający szanse powodzenia; **a ~ alternative** realna alternatywa.
vibes [vaɪbz] *n. pl. pot.* (*także* **vibrations**) fale, fluidy (*wysyłane podświadomie*); klimaty, nastrój.
vibrant ['vaɪbrənt] *a.* **1.** tętniący życiem; energiczny. **2.** żywy (*o kolorze*).
vibrate ['vaɪbreɪt] *v.* drgać; drżeć; wibrować.
vibration [vaɪ'breɪʃən] *n.* drgania, wibracje.
vicar ['vɪkər] *n.* **1.** pastor (*w kościele anglikańskim l. episkopalnym*). **2.** namiestnik (*papieski, biskupi*).
vice [vaɪs] *n.* **1.** występek; rozpusta; przestępczość obyczajowa. **2.** wada, przywara. **3.** słabość, słabostka.
vice-chairman [ˌvaɪs'tʃermən] *n.* wiceprzewodniczący; wiceprezes.
vice president *n.* **1.** wiceprezydent. **2.** wiceprezes.

vice squad *n.* obyczajówka, wydział przestępstw obyczajowych.
vice versa [ˌvaɪsə 'vɝːsə] *adv.* vice versa, na odwrót.
vicinity [və'sɪnətɪ] *n.* **in the ~ of sth** w pobliżu/ sąsiedztwie czegoś; w okolicach czegoś (*danej sumy*).
vicious ['vɪʃəs] *a.* złośliwy; napastliwy; nienawistny; zły (*o psie*); bezwzględny, (bardzo) groźny (*o przestępcy*); bestialski (*o zbrodni*).
vicious circle *n.* błędne koło.
victim ['vɪktɪm] *n.* **1.** ofiara (*of sth* czegoś); **fire/flood ~s** ofiary pożaru/powodzi, pogorzelcy/powodzianie; **fall ~ to sth** paść ofiarą czegoś. **2. AIDS/cancer ~s** osoby chore na AIDS/raka.
Victorian [vɪk'tɔːrɪən] *a.* wiktoriański.
victorious [vɪk'tɔːrɪəs] *a.* zwycięski.
victory ['vɪktərɪ] *n.* zwycięstwo (*over sb/sth* nad kimś/czymś); **win a ~** odnieść zwycięstwo.
video ['vɪdɪˌoʊ] *n.* **1.** (*także* **~ cassette, ~tape**) kaseta (wideo); **on ~** na wideo. **2.** film (na kasecie). **3.** (*także* **music ~**) (wideo)klip. — *v.* nagrywać na wideo.
video game *n.* gra wideo.
Vietnam [ˌviːet'nɑːm] *n.* Wietnam.
Vietnamese [vɪˌetnə'miːz] *a.* wietnamski. — *n.* **1.** *pl.* **Vietnamese** Wietnam-czyk/ka. **2.** (język) wietnamski.
view [vjuː] *n.* **1.** pogląd, zdanie (*on/about sth* na jakiś temat); **express the ~ that...** wyrazić pogląd, że...; **in sb's ~** czyimś zdaniem. **2.** widok; **be in ~** być na widoku; **block sb's ~** zasłaniać komuś widok. **3.** wygląd. **4. come into ~** ukazać się (czyimś oczom); **have sth in ~** mieć coś na uwadze/widoku/celu; **in ~ of sth** *form.* zważywszy na coś, w związku z czymś; **in full ~ of sb** na czyichś oczach; **sth is on ~** coś można zobaczyć (*na wystawie*); **point of ~** punkt widzenia; **with a ~ to doing sth** z zamiarem/w celu zrobienia czegoś. — *v.* **1.** oglądać. **2.** postrzegać, widzieć; zapatrywać się na.
viewer *n.* **1.** widz, telewidz. **2.** przeglądarka do slajdów.
viewfinder ['vjuːˌfaɪndər] *n.* *fot.* celownik; *film* wizjer.
viewpoint *n.* **1.** punkt widzenia, perspektywa; **from a different/political ~** z innego/politycznego punktu widzenia. **2.** punkt obserwacyjny.
vigil ['vɪdʒl] *n.* czuwanie; **keep a ~** czuwać.
vigilant *a.* czujny.
vigilante [ˌvɪdʒə'læntɪ] *n.* samozwańczy stróż prawa.
vigor ['vɪgər] *n.* energia; wigor, animusz; prężność.
vigorous ['vɪgərəs] *a.* **1.** energiczny; prężny; pełen wigoru. **2.** stanowczy.
vile [vaɪl] *a.* **1.** *pot.* wstrętny, okropny. **2.** *form.* nikczemny, podły.
village ['vɪlɪdʒ] *n.* **1.** wieś, wioska. **2. global ~** globalna wioska.
villain ['vɪlən] *n.* czarny charakter.
vinaigrette [ˌvɪneɪ'gret] *n.* (sos) winegret.
vindicate ['vɪndəˌkeɪt] *v.* *form.* **1.** oczyścić z zarzutów/podejrzeń. **2.** potwierdzać prawdziwość (*teorii*).
vindictive [vɪn'dɪktɪv] *a.* mściwy.
vine [vaɪn] *n.* **1.** winorośl, winna latorośl. **2.** pnącze.
vinegar ['vɪnəgər] *n.* ocet.
vineyard ['vɪnjərd] *n.* winnica.
vintage ['vɪntɪdʒ] *a.* **1.** z dobrego rocznika (*o winie*); dobry (*o roczniku*). **2.** stary, zabytkowy (*o modelu samochodu*). **3.** klasyczny (*np. o filmie*). **4. a ~ year for sth** dobry rok dla czegoś. — *n.* **1.** (dobry) rocznik (*wina*). **2. of recent ~** *form.* niedawny.
vinyl ['vaɪnl] *n.* **1.** winyl. **2.** płyty winylowe.
viola [vɪ'oʊlə] *n.* altówka; wiola.
violate ['vaɪəˌleɪt] *v.* **1.** złamać; pogwałcić; naruszyć. **2.** *form.* zbezcześcić. **3.** *lit.* zgwałcić.
violation [ˌvaɪə'leɪʃən] *n.* naruszenie; pogwałcenie; złamanie; **in ~ of sth** z naruszeniem czegoś, wbrew czemuś.
violence ['vaɪələns] *n.* **1.** przemoc; **domestic ~** przemoc w rodzinie; **resort to ~** uciekać się do przemocy. **2.** gwałtowność. **3. do ~ to sth** *form.* zadawać gwałt czemuś.
violent *a.* **1.** gwałtowny. **2.** brutalny.
violet ['vaɪəlɪt] *n.* fiołek. — *a.* fioletowy; fiołkowy.
violin [ˌvaɪə'lɪn] *n.* skrzypce; **play (the) ~** grać na skrzypcach.
violinist *n.* skrzyp-ek/aczka.
VIP, V.I.P. *abbr., n.* **very important person** VIP.
viper ['vaɪpər] *n.* żmija.
viral ['vaɪrəl] *a.* wirusowy.
virgin ['vɝːdʒən] *n.* **1.** dziewica; prawiczek. **2. the (Blessed) V~ (Mary)** (Najświętsza) (Maria) Panna. — *a.* dziewiczy.
Virginia [vər'dʒɪnjə] *n.* (stan) Wirginia.
virginity [vər'dʒɪnətɪ] *n.* dziewictwo; **lose one's ~** stracić dziewictwo.
Virgo ['vɝːgoʊ] *n.* Panna.
virtual ['vɝːtʃuəl] *a.* **1.** prawie zupełny/całkowity; **it's a ~ impossibility/certainty** to prawie niemożliwe/ pewne. **2.** wirtualny; **~ reality** rzeczywistość wirtualna.
virtually ['vɝːtʃuəlɪ] *adv.* praktycznie, prawie zupełnie; **~ certain/impossible** praktycznie pewny/ niemożliwy.
virtue ['vɝːtʃuː] *n.* **1.** cnota. **2.** zaleta. **3. by ~ of sth** z racji czegoś.
virtuous ['vɝːtʃuəs] *a.* cnotliwy.
virus ['vaɪrəs] *n.* wirus.
visa ['viːzə] *n.* wiza; **entry/exit/tourist ~** wiza wjazdowa/wyjazdowa/turystyczna.
viscose ['vɪskoʊs] *n.* wiskoza.
visibility [ˌvɪzə'bɪlətɪ] *n.* widoczność; widzialność.
visible ['vɪzəbl] *a.* **1.** widoczny; widzialny; **barely/ clearly ~** ledwie/wyraźnie widoczny. **2.** wyraźny, dostrzegalny. **3.** pokazujący się publicznie; dający się zauważyć (*zwł. w mediach*).
vision ['vɪʒən] *n.* **1.** wzrok; widzenie; **twenty-twenty ~** idealny wzrok; **field of ~** pole widzenia. **2.** wizja.
visit ['vɪzɪt] *v.* **1.** odwiedzać; iść/jechać do (*kogoś l. czegoś*); **~ sth** zwiedzać coś; jechać gdzieś; **~ with sb** odwiedzać kogoś; bywać u kogoś. **2.** wizytować, przeprowadzać inspekcję (*czegoś*). **3. ~ sth on sb** *lit.* sprowadzić coś na kogoś (*np. nieszczęście, gniew Boży*). — *n.* **1.** wizyta, odwiedziny; **a ~ to the doctor/to Poland** wizyta u lekarza/w Polsce; **pay sb a ~** złożyć komuś wizytę. **2.** spotkanie (*towarzyskie*). **3.** wizytacja.
visiting hours *n. pl.* godziny odwiedzin.
visitor ['vɪzɪtər] *n.* gość; odwiedzający.
visor ['vaɪzər], **vizor** *n.* **1.** daszek (*na gumce l. u czapki*). **2.** *mot.* osłona przeciwsłoneczna.
visual ['vɪʒuəl] *a.* **1.** wzrokowy. **2.** wizualny.
visual display unit *n.* (*także* **VDU**) monitor ekranowy.

visualize ['vɪʒʊəˌlaɪz] *v.* **1.** wyobrażać sobie. **2.** wizualizować.
visually ['vɪʒʊəlɪ] *adv.* **1.** wizualnie; z wyglądu; **~ appealing** atrakcyjny z wyglądu. **2.** wzrokowo, naocznie (*np. demonstrować*). **3. ~ impaired/handicapped** niedowidzący; niewidomy.
vital ['vaɪtl] *a.* **1.** podstawowy, zasadniczy, fundamentalny; **be of ~ importance** mieć podstawowe/fundamentalne znaczenie; **it is ~ that...** jest rzeczą podstawową, aby...; **play a ~ role** odgrywać zasadniczą rolę. **2.** pełen życia; żywotny; witalny.
vitality [vaɪ'tælətɪ] *n.* żywotność; witalność.
vitally ['vaɪtlɪ] *adv.* **~ important** niezwykle ważny.
vitamin ['vaɪtəmɪn] *n.* witamina; **take ~ C** brać witaminę C.
vivid ['vɪvɪd] *a.* **1.** żywy (*np. o kolorze*). **2.** wyrazisty, wyraźny (*o wspomnieniu, opisie*). **3. ~ imagination** bogata wyobraźnia.
vividly ['vɪvɪdlɪ] *adv.* wyraźnie, wyraziście.
vocabulary [voʊ'kæbjəˌlerɪ] *n.* **1.** słownictwo. **2.** słowniczek, lista słówek (*w podręczniku*). **3. failure/compromise isn't in sb's ~** ktoś nawet nie wie, co znaczy porażka/kompromis.
vocal cords, **vocal chords** *n. pl.* struny/wiązadła głosowe.
vocation [voʊ'keɪʃən] *n.* **1.** powołanie (*for sth* do czegoś); **find one's ~** odkryć swoje powołanie. **2.** *form.* zawód, profesja.
vocational [voʊ'keɪʃənl] *a.* **~ guidance/training** doradztwo/szkolenie zawodowe; **~ school** szkoła zawodowa.
vodka ['vɑːdkə] *n.* wódka.
vogue [voʊg] *n.* moda (*for sth* na coś); **in ~** w modzie, modny.
voice [vɔɪs] *n.* głos; **dissenting ~** głos sprzeciwu; **drop/lower one's ~** zniżyć głos; **give ~ to sth** dać wyraz czemuś; **have a ~ in sth** mieć w jakiejś sprawie coś do powiedzenia; **in a soft ~** cichym/spokojnym głosem; **keep one's ~ down** mówić cicho; **lose one's ~** stracić głos; **make one's ~ heard** zostać usłyszanym; **raise one's ~** podnosić głos; **at the top of one's ~** ile sił w płucach, z całych sił; **the active/passive ~** *gram.* strona czynna/bierna; **the ~ of reason/sanity** głos rozsądku. — *v.* **1.** wyrażać; dawać wyraz (*czemuś*). **2.** *fon.* wymawiać dźwięcznie; udźwięczniać.
voiced *a. fon.* dźwięczny.
voiceless *a. fon.* bezdźwięczny.
voice mail *n. tel.* poczta głosowa.
void [vɔɪd] *a.* **1.** *prawn.* nieważny; **declare sth (null and) ~** unieważnić coś. **2. ~ of sth** *form.* pozbawiony czegoś; wolny od czegoś. — *n.* pustka; próżnia.
volatile ['vɑːlətl] *a.* **1.** niestabilny; zmienny. **2.** lotny (*o substancji*).
volcanic [vɑːl'kænɪk] *a.* wulkaniczny.
volcano [vɑːl'keɪnoʊ] *n.* wulkan.
volley ['vɑːlɪ] *n.* **1.** salwa (*kul*); grad (*ciosów, kamieni*). **2.** potok (*wyzwisk, pytań*). **3.** *sport* wolej, uderzenie z woleja. — *v.* uderzyć z woleja (*piłkę*).
volleyball *n.* **1.** siatkówka, piłka siatkowa. **2.** piłka do siatkówki.
volt [voʊlt] *n.* wolt.
voltage ['voʊltɪʤ] *n. el.* napięcie.
volume ['vɑːljəm] *n.* **1.** głośność. **2.** objętość; pojemność. **3.** wielkość (*obrotów, produkcji*). **4.** puszystość (*włosów*). **5.** tom; wolumin.
voluntarily ['vɑːlənˌterəlɪ] *adv.* dobrowolnie.
voluntary ['vɑːlənˌterɪ] *a.* **1.** dobrowolny. **2.** świadomy. **3.** ochotniczy; społeczny.
volunteer [ˌvɑːlən'tiːr] *n.* **1.** ochotni-k/czka; **(any) ~s?** kto na ochotnika? **2.** wolontariusz/ka. — *v.* **1.** zgłaszać się (na ochotnika) (*for sth* do czegoś). **2. ~ to do sth** podjąć się (zrobienia) czegoś. **3.** pospieszyć z (*pomocą, informacją*). **4. ~ sb for sth** wyznaczyć kogoś do czegoś.
vomit ['vɑːmət] *v.* zwymiotować. — *n.* wymiociny.
vote [voʊt] *n.* **1.** głos; **cast a ~** oddać głos; **the (right to) ~** (czynne) prawo wyborcze, prawo głosu/do głosowania. **2.** głosowanie; **have/take a ~** przeprowadzić głosowanie; **put sth to a ~** poddać coś pod głosowanie. **3.** elektorat, wyborcy. **4. ~ of confidence/no confidence** wotum zaufania/nieufności. — *v.* **1.** głosować (*for sth/in favor of sth* za czymś, *against sth* przeciwko czemuś, *for sb* na kogoś); **~ Democrat** głosować na Demokratów; **~ with one's feet** głosować nogami. **2.** wybierać; **~ sb into power/office** wybrać kogoś na stanowisko; **sb was ~d president** kogoś wybrano na prezydenta.
voter *n.* wyborca; głosujący.
voting booth ['voʊtɪŋ ˌbuːθ] *n.* kabina do głosowania.
voucher *n.* **1.** bon, talon, kupon. **2.** kwit, pokwitowanie.
vow [vaʊ] *n.* przyrzeczenie; przysięga; ślubowanie; **break a ~** złamać przyrzeczenie; **keep a ~** dotrzymać przyrzeczenia; **make a ~** złożyć ślubowanie/przyrzeczenie; **marriage ~s** przysięga małżeńska. — *v.* przyrzekać (uroczyście); poprzysiąc sobie (*to do sth* zrobić coś).
vowel ['vaʊəl] *n.* samogłoska.
voyage ['vɔɪɪʤ] *n.* podróż (*morska l. kosmiczna*).
VT *abbr.* = **Vermont**.
vulgar ['vʌlgər] *a.* wulgarny; ordynarny.
vulnerable ['vʌlnərəbl] *a.* **1. ~ to sth** podatny na coś; narażony na coś; łatwo ulegający czemuś. **2.** wrażliwy (*o osobie*); czuły (*o miejscu*); **he's very ~** bardzo łatwo go zranić. **3.** słaby (*o konstrukcji, argumencie*). **4.** trudny do obrony, narażony na krytykę/atak.
vulture ['vʌlʧər] *n.* sęp.

W

WA *abbr.* = **Washington** 2.
wacko ['wækoʊ] *n. pot.* psychol/ka.
wacky ['wækɪ] *a. pot.* wariacki.
wad [wɑːd] *n.* **1.** zwitek. **2.** wacik.
waddle ['wɑːdl] *v.* człapać.
wade [weɪd] *v.* **1.** brodzić; **~ across/through the river** przejść (przez) rzekę w bród. **2. ~ through sth** przebrnąć przez coś; uporać się z czymś.
wafer ['weɪfər] *n.* **1.** wafelek. **2.** opłatek.
waffle ['wɑːfl] *n.* gofr.
waft [wɑːft] *v.* unosić/nieść (się) (w powietrzu).
wag [wæg] *v.* **1. ~ its tail** merdać ogonem. **2. ~ one's finger (at sb)** pokiwać/pogrozić komuś palcem.
wage [weɪdʒ] *n.* (*także* **~s**) wynagrodzenie, płaca; **~ claims** roszczenia płacowe; **~ freeze** zamrożenie płac; **hourly ~** wynagrodzenie za godzinę. — *v.* toczyć, prowadzić (*wojnę, kampanię*).
wager ['weɪdʒər] *przest. n.* zakład. — *v.* zakładać się (o) (*coś*).
wagon ['wægən] *n.* **1.** wóz (zaprzęgowy). **2.** (*także* **station ~**) *mot.* kombi.
waif [weɪf] *n.* wychudzona sierota.
wail [weɪl] *v.* **1.** zanosić się płaczem; zawodzić, lamentować. **2.** wyć (*o wietrze, syrenie*). — *n.* zawodzenie; wycie.
waist [weɪst] *n.* pas, talia; **from the ~ down/up** od pasa w dół/górę; **strip to the ~** rozebrać się do pasa.
waistband ['weɪstˌbænd] *n.* pas, pasek (*np. spódnicy*).
waistline ['weɪstˌlaɪn] *n.* **1.** talia. **2.** obwód w talii/pasie.
wait [weɪt] *v.* **1.** czekać; oczekiwać; wyczekiwać; **~ for sb to do sth** czekać, aż ktoś coś zrobi; **~ for sth to happen** czekać, aż coś się wydarzy; **~ (for) three hours** czekać (przez) trzy godziny; **~ a minute/second/moment!** zaczekaj chwilę! chwileczkę! zaraz, zaraz! **~ one's turn** czekać na swoją kolej; **it can ~** to może poczekać; **(just) you ~** poczekaj no (tylko); **keep sb ~ing** kazać komuś czekać; **(repairs) while you ~** (naprawy) na poczekaniu; **sb can't ~/can hardly ~ (for sth/to do sth)** ktoś nie może się doczekać (czegoś/żeby coś zrobić); **sth is (well) worth ~ing for** warto na coś poczekać; **what are we ~ing for?** na co (jeszcze) czekamy? **2. ~ (on) table(s)** pracować jako kelner/ka. **3. ~ around** wyczekiwać, czekać bezczynnie; **~ behind** zostać po lekcjach; zostać dłużej; zostać w tyle; **~ on/upon sb** obsługiwać kogoś; (*także* **~ on sb hand and foot**) usługiwać komuś, być na czyjeś każde skinienie; **~ out** przeczekać (*np. burzę*); **~ up!** zaczekaj!, poczekaj! **~ up (for sb)** nie kłaść się spać (dopóki ktoś nie wróci). — *n.* czekanie; oczekiwanie; czas oczekiwania.
waiter ['weɪtər] *n.* kelner.
waiting list ['weɪtɪŋ ˌlɪst] *n.* lista oczekujących.
waiting room *n.* poczekalnia.
waitress ['weɪtrəs] *n.* kelnerka.
waive [weɪv] *v.* rezygnować z, odstępować od (*żądania, roszczenia*); zrzekać się (*prawa*).
waiver ['weɪvər] *n. prawn.* zrzeczenie się.
wake [weɪk] *v.* **woke, woken ~ (up)** budzić (się); **~ up!** obudź się! **~ up and smell the coffee!** *pot.* obudź się!, czas przejrzeć na oczy! **~ (up) to sth** uświadomić sobie coś; **~ sb (up) to sth** uświadomić komuś coś. — *n.* **1.** czuwanie przy zmarłym. **2.** stypa. **3. in the ~ of sth** w następstwie czegoś; **follow in sb's ~** podążać czyimś śladem/za kimś; **leave sth in sb's/its ~** pozostawić za sobą coś (*chaos, zniszczenie*).
Wales [weɪlz] *n.* Walia.
walk [wɔːk] *v.* **1.** iść; chodzić; iść piechotą/na piechotę; spacerować; **~ in one's sleep** chodzić we śnie; **go ~ing** chodzić, wędrować (*zwł. po górach*). **2.** chodzić po (*ulicach*). **3.** wyprowadzać (na spacer/dwór) (*psa*). **4.** odprowadzać; **~ sb home/to the station** odprowadzić kogoś do domu/na dworzec. **5.** obchodzić (*teren*). **6.** *pot.* wyjść na wolność; wykręcić się od kary. **7.** *pot.* zdać na luzie (*egzamin*); wygrać spokojnie (*mecz*). **8.** *pot.* wsiąknąć, wyparować. **9.** *pot.* wyjść, pójść sobie (*zwł. na znak protestu*). **10. ~ a fine line** musieć bardzo uważać; **can you ~ it?** czy da się tam dojść na piechotę? **~ on eggs/eggshells** chodzić (koło kogoś) na paluszkach; **~ tall** nie mieć sobie nic do zarzucenia, być czystym (jak łza). **11. ~ away (from sb)** odejść (od kogoś); **~ away from sb/sth** pokonać/wyprzedzić kogoś/coś z łatwością; **~ away with sth** wygrać/zdobyć coś bez trudu; **~ in** wejść; **~ in the door** przestąpić próg; **~ in off the street** przyjść (prosto) z ulicy; **~ in on sb** zaskoczyć/przyłapać kogoś; **~ into sth** wpaść na coś (*płot, latarnię*); zaplątać się w coś (*w niezręczną sytuację*); **~ right/straight/bang into sth** wpaść prosto na coś; **you ~ed right into that one!** ale się dałeś (głupio) nabrać! **~ off** (odwrócić się i) odejść; rozchodzić (*dolegliwość; = wyleczyć spacerem*); spalić (*posiłek na spacerze*); **~ off with sth** zgarnąć coś (*wygraną*); zwinąć coś (= *ukraść*); **sb ~ed off with sth** coś padło łatwym łupem kogoś; **~ out** wyjść (na dwór/na zewnątrz); zastrajkować; **~ out on sb** odejść od kogoś, zostawić/rzucić kogoś; **~ out on sth** nie dotrzymać czegoś (*obietnicy*); zaniedbać coś (*obowiązki*); **~ over sb** *pot.* rozstawiać kogoś po kątach; rozgromić kogoś; wygrać z kimś walkowerem; **~ all over sb** skakać/chodzić komuś po głowie; **~ sb through sth** przećwiczyć coś z kimś (krok po kroku). — *n.* **1.** spacer; przechadzka; **go for a ~** iść na spacer; **take/have a ~** przejść się; **take sb for a ~** wziąć kogoś na spacer. **2.** droga (piechotą); **it's a long ~** długo się tam idzie, to daleko; **it's a ten-minute ~** to dziesięć minut drogi/piechotą. **3.** chód; marsz. **4.** trasa (spacerowa); szlak (pieszy). **5.** ścieżka; deptak, promenada; chodnik; **pedestrian ~** deptak, ciąg pieszy. **6.** *sport* chód (sportowy); zawody w chodzie. **7.** *jeźdz.* stęp. **8.** wybieg (*dla zwierząt*). **9.** rejon, rewir (*listonosza*).
walkaway ['wɔːkəˌweɪ] *n. pot.* łatwe zwycięstwo.
walker ['wɔːkər] *n.* **1.** piechur; turyst-a/ka pieszy/a; spacerowicz/ka. **2.** chodzia-rz/rka. **3.** chodzik; (*także* **walking frame**) balkonik. **4. be a fast/slow ~** szybko/wolno chodzić.
walkie-talkie [ˌwɔːkɪ'tɔːkɪ] *n.* walkie-talkie, krótkofalówka (przenośna).
walking ['wɔːkɪŋ] *n.* **1.** chodzenie, wycieczki piesze; spacery; marsz. **2.** *sport* chodziarstwo. — *a.* **1. ~ pace** normalny krok, krok spacerowy. **2. ~ holiday** wakacje z plecakiem; **~ tour** wycieczka piesza (*po mieście*); **~ trail** szlak pieszy, trasa spacerowa; **sth is**

within (easy) ~ distance gdzieś można (łatwo) dojść piechotą. 3. *żart.* **a ~ dictionary** chodzący słownik; **a ~ disaster (area)** chodzące nieszczęście.
walking stick *n.* laska.
Walkman® ['wɔːkmən] *n.* walkman.
walkout ['wɔːk,aʊt] *n.* **1.** strajk (absencyjny). **2.** demonstracyjne wyjście (*z zebrania*).
walkover ['wɔːk,oʊvər] *n.* **1.** łatwe zwycięstwo, formalność. **2.** *sport* walkower.
walk-up ['wɔːk,ʌp] *n. pot.* **1.** budynek bez windy. **2.** mieszkanie w budynku bez windy.
walkway ['waːk,weɪ] *n.* łącznik (*między budynkami*); pasaż, przejście; kładka; chodnik.
wall [wɔːl] *n.* **1.** ściana; mur. **2. a ~ of fire/water** ściana ognia/wody; **a ~ of silence** mur milczenia; **be crawling up/climbing the ~(s)** *pot.* chodzić po ścianach; **drive/send sb up the ~** *pot.* wkurzać kogoś; **drive/push sb to the ~** przyprzeć kogoś do muru; **go to the ~** *pot.* podupaść (*o spółce*); dać za wygraną; nadstawiać karku; **off the ~** *pot.* dziwaczny (*o pomyśle*). — *v.* **~ in** otoczyć murem; ogrodzić; **~ off** odgrodzić (ścianą/murem); **~ up** zamurować, zagrodzić.
wallet ['waːlət] *n.* portfel.
wallop ['waːləp] *pot. v.* walnąć, grzmotnąć. — *n.* **give sb a ~** walnąć kogoś, przyłożyć komuś.
wallow ['waːloʊ] *v.* **~ in sth** tarzać/nurzać się w czymś; pławić się w czymś; pogrążać się/tonąć w czymś (*w smutku, rozpaczy*); **~ in self-pity** rozczulać się nad sobą.
wallpaper ['wɔːl,peɪpər] *n.* tapeta. — *v.* tapetować.
walnut ['wɔːl,nʌt] *n.* **1.** orzech włoski. **2.** orzech (*drewno l. kolor*). — *a.* orzechowy.
walrus ['wɔːlrəs] *n.* mors.
waltz [wɔːlts] *n.* walc. — *v.* **1.** tańczyć walca. **2.** *pot.* **~ into sth** wparować gdzieś; **~ up to sb/sth** śmiało podejść do kogoś/czegoś; **sb ~ed through sth** coś komuś poszło śpiewająco.
wan [waːn] *a. lit.* blady.
wand [waːnd] *n.* **1.** różdżka; **magic ~** czarodziejska różdżka. **2.** laseczka (*np. szklana*). **3.** pałeczka (*dyrygenta*).
wander ['waːndər] *v.* **1.** wędrować; błądzić; włóczyć się, błąkać się; łazić. **2.** włóczyć się po (*ulicach*). **3.** wić się (*o drodze, rzece*). **4. ~ around sth** spacerować/chodzić sobie po czymś; **~ off** oddalić się; **~ off/from sth** zboczyć z czegoś; odejść od czegoś (*od tematu*). — *n. pot.* włóczęga, wędrówka.
wane [weɪn] *n.* przygasać; zanikać; słabnąć; **the moon is waning** ubywa księżyca; **wax and ~** (na przemian) wzmagać się i słabnąć. — *n.* **be on the ~** maleć, topnieć; zanikać.
wanna ['waːnə] *abbr. pot.* = **want to**; = **want a**.
want [waːnt] *v.* **1.** chcieć (*kogoś l. coś l. czegoś*); **do you ~ coffee or tea?** chcesz kawy czy herbaty? **do you ~ me to leave?** chcesz, żebym wyszedł?, mam wyjść? **I ~ to be alone** chcę zostać sam; **I just ~ed to say (that)/how...** chciałam tylko powiedzieć, że/jak...; **if you (really) ~ (to)** jeśli (naprawdę) chcesz; **what do you ~ (from me)?** czego (ode mnie) chcesz? **who ~s a drink?** kto chce drinka? **2.** pragnąć (*kogoś l. czegoś*); **all I ~ is...** jedyne, czego pragnę, to... **3.** życzyć sobie; **I don't ~ him coming here** nie życzę sobie, żeby tu przychodził. **4.** wymagać, oczekiwać (*sth (of sb)* czegoś od kogoś); **what do you ~ out of life?** czego oczekujesz od życia? **5.** potrzebować (*czegoś*). **6. what do you ~ with this?** po co ci to? **what I ~ is...** szukam..., (najbardziej) chciałbym...; **you ~ to see a doctor about this** powinieneś pójść z tym do lekarza; **you don't ~ to do that** lepiej tego nie rób. **7. ~ in** *pot.* chcieć się przyłączyć; chcieć wejść; **~ out** *pot.* wycofywać się; chcieć wyjść. — *n. form.* brak, niedobór; **for ~ of a better word/term** z braku lepszego słowa; **for ~ of anything better to do** z braku lepszego zajęcia; **it isn't/won't be for ~ of trying** nie z (powodu) lenistwa; nie można powiedzieć, żebyś-my/cie itd. nie próbowali.
wanted ['waːntɪd] *a.* **1.** potrzebny; **badly ~** pilnie potrzebny. **2.** chciany. **3.** poszukiwany; **~ for sth** (*także* **~ in connection with sth**) poszukiwany w związku z czymś; **sb is ~ by the police** kogoś poszukuje policja. **4. driver ~** zatrudnimy kierowcę (*ogłoszenie*); **you're ~ on the phone** jest do ciebie telefon.
wanting ['waːntɪŋ] *a. form.* **be found ~** okazać się niewystarczającym; **sb is ~ in sth** komuś brak(uje) czegoś; **sth is ~** czegoś brakuje.
wanton ['waːntən] *a.* **1.** niczym nieusprawiedliwiony, bezprzykładny. **2.** nieposkromiony, nieokiełzany.
war [wɔːr] *n.* wojna; **a ~ on/against drugs/crime** wojna/walka z narkomanią/przestępczością; **be at ~ (with sb/sth)** prowadzić/toczyć wojnę (z kimś/czymś), być w stanie wojny (z kimś/czymś); **declare ~ on sb/sth** wypowiedzieć komuś/czemuś wojnę; **fight a ~** prowadzić wojnę; **lose/win a ~** przegrać/wygrać wojnę; **make ~ on sb/sth** prowadzić/toczyć wojnę przeciwko komuś/czemuś *l.* z kimś/czymś; **the First/Second World ~** pierwsza/druga wojna światowa. — *a.* **~ criminal/correspondent** zbrodniarz/korespondent wojenny; **~ cry** okrzyk bojowy. — *v.* toczyć wojnę; walczyć, wojować.
ward [wɔːrd] *n.* **1.** oddział; **maternity/geriatric ~** oddział porodowy/geriatryczny. **2.** podopieczn-y/a. **3.** kuratela, opieka prawna. — *v.* **~ off** odpędzać (*komary, złe duchy*); odparować, odeprzeć (*cios*); odsunąć groźbę (*biedy, wojny*).
warden ['wɔːrdən] *n.* **1.** naczelni-k/czka więzienia. **2.** nadzorca. **3.** *t. prawn.* opiekun/ka. **4.** (*także* **fire ~**) inspektor przeciwpożarowy.
wardrobe ['wɔːrd,roʊb] *n.* **1.** szafa. **2.** garderoba.
warehouse ['wer,haʊs] *n.* **1.** magazyn, skład. **2.** (*także* **bonded ~**) skład celny. **3.** *Br.* hurtownia.
wares [werz] *n. pl.* towary.
warfare ['wɔːr,fer] *n.* działania wojenne; rzemiosło wojenne; **chemical/guerilla/psychological ~** wojna chemiczna/partyzancka/psychologiczna.
warhead ['wɔːr,hed] *n.* głowica bojowa.
warily ['werɪlɪ] *adv.* nieufnie; ostrożnie; czujnie.
warlike ['wɔːr,laɪk] *a.* wojowniczy.
warlock ['wɔːr,laːk] *n.* czarownik, czarnoksiężnik.
warm [wɔːrm] *a.* **1.** ciepły; rozgrzany (*with sth* czymś); **keep ~** ubierać/nosić się ciepło; nie zmarznąć; **keep sth ~** trzymać coś w cieple, nie pozwalać czemuś wystygnąć. **2.** ciepły, serdeczny. **3.** gorący (*o poparciu*). **4. ~ scent/trail** (jeszcze) ciepły/świeży ślad; **you're getting ~er** *pot.* ciepło, cieplej (*w zabawie w ciepło-zimno*). — *v.* **1.** ogrzewać; *kulin.* podgrzewać (się). **2. ~ over** odgrzewać; **~ to sth** nabrać entuzjazmu do czegoś; zainteresować się czymś (bliżej); **~ to/toward sb** przekonać się do kogoś; **~ up** rozgrzewać (się) (*before/for sth* przed czymś); *kulin.* podgrzewać (się); ocieplać się (*o*

pogodzie); nagrzewać się; rozkręcać (się); ożywiać (się).
warm-hearted [ˌwɔːrmˈhɑːrtɪd] *a.* serdeczny.
warmly [ˈwɔːrmlɪ] *adv.* **1.** ciepło. **2.** serdecznie.
warmonger [ˈwɔːrˌmɑːŋgər] *n.* podżegacz/ka wojenn-y/a.
warmth [wɔːrmθ] *n.* **1.** ciepło. **2.** serdeczność. **3.** zapał; gorliwość, żarliwość.
warm-up [ˈwɔːrmˌʌp] *n.* rozgrzewka.
warn [wɔːrn] *v.* **1.** ostrzegać (*sb of/about sth* kogoś przed czymś, *sb not to do sth* kogoś, żeby czegoś nie robił). **2.** powiadamiać, uprzedzać (*sb of/about sth* kogoś o czymś). **3.** **~ sb against sth** odradzać komuś coś; przestrzegać kogoś przed czymś; **~ sb against doing sth** ostrzegać kogoś, żeby czegoś nie robił, przestrzegać kogoś przed robieniem czegoś; **~ sb off** odstraszyć kogoś.
warning [ˈwɔːrnɪŋ] *n.* ostrzeżenie; przestroga (*to sb* dla kogoś); znak ostrzegawczy; (*także* **advance ~**) uprzedzenie; **gale ~** ostrzeżenie przed sztormem; **give sb a ~** dać komuś ostrzeżenie (*t. sport*), udzielić komuś ostrzeżenia/przestrogi; **give sb fair ~** zawiadomić kogoś z dużym wyprzedzeniem; **without (any) ~** bez (najmniejszego) ostrzeżenia; bez (żadnego) uprzedzenia. — *a.* ostrzegawczy.
warp [wɔːrp] *v.* **1.** paczyć się. **2.** *t. przen.* wypaczać (się). **3.** mącić (*sąd, przyjemność*). — *n.* **1.** spaczenie, wypaczenie. **2.** *tk.* osnowa.
warpath [ˈwɔːrˌpæθ] *n.* **on the ~** na wojennej ścieżce.
warplane [ˈwɔːrˌpleɪn] *n.* samolot wojskowy.
warrant [ˈwɔːrənt] *n.* **1.** *prawn.* nakaz; **~ of arrest/apprehension** nakaz aresztowania; **distress/search ~** nakaz zajęcia/rewizji; **issue a ~** wydać nakaz. **2.** gwarancja; atest. **3.** licencja; upoważnienie; uprawnienie; pełnomocnictwo. — *v.* dawać podstawy do (*czegoś*), stanowić/dawać (wystarczający) powód do (*czegoś*); zasługiwać na (*uwagę, zainteresowanie*).
warranty [ˈwɔːrəntɪ] *n.* rękojmia; gwarancja.
warren [ˈwɔːrən] *n.* **a ~ of alleyways/corridors** labirynt uliczek/korytarzy.
warrior [ˈwɔːrɪər] *n.* wojownik; żołnierz.
Warsaw [ˈwɔːrsɔː] *n.* Warszawa.
warship [ˈwɔːrˌʃɪp] *n.* okręt wojenny.
wart [wɔːrt] *n.* **1.** brodawka; kurzajka. **2.** **~s and all** z wszystkimi wadami/niedociągnięciami; bez żadnego upiększania.
wartime [ˈwɔːrˌtaɪm] *n.* okres/czas wojny. — *a.* wojenny, z czasów wojny.
wary [ˈwerɪ] *a.* **1.** nieufny (*of sb/sth* wobec/w stosunku do kogoś/czegoś); czujny; ostrożny. **2.** **be ~ of/about doing sth** mieć opory przed robieniem czegoś, obawiać się coś robić.
was [wʌz] *v. zob.* **be**.
wash [wɑːʃ] *v.* **1.** myć; **~ one's hands** myć ręce; *euf.* iść do toalety; **~ the dishes** myć naczynia. **2.** myć się. **3.** prać. **4.** prać się; **~ well** dobrze się prać. **5.** **~ sth ashore** wyrzucić coś na brzeg (*o morzu*). **6.** **~ one's dirty linen in public** prać brudy publicznie; **~ one's hands of sth** umywać ręce od czegoś; **it won't ~** *pot.* to nie chwyci, tego nikt nie kupi. **7.** **~ away** zmyć (*o powodzi*); zostać zabranym przez wodę; **~ down** dokładnie umyć/zmyć; **~ sth down with sth** popić coś czymś; **~ off** zmyć; sprać; spierać się (*o plamach, farbie*); **~ out** wymyć (*wewnątrz*); przeprać; sprać (*plamę*); spierać się (*o plamach, farbie*); **be ~ed out** zostać odwołanym z powodu deszczu; **~ up** wyrzucać na brzeg (*o morzu*); myć ręce (*przed jedzeniem*); *zwł. Br.* myć naczynia, zmywać. — *n.* **1.** mycie; **have a ~** umyć się. **2.** pranie; **do the ~** robić pranie; **(shrink/fade) in the ~** (skurczyć się/wypłowieć) w praniu. **3.** płyn; płukanka; **face ~** płyn do (mycia) twarzy. **4.** **that will come out in the ~** to się okaże w praniu.
washable [ˈwɑːʃəbl] *a.* **1.** nadający się do prania. **2.** zmywalny.
washbowl [ˈwɑːʃˌboʊl] *n.* umywalka.
washcloth [ˈwɑːʃˌklɔːθ] *n.* myjka.
washer [ˈwɑːʃər] *n.* **1.** uszczelka; podkładka. **2.** pomywacz/ka. **3.** pralka.
washing machine *n.* pralka.
Washington [ˈwɑːʃɪŋtən] *n.* **1.** Waszyngton (*miasto*). **2.** (stan) Waszyngton.
washout [ˈwɑːʃˌaʊt] *n. pot.* **1.** klapa, niewypał. **2.** niedojda.
washroom [ˈwɑːʃˌruːm] *n.* **1.** umywalnia. **2.** toaleta.
wasn't [ˈwʌzənt] *v.* = **was not**; *zob.* **be**.
WASP [wɑːsp], **Wasp** *abbr., n.* **White Anglo-Saxon Protestant** przedstawiciel/ka ludności USA wywodzącej się od pierwszych osadników.
wasp [wɑːsp] *n.* osa.
wastage [ˈweɪstɪdʒ] *n.* **1.** marnotrawstwo, marnotrawienie. **2.** straty (*materiału*). **3.** wykruszanie się (*pracowników, studentów*).
waste [weɪst] *v.* **1.** trwonić (*pieniądze*); marnować, tracić (*czas*); **~ no time** (*także* **not ~ any time**) nie tracić czasu; **~ no time in doing sth** nie czekać/zwlekać ze zrobieniem czegoś. **2.** marnować się, niszczeć. **3.** **not ~ words** nie szafować słowami. **4.** **~ away** marnieć, ginąć w oczach. — *n.* **1.** marnotrawstwo, marnotrawienie; marnowanie, trwonienie; strata; **a ~ of time/money** strata czasu/pieniędzy; **go to ~** marnować się; **what a ~!** co za marnotrawstwo! **2.** odpady; **industrial/radioactive ~** odpady przemysłowe/radioaktywne. **3.** odpadki, śmieci. **4.** **~s** odchody; pustkowie, pustynia; bezmiar, szmat (*wody, śniegu*). **5.** **a ~ of space** *pot.* kompletn-y/a nieudaczni-k/ca. — *a.* **lay sth ~** spustoszyć coś; **lie ~** leżeć odłogiem.
wastebasket [ˈweɪstˌbæskət] *n.* kosz na śmieci.
waste disposal *n.* usuwanie/wywóz odpadów.
wasteful [ˈweɪstfʊl] *a.* **1.** marnotrawny (*o osobie*). **2.** niszczący (*np. o wojnie*). **3.** **it's ~ to do sth** robienie czegoś to marnotrawstwo.
wasteland [ˈweɪstˌlænd] *n.* nieużytek, ugór; pustkowie.
wastepaper basket *n.* kosz na śmieci.
watch [wɑːtʃ] *v.* **1.** oglądać; śledzić, obserwować; przyglądać się, patrzeć; **~ sb do/doing sth** przyglądać się/patrzeć, jak ktoś coś robi; **~ television/the news** oglądać telewizję/wiadomości; **we were being ~ed** obserwowano nas. **2.** pilnować (*czegoś*); uważać na. **3.** **~ it!** uważaj! (= *bądź ostrożny*); uważaj (no)! (*pogróżka*); **~ o.s.** pilnować się; **~ the time** kontrolować czas (*żeby się nie spóźnić*); **~ this!** (*także* **just ~!**) (tylko) popatrz! **~ this space** *pot.* ciąg dalszy nastąpi (*w doniesieniach prasowych*); **~ what you're doing!** patrz/uważaj, co robisz! **~ your mouth** uważaj na słowa, uważaj, co mówisz; **I'd/you'd better ~ my/your step** *pot.* muszę/musisz się pilnować. **4.** **~ (out) for sth** oczekiwać/czekać na coś; **~ out** mieć się na baczności; **~ out!** uważaj! **~ over sb/sth** opiekować się kimś/czymś, czuwać nad kimś/

czymś. — *n.* 1. (*także* **wristwatch**) zegarek. 2. obserwacja; **keep a (close) ~ on sb/sth** uważnie kogoś/coś obserwować, pilnie przyglądać się komuś/czemuś. 3. czuwanie; pilnowanie; warta, straż; wachta; **be on ~** mieć wartę, stać na warcie; **keep ~** czuwać, trzymać wartę; **under ~** pod strażą. 4. **be on the ~ for sth** wyglądać czegoś, oczekiwać na coś; **keep a ~ out for sb/sth** wypatrywać kogoś/czegoś (*robiąc coś innego*).

watchband ['wɑːtʃˌbænd] *n.* pasek do zegarka.

watchdog ['wɑːtʃˌdɔːg] *n.* 1. pies podwórzowy. 2. cerber.

watchful ['wɑːtʃfʊl] *a.* czujny, uważny; **under sb's ~ eye** pod czyimś czujnym wzrokiem.

watchmaker ['wɑːtʃˌmeɪkər] *n.* zegarmistrz.

watchman ['wɑːtʃmən] *n.* 1. stróż. 2. **(night) ~** *hist.* straż nocna.

watchtower ['wɑːtʃˌtaʊər] *n.* wieża strażnicza.

water ['wɔːtər] *n.* 1. woda; **by ~** wodą (= *łodzią l. statkiem*); **hold ~** nie przepuszczać wody; **sea~/rain~** woda morska/deszczowa; **running (hot) ~** bieżąca (ciepła) woda; **under ~** pod wodą. 2. stan wód; **high/low ~** przypływ/odpływ; wysoki/niski poziom wody. 3. **~s** wody; **(territorial) ~s** wody (terytorialne); **in American ~s** na wodach amerykańskich. 4. **her ~(s) broke** odeszły jej wody. 5. **in deep/hot ~** w opałach/tarapatach; **it's (all) ~ under the bridge** to przebrzmiała sprawa; (*także* **pass ~**) oddawać mocz; **spend money like ~** wydawać pieniądze lekką ręką; **still ~s (run deep)** cicha woda (brzegi rwie). — *v.* 1. podlewać; nawadniać. 2. poić. 3. łzawić (*o oczach*). 4. **make sb's mouth ~** sprawiać, że komuś cieknie ślinka. 5. **~ down** rozwadniać, rozcieńczać; tonować, osłabiać (*wymowę czegoś*).

water closet *n. przest.* WC.

watercolor ['wɔːtərˌkʌlər] *n.* akwarela.

watercress ['wɔːtərˌkres] *n.* rukiew wodna.

waterfall ['wɔːtərˌfɔːl] *n.* wodospad.

waterfront ['wɔːtərˌfrʌnt] *n.* nabrzeże; dzielnica portowa.

watering can *n.* konewka.

waterlogged ['wɔːtərˌlɑːgd] *a.* zalany (wodą); przesiąknięty wodą.

watermark ['wɔːtərˌmɑːrk] *n.* 1. znak wodny, filigran. 2. linia poziomu wody.

watermelon ['wɔːtərˌmelən] *n.* arbuz.

water polo *n.* piłka wodna, waterpolo.

waterproof ['wɔːtərˌpruːf] *a.* nieprzemakalny. — *v.* impregnować.

watershed ['wɔːtərˌʃed] *n.* punkt zwrotny (*in sth* w czymś).

water-skiing ['wɔːtərˌskiːɪŋ] *n.* narciarstwo wodne.

watertight ['wɔːtərˌtaɪt] *a.* 1. wodoszczelny. 2. niezbity, niepodważalny.

waterway ['wɔːtərˌweɪ] *n.* droga wodna; kanał żeglowny.

waterworks ['wɔːtərˌwɝːks] *n. pl.* 1. wodociągi, system wodociągów. 2. **turn on the ~** *pot.* rozryczeć się.

watery ['wɔːtərɪ] *a.* 1. wodnisty. 2. załzawiony. 3. blady; rozmyty.

watt [wɑːt] *n. el.* wat.

wave [weɪv] *n.* 1. fala; **a ~ of panic** fala paniki; **a new ~ of immigrants** nowa fala imigrantów; **crime/heat ~** fala przestępstw/upałów; **in ~s** falami; **long/short/medium ~** fale długie/krótkie/średnie; **new ~** nowa fala; **shock ~** fala uderzeniowa. 2. machnięcie; **~ of the hand** machnięcie/skinienie ręką; **give a ~** pomachać (ręką). 3. **make ~s** *pot.* robić zamieszanie. — *v.* 1. falować. 2. kręcić się (*o włosach*). 3. powiewać (*o fladze, flagą*). 4. wymachiwać; machać (*sth at/to sb* czymś na/do kogoś); **~ (a car) down** zatrzymać (samochód) skinieniem ręki; **~ one's arms** wymachiwać rękami; **~ sb off** pomachać komuś na pożegnanie. 5. **~ good-bye to sth** *pot.* (musieć) pożegnać się z czymś (*np. z szansą na awans*).

waveband ['weɪvˌbænd] *n.* zakres/pasmo częstotliwości.

wavelength ['weɪvˌleŋkθ] *n.* 1. długość fali. 2. **be on the same/a different ~** nadawać na tych samych/innych częstotliwościach.

waver ['weɪvər] *v.* 1. słabnąć (*o uczuciach, wierze*). 2. wahać się. 3. chwiać się; kołysać się. 4. drżeć (*o głosie*).

wavy ['weɪvɪ] *a.* 1. falisty; pofalowany. 2. falujący, kręcony.

wax [wæks] *n.* 1. wosk. 2. (*także* **ear~**) woskowina, woszczyna uszna. — *a.* woskowy. — *v.* 1. woskować. 2. **~ eloquent** rozgadać się; **~ lyrical** rozpływać się (w zachwytach); **~ and wane** (na przemian) wzmagać się i słabnąć; **the moon is ~ing** przybywa księżyca.

way [weɪ] *n.* 1. droga; **along/on the ~** po drodze; **ask (sb) the ~** pytać (kogoś) o drogę; **know the ~** znać drogę; **lose one's ~** zgubić drogę, zabłądzić; **on one's ~ to work/school** w drodze do pracy/szkoły; **tell sb the ~** wskazać komuś drogę; **the ~ back/home** droga powrotna/do domu. 2. **(be) a long ~ (from sth)** (znajdować się) daleko (skądś *l.* od czegoś); **(it's) a long ~ (off)** (to) daleko (stąd); **(we've walked) a long ~** (przeszliśmy) kawał drogi. 3. strona; **look this ~** spójrz w tę stronę; **the right ~ up** właściwą stroną ku górze; **which ~ around?** w którą stronę? 4. sposób (*of doing sth* robienia czegoś); **in the same ~** w ten sam sposób, tak samo. 5. (*także* **~s**) zwyczaj, przyzwyczajenie. 6. **~ in/out** wejście/wyjście; **~ to go!** *pot.* brawo!, tak trzymać! **be in the ~** zawadzać, przeszkadzać (*of sb/sth* komuś/w czymś); **be on the/its ~** być w drodze; **be with sb all the ~** całkowicie się z kimś zgadzać; **by ~ of X** przez X (*jechać*); **by ~ of sth** w charakterze czegoś; **by the ~** nawiasem mówiąc, przy okazji, à propos; swoją drogą; **change/mend one's ~s** poprawić się, zmienić swoje zachowanie; **down my/our ~** w mojej/naszej okolicy; **either ~** tak czy siak/owak; **could go either ~** na dwoje babka wróżyła; **get in the ~** wchodzić w drogę; przeszkadzać (*of sb/sth* komuś/w czymś); **get one's (own) ~** postawić na swoim; **get out of the ~** usunąć się/zejść z drogi; **get sth out of the ~** usunąć coś, pozbyć się czegoś; uporać się z czymś; **give ~** załamać się, pęknąć (*pod naporem*); **give ~ to sth** ustąpić przed czymś; zrobić/zwolnić miejsce dla czegoś; **go a long ~ toward sth** w dużym stopniu przyczyniać się do czegoś; **go out of one's ~** specjalnie się postarać/wysilić, zadać sobie dużo trudu (*to do sth* żeby coś zrobić); **half ~** w połowie (*through sth* czegoś); **have a ~ of doing sth** mieć na coś sposób; **have a ~ with sb** wiedzieć, jak kogoś podejść; **have it your (own) ~!** *pot.* (no dobrze,) niech ci będzie! **have one's ~** postawić na swoim; **in a ~** (*także* **in some ~s**) poniekąd, w pewnym sensie; pod pewnymi względami; **in a big/small ~** na dużą/

małą skalę; w dużym/niewielkim stopniu; **in more ~s than one** (*także* **in more than one ~**) pod wieloma względami; **in no ~** w żaden sposób; nijak; pod żadnym pozorem; **keep/stay out of sb's ~** nie wchodzić komuś w drogę, schodzić komuś z drogi; **lie/talk one's ~ out of sth** wyłgać/wymigać się od czegoś; **look the other ~** przymykać oczy; **no ~** *pot.* nie ma mowy; **one ~ or the other** (*także* **one ~ or another**) tak czy owak, w taki czy inny sposób; **out of the ~** na uboczu/odludziu; załatwiony, z głowy (*o problemie*); **take the easy ~ out** pójść po linii najmniejszego oporu; **the other ~ around** na odwrót, odwrotnie; **this/that ~!** tędy/tamtędy! **be under ~** toczyć się, odbywać się; **be well under ~** być bardzo zaawansowanym; **get under ~** rozpocząć się, ruszyć; **which ~?** którędy? **you can't have it both ~s** albo - albo. — *adv. pot.* **~ above/below sth** dużo powyżej/poniżej czegoś; **~ ahead/behind** daleko w przodzie/z tyłu; **~ back** dawno temu; **~ too (long/much)** o wiele za (długi/dużo); **from ~ back when** z dawnych lat, sprzed wielu lat.

waylay [weɪ'leɪ] *v. pret. i pp.* **-laid** zastąpić drogę (*komuś*); zasadzić się na (*kogoś*).

wayside ['weɪˌsaɪd] *n.* **fall by the ~** pójść w zapomnienie; stracić (cały) impet.

wayward ['weɪwərd] *a.* **1.** krnąbrny. **2.** kapryśny, chimeryczny.

we [wiː] *pron.* my.

weak [wiːk] *a.* **1.** słaby; **~ in/at sth** słaby z czegoś (*z jakiegoś przedmiotu*); **~ on sth** słaby w czymś/jeśli chodzi o coś; **~ with hunger** słaby z głodu; **grow ~(er)** słabnąć. **2. be ~ in the head** *pot.* szwankować na umyśle.

weaken ['wiːkən] *v.* **1.** osłabiać. **2.** słabnąć. **3.** rozcieńczać.

weakling ['wiːklɪŋ] *n.* słabeusz/ka.

weakly ['wiːklɪ] *adv.* słabo; niepewnie.

weakness ['wiːknəs] *n.* **1.** słabość; **have a ~ for sth** mieć słabość do czegoś. **2.** słaba strona. **3.** słabostka.

wealth [welθ] *n.* **1.** bogactwo. **2. a ~ of information** mnóstwo informacji.

wealthy ['welθɪ] *a.* majętny, zamożny.

wean [wiːn] *v.* **1.** odstawiać od piersi. **2. ~ sb from/off sth** odzwyczaić kogoś od czegoś; oduczyć kogoś czegoś; **be ~ed on sth** wychowywać się na czymś od małego.

weapon ['wepən] *n.* broń.

wear [wer] *v.* **wore, worn 1.** nosić, mieć na sobie; chodzić w (*czymś*); ubierać się w; **~ a seatbelt** mieć zapięty pas; **~ black** ubierać/nosić się na czarno; **~ one's hair in a pony-tail** czesać się w/nosić koński ogon. **2.** nosić się (*o ubraniu*). **3.** zdzierać (się); **~ a hole in sth** zrobić dziurę w czymś; przetrzeć coś na wylot. **4.** męczyć, wyczerpywać. **5. ~ well/badly** zachować się w dobrym/złym stanie. **6. ~ away** ścierać (się); zużywać (się); **~ down** ścierać (*buty, zęby*); **~ off** ustępować, przechodzić (*o bólu, szoku*); **~ on** ciągnąć/wlec się; **as the day/night wore on** w miarę upływu czasu; **~ out** zużyć/zedrzeć się; **~ o.s. out** zmęczyć się; **~ sb out** wykańczać kogoś (*fizycznie*); **~ sth out** znosić coś (*ubranie*); wyczerpać coś (*zwł. czyjąś cierpliwość*). — *n.* **1. men's/women's/sports ~** odzież męska/damska/sportowa; **evening ~** stroje wieczorowe. **2. get/have a lot of ~ out of sth** długo coś nosić; długo czegoś używać; **show signs of ~** nosić ślady zużycia. **3. the worse for ~** zmarnowany, w kiepskim stanie.

wear and tear *n.* **1.** zużycie (eksploatacyjne). **2.** znoszenie, podniszczenie.

wearisome ['wiːrɪsəm] *a.* nużący.

weary ['wiːrɪ] *a.* znużony (*of sth* czymś). — *v.* **sb never wearies of doing sth** *form.* robienie czegoś nigdy kogoś nie nuży.

weasel ['wiːzl] *n.* **1.** łasica. **2.** *pot.* cwaniak. — *v. pot.* **1.** kręcić, mataczyć. **2. ~ out** wykręcać się (*of (doing) sth* z czegoś).

weather ['weðər] *n.* **1.** pogoda; **~ permitting** jeśli pogoda dopisze; **in all ~s** bez względu na pogodę; **the ~** *pot.* prognoza pogody. **2. under the ~** *pot.* niedysponowany. — *v.* **1.** powodować wietrzenie/niszczenie (*czegoś*). **2.** niszczeć (*pod wpływem warunków atmosferycznych*); wietrzeć. **3. ~ sth (out)** przetrwać coś szczęśliwie.

weather forecast *n.* prognoza pogody.

weave [wiːv] *v.* **wove, woven 1.** tkać. **2.** pleść, splatać. **3.** wplatać (*sth into sth* coś w coś). **4.** snuć (*opowiadanie, plany*). **5.** poruszać się zygzakiem. **6. ~ one's way** przemykać się (*through sth* przez coś, *among sth* między czymś). — *n.* splot.

weaver ['wiːvər] *n.* tkacz/ka.

web [web] *n.* **1.** sieć. **2. the W~** *komp.* Internet; **on the W~** w sieci/Internecie. **3.** pajęczyna; **spin a ~** snuć pajęczynę. **4.** błona (pławna).

website ['webˌsaɪt], **web site** *n.* witryna internetowa.

wed [wed] *v. lit.* **1.** wziąć ślub z (*kimś*), poślubić, zaślubić. **2.** pobrać się. **3.** połączyć węzłem małżeńskim.

we'd [wiːd] *abbr.* **1.** = **we had**. **2.** = **we would**.

wedding ['wedɪŋ] *n.* **1.** ślub; wesele. **2. diamond/golden/silver ~** diamentowe/złote/srebrne gody. — *a.* **~ anniversary** rocznica ślubu; **~ dress** suknia ślubna; **~ invitation** zaproszenie na ślub; **~ reception** przyjęcie weselne.

wedding ring *n.* (*także* **wedding band**) obrączka (ślubna).

wedge [wedʒ] *n.* **1.** klin. **2.** trójkątny kawałek (*sera, tortu*). — *v.* **1. ~ sth open/shut** zaklinować coś, żeby się nie zamykało/otwierało. **2. ~ (in)** wciskać/wpychać (się).

Wednesday ['wenzdeɪ] *n.* środa; *zob. t.* **Friday** (for phrases).

wee [wiː] *a. pot.* **a ~ bit** troszeczkę; **the ~ (small) hours** wczesne godziny (*tuż po północy*). — *v.* siusiać.

weed [wiːd] *n.* **1.** chwast; zielsko. **2.** wodorosty. **3.** *przest. sl.* marihuana. — *v.* **1.** plewić, pielić; odchwaszczać. **2. ~ out** pozbyć się (*kogoś l. czegoś*).

week [wiːk] *n.* **1.** tydzień; **~ after ~** (*także* **~ in ~ out**) całymi tygodniami; **a ~ ago** tydzień temu; **a ~ from Monday** od poniedziałku za tydzień; **from ~ to ~** (*także* **~ by ~**) z tygodnia na tydzień; **last/next/this ~** w zeszłym *l.* ubiegłym/przyszłym/tym tygodniu; **once a ~** raz w tygodniu/na tydzień. **2.** (*także* **working ~**) tydzień pracy; **during the ~** w tygodniu, w ciągu tygodnia (*w odróżnieniu od weekendu*); **work a six-day ~** pracować przez sześć dni w tygodniu.

weekday ['wiːkˌdeɪ] *n.* dzień powszedni/roboczy.

weekend ['wiːkˌend] *n.* weekend; **on ~s** (*także* **on the ~**) w weekend/weekendy. — *v.* spędzać weekend/weekendy (*in/at sth* gdzieś).

weekly ['wiːklɪ] *a.* **1.** cotygodniowy. **2.** tygodniowy. — *adv.* **1.** cotygodniowo, co tydzień. **2.** raz na tydzień. — *n.* tygodnik.

weep [wiːp] *v. pret. i pp.* **wept 1.** łkać, szlochać; **~ for/with joy** płakać z radości. **2.** jątrzyć się (*o ranie*). **3. ~ for sb/sth** opłakiwać kogoś/coś.

weeping willow *n.* wierzba płacząca.

weigh [weɪ] *v.* **1.** ważyć. **2.** rozważać (*fakty, propozycję*). **3.** obciążać (*ciężarkiem*). **4. ~ one's words** ważyć słowa; **~ in favor of/against sb** działać na czyjąś korzyść/niekorzyść. **5. ~ down** obciążać; przytłaczać; **~ in** poddać się ważeniu (*o sportowcu*) (*at... kg* z wynikiem... kg); **~ on sb** ciążyć komuś; **~ on sb's mind** niepokoić kogoś; **~ out** odważać; **~ up** rozważać (*za i przeciw*); **~ (heavily) with sb** mieć dla kogoś (wielkie) znaczenie.

weight [weɪt] *n.* **1.** ciężar; waga; **be... in ~** mieć wagę...., ważyć...; **have a ~ problem** mieć nadwagę; **lose ~** stracić na wadze, schudnąć; **put on/gain ~** przybrać na wadze, utyć; **under the ~ of sth** pod ciężarem czegoś; **watch one's ~** uważać, żeby nie przytyć, dbać o linię. **2.** ciężarek; odważnik. **3. a ~ off my mind** kamień z serca; **attach ~ to sth** przywiązywać wagę do czegoś; **carry more ~** mieć większe znaczenie; **throw one's ~ around** panoszyć/szarogęsić się; **throw one's ~ behind sb** udzielić komuś poparcia. — *v.* **1.** obciążać. **2. be ~ed in favor of sth** faworyzować coś (*o prawie, przepisach*).

weightless ['weɪtləs] *a.* w stanie nieważkości.

weightlifting ['weɪt,lɪftɪŋ] *n.* podnoszenie ciężarów.

weighty ['weɪtɪ] *a.* **1.** ciężki. **2.** ważki, doniosły.

weird [wiːrd] *a.* dziwaczny, cudaczny.

weirdo ['wiːrdoʊ] *n. pot.* dziwa-k/czka.

welcome ['welkəm] *int.* witamy; witaj/cie; **~ home** witaj w domu; **~ on board/to California** witamy na pokładzie/w Kalifornii. — *n.* powitanie; **give sb/sth a warm ~** serdecznie kogoś/coś powitać; zgotować komuś/czemuś gorące powitanie/przyjęcie. — *v.* **1.** witać. **2.** przyjmować z zadowoleniem. **3. ~ sb/sth with open arms** powitać/przyjąć kogoś/coś z otwartymi ramionami. — *a.* mile widziany; pożądany; **make sb ~** dać komuś odczuć, że jest mile widziany, życzliwie kogoś przyjąć; **you're ~!** nie ma za co!, proszę bardzo!

weld [weld] *v.* **1.** spawać. **2.** spajać, zespalać.

welfare ['wel,fer] *n.* **1.** dobro (*czyjeś*); powodzenie; dobrobyt. **2.** (*także* **W~**) opieka społeczna; system zasiłków; **be on ~** być na zasiłku.

welfare state *n.* państwo opiekuńcze.

well [wel] *adv.* **better, best 1.** dobrze; **~ after midnight** dobrze po północy; **~-organized** dobrze zorganizowany; **fairly/pretty ~** całkiem/dość dobrze; **speak ~ of sb** dobrze o kimś mówić; **very ~** bardzo dobrze. **2. ~ done!** brawo!, dobra robota! **as ~** również, też; zarazem; **as ~ as** jak również; **be ~ worth doing** być zdecydowanie wartym zrobienia; **go ~** udać się, dobrze wypaść/pójść; **it may ~ be that...** bardzo możliwe, że...; **we may/might/could (just) as ~ leave now** równie dobrze możemy już sobie pójść. — *a.* **1.** zdrowy; **get ~** wyzdrowieć. **2.** dobry; w porządku; **be/feel ~** czuć się dobrze; **look ~** wyglądać dobrze. **3. it's/that's all very ~ but...** no dobrze, ale (przecież)...; **it's/that's just as ~** no i dobrze; **it's just as ~ you didn't go** całe szczęście, że nie poszedłeś. — *int.* cóż; a więc, otóż; **~?** i co ty na to? (*także* **~ ~ (, ~)**) no, no (, no), a to ci dopiero! (*także* **oh ~**) no cóż, trudno; **~ then** w takim razie, no to; **very ~ (then)** no dobrze. — *n.* **1.** studnia. **2.** szyb (*naftowy*). **3.** *przen.* kopalnia (*np. informacji*). — *v.* **~ (up)** *lit.* tryskać (*o łzach*); wzbierać (*o gniewie*).

we'll [wiːl] *abbr.* **1.** = **we will. 2.** = **we shall.**

well-behaved [,welbə'heɪvd] *a.* grzeczny, dobrze wychowany; zachowujący się spokojnie.

well-being [,wel'biːɪŋ] *n.* pomyślność; **economic ~** dobrobyt; **physical** dobre samopoczucie.

well-known [,wel'noʊn] *a.* (powszechnie) znany.

well-off [,wel'ɔːf] *a.* **better-off, best-off 1.** zamożny, dobrze sytuowany. **2. be ~ for sth** mieć pod dostatkiem czegoś.

well-read [,wel'red] *a.* oczytany.

well-to-do [,weltə'duː] *a.* zamożny, dobrze sytuowany; **the ~** ludzie zamożni.

Welsh [welʃ] *a.* walijski. — *n.* **1.** (język) walijski. **2. the ~** Walijczycy.

Welshman ['welʃmən] *n.* Walijczyk.

Welshwoman ['welʃ,wʊmən] *n.* Walijka.

welt [welt] *n.* pręga, obrzęk (*np. po uderzeniu*).

went [went] *v. zob.* **go** *v.*

wept [wept] *v. zob.* **weep** *v.*

were [wɝː] *v. zob.* **be.**

we're [wiːr] *abbr.* = **we are**; *zob.* **be.**

weren't [wɝːnt] *v.* = **were not**; *zob.* **be.**

werewolf ['wer,wʊlf] *n.* wilkołak.

west [west] *n.* **the ~** zachód; **to the ~ of sth** na zachód od czegoś; **the W~** Zachód. — *a.* zachodni. — *adv.* na zachód, w kierunku zachodnim.

westerly ['westərlɪ] *a.* zachodni. — *n.* wiatr zachodni.

western ['westərn] *a.* zachodni. — *n. kino* western.

West Virginia *n.* (stan) Wirginia Zachodnia.

westward ['westwərd], **westwards** ['westwərdz] *adv.* na zachód.

wet [wet] *a.* **1.** mokry; przemoczony; **~ to the skin** przemoczony do suchej nitki; **get ~** zmoknąć; przemoknąć; **get sth ~** przemoczyć coś; **soaking/sopping/dripping ~** kompletnie przemoczony. **2.** wilgotny (*o klimacie*). **3.** deszczowy, dżdżysty. **4. ~ paint** świeżo malowane (*napis*). **5. be ~ behind the ears** *pot.* mieć mleko pod nosem. — *v.* **1.** moczyć; zwilżać. **2. ~ o.s.** moczyć się. **3.** zmoczyć (*pościel*); obsikać (*dywan; o psie*).

wet suit *n.* kombinezon piankowy.

we've [wiːv] *abbr.* = **we have.**

whale [weɪl] *n.* wieloryb.

wharf [wɔːrf] *n. pl.* **-s** *l.* **wharves** [wɔːrvz] nabrzeże (*załadunkowo-wyładunkowe*).

what [wʌt] *pron.* **1.** co; **~ are you doing?** co robisz? **2.** (to,) co; **I heard ~ you said** słyszałam, co powiedziałeś. **3. ~ about having something to eat?** (a) może byśmy coś zjedli? **~ do I care?** *pot.* co mnie to obchodzi? **~ does it matter?** co (to) za różnica? **~ for?** po co? **~ if...?** a co będzie, jak...? a gdyby tak...? **~ of it?** co z tego? **~'s ~** *pot.* co i jak; **~'s more** co więcej; **~'s on?** co jest?, co się dzieje? **~'s up?** co się stało? (*także* **~'s happening?**) *pot.* jak leci?, co słychać? **~'s up with him?** co mu jest/dolega?, co mu się stało? **~'s with...?** *pot.* co jest (nie tak) z...? skąd ta/ten/to...? **~ with...** jeżeli wziąć pod uwagę..., zważywszy na...; **now ~?** (i) co teraz? **so ~?** (i) co z tego? — *a.* jaki; **~ color is it?** jakiego to jest koloru? **~ is she like?** jaka ona jest? **~ nonsense!** co za bzdura!

whatever [wʌt'evər] *pron.* **1.** cokolwiek; obojętnie co. **2.** co u licha; **~ are you talking about?** co ty (u licha) wygadujesz? — *a.* jakikolwiek; każdy możliwy; **for ~ reason** z jakiegokolwiek powodu. — *adv.* = **whatsoever**.

whatsoever [ˌwʌtsoʊ'evər] *adv.* w ogóle, wcale; absolutnie, zupełnie; **for no reason ~** zupełnie bez powodu; **I have no plans ~** nie mam w ogóle żadnych planów.

wheat [wiːt] *n.* pszenica.

wheedle ['wiːdl] *v.* **1.** czarować, bajerować. **2.** wyłudzić, wycyganić (*sth out of sb* coś od kogoś). **3.** namawiać (*sb into sth* kogoś do czegoś).

wheel [wiːl] *n.* **1.** koło; kółko. **2.** (*także* **steering ~**) kierownica; **behind the ~** za kierownicą; **take the ~** przejąć kierownicę. **3. (set of) ~s** *pot.* cztery kółka. — *v.* **1.** prowadzić, pchać (*rower*); ciągnąć (*wózek*); toczyć (*coś na kółkach*). **2. ~ (around)** obrócić się (*na pięcie*). **3. ~ and deal** *pot.* kombinować (= *robić niejasne interesy*). **4. ~ sb/sth out** *pot.* wyjeżdżać z kimś/czymś (= *przywoływać jako argument*).

wheelbarrow ['wiːlˌberoʊ] *n.* taczki.

wheelchair ['wiːlˌtʃer] *n.* wózek inwalidzki.

wheeze [wiːz] *v.* rzęzić; sapać.

when [wen] *adv.* kiedy; **~ will they be back?** kiedy wracają? — *conj.* **1.** kiedy, gdy; podczas gdy; skoro; **say ~** powiedz, kiedy (mam przestać) (*zwł. nalewać alkohol*); **that was ~ I needed you** wtedy właśnie cię potrzebowałam; **the day ~...** w dniu, kiedy...; **why did you buy it ~ you can't afford it?** po co to kupiłaś, skoro cię nie stać? **2.** chociaż, mimo że; **he continued ~ he must have known it was no use** kontynuował, chociaż musiał wiedzieć, że na nic się to nie zda. — *pron.* kiedy (to); **since/until ~** od/do kiedy; **since ~ did you have the right to...** od kiedy (to) masz prawo...

whenever [wen'evər] *conj.* **1.** kiedykolwiek, obojętnie, kiedy. **2.** za każdym razem, gdy, ilekroć; kiedy/gdy tylko. — *adv. pot.* **1.** obojętnie kiedy; **today, tomorrow, or ~** dziś, jutro czy kiedy tam. **2.** kiedy(ż) to; kiedy wreszcie; **~ did you manage to do it?** kiedy udało wam się to zrobić?

where [wer] *adv.* gdzie; dokąd; **~ are you going?** gdzie/dokąd idziesz? **~ do you live?** gdzie mieszkasz? **~ from?** skąd? **~ was I?** na czym (to ja) skończyłem? — *conj.* **1.** (tam), gdzie. **2.** kiedy; **~ possible** kiedy to możliwe.

whereabouts ['werəˌbɔɪts] *adv.* gdzie (mniej więcej), w jakiej okolicy; **~ is it?** gdzie to (tak) mniej więcej jest? — *n.* **sb's ~** czyjeś miejsce pobytu; **the ~ of sth** położenie czegoś.

whereas [wer'æz] *conj. form.* **1.** podczas gdy. **2.** *prawn.* zważywszy że.

whereby [wer'baɪ] *pron. form.* według którego, zgodnie z którym; w którym (to).

whereupon [ˌwerə'pɑːn] *conj.* po czym; na co.

wherever [wer'evər] *adv.* **1.** gdziekolwiek. **2.** gdzie u licha; **~ did you find it?** gdzieś ty to (u licha) znalazła? **3. ~ possible** gdzie tylko to możliwe, wszędzie tam, gdzie to możliwe;**...**, **~ that may be...**, gdziekolwiek to jest.

wherewithal ['werwɪðˌɔːl] *n.* **the ~ to do sth** środki (finansowe) na zrobienie czegoś.

whet [wet] *v.* **~ sb's appetite (for sth)** zaostrzyć czyjś apetyt (na coś).

whether ['weðər] *conj.* czy; **~ you like it or not** czy ci się to podoba, czy nie; **ask him ~ he knows her** spytaj go, czy ją zna.

whey [weɪ] *n.* serwatka.

which [wɪtʃ] *a.* który; **~ book do you want?** którą książkę chcesz? **~ one?** który? — *pron.* **1.** który; **~ (of these) is yours?** który (z nich) jest twój? **2.** co; **~ is ~** co jest co; **~ reminds me** co mi przypomina, skoro (już) o tym mowa; **after ~** po czym. **3. in ~ case** w takim przypadku.

whichever [wɪtʃ'evər] *a., pron.* którykolwiek, obojętnie który; jakikolwiek; **~ way you look at it** jak by (na to) nie patrzeć.

whiff [wɪf] *n.* **1.** zapach; powiew; **catch/get a ~ of sth** poczuć zapach czegoś. **2.** podmuch (*np. świeżego powietrza*). **3.** kłąb (*dymu, pary*). **4.** powiew, sygnał (*zwł. pierwszy*) (*of sth* czegoś).

while [waɪl] *conj.* **1.** podczas gdy; **~ I was having breakfast** podczas gdy jadłam śniadanie; **~ (we were) in Paris** podczas (naszego) pobytu w Paryżu; **Beth is extrovert, ~ her sister is very shy** Beth jest ekstrawertyczką, podczas gdy jej siostra jest bardzo nieśmiała. **2.** podczas, w trakcie/czasie; **~ sleeping** podczas snu. **3.** skoro; **~ we're at it** skoro już o tym mowa, przy okazji. — *n.* **1.** chwila; (jakiś) czas; **a little/short ~ ago** niedawno; **all the ~** (*także* **the whole ~**) przez cały (ten) czas; **can you wait a ~?** czy możesz chwilę zaczekać? **(every) once in a ~** raz na jakiś czas; **for/in a ~** przez/za jakiś czas. **2. be worth (sb's) ~** być wartym zachodu, opłacać się (komuś). — *v.* **~ away the days/hours/afternoon** uprzyjemniać/skracać sobie czas.

whim [wɪm] *n.* kaprys, zachcianka; **on a ~** pod wpływem kaprysu.

whimper ['wɪmpər] *v.* **1.** skomleć; kwilić. **2.** chlipać, pochlipywać. — *n.* skomlenie; kwilenie.

whimsical ['wɪmzɪkl] *a.* **1.** dziwaczny, wymyślny. **2.** kapryśny; zmienny, niestały. **3.** żartobliwy (*np. o spojrzeniu, uśmiechu*).

whine [waɪn] *v.* **1.** skowyczeć (*o psie*). **2.** wyć (*t. o syrenie*); jęczeć (*t.* = *marudzić*). — *n.* **1.** skowyt. **2.** wycie; jęk.

whip [wɪp] *n.* **1.** bicz; bat; pejcz. **2.** uderzenie batem. **3.** *parl.* poseł pilnujący dyscypliny partyjnej. — *v.* **1.** biczować; smagać; chłostać. **2. ~ up** *pot.* upichcić; **~ up enthusiasm/interest** wzbudzić entuzjazm/zainteresowanie.

whiplash ['wɪpˌlæʃ] *n.* odgięciowy uraz kręgosłupa szyjnego.

whipped cream [ˌwɪpt 'kriːm] *n.* bita śmietana.

whirl [wɝːl] *v.* **1.** kręcić się, wirować. **2.** obrócić się raptownie. **3.** kręcić, obracać (*kimś l. czymś*). — *n.* **1.** wirowanie. **2.** wir; **my mind is in a ~** mam mętlik w głowie; **social ~** wir życia towarzyskiego. **3. give sth a ~** *pot.* spróbować czegoś.

whirlpool ['wɝːlˌpuːl] *n.* wir wodny.

whirlwind ['wɝːlˌwɪnd] *n.* **1.** trąba powietrzna. **2. ~ tour** błyskawiczny/ekspresowy objazd (*of sth* czegoś); **a ~ of activity** wielki ruch, wielka krzątanina.

whisk [wɪsk] *n.* **1.** trzepaczka (*do ubijania piany*). **2.** machnięcie (*np. ogonem*). — *v.* **1.** ubijać (*trzepaczką*). **2. ~ sb/sth off** błyskawicznie zabrać kogoś/coś (*i przewieźć gdzieś*).

whisker ['wɪskər] *n.* **1. ~s** wąsy (*np. kocie*); bokobrody, baczki. **2. win/lose by a ~** wygrać/przegrać o włos.

whiskey ['wɪskɪ], **whisky** *n.* whisky.
whisper ['wɪspər] *v.* szeptać; mówić szeptem. — *n.* **1.** szept; **in a ~** szeptem. **2.** szmer; szelest. **3.** *pot.* pogłoska.
whistle ['wɪsl] *v.* **1.** gwizdać. **2.** odgwizdać (*np. koniec gry*). **3.** świstać, świszczeć. **4.** **~ in the wind** strzępić sobie język; **be whistling in the dark** dodawać sobie animuszu. — *n.* **1.** gwizdek; **blow one's ~** zagwizdać (*gwizdkiem*). **2.** gwizd, gwizdnięcie; gwizdanie. **3.** świst (*kul, wiatru*).
white [waɪt] *a.* **1.** biały. **2.** blady; **~ with fear/anger** blady ze strachu/ze złości; **(as) ~ as a sheet** blady jak ściana. **3.** siwy. — *n.* **1.** biel, (kolor) biały; **dressed in ~** ubrany na biało. **2.** biał-y/a (*osoba*). **3.** białko (*jajka*). **4.** białe wino. **5.** **~s** białe (rzeczy) (*do prania*); biały strój (*do krykieta l. tenisa*).
white-collar [ˌwaɪt'kɑːlər] *a.* **~ worker** urzędni-k/czka, pracowni-k/ca umysłow-y/a.
white elephant *n.* chybiona inwestycja.
white lie *n.* niewinne kłamstewko.
whiteness ['waɪtnəs] *n.* białość, biel.
white paper *n.* oficjalny raport rządowy.
whitewash ['waɪtˌwɑːʃ] *n.* **1.** mleko wapienne. **2.** *pot.* mydlenie oczu. — *v.* **1.** bielić (*ściany*). **2.** *pot.* wybielić (*kogoś*); ukręcić łeb (*sprawie*).
Whitsun ['wɪtsən] *n.* (*także* **Whit Sunday**) Zielone Świątki.
whiz [wɪz] *v.* **1.** świstać. **2.** *pot.* śmigać. — *n. pot.* geniusz.
whiz kid *n. pot.* młody geniusz.
WHO [ˌdʌbljuː ˌeɪtʃ 'oʊ] *abbr.* = **World Health Organization**.
who [huː] *pron.* **1.** kto; **~ is it?** (*także* **~'s there?**) kto tam? **~'s ~** kto jest kim. **2.** który; **Melanie, ~ studied at Yale** Melanie, która studiowała w Yale.
whole [hoʊl] *a.* cały; **in the ~ (wide) world** na całym świecie; **the ~ time** (przez) cały czas. — *adv.* w całości (*np. zjeść*). — *n.* całość; **as a ~** jako całość; **on the ~** ogółem, ogólnie biorąc; **the ~ of sth** całość czegoś; **the ~ of September** (przez) cały wrzesień.
whole food *n.* zdrowa żywność.
wholehearted [ˌhoʊl'hɑːrtɪd] *a.* całkowity, pełny (*o poparciu*).
whole milk *n.* mleko pełne/pełnotłuste.
wholesale ['hoʊlˌseɪl] *a.* **1.** hurtowy. **2.** kompleksowy (*o reformach*). — *adv.* **1.** hurtowo, hurtem. **2.** kompleksowo. — *n.* hurt; sprzedaż hurtowa.
wholesome ['hoʊlsəm] *a.* zdrowy, korzystny dla zdrowia.
whole wheat, **whole-wheat** *a.* pytlowy; razowy.
wholly ['hoʊlɪ] *adv.* całkowicie, w pełni.
whom [huːm] *pron.* **1.** **(for) ~** (dla) kogo; **to ~** komu; **about/in/on/with ~** o/w/na/z kim. **2.** którego; **people ~ it is difficult to cheat** ludzie, których trudno oszukać.
whooping cough ['huːpɪŋ ˌkɔːf] *n.* krztusiec, koklusz.
whopper ['wɑːpər] *n. pot.* **1.** kolos; kolubryna. **2.** grube kłamstwo.
whore [hɔːr] *n. wulg. pot.* dziwka, kurwa.
whose [huːz] *pron.* **1.** czyj; **~ key is this?** czyj to klucz? **2.** którego; **my friend, without whose help...** mój przyjaciel, bez pomocy którego...
why [waɪ] *adv., conj.* dlaczego; **~ me?** dlaczego ja? **~ not?** czemu nie? **~ not try it?** (*także* **~ don't you try it?**) a może byś (tak) spróbował? **~ the hell/on earth...?** dlaczego u diabła/u licha...? **~ wait?** po co czekać? — *pron.* **the reason ~...** powód, dla którego...; **that's ~** dlatego (też/właśnie). — *int.* a niech mnie!
WI *abbr.* = **Wisconsin**.
wick [wɪk] *n.* knot (*świecy*).
wicked ['wɪkɪd] *a.* **1.** niegodziwy, podły (*o osobie*); zły (*o czarownicy, macosze*). **2.** haniebny. **3.** *pot.* niesamowity, super.
wickerwork ['wɪkərˌwɝːk] *n.* wiklina.
wicket ['wɪkɪt] *n.* **1.** okienko (*w kasie*). **2.** *krykiet* bramka.
wide [waɪd] *a.* **1.** szeroki; **six miles ~** szeroki na sześć mil; **a ~ variety/selection** szeroki wybór. **2.** rozległy. **3.** duży (*o zróżnicowaniu*). **4.** chybiony (*o strzale*). — *adv.* **1.** szeroko; **~ apart** szeroko rozstawiony; **~ open** szeroko otwarty; otwarty na oścież; **open ~!** proszę (szeroko) otworzyć usta! **2.** z dala, daleko (*of sth* od czegoś); **the shot went ~** strzał poszedł daleko od celu. **3.** **~ awake** kompletnie rozbudzony; czujny. **4.** **search/hunt far and ~ for sth** szukać czegoś wszędzie.
widely ['waɪdlɪ] *adv.* **1.** szeroko (*uśmiechać się, ziewać*). **2.** ogólnie, powszechnie (*znany*). **3.** znacznie (*różnić się*). **4.** **travel ~** dużo podróżować.
widen ['waɪdən] *v.* **1.** rozszerzać/poszerzać (się). **2.** otwierać się szerzej (*o luce, oczach*).
wide-open [ˌwaɪd'oʊpən] *a.* szeroko otwarty/rozwarty.
widespread [ˌwaɪd'spred] *a.* (szeroko) rozpowszechniony, powszechny.
widow ['wɪdoʊ] *n.* **1.** wdowa; **sb's ~** wdowa po kimś. **2.** **fishing/football ~** żona zapalonego wędkarza/kibica piłkarskiego. — *v.* **be ~ed** owdowieć.
widower ['wɪdoʊər] *n.* wdowiec.
width [wɪdθ] *n.* **1.** szerokość; **be 6 meters in ~** mieć 6 metrów szerokości. **2.** zakres, zasięg.
wield [wiːld] *v.* **1.** dzierżyć (*władzę, berło, miecz*). **2.** trzymać w ręku (*pałkę*). **3.** władać (*bronią, piórem*).
wife [waɪf] *n. pl.* **wives** [waɪvz] żona; małżonka.
wig [wɪg] *n.* peruka.
wiggle ['wɪgl] *v.* kołysać (*np. biodrami*); **~ one's ears** ruszać uszami. — *n. pot.* zakrętas, zawijas.
wild [waɪld] *a.* **1.** dziki. **2.** szalony (*o planie, pomyśle*); rozszalały; **~ with rage** szalejący z wściekłości; **~ with pain** oszalały z bólu. **3.** burzliwy (*o czasach, młodości*). **4.** gwałtowny (*o burzy*). **5.** błędny (*o wzroku*). **6.** **be ~ about sb/sth** przepadać za kimś/czymś; **go ~** oszaleć (*t. o publiczności*); wściec się; **sth beyond sb's ~est dreams** coś, o czym się komuś nawet nie śniło; **take a ~ guess** zgadywać na chybił trafił. — *adv.* **grow ~** rosnąć dziko; **run ~** dziczeć; plenić się (*o roślinach*); biegać samopas (*o dzieciach*). — *n.* **in the ~** w (swoim) naturalnym środowisku (*o zwierzętach*); **the ~s of Africa** dzikie zakątki Afryki.
wild card *n.* **1.** dżoker. **2.** *komp.* znak/symbol wieloznaczny. **3.** *sport* uczestni-k/czka turnieju spoza ścisłego rankingu. **4.** *przen.* niewiadoma.
wilderness ['wɪldərnəs] *n.* dzicz; pustkowie; odludzie; **in the (political) ~** w odstawce (*o polityku*); **a voice (crying) in the ~** głos wołającego na pustyni.
wildfire ['waɪldˌfaɪr] *n.* **spread like ~** rozchodzić się lotem błyskawicy.
wild goose chase *n.* szukanie wiatru w polu; **go on a ~** szukać wiatru w polu.

wildlife ['waɪld,laɪf] *n.* fauna i flora.

wildly ['waɪldlɪ] *adv.* **1.** dziko, wściekle; na ślepo (*uderzać*). **2.** niesamowicie (*romantyczny*); wysoce (*nieudany, entuzjastyczny*).

Wild West *n.* **the ~** Dziki Zachód.

wilful ['wɪlfʊl] *a.* = **willful**.

will [wɪl] *v. pret.* **would** [wʊd] **1. when ~ you be leaving?** kiedy wyjeżdżacie? **2. I'll do whatever you say** zrobię, co zechcesz; **if you ~ wait a moment** jeśli zechce Pan/i chwilę zaczekać. **3. ~ you do me a favor?** czy mogłabyś mi wyświadczyć przysługę? **won't you have some more cake?** nie zjadłbyś jeszcze kawałka ciasta? **4. she'll be there by now** pewnie już tam jest; **that ~ be the mailman** to pewnie listonosz. **5. ~ you be quiet!** bądźże cicho! **6. accidents ~ happen** wypadki chodzą po ludziach; **boys ~ be boys** chłopcy muszą sobie poszaleć; **taxes ~ go up** podatki zawsze rosną. **7. ~ do** *pot.* tak zrobię, zrobi się. — *n.* **1.** wola; **against one's ~** wbrew woli; **at ~** dowolnie; wedle uznania; **free ~** wolna wola; **of one's own free ~** z własnej woli; **good/ill ~** dobra/zła wola; **the ~ to live** wola życia; **where there's a ~ there's a way** chcieć to móc, dla chcącego nie ma nic trudnego. **2.** (*także* **last ~ and testament**) testament, ostatnia wola; **make a ~** spisać/sporządzić testament.

willful ['wɪlfʊl], **wilful** *a.* **1.** uparty, samowolny. **2.** świadomy, rozmyślny.

willing ['wɪlɪŋ] *a.* chętny, ochoczy; **be ~ to do sth** być gotowym/skłonnym coś zrobić.

willingly ['wɪlɪŋlɪ] *adv.* z chęcią/ochotą, chętnie, ochoczo.

willingness ['wɪlɪŋnəs] *n.* chęć, ochota.

willow ['wɪloʊ] *n.* wierzba; **weeping ~** wierzba płacząca.

willpower ['wɪl,paʊər] *n.* siła woli; silna wola.

willy-nilly [,wɪlɪ'nɪlɪ] *adv.* **1.** chcąc nie chcąc. **2.** na chybił trafił.

wilt [wɪlt] *v.* **1.** więdnąć. **2.** *pot.* oklapnąć (*np. z gorąca*).

wily ['waɪlɪ] *a.* chytry, przebiegły.

wimp [wɪmp] *n. pot.* mięczak.

win [wɪn] *v. pret. i pp.* **won 1.** wygrywać (*at sth* w coś); zwyciężać; **~ by 5 points** wygrać pięcioma punktami. **2.** zdobywać (*miłość, zwolenników*); zyskiwać (*aprobatę, poparcie*). **3. ~ hands down** wygrać z łatwością/bez wysiłku; **~ the day** zwyciężyć; **(okay) you ~** *pot.* (no dobra,) niech ci będzie; **you ~ some you lose some** (*także* **you can't ~ them all**) *pot.* nie można mieć wszystkiego, nie wszystko się zawsze udaje; **you can't ~** i tak źle, i tak niedobrze. **4. ~ sb around/over** przeciągnąć kogoś na swoją stronę, pozyskać kogoś; **~ back** odzyskać; **~ out** zwyciężyć (*koniec końców*). — *n.* wygrana; zwycięstwo (*over sb* nad kimś).

wince [wɪns] *v.* **1.** krzywić się (*np. z bólu*). **2. ~ at the thought/memory of sth** wzdragać się na myśl/wspomnienie o czymś. — *n.* grymas (*np. bólu*); **give a ~** skrzywić się.

winch [wɪntʃ] *n.* **1.** korba. **2.** kołowrót (*do wyciągania*).

wind[1] *n.* [wɪnd] **1.** wiatr; **gust of ~** powiew wiatru; **strong/high ~s** silne wiatry; **the ~ blows/is blowing** wiatr wieje. **2. the ~s** instrumenty dęte. **3. be in the ~** święcić się, wisieć w powietrzu; **get/catch ~ of sth** *pot.* zwietrzyć coś; **knock the ~ out of sb** pozbawić kogoś tchu (*przez uderzenie w dołek*); **see which way the ~ is blowing** zorientować się w sytuacji; **the ~s of war/revolution** wichry wojny/rewolucji.

wind[2] *v.* [waɪnd] *pret. i pp.* **wound** [waʊnd] **1.** nawijać (*sth on sth* coś na coś); owijać (*sth around sth* coś wokół czegoś). **2.** otulać; owijać (*sth in sth* coś czymś). **3.** (*także* **~ its way**) wić się (*o drodze, rzece*). **4. ~ down** relaksować/odprężać się; pomału/stopniowo dobiegać końca; **~ sth down** pomału likwidować/zwijać coś; **~ up somewhere** *pot.* skończyć/wylądować gdzieś; **~ up doing sth** w końcu coś zrobić; w końcu zacząć coś robić; **~ sth up** nakręcać coś (*zegar, zabawkę*); zakończyć coś (*np. zebranie*).

windbag ['wɪnd,bæg] *n. pot.* gaduła.

windblown ['wɪnd,bloʊn] *a.* **1.** niesiony wiatrem. **2.** rozwiany (*o fryzurze*).

windbreaker ['wɪnd,breɪkər] *n.* wiatrówka (*kurtka*).

windchill factor ['wɪnd,tʃɪl ,fæktər] *n.* efekt silnego wiatru (*przez co temperatura wydaje się niższa*).

windfall ['wɪnd,fɔːl] *n.* **1.** spad (*owoc*). **2.** niespodziewana gratka (*wygrana, spadek*).

winding ['waɪndɪŋ] *a.* kręty, wijący się.

windmill ['wɪnd,mɪl] *n.* wiatrak.

window ['wɪndoʊ] *n.* **1.** okno (*t. komp.*); okno wystawowe, witryna (sklepowa), wystawa; **in the ~** w oknie; na wystawie. **2.** okienko (*w planie*). **3. a ~ of opportunity** niepowtarzalna okazja; **a ~ on sth** prawdziwy/niezafałszowany obraz czegoś (*w filmie, książce*); **sth went/is out (of) the ~** *pot.* szlag trafił/diabli wzięli coś.

windowpane ['wɪndoʊ,peɪn] *n.* szyba okienna.

window-shopping ['wɪndoʊ,ʃaːpɪŋ] *n.* oglądanie wystaw sklepowych.

windowsill ['wɪndoʊ,sɪl] *n.* parapet.

windpipe ['wɪnd,paɪp] *n.* tchawica.

windshield ['wɪnd,ʃiːld] *n. mot.* przednia szyba.

windsurfing ['wɪnd,sɝːfɪŋ] *n.* windsurfing.

windswept ['wɪnd,swept] *a.* **1.** wystawiony na wiatr, smagany wiatrem. **2.** rozwiany, potargany.

windup ['waɪnd,ʌp] *n.* zakończenie. — *a.* nakręcany (*o zabawce*).

windy ['wɪndɪ] *a.* **1.** wietrzny; burzliwy. **2.** *pot.* przegadany; pełen pustosłowia.

wine [waɪn] *n.* **1.** wino; **a bottle/glass of ~** butelka/kieliszek wina; **dry/sweet ~** wino wytrawne/słodkie; **red/white ~** czerwone/białe wino. **2.** (*także* **~ red**) kolor czerwonego wina. — *v.* **~ and dine sb** podejmować kogoś wystawnie.

wine bar *n.* winiarnia.

wineglass ['waɪn,glæs] *n.* kieliszek do wina.

wing [wɪŋ] *n.* **1.** skrzydło. **2.** *teatr* kulisa; **in the ~s** za kulisami. **3.** *sport* skrzydłow-y/a. **4.** *lotn.* płat. **5. clip sb's ~s** podciąć komuś skrzydła; **on ~s** (jak) na skrzydłach; **spread/stretch one's ~s** rozwinąć skrzydła, wypłynąć na szerokie wody; zacząć nowe życie; **take sb under one's ~** wziąć kogoś pod swoje skrzydła.

winger ['wɪŋər] *n.* **1.** skrzydłow-y/a. **2. left-/right-~** *sport* lewo-/prawoskrzydłow-y/a; *polit.* lewicowiec/prawicowiec.

wink [wɪŋk] *v.* **1.** mrugnąć (*at sb* do kogoś); mrugać (*np. o światłach*). **2. ~ at sth** przymykać oko/oczy na coś. — *n.* **1.** mrugnięcie; **give sb a ~** mrugnąć do kogoś. **2. not sleep a ~** (*także* **not get a ~ of sleep**) nie zmrużyć oka; **quick as a ~** migiem.

winner ['wɪnər] *n.* **1.** zwycię-zca/żczyni; **prize ~** zdobyw-ca/czyni nagrody, laureat/ka. **2.** *pot.* wielki sukces (= *coś udanego*). **3.** *pot.* zwycięski gol.

winning ['wɪnɪŋ] *a.* **1.** zwycięski. **2.** ujmujący (*o uśmiechu*).

winnings ['wɪnɪŋz] *n. pl.* wygrana.

winsome ['wɪnsəm] *a. lit.* ujmujący.

winter ['wɪntər] *n.* zima; **in (the) ~** zimą, w zimie. — *v.* zimować (*gdzieś*).

wintry ['wɪntrɪ], **wintery** *a.* **1.** zimowy, typowy dla zimy. **2.** lodowaty (*o spojrzeniu, uśmiechu*).

wipe [waɪp] *v.* **1.** wycierać (*sth on sth* coś w/o coś); ścierać (*sth (off/away) from sth* coś z czegoś); ocierać; **~ one's feet** wytrzeć nogi/buty; **~ one's nose** wytrzeć nos; **~ sth clean/dry** wytrzeć coś do czysta/do sucha. **2.** wymazywać; *t. komp.* kasować. **3.** **~ down** zetrzeć na mokro; **~ sth off the face of the earth** (*także* **~ sth off the map**) zetrzeć coś z powierzchni ziemi; **~ the grin/smile off sb's face** ostudzić czyjś zapał; **~ sb out** *pot.* wykończyć kogoś (= *zmęczyć*); **~ sth out** wytrzeć/zetrzeć coś; wymazać coś; **~ up** zetrzeć/zebrać ścierką. — *n.* **1.** nawilżana chusteczka kosmetyczna. **2.** **give sth a ~** przetrzeć coś.

wire [waɪr] *n.* **1.** drut; **barbed ~** drut kolczasty. **2.** przewód; **live/telephone ~** przewód pod napięciem/telefoniczny. **3.** depesza, telegram. **4.** sidła, wnyki. **5.** *pot.* urządzenie podsłuchowe (*ukryte w ubraniu*). **6.** **high ~** lina do balansowania. **7.** **behind the ~** za drutami (= *w więzieniu, obozie*); **we got our ~s crossed** *pot.* nie zrozumieliśmy się. — *v.* **1.** przesyłać telegraficznie (*pieniądze*). **2.** *pot.* depeszować do (*kogoś*). **3.** **~ sb/sth** *pot.* założyć podsłuch komuś/w czymś. **4.** **~ (up)** *el.* podłączyć.

wireless ['waɪrləs] *n. przest.* radio.

wiring ['waɪrɪŋ] *n.* okablowanie.

wiry ['waɪrɪ] *a.* **1.** umięśniony (*przy szczupłej budowie*). **2.** sztywny, szorstki (*o włosach*).

Wisconsin [wɪs'kɑːnsən] *n.* (stan) Wisconsin.

wisdom ['wɪzdəm] *n.* mądrość; **conventional/popular/received ~** powszechnie panująca opinia; **dispense ~** dzielić się swymi opiniami; **doubt/question the ~ of sth** *form.* wątpić w/kwestionować słuszność czegoś; **in his/her (infinite) ~** *żart. l. iron.* w swej (nieskończonej) mądrości.

wise [waɪz] *a.* mądry; **be none the ~r** (*także* **be no ~r**) *pot.* być niewiele mądrzejszym, nadal nic nie rozumieć; **be/get ~ to sth** *pot.* znać/poznać się na czymś (*zwł. na czyichś sztuczkach*); **no-one will be any the ~r** *pot.* nikt się nie dowie; **older and ~r** starszy i mądrzejszy; **sadder but ~r** mądry po szkodzie; **you were ~ to wait** mądrze zrobiłaś, że poczekałaś. — *v. pot.* **~ up** zmądrzeć, pójść po rozum do głowy; **~ up to sth** zdać sobie sprawę z czegoś; kapnąć/pokapować się w czymś.

wisecrack ['waɪz,kræk] *n.* dowcipna uwaga.

wisely ['waɪzlɪ] *adv.* mądrze.

wish [wɪʃ] *v.* **1.** życzyć; **~ sb luck** życzyć komuś szczęścia; **~ sb well** dobrze komuś życzyć. **2.** chcieć; **~ (that) sb would do sth/sth would happen** chcieć, żeby ktoś coś zrobił/żeby coś się stało; **~ to do sth** *form.* chcieć coś zrobić; **I ~ you'd stop complaining** mógłbyś (wreszcie) przestać narzekać; **I don't ~ to interrupt/interfere, but...** nie chciałbym przerywać/się wtrącać, ale...; **as you ~** jak chcesz, jak sobie życzysz. **3.** **~ you were here** szkoda, że cię tu nie ma; **I ~ I had stayed longer** szkoda/żałuję, że nie zostałam dłużej; **I (only) ~ I knew!** gdybym to ja wiedział! **4.** **~ sth away** udawać, że czegoś nie ma; **~ for sth** pragnąć/chcieć czegoś, życzyć sobie czegoś (w myślach); **everything one could possibly ~ for** wszystko, czego (tylko) można by sobie zażyczyć. — *n.* **1.** życzenie; pragnienie; **against sb's ~es** wbrew czyimś życzeniom; **last/dying ~** ostatnie życzenie; **make a ~** pomyśleć sobie (jakieś) życzenie. **2.** zamiar; ochota; **have no ~ to do sth** nie mieć zamiaru/ochoty czegoś robić. **3.** **best ~es** najlepsze życzenia; (serdeczne) pozdrowienia; **give them my best ~es** pozdrów ich ode mnie; **(with) best ~es** łączę pozdrowienia.

wishful thinking *n.* myślenie życzeniowe; pobożne życzenia.

wisp [wɪsp] *n.* **1.** **a ~ of hair** kosmyk włosów. **2.** **a ~ of smoke** smuga dymu.

wistful ['wɪstfʊl] *a.* tęskny, smętny, rzewny.

wit [wɪt] *n.* **1.** dowcip, poczucie humoru; **biting/cutting ~** zgryźliwy/cięty dowcip. **2.** osoba dowcipna. **3.** *pl. zob.* **wits**. — *v.* **to ~** to znaczy, mianowicie.

witch [wɪtʃ] *n.* **1.** czarownica; wiedźma. **2.** czarodziejka. — *v.* zaczarować.

witchcraft ['wɪtʃ,kræft] *n.* czary.

witch doctor *n.* szaman.

witch-hunt ['wɪtʃ,hʌnt] *n.* polowanie na czarownice.

with [wɪθ] *prep.* **1.** z, ze; **I agree ~ you** zgadzam się z tobą; **work ~ enthusiasm** pracować z zapałem. **2.** (*odpowiada narzędnikowi*) **decorated ~ balloons** przystrojony balonikami; **strike sth ~ a hammer** uderzyć w coś młotkiem. **3.** u; **I left it ~ them** zostawiłem to u nich; **stay ~ friends** zatrzymać się u znajomych. **4.** w; **the woman ~ the black hat** kobieta w czarnym kapeluszu. **5.** od; **bright ~ sunlight** jasny od słońca. **6.** o; **walk ~ a crutch/stick** chodzić o kuli/lasce. **7.** **~ that** po czym; **I'll be ~ you in a moment** zaraz się Pan-em/ią zajmę; **I'm ~ you all the way** *pot.* całkowicie się z tobą zgadzam; **I'm not ~ you** *pot.* nie rozumiem; **I'm not quite ~ it today** *pot.* nie bardzo dziś kontaktuję.

withdraw [wɪð'drɔː] *v.* **-drew, -drawn** **1.** wypłacać (*pieniądze*). **2.** wyjmować (*klucz z zamka, rękę z torebki*). **3.** *t. wojsk.* wycofywać (się). **4.** odwoływać (*oświadczenie*).

withdrawal [wɪð'drɔːəl] *n.* **1.** wypłata. **2.** wycofanie (się). **3.** odwołanie (*oświadczenia*).

withdrawal symptoms *n. pl.* zespół abstynencji.

withdrawn [wɪð'drɔːn] *a.* zamknięty w sobie.

wither ['wɪðər] *v.* **1.** więdnąć; marnieć; usychać. **2.** zanikać; ulegać degeneracji. **3.** powodować więdnięcie/usychanie (*czegoś*). **4.** **~ (away)** słabnąć (*o nadziei, ochocie*).

withhold [wɪθ'hoʊld] *v. pret. i pp.* **-held** **1.** wstrzymywać (*np. zapłatę*). **2.** zatajać, ukrywać (*informacje*). **3.** odmawiać (udzielenia) (*poparcia, zgody*). **4.** odciągać (*podatek*).

within [wɪð'ɪn] *prep.* **1.** w obrębie; w granicach; w zasięgu; **~ reach** w zasięgu ręki; osiągalny; **~ (easy) reach of sth** (bardzo) blisko czegoś; **~ reason** w granicach (zdrowego) rozsądku; **~ sb's power** w czyjejś mocy; **~ sight** w zasięgu wzroku, w polu widzenia; **~ the law** w granicach prawa. **2.** w odległości; **~ a mile of the house** w odległości jednej mili od domu. **3.** w ciągu, w przeciągu; przed upływem; **~ an hour** w ciągu godziny; **~ the space of a year** w przeciągu roku. **4.** **come ~ inches/an inch of doing sth** być bliskim zrobienia czegoś, o mało (co) czegoś nie zrobić. — *adv.* **1.** wewnątrz; **from ~** od wewnątrz, od środka. **2.** w środku; **inquire ~** informacje w środku (*adnotacja na ogłoszeniu*). **3.** w duchu.

without [wɪð'aʊt] *prep.* bez; **~ a doubt** bez wątpienia; **~ anyone knowing** bez niczyjej wiedzy; **~ (taking) a break** bez przerwy; **can't do ~ sth** nie potrafić się obejść bez czegoś; **do/go ~ sth** obywać się bez czegoś; **it goes ~ saying** to się rozumie samo przez się; **not ~ reason** nie bez powodu. — *adv. form.* na zewnątrz. — *n.* **from ~** z zewnątrz.

withstand [wɪθ'stænd] *v. pret. i pp.* **-stood 1.** wytrzymywać; być wytrzymałym/odpornym na (*coś*); **~ the test of time** wytrzymać próbę czasu. **2.** opierać się, stawiać opór (*komuś l. czemuś*); odpierać (*ataki, naciski*).

witness ['wɪtnəs] *n.* **1.** świadek; **~ for the defense/ prosecution** świadek obrony/oskarżenia; **be ~ to sth** być świadkiem czegoś; **bear ~** świadczyć, zeznawać w charakterze świadka; **call sb as a ~** powołać kogoś na świadka; **eye ~** naoczny świadek; **key/principal ~** główny świadek. **2.** *form.* **bear ~ to sth** dawać świadectwo czemuś; świadczyć o czymś, stanowić dowód czegoś. — *v.* **1.** być świadkiem (*czegoś*). **2.** świadczyć o (*czymś*); **as ~ed by X** jak o tym świadczy X, o czym świadczy X. **3. ~ X** przykładem (może być/ niech będzie) X.

witness stand *n.* miejsce świadka (*na sali sądowej*).

wits [wɪts] *n. pl.* (trzeźwy) umysł, (zdrowy) rozum; **be at one's ~' end** być w kropce, nie wiedzieć, co począć; **frighten the ~ out of sb** (*także* **terrify sb out of their ~**) napędzić komuś porządnego stracha; **have/keep one's ~ about one** zachować przytomność umysłu.

witty ['wɪtɪ] *a.* **1.** dowcipny; błyskotliwy. **2. be ~ at sb's expense** bawić się czyimś kosztem.

wives [waɪvz] *n. pl. zob.* **wife**.

wizard ['wɪzərd] *n.* **1.** czarodziej; czarownik. **2.** *pot.* geniusz (*at sth* w czymś); **computer/financial ~** geniusz komputerowy/finansowy.

wk. *abbr.* = **week**.

wobble ['wɑːbl] *v.* **1.** kolebać się, chybotać się. **2.** kołysać, chwiać (*czymś*). **3.** trząść się (*o głosie, nogach, podbródku*).

woe [woʊ] *n.* **1. ~s** zmartwienia, nieszczęścia. **2.** *lit.* zgryzota; żałość.

woke [woʊk] *v. zob.* **wake** *v.*

woken ['woʊkən] *v. zob.* **wake** *v.*

wolf [wʊlf] *n. pl.* **wolves** [wʊlvz] wilk. — *v.* **~ (down)** pochłaniać, jeść łapczywie.

woman ['wʊmən] *n. pl.* **women** ['wɪmɪn] kobieta; **~ to ~** jak kobieta z kobietą; **she is her own ~** jest kobietą niezależną. — *a.* **~ friend/teacher** przyjaciółka/nauczycielka.

womanly ['wʊmənlɪ] *adv.* kobiecy, typowy dla kobiety.

womb [wuːm] *n.* macica; łono.

women ['wɪmɪn] *n. pl. zob.* **woman**.

won [wʌn] *v. zob.* **win** *v.*

wonder ['wʌndər] *n.* **1.** zdumienie; zadziwienie; **no/little/small ~** nic (w tym) dziwnego, nie ma się czemu dziwić. **2.** cud; **do/work ~s** czynić/działać cuda; **it's a ~ (that)...** aż dziw bierze, że..., to cud, że...; **the seven ~s of the world** siedem cudów świata. — *a.* cudowny; **~ diet** dieta-cud; **~ drug** cudowny lek. — *v.* **1.** zastanawiać się (*about sth* nad czymś); **it makes you ~** człowiek zaczyna się zastanawiać; **I was ~ing if/whether...** chciałem/chciałbym spytać, czy... **2. ~ (at sth)** dziwić się (czemuś).

wonderful ['wʌndərfʊl] *a.* cudowny, wspaniały.

wonderfully ['wʌndərfʊlɪ] *adv.* cudownie, wspaniale.

won't [woʊnt] *v.* = **will not**; *zob.* **will** *v.*

woo [wuː] *v.* **1.** zabiegać o względy (*wyborców, klientów*). **2.** *przest.* zalecać się do (*kogoś*). **3.** gonić za (*sławą itp.*). **4.** ściągać na siebie (*nieszczęścia*).

wood [wʊd] *n.* **1.** drewno, drzewo (*materiał*). **2.** (*także* **the ~s**) las. **3. not be out of the ~(s) yet** *pot.* wciąż być zagrożonym, nadal być w niebezpieczeństwie; **touch ~!** odpukać (w niemalowane drewno)!

wooden ['wʊdən] *a.* drewniany.

woodpecker ['wʊd,pekər] *n.* dzięcioł.

woodwinds ['wʊd,wɪndz] *n. pl.* instrumenty dęte drewniane.

woodwork ['wʊd,wɝːk] *n.* **1.** stolarka. **2. come/crawl out of the ~** wyłazić ze wszystkich kątów.

wool [wʊl] *n.* **1.** wełna. **2. cotton ~** wata. **3. dyed-in-the-~** zagorzały, o niezmiennych poglądach (*np. o republikaninie*); **pull the ~ over sb's eyes** mydlić komuś oczy.

woolen ['wʊlən], **woollen** *a.* wełniany. — *n.* **~s** odzież wełniana.

wooly ['wʊlɪ], **woolly** *a.* **1.** wełniany. **2.** wełnisty. **3.** mętny (*o argumentacji, prozie*).

word [wɝːd] *n.* **1.** słowo, wyraz; **~ for ~** słowo w słowo (*powtarzać*); dosłownie (*tłumaczyć*); **~s fail me** nie mam słów; **a man/woman of his/her ~** osoba słowna; **be as good as one's ~** dotrzymywać słowa, być słownym; **can't find the ~s** nie móc znaleźć słów; **can't get a ~ in edgewise** nie móc dojść do słowa; **give sb one's ~** dać komuś słowo; **have a ~ with sb** zamienić z kimś parę słów, rozmówić się z kimś; **have the last/final ~** mieć ostatnie słowo; **in a ~** (jednym) słowem; **in one's own ~s** własnymi słowami; **in other ~s** innymi słowy; **keep/break one's ~** dotrzymać/nie dotrzymać słowa; **not say/understand a ~** nie powiedzieć/nie zrozumieć ani słowa; **put sth into ~s** wyrazić coś słowami; **take sb at their ~** (*także* **take sb's ~ for it**) uwierzyć komuś (na słowo); **what's the ~ for car in Spanish?** jak jest samochód po hiszpańsku? **2.** wiadomość, wiadomości; **get ~ of sth** otrzymać wiadomość o czymś, dowiedzieć się czegoś; **leave ~ (with sb/for sb) that...** zostawić wiadomość (u kogoś/dla kogoś), że...; **have/hear no ~ from sb** nie mieć od kogoś (żadnych) wiadomości; **pass/spread the ~** (*także* **put the ~ about/around**) rozpowszechnić wiadomość; **the ~ is (that)...** (*także* **the ~ has it (that)...**) jak wieść niesie,... **3. a ~ of advice/warning** rada/ostrzeżenie; **by ~ of mouth** ustnie (*przekazać*); **in as many ~s** jasno, wyraźnie (*powiedzieć*); **not in so many ~s** nie dosłownie, nie (dokładnie) tymi słowami; **put in a (good) ~ for sb** wstawić się za kimś; **(you can) take my ~ for it** wierz mi, możesz mi wierzyć; **you took the ~s out of my mouth** wyjąłeś mi to z ust. — *v.* formułować.

word processor ['wɝːd ,prɑːsesər] *n. komp.* edytor tekstów.

wore [wɔːr] *v. zob.* **wear** *v.*

work [wɝːk] *v.* **1.** pracować; **~ hard** ciężko pracować; **~ nights** pracować w nocy. **2.** działać (*o urządzeniu, leku, prawie*); **~ against sb** działać na czyjąś niekorzyść; **~ in sb's favor** działać na czyjąś korzyść. **3.** skutkować, być skutecznym, dawać efekty. **4.**

obrabiać (*kamień, drewno*). **5.** obsługiwać (*urządzenie*). **6.** działać w (*danym rejonie*), działać na (*danym terenie*). **7.** ~ **sb hard** zmuszać kogoś do ciężkiej pracy; ~ **the land** uprawiać ziemię, pracować na roli. **8.** ~ **miracles/wonders** działać/czynić cuda; ~ **one's way through sth** (z trudem) przebrnąć przez coś; ~ **one's way to sth** stopniowo dotrzeć gdzieś (*zwł. na wysokie stanowisko*). **9.** ~ **sb in** znaleźć czas dla kogoś, wcisnąć kogoś (*w swój w rozkład zajęć*); ~ **sth in** włączyć/wpleść coś (*np. do tekstu*); ~ **o.s. into a panic/frenzy/rage** wpaść w panikę/szał/wściekłość; ~ **off** odpracować (*dług*); (*także* ~ **out**) rozładować, wyładować (*gniew*); ~ **on/upon sb** pracować nad kimś; działać na kogoś (*o łzach, diecie*); ~ **on sth** pracować nad/przy czymś; ~ **out** ćwiczyć, trenować; powieść się, udać się; układać się (*o związku*); ~ **out cheap/expensive** wypaść/wyjść tanio/drogo; ~ **out well/badly** skończyć się/wypaść dobrze/źle; ~ **sb/sth out** rozpracować kogoś/coś; ~ **sth out** obliczyć coś; opracować/wypracować coś; rozwiązać coś (*problem, zagadkę*); **everything will ~ itself out** wszystko się samo rozwiąże; ~ **out why/how/who...** domyślić się, dlaczego/jak/kto...; ~ **out at/to sth** wynieść ileś (*o rachunku*); kosztować ileś, wypaść/wyjść po ileś (*np. za dzień, od osoby*); ~ **sth over** przerobić coś (= *zrobić inaczej*); przestudiować coś dokładnie; ~ **through sth** poradzić sobie z czymś; ~ **sb/o.s. up into a state** doprowadzić kogoś/się do szału; ~ **sth up** rozwijać coś (*umiejętności, plan, tekst*) (*into sth* w coś); ~ **up an appetite** mocno zgłodnieć; ~ **up enthusiasm/interest** wzbudzić (w sobie) entuzjazm/zainteresowanie; ~ **up to sth** przygotowywać się do czegoś (*na co nie ma się ochoty*). — *n.* **1.** praca; zajęcie; **after** ~ po pracy; **at** ~ w pracy; przy pracy; **be at** ~ pracować (*on sth* nad czymś); **be in ~/out of** ~ mieć pracę/nie mieć pracy; **go to** ~ chodzić do pracy; **go/get/set to** ~ zabrać się do pracy; **voluntary** ~ praca społeczna. **2.** dzieło, utwór; **the complete ~s of Henry James** dzieła wszystkie Henry'ego Jamesa. **3.** produkt, wytwór. **4.** **~s** *zob.* **works**. **5.** **see sth at** ~ zobaczyć coś w działaniu/akcji.

workable ['wɝːkəbl] *a.* **1.** wykonalny; nadający się do wykorzystania/zastosowania. **2.** zdatny do eksploatacji (*o zasobach kopalnych*).

workaholic [ˌwɝːkə'hɑːlɪk] *n.* pracoholi-k/czka.

worker ['wɝːkər] *n.* **1.** pracowni-k/ca; **be a good/hard** ~ dobrze/ciężko pracować; **office ~s** urzędnicy; **research ~s** pracownicy naukowi. **2.** robotni-k/ca; **manual ~s** robotnicy fizyczni; **skilled/unskilled ~s** robotnicy wykwalifikowani/niewykwalifikowani.

workforce ['wɝːkˌfɔːrs] *n.* **1.** siła robocza. **2.** liczba zatrudnionych.

working ['wɝːkɪŋ] *a.* roboczy; pracujący; **a ~ knowledge of German** praktyczna znajomość niemieckiego; **be in ~ order** być w dobrym stanie; być w stanie gotowości do pracy. — *n.* praca, działanie; działalność.

working class *n.* **the** ~ klasa robotnicza. — *a.* (*także* **working-class**) robotniczy.

workman ['wɝːkmən] *n.* **1.** robotnik. **2.** fachowiec.

works [wɝːks] *n.* **1.** zakład (*przemysłowy*); **gas~** gazownia; **iron~** huta stali. **2.** mechanizm (*np. zegara*). **3.** **the (whole) ~** *pot.* wszystko (co się da), absolutnie wszystko; **a pizza with the ~, please** poproszę pizzę ze wszystkimi dodatkami.

workshop ['wɝːkˌʃɑːp] *n.* warsztat; warsztaty.

work station, workstation *n.* **1.** stanowisko pracy/robocze (*t. komp.* = *terminal*). **2.** *komp.* stacja robocza (*zw. graficzna*).

world [wɝːld] *n.* świat; **all over the** ~ na całym świecie; **from all over the** ~ z całego świata; **a ~ of problems/trouble** mnóstwo problemów/kłopotów; **a man/woman of the** ~ mężczyzna/kobieta światowy/a; **be ~s/a ~ apart** różnić się krańcowo/diametralnie; **be/live in a ~ of one's own** być/żyć w swoim własnym świecie; **be/mean all the ~ to sb** być dla kogoś wszystkim; **go/move up in the** ~ zyskać na prestiżu, podnieść swój status (społeczny); **have the best of both ~s** mieć wszystko; **how/what/where in the** ~ jak/co/gdzie u licha; **make the ~ go around** rządzić światem (*np. o pieniądzach*); **not for the** ~ za nic w świecie, za żadne skarby świata; **nothing in the** ~ absolutnie nic; **out of this** ~ *pot.* nie z tego świata, nieziemski; **the animal/plant/business** ~ świat zwierząt/roślin/biznesu; **(the best/happiest) in the** ~ (najlepszy/najszczęśliwszy) na świecie; **think the ~ of sb** nie widzieć świata poza kimś; bardzo kogoś cenić; **the whole** ~ (*także* **the ~ at large**) cały świat, wszyscy. — *a.* światowy; ~ **peace** światowy pokój.

worldly ['wɝːldlɪ] *a.* **1.** (*także* **~-wise**) światowy (*o osobie*). **2.** ziemski, doczesny; **sb's ~ goods/possessions** czyjś cały majątek.

worldwide [ˌwɝːld'waɪd] *a.* ogólnoświatowy, światowy. — *adv.* na całym świecie.

worm [wɝːm] *n.* **1.** robak. **2.** larwa. **3.** *pog.* glista, robak (*osoba*). **4.** *komp.* (wirus typu) robak. — *v.* odrobaczać.

worn [wɔːrn] *a.* **1.** znoszony. **2.** wytarty. **3.** wymęczony, wyczerpany.

worn-out [ˌwɔːrn'aʊt] *a.* **1.** wycieńczony, wyczerpany, wykończony. **2.** zużyty, zniszczony.

worried ['wɝːɪd] *a.* zaniepokojony; zmartwiony; zatroskany; ~ **expression/look** zatroskany wyraz twarzy; **be** ~ martwić/niepokoić się; **be ~ sick/to death** zamartwiać się; **get** ~ zmartwić się.

worry ['wɝːɪ] *v.* **1.** martwić się, niepokoić się; przejmować się; **don't** ~ nie martw się, nie przejmuj się; **have enough to ~ about** mieć dosyć (innych) zmartwień; **(it's) nothing to ~ about** (to) nic poważnego; **why ~?** po co się martwić? **2.** martwić, trapić; niepokoić. **3.** ~ **sb with sth** zawracać komuś czymś głowę. **4.** ~ **(at) sth** gryźć/kąsać coś; szarpać (za) coś (*o psie*); ciągnąć/szarpać za coś, bawić się czymś (*np. guzikiem u swetra*); ~ **(away) at sth** ślęczeć nad czymś, usiłować coś rozwiązać. — *n.* zmartwienie, troska; kłopot, problem; **financial/money worries** kłopoty finansowe.

worse [wɝːs] *a.* gorszy; ~ **and** ~ coraz gorszy; **be/feel** ~ czuć się gorzej; **get** ~ pogarszać się; **it could have been** ~ mogło być gorzej; **make it/matters/things** ~ pogorszyć sprawę; **much/a lot** ~ dużo gorszy; **sb could do ~ than do sth** *pot.* to dobry pomysł, żeby ktoś coś zrobił; **the ~ for wear** *zob.* **wear** *n.*; **to make things** ~ na domiar złego. — *n.* **change for the** ~ zmiana na gorsze; **I've seen** ~ widziałam już gorsze rzeczy; **take a change/turn for the** ~ pogorszyć się. — *adv.* gorzej; bardziej, mocniej (*boleć*).

worsen ['wɝːsən] *v.* pogarszać (się).

worse off [ˌwɝːs'ɔːf] *a.* biedniejszy; w gorszej sytuacji; **sb is ~ than before** komuś powodzi się gorzej niż przedtem.

worship ['wɜ˞:ʃɪp] *v.* **1.** oddawać cześć (*Bogu, bóstwu*), czcić, wielbić. **2.** modlić się (*w świątyni, miejscu kultu*). **3.** uwielbiać (*osobę*); **~ the ground sb walks on** wielbić ziemię, po której ktoś stąpa. — *n.* kult; uwielbienie; **freedom of ~** wolność wyznania; **house/place of ~** dom/miejsce modlitwy, świątynia; **object of ~** obiekt kultu.

worst [wɜ˞:st] *a.* najgorszy. — *n.* **~ of all** co najgorsze; **at (the) ~** w najgorszym razie/wypadku; **at his/its ~** w najgorszym (możliwym) stanie/wydaniu; **expect/fear the ~** obawiać się najgorszego; **if the ~ comes to the ~** w najgorszym wypadku, w ostateczności; **the ~ is over** najgorsze (już) za nami; **the ~ of it is that...** najgorsze (z tego jest to), że... — *adv.* najgorzej; najbardziej, najmocniej (*dotknięty*).

worth [wɜ˞:θ] *a.* **1.** warty; **be ~ $100** być wartym 100 dolarów; **how much is it ~?** ile to jest warte? **it's (not) ~ it** (nie) warto; **sth is ~ doing/seeing** coś jest warte zrobienia/zobaczenia, warto coś zrobić/zobaczyć. **2. be ~ (sb's) while** być wartym zachodu, opłacać się (komuś); **it's hardly/not ~ your while** szkoda (twojego) zachodu; **we'll make it ~ your while** postaramy się, żeby ci się opłaciło. **3. ~ its weight in gold** bezcenny; **for all sb is/was ~** ze wszystkich sił; **for what it's ~** o ile to coś warte, o ile to się na coś przyda. — *n.* wartość; **20,000 dollars' ~ of equipment** sprzęt o wartości dwudziestu tysięcy dolarów; **net ~** wartość netto; **sb got their money's ~** komuś opłacił się wydatek; ktoś zrobił dobry interes.

worthless ['wɜ˞:θləs] *a.* bezwartościowy.

worthwhile [ˌwɜ˞:θ'waɪl] *a.* zasługujący na uwagę/wysiłek; wart zachodu; opłacający się.

worthy ['wɜ˞:ðɪ] *a. form.* **1. ~ of sth** wart czegoś, zasługujący na coś; **be ~ of notice** zasługiwać na uwagę. **2.** szanowny, czcigodny; szlachetny (*o motywie, sprawie, zasadzie*). **3.** zacny, poczciwy.

would [wʊd] *v. abbr.* **'d** [d] *neg.* **would not = wouldn't** ['wʊdənt] **1. she said she ~ do it** powiedziała, że to zrobi. **2. if you had not asked, he ~n't have come** gdybyś nie poprosił, nie przyszedłby. **3. ~ like** chcieć; **~ you like some more cake?** czy chcesz jeszcze ciasta? **~ you like to come with us?** czy chciałabyś pójść z nami? **4. ~ love** bardzo chcieć; **we'd love to spend more time with you** bardzo chcielibyśmy spędzić z wami więcej czasu. **5. ~ not/~n't do sth** nie chcieć czegoś zrobić, odmawiać (zrobienia) czegoś; **she ~ not talk to us** nie chciała z nami rozmawiać, odmówiła rozmowy z nami; **the car ~n't start** samochód nie chciał ruszyć. **6. ~ you turn down the radio?** czy mógłbyś przyciszyć radio? **7. we ~ meet once a week** spotykaliśmy się/mieliśmy zwyczaj spotykać się raz w tygodniu. **8. I ~ think/imagine/guess (that)...** przypuszczam, że...; **it ~ seem so** na to by wyglądało. **9. (if I were you) I ~ first ask her** (na twoim miejscu) najpierw bym ją spytał. **10. ~ rather** woleć; **I'd rather stay here** wolałbym zostać tutaj. **11. wish (that) sb ~ do sth/sth ~ happen** *zob.* **wish** *v.*

would-be ['wʊdˌbi:] *a.* niedoszły; rzekomy.

wouldn't ['wʊdənt] *v.* = **would not**.

wound[1] *n.* [wu:nd] rana; **gunshot ~** rana postrzałowa; **lick one's ~s** lizać rany; **open old ~s** otwierać stare rany; **rub salt into the ~** sypać sól na rany. — *v.* ranić; **~ sb's pride** zranić/urazić czyjąś dumę.

wound[2] *v.* [waʊnd] *zob.* **wind**[2] *v.*

wove [woʊv] *v. zob.* **weave** *v.*

woven ['woʊvən] *v. zob.* **weave** *v.*

wrangle ['ræŋgl] *n.* kłótnia, sprzeczka; awantura; przepychanka. — *v.* kłócić się, sprzeczać się.

wrap [ræp] *v.* **1.** pakować, zawijać. **2.** owijać. **3.** otulać, spowijać (*np. o mgle*). **4.** otaczać; **~ sth in secrecy** otaczać coś tajemnicą. **5.** chować (*w ramionach, objęciach*). **6. ~ one's arms/legs/fingers around sth** obejmować coś rękoma/nogami/palcami. **7.** zakończyć filmowanie. **8.** *komp.* zawijać (*linie*); dzielić na wiersze. **9. ~ up** zapakować (*prezent*); zakończyć (*śledztwo*); podsumować (*wiadomości*); ubrać (się) ciepło, opatulić (się) (*in sth* w coś). **10. be ~ped up in sth** być pochłoniętym czymś. — *n.* **1.** szal; pelerynka, narzutka; koc. **2.** opakowanie. **3.** tortilla z nadzieniem. **4. keep sth under ~s** trzymać coś w tajemnicy.

wrapper ['ræpər] *n.* **1.** opakowanie. **2.** obwoluta. **3.** papierek (*od cukierka*). **4.** opaska (*na gazetę, druk*). **5.** pakowacz/ka.

wrath [ræθ] *n. form.* gniew.

wreath [ri:θ] *n.* wieniec; **lay a ~** złożyć wieniec; **laurel ~** wieniec laurowy.

wreck [rek] *n.* **1.** wrak. **2.** *pot.* wrak człowieka; **be a nervous ~** być kłębkiem nerwów. **3.** kraksa. **4.** (*także* **wreckage**) szczątki; ruiny; resztki; niedobitki. **5.** rozbicie (się) statku. — *v.* **1.** zrujnować; zmarnować, zniweczyć. **2.** rozbić; zniszczyć.

wreckage ['rekɪdʒ] *n. zob.* **wreck** *n.*

wren [ren] *n.* strzyżyk.

wrench [rentʃ] *v.* **1.** skręcić (*staw*); naciągnąć (*mięsień*). **2. ~ o.s. free (from sb's grasp)** wyrwać się (z czyjegoś uchwytu); **~ sth (away) from sb** wyrwać coś komuś. — *n.* klucz (*maszynowy*); (*także* **monkey ~**) klucz nastawny pojedynczy, klucz francuski.

wrestle ['resl] *v.* **1.** mocować się; *sport* uprawiać zapasy; **~ sb to the ground** przygnieść kogoś do ziemi. **2. ~ with sth** mocować się z czymś; borykać/zmagać się z czymś. — *n.* **1.** walka zapaśnicza. **2.** walka, zmaganie się.

wrestling ['reslɪŋ] *n.* **1.** zapasy, zapaśnictwo. **2.** walka (*np. ze złem*).

wretched ['retʃɪd] *a.* **1.** nieszczęsny. **2. be/feel ~** czuć się okropnie. **3.** żałosny, nędzny (*o warunkach*); kiepski, marny (*o posiłku*). **4.** godny pogardy.

wriggle ['rɪgl] *v.* **1. ~ (about)** kręcić się, wiercić się. **2.** kręcić, poruszać (*czymś*). **3. ~ into sth** wkręcić się w coś/do czegoś; **~ out of sth** wykręcić się od (robienia) czegoś; wywinąć się z czegoś; **~ under sth** wsunąć się pod coś.

wring [rɪŋ] *v. pret. i pp.* **wrung** [rʌŋ] **1. ~ (out)** wykręcać, wyżymać. **2.** skręcać się (*zwł. z bólu*). **3. ~ one's hands** załamywać ręce; **~ sb's hand** uścisnąć komuś mocno dłoń; **~ sb's neck** skręcić komuś kark; **~ sth out of/from sb/sth** wycisnąć coś z kogoś/czegoś.

wrinkle ['rɪŋkl] *n.* **1.** zmarszczka. **2.** zagniecenie. — *v.* **1.** marszczyć; **~ one's brow** marszczyć czoło; **~ (up) one's nose** marszczyć nos. **2.** marszczyć się; być pomarszczonym.

wrist [rɪst] *n.* nadgarstek.

wristwatch ['rɪstˌwɑ:tʃ], **wrist watch** *n.* zegarek na rękę.

writ [rɪt] *n.* **1.** nakaz sądowy. **2. Holy W~** Pismo Święte.

write [raɪt] *v.* **wrote** [roʊt], **written** ['rɪtən] **1.** pisać; **~ clearly/legibly** pisać wyraźnie/czytelnie; **~ (to) sb** pisać do kogoś; **~ sb a letter** napisać do kogoś list. **2.** wypisywać (*czek, receptę*). **3.** *komp.* zapisywać. **4. have sth written all over one's face** mieć coś wypisane na twarzy; **nothing to ~ home about** *pot.* nic nadzwyczajnego/szczególnego. **5. ~ away/off for sth** zamówić coś listownie; poprosić listownie o coś; **~ back** odpisać; **~ down** zapisać; **~ in** napisać (*do organizacji, firmy*); **~ into** wpisać w (*kontrakt*); **~ off** umorzyć (*dług*); spisać na straty (*osobę, pieniądze*); *Br.* skasować (*samochód*); **~ out** spisać (*raport, listę*); wypisać (*czek, receptę*); przepisać (na czysto); rozwinąć, napisać w pełnym brzmieniu (*skrót*); **~ up** poskładać z notatek; napisać (*recenzję*); **~ sb up for sth** spisać kogoś za coś (*o policjancie*).

writer ['raɪtər] *n.* pisa-rz/rka; autor/ka; **~ of children's stories** autor/ka opowiadań dla dzieci; **the present ~** autor/ka niniejszej pracy; **woman ~** pisarka.

writhe [raɪð] *v.* **1. ~ (around)** skręcać się, wić się; **~ in pain/with shame** skręcać się z bólu/ze wstydu. **2.** wykręcać; wykrzywiać.

writing ['raɪtɪŋ] *n.* **1.** pismo; **(get sth) in ~** (dostać coś) na piśmie; **put sth in ~** zapisać coś. **2.** napis. **3.** (*także* **hand~**) pismo, charakter pisma. **4.** pisanie. **5.** pisarstwo. **6. ~s** pisma, dzieła. **7. the ~ on the wall** początek końca; **see/read the ~ on the wall for sb/sth** przewidzieć koniec/upadek kogoś/czegoś.

written ['rɪtən] *a.* **1.** pisemny. **2. the ~ word** słowo pisane.

wrong [rɔːŋ] *a.* **1.** zły; błędny; **~ answer** zła/błędna odpowiedź; **lying is ~** (*także* **it is ~ to lie**) kłamstwo jest złem; **you were ~ to call her** źle zrobiłeś, dzwoniąc do niej. **2.** niewłaściwy; nieodpowiedni; niestosowny. **3. sb is ~** ktoś się myli, ktoś nie ma racji (*about sth* co do czegoś); **correct me if I'm ~, but...** popraw mnie, jeśli się mylę, ale...; **prove sb ~** udowodnić, że ktoś się myli, dowieść, że ktoś nie ma racji. **4. be in the ~ place at the ~ time** znaleźć się w złym miejscu o niewłaściwej porze; **be on the ~ side of fifty** *pot.* być po pięćdziesiątce; **be on the ~ track/tack** podążać złym tropem; **fall/go into the ~ hands** dostać się w niepowołane ręce; **get on the ~ side of sb** zaleźć komuś za skórę; **get up on the ~ side of the bed** wstać (z łóżka) lewą nogą; **have something ~ with sth** mieć coś (nie w porządku) z czymś (*np. z plecami, szyją*); **take sth the ~ way** (*także* **get the ~ end of the stick**) źle/opacznie coś zrozumieć; **there's nothing ~ with singing, as long as...** nie ma nic złego w śpiewaniu, o ile (tylko)...; **there's something ~ with the car** coś jest nie tak z samochodem; **the ~ way around** nie po kolei; tył na przód, tyłem do przodu; **what's ~?** co się stało? — *n.* **1.** zło; **know right from ~** odróżniać dobro od zła. **2.** krzywda; **right a ~** naprawić krzywdę. **3. be in the ~** zawinić; **sb can do no ~** *iron.* ktoś jest ideałem; **the rights and ~s of sth** wady i zalety czegoś, plusy i minusy czegoś; argumenty za i przeciw czemuś. — *adv.* źle, błędnie; opacznie; **don't get me ~** nie zrozum mnie źle; **do sth all ~** zrobić coś kompletnie na opak; **get sth ~** pomylić się w czymś; **get/have it all ~** źle zrozumieć sytuację; **go ~** pomylić się, popełnić błąd; **something has gone ~ with my stereo** coś się stało z moim stereo; **you can't go ~** *pot.* nie może ci się nie udać; nie można się pomylić. — *v. form.* wyrządzić krzywdę (*komuś*), skrzywdzić (*zwł. niesprawiedliwymi posądzeniami*).

wrongful ['rɔːŋfʊl] *a.* **1.** niesprawiedliwy; krzywdzący. **2.** bezprawny (*o aresztowaniu, skazaniu*).

wrongly ['rɔːŋlɪ] *adv.* **1.** źle, błędnie (*napisany*). **2.** niesprawiedliwie (*skazany*); bezpodstawnie, fałszywie (*oskarżony*); bezprawnie, uwięziony. **3.** niewłaściwie, nieodpowiednio (*ubrany*). **4. rightly or ~** słusznie czy (też) nie.

wrote [roʊt] *v. zob.* **write**.

wrung [rʌŋ] *v. zob.* **wring**.

wry [raɪ] *a.* **1.** gorzki; lekko drwiący (*o uśmiechu, poczuciu humoru*). **2.** skrzywiony. **3.** zniekształcony.

wt *abbr.* = **weight**.

WV *abbr.* = **West Virginia**.

WY *abbr.* = **Wyoming**.

Wyoming [waɪ'oʊmɪŋ] *n.* (stan) Wyoming.

xenophobia [ˌzenə'foʊbɪə] *n.* ksenofobia.

Xerox® ['ziːrɑːks], **xerox** *n.* ksero. — *v.* kserować.

Xmas ['krɪsməs] *abbr. pot.* = **Christmas**.

X-ray ['eksˌreɪ], **x-ray** *n.* **1.** promień Rentgena. **2.** zdjęcie rentgenowskie, prześwietlenie. — *v.* prześwietlać.

xylophone ['zaɪləˌfoʊn] *n.* ksylofon.

Y

yacht [jɑːt] *n.* jacht. — *v.* pływać jachtem.
y'all [jɔːl] *abbr. pot.* = **you all**.
yam [jæm] *n.* słodki ziemniak.
Yank [jæŋk] *n.* = **Yankee**.
yank [jæŋk] *pot. v.* **1. ~ (on) sth** szarpnąć (za) coś. **2. ~ out** wyszarpnąć; wyrwać.
Yankee ['jæŋkiː] *pot. n.* Jankes/ka. — *a.* jankeski.
yap [jæp] *v.* **1.** ujadać. **2.** *pot.* nadawać, trajkotać. — *n.* **1.** ujadanie. **2.** *sl.* jadaczka.
yard [jɑːrd] *n.* **1.** jard. **2. back/front ~** ogródek za/przed domem. **3. school/prison ~** dziedziniec szkolny/więzienny.
yard sale *n.* wyprzedaż rzeczy używanych (*u właściciela*).
yardstick ['jɑːrd,stɪk] *n.* miara (*np. sukcesu*).
yarn [jɑːrn] *n.* **1.** przędza. **2.** *pot.* opowieść, historia (*zwł. barwna l. nieprawdziwa*).
yawn [jɔːn] *v.* **1.** ziewać. **2.** powiedzieć ziewając. **3.** ziać, zionąć. — *n.* ziewnięcie; **stifle a ~** stłumić ziewnięcie.
yeah ['jeə] *int. pot.* tak; **(oh) ~?** (ach) tak?, czyżby?
year [jiːr] *n.* rok; **~s** lata; **~ in, ~ out** rok w rok; **a/per ~** na rok, rocznie; **all ~ round** (przez) cały rok; **calendar/school/tax ~** rok kalendarzowy/szkolny/podatkowy; **every ~** co roku; **last/this ~** w zeszłym/tym roku; **new ~** nowy rok; **ten-~-old** dziesięciolatek/ka; **ten-~-old girl** dziesięcioletnia dziewczynka; **she's ten ~s old** ma dziesięć lat; **we haven't been there for/in ~s** nie byliśmy tam od lat.
yearly ['jiːrlɪ] *adv.* raz do/w roku, raz na rok. — *a.* roczny; coroczny; doroczny.
yearn [jɝːn] *v. lit.* **~ for sb/sth** bardzo pragnąć kogoś/czegoś; **~ to do sth** bardzo pragnąć coś zrobić.
yeast [jiːst] *n.* drożdże.
yell [jel] *v.* **~ (out)** wrzasnąć, ryknąć (*at sb* na kogoś). — *n.* **1.** wrzask, ryk. **2.** doping (*np. czirliderek*).
yellow ['jeloʊ] *a.* żółty. — *n.* **1.** (kolor) żółty. **2.** żółtko. — *v.* żółknąć.
yen [jen] *n.* **1.** jen. **2. have a ~ for sth/to do sth** *pot.* mieć wielką ochotę na coś/zrobić coś.
yep [jep] *adv. pot.* tak.
yes [jes] *adv.* **1.** tak; **~ and no** i tak, i nie; **~, Sir!** tak jest! **say ~** powiedzieć tak, zgodzić się. **2. ~!** hura! — *n.* głos za.
yesterday ['jestərdeɪ] *adv., n.* wczoraj; **~ morning/evening** wczoraj rano/wieczorem; **~'s paper** wczorajsza gazeta; **the day before ~** przedwczoraj.
yet [jet] *adv.* **1.** jeszcze; **~ again** jeszcze raz; **~ another** jeszcze jeden; **not ~** jeszcze nie. **2.** już; **did he call ~?** czy już dzwonił? **3. as ~** jak dotąd, na razie; **the fastest ~** najszybszy jak dotąd. — *conj.* (a) jednak, mimo to.
Yiddish ['jɪdɪʃ] *a., n.* (język) jidysz.
yield [jiːld] *v.* **1.** dawać, przynosić (*zysk, plony, rezultaty*). **2. ~ to sth** ulec/ustąpić czemuś/przed czymś. **3.** ustąpić pierwszeństwa przejazdu. **4.** nie wytrzymać, puścić (*np. o drzwiach, zamku*). **5. ~ up** *lit.* oddać (*np. terytorium*); wyjawić (*np. tajemnicę*). — *n.* **1.** zysk. **2.** plon.
yoga ['joʊgə] *n.* joga.
yogurt ['joʊgərt], **yoghurt**, **yoghourt** *n.* jogurt.
yoke [joʊk] *n.* **1.** jarzmo. **2.** nosidła (*np. na wiadra*).
yolk [joʊk] *n.* żółtko.
you [juː; jə] *pron.* **1.** ty; **~ and I** ty i ja. **2.** wy; **~ two** wy dwoje; **all of ~** wy wszyscy. **3.** cię; ciebie; was; **I love ~** kocham cię; **I saw her, not ~** widziałam ją, nie ciebie; **I saw ~ both** widziałem was oboje. **4.** ci; tobie; wam; **I'll send it to ~ tomorrow** wyślę ci to jutro; **I wasn't talking to ~** nie do ciebie mówiłem; **we wish ~ all a happy new year** życzymy wam wszystkim szczęśliwego nowego roku. **5. about ~** o tobie/was; **for ~** dla ciebie/was; **with ~** z tobą/wami. **6. (how) can I help ~?** czym mogę panu/pani/państwu służyć? **7. ~ can't do that!** tak nie można! **~ never know** nigdy (nic) nie wiadomo.
you'd [juːd] *abbr.* **1.** = **you would**. **2.** = **you had**.
you'll [juːl] *abbr.* = **you will**.
young [jʌŋ] *a.* **1.** młody; **~ at heart** młody duchem; **be ~ for one's age** wyglądać młodo jak na swój wiek/swoje lata. **2. ~ children** małe dzieci. — *n.* **the ~** młodzi (ludzie), młodzież; młode (*u zwierząt*).
youngster ['jʌŋstər] *n. przest.* **1.** chłopak; dziewczyna. **2.** dziecko.
your [jʊr; jər] *a.* **1.** twój. **2.** wasz. **3.** *form.* pan-a/i; pański; państwa. **4. on ~ left/right** po prawej/lewej (stronie). **5. ~ average/typical lunch** *pot.* zwykły/typowy lunch.
you're [jʊr] *abbr.* = **you are**.
yours [jʊrz] *pron.* **1.** twój; wasz; **a friend of ~** twój kolega/twoja koleżanka; wasz kolega/wasza koleżanka. **2.** (*w liście*) **~ (sincerely)** z poważaniem; **~ faithfully/truly** *form.* z wyrazami szacunku, z poważaniem.
yourself [jʊr'self] *pron.* **1.** się; **don't cut ~!** nie skalecz się! **2. be ~!** *pot.* bądź sobą! **you have the house (all) to ~** masz cały dom (tylko) dla siebie; **pour ~ a drink** nalej sobie drinka. **3.** *emf.* ty sam/a; ty osobiście; **(all) by ~** (całkiem/zupełnie) sam/a. **4.** ty; **she's a Pole, like ~** ona jest Polką, podobnie jak ty.
yourselves [jʊr'selvz] *pron. pl.* **1.** się; **did you enjoy ~?** dobrze się bawiliście? **2.** siebie; sobie; sobą. **3.** *emf.* sami; same; **(all) by ~** (zupełnie) sami; **you girls should do it ~** powinnyście to zrobić same. **4.** wy (sami); **for your children and ~** dla waszych dzieci i dla was (samych).
youth [juːθ] *n.* **1.** młodość; **in his/my ~** w młodości. **2.** młodzież, młodzi (ludzie); **the ~ of today** dzisiejsza młodzież. **3.** *uj.* wyrostek.
youthful ['juːθfʊl] *a.* młodzieńczy.
youth hostel *n.* schronisko młodzieżowe.
you've [juːv] *abbr.* = **you have**.
Yugoslavia [,juːgoʊ'slɑːvɪə] *n.* Jugosławia.

Z

zany ['zeɪnɪ] *a.* zwariowany.
zap [zæp] *pot. v.* **1.** rozwalić (= *zlikwidować, unieszkodliwić*). **2.** skakać po kanałach (*pilotem*). **3.** podgrzewać w mikrofali.
zeal [ziːl] *n.* zapał, gorliwość.
zealous ['zeləs] *a.* zagorzały; gorliwy.
zebra ['ziːbrə] *n.* zebra.
zenith ['ziːnəθ] *n.* zenit.
zephyr ['zefər] *n.* zefir, zefirek.
zero ['ziːroʊ] *n.* zero; **10 degrees below ~** dziesięć stopni poniżej zera; **two to ~** dwa do zera; **visibility reduced to ~** widoczność ograniczona do zera. — *a.* zerowy, równy zeru; żaden. — *v.* **~ in on** kierować się na (*cel*); *przen.* koncentrować się na (*problemie, zadaniu*).
zest [zest] *n.* **1.** zapał, entuzjazm; **~ for life** radość życia. **2. lemon/orange ~** skórka cytrynowa/pomarańczowa. **3. add ~ to sth** dodawać czemuś smaku/barwy.
zigzag ['zɪgˌzæg] *n.* zygzak. — *a.* zygzakowaty. — *v.* poruszać się zygzakiem.
zilch [zɪltʃ] *n. pot.* nic; zero; **she told us ~** nic nam nie powiedziała.
zillion ['zɪljən] *n. pot.* milion, tysiąc jeden (= *mnóstwo*).
zinc [zɪŋk] *n.* cynk.
zip [zɪp] *v.* **1.** zapinać (na zamek); **~ sth shut/open** rozpiąć/zapiąć coś; **~ sth up** zapiąć coś (na zamek); **~ your lip!** *pot.* zamknij buzię! **2.** *pot.* śmigać. **3.** *komp.* kompresować (*plik*). — *n.* **1.** *pot.* życie; energia. **2.** *pot.* zero; nic. **3.** = **zip code**.
zip code, **ZIP code** *n.* kod pocztowy.
zipper ['zɪpər] *n.* zamek błyskawiczny.
zit [zɪt] *n. pot.* syf (= *pryszcz*).
zodiac ['zoʊdɪˌæk] *n.* **the ~** zodiak; **signs of the ~** znaki zodiaku.
zombie ['zɑːmbɪ], **zombi** *n.* zombi.
zone [zoʊn] *n.* strefa; **time ~** strefa czasowa; **war ~** strefa działań wojennych.
zonked [zɑːŋkt] *a.* (*także* **~ out**) *sl.* naćpany; wypompowany, padnięty.
zoo [zuː] *n.* zoo.
zoo-keeper ['zuːˌkiːpər] *n.* dozorca w zoo.
zoologist [zoʊ'ɑːlədʒɪst] *n.* zoolo-g/żka.
zoology [zoʊ'ɑːlədʒɪ] *n.* zoologia.
zoom [zuːm] *v.* **1.** śmigać; **~ past (sth)** przemknąć obok (czegoś). **2.** skoczyć (w górę) (*o cenach*). **3. ~ in on sb/sth** zrobić najazd (kamerą) na kogoś/coś. — *n.* (*także* **~ lens**) teleobiektyw.
zucchini [zʊ'kiːnɪ] *n.* cukinia.
zygote ['zaɪgoʊt] *n.* zygota.

A Guide for Poles Who Wish to Visit, Study or Live in America

by Tomasz Deptuła,
Chief U.S. Correspondent *Newsweek* (Poland)

Przewodnik dla Polaków, którzy pragną odwiedzić, studiować lub żyć w Ameryce

Tomasz Deptuła
Główny korespondent w U.S.A. *Newsweek* Polska

Spis treści / Table of Contents

Wstęp

Stany Zjednoczone. Największe supermocarstwo świata. Kraj, na który patrzy cały świat, niezależnie od tego, czy się go lubi czy nie. Miejsce, gdzie można spełnić się słynny „sen o Ameryce" i marzenia o sławie i niczym nieograniczonej fortunie. Wall Street i Hollywood. Cuda natury i najbardziej prestiżowe uczelnie świata.

Ameryka od lat fascynuje i przyciąga miliony ludzi. Napisano o niej tysiące książek, próbując opisać to, czego nie da się zmieścić w tomie pracy naukowej, czy zwykłego przewodnika. Stany Zjednoczone są fenomenem tak zróżnicowanym i skomplikowanym, że nie dadzą się zamknąć w ramy jednej książki.

Niniejszemu opracowaniu przyświecają nieco skromniejsze ambicje. Chcemy przekazać w nim najważniejsze wiadomości o USA, które mogą się okazać przydatne wraz z poznawaniem języka angielskiego w jego amerykańskiej odmianie. Kilka poniższych rozdziałów trudno uznać także za szczegółowy poradnik dla osób chcących odwiedzić ten fascynujący kraj i poznać podstawowe mechanizmy rządzące jego życiem społecznym. Na ten temat także napisano całe tomy. Mamy jednak nadzieję, że nasze opracowanie będzie stanowić zachętę do dalszego poznawania Stanów Zjednoczonych, które dziś wyznaczają podstawowe standardy w nieustannym procesie formowania współczesnego języka angielskiego. Na końcu tego opracowania Czytelnik znajdzie także bibliografię najważniejszych poradników dotyczących życia w Ameryce.

Rozdział 1
ABC Ameryki

Przybysza z Europy Stany Zjednoczne zaskakują przede wszystkim swoją różnorodnością tradycji i ogromem zajmowanej przestrzeni.

Wbrew popularnemu za granicą stereotypowi kształtowanemu przez kulturę masową wszechobecnych wielkich korporacji, Ameryka nie jest jednolitym tworem, kształtowanym przez McDonaldsy, Wal-Marty i hollywoodzkie superprodukcje.

Przykłady? Życie wielkich, zdominowanych przez świeżych imigrantów metropolii, takich jak Nowy Jork czy Los Angeles toczy się zupełnie innym rytmem niż małych miasteczek i osad w Nebrasce czy Iowa. Między Nową Anglią, a wciąż nawiązującym do tradycji konfederacyjnych Południem różnice kulturowe i mentalnościowe są ogromne. Poszczególne stany tworzące USA mają często zupełnie odrębną tradycję legislacyjną.

Różnorodność Ameryki wynika także z uwarunkowań geograficznych. Podróż z Bostonu do Waszyngtonu, miast znajdujących się na mapie USA stosunkowo niedaleko od siebie, to większy dystans niż przejechanie przez całą Polskę od Ustrzyk Górnych do Świnoujścia. Nowy Jork od Chicago dzieli podobna odległość, co Warszawę od Paryża. Przejazd ze Wschodniego Wybrzeża do Kalifornii to ponad 5000 kilometrów. Jasne więc, że mieszkańcy pustynnych stanów Zachodu nie będą tacy sami jak mieszkańcy żyjących tradycjami wojny secesyjnej miasteczek gorącego i wilgotnego Południa. Na terytorium USA, wliczając Hawaje, Alaskę i terytoria zależne, znaleźć można niemal wszystkie (może poza równikową dżunglą) klimaty i krajobrazy, spotykane na Ziemi.

Kraj kontrastów

Stany Zjednoczone fascynują przybyszów z nieco nudnawej Europy swoimi kontrastami: rozpiętością dochodów między najbogatszymi a najbiedniejszymi, tętniącymi życiem metropoliami i spokojnym życiem miasteczek na przedmieściach, mobilnością społeczną (statystyczny Amerykanin zmienia adres raz na 5 lat), liberalną atmosferą miast takich jak San Francisco i konserwatyzmem prowincji.

Europejczyków zdumiewa brak wielu zabezpieczeń społecznych, które na Starym Kontynencie wydają się oczywistością. USA to jedyny rozwinięty kraj na świecie nie posiadający systemu powszechnych ubezpieczeń społecznych. Mimo gigantycznego budżetu dużo skromniej niż Europa płaci emerytom i osobom potrzebującym zasiłków. Wszystko to sprawia, że w najbogatszym kraju świata wydającym rocznie setki miliardów dolarów na zbrojenia, wciąż ponad 40 milionów ludzi (13 proc. mieszkańców) żyje bez jakiegokolwiek ubezpieczenia medycznego, a 12 milionów mieszkańców (4 proc. populacji) to nielegalni imigranci, głównie z Meksyku i innych krajów Ameryki Łacińskiej.

Konstytucyjne filary Ameryki

Kiedy pod koniec XVIII wieku James Madison pisał pierwszą na świecie ustawę zasadniczą dla 13 byłych kolonii angielskich, które usiłowały wybić się na niepodległość, nikt nie był w stanie przewidzieć, że Konstytucja USA przetrwa próbę czasu. Uchwalona w 1787 roku w 11 lat po Deklaracji Niepodległości, dzięki swojej lapidarności i elastyczności obowiązuje do dziś. Była do tej pory uzupełniana tylko 27 razy. Pierwsze 10 poprawek uchwalonych w 1791 roku nazwano Kartą Praw. Sankcjonują one podstawowe prawa obywatelskie—w tym zasadę wolności słowa i zgromadzeń, prawo do noszenia broni oraz do odmowy zeznań w sprawach mogących obciążyć obywatela. To właśnie do tekstu Konstytucji przygotowanej przez Ojców-Założycieli amerykańskiej demokracji odwołuje się w swoich decyzjach Sąd Najwyższy, orzekając w najbardziej kontrowersyjnych kwestiach, takich jak kwestia przerywania ciąży lub kara śmierci.

Dzięki Konstytucji w USA obowiązuje prezydencki system rządów. Główny lokator Białego Domu pełni w państwie federalnym kilka funkcji. Podobnie jak w systemach europejskich jest on głową państwa, ale jest także szefem rządu (premierem) i naczelnym dowódcą sił zbrojnych.

Prezydenta wybiera się co cztery lata. Zgodnie z wieloletnią tradycją wybory zawsze odbywają się w pierwszy wtorek po pierwszym poniedziałku listopada, w roku przestępnym. Głosowanie w wyborach prezydenckich ma charakter pośredni. Każdy stan Ameryki posiada określoną liczbę głosów elektorskich, będących sumą stanowych mandatów w federalnym Kongresie (w tym miejsc w Senacie). To elektorzy wyłonieni w listopadowych wyborach oddają bezpośrednio głosy na kandydata. System ten sprawia, że prezydentem USA niekoniecznie zostaje kandydat, który wygrał w głosowaniu powszechnym. Walka o miejsce w Białym Domu najczęściej rozgrywa się w kilku stanach, gdzie poparcie dla obu głównych partii politycznych jest rozłożone mniej więcej równo (tzw. *swing states*).

Konstytucja ogranicza liczbę kadencji, jakie może sprawować prezydent, do dwóch, a jedynym wyjątkiem od tej zasady w ponad 200-letniej historii był prezydent Franklin Delano Roosevelt. Ograniczenie liczby kadencji wprowadzono już po okresie rządów FDR. Przed nim, zgodnie z przykładem Jerzego Waszyngtona, żaden prezydent nie kandydował po raz trzeci.

W wypadku śmierci, dymisji lub odwołania (*impeachment*) prezydenta jego stanowisko obejmuje wiceprezydent. Jeśli sprawuje przejęty w ten sposób urząd przez dłużej niż dwa lata, może rządzić jeszcze przez tylko jedną kadencję.

Prezydent rządzi krajem z pomocą Gabinetu tworzonego przez ministrów—szefów departamentów (sekretarzy). Za najważniejsze urzędy w Gabinecie uważane są stanowiska sekretarza stanu (ministra spraw zagranicznych) i sekretarza obrony.

Mimo szerokich prerogatyw prezydent USA nie sprawuje władzy absolutnej. System rządów określony w Konstytucji opiera się na zasadzie "checks and balances" (hamulców i równowagi) oraz monteskiuszowskiej reguły trójpodziału władz. Władzę wykonawczą stara się kontrolować Kongres, który składa się z dwóch izb—100 osobowego Senatu (po 2 mandaty na każdy stan) i 435-osobowej Izby Reprezentantów. Skład całej izby niższej wymieniany jest co 2 lata. Senat przy podejmowaniu decyzji politycznych ma dużo dłuższą perspektywę czasową. W izbie wyższej kadencja trwa 6 lat, ale co dwa lata wymieniana jest 1/3 jej składu.

Oprócz władzy wykonawczej i ustawodawczej ogromną rolę odgrywa w USA władza sądownicza. 9-osobowy Sąd Najwyższy orzeka o zgodności ustaw z konstytucją, rozstrzygając na zasadzie precedensu w wielu kluczowych dla kraju kwestiach. W 2000 roku to decyzja Sądu Najwyższego przesądziła o ostatecznym wyniku wyborów prezydenckich, w wyniku których George W. Bush został wybrany na swoją pierwszą kadencję, mimo że Al Gore zdobył w skali całego kraju większą liczbę głosów. Prawo oparte na precedensie sprawia także, że jego interpretacja zależy od konkretnych orzeczeń sądowych. Rola „trzeciej władzy" jest w USA dużo większa niż na Starym Kontynencie, tym bardziej, że system prawny stwarza niemal nieograniczone możliwości dochodzenia racji na drodze cywilnej. W USA każdy skarży więc każdego z byle powodu domagając się wysokich odszkodowań z tytułu odpowiedzialności cywilnej.

Federalne, stanowe, lokalne...

Prawo w USA stanowi się jednak i egzekwuje na wielu szczeblach. Stany Zjednoczone—jak wskazuje sama nazwa—są federacją 50 różnych stanów, a prawo federalne reguluje przede wszystkim najważniejsze zasady współpracy między stanami oraz kwestie polityki zagranicznej i obrony narodowej. Większość aspektów wewnętrznego życia społecznego i gospodarczego regulowana jest przez prawa stanowe, a te mogą się znacznie między sobą różnić. Poszczególne stany i terytoria mają swoje własne sądy najwyższe orzekające zgodnie z konstytucjami swoich stanów. Stany mają również swoje własne Kongresy (legislatury), w większości przypadków dwuizbowe, a głównym urzędem władzy wykonawczej jest stanowisko gubernatora.

Mimo, że w USA obowiązuje powszechnie anglosaska tradycja prawna (*tzw. common law*), opierająca się na precedensie, każdy ze stanów posiada nieco inną historię jej stanowienia, sięgającą często czasów kolonialnych, a przynajmniej XIX stulecia. Dość przypomnieć na przykład, że o normach prawnych w Nowej Anglii (dzisiejsze stany Connecticut, Maine, Massachusetts, New Hampshire i Vermont) decydowali purytanie, Maryland był z kolei stanem zakładanym przez katolików. Teksas jest dumny z tradycji własnej niepodległości, a na prawodawstwo stanu Utah decydujący wpływ mieli mormoni. Różnice między stanami widać nie tylko w tak głośnych medialnie kwestiach jak kara śmierci, ale nawet w stosowanym nazewnictwie. W Luizjanie, która wciąż jest dumna ze swoich francuskich korzeni, poszczególne powiaty (hrabstwa—czyli po angielsku *counties*) nazywane są „parafiami" (*parishes*).

Te różnice mają także swoje konsekwencje dla mieszkańców USA, szczególnie tych, którzy często podróżują lub zmieniają miejsce zamieszkania. W Stanach Zjednoczonych obowiązuje na przykład 50 różnych kodeksów drogowych (nie licząc stołecznego Dystryktu Kolumbia). Choć główne zasady prowadzenia pojazdów są w 99 procentach takie same, każdy ze stanów egzekwuje własne przepisy dotyczące takich kwestii jak możliwość korzystania z telefonów komórkowych podczas jazdy, prawo do korzystania z wykrywaczy radarów, czy wymogi wiekowe przy przewożeniu dzieci w specjalnych fotelikach. Różnice dotyczą także minimalnego wieku niezbędnego do otrzymania prawa jazdy, czy formalności związanych z jego uzyskaniem. W tym ostatnim przypadku różne luki wykorzystują nielegalni imigranci przy staraniach o otrzymanie prawa jazdy, które w USA pełni rolę podstawowego dokumentu tożsamości.

Przybysza z Europy zdumiewa także liczba różnego rodzaju formacji policyjnych. W USA nie ma co prawda federalnej umundurowanej formacji policyjnej—tę rolę pełnią Federalne Biuro Śledcze (FBI) oraz inne agencje zajmujące się zwalczaniem przemytu narkotyków, czy nielegalnej imigracji—ale każdy stan, powiat i większa miejscowość mają własną służbę policyjną.

USA od Europy różni także system wyłaniania władz politycznych. Choć teoretycznie w Stanach obowiązuje system wielopartyjny, w praktyce wybiera się kandydatów dwóch partii—republikańskiej (centroprawicowej albo konserwatywnej) i demokratycznej (centrolewicowej albo liberalnej). Wyborcy zarejestrowani jako zwolennicy jednej z partii mają możliwość bezpośredniego wyboru kandydata na stanowisko w tzw. prawyborach. Kandydaci tzw. „trzecich" partii i niezależni bardzo rzadko przebijają się na wyższe stanowiska.

Skromne państwo

Amerykański system opieki społecznej różni się znacznie od bezpiecznej i socjalnej Europy. Zasiłki są w USA relatywnie dużo niższe niż w bogatszych krajach Unii Europejskiej. Amerykański system emerytalny różni się znacznie od europejskich modeli. Zorganizowano go w ten sposób, że świadczenia z funduszu Social Security (odpowiednik polskiego ZUS), choć teoretycznie zależne od wysokości składek wpłacanych w okresie pracy, są proporcjonalnie wyższe dla osób z niskimi dochodami, a niższe w przypadku średnio- i dużo zarabiających w stosunku do ich dochodów z okresu aktywności zawodowej. Oficjalna państwowa emerytura jest więc najczęściej tylko jednym z kilku filarów dochodów emeryta. W USA przez całe życie odkłada się pieniądze na starość, lub wypracowuje dodatkowe świadczenia w formie planu emerytalnego w zakładzie pracy, czy emerytury związkowej. Jest jednak pokaźna grupa ludzi, którzy muszą wyżyć tylko z państwowych świadczeń emerytalnych.

Miliony Amerykanów odkłada pieniądze więc na różnego rodzaju prywatnych kontach emerytalnych, co w wielu wypadkach stanowi ulgę podatkową. Państwowa emerytura zapewnia klasie średniej jedynie niezbędne do przeżycia minimum, resztę dochodów zapewnić muszą sobie sami. W USA przez całe życie odkłada się pieniądze na starość, na prywatnych kontach, czy w formie planu emerytalnego w zakładzie pracy albo w związku zawodowym. Nie ma tu też powszechnego systemu opieki zdrowotnej. Z państwowych ubezpieczeń korzystają w USA jedynie emeryci (Medicare) oraz najubożsi (Medicaid).

Rozdział 2
Odwiedzić Amerykę

Odwiedzić Stany Zjednoczone nie jest łatwo, choć co roku wjeżdża do nich milion legalnych imigrantów, kilkaset tysięcy nielegalnych oraz miliony turystów. Na kontynencie kraj ma granicę lądową z Meksykiem i Kanadą. Inni muszą tu przylecieć bądź przypłynąć, a przedtem otrzymać w konsulacie lub ambasadzie USA wizę, chyba, że są obywatelami kraju objętego umowami o ruchu bezwizowym (*Visa Waiver Program*).

O przyjeździe do Ameryki marzą miliony osób, głównie kandydaci na imigrantów z Ameryki Łacińskiej, Azji i Afryki. Nie należy się więc dziwić, że prawo imigracyjne zaczęto już kilkadziesiąt lat temu zmieniać w taki sposób, aby jak najściślej kontrolować napływ nowych osób marzących o spełnieniu snu o Ameryce. Nakazuje ono traktowanie każdego wjeżdżającego jako potencjalnego nielegalnego imigranta. To na przyjeżdżającym ciąży obowiązek udowodnienia, że nie zamierza pozostać w USA po wygaśnięciu wizy lub podjąć w Stanach nielegalnej pracy. Stąd się biorą często zadawane zwykłym turystom na granicy dziwne pytania dotyczące szczegółów planowanego pobytu. Trzeba jednak przyznać, że jeszcze kilka lat temu były one wobec polskich obywateli całkowicie uzasadnione—wielu rodaków przylatywało do Stanów z zamiarem podjęcia w nich nielegalnej pracy.

Uszczelnianie granicy

Po zamachach terrorystycznych z 11 września 2001 roku USA jeszcze bardziej zaostrzyły kontrole swoich granic. Urząd imigracyjny podzielono na dwie części—jedną zajmującą się procedurami przyznawania prawa do pobytu i obywatelstwa i drugą odpowiedzialną za strzeżenie granic, kontrole i egzekwowanie prawa imigracyjnego. Od 2004 roku wprowadza się etapami program US-VISIT. Ma on na celu przede wszystkim uszczelnienie granic przed terrorystami, a przy okazji zwiększenie kontroli zjawiska nielegalnej imigracji. To dlatego urzędnik imigracyjny na granicy prosi wjeżdżających cudzoziemców o oddanie odcisków wszystkich palców, które są następnie porównywane z komputerową bazą danych. Turyści muszą także ustawić się do zdjęcia. Dopiero po tych formalnościach i sprawdzeniu wbitej w konsulacie wizy (także z danymi biometrycznymi) urzędnik US Customs and Border Protection podejmuje decyzję o wpuszczeniu cudzoziemca na terytorium USA. US-VISIT zakłada, że także przy wyjeździe ze Stanów—choć jeszcze nie od razu—trzeba będzie potwierdzać swoją tożsamość.

Większość tych procedur może szokować przybyszów z Europy, a zwłaszcza turystów mieszkających w strefie Schengen, przyzwyczajonych do podróżowania po niemal całym kontynencie bez wiz i paszportów. Tymczasem nawet podróż z USA do zaprzyjaźnionej Kanady, z którą Amerykę wiąże Północnoamerykańska Umowa o Wolnym Handlu (NAFTA) i sojusze wojskowe, wiąże się z licznymi utrudnieniami. Wiele osób wręcz uważa procedury obowiązujące na amerykańskich granicach za upokarzające i rezygnuje z przyjazdu do USA. Ci, których nie zrażają graniczne uciążliwości zwykle nie żałują decyzji o wyprawie za Atlantyk.

Kto może bez wizy

W amerykańskim systemie imigracyjnym istnieje wiele rodzajów wiz, których nazwy oznacza się literami. Generalnie dzielą się one na imigracyjne i nieimigracyjne (czasowe). Jest jednak cała grupa krajów, których obywatele mogą przyjeżdżać do USA bez wcześniejszego ubiegania się o wizę w amerykańskich placówkach konsularnych. Program ruchu bezwizowego (*Visa Waiver Program*) obejmuje najbogatsze państwa, w większości europejskie oraz zamożniejsze kraje Azji. Aby wejść do tej ekskluzywnej grupy obywatele danego kraju muszą szczycić się niskim odsetkiem odmów wydawania wiz w konsulatach oraz równie niskim wskaźnikiem osób przedłużających nielegalnie pobyt w USA.

Skład tej grupy państw stale się zmienia, bo do Visa Waiver Program włączane są nowe państwa członkowskie Unii Europejskiej, które odnotowały znaczny wzrost poziomu życia i przestały już dostarczać Ameryce imigrantów. O wejście do VWP stara się także Polska, która notuje coraz niższy odsetek odmów wizowych. Włączenie Polski do programu jest tylko kwestią czasu.

Osoby korzystające z ruchu bezwizowego mogą przebywać w USA przez 90 dni. Program ma jednak dość poważne ograniczenia.

Po pierwsze—udział w VWP wymaga wprowadzenia przez kraje biorące w nim udział specjalnych paszportów z zabezpieczeniem biometrycznym.

Po drugie—podczas bezwizowego pobytu w USA nie można zmienić imigracyjnego statusu na żaden inny, co dla osób chcących pozostać dłużej w Ameryce oznacza konieczność powrotu do kraju urodzenia i wystąpienie stamtąd o odpowiednią wizę (studencką, pracowniczą, narzeczeńską itp.) w placówce dyplomatycznej USA. Oczywiście nie ma też mowy o legalnym podjęciu pracy podczas turystycznej, bezwizowej podróży do USA.

Ze względów bezpieczeństwa uczestników Visa Waiver Program może czekać kolejne obostrzenie. Władze imigracyjne wprowadzają obowiązek zgłaszania drogą internetową zamiaru przyjazdu do Stanów Zjednoczonych na kilka dni przed planowaną podróżą, co może jeszcze bardziej zniechęcić do przyjazdu.

Alfabet wizowy

Obywatele krajów nie objętych ruchem bezwizowym, oraz z krajów objętych Visa Waiver program, chcący przyjechać do USA w celach nieturystycznych muszą ubiegać się o wizy nieimigracyjne. Poszczególne kategorie oznaczone są kolejnymi literami alfabetu. Oto one:

Wizy A to wizy dla dyplomatów i ich rodzin. Otrzymują je przedstawiciele dyplomatyczni i urzędnicy obcych państw przebywający w USA na mocy umów międzypaństwowych.

Wizy B, czyli wizy dla każdego, kto chce odwiedzić USA na określony czas. Ten najpopularniejszy rodzaj wiz wydawany jest masowo w placówkach dyplomatycznych Stanów Zjednoczonych na całym świecie. Z podkategorii B1 korzystają biznesmeni odwiedzający Amerykę i chcący załatwić w niej interesy, czy wziąć udział w konferencji (ale bez prawa do podjęcia pracy). B2 jest typową wizą turystyczną, najczęściej przyznawaną na granicy na okres sześciu miesięcy. Korzystają z niej osoby chcące podróżować i zwiedzać Stany Zjednoczone oraz osoby odwiedzające rodziny. To najczęściej wykorzystywana przez cudzoziemców wiza do przekraczania granicy USA, a także—niestety—do nielegalnego przedłużania pobytu. Oczywiście nie daje ona prawa do podejmowania jakiegokolwiek zatrudnienia.

Wizy C, czyli wizy tranzytowe. Jak wszędzie na świecie służą one do w miarę szybkiego przejazdu przez Stany Zjednoczone, na przykład przez osoby udające się do Kanady czy Meksyku.

Wizy D, czyli wizy „marynarskie". Korzystają z nich nie tylko załogi statków, ale także pracownicy zagranicznych linii lotniczych obsługujących połączenia ze Stanami Zjednoczonymi.

Wadą wiz C i D jest to, że ich posiadacze nie są w stanie zalegalizować swojego pobytu na innym statusie bez konieczności opuszczenia terytorium USA.

Wizy E to traktatowe wizy handlowe. Korzysta z nich stosunkowo niewielka liczba osób.

Wizy F, czyli wizy studenckie, pozwalają na podjęcie w USA nauki, najczęściej na wyższych uczelniach. Pozwalają też na podjęcie zatrudnienia w ograniczonym zakresie.

Wizy H, czyli wizy pracownicze. Z poszczególnych podkategorii tych wiz mogą korzystać zarówno wybitni profesjonaliści i naukowcy, jak też robotnicy rolni i zwykli pracownicy. W ostatnich latach roczne limity niektórych wiz z tej grupy wyczerpywały się tak szybko, że o ich przyznaniu rozstrzyga się w drodze losowania. Wiza H pozwala także na równoczesne ubieganie się o prawo do stałego pobytu w USA, czyli o zieloną kartę. Rodziny osób z wizą H mają prawo pobytu w Stanach Zjednoczonych, choć już bez możliwości zatrudnienia.

Wizy J to kategoria wiz, z której korzysta wielu Polaków, którzy otrzymują prawo wjazdu do USA na zasadach wymiany międzynarodowej. Wizy J może otrzymywać wiele grup zawodowych—studenci, lekarze, naukowcy, czy nauczyciele. Z tej kategorii korzystają także dziennikarze pracujący w Stanach jako korespondenci polskich mediów. Posiadacze tej wizy mają prawo wielokrotnego przekraczania granicy Stanów Zjednoczonych, muszą jednak kwalifikować się do programów określanych przez administrację. Przy otrzymywaniu wizy muszą udokumentować albo posiadanie środków na utrzymanie, przyznanie stypendium, lub ofertę zatrudnienia (program wymiany daje możliwość płatnej pracy). Wadą wiz J jest to, że jej posiadacz musi wrócić do swojego kraju na okres co najmniej 2 lat zanim zacznie się starać o zieloną kartę.

Wizy K, czyli wizy narzeczeńskie. Celem tych wiz jest umożliwienie cudzoziemcowi zawarcie związku małżeńskiego z obywatelem USA. Ma na to 90 dni. Wiza narzeczeńska jest często pierwszym etapem starania się o stały pobyt w USA, jednak jej otrzymanie wymaga w konsulacie udowodnienia, że narzeczeństwo z obywatelem Stanów Zjednoczonych nie jest fikcyjne.

Wizy O, czyli wizy dla szczególnie uzdolnionych. Otrzymywać je powinny osoby, które zdobyły sławę lub renomę w swoich zawodach. Ich przyznanie wymaga udowodnienia „wybitnych zdolności" i „krajową i międzynarodową renomę" w danej dziedzinie. Na tej podstawie wjeżdżają do USA osoby cieszące się sławą i prestiżem zdobytymi w takich dziedzinach jak sztuka, biznes, sport, czy edukacja. Rodziny osób z wizą O także mogą przyjechać do USA.

Wizy P, czyli wizy dla sportowców i artystów. Są podobne do wiz O, choć poprzeczka wymogów, jakie należy spełniać jest zawieszona nieco niżej. To na tej podstawie wjeżdżają do USA członkowie zespołów estradowych i sportowych.

Wizy R to wizy pozwalające na pobyt i pracę w USA osobom duchownym oraz pracownikom organizacji religijnych.

Wizy Q to wizy podobne do wiz J, pozwalające na przyjazd do USA na zasadach wymiany kulturalnej. Maksymalna długość pobytu w USA nie może jednak przekroczyć 15 miesięcy.

Wizy S, T, U pozwalają na pobyt w USA ważnym świadkom w procesach kryminalnych (S) oraz ofiarom handlu żywym towarem i zorganizowanego przemytu ludzi do USA (T). Wizy U przyznawane są ofiarom przemocy domowej.

Wizy V to nieimigracyjne wizy przyznawane żonom i dzieciom stałych rezydentów w USA, czyli posiadaczom zielonych kart.

Zielona karta, czyli droga przez mękę

Zamieszkanie w USA na stałe wymaga uzyskania wizy imigracyjnej. Jej posiadacze mają niemal identyczne prawa, co obywatele Stanów Zjednoczonych, nie przysługuje im jedynie prawo do głosowania w wyborach oraz posiadania amerykańskiego paszportu. Innym ograniczeniem jest zakaz podjęcia zatrudnienia na niektórych stanowiskach w administracji, zwłaszcza federalnej ze względu na bezpieczeństwo państwa. Trzeba tu jednak dodać, że Stany Zjednoczone tolerują fakt posiadania podwójnego obywatelstwa.

Osoby pragnące otrzymać „zieloną kartę", jak popularnie nazywa się dokument Alien Registration Reception Card, muszą przygotować się na długi i niełatwy proces. USA przyjmują corocznie około miliona legalnych imigrantów, jednak lista chętnych do zamieszkania na stałe w Ameryce jest dużo dłuższa. W poszczególnych kategoriach preferencyjnych kolejki sięgają często kilku, a nawet kilkunastu lat, nie wspominając już o kilkunastu milionach nielegalnych imigrantów, którzy przebywają w USA często przez długie lata z nadzieją na uchwalenie przez Kongres ustawy pozwalającej na legalizację ich pobytu. W Stanach Zjednoczonych olbrzymia grupa osób żyje także w legalnej „szarej strefie", starając się o stały pobyt, ale nie posiadając już legalnego statusu.

Stany Zjednoczone przyjmują na stałe imigrantów bądź na podstawie sponsorowania pracowniczego, bądź rodzinnego. W przypadku pierwszej grupy chodzi przede wszystkim o dopasowanie struktury imigracji do potrzeb rynku pracy, który wciąż potrzebuje świeżej siły roboczej. W drugim przypadku wizy wydaje się przede wszystkim w celu łączenia rodzin. Obydwa filary legalnej emigracji do USA są dalekie od doskonałości. Przechodzący ten proces skarżą się na żmudność procedur i konieczność wieloletniego oczekiwania na załatwienie wszystkich formalności. W wielu przypadkach konieczna jest pomoc prawnika, aby przebrnąć przez skomplikowany labirynt przepisów i zasad preferencyjnych. Generalnie przy sponsorowaniu rodzinnym przepisy preferują łączenie najbliższych członków rodzin obywateli, kosztem rodzin stałych rezydentów. W przypadku zawodowych kategorii preferencyjnych łatwiej jest o otrzymanie zielonej karty jeśli posiada się wyjątkowe zdolności albo wyższe wykształcenie. Przepisy imigracyjne stwarzają także możliwość starania się o zieloną kartę ludziom zamożnym, którzy zechcą zainwestować w USA co najmniej milion dolarów, tworząc nowe miejsca pracy.

Inną formą uzyskania prawa stałego pobytu jest loteria wizowa. W ramach tzw. programu DV Stany Zjednoczone rozdzielają 50 tysięcy wiz imigracyjnych w jednym roku finansowym na zasadzie losowania. Celem loterii, które odbywają się od 1991 roku, jest „zróżnicowanie etniczne" emigracji do USA, a zielone karty rozlosowuje się wśród obywateli państw „niedoreprezentowanych" w strukturze amerykańskiego społeczeństwa. Polska od 2004 roku dołączyła do kilkunastu innych krajów, które nie kwalifikują się do udziału w nowej loterii. Na tej liście znajduje się kilkanaście państw, w tym, obok Polski, także Meksyk, Wielka Brytania czy Chiny. Zgodnie z przepisami z programu wyłączeni są bowiem obywatele państw, które w ciągu minionych 5 lat otrzymały więcej niż 50 tys. wiz stałego pobytu z tytułu sponsorowania rodzinnego i przez pracę. Liczba wydawanych wiz weryfikowana jest co roku i niewykluczone, że w miarę słabnięcia imigracji do USA, obywatele Rzeczypospolitej Polskiej wrócą do programu loteryjnego.

Część Polaków wciąż jednak może brać udział w loterii, ponieważ kryterium dla przyporządkowania uczestnika loterii do określonego kraju jest przede wszystkim miejsce urodzenia. W losowaniu mogą wziąć udział osoby narodowości polskiej urodzone w obecnych granicach innych krajów biorących udział w programie DV, np. na Ukrainie, Białorusi, Litwie czy w Niemczech, a także Polacy, których małżonkowie urodzili się w krajach biorących udział w loterii. Zgłoszenie do loterii już od kilku lat wysyła się całkowicie drogą elektroniczną.

Wreszcie ostatnią furtką pozwalającą na pozostanie w USA na stałe jest status azylanta lub uciekiniera politycznego. Od wielu lat nie dotyczy ona Polaków, bo Stany Zjednoczone uznają Polskę za wolny kraj.

Na pewno nie opłaca się pozostawać w Stanach nielegalnie. Przedłużony o pół roku pobyt skutkuje trzyletnim zakazem wjazdu do USA, o rok lub dłużej—aż dziesięcioletnim. Niemal wszystkie furtki prawne stwarzające nielegalnym imigrantom możliwość legalizacji są dziś zamknięte.

Rozdział 3
Studiować w USA

Stany Zjednoczone słyną z najlepszych uczelni wyższych na świecie. Od dziesięcioleci amerykańskie uniwersytety są magnesem dla kadry naukowej z całego świata. Przyciągają też studentów ze wszystkich zakątków globu, a najlepsze placówki przebierają w najzdolniejszych kandydatach. Z drugiej jednak strony dyplom renomowanego uniwersytetu stanowi gwarancję świetnego życiowego startu i udanej kariery zawodowej.

Uczelnie lepsze i gorsze

Przybyszowi ze Starego Kontynentu trudno zorientować się w gmatwaninie amerykańskiego systemu szkolnictwa wyższego. Różne od europejskich są systemy rekrutacji studentów, podobnie jak i sama struktura studiów.

Ponad 2 tysiące uczelni prezentuje najróżniejszy poziom edukacji, a pod szumnymi nazwami często kryją się instytucje, których dyplomy nie są zbyt wiele warte. Z drugiej strony najbardziej uznane uniwersytety mogą poszczycić się laureatami nagród Nobla i innych najbardziej prestiżowych wyróżnień naukowych.

Wybór właściwej uczelni nie jest więc rzeczą prostą. Pomocne mogą tu być różnego rodzaju rankingi, z których najbardziej znany jest publikowany przez magazyn „US News & World Report", porządkujący najlepsze placówki według poziomu wykładanych kierunków. Na szczytach list nieodmiennie plasują się najstarsze uczelnie należące do tzw. „Ligi Bluszczowej" (Ivy League). Zalicza się do nich: Brown University, Columbia University, Cornell University, Dartmouth College, Harvard University, Princeton University, University of Philadelphia i Yale University. W pierwszej lidze mieszczą się także inne ekskluzywne placówki edukacyjne—Stanford University, Georgetown University, czy Massachusetts Institute of Technology. Wśród najbardziej znanych i szanowanych uczelni prywatnych, katolickich i publicznych wymienia się także New York University, University of California-Berkeley, University of Michigan, Notre Dame, University of Chicago, Johns Hopkins University w Maryland czy Duke University w Karolinie Północnej. Lista niezłych uniwersytetów jest zresztą dużo dłuższa. W pierwszej „50" najlepszych uniwersytetów w USA znajduje się kilkanaście uczelni publicznych, gdzie czesne jest relatywnie niskie.

Wokół studiów na amerykańskich uczelni narosło wiele nieporozumień i stereotypów. Jednym z nich jest przekonanie, że czesne jest niezwykle wysokie, a im lepsza uczelnia, tym droższa. Nie jest to do końca prawdą. Koszt studiów uczelni z *Ivy League* nie różni się zbytnio od innych uczelni prywatnych, a studenci mają szerokie możliwości korzystania z pomocy finansowej, choć w przypadku cudzoziemców opcji stypendialnych jest dużo mniej, niż w przypadku studentów amerykańskich. Trzeba jednak pamiętać, że im bardziej prestiżowa szkoła, tym gęstsze sito selekcji. Na „pierwszoligowe" uczelnie przyjmuje się często co dziesiątego kandydata ubiegającego się o indeks.

Struktura studiów

Studia w USA zasadniczo dzieli się na *undergraduate* i *graduate*. Pierwsze kończą się zdobyciem licencjatu albo bakalaureatu (*bachelor's degree*) i trwają cztery lata. Najczęściej odbywa się je zaraz po skończeniu szkoły średniej, choć w USA studenci, częściej niż w Polsce robią przerwy w nauce, zmuszeni koniecznością zarabiania pieniędzy na dalszą edukację. Jeszcze bardziej skróconą wersję studiowania oferują dwuletnie college, które ukierunkowane są pod kątem zdobycia konkretnego zawodu niż ogólnego wykształcenia.

Studia *graduate* odbywa się po zdobyciu licencjatu lub bakalaureatu i kończą się zdobyciem tytułu magistra (*master's degree*) lub doktoratu (*Ph.D.*). Statystycznie na studia magisterskie i doktoranckie decyduje się stosunkowo niewielki odsetek studentów, choć bez wątpienia przejście przez kolejny szczebel edukacji przekłada się na wyższe zarobki. Wynika to z zasad przyznawania pomocy finansowej. O ile przy studiach *undergraduate* bierze się pod uwagę sytuację finansową rodziców studenta, o tyle przy ubieganiu się o magisterium, czy doktorat stypendia przyznawane są głównie na podstawie osiągnięć naukowych. Studia prawnicze i biznesowe zakończone tytułem MBA są przykładem studiów *graduate*.

Amerykańskie uczelnie różnią się od polskich pod wieloma względami. Program studiów jest w USA dużo bardziej elastyczny, studenci mają możliwość wyboru przedmiotów i nikogo nie dziwi na przykład obecność przyszłych biznesmenów na wykładach z astronomii. Często dopiero po pierwszym roku studenci mogą wybrać główny kierunek studiów (major) i kierunek drugorzędny (minor). Relacje między profesorami i kadrą naukową a studentami są w USA dużo luźniejsze i zbudowane raczej na zasadzie przyjacielskiej, niż formalnych relacjach mistrz-uczeń. Studenci zresztą mają możliwość oceny poziomu prowadzonych zajęć, z czego skwapliwie korzystają. Uzyskanie dyplomu polega najczęściej na zdaniu odpowiedniej liczby zaliczeń i egzaminów, w przypadku studiów *graduate* studenci z reguły nie mają obowiązku pisania długich prac magisterskich. Do zaliczeń przedmiotów konieczne jest z reguły napisanie kilku tzw. *papers*, czyli prac dokumentujących samodzielną pracę studenta nad danym przedmiotem.

Niezwykle ważne jest natomiast, zwłaszcza na prestiżowych uczelniach, budowanie sieci znajomości, które przydadzą się w przyszłym życiu zawodowym.

Angielski na początek

Znajomość angielskiego jest dla cudzoziemca podstawowym warunkiem przyjęcia na studia, choć część szkół wyższych nie wymaga dodatkowego egzaminu językowego od posiadaczy zielonej karty. Większość szkół wyższych wymaga wyników egzaminu TOEFL (*Test of English as a Foreign Language*), zdanego bądź w formie tradycyjnej bądź elektronicznej. Można do niego podejść na całym świecie, w tym Polsce. (Informacje na ten temat można znaleźć na oficjalnej stronie internetowej TOEFL-a: www.toefl.org). Wiele szkół wyższych prowadzi dla zagranicznych kandydatów na studentów własne kursy angielskiego English as a Second Language (ESL), a do tego pozwala ubiegać się na tej podstawie o wizę studencką F-1, Daje to możliwość przeniesienia się potem na właściwy kierunek studiów bez zmiany statusu imigracyjnego.

Szkoły wyższe wymagają także wyników innych egzaminów, weryfikujących intelektualne zdolności studenta. Większość z nich należy zdać przed złożeniem podania o przyjęcie na uczelnię, najczęściej co najmniej na pół roku przed rozpoczęciem samych studiów. W USA można zapisać się na dziesiątki kursów przygotowawczych. Większością testów administruje Educational Testing Service z Princeton w stanie New Jersey. Opracowania dotyczące testów wraz z dyskami zawierającymi przykładowe pytania i problemy można dostać także w księgarniach internetowych i przygotowywać się do egzaminów za granicą.

Większość uczelni w USA daje możliwość transferu przedmiotów, także z uczelni europejskich. Związane jest to z koniecznością przetłumaczenia indeksu lub wyciągów ocen (transcripts). Ewaluacją dyplomów i autoryzowanymi tłumaczeniami zajmuje się w Stanach kilka agencji, które współpracują ze szkołami wyższymi.

Testy na każdą okazję

Oprócz TOEFL-a i TSE (Test of Spoken English) dla cudzoziemców inni kandydaci na studentów na poziomie *undergraduate* muszą w USA przedstawiać wyniki jednego lub więcej spośród następujących testów:

- **SAT**—Scholastic Assessment Test—standardowy test sprawdzający umiejętności językowe i wiedzę matematyczną uczniów szkół średnich. Test składa się z trzech części (matematyka, umiejętność pisania i krytycznego czytania) i można w nim zdobyć maksymalnie 2400 punktów, jednak średnia krajowa niewiele przekracza 1500 pkt. Przy staraniu się o przyjęcie na lepsze uczelnie trzeba uzyskać rezultat powyżej 2000 pkt.

- **SAT II**—test podobny do SAT, sprawdzający jednak wiedzę przyszłego studenta w jednym z wybranych przedmiotów. Często wymagany przez bardziej prestiżowe uczelnie jako uzupełnienie SAT.

- **ACT**—American College Testing Assessment Test. Egzamin zdawany wymiennie z SAT-em, różniący się jednak od niego pod względem wymagań. Test mający stanowić alternatywę dla „elitarnego" SAT, nie stosuje na przykład kary za zgadywanie odpowiedzi, ale w części matematycznej wprowadza pytania z trygonometrii, którą SAT pomija.

Studia magisterskie i doktoranckie wiążą się często z koniecznością przedstawienia wyników testów przedmiotowych.

GRE—Graduate Record Examination to ogólny egzamin dla kandydatów mających za sobą studia licencjackie. Strukturalnie jest zaawansowaną wersją SAT-u, sprawdza jednak przede wszystkim zdolności analityczne kandydata, a nie jego wiedzę. W USA zdawany jest wyłącznie w wersji komputerowej, w Polsce jako egzamin pisemny. Oprócz językowo-matematycznego „ogólnego" GRE istnieje również możliwość zdawania testów przedmiotowych.

GMAT—Graduate Management Admission Test, jest egzaminem zdawanym przez kandydatów do szkół biznesu, ubiegających się o tytuł Masters of Business Administration (MBA). W odróżnieniu od GRE, GMAT kładzie większy akcent na zdolności matematyczno-analityczne kandydata.

LSAT—Law School Admission Test, dla kandydatów na studia prawnicze. Sprawdza między innymi zdolność logicznej argumentacji.

DAT—Dental Admission Test, zdawany przez studentów chcących studiować stomatologię.

MCAT—Medical College Admission Test, dla przyszłych lekarzy. W odróżnieniu od większości innych egzaminów zdaje się go pisemnie. Trwa aż sześć godzin i jest sprawdzianem wiedzy w takich dziedzinach jak biologia, nauki ścisłe i umiejętności językowe. Można go zdawać tylko dwa razy do roku.

Pomoc finansowa dla wielu

Dobre wyniki testów mogą przesądzić o wyborze lepszej uczelni. Na pewno jednak nie należy rezygnować ze studiów z powodu wysokiego czesnego. W USA nie należy sugerować się oficjalną wysokością czesnego i kosztów utrzymania. Zarówno uczelnie prywatne jak i publiczne dysponują bowiem hojnymi programami pomocy finansowej, z której korzysta wielu studentów. Często teoretycznie droższy uniwersytet może zaoferować lepszy pakiet stypendialny, a różnica prestiżu może przesądzić o całej przyszłej karierze zawodowej. Na prywatnych uczelniach aż 80 procent studentów korzysta z obniżonego czesnego lub stypendiów. I trudno się dziwić, bo od lat koszt wyższego wykształcenia rośnie w USA w dużo szybszym tempie niż stopa inflacji.

Oprócz rządowych programów pomocowych (Pells Grants, Stafford Loans i innych) istnieje także możliwość uzyskania pomocy finansowej od instytucji prywatnych. W USA działają dosłownie tysiące fundacji i organizacji oferujących różnego rodzaju stypendia, których łączną wartość szacuje się na kilkanaście miliardów dolarów rocznie. Jest wśród nich także kilkanaście organizacji polonijnych. Największym fundatorem stypendiów jest Polsko-Słowiańska Federalna Unia Kredytowa z Nowego Jorku, która pomaga przede wszystkim uczniom ostatnich klas szkół średnich i studentów *undergraduate*. Z kolei nowojorska Fundacja Kościuszkowska wspiera przede wszystkim studentów na programach magisterskich oraz doktoranckich oraz badania naukowe. Fundatorami stypendiów są także takie organizacje jak Kongres Polonii Amerykańskiej, Polska Fundacja Kulturalna w Clark w New Jersey, czy też Organizacja Studentów Polskich w Nowym Jorku. Ta ostatnia organizuje również seminaria poświęcone studiowaniu w USA i wydaje książki i broszury poświęcone tej tematyce. Prawdziwą kopalnią informacji na temat pomocy finansowej jest dziś internet.

Rozdział 4
Fiskus po amerykańsku

Są dwie pewne rzeczy na tym świecie—śmierć i podatki—zwykł mawiać prezydent Abraham Lincoln. Płacenie fiskusowi jest w USA obowiązkiem, a Internal Revenue Service (IRS), czyli amerykański urząd podatkowy należy do instytucji najbardziej nielubianych przez obywateli.

Podatek podatkowi nierówny

W USA płaci się wiele podatków, które trafiają do budżetów władz wszystkich szczebli. Niemal wszyscy mieszkańcy Stanów Zjednoczonych, podobnie jak duże i małe firmy muszą płacić federalny podatek dochodowy (*income tax*). To najpoważniejsze źródło dochodu amerykańskiego państwa federalnego, pozwalające m.in. na finansowanie najważniejszych programów opieki społecznej, sił zbrojnych i agencji rządowych. Obok podatku dochodowego rząd federalny pobiera także od pracowników podatek emerytalny, który wraz ze składką ubezpieczenia Medicare, płacony po połowie przez pracownika i pracodawcę, wynosi 15,3 proc. Formą podatku dochodowego jest także podatek od zysków kapitałowych i podatek od spadków.

Większość stanów w USA wprowadziła także dla swoich mieszkańców własny podatek od dochodów. Daninę taką pobierają także niektóre miasta, na przykład Nowy Jork. Wypełnienie zeznania podatkowego (PIT-u) dla osób pracujących w stanie innym niż stan zamieszkania może więc wymagać wypełnienia co najmniej kilku oddzielnych rozliczeń podatkowych i często wymaga pomocy księgowego lub doradcy finansowego.

Oprócz podatków dochodowych większość stanów pobiera także podatek od sprzedaży (z reguły 6-8 proc.), który jest odpowiednikiem europejskiego VAT-u. Zarówno rząd federalny jak i władze stanowe nakładają także podatki akcyzowe od takich produktów jak np. papierosy czy benzyna, co sprawia na przykład, że ceny paliw w różnych stanach potrafią się znacznie się różnić między sobą.

Z kolei szkolnictwo do szczebla średniego finansowane jest w USA przede wszystkim z podatków od nieruchomości (*real estate taxes*). Podatki te mogą wydawać się Europejczykom wysokie, ale to właśnie one pozwalają poszczególnym miejscowościom na utrzymanie służb komunalnych, szkół i lokalnej policji.

Dochód z całego świata

Obowiązkiem każdego obywatela lub stałego rezydenta USA jest zgłoszenie na amerykańskim rozliczeniu dochodu osiągniętego na całym świecie. Prawo podatkowe zobowiązuje też do zgłoszenia faktu posiadania konta za granicą, na którym znajduje się więcej niż 10 tys. USD, oraz dochodów z odsetek. Ale obowiązek płacenia podatków dochodowych ciąży także na innych osobach posiadających dochody w USA. Za rezydentów Stanów Zjednoczonych dla celów podatkowych uważa się także cudzoziemców, którzy pracują w USA przez dłuższy okres czasu i to (sic!) niezależnie od tego, czy przebywali w tym kraju legalnie czy nielegalnie.

Prawo podatkowe rozróżnia tutaj dwie kategorie podatników-cudzoziemców—*resident aliens* i *non-resident aliens for tax purposes*. Ten pierwszy status otrzymują automatycznie osoby z prawem stałego pobytu (zieloną kartą). Ale rezydentem podatkowym można zostać także, jeśli w danym roku kalendarzowym przebywało się dłużej niż 183 dni, niezależnie od statusu imigracyjnego. Osoby studiujące i pracujące w USA, czy odbywające w tym kraju staże mogą więc stanąć wobec konieczności rozliczenia się z amerykańskim fiskusem ze wszystkich dochodów—nawet tych, uzyskanych poza terytorium Stanów Zjednoczonych. Co więcej status rezydenta podatkowego nabywa się także jeśli przebywało się w USA przez 31 dni lub więcej w danym roku kalendarzowym oraz łącznie przez 183 dni w tym samym roku oraz dwóch poprzedzających latach. Przerażonych taką perspektywą trzeba jednak pocieszyć, że w wielu przypadkach z pomocą mogą przyjść umowy międzynarodowe o unikaniu podwójnego opodatkowania, o których szerzej piszemy poniżej.

Status nierezydenta podatkowego pozwala natomiast na rozliczenie się z amerykańskim fiskusem tylko z dochodów uzyskanych w USA. Takiemu podatnikowi nie przysługuje jednak standardowa ulga podatkowa, co stawia go w nieco bardziej niekorzystnej sytuacji. Musi on bowiem wyszczególniać wszystkie ulgi podatkowe, co może (choć nie musi) skutkować wyższymi zobowiązaniami wobec amerykańskiego fiskusa.

Kraj wielkich ulg

Mimo dużej liczby różnych podatków Amerykanie oddają fiskusowi proporcjonalnie mniej pieniędzy niż Europejczycy. Dzieje się tak za sprawą stosunkowo niższych stawek progów podatkowych oraz licznych ulg z jakich mogą korzystać podatnicy. Od dochodu można na przykład odpisać w USA wysokość odsetek płaconych od pożyczek hipotecznych oraz podatków stanowych i lokalnych, a także podatków od nieruchomości. W ten prosty sposób państwo promuje posiadanie własnych domów przez obywateli. Ulgą podatkową mogą być także wydatki na opiekę nad małymi dziećmi, czy na edukację. Odpis od dochodów donacji na cele dobroczynne pozwala w USA utrzymać się tysiącom kościołów oraz wspiera filantropię i organizacje nie nastawione na zysk. Jeśli dodamy jeszcze stosunkowo wysokie odpisy na każdą osobę, dzieci, wydatki medyczne, oszędności emerytalne itp. okaże się, że realna stopa podatkowa jest w USA dużo niższa od nominalnej. Manewry finansowe w celu obniżenia wysokości podatków są w Stanach całkowicie legalne.

Jedna umowa, dwa rozliczenia

Podatnicy przemieszczający się między Polską a USA powinni zwrócić uwagę na dochody po obu stronach Atlantyku. Dzięki rewolucji technologicznej i współpracy instytucji finansowych, znacznie poprawił się przepływ informacji finansowych między

Polską a USA. I będzie się jeszcze bardziej poprawiał, ponieważ oba kraje podpisały w 2008 roku umowę o wzajemnym uznawaniu stażu emerytalnego, co także oznacza możliwość wymiany informacji na temat osobistych dochodów.

Obowiązek wypełniania dwóch deklaracji PIT (*Personal Income Tax*) po obu stronach Atlantyku nie oznacza konieczności płacenia podwójnych podatków. Dzięki obowiązującej umowie o unikaniu podwójnego opodatkowania podatek zapłacony w Polsce jest kredytem podatkowym w USA (*foreign tax credit*) i odwrotnie.

Umowa między rządem PRL a rządem USA została podpisana jeszcze w 1974 r., ale obowiązuje do dziś. Polskie umowy o unikaniu podwójnego opodatkowania oparte są na wzorcowej umowie OECD z 1957 roku. Dzięki temu wszystkie umowy są tworzone na podstawie tego samego wzorca. W przypadku umowy polsko-amerykańskiej stosuje się tzw. metodę zaliczenia. Oznacza ona, że każdy z krajów zalicza podatek zapłacony w obcym państwie na poczet podatku krajowego. Inaczej mówiąc podatek zapłacony za granicą jest odliczany od podatku należnego w kraju.

Zgodnie z umową podatek zapłacony w państwie obcym odlicza się od podatku należnego w kraju, lecz tylko do wysokości pewnego limitu. Odliczenie nie może przekroczyć tej części podatku, która odpowiada kwocie należnego podatku przypadającego na dochód uzyskany za granicą. Obowiązek taki istnieje również w stosunku do nierezydentów pracujących czasowo.

Należy też zwrócić uwagę, że odliczeniu od polskiego podatku należnego podlega jedynie zapłacony w Stanach Zjednoczonych podatek federalny. (Podatki stanowe nie są przedmiotem umowy, co oznacza, że rozliczenie podatkowe cudzoziemca, który przez jakiś czas był rezydentem stanu o wysokich podatkach lokalnych (Kalifornia, Nowy Jork) może okazać się nieprzyjemną finansowo niespodzianką.

Natomiast polsko–amerykańska umowa z 1974 roku daje pewne ulgi podatkowe Polakom przyjeżdżającym do USA na staże, badania naukowe i wykłady na okres krótszy niż dwa lata na zaproszenie rządu lub uczelni. Warto więc zapoznać się ze szczegółami traktatu, bo może się okazać, że zobowiązania finansowe wobec fiskusa są mniejsze niż wynikałoby to ze „zwykłego" rozliczenia.

ITIN zamiast Social Security

Umowa o unikaniu podwójnego opodatkowania nie zwalnia także amerykańskich obywateli i posiadaczy zielonych kart od obowiązku wypełniania amerykańskiego PIT-u. Ta uciążliwość często nie niesie ze sobą skutków finansowych w postaci konieczności dopłacania amerykańskiemu IRS. Po pierwsze umowa o unikaniu podwójnego opodatkowania sprawia, że podatki zapłacone w Polsce można zaliczyć jako kredyt podatkowy w USA, a ponieważ obciążenia fiskalne nad Wisłą są niższe niż w Ameryce więc nie wiąże się to z obowiązkiem płacenia podatku w USA. Po drugie dochód z pracy najemnej obywatela USA mieszkającego za granicą jest zwolniony od amerykańskiego podatku dochodowego do znacznej kwoty—w 2008 roku było to 85.700 dolarów.

W USA podstawową formą identyfikacji podatnika jest jego numer ubezpieczenia społecznego (Social Security Number—SSN). Przyznaje się je Amerykanom zaraz po urodzeniu i towarzyszą im one przez całe życie. W przypadku imigrantów i cudzoziemców przebywających w USA przez dłuższy okres czasu, prawo do otrzymania numeru ubezpieczenia społecznego przysługuje naturalizowanym obywatelom i osobom z prawem stałego pobytu, a także cudzoziemcom posiadającym wizy upoważniające do pracy. Brak SSN nie zwalnia jednak od obowiązku rozliczenia się z fiskusem. Urząd podatkowy (IRS) wydaje bowiem pozostałym cudzoziemcom tzw. indywidualny numer podatnika—ITIN (*Individual Taxpayer Identification Number*). Procedura wymaga wypełnienia prostego formularza i przedstawienia dokumentu tożsamości. Z ITIN korzystają także, a może nawet przede wszystkim, nielegalni imigranci. To jeden z paradoksów amerykańskiej rzeczywistości—jedna gałąź rządu federalnego pobiera pieniądze od ludzi poszukiwanych przez inną agencję tego samego rządu za nielegalny pobyt w USA.

Rozdział 5
Zwiedzić Amerykę

Każdy odwiedzający Stany Zjednoczone ma swoje własne plany i marzenia dotyczące miejsc, które chciałby zobaczyć.

Trudno tu doradzać cokolwiek. Jedni wybiorą wielkomiejski zgiełk Manhattanu, inni plaże Florydy, czy kluby jazzowe w Nowym Orleanie. Inni jeszcze pojadą zwiedzać parki narodowe na Zachodzie—Yellowstone, Yosemite, Bryce Canyon, Zion, czy Wielki Kanion Kolorado, podziwiając „klimaty" pogranicza. Zwolennicy hazardu odwiedzą kasyna w Las Vegas, Reno, lub Atlantic City. Jeszcze inni odwiedzą parki rozrywki w Los Angeles i Orlando albo rezydencje gwiazd filmowych w Hollywood.

W każdym jednak przypadku turysta zwiedzający Stany Zjednoczone stanie przed dylematem—w jaki sposób przemierzać wielkie przestrzenie tego kraju.

USA to praktycznie kontynent i dlatego do komunikacji między największymi ośrodkami miejskimi najczęściej wykorzystuje się samolot. Na rynku konkuruje kilka głównych, dużych przewoźników (American, United, Delta-Northwest, Southwest, Continental, czy JetBlue) oraz cały szereg mniejszych lub filialnych linii lotniczych. Idealnym miejscem do poszukiwań najlepszych cenowo połączeń jest dziś internet. To w nim działają liczne portale, na których można porównać ceny biletów. Każdy z przewoźników ma też własny dział rezerwacji online.

Stany Zjednoczone najlepiej zwiedzać samochodem. Rozbudowana sieć dróg daje możliwość dotarcia niemal w każde miejsce.

Magia drogi

Przejazd przez kontynent, od Atlantyku po Pacyfik, jest fascynującą przygodą uwiecznianą zresztą w licznych hollywoodzkich „filmach drogi". Przejazd przez Amerykę dokumentowali także najsłynniejsi polscy reporterzy—Melchior Wańkowicz, czy Waldemar Łysiak.

Dopiero przejazd samochodem, autobusem lub pociągiem przez Stany Zjednoczone daje wyobrażenie o przestrzeni zajmowanej przez to największe mocarstwo świata. Patrząc na mapę przybyszowi ze Starego Kontynentu trudno sobie bowiem wyobrazić, że wiele poszczególnych stanów zajmuje większą powierzchnię od wielu państw europejskich (aż pięć stanów USA jest większych od Polski). Na przejazd autem z Nowego Jorku na Florydę poświęcić trzeba ponad 20 godzin jazdy po szybkiej autostradzie, a przejechanie bez dłuższych postojów od Atlantyku do Pacyfiku to 3-4 dni ciągłej jazdy.

USA poprzecinane są budowaną od czasów prezydenta Dwighta Eisenhowera siecią autostrad międzystanowych (*interstates*). Drogi te z numerami nieparzystymi biegną z północy na południe poczynając od I-5 biegnącej wzdłuż Pacyfiku, po zatłoczoną transportową arterię Wschodniego Wybrzeża—Interstate 95—łączącą Maine z Florydą. Autostrady ze wschodu na zachód noszą numery parzyste od „dziesiątki" na południu po I-90 na północy. Oprócz sieci „międzystanowych" parametry autostrad lub dróg szybkiego ruchu posiada wiele stanowych i lokalnych arterii komunikacyjnych oraz dróg płatnych (*parkways, turnpikes*). Wszystko to sprawia, że między miastami można przemieszczać się szybko, sprawnie i w miarę tanio, bo mimo zawirowań na rynkach naftowych benzyna w USA pozostaje wciąż prawie dwukrotnie tańsza niż w Europie. Amerykanie są też dużo spokojniejszymi kierowcami niż Europejczycy, prowadzą defensywnie i stosując się do zasady „bezpieczeństwo przede wszystkim".

Przybysze z Europy muszą przygotować się na mały szok metryczny. Stany Zjednoczone kilkakrotnie przymierzały się do wprowadzania międzynarodowego systemu miar i wag. Niestety bez skutku, choć podobną operację z sukcesem przeprowadziła sąsiednia Kanada. W USA odległości mierzy się wciąż w milach, jardach i stopach, objętość w galonach, kwartach i uncjach sześciennych, a wagę w funtach i uncjach. Najtrudniejsze chyba jest jednak przestawienie się ze skali Celsjusza przy mierzeniu temperatury na system Fahrenheita.

Samochodem, autobusem, pociągiem . . .

Najlepszym rozwiązaniem przy kilkutygodniowej podróży po Stanach Zjednoczonych pozostaje wciąż wynajem samochodu. Auto najlepiej zarezerwować z wyprzedzeniem, korzystając z promocji. Łatwiej i taniej wynająć samochód jeszcze przed przyjazdem do USA. Kupno używanego auta na czas podróży wiąże się z koniecznością jego rejestracji i opłacenia ubezpieczenia, co przy braku amerykańskiego prawa jazdy może się okazać uciążliwą i czasochłonną procedurą.

Alternatywą dla drogiego auta jest także komunikacja autobusowa. Linie Greyhound, czy Peter Pan zapewniają połączenia między największymi miastami USA. Są też tańsze od biletów lotniczych. Podróż autobusem wiąże się jednak ze sporymi niedogodnościami. Po pierwsze odcinki między miastami są często bardzo długie, w autobusach nie wolno palić, a przejechanie dłuższego dystansu wymaga wielu przesiadek.

Dla młodych ludzi i podróżnych o elastycznych możliwościach czasowych, ale za to o ograniczonym budżecie, ciekawą opcją może być skorzystanie z *driveaway*. Polega ona na wykonaniu usługi przewiezienia auta z jednego miejsca w drugie osobie zmieniającej miejsce zamieszkania. Adresy agencji oferujących serwis *driveaway* w skali lokalnej i ogólnokrajowej można bez trudu znaleźć w internecie. Podróżny, który podejmie się przewiezienia auta musi opłacić jedynie koszt paliwa, myta, żywności i noclegów. Taki sposób podróżowania ma jednak swoje wady. Po pierwsze często firmy pobierają zwrotny depozyt przy wydawaniu auta, po drugie ograniczają zarówno czas jak i możliwą trasę przejazdu. Z reguły dzienny limit to 400 mil (640 kilometrów), a przejechany dystans nie może przekroczyć 10 procent odległości między miejscowościami.

Jedyny narodowy przewoźnik kolejowy—Amtrak—oferuje także możliwość podróżowania po USA pociągami. „Southwest Chief"—najsłynniejszy pociąg Ameryki przemierza łącznie niemal równo 3600 km w przepięknej scenerii pejzaży amerykańskich pustyń, gór i prerii. Przejeżdża w sumie przez osiem stanów, w tym przez te, uważane za kowbojski matecznik. Łączy miasta jak Los Angeles, Flagstaff, Albuquerque, Topeka, Kansas City i oczywiście jako stację końcową–Chicago. Inne sławne połączenia to „Sunset Limited" (Orlando–Los Angeles) Silver Service (Nowy Jork–Miami) i „City of New Orleans" (Chicago–Nowy Orlean) to typowe trasy wybierane przez turystów. Podróżowanie pociągami ma jednak swoje wady. Można nimi zwiedzać wielkie miasta, ale do najpiękniejszych zakątków Ameryki nie podciągnięto torów kolejowych.

Środek lokomocji nie jest jednak tak ważny jak niepowtarzalny dreszcz emocji, który towarzyszy przemierzaniu amerykańskich dróg i bezdroży.

Tomasz Deptuła

Bibliografia

Osoby zainteresowane poszerzeniem swojej wiedzy o Stanach Zjednoczonych mogą znaleźć ogromną liczbę publikacji zarówno w języku polskim jak i angielskim. Prawdziwą kopalnią wiedzy zwłaszcza w przypadku poradników dotyczących studiowania w USA jest internet. Autor szczególnie dziękuje Elżbiecie Baumgartner i Karolinie Kowalskiej, bez których prac trudno wyobrazić sobie powstanie niniejszego opracowania. Poniżej przytaczamy listę pożytecznych, choć niekoniecznie wyczerpujących temat, wydawnictw książkowych.

A Short History of USA. Praca zbiorowa. Brown Publishing, Oxford 1993.

America and the Americans. Praca zbiorowa. Brown Publishing, Oxford 1994.

"America's Best Colleges." *US News and World Report.* 2008.

Baumgartner Elżbieta: *Ameryka dla każdego.* Tomy 1-3. Nowy Jork 1995–97

Baumgartner Elżbieta: *Jak oszczędzać na podatkach.* Nowy Jork 2002.

Baumgartner Elżbieta: *Jak zdobyć zieloną kartę i wizy czasowe.* Nowy Jork 2006.

Complete Book of Business Schools. Princeton Review, 2007.

Historia Stanów Zjednoczonych Ameryki. Praca zbiorowa. t. 1-5. W-wa 1995.

International Student Handbook. College Board, 2008.

Kowalska Katarzyna: *Studia w USA. Jak zostać studentem amerykańskiej uczelni.* Nowy Jork 2005.

Kulka Andrzej: *Parki narodowe w USA.* Warszawa 2005.

Łysiak Waldemar: *Asfaltowy Saloon.* Warszawa 2005.

Peterson's Four-Year Colleges 2007.

Stany Zjednoczone. Tom 1 i 2. *Nelles Guide.* Warszawa 1996.

Tomasik Aleksandra Anna. *Astra's Polish Preparation Course for the TOEFL Test.* 1996.

Tyson Eric, Munro Margaret A., Silverman David J.: *Taxes 2008 For Dummies.* 2008.

USA. Przewodnik Pascala. Tom 1 i 2. Bielsko-Biała 2004.

About the Editors

Dr. Jacek Fisiak, OBE, is a retired professor of English and head of the School of English at A. Mickiewicz University, Poznan, Poland. Fisiak holds honorary doctorates and is professor of several American, German, and other universities. He is author and editor of numerous scholarly journals, publications, and eight dictionaries, including *The New Kosciuszko Foundation Dictionary* (2 vols., New York, 2004), *Longman Contemporary Dictionary English–Polish, Polish–English* (2004), and *Collins English–Polish, Polish–English Dictionary* (Warsaw: ARTI, 2006).

Dr. Arleta Adamska-Sałaciak is professor of English and head of the Department of Lexicography and Lexicology at the School of English, A. Mickiewicz University, Poznan, Poland. She is the author and editor of numerous scholarly publications including six dictionaries, and was the editor of the English–Polish volumes of the *New Kosciuszko Foundation Dictionary*, *Longman Contemporary Dictionary English–Polish, Polish–English*, and *Collins English–Polish, Polish–English Dictionary*.

Mr. Michał Jankowski, M.A., is senior lecturer and head of the Computer Center at the School of English, A. Mickiewicz University, Poznan, Poland. He is author and co-editor of eight dictionaries, including *The New Kosciuszko Foundation Dictionary*, *Longman Contemporary English–Polish, Polish–English Dictionary* and *Collins English–Polish, Polish–English Dictionary*.

Dr. Renata Szczepaniak is senior lecturer at the School of English, A. Mickiewicz University, Poznan, Poland, and author of several works on the theory of lexicography.

Also available from Hippocrene Books, America's foremost publisher of Polish-interest books

Dictionaries

Polish–English/English–Polish Concise Dictionary, With Complete Phonetics
8,000 entries · ISBN 0-7818-0133-8 · $11.95pb

Polish–English/English–Polish Practical Dictionary
31,000 entries · ISBN 0-7818-0085-4 · $19.95pb

Polish–English/English–Polish Standard Dictionary
32,000 entries · ISBN 0-7818-0282-2 · $24.95pb

Polish–English Unabridged Dictionary
250,000 entries · ISBN 0-7818-0441-8 · $200hc

Polish Handy Extra Dictionary
2,800 entries · ISBN 0-7818-0504-X · $11.95pb

Phrasebooks/Beginners' Guides

American Phrasebook for Poles, Second Edition, Revised

An expansive guide to a variety of English-language phrases, this text provides an overview of many important areas of everyday life in North America. Its phrases and information are useful for both short-term visits or those seeking to immigrate to the United States.

ISBN 0-7818-9938-X · $11.95pb

Beginner's Polish with 2 Audio CDs

Part of Hippocrene's Beginner's series, this introductory text provides the basics of Polish grammar and vocabulary as well as important historical and cultural context. The audio CD aids the reader with pronunciation and understanding of the spoken language.

ISBN 0-7818-1100-7 · $21.95pb
Book only: ISBN 0-7818-0299-7 · $9.95pb

Mastering Polish with Audio CDs

This comprehensive course uses a variety of techniques to help a student of any level gain an understanding of the Polish language and the means for basic communication. The text combines practical exercises, detailed grammar lessons, and supplementary audio material.

ISBN 0-7818-1065-5 · $24.95pb

Cookbooks

The Best of Polish Cooking, Expanded Edition

Karen West

Recently updated with a chapter on low fat and low calorie authentic Polish food, this guide has become a classic resource on Polish fare for cooks of all levels. Organized into menus and arranged by season, these recipes expose the reader to all facets of Polish cooking in easy-to-follow directions. Also includes comprehensive guides to Polish salads and flavored vodkas.

ISBN 0-7818-0826-X · $11.95pb

Old Polish Traditions in the Kitchen and at the Table

Maria Lemnis & Henryk Vitry

Through nearly 100 recipes, this cookbook provides a guide to traditional Polish cooking. These simple recipes reflect the everyday meals of Polish families, as well as the larger feasts prepared for Christmas and Easter. It also includes short essays on Polish holiday traditions and hospitality to give cooks a greater understanding of Poland's rich cultural heritage.

ISBN 0-7818-0488-4 · $11.95pb

The Polish Country Kitchen Cookbook
Sophie Hodorowicz Knab

Top-selling author Sophie Hodorowicz Knab ventures into the history and traditions of the Polish countryside through its favorite foods. Over 100 easy-to-follow recipes are arranged seasonally and are complemented by rare information on the history and customs that inspired them. All the recipes have been adapted to suit the needs of today's North American kitchen.

ISBN 0-7818-0882-0 · $24.95hc

Polish Heritage Cookery, Illustrated and Expanded
Robert & Maria Strybel

Written especially for the American kitchen, this extensive cookbook contains over 2,200 uniquely Polish recipes with helpful illustrations and beautiful color photos. This far-reaching collection of recipes covers traditional Old Poland cuisine, hearty peasant cookery, elegant gourmet fare, and everything in between. *Polish Heritage Cookery* strives to represent the broad cultural cross-section and historical tradition that make up today's Polish cuisine.

ISBN 0-7818-1124-4 · $44.95hc

Polish Holiday Cookery and Customs
Robert Strybel

This unique guide introduces amateur cooks to the traditional Polish dishes of various occasions and holidays. It includes over 400 recipes, sample menus, as well as a dictionary of basic Polish foods, ingredients, culinary concepts, and procedures. In *Polish Holiday Cookery* one can find ideas for Christmas and Easter meals as well as a variety of other celebrations and occasions throughout the year.

ISBN 0-7818-0994-4 · $24.95hc

History, Literature and Poetry

The Polish Way: A Thousand Year History of the Poles and their Culture

Adam Zamoyski

In this sweeping account, Adam Zamoyski strives—and succeeds—in synthesizing Poland's thousand year history. Zamoyski weaves the political, social, and military history of Poland with the history of its arts, culture, and ideas into one narrative. The result is a comprehensive picture of Poland's own past and its role in global history. Included in this account are many photographs, maps, and genealogies in order to enhance the reader's experience of the story of Poland.

ISBN 0-7818-0200-8 · $19.95pb

Poland: An Illustrated History, Color Edition

Iwo Cyprian Pogonowski

This concise volume details the political, social, and cultural history of Poland through detailed description and over 50 illustrations, photographs and maps. Intimate accounts of Poland's unparalleled quest for representative government, as well as investigations of Polish art, literature, music, and folklore traditions tell the story of this fascinating country.

ISBN 978-0-7818-1200-9 · $19.95hc

Poland in World War II: An Illustrated History

Andrew Hempel

Poland's role and participation in World War II is an oft-overlooked subject in the West. Andrew Hempel, a survivor of the German occupation, presents a concise and engrossing account of the Poles fierce struggle against the Germans. Even after the German conquest of Poland, the Polish continued to fight them in Poland as well as other European fronts. Hempel's account includes over 50 photos and illustrations to complement the reader's understanding of Poland during this period.

ISBN 0-7818-1004-3 · $9.95pb

Forgotten Holocaust: The Poles Under German Occupation, 1939–1945, Expanded Edition

Richard C. Lukas

Noted historian Richard C. Lukas, whose areas of research include World War II and Polish history, gives an extensive and absorbing account of the systematic extermination of the Polish people during the German occupation. The Poles were the first people to experience the unprecedented terror of Nazi Germany. Through comprehensive research, Lukas details this tragic story of mass executions, forced labor, and starvation of an entire nation. His work fills in many gaps in our general knowledge of Poland at this time. Included in this far-reaching account are the inspiring stories of Polish resistance movements.

ISBN 0-7818-0901-0 · $16.95pb

Did the Children Cry?: Hitler's War Against Jewish and Polish Children, 1939–1945

Richard C. Lukas

An expert in his field, Richard C. Lukas' monumental work reveals the horrific story of the millions of children who were executed in German-occupied Poland. Lukas' work is based on extensive research in the United States, Great Britain, and Poland and draws on interviews with eye-witnesses, documents, official histories, and memoirs. The Nazi genocide in Europe was unprecedented in their decision not to spare the children. Jewish children were included as targets of the "Final Solution" and Polish Gentile children were starved and killed or Germanized in an effort to subjugate and destroy the Polish nation. In recounting the horrors of the extermination of these children, Lukas also provides the heroic tales of those who fought back and subverted Nazi efforts to obliterate whole nations of people.

ISBN 0-7818-0870-7 · $14.95pb

Fighting Warsaw: The Story of the Polish Underground State, 1939–1945

Stefan Korbonski

Written by the leader of the Polish Underground State, *Fighting Warsaw* depicts Poland during the German occupation and the early years of underground anti-Communist activity that followed. Korbonski gives many insights on the Polish Underground State and in-depth detail of their subversive tactics against the Nazis and the Soviets. This updated edition includes personal photographs and an introduction by Korbonski's wife, Zofia.

ISBN 0-7818-1035-3 · $14.95pb

Quo Vadis
Henryk Sienkiewicz
Translated by W.S. Kuniczak

Since its first publication in 1895, *Quo Vadis* has been translated into more than 50 languages and won its author the 1905 Nobel Prize for Literature. Now, the acclaimed translator W.S. Kuniczak gives us a modern English version of this timeless classic. Set during Nero's Rome, *Quo Vadis* chronicles the time leading up to the decline of the Roman Empire and the beginnings of Christianity. It is an epic tale of love and devotion in a tumultuous and decadent era.

ISBN 0-7818-0550-3 · $19.95pb

Treasury of Polish Love Poems, Quotations and Proverbs
Miroslaw Lipinski, ed.

This treasury contains over 100 love poems by such celebrated Polish poets as Zygmut Krasinski, Henryk Sienkiewicz, and Adam Mickiewicz as well as works by over 40 other authors. It also includes endearing quotations and enlightening proverbs from a variety of Polish authors.

ISBN 0-7818-0297-0 · $11.95hc

Treasury of Polish Love Poems, Volume 2
Miroslaw Lipinski, ed.

A continuation of the first treasury of Polish love poems includes the works of over 30 poets such as Nobel Prize winner Wislawa Szymborska, acclaimed poet Boleslaw Lesmian, and others. This bilingual text shows original Polish side-by-side with English translation.

ISBN 0-7818-0969-X · $11.95hc

Treasury of Love Poems by Adam Mickiewicz

This bilingual edition of 31 poems by one of Poland's most celebrated poet includes some longer excerpts as well as 14 brand-new translations.

ISBN 0-7818-0652-6 · $11.95hc